國家圖書館
敦煌研究資料叢刊

國家圖書館善本特藏部　編

英藏法藏
敦煌遺書研究按號索引

（二）

申國美　李德範　　編

國家圖書館出版社

S. 5638

金岡照光　敦煌漢文文學文獻の文學形態上の種類とその分類　敦煌出土文學文獻分類目録・附解說　（東京）東洋文庫　1971　p. 233

金岡照光　敦煌文學のさまざま　敦煌の文學　（東京）大藏出版株式會社　1971　p. 157

陳祚龍　敦煌古抄中世釋衆倡導行孝報恩的歌曲詞文集　敦煌文物隨筆　（臺北）商務印書館　1979　p. 305

鄭阿財　孝道文學敦煌寫卷《十恩德讚》初探　（臺北）《華岡文科學報》1981 年第 13 期　p. 231

鄭阿財　敦煌孝道文學研究　（臺北）石門圖書公司　1982　p. 16、533、638

周紹良　敦煌文學芻議及其它　（臺北）新文豐出版公司　1992　p. 37

鄭阿財　從敦煌文獻看唐代的三教合一　第二屆國際唐代學術會議論文集（上）　（臺北）文津出版社　1993　p. 651

鄭阿財　敦煌文獻與文學　（臺北）新文豐出版公司　1993　p. 20

黃征　敦煌願文散校　《敦煌研究》1994 年第 3 期　p. 128　又見：敦煌語文叢說　（臺北）新文豐出版公司　1997　p. 567、589

黃征　吳偉　敦煌願文集　岳麓書社　1995　p. 37、411、911

王書慶　敦煌佛學・佛事篇　甘肅民族出版社　1995　p. 63

張錫厚　評《敦煌文獻與文學》　敦煌吐魯番研究（第二卷）　北京大學出版社　1997　p. 390

宋家鈺　佛教齋文源流與敦煌本"齋文"書的復原　《中國史研究》1999 年第 2 期　p. 75　又見：英國收藏敦煌漢藏文獻研究：紀念敦煌文獻發現一百周年　中國社會科學出版社　2000　p. 304、316

王三慶　北京大學圖書館藏本《諸文要集》一卷研究　慶祝吳其昱先生八秩華誕敦煌學特刊　（臺北）文津出版社　2000　p. 171

何培斌　營造寄託：中國六至十世紀造寺功德的探討　寺院財富與世俗供養　上海書畫出版社　2003　p. 101

袁德領　歸義軍時期敦煌佛教的轉經活動　2000 年敦煌學國際學術討論會文集・歷史文化卷（下）　甘肅民族出版社　2003　p. 192

S. 5639

譚蟬雪　祭文　敦煌文學　甘肅人民出版社　1989　p. 121

王三慶　談齋論文——敦煌寫卷齋願文研究　第四屆唐代文化學術研討會論文集　（臺南）成功大學　1991　p. 299

黃征　敦煌願文散校　《敦煌研究》1994 年第 3 期　p. 128　又見：敦煌語文叢說　（臺北）新文豐出版公司　1997　p. 568、594

沃興華　敦煌書法藝術　上海人民出版社　1994　p. 177

黃征　吳偉　敦煌願文集　岳麓書社　1995　p. 221、761

王書慶　敦煌佛學・佛事篇　甘肅民族出版社　1995　p. 8、13、44、56

顏廷亮　《金山國諸雜齋文範》校錄及其他　敦煌文學論集　四川人民出版社　1997　p. 356

劉長東　晉唐彌陀淨土信仰研究　巴蜀書社　2000　p. 493

汪泛舟　敦煌道教與齋醮諸考　1994 年敦煌學國際研討會文集・宗教文史卷（上）　甘肅民族出版社　2000　p. 9

王三慶　北京大學圖書館藏本《諸文要集》一卷研究　慶祝吳其昱先生八秩華誕敦煌學特刊　（臺北）文津出版社　2000　p. 170

姜伯勤　唐敦煌城市的禮儀空間　文史(第五十五輯)　中華書局　2001　p. 238

曾良　敦煌文獻字義通釋　廈門大學出版社　2001　p. 50、120、198

馬茜　歸義軍時期敦煌地區庶民佛教的發展　甘肅民族研究論叢　甘肅人民出版社　2002　p. 455

張鴻勳　敦煌俗文學研究　甘肅人民出版社　2002　p. 314

王三慶　敦煌文獻《諸雜齋文一本》研究　敦煌學(第 24 輯)　(臺北)樂學書局有限公司　2003
　　p. 3　又見:2000 年敦煌學國際學術討論會文集·歷史文化卷(下)　甘肅民族出版社　2003
　　p. 537

余欣　禁忌、儀式與法術　唐代宗教信仰與社會　上海辭書出版社　2003　p. 342

湛如　敦煌佛教律儀制度研究　中華書局　2003　p. 367

張承東　試論敦煌寫本齋文的駢文特色　《敦煌學輯刊》2003 年第 1 期　p. 94

黨燕妮　晚唐五代敦煌的十王信仰　麥積山石窟藝術文化論文集(下)　蘭州大學出版社　2004
　　p. 162

杜斗城　"七七齋"之源流及敦煌文獻中有關資料的分析　《敦煌研究》2004 年第 4 期　p. 34

黨燕妮　賓頭盧信仰及其在敦煌的流傳　《敦煌學輯刊》2005 年第 1 期　p. 69

敏春芳　敦煌願文詞語例釋　《敦煌學輯刊》2005 年第 1 期　p. 98

李小強　大足北山石刻第 51 號龕探析　《敦煌研究》2006 年第 2 期　p. 30

汪泛舟　敦煌俗別字新考(上)　《敦煌研究》2006 年第 1 期　p. 107

武學軍　敏春芳　敦煌願文婉詞試解(一)　《敦煌學輯刊》2006 年第 1 期　p. 127、131

S. 5640

王三慶　談齋論文——敦煌寫卷齋願文研究　第四屆唐代文化學術研討會論文集　(臺南)成功大
　　學　1991　p. 299

黃征　敦煌願文散校　《敦煌研究》1994 年第 3 期　p. 128　又見:敦煌語文叢說　(臺北)新文豐出
　　版公司　1997　p. 568、594

王書慶　敦煌寺廟"號頭文"略說　《社科縱橫》1994 年第 4 期　p. 46

沃興華　敦煌書法藝術　上海人民出版社　1994　p. 195

黃征　吳偉　敦煌願文集　岳麓書社　1995　p. 221

王書慶　敦煌佛學·佛事篇　甘肅民族出版社　1995　p. 15

顏廷亮　《金山國諸雜齋文範》校錄及其他　敦煌文學論集　四川人民出版社　1997　p. 356

宋家鈺　佛教齋文源流與敦煌本"齋文"書的復原　《中國史研究》1999 年第 2 期　p. 82　又見:英
　　國收藏敦煌漢藏文獻研究:紀念敦煌文獻發現一百周年　中國社會科學出版社　2000　p. 316

王三慶　北京大學圖書館藏本《諸文要集》一卷研究　慶祝吳其昱先生八秩華誕敦煌學特刊　(臺
　　北)文津出版社　2000　p. 170

姜伯勤　唐敦煌城市的禮儀空間　文史(第五十五輯)　中華書局　2001　p. 238

譚蟬雪　喪祭與齋忌　敦煌學與中國史研究論集　甘肅人民出版社　2001　p. 226

馬茜　歸義軍時期敦煌地區庶民佛教的發展　甘肅民族研究論叢　甘肅人民出版社　2002　p. 455

李小榮　敦煌密教文獻論稿　人民文學出版社　2003　p. 85

李小榮　論密教中的千手觀音　文史(第六十三輯)　中華書局　2003　p. 155

王三慶　敦煌文獻《諸雜齋文一本》研究　敦煌學(第 24 輯)　(臺北)樂學書局有限公司　2003
　　p. 3　又見:2000 年敦煌學國際學術討論會文集·歷史文化卷(下)　甘肅民族出版社　2003
　　p. 537

黨燕妮　晚唐五代敦煌的十王信仰　麥積山石窟藝術文化論文集(下)　蘭州大學出版社　2004

p. 162

杜斗城　"七七齋"之源流及敦煌文獻中有關資料的分析　《敦煌研究》2004 年第 4 期　p. 34

徐曉卉　S. 5640 願文中"司徒"人物定名考釋　敦煌學國際研討會論文集　北京圖書館出版社
　　　2005　p. 87

李小强　大足北山石刻第 51 號龕探析　《敦煌研究》2006 年第 2 期　p. 30

S. 5641

金岡照光　敦煌文學のさまざま　敦煌の文學　（東京）大藏出版株式會社　1971　p. 159

遊佐昇　『王梵志詩』のもつ兩側面　大正大學大學院研究論集（第 2 號）（東京）大正大學大學院
　　　1978　p. 9

川崎ミチコ　通俗詩類・雜詩文類　敦煌仏典と禪（講座敦煌 8）（東京）大東出版社　1980
　　　p. 318

菊池英夫　唐代敦煌社會の外貌　敦煌の社會（講座敦煌 3）（東京）大東出版社　1980　p. 140

項楚　《敦煌寫本王梵志詩校注》補正　中華文史論叢（總 20 輯）上海古籍出版社　1981　p. 106

張錫厚　關於王梵志思想評價的幾個問題　關隴文學論叢　甘肅人民出版社　1983　p. 50

張錫厚　王梵志詩校輯　中華書局　1983　p. 3

劉瑞明　王梵志詩校注補正　《敦煌學研究》（西北師院學報）1986 年增刊　p. 19

朱鳳玉　王梵志詩研究（上）（臺北）學生書局　1986　p. 8、61

朱鳳玉　王梵志研究的兩本專著評介　敦煌學（第 11 輯）（臺北）新文豐出版公司　1986　p. 89

陳慶浩　法忍抄本殘卷王梵志詩初校　敦煌學（第 12 輯）（臺北）新文豐出版公司　1987　p. 92

劉銘恕　敦煌遺書叢識　1983 年全國敦煌學術討論會文集・文史遺書編（上）甘肅人民出版社
　　　1987　p. 429

項楚　王梵志詩校注　敦煌吐魯番文獻研究論集（第四輯）北京大學出版社　1987　p. 136

張錫厚　整理《王梵志詩集》的新收穫　《敦煌學輯刊》1987 年第 2 期　p. 34

菊池英夫　中國古文書・古寫本學と日本　東アジア古文書の史的研究　（東京）刀水書房　1990
　　　p. 180

沙知　跋唐開元十六年庭州金滿縣牒　敦煌吐魯番學研究論文集　漢語大詞典出版社　1990
　　　p. 195 注 20

張錫厚　敦煌寫本王梵志詩原卷真迹　王梵志詩研究彙録（上）上海古籍出版社　1990　圖版 8

張錫厚　關於敦煌寫本王梵志詩整理的若干問題　王梵志詩研究彙録（上）上海古籍出版社
　　　1990　p. 80

趙和平　鄧文寬　敦煌寫本王梵志詩校注　王梵志詩研究彙録（上）上海古籍出版社　1990
　　　p. 153

黃征　王梵志詩校釋補議　中華文史論叢（總 50 輯）上海古籍出版社　1992　p. 94　又見：敦煌
　　　語文叢說　（臺北）新文豐出版公司　1997　p. 251

林家平　寧强　羅華慶　中國敦煌學史　北京語言學院出版社　1992　p. 596

吳其昱著　伊藤美重子譯　敦煌漢文寫本概觀　敦煌漢文文獻（講座敦煌 5）（東京）大東出版社
　　　1992　p. 116

項楚　敦煌詩歌導論　（臺北）新文豐出版公司　1993　p. 295

曲金良　敦煌佛教文學研究　（臺北）文津出版社　1995　p. 249

張錫厚　敦煌本唐集研究　（臺北）新文豐出版公司　1995　p. 105

馬德　敦煌莫高窟史研究　甘肅教育出版社　1996　p. 182

黃征　《敦煌變文集新書》校議　敦煌語文叢說　（臺北）新文豐出版公司　1997　p. 434

黃征　《韓擒虎話本》補校　敦煌語文叢說　（臺北）新文豐出版公司　1997　p. 406

黃征　《劉子集校》匡補　敦煌語文叢說　（臺北）新文豐出版公司　1997　p. 513

黃征　王梵志詩校釋續商補　敦煌語文叢說　（臺北）新文豐出版公司　1997　p. 213

黃征　張涌泉　敦煌變文校注　中華書局　1997　p. 310、400

馬德　敦煌工匠史料　甘肅人民出版社　1997　p. 33、47

張錫厚　柴劍虹　王梵志詩集　敦煌學大辭典　上海辭書出版社　1998　p. 562

高國藩　敦煌俗文化學　上海三聯書店　1999　p. 614、646

張錫厚　敦煌文學源流　作家出版社　2000　p. 76

杜曉勤　隋唐五代文學研究　北京出版社　2001　p. 1273

黃征　敦煌語言文字學研究　甘肅教育出版社　2002　p. 299

陳慶浩　朱鳳玉　王梵志詩之整理與研究　新世紀敦煌學論集　巴蜀書社　2003　p. 166

S. 5642

戴密微著　耿昇譯　敦煌學近作　敦煌譯叢（第一輯）　甘肅人民出版社　1985　p. 32

羅華慶　敦煌藝術中的《觀音普門品變》和《觀音經變》　《敦煌研究》1987 年第 3 期　p. 56

劉進寶　俚曲小調　敦煌文學　甘肅人民出版社　1989　p. 231

林聰明　從敦煌文書看佛教徒的造經祈福　第二屆敦煌學國際研討會論文集　（臺北）漢學研究中
　　心　1990　p. 531

陳祚龍　敦煌學新簡　敦煌文物散論　（臺北）新文豐出版公司　1993　p. 161

鄭阿財　從敦煌文獻看唐代的三教合一　第二屆國際唐代學術會議論文集（上）　（臺北）文津出版
　　社　1993　p. 668 注 16

張涌泉　敦煌本《佛說父母恩重經》研究　文史（第四十九輯）　中華書局　1999　p. 68

馬世長　《父母恩重經》寫本與變相　敦煌研究文集·敦煌石窟經變篇　甘肅民族出版社　2000
　　p. 398

曾良　敦煌文獻字義通釋　廈門大學出版社　2001　p. 124

張總　說不盡的觀世音　上海辭書出版社　2002　p. 160

S. 5643

王重民　敦煌曲子詞集敘錄　商務印書館　1950　p. 6、27　又見：敦煌遺書論文集　中華書局
　　1984　p. 56

金岡照光　敦煌文學のさまざま　敦煌の文學　（東京）大藏出版株式會社　1971　p. 145

蘇瑩輝　"敦煌曲"評介　《香港中文大學學報》1974 年第 1 期　又見：敦煌論集續編　（臺北）學生
　　書局　1983　p. 305、307；中國敦煌學百年文庫·藝術卷（一）　甘肅文化出版社　1999
　　p. 371

蘇瑩輝　敦煌的舞譜　敦煌　（臺北）藝文印書館　1977　p. 30

柴劍虹　敦煌舞譜殘卷《南歌子》的整理與分析　《舞蹈藝術》1984 年第 1 期　又見：中國敦煌學百
　　年文庫·藝術卷（三）　甘肅文化出版社　1999　p. 265

福井文雅　般若心經　敦煌と中國仏教（講座敦煌 7）　（東京）大東出版社　1984　p. 39

牛龍菲　敦煌古樂史資料概論　《新疆藝術》1984 年第 5、6 期　又見：中國敦煌學百年文庫·文獻卷
　　（二）　甘肅文化出版社　1999　p. 333

牛龍菲　敦煌東漢元嘉二年五弦琴譜研究　《敦煌研究》1985 年第 2 期　p. 19

牛龍菲　敦煌樂史資料概論　絲綢之路樂舞藝術　新疆人民出版社　1985　p. 356、367　又見:絲綢
　　之路文獻叙録　蘭州大學出版社　1989　p. 604

李正宇　敦煌遺書中發現題年《南歌子》舞譜　《敦煌研究》1986年第4期　p. 75

林玫儀　敦煌曲在詞學研究上之價值　漢學研究(敦煌學國際研討會論文專號)　(臺北)漢學研究
　　資料及服務中心　1986　p. 176

柴劍虹　敦煌舞譜的整理與分析(一)　《敦煌研究》1987年第4期　p. 84

高國藩　論敦煌寫本中孟姜女故事的形成和價值　1983年全國敦煌學術討論會文集·文史遺書編
　　(下)　甘肅人民出版社　1987　p. 181、196

任半塘　敦煌歌辭總編　上海古籍出版社　1987　p. 337、435、506

張鴻勳　敦煌寫本《下女夫詞》新探　1983年全國敦煌學術討論會文集·文史遺書編(下)　甘肅人
　　民出版社　1987　p. 162

柴劍虹　敦煌舞譜的整理與分析(二)　《敦煌研究》1988年第1期　p. 81

柴劍虹　徐俊　敦煌詞輯校四談　《敦煌學輯刊》1988年第1、2期　p. 54　又見:西域文史論稿
　　(臺北)國文天地雜誌社　1991　p. 499

李正宇　敦煌地區古代祠廟寺觀簡志　《敦煌學輯刊》1988年第1、2期　p. 77

劉瑞明　詞文　敦煌文學　甘肅人民出版社　1989　p. 307

彭松　敦煌舞譜殘卷破解　《敦煌學輯刊》1989年第2期　p. 112

張錫厚　詩歌　敦煌文學　甘肅人民出版社　1989　p. 169、182注11

董錫玖　解開《敦煌舞譜》之迷　敦煌吐魯番學研究論文集　漢語大詞典出版社　1990　p. 202

高國藩　敦煌古俗與民俗流變　河海大學出版社　1990　p. 462

郭在貽　張涌泉　黃征　敦煌變文集校議　岳麓書社　1990　p. 184

林玫儀　研究敦煌曲子詞之省思　第二屆敦煌學國際研討會論文集　(臺北)漢學研究中心　1990
　　p. 308、313注22

任半塘　王昆吾　隋唐五代燕樂雜言歌辭集　巴蜀書社　1990　p. 838

王克芬　柴劍虹　敦煌舞譜的再探索　敦煌吐魯番學研究論文集　漢語大詞典出版社　1990
　　p. 221

席臻貫　敦煌舞譜序列原型探幽　敦煌學國際學術討論會論文縮寫文(1990)　敦煌研究院　1990
　　p. 14　又見:敦煌學國際研討會文集·石窟藝術編　遼寧美術出版社　1995　p. 166

周菁葆　《三台》探究:吐魯番出土文物中的一則音樂資料　吐魯番學研究專輯(內部印刷)　1990
　　p. 216注13

柴劍虹　敦煌舞譜的再探索　西域文史論稿　(臺北)國文天地雜誌社　1991　p. 482

柴劍虹　敦煌舞譜的整理與分析　西域文史論稿　(臺北)國文天地雜誌社　1991　p. 394

董錫玖　敦煌舞蹈　新疆美術攝影出版社　1992　p. 102

姜伯勤　敦煌社會文書導論　(臺北)新文豐出版公司　1992　p. 18

金岡照光　曲子詞類　敦煌の文學文獻(講座敦煌9)　(東京)大東出版社　1992　p. 397

李正宇　敦煌歌舞三劄　《敦煌研究》1992年第4期　p. 50

林家平　寧強　羅華慶　中國敦煌學史　北京語言學院出版社　1992　p. 266

饒宗頤　敦煌舞譜論文集序　《舞蹈藝術》1992年第2期　p. 110

饒宗頤　記大英博物院藏敦煌舞譜　《舞蹈藝術》1992年第2期　p. 165

吳其昱著　伊藤美重子譯　敦煌漢文寫本概觀　敦煌漢文文獻(講座敦煌5)　(東京)大東出版社
　　1992　p. 114

席臻貫　敦煌古樂　敦煌文藝出版社　1992　p. 14

周紹良　敦煌文學芻議及其它　（臺北）新文豐出版公司　1992　p. 34

高國藩　敦煌民俗資料導論　（臺北）新文豐出版公司　1993　p. 59

李正宇　敦煌文學概論　甘肅人民出版社　1993　p. 110

李正宇　論敦煌曲子　第二屆國際唐代學術會議論文集（上）　（臺北）文津出版社　1993　p. 758

劉進寶　近十年來大陸地區敦煌學研究概述　"中國唐代學會"會刊（第四期）　（臺北）"中國唐代學會"　1993　p. 84

王小盾　唐代酒令藝術　（臺北）文津出版社　1993　p. 2、159

張錫厚　敦煌文學概論　甘肅人民出版社　1993　p. 362

鄭阿財　敦煌文獻與文學　（臺北）新文豐出版公司　1993　p. 262、280

金賢珠　唐五代敦煌民歌　（臺北）文史哲出版社　1994　p. 66、108

李明偉　隋唐絲綢之路　甘肅人民出版社　1994　p. 312

劉尊明　唐五代詞的文化觀照　（臺北）文津出版社　1994　p. 534 注 28

董錫玖　金秋　絲綢之路　新華出版社　1995　p. 118

胡戟　傅玫　敦煌史話　中華書局　1995　p. 173

姜伯勤　敦煌"令舞"曲拍譜的再發現：兼論王朝"法度禮樂"與歌酒"樂章舞曲"的消長　學術集林（卷五）　上海遠東出版社　1995　p. 286

劉進寶　敦煌學論述　（臺北）洪葉文化事業有限公司　1995　p. 160、325

邵文實　敦煌邊塞文學之《征婦怨》作品述論　《敦煌學輯刊》1995 年第 2 期　p. 59

楊富學　牛汝極　沙州回鶻及其文獻　甘肅文化出版社　1995　p. 246

張涌泉　漢語俗字研究　岳麓書社　1995　p. 344

周一良　趙和平　敦煌表狀箋啓書儀略論　唐五代書儀研究　中國社會科學出版社　1995　p. 50
又見：敦煌吐魯番學研究論集　書目文獻出版社　1996　p. 201

朱鳳玉　敦煌文獻中的語文教材　（臺灣）《嘉義師院學報》1995 年第 9 期　p. 472

柴劍虹　俄藏敦煌詩詞寫卷經眼錄（一）　敦煌吐魯番研究（第一卷）　北京大學出版社　1996　p. 108　又見：敦煌吐魯番學論稿　浙江教育出版社　2000　p. 225

鄧文寬　敦煌吐魯番文獻重文符號釋讀舉隅　敦煌吐魯番學耕耘錄　（臺北）新文豐出版公司　1996　p. 317

李正宇　敦煌史地新論　（臺北）新文豐出版公司　1996　p. 72

饒宗頤　敦煌曲訂補　敦煌曲續論　（臺北）新文豐出版公司　1996　p. 51

饒宗頤　敦煌曲與樂舞及龜茲樂　敦煌曲續論　（臺北）新文豐出版公司　1996　p. 70

王昆吾　隋唐五代燕樂雜言歌辭研究　中華書局　1996　p. 60、88、417、485

趙和平　敦煌寫本書儀中的口頭用語問題初探　慶祝潘石禪先生九秩華誕敦煌學特刊　（臺北）文津出版社　1996　p. 239

劉子瑜　敦煌變文和王梵志詩　大象出版社　1997　p. 77

陸淑綺　李重申　敦煌古代戲曲文化史料綜述　《敦煌研究》1997 年第 2 期　p. 62

張弓　漢唐佛寺文化史　中國社會科學出版社　1997　p. 863

趙和平　敦煌表狀箋啓書儀輯校　江蘇古籍出版社　1997　p. 326

鄭炳林　敦煌碑銘讚輯釋　甘肅教育出版社　1997　p. 253 注 53

柴劍虹　定乾坤　敦煌學大辭典　上海辭書出版社　1998　p. 530

柴劍虹　敦煌舞譜　敦煌學大辭典　上海辭書出版社　1998　p. 263

柴劍虹　曲名詞　敦煌學大辭典　上海辭書出版社　1998　p. 540

李鼎霞　柴劍虹　崔氏夫人要女文　敦煌學大辭典　上海辭書出版社　1998　p. 547

李正宇　後梁開平三年南哥（歌）子舞譜序詞　敦煌學大辭典　上海辭書出版社　1998　p. 263

李正宇　演曲子　敦煌學大辭典　上海辭書出版社　1998　p. 448

孫其芳　別仙子　敦煌學大辭典　上海辭書出版社　1998　p. 533

孫其芳　送征衣　敦煌學大辭典　上海辭書出版社　1998　p. 534

孫其芳　遐方怨　敦煌學大辭典　上海辭書出版社　1998　p. 537

張鴻勳　下女夫詞　敦煌學大辭典　上海辭書出版社　1998　p. 582

趙和平　雜相謝賀　敦煌學大辭典　上海辭書出版社　1998　p. 425

高國藩　敦煌俗文化學　上海三聯書店　1999　p. 545

馬德　敦煌文書《諸寺付經歷》芻議　《敦煌學輯刊》1999 年第 1 期　p. 39

妹尾達彦　唐代長安東市の印刷業　東アジア史における國家と地域　（東京）刀水書房　1999
　　　p. 220

山田俊　敦煌舞譜的對舞結構試析：兼論譜字的解釋　敦煌吐魯番研究（第四卷）　北京大學出版社
　　　1999　p. 509、515

杜琪　敦煌詩賦作品要目分類題注　《甘肅社會科學》2000 年第 1 期　p. 63

李重申　敦煌古代體育文化　甘肅人民出版社　2000　p. 49

施萍婷　《敦煌遺書總目索引新編》前言　敦煌遺書總目索引新編　中華書局　2000　p. 3

孫其芳　鳴沙遺音：敦煌詞選評　甘肅人民出版社　2000　p. 158

汪泛舟　敦煌古代兒童課本　甘肅人民出版社　2000　p. 50

徐俊　敦煌詩集殘卷輯考　中華書局　2000　p. 290

張錫厚　敦煌文學源流　作家出版社　2000　p. 65、551

李正宇　沙州歸義軍樂營及其職事　敦煌吐魯番研究（第五卷）　北京大學出版社　2001　p. 221

劉進寶　敦煌學通論　甘肅教育出版社　2002　p. 150、372

吳麗娛　唐禮摭遺：中古書儀研究　商務印書館　2002　p. 543、591

張鴻勳　敦煌俗文學研究　甘肅人民出版社　2002　p. 408

鄭阿財　朱鳳玉　敦煌蒙書研究　甘肅教育出版社　2002　p. 410

陳明　張議朝出行圖中的樂舞　《敦煌研究》2003 年第 5 期　p. 54

王克芬　中國舞蹈發展史　上海人民出版社　2003　p. 236

王克芬　柴劍虹　對敦煌舞譜研究若干問題的再認識　2000 年敦煌學國際學術討論會文集·石窟
　　　藝術卷　甘肅民族出版社　2003　p. 50

高啓安　唐五代敦煌飲食文化研究　民族出版社　2004　p. 325

戶倉英美　葛曉音　從唐樂譜和姜譜的關係看詞的音樂背景　文史（第二輯）　中華書局　2004
　　　p. 156

湯涒　敦煌曲子詞地域文化研究　上海古籍出版社　2004　p. 30、92、107、207

湯涒　敦煌曲子詞寫本叙略　敦煌學國際研討會論文集　北京圖書館出版社　2005　p. 199

楊寶玉　英藏敦煌文獻原卷查閱劄記（一）　敦煌學國際研討會論文集　北京圖書館出版社　2005
　　　p. 129

朱鳳玉　王重民先生與敦煌文學研究　敦煌學國際研討會論文集　北京圖書館出版社　2005　p. 8

趙跟喜　敦煌唐宋時期的女子教育初探　《敦煌研究》2006 年第 2 期　p. 92

S. 5644

向達　倫敦所藏敦煌卷子經眼目録　《北平圖書館圖書季刊》1939 年新第 1 卷第 4 期　p. 397　又
　　　見：唐代長安與西域文明　三聯書店　1957　p. 230

梁梁　《方角書一首》試析　《敦煌研究》1983 年創刊號　p. 173

李正宇　敦煌文學雜考二題　敦煌語言文學研究　北京大學出版社　1988　p. 93

張錫厚　敦煌詩歌考論　《敦煌學輯刊》1989 年第 2 期　p. 32

張錫厚　詩歌　敦煌文學　甘肅人民出版社　1989　p. 181

池田溫　中國古代寫本識語集録　（東京）大藏出版株式會社　1990　p. 447

饒宗頤　敦煌寫卷之書法　唐代研究論集（第三輯）（臺北）新文豐出版公司　1992　p. 30

李正宇　敦煌文學概論　甘肅人民出版社　1993　p. 162

張錫厚　敦煌文學概論　甘肅人民出版社　1993　p. 358

鄭炳林　馮培紅　讀《中國古代寫本識語集録》劄記　《西北史地》1994 年第 4 期　p. 47

劉進寶　敦煌學論述　（臺北）洪葉文化事業有限公司　1995　p. 332

鄭炳林　敦煌碑銘讚輯釋　甘肅教育出版社　1997　p. 500 注 1

柴劍虹　方角書　敦煌學大辭典　上海辭書出版社　1998　p. 556

徐俊　敦煌詩集殘卷輯考　中華書局　2000　p. 895

張錫厚　敦煌文學源流　作家出版社　2000　p. 87、347

劉進寶　敦煌學通論　甘肅教育出版社　2002　p. 379

S. 5645

饒宗頤　三教論及其海外移殖　選堂集林・史林　（香港）中華書局　1982　p. 1212、1241

土橋秀高　敦煌の律藏　敦煌と中國仏教（講座敦煌 7）（東京）大東出版社　1984　p. 250

汪泛舟　偈・頌　敦煌文學　甘肅人民出版社　1989　p. 90

周紹良　敦煌文學芻議及其它　（臺北）新文豐出版公司　1992　p. 29

高田時雄　チベット文字書寫「長卷」の研究（本文編）『東方學報』（第 65 號）京都大學人文科
　　學研究所　1993　p. 369

蕭登福　道教與密宗　（臺北）新文豐出版公司　1993　p. 440、520

井ノ口泰淳　敦煌本『仏名經』の諸系統　中央アジアの言語と仏教　（京都）法藏館　1995　p. 320

井ノ口泰淳　敦煌本「禮懺文」　中央アジアの言語と仏教　（京都）法藏館　1995　p. 359

郝春文　唐後期五代宋初敦煌僧尼的社會生活　中國社會科學出版社　1998　p. 207

劉方　中國佛教史研究　敦煌學大辭典　上海辭書出版社　1998　p. 839

黃正建　敦煌占卜文書與唐五代占卜研究　學苑出版社　2001　p. 87

曾良　敦煌文獻字義通釋　廈門大學出版社　2001　p. 125

陳于柱　從敦煌占卜文書看晚唐五代敦煌占卜與佛教的對話交融　《敦煌學輯刊》2005 年第 2 期
　　p. 26

S. 5646

芳村修基　土橋秀高　井ノ口泰淳　敦煌佛教史年表　西域文化研究（第一）・敦煌佛教資料　（京
　　都）法藏館　1958　p. 280

平井宥慶　金剛般若經　敦煌と中國仏教（講座敦煌 7）（東京）大東出版社　1984　p. 23

池田溫　中國古代寫本識語集録　（東京）大藏出版株式會社　1990　p. 502

蘇遠鳴　敦煌佛教肖像劄記　法國學者敦煌學論文選萃　中華書局　1993　p. 189

榮新江　歸義軍史研究　上海古籍出版社　1996　p. 278

陳祚龍　關於日本龍谷大學所藏的敦煌本《佛說齋法清淨經》　中國敦煌學百年文庫・宗教卷（二）
　　甘肅文化出版社　1999　p. 145

平井宥慶　敦煌流傳の金剛般若經　金剛般若經の思想的研究　（東京）春秋社　1999　p. 248、250

李致忠　古代版印通論　紫禁城出版社　2000　p. 85

顏廷亮　敦煌文化　光明日報出版社　2000　p. 271

蔡忠霖　敦煌漢文寫卷俗字及其現象　（臺北）文津出版社　2002　p. 66、140、166

釋永有　敦煌遺書中的金剛經　敦煌佛教藝術文化國際學術研討會論文集　蘭州大學出版社　2002
　　p. 33

蔡忠霖　從書法角度看俗字的生成　敦煌學（第 24 輯）（臺北）樂學書局有限公司　2003　p. 164

李致忠　敦煌遺書中的裝幀形式與書史研究中的裝幀形制　敦煌與絲路文化學術講座（第二輯）
　　北京圖書館出版社　2005　p. 91

S. 5647

韓國磐　根據敦煌和吐魯番發現的文件略談有關唐代田制的幾個問題　《歷史研究》1962 年第 4－6
　　期　又見：新疆考古三十年　新疆人民出版社　1983　p. 306；敦煌吐魯番文書研究　甘肅人民
　　出版社　1984　p. 198；中國敦煌學百年文庫・歷史卷（一）甘肅文化出版社　1999　p. 228

李正宇　敦煌方音止遇二攝混同及其校勘學意義　《敦煌研究》1986 年第 4 期　p. 49

黃征　敦煌陳寫本晉竺法護譯《佛說生經》殘卷 P. 2965 校釋　敦煌語言文學論文集　浙江古籍出版
　　社　1988　p. 281 注 23　又見：敦煌語文叢說　（臺北）新文豐出版公司　1997　p. 736

楊際平　唐末宋初敦煌土地制度初探　《敦煌學輯刊》1988 年第 1、2 期　p. 22

王公望　契約　敦煌文學　甘肅人民出版社　1989　p. 54

張涌泉　《敦煌歌辭總編》誤校二十例　《古籍整理出版情況簡報》1989 年第 218 期　p. 23

唐耕耦　陸宏基　敦煌社會經濟文獻真迹釋錄（二）全國圖書館文獻縮微複製中心　1990　p. 162

仁井田陞　補訂中國法制史研究：奴隷農奴法・家族村落法　東京大學出版會　1991　p. 567、577、
　　584

杜琦　敦煌文學概論　甘肅人民出版社　1993　p. 520

高國藩　敦煌民俗資料導論　（臺北）新文豐出版公司　1993　p. 94

譚蟬雪　敦煌婚姻文化　甘肅人民出版社　1993　p. 68

熊鐵基　以敦煌資料證傳統家庭　《敦煌研究》1993 年第 3 期　p. 76

蔣禮鴻　敦煌文獻語言詞典　杭州大學出版社　1994　p. 145、256、316

齊陳駿　有關遺產繼承的幾件敦煌遺書　《敦煌學輯刊》1994 年第 2 期　p. 51、56

張傳璽　中國歷代契約會編考釋（上）北京大學出版社　1995　p. 470 注 1、506 注 1、684 注 1

黃征　三字連文論析　敦煌語文叢說　（臺北）新文豐出版公司　1997　p. 133

楊際平　郭鋒　張和平　五─十世紀敦煌的家庭與家族關係　岳麓書社　1997　p. 233

張涌泉　敦煌文獻校讀易誤字例釋　敦煌文學論集　四川人民出版社　1997　p. 266

郝春文　唐後期五代宋初敦煌僧尼的社會生活　中國社會科學出版社　1998　p. 371

郝春文　唐後期五代宋初敦煌僧尼遺產的處理與喪事的操辦　《敦煌研究》1998 年第 3 期　p. 35

沙知　敦煌契約文書輯校　江蘇古籍出版社　1998　p. 362、460、531

劉紅遠　敦煌文書所見的"莊"、"田莊"、"莊田"、"莊園"非封建莊園說　《敦煌學輯刊》2000 年第 2
　　期　p. 26

施萍婷　《敦煌遺書總目索引新編》前言　敦煌遺書總目索引新編　中華書局　2000　p. 3

張錫厚　敦煌文學源流　作家出版社　2000　p. 166

張涌泉　漢語俗字叢考・前言　漢語俗字叢考　中華書局　2000　p. 12

曾良　敦煌文獻字義通釋　廈門大學出版社　2001　p. 48

黄征　敦煌語言文字學研究　甘肅教育出版社　2002　p. 226、282

盧善煥　敦煌本《孔子項托相問書》研究　古史文存　社會科學文獻出版社　2002　p. 193

董志翹　敦煌社會經濟文書詞語散釋　中國俗文化研究(第一輯)　巴蜀書社　2003　p. 130

王昆吾　從敦煌學到域外漢文學　商務印書館　2003　p. 30

王啓濤　中古及近代法制文書語言研究　巴蜀書社　2003　p. 102、138、253、323、349

武曉玲　《敦煌變文校注·維摩詰經講經文》商補　《敦煌研究》2003年第3期　p. 105

張錫厚　敦煌文概說　2000年敦煌學國際學術討論會文集·歷史文化卷(下)　甘肅民族出版社　2003　p. 223

陳國燦　俄藏敦煌ДX12012號《書儀》疏證　敦煌學(第25輯)　(臺北)樂學書局有限公司　2004　p. 415

董志翹　敦煌社會經濟文獻詞語略考　浙江與敦煌學:常書鴻先生誕辰一百周年紀念文集　浙江古籍出版社　2004　p. 492

余欣　新刊俄藏敦煌文獻研讀劄記　《敦煌學輯刊》2004年第1期　p. 14

鄭顯文　唐代律令制研究　北京大學出版社　2004　p. 200

劉進寶　唐五代的"單身"及其賦役免征　中華文史論叢(總79輯)　上海古籍出版社　2005　p. 226

S. 5648

金岡照光　敦煌文學のさまざま　敦煌の文學　(東京)大藏出版株式會社　1971　p. 161

福井文雅　般若心經　敦煌と中國仏教(講座敦煌7)　(東京)大東出版社　1984　p. 39

顔廷亮　關於敦煌遺書中的甘肅文學作品　1983年全國敦煌學術討論會文集·文史遺書編(下)　甘肅人民出版社　1987　p. 228

汪泛舟　敦煌文學概論　甘肅人民出版社　1993　p. 564

汪泛舟　敦煌韻文辨正舉隅　《敦煌研究》1994年第2期　p. 145

鄭炳林　《索勳紀德碑》研究　《敦煌學輯刊》1994年第2期　p. 66

顔廷亮　敦煌文學概說　(臺北)新文豐出版公司　1995　p. 70

柴劍虹　草書歌　敦煌學大辭典　上海辭書出版社　1998　p. 551

柴劍虹　老僧詩　敦煌學大辭典　上海辭書出版社　1998　p. 574

柴劍虹　小遊仙詩　敦煌學大辭典　上海辭書出版社　1998　p. 572

柴劍虹　雜抄詩　敦煌學大辭典　上海辭書出版社　1998　p. 565

柴劍虹　汪泛舟　四角詩圖　敦煌學大辭典　上海辭書出版社　1998　p. 556

方廣錩　《般若心經譯注集成》前言　敦煌學佛教學論叢(下)　中國佛教文化研究所　1998　p. 29

方廣錩　唐梵翻對字音般若波羅蜜多心經　敦煌學大辭典　上海辭書出版社　1998　p. 687

汪泛舟　敦煌道教詩歌補論　《敦煌研究》1998年第4期　p. 89

牛汝極　回鶻佛教文獻　新疆大學出版社　2000　p. 228

施萍婷　《敦煌遺書總目索引新編》前言　敦煌遺書總目索引新編　中華書局　2000　p. 3

徐俊　敦煌詩集殘卷輯考　中華書局　2000　p. 325、630、798、896

陳尚君　評《敦煌詩集殘卷輯考》　敦煌吐魯番研究(第五卷)　北京大學出版社　2001　p. 387

曾良　敦煌文獻字義通釋　廈門大學出版社　2001　p. 176

林仁昱　論敦煌佛教歌曲特質與"弘法"的關係　敦煌學(第23輯)　(臺北)樂學書局有限公司　2002　p. 72

梅維恒　《心經》與《西遊記》的關係　唐研究(第十卷)　北京大學出版社　2004　p. 51

S. 5649

饒宗頤　蒲甘國史事零拾　選堂集林·史林　（香港）中華書局　1982　p. 850 注 11　又見：饒宗頤
　　史學論著選　上海古籍出版社　1993　p. 621 注 11

方廣錩　如來成道經　敦煌學大辭典　上海辭書出版社　1998　p. 737

宋家鈺　佛教齋文源流與敦煌本"齋文"書的復原　《中國史研究》1999 年第 2 期　p. 82　又見：英
　　國收藏敦煌漢藏文獻研究：紀念敦煌文獻發現一百周年　中國社會科學出版社　2000　p. 316

李文潔　林世田　《佛說如來成道經》與《降魔變文》關係之研究　《敦煌學輯刊》2005 年第 4 期
　　p. 46

S. 5650

汪娟　敦煌禮懺文研究　（臺北）法鼓文化公司　1994　p. 377

汪娟　敦煌寫本《觀音禮》初探　慶祝吳其昱先生八秩華誕敦煌學特刊　（臺北）文津出版社　2000
　　p. 307

S. 5651

芳村修基　土橋秀高　井ノ口泰淳　敦煌佛教史年表　西域文化研究（第一）·敦煌佛教資料　（京
　　都）法藏館　1958　p. 281

池田溫　中國古代寫本識語集録　（東京）大藏出版株式會社　1990　p. 510

高田時雄　チベット文字書寫「長卷」の研究（本文編）　『東方學報』（第 65 號）　京都大學人文科
　　學研究所　1993　p. 369

榮新江　歸義軍改元考　文史（第三十八輯）　中華書局　1994　p. 52

井ノ口泰淳　敦煌本『仏名經』の諸系統　中央アジアの言語と仏教　（京都）法藏館　1995　p. 320

井ノ口泰淳　敦煌本「禮懺文」　中央アジアの言語と仏教　（京都）法藏館　1995　p. 359

榮新江　歸義軍史研究　上海古籍出版社　1996　p. 55

汪娟　敦煌禮懺文研究　（臺北）法鼓文化公司　1998　p. 14、182、358

湛如　評《敦煌禮懺文研究》　敦煌吐魯番研究（第四卷）　北京大學出版社　1999　p. 618

郝春文　英藏敦煌社會歷史文獻釋録（第一卷）　科學出版社　2001　p. 352

S. 5652

陳祚龍　敦煌古抄内典尾記彙校初、二、三編合刊　敦煌學要籥　（臺北）新文豐出版公司　1982
　　p. 156

池田溫　中國古代寫本識語集録　（東京）大藏出版株式會社　1990　p. 465

池田溫　契　敦煌漢文文獻（講座敦煌 5）　（東京）大東出版社　1992　p. 666　又見：敦煌文書の世
　　界　（東京）名著刊行會　2003　p. 196

高田時雄　チベット文字書寫「長卷」の研究（本文編）　『東方學報』（第 65 號）　京都大學人文科
　　學研究所　1993　p. 371

沙知　敦煌契約文書輯校　江蘇古籍出版社　1998　p. 230

張先堂　晚唐至宋初淨土五會念佛法門在敦煌的流傳　《敦煌研究》1998 年第 1 期　p. 52

山本達郎等　補（III）契·敦煌發現契　『NUN－HUANG AND TURFAN DOCUMENTS CONCERNING
　　SOCIAL AND ECONOMIC HISTORY』（Sup. p. lemrnts）　（東京）東洋文庫　2001　p. 55

王啓濤　中古及近代法制文書語言研究　巴蜀書社　2003　p. 292

金瀅坤　敦煌社會經濟文獻綴合拾遺　《敦煌研究》2006 年第 2 期　p. 88

汪泛舟　敦煌俗別字新考(上)　《敦煌研究》2006 年第 1 期　p. 104

S. 5654

入矢義高　『太公家教』校釋　福井博士頌壽記念東洋思想論集　（東京）論文集刊行會　1960
　　p. 35

高國藩　敦煌寫本《太公家教》初探　《敦煌學輯刊》1984 年第 1 期　p. 64

王重民　跋太公家教　敦煌遺書論文集　中華書局　1984　p. 138

雷僑雲　敦煌兒童文學　（臺北）學生書局　1985　p. 82 注 4

李正宇　敦煌方音止遇二攝混同及其校勘學意義　《敦煌研究》1986 年第 4 期　p. 55

周鳳五　敦煌寫本太公家教研究　（臺北）明文書局　1986　p. 155

鄭阿財　敦煌寫卷新集文詞九經抄研究　（臺北）文史哲出版社　1989　p. 128 注 1

鄭阿財　敦煌蒙書析論　第二屆敦煌學國際研討會論文集　（臺北）漢學研究中心　1990　p. 226

榮新江　饒宗頤教授與敦煌學研究　“中國唐代學會”會刊(第四期)　（臺北）“中國唐代學會”
　　1993　p. 44

鄭阿財　敦煌文獻與文學　（臺北）新文豐出版公司　1993　p. 260

鄭阿財　學日益齋敦煌學劄記　周一良先生八十生日紀念論文集　中國社會科學出版社　1993
　　p. 193

鄧文寬　英藏敦煌本《六祖壇經》通借字芻議　《敦煌研究》1994 年第 1 期　p. 80

汪泛舟　敦煌古代兒童課本　甘肅人民出版社　2000　p. 212、224

S. 5657

吳其昱　臥輪禪師逸語敦煌吐蕃文(伯希和 116 號)譯本考釋　敦煌學(第 4 輯)　（香港）新亞研究
　　所敦煌學會　1979　p. 36

田中良昭　修道偈Ⅰ　敦煌仏典と禪(講座敦煌 8)　（東京）大東出版社　1980　p. 257

廣川堯敏　禮讃　敦煌と中國仏教(講座敦煌 7)　（東京）大東出版社　1984　p. 468

汪泛舟　偈・頌　敦煌文學　甘肅人民出版社　1989　p. 90

上山大峻　敦煌佛教の研究　（京都）法藏館　1990　p. 420

鄭阿財　敦煌蒙書析論　第二屆敦煌學國際研討會論文集　（臺北）漢學研究中心　1990　p. 216

吳其昱著　伊藤美重子譯　敦煌漢文寫本概観　敦煌漢文文獻(講座敦煌 5)　（東京）大東出版社
　　1992　p. 57

周紹良　敦煌文學芻議及其它　（臺北）新文豐出版公司　1992　p. 29

汪泛舟　敦煌文學概論　甘肅人民出版社　1993　p. 549

田中良昭　敦煌の禪籍　禪學研究入門　（東京）大東出版社　1994　p. 69

柳田聖山　禪籍解題(一)・敦煌禪籍　俗語言研究(第二期)　（京都）禪文化研究所　1995　p. 150

汪泛舟　敦煌詩詞補正與考源　《敦煌研究》1997 年第 3 期　p. 111

徐俊　敦煌詩集殘卷輯考　中華書局　2000　p. 229、906

鄭阿財　朱鳳玉　敦煌蒙書研究　甘肅教育出版社　2002　p. 22

S. 5658

向達　倫敦所藏敦煌卷子經眼目錄　《北平圖書館圖書季刊》1939 年新第 1 卷第 4 期　p. 397　又
　　見：唐代長安與西域文明　三聯書店　1957　p. 230

土橋秀高　四分律雜抄　西域文化研究(第一)・敦煌佛教資料　（京都）法藏館　1958　p. 186

林其錟　陳鳳金輯校　敦煌遺書劉子殘卷集録　上海書店　1988　p. 5、33

高國藩　敦煌民俗學　上海文藝出版社　1989　p. 469

鄭阿財　敦煌蒙書析論　第二屆敦煌學國際研討會論文集　（臺北）漢學研究中心　1990　p. 221

周丕顯　巴黎藏伯字第二七二一號《雜抄・書目》初探　敦煌吐魯番學研究論文集　漢語大詞典出版社　1990　p. 415

王三慶著　池田溫譯　類書　敦煌漢文文獻(講座敦煌5)　（東京）大東出版社　1992　p. 387

譚禪雪　敦煌歲時掇瑣　（香港）《九州學刊》(敦煌學專輯)1993年第5卷第4期　p. 101

鄭阿財　敦煌文獻與文學　（臺北）新文豐出版公司　1993　p. 252

朱鳳玉　從傳統語文教育論敦煌本《雜抄》　全國敦煌學研討會論文集　（臺北）中正大學中國文學系所　1995　p. 203

白化文　雜抄　敦煌學大辭典　上海辭書出版社　1998　p. 782

譚蟬雪　重陽食餌　敦煌學大辭典　上海辭書出版社　1998　p. 435

譚蟬雪　敦煌歲時文化導論　（臺北）新文豐出版公司　1998　p. 281、306、321、369

譚蟬雪　唐宋敦煌歲時佛俗：八月至十二月　《敦煌研究》2001年第2期　p. 74

曾良　敦煌文獻字義通釋　廈門大學出版社　2001　p. 55、151

鄭阿財　朱鳳玉　敦煌蒙書研究　甘肅教育出版社　2002　p. 169

張涌泉　試論敦煌寫本類書的校勘價值：以《勵忠節抄》爲例　《敦煌研究》2003年第2期　p. 69

S. 5659

張廣達　榮新江　敦煌"瑞像記"、瑞像圖及其反映的于闐　敦煌吐魯番文獻研究論集（第三輯）　北京大學出版社　1986　p. 69、116　又見：于闐史叢考　上海書店　1993　p. 214

耿昇　中法學者友好合作的成果　《敦煌研究》1987年第1期　p. 107

劉銘恕　敦煌遺書叢識　1983年全國敦煌學術討論會文集・文史遺書編(上)　甘肅人民出版社　1987　p. 435

孫修身　莫高窟佛教史迹畫內容考釋(九)　《敦煌研究》1988年第4期　p. 27

韓建瓴　雜記　敦煌文學　甘肅人民出版社　1989　p. 71

蘇遠鳴　敦煌石窟中的瑞像圖　法國學者敦煌學論文選萃　中華書局　1993　p. 157

蘇遠鳴　敦煌寫本中的某些壁畫題識　法國學者敦煌學論文選萃　中華書局　1993　p. 232

陸慶夫　敦煌民族文獻與河西古代民族　《敦煌學輯刊》1994年第2期　p. 84

張總　說不盡的觀世音　上海辭書出版社　2002　p. 136

樊錦詩　玄奘譯經和敦煌壁畫　《敦煌研究》2004年第2期　p. 11

沙武田　敦煌壁畫榜題寫本研究　《敦煌研究》2004年第3期　p. 104

王惠民　敦煌經變畫的研究成果與研究方法　《敦煌學輯刊》2004年第2期　p. 69

巫鴻　再論劉薩訶　禮儀中的美術　三聯書店　2005　p. 445

張小剛　敦煌瑞像圖中的于闐護國神王　《敦煌研究》2005年第1期　p. 50

S. 5660

向達　倫敦所藏敦煌卷子經眼目録　《北平圖書館圖書季刊》1939年新第1卷第4期　p. 397　又見：唐代長安與西域文明　三聯書店　1957　p. 230

土橋秀高　敦煌の律藏　敦煌と中國仏教(講座敦煌7)　（東京）大東出版社　1984　p. 263

郭長城　敦煌寫本朋友書儀試論　漢學研究(敦煌學國際研討會論文專號)　（臺北）漢學研究資料及服務中心　1986　p. 293

趙和平　敦煌寫本《朋友書儀》殘卷整理及研究　《敦煌研究》1987 年第 4 期　p. 44　又見:唐五代
　　書儀研究　中國社會科學出版社　1995　p. 109

周紹良　趙和平　書儀　《敦煌語言文學研究通訊》1987 年第 4 期　p. 1　又見:敦煌文學　甘肅人
　　民出版社　1989　p. 46

劉進寶　俚曲小調　敦煌文學　甘肅人民出版社　1989　p. 226

趙和平　敦煌寫本書儀略論　敦煌吐魯番學研究論文集　漢語大詞典出版社　1990　p. 562　又見:
　　唐五代書儀研究　中國社會科學出版社　1995　p. 2

杜琦　敦煌文學概論　甘肅人民出版社　1993　p. 509

趙和平　敦煌寫本書儀研究　（臺北）新文豐出版公司　1993　p. 11、114

李正宇　敦煌遺書標點符號　敦煌學大辭典　上海辭書出版社　1998　p. 519

張鴻勳　柴劍虹　唱導　敦煌學大辭典　上海辭書出版社　1998　p. 526

趙和平　朋友書儀　敦煌學大辭典　上海辭書出版社　1998　p. 417

李小榮　變文與唱導關係之探討　《敦煌研究》1999 年第 4 期　p. 6

張錫厚　敦煌文學源流　作家出版社　2000　p. 154

曾良　敦煌文獻字義通釋　廈門大學出版社　2001　p. 83、146

李小榮　變文講唱與華梵宗教藝術　上海三聯書店　2002　p. 50、198

吳麗娛　唐禮摭遺:中古書儀研究　商務印書館　2002　p. 9、11 圖版、30

曾良　敦煌文獻字義劄記　2000 年敦煌學國際學術討論會文集·歷史文化卷（下）　甘肅民族出版
　　社　2003　p. 470

王三慶　黃亮文　《朋友書儀》一卷研究　敦煌學（第 25 輯）　（臺北）樂學書局有限公司　2004
　　p. 22

S. 5661

江素雲　維摩詰所說經敦煌寫本綜合目錄　（臺北）東初出版社　1991　p. 80

S. 5662

金岡照光　敦煌における地獄文獻:敦煌庶民信仰の一樣相　敦煌と中國仏教（講座敦煌 7）　（東
　　京）大東出版社　1984　p. 570

S. 5663

陳祚龍　敦煌古抄內典尾記彙校初、二、三編合刊　敦煌學要籥　（臺北）新文豐出版公司　1982
　　p. 156

孫修身　敦煌三界寺　甘肅省史學會論文集　甘肅省歷史學會編印　1982　p. 173　又見:中國敦煌
　　學百年文庫·宗教卷（一）　甘肅文化出版社　1999　p. 56

孫修身　莫高窟佛教史迹故事畫介紹（三）　《敦煌研究》1982 年試刊第 2 期　p. 103

池田溫　中國古代寫本識語集錄　（東京）大藏出版株式會社　1990　p. 479

鄭炳林　伯 2641 號背莫高窟再修功德記撰寫人探微　《敦煌學輯刊》1991 年第 2 期　p. 49

魏普賢　敦煌寫本和石窟中的劉薩訶傳說　法國學者敦煌學論文選萃　中華書局　1993　p. 439

李玉昆　敦煌遺書《泉州千佛新著諸祖師頌》研究　《敦煌學輯刊》1995 年第 1 期　p. 31

王三慶　敦煌書儀載錄之節日活動與民俗　全國敦煌學研討會論文集　（臺北）中正大學中國文學
　　系所　1995　p. 25 注 19

郝春文　關於唐後期五代宋初沙州僧俗的施捨問題　唐研究（第三卷）　北京大學出版社　1997

p. 25

榮新江　敦煌藏經洞的性質及其封閉原因　敦煌吐魯番研究（第二卷）　北京大學出版社　1997
　　p. 32

鄭炳林　敦煌碑銘讚輯釋　甘肅教育出版社　1997　p. 517 注 8

陳國燦　己未年道真條修中論等經兼施入記　敦煌學大辭典　上海辭書出版社　1998　p. 458

方廣錩　中論　敦煌學大辭典　上海辭書出版社　1998　p. 720

郝春文　唐後期五代宋初敦煌僧尼的社會生活　中國社會科學出版社　1998　p. 249

榮新江　英國圖書館藏敦煌漢文非佛教文獻殘卷概述　敦煌文藪（下）　（臺北）新文豐出版公司
　　1999　p. 123

榮新江　再論敦煌藏經洞的寶藏：三界寺與藏經洞　敦煌佛教藝術文化國際學術研討會論文集　蘭
　　州大學出版社　2002　p. 19

鄭炳林　晚唐五代敦煌諸寺藏經與管理　新世紀敦煌學論集　巴蜀書社　2003　p. 348

S. 5664

戴仁　敦煌的經折裝寫本　法國學者敦煌學論文選萃　中華書局　1993　p. 586

S. 5665

江素雲　維摩詰所說經敦煌寫本綜合目錄　（臺北）東初出版社　1991　p. 80

鄭炳林　伯 2641 號背莫高窟再修功德記撰寫人探微　《敦煌學輯刊》1991 年第 2 期　p. 46

王三慶　敦煌寫卷中武后新字之調查研究　唐代研究論集（第三輯）　（臺北）新文豐出版公司
　　1992　p. 93

邰惠莉　敦煌遺書中的白描畫簡介　《社科縱橫》1994 年第 4 期　p. 51

方廣錩　敦煌佛教經錄輯校　江蘇古籍出版社　1997　p. 906

方廣錩　觀察諸法行經　敦煌學大辭典　上海辭書出版社　1998　p. 670

方廣錩　摩訶僧祇律　敦煌學大辭典　上海辭書出版社　1998　p. 713

方廣錩　沙州乞經狀　敦煌學大辭典　上海辭書出版社　1998　p. 756

方廣錩　雜阿含經　敦煌學大辭典　上海辭書出版社　1998　p. 706

趙貞　"九曜行年"略說　《敦煌學輯刊》2005 年第 3 期　p. 31

S. 5666

高國藩　敦煌民俗資料導論　（臺北）新文豐出版公司　1993　p. 304

蕭登福　道教星斗符印與佛教密宗　（臺北）新文豐出版公司　1993　p. 239

邵文實　敦煌道教試述　《世界宗教研究》1996 年第 2 期　又見：中國敦煌學百年文庫・宗教卷
　　（三）　甘肅文化出版社　1999　p. 341

譚蟬雪　祈願星神　敦煌學大辭典　上海辭書出版社　1998　p. 451

周維平　從敦煌遺書看敦煌道教　《西北民族研究》1999 年第 2 期　p. 133

汪泛舟　敦煌道教與齋醮諸考　1994 年敦煌學國際研討會文集・宗教文史卷（上）　甘肅民族出版
　　社　2000　p. 13

李小榮　變文講唱與華梵宗教藝術　上海三聯書店　2002　p. 289

趙貞　評《敦煌占卜文書與唐五代占卜研究》　唐研究（第八卷）　北京大學出版社　2002　p. 519

王卡　敦煌道教文獻研究　中國社會科學出版社　2004　p. 53、155

S. 5667

榮新江　《英藏敦煌文獻》定名商補　文史(第五十二輯)　中華書局　2000　p. 123　又見:敦煌學
　　　新論　甘肅教育出版社　2002　p. 198

S. 5668

鄭阿財　敦煌蒙書析論　第二屆敦煌學國際研討會論文集　(臺北)漢學研究中心　1990　p. 221

鄭阿財　敦煌文獻與文學　(臺北)新文豐出版公司　1993　p. 252

朱鳳玉　從傳統語文教育論敦煌本《雜抄》　全國敦煌學研討會論文集　(臺北)中正大學中國文學
　　　系所　1995　p. 203

西本照真　敦煌抄本中的三階教文獻　中日敦煌佛教學術會議論文集　中國社會科學院研究所
　　　2002　p. 177

張總　評《三階教的研究》　唐研究(第八卷)　北京大學出版社　2002　p. 470

西本照真　三階教文獻綜述　藏外佛教文獻(第九輯)　宗教文化出版社　2003　p. 365

S. 5669

芳村修基　土橋秀高　井ノ口泰淳　敦煌佛教史年表　西域文化研究(第一)・敦煌佛教資料　(京
　　　都)法藏館　1958　p. 274

池田溫　中國古代の租佃契(上)　『東洋文化研究所紀要』(第60冊)　東京大學東洋文化研究所
　　　1973　p. 93

陳祚龍　中世敦煌與成都之間的交通路線:敦煌學散策之一　敦煌學(第1輯)　(香港)新亞研究所
　　　敦煌學會　1974　p. 82　又見:敦煌資料考屑(下冊)　(臺北)商務印書館　1979　p. 337 ; 唐
　　　代研究論集(第三輯)　(臺北)新文豐出版公司　1992　p. 437

平野顯照著　張桐生譯　唐代的文學與佛教　(臺北)業強出版社　1987　p. 256

舒學　敦煌漢文遺書中雕版印刷資料綜叙　敦煌語言文學研究　北京大學出版社　1988　p. 295

池田溫　中國古代寫本識語集録　(東京)大藏出版株式會社　1990　p. 451

龍晦　敦煌與五代兩蜀文化　《敦煌研究》1990年第2期　p. 100

文初　讀敦煌卷子劄記二則　《敦煌語言文學研究通訊》1990年第2-3期　p. 7

文初　關於敦煌卷子中的"八十二老人"　《社科縱橫》1990年第6期　p. 39

榮新江　金山國史辨正　中華文史論叢(總50輯)　上海古籍出版社　1992　p. 74

李正宇　敦煌文學概論　甘肅人民出版社　1993　p. 97

蘇遠鳴　敦煌佛教肖像劄記　法國學者敦煌學論文選萃　中華書局　1993　p. 198 注 11

方廣錩　敦煌文獻中的《金剛經》及其注疏　《新疆文物》1995年第1期　p. 45　又見:敦煌學佛教
　　　學論叢(上)　中國佛教文化研究所　1998　p. 373

胡戟　傅玫　敦煌史話　中華書局　1995　p. 199

顏廷亮　敦煌文學概說　(臺北)新文豐出版公司　1995　p. 225

顏廷亮　張球著作系年與生平管窺　敦煌學國際研討會文集・史地語文編　遼寧美術出版社　1995
　　　p. 269

鄭阿財　敦煌寫卷《持誦金剛經靈驗功德記》研究　全國敦煌學研討會論文集　(臺北)中正大學中
　　　國文學系所　1995　p. 269

李正宇　敦煌史地新論　(臺北)新文豐出版公司　1996　p. 197

榮新江　歸義軍史研究　上海古籍出版社　1996　p. 216

鄭阿財　敦煌靈應小說的佛教史學價值　唐研究國際學術會議論文彙編　中國社會科學院歷史研究

所　1997　p. 192　又見：唐研究（第四卷）　北京大學出版社　1998　p. 41

鄭炳林　敦煌碑銘讚輯釋　甘肅教育出版社　1997　p. 296 注 3

白化文　西川過家真印本　敦煌學大辭典　上海辭書出版社　1998　p. 590

方廣錩　金剛般若波羅蜜經　敦煌學大辭典　上海辭書出版社　1998　p. 682

李正宇　刺血寫經　敦煌學大辭典　上海辭書出版社　1998　p. 591

妹尾達彥　唐代長安東市の印刷業　東アジア史における國家と地域　（東京）刀水書房　1999　p. 230

張總　《閻羅王授記經》綴補研考　敦煌吐魯番研究（第五卷）　北京大學出版社　2001　p. 97

釋永有　敦煌遺書中的金剛經　敦煌佛教藝術文化國際學術研討會論文集　蘭州大學出版社　2002　p. 37

杜正乾　唐代的《金剛經》信仰　《敦煌研究》2004 年第 5 期　p. 54

胡同慶　安忠義　佛教藝術　敦煌文藝出版社　2004　p. 300

S. 5671

黃正建　敦煌文書與唐五代北方地區的飲食生活　魏晉南北朝隋唐史資料（第 11 輯）　武漢大學出版社　1991　p. 263

朱鳳玉　敦煌寫卷《俗務要名林》研究　第二屆國際唐代學術會議論文集（上）　（臺北）文津出版社　1993　p. 686

高啓安　索黛　敦煌古代僧人官齋飲食檢閱　《敦煌研究》1998 年第 3 期　p. 68

高啓安　索黛　唐五代敦煌飲食中的餅淺探　《敦煌研究》1998 年第 4 期　p. 81

張金泉　敦煌字書　敦煌學大辭典　上海辭書出版社　1998　p. 515

曾良　敦煌文獻字義通釋　廈門大學出版社　2001　p. 7、49

高啓安　唐五代敦煌飲食文化研究　民族出版社　2004　p. 130、166

S. 5672

道端良秀　敦煌文獻に見える死後の世界　敦煌と中國仏教（講座敦煌 7）　（東京）大東出版社　1984　p. 513

金岡照光　敦煌における地獄文獻：敦煌庶民信仰の一樣相　敦煌と中國仏教（講座敦煌 7）　（東京）大東出版社　1984　p. 579

張總　地藏信仰研究　宗教文化出版社　2003　p. 110

S. 5674

向達　倫敦所藏敦煌卷子經眼目錄　《北平圖書館圖書季刊》1939 年新第 1 卷第 4 期　p. 397　又見：唐代長安與西域文明　三聯書店　1957　p. 230

金岡照光　敦煌漢文文學文獻の文學形態上の種類とその分類　敦煌出土文學文獻分類目錄・附解說　（東京）東洋文庫　1971　p. 218

金岡照光　敦煌文學のさまざま　敦煌の文學　（東京）大藏出版株式會社　1971　p. 115

馮燕　敦煌藏文本《孔丘項托相問書》考　《青海民族學院學報》1979 年第 4 卷　又見：中國敦煌學百年文庫・文獻卷（二）　甘肅文化出版社　1999　p. 529

楊家駱　敦煌變文　（臺北）世界書局　1980　p. 236

鄭阿財　敦煌孝道文學研究　（臺北）石門圖書公司　1982　p. 78

潘重規　敦煌變文集新書（下）　（臺北）"中國文化大學"中文研究所　1984　p. 1124

王重民　孔子項托相問書　敦煌變文集　人民文學出版社　1984　p. 236
張鴻勳　《唐寫本孔子與子羽對語雜抄》考略　《敦煌學輯刊》1984 年第 1 期　p. 57
雷僑雲　敦煌兒童文學　（臺北）學生書局　1985　p. 165
張鴻勳　敦煌本《孔子項托相問書》研究　《敦煌研究》1985 年第 2 期　p. 101
張鴻勳　《孔子項托相問書》傳承研究　《民間文學論壇》1986 年第 6 期　p. 38
張鴻勳　敦煌講唱文學作品選注　甘肅人民出版社　1987　p. 89
張鴻勳　從《孔子項托相問書》談敦煌文學的研究　敦煌語言文學論文集　浙江古籍出版社　1988
　　　p. 246
張先堂　話本　敦煌文學　甘肅人民出版社　1989　p. 291
項楚　敦煌變文選注　巴蜀書社　1990　p. 364
鄭阿財　敦煌寫本《孔子項托相問書》初探　《法學商報》1990 年第 24 期　又見：中國敦煌學百年文
　　　庫·文學卷（五）　甘肅文化出版社　1999　p. 49
金岡照光　散文體類　敦煌の文學文獻（講座敦煌 9）　（東京）大東出版社　1992　p. 175、210
張鴻勳　敦煌話本詞文俗賦導論　（臺北）新文豐出版公司　1993　p. 197
鄭阿財　敦煌文獻與文學　（臺北）新文豐出版公司　1993　p. 398
黃征　敦煌寫本異文綜析　敦煌語文叢說　（臺北）新文豐出版公司　1997　p. 26、34
黃征　張涌泉　敦煌變文校注　中華書局　1997　p. 360
柴劍虹　孔子項托相問書　敦煌學大辭典　上海辭書出版社　1998　p. 585
黃征　敦煌語言文字學研究　甘肅教育出版社　2002　p. 46
盧善煥　敦煌本《孔子項托相問書》研究　古史文存　社會科學文獻出版社　2002　p. 193
張鴻勳　敦煌俗文學研究　甘肅人民出版社　2002　p. 6、229
黃征　敦煌俗字典　上海教育出版社　2005　p. 31

S. 5675
李刈　敦煌壁畫中的《天請問經變相》　《敦煌研究》1991 年第 1 期　p. 2

S. 5676
岡部和雄　敦煌藏經目録　敦煌と中國仏教（講座敦煌 7）　（東京）大東出版社　1984　p. 311
李正宇　敦煌地區古代祠廟寺觀簡志　《敦煌學輯刊》1988 年第 1、2 期　p. 77
唐耕耦　陸宏基　敦煌社會經濟文獻真迹釋録（四）　全國圖書館文獻縮微複製中心　1990　p. 249
王堯　從兩件敦煌吐蕃文書來談洪䛒的事迹　選堂文史論苑　上海古籍出版社　1994　p. 248
李正宇　敦煌史地新論　（臺北）新文豐出版公司　1996　p. 74
馬德　莫高窟與敦煌佛教教團　敦煌吐魯番研究（第一卷）　北京大學出版社　1996　p. 166
方廣錩　敦煌佛教經録輯校　江蘇古籍出版社　1997　p. 668
黃征　敦煌俗音考辨　敦煌語文叢說　（臺北）新文豐出版公司　1997　p. 141
鄭炳林　敦煌碑銘讚輯釋　甘肅教育出版社　1997　p. 253 注 53
李正宇　報恩寺　敦煌學大辭典　上海辭書出版社　1998　p. 629
李正宇　靈圖寺　敦煌學大辭典　上海辭書出版社　1998　p. 629
李正宇　普光寺　敦煌學大辭典　上海辭書出版社　1998　p. 630
楊森　跋《子年三月五日計料海濟受戒衣鉢具色——如後》帳及卷背《釋門教授帖》文書　《敦煌研
　　　究》1998 年第 4 期　p. 103
馬德　敦煌文書《諸寺付經歷》芻議　《敦煌學輯刊》1999 年第 1 期　p. 40

丘古耶夫斯基　敦煌漢文文書　上海古籍出版社　2000　p. 131、163、172、184、213

楊森　淺談敦煌文獻中唐代墓誌銘抄本　《敦煌研究》2000 年第 3 期　p. 137

袁德領　歸義軍時期莫高窟與敦煌寺院的關係　《敦煌研究》2000 年第 3 期　p. 170

黃征　敦煌語言文字學研究　甘肅教育出版社　2002　p. 249

袁德領　歸義軍時期敦煌佛教的轉經活動　2000 年敦煌學國際學術討論會文集·歷史文化卷(下)
　　甘肅民族出版社　2003　p. 187

郭俊葉　敦煌研究院藏絲質經帙標簽及其相關問題　《敦煌研究》2005 年第 6 期　p. 89

S. 5677

藤枝晃　敦煌の僧尼籍　『東方學報』(第 35 號)　京都大學人文科學研究所　1964　p. 314

北原薰　晚唐·五代の敦煌寺院経済──収支決算報告を中心に　敦煌の社會(講座敦煌 3)　(東
　　京)大東出版社　1980　p. 450

山口瑞鳳　吐蕃の敦煌支配期間　敦煌の歷史(講座敦煌 2)　(東京)大東出版社　1980　p. 230

道端良秀　敦煌文獻に見える死後の世界　敦煌と中國仏教(講座敦煌 7)　(東京)大東出版社
　　1984　p. 513

福井文雅　般若心經　敦煌と中國仏教(講座敦煌 7)　(東京)大東出版社　1984　p. 39

姜伯勤　唐五代敦煌寺戶制度　中華書局　1987　p. 38、186

姜伯勤　敦煌社會文書導論　(臺北)新文豐出版公司　1992　p. 197、199

邵文實　尚乞心兒事迹考　《敦煌學輯刊》1993 年第 2 期　p. 22

李際寧　佛母經　藏外佛教文獻(第一輯)　宗教文化出版社　1995　p. 375

郝春文　唐後期五代宋初沙州僧尼的宗教收入(三):大眾倉試探　《敦煌學輯刊》1996 年第 2 期
　　p. 7

李際寧　敦煌疑偽經典《佛母經》考察　《北京圖書館館刊》1996 年第 4 期　p. 83　又見:中國敦煌
　　學百年文庫·宗教卷(二)　甘肅文化出版社　1999　p. 447

郝春文　唐後期五代宋初敦煌僧尼的社會生活　中國社會科學出版社　1998　p. 100

S. 5680

山本達郎等　敦煌·III 轉貼　『NUN－HUANG AND TURFAN DOCUMENTS CONCERNING SOCIAL
　　AND ECONOMIC HISTORY』(IV)　(東京)東洋文庫　1989　p. 44

山本達郎等　敦煌·IV 納贈曆·納色物曆等　『NUN－HUANG AND TURFAN DOCUMENTS CON-
　　CERNING SOCIAL AND ECONOMIC HISTORY』(IV)　(東京)東洋文庫　1989　p. 106

王進玉　趙豐　敦煌文物中的紡織技藝　《敦煌研究》1989 年第 4 期　p. 103

趙豐　敦煌所見隋唐絲綢中的花鳥圖案　敦煌吐魯番學研究論文集　漢語大詞典出版社　1990
　　p. 861

趙豐　唐代絲綢與絲綢之路　三秦出版社　1992　p. 146

郝春文　敦煌寫本社邑文書年代彙考(三)　《社科縱橫》1993 年第 5 期　p. 10

寧可　郝春文　敦煌社邑文書輯校　江蘇古籍出版社　1997　p. 453

郝春文　英藏敦煌文獻年代叢考　英國收藏敦煌漢藏文獻研究:紀念敦煌文獻發現一百周年　中國
　　社會科學出版社　2000　p. 374

趙豐　中國絲綢藝術史　文物出版社　2005　p. 91

S. 5682

陳祚龍　敦煌古抄内典尾記彙校初、二、三編合刊　敦煌學要籥　（臺北）新文豐出版公司　1982
　　p. 156

池田溫　中國古代寫本識語集録　（東京）大蔵出版株式會社　1990　p. 513

金岡照光　敦煌文獻と中國文學　（東京）五曜書房　2000　p. 403、431

劉長東　晉唐彌陀淨土信仰研究　巴蜀書社　2000　p. 502

礪波護著　韓昇　劉建英譯　隋唐佛教文化　上海古籍出版社　2004　p. 43

S. 5685

張金泉　雜字　敦煌學大辭典　上海辭書出版社　1998　p. 516

S. 5686

山口瑞鳳　評『ペリオ・チベット文書の讀解』『東洋學報』(54 卷 4 號)　（東京）東洋學術協會
　　1972　p. 81

菅原信海　占筮書　敦煌漢文文獻(講座敦煌 5)　（東京）大東出版社　1992　p. 456

石泰安著　耿昇譯　兩卷敦煌藏文寫本中的儒教格言　國外藏學研究譯文集(第十一輯)　西藏人
　　民出版社　1994　p. 271

嚴敦傑　李老君周易十二錢卜法　敦煌學大辭典　上海辭書出版社　1998　p. 622

馬克　敦煌數占小考　法國漢學(敦煌學專號)　中華書局　2000　p. 194

郝春文　英藏敦煌社會歷史文獻釋録(第一卷)　科學出版社　2001　p. 436

黄正建　敦煌占卜文書與唐五代占卜研究　學苑出版社　2001　p. 23

劉永明　敦煌占卜與道教初探　《敦煌學輯刊》2004 年第 2 期　p. 24

王卡　敦煌道教文獻研究　中國社會科學出版社　2004　p. 151

S. 5687

金岡照光　敦煌漢文文學文獻の文學形態上の種類とその分類　敦煌出土文學文獻分類目録・附解
　　說　（東京）東洋文庫　1971　p. 233

金岡照光　敦煌文學のさまざま　敦煌の文學　（東京）大蔵出版株式會社　1971　p. 157

金岡照光　敦煌の寫本　敦煌の文學　（東京）大蔵出版株式會社　1971　p. 72

饒宗頤　孝順觀念與敦煌佛曲　敦煌學(第 1 輯)　（香港）新亞研究所敦煌學會　1974　p. 76　又
　　見:敦煌曲續論　（臺北）新文豐出版公司　1996　p. 17

陳祚龍　敦煌古抄中世釋衆倡導行孝報恩的歌曲詞文集　敦煌文物隨筆　（臺北）商務印書館
　　1979　p. 305

鄭阿財　孝道文學敦煌寫卷《十恩德讚》初探　（臺北）《華岡文科學報》1981 年第 13 期　p. 232

鄭阿財　敦煌孝道文學研究　（臺北）石門圖書公司　1982　p. 16、533、630

小川貫弌　父母恩重經　敦煌と中國仏教(講座敦煌 7)　（東京）大東出版社　1984　p. 216

朱鳳玉　王梵志詩研究(下)　（臺北）學生書局　1986　p. 193

龍晦　大足石刻父母恩重經變像與敦煌音樂文學的關係　敦煌歌辭總編　上海古籍出版社　1987
　　p. 1843

任半塘　敦煌歌辭總編　上海古籍出版社　1987　p. 748

劉進寶　俚曲小調　敦煌文學　甘肅人民出版社　1989　p. 230

林聰明　敦煌文書學　（臺北）新文豐出版公司　1991　p. 29、223

胡文和　大足寶頂《父母恩重經變》研究　《敦煌研究》1992 年第 2 期　p. 14
周紹良　敦煌文學芻議及其它　（臺北）新文豐出版公司　1992　p. 37
郭在貽　郭在貽敦煌學論集　江西人民出版社　1993　p. 247
鄭阿財　從敦煌文獻看唐代的三教合一　第二屆國際唐代學術會議論文集(上)　（臺北）文津出版社　1993　p. 651
鄭阿財　敦煌文獻與文學　（臺北）新文豐出版公司　1993　p. 13、20
張錫厚　評《敦煌文獻與文學》　敦煌吐魯番研究(第二卷)　北京大學出版社　1997　p. 390
孫其芳　十恩德　敦煌學大辭典　上海辭書出版社　1998　p. 535
林聰明　敦煌吐魯番文書解詁指例　（臺北）新文豐出版公司　2001　p. 27 注 6

S. 5689

加地哲定　增補中國佛教文學研究　（東京）同朋舍　1979　p. 201
任半塘　敦煌歌辭總編　上海古籍出版社　1987　p. 1018、1437
加地哲定著　劉衛星譯　中國佛教文學　今日中國出版社　1990　p. 172
張錫厚　佛母讚　敦煌學大辭典　上海辭書出版社　1998　p. 545
張先堂　晚唐至宋初淨土五會念佛法門在敦煌的流傳　《敦煌研究》1998 年第 1 期　p. 52

S. 5690

周祖謨　敦煌唐本字書叙録　敦煌語言文學研究　北京大學出版社　1988　p. 54
鄭阿財　敦煌蒙書析論　第二屆敦煌學國際研討會論文集　（臺北）漢學研究中心　1990　p. 215 注 14
胡戟　傅玫　敦煌史話　中華書局　1995　p. 182
汪泛舟　敦煌古代兒童課本　甘肅人民出版社　2000　p. 2

S. 5691

山本達郎等　敦煌・IV 納贈曆・納色物曆等　『NUN－HUANG AND TURFAN DOCUMENTS CONCERNING SOCIAL AND ECONOMIC HISTORY』(IV)　（東京）東洋文庫　1989　p. 102
唐耕耦　陸宏基　敦煌社會經濟文獻真迹釋録(三)　全國圖書館文獻縮微複製中心　1990　p. 230
土肥義和　唐・北宋間の「社」の組織形態に関する一考察　中國古代の國家と民衆(堀敏一先生古稀記念)　（東京）汲古書院　1995　p. 716
山本達郎等　補(IV)社・IV 納贈曆・納色物曆　『NUN－HUANG AND TURFAN DOCUMENTS CONCERNING SOCIAL AND ECONOMIC HISTORY』(Sup. p. lemrnts)　（東京）東洋文庫　2001　p. 83
洪藝芳　敦煌社會經濟文書中的唐五代新興量詞研究　敦煌學(第 24 輯)　（臺北）樂學書局有限公司　2003　p. 93
金瀅坤　敦煌社會經濟文獻綴合拾遺　《敦煌研究》2006 年第 2 期　p. 90

S. 5692

陳祚龍　敦煌古抄中世詩歌　敦煌學海探珠(上冊)　（臺北）商務印書館　1979　p. 146
陳祚龍　新校重訂敦煌古抄釋亡名的"絶學箴"　敦煌學海探珠(下冊)　（臺北）商務印書館　1979　p. 301
加地哲定　增補中國佛教文學研究　（東京）同朋舍　1979　p. 202

田中良昭　修道偈Ⅰ　敦煌仏典と禪(講座敦煌8)　(東京)大東出版社　1980　p. 246

陳祚龍　新集敦煌古抄釋門的詩歌與曲子　敦煌簡策訂存　(臺北)商務印書館　1983　p. 198

田中良昭　敦煌禪宗文獻の研究　(東京)大東出版社　1983　p. 285

陳祚龍著　福井文雅　平木真快譯　釈亡名と善慧大士の詩歌について　敦煌と中國仏教(講座敦
　　煌7)　(東京)大東出版社　1984　p. 471

任半塘　敦煌歌辭總編　上海古籍出版社　1987　p. 413、603、1009

顏廷亮　關於敦煌遺書中的甘肅文學作品　1983年全國敦煌學術討論會文集·文史遺書編(下)
　　甘肅人民出版社　1987　p. 228

汪泛舟　偈·頌　敦煌文學　甘肅人民出版社　1989　p. 90

汪泛舟　讚·箴　敦煌文學　甘肅人民出版社　1989　p. 106

張錫厚　敦煌詩歌考論　《敦煌學輯刊》1989年第2期　p. 14

任半塘　王昆吾　隋唐五代燕樂雜言歌辭集　巴蜀書社　1990　p. 848

上山大峻　敦煌佛教の研究　(京都)法藏館　1990　p. 421

杜愛英　敦煌遺書中俗體字的諸種類型　《敦煌研究》1992年第3期　p. 120

孫昌武　中晚唐的禪文學　唐代文學研究　1992　p. 277

張鴻勳　敦煌唱本《百鳥名》的文化意蘊及其流變影響　《敦煌研究》1992年第1期　p. 73

張涌泉　《敦煌歌辭總編》校議　《語言研究》1992年第1期　p. 58

周紹良　敦煌文學芻議及其它　(臺北)新文豐出版公司　1992　p. 23

項楚　敦煌詩歌導論　(臺北)新文豐出版公司　1993　p. 136

張鴻勳　敦煌話本詞文俗賦導論　(臺北)新文豐出版公司　1993　p. 99

張鴻勳　敦煌說唱文學概論　(臺北)新文豐出版公司　1993　p. 23

張錫厚　敦煌文學概論　甘肅人民出版社　1993　p. 375

田中良昭　敦煌の禪籍　禪學研究入門　(東京)大東出版社　1994　p. 67

汪泛舟　敦煌僧詩補論　《敦煌研究》1994年第3期　p. 145

井ノ口泰淳　敦煌本『仏名經』の諸系統　中央アジアの言語と仏教　(京都)法藏館　1995　p. 320

柳田聖山　禪籍解題(一)·敦煌禪籍　俗語言研究(第二期)　(京都)禪文化研究所　1995　p. 150

王書慶　敦煌佛學·佛事篇　甘肅民族出版社　1995　p. 215

項楚　敦煌歌辭總編匡補　(臺北)新文豐出版公司　1995　p. 49

徐俊　敦煌寫本《山僧歌》綴合與斯5692蝴蝶裝冊的還原　中國典籍與文化論叢(第二輯)　中華書
　　局　1995　p. 72

顏廷亮　敦煌文學概說　(臺北)新文豐出版公司　1995　p. 70

張涌泉　陳祚龍校錄敦煌卷子失誤例釋　學術集林(卷六)　上海遠東出版社　1995　p. 301　又
　　見:舊學新知　浙江大學出版社　1999　p. 277

張涌泉　敦煌文書類化字研究　《敦煌研究》1995年第4期　p. 73

張涌泉　漢語俗字研究　岳麓書社　1995　p. 227

張涌泉　試論敦煌寫卷俗文字研究之意義　敦煌學國際研討會文集·史地語文編　遼寧美術出版社
　　1995　p. 360

柳田聖山　禪籍解題(二)　俗語言研究(第三期)　(京都)禪文化研究所　1996　p. 188

張錫厚　敦煌釋氏詩歌創作論　慶祝潘石禪先生九秩華誕敦煌學特刊　(臺北)文津出版社　1996
　　p. 198

張涌泉　敦煌俗字研究導論　(臺北)新文豐出版公司　1996　p. 60

孫昌武　禪思與詩情　中華書局　1997　p. 328、331 注39

汪泛舟　敦煌詩詞補正與考源　《敦煌研究》1997 年第 3 期　p. 106

鄭炳林　敦煌碑銘讚輯釋　甘肅教育出版社　1997　p. 383 注 3

柴劍虹　山僧歌　敦煌學大辭典　上海辭書出版社　1998　p. 550

柴劍虹　亡名和尚絕學箴　敦煌學大辭典　上海辭書出版社　1998　p. 549

葛兆光　中國宗教與文學論集　清華大學出版社　1998　p. 172 注 3

張涌泉　試論漢語俗字研究的意義　舊學新知　浙江大學出版社　1999　p. 11

趙益　敦煌卷子中三種禪宗文獻考辨　中國敦煌學百年文庫·宗教卷(二)　甘肅文化出版社
　　1999　p. 323

杜琪　敦煌詩賦作品要目分類題注　《甘肅社會科學》2000 年第 1 期　p. 63

孫其芳　鳴沙遺音:敦煌詞選評　甘肅人民出版社　2000　p. 250

徐俊　敦煌詩集殘卷輯考　中華書局　2000　p. 7、541、637

徐俊　關於"禪門秘要訣":敦煌釋氏歌偈寫本三種合校　慶祝吳其昱先生八秩華誕敦煌學特刊
　　(臺北)文津出版社　2000　p. 228

顏廷亮　西陲文學遺珍:敦煌文學通俗談　甘肅人民出版社　2000　p. 91

張錫厚　敦煌文學源流　作家出版社　2000　p. 48

張子開　敦煌文獻中的白話禪詩　《敦煌學輯刊》2003 年第 1 期　p. 85

S. 5693

劉銘恕　再記英國倫敦所藏的敦煌經卷　《中國科學院圖書館通訊》1957 年第 7 期　又見:中國敦煌
　　學百年文庫·綜述卷(二)　甘肅文化出版社　1999　p. 134

陳祚龍　敦煌寫本《瓜沙古事系年並序》箋正　(臺北)《大陸雜誌》1960 年第 12 期　又見:敦煌資料
　　考屑(上冊)　(臺北)商務印書館　1979　p. 17;中國敦煌學百年文庫·歷史卷(一)　甘肅文
　　化出版社　1999　p. 175

陳祚龍　簡記敦煌古抄方志　敦煌文物隨筆　(臺北)商務印書館　1979　p. 53

陳祚龍　中古敦煌的書學　敦煌資料考屑(上冊)　(臺北)商務印書館　1979　p. 158

陳祚龍　中世敦煌與成都之間的交通路線　敦煌資料考屑(下冊)　(臺北)商務印書館　1979
　　p. 340　又見:唐代研究論集(第三輯)　(臺北)新文豐出版公司　1992　p. 439

陳祚龍　《簡記敦煌古抄方志》及其"後語"　敦煌學要籥　(臺北)新文豐出版公司　1982　p. 223

榮新江　敦煌卷子劄記四則　敦煌吐魯番文獻研究論集(第二輯)　北京大學出版社　1983
　　p. 660、672 注 34

梁尉英　張芝籍貫辨　《敦煌研究》1985 年第 2 期　p. 151

唐耕耦　陸宏基　敦煌社會經濟文獻真迹釋錄(一)　書目文獻出版社　1986　p. 79

王重民原編　黃永武新編　敦煌古籍叙錄新編(第七冊)　(臺北)新文豐出版公司　1986　p. 288

任半塘　敦煌歌辭總編　上海古籍出版社　1987　p. 1072

李正宇　敦煌地區古代祠廟寺觀簡志　《敦煌學輯刊》1988 年第 1、2 期　p. 71

鄭炳林　敦煌地理文書彙輯校注　甘肅教育出版社　1989　p. 80

李并成　《沙州城土鏡》之地理調查與考釋　《敦煌學輯刊》1990 年第 2 期　p. 85

李正宇　敦煌名勝古迹導論　《陽關》1991 年第 4 期　p. 46

林聰明　敦煌文書學　(臺北)新文豐出版公司　1991　p. 396

竇俠父　敦煌學發凡　新疆大學出版社　1992　p. 41

林家平　寧强　羅華慶　中國敦煌學史　北京語言學院出版社　1992　p. 82、682

戴仁　敦煌寫本紙張的顏色　法國學者敦煌學論文選萃　中華書局　1993　p. 591

李正宇　敦煌文學概論　甘肅人民出版社　1993　p. 103、123 注 9
王進玉　敦煌石窟探秘　四川教育出版社　1994　p. 141
凍國棟　旅順博物館藏《唐建中五年孔目司帖》管見　魏晉南北朝隋唐史資料（第 14 輯）　武漢大學
　　出版社　1996　p. 131
馬德　敦煌莫高窟史研究　甘肅教育出版社　1996　p. 326
陳國燦　劉健明　《全唐文》職官叢考　武漢大學出版社　1997　p. 415
張涌泉　敦煌地理文書輯録著作三種校議　古典文獻與文化論叢　中華書局　1997　p. 87
陳國燦　敦煌郡　敦煌學大辭典　上海辭書出版社　1998　p. 295
唐耕耦　瓜沙兩郡大事記　敦煌學大辭典　上海辭書出版社　1998　p. 375
董志翹　敦煌文書詞語瑣記　《敦煌研究》1999 年第 4 期　p. 32
張涌泉　俗字研究與敦煌文獻的校理　舊學新知　浙江大學出版社　1999　p. 58
董志翹　《入唐求法巡禮行記》辭彙研究　中國社會科學出版社　2000　p. 147
顏廷亮　敦煌文化　光明日報出版社　2000　p. 443
曾良　敦煌文獻字義通釋　廈門大學出版社　2001　p. 77
池田溫　敦煌の歴史的背景　敦煌文書の世界　（東京）名著刊行會　2003　p. 105
杜斗城　"七七齋"之源流及敦煌文獻中有關資料的分析　《敦煌研究》2004 年第 4 期　p. 37

S. 5694

王惠民　古代印度賓頭盧信仰的産生及其東傳　《敦煌學輯刊》1995 年第 1 期　p. 77
鄭炳林　敦煌碑銘讚輯釋　甘肅教育出版社　1997　p. 328 注 3

S. 5695

妹尾達彥　唐代長安東市の印刷業　東アジア史における國家と地域　（東京）刀水書房　1999
　　p. 230

S. 5696

王重民原編　黃永武新編　敦煌古籍叙録新編（第七冊）　（臺北）新文豐出版公司　1986　p. 285
杜琪　表・疏　敦煌文學　甘肅人民出版社　1989　p. 24
唐耕耦　陸宏基　敦煌社會經濟文獻真迹釋録（四）　全國圖書館文獻縮微複製中心　1990　p. 184
李正宇　敦煌名勝古迹導論　《陽關》1991 年第 4 期　p. 51
張鴻勳　敦煌說唱文學概論　（臺北）新文豐出版公司　1993　p. 6
土肥義和　唐・北宋間の「社」の組織形態に関する一考察　中國古代の國家と民衆（堀敏一先生古
　　稀記念）　（東京）汲古書院　1995　p. 726
王書慶　敦煌佛學・佛事篇　甘肅民族出版社　1995　p. 241
項楚　寒山詩籀讀劄記　中國古籍研究（第一卷）　上海古籍出版社　1996　p. 140
鄭炳林　馮培紅　晚唐五代宋初歸義軍政權中都頭一職考辨　敦煌歸義軍史專題研究　蘭州大學出
　　版社　1997　p. 74
楊寶玉　英國收藏敦煌文獻叙録　英國收藏敦煌漢藏文獻研究：紀念敦煌文獻發現一百周年　中國
　　社會科學出版社　2000　p. 178
姜亮夫　敦煌莫高窟年表　姜亮夫全集（十一）　雲南人民出版社　2002　p. 586
湛如　敦煌佛教律儀制度研究　中華書局　2003　p. 367
黨燕妮　賓頭盧信仰及其在敦煌的流傳　《敦煌學輯刊》2005 年第 1 期　p. 67

金瀅坤　敦煌社會經濟文書定年拾遺　《首都師範大學學報》2006 年第 1 期　p. 12

S. 5697

饒宗頤　論敦煌陷於吐蕃之年代　選堂集林·史林　（香港）中華書局　1982　p. 676　又見：中國
　　敦煌學百年文庫·民族卷（一）　甘肅文化出版社　1999　p. 227

耿昇　八十年代的法國敦煌學論著簡介　《敦煌研究》1986 年第 3 期　p. 84

王重民原編　黄永武新編　敦煌古籍叙録新編（第七册）　（臺北）新文豐出版公司　1986　p. 287

蘇北海　周美娟　甘州回鶻世系考辨　《敦煌學輯刊》1987 年第 2 期　p. 71

郭鋒　慕容歸盈與瓜沙曹氏　《敦煌學輯刊》1989 年第 1 期　p. 100

黄盛璋　敦煌于闐文書與漢文書中關於甘州回鶻史實異同及回鶻進佔甘州的年代問題　《西北史
　　地》1989 年第 1 期　p. 6

李明偉　狀·牒·帖　敦煌文學　甘肅人民出版社　1989　p. 37

唐耕耦　陸宏基　敦煌社會經濟文獻真迹釋録（四）　全國圖書館文獻縮微複製中心　1990　p. 361

周偉洲　吐蕃對河隴的統治及歸義軍前期的河西諸族　《甘肅民族研究》1990 年第 2 期　p. 7

陸慶夫　略論敦煌民族史料的價值　《敦煌學輯刊》1991 年第 1 期　p. 37

饒宗頤　敦煌寫卷之書法　唐代研究論集（第三輯）　（臺北）新文豐出版公司　1992　p. 31

邵文實　唐代後期河西地區的民族遷徙及其後果　《敦煌學輯刊》1992 年第 1、2 期　p. 32

鄭炳林　敦煌碑銘讚三篇證誤與考釋　《敦煌學輯刊》1992 年第 1、2 期　p. 102

前田正名　河西歷史地理學研究　中國藏學出版社　1993　p. 194、265

陸慶夫　敦煌民族文獻與河西古代民族　《敦煌學輯刊》1994 年第 2 期　p. 86

黄盛璋　敦煌漢文與于闐文書中之龍家及其相關問題　全國敦煌學研討會論文集　（臺北）中正大
　　學中國文學系所　1995　p. 57　又見：《西域研究》1996 年第 1 期　p. 26

榮新江　龍家考　中亞學刊（第四輯）　北京大學出版社　1995　p. 146

李并成　李春元　瓜沙史地研究　甘肅文化出版社　1996　p. 186

謝海平　張議潮、張淮深變文本事及年代考索　唐代文學家及文獻研究　（高雄）麗文文化事業股份
　　有限公司　1996　p. 435

方中　箋釋"使君"　《敦煌學輯刊》1997 年第 2 期　p. 117

李并成　西北民族歷史地理研究芻議　《甘肅民族研究》1997 年第 1 期　p. 23

陸慶夫　從焉耆龍王到河西龍家——龍部落遷徙考　敦煌歸義軍史專題研究　蘭州大學出版社
　　1997　p. 492

陸慶夫　唐宋之際的涼州嗢末　《敦煌學輯刊》1997 年第 2 期　p. 40

鄭炳林　敦煌碑銘讚輯釋　甘肅教育出版社　1997　p. 164 注 8

李冬梅　唐五代歸義軍與周邊民族關係綜論　《敦煌學輯刊》1998 年第 2 期　p. 51

馮培紅　客司與歸義軍的外交活動　《敦煌學輯刊》1999 年第 1 期　p. 73

榮新江　唐代河西地區鐵勒部落的入居及其消亡　中國敦煌學百年文庫·民族卷（一）　甘肅文化
　　出版社　1999　p. 81

楊寶玉　敦煌史話　中國大百科全書出版社　2000　p. 160

榮新江　再論敦煌藏經洞的寶藏：三界寺與藏經洞　敦煌佛教藝術文化國際學術研討會論文集　蘭
　　州大學出版社　2002　p. 24

楊寶玉　敦煌滄桑　長江文藝出版社　2002　p. 244

鄭炳林　晚唐五代敦煌歸義軍行政區劃制度研究（之一）　《敦煌研究》2002 年第 2 期　p. 13

陸慶夫　歸義軍政權與蕃兵蕃將　2000 年敦煌學國際學術討論會文集·歷史文化卷（上）　甘肅民

族出版社　2003　p. 119

鄭炳林　晚唐五代敦煌地區《大般若經》的流傳與信仰　麥積山石窟藝術文化論文集（下）　蘭州大學出版社　2004　p. 134

吳麗娛　楊寶玉　P. 3197v《曹氏歸義軍時期甘州使人書狀》考試　《敦煌學輯刊》2005 年第 4 期　p. 23 注 26

鄭炳林　晚唐五代敦煌地區的胡姓居民與聚落　法國漢學（第 10 輯）（粟特人在中國：歷史、考古、語言的新探索）　中華書局　2005　p. 188

鄭炳林　晚唐五代河西地區的居民結構研究　《蘭州大學學報》2006 年第 2 期　p. 14

S. 5698

竺沙雅章　敦煌出土「社」文書の研究　『東方學報』（第 35 號）　京都大學人文科學研究所　1964　p. 276

金岡照光　敦煌民眾の社會と生活　敦煌の民眾：その生活と思想　（東京）評論社　1972　p. 327

長澤和俊　敦煌の庶民生活　敦煌の社會（講座敦煌 3）　（東京）大東出版社　1980　p. 475

堀敏一　敦煌社會の変質——中國社會全般の發展とも関連して　敦煌の社會（講座敦煌 3）　（東京）大東出版社　1980　p. 185

唐耕耦　陸宏基　敦煌社會經濟文獻真迹釋錄（一）　書目文獻出版社　1986　p. 296

王重民原編　黃永武新編　敦煌古籍叙錄新編（第七冊）　（臺北）新文豐出版公司　1986　p. 284

山本達郎等　敦煌・II 牒・狀　『NUN－HUANG AND TURFAN DOCUMENTS CONCERNING SOCIAL AND ECONOMIC HISTORY』（IV）　（東京）東洋文庫　1989　p. 15

胡同慶　從敦煌結社活動探討人的群體性以及個體與集體的關係　《敦煌研究》1990 年第 4 期　p. 75　又見：敦煌學研究　甘肅人民美術出版社　1994　p. 178

郝春文　隋唐五代宋初傳統私社與寺院的關係　《魏晉南北朝隋唐史》1991 年第 6 期　p. 68

高國藩　敦煌民俗資料導論　（臺北）新文豐出版公司　1993　p. 5

郝春文　敦煌寫本社邑文書年代彙考（三）　《社科縱橫》1993 年第 5 期　p. 12

堀敏一　中國古代の家と集落　（東京）汲古書院　1996　p. 472

寧可　郝春文　敦煌社邑文書輯校　江蘇古籍出版社　1997　p. 708

寧可　三官　敦煌學大辭典　上海辭書出版社　1998　p. 426

寧可　退社狀　敦煌學大辭典　上海辭書出版社　1998　p. 432

楊森　敦煌社司文書畫押符號及其相關問題　《敦煌學輯刊》1999 年第 1 期　p. 89

楊森　談敦煌社邑文書中"三官"及"錄事""虞侯"的若干問題　《敦煌研究》1999 年第 3 期　p. 80

孟憲實　敦煌社邑的分佈　敦煌文獻論集：紀念藏經洞發現一百周年國際學術研討會論文集　遼寧人民出版社　2001　p. 423

榮新江　敦煌學十八講　北京大學出版社　2001　p. 214

曾良　敦煌文獻字義通釋　廈門大學出版社　2001　p. 131

孟憲實　論唐宋時期敦煌民間結社的組織形態　《敦煌研究》2002 年第 1 期　p. 61

S. 5699

川崎ミチコ　通俗詩類・雜詩文類　敦煌仏典と禪（講座敦煌 8）　（東京）大東出版社　1980　p. 331

柳田聖山　禪籍解題（一）・敦煌禪籍　俗語言研究（第二期）　（京都）禪文化研究所　1995　p. 147

張勇　《梁朝傅大士頌金剛經》版本源流考述　敦煌文學論集　四川人民出版社　1997　p. 404

郝春文　發願文　敦煌學大辭典　上海辭書出版社　1998　p. 459

張勇　傅大士研究　巴蜀書社　2000　p. 260

達照　金剛經讚研究　宗教文化出版社　2002　p. 4、74

達照　金剛經讚集　藏外佛教文獻（第九輯）　宗教文化出版社　2003　p. 41

湛如　敦煌佛教律儀制度研究　中華書局　2003　p. 324

S. 5700

吳其昱　有關唐代和十世紀奴婢的敦煌卷子　《敦煌學輯刊》1984 年第 2 期　p. 144

姜伯勤　唐西州寺院家人奴婢的放良　五十年來漢唐佛教寺院經濟研究　北京師範大學出版社
　　1986　p. 212

姜伯勤　唐五代敦煌寺戶制度　中華書局　1987　p. 10

王永興　隋唐五代經濟史料彙編校注·第一編（下）　中華書局　1987　p. 971

孫修身　瓜沙曹氏卒立世次考　《魏晉南北朝隋唐史》1988 年第 10 期　p. 26　又見：《鄭州大學學
　　報》1988 年第 4 期；中國敦煌學百年文庫·歷史卷（二）　甘肅文化出版社　1999　p. 231

王公望　契約　敦煌文學　甘肅人民出版社　1989　p. 58

李天石　敦煌吐魯番文書中的奴婢資料及其價值　《敦煌學輯刊》1990 年第 1 期　p. 2

唐耕耦　陸宏基　敦煌社會經濟文獻真迹釋錄（二）　全國圖書館文獻縮微複製中心　1990　p. 10、
　　189

仁井田陞　補訂中國法制史研究：奴隸農奴法·家族村落法　東京大學出版會　1991　p. 26、37、
　　567

仁井田陞　補訂中國法制史研究：土地法·取引法　東京大學出版會　1991　p. 756

姜伯勤　敦煌社會文書導論　（臺北）新文豐出版公司　1992　p. 154

周紹良　敦煌文學芻議及其它　（臺北）新文豐出版公司　1992　p. 10

胡戟　傅玫　敦煌史話　中華書局　1995　p. 189

張傳璽　中國歷代契約會編考釋（上）　北京大學出版社　1995　p. 247 注 1、475 注 1、685 注 1

張涌泉　敦煌俗字研究導論　（臺北）新文豐出版公司　1996　p. 158

楊際平　郭鋒　張和平　五─十世紀敦煌的家庭與家族關係　岳麓書社　1997　p. 233

張涌泉　敦煌文獻校讀易誤字例釋　敦煌文學論集　四川人民出版社　1997　p. 265

黃永年　唐代史事考釋　（臺北）聯經出版公司　1998　p. 455

沙知　敦煌契約文書輯校　江蘇古籍出版社　1998　p. 53、365、498

土肥義和　唐·北宋の間：敦煌の杜家親情社追補社條（S. 8160rv）について　唐代史研究（創刊號）
　　（東京）唐代史研究會　1998　p. 20

王繼如　《敦煌的唐詩》讀後劄存　敦煌問學叢稿　甘肅文化出版社　1999　p. 286

謝桃坊　敦煌文化尋繹　四川人民出版社　1999　p. 183

陳永勝　敦煌買賣契約法律制度探析　《敦煌研究》2000 年第 4 期　p. 95

陳永勝　敦煌吐魯番法制文書研究　甘肅人民出版社　2000　p. 49

李伯重　唐代奴婢的異稱　唐研究（第六卷）　北京大學出版社　2000　p. 326

劉銘恕　唐代的奴隸墓誌　1994 年敦煌學國際研討會文集·宗教文史卷（下）　甘肅民族出版社
　　2000　p. 168

張錫厚　敦煌文學源流　作家出版社　2000　p. 166

張涌泉　漢語俗字叢考　中華書局　2000　p. 1

趙雲旗　唐代土地買賣研究　中國財政經濟出版社　2000　p. 257

楊森　關於敦煌文獻中的"平章"一詞　敦煌學與中國史研究論集　甘肅人民出版社　2001　p. 232

曾良　敦煌文獻字義通釋　廈門大學出版社　2001　p. 174

姜亮夫　敦煌莫高窟年表　姜亮夫全集(十一)　雲南人民出版社　2002　p. 497

董志翹　敦煌社會經濟文書詞語散釋　中國俗文化研究(第一輯)　巴蜀書社　2003　p. 130

王克孝　顔廷亮　敦煌吐魯番契約中的契約形式與契約制度　2000 年敦煌學國際學術討論會文
　　集・歷史文化卷(上)　甘肅民族出版社　2003　p. 225

王啓濤　中古及近代法制文書語言研究　巴蜀書社　2003　p. 99、110、263

張錫厚　敦煌文概說　2000 年敦煌學國際學術討論會文集・歷史文化卷(下)　甘肅民族出版社
　　2003　p. 223

董志翹　敦煌社會經濟文獻詞語略考　浙江與敦煌學:常書鴻先生誕辰一百周年紀念文集　浙江古
　　籍出版社　2004　p. 492

李天石　中國中古良賤身份制度研究　南京師範大學出版社　2004　p. 24

余欣　新刊俄藏敦煌文獻研讀劄記　《敦煌學輯刊》2004 年第 1 期　p. 14

劉進寶　唐五代的"單身"及其賦役免征　中華文史論叢(總 79 輯)　上海古籍出版社　2005
　　p. 226

S. 5701

福井文雅　般若心經　敦煌と中國仏教(講座敦煌 7)　(東京)大東出版社　1984　p. 39

S. 5702

川崎ミチコ　通俗詩類・雜詩文類　敦煌仏典と禪(講座敦煌 8)　(東京)大東出版社　1980
　　p. 329

上山大峻　敦煌佛教の研究　(京都)法藏館　1990　p. 421

劉永明　散見敦煌曆朔閏輯考　《敦煌研究》2002 年第 6 期　p. 15

S. 5704

陳祚龍　敦煌學識小　敦煌學津雜誌　(臺北)文津出版社　1991　p. 68

S. 5705

潘重規　巴黎倫敦所藏敦煌詩經卷子題記　(香港)《新亞書院學術年刊》1969 年第 11 期　又見:中
　　國敦煌學百年文庫・文獻卷(二)　甘肅文化出版社　1999　p. 388

潘重規　敦煌詩經卷子研究　(臺北)《華岡學報》1970 年第 6 期　又見:中國敦煌學百年文庫・文
　　獻卷(二)　甘肅文化出版社　1999　p. 443

王重民　敦煌古籍敘錄　中華書局　1979　p. 35

王重民原編　黃永武新編　敦煌古籍敘錄新編(第二冊)　(臺北)新文豐出版公司　1986　p. 280

柴劍虹　《敦煌遺書總目索引》重印記　西域文史論稿　(臺北)國文天地雜誌社　1991　p. 492

林聰明　敦煌文書學　(臺北)新文豐出版公司　1991　p. 241

土田健次郎　儒教典籍　敦煌漢文文獻(講座敦煌 5)　(東京)大東出版社　1992　p. 268、283

林聰明　談敦煌文書的抄寫問題　紀念陳寅恪先生百年誕辰學術論文集　江西教育出版社　1994
　　p. 299

張金泉　許建平　敦煌音義彙考　杭州大學出版社　1996　p. 206

白化文　詩經　敦煌學大辭典　上海辭書出版社　1998　p. 773

顏廷亮　敦煌文化　光明日報出版社　2000　p. 201

林聰明　敦煌吐魯番文書解詁指例　(臺北)新文豐出版公司　2001　p. 52

姜亮夫　敦煌莫高窟年表　姜亮夫全集(十一)　雲南人民出版社　2002　p. 160

許建平　英倫法京所藏敦煌寫本殘片八種之定名並校錄　敦煌學(第24輯)　(臺北)樂學書局有限
　公司　2003　p. 120

鄭阿財　論敦煌文獻展現的六朝隋唐注釋學　《敦煌學輯刊》2005年第4期　p. 6

S. 5706

加地哲定　增補中國佛教文學研究　(東京)同朋舍　1979　p. 202

陳祚龍　晚唐至宋初敦煌通行典賣"奴婢"之一斑　敦煌簡策訂存　(臺北)商務印書館　1983
　p. 107

吳其昱　有關唐代和十世紀奴婢的敦煌卷子　《敦煌學輯刊》1984年第2期　p. 143

姜伯勤　唐西州寺院家人奴婢的放良　五十年來漢唐佛教寺院經濟研究　北京師範大學出版社
　1986　p. 215

姜伯勤　唐五代敦煌寺戶制度　中華書局　1987　p. 337

王永興　隋唐五代經濟史料彙編校注·第一編(上)　中華書局　1987　p. 254

高國藩　敦煌民俗學　上海文藝出版社　1989　p. 71、220

王公望　契約　敦煌文學　甘肅人民出版社　1989　p. 54

加地哲定著　劉衛星譯　中國佛教文學　今日中國出版社　1990　p. 172

李天石　敦煌吐魯番文書中的奴婢資料及其價值　《敦煌學輯刊》1990年第1期　p. 2

唐耕耦　陸宏基　敦煌社會經濟文獻真迹釋錄(二)　全國圖書館文獻縮微複製中心　1990　p. 188

姜伯勤　敦煌社會文書導論　(臺北)新文豐出版公司　1992　p. 152

周紹良　敦煌文學芻議及其它　(臺北)新文豐出版公司　1992　p. 10

高國藩　敦煌民俗資料導論　(臺北)新文豐出版公司　1993　p. 59

李明偉　敦煌文學概論　甘肅人民出版社　1993　p. 472

胡戟　傅玫　敦煌史話　中華書局　1995　p. 189

李明偉　敦煌文學中"敦煌文"的研究和分類評價　《敦煌研究》1995年第4期　p. 121

張傳璽　中國歷代契約會編考釋(上)　北京大學出版社　1995　p. 477注1

黃征　張涌泉　敦煌變文校注　中華書局　1997　p. 45

李斌城　隋唐五代社會生活史　中國社會科學出版社　1998　p. 212注8

沙知　敦煌契約文書輯校　江蘇古籍出版社　1998　p. 492

史成禮　史葆光　敦煌性文化　廣州出版社　1999　p. 78

李明偉　敦煌文學中敦煌文的分類及評價　1994年敦煌學國際研討會文集·宗教文史卷(上)　甘
　肅民族出版社　2000　p. 297

劉銘恕　唐代的奴隸墓誌　1994年敦煌學國際研討會文集·宗教文史卷(下)　甘肅民族出版社
　2000　p. 167

張錫厚　敦煌文學源流　作家出版社　2000　p. 165

王啓濤　中古及近代法制文書語言研究　巴蜀書社　2003　p. 383

張錫厚　敦煌文概說　2000年敦煌學國際學術討論會文集·歷史文化卷(下)　甘肅民族出版社
　2003　p. 222

李天石　中國中古良賤身份制度研究　南京師範大學出版社　2004　p. 24

S. 5707

唐耕耦　陸宏基　敦煌社會經濟文獻真迹釋録(三)　全國圖書館文獻縮微複製中心　1990　p. 210

馬德　10 世紀敦煌寺曆所記三窟活動　《敦煌研究》1998 年第 2 期　p. 86

土肥義和著　王平先譯　論莫高窟藏經洞的性質　2004 年石窟研究國際學術會議論文提要集　敦
　　煌研究院　2004　p. 50

S. 5708

李刈　敦煌壁畫中的《天請問經變相》　《敦煌研究》1991 年第 1 期　p. 2

王惠民　關於《天請問經》和天請問經變的幾個問題　《敦煌研究》1994 年第 4 期　p. 177

S. 5709

蘇晉仁　入唐五家求法目録中外典考　《魏晉南北朝隋唐史》1988 年第 11 期　p. 63

譚蟬雪　祭文　敦煌文學　甘肅人民出版社　1989　p. 123

胡戟　傅玫　敦煌史話　中華書局　1995　p. 188

王卡　敦煌道教文獻研究　中國社會科學出版社　2004　p. 246

S. 5710

平井宥慶　敦煌文書における金剛經疏　金剛般若經の思想的研究　(東京)春秋社　1999　p. 269

S. 5711

向達　倫敦所藏敦煌卷子經眼目録　《北平圖書館圖書季刊》1939 年新第 1 卷第 4 期　p. 397　又
　　見:唐代長安與西域文明　三聯書店　1957　p. 230

高國藩　敦煌民俗學　上海文藝出版社　1989　p. 104

項楚　敦煌變文選注　巴蜀書社　1990　p. 443

鄭阿財　敦煌蒙書析論　第二屆敦煌學國際研討會論文集　(臺北)漢學研究中心　1990　p. 216

李正宇　敦煌文學概論　甘肅人民出版社　1993　p. 168

徐俊　敦煌詩集殘卷輯考　中華書局　2000　p. 880

張鴻勳　敦煌俗文學研究　甘肅人民出版社　2002　p. 193

鄭阿財　朱鳳玉　敦煌蒙書研究　甘肅教育出版社　2002　p. 22

S. 5712

金榮華　倫敦藏漢文敦煌卷子目録提要(初稿)序　敦煌學(第 12 輯)　(臺北)新文豐出版公司
　　1987　p. 139

周祖謨　敦煌唐本字書叙録　敦煌語言文學研究　北京大學出版社　1988　p. 55

鄭阿財　敦煌蒙書析論　第二屆敦煌學國際研討會論文集　(臺北)漢學研究中心　1990　p. 215 注
　　14

張金泉　許建平　敦煌音義彙考　杭州大學出版社　1996　p. 1210

張金泉　敦煌佛經音義寫卷述要　《敦煌研究》1997 年第 2 期　p. 118

張金泉　雜字　敦煌學大辭典　上海辭書出版社　1998　p. 516

S. 5713

劉銘恕　敦煌遺書雜記四篇　敦煌學論集　甘肅人民出版社　1985　p. 50

唐耕耦　陸宏基　敦煌社會經濟文獻真迹釋録（五）　全國圖書館文獻縮微複製中心　1990　p. 43

S. 5714

王冀青　唐前期西北地區用於交通的驛馬、傳馬和長行馬　《敦煌學輯刊》1986 年第 2 期　p. 57

唐耕耦　陸宏基　敦煌社會經濟文獻真迹釋録（四）　全國圖書館文獻縮微複製中心　1990　p. 431

姜亮夫　敦煌莫高窟年表　姜亮夫全集（十一）　雲南人民出版社　2002　p. 299

S. 5717

山本達郎等　補（Ⅳ）社・Ⅲ 轉貼　『NUN – HUANG AND TURFAN DOCUMENTS CONCERNING SO-
CIAL AND ECONOMIC HISTORY』（Sup. p. lemrnts）　（東京）東洋文庫　2001　p. 80

S. 5718

向達　倫敦所藏敦煌卷子經眼目録　《北平圖書館圖書季刊》1939 年新第 1 卷第 4 期　p. 397　又
見：唐代長安與西域文明　三聯書店　1957　p. 230

芳村修基　土橋秀高　井ノ口泰淳　敦煌佛教史年表　西域文化研究（第一）・敦煌佛教資料　（京
都）法藏館　1958　p. 279

董作賓　敦煌紀年　敦煌學文選（上）　蘭州大學歷史系敦煌學研究室等　1983　p. 33

唐耕耦　陸宏基　敦煌社會經濟文獻真迹釋録（四）　全國圖書館文獻縮微複製中心　1990　p. 174

高國藩　敦煌民俗資料導論　（臺北）新文豐出版公司　1993　p. 116

馬德　敦煌莫高窟史研究　甘肅教育出版社　1996　p. 210

馬德　莫高窟與敦煌佛教教團　敦煌吐魯番研究（第一卷）　北京大學出版社　1996　p. 167

郝春文　關於唐後期五代宋初沙州僧俗的施捨問題　唐研究（第三卷）　北京大學出版社　1997
p. 27

楊際平　郭鋒　張和平　五—十世紀敦煌的家庭與家族關係　岳麓書社　1997　p. 229

鄭炳林　敦煌碑銘讚輯釋　甘肅教育出版社　1997　p. 108 注 2

郝春文　唐後期五代宋初敦煌僧尼的社會生活　中國社會科學出版社　1998　p. 254

郝春文　唐後期五代宋初敦煌僧尼遺產的處理與喪事的操辦　《敦煌研究》1998 年第 3 期　p. 45

李正宇　古本敦煌鄉土志八種箋證　（臺北）新文豐出版公司　1998　p. 384

郝春文　唐後期五代宋初中印文化對敦煌寺院的影響　新世紀敦煌學論集　巴蜀書社　2003
p. 334

湛如　敦煌佛教律儀制度研究　中華書局　2003　p. 360

屈直敏　敦煌高僧　民族出版社　2004　p. 137

S. 5722

金岡照光　敦煌文學のさまざま　敦煌の文學　（東京）大藏出版株式會社　1971　p. 132

加地哲定　增補中國佛教文學研究　（東京）同朋舍　1979　p. 200

加地哲定著　劉衛星譯　中國佛教文學　今日中國出版社　1990　p. 171

高田時雄　チベット文字書寫「長卷」の研究（本文編）　『東方學報』（第 65 號）　京都大學人文科
學研究所　1993　p. 371

張弓　漢唐佛寺文化史　中國社會科學出版社　1997　p. 833

張先堂　晚唐至宋初淨土五會念佛法門在敦煌的流傳　《敦煌研究》1998 年第 1 期　p. 52

S. 5723

東野治之　敦煌と日本の『千字文』　遺唐使と正倉院　（東京）岩波書店　1992　p. 245

東野治之　訓蒙書　敦煌漢文文獻（講座敦煌 5）　（東京）大東出版社　1992　p. 413

高國藩　敦煌民俗資料導論　（臺北）新文豐出版公司　1993　p. 42

徐俊　敦煌詩集殘卷輯考　中華書局　2000　p. 897

曾良　敦煌文獻字義通釋　廈門大學出版社　2001　p. 146

曾良　敦煌文獻字義劄記　2000 年敦煌學國際學術討論會文集・歷史文化卷（下）　甘肅民族出版
　　社　2003　p. 470

S. 5724

李正宇　敦煌文學概論　甘肅人民出版社　1993　p. 168

S. 5725

王三慶　《敦煌變文集》中的《孝子傳》新探　敦煌學（第 14 輯）　（臺北）新文豐出版公司　1989
　　p. 217

王三慶著　池田溫譯　類書　敦煌漢文文獻（講座敦煌 5）　（東京）大東出版社　1992　p. 371

丛春雨　敦煌中醫藥全書　中醫古籍出版社　1994　p. 743

譚蟬雪　射箭　敦煌學大辭典　上海辭書出版社　1998　p. 598

李重申　敦煌古代體育文化　甘肅人民出版社　2000　p. 90

劉屹　評《敦煌道藏》　敦煌吐魯番研究（第六卷）　北京大學出版社　2002　p. 388

柴劍虹　敦煌古小說淺談　敦煌與絲路文化學術講座（第二輯）　北京圖書館出版社　2005　p. 269

蘭州理工大學絲綢之路文史研究所編　絲綢之路體育文化論集　中華書局　2005　p. 215

S. 5726

向達　倫敦所藏敦煌卷子經眼目錄　《北平圖書館圖書季刊》1939 年新第 1 卷第 4 期　p. 397　又
　　見：唐代長安與西域文明　三聯書店　1957　p. 231

土田健次郎　儒教典籍　敦煌漢文文獻（講座敦煌 5）　（東京）大東出版社　1992　p. 269

李方　伯希和 3271 號寫本《論語集解》的性質及意義　《敦煌研究》1995 年第 4 期　p. 93

李方　敦煌《論語集解》校正　江蘇古籍出版社　1998　p. 830

李方　唐寫本《論語集解》校讀零拾　出土文獻研究（第三輯）　文物出版社　1998　p. 219

S. 5727

胡戟　傅玫　敦煌史話　中華書局　1995　p. 192

楊秀清　華戎交會的都市：敦煌與絲綢之路　甘肅人民出版社　2000　p. 132

S. 5728

王重民原編　黃永武新編　敦煌古籍敘錄新編（第七冊）　（臺北）新文豐出版公司　1986　p. 283

唐耕耦　陸宏基　敦煌社會經濟文獻真迹釋錄（三）　全國圖書館文獻縮微複製中心　1990　p. 625

榮新江　敦煌邈真讚所見歸義軍與東西回鶻的關係　敦煌邈真讚校錄並研究　（臺北）新文豐出版
　　公司　1994　p. 118

榮新江　甘州回鶻與曹氏歸義軍　《中國古代史》（先秦至隋唐）1994 年第 3 期　p. 111

鄭炳林　高偉　唐五代敦煌釀酒業初探　《西北史地》1994 年第 1 期　p. 30

榮新江　歸義軍史研究　上海古籍出版社　1996　p. 30
榮新江　歸義軍大事紀年初稿　出土文獻研究(第三輯)　文物出版社　1998　p. 251
楊森　晚唐五代兩件《女人社》文書劄記　《敦煌研究》1998 年第 1 期　p. 70
陳永勝　敦煌吐魯番法制文書研究　甘肅人民出版社　2000　p. 130
高啓安　唐五代敦煌飲食文化研究　民族出版社　2004　p. 419

S. 5729

入矢義高　『太公家教』校釋　福井博士頌壽記念東洋思想論集　(東京)論文集刊行會　1960
　　　p. 36
高國藩　敦煌寫本《太公家教》初探　《敦煌學輯刊》1984 年第 1 期　p. 64
王重民　跋太公家教　敦煌遺書論文集　中華書局　1984　p. 138
雷僑雲　敦煌兒童文學　(臺北)學生書局　1985　p. 82 注 4
周鳳五　敦煌寫本太公家教研究　(臺北)明文書局　1986　p. 155
鄭阿財　敦煌寫卷新集文詞九經抄研究　(臺北)文史哲出版社　1989　p. 128 注 1
鄭阿財　敦煌蒙書析論　第二屆敦煌學國際研討會論文集　(臺北)漢學研究中心　1990　p. 226
鄭阿財　敦煌文獻與文學　(臺北)新文豐出版公司　1993　p. 260
鄭阿財　學日益齋敦煌學劄記　周一良先生八十生日紀念論文集　中國社會科學出版社　1993
　　　p. 193
汪泛舟　敦煌古代兒童課本　甘肅人民出版社　2000　p. 224

S. 5730

芳村修基　土橋秀高　井ノ口泰淳　敦煌佛教史年表　西域文化研究(第一)・敦煌佛教資料　(京
　　　都)法藏館　1958　p. 271
陳祚龍　敦煌古抄內典尾記彙校初、二、三編合刊　敦煌學要籥　(臺北)新文豐出版公司　1982
　　　p. 157
雷紹鋒　歸義軍賦役制度初探　(臺北)洪葉文化事業有限公司　2000　p. 173
姜亮夫　敦煌莫高窟年表　姜亮夫全集(十一)　雲南人民出版社　2002　p. 395
榮新江　余欣　敦煌寫本辨僞示例:以法成講《瑜伽師地論》學生筆記爲中心　敦煌學・日本學:石
　　　塚晴通教授退職紀念論文集　上海辭書出版社　2005　p. 70
榮新江　余欣著　谷美喜子譯　敦煌寫本真僞弁別示例:法成の講じた『瑜伽師地論』の學生により
　　　筆記を中心として　日本學・敦煌學・漢文訓讀の新展開　(東京)汲古書院　2005　p. 161

S. 5731

向達　倫敦所藏敦煌卷子經眼目錄　《北平圖書館圖書季刊》1939 年新第 1 卷第 4 期　p. 397　又
　　　見;唐代長安與西域文明　三聯書店　1957　p. 231
董作賓　敦煌紀年　敦煌學文選(上)　蘭州大學歷史系敦煌學研究室等　1983　p. 28
西原一幸　敦煌出土『時要字樣』殘卷について　東方學(第 70 輯)　(東京)東方學會　1985　p. 33
金榮華　倫敦藏漢文敦煌卷子目錄提要(初稿)序　敦煌學(第 12 輯)　(臺北)新文豐出版公司
　　　1987　p. 139
周祖謨　敦煌唐本字書叙錄　敦煌語言文學研究　北京大學出版社　1988　p. 47
朱鳳玉　敦煌寫本字樣書研究之一　(臺北)《華岡文科學報》1989 年第 17 期　p. 118
朱鳳玉　敦煌寫本字書緒論　(臺北)《華岡文科學報》1991 年第 18 期　p. 99

張金泉　論《時要字樣》　《浙江社會科學》1993 年第 4 期　p. 81

榮新江　歸義軍改元考　文史(第三十八輯)　中華書局　1994　p. 46

張涌泉　試論審辨敦煌寫本俗字的方法　《敦煌研究》1994 年第 2 期　p. 153　又見:**舊學新知**　浙江大學出版社　1999　p. 87

鄭汝中　唐代書法藝術與敦煌寫卷　敦煌書法庫(第四輯)　甘肅人民美術出版社　1994　p. 9　又見:《敦煌研究》1996 年第 2 期　p. 126

鄭阿財　敦煌文獻與唐代字樣學　第六屆中國文字學全國學術研討會論文集　(臺北)"中國文字學會"　1995　p. 268

朱鳳玉　敦煌文獻中的語文教材　(臺灣)《嘉義師院學報》1995 年第 9 期　p. 463

榮新江　歸義軍史研究　上海古籍出版社　1996　p. 46

張金泉　敦煌遺書與字樣學　文史(第四十一輯)　中華書局　1996　p. 205

張金泉　許建平　敦煌音義彙考　杭州大學出版社　1996　p. 834

張涌泉　敦煌俗字彙考　敦煌俗字研究　上海教育出版社　1996　p. 3

張涌泉　敦煌俗字研究導論　(臺北)新文豐出版公司　1996　p. 34

張金泉　關於《時要字樣》等八件敦煌寫卷的考辨　古典文獻與文化論叢　中華書局　1997　p. 95

鄭炳林　唐五代敦煌金山國征伐樓蘭史事考　敦煌歸義軍史專題研究　蘭州大學出版社　1997　p. 21

張金泉　新商略古今字樣撮其時要並行正俗釋　敦煌學大辭典　上海辭書出版社　1998　p. 516

榮新江　《英藏敦煌文獻》定名商補　文史(第五十二輯)　中華書局　2000　p. 127　又見:敦煌學新論　甘肅教育出版社　2002　p. 199

榮新江　《英國圖書館藏敦煌漢文非佛教文獻殘卷目錄》補正　英國收藏敦煌漢藏文獻研究:紀念敦煌文獻發現一百周年　中國社會科學出版社　2000　p. 386

汪泛舟　敦煌古代兒童課本　甘肅人民出版社　2000　p. 3

張涌泉　二十世紀的唐代文字研究　中古近代漢語研究(第一輯)　上海教育出版社　2000　p. 91

曾良　敦煌文獻字義通釋　廈門大學出版社　2001　p. 197

姜亮夫　敦煌莫高窟年表　姜亮夫全集(十一)　雲南人民出版社　2002　p. 417

張涌泉　《說文》"連篆讀"發覆　文史(第六十輯)　中華書局　2002　p. 249　又見:雪泥鴻爪:浙江大學古籍研究所建所二十周年紀念文集　中華書局　2003　p. 37

蔡忠霖　遼·釋行均《龍龕手鑒》的俗字觀　冉雲華先生八秩華誕壽慶論文集　(臺北)法光出版社　2003　p. 425

西原一幸　敦煌出土 Stein388 號寫本在唐代楷書字體研究方面的重大貢獻　敦煌學·日本學:石塚晴通教授退職紀念論文集　上海辭書出版社　2005　p. 91

西原一幸　唐代楷書字體研究に果たした敦煌出土スタイン三八八番寫本の役割『正名要録』と「群書新定字樣」　日本學·敦煌學·漢文訓讀の新展開　(東京)汲古書院　2005　p. 498

朱鳳玉　敦煌本《正名要録》中"連文釋義"研究　日本學·敦煌學·漢文訓讀の新展開　(東京)汲古書院　2005　p. 493

S. 5732

陳祚龍　關於道家"本際經"及其"要略妙義"與"疏"的敦煌古抄　敦煌文物隨筆　(臺北)商務印書館　1979　p. 218

石井昌子　靈寶經類　敦煌と中國道教(講座敦煌 4)　(東京)大東出版社　1983　p. 154

王卡　太上業報因緣經　敦煌學大辭典　上海辭書出版社　1998　p. 764

王卡　敦煌道教文獻研究　中國社會科學出版社　2004　p. 125

王卡　中國國家圖書館藏敦煌道教遺書研究報告　敦煌吐魯番研究(第七卷)　北京大學出版社
　　2004　p. 354

S. 5733

石井昌子　靈寶經類　敦煌と中國道教(講座敦煌4)　(東京)大東出版社　1983　p. 148

姜伯勤　道釋相激:道教在敦煌　道家文化研究(第十三輯)　三聯書店　1998　p. 50

王卡　太上洞玄靈寶五篇真文赤書　敦煌學大辭典　上海辭書出版社　1998　p. 768

王承文　敦煌古靈寶經與晉唐道教　中華書局　2002　p. 831

王卡　敦煌道教文獻研究　中國社會科學出版社　2004　p. 106

葉貴良　《俄藏敦煌文獻》道經殘卷考述　浙江與敦煌學:常書鴻先生誕辰一百周年紀念文集　浙江
　　古籍出版社　2004　p. 359

S. 5734

張鴻勳　敦煌寫本《下女夫詞》新探　1983年全國敦煌學術討論會文集·文史遺書編(下)　甘肅人
　　民出版社　1987　p. 166

汪泛舟　讚·箋　敦煌文學　甘肅人民出版社　1989　p. 100

姜伯勤　敦煌社會文書導論　(臺北)新文豐出版公司　1992　p. 15

高國藩　敦煌民俗資料導論　(臺北)新文豐出版公司　1993　p. 58、65

譚蟬雪　敦煌婚姻文化　甘肅人民出版社　1993　p. 18

吳麗娛　唐禮摭遺:中古書儀研究　商務印書館　2002　p. 358

S. 5735

羅常培　敦煌本經典釋文殘卷五種跋　《國學季刊》1951年第7卷第2期　又見:中國敦煌學百年文
　　庫·文獻卷(一)　甘肅文化出版社　1999　p. 292

王重民　敦煌古籍叙錄　中華書局　1979　p. 8

王重民原編　黃永武新編　敦煌古籍叙錄新編(第一冊)　(臺北)新文豐出版公司　1986　p. 124

土田健次郎　儒教典籍　敦煌漢文文獻(講座敦煌5)　(東京)大東出版社　1992　p. 269、272、301

張金泉　許建平　敦煌音義彙考　杭州大學出版社　1996　p. 2

白化文　周易經典釋文　敦煌學大辭典　上海辭書出版社　1998　p. 772

趙聲良　周易經典釋文　敦煌學大辭典　上海辭書出版社　1998　p. 285

羅常培　唐寫本經典釋文殘卷五種跋　中國敦煌學百年文庫·語言文字卷(一)　甘肅文化出版社
　　1999　p. 82

許建平　BD09523《禮記音義》殘卷跋　《敦煌研究》2003年第2期　p. 75

張弓　敦煌四部籍與中古後期社會的文化情境　敦煌學(第25輯)　(臺北)樂學書局有限公司
　　2004　p. 313

S. 5736

饒宗頤　敦煌本文選斟證(一)　(香港)《新亞學報》1957年第1期　p. 335

陳祚龍　敦煌寫本《登樓賦》斟證　敦煌學海探珠(上冊)　(臺北)商務印書館　1979　p. 21 注9

遊志誠　敦煌古抄本文選五臣注研究　全國敦煌學研討會論文集　(臺北)中正大學中國文學系所
　　1995　p. 148

遊志誠　昭明文選學術論考　（臺北）學生書局　1996　p. 37

張弓　漢唐佛寺文化史　中國社會科學出版社　1997　p. 992

白化文　敦煌遺書中《文選》殘卷綜述　中外學者文選學論集（上）　中華書局　1998　p. 382

白化文　文選　敦煌學大辭典　上海辭書出版社　1998　p. 783

羅國威　敦煌本《昭明文選》研究　黑龍江教育出版社　1999　p. 258

饒宗頤　敦煌本文選校證（一）　中國敦煌學百年文庫・文學卷（二）　甘肅文化出版社　1999　p. 2

傅剛　文選版本研究　北京大學出版社　2000　p. 114

饒宗頤　敦煌吐魯番本文選　中華書局　2000　p. 97（圖版）

S. 5737

向達　倫敦所藏敦煌卷子經眼目録　《北平圖書館圖書季刊》1939 年新第 1 卷第 4 期　p. 397　又
　　見：唐代長安與西域文明　三聯書店　1957　p. 231

三木榮　西域出土醫藥關係文獻綜合解說目録　『東洋學報』（47 卷 1 號）　（東京）東洋學術協會
　　1964　p. 11

周丕顯　敦煌科技書卷叢談　《敦煌學輯刊》1981 年第 2 期　p. 57

高國藩　敦煌民俗學　上海文藝出版社　1989　p. 319

宮下三郎　敦煌本の本草醫書　敦煌漢文文獻（講座敦煌 5）　（東京）大東出版社　1992　p. 503

丛春雨　敦煌中醫藥全書　中醫古籍出版社　1994　p. 217

王進玉　敦煌石窟探秘　四川教育出版社　1994　p. 75

張儂　敦煌石窟秘方與灸經圖　甘肅文化出版社　1995　p. 269

馬繼興　敦煌醫藥文獻輯校　江蘇古籍出版社　1998　p. 529

王淑民　灸經明堂　敦煌學大辭典　上海辭書出版社　1998　p. 617

妹尾達彥　唐代長安東市の印刷業　東アジア史における國家と地域　（東京）刀水書房　1999
　　p. 219

王淑民　敦煌石窟秘藏醫方　北京醫科大學中國協和醫科大學聯合出版社　1999　p. 4

丛春雨　敦煌中醫藥精萃發微　中醫古籍出版社　2000　p. 85

張儂　敦煌遺書中的針灸文獻　《敦煌研究》2001 年第 2 期　p. 152

馬繼興　當前世界各地收藏的中國出土卷子本古醫藥文獻備考　敦煌吐魯番研究（第六卷）　北京
　　大學出版社　2002　p. 137

陳懷宇　道宣與孫思邈醫學交流之一證蠡測　敦煌吐魯番研究（第九卷）　北京大學出版社　2006
　　p. 406

華瀾　9 至 10 世紀敦煌曆日中的選擇術與醫學活動　敦煌吐魯番研究（第九卷）　北京大學出版社
　　2006　p. 430

S. 5739

向達　倫敦所藏敦煌卷子經眼目録　《北平圖書館圖書季刊》1939 年新第 1 卷第 4 期　p. 397　又
　　見：唐代長安與西域文明　三聯書店　1957　p. 231

鄭阿財　敦煌孝道文學研究　（臺北）石門圖書公司　1982　p. 16、535

蘇瑩輝　簡評巴宙輯敦煌韻文集　敦煌論集　（臺北）學生書局　1983　p. 454

雷僑雲　敦煌兒童文學　（臺北）學生書局　1985　p. 90 注 5

土田健次郎　儒教典籍　敦煌漢文文獻（講座敦煌 5）　（東京）大東出版社　1992　p. 270、296

鄭阿財　臺灣地區研究概況（1992—1993）：敦煌學部分　"中國唐代學會"會刊（第四期）　（臺北）

"中國唐代學會"　1993　p. 248

榮新江　《英藏敦煌文獻》定名商補　文史(第五十二輯)　中華書局　2000　p. 127　又見：敦煌學
　　新論　甘肅教育出版社　2002　p. 204

榮新江　《英國圖書館藏敦煌漢文非佛教文獻殘卷目録》補正　英國收藏敦煌漢藏文獻研究：紀念敦
　　煌文獻發現一百周年　中國社會科學出版社　2000　p. 385

徐俊　敦煌詩集殘卷輯考　中華書局　2000　p. 255

黃正建　敦煌占卜文書與唐五代占卜研究　學苑出版社　2001　p. 172

S. 5740

陳祚龍　關於道家"本際經"及其"要略妙義"與"疏"的敦煌古抄　敦煌文物隨筆　(臺北)商務印書
　　館　1979　p. 218

石井昌子　靈寶經類　敦煌と中國道教(講座敦煌4)　(東京)大東出版社　1983　p. 161

萬毅　敦煌道教文獻《本際經》録文及解説　道家文化研究(第十三輯)　三聯書店　1998　p. 484

山田俊　唐初道教思想史研究·資料篇　(京都)平樂寺書店　1999　p. 113、164

王卡　敦煌道教文獻研究　中國社會科學出版社　2004　p. 206

王卡　中國國家圖書館藏敦煌道教遺書研究報告　敦煌吐魯番研究(第七卷)　北京大學出版社
　　2004　p. 371

S. 5741

向達　倫敦所藏敦煌卷子經眼目録　《北平圖書館圖書季刊》1939年新第1卷第4期　p. 397　又
　　見：唐代長安與西域文明　三聯書店　1957　p. 231

三木榮　西域出土醫藥關係文獻綜合解説目録　『東洋學報』(47卷1號)　(東京)東洋學術協會
　　1964　p. 13

馬繼興　敦煌古醫籍考釋　江西科學技術出版社　1988　p. 9

東野治之　訓蒙書　敦煌漢文文獻(講座敦煌5)　(東京)大東出版社　1992　p. 420

馬繼興　敦煌醫藥文獻　敦煌學大辭典　上海辭書出版社　1998　p. 615

馬繼興　當前世界各地收藏的中國出土卷子本古醫藥文獻備考　敦煌吐魯番研究(第六卷)　北京
　　大學出版社　2002　p. 137

S. 5742

加地哲定　增補中國佛教文學研究　(東京)同朋舍　1979　p. 202

加地哲定著　劉衛星譯　中國佛教文學　今日中國出版社　1990　p. 172

楊森　張承奉　敦煌學大辭典　上海辭書出版社　1998　p. 356

宋家鈺　佛教齋文源流與敦煌本"齋文"書的復原　《中國史研究》1999年第2期　p. 77　又見：英
　　國收藏敦煌漢藏文獻研究：紀念敦煌文獻發現一百周年　中國社會科學出版社　2000　p. 305

S. 5743

向達　倫敦所藏敦煌卷子經眼目録　《北平圖書館圖書季刊》1939年新第1卷第4期　p. 397　又
　　見：唐代長安與西域文明　三聯書店　1957　p. 231

土田健次郎　儒教典籍　敦煌漢文文獻(講座敦煌5)　(東京)大東出版社　1992　p. 268

石塚晴通　敦煌的加點本　敦煌學·日本學：石塚晴通教授退職紀念論文集　上海辭書出版社
　　2005　p. 9

S. 5744

周紹良　敦煌文學芻議及其它　（臺北）新文豐出版公司　1992　p. 18

徐俊　敦煌詩集殘卷輯考　中華書局　2000　p. 642

趙望秦　敦煌遺書 S. 5744《祭某詩文抄》本事探真　《敦煌研究》2003 年第 1 期　p. 76

S. 5745

向達　倫敦所藏敦煌卷子經眼目錄　《北平圖書館圖書季刊》1939 年新第 1 卷第 4 期　p. 397　又
　　見：唐代長安與西域文明　三聯書店　1957　p. 231

陳鐵凡　敦煌本尚書述略　（臺北）《大陸雜誌》1961 年第 8 期　又見：中國敦煌學百年文庫·文獻
　　卷（一）　甘肅文化出版社　1999　p. 443

陳人之　奮起奪回“敦煌學中心”　關隴文學論叢　甘肅人民出版社　1983　p. 190

王堯　陳踐　敦煌吐蕃文獻選　四川民族出版社　1983　p. 66

王重民　《敦煌遺書總目索引》後記　敦煌遺書論文集　中華書局　1984　p. 67

孫啓治　唐寫本俗別字變化類型舉例　敦煌吐魯番文獻研究論集（第五輯）　北京大學出版社
　　1990　p. 125、127

土田健次郎　儒教典籍　敦煌漢文文獻（講座敦煌 5）　（東京）大東出版社　1992　p. 268

吳其昱著　伊藤美重子譯　敦煌漢文寫本概観　敦煌漢文文獻（講座敦煌 5）　（東京）大東出版社
　　1992　p. 98

王堯　吐蕃時期藏譯漢籍名著及故事　中國古籍研究（第一卷）　上海古籍出版社　1996　p. 539

陳公柔　評介《尚書文字合編》　燕京學報（新第 4 期）　北京大學出版社　1998　p. 290

許建平　敦煌本《尚書》叙錄　敦煌文獻論集：紀念藏經洞發現一百周年國際學術研討會論文集　遼
　　寧人民出版社　2001　p. 381

趙平安　談談敦煌醫學寫本的釋字問題　敦煌吐魯番研究（第六卷）　北京大學出版社　2002
　　p. 199

許建平　BD14681《尚書》殘卷考辨　新世紀敦煌學論集　巴蜀書社　2003　p. 92

王冀青　斯坦因與日本敦煌學　甘肅教育出版社　2004　p. 306

許建平　敦煌出土《尚書》寫卷研究的過去與未來　敦煌吐魯番研究（第七卷）　北京大學出版社
　　2004　p. 227

中村威也　ДХ10698『尚書費誓』とДХ10698v「史書」について　『西北出土文獻研究』（創刊號）
　　（新潟）西北出土文獻研究會　2004　p. 42

S. 5746

石井昌子　靈寶經類　敦煌と中國道教（講座敦煌 4）　（東京）大東出版社　1983　p. 149

王卡　太上洞玄靈寶智慧上品大戒　敦煌學大辭典　上海辭書出版社　1998　p. 768

王卡　敦煌道教文獻研究　中國社會科學出版社　2004　p. 95

王卡　中國國家圖書館藏敦煌道教遺書研究報告　敦煌吐魯番研究（第七卷）　北京大學出版社
　　2004　p. 350

S. 5747

向達　倫敦所藏敦煌卷子經眼目錄　《北平圖書館圖書季刊》1939 年新第 1 卷第 4 期　p. 397　又
　　見：唐代長安與西域文明　三聯書店　1957　p. 231

池田溫　中國古代の租佃契（上）　『東洋文化研究所紀要』（第 60 册）　東京大學東洋文化研究所

1973　p. 93

姜亮夫　唐五代瓜沙張曹兩世家考　《中華文史論叢》1979 年第 3 期　又見:中國敦煌學百年文庫·歷史卷(一)　甘肅文化出版社　1999　p. 365

董作賓　敦煌紀年　敦煌學文選(上)　蘭州大學歷史系敦煌學研究室等　1983　p. 30

唐長孺　關於歸義軍節度使的幾種資料跋　敦煌學文選(上)　蘭州大學歷史系敦煌學研究室等　1983　p. 176　又見:敦煌吐魯番文書研究　甘肅人民出版社　1984　p. 169;絲綢之路文獻叙錄　蘭州大學出版社　1989　p. 51;山居存稿　中華書局　1989　p. 438

冷鵬飛　唐末沙州歸義軍時期有關百姓受田和賦稅的幾個問題　《敦煌學輯刊》1984 年第 1 期　p. 31

森安孝夫著　高然譯　回鶻與敦煌　《西北史地》1984 年第 1 期　p. 111

艾麗白著　耿昇譯　敦煌漢文寫本中的鳥形押　敦煌譯叢(第一輯)　甘肅人民出版社　1985　p. 190 注 2

蘇瑩輝　從幾種敦煌資料論張承奉、曹議金之稱"帝"稱"王"　敦煌學(第 11 輯)　(臺北)新文豐出版公司　1986　p. 68　又見:敦煌文史藝術論叢　(臺北)新文豐出版公司　1987　p. 146

蘇瑩輝　瓜沙史事述要　漢學研究(敦煌學國際研討會論文專號)　(臺北)漢學研究資料及服務中心　1986　p. 472

黃盛璋　敦煌本曹氏二州六鎮與八鎮考　1983 年全國敦煌學術討論會文集·文史遺書編(上)　甘肅人民出版社　1987　p. 281 注 3

姜亮夫　羅振玉補唐書張議潮傳訂補　敦煌學論文集　上海古籍出版社　1987　p. 910　又見:姜亮夫全集(十四)　雲南人民出版社　2002　p. 336

李正宇　關於金山國和敦煌國建國的幾個問題　《西北史地》1987 年第 2 期　p. 64

施萍婷　敦煌曆日研究　1983 年全國敦煌學術討論會文集·文史遺書編(上)　甘肅人民出版社　1987　p. 328

山本達郎等　敦煌·III 轉貼　『NUN‒HUANG AND TURFAN DOCUMENTS CONCERNING SOCIAL AND ECONOMIC HISTORY』(IV)　(東京)東洋文庫　1989　p. 51

嚴敦傑　跋敦煌唐乾符四年曆書　中國古代天文文物論集　文物出版社　1989　p. 251

鄧文寬　歸義軍張氏家族的封爵與郡望　敦煌吐魯番學研究論文集　漢語大詞典出版社　1990　p. 605

盧向前　金山國立國之我見　《敦煌學輯刊》1990 年第 2 期　p. 15　又見:敦煌吐魯番文書論稿　江西人民出版社　1992　p. 176

榮新江　沙州歸義軍歷任節度使稱號研究　敦煌吐魯番學研究論文集　漢語大詞典出版社　1990　p. 790

譚蟬雪　敦煌歲時掇瑣:正月　《敦煌研究》1990 年第 1 期　p. 50　又見:(香港)《九州學刊》(敦煌學專輯)1993 年第 5 卷第 4 期　p. 87

姜伯勤　敦煌社會文書導論　(臺北)新文豐出版公司　1992　p. 6

吳其昱著　伊藤美重子譯　敦煌漢文寫本概観　敦煌漢文文獻(講座敦煌 5)　(東京)大東出版社　1992　p. 139

高國藩　敦煌民俗資料導論　(臺北)新文豐出版公司　1993　p. 237

榮新江　歸義軍改元考　文史(第三十八輯)　中華書局　1994　p. 49

土肥義和　唐·北宋間の「社」の組織形態に関する一考察　中國古代の國家と民衆(堀敏一先生古稀記念)　(東京)汲古書院　1995　p. 720

吳震　P. 3547《沙州歸義軍上都督進奏院上本使狀》試析　敦煌學國際研討會文集·史地語文編

　　遼寧美術出版社　1995　p. 67、78

李正宇　敦煌史地新論　（臺北）新文豐出版公司　1996　p. 196

榮新江　歸義軍史研究　上海古籍出版社　1996　p. 14、51

邵文實　敦煌道教試述　《世界宗教研究》1996 年第 2 期　又見：中國敦煌學百年文庫·宗教卷
　　（三）甘肅文化出版社　1999　p. 334

顏廷亮　關於《白雀歌》見在寫卷兼及敦煌佛道關係　敦煌佛教文化研究　社科縱橫編輯部　1996
　　p. 20

鄭炳林　敦煌碑銘讚輯釋　甘肅教育出版社　1997　p. 360 注 9

榮新江　歸義軍大事紀年初稿　出土文獻研究（第三輯）文物出版社　1998　p. 241

譚蟬雪　敦煌歲時文化導論　（臺北）新文豐出版公司　1998　p. 47

楊森　晚唐五代兩件《女人社》文書劄記　《敦煌研究》1998 年第 1 期　p. 68

顏廷亮　敦煌文化中的道教及文化　《敦煌研究》1999 年第 1 期　p. 141

高明士　唐代敦煌官方的祭祀禮儀　1994 年敦煌學國際研討會文集·宗教文史卷（上）甘肅民族
　　出版社　2000　p. 58

顏廷亮　敦煌文化　光明日報出版社　2000　p. 246

姜伯勤　唐敦煌城市的禮儀空間　文史（第五十五輯）中華書局　2001　p. 235

榮新江　敦煌學十八講　北京大學出版社　2001　p. 225

姜亮夫　敦煌莫高窟年表　姜亮夫全集（十一）雲南人民出版社　2002　p. 456

劉永明　散見敦煌曆朔閏輯考　《敦煌研究》2002 年第 6 期　p. 11、15

劉永明　試論曹延祿的醮祭活動　《敦煌學輯刊》2002 年第 1 期　p. 70

S. 5748

王三慶　敦煌寫卷中武后新字之調查研究　唐代研究論集（第三輯）（臺北）新文豐出版公司
　　1992　p. 93

S. 5749

江素雲　維摩詰所說經敦煌寫本綜合目錄　（臺北）東初出版社　1991　p. 80

S. 5750

潘重規　敦煌詩經卷子研究　（臺北）《華岡學報》1970 年第 6 期　又見：中國敦煌學百年文庫·文
　　獻卷（二）甘肅文化出版社　1999　p. 441

唐耕耦　陸宏基　敦煌社會經濟文獻真迹釋録（三）全國圖書館文獻縮微複製中心　1990　p. 175

馬雅倫　關於南山問題的討論　《敦煌學輯刊》1995 年第 2 期　p. 48

鄭炳林　敦煌碑銘讚及其有關問題　敦煌碑銘讚輯釋　甘肅教育出版社　1997　p. 17

鄭炳林　敦煌碑銘讚輯釋　甘肅教育出版社　1997　p. 350 注 8

鄭炳林　唐五代敦煌金山國征伐樓蘭史事考　敦煌歸義軍史專題研究　蘭州大學出版社　1997
　　p. 22

郝春文　唐後期五代宋初敦煌僧尼的社會生活　中國社會科學出版社　1998　p. 364

黑維强　吐魯番出土文書詞語例釋（一）《敦煌學輯刊》2004 年第 2 期　p. 117

S. 5751

王卡　敦煌道教文獻研究　中國社會科學出版社　2004　p. 224

王卡　中國國家圖書館藏敦煌道教遺書研究報告　敦煌吐魯番研究(第七卷)　北京大學出版社
　　2004　p. 374

S. 5752

金岡照光　敦煌漢文文學文獻の文學形態上の種類とその分類　敦煌出土文學文獻分類目録・附解
　　說　(東京)東洋文庫　1971　p. 224

金岡照光　敦煌文學のさまざま　敦煌の文學　(東京)大藏出版株式會社　1971　p. 128、165

楊家駱　敦煌變文　(臺北)世界書局　1980　p. 854

潘重規　敦煌變文集新書(下)　(臺北)"中國文化大學"中文研究所　1984　p. 1210

王重民　蘇武李陵執別詞　敦煌變文集　人民文學出版社　1984　p. 854

張錫厚　略論敦煌賦集及其選録標準　《敦煌學輯刊》1986年第1期　p. 18

張鴻勳　敦煌講唱文學作品選注　甘肅人民出版社　1987　p. 42、74

張錫厚　關於《敦煌賦集》整理的幾個問題　《敦煌學輯刊》1987年第1期　p. 44　又見:敦煌語言
　　文學論文集　浙江古籍出版社　1988　p. 226

柴劍虹　詩話　敦煌文學　甘肅人民出版社　1989　p. 300　又見:敦煌學大辭典　上海辭書出版社
　　1998　p. 524

劉瑞明　敦煌抄卷《百鳥名》研究　《敦煌學輯刊》1989年第2期　p. 37

張錫厚　敦煌賦集校理(續)　《敦煌研究》1989年第4期　p. 93

張錫厚　賦　敦煌文學　甘肅人民出版社　1989　p. 135

郭在貽　張涌泉　黃征　敦煌變文集校議　岳麓書社　1990　p. 165、440

項楚　敦煌變文選注　巴蜀書社　1990　p. 778

柴劍虹　敦煌文學中的"因緣"與"詩話"　西域文史論稿　(臺北)國文天地雜誌社　1991　p. 523

金岡照光　韻文體類:長篇叙事詩・短篇歌詠　敦煌の文學文獻(講座敦煌9)　(東京)大東出版社
　　1992　p. 261

張鴻勳　敦煌唱本《百鳥名》的文化意蘊及其流變影響　《敦煌研究》1992年第1期　p. 70

周紹良　敦煌文學芻議及其它　(臺北)新文豐出版公司　1992　p. 19、61

舒華　敦煌"變文"體裁新論　(香港)《九州學刊》(敦煌學專輯)1993年第5卷第4期　p. 157

張鴻勳　敦煌話本詞文俗賦導論　(臺北)新文豐出版公司　1993　p. 93、178、192

張錫厚　敦煌文學概論　甘肅人民出版社　1993　p. 276

伏俊璉　敦煌賦校注　甘肅人民出版社　1994　p. 2

伏俊璉　敦煌本《醜婦賦》的審美價值和文化意蘊　《社科縱橫》1994年第1期　p. 26

蔣禮鴻　敦煌文獻語言詞典　杭州大學出版社　1994　p. 185

蔣禮鴻　蔣禮鴻語言文字學論叢　浙江古籍出版社　1994　p. 191

張錫厚　敦煌本唐集研究　(臺北)新文豐出版公司　1995　p. 412

張涌泉　漢語俗字研究　岳麓書社　1995　p. 7

王小盾　潘建國　敦煌論議考　中國古籍研究(第一卷)　上海古籍出版社　1996　p. 189

張錫厚　敦煌賦彙　(臺北)新文豐出版公司　1996　p. 8、295、340

黃征　張涌泉　敦煌變文校注　中華書局　1997　p. 1208、1220

顔廷亮　關於《晏子賦》寫本的抄寫年代問題　《敦煌研究》1997年第2期　p. 137

程毅中　柴劍虹　晏子賦　敦煌學大辭典　上海辭書出版社　1998　p. 589

張鴻勳　百鳥名　敦煌學大辭典　上海辭書出版社　1998　p. 587

張錫厚　醜婦賦　敦煌學大辭典　上海辭書出版社　1998　p. 587

施謝捷　敦煌文獻語詞校釋叢劄　《敦煌研究》1999 年第 4 期　p. 28
伏俊璉　俗情雅韻：敦煌賦選析　甘肅人民出版社　2000　p. 46
蔣禮鴻　中國俗文字學研究導言　中古近代漢語研究（第一輯）　上海教育出版社　2000　p. 73
張鴻勳　說唱藝術奇葩：敦煌變文選評　甘肅人民出版社　2000　p. 63
張錫厚　敦煌文學源流　作家出版社　2000　p. 199、251、530
伏俊璉　敦煌本《醜婦賦》與醜婦文學　《敦煌研究》2001 年第 2 期　p. 123
蔣禮鴻　《敦煌資料》第一輯詞釋　蔣禮鴻集（第四卷）　浙江教育出版社　2001　p. 50
黃征　敦煌語言文字學研究　甘肅教育出版社　2002　p. 164
潘重規　敦煌變文集新書訂補"三續"　敦煌學（第 23 輯）　（臺北）樂學書局有限公司　2002　p. 3
張鴻勳　敦煌俗文學研究　甘肅人民出版社　2002　p. 151
王昆吾　從敦煌學到域外漢文學　商務印書館　2003　p. 28
柴劍虹　敦煌寫本中的憤世嫉俗之文　《敦煌研究》2004 年第 1 期　p. 61
李文潔　敦煌寫本《晏子賦》的同卷書寫情況　《文獻》2006 年第 1 期　p. 56

S. 5753

向達　倫敦所藏敦煌卷子經眼目錄　《北平圖書館圖書季刊》1939 年新第 1 卷第 4 期　p. 397　又
　　見：唐代長安與西域文明　三聯書店　1957　p. 231
姜伯勤　敦煌寺院碾磑經營的兩種形式　歷史論叢（第三輯）　齊魯書社　1983　p. 173、185　又
　　見：五十年來漢唐佛教寺院經濟研究　北京師範大學出版社　1986　p. 221、232
韓國磐　也談四柱結帳法　敦煌吐魯番出土經濟文書研究　廈門大學出版社　1986　p. 188
姜伯勤　唐五代敦煌寺戶制度　中華書局　1987　p. 226、241
唐耕耦　關於敦煌寺院水磑研究中的幾個問題　《文獻》1988 年第 1 期　p. 181
唐耕耦　敦煌寫本便物曆初探　敦煌吐魯番文獻研究論集（第五輯）　北京大學出版社　1990
　　p. 141
唐耕耦　陸宏基　敦煌社會經濟文獻真迹釋錄（三）　全國圖書館文獻縮微複製中心　1990　p. 390
郝春文　唐後期五代宋初沙州僧尼的宗教收入（三）：大眾倉試探　《敦煌學輯刊》1996 年第 2 期
　　p. 4
唐耕耦　敦煌寺院會計文書研究　（臺北）新文豐出版公司　1997　p. 43、51
鄭炳林　敦煌碑銘讚輯釋　甘肅教育出版社　1997　p. 374 注 3
郝春文　唐後期五代宋初敦煌僧尼的社會生活　中國社會科學出版社　1998　p. 329
唐耕耦　入破曆算會牒　敦煌學大辭典　上海辭書出版社　1998　p. 647
雷紹鋒　歸義軍賦役制度初探　（臺北）洪葉文化事業有限公司　2000　p. 276

S. 5754

向達　倫敦所藏敦煌卷子經眼目錄　《北平圖書館圖書季刊》1939 年新第 1 卷第 4 期　p. 397　又
　　見：唐代長安與西域文明　三聯書店　1957　p. 231
王重民　敦煌古籍叙錄　中華書局　1979　p. 213
王重民　巴黎敦煌殘卷叙錄（第二輯）　敦煌叢刊初集（九）　（臺北）新文豐出版公司　1985　p. 251
李正宇　敦煌方音止遇二攝混同及其校勘學意義　《敦煌研究》1986 年第 4 期　p. 50
王重民原編　黃永武新編　敦煌古籍叙錄新編（第十一冊）　（臺北）新文豐出版公司　1986　p. 106
周鳳五　敦煌寫本太公家教研究　（臺北）明文書局　1986　p. 155
周鳳五　太公家教重探　漢學研究（敦煌學國際研討會論文專號）　（臺北）漢學研究資料及服務中

心 1986 p. 363

鄭阿財 敦煌寫本《新集文詞九經抄》校錄 敦煌學(第 12 輯) (臺北)新文豐出版公司 1987
     p. 109

鄭阿財 敦煌寫卷新集文詞九經抄研究 (臺北)文史哲出版社 1989 p. 3、179 又見:唐代研究
     論集(第四輯) (臺北)新文豐出版公司 1992 p. 637

鄭阿財 敦煌蒙書析論 第二屆敦煌學國際研討會論文集 (臺北)漢學研究中心 1990 p. 224

王三慶著 池田溫譯 類書 敦煌漢文文獻(講座敦煌 5) (東京)大東出版社 1992 p. 366

鄭阿財 敦煌文獻與文學 (臺北)新文豐出版公司 1993 p. 222、258

胡戟 傅玫 敦煌史話 中華書局 1995 p. 184

鄭炳林 羊萍 敦煌本夢書 甘肅文化出版社 1995 p. 250

朱鳳玉 敦煌寫本碎金研究 (臺北)文津出版社 1997 p. 17

白化文 新集文詞九經抄 敦煌學大辭典 上海辭書出版社 1998 p. 781

鄭阿財 朱鳳玉 敦煌蒙書研究 甘肅教育出版社 2002 p. 289

鄭阿財 敦煌蒙書 敦煌與絲路文化學術講座(第一輯) 北京圖書館出版社 2003 p. 139

鄭炳林 徐曉麗 讀《俄藏敦煌文獻》第 12 冊幾件非佛經文獻劄記 《敦煌研究》2003 年第 4 期
     p. 86

鄭炳林 敦煌寫本解夢書校錄研究 民族出版社 2005 p. 66

S. 5755

向達 倫敦所藏敦煌卷子經眼目錄 《北平圖書館圖書季刊》1939 年新第 1 卷第 4 期 p. 397 又
     見:唐代長安與西域文明 三聯書店 1957 p. 231

劉銘恕 再記英國倫敦所藏的敦煌經卷 《中國科學院圖書館通訊》1957 年第 7 期 又見:中國敦煌
     學百年文庫·綜述卷(二) 甘肅文化出版社 1999 p. 138

王重民 《敦煌遺書總目索引》後記 敦煌遺書論文集 中華書局 1984 p. 67

高國藩 驅儺風俗和敦煌民間歌謠《兒郎偉》 文史(第二十九輯) 中華書局 1988 p. 291

高國藩 敦煌民俗學 上海文藝出版社 1989 p. 413

高國藩 敦煌古俗與民俗流變 河海大學出版社 1990 p. 379

鄭阿財 敦煌蒙書析論 第二屆敦煌學國際研討會論文集 (臺北)漢學研究中心 1990 p. 221

周丕顯 巴黎藏伯字第二七二一號《雜抄·書目》初探 敦煌吐魯番學研究論文集 漢語大詞典出
     版社 1990 p. 415

王三慶著 池田溫譯 類書 敦煌漢文文獻(講座敦煌 5) (東京)大東出版社 1992 p. 387

高國藩 敦煌民俗資料導論 (臺北)新文豐出版公司 1993 p. 174

鄭阿財 敦煌文獻與文學 (臺北)新文豐出版公司 1993 p. 252

劉進寶 敦煌學論述 (臺北)洪葉文化事業有限公司 1995 p. 166

朱鳳玉 從傳統語文教育論敦煌本《雜抄》 全國敦煌學研討會論文集 (臺北)中正大學中國文學
     系所 1995 p. 203

王書慶 敦煌文獻中的《齋琬文》 《敦煌研究》1997 年第 1 期 p. 141

鄭炳林 敦煌碑銘讚輯釋 甘肅教育出版社 1997 p. 110 注 7

唐耕耦 敦煌會計文書 敦煌學大辭典 上海辭書出版社 1998 p. 647

高國藩 敦煌俗文化學 上海三聯書店 1999 p. 326

施萍婷 《敦煌遺書總目索引新編》前言 敦煌遺書總目索引新編 中華書局 2000 p. 2

王微 春祭:二月八日節的佛教儀式 法國漢學(敦煌學專號) 中華書局 2000 p. 120

鄭阿財　朱鳳玉　敦煌蒙書研究　甘肅教育出版社　2002　p. 169
張涌泉　試論敦煌寫本類書的校勘價值：以《勵忠節抄》爲例　《敦煌研究》2003 年第 2 期　p. 69
高啓安　唐五代敦煌飲食文化研究　民族出版社　2004　p. 50

S. 5756

向達　倫敦所藏敦煌卷子經眼目録　《北平圖書館圖書季刊》1939 年新第 1 卷第 4 期　p. 397　又
　　見：唐代長安與西域文明　三聯書店　1957　p. 231
土田健次郎　儒教典籍　敦煌漢文文獻（講座敦煌 5）　（東京）大東出版社　1992　p. 269
許建平　《俄藏敦煌文獻》儒家經典類寫本的定名與綴合　漢語史學報專輯（第三輯）　上海教育出
　　版社　2003　p. 310
韓鋒　幾件敦煌寫本《論語》白文殘卷綴合研究　《敦煌學輯刊》2006 年第 1 期　p. 6

S. 5757

向達　倫敦所藏敦煌卷子經眼目録　《北平圖書館圖書季刊》1939 年新第 1 卷第 4 期　p. 397　又
　　見：唐代長安與西域文明　三聯書店　1957　p. 231
張金泉　雜字　敦煌學大辭典　上海辭書出版社　1998　p. 516
高國藩　敦煌俗文化學　上海三聯書店　1999　p. 449

S. 5759

竺沙雅章　敦煌出土「社」文書の研究　『東方學報』（第 35 號）　京都大學人文科學研究所　1964
　　p. 231
陳祚龍　敦煌古抄"讚"文兩種　敦煌簡策訂存　（臺北）商務印書館　1983　p. 20
郭鋒　敦煌的"社"及其活動　《敦煌學輯刊》1983 年創刊號　p. 88
唐耕耦　陸宏基　敦煌社會經濟文獻真迹釋録（一）　書目文獻出版社　1986　p. 300
山本達郎等　敦煌・Ⅱ牒・狀　『NUN – HUANG AND TURFAN DOCUMENTS CONCERNING SOCIAL
　　AND ECONOMIC HISTORY』(IV)　（東京）東洋文庫　1989　p. 18
姜伯勤　敦煌社會文書導論　（臺北）新文豐出版公司　1992　p. 245
高國藩　敦煌民俗資料導論　（臺北）新文豐出版公司　1993　p. 4
王書慶　敦煌佛學・佛事篇　甘肅民族出版社　1995　p. 12
寧可　郝春文　敦煌社邑文書輯校　江蘇古籍出版社　1997　p. 721
寧可　社邑牒狀　敦煌學大辭典　上海辭書出版社　1998　p. 432
寧可　寧可史學論集　中國社會科學出版社　1999　p. 448 注 2
徐俊　敦煌詩集殘卷輯考　中華書局　2000　p. 434
曾良　敦煌文獻字義通釋　廈門大學出版社　2001　p. 156
孟憲實　論唐宋時期敦煌民間結社的組織形態　《敦煌研究》2002 年第 1 期　p. 60
高啓安　唐五代敦煌飲食文化研究　民族出版社　2004　p. 198
孟憲實　論唐宋時期敦煌民間結社的社條　敦煌吐魯番研究（第九卷）　北京大學出版社　2006
　　p. 332

S. 5760

姜伯勤　突地考　《敦煌學輯刊》1984 年第 1 期　p. 16
池田溫　敦煌における土地税役制をめぐって　東アジア古文書の史的研究　（東京）刀水書房

1990　p. 51

榮新江　敦煌學書評二則　《敦煌研究》1992 年第 4 期　p. 110

郝春文　唐後期五代宋初敦煌僧尼的社會生活　中國社會科學出版社　1998　p. 217

郝春文　唐後期五代宋初敦煌的春秋官齋、十二月轉經、水則道場與佛教節日　慶祝吳其昱先生八秩
　　華誕敦煌學特刊　（臺北）文津出版社　2000　p. 248

雷紹鋒　歸義軍賦役制度初探　（臺北）洪葉文化事業有限公司　2000　p. 63

山本達郎等　補(IV)社・III 轉貼　『NUN – HUANG AND TURFAN DOCUMENTS CONCERNING SO-
　　CIAL AND ECONOMIC HISTORY』(Sup. p. lemrnts)　（東京）東洋文庫　2001　p. 70

陸離　也談敦煌文書中的唐五代"地子"、"地稅"　《歷史研究》2006 年第 4 期　p. 169

S. 5761

三木榮　西域出土醫藥關係文獻綜合解說目録　『東洋學報』(47 卷 1 號)　（東京）東洋學術協會
　　1964　p. 15

杜琪　書・啓　敦煌文學　甘肅人民出版社　1989　p. 32

高國藩　敦煌民俗資料導論　（臺北）新文豐出版公司　1993　p. 93

李明偉　敦煌文學概論　甘肅人民出版社　1993　p. 466

馬繼興　當前世界各地收藏的中國出土卷子本古醫藥文獻備考　敦煌吐魯番研究（第六卷）　北京
　　大學出版社　2002　p. 137

S. 5762

芳村修基　土橋秀高　井ノ口泰淳　敦煌佛教史年表　西域文化研究(第一)・敦煌佛教資料　（京
　　都）法藏館　1958　p. 258

陳祚龍　敦煌古抄内典尾記彙校初、二、三編合刊　敦煌學要籥　（臺北）新文豐出版公司　1982
　　p. 157

韓建瓴　題跋　敦煌文學　甘肅人民出版社　1989　p. 75

楊森　"婆姨"與"優婆姨"稱謂芻議　《敦煌研究》1994 年第 3 期　p. 125

趙聲良　隋代敦煌寫本的書法藝術　敦煌書法庫(第三輯)　甘肅人民美術出版社　1994　p. 2　又
　　見:《敦煌研究》1995 年第 4 期　p. 134

陳麗萍　敦煌女性寫經題記及反映的婦女問題　敦煌佛教藝術文化國際學術研討會論文集　蘭州大
　　學出版社　2002　p. 434

S. 5763

許國霖　敦煌石室寫經年代表　《微妙聲》1937 年第 5 期　又見:中國敦煌學百年文庫・宗教卷
　　（四）　甘肅文化出版社　1999　p. 195

傅剛　文選版本研究　北京大學出版社　2000　p. 130

王卡　敦煌道教文獻研究　中國社會科學出版社　2004　p. 253

S. 5765

王三慶　敦煌寫卷中武后新字之調查研究　唐代研究論集(第三輯)　（臺北）新文豐出版公司
　　1992　p. 93

方廣錩　佛藏經　敦煌學大辭典　上海辭書出版社　1998　p. 710

S. 5766

王三慶　敦煌寫卷中武后新字之調查研究　唐代研究論集（第三輯）　（臺北）新文豐出版公司
　　1992　p. 93
張鴻勳　敦煌話本詞文俗賦導論　（臺北）新文豐出版公司　1993　p. 92
方廣錩　摩訶僧祇律　敦煌學大辭典　上海辭書出版社　1998　p. 713

S. 5768

高國藩　敦煌民俗資料導論　（臺北）新文豐出版公司　1993　p. 304

S. 5771

福井文雅　般若心經　敦煌と中國仏教（講座敦煌7）　（東京）大東出版社　1984　p. 39
方廣錩　敦煌遺書中的《般若心經》譯注　《法音》1990年第7期　p. 26
方廣錩　般若波羅蜜多心經注　敦煌學大辭典　上海辭書出版社　1998　p. 688
方廣錩　《般若心經譯注集成》前言　敦煌學佛教學論叢（下）　中國佛教文化研究所　1998　p. 51
方廣錩　敦煌藏經洞封閉原因之我見：兼論敦煌遺書與藏經洞遺書之界定　敦煌學佛教學論叢（上）
　　中國佛教文化研究所　1998　p. 55、81
方廣錩　敦煌藏經洞封閉年代之我見　敦煌文藪（下）　（臺北）新文豐出版公司　1999　p. 184、200

S. 5772

山口瑞鳳　評『ペリオ・チベット文書の讀解』　『東洋學報』（54卷4號）　（東京）東洋學術協會
　　1972　p. 81
黃正建　關於17件俄藏敦煌占卜文書的定名問題　《敦煌研究》2000年第4期　p. 133
黃正建　敦煌祿命類文書述略　中國社會科學院歷史研究所學刊（第一集）　社會科學文獻出版社
　　2001　p. 251
黃正建　敦煌占卜文書與唐五代占卜研究　學苑出版社　2001　p. 122
陳于柱　敦煌寫本宅經的八宅："八宅經一卷"研究　麥積山石窟藝術文化論文集（下）　蘭州大學出
　　版社　2004　p. 247

S. 5773

入矢義高　『太公家教』校釋　福井博士頌壽記念東洋思想論集　（東京）論文集刊行會　1960
　　p. 36
高國藩　敦煌寫本《太公家教》初探　《敦煌學輯刊》1984年第1期　p. 64
王重民　跋太公家教　敦煌遺書論文集　中華書局　1984　p. 138
雷僑雲　敦煌兒童文學　（臺北）學生書局　1985　p. 82 注4
周鳳五　敦煌寫本太公家教研究　（臺北）明文書局　1986　p. 155
鄭阿財　敦煌蒙書析論　第二屆敦煌學國際研討會論文集　（臺北）漢學研究中心　1990　p. 226
鄭阿財　敦煌文獻與文學　（臺北）新文豐出版公司　1993　p. 260
汪泛舟　敦煌古代兒童課本　甘肅人民出版社　2000　p. 224

S. 5774

向達　倫敦所藏敦煌卷子經眼目錄　《北平圖書館圖書季刊》1939年新第1卷第4期　p. 397　又
　　見：唐代長安與西域文明　三聯書店　1957　p. 232

金岡照光　敦煌漢文文學文獻の文學形態上の種類とその分類　敦煌出土文學文獻分類目録・附解
　　說　（東京）東洋文庫　1971　p. 218

金岡照光　敦煌文學のさまざま　敦煌の文學　（東京）大蔵出版株式會社　1971　p. 113

楊家駱　敦煌變文　（臺北）世界書局　1980　p. 270

潘重規　敦煌變文集新書(下)　（臺北）"中國文化大學"中文研究所　1984　p. 1172

王重民　茶酒論　敦煌變文集　人民文學出版社　1984　p. 270

雷僑雲　敦煌兒童文學　（臺北）學生書局　1985　p. 159

朗吉　敦煌漢文卷子《茶酒論》與藏文《茶酒仙女》　《敦煌學輯刊》1986 年第 1 期　p. 68 注 3

張鴻勳　敦煌講唱文學作品選注　甘肅人民出版社　1987　p. 101

張鴻勳　敦煌故事賦《茶酒論》與爭奇型小說　《敦煌研究》1989 年第 1 期　p. 66

周丕顯　題跋　敦煌文學　甘肅人民出版社　1989　p. 81

暨遠志　敦煌寫本《茶酒論》研究之一　敦煌學國際學術討論會論文縮寫文(1990)　敦煌研究院
　　1990　p. 93

項楚　敦煌變文選注　巴蜀書社　1990　p. 432

趙逵夫　唐代的一個俳優戲腳本：敦煌石窟發現《茶酒論》考述　中國文化(3)　（香港）中華書局
　　1990　p. 157、163 注 1　又見：中國敦煌學百年文庫・藝術卷(四)　甘肅文化出版社　1999
　　p. 284

金岡照光　散文體類　敦煌の文學文獻(講座敦煌 9)　（東京）大東出版社　1992　p. 177

張鴻勳　敦煌話本詞文俗賦導論　（臺北）新文豐出版公司　1993　p. 203

丛春雨　敦煌中醫藥全書　中醫古籍出版社　1994　p. 716

王小盾　潘建國　敦煌論議考　中國古籍研究(第一卷)　上海古籍出版社　1996　p. 187

黃征　張涌泉　敦煌變文校注　中華書局　1997　p. 425

張鴻勳　茶酒論　敦煌學大辭典　上海辭書出版社　1998　p. 586

高國藩　敦煌俗文化學　上海三聯書店　1999　p. 291

徐俊　敦煌詩集殘卷輯考　中華書局　2000　p. 435

張鴻勳　說唱藝術奇葩：敦煌變文選評　甘肅人民出版社　2000　p. 114

張錫厚　敦煌文學源流　作家出版社　2000　p. 149

陳明　醫理精華：印度古典醫學在敦煌的實例分析　敦煌吐魯番研究(第五卷)　北京大學出版社
　　2001　p. 257 注

林聰明　敦煌吐魯番文書解詁指例　（臺北）新文豐出版公司　2001　p. 140

馬繼興　當前世界各地收藏的中國出土卷子本古醫藥文獻備考　敦煌吐魯番研究(第六卷)　北京
　　大學出版社　2002　p. 134

張鴻勳　敦煌俗文學研究　甘肅人民出版社　2002　p. 7、193

王昆吾　從敦煌學到域外漢文學　商務印書館　2003　p. 26

王冀青　斯坦因與日本敦煌學　甘肅教育出版社　2004　p. 131

黃征　敦煌俗字典　上海教育出版社　2005　p. 40

S. 5775

小川陽一　道教說話　敦煌と中國道教(講座敦煌 4)　（東京）大東出版社　1983　p. 300

周紹良　敦煌文學芻議及其它　（臺北）新文豐出版公司　1992　p. 13

高國藩　敦煌民俗資料導論　（臺北）新文豐出版公司　1993　p. 304

汪泛舟　敦煌道教與齋醮諸考　1994 年敦煌學國際研討會文集・宗教文史卷(上)　甘肅民族出版

社　2000　p. 5

黃正建　敦煌占卜文書與唐五代占卜研究　學苑出版社　2001　p. 167

楊君　淺論敦煌符籙中的"善鬼護身"觀念　《敦煌學輯刊》2003 年第 1 期　p. 78

余欣　禁忌、儀式與法術　唐代宗教信仰與社會　上海辭書出版社　2003　p. 333

王卡　敦煌道教文獻研究　中國社會科學出版社　2004　p. 13、45、155

王卡　敦煌道教綜述　敦煌與絲路文化學術講座(第二輯)　北京圖書館出版社　2005　p. 382

余欣　唐宋時代敦煌的鎮宅術　敦煌吐魯番研究(第九卷)　北京大學出版社　2006　p. 362

S. 5776

向達　倫敦所藏敦煌卷子經眼目錄　《北平圖書館圖書季刊》1939 年新第 1 卷第 4 期　p. 397　又
　　見：唐代長安與西域文明　三聯書店　1957　p. 232

金岡照光　敦煌漢文文學文獻の文學形態上の種類とその分類　敦煌出土文學文獻分類目錄・附解
　　說　(東京)東洋文庫　1971　p. 216

金岡照光　敦煌文學のこころ　敦煌の文學　(東京)大藏出版株式會社　1971　p. 232

楊家駱　敦煌變文　(臺北)世界書局　1980　p. 910

鄭阿財　敦煌孝道文學研究　(臺北)石門圖書公司　1982　p. 395、423

周紹良　談唐代民間文學　敦煌變文論文錄　上海古籍出版社　1982　p. 413　又見：紹良叢稿　齊
　　魯書社　1984　p. 55

潘重規　敦煌變文集新書(下)　(臺北)"中國文化大學"中文研究所　1984　p. 1267

王慶菽　孝子傳　敦煌變文集　人民文學出版社　1984　p. 910

王三慶　敦煌本古類書《語對》研究　(臺北)文史哲出版社　1985　p. 30 注 3

李正宇　敦煌文學雜考二題　敦煌語言文學研究　北京大學出版社　1988　p. 95

王三慶　《敦煌變文集》中的《孝子傳》新探　敦煌學(第 14 輯)　(臺北)新文豐出版公司　1989
　　p. 189

郭在貽　張涌泉　黃征　敦煌變文集校議　岳麓書社　1990　p. 468

謝明勳　敦煌本《孝子傳》"睒子"故事考索　敦煌學(第 17 輯)　(臺北)新文豐出版公司　1991
　　p. 22

程毅中　敦煌本《孝子傳》與睒子故事　中國文化(5)　(香港)中華書局　1992　p. 149

郭在貽　郭在貽語言文學論稿　浙江古籍出版社　1992　p. 55

金岡照光　散文體類　敦煌の文學文獻(講座敦煌 9)　(東京)大東出版社　1992　p. 246

金岡照光　孝行譚：『舜子変』と『董永傳』　敦煌の文學文獻(講座敦煌 9)　(東京)大東出版社
　　1992　p. 486

林家平　寧强　羅華慶　中國敦煌學史　北京語言學院出版社　1992　p. 337

王三慶著　池田溫譯　類書　敦煌漢文文獻(講座敦煌 5)　(東京)大東出版社　1992　p. 362、389

高國藩　敦煌民俗資料導論　(臺北)新文豐出版公司　1993　p. 88

高田時雄　評：池田溫編『敦煌漢文文獻』(講座敦煌 5)　『東洋史研究』(52 卷 1 號)　(東京)東洋
　　史研究會　1993　p. 123

伏俊璉　敦煌賦校補(二)　《文教資料》1994 年第 2 期　p. 104

張涌泉　試論審辨敦煌寫本俗字的方法　《敦煌研究》1994 年第 2 期　p. 151　又見：舊學新知　浙
　　江大學出版社　1999　p. 84

劉子瑜　敦煌變文和王梵志詩　大象出版社　1997　p. 38

張涌泉　讀《八瓊室金石補正》劄記　周紹良先生欣開九秩慶壽文集　中華書局　1997　p. 80

曲金良　敦煌寫本《孝子傳》及其相關問題　《敦煌研究》1998 年第 2 期　p. 156

魏文斌　師彥靈　唐曉軍　甘肅宋金墓"二十四孝"圖與敦煌遺書《孝子傳》《敦煌研究》1998 年第
　　3 期　p. 82

張鴻勳　孝子傳　敦煌學大辭典　上海辭書出版社　1998　p. 584

伏俊璉　伏麒鵬　石室齊諧：敦煌小說選析　甘肅人民出版社　2000　p. 164

金岡照光　敦煌文獻と中國文學　（東京）五曜書房　2000　p. 32、59

荒見泰史　敦煌本夢書雜識　漢語史學報專輯（第三輯）　上海教育出版社　2003　p. 338

張涌泉　試論敦煌寫本類書的校勘價值：以《勵忠節抄》爲例　《敦煌研究》2003 年第 2 期　p. 69

張鴻勳　從印度到中國：絲綢路上的睒子故事與藝術　麥積山石窟藝術文化論文集（上）　蘭州大學
　　出版社　2004　p. 341

S. 5777

鄧文寬　新發現的敦煌寫本楊炯《渾天賦》殘卷　《文物》1993 年第 5 期　p. 61

伏俊璉　敦煌賦校補（二）　《文教資料》1994 年第 2 期　p. 103

伏俊璉　敦煌賦校注　甘肅人民出版社　1994　p. 1

張錫厚　敦煌本唐集研究　（臺北）新文豐出版公司　1995　p. 411

張錫厚　敦煌賦彙　（臺北）新文豐出版公司　1996　p. 4

張錫厚　評《敦煌賦校注》　敦煌吐魯番研究（第一卷）　北京大學出版社　1996　p. 421

張錫厚　敦煌文學源流　作家出版社　2000　p. 198、246

鄧文寬　敦煌吐魯番天文曆法研究　甘肅教育出版社　2002　p. 9

S. 5778

向達　倫敦所藏敦煌卷子經眼目錄　《北平圖書館圖書季刊》1939 年新第 1 卷第 4 期　p. 397　又
　　見：唐代長安與西域文明　三聯書店　1957　p. 232

唐耕耦　陸宏基　敦煌社會經濟文獻真迹釋錄（五）　全國圖書館文獻縮微複製中心　1990　p. 51

楊際平　郭鋒　張和平　五—十世紀敦煌的家庭與家族關係　岳麓書社　1997　p. 168

S. 5779

向達　倫敦所藏敦煌卷子經眼目錄　《北平圖書館圖書季刊》1939 年新第 1 卷第 4 期　p. 397　又
　　見：唐代長安與西域文明　三聯書店　1957　p. 232

王重民　敦煌古籍敘錄　中華書局　1979　p. 159

蘇瑩輝　敦煌學概要　（臺北）編譯館"中華叢書編委會"　1981　p. 44

蘇瑩輝　中外敦煌古寫本纂要　敦煌論集　（臺北）學生書局　1983　p. 319

王重民原編　黃永武新編　敦煌古籍敘錄新編（第八冊）　（臺北）新文豐出版公司　1986　p. 187

趙承澤　敦煌學和科技史　1983 年全國敦煌學術討論會文集·文史遺書編（上）　甘肅人民出版社
　　1987　p. 409

許康　敦煌算書透露的科學與社會信息　《敦煌研究》1989 年第 1 期　p. 96

李并成　從敦煌算經看我國唐宋時代的初級數學教育　《數學教學研究》1991 年第 1 期　p. 40

宮島一彥　曆書·算書　敦煌漢文文獻（講座敦煌 5）　（東京）大東出版社　1992　p. 477

林家平　寧強　羅華慶　中國敦煌學史　北京語言學院出版社　1992　p. 157

王進玉　敦煌石窟探秘　四川教育出版社　1994　p. 107

胡戟　傅玫　敦煌史話　中華書局　1995　p. 197

張弓　漢唐佛寺文化史　中國社會科學出版社　1997　p. 980

鄧文寬　敦煌算書　敦煌學大辭典　上海辭書出版社　1998　p. 600

鄧文寬　圭抄撮　敦煌學大辭典　上海辭書出版社　1998　p. 603

劉鈍　算經　敦煌學大辭典　上海辭書出版社　1998　p. 601

楊秀清　華戎交會的都市:敦煌與絲綢之路　甘肅人民出版社　2000　p. 134

郝春文　英藏敦煌社會歷史文獻釋録(第一卷)　科學出版社　2001　p. 21

榮新江　敦煌學十八講　北京大學出版社　2001　p. 297

S. 5780

向達　倫敦所藏敦煌卷子經眼目録　《北平圖書館圖書季刊》1939 年新第 1 卷第 4 期　p. 397　又
　　見:唐代長安與西域文明　三聯書店　1957　p. 232

陳祚龍　敦煌古抄中世釋衆倡導行孝報恩的歌曲詞文集　敦煌文物隨筆　（臺北）商務印書館
　　1979　p. 289

鄭阿財　敦煌孝道文學研究　（臺北）石門圖書公司　1982　p. 16

鄭阿財　敦煌文獻中《張騫乘槎》故事之探討　《法商學報》1986 年第 21 期　又見:中國敦煌學百年
　　文庫·文學卷(五)　甘肅文化出版社　1999　p. 342

任半塘　敦煌歌辭總編　上海古籍出版社　1987　p. 743

任半塘　王昆吾　隋唐五代燕樂雜言歌辭集　巴蜀書社　1990　p. 1450

鄭阿財　試論敦煌寫本 P. 3910 對考察"張騫乘槎"故事之價值　唐代文化研討會論文集　（臺北）文
　　史哲出版社　1991　p. 801

金岡照光　曲子詞類　敦煌の文學文獻(講座敦煌 9)　（東京）大東出版社　1992　p. 397

項楚　敦煌詩歌導論　（臺北）新文豐出版公司　1993　p. 185

張鴻勳　敦煌話本詞文俗賦導論　（臺北）新文豐出版公司　1993　p. 73(原注録爲 P. 5780)

鄭阿財　敦煌文獻與文學　（臺北）新文豐出版公司　1993　p. 380

劉尊明　唐五代詞的文化觀照　（臺北）文津出版社　1994　p. 234

王昆吾　隋唐五代燕樂雜言歌辭研究　中華書局　1996　p. 373

李正宇　孫其芳　皇帝感　敦煌學大辭典　上海辭書出版社　1998　p. 542

徐俊　敦煌詩集殘卷輯考　中華書局　2000　p. 435

鄭阿財　朱鳳玉　敦煌蒙書研究　甘肅教育出版社　2002　p. 40

王志鵬　試論敦煌佛教歌辭中儒釋思想的調合　《敦煌學輯刊》2005 年第 3 期　p. 150

S. 5781

向達　倫敦所藏敦煌卷子經眼目録　《北平圖書館圖書季刊》1939 年新第 1 卷第 4 期　p. 397　又
　　見:唐代長安與西域文明　三聯書店　1957　p. 232

土田健次郎　儒教典籍　敦煌漢文文獻(講座敦煌 5)　（東京）大東出版社　1992　p. 269

李方　敦煌《論語集解》校正　江蘇古籍出版社　1998　p. 830

張廣達　榮新江　聖彼得堡藏和田出土漢文文書考釋　敦煌吐魯番研究(第六卷)　北京大學出版
　　社　2002　p. 228

S. 5782

田德新　敦煌寺院中的"都頭"　《敦煌學輯刊》1996 年第 2 期　p. 100

方廣錩　敦煌佛教經録輯校　江蘇古籍出版社　1997　p. 620

方廣錩   大般若經點勘録   敦煌學大辭典   上海辭書出版社   1998   p. 753

S. 5785

向達   倫敦所藏敦煌卷子經眼目録   《北平圖書館圖書季刊》1939 年新第 1 卷第 4 期   p. 397   又見：唐代長安與西域文明   三聯書店   1957   p. 232

郭鋒   敦煌寫本《天地開闢以來帝王紀》成書年代諸問題   《敦煌學輯刊》1988 年第 1、2 期   p. 102

鄭阿財   敦煌蒙書析論   第二屆敦煌學國際研討會論文集   （臺北）漢學研究中心   1990   p. 222

高國藩   敦煌民俗資料導論   （臺北）新文豐出版公司   1993   p. 237

鄭阿財   敦煌文獻與文學   （臺北）新文豐出版公司   1993   p. 254

胡戟   傅玫   敦煌史話   中華書局   1995   p. 144

朱鳳玉   從傳統語文教育論敦煌本《雜抄》   全國敦煌學研討會論文集   （臺北）中正大學中國文學系所   1995   p. 208

S. 5786

唐耕耦   陸宏基   敦煌社會經濟文獻真迹釋録(三)   全國圖書館文獻縮微複製中心   1990   p. 538

鄭炳林   高偉   唐五代敦煌釀酒業初探   《西北史地》1994 年第 1 期   p. 32

唐耕耦   入破曆算會牒   敦煌學大辭典   上海辭書出版社   1998   p. 647

李正宇   晚唐至北宋敦煌僧尼普聽飲酒   《敦煌研究》2005 年第 3 期   p. 69

S. 5787

東野治之   敦煌と日本の『千字文』   遣唐使と正倉院   （東京）岩波書店   1992   p. 245

高國藩   敦煌民俗資料導論   （臺北）新文豐出版公司   1993   p. 42

白化文   天地開闢以來帝王紀   敦煌學大辭典   上海辭書出版社   1998   p. 775

S. 5788

向達   倫敦所藏敦煌卷子經眼目録   《北平圖書館圖書季刊》1939 年新第 1 卷第 4 期   p. 397   又見：唐代長安與西域文明   三聯書店   1957   p. 232

竺沙雅章   敦煌出土「社」文書の研究   『東方學報』(第 35 號)   京都大學人文科學研究所   1964   p. 222

郭鋒   敦煌的"社"及其活動   《敦煌學輯刊》1983 年創刊號   p. 81

唐耕耦   陸宏基   敦煌社會經濟文獻真迹釋録(一)   書目文獻出版社   1986   p. 305

郝春文   敦煌遺書中的"春秋座局席"考   《北京師範學院學報》1989 年第 4 期   p. 34

李明偉   狀・牒・帖   敦煌文學   甘肅人民出版社   1989   p. 44

山本達郎等   敦煌・III 轉貼   『NUN－HUANG AND TURFAN DOCUMENTS CONCERNING SOCIAL AND ECONOMIC HISTORY』(IV)   （東京）東洋文庫   1989   p. 21

姜伯勤   敦煌社會文書導論   （臺北）新文豐出版公司   1992   p. 242

高國藩   敦煌民俗資料導論   （臺北）新文豐出版公司   1993   p. 3

石田勇作   敦煌「社文書」研究序說   中國古代の國家と民衆(堀敏一先生古稀記念)   （東京）汲古書院   1995   p. 684

寧可   郝春文   敦煌社邑文書輯校   江蘇古籍出版社   1997   p. 307

楊際平   郭鋒   張和平   五一十世紀敦煌的家庭與家族關係   岳麓書社   1997   p. 145

寧可   三官   敦煌學大辭典   上海辭書出版社   1998   p. 426

楊森　敦煌社司文書畫押符號及其相關問題　《敦煌學輯刊》1999 年第 1 期　p. 86

楊森　談敦煌社邑文書中"三官"及"錄事""虞侯"的若干問題　《敦煌研究》1999 年第 3 期　p. 79

郝春文　英藏敦煌文獻年代叢考　英國收藏敦煌漢藏文獻研究：紀念敦煌文獻發現一百周年　中國
社會科學出版社　2000　p. 378

孟憲實　敦煌社邑的分佈　敦煌文獻論集：紀念藏經洞發現一百周年國際學術研討會論文集　遼寧
人民出版社　2001　p. 422

S. 5789

向達　倫敦所藏敦煌卷子經眼目錄　《北平圖書館圖書季刊》1939 年新第 1 卷第 4 期　p. 397　又
見：唐代長安與西域文明　三聯書店　1957　p. 232

土田健次郎　儒教典籍　敦煌漢文文獻（講座敦煌 5）　（東京）大東出版社　1992　p. 269

李方　敦煌《論語集解》校正　江蘇古籍出版社　1998　p. 830

S. 5790

向達　倫敦所藏敦煌卷子經眼目錄　《北平圖書館圖書季刊》1939 年新第 1 卷第 4 期　p. 397　又
見：唐代長安與西域文明　三聯書店　1957　p. 232

李正宇　唐宋時代敦煌的用筆與製筆　《絲路論壇》1987 年第 2 期　p. 51

高國藩　敦煌古俗與民俗流變　河海大學出版社　1990　p. 424

馬德　敦煌工匠史料　甘肅人民出版社　1997　p. 89

石內德　敦煌文獻中被廢棄的殘經抄本　法國漢學（敦煌學專號）　中華書局　2000　p. 26

S. 5791

陳祚龍　中古敦煌的書學　敦煌資料考屑（上冊）　（臺北）商務印書館　1979　p. 159

譚蟬雪　碑・銘　敦煌文學　甘肅人民出版社　1989　p. 111

吳其昱著　伊藤美重子譯　敦煌漢文寫本概觀　敦煌漢文文獻（講座敦煌 5）　（東京）大東出版社
1992　p. 20

高國藩　敦煌民俗資料導論　（臺北）新文豐出版公司　1993　p. 90

李明偉　敦煌文學概論　甘肅人民出版社　1993　p. 479

李正宇　敦煌文學概論　甘肅人民出版社　1993　p. 121

趙聲良　唐拓本歐陽詢書《化度寺塔銘》　敦煌書法庫（第四輯）　甘肅人民美術出版社　1994
p. 31

趙聲良　萬經珍寶：古代書法藝術的寶庫"敦煌書法"　（臺北）《雄獅美術》1994 年第 12 期

李明偉　敦煌文學中"敦煌文"的研究和分類評價　《敦煌研究》1995 年第 4 期　p. 121

趙聲良　敦煌寫卷書法（下）　《文史知識》1997 年第 5 期　p. 82

趙聲良　歐陽詢化度寺塔銘　敦煌學大辭典　上海辭書出版社　1998　p. 286

周紹良　敦煌唐拓碑刻　敦煌學大辭典　上海辭書出版社　1998　p. 286

顏廷亮　關於敦煌文學發展的歷史進程　《甘肅社會科學》1999 年第 4 期　p. 45

施安昌　觀《化度寺邕禪師舍利塔銘》敦煌本補記　善本碑帖論集　紫禁城出版社　2002　p. 148

施安昌　《化度寺邕禪師舍利塔銘》敦煌本、王孟楊本校碑紀事　善本碑帖論集　紫禁城出版社
2002　p. 137

王冀青　斯坦因與日本敦煌學　甘肅教育出版社　2004　p. 173

黃征　敦煌俗字典　上海教育出版社　2005　p. 11

黃征　敦煌俗字要論　《敦煌研究》2005 年第 1 期　p. 84

S. 5792

向達　倫敦所藏敦煌卷子經眼目錄　《北平圖書館圖書季刊》1939 年新第 1 卷第 4 期　p. 397　又見：唐代長安與西域文明　三聯書店　1957　p. 232

土田健次郎　儒教典籍　敦煌漢文文獻（講座敦煌 5）　（東京）大東出版社　1992　p. 269

李方　敦煌《論語集解》校正　江蘇古籍出版社　1998　p. 830

S. 5793

金岡照光　敦煌漢文文學文獻の寫本及び影印の收集保存、整理研究の現狀　敦煌出土文學文獻分類目錄・附解說　（東京）東洋文庫　1971　p. 169

方廣錩　華手經　敦煌學大辭典　上海辭書出版社　1998　p. 669

S. 5794

遊佐昇　『王梵志詩』のもつ兩側面　大正大學大學院研究論集（第 2 號）　（東京）大正大學大學院　1978　p. 10

川崎ミチコ　通俗詩類・雜詩文類　敦煌仏典と禪（講座敦煌 8）　（東京）大東出版社　1980　p. 318

菊池英夫　唐代敦煌社會の外貌　敦煌の社會（講座敦煌 3）　（東京）大東出版社　1980　p. 140

張錫厚　敦煌文學　上海古籍出版社　1980　p. 58 注 1

張錫厚　關於敦煌寫本《王梵志詩》整理的若干問題　文史（第十五輯）　中華書局　1982　p. 185　又見：王梵志詩研究彙錄（上）　上海古籍出版社　1990　p. 70；中國敦煌學百年文庫・文學卷（二）　甘肅文化出版社　1999　p. 499

張錫厚　王梵志詩校輯　中華書局　1983　p. 4

朱鳳玉　王梵志詩研究（上、下）　（臺北）學生書局　1986　p. 9、28；267

劉銘恕　敦煌遺書叢識　1983 年全國敦煌學術討論會文集・文史遺書編（上）　甘肅人民出版社　1987　p. 429

項楚　王梵志詩校注　敦煌吐魯番文獻研究論集（第四輯）　北京大學出版社　1987　p. 136

菊池英夫　中國古文書・古寫本學と日本　東アジア古文書の史的研究　（東京）刀水書房　1990　p. 192

張錫厚　敦煌寫本王梵志詩原卷真迹　王梵志詩研究彙錄（上）　上海古籍出版社　1990　圖版 22

林家平　寧強　羅華慶　中國敦煌學史　北京語言學院出版社　1992　p. 596

吳其昱著　伊藤美重子譯　敦煌漢文寫本概観　敦煌漢文文獻（講座敦煌 5）　（東京）大東出版社　1992　p. 116

項楚　敦煌詩歌導論　（臺北）新文豐出版公司　1993　p. 296

曲金良　敦煌佛教文學研究　（臺北）文津出版社　1995　p. 249

張錫厚　敦煌本唐集研究　（臺北）新文豐出版公司　1995　p. 60

張錫厚　柴劍虹　王梵志詩集　敦煌學大辭典　上海辭書出版社　1998　p. 562

張錫厚　敦煌文學源流　作家出版社　2000　p. 76

杜曉勤　隋唐五代文學研究　北京出版社　2001　p. 1273

S. 5795

三木榮　西域出土醫藥關係文獻綜合解說目録　『東洋學報』(47卷1號)　(東京)東洋學術協會
　　1964　p. 4

馬繼興　敦煌古醫籍考釋　江西科學技術出版社　1988　p. 466

丛春雨　敦煌中醫藥全書　中醫古籍出版社　1994　p. 681

馬繼興　敦煌醫藥文獻輯校　江蘇古籍出版社　1998　p. 702

王淑民　辟谷諸方　敦煌學大辭典　上海辭書出版社　1998　p. 620

馬繼興　當前世界各地收藏的中國出土卷子本古醫藥文獻備考　敦煌吐魯番研究(第六卷)　北京
　　大學出版社　2002　p. 137

王卡　敦煌道教文獻研究　中國社會科學出版社　2004　p. 50、215

S. 5796

金岡照光　敦煌文學のさまざま　敦煌の文學　(東京)大藏出版株式會社　1971　p. 159

遊佐昇　『王梵志詩』のもつ兩側面　大正大學大學院研究論集(第2號)　(東京)大正大學大學院
　　1978　p. 9

加地哲定　增補中國佛教文學研究　(東京)同朋舍　1979　p. 79

川崎ミチコ　通俗詩類・雜詩文類　敦煌仏典と禪(講座敦煌8)　(東京)大東出版社　1980
　　p. 318

菊池英夫　唐代敦煌社會の外貌　敦煌の社會(講座敦煌3)　(東京)大東出版社　1980　p. 140

萬曼　唐集叙録　中華書局　1980　p. 13

趙和平　敦煌寫本王梵志詩校注(續)　《北京大學學報》1980年第6期　p. 32

張錫厚　關於敦煌寫本《王梵志詩》整理的若干問題　文史(第十五輯)　中華書局　1982　p. 185
　　又見:王梵志詩研究彙録(上)　上海古籍出版社　1990　p. 60；中國敦煌學百年文庫・文學卷
　　(二)　甘肅文化出版社　1999　p. 484

張錫厚　王梵志詩校輯　中華書局　1983　p. 3

劉瑞明　王梵志詩校注補正　《敦煌學研究》(西北師院學報)1986年增刊　p. 17

朱鳳玉　王梵志詩研究(上)　(臺北)學生書局　1986　p. 7、28、111

劉銘恕　敦煌遺書叢識　1983年全國敦煌學術討論會文集・文史遺書編(上)　甘肅人民出版社
　　1987　p. 429

項楚　王梵志詩校注　敦煌吐魯番文獻研究論集(第四輯)　北京大學出版社　1987　p. 136

張錫厚　整理《王梵志詩集》的新收穫　《敦煌學輯刊》1987年第2期　p. 34

郭在貽　敦煌寫本王梵志詩彙校　敦煌語言文學論文集　浙江古籍出版社　1988　p. 314

郭在貽　張涌泉　黃征　敦煌變文集校議　岳麓書社　1990　p. 351

菊池英夫　中國古文書・古寫本學と日本　東アジア古文書の史的研究　(東京)刀水書房　1990
　　p. 191

任半塘　《王梵志詩校輯》序　王梵志詩研究彙録(上)　上海古籍出版社　1990　p. 53

張錫厚　敦煌寫本王梵志詩原卷真迹　王梵志詩研究彙録(上)　上海古籍出版社　1990　圖版2

項楚　王梵志詩釋詞　敦煌文學叢考　上海古籍出版社　1991　p. 613

林家平　寧强　羅華慶　中國敦煌學史　北京語言學院出版社　1992　p. 596

吳其昱著　伊藤美重子譯　敦煌漢文寫本概觀　敦煌漢文文獻(講座敦煌5)　(東京)大東出版社
　　1992　p. 116

項楚　敦煌詩歌導論　(臺北)新文豐出版公司　1993　p. 295

喬象鍾　陳鐵民　唐代文學史(上)　人民文學出版社　1995　p. 169

曲金良　敦煌佛教文學研究　(臺北)文津出版社　1995　p. 249

土肥義和　唐・北宋間の「社」の組織形態に関する一考察　中國古代の國家と民衆(堀敏一先生古稀記念)　(東京)汲古書院　1995　p. 701

張錫厚　敦煌本唐集研究　(臺北)新文豐出版公司　1995　p. 60、104

黃征　王梵志詩校釋續商補　敦煌語文叢說　(臺北)新文豐出版公司　1997　p. 207

寧可　郝春文　敦煌社邑文書輯校　江蘇古籍出版社　1997　p. 770

高國藩　敦煌俗文化學　上海三聯書店　1999　p. 626

黃征　程惠新　劫塵遺珠：敦煌遺書　甘肅教育出版社　1999　p. 81

徐俊　敦煌詩集殘卷輯考　中華書局　2000　p. 856

張錫厚　敦煌文學源流　作家出版社　2000　p. 76

杜曉勤　隋唐五代文學研究　北京出版社　2001　p. 1273

黃征　敦煌語言文字學研究　甘肅教育出版社　2002　p. 282

S. 5797

高國藩　驅儺風俗和敦煌民間歌謠《兒郎偉》　文史(第二十九輯)　中華書局　1988　p. 296

高國藩　敦煌民俗學　上海文藝出版社　1989　p. 503

鄭阿財　敦煌蒙書析論　第二屆敦煌學國際研討會論文集　(臺北)漢學研究中心　1990　p. 228

高國藩　敦煌民俗資料導論　(臺北)新文豐出版公司　1993　p. 178

鄭阿財　敦煌文獻與文學　(臺北)新文豐出版公司　1993　p. 263

蕭登福　道教術儀與密教典籍　(臺北)新文豐出版公司　1994　p. 435

張錫厚　柴劍虹　王梵志詩集　敦煌學大辭典　上海辭書出版社　1998　p. 562

汪泛舟　敦煌道教與齋醮諸考　1994年敦煌學國際研討會文集・宗教文史卷(上)　甘肅民族出版社　2000　p. 13

曾良　敦煌文獻字義通釋　廈門大學出版社　2001　p. 175

趙貞　評《敦煌占卜文書與唐五代占卜研究》　唐研究(第八卷)　北京大學出版社　2002　p. 519

S. 5799

曾良　敦煌文獻字義通釋　廈門大學出版社　2001　p. 33

S. 5800

姜伯勤　敦煌寺院文書中"梁戶"的性質　五十年來漢唐佛教寺院經濟研究　北京師範大學出版社　1986　p. 131

盧向前　關於歸義軍時期一份布紙破用曆的研究：試釋伯四六四〇背面文書　敦煌吐魯番文獻研究論集(第三輯)　北京大學出版社　1986　p. 412 注 28、32　又見：敦煌吐魯番文書論稿　江西人民出版社　1992　p. 118 注 28

姜伯勤　唐五代敦煌寺戶制度　中華書局　1987　p. 257

唐耕耦　陸宏基　敦煌社會經濟文獻真迹釋録(三)　全國圖書館文獻縮微複製中心　1990　p. 252

李正宇　敦煌文學概論　甘肅人民出版社　1993　p. 107

王三慶　敦煌書儀載録之節日活動與民俗　全國敦煌學研討會論文集　(臺北)中正大學中國文學系所　1995　p. 25 注 12

黃征　敦煌願文《兒郎偉》考論　敦煌語文叢說　(臺北)新文豐出版公司　1997　p. 613

鄭炳林　晚唐五代敦煌貿易市場的物價　敦煌歸義軍史專題研究　蘭州大學出版社　1997　p. 290

高啓安　崇高與卑賤：敦煌的佛教信仰賤名再探　'98 法門寺唐文化國際學術討論會論文集　陝西
　　人民出版社　2000　p. 253

曾良　敦煌文獻字義通釋　廈門大學出版社　2001　p. 177

姜亮夫　敦煌莫高窟年表　姜亮夫全集（十一）　雲南人民出版社　2002　p. 450

乜小紅　唐五代敦煌音聲人試探　《敦煌研究》2003 年第 3 期　p. 77

高啓安　唐五代敦煌飲食文化研究　民族出版社　2004　p. 19

S. 5802

王書慶　敦煌佛學·佛事篇　甘肅民族出版社　1995　p. 10

S. 5803

史葦湘　絲綢之路上的敦煌與莫高窟　敦煌研究文集　甘肅人民出版社　1982　p. 96

高明士　唐代敦煌的教育　漢學研究（敦煌學國際研討會論文專號）　（臺北）漢學研究資料及服務
　　中心　1986　p. 256

李正宇　唐宋時代的敦煌學校　《敦煌研究》1986 年第 1 期　p. 45

盧向前　關於歸義軍時期一份布紙破用曆的研究：試釋伯四六四〇背面文書　敦煌吐魯番文獻研究
　　論集（第三輯）　北京大學出版社　1986　p. 431

唐耕耦　陸宏基　敦煌社會經濟文獻真迹釋錄（一）　書目文獻出版社　1986　p. 301

唐耕耦　陸宏基　敦煌社會經濟文獻真迹釋錄（五）　全國圖書館文獻縮微複製中心　1990　p. 5

杜琦　敦煌文學概論　甘肅人民出版社　1993　p. 524

李正宇　敦煌史地新論　（臺北）新文豐出版公司　1996　p. 190

李正宇　厶乙　敦煌學大辭典　上海辭書出版社　1998　p. 520

孫繼民　敦煌吐魯番所出唐代軍事文書初探　中國社會科學出版社　2000　p. 310

顔廷亮　敦煌文化　光明日報出版社　2000　p. 189

史葦湘　敦煌歷史與莫高窟藝術研究　甘肅教育出版社　2002　p. 98

鄭炳林　晚唐五代歸義軍政權與佛教教團關係研究　《敦煌學輯刊》2005 年第 1 期　p. 10

S. 5804

盧向前　關於歸義軍時期一份布紙破用曆的研究：試釋伯四六四〇背面文書　敦煌吐魯番文獻研究
　　論集（第三輯）　北京大學出版社　1986　p. 431　又見：敦煌吐魯番文書論稿　江西人民出版
　　社　1992　p. 138

唐耕耦　陸宏基　敦煌社會經濟文獻真迹釋錄（五）　全國圖書館文獻縮微複製中心　1990　p. 7

李正宇　敦煌歷史地理導論　（臺北）新文豐出版公司　1997　p. 214

雷紹鋒　歸義軍賦役制度初探　（臺北）洪葉文化事業有限公司　2000　p. 284

洪藝芳　敦煌社會經濟文書中的唐五代新興量詞研究　敦煌學（第 24 輯）　（臺北）樂學書局有限公
　　司　2003　p. 96

高啓安　唐五代敦煌飲食文化研究　民族出版社　2004　p. 37

S. 5806

土肥義和　はじめに——歸義軍節度使の敦煌支配　敦煌の歷史（講座敦煌 2）　（東京）大東出版
　　社　1980　p. 274

朱鳳玉　王梵志詩研究（下）　（臺北）學生書局　1986　p. 36
姜伯勤　唐五代敦煌寺戶制度　中華書局　1987　p. 146
王永興　隋唐五代經濟史料彙編校注・第一編（下）　中華書局　1987　p. 924
唐耕耦　陸宏基　敦煌社會經濟文獻真迹釋録（三）　全國圖書館文獻縮微複製中心　1990　p. 346
謝重光　白文固　中國僧官制度史　青海人民出版社　1990　p. 135
郝春文　倉司　敦煌學大辭典　上海辭書出版社　1998　p. 636
沙知　敦煌契約文書輯校　江蘇古籍出版社　1998　p. 407
楊森　《辛巳年六月十六日社人于燈司倉貸粟曆》文書之定年　《敦煌學輯刊》2001 年第 2 期　p. 18
郝春文　《勘尋永安寺法律願慶與老宿紹建相諍根由狀》及相關問題考　戒幢佛學（第二卷）　岳麓
　　書社　2002　p. 81　又見:中日敦煌佛教學術會議論文集　中國社會科學院研究所　2002
　　p. 57
王啓濤　中古及近代法制文書語言研究　巴蜀書社　2003　p. 155
湛如　敦煌佛教律儀制度研究　中華書局　2003　p. 41

S. 5807

唐耕耦　8 至 10 世紀敦煌的物價　紀念陳寅恪教授國際學術討論會文集　中山大學出版社　1989
　　p. 549
李明偉　隋唐絲綢之路　甘肅人民出版社　1994　p. 255

S. 5808

土橋秀高　敦煌の律藏　敦煌と中國仏教（講座敦煌 7）　（東京）大東出版社　1984　p. 249
高田時雄　チベット文字書寫「長卷」の研究（本文編）　『東方學報』（第 65 號）　京都大學人文科
　　學研究所　1993　p. 369
井ノ口泰淳　敦煌本『仏名經』の諸系統　中央アジアの言語と仏教　（京都）法藏館　1995　p. 320
井ノ口泰淳　敦煌本「禮懺文」　中央アジアの言語と仏教　（京都）法藏館　1995　p. 359

S. 5809

陳祚龍　敦煌古抄中世詩歌　敦煌學海探珠（上冊）　（臺北）商務印書館　1979　p. 147
加地哲定　增補中國佛教文學研究　（東京）同朋舍　1979　p. 202
陳祚龍著　福井文雅　平木真快譯　釈亡名と善慧大士の詩歌について　敦煌と中國仏教（講座敦
　　煌 7）　（東京）大東出版社　1984　p. 485
姜伯勤　唐五代敦煌寺戶制度　中華書局　1987　p. 269
任半塘　敦煌歌辭總編　上海古籍出版社　1987　p. 953
饒宗頤　鳩摩羅什《通韻》箋　敦煌語言文學論文集　浙江古籍出版社　1988　p. 16　又見:梵學集
　　上海古籍出版社　1993　p. 124
加地哲定著　劉衛星譯　中國佛教文學　今日中國出版社　1990　p. 172
饒宗頤　《禪門悉曇章》作者辨　中印文化關係史論集・語文篇　香港中文大學中國文化研究所
　　三聯書店　1990　p. 140
任半塘　王昆吾　隋唐五代燕樂雜言歌辭集　巴蜀書社　1990　p. 416
上山大峻　敦煌佛教の研究　（京都）法藏館　1990　p. 420
林聰明　敦煌文書學　（臺北）新文豐出版公司　1991　p. 11
項楚　《廬山遠公話》補校　敦煌文學叢考　上海古籍出版社　1991　p. 239

周紹良　敦煌文學芻議及其它　（臺北）新文豐出版公司　1992　p. 30

項楚　敦煌詩歌導論　（臺北）新文豐出版公司　1993　p. 146

汪泛舟　敦煌韻文辨正舉隅　《敦煌研究》1994 年第 2 期　p. 144

柴劍虹　禪師讚　敦煌學大辭典　上海辭書出版社　1998　p. 548

徐俊　敦煌詩集殘卷輯考　中華書局　2000　p. 906

周廣榮　敦煌《悉曇章》歌辭源流考略　《敦煌研究》2001 年第 1 期　p. 143

張子開　敦煌文獻中的白話禪詩　《敦煌學輯刊》2003 年第 1 期　p. 90

周廣榮　梵語《悉曇章》在中國的傳播與影響　宗教文化出版社　2004　p. 389

S. 5810

艾麗白著　耿昇譯　敦煌漢文寫本中的鳥形押　敦煌譯叢（第一輯）　甘肅人民出版社　1985　p. 190 注 2

盧向前　關於歸義軍時期一份布紙破用曆的研究：試釋伯四六四〇背面文書　敦煌吐魯番文獻研究論集（第三輯）　北京大學出版社　1986　p. 432　又見：敦煌吐魯番文書論稿　江西人民出版社　1992　p. 137

土肥義和　唐・北宋間の「社」の組織形態に関する一考察　中國古代の國家と民衆（堀敏一先生古稀記念）　（東京）汲古書院　1995　p. 749

郝春文　唐後期五代宋初敦煌僧尼的社會生活　中國社會科學出版社　1998　p. 365

金瀅坤　從敦煌文書看晚唐五代敦煌地區布紡織業　《敦煌研究》1998 年第 2 期　p. 137

蘇金花　從"方外之賓"到"釋吏"　《敦煌學輯刊》1998 年第 2 期　p. 114

黃正建　S. 964v 號文書與唐代兵士的春冬衣　英國收藏敦煌漢藏文獻研究：紀念敦煌文獻發現一百周年　中國社會科學出版社　2000　p. 240

雷紹鋒　歸義軍賦役制度初探　（臺北）洪葉文化事業有限公司　2000　p. 285

曾良　敦煌文獻字義通釋　廈門大學出版社　2001　p. 105

S. 5811

唐耕耦　陸宏基　敦煌社會經濟文獻真迹釋錄（二）　全國圖書館文獻縮微複製中心　1990　p. 112

張傳璽　中國歷代契約會編考釋（上）　北京大學出版社　1995　p. 378 注 1

張弓　漢唐佛寺文化史　中國社會科學出版社　1997　p. 315

沙知　典物契　敦煌學大辭典　上海辭書出版社　1998　p. 389

沙知　敦煌契約文書輯校　江蘇古籍出版社　1998　p. 161

羅彤華　從便物曆論敦煌寺院的放貸　敦煌文獻論集：紀念藏經洞發現一百周年國際學術研討會論文集　遼寧人民出版社　2001　p. 458

曾良　敦煌文獻字義通釋　廈門大學出版社　2001　p. 59

童丕　敦煌的借貸：中國中古時代的物質生活與社會　中華書局　2003　p. 153

王克孝　顏廷亮　敦煌吐魯番契約中的契約形式與契約制度　2000 年敦煌學國際學術討論會文集・歷史文化卷（上）　甘肅民族出版社　2003　p. 232

王啓濤　中古及近代法制文書語言研究　巴蜀書社　2003　p. 66

S. 5812

向達　倫敦所藏敦煌卷子經眼目錄　唐代長安與西域文明　三聯書店　1957　p. 233

長澤和俊　敦煌　（東京）筑摩書房　1965　p. 167

史葦湘　吐蕃王朝管轄沙州前後　《敦煌研究》1983 年創刊號　p. 132

陳國燦　唐朝吐蕃陷落沙州的時間問題　《敦煌學輯刊》1985 年第 1 期　p. 5

馬德　吐蕃統治敦煌初期的幾個問題　《敦煌研究》1987 年第 1 期　p. 60

王永興　隋唐五代經濟史料彙編校注・第一編(上)　中華書局　1987　p. 320

楊銘　吐蕃時期敦煌部落設置考　《西北史地》1987 年第 2 期　p. 35

池田溫　吐魯番・敦煌文書にみえる地方城市の住居　中國都市の歷史的研究(唐代史研究會報告第 VI 集)　(東京)刀水書房　1988　p. 188

唐耕耦　陸宏基　敦煌社會經濟文獻真迹釋錄(二)　全國圖書館文獻縮微複製中心　1990　p. 287

周偉洲　吐蕃對河隴的統治及歸義軍前期的河西諸族　《甘肅民族研究》1990 年第 2 期　p. 2

王震亞　趙熒　敦煌殘卷爭訟文牒集釋　甘肅人民出版社　1993　p. 13

楊銘　吐蕃在敦煌計口授田的幾個問題　《西北師大學報》(社會科學版)1993 年第 5 期　p. 104

楊銘　一件有關敦煌陷蕃時間的藏文文書　《敦煌研究》1994 年第 3 期　p. 86

楊銘　吐蕃統治敦煌研究　(臺北)新文豐出版公司　1997　p. 22、28、107

鄭炳林　吐蕃統治下的敦煌粟特人　敦煌歸義軍史專題研究　蘭州大學出版社　1997　p. 376

陳國燦　丑年八月令狐大娘牒　敦煌學大辭典　上海辭書出版社　1998　p. 369

陳國燦　番和　敦煌學大辭典　上海辭書出版社　1998　p. 376

陳國燦　算使　敦煌學大辭典　上海辭書出版社　1998　p. 385

黃正建　敦煌文書所見唐宋之際敦煌民眾住房面積考略　敦煌吐魯番研究(第三卷)　北京大學出版社　1998　p. 215

金瀅坤　吐蕃統治敦煌的社會基層組織　《中國邊疆史地研究》1998 年第 4 期　p. 29

董志翹　《入唐求法巡禮行記》辭彙研究　中國社會科學出版社　2000　p. 147

楊寶玉　敦煌史話　中國大百科全書出版社　2000　p. 158

曾良　敦煌文獻字義通釋　廈門大學出版社　2001　p. 48

陳國燦　敦煌學史事新證　甘肅教育出版社　2002　p. 23、480

史葦湘　敦煌歷史與莫高窟藝術研究　甘肅教育出版社　2002　p. 155

楊寶玉　敦煌滄桑　長江文藝出版社　2002　p. 243

劉進寶　關於歸義軍時期稅草的兩個問題　2000 年敦煌學國際學術討論會文集・歷史文化卷(上)　甘肅民族出版社　2003　p. 171

陸離　有關吐蕃太子的文書研究　《敦煌學輯刊》2003 年第 1 期　p. 37

鄭炳林　晚唐五代敦煌商業貿易市場研究　《敦煌學輯刊》2004 年第 1 期　p. 104

陳麗萍　敦煌文書所見唐五代婚變現象初探(一)　《敦煌學輯刊》2005 年第 2 期　p. 167

黑維强　吐魯番出土文書詞語例釋(二)　《敦煌學輯刊》2005 年第 2 期　p. 188

S. 5813

向達　倫敦所藏敦煌卷子經眼目錄　唐代長安與西域文明　三聯書店　1957　p. 233

那波利貞　千佛岩莫高窟と敦煌文書　西域文化研究(第二)・敦煌吐魯番社會經濟資料(上)　(京都)法藏館　1959　p. 39

竺沙雅章　敦煌出土「社」文書の研究　『東方學報』(第 35 號)　京都大學人文科學研究所　1964　p. 224、286

那波利貞　唐代社會文化史研究・第五編:唐代の社邑に就きて(1938 年)　(東京)創文社　1974　p. 509、522

唐耕耦　陸宏基　敦煌社會經濟文獻真迹釋錄(一)　書目文獻出版社　1986　p. 350

郝春文　敦煌遺書中的"春秋座局席"考　《北京師範學院學報》1989 年第 4 期　p. 32

山本達郎等　敦煌·III 轉貼　『NUN－HUANG AND TURFAN DOCUMENTS CONCERNING SOCIAL AND ECONOMIC HISTORY』(IV)　(東京)東洋文庫　1989　p. 20

郝春文　隋唐五代宋初傳統私社與寺院的關係　《魏晉南北朝隋唐史》1991 年第 6 期　p. 66

姜伯勤　敦煌社會文書導論　(臺北)新文豐出版公司　1992　p. 242

高國藩　敦煌民俗資料導論　(臺北)新文豐出版公司　1993　p. 2

石田勇作　敦煌「社文書」研究序說　中國古代の國家と民衆(堀敏一先生古稀記念)　(東京)汲古書院　1995　p. 684

寧可　郝春文　敦煌社邑文書輯校　江蘇古籍出版社　1997　p. 204

寧可　座社　敦煌學大辭典　上海辭書出版社　1998　p. 431

楊森　談敦煌社邑文書中"三官"及"錄事""虞侯"的若干問題　《敦煌研究》1999 年第 3 期　p. 80

郝春文　再論敦煌私社的"春秋坐局席"活動　《敦煌學輯刊》2006 年第 1 期　p. 2

S. 5814

向達　倫敦所藏敦煌卷子經眼目錄　唐代長安與西域文明　三聯書店　1957　p. 233

高國藩　敦煌民俗學　上海文藝出版社　1989　p. 104

鄭阿財　敦煌蒙書析論　第二屆敦煌學國際研討會論文集　(臺北)漢學研究中心　1990　p. 216

鄭阿財　朱鳳玉　敦煌蒙書研究　甘肅教育出版社　2002　p. 23

S. 5816

向達　倫敦所藏敦煌卷子經眼目錄　唐代長安與西域文明　三聯書店　1957　p. 233

竺沙雅章　敦煌出土「社」文書の研究　『東方學報』(第 35 號)　京都大學人文科學研究所　1964　p. 286

長澤和俊　敦煌の庶民生活　敦煌の社會(講座敦煌 3)　(東京)大東出版社　1980　p. 477

李正宇　《吐蕃子年(西元 808 年)沙州百姓汜履倩等戶籍手實殘卷》研究　1983 年全國敦煌學術討論會文集·文史遺書編(上)　甘肅人民出版社　1987　p. 184 注 10

李正宇　唐宋時代敦煌縣河渠泉澤簡志(二)　《敦煌研究》1989 年第 1 期　p. 54

山本達郎等　敦煌·III 轉貼　『NUN－HUANG AND TURFAN DOCUMENTS CONCERNING SOCIAL AND ECONOMIC HISTORY』(IV)　(東京)東洋文庫　1989　p. 41

王堯　陳踐　吐蕃職官考信錄　《中國藏學》1989 年第 1 期　又見:中國敦煌學百年文庫·民族卷(一)　甘肅文化出版社　1999　p. 398

熊文彬　兩唐書《吐蕃傳》吐蕃制度補證　《中國藏學》1989 年第 3 期　又見:中國敦煌學百年文庫·民族卷(一)　甘肅文化出版社　1999　p. 413

邵文實　沙州節兒考及其引申出來的幾個問題　《西北師大學報》(社會科學版)1992 年第 5 期　p. 64

前田正名　河西歷史地理學研究　中國藏學出版社　1993　p. 187

土肥義和　唐·北宋間の「社」の組織形態に關する一考察　中國古代の國家と民衆(堀敏一先生古稀記念)　(東京)汲古書院　1995　p. 730

張傳璽　中國歷代契約會編考釋(上)　北京大學出版社　1995　p. 515 注 1

鄭炳林　敦煌漢文吐蕃史料綜述:兼論吐蕃控制河西時期的職官與統治政策　敦煌吐魯番文獻研究　中華書局　1995　p. 91

沙知　敦煌契約文書輯校　江蘇古籍出版社　1998　p. 413

汪泛舟　楊謙讓　敦煌學大辭典　上海辭書出版社　1998　p. 349

楊富學　李吉和　敦煌漢文吐蕃史料輯校(第一輯)　甘肅人民出版社　1999　p. 200

山本達郎等　補(IV)社・III 轉貼　『NUN–HUANG AND TURFAN DOCUMENTS CONCERNING SO-CIAL AND ECONOMIC HISTORY』(Sup. p. lemrnts)　(東京)東洋文庫　2001　p. 72

王繼光　鄭炳林　敦煌漢文吐蕃史料綜述　中國西部民族文化研究(2003 年卷)　民族出版社　2003　p. 243

王啓濤　中古及近代法制文書語言研究　巴蜀書社　2003　p. 178、210、289、324

張雲　唐代吐蕃史與西北民族史研究　中國藏學出版社　2004　p. 184

陸離　吐蕃統治河隴時期司法制度初探　《中國藏學》2006 年第 1 期　p. 27

S. 5818

姜伯勤　唐五代敦煌寺戶制度　中華書局　1987　p. 79

王永興　隋唐五代經濟史料彙編校注・第一編(下)　中華書局　1987　p. 541

唐耕耦　陸宏基　敦煌社會經濟文獻真迹釋錄(五)　全國圖書館文獻縮微複製中心　1990　p. 1

方廣錩　佛教大藏經史(八─十世紀)　中國社會科學出版社　1991　p. 60

鄭炳林　唐五代敦煌粟特人與歸義軍政權　《敦煌研究》1996 年第 4 期　p. 85　又見：敦煌歸義軍史專題研究　蘭州大學出版社　1997　p. 411

方廣錩　敦煌佛教經錄輯校　江蘇古籍出版社　1997　p. 1016

李正宇　敦煌歷史地理導論　(臺北)新文豐出版公司　1997　p. 59

鄭炳林　吐蕃統治下的敦煌粟特人　敦煌歸義軍史專題研究　蘭州大學出版社　1997　p. 387

李正宇　村莊　敦煌學大辭典　上海辭書出版社　1998　p. 304

陳海濤　敦煌歸義軍時期從化鄉消失原因初探　中國社會歷史評論(第二卷)　天津古籍出版社　2000　p. 435

鄭炳林　晚唐五代敦煌村莊聚落輯考　2000 年敦煌學國際學術討論會文集・歷史文化卷(上)　甘肅民族出版社　2003　p. 127

S. 5820

山口瑞鳳　吐蕃王國成立史研究　(東京)岩波書店　1983　p. 637

侯紹莊　"買田"性質研究　《敦煌學研究》(西北師院學報)1984 年增刊　p. 26

楊際平　吐蕃時期沙州社會經濟研究　敦煌吐魯番出土經濟文書研究　廈門大學出版社　1986　p. 400

王永興　隋唐五代經濟史料彙編校注・第一編(下)　中華書局　1987　p. 965

高國藩　敦煌民俗學　上海文藝出版社　1989　p. 42

唐耕耦　陸宏基　敦煌社會經濟文獻真迹釋錄(二)　全國圖書館文獻縮微複製中心　1990　p. 33

仁井田陞　補訂中國法制史研究：土地法・取引法　東京大學出版會　1991　p. 458、648、692

謝和耐　敦煌賣契與專賣制度　法國學者敦煌學論文選萃　中華書局　1993　p. 32

王書慶　敦煌佛學・佛事篇　甘肅民族出版社　1995　p. 266

張傳璽　中國歷代契約會編考釋(上)　北京大學出版社　1995　p. 212

劉進寶　歸義軍土地制度初探　《敦煌研究》1997 年第 2 期　p. 55

唐耕耦　敦煌寺院會計文書研究　(臺北)新文豐出版公司　1997　p. 452

郝春文　唐後期五代宋初敦煌僧尼的社會生活　中國社會科學出版社　1998　p. 90

沙知　敦煌契約文書輯校　江蘇古籍出版社　1998　p. 55

楊森　晚唐五代兩件《女人社》文書劄記　《敦煌研究》1998 年第 1 期　p. 68

高啓安　唐五代至宋敦煌的量器及量制　《敦煌學輯刊》1999 年第 1 期　p. 64

蘇金花　唐、五代敦煌地區的商品貨幣形態　《敦煌研究》1999 年第 2 期　p. 94

陳永勝　敦煌買賣契約法律制度探析　《敦煌研究》2000 年第 4 期　p. 97

陳永勝　敦煌吐魯番法制文書研究　甘肅人民出版社　2000　p. 54

池田溫　李盛鐸舊藏敦煌歸義軍後期社會經濟文書簡介　慶祝吳其昱先生八秩華誕敦煌學特刊
　　（臺北）文津出版社　2000　p. 41

劉進寶　敦煌文書與唐史研究　（臺北）新文豐出版公司　2000　p. 171

劉進寶　敦煌歷史文化　甘肅人民出版社　2000　p. 131

謝重光　漢唐佛教社會史論　（臺北）國際文化事業有限公司　2001　p. 254 注 72

楊森　關於敦煌文獻中的“平章”一詞　敦煌學與中國史研究論集　甘肅人民出版社　2001　p. 231

劉進寶　敦煌學通論　甘肅教育出版社　2002　p. 88

劉永明　散見敦煌曆朔閏輯考　《敦煌研究》2002 年第 6 期　p. 13

楊惠玲　敦煌契約文書中的保人、見人、口承人、同便人、同取人　《敦煌研究》2002 年第 6 期　p. 40

李正宇　敦煌遺書一宗後晉時期敦煌民事訴訟檔案　《敦煌研究》2003 年第 2 期　p. 45

童丕　敦煌的借貸：中國中古時代的物質生活與社會　中華書局　2003　p. 79

王啓濤　中古及近代法制文書語言研究　巴蜀書社　2003　p. 208、253、289

劉進寶　評《敦煌的借貸：中國中古時代的物質生活與社會》　敦煌吐魯番研究（第七卷）　北京大學
　　出版社　2004　p. 495

謝和耐著　耿昇譯　中國 5—10 世紀的寺院經濟　上海古籍出版社　2004　p. 343

鄭顯文　唐代律令制研究　北京大學出版社　2004　p. 157、280

陸離　吐蕃統治河隴西域時期的市券研究　敦煌吐魯番研究（第九卷）　北京大學出版社　2006
　　p. 234

S. 5821

向達　倫敦所藏敦煌卷子經眼目錄　唐代長安與西域文明　三聯書店　1957　p. 233

陳鐵凡　敦煌本孝經考略　（臺中）《東海學報》1978 年第 19 卷　又見：中國敦煌學百年文庫・文獻
　　卷（二）　甘肅文化出版社　1999　p. 493

土田健次郎　儒教典籍　敦煌漢文文獻（講座敦煌 5）　（東京）大東出版社　1992　p. 269

榮新江　英國圖書館藏敦煌漢文非佛教文獻殘卷概述　敦煌文藪（下）　（臺北）新文豐出版公司
　　1999　p. 126

許建平　英倫法京所藏敦煌寫本殘片八種之定名並校錄　敦煌學（第 24 輯）　（臺北）樂學書局有限
　　公司　2003　p. 126

S. 5822

姜伯勤　上海藏本敦煌所出河西支度營田使文書研究　敦煌吐魯番文獻研究論集（第二輯）　北京
　　大學出版社　1983　p. 337、340、343

楊際平　吐蕃時期沙州社會經濟研究　敦煌吐魯番出土經濟文書研究　廈門大學出版社　1986
　　p. 373

楊際平　上海藏本敦煌所出河西支度營田使文書研究　《魏晉南北朝隋唐史》1988 年第 9 期　p. 56

李德超　敦煌本孝經校讎　第二屆敦煌學國際研討會論文集　（臺北）漢學研究中心　1990　p. 107

唐耕耦　陸宏基　敦煌社會經濟文獻真迹釋録(二)　全國圖書館文獻縮微複製中心　1990　p. 407

王永興　敦煌經濟文書導論　(臺北)新文豐出版公司　1994　p. 407

張亞萍　娜閣　唐五代敦煌的計量單位與價格換算　《敦煌學輯刊》1996 年第 2 期　p. 39

雷紹鋒　唐末宋初歸義軍時期之"地子"、"地稅"淺論　魏晉南北朝隋唐史資料(第 15 輯)　武漢大
　　學出版社　1997　p. 135

楊際平　郭鋒　張和平　五一十世紀敦煌的家庭與家族關係　岳麓書社　1997　p. 145

宋家鈺　地子　敦煌學大辭典　上海辭書出版社　1998　p. 412

宋家鈺　地子曆　敦煌學大辭典　上海辭書出版社　1998　p. 412

雷紹鋒　歸義軍賦役制度初探　(臺北)洪葉文化事業有限公司　2000　p. 41、63

宋家鈺　敦煌文獻所見唐代農業生産　敦煌文獻論集：紀念藏經洞發現一百周年國際學術研討會論
　　文集　遼寧人民出版社　2001　p. 175

鄧文寬　敦煌吐魯番天文曆法研究　甘肅教育出版社　2002　p. 310

王啓濤　中古及近代法制文書語言研究　巴蜀書社　2003　p. 64

陸離　也談敦煌文書中的唐五代"地子"、"地稅"　《歷史研究》2006 年第 4 期　p. 169

S. 5823

向達　倫敦所藏敦煌卷子經眼目録　唐代長安與西域文明　三聯書店　1957　p. 233

竺沙雅章　敦煌出土「社」文書の研究　『東方學報』(第 35 號)　京都大學人文科學研究所　1964
　　p. 224

郭鋒　敦煌的"社"及其活動　《敦煌學輯刊》1983 年創刊號　p. 81

唐耕耦　陸宏基　敦煌社會經濟文獻真迹釋録(一)　書目文獻出版社　1986　p. 297

王重民原編　黄永武新編　敦煌古籍叙録新編(第七冊)　(臺北)新文豐出版公司　1986　p. 280

郝春文　敦煌遺書中的"春秋座局席"考　《北京師範學院學報》1989 年第 4 期　p. 35

山本達郎等　敦煌·Ⅱ牒·狀　『NUN – HUANG AND TURFAN DOCUMENTS CONCERNING SOCIAL
　　AND ECONOMIC HISTORY』(Ⅳ)　(東京)東洋文庫　1989　p. 16

寧可　郝春文　敦煌社邑文書輯校　江蘇古籍出版社　1997　p. 716

楊際平　郭鋒　張和平　五一十世紀敦煌的家庭與家族關係　岳麓書社　1997　p. 145

李斌城　隋唐五代社會生活史　中國社會科學出版社　1998　p. 246

寧可　三官　敦煌學大辭典　上海辭書出版社　1998　p. 426

寧可　社邑牒狀　敦煌學大辭典　上海辭書出版社　1998　p. 432

孟憲實　論唐宋時期敦煌民間結社的組織形態　《敦煌研究》2002 年第 1 期　p. 64

S. 5824

山口瑞鳳　吐蕃の敦煌支配期間　敦煌の歷史(講座敦煌 2)　(東京)大東出版社　1980　p. 230

史葦湘　絲綢之路上的敦煌與莫高窟　敦煌研究文集　甘肅人民出版社　1982　p. 118 注 84

王重民原編　黄永武新編　敦煌古籍叙録新編(第七冊)　(臺北)新文豐出版公司　1986　p. 281

楊際平　吐蕃時期沙州社會經濟研究　敦煌吐魯番出土經濟文書研究　廈門大學出版社　1986
　　p. 393

姜伯勤　唐五代敦煌寺戶制度　中華書局　1987　p. 51

藤枝晃著　徐秀靈譯　敦煌發現的藏文文書試釋　《敦煌學輯刊》1987 年第 2 期　p. 142

楊銘　吐蕃時期敦煌部落設置考　《西北史地》1987 年第 2 期　p. 35

山本達郎等　敦煌·Ⅳ 納贈曆·納色物曆等　『NUN – HUANG AND TURFAN DOCUMENTS CON-

CERNING SOCIAL AND ECONOMIC HISTORY』(Ⅳ)　（東京）東洋文庫　1989　p. 89

唐耕耦　陸宏基　敦煌社會經濟文獻真迹釋録(二)　全國圖書館文獻縮微複製中心　1990　p. 412

方廣錩　佛教大藏經史(八一十世紀)　中國社會科學出版社　1991　p. 59

邵文實　沙州節兒考及其引申出來的幾個問題　《西北師大學報》(社會科學版)1992 年第 5 期　p. 66

邵文實　唐代後期河西地區的民族遷徙及其後果　《敦煌學輯刊》1992 年第 1、2 期　p. 26

前田正名　河西歷史地理學研究　中國藏學出版社　1993　p. 242

王震亞　趙熒　敦煌殘卷爭訟文牒集釋　甘肅人民出版社　1993　p. 225

張廣達　九世紀初吐蕃的《勅頒翻譯名義集三種》　周一良先生八十生日紀念論文集　中國社會科學出版社　1993　p. 155

姜伯勤　敦煌吐魯番文書與絲綢之路　文物出版社　1994　p. 196

王進玉　敦煌石窟探秘　四川教育出版社　1994　p. 58

沃興華　敦煌書法藝術　上海人民出版社　1994　p. 67

張廣達　西域史地叢稿初編　上海古籍出版社　1995　p. 187、323

鄭炳林　唐五代敦煌粟特人與歸義軍政權　《敦煌研究》1996 年第 4 期　p. 84　又見：敦煌歸義軍史專題研究　蘭州大學出版社　1997　p. 407

楊際平　郭鋒　張和平　五一十世紀敦煌的家庭與家族關係　岳麓書社　1997　p. 145

楊銘　吐蕃統治敦煌研究　（臺北）新文豐出版公司　1997　p. 22

鄭阿財　《龍興寺毗沙門天王靈驗記》與敦煌地區的毗沙門信仰　周紹良先生欣開九秩慶壽文集　中華書局　1997　p. 253

鄭阿財　論敦煌寫本《龍興寺毗沙門天王靈驗記》與唐代的毗沙門信仰　第三屆中國唐代文化學術研討會論文集　（臺北）政治大學中國文學系　1997　p. 429

鄭炳林　晚唐五代敦煌園圃經濟研究　敦煌歸義軍史專題研究　蘭州大學出版社　1997　p. 329

郝春文　謝重光　經坊　敦煌學大辭典　上海辭書出版社　1998　p. 634

金瀅坤　吐蕃統治敦煌的社會基層組織　《中國邊疆史地研究》1998 年第 4 期　p. 29

汪泛舟　楊謙讓　敦煌學大辭典　上海辭書出版社　1998　p. 349

鄭炳林　《康秀華寫經施入疏》與《炫和尚貨賣胡粉曆》研究　敦煌吐魯番研究(第三卷)　北京大學出版社　1998　p. 200

鄭炳林　晚唐五代敦煌地區種植棉花研究　《中國史研究》1999 年第 3 期　p. 88

陳海濤　敦煌歸義軍時期從化鄉消失原因初探　中國社會歷史評論(第二卷)　天津古籍出版社　2000　p. 435

金岡照光　敦煌文獻と中國文學　（東京）五曜書房　2000　p. 253、332

石內德　敦煌文獻中被廢棄的殘經抄本　法國漢學(敦煌學專號)　中華書局　2000　p. 26

洪藝芳　敦煌社會經濟文書中的唐五代新興量詞研究　敦煌學(第 24 輯)　（臺北）樂學書局有限公司　2003　p. 95

李小榮　敦煌密教文獻論稿　人民文學出版社　2003　p. 165

鄭炳林　晚唐五代敦煌商業貿易市場研究　《敦煌學輯刊》2004 年第 1 期　p. 104

陸離　吐蕃統治敦煌時期的官府勞役　魏晉南北朝隋唐史資料(第 22 輯)　武漢大學出版社　2005　p. 182

陸離　吐蕃統治河隴西域時期職官四題　《西北民族研究》2006 年第 2 期　p. 24

鄭炳林　晚唐五代河西地區的居民結構研究　《蘭州大學學報》2006 年第 2 期　p. 11

S. 5825

竺沙雅章　敦煌出土「社」文書の研究　『東方學報』(第35號)　京都大學人文科學研究所　1964
　　p. 223

唐耕耦　陸宏基　敦煌社會經濟文獻真迹釋録(一)　書目文獻出版社　1986　p. 304

山本達郎等　敦煌・III 轉貼　『NUN－HUANG AND TURFAN DOCUMENTS CONCERNING SOCIAL
　　AND ECONOMIC HISTORY』(IV)　(東京)東洋文庫　1989　p. 21

姜伯勤　敦煌社會文書導論　(臺北)新文豐出版公司　1992　p. 242

高國藩　敦煌民俗資料導論　(臺北)新文豐出版公司　1993　p. 2

石田勇作　敦煌「社文書」研究序說　中國古代の國家と民衆(堀敏一先生古稀記念)　(東京)汲古
　　書院　1995　p. 679

寧可　郝春文　敦煌社邑文書輯校　江蘇古籍出版社　1997　p. 243

楊際平　郭鋒　張和平　五—十世紀敦煌的家庭與家族關係　岳麓書社　1997　p. 145

郝春文　英藏敦煌文獻年代叢考　英國收藏敦煌漢藏文獻研究：紀念敦煌文獻發現一百周年　中國
　　社會科學出版社　2000　p. 378

S. 5826

楊際平　吐蕃時期沙州社會經濟研究　敦煌吐魯番出土經濟文書研究　廈門大學出版社　1986
　　p. 400

王永興　隋唐五代經濟史料彙編校注・第一編(下)　中華書局　1987　p. 965

唐耕耦　8 至 10 世紀敦煌的物價　紀念陳寅恪教授國際學術討論會文集　中山大學出版社　1989
　　p. 549

唐耕耦　陸宏基　敦煌社會經濟文獻真迹釋録(二)　全國圖書館文獻縮微複製中心　1990
　　p. 33

仁井田陞　補訂中國法制史研究：土地法・取引法　東京大學出版會　1991　p. 458、648、692

高國藩　敦煌民俗資料導論　(臺北)新文豐出版公司　1993　p. 15、26

謝和耐　敦煌賣契與專賣制度　法國學者敦煌學論文選萃　中華書局　1993　p. 32

李明偉　隋唐絲綢之路　甘肅人民出版社　1994　p. 255

張傳璽　中國歷代契約會編考釋(上)　北京大學出版社　1995　p. 212

劉進寶　歸義軍土地制度初探　《敦煌研究》1997 年第 2 期　p. 55

鄭炳林　晚唐五代敦煌貿易市場的物價　敦煌歸義軍史專題研究　蘭州大學出版社　1997　p. 298

郝春文　唐後期五代宋初敦煌僧尼的社會生活　中國社會科學出版社　1998　p. 90

沙知　敦煌契約文書輯校　江蘇古籍出版社　1998　p. 55

高啓安　唐五代至宋敦煌的量器及量制　《敦煌學輯刊》1999 年第 1 期　p. 64

蘇金花　唐、五代敦煌地區的商品貨幣形態　《敦煌研究》1999 年第 2 期　p. 94

陳永勝　敦煌買賣契約法律制度探析　《敦煌研究》2000 年第 4 期　p. 97

陳永勝　敦煌吐魯番法制文書研究　甘肅人民出版社　2000　p. 54

池田溫　李盛鐸舊藏敦煌歸義軍後期社會經濟文書簡介　慶祝吳其昱先生八秩華誕敦煌學特刊
　　(臺北)文津出版社　2000　p. 41

劉進寶　敦煌歷史文化　甘肅人民出版社　2000　p. 131

劉進寶　敦煌文書與唐史研究　(臺北)新文豐出版公司　2000　p. 171

楊森　關於敦煌文獻中的"平章"一詞　敦煌學與中國史研究論集　甘肅人民出版社　2001　p. 231

劉進寶　敦煌學通論　甘肅教育出版社　2002　p. 88

劉永明　散見敦煌曆朔閏輯考　《敦煌研究》2002 年第 6 期　p. 13

楊惠玲　敦煌契約文書中的保人、見人、口承人、同便人、同取人　《敦煌研究》2002 年第 6 期　p. 40

李正宇　敦煌遺書一宗後晉時期敦煌民事訴訟檔案　《敦煌研究》2003 年第 2 期　p. 45

童丕　敦煌的借貸：中國中古時代的物質生活與社會　中華書局　2003　p. 79

王啓濤　中古及近代法制文書語言研究　巴蜀書社　2003　p. 208、253、289

謝和耐著　耿昇譯　中國 5—10 世紀的寺院經濟　上海古籍出版社　2004　p. 343

張小豔　試論敦煌書儀的語料價值　浙江與敦煌學：常書鴻先生誕辰一百周年紀念文集　浙江古籍
　　出版社　2004　p. 540

鄭顯文　唐代律令制研究　北京大學出版社　2004　p. 157、280

陸離　吐蕃統治河隴西域時期的市券研究　敦煌吐魯番研究（第九卷）　北京大學出版社　2006
　　p. 234

S. 5827

唐耕耦　陸宏基　敦煌社會經濟文獻真迹釋録（二）　全國圖書館文獻縮微複製中心　1990　p. 199

沙知　敦煌契約文書輯校　江蘇古籍出版社　1998　p. 415

S. 5828

向達　倫敦所藏敦煌卷子經眼目録　唐代長安與西域文明　三聯書店　1957　p. 233

竺沙雅章　敦煌出土「社」文書の研究　『東方學報』（第 35 號）　京都大學人文科學研究所　1964
　　p. 263

堀敏一　敦煌社會の変質——中國社會全般の発展とも関連して　敦煌の社會（講座敦煌 3）　（東
　　京）大東出版社　1980　p. 183

郭鋒　敦煌的"社"及其活動　《敦煌學輯刊》1983 年創刊號　p. 86

唐耕耦　陸宏基　敦煌社會經濟文獻真迹釋録（一）　書目文獻出版社　1986　p. 302

山本達郎等　敦煌・Ⅰ社條　『NUN－HUANG AND TURFAN DOCUMENTS CONCERNING SOCIAL
　　AND ECONOMIC HISTORY』（Ⅳ）　（東京）東洋文庫　1989　p. 3

郝春文　隋唐五代宋初傳統私社與寺院的關係　《魏晉南北朝隋唐史》1991 年第 6 期　p. 68

姜伯勤　敦煌社會文書導論　（臺北）新文豐出版公司　1992　p. 234、244、249

高國藩　敦煌民俗資料導論　（臺北）新文豐出版公司　1993　p. 4

土肥義和　唐・北宋間の「社」の組織形態に関する一考察　中國古代の國家と民衆（堀敏一先生古
　　稀記念）　（東京）汲古書院　1995　p. 705

寧可　郝春文　敦煌社邑文書輯校　江蘇古籍出版社　1997　p. 719

鄭炳林　敦煌碑銘讚輯釋　甘肅教育出版社　1997　p. 545 注 2

寧可　社邑牒狀　敦煌學大辭典　上海辭書出版社　1998　p. 432

譚蟬雪　正月燃燈　敦煌學大辭典　上海辭書出版社　1998　p. 434

寧可　寧可史學論集　中國社會科學出版社　1999　p. 447 注 1

孟憲實　敦煌社邑的分佈　敦煌文獻論集：紀念藏經洞發現一百周年國際學術研討會論文集　遼寧
　　人民出版社　2001　p. 422

郝春文　《唐末五代宋初敦煌社邑的幾個問題》商榷　國際敦煌學學術史研討會論文集　研討會籌
　　備組　2002　p. 196

孟憲實　論唐宋時期敦煌民間結社的組織形態　《敦煌研究》2002 年第 1 期　p. 62

何培斌　營造寄託：中國六至十世紀造寺功德的探討　寺院財富與世俗供養　上海書畫出版社

2003　p. 102

湛如　敦煌佛教律儀制度研究　中華書局　2003　p. 66

孟憲實　論唐宋時期敦煌民間結社的社條　敦煌吐魯番研究（第九卷）　北京大學出版社　2006　p. 319、335

S. 5829

向達　倫敦所藏敦煌卷子經眼目錄　唐代長安與西域文明　三聯書店　1957　p. 233

金岡照光　敦煌の寫本　敦煌の文學　（東京）大蔵出版株式會社　1971　p. 72

鄭阿財　敦煌孝道文學研究　（臺北）石門圖書公司　1982　p. 532

高國藩　敦煌民俗學　上海文藝出版社　1989　p. 104

鄭阿財　敦煌蒙書析論　第二屆敦煌學國際研討會論文集　（臺北）漢學研究中心　1990　p. 216

鄭阿財　朱鳳玉　敦煌蒙書研究　甘肅教育出版社　2002　p. 23

S. 5830

向達　倫敦所藏敦煌卷子經眼目錄　唐代長安與西域文明　三聯書店　1957　p. 233

竺沙雅章　敦煌出土「社」文書の研究　『東方學報』（第35號）　京都大學人文科學研究所　1964　p. 231

郝春文　敦煌私社的"義聚"　《中國社會經濟史研究》1989年第4期　p. 28

山本達郎等　敦煌・II牒・狀　『NUN-HUANG AND TURFAN DOCUMENTS CONCERNING SOCIAL AND ECONOMIC HISTORY』(IV)　（東京）東洋文庫　1989　p. 18

姜伯勤　敦煌社會文書導論　（臺北）新文豐出版公司　1992　p. 245

張涌泉　試論審辨敦煌寫本俗字的方法　《敦煌研究》1994年第2期　p. 151　又見：舊學新知　浙江大學出版社　1999　p. 83

張涌泉　漢語俗字研究　岳麓書社　1995　p. 201

寧可　郝春文　敦煌社邑文書輯校　江蘇古籍出版社　1997　p. 722

鄭炳林　晚唐五代敦煌貿易市場的物價　敦煌歸義軍史專題研究　蘭州大學出版社　1997　p. 300

寧可　社邑牒狀　敦煌學大辭典　上海辭書出版社　1998　p. 432

譚蟬雪　敦煌歲時文化導論　（臺北）新文豐出版公司　1998　p. 107、165

高啓安　唐五代敦煌飲食文化研究　民族出版社　2004　p. 325

鄭炳林　魏迎春　晚唐五代敦煌佛教教團的科罰制度研究　《敦煌研究》2004年第2期　p. 57

S. 5831

唐耕耦　陸宏基　敦煌社會經濟文獻真迹釋錄（一）　書目文獻出版社　1986　p. 303

山本達郎等　敦煌・III轉貼　『NUN-HUANG AND TURFAN DOCUMENTS CONCERNING SOCIAL AND ECONOMIC HISTORY』(IV)　（東京）東洋文庫　1989　p. 20

姜伯勤　敦煌社會文書導論　（臺北）新文豐出版公司　1992　p. 242

高國藩　敦煌民俗資料導論　（臺北）新文豐出版公司　1993　p. 2

郝春文　敦煌寫本社邑文書年代彙考（二）　《首都師範大學學報》1993年第5期　p. 81

石田勇作　敦煌「社文書」研究序說　中國古代の國家と民衆（堀敏一先生古稀記念）　（東京）汲古書院　1995　p. 684

寧可　郝春文　敦煌社邑文書輯校　江蘇古籍出版社　1997　p. 321

楊際平　郭鋒　張和平　五一十世紀敦煌的家庭與家族關係　岳麓書社　1997　p. 145

郝春文　英藏敦煌文獻年代叢考　英國收藏敦煌漢藏文獻研究:紀念敦煌文獻發現一百周年　中國
　　社會科學出版社　2000　p. 374
陸離　吐蕃統治河隴西域時期職官四題　《西北民族研究》2006 年第 2 期　p. 24

S. 5832

陳國燦　敦煌所出諸借契年代考　魏晉南北朝隋唐史資料(第 4 輯)　武漢大學出版社　1982
　　p. 15　又見:《敦煌學輯刊》1984 年第 1 期　p. 8
姜伯勤　沙州道門親表部落釋證　《敦煌研究》1986 年第 3 期　p. 2
唐耕耦　陸宏基　敦煌社會經濟文獻真迹釋錄(二)　全國圖書館文獻縮微複製中心　1990　p. 107
鄭炳林　《索勳紀德碑》研究　《敦煌學輯刊》1994 年第 2 期　p. 74
姜伯勤　敦煌藝術宗教與禮樂文明　中國社會科學出版社　1996　p. 254
李正宇　敦煌史地新論　(臺北)新文豐出版公司　1996　p. 77
鄭炳林　敦煌碑銘讚輯釋　甘肅教育出版社　1997　p. 250 注 28
沙知　敦煌契約文書輯校　江蘇古籍出版社　1998　p. 99
山本達郎等　補(Ⅲ)契・敦煌發現契　『NUN – HUANG AND TURFAN DOCUMENTS CONCERNING
　　SOCIAL AND ECONOMIC HISTORY』(Sup. p. lemrnts)　(東京)東洋文庫　2001　p. 53
曾良　敦煌文獻字義通釋　廈門大學出版社　2001　p. 70
陳國燦　敦煌學史事新證　甘肅教育出版社　2002　p. 341
余欣　評《敦煌的借貸:中國中古時代的物質生活與社會》　敦煌吐魯番研究(第六卷)　北京大學出
　　版社　2002　p. 416
池田溫　契　敦煌文書の世界　(東京)名著刊行會　2003　p. 196
童丕　敦煌的借貸:中國中古時代的物質生活與社會　中華書局　2003　p. 127

S. 5833

王啓濤　中古及近代法制文書語言研究　巴蜀書社　2003　p. 292

S. 5834

金岡照光　敦煌文學のさまざま　敦煌の文學　(東京)大藏出版株式會社　1971　p. 160
劉修業　王重民　讀《十二辰歌》　敦煌遺書論文集　中華書局　1984　p. 156
潘重規　敦煌寫本秦婦吟新書　敦煌學(第 8 輯)　(臺北)"中國文化大學"中國文學研究所敦煌學
　　會　1984　p. 16
張錫厚　詩歌　敦煌文學　甘肅人民出版社　1989　p. 178
柴劍虹　《秦婦吟》敦煌寫卷的新發現　秦婦吟研究彙錄　上海古籍出版社　1990　p. 171　又見:
　　西域文史論稿　(臺北)國文天地雜誌社　1991　p. 307
池田溫　中國古代寫本識語集錄　(東京)大藏出版株式會社　1990　p. 464
劉修業　《秦婦吟》校勘續記　秦婦吟研究彙錄　上海古籍出版社　1990　p. 128
龍晦　敦煌與五代兩蜀文化　《敦煌研究》1990 年第 2 期　p. 96
顔廷亮　趙以武　秦婦吟研究彙錄　上海古籍出版社　1990　p. 1(圖版)
張高評　韋莊《秦婦吟》與唐宋詩風之嬗變——以叙事、詩史、破體爲例　第四屆唐代文化學術研討
　　會論文集　(臺南)成功大學　1991　p. 385 注 2
周紹良　敦煌文學芻議及其它　(臺北)新文豐出版公司　1992　p. 27
張錫厚　敦煌文學概論　甘肅人民出版社　1993　p. 357

顏廷亮　敦煌文學概說　（臺北）新文豐出版公司　1995　p. 98

張涌泉　敦煌寫本《秦婦吟》彙校　中國典籍與文化論叢（第四輯）　中華書局　1997　p. 313

柴劍虹　秦婦吟　敦煌學大辭典　上海辭書出版社　1998　p. 554

徐俊　敦煌詩集殘卷輯考　中華書局　2000　p. 138

張錫厚　敦煌文學源流　作家出版社　2000　p. 110

杜曉勤　隋唐五代文學研究　北京出版社　2001　p. 646

陶敏　李一飛　隋唐五代文學史料學　中華書局　2001　p. 363

S. 5835

陳祚龍　敦煌古抄內典尾記彙校初、二、三編合刊　敦煌學要籥　（臺北）新文豐出版公司　1982　p. 157

吳其昱著　福井文雅　樋口勝譯　大蕃國大德·三藏法師·法成傳考　敦煌と中國仏教（講座敦煌7）　（東京）大東出版社　1984　p. 387

池田溫　中國古代寫本識語集錄　（東京）大藏出版株式會社　1990　p. 384

上山大峻　敦煌佛教の研究　（京都）法藏館　1990　p. 91、210

榮新江　歸義軍史研究　上海古籍出版社　1996　p. 269

鄭炳林　敦煌碑銘讚輯釋　甘肅教育出版社　1997　p. 402 注 8

馮培紅　P. 3249 背《軍籍殘卷》與歸義軍初期的僧兵武裝　《敦煌研究》1998 年第 2 期　p. 146

楊森　張議潮　敦煌學大辭典　上海辭書出版社　1998　p. 352

梅維恒著　楊繼東　陳引馳譯　唐代變文（上）　（香港）中國佛教文化出版公司　1999　p. 265 注 1

張延清　張議潮與吐蕃文化　《敦煌研究》2005 年第 3 期　p. 89

S. 5836

土橋秀高　敦煌の律藏　敦煌と中國仏教（講座敦煌7）　（東京）大東出版社　1984　p. 247

李正宇　敦煌文學概論　甘肅人民出版社　1993　p. 113

曾良　敦煌文獻字義通釋　廈門大學出版社　2001　p. 161

S. 5837

羅宗濤　敦煌講經變文"古吟上下"探原　漢學研究（敦煌學國際研討會論文專號）　（臺北）汉学研究資料及服務中心　1986　又見：中國敦煌學百年文庫·文學卷（四）　甘肅文化出版社　1999　p. 172

荒見泰史　從敦煌寫本中變文的改寫情況來探討五代講唱文學的演變　敦煌學國際研討會論文集　北京圖書館出版社　2005　p. 179

S. 5838

池田溫　中國古代寫本識語集錄　（東京）大藏出版株式會社　1990　p. 476

S. 5839

方廣錩　七女觀經　敦煌學大辭典　上海辭書出版社　1998　p. 709

S. 5840

王卡　洞真太上說智慧消魔真經　敦煌學大辭典　上海辭書出版社　1998　p. 762

王卡　敦煌道教文獻研究　中國社會科學出版社　2004　p. 90

S. 5841

西本照真　敦煌抄本中的三階教文獻　中日敦煌佛教學術會議論文集　中國社會科學院研究所　2002　p. 177

西本照真　三階教文獻綜述　藏外佛教文獻(第九輯)　宗教文化出版社　2003　p. 365

S. 5842

姜伯勤　唐五代敦煌寺戶制度　中華書局　1987　p. 52

楊銘　吐蕃時期敦煌部落設置考　《西北史地》1987 年第 2 期　p. 35

楊銘　吐蕃統治敦煌研究　(臺北)新文豐出版公司　1997　p. 22

金瀅坤　吐蕃統治敦煌的社會基層組織　《中國邊疆史地研究》1998 年第 4 期　p. 29

高啓安　崇高與卑賤:敦煌的佛教信仰賤名再探　'98 法門寺唐文化國際學術討論會論文集　陝西人民出版社　2000　p. 252

S. 5843

金岡照光　敦煌漢文文學文獻の文學形態上の種類とその分類　敦煌出土文學文獻分類目録・附解說　(東京)東洋文庫　1971　p. 236

S. 5845

唐耕耦　陸宏基　敦煌社會經濟文獻真迹釋録(二)　全國圖書館文獻縮微複製中心　1990　p. 231

土肥義和　唐・北宋間の「社」の組織形態に関する一考察　中國古代の國家と民衆(堀敏一先生古稀記念)　(東京)汲古書院　1995　p. 731

李正宇　敦煌史地新論　(臺北)新文豐出版公司　1996　p. 86

高啓安　唐宋時期敦煌人名探析　《敦煌研究》1997 年第 4 期　p. 125

李正宇　敦煌歷史地理導論　(臺北)新文豐出版公司　1997　p. 226

馬德　敦煌工匠史料　甘肅人民出版社　1997　p. 67

鄭炳林　唐五代敦煌手工業研究　敦煌歸義軍史專題研究　蘭州大學出版社　1997　p. 256

童丕　10 世紀敦煌的借貸人　法國漢學(第 3 輯)　中華書局　1998　p. 63、85

高啓安　崇高與卑賤:敦煌的佛教信仰賤名再探　'98 法門寺唐文化國際學術討論會論文集　陝西人民出版社　2000　p. 252

魏明孔　隋唐寺院手工業述論　'98 法門寺唐文化國際學術討論會論文集　陝西人民出版社　2000　p. 541

羅彤華　從便物曆論敦煌寺院的放貸　敦煌文獻論集:紀念藏經洞發現一百周年國際學術研討會論文集　遼寧人民出版社　2001　p. 469

S. 5846

福井文雅　般若心經　敦煌と中國仏教(講座敦煌 7)　(東京)大東出版社　1984　p. 39

S. 5848

姜伯勤　敦煌社會文書導論　(臺北)新文豐出版公司　1992　p. 179

S. 5850

岡部和雄　經疏・要抄　敦煌仏典と禪(講座敦煌8)　(東京)大東出版社　1980　p. 338

福井文雅　般若心經　敦煌と中國仏教(講座敦煌7)　(東京)大東出版社　1984　p. 38

方廣錩　敦煌遺書中的《般若心經》譯注　《法音》1990年第7期　p. 23

柳田聖山　禪籍解題(一)・敦煌禪籍　俗語言研究(第二期)　(京都)禪文化研究所　1995　p. 149

方廣錩　般若波羅蜜多心經疏　敦煌學大辭典　上海辭書出版社　1998　p. 686

方廣錩　《般若心經譯注集成》前言　敦煌學佛教學論叢(下)　中國佛教文化研究所　1998　p. 39

S. 5852

蘇瑩輝　"敦煌曲"評介　《香港中文大學學報》1974年第1期　又見:敦煌論集續編　(臺北)學生書局　1983　p. 305、307；中國敦煌學百年文庫・藝術卷(一)　甘肅文化出版社　1999　p. 371

任半塘　敦煌歌辭總編　上海古籍出版社　1987　p. 342

柴劍虹　徐俊　敦煌詞輯校四談　《敦煌學輯刊》1988年第1、2期　p. 56　又見:西域文史論稿　(臺北)國文天地雜誌社　1991　p. 505

任半塘　王昆吾　隋唐五代燕樂雜言歌辭集　巴蜀書社　1990　p. 1713

金岡照光　曲子詞類　敦煌の文學文獻(講座敦煌9)　(東京)大東出版社　1992　p. 398

饒宗頤　敦煌寫卷之書法　唐代研究論集(第三輯)　(臺北)新文豐出版公司　1992　p. 30

李正宇　論敦煌曲子　第二屆國際唐代學術會議論文集(上)　(臺北)文津出版社　1993　p. 758

高國藩　敦煌俗文化學　上海三聯書店　1999　p. 545

S. 5855

向達　倫敦所藏敦煌卷子經眼目錄　唐代長安與西域文明　三聯書店　1957　p. 233

董作賓　敦煌紀年　敦煌學文選(上)　蘭州大學歷史系敦煌學研究室等　1983　p. 37

蘇瑩輝　敦煌藝文略　敦煌論集　(臺北)學生書局　1983　p. 347

陳祚龍　竭誠做好知己知彼,悉力做到精益求精:敦煌學散策之四　敦煌學林劄記　(臺北)商務印書館　1987　p. 231

哈密頓著　耿昇譯　回鶻文尊號闍梨和都統考　《甘肅民族研究》1988年第3-4期　p. 121注1

杜斗城　敦煌本《佛說十王經》校錄研究　甘肅教育出版社　1989　p. 231

唐耕耦　陸宏基　敦煌社會經濟文獻真迹釋錄(四)　全國圖書館文獻縮微複製中心　1990　p. 181

謝重光　吐蕃佔領期與歸義軍時期的敦煌僧官制度　《敦煌研究》1991年第3期　p. 55

周紹良　敦煌文學芻議及其它　(臺北)新文豐出版公司　1992　p. 6

竺沙雅章　寺院文書　敦煌漢文文獻(講座敦煌5)　(東京)大東出版社　1992　p. 646

高國藩　敦煌民俗資料導論　(臺北)新文豐出版公司　1993　p. 116

郝春文　唐後期五代宋初沙州的方等道場與方等道場司　唐研究(第二卷)　北京大學出版社　1996　p. 71

郝春文　關於唐後期五代宋初沙州僧俗的施捨問題　唐研究(第三卷)　北京大學出版社　1997　p. 30

鄭炳林　馮培紅　晚唐五代宋初歸義軍政權中都頭一職考辨　敦煌歸義軍史專題研究　蘭州大學出版社　1997　p. 76

郝春文　唐後期五代宋初敦煌僧尼的社會生活　中國社會科學出版社　1998　p. 35、359

郝春文　雍熙三年陰存禮請三界寺都僧錄等爲亡考七七追念設供疏　敦煌學大辭典　上海辭書出版

　社　1998　p. 642

唐耕耦　都僧録　敦煌學大辭典　上海辭書出版社　1998　p. 638

李正宇　唐宋時期敦煌佛經性質功能的變化　戒幢佛學（第二卷）　岳麓書社　2002　p. 19　又見：
　　中日敦煌佛教學術會議論文集　中國社會科學院研究所　2002　p. 16

湛如　敦煌佛教喪葬律儀研究　中日敦煌佛教學術會議論文集　中國社會科學院研究所　2002
　　p. 90

湛如　敦煌佛教律儀制度研究　中華書局　2003　p. 366

黨燕妮　晚唐五代敦煌的十王信仰　麥積山石窟藝術文化論文集（下）　蘭州大學出版社　2004
　　p. 158

金瀅坤　敦煌社會經濟文書定年拾遺　《首都師範大學學報》2006 年第 1 期　p. 10

S. 5856

姜亮夫　敦煌莫高窟年表　姜亮夫全集（十一）　雲南人民出版社　2002　p. 339

S. 5857

饒宗頤解說　林宏作譯　敦煌書法叢刊（第八卷）·經史（六）　（東京）二玄社　1986　p. 76

土田健次郎　儒教典籍　敦煌漢文文獻（講座敦煌 5）　（東京）大東出版社　1992　p. 268

許建平　《俄藏敦煌文獻》儒家經典類寫本的定名與綴合　漢語史學報專輯（第三輯）　上海教育出
　　版社　2003　p. 308

李索　敦煌寫卷《春秋經傳集解》校證　中國社會科學出版社　2005　p. 323

汪泛舟　敦煌俗別字新考（上）　《敦煌研究》2006 年第 1 期　p. 108

S. 5858

方廣錩　挾注勝鬘夫人經　敦煌學大辭典　上海辭書出版社　1998　p. 659

S. 5859

宮島一彦　曆書·算書　敦煌漢文文獻（講座敦煌 5）　（東京）大東出版社　1992　p. 484

王進玉　敦煌石窟探秘　四川教育出版社　1994　p. 106

S. 5861

唐耕耦　敦煌四件唐寫本姓望氏族譜（？）殘卷研究　敦煌吐魯番文獻研究論集（第二輯）　北京大學
　　出版社　1983　p. 211、221

唐耕耦　敦煌唐寫本天下姓望氏族譜殘卷的若干問題　魏晉隋唐史論集（第二輯）　中國社會科學
　　出版社　1983　p. 298

唐耕耦　陸宏基　敦煌社會經濟文獻真迹釋録（一）　書目文獻出版社　1986　p. 89

王仲犖　敦煌石室出殘姓氏書五種考釋　敦煌吐魯番文獻研究論集（第三輯）　北京大學出版社
　　1986　p. 8、17　又見：蠟華山館叢稿　中華書局　1987　p. 448

王永興　隋唐五代經濟史料彙編校注·第一編（上）　中華書局　1987　p. 380

鄭炳林　敦煌地理文書彙輯校注　甘肅教育出版社　1989　p. 357

仁井田陞　補訂中國法制史研究：奴隸農奴法·家族村落法　東京大學出版會　1991　p. 626

姜伯勤　敦煌社會文書導論　（臺北）新文豐出版公司　1992　p. 34、40

唐長孺　魏晉南北朝隋唐史三論　武漢大學出版社　1992　p. 390

胡戟　傅玫　敦煌史話　中華書局　1995　p. 145、183

鄭炳林　敦煌碑銘讚輯釋　甘肅教育出版社　1997　p. 186 注 2

白化文　姓望氏族譜　敦煌學大辭典　上海辭書出版社　1998　p. 452

郭鋒　唐代士族個案研究　廈門大學出版社　1999　p. 185

榮新江　英國圖書館藏敦煌漢文非佛教文獻殘卷概述　敦煌文藪(下)　(臺北)新文豐出版公司
　　1999　p. 129

榮新江　《英藏敦煌文獻》定名商補　文史(第五十二輯)　中華書局　2000　p. 123　又見:敦煌學
　　新論　甘肅教育出版社　2002　p. 199

汪泛舟　敦煌古代兒童課本　甘肅人民出版社　2000　p. 5

褚良才　敦煌學簡明教程　中華書局　2001　p. 42

郭鋒　郡望向姓望轉化與士族政治社會運動的終結　中國社會歷史評論(第 3 卷)　中華書局
　　2001　p. 75

S. 5862

王冀青　《英國博物院藏敦煌漢文寫本注記目錄》中誤收的斯坦因所獲和闐文書辨釋　《敦煌學輯
　　刊》1987 年第 2 期　p. 97

張廣達　榮新江　關於和田出土于闐文獻的年代及其相關問題　『東洋學報』(69 卷 1・2 號)　(東
　　京)東洋學術協會　1988　p. 75

張廣達　榮新江　八世紀下半至九世紀初的于闐　唐研究(第三卷)　北京大學出版社　1997
　　p. 345

姜亮夫　敦煌莫高窟年表　姜亮夫全集(十一)　雲南人民出版社　2002　p. 361

S. 5864

王重民原編　黃永武新編　敦煌古籍叙録新編(第七冊)　(臺北)新文豐出版公司　1986
　　p. 279

王冀青　《英國博物院藏敦煌漢文寫本注記目錄》中誤收的斯坦因所獲和闐文書辨釋　《敦煌學輯
　　刊》1987 年第 2 期　p. 99

張廣達　榮新江　關於和田出土于闐文獻的年代及其相關問題　『東洋學報』(69 卷 1・2 號)　(東
　　京)東洋學術協會　1988　p. 58

荒川正晴　唐代于闐的"烏駱"　《西域研究》1995 年第 1 期　p. 69

張廣達　榮新江　八世紀下半至九世紀初的于闐　唐研究(第三卷)　北京大學出版社　1997
　　p. 344

丘古耶夫斯基　敦煌漢文文書　上海古籍出版社　2000　p. 25

趙和平　評《鳴沙集:敦煌學學術史和方法論的探討》　敦煌吐魯番研究(第五卷)　北京大學出版社
　　2001　p. 427

姜亮夫　敦煌莫高窟年表　姜亮夫全集(十一)　雲南人民出版社　2002　p. 359

張廣達　榮新江　聖彼得堡藏和田出土漢文文書考釋　敦煌吐魯番研究(第六卷)　北京大學出版
　　社　2002　p. 225

S. 5865

李際寧　佛母經　藏外佛教文獻(第一輯)　宗教文化出版社　1995　p. 375

趙和平　評《鳴沙集:敦煌學學術史和方法論的探討》　敦煌吐魯番研究(第五卷)　北京大學出版社

2001　p. 427

S. 5867

那波利貞　敦煌發見文書に拠る中晚唐時代の佛教寺院の錢穀布帛類貸付營利事業運營の實況
　　『支那學』（10 卷 3 號）　（京都）支那學社　1941　p. 134

陳國燦　唐代的民間借貸:吐魯番敦煌等地所出唐代借貸契券初探　敦煌吐魯番文書初探　武漢大
　　學出版社　1983　p. 271 注 40

池田溫　吐魯番、敦煌契券概觀　漢學研究（敦煌學國際研討會論文專號）　（臺北）漢學研究資料及
　　服務中心　1986　p. 25

王冀青　《英國博物院藏敦煌漢文寫本注記目錄》中誤收的斯坦因所獲和闐文書辨釋　《敦煌學輯
　　刊》1987 年第 2 期　p. 102

王永興　隋唐五代經濟史料彙編校注・第一編（下）　中華書局　1987　p. 914

謝和耐著　耿昇譯　中國 5—10 世紀的寺院經濟　甘肅人民出版社　1987　p. 226 注 2　又見:上海
　　古籍出版社　2004　p. 186 注 2

張廣達　榮新江　關於和田出土于闐文獻的年代及其相關問題　『東洋學報』（69 卷 1・2 號）　（東
　　京）東洋學術協會　1988　p. 75

王公望　契約　敦煌文學　甘肅人民出版社　1989　p. 58

唐耕耦　陸宏基　敦煌社會經濟文獻真迹釋錄（二）　全國圖書館文獻縮微複製中心　1990　p. 140

仁井田陞　補訂中國法制史研究:土地法・取引法　東京大學出版會　1991　p. 643

尹偉先　從敦煌文書看唐代河西地區的貨幣流通　《社科縱橫》1992 年第 6 期　又見:中國敦煌學百
　　年文庫・歷史卷（二）　甘肅文化出版社　1999　p. 343

前田正名　河西歷史地理學研究　中國藏學出版社　1993　p. 257

張傳璽　中國歷代契約會編考釋（上）　北京大學出版社　1995　p. 358 注 1

張廣達　榮新江　八世紀下半至九世紀初的于闐　唐研究（第三卷）　北京大學出版社　1997
　　p. 345

楊森　晚唐五代兩件《女人社》文書劄記　《敦煌研究》1998 年第 1 期　p. 69

丘古耶夫斯基　敦煌漢文文書　上海古籍出版社　2000　p. 25

趙和平　評《鳴沙集:敦煌學學術史和方法論的探討》　敦煌吐魯番研究（第五卷）　北京大學出版社
　　2001　p. 427

董志翹　敦煌社會經濟文書詞語散釋　中國俗文化研究（第一輯）　巴蜀書社　2003　p. 132

董志翹　敦煌社會經濟文獻詞語略考　浙江與敦煌學:常書鴻先生誕辰一百周年紀念文集　浙江古
　　籍出版社　2004　p. 496

鄭顯文　唐代律令制研究　北京大學出版社　2004　p. 271

S. 5868

姜伯勤　唐西州寺院家人奴婢的放良　五十年來漢唐佛教寺院經濟研究　北京師範大學出版社
　　1986　p. 205

張弓　唐代寺院奴婢階層略說　《魏晉南北朝隋唐史》1986 年第 10 期　p. 38

姜伯勤　唐五代敦煌寺戶制度　中華書局　1987　p. 332

王冀青　《英國博物院藏敦煌漢文寫本注記目錄》中誤收的斯坦因所獲和闐文書辨釋　《敦煌學輯
　　刊》1987 年第 2 期　p. 100

李明偉　狀・牒・帖　敦煌文學　甘肅人民出版社　1989　p. 43

唐耕耦　陸宏基　敦煌社會經濟文獻真迹釋録(四)　全國圖書館文獻縮微複製中心　1990　p. 160

趙和平　評《鳴沙集：敦煌學學術史和方法論的探討》　敦煌吐魯番研究(第五卷)　北京大學出版社
　　2001　p. 427

李并成　敦煌文獻與西北生態環境變遷研究　漢語史學報專輯(第三輯)　上海教育出版社　2003
　　p. 392

鄭炳林　魏迎春　晚唐五代敦煌佛教教團的科罰制度研究　《敦煌研究》2004 年第 2 期　p. 53

S. 5869

饒宗頤　論敦煌陷於吐蕃之年代　(香港)《東方文化》1971 年第 9 卷第 1 期　又見：選堂集林·史林
　　(香港)中華書局　1982　p. 678、689、694；中國敦煌學百年文庫·民族卷(一)　甘肅文化出版
　　社　1999　p. 228

蘇瑩輝　跋饒宗頤先生論敦煌陷於吐蕃之年代　(香港)《東方文化》1971 年第 9 卷第 1 期　又見：敦
　　煌論集續編　(臺北)學生書局　1983　p. 322；中國敦煌學百年文庫·民族卷(一)　甘肅文化
　　出版社　1999　p. 234

王冀青　《英國博物院藏敦煌漢文寫本注記目録》中誤收的斯坦因所獲和闐文書辨釋　《敦煌學輯
　　刊》1987 年第 2 期　p. 105

王永興　隋唐五代經濟史料彙編校注·第一編(下)　中華書局　1987　p. 889

張廣達　榮新江　關於和田出土于闐文獻的年代及其相關問題　『東洋學報』(69 卷 1·2 號)　(東
　　京)東洋學術協會　1988　p. 75

上山大峻　敦煌佛教の研究　(京都)法藏館　1990　p. 28

唐耕耦　陸宏基　敦煌社會經濟文獻真迹釋録(二)　全國圖書館文獻縮微複製中心　1990
　　p. 141、198

安忠義　吐蕃攻陷沙州城之我見　《敦煌學輯刊》1992 年第 1、2 期　p. 23

張傳璽　中國歷代契約會編考釋(上)　北京大學出版社　1995　p. 360 注 1

張廣達　榮新江　八世紀下半至九世紀初的于闐　唐研究(第三卷)　北京大學出版社　1997
　　p. 345

趙和平　評《鳴沙集：敦煌學學術史和方法論的探討》　敦煌吐魯番研究(第五卷)　北京大學出版社
　　2001　p. 427

S. 5870

陳國燦　唐代的民間借貸：吐魯番敦煌等地所出唐代借貸契券初探　敦煌吐魯番文書初探　武漢大
　　學出版社　1983　p. 272 注 64

王冀青　《英國博物院藏敦煌漢文寫本注記目録》中誤收的斯坦因所獲和闐文書辨釋　《敦煌學輯
　　刊》1987 年第 2 期　p. 103

王永興　隋唐五代經濟史料彙編校注·第一編(下)　中華書局　1987　p. 913

張廣達　榮新江　關於和田出土于闐文獻的年代及其相關問題　『東洋學報』(69 卷 1·2 號)　(東
　　京)東洋學術協會　1988　p. 75

唐耕耦　陸宏基　敦煌社會經濟文獻真迹釋録(二)　全國圖書館文獻縮微複製中心　1990　p. 139

張傳璽　中國歷代契約會編考釋(上)　北京大學出版社　1995　p. 268 注 1

張廣達　榮新江　八世紀下半至九世紀初的于闐　唐研究(第三卷)　北京大學出版社　1997
　　p. 345

陳國燦　唐代的經濟社會　(臺北)文津出版社　1999　p. 219 注 64

鄧小南　六至八世紀的吐魯番婦女:特別是她們在家庭以外的活動　敦煌吐魯番研究(第四卷)　北京大學出版社　1999　p. 226

趙和平　評《鳴沙集:敦煌學學術史和方法論的探討》　敦煌吐魯番研究(第五卷)　北京大學出版社　2001　p. 427

楊惠玲　敦煌契約文書中的保人、見人、口承人、同便人、同取人　《敦煌研究》2002 年第 6 期　p. 41

S. 5871

藤枝晃　敦煌の僧尼籍　『東方學報』(第 35 號)　京都大學人文科學研究所　1964　p. 289

饒宗頤　論敦煌陷於吐蕃之年代　選堂集林・史林　(香港)中華書局　1982　p. 692

陳國燦　唐代的民間借貸:吐魯番敦煌等地所出唐代借貸契券初探　敦煌吐魯番文書初探　武漢大學出版社　1983　p. 271 注 39

王冀青　《英國博物院藏敦煌漢文寫本注記目錄》中誤收的斯坦因所獲和闐文書辨釋　《敦煌學輯刊》1987 年第 2 期　p. 104

王永興　隋唐五代經濟史料彙編校注・第一編(下)　中華書局　1987　p. 940

謝和耐著　耿昇譯　中國 5—10 世紀的寺院經濟　甘肅人民出版社　1987　p. 227 注 2　又見:上海古籍出版社　2004　p. 186 注 6

張廣達　榮新江　關於和田出土于闐文獻的年代及其相關問題　『東洋學報』(69 卷 1・2 號)　(東京)東洋學術協會　1988　p. 75　又見:于闐史叢考　上海書店　1993　p. 71

唐耕耦　陸宏基　敦煌社會經濟文獻真迹釋錄(二)　全國圖書館文獻縮微複製中心　1990　p. 138

仁井田陞　補訂中國法制史研究:土地法・取引法　東京大學出版會　1991　p. 643

尹偉先　從敦煌文書看唐代河西地區的貨幣流通　《社科縱橫》1992 年第 6 期　又見:中國敦煌學百年文庫・歷史卷(二)　甘肅文化出版社　1999　p. 343

張廣達　榮新江　八世紀下半至九世紀初的于闐　唐研究(第三卷)　北京大學出版社　1997　p. 345

丘古耶夫斯基　敦煌漢文文書　上海古籍出版社　2000　p. 25

楊森　關於敦煌文獻中的"平章"一詞　敦煌學與中國史研究論集　甘肅人民出版社　2001　p. 231

趙和平　評《鳴沙集:敦煌學學術史和方法論的探討》　敦煌吐魯番研究(第五卷)　北京大學出版社　2001　p. 427

姜亮夫　敦煌莫高窟年表　姜亮夫全集(十一)　雲南人民出版社　2002　p. 359

楊惠玲　敦煌契約文書中的保人、見人、口承人、同便人、同取人　《敦煌研究》2002 年第 6 期　p. 41

S. 5872

陳國燦　唐代的民間借貸:吐魯番敦煌等地所出唐代借貸契券初探　敦煌吐魯番文書初探　武漢大學出版社　1983　p. 272 注 64

王冀青　《英國博物院藏敦煌漢文寫本注記目錄》中誤收的斯坦因所獲和闐文書辨釋　《敦煌學輯刊》1987 年第 2 期　p. 103

王永興　隋唐五代經濟史料彙編校注・第一編(下)　中華書局　1987　p. 912

張廣達　榮新江　關於和田出土于闐文獻的年代及其相關問題　『東洋學報』(69 卷 1・2 號)　(東京)東洋學術協會　1988　p. 75

唐耕耦　敦煌寫本便物曆初探　敦煌吐魯番文獻研究論集(第五輯)　北京大學出版社　1990　p. 155

唐耕耦　陸宏基　敦煌社會經濟文獻真迹釋錄(二)　全國圖書館文獻縮微複製中心　1990　p. 139

王仲犖　唐西陲物價考　敦煌吐魯番文獻研究論集（第五輯）　北京大學出版社　1990　p. 5

張傳璽　中國歷代契約會編考釋（上）　北京大學出版社　1995　p. 268 注 1

王仲犖　金泥玉屑叢考　中華書局　1996　p. 196

張廣達　榮新江　八世紀下半至九世紀初的于闐　唐研究（第三卷）　北京大學出版社　1997　p. 345

陳國燦　唐代的經濟社會　（臺北）文津出版社　1999　p. 219 注 64

鄧小南　六至八世紀的吐魯番婦女：特別是她們在家庭以外的活動　敦煌吐魯番研究（第四卷）　北京大學出版社　1999　p. 221

楊森　關於敦煌文獻中的"平章"一詞　敦煌學與中國史研究論集　甘肅人民出版社　2001　p. 231

趙和平　評《鳴沙集：敦煌學學術史和方法論的探討》　敦煌吐魯番研究（第五卷）　北京大學出版社　2001　p. 427

楊惠玲　敦煌契約文書中的保人、見人、口承人、同便人、同取人　《敦煌研究》2002 年第 6 期　p. 41

S. 5873

池田溫　敦煌の便穀曆　日野開三郎博士頌壽記念論集·中國社會·制度·文化史の諸問題　（福岡）中國書店　1987　p. 358、371

唐耕耦　陸宏基　敦煌社會經濟文獻真迹釋錄（二）　全國圖書館文獻縮微複製中心　1990　p. 228

項楚　敦煌詩歌導論　（臺北）新文豐出版公司　1993　p. 229

唐耕耦　敦煌寺院會計文書研究　（臺北）新文豐出版公司　1997　p. 363

郝春文　唐後期五代宋初敦煌僧尼的社會生活　中國社會科學出版社　1998　p. 187

童丕　10 世紀敦煌的借貸人　法國漢學（第 3 輯）　中華書局　1998　p. 72、94、98

徐俊　敦煌詩集殘卷輯考　中華書局　2000　p. 837

羅彤華　從便物曆論敦煌寺院的放貸　敦煌文獻論集：紀念藏經洞發現一百周年國際學術研討會論文集　遼寧人民出版社　2001　p. 469

楊惠玲　敦煌契約文書中的保人、見人、口承人、同便人、同取人　《敦煌研究》2002 年第 6 期　p. 45

S. 5874

向達　倫敦所藏敦煌卷子經眼目錄　唐代長安與西域文明　三聯書店　1957　p. 233

陳祚龍　簡記敦煌古抄方志　敦煌文物隨筆　（臺北）商務印書館　1979　p. 54

佐藤武敏　敦煌の水利　敦煌の社會（講座敦煌 3）　（東京）大東出版社　1980　p. 286

陳祚龍　《簡記敦煌古抄方志》及其"後語"　敦煌學要籥　（臺北）新文豐出版公司　1982　p. 224

林家平　寧強　羅華慶　中國敦煌學史　北京語言學院出版社　1992　p. 82

寧可　郝春文　敦煌社邑文書輯校　江蘇古籍出版社　1997　p. 402

李正宇　評《河西走廊歷史地理》　敦煌吐魯番研究（第三卷）　北京大學出版社　1998　p. 433

孟憲實　論敦煌渠人社　周秦漢唐文化研究（第三輯）　三秦出版社　2004　p. 135

S. 5875

傅芸子　敦煌俗文學之發見及其展開　敦煌變文論文錄　上海古籍出版社　1982　p. 143

寧可　郝春文　敦煌社邑文書輯校　江蘇古籍出版社　1997　p. 581

葉貴良　敦煌社邑文書詞語選釋　《敦煌研究》2004 年第 5 期　p. 80

S. 5878

唐耕耦　陸宏基　敦煌社會經濟文獻真迹釋録(三)　全國圖書館文獻縮微複製中心　1990　p. 1

唐耕耦　敦煌寺院會計文書研究　(臺北)新文豐出版公司　1997　p. 2

郝春文　唐後期五代宋初敦煌僧尼的社會生活　中國社會科學出版社　1998　p. 125

郝春文　唐後期五代宋初敦煌寺院常住什物的數量及與僧人的關係　《敦煌研究》1998 年第 2 期
　　p. 116

郝春文　關於唐後期五代宋初沙州僧團的"出唱"活動　首都師範大學史學研究(1)　首都師範大學
　　出版社　1999　p. 111

乜小紅　唐宋敦煌毛紡織業述略　敦煌學(第 23 輯)　(臺北)樂學書局有限公司　2002　p. 118

高啓安　唐五代敦煌飲食文化研究　民族出版社　2004　p. 62

鄭炳林　晚唐五代敦煌商業貿易市場研究　《敦煌學輯刊》2004 年第 1 期　p. 114

S. 5879

高國藩　敦煌民俗資料導論　(臺北)新文豐出版公司　1993　p. 3

寧可　郝春文　敦煌社邑文書輯校　江蘇古籍出版社　1997　p. 239

S. 5880

姜伯勤　敦煌寺院文書中"梁戶"的性質　五十年來漢唐佛教寺院經濟研究　北京師範大學出版社
　　1986　p. 132

姜伯勤　唐五代敦煌寺戶制度　中華書局　1987　p. 256

唐耕耦　陸宏基　敦煌社會經濟文獻真迹釋録(三)　全國圖書館文獻縮微複製中心　1990　p. 113

S. 5881

鄧文寬　歸義軍張氏家族的封爵與郡望　敦煌吐魯番學研究論文集　漢語大詞典出版社　1990
　　p. 607

沙知　敦煌契約文書輯校　江蘇古籍出版社　1998　p. 241

S. 5883

福井文雅　般若心經　敦煌と中國仏教(講座敦煌 7)　(東京)大東出版社　1984　p. 39

唐耕耦　陸宏基　敦煌社會經濟文獻真迹釋録(三)　全國圖書館文獻縮微複製中心　1990　p. 290

王永興　敦煌經濟文書導論　(臺北)新文豐出版公司　1994　p. 447

李正宇　敦煌史地新論　(臺北)新文豐出版公司　1996　p. 97

李正宇　蘭若　敦煌學大辭典　上海辭書出版社　1998　p. 627

高啓安　唐五代敦煌飲食文化研究　民族出版社　2004　p. 419

李正宇　晚唐至北宋敦煌僧尼普聽飲酒　《敦煌研究》2005 年第 3 期　p. 70

S. 5884

馬承玉　從敦煌寫本看《洞淵神咒經》在北方的傳播　道家文化研究(第十三輯)　三聯書店　1998
　　p. 200

王卡　太上洞淵神咒經　敦煌學大辭典　上海辭書出版社　1998　p. 762

王卡　敦煌道教文獻研究　中國社會科學出版社　2004　p. 145

王卡　中國國家圖書館藏敦煌道教遺書研究報告　敦煌吐魯番研究(第七卷)　北京大學出版社

2004　p. 359

S. 5887

大淵忍爾　敦煌殘卷三則　福井博士頌壽記念東洋思想論集　（東京）論文集刊行會　1960　p. 121

鄭良樹　敦煌老子寫本考異　（臺北）《大陸雜誌》1981 年第 2 期　又見:中國敦煌學百年文庫·宗
　　教卷(三)　甘肅文化出版社　1999　p. 71

王重民原編　黄永武新編　敦煌古籍叙録新編(第十二冊)　（臺北）新文豐出版公司　1986　p. 335

白化文　老子道德經義疏　敦煌學大辭典　上海辭書出版社　1998　p. 777

榮新江　《英藏敦煌文獻》定名商補　文史(第五十二輯)　中華書局　2000　p. 123　又見:敦煌學
　　新論　甘肅教育出版社　2002　p. 199

劉屹　《玄妙内篇》考　敦煌文獻論集:紀念藏經洞發現一百周年國際學術研討會論文集　遼寧人民
　　出版社　2001　p. 621

王卡　中國國家圖書館藏敦煌道教遺書研究報告　國際敦煌學學術史研討會論文集　研討會籌備組
　　2002　p. 264　又見:敦煌吐魯番研究(第七卷)　北京大學出版社　2004　p. 346、363

王卡　敦煌道教文獻研究　中國社會科學出版社　2004　p. 174

S. 5888

李明偉　狀·牒·帖　敦煌文學　甘肅人民出版社　1989　p. 41

周一良　趙和平　敦煌表狀箋啓書儀略論　唐五代書儀研究　中國社會科學出版社　1995　p. 41
　　又見:敦煌吐魯番學研究論集　書目文獻出版社　1996　p. 192

周一良　趙和平　敦煌寫本書儀考(之二)　唐五代書儀研究　中國社會科學出版社　1995　p. 84

趙和平　晚唐五代靈武節度使與沙州歸義軍關係試論　第三屆中國唐代文化學術研討會論文集
　　（臺北）政治大學中國文學系　1997　p. 549

趙和平　記室備要　敦煌學大辭典　上海辭書出版社　1998　p. 422

榮新江　《英藏敦煌文獻》定名商補　文史(第五十二輯)　中華書局　2000　p. 123　又見:敦煌學
　　新論　甘肅教育出版社　2002　p. 199

趙和平　敦煌本《甘棠集》研究　（臺北）新文豐出版公司　2000　p. 17

榮新江　敦煌學十八講　北京大學出版社　2001　p. 198

周一良　魏晉南北朝史論集續編　北京大學出版社　2001　p. 237

S. 5889

土橋秀高　敦煌の律藏　敦煌と中國仏教(講座敦煌 7)　（東京）大東出版社　1984　p. 247

曾良　敦煌文獻字義通釋　廈門大學出版社　2001　p. 125、161

S. 5890

姜伯勤　唐五代敦煌寺户制度　中華書局　1987　p. 278

唐耕耦　陸宏基　敦煌社會經濟文獻真迹釋録(三)　全國圖書館文獻縮微複製中心　1990　p. 575

李正宇　敦煌歷史地理導論　（臺北）新文豐出版公司　1997　p. 63

李正宇　村莊　敦煌學大辭典　上海辭書出版社　1998　p. 304

鄭炳林　晚唐五代敦煌村莊聚落輯考　2000 年敦煌學國際學術討論會文集·歷史文化卷(上)　甘
　　肅民族出版社　2003　p. 151

S. 5891

鄧文寬　敦煌吐魯番天文曆法研究　甘肅教育出版社　2002　p. 311

S. 5892

劉銘恕　再記英國倫敦所藏的敦煌經卷　《中國科學院圖書館通訊》1957年第7期　又見：中國敦煌
　　學百年文庫·綜述卷(二)　甘肅文化出版社　1999　p. 136

金岡照光　敦煌文學のさまざま　敦煌の文學　(東京)大藏出版株式會社　1971　p. 108、130

加地哲定　增補中國佛教文學研究　(東京)同朋舍　1979　p. 201

金岡照光　敦煌の繪物語　(東京)東方書店　1981　p. 114

陳祚龍　敦煌古抄內典尾記彙校初、二、三編合刊　敦煌學要籥　(臺北)新文豐出版公司　1982
　　p. 157

金岡照光　敦煌における地獄文獻：敦煌庶民信仰の一樣相　敦煌と中國仏教(講座敦煌7)　(東
　　京)大東出版社　1984　p. 578

潘重規　敦煌變文集新書(上)　(臺北)"中國文化大學"中文研究所　1984　p. 549

白化文　對可補入《敦煌變文集》中的幾則錄文的討論　《敦煌學輯刊》1986年第1期　p. 46

李正宇　敦煌方音止遇二攝混同及其校勘學意義　《敦煌研究》1986年第4期　p. 51

任半塘　敦煌歌辭總編　上海古籍出版社　1987　p. 823

李正宇　敦煌文學雜考二題　敦煌語言文學研究　北京大學出版社　1988　p. 93

汪泛舟　讚·箴　敦煌文學　甘肅人民出版社　1989　p. 100

周紹良　白化文　李鼎霞　敦煌變文集補編　北京大學出版社　1989　p. 99

池田溫　中國古代寫本識語集錄　(東京)大藏出版株式會社　1990　p. 506

郭在貽　張涌泉　黃征　敦煌變文集校議　岳麓書社　1990　p. 189

加地哲定著　劉衛星譯　中國佛教文學　今日中國出版社　1990　p. 172

王三慶　談齋論文——敦煌寫卷齋願文研究　第四屆唐代文化學術研討會論文集　(臺南)成功大
　　學　1991　p. 282

金岡照光　邈真讚　敦煌の文學文獻(講座敦煌9)　(東京)大東出版社　1992　p. 606

黎薔　敦煌遺書與壁畫中的佛教戲曲　西域戲劇與戲劇的發生　新疆人民出版社　1992　p. 90

高田時雄　チベット文字書寫「長卷」の研究(本文編)　『東方學報』(第65號)　京都大學人文科
　　學研究所　1993　p. 372

李正宇　敦煌文學概論　甘肅人民出版社　1993　p. 145

蘇遠鳴　敦煌寫本中的地藏十齋日　法國學者敦煌學論文選萃　中華書局　1993　p. 395

楊雄　講經文名實說　(香港)《九州學刊》(敦煌學專輯)1993年第5卷第4期　p. 144

汪娟　敦煌禮懺文研究　(臺北)法鼓文化公司　1994　p. 18、33、358

井ノ口泰淳　敦煌本「禮懺文」　中央アジアの言語と仏教　(京都)法藏館　1995　p. 359

黃征　張涌泉　敦煌變文校注　中華書局　1997　p. 475

陸淑綺　李重申　敦煌古代戲曲文化史料綜述　《敦煌研究》1997年第2期　p. 65

方廣錩　地藏菩薩十齋日　敦煌學大辭典　上海辭書出版社　1998　p. 730

張錫厚　柴劍虹　好住娘讚　敦煌學大辭典　上海辭書出版社　1998　p. 545

周紹良　悉達太子修道因緣　敦煌學大辭典　上海辭書出版社　1998　p. 580

周紹良　張涌泉　黃征　敦煌變文講經文因緣輯校(下)　江蘇古籍出版社　1998　p. 758

孫修身　敦煌三界寺　中國敦煌學百年文庫·宗教卷(一)　甘肅文化出版社　1999　p. 57　又見：
　　甘肅省史學會論文集　甘肅省歷史學會編印　1999　p. 137

謝桃坊　敦煌文化尋繹　四川人民出版社　1999　p. 212

金岡照光　敦煌文獻と中國文學　（東京）五曜書房　2000　p. 134、475

張鴻勳　說唱藝術奇葩:敦煌變文選評　甘肅人民出版社　2000　p. 19

張總　地藏菩薩十齋日　藏外佛教文獻（第七輯）　宗教文化出版社　2000　p. 350

黄征　敦煌語言文字學研究　甘肅教育出版社　2002　p. 230

林仁昱　論敦煌佛教歌曲特質與"弘法"的關係　敦煌學（第 23 輯）　（臺北）樂學書局有限公司
　　2002　p. 61

張鴻勳　敦煌俗文學研究　甘肅人民出版社　2002　p. 8、99

汪娟　敦煌寫本《降生禮文》初探　新世紀敦煌學論集　巴蜀書社　2003　p. 417

張子開　敦煌文獻中的白話禪詩　《敦煌學輯刊》2003 年第 1 期　p. 82

張總　地藏信仰研究　宗教文化出版社　2003　p. 96、112、382

荒見泰史　敦煌的講唱體文獻　敦煌學（第 25 輯）　（臺北）樂學書局有限公司　2004　p. 275

湯涒　敦煌曲子詞地域文化研究　上海古籍出版社　2004　p. 102

荒見泰史　從敦煌寫本中變文的改寫情況來探討五代講唱文學的演變　敦煌學國際研討會論文集
　　北京圖書館出版社　2005　p. 177

S. 5893

陳祚龍　瓜沙印録　（臺北）《大陸雜誌》1962 年第 4 期　又見:敦煌學概要　（臺北）編譯館"中華叢
　　書編委會"　1981　p. 269；中國敦煌學百年文庫・考古卷（一）　甘肅文化出版社　1999
　　p. 191

藤枝晃　敦煌の僧尼籍　『東方學報』（第 35 號）　京都大學人文科學研究所　1964　p. 312

陳祚龍　古代敦煌及其他地區流行之公私印章圖記文字録　敦煌學要籥　（臺北）新文豐出版公司
　　1982　p. 347

土橋秀高　敦煌の律藏　敦煌と中國仏教（講座敦煌 7）　（東京）大東出版社　1984　p. 263

姜伯勤　唐五代敦煌寺戶制度　中華書局　1987　p. 186

唐耕耦　陸宏基　敦煌社會經濟文獻真迹釋録（四）　全國圖書館文獻縮微複製中心　1990　p. 246

鄭炳林　伯 2641 號背莫高窟再修功德記撰寫人探微　《敦煌學輯刊》1991 年第 2 期　p. 51

姜伯勤　敦煌社會文書導論　（臺北）新文豐出版公司　1992　p. 89

鄭炳林　梁志勝　《梁幸德邈真讚》與梁願請《莫高窟功德記》　《敦煌研究》1992 年第 2 期　p. 69
　　又見:敦煌吐魯番文獻研究　中華書局　1995　p. 267

竺沙雅章　寺院文書　敦煌漢文文獻（講座敦煌 5）　（東京）大東出版社　1992　p. 610

鄭炳林　敦煌碑銘讚輯釋　甘肅教育出版社　1997　p. 526 注 2

雷紹鋒　歸義軍賦役制度初探　（臺北）洪葉文化事業有限公司　2000　p. 258、287

湛如　敦煌佛教律儀制度研究　中華書局　2003　p. 157

屈直敏　敦煌高僧　民族出版社　2004　p. 139

陳大爲　敦煌文獻 P. 4958 背(3)《當寺轉帖》小考　《文獻》2006 年第 1 期　p. 94

S. 5894

土橋秀高　敦煌の律藏　敦煌と中國仏教（講座敦煌 7）　（東京）大東出版社　1984　p. 263

任半塘　敦煌歌辭總編　上海古籍出版社　1987　p. 1089

李正宇　唐宋時代敦煌縣河渠泉澤簡志(一)　《敦煌研究》1988 年第 4 期　p. 89

金岡照光　邈真讚　敦煌の文學文獻（講座敦煌 9）　（東京）大東出版社　1992　p. 606

王進玉　敦煌石窟探秘　四川教育出版社　1994　p. 60
柴劍虹　和菩薩戒文　敦煌學大辭典　上海辭書出版社　1998　p. 546
陳永勝　敦煌吐魯番法制文書研究　甘肅人民出版社　2000　p. 117
金岡照光　敦煌文獻と中國文學　（東京）五曜書房　2000　p. 183
湛如　敦煌佛教律儀制度研究　中華書局　2003　p. 157

S. 5895
方廣錩　敦煌佛教經録輯校　江蘇古籍出版社　1997　p. 639

S. 5896
唐耕耦　陸宏基　敦煌社會經濟文獻真迹釋録（三）　全國圖書館文獻縮微複製中心　1990　p. 1
唐耕耦　敦煌寺院會計文書研究　（臺北）新文豐出版公司　1997　p. 2
郝春文　唐後期五代宋初敦煌僧尼的社會生活　中國社會科學出版社　1998　p. 125
郝春文　唐後期五代宋初敦煌寺院常住什物的數量及與僧人的關係　《敦煌研究》1998 年第 2 期
　　　p. 116
郝春文　關於唐後期五代宋初沙州僧團的“出唱”活動　首都師範大學史學研究（1）　首都師範大學
　　　出版社　1999　p. 111
鄭炳林　晚唐五代敦煌商業貿易市場研究　《敦煌學輯刊》2004 年第 1 期　p. 114

S. 5897
唐耕耦　陸宏基　敦煌社會經濟文獻真迹釋録（三）　全國圖書館文獻縮微複製中心　1990　p. 1
高國藩　敦煌民俗資料導論　（臺北）新文豐出版公司　1993　p. 17
姜伯勤　敦煌吐魯番文書與絲綢之路　文物出版社　1994　p. 69
唐耕耦　敦煌寺院會計文書研究　（臺北）新文豐出版公司　1997　p. 2
鄭炳林　楊富學　晚唐五代金銀在敦煌的使用與流通　《甘肅金融》1997 年第 8 期　又見：中國敦煌
　　　學百年文庫·歷史卷（二）　甘肅文化出版社　1999　p. 581
郝春文　唐後期五代宋初敦煌僧尼的社會生活　中國社會科學出版社　1998　p. 125
郝春文　唐後期五代宋初敦煌寺院常住什物的數量及與僧人的關係　《敦煌研究》1998 年第 2 期
　　　p. 117
郝春文　關於唐後期五代宋初沙州僧團的“出唱”活動　首都師範大學史學研究（1）　首都師範大學
　　　出版社　1999　p. 110
郝春文　部分英藏敦煌文獻的定名問題　英國收藏敦煌漢藏文獻研究：紀念敦煌文獻發現一百周年
　　　中國社會科學出版社　2000　p. 391
洪藝芳　敦煌社會經濟文書中的唐五代新興量詞研究　敦煌學（第 24 輯）　（臺北）樂學書局有限公
　　　司　2003　p. 98
榮新江　于闐花氈與粟特銀盤：九、十世紀敦煌寺院的外來供養　寺院財富與世俗供養　上海書畫出
　　　版社　2003　p. 251
鄭炳林　晚唐五代敦煌商業貿易市場研究　《敦煌學輯刊》2004 年第 1 期　p. 114

S. 5898
竺沙雅章　敦煌の寺戸について　『史林』（44 卷 5 號）　京都大學文學部史學研究會　1961　p. 72
姜伯勤　上海藏本敦煌所出河西支度營田使文書研究　敦煌吐魯番文獻研究論集（第二輯）　北京

大學出版社　1983　p. 342

楊際平　吐蕃時期沙州社會經濟研究　敦煌吐魯番出土經濟文書研究　廈門大學出版社　1986
　　p. 375

張澤咸　唐代階級結構研究　中州古籍出版社　1996　p. 249 注 3

S. 5899

唐耕耦　陸宏基　敦煌社會經濟文獻真迹釋錄（三）　全國圖書館文獻縮微複製中心　1990
　　p. 15

高國藩　敦煌民俗資料導論　（臺北）新文豐出版公司　1993　p. 38

李正宇　中國唐宋硬筆書法　上海文化出版社　1993　p. 39

郝春文　唐後期五代宋初敦煌僧尼的社會生活　中國社會科學出版社　1998　p. 130

郝春文　唐後期五代宋初敦煌寺院常住什物的數量及與僧人的關係　《敦煌研究》1998 年第 2 期
　　p. 119

鄭炳林　晚唐五代敦煌貿易市場的外來商品輯考　中華文史論叢（總 63 輯）　上海古籍出版社
　　2000　p. 72

榮新江　于闐花氈與粟特銀盤：九、十世紀敦煌寺院的外來供養　寺院財富與世俗供養　上海書畫出
　　版社　2003　p. 250

高啓安　唐五代敦煌飲食文化研究　民族出版社　2004　p. 64

S. 5900

黃正建　唐代占卜之一：夢占　《敦煌學輯刊》1986 年第 2 期　p. 146

高國藩　敦煌民俗學　上海文藝出版社　1989　p. 299

劉文英　夢的迷信與夢的探索　中國社會科學出版社　1989　p. 122

菅原信海　占筮書　敦煌漢文文獻（講座敦煌 5）　（東京）大東出版社　1992　p. 450

戴仁　敦煌寫本中的解夢書　法國學者敦煌學論文選萃　中華書局　1993　p. 313

鄭炳林　敦煌寫本解夢書概述　《敦煌學輯刊》1995 年第 2 期　p. 17

鄭炳林　羊萍　敦煌本夢書　甘肅文化出版社　1995　p. 1

史睿　評《敦煌本夢書》　敦煌吐魯番研究（第三卷）　北京大學出版社　1998　p. 416

嚴敦傑　解夢書　敦煌學大辭典　上海辭書出版社　1998　p. 620

黃正建　敦煌占卜文書與唐五代占卜研究　學苑出版社　2001　p. 62

關長龍　敦煌本夢書雜識　漢語史學報專輯（第三輯）　上海教育出版社　2003　p. 317

鄭炳林　敦煌文獻中的解夢書與相面書　敦煌與絲路文化學術講座（第一輯）　北京圖書館出版社
　　2003　p. 158

鄭炳林　敦煌寫本解夢書校錄研究　民族出版社　2005　p. 61

S. 5901

三木榮　西域出土醫藥關係文獻綜合解說目錄　『東洋學報』（47 卷 1 號）　（東京）東洋學術協會
　　1964　p. 16

馬繼興　敦煌古醫籍考釋　江西科學技術出版社　1988　p. 499

項楚　敦煌詩歌導論　（臺北）新文豐出版公司　1993　p. 206

丛春雨　敦煌中醫藥全書　中醫古籍出版社　1994　p. 743

鄭炳林　唐五代敦煌的醫事研究　敦煌歸義軍史專題研究　蘭州大學出版社　1997　p. 518

馬繼興　敦煌醫藥文獻輯校　江蘇古籍出版社　1998　p. 779

蓋建民　從敦煌遺書看佛教醫學思想及其影響　佛學研究(第八期)　中國佛教文化研究所　1999
　　p. 266

王進玉　從敦煌文物看中西文化交流　《西域研究》1999 年第 1 期　p. 59

鄭炳林　晚唐五代敦煌貿易市場的外來商品輯考　中華文史論叢(總 63 輯)　上海古籍出版社
　　2000　p. 81

陳明　醫理精華:印度古典醫學在敦煌的實例分析　敦煌吐魯番研究(第五卷)　北京大學出版社
　　2001　p. 232

陳明　印度梵文醫典醫理精華研究　中華書局　2002　p. 77

馬繼興　當前世界各地收藏的中國出土卷子本古醫藥文獻備考　敦煌吐魯番研究(第六卷)　北京
　　大學出版社　2002　p. 137

陳明　漢唐西域胡語醫學文獻中的宗教因素　中國學術(第十八輯)　商務印書館　2005　p. 167

陳明　殊方異藥:出土文書與西域醫學　北京大學出版社　2005　p. 64

S. 5902

項楚　敦煌詩歌導論　(臺北)新文豐出版公司　1993　p. 206

張錫厚　敦煌文學源流　作家出版社　2000　p. 67

S. 5903

小田義久　大谷文書の研究　(京都)法藏館　1996　p. 350

S. 5904

福井文雅撰　郭自得譯　般若心經觀在中國的變遷　敦煌學(第 6 輯)　(臺北)新文豐出版公司
　　1983　p. 21

福井文雅　般若心經　敦煌と中國仏教(講座敦煌 7)　(東京)大東出版社　1984　p. 39

S. 5905

平井宥慶　敦煌文書における金剛經疏　金剛般若經の思想的研究　(東京)春秋社　1999　p. 265

鄭炳林　王晶波　敦煌寫本相書校録研究　民族出版社　2004　p. 233

S. 5906

福井文雅　般若心經　敦煌と中國仏教(講座敦煌 7)　(東京)大東出版社　1984　p. 39

S. 5909

福井文雅　般若心經　敦煌と中國仏教(講座敦煌 7)　(東京)大東出版社　1984　p. 39

池田溫　中國古代寫本識語集録　(東京)大藏出版株式會社　1990　p. 377

方廣錩　般若波羅蜜多心經　敦煌學大辭典　上海辭書出版社　1998　p. 686

S. 5910

福井文雅　般若心經　敦煌と中國仏教(講座敦煌 7)　(東京)大東出版社　1984　p. 39

S. 5911

道端良秀　敦煌文獻に見える死後の世界　敦煌と中國仏教(講座敦煌7)　(東京)大東出版社　1984　p. 515

S. 5912

陳祚龍　新校重訂敦煌古抄舊從阿含經略集誦讚僧寶文　敦煌學海探珠(上冊)　(臺北)商務印書館　1979　p. 72

S. 5914

芳村修基　土橋秀高　井ノ口泰淳　敦煌佛教史年表　西域文化研究(第一)・敦煌佛教資料　(京都)法藏館　1958　p. 275

陳祚龍　敦煌古抄內典尾記彙校初、二、三編合刊　敦煌學要籥　(臺北)新文豐出版公司　1982　p. 157

池田溫　中國古代寫本識語集録　(東京)大藏出版株式會社　1990　p. 386

方廣錩　佛說頂尊勝陀羅神咒　敦煌學大辭典　上海辭書出版社　1998　p. 698

S. 5915

陳祚龍　《太平廣記》析疑:看了《古典小說論評》以後　敦煌學散策新集　(臺北)新文豐出版公司　1989　p. 427

周紹良　小說　敦煌文學　甘肅人民出版社　1989　p. 286

杜愛英　敦煌遺書中俗體字的諸種類型　《敦煌研究》1992年第3期　p. 120

伏俊璉　伏麒鵬　石室齊諧:敦煌小說選析　甘肅人民出版社　2000　p. 208

S. 5916

向達　倫敦所藏敦煌卷子經眼目録　唐代長安與西域文明　三聯書店　1957　p. 233

平井俊榮　牛頭宗と保唐宗　敦煌仏典と禪(講座敦煌8)　(東京)大東出版社　1980　p. 213

冉雲華　中國佛教文化研究論集　東初出版社　1980　p. 59

田中良昭　禪宗燈史の発展　敦煌仏典と禪(講座敦煌8)　(東京)大東出版社　1980　p. 102

張廣達　唐代禪宗的傳入吐蕃及有關的敦煌文書　學林漫録(三集)　中華書局　1981　p. 57 注21

田中良昭　敦煌禪宗文獻の研究　(東京)大東出版社　1983　p. 625

楊曾文　日本學者對中國禪宗文獻的研究和整理　《世界宗教研究》1987年第1期　p. 120

上山大峻　敦煌佛教の研究　(京都)法藏館　1990　p. 420

田中良昭　敦煌の禪籍　禪學研究入門　(東京)大東出版社　1994　p. 50

柳田聖山　禪籍解題(一)・敦煌禪籍　俗語言研究(第二期)　(京都)禪文化研究所　1995　p. 147

田中良昭　《禪籍解題(一)・敦煌禪籍》補遺　俗語言研究(第三期)　(京都)禪文化研究所　1996　p. 213

榮新江　敦煌本禪宗燈史殘卷拾遺　周紹良先生欣開九秩慶壽文集　中華書局　1997　p. 235

方廣錩　歷代法寶記　敦煌學大辭典　上海辭書出版社　1998　p. 728

榮新江　敦煌學十八講　北京大學出版社　2001　p. 253

榮新江　有關敦煌本《歷代法寶記》的幾個問題　中日敦煌佛教學術會議論文集　中國社會科學院研究所　2002　p. 70

榮新江　有關敦煌本《歷代法寶記》的新資料　戒幢佛學(第二卷)　岳麓書社　2002　p. 94

史葦湘　敦煌歷史與莫高窟藝術研究　甘肅教育出版社　2002　p. 196
田中良昭　敦煌的禪宗燈史　戒幢佛學(第二卷)　岳麓書社　2002　p. 151
田中良昭　敦煌の禪宗燈史　中日敦煌佛教學術會議論文集　中國社會科學院研究所　2002
　　p. 109

S. 5917

榮新江　沙州歸義軍歷任節度使稱號研究　敦煌吐魯番學研究論文集　漢語大詞典出版社　1990
　　p. 808
唐耕耦　陸宏基　敦煌社會經濟文獻真迹釋録(四)　全國圖書館文獻縮微複製中心　1990　p. 414
榮新江　歸義軍史研究　上海古籍出版社　1996　p. 127
王豔明　瓜沙州大王印考　《敦煌學輯刊》2000年第2期　p. 44
馮培紅　關於歸義軍節度使官制的幾個問題　麥積山石窟藝術文化論文集(下)　蘭州大學出版社
　　2004　p. 224
羅瑤　榆林窟第20窟新發現"供養人像"考　《敦煌研究》2004年第2期　p. 21

S. 5918

陳祚龍　敦煌古抄中世詩歌　敦煌學海探珠(上冊)　(臺北)商務印書館　1979　p. 148
陳祚龍　中世敦煌釋門的布薩法事之一斑　敦煌簡策訂存　(臺北)商務印書館　1983　p. 161
土橋秀高　敦煌の律藏　敦煌と中國仏教(講座敦煌7)　(東京)大東出版社　1984　p. 263
方廣錩　吐蕃統治時期敦煌流行的偈頌帙號法　《敦煌學輯刊》1990年第1期　p. 81
冉雲華　敦煌本《大乘布薩文》研究　第二屆敦煌學國際研討會論文集　(臺北)漢學研究中心
　　1990　p. 414
方廣錩　佛教大藏經史(八—十世紀)　中國社會科學出版社　1991　p. 316
周紹良　敦煌文學芻議及其它　(臺北)新文豐出版公司　1992　p. 14
汪泛舟　敦煌詩詞補正與考源　《敦煌研究》1997年第3期　p. 106
方廣錩　菩薩布薩文　敦煌學大辭典　上海辭書出版社　1998　p. 711
李小榮　變文講唱與華梵宗教藝術　上海三聯書店　2002　p. 151

S. 5919

施萍婷　敦煌曆日研究　1983年全國敦煌學術討論會文集·文史遺書編(上)　甘肅人民出版社
　　1987　p. 331
鄧文寬　敦煌天文曆法文獻輯校　江蘇古籍出版社　1996　p. 671
馬繼興　當前世界各地收藏的中國出土卷子本古醫藥文獻備考　敦煌吐魯番研究(第六卷)　北京
　　大學出版社　2002　p. 137

S. 5920

鄭良樹　敦煌老子寫本考異　(臺北)《大陸雜誌》1981年第2期　又見:中國敦煌學百年文庫·宗
　　教卷(三)　甘肅文化出版社　1999　p. 71
王卡　敦煌道教文獻研究　中國社會科學出版社　2004　p. 168

S. 5921

石井昌子　靈寶經類　敦煌と中國道教(講座敦煌4)　(東京)大東出版社　1983　p. 157

劉屹　評《北京大學藏敦煌文獻》　敦煌吐魯番研究(第三卷)　北京大學出版社　1998　p. 373

王卡　靈真戒拔除生死濟苦經　敦煌學大辭典　上海辭書出版社　1998　p. 763

王卡　敦煌道教文獻研究　中國社會科學出版社　2004　p. 131

S. 5922

蕭登福　從敦煌寫卷中看道教星斗崇拜對佛經之影響　第二屆敦煌學國際研討會論文集　(臺北)
漢學研究中心　1990　p. 336

S. 5924

張廣達　吐蕃飛鳥使與吐蕃驛傳制度:兼論敦煌行人部落　敦煌吐魯番文獻研究論集　中華書局
1982　p. 178

郝春文　中古時期儒佛文化對民間結社的影響及其變化　唐文化研究論文集　上海人民出版社
1994　p. 209

沃興華　敦煌書法藝術　上海人民出版社　1994　p. 217、258

寧可　郝春文　敦煌社邑文書輯校　江蘇古籍出版社　1997　p. 654

山本達郎等　補(IV)社・VI 諸種文書　『NUN‐HUANG AND TURFAN DOCUMENTS CONCERNING
SOCIAL AND ECONOMIC HISTORY』(Sup. p. lemrnts)　(東京)東洋文庫　2001　p. 95

曾良　敦煌文獻字義通釋　廈門大學出版社　2001　p. 55、131

郝春文　唐後期五代宋初敦煌私社的教育與教化功能　敦煌吐魯番研究(第九卷)　北京大學出版
社　2006　p. 308

S. 5925

方廣錩　敦煌佛教經録輯校　江蘇古籍出版社　1997　p. 632

方廣錩　大般若經點勘録　敦煌學大辭典　上海辭書出版社　1998　p. 753

S. 5926

郝春文　唐後期五代宋初中印文化對敦煌寺院的影響　新世紀敦煌學論集　巴蜀書社　2003
p. 334

S. 5927

池田溫　中國古代の租佃契(上)　『東洋文化研究所紀要』(第 60 冊)　東京大學東洋文化研究所
1973　p. 29　又見:『東洋文化研究所紀要』(第 117 冊)　東京大學東洋文化研究所　1992
p. 74

陳炳應　敦煌所出宋開寶八年"鄭醜撻賣地舍契"定誤考釋　《西北史地》1983 年第 4 期　p. 84

姜伯勤　敦煌寺院碾磑經營的兩種形式　歷史論叢(第三輯)　齊魯書社　1983　p. 190　又見:五
十年來漢唐佛教寺院經濟研究　北京師範大學出版社　1986　p. 237

姜伯勤　敦煌寺院文書中"梁戶"的性質　敦煌吐魯番文書研究　甘肅人民出版社　1984　p. 339
又見:五十年來漢唐佛教寺院經濟研究　北京師範大學出版社　1986　p. 123

李正宇　敦煌方音止遇二攝混同及其校勘學意義　《敦煌研究》1986 年第 4 期　p. 48

姜伯勤　唐五代敦煌寺戶制度　中華書局　1987　p. 40、72、128、288

王永興　隋唐五代經濟史料彙編校注・第一編(下)　中華書局　1987　p. 962

高國藩　敦煌民俗學　上海文藝出版社　1989　p. 60

唐耕耦　8 至 10 世紀敦煌的物價　紀念陳寅恪教授國際學術討論會文集　中山大學出版社　1989
　　p. 542、548

王公望　契約　敦煌文學　甘肅人民出版社　1989　p. 56

堀敏一　中唐以後敦煌稅法的變化　《魏晉南北朝隋唐史》1990 年第 6 期　p. 65

唐耕耦　陸宏基　敦煌社會經濟文獻真迹釋録(二、三)　全國圖書館文獻縮微複製中心　1990
　　p. 25；306

仁井田陞　補訂中國法制史研究:法と慣習・法と道德　東京大學出版會　1991　p. 644

尹偉先　從敦煌文書看唐代河西地區的貨幣流通　《社科縱橫》1992 年第 6 期　又見:中國敦煌學百
　　年文庫・歷史卷(二)　甘肅文化出版社　1999　p. 342

高國藩　敦煌民俗資料導論　(臺北)新文豐出版公司　1993　p. 16、90

李明偉　隋唐絲綢之路　甘肅人民出版社　1994　p. 266

張傳璽　中國歷代契約會編考釋(上)　北京大學出版社　1995　p. 326 注 1

李正宇　敦煌史地新論　(臺北)新文豐出版公司　1996　p. 133

劉進寶　P. 3236 號《壬申年官布籍》研究　慶祝潘石禪先生九秩華誕敦煌學特刊　(臺北)文津出版
　　社　1996　p. 368

張亞萍　娜閣　唐五代敦煌的計量單位與價格換算　《敦煌學輯刊》1996 年第 2 期　p. 41

黃征　敦煌願文考論　敦煌語文叢說　(臺北)新文豐出版公司　1997　p. 592

唐耕耦　敦煌寺院會計文書研究　(臺北)新文豐出版公司　1997　p. 441、451

鄭炳林　晚唐五代敦煌貿易市場的物價　敦煌歸義軍史專題研究　蘭州大學出版社　1997　p. 294

鄭炳林　晚唐五代敦煌園囿經濟研究　敦煌歸義軍史專題研究　蘭州大學出版社　1997　p. 322

高啓安　索黛　敦煌古代僧人官齋飲食檢閱　《敦煌研究》1998 年第 3 期　p. 71

郝春文　唐後期五代宋初敦煌僧尼的社會生活　中國社會科學出版社　1998　p. 185

黃永年　唐代史事考釋　(臺北)聯經出版公司　1998　p. 455

沙知　敦煌契約文書輯校　江蘇古籍出版社　1998　p. 324

沙知　租佃契　敦煌學大辭典　上海辭書出版社　1998　p. 388

唐耕耦　入破曆算會牒　敦煌學大辭典　上海辭書出版社　1998　p. 647

陳國燦　唐代的經濟社會　(臺北)文津出版社　1999　p. 160

高啓安　王璽玉　唐五代敦煌人的飲食品種研究　《敦煌研究》1999 年第 2 期　p. 65

陳永勝　敦煌吐魯番法制文書研究　甘肅人民出版社　2000　p. 74

雷紹鋒　歸義軍賦役制度初探　(臺北)洪葉文化事業有限公司　2000　p. 72

劉進寶　敦煌文書與唐史研究　(臺北)新文豐出版公司　2000　p. 217

楊森　關於敦煌文獻中的"平章"一詞　敦煌學與中國史研究論集　甘肅人民出版社　2001　p. 231

陳國燦　敦煌學史事新證　甘肅教育出版社　2002　p. 291

郝春文　《勘尋永安寺法律願慶與老宿紹建相諍根由狀》及相關問題考　戒幢佛學(第二卷)　岳麓
　　書社　2002　p. 82　又見:中日敦煌佛教學術會議論文集　中國社會科學院研究所　2002
　　p. 59

姜亮夫　敦煌莫高窟年表　姜亮夫全集(十一)　雲南人民出版社　2002　p. 453

王啓濤　中古及近代法制文書語言研究　巴蜀書社　2003　p. 218、231、290、401

高啓安　唐五代敦煌飲食文化研究　民族出版社　2004　p. 39

趙紅　高啓安　唐五代時期敦煌僧人飲食概述　麥積山石窟藝術文化論文集(下)　蘭州大學出版
　　社　2004　p. 295

鄭顯文　唐代律令制研究　北京大學出版社　2004　p. 131

S. 5929

竺沙雅章　敦煌出土「社」文書の研究　『東方學報』(第 35 號)　京都大學人文科學研究所　1964
　　p. 251

郭鋒　敦煌的"社"及其活動　《敦煌學輯刊》1983 年創刊號　p. 85

郝春文　敦煌遺書中的"春秋座局席"考　《北京師範學院學報》1989 年第 4 期　p. 33

蕭默　敦煌建築研究　文物出版社　1989　p. 71　又見:機械工業出版社　2003　p. 49、285

圓空　《新菩薩經》《勸善經》《救諸衆生苦難經》校錄及其流傳背景之探討　《敦煌研究》1992 年第 1
　　期　p. 52

蕭登福　道教術儀與密教典籍　(臺北)新文豐出版公司　1994　p. 496

S. 5930

石井昌子　靈寶經類　敦煌と中國道教(講座敦煌 4)　(東京)大東出版社　1983　p. 161

山田俊　唐初道教思想史研究・資料篇　(京都)平樂寺書店　1999　p. 117、164

王卡　敦煌道教文獻研究　中國社會科學出版社　2004　p. 206

王卡　中國國家圖書館藏敦煌道教遺書研究報告　敦煌吐魯番研究(第七卷)　北京大學出版社
　　2004　p. 371

S. 5933

盧向前　關於歸義軍時期一份布紙破用曆的研究:試釋伯四六四〇背面文書　敦煌吐魯番文獻研究
　　論集(第三輯)　北京大學出版社　1986　p. 414 注 41　又見:敦煌吐魯番文書論稿　江西人民
　　出版社　1992　p. 120 注 41

李正宇　《吐蕃子年(西元 808 年)沙州百姓氾履倩等戶籍手實殘卷》研究　1983 年全國敦煌學術討
　　論會文集・文史遺書編(上)　甘肅人民出版社　1987　p. 184 注 10

王三慶　敦煌書儀載錄之節日活動與民俗　全國敦煌學研討會論文集　(臺北)中正大學中國文學
　　系所　1995　p. 26 注 44

沙知　造扇　敦煌學大辭典　上海辭書出版社　1998　p. 435

S. 5937

姜伯勤　敦煌寺院碾磑經營的兩種形式　歷史論叢(第三輯)　齊魯書社　1983　p. 178　又見:五
　　十年來漢唐佛教寺院經濟研究　北京師範大學出版社　1986　p. 225

姜伯勤　唐五代敦煌寺戶制度　中華書局　1987　p. 296

榮新江　西元十世紀沙州歸義軍與西州回鶻的文化交往　第二屆敦煌學國際研討會論文集　(臺
　　北)漢學研究中心　1990　p. 586

唐耕耦　陸宏基　敦煌社會經濟文獻真迹釋錄(三)　全國圖書館文獻縮微複製中心　1990　p. 207

張弓　唐代的寺莊　《魏晉南北朝隋唐史》1990 年第 2 期　p. 55

張弓　中國中古時期寺院地主的非自主發展　《魏晉南北朝隋唐史》1990 年第 9 期　p. 12

唐耕耦　北圖新一四四六號諸色入破曆算會牒殘卷　(香港)《九州學刊》(敦煌學專輯)1993 年第 5
　　卷第 4 期　p. 127

王書慶　敦煌佛學・佛事篇　甘肅民族出版社　1995　p. 67

榮新江　歸義軍史研究　上海古籍出版社　1996　p. 22

李正宇　敦煌歷史地理導論　(臺北)新文豐出版公司　1997　p. 59

唐耕耦　敦煌寺院會計文書研究　(臺北)新文豐出版公司　1997　p. 20、313

田德新　敦煌寺院中的都師　《敦煌學輯刊》1997 年第 2 期　p. 125

張弓　漢唐佛寺文化史　中國社會科學出版社　1997　p. 311

鄭炳林　敦煌碑銘讚輯釋　甘肅教育出版社　1997　p. 535 注 2

李正宇　村莊　敦煌學大辭典　上海辭書出版社　1998　p. 304

榮新江　歸義軍大事紀年初稿　出土文獻研究（第三輯）　文物出版社　1998　p. 246

謝重光　酒戶　敦煌學大辭典　上海辭書出版社　1998　p. 652

徐曉麗　鄭炳林　晚唐五代敦煌吐谷渾與吐蕃移民婦女研究　《敦煌學輯刊》2002 年第 2 期　p. 3、8

楊森　五代宋時期于闐皇太子在敦煌的太子莊　《敦煌研究》2003 年第 4 期　p. 43

鄭炳林　晚唐五代敦煌村莊聚落輯考　2000 年敦煌學國際學術討論會文集・歷史文化卷（上）　甘
　　肅民族出版社　2003　p. 131、147

高啓安　唐五代敦煌飲食文化研究　民族出版社　2004　p. 56、211

金瀅坤　敦煌社會經濟文書定年拾遺　《首都師範大學學報》2006 年第 1 期　p. 10、14

S. 5938

竺沙雅章　敦煌出土「社」文書の研究　『東方學報』（第 35 號）　京都大學人文科學研究所　1964
　　p. 217、285

土橋秀高　敦煌の律藏　敦煌と中國仏教（講座敦煌 7）　（東京）大東出版社　1984　p. 250

唐耕耦　陸宏基　敦煌社會經濟文獻真迹釋錄（一）　書目文獻出版社　1986　p. 346

高國藩　敦煌民俗學　上海文藝出版社　1989　p. 20、404

山本達郎等　敦煌・III 轉貼　『NUN－HUANG AND TURFAN DOCUMENTS CONCERNING SOCIAL
　　AND ECONOMIC HISTORY』(IV)　（東京）東洋文庫　1989　p. 55

姜伯勤　敦煌社會文書導論　（臺北）新文豐出版公司　1992　p. 242

高國藩　敦煌民俗資料導論　（臺北）新文豐出版公司　1993　p. 3

石田勇作　敦煌「社文書」研究序說　中國古代の國家と民衆（堀敏一先生古稀記念）　（東京）汲古
　　書院　1995　p. 684

張涌泉　敦煌俗字研究導論　（臺北）新文豐出版公司　1996　p. 152

寧可　郝春文　敦煌社邑文書輯校　江蘇古籍出版社　1997　p. 314

鄭炳林　敦煌碑銘讚輯釋　甘肅教育出版社　1997　p. 539 注 3

S. 5941

向達　倫敦所藏敦煌卷子經眼目錄　唐代長安與西域文明　三聯書店　1957　p. 233

唐耕耦　陸宏基　敦煌社會經濟文獻真迹釋錄（四）　全國圖書館文獻縮微複製中心　1990　p. 185

李明偉　敦煌文學概論　甘肅人民出版社　1993　p. 462

郝春文　關於唐後期五代宋初沙州僧俗的施捨問題　唐研究（第三卷）　北京大學出版社　1997
　　p. 30

鄭炳林　敦煌碑銘讚輯釋　甘肅教育出版社　1997　p. 61 注 9

郝春文　唐後期五代宋初敦煌僧尼的社會生活　中國社會科學出版社　1998　p. 255

丘古耶夫斯基　敦煌漢文文書　上海古籍出版社　2000　p. 201

姜亮夫　敦煌莫高窟年表　姜亮夫全集（十一）　雲南人民出版社　2002　p. 587

湛如　敦煌佛教律儀制度研究　中華書局　2003　p. 360

S. 5942

譚蟬雪　敦煌歲時掇瑣：正月　《敦煌研究》1990 年第 1 期　p. 47

S. 5943

方廣錩　佛教大藏經史（八—十世紀）　中國社會科學出版社　1991　p. 142

王小盾　唐代酒令藝術　（臺北）文津出版社　1993　p. 162

方廣錩　敦煌佛教經錄輯校　江蘇古籍出版社　1997　p. 197

方廣錩　大周刊定眾經目錄　敦煌學大辭典　上海辭書出版社　1998　p. 745

方廣錩　敦煌遺書中所存的全國性佛教經錄　敦煌學佛教學論叢（上）　中國佛教文化研究所
　　1998　p. 290

S. 5944

黨燕妮　晚唐五代敦煌的十王信仰　麥積山石窟藝術文化論文集（下）　蘭州大學出版社　2004
　　p. 153

S. 5945

姜伯勤　敦煌寺院碾磑經營的兩種形式　歷史論叢（第三輯）　齊魯書社　1983　p. 189　又見：五
　　十年來漢唐佛教寺院經濟研究　北京師範大學出版社　1986　p. 235

姜伯勤　唐五代敦煌寺戶制度　中華書局　1987　p. 239

李正宇　敦煌地區古代祠廟寺觀簡志　《敦煌學輯刊》1988 年第 1、2 期　p. 82

周紹良　讀變文劄記　敦煌語言文學研究　北京大學出版社　1988　p. 58

唐耕耦　陸宏基　敦煌社會經濟文獻真迹釋錄（二）　全國圖書館文獻縮微複製中心　1990　p. 237

周紹良　敦煌文學芻議及其它　（臺北）新文豐出版公司　1992　p. 201

鄭炳林　唐五代敦煌粟特人與歸義軍政權　《敦煌研究》1996 年第 4 期　p. 92　又見：敦煌歸義軍史
　　專題研究　蘭州大學出版社　1997　p. 424

童丕　10 世紀敦煌的借貸人　法國漢學（第 3 輯）　中華書局　1998　p. 72

羅彤華　從便物曆論敦煌寺院的放貸　敦煌文獻論集：紀念藏經洞發現一百周年國際學術研討會論
　　文集　遼寧人民出版社　2001　p. 470

楊惠玲　敦煌契約文書中的保人、見人、口承人、同便人、同取人　《敦煌研究》2002 年第 6 期　p. 46

馮培紅　晚唐五代宋初沙州上佐考論　敦煌學國際研討會論文集　北京圖書館出版社　2005　p. 71

S. 5946

姜伯勤　敦煌寺院碾磑經營的兩種形式　歷史論叢（第三輯）　齊魯書社　1983　p. 183　又見：五
　　十年來漢唐佛教寺院經濟研究　北京師範大學出版社　1986　p. 230

唐耕耦　陸宏基　敦煌社會經濟文獻真迹釋錄（四）　全國圖書館文獻縮微複製中心　1990　p. 414

黃征　敦煌語言文字學研究　甘肅教育出版社　2002　p. 251

S. 5947

姜伯勤　論敦煌寺院的"常住百姓"　《敦煌研究》1981 年試刊第 1 期　p. 50　又見：五十年來漢唐
　　佛教寺院經濟研究　北京師範大學出版社　1986　p. 195

姜伯勤　唐五代敦煌寺戶制度　中華書局　1987　p. 162

唐耕耦　陸宏基　敦煌社會經濟文獻真迹釋錄（三）　全國圖書館文獻縮微複製中心　1990　p. 291

暨遠志　張議潮出行圖研究(續)　《敦煌研究》1992 年第 4 期　p. 81

鄭炳林　唐五代敦煌手工業研究　敦煌歸義軍史專題研究　蘭州大學出版社　1997　p. 267

高啓安　唐五代至宋敦煌的量器及量制　《敦煌學輯刊》1999 年第 1 期　p. 63

雷紹鋒　歸義軍賦役制度初探　(臺北)洪葉文化事業有限公司　2000　p. 219、240、278

鄭炳林　晚唐五代敦煌村莊聚落輯考　2000 年敦煌學國際學術討論會文集・歷史文化卷(上)　甘
　　肅民族出版社　2003　p. 142

高啓安　唐五代敦煌飲食文化研究　民族出版社　2004　p. 222

趙紅　高啓安　唐五代時期敦煌僧人飲食概述　麥積山石窟藝術文化論文集(下)　蘭州大學出版
　　社　2004　p. 302

S. 5949

向達　記倫敦所藏的敦煌俗文學　《新中華雜誌》1937 年第 5 卷第 13 號　p. 123－128　又見:唐代
　　長安與西域文明　三聯書店　1957　p. 242

向達　倫敦所藏敦煌卷子經眼目錄　唐代長安與西域文明　三聯書店　1957　p. 233

邵榮芬　敦煌俗文學中的別字異文和唐五代西北方音　《中國語文》1963 年第 3 期　又見:中國敦煌
　　學百年文庫・語言文字卷(一)　甘肅文化出版社　1999　p. 124

金岡照光　敦煌漢文文學文獻の文學形態上の種類とその分類　敦煌出土文學文獻分類目錄・附解
　　說　(東京)東洋文庫　1971　p. 218

金岡照光　敦煌漢文文學文獻の寫本及び影印の收集保存、整理研究の現狀　敦煌出土文學文獻分
　　類目錄・附解說　(東京)東洋文庫　1971　p. 168

金岡照光　敦煌文學のさまざま　敦煌の文學　(東京)大藏出版株式會社　1971　p. 127

楊家駱　敦煌變文　(臺北)世界書局　1980　p. 277

鄭阿財　敦煌孝道文學研究　(臺北)石門圖書公司　1982　p. 77

潘重規　敦煌變文集新書(下)　(臺北)"中國文化大學"中文研究所　1984　p. 1183

王重民　下女"夫"詞　敦煌變文集　人民文學出版社　1984　p. 277

李正宇　敦煌方音止遇二攝混同及其校勘學意義　《敦煌研究》1986 年第 4 期　p. 50

李正宇　《下女夫詞》研究　《敦煌研究》1987 年第 2 期　p. 45

張鴻勳　敦煌寫本《下女夫詞》新探　1983 年全國敦煌學術討論會文集・文史遺書編(下)　甘肅人
　　民出版社　1987　p. 163

楊寶玉　《敦煌變文集》未入校的兩個《下女夫詞》殘卷校錄　敦煌語言文學研究　北京大學出版社
　　1988　p. 270

劉瑞明　詞文　敦煌文學　甘肅人民出版社　1989　p. 307

張錫厚　詩歌　敦煌文學　甘肅人民出版社　1989　p. 182 注 11

周紹良　白化文　李鼎霞　敦煌變文集補編　北京大學出版社　1989　p. 145

姜伯勤　敦煌社會文書導論　(臺北)新文豐出版公司　1992　p. 18

金岡照光　散文體類　敦煌の文學文獻(講座敦煌 9)　(東京)大東出版社　1992　p. 177

林家平　寧強　羅華慶　中國敦煌學史　北京語言學院出版社　1992　p. 106

榮新江　英倫所見三種敦煌俗文學作品跋　(香港)《九州學刊》(敦煌學專輯)1993 年第 5 卷第 4 期
　　p. 133 注 4

張錫厚　敦煌文學概論　甘肅人民出版社　1993　p. 362

胡戟　傅玫　敦煌史話　中華書局　1995　p. 173

黃征　輯注本《啓顏錄》匡補　俗語言研究(第二期)　(京都)禪文化研究所　1995　p. 86

高國藩　敦煌數字與俗文化　慶祝潘石禪先生九秩華誕敦煌學特刊　（臺北）文津出版社　1996　p. 184

張涌泉　敦煌俗字研究導論　（臺北）新文豐出版公司　1996　p. 150

張涌泉　敦煌文獻校讀釋例　文史（第四十一輯）　中華書局　1996　p. 196　又見:舊學新知　浙江大學出版社　1999　p. 207

鄧文寬　大梵寺佛音:敦煌莫高窟壇經讀本　（臺北）如聞出版社　1997　p. 11

黃征　敦煌俗音考辨　敦煌語文叢說　（臺北）新文豐出版公司　1997　p. 136

黃征　敦煌寫本異文綜析　敦煌語文叢說　（臺北）新文豐出版公司　1997　p. 27、34

黃征　輯注本《啓顏録》匡補　敦煌語文叢說　（臺北）新文豐出版公司　1997　p. 495

黃征　王梵志詩校釋續商補　敦煌語文叢說　（臺北）新文豐出版公司　1997　p. 225、234

黃征　張涌泉　敦煌變文校注　中華書局　1997　p. 27 注95、167

劉子瑜　敦煌變文和王梵志詩　大象出版社　1997　p. 77

楊森　晚唐五代兩件《女人社》文書劄記　《敦煌研究》1998年第1期　p. 70

張鴻勳　下女夫詞　敦煌學大辭典　上海辭書出版社　1998　p. 582

高國藩　敦煌俗文化學　上海三聯書店　1999　p. 21

杜琪　敦煌詩賦作品要目分類題注　《甘肅社會科學》2000年第1期　p. 63

張錫厚　敦煌文學源流　作家出版社　2000　p. 551

黃征　敦煌語言文字學研究　甘肅教育出版社　2002　p. 47、245、309、316

張鴻勳　敦煌俗文學研究　甘肅人民出版社　2002　p. 7、407

S. 5950

土肥義和　唐令よりみたる現存唐代戶籍の基礎的研究（下）　『東洋學報』（52卷2號）　（東京）東洋學術協會　1969　p. 91

池田溫　中國古代籍帳研究:概觀・録文　東京大學東洋文化研究所　1979　p. 189

佐藤武敏　敦煌の水利　敦煌の社會（講座敦煌3）　（東京）大東出版社　1980　p. 277

楊際平　鄭學檬　從唐代敦煌戶籍資料看均田制下私田的存在　《廈門大學學報》1982年第4期　p. 41

山本達郎　敦煌發見の唐代籍帳にみえる已受田の增減　『東方學』（第70輯）　（東京）東方學會　1985　p. 2

寧欣　唐代敦煌地區農業水利問題初探　敦煌吐魯番文獻研究論集（第三輯）　北京大學出版社　1986　p. 501 注13、527

唐耕耦　陸宏基　敦煌社會經濟文獻真迹釋録（一）　書目文獻出版社　1986　p. 157

李正宇　唐宋時代敦煌縣河渠泉澤簡志（二）　《敦煌研究》1989年第1期　p. 58

土肥義和　唐代敦煌均田制の田土給授文書について　東アジア古文書の史的研究　（東京）刀水書房　1990　p. 300

楊際平　均田制新探　廈門大學出版社　1991　p. 192

鈴木俊　山本達郎　唐代的均田制度與敦煌戶籍　唐代均田制研究選譯　甘肅教育出版社　1992　p. 43

王永興　敦煌經濟文書導論　（臺北）新文豐出版公司　1994　p. 6

李正宇　敦煌史地新論　（臺北）新文豐出版公司　1996　p. 137

高啓安　唐宋時期敦煌人名探析　《敦煌研究》1997年第4期　p. 124

李正宇　敦煌歷史地理導論　（臺北）新文豐出版公司　1997　p. 273

丘古耶夫斯基　敦煌漢文文書　上海古籍出版社　2000　p. 167

楊際平　北朝隋唐均田制新探　岳麓書社　2003　p. 185

陳麗萍　敦煌籍帳中夫妻年歲差距過大現象初探　《首都師範大學學報》2006 年第 2 期　p. 8

S. 5951

福井文雅　般若心經　敦煌と中國仏教（講座敦煌 7）　（東京）大東出版社　1984　p. 42

S. 5952

姜伯勤　唐五代敦煌寺戶制度　中華書局　1987　p. 183

唐耕耦　陸宏基　敦煌社會經濟文獻真迹釋録（三）　全國圖書館文獻縮微複製中心　1990　p. 119

饒宗頤　敦煌寫卷之書法　唐代研究論集（第三輯）　（臺北）新文豐出版公司　1992　p. 23

榮新江　關於曹氏歸義軍首任節度使的幾個問題　《敦煌研究》1993 年第 2 期　p. 48

鄭炳林　讀敦煌文書 P. 3859《後唐清泰三年六月沙州儭司教授福集等狀》劄記　《西北史地》1993 年
　　　第 4 期　p. 46　又見：敦煌吐魯番文獻研究　中華書局　1995　p. 613

榮新江　歸義軍史研究　上海古籍出版社　1996　p. 236

郝春文　關於唐後期五代宋初沙州僧俗的施捨問題　唐研究（第三卷）　北京大學出版社　1997
　　　p. 31

鄭炳林　晚唐五代敦煌園圃經濟研究　敦煌歸義軍史專題研究　蘭州大學出版社　1997　p. 323

郝春文　唐後期五代宋初敦煌僧尼的社會生活　中國社會科學出版社　1998　p. 214

李正宇　敦煌古代美術字　敦煌學大辭典　上海辭書出版社　1998　p. 287

劉濤　敦煌書法　敦煌學大辭典　上海辭書出版社　1998　p. 274

劉濤　忍辱波羅蜜　敦煌學大辭典　上海辭書出版社　1998　p. 288

郝春文　唐後期五代宋初敦煌的春秋官齋、十二月轉經、水則道場與佛教節日　慶祝吳其昱先生八秩
　　　華誕敦煌學特刊　（臺北）文津出版社　2000　p. 244

雷紹鋒　歸義軍賦役制度初探　（臺北）洪葉文化事業有限公司　2000　p. 205

姜亮夫　敦煌莫高窟年表　姜亮夫全集（十一）　雲南人民出版社　2002　p. 488

鄭炳林　晚唐五代敦煌村莊聚落輯考　2000 年敦煌學國際學術討論會文集·歷史文化卷（上）　甘
　　　肅民族出版社　2003　p. 129、152

王冀青　斯坦因與日本敦煌學　甘肅教育出版社　2004　p. 173

S. 5953

郝春文　敦煌寫本社邑文書年代彙考（三）　《社科縱橫》1993 年第 5 期　p. 11

郝春文　中古時期儒佛文化對民間結社的影響及其變化　唐文化研究論文集　上海人民出版社
　　　1994　p. 208

李正宇　敦煌史地新論　（臺北）新文豐出版公司　1996　p. 83

郝春文　歸義軍政權與敦煌佛教之關係新探　周紹良先生欣開九秩慶壽文集　中華書局　1997
　　　p. 168

寧可　郝春文　敦煌社邑文書輯校　江蘇古籍出版社　1997　p. 560

郝春文　唐後期五代宋初敦煌僧尼的社會生活　中國社會科學出版社　1998　p. 10、366

李正宇　奉唐寺　敦煌學大辭典　上海辭書出版社　1998　p. 631

郝春文　英藏敦煌文獻年代叢考　英國收藏敦煌漢藏文獻研究：紀念敦煌文獻發現一百周年　中國
　　　社會科學出版社　2000　p. 374

丘古耶夫斯基　敦煌漢文文書　上海古籍出版社　2000　p. 206

郝春文　唐後期五代宋初敦煌私社的教育與教化功能　敦煌吐魯番研究（第九卷）　北京大學出版
　社　2006　p. 308、312

S. 5954

陳祚龍　新校重訂敦煌古抄舊從阿含經略集誦讚僧寶文　敦煌學海探珠（上冊）　（臺北）商務印書
　館　1979　p. 72

S. 5955

伊藤美重子　敦煌本『大智度論』の整理　中國佛教石經の研究　京都大學學術出版會　1996
　p. 353

S. 5956

福井文雅　般若心經　敦煌と中國仏教（講座敦煌7）　（東京）大東出版社　1984　p. 43

池田溫　中國古代寫本識語集録　（東京）大藏出版株式會社　1990　p. 376

晒麟　張謙逸在吐蕃時期的任職　《敦煌學輯刊》1993年第1期　p. 83

王三慶　敦煌書儀載録之節日活動與民俗　全國敦煌學研討會論文集　（臺北）中正大學中國文學
　系所　1995　p. 25 注26

方廣錩　般若波羅蜜多心經　敦煌學大辭典　上海辭書出版社　1998　p. 686

楊富學　李吉和　敦煌漢文吐蕃史料輯校（第一輯）　甘肅人民出版社　1999　p. 282

陳麗萍　敦煌女性寫經題記及反映的婦女問題　敦煌佛教藝術文化國際學術研討會論文集　蘭州大
　學出版社　2002　p. 447

張延清　張議潮與吐蕃文化　《敦煌研究》2005年第3期　p. 88

S. 5957

竺沙雅章　敦煌出土「社」文書の研究　『東方學報』（第35號）　京都大學人文科學研究所　1964
　p. 260

唐耕耦　陸宏基　敦煌社會經濟文獻真迹釋録（一）　書目文獻出版社　1986　p. 389

羅華慶　9至11世紀敦煌的行像和浴佛活動　《敦煌研究》1988年第4期　p. 101

山本達郎等　敦煌・Ⅶ 尚饗文・諸齋文　『NUN－HUANG AND TURFAN DOCUMENTS CONCERN-
　ING SOCIAL AND ECONOMIC HISTORY』(Ⅳ)　（東京）東洋文庫　1989　p. 140

郝春文　敦煌寫本齋文及其樣式的分類與定名　《北京師範學院學報》1990年第3期　p. 94

王三慶　談齋論文——敦煌寫卷齋願文研究　第四屆唐代文化學術研討會論文集　（臺南）成功大
　學　1991　p. 299

姜伯勤　敦煌社會文書導論　（臺北）新文豐出版公司　1992　p. 248

杜琦　敦煌文學概論　甘肅人民出版社　1993　p. 509、526

郝春文　敦煌寫本社邑文書年代彙考（三）　《社科縱橫》1993年第5期　p. 11

黃征　敦煌願文散校　《敦煌研究》1994年第3期　p. 131　又見：敦煌語文叢說　（臺北）新文豐出
　版公司　1997　p. 572

閻國權等　敦煌宗教文化　新華出版社　1994　p. 66

黃征　吳偉　敦煌願文集　岳麓書社　1995　p. 38、233、408、532、627、732、799

土肥義和　唐・北宋間の「社」の組織形態に関する一考察　中國古代の國家と民衆（堀敏一先生古

稀記念）（東京）汲古書院　1995　p. 703

王書慶　敦煌佛學·佛事篇　甘肅民族出版社　1995　p. 3、16、47、61

黃征　敦煌願文考論　敦煌語文叢說　（臺北）新文豐出版公司　1997　p. 583、592

寧可　郝春文　敦煌社邑文書輯校　江蘇古籍出版社　1997　p. 528、637

楊際平　郭鋒　張和平　五—十世紀敦煌的家庭與家族關係　岳麓書社　1997　p. 315

鄭炳林　敦煌碑銘讚輯釋　甘肅教育出版社　1997　p. 545 注 3

郝春文　唐後期五代宋初敦煌僧尼的社會生活　中國社會科學出版社　1998　p. 230

郝春文　唐後期五代宋初敦煌僧尼遺產的處理與喪事的操辦　《敦煌研究》1998 年第 3 期　p. 45

寧可　三官　敦煌學大辭典　上海辭書出版社　1998　p. 426

譚蟬雪　敦煌歲時文化導論　（臺北）新文豐出版公司　1998　p. 85

譚蟬雪　脫服　敦煌學大辭典　上海辭書出版社　1998　p. 443

黃征　程惠新　劫塵遺珠：敦煌遺書　甘肅教育出版社　1999　p. 168

楊森　談敦煌社邑文書中"三官"及"錄事""虞侯"的若干問題　《敦煌研究》1999 年第 3 期　p. 80

郝春文　唐後期五代宋初敦煌的春秋官齋、十二月轉經、水則道場與佛教節日　慶祝吳其昱先生八秩
　　華誕敦煌學特刊　（臺北）文津出版社　2000　p. 261

宋家鈺　佛教齋文源流與敦煌本"齋文"書的復原　英國收藏敦煌漢藏文獻研究：紀念敦煌文獻發現
　　一百周年　中國社會科學出版社　2000　p. 316

宋家鈺　英國收藏敦煌文獻敘錄　英國收藏敦煌漢藏文獻研究：紀念敦煌文獻發現一百周年　中國
　　社會科學出版社　2000　p. 103

王微　春祭：二月八日節的佛教儀式　法國漢學（敦煌學專號）　中華書局　2000　p. 114

譚蟬雪　喪祭與齋忌　敦煌學與中國史研究論集　甘肅人民出版社　2001　p. 228

譚蟬雪　唐宋敦煌歲時佛俗　《敦煌研究》2001 年第 1 期　p. 95

曾良　敦煌文獻字義通釋　廈門大學出版社　2001　p. 110、197

李小榮　變文講唱與華梵宗教藝術　上海三聯書店　2002　p. 143

徐曉麗　回鶻天公主與敦煌佛教　敦煌佛教藝術文化國際學術研討會論文集　蘭州大學出版社
　　2002　p. 417

郝春文　唐後期五代宋初中印文化對敦煌寺院的影響　新世紀敦煌學論集　巴蜀書社　2003
　　p. 334

袁德領　歸義軍時期敦煌佛教的轉經活動　2000 年敦煌學國際學術討論會文集·歷史文化卷（下）
　　甘肅民族出版社　2003　p. 192

湛如　敦煌佛教律儀制度研究　中華書局　2003　p. 330、355、367

陳曉紅　試論敦煌佛教願文的類型　《敦煌學輯刊》2004 年第 1 期　p. 94

黨燕妮　晚唐五代敦煌的十王信仰　麥積山石窟藝術文化論文集（下）　蘭州大學出版社　2004
　　p. 162

杜斗城　"七七齋"之源流及敦煌文獻中有關資料的分析　《敦煌研究》2004 年第 4 期　p. 35

葉貴良　《敦煌社邑文書輯校》拾補　《吐魯番學研究》2004 年第 1 期　p. 106

余欣　敦煌的入宅與暖房禮俗　中華文史論叢（總 78 輯）　上海古籍出版社　2004　p. 103

趙紅　高啓安　唐五代時期敦煌僧人飲食概述　麥積山石窟藝術文化論文集（下）　蘭州大學出版
　　社　2004　p. 285

鄭炳林　晚唐五代敦煌地區《大般若經》的流傳與信仰　麥積山石窟藝術文化論文集（下）　蘭州大
　　學出版社　2004　p. 119

何劍平　作爲民間寫經和禮懺儀式的維摩詰信仰　《敦煌學輯刊》2005 年第 4 期　p. 59

汪泛舟　敦煌俗別字新考(上)　《敦煌研究》2006 年第 1 期　p. 105

武學軍　敏春芳　敦煌願文婉詞試解(一)　《敦煌學輯刊》2006 年第 1 期　p. 128

謝生保　謝靜　敦煌文獻與水陸法會　《敦煌研究》2006 年第 2 期　p. 48

S. 5958

田中良昭　敦煌禪宗文獻の研究　（東京）大東出版社　1983　p. 350

梅弘理　敦煌本佛教教理問答書　法國學者敦煌學論文選萃　中華書局　1993　p. 140

S. 5959

鄭阿財　敦煌孝道文學研究　（臺北）石門圖書公司　1982　p. 190

川口久雄　目連救母變文考　大目乾連冥間救母變文（敦煌資料と日本文學　3）　（東京）大東文化大學東洋研究所　1984　p. 55

陳祚龍　看了敦煌古抄《佛說盂蘭盆經讚述》以後　敦煌學散策新集　（臺北）新文豐出版公司　1989　p. 251

方廣錩　佛說盂蘭盆經　敦煌學大辭典　上海辭書出版社　1998　p. 672

金岡照光　關於敦煌變文與唐代佛教儀式之關係　敦煌文藪(上)　（臺北）新文豐出版公司　1999　p. 133

金岡照光　敦煌文獻と中國文學　（東京）五曜書房　2000　p. 376

鄭阿財　《盂蘭盆經疏》與《盂蘭盆經講經文》　冉雲華先生八秩華誕壽慶論文集　（臺北）法光出版社　2003　p. 436

町田隆吉　『唐咸亨四年(673)左憧熹生前及隨身錢物疏』をめぐって　『西北出土文獻研究』(創刊號)　（新潟）西北出土文獻研究會　2004　p. 69

S. 5960

方廣錩　從經錄著錄看《淨度三昧經》的真偽　周紹良先生欣開九秩慶壽文集　中華書局　1997　p. 215

方廣錩　淨度三昧經　敦煌學大辭典　上海辭書出版社　1998　p. 734

大內文雄　齊藤隆信　淨度三昧經　藏外佛教文獻(第七輯)　宗教文化出版社　2000　p. 230

S. 5961

向達　倫敦所藏敦煌卷子經眼目錄　唐代長安與西域文明　三聯書店　1957　p. 233

任半塘　敦煌歌辭總編　上海古籍出版社　1987　p. 747

周祖謨　敦煌唐本字書敘錄　敦煌語言文學研究　北京大學出版社　1988　p. 43

鄭阿財　敦煌蒙書析論　第二屆敦煌學國際研討會論文集　（臺北）漢學研究中心　1990　p. 217

朱鳳玉　敦煌寫本字書緒論　（臺北）《華岡文科學報》1991 年第 18 期　p. 92

東野治之　敦煌と日本の『千字文』　遣唐使と正倉院　（東京）岩波書店　1992　p. 253

東野治之　訓蒙書　敦煌漢文文獻(講座敦煌 5)　（東京）大東出版社　1992　p. 422

榮新江　《敦煌漢文文獻》(講座敦煌 5)（書評）　（香港）《東方文化》1993 年第 31 卷第 1 期　p. 176

鄭阿財　敦煌文獻與文學　（臺北）新文豐出版公司　1993　p. 246

邰惠莉　敦煌本《六字千文》初探　《敦煌研究》1997 年第 1 期　p. 148

張娜麗　《敦煌本〈六字千文〉初探》析疑　《敦煌研究》2001 年第 3 期　p. 100

張娜麗   《敦煌本〈六字千文〉初探》析疑(續)   《敦煌研究》2002 年第 1 期   p. 93

張娜麗   敦煌本《注千字文》注解   《敦煌學輯刊》2002 年第 1 期   p. 47

鄭阿財   朱鳳玉   敦煌蒙書研究   甘肅教育出版社   2002   p. 42

戴仁   十世紀敦煌的基礎教育教材與學校文化   法國漢學(第八輯)   中華書局   2003   p. 89

趙跟喜   敦煌唐宋時期的女子教育初探   《敦煌研究》2006 年第 2 期   p. 94

S. 5962

池田温   中國古代寫本識語集録   (東京)大藏出版株式會社   1990   p. 520

汪泛舟   敦煌韻文辨正舉隅   《敦煌研究》1994 年第 2 期   p. 144

方廣錩   梵網經盧舍那佛說菩薩心地法門戒品   敦煌學大辭典   上海辭書出版社   1998   p. 709

汪泛舟   敦煌古代兒童課本   甘肅人民出版社   2000   p. 28

王啓濤   中古及近代法制文書語言研究   巴蜀書社   2003   p. 139

S. 5963

江素雲   維摩詰所說經敦煌寫本綜合目録   (臺北)東初出版社   1991   p. 80

S. 5964

北原薫   晚唐・五代の敦煌寺院経済——収支決算報告を中心に   敦煌の社會(講座敦煌 3)   (東京)大東出版社   1980   p. 402

姜伯勤   論敦煌寺院的"常住百姓"   《敦煌研究》1981 年試刊第 1 期   p. 54 注 20

姜伯勤   唐五代敦煌寺戶制度   中華書局   1987   p. 269

唐耕耦   陸宏基   敦煌社會經濟文獻真迹釋録(三)   全國圖書館文獻縮微複製中心   1990   p. 578

張傳璽   中國歷代契約會編考釋(上)   北京大學出版社   1995   p. 696 注 1

沙知   敦煌契約文書輯校   江蘇古籍出版社   1998   p. 379

楊森   晚唐五代兩件《女人社》文書劄記   《敦煌研究》1998 年第 1 期   p. 69

宋家鈺   英國收藏敦煌文獻叙録   英國收藏敦煌漢藏文獻研究:紀念敦煌文獻發現一百周年   中國社會科學出版社   2000   p. 169

王啓濤   中古及近代法制文書語言研究   巴蜀書社   2003   p. 302

鄭炳林   晚唐五代河西地區的居民結構研究   《蘭州大學學報》2006 年第 2 期   p. 13

S. 5965

芳村修基   土橋秀高   井ノ口泰淳   敦煌佛教史年表   西域文化研究(第一)・敦煌佛教資料   (京都)法藏館   1958   p. 273

池田温   中國古代の租佃契(上)   『東洋文化研究所紀要』(第 60 冊)   京都大學東洋文化研究所   1973   p. 93

陳祚龍   中世敦煌與成都之間的交通路線:敦煌學散策之一   敦煌學(第 1 輯)   (香港)新亞研究所敦煌學會   1974   p. 82   又見:敦煌資料考屑(下冊)   (臺北)商務印書館   1979   p. 338 ; 唐代研究論集(第三輯)   (臺北)新文豐出版公司   1992   p. 438

陳祚龍   敦煌古抄内典尾記彙校初、二、三編合刊   敦煌學要籥   (臺北)新文豐出版公司   1982   p. 157

李正宇   關於金山國和敦煌國建國的幾個問題   《西北史地》1987 年第 2 期   p. 64

龍晦   大足石刻父母恩重經變像與敦煌音樂文學的關係   敦煌歌辭總編   上海古籍出版社   1987

p. 1835

平野顯照著　張桐生譯　唐代的文學與佛教　（臺北）業强出版社　1987　p. 256

舒學　敦煌漢文遺書中雕版印刷資料綜叙　敦煌語言文學研究　北京大學出版社　1988　p. 295

池田溫　中國古代寫本識語集録　（東京）大藏出版株式會社　1990　p. 450

林聰明　從敦煌文書看佛教徒的造經祈福　第二屆敦煌學國際研討會論文集　（臺北）漢學研究中心　1990　p. 537

龍晦　敦煌與五代兩蜀文化　《敦煌研究》1990 年第 2 期　p. 100

盧向前　金山國立國之我見　《敦煌學輯刊》1990 年第 2 期　p. 15　又見:敦煌吐魯番文書論稿　江西人民出版社　1992　p. 177

文初　讀敦煌卷子劄記二則　《敦煌語言文學研究通訊》1990 年第 2 - 3 期　p. 7

文初　關於敦煌卷子中的"八十二老人"　《社科縱橫》1990 年第 6 期　p. 39

林聰明　敦煌文書學　（臺北）新文豐出版公司　1991　p. 339

榮新江　金山國史辨正　中華文史論叢（總 50 輯）　上海古籍出版社　1992　p. 74

李正宇　敦煌文學概論　甘肅人民出版社　1993　p. 97

蘇遠鳴　敦煌佛教肖像劄記　法國學者敦煌學論文選萃　中華書局　1993　p. 198 注 11

顏廷亮　敦煌文學概說　（臺北）新文豐出版公司　1995　p. 224

鄭阿財　敦煌寫卷《持誦金剛經靈驗功德記》研究　全國敦煌學研討會論文集　（臺北）中正大學中國文學系所　1995　p. 269

李正宇　敦煌史地新論　（臺北）新文豐出版公司　1996　p. 196

榮新江　歸義軍史研究　上海古籍出版社　1996　p. 215

宿白　敦煌莫高窟密教遺迹劄記　中國石窟寺考古　文物出版社　1996　p. 288

鄭阿財　敦煌靈應小說的佛教史學價值　唐研究國際學術會議論文彙編　中國社會科學院歷史研究所　1997　p. 192　又見:唐研究（第四卷）　北京大學出版社　1998　p. 41

鄭炳林　敦煌碑銘讚輯釋　甘肅教育出版社　1997　p. 296 注 3

白化文　西川過家真印本　敦煌學大辭典　上海辭書出版社　1998　p. 590

孫繼民　天祐三年某翁寫大身真言記　敦煌學大辭典　上海辭書出版社　1998　p. 458

姜亮夫　敦煌莫高窟年表　姜亮夫全集（十一）　雲南人民出版社　2002　p. 455

釋永有　敦煌遺書中的金剛經　敦煌佛教藝術文化國際學術研討會論文集　蘭州大學出版社　2002　p. 37

S. 5966

加地哲定　增補中國佛教文學研究　（東京）同朋舍　1979　p. 202

孫其芳　詞　敦煌文學　甘肅人民出版社　1989　p. 214

加地哲定著　劉衛星譯　中國佛教文學　今日中國出版社　1990　p. 172

周紹良　敦煌文學芻議及其它　（臺北）新文豐出版公司　1992　p. 38

林仁昱　論敦煌佛教歌曲向通俗傳播的内容　中國俗文化研究（第一輯）　巴蜀書社　2003　p. 191

汪泛舟　敦煌俗別字新考（上）　《敦煌研究》2006 年第 1 期　p. 105

S. 5967

向達　倫敦所藏敦煌卷子經眼目録　唐代長安與西域文明　三聯書店　1957　p. 234

金岡照光　敦煌漢文文學文獻の文學形態上の種類とその分類　敦煌出土文學文獻分類目録・附解說　（東京）東洋文庫　1971　p. 237

王重民　敦煌古籍敘錄　中華書局　1979　p. 293

王重民原編　黃永武新編　敦煌古籍敘錄新編(第十五冊)　(臺北)新文豐出版公司　1986　p. 156

龍晦　大足石刻父母恩重經變像與敦煌音樂文學的關係　敦煌歌辭總編　上海古籍出版社　1987　p. 1835

金岡照光　韻文體類：長篇敘事詩・短篇歌詠　敦煌の文學文獻(講座敦煌9)　(東京)大東出版社　1992　p. 264

張錫厚　敦煌本《故陳子昂集》補說　《敦煌學輯刊》1994 年第 2 期　p. 31

胡戟　傅玫　敦煌史話　中華書局　1995　p. 168

張錫厚　敦煌本唐集研究　(臺北)新文豐出版公司　1995　p. 144

鄭炳林　敦煌碑銘讚輯釋　甘肅教育出版社　1997　p. 271 注 8

張錫厚　陳子昂集　敦煌學大辭典　上海辭書出版社　1998　p. 561

姜亮夫　敦煌：偉大的文化寶藏　雲南人民出版社　1999　p. 124

徐俊　敦煌詩集殘卷輯考　中華書局　2000　p. 264

陶敏　李一飛　隋唐五代文學史料學　中華書局　2001　p. 350

李永寧　程亮　王重民敦煌遺書手稿整理　《敦煌研究》2004 年第 5 期　p. 70

李永寧　程亮　王重民先生贈存敦煌研究院的敦煌遺書資料的簡況介紹　敦煌學國際研討會論文集　北京圖書館出版社　2005　p. 22

S. 5968

三木榮　西域出土醫藥關係文獻綜合解說目錄　『東洋學報』(47 卷 1 號)　(東京)東洋學術協會　1964　p. 4

馬繼興　敦煌古醫籍考釋　江西科學技術出版社　1988　p. 413

叢春雨　敦煌中醫藥全書　中醫古籍出版社　1994　p. 440、652

馬繼興　敦煌醫藥文獻輯校　江蘇古籍出版社　1998　p. 669

王淑民　亡名氏本草序例　敦煌學大辭典　上海辭書出版社　1998　p. 618

王淑民　敦煌石窟秘藏醫方　北京醫科大學中國協和醫科大學聯合出版社　1999　p. 4

叢春雨　敦煌中醫藥精萃發微　中醫古籍出版社　2000　p. 105

馬繼興　當前世界各地收藏的中國出土卷子本古醫藥文獻備考　敦煌吐魯番研究(第六卷)　北京大學出版社　2002　p. 137

趙平安　談談敦煌醫學寫本的釋字問題　敦煌吐魯番研究(第六卷)　北京大學出版社　2002　p. 201

S. 5969

三木榮　西域出土醫藥關係文獻綜合解說目錄　『東洋學報』(47 卷 1 號)　(東京)東洋學術協會　1964　p. 15

陳祚龍　相學國手袁天綱　敦煌資料考屑(下冊)　(臺北)商務印書館　1979　p. 270

耿昇　八十年代的法國敦煌學論著簡介　《敦煌研究》1986 年第 3 期　p. 79

王重民原編　黃永武新編　敦煌古籍敘錄新編(第九冊)　(臺北)新文豐出版公司　1986　p. 210

馬繼興　敦煌古醫籍考釋　江西科學技術出版社　1988　p. 8

高國藩　敦煌古俗與民俗流變　河海大學出版社　1990　p. 28

加地哲定著　劉衛星譯　中國佛教文學　今日中國出版社　1990　p. 161

高國藩　敦煌民俗資料導論　(臺北)新文豐出版公司　1993　p. 322

侯錦郎　敦煌寫本中的唐代相書　法國學者敦煌學論文選萃　中華書局　1993　p. 352

馬繼興　敦煌醫藥文獻　敦煌學大辭典　上海辭書出版社　1998　p. 615

嚴敦傑　相書一卷　敦煌學大辭典　上海辭書出版社　1998　p. 621

黃正建　敦煌占卜文書與唐五代占卜研究　學苑出版社　2001　p. 58

張總　《閻羅王授記經》綴補研考　敦煌吐魯番研究(第五卷)　北京大學出版社　2001　p. 96

馬繼興　當前世界各地收藏的中國出土卷子本古醫藥文獻備考　敦煌吐魯番研究(第六卷)　北京
　　大學出版社　2002　p. 137

鄭炳林　王晶波　敦煌寫本相書概述　《敦煌學國際聯絡委員會通訊》2003 年第 1 期　p. 46

王晶波　論佛教占相内容對敦煌寫本相書的影響　《敦煌研究》2004 年第 2 期　p. 92

鄭炳林　王晶波　敦煌寫本相書校錄研究　民族出版社　2004　p. 5、73、214

鄭炳林　敦煌寫本許負相書殘卷研究　敦煌學國際研討會論文集　北京圖書館出版社　2005
　　p. 162

S. 5971

劉銘恕　再記英國倫敦所藏的敦煌經卷　《中國科學院圖書館通訊》1957 年第 7 期　又見：中國敦煌
　　學百年文庫·綜述卷(二)　甘肅文化出版社　1999　p. 133

向達　倫敦所藏敦煌卷子經眼目錄　唐代長安與西域文明　三聯書店　1957　p. 234

吳其昱　敦煌本故陳子昂集殘卷研究　香港大學五十周年紀念論文集(第 2 冊)　香港大學　1966
　　p. 95　又見：中國敦煌學百年文庫·文獻卷(一)　甘肅文化出版社　1999　p. 497

金岡照光　敦煌漢文文學文獻の文學形態上の種類とその分類　敦煌出土文學文獻分類目錄·附解
　　說　(東京)東洋文庫　1971　p. 237

王重民　敦煌古籍敘錄　中華書局　1979　p. 293

林聰明　敦煌漢文文書解讀要點試論　漢學研究(敦煌學國際研討會論文專號)　(臺北)漢學研究
　　資料及服務中心　1986　p. 430

王重民原編　黃永武新編　敦煌古籍敘錄新編(第十五冊)　(臺北)新文豐出版公司　1986　p. 156

龍晦　大足石刻父母恩重經變像與敦煌音樂文學的關係　敦煌歌辭總編　上海古籍出版社　1987
　　p. 1835

孫修身　敦煌遺書伯 3016 號卷背第二件文書有關問題考　《敦煌學輯刊》1988 年第 1、2 期　p. 29

林聰明　敦煌文書學　(臺北)新文豐出版公司　1991　p. 364、442 注 1

金岡照光　韻文體類：長篇敘事詩·短篇歌詠　敦煌の文學文獻(講座敦煌 9)　(東京)大東出版社
　　1992　p. 264

張錫厚　敦煌本《故陳子昂集》補說　《敦煌學輯刊》1994 年第 2 期　p. 31

胡戟　傅玫　敦煌史話　中華書局　1995　p. 168

張錫厚　敦煌本唐集研究　(臺北)新文豐出版公司　1995　p. 144

張錫厚　陳子昂集　敦煌學大辭典　上海辭書出版社　1998　p. 561

黃征　程惠新　劫塵遺珠：敦煌遺書　甘肅教育出版社　1999　p. 211

榮新江　英國圖書館藏敦煌漢文非佛教文獻殘卷概述　敦煌文藪(下)　(臺北)新文豐出版公司
　　1999　p. 128

施萍婷　《敦煌遺書總目索引新編》前言　敦煌遺書總目索引新編　中華書局　2000　p. 2

徐俊　敦煌詩集殘卷輯考　中華書局　2000　p. 264

林聰明　敦煌吐魯番文書解詁指例　(臺北)新文豐出版公司　2001　p. 66

陶敏　李一飛　隋唐五代文學史料學　中華書局　2001　p. 350

李永寧　程亮　王重民敦煌遺書手稿整理　《敦煌研究》2004 年第 5 期　p. 70
李永寧　程亮　王重民先生贈存敦煌研究院的敦煌遺書資料的簡況介紹　敦煌學國際研討會論文集
　　北京圖書館出版社　2005　p. 22

S. 5972

唐耕耦　關於唐代租佃制的若干問題：以吐魯番敦煌租佃契爲中心　歷史論叢（第五輯）　齊魯書社
　　1985　p. 102
耿昇　中法學者友好合作的成果　《敦煌研究》1987 年第 1 期　p. 108
王進玉　趙豐　敦煌文物中的紡織技藝　《敦煌研究》1989 年第 4 期　p. 102
池田溫　中國古代寫本識語集録　（東京）大藏出版株式會社　1990　p. 441
榮新江　敦煌邈真讚年代考　敦煌邈真讚校録並研究　（臺北）新文豐出版公司　1994　p. 359
鄭炳林　馮培紅　讀《中國古代寫本識語集録》劄記　《西北史地》1994 年第 4 期　p. 47
馬雅倫　邢豔紅　吐蕃統治時期敦煌兩位粟特僧官：史慈燈、石法海考　《敦煌學輯刊》1996 年第 1
　　期　p. 56
榮新江　歸義軍史研究　上海古籍出版社　1996　p. 271
鄭炳林　敦煌碑銘讚及其有關問題　敦煌碑銘讚輯釋　甘肅教育出版社　1997　p. 12
鄭炳林　敦煌碑銘讚輯釋　甘肅教育出版社　1997　p. 113 注 2
鄭炳林　唐五代敦煌的粟特人與佛教　敦煌歸義軍史專題研究　蘭州大學出版社　1997　p. 441
鄭炳林　吐蕃統治下的敦煌粟特人　敦煌歸義軍史專題研究　蘭州大學出版社　1997　p. 382
邰惠莉　娜閣　甘肅省圖書館收藏敦煌文獻簡介　《敦煌學輯刊》1998 年第 2 期　p. 75
鄭炳林　《康秀華寫經施入疏》與《炫和尚貨賣胡粉曆》研究　敦煌吐魯番研究（第三卷）　北京大學
　　出版社　1998　p. 203
鄭炳林　北京圖書館藏《吳和尚經論目録》有關問題研究　敦煌學與中國史研究論集　甘肅人民出
　　版社　2001　p. 129
湛如　敦煌佛教律儀制度研究　中華書局　2003　p. 58

S. 5973

向達　倫敦所藏敦煌卷子經眼目録　《北平圖書館圖書季刊》1939 年新第 1 卷第 4 期　p. 397　又
　　見：唐代長安與西域文明　三聯書店　1957　p. 234
陳祚龍　瓜沙印録　（臺北）《大陸雜誌》1962 年第 4 期　又見：敦煌學概要　（臺北）編譯館“中華叢
　　書編委會”　1981　p. 267；中國敦煌學百年文庫·考古卷（一）　甘肅文化出版社　1999
　　p. 187
陳祚龍　古代敦煌及其他地區流行之公私印章圖記文字録　敦煌學要籥　（臺北）新文豐出版公司
　　1982　p. 330
賀世哲　孫修身　瓜沙曹氏與敦煌莫高窟　敦煌研究文集　甘肅人民出版社　1982　p. 272 注 53
黄盛璋　和闐文《于闐王尉遲徐拉與沙州大王曹元忠書》與西北史地問題　歷史地理（第三輯）　上
　　海人民出版社　1983　p. 204
姜亮夫　瓜沙曹氏年表補正　敦煌學文選（上）　蘭州大學歷史系敦煌學研究室等　1983　p. 134
　　又見：敦煌學論文集　上海古籍出版社　1987　p. 942；姜亮夫全集（十四）　雲南人民出版社
　　2002　p. 362
孫修身　敦煌石窟《臘八燃燈分配窟龕名數》寫作年代考　絲路訪古　甘肅人民出版社　1983
　　p. 215 注 7

冷鵬飛　唐末沙州歸義軍時期有關百姓受田和賦稅的幾個問題　《敦煌學輯刊》1984 年第 1 期　
p. 36

艾麗白著　耿昇譯　敦煌漢文寫本中的鳥形押　敦煌譯叢（第一輯）　甘肅人民出版社　1985　
p. 193 注 4、202 注 2

饒宗頤解說　林宏作譯　敦煌書法叢刊（第十五卷）·牒狀（二）　（東京）二玄社　1985　p. 86

蘇瑩輝　瓜沙史事述要　漢學研究（敦煌學國際研討會論文專號）　（臺北）漢學研究資料及服務中
心　1986　p. 477

萬庚育　珍貴的歷史資料:莫高窟供養人畫像題記　敦煌莫高窟供養人題記　文物出版社　1986　
p. 192 注 33

王重民原編　黃永武新編　敦煌古籍敘錄新編（第七冊）　（臺北）新文豐出版公司　1986　p. 276

曲金良　敦煌寫本變文、講經文作品創作時間彙考　《敦煌學輯刊》1987 年第 1 期　p. 65

蘇瑩輝　瓜沙曹氏稱"王"者新考　敦煌文史藝術論叢　（臺北）新文豐出版公司　1987　p. 99

舒學　敦煌漢文遺書中雕版印刷資料綜叙　敦煌語言文學研究　北京大學出版社　1988　p. 282

孫修身　瓜沙曹氏卒立世次考　《魏晉南北朝隋唐史》1988 年第 10 期　p. 29　又見:《鄭州大學學
報》1988 年第 4 期；中國敦煌學百年文庫·歷史卷（二）　甘肅文化出版社　1999　p. 235

王進玉　趙豐　敦煌文物中的紡織技藝　《敦煌研究》1989 年第 4 期　p. 102

榮新江　沙州歸義軍歷任節度使稱號研究　敦煌吐魯番學研究論文集　漢語大詞典出版社　1990　
p. 804

唐耕耦　陸宏基　敦煌社會經濟文獻真迹釋錄（三）　全國圖書館文獻縮微複製中心　1990　p. 100

林聰明　敦煌文書出處略考　季羨林教授八十華誕紀念論文集（下）　江西人民出版社　1991　
p. 859

林聰明　敦煌文書學　（臺北）新文豐出版公司　1991　p. 120、380、393

黃盛璋　關於沙州曹氏和于闐交往的諸藏文文書及相關問題　《敦煌研究》1992 年第 1 期　p. 41

蘇瑩輝　曹元忠仕履與卒年新考　（香港）《九州學刊》（敦煌學專輯）1992 年第 4 卷第 4 期　p. 163

李明偉　敦煌文學概論　甘肅人民出版社　1993　p. 462

Л. N. チュグイェフスキー－著　荒川正晴譯注　ソ連邦科學アカデミ－東洋學研究所所藏、敦煌寫本
における官印と寺印　『吐魯番出土文物研究會會報』（98、99 號）　（東京）吐魯番出土文物研
究會　1994　p. 4

姜伯勤　變文的南方源頭與敦煌的唱導法匠　華學（第一輯）　中山大學出版社　1995　p. 160

曲金良　敦煌佛教文學研究　（臺北）文津出版社　1995　p. 223

姜伯勤　敦煌藝術宗教與禮樂文明　中國社會科學出版社　1996　p. 415

劉進寶　P. 3236 號《壬申年官布籍》時代考　《西北師大學報》（社會科學版）1996 年第 5 期　p. 43

劉進寶　P. 3236 號《壬申年官布籍》研究　慶祝潘石禪先生九秩華誕敦煌學特刊　（臺北）文津出版
社　1996　p. 358

榮新江　歸義軍史研究　上海古籍出版社　1996　p. 30

郝春文　關於唐後期五代宋初沙州僧俗的施捨問題　唐研究（第三卷）　北京大學出版社　1997　
p. 19、26

李并成　古代河西走廊桑蠶絲織業考　《敦煌學輯刊》1997 年第 2 期　p. 64

鄭炳林　敦煌碑銘讚輯釋　甘肅教育出版社　1997　p. 552 注 4

郝春文　唐後期五代宋初敦煌僧尼的社會生活　中國社會科學出版社　1998　p. 241

榮新江　歸義軍大事紀年初稿　出土文獻研究（第三輯）　文物出版社　1998　p. 251

沙知　歸義軍節度使新鑄印　敦煌學大辭典　上海辭書出版社　1998　p. 291

顔廷亮　敦煌文化中的道教及文化　《敦煌研究》1999 年第 1 期　p. 141

劉進寶　敦煌文書與唐史研究　（臺北）新文豐出版公司　2000　p. 229

王豔明　瓜沙州大王印考　《敦煌學輯刊》2000 年第 2 期　p. 43

顔廷亮　敦煌文化　光明日報出版社　2000　p. 247

姜亮夫　敦煌莫高窟年表　姜亮夫全集（十一）　雲南人民出版社　2002　p. 558

馬茜　歸義軍時期敦煌地區庶民佛教的發展　甘肅民族研究論叢　甘肅人民出版社　2002　p. 446

森安孝夫著　梁曉鵬摘譯　河西歸義軍節度使官印及其編年　《敦煌學輯刊》2003 年第 1 期　p. 141

楊森　五代宋時期于闐皇太子在敦煌的太子莊　《敦煌研究》2003 年第 4 期　p. 42

馮培紅　關於歸義軍節度使官制的幾個問題　麥積山石窟藝術文化論文集（下）　蘭州大學出版社
　　2004　p. 223

王冀青　斯坦因與日本敦煌學　甘肅教育出版社　2004　p. 173

鄭炳林　徐曉莉　晚唐五代敦煌歸義軍政權的婚姻關係研究　敦煌學（第 25 輯）　（臺北）樂學書局
　　有限公司　2004　p. 583

S. 5974

金岡照光　敦煌文學のさまざま　敦煌の文學　（東京）大藏出版株式會社　1971　p. 159

唐耕耦　陸宏基　敦煌社會經濟文獻真迹釋錄（三）　全國圖書館文獻縮微複製中心　1990　p. 538

S. 5975

加地哲定　增補中國佛教文學研究　（東京）同朋舍　1979　p. 202

鄭阿財　敦煌孝道文學研究　（臺北）石門圖書公司　1982　p. 530

加地哲定著　劉衛星譯　中國佛教文學　今日中國出版社　1990　p. 172

曾良　敦煌文獻字義通釋　廈門大學出版社　2001　p. 26

S. 5976

三木榮　西域出土醫藥關係文獻綜合解說目錄　『東洋學報』（47 卷 1 號）　（東京）東洋學術協會
　　1964　p. 15

陳祚龍　相學國手袁天綱　敦煌資料考屑（下冊）　（臺北）商務印書館　1979　p. 270

耿昇　八十年代的法國敦煌學論著簡介　《敦煌研究》1986 年第 3 期　p. 79

黄正建　敦煌文書中《相書》殘卷與唐代的相面　《敦煌學輯刊》1988 年第 1、2 期　p. 116

馬繼興　敦煌古醫籍考釋　江西科學技術出版社　1988　p. 8

高國藩　敦煌古俗與民俗流變　河海大學出版社　1990　p. 28

菅原信海　占筮書　敦煌漢文文獻（講座敦煌 5）　（東京）大東出版社　1992　p. 455

高國藩　敦煌民俗資料導論　（臺北）新文豐出版公司　1993　p. 322

侯錦郎　敦煌寫本中的唐代相書　法國學者敦煌學論文選萃　中華書局　1993　p. 352

馬繼興　敦煌醫藥文獻　敦煌學大辭典　上海辭書出版社　1998　p. 615

嚴敦傑　相書　敦煌學大辭典　上海辭書出版社　1998　p. 621

黄正建　敦煌占卜文書與唐五代占卜研究　學苑出版社　2001　p. 59

馬繼興　當前世界各地收藏的中國出土卷子本古醫藥文獻備考　敦煌吐魯番研究（第六卷）　北京
　　大學出版社　2002　p. 138

鄭炳林　敦煌文獻中的解夢書與相面書　敦煌與絲路文化學術講座（第一輯）　北京圖書館出版社
　　2003　p. 165

鄭炳林　王晶波　敦煌寫本相書概述　《敦煌學國際聯絡委員會通訊》2003 年第 1 期　p. 52

王晶波　敦煌所出相痣圖 CH00209、S. 5976 校理釋録　《敦煌學輯刊》2004 年第 1 期　p. 39

鄭炳林　王晶波　敦煌寫本相書校録研究　民族出版社　2004　p. 5、163

王晶波　王璐　唐代相痣書殘卷 P. 3492v 研究　《敦煌研究》2005 年第 1 期　p. 15

S. 5977

李正宇　敦煌學郎題記輯注　《敦煌學輯刊》1987 年第 1 期　p. 36

任半塘　敦煌歌辭總編　上海古籍出版社　1987　p. 1089

池田溫　中國古代寫本識語集録　（東京）大藏出版株式會社　1990　p. 521

任半塘　王昆吾　隋唐五代燕樂雜言歌辭集　巴蜀書社　1990　p. 365

柴劍虹　和菩薩戒文　敦煌學大辭典　上海辭書出版社　1998　p. 546

林聰明　敦煌吐魯番文書解詁指例　（臺北）新文豐出版公司　2001　p. 205

S. 5980

周祖謨　唐五代韻書集存　中華書局　1983　p. 218、852

張涌泉　敦煌俗字彙考　敦煌俗字研究　上海教育出版社　1996　p. 4

鄭阿財　潘重規教授與敦煌學研究　"中國唐代學會"會刊（第七期）　（臺北）"中國唐代學會"　1996　p. 35

張金泉　敦煌韻書　敦煌學大辭典　上海辭書出版社　1998　p. 512

施安昌　敦煌寫經的遞變字群及其命名　善本碑帖論集　紫禁城出版社　2002　p. 334

S. 5981

芳村修基　土橋秀高　井ノ口泰淳　敦煌佛教史年表　西域文化研究（第一）・敦煌佛教資料　（京都）法藏館　1958　p. 277

田中良昭　禪宗燈史の発展　敦煌仏典と禪（講座敦煌 8）　（東京）大東出版社　1980　p. 118

土肥義和　はじめに――歸義軍節度使の敦煌支配　敦煌の歴史（講座敦煌 2）　（東京）大東出版社　1980　p. 267

史葦湘　絲綢之路上的敦煌與莫高窟　敦煌研究文集　甘肅人民出版社　1982　p. 120 注 134

蘇瑩輝　"敦煌曲"評介　敦煌論集續編　（臺北）學生書局　1983　p. 314

田中良昭　敦煌禪宗文獻の研究　（東京）大東出版社　1983　p. 151、642

陳祚龍　百尺竿頭，更進一步：敦煌學散策之三　敦煌學（第 7 輯）　（臺北）新文豐出版公司　1984　p. 74　又見：敦煌學林劄記　（臺北）商務印書館　1987　p. 86

劉銘恕　敦煌遺書雜記四篇　敦煌學論集　甘肅人民出版社　1985　p. 46

土肥義和著　李永寧譯　歸義軍時期（晚唐、五代、宋）的敦煌（續）　《敦煌研究》1987 年第 1 期　p. 94

池田溫　中國古代寫本識語集録　（東京）大藏出版株式會社　1990　p. 467

榮新江　沙州歸義軍歷任節度使稱號研究　敦煌吐魯番學研究論文集　漢語大詞典出版社　1990　p. 791

杜斗城　敦煌五臺山文獻校録研究　山西人民出版社　1991　p. 218

榮新江　敦煌文獻所見晚唐五代宋初的中印文化交往　季羨林教授八十華誕紀念論文集（下）　江西人民出版社　1991　p. 956

李并成　五代宋初的玉門關及其相關問題考　《敦煌研究》1992 年第 2 期　p. 116

田中良昭著　朱悅梅譯　從 P. 3913 談唐代佛教諸派之關係　《敦煌學輯刊》1992 年第 1、2 期　p. 115

姜伯勤　敦煌吐魯番文書與絲綢之路　文物出版社　1994　p. 147

鄭炳林　馮培紅　讀《中國古代寫本識語集錄》劄記　《西北史地》1994 年第 4 期　p. 49

黃征　吳偉　敦煌願文集　岳麓書社　1995　p. 923

李并成　李春元　瓜沙史地研究　甘肅文化出版社　1996　p. 161

榮新江　敦煌文獻和繪畫反映的五代宋初中原與西北地區的文化交往　敦煌曲續論　（臺北）新文豐出版公司　1996　p. 34

榮新江　歸義軍史研究　上海古籍出版社　1996　p. 16、52、250

榮新江　評《上海博物館藏敦煌吐魯番文獻》　敦煌吐魯番研究（第一卷）　北京大學出版社　1996　p. 374

宿白　敦煌莫高窟密教遺迹劄記　中國石窟寺考古　文物出版社　1996　p. 293 注 67

田中良昭　《禪籍解題（一）‧敦煌禪籍》補遺　俗語言研究（第三期）　（京都）禪文化研究所　1996　p. 213

虞萬里　敦煌摩尼教《下部讚》寫本年代新探　敦煌吐魯番研究（第一卷）　北京大學出版社　1996　p. 44

張先堂　S. 4654 晚唐《莫高窟紀遊詩》新探　《敦煌研究》1997 年第 3 期　p. 127

鄭炳林　敦煌碑銘讚輯釋　甘肅教育出版社　1997　p. 384 注 12

劉方　中國佛教史研究　敦煌學大辭典　上海辭書出版社　1998　p. 839

榮新江　歸義軍大事紀年初稿　出土文獻研究（第三輯）　文物出版社　1998　p. 243

榮新江　《英藏敦煌文獻》定名商補　文史（第五十二輯）　中華書局　2000　p. 124　又見：敦煌學新論　甘肅教育出版社　2002　p. 199

施萍婷　《敦煌遺書總目索引新編》前言　敦煌遺書總目索引新編　中華書局　2000　p. 3

徐俊　敦煌詩集殘卷輯考　中華書局　2000　p. 934

楊秀清　華戎交會的都市：敦煌與絲綢之路　甘肅人民出版社　2000　p. 87

曾良　敦煌文獻字義通釋　廈門大學出版社　2001　p. 123、156

馮培紅　姚桂蘭　歸義軍時期敦煌與周邊地區之間的僧使交往　敦煌佛教藝術文化國際學術研討會論文集　蘭州大學出版社　2002　p. 457

姜亮夫　敦煌莫高窟年表　姜亮夫全集（十一）　雲南人民出版社　2002　p. 473

S. 5982

黃征　敦煌俗語法研究之一：句法篇　敦煌吐魯番研究（第一卷）　北京大學出版社　1996　p. 67

S. 5984

石井昌子　靈寶經類　敦煌と中國道教（講座敦煌 4）　（東京）大東出版社　1983　p. 162

山田俊　唐初道教思想史研究‧論述篇　（京都）平樂寺書店　1999　p. 34

山田俊　唐初道教思想史研究‧資料篇　（京都）平樂寺書店　1999　p. 150

王卡　敦煌道教文獻研究　中國社會科學出版社　2004　p. 210

王卡　中國國家圖書館藏敦煌道教遺書研究報告　敦煌吐魯番研究（第七卷）　北京大學出版社　2004　p. 371

S. 5986

上山大峻　敦煌佛教の研究　（京都）法藏館　1990　p. 362

S. 5991

小川貫弌　父母恩重經　敦煌と中國仏教（講座敦煌 7）　（東京）大東出版社　1984　p. 214

方廣錩　敦煌佛教經録輯校　江蘇古籍出版社　1997　p. 616

方廣錩　大般若經點勘録　敦煌學大辭典　上海辭書出版社　1998　p. 753

S. 5992

向達　倫敦所藏敦煌卷子經眼目録　《北平圖書館圖書季刊》1939 年新第 1 卷第 4 期　p. 397　又
　　見：唐代長安與西域文明　三聯書店　1957　p. 234

菅原信海　占筮書　敦煌漢文文獻（講座敦煌 5）　（東京）大東出版社　1992　p. 442

土田健次郎　儒教典籍　敦煌漢文文獻（講座敦煌 5）　（東京）大東出版社　1992　p. 268

張涌泉　《敦煌歌辭總編》校議　《語言研究》1992 年第 1 期　p. 58

白化文　周易王弼注　敦煌學大辭典　上海辭書出版社　1998　p. 772

榮新江　《英藏敦煌文獻》定名商補　文史（第五十二輯）　中華書局　2000　p. 128

S. 5995

陳祚龍　瓜沙印録　（臺北）《大陸雜誌》1962 年第 4 期　又見：敦煌學概要　（臺北）編譯館“中華叢
　　書編委會”　1981　p. 266；中國敦煌學百年文庫·考古卷（一）　甘肅文化出版社　1999
　　p. 186

陳祚龍　古代敦煌及其他地區流行之公私印章圖記文字録　敦煌學要籥　（臺北）新文豐出版公司
　　1982　p. 328

林聰明　敦煌文書學　（臺北）新文豐出版公司　1991　p. 116、394

Л. N. チュグイェフスキ－著　荒川正晴譯注　ソ連邦科學アカデミ－東洋學研究所所藏、敦煌寫本
　　における官印と寺印　『吐魯番出土文物研究會會報』（98、99 號）　（東京）吐魯番出土文物研
　　究會　1994　p. 5

方廣錩　敦煌佛教經録輯校　江蘇古籍出版社　1997　p. 364

方廣錩　大方廣十輪經卷次録　敦煌學大辭典　上海辭書出版社　1998　p. 749

沙知　瓜沙州大王印　敦煌學大辭典　上海辭書出版社　1998　p. 289

丘古耶夫斯基著　魏迎春譯　俄藏敦煌漢文寫卷中的官印及寺院印章　《敦煌學輯刊》1999 年第 1
　　期　p. 144

王豔明　瓜沙州大王印考　《敦煌學輯刊》2000 年第 2 期　p. 42

森安孝夫著　梁曉鵬摘譯　河西歸義軍節度使官印及其編年　《敦煌學輯刊》2003 年第 1 期　p. 143

S. 5996

加地哲定　増補中國佛教文學研究　（東京）同朋舍　1979　p. 188

川崎ミチコ　修道偈 II——定格聯章　敦煌仏典と禪（講座敦煌 8）　（東京）大東出版社　1980
　　p. 277

任半塘　敦煌歌辭研究在國外　文學評論叢刊（第九輯）　中國社會科學出版社　1981　p. 193

田中良昭　敦煌禪宗文獻の研究　（東京）大東出版社　1983　p. 318

周丕顯　敦煌俗曲分時聯章歌體再議　《敦煌學輯刊》1983 年創刊號　p. 15

周丕顯　敦煌俗曲中的分時聯章體歌辭　關隴文學論叢　甘肅人民出版社　1983　p. 3

白化文　對可補入《敦煌變文集》中的幾則錄文的討論　《敦煌學輯刊》1986 年第 1 期　p. 42

龍晦　論敦煌詞曲所見之禪宗與淨土宗　《世界宗教研究》1986 年第 3 期　p. 63

任半塘　敦煌歌辭總編　上海古籍出版社　1987　p. 1412、1577

劉進寶　俚曲小調　敦煌文學　甘肅人民出版社　1989　p. 218

周紹良　白化文　李鼎霞　敦煌變文集補編　北京大學出版社　1989　p. 142

加地哲定著　劉衛星譯　中國佛教文學　今日中國出版社　1990　p. 160

任半塘　王昆吾　隋唐五代燕樂雜言歌辭集　巴蜀書社　1990　p. 1719

李正宇　試論敦煌所藏《禪師衛士遇逢因緣》　西域戲劇與戲劇的發生　新疆人民出版社　1992　
　p. 55

林家平　寧強　羅華慶　中國敦煌學史　北京語言學院出版社　1992　p. 626

楊聯陞　書評:饒宗頤、戴密微合著《敦煌曲》　楊聯陞論文集　中國社會科學出版社　1992　p. 243

周紹良　敦煌文學芻議及其它　(臺北)新文豐出版公司　1992　p. 37

項楚　敦煌詩歌導論　(臺北)新文豐出版公司　1993　p. 123

劉尊明　唐五代詞的文化觀照　(臺北)文津出版社　1994　p. 513

柳田聖山　禪籍解題(一)・敦煌禪籍　俗語言研究(第二期)　(京都)禪文化研究所　1995　p. 151

李正宇　敦煌史地新論　(臺北)新文豐出版公司　1996　p. 11

王昆吾　隋唐五代燕樂雜言歌辭研究　中華書局　1996　p. 403、420

高啓安　敦煌五更詞與甘肅五更詞比較研究　《敦煌研究》1997 年第 3 期　p. 115

陸淑綺　李重申　敦煌古代戲曲文化史料綜述　《敦煌研究》1997 年第 2 期　p. 65

孫昌武　禪思與詩情　中華書局　1997　p. 330 注 18

李正宇　禪師衛士遇逢因緣　敦煌學大辭典　上海辭書出版社　1998　p. 582

孫其芳　五更轉　敦煌學大辭典　上海辭書出版社　1998　p. 535

張錫厚　敦煌文學源流　作家出版社　2000　p. 330

林仁昱　論敦煌佛教歌曲特質與"弘法"的關係　敦煌學(第 23 輯)　(臺北)樂學書局有限公司　
　2002　p. 58、83

王小盾　從敦煌本共住修道故事看唐代佛教詩歌文體的來源　中國俗文化研究(第一輯)　巴蜀書
　社　2003　p. 22

張子開　敦煌文獻中的白話禪詩　《敦煌學輯刊》2003 年第 1 期　p. 87

S. 5998

沙知　敦煌契約文書輯校　江蘇古籍出版社　1998　p. 244

童丕　敦煌的借貸:中國中古時代的物質生活與社會　中華書局　2003　p. 47

王啓濤　中古及近代法制文書語言研究　巴蜀書社　2003　p. 239、253

S. 5999

李正宇　敦煌方音止遇二攝混同及其校勘學意義　《敦煌研究》1986 年第 4 期　p. 47

胡戟　傅玫　敦煌史話　中華書局　1995　p. 182

張金泉　許建平　敦煌音義彙考　杭州大學出版社　1996　p. 1210

張涌泉　敦煌俗字彙考　敦煌俗字研究　上海教育出版社　1996　p. 3

張金泉　敦煌佛經音義寫卷述要　《敦煌研究》1997 年第 2 期　p. 118

S. 6000

田中良昭　修道偈Ⅰ　敦煌仏典と禪（講座敦煌8）　（東京）大東出版社　1980　p. 252

龍晦　論敦煌詞曲所見之禪宗與淨土宗　《世界宗教研究》1986 年第 3 期　p. 61

任半塘　敦煌歌辭總編　上海古籍出版社　1987　p. 782

任半塘　王昆吾　隋唐五代燕樂雜言歌辭集　巴蜀書社　1990　p. 37

上山大峻　敦煌佛教の研究　（京都）法藏館　1990　p. 421

索仁森著　李吉和譯　敦煌漢文禪籍特徵概觀　《敦煌研究》1994 年第 1 期　p. 117

田中良昭　敦煌の禪籍　禪學研究入門　（東京）大東出版社　1994　p. 68

柳田聖山　禪籍解題（一）・敦煌禪籍　俗語言研究（第二期）　（京都）禪文化研究所　1995　p. 150

孫昌武　禪思與詩情　中華書局　1997　p. 331 注 37

楊森　晚唐五代兩件《女人社》文書劄記　《敦煌研究》1998 年第 1 期　p. 69

徐俊　敦煌詩集殘卷輯考　中華書局　2000　p. 15、545

徐俊　關於“禪門秘要訣”：敦煌釋氏歌偈寫本三種合校　慶祝吳其昱先生八秩華誕敦煌學特刊　（臺北）文津出版社　2000　p. 233

王志鵬　從敦煌歌辭看唐代敦煌地區禪宗的流傳與發展　《敦煌研究》2005 年第 6 期　p. 100

S. 6001

李明偉　狀・牒・帖　敦煌文學　甘肅人民出版社　1989　p. 43

汪泛舟　偈・頌　敦煌文學　甘肅人民出版社　1989　p. 92

榮新江　敦煌邈真讚所見歸義軍與東西回鶻的關係　敦煌邈真讚校錄並研究　（臺北）新文豐出版公司　1994　p. 110

榮新江　甘州回鶻與曹氏歸義軍　《中國古代史》（先秦至隋唐）1994 年第 3 期　p. 107

S. 6002

石井昌子　靈寶經類　敦煌と中國道教（講座敦煌4）　（東京）大東出版社　1983　p. 162

朱越利　道經總論　遼寧教育出版社　1992　p. 274

萬毅　日本天理圖書館藏卷敦煌本《本際經》論略　華學（第一輯）　中山大學出版社　1995　p. 168

鄭炳林　唐五代敦煌粟特人與歸義軍政權　《敦煌研究》1996 年第 4 期　p. 82　又見：敦煌歸義軍史專題研究　蘭州大學出版社　1997　p. 404

王卡　天尊說三善發願經　敦煌學大辭典　上海辭書出版社　1998　p. 763

山田俊　唐初道教思想史研究・論述篇　（京都）平樂寺書店　1999　p. 12

山田俊　唐初道教思想史研究・資料篇　（京都）平樂寺書店　1999　p. 15、161

高啓安　唐五代敦煌飲食文化研究　民族出版社　2004　p. 29

李正宇　晚唐至宋敦煌僧人聽食“淨肉”　敦煌學（第 25 輯）　（臺北）樂學書局有限公司　2004　p. 182

王卡　敦煌道教文獻研究　中國社會科學出版社　2004　p. 211

葉貴良　《俄藏敦煌文獻》道經殘卷考述　浙江與敦煌學：常書鴻先生誕辰一百周年紀念文集　浙江古籍出版社　2004　p. 366

S. 6003

山本達郎等　敦煌・Ⅲ 轉貼　『NUN－HUANG AND TURFAN DOCUMENTS CONCERNING SOCIAL AND ECONOMIC HISTORY』（Ⅳ）　（東京）東洋文庫　1989　p. 44

高國藩　敦煌民俗資料導論　（臺北）新文豐出版公司　1993　p. 5

石田勇作　敦煌「社文書」研究序說　中國古代の國家と民衆（堀敏一先生古稀記念）　（東京）汲古書院　1995　p. 684

土肥義和　唐・北宋間の「社」の組織形態に関する一考察　中國古代の國家と民衆（堀敏一先生古稀記念）　（東京）汲古書院　1995　p. 716

郝春文　評榮新江《英國圖書館藏敦煌漢文非佛教文獻殘卷目録（S. 6981－13624）》　敦煌吐魯番研究（第一卷）　北京大學出版社　1996　p. 363

劉進寶　P. 3236 號《壬申年官布籍》時代考　《西北師大學報》（社會科學版）1996 年第 5 期　p. 44

劉進寶　P. 3236 號《壬申年官布籍》研究　慶祝潘石禪先生九秩華誕敦煌學特刊　（臺北）文津出版社　1996　p. 360

寧可　郝春文　敦煌社邑文書輯校　江蘇古籍出版社　1997　p. 109

郝春文　唐後期五代宋初敦煌僧尼的社會生活　中國社會科學出版社　1998　p. 384

郝春文　唐後期五代宋初敦煌僧尼遺産的處理與喪事的操辦　《敦煌研究》1998 年第 3 期　p. 42

土肥義和　唐・北宋の間：敦煌の杜家親情社追補社條（S. 8160rv）について　唐代史研究（創刊號）　（東京）唐代史研究會　1998　p. 10

郝春文　《敦煌社邑文書輯校》補遺（二）　《首都師範大學學報》2000 年第 2 期　p. 8

郝春文　英藏敦煌文獻年代叢考　英國收藏敦煌漢藏文獻研究：紀念敦煌文獻發現一百周年　中國社會科學出版社　2000　p. 374

劉進寶　敦煌文書與唐史研究　（臺北）新文豐出版公司　2000　p. 232

S. 6004

高國藩　敦煌民俗資料導論　（臺北）新文豐出版公司　1993　p. 3

石田勇作　敦煌「社文書」研究序說　中國古代の國家と民衆（堀敏一先生古稀記念）　（東京）汲古書院　1995　p. 684

寧可　郝春文　敦煌社邑文書輯校　江蘇古籍出版社　1997　p. 280

S. 6005

芳村修基　土橋秀高　井ノ口泰淳　敦煌佛教史年表　西域文化研究（第一）・敦煌佛教資料　（京都）法藏館　1958　p. 267

竺沙雅章　敦煌出土「社」文書の研究　『東方學報』（第 35 號）　京都大學人文科學研究所　1964　p. 248

唐耕耦　陸宏基　敦煌社會經濟文獻真迹釋録（一）　書目文獻出版社　1986　p. 288

高國藩　敦煌民俗學　上海文藝出版社　1989　p. 20

山本達郎等　敦煌・I 社條　『NUN－HUANG AND TURFAN DOCUMENTS CONCERNING SOCIAL AND ECONOMIC HISTORY』（IV）　（東京）東洋文庫　1989　p. 7

胡同慶　從敦煌結社活動探討人的群體性以及個體與集體的關係　《敦煌研究》1990 年第 4 期　p. 75　又見：敦煌學研究　甘肅人民美術出版社　1994　p. 178

姜伯勤　敦煌社會文書導論　（臺北）新文豐出版公司　1992　p. 236

高國藩　敦煌民俗資料導論　（臺北）新文豐出版公司　1993　p. 4、13

郝春文　敦煌寫本社邑文書年代彙考（一）　《首都師範大學學報》1993 年第 4 期　p. 34

寧可　郝春文　敦煌寫本社邑文書述略　《首都師範大學學報》1994 年第 4 期　p. 12

寧可　郝春文　敦煌社邑的喪葬互助　《首都師範大學學報》1995 年第 6 期　p. 34

張涌泉　敦煌俗字研究導論　（臺北）新文豐出版公司　1996　p. 152

寧可　郝春文　敦煌社邑文書輯校　江蘇古籍出版社　1997　p. 19

楊際平　郭鋒　張和平　五—十世紀敦煌的家庭與家族關係　岳麓書社　1997　p. 173

高田時雄　藏文社邑文書二三種　敦煌吐魯番研究（第三卷）　北京大學出版社　1998　p. 185

郝春文　唐後期五代宋初敦煌僧尼的社會生活　中國社會科學出版社　1998　p. 385

郝春文　唐後期五代宋初敦煌僧尼遺產的處理與喪事的操辦　《敦煌研究》1998 年第 3 期　p. 42

土肥義和　唐・北宋の間：敦煌の杜家親情社追補社條（S. 8160rv）について　唐代史研究（創刊號）
　　（東京）唐代史研究會　1998　p. 12

羅福頤　敦煌石室文物對於學術上的貢獻　中國敦煌學百年文庫・考古卷（四）　甘肅文化出版社
　　1999　p. 12

寧可　寧可史學論集　中國社會科學出版社　1999　p. 449 注 4

楊森　敦煌社司文書畫押符號及其相關問題　《敦煌學輯刊》1999 年第 1 期　p. 86

楊森　談敦煌社邑文書中“三官”及“錄事”“虞侯”的若干問題　《敦煌研究》1999 年第 3 期　p. 81

郝春文　英藏敦煌文獻年代叢考　英國收藏敦煌漢藏文獻研究：紀念敦煌文獻發現一百周年　中國
　　社會科學出版社　2000　p. 374

郝春文　《唐末五代宋初敦煌社邑的幾個問題》商榷　國際敦煌學學術史研討會論文集　研討會籌
　　備組　2002　p. 195

孟憲實　論唐宋時期敦煌民間結社的組織形態　《敦煌研究》2002 年第 1 期　p. 60

郝春文　《敦煌寫本社邑文書輯校》補遺（四）　漢語史學報專輯（第三輯）　上海教育出版社　2003
　　p. 369

郝春文　再論敦煌私社的“春秋坐局席”活動　《敦煌學輯刊》2006 年第 1 期　p. 5 注 14

孟憲實　論唐宋時期敦煌民間結社的社條　敦煌吐魯番研究（第九卷）　北京大學出版社　2006
　　p. 318、331、334

S. 6006

劉銘恕　再記英國倫敦所藏的敦煌經卷　《中國科學院圖書館通訊》1957 年第 7 期　又見：中國敦煌
　　學百年文庫・綜述卷（二）　甘肅文化出版社　1999　p. 139

芳村修基　土橋秀高　井ノ口泰淳　敦煌佛教史年表　西域文化研究（第一）・敦煌佛教資料　（京
　　都）法藏館　1958　p. 271

加地哲定　增補中國佛教文學研究　（東京）同朋舍　1979　p. 137

陳祚龍　敦煌古抄內典尾記彙校初、二、三編合刊　敦煌學要籥　（臺北）新文豐出版公司　1982
　　p. 158

池田溫　中國古代寫本識語集錄　（東京）大藏出版株式會社　1990　p. 302

加地哲定著　劉衛星譯　中國佛教文學　今日中國出版社　1990　p. 117

李正宇　敦煌文學概論　甘肅人民出版社　1993　p. 113

王惠民　《董保德功德記》與隋代敦煌崇教寺舍利塔　《敦煌研究》1997 年第 3 期　p. 72

宋家鈺　寧可　虞侯　敦煌學大辭典　上海辭書出版社　1998　p. 409

林聰明　敦煌吐魯番文書解詁指例　（臺北）新文豐出版公司　2001　p. 182

姜亮夫　敦煌莫高窟年表　姜亮夫全集（十一）　雲南人民出版社　2002　p. 329

S. 6007

劉進寶　俚曲小調　敦煌文學　甘肅人民出版社　1989　p. 231

陳祚龍　敦煌學新簡　敦煌文物散論　（臺北）新文豐出版公司　1993　p. 161
鄭阿財　從敦煌文獻看唐代的三教合一　第二屆國際唐代學術會議論文集(上)　（臺北）文津出版
　　社　1993　p. 668 注 16
張涌泉　敦煌本《佛說父母恩重經》研究　文史(第四十九輯)　中華書局　1999　p. 70
馬世長　《父母恩重經》寫本與變相　敦煌研究文集·敦煌石窟經變篇　甘肅民族出版社　2000
　　p. 398
町田隆吉　『唐咸亨四年(673)左憧熹生前及隨身錢物疏』をめぐって　『西北出土文獻研究』(創刊
　　號)　（新潟）西北出土文獻研究會　2004　p. 69

S. 6008

唐耕耦　陸宏基　敦煌社會經濟文獻真迹釋錄(一)　書目文獻出版社　1986　p. 349
山本達郎等　敦煌·III 轉貼　『NUN – HUANG AND TURFAN DOCUMENTS CONCERNING SOCIAL
　　AND ECONOMIC HISTORY』(IV)　（東京）東洋文庫　1989　p. 58
姜伯勤　敦煌社會文書導論　（臺北）新文豐出版公司　1992　p. 242
高國藩　敦煌民俗資料導論　（臺北）新文豐出版公司　1993　p. 3
石田勇作　敦煌「社文書」研究序說　中國古代の國家と民眾(堀敏一先生古稀記念)　（東京）汲古
　　書院　1995　p. 684
寧可　郝春文　敦煌社邑文書輯校　江蘇古籍出版社　1997　p. 215
孟憲實　敦煌社邑的分佈　敦煌文獻論集：紀念藏經洞發現一百周年國際學術研討會論文集　遼寧
　　人民出版社　2001　p. 432

S. 6009

龍晦　論敦煌道教文學　《世界宗教研究》1985 年第 3 期　又見：中國敦煌學百年文庫·宗教卷
　　(三)　甘肅文化出版社　1999　p. 368
王卡　老子十方像名經　敦煌學大辭典　上海辭書出版社　1998　p. 761
王卡　敦煌道教文獻研究　中國社會科學出版社　2004　p. 192

S. 6010

向達　倫敦所藏敦煌卷子經眼目錄　《北平圖書館圖書季刊》1939 年新第 1 卷第 4 期　p. 397　又
　　見：唐代長安與西域文明　三聯書店　1957　p. 234
山本達郎等　敦煌·III 轉貼　『NUN – HUANG AND TURFAN DOCUMENTS CONCERNING SOCIAL
　　AND ECONOMIC HISTORY』(IV)　（東京）東洋文庫　1989　p. 79
唐耕耦　陸宏基　敦煌社會經濟文獻真迹釋錄(四)　全國圖書館文獻縮微複製中心　1990　p. 484
邵文實　沙州節兒考及其引申出來的幾個問題　《西北師大學報》(社會科學版)1992 年第 5 期
　　p. 64
王震亞　趙熒　敦煌殘卷爭訟文牒集釋　甘肅人民出版社　1993　p. 212
楊銘　一件有關敦煌陷蕃時間的藏文文書　《敦煌研究》1994 年第 3 期　p. 85
石田勇作　敦煌「社文書」研究序說　中國古代の國家と民眾(堀敏一先生古稀記念)　（東京）汲古
　　書院　1995　p. 675
馮培紅　唐五代歸義軍政權中隊職問題辨析　《敦煌學輯刊》1996 年第 2 期　p. 27　又見：敦煌歸義
　　軍史專題研究　蘭州大學出版社　1997　p. 38、44
馮培紅　晚唐五代宋初歸義軍武職軍將研究　敦煌歸義軍史專題研究　蘭州大學出版社　1997

p. 112

楊銘　吐蕃統治敦煌研究　（臺北）新文豐出版公司　1997　p. 105

鄭炳林　敦煌碑銘讚輯釋　甘肅教育出版社　1997　p. 159 注 4

寧可　行人轉帖　敦煌學大辭典　上海辭書出版社　1998　p. 430

鄭炳林　楊富學　晚唐五代金銀在敦煌的使用與流通　中國敦煌學百年文庫・歷史卷（二）　甘肅
　　文化出版社　1999　p. 585

劉敬林　敦煌文牒詞語校釋　《敦煌學輯刊》2003 年第 1 期　p. 117

S. 6011

向達　倫敦所藏敦煌卷子經眼目錄　《北平圖書館圖書季刊》1939 年新第 1 卷第 4 期　p. 397　又
　　見：唐代長安與西域文明　三聯書店　1957　p. 234

饒宗頤　敦煌寫卷之書法　唐代研究論集（第三輯）　（臺北）新文豐出版公司　1992　p. 22

王三慶著　池田溫譯　類書　敦煌漢文文獻（講座敦煌 5）　（東京）大東出版社　1992　p. 386

胡戟　傅玫　敦煌史話　中華書局　1995　p. 190

S. 6012

周祖謨　唐五代韻書集存　中華書局　1983　p. 231、860

鄭阿財　潘重規教授與敦煌學研究　“中國唐代學會”會刊（第七期）　（臺北）“中國唐代學會”
　　1996　p. 35

張金泉　敦煌韻書　敦煌學大辭典　上海辭書出版社　1998　p. 512

北京大學　敦煌《經卷》、《照片》及《圖書》目錄　中國敦煌學百年文庫・綜述卷（一）　甘肅文化出
　　版社　1999　p. 315

施安昌　敦煌寫經的遞變字群及其命名　善本碑帖論集　紫禁城出版社　2002　p. 334

S. 6013

周祖謨　唐五代韻書集存　中華書局　1983　p. 230、858

張涌泉　敦煌俗字彙考　敦煌俗字研究　上海教育出版社　1996　p. 4

鄭阿財　潘重規教授與敦煌學研究　“中國唐代學會”會刊（第七期）　（臺北）“中國唐代學會”
　　1996　p. 35

張金泉　敦煌韻書　敦煌學大辭典　上海辭書出版社　1998　p. 512

施安昌　敦煌寫經的遞變字群及其命名　善本碑帖論集　紫禁城出版社　2002　p. 334

S. 6014

劉銘恕　再記英國倫敦所藏的敦煌經卷　《中國科學院圖書館通訊》1957 年第 7 期　又見：中國敦煌
　　學百年文庫・綜述卷（二）　甘肅文化出版社　1999　p. 134

鄭炳林　敦煌地理文書彙輯校注　甘肅教育出版社　1989　p. 199

李并成　敦煌遺書中地理書卷的學術價值　《地理研究》1992 年第 3 期　p. 42

李并成　一批珍貴的古代地理文書：敦煌遺書中的地理書卷　《中國科技史料》1992 年第 13 卷第 4
　　期　p. 91

日比野丈夫　地理書　敦煌漢文文獻（講座敦煌 5）　（東京）大東出版社　1992　p. 349

榮新江　敦煌地理文獻的價值與研究　《書品》2000 年第 3 期　又見：敦煌學新論　甘肅教育出版社
　　2002　p. 253

榮新江　敦煌學十八講　北京大學出版社　2001　p. 272
李并成　唐《始平縣圖經》殘卷（S. 6014）研究　《敦煌研究》2005 年第 5 期　p. 51
李錦繡　敦煌吐魯番地理文書與唐五代地理學　《吐魯番學研究》2005 年第 1 期　p. 60

S. 6015

陳槃　敦煌唐咸通抄本三備殘卷解題　《國立中央研究院歷史語言研究所集刊》1948 年第 10 期　又
　　見：中國敦煌學百年文庫·文獻卷（一）　甘肅文化出版社　1999　p. 285
王重民　敦煌古籍敘錄　中華書局　1979　p. 163
蘇瑩輝　敦煌學概要　（臺北）編譯館"中華叢書編委會"　1981　p. 45
蘇瑩輝　中外敦煌古寫本纂要　敦煌論集　（臺北）學生書局　1983　p. 321
王重民原編　黃永武新編　敦煌古籍敘錄新編（第八冊）　（臺北）新文豐出版公司　1986　p. 238
菅原信海　占筮書　敦煌漢文文獻（講座敦煌 5）　（東京）大東出版社　1992　p. 442
鄧文寬　易三備　敦煌學大辭典　上海辭書出版社　1998　p. 623
姜亮夫　敦煌：偉大的文化寶藏　雲南人民出版社　1999　p. 148
顏廷亮　敦煌文化中的道教及文化　《敦煌研究》1999 年第 1 期　p. 141
馬克　敦煌數占小考　法國漢學（敦煌學專號）　中華書局　2000　p. 193
顏廷亮　敦煌文化　光明日報出版社　2000　p. 246
黃正建　敦煌占卜文書與唐五代占卜研究　學苑出版社　2001　p. 12
姜亮夫　敦煌莫高窟年表　姜亮夫全集（十一）　雲南人民出版社　2002　p. 403
張弓　敦煌四部籍與中古後期社會的文化情境　敦煌學（第 25 輯）　（臺北）樂學書局有限公司
　　2004　p. 315
張志清　林世田　S. 6015《易三備》綴合與校錄　敦煌吐魯番研究（第九卷）　北京大學出版社
　　2006　p. 389

S. 6016

田中良昭　敦煌禪宗文獻の研究　（東京）大東出版社　1983　p. 350

S. 6017

向達　倫敦所藏敦煌卷子經眼目錄　《北平圖書館圖書季刊》1939 年新第 1 卷第 4 期　p. 397　又
　　見：唐代長安與西域文明　三聯書店　1957　p. 234
陳鐵凡　敦煌本尚書述略　（臺北）《大陸雜誌》1961 年第 8 期　又見：中國敦煌學百年文庫·文獻
　　卷（一）　甘肅文化出版社　1999　p. 445
王堯　陳踐　敦煌吐蕃文獻選　四川民族出版社　1983　p. 66
土田健次郎　儒教典籍　敦煌漢文文獻（講座敦煌 5）　（東京）大東出版社　1992　p. 268
吳其昱著　伊藤美重子譯　敦煌漢文寫本概觀　敦煌漢文文獻（講座敦煌 5）　（東京）大東出版社
　　1992　p. 98
王堯　吐蕃時期藏譯漢籍名著及故事　中國古籍研究（第一卷）　上海古籍出版社　1996　p. 539
陳公柔　評介《尚書文字合編》　燕京學報（新第 4 期）　北京大學出版社　1998　p. 293
蓋建民　從敦煌遺書看佛教醫學思想及其影響　佛學研究（第八期）　中國佛教文化研究所　1999
　　p. 265
許建平　敦煌本《尚書》敘錄　敦煌文獻論集：紀念藏經洞發現一百周年國際學術研討會論文集　遼
　　寧人民出版社　2001　p. 386

許建平　敦煌出土《尚書》寫卷研究的過去與未來　敦煌吐魯番研究(第七卷)　北京大學出版社　2004　p. 227

中村威也　ДX10698『尚書費誓』とДX10698v「史書」について　『西北出土文獻研究』(創刊號)　(新潟)西北出土文獻研究會　2004　p. 42

石塚晴通　敦煌的加點本　敦煌學・日本學:石塚晴通教授退職紀念論文集　上海辭書出版社　2005　p. 9

S. 6018

土橋秀高　敦煌の律蔵　敦煌と中國仏教(講座敦煌7)　(東京)大東出版社　1984　p. 247

S. 6019

向達　倫敦所藏敦煌卷子經眼目録　《北平圖書館圖書季刊》1939年新第1卷第4期　p. 397　又見:唐代長安與西域文明　三聯書店　1957　p. 234

陳鐵凡　敦煌本孝經考略　(臺中)《東海學報》1978年第19卷　又見:中國敦煌學百年文庫・文獻卷(二)　甘肅文化出版社　1999　p. 503

土田健次郎　儒教典籍　敦煌漢文文獻(講座敦煌5)　(東京)大東出版社　1992　p. 269

胡戟　傅玫　敦煌史話　中華書局　1995　p. 143

白化文　孝經　敦煌學大辭典　上海辭書出版社　1998　p. 775

S. 6021

平井宥慶　金剛般若經　敦煌と中國仏教(講座敦煌7)　(東京)大東出版社　1984　p. 21

華方田　金剛般若經疏　藏外佛教文獻(第三輯)　宗教文化出版社　1997　p. 259

平井宥慶　敦煌流傳の金剛般若經　金剛般若經の思想的研究　(東京)春秋社　1999　p. 246

平井宥慶　敦煌文書における金剛經疏　金剛般若經の思想的研究　(東京)春秋社　1999　p. 268

S. 6022

向達　倫敦所藏敦煌卷子經眼目録　《北平圖書館圖書季刊》1939年新第1卷第4期　p. 397　又見:唐代長安與西域文明　三聯書店　1957　p. 234

劉銘恕　再記英國倫敦所藏的敦煌經卷　《中國科學院圖書館通訊》1957年第7期　又見:中國敦煌學百年文庫・綜述卷(二)　甘肅文化出版社　1999　p. 138

金岡照光　敦煌漢文文學文獻の文學形態上の種類とその分類　敦煌出土文學文獻分類目録・附解説　(東京)東洋文庫　1971　p. 215

楊家駱　敦煌變文　(臺北)世界書局　1980　p. 889

鄭阿財　敦煌孝道文學研究　(臺北)石門圖書公司　1982　p. 424

周紹良　談唐代民間文學　敦煌變文論文録　上海古籍出版社　1982　p. 413　又見:紹良叢稿　齊魯書社　1984　p. 55

潘重規　敦煌變文集新書(下)　(臺北)"中國文化大學"中文研究所　1984　p. 1238

王慶菽　搜神記一卷　敦煌變文集　人民文學出版社　1984　p. 889

王國良　敦煌本搜神記考辨　漢學研究(敦煌學國際研討會論文專號)　(臺北)漢學研究資料及服務中心　1986　p. 380

周紹良　小說　敦煌文學　甘肅人民出版社　1989　p. 285

郭在貽　張涌泉　黃征　敦煌變文集校議　岳麓書社　1990　p. 449

金岡照光　散文體類　敦煌の文學文獻(講座敦煌9)　(東京)大東出版社　1992　p. 244

金岡照光　孝行譚:『舜子変』と『董永傳』　敦煌の文學文獻(講座敦煌9)　(東京)大東出版社
　　1992　p. 525

林家平　寧强　羅華慶　中國敦煌學史　北京語言學院出版社　1992　p. 337

周紹良　敦煌文學芻議及其它　(臺北)新文豐出版公司　1992　p. 58

高國藩　敦煌民俗資料導論　(臺北)新文豐出版公司　1993　p. 16、88

張先堂　敦煌文學概論　甘肅人民出版社　1993　p. 332

蔣禮鴻　敦煌文獻語言詞典　杭州大學出版社　1994　p. 188、360

李重申　敦煌古代的博弈文化　敦煌佛教文化研究　社科縱橫編輯部　1996　p. 187

劉子瑜　敦煌變文和王梵志詩　大象出版社　1997　p. 38

張鴻勳　句道興搜神記　敦煌學大辭典　上海辭書出版社　1998　p. 583

高國藩　敦煌俗文化學　上海三聯書店　1999　p. 253

伏俊璉　伏麒鵬　石室齊諧:敦煌小說選析　甘肅人民出版社　2000　p. 137

金岡照光　敦煌文獻と中國文學　(東京)五曜書房　2000　p. 33

李重申　敦煌古代體育文化　甘肅人民出版社　2000　p. 85

張錫厚　敦煌文學源流　作家出版社　2000　p. 502

王青　句道興《搜神記》與天鵝處女型故事　《敦煌研究》2005年第2期　p. 96

蘭州理工大學絲綢之路文史研究所編　絲綢之路體育文化論集　中華書局　2005　p. 212

王青　西域文化影響下的中古小說　中國社會科學出版社　2006　p. 342

S. 6023

向達　倫敦所藏敦煌卷子經眼目録　《北平圖書館圖書季刊》1939年新第1卷第4期　p. 397　又
　　見:唐代長安與西域文明　三聯書店　1957　p. 234

土田健次郎　儒教典籍　敦煌漢文文獻(講座敦煌5)　(東京)大東出版社　1992　p. 269

韓鋒　幾件敦煌寫本《論語》白文殘卷綴合研究　《敦煌學輯刊》2006年第1期　p. 6

S. 6024

蕭登福　從敦煌寫卷中看道教星斗崇拜對佛經之影響　第二屆敦煌學國際研討會論文集　(臺北)
　　漢學研究中心　1990　p. 331

蕭登福　道教星斗符印與佛教密宗　(臺北)新文豐出版公司　1993　p. 13

王元軍　從敦煌唐佛經寫本談有關唐代寫經生及其書法藝術的幾個問題　《敦煌研究》1995年第1
　　期　p. 160

顏廷亮　敦煌文化中的道教及文化　《敦煌研究》1999年第1期　p. 134

楊秀清　淺談唐、宋時期敦煌地區的學生生活　《敦煌研究》1999年第4期　p. 139

顏廷亮　敦煌文化　光明日報出版社　2000　p. 225、258

楊秀清　華戎交會的都市:敦煌與絲綢之路　甘肅人民出版社　2000　p. 96

鄧文寬　敦煌吐魯番天文曆法研究　甘肅教育出版社　2002　p. 38

鄧文寬　劉樂賢　敦煌天文氣象占寫本概述　敦煌吐魯番研究(第九卷)　北京大學出版社　2006
　　p. 411

S. 6026

譚蟬雪　祭文　敦煌文學　甘肅人民出版社　1989　p. 123

郝春文　關於唐後期五代宋初沙州僧俗的施捨問題　唐研究(第三卷)　北京大學出版社　1997
　　p. 24

郝春文　唐後期五代宋初敦煌僧尼的社會生活　中國社會科學出版社　1998　p. 247

S. 6027

陳祚龍　關於道家"本際經"及其"要略妙義"與"疏"的敦煌古抄　敦煌文物隨筆　(臺北)商務印書
　　館　1979　p. 211

石井昌子　靈寶經類　敦煌と中國道教(講座敦煌4)　(東京)大東出版社　1983　p. 159

康得謨著　耿昇譯　《本際經》人名考釋　敦煌譯叢(第一輯)　甘肅人民出版社　1985　p. 185

萬毅　敦煌道教文獻《本際經》錄文及解說　道家文化研究(第十三輯)　三聯書店　1998　p. 367

王卡　太玄真一本際經　敦煌學大辭典　上海辭書出版社　1998　p. 765

山田俊　唐初道教思想史研究·資料篇　(京都)平樂寺書店　1999　p. 10、161

王卡　敦煌道教文獻研究　中國社會科學出版社　2004　p. 193

王卡　中國國家圖書館藏敦煌道教遺書研究報告　敦煌吐魯番研究(第七卷)　北京大學出版社
　　2004　p. 367

S. 6028

王重民　說《十二月》　《申報·文史》1948年第7期　又見:中國敦煌學百年文庫·文學卷(一)
　　甘肅文化出版社　1999　p. 476

劉銘恕　再記英國倫敦所藏的敦煌經卷　《中國科學院圖書館通訊》1957年第7期　又見:中國敦煌
　　學百年文庫·綜述卷(二)　甘肅文化出版社　1999　p. 131

蘇瑩輝　論莫高窟七佛藥師之堂非由洪䛒所開鑿　敦煌學(第4輯)　(香港)新亞研究所敦煌學會
　　1979　p. 66 注17

蘇瑩輝　從敦煌吳僧統碑和三卷敦煌寫本論吳法成並非緒芝之子亦非洪䛒和尚　敦煌論集續編
　　(臺北)學生書局　1983　p. 133

周丕顯　敦煌佛經略考　《敦煌學輯刊》1987年第2期　p. 4

張錫厚　詩歌　敦煌文學　甘肅人民出版社　1989　p. 180

姜伯勤　敦煌本乘恩帖考證　中山大學史學集刊(第一輯)　廣東人民出版社　1992　又見:中國敦
　　煌學百年文庫·宗教卷(二)　甘肅文化出版社　1999　p. 317

吳庚舜　董乃斌　唐代文學史(下)　人民文學出版社　1995　p. 613

姜伯勤　敦煌藝術宗教與禮樂文明　中國社會科學出版社　1996　p. 385

高啓安　索黛　唐五代敦煌飲食中的餅淺探　《敦煌研究》1998年第4期　p. 85

樊錦詩　玄奘譯經和敦煌壁畫　《敦煌研究》2004年第2期　p. 7

高啓安　唐五代敦煌飲食文化研究　民族出版社　2004　p. 165

S. 6030

三木榮　西域出土醫藥關係文獻綜合解說目錄　『東洋學報』(47卷1號)　(東京)東洋學術協
　　會　1964　p. 14

馬繼興　敦煌古醫籍考釋　江西科學技術出版社　1988　p. 484

馬繼興　敦煌醫藥文獻輯校　江蘇古籍出版社　1998　p. 736

童丕　10世紀敦煌的借貸人　法國漢學(第3輯)　中華書局　1998　p. 65

王淑民　陵陽禁方　敦煌學大辭典　上海辭書出版社　1998　p. 620

楊森　關於敦煌文獻中的"平章"一詞　敦煌學與中國史研究論集　甘肅人民出版社　2001　p. 231

馬繼興　當前世界各地收藏的中國出土卷子本古醫藥文獻備考　敦煌吐魯番研究（第六卷）　北京大學出版社　2002　p. 138

張鴻勳　敦煌俗文學研究　甘肅人民出版社　2002　p. 352

趙平安　談談敦煌醫學寫本的釋字問題　敦煌吐魯番研究（第六卷）　北京大學出版社　2002　p. 201

趙貞　評《敦煌占卜文書與唐五代占卜研究》　唐研究（第八卷）　北京大學出版社　2002　p. 519

陳明　情性至道：西域"足身力"方與敦煌房中方藥　中國俗文化研究（第二輯）　巴蜀書社　2004　p. 172

王卡　敦煌道教文獻研究　中國社會科學出版社　2004　p. 52、152

陳明　殊方異藥：出土文書與西域醫學　北京大學出版社　2005　p. 137

S. 6031

汪泛舟　讚・箴　敦煌文學　甘肅人民出版社　1989　p. 103

周紹良　敦煌文學芻議及其它　（臺北）新文豐出版公司　1992　p. 30

方廣錩　敦煌佛教經録輯校　江蘇古籍出版社　1997　p. 815

鄭炳林　敦煌碑銘讚輯釋　甘肅教育出版社　1997　p. 61 注9

方廣錩　庚辰年十一月中翟家開《大般若經》　敦煌學大辭典　上海辭書出版社　1998　p. 755

鄭炳林　徐曉莉　晚唐五代敦煌歸義軍政權的婚姻關係研究　敦煌學（第25輯）　（臺北）樂學書局有限公司　2004　p. 581

S. 6032

金岡照光　敦煌文學のさまざま　敦煌の文學　（東京）大藏出版株式會社　1971　p. 159

遊佐昇　『王梵志詩』のもつ兩側面　大正大學大學院研究論集（第2號）　（東京）大正大學大學院　1978　p. 10

川崎ミチコ　通俗詩類・雜詩文類　敦煌仏典と禪（講座敦煌8）　（東京）大東出版社　1980　p. 319

項楚　《敦煌寫本王梵志詩校注》補正　中華文史論叢（總20輯）　上海古籍出版社　1981　p. 97

張錫厚　關於敦煌寫本《王梵志詩》整理的若干問題　文史（第十五輯）　中華書局　1982　p. 185
又見：王梵志詩研究彙録（上）　上海古籍出版社　1990　p. 73；中國敦煌學百年文庫・文學卷（二）　甘肅文化出版社　1999　p. 493

高國藩　談敦煌五言白話詩　關隴文學論叢　甘肅人民出版社　1983　p. 62

張錫厚　王梵志詩校輯　中華書局　1983　p. 4

朱鳳玉　王梵志詩研究（上、下）　（臺北）學生書局　1986　p. 9、29、61；193

朱鳳玉　王梵志研究的兩本專著評介　敦煌學（第11輯）　（臺北）新文豐出版公司　1986　p. 93

菊池英夫　中國古文書・古寫本學と日本　東アジア古文書の史的研究　（東京）刀水書房　1990　p. 181

張錫厚　敦煌寫本王梵志詩原卷真迹　王梵志詩研究彙録（上）　上海古籍出版社　1990　圖版25

趙和平　鄧文寬　敦煌寫本王梵志詩校注　王梵志詩研究彙録（上）　上海古籍出版社　1990　p. 153

郭在貽　郭在貽語言文學論稿　浙江古籍出版社　1992　p. 78

黃征　王梵志詩校釋補議　中華文史論叢（總50輯）　上海古籍出版社　1992　p. 104　又見：敦煌

語文叢說　（臺北）新文豐出版公司　1997　p. 264

林家平　寧強　羅華慶　中國敦煌學史　北京語言學院出版社　1992　p. 596

吳其昱著　伊藤美重子譯　敦煌漢文寫本概観　敦煌漢文文獻（講座敦煌5）　（東京）大東出版社　1992　p. 116

郭在貽　郭在貽敦煌學論集　江西人民出版社　1993　p. 189

項楚　敦煌詩歌導論　（臺北）新文豐出版公司　1993　p. 296

蔣禮鴻　敦煌文獻語言詞典　杭州大學出版社　1994　p. 38、53

張涌泉　試論審辨敦煌寫本俗字的方法　《敦煌研究》1994 年第 2 期　p. 150　又見：舊學新知　浙江大學出版社　1999　p. 82

曲金良　敦煌佛教文學研究　（臺北）文津出版社　1995　p. 250

張錫厚　敦煌本唐集研究　（臺北）新文豐出版公司　1995　p. 95

張涌泉　漢語俗字研究　岳麓書社　1995　p. 181

張涌泉　敦煌俗字研究導論　（臺北）新文豐出版公司　1996　p. 166

張涌泉　敦煌文獻校讀釋例　文史（第四十一輯）　中華書局　1996　p. 202　又見：舊學新知　浙江大學出版社　1999　p. 216

黃征　王梵志詩校釋續商補　敦煌語文叢說　（臺北）新文豐出版公司　1997　p. 235

黃征　張涌泉　敦煌變文校注　中華書局　1997　p. 597、1051

高國藩　敦煌俗文化學　上海三聯書店　1999　p. 647

郭在貽　唐代白話詩釋詞　中古近代漢語研究（第一輯）　上海教育出版社　2000　p. 128

張錫厚　敦煌文學源流　作家出版社　2000　p. 76

曾良　敦煌文獻字義通釋　廈門大學出版社　2001　p. 54

黃征　敦煌語言文字學研究　甘肅教育出版社　2002　p. 317

陳慶浩　朱鳳玉　王梵志詩之整理與研究　新世紀敦煌學論集　巴蜀書社　2003　p. 166

池田溫　敦煌の歷史的背景　敦煌文書の世界　（東京）名著刊行會　2003　p. 115

王啓濤　中古及近代法制文書語言研究　巴蜀書社　2003　p. 173

S. 6033

芳村修基　土橋秀高　井ノ口泰淳　敦煌佛教史年表　西域文化研究（第一）・敦煌佛教資料　（京都）法藏館　1958　p. 264

項楚　王梵志詩校注　敦煌吐魯番文獻研究論集（第四輯）　北京大學出版社　1987　p. 137

S. 6034

唐耕耦　陸宏基　敦煌社會經濟文獻真迹釋録（五）　全國圖書館文獻縮微複製中心　1990　p. 3

郝春文　唐後期五代宋初敦煌僧尼的社會生活　中國社會科學出版社　1998　p. 383

郝春文　唐後期五代宋初敦煌僧尼遺産的處理與喪事的操辦　《敦煌研究》1998 年第 3 期　p. 41

鄭炳林　魏迎春　晚唐五代敦煌佛教教團的戒律和清規　《敦煌學輯刊》2004 年第 2 期　p. 31

S. 6035

道端良秀　敦煌文獻に見える死後の世界　敦煌と中國仏教（講座敦煌7）　（東京）大東出版社　1984　p. 505

周紹良　小說　敦煌文學　甘肅人民出版社　1989　p. 281

周紹良　敦煌文學芻議及其它　（臺北）新文豐出版公司　1992　p. 59

張先堂　敦煌文學概論　甘肅人民出版社　1993　p. 340

鄭阿財　敦煌寫卷《懺悔滅罪金光明經傳》初探　慶祝潘石禪先生九秩華誕敦煌學特刊　（臺北）文
　　津出版社　1996　p. 584

張弓　漢唐佛寺文化史　中國社會科學出版社　1997　p. 766

鄭阿財　敦煌寫卷《懺悔滅罪金光明經傳》研究　敦煌文藪（下）　（臺北）新文豐出版公司　1999
　　p. 73

楊寶玉　《懺悔滅罪金光明經冥報傳》校考　英國收藏敦煌漢藏文獻研究：紀念敦煌文獻發現一百周
　　年　中國社會科學出版社　2000　p. 330

張鴻勳　敦煌俗文學研究　甘肅人民出版社　2002　p. 352

鄒西禮　夏廣興　毗沙門天王信仰與唐五代文學創作　佛經文學研究論集　復旦大學出版社　2004
　　p. 531

S. 6036

陳祚龍　新集中世敦煌三寶感通錄　敦煌學海探珠（下冊）　（臺北）商務印書館　1979　p. 341

劉銘恕　敦煌遺書叢識　1983 年全國敦煌學術討論會文集・文史遺書編（上）　甘肅人民出版社
　　1987　p. 422

任半塘　敦煌歌辭總編　上海古籍出版社　1987　p. 500

周紹良　趙和平　小說　《敦煌語言文學研究通訊》1988 年第 1 期　p. 1　又見：敦煌文學　甘肅人
　　民出版社　1989　p. 279

張先堂　佛教義理與小說藝術聯姻的產兒：論敦煌寫本佛教靈驗記　《甘肅社會科學》1990 年第 5 期
　　p. 163

周紹良　敦煌文學芻議及其它　（臺北）新文豐出版公司　1992　p. 58

張先堂　敦煌文學概論　甘肅人民出版社　1993　p. 338

張弓　漢唐佛寺文化史　中國社會科學出版社　1997　p. 766

楊寶玉　英國收藏敦煌文獻叙錄　英國收藏敦煌漢藏文獻研究：紀念敦煌文獻發現一百周年　中國
　　社會科學出版社　2000　p. 170

支那　《敦煌遺書總目索引新編》匡補　《敦煌研究》2004 年第 4 期　p. 61

鄒西禮　夏廣興　毗沙門天王信仰與唐五代文學創作　佛經文學研究論集　復旦大學出版社　2004
　　p. 530

S. 6038

上山大峻　敦煌佛教の研究　（京都）法藏館　1990　p. 19

葛兆光　中國禪思想史：從 6 世紀到 9 世紀　北京大學出版社　1995　p. 291 注 68

S. 6039

石田勇作　敦煌「社文書」研究序說　中國古代の國家と民眾（堀敏一先生古稀記念）　（東京）汲古
　　書院　1995　p. 677

方廣錩　敦煌佛教經錄輯校　江蘇古籍出版社　1997　p. 630

方廣錩　大般若經點勘錄　敦煌學大辭典　上海辭書出版社　1998　p. 753

S. 6040

王卡　敦煌道教文獻研究　中國社會科學出版社　2004　p. 33、220

S. 6042

入矢義高　『太公家教』校釋　福井博士頌壽記念東洋思想論集　（東京）論文集刊行會　1960
　　p. 60

金岡照光　敦煌文學のさまざま　敦煌の文學　（東京）大藏出版株式會社　1971　p. 158

川崎ミチコ　修道偈Ⅱ——定格聯章　敦煌仏典と禪（講座敦煌 8）　（東京）大東出版社　1980
　　p. 276

任半塘　敦煌歌辭研究在國外　文學評論叢刊（第九輯）　中國社會科學出版社　1981　p. 172

饒宗頤　王錫《頓悟大乘政理決》序說並校記　選堂集林・史林　（香港）中華書局　1982　p. 729
　　又見：漢藏佛教研究彙編　（臺北）文殊出版社　1987　p. 326

田中良昭　敦煌禪宗文獻の研究　（東京）大東出版社　1983　p. 317

陳祚龍著　福井文雅　平木真快譯　釈亡名と善慧大士の詩歌について　敦煌と中國仏教（講座敦
　　煌 7）　（東京）大東出版社　1984　p. 489

任半塘　敦煌歌辭總編　上海古籍出版社　1987　p. 1218

柴劍虹　徐俊　敦煌詞輯校四談　《敦煌學輯刊》1988 年第 1、2 期　p. 56　又見：西域文史論稿
　　（臺北）國文天地雜誌社　1991　p. 504

孫其芳　詞　敦煌文學　甘肅人民出版社　1989　p. 214

任半塘　王昆吾　隋唐五代燕樂雜言歌辭集　巴蜀書社　1990　p. 13

周紹良　敦煌文學芻議及其它　（臺北）新文豐出版公司　1992　p. 38

索仁森著　李吉和譯　敦煌漢文禪籍特徵概觀　《敦煌研究》1994 年第 1 期　p. 111

柳田聖山　禪籍解題（一）・敦煌禪籍　俗語言研究（第二期）　（京都）禪文化研究所　1995　p. 151

孫昌武　禪思與詩情　中華書局　1997　p. 330 注 20

張勇　傅大士研究　巴蜀書社　2000　p. 209

林仁昱　論敦煌佛教歌曲特質與"弘法"的關係　敦煌學（第 23 輯）　（臺北）樂學書局有限公司
　　2002　p. 71、76

王小盾　從敦煌本共住修道故事看唐代佛教詩歌文體的來源　中國俗文化研究（第一輯）　巴蜀書
　　社　2003　p. 32

S. 6044

王重民原編　黃永武新編　敦煌古籍敘錄新編（第十二冊）　（臺北）新文豐出版公司　1986　p. 254

王卡　道德經解題書　敦煌學大辭典　上海辭書出版社　1998　p. 762

王卡　敦煌道教文獻研究　中國社會科學出版社　2004　p. 175

王卡　中國國家圖書館藏敦煌道教遺書研究報告　敦煌吐魯番研究（第七卷）　北京大學出版社
　　2004　p. 346、364

朱大星　從出土文獻看《老子》的分章：以《道經》三十六章、《德經》四十五章的分章形式爲中心　文
　　史（第七十五輯）　中華書局　2006　p. 110

S. 6045

陳國燦　唐代的民間借貸：吐魯番敦煌等地所出唐代借貸契券初探　敦煌吐魯番文書初探　武漢大
　　學出版社　1983　p. 270 注 29

唐耕耦　唐五代時期的高利貸　《敦煌學輯刊》1985 年第 2 期　p. 15

池田溫　敦煌の便穀曆　日野開三郎博士頌壽記念論集・中國社會・制度・文化史の諸問題　（福
　　岡）中國書店　1987　p. 368

譚蟬雪　曹元德曹元深卒年考　《敦煌研究》1988 年第 1 期　p. 53

山本達郎等　敦煌・Ⅴ計會文書　『NUN – HUANG AND TURFAN DOCUMENTS CONCERNING SO-
　　CIAL AND ECONOMIC HISTORY』(Ⅳ)　(東京)東洋文庫　1989　p. 117

唐耕耦　敦煌寫本便物曆初探　敦煌吐魯番文獻研究論集(第五輯)　北京大學出版社　1990
　　p. 148

唐耕耦　陸宏基　敦煌社會經濟文獻真迹釋錄(二)　全國圖書館文獻縮微複製中心　1990　p. 222

馬德　九、十世紀敦煌工匠史料述論　慶祝潘石禪先生九秩華誕敦煌學特刊　(臺北)文津出版社
　　1996　p. 307

馬德　敦煌工匠史料　甘肅人民出版社　1997　p. 58

唐耕耦　敦煌寺院會計文書研究　(臺北)新文豐出版公司　1997　p. 353

鄭炳林　唐五代敦煌手工業研究　敦煌歸義軍史專題研究　蘭州大學出版社　1997　p. 254

童丕　10 世紀敦煌的借貸人　法國漢學(第 3 輯)　中華書局　1998　p. 73、95

陳國燦　唐代的經濟社會　(臺北)文津出版社　1999　p. 217 注 29

丘古耶夫斯基　敦煌漢文文書　上海古籍出版社　2000　p. 141

羅彤華　從便物曆論敦煌寺院的放貸　敦煌文獻論集:紀念藏經洞發現一百周年國際學術研討會論
　　文集　遼寧人民出版社　2001　p. 468

S. 6046

福井文雅　般若心經　敦煌と中國仏教(講座敦煌 7)　(東京)大東出版社　1984　p. 39

S. 6047

高國藩　敦煌民俗資料導論　(臺北)新文豐出版公司　1993　p. 42

S. 6048

黃征　吳偉　敦煌願文集　岳麓書社　1995　p. 412

S. 6050

唐耕耦　陸宏基　敦煌社會經濟文獻真迹釋錄(三)　全國圖書館文獻縮微複製中心　1990　p. 48

高國藩　敦煌民俗資料導論　(臺北)新文豐出版公司　1993　p. 17、38

姜伯勤　敦煌吐魯番文書與絲綢之路　文物出版社　1994　p. 69

李并成　古代河西走廊桑蠶絲織業考　《敦煌學輯刊》1997 年第 2 期　p. 64

唐耕耦　敦煌寺院會計文書研究　(臺北)新文豐出版公司　1997　p. 7

鄭炳林　楊富學　晚唐五代金銀在敦煌的使用與流通　《甘肅金融》1997 年第 8 期　又見:中國敦煌
　　學百年文庫・歷史卷(二)　甘肅文化出版社　1999　p. 582

鄭炳林　晚唐五代敦煌貿易市場的外來商品輯考　中華文史論叢(總 63 輯)　上海古籍出版社
　　2000　p. 74

洪藝芳　敦煌社會經濟文書中的唐五代新興量詞研究　敦煌學(第 24 輯)　(臺北)樂學書局有限公
　　司　2003　p. 109

榮新江　于闐花氈與粟特銀盤:九、十世紀敦煌寺院的外來供養　寺院財富與世俗供養　上海書畫出
　　版社　2003　p. 250

S. 6052

三木榮　西域出土醫藥關係文獻綜合解說目録　『東洋學報』(47 卷 1 號)　(東京)東洋學術協會　1964　p. 4

馬繼興　敦煌古醫籍考釋　江西科學技術出版社　1988　p. 298

丛春雨　敦煌中醫藥全書　中醫古籍出版社　1994　p. 654

馬繼興　敦煌醫藥文獻輯校　江蘇古籍出版社　1998　p. 403

王淑民　不知名醫方第十一種　敦煌學大辭典　上海辭書出版社　1998　p. 619 (原文録爲 P. 6052)

王淑民　敦煌石窟秘藏醫方　北京醫科大學中國協和醫科大學聯合出版社　1999　p. 218

丛春雨　敦煌中醫藥精萃發微　中醫古籍出版社　2000　p. 310

馬繼興　當前世界各地收藏的中國出土卷子本古醫藥文獻備考　敦煌吐魯番研究(第六卷)　北京大學出版社　2002　p. 138

陳明　備急單驗:敦煌醫藥文獻中的單藥方　敦煌學國際研討會論文集　北京圖書館出版社　2005　p. 239

陳明　殊方異藥:出土文書與西域醫學　北京大學出版社　2005　p. 150

S. 6053

土橋秀高　敦煌の律藏　敦煌と中國仏教(講座敦煌 7)　(東京)大東出版社　1984　p. 250

S. 6054

菅原信海　占筮書　敦煌漢文文獻(講座敦煌 5)　(東京)大東出版社　1992　p. 456

黃正建　敦煌占卜文書與唐五代占卜研究　學苑出版社　2001　p. 174

劉永明　敦煌占卜與道教初探　《敦煌學輯刊》2004 年第 2 期　p. 16

S. 6055

方廣錩　敦煌佛教經録輯校　江蘇古籍出版社　1997　p. 672

S. 6056

石井昌子　靈寶經類　敦煌と中國道教(講座敦煌 4)　(東京)大東出版社　1983　p. 155

王卡　太上業報因緣經　敦煌學大辭典　上海辭書出版社　1998　p. 764

S. 6057

梅弘理　敦煌本佛教教理問答書　法國學者敦煌學論文選萃　中華書局　1993　p. 144

S. 6059

方廣錩　敦煌佛教經録輯校　江蘇古籍出版社　1997　p. 618

方廣錩　大般若經點勘録　敦煌學大辭典　上海辭書出版社　1998　p. 753

S. 6061

姜伯勤　敦煌寺院碾磑經營的兩種形式　歷史論叢(第三輯)　齊魯書社　1983　p. 186　又見:五十年來漢唐佛教寺院經濟研究　北京師範大學出版社　1986　p. 233

姜伯勤　唐五代敦煌寺戶制度　中華書局　1987　p. 243

唐耕耦　關於敦煌寺院水磑研究中的幾個問題　《文獻》1988 年第 1 期　p. 179

唐耕耦　陸宏基　敦煌社會經濟文獻真迹釋録(三)　全國圖書館文獻縮微複製中心　1990　p. 302

姜伯勤　敦煌本乘恩帖考證　中山大學史學集刊(第一輯)　廣東人民出版社　1992　又見：中國敦煌學百年文庫・宗教卷(二)　甘肅文化出版社　1999　p. 320

姜伯勤　敦煌社會文書導論　(臺北)新文豐出版公司　1992　p. 210

姜伯勤　敦煌藝術宗教與禮樂文明　中國社會科學出版社　1996　p. 390

唐耕耦　敦煌寺院會計文書研究　(臺北)新文豐出版公司　1997　p. 44、462

高啓安　索黛　敦煌古代僧人官齋飲食檢閲　《敦煌研究》1998 年第 3 期　p. 71

唐耕耦　敦煌會計文書　敦煌學大辭典　上海辭書出版社　1998　p. 646

唐耕耦　入破曆算會牒　敦煌學大辭典　上海辭書出版社　1998　p. 647

高啓安　唐五代敦煌飲食文化研究　民族出版社　2004　p. 17、25

S. 6062

陳祚龍　敦煌學新簡　敦煌文物散論　(臺北)新文豐出版公司　1993　p. 161

張涌泉　敦煌本《佛說父母恩重經》研究　文史(第四十九輯)　中華書局　1999　p. 70

馬世長　《父母恩重經》寫本與變相　敦煌研究文集・敦煌石窟經變篇　甘肅民族出版社　2000　p. 398

町田隆吉　『唐咸亨四年(673)左憧熹生前及隨身錢物疏』をめぐって　『西北出土文獻研究』(創刊號)　(新潟)西北出土文獻研究會　2004　p. 69

S. 6063

仁井田陞　唐末五代の敦煌寺院佃戶關係文書　西域文化研究(第二)・敦煌吐魯番社會經濟資料(上)　(京都)法藏館　1959　p. 88

仁井田陞　吐魯番出土の唐代取引法關係文書　西域文化研究(第三)・敦煌吐魯番社會經濟資料(下)　(京都)法藏館　1960　p. 198

池田溫　中國古代の租佃契(上)　『東洋文化研究所紀要』(第 60 冊)　東京大學東洋文化研究所　1973　p. 35　又見：『東洋文化研究所紀要』(第 117 冊)　東京大學東洋文化研究所　1992　p. 74

堀敏一　敦煌社會の変質——中國社會全般の発展とも関連して　敦煌の社會(講座敦煌 3)　(東京)大東出版社　1980　p. 176

陳炳應　敦煌所出宋開寶八年“鄭醜撻賣地舍契”定誤考釋　《西北史地》1983 年第 4 期　p. 85

侯紹莊　“買田”性質研究　《敦煌學研究》(西北師院學報)1984 年增刊　p. 26

仁井田陞著　姜鎮慶譯　唐末五代的敦煌寺院佃戶關係文書　敦煌學譯文集　甘肅人民出版社　1985　p. 865 注 19

唐耕耦　關於唐代租佃制的若干問題：以吐魯番敦煌租佃契爲中心　歷史論叢(第五輯)　齊魯書社　1985　p. 99、123

姜伯勤　唐五代敦煌寺戶制度　中華書局　1987　p. 194

李正宇　唐宋時代敦煌縣河渠泉澤簡志(二)　《敦煌研究》1989 年第 1 期　p. 54

王公望　契約　敦煌文學　甘肅人民出版社　1989　p. 56

唐耕耦　陸宏基　敦煌社會經濟文獻真迹釋録(二)　全國圖書館文獻縮微複製中心　1990　p. 28

仁井田陞　補訂中國法制史研究：法と慣習・法と道德　東京大學出版會　1991　p. 644

仁井田陞　補訂中國法制史研究：奴隸農奴法・家族村落法　東京大學出版會　1991　p. 87

仁井田陞　補訂中國法制史研究：土地法・取引法　東京大學出版會　1991　p. 733、783

謝和耐　敦煌賣契與專賣制度　法國學者敦煌學論文選萃　中華書局　1993　p. 67 注 64

張傳璽　中國歷代契約會編考釋(上)　北京大學出版社　1995　p. 331 注 1

李正宇　敦煌史地新論　(臺北)新文豐出版公司　1996　p. 127

鄭炳林　晚唐五代敦煌貿易市場的物價　敦煌歸義軍史專題研究　蘭州大學出版社　1997　p. 296

黃永年　唐代史事考釋　(臺北)聯經出版公司　1998　p. 455

沙知　敦煌契約文書輯校　江蘇古籍出版社　1998　p. 334

沙知　租佃契　敦煌學大辭典　上海辭書出版社　1998　p. 388

陳國燦　唐代的經濟社會　(臺北)文津出版社　1999　p. 160、219 注 69

楊森　關於敦煌文獻中的"平章"一詞　敦煌學與中國史研究論集　甘肅人民出版社　2001　p. 231

陳國燦　敦煌學史事新證　甘肅教育出版社　2002　p. 291

王啓濤　中古及近代法制文書語言研究　巴蜀書社　2003　p. 218、233

孟憲實　論敦煌渠人社　周秦漢唐文化研究(第三輯)　三秦出版社　2004　p. 134

謝和耐著　耿昇譯　中國 5—10 世紀的寺院經濟　上海古籍出版社　2004　p. 322 注 1

鄭顯文　唐代律令制研究　北京大學出版社　2004　p. 132

S. 6064

北原薰　晚唐·五代の敦煌寺院経済——収支決算報告を中心に　敦煌の社會(講座敦煌 3)　(東京)大東出版社　1980　p. 453

姜伯勤　敦煌寺院碾磑經營的兩種形式　歷史論叢(第三輯)　齊魯書社　1983　p. 192　又見:五十年來漢唐佛教寺院經濟研究　北京師範大學出版社　1986　p. 238

姜伯勤　唐五代敦煌寺戶制度　中華書局　1987　p. 123、194

姜伯勤　敦煌音聲人略論　《敦煌研究》1988 年第 4 期　p. 2

唐耕耦　8 至 10 世紀敦煌的物價　紀念陳寅恪教授國際學術討論會文集　中山大學出版社　1989　p. 537、541

唐耕耦　陸宏基　敦煌社會經濟文獻真迹釋錄(三)　全國圖書館文獻縮微複製中心　1990　p. 296

尹偉先　從敦煌文書看唐代河西地區的貨幣流通　《社科縱橫》1992 年第 6 期　又見:中國敦煌學百年文庫·歷史卷(二)　甘肅文化出版社　1999　p. 344

王克孝　ДX2168 號寫本初探　《敦煌學輯刊》1993 年第 2 期　p. 28　又見:1994 年敦煌學國際研討會文集·宗教文史卷(下)　甘肅民族出版社　2000　p. 235

李明偉　隋唐絲綢之路　甘肅人民出版社　1994　p. 260

姜伯勤　敦煌藝術宗教與禮樂文明　中國社會科學出版社　1996　p. 512

張亞萍　娜閣　唐五代敦煌的計量單位與價格換算　《敦煌學輯刊》1996 年第 2 期　p. 40

唐耕耦　敦煌寺院會計文書研究　(臺北)新文豐出版公司　1997　p. 327、428、438

張弓　漢唐佛寺文化史　中國社會科學出版社　1997　p. 861

鄭炳林　唐五代敦煌的粟特人與佛教　敦煌歸義軍史專題研究　蘭州大學出版社　1997　p. 452

鄭炳林　吐蕃統治下的敦煌粟特人　敦煌歸義軍史專題研究　蘭州大學出版社　1997　p. 390 注 30

鄭炳林　晚唐五代敦煌貿易市場的物價　敦煌歸義軍史專題研究　蘭州大學出版社　1997　p. 287

郝春文　唐後期五代宋初敦煌僧尼的社會生活　中國社會科學出版社　1998　p. 175

鄭炳林　《康秀華寫經施入疏》與《炫和尚貨賣胡粉曆》研究　敦煌吐魯番研究(第三卷)　北京大學出版社　1998　p. 201

馬克　敦煌數占小考　法國漢學(敦煌學專號)　中華書局　2000　p. 188

李正宇　沙州歸以軍樂營及其職事　敦煌吐魯番研究(第五卷)　北京大學出版社　2001　p. 223

曾良　敦煌文獻字義通釋　廈門大學出版社　2001　p. 178
乜小紅　唐五代敦煌音聲人試探　《敦煌研究》2003 年第 3 期　p. 75
高啓安　唐五代敦煌飲食文化研究　民族出版社　2004　p. 25、31、39
湯涒　敦煌曲子詞地域文化研究　上海古籍出版社　2004　p. 109
鄭炳林　晚唐五代敦煌地區的胡姓居民與聚落　法國漢學(第 10 輯)(粟特人在中國:歷史、考古、語言的新探索)　中華書局　2005　p. 180

S. 6065

曾良　敦煌文獻字義通釋　廈門大學出版社　2001　p. 134
王卡　敦煌道教文獻研究　中國社會科學出版社　2004　p. 126
王卡　中國國家圖書館藏敦煌道教遺書研究報告　敦煌吐魯番研究(第七卷)　北京大學出版社　2004　p. 354

S. 6066

向達　倫敦所藏敦煌卷子經眼目錄　《北平圖書館圖書季刊》1939 年新第 1 卷第 4 期　p. 397　又見:唐代長安與西域文明　三聯書店　1957　p. 234
竺沙雅章　敦煌出土「社」文書の研究　『東方學報』(第 35 號)　京都大學人文科學研究所　1964　p. 216
金岡照光　敦煌民衆の社會と生活　敦煌の民衆:その生活と思想　(東京)評論社　1972　p. 326
長澤和俊　敦煌の庶民生活　敦煌の社會(講座敦煌 3)　(東京)大東出版社　1980　p. 473
唐耕耦　陸宏基　敦煌社會經濟文獻真迹釋録(一)　書目文獻出版社　1986　p. 322
李正宇　敦煌地區古代祠廟寺觀簡志　《敦煌學輯刊》1988 年第 1、2 期　p. 82
山本達郎等　敦煌‧Ⅲ 轉貼　『NUN－HUANG AND TURFAN DOCUMENTS CONCERNING SOCIAL AND ECONOMIC HISTORY』(Ⅳ)　(東京)東洋文庫　1989　p. 48
楊富學　巴黎藏敦煌本回鶻文摩尼教徒懺悔文譯釋　敦煌學(第 16 輯)　(臺北)新文豐出版公司　1990　p. 41　又見:西域敦煌宗教論稿　甘肅文化出版社　1998　p. 209
郝春文　隋唐五代宋初傳統私社與寺院的關係　《魏晉南北朝隋唐史》1991 年第 6 期　p. 65
姜伯勤　敦煌社會文書導論　(臺北)新文豐出版公司　1992　p. 242
高國藩　敦煌民俗資料導論　(臺北)新文豐出版公司　1993　p. 3
郝春文　敦煌寫本社邑文書年代彙考(二)　《首都師範大學學報》1993 年第 5 期　p. 78
石田勇作　敦煌「社文書」研究序說　中國古代の國家と民衆(堀敏一先生古稀記念)　(東京)汲古書院　1995　p. 684
土肥義和　唐‧北宋間の「社」の組織形態に関する一考察　中國古代の國家と民衆(堀敏一先生古稀記念)　(東京)汲古書院　1995　p. 716
楊富學　牛汝極　沙州回鶻及其文獻　甘肅文化出版社　1995　p. 214
李正宇　敦煌史地新論　(臺北)新文豐出版公司　1996　p. 88
寧可　郝春文　敦煌社邑文書輯校　江蘇古籍出版社　1997　p. 203、313
鄭炳林　敦煌碑銘讚輯釋　甘肅教育出版社　1997　p. 159 注 4
李正宇　乾明寺　敦煌學大辭典　上海辭書出版社　1998　p. 632
寧可　席録　敦煌學大辭典　上海辭書出版社　1998　p. 427
寧可　寧可史學論集　中國社會科學出版社　1999　p. 451 注 1
楊森　談敦煌社邑文書中"三官"及"録事""虞侯"的若干問題　《敦煌研究》1999 年第 3 期　p. 84

郝春文　英藏敦煌文獻年代叢考　英國收藏敦煌漢藏文獻研究：紀念敦煌文獻發現一百周年　中國
　　社會科學出版社　2000　p. 369、375

丘古耶夫斯基　敦煌漢文文書　上海古籍出版社　2000　p. 222

郝春文　英藏敦煌社會歷史文獻釋錄（第一卷）　科學出版社　2001　p. 396

孟憲實　敦煌社邑的分佈　敦煌文獻論集：紀念藏經洞發現一百周年國際學術研討會論文集　遼寧
　　人民出版社　2001　p. 434

鄭炳林　魏迎春　晚唐五代敦煌佛教教團的科罰制度研究　《敦煌研究》2004 年第 2 期　p. 56

S. 6067

王永興　隋唐五代經濟史料彙編校注・第一編（下）　中華書局　1987　p. 973

唐耕耦　陸宏基　敦煌社會經濟文獻真迹釋錄（三）　全國圖書館文獻縮微複製中心　1990　p. 567

黃正建　敦煌文書所見唐宋之際敦煌民衆住房面積考略　敦煌吐魯番研究（第三卷）　北京大學出
　　版社　1998　p. 209

黃正建　唐代衣食住行研究　首都師範大學出版社　1998　p. 142

沙知　敦煌契約文書輯校　江蘇古籍出版社　1998　p. 46

黃正建　敦煌資料與唐五代人的衣食住行　敦煌與絲路文化學術講座（第二輯）　北京圖書館出版
　　社　2005　p. 119

S. 6068

羅宗濤　敦煌講經變文"古吟上下"探原　漢學研究（敦煌學國際研討會論文專號）　（臺北）漢學研
　　究資料及服務中心　1986　又見：中國敦煌學百年文庫・文學卷（四）　甘肅文化出版社　1999
　　p. 172

S. 6070

陳人之　奮起奪回"敦煌學中心"　關隴文學論叢　甘肅人民出版社　1983　p. 190

王重民　《敦煌遺書總目索引》後記　敦煌遺書論文集　中華書局　1984　p. 67

土田健次郎　儒教典籍　敦煌漢文文獻（講座敦煌 5）　（東京）大東出版社　1992　p. 268

胡戟　傅玫　敦煌史話　中華書局　1995　p. 143

S. 6073

黃征　吳偉　敦煌願文集　岳麓書社　1995　p. 16

S. 6074

雷僑雲　敦煌兒童文學　（臺北）學生書局　1985　p. 90 注 5

鄭阿財　從敦煌文獻看唐代的三教合一　第二屆國際唐代學術會議論文集（上）　（臺北）文津出版
　　社　1993　p. 668 注 16

柴劍虹　勸孝歌　敦煌學大辭典　上海辭書出版社　1998　p. 551

馬世長　《父母恩重經》寫本與變相　敦煌研究文集・敦煌石窟經變篇　甘肅民族出版社　2000
　　p. 398

S. 6075

徐俊　敦煌詩集殘卷輯考　中華書局　2000　p. 898

S. 6076

石井昌子　靈寶經類　敦煌と中國道教（講座敦煌4）　（東京）大東出版社　1983　p. 151

王卡　太上洞玄靈寶無量度人上品妙經　敦煌學大辭典　上海辭書出版社　1998　p. 767

郝春文　英藏敦煌社會歷史文獻釋録（第一卷）　科學出版社　2001　p. 40

方廣錩　《晉魏隋唐殘墨》綴目　敦煌吐魯番研究（第六卷）　北京大學出版社　2002　p. 290

王卡　敦煌道教文獻研究　中國社會科學出版社　2004　p. 100

王卡　中國國家圖書館藏敦煌道教遺書研究報告　敦煌吐魯番研究（第七卷）　北京大學出版社
　　2004　p. 350

S. 6077

金岡照光　敦煌文學のさまざま　敦煌の文學　（東京）大藏出版株式會社　1971　p. 152

加地哲定　增補中國佛教文學研究　（東京）同朋舍　1979　p. 188

冉雲華　東海大師無相傳研究　敦煌學（第4輯）　（香港）新亞研究所敦煌學會　1979　p. 57

川崎ミチコ　修道偈Ⅱ——定格聯章　敦煌仏典と禪（講座敦煌8）　（東京）大東出版社　1980
　　p. 266

冉雲華　中國佛教文化研究論集　東初出版社　1980　p. 58

蘇瑩輝　敦煌學概要　（臺北）編譯館"中華叢書編委會"　1981　p. 73

鄭阿財　敦煌孝道文學研究　（臺北）石門圖書公司　1982　p. 532

蘇瑩輝　"敦煌曲"評介　敦煌論集續編　（臺北）學生書局　1983　p. 311

陳祚龍著　福井文雅　平木真快譯　釈亡名と善慧大士の詩歌について　敦煌と中國仏教（講座敦
　　煌7）　（東京）大東出版社　1984　p. 480

任半塘　敦煌歌辭總編　上海古籍出版社　1987　p. 1455、1577

蘇瑩輝　國際敦煌學研究近貌　敦煌文史藝術論叢　（臺北）新文豐出版公司　1987　p. 186

劉進寶　俚曲小調　敦煌文學　甘肅人民出版社　1989　p. 218

加地哲定著　劉衛星譯　中國佛教文學　今日中國出版社　1990　p. 160

任半塘　王昆吾　隋唐五代燕樂雜言歌辭集　巴蜀書社　1990　p. 874

上山大峻　敦煌佛教の研究　（京都）法藏館　1990　p. 420

張涌泉　《敦煌歌辭總編》校議　《語言研究》1992年第1期　p. 60

周紹良　敦煌文學芻議及其它　（臺北）新文豐出版公司　1992　p. 37

王昆吾　隋唐五代燕樂雜言歌辭研究　中華書局　1996　p. 403、421

高啓安　敦煌五更詞與甘肅五更詞比較研究　《敦煌研究》1997年第3期　p. 115

柴劍虹　無相五更轉　敦煌學大辭典　上海辭書出版社　1998　p. 549

張錫厚　敦煌文學源流　作家出版社　2000　p. 330

張勇　傅大士研究　巴蜀書社　2000　p. 95

王小盾　從敦煌本共住修道故事看唐代佛教詩歌文體的來源　中國俗文化研究（第一輯）　巴蜀書
　　社　2003　p. 28

張子開　敦煌文獻中的白話禪詩　《敦煌學輯刊》2003年第1期　p. 87

S. 6078

王三慶著　池田溫譯　類書　敦煌漢文文獻（講座敦煌5）　（東京）大東出版社　1992　p. 383

S. 6079

向達　倫敦所藏敦煌卷子經眼目録　唐代長安與西域文明　三聯書店　1957　p. 234

土田健次郎　儒教典籍　敦煌漢文文獻（講座敦煌5）　（東京）大東出版社　1992　p. 269

李方　敦煌《論語集解》校正　江蘇古籍出版社　1998　p. 830

王卡　十戒經　敦煌學大辭典　上海辭書出版社　1998　p. 765

許建平　《俄藏敦煌文獻》儒家經典類寫本的定名與綴合　漢語史學報專輯（第三輯）　上海教育出版社　2003　p. 311

S. 6081

王三慶　敦煌寫卷中武后新字之調查研究　唐代研究論集（第三輯）　（臺北）新文豐出版公司　1992　p. 94

S. 6082

鄭阿財　敦煌本《明詩論》與《問對》殘卷初探　第四屆唐代文化學術研討會論文集　（臺南）成功大學　1991　p. 304

S. 6083

金岡照光　敦煌文學のさまざま　敦煌の文學　（東京）大藏出版株式會社　1971　p. 151

加地哲定　增補中國佛教文學研究　（東京）同朋舍　1979　p. 188

川崎ミチコ　修道偈Ⅱ——定格聯章　敦煌仏典と禪（講座敦煌8）　（東京）大東出版社　1980　p. 264

鄭阿財　敦煌孝道文學研究　（臺北）石門圖書公司　1982　p. 532

周丕顯　敦煌俗曲分時聯章歌體再議　《敦煌學輯刊》1983 年創刊號　p. 15

周丕顯　敦煌俗曲中的分時聯章體歌辭　關隴文學論叢　甘肅人民出版社　1983　p. 3

龍晦　論敦煌詞曲所見之禪宗與淨土宗　《世界宗教研究》1986 年第 3 期　p. 60

任半塘　敦煌歌辭總編　上海古籍出版社　1987　p. 1443

劉進寶　俚曲小調　敦煌文學　甘肅人民出版社　1989　p. 218

加地哲定著　劉衛星譯　中國佛教文學　今日中國出版社　1990　p. 160

上山大峻　敦煌佛教の研究　（京都）法藏館　1990　p. 419

林家平　寧强　羅華慶　中國敦煌學史　北京語言學院出版社　1992　p. 626

周紹良　敦煌文學芻議及其它　（臺北）新文豐出版公司　1992　p. 37

榮新江　鄧文寬　有關敦博本禪籍的幾個問題　《敦煌學輯刊》1994 年第 2 期　p. 8

柳田聖山　禪籍解題（一）·敦煌禪籍　俗語言研究（第二期）　（京都）禪文化研究所　1995　p. 146

高啓安　敦煌五更詞與甘肅五更詞比較研究　《敦煌研究》1997 年第 3 期　p. 120

孫昌武　禪思與詩情　中華書局　1997　p. 331 注 29、331 注 27

柴劍虹　南宗定邪正五更轉　敦煌學大辭典　上海辭書出版社　1998　p. 549

鄧文寬　榮新江　敦博本禪籍録校　江蘇古籍出版社　1998　p. 10、187

張錫厚　敦煌文學源流　作家出版社　2000　p. 330

王志鵬　從敦煌歌辭看唐代敦煌地區禪宗的流傳與發展　《敦煌研究》2005 年第 6 期　p. 97

S. 6084

三木榮　西域出土醫藥關係文獻綜合解說目録　『東洋學報』（47 卷 1 號）　（東京）東洋學術協會

　　1964　　p. 4

馬繼興　敦煌古醫籍考釋　江西科學技術出版社　1988　p. 319

丛春雨　敦煌中醫藥全書　中醫古籍出版社　1994　p. 658

馬繼興　敦煌醫藥文獻輯校　江蘇古籍出版社　1998　p. 429

王淑民　不知名醫方第十五種　敦煌學大辭典　上海辭書出版社　1998　p. 619

馬繼興　當前世界各地收藏的中國出土卷子本古醫藥文獻備考　敦煌吐魯番研究(第六卷)　北京
　　大學出版社　2002　p. 138

陳明　備急單驗:敦煌醫藥文獻中的單藥方　敦煌學國際研討會論文集　北京圖書館出版社　2005
　　p. 239

陳明　殊方異藥:出土文書與西域醫學　北京大學出版社　2005　p. 150

S. 6085

景盛軒　敦煌寫本《大般涅槃經》著録商補　浙江與敦煌學:常書鴻先生誕辰一百周年紀念文集　浙
　　江古籍出版社　2004　p. 345

S. 6086

楊森　跋《子年三月五日計料海濟受戒衣缽具色——如後》帳及卷背《釋門教授帖》文書　《敦煌研
　　究》1998 年第 4 期　p. 105

S. 6087

鄭阿財　敦煌孝道文學研究　(臺北)石門圖書公司　1982　p. 175 注 2

陳祚龍　敦煌學新簡　敦煌文物散論　(臺北)新文豐出版公司　1993　p. 161

鄭阿財　從敦煌文獻看唐代的三教合一　第二屆國際唐代學術會議論文集(上)　(臺北)文津出版
　　社　1993　p. 668 注 16

張涌泉　敦煌本《佛說父母恩重經》研究　文史(第四十九輯)　中華書局　1999　p. 67

張涌泉　以父母十恩德爲主題的佛教文學藝術作品探源　舊學新知　浙江大學出版社　1999
　　p. 326

馬世長　《父母恩重經》寫本與變相　敦煌研究文集·敦煌石窟經變篇　甘肅民族出版社　2000
　　p. 398

町田隆吉　『唐咸亨四年(673)左憧憙生前及隨身錢物疏』をめぐって　『西北出土文獻研究』(創刊
　　號)　(新潟)西北出土文獻研究會　2004　p. 69

S. 6090

玉井是博　敦煌戶籍殘簡考　唐代文獻叢考　商務印書館　1947　p. 47 注 2

池田溫　中國古代籍帳研究:概観·録文　東京大學東洋文化研究所　1979　p. 253

楊際平　試考唐代吐魯番地區"部田"的歷史淵源　《中國社會經濟史研究》1982 年第 1 期　p. 64

吳震　吐魯番出土的"敦煌文書"　1983 年全國敦煌學術討論會文集·文史遺書編(上)　甘肅人民
　　出版社　1987　p. 438、457 注 2

唐耕耦　陸宏基　敦煌社會經濟文獻真迹釋録(二)　全國圖書館文獻縮微複製中心　1990　p. 489

王永興　敦煌經濟文書導論　(臺北)新文豐出版公司　1994　p. 16

S. 6093

伊藤美重子　敦煌本『大智度論』の整理　中國佛教石經の研究　京都大學學術出版會　1996
　　p. 384

丘古耶夫斯基　敦煌漢文文書　上海古籍出版社　2000　p. 236

S. 6094

蕭登福　道教與密宗　（臺北）新文豐出版公司　1993　p. 442

姜伯勤　敦煌藝術宗教與禮樂文明　中國社會科學出版社　1996　p. 310

邵文實　敦煌道教試述　《世界宗教研究》1996 年第 2 期　又見：中國敦煌學百年文庫・宗教卷
　　（三）　甘肅文化出版社　1999　p. 334

姜伯勤　道釋相激：道教在敦煌　道家文化研究（第十三輯）　三聯書店　1998　p. 71

汪泛舟　敦煌道教與齋醮諸考　1994 年敦煌學國際研討會文集・宗教文史卷（上）　甘肅民族出版
　　社　2000　p. 11

李小榮　變文講唱與華梵宗教藝術　上海三聯書店　2002　p. 289

劉永明　散見敦煌曆朔閏輯考　《敦煌研究》2002 年第 6 期　p. 16

李小榮　敦煌密教文獻論稿　人民文學出版社　2003　p. 280

劉永明　敦煌道教的世俗化之路：道教向具注曆日的滲透　《敦煌學輯刊》2005 年第 2 期　p. 206

余欣　唐宋敦煌醮祭鎮宅法考察　《敦煌研究》2006 年第 2 期　p. 61

S. 6095

京戶慈光　傳入日本的中國佛教疑偽經典（上）　《敦煌學輯刊》1996 年第 1 期　p. 78

S. 6097

石井昌子　靈寶經類　敦煌と中國道教（講座敦煌 4）　（東京）大東出版社　1983　p. 156

王卡　敦煌道教文獻研究　中國社會科學出版社　2004　p. 137

王卡　中國國家圖書館藏敦煌道教遺書研究報告　敦煌吐魯番研究（第七卷）　北京大學出版社
　　2004　p. 357

S. 6099

李正宇　唐宋時代敦煌縣河渠泉澤簡志（二）　《敦煌研究》1989 年第 1 期　p. 59

李正宇　敦煌史地新論　（臺北）新文豐出版公司　1996　p. 140

李正宇　鹿家泉　敦煌學大辭典　上海辭書出版社　1998　p. 322

鄭炳林　晚唐五代敦煌村莊聚落輯考　2000 年敦煌學國際學術討論會文集・歷史文化卷（上）　甘
　　肅民族出版社　2003　p. 158

S. 6101

陳祚龍　新校重訂唐代吐蕃統治瓜沙期間當地釋眾事佛的幾種藝文　敦煌學海探珠（下冊）　（臺
　　北）商務印書館　1979　p. 352

邵文實　沙州節兒考及其引申出來的幾個問題　《西北師大學報》（社會科學版）1992 年第 5 期
　　p. 63

鄭炳林　敦煌漢文吐蕃史料綜述：兼論吐蕃控制河西時期的職官與統治政策　敦煌吐魯番文獻研究
　　中華書局　1995　p. 95

楊富學　李吉和　敦煌漢文吐蕃史料輯校(第一輯)　甘肅人民出版社　1999　p. 189

王微　春祭:二月八日節的佛教儀式　法國漢學(敦煌學專號)　中華書局　2000　p. 114

王繼光　鄭炳林　敦煌漢文吐蕃史料綜述　中國西部民族文化研究(2003 年卷)　民族出版社
　　2003　p. 239、248

張雲　唐代吐蕃史與西北民族史研究　中國藏學出版社　2004　p. 185

S. 6103

芳村修基　徵心行路難殘卷考　西域文化研究(第一)・敦煌佛教資料　(京都)法藏館　1958
　　p. 195

蘇瑩輝　"敦煌曲"評介　《香港中文大學學報》1974 年第 1 期　又見:敦煌論集續編　(臺北)學生
　　書局　1983　p. 311；中國敦煌學百年文庫・藝術卷(一)　甘肅文化出版社　1999　p. 373

加地哲定　增補中國佛教文學研究　(東京)同朋舍　1979　p. 188

川崎ミチコ　修道偈Ⅱ——定格聯章　敦煌仏典と禪(講座敦煌 8)　(東京)大東出版社　1980
　　p. 272

任半塘　敦煌歌辭研究在國外　文學評論叢刊(第九輯)　中國社會科學出版社　1981　p. 189

王重民　記敦煌寫本的佛經　敦煌吐魯番文獻研究論集(第二輯)　北京大學出版社　1983　p. 21
　　又見:敦煌遺書論文集　中華書局　1984　p. 305

廣川堯敏　禮讚　敦煌と中國仏教(講座敦煌 7)　(東京)大東出版社　1984　p. 468

龍晦　論敦煌詞曲所見之禪宗與淨土宗　《世界宗教研究》1986 年第 3 期　p. 60

任半塘　敦煌歌辭總編　上海古籍出版社　1987　p. 1424、1577

蘇瑩輝　國際敦煌學研究近貌　敦煌文史藝術論叢　(臺北)新文豐出版公司　1987　p. 186

劉進寶　俚曲小調　敦煌文學　甘肅人民出版社　1989　p. 218

吳肅森　論敦煌佛曲與詞的起源　《敦煌學輯刊》1989 年第 2 期　p. 3

加地哲定著　劉衛星譯　中國佛教文學　今日中國出版社　1990　p. 160

任半塘　王昆吾　隋唐五代燕樂雜言歌辭集　巴蜀書社　1990　p. 174

上山大峻　敦煌佛教の研究　(京都)法藏館　1990　p. 420

周紹良　敦煌文學芻議及其它　(臺北)新文豐出版公司　1992　p. 37

鄭阿財　敦煌文獻與文學　(臺北)新文豐出版公司　1993　p. 115

劉尊明　唐五代詞的文化觀照　(臺北)文津出版社　1994　p. 511

柳田聖山　禪籍解題(一)・敦煌禪籍　俗語言研究(第二期)　(京都)禪文化研究所　1995　p. 146

曲金良　敦煌佛教文學研究　(臺北)文津出版社　1995　p. 235

史雙元　唐五代詞紀事會評　黃山書社　1995　p. 29

王昆吾　隋唐五代燕樂雜言歌辭研究　中華書局　1996　p. 403、421

楊曾文　神會和尚禪語錄　中華書局　1996　p. 126

高啓安　敦煌五更詞與甘肅五更詞比較研究　《敦煌研究》1997 年第 3 期　p. 114

柴劍虹　菏澤和尚五更轉　敦煌學大辭典　上海辭書出版社　1998　p. 549

徐俊　敦煌詩集殘卷輯考　中華書局　2000　p. 863

王小盾　從敦煌本共住修道故事看唐代佛教詩歌文體的來源　中國俗文化研究(第一輯)　巴蜀書
　　社　2003　p. 27

王志鵬　從敦煌歌辭看唐代敦煌地區禪宗的流傳與發展　《敦煌研究》2005 年第 6 期　p. 96

S. 6104

山本達郎等　敦煌・Ⅲ 轉貼　『NUN‐HUANG AND TURFAN DOCUMENTS CONCERNING SOCIAL AND ECONOMIC HISTORY』(Ⅳ)　(東京)東洋文庫　1989　p. 34

姜伯勤　敦煌社會文書導論　(臺北)新文豐出版公司　1992　p. 242

高國藩　敦煌民俗資料導論　(臺北)新文豐出版公司　1993　p. 3

沃興華　敦煌書法藝術　上海人民出版社　1994　p. 173

石田勇作　敦煌「社文書」研究序說　中國古代の國家と民衆(堀敏一先生古稀記念)　(東京)汲古書院　1995　p. 684

寧可　郝春文　敦煌社邑文書輯校　江蘇古籍出版社　1997　p. 216

楊森　從敦煌文獻看中國古代從左向右的書寫格式　《敦煌研究》2001 年第 2 期　p. 107

馬國俊　敦煌遺書民間書法特徵研究　《敦煌研究》2006 年第 2 期　p. 34

S. 6107

馬繼興　敦煌古醫籍考釋　江西科學技術出版社　1988　p. 25、494

丛春雨　敦煌中醫藥全書　中醫古籍出版社　1994　p. 696

馬繼興　敦煌醫藥文獻輯校　江蘇古籍出版社　1998　p. 757

王進玉　從敦煌文物看中西文化交流　《西域研究》1999 年第 1 期　p. 59

陳明　醫理精華:印度古典醫學在敦煌的實例分析　敦煌吐魯番研究(第五卷)　北京大學出版社　2001　p. 247

陳明　印度梵文醫典醫理精華研究　中華書局　2002　p. 102

馬繼興　當前世界各地收藏的中國出土卷子本古醫藥文獻備考　敦煌吐魯番研究(第六卷)　北京大學出版社　2002　p. 138

陳明　備急單驗:敦煌醫藥文獻中的單藥方　敦煌學國際研討會論文集　北京圖書館出版社　2005　p. 239

陳明　殊方異藥:出土文書與西域醫學　北京大學出版社　2005　p. 151

S. 6108

田中良昭　敦煌禪宗文獻の研究　(東京)大東出版社　1983　p. 346

梅弘理　敦煌本佛教教理問答書　法國學者敦煌學論文選萃　中華書局　1993　p. 139

S. 6109

加地哲定　增補中國佛教文學研究　(東京)同朋舍　1979　p. 200

鄭阿財　敦煌孝道文學研究　(臺北)石門圖書公司　1982　p. 530

汪泛舟　讚・箴　敦煌文學　甘肅人民出版社　1989　p. 101

加地哲定著　劉衛星譯　中國佛教文學　今日中國出版社　1990　p. 171

上山大峻　敦煌佛教の研究　(京都)法藏館　1990　p. 419

高田時雄　チベット文字書寫「長卷」の研究(本文編)　『東方學報』(第 65 號)　京都大學人文科學研究所　1993　p. 374

索仁森著　李吉和譯　敦煌漢文禪籍特徵概觀　《敦煌研究》1994 年第 1 期　p. 111

張先堂　晚唐至宋初淨土五會念佛法門在敦煌的流傳　《敦煌研究》1998 年第 1 期　p. 52

劉長東　晉唐彌陀淨土信仰研究　巴蜀書社　2000　p. 405

S. 6111

向達　倫敦所藏敦煌卷子經眼目錄　《北平圖書館圖書季刊》1939 年新第 1 卷第 4 期　p. 397　又見：唐代長安與西域文明　三聯書店　1957　p. 234

陳祚龍　瓜沙印錄　（臺北）《大陸雜誌》1962 年第 4 期　又見：敦煌學概要　（臺北）編譯館“中華叢書編委會”　1981　p. 269；中國敦煌學百年文庫・考古卷(一)　甘肅文化出版社　1999　p. 191

陳祚龍　古代敦煌及其他地區流行之公私印章圖記文字錄　敦煌學要籥　（臺北）新文豐出版公司　1982　p. 347

唐耕耦　陸宏基　敦煌社會經濟文獻真迹釋錄(四)　全國圖書館文獻縮微複製中心　1990　p. 366

榮新江　敦煌本《書儀鏡》爲安西書儀考　慶祝潘石禪先生九秩華誕敦煌學特刊　（臺北）文津出版社　1996　p. 267

沙知　敦煌縣之印　敦煌學大辭典　上海辭書出版社　1998　p. 292

趙和平　《敦煌寫本書儀研究》訂補　敦煌吐魯番研究(第三卷)　北京大學出版社　1998　p. 241

趙和平　書儀鏡　敦煌學大辭典　上海辭書出版社　1998　p. 418

榮新江　英國圖書館藏敦煌漢文非佛教文獻殘卷概述　敦煌文藪(下)　（臺北）新文豐出版公司　1999　p. 127

雷聞　隋唐朝集制度研究　唐研究(第七卷)　北京大學出版社　2001　p. 292

李錦繡　敦煌吐魯番地理文書與唐五代地理學　《吐魯番學研究》2005 年第 1 期　p. 65

S. 6112

金岡照光　敦煌における地獄文獻：敦煌庶民信仰の一樣相　敦煌と中國仏教（講座敦煌7）　（東京）大東出版社　1984　p. 570

方廣錩　觀佛三昧海經　敦煌學大辭典　上海辭書出版社　1998　p. 663

S. 6114

郝春文　敦煌寫本齋文及其樣式的分類與定名　《北京師範學院學報》1990 年第 3 期　p. 95

寧可　郝春文　敦煌社邑文書輯校　江蘇古籍出版社　1997　p. 569

山本達郎等　補(IV)社・VI 諸種文書　『NUN－HUANG AND TURFAN DOCUMENTS CONCERNING SOCIAL AND ECONOMIC HISTORY』(Sup. p. lemrnts)　（東京）東洋文庫　2001　p. 95

葉貴良　敦煌社邑文書詞語選釋　《敦煌研究》2004 年第 5 期　p. 80

郝春文　唐後期五代宋初敦煌私社的教育與教化功能　敦煌吐魯番研究(第九卷)　北京大學出版社　2006　p. 307

S. 6115

陳祚龍　新校重訂敦煌古抄舊從阿含經略集誦讚僧寶文　敦煌學海探珠(上冊)　（臺北）商務印書館　1979　p. 72

汪泛舟　讚・箴　敦煌文學　甘肅人民出版社　1989　p. 101

周紹良　白化文　李鼎霞　敦煌變文集補編　北京大學出版社　1989　p. 112

周紹良　《讚僧功德經》校錄並解說　敦煌吐魯番學研究論文集　漢語大詞典出版社　1990　p. 95

周紹良　敦煌文學芻議及其它　（臺北）新文豐出版公司　1992　p. 132

方廣錩　讚僧功德經　敦煌學大辭典　上海辭書出版社　1998　p. 740

S. 6116

冷鵬飛　唐末沙州歸義軍時期有關百姓受田和賦稅的幾個問題　《敦煌學輯刊》1984 年第 1 期
p. 37

池田溫　敦煌における土地稅役制をめぐって　東アジア古文書の史的研究　（東京）刀水書房
1990　p. 65

唐耕耦　陸宏基　敦煌社會經濟文獻真迹釋錄(二)　全國圖書館文獻縮微複製中心　1990　p. 441

王永興　敦煌經濟文書導論　（臺北）新文豐出版公司　1994　p. 407

李正宇　敦煌史地新論　（臺北）新文豐出版公司　1996　p. 117

雷紹鋒　P. 3418v《唐沙州諸鄉欠枝夫人戶名目》研究　《敦煌研究》1998 年第 2 期　p. 114

陳國燦　唐代的經濟社會　（臺北）文津出版社　1999　p. 165

堀敏一　中唐以後敦煌地域における稅制度　東アジア史における國家と地域　（東京）刀水書房
1999　p. 331

堀敏一著　張宇譯　中唐以後敦煌地區的稅制　《敦煌研究》2000 年第 3 期　p. 150

雷紹鋒　歸義軍賦役制度初探　（臺北）洪葉文化事業有限公司　2000　p. 92、210

榮新江　《英藏敦煌文獻》定名商補　文史（第五十二輯）　中華書局　2000　p. 128

陳國燦　敦煌學史事新證　甘肅教育出版社　2002　p. 295

李并成　敦煌文獻與西北生態環境變遷研究　漢語史學報專輯（第三輯）　上海教育出版社　2003
p. 393

李并成　敦煌學與沙漠歷史地理研究　2000 年敦煌學國際學術討論會文集·歷史文化卷（上）　甘
肅民族出版社　2003　p. 490

S. 6117

周祖謨　唐五代韻書集存　中華書局　1983　p. 784、949

張金泉　論《時要字樣》　《浙江社會科學》1993 年第 4 期　p. 81

張金泉　敦煌遺書與字樣學　文史（第四十一輯）　中華書局　1996　p. 205

張金泉　許建平　敦煌音義彙考　杭州大學出版社　1996　p. 834

張涌泉　敦煌俗字研究導論　（臺北）新文豐出版公司　1996　p. 34

張金泉　關於《時要字樣》等八件敦煌寫卷的考辨　古典文獻與文化論叢　中華書局　1997　p. 95

張金泉　敦煌字書　敦煌學大辭典　上海辭書出版社　1998　p. 515

張金泉　唐韻摘字　敦煌學大辭典　上海辭書出版社　1998　p. 514

張金泉　新商略古今字樣撮其時要並行正俗釋　敦煌學大辭典　上海辭書出版社　1998　p. 516

張涌泉　二十世紀的唐代文字研究　中古近代漢語研究（第一輯）　上海教育出版社　2000　p. 91

張涌泉　《說文》“連篆讀”發覆　文史（第六十輯）　中華書局　2002　p. 249　又見：雪泥鴻爪：浙江
大學古籍研究所建所二十周年紀念文集　中華書局　2003　p. 38

S. 6120

向達　倫敦所藏敦煌卷子經眼目錄　唐代長安與西域文明　三聯書店　1957　p. 235

土田健次郎　儒教典籍　敦煌漢文文獻（講座敦煌 5）　（東京）大東出版社　1992　p. 268

李索　敦煌寫卷《春秋經傳集解》校證　中國社會科學出版社　2005　p. 224

石塚晴通　敦煌的加點本　敦煌學·日本學：石塚晴通教授退職紀念論文集　上海辭書出版社
2005　p. 9

S. 6121

向達　倫敦所藏敦煌卷子經眼目錄　《北平圖書館圖書季刊》1939 年新第 1 卷第 4 期　p. 397　又
　　見：唐代長安與西域文明　三聯書店　1957　p. 235

穆舜英等　新疆考古三十年　新疆人民出版社　1983　p. 346 注 2

饒宗頤解說　林宏作譯　敦煌書法叢刊(第七卷)·經史(五)　(東京)二玄社　1985　p. 50

王素　敦煌文書中的第四件《論語鄭氏注》　唐寫本論語鄭氏注及其研究　文物出版社　1991
　　p. 172

王素　唐寫本《論語鄭氏注》校讀劄記　唐寫本論語鄭氏注及其研究　文物出版社　1991　p. 253·

王素　唐寫本《論語鄭氏注》校錄校勘說明　唐寫本論語鄭氏注及其研究　文物出版社　1991
　　p. 2、63、75

土田健次郎　儒教典籍　敦煌漢文文獻(講座敦煌 5)　(東京)大東出版社　1992　p. 269、288

榮新江　《唐寫本論語鄭氏注及其研究》拾遺　《文物》1993 年第 2 期　p. 58

胡戟　傅玫　敦煌史話　中華書局　1995　p. 140

陳金木　唐寫本論語鄭氏注研究(上)　(臺北)文津出版社　1996　p. 10

李方　敦煌《論語集解》校正　江蘇古籍出版社　1998　p. 832

劉方　唐抄本鄭氏注論語集成　敦煌學大辭典　上海辭書出版社　1998　p. 833

許建平　評《敦煌〈論語集解〉校正》　敦煌吐魯番研究(第五卷)　北京大學出版社　2001　p. 342

林平和　試論敦煌文獻之輯佚價值　新世紀敦煌學論集　巴蜀書社　2003　p. 728

王素　敦煌本《論語》研究的回顧與展望　2000 年敦煌學國際學術討論會文集·歷史文化卷(上)
　　甘肅民族出版社　2003　p. 472

許建平　《俄藏敦煌文獻》儒家經典類寫本的定名與綴合　漢語史學報專輯(第三輯)　上海教育出
　　版社　2003　p. 313

S. 6122

佐藤武敏　敦煌の水利　敦煌の社會(講座敦煌 3)　(東京)大東出版社　1980　p. 286

黃征　吳偉　《敦煌願文集》輯校中的一些問題　《敦煌研究》1992 年第 1 期　p. 66　又見：敦煌語
　　文叢說　(臺北)新文豐出版公司　1997　p. 551

S. 6123

唐耕耦　陸宏基　敦煌社會經濟文獻真迹釋錄(一)　書目文獻出版社　1986　p. 400

李正宇　敦煌地區古代祠廟寺觀簡志　《敦煌學輯刊》1988 年第 1、2 期　p. 79

李正宇　唐宋時代敦煌縣河渠泉澤簡志(一)　《敦煌研究》1988 年第 4 期　p. 92

李明偉　狀·牒·帖　敦煌文學　甘肅人民出版社　1989　p. 44

山本達郎等　敦煌·III 轉貼　『NUN‐HUANG AND TURFAN DOCUMENTS CONCERNING SOCIAL
　　AND ECONOMIC HISTORY』(IV)　(東京)東洋文庫　1989　p. 69

郝春文　敦煌的渠人與渠社　《北京師範學院學報》1990 年第 1 期　p. 94

姜伯勤　敦煌社會文書導論　(臺北)新文豐出版公司　1992　p. 190

高國藩　敦煌民俗資料導論　(臺北)新文豐出版公司　1993　p. 3

郝春文　敦煌寫本社邑文書年代彙考(三)　《社科縱橫》1993 年第 5 期　p. 8

石田勇作　敦煌「社文書」研究序說　中國古代の國家と民眾(堀敏一先生古稀記念)　(東京)汲古
　　書院　1995　p. 683

土肥義和　唐·北宋間の「社」の組織形態に関する一考察　中國古代の國家と民眾(堀敏一先生古

稀記念）　（東京）汲古書院　1995　p. 714

李正宇　敦煌史地新論　（臺北）新文豐出版公司　1996　p. 92、110

劉進寶　P. 3236 號《壬申年官布籍》時代考　《西北師大學報》(社會科學版)1996 年第 5 期　p. 44

劉進寶　P. 3236 號《壬申年官布籍》研究　慶祝潘石禪先生九秩華誕敦煌學特刊　（臺北）文津出版社　1996　p. 363

馮培紅　唐五代敦煌的河渠水利與水司管理機構初探　《敦煌學輯刊》1997 年第 2 期　p. 79（原文録爲 P. 6123）

寧可　郝春文　敦煌社邑文書輯校　江蘇古籍出版社　1997　p. 378

李正宇　普光寺　敦煌學大辭典　上海辭書出版社　1998　p. 630

寧可　渠人轉帖　敦煌學大辭典　上海辭書出版社　1998　p. 429

馬德　敦煌文書《諸寺付經歷》芻議　《敦煌學輯刊》1999 年第 1 期　p. 40

寧可　寧可史學論集　中國社會科學出版社　1999　p. 448 注 7

謝桃坊　敦煌文化尋繹　四川人民出版社　1999　p. 178

陳永勝　敦煌吐魯番法制文書研究　甘肅人民出版社　2000　p. 120

郝春文　英藏敦煌文獻年代叢考　英國收藏敦煌漢藏文獻研究:紀念敦煌文獻發現一百周年　中國社會科學出版社　2000　p. 375

雷紹鋒　歸義軍賦役制度初探　（臺北）洪葉文化事業有限公司　2000　p. 193

劉進寶　敦煌文書與唐史研究　（臺北）新文豐出版公司　2000　p. 235

譚蟬雪　《君者者狀》辨析:河西達怛國的一份書狀　1994 年敦煌學國際研討會文集・宗教文史卷（下）　甘肅民族出版社　2000　p. 107

孟憲實　敦煌社邑的分佈　敦煌文獻論集:紀念藏經洞發現一百周年國際學術研討會論文集　遼寧人民出版社　2001　p. 428

孟憲實　論敦煌渠人社　周秦漢唐文化研究（第三輯）　三秦出版社　2004　p. 127

S. 6124

伊藤美重子　敦煌本『大智度論』の整理　中國佛教石經の研究　京都大學學術出版會　1996　p. 382

S. 6125

福井文雅　般若心經　敦煌と中國仏教（講座敦煌 7）　（東京）大東出版社　1984　p. 39

S. 6126

池田溫　中國古代寫本識語集録　（東京）大藏出版株式會社　1990　p. 402

白化文　勘經生名簽　敦煌學大辭典　上海辭書出版社　1998　p. 594

S. 6127

石井昌子　靈寶經類　敦煌と中國道教（講座敦煌 4）　（東京）大東出版社　1983　p. 160

山田俊　唐初道教思想史研究・資料篇　（京都）平樂寺書店　1999　p. 162

王卡　敦煌道教文獻研究　中國社會科學出版社　2004　p. 196

王卡　中國國家圖書館藏敦煌道教遺書研究報告　敦煌吐魯番研究（第七卷）　北京大學出版社　2004　p. 368

S. 6128

鄭阿財　敦煌蒙書析論　第二屆敦煌學國際研討會論文集　（臺北）漢學研究中心　1990　p. 217
鄭阿財　敦煌文獻與文學　（臺北）新文豐出版公司　1993　p. 246
沃興華　敦煌書法藝術　上海人民出版社　1994　p. 249
張金泉　雜字　敦煌學大辭典　上海辭書出版社　1998　p. 516
鄭阿財　朱鳳玉　敦煌蒙書研究　甘肅教育出版社　2002　p. 53

S. 6129

陳國燦　唐代的經濟社會　（臺北）文津出版社　1999　p. 217 注 35

S. 6130

唐耕耦　陸宏基　敦煌社會經濟文獻真迹釋録(三)　全國圖書館文獻縮微複製中心　1990　p. 134
雷紹鋒　歸義軍賦役制度初探　（臺北）洪葉文化事業有限公司　2000　p. 74
張錫厚　敦煌文學源流　作家出版社　2000　p. 330

S. 6131

金岡照光　敦煌の寫本　敦煌の文學　（東京）大蔵出版株式會社　1971　p. 73
雷僑雲　敦煌兒童文學　（臺北）學生書局　1985　p. 44
高國藩　敦煌民俗學　上海文藝出版社　1989　p. 109
鄭阿財　敦煌蒙書析論　第二屆敦煌學國際研討會論文集　（臺北）漢學研究中心　1990　p. 217
鄭阿財　敦煌文獻與文學　（臺北）新文豐出版公司　1993　p. 246
沃興華　敦煌書法藝術　上海人民出版社　1994　p. 249
張弓　漢唐佛寺文化史　中國社會科學出版社　1997　p. 979
汪泛舟　《開蒙要訓》初探　《敦煌研究》1999 年第 2 期　p. 139
榮新江　《英藏敦煌文獻》定名商補　文史（第五十二輯）　中華書局　2000　p. 124　又見：敦煌學
　　新論　甘肅教育出版社　2002　p. 199
汪泛舟　敦煌古代兒童課本　甘肅人民出版社　2000　p. 52
鄭阿財　朱鳳玉　敦煌蒙書研究　甘肅教育出版社　2002　p. 53

S. 6132

姜伯勤　敦煌社會文書導論　（臺北）新文豐出版公司　1992　p. 193

S. 6134

寺岡龍含　敦煌本郭象注莊子南華真經研究總論　福井漢文學會　1966　p. 240
劉屹　評《敦煌道藏》　敦煌吐魯番研究(第六卷)　北京大學出版社　2002　p. 388
王卡　中國國家圖書館藏敦煌道教遺書研究報告　敦煌吐魯番研究(第七卷)　北京大學出版社
　　2004　p. 366

S. 6135

王卡　敦煌道教文獻研究　中國社會科學出版社　2004　p. 184

S. 6137

石井昌子　靈寶經類　敦煌と中國道教(講座敦煌4)　(東京)大東出版社　1983　p. 160

山田俊　唐初道教思想史研究・資料篇　(京都)平樂寺書店　1999　p. 30、162

王卡　敦煌道教文獻研究　中國社會科學出版社　2004　p. 197

王卡　中國國家圖書館藏敦煌道教遺書研究報告　敦煌吐魯番研究(第七卷)　北京大學出版社　2004　p. 368

S. 6138

劉俊文　敦煌吐魯番發現唐寫本律及律疏殘卷研究　敦煌吐魯番文獻研究論集　中華書局　1982　p. 529、586

劉俊文　吐魯番新發現唐寫本律疏殘卷研究　敦煌吐魯番文獻研究論集(第二輯)　北京大學出版社　1983　p. 536

仁井田陞　補訂中國法制史研究:法と慣習・法と道德　東京大學出版會　1991　p. 270

林家平　寧强　羅華慶　中國敦煌學史　北京語言學院出版社　1992　p. 71

唐耕耦　唐律疏殘卷　敦煌學大辭典　上海辭書出版社　1998　p. 378

陳永勝　敦煌吐魯番法制文書研究　甘肅人民出版社　2000　p. 38

王素　敦煌吐魯番文獻　文物出版社　2002　p. 141

S. 6140

饒宗頤　敦煌寫卷之書法　唐代研究論集(第三輯)　(臺北)新文豐出版公司　1992　p. 30

劉濤　道經殘紙　敦煌學大辭典　上海辭書出版社　1998　p. 285

劉濤　敦煌書法　敦煌學大辭典　上海辭書出版社　1998　p. 274

王卡　敦煌道教文獻研究　中國社會科學出版社　2004　p. 222

S. 6141

沙知　敦煌契約文書輯校　江蘇古籍出版社　1998　p. 558

S. 6143

加地哲定　增補中國佛教文學研究　(東京)同朋舍　1979　p. 202

加地哲定著　劉衛星譯　中國佛教文學　今日中國出版社　1990　p. 172

張先堂　晚唐至宋初淨土五會念佛法門在敦煌的流傳　《敦煌研究》1998年第1期　p. 52

S. 6145

陳祚龍　關於道家"本際經"及其"要略妙義"與"疏"的敦煌古抄　敦煌文物隨筆　(臺北)商務印書館　1979　p. 218

石井昌子　靈寶經類　敦煌と中國道教(講座敦煌4)　(東京)大東出版社　1983　p. 161

陳祚龍　敦煌學識小　敦煌學津雜誌　(臺北)文津出版社　1991　p. 68

萬毅　敦煌道教文獻《本際經》錄文及解說　道家文化研究(第十三輯)　三聯書店　1998　p. 484

王卡　太玄真一本際經　敦煌學大辭典　上海辭書出版社　1998　p. 765

山田俊　唐初道教思想史研究・資料篇　(京都)平樂寺書店　1999　p. 112、164

王卡　敦煌道教文獻研究　中國社會科學出版社　2004　p. 206

王卡　中國國家圖書館藏敦煌道教遺書研究報告　敦煌吐魯番研究(第七卷)　北京大學出版社

2004　p. 371

S. 6147

鄭阿財　學日益齋敦煌學劄記　周一良先生八十生日紀念論文集　中國社會科學出版社　1993
　p. 190

姜伯勤　敦煌藝術宗教與禮樂文明　中國社會科學出版社　1996　p. 286

姜伯勤　道釋相激：道教在敦煌　道家文化研究（第十三輯）　三聯書店　1998　p. 46

李小榮　變文講唱與華梵宗教藝術　上海三聯書店　2002　p. 27

王卡　敦煌道教文獻研究　中國社會科學出版社　2004　p. 250

劉永明　論敦煌佛教信仰中的佛道融合　《敦煌學輯刊》2005 年第 1 期　p. 46

S. 6148

土橋秀高　敦煌の律藏　敦煌と中國仏教（講座敦煌 7）　（東京）大東出版社　1984　p. 264

S. 6150

饒宗頤　敦煌本文選斠證　（一）（香港）《新亞學報》1957 年第 1 期　p. 334　又見：中國敦煌學百年
　文庫・文學卷（二）　甘肅文化出版社　1999　p. 2

饒宗頤　敦煌本文選斠證（二）　（香港）《新亞學報》1958 年第 2 期　p. 328

陳祚龍　敦煌寫本《登樓賦》斠證　敦煌學海探珠（上冊）　（臺北）商務印書館　1979　p. 21 注 9

金岡照光　講唱體類　敦煌の文學文獻（講座敦煌 9）　（東京）大東出版社　1992　p. 150

遊志誠　敦煌古抄本文選五臣注研究　全國敦煌學研討會論文集　（臺北）中正大學中國文學系所
　1995　p. 149

遊志誠　昭明文選學術論考　（臺北）學生書局　1996　p. 37

白化文　敦煌遺書中《文選》殘卷綜述　中外學者文選學論集（上）　中華書局　1998　p. 380

白化文　文選　敦煌學大辭典　上海辭書出版社　1998　p. 783

羅國威　敦煌本《昭明文選》研究　黑龍江教育出版社　1999　p. 178

傅剛　文選版本研究　北京大學出版社　2000　p. 114

饒宗頤　敦煌吐魯番本文選　中華書局　2000　p. 53（圖版）

S. 6153

芳村修基　土橋秀高　井ノ口泰淳　敦煌佛教史年表　西域文化研究（第一）・敦煌佛教資料　（京
　都）法藏館　1958　p. 276

S. 6154

向達　倫敦所藏敦煌卷子經眼目錄　唐代長安與西域文明　三聯書店　1957　p. 235

姜伯勤　敦煌寺院碾磑經營的兩種形式　歷史論叢（第三輯）　齊魯書社　1983　p. 183　又見：五
　十年來漢唐佛教寺院經濟研究　北京師範大學出版社　1986　p. 230

姜伯勤　敦煌寺院文書中“梁戶”的性質　五十年來漢唐佛教寺院經濟研究　北京師範大學出版社
　1986　p. 132、138

姜伯勤　唐五代敦煌寺戶制度　中華書局　1987　p. 227、246、265

高國藩　敦煌民俗學　上海文藝出版社　1989　p. 61

唐耕耦　陸宏基　敦煌社會經濟文獻真迹釋錄（三）　全國圖書館文獻縮微複製中心　1990　p. 526

高國藩　敦煌民俗資料導論　（臺北）新文豐出版公司　1993　p. 16
郝春文　唐後期五代宋初沙州僧尼的宗教收入（三）：大衆倉試探　《敦煌學輯刊》1996 年第 2 期
　　　p. 2
唐耕耦　敦煌寺院會計文書研究　（臺北）新文豐出版公司　1997　p. 319
田德新　敦煌寺院中的都師　《敦煌學輯刊》1997 年第 2 期　p. 125
郝春文　唐後期五代宋初敦煌僧尼的社會生活　中國社會科學出版社　1998　p. 322
唐耕耦　入破曆算會牒　敦煌學大辭典　上海辭書出版社　1998　p. 647
劉進寶　敦煌文書與唐史研究　（臺北）新文豐出版公司　2000　p. 202
趙曉星　寇甲　西魏：歸義軍時期敦煌地區的史姓　《敦煌學輯刊》2005 年第 2 期　p. 137

S. 6155

李德超　敦煌本孝經校讎　第二屆敦煌學國際研討會論文集　（臺北）漢學研究中心　1990　p. 115

S. 6156

周祖謨　唐五代韻書集存　中華書局　1983　p. 235、863
胡戟　傅玫　敦煌史話　中華書局　1995　p. 181
張涌泉　敦煌俗字彙考　敦煌俗字研究　上海教育出版社　1996　p. 4
鄭阿財　潘重規教授與敦煌學研究　"中國唐代學會"會刊（第七期）　（臺北）"中國唐代學會"
　　　1996　p. 35
張金泉　敦煌韻書　敦煌學大辭典　上海辭書出版社　1998　p. 512
張金泉　陸法言　敦煌學大辭典　上海辭書出版社　1998　p. 344
北京大學　敦煌《經卷》、《照片》及《圖書》目録　中國敦煌學百年文庫・綜述卷（一）　甘肅文化出
　　　版社　1999　p. 315
張涌泉　漢語俗字叢考　中華書局　2000　p. 2、496
施安昌　敦煌寫經的遞變字群及其命名　善本碑帖論集　紫禁城出版社　2002　p. 334

S. 6157

菅原信海　占筮書　敦煌漢文文獻（講座敦煌 5）　（東京）大東出版社　1992　p. 457
黃正建　敦煌祿命類文書述略　中國社會科學院歷史研究所學刊（第一集）　社會科學文獻出版社
　　　2001　p. 242、254
黃正建　敦煌占卜文書與唐五代占卜研究　學苑出版社　2001　p. 110、126

S. 6159

土橋秀高　敦煌の律藏　敦煌と中國仏教（講座敦煌 7）　（東京）大東出版社　1984　p. 264
上山大峻　敦煌佛教の研究　（京都）法藏館　1990　p. 420
湛如　敦煌佛教律儀制度研究　中華書局　2003　p. 157

S. 6160

王三慶著　池田溫譯　類書　敦煌漢文文獻（講座敦煌 5）　（東京）大東出版社　1992　p. 386
馬繼興　敦煌醫藥文獻　敦煌學大辭典　上海辭書出版社　1998　p. 615

S. 6161

長澤和俊　敦煌　（東京）築摩書房　1965　p. 186

賀世哲　敦煌莫高窟供養人題記校勘　《中國史研究》1980 年第 3 期　p. 37

蘇瑩輝　敦煌學概要　（臺北）編譯館"中華叢書編委會"　1981　p. 247

史葦湘　絲綢之路上的敦煌與莫高窟　敦煌研究文集　甘肅人民出版社　1982　p. 118 注 91

饒宗頤解說　林宏作譯　敦煌書法叢刊(第十九卷)・碎金(二)　（東京）二玄社　1984　p. 95

李正宇　唐宋時代的敦煌學校　《敦煌研究》1986 年第 1 期　p. 46 注 9

王堯　陳踐　歸義軍曹氏與于闐之關係補證　《西北史地》1987 年第 2 期　p. 61

韓建瓴　雜記　敦煌文學　甘肅人民出版社　1989　p. 67

譚蟬雪　碑・銘　敦煌文學　甘肅人民出版社　1989　p. 119 注 9

蕭默　敦煌建築研究　文物出版社　1989　p. 53　又見:機械工業出版社　2003　p. 16、324

鄭炳林　敦煌地理文書彙輯校注　甘肅教育出版社　1989　p. 127

鄧文寬　張淮深改建北大像和開鑿第 94 窟年代考　敦煌學國際學術討論會論文縮寫文(1990)　敦
　　　煌研究院　1990　p. 44

榮新江　沙州歸義軍歷任節度使稱號研究　敦煌吐魯番學研究論文集　漢語大詞典出版社　1990
　　　p. 770

唐耕耦　陸宏基　敦煌社會經濟文獻真迹釋錄(五)　全國圖書館文獻縮微複製中心　1990　p. 198

暨遠志　張議潮出行圖研究　《敦煌研究》1991 年第 3 期　p. 28

暨遠志　張議潮出行圖研究(續)　《敦煌研究》1992 年第 4 期　p. 79

尾崎康　史籍　敦煌漢文文獻(講座敦煌 5)　（東京）大東出版社　1992　p. 328

周紹良　敦煌文學芻議及其它　（臺北）新文豐出版公司　1992　p. 16

晒麟　《敕河西節度兵部尚書張公德政之碑》復原與撰寫　《敦煌學輯刊》1993 年第 2 期　p. 31

鄧文寬　敦煌文獻《河西都僧統悟真處分常住榜》管窺　周一良先生八十生日紀念論文集　中國社
　　　會科學出版社　1993　p. 232 注 7

齊陳駿　寒沁　河西都僧統唐悟真作品和見載文獻系年　《敦煌學輯刊》1993 年第 2 期　p. 12

榮新江　敦煌寫本《敕河西節度兵部尚書張公德政之碑》校考　周一良先生八十生日紀念論文集
　　　中國社會科學出版社　1993　p. 206

蘇遠鳴　敦煌漢文寫本的斷代　法國學者敦煌學論文選萃　中華書局　1993　p. 551

張鴻勳　敦煌說唱文學概論　（臺北）新文豐出版公司　1993　p. 21

陸慶夫　敦煌民族文獻與河西古代民族　《敦煌學輯刊》1994 年第 2 期　p. 87

梅林　469 窟與莫高窟石室經藏的方位特徵　《敦煌研究》1994 年第 4 期　p. 188

榮新江　歸義軍改元考　文史(第三十八輯)　中華書局　1994　p. 47

王進玉　敦煌石窟探秘　四川教育出版社　1994　p. 110

鄭炳林　敦煌本《張淮深變文》研究　《西北民族研究》1994 年第 1 期　p. 148

鄧文寬　張淮深改建莫高窟北大像和開鑿第 94 窟年代考　敦煌學國際研討會文集・石窟考古編
　　　遼寧美術出版社　1995　p. 131

黃盛璋　敦煌漢文與于闐文書中之龍家及其相關問題　全國敦煌學研討會論文集　（臺北）中正大
　　　學中國文學系所　1995　p. 83　又見:《西域研究》1996 年第 1 期　p. 39

李冬梅　唐五代敦煌學校部分教學檔案簡介　《敦煌學輯刊》1995 年第 2 期　p. 63

李明偉　敦煌文學中"敦煌文"的研究和分類評價　《敦煌研究》1995 年第 4 期　p. 121

榮新江　龍家考　中亞學刊(第四輯)　北京大學出版社　1995　p. 148

郝春文　評榮新江《英國圖書館藏敦煌漢文非佛教文獻殘卷目錄(S. 6981－13624)》　敦煌吐魯番研

究（第一卷）　北京大學出版社　1996　p. 362

李正宇　敦煌史地新論　（臺北）新文豐出版公司　1996　p. 191 注 9

榮新江　歸義軍史研究　上海古籍出版社　1996　p. 2、48

楊偉　從敦煌文書中看古代西部移民　《敦煌研究》1996 年第 4 期　p. 99

楊秀清　張議潮出走與張淮深之死　《敦煌研究》1996 年第 4 期　p. 75

黃征　《敦煌碑銘讚輯釋》評介　敦煌語文叢說　（臺北）新文豐出版公司　1997　p. 813

陸慶夫　從焉耆龍王到河西龍家——龍部落遷徙考　敦煌歸義軍史專題研究　蘭州大學出版社
　　1997　p. 492

陸慶夫　唐宋之際的涼州嗢末　《敦煌學輯刊》1997 年第 2 期　p. 40

齊陳俊　馮培紅　晚唐五代宋初歸義軍對外商業貿易　敦煌歸義軍史專題研究　蘭州大學出版社
　　1997　p. 341

張先堂　S. 4654 晚唐《莫高窟紀遊詩》新探　《敦煌研究》1997 年第 3 期　p. 130

趙和平　晚唐五代靈武節度使與沙州歸義軍關係試論　第三屆中國唐代文化學術研討會論文集
　　（臺北）政治大學中國文學系　1997　p. 541

鄭炳林　敦煌碑銘讚輯釋　甘肅教育出版社　1997　p. 129 注 2

鄭炳林　唐五代敦煌金山國征伐樓蘭史事考　敦煌歸義軍史專題研究　蘭州大學出版社　1997
　　p. 24 注 20

鄭炳林　唐五代敦煌種植林業研究　敦煌歸義軍史專題研究　蘭州大學出版社　1997　p. 194、202

鄭炳林　馮培紅　唐五代歸義軍政權對外關係中的使頭一職　敦煌歸義軍史專題研究　蘭州大學出
　　版社　1997　p. 63

柴劍虹　張氏修公德記卷背詩　敦煌學大辭典　上海辭書出版社　1998　p. 569

李冬梅　唐五代歸義軍與周邊民族關係綜論　《敦煌學輯刊》1998 年第 2 期　p. 45

李永寧　敕河西節度兵部尚書張公德政之碑　敦煌學大辭典　上海辭書出版社　1998　p. 333

李正宇　悟真詩　敦煌學大辭典　上海辭書出版社　1998　p. 558

榮新江　歸義軍大事紀年初稿　出土文獻研究（第三輯）　文物出版社　1998　p. 234

徐志斌　《河西都僧統唐悟真作品和見載文獻系年》補四則　《敦煌學輯刊》1998 年第 2 期　p. 67

楊森　張議潮　敦煌學大辭典　上海辭書出版社　1998　p. 352

張亞萍　唐五代歸義軍政府牧馬業研究　《敦煌學輯刊》1998 年第 2 期　p. 59

馮培紅　客司與歸義軍的外交活動　《敦煌學輯刊》1999 年第 1 期　p. 73

榮新江　英國圖書館藏敦煌漢文非佛教文獻殘卷概述　敦煌文藪（下）　（臺北）新文豐出版公司
　　1999　p. 131

楊森　小議張淮深受旌節　《敦煌研究》1999 年第 1 期　p. 98

楊秀清　敦煌西漢金山國史　甘肅人民出版社　1999　p. 33

雷紹鋒　歸義軍賦役制度初探　（臺北）洪葉文化事業有限公司　2000　p. 242

榮新江　《英藏敦煌文獻》定名商補　文史（第五十二輯）　中華書局　2000　p. 120

榮新江　《英國圖書館藏敦煌漢文非佛教文獻殘卷目錄》補正　英國收藏敦煌漢藏文獻研究：紀念敦
　　煌文獻發現一百周年　中國社會科學出版社　2000　p. 386

徐俊　敦煌詩集殘卷輯考　中華書局　2000　p. 171、326、496、922

顏廷亮　敦煌文化　光明日報出版社　2000　p. 215、408、474

馮培紅　姚桂蘭　歸義軍時期敦煌與周邊地區之間的僧使交往　敦煌佛教藝術文化國際學術研討會
　　論文集　蘭州大學出版社　2002　p. 451

史葦湘　敦煌歷史與莫高窟藝術研究　甘肅教育出版社　2002　p. 120 注 91

王繼光　鄭炳林　敦煌漢文吐蕃史料綜述　中國西部民族文化研究（2003 年卷）　民族出版社
　　2003　p. 248

張先堂　敦煌寫本《晚唐佚名氏殘詩集》新校　2000 年敦煌學國際學術討論會文集・歷史文化卷
　　（下）　甘肅民族出版社　2003　p. 443

馮培紅　關於歸義軍節度使官制的幾個問題　麥積山石窟藝術文化論文集（下）　蘭州大學出版社
　　2004　p. 206

馮培紅　論晚唐五代的沙州（歸義軍）與涼州（河西）節度使　浙江與敦煌學：常書鴻先生誕辰一百周
　　年紀念文集　浙江古籍出版社　2004　p. 253 注 11

S. 6162

向達　倫敦所藏敦煌卷子經眼目錄　《北平圖書館圖書季刊》1939 年新第 1 卷第 4 期　p. 397　又
　　見：唐代長安與西域文明　三聯書店　1957　p. 235

山口瑞鳳　評『ペリオ・チベット文書の讀解』『東洋學報』（54 卷 4 號）　（東京）東洋學術協會
　　1972　p. 81

王重民　敦煌古籍叙錄　中華書局　1979　p. 6

饒宗頤解說　林宏作譯　敦煌書法叢刊（第三卷）・經史（一）　（東京）二玄社　1984　p. 50

王重民原編　黃永武新編　敦煌古籍叙錄新編　（第一冊）　（臺北）新文豐出版公司　1986　p. 82

林聰明　敦煌文書學　（臺北）新文豐出版公司　1991　p. 236

菅原信海　占筮書　敦煌漢文文獻（講座敦煌 5）　（東京）大東出版社　1992　p. 442

土田健次郎　儒教典籍　敦煌漢文文獻（講座敦煌 5）　（東京）大東出版社　1992　p. 268、278

林聰明　談敦煌文書的抄寫問題　紀念陳寅恪先生百年誕辰學術論文集　江西教育出版社　1994
　　p. 298

胡戟　傅玫　敦煌史話　中華書局　1995　p. 143

白化文　周易王弼注　敦煌學大辭典　上海辭書出版社　1998　p. 772

顏廷亮　敦煌文化　光明日報出版社　2000　p. 214

林聰明　敦煌吐魯番文書解詁指例　（臺北）新文豐出版公司　2001　p. 50

張弓　敦煌四部籍與中古後期社會的文化情境　敦煌學（第 25 輯）　（臺北）樂學書局有限公司
　　2004　p. 313（原文錄爲 P. 6162）

石塚晴通　敦煌的加點本　敦煌學・日本學：石塚晴通教授退職紀念論文集　上海辭書出版社
　　2005　p. 9

S. 6163

鄭阿財　敦煌孝道文學研究　（臺北）石門圖書公司　1982　p. 190

川口久雄　目連救母變文考　大目乾連冥間救母變文（敦煌資料と日本文學　3）　（東京）大東文化
　　大學東洋研究所　1984　p. 55

道端良秀　敦煌文獻に見える死後の世界　敦煌と中國仏教（講座敦煌 7）　（東京）大東出版社
　　1984　p. 506

陳祚龍　看了敦煌古抄《佛說盂蘭盆經讚述》以後　敦煌學散策新集　（臺北）新文豐出版公司
　　1989　p. 251

方廣錩　佛說盂蘭盆經　敦煌學大辭典　上海辭書出版社　1998　p. 672

金岡照光　關於敦煌變文與唐代佛教儀式之關係　敦煌文藪（上）　（臺北）新文豐出版公司　1999
　　p. 133

榮新江　英國圖書館藏敦煌漢文非佛教文獻殘卷概述　敦煌文藪(下)　(臺北)新文豐出版公司　1999　p. 123

金岡照光　敦煌文獻と中國文學　(東京)五曜書房　2000　p. 376

鄭阿財　《盂蘭盆經疏》與《盂蘭盆經講經文》　冉雲華先生八秩華誕壽慶論文集　(臺北)法光出版社　2003　p. 436

町田隆吉　『唐咸亨四年(673)左憧憙生前及隨身錢物疏』をめぐって　『西北出土文獻研究』(創刊號)　(新潟)西北出土文獻研究會　2004　p. 69

S. 6164

向達　倫敦所藏敦煌卷子經眼目録　《北平圖書館圖書季刊》1939年新第1卷第4期　p. 397　又見：唐代長安與西域文明　三聯書店　1957　p. 235

菅原信海　占筮書　敦煌漢文文獻(講座敦煌5)　(東京)大東出版社　1992　p. 458

姜伯勤　敦煌社會文書導論　(臺北)新文豐出版公司　1992　p. 242

榮新江　《英藏敦煌文獻》定名商補　文史(第五十二輯)　中華書局　2000　p. 127

榮新江　《英國圖書館藏敦煌漢文非佛教文獻殘卷目録》補正　英國收藏敦煌漢藏文獻研究：紀念敦煌文獻發現一百周年　中國社會科學出版社　2000　p. 385

黃正建　敦煌祿命類文書述略　中國社會科學院歷史研究所學刊(第一集)　社會科學文獻出版社　2001　p. 244

黃正建　敦煌占卜文書與唐五代占卜研究　學苑出版社　2001　p. 119

S. 6165

向達　倫敦所藏敦煌卷子經眼目録　唐代長安與西域文明　三聯書店　1957　p. 235

陳鐵凡　敦煌本孝經考略　(臺中)《東海學報》1978年第19卷　又見：中國敦煌學百年文庫·文獻卷(二)　甘肅文化出版社　1999　p. 495

李德超　敦煌本孝經校讎　第二屆敦煌學國際研討會論文集　(臺北)漢學研究中心　1990　p. 116

土田健次郎　儒教典籍　敦煌漢文文獻(講座敦煌5)　(東京)大東出版社　1992　p. 269

S. 6166

郝春文　唐後期五代宋初敦煌僧尼的社會生活　中國社會科學出版社　1998　p. 252

S. 6167

向達　倫敦所藏敦煌卷子經眼目録　《北平圖書館圖書季刊》1939年新第1卷第4期　p. 397　又見：唐代長安與西域文明　三聯書店　1957　p. 235

劉銘恕　再記英國倫敦所藏的敦煌經卷　《中國科學院圖書館通訊》1957年第7期　又見：中國敦煌學百年文庫·綜述卷(二)　甘肅文化出版社　1999　p. 132

金岡照光　敦煌文學のさまざま　敦煌の文學　(東京)大藏出版株式會社　1971　p. 160

山口瑞鳳　評『ペリオ・チベット文書の讀解』　『東洋學報』(54卷4號)　(東京)東洋學術協會　1972　p. 81

土肥義和　莫高窟千佛洞と大寺と蘭若と　敦煌の社會(講座敦煌3)　(東京)大東出版社　1980　p. 368

李鼎文　讀佚名《敦煌二十詠》　《西北師院學報》1983年第4期　又見：甘肅文史叢稿　甘肅人民出版社　1986　p. 93

馬德　《敦煌二十詠》寫作年代初探　《敦煌研究》1983 年創刊號　p. 179

王重民　劉修業　《補全唐詩》拾遺　敦煌遺書論文集　中華書局　1984　p. 26、51

劉銘恕　敦煌遺書雜記四篇　敦煌學論集　甘肅人民出版社　1985　p. 53

張錫厚　敦煌詩歌考論　《敦煌學輯刊》1989 年第 2 期　p. 11

張錫厚　賦　敦煌文學　甘肅人民出版社　1989　p. 139

張錫厚　詩歌　敦煌文學　甘肅人民出版社　1989　p. 157

柴劍虹　列寧格勒藏敦煌《長安詞》寫卷分析　西域文史論稿　（臺北）國文天地雜誌社　1991
　　p. 325

李并成　從敦煌算經看我國唐宋時代的初級數學教育　《數學教學研究》1991 年第 1 期　p. 40

李并成　漢敦煌郡廣至縣城及其有關問題考　《敦煌研究》1991 年第 4 期　p. 86

菅原信海　占筮書　敦煌漢文文獻（講座敦煌 5）　（東京）大東出版社　1992　p. 456

姜伯勤　敦煌社會文書導論　（臺北）新文豐出版公司 1992　p. 102

周紹良　敦煌文學芻議及其它　（臺北）新文豐出版公司　1992　p. 22

項楚　敦煌詩歌導論　（臺北）新文豐出版公司　1993　p. 268

張錫厚　敦煌文學概論　甘肅人民出版社　1993　p. 359

李并成　瓜沙二州間一塊消失了的綠洲　《敦煌研究》1994 年第 3 期　p. 76　又見:《中國古代史》
　　（先秦至隋唐）1994 年第 12 期　p. 102

殷光明　從敦煌漢晉長城、古城及屯戍遺址之變遷簡析保護生態平衡的重要性　《敦煌學輯刊》1994
　　年第 1 期　p. 57

吳庚舜　董乃斌　唐代文學史（下）　人民文學出版社　1995　p. 615

黃征　敦煌文學《兒郎偉》輯錄校注　敦煌語文叢說　（臺北）新文豐出版公司　1997　p. 706

劉子瑜　敦煌變文和王梵志詩　大象出版社　1997　p. 76

鄭炳林　敦煌碑銘讚輯釋　甘肅教育出版社　1997　p. 95 注 10

李正宇　敦煌廿詠　敦煌學大辭典　上海辭書出版社　1998　p. 553

劉鈍　九九乘法表　敦煌學大辭典　上海辭書出版社　1998　p. 601

嚴敦傑　五兆經法要決　敦煌學大辭典　上海辭書出版社　1998　p. 622

胡大浚　王志鵬　敦煌邊塞詩歌校注　甘肅人民出版社　1999　p. 261

顏廷亮　關於敦煌文學發展的歷史進程　《甘肅社會科學》1999 年第 4 期　p. 46

徐俊　敦煌詩集殘卷輯考　中華書局　2000　p. 144

張錫厚　敦煌文學源流　作家出版社　2000　p. 41

黃正建　敦煌占卜文書與唐五代占卜研究　學苑出版社　2001　p. 17、174

曾良　敦煌文獻字義通釋　廈門大學出版社　2001　p. 76、108

李小榮　變文講唱與華梵宗教藝術　上海三聯書店　2002　p. 175

王素　敦煌吐魯番文獻　文物出版社　2002　p. 20

張鴻勳　敦煌俗文學研究　甘肅人民出版社　2002　p. 314

劉永明　敦煌占卜與道教初探　《敦煌學輯刊》2004 年第 2 期　p. 16

華瀾　9 至 10 世紀敦煌曆日中的選擇術與醫學活動　敦煌吐魯番研究（第九卷）　北京大學出版社
　　2006　p. 428

S. 6168

向達　倫敦所藏敦煌卷子經眼目錄　《北平圖書館圖書季刊》1939 年新第 1 卷第 4 期　p. 397　又
　　見:唐代長安與西域文明　三聯書店　1957　p. 235

馬繼興　唐人寫繪灸法圖殘卷考　《文物》1964 年第 6 期　p. 14　又見：中國敦煌學百年文庫・科技
　　卷　甘肅文化出版社　1999　p. 367

三木榮　西域出土醫藥關係文獻綜合解說目録　『東洋學報』（47 卷 1 號）（東京）東洋學術協會
　　1964　p. 11

周丕顯　敦煌科技書卷叢談　《敦煌學輯刊》1981 年第 2 期　p. 57

趙健雄　敦煌石窟醫學史料輯要　《敦煌學輯刊》1985 年第 2 期　p. 118

馬繼興　敦煌古醫籍考釋　江西科學技術出版社　1988　p. 9、431

高國藩　敦煌民俗學　上海文藝出版社　1989　p. 、319

趙健雄　敦煌遺書醫學卷考析　《敦煌研究》1991 年第 4 期　p. 100

林家平　寧強　羅華慶　中國敦煌學史　北京語言學院出版社　1992　p. 567

叢春雨　敦煌中醫藥全書　中醫古籍出版社　1994　p. 182

王進玉　敦煌石窟探秘　四川教育出版社　1994　p. 74

張儂　中國存世最早的針灸圖　《社科縱橫》1994 年第 4 期　p. 42

胡戟　傅玫　敦煌史話　中華書局　1995　p. 192

劉進寶　敦煌學論述　（臺北）洪葉文化事業有限公司　1995　p. 301

張儂　敦煌《灸經圖》殘圖及古穴的研究　《敦煌研究》1995 年第 2 期　p. 146

張儂　敦煌石窟秘方與灸經圖　甘肅文化出版社　1995　p. 174、263

馬繼興　敦煌醫藥文獻　敦煌學大辭典　上海辭書出版社　1998　p. 615

馬繼興　敦煌醫藥文獻輯校　江蘇古籍出版社　1998　p. 477

王淑民　灸法圖　敦煌學大辭典　上海辭書出版社　1998　p. 617

妹尾達彦　唐代長安東市の印刷業　東アジア史における國家と地域　（東京）刀水書房　1999
　　p. 219

王淑民　敦煌石窟秘藏醫方　北京醫科大學中國協和醫科大學聯合出版社　1999　p. 4

叢春雨　敦煌中醫藥精萃發微　中醫古籍出版社　2000　p. 85

馬繼興　敦煌漢文針灸圖俞穴名稱部位考　英國收藏敦煌漢藏文獻研究：紀念敦煌文獻發現一百周
　　年　中國社會科學出版社　2000　p. 339

楊秀清　華戎交會的都市：敦煌與絲綢之路　甘肅人民出版社　2000　p. 132

張儂　敦煌遺書中的針灸文獻　《敦煌研究》2001 年第 2 期　p. 147

洪武娌　蔡景峰　現存最早的灸法專著：《敦煌古藏醫灸法殘卷》　敦煌本吐蕃醫學文獻精要　民族
　　出版社　2002　p. 53

劉進寶　敦煌學通論　甘肅教育出版社　2002　p. 417

馬繼興　當前世界各地收藏的中國出土卷子本古醫藥文獻備考　敦煌吐魯番研究（第六卷）　北京
　　大學出版社　2002　p. 138

S. 6169

劉銘恕　再記英國倫敦所藏的敦煌經卷　《中國科學院圖書館通訊》1957 年第 7 期　又見：中國敦煌
　　學百年文庫・綜述卷（二）　甘肅文化出版社　1999　p. 138

張儂　敦煌《灸經圖》殘圖及古穴的研究　《敦煌研究》1995 年第 2 期　p. 147

黃正建　敦煌占卜文書與唐五代占卜研究　學苑出版社　2001　p. 76

陳于柱　從敦煌占卜文書看晚唐五代敦煌占卜與佛教的對話交融　《敦煌學輯刊》2005 年第 2 期
　　p. 30

S. 6170

向達　倫敦所藏敦煌卷子經眼目録　《北平圖書館圖書季刊》1939 年新第 1 卷第 4 期　 p. 397　又
　　見：唐代長安與西域文明　三聯書店　1957　 p. 235

張錫厚　關於《敦煌賦集》整理的幾個問題　《敦煌學輯刊》1987 年第 1 期　 p. 49　又見：敦煌語言
　　文學論文集　浙江古籍出版社　1988　 p. 226、240

張錫厚　敦煌賦集校理(續)　《敦煌研究》1989 年第 4 期　 p. 96

張錫厚　賦　敦煌文學　甘肅人民出版社　1989　 p. 135

張鴻勳　敦煌話本詞文俗賦導論　(臺北)新文豐出版公司　1993　 p. 184

張錫厚　敦煌文學概論　甘肅人民出版社　1993　 p. 394

伏俊璉　敦煌賦校注　甘肅人民出版社　1994　 p. 2

伏俊璉　論敦煌賦的表現特色　詩賦論集　甘肅人民出版社　1995　 p. 112

張錫厚　敦煌本唐集研究　(臺北)新文豐出版公司　1995　 p. 412

張錫厚　敦煌賦彙　(臺北)新文豐出版公司　1996　 p. 8、325

張錫厚　評《敦煌賦校注》　敦煌吐魯番研究(第一卷)　北京大學出版社　1996　 p. 421

張錫厚　探幽發微　佚篇薈萃：讀《敦煌賦校注》　《西北師大學報》(社會科學版)1996 年第 1 期
　　 p. 73

伏俊璉　試談敦煌俗賦的體制和審美價值　《敦煌研究》1997 年第 3 期　 p. 134

張錫厚　盛冬鈴　不知名賦　敦煌學大辭典　上海辭書出版社　1998　 p. 587

杜琪　敦煌詩賦作品要目分類題注　《甘肅社會科學》2000 年第 1 期　 p. 64

伏俊璉　俗情雅韻：敦煌賦選析　甘肅人民出版社　2000　 p. 79

張錫厚　敦煌文學源流　作家出版社　2000　 p. 200、217、241

曾良　敦煌文獻字義通釋　廈門大學出版社　2001　 p. 11

張鴻勳　敦煌俗文學研究　甘肅人民出版社　2002　 p. 325

張鴻勳　敦煌賦研究的幾點思考　2000 年敦煌學國際學術討論會文集·歷史文化卷(下)　甘肅民
　　族出版社　2003　 p. 317

S. 6171

向達　倫敦所藏敦煌卷子經眼目録　《北平圖書館圖書季刊》1939 年新第 1 卷第 4 期　 p. 397　又
　　見：唐代長安與西域文明　三聯書店　1957　 p. 235

饒宗頤　敦煌琵琶譜讀記　(香港)《新亞學報》1960 年第 2 期　又見：中國敦煌學百年文庫·藝術
　　卷(三)　甘肅文化出版社　1999　 p158

蘇瑩輝　敦煌的琵琶譜與指法　敦煌　(臺北)藝文印書館　1977　 p. 35

蘇瑩輝　"敦煌曲"評介　敦煌論集續編　(臺北)學生書局　1983　 p. 310

席臻貫　《佛本行集經·憂波離品次》琵琶譜符號考　《音樂研究》1983 年第 3 期　又見：中國敦煌
　　學百年文庫·藝術卷(三)　甘肅文化出版社　1999　 p. 236

任半塘　敦煌歌辭總編　上海古籍出版社　1987　 p. 704、1233

柴劍虹　徐俊　敦煌詞輯校四談　《敦煌學輯刊》1988 年第 1、2 期　 p. 58

高國藩　古敦煌民間遊戲　學林漫録(十二集)　中華書局　1988　 p. 74

高國藩　敦煌民俗學　上海文藝出版社　1989　 p. 512

任半塘　王昆吾　隋唐五代燕樂雜言歌辭集　巴蜀書社　1990　 p. 1713

張錫厚　敦煌詩歌研究二題　敦煌學國際學術討論會論文縮寫文(1990)　敦煌研究院　1990
　　 p. 86

金岡照光　曲子詞類　敦煌の文學文獻(講座敦煌9)　(東京)大東出版社　1992　p. 398

席臻貫　敦煌古樂　敦煌文藝出版社　1992　p. 24

楊聯陞　書評:饒宗頤、戴密微合著《敦煌曲》　楊聯陞論文集　中國社會科學出版社　1992　p. 243
(原文録爲 P. 6171)

周紹良　敦煌文學芻議及其它　(臺北)新文豐出版公司　1992　p. 28

暨遠志　論唐代打馬球　《敦煌研究》1993 年第 2 期　p. 29

項楚　敦煌詩歌導論　(臺北)新文豐出版公司　1993　p. 57

張錫厚　敦煌文學概論　甘肅人民出版社　1993　p. 357、388

李重申　敦煌馬毬史料探析　《敦煌研究》1994 年第 4 期　p. 171

李重申　敦煌體育史料考析　敦煌學國際研討會文集・石窟考古編　遼寧美術出版社　1995
p. 386

王忠林　敦煌歌辭與民俗活動　全國敦煌學研討會論文集　(臺北)中正大學中國文學系所　1995
p. 166

張錫厚　敦煌本唐集研究　(臺北)新文豐出版公司　1995　p. 377

張錫厚　田奕　敦煌本《宮詞》殘卷(S. 6171)探微　敦煌學國際研討會文集・史地語文編　遼寧美
術出版社　1995　p. 304

姜伯勤　敦煌悉磨遮爲蘇摩遮樂舞考　《敦煌研究》1996 年第 3 期　p. 11

姜伯勤　敦煌藝術宗教與禮樂文明　中國社會科學出版社　1996　p. 545

饒宗頤　敦煌曲與樂舞及龜茲樂　敦煌曲續論　(臺北)新文豐出版公司　1996　p. 72

柴劍虹　夫子勸世詞　敦煌學大辭典　上海辭書出版社　1998　p. 541

李重申　毬場　敦煌學大辭典　上海辭書出版社　1998　p. 600

盛冬鈴　宮詞　敦煌學大辭典　上海辭書出版社　1998　p. 541

譚蟬雪　敦煌歲時文化導論　(臺北)新文豐出版公司　1998　p. 378

高國藩　敦煌俗文化學　上海三聯書店　1999　p. 238

張涌泉　俗字研究與敦煌文獻的校理　舊學新知　浙江大學出版社　1999　p. 67

李重申　敦煌古代體育文化　甘肅人民出版社　2000　p. 59

孫其芳　鳴沙遺音:敦煌詞選評　甘肅人民出版社　2000　p. 189

徐俊　敦煌詩集殘卷輯考　中華書局　2000　p. 644

顔廷亮　西陲文學遺珍:敦煌文學通俗談　甘肅人民出版社　2000　p. 107

張錫厚　敦煌文學源流　作家出版社　2000　p. 121、354

曾良　敦煌文獻字義通釋　廈門大學出版社　2001　p. 177

蘭州理工大學絲綢之路文史研究所編　絲綢之路體育文化論集　中華書局　2005　p. 99、249、251

S. 6172

冉雲華　敦煌本《大乘布薩文》研究　第二屆敦煌學國際研討會論文集　(臺北)漢學研究中心
1990　p. 413

邵文實　沙州節兒考及其引申出來的幾個問題　《西北師大學報》(社會科學版)1992 年第 5 期
p. 63

黃征　吳偉　敦煌願文集　岳麓書社　1995　p. 556

鄭炳林　敦煌漢文吐蕃史料綜述:兼論吐蕃控制河西時期的職官與統治政策　敦煌吐魯番文獻研究
中華書局　1995　p. 96

黃征　敦煌願文考論　敦煌語文叢說　(臺北)新文豐出版公司　1997　p. 588

黄征　張涌泉　敦煌變文校注　中華書局　1997　p. 18

鄭炳林　敦煌碑銘讚輯釋　甘肅教育出版社　1997　p. 222 注 4

郝春文　唐後期五代宋初敦煌僧尼的社會生活　中國社會科學出版社　1998　p. 231

楊富學　李吉和　敦煌漢文吐蕃史料輯校(第一輯)　甘肅人民出版社　1999　p. 199、231、243

郝春文　唐後期五代宋初敦煌的春秋官齋、十二月轉經、水則道場與佛教節日　慶祝吳其昱先生八秩
　　華誕敦煌學特刊　(臺北)文津出版社　2000　p. 262

邵文實　敦煌佛教文學與邊塞文學　《敦煌學輯刊》2001 年第 2 期　p. 25

譚蟬雪　唐宋敦煌歲時佛俗：八月至十二月　《敦煌研究》2001 年第 2 期　p. 80

曾良　敦煌文獻字義通釋　廈門大學出版社　2001　p. 182

王繼光　鄭炳林　敦煌漢文吐蕃史料綜述　中國西部民族文化研究(2003 年卷)　民族出版社
　　2003　p. 239、248

張雲　唐代吐蕃史與西北民族史研究　中國藏學出版社　2004　p. 185

趙紅　高啓安　唐五代時期敦煌僧人飲食概述　麥積山石窟藝術文化論文集(下)　蘭州大學出版
　　社　2004　p. 287

S. 6173

向達　記倫敦所藏的敦煌俗文學　《新中華雜誌》1937 年第 5 卷第 13 號　p. 123 – 128　又見：敦煌
　　變文論文録　上海古籍出版社　1982　p. 31

向達　倫敦所藏敦煌卷子經眼目録　《北平圖書館圖書季刊》1939 年新第 1 卷第 4 期　p. 397　又
　　見：唐代長安與西域文明　三聯書店　1957　p. 235

入矢義高　『太公家教』校釋　福井博士頌壽記念東洋思想論集　(東京)論文集刊行會　1960
　　p. 36

高國藩　敦煌寫本《太公家教》初探　《敦煌學輯刊》1984 年第 1 期　p. 64

王重民　跋太公家教　敦煌遺書論文集　中華書局　1984　p. 138

雷僑雲　敦煌兒童文學　(臺北)學生書局　1985　p. 82 注 4

周鳳五　敦煌寫本太公家教研究　(臺北)明文書局　1986　p. 155

高國藩　敦煌民俗學　上海文藝出版社　1989　p. 104

鄭阿財　敦煌寫卷新集文詞九經抄研究　(臺北)文史哲出版社　1989　p. 128 注 1

鄭阿財　敦煌蒙書析論　第二屆敦煌學國際研討會論文集　(臺北)漢學研究中心　1990　p. 216、
226

東野治之　敦煌と日本の『千字文』　遣唐使と正倉院　(東京)岩波書店　1992　p. 244

東野治之　訓蒙書　敦煌漢文文獻(講座敦煌 5)　(東京)大東出版社　1992　p. 413

林家平　寧強　羅華慶　中國敦煌學史　北京語言學院出版社　1992　p. 106

鄭阿財　敦煌文獻與文學　(臺北)新文豐出版公司　1993　p. 260

鄭阿財　學日益齋敦煌學劄記　周一良先生八十生日紀念論文集　中國社會科學出版社　1993
　　p. 193

朱鳳玉　敦煌寫本碎金研究　(臺北)文津出版社　1997　p. 16

汪泛舟　敦煌古代兒童課本　甘肅人民出版社　2000　p. 224

鄭阿財　朱鳳玉　敦煌蒙書研究　甘肅教育出版社　2002　p. 23

S. 6174

史葦湘　絲綢之路上的敦煌與莫高窟　敦煌研究文集　甘肅人民出版社　1982　p. 91

山本達郎等　敦煌・Ⅲ 轉貼　『NUN – HUANG AND TURFAN DOCUMENTS CONCERNING SOCIAL AND ECONOMIC HISTORY』(Ⅳ)　(東京)東洋文庫　1989　p. 32

高國藩　敦煌民俗資料導論　(臺北)新文豐出版公司　1993　p. 3

石田勇作　敦煌「社文書」研究序說　中國古代の國家と民衆(堀敏一先生古稀記念)　(東京)汲古書院　1995　p. 684

寧可　郝春文　敦煌社邑文書輯校　江蘇古籍出版社　1997　p. 274

史葦湘　敦煌歷史與莫高窟藝術研究　甘肅教育出版社　2002　p. 93

S. 6175

王卡　敦煌道教文獻研究　中國社會科學出版社　2004　p. 247

S. 6176

上田正　ソ連にある切韻殘卷について　『東方學』(第 62 輯)　(東京)東方學會　1981　p. 11

周祖謨　唐五代韻書集存　中華書局　1983　p. 168、842

周祖謨　唐五代韻書集存序言　周祖謨語言文史論集　浙江古籍出版社　1988　p. 226

杜愛英　敦煌遺書中俗體字的諸種類型　《敦煌研究》1992 年第 3 期　p. 118

張涌泉　敦煌俗字彙考　敦煌俗字研究　上海教育出版社　1996　p. 4

張金泉　敦煌韻書　敦煌學大辭典　上海辭書出版社　1998　p. 512

周祖謨　王仁昫切韻著作年代釋疑　中國敦煌學百年文庫・語言文字卷(一)　甘肅文化出版社　1999　p. 312

北京大學　敦煌《經卷》、《照片》及《圖書》目錄　中國敦煌學百年文庫・綜述卷(一)　甘肅文化出版社　1999　p. 314

施安昌　敦煌寫經的遞變字群及其命名　善本碑帖論集　紫禁城出版社　2002　p. 334

許建平　法藏敦煌《毛詩音》"又音"考　中國俗文化研究(第二輯)　巴蜀書社　2004　p. 98

楊森　跋甘肅武山拉梢寺北周造大佛像發願文石刻碑　《敦煌學輯刊》2005 年第 2 期　p. 233

S. 6177

向達　倫敦所藏敦煌卷子經眼目錄　唐代長安與西域文明　三聯書店　1957　p. 235

三木榮　西域出土醫藥關係文獻綜合解說目錄　『東洋學報』(47 卷 1 號)　(東京)東洋學術協會　1964　p. 4

馬繼興　敦煌古醫籍考釋　江西科學技術出版社　1988　p. 223

李德超　敦煌本孝經校讎　第二屆敦煌學國際研討會論文集　(臺北)漢學研究中心　1990　p. 101

土田健次郎　儒教典籍　敦煌漢文文獻(講座敦煌 5)　(東京)大東出版社　1992　p. 269、295

丛春雨　敦煌中醫藥全書　中醫古籍出版社　1994　p. 660

張儂　敦煌石窟秘方與灸經圖　甘肅文化出版社　1995　p. 267

白化文　孝經　敦煌學大辭典　上海辭書出版社　1998　p. 775

馬繼興　敦煌醫藥文獻　敦煌學大辭典　上海辭書出版社　1998　p. 615

馬繼興　敦煌醫藥文獻輯校　江蘇古籍出版社　1998　p. 299

陳鐵凡　敦煌本孝經考略　中國敦煌學百年文庫・文獻卷(二)　甘肅文化出版社　1999　p. 503

王淑民　不知名醫方第五種　敦煌學大辭典　上海辭書出版社　1998　p. 618

王淑民　敦煌石窟秘藏醫方　北京醫科大學中國協和醫科大學聯合出版社　1999　p. 71、105(原文錄爲 P. 6177)

丛春雨　敦煌中醫藥精萃發微　中醫古籍出版社　2000　p. 219、275

榮新江　《英藏敦煌文獻》定名商補　文史(第五十二輯)　中華書局　2000　p. 124　又見：敦煌學
　　新論　甘肅教育出版社　2002　p. 200

馬繼興　當前世界各地收藏的中國出土卷子本古醫藥文獻備考　敦煌吐魯番研究(第六卷)　北京
　　大學出版社　2002　p. 138

趙平安　談談敦煌醫學寫本的釋字問題　敦煌吐魯番研究(第六卷)　北京大學出版社　2002
　　p. 203

陳明　備急單驗：敦煌醫藥文獻中的單藥方　敦煌學國際研討會論文集　北京圖書館出版社　2005
　　p. 232

陳明　殊方異藥：出土文書與西域醫學　北京大學出版社　2005　p. 143

S. 6178

向達　倫敦所藏敦煌卷子經眼目錄　唐代長安與西域文明　三聯書店　1957　p. 236

芳村修基　土橋秀高　井ノ口泰淳　敦煌佛教史年表　西域文化研究(第一)・敦煌佛教資料　(京
　　都)法藏館　1958　p. 281

土肥義和　莫高窟千佛洞と大寺と蘭若と　敦煌の社會(講座敦煌3)　(東京)大東出版社　1980
　　p. 362

董作賓　敦煌紀年　敦煌學文選(上)　蘭州大學歷史系敦煌學研究室等　1983　p. 36

杜琪　表・疏　敦煌文學　甘肅人民出版社　1989　p. 24

唐耕耦　陸宏基　敦煌社會經濟文獻真迹釋錄(四)　全國圖書館文獻縮微複製中心　1990　p. 180

譚蟬雪　三教融合的敦煌喪俗　《敦煌研究》1991 年第 3 期　p. 79

郝春文　關於唐後期五代宋初沙州僧俗的施捨問題　唐研究(第三卷)　北京大學出版社　1997
　　p. 30

郝春文　唐後期五代宋初敦煌僧尼的社會生活　中國社會科學出版社　1998　p. 254

譚蟬雪　脫服　敦煌學大辭典　上海辭書出版社　1998　p. 443

譚蟬雪　喪祭與齋忌　敦煌學與中國史研究論集　甘肅人民出版社　2001　p. 228

沙武田　趙曉星　歸義軍時期敦煌文獻中的太子　《敦煌研究》2003 年第 4 期　p. 49

湛如　敦煌佛教律儀制度研究　中華書局　2003　p. 360

金瀅坤　敦煌社會經濟文書定年拾遺　《首都師範大學學報》2006 年第 1 期　p. 9、13

S. 6180

趙和平　敦煌寫本《朋友書儀》殘卷整理及研究　《敦煌研究》1987 年第 4 期　p. 44

周紹良　趙和平　書儀　《敦煌語言文學研究通訊》1987 年第 4 期　p. 1　又見：敦煌文學　甘肅人
　　民出版社　1989　p. 46

周一良　敦煌寫本書儀考(之二)　敦煌吐魯番文獻研究論集(第四輯)　北京大學出版社　1987
　　p. 21　又見：唐五代書儀研究　中國社會科學出版社　1995　p. 72

李明偉　狀・牒・帖　敦煌文學　甘肅人民出版社　1989　p. 41

趙和平　敦煌寫本書儀略論　敦煌吐魯番學研究論文集　漢語大詞典出版社　1990　p. 562

杜琦　敦煌文學概論　甘肅人民出版社　1993　p. 509、521

張鴻勳　敦煌話本詞文俗賦導論　(臺北)新文豐出版公司　1993　p. 99

趙和平　敦煌寫本書儀研究　(臺北)新文豐出版公司　1993　p. 11、113

胡戟　中國古代禮儀　陝西人民出版社　1994　p. 187

胡戟　傅玫　敦煌史話　中華書局　1995　p. 186

周一良　趙和平　敦煌寫本《朋友書儀》殘卷整理及研究　唐五代書儀研究　中國社會科學出版社　1995　p. 109

周一良　趙和平　敦煌寫本書儀略論　唐五代書儀研究　中國社會科學出版社　1995　p. 2

黃征　張涌泉　敦煌變文校注　中華書局　1997　p. 285

趙和平　朋友書儀　敦煌學大辭典　上海辭書出版社　1998　p. 417

周一良　魏晉南北朝史論集續編　北京大學出版社　2001　p. 225

吳麗娛　唐禮摭遺：中古書儀研究　商務印書館　2002　p. 9

王三慶　黃亮文　《朋友書儀》一卷研究　敦煌學（第 25 輯）（臺北）樂學書局有限公司　2004　p. 22

S. 6181

金岡照光　敦煌文學のさまざま　敦煌の文學　（東京）大藏出版株式會社　1971　p. 164

高國藩　敦煌民俗學　上海文藝出版社　1989　p. 502

劉進寶　俚曲小調　敦煌文學　甘肅人民出版社　1989　p. 233

姜伯勤　敦煌社會文書導論　（臺北）新文豐出版公司　1992　p. 10

周紹良　敦煌文學芻議及其它　（臺北）新文豐出版公司　1992　p. 39、176

艾麗白　敦煌寫本中的“大儺”儀禮　法國學者敦煌學論文選萃　中華書局　1993　p. 258

高國藩　敦煌民俗資料導論　（臺北）新文豐出版公司　1993　p. 178

黃征　敦煌願文《兒郎偉》輯考　（香港）《九州學刊》（敦煌學專輯）1993 年第 5 卷第 4 期　p. 52

譚禪雪　敦煌歲時掇瑣　（香港）《九州學刊》（敦煌學專輯）1993 年第 5 卷第 4 期　p. 109

黃征　吳偉　敦煌願文集　岳麓書社　1995　p. 964

李金梅　敦煌傳統文化與武術　《敦煌研究》1995 年第 2 期　p. 195

姜伯勤　敦煌藝術宗教與禮樂文明　中國社會科學出版社　1996　p. 468、474

黃征　敦煌願文《兒郎偉》考論　敦煌語文叢說　（臺北）新文豐出版公司　1997　p. 607、644

黃征　張涌泉　敦煌變文校注　中華書局　1997　p. 430

譚蟬雪　敦煌歲時文化導論　（臺北）新文豐出版公司　1998　p. 426

高國藩　敦煌俗文化學　上海三聯書店　1999　p. 227

姜伯勤　沙州儺禮考　中國敦煌學百年文庫·歷史卷（二）　甘肅文化出版社　1999　p. 444

嚴耀中　敦煌文書中的“平等大王”和唐宋間的均平思潮　唐研究（第六卷）　北京大學出版社　2000　p. 23

李正宇　沙州歸義軍樂營及其職事　敦煌吐魯番研究（第五卷）　北京大學出版社　2001　p. 221

楊挺　不存在兒郎偉文體和兒郎偉曲調　《敦煌研究》2003 年第 1 期　p. 46

S. 6182

菅原信海　占筮書　敦煌漢文文獻（講座敦煌 5）（東京）大東出版社　1992　p. 447

黃正建　敦煌占卜文書與唐五代占卜研究　學苑出版社　2001　p. 95

S. 6183

入矢義高　『太公家教』校釋　福井博士頌壽記念東洋思想論集　（東京）論文集刊行會　1960　p. 35

高國藩　敦煌寫本《太公家教》初探　《敦煌學輯刊》1984 年第 1 期　p. 64

王重民　跋太公家教　敦煌遺書論文集　中華書局　1984　p. 138

雷僑雲　敦煌兒童文學　（臺北）學生書局　1985　p. 82 注 4

周鳳五　敦煌寫本太公家教研究　（臺北）明文書局　1986　p. 155

鄭阿財　敦煌寫卷新集文詞九經抄研究　（臺北）文史哲出版社　1989　p. 128 注 1

鄭阿財　敦煌蒙書析論　第二屆敦煌學國際研討會論文集　（臺北）漢學研究中心　1990　p. 226

鄭阿財　敦煌文獻與文學　（臺北）新文豐出版公司　1993　p. 260

鄭阿財　學日益齋敦煌學劄記　周一良先生八十生日紀念論文集　中國社會科學出版社　1993
　　　p. 193

汪泛舟　敦煌古代兒童課本　甘肅人民出版社　2000　p. 224

S. 6184

岡部和雄　經疏・要抄　敦煌仏典と禪（講座敦煌 8）　（東京）大東出版社　1980　p. 345

田中良昭　敦煌禪宗文獻の研究　（東京）大東出版社　1983　p. 393

上山大峻　敦煌佛教の研究　（京都）法藏館　1990　p. 405

方廣錩　圓明論　敦煌學大辭典　上海辭書出版社　1998　p. 719

S. 6185

張弓　唐五代敦煌寺院的牧羊人　《蘭州學刊》1984 年第 2 期　p. 62

唐耕耦　陸宏基　敦煌社會經濟文獻真迹釋録（三）　全國圖書館文獻縮微複製中心　1990　p. 288

雷紹鋒　論曹氏歸義軍時期官府之“牧子”　《敦煌學輯刊》1996 年第 1 期　p. 41

馬德　九、十世紀敦煌工匠史料述論　慶祝潘石禪先生九秩華誕敦煌學特刊　（臺北）文津出版社
　　　1996　p. 308

馮培紅　唐五代敦煌的河渠水利與水司管理機構初探　《敦煌學輯刊》1997 年第 2 期　p. 81

馬德　敦煌工匠史料　甘肅人民出版社　1997　p. 60

鄭炳林　唐五代敦煌手工業研究　敦煌歸義軍史專題研究　蘭州大學出版社　1997　p. 254

鄭炳林　晚唐五代敦煌園囿經濟研究　敦煌歸義軍史專題研究　蘭州大學出版社　1997　p. 311

鄭炳林　馮培紅　晚唐五代宋初歸義軍政權中都頭一職考辨　敦煌歸義軍史專題研究　蘭州大學出
　　　版社　1997　p. 85

雷紹鋒　歸義軍賦役制度初探　（臺北）洪葉文化事業有限公司　2000　p. 137、182

陸離　吐蕃統治敦煌時期的官府勞役　魏晉南北朝隋唐史資料（第 22 輯）　武漢大學出版社　2005
　　　p. 186

S. 6186

向達　倫敦所藏敦煌卷子經眼目録　唐代長安與西域文明　三聯書店　1957　p. 236

唐耕耦　陸宏基　敦煌社會經濟文獻真迹釋録（一）　書目文獻出版社　1986　p. 380

山本達郎等　敦煌・V 計會文書　『NUN－HUANG AND TURFAN DOCUMENTS CONCERNING SO-
　　　CIAL AND ECONOMIC HISTORY』（IV）　（東京）東洋文庫　1989　p. 117

郝春文　隋唐五代宋初傳統私社與寺院的關係　《魏晉南北朝隋唐史》1991 年第 6 期　p. 69

林聰明　敦煌文書學　（臺北）新文豐出版公司　1991　p. 399

姜伯勤　敦煌社會文書導論　（臺北）新文豐出版公司　1992　p. 247

寧可　郝春文　敦煌社邑文書輯校　江蘇古籍出版社　1997　p. 502

寧可　社司破曆　敦煌學大辭典　上海辭書出版社　1998　p. 431

S. 6187

周祖謨　唐五代韻書集存　中華書局　1983　p. 63、816

饒宗頤　敦煌寫卷之書法　唐代研究論集(第三輯)　(臺北)新文豐出版公司　1992　p. 23

張涌泉　敦煌俗字彙考　敦煌俗字研究　上海教育出版社　1996　p. 3

鄭阿財　潘重規教授與敦煌學研究　"中國唐代學會"會刊(第七期)　(臺北)"中國唐代學會"　1996　p. 35

張金泉　敦煌韻書　敦煌學大辭典　上海辭書出版社　1998　p. 512

施安昌　敦煌寫經的遞變字群及其命名　善本碑帖論集　紫禁城出版社　2002　p. 334

楊森　跋甘肅武山拉梢寺北周造大佛像發願文石刻碑　《敦煌學輯刊》2005 年第 2 期　p. 234

S. 6188

福井文雅　般若心經　敦煌と中國仏教(講座敦煌 7)　(東京)大東出版社　1984　p. 39

S. 6189

潘重規　瀛涯敦煌韻輯新編　(臺北)文史哲出版社　1974　p. 542

趙和平　敦煌寫本鄭餘慶《大唐新定吉凶書儀》殘卷研究　敦煌吐魯番文獻研究論集(第五輯)　北京大學出版社　1990　p. 210　又見:唐五代書儀研究　中國社會科學出版社　1995　p. 155

朱鳳玉　敦煌寫本《碎金》系字書初探　第二屆敦煌學國際研討會論文集　(臺北)漢學研究中心　1990　p. 502 注 1

張金泉　論敦煌本《字寶》　《敦煌研究》1993 年第 2 期　p. 94

高田時雄　可洪隨函録と行瑫隨函音疏　中國語の資料と方法　京都大學人文科學研究所　1994　p. 123

胡戟　傅玫　敦煌史話　中華書局　1995　p. 182

張金泉　敦煌佛經音義寫卷述要　《敦煌研究》1997 年第 2 期　p. 121

朱鳳玉　敦煌寫本碎金研究　(臺北)文津出版社　1997　p. 25

黃征　評《敦煌寫本碎金研究》　唐研究(第四卷)　北京大學出版社　1998　p. 545

張金泉　字寶　敦煌學大辭典　上海辭書出版社　1998　p. 516

榮新江　《英藏敦煌文獻》定名商補　文史(第五十二輯)　中華書局　2000　p. 124　又見:敦煌學新論　甘肅教育出版社　2002　p. 200

黃征　敦煌語言文字學研究　甘肅教育出版社　2002　p. 368

高田時雄著　鍾翀等譯　可洪《隨函録》與行瑫《隨函音疏》　敦煌·民族·語言　中華書局　2005　p. 406

S. 6191

平井宥慶　金剛般若經　敦煌と中國仏教(講座敦煌 7)　(東京)大東出版社　1984　p. 27

池田溫　中國古代寫本識語集録　(東京)大藏出版株式會社　1990　p. 375

施萍婷　俄藏敦煌文獻 ДХ1376、1438、2170 之研究　《敦煌研究》1996 年第 3 期　p. 28

榮新江　敦煌藏經洞的性質及其封閉原因　敦煌吐魯番研究(第二卷)　北京大學出版社　1997　p. 33

榮新江　敦煌學十八講　北京大學出版社　2001　p. 85

S. 6192

文正義　敦煌藏經洞封閉原因新探　戒幢佛學（第二卷）　岳麓書社　2002　p. 243

S. 6193

王卡　紫文行事訣　敦煌學大辭典　上海辭書出版社　1998　p. 765

王卡　敦煌道教文獻研究　中國社會科學出版社　2004　p. 49、89

S. 6194

土肥義和　はじめに——歸義軍節度使の敦煌支配　敦煌の歷史（講座敦煌 2）　（東京）大東出版社　1980　p. 294

唐耕耦　陸宏基　敦煌社會經濟文獻真迹釋錄（三）　全國圖書館文獻縮微複製中心　1990　p. 577

姜伯勤　敦煌社會文書導論　（臺北）新文豐出版公司　1992　p. 159

S. 6196

高國藩　敦煌民俗學　上海文藝出版社　1989　p. 、327

菅原信海　占筮書　敦煌漢文文獻（講座敦煌 5）　（東京）大東出版社　1992　p. 447

金賢珠　唐五代敦煌民歌　（臺北）文史哲出版社　1994　p. 73

高國藩　敦煌數字與俗文化　慶祝潘石禪先生九秩華誕敦煌學特刊　（臺北）文津出版社　1996　p. 189

高國藩　敦煌俗文化學　上海三聯書店　1999　p. 26

黃正建　敦煌占卜文書與唐五代占卜研究　學苑出版社　2001　p. 140

王卡　敦煌道教文獻研究　中國社會科學出版社　2004　p. 157

劉永明　敦煌道教的世俗化之路：道教向具注曆日的滲透　《敦煌學輯刊》2005 年第 2 期　p. 205

劉永明　敦煌道教的世俗化之路：敦煌《發病書》研究　《敦煌學輯刊》2006 年第 1 期　p. 71

S. 6197

譚禪雪　敦煌歲時掇瑣　（香港）《九州學刊》（敦煌學專輯）1993 年第 5 卷第 4 期　p. 89

蔣禮鴻　敦煌文獻語言詞典　杭州大學出版社　1994　p. 89

S. 6198

山本達郎等　敦煌・IV 納贈曆・納色物曆等　『NUN – HUANG AND TURFAN DOCUMENTS CONCERNING SOCIAL AND ECONOMIC HISTORY』（IV）　（東京）東洋文庫　1989　p. 107

郝春文　敦煌寫本社邑文書年代彙考（三）　《社科縱橫》1993 年第 5 期　p. 10

劉進寶　P. 3236 號《壬申年官布籍》時代考　《西北師大學報》（社會科學版）1996 年第 5 期　p. 45

劉進寶　P. 3236 號《壬申年官布籍》研究　慶祝潘石禪先生九秩華誕敦煌學特刊　（臺北）文津出版社　1996　p. 365

寧可　郝春文　敦煌社邑文書輯校　江蘇古籍出版社　1997　p. 449

郝春文　英藏敦煌文獻年代叢考　英國收藏敦煌漢藏文獻研究：紀念敦煌文獻發現一百周年　中國社會科學出版社　2000　p. 375

劉進寶　敦煌文書與唐史研究　（臺北）新文豐出版公司　2000　p. 238

S. 6199

唐耕耦　陸宏基　敦煌社會經濟文獻真迹釋録(一)　書目文獻出版社　1986　p. 356

山本達郎等　敦煌‧III　轉貼　『NUN‐HUANG AND TURFAN DOCUMENTS CONCERNING SOCIAL AND ECONOMIC HISTORY』(IV)　(東京)東洋文庫　1989　p. 67

姜伯勤　敦煌社會文書導論　(臺北)新文豐出版公司　1992　p. 233、243

高國藩　敦煌民俗資料導論　(臺北)新文豐出版公司　1993　p. 3

石田勇作　敦煌「社文書」研究序說　中國古代の國家と民衆(堀敏一先生古稀記念)　(東京)汲古書院　1995　p. 687

寧可　郝春文　敦煌社邑文書輯校　江蘇古籍出版社　1997　p. 348

寧可　兄弟社　敦煌學大辭典　上海辭書出版社　1998　p. 428

S. 6200

方廣錩　敦煌佛教經録輯校　江蘇古籍出版社　1997　p. 960

S. 6201

周紹良　敦煌文學芻議及其它　(臺北)新文豐出版公司　1992　p. 28

S. 6203

向達　倫敦所藏敦煌卷子經眼目録　《北平圖書館圖書季刊》1939年新第1卷第4期　p. 397　又見：唐代長安與西域文明　三聯書店　1957　p. 236

陳祚龍　中古敦煌的書學　敦煌資料考屑(上冊)　(臺北)商務印書館　1979　p. 161

李正宇　唐宋時代敦煌縣河渠泉澤簡志(二)　《敦煌研究》1989年第1期　p. 60

譚蟬雪　碑‧銘　敦煌文學　甘肅人民出版社　1989　p. 109

唐耕耦　陸宏基　敦煌社會經濟文獻真迹釋録(五)　全國圖書館文獻縮微複製中心　1990　p. 211注、212

李正宇　北京圖書館藏《敦煌金石文字存佚考略》　(香港)《九州學刊》(敦煌學專輯)1992年第4卷第4期　p. 132 注17

李正宇　敦煌文學概論　甘肅人民出版社　1993　p. 121

鄭炳林　敦煌碑銘讚抄本概述　《魏晉南北朝隋唐史》1993年第12期　p. 54

鄧文寬　敦煌吐魯番文獻重文符號釋讀舉隅　敦煌吐魯番學耕耘録　(臺北)新文豐出版公司　1996　p. 320

李正宇　敦煌史地新論　(臺北)新文豐出版公司　1996　p. 142

鄭炳林　敦煌碑銘讚及其有關問題　敦煌碑銘讚輯釋　甘肅教育出版社　1997　p. 4

鄭炳林　敦煌碑銘讚輯釋　甘肅教育出版社　1997　p. 21 注1(原文録爲 P. 6203)、27

李正宇　大唐隴西李府君修功德記　敦煌學大辭典　上海辭書出版社　1998　p. 332

王惠民　敦煌隋至唐前期藥師圖像考察　藝術史研究(2)　中山大學出版社　2000　p. 318

謝生保　敦煌李氏三碑研究綜述　《敦煌研究》2000年第2期　p. 106

徐俊　敦煌詩集殘卷輯考　中華書局　2000　p. 220

公維章　讀敦煌《大曆碑》劄記　《敦煌學輯刊》2004年第1期　p. 49

屈直敏　敦煌高僧　民族出版社　2004　p. 15

吳越　敦煌歷史人物　民族出版社　2004　p. 152

S. 6204

向達　倫敦所藏敦煌卷子經眼目録　《北平圖書館圖書季刊》1939 年新第 1 卷第 4 期　p. 397　又
　　見：唐代長安與西域文明　三聯書店　1957　p. 236

芳村修基　土橋秀高　井ノ口泰淳　敦煌佛教史年表　西域文化研究(第一)・敦煌佛教資料　(京
　　都)法藏館　1958　p. 275

潘重規　瀛涯敦煌韻輯新編　(臺北)文史哲出版社　1974　p. 543

李正宇　敦煌學郎題記輯注　《敦煌學輯刊》1987 年第 1 期　p. 31

周祖謨　敦煌唐本字書叙録　敦煌語言文學研究　北京大學出版社　1988　p. 52

劉燕文　從敦煌寫本《字寶》的注音看晚唐五代西北方音　出土文獻研究續集　文物出版社　1989
　　p. 263

張錫厚　詩歌　敦煌文學　甘肅人民出版社　1989　p. 171

池田温　中國古代寫本識語集録　(東京)大藏出版株式會社　1990　p. 456、566

王克芬　柴劍虹　敦煌舞譜的再探索　敦煌吐魯番學研究論文集　漢語大詞典出版社　1990
　　p. 233

鄭阿財　敦煌蒙書析論　第二屆敦煌學國際研討會論文集　(臺北)漢學研究中心　1990　p. 219

朱鳳玉　敦煌寫本《碎金》系字書初探　第二屆敦煌學國際研討會論文集　(臺北)漢學研究中心
　　1990　p. 502

柴劍虹　敦煌舞譜的再探索　西域文史論稿　(臺北)國文天地雜誌社　1991　p. 479

周紹良　敦煌文學芻議及其它　(臺北)新文豐出版公司　1992　p. 24

項楚　敦煌詩歌導論　(臺北)新文豐出版公司　1993　p. 47、215

張金泉　論敦煌本《字寶》　《敦煌研究》1993 年第 2 期　p. 92

鄭阿財　敦煌文獻與文學　(臺北)新文豐出版公司　1993　p. 250

高田時雄　可洪隨函録と行瑫隨函音疏　中國語の資料と方法　京都大學人文科學研究所　1994
　　p. 147

張涌泉　試論審辨敦煌寫本俗字的方法　《敦煌研究》1994 年第 2 期　p. 153　又見：舊學新知　浙
　　江大學出版社　1999　p. 87

胡戟　傅玫　敦煌史話　中華書局　1995　p. 182

劉進寶　敦煌學論述　(臺北)洪葉文化事業有限公司　1995　p. 328

史雙元　唐五代詞紀事會評　黃山書社　1995　p. 181

王元軍　唐人書法與文化　(臺北)東大圖書公司　1995　p. 138

張錫厚　敦煌本唐集研究　(臺北)新文豐出版公司　1995　p. 238

張涌泉　漢語俗字研究　岳麓書社　1995　p. 269

徐俊　敦煌寫本唐人詩歌存佚互見綜考　敦煌吐魯番研究(第一卷)　北京大學出版社　1996
　　p. 129

張金泉　許建平　敦煌音義彙考　杭州大學出版社　1996　p. 545

張涌泉　敦煌俗字彙考　敦煌俗字研究　上海教育出版社　1996　p. 3

張涌泉　敦煌俗字研究導論　(臺北)新文豐出版公司　1996　p. 36、53

朱鳳玉　論敦煌本《碎金》與唐五代辭彙　慶祝潘石禪先生九秩華誕敦煌學特刊　(臺北)文津出版
　　社　1996　p. 565

黃征　張涌泉　敦煌變文校注　中華書局　1997　p. 285、385

入矢義高　評蔣禮鴻《敦煌變文字義通釋》　俗語言研究(第四期)　(京都)禪文化研究所　1997
　　p. 101

朱鳳玉　敦煌寫本碎金研究　（臺北）文津出版社　1997　p. 21

朱鳳玉　論敦煌本《碎金》對解讀敦煌俗文學的意義　敦煌文學論集　四川人民出版社　1997
　　p. 283

柴劍虹　薛彥俊詩　敦煌學大辭典　上海辭書出版社　1998　p. 560

黃征　評《敦煌寫本碎金研究》　唐研究（第四卷）　北京大學出版社　1998　p. 543

張金泉　字寶　敦煌學大辭典　上海辭書出版社　1998　p. 516

黃征　程惠新　劫塵遺珠：敦煌遺書　甘肅教育出版社　1999　p. 213

楊秀清　淺談唐、宋時期敦煌地區的學生生活　《敦煌研究》1999 年第 4 期　p. 138

北京大學　敦煌《經卷》、《照片》及《圖書》目録　中國敦煌學百年文庫·綜述卷（一）　甘肅文化出
　　版社　1999　p. 316

杜琪　敦煌詩賦作品要目分類題注　《甘肅社會科學》2000 年第 1 期　p. 63

徐俊　敦煌詩集殘卷輯考　中華書局　2000　p. 278、775、899

楊秀清　華戎交會的都市：敦煌與絲綢之路　甘肅人民出版社　2000　p. 96

張錫厚　敦煌本《白香山詩集》考　1994 年敦煌學國際研討會文集·宗教文史卷（上）　甘肅民族出
　　版社　2000　p. 238

朱鳳玉　英藏 S. 619《白家碎金》考釋　慶祝吳其昱先生八秩華誕敦煌學特刊　（臺北）文津出版社
　　2000　p. 345

林聰明　敦煌吐魯番文書解詁指例　（臺北）新文豐出版公司　2001　p. 109

蔡忠霖　敦煌漢文寫卷俗字及其現象　（臺北）文津出版社　2002　p. 30、103

黃征　敦煌語言文字學研究　甘肅教育出版社　2002　p. 149、366

姜亮夫　敦煌莫高窟年表　姜亮夫全集（十一）　雲南人民出版社　2002　p. 475

劉進寶　敦煌學通論　甘肅教育出版社　2002　p. 374

劉永明　散見敦煌曆朔閏輯考　《敦煌研究》2002 年第 6 期　p. 16

徐俊　敦煌寫本詩歌續考　《敦煌研究》2002 年第 5 期　p. 66

鄭阿財　朱鳳玉　敦煌蒙書研究　甘肅教育出版社　2002　p. 104

王克芬　中國舞蹈發展史　上海人民出版社　2003　p. 235

項楚　王梵志詩中的他人作品　柱馬屋存稿　商務印書館　2003　p. 40

朱鳳玉　敦煌本《碎金》與宋、明俗用雜字之比較　漢語史學報專輯（第三輯）　上海教育出版社
　　2003　p. 411

王卡　敦煌道教文獻研究　中國社會科學出版社　2004　p. 13、45、155

張金泉　《字寶》考　浙江與敦煌學：常書鴻先生誕辰一百周年紀念文集　浙江古籍出版社　2004
　　p. 558

黃征　敦煌俗字典　上海教育出版社　2005　p. 11

黃征　敦煌俗字要論　《敦煌研究》2005 年第 1 期　p. 85

王卡　敦煌道教綜述　敦煌與絲路文化學術講座（第二輯）　北京圖書館出版社　2005　p. 382

陳大爲　敦煌淨土寺與敦煌地區胡姓居民關係探析　《敦煌學輯刊》2006 年第 1 期　p. 94

余欣　唐宋時代敦煌的鎮宅術　敦煌吐魯番研究（第九卷）　北京大學出版社　2006　p. 362

S. 6206

高田時雄　チベット文字書寫「長卷」の研究（本文編）　『東方學報』（第 65 號）　京都大學人文科
　　學研究所　1993　p. 369

井ノ口泰淳　敦煌本『仏名經』の諸系統　中央アジアの言語と仏教　（京都）法藏館　1995　p. 320

井ノ口泰淳　敦煌本「禮懺文」　中央アジアの言語と仏教　（京都）法藏館　1995　p. 359

S. 6207

向達　倫敦所藏敦煌卷子經眼目録　《北平圖書館圖書季刊》1939 年新第 1 卷第 4 期　p. 397　又
　　見：唐代長安與西域文明　三聯書店　1957　p. 236

芳村修基　土橋秀高　井ノ口泰淳　敦煌佛教史年表　西域文化研究（第一）・敦煌佛教資料　（京
　　都）法藏館　1958　p. 277

金岡照光　敦煌文學のさまざま　敦煌の文學　（東京）大藏出版株式會社　1971　p. 164

饒宗頤解說　林宏作譯　敦煌書法叢刊（第十九卷）・碎金（二）　（東京）二玄社　1984　p. 104

耿昇譯　列寧格勒所藏敦煌漢文寫本簡介　敦煌譯叢（第一輯）　甘肅人民出版社　1985　p. 117 注 1

周紹良　敦煌文學《兒郎偉》並跋　出土文獻研究　文物出版社　1985　p. 180

耿昇　八十年代的法國敦煌學論著簡介　《敦煌研究》1986 年第 3 期　p. 82

黃盛璋　敦煌本曹氏二州六鎮與八鎮考　1983 年全國敦煌學術討論會文集・文史遺書編（上）　甘
　　肅人民出版社　1987　p. 278

高國藩　敦煌民俗學　上海文藝出版社　1989　p. 434、504

劉進寶　俚曲小調　敦煌文學　甘肅人民出版社　1989　p. 233

池田溫　中國古代寫本識語集録　（東京）大藏出版株式會社　1990　p. 474

黃征　《敦煌歌辭總編》校釋商榷　《敦煌研究》1990 年第 2 期　p. 63

黃征　王梵志詩校釋補議　中華文史論叢（總 50 輯）　上海古籍出版社　1992　p. 94　又見：敦煌
　　語文叢說　（臺北）新文豐出版公司　1997　p. 251

周紹良　敦煌文學芻議及其它　（臺北）新文豐出版公司　1992　p. 39、175

艾麗白　敦煌寫本中的《兒郎偉》　法國學者敦煌學論文選萃　中華書局　1993　p. 239

杜琦　敦煌文學概論　甘肅人民出版社　1993　p. 514

高國藩　敦煌民俗資料導論　（臺北）新文豐出版公司　1993　p. 58、178

黃征　敦煌願文《兒郎偉》輯考　（香港）《九州學刊》（敦煌學專輯）1993 年第 5 卷第 4 期　p. 52、79

李正宇　敦煌文學概論　甘肅人民出版社　1993　p. 114

孫其芳　顏廷亮　敦煌文學概論　甘肅人民出版社　1993　p. 452

譚蟬雪　敦煌婚姻文化　甘肅人民出版社　1993　p. 50、60

黃征　敦煌願文散校　《敦煌研究》1994 年第 3 期　p. 131　又見：敦煌語文叢說　（臺北）新文豐出
　　版公司　1997　p. 574、583

譚蟬雪　敦煌婚嫁詩詞　《社科縱橫》1994 年第 4 期　又見：中國敦煌學百年文庫・文學卷（三）
　　甘肅文化出版社　1999　p. 440

鄭炳林　高偉　唐五代敦煌釀酒業初探　《西北史地》1994 年第 1 期　p. 36

黃征　吳偉　敦煌願文集　岳麓書社　1995　p. 404、975

劉銘恕　敦煌遺書劄記八篇　敦煌學國際研討會文集・史地語文編　遼寧美術出版社　1995
　　p. 396

黃征　敦煌俗語詞輯釋　敦煌語文叢說　（臺北）新文豐出版公司　1997　p. 67

黃征　敦煌願文《兒郎偉》考論　敦煌語文叢說　（臺北）新文豐出版公司　1997　p. 610、653

黃征　《敦煌願文集》輯校中的一些問題　敦煌語文叢說　（臺北）新文豐出版公司　1997　p. 546

高啓安　索黛　唐五代敦煌飲食中的餅淺探　《敦煌研究》1998 年第 4 期　p. 85

龔方震　晏可佳　祆教史　上海社會科學院出版社　1998　p. 244

馬德　咒願　敦煌學大辭典　上海辭書出版社　1998　p. 440

余欣　質疑問難　發明頗多:《敦煌語文叢說》評介　《敦煌研究》1998 年第 3 期　p. 173
高國藩　敦煌俗文化學　上海三聯書店　1999　p. 225
黃征　程惠新　劫塵遺珠:敦煌遺書　甘肅教育出版社　1999　p. 140
姜伯勤　沙州儺禮考　中國敦煌學百年文庫・歷史卷(二)　甘肅文化出版社　1999　p. 443
王繼如　《目連緣起》校釋補正　敦煌問學叢稿　甘肅文化出版社　1999　p. 211
顏廷亮　西陲文學遺珍:敦煌文學通俗談　甘肅人民出版社　2000　p. 143
曾良　敦煌文獻字義通釋　廈門大學出版社　2001　p. 17、40
楊挺　不存在兒郎偉文體和兒郎偉曲調　《敦煌研究》2003 年第 1 期　p. 46
高啓安　唐五代敦煌飲食文化研究　民族出版社　2004　p. 134、277

S. 6208

向達　倫敦所藏敦煌卷子經眼目録　《北平圖書館圖書季刊》1939 年新第 1 卷第 4 期　p. 397　又
　　見:唐代長安與西域文明　三聯書店　1957　p. 236
金岡照光　敦煌漢文文學文獻の文學形態上の種類とその分類　敦煌出土文學文獻分類目録・附解
　　說　(東京)東洋文庫　1971　p. 235
金岡照光　敦煌文學のさまざま　敦煌の文學　(東京)大藏出版株式會社　1971　p. 158
蘇瑩輝　"敦煌曲"評介　《香港中文大學學報》1974 年第 1 期　又見:敦煌論集續編　(臺北)學生
　　書局　1983　p. 310;中國敦煌學百年文庫・藝術卷(一)　甘肅文化出版社　1999　p. 373
陳慶浩　古賢集校注　敦煌學(第 3 輯)　(香港)新亞研究所敦煌學會　1976　p. 67
陳祚龍　敦煌學雜記　敦煌資料考屑(下冊)　(臺北)商務印書館　1979　p. 376
波多野太郎　敦煌曲子詞孟姜女に對すゐ潘重規教授の見解　敦煌詞話　(臺北)石門圖書公司
　　1981　p. 13
潘重規　敦煌詞話　(臺北)石門圖書公司　1981　p. 7、103
鄭阿財　敦煌孝道文學研究　(臺北)石門圖書公司　1982　p. 425
龍晦　卜天壽《論語》抄本後的詩詞雜録研究和校釋　新疆考古三十年　新疆人民出版社　1983
　　p. 373
周丕顯　敦煌俗曲中的分時聯章體歌辭　關隴文學論叢　甘肅人民出版社　1983　p. 10
周丕顯　敦煌俗曲分時聯章歌體再議　《敦煌學輯刊》1983 年創刊號　p. 20
牛龍菲　敦煌古樂史資料概論　《新疆藝術》1984 年第 5、6 期　又見:中國敦煌學百年文庫・文獻卷
　　(二)　甘肅文化出版社　1999　p. 333
王重民　說《十二月》　敦煌遺書論文集　中華書局　1984　p. 164
雷僑雲　敦煌兒童文學　(臺北)學生書局　1985　p. 93
牛龍菲　敦煌樂史資料概論　絲綢之路樂舞藝術　新疆人民出版社　1985　p. 356
饒宗頤解說　林宏作譯　敦煌書法叢刊(第十七卷)・雜詩文　(東京)二玄社　1985　p. 52
高國藩　敦煌民間詩詞中的府兵制與詞的起源問題　《魏晉南北朝隋唐史》1986 年第 4 期　p. 72
朱鳳玉　王梵志詩研究(下)　(臺北)學生書局　1986　p. 169
任半塘　敦煌歌辭總編　上海古籍出版社　1987　p. 1254
蘇瑩輝　從敦煌遺書的發現論中國古典文學和俗講作品對後世的影響　敦煌文史藝術論叢　(臺
　　北)新文豐出版公司　1987　p. 13
韓建瓴　敦煌寫本《古賢集》研究　敦煌語言文學研究　北京大學出版社　1988　p. 158
周祖謨　敦煌唐本字書叙録　敦煌語言文學研究　北京大學出版社　1988　p. 47
劉進寶　俚曲小調　敦煌文學　甘肅人民出版社　1989　p. 226

朱鳳玉　　敦煌寫本字樣書研究之一　（臺北）《華岡文科學報》1989 年第 17 期　　p. 118

任半塘　王昆吾　隋唐五代燕樂雜言歌辭集　巴蜀書社　1990　p. 1639

鄭阿財　敦煌蒙書析論　第二屆敦煌學國際研討會論文集　（臺北）漢學研究中心　1990　p. 218、222

柴劍虹　敦煌詞輯校四談　西域文史論稿　（臺北）國文天地雜誌社　1991　p. 504

黃正建　敦煌文書與唐五代北方地區的飲食生活　魏晉南北朝隋唐史資料（第 11 輯）　武漢大學出版社　1991　p. 263

朱鳳玉　敦煌寫本字書緒論　（臺北）《華岡文科學報》1991 年第 18 期　p. 99

林家平　寧強　羅華慶　中國敦煌學史　北京語言學院出版社　1992　p. 267

王三慶著　池田溫譯　類書　敦煌漢文文獻（講座敦煌 5）　（東京）大東出版社　1992　p. 385

楊聯陞　書評：饒宗頤、戴密微合著《敦煌曲》　楊聯陞論文集　中國社會科學出版社　1992　p. 243

周紹良　敦煌文學芻議及其它　（臺北）新文豐出版公司　1992　p. 28

孫其芳　顏廷亮　敦煌文學概論　甘肅人民出版社　1993　p. 444

項楚　敦煌詩歌導論　（臺北）新文豐出版公司　1993　p. 191

張金泉　論《時要字樣》　《浙江社會科學》1993 年第 4 期　p. 81

鄭阿財　敦煌文獻與文學　（臺北）新文豐出版公司　1993　p. 248

鄭炳林　敦煌碑銘讚抄本概述　《魏晉南北朝隋唐史》1993 年第 12 期　p. 54

朱鳳玉　敦煌寫卷《俗務要名林》研究　第二屆國際唐代學術會議論文集（上）　（臺北）文津出版社　1993　p. 670

金賢珠　唐五代敦煌民歌　（臺北）文史哲出版社　1994　p. 60、128

鄭汝中　唐代書法藝術與敦煌寫卷　敦煌書法庫（第四輯）　甘肅人民美術出版社　1994　p. 9　又見:《敦煌研究》1996 年第 2 期　p. 126

劉進寶　敦煌學論述　（臺北）洪葉文化事業有限公司　1995　p. 276、332

邵文實　敦煌邊塞文學之《征婦怨》作品述論　《敦煌學輯刊》1995 年第 2 期　p. 61

鄭阿財　敦煌文獻與唐代字樣學　第六屆中國文字學全國學術研討會論文集　（臺北）"中國文字學會"　1995　p. 268

朱鳳玉　敦煌文獻中的語文教材　（臺灣）《嘉義師院學報》1995 年第 9 期　p. 463

饒宗頤　敦煌曲訂補　敦煌曲續論　（臺北）新文豐出版公司　1996　p. 50

張金泉　敦煌遺書與字樣學　文史（第四十一輯）　中華書局　1996　p. 205

張金泉　許建平　敦煌音義彙考　杭州大學出版社　1996　p. 745、834

張涌泉　敦煌俗字彙考　敦煌俗字研究　上海教育出版社　1996　p. 3

張涌泉　敦煌俗字研究導論　（臺北）新文豐出版公司　1996　p. 34

張金泉　關於《時要字樣》等八件敦煌寫卷的考辨　古典文獻與文化論叢　中華書局　1997　p. 95

朱鳳玉　敦煌寫本碎金研究　（臺北）文津出版社　1997　p. 108

白化文　古賢集　敦煌學大辭典　上海辭書出版社　1998　p. 780

高啓安　索黛　敦煌古代僧人官齋飲食檢閱　《敦煌研究》1998 年第 3 期　p. 68

孫其芳　柴劍虹　十二月歌　敦煌學大辭典　上海辭書出版社　1998　p. 536

張金泉　敦煌字書　敦煌學大辭典　上海辭書出版社　1998　p. 515

張金泉　新商略古今字樣撮其時要並行正俗釋　敦煌學大辭典　上海辭書出版社　1998　p. 516

鄭汝中　音樂部　敦煌學大辭典　上海辭書出版社　1998　p. 247（原文錄爲 P. 6208）

聶鴻音　西夏文學史料說略（下）　文史（第四十九輯）　中華書局　1999　p. 289

潘重規　敦煌寫本曲子孟姜女的震蕩（下）　中國敦煌學百年文庫・文學卷（二）　甘肅文化出版社

1999　p. 359

顏廷亮　關於敦煌文學發展的歷史進程　《甘肅社會科學》1999 年第 4 期　p. 45

榮新江　《英藏敦煌文獻》定名商補　文史(第五十二輯)　中華書局　2000　p. 123、127

榮新江　《英國圖書館藏敦煌漢文非佛教文獻殘卷目錄》補正　英國收藏敦煌漢藏文獻研究：紀念敦
　　煌文獻發現一百周年　中國社會科學出版社　2000　p. 386

宋家鈺　佛教齋文源流與敦煌本"齋文"書的復原　英國收藏敦煌漢藏文獻研究：紀念敦煌文獻發現
　　一百周年　中國社會科學出版社　2000　p. 297

徐俊　敦煌詩集殘卷輯考　中華書局　2000　p. 148、379、785

顏廷亮　敦煌文化　光明日報出版社　2000　p. 316

顏廷亮　西陲文學遺珍：敦煌文學通俗談　甘肅人民出版社　2000　p. 139

張涌泉　二十世紀的唐代文字研究　中古近代漢語研究(第一輯)　上海教育出版社　2000　p. 91

劉進寶　敦煌學通論　甘肅教育出版社　2002　p. 298

張涌泉　《說文》"連篆讀"發覆　文史(第六十輯)　中華書局　2002　p. 250　又見：雪泥鴻爪：浙江
　　大學古籍研究所建所二十周年紀念文集　中華書局　2003　p. 38

鄭阿財　朱鳳玉　敦煌蒙書研究　甘肅教育出版社　2002　p. 86、256

蔡忠霖　遼·釋行均《龍龕手鑒》的俗字觀　冉雲華先生八秩華誕壽慶論文集　(臺北)法光出版社
　　2003　p. 425

西原一幸　敦煌出土 Stein388 號寫本在唐代楷書字體研究方面的重大貢獻　敦煌學·日本學：石塚
　　晴通教授退職紀念論文集　上海辭書出版社　2005　p. 91

西原一幸　唐代楷書字體研究に果たした敦煌出土スタイン三八八番寫本の役割『正名要録』と「群
　　書新定字樣」　日本學·敦煌學·漢文訓讀の新展開　(東京)汲古書院　2005　p. 500

朱鳳玉　敦煌本《正名要録》中"連文釋義"研究　日本學·敦煌學·漢文訓讀の新展開　(東京)汲
　　古書院　2005　p. 493

S. 6210

王書慶　敦煌寺廟"號頭文"略說　《社科縱橫》1994 年第 4 期　p. 45

黃征　吳偉　敦煌願文集　岳麓書社　1995　p. 300

S. 6211

土橋秀高　敦煌の律藏　敦煌と中國仏教(講座敦煌 7)　(東京)大東出版社　1984　p. 263

柴劍虹　和菩薩戒文　敦煌學大辭典　上海辭書出版社　1998　p. 546

S. 6212

山本達郎等　敦煌·III 轉貼　『NUN－HUANG AND TURFAN DOCUMENTS CONCERNING SOCIAL
　　AND ECONOMIC HISTORY』(IV)　(東京)東洋文庫　1989　p. 84

陸離　吐蕃統治河隴西域時期職官四題　《西北民族研究》2006 年第 2 期　p. 21(原文録爲 P. 6212)

S. 6213

王三慶　敦煌寫卷中武后新字之調查研究　唐代研究論集(第三輯)　(臺北)新文豐出版公司
　　1992　p. 94

S. 6214

唐耕耦　陸宏基　敦煌社會經濟文獻真迹釋録(一)　書目文獻出版社　1986　p. 330

郝春文　敦煌遺書中的"春秋座局席"考　《北京師範學院學報》1989 年第 4 期　p. 32

山本達郎等　敦煌·III 轉貼　『NUN – HUANG AND TURFAN DOCUMENTS CONCERNING SOCIAL
　　AND ECONOMIC HISTORY』(IV)　(東京)東洋文庫　1989　p. 41

姜伯勤　敦煌社會文書導論　(臺北)新文豐出版公司　1992　p. 242

高國藩　敦煌民俗資料導論　(臺北)新文豐出版公司　1993　p. 3

石田勇作　敦煌「社文書」研究序說　中國古代の國家と民衆(堀敏一先生古稀記念)　(東京)汲古
　　書院　1995　p. 684

土肥義和　唐·北宋間の「社」の組織形態に関する一考察　中國古代の國家と民衆(堀敏一先生古
　　稀記念)　(東京)汲古書院　1995　p. 709

馮培紅　晚唐五代宋初歸義軍武職軍將研究　敦煌歸義軍史專題研究　蘭州大學出版社　1997
　　p. 111

寧可　郝春文　敦煌社邑文書輯校　江蘇古籍出版社　1997　p. 177

鄭炳林　敦煌碑銘讚輯釋　甘肅教育出版社　1997　p. 145 注 2

吳麗娛　敦煌寫本書儀中的行第之稱:兼論行第普及的庶民影響　敦煌吐魯番研究(第四卷)　北京
　　大學出版社　1999　p. 545

郝春文　再論敦煌私社的"義聚"　敦煌學(第 25 輯)　(臺北)樂學書局有限公司　2004　p. 281

S. 6215

張鴻勳　敦煌寫本《下女夫詞》新探　1983 年全國敦煌學術討論會文集·文史遺書編(下)　甘肅人
　　民出版社　1987　p. 166

唐耕耦　陸宏基　敦煌社會經濟文獻真迹釋録(三)　全國圖書館文獻縮微複製中心　1990　p. 109

菅原信海　占筮書　敦煌漢文文獻(講座敦煌 5)　(東京)大東出版社　1992　p. 458

高國藩　敦煌民俗資料導論　(臺北)新文豐出版公司　1993　p. 58

郝春文　關於唐後期五代宋初沙州僧俗的施捨問題　唐研究(第三卷)　北京大學出版社　1997
　　p. 27

李并成　古代河西走廊桑蠶絲織業考　《敦煌學輯刊》1997 年第 2 期　p. 64

郝春文　唐後期五代宋初敦煌僧尼的社會生活　中國社會科學出版社　1998　p. 252

黃正建　敦煌占卜文書與唐五代占卜研究　學苑出版社　2001　p. 125

S. 6216

三木榮　西域出土醫藥關係文獻綜合解說目録　『東洋學報』(47 卷 1 號)　(東京)東洋學術協會
　　1964　p. 15

高國藩　敦煌民俗學　上海文藝出版社　1989　p. 328

菅原信海　占筮書　敦煌漢文文獻(講座敦煌 5)　(東京)大東出版社　1992　p. 458

蕭登福　道教星斗符印與佛教密宗　(臺北)新文豐出版公司　1993　p. 239

黃正建　敦煌占卜文書與唐五代占卜研究　學苑出版社　2001　p. 141

王卡　敦煌道教文獻研究　中國社會科學出版社　2004　p. 157

劉永明　敦煌道教的世俗化之路:道教向具注曆日的滲透　《敦煌學輯刊》2005 年第 2 期　p. 205

劉永明　敦煌道教的世俗化之路:敦煌《發病書》研究　《敦煌學輯刊》2006 年第 1 期　p. 71

S. 6217

向達　倫敦所藏敦煌卷子經眼目録　《北平圖書館圖書季刊》1939 年新第 1 卷第 4 期　　p. 395　　又見：唐代長安與西域文明　三聯書店　1957　　p. 236

土肥義和　はじめに——歸義軍節度使の敦煌支配　敦煌の歴史（講座敦煌 2）　（東京）大東出版社　1980　　p. 294

姜伯勤　敦煌寺院碾磑經營的兩種形式　歷史論叢（第三輯）　齊魯書社　1983　　p. 173、176、182　　又見：五十年來漢唐佛教寺院經濟研究　北京師範大學出版社　1986　　p. 221

姜伯勤　唐五代敦煌寺戶制度　中華書局　1987　　p. 229

中野美代子　敦煌物語　（東京）集英社　1987　　p. 206

唐耕耦　陸宏基　敦煌社會經濟文獻真迹釋録（三）　全國圖書館文獻縮微複製中心　1990　　p. 41、230

劉進寶　P. 3236 號《壬申年官布籍》時代考　《西北師大學報》（社會科學版）1996 年第 5 期　　p. 43

劉進寶　P. 3236 號《壬申年官布籍》研究　慶祝潘石禪先生九秩華誕敦煌學特刊　（臺北）文津出版社　1996　　p. 359

馮培紅　唐五代敦煌的河渠水利與水司管理機構初探　《敦煌學輯刊》1997 年第 2 期　　p. 77

唐耕耦　敦煌寺院會計文書研究　（臺北）新文豐出版公司　1997　　p. 2

鄭炳林　晚唐五代敦煌貿易市場的物價　敦煌歸義軍史專題研究　蘭州大學出版社　1997　　p. 297

高啟安　索黛　唐五代敦煌飲食中的餅淺探　《敦煌研究》1998 年第 4 期　　p. 82

郝春文　唐後期五代宋初敦煌僧尼的社會生活　中國社會科學出版社　1998　　p. 130

郝春文　唐後期五代宋初敦煌寺院常住什物的數量及與僧人的關係　《敦煌研究》1998 年第 2 期　　p. 119、131

劉進寶　敦煌文書與唐史研究　（臺北）新文豐出版公司　2000　　p. 231

郝春文　《勘尋永安寺法律願慶與老宿紹建相諍根由狀》及相關問題考　戒幢佛學（第二卷）　岳麓書社　2002　　p. 81　　又見：中日敦煌佛教學術會議論文集　中國社會科學院研究所　2002　　p. 57

鄭炳林　晚唐五代敦煌村莊聚落輯考　2000 年敦煌學國際學術討論會文集·歷史文化卷（上）　甘肅民族出版社　2003　　p. 141

高啟安　唐五代敦煌飲食文化研究　民族出版社　2004　　p. 62、128

黑維強　吐魯番出土文書詞語例釋（一）　《敦煌學輯刊》2004 年第 2 期　　p. 117

李正宇　晚唐至北宋敦煌僧尼普聽飲酒　《敦煌研究》2005 年第 3 期　　p. 69

S. 6219

饒宗頤　論敦煌陷於吐蕃之年代　（香港）《東方文化》1971 年第 9 卷第 1 期　　又見：選堂集林·史林（香港）中華書局　1982　　p. 685；中國敦煌學百年文庫·民族卷（一）　甘肅文化出版社　1999　　p. 230

韓建瓴　傳記　敦煌文學　甘肅人民出版社　1989　　p. 61

上山大峻　敦煌佛教の研究　（京都）法藏館　1990　　p. 19

李明偉　敦煌文學概論　甘肅人民出版社　1993　　p. 474

王卡　上清三真旨要玉訣　敦煌學大辭典　上海辭書出版社　1998　　p. 762

王卡　敦煌道教文獻研究　中國社會科學出版社　2004　　p. 88

S. 6220

岡部和雄　經疏・要抄　敦煌仏典と禪(講座敦煌 8)　(東京)大東出版社　1980　p. 341

上山大峻　敦煌佛教の研究　(京都)法藏館　1990　p. 422

柳田聖山　禪籍解題(一)・敦煌禪籍　俗語言研究(第二期)　(京都)禪文化研究所　1995　p. 148

方廣錩　法句經疏　敦煌學大辭典　上海辭書出版社　1998　p. 742

S. 6221

土橋秀高　敦煌の律蔵　敦煌と中國仏教(講座敦煌 7)　(東京)大東出版社　1984　p. 248

S. 6222

高國藩　敦煌民俗資料導論　(臺北)新文豐出版公司　1993　p. 91

李正宇　中國唐宋硬筆書法　上海文化出版社　1993　p. 48

趙聲良　萬經珍寶：古代書法藝術的寶庫"敦煌書法"　(臺北)《雄獅美術》1994 年第 12 期

S. 6223

馬德　敦煌工匠史料　甘肅人民出版社　1997　p. 85

王卡　敦煌道教文獻研究　中國社會科學出版社　2004　p. 247

S. 6224

雷僑雲　敦煌兒童文學　(臺北)學生書局　1985　p. 44

高國藩　敦煌民俗學　上海文藝出版社　1989　p. 109

鄭阿財　敦煌蒙書析論　第二屆敦煌學國際研討會論文集　(臺北)漢學研究中心　1990　p. 217

鄭阿財　敦煌文獻與文學　(臺北)新文豐出版公司　1993　p. 246

汪泛舟　《開蒙要訓》初探　《敦煌研究》1999 年第 2 期　p. 139

汪泛舟　敦煌古代兒童課本　甘肅人民出版社　2000　p. 52

鄭阿財　朱鳳玉　敦煌蒙書研究　甘肅教育出版社　2002　p. 53

S. 6225

孫修身　敦煌三界寺　甘肅省史學會論文集　甘肅省歷史學會編印　1982　p. 173　又見：中國敦煌
　　學百年文庫・宗教卷(一)　甘肅文化出版社　1999　p. 58

孫修身　敦煌石窟《臘八燃燈分配窟龕名數》寫作年代考　絲路訪古　甘肅人民出版社　1983
　　p. 212

岡部和雄　敦煌藏經目錄　敦煌と中國仏教(講座敦煌 7)　(東京)大東出版社　1984　p. 310

鄭炳林　伯 2641 號背莫高窟再修功德記撰寫人探微　《敦煌學輯刊》1991 年第 2 期　p. 51

李玉昆　敦煌遺書《泉州千佛新著諸祖師頌》研究　《敦煌學輯刊》1995 年第 1 期　p. 31

施萍婷　俄藏敦煌文獻 ДХ1376、1438、2170 之研究　《敦煌研究》1996 年第 3 期　p. 28

方廣錩　敦煌佛教經錄輯校　江蘇古籍出版社　1997　p. 938

榮新江　敦煌藏經洞的性質及其封閉原因　敦煌吐魯番研究(第二卷)　北京大學出版社　1997
　　p. 33

方廣錩　見一切入藏目録　敦煌學大辭典　上海辭書出版社　1998　p. 757

石內德　敦煌文獻中被廢棄的殘經抄本　法國漢學(敦煌學專號)　中華書局　2000　p. 27

宋家鈺　佛教齋文源流與敦煌本"齋文"書的復原　英國收藏敦煌漢藏文獻研究：紀念敦煌文獻發現

一百周年　中國社會科學出版社　2000　p. 298

徐俊　敦煌詩集殘卷輯考　中華書局　2000　p. 114

榮新江　敦煌學十八講　北京大學出版社　2001　p. 85

李德龍　沙州三界寺《授戒牒》初探　甘肅民族研究論叢　甘肅人民出版社　2002　p. 408

文正義　敦煌藏經洞封閉原因新探　戒幢佛學（第二卷）　岳麓書社　2002　p. 243

鄭炳林　晚唐五代敦煌諸寺藏經與管理　新世紀敦煌學論集　巴蜀書社　2003　p. 348

鄭炳林　晚唐五代敦煌地區《大般若經》的流傳與信仰　麥積山石窟藝術文化論文集（下）　蘭州大
　　學出版社　2004　p. 109

S. 6226

山本達郎等　敦煌・I 社條　『NUN–HUANG AND TURFAN DOCUMENTS CONCERNING SOCIAL
　　AND ECONOMIC HISTORY』（IV）　（東京）東洋文庫　1989　p. 13

郝春文　唐後期五代宋初敦煌僧尼的社會生活　中國社會科學出版社　1998　p. 361

郝春文　英藏敦煌文獻年代叢考　英國收藏敦煌漢藏文獻研究：紀念敦煌文獻發現一百周年　中國
　　社會科學出版社　2000　p. 375

S. 6227

林聰明　敦煌文書出處略考　季羨林教授八十華誕紀念論文集（下）　江西人民出版社　1991
　　p. 863

林聰明　敦煌文書學　（臺北）新文豐出版公司　1991　p. 400

土田健次郎　儒教典籍　敦煌漢文文獻（講座敦煌5）　（東京）大東出版社　1992　p. 268

S. 6228

向達　倫敦所藏敦煌卷子經眼目錄　《北平圖書館圖書季刊》1939 年新第 1 卷第 4 期　p. 398　又
　　見：唐代長安與西域文明　三聯書店　1957　p. 236

金岡照光　敦煌文學のさまざま　敦煌の文學　（東京）大藏出版株式會社　1971　p. 163

蘇瑩輝　“敦煌曲”評介　《香港中文大學學報》1974 年第 1 期　又見：敦煌論集續編　（臺北）學生
　　書局　1983　p. 310；中國敦煌學百年文庫・藝術卷（一）　甘肅文化出版社　1999　p. 373

池田溫　中國古代寫本識語集錄　（東京）大藏出版株式會社　1990　p. 433

楊聯陞　書評：饒宗頤、戴密微合著《敦煌曲》　楊聯陞論文集　中國社會科學出版社　1992　p. 243

徐俊　敦煌詩集殘卷輯考　中華書局　2000　p. 388

王卡　敦煌本《老子節解》殘頁考釋　敦煌吐魯番研究（第六卷）　北京大學出版社　2002　p. 81

王卡　敦煌道教文獻研究　中國社會科學出版社　2004　p. 27、171

S. 6229

芳村修基　土橋秀高　井ノ口泰淳　敦煌佛教史年表　西域文化研究（第一）・敦煌佛教資料　（京
　　都）法藏館　1958　p. 277

陳祚龍　中世敦煌釋門的布薩法事之一斑　敦煌簡策訂存　（臺北）商務印書館　1983　p. 161

福井文雅　講經儀式の組織内容　敦煌と中國仏教（講座敦煌7）　（東京）大東出版社　1984
　　p. 380

汪泛舟　偈・頌　敦煌文學　甘肅人民出版社　1989　p. 88

任半塘　王昆吾　隋唐五代燕樂雜言歌辭集　巴蜀書社　1990　p. 332

周紹良　敦煌文學芻議及其它　（臺北）新文豐出版公司　1992　p. 14

汪泛舟　敦煌詩詞補正與考源　《敦煌研究》1997 年第 3 期　p. 106

謝桃坊　敦煌文化尋繹　四川人民出版社　1999　p. 80

馬德　敦煌寫經題記的社會意義　法源（第 19 期）　中國佛學院　2001　p. 75

S. 6230

芳村修基　土橋秀高　井ノ口泰淳　敦煌佛教史年表　西域文化研究（第一）・敦煌佛教資料　（京都）法藏館　1958　p. 277

陳祚龍　敦煌古抄內典尾記彙校初、二、三編合刊　敦煌學要籥　（臺北）新文豐出版公司　1982　p. 158

道端良秀　敦煌文獻に見える死後の世界　敦煌と中國仏教（講座敦煌7）　（東京）大東出版社　1984　p. 505

金岡照光　敦煌における地獄文獻：敦煌庶民信仰の一樣相　敦煌と中國仏教（講座敦煌7）　（東京）大東出版社　1984　p. 575

杜斗城　關於敦煌本《佛說十王經》的幾個問題　《世界宗教研究》1987 年第 2 期　p. 44

蕭登福　敦煌所見十九種《閻羅王受記經（佛說十王經）》之校勘　敦煌俗文學論叢　（臺北）商務印書館　1988　p. 252

蕭登福　敦煌寫卷《佛說十王經》之探討　敦煌俗文學論叢　（臺北）商務印書館　1988　p. 175、245、250 注 26

杜斗城　敦煌本《佛說十王經》校錄研究　甘肅教育出版社　1989　p. 85

池田溫　中國古代寫本識語集錄　（東京）大蔵出版株式會社　1990　p. 469

林聰明　敦煌文書學　（臺北）新文豐出版公司　1991　p. 295

蘇遠鳴　敦煌寫本中的地藏十齋日　法國學者敦煌學論文選萃　中華書局　1993　p. 427 注 39

榮新江　歸義軍改元考　文史（第三十八輯）　中華書局　1994　p. 50

杜斗城　北涼譯經論　甘肅文化出版社　1995　p. 42、48

榮新江　歸義軍史研究　上海古籍出版社　1996　p. 52

蕭登福　道佛十王地獄說　（臺北）新文豐出版公司　1996　p. 242

方廣錩　閻羅王授記勸修七齋功德經　敦煌學大辭典　上海辭書出版社　1998　p. 739

羅世平　地藏十王圖像的遺存及其信仰　唐研究（第四卷）　北京大學出版社　1998　p. 394、409 注 2

金岡照光　敦煌文獻と中國文學　（東京）五曜書房　2000　p. 431

劉長東　晉唐彌陀淨土信仰研究　巴蜀書社　2000　p. 491

顏廷亮　敦煌文化　光明日報出版社　2000　p. 270

馬德　敦煌寫經題記的社會意義　法源（第 19 期）　中國佛學院　2001　p. 81

張總　《閻羅王授記經》綴補研考　敦煌吐魯番研究（第五卷）　北京大學出版社　2001　p. 92、101

陳麗萍　敦煌女性寫經題記及反映的婦女問題　敦煌佛教藝術文化國際學術研討會論文集　蘭州大學出版社　2002　p. 447

姜亮夫　敦煌莫高窟年表　姜亮夫全集（十一）　雲南人民出版社　2002　p. 481

湛如　敦煌佛教喪葬律儀研究　中日敦煌佛教學術會議論文集　中國社會科學院研究所　2002　p. 89

楊秀清　唐宋敦煌地區的世俗佛教信仰　新世紀敦煌學論集　巴蜀書社　2003　p. 714

湛如　敦煌佛教律儀制度研究　中華書局　2003　p. 366

黨燕妮　晚唐五代敦煌的十王信仰　麥積山石窟藝術文化論文集（下）　蘭州大學出版社　2004

p. 153

荒見泰史　關於地藏十王信仰成立和演變的有關資料數則　2004 年石窟研究國際學術會議論文提
　　要集　敦煌研究院　2004　p. 62
殷光明　敦煌石窟中的地獄圖像與冥報思想　麥積山石窟藝術文化論文集(下)　蘭州大學出版社
　　2004　p. 37

S. 6231

江素雲　維摩詰所說經敦煌寫本綜合目錄　(臺北)東初出版社　1991　p. 80

S. 6232

福井文雅　般若心經　敦煌と中國仏教(講座敦煌 7)　(東京)大東出版社　1984　p. 43

S. 6233

姜伯勤　論敦煌寺院的"常住百姓"　《敦煌研究》1981 年試刊第 1 期　p. 54 注 18
姜伯勤　敦煌寺院碾磑經營的兩種形式　歷史論叢(第三輯)　齊魯書社　1983　p. 187、191　又
　　見:五十年來漢唐佛教寺院經濟研究　北京師範大學出版社　1986　p. 233
姜伯勤　敦煌寺院文書中"梁戶"的性質　敦煌吐魯番文書研究　甘肅人民出版社　1984　p. 339
　　又見:五十年來漢唐佛教寺院經濟研究　北京師範大學出版社　1986　p. 123
謝重光　關於唐後期至五代間沙州寺院經濟的幾個問題　敦煌吐魯番出土經濟文書研究　廈門大學
　　出版社　1986　p. 510 注 107
姜伯勤　唐五代敦煌寺戶制度　中華書局　1987　p. 71、105、126、243
高國藩　敦煌民俗學　上海文藝出版社　1989　p. 60
唐耕耦　8 至 10 世紀敦煌的物價　紀念陳寅恪教授國際學術討論會文集　中山大學出版社　1989
　　p. 530、549、546
王進玉　趙豐　敦煌文物中的紡織技藝　《敦煌研究》1989 年第 4 期　p. 102
唐耕耦　陸宏基　敦煌社會經濟文獻真迹釋錄(二、三)　全國圖書館文獻縮微複製中心　1990
　　p. 35;172、174、301
黃正建　敦煌文書與唐五代北方地區的飲食生活　魏晉南北朝隋唐史資料(第 11 輯)　武漢大學出
　　版社　1991　p. 264
仁井田陞　補訂中國法制史研究:法と慣習・法と道德　東京大學出版會　1991　p. 631
姜伯勤　敦煌社會文書導論　(臺北)新文豐出版公司　1992　p. 221
尹偉先　從敦煌文書看唐代河西地區的貨幣流通　《社科縱橫》1992 年第 6 期　又見:中國敦煌學百
　　年文庫・歷史卷(二)　甘肅文化出版社　1999　p. 342
李明偉　隋唐絲綢之路　甘肅人民出版社　1994　p. 255、269
馬德　敦煌莫高窟史研究　甘肅教育出版社　1996　p. 171
馬德　九、十世紀敦煌工匠史料述論　慶祝潘石禪先生九秩華誕敦煌學特刊　(臺北)文津出版社
　　1996　p. 307、315
田德新　敦煌寺院中的"都頭"　《敦煌學輯刊》1996 年第 2 期　p. 99
張亞萍　娜閣　唐五代敦煌的計量單位與價格換算　《敦煌學輯刊》1996 年第 2 期　p. 40
李正宇　敦煌歷史地理導論　(臺北)新文豐出版公司　1997　p. 214
馬德　敦煌工匠史料　甘肅人民出版社　1997　p. 14、51
齊陳俊　馮培紅　晚唐五代宋初歸義軍對外商業貿易　敦煌歸義軍史專題研究　蘭州大學出版社

　　　1997　p. 347

唐耕耦　敦煌寺院會計文書研究　（臺北）新文豐出版公司　1997　p. 19、418、447、453

田德新　敦煌寺院中的都師　《敦煌學輯刊》1997 年第 2 期　p. 124

鄭炳林　唐五代敦煌畜牧區域研究　敦煌歸義軍史專題研究　蘭州大學出版社　1997　p. 211

鄭炳林　晚唐五代敦煌貿易市場的物價　敦煌歸義軍史專題研究　蘭州大學出版社　1997　p. 288

高啓安　索黛　唐五代敦煌飲食中的餅淺探　《敦煌研究》1998 年第 4 期　p. 80

郝春文　唐後期五代宋初敦煌僧尼的社會生活　中國社會科學出版社　1998　p. 165

金瀅坤　從敦煌文書看晚唐五代敦煌地區布紡織業　《敦煌研究》1998 年第 2 期　p. 134

沙知　博易契　敦煌學大辭典　上海辭書出版社　1998　p. 387

沙知　敦煌契約文書輯校　江蘇古籍出版社　1998　p. 57

張亞萍　唐五代歸義軍政府牧馬業研究　《敦煌學輯刊》1998 年第 2 期　p. 56

鄭炳林　《康秀華寫經施入疏》與《炫和尚貨賣胡粉曆》研究　敦煌吐魯番研究（第三卷）　北京大學
　　　出版社　1998　p. 196

高啓安　唐五代敦煌僧人飲食的幾個名詞解釋　《敦煌研究》1999 年第 4 期　p. 133

蘇金花　唐、五代敦煌地區的商品貨幣形態　《敦煌研究》1999 年第 2 期　p. 95

吳麗娛　敦煌寫本書儀中的行第之稱：兼論行第普及的庶民影響　敦煌吐魯番研究（第四卷）　北京
　　　大學出版社　1999　p. 545

陳永勝　敦煌吐魯番法制文書研究　甘肅人民出版社　2000　p. 61

池田溫　李盛鐸舊藏敦煌歸義軍後期社會經濟文書簡介　慶祝吳其昱先生八秩華誕敦煌學特刊
　　　（臺北）文津出版社　2000　p. 41

顏廷亮　敦煌文化　光明日報出版社　2000　p. 382

童丕　敦煌的借貸：中國中古時代的物質生活與社會　中華書局　2003　p. 50

王啓濤　中古及近代法制文書語言研究　巴蜀書社　2003　p. 209

高啓安　唐五代敦煌飲食文化研究　民族出版社　2004　p. 11、13、19、125、194、382

黑維强　吐魯番出土文書詞語疏證三則　西北方言與民俗研究論叢　中國社會科學出版社　2004
　　　p. 234

趙紅　高啓安　唐五代時期敦煌僧人飲食概述　麥積山石窟藝術文化論文集（下）　蘭州大學出版
　　　社　2004　p. 284

李正宇　晚唐至北宋敦煌僧尼普聽飲酒　《敦煌研究》2005 年第 3 期　p. 69

陸離　吐蕃統治河隴西域時期的市券研究　敦煌吐魯番研究（第九卷）　北京大學出版社　2006
　　　p. 234

鄭炳林　晚唐五代河西地區的居民結構研究　《蘭州大學學報》2006 年第 2 期　p. 13

S. 6234

向達　倫敦所藏敦煌卷子經眼目錄　《北平圖書館圖書季刊》1939 年新第 1 卷第 4 期　p. 399　又
　　　見：唐代長安與西域文明　三聯書店　1957　p. 236

金岡照光　敦煌文學のさまざま　敦煌の文學　（東京）大藏出版株式會社　1971　p. 161

陳祚龍　敦煌古抄中世詩歌一續　敦煌學海探珠（上冊）　（臺北）商務印書館　1979　p. 175

周紹良　敦煌文學芻議及其它　（臺北）新文豐出版公司　1992　p. 28

項楚　敦煌詩歌導論　（臺北）新文豐出版公司　1993　p. 235

李正宇　西部詩選　敦煌學大辭典　上海辭書出版社　1998　p. 564

王志鵬　敦煌 P. 2672 卷殘詩集內容考釋　《敦煌研究》1998 年第 3 期　p. 138

楊森　敦煌邊塞詩歌綜論　《敦煌研究》1998 年第 1 期　p. 124

胡大浚　王志鵬　敦煌邊塞詩歌校注　甘肅人民出版社　1999　p. 9、116

杜琪　敦煌詩賦作品要目分類題注　《甘肅社會科學》2000 年第 1 期　p. 62

徐俊　敦煌詩集殘卷輯考　中華書局　2000　p. 650

劉瑞明　集遺珠以彙詩海　復原貌而觀萬象：評《敦煌詩集殘卷輯考》　《敦煌研究》2001 年第 4 期
　　p. 170

李軍　晚唐五代肅州相關史實考述　《敦煌學輯刊》2005 年第 3 期　p. 91

S. 6235

向達　倫敦所藏敦煌卷子經眼目錄　《北平圖書館圖書季刊》1939 年新第 1 卷第 4 期　p. 397　又
　　見：唐代長安與西域文明　三聯書店　1957　p. 237

芳村修基　土橋秀高　井ノ口泰淳　敦煌佛教史年表　西域文化研究（第一）・敦煌佛教資料　（京
　　都）法藏館　1958　p. 271

竺沙雅章　敦煌の寺戶について　『史林』（44 卷 5 號）　京都大學文學部史學研究會　1961　p. 66

藤枝晃　敦煌の僧尼籍　『東方學報』（第 35 號）　京都大學人文科學研究所　1964　p. 332

池田溫　中國古代籍帳研究：概観・錄文　東京大學東洋文化研究所　1979　p. 570

北原薫　晚唐・五代の敦煌寺院経済——収支決算報告を中心に　敦煌の社會（講座敦煌 3）　（東
　　京）大東出版社　1980　p. 409

宋家鈺　唐代手實初探　魏晉隋唐史論集（第一輯）　中國社會科學出版社　1981　p. 221

董作賓　敦煌紀年　敦煌學文選（上）　蘭州大學歷史系敦煌學研究室等　1983　p. 27

姜伯勤　上海藏本敦煌所出河西支度營田使文書研究　敦煌吐魯番文獻研究論集（第二輯）　北京
　　大學出版社　1983　p. 355 注 25

姜伯勤　突地考　《敦煌學輯刊》1984 年第 1 期　p. 16

冷鵬飛　唐末沙州歸義軍時期有關百姓受田和賦稅的幾個問題　《敦煌學輯刊》1984 年第 1 期
　　p. 28、34

寧欣　唐代敦煌地區農業水利問題初探　敦煌吐魯番文獻研究論集（第三輯）　北京大學出版社
　　1986　p. 502 注 13、525、534 注 30

姜伯勤　唐五代敦煌寺戶制度　中華書局　1987　p. 109 注 5、288

李正宇　唐宋時代敦煌縣河渠泉澤簡志（一）　《敦煌研究》1988 年第 4 期　p. 92

宋家鈺　唐朝戶籍法與均田制研究　中州古籍出版社　1988　p. 84

楊際平　唐末宋初敦煌土地制度初探　《敦煌學輯刊》1988 年第 1、2 期　p. 18

李正宇　唐宋時代敦煌縣河渠泉澤簡志（二）　《敦煌研究》1989 年第 1 期　p. 54

山本達郎等　敦煌・IV 納贈曆・納色物曆等　『NUN‐HUANG AND TURFAN DOCUMENTS CON-
　　CERNING SOCIAL AND ECONOMIC HISTORY』（IV）　（東京）東洋文庫　1989　p. 90

池田溫　敦煌における土地稅役制をめぐって　東アジア古文書の史的研究　（東京）刀水書房
　　1990　p. 51

榮新江　通頰考　文史（第三十三輯）　中華書局　1990　p. 135　又見：二十世紀中國文史考據文
　　錄　雲南人民出版社　2001　p. 2116

唐耕耦　敦煌寫本便物曆初探　敦煌吐魯番文獻研究論集（第五輯）　北京大學出版社　1990
　　p. 138

唐耕耦　陸宏基　敦煌社會經濟文獻真迹釋錄（二）　全國圖書館文獻縮微複製中心　1990
　　p. 202、463

佐竹靖彦　唐宋變革の地域的研究　（東京）同朋舍　1990　p. 150、173

鄭炳林　敦煌碑銘讚三篇證誤與考釋　《敦煌學輯刊》1992 年第 1、2 期　p. 100

佐竹靖彦　唐末宋初敦煌地區戶籍制度的演變　唐代均田制研究選譯　甘肅教育出版社　1992
　　p. 167

郝春文　敦煌寫本社邑文書年代彙考（三）　《社科縱橫》1993 年第 5 期　p. 9

李正宇　中國唐宋硬筆書法　上海文化出版社　1993　p. 61、77

李正宇　敦煌史地新論　（臺北）新文豐出版公司　1996　p. 110

榮新江　歸義軍史研究　上海古籍出版社　1996　p. 3

李正宇　敦煌歷史地理導論　（臺北）新文豐出版公司　1997　p. 231

劉進寶　歸義軍土地制度初探　《敦煌研究》1997 年第 2 期　p. 46

劉雯　吐蕃及歸義軍時期敦煌索氏家族研究　《敦煌學輯刊》1997 年第 2 期　p. 90

寧可　郝春文　敦煌社邑文書輯校　江蘇古籍出版社　1997　p. 406

唐耕耦　敦煌寺院會計文書研究　（臺北）新文豐出版公司　1997　p. 338

鄭炳林　敦煌碑銘讚輯釋　甘肅教育出版社　1997　p. 405 注 8

鄭炳林　唐末五代敦煌都河水系研究　敦煌歸義軍史專題研究　蘭州大學出版社　1997　p. 180

鄭炳林　唐五代敦煌畜牧區域研究　敦煌歸義軍史專題研究　蘭州大學出版社　1997　p. 220

榮新江　歸義軍大事紀年初稿　出土文獻研究（第三輯）　文物出版社　1998　p. 235

宋家鈺　手實　敦煌學大辭典　上海辭書出版社　1998　p. 403

童丕　10 世紀敦煌的借貸人　法國漢學（第 3 輯）　中華書局　1998　p. 75、79

陳國燦　唐代的經濟社會　（臺北）文津出版社　1999　p. 81

高啓安　唐五代至宋敦煌的量器及量制　《敦煌學輯刊》1999 年第 1 期　p. 64

池田溫　李盛鐸舊藏敦煌歸義軍後期社會經濟文書簡介　慶祝吳其昱先生八秩華誕敦煌學特刊
　　（臺北）文津出版社　2000　p. 39

雷紹鋒　歸義軍賦役制度初探　（臺北）洪葉文化事業有限公司　2000　p. 8（原文錄爲 P. 6235）、
　　15、120 注 19

劉進寶　敦煌歷史文化　甘肅人民出版社　2000　p. 128

劉進寶　敦煌文書與唐史研究　（臺北）新文豐出版公司　2000　p. 145

丘古耶夫斯基　敦煌漢文文書　上海古籍出版社　2000　p. 66

宋家鈺　英國收藏敦煌文獻叙録　英國收藏敦煌漢藏文獻研究:紀念敦煌文獻發現一百周年　中國
　　社會科學出版社　2000　p. 172

羅彤華　從便物曆論敦煌寺院的放貸　敦煌文獻論集:紀念藏經洞發現一百周年國際學術研討會論
　　文集　遼寧人民出版社　2001　p. 466

陳國燦　敦煌學史事新證　甘肅教育出版社　2002　p. 308

姜亮夫　敦煌莫高窟年表　姜亮夫全集（十一）　雲南人民出版社　2002　p. 387

劉進寶　敦煌學通論　甘肅教育出版社　2002　p. 85

王克孝　顏廷亮　從敦煌吐魯番文書看唐代手實文書的編制與類型　2000 年敦煌學國際學術討論
　　會文集·歷史文化卷(上)　甘肅民族出版社　2003　p. 208

鄭炳林　晚唐五代敦煌村莊聚落輯考　2000 年敦煌學國際學術討論會文集·歷史文化卷(上)　甘
　　肅民族出版社　2003　p. 136

劉進寶　歸義軍政權初期的人口調查和土地調整　《敦煌研究》2004 年第 2 期　p. 59

陸離　吐蕃統治河隴西域時期職官四題　《西北民族研究》2006 年第 2 期　p. 30

S. 6236

郝春文　敦煌寫本社邑文書年代彙考（二）　《首都師範大學學報》1993 年第 5 期　p. 77

寧可　郝春文　敦煌社邑文書輯校　江蘇古籍出版社　1997　p. 155

郝春文　英藏敦煌文獻年代叢考　英國收藏敦煌漢藏文獻研究：紀念敦煌文獻發現一百周年　中國
　　社會科學出版社　2000　p. 375

山本達郎等　補（IV）社・III 轉貼　『NUN – HUANG AND TURFAN DOCUMENTS CONCERNING SO-
　　CIAL AND ECONOMIC HISTORY』（Sup. p. lemrnts）　（東京）東洋文庫　2001　p. 74

S. 6237

向達　倫敦所藏敦煌卷子經眼目錄　《北平圖書館圖書季刊》1939 年新第 1 卷第 4 期　p. 399　又
　　見：唐代長安與西域文明　三聯書店　1957　p. 237

山本達郎等　敦煌・IV 納贈曆・納色物曆等　『NUN – HUANG AND TURFAN DOCUMENTS CON-
　　CERNING SOCIAL AND ECONOMIC HISTORY』（IV）　（東京）東洋文庫　1989　p. 109

唐耕耦　陸宏基　敦煌社會經濟文獻真迹釋錄（三）　全國圖書館文獻縮微複製中心　1990　p. 337

鄭炳林　唐五代敦煌手工業研究　敦煌歸義軍史專題研究　蘭州大學出版社　1997　p. 268

唐耕耦　入破曆算會牒　敦煌學大辭典　上海辭書出版社　1998　p. 647

高啓安　唐五代至宋敦煌的量器及量制　《敦煌學輯刊》1999 年第 1 期　p. 65

山本達郎等　補（IV）社・IV 納贈曆・納色物曆　『NUN – HUANG AND TURFAN DOCUMENTS
　　CONCERNING SOCIAL AND ECONOMIC HISTORY』（Sup. p. lemrnts）　（東京）東洋文庫　2001
　　p. 86

S. 6238

上山大峻　敦煌佛教の研究　（京都）法藏館　1990　p. 362

S. 6239

宋家鈺　英國收藏敦煌文獻叙錄　英國收藏敦煌漢藏文獻研究：紀念敦煌文獻發現一百周年　中國
　　社會科學出版社　2000　p. 100

S. 6241

石井昌子　靈寶經類　敦煌と中國道教（講座敦煌 4）　（東京）大東出版社　1983　p. 159

姜伯勤　論敦煌本《本際經》的道性論　道家文化研究（第七輯）　上海古籍出版社　1995　p. 241

萬毅　敦煌本《昇玄內教經》試探　唐研究（第一卷）　北京大學出版社　1995　p. 67

姜伯勤　敦煌藝術宗教與禮樂文明　中國社會科學出版社　1996　p. 220、297

姜伯勤　道釋相激：道教在敦煌　道家文化研究（第十三輯）　三聯書店　1998　p. 57

萬毅　敦煌本《昇玄內教經》解說　道家文化研究（第十三輯）　三聯書店　1998　p. 268

王卡　太上洞玄靈寶昇玄內教經　敦煌學大辭典　上海辭書出版社　1998　p. 760（原文錄爲
　　P. 6241）

山田俊　唐初道教思想史研究・論述篇　（京都）平樂寺書店　1999　p. 257

劉屹　評《唐初道教思想史研究》　唐研究（第六卷）　北京大學出版社　2000　p. 457

萬毅　敦煌本道教《昇玄內教經》的文本順序　《敦煌研究》2000 年第 4 期　p. 135　又見：敦煌文獻
　　論集：紀念藏經洞發現一百周年國際學術研討會論文集　遼寧人民出版社　2001　p. 598

王卡　敦煌道經殘卷綴合與考訂三則　敦煌文獻論集：紀念藏經洞發現一百周年國際學術研討會論

文集　遼寧人民出版社　2001　p. 587

劉屹　論《昇玄經》的文本差異問題　文津學志（第一輯）　北京圖書館出版社　2003　p. 191

王卡　敦煌道教文獻研究　中國社會科學出版社　2004　p. 123

王卡　中國國家圖書館藏敦煌道教遺書研究報告　敦煌吐魯番研究（第七卷）　北京大學出版社
　　2004　p. 354

S. 6242

鄭炳林　敦煌碑銘讚輯釋　甘肅教育出版社　1997　p. 486 注 2

S. 6243

入矢義高　『太公家教』校釋　福井博士頌壽記念東洋思想論集　（東京）論文集刊行會　1960
　　p. 35

高國藩　敦煌寫本《太公家教》初探　《敦煌學輯刊》1984 年第 1 期　p. 64

王重民　跋太公家教　敦煌遺書論文集　中華書局　1984　p. 138

雷僑雲　敦煌兒童文學　（臺北）學生書局　1985　p. 82 注 4

周鳳五　敦煌寫本太公家教研究　（臺北）明文書局　1986　p. 155

鄭阿財　敦煌寫卷新集文詞九經抄研究　（臺北）文史哲出版社　1989　p. 128 注 1

鄭阿財　敦煌蒙書析論　第二屆敦煌學國際研討會論文集　（臺北）漢學研究中心　1990　p. 226

鄭阿財　敦煌文獻與文學　（臺北）新文豐出版公司　1993　p. 260

鄭阿財　學日益齋敦煌學劄記　周一良先生八十生日紀念論文集　中國社會科學出版社　1993
　　p. 193

汪泛舟　敦煌古代兒童課本　甘肅人民出版社　2000　p. 224

S. 6245

三木榮　西域出土醫藥關係文獻綜合解說目錄　『東洋學報』（47 卷 1 號）　（東京）東洋學術協會
　　1964　p. 9

金岡照光　敦煌の寫本　敦煌の文學　（東京）大藏出版株式會社　1971　p. 80

金岡照光　敦煌民衆の宗教と生活　敦煌の民衆：その生活と思想　（東京）評論社　1972　p. 254

宮下三郎　敦煌本の本草醫書　敦煌漢文文獻（講座敦煌 5）　（東京）大東出版社　1992　p. 504

丛春雨　敦煌中醫藥全書　中醫古籍出版社　1994　p. 282

馬繼興　敦煌醫藥文獻　敦煌學大辭典　上海辭書出版社　1998　p. 615

馬繼興　敦煌醫藥文獻輯校　江蘇古籍出版社　1998　p. 146

丛春雨　敦煌中醫藥精萃發微　中醫古籍出版社　2000　p. 52

榮新江　《英藏敦煌文獻》定名商補　文史（第五十二輯）　中華書局　2000　p. 124　又見：敦煌學
　　新論　甘肅教育出版社　2002　p. 201

榮新江　《英國圖書館藏敦煌漢文非佛教文獻殘卷目錄》補正　英國收藏敦煌漢藏文獻研究：紀念敦
　　煌文獻發現一百周年　中國社會科學出版社　2000　p. 381

王淑民　四個英藏敦煌脈書殘卷的綴輯研究　《敦煌研究》2001 年第 4 期　p. 129

馬繼興　當前世界各地收藏的中國出土卷子本古醫藥文獻備考　敦煌吐魯番研究（第六卷）　北京
　　大學出版社　2002　p. 137（原文錄爲 P. 6245）

王卡　敦煌道教文獻研究　中國社會科學出版社　2004　p. 178

S. 6246

趙和平　敦煌寫本《朋友書儀》殘卷整理及研究　《敦煌研究》1987 年第 4 期　p. 44

周紹良　趙和平　書儀　《敦煌語言文學研究通訊》1987 年第 4 期　p. 1（原文錄爲 P. 6246）　又見：
　　敦煌文學　甘肅人民出版社　1989　p. 46

趙和平　敦煌寫本書儀略論　敦煌吐魯番學研究論文集　漢語大詞典出版社　1990　p. 562

杜琦　敦煌文學概論　甘肅人民出版社　1993　p. 509

趙和平　敦煌寫本書儀研究　（臺北）新文豐出版公司　1993　p. 11

周一良　趙和平　敦煌寫本《朋友書儀》殘卷整理及研究　唐五代書儀研究　中國社會科學出版社
　　1995　p. 109

周一良　趙和平　敦煌寫本書儀略論　唐五代書儀研究　中國社會科學出版社　1995　p. 2

王三慶　黄亮文　《朋友書儀》一卷研究　敦煌學（第 25 輯）（臺北）樂學書局有限公司　2004
　　p. 22

S. 6247

向達　倫敦所藏敦煌卷子經眼目錄　《北平圖書館圖書季刊》1939 年新第 1 卷第 4 期　p. 397　又
　　見：唐代長安與西域文明　三聯書店　1957　p. 237

S. 6248

李明偉　狀·牒·帖　敦煌文學　甘肅人民出版社　1989　p. 40

李正宇　敦煌史地新論　（臺北）新文豐出版公司　1996　p. 129

曾良　敦煌文獻字義通釋　廈門大學出版社　2001　p. 26

S. 6249

平井俊榮　敦煌仏典と中國仏教　敦煌と中國仏教（講座敦煌 7）（東京）大東出版社　1984　p. 8

艾麗白著　耿昇譯　敦煌漢文寫本中的鳥形押　敦煌譯叢（第一輯）　甘肅人民出版社　1985
　　p. 204 注 2

葛承雍　唐代國庫制度　三秦出版社　1990　p. 109（原文錄爲 P. 6249）

唐耕耦　陸宏基　敦煌社會經濟文獻真迹釋録（三）　全國圖書館文獻縮微複製中心　1990　p. 604

盧向前　關於歸義軍時期一份布紙破用曆的研究：試釋伯四六四〇背面文書　敦煌吐魯番文書論稿
　　江西人民出版社　1992　p. 135

鄭炳林　唐五代敦煌金鞍山異名考　《敦煌研究》1995 年第 2 期　p. 129

李正宇　俄藏中國西北文物經眼記　《敦煌研究》1996 年第 3 期　p. 41

鄭炳林　論晚唐敦煌文士張球即張景球　文史（第四十三輯）　中華書局　1997　p. 118

鄭炳林　唐五代敦煌手工業研究　敦煌歸義軍史專題研究　蘭州大學出版社　1997　p. 256

馮培紅　唐五代歸義軍軍資庫司初探　《敦煌學輯刊》1998 年第 1 期　p. 32

李正宇　公主君者者致北宅夫人書　敦煌學大辭典　上海辭書出版社　1998　p. 375

唐耕耦　軍資庫司　敦煌學大辭典　上海辭書出版社　1998　p. 382

曾良　敦煌文獻字義通釋　廈門大學出版社　2001　p. 14

洪藝芳　敦煌社會經濟文書中的唐五代新興量詞研究　敦煌學（第 24 輯）（臺北）樂學書局有限公
　　司　2003　p. 93

S. 6251

許國霖　敦煌石室寫經題記彙編　《微妙聲》1936－1937 年第 1－4 期　又見：中國敦煌學百年文庫・宗教卷（四）　甘肅文化出版社　1999　p. 245

許國霖　敦煌石室寫經年代表　《微妙聲》1937 年第 5 期　又見：中國敦煌學百年文庫・宗教卷（四）　甘肅文化出版社　1999　p. 193

芳村修基　土橋秀高　井ノ口泰淳　敦煌佛教史年表　西域文化研究（第一）・敦煌佛教資料　（京都）法藏館　1958　p. 251

饒宗頤　巴黎藏最早之敦煌寫卷金光明經（P. 4506）　選堂集林・史林　（香港）中華書局　1982　p. 416

金榮華　倫敦藏漢文敦煌卷子目錄提要（初稿）序　敦煌學（第 12 輯）　（臺北）新文豐出版公司　1987　p. 139

伊藤伸　中國書法史上から見た敦煌漢文寫本　敦煌漢文文獻（講座敦煌 5）　（東京）大東出版社　1992　p. 163

王素　S. 6251 號北涼玄始九年隨葬衣物疏補說　（香港）《九州學刊》1995 年第 6 卷第 4 期　p. 149

伊藤伸著　趙聲良譯　從中國書法史看敦煌漢文文書（一）　《敦煌研究》1995 年第 3 期　p. 178

金榮華　高昌國及斯坦因所盜高昌文物　敦煌吐魯番論集　（臺北）新文豐出版公司　1996　p. 182

鄭阿財　洪藝芳　1995—1996 年臺灣地區唐代學術研究概況：敦煌學　"中國唐代學會"會刊（第七期）　（臺北）"中國唐代學會"　1996　p. 102

王素　高昌史稿・統治編　文物出版社　1998　p. 178

姜亮夫　敦煌莫高窟年表　姜亮夫全集（十一）　雲南人民出版社　2002　p. 70

施安昌　敦煌寫經斷代發凡　善本碑帖論集　紫禁城出版社　2002　p. 317

陳國燦　敦煌藏經洞魏晉寫經系年訂補　漢語史學報專輯（第三輯）　上海教育出版社　2003　p. 51

S. 6252

山本達郎等　敦煌・Ⅳ 納贈曆・納色物曆等　『NUN－HUANG AND TURFAN DOCUMENTS CONCERNING SOCIAL AND ECONOMIC HISTORY』(Ⅳ)　（東京）東洋文庫　1989　p. 111

S. 6253

池田溫　中國古代の租佃契（上）　『東洋文化研究所紀要』（第 60 冊）　東京大學東洋文化研究所　1973　p. 93

池田溫　中國古代寫本識語集錄　（東京）大藏出版株式會社　1990　p. 452

柴劍虹　《敦煌遺書總目索引》重印記　西域文史論稿　（臺北）國文天地雜誌社　1991　p. 493

榮新江　金山國史辨正　中華文史論叢（總 50 輯）　上海古籍出版社　1992　p. 75

胡戟　傅玫　敦煌史話　中華書局　1995　p. 182

榮新江　歸義軍史研究　上海古籍出版社　1996　p. 217

姜亮夫　敦煌莫高窟年表　姜亮夫全集（十一）　雲南人民出版社　2002　p. 458

S. 6254

李正宇　關於金山國和敦煌國建國的幾個問題　《西北史地》1987 年第 2 期　p. 71

柴劍虹　《敦煌遺書總目索引》重印記　西域文史論稿　（臺北）國文天地雜誌社　1991　p. 493

盧向前　金山國立國之我見　敦煌吐魯番文書論稿　江西人民出版社　1992　p. 178

李正宇　敦煌史地新論　（臺北）新文豐出版公司　1996　p. 211
榮新江　歸義軍史研究　上海古籍出版社　1996　p. 217
榮新江　《英藏敦煌文獻》定名商補　文史（第五十二輯）　中華書局　2000　p. 124
姜亮夫　敦煌莫高窟年表　姜亮夫全集（十一）　雲南人民出版社　2002　p. 458

S. 6255

陳祚龍　敦煌古抄內典尾記彙校初、二、三編合刊　敦煌學要籥　（臺北）新文豐出版公司　1982　p. 158
艾麗白著　耿昇譯　敦煌漢文寫本中的鳥形押　敦煌譯叢（第一輯）　甘肅人民出版社　1985　p. 206 注 1
池田溫　中國古代寫本識語集録　（東京）大藏出版株式會社　1990　p. 452
戴仁　敦煌和吐魯番寫本的斷代研究　法國學者敦煌學論文選萃　中華書局　1993　p. 532
井ノ口泰淳　敦煌本『仏名經』の諸系統　中央アジアの言語と仏教　（京都）法藏館　1995　p. 300

S. 6256

寺岡龍含　敦煌本郭象注莊子南華真經研究總論　福井漢文學會　1966　p. 266
張金泉　許建平　敦煌音義彙考　杭州大學出版社　1996　p. 378
許建平　《日藏宋本莊子音義》校證　中古近代漢語研究（第一輯）　上海教育出版社　2000　p. 56
許建平　殘卷定名正補　2000 年敦煌學國際學術討論會文集・歷史文化卷（上）　甘肅民族出版社　2003　p. 303
王卡　敦煌道教文獻研究　中國社會科學出版社　2004　p. 183

S. 6257

道端良秀　敦煌文獻に見える死後の世界　敦煌と中國仏教（講座敦煌 7）　（東京）大東出版社　1984　p. 513
福井文雅　般若心經　敦煌と中國仏教（講座敦煌 7）　（東京）大東出版社　1984　p. 39
金岡照光　敦煌における地獄文獻：敦煌庶民信仰の一樣相　敦煌と中國仏教（講座敦煌 7）　（東京）大東出版社　1984　p. 579
田德新　敦煌寺院中的"都頭"　《敦煌學輯刊》1996 年第 2 期　p. 100

S. 6258

向達　倫敦所藏敦煌卷子經眼目録　《北平圖書館圖書季刊》1939 年新第 1 卷第 4 期　p. 397　又見：唐代長安與西域文明　三聯書店　1957　p. 237
饒宗頤解說　林宏作譯　敦煌書法叢刊（第八卷）・經史（六）　（東京）二玄社　1986　p. 76
李明偉　狀・牒・帖　敦煌文學　甘肅人民出版社　1989　p. 41
菅原信海　占筮書　敦煌漢文文獻（講座敦煌 5）　（東京）大東出版社　1992　p. 447
土田健次郎　儒教典籍　敦煌漢文文獻（講座敦煌 5）　（東京）大東出版社　1992　p. 268
黃正建　敦煌祿命類文書述略　中國社會科學院歷史研究所學刊（第一集）　社會科學文獻出版社　2001　p. 257
黃正建　敦煌占卜文書與唐五代占卜研究　學苑出版社　2001　p. 129
李索　敦煌寫卷《春秋經傳集解》校證　中國社會科學出版社　2005　p. 351

S. 6259

向達　倫敦所藏敦煌卷子經眼目録　《北平圖書館圖書季刊》1939 年新第 1 卷第 4 期　p. 397　又
　　見：唐代長安與西域文明　三聯書店　1957　p. 237

陳鐵凡　敦煌本尚書述略　（臺北）《大陸雜誌》1961 年第 8 期　又見：中國敦煌學百年文庫・文獻
　　卷（一）　甘肅文化出版社　1999　p. 448

土田健次郎　儒教典籍　敦煌漢文文獻（講座敦煌 5）　（東京）大東出版社　1992　p. 268

吳福熙　敦煌殘卷古文尚書校注　甘肅人民出版社　1992　p. 50

陳公柔　評介《尚書文字合編》　燕京學報（新第 4 期）　北京大學出版社　1998　p. 293

榮新江　《英藏敦煌文獻》定名商補　文史（第五十二輯）　中華書局　2000　p. 127

許建平　敦煌本《尚書》叙録　敦煌文獻論集：紀念藏經洞發現一百周年國際學術研討會論文集　遼
　　寧人民出版社　2001　p. 386

許建平　BD14681《尚書》殘卷考辨　新世紀敦煌學論集　巴蜀書社　2003　p. 92

許建平　敦煌出土《尚書》寫卷研究的過去與未來　敦煌吐魯番研究（第七卷）　北京大學出版社
　　2004　p. 227

許建平　中國國家圖書館藏未刊敦煌寫本殘片四種的定名與綴合　浙江與敦煌學：常書鴻先生誕辰
　　一百周年紀念文集　浙江古籍出版社　2004　p. 319

中村威也　ДХ10698『尚書費誓』とДХ10698v「史書」について　『西北出土文獻研究』（創刊號）
　　（新潟）西北出土文獻研究會　2004　p. 42

S. 6260

向達　倫敦所藏敦煌卷子經眼目録　《北平圖書館圖書季刊》1939 年新第 1 卷第 4 期　p. 397　又
　　見：唐代長安與西域文明　三聯書店　1957　p. 237

林仁昱　論敦煌佛教歌曲特質與“弘法”的關係　敦煌學（第 23 輯）　（臺北）樂學書局有限公司
　　2002　p. 74

S. 6261

蘇瑩輝　敦煌學概要　（臺北）編譯館“中華叢書編委會”　1981　p. 46

高國藩　敦煌民俗資料導論　（臺北）新文豐出版公司　1993　p. 235

榮新江　饒宗頤教授與敦煌學研究　“中國唐代學會”會刊（第四期）　（臺北）“中國唐代學會”
　　1993　p. 46　又見：選堂文史論苑　上海古籍出版社　1994　p. 271

黃征　敦煌文學《兒郎偉》輯録校注　敦煌語文叢說　（臺北）新文豐出版公司　1997　p. 708

黃征　張涌泉　敦煌變文校注　中華書局　1997　p. 230

陸淑綺　李重申　敦煌古代戲曲文化史料綜述　《敦煌研究》1997 年第 2 期　p. 60

白化文　白澤精怪圖　敦煌學大辭典　上海辭書出版社　1998　p. 778

高國藩　敦煌俗文化學　上海三聯書店　1999　p. 345

黃正建　敦煌占卜文書與唐五代占卜研究　學苑出版社　2001　p. 166

周西波　《白澤圖》研究　中國俗文化研究（第一輯）　巴蜀書社　2003　p. 166

S. 6262

向達　倫敦所藏敦煌卷子經眼目録　《北平圖書館圖書季刊》1939 年新第 1 卷第 4 期　p. 397　又
　　見：唐代長安與西域文明　三聯書店　1957　p. 237

馬繼興　唐人寫繪灸法圖殘卷考　《文物》1964 年第 6 期　p. 14、17　又見：中國敦煌學百年文庫・

　　科技卷　甘肅文化出版社　1999　p. 367

三木榮　西域出土醫藥關係文獻綜合解說目録　『東洋學報』(47卷1號)　(東京)東洋學術協會　1964　p. 11

周丕顯　敦煌科技書卷叢談　《敦煌學輯刊》1981年第2期　p. 57

高國藩　敦煌民俗學　上海文藝出版社　1989　p.、319

趙健雄　敦煌遺書醫學卷考析　《敦煌研究》1991年第4期　p. 100

林家平　寧強　羅華慶　中國敦煌學史　北京語言學院出版社　1992　p. 567

丛春雨　敦煌中醫藥全書　中醫古籍出版社　1994　p. 182

王進玉　敦煌石窟探秘　四川教育出版社　1994　p. 74

張儂　中國存世最早的針灸圖　《社科縱橫》1994年第4期　p. 42

胡戟　傅玫　敦煌史話　中華書局　1995　p. 192

張儂　敦煌《灸經圖》殘圖及古穴的研究　《敦煌研究》1995年第2期　p. 146

張儂　敦煌石窟秘方與灸經圖　甘肅文化出版社　1995　p. 174

馬繼興　敦煌醫藥文獻　敦煌學大辭典　上海辭書出版社　1998　p. 615

馬繼興　敦煌醫藥文獻輯校　江蘇古籍出版社　1998　p. 477

王淑民　灸法圖　敦煌學大辭典　上海辭書出版社　1998　p. 617

妹尾達彥　唐代長安東市の印刷業　東アジア史における國家と地域　(東京)刀水書房　1999　p. 219

王淑民　敦煌石窟秘藏醫方　北京醫科大學中國協和醫科大學聯合出版社　1999　p. 4

丛春雨　敦煌中醫藥精萃發微　中醫古籍出版社　2000　p. 85

馬繼興　敦煌漢文針灸圖俞穴名稱部位考　英國收藏敦煌漢藏文獻研究:紀念敦煌文獻發現一百周年　中國社會科學出版社　2000　p. 339

楊秀清　華戎交會的都市:敦煌與絲綢之路　甘肅人民出版社　2000　p. 132

張儂　敦煌遺書中的針灸文獻　《敦煌研究》2001年第2期　p. 147

洪武娌　蔡景峰　現存最早的灸法專著:《敦煌古藏醫灸法殘卷》　敦煌本吐蕃醫學文獻精要　民族出版社　2002　p. 53

馬繼興　當前世界各地收藏的中國出土卷子本古醫藥文獻備考　敦煌吐魯番研究(第六卷)　北京大學出版社　2002　p. 139

S. 6264

芳村修基　土橋秀高　井ノ口泰淳　敦煌佛教史年表　西域文化研究(第一)・敦煌佛教資料　(京都)法藏館　1958　p. 250

土肥義和　はじめに——歸義軍節度使の敦煌支配　敦煌の歷史(講座敦煌2)　(東京)大東出版社　1980　p. 262

饒宗頤　巴黎藏最早之敦煌寫卷金光明經(P. 4506)　選堂集林・史林　(香港)中華書局　1982　p. 415

張廣達　榮新江　關於唐末宋初于闐國的國號、年號及其王家世系問題　敦煌吐魯番文獻研究論集　中華書局　1982　p. 185、189、191、192、193、206注40　又見:于闐史叢考　上海書店　1993　p. 33

土肥義和著　李永寧譯　歸義軍時期(晚唐、五代、宋)的敦煌(續)　《敦煌研究》1987年第1期　p. 92

張廣達　榮新江　巴黎國立圖書館所藏敦煌于闐語寫卷目録初編　敦煌吐魯番文獻研究論集(第四

輯）　北京大學出版社　1987　p. 111

李明偉　狀・牒・帖　敦煌文學　甘肅人民出版社　1989　p. 41

張廣達　榮新江　關於敦煌出土于闐文獻的年代及其相關問題　紀念陳寅恪先生誕辰百年學術論文
　　集　北京大學出版社　1989　p. 286

唐耕耦　陸宏基　敦煌社會經濟文獻真迹釋錄（四）　全國圖書館文獻縮微複製中心　1990　p. 68

榮新江　敦煌文獻所見晚唐五代宋初的中印文化交往　季羨林教授八十華誕紀念論文集（下）　江
　　西人民出版社　1991　p. 960

孟凡人　五代宋初于闐王統考　《中國邊疆史地研究》1992 年第 3 期　p. 102

竺沙雅章　寺院文書　敦煌漢文文獻（講座敦煌 5）　（東京）大東出版社　1992　p. 602

蘇遠鳴　敦煌漢文寫本的斷代　法國學者敦煌學論文選萃　中華書局　1993　p. 552

張廣達　榮新江　于闐佛寺志　于闐史叢考　上海書店　1993　p. 282

榮新江　于闐王國與瓜沙曹氏　《敦煌研究》1994 年第 2 期　p. 113

王書慶　敦煌佛學・佛事篇　甘肅民族出版社　1995　p. 247

榮新江　歸義軍史研究　上海古籍出版社　1996　p. 27

王書慶　敦煌文獻中五代宋初戒牒研究　《敦煌研究》1997 年第 3 期　p. 36、41

張弓　漢唐佛寺文化史　中國社會科學出版社　1997　p. 21

榮新江　歸義軍大事紀年初稿　出土文獻研究（第三輯）　文物出版社　1998　p. 250

唐耕耦　戒牒　敦煌學大辭典　上海辭書出版社　1998　p. 641

陳祚龍　迎頭趕上，此其時也：敦煌學散策之二　中國敦煌學百年文庫・綜述卷（三）　甘肅文化出
　　版社　1999　p. 54

姜亮夫　敦煌莫高窟年表　姜亮夫全集（十一）　雲南人民出版社　2002　p. 60

李德龍　沙州三界寺《授戒牒》初探　甘肅民族研究論叢　甘肅人民出版社　2002　p. 397

陳國燦　敦煌藏經洞魏晉寫經系年訂補　漢語史學報專輯（第三輯）　上海教育出版社　2003
　　p. 51

何劍平　敦煌維摩詰文學中的金粟如來　2000 年敦煌學國際學術討論會文集・歷史文化卷（下）
　　甘肅民族出版社　2003　p. 510

賈應逸　藏經洞遺書與和闐佛教遺址　2000 年敦煌學國際學術討論會文集・歷史文化卷（上）　甘
　　肅民族出版社　2003　p. 84

榮新江　略談于闐對敦煌石窟的貢獻　2000 年敦煌學國際學術討論會文集・歷史文化卷（上）　甘
　　肅民族出版社　2003　p. 74

湛如　敦煌佛教律儀制度研究　中華書局　2003　p. 143

S. 6265

圓空　《新菩薩經》《勸善經》《救諸眾生苦難經》校錄及其流傳背景之探討　《敦煌研究》1992 年第 1
　　期　p. 53

蕭登福　道教術儀與密教典籍　（臺北）新文豐出版公司　1994　p. 496

S. 6267

向達　記倫敦所藏的敦煌俗文學　《新中華雜誌》1937 年第 5 卷第 13 號　p. 123 – 128　又見：唐代
　　長安與西域文明　三聯書店　1957　p. 243；敦煌變文論文錄　上海古籍出版社　1982　p. 31

向達　倫敦所藏敦煌卷子經眼目錄　《北平圖書館圖書季刊》1939 年新第 1 卷第 4 期　p. 397　又
　　見：唐代長安與西域文明　三聯書店　1957　p. 237

金岡照光　敦煌漢文文學文獻の文學形態上の種類とその分類　敦煌出土文學文獻分類目録・附解
　　説　（東京）東洋文庫　1971　p. 218

金岡照光　敦煌文學のさまざま　敦煌の文學　（東京）大藏出版株式會社　1971　p. 113

楊家駱　敦煌變文　（臺北）世界書局　1980　p. 254

蔣禮鴻　敦煌寫本《燕子賦》二種校注　關隴文學論叢　甘肅人民出版社　1983　p. 80

潘重規　敦煌變文集新書（下）　（臺北）“中國文化大學”中文研究所　1984　p. 1149

王重民　燕子賦　敦煌變文集　人民文學出版社　1984　p. 254

雷僑雲　敦煌兒童文學　（臺北）學生書局　1985　p. 148

簡濤　敦煌本《燕子賦》考論　《敦煌研究》1986 年第 3 期　p. 31

張鴻勳　敦煌講唱文學作品選注　甘肅人民出版社　1987　p. 60

張鴻勳　敦煌《燕子賦》（甲本）研究　敦煌語言文學研究　北京大學出版社　1988　p. 178

張錫厚　關於整理《敦煌賦集》的幾個問題　敦煌語言文學論文集　浙江古籍出版社　1988　p. 227

張錫厚　賦　敦煌文學　甘肅人民出版社　1989　p. 135

江藍生　近代漢語語法資料彙編（唐五代卷）　商務印書館　1990　p. 326

項楚　敦煌變文選注　巴蜀書社　1990　p. 375

朱雷　敦煌兩種寫本《燕子賦》中所見唐代浮逃戶處置的變化及其他：讀《敦煌變文集》劄記）（六）
　　敦煌吐魯番文書初探（二編）　武漢大學出版社　1990　p. 503、504

金岡照光　散文體類　敦煌の文學文獻（講座敦煌 9）　（東京）大東出版社　1992　p. 175、205

周紹良　敦煌文學芻議及其它　（臺北）新文豐出版公司　1992　p. 20

張鴻勳　敦煌話本詞文俗賦導論　（臺北）新文豐出版公司　1993　p. 184

伏俊璉　敦煌賦校注　甘肅人民出版社　1994　p. 2

蔣禮鴻　敦煌文獻語言詞典　杭州大學出版社　1994　p. 8、198

胡戟　傅玫　敦煌史話　中華書局　1995　p. 178

張錫厚　敦煌本唐集研究　（臺北）新文豐出版公司　1995　p. 413

張錫厚　敦煌賦彙　（臺北）新文豐出版公司　1996　p. 9.、395

黃征　敦煌俗音考辨　敦煌語文叢說　（臺北）新文豐出版公司　1997　p. 141

黃征　敦煌寫本異文綜析　敦煌語文叢說　（臺北）新文豐出版公司　1997　p. 27

黃征　張涌泉　敦煌變文校注　中華書局　1997　p. 380

程毅中　柴劍虹　燕子賦　敦煌學大辭典　上海辭書出版社　1998　p. 588

伏俊璉　俗情雅韻：敦煌賦選析　甘肅人民出版社　2000　p. 113

黃征　《變文字義待質録》考辨　中古近代漢語研究（第一輯）　上海教育出版社　2000　p. 209

張鴻勳　說唱藝術奇葩：敦煌變文選評　甘肅人民出版社　2000　p. 75

張錫厚　敦煌文學源流　作家出版社　2000　p. 201

張涌泉　漢語俗字叢考　中華書局　2000　p. 305

郝春文　英藏敦煌社會歷史文獻釋録（第一卷）　科學出版社　2001　p. 320

曾良　敦煌文獻字義通釋　廈門大學出版社　2001　p. 109

黃征　敦煌語言文字學研究　甘肅教育出版社　2002　p. 49、65、175、249

張鴻勳　敦煌俗文學研究　甘肅人民出版社　2002　p. 171

黃征　《變文字義待質録》考辨　2000 年敦煌學國際學術討論會文集・歷史文化卷（下）　甘肅民族
　　出版社　2003　p. 424

黃征　《燕子賦》研究　《敦煌研究》2003 年第 1 期　p. 38

黃征　敦煌俗字典　上海教育出版社　2005　p. 14

黄征　敦煌俗字要論　《敦煌研究》2005 年第 1 期　p. 87

S. 6268
汪泛舟　敦煌古代兒童課本　甘肅人民出版社　2000　p. 3

S. 6269
陳祚龍　關於日本龍谷大學所藏的敦煌本《佛說齋法清淨經》　《海潮音》1984 年第 65 卷第 4 期　又見：中國敦煌學百年文庫·宗教卷(二)　甘肅文化出版社　1999　p. 145

廣川堯敏　禮讚　敦煌と中國仏教(講座敦煌 7)　(東京)大東出版社　1984　p. 448

S. 6270
向達　倫敦所藏敦煌卷子經眼目録　《北平圖書館圖書季刊》1939 年新第 1 卷第 4 期　p. 397　又見：唐代長安與西域文明　三聯書店　1957　p. 237

金岡照光　敦煌漢文文學文獻の文學形態上の種類とその分類　敦煌出土文學文獻分類目録·附解說　(東京)東洋文庫　1971　p. 233

金岡照光　敦煌文學のさまざま　敦煌の文學　(東京)大藏出版株式會社　1971　p. 157

金岡照光　敦煌民衆の宗教と生活　敦煌の民衆：その生活と思想　(東京)評論社　1972　p. 190

饒宗頤　孝順觀念與敦煌佛曲　敦煌學(第 1 輯)　(香港)新亞研究所敦煌學會　1974　p. 76　又見：敦煌曲續論　(臺北)新文豐出版公司　1996　p. 17

陳祚龍　敦煌古抄中世釋衆倡導行孝報恩的歌曲詞文集　敦煌文物隨筆　(臺北)商務印書館　1979　p. 305

鄭阿財　孝道文學敦煌寫卷《十恩德讚》初探　(臺北)《華岡文科學報》1981 年第 13 期　p. 232

鄭阿財　敦煌孝道文學研究　(臺北)石門圖書公司　1982　p. 16、533、639

小川貫弌　父母恩重經　敦煌と中國仏教(講座敦煌 7)　(東京)大東出版社　1984　p. 216

劉進寶　俚曲小調　敦煌文學　甘肅人民出版社　1989　p. 230

胡文和　大足寶頂《父母恩重經變》研究　《敦煌研究》1992 年第 2 期　p. 14

周紹良　敦煌文學芻議及其它　(臺北)新文豐出版公司　1992　p. 37

鄭阿財　從敦煌文獻看唐代的三教合一　第二屆國際唐代學術會議論文集(上)　(臺北)文津出版社　1993　p. 651

鄭阿財　敦煌文獻與文學　(臺北)新文豐出版公司　1993　p. 21

胡戟　傅玫　敦煌史話　中華書局　1995　p. 175

張錫厚　評《敦煌文獻與文學》　敦煌吐魯番研究(第二卷)　北京大學出版社　1997　p. 390

S. 6271
向達　倫敦所藏敦煌卷子經眼目録　《北平圖書館圖書季刊》1939 年新第 1 卷第 4 期　p. 397　又見：唐代長安與西域文明　三聯書店　1957　p. 237

劉銘恕　再記英國倫敦所藏的敦煌經卷　《中國科學院圖書館通訊》1957 年第 7 期　又見：中國敦煌學百年文庫·綜述卷(二)　甘肅文化出版社　1999　p. 132

韓建瓴　傳記　敦煌文學　甘肅人民出版社　1989　p. 62

尾崎康　史籍　敦煌漢文文獻(講座敦煌 5)　(東京)大東出版社　1992　p. 329

李明偉　敦煌文學概論　甘肅人民出版社　1993　p. 474

白化文　盧楚、張季珣別傳　敦煌學大辭典　上海辭書出版社　1998　p. 776

S. 6272

唐耕耦　陸宏基　敦煌社會經濟文獻真迹釋録(一)　書目文獻出版社　1986　p. 414

山本達郎等　敦煌・III 轉貼　『NUN‐HUANG AND TURFAN DOCUMENTS CONCERNING SOCIAL AND ECONOMIC HISTORY』(IV)　(東京)東洋文庫　1989　p. 78

姜伯勤　敦煌社會文書導論　(臺北)新文豐出版公司　1992　p. 183

高國藩　敦煌民俗資料導論　(臺北)新文豐出版公司　1993　p. 3

石田勇作　敦煌「社文書」研究序說　中國古代の國家と民衆(堀敏一先生古稀記念)　(東京)汲古書院　1995　p. 675

李正宇　敦煌史地新論　(臺北)新文豐出版公司　1996　p. 129

李正宇　敦煌歷史地理導論　(臺北)新文豐出版公司　1997　p. 59

郝春文　都師　敦煌學大辭典　上海辭書出版社　1998　p. 639

李正宇　村莊　敦煌學大辭典　上海辭書出版社　1998　p. 304

寧可　行人轉帖　敦煌學大辭典　上海辭書出版社　1998　p. 430

S. 6273

加地哲定　增補中國佛教文學研究　(東京)同朋舍　1979　p. 216

鄭阿財　敦煌孝道文學研究　(臺北)石門圖書公司　1982　p. 530

任半塘　敦煌歌辭總編　上海古籍出版社　1987　p. 1071

加地哲定著　劉衛星譯　中國佛教文學　今日中國出版社　1990　p. 185

任半塘　王昆吾　隋唐五代燕樂雜言歌辭集　巴蜀書社　1990　p. 1642

汪泛舟　敦煌文學概論　甘肅人民出版社　1993　p. 563

柴劍虹　出家讚　敦煌學大辭典　上海辭書出版社　1998　p. 544

施萍婷　《敦煌遺書總目索引新編》前言　敦煌遺書總目索引新編　中華書局　2000　p. 3

S. 6274

金岡照光　敦煌漢文文學文獻の文學形態上の種類とその分類　敦煌出土文學文獻分類目録・附解說　(東京)東洋文庫　1971　p. 233

金岡照光　敦煌文學のさまざま　敦煌の文學　(東京)大藏出版株式會社　1971　p. 157

陳祚龍　敦煌古抄中世釋衆倡導行孝報恩的歌曲詞文集　敦煌文物隨筆　(臺北)商務印書館　1979　p. 305

加地哲定　增補中國佛教文學研究　(東京)同朋舍　1979　p. 192

鄭阿財　孝道文學敦煌寫卷《十恩德讚》初探　(臺北)《華岡文科學報》1981 年第 13 期　p. 232

鄭阿財　敦煌孝道文學研究　(臺北)石門圖書公司　1982　p. 16、175 注 2、215、533、639

小川貫弌　父母恩重經　敦煌と中國仏教(講座敦煌 7)　(東京)大東出版社　1984　p. 216

龍晦　大足石刻父母恩重經變像與敦煌音樂文學的關係　敦煌歌辭總編　上海古籍出版社　1987　p. 1843

任半塘　敦煌歌辭總編　上海古籍出版社　1987　p. 748

劉進寶　俚曲小調　敦煌文學　甘肅人民出版社　1989　p. 230

加地哲定著　劉衛星譯　中國佛教文學　今日中國出版社　1990　p. 164

胡文和　大足寶頂《父母恩重經變》研究　《敦煌研究》1992 年第 2 期　p. 14

周紹良　敦煌文學芻議及其它　(臺北)新文豐出版公司　1992　p. 37

鄭阿財　從敦煌文獻看唐代的三教合一　第二屆國際唐代學術會議論文集(上)　(臺北)文津出版

社　1993　p. 651
鄭阿財　敦煌文獻與文學　（臺北）新文豐出版公司　1993　p. 21
饒宗頤　孝順觀念與敦煌佛曲　敦煌曲續論　（臺北）新文豐出版公司　1996　p. 17
張錫厚　評《敦煌文獻與文學》　敦煌吐魯番研究（第二卷）　北京大學出版社　1997　p. 390
孫其芳　十恩德　敦煌學大辭典　上海辭書出版社　1998　p. 535
張涌泉　敦煌本《佛說父母恩重經》研究　文史（第四十九輯）　中華書局　1999　p. 80 注 2
張涌泉　以父母十恩德爲主題的佛教文學藝術作品探源　舊學新知　浙江大學出版社　1999
　　p. 326
張涌泉　漢語俗字叢考　中華書局　2000　p. 644
郝春文　英藏敦煌社會歷史文獻釋錄（第一卷）　科學出版社　2001　p. 437

S. 6275

姜伯勤·敦煌寺院文書中"梁戶"的性質　五十年來漢唐佛教寺院經濟研究　北京師範大學出版社
　　1986　p. 131
姜伯勤　唐五代敦煌寺戶制度　中華書局　1987　p. 256
張弓　敦煌秋冬節俗初探　敦煌學國際研討會文集·史地語文編　遼寧美術出版社　1995　p. 592
田德新　敦煌寺院中的都師　《敦煌學輯刊》1997 年第 2 期　p. 126
高啓安　索黛　唐五代敦煌飲食中的餅淺探　《敦煌研究》1998 年第 4 期　p. 80
郝春文　唐後期五代宋初敦煌僧尼的社會生活　中國社會科學出版社　1998　p. 174
高啓安　王璽玉　唐五代敦煌人的飲食品種研究　《敦煌研究》1999 年第 2 期　p. 67
譚蟬雪　唐宋敦煌歲時佛俗：八月至十二月　《敦煌研究》2001 年第 2 期　p. 75
高啓安　晚唐五代敦煌僧人飲食戒律初探　敦煌佛教藝術文化國際學術研討會論文集　蘭州大學出
　　版社　2002　p. 390
高啓安　唐五代敦煌飲食文化研究　民族出版社　2004　p. 211、385
趙紅　高啓安　唐五代時期敦煌僧人飲食概述　麥積山石窟藝術文化論文集（下）　蘭州大學出版
　　社　2004　p. 293

S. 6276

土肥義和　はじめに——歸義軍節度使の敦煌支配　敦煌の歷史（講座敦煌 2）　（東京）大東出版
　　社　1980　p. 274
姜伯勤　唐五代敦煌寺戶制度　中華書局　1987　p. 146
李正宇　敦煌地區古代祠廟寺觀簡志　《敦煌學輯刊》1988 年第 1、2 期　p. 82
唐耕耦　陸宏基　敦煌社會經濟文獻真迹釋錄（三）　全國圖書館文獻縮微複製中心　1990　p. 49
謝重光　白文固　中國僧官制度史　青海人民出版社　1990　p. 135
汪泛舟　敦煌文學概論　甘肅人民出版社　1993　p. 565
姜伯勤　敦煌吐魯番文書與絲綢之路　文物出版社　1994　p. 207
李明偉　隋唐絲綢之路　甘肅人民出版社　1994　p. 61（原文錄爲 P. 6276）
姜伯勤　敦煌文書所見胡錦番錦考　敦煌學國際研討會文集·石窟考古編　遼寧美術出版社　1995
　　p. 281
李正宇　敦煌史地新論　（臺北）新文豐出版公司　1996　p. 85
唐耕耦　敦煌寺院會計文書研究　（臺北）新文豐出版公司　1997　p. 7
郝春文　招提司　敦煌學大辭典　上海辭書出版社　1998　p. 635

李正宇　聖壽寺　敦煌學大辭典　上海辭書出版社　1998　p. 632

鄭炳林　晚唐五代敦煌貿易市場的外來商品輯考　中華文史論叢（總 63 輯）　上海古籍出版社
　　2000　p. 64

楊森　《辛巳年六月十六日社人于燈司倉貸粟曆》文書之定年　《敦煌學輯刊》2001 年第 2 期　p. 18

榮新江　于闐花氈與粟特銀盤：九、十世紀敦煌寺院的外來供養　寺院財富與世俗供養　上海書畫出
　　版社　2003　p. 249

湛如　敦煌佛教律儀制度研究　中華書局　2003　p. 41

S. 6279

石井昌子　靈寶經類　敦煌と中國道教（講座敦煌 4）　（東京）大東出版社　1983　p. 161

山田俊　唐初道教思想史研究・資料篇　（京都）平樂寺書店　1999　p. 142、165

王卡　敦煌道教文獻研究　中國社會科學出版社　2004　p. 208

王卡　中國國家圖書館藏敦煌道教遺書研究報告　敦煌吐魯番研究（第七卷）　北京大學出版社
　　2004　p. 371

S. 6284

陳祚龍　迎頭趕上，此其時也：敦煌學散策之二　中國敦煌學百年文庫・綜述卷（三）　甘肅文化出
　　版社　1999　p. 54

S. 6285

三木榮　西域出土醫藥關係文獻綜合解說目録　『東洋學報』（47 卷 1 號）　（東京）東洋學術協會
　　1964　p. 12

京戶慈光　傳入日本的中國佛教疑僞經典（上）　《敦煌學輯刊》1996 年第 1 期　p. 78

S. 6289

高啓安　唐宋時期敦煌人名探析　《敦煌研究》1997 年第 4 期　p. 124

S. 6290

石井昌子　靈寶經類　敦煌と中國道教（講座敦煌 4）　（東京）大東出版社　1983　p. 149

周丕顯　敦煌佚詩雜考　《敦煌學輯刊》1992 年第 1、2 期　p. 49

王卡　太上洞玄靈寶智慧上品大戒　敦煌學大辭典　上海辭書出版社　1998　p. 768

王承文　敦煌古靈寶經與晉唐道教　中華書局　2002　p. 382

王卡　敦煌道教文獻研究　中國社會科學出版社　2004　p. 95

王卡　中國國家圖書館藏敦煌道教遺書研究報告　敦煌吐魯番研究（第七卷）　北京大學出版社
　　2004　p. 350

S. 6295

姜亮夫　敦煌莫高窟年表　姜亮夫全集（十一）　雲南人民出版社　2002　p. 117

S. 6297

姜伯勤　唐五代敦煌寺戶制度　中華書局　1987　p. 146

唐耕耦　陸宏基　敦煌社會經濟文獻真迹釋録（三）　全國圖書館文獻縮微複製中心　1990　p. 128

姜伯勤　敦煌社會文書導論　（臺北）新文豐出版公司　1992　p. 220

林家平　寧强　羅華慶　中國敦煌學史　北京語言學院出版社　1992　p. 106

唐耕耦　敦煌寺院會計文書研究　（臺北）新文豐出版公司　1997　p. 11、328

田德新　敦煌寺院中的都師　《敦煌學輯刊》1997 年第 2 期　p. 127

郝春文　都師　敦煌學大辭典　上海辭書出版社　1998　p. 639

高啓安　唐五代敦煌飲食文化研究　民族出版社　2004　p. 11

金瀅坤　敦煌社會經濟文書定年拾遺　《首都師範大學學報》2006 年第 1 期　p. 10

S. 6298

向達　倫敦所藏敦煌卷子經眼目録　《北平圖書館圖書季刊》1939 年新第 1 卷第 4 期　p. 399　又
　　見：唐代長安與西域文明　三聯書店　1957　p. 237

土肥義和　唐令よりみたる現存唐代戶籍の基礎的研究（上、下）　『東洋學報』（52 卷 1、2 號）　（東
　　京）東洋學術協會　1969　p. 94；91

池田溫　現存開元年間籍帳の一考察　『東洋史研究』（35 卷 1 號）　（東京）東洋史研究會　1976
　　p. 82

池田溫　中國古代籍帳研究：概観・録文　東京大學東洋文化研究所　1979　p. 188

佐藤武敏　敦煌の水利　敦煌の社會（講座敦煌 3）　（東京）大東出版社　1980　p. 277

楊際平　鄭學檬　從唐代敦煌戶籍資料看均田制下私田的存在　《廈門大學學報》1982 年第 4 期
　　p. 40

戴密微著　耿昇譯　唐代的入冥故事：黄仕强傳　敦煌譯叢（第一輯）　甘肅人民出版社　1985
　　p. 147 注 1

山本達郎　敦煌發見の唐代籍帳にみえる已受田の增減　『東方學』（第 70 輯）　（東京）東方學會
　　1985　p. 2

方廣錩　讀敦煌佛典經録劄記　《敦煌學輯刊》1986 年第 1 期　p. 106

寧欣　唐代敦煌地區農業水利問題初探　敦煌吐魯番文獻研究論集（第三輯）　北京大學出版社
　　1986　p. 501 注 13

唐耕耦　陸宏基　敦煌社會經濟文獻真迹釋録（一）　書目文獻出版社　1986　p. 156

李正宇　唐宋時代敦煌縣河渠泉澤簡志（二）　《敦煌研究》1989 年第 1 期　p. 54

方廣錩　佛教大藏經史（八—十世紀）　中國社會科學出版社　1991　p. 142

楊際平　均田制新探　廈門大學出版社　1991　p. 192

王永興　敦煌經濟文書導論　（臺北）新文豐出版公司　1994　p. 5

鄭炳林　唐五代敦煌粟特人與歸義軍政權　《敦煌研究》1996 年第 4 期　p. 83　又見：敦煌歸義軍史
　　專題研究　蘭州大學出版社　1997　p. 406

方廣錩　敦煌佛教經録輯校　江蘇古籍出版社　1997　p. 158

李正宇　敦煌歷史地理導論　（臺北）新文豐出版公司　1997　p. 265

方廣錩　大唐内典録抄　敦煌學大辭典　上海辭書出版社　1998　p. 744

方廣錩　敦煌遺書中所存的全國性佛教經録　敦煌學佛教學論叢（上）　中國佛教文化研究所
　　1998　p. 285

丘古耶夫斯基　敦煌漢文文書　上海古籍出版社　2000　p. 171

楊際平　北朝隋唐均田制新探　岳麓書社　2003　p. 185

S. 6299

王三慶　敦煌寫卷中武后新字之調查研究　唐代研究論集(第三輯)　(臺北)新文豐出版公司
　　1992　p. 94

S. 6300

池田溫　吐魯番、敦煌契券概觀　漢學研究(敦煌學國際研討會論文專號)　(臺北)漢學研究資料及
　　服務中心　1986　p. 39

山本達郎等　敦煌・VI 諸種文書　『NUN－HUANG AND TURFAN DOCUMENTS CONCERNING SO-
　　CIAL AND ECONOMIC HISTORY』(IV)　(東京)東洋文庫　1989　p. 133

唐耕耦　陸宏基　敦煌社會經濟文獻真迹釋録(二)　全國圖書館文獻縮微複製中心　1990　p. 201

張廣達　唐末五代宋初西北地區的般次和使次　季羨林教授八十華誕紀念論文集(下)　江西人民
　　出版社　1991　p. 971

汪泛舟　敦煌文學概論　甘肅人民出版社　1993　p. 563

石田勇作　敦煌「社文書」研究序說　中國古代の國家と民衆(堀敏一先生古稀記念)　(東京)汲古
　　書院　1995　p. 673

土肥義和　唐・北宋間の「社」の組織形態に関する一考察　中國古代の國家と民衆(堀敏一先生古
　　稀記念)　(東京)汲古書院　1995　p. 710

王書慶　敦煌佛學・佛事篇　甘肅民族出版社　1995　p. 268

張傳璽　中國歷代契約會編考釋(上)　北京大學出版社　1995　p. 692 注 1

張廣達　西域史地叢稿初編　上海古籍出版社　1995　p. 340

鄭炳林　敦煌碑銘讚輯釋　甘肅教育出版社　1997　p. 486 注 2

郝春文　鄉司　敦煌學大辭典　上海辭書出版社　1998　p. 383

李正宇　憑　敦煌學大辭典　上海辭書出版社　1998　p. 387

李正宇　司　敦煌學大辭典　上海辭書出版社　1998　p. 382

李正宇　同心契　敦煌學大辭典　上海辭書出版社　1998　p. 451

沙知　敦煌契約文書輯校　江蘇古籍出版社　1998　p. 426

楊森　晚唐五代兩件《女人社》文書劄記　《敦煌研究》1998 年第 1 期　p. 69

王啓濤　中古及近代法制文書語言研究　巴蜀書社　2003　p. 66、202

S. 6301

王卡　敦煌道教文獻研究　中國社會科學出版社　2004　p. 33、141

王卡　中國國家圖書館藏敦煌道教遺書研究報告　敦煌吐魯番研究(第七卷)　北京大學出版社
　　2004　p. 358

S. 6303

陳國燦　唐代的民間借貸:吐魯番敦煌等地所出唐代借貸契券初探　敦煌吐魯番文書初探　武漢大
　　學出版社　1983　p. 270 注 30

唐耕耦　唐五代時期的高利貸　《敦煌學輯刊》1985 年第 2 期　p. 15

池田溫　敦煌の便穀曆　日野開三郎博士頌壽記念論集・中國社會・制度・文化史の諸問題　(福
　　岡)中國書店　1987　p. 389

唐耕耦　敦煌寫本便物曆初探　敦煌吐魯番文獻研究論集(第五輯)　北京大學出版社　1990
　　p. 150

唐耕耦　陸宏基　敦煌社會經濟文獻真迹釋録(二)　全國圖書館文獻縮微複製中心　1990　p. 224

唐耕耦　敦煌寺院會計文書研究　(臺北)新文豐出版公司　1997　p. 356

陳國燦　唐代的經濟社會　(臺北)文津出版社　1999　p. 217 注 30

羅彤華　從便物曆論敦煌寺院的放貸　敦煌文獻論集:紀念藏經洞發現一百周年國際學術研討會論文集　遼寧人民出版社　2001　p. 468

鄭炳林　晚唐五代敦煌村莊聚落輯考　2000 年敦煌學國際學術討論會文集·歷史文化卷(上)　甘肅民族出版社　2003　p. 134

S. 6305

土橋秀高　敦煌の律藏　敦煌と中國仏教(講座敦煌7)　(東京)大東出版社　1984　p. 250

S. 6306

唐耕耦　陸宏基　敦煌社會經濟文獻真迹釋録(三)　全國圖書館文獻縮微複製中心　1990　p. 291

王永興　敦煌經濟文書導論　(臺北)新文豐出版公司　1994　p. 447

譚蟬雪　敦煌歲時文化導論　(臺北)新文豐出版公司　1998　p. 292

高啓安　唐五代敦煌飲食文化研究　民族出版社　2004　p. 47

黑維强　吐魯番出土文書詞語疏證三則　西北方言與民俗研究論叢　中國社會科學出版社　2004　p. 234

S. 6307

向達　倫敦所藏敦煌卷子經眼目録　《北平圖書館圖書季刊》1939 年新第 1 卷第 4 期　p. 397　又見:唐代長安與西域文明　三聯書店　1957　p. 238

山本達郎等　敦煌·III 轉貼　『NUN – HUANG AND TURFAN DOCUMENTS CONCERNING SOCIAL AND ECONOMIC HISTORY』(IV)　(東京)東洋文庫　1989　p. 83

郝春文　唐後期五代宋初沙州僧尼的特點　敦煌吐魯番學研究論文集　漢語大詞典出版社　1990　p. 852 注 2

石田勇作　敦煌「社文書」研究序說　中國古代の國家と民衆(堀敏一先生古稀記念)　(東京)汲古書院　1995　p. 687

土肥義和　唐·北宋間の「社」の組織形態に関する一考察　中國古代の國家と民衆(堀敏一先生古稀記念)　(東京)汲古書院　1995　p. 718

郝春文　唐後期五代宋初敦煌僧尼的社會生活　中國社會科學出版社　1998　p. 119

S. 6308

堀敏一　中唐以後敦煌稅法的變化　《魏晉南北朝隋唐史》1990 年第 6 期　p. 65

仁井田陞　補訂中國法制史研究:土地法·取引法　東京大學出版會　1991　p. 722、732

沙知　敦煌契約文書輯校　江蘇古籍出版社　1998　p. 402

S. 6309

向達　倫敦所藏敦煌卷子經眼目録　《北平圖書館圖書季刊》1939 年新第 1 卷第 4 期　p. 399　又見:唐代長安與西域文明　三聯書店　1957　p. 238

郭鋒　敦煌的"社"及其活動　《敦煌學輯刊》1983 年創刊號　p. 88

唐耕耦　陸宏基　敦煌社會經濟文獻真迹釋録(一)　書目文獻出版社　1986　p. 412

山本達郎等　敦煌・III 轉貼　『NUN – HUANG AND TURFAN DOCUMENTS CONCERNING SOCIAL AND ECONOMIC HISTORY』(IV)　(東京)東洋文庫　1989　p. 77

姜伯勤　敦煌社會文書導論　(臺北)新文豐出版公司　1992　p. 172、182

高國藩　敦煌民俗資料導論　(臺北)新文豐出版公司　1993　p. 3

石田勇作　敦煌「社文書」研究序說　中國古代の國家と民衆(堀敏一先生古稀記念)　(東京)汲古書院　1995　p. 675

土肥義和　唐・北宋間の「社」の組織形態に関する一考察　中國古代の國家と民衆(堀敏一先生古稀記念)　(東京)汲古書院　1995　p. 732

陸慶夫　鄭炳林　俄藏敦煌寫本中九件轉帖初探　《敦煌學輯刊》1996 年第 1 期　p. 12

陸慶夫　鄭炳林　唐末五代敦煌的社與粟特人聚落　敦煌歸義軍史專題研究　蘭州大學出版社　1997　p. 397

寧可　行人轉帖　敦煌學大辭典　上海辭書出版社　1998　p. 430

郝春文　《敦煌社邑文書輯校》補遺(二)　《首都師範大學學報》2000 年第 2 期　p. 10

S. 6310

石井昌子　靈寶經類　敦煌と中國道教(講座敦煌 4)　(東京)大東出版社　1983　p. 159(原文錄爲 P. 6310)

姜伯勤　《本際經》與敦煌道教　《敦煌研究》1994 年第 3 期　p. 9

萬毅　敦煌本《昇玄內教經》試探　唐研究(第一卷)　北京大學出版社　1995　p. 67

姜伯勤　敦煌藝術宗教與禮樂文明　中國社會科學出版社　1996　p. 241

萬毅　敦煌本《昇玄內教經》解說　道家文化研究(第十三輯)　三聯書店　1998　p. 268

王卡　太上洞玄靈寶昇玄內教經　敦煌學大辭典　上海辭書出版社　1998　p. 760

山田俊　唐初道教思想史研究・論述篇　(京都)平樂寺書店　1999　p. 130、160

山田俊　唐初道教思想史研究・資料篇　(京都)平樂寺書店　1999　p. 208、274

萬毅　敦煌本道教《昇玄內教經》的文本順序　《敦煌研究》2000 年第 4 期　p. 135　又見:敦煌文獻論集:紀念藏經洞發現一百周年國際學術研討會論文集　遼寧人民出版社　2001　p. 598

王卡　敦煌 S. 6310 號殘抄本綴合定名之誤　敦煌吐魯番研究(第五卷)　北京大學出版社　2001　p. 79

王卡　敦煌道教文獻研究　中國社會科學出版社　2004　p. 119、121

王卡　中國國家圖書館藏敦煌道教遺書研究報告　敦煌吐魯番研究(第七卷)　北京大學出版社　2004　p. 354

S. 6311

道端良秀　敦煌文獻に見える死後の世界　敦煌と中國仏教(講座敦煌 7)　(東京)大東出版社　1984　p. 516

高田時雄　玉篇の敦煌本　『人文』(第 33 集)　京都大學教養部　1987　p. 54

朱鳳玉　敦煌寫本字書緒論　(臺北)《華岡文科學報》1991 年第 18 期　p. 95

東野治之　上代文學と敦煌文獻　遣唐使と正倉院　(東京)岩波書店　1992　p. 235

榮新江　《英藏敦煌文獻》定名商補　文史(第五十二輯)　中華書局　2000　p. 124　又見:敦煌學新論　甘肅教育出版社　2002　p. 200

高田時雄著　鍾翀等譯　敦煌本《玉篇》　敦煌・民族・語言　中華書局　2005　p. 307

S. 6312

石井昌子　靈寶經類　敦煌と中國道教(講座敦煌4)　(東京)大東出版社　1983　p. 150

陳祚龍　看了敦煌古抄《佛說盂蘭盆經讚述》以後　敦煌學散策新集　(臺北)新文豐出版公司　1989　p. 349

王卡　太上靈寶長夜九幽府玉匱明真科　敦煌學大辭典　上海辭書出版社　1998　p. 768

王卡　敦煌道教文獻研究　中國社會科學出版社　2004　p. 96

S. 6313

李正宇　敦煌地區古代祠廟寺觀簡志　《敦煌學輯刊》1988年第1、2期　p. 84

姜伯勤　敦煌社會文書導論　(臺北)新文豐出版公司　1992　p. 204

黃征　張涌泉　敦煌變文校注　中華書局　1997　p. 290

李正宇　十八寺　敦煌學大辭典　上海辭書出版社　1998　p. 626

S. 6314

方廣錩　敦煌佛教經錄輯校　江蘇古籍出版社　1997　p. 607

方廣錩　大般若經點勘錄　敦煌學大辭典　上海辭書出版社　1998　p. 753

S. 6315

段文傑　張議潮時期的敦煌藝術　《敦煌學輯刊》1982年第3期　p. 1

姜伯勤　沙州道門親表部落釋證　《敦煌研究》1986年第3期　p. 5

盧向前　關於歸義軍時期一份布紙破用曆的研究:試釋伯四六四〇背面文書　敦煌吐魯番文書論稿　江西人民出版社　1992　p. 131 注113

邵文實　沙州節兒考及其引申出來的幾個問題　《西北師大學報》(社會科學版)1992年第5期　p. 64

周紹良　敦煌文學芻議及其它　(臺北)新文豐出版公司　1992　p. 14

邵文實　尚乞心兒事迹考　《敦煌學輯刊》1993年第2期　p. 18

譚蟬雪　敦煌祈賽風俗　《敦煌研究》1993年第4期　p. 63

汪泛舟　敦煌文學概論　甘肅人民出版社　1993　p. 558

李金梅　敦煌傳統文化與武術　《敦煌研究》1995年第2期　p. 195

姜伯勤　敦煌藝術宗教與禮樂文明　中國社會科學出版社　1996　p. 262

張鴻勳　敦煌寫本《清明日登張女郎神》詩釋證　敦煌吐魯番研究(第二卷)　北京大學出版社　1997　p. 65

陳國燦　東道節度使　敦煌學大辭典　上海辭書出版社　1998　p. 384

李正宇　古本敦煌鄉土志八種箋證　(臺北)新文豐出版公司　1998　p. 264

譚蟬雪　敦煌歲時文化導論　(臺北)新文豐出版公司　1998　p. 130、288

譚蟬雪　張女郎神　敦煌學大辭典　上海辭書出版社　1998　p. 448

楊富學　李吉和　敦煌漢文吐蕃史料輯校(第一輯)　甘肅人民出版社　1999　p. 185

邵文實　敦煌佛教文學與邊塞文學　《敦煌學輯刊》2001年第2期　p. 26

張鴻勳　敦煌俗文學研究　甘肅人民出版社　2002　p. 313

王繼光　鄭炳林　敦煌漢文吐蕃史料綜述　中國西部民族文化研究(2003年卷)　民族出版社　2003　p. 239、248

張涌泉　燦爛的敦煌文化　浙江與敦煌學:常書鴻先生誕辰一百周年紀念文集　浙江古籍出版社

2004　p. 644

高啓安　趙紅　敦煌"玉女"考屑　敦煌學國際研討會論文集　北京圖書館出版社　2005　p. 231
　　又見:《敦煌研究》2005 年第 2 期　p. 73

黄征　敦煌俗字典　上海教育出版社　2005　p. 120

S. 6316

向達　倫敦所藏敦煌卷子經眼目録　《北平圖書館圖書季刊》1939 年新第 1 卷第 4 期　p. 399　又
　　見:唐代長安與西域文明　三聯書店　1957　p. 238

陳祚龍　簡記敦煌古抄方志　敦煌文物隨筆　(臺北)商務印書館　1979　p. 55

陳祚龍　《簡記敦煌古抄方志》及其"後語"　敦煌學要籥　(臺北)新文豐出版公司　1982　p. 225

林家平　寧強　羅華慶　中國敦煌學史　北京語言學院出版社　1992　p. 82

S. 6317

陳祚龍　關於研究李唐三藏法師玄奘的"作爲"及其影響之敦煌古抄參考資料　中華佛教文化史散
　　策(初集)　(臺北)新文豐出版公司　1978　p. 367

上山大峻　敦煌佛教の研究　(京都)法藏館　1990　p. 195

S. 6318

趙聲良　敦煌南北朝寫本的書法藝術　《敦煌研究》1991 年第 4 期　p. 46

王三慶　敦煌寫卷中武后新字之調查研究　唐代研究論集(第三輯)　(臺北)新文豐出版公司
　　1992　p. 94

楊森　淺談北朝經生體楷筆的演化　《社科縱橫》1994 年第 4 期　p. 61

顧吉辰　敦煌文獻職官結銜考釋　《敦煌學輯刊》1998 年第 2 期　p. 20

蔡忠霖　敦煌漢文寫卷俗字及其現象　(臺北)文津出版社　2002　p. 148

姜亮夫　敦煌莫高窟年表　姜亮夫全集(十一)　雲南人民出版社　2002　p. 141

S. 6320

梅維恒著　楊繼東　陳引馳譯　唐代變文(上)　(香港)中國佛教文化出版公司　1999　p. 172

S. 6321

寺岡龍含　敦煌本郭象注莊子南華真經研究總論　福井漢文學會　1966　p. 99

加地哲定　增補中國佛教文學研究　(東京)同朋舍　1979　p. 200

孫其芳　詞　敦煌文學　甘肅人民出版社　1989　p. 214

加地哲定著　劉衛星譯　中國佛教文學　今日中國出版社　1990　p. 171

周紹良　敦煌文學芻議及其它　(臺北)新文豐出版公司　1992　p. 38

張弓　漢唐佛寺文化史　中國社會科學出版社　1997　p. 833

S. 6322

白化文　大小字寫經　敦煌學大辭典　上海辭書出版社　1998　p. 591

S. 6323

方廣錩　救拔焰口餓鬼陀羅尼經　敦煌學大辭典　上海辭書出版社　1998　p. 699

S. 6325

山本達郎等　敦煌・Ⅲ 轉貼　『NUN–HUANG AND TURFAN DOCUMENTS CONCERNING SOCIAL AND ECONOMIC HISTORY』(Ⅳ)　（東京）東洋文庫　1989　p. 20

S. 6326

石井昌子　靈寶經類　敦煌と中國道教（講座敦煌4）　（東京）大東出版社　1983　p. 155

王卡　太上業報因緣經　敦煌學大辭典　上海辭書出版社　1998　p. 764

王卡　敦煌道教文獻研究　中國社會科學出版社　2004　p. 126

王卡　中國國家圖書館藏敦煌道教遺書研究報告　敦煌吐魯番研究（第七卷）　北京大學出版社
　　2004　p. 354

S. 6328

黃征　敦煌願文考論　敦煌語文叢說　（臺北）新文豐出版公司　1997　p. 587

S. 6329

芳村修基　土橋秀高　井ノ口泰淳　敦煌佛教史年表　西域文化研究（第一）・敦煌佛教資料　（京
　　都）法藏館　1958　p. 275

周祖謨　唐五代韻書集存　中華書局　1983　p. 784、949

池田溫　中國古代寫本識語集録　（東京）大藏出版株式會社　1990　p. 402

張涌泉　敦煌俗字彙考　敦煌俗字研究　上海教育出版社　1996　p. 3

張金泉　唐韻摘字　敦煌學大辭典　上海辭書出版社　1998　p. 514

汪泛舟　敦煌古代兒童課本　甘肅人民出版社　2000　p. 2

S. 6330

姜伯勤　論敦煌寺院的"常住百姓"　《敦煌研究》1981 年試刊第 1 期　p. 46　又見：五十年來漢唐
　　佛教寺院經濟研究　北京師範大學出版社　1986　p. 190

姜伯勤　唐五代敦煌寺戶制度　中華書局　1987　p. 192

唐耕耦　陸宏基　敦煌社會經濟文獻真迹釋録（三）　全國圖書館文獻縮微複製中心　1990　p. 562

馬德　敦煌工匠史料　甘肅人民出版社　1997　p. 58

唐耕耦　敦煌寺院會計文書研究　（臺北）新文豐出版公司　1997　p. 50

鄭炳林　晚唐五代敦煌貿易市場的物價　敦煌歸義軍史專題研究　蘭州大學出版社　1997　p. 289

郝春文　唐後期五代宋初敦煌僧尼的社會生活　中國社會科學出版社　1998　p. 197

馬德　10 世紀敦煌寺曆所記三窟活動　《敦煌研究》1998 年第 2 期　p. 83

鄭炳林　楊富學　晚唐五代金銀在敦煌的使用與流通　《甘肅金融》1997 年第 8 期　又見：中國敦煌
　　學百年文庫・歷史卷（二）　甘肅文化出版社　1999　p. 583

雷紹鋒　歸義軍賦役制度初探　（臺北）洪葉文化事業有限公司　2000　p. 261

張總　地藏菩薩十齋日　藏外佛教文獻（第七輯）　宗教文化出版社　2000　p. 350

曾良　敦煌文獻字義通釋　廈門大學出版社　2001　p. 76

鄭炳林　晚唐五代敦煌村莊聚落輯考　2000 年敦煌學國際學術討論會文集・歷史文化卷（上）　甘
　　肅民族出版社　2003　p. 124

高啓安　唐五代敦煌飲食文化研究　民族出版社　2004　p. 26

李正宇　晚唐至北宋敦煌僧尼普聽飲酒　《敦煌研究》2005 年第 3 期　p. 70

鄭炳林　晚唐五代歸義軍政權與佛教教團關係研究　《敦煌學輯刊》2005 年第 1 期　p. 3

S. 6331

周紹良　敦煌所出變文現存目録　敦煌變文彙録　上海出版公司　1955　p. 8

蘇瑩輝　論敦煌本史傳變文與中國俗文學　（臺中）《東海大學圖書館學報》1964 年第 6 期　又見：敦煌論集　（臺北）學生書局　1983　p. 102；中國敦煌學百年文庫·文學卷（五）　甘肅文化出版社　1999　p. 6

金岡照光　敦煌漢文文學文獻の文學形態上の種類とその分類　敦煌出土文學文獻分類目録·附解說　（東京）東洋文庫　1971　p. 203

金岡照光　敦煌文學のこころ　敦煌の文學　（東京）大藏出版株式會社　1971　p. 278

金岡照光　敦煌文學のさまざま　敦煌の文學　（東京）大藏出版株式會社　1971　p. 109

王重民　敦煌古籍叙録　中華書局　1979　p. 335

楊家駱　敦煌變文　（臺北）世界書局　1980　p. 28

金岡照光　敦煌の繪物語　（東京）東方書店　1981　p. 69

嚴紹璗　狩野直喜和中國俗文學的研究　學林漫録（七集）　中華書局　1983　p. 152 注 6

遊佐昇　文學文獻より見た敦煌の道教　敦煌と中國道教（講座敦煌 4）　（東京）大東出版社　1983　p. 290

李明偉　試論《伍子胥變文》在敦煌變文中的地位　《敦煌學研究》（西北師院學報）1984 年增刊　p. 14

潘重規　敦煌變文集新書（下）　（臺北）"中國文化大學"中文研究所　1984　p. 858

王重民　伍子胥變文　敦煌變文集　人民文學出版社　1984　p. 28

陳祚龍　敦煌學劄記　敦煌學（第 11 輯）　（臺北）新文豐出版公司　1986　p. 1　又見：敦煌學散策新集　（臺北）新文豐出版公司　1989　p. 3

王重民原編　黄永武新編　敦煌古籍叙録新編（第十七冊）　（臺北）新文豐出版公司　1986　p. 1

張鴻勳　敦煌講唱文學作品選注　甘肅人民出版社　1987　p. 148

周紹良　唐代變文及其它　敦煌文學作品選　中華書局　1987　p. 6

馬繼興　敦煌古醫籍考釋　江西科學技術出版社　1988　p. 502

郭在貽　張涌泉　黄征　敦煌變文集校議　岳麓書社　1990　p. 1

蔣紹愚　近代漢語語法資料彙編（唐五代卷）　商務印書館　1990　p. 211

項楚　敦煌變文選注　巴蜀書社　1990　p. 2

李明偉　試論《伍子胥變文》在敦煌變文中的作用　絲綢之路貿易史研究　甘肅人民出版社　1991　p. 330

金岡照光　講唱體類　敦煌の文學文獻（講座敦煌 9）　（東京）大東出版社　1992　p. 77

金岡照光　講史譚·時事変文等：「王陵」「李陵」「張議潮」変文を中心に　敦煌の文學文獻（講座敦煌 9）　（東京）大東出版社　1992　p. 547（原文録爲 P. 6331）

周紹良　敦煌文學芻議及其它　（臺北）新文豐出版公司　1992　p. 70

張鴻勳　敦煌說唱文學概論　（臺北）新文豐出版公司　1993　p. 165

蔣禮鴻　敦煌文獻語言詞典　杭州大學出版社　1994　p. 229

李明偉　隋唐絲綢之路　甘肅人民出版社　1994　p. 326

李明偉　唐代文學的嬗變與絲綢之路的影響　《敦煌研究》1994 年第 3 期　p. 141

胡戟　傅玫　敦煌史話　中華書局　1995　p. 176

黄征　張涌泉　敦煌變文校注　中華書局　1997　p. 17

劉子瑜　敦煌變文和王梵志詩　大象出版社　1997　p. 38

海客　伍子胥變文　敦煌學大辭典　上海辭書出版社　1998　p. 577

周紹良　張涌泉　黃征　敦煌變文講經文因緣輯校（上）　江蘇古籍出版社　1998　p. 16、52

梅維恒著　楊繼東　陳引馳譯　唐代變文（上）　（香港）中國佛教文化出版公司　1999　p. 77

王繼如　《伍子胥變文》校釋補正　敦煌問學叢稿　甘肅文化出版社　1999　p. 133

周紹良　敦煌文學叢考　英國收藏敦煌漢藏文獻研究：紀念敦煌文獻發現一百周年　中國社會科學
　　出版社　2000　p. 258

陶敏　李一飛　隋唐五代文學史料學　中華書局　2001　p. 352

馬繼興　當前世界各地收藏的中國出土卷子本古醫藥文獻備考　敦煌吐魯番研究（第六卷）　北京
　　大學出版社　2002　p. 133、139

S. 6332

邵榮芬　敦煌俗文學中的別字異文和唐五代西北方音　《中國語文》1963 年第 3 期　又見：中國敦煌
　　學百年文庫・語言文字卷（一）　甘肅文化出版社　1999　p. 143

金岡照光　敦煌漢文文學文獻の文學形態上の種類とその分類　敦煌出土文學文獻分類目録・附解
　　説　（東京）東洋文庫　1971　p. 218

金岡照光　敦煌文學のさまざま　敦煌の文學　（東京）大蔵出版株式會社　1971　p. 113

楊家駱　敦煌變文　（臺北）世界書局　1980　p. 246

鄭阿財　敦煌孝道文學研究　（臺北）石門圖書公司　1982　p. 77

潘重規　敦煌變文集新書（下）　（臺北）“中國文化大學”中文研究所　1984　p. 1137

王重民　晏子賦　敦煌變文集　人民文學出版社　1984　p. 246

張鴻勳　敦煌講唱文學作品選注　甘肅人民出版社　1987　p. 74

張錫厚　關於整理《敦煌賦集》的幾個問題　敦煌語言文學論文集　浙江古籍出版社　1988　p. 226

張錫厚　賦　敦煌文學　甘肅人民出版社　1989　p. 135

金岡照光　散文體類　敦煌の文學文獻（講座敦煌 9）　（東京）大東出版社　1992　p. 176、192

周紹良　敦煌文學芻議及其它　（臺北）新文豐出版公司　1992　p. 20

張鴻勳　敦煌話本詞文俗賦導論　（臺北）新文豐出版公司　1993　p. 192

伏俊璉　敦煌賦校注　甘肅人民出版社　1994　p. 2

金榮華　《前漢劉家太子傳》情節試探　全國敦煌學研討會論文集　（臺北）中正大學中國文學系所
　　1995　p. 118 注 15

張錫厚　敦煌本唐集研究　（臺北）新文豐出版公司　1995　p. 413

王小盾　潘建國　敦煌論議考　中國古籍研究（第一卷）　上海古籍出版社　1996　p. 189

張錫厚　敦煌賦彙　（臺北）新文豐出版公司　1996　p. 8、340

黃征　張涌泉　敦煌變文校注　中華書局　1997　p. 371

顏廷亮　關於《晏子賦》寫本的抄寫年代問題　《敦煌研究》1997 年第 2 期　p. 134

程毅中　柴劍虹　晏子賦　敦煌學大辭典　上海辭書出版社　1998　p. 589

高國藩　敦煌俗文化學　上海三聯書店　1999　p. 449

徐俊　敦煌詩集殘卷輯考　中華書局　2000　p. 918

張錫厚　敦煌文學源流　作家出版社　2000　p. 200、251

王昆吾　從敦煌學到域外漢文學　商務印書館　2003　p. 28

李文潔　敦煌寫本《晏子賦》的同卷書寫情況　《文獻》2006 年第 1 期　p. 56

S. 6333

李明偉　狀・牒・帖　敦煌文學　甘肅人民出版社　1989　p. 37

唐耕耦　陸宏基　敦煌社會經濟文獻真迹釋録(四)　全國圖書館文獻縮微複製中心　1990　p. 490

黃正建　敦煌禄命類文書述略　中國社會科學院歷史研究所學刊(第一集)　社會科學文獻出版社
　　　2001　p. 258

黃正建　敦煌占卜文書與唐五代占卜研究　學苑出版社　2001　p. 130

鄭炳林　晚唐五代敦煌歸義軍行政區劃制度研究(之一)　《敦煌研究》2002 年第 2 期　p. 15

鄭炳林　徐曉麗　讀《俄藏敦煌文獻》第 12 冊幾件非佛經文獻劄記　《敦煌研究》2003 年第 4 期
　　　p. 82

李軍　晚唐五代肅州相關史實考述　《敦煌學輯刊》2005 年第 3 期　p. 93

S. 6335

土橋秀高　敦煌の律藏　敦煌と中國仏教(講座敦煌 7)　(東京)大東出版社　1984　p. 263

冉雲華　敦煌本《大乘布薩文》研究　第二屆敦煌學國際研討會論文集　(臺北)漢學研究中心
　　　1990　p. 414

S. 6337

平井宥慶　敦煌文書における金剛經疏　金剛般若經の思想的研究　(東京)春秋社　1999　p. 268

李重申　敦煌古代體育文化　甘肅人民出版社　2000　p. 73、119

S. 6340

芳村修基　土橋秀高　井ノ口泰淳　敦煌佛教史年表　西域文化研究(第一)・敦煌佛教資料　(京
　　　都)法藏館　1958　p. 272

黃征　《敦煌碑銘讚輯釋》評介　敦煌語文叢說　(臺北)新文豐出版公司　1997　p. 812

姜亮夫　敦煌莫高窟年表　姜亮夫全集(十一)　雲南人民出版社　2002　p. 410

S. 6341

楊際平　麴氏高昌與唐代西州、沙州租佃制研究　敦煌吐魯番出土經濟文書研究　廈門大學出版社
　　　1986　p. 278

王永興　隋唐五代經濟史料彙編校注・第一編(下)　中華書局　1987　p. 683

唐耕耦　8 至 10 世紀敦煌的物價　紀念陳寅恪教授國際學術討論會文集　中山大學出版社　1989
　　　p. 550

王公望　契約　敦煌文學　甘肅人民出版社　1989　p. 57

唐耕耦　陸宏基　敦煌社會經濟文獻真迹釋録(二)　全國圖書館文獻縮微複製中心　1990　p. 40

仁井田陞　補訂中國法制史研究:土地法・取引法　東京大學出版會　1991　p. 734

張傳璽　中國歷代契約會編考釋(上)　北京大學出版社　1995　p. 446 注 1

唐耕耦　敦煌寺院會計文書研究　(臺北)新文豐出版公司　1997　p. 455

鄭炳林　晚唐五代敦煌貿易市場的物價　敦煌歸義軍史專題研究　蘭州大學出版社　1997　p. 304

沙知　敦煌契約文書輯校　江蘇古籍出版社　1998　p. 314

沙知　雇畜契　敦煌學大辭典　上海辭書出版社　1998　p. 389

陳永勝　敦煌吐魯番法制文書研究　甘肅人民出版社　2000　p. 76

高啓安　崇高與卑賤:敦煌的佛教信仰賤名再探　'98 法門寺唐文化國際學術討論會論文集　陝西

人民出版社　2000　p. 253

楊森　關於敦煌文獻中的"平章"一詞　敦煌學與中國史研究論集　甘肅人民出版社　2001　p. 231

鄭炳林　敦煌寫本《張議潮處置涼州進表》拼接綴合與歸義軍對涼州的管理　國際敦煌學學術史研討會論文集　研討會籌備組　2002　p. 184

王繼如　敦煌變文研究尚有可爲　漢語史學報專輯(第三輯)　上海教育出版社　2003　p. 364

王啓濤　中古及近代法制文書語言研究　巴蜀書社　2003　p. 289

鄭炳林　徐曉麗　讀《俄藏敦煌文獻》第 12 冊幾件非佛經文獻劄記　《敦煌研究》2003 年第 4 期　p. 88

鄭炳林　晚唐五代河西地區的居民結構研究　《蘭州大學學報》2006 年第 2 期　p. 19

S. 6342

向達　羅叔言《補唐書張議潮傳》補正　遼海引年集　和記印書館　1948　p. 85　又見:唐代長安與西域文明　三聯書店　1957　p. 418

劉銘恕　再記英國倫敦所藏的敦煌經卷　《中國科學院圖書館通訊》1957 年第 7 期　又見:中國敦煌學百年文庫·綜述卷(二)　甘肅文化出版社　1999　p. 132

蘇瑩輝　論索勳、張承奉節度沙州歸義軍之起訖年　敦煌學(第 1 輯)　(香港)新亞研究所敦煌學會　1974　p. 93 注 12

姜亮夫　唐五代瓜沙張曹兩世家考　《中華文史論叢》1979 年第 3 期　又見:中國敦煌學百年文庫·歷史卷(一)　甘肅文化出版社　1999　p. 355

史葦湘　絲綢之路上的敦煌與莫高窟　敦煌研究文集　甘肅人民出版社　1982　p. 118 注 92

蘇瑩輝　瓜沙史事叢考　(臺北)商務印書館　1983　p. 53

蘇瑩輝　略論唐代河西五州之陷蕃及其光復時期　敦煌論集續編　(臺北)學生書局　1983　p. 162

蘇瑩輝　論張議潮收復河隴州郡之年代　敦煌論集續編　(臺北)學生書局　1983　p. 11、15

蘇瑩輝　張議潮　敦煌論集　(臺北)學生書局　1983　p. 235

唐長孺　關於歸義軍節度使的幾種資料跋　敦煌學文選(上)　蘭州大學歷史系敦煌學研究室等　1983　p. 179　又見:敦煌吐魯番文書研究　甘肅人民出版社　1984　p. 172;絲綢之路文獻叙錄　蘭州大學出版社　1989　p. 52;山居存稿　中華書局　1989　p. 441

向達　補唐書張議潮傳補正　敦煌學文選(上)　蘭州大學歷史系敦煌學研究室等　1983　p. 52

吳其昱著　福井文雅　樋口勝譯　大蕃國大德·三藏法師·法成傳考　敦煌と中國仏教(講座敦煌7)　(東京)大東出版社　1984　p. 385、408

饒宗頤解說　林宏作譯　敦煌書法叢刊(第十四卷)·牒狀(一)　(東京)二玄社　1985　p. 87

姜亮夫　羅振玉補唐書張議潮傳訂補　向達先生紀念論文集　新疆人民出版社　1986　p. 80　又見:敦煌學論文集　上海古籍出版社　1987　p. 891;姜亮夫全集(十四)　雲南人民出版社　2002　p. 320

榮新江　歸義軍及其與周邊民族的關係初探　《敦煌學輯刊》1986 年第 2 期　p. 30　又見:中國人文社會科學博士碩士文庫·歷史學卷　浙江教育出版社　1998　p. 657

鄧文寬　《涼州節院使押衙劉少晏狀》新探　《敦煌學輯刊》1987 年第 2 期　p. 63

蘇瑩輝　晚唐時歸義軍節度使暨涼州、瓜沙兩節度領州數述異　敦煌文史藝術論叢　(臺北)新文豐出版公司　1987　p. 59

杜琪　表·疏　敦煌文學　甘肅人民出版社　1989　p. 17

郭在貽　張涌泉　黃征　敦煌變文集校議　岳麓書社　1990　p. 92

齊東方　敦煌文書及敦煌石窟題名中所見的吐谷渾餘部　敦煌吐魯番文獻研究論集(第五輯)　北

京大學出版社　1990　p. 266

榮新江　沙州歸義軍歷任節度使稱號研究　敦煌吐魯番學研究論文集　漢語大詞典出版社　1990　p. 772

唐耕耦　陸宏基　敦煌社會經濟文獻真迹釋録(四)　全國圖書館文獻縮微複製中心　1990　p. 363

吳震　P. 3547《沙州歸義軍上都進奏院上本使狀》試析　敦煌學國際學術討論會論文縮寫文(1990)　敦煌研究院　1990　p. 64

周偉洲　吐蕃對河隴的統治及歸義軍前期的河西諸族　《甘肅民族研究》1990 年第 2 期　p. 7

陸慶夫　略論敦煌民族史料的價值　《敦煌學輯刊》1991 年第 1 期　p. 38

姜伯勤　敦煌本乘恩帖考證　中山大學史學集刊(第一輯)　廣東人民出版社　1992　又見：中國敦煌學百年文庫·宗教卷(二)　甘肅文化出版社　1999　p. 318

林家平　寧强　羅華慶　中國敦煌學史　北京語言學院出版社　1992　p. 359

邵文實　唐代後期河西地區的民族遷徙及其後果　《敦煌學輯刊》1992 年第 1、2 期　p. 30

吳其昱著　伊藤美重子譯　敦煌漢文寫本概觀　敦煌漢文文獻(講座敦煌 5)　(東京)大東出版社　1992　p. 138

周紹良　敦煌文學芻議及其它　(臺北)新文豐出版公司　1992　p. 4

陳守忠　河隴史地考述　蘭州大學出版社　1993　p. 70

李明偉　敦煌文學概論　甘肅人民出版社　1993　p. 458

前田正名　河西歷史地理學研究　中國藏學出版社　1993　p. 195、299

榮新江　初期沙州歸義軍與唐中央朝廷之關係　隋唐史論集　香港大學亞洲研究中心　1993　p. 110

蔣禮鴻　敦煌文獻語言詞典　杭州大學出版社　1994　p. 114

陸慶夫　敦煌民族文獻與河西古代民族　《敦煌學輯刊》1994 年第 2 期　p. 87

鄭炳林　敦煌本《張淮深變文》研究　《西北民族研究》1994 年第 1 期　p. 151

馮培紅　有關敦煌文書的兩則讀書劄記　《敦煌學輯刊》1995 年第 2 期　p. 128

胡戟　傅玫　敦煌史話　中華書局　1995　p. 156

李明偉　敦煌文學中"敦煌文"的研究和分類評價　《敦煌研究》1995 年第 4 期　p. 120

釋依昱　曇曠與敦煌寫本《大乘百法明門論開宗義記》的研究　敦煌學國際研討會文集·史地語文編　遼寧美術出版社　1995　p. 513

蘇瑩輝　瓜沙史事概述　全國敦煌學研討會論文集　(臺北)中正大學中國文學系所　1995　p. 3

張廣達　西域史地叢稿初編　上海古籍出版社　1995　p. 340

姜伯勤　敦煌藝術宗教與禮樂文明　中國社會科學出版社　1996　p. 386

榮新江　歸義軍史研究　上海古籍出版社　1996　p. 5

楊秀清　張議潮出走與張淮深之死　《敦煌研究》1996 年第 4 期　p. 77(原文録爲 P. 6342)

中村裕一　唐代公文書研究　(東京)汲古書院　1996　p. 102

黄征　敦煌文學《兒郎偉》輯録校注　敦煌語文叢説　(臺北)新文豐出版公司　1997　p. 703、710

黄征　張涌泉　敦煌變文校注　中華書局　1997　p. 78、152、277、404

楊繼東　評榮新江著《歸義軍史研究：唐宋時代敦煌歷史考索》　學術集林(卷十二)　上海遠東出版社　1997　p. 373

趙和平　晚唐五代靈武節度使與沙州歸義軍關係試論　第三屆中國唐代文化學術研討會論文集　(臺北)政治大學中國文學系　1997　p. 542

鄭炳林　敦煌碑銘讚及其有關問題　敦煌碑銘讚輯釋　甘肅教育出版社　1997　p. 16

鄭炳林　敦煌碑銘讚輯釋　甘肅教育出版社　1997　p. 80 注 1、406 注 8

柴劍虹　張議潮進表　敦煌學大辭典　上海辭書出版社　1998　p. 590

李冬梅　唐五代歸義軍與周邊民族關係綜論　《敦煌學輯刊》1998 年第 2 期　p. 47

榮新江　歸義軍大事紀年初稿　出土文獻研究(第三輯)　文物出版社　1998　p. 236

楊森　晚唐五代兩件《女人社》文書劄記　《敦煌研究》1998 年第 1 期　p. 72

黃盛璋　《鋼和泰藏卷》與《西北史地》研究　中國敦煌學百年文庫・民族卷(二)　甘肅文化出版社
　　1999　p. 238(原文録爲 P. 6342)

黃征　程惠新　劫塵遺珠:敦煌遺書　甘肅教育出版社　1999　p. 162

謝桃坊　敦煌文化尋繹　四川人民出版社　1999　p. 194

楊秀清　敦煌西漢金山國史　甘肅人民出版社　1999　p. 37(原文録爲 P. 6342)

李明偉　敦煌文學中敦煌文的分類及評價　1994 年敦煌學國際研討會文集・宗教文史卷(上)　甘
　　肅民族出版社　2000　p. 297

姜亮夫　敦煌莫高窟年表　姜亮夫全集(十一)　雲南人民出版社　2002　p. 400

史葦湘　敦煌歷史與莫高窟藝術研究　甘肅教育出版社　2002　p. 120 注 92

鄭炳林　敦煌寫本《張議潮處置涼州進表》拼接綴合與歸義軍對涼州的管理　國際敦煌學學術史研
　　討會論文集　研討會籌備組　2002　p. 184　又見:敦煌吐魯番研究(第七卷)　北京大學出版
　　社　2004　p. 381

鄭炳林　晚唐五代敦煌歸義軍行政區劃制度研究(之一)　《敦煌研究》2002 年第 2 期　p. 16

趙貞　敦煌所出靈州道文書述略　《敦煌研究》2003 年第 4 期　p. 52

馮培紅　論晚唐五代的沙州(歸義軍)與涼州(河西)節度使　浙江與敦煌學:常書鴻先生誕辰一百周
　　年紀念文集　浙江古籍出版社　2004　p. 242

吳麗娛　楊寶玉　P. 3197v《曹氏歸義軍時期甘州使人書狀》考試　《敦煌學輯刊》2005 年第 4 期
　　p. 21

S. 6343

陳祚龍　瓜沙印録　(臺北)《大陸雜誌》1962 年第 4 期　又見:敦煌學概要　(臺北)編譯館"中華叢
　　書編委會"　1981　p. 268；中國敦煌學百年文庫・考古卷(一)　甘肅文化出版社　1999
　　p. 189

土肥義和　唐令よりみたる現存唐代戶籍の基礎的研究(上)　『東洋學報』(52 卷 1 號)　(東京)東
　　洋學術協會　1969　p. 93

池田溫　中國古代籍帳研究:概観・録文　東京大學東洋文化研究所　1979　p. 166

佐藤武敏　敦煌の水利　敦煌の社會(講座敦煌 3)　(東京)大東出版社　1980　p. 277

陳祚龍　古代敦煌及其他地區流行之公私印章圖記文字録　敦煌學要籥　(臺北)新文豐出版公司
　　1982　p. 339

楊際平　鄭學檬　從唐代敦煌戶籍資料看均田制下私田的存在　《廈門大學學報》1982 年第 4 期
　　p. 38

山本達郎　敦煌發見の唐代籍帳にみえる已受田の增減　『東方學』(第 70 輯)　(東京)東方學會
　　1985　p. 1

寧欣　唐代敦煌地區農業水利問題初探　敦煌吐魯番文獻研究論集(第三輯)　北京大學出版社
　　1986　p. 520

林聰明　敦煌文書學　(臺北)新文豐出版公司　1991　p. 398

楊際平　均田制新探　廈門大學出版社　1991　p. 190

池田溫　關於敦煌發現的唐大曆四年手實殘卷(下)　唐代均田制研究選譯　甘肅教育出版社

1992　p. 154

鈴木俊　山本達郎　唐代的均田制度與敦煌戶籍　唐代均田制研究選譯　甘肅教育出版社　1992
　　p. 43

王永興　敦煌經濟文書導論　（臺北）新文豐出版公司　1994　p. 4

Л. N. チュグイェフスキー著　荒川正晴譯注　ソ連邦科學アカデミー東洋學研究所所藏、敦煌寫本
　　における官印と寺印　『吐魯番出土文物研究會會報』（98、99 號）（東京）吐魯番出土文物研
　　究會　1994　p. 3、8

沙知　敦煌縣之印　敦煌學大辭典　上海辭書出版社　1998　p. 292

丘古耶夫斯基著　魏迎春譯　俄藏敦煌漢文寫卷中的官印及寺院印章　《敦煌學輯刊》1999 年第 1
　　期　p. 143

丘古耶夫斯基　敦煌漢文文書　上海古籍出版社　2000　p. 62

楊際平　北朝隋唐均田制新探　岳麓書社　2003　p. 183

S. 6344

西本照真　敦煌抄本中的三階教文獻　中日敦煌佛教學術會議論文集　中國社會科學院研究所
　　2002　p. 177

張總　評《三階教的研究》　唐研究（第八卷）　北京大學出版社　2002　p. 468

西本照真　三階教文獻綜述　藏外佛教文獻（第九輯）　宗教文化出版社　2003　p. 365

S. 6345

榮新江　《英藏敦煌文獻》定名商補　文史（第五十二輯）　中華書局　2000　p. 125

榮新江　《英國圖書館藏敦煌漢文非佛教文獻殘卷目録》補正　英國收藏敦煌漢藏文獻研究：紀念敦
　　煌文獻發現一百周年　中國社會科學出版社　2000　p. 382

S. 6346

向達　倫敦所藏敦煌卷子經眼目録　《北平圖書館圖書季刊》1939 年新第 1 卷第 4 期　p. 399　又
　　見：唐代長安與西域文明　三聯書店　1957　p. 238

潘重規　巴黎倫敦所藏敦煌詩經卷子題記　（香港）《新亞書院學術年刊》1969 年第 11 期　又見：中
　　國敦煌學百年文庫·文獻卷（二）　甘肅文化出版社　1999　p. 388

潘重規　敦煌詩經卷子研究　（臺北）《華岡學報》1970 年第 6 期　又見：中國敦煌學百年文庫·文
　　獻卷（二）　甘肅文化出版社　1999　p. 441

蘇瑩輝　從敦煌本毛詩詁訓傳論毛詩定本及詁訓傳分卷問題　（臺北）《孔孟學報》1971 年第 22 期
　　又見：敦煌論集續編　（臺北）學生書局　1983　p. 26、34；中國敦煌學百年文庫·文學卷（二）
　　甘肅文化出版社　1999　p. 252

王重民　敦煌古籍叙録　中華書局　1971　p. 44

王重民原編　黃永武新編　敦煌古籍叙録新編（第二冊）　（臺北）新文豐出版公司　1986　p. 317

菅原信海　占筮書　敦煌漢文文獻（講座敦煌 5）　（東京）大東出版社　1992　p. 447

土田健次郎　儒教典籍　敦煌漢文文獻（講座敦煌 5）　（東京）大東出版社　1992　p. 268、283

白化文　詩經　敦煌學大辭典　上海辭書出版社　1998　p. 773

黃正建　敦煌占卜文書與唐五代占卜研究　學苑出版社　2001　p. 141

曾良　敦煌文獻字義通釋　廈門大學出版社　2001　p. 76

伏俊璉　敦煌《詩經》殘卷的文獻價值　《敦煌研究》2004 年第 4 期　p. 43

王卡　敦煌道教文獻研究　中國社會科學出版社　2004　p. 157
張弓　敦煌四部籍與中古後期社會的文化情境　敦煌學(第 25 輯)　(臺北)樂學書局有限公司
　　2004　p. 313
劉永明　敦煌道教的世俗化之路：敦煌《發病書》研究　《敦煌學輯刊》2006 年第 1 期　p. 71

S. 6347

李正宇　中國唐宋硬筆書法　上海文化出版社　1993　p. 31
吳麗娛　敦煌寫本書儀中的行第之稱：兼論行第普及的庶民影響　敦煌吐魯番研究(第四卷)　北京
　　大學出版社　1999　p. 544

S. 6348

王慶菽　殷切的期望　關隴文學論叢　甘肅人民出版社　1983　p. 199
王慶菽　英法所藏敦煌卷子經目記　中國敦煌學百年文庫・文獻卷(一)　甘肅文化出版社　1999
　　p. 243

S. 6349

向達　倫敦所藏敦煌卷子經眼目錄　《北平圖書館圖書季刊》1939 年新第 1 卷第 4 期　p. 399　又
　　見：唐代長安與西域文明　三聯書店　1957　p. 238
陳槃　敦煌唐咸通抄本三備殘卷解題　《國立中央研究院歷史語言研究所集刊》1948 年第 10 期　又
　　見：中國敦煌學百年文庫・文獻卷(一)　甘肅文化出版社　1999　p. 285
王重民　敦煌古籍敘錄　中華書局　1979　p. 163
蘇瑩輝　敦煌學概要　(臺北)編譯館“中華叢書編委會”　1981　p. 45
蘇瑩輝　中外敦煌古寫本纂要　敦煌論集　(臺北)學生書局　1983　p. 321
王重民原編　黃永武新編　敦煌古籍敘錄新編(第八冊)　(臺北)新文豐出版公司　1986　p. 238
施萍婷　敦煌曆日研究　1983 年全國敦煌學術討論會文集・文史遺書編(上)　甘肅人民出版社
　　1987　p. 324
池田溫　中國古代寫本識語集錄　(東京)大藏出版株式會社　1990　p. 425
菅原信海　占筮書　敦煌漢文文獻(講座敦煌 5)　(東京)大東出版社　1992　p. 442
杜偉生　從敦煌遺書的裝幀談“旋風裝”　《文獻》1997 年第 3 期　p. 183
鄧文寬　易三備　敦煌學大辭典　上海辭書出版社　1998　p. 623
徐俊　唐五代長沙窯瓷器題詩校證　唐研究(第四卷)　北京大學出版社　1998　p. 74
姜亮夫　敦煌：偉大的文化寶藏　雲南人民出版社　1999　p. 145
顏廷亮　敦煌文化中的道教及文化　《敦煌研究》1999 年第 1 期　p. 141
馬克　敦煌數占小考　法國漢學(敦煌學專號)　中華書局　2000　p. 193
徐俊　敦煌詩集殘卷輯考　中華書局　2000　p. 781
顏廷亮　敦煌文化　光明日報出版社　2000　p. 246
黃正建　敦煌占卜文書與唐五代占卜研究　學苑出版社　2001　p. 12
姜亮夫　敦煌莫高窟年表　姜亮夫全集(十一)　雲南人民出版社　2002　p. 403
杜偉生　中國古籍修復與裝裱技術圖解　北京圖書館出版社　2003　p. 448
張弓　敦煌四部籍與中古後期社會的文化情境　敦煌學(第 25 輯)　(臺北)樂學書局有限公司
　　2004　p. 315
張志清　林世田　S. 6015《易三備》綴合與校錄　敦煌吐魯番研究(第九卷)　北京大學出版社

2006　p. 389

張志清　林世田　S. 6349 與 P. 4924《易三備》寫卷綴合整理研究　《文獻》2006 年第 1 期　p. 47

S. 6350

芳村修基　土橋秀高　井ノ口泰淳　敦煌佛教史年表　西域文化研究(第一)・敦煌佛教資料　(京都)法藏館　1958　p. 271

江素雲　維摩詰所說經敦煌寫本綜合目録　(臺北)東初出版社　1991　p. 80

鄭炳林　敦煌碑銘讚輯釋　甘肅教育出版社　1997　p. 314 注 3

姜亮夫　敦煌莫高窟年表　姜亮夫全集(十一)　雲南人民出版社　2002　p. 392

S. 6352

陳祚龍　敦煌學新記　敦煌文物隨筆　(臺北)商務印書館　1979　p. 271

陳祚龍　敦煌古抄內典尾記彙校初、二、三編合刊　敦煌學要籥　(臺北)新文豐出版公司　1982　p. 158

池田溫　中國古代寫本識語集録　(東京)大藏出版株式會社　1990　p. 356

鄭炳林　敦煌碑銘讚部分文書拼接復原　《敦煌研究》1993 年第 1 期　p. 54

鄭炳林　敦煌碑銘讚輯釋　甘肅教育出版社　1997　p. 222 注 4

S. 6355

礪波護著　韓昇　劉建英譯　隋唐佛教文化　上海古籍出版社　2004　p. 49

S. 6356

劉永明　敦煌道教的世俗化之路:道教向具注曆日的滲透　《敦煌學輯刊》2005 年第 2 期　p. 205

S. 6357

陳祚龍　敦煌古抄內典尾記彙校初、二、三編合刊　敦煌學要籥　(臺北)新文豐出版公司　1982　p. 158

耿昇　中法學者友好合作的成果　《敦煌研究》1987 年第 1 期　p. 108

楊際平　唐末宋初敦煌土地制度初探　《敦煌學輯刊》1988 年第 1、2 期　p. 22

池田溫　中國古代寫本識語集録　(東京)大藏出版株式會社　1990　p. 362

侯錦郎　敦煌寫本中的"印沙佛"儀軌　法國學者敦煌學論文選萃　中華書局　1993　p. 272

鄭炳林　《康秀華寫經施入疏》與《炫和尚貨賣胡粉曆》研究　敦煌吐魯番研究(第三卷)　北京大學出版社　1998　p. 199

姜伯勤　唐敦煌城市的禮儀空間　文史(第五十五輯)　中華書局　2001　p. 233

劉進寶　敦煌學通論　甘肅教育出版社　2002　p. 390

S. 6358

江素雲　維摩詰所說經敦煌寫本綜合目録　(臺北)東初出版社　1991　p. 80

S. 6364

李正宇　唐宋時代敦煌縣河渠泉澤簡志(一)　《敦煌研究》1988 年第 4 期　p. 94

井ノ口泰淳　敦煌本『仏名經』の諸系統　中央アジアの言語と仏教　(京都)法藏館　1995　p. 297

李正宇　敦煌史地新論　（臺北）新文豐出版公司　1996　p. 115
李并成　古代河西走廊桑蠶絲織業考　《敦煌學輯刊》1997 年第 2 期　p. 63
鄭炳林　敦煌碑銘讚輯釋　甘肅教育出版社　1997　p. 252 注 35

S. 6365
方廣錩　吐蕃統治時期敦煌流行的偈頌帙號法　《敦煌學輯刊》1990 年第 1 期　p. 81
方廣錩　佛教大藏經史(八—十世紀)　中國社會科學出版社　1991　p. 316
林聰明　敦煌吐魯番文書解詁指例　（臺北）新文豐出版公司　2001　p. 141

S. 6366
景盛軒　試論敦煌佛經異文研究的價值和意義　《敦煌研究》2004 年第 5 期　p. 86

S. 6367
蕭登福　從敦煌寫卷中看道教星斗崇拜對佛經之影響　第二屆敦煌學國際研討會論文集　（臺北）
　　漢學研究中心　1990　p. 323
蕭登福　道教星斗符印與佛教密宗　（臺北）新文豐出版公司　1993　p. 13

S. 6369
陳慶英　《斯坦因劫經録》、《伯希和劫經録》所收漢文寫卷中夾存的藏文寫卷情況調查　《敦煌學輯
　　刊》1981 年第 2 期　p. 111
王重民　《敦煌遺書總目索引》後記　敦煌遺書論文集　中華書局　1984　p. 70

S. 6370
江素雲　維摩詰所說經敦煌寫本綜合目録　（臺北）東初出版社　1991　p. 80

S. 6378
平井宥慶　金剛般若經　敦煌と中國仏教(講座敦煌 7)　（東京）大東出版社　1984　p. 21
華方田　金剛般若經疏　藏外佛教文獻(第三輯)　宗教文化出版社　1997　p. 259
方廣錩　敦煌遺書中的《金剛經》及其注疏　敦煌學佛教學論叢(上)　中國佛教文化研究所　1998
　　p. 379
方廣錩　金剛般若疏　敦煌學大辭典　上海辭書出版社　1998　p. 683
平井宥慶　敦煌流傳の金剛般若經　金剛般若經の思想的研究　（東京）春秋社　1999　p. 246
平井宥慶　敦煌文書における金剛經疏　金剛般若經の思想的研究　（東京）春秋社　1999　p. 268

S. 6381
金岡照光　敦煌の寫本　敦煌の文學　（東京）大藏出版株式會社　1971　p. 72
林聰明　敦煌吐魯番文書解詁指例　（臺北）新文豐出版公司　2001　p. 27 注 6

S. 6382
京戶慈光　傳入日本的中國佛教疑僞經典(上)　《敦煌學輯刊》1996 年第 1 期　p. 85

S. 6383

蕭登福　從敦煌寫卷中看道教星斗崇拜對佛經之影響　第二屆敦煌學國際研討會論文集　（臺北）
　　漢學研究中心　1990　p. 336

石井公成　敦煌發現之地論宗諸文獻與電腦自動異本處理　中日敦煌佛教學術會議論文集　中國社
　　會科學院研究所　2002　p. 144　又見：戒幢佛學（第二卷）　岳麓書社　2002　p. 179

S. 6392

江素雲　維摩詰所說經敦煌寫本綜合目錄　（臺北）東初出版社　1991　p. 80

S. 6394

石井昌子　靈寶經類　敦煌と中國道教（講座敦煌4）　（東京）大東出版社　1983　p. 151

王卡　太上消魔寶真安智慧本願大戒上品　敦煌學大辭典　上海辭書出版社　1998　p. 767

王卡　敦煌道教文獻研究　中國社會科學出版社　2004　p. 104

S. 6395

福井文雅　般若心經　敦煌と中國仏教（講座敦煌7）　（東京）大東出版社　1984　p. 43

S. 6397

王三慶　敦煌寫卷中武后新字之調查研究　唐代研究論集（第三輯）　（臺北）新文豐出版公司
　　1992　p. 94

S. 6398

江素雲　維摩詰所說經敦煌寫本綜合目錄　（臺北）東初出版社　1991　p. 80

S. 6404

林聰明　敦煌吐魯番文書解詁指例　（臺北）新文豐出版公司　2001　p. 144

葉貴良　《敦煌社邑文書輯校》拾補　《吐魯番學研究》2004 年第 1 期　p. 102

S. 6405

月輪賢隆　土橋秀高　沙門慧述『四分戒本疏』卷第一について　西域文化研究（第一）・敦煌佛教
　　資料　（京都）法藏館　1958　p. 157

榮新江　沙州歸義軍歷任節度使稱號研究　敦煌吐魯番學研究論文集　漢語大詞典出版社　1990
　　p. 774

上山大峻　敦煌佛教の研究　（京都）法藏館　1990　p. 362

唐耕耦　陸宏基　敦煌社會經濟文獻真迹釋錄（五）　全國圖書館文獻縮微複製中心　1990　p. 6

鄭炳林　馮培紅　讀《中國古代寫本識語集錄》劄記　《西北史地》1994 年第 4 期　p. 45

鄭炳林　敦煌碑銘讚輯釋　甘肅教育出版社　1997　p. 115 注 8

鄭炳林　唐五代敦煌的粟特人與佛教　敦煌歸義軍史專題研究　蘭州大學出版社　1997　p. 444

楊森　法鏡　敦煌學大辭典　上海辭書出版社　1998　p. 353

董志翹　《入唐求法巡禮行記》辭彙研究　中國社會科學出版社　2000　p. 246

鄭炳林　晚唐五代敦煌貿易市場的外來商品輯考　中華文史論叢（總 63 輯）　上海古籍出版社
　　2000　p. 62

鄭炳林　北京圖書館藏《吳和尚經論目録》有關問題研究　敦煌學與中國史研究論集　甘肅人民出
　　版社　2001　p. 132

鄭炳林　晚唐五代歸義軍政權與佛教教團關係研究　《敦煌學輯刊》2005 年第 1 期　p. 4

S. 6409

江素雲　維摩詰所說經敦煌寫本綜合目録　（臺北）東初出版社　1991　p. 80

S. 6411

上山大峻　龍口明生　龍谷大學所藏敦煌本『比丘含注戒本』解說　敦煌寫本『本草集注』序録・『比
　　丘含注戒本』　（京都）法藏館　1998　p. 296

陳明　評《敦煌寫本〈本草集注序録〉〈比丘含注戒本〉》　敦煌吐魯番研究（第四卷）　北京大學出版
　　社　1999　p. 627

S. 6413

上山大峻　敦煌佛教の研究　（京都）法藏館　1990　p. 18

郝春文　曇曠　敦煌學大辭典　上海辭書出版社　1998　p. 347

S. 6417

向達　倫敦所藏敦煌卷子經眼目録　《北平圖書館圖書季刊》1939 年新第 1 卷第 4 期　p. 399　又
　　見：唐代長安與西域文明　三聯書店　1957　p. 238

芳村修基　土橋秀高　井ノ口泰淳　敦煌佛教史年表　西域文化研究（第一）・敦煌佛教資料　（京
　　都）法藏館　1958　p. 277

竺沙雅章　敦煌出土「社」文書の研究　『東方學報』（第 35 號）　京都大學人文科學研究所　1964
　　p. 260

金岡照光　敦煌文學のさまざま　敦煌の文學　（東京）大藏出版株式會社　1971　p. 131

陳祚龍　敦煌古抄内典尾記彙校初、二、三編合刊　敦煌學要籥　（臺北）新文豐出版公司　1982
　　p. 158

鄭阿財　敦煌孝道文學研究　（臺北）石門圖書公司　1982　p. 532

郭鋒　敦煌的"社"及其活動　《敦煌學輯刊》1983 年創刊號　p. 82

廣川堯敏　禮讚　敦煌と中國仏教（講座敦煌 7）　（東京）大東出版社　1984　p. 455

饒宗頤解說　林宏作譯　敦煌書法叢刊（第十九卷）・碎金（二）　（東京）二玄社　1984　p. 105

土橋秀高　敦煌の律藏　敦煌と中國仏教（講座敦煌 7）　（東京）大東出版社　1984　p. 263

賀世哲　從供養人題記看莫高窟部分洞窟的營建年代　敦煌莫高窟供養人題記　文物出版社　1986
　　p. 203、225

唐耕耦　陸宏基　敦煌社會經濟文獻真迹釋録（一）　書目文獻出版社　1986　p. 390

姜伯勤　唐五代敦煌寺戶制度　中華書局　1987　p. 168

馬德　都僧統之"家窟"及其營建《臘八燃燈分配窟龕名數》叢識之三　《敦煌研究》1989 年第 4 期
　　p. 56

榮新江　關於沙州歸義軍都僧統年代的幾個問題　《敦煌研究》1989 年第 4 期　p. 73

山本達郎等　敦煌・VII 尚饗文・諸齋文　『NUN‐HUANG AND TURFAN DOCUMENTS CONCERN-
　　ING SOCIAL AND ECONOMIC HISTORY』(IV)　（東京）東洋文庫　1989　p. 141

孫其芳　詞　敦煌文學　甘肅人民出版社　1989　p. 214

譚蟬雪　印沙·脫佛·脫塔　《敦煌研究》1989 年第 1 期　p. 19

汪泛舟　讚·箴　敦煌文學　甘肅人民出版社　1989　p. 103

王公望　契約　敦煌文學　甘肅人民出版社　1989　p. 58

池田溫　中國古代寫本識語集録　（東京）大蔵出版株式會社　1990　p. 459

郝春文　敦煌寫本齋文及其樣式的分類與定名　《北京師範學院學報》1990 年第 3 期　p. 93

郝春文　唐後期五代宋初沙州僧尼的特點　敦煌吐魯番學研究論文集　漢語大詞典出版社　1990
　　p. 855 注 37

胡同慶　從敦煌結社活動探討人的群體性以及個體與集體的關係　《敦煌研究》1990 年第 4 期
　　p. 72　又見：敦煌學研究　甘肅人民美術出版社　1994　p. 173

唐耕耦　陸宏基　敦煌社會經濟文獻真迹釋録（二、四）　全國圖書館文獻縮微複製中心　1990
　　p. 299；53

謝重光　白文固　中國僧官制度史　青海人民出版社　1990　p. 138

趙豐　敦煌所見隋唐絲綢中的花鳥圖案　敦煌吐魯番學研究論文集　漢語大詞典出版社　1990
　　p. 860

郝春文　隋唐五代宋初傳統私社與寺院的關係　《魏晉南北朝隋唐史》1991 年第 6 期　p. 65

謝重光　吐蕃佔領期與歸義軍時期的敦煌僧官制度　《敦煌研究》1991 年第 3 期　p. 56

鄭炳林　伯 2641 號背莫高窟再修功德記撰寫人探微　《敦煌學輯刊》1991 年第 2 期　p. 49

姜伯勤　敦煌社會文書導論　（臺北）新文豐出版公司　1992　p. 214、233、248

陶秋英輯録　姜亮夫校訂　敦煌經卷所見寺名録　敦煌碎金　浙江古籍出版社　1992　p. 124

周紹良　敦煌文學芻議及其它　（臺北）新文豐出版公司　1992　p. 38

竺沙雅章　寺院文書　敦煌漢文文獻（講座敦煌 5）　（東京）大東出版社　1992　p. 617

高國藩　敦煌民俗資料導論　（臺北）新文豐出版公司　1993　p. 6、90、116

郝春文　敦煌寫本社邑文書年代彙考（三）　《社科縱横》1993 年第 5 期　p. 11

侯錦郎　敦煌寫本中的"印沙佛"儀軌　法國學者敦煌學論文選萃　中華書局　1993　p. 279

蘇遠鳴　敦煌漢文寫本的斷代　法國學者敦煌學論文選萃　中華書局　1993　p. 551

汪泛舟　敦煌文學概論　甘肅人民出版社　1993　p. 567

熊鐵基　以敦煌資料證傳統家庭　《敦煌研究》1993 年第 3 期　p. 75

郝春文　中古時期儒佛文化對民間結社的影響及其變化　唐文化研究論文集　上海人民出版社
　　1994　p. 208

齊陳駿　有關遺產繼承的幾件敦煌遺書　《敦煌學輯刊》1994 年第 2 期　p. 51（原文録為 P. 6417）

黃征　吳偉　敦煌願文集　岳麓書社　1995　p. 37、308、456、543、626、703

姜伯勤　變文的南方源頭與敦煌的唱導法匠　華學（第一輯）　中山大學出版社　1995　p. 160

劉惠琴　從敦煌文書中看沙州紡織業　《敦煌學輯刊》1995 年第 2 期　p. 53

土肥義和　唐·北宋間の「社」の組織形態に関する一考察　中國古代の國家と民衆（堀敏一先生古
　　稀記念）　（東京）汲古書院　1995　p. 703

王三慶　敦煌書儀載録之節日活動與民俗　全國敦煌學研討會論文集　（臺北）中正大學中國文學
　　系所　1995　p. 25 注 23

王書慶　敦煌佛學·佛事篇　甘肅民族出版社　1995　p. 3、241

張傳璽　中國歷代契約會編考釋（上）　北京大學出版社　1995　p. 490 注 1

段小强　敦煌文書所反映的古代喪禮　《敦煌學輯刊》1996 年第 2 期　p. 43

郝春文　唐後期五代宋初沙州的方等道場與方等道場司　唐研究（第二卷）　北京大學出版社
　　1996　p. 69

姜伯勤　敦煌藝術宗教與禮樂文明　中國社會科學出版社　1996　p. 416

榮新江　歸義軍史研究　上海古籍出版社　1996　p. 17

砂岡和子　敦煌散花樂和聲曲輯考　敦煌佛教文化研究　社科縱橫編輯部　1996　p. 24

張涌泉　敦煌俗字研究導論　（臺北）新文豐出版公司　1996　p. 211

黃征　敦煌俗語詞輯釋　敦煌語文叢說　（臺北）新文豐出版公司　1997　p. 71

黃征　敦煌願文考論　敦煌語文叢說　（臺北）新文豐出版公司　1997　p. 583

馬德　敦煌遺書莫高窟歲首燃燈文輯識　《敦煌研究》1997 年第 3 期　p. 60

寧可　郝春文　敦煌社邑文書輯校　江蘇古籍出版社　1997　p. 540、610

齊陳俊　馮培紅　晚唐五代宋初歸義軍對外商業貿易　敦煌歸義軍史專題研究　蘭州大學出版社　1997　p. 347

張弓　漢唐佛寺文化史　中國社會科學出版社　1997　p. 368

鄭炳林　敦煌碑銘讚輯釋　甘肅教育出版社　1997　p. 315 注 6

鄭炳林　唐五代敦煌手工業研究　敦煌歸義軍史專題研究　蘭州大學出版社　1997　p. 259

鄭炳林　楊富學　晚唐五代金銀在敦煌的使用與流通　《甘肅金融》1997 年第 8 期　又見：中國敦煌學百年文庫·歷史卷（二）　甘肅文化出版社　1999　p. 585

柴劍虹　散蓮花樂　敦煌學大辭典　上海辭書出版社　1998　p. 545

郝春文　唐後期五代宋初敦煌僧尼的社會生活　中國社會科學出版社　1998　p. 32、336

郝春文　同光肆年沙州金光明寺徒眾慶寂等請僧法真充寺主狀並都僧統海晏判　敦煌學大辭典　上海辭書出版社　1998　p. 639

金瀅坤　從敦煌文書看晚唐五代敦煌地區布紡織業　《敦煌研究》1998 年第 2 期　p. 136

李正宇　數字取名　敦煌學大辭典　上海辭書出版社　1998　p. 451

馬德　尚書曹仁貴史事鈎沈　《敦煌學輯刊》1998 年第 2 期　p. 10

寧可　社齋文　敦煌學大辭典　上海辭書出版社　1998　p. 431

榮新江　歸義軍大事紀年初稿　出土文獻研究（第三輯）　文物出版社　1998　p. 244

沙知　處分遺物憑　敦煌學大辭典　上海辭書出版社　1998　p. 390

沙知　敦煌契約文書輯校　江蘇古籍出版社　1998　p. 481、517

譚蟬雪　印沙佛會　敦煌學大辭典　上海辭書出版社　1998　p. 434

段小强　敦煌文書中所見的古代喪儀　《西北民族研究》1999 年第 1 期　p. 215

黃征　敦煌願文"莊嚴""資薰""資莊"考辨　學林漫錄（十四集）　中華書局　1999　p. 278

黃征　程惠新　劫塵遺珠：敦煌遺書　甘肅教育出版社　1999　p. 167

李小榮　變文與唱導關係之探討　《敦煌研究》1999 年第 4 期　p. 6

寧可　寧可史學論集　中國社會科學出版社　1999　p. 447 注 11、449 注 1

鄭炳林　晚唐五代敦煌地區種植棉花研究　《中國史研究》1999 年第 3 期　p. 87

郝春文　英藏敦煌文獻年代叢考　英國收藏敦煌漢藏文獻研究：紀念敦煌文獻發現一百周年　中國社會科學出版社　2000　p. 375

雷紹鋒　歸義軍賦役制度初探　（臺北）洪葉文化事業有限公司　2000　p. 244

宋家鈺　佛教齋文源流與敦煌本"齋文"書的復原　英國收藏敦煌漢藏文獻研究：紀念敦煌文獻發現一百周年　中國社會科學出版社　2000　p. 297

王三慶　北京大學圖書館藏本《諸文要集》一卷研究　慶祝吳其昱先生八秩華誕敦煌學特刊　（臺北）文津出版社　2000　p. 170

徐俊　敦煌詩集殘卷輯考　中華書局　2000　p. 139、935

鄭炳林　晚唐五代敦煌貿易市場的外來商品輯考　中華文史論叢（總 63 輯）　上海古籍出版社

2000   p. 58、78

孟憲實   敦煌社邑的分佈   敦煌文獻論集：紀念藏經洞發現一百周年國際學術研討會論文集   遼寧
人民出版社   2001   p. 422

譚蟬雪   喪祭與齋忌   敦煌學與中國史研究論集   甘肅人民出版社   2001   p. 226

曾良   敦煌文獻字義通釋   廈門大學出版社   2001   p. 118

黃征   敦煌語言文字學研究   甘肅教育出版社   2002   p. 4、214

黃征   敦煌語言文字學研究要論   漢語史學報（第二輯）   上海教育出版社   2002   p. 2

姜亮夫   敦煌莫高窟年表   姜亮夫全集（十一）   雲南人民出版社   2002   p. 465、481、487、503

林仁昱   論敦煌佛教歌曲特質與"弘法"的關係   敦煌學（第 23 輯）   （臺北）樂學書局有限公司
2002   p. 64

乜小紅   唐宋敦煌毛紡織業述略   敦煌學（第 23 輯）   （臺北）樂學書局有限公司   2002   p. 116、
126

徐曉麗   回鶻天公主與敦煌佛教   敦煌佛教藝術文化國際學術研討會論文集   蘭州大學出版社
2002   p. 420

余欣   浙敦 065 文書僞卷考   《敦煌研究》2002 年第 3 期   p. 45

鄭阿財   敦煌寫本《九想觀》詩歌新探   敦煌佛教藝術文化國際學術研討會論文集   蘭州大學出版
社   2002   p. 522

王啟濤   中古及近代法制文書語言研究   巴蜀書社   2003   p. 289、322

湛如   敦煌佛教律儀制度研究   中華書局   2003   p. 43、327、350

陳曉紅   試論敦煌佛教願文的類型   《敦煌學輯刊》2004 年第 1 期   p. 100

黨燕妮   晚唐五代敦煌的十王信仰   麥積山石窟藝術文化論文集（下）   蘭州大學出版社   2004
p. 163

杜斗城   "七七齋"之源流及敦煌文獻中有關資料的分析   《敦煌研究》2004 年第 4 期   p. 39

黑維強   吐魯番出土文書詞語疏證三則   西北方言與民俗研究論叢   中國社會科學出版社   2004
p. 225

徐曉麗   唐五代敦煌大族出嫁女性初探   麥積山石窟藝術文化論文集（下）   蘭州大學出版社
2004   p. 276

葉貴良   敦煌社邑文書詞語選釋   《敦煌研究》2004 年第 5 期   p. 79

鄭炳林   晚唐五代敦煌地區《大般若經》的流傳與信仰   麥積山石窟藝術文化論文集（下）   蘭州大
學出版社   2004   p. 119

鄭顯文   唐代律令制研究   北京大學出版社   2004   p. 203

黨燕妮   賓頭盧信仰及其在敦煌的流傳   《敦煌學輯刊》2005 年第 1 期   p. 69

劉進寶   唐五代的"單身"及其賦役免征   中華文史論叢（總 79 輯）   上海古籍出版社   2005
p. 234

敏春芳   敦煌願文詞語例釋   《敦煌學輯刊》2005 年第 1 期   p. 100

屈直敏   從《勵忠節抄》看歸義軍政權道德秩序的重建   《敦煌學輯刊》2005 年第 3 期   p. 87

王豔明   晉唐時期吐魯番的植棉和棉紡織業   《敦煌研究》2005 年第 1 期   p. 39

鄭炳林   晚唐五代歸義軍政權與佛教教團關係研究   《敦煌學輯刊》2005 年第 1 期   p. 8

郝春文   唐後期五代宋初敦煌私社的教育與教化功能   敦煌吐魯番研究（第九卷）   北京大學出版
社   2006   p. 308、312

汪泛舟   敦煌俗別字新考（上）   《敦煌研究》2006 年第 1 期   p. 103

武學軍   敏春芳   敦煌願文婉詞試解（一）   《敦煌學輯刊》2006 年第 1 期   p. 126

S. 6418

芳村修基　土橋秀高　井ノ口泰淳　敦煌佛教史年表　西域文化研究（第一）・敦煌佛教資料　（京都）法藏館　1958　p. 275

陳祚龍　敦煌古抄内典尾記彙校初、二、三編合刊　敦煌學要籥　（臺北）新文豐出版公司　1982　p. 159

池田溫　中國古代寫本識語集録　（東京）大藏出版株式會社　1990　p. 347

上山大峻　敦煌佛教の研究　（京都）法藏館　1990　p. 343

黎明　淨名經集解關中疏卷下　藏外佛教文獻（第三輯）　宗教文化出版社　1997　p. 70

S. 6419

芳村修基　土橋秀高　井ノ口泰淳　敦煌佛教史年表　西域文化研究（第一）・敦煌佛教資料　（京都）法藏館　1958　p. 277

S. 6420

芳村修基　土橋秀高　井ノ口泰淳　敦煌佛教史年表　西域文化研究（第一）・敦煌佛教資料　（京都）法藏館　1958　p. 278

江素雲　維摩詰所說經敦煌寫本綜合目録　（臺北）東初出版社　1991　p. 80

S. 6424

芳村修基　土橋秀高　井ノ口泰淳　敦煌佛教史年表　西域文化研究（第一）・敦煌佛教資料　（京都）法藏館　1958　p. 280

杜琪　表・疏　敦煌文學　甘肅人民出版社　1989　p. 24

唐耕耦　陸宏基　敦煌社會經濟文獻真迹釋録（四）　全國圖書館文獻縮微複製中心　1990　p. 177

石泰安著　耿昇譯　敦煌寫本中的印—藏和漢—藏兩種辭彙　國外藏學研究譯文集（第八輯）　西藏人民出版社　1992　p. 185

郝春文　敦煌寫本社邑文書年代彙考（三）　《社科縱橫》1993 年第 5 期　p. 10

李明偉　敦煌文學概論　甘肅人民出版社　1993　p. 462

蕭登福　道教與密宗　（臺北）新文豐出版公司　1993　p. 432

蕭登福　道教術儀與密教典籍　（臺北）新文豐出版公司　1994　p. 427

土肥義和　唐・北宋間の「社」の組織形態に関する一考察　中國古代の國家と民衆（堀敏一先生古稀記念）　（東京）汲古書院　1995　p. 711

王惠民　古代印度賓頭盧信仰的産生及其東傳　《敦煌學輯刊》1995 年第 1 期　p. 77

王書慶　從敦煌文獻看敦煌佛教文化與中原佛教文化的交流　敦煌佛教文獻研究　敦煌研究院文獻研究所　1995　p. 31

蕭登福　道教與佛教　（臺北）東大圖書公司　1995　p. 56

項楚　寒山詩籀讀劄記　中國古籍研究（第一卷）　上海古籍出版社　1996　p. 140

寧可　郝春文　敦煌社邑文書輯校　江蘇古籍出版社　1997　p. 509、510、512

寧可　兄弟社　敦煌學大辭典　上海辭書出版社　1998　p. 428

楊森　談敦煌社邑文書中"三官"及"録事""虞侯"的若干問題　《敦煌研究》1999 年第 3 期　p. 81

郝春文　英藏敦煌文獻年代叢考　英國收藏敦煌漢藏文獻研究：紀念敦煌文獻發現一百周年　中國社會科學出版社　2000　p. 375

楊寶玉　英國收藏敦煌文獻叙録　英國收藏敦煌漢藏文獻研究：紀念敦煌文獻發現一百周年　中國

社會科學出版社　2000　p. 177
山本達郎等　補(IV)社・VI 諸種文書　『NUN – HUANG AND TURFAN DOCUMENTS CONCERNING SOCIAL AND ECONOMIC HISTORY』(Sup. p. lemrnts)　（東京）東洋文庫　2001　p. 92
姜亮夫　敦煌莫高窟年表　姜亮夫全集(十一)　雲南人民出版社　2002　p. 551
湛如　敦煌佛教律儀制度研究　中華書局　2003　p. 68
黨燕妮　賓頭盧信仰及其在敦煌的流傳　《敦煌學輯刊》2005 年第 1 期　p. 68
黑維强　吐魯番出土文書詞語例釋(二)　《敦煌學輯刊》2005 年第 2 期　p. 191

S. 6425

江素雲　維摩詰所說經敦煌寫本綜合目録　（臺北）東初出版社　1991　p. 80
張涌泉　敦煌俗字研究導論　（臺北）新文豐出版公司　1996　p. 104

S. 6426

江素雲　維摩詰所說經敦煌寫本綜合目録　（臺北）東初出版社　1991　p. 80
黄征　張涌泉　敦煌變文校注　中華書局　1997　p. 476

S. 6434

馬茜　歸義軍時期敦煌地區庶民佛教的發展　甘肅民族研究論叢　甘肅人民出版社　2002　p. 454

S. 6437

慶谷壽信　敦煌出土の音韻資料(上)——Stein6691vについて　『人文學報』(第 78 號)　京都大學人文科學研究所　1970　p. 176

S. 6440

陳祚龍　敦煌古抄内典尾記彙校初、二、三編合刊　敦煌學要籥　（臺北）新文豐出版公司　1982　p. 159
吳其昱著　福井文雅　樋口勝譯　大蕃國大德・三藏法師・法成傳考　敦煌と中國仏教(講座敦煌 7)　（東京）大東出版社　1984　p. 392
池田溫　中國古代寫本識語集録　（東京）大藏出版株式會社　1990　p. 418
上山大峻　敦煌佛教の研究　（京都）法藏館　1990　p. 91、232
林聰明　敦煌文書學　（臺北）新文豐出版公司　1991　p. 280
鄭炳林　敦煌碑銘讚輯釋　甘肅教育出版社　1997　p. 31 注 5
林聰明　敦煌吐魯番文書解詁指例　（臺北）新文豐出版公司　2001　p. 132

S. 6445

池田溫　中國古代寫本識語集録　（東京）大藏出版株式會社　1990　p. 363

S. 6448

池田溫　中國古代寫本識語集録　（東京）大藏出版株式會社　1990　p. 364

S. 6449

江素雲　維摩詰所說經敦煌寫本綜合目録　（臺北）東初出版社　1991　p. 80

S. 6450

鄭炳林　馮培紅　唐五代歸義軍政權對外關係中的使頭一職　敦煌歸義軍史專題研究　蘭州大學出
　　版社　1997　p. 55

S. 6452

向達　倫敦所藏敦煌卷子經眼目録　《北平圖書館圖書季刊》1939 年新第 1 卷第 4 期　p. 399　又
　　見：唐代長安與西域文明　三聯書店　1957　p. 238

劉銘恕　再記英國倫敦所藏的敦煌經卷　《中國科學院圖書館通訊》1957 年第 7 期　又見：中國敦煌
　　學百年文庫・綜述卷(二)　甘肅文化出版社　1999　p. 133

土肥義和　莫高窟千佛洞と大寺と蘭若と　敦煌の社會(講座敦煌 3)　(東京)大東出版社　1980
　　p. 367

土肥義和　はじめに——歸義軍節度使の敦煌支配　敦煌の歷史(講座敦煌 2)　(東京)大東出版
　　社　1980　p. 274

姜伯勤　敦煌寺院碾磑經營的兩種形式　歷史論叢(第三輯)　齊魯書社　1983　p. 178　又見：五
　　十年來漢唐佛教寺院經濟研究　北京師範大學出版社　1986　p. 225

李正宇　敦煌方音止遇二攝混同及其校勘學意義　《敦煌研究》1986 年第 4 期　p. 50

池田溫　敦煌の便穀曆　日野開三郎博士頌壽記念論集・中國社會・制度・文化史の諸問題　(福
　　岡)中國書店　1987　p. 358、373

姜伯勤　唐五代敦煌寺戶制度　中華書局　1987　p. 146、180、269、303

森安孝夫　敦煌と西ウイグル王國　『東方學』(第 74 輯)　(東京)東方學會　1987　p. 68

森安孝夫著　陳俊謀譯　敦煌與西回鶻王國　《西北史地》1987 年第 3 期　p. 126

王永興　隋唐五代經濟史料彙編校注・第一編(下)　中華書局　1987　p. 682

姜伯勤　敦煌音聲人略論　《敦煌研究》1988 年第 4 期　p. 2

李正宇　敦煌古城談往　《西北史地》1988 年第 2 期　p. 26

李正宇　唐宋時代敦煌縣河渠泉澤簡志(二)　《敦煌研究》1989 年第 1 期　p. 54

張廣達　榮新江　關於敦煌出土于闐文獻的年代及其相關問題　紀念陳寅恪先生誕辰百年學術論文
　　集　北京大學出版社　1989　p. 295

榮新江　西元十世紀沙州歸義軍與西州回鶻的文化交往　第二屆敦煌學國際研討會論文集　(臺
　　北)漢學研究中心　1990　p. 589

唐耕耦　敦煌寫本便物曆初探　敦煌吐魯番文獻研究論集(第五輯)　北京大學出版社　1990
　　p. 164、167、173、190

唐耕耦　陸宏基　敦煌社會經濟文獻真迹釋録(二、三)　全國圖書館文獻縮微複製中心　1990
　　p. 58、239；222

謝重光　白文固　中國僧官制度史　青海人民出版社　1990　p. 135

李正宇　敦煌名勝古迹導論　《陽關》1991 年第 4 期　p. 51

仁井田陞　補訂中國法制史研究：土地法・取引法　東京大學出版會　1991　p. 739

張涌泉　《補全唐詩》兩種補校　《敦煌學輯刊》1991 年第 2 期　p. 24　又見：舊學新知　浙江大學
　　出版社　1999　p. 313

譚禪雪　敦煌歲時掇瑣　(香港)《九州學刊》(敦煌學專輯)1993 年第 5 卷第 4 期　p. 93、103

張鴻勳　敦煌說唱文學概論　(臺北)新文豐出版公司　1993　p. 7

蔣禮鴻　敦煌文獻語言詞典　杭州大學出版社　1994　p. 240

殷光明　從敦煌漢晉長城、古城及屯戍遺址之變遷簡析保護生態平衡的重要性　《敦煌學輯刊》1994

年第 1 期　p. 57

鄭炳林　董念清　唐五代敦煌私營釀酒業初探　《社科縱橫》1994 年第 4 期　p. 64

鄭炳林　高偉　唐五代敦煌釀酒業初探　《西北史地》1994 年第 1 期　p. 31

李正宇　俄藏《端拱二年八月十九日往西天取菩薩戒僧智堅手記》決疑　敦煌佛教文獻研究　敦煌研究院文獻研究所　1995　p. 3

土肥義和　唐・北宋間の「社」の組織形態に関する一考察　中國古代の國家と民衆（堀敏一先生古稀記念）（東京）汲古書院　1995　p. 748

王三慶　敦煌書儀載錄之節日活動與民俗　全國敦煌學研討會論文集　（臺北）中正大學中國文學系所　1995　p. 25 注 13

張傳璽　中國歷代契約會編考釋（上）　北京大學出版社　1995　p. 656 注 1

姜伯勤　敦煌藝術宗教與禮樂文明　中國社會科學出版社　1996　p. 511

李正宇　敦煌史地新論　（臺北）新文豐出版公司　1996　p. 82

馬德　敦煌莫高窟史研究　甘肅教育出版社　1996　p. 174、215

馬德　九、十世紀敦煌工匠史料述論　慶祝潘石禪先生九秩華誕敦煌學特刊　（臺北）文津出版社　1996　p. 316

榮新江　歸義軍史研究　上海古籍出版社　1996　p. 32

鄭炳林　唐五代敦煌粟特人與歸義軍政權　《敦煌研究》1996 年第 4 期　p. 92　又見：敦煌歸義軍史專題研究　蘭州大學出版社　1997　p. 424

馮培紅　唐五代敦煌的河渠水利與水司管理機構初探　《敦煌學輯刊》1997 年第 2 期　p. 73

馮培紅　晚唐五代宋初歸義軍武職軍將研究　敦煌歸義軍史專題研究　蘭州大學出版社　1997　p. 123

李正宇　敦煌歷史地理導論　（臺北）新文豐出版公司　1997　p. 59、214、224、226

馬德　敦煌工匠史料　甘肅人民出版社　1997　p. 15、49、58、78

齊陳俊　馮培紅　晚唐五代宋初歸義軍對外商業貿易　敦煌歸義軍史專題研究　蘭州大學出版社　1997　p. 347

唐耕耦　敦煌寺院會計文書研究　（臺北）新文豐出版公司　1997　p. 23、377、407

張弓　漢唐佛寺文化史　中國社會科學出版社　1997　p. 315

鄭阿財　論敦煌寫本《龍興寺毗沙門天王靈驗記》與唐代的毗沙門信仰　第三屆中國唐代文化學術研討會論文集　（臺北）政治大學中國文學系　1997　p. 440

鄭炳林　敦煌碑銘讚輯釋　甘肅教育出版社　1997　p. 145 注 2、374 注 3

鄭炳林　唐五代敦煌的粟特人與佛教　敦煌歸義軍史專題研究　蘭州大學出版社　1997　p. 461

鄭炳林　唐五代敦煌金山國征伐樓蘭史事考　敦煌歸義軍史專題研究　蘭州大學出版社　1997　p. 14

鄭炳林　唐五代敦煌手工業研究　敦煌歸義軍史專題研究　蘭州大學出版社　1997　p. 245

鄭炳林　唐五代敦煌種植林業研究　敦煌歸義軍史專題研究　蘭州大學出版社　1997　p. 197

鄭炳林　晚唐五代敦煌貿易市場的物價　敦煌歸義軍史專題研究　蘭州大學出版社　1997　p. 285

鄭炳林　晚唐五代敦煌園囿經濟研究　敦煌歸義軍史專題研究　蘭州大學出版社　1997　p. 312

鄭炳林　馮培紅　唐五代歸義軍政權對外關係中的使頭一職　敦煌歸義軍史專題研究　蘭州大學出版社　1997　p. 51

鄭炳林　馮培紅　晚唐五代宋初歸義軍政權中都頭一職考辨　敦煌歸義軍史專題研究　蘭州大學出版社　1997　p. 83

鄭炳林　楊富學　晚唐五代金銀在敦煌的使用與流通　《甘肅金融》1997 年第 8 期　又見：中國敦煌

學百年文庫·歷史卷(二)　甘肅文化出版社　1999　p. 583

高啓安　索黛　敦煌古代僧人官齋飲食檢閱　《敦煌研究》1998 年第 3 期　p. 67

高啓安　索黛　唐五代敦煌飲食中的餅淺探　《敦煌研究》1998 年第 4 期　p. 78、80

郝春文　唐後期五代宋初敦煌僧尼的社會生活　中國社會科學出版社　1998　p. 90、187

金瀅坤　從敦煌文書看晚唐五代敦煌地區布紡織業　《敦煌研究》1998 年第 2 期　p. 134

李冬梅　唐五代歸義軍與周邊民族關係綜論　《敦煌學輯刊》1998 年第 2 期　p. 50

馬德　10 世紀敦煌寺曆所記三窟活動　《敦煌研究》1998 年第 2 期　p. 83

榮新江　歸義軍大事紀年初稿　出土文獻研究(第三輯)　文物出版社　1998　p. 252

沙知　都料　敦煌學大辭典　上海辭書出版社　1998　p. 410

沙知　敦煌契約文書輯校　江蘇古籍出版社　1998　p. 283

沙知　抛工　敦煌學大辭典　上海辭書出版社　1998　p. 390

譚蟬雪　敦煌歲時文化導論　(臺北)新文豐出版公司　1998　p. 126、260、322

譚蟬雪　馬毬　敦煌學大辭典　上海辭書出版社　1998　p. 600

譚蟬雪　蒸餅　敦煌學大辭典　上海辭書出版社　1998　p. 445

童丕　10 世紀敦煌的借貸人　法國漢學(第 3 輯)　中華書局　1998　p. 65、72

謝重光　酒戶　敦煌學大辭典　上海辭書出版社　1998　p. 652

楊森　晚唐五代兩件《女人社》文書劄記　《敦煌研究》1998 年第 1 期　p. 70

張亞萍　唐五代歸義軍政府牧馬業研究　《敦煌學輯刊》1998 年第 2 期　p. 57

陳國燦　唐代的經濟社會　(臺北)文津出版社　1999　p. 219 注 60

高啓安　唐五代敦煌僧人飲食的幾個名詞解釋　《敦煌研究》1999 年第 4 期　p. 136

張涌泉　俗字研究與敦煌文獻的校理　舊學新知　浙江大學出版社　1999　p. 61

董志翹　《太平廣記》詞語輯釋　中古近代漢語研究(第一輯)　上海教育出版社　2000　p. 234

高啓安　唐五代敦煌人的飲酒習俗述論　《敦煌研究》2000 年第 3 期　p. 88

童丕　從寺院的帳簿看敦煌二月八日節　法國漢學(敦煌學專號)　中華書局　2000　p. 87

鄭炳林　晚唐五代敦煌貿易市場的外來商品輯考　中華文史論叢(總 63 輯)　上海古籍出版社
　　2000　p. 78

羅彤華　從便物曆論敦煌寺院的放貸　敦煌文獻論集:紀念藏經洞發現一百周年國際學術研討會論
　　文集　遼寧人民出版社　2001　p. 470

譚蟬雪　唐宋敦煌歲時佛俗:八月至十二月　《敦煌研究》2001 年第 2 期　p. 75

王明珍　敦煌 P. 4518 佛畫的年代及相關問題芻議　《敦煌研究》2001 年第 1 期　p. 51

曾良　敦煌文獻字義通釋　廈門大學出版社　2001　p. 7、28、177

杜建録　西夏經濟史　中國社會科學出版社　2002　p. 218

高啓安　晚唐五代敦煌僧人飲食戒律初探　敦煌佛教藝術文化國際學術研討會論文集　蘭州大學出
　　版社　2002　p. 389

李小榮　變文講唱與華梵宗教藝術　上海三聯書店　2002　p. 136

李正宇　唐宋時期的敦煌佛教　敦煌佛教藝術文化國際學術研討會論文集　蘭州大學出版社　2002
　　p. 379

乜小紅　唐宋敦煌毛紡織業述略　敦煌學(第 23 輯)　(臺北)樂學書局有限公司　2002　p. 124

榮新江　唐五代歸義軍武職軍將考　敦煌學新論　甘肅教育出版社　2002　p. 60

楊惠玲　敦煌契約文書中的保人、見人、口承人、同便人、同取人　《敦煌研究》2002 年第 6 期　p. 46

鄭炳林　晚唐五代敦煌歸義軍行政區劃制度研究(之一)　《敦煌研究》2002 年第 2 期　p. 13

董志翹　敦煌社會經濟文書詞語散釋　中國俗文化研究(第一輯)　巴蜀書社　2003　p. 134

李小榮　敦煌密教文獻論稿　人民文學出版社　2003　p. 173

劉進寶　P. 4525(8)《官布籍》所見歸義軍政權的賦稅免征　新世紀敦煌學論集　巴蜀書社　2003　p. 298

乜小紅　唐五代敦煌音聲人試探　《敦煌研究》2003 年第 3 期　p. 75

湛如　敦煌佛教律儀制度研究　中華書局　2003　p. 41、69

鄭炳林　晚唐五代敦煌村莊聚落輯考　2000 年敦煌學國際學術討論會文集·歷史文化卷(上)　甘肅民族出版社　2003　p. 128、140、155

陳大爲　歸義軍時期敦煌淨土寺與都司及諸寺的經濟交往　《敦煌學輯刊》2004 年第 1 期　p. 121

陳明　生命呋陀:西域出土胡語醫學文獻的知識來源　歐亞學刊(第 4 輯)　中華書局　2004　p. 236

董志翹　敦煌社會經濟文獻詞語略考　浙江與敦煌學:常書鴻先生誕辰一百周年紀念文集　浙江古籍出版社　2004　p. 498

高啓安　唐五代敦煌飲食文化研究　民族出版社　2004　p. 108

李正宇　晚唐至宋敦煌僧人聽食"淨肉"　敦煌學(第 25 輯)　(臺北)樂學書局有限公司　2004　p. 183

余欣　敦煌的入宅與暖房禮俗　中華文史論叢(總 78 輯)　上海古籍出版社　2004　p. 107

張涌泉　敦煌文獻字詞例釋　敦煌學(第 25 輯)　(臺北)樂學書局有限公司　2004　p. 353

趙紅　高啓安　唐五代時期敦煌僧人飲食概述　麥積山石窟藝術文化論文集(下)　蘭州大學出版社　2004　p. 290

鄭炳林　晚唐五代敦煌商業貿易市場研究　《敦煌學輯刊》2004 年第 1 期　p. 116

鄭炳林　徐曉莉　晚唐五代敦煌歸義軍政權的婚姻關係研究　敦煌學(第 25 輯)　(臺北)樂學書局有限公司　2004　p. 580

陳明　殊方異藥:出土文書與西域醫學　北京大學出版社　2005　p. 43

黨燕妮　毗沙門天王信仰在敦煌的流傳　《敦煌研究》2005 年第 3 期　p. 103

郭永利　晚唐五代敦煌佛教寺院的納贈　《敦煌學輯刊》2005 年第 4 期　p. 78

李正宇　晚唐至北宋敦煌僧尼普聽飲酒　《敦煌研究》2005 年第 3 期　p. 69

鄭炳林　晚唐五代敦煌地區的胡姓居民與聚落　法國漢學(第 10 輯)(粟特人在中國:歷史、考古、語言的新探索)　中華書局　2005　p. 181、186

陳大爲　敦煌淨土寺與敦煌地區胡姓居民關係探析　《敦煌學輯刊》2006 年第 1 期　p. 91

金瀅坤　敦煌社會經濟文書定年拾遺　《首都師範大學學報》2006 年第 1 期　p. 11

鄭炳林　晚唐五代河西地區的居民結構研究　《蘭州大學學報》2006 年第 2 期　p. 10

S. 6453

唐文播　敦煌老子寫卷《系師定河上真人章句》考　《中國文化研究彙刊》1930 年第 6 卷　又見:中國敦煌學百年文庫·文獻卷(一)　甘肅文化出版社　1999　p. 79

向達　倫敦所藏敦煌卷子經眼目錄　《北平圖書館圖書季刊》1939 年新第 1 卷第 4 期　p. 399　又見:唐代長安與西域文明　三聯書店　1957　p. 238

陳世驤　"想爾"老子道德經敦煌殘卷論證　《清華學報》1957 年新 1 卷第 2 期　又見:中國敦煌學百年文庫·文獻卷(一)　甘肅文化出版社　1999　p. 383

嚴靈峰　老子《想爾注》寫本殘卷質疑　(臺北)《大陸雜誌》1965 年第 6 期　又見:中國敦煌學百年文庫·文獻卷(一)　甘肅文化出版社　1999　p. 495

陳祚龍　敦煌道經後記彙錄　敦煌文物隨筆　(臺北)商務印書館　1979　p. 14

鄭良樹　敦煌老子寫本考異　（臺北）《大陸雜誌》1981 年第 2 期　又見：中國敦煌學百年文庫・宗
　　教卷（三）　甘肅文化出版社　1999　p. 71

陳祚龍　新校重訂《敦煌道經後記彙録》　敦煌學要籥　（臺北）新文豐出版公司　1982　p. 206

楠山春樹　道德經類　付『莊子』『列子』『文子』　敦煌と中國道教（講座敦煌 4）　（東京）大東出版
　　社　1983　p. 27

龍晦　論敦煌道教文學　《世界宗教研究》1985 年第 3 期　又見：中國敦煌學百年文庫・宗教卷
　　（三）　甘肅文化出版社　1999　p. 367

李正宇　敦煌地區古代祠廟寺觀簡志　《敦煌學輯刊》1988 年第 1、2 期　p. 73

池田溫　中國古代寫本識語集録　（東京）大藏出版株式會社　1990　p. 300

麥谷邦夫　唐玄宗御注『道德真經』および疏撰述をめぐる二、三の問題　『東方學報』（第 62 號）
　　京都大學人文科學研究所　1990　p. 232

林聰明　敦煌文書出處略考　季羨林教授八十華誕紀念論文集（下）　江西人民出版社　1991
　　p. 863

林聰明　敦煌文書學　（臺北）新文豐出版公司　1991　p. 400

姜伯勤　敦煌社會文書導論　（臺北）新文豐出版公司　1992　p. 225

李豐楙　敦煌道經寫卷與道教寫經的供養功德觀　全國敦煌學研討會論文集　（臺北）中正大學中
　　國文學系所　1995　p. 125

饒宗頤　吳建衡二年索紞寫本道德經殘卷考證　（香港）《東方文化》1995 年第 2 卷第 1 期　p. 10

姜伯勤　敦煌藝術宗教與禮樂文明　中國社會科學出版社　1996　p. 298

李正宇　敦煌史地新論　（臺北）新文豐出版公司　1996　p. 63

邵文實　敦煌道教試述　《世界宗教研究》1996 年第 2 期　又見：中國敦煌學百年文庫・宗教卷
　　（三）　甘肅文化出版社　1999　p. 340

白化文　道德經白文本　敦煌學大辭典　上海辭書出版社　1998　p. 776

姜伯勤　道釋相激：道教在敦煌　道家文化研究（第十三輯）　三聯書店　1998　p. 58

李正宇　開元觀　敦煌學大辭典　上海辭書出版社　1998　p. 633

周維平　從敦煌遺書看敦煌道教　《西北民族研究》1999 年第 2 期　p. 132

戴仁　敦煌寫本中的贋品　法國漢學（敦煌學專號）　中華書局　2000　p. 8

曾良　敦煌文獻字義通釋　廈門大學出版社　2001　p. 194

蔡忠霖　敦煌漢文寫卷俗字及其現象　（臺北）文津出版社　2002　p. 65、142、163

姜亮夫　敦煌莫高窟年表　姜亮夫全集（十一）　雲南人民出版社　2002　p. 333

王卡　中國國家圖書館藏敦煌道教遺書研究報告　國際敦煌學學術史研討會論文集　研討會籌備組
　　2002　p. 261　又見：敦煌吐魯番研究（第七卷）　北京大學出版社　2004　p. 360

蔡忠霖　從書法角度看俗字的生成　敦煌學（第 24 輯）　（臺北）樂學書局有限公司　2003　p. 163、
　　167

蔡忠霖　官定正字之外的通行文字　新世紀敦煌學論集　巴蜀書社　2003　p. 109

楊森　武則天至玄宗時代敦煌的三洞法師中嶽先生述略　《敦煌研究》2003 年第 3 期　p. 47

王卡　敦煌道教文獻研究　中國社會科學出版社　2004　p. 8、162

朱大星　敦煌寫卷李榮《老子注》及相關問題　浙江與敦煌學：常書鴻先生誕辰一百周年紀念文集
　　浙江古籍出版社　2004　p. 379

王卡　敦煌道教綜述　敦煌與絲路文化學術講座（第二輯）　北京圖書館出版社　2005　p. 377

朱大星　從出土文獻看《老子》的分章：以《道經》三十六章、《德經》四十五章的分章形式爲中心　文
　　史（第七十五輯）　中華書局　2006　p. 115

S. 6454

向達　倫敦所藏敦煌卷子經眼目錄　《北平圖書館圖書季刊》1939 年新第 1 卷第 4 期　p. 399　又見：唐代長安與西域文明　三聯書店　1957　p. 238

芳村修基　土橋秀高　井ノ口泰淳　敦煌佛教史年表　西域文化研究（第一）‧敦煌佛教資料　（京都）法藏館　1958　p. 267

陳祚龍　敦煌道經後記彙錄　敦煌文物隨筆　（臺北）商務印書館　1979　p. 3

陳祚龍　新校重訂《敦煌道經後記彙錄》　敦煌學要籥　（臺北）新文豐出版公司　1982　p. 199

楠山春樹　道德經類　付『莊子』『列子』『文子』　敦煌と中國道教（講座敦煌 4）　（東京）大東出版社　1983　p. 27

石井昌子　靈寶經類　敦煌と中國道教（講座敦煌 4）　（東京）大東出版社　1983　p. 156

クリストファー‧シッペール著　福井文雅訳　敦煌文書に見える道士の法位階梯について　敦煌と中國道教（講座敦煌 4）　（東京）大東出版社　1983　p. 334

姜伯勤　沙州道門親表部落釋證　《敦煌研究》1986 年第 3 期　p. 3

姜亮夫　敦煌所見道教佚經考　敦煌學論文集　上海古籍出版社　1987　p. 315

李正宇　關於金山國和敦煌國建國的幾個問題　《西北史地》1987 年第 2 期　p. 72

秦明智　關於甘肅省博物館藏敦煌遺書之淺考和目錄　1983 年全國敦煌學術討論會文集‧文史遺書編（上）　甘肅人民出版社　1987　p. 458

李正宇　敦煌地區古代祠廟寺觀簡志　《敦煌學輯刊》1988 年第 1、2 期　p. 73

陳國燦　唐五代敦煌縣鄉里制的演變　《敦煌研究》1989 年第 3 期　p. 48

韓建瓴　題跋　敦煌文學　甘肅人民出版社　1989　p. 75

池田溫　中國古代寫本識語集錄　（東京）大藏出版株式會社　1990　p. 301

林聰明　敦煌文書學　（臺北）新文豐出版公司　1991　p. 193、284、391

姜伯勤　敦煌社會文書導論　（臺北）新文豐出版公司　1992　p. 225、227

陶秋英輯錄　姜亮夫校訂　敦煌所見道教佚經錄　敦煌碎金　浙江古籍出版社　1992　p. 321

朱越利　道經總論　遼寧教育出版社　1992　p. 263、282

張鴻勳　敦煌說唱文學概論　（臺北）新文豐出版公司　1993　p. 6

張澤洪　敦煌文書中的唐代道經　《敦煌學輯刊》1993 年第 2 期　p. 62

姜伯勤　《本際經》與敦煌道教　《敦煌研究》1994 年第 3 期　p. 13

姜伯勤　敦煌藝術宗教與禮樂文明　中國社會科學出版社　1996　p. 249、298

李正宇　敦煌史地新論　（臺北）新文豐出版公司　1996　p. 63

李正宇　敦煌歷史地理導論　（臺北）新文豐出版公司　1997　p. 57

王書慶　敦煌文獻中五代宋初戒牒研究　《敦煌研究》1997 年第 3 期　p. 41

鄭炳林　敦煌碑銘讚輯釋　甘肅教育出版社　1997　p. 250 注 28

陳國燦　玉關鄉　敦煌學大辭典　上海辭書出版社　1998　p. 302

姜伯勤　道釋相激：道教在敦煌　道家文化研究（第十三輯）　三聯書店　1998　p. 58

李正宇　開元觀　敦煌學大辭典　上海辭書出版社　1998　p. 633

馬德　敦煌文書《道家雜齋文範集》及有關問題述略　道家文化研究（第十三輯）　三聯書店　1998　p. 246

譚蟬雪　敦煌道經題記綜述　道家文化研究（第十三輯）　三聯書店　1998　p. 11

汪泛舟　敦煌道教詩歌補論　《敦煌研究》1998 年第 4 期　p. 90

王卡　十戒經　敦煌學大辭典　上海辭書出版社　1998　p. 765

邵文實　敦煌道教試述　中國敦煌學百年文庫‧宗教卷（三）　甘肅文化出版社　1999　p. 337

顏廷亮　敦煌文化中的道教及文化　《敦煌研究》1999 年第 1 期　p. 137、143

顏廷亮　關於敦煌文學發展的歷史進程　《甘肅社會科學》1999 年第 4 期　p. 45

周維平　從敦煌遺書看敦煌道教　《西北民族研究》1999 年第 2 期　p. 128、132

金岡照光　敦煌文獻と中國文學　（東京）五曜書房　2000　p. 431、518

汪泛舟　敦煌道教與齋醮諸考　1994 年敦煌學國際研討會文集・宗教文史卷（上）　甘肅民族出版
　　社　2000　p. 3

徐俊　敦煌詩集殘卷輯考　中華書局　2000　p. 900

顏廷亮　敦煌文化　光明日報出版社　2000　p. 237、250

張澤洪　論唐代道教的寫經　《敦煌研究》2000 年第 3 期　p. 133

孫昌武　道教與唐代文學　人民文學出版社　2001　p. 483

曾良　敦煌文獻字義通釋　廈門大學出版社　2001　p. 186

姜亮夫　敦煌莫高窟年表　姜亮夫全集（十一）　雲南人民出版社　2002　p. 333

楊森　武則天至玄宗時代敦煌的三洞法師中嶽先生述略　《敦煌研究》2003 年第 3 期　p. 45

王卡　敦煌道教文獻研究　中國社會科學出版社　2004　p. 8、135

王卡　中國國家圖書館藏敦煌道教遺書研究報告　敦煌吐魯番研究（第七卷）　北京大學出版社
　　2004　p. 357

王卡　敦煌道教綜述　敦煌與絲路文化學術講座（第二輯）　北京圖書館出版社　2005　p. 377

S. 6455

顏廷亮　敦煌文化　光明日報出版社　2000　p. 316

S. 6459

芳村修基　土橋秀高　井ノ口泰淳　敦煌佛教史年表　西域文化研究（第一）・敦煌佛教資料　（京
　　都）法藏館　1958　p. 275

陳祚龍　敦煌古抄內典尾記彙校初、二、三編合刊　敦煌學要籥　（臺北）新文豐出版公司　1982
　　p. 160

池田溫　中國古代寫本識語集録　（東京）大藏出版株式會社　1990　p. 332

王惠民　《思益經》及其在敦煌的流傳　《敦煌研究》1997 年第 1 期　p. 35

方廣錩　思益梵天所問經　敦煌學大辭典　上海辭書出版社　1998　p. 668

楊富學　李吉和　敦煌漢文吐蕃史料輯校（第一輯）　甘肅人民出版社　1999　p. 277

S. 6461

山本達郎等　敦煌・III 轉貼　『NUN – HUANG AND TURFAN DOCUMENTS CONCERNING SOCIAL
　　AND ECONOMIC HISTORY』(IV)　（東京）東洋文庫　1989　p. 52

石田勇作　敦煌「社文書」研究序說　中國古代の國家と民衆（堀敏一先生古稀記念）　（東京）汲古
　　書院　1995　p. 684

寧可　郝春文　敦煌社邑文書輯校　江蘇古籍出版社　1997　p. 224

楊森　從敦煌文獻看中國古代從左向右的書寫格式　《敦煌研究》2001 年第 2 期　p. 107

S. 6463

黃征　《龍龕手鏡》名義考　敦煌語文叢說　（臺北）新文豐出版公司　1997　p. 786

楊富學　李吉和　敦煌漢文吐蕃史料輯校（第一輯）　甘肅人民出版社　1999　p. 135

S. 6469

金岡照光　敦煌文學のさまざま　敦煌の文學　（東京）大藏出版株式會社　1971　p. 162

池田溫　敦煌の便穀曆　日野開三郎博士頌壽記念論集・中國社會・制度・文化史の諸問題　（福岡）中國書店　1987　p. 377

張錫厚　詩歌　敦煌文學　甘肅人民出版社　1989　p. 169

唐耕耦　敦煌寫本便物曆初探　敦煌吐魯番文獻研究論集（第五輯）　北京大學出版社　1990　p. 159

唐耕耦　陸宏基　敦煌社會經濟文獻真迹釋録（二）　全國圖書館文獻縮微複製中心　1990　p. 247

周紹良　敦煌文學芻議及其它　（臺北）新文豐出版公司　1992　p. 24

張錫厚　敦煌文學概論　甘肅人民出版社　1993　p. 361

邵文實　敦煌道教試述　《世界宗教研究》1996 年第 2 期（原文録爲 P. 6469）　又見：中國敦煌學百年文庫・宗教卷（三）　甘肅文化出版社　1999　p. 343

唐耕耦　敦煌寺院會計文書研究　（臺北）新文豐出版公司　1997　p. 369

柴劍虹　上皇勸善斷肉文　敦煌學大辭典　上海辭書出版社　1998　p. 547

杜琪　敦煌詩賦作品要目分類題注　《甘肅社會科學》2000 年第 1 期　p. 63

丘古耶夫斯基　敦煌漢文文書　上海古籍出版社　2000　p. 140

徐俊　敦煌詩集殘卷輯考　中華書局　2000　p. 900

羅彤華　從便物曆論敦煌寺院的放貸　敦煌文獻論集：紀念藏經洞發現一百周年國際學術研討會論文集　遼寧人民出版社　2001　p. 468

S. 6470

蕭登福　從敦煌寫卷中看道教星斗崇拜對佛經之影響　第二屆敦煌學國際研討會論文集　（臺北）漢學研究中心　1990　p. 336

S. 6471

蘇哲　伯二九九二號文書三通五代狀文的研究　敦煌吐魯番文獻研究論集（第五輯）　北京大學出版社　1990　p. 445

S. 6472

江素雲　維摩詰所說經敦煌寫本綜合目録　（臺北）東初出版社　1991　p. 80

S. 6473

江素雲　維摩詰所說經敦煌寫本綜合目録　（臺北）東初出版社　1991　p. 80

S. 6474

方廣錩　敦煌遺書中的《法華經》注疏　《世界宗教研究》1998 年第 2 期　p. 75

方廣錩　敦煌遺書中的《妙法蓮華經》及有關文獻　法源（第 16 期）　中國佛學院　1998　p. 46

S. 6475

蕭登福　從敦煌寫卷中看道教星斗崇拜對佛經之影響　第二屆敦煌學國際研討會論文集　（臺北）漢學研究中心　1990　p. 336

S. 6476

陳祚龍　敦煌古抄內典尾記彙校初、二、三編合刊　敦煌學要籥　（臺北）新文豐出版公司　1982
　　　p. 160

池田溫　中國古代寫本識語集録　（東京）大蔵出版株式會社　1990　p. 158

S. 6483

陳祚龍　敦煌古抄內典尾記彙校初、二、三編合刊　敦煌學要籥　（臺北）新文豐出版公司　1982
　　　p. 160

吳其昱著　福井文雅　樋口勝譯　大蕃國大德・三蔵法師・法成傳考　敦煌と中國仏教（講座敦煌
　　　7）（東京）大東出版社　1984　p. 399

陳祚龍　繼行新發現，續作新發明：敦煌學散策之五　敦煌學（第 10 輯）（臺北）新文豐出版公司
　　　1985　p. 19　又見：敦煌學林剳記　（臺北）商務印書館　1987　p. 373

上山大峻　敦煌佛教の研究　（京都）法藏館　1990　p. 110、221

戴仁　敦煌和吐魯番寫本的斷代研究　法國學者敦煌學論文選萃　中華書局　1993　p. 525

賀世哲　莫高窟第 192 窟《發願功德讚文》重録及有關問題　《敦煌研究》1993 年第 2 期　p. 3

戴仁　敦煌寫本中的贋品　法國漢學（敦煌學專號）　中華書局　2000　p. 9

姜亮夫　敦煌莫高窟年表　姜亮夫全集（十一）　雲南人民出版社　2002　p. 396

樊錦詩　玄奘譯經和敦煌壁畫　《敦煌研究》2004 年第 2 期　p. 8

榮新江　余欣　敦煌寫本辨僞示例：以法成講《瑜伽師地論》學生筆記爲中心　敦煌學・日本學：石
　　　塚晴通教授退職紀念論文集　上海辭書出版社　2005　p. 71

榮新江　余欣著　谷美喜子譯　敦煌寫本真僞弁別示例：法成の講じた「瑜伽師地論」の學生により
　　　筆記を中心として　日本學・敦煌學・漢文訓讀の新展開　（東京）汲古書院　2005　p. 162

S. 6485

芳村修基　土橋秀高　井ノロ泰淳　敦煌佛教史年表　西域文化研究（第一）・敦煌佛教資料　（京
　　　都）法藏館　1958　p. 275

陳祚龍　敦煌古抄內典尾記彙校初、二、三編合刊　敦煌學要籥　（臺北）新文豐出版公司　1982
　　　p. 160

池田溫　中國古代寫本識語集録　（東京）大蔵出版株式會社　1990　p. 352

林聰明　從敦煌文書看佛教徒的造經祈福　第二屆敦煌學國際研討會論文集　（臺北）漢學研究中
　　　心　1990　p. 533

井ノロ泰淳　敦煌本『仏名經』の諸系統　中央アジアの言語と仏教　（京都）法藏館　1995
　　　p. 300、325

方廣錩　賢劫千佛名經　敦煌學大辭典　上海辭書出版社　1998　p. 674

梁曉鵬　莫高窟第 254 窟千佛文本的符號學分析　《敦煌學輯刊》2005 年第 2 期　p. 74

S. 6486

井ノロ泰淳　敦煌本『仏名經』の諸系統　中央アジアの言語と仏教　（京都）法藏館　1995　p. 297

S. 6492

許國霖　敦煌石室寫經題記彙編　《微妙聲》1936 - 1937 年第 1 - 4 期　又見：中國敦煌學百年文
　　　庫・宗教卷（四）　甘肅文化出版社　1999　p. 243

許國霖　敦煌石室寫經年代表　《微妙聲》1937 年第 5 期　又見：中國敦煌學百年文庫・宗教卷（四）　甘肅文化出版社　1999　p. 195

芳村修基　土橋秀高　井ノ口泰淳　敦煌佛教史年表　西域文化研究（第一）・敦煌佛教資料　（京都）法藏館　1958　p. 255

陳祚龍　敦煌古抄内典尾記彙校初、二、三編合刊　敦煌學要籥　（臺北）新文豐出版公司　1982　p. 160

池田温　中國古代寫本識語集録　（東京）大藏出版株式會社　1990　p. 124、357

戴仁　敦煌寫本紙張的顏色　法國學者敦煌學論文選萃　中華書局　1993　p. 591

蔡忠霖　敦煌漢文寫卷俗字及其現象　（臺北）文津出版社　2002　p. 65、139、157、165

姜亮夫　敦煌莫高窟年表　姜亮夫全集（十一）　雲南人民出版社　2002　p. 146

石井公成　敦煌發現之地論宗諸文獻與電腦自動異本處理　戒幢佛學（第二卷）　岳麓書社　2002　p. 180

蔡忠霖　從書法角度看俗字的生成　敦煌學（第 24 輯）　（臺北）樂學書局有限公司　2003　p. 163

S. 6494

方廣錩　敦煌遺書中的《法華經》注疏　《世界宗教研究》1998 年第 2 期　p. 77

方廣錩　敦煌遺書中的《妙法蓮華經》及有關文獻　法源（第 16 期）　中國佛學院　1998　p. 49

S. 6495

陳祚龍　敦煌古抄内典尾記彙校初、二、三編合刊　敦煌學要籥　（臺北）新文豐出版公司　1982　p. 160

池田温　中國古代寫本識語集録　（東京）大藏出版株式會社　1990　p. 422

鄭炳林　敦煌碑銘讚輯釋　甘肅教育出版社　1997　p. 87 注 2

S. 6497

廣川堯敏　淨土三部經　敦煌と中國仏教（講座敦煌 7）　（東京）大東出版社　1984　p. 102

S. 6498

戴仁　敦煌和吐魯番寫本的斷代研究　法國學者敦煌學論文選萃　中華書局　1993　p. 524

S. 6502

向達　倫敦所藏敦煌卷子經眼目録　《北平圖書館圖書季刊》1939 年新第 1 卷第 4 期　p. 399　又見：唐代長安與西域文明　三聯書店　1957　p. 238

王重民　敦煌古籍敘録　中華書局　1979　p. 269

蘇瑩輝　敦煌學概要　（臺北）編譯館"中華叢書編委會"　1981　p. 77

蘇瑩輝　中外敦煌古寫本纂要　敦煌論集　（臺北）學生書局　1983　p. 333

アントニーノ・フォルテ　『大雲經疏』をめぐって　敦煌と中國仏教（講座敦煌 7）　（東京）大東出版社　1984　p. 173

戴密微著　耿昇譯　唐代的入冥故事：黄仕强傳　敦煌譯叢（第一輯）　甘肅人民出版社　1985　p. 142 注 3

蕭登福　敦煌寫卷《唐太宗入冥記》之撰寫年代及其影響　（臺北）《中國文化復興月刊》1985 年第 5 −6 期　又見：敦煌俗文學論叢　（臺北）商務印書館　1988　p. 92、130 注 8；中國敦煌學百年

　　　文庫・文學卷(五)　甘肅文化出版社　1999　p. 277

王三慶　敦煌寫卷中武后新字之調查研究　漢學研究(敦煌學國際研討會論文專號)　(臺北)漢學
　　　研究資料及服務中心　1986　p. 445　又見：唐代研究論集(第三輯)　(臺北)新文豐出版公司
　　　1992　p. 69

王重民原編　黃永武新編　敦煌古籍叙錄新編(第十四冊)　(臺北)新文豐出版公司　1986　p. 271

林聰明　敦煌文書學　(臺北)新文豐出版公司　1991　p. 425、429

林家平　寧強　羅華慶　中國敦煌學史　北京語言學院出版社　1992　p. 75

吳其昱著　伊藤美重子譯　敦煌漢文寫本概觀　敦煌漢文文獻(講座敦煌5)　(東京)大東出版社
　　　1992　p. 20

章群　唐代之胡僧　第二屆國際唐代學術會議論文集(下)　(臺北)文津出版社　1993　p. 829

沃興華　敦煌書法藝術　上海人民出版社　1994　p. 226

榮新江　七世紀末中國的政治宣傳和思想意識　敦煌學大辭典　上海辭書出版社　1998　p. 831

林世田　武則天稱帝與圖讖祥瑞：以 S. 6502《大雲經疏》爲中心　《敦煌學輯刊》2002 年第 2 期
　　　p. 64

王素　敦煌吐魯番文獻　文物出版社　2002　p. 154

張乃翥　從洛陽出土文物看武周政治的國際文化色彩　唐研究(第八卷)　北京大學出版社　2002
　　　p. 205

林世田　敦煌所出《普賢菩薩說證明經》及《大雲經疏》考略　文津學志(第一輯)　北京圖書館出版
　　　社　2003　p. 165

林世田　《大雲經疏》結構分析　麥積山石窟藝術文化論文集(下)　蘭州大學出版社　2004　p. 175

張清濤　武則天時代的敦煌陰氏及有關洞窟　2004 年石窟研究國際學術會議論文提要集　敦煌研
　　　究院　2004　p. 94

S. 6503

芳村修基　土橋秀高　井ノ口泰淳　敦煌佛教史年表　西域文化研究(第一)・敦煌佛教資料　(京
　　　都)法藏館　1958　p. 270

饒宗頤　論敦煌陷於吐蕃之年代　(香港)《東方文化》1971 年第 9 卷第 1 期　又見：選堂集林・史林
　　　(香港)中華書局　1982　p. 683；中國敦煌學百年文庫・民族卷(一)　甘肅文化出版社　1999
　　　p. 228

陳祚龍　敦煌古抄內典尾記彙校初、二、三編合刊　敦煌學要籥　(臺北)新文豐出版公司　1982
　　　p. 160

饒宗頤解說　林宏作譯　敦煌書法叢刊(第二五卷)・寫經(六)　(東京)二玄社　1984　p. 73

池田溫　中國古代寫本識語集錄　(東京)大藏出版株式會社　1990　p. 332

上山大峻　敦煌佛教の研究　(京都)法藏館　1990　p. 344

黎明　淨名經集解關中疏　藏外佛教文獻(第二輯)　宗教文化出版社　1996　p. 176

楊富學　李吉和　敦煌漢文吐蕃史料輯校(第一輯)　甘肅人民出版社　1999　p. 277

林聰明　敦煌吐魯番文書解詁指例　(臺北)新文豐出版公司　2001　p. 189

S. 6507

江素雲　維摩詰所說經敦煌寫本綜合目錄　(臺北)東初出版社　1991　p. 80

S. 6508

江素雲　維摩詰所說經敦煌寫本綜合目錄　（臺北）東初出版社　1991　p. 80

S. 6509

井ノ口泰淳　敦煌本『仏名經』の諸系統　中央アジアの言語と仏教　（京都）法藏館　1995　p. 319

汪娟　敦煌本《大佛略懺》在佛教懺悔文中的地位　敦煌文學論集　四川人民出版社　1997　p. 388

S. 6511

杜愛英　敦煌遺書中俗體字的諸種類型　《敦煌研究》1992 年第 3 期　p. 120

井ノ口泰淳　敦煌本『仏名經』の諸系統　中央アジアの言語と仏教　（京都）法藏館　1995　p. 308、311

王丁　吐魯番安伽勒克出土北涼寫本《金光明經》及其題記研究　敦煌吐魯番研究（第九卷）　北京大學出版社　2006　p. 44

S. 6514

鄭阿財　敦煌寫卷《懺悔滅罪金光明經傳》初探　慶祝潘石禪先生九秩華誕敦煌學特刊　（臺北）文津出版社　1996　p. 584

鄭阿財　敦煌寫卷《懺悔滅罪金光明經傳》研究　敦煌文藪（下）　（臺北）新文豐出版公司　1999　p. 73

楊寶玉　《懺悔滅罪金光明經冥報傳》校考　英國收藏敦煌漢藏文獻研究：紀念敦煌文獻發現一百周年　中國社會科學出版社　2000　p. 330

S. 6515

芳村修基　土橋秀高　井ノ口泰淳　敦煌佛教史年表　西域文化研究（第一）·敦煌佛教資料　（京都）法藏館　1958　p. 275

陳祚龍　敦煌古抄內典尾記彙校初、二、三編合刊　敦煌學要籥　（臺北）新文豐出版公司　1982　p. 160

山口瑞鳳　吐蕃王國成立史研究　（東京）岩波書店　1983　p. 636

池田溫　中國古代寫本識語集錄　（東京）大藏出版株式會社　1990　p. 334

戴仁　敦煌和吐魯番寫本的斷代研究　法國學者敦煌學論文選萃　中華書局　1993　p. 524

劉永明　散見敦煌曆朔閏輯考　《敦煌研究》2002 年第 6 期　p. 11

S. 6516

江素雲　維摩詰所說經敦煌寫本綜合目錄　（臺北）東初出版社　1991　p. 80

杜愛英　敦煌遺書中俗體字的諸種類型　《敦煌研究》1992 年第 3 期　p. 125

S. 6517

饒宗頤　"唐詞"辨正　（香港）《九州學刊》（敦煌學專輯）1992 年第 4 卷第 4 期　p. 111　又見：敦煌曲續論　（臺北）新文豐出版公司　1996　p. 204

邰惠莉　敦煌遺書中的白描畫簡介　《社科縱橫》1994 年第 4 期　p. 51

S. 6524

池田温　中國古代寫本識語集録　（東京）大藏出版株式會社　1990　p. 433

童丕　10 世紀敦煌的借貸人　法國漢學(第 3 輯)　中華書局　1998　p. 69

S. 6525

榮新江　關於沙州歸義軍都僧統年代的幾個問題　《敦煌研究》1989 年第 4 期　p. 75

榮新江　歸義軍史研究　上海古籍出版社　1996　p. 289

譚蟬雪　唐宋敦煌歲時佛俗：八月至十二月　《敦煌研究》2001 年第 2 期　p. 74

S. 6526

芳村修基　土橋秀高　井ノ口泰淳　敦煌佛教史年表　西域文化研究(第一)・敦煌佛教資料　（京都)法藏館　1958　p. 273

陳祚龍　敦煌古抄內典尾記彙校初、二、三編合刊　敦煌學要籥　（臺北)新文豐出版公司　1982　p. 161

榮新江　關於沙州歸義軍都僧統年代的幾個問題　《敦煌研究》1989 年第 4 期　p. 74

方廣錩　四分律比丘戒本　敦煌學大辭典　上海辭書出版社　1998　p. 712

姜亮夫　敦煌莫高窟年表　姜亮夫全集(十一)　雲南人民出版社　2002　p. 419

S. 6529

江素雲　維摩詰所說經敦煌寫本綜合目録　（臺北)東初出版社　1991　p. 80

S. 6530

土橋秀高　敦煌の律藏　敦煌と中國仏教(講座敦煌 7)　（東京)大東出版社　1984　p. 247

李永寧　蔡偉堂　《降魔變文》與敦煌壁畫中的勞度叉鬥聖變　敦煌研究文集・敦煌石窟經變篇　甘肅民族出版社　2000　p. 335

S. 6531

陳祚龍　新集敦煌古抄釋門的詩歌與曲子　敦煌簡策訂存　（臺北)商務印書館　1983　p. 191

杜琦　敦煌文學概論　甘肅人民出版社　1993　p. 511

李正宇　敦煌古代硬筆書法　（臺北)《文化大學中文學報》1993 年創刊號　p. 6

李正宇　中國唐宋硬筆書法　上海文化出版社　1993　p. 62

井ノ口泰淳　敦煌本『仏名經』の諸系統　中央アジアの言語と仏教　（京都)法藏館　1995　p. 297

徐俊　敦煌詩集殘卷輯考　中華書局　2000　p. 901

S. 6532

江素雲　維摩詰所說經敦煌寫本綜合目録　（臺北)東初出版社　1991　p. 80

S. 6536

陳祚龍　敦煌古抄內典尾記彙校初、二、三編合刊　敦煌學要籥　（臺北)新文豐出版公司　1982　p. 161

池田温　中國古代寫本識語集録　（東京)大藏出版株式會社　1990　p. 420

上山大峻　敦煌佛教の研究　（京都)法藏館　1990　p. 241

鄭炳林　敦煌碑銘讚輯釋　甘肅教育出版社　1997　p. 87 注 2

S. 6537

向達　倫敦所藏敦煌卷子經眼目録　《北平圖書館圖書季刊》1939 年新第 1 卷第 4 期　p. 399　又見：唐代長安與西域文明　三聯書店　1957　p. 238

王重民　敦煌曲子詞集叙録　商務印書館　1950　p. 4、61　又見：敦煌遺書論文集　中華書局　1984　p. 55

羅福頤　敦煌石室文物對於學術上的貢獻　《歷史教學》1951 年第 5 期　又見：中國敦煌學百年文庫・考古卷(四)　甘肅文化出版社　1999　p. 12

劉銘恕　再記英國倫敦所藏的敦煌經卷　《中國科學院圖書館通訊》1957 年第 7 期　又見：中國敦煌學百年文庫・綜述卷(二)　甘肅文化出版社　1999　p. 139

竺沙雅章　敦煌出土「社」文書の研究　『東方學報』(第 35 號)　京都大學人文科學研究所　1964　p. 232

金岡照光　敦煌漢文文學文獻の文學形態上の種類とその分類　敦煌出土文學文獻分類目録・附解説　(東京)東洋文庫　1971　p. 228、234

金岡照光　敦煌文學のさまざま　敦煌の文學　(東京)大藏出版株式會社　1971　p. 131、146

加地哲定　增補中國佛教文學研究　(東京)同朋舍　1979　p. 202

長澤和俊　敦煌の庶民生活　敦煌の社會(講座敦煌 3)　(東京)大東出版社　1980　p. 468

堀敏一　敦煌社會の変質——中國社會全般の発展とも関連して　敦煌の社會(講座敦煌 3)　(東京)大東出版社　1980　p. 180

蔣禮鴻　敦煌變文字義通釋　上海古籍出版社　1981　p. 439　又見：敦煌叢刊初集(十四)　(臺北)新文豐出版公司　1985　p. 438

金岡照光　敦煌の繪物語　(東京)東方書店　1981　p. 114

潘重規　敦煌詞話　(臺北)石門圖書公司　1981　p. 87、105

鄭阿財　敦煌孝道文學研究　(臺北)石門圖書公司　1982　p. 529

陳祚龍　晚唐至宋初敦煌通行典賣“奴婢”之一斑　敦煌簡策訂存　(臺北)商務印書館　1983　p. 107

郭鋒　敦煌的“社”及其活動　《敦煌學輯刊》1983 年創刊號　p. 81、86

韓國磐　根據敦煌和吐魯番發現的文件略談有關唐代田制的幾個問題　新疆考古三十年　新疆人民出版社　1983　p. 306　又見：敦煌吐魯番文書研究　甘肅人民出版社　1984　p. 198；中國敦煌學百年文庫・歷史卷(一)　甘肅文化出版社　1999　p. 228

周丕顯　敦煌俗曲分時聯章歌體再議　《敦煌學輯刊》1983 年創刊號　p. 14

周丕顯　敦煌俗曲中的分時聯章體歌辭　關隴文學論叢　甘肅人民出版社　1983　p. 3

吳其昱　有關唐代和十世紀奴婢的敦煌卷子　《敦煌學輯刊》1984 年第 2 期　p. 143

柴劍虹　《敦煌唐人詩集殘卷(伯 2555)》初探　敦煌學論集　甘肅人民出版社　1985　p. 184 注 8　又見：西域文史論稿　(臺北)國文天地雜誌社　1991　p. 240 注 8

汪泛舟　敦煌曲子詞的地位特點和影響　《蘭州學刊》1985 年第 1 期　p. 70

白化文　對可補入《敦煌變文集》中的幾則録文的討論　《敦煌學輯刊》1986 年第 1 期　p. 46

高國藩　敦煌民間詩詞中的府兵制與詞的起源問題　《魏晉南北朝隋唐史》1986 年第 4 期　p. 72

姜伯勤　唐西州寺院家人奴婢的放良　五十年來漢唐佛教寺院經濟研究　北京師範大學出版社　1986　p. 212

林玫儀　敦煌曲在詞學研究上之價值　漢學研究(敦煌學國際研討會論文專號)　(臺北)漢學研究

　　資料及服務中心　1986　p. 196

邱燮友　唐代敦煌曲的時代使命　漢學研究(敦煌學國際研討會論文專號)　(臺北)漢學研究資料
　　及服務中心　1986　p. 148

饒宗頤解說　林宏作譯　敦煌書法叢刊(第十三卷)·書儀　(東京)二玄社　1986　p. 66

唐耕耦　陸宏基　敦煌社會經濟文獻真迹釋錄(一)　書目文獻出版社　1986　p. 281

趙和平　唐代節日略說　《百科知識》1986年第1期　p. 32

高國藩　敦煌文學作品選　中華書局　1987　p. 66注2、82注1

姜伯勤　唐五代敦煌寺戶制度　中華書局　1987　p. 19

任半塘　敦煌歌辭總編　上海古籍出版社　1987　p. 379、490、1671

汪泛舟　敦煌曲子詞方音習語及其他　《敦煌研究》1987年第4期　p. 59

王克芬　中國舞蹈史　文化藝術出版社　1987　p. 29

王永興　隋唐五代經濟史料彙編校注·第一編(上)　中華書局　1987　p. 256

項楚　王梵志詩校注　敦煌吐魯番文獻研究論集(第四輯)　北京大學出版社　1987　p. 529、550
　　又見:上海古籍出版社　1991　p. 653

顏廷亮　關於敦煌遺書中的甘肅文學作品　1983年全國敦煌學術討論會文集·文史遺書編(下)
　　甘肅人民出版社　1987　p. 229

張鴻勳　敦煌講唱文學作品選注　甘肅人民出版社　1987　p. 50注13

周紹良　趙和平　書儀　《敦煌語言文學研究通訊》1987年第4期　p. 2　又見:敦煌文學　甘肅人
　　民出版社　1989　p. 47

周一良　敦煌寫本書儀考(之二)　敦煌吐魯番文獻研究論集(第四輯)　北京大學出版社　1987
　　p. 20、25、27　又見:唐五代書儀研究　中國社會科學出版社　1995　p. 71、78

柴劍虹　徐俊　敦煌詞輯校四談　《敦煌學輯刊》1988年第1、2期　p. 59

高國藩　敦煌曲子詞中的詠花詞　《鹽城師專學報》1988年第3期　p. 36

高國藩　古敦煌民間遊戲　學林漫錄(十二集)　中華書局　1988　p. 76

袁賓　變文詞語考釋錄　敦煌語言文學論文集　浙江古籍出版社　1988　p. 160

杜琪　書·啓　敦煌文學　甘肅人民出版社　1989　p. 32

高國藩　敦煌民俗學　上海文藝出版社　1989　p. 18、277、514、535

高國藩　敦煌曲子詞欣賞　南京大學出版社　1989　p. 9、33、91

郝春文　敦煌遺書中的"春秋座局席"考　《北京師範學院學報》1989年第4期　p. 33

劉進寶　俚曲小調　敦煌文學　甘肅人民出版社　1989　p. 218

山本達郎等　敦煌·I社條　『NUN – HUANG AND TURFAN DOCUMENTS CONCERNING SOCIAL
　　AND ECONOMIC HISTORY』(IV)　(東京)東洋文庫　1989　p. 6

孫其芳　詞　敦煌文學　甘肅人民出版社　1989　p. 210

汪泛舟　讚·箴　敦煌文學　甘肅人民出版社　1989　p. 98

王公望　契約　敦煌文學　甘肅人民出版社　1989　p. 53

王進玉　趙豐　敦煌文物中的紡織技藝　《敦煌研究》1989年第4期　p. 100

池田溫　中國古代寫本識語集錄　(東京)大藏出版株式會社　1990　p. 524

郭在貽　張涌泉　黃征　敦煌變文集校議　岳麓書社　1990　p. 38

胡同慶　從敦煌結社活動探討人的群體性以及個體與集體的關係　《敦煌研究》1990年第4期
　　p. 71　又見:敦煌學研究　甘肅人民美術出版社　1994　p. 171、178

黃永武　敦煌曲"鬥百草詞"試釋　第二屆敦煌學國際研討會論文集　(臺北)漢學研究中心　1990
　　p. 429

加地哲定著　劉衛星譯　中國佛教文學　今日中國出版社　1990　p. 172

李天石　敦煌吐魯番文書中的奴婢資料及其價值　《敦煌學輯刊》1990 年第 1 期　p. 2

任半塘　王昆吾　隋唐五代燕樂雜言歌辭集　巴蜀書社　1990　p. 244、471、1354、1442

唐耕耦　陸宏基　敦煌社會經濟文獻真迹釋録(二)　全國圖書館文獻縮微複製中心　1990　p. 177

趙和平　敦煌寫本書儀略論　敦煌吐魯番學研究論文集　漢語大詞典出版社　1990　p. 564

趙和平　敦煌寫本鄭餘慶《大唐新定吉凶書儀》殘卷研究　敦煌吐魯番文獻研究論集(第五輯)　北
　　京大學出版社　1990　p. 203、208、227

趙和平　杜友晉《吉凶書儀》及《書儀鏡》成書年代考　《敦煌學輯刊》1990 年第 2 期　p. 65

周一良　書儀源流考　《歷史研究》1990 年第 5 期　p. 97 注 2

佐竹靖彦　唐宋變革の地域的研究　(東京)同朋舍　1990　p. 33

柴劍虹　《敦煌遺書總目索引》重印記　西域文史論稿　(臺北)國文天地雜誌社　1991　p. 492

郭鋒　吐魯番文書《唐衆阿婆作齋社約》與唐代西州的民間結社活動　《西域研究》1991 年第 3 期
　　p. 76

郝春文　隋唐五代宋初傳統私社與寺院的關係　《魏晉南北朝隋唐史》1991 年第 6 期　p. 67

仁井田陞　補訂中國法制史研究：法と慣習・法と道德　東京大學出版會　1991　p. 303

仁井田陞　補訂中國法制史研究：奴隸農奴法・家族村落法　東京大學出版會　1991　p. 26、40、
　　565

姜伯勤　敦煌社會文書導論　(臺北)新文豐出版公司　1992　p. 23、154、233、236、239、250

金岡照光　邈真讚　敦煌の文學文獻(講座敦煌 9)　(東京)大東出版社　1992　p. 607

金岡照光　曲子詞類　敦煌の文學文獻(講座敦煌 9)　(東京)大東出版社　1992　p. 400

林家平　寧强　羅華慶　中國敦煌學史　北京語言學院出版社　1992　p. 297、625

席臻貫　敦煌古樂　敦煌文藝出版社　1992　p. 24

張涌泉　《敦煌歌辭總編》校議　《語言研究》1992 年第 1 期　p. 53

趙和平　武則天時的一種敦煌寫本書儀　《敦煌研究》1992 年第 1 期　p. 46

周紹良　敦煌文學芻議及其它　(臺北)新文豐出版公司　1992　p. 10

周一良　唐代書儀の類型　敦煌漢文文獻(講座敦煌 5)　(東京)大東出版社　1992　p. 698

杜琦　敦煌文學概論　甘肅人民出版社　1993　p. 511

高國藩　敦煌民俗資料導論　(臺北)新文豐出版公司　1993　p. 4、10、59、352

侯錦郎　敦煌寫本中的"印沙佛"儀軌　法國學者敦煌學論文選萃　中華書局　1993　p. 286

李明偉　敦煌文學概論　甘肅人民出版社　1993　p. 472

孫其芳　顏廷亮　敦煌文學概論　甘肅人民出版社　1993　p. 422

譚蟬雪　敦煌婚姻文化　甘肅人民出版社　1993　p. 72

譚禪雪　敦煌歲時掇瑣　(香港)《九州學刊》(敦煌學專輯)1993 年第 5 卷第 4 期　p. 92、101

項楚　敦煌詩歌導論　(臺北)新文豐出版公司　1993　p. 233

熊鐵基　以敦煌資料證傳統家庭　《敦煌研究》1993 年第 3 期　p. 76

張鴻勳　敦煌說唱文學概論　(臺北)新文豐出版公司　1993　p. 9

趙和平　敦煌寫本書儀研究　(臺北)新文豐出版公司　1993　p. 14

郝春文　中古時期儒佛文化對民間結社的影響及其變化　唐文化研究論文集　上海人民出版社
　　1994　p. 205

蔣禮鴻　敦煌文獻語言詞典　杭州大學出版社　1994　p. 38、178、253、288、317

金賢珠　唐五代敦煌民歌　(臺北)文史哲出版社　1994　p. 55、71、231

寧可　郝春文　敦煌寫本社邑文書述略　《首都師範大學學報》1994 年第 4 期　p. 12

邵文實　敦煌俗文學作品中的騈儷文風　《敦煌學輯刊》1994 年第 2 期　p. 44

王克芬　敦煌唐舞的藝術成就及審美特徵　唐文化研究論文集　上海人民出版社　1994　p. 322

鄭炳林　高偉　唐五代敦煌釀酒業初探　《西北史地》1994 年第 1 期　p. 34

方廣錩　敦煌文獻中的《金剛經》及其注疏　《新疆文物》1995 年第 1 期　p. 48　　又見：敦煌學佛教
　　學論叢(上)　中國佛教文化研究所　1998　p. 382

胡戟　傅玫　敦煌史話　中華書局　1995　p. 188

李明偉　敦煌文學中"敦煌文"的研究和分類評價　《敦煌研究》1995 年第 4 期　p. 123

李重申　敦煌體育史料考析　敦煌學國際研討會文集·石窟考古編　遼寧美術出版社　1995
　　p. 388

寧可　郝春文　敦煌社邑的喪葬互助　《首都師範大學學報》1995 年第 6 期　p. 33

曲金良　敦煌佛教文學研究　(臺北)文津出版社　1995　p. 236

邵文實　敦煌邊塞文學之《征婦怨》作品述論　《敦煌學輯刊》1995 年第 2 期　p. 56

史雙元　唐五代詞紀事會評　黃山書社　1995　p. 360

土肥義和　唐·北宋間の「社」の組織形態に関する一考察　中國古代の國家と民衆(堀敏一先生古
　　稀記念)　(東京)汲古書院　1995　p. 703

王忠林　敦煌歌辭與民俗活動　全國敦煌學研討會論文集　(臺北)中正大學中國文學系所　1995
　　p. 174

顏廷亮　敦煌文學概說　(臺北)新文豐出版公司　1995　p. 72

張傳璽　中國歷代契約會編考釋(上)　北京大學出版社　1995　p. 472 注 1、481 注 1

張涌泉　陳祚龍校錄敦煌卷子失誤例釋　學術集林(卷六)　上海遠東出版社　1995　p. 311　又
　　見：舊學新知　浙江大學出版社　1999　p. 286

張涌泉　敦煌文書類化字研究　《敦煌研究》1995 年第 4 期　p. 78

周一良　趙和平　杜友晉《吉凶書儀》及《書儀鏡》成書年代考　唐五代書儀研究　中國社會科學出
　　版社　1995　p. 142

周一良　趙和平　敦煌寫本書儀略論　唐五代書儀研究　中國社會科學出版社　1995　p. 3

周一良　趙和平　敦煌寫本鄭餘慶《大唐新定吉凶書儀》殘卷研究　唐五代書儀研究　中國社會科
　　學出版社　1995　p. 146

周一良　趙和平　唐代的書儀與中日文化關係　唐五代書儀研究　中國社會科學出版社　1995
　　p. 337

周一良　趙和平　武則天時的一種敦煌寫本書儀　唐五代書儀研究　中國社會科學出版社　1995
　　p. 131

高國藩　敦煌數字與俗文化　慶祝潘石禪先生九秩華誕敦煌學特刊　(臺北)文津出版社　1996
　　p. 179

堀敏一　中國古代の家と集落　(東京)汲古書院　1996　p. 470

饒宗頤　敦煌資料與佛教文學小記　敦煌曲續論　(臺北)新文豐出版公司　1996　p. 56

榮新江　敦煌本《書儀鏡》爲安西書儀考　慶祝潘石禪先生九秩華誕敦煌學特刊　(臺北)文津出版
　　社　1996　p. 269

王昆吾　隋唐五代燕樂雜言歌辭研究　中華書局　1996　p. 186、451

徐俊　敦煌寫本唐人詩歌存佚互見綜考　敦煌吐魯番研究(第一卷)　北京大學出版社　1996
　　p. 116

張涌泉　敦煌俗字研究導論　(臺北)新文豐出版公司　1996　p. 53、98、151、193、244

黃征　張涌泉　敦煌變文校注　中華書局　1997　p. 57、176、430、1163

陸淑綺　李重申　敦煌古代戲曲文化史料綜述　《敦煌研究》1997 年第 2 期　p. 62

陸淑綺　李重申　絲綢之路上的舞蹈與音樂　周紹良先生欣開九秩慶壽文集　中華書局　1997　p. 436

寧可　郝春文　敦煌社邑文書輯校　江蘇古籍出版社　1997　p. 42

仁井田陞　唐令拾遺補訂　唐令拾遺補　東京大學出版會　1997　p. 716

王文才　敦煌大曲　敦煌文學論集　四川人民出版社　1997　p. 240

楊際平　郭鋒　張和平　五一十世紀敦煌的家庭與家族關係　岳麓書社　1997　p. 315

張弓　漢唐佛寺文化史　中國社會科學出版社　1997　p. 862

張廣達　"歟佛"與"歟齋"　慶祝鄧廣銘教授九十華誕論文集　河北教育出版社　1997　p. 68

張涌泉　讀《八瓊室金石補正》劄記　周紹良先生欣開九秩慶壽文集　中華書局　1997　p. 78

鄭炳林　敦煌碑銘讚及其有關問題　敦煌碑銘讚輯釋　甘肅教育出版社　1997　p. 20

鄭炳林　敦煌碑銘讚輯釋　甘肅教育出版社　1997　p. 328 注 7

柴劍虹　太子入山修道五更轉　敦煌學大辭典　上海辭書出版社　1998　p. 549

方廣錩　金剛映　敦煌學大辭典　上海辭書出版社　1998　p. 684

高田時雄　藏文社邑文書二三種　敦煌吐魯番研究(第三卷)　北京大學出版社　1998　p. 187

郝春文　唐後期五代宋初敦煌僧尼的社會生活　中國社會科學出版社　1998　p. 371

郝春文　唐後期五代宋初敦煌僧尼遺産的處理與喪事的操辦　《敦煌研究》1998 年第 3 期　p. 35

黃永年　唐代史事考釋　(臺北)聯經出版公司　1998　p. 455

李斌城　隋唐五代社會生活史　中國社會科學出版社　1998　p. 212 注 8

李重申　劍術　敦煌學大辭典　上海辭書出版社　1998　p. 600

寧可　三官　敦煌學大辭典　上海辭書出版社　1998　p. 426

寧可　社條　敦煌學大辭典　上海辭書出版社　1998　p. 428

寧可　席錄　敦煌學大辭典　上海辭書出版社　1998　p. 427

沙知　敦煌契約文書輯校　江蘇古籍出版社　1998　p. 368、458、506

舍之　歷代詞選集敍錄　雲謠集研究彙錄　上海古籍出版社　1998　p. 302

孫其芳　鄭朗子　敦煌學大辭典　上海辭書出版社　1998　p. 533

譚蟬雪　敦煌歲時文化導論　(臺北)新文豐出版公司　1998　p. 106、238、281

譚蟬雪　印沙佛會　敦煌學大辭典　上海辭書出版社　1998　p. 434

土肥義和　唐・北宋の間:敦煌の杜家親情社追補社條(S. 8160rv)について　唐代史研究(創刊號)　(東京)唐代史研究會　1998　p. 5

楊森　晚唐五代兩件《女人社》文書劄記　《敦煌研究》1998 年第 1 期　p. 67

趙和平　《敦煌寫本書儀研究》訂補　敦煌吐魯番研究(第三卷)　北京大學出版社　1998　p. 232

趙和平　吉凶書儀　敦煌學大辭典　上海辭書出版社　1998　p. 418

趙和平　書儀　敦煌學大辭典　上海辭書出版社　1998　p. 420

高國藩　敦煌俗文化學　上海三聯書店　1999　p. 15、557、655

寧可　寧可史學論集　中國社會科學出版社　1999　p. 446 注 11、447 注 11

謝桃坊　敦煌文化尋繹　四川人民出版社　1999　p. 175、184

楊森　談敦煌社邑文書中"三官"及"錄事""虞侯"的若干問題　《敦煌研究》1999 年第 3 期　p. 79

張涌泉　敦煌文書疑難詞語辨釋　舊學新知　浙江大學出版社　1999　p. 257

陳永勝　敦煌吐魯番法制文書研究　甘肅人民出版社　2000　p. 162

董志翹　《入唐求法巡禮行記》辭彙研究　中國社會科學出版社　2000　p. 174

董志翹　《太平廣記》詞語輯釋　中古近代漢語研究(第一輯)　上海教育出版社　2000　p. 235

高啓安　唐五代敦煌人的飲酒習俗述論　《敦煌研究》2000 年第 3 期　p. 87

金岡照光　敦煌文獻と中國文學　（東京）五曜書房　2000　p. 475

李明偉　敦煌文學中敦煌文的分類及評價　1994 年敦煌學國際研討會文集·宗教文史卷（上）　甘
　　肅民族出版社　2000　p. 297

劉紅遠　敦煌文書所見的"莊"、"田莊"、"莊田"、"莊園"非封建莊園說　《敦煌學輯刊》2000 年第 2
　　期　p. 25

劉銘恕　唐代的奴隸墓誌　1994 年敦煌學國際研討會文集·宗教文史卷（下）　甘肅民族出版社
　　2000　p. 166

孫其芳　鳴沙遺音：敦煌詞選評　甘肅人民出版社　2000　p. 179、197

譚蟬雪　唐宋敦煌歲時佛俗：正月　《敦煌研究》2000 年第 4 期　p. 68

吳麗娛　敦煌 S. 1725 與 P. 4024 寫本書儀的撰成年代與貞觀喪服禮　英國收藏敦煌漢藏文獻研究：
　　紀念敦煌文獻發現一百周年　中國社會科學出版社　2000　p. 282

吳麗娛　唐代書儀中單、複書形式簡析　英國收藏敦煌漢藏文獻研究：紀念敦煌文獻發現一百周年
　　中國社會科學出版社　2000　p. 272

徐俊　敦煌詩集殘卷輯考　中華書局　2000　p. 796、901

顏廷亮　西陲文學遺珍：敦煌文學通俗談　甘肅人民出版社　2000　p. 129

張錫厚　敦煌文學源流　作家出版社　2000　p. 164、353

趙和平　敦煌本《甘棠集》研究　（臺北）新文豐出版公司　2000　p. 73

陳秀蘭　敦煌俗文學語彙溯源　岳麓書社　2001　p. 120

榮新江　敦煌學十八講　北京大學出版社　2001　p. 214

石曉軍　隋唐四方館考略　唐研究（第七卷）　北京大學出版社　2001　p. 318

譚蟬雪　唐宋敦煌歲時佛俗　《敦煌研究》2001 年第 1 期　p. 103

譚蟬雪　唐宋敦煌歲時佛俗：八月至十二月　《敦煌研究》2001 年第 2 期　p. 74

丸山裕美子　唐宋節假制度的變遷——兼論"令"和"格敕"　中國社會歷史評論（第三卷）　中華書
　　局　2001　p. 367

汪玢玲　中國婚姻史　上海人民出版社　2001　p. 203

吳麗娛　從敦煌書儀中的表狀箋啓看唐五代官場禮儀的轉移變遷　中國社會歷史評論（第三卷）
　　中華書局　2001　p. 357

吳麗娛　敦煌所出杜佑喪服制度圖與鄭餘慶元和書儀　敦煌吐魯番研究（第五卷）　北京大學出版
　　社　2001　p. 201

吳麗娛　敦煌寫本書儀中的喪服圖與唐禮　中國社會科學院歷史研究所學刊（第一集）　社會科學
　　文獻出版社　2001　p. 231

吳麗娛　關於 S. 78v 和 S. 1725v 兩件敦煌寫本書儀的一些看法　敦煌學與中國史研究論集　甘肅人
　　民出版社　2001　p. 171

曾良　敦煌文獻字義通釋　廈門大學出版社　2001　p. 118、131、146

周一良　魏晉南北朝史論集續編　北京大學出版社　2001　p. 224

郭鋒　吐魯番出土衆阿婆社約與唐代西州的民間結社活動　唐史與敦煌文獻論稿　中國社會科學出
　　版社　2002　p. 233

郝春文　《唐末五代宋初敦煌社邑的幾個問題》商榷　國際敦煌學學術史研討會論文集　研討會籌
　　備組　2002　p. 194

李金梅　李重申　敦煌文獻與體育史研究之關係　《敦煌研究》2002 年第 2 期　p. 45

馬茜　歸義軍時期敦煌地區庶民佛教的發展　甘肅民族研究論叢　甘肅人民出版社　2002　p. 461

孟憲實　論唐宋時期敦煌民間結社的組織形態　《敦煌研究》2002 年第 1 期　p. 60

盛會蓮　唐五代百姓房舍的分配及相關問題之試析　《敦煌研究》2002 年第 6 期　p. 30

石曉軍　日本園城寺(三井寺)藏唐人詩文尺牘校證　唐研究(第八卷)　北京大學出版社　2002　p. 130

吳麗娛　唐禮摭遺:中古書儀研究　商務印書館　2002　p. 10、38、60、245、528

余欣　浙敦 065 文書偽卷考　《敦煌研究》2002 年第 3 期　p. 45

趙和平　評《英藏敦煌社會歷史文獻釋錄》　敦煌吐魯番研究(第六卷)　北京大學出版社　2002　p. 392

郝春文　《敦煌寫本社邑文書輯校》補遺(四)　漢語史學報專輯(第三輯)　上海教育出版社　2003　p. 371

洪藝芳　敦煌社會經濟文書中的唐五代新興量詞研究　敦煌學(第 24 輯)　(臺北)樂學書局有限公司　2003　p. 90

王啓濤　中古及近代法制文書語言研究　巴蜀書社　2003　p. 58、84、100、160、261、302、349

吳麗娛　敦煌的禮書　敦煌與絲路文化學術講座　北京圖書館出版社　2003　p. 202

湛如　敦煌佛教律儀制度研究　中華書局　2003　p. 357

張錫厚　敦煌文概說　2000 年敦煌學國際學術討論會文集·歷史文化卷(下)　甘肅民族出版社　2003　p. 221

陳國燦　俄藏敦煌 ДХ12012 號《書儀》疏證　敦煌學(第 25 輯)　(臺北)樂學書局有限公司　2004　p. 412

段小强　陳康　敦煌武術史料考略　《敦煌研究》2004 年第 1 期　p. 92

高啓安　唐五代敦煌飲食文化研究　民族出版社　2004　p. 9、155、198、205

李天石　中國中古良賤身份制度研究　南京師範大學出版社　2004　p. 24

湯涒　敦煌曲子詞地域文化研究　上海古籍出版社　2004　p. 27、46、246

葉貴良　敦煌社邑文書詞語選釋　《敦煌研究》2004 年第 5 期　p. 80

余欣　新刊俄藏敦煌文獻研讀劄記　《敦煌學輯刊》2004 年第 1 期　p. 15

張小豔　試論敦煌書儀的語料價值　浙江與敦煌學:常書鴻先生誕辰一百周年紀念文集　浙江古籍出版社　2004　p. 530

鄭顯文　唐代律令制研究　北京大學出版社　2004　p. 178 注 1、186、199

黃征　敦煌俗字典　上海教育出版社　2005　p. 62、93、127、281、325

黃征　敦煌俗字種類考辨　敦煌學·日本學:石塚晴通教授退職紀念論文集　上海辭書出版社　2005　p. 121

屈直敏　從《勵忠節抄》看歸義軍政權道德秩序的重建　《敦煌學輯刊》2005 年第 3 期　p. 83

湯涒　敦煌曲子詞寫本敘略　敦煌學國際研討會論文集　北京圖書館出版社　2005　p. 197

吳麗娛　關於敦煌 S. 5566 書儀的研究　敦煌學國際研討會論文集　北京圖書館出版社　2005　p. 84

蘭州理工大學絲綢之路文史研究所編　絲綢之路體育文化論集　中華書局　2005　p. 100、107

郝春文　唐後期五代宋初敦煌私社的教育與教化功能　敦煌吐魯番研究(第九卷)　北京大學出版社　2006　p. 304、313

郝春文　再論敦煌私社的"春秋坐局席"活動　《敦煌學輯刊》2006 年第 1 期　p. 5 注 9

孟憲實　論唐宋時期敦煌民間結社的社條　敦煌吐魯番研究(第九卷)　北京大學出版社　2006　p. 318

孫猛　《日本國見在書目錄》(經部、史部、集部)失考書考　域外漢籍研究集刊　中華書局　2006

　　　　p. 227

吳麗娛　正禮與時俗：論民間書儀與唐朝禮制的同期互動　敦煌吐魯番研究（第九卷）　北京大學出
　　　版社　2006　p. 169

S. 6538

平井俊榮　敦煌仏典と中國仏教　敦煌と中國仏教（講座敦煌 7）　（東京）大東出版社　1984　p. 8

S. 6539

江素雲　維摩詰所說經敦煌寫本綜合目録　（臺北）東初出版社　1991　p. 80

S. 6540

池田温　中國古代寫本識語集録　（東京）大蔵出版株式會社　1990　p. 362

S. 6542

譚禪雪　敦煌歲時掇瑣　（香港）《九州學刊》（敦煌學專輯）1993 年第 5 卷第 4 期　p. 104

井ノ口泰淳　敦煌本『仏名經』の諸系統　中央アジアの言語と仏教　（京都）法藏館　1995　p. 297

馬德　九、十世紀敦煌工匠史料述論　慶祝潘石禪先生九秩華誕敦煌學特刊　（臺北）文津出版社
　　　1996　p. 306

馬德　莫高窟與敦煌佛教教團　敦煌吐魯番研究（第一卷）　北京大學出版社　1996　p. 171

馬德　敦煌工匠史料　甘肅人民出版社　1997　p. 73

高啓安　王璽玉　唐五代敦煌人的飲食品種研究　《敦煌研究》1999 年第 2 期　p. 60、67

高啓安　唐五代敦煌僧人飲食的幾個名詞解釋　《敦煌研究》1999 年第 4 期　p. 134

梅維恒著　楊繼東　陳引馳譯　唐代變文（上）　（香港）中國佛教文化出版公司　1999　p. 258 注 1

趙紅　高啓安　唐五代時期敦煌僧人飲食概述　麥積山石窟藝術文化論文集（下）　蘭州大學出版
　　　社　2004　p. 295

S. 6543

蔡忠霖　敦煌漢文寫卷俗字及其現象　（臺北）文津出版社　2002　p. 160

S. 6544

井ノ口泰淳　敦煌本『仏名經』の諸系統　中央アジアの言語と仏教　（京都）法藏館　1995　p. 296

S. 6547

李承宰　探尋敦煌佛經的 50 卷本《華嚴經》　敦煌學・日本學：石塚晴通教授退職紀念論文集　上
　　　海辭書出版社　2005　p. 47

李承宰著　大塚忠藏譯　敦煌佛經の50 卷本華嚴經を探して　日本學・敦煌學・漢文訓讀の新展
　　　開　（東京）汲古書院　2005　p. 53、72

S. 6548

江素雲　維摩詰所說經敦煌寫本綜合目録　（臺北）東初出版社　1991　p. 80

S. 6549

上山大峻　敦煌佛教の研究　（京都）法藏館　1990　p. 362

S. 6551

關德棟　談變文　《覺群周報》1946 年 1 卷 1 – 12 期　又見：敦煌變文論文録　上海古籍出版社
　　1982　p. 201

周紹良　敦煌所出變文現存目録　敦煌變文彙録　上海出版公司　1955　p. 5

劉銘恕　再記英國倫敦所藏的敦煌經卷　《中國科學院圖書館通訊》1957 年第 7 期　又見：中國敦煌
　　學百年文庫‧綜述卷（二）　甘肅文化出版社　1999　p. 133

金岡照光　敦煌文學のさまざま　敦煌の文學　（東京）大藏出版株式會社　1971　p. 104（原文録
　　爲 P. 6551）

金岡照光　敦煌民衆の宗教と生活　敦煌の民衆：その生活と思想　（東京）評論社　1972　p. 106、
　　178

邱鎮京　敦煌變文述論　（臺北）商務印書館　1974　p. 1868

加地哲定　增補中國佛教文學研究　（東京）同朋舍　1979　p. 123、144、159

閻文儒　經變的起源種類和所反映佛教上宗派的關係　《社會科學戰線》1979 年第 4 期　又見：中國
　　敦煌學百年文庫‧宗教卷（四）　甘肅文化出版社　1999　p. 92

羅宗濤　賢愚經與祇園因由記、降魔變文之比較研究　中國古典小說研究專集（第 2 期）　（臺北）聯
　　經出版公司　1980　p. 108　又見：中國敦煌學百年文庫‧文學卷（二）　甘肅文化出版社
　　1999　P. 411

楊家駱　敦煌變文　（臺北）世界書局　1980　p. 477

金岡照光　敦煌の繪物語　（東京）東方書店　1981　p. 54

王重民　敦煌變文研究　敦煌變文論輯　（臺北）石門圖書公司　1981　p. 188　又見：敦煌變文論
　　文録　上海古籍出版社　1982　p. 274；敦煌遺書論文集　中華書局　1984　p. 176

史葦湘　絲綢之路上的敦煌與莫高窟　敦煌研究文集　甘肅人民出版社　1982　p. 117 注 54

張鴻勳　敦煌講唱文學韻律初探　《敦煌研究》1982 年試刊第 2 期　p. 129

鄭阿財　敦煌孝道文學研究　（臺北）石門圖書公司　1982　p. 108、292

羅宗濤　敦煌變文：石窟裏的老傳說　（臺北）時報文化出版公司　1983　p. 15

張鴻勳　試論敦煌文學的範圍、性質及特點　《社會科學》1983 年第 2 期　又見：中國敦煌學百年文
　　庫‧文學卷（五）　甘肅文化出版社　1999　p. 254

川口久雄　敦煌出土阿彌陀經講經文と我が國淨土文學　于闐國和尚阿彌陀經講經文（敦煌資料と
　　日本文學　4）　（東京）大東文化大學東洋研究所　1984　p. 18

福井文雅　講經儀式の組織内容　敦煌と中國仏教（講座敦煌 7）　（東京）大東出版社　1984
　　p. 363

廣川堯敏　淨土三部經　敦煌と中國仏教（講座敦煌 7）　（東京）大東出版社　1984　p. 109

潘重規　敦煌變文集新書（上）　（臺北）"中國文化大學"中文研究所　1984　p. 164

平野顯照　講經文の組織内容　敦煌と中國仏教（講座敦煌 7）　（東京）大東出版社　1984　p. 334

王慶菽　佛說阿彌陀經講經文　敦煌變文集　人民文學出版社　1984　p. 477

劉銘恕　敦煌遺書雜記四篇　敦煌學論集　甘肅人民出版社　1985　p. 55

王文才　俗講儀式考　敦煌學論集　甘肅人民出版社　1985　p. 100

榮新江　歸義軍及其與周邊民族的關係初探　《敦煌學輯刊》1986 年第 2 期　p. 35　又見：中國人文
　　社會科學博士碩士文庫‧歷史學卷　浙江教育出版社　1998　p. 666

袁賓　敦煌變文校補　《蘭州大學學報》1986 年第 2 期　p. 19

周紹良　《敦煌變文集》中幾個卷子定名之商榷　敦煌吐魯番文獻研究論集(第三輯)　北京大學出版社　1986　p. 20

平野顯照著　張桐生譯　唐代的文學與佛教　(臺北)業強出版社　1987　p. 206

曲金良　敦煌寫本變文、講經文作品創作時間彙考(續)　《敦煌學輯刊》1987 年第 2 期　p. 46

楊雄　《佛說阿彌陀經講經文》補校　《敦煌學輯刊》1987 年第 1 期　p. 70

張鴻勳　敦煌講唱文學作品選注　甘肅人民出版社　1987　p. 2

周紹良　唐代變文及其它　敦煌文學作品選　中華書局　1987　p. 15

郭在貽　張涌泉　黃征　敦煌變文整理校勘中的幾個問題　《古漢語研究》1988 年第 1 期　p. 71

蕭登福　唐世佛家之講經與敦煌變文　敦煌俗文學論叢　(臺北)商務印書館　1988　p. 51、58

張鴻勳　《父母恩重經講經文》補校　敦煌語言文學論文集　浙江古籍出版社　1988　p. 260

張涌泉　敦煌變文校勘平議　《敦煌研究》1988 年第 4 期　p. 86

郭在貽　張涌泉　黃征　《敦煌變文集新書》讀後　《杭州師範學院學報》1989 年第 5 期　p. 115

李正宇　S. 6551 講經文作於西州回鶻國辨證　《新疆社會科學》1989 年第 4 期　p. 89

張廣達　榮新江　有關西州回鶻的一篇敦煌漢文文獻　《北京大學學報》1989 年第 2 期　p. 24

張鴻勳　講經文　敦煌文學　甘肅人民出版社　1989　p. 256

郭在貽　張涌泉　黃征　敦煌變文集校議　岳麓書社　1990　p. 252

郭在貽　張涌泉　黃征　敦煌寫本書寫特例發微　敦煌吐魯番學研究論文集　漢語大詞典出版社　1990　p. 334

華濤　高昌回鶻與阿薩蘭回鶻:兼論其與遼、宋的關係　吐魯番學研究專輯(內部印刷)　1990　p. 115、123 注 13

加地哲定著　劉衛星譯　中國佛教文學　今日中國出版社　1990　p. 107、124、151

姜伯勤　敦煌與波斯　《敦煌研究》1990 年第 3 期　p. 7

劉銘恕　敦煌遺書叢識之四　敦煌吐魯番學研究論文集　漢語大詞典出版社　1990　p. 38

榮新江　敦煌學研究揭開晚唐五代宋初西北史的新篇章　中國文化(2)　(香港)中華書局　1990　p. 8

榮新江　西元十世紀沙州歸義軍與西州回鶻的文化交往　第二屆敦煌學國際研討會論文集　(臺北)漢學研究中心　1990　p. 602

蘇北海　丁谷山　瓜沙曹氏政權與甘州回鶻于闐回鶻的關係　《敦煌研究》1990 年第 3 期　p. 35

張涌泉　《王梵志詩校注》獻疑　《敦煌研究》1990 年第 2 期　p. 80

杜斗城　敦煌五臺山文獻校錄研究　山西人民出版社　1991　p. 219

李明偉　《長興四年中興殿應聖節講經文》研究　絲綢之路貿易史研究　甘肅人民出版社　1991　p. 349

榮新江　敦煌文獻所見晚唐五代宋初的中印文化交往　季羨林教授八十華誕紀念論文集(下)　江西人民出版社　1991　p. 959

杜愛英　敦煌遺書中俗體字的諸種類型　《敦煌研究》1992 年第 3 期　p. 121

郭在貽　郭在貽語言文學論稿　浙江古籍出版社　1992　p. 143

金岡照光　講唱體類　敦煌の文學文獻(講座敦煌 9)　(東京)大東出版社　1992　p. 37

張涌泉　敦煌寫卷俗字的類型及其考辨的方法　(香港)《九州學刊》(敦煌學專輯)1992 年第 4 卷第 4 期　p. 72

周紹良　敦煌文學芻議及其它　(臺北)新文豐出版公司　1992　p. 52、81、97

高國藩　敦煌民俗資料導論　(臺北)新文豐出版公司　1993　p. 16

郭在貽　郭在貽敦煌學論集　江西人民出版社　1993　p. 139、168

蔣冀騁　敦煌文書校讀研究　（臺北）文津出版社　1993　p. 102

李正宇　敦煌文學概論　甘肅人民出版社　1993　p. 143

楊雄　講經文名實說　（香港）《九州學刊》（敦煌學專輯）1993 年第 5 卷第 4 期　p. 141

張鴻勳　敦煌說唱文學概論　（臺北）新文豐出版公司　1993　p. 102、192

張鴻勳　敦煌文學概論　甘肅人民出版社　1993　p. 206

姜伯勤　敦煌吐魯番文書與絲綢之路　文物出版社　1994　p. 57

蔣禮鴻　敦煌文獻語言詞典　杭州大學出版社　1994　p. 397

張先堂　敦煌文學與周邊民族文學、域外文學關係述論　《敦煌研究》1994 年第 1 期　p. 56

姜伯勤　變文的南方源頭與敦煌的唱導法匠　華學（第一輯）　中山大學出版社　1995　p. 161

曲金良　敦煌佛教文學研究　（臺北）文津出版社　1995　p. 39、60

楊富學　西域、敦煌文獻所見回鶻之佛經翻譯　《敦煌研究》1995 年第 4 期　p. 171

楊雄　佛說阿彌陀經講經文　敦煌論稿　甘肅文化出版社　1995　p. 334

張廣達　西域史地叢稿初編　上海古籍出版社　1995　p. 217

張涌泉　漢語俗字研究　岳麓書社　1995　p. 152

張涌泉　試論敦煌寫卷俗文字研究之意義　敦煌學國際研討會文集·史地語文編　遼寧美術出版社
　　1995　p. 364

姜伯勤　敦煌戒壇與大乘佛教　華學（第二輯）　中山大學出版社　1996　p. 324

姜伯勤　敦煌藝術宗教與禮樂文明　中國社會科學出版社　1996　p. 350、417

林聰明　讀敦煌講經文劄記　慶祝潘石禪先生九秩華誕敦煌學特刊　（臺北）文津出版社　1996
　　p. 447

榮新江　歸義軍史研究　上海古籍出版社　1996　p. 257

張先堂　敦煌文學與周邊文學、域外文學關係述論　敦煌吐魯番學研究論集　書目文獻出版社
　　1996　p. 427

張涌泉　敦煌俗字研究導論　（臺北）新文豐出版公司　1996　p. 98、161、243、253

張涌泉　敦煌文獻校讀釋例　文史（第四十一輯）　中華書局　1996　p. 200　又見：舊學新知　浙
　　江大學出版社　1999　p. 213

張涌泉　敦煌寫卷俗字類釋　敦煌吐魯番學研究論集　書目文獻出版社　1996　p. 481

方一新　敦煌變文詞語校釋　敦煌文學論集　四川人民出版社　1997　p. 302

伏俊璉　關於變文體裁的一點探索　敦煌文學論集　四川人民出版社　1997　p. 118、130

黃征　敦煌文學《兒郎偉》輯錄校注　敦煌語文叢說　（臺北）新文豐出版公司　1997　p. 727

黃征　李丹禾　敦煌變文中的願文　敦煌文學論集　四川人民出版社　1997　p. 366

黃征　張涌泉　敦煌變文校注　中華書局　1997　p. 625、717、847、1008、1165

王素　評《敦煌吐魯番文書與絲綢之路》　敦煌吐魯番研究（第二卷）　北京大學出版社　1997
　　p. 410

張涌泉　讀《八瓊室金石補正》劄記　周紹良先生欣開九秩慶壽文集　中華書局　1997　p. 75

高永久　論 11 世紀初伊斯蘭教在于闐的傳播問題　《蘭州大學學報》1998 年第 2 期　p. 97

海客　佛說阿彌陀經講經文　敦煌學大辭典　上海辭書出版社　1998　p. 579

黃征　唐代俗語詞輯釋　唐研究（第四卷）　北京大學出版社　1998　p. 147

劉方　戒律之研究　敦煌學大辭典　上海辭書出版社　1998　p. 836

尚衍斌　西域文化　遼寧教育出版社　1998　p. 85

楊富學　回鶻之佛教　新疆人民出版社　1998　p. 23

周紹良　張涌泉　黃征　敦煌變文講經文因緣輯校(上)　江蘇古籍出版社　1998　p. 17

陳懷宇　高昌回鶻景教研究　敦煌吐魯番研究(第四卷)　北京大學出版社　1999　p. 185

伏俊璉　論變文與講經文的關係　《敦煌研究》1999 年第 3 期　p. 102　又見:中國典籍與文化論叢
　　(第五輯)　中華書局　2000　P. 111

羅宗濤　讀《敦煌所出現的佛教講唱文》　中國敦煌學百年文庫·文學卷(二)　甘肅文化出版社
　　1999　p. 372

顏廷亮　關於敦煌文學發展的歷史進程　《甘肅社會科學》1999 年第 4 期　p. 48

湛如　敦煌布薩文與布薩次第新探　《敦煌研究》1999 年第 1 期　p. 126

張廣達　吐魯番出土漢語文書中所見伊朗語地區宗教的蹤迹　敦煌吐魯番研究(第四卷)　北京大
　　學出版社　1999　p. 7

張涌泉　大型字典編纂中與俗字相關的若干問題　舊學新知　浙江大學出版社　1999　p. 34

張涌泉　敦煌寫本書寫特例發微　舊學新知　浙江大學出版社　1999　p. 244

張涌泉　俗字研究與敦煌文獻的校理　舊學新知　浙江大學出版社　1999　p. 72

鄭炳潤　敦煌佛教故事類講唱文學所見淨土宗與禪宗　《敦煌研究》1999 年第 2 期　p. 149

華濤　高昌回鶻與契丹的交往　《西域研究》2000 年第 1 期　p. 26

華濤　西域歷史研究(8—10 世紀)　上海古籍出版社　2000　p. 76 注 61、96、131

劉長東　晉唐彌陀淨土信仰研究　巴蜀書社　2000　p. 285、487

顏廷亮　敦煌文化　光明日報出版社　2000　p. 134、300、325

楊秀清　華戎交會的都市:敦煌與絲綢之路　甘肅人民出版社　2000　p. 66

張錫厚　敦煌文學源流　作家出版社　2000　p. 373

張涌泉　漢語俗字叢考·前言　漢語俗字叢考　中華書局　2000　p. 14

周紹良　敦煌文學叢考　英國收藏敦煌漢藏文獻研究:紀念敦煌文獻發現一百周年　中國社會科學
　　出版社　2000　p. 259

陳秀蘭　敦煌俗文學語彙溯源　岳麓書社　2001　p. 64

林聰明　敦煌吐魯番文書解詁指例　(臺北)新文豐出版公司　2001　p. 375

榮新江　敦煌學十八講　北京大學出版社　2001　p. 236

聖凱　論唐代的講經儀軌　《敦煌學輯刊》2001 年第 2 期　p. 37

顏廷亮　敦煌文化中的祆教、摩尼教和景教　敦煌學與中國史研究論集　甘肅人民出版社　2001
　　p. 427

曾良　敦煌文獻字義通釋　廈門大學出版社　2001　p. 22、95

黃征　敦煌語言文字學研究　甘肅教育出版社　2002　p. 159

勞心　從敦煌文獻看 9 世紀的西州　《敦煌研究》2002 年第 1 期　p. 84

黎薔　五臺山佛教樂舞戲曲文化鉤沈　《敦煌研究》2002 年第 2 期　p. 88

李小榮　變文講唱與華梵宗教藝術　上海三聯書店　2002　p. 67、151、302

李正宇　唐宋時期敦煌佛經性質功能的變化　戒幢佛學(第二卷)　岳麓書社　2002　p. 26　又見:
　　中日敦煌佛教學術會議論文集　中國社會科學院研究所　2002　p. 20

馬茜　歸義軍時期敦煌地區庶民佛教的發展　甘肅民族研究論叢　甘肅人民出版社　2002　p. 449

沙武田　莫高窟盛唐未完工中唐補繪洞窟之初探　《敦煌研究》2002 年第 3 期　p. 17

王素　敦煌吐魯番文獻　文物出版社　2002　p. 222

徐曉麗　敦煌石窟所見天公主考辨　《敦煌學輯刊》2002 年第 2 期　p. 80

張鴻勳　敦煌俗文學研究　甘肅人民出版社　2002　p. 42、50

荒見泰史　敦煌本夢書雜識　漢語史學報專輯(第三輯)　上海教育出版社　2003　p. 342

李樹輝　S. 6551 講經文寫作年代及相關史事考辨　《敦煌研究》2003 年第 5 期　p. 55

王繼如　敦煌變文研究尚有可爲　漢語史學報專輯(第三輯)　上海教育出版社　2003　p. 361

武曉玲　《敦煌變文校注·維摩詰經講經文》商補　《敦煌研究》2003 年第 3 期　p. 106

楊富學　回鶻文獻與回鶻文化　民族出版社　2003　p. 195、231

楊富學　回鶻祆教小考　《吐魯番學研究》2003 年第 1 期　p. 131

曾良　俗字與古籍整理舉隅　《中國典籍與文化》2003 年第 2 期　p. 63

湛如　敦煌佛教律儀制度研究　中華書局　2003　p. 208

董豔秋　《佛說阿彌陀經講經文》寫作時代考　《敦煌研究》2004 年第 1 期　p. 73

胡同慶　安忠義　佛教藝術　敦煌文藝出版社　2004　p. 29、168

荒見泰史　敦煌的講唱體文獻　敦煌學(第 25 輯)　(臺北)樂學書局有限公司　2004　p. 266

葉貴良　敦煌社邑文書詞語選釋　《敦煌研究》2004 年第 5 期　p. 84

葉貴良　《敦煌社邑文書輯校》拾補　《吐魯番學研究》2004 年第 1 期　p. 102、106

林悟殊　中古三夷教辨證　中華書局　2005　p. 271

李樹輝　"陰陽·五行·十二獸相配紀年法"非吐蕃所創　《敦煌研究》2006 年第 1 期　　p. 73

S. 6553

蕭登福　從敦煌寫卷中看道教星斗崇拜對佛經之影響　第二屆敦煌學國際研討會論文集　(臺北)
　　漢學研究中心　1990　p. 336

景盛軒　試論敦煌佛經異文研究的價值和意義　《敦煌研究》2004 年第 5 期　p. 87

張涌泉　敦煌文獻字詞例釋　敦煌學(第 25 輯)　(臺北)樂學書局有限公司　2004　p. 357

S. 6556

蕭登福　從敦煌寫卷中看道教星斗崇拜對佛經之影響　第二屆敦煌學國際研討會論文集　(臺北)
　　漢學研究中心　1990　p. 336

S. 6557

篠原壽雄　北宗禪と南宗禪　敦煌仏典と禪(講座敦煌 8)　(東京)大東出版社　1980　p. 193

田中良昭　敦煌禪宗文獻の研究　(東京)大東出版社　1983　p. 520

楊曾文　日本學者對中國禪宗文獻的研究和整理　《世界宗教研究》1987 年第 1 期　p. 121

李正宇　釋"耶沒忽":敦煌遺書王梵志詩俗詞語研究之一　王梵志詩研究彙録(上)　上海古籍出版
　　社　1990　p. 266

上山大峻　敦煌佛教の研究　(京都)法藏館　1990　p. 421

吳其昱著　伊藤美重子譯　敦煌漢文寫本概観　敦煌漢文文獻(講座敦煌 5)　(東京)大東出版社
　　1992　p. 58

高田時雄　チベット文字書寫「長卷」の研究(本文編)　『東方學報』(第 65 號)　京都大學人文科
　　學研究所　1993　p. 369

冉雲華　敦煌遺書與中國禪宗歷史研究　"中國唐代學會"會刊(第四期)　(臺北)"中國唐代學會"
　　1993　p. 57

索仁森著　李吉和譯　敦煌漢文禪籍特徵概観　《敦煌研究》1994 年第 1 期　p. 110

田中良昭　敦煌の禪籍　禪學研究入門　(東京)大東出版社　1994　p. 62

井ノ口泰淳　敦煌本『仏名經』の諸系統　中央アジアの言語と仏教　(京都)法藏館　1995　p. 320

井ノ口泰淳　敦煌本「禮懺文」　中央アジアの言語と仏教　(京都)法藏館　1995　p. 359

柳田聖山　禪籍解題（一）・敦煌禪籍　俗語言研究（第二期）　（京都）禪文化研究所　1995　p. 145

楊曾文　神會和尚禪語録　中華書局　1996　p. 56

方廣錩　神會語録　敦煌學大辭典　上海辭書出版社　1998　p. 726

史成禮　史葆光　敦煌性文化　廣州出版社　1999　p. 104

曾良　敦煌文獻字義通釋　廈門大學出版社　2001　p. 192

黄征　敦煌俗字典　上海教育出版社　2005　p. 32

黄征　敦煌俗字種類考辨　敦煌學・日本學：石塚晴通教授退職紀念論文集　上海辭書出版社
　　2005　p. 124

楊曾文　慧能弟子神會及其禪法理論　敦煌與絲路文化學術講座（第二輯）　北京圖書館出版社
　　2005　p. 360

S. 6559

陳祚龍　敦煌古抄内典尾記彙校初、二、三編合刊　敦煌學要籥　（臺北）新文豐出版公司　1982
　　p. 161

池田溫　中國古代寫本識語集録　（東京）大藏出版株式會社　1990　p. 99

S. 6562

蕭登福　從敦煌寫卷中看道教星斗崇拜對佛經之影響　第二屆敦煌學國際研討會論文集　（臺北）
　　漢學研究中心　1990　p. 336

S. 6563

陳祚龍　敦煌古抄内典尾記彙校初、二、三編合刊　敦煌學要籥　（臺北）新文豐出版公司　1982
　　p. 161

池田溫　中國古代寫本識語集録　（東京）大藏出版株式會社　1990　p. 159

鄭炳林　敦煌碑銘讚及其有關問題　敦煌碑銘讚輯釋　甘肅教育出版社　1997　p. 20

陳麗萍　敦煌女性寫經題記及反映的婦女問題　敦煌佛教藝術文化國際學術研討會論文集　蘭州大
　　學出版社　2002　p. 431

景盛軒　試論敦煌佛經異文研究的價值和意義　《敦煌研究》2004年第5期　p. 87

S. 6568

山口瑞鳳　吐蕃王國成立史研究　（東京）岩波書店　1983　p. 636

池田溫　中國古代寫本識語集録　（東京）大藏出版株式會社　1990　p. 336

上山大峻　敦煌佛教の研究　（京都）法藏館　1990　p. 344

黎明　淨名經集解關中疏　藏外佛教文獻（第二輯）　宗教文化出版社　1996　p. 176

施萍婷　敦煌遺書編目雜記二則　敦煌吐魯番研究（第一卷）　北京大學出版社　1996　p. 325

楊富學　李吉和　敦煌漢文吐蕃史料輯校（第一輯）　甘肅人民出版社　1999　p. 278

劉永明　散見敦煌曆朔閏輯考　《敦煌研究》2002年第6期　p. 13

S. 6570

土橋秀高　敦煌の律藏　敦煌と中國仏教（講座敦煌7）　（東京）大東出版社　1984　p. 248

S. 6573

姜伯勤　敦煌藝術宗教與禮樂文明　中國社會科學出版社　1996　p. 452

姜伯勤　唐貞元、元和間禮的變遷　中國敦煌學百年文庫・歷史卷(二)　甘肅文化出版社　1999　p. 362

王啓濤　中古及近代法制文書語言研究　巴蜀書社　2003　p. 253、281

景盛軒　試論敦煌佛經異文研究的價值和意義　《敦煌研究》2004年第5期　p. 88

S. 6575

江素雲　維摩詰所說經敦煌寫本綜合目錄　(臺北)東初出版社　1991　p. 81

S. 6577

唐耕耦　陸宏基　敦煌社會經濟文獻真迹釋録(三)　全國圖書館文獻縮微複製中心　1990　p. 609

姜伯勤　敦煌社會文書導論　(臺北)新文豐出版公司　1992　p. 135

汪泛舟　敦煌文學概論　甘肅人民出版社　1993　p. 558

王永興　敦煌經濟文書導論　(臺北)新文豐出版公司　1994　p. 447

黃征　吳偉　敦煌願文集　岳麓書社　1995　p. 300

王書慶　敦煌佛學・佛事篇　甘肅民族出版社　1995　p. 33

段小强　敦煌文書所反映的古代喪禮　《敦煌學輯刊》1996年第2期　p. 43

雷紹鋒　論曹氏歸義軍時期官府之"牧子"　《敦煌學輯刊》1996年第1期　p. 41

陳國燦　劉健明　《全唐文》職官叢考　武漢大學出版社　1997　p. 42

鄭炳林　馮培紅　唐五代歸義軍政權對外關係中的使頭一職　敦煌歸義軍史專題研究　蘭州大學出版社　1997　p. 69 注3

郝春文　發願文　敦煌學大辭典　上海辭書出版社　1998　p. 459

唐耕耦　宴設司　敦煌學大辭典　上海辭書出版社　1998　p. 382

楊森　晚唐五代兩件《女人社》文書劄記　《敦煌研究》1998年第1期　p. 70

劉淑芬　唐代俗人的塔葬　燕京學報(新第7期)　北京大學出版社　1999　p. 84

雷紹鋒　歸義軍賦役制度初探　(臺北)洪葉文化事業有限公司　2000　p. 51、165

馮培紅　唐五代敦煌官府宴設機構考略　2000年敦煌學國際學術討論會文集・歷史文化卷(上)　甘肅民族出版社　2003　p. 183

高啓安　唐五代敦煌飲食文化研究　民族出版社　2004　p. 183

黃征　敦煌俗字典　上海教育出版社　2005　p. 90

S. 6580

陳祚龍　敦煌古抄内典尾記彙校初、二、三編合刊　敦煌學要籥　(臺北)新文豐出版公司　1982　p. 161

池田溫　中國古代寫本識語集録　(東京)大藏出版株式會社　1990　p. 379

上山大峻　敦煌佛教の研究　(京都)法藏館　1990　p. 344

黎明　淨名經集解關中疏　藏外佛教文獻(第二輯)　宗教文化出版社　1996　p. 176

S. 6581

平井俊榮　敦煌仏典と中國仏教　敦煌と中國仏教(講座敦煌7)　(東京)大東出版社　1984　p. 8

方廣錩　摩訶般若波羅蜜經　敦煌學大辭典　上海辭書出版社　1998　p. 680

S. 6582

王惠民　《思益經》及其在敦煌的流傳　《敦煌研究》1997 年第 1 期　p. 34

S. 6583

土肥義和　莫高窟千佛洞と大寺と蘭若と　敦煌の社會（講座敦煌 3）（東京）大東出版社　1980
　　p. 365

唐耕耦　陸宏基　敦煌社會經濟文獻真迹釋錄（一）　書目文獻出版社　1986　p. 350

山本達郎等　敦煌・III 轉貼　『NUN－HUANG AND TURFAN DOCUMENTS CONCERNING SOCIAL
　　AND ECONOMIC HISTORY』（IV）（東京）東洋文庫　1989　p. 51

姜伯勤　敦煌社會文書導論　（臺北）新文豐出版公司　1992　p. 242

高國藩　敦煌民俗資料導論　（臺北）新文豐出版公司　1993　p. 3

石田勇作　敦煌「社文書」研究序說　中國古代の國家と民衆（堀敏一先生古稀記念）（東京）汲古
　　書院　1995　p. 684

李正宇　敦煌史地新論　（臺北）新文豐出版公司　1996　p. 97

寧可　郝春文　敦煌社邑文書輯校　江蘇古籍出版社　1997　p. 276

楊際平　郭鋒　張和平　五—十世紀敦煌的家庭與家族關係　岳麓書社　1997　p. 166

鄭炳林　敦煌碑銘讚輯釋　甘肅教育出版社　1997　p. 545 注 2

李正宇　蘭若　敦煌學大辭典　上海辭書出版社　1998　p. 627

孟憲實　敦煌社邑的分佈　敦煌文獻論集：紀念藏經洞發現一百周年國際學術研討會論文集　遼寧
　　人民出版社　2001　p. 433

湛如　敦煌佛教律儀制度研究　中華書局　2003　p. 65

S. 6586

江素雲　維摩詰所說經敦煌寫本綜合目錄　（臺北）東初出版社　1991　p. 81

S. 6587

江素雲　維摩詰所說經敦煌寫本綜合目錄　（臺北）東初出版社　1991　p. 81

S. 6588

陳慶英　《斯坦因劫經錄》、《伯希和劫經錄》所收漢文寫卷中夾存的藏文寫卷情況調查　《敦煌學輯
　　刊》1981 年第 2 期　p. 111

S. 6592

陳祚龍　敦煌古抄內典尾記彙校初、二、三編合刊　敦煌學要籥　（臺北）新文豐出版公司　1982
　　p. 161

林聰明　敦煌文書學　（臺北）新文豐出版公司　1991　p. 297

鄭炳林　敦煌碑銘讚輯釋　甘肅教育出版社　1997　p. 265 注 2

S. 6594

蕭登福　從敦煌寫卷中看道教星斗崇拜對佛經之影響　第二屆敦煌學國際研討會論文集　（臺北）
　　漢學研究中心　1990　p. 336

S. 6595

江素雲　維摩詰所說經敦煌寫本綜合目錄　（臺北）東初出版社　1991　p. 81

S. 6596

江素雲　維摩詰所說經敦煌寫本綜合目錄　（臺北）東初出版社　1991　p. 81

S. 6603

江素雲　維摩詰所說經敦煌寫本綜合目錄　（臺北）東初出版社　1991　p. 81

S. 6604

芳村修基　土橋秀高　井ノ口泰淳　敦煌佛教史年表　西域文化研究（第一）・敦煌佛教資料　（京都）法藏館　1958　p. 275

月輪賢隆　土橋秀高　沙門慧述『四分戒本疏』卷第一について　西域文化研究（第一）・敦煌佛教資料　（京都）法藏館　1958　p. 157

陳祚龍　敦煌古抄內典尾記彙校初、二、三編合刊　敦煌學要籲　（臺北）新文豐出版公司　1982　p. 161

哈密頓著　耿昇譯　回鶻文尊號闍梨和都統考　《甘肅民族研究》1988 年第 3 - 4 期　p. 121 注 1

池田溫　中國古代寫本識語集錄　（東京）大藏出版株式會社　1990　p. 399

上山大峻　敦煌佛教の研究　（京都）法藏館　1990　p. 362

竺沙雅章　敦煌吐蕃期的僧官制度　第二屆敦煌學國際研討會論文集　（臺北）漢學研究中心　1990　p. 149

姜伯勤　敦煌毗尼藏主考　《敦煌研究》1993 年第 3 期　p. 7

姜伯勤　敦煌藝術宗教與禮樂文明　中國社會科學出版社　1996　p. 334

鄭炳林　敦煌碑銘讚輯釋　甘肅教育出版社　1997　p. 214 注 2

方廣錩　四分律戒本疏　敦煌學大辭典　上海辭書出版社　1998　p. 713

郝春文　唐後期五代宋初敦煌僧尼的社會生活　中國社會科學出版社　1998　p. 211

鄭炳林　《康秀華寫經施入疏》與《炫和尚貨賣胡粉曆》研究　敦煌吐魯番研究（第三卷）　北京大學出版社　1998　p. 196

S. 6606

鄭阿財　朱鳳玉　敦煌蒙書研究　甘肅教育出版社　2002　p. 140

S. 6610

池田溫　中國古代寫本識語集錄　（東京）大藏出版株式會社　1990　p. 379

上山大峻　敦煌佛教の研究　（京都）法藏館　1990　p. 344

S. 6614

土肥義和　莫高窟千佛洞と大寺と蘭若と　敦煌の社會（講座敦煌 3）　（東京）大東出版社　1980　p. 364

唐耕耦　陸宏基　敦煌社會經濟文獻真迹釋錄（一）　書目文獻出版社　1986　p. 323

山本達郎等　敦煌・III 轉貼　『NUN - HUANG AND TURFAN DOCUMENTS CONCERNING SOCIAL AND ECONOMIC HISTORY』(IV)　（東京）東洋文庫　1989　p. 51

姜伯勤　敦煌社會文書導論　（臺北）新文豐出版公司　1992　p. 242

高國藩　敦煌民俗資料導論　（臺北）新文豐出版公司　1993　p. 3

張涌泉　試論審辨敦煌寫本俗字的方法　《敦煌研究》1994 年第 2 期　p. 151　又見：舊學新知　浙
　　江大學出版社　1999　p. 84

石田勇作　敦煌「社文書」研究序說　中國古代の國家と民衆（堀敏一先生古稀記念）　（東京）汲古
　　書院　1995　p. 684

張涌泉　漢語俗字研究　岳麓書社　1995　p. 201

李正宇　敦煌史地新論　（臺北）新文豐出版公司　1996　p. 97

張涌泉　敦煌俗字研究導論　（臺北）新文豐出版公司　1996　p. 104

寧可　郝春文　敦煌社邑文書輯校　江蘇古籍出版社　1997　p. 289

李正宇　醜賤名　敦煌學大辭典　上海辭書出版社　1998　p. 451

李正宇　蘭若　敦煌學大辭典　上海辭書出版社　1998　p. 627

沙知　敦煌契約文書輯校　江蘇古籍出版社　1998　p. 254

張涌泉　俗字研究與敦煌文獻的校理　舊學新知　浙江大學出版社　1999　p. 61

孟憲實　敦煌社邑的分佈　敦煌文獻論集：紀念藏經洞發現一百周年國際學術研討會論文集　遼寧
　　人民出版社　2001　p. 434

楊森　從敦煌文獻看中國古代從左向右的書寫格式　《敦煌研究》2001 年第 2 期　p. 107

湛如　敦煌佛教律儀制度研究　中華書局　2003　p. 68

景盛軒　敦煌寫本《大般涅槃經》著錄商補　浙江與敦煌學：常書鴻先生誕辰一百周年紀念文集　浙
　　江古籍出版社　2004　p. 348

S. 6616

郝春文　關於唐後期五代宋初沙州僧俗的施捨問題　唐研究（第三卷）　北京大學出版社　1997
　　p. 27

S. 6617

段小强　敦煌文書所反映的古代喪禮　《敦煌學輯刊》1996 年第 2 期　p. 44

S. 6619

黄征　《龍龕手鏡》名義考　敦煌語文叢說　（臺北）新文豐出版公司　1997　p. 786

楊富學　李吉和　敦煌漢文吐蕃史料輯校（第一輯）　甘肅人民出版社　1999　p. 135

S. 6620

江素雲　維摩詰所說經敦煌寫本綜合目錄　（臺北）東初出版社　1991　p. 81

S. 6626

王惠民　《思益經》及其在敦煌的流傳　《敦煌研究》1997 年第 1 期　p. 34

S. 6628

蘇瑩輝　"敦煌曲"評介　敦煌論集續編　（臺北）學生書局　1983　p. 319

S. 6630

汪泛舟　偈·頌　敦煌文學　甘肅人民出版社　1989　p. 89

S. 6631

王重民　說《十二時》　《申報·文史》1948 年第 22 期　又見:敦煌遺書論文集　中華書局　1984
　　p. 159；中國敦煌學百年文庫·文學卷(一)　甘肅文化出版社　1999　p. 479

金岡照光　敦煌漢文文學文獻の文學形態上の種類とその分類　敦煌出土文學文獻分類目錄·附解
　　說　(東京)東洋文庫　1971　p. 232

金岡照光　敦煌文學のさまざま　敦煌の文學　(東京)大藏出版株式會社　1971　p. 154

加地哲定　增補中國佛教文學研究　(東京)同朋舍　1979　p. 202、210、215

吳其昱　臥輪禪師逸語敦煌吐蕃文(伯希和 116 號)譯本考釋　敦煌學(第 4 輯)　(香港)新亞研究
　　所敦煌學會　1979　p. 36

川崎ミチコ　修道偈Ⅱ──定格聯章　敦煌仏典と禪(講座敦煌 8)　(東京)大東出版社　1980
　　p. 268

田中良昭　修道偈Ⅰ　敦煌仏典と禪(講座敦煌 8)　(東京)大東出版社　1980　p. 257

蘇瑩輝　敦煌學概要　(臺北)編譯館"中華叢書編委會"　1981　p. 73

鄭阿財　敦煌孝道文學研究　(臺北)石門圖書公司　1982　p. 530

蘇瑩輝　"敦煌曲"評介　敦煌論集續編　(臺北)學生書局　1983　p. 311

廣川堯敏　禮讚　敦煌と中國仏教(講座敦煌 7)　(東京)大東出版社　1984　p. 458

土橋秀高　敦煌の律藏　敦煌と中國仏教(講座敦煌 7)　(東京)大東出版社　1984　p. 263

戴密微著　耿昇譯　列寧格勒所藏敦煌漢文寫本簡介　敦煌譯叢(第一輯)　甘肅人民出版社
　　1985　p. 124 注 1

任半塘　敦煌歌辭總編　上海古籍出版社　1987　p. 1073、1486、1577

蘇瑩輝　國際敦煌學研究近貌　敦煌文史藝術論叢　(臺北)新文豐出版公司　1987　p. 186

龍晦　敦煌佛曲《五更轉兼十二時·維摩托疾》跋　《世界宗教研究》1988 年第 4 期　又見:中國敦
　　煌學百年文庫·文學卷(四)　甘肅文化出版社　1999　p. 325

饒宗頤　鳩摩羅什《通韻》箋　敦煌語言文學論文集　浙江古籍出版社　1988　p. 14　又見:中印文
　化關係史論集·語文篇　香港中文大學中國文化研究所　三聯書店　1990　p. 40；梵學集
　上海古籍出版社　1993　p. 122

劉進寶　俚曲小調　敦煌文學　甘肅人民出版社　1989　p. 218

汪泛舟　偈·頌　敦煌文學　甘肅人民出版社　1989　p. 89

汪泛舟　讚·箴　敦煌文學　甘肅人民出版社　1989　p. 101

張錫厚　敦煌詩歌考論　《敦煌學輯刊》1989 年第 2 期　p. 15

張錫厚　詩歌　敦煌文學　甘肅人民出版社　1989　p. 161

郭在貽　張涌泉　黃征　敦煌變文集校議　岳麓書社　1990　p. 347

加地哲定著　劉衛星譯　中國佛教文學　今日中國出版社　1990　p. 172、185

任半塘　王昆吾　隋唐五代燕樂雜言歌辭集　巴蜀書社　1990　p. 332

上山大峻　敦煌佛教の研究　(京都)法藏館　1990　p. 420

張錫厚　敦煌詩歌研究二題　敦煌學國際學術討論會論文縮寫文(1990)　敦煌研究院　1990
　　p. 86

杜斗城　敦煌五臺山文獻校錄研究　山西人民出版社　1991　p. 216

金岡照光　高僧傳因緣　敦煌の文學文獻(講座敦煌 9)　(東京)大東出版社　1992　p. 575

吳其昱著　伊藤美重子譯　敦煌漢文寫本概觀　敦煌漢文文獻(講座敦煌5)　(東京)大東出版社
　　1992　p. 57

張涌泉　敦煌寫卷俗字類型及其考辨的方法　(香港)《九州學刊》(敦煌學專輯)1992 年第 4 卷第 4
　　期　p. 72

周紹良　敦煌文學芻議及其它　(臺北)新文豐出版公司　1992　p. 23

李正宇　敦煌文學概論　甘肅人民出版社　1993　p. 93

孫其芳　顏廷亮　敦煌文學概論　甘肅人民出版社　1993　p. 445

汪泛舟　敦煌文學概論　甘肅人民出版社　1993　p. 554

項楚　敦煌詩歌導論　(臺北)新文豐出版公司　1993　p. 98、146

張鴻勳　敦煌說唱文學概論　(臺北)新文豐出版公司　1993　p. 19

張錫厚　敦煌文學概論　甘肅人民出版社　1993　p. 360

鄭阿財　敦煌文獻與文學　(臺北)新文豐出版公司　1993　p. 115、135

蔣禮鴻　敦煌文獻語言詞典　杭州大學出版社　1994　p. 69

索仁森著　李吉和譯　敦煌漢文禪籍特徵概觀　《敦煌研究》1994 年第 1 期　p. 111

田中良昭　敦煌の禪籍　禪學研究入門　(東京)大東出版社　1994　p. 69

汪泛舟　敦煌《九相觀詩》地域時代及其他　《社科縱橫》1994 年第 4 期　p. 15

汪泛舟　敦煌僧詩補論　《敦煌研究》1994 年第 3 期　p. 147

汪泛舟　敦煌韻文辨正舉隅　《敦煌研究》1994 年第 2 期　p. 143

汪娟　敦煌禮懺文研究　(臺北)法鼓文化公司　1994　p. 225

張涌泉　試論審辨敦煌寫本俗字的方法　《敦煌研究》1994 年第 2 期　p. 154　又見:舊學新知　浙
　　江大學出版社　1999　p. 89

劉進寶　敦煌學論述　(臺北)洪葉文化事業有限公司　1995　p. 322

柳田聖山　禪籍解題(一)·敦煌禪籍　俗語言研究(第二期)　(京都)禪文化研究所　1995　p. 150

王書慶　敦煌佛學·佛事篇　甘肅民族出版社　1995　p. 272

張涌泉　陳祚龍校錄敦煌卷子失誤例釋　學術集林(卷六)　上海遠東出版社　1995　p. 305

張涌泉　敦煌文書類化字研究　《敦煌研究》1995 年第 4 期　p. 74

饒宗頤　"法曲子"論　敦煌曲續論　(臺北)新文豐出版公司　1996　p. 87

王昆吾　隋唐五代燕樂雜言歌辭研究　中華書局　1996　p. 413

張錫厚　敦煌釋氏詩歌創作論　慶祝潘石禪先生九秩華誕敦煌學特刊　(臺北)文津出版社　1996
　　p. 199

張涌泉　敦煌俗字研究導論　(臺北)新文豐出版公司　1996　p. 102、163、269、283

張涌泉　敦煌文獻校讀釋例　文史(第四十一輯)　中華書局　1996　p. 200　又見:舊學新知　浙
　　江大學出版社　1999　p. 214

高啓安　敦煌五更詞與甘肅五更詞比較研究　《敦煌研究》1997 年第 3 期　p. 115

黃征　張涌泉　敦煌變文校注　中華書局　1997　p. 1180

林仁昱　由唐代淨土讚歌看敦煌聯章俗曲歌謠套用曲調的原則　敦煌文學論集　四川人民出版社
　　1997　p. 160

劉子瑜　敦煌變文和王梵志詩　大象出版社　1997　p. 74

汪泛舟　敦煌詩詞補正與考源　《敦煌研究》1997 年第 3 期　p. 110

張弓　漢唐佛寺文化史　中國社會科學出版社　1997　p. 833

鄭阿財　敦煌寫本《九想觀》詩歌初探　敦煌文學論集　四川人民出版社　1997　p. 22

鄭炳林　敦煌碑銘讚輯釋　甘肅教育出版社　1997　p. 218 注 3

柴劍虹　和菩薩戒文　敦煌學大辭典　上海辭書出版社　1998　p. 546

柴劍虹　良牧詩　敦煌學大辭典　上海辭書出版社　1998　p. 574

柴劍虹　唐三藏讚　敦煌學大辭典　上海辭書出版社　1998　p. 545

柴劍虹　維摩十二時　敦煌學大辭典　上海辭書出版社　1998　p. 538

李正宇　九想觀詩　敦煌學大辭典　上海辭書出版社　1998　p. 566

李正宇　利濟　敦煌學大辭典　上海辭書出版社　1998　p. 349

張錫厚　遊五台讚文　敦煌學大辭典　上海辭書出版社　1998　p. 544

張先堂　晚唐至宋初淨土五會念佛法門在敦煌的流傳　《敦煌研究》1998 年第 1 期　p. 52

張涌泉　俗字研究與敦煌文獻的校理　舊學新知　浙江大學出版社　1999　p. 59

杜琪　敦煌詩賦作品要目分類題注　《甘肅社會科學》2000 年第 1 期　p. 62

劉長東　晉唐彌陀淨土信仰研究　巴蜀書社　2000　p. 443

孫其芳　大漠遺歌：敦煌詩歌選評　甘肅人民出版社　2000　p. 205

徐俊　敦煌詩集殘卷輯考　中華書局　2000　p. 180

顏廷亮　西陲文學遺珍：敦煌文學通俗談　甘肅人民出版社　2000　p. 91

張錫厚　敦煌文學源流　作家出版社　2000　p. 50、331

陳自力　從陸機《百年歌》到敦煌《九想觀》詩　《敦煌研究》2001 年第 3 期　p. 130

郝春文　英藏敦煌社會歷史文獻釋錄（第一卷）　科學出版社　2001　p. 425

陶敏　李一飛　隋唐五代文學史料學　中華書局　2001　p. 352

汪泛舟　敦煌俗別字補正　《敦煌研究》2001 年第 4 期　p. 158

李正宇　唐宋時期敦煌佛經性質功能的變化　戒幢佛學（第二卷）　岳麓書社　2002　p. 25　又見：
　　中日敦煌佛教學術會議論文集　中國社會科學院研究所　2002　p. 20

林仁昱　論敦煌佛教歌曲特質與“弘法”的關係　敦煌學（第 23 輯）　（臺北）樂學書局有限公司
　　2002　p. 60、68

劉進寶　敦煌學通論　甘肅教育出版社　2002　p. 366

馬茜　歸義軍時期敦煌地區庶民佛教的發展　甘肅民族研究論叢　甘肅人民出版社　2002　p. 467

鄭阿財　敦煌寫本《九想觀》詩歌新探　敦煌佛教藝術文化國際學術研討會論文集　蘭州大學出版
　　社　2002　p. 513

何劍平　敦煌維摩詰文學中的金粟如來　2000 年敦煌學國際學術討論會文集・歷史文化卷（下）
　　甘肅民族出版社　2003　p. 510

林仁昱　論敦煌佛教歌曲向通俗傳播的內容　中國俗文化研究（第一輯）　巴蜀書社　2003　p. 196

王啓濤　中古及近代法制文書語言研究　巴蜀書社　2003　p. 274

王小盾　從敦煌本共住修道故事看唐代佛教詩歌文體的來源　中國俗文化研究（第一輯）　巴蜀書
　　社　2003　p. 28

湛如　敦煌佛教律儀制度研究　中華書局　2003　p. 157

張子開　敦煌文獻中的白話禪詩　《敦煌學輯刊》2003 年第 1 期　p. 83、89

朱鳳玉　《俄藏敦煌文獻》11 – 17 冊中之文學文獻叙錄　冉雲華先生八秩華誕壽慶論文集　（臺北）
　　法光出版社　2003　p. 115

屈直敏　敦煌高僧　民族出版社　2004　p. 90

張涌泉　燦爛的敦煌文化　浙江與敦煌學：常書鴻先生誕辰一百周年紀念文集　浙江古籍出版社
　　2004　p. 635

趙曉星　敦煌落蕃舊事　民族出版社　2004　p. 184

何劍平　作爲民間寫經和禮懺儀式的維摩詰信仰　《敦煌學輯刊》2005 年第 4 期　p. 60

黃征　敦煌俗字典　上海教育出版社　2005　p.16、109、135、384
汪泛舟　敦煌俗別字新考(上)　《敦煌研究》2006年第1期　p.103

S.6632

伊藤美重子　敦煌本『大智度論』の整理　中國佛教石經の研究　京都大學學術出版會　1996
　　p.382

S.6634

池田溫　中國古代寫本識語集録　(東京)大藏出版株式會社　1990　p.361
鄭炳林　《康秀華寫經施入疏》與《炫和尚貨賣胡粉曆》研究　敦煌吐魯番研究(第三卷)　北京大學
　　出版社　1998　p.199

S.6637

池田溫　中國古代寫本識語集録　(東京)大藏出版株式會社　1990　p.399

S.6640

井ノ口泰淳　敦煌本『仏名經』の諸系統　中央アジアの言語と仏教　(京都)法藏館　1995　p.319

S.6644

土橋秀高　四分律雜抄　西域文化研究(第一)・敦煌佛教資料　(京都)法藏館　1958　p.186
姜伯勤　敦煌毗尼藏主考　《敦煌研究》1993年第3期　p.4
姜伯勤　敦煌藝術宗教與禮樂文明　中國社會科學出版社　1996　p.330
劉方　戒律之研究　敦煌學大辭典　上海辭書出版社　1998　p.836
湛如　敦煌結夏安居考察　法源(第16期)　中國佛學院　1998　p.73　又見:佛學研究(第七期)
　　中國佛教文化研究所　1998　p.328
曾良　敦煌文獻字義通釋　廈門大學出版社　2001　p.14
湛如　敦煌佛教律儀制度研究　中華書局　2003　p.221

S.6645

池田溫　中國古代寫本識語集録　(東京)大藏出版株式會社　1990　p.390

S.6646

陳祚龍　敦煌古抄內典尾記彙校初、二、三編合刊　敦煌學要籥　(臺北)新文豐出版公司　1982
　　p.162
池田溫　中國古代寫本識語集録　(東京)大藏出版株式會社　1990　p.390

S.6647

池田溫　中國古代寫本識語集録　(東京)大藏出版株式會社　1990　p.388

S.6650

芳村修基　土橋秀高　井ノ口泰淳　敦煌佛教史年表　西域文化研究(第一)・敦煌佛教資料　(京
　　都)法藏館　1958　p.258

池田溫　評『ペリオ將來敦煌漢文文獻目録』第一卷（P. 2001 - 2500）　『東洋學報』（54 卷 4 號）　（東京）東洋學術協會　1972　p. 67

陳祚龍　敦煌古抄內典尾記彙校初、二、三編合刊　敦煌學要籥　（臺北）新文豐出版公司　1982　p. 162

饒宗頤解說　林宏作譯　敦煌書法叢刊（第二二卷）・寫經（三）　（東京）二玄社　1983　p. 68

池田溫　中國古代寫本識語集録　（東京）大藏出版株式會社　1990　p. 150

林聰明　從敦煌文書看佛教徒的造經祈福　第二屆敦煌學國際研討會論文集　（臺北）漢學研究中心　1990　p. 527

林聰明　敦煌文書學　（臺北）新文豐出版公司　1991　p. 355

楊森　"婆姨"與"優婆姨"稱謂芻議　《敦煌研究》1994 年第 3 期　p. 125

趙聲良　隋代敦煌寫本的書法藝術　敦煌書法庫（第三輯）　甘肅人民美術出版社　1994　p. 2　又見:《敦煌研究》1995 年第 4 期　p. 134

黃征　吳偉　敦煌願文集　岳麓書社　1995　p. 857

張涌泉　敦煌俗字研究導論　（臺北）新文豐出版公司　1996　p. 245

方廣錩　大方廣佛華嚴經　敦煌學大辭典　上海辭書出版社　1998　p. 655

金岡照光　敦煌文獻と中國文學　（東京）五曜書房　2000　p. 431

陳麗萍　敦煌女性寫經題記及反映的婦女問題　敦煌佛教藝術文化國際學術研討會論文集　蘭州大學出版社　2002　p. 434

李丞宰著　大塚忠藏譯　敦煌佛經の50 卷本華嚴經を探して　日本學・敦煌學・漢文訓讀の新展開　（東京）汲古書院　2005　p. 61

S. 6654

井ノ口泰淳　敦煌本『仏名經』の諸系統　中央アジアの言語と仏教　（京都）法藏館　1995　p. 308

S. 6659

向達　倫敦所藏敦煌卷子經眼目録　《北平圖書館圖書季刊》1939 年新第 1 卷第 4 期　p. 399　又見:唐代長安與西域文明　三聯書店　1957　p. 239

石井昌子　靈寶經類　敦煌と中國道教（講座敦煌4）　（東京）大東出版社　1983　p. 152

朱越利　道經總論　遼寧教育出版社　1992　p. 273

大淵忍爾　論古靈寶經　道家文化研究（第十三輯）　三聯書店　1998　p. 498

姜伯勤　道釋相激:道教在敦煌　道家文化研究（第十三輯）　三聯書店　1998　p. 53

王卡　太上洞玄靈寶妙經衆篇序章　敦煌學大辭典　上海辭書出版社　1998　p. 767

王承文　敦煌古靈寶經與晉唐道教　中華書局　2002　p. 114

王卡　敦煌道教文獻研究　中國社會科學出版社　2004　p. 106

黃征　敦煌俗字典　上海教育出版社　2005　p. 前言 14

黃征　敦煌俗字種類考辨　敦煌學・日本學:石塚晴通教授退職紀念論文集　上海辭書出版社　2005　p. 115、119

鄭阿財　論敦煌俗字與寫本學之關係　日本學・敦煌學・漢文訓讀の新展開　（東京）汲古書院　2005　p. 37

S. 6661

池田溫　中國古代寫本識語集録　（東京）大藏出版株式會社　1990　p. 97

S. 6662

井ノ口泰淳　敦煌本『仏名經』の諸系統　中央アジアの言語と仏教　（京都）法藏館　1995　p. 298

S. 6663

方廣錩　諸法無行經　敦煌學大辭典　上海辭書出版社　1998　p. 669

S. 6665

江素雲　維摩詰所說經敦煌寫本綜合目錄　（臺北）東初出版社　1991　p. 81

S. 6666

池田溫　中國古代寫本識語集錄　（東京）大藏出版株式會社　1990　p. 374

S. 6667

芳村修基　土橋秀高　井ノ口泰淳　敦煌佛教史年表　西域文化研究（第一）・敦煌佛教資料　（京
　　都）法藏館　1958　p. 278

陳祚龍　敦煌古抄內典尾記彙校初、二、三編合刊　敦煌學要籥　（臺北）新文豐出版公司　1982
　　p. 162

池田溫　中國古代寫本識語集錄　（東京）大藏出版株式會社　1990　p. 483

石泰安著　耿昇譯　敦煌寫本中的印—藏和漢—藏兩種辭彙　國外藏學研究譯文集（第八輯）　西
　　藏人民出版社　1992　p. 185

蕭登福　道教與密宗　（臺北）新文豐出版公司　1993　p. 432

蕭登福　道教術儀與密教典籍　（臺北）新文豐出版公司　1994　p. 427

黃征　吳偉　敦煌願文集　岳麓書社　1995　p. 929

蕭登福　道教與佛教　（臺北）東大圖書公司　1995　p. 56

金岡照光　敦煌文獻と中國文學　（東京）五曜書房　2000　p. 431

顏廷亮　敦煌文化　光明日報出版社　2000　p. 270

姜亮夫　敦煌莫高窟年表　姜亮夫全集（十一）　雲南人民出版社　2002　p. 510

李正宇　唐宋時期敦煌佛經性質功能的變化　戒幢佛學（第二卷）　岳麓書社　2002　p. 23　又見：
　　中日敦煌佛教學術會議論文集　中國社會科學院研究所　2002　p. 19

武學軍　敏春芳　敦煌願文婉詞試解（一）　《敦煌學輯刊》2006年第1期　p. 131

S. 6670

芳村修基　土橋秀高　井ノ口泰淳　敦煌佛教史年表　西域文化研究（第一）・敦煌佛教資料　（京
　　都）法藏館　1958　p. 275

陳祚龍　敦煌古抄內典尾記彙校初、二、三編合刊　敦煌學要籥　（臺北）新文豐出版公司　1982
　　p. 162

吳其昱著　福井文雅　樋口勝譯　大蕃國大德・三藏法師・法成傳考　敦煌と中國仏教（講座敦煌
　　7）　（東京）大東出版社　1984　p. 392

池田溫　中國古代寫本識語集錄　（東京）大藏出版株式會社　1990　p. 413

上山大峻　敦煌佛教の研究　（京都）法藏館　1990　p. 91、220

榮新江　敦煌邈真讚年代考　敦煌邈真讚校錄並研究　（臺北）新文豐出版公司　1994　p. 360

榮新江　余欣　敦煌寫本辨僞示例：以法成講《瑜伽師地論》學生筆記爲中心　敦煌學・日本學：石

塚晴通教授退職紀念論文集　上海辭書出版社　2005　p. 66

榮新江　余欣著　谷美喜子譯　敦煌寫本真僞弁別示例：法成の講じた「瑜伽師地論」の學生により
　　筆記を中心として　日本學・敦煌學・漢文訓讀の新展開　（東京）汲古書院　2005　p. 157

S. 6672

陳祚龍　敦煌古抄內典尾記彙校初、二、三編合刊　敦煌學要籥　（臺北）新文豐出版公司　1982
　　p. 163

池田溫　中國古代寫本識語集録　（東京）大藏出版株式會社　1990　p. 398

黄征　敦煌俗字典　上海教育出版社　2005　p. 213

S. 6676

鄭炳林　敦煌碑銘讚輯釋　甘肅教育出版社　1997　p. 79 注3

S. 6678

田中良昭　敦煌禪宗文獻の研究　（東京）大東出版社　1983　p. 198

上山大峻　敦煌佛教の研究　（京都）法藏館　1990　p. 92

石塚晴通　敦煌寫本的問題點　敦煌文獻論集：紀念藏經洞發現一百周年國際學術研討會論文集
　　遼寧人民出版社　2001　p. 49

S. 6689

江素雲　維摩詰所說經敦煌寫本綜合目録　（臺北）東初出版社　1991　p. 81

S. 6690

江素雲　維摩詰所說經敦煌寫本綜合目録　（臺北）東初出版社　1991　p. 81

S. 6691

慶谷壽信　敦煌出土の音韻資料(上)——Stein6691vについて　『人文學報』（第78號）　京都大學
　　人文科學研究所　1970　p. 1

慶谷壽信　敦煌出土の音韻資料(中)——「首楞嚴經音」の文獻學的考察　『人文學報』（第91號）
　　京都大學人文研究所　1973　p. 1、4

慶谷壽信　敦煌出土の音韻資料(下)——「首楞嚴經音」の反切聲類考　『人文學報』（第98號）
　　京都大學人文研究所　1974　p. 160

福井文雅　般若心經　敦煌と中國仏教(講座敦煌7)　（東京）大東出版社　1984　p. 39

池田溫　中國古代寫本識語集録　（東京）大藏出版株式會社　1990　p. 514

張金泉　許建平　敦煌音義彙考　杭州大學出版社　1996　p. 1110、1198

張涌泉　敦煌俗字彙考　敦煌俗字研究　上海教育出版社　1996　p. 6

張金泉　敦煌佛經音義寫卷述要　《敦煌研究》1997年第2期　p. 117

方廣錩　般若波羅蜜多心經　敦煌學大辭典　上海辭書出版社　1998　p. 686

張涌泉　漢語俗字叢考　中華書局　2000　p. 4、305、404

張涌泉　敦煌文獻字詞例釋　敦煌學(第25輯)　（臺北）樂學書局有限公司　2004　p. 349

S. 6694

王三慶　敦煌寫卷中武后新字之調查研究　唐代研究論集（第三輯）　（臺北）新文豐出版公司
　　1992　p. 94

S. 6701

陳慶英　《斯坦因劫經録》、《伯希和劫經録》所收漢文寫卷中夾存的藏文寫卷情況調查　《敦煌學輯
　　刊》1981 年第 2 期　p. 111

熊本裕　コータン語文獻　敦煌胡語文獻（講座敦煌 6）　（東京）大東出版社　1985　p. 137

S. 6702

蕭登福　道教術儀與密教典籍　（臺北）新文豐出版公司　1994　p. 467

S. 6704

池田温　中國古代寫本識語集録　（東京）大藏出版株式會社　1990　p. 371

S. 6713

王重民　記敦煌寫本的佛經　敦煌吐魯番文獻研究論集（第二輯）　北京大學出版社　1983　p. 9
　　又見：敦煌遺書論文集　中華書局　1984　p. 295

池田温　中國古代寫本識語集録　（東京）大藏出版株式會社　1990　p. 379

S. 6717

井ノ口泰淳　敦煌本『仏名經』の諸系統　中央アジアの言語と仏教　（京都）法藏館　1995　p. 308

S. 6720

井ノ口泰淳　敦煌本『仏名經』の諸系統　中央アジアの言語と仏教　（京都）法藏館　1995　p. 308

S. 6722

福井文雅　般若心經　敦煌と中國仏教（講座敦煌 7）　（東京）大東出版社　1984　p. 39

蕭登福　從敦煌寫卷中看道教星斗崇拜對佛經之影響　第二屆敦煌學國際研討會論文集　（臺北）
　　漢學研究中心　1990　p. 336

S. 6723

陳祚龍　敦煌古抄內典尾記彙校初、二、三編合刊　敦煌學要籥　（臺北）新文豐出版公司　1982
　　p. 163

池田温　中國古代寫本識語集録　（東京）大藏出版株式會社　1990　p. 365

S. 6726

芳村修基　土橋秀高　井ノ口泰淳　敦煌佛教史年表　西域文化研究（第一）・敦煌佛教資料　（京
　　都）法藏館　1958　p. 275

陳祚龍　中世敦煌與成都之間的交通路線：敦煌學散策之一　敦煌學（第 1 輯）　（香港）新亞研究所
　　敦煌學會　1974　p. 82　又見：敦煌資料考屑（下冊）　（臺北）商務印書館　1979　p. 338；唐
　　代研究論集（第三輯）　（臺北）新文豐出版公司　1992　p. 438

陳祚龍　敦煌古抄內典尾記彙校初、二、三編合刊　敦煌學要籥　（臺北）新文豐出版公司　1982　p. 163

龍晦　唐五代西北方音與卜天壽《論語》寫本　新疆考古三十年　新疆人民出版社　1983　p. 376

龍晦　大足石刻父母恩重經變像與敦煌音樂文學的關係　敦煌歌辭總編　上海古籍出版社　1987　p. 1835

平野顯照著　張桐生譯　唐代的文學與佛教　（臺北）業強出版社　1987　p. 256

舒學　敦煌漢文遺書中雕版印刷資料綜叙　敦煌語言文學研究　北京大學出版社　1988　p. 297

池田溫　中國古代寫本識語集錄　（東京）大藏出版株式會社　1990　p. 468

文初　讀敦煌卷子劄記二則　《敦煌語言文學研究通訊》1990 年第 2－3 期　p. 8

文初　關於敦煌卷子中的“八十二老人”　《社科縱橫》1990 年第 6 期　p. 40

蘇遠鳴　敦煌佛教肖像劄記　法國學者敦煌學論文選萃　中華書局　1993　p. 198 注 11

顏廷亮　敦煌文學概說　（臺北）新文豐出版公司　1995　p. 227

鄭阿財　敦煌寫卷《持誦金剛經靈驗功德記》研究　全國敦煌學研討會論文集　（臺北）中正大學中國文學系所　1995　p. 269

鄭阿財　敦煌靈應小說的佛教史學價值　唐研究國際學術會議論文彙編　中國社會科學院歷史研究所　1997　p. 192　又見：唐研究（第四卷）　北京大學出版社　1998　p. 41

白化文　西川過家真印本　敦煌學大辭典　上海辭書出版社　1998　p. 590

方廣錩　敦煌遺書中的《金剛經》及其注疏　敦煌學佛教學論叢（上）　中國佛教文化研究所　1998　p. 375

妹尾達彥　唐代長安東市の印刷業　東アジア史における國家と地域　（東京）刀水書房　1999　p. 230

林聰明　敦煌吐魯番文書解詁指例　（臺北）新文豐出版公司　2001　p. 132

張總　《閻羅王授記經》綴補研考　敦煌吐魯番研究（第五卷）　北京大學出版社　2001　p. 98

釋永有　敦煌遺書中的金剛經　敦煌佛教藝術文化國際學術研討會論文集　蘭州大學出版社　2002　p. 37

李小榮　敦煌密教文獻論稿　人民文學出版社　2003　p. 309

S. 6727

許國霖　敦煌石室寫經題記彙編　《微妙聲》1936－1937 年第 1－4 期　又見：中國敦煌學百年文庫·宗教卷（四）　甘肅文化出版社　1999　p. 233

許國霖　敦煌石室寫經年代表　《微妙聲》1937 年第 5 期　又見：中國敦煌學百年文庫·宗教卷（四）　甘肅文化出版社　1999　p. 194

芳村修基　土橋秀高　井ノ口泰淳　敦煌佛教史年表　西域文化研究（第一）·敦煌佛教資料　（京都）法藏館　1958　p. 253

陳祚龍　後魏元榮坐鎮瓜州事佛之一斑　《古今談》1973 年第 103 期　又見：中華佛教文化史散策（初集）　（臺北）新文豐出版公司　1978　p. 83；中國敦煌學百年文庫·宗教卷（一）　甘肅文化出版社　1999　p. 10

陳祚龍　敦煌古抄內典尾記彙校初、二、三編合刊　敦煌學要籥　（臺北）新文豐出版公司　1982　p. 163

饒宗頤解說　林宏作譯　敦煌書法叢刊（第二十卷）·寫經（一）　（東京）二玄社　1983　p. 63

姜亮夫　敦煌經卷題名錄　敦煌學論文集　上海古籍出版社　1987　p. 1062

王三慶　日本所見敦煌寫卷目錄提要（一）　敦煌學（第 15 輯）　（臺北）新文豐出版公司　1989

p. 99

池田溫　中國古代寫本識語集録　（東京）大藏出版株式會社　1990　p. 105

高國藩　敦煌古俗與民俗流變　河海大學出版社　1990　p. 424

林聰明　敦煌文書學　（臺北）新文豐出版公司　1991　p. 159

陶秋英輯録　姜亮夫校訂　敦煌經卷題名録　敦煌碎金　浙江古籍出版社　1992　p. 78

伊藤伸　中國書法史上から見た敦煌漢文寫本　敦煌漢文文獻（講座敦煌 5）　（東京）大東出版社　1992　p. 215

沃興華　敦煌書法藝術　上海人民出版社　1994　p. 68

趙聲良　早期敦煌寫本書法的時代分期和類型　敦煌書法庫（第二輯）　甘肅人民美術出版社　1994　p. 5

方廣錩　敦煌文獻中的《金剛經》及其注疏　《新疆文物》1995 年第 1 期　p. 46

趙秀榮　北朝石窟中的神王像　《敦煌學輯刊》1995 年第 1 期　p. 69

宿白　敦煌莫高窟密教遺迹劄記　中國石窟寺考古　文物出版社　1996　p. 279

藤枝晃著　徐慶全　李樹清譯　敦煌寫本概述　《敦煌研究》1996 年第 2 期　p. 117

伊藤伸著　趙聲良譯　從中國書法史看敦煌漢文文書（二）　《敦煌研究》1996 年第 2 期　p. 145

方廣錩　金剛般若波羅蜜經　敦煌學大辭典　上海辭書出版社　1998　p. 682

顧吉辰　敦煌文獻職官結銜考釋　《敦煌學輯刊》1998 年第 2 期　p. 20

戴仁　敦煌寫本中的贗品　法國漢學（敦煌學專號）　中華書局　2000　p. 9

顏廷亮　敦煌文化　光明日報出版社　2000　p. 377

趙聲良　早期敦煌寫本書法的分期研究　1994 年敦煌學國際研討會文集·石窟藝術卷　甘肅民族出版社　2000　p. 269

林聰明　敦煌吐魯番文書解詁指例　（臺北）新文豐出版公司　2001　p. 149

蔡忠霖　敦煌漢文寫卷俗字及其現象　（臺北）文津出版社　2002　p. 147、157、180

姜亮夫　敦煌莫高窟年表　姜亮夫全集（十一）　雲南人民出版社　2002　p. 119

徐俊　俄藏 Dx11414 + Dx02947 前秦擬古詩殘本研究：兼論背面契券文書的地域和時代　敦煌吐魯番研究（第六卷）　北京大學出版社　2002　p. 219 注

張元林　莫高窟北朝窟中的婆藪仙和鹿頭梵志形象再識　《敦煌研究》2002 年第 2 期　p. 73

賀世哲　石室劄記　《敦煌研究》2003 年第 1 期　p. 24

李小榮　敦煌密教文獻論稿　人民文學出版社　2003　p. 26

鄭阿財　敦煌寫本《佛頂心觀世音菩薩大陀羅尼經》研究　2000 年敦煌學國際學術討論會文集·歷史文化卷（下）　甘肅民族出版社　2003　p. 10

S. 6733

陳祚龍　瓜沙印録　（臺北）《大陸雜誌》1962 年第 4 期　又見：敦煌學概要　（臺北）編譯館“中華叢書編委會”　1981　p. 268；中國敦煌學百年文庫·考古卷（一）　甘肅文化出版社　1999　p. 190

陳祚龍　古代敦煌及其他地區流行之公私印章圖記文字録　敦煌學要籥　（臺北）新文豐出版公司　1982　p. 342

池田溫　敦煌文獻について　『書道研究』（2 卷 2 號）　（東京）萱原書局　1988　p. 49　又見：敦煌文書の世界　（東京）名著刊行會　2003　p. 52

上山大峻　敦煌佛教の研究　（京都）法藏館　1990　p. 36、80

李正宇　淨土寺　敦煌學大辭典　上海辭書出版社　1998　p. 631

平井宥慶　敦煌文書における金剛經疏　金剛般若經の思想的研究　（東京）春秋社　1999　p. 266

S. 6734

芳村修基　土橋秀高　井ノ口泰淳　敦煌佛教史年表　西域文化研究（第一）・敦煌佛教資料　（京都）法藏館　1958　p. 281

陳祚龍　敦煌古抄內典尾記彙校初、二、三編合刊　敦煌學要籥　（臺北）新文豐出版公司　1982　p. 163

廣川堯敏　禮讚　敦煌と中國仏教（講座敦煌7）　（東京）大東出版社　1984　p. 456

上山大峻　敦煌佛教の研究　（京都）法藏館　1990　p. 419

高田時雄　チベット文字書寫「長卷」の研究（本文編）　『東方學報』（第65號）　京都大學人文科學研究所　1993　p. 374

王惠民　《思益經》及其在敦煌的流傳　《敦煌研究》1997年第1期　p. 34

張先堂　晚唐至宋初淨土五會念佛法門在敦煌的流傳　《敦煌研究》1998年第1期　p. 52、61

姜亮夫　敦煌莫高窟年表　姜亮夫全集（十一）　雲南人民出版社　2002　p. 581

林仁昱　論敦煌佛教歌曲特質與"弘法"的關係　敦煌學（第23輯）　（臺北）樂學書局有限公司　2002　p. 64

S. 6740

江素雲　維摩詰所說經敦煌寫本綜合目錄　（臺北）東初出版社　1991　p. 81

S. 6742

杜愛英　敦煌遺書中俗體字的諸種類型　《敦煌研究》1992年第3期　p. 121

S. 6745

王三慶　敦煌寫卷中武后新字之調查研究　唐代研究論集（第三輯）　（臺北）新文豐出版公司　1992　p. 94

S. 6746

蕭登福　從敦煌寫卷中看道教星斗崇拜對佛經之影響　第二屆敦煌學國際研討會論文集　（臺北）漢學研究中心　1990　p. 323

蕭登福　道教星斗符印與佛教密宗　（臺北）新文豐出版公司　1993　p. 13

S. 6747

平井俊榮　敦煌仏典と中國仏教　敦煌と中國仏教（講座敦煌7）　（東京）大東出版社　1984　p. 8

S. 6750

蕭登福　從敦煌寫卷中看道教星斗崇拜對佛經之影響　第二屆敦煌學國際研討會論文集　（臺北）漢學研究中心　1990　p. 336

S. 6751

王三慶　敦煌寫卷中武后新字之調查研究　唐代研究論集（第三輯）　（臺北）新文豐出版公司　1992　p. 94

S. 6761

蘇瑩輝　“敦煌曲”評介　《香港中文大學學報》1974 年第 1 期　又見:中國敦煌學百年文庫·藝術
　　卷(一)　甘肅文化出版社　1999　p. 373

井ノ口泰淳　敦煌本『仏名經』の諸系統　中央アジアの言語と仏教　(京都)法藏館　1995　p. 308

S. 6767

芳村修基　土橋秀高　井ノ口泰淳　敦煌佛教史年表　西域文化研究(第一)·敦煌佛教資料　(京
　　都)法藏館　1958　p. 275

陳祚龍　敦煌古抄內典尾記彙校初、二、三編合刊　敦煌學要籥　(臺北)新文豐出版公司　1982
　　p. 164

池田溫　中國古代寫本識語集錄　(東京)大藏出版株式會社　1990　p. 398

王三慶　敦煌書儀載錄之節日活動與民俗　全國敦煌學研討會論文集　(臺北)中正大學中國文學
　　系所　1995　p. 26 注 44

方廣錩　四分律比丘戒本　敦煌學大辭典　上海辭書出版社　1998　p. 712

S. 6768

陳祚龍　關於研究李唐三藏法師玄奘的“作爲”及其影響之敦煌古抄參考資料　中華佛教文化史散
　　策(初集)　(臺北)新文豐出版公司　1978　p. 371

S. 6771

陳祚龍　敦煌古抄內典尾記彙校初、二、三編合刊　敦煌學要籥　(臺北)新文豐出版公司　1982
　　p. 164

林聰明　敦煌文書學　(臺北)新文豐出版公司　1991　p. 296

林聰明　敦煌吐魯番文書解詁指例　(臺北)新文豐出版公司　2001　p. 136

S. 6772

江素雲　維摩詰所說經敦煌寫本綜合目錄　(臺北)東初出版社　1991　p. 81

S. 6778

杜愛英　敦煌遺書中俗體字的諸種類型　《敦煌研究》1992 年第 3 期　p. 124

S. 6780

江素雲　維摩詰所說經敦煌寫本綜合目錄　(臺北)東初出版社　1991　p. 81

S. 6781

芳村修基　土橋秀高　井ノ口泰淳　敦煌佛教史年表　西域文化研究(第一)·敦煌佛教資料　(京
　　都)法藏館　1958　p. 275

姜伯勤　敦煌寺院碾磑經營的兩種形式　歷史論叢(第三輯)　齊魯書社　1983　p. 188　又見:五
　　十年來漢唐佛教寺院經濟研究　北京師範大學出版社　1986　p. 235

姜伯勤　敦煌寺院文書中“梁戶”的性質　五十年來漢唐佛教寺院經濟研究　北京師範大學出版社
　　1986　p. 128

姜伯勤　唐五代敦煌寺戶制度　中華書局　1987　p. 171、248、265

王永興　隋唐五代經濟史料彙編校注・第一編(下)　中華書局　1987　p. 924

山本達郎等　敦煌・IV 納贈曆・納色物曆等　『NUN – HUANG AND TURFAN DOCUMENTS CON-CERNING SOCIAL AND ECONOMIC HISTORY』(IV)　(東京)東洋文庫　1989　p. 109

山本達郎等　敦煌・VI 諸種文書　『NUN – HUANG AND TURFAN DOCUMENTS CONCERNING SO-CIAL AND ECONOMIC HISTORY』(IV)　(東京)東洋文庫　1989　p. 137

唐耕耦　8 至 10 世紀敦煌的物價　紀念陳寅恪教授國際學術討論會文集　中山大學出版社　1989　p. 535

唐耕耦　陸宏基　敦煌社會經濟文獻真迹釋錄(三)　全國圖書館文獻縮微複製中心　1990　p. 342

尹偉先　從敦煌文書看唐代河西地區的貨幣流通　《社科縱橫》1992 年第 6 期　又見：中國敦煌學百年文庫・歷史卷(二)　甘肅文化出版社　1999　p. 345

李正宇　敦煌文學概論　甘肅人民出版社　1993　p. 101

李明偉　隋唐絲綢之路　甘肅人民出版社　1994　p. 260

唐耕耦　敦煌寺院會計文書研究　(臺北)新文豐出版公司　1997　p. 425

田德新　敦煌寺院中的都師　《敦煌學輯刊》1997 年第 2 期　p. 125

張弓　漢唐佛寺文化史　中國社會科學出版社　1997　p. 315

沙知　敦煌契約文書輯校　江蘇古籍出版社　1998　p. 398

沙知　梁戶　敦煌學大辭典　上海辭書出版社　1998　p. 651

唐耕耦　都僧錄　敦煌學大辭典　上海辭書出版社　1998　p. 638

唐耕耦　梁課　敦煌學大辭典　上海辭書出版社　1998　p. 645

童丕　敦煌的借貸：中國中古時代的物質生活與社會　中華書局　2003　p. 15

黄征　敦煌俗字典　上海教育出版社　2005　p. 57

S. 6782

慶谷壽信　敦煌出土の音韻資料(上)——Stein6691v について　『人文學報』(第 78 號)　京都大學人文科學研究所　1970　p. 169

方廣錩　大佛頂如來密因修正了義諸菩薩萬行首楞嚴經　敦煌學大辭典　上海辭書出版社　1998　p. 699

S. 6783

井ノ口泰淳　敦煌本『仏名經』の諸系統　中央アジアの言語と仏教　(京都)法藏館　1995　p. 319

汪娟　敦煌本《大佛略懺》在佛教懺悔文中的地位　敦煌文學論集　四川人民出版社　1997　p. 388

S. 6786

上山大峻　敦煌佛教の研究　(京都)法藏館　1990　p. 92、245

S. 6788

池田溫　中國古代寫本識語集錄　(東京)大藏出版株式會社　1990　p. 422

榮新江　沙州歸義軍歷任節度使稱號研究　敦煌吐魯番學研究論文集　漢語大詞典出版社　1990　p. 790

上山大峻　敦煌佛教の研究　(京都)法藏館　1990　p. 92

榮新江　歸義軍史研究　上海古籍出版社　1996　p. 95

鄭炳林　敦煌碑銘讚輯釋　甘肅教育出版社　1997　p. 87 注 2

S. 6789

方廣錩　敦煌遺書中的《法華經》注疏　《世界宗教研究》1998 年第 2 期　p. 76

方廣錩　敦煌遺書中的《妙法蓮華經》及有關文獻　法源(第 16 期)　中國佛學院　1998　p. 48

S. 6790

徐紹强　大方廣華嚴十惡品經　藏外佛教文獻(第一輯)　宗教文化出版社　1995　p. 359

張總　地藏信仰研究　宗教文化出版社　2003　p. 434

S. 6795

陳祚龍　瓜沙印録　(臺北)《大陸雜誌》1962 年第 4 期　又見:敦煌學概要　(臺北)編譯館"中華叢書編委會"　1981　p. 268 ; 中國敦煌學百年文庫・考古卷(一)　甘肅文化出版社　1999　p. 190

陳祚龍　敦煌古抄内典尾記彙校初、二、三編合刊　敦煌學要籥　(臺北)新文豐出版公司　1982　p. 164

陳祚龍　古代敦煌及其他地區流行之公私印章圖記文字録　敦煌學要籥　(臺北)新文豐出版公司　1982　p. 342

池田溫　敦煌文獻について　『書道研究』(2 卷 2 號)　(東京)萱原書局　1988　p. 49　又見:敦煌文書の世界　(東京)名著刊行會　2003　p. 52

林聰明　敦煌文書學　(臺北)新文豐出版公司　1991　p. 296

李正宇　淨土寺　敦煌學大辭典　上海辭書出版社　1998　p. 631

謝桃坊　敦煌文化尋繹　四川人民出版社　1999　p. 212

S. 6796

伊藤美重子　敦煌本『大智度論』の整理　中國佛教石經の研究　京都大學學術出版會　1996　p. 366

S. 6798

陳祚龍　敦煌古抄内典尾記彙校初、二、三編合刊　敦煌學要籥　(臺北)新文豐出版公司　1982　p. 164

池田溫　中國古代寫本識語集録　(東京)大藏出版株式會社　1990　p. 380

S. 6800

蕭登福　從敦煌寫卷中看道教星斗崇拜對佛經之影響　第二屆敦煌學國際研討會論文集　(臺北)漢學研究中心　1990　p. 336

S. 6801

小田義久　大谷文書の研究　(京都)法藏館　1996　p. 350

S. 6808

蕭登福　從敦煌寫卷中看道教星斗崇拜對佛經之影響　第二屆敦煌學國際研討會論文集　(臺北)漢學研究中心　1990　p. 323

蕭登福　道教星斗符印與佛教密宗　(臺北)新文豐出版公司　1993　p. 211

S. 6809

池田溫　中國古代寫本識語集錄　（東京）大藏出版株式會社　1990　p. 379

楊富學　李吉和　敦煌漢文吐蕃史料輯校（第一輯）　甘肅人民出版社　1999　p. 283

S. 6810

芳村修基　土橋秀高　井ノ口泰淳　敦煌佛教史年表　西域文化研究（第一）・敦煌佛教資料　（京
　都）法藏館　1958　p. 275

饒宗頤解說　林宏作譯　敦煌書法叢刊（第二五卷）・寫經（六）　（東京）二玄社　1984　p. 73

上山大峻　敦煌佛教の研究　（京都）法藏館　1990　p. 344

寧可　郝春文　敦煌社邑文書輯校　江蘇古籍出版社　1997　p. 769

S. 6815

蕭登福　從敦煌寫卷中看道教星斗崇拜對佛經之影響　第二屆敦煌學國際研討會論文集　（臺北）
　漢學研究中心　1990　p. 336

S. 6816

池田溫　中國古代寫本識語集錄　（東京）大藏出版株式會社　1990　p. 369

S. 6818

福井文雅　般若心經　敦煌と中國仏教（講座敦煌7）　（東京）大東出版社　1984　p. 39

S. 6819

陳祚龍　敦煌古抄內典尾記彙校初、二、三編合刊　敦煌學要籥　（臺北）新文豐出版公司　1982
　p. 164

池田溫　中國古代寫本識語集錄　（東京）大藏出版株式會社　1990　p. 362

S. 6821

金岡照光　敦煌における地獄文獻：敦煌庶民信仰の一樣相　敦煌と中國仏教（講座敦煌7）　（東
　京）大東出版社　1984　p. 570

方廣錩　觀佛三昧海經　敦煌學大辭典　上海辭書出版社　1998　p. 663

S. 6825

向達　倫敦所藏敦煌卷子經眼目錄　《北平圖書館圖書季刊》1939 年新第 1 卷第 4 期　p. 399　又
　見：唐代長安與西域文明　三聯書店　1957　p. 239

陳世驤　"想爾"老子道德經敦煌殘卷論證　《清華學報》1957 年新 1 卷第 2 期　又見：中國敦煌學百
　年文庫・文獻卷（一）　甘肅文化出版社　1999　p. 379

大淵忍爾　老子想爾注と河上公注との關係について　山崎先生退官記念東洋史學論集　（東京）
　教育大學文學部東洋史學研究室　1967　p. 103

福井康順　老子想爾注考——校箋を主題として　早稻田大學大學院文學研究科紀要（第 13 輯）
　（松戶）理想社　1967　p. 1

金岡照光　敦煌民衆の宗教と生活　敦煌の民衆：その生活と思想　（東京）評論社　1972　p. 253

陳祚龍　關於研究李唐三藏法師玄奘的"作爲"及其影響之敦煌古抄參考資料　中華佛教文化史散

策（初集）　（臺北）新文豐出版公司　1978　p. 372

王重民　敦煌古籍叙録　中華書局　1979　p. 234

菊池英夫　唐代敦煌社會の外貌　敦煌の社會（講座敦煌3）　（東京）大東出版社　1980　p. 101

蘇瑩輝　敦煌學概要　（臺北）編譯館"中華叢書編委會"　1981　p. 49、52

蘇瑩輝　七十年來之敦煌學研究概述　《珠海學報》1981年第12期　又見：中國敦煌學百年文庫·
　　綜述卷（二）　甘肅文化出版社　1999　p. 361

鄭良樹　敦煌老子寫本考異　（臺北）《大陸雜誌》1981年第2期　又見：中國敦煌學百年文庫·宗
　　教卷（三）　甘肅文化出版社　1999　p. 71

陳祚龍　敦煌古抄文獻會最　（臺北）新文豐出版公司　1982　p. 30（圖版）

饒宗頤　老子想爾注考略　選堂集林·史林　（香港）中華書局　1982　p. 329　又見：饒宗頤史學
　　論著選　上海古籍出版社　1993　p. 266

蘇瑩輝　近三十年國際研究"敦煌學"之回顧與前瞻　《書目季刊》1982年第60卷第2期　又見：中
　　國敦煌學百年文庫·綜述卷（三）　甘肅文化出版社　1999　p. 14

楠山春樹　道德經類　付『莊子』『列子』『文子』　敦煌と中國道教（講座敦煌4）　（東京）大東出版
　　社　1983　p. 4

蘇瑩輝　中外敦煌古寫本纂要　敦煌論集　（臺北）學生書局　1983　p. 325

クリストファー・シッペール著　福井文雅訳　敦煌文書に見える道士の法位階梯について　敦煌
　　と中國道教（講座敦煌4）　（東京）大東出版社　1983　p. 339

麥谷邦夫　『老子想爾注』について　『東方學報』（第57號）　京都大學人文科學研究所　1985
　　p. 75

姜伯勤　沙州道門親表部落釋證　《敦煌研究》1986年第3期　p. 3

王重民原編　黃永武新編　敦煌古籍叙録新編（第十二冊）　（臺北）新文豐出版公司　1986　p. 201

龍晦　大足石刻父母恩重經變像與敦煌音樂文學的關係　敦煌歌辭總編　上海古籍出版社　1987
　　p. 1835

柳存仁　想爾注與道教　第二屆敦煌學國際研討會論文集　（臺北）漢學研究中心　1990　p. 47
　　又見：和風堂新文集（上）　（臺北）新文豐出版公司　1997　p. 281

姜伯勤　敦煌社會文書導論　（臺北）新文豐出版公司　1992　p. 225

朱越利　道經總論　遼寧教育出版社　1992　p. 270

胡戟　傅玫　敦煌史話　中華書局　1995　p. 134

饒宗頤　吳建衡二年索統寫本道德經殘卷考證　（香港）《東方文化》1995年第2卷第1期　p. 8

姜伯勤　敦煌藝術宗教與禮樂文明　中國社會科學出版社　1996　p. 256、281

都築晶子　六朝時代の江南社會と道教　魏晉南北朝隋唐時代史の基本問題　（東京）汲古書院
　　1997　p. 447

白化文　老子道經上想爾　敦煌學大辭典　上海辭書出版社　1998　p. 776

姜伯勤　道釋相激：道教在敦煌　道家文化研究（第十三輯）　三聯書店　1998　p. 40

廖名春　楚簡《老子》校釋之一　華學（第三輯）　中山大學出版社　1998　p. 202

王卡　敦煌道經　敦煌學大辭典　上海辭書出版社　1998　p. 758

黃征　程惠新　劫塵遺珠：敦煌遺書　甘肅教育出版社　1999　p. 202

饒宗頤　敦煌六朝寫本張天師道陵著老子想爾注校箋　中國敦煌學百年文庫·文獻卷（一）　甘肅
　　文化出版社　1999　p. 325

顏廷亮　敦煌文化中的道教及文化　《敦煌研究》1999年第1期　p. 135

北京大學　敦煌《經卷》、《照片》及《圖書》目録　中國敦煌學百年文庫·綜述卷（一）　甘肅文化出

版社　1999　p. 317

劉屹　敦煌本《老子化胡經》研究之一：漢末成書說質疑　慶祝吳其昱先生八秩華誕敦煌學特刊（臺北）文津出版社　2000　p. 298

顏廷亮　敦煌文化　光明日報出版社　2000　p. 201、231

聶鋒　祁淑虹　敦煌歷史文化藝術　甘肅人民美術出版社　2001　p. 148

王承文　敦煌古靈寶經與晉唐道教　中華書局　2002　p. 7

沙知　英藏敦煌文獻雜談　敦煌與絲路文化學術講座　北京圖書館出版社　2003　p. 122

劉昭瑞　《老子想爾注》雜考　《敦煌研究》2004 年第 5 期　p. 94

王卡　敦煌道教文獻研究　中國社會科學出版社　2004　p. 27、170

黃征　敦煌俗字典　上海教育出版社　2005　p. 前言24、4、58

黃征　敦煌俗字種類考辨　敦煌學·日本學：石塚晴通教授退職紀念論文集　上海辭書出版社　2005　p. 115、120

劉屹　敬天與崇道：中古經教道教形成的思想史背景　中華書局　2005　p. 368

鄭阿財　論敦煌俗字與寫本學之關係　日本學·敦煌學·漢文訓讀の新展開　（東京）汲古書院　2005　p. 37

S. 6826

劉方　戒律之研究　敦煌學大辭典　上海辭書出版社　1998　p. 836

S. 6827

芳村修基　土橋秀高　井ノ口泰淳　敦煌佛教史年表　西域文化研究（第一）·敦煌佛教資料　（京都）法藏館　1958　p. 275

S. 6829

芳村修基　土橋秀高　井ノ口泰淳　敦煌佛教史年表　西域文化研究（第一）·敦煌佛教資料　（京都）法藏館　1958　p. 275

藤枝晃　敦煌の僧尼籍　『東方學報』（第 35 號）　京都大學人文科學研究所　1964　p. 289

姜伯勤　論敦煌寺院的"常住百姓"　《敦煌研究》1981 年試刊第 1 期　p. 50　又見：五十年來漢唐佛教寺院經濟研究　北京師範大學出版社　1986　p. 197

陳國燦　敦煌所出諸借契年代考　魏晉南北朝隋唐史資料（第 4 輯）　武漢大學出版社　1982　p. 8　又見：《敦煌學輯刊》1984 年第 1 期　p. 1

唐耕耦　唐五代時期的高利貸　《敦煌學輯刊》1985 年第 2 期　p. 13　又見：《敦煌學輯刊》1986 年第 1 期　p. 142

王堯　陳踐　從一張借契看宗教的社會作用：P. T. 1297 號敦煌吐蕃文書譯解　《世界宗教研究》1986 年第 4 期　p. 70

謝重光　關於唐後期至五代間沙州寺院經濟的幾個問題　敦煌吐魯番出土經濟文書研究　廈門大學出版社　1986　p. 447

楊際平　吐蕃時期沙州社會經濟研究　敦煌吐魯番出土經濟文書研究　廈門大學出版社　1986　p. 401

姜伯勤　唐五代敦煌寺戶制度　中華書局　1987　p. 20、71、92、144、163、296

王永興　隋唐五代經濟史料彙編校注·第一編（上）　中華書局　1987　p. 320、692、933

楊銘　吐蕃時期敦煌部落設置考　《西北史地》1987 年第 2 期　p. 35

山本達郎等　敦煌・Ⅴ計會文書　『NUN – HUANG AND TURFAN DOCUMENTS CONCERNING SO-
CIAL AND ECONOMIC HISTORY』(Ⅳ)　(東京)東洋文庫　1989　p. 113

唐耕耦　8 至 10 世紀敦煌的物價　紀念陳寅恪教授國際學術討論會文集　中山大學出版社　1989
p. 536、540、552

王公望　契約　敦煌文學　甘肅人民出版社　1989　p. 57

唐耕耦　陸宏基　敦煌社會經濟文獻真迹釋録(二、三)　全國圖書館文獻縮微複製中心　1990
p. 82；73

仁井田陞　補訂中國法制史研究：土地法・取引法　東京大學出版會　1991　p. 749

項楚　王梵志詩校注　上海古籍出版社　1991　p. 135

姜伯勤　敦煌社會文書導論　(臺北)新文豐出版公司　1992　p. 221

尹偉先　從敦煌文書看唐代河西地區的貨幣流通　《社科縱橫》1992 年第 6 期　又見：中國敦煌學百
年文庫・歷史卷(二)　甘肅文化出版社　1999　p. 341

高國藩　敦煌民俗資料導論　(臺北)新文豐出版公司　1993　p. 5

李明偉　隋唐絲綢之路　甘肅人民出版社　1994　p. 260

張傳璽　中國歷代契約會編考釋(上)　北京大學出版社　1995　p. 433 注 1

鄭炳林　敦煌漢文吐蕃史料綜述：兼論吐蕃控制河西時期的職官與統治政策　敦煌吐魯番文獻研究
中華書局　1995　p. 96

段小强　敦煌文書所反映的古代喪禮　《敦煌學輯刊》1996 年第 2 期　p. 43

馬德　敦煌莫高窟史研究　甘肅教育出版社　1996　p. 170

馬德　九、十世紀敦煌工匠史料述論　慶祝潘石禪先生九秩華誕敦煌學特刊　(臺北)文津出版社
1996　p. 315

張亞萍　婀閣　唐五代敦煌的計量單位與價格換算　《敦煌學輯刊》1996 年第 2 期　p. 39

鄭炳林　唐五代敦煌粟特人與歸義軍政權　《敦煌研究》1996 年第 4 期　p. 83　又見：敦煌歸義軍史
專題研究　蘭州大學出版社　1997　p. 405

郝春文　關於唐後期五代宋初沙州僧俗的施捨問題　唐研究(第三卷)　北京大學出版社　1997
p. 20、36

馬德　敦煌工匠史料　甘肅人民出版社　1997　p. 14、59

唐耕耦　敦煌寺院會計文書研究　(臺北)新文豐出版公司　1997　p. 15、427、438、457

楊銘　吐蕃統治敦煌研究　(臺北)新文豐出版公司　1997　p. 23

張弓　漢唐佛寺文化史　中國社會科學出版社　1997　p. 315

鄭炳林　都教授張金炫和尚生平事迹考　敦煌歸義軍史專題研究　蘭州大學出版社　1997　p. 550

鄭炳林　敦煌碑銘讚輯釋　甘肅教育出版社　1997　p. 122 注 2

鄭炳林　唐五代敦煌種植林業研究　敦煌歸義軍史專題研究　蘭州大學出版社　1997　p. 202

鄭炳林　吐蕃統治下的敦煌粟特人　敦煌歸義軍史專題研究　蘭州大學出版社　1997　p. 377

鄭炳林　晚唐五代敦煌貿易市場的物價　敦煌歸義軍史專題研究　蘭州大學出版社　1997　p. 282、
304

陳國燦　悉董薩部落　敦煌學大辭典　上海辭書出版社　1998　p. 301

郝春文　唐後期五代宋初敦煌僧尼的社會生活　中國社會科學出版社　1998　p. 172、242

金瀅坤　從敦煌文書看晚唐五代敦煌地區布紡織業　《敦煌研究》1998 年第 2 期　p. 138

李正宇　永康寺　敦煌學大辭典　上海辭書出版社　1998　p. 631

沙知　敦煌契約文書輯校　江蘇古籍出版社　1998　p. 107

沙知　預取工價契　敦煌學大辭典　上海辭書出版社　1998　p. 388

唐耕耦　破用曆　敦煌學大辭典　上海辭書出版社　1998　p. 648

謝重光　酒戶　敦煌學大辭典　上海辭書出版社　1998　p. 652

高啓安　唐五代至宋敦煌的量器及量制　《敦煌學輯刊》1999 年第 1 期　p. 67

馬德　敦煌文書《諸寺付經歷》芻議　《敦煌學輯刊》1999 年第 1 期　p. 39

楊富學　李吉和　敦煌漢文吐蕃史料輯校（第一輯）　甘肅人民出版社　1999　p. 101、189

陳永勝　敦煌吐魯番法制文書研究　甘肅人民出版社　2000　p. 127

丘古耶夫斯基　敦煌漢文文書　上海古籍出版社　2000　p. 235

施萍婷　《敦煌遺書總目索引新編》前言　敦煌遺書總目索引新編　中華書局　2000　p. 3

魏明孔　隋唐寺院手工業述論　'98 法門寺唐文化國際學術討論會論文集　陝西人民出版社　2000　p. 539

譚蟬雪　唐宋敦煌歲時佛俗　《敦煌研究》2001 年第 1 期　p. 101

謝重光　漢唐佛教社會史論　（臺北）國際文化事業有限公司　2001　p. 207

楊森　關於敦煌文獻中的"平章"一詞　敦煌學與中國史研究論集　甘肅人民出版社　2001　p. 231

陳國燦　敦煌學史事新證　甘肅教育出版社　2002　p. 327

高啓安　晚唐五代敦煌僧人飲食戒律初探　敦煌佛教藝術文化國際學術研討會論文集　蘭州大學出版社　2002　p. 396

楊惠玲　敦煌契約文書中的保人、見人、口承人、同便人、同取人　《敦煌研究》2002 年第 6 期　p. 40

何培斌　營造寄託：中國六至十世紀造寺功德的探討　寺院財富與世俗供養　上海書畫出版社　2003　p. 100

洪藝芳　敦煌社會經濟文書中的唐五代新興量詞研究　敦煌學（第 24 輯）　（臺北）樂學書局有限公司　2003　p. 111

童丕　敦煌的借貸：中國中古時代的物質生活與社會　中華書局　2003　p. 58、135、143

王繼光　鄭炳林　敦煌漢文吐蕃史料綜述　中國西部民族文化研究（2003 年卷）　民族出版社　2003　p. 248

王啓濤　中古及近代法制文書語言研究　巴蜀書社　2003　p. 143、177、212、282

鄭炳林　晚唐五代敦煌村莊聚落輯考　2000 年敦煌學國際學術討論會文集·歷史文化卷（上）　甘肅民族出版社　2003　p. 141

鄭學檬　唐代物價散論　2000 年敦煌學國際學術討論會文集·歷史文化卷（上）　甘肅民族出版社　2003　p. 6

高啓安　唐五代敦煌飲食文化研究　民族出版社　2004　p. 325

鄭炳林　晚唐五代敦煌商業貿易市場研究　《敦煌學輯刊》2004 年第 1 期　p. 115

鄭炳林　晚唐五代敦煌地區的胡姓居民與聚落　法國漢學（第 10 輯）（粟特人在中國：歷史、考古、語言的新探索）　中華書局　2005　p. 184

陸離　吐蕃統治河隴時期司法制度初探　《中國藏學》2006 年第 1 期　p. 27

S. 6830

王三慶　敦煌寫卷中武后新字之調查研究　唐代研究論集（第三輯）　（臺北）新文豐出版公司　1992　p. 94

方廣錩　佛說未曾有因緣經　敦煌學大辭典　上海辭書出版社　1998　p. 707

S. 6831

方廣錩　大莊嚴經論　敦煌學大辭典　上海辭書出版社　1998　p. 719

S. 6834

方廣錩　長爪梵志所問經　敦煌學大辭典　上海辭書出版社　1998　p. 708

S. 6835

池田溫　中國古代寫本識語集錄　（東京）大藏出版株式會社　1990　p. 357

S. 6836

羅福頤　敦煌石室文物對於學術上的貢獻　《歷史教學》1951 年第 5 期　又見：中國敦煌學百年文
　　庫・考古卷(四)　甘肅文化出版社　1999　p. 8

劉銘恕　再記英國倫敦所藏的敦煌經卷　《中國科學院圖書館通訊》1957 年第 7 期　又見：中國敦煌
　　學百年文庫・綜述卷(二)　甘肅文化出版社　1999　p. 138

金岡照光　敦煌漢文文學文獻の文學形態上の種類とその分類　敦煌出土文學文獻分類目錄・附解
　　說　（東京）東洋文庫　1971　p. 214

金岡照光　敦煌文學のさまざま　敦煌の文學　（東京）大藏出版株式會社　1971　p. 113

楊家駱　敦煌變文　（臺北）世界書局　1980　p. 228

鄭阿財　敦煌孝道文學研究　（臺北）石門圖書公司　1982　p. 77

小川陽一　道教說話　敦煌と中國道教(講座敦煌 4)　（東京）大東出版社　1983　p. 291

遊佐昇　文學文獻より見た敦煌の道教　敦煌と中國道教(講座敦煌 4)　（東京）大東出版社
　　1983　p. 266

張錫厚　敦煌話本研究三題　《社會科學》1983 年第 2 期　又見：中國敦煌學百年文庫・文學卷
　　(五)　甘肅文化出版社　1999　p. 243

金榮華　讀《葉淨能詩》劄記　敦煌學(第 8 輯)　（臺北）"中國文化大學"中國文學研究所敦煌學會
　　1984　p. 27

潘重規　敦煌變文集新書(下)　（臺北）"中國文化大學"中文研究所　1984　p. 1115

王重民　葉淨能詩　敦煌變文集　人民文學出版社　1984　p. 228

張鴻勳　敦煌話本《葉淨能詩》考辨　敦煌學論集　甘肅人民出版社　1985　p. 130

姜伯勤　沙州道門親表部落釋證　《敦煌研究》1986 年第 3 期　p. 1

張鴻勳　敦煌講唱文學作品選注　甘肅人民出版社　1987　p. 363

張涌泉　敦煌變文校讀釋例　《敦煌學輯刊》1987 年第 2 期　p. 29

李正宇　敦煌文學雜考二題　敦煌語言文學研究　北京大學出版社　1988　p. 92

劉銘恕　敦煌文學四篇劄記　敦煌語言文學研究　北京大學出版社　1988　p. 83

蕭登福　敦煌變文"葉淨能詩"一文之探討　敦煌俗文學論叢　（臺北）商務印書館　1988　p. 132

張涌泉　敦煌變文校勘平議　《敦煌研究》1988 年第 4 期　p. 87

張涌泉　敦煌變文校劄　敦煌語言文學論文集　浙江古籍出版社　1988　p. 183

柴劍虹　詩話　敦煌文學　甘肅人民出版社　1989　p. 300

高國藩　敦煌民俗學　上海文藝出版社　1989　p. 49

張先堂　話本　敦煌文學　甘肅人民出版社　1989　p. 291

高國藩　敦煌古俗與民俗流變　河海大學出版社　1990　p. 364

郭在貽　張涌泉　黃征　敦煌變文集校議　岳麓書社　1990　p. 152、259

蔣紹愚　近代漢語語法資料彙編(唐五代卷)　商務印書館　1990　p. 314

項楚　敦煌變文選注　巴蜀書社　1990　p. 332

柴劍虹　敦煌文學中的"因緣"與"詩話"　西域文史論稿　（臺北）國文天地雜誌社　1991　p. 523

金岡照光　講唱體類　敦煌の文學文獻(講座敦煌9)　(東京)大東出版社　1992　p. 107

金岡照光　散文體類　敦煌の文學文獻(講座敦煌9)　(東京)大東出版社　1992　p. 241

周紹良　敦煌文學芻議及其它　(臺北)新文豐出版公司　1992　p. 60

朱越利　道經總論　遼寧教育出版社　1992　p. 281

陳祚龍　從敦煌古抄"葉淨能詩"談到淩濛初的"唐明皇好道集奇人"與"武惠妃崇禪門異法"　敦煌文物散論　(臺北)新文豐出版公司　1993　p. 3

高國藩　敦煌民俗資料導論　(臺北)新文豐出版公司　1993　p. 16、177

黃征　敦煌寫本整理應遵循的原則　《敦煌研究》1993 年第 2 期　p. 102　又見:敦煌語文叢說　(臺北)新文豐出版公司　1997　p. 4

舒華　敦煌"變文"體裁新論　(香港)《九州學刊》(敦煌學專輯)1993 年第 5 卷第 4 期　p. 155

蕭登福　道教與密宗　(臺北)新文豐出版公司　1993　p. 231

顏廷亮　葉淨能詩　中國古代小說百科全書　中國大百科全書出版社　1993　p. 670

張鴻勳　敦煌話本《葉淨能詩》再探　第二屆國際唐代學術會議論文集(上)　(臺北)文津出版社　1993　p. 733

張錫厚　敦煌文學概論　甘肅人民出版社　1993　p. 276

張先堂　敦煌文學概論　甘肅人民出版社　1993　p. 307

鄭阿財　從敦煌文獻看唐代的三教合一　第二屆國際唐代學術會議論文集(上)　(臺北)文津出版社　1993　p. 642

周一良　從中秋節看中日文化交流　中日文化關係史論　江西人民出版社　1993　p. 44

蕭登福　道教術儀與密教典籍　(臺北)新文豐出版公司　1994　p. 288

黃征　輯注本《啓顏錄》匡補　俗語言研究(第二期)　(京都)禪文化研究所　1995　p. 84　又見:敦煌語文叢說　(臺北)新文豐出版公司　1997　p. 493

曲金良　敦煌佛教文學研究　(臺北)文津出版社　1995　p. 96

吳庚舜　董乃斌　唐代文學史(下)　人民文學出版社　1995　p. 618 注 3

張涌泉　陳祚龍校錄敦煌卷子失誤例釋　學術集林(卷六)　上海遠東出版社　1995　p. 311　又見:舊學新知　浙江大學出版社　1999　p. 286

張涌泉　敦煌文書類化字研究　《敦煌研究》1995 年第 4 期　p. 72

張涌泉　漢語俗字研究　岳麓書社　1995　p. 158

張涌泉　試論敦煌寫卷俗文字研究之意義　敦煌學國際研討會文集·史地語文編　遼寧美術出版社　1995　p. 358

黃征　敦煌俗語法研究之一:句法篇　敦煌吐魯番研究(第一卷)　北京大學出版社　1996　p. 75

姜伯勤　敦煌藝術宗教與禮樂文明　中國社會科學出版社　1996　p. 254、554

張涌泉　敦煌俗字研究導論　(臺北)新文豐出版公司　1996　p. 98

黃征　敦煌文獻中有浙江文化史的資料　敦煌語文叢說　(臺北)新文豐出版公司　1997　p. 77

黃征　敦煌文學《兒郎偉》輯錄校注　敦煌語文叢說　(臺北)新文豐出版公司　1997　p. 720

黃征　敦煌寫本異文綜析　敦煌語文叢說　(臺北)新文豐出版公司　1997　p. 20

黃征　《中國古代寫本識語輯錄》匡補　敦煌語文叢說　(臺北)新文豐出版公司　1997　p. 524

黃征　張涌泉　敦煌變文校注　中華書局　1997　p. 341、701

陸淑綺　李重申　敦煌古代戲曲文化史料綜述　《敦煌研究》1997 年第 2 期　p. 68

張涌泉　敦煌地理文書輯錄著作三種校議　古典文獻與文化論叢　中華書局　1997　p. 89

鄭炳林　敦煌碑銘讚輯釋　甘肅教育出版社　1997　p. 250 注 28

王卡　敦煌道經　敦煌學大辭典　上海辭書出版社　1998　p. 758

張鴻勳　葉淨能詩　敦煌學大辭典　上海辭書出版社　1998　p. 585

高國藩　敦煌俗文化學　上海三聯書店　1999　p. 384、421、528

梅維恒著　楊繼東　陳引馳譯　唐代變文(上)　(香港)中國佛教文化出版公司　1999　p. 49

顏廷亮　敦煌文化中的道教及文化　《敦煌研究》1999 年第 1 期　p. 139、143

伏俊璉　伏麒鵬　石室齊諧：敦煌小說選析　甘肅人民出版社　2000　p. 102

施萍婷　邰惠莉　敦煌遺書編目雜記一則　敦煌研究文集：敦煌研究院藏敦煌文獻研究篇　甘肅民族出版社　2000　p. 364

顏廷亮　敦煌文化　光明日報出版社　2000　p. 241、251

張鴻勳　說唱藝術奇葩：敦煌變文選評　甘肅人民出版社　2000　p. 242

張錫厚　敦煌文學源流　作家出版社　2000　p. 470、530

黃征　敦煌語言文字學研究　甘肅教育出版社　2002　p. 40、241、307

李斌城　唐代文化　中國社會科學出版社　2002　p. 631

李小榮　變文講唱與華梵宗教藝術　上海三聯書店　2002　p. 287

王卡　中國國家圖書館藏敦煌道教遺書研究報告　國際敦煌學學術史研討會論文集　研討會籌備組　2002　p. 285

張鴻勳　敦煌俗文學研究　甘肅人民出版社　2002　p. 7、265

雷聞　五嶽真君祠與唐代國家祭祀　唐代宗教信仰與社會　上海辭書出版社　2003　p. 72

陳炳應　盧冬　古代民族　敦煌文藝出版社　2004　p. 172

王卡　敦煌道教文獻研究　中國社會科學出版社　2004　p. 13、38、242

黃征　敦煌俗字典　上海教育出版社　2005　p. 26

王卡　敦煌道教綜述　敦煌與絲路文化學術講座(第二輯)　北京圖書館出版社　2005　p. 382

S. 6837

方廣錩　佛說未曾有因緣經　敦煌學大辭典　上海辭書出版社　1998　p. 707

S. 6838

金岡照光　敦煌民眾の宗教と生活　敦煌の民眾：その生活と思想　(東京)評論社　1972　p. 255

張涌泉　敦煌文書類化字研究　《敦煌研究》1995 年第 4 期　p. 72

張涌泉　敦煌變文校讀釋例　舊學新知　浙江大學出版社　1999　p. 178

黃征　敦煌語言文字學研究　甘肅教育出版社　2002　p. 239

S. 6839

金瀅坤　吐蕃統治敦煌的社會基層組織　《中國邊疆史地研究》1998 年第 4 期　p. 31

S. 6841

向達　倫敦所藏敦煌卷子經眼目錄　《北平圖書館圖書季刊》1939 年新第 1 卷第 4 期　p. 399　又見：唐代長安與西域文明　三聯書店　1957　p. 239

石井昌子　靈寶經類　敦煌と中國道教(講座敦煌 4)　(東京)大東出版社　1983　p. 154

朱越利　道經總論　遼寧教育出版社　1992　p. 273

大淵忍爾　論古靈寶經　道家文化研究(第十三輯)　三聯書店　1998　p. 503

姜伯勤　道釋相激：道教在敦煌　道家文化研究(第十三輯)　三聯書店　1998　p. 50

王卡　靈寶自然齋儀　敦煌學大辭典　上海辭書出版社　1998　p. 764

李小榮　變文講唱與華梵宗教藝術　上海三聯書店　2002　p. 31

王承文　敦煌古靈寶經與晉唐道教　中華書局　2002　p. 409

王承文　古靈寶經的齋官制度與天師道及佛教的關係　敦煌吐魯番研究（第六卷）　北京大學出版
　　社　2002　p. 55

王承文　古靈寶經定期齋戒的淵源及其與佛教的關係　華林（第二卷）　中華書局　2002　p. 264

王承文　《隋書・經籍志・道經序》與道教教主元始天尊的確立　唐研究（第八卷）　北京大學出版
　　社　2002　p. 25

王卡　中國國家圖書館藏敦煌道教遺書研究報告　國際敦煌學學術史研討會論文集　研討會籌備組
　　2002　p. 248　又見：敦煌吐魯番研究（第七卷）　北京大學出版社　2004　p. 346、352

王承文　敦煌古靈寶經與道教"三洞經書"和"三乘"考論　《敦煌學輯刊》2003 年第 1 期　p. 48

周西波　敦煌寫本《靈寶自然齋儀》考論　敦煌學（第 24 輯）　（臺北）樂學書局有限公司　2003
　　p. 32

王卡　敦煌道教文獻研究　中國社會科學出版社　2004　p. 12、40、45、112

黃征　敦煌俗字典　上海教育出版社　2005　p. 126

王卡　敦煌道教綜述　敦煌與絲路文化學術講座（第二輯）　北京圖書館出版社　2005　p. 381

S. 6842

池田溫　中國古代寫本識語集錄　（東京）大藏出版株式會社　1990　p. 392

S. 6844

井ノ口泰淳　敦煌本『仏名經』の諸系統　中央アジアの言語と仏教　（京都）法藏館　1995　p. 297

S. 6847

江素雲　維摩詰所說經敦煌寫本綜合目錄　（臺北）東初出版社　1991　p. 81

S. 6848

池田溫　中國古代寫本識語集錄　（東京）大藏出版株式會社　1990　p. 398

方廣錩　四分律比丘戒本　敦煌學大辭典　上海辭書出版社　1998　p. 712

S. 6863

索仁森著　李吉和譯　敦煌漢文禪籍特徵概觀　《敦煌研究》1994 年第 1 期　p. 111

S. 6864

江素雲　維摩詰所說經敦煌寫本綜合目錄　（臺北）東初出版社　1991　p. 81

S. 6865

江素雲　維摩詰所說經敦煌寫本綜合目錄　（臺北）東初出版社　1991　p. 81

S. 6868

平井俊榮　敦煌仏典と中國仏教　敦煌と中國仏教（講座敦煌 7）　（東京）大東出版社　1984　p. 8

S. 6869

江素雲　維摩詰所說經敦煌寫本綜合目録　（臺北）東初出版社　1991　p. 81

S. 6870

黎明　淨名經集解關中疏卷下　藏外佛教文獻（第三輯）　宗教文化出版社　1997　p. 70

S. 6872

杜愛英　敦煌遺書中俗體字的諸種類型　《敦煌研究》1992 年第 3 期　p. 126

S. 6875

江素雲　維摩詰所說經敦煌寫本綜合目録　（臺北）東初出版社　1991　p. 81

S. 6877

陳祚龍　敦煌古抄內典尾記彙校初、二、三編合刊　敦煌學要籥　（臺北）新文豐出版公司　1982
　　p. 165

池田溫　中國古代寫本識語集録　（東京）大藏出版株式會社　1990　p. 323

方廣錩　敦煌文獻中的《金剛經》及其注疏　《新疆文物》1995 年第 1 期　p. 49　又見：敦煌學佛教
　　學論叢（上）　中國佛教文化研究所　1998　p. 385

方廣錩　金剛般若波羅蜜經傳外傳　敦煌學大辭典　上海辭書出版社　1998　p. 685

平井宥慶　敦煌文書における金剛經疏　金剛般若經の思想的研究　（東京）春秋社　1999　p. 268

林聰明　敦煌吐魯番文書解詁指例　（臺北）新文豐出版公司　2001　p. 182

釋永有　敦煌遺書中的金剛經　敦煌佛教藝術文化國際學術研討會論文集　蘭州大學出版社　2002
　　p. 44

杜正乾　唐代的《金剛經》信仰　《敦煌研究》2004 年第 5 期　p. 53

石塚晴通　敦煌的加點本　敦煌學・日本學：石塚晴通教授退職紀念論文集　上海辭書出版社
　　2005　p. 10

S. 6878

陳慶英　《斯坦因劫經録》、《伯希和劫經録》所收漢文寫卷中夾存的藏文寫卷情況調查　《敦煌學輯
　　刊》1981 年第 2 期　p. 111

李正宇　中國唐宋硬筆書法　上海文化出版社　1993　p. 25

李正宇　敦煌古代硬筆書法　敦煌學大辭典　上海辭書出版社　1998　p. 288

張雲　唐代吐蕃史與西北民族史研究　中國藏學出版社　2004　p. 281

S. 6880

土橋秀高　敦煌の律藏　敦煌と中國仏教（講座敦煌 7）　（東京）大東出版社　1984　p. 249

汪娟　敦煌禮懺文研究　（臺北）法鼓文化公司　1994　p. 118

S. 6881

白化文　《首羅比丘見五百仙人並見月光童子經》校録　敦煌學（第 16 輯）　（臺北）新文豐出版公司
　　1990　p. 48

劉屹　評《北京大學藏敦煌文獻》　敦煌吐魯番研究（第三卷）　北京大學出版社　1998　p. 372

S. 6884

陳祚龍　敦煌古抄內典尾記彙校初、二、三編合刊　敦煌學要籥　（臺北）新文豐出版公司　1982
　　　p. 165

池田溫　中國古代寫本識語集録　（東京）大藏出版株式會社　1990　p. 515

黄征　吳偉　敦煌願文集　岳麓書社　1995　p. 939

方廣錩　金光明最勝王經　敦煌學大辭典　上海辭書出版社　1998　p. 679

葛兆光　中國宗教與文學論集　清華大學出版社　1998　p. 37 注 3

金岡照光　敦煌文獻と中國文學　（東京）五曜書房　2000　p. 411、431

嚴耀中　敦煌文書中的"平等大王"和唐宋間的均平思潮　唐研究（第六卷）　北京大學出版社
　　　2000　p. 19

李小榮　變文講唱與華梵宗教藝術　上海三聯書店　2002　p. 291

劉永明　論敦煌佛教信仰中的佛道融合　《敦煌學輯刊》2005 年第 1 期　p. 53

S. 6886

戴密微著　耿昇譯　敦煌學近作　敦煌譯叢（第一輯）　甘肅人民出版社　1985　p. 25

施萍婷　敦煌曆日研究　1983 年全國敦煌學術討論會文集・文史遺書編（上）　甘肅人民出版社
　　　1987　p. 306、311、342

山本達郎等　敦煌・V 計會文書　『NUN – HUANG AND TURFAN DOCUMENTS CONCERNING SO-
　　　CIAL AND ECONOMIC HISTORY』（IV）　（東京）東洋文庫　1989　p. 123

池田溫　中國古代寫本識語集録　（東京）大藏出版株式會社　1990　p. 526

譚蟬雪　三教融合的敦煌喪俗　《敦煌研究》1991 年第 3 期　p. 78

王進玉　敦煌石窟探秘　四川教育出版社　1994　p. 85

鄧文寬　敦煌天文曆法文獻輯校　江蘇古籍出版社　1996　p. 530

鄧文寬　敦煌吐魯番曆日略論　敦煌吐魯番學耕耘録　（臺北）新文豐出版公司　1996　p. 16

顏廷亮　關於《白雀歌》見在寫卷兼及敦煌佛道關係　敦煌佛教文化研究　社科縱橫編輯部　1996
　　　p. 18

鄧文寬　太平興國六年辛巳歲具注曆日並序　敦煌學大辭典　上海辭書出版社　1998　p. 609

鄧文寬　敦煌吐魯番天文曆法研究　甘肅教育出版社　2002　p. 56

黨燕妮　晚唐五代敦煌的十王信仰　麥積山石窟藝術文化論文集（下）　蘭州大學出版社　2004
　　　p. 158

S. 6887

井ノ口泰淳　敦煌本『仏名經』の諸系統　中央アジアの言語と仏教　（京都）法藏館　1995　p. 297

S. 6889

月輪賢隆　土橋秀高　沙門慧述『四分戒本疏』卷第一について　西域文化研究（第一）・敦煌佛教
　　　資料　（京都）法藏館　1958　p. 157

池田溫　中國古代寫本識語集録　（東京）大藏出版株式會社　1990　p. 400

上山大峻　敦煌佛教の研究　（京都）法藏館　1990　p. 362

石塚晴通　敦煌の加點本　敦煌漢文文獻（講座敦煌 5）　（東京）大東出版社　1992　p. 232

鄭炳林　敦煌碑銘讚輯釋　甘肅教育出版社　1997　p. 81 注 2

方廣錩　四分律戒本疏　敦煌學大辭典　上海辭書出版社　1998　p. 713

袁德領　法心與敦煌莫高窟第119窟　《敦煌研究》1998年第4期　p. 30
湛如　敦煌佛教律儀制度研究　中華書局　2003　p. 59
石塚晴通　敦煌的加點本　敦煌學・日本學:石塚晴通教授退職紀念論文集　上海辭書出版社　2005　p. 1

S. 6890

江素雲　維摩詰所說經敦煌寫本綜合目錄　（臺北）東初出版社　1991　p. 81

S. 6891

上山大峻　敦煌佛教の研究　（京都）法藏館　1990　p. 369
方廣錩　敦煌遺書中的《法華經》注疏　《世界宗教研究》1998年第2期　p. 76
方廣錩　敦煌遺書中的《妙法蓮華經》及有關文獻　法源（第16期）　中國佛學院　1998　p. 48
林聰明　敦煌吐魯番文書解詁指例　（臺北）新文豐出版公司　2001　p. 140

S. 6893

李正宇　敦煌方音止遇二攝混同及其校勘學意義　《敦煌研究》1986年第4期　p. 54
張總　說不盡的觀世音　上海辭書出版社　2002　p. 160

S. 6897

陳祚龍　敦煌古抄內典尾記彙校初、二、三編合刊　敦煌學要籥　（臺北）新文豐出版公司　1982　p. 165
福井文雅　般若心經　敦煌と中國仏教（講座敦煌7）　（東京）大東出版社　1984　p. 46
蕭登福　敦煌寫卷《佛說十王經》之探討　敦煌俗文學論叢　（臺北）商務印書館　1988　p. 214
池田溫　中國古代寫本識語集錄　（東京）大藏出版株式會社　1990　p. 518
方廣錩　敦煌遺書中的《般若心經》譯注　《法音》1990年第7期　p. 22
上山大峻　敦煌佛教の研究　（京都）法藏館　1990　p. 172
王三慶　談齋論文——敦煌寫卷齋願文研究　第四屆唐代文化學術研討會論文集　（臺南）成功大學　1991　p. 282
高田時雄　チベット文字書寫「長卷」の研究（本文編）　『東方學報』（第65號）　京都大學人文科學研究所　1993　p. 372
蘇遠鳴　敦煌寫本中的地藏十齋日　法國學者敦煌學論文選萃　中華書局　1993　p. 397
蕭登福　道教與密宗　（臺北）新文豐出版公司　1993　p. 395
井ノ口泰淳　普賢行願讚考　中央アジアの言語と仏教　（京都）法藏館　1995　p. 202
蕭登福　道教與佛教　（臺北）東大圖書公司　1995　p. 154
張總　地藏菩薩十齋日　藏外佛教文獻（第七輯）　宗教文化出版社　2000　p. 350
李小榮　敦煌密教文獻論稿　人民文學出版社　2003　p. 262
張總　地藏信仰研究　宗教文化出版社　2003　p. 112

S. 6902

井ノ口泰淳　敦煌本『仏名經』の諸系統　中央アジアの言語と仏教　（京都）法藏館　1995　p. 297

S. 6906

江素雲　維摩詰所說經敦煌寫本綜合目錄　（臺北）東初出版社　1991　p. 81

S. 6909

方廣錩　楞伽阿跋多羅寶經　敦煌學大辭典　上海辭書出版社　1998　p. 666

S. 6911

方廣錩　大薩遮尼乾子所說經　敦煌學大辭典　上海辭書出版社　1998　p. 693

S. 6912

陳祚龍　敦煌古抄內典尾記彙校初、二、三編合刊　敦煌學要籥　（臺北）新文豐出版公司　1982
　　p. 165

池田溫　中國古代寫本識語集錄　（東京）大藏出版株式會社　1990　p. 157

藤枝晃著　徐慶全　李樹清譯　敦煌寫本概述　《敦煌研究》1996 年第 2 期　p. 117

S. 6915

上山大峻　敦煌佛教の研究　（京都）法藏館　1990　p. 19、39

方廣錩　大乘入道次第開決　敦煌學大辭典　上海辭書出版社　1998　p. 723

S. 6918

江素雲　維摩詰所說經敦煌寫本綜合目錄　（臺北）東初出版社　1991　p. 81

S. 6919

蕭登福　從敦煌寫卷中看道教星斗崇拜對佛經之影響　第二屆敦煌學國際研討會論文集　（臺北）
　　漢學研究中心　1990　p. 336

杜愛英　敦煌遺書中俗體字的諸種類型　《敦煌研究》1992 年第 3 期　p. 122

S. 6922

江素雲　維摩詰所說經敦煌寫本綜合目錄　（臺北）東初出版社　1991　p. 81

S. 6923

金岡照光　敦煌文學のさまざま　敦煌の文學　（東京）大藏出版株式會社　1971　p. 151

陳祚龍　敦煌古抄中世詩歌　敦煌學海探珠（上冊）　（臺北）商務印書館　1979　p. 144

陳祚龍　新校重訂敦煌寫本《十空讚》表隱　敦煌資料考屑（上冊）　（臺北）商務印書館　1979
　　p. 107、124 注 3

加地哲定　增補中國佛教文學研究　（東京）同朋舍　1979　p. 188

川崎ミチコ　修道偈Ⅱ——定格聯章　敦煌仏典と禪（講座敦煌 8）　（東京）大東出版社　1980
　　p. 264

金岡照光　敦煌の繪物語　（東京）東方書店　1981　p. 110

鄭阿財　敦煌孝道文學研究　（臺北）石門圖書公司　1982　p. 530

陳祚龍　新集敦煌古抄釋門的詩歌與曲子　敦煌簡策訂存　（臺北）商務印書館　1983　p. 191

周丕顯　敦煌俗曲分時聯章歌體再議　《敦煌學輯刊》1983 年創刊號　p. 15

周丕顯　敦煌俗曲中的分時聯章體歌辭　關隴文學論叢　甘肅人民出版社　1983　p. 3

白化文　對可補入《敦煌變文集》中的幾則録文的討論　《敦煌學輯刊》1986 年第 1 期　p. 49

龍晦　論敦煌詞曲所見之禪宗與淨土宗　《世界宗教研究》1986 年第 3 期　p. 60

任半塘　敦煌歌辭總編　上海古籍出版社　1987　p. 786、1071、1443

劉進寶　俚曲小調　敦煌文學　甘肅人民出版社　1989　p. 219

譚蟬雪　印沙・脱佛・脱塔　《敦煌研究》1989 年第 1 期　p. 19

汪泛舟　讚・箴　敦煌文學　甘肅人民出版社　1989　p. 100

張錫厚　詩歌　敦煌文學　甘肅人民出版社　1989　p. 155

加地哲定著　劉衛星譯　中國佛教文學　今日中國出版社　1990　p. 160

黎薔　西域戲劇的緣起及敦煌佛教戲曲的形成　《敦煌研究》1990 年第 2 期　p. 106

任半塘　王昆吾　隋唐五代燕樂雜言歌辭集　巴蜀書社　1990　p. 1390、1642

上山大峻　敦煌佛教の研究　（京都）法藏館　1990　p. 419

林家平　寧强　羅華慶　中國敦煌學史　北京語言學院出版社　1992　p. 626

周紹良　敦煌文學芻議及其它　（臺北）新文豐出版公司　1992　p. 37

高國藩　敦煌民俗資料導論　（臺北）新文豐出版公司　1993　p. 90

汪泛舟　敦煌文學概論　甘肅人民出版社　1993　p. 565

張錫厚　敦煌文學概論　甘肅人民出版社　1993　p. 361

郝春文　中古時期儒佛文化對民間結社的影響及其變化　唐文化研究論文集　上海人民出版社
　　1994　p. 208

蔣禮鴻　敦煌文獻語言詞典　杭州大學出版社　1994　p. 114

榮新江　鄧文寬　有關敦博本禪籍的幾個問題　《敦煌學輯刊》1994 年第 2 期　p. 8

葛兆光　中國禪思想史：從 6 世紀到 9 世紀　北京大學出版社　1995　p. 291 注 68

黃征　吳偉　敦煌願文集　岳麓書社　1995　p. 46、493、798

柳田聖山　禪籍解題（一）・敦煌禪籍　俗語言研究（第二期）　（京都）禪文化研究所　1995　p. 146

王書慶　敦煌佛學・佛事篇　甘肅民族出版社　1995　p. 276

張涌泉　漢語俗字研究　岳麓書社　1995　p. 142

王昆吾　隋唐五代燕樂雜言歌辭研究　中華書局　1996　p. 412

張錫厚　敦煌釋氏詩歌創作論　慶祝潘石禪先生九秩華誕敦煌學特刊　（臺北）文津出版社　1996
　　p. 204

周紹良　敦煌本《六祖壇經》是慧能的原本：《敦博本禪籍校録》序　敦煌吐魯番研究（第一卷）　北
　　京大學出版社　1996　p. 302

寧可　郝春文　敦煌社邑文書輯校　江蘇古籍出版社　1997　p. 556、622

孫昌武　禪思與詩情　中華書局　1997　p. 331 注 27

柴劍虹　出家讚　敦煌學大辭典　上海辭書出版社　1998　p. 544

柴劍虹　南宗定邪正五更轉　敦煌學大辭典　上海辭書出版社　1998　p. 549

柴劍虹　贈禪師居山詩　敦煌學大辭典　上海辭書出版社　1998　p. 571

鄧文寬　榮新江　敦博本禪籍録校　江蘇古籍出版社　1998　p. 10、187

譚蟬雪　正月燃燈　敦煌學大辭典　上海辭書出版社　1998　p. 434

宋家鈺　佛教齋文源流與敦煌本“齋文”書的復原　《中國史研究》1999 年第 2 期　p. 77　又見：英
　　國收藏敦煌漢藏文獻研究：紀念敦煌文獻發現一百周年　中國社會科學出版社　2000　p. 308、
　　316

金岡照光　敦煌文獻と中國文學　（東京）五曜書房　2000　p. 495、510

宋家鈺　英國收藏敦煌文獻叙録　英國收藏敦煌漢藏文獻研究：紀念敦煌文獻發現一百周年　中國
　　社會科學出版社　2000　p. 102

徐俊　敦煌詩集殘卷輯考　中華書局　2000　p. 908

張錫厚　敦煌文學源流　作家出版社　2000　p. 40、330

汪泛舟　敦煌俗別字補正　《敦煌研究》2001 年第 4 期　p. 156

李小榮　變文講唱與華梵宗教藝術　上海三聯書店　2002　p. 239

林仁昱　論敦煌佛教歌曲特質與"弘法"的關係　敦煌學(第 23 輯)　(臺北)樂學書局有限公司
　　2002　p. 56、61

林仁昱　論敦煌佛教歌曲向通俗傳播的内容　中國俗文化研究(第一輯)　巴蜀書社　2003　p. 196

張子開　敦煌文獻中的白話禪詩　《敦煌學輯刊》2003 年第 1 期　p. 83、89

王志鵬　從敦煌歌辭看唐代敦煌地區禪宗的流傳與發展　《敦煌研究》2005 年第 6 期　p. 97

郝春文　唐後期五代宋初敦煌私社的教育與教化功能　敦煌吐魯番研究(第九卷)　北京大學出版
　　社　2006　p. 308

S. 6924

唐長孺　關於歸義軍節度使的幾種資料跋　敦煌學文選(上)　蘭州大學歷史系敦煌學研究室等
　　1983　p. 191 注 17

S. 6925

上山大峻　敦煌佛教の研究　(京都)法藏館　1990　p. 19、81

杜愛英　敦煌遺書中俗體字的諸種類型　《敦煌研究》1992 年第 3 期　p. 122

林家平　寧强　羅華慶　中國敦煌學史　北京語言學院出版社　1992　p. 40

梁麗玲　《雜寶藏經》及其故事研究　(臺北)法鼓文化公司　1998　p. 32

趙貞　"九曜行年"略說　《敦煌學輯刊》2005 年第 3 期　p. 23

S. 6927

慶谷壽信　敦煌出土の音韻資料(上)——Stein6691vについて　『人文學報』(第 78 號)　京都大學
　　人文科學研究所　1970　p. 168

慶谷壽信　敦煌出土の音韻資料(中)——「首楞嚴經音」の文獻學的考察　『人文學報』(第 98 號)
　　京都大學人文科學研究所　1973　p. 1

S. 6929

汪泛舟　敦煌韻文辨正舉隅　《敦煌研究》1994 年第 2 期　p. 144

S. 6933

戴密微著　耿昇譯　敦煌學近作　敦煌譯叢(第一輯)　甘肅人民出版社　1985　p. 32

劉進寶　俚曲小調　敦煌文學　甘肅人民出版社　1989　p. 219

張錫厚　敦煌文學源流　作家出版社　2000　p. 330

S. 6935

池田溫　中國古代寫本識語集録　(東京)大藏出版株式會社　1990　p. 388

S. 6936

井ノ口泰淳　敦煌本『仏名經』の諸系統　中央アジアの言語と仏教　（京都）法藏館　1995　p. 297

S. 6938

井ノ口泰淳　敦煌本『仏名經』の諸系統　中央アジアの言語と仏教　（京都）法藏館　1995　p. 297

S. 6940

方廣錩　敦煌佛教經録輯校　江蘇古籍出版社　1997　p. 1034

S. 6941

平井俊榮　敦煌仏典と中國仏教　敦煌と中國仏教（講座敦煌 7）　（東京）大東出版社　1984　p. 8

杜愛英　敦煌遺書中俗體字的諸種類型　《敦煌研究》1992 年第 3 期　p. 120

王三慶　敦煌寫卷中武后新字之調查研究　唐代研究論集（第三輯）　（臺北）新文豐出版公司　1992　p. 94

S. 6946

芳村修基　土橋秀高　井ノ口泰淳　敦煌佛教史年表　西域文化研究（第一）・敦煌佛教資料　（京都）法藏館　1958　p. 281

陳祚龍　敦煌古抄內典尾記彙校初、二、三編合刊　敦煌學要籥　（臺北）新文豐出版公司　1982　p. 165

山本達郎等　敦煌・III 轉貼　『NUN－HUANG AND TURFAN DOCUMENTS CONCERNING SOCIAL AND ECONOMIC HISTORY』(IV)　（東京）東洋文庫　1989　p. 48

唐耕耦　陸宏基　敦煌社會經濟文獻真迹釋録（二）　全國圖書館文獻縮微複製中心　1990　p. 75

馮培紅　晚唐五代宋初歸義軍武職軍將研究　敦煌歸義軍史專題研究　蘭州大學出版社　1997　p. 101

沙知　敦煌契約文書輯校　江蘇古籍出版社　1998　p. 554

姜亮夫　敦煌莫高窟年表　姜亮夫全集（十一）　雲南人民出版社　2002　p. 578

黃征　敦煌俗字典　上海教育出版社　2005　p. 54

S. 6947

蕭登福　從敦煌寫卷中看道教星斗崇拜對佛經之影響　第二屆敦煌學國際研討會論文集　（臺北）漢學研究中心　1990　p. 336

杜愛英　敦煌遺書中俗體字的諸種類型　《敦煌研究》1992 年第 3 期　p. 121

張涌泉　漢語俗字研究　岳麓書社　1995　p. 211

張涌泉　敦煌文獻校讀易誤字例釋　敦煌文學論集　四川人民出版社　1997　p. 262

S. 6952

小田義久　大谷文書の研究　（京都）法藏館　1996　p. 350

李小榮　敦煌密教文獻論稿　人民文學出版社　2003　p. 31

S. 6958

柳田聖山　敦煌の禪籍と矢吹慶輝　敦煌仏典と禪（講座敦煌 8）　（東京）大東出版社　1980

p. 11

田中良昭　念仏禪と後期北宗禪　敦煌仏典と禪（講座敦煌8）　（東京）大東出版社　1980　p. 229

田中良昭　敦煌禪宗文獻の研究　（東京）大東出版社　1983　p. 205

上山大峻　敦煌佛教の研究　（京都）法藏館　1990　p. 418

高田時雄　チベット文字書寫「長卷」の研究（本文編）　『東方學報』（第65號）　京都大學人文科
　　學研究所　1993　p. 372

索仁森著　李吉和譯　敦煌漢文禪籍特徵概觀　《敦煌研究》1994年第1期　p. 111

田中良昭　敦煌の禪籍　禪學研究入門　（東京）大東出版社　1994　p. 64

胡戟　傅玫　敦煌史話　中華書局　1995　p. 131

柳田聖山　禪籍解題（一）・敦煌禪籍　俗語言研究（第二期）　（京都）禪文化研究所　1995　p. 135

田中良昭　《禪籍解題（一）・敦煌禪籍》補遺　俗語言研究（第三期）　（京都）禪文化研究所　1996
　　p. 216

方廣錩　南天竺國菩提達磨禪師觀門　敦煌學大辭典　上海辭書出版社　1998　p. 724

周季文　南天竺國菩提達摩禪師觀門古藏文音譯本　敦煌學大辭典　上海辭書出版社　1998
　　p. 476

S. 6960

芳村修基　土橋秀高　井ノ口泰淳　敦煌佛教史年表　西域文化研究（第一）・敦煌佛教資料　（京
　　都）法藏館　1958　p. 275

道端良秀　敦煌文獻に見える死後の世界　敦煌と中國仏教（講座敦煌7）　（東京）大東出版社
　　1984　p. 516

吳其昱著　伊藤美重子譯　敦煌漢文寫本概觀　敦煌漢文文獻（講座敦煌5）　（東京）大東出版社
　　1992　p. 68

李際寧　佛母經　藏外佛教文獻（第一輯）　宗教文化出版社　1995　p. 375

寧可　郝春文　敦煌社邑文書輯校　江蘇古籍出版社　1997　p. 362

方廣錩　佛母經　敦煌學大辭典　上海辭書出版社　1998　p. 732

鄭阿財　朱鳳玉　敦煌蒙書研究　甘肅教育出版社　2002　p. 140

S. 6963

向達　倫敦所藏敦煌卷子經眼目録　《北平圖書館圖書季刊》1939年新第1卷第4期　p. 399　又
　　見：唐代長安與西域文明　三聯書店　1957　p. 239

金岡照光　敦煌の寫本　敦煌の文學　（東京）大藏出版株式會社　1971　p. 80

金岡照光　敦煌民衆の宗教と生活　敦煌の民衆：その生活と思想　（東京）評論社　1972　p. 254

陳祚龍　敦煌道經後記彙録　敦煌文物隨筆　（臺北）商務印書館　1979　p. 20

蘇瑩輝　敦煌學概要　（臺北）編譯館"中華叢書編委會"　1981　p. 54

陳祚龍　新校重訂《敦煌道經後記彙録》　敦煌學要籥　（臺北）新文豐出版公司　1982　p. 211

山田利明　老子化胡經類　敦煌と中國道教（講座敦煌4）　（東京）大東出版社　1983　p. 99

蘇瑩輝　敦煌石室真迹録題記訂補之續　敦煌論集續編　（臺北）學生書局　1983　p. 215

蘇瑩輝　中外敦煌古寫本纂要　敦煌論集　（臺北）學生書局　1983　p. 330

王重民原編　黃永武新編　敦煌古籍叙録新編（第十四冊）　（臺北）新文豐出版公司　1986　p. 37

姜亮夫　敦煌經卷題名録　敦煌學論文集　上海古籍出版社　1987　p. 1060

姜亮夫　敦煌所見道教佚經考　敦煌學論文集　上海古籍出版社　1987　p. 313

陳祚龍　看了敦煌古抄《報恩寺開溫室浴僧記》以後　敦煌學散策新集　（臺北）新文豐出版公司
　　　1989　p. 206

榮新江　話說敦煌　山東教育出版社　1991　p. 78

陶秋英輯録　姜亮夫校訂　敦煌經卷題名録　敦煌碎金　浙江古籍出版社　1992　p. 74

陶秋英輯録　姜亮夫校訂　敦煌所見道教佚經録　敦煌碎金　浙江古籍出版社　1992　p. 318

胡戟　傅玫　敦煌史話　中華書局　1995　p. 134

劉屹　敦煌十卷本《老子化胡經》殘卷新探　唐研究（第二卷）　北京大學出版社　1996　p. 102

項楚　《老子化胡經·玄歌》補校　敦煌文學論集　四川人民出版社　1997　p. 210

王卡　敦煌道經校讀三則　道家文化研究（第十三輯）　三聯書店　1998　p. 114

王卡　老子化胡經　敦煌學大辭典　上海辭書出版社　1998　p. 761

顏廷亮　敦煌文化中的道教及文化　《敦煌研究》1999 年第 1 期　p. 136

周維平　從敦煌遺書看敦煌道教　《西北民族研究》1999 年第 2 期　p. 131

顏廷亮　敦煌文化　光明日報出版社　2000　p. 232

姜亮夫　敦煌莫高窟年表　姜亮夫全集（十一）　雲南人民出版社　2002　p. 13

林平和　試論敦煌文獻之輯佚價值　新世紀敦煌學論集　巴蜀書社　2003　p. 733

劉屹　唐代道教的"化胡"經說與"道本論"　唐代宗教信仰與社會　上海辭書出版社　2003　p. 104

王卡　敦煌道教文獻研究　中國社會科學出版社　2004　p. 27、188

劉屹　唐開元年間摩尼教命運的轉折　敦煌吐魯番研究（第九卷）　北京大學出版社　2006　p. 101

S. 6964

王冀青　《英國博物院藏敦煌漢文寫本注記目録》中誤收的斯坦因所獲和闐文書辨釋　《敦煌學輯
　　　刊》1987 年第 2 期　p. 95

S. 6965

陳祚龍　瓜沙印録　（臺北）《大陸雜誌》1962 年第 4 期　又見：敦煌學概要　（臺北）編譯館"中華叢
　　　書編委會"　1981　p. 269；中國敦煌學百年文庫·考古卷（一）　甘肅文化出版社　1999
　　　p. 191

王冀青　《英國博物院藏敦煌漢文寫本注記目録》中誤收的斯坦因所獲和闐文書辨釋　《敦煌學輯
　　　刊》1987 年第 2 期　p. 96

高國藩　敦煌民俗學　上海文藝出版社　1989　p. 173

高國藩　敦煌民俗資料導論　（臺北）新文豐出版公司　1993　p. 58

史成禮　史葆光　敦煌性文化　廣州出版社　1999　p. 78、221

S. 6966

王冀青　《英國博物院藏敦煌漢文寫本注記目録》中誤收的斯坦因所獲和闐文書辨釋　《敦煌學輯
　　　刊》1987 年第 2 期　p. 96

S. 6967

王冀青　《英國博物院藏敦煌漢文寫本注記目録》中誤收的斯坦因所獲和闐文書辨釋　《敦煌學輯
　　　刊》1987 年第 2 期　p. 96

張廣達　榮新江　關於和田出土于闐文獻的年代及其相關問題　『東洋學報』（69 卷 1·2 號）　（東
　　　京）東洋學術協會　1988　p. 75

S. 6969

王冀青　《英國博物院藏敦煌漢文寫本注記目録》中誤收的斯坦因所獲和闐文書辨釋　《敦煌學輯
　　刊》1987 年第 2 期　p. 98

張廣達　榮新江　八世紀下半至九世紀初的于闐　唐研究（第三卷）　北京大學出版社　1997
　　p. 345

S. 6970

王冀青　《英國博物院藏敦煌漢文寫本注記目録》中誤收的斯坦因所獲和闐文書辨釋　《敦煌學輯
　　刊》1987 年第 2 期　p. 96

張廣達　榮新江　八世紀下半至九世紀初的于闐　唐研究（第三卷）　北京大學出版社　1997
　　p. 345

S. 6971

王冀青　《英國博物院藏敦煌漢文寫本注記目録》中誤收的斯坦因所獲和闐文書辨釋　《敦煌學輯
　　刊》1987 年第 2 期　p. 97

張廣達　榮新江　關於和田出土於闐文獻的年代及其相關問題　『東洋學報』（69 卷 1・2 號）　（東
　　京）東洋學術協會　1988　p. 75

張廣達　榮新江　八世紀下半至九世紀初的于闐　唐研究（第三卷）　北京大學出版社　1997
　　p. 345

S. 6972

王慶菽　殷切的期望　關隴文學論叢　甘肅人民出版社　1983　p. 199

王冀青　《英國博物院藏敦煌漢文寫本注記目録》中誤收的斯坦因所獲和闐文書辨釋　《敦煌學輯
　　刊》1987 年第 2 期　p. 101

張廣達　榮新江　關於和田出土于闐文獻的年代及其相關問題　『東洋學報』（69 卷 1・2 號）　（東
　　京）東洋學術協會　1988　p. 75

吳其昱著　伊藤美重子譯　敦煌漢文寫本概観　敦煌漢文文獻（講座敦煌 5）　（東京）大東出版社
　　1992　p. 139

張廣達　榮新江　八世紀下半至九世紀初的于闐　唐研究（第三卷）　北京大學出版社　1997
　　p. 345

S. 6973

劉銘恕　再記英國倫敦所藏的敦煌經卷　《中國科學院圖書館通訊》1957 年第 7 期　又見：中國敦煌
　　學百年文庫・綜述卷（二）　甘肅文化出版社　1999　p. 132

姜亮夫　唐五代瓜沙張曹兩世家考　《中華文史論叢》1979 年第 3 期　又見：中國敦煌學百年文庫・
　　歷史卷（一）　甘肅文化出版社　1999　p. 351

賀世哲　敦煌莫高窟供養人題記校勘　《中國史研究》1980 年第 3 期　p. 37

蘇瑩輝　敦煌學概要　（臺北）編譯館"中華叢書編委會"　1981　p. 247

饒宗頤解說　林宏作譯　敦煌書法叢刊（第十九卷）・碎金（二）　（東京）二玄社　1984　p. 95

唐長孺　關於歸義軍節度使的幾種資料跋　敦煌吐魯番文書研究　甘肅人民出版社　1984　p. 171
　　注 1

饒宗頤解說　林宏作譯　敦煌書法叢刊（第十四卷）・牒狀（一）　（東京）二玄社　1985　p. 88

姜亮夫　羅振玉補唐書張議潮傳訂補　向達先生紀念論文集　新疆人民出版社　1986　p. 74、80
　　又見：敦煌學論文集　上海古籍出版社　1987　p. 892

李正宇　唐宋時代的敦煌學校　《敦煌研究》1986 年第 1 期　p. 46 注 9

蘇瑩輝　瓜沙史事述要　敦煌文史藝術論叢　（臺北）新文豐出版公司　1987　p. 79

韓建瓴　雜記　敦煌文學　甘肅人民出版社　1989　p. 67

譚蟬雪　碑・銘　敦煌文學　甘肅人民出版社　1989　p. 119 注 9

鄭炳林　敦煌地理文書彙輯校注　甘肅教育出版社　1989　p. 127

鄧文寬　張淮深改建北大像和開鑿第 94 窟年代考　敦煌學國際學術討論會論文縮寫文（1990）　敦
　　煌研究院　1990　p. 44

榮新江　沙州歸義軍歷任節度使稱號研究　敦煌吐魯番學研究論文集　漢語大詞典出版社　1990
　　p. 770

唐耕耦　陸宏基　敦煌社會經濟文獻真迹釋録(五)　全國圖書館文獻縮微複製中心　1990　p. 198

柴劍虹　《敦煌遺書總目索引》重印記　西域文史論稿　（臺北）國文天地雜誌社　1991　p. 492

暨遠志　張議潮出行圖研究　《敦煌研究》1991 年第 3 期　p. 28

暨遠志　張議潮出行圖研究(續)　《敦煌研究》1992 年第 4 期　p. 79

饒宗頤　敦煌寫卷之書法　唐代研究論集(第三輯)　（臺北）新文豐出版公司　1992　p. 29

尾崎康　史籍　敦煌漢文文獻(講座敦煌 5)　（東京）大東出版社　1992　p. 328

周紹良　敦煌文學芻議及其它　（臺北）新文豐出版公司　1992　p. 11

晌麟　《敕河西節度兵部尚書張公德政之碑》復原與撰寫　《敦煌學輯刊》1993 年第 2 期　p. 31

鄧文寬　敦煌文獻《河西都僧統悟真處分常住榜》管窺　周一良先生八十生日紀念論文集　中國社
　　會科學出版社　1993　p. 232 注 7

李明偉　敦煌文學概論　甘肅人民出版社　1993　p. 474

齊陳駿　寒沁　河西都僧統唐悟真作品和見載文獻系年　《敦煌學輯刊》1993 年第 2 期　p. 12

榮新江　敦煌寫本《敕河西節度兵部尚書張公德政之碑》校考　周一良先生八十生日紀念論文集
　　中國社會科學出版社　1993　p. 206

陸慶夫　敦煌民族文獻與河西古代民族　《敦煌學輯刊》1994 年第 2 期　p. 87

鄭炳林　敦煌本《張淮深變文》研究　《西北民族研究》1994 年第 1 期　p. 148

李冬梅　唐五代敦煌學校部分教學檔案簡介　《敦煌學輯刊》1995 年第 2 期　p. 63

李明偉　敦煌文學中"敦煌文"的研究和分類評價　《敦煌研究》1995 年第 4 期　p. 121

榮新江　龍家考　中亞學刊(第四輯)　北京大學出版社　1995　p. 148

郝春文　評榮新江《英國圖書館藏敦煌漢文非佛教文獻殘卷目録(S. 6981－13624)》　敦煌吐魯番研
　　究(第一卷)　北京大學出版社　1996　p. 362

李正宇　敦煌史地新論　（臺北）新文豐出版公司　1996　p. 191 注 9

榮新江　歸義軍史研究　上海古籍出版社　1996　p. 2

楊偉　從敦煌文書中看古代西部移民　《敦煌研究》1996 年第 4 期　p. 99

楊秀清　張議潮出走與張淮深之死　《敦煌研究》1996 年第 4 期　p. 75

陸慶夫　從焉耆龍王到河西龍家——龍部落遷徙考　敦煌歸義軍史專題研究　蘭州大學出版社
　　1997　p. 492

齊陳俊　馮培紅　晚唐五代宋初歸義軍對外商業貿易　敦煌歸義軍史專題研究　蘭州大學出版社
　　1997　p. 341

張先堂　S. 4654 晚唐《莫高窟紀遊詩》新探　《敦煌研究》1997 年第 3 期　p. 130

趙和平　晚唐五代靈武節度使與沙州歸義軍關係試論　第三屆中國唐代文化學術研討會論文集

（臺北）政治大學中國文學系　1997　p. 541

鄭炳林　敦煌碑銘讚輯釋　甘肅教育出版社　1997　p. 129 注 2

鄭炳林　唐五代敦煌金山國征伐樓蘭史事考　敦煌歸義軍史專題研究　蘭州大學出版社　1997 p. 24 注 20

鄭炳林　馮培紅　唐五代歸義軍政權對外關係中的使頭一職　敦煌歸義軍史專題研究　蘭州大學出版社　1997　p. 63

李冬梅　唐五代歸義軍與周邊民族關係綜論　《敦煌學輯刊》1998 年第 2 期　p. 45

李永寧　敕河西節度兵部尚書張公德政之碑　敦煌學大辭典　上海辭書出版社　1998　p. 333

榮新江　歸義軍大事紀年初稿　出土文獻研究（第三輯）　文物出版社　1998　p. 234

徐志斌　《河西都僧統唐悟真作品和見載文獻系年》補四則　《敦煌學輯刊》1998 年第 2 期　p. 67

楊森　張議潮　敦煌學大辭典　上海辭書出版社　1998　p. 352

張亞萍　唐五代歸義軍政府牧馬業研究　《敦煌學輯刊》1998 年第 2 期　p. 59

馮培紅　客司與歸義軍的外交活動　《敦煌學輯刊》1999 年第 1 期　p. 73

榮新江　英國圖書館藏敦煌漢文非佛教文獻殘卷概述　敦煌文藪（下）　（臺北）新文豐出版公司　1999　p. 131

楊森　小議張淮深受旌節　《敦煌研究》1999 年第 1 期　p. 98

楊秀清　敦煌西漢金山國史　甘肅人民出版社　1999　p. 33

雷紹鋒　歸義軍賦役制度初探　（臺北）洪葉文化事業有限公司　2000　p. 242

李明偉　敦煌文學中敦煌文的分類及評價　1994 年敦煌學國際研討會文集·宗教文史卷（上）　甘肅民族出版社　2000　p. 298

榮新江　《英藏敦煌文獻》定名商補　文史（第五十二輯）　中華書局　2000　p. 120、124、128　又見：敦煌學新論　甘肅教育出版社　2002　p. 200

徐俊　敦煌詩集殘卷輯考　中華書局　2000　p. 171、326、496、922

顏廷亮　敦煌文化　光明日報出版社　2000　p. 215、408

馮培紅　姚桂蘭　歸義軍時期敦煌與周邊地區之間的僧使交往　敦煌佛教藝術文化國際學術研討會論文集　蘭州大學出版社　2002　p. 451

姜亮夫　羅振玉補唐書張議潮傳訂補　姜亮夫全集（十四）　雲南人民出版社　2002　p. 314

張先堂　敦煌寫本《晚唐佚名氏殘詩集》新校　2000 年敦煌學國際學術討論會文集·歷史文化卷（下）　甘肅民族出版社　2003　p. 443

馮培紅　關於歸義軍節度使官制的幾個問題　麥積山石窟藝術文化論文集（下）　蘭州大學出版社　2004　p. 206

馮培紅　論晚唐五代的沙州（歸義軍）與涼州（河西）節度使　浙江與敦煌學：常書鴻先生誕辰一百周年紀念文集　浙江古籍出版社　2004　p. 253 注 11

汪泛舟　敦煌俗別字新考（上）　《敦煌研究》2006 年第 1 期　p. 104

S. 6974

土橋秀高　四分律雜抄　西域文化研究（第一）·敦煌佛教資料　（京都）法藏館　1958　p. 186

S. 6976

鄭炳林　王晶波　敦煌寫本相書概述　《敦煌學國際聯絡委員會通訊》2003 年第 1 期　p. 46

S. 6977

楊曾文　日本學者對中國禪宗文獻的研究和整理　《世界宗教研究》1987 年第 1 期　p. 121

吳其昱著　伊藤美重子譯　敦煌漢文寫本概観　敦煌漢文文獻(講座敦煌 5)　(東京)大東出版社
　　1992　p. 58

冉雲華　敦煌遺書與中國禪宗歷史研究　"中國唐代學會"會刊(第四期)　(臺北)"中國唐代學會"
　　1993　p. 58

田中良昭　敦煌の禪籍　禪學研究入門　(東京)大東出版社　1994　p. 62

柳田聖山　禪籍解題(一)・敦煌禪籍　俗語言研究(第二期)　(京都)禪文化研究所　1995　p. 145

鄧文寬　榮新江　敦博本禪籍録校　江蘇古籍出版社　1998　p. 109

方廣錩　南陽和上頓教解脫禪門直了性壇語　敦煌學大辭典　上海辭書出版社　1998　p. 726

S. 6978

蕭登福　道教星斗符印與佛教密宗　(臺北)新文豐出版公司　1993　p. 36

蕭登福　道教與密宗　(臺北)新文豐出版公司　1993　p. 202

饒宗頤　敦煌曲訂補　敦煌曲續論　(臺北)新文豐出版公司　1996　p. 50

張金泉　敦煌佛經音義寫卷述要　《敦煌研究》1997 年第 2 期　p. 121

張總　說不盡的觀世音　上海辭書出版社　2002　p. 181

S. 6979

饒宗頤　敦煌曲訂補　敦煌曲續論　(臺北)新文豐出版公司　1996　p. 50

S. 6980

張國剛　隋唐五代史研究概要　天津教育出版社　1996　p. 749

趙和平　《敦煌寫本書儀研究》訂補　敦煌吐魯番研究(第三卷)　北京大學出版社　1998　p. 229

施萍婷　《敦煌遺書總目索引新編》前言　敦煌遺書總目索引新編　中華書局　2000　p. 2

趙和平　晚唐時河北地區的一種吉凶書儀的再研究　中華文史論叢(總 62 輯)　上海古籍出版社
　　2000　p. 193

湛如　敦煌佛教律儀制度研究　中華書局　2003　p. 41

S. 6981

金岡照光　敦煌の寫本　敦煌の文學　(東京)大藏出版株式會社　1971　p. 80

土肥義和　はじめに——歸義軍節度使の敦煌支配　敦煌の歷史(講座敦煌 2)　(東京)大東出版
　　社　1980　p. 274

姜伯勤　唐五代敦煌寺戶制度　中華書局　1987　p. 146

山本達郎等　敦煌・III 轉貼　『NUN–HUANG AND TURFAN DOCUMENTS CONCERNING SOCIAL
　　AND ECONOMIC HISTORY』(IV)　(東京)東洋文庫　1989　p. 62

山本達郎等　敦煌・IV 納贈曆・納色物曆等　『NUN–HUANG AND TURFAN DOCUMENTS CON-
　　CERNING SOCIAL AND ECONOMIC HISTORY』(IV)　(東京)東洋文庫　1989　p. 105

唐耕耦　陸宏基　敦煌社會經濟文獻真迹釋録(三)　全國圖書館文獻縮微複製中心　1990　p. 138

謝重光　白文固　中國僧官制度史　青海人民出版社　1990　p. 135

李正宇　敦煌名勝古迹導論　《陽關》1991 年第 4 期　p. 51

鄭炳林　梁志勝　《梁幸德邈真讚》與梁願請《莫高窟功德記》　《敦煌研究》1992 年第 2 期　p. 68

（原文録爲 P. 6981）　又見：敦煌吐魯番文獻研究　蘭州大學出版社　1995　p. 265（原文録爲 P. 6981）

郝春文　敦煌寫本社邑文書年代彙考（一）《首都師範大學學報》1993 年第 4 期　p. 36

劉進寶　近十年來大陸地區敦煌學研究概述　"中國唐代學會"會刊（第四期）（臺北）"中國唐代學會"　1993　p. 69

榮新江　關於唐宋時期中原文化對于闐影響的幾個問題　國學研究（第一卷）　北京大學出版社　1993　p. 419 注 34

榮新江　英倫所見三種敦煌俗文學作品跋　（香港）《九州學刊》（敦煌學專輯）1993 年第 5 卷第 4 期　p. 131

鄭炳林　讀敦煌文書 P. 3859《後唐清泰三年六月沙州儭司教授福集等狀》劄記《西北史地》1993 年第 4 期　p. 44（原文録爲 P. 6981）　又見：敦煌吐魯番文獻研究　蘭州大學出版社　1995　p. 610（原文録爲 P. 6981）

石田勇作　敦煌「社文書」研究序說　中國古代の國家と民眾（堀敏一先生古稀記念）（東京）汲古書院　1995　p. 685、686

土肥義和　唐・北宋間の「社」の組織形態に関する一考察　中國古代の國家と民眾（堀敏一先生古稀記念）（東京）汲古書院　1995　p. 710

郝春文　唐後期五代宋初沙州僧尼的宗教收入（三）：大眾倉試探《敦煌學輯刊》1996 年第 2 期　p. 1

榮新江　歸義軍史研究　上海古籍出版社　1996　p. 291

張國剛　隋唐五代史研究概要　天津教育出版社　1996　p. 704

鄭炳林　唐五代敦煌粟特人與歸義軍政權《敦煌研究》1996 年第 4 期　p. 82　又見：敦煌歸義軍史專題研究　蘭州大學出版社　1997　p. 404、425

馮培紅　唐五代敦煌的河渠水利與水司管理機構初探《敦煌學輯刊》1997 年第 2 期　p. 77

公維章　文讕　敦煌寺院中的會計：直歲《敦煌學輯刊》1997 年第 2 期　p. 119

郝春文　關於唐後期五代宋初沙州僧俗的施捨問題　唐研究（第三卷）　北京大學出版社　1997　p. 31

黄亮文　評《敦煌寫本書儀研究》　唐研究（第三卷）　北京大學出版社　1997　p. 499

李正宇　敦煌歷史地理導論　（臺北）新文豐出版公司　1997　p. 214

馬德　敦煌工匠史料　甘肅人民出版社　1997　p. 83

寧可　郝春文　敦煌社邑文書輯校　江蘇古籍出版社　1997　p. 76、101、462

唐耕耦　敦煌寺院會計文書研究　（臺北）新文豐出版公司　1997　p. 10

鄭炳林　敦煌碑銘讚輯釋　甘肅教育出版社　1997　p. 60 注 9、374 注 3、471 注 3（原文録爲 P. 6981）

鄭炳林　唐五代敦煌的粟特人與佛教　敦煌歸義軍史專題研究　蘭州大學出版社　1997　p. 459

鄭炳林　晚唐五代敦煌貿易市場的物價　敦煌歸義軍史專題研究　蘭州大學出版社　1997　p. 301

鄭炳林　晚唐五代敦煌園囿經濟研究　敦煌歸義軍史專題研究　蘭州大學出版社　1997　p. 312、321

鄭炳林　馮培紅　晚唐五代宋初歸義軍政權中都頭一職考辨　敦煌歸義軍史專題研究　蘭州大學出版社　1997　p. 83

郝春文　廚田司　敦煌學大辭典　上海辭書出版社　1998　p. 636

郝春文　公廨司　敦煌學大辭典　上海辭書出版社　1998　p. 635

郝春文　唐後期五代宋初敦煌僧尼的社會生活　中國社會科學出版社　1998　p. 20、384

郝春文　唐後期五代宋初敦煌僧尼遺產的處理與喪事的操辦　《敦煌研究》1998 年第 3 期　p. 42

馬德　尚書曹仁貴史事鈎沈　《敦煌學輯刊》1998 年第 2 期　p. 14

馬德　10 世紀敦煌寺曆所記三窟活動　《敦煌研究》1998 年第 2 期　p. 83

寧可　兄弟社　敦煌學大辭典　上海辭書出版社　1998　p. 428

譚蟬雪　敦煌歲時文化導論　（臺北）新文豐出版公司　1998　p. 260

譚蟬雪　榮親　敦煌學大辭典　上海辭書出版社　1998　p. 440

土肥義和　唐・北宋の間:敦煌の杜家親情社追補社條(S. 8160rv)について　唐代史研究(創刊號)
　　（東京）唐代史研究會　1998　p. 11

高啓安　唐五代至宋敦煌的量器及量制　《敦煌學輯刊》1999 年第 1 期　p. 70

榮新江　英國圖書館藏敦煌漢文非佛教文獻殘卷概述　敦煌文藪（下）　（臺北）新文豐出版公司
　　1999　p. 130

蘇金花　唐、五代敦煌地區的商品貨幣形態　《敦煌研究》1999 年第 2 期　p. 96

高啓安　崇高與卑賤:敦煌的佛教信仰賤名再探　'98 法門寺唐文化國際學術討論會論文集　陝西
　　人民出版社　2000　p. 253

郝春文　唐後期五代宋初敦煌的春秋官齋、十二月轉經、水則道場與佛教節日　慶祝吳其昱先生八秩
　　華誕敦煌學特刊　（臺北）文津出版社　2000　p. 244

郝春文　英藏敦煌文獻年代叢考　英國收藏敦煌漢藏文獻研究:紀念敦煌文獻發現一百周年　中國
　　社會科學出版社　2000　p. 375

雷紹鋒　歸義軍賦役制度初探　（臺北）洪葉文化事業有限公司　2000　p. 195

徐俊　敦煌詩集殘卷輯考　中華書局　2000　p. 621

孟憲實　敦煌社邑的分佈　敦煌文獻論集:紀念藏經洞發現一百周年國際學術研討會論文集　遼寧
　　人民出版社　2001　p. 430

徐俊　評《敦煌吐魯番本文選》、《敦煌本〈昭明文選〉研究》、《敦煌本〈文選注〉箋證》、《文選版本研
　　究》　敦煌吐魯番研究（第五卷）　北京大學出版社　2001　p. 372

楊森　《辛巳年六月十六日社人于燈司倉貸粟曆》文書之定年　《敦煌學輯刊》2001 年第 2 期　p. 18

曾良　敦煌文獻字義通釋　廈門大學出版社　2001　p. 24

孟憲實　論唐宋時期敦煌民間結社的組織形態　《敦煌研究》2002 年第 1 期　p. 64

汪娟　跋《上生禮》相關寫卷二篇　敦煌學(第 23 輯)　（臺北）樂學書局有限公司　2002　p. 51

沙武田　趙曉星　歸義軍時期敦煌文獻中的太子　《敦煌研究》2003 年第 4 期　p. 48

鄭炳林　晚唐五代敦煌村莊聚落輯考　2000 年敦煌學國際學術討論會文集・歷史文化卷(上)　甘
　　肅民族出版社　2003　p. 137、154

高啓安　唐五代敦煌飲食文化研究　民族出版社　2004　p. 326

郝春文　再論敦煌私社的"義聚"　敦煌學(第 25 輯)　（臺北）樂學書局有限公司　2004　p. 281

趙紅　高啓安　唐五代時期敦煌僧人飲食概述　麥積山石窟藝術文化論文集(下)　蘭州大學出版
　　社　2004　p. 290

郭永利　晚唐五代敦煌佛教寺院的納贈　《敦煌學輯刊》2005 年第 4 期　p. 78

黑維強　吐魯番出土文書詞語例釋(二)　《敦煌學輯刊》2005 年第 2 期　p. 185

黃征　敦煌俗字典　上海教育出版社　2005　p. 16、31、35、273

黃征　敦煌俗字種類考辨　敦煌學・日本學:石塚晴通教授退職紀念論文集　上海辭書出版社
　　2005　p. 118、122

李正宇　晚唐至北宋敦煌僧尼普聽飲酒　《敦煌研究》2005 年第 3 期　p. 69、74

汪受寬　河西古酒考論　《敦煌學輯刊》2005 年第 2 期　p. 272

趙曉星　寇甲　西魏：歸義軍時期敦煌地區的史姓　《敦煌學輯刊》2005 年第 2 期　p. 136

鄭炳林　晚唐五代敦煌地區的胡姓居民與聚落　法國漢學（第 10 輯）（粟特人在中國：歷史、考古、語言的新探索）　中華書局　2005　p. 181、184

金瀅坤　敦煌社會經濟文獻綴合拾遺　《敦煌研究》2006 年第 2 期　p. 88

余欣　唐宋敦煌醮祭鎮宅法考察　《敦煌研究》2006 年第 2 期　p. 63

鄭炳林　晚唐五代河西地區的居民結構研究　《蘭州大學學報》2006 年第 2 期　p. 10

S. 6983

陳祚龍　敦煌古抄文獻會最　（臺北）新文豐出版公司　1982　p. 386（圖版）

戴密微著　耿昇譯　敦煌學近作　敦煌譯叢（第一輯）　甘肅人民出版社　1985　p. 31

羅華慶　敦煌藝術中的《觀音普門品變》和《觀音經變》　《敦煌研究》1987 年第 3 期　p. 56

李正宇　中國唐宋硬筆書法　上海文化出版社　1993　p. 2

高啓安　從莫高窟壁畫看唐五代敦煌人的坐具和飲食坐姿（上）　《敦煌研究》2001 年第 3 期　p. 24
（原文錄爲 P. 6983）

高啓安　唐五代敦煌飲食文化研究　民族出版社　2004　p. 241（原文錄爲 P. 6983）

黃征　敦煌俗字典　上海教育出版社　2005　p. 前言 24、9、120、212

S. 6984

池田溫　中國古代寫本識語集錄　（東京）大藏出版株式會社　1990　p. 388

S. 6985

方廣錩　對《六百號敦煌無名斷片的新標目》之補正　中華文史論叢（總 50 輯）　上海古籍出版社　1992　p. 50

張金泉　許建平　敦煌音義彙考　杭州大學出版社　1996　p. 1110

方廣錩　對黃編《六百號敦煌無名斷片的新標目》之補正　敦煌學佛教學論叢（下）　中國佛教文化研究所　1998　p. 282

S. 6986

鄭炳林　敦煌碑銘讚輯釋　甘肅教育出版社　1997　p. 162 注 1（原文錄爲 P. 6986）

陳明　殊方異藥：出土文書與西域醫學　北京大學出版社　2005　p. 81

S. 6993

方廣錩　對《六百號敦煌無名斷片的新標目》之補正　中華文史論叢（總 50 輯）　上海古籍出版社　1992　p. 50　又見：敦煌學佛教學論叢（下）　中國佛教文化研究所　1998　p. 283

S. 6996

伊藤美重子　敦煌本『大智度論』の整理　中國佛教石經の研究　京都大學學術出版會　1996　p. 383

王志鵬　從敦煌歌辭看唐代敦煌地區禪宗的流傳與發展　《敦煌研究》2005 年第 6 期　p. 99

S. 6997

柴劍虹　讀敦煌寫卷《黃仕強傳》劄記　敦煌語言文學研究　北京大學出版社　1988　p. 249

方廣錩　對《六百號敦煌無名斷片的新標目》之補正　中華文史論叢（總50輯）　上海古籍出版社
　　1992　p.50　又見：敦煌學佛教學論叢（下）　中國佛教文化研究所　1998　p.283

方廣錩　普賢菩薩說證明經　敦煌學大辭典　上海辭書出版社　1998　p.736

鄭阿財　敦煌疑僞經與靈驗記關係之考察　漢語史學報專輯（第三輯）　上海教育出版社　2003
　　p.286

S. 6998

郝春文　評榮新江《英國圖書館藏敦煌漢文非佛教文獻殘卷目録（S.6981–13624）》　敦煌吐魯番研
　　究（第一卷）　北京大學出版社　1996　p.364

沙知　歸義軍節度使之印　敦煌學大辭典　上海辭書出版社　1998　p.291

榮新江　英國圖書館藏敦煌漢文非佛教文獻殘卷概述　敦煌文藪（下）　（臺北）新文豐出版公司
　　1999　p.130

池田溫　李盛鐸舊藏敦煌歸義軍後期社會經濟文書簡介　慶祝吳其昱先生八秩華誕敦煌學特刊
　　（臺北）文津出版社　2000　p.50

王豔明　瓜沙州大王印考　《敦煌學輯刊》2000年第2期　p.44（原文録爲P.6998）

劉進寶　P.4525(8)《官布籍》所見歸義軍政權的賦稅免征　新世紀敦煌學論集　巴蜀書社　2003
　　p.303

森安孝夫著　梁曉鵬摘譯　河西歸義軍節度使官印及其編年　《敦煌學輯刊》2003年第1期　p.142

S. 7001

方廣錩　對《六百號敦煌無名斷片的新標目》之補正　中華文史論叢（總50輯）　上海古籍出版社
　　1992　p.50　又見：敦煌學佛教學論叢（下）　中國佛教文化研究所　1998　p.283

沙武田　梁紅　敦煌千佛變畫稿刺孔研究　《敦煌學輯刊》2005年第2期　p.69

邰惠莉　敦煌版畫叙録　《敦煌研究》2005年第2期　p.8

S. 7002

王重民原編　黃永武新編　敦煌古籍叙録新編（第四冊）　（臺北）新文豐出版公司　1986　p.216

李方　敦煌《論語集解》校正　江蘇古籍出版社　1998　p.830

許建平　殘卷定名正補　2000年敦煌學國際學術討論會文集·歷史文化卷（上）　甘肅民族出版社
　　2003　p.303

S. 7003

王重民原編　黃永武新編　敦煌古籍叙録新編（第四冊）　（臺北）新文豐出版公司　1986　p.217

石塚晴通　敦煌の加點本　敦煌漢文文獻（講座敦煌5）　（東京）大東出版社　1992　p.247

李方　敦煌《論語集解》校正　江蘇古籍出版社　1998　p.830、832

榮新江　英國圖書館藏敦煌漢文非佛教文獻殘卷概述　敦煌文藪（下）　（臺北）新文豐出版公司
　　1999　p.126

許建平　評《敦煌〈論語集解〉校正》　敦煌吐魯番研究（第五卷）　北京大學出版社　2001　p.339

王素　敦煌本《論語》研究的回顧與展望　2000年敦煌學國際學術討論會文集·歷史文化卷（上）
　　甘肅民族出版社　2003　p.472

許建平　《俄藏敦煌文獻》儒家經典類寫本的定名與綴合　漢語史學報專輯（第三輯）　上海教育出
　　版社　2003　p.313

石塚晴通　敦煌的加點本　敦煌學・日本學:石塚晴通教授退職紀念論文集　上海辭書出版社
　　2005　p. 10

S. 7004

方廣錩　對《六百號敦煌無名斷片的新標目》之補正　中華文史論叢（總50輯）　上海古籍出版社
　　1992　p. 51　又見:敦煌學佛教學論叢（下）　中國佛教文化研究所　1998　p. 284
王三慶著　池田溫譯　類書　敦煌漢文文獻（講座敦煌5）　（東京）大東出版社　1992　p. 374
楊寶玉　籤金　敦煌學大辭典　上海辭書出版社　1998　p. 779
榮新江　英國圖書館藏敦煌漢文非佛教文獻殘卷概述　敦煌文藪（下）　（臺北）新文豐出版公司
　　1999　p. 127

S. 7005

方廣錩　對《六百號敦煌無名斷片的新標目》之補正　中華文史論叢（總50輯）　上海古籍出版社
　　1992　p. 51　又見:敦煌學佛教學論叢（下）　中國佛教文化研究所　1998　p. 284

S. 7007

方廣錩　阿毗達磨大毗婆沙論　敦煌學大辭典　上海辭書出版社　1998　p. 722

S. 7013

方廣錩　對《六百號敦煌無名斷片的新標目》之補正　中華文史論叢（總50輯）　上海古籍出版社
　　1992　p. 51　又見:敦煌學佛教學論叢（下）　中國佛教文化研究所　1998　p. 284

S. 7014

王三慶　敦煌寫卷中武后新字之調查研究　唐代研究論集（第三輯）　（臺北）新文豐出版公司
　　1992　p. 95

S. 7015

伊藤美重子　敦煌本『大智度論』の整理　中國佛教石經の研究　京都大學學術出版會　1996
　　p. 377

S. 7038

方廣錩　對《六百號敦煌無名斷片的新標目》之補正　中華文史論叢（總50輯）　上海古籍出版社
　　1992　p. 51　又見:敦煌學佛教學論叢（下）　中國佛教文化研究所　1998　p. 285

S. 7040

方廣錩　對《六百號敦煌無名斷片的新標目》之補正　中華文史論叢（總50輯）　上海古籍出版社
　　1992　p. 52　又見:敦煌學佛教學論叢（下）　中國佛教文化研究所　1998　p. 285

S. 7041

方廣錩　對《六百號敦煌無名斷片的新標目》之補正　中華文史論叢（總50輯）　上海古籍出版社
　　1992　p. 52　又見:敦煌學佛教學論叢（下）　中國佛教文化研究所　1998　p. 286

S. 7044

高國藩　敦煌古俗與民俗流變　河海大學出版社　1990　p. 415

方廣錩　對《六百號敦煌無名斷片的新標目》之補正　中華文史論叢（總50輯）　上海古籍出版社
　　1992　p. 53　又見：敦煌學佛教學論叢（下）　中國佛教文化研究所　1998　p. 287

陳澤奎　試論唐人寫經題記的原始著作權意義　《敦煌研究》1994年第3期　p. 121

杜正乾　唐代的《金剛經》信仰　《敦煌研究》2004年第5期　p. 55

S. 7045

方廣錩　對《六百號敦煌無名斷片的新標目》之補正　中華文史論叢（總50輯）　上海古籍出版社
　　1992　p. 53　又見：敦煌學佛教學論叢（下）　中國佛教文化研究所　1998　p. 287

S. 7046

方廣錩　對《六百號敦煌無名斷片的新標目》之補正　中華文史論叢（總50輯）　上海古籍出版社
　　1992　p. 53　又見：敦煌學佛教學論叢（下）　中國佛教文化研究所　1998　p. 287

S. 7047

方廣錩　對《六百號敦煌無名斷片的新標目》之補正　中華文史論叢（總50輯）　上海古籍出版社
　　1992　p. 53

S. 7048

方廣錩　對《六百號敦煌無名斷片的新標目》之補正　中華文史論叢（總50輯）　上海古籍出版社
　　1992　p. 54　又見：敦煌學佛教學論叢（下）　中國佛教文化研究所　1998　p. 290

S. 7051

江素雲　維摩詰所說經敦煌寫本綜合目錄　（臺北）東初出版社　1991　p. 81

S. 7060

姜伯勤　敦煌社會文書導論　（臺北）新文豐出版公司　1992　p. 165

李正宇　敦煌歷史地理導論　（臺北）新文豐出版公司　1997　p. 225

徐俊　敦煌詩集殘卷輯考　中華書局　2000　p. 838

楊森　《辛巳年六月十六日社人于燈司倉貸粟曆》文書之定年　《敦煌學輯刊》2001年第2期　p. 18

鄭炳林　晚唐五代河西地區的居民結構研究　《蘭州大學學報》2006年第2期　p. 13

S. 7069

方廣錩　對《六百號敦煌無名斷片的新標目》之補正　中華文史論叢（總50輯）　上海古籍出版社
　　1992　p. 52　又見：敦煌學佛教學論叢（下）　中國佛教文化研究所　1998　p. 291

S. 7071

方廣錩　對《六百號敦煌無名斷片的新標目》之補正　中華文史論叢（總50輯）　上海古籍出版社
　　1992　p. 55　又見：敦煌學佛教學論叢（下）　中國佛教文化研究所　1998　p. 292

S. 7077

方廣錩　對《六百號敦煌無名斷片的新標目》之補正　中華文史論叢（總 50 輯）　上海古籍出版社
　　1992　p. 55　又見：敦煌學佛教學論叢（下）　中國佛教文化研究所　1998　p. 292

S. 7085

方廣錩　對《六百號敦煌無名斷片的新標目》之補正　中華文史論叢（總 50 輯）　上海古籍出版社
　　1992　p. 56　又見：敦煌學佛教學論叢（下）　中國佛教文化研究所　1998　p. 292

S. 7093

方廣錩　對《六百號敦煌無名斷片的新標目》之補正　中華文史論叢（總 50 輯）　上海古籍出版社
　　1992　p. 56　又見：敦煌學佛教學論叢（下）　中國佛教文化研究所　1998　p. 293

王三慶　敦煌寫卷中武后新字之調查研究　唐代研究論集（第三輯）　（臺北）新文豐出版公司
　　1992　p. 95

S. 7094

王三慶　敦煌寫卷中武后新字之調查研究　唐代研究論集（第三輯）　（臺北）新文豐出版公司
　　1992　p. 95

S. 7098

蕭登福　從敦煌寫卷中看道教星斗崇拜對佛經之影響　第二屆敦煌學國際研討會論文集　（臺北）
　　漢學研究中心　1990　p. 336

方廣錩　對《六百號敦煌無名斷片的新標目》之補正　中華文史論叢（總 50 輯）　上海古籍出版社
　　1992　p. 56　又見：敦煌學佛教學論叢（下）　中國佛教文化研究所　1998　p. 294

S. 7111

柴劍虹　徐俊　敦煌詞輯校四談　《敦煌學輯刊》1988 年第 1、2 期　p. 54　又見：西域文史論稿
　　（臺北）國文天地雜誌社　1991　p. 497

高國藩　敦煌曲子詞欣賞　南京大學出版社　1989　p. 36

黃征　《敦煌歌辭總編》校釋商榷　《敦煌研究》1990 年第 2 期　p. 69

林玫儀　研究敦煌曲子詞之省思　第二屆敦煌學國際研討會論文集　（臺北）漢學研究中心　1990
　　p. 305　注 1

王克芬　柴劍虹　敦煌舞譜的再探索　敦煌吐魯番學研究論文集　漢語大詞典出版社　1990
　　p. 221　又見：西域文史論稿　（臺北）國文天地雜誌社　1991　p. 468

方廣錩　對《六百號敦煌無名斷片的新標目》之補正　中華文史論叢（總 50 輯）　上海古籍出版社
　　1992　p. 57　又見：敦煌學佛教學論叢（下）　中國佛教文化研究所　1998　p. 294

李正宇　敦煌歌舞三劄　《敦煌研究》1992 年第 4 期　p. 50

吳其昱著　伊藤美重子譯　敦煌漢文寫本概觀　敦煌漢文文獻（講座敦煌 5）　（東京）大東出版社
　　1992　p. 114

周紹良　敦煌文學芻議及其它　（臺北）新文豐出版公司　1992　p. 35

李正宇　論敦煌曲子　第二屆國際唐代學術會議論文集（上）　（臺北）文津出版社　1993　p. 758

金賢珠　唐五代敦煌民歌　（臺北）文史哲出版社　1994　p. 28、208

董錫玖　金秋　絲綢之路　新華出版社　1995　p. 119

李正宇　敦煌史地新論　（臺北）新文豐出版公司　1996　p. 12
陸淑綺　李重申　敦煌古代戲曲文化史料綜述　《敦煌研究》1997 年第 2 期　p. 62
李正宇　曲子別仙子　敦煌學大辭典　上海辭書出版社　1998　p. 246
李正宇　演曲子　敦煌學大辭典　上海辭書出版社　1998　p. 448
孫其芳　別仙子　敦煌學大辭典　上海辭書出版社　1998　p. 533
高國藩　敦煌俗文化學　上海三聯書店　1999　p. 545
榮新江　英國圖書館藏敦煌漢文非佛教文獻殘卷概述　敦煌文藪（下）　（臺北）新文豐出版公司
　　　1999　p. 128
李正宇　歸義軍樂營的結構與配置　《敦煌研究》2000 年第 3 期　p. 74
孫其芳　鳴沙遺音：敦煌詞選評　甘肅人民出版社　2000　p. 160
李正宇　沙州歸義軍樂營及其職事　敦煌吐魯番研究（第五卷）　北京大學出版社　2001　p. 221
高國藩　敦煌學百年史述要　（臺北）商務印書館　2003　p. 163
李小榮　敦煌密教文獻論稿　人民文學出版社　2003　p. 173
李正宇　李樹輝　絲綢之路與敦煌　敦煌陽關玉門關論文選萃　甘肅人民出版社　2003　p. 74
王克芬　柴劍虹　對敦煌舞譜研究若干問題的再認識　2000 年敦煌學國際學術討論會文集·石窟
　　　藝術卷　甘肅民族出版社　2003　p. 49
湯涒　敦煌曲子詞地域文化研究　上海古籍出版社　2004　p. 42、112、162
湯涒　敦煌曲子詞寫本叙略　敦煌學國際研討會論文集　北京圖書館出版社　2005　p. 201

S. 7117

王三慶　敦煌寫卷中武后新字之調查研究　唐代研究論集（第三輯）　（臺北）新文豐出版公司
　　　1992　p. 95

S. 7120

方廣錩　對《六百號敦煌無名斷片的新標目》之補正　中華文史論叢（總 50 輯）　上海古籍出版社
　　　1992　p. 57　又見：敦煌學佛教學論叢（下）　中國佛教文化研究所　1998　p. 295

S. 7121

方廣錩　對《六百號敦煌無名斷片的新標目》之補正　中華文史論叢（總 50 輯）　上海古籍出版社
　　　1992　p. 57　又見：敦煌學佛教學論叢（下）　中國佛教文化研究所　1998　p. 295

S. 7123

江素雲　維摩詰所說經敦煌寫本綜合目錄　（臺北）東初出版社　1991　p. 81
石塚晴通　敦煌的加點本　敦煌學·日本學：石塚晴通教授退職紀念論文集　上海辭書出版社
　　　2005　p. 14
石塚晴通　敦煌の加點本　敦煌漢文文獻（講座敦煌 5）　（東京）大東出版社　1992　p. 252

S. 7125

方廣錩　對《六百號敦煌無名斷片的新標目》之補正　中華文史論叢（總 50 輯）　上海古籍出版社
　　　1992　p. 57　又見：敦煌學佛教學論叢（下）　中國佛教文化研究所　1998　p. 295

S. 7128

索仁森著　李吉和譯　敦煌漢文禪籍特徵概觀　《敦煌研究》1994 年第 1 期　p. 110

S. 7129

索仁森著　李吉和譯　敦煌漢文禪籍特徵概觀　《敦煌研究》1994 年第 1 期　p. 110

S. 7133

方廣錩　對《六百號敦煌無名斷片的新標目》之補正　中華文史論叢（總 50 輯）　上海古籍出版社
　　1992　p. 58　又見：敦煌學佛教學論叢（下）　中國佛教文化研究所　1998　p. 297

S. 7138

伊藤美重子　敦煌本『大智度論』の整理　中國佛教石經の研究　京都大學學術出版會　1996
　　p. 366

S. 7140

方廣錩　對《六百號敦煌無名斷片的新標目》之補正　中華文史論叢（總 50 輯）　上海古籍出版社
　　1992　p. 58　又見：敦煌學佛教學論叢（下）　中國佛教文化研究所　1998　p. 297

S. 7149

江素雲　維摩詰所說經敦煌寫本綜合目錄　（臺北）東初出版社　1991　p. 81

S. 7153

方廣錩　對《六百號敦煌無名斷片的新標目》之補正　中華文史論叢（總 50 輯）　上海古籍出版社
　　1992　p. 59　又見：敦煌學佛教學論叢（下）　中國佛教文化研究所　1998　p. 298

S. 7157

方廣錩　對《六百號敦煌無名斷片的新標目》之補正　中華文史論叢（總 50 輯）　上海古籍出版社
　　1992　p. 59　又見：敦煌學佛教學論叢（下）　中國佛教文化研究所　1998　p. 298
方廣錩　二入四行論　敦煌學大辭典　上海辭書出版社　1998　p. 725
張錫厚　《詠臥輪禪師看心法四首》補正與敦煌本《菩提達摩論》定名　《敦煌研究》2006 年第 1 期
　　p. 98

S. 7158

江素雲　維摩詰所說經敦煌寫本綜合目錄　（臺北）東初出版社　1991　p. 81

S. 7159

中川孝　楞伽宗と東山法門　敦煌仏典と禪（講座敦煌 8）　（東京）大東出版社　1980　p. 131
田中良昭　敦煌禪宗文獻の研究　（東京）大東出版社　1983　p. 184
方廣錩　對《六百號敦煌無名斷片的新標目》之補正　中華文史論叢（總 50 輯）　上海古籍出版社
　　1992　p. 59　又見：敦煌學佛教學論叢（下）　中國佛教文化研究所　1998　p. 299
吳其昱著　伊藤美重子譯　敦煌漢文寫本概觀　敦煌漢文文獻（講座敦煌 5）　（東京）大東出版社
　　1992　p. 57

S. 7163

伊藤美重子　敦煌本『大智度論』の整理　中國佛教石經の研究　京都大學學術出版會　1996
　　p. 385

S. 7187

蕭登福　從敦煌寫卷中看道教星斗崇拜對佛經之影響　第二屆敦煌學國際研討會論文集　（臺北）
　　漢學研究中心　1990　p. 336
方廣錩　對《六百號敦煌無名斷片的新標目》之補正　中華文史論叢（總50輯）　上海古籍出版社
　　1992　p. 59　又見：敦煌學佛教學論叢（下）　中國佛教文化研究所　1998　p. 299

S. 7203

高國藩　敦煌古俗與民俗流變　河海大學出版社　1990　p. 415
陳澤奎　試論唐人寫經題記的原始著作權意義　《敦煌研究》1994年第3期　p. 121
張涌泉　敦煌本《佛說父母恩重經》研究　文史（第四十九輯）　中華書局　1999　p. 67

S. 7204

方廣錩　對《六百號敦煌無名斷片的新標目》之補正　中華文史論叢（總50輯）　上海古籍出版社
　　1992　p. 59　又見：敦煌學佛教學論叢（下）　中國佛教文化研究所　1998　p. 300

S. 7205

徐俊　敦煌詩集殘卷輯考　中華書局　2000　p. 909
馬繼興　當前世界各地收藏的中國出土卷子本古醫藥文獻備考　敦煌吐魯番研究（第六卷）　北京
　　大學出版社　2002　p. 139
徐俊　敦煌寫本詩歌續考　《敦煌研究》2002年第5期　p. 70

S. 7206

江素雲　維摩詰所說經敦煌寫本綜合目錄　（臺北）東初出版社　1991　p. 81
何劍平　作爲民間寫經和禮懺儀式的維摩詰信仰　《敦煌學輯刊》2005年第4期　p. 57

S. 7212

方廣錩　對《六百號敦煌無名斷片的新標目》之補正　中華文史論叢（總50輯）　上海古籍出版社
　　1992　p. 60　又見：敦煌學佛教學論叢（下）　中國佛教文化研究所　1998　p. 300

S. 7215

王重民　記敦煌寫本的佛經　敦煌吐魯番文獻研究論集（第二輯）　北京大學出版社　1983　p. 20

S. 7218

錢伯泉　南山部族與阿薩蘭回鶻研究　1994年敦煌學國際研討會文集·宗教文史卷（下）　甘肅民
　　族出版社　2000　p. 42（原文錄爲 P. 7218）

S. 7220

李正宇　敦煌歷史地理導論　（臺北）新文豐出版公司　1997　p. 226

S. 7222

王三慶　敦煌寫卷中武后新字之調查研究　唐代研究論集(第三輯)　(臺北)新文豐出版公司
　　1992　p. 95

S. 7225

高國藩　敦煌古俗與民俗流變　河海大學出版社　1990　p. 415
陳澤奎　試論唐人寫經題記的原始著作權意義　《敦煌研究》1994年第3期　p. 121

S. 7234

蕭登福　從敦煌寫卷中看道教星斗崇拜對佛經之影響　第二屆敦煌學國際研討會論文集　(臺北)
　　漢學研究中心　1990　p. 336
方廣錩　對《六百號敦煌無名斷片的新標目》之補正　中華文史論叢(總50輯)　上海古籍出版社
　　1992　p. 61　又見:敦煌學佛教學論叢(下)　中國佛教文化研究所　1998　p. 301

S. 7235

江素雲　維摩詰所說經敦煌寫本綜合目錄　(臺北)東初出版社　1991　p. 81

S. 7236

方廣錩　對《六百號敦煌無名斷片的新標目》之補正　中華文史論叢(總50輯)　上海古籍出版社
　　1992　p. 61　又見:敦煌學佛教學論叢(下)　中國佛教文化研究所　1998　p. 301

S. 7240

張總　地藏信仰研究　宗教文化出版社　2003　p. 99

S. 7245

江素雲　維摩詰所說經敦煌寫本綜合目錄　(臺北)東初出版社　1991　p. 81

S. 7251

方廣錩　對《六百號敦煌無名斷片的新標目》之補正　中華文史論叢(總50輯)　上海古籍出版社
　　1992　p. 61　又見:敦煌學佛教學論叢(下)　中國佛教文化研究所　1998　p. 301

S. 7255

張總　地藏信仰研究　宗教文化出版社　2003　p. 99

S. 7256

蕭登福　從敦煌寫卷中看道教星斗崇拜對佛經之影響　第二屆敦煌學國際研討會論文集　(臺北)
　　漢學研究中心　1990　p. 336
方廣錩　對《六百號敦煌無名斷片的新標目》之補正　中華文史論叢(總50輯)　上海古籍出版社
　　1992　p. 61　又見:敦煌學佛教學論叢(下)　中國佛教文化研究所　1998　p. 301

S. 7260

饒宗頤　敦煌曲訂補　敦煌曲續論　(臺北)新文豐出版公司　1996　p. 50

S. 7261

饒宗頤　敦煌曲訂補　敦煌曲續論　（臺北）新文豐出版公司　1996　p. 50

S. 7264

江素雲　維摩詰所說經敦煌寫本綜合目錄　（臺北）東初出版社　1991　p. 81

S. 7265

江素雲　維摩詰所說經敦煌寫本綜合目錄　（臺北）東初出版社　1991　p. 81

S. 7269

方廣錩　法王經　敦煌學大辭典　上海辭書出版社　1998　p. 740

S. 7271

江素雲　維摩詰所說經敦煌寫本綜合目錄　（臺北）東初出版社　1991　p. 81

S. 7274

方廣錩　對《六百號敦煌無名斷片的新標目》之補正　中華文史論叢（總50輯）　上海古籍出版社
　　1992　p. 61　又見：敦煌學佛教學論叢（下）　中國佛教文化研究所　1998　p. 302

S. 7280

江素雲　維摩詰所說經敦煌寫本綜合目錄　（臺北）東初出版社　1991　p. 81

S. 7281

柳田聖山　禪籍解題（一）·敦煌禪籍　俗語言研究（第二期）　（京都）禪文化研究所　1995　p. 149

S. 7283

山本達郎等　補（IV）社·III 轉貼　『NUN－HUANG AND TURFAN DOCUMENTS CONCERNING SO-
　　CIAL AND ECONOMIC HISTORY』（Sup. p. lemrnts）　（東京）東洋文庫　2001　p. 71

S. 7286

江素雲　維摩詰所說經敦煌寫本綜合目錄　（臺北）東初出版社　1991　p. 81

S. 7292

榮新江　英國圖書館藏敦煌漢文非佛教文獻殘卷概述　敦煌文藪（下）　（臺北）新文豐出版公司
　　1999　p. 126

王卡　中國國家圖書館藏敦煌道教遺書研究報告　國際敦煌學學術史研討會論文集　研討會籌備組
　　2002　p. 278　又見：敦煌吐魯番研究（第七卷）　北京大學出版社　2004　p. 372

王卡　敦煌道教文獻研究　中國社會科學出版社　2004　p. 11、211

王卡　敦煌道教綜述　敦煌與絲路文化學術講座（第二輯）　北京圖書館出版社　2005　p. 380

S. 7294

王三慶　敦煌寫卷中武后新字之調查研究　唐代研究論集（第三輯）　（臺北）新文豐出版公司

1992　p. 95

S. 7297

方廣錩　對《六百號敦煌無名斷片的新標目》之補正　中華文史論叢（總50輯）　上海古籍出版社
　1992　p. 60

S. 7298

方廣錩　對《六百號敦煌無名斷片的新標目》之補正　中華文史論叢（總50輯）　上海古籍出版社
　1992　p. 61　又見：敦煌學佛教學論叢（下）　中國佛教文化研究所　1998　p. 302
蕭登福　道教與密宗　（臺北）新文豐出版公司　1993　p. 432
蕭登福　道教術儀與密教典籍　（臺北）新文豐出版公司　1994　p. 427
蕭登福　道教與佛教　（臺北）東大圖書公司　1995　p. 56

S. 7304

方廣錩　對《六百號敦煌無名斷片的新標目》之補正　中華文史論叢（總50輯）　上海古籍出版社
　1992　p. 62　又見：敦煌學佛教學論叢（下）　中國佛教文化研究所　1998　p. 303

S. 7311

方廣錩　對《六百號敦煌無名斷片的新標目》之補正　中華文史論叢（總50輯）　上海古籍出版社
　1992　p. 62　又見：敦煌學佛教學論叢（下）　中國佛教文化研究所　1998　p. 304

S. 7321

方廣錩　對《六百號敦煌無名斷片的新標目》之補正　中華文史論叢（總50輯）　上海古籍出版社
　1992　p. 63　又見：敦煌學佛教學論叢（下）　中國佛教文化研究所　1998　p. 304

S. 7323

蕭登福　從敦煌寫卷中看道教星斗崇拜對佛經之影響　第二屆敦煌學國際研討會論文集　（臺北）
　漢學研究中心　1990　p. 336
方廣錩　對《六百號敦煌無名斷片的新標目》之補正　中華文史論叢（總50輯）　上海古籍出版社
　1992　p. 63　又見：敦煌學佛教學論叢（下）　中國佛教文化研究所　1998　p. 305

S. 7326

方廣錩　對《六百號敦煌無名斷片的新標目》之補正　中華文史論叢（總50輯）　上海古籍出版社
　1992　p. 63　又見：敦煌學佛教學論叢（下）　中國佛教文化研究所　1998　p. 305

S. 7328

寧可　郝春文　敦煌社邑文書輯校　江蘇古籍出版社　1997　p. 472

S. 7330

饒宗頤　敦煌本文選斠證（二）　（香港）《新亞學報》1958年第2期　p. 328

S. 7344

蕭登福　從敦煌寫卷中看道教星斗崇拜對佛經之影響　第二屆敦煌學國際研討會論文集　（臺北）漢學研究中心　1990　p. 336

S. 7349

江素雲　維摩詰所說經敦煌寫本綜合目錄　（臺北）東初出版社　1991　p. 81

S. 7353

魏迎春　敦煌菩薩漫談　民族出版社　2004　p. 81（原文錄爲 P. 7353）

S. 7355

江素雲　維摩詰所說經敦煌寫本綜合目錄　（臺北）東初出版社　1991　p. 81

S. 7356

方廣錩　對《六百號敦煌無名斷片的新標目》之補正　中華文史論叢（總50輯）　上海古籍出版社　1992　p. 63　又見：敦煌學佛教學論叢（下）　中國佛教文化研究所　1998　p. 305

S. 7364

王三慶　敦煌寫卷中武后新字之調查研究　唐代研究論集（第三輯）　（臺北）新文豐出版公司　1992　p. 95

S. 7373

方廣錩　對《六百號敦煌無名斷片的新標目》之補正　中華文史論叢（總50輯）　上海古籍出版社　1992　p. 63　又見：敦煌學佛教學論叢（下）　中國佛教文化研究所　1998　p. 305

S. 7375

方廣錩　對《六百號敦煌無名斷片的新標目》之補正　中華文史論叢（總50輯）　上海古籍出版社　1992　p. 63　又見：敦煌學佛教學論叢（下）　中國佛教文化研究所　1998　p. 306

S. 7377

景盛軒　試論敦煌佛經異文研究的價值和意義　《敦煌研究》2004年第5期　p. 88

S. 7378

王三慶　敦煌寫卷中武后新字之調查研究　唐代研究論集（第三輯）　（臺北）新文豐出版公司　1992　p. 95

S. 7383

方廣錩　對《六百號敦煌無名斷片的新標目》之補正　中華文史論叢（總50輯）　上海古籍出版社　1992　p. 64　又見：敦煌學佛教學論叢（下）　中國佛教文化研究所　1998　p. 307

S. 7384

榮新江　沙州歸義軍歷任節度使稱號研究　敦煌吐魯番學研究論文集　漢語大詞典出版社　1990

p. 783

榮新江　沙州張淮深與唐中央朝廷之關係　《敦煌學輯刊》1990 年第 2 期　p. 10

榮新江　歸義軍史研究　上海古籍出版社　1996　p. 85

鄭炳林　敦煌碑銘讚輯釋　甘肅教育出版社　1997　p. 309 注 10

榮新江　英國圖書館藏敦煌漢文非佛教文獻殘卷概述　敦煌文藪（下）　（臺北）新文豐出版公司
　　1999　p. 129

李軍　晚唐五代肅州相關史實考述　《敦煌學輯刊》2005 年第 3 期　p. 94

S. 7385

江素雲　維摩詰所說經敦煌寫本綜合目錄　（臺北）東初出版社　1991　p. 81

S. 7388

江素雲　維摩詰所說經敦煌寫本綜合目錄　（臺北）東初出版社　1991　p. 81

S. 7391

方廣錩　對《六百號敦煌無名斷片的新標目》之補正　中華文史論叢（總 50 輯）　上海古籍出版社
　　1992　p. 64　又見：敦煌學佛教學論叢（下）　中國佛教文化研究所　1998　p. 307

S. 7398

蕭登福　從敦煌寫卷中看道教星斗崇拜對佛經之影響　第二屆敦煌學國際研討會論文集　（臺北）
　　漢學研究中心　1990　p. 336

S. 7401

饒宗頤　曲子定西蕃　敦煌曲續論　（臺北）新文豐出版公司　1996　p. 3

S. 7407

方廣錩　對《六百號敦煌無名斷片的新標目》之補正　中華文史論叢（總 50 輯）　上海古籍出版社
　　1992　p. 65

S. 7410

江素雲　維摩詰所說經敦煌寫本綜合目錄　（臺北）東初出版社　1991　p. 81

S. 7413

方廣錩　對《六百號敦煌無名斷片的新標目》之補正　中華文史論叢（總 50 輯）　上海古籍出版社
　　1992　p. 64　又見：敦煌學佛教學論叢（下）　中國佛教文化研究所　1998　p. 307

S. 7418

榮新江　吐魯番出土《武周康居士寫經功德記碑》校考　民大史學（1）　中央民族大學出版社　1996
　　p. 13

方廣錩　寶雨經　敦煌學大辭典　上海辭書出版社　1998　p. 669

王惠民　武則天時期的密教造像　藝術史研究（1）　中山大學出版社　1999　p. 260

榮新江　中古中國與外來文明　三聯書店　2001　p. 213

S. 7440

王重民原編　黄永武新編　敦煌古籍叙録新編(第十冊)　(臺北)新文豐出版公司　1986　p. 356

S. 7444

方廣錩　對《六百號敦煌無名斷片的新標目》之補正　中華文史論叢(總50輯)　上海古籍出版社
　　1992　p. 65　又見:敦煌學佛教學論叢(下)　中國佛教文化研究所　1998　p. 308

方廣錩　從經録著録看《淨度三昧經》的真偽　周紹良先生欣開九秩慶壽文集　中華書局　1997
　　p. 215

方廣錩　淨度三昧經　敦煌學大辭典　上海辭書出版社　1998　p. 734

大内文雄　齊藤隆信　淨度三昧經　藏外佛教文獻(第七輯)　宗教文化出版社　2000　p. 230

S. 7446

方廣錩　對《六百號敦煌無名斷片的新標目》之補正　中華文史論叢(總50輯)　上海古籍出版社
　　1992　p. 65

S. 7450

方廣錩　對《六百號敦煌無名斷片的新標目》之補正　中華文史論叢(總50輯)　上海古籍出版社
　　1992　p. 65　又見:敦煌學佛教學論叢(下)　中國佛教文化研究所　1998　p. 308

西本照真　敦煌抄本中的三階教文獻　中日敦煌佛教學術會議論文集　中國社會科學院研究所
　　2002　p. 178

西本照真　三階教文獻綜述　藏外佛教文獻(第九輯)　宗教文化出版社　2003　p. 368

S. 7451

景盛軒　敦煌寫本《大般涅槃經》著録商補　浙江與敦煌學:常書鴻先生誕辰一百周年紀念文集　浙
　　江古籍出版社　2004　p. 353

S. 7452

方廣錩　對《六百號敦煌無名斷片的新標目》之補正　中華文史論叢(總50輯)　上海古籍出版社
　　1992　p. 66　又見:敦煌學佛教學論叢(下)　中國佛教文化研究所　1998　p. 310

蕭登福　道教星斗符印與佛教密宗　(臺北)新文豐出版公司　1993　p. 235

蕭登福　敦煌寫卷《佛說淨度三昧經》中所見的道教思想　全國敦煌學研討會論文集　(臺北)中正
　　大學中國文學系所　1995　p. 184

蕭登福　道佛十王地獄說　(臺北)新文豐出版公司　1996　p. 57

方廣錩　從經録著録看《淨度三昧經》的真偽　周紹良先生欣開九秩慶壽文集　中華書局　1997
　　p. 215

方廣錩　淨度三昧經　敦煌學大辭典　上海辭書出版社　1998　p. 734

大内文雄　齊藤隆信　淨度三昧經　藏外佛教文獻(第七輯)　宗教文化出版社　2000　p. 230

S. 7454

伊藤美重子　敦煌本『大智度論』の整理　中國佛教石經の研究　京都大學學術出版會　1996
　　p. 377

S. 7457

方廣錩　對《六百號敦煌無名斷片的新標目》之補正　中華文史論叢（總50輯）　上海古籍出版社
　　1992　p. 66　又見：敦煌學佛教學論叢（下）　中國佛教文化研究所　1998　p. 311

S. 7469

江素雲　維摩詰所說經敦煌寫本綜合目錄　（臺北)東初出版社　1991　p. 81

S. 7470

方廣錩　對《六百號敦煌無名斷片的新標目》之補正　中華文史論叢（總50輯）　上海古籍出版社
　　1992　p. 67　又見：敦煌學佛教學論叢（下）　中國佛教文化研究所　1998　p. 311

S. 7472

方廣錩　對《六百號敦煌無名斷片的新標目》之補正　中華文史論叢（總50輯）　上海古籍出版社
　　1992　p. 67　又見：敦煌學佛教學論叢（下）　中國佛教文化研究所　1998　p. 312

S. 7473

方廣錩　對《六百號敦煌無名斷片的新標目》之補正　中華文史論叢（總50輯）　上海古籍出版社
　　1992　p. 67　又見：敦煌學佛教學論叢（下）　中國佛教文化研究所　1998　p. 312

S. 7474

方廣錩　對《六百號敦煌無名斷片的新標目》之補正　中華文史論叢（總50輯）　上海古籍出版社
　　1992　p. 68　又見：敦煌學佛教學論叢（下）　中國佛教文化研究所　1998　p. 313

S. 7475

方廣錩　對《六百號敦煌無名斷片的新標目》之補正　中華文史論叢（總50輯）　上海古籍出版社
　　1992　p. 68　又見：敦煌學佛教學論叢（下）　中國佛教文化研究所　1998　p. 314

S. 7476

方廣錩　對《六百號敦煌無名斷片的新標目》之補正　中華文史論叢（總50輯）　上海古籍出版社
　　1992　p. 68　又見：敦煌學佛教學論叢（下）　中國佛教文化研究所　1998　p. 314

S. 7482

方廣錩　觀佛三昧海經　敦煌學大辭典　上海辭書出版社　1998　p. 663

S. 7488

方廣錩　對《六百號敦煌無名斷片的新標目》之補正　中華文史論叢（總50輯）　上海古籍出版社
　　1992　p. 68　又見：敦煌學佛教學論叢（下）　中國佛教文化研究所　1998　p. 314

S. 7493

方廣錩　對《六百號敦煌無名斷片的新標目》之補正　中華文史論叢（總50輯）　上海古籍出版社
　　1992　p. 69　又見：敦煌學佛教學論叢（下）　中國佛教文化研究所　1998　p. 314

S. 7496

方廣錩　對《六百號敦煌無名斷片的新標目》之補正　中華文史論叢（總50輯）　上海古籍出版社
　　1992　p. 69　又見：敦煌學佛教學論叢（下）　中國佛教文化研究所　1998　p. 315

S. 7515

方廣錩　對《六百號敦煌無名斷片的新標目》之補正　中華文史論叢（總50輯）　上海古籍出版社
　　1992　p. 69　又見：敦煌學佛教學論叢（下）　中國佛教文化研究所　1998　p. 315

S. 7524

方廣錩　對《六百號敦煌無名斷片的新標目》之補正　中華文史論叢（總50輯）　上海古籍出版社
　　1992　p. 69　又見：敦煌學佛教學論叢（下）　中國佛教文化研究所　1998　p. 316

S. 7544

江素雲　維摩詰所說經敦煌寫本綜合目錄　（臺北）東初出版社　1991　p. 81

S. 7561

蕭登福　從敦煌寫卷中看道教星斗崇拜對佛經之影響　第二屆敦煌學國際研討會論文集　（臺北）
　　漢學研究中心　1990　p. 336

S. 7562

蕭登福　從敦煌寫卷中看道教星斗崇拜對佛經之影響　第二屆敦煌學國際研討會論文集　（臺北）
　　漢學研究中心　1990　p. 336
方廣錩　對《六百號敦煌無名斷片的新標目》之補正　中華文史論叢（總50輯）　上海古籍出版社
　　1992　p. 70　又見：敦煌學佛教學論叢（下）　中國佛教文化研究所　1998　p. 316

S. 7567

方廣錩　對黄編《六百號敦煌無名斷片的新標目》之補正　敦煌學佛教學論叢（下）　中國佛教文化
　　研究所　1998　p. 316

S. 7568

方廣錩　對《六百號敦煌無名斷片的新標目》之補正　中華文史論叢（總50輯）　上海古籍出版社
　　1992　p. 70　又見：敦煌學佛教學論叢（下）　中國佛教文化研究所　1998　p. 317

S. 7569

方廣錩　對《六百號敦煌無名斷片的新標目》之補正　中華文史論叢（總50輯）　上海古籍出版社
　　1992　p. 70　又見：敦煌學佛教學論叢（下）　中國佛教文化研究所　1998　p. 317

S. 7570

方廣錩　對《六百號敦煌無名斷片的新標目》之補正　中華文史論叢（總50輯）　上海古籍出版社
　　1992　p. 70　又見：敦煌學佛教學論叢（下）　中國佛教文化研究所　1998　p. 317
景盛軒　敦煌寫本《大般涅槃經》著錄商補　浙江與敦煌學：常書鴻先生誕辰一百周年紀念文集　浙
　　江古籍出版社　2004　p. 353

李天石　中國中古良賤身份制度研究　南京師範大學出版社　2004　p. 258（原文録爲 P. 7570）

S. 7571

方廣錩　對《六百號敦煌無名斷片的新標目》之補正　中華文史論叢（總 50 輯）　上海古籍出版社
　　1992　p. 71　又見:敦煌學佛教學論叢（下）　中國佛教文化研究所　1998　p. 318

S. 7575

蕭登福　從敦煌寫卷中看道教星斗崇拜對佛經之影響　第二屆敦煌學國際研討會論文集　（臺北）
　　漢學研究中心　1990　p. 336

方廣錩　對《六百號敦煌無名斷片的新標目》之補正　中華文史論叢（總 50 輯）　上海古籍出版社
　　1992　p. 71　又見:敦煌學佛教學論叢（下）　中國佛教文化研究所　1998　p. 318

S. 7577

方廣錩　對《六百號敦煌無名斷片的新標目》之補正　中華文史論叢（總 50 輯）　上海古籍出版社
　　1992　p. 71　又見:敦煌學佛教學論叢（下）　中國佛教文化研究所　1998　p. 318

S. 7586

伊藤美重子　敦煌本『大智度論』の整理　中國佛教石經の研究　京都大學學術出版會　1996
　　p. 385

S. 7589

唐耕耦　陸宏基　敦煌社會經濟文獻真迹釋録（二）　全國圖書館文獻縮微複製中心　1990　p. 249

郝春文　評榮新江《英國圖書館藏敦煌漢文非佛教文獻殘卷目録（S. 6981 – 13624）》　敦煌吐魯番研
　　究（第一卷）　北京大學出版社　1996　p. 363

郝春文　英藏敦煌文獻年代叢考　英國收藏敦煌漢藏文獻研究:紀念敦煌文獻發現一百周年　中國
　　社會科學出版社　2000　p. 375

羅彤華　從便物曆論敦煌寺院的放貸　敦煌文獻論集:紀念藏經洞發現一百周年國際學術研討會論
　　文集　遼寧人民出版社　2001　p. 471

S. 7598

蕭登福　敦煌所見十九種《閻羅受記經(佛說十王經)》之校勘　敦煌俗文學論叢　（臺北）商務印書
　　館　1988　p. 252

蕭登福　敦煌寫卷《佛說十王經》之探討　敦煌俗文學論叢　（臺北）商務印書館　1988　p. 175

蕭登福　道佛十王地獄說　（臺北）新文豐出版公司　1996　p. 242

張總　《閻羅王授記經》綴補研考　敦煌吐魯番研究（第五卷）　北京大學出版社　2001　p. 90

張總　疑僞經典與佛教藝術探例　2000 年敦煌學國際學術討論會文集・石窟藝術卷　甘肅民族出
　　版社　2003　p. 247

黨燕妮　晚唐五代敦煌的十王信仰　麥積山石窟藝術文化論文集（下）　蘭州大學出版社　2004
　　p. 153

S. 7600

許建平　敦煌出土《尚書》寫卷研究的過去與未來　敦煌吐魯番研究（第七卷）　北京大學出版社

2004　　p. 231

S. 7650

冷鵬飛　唐末沙州歸義軍時期有關百姓受田和賦稅的幾個問題　《敦煌學輯刊》1984 年第 1 期
　　　p. 37

宋家鈺　地子　敦煌學大辭典　上海辭書出版社　1998　p. 412

宋家鈺　地子曆　敦煌學大辭典　上海辭書出版社　1998　p. 412

陳國燦　敦煌學史事新證　甘肅教育出版社　2002　p. 25

S. 7679

菊池英夫　中國古文書·古寫本學と日本　東アジア古文書の史的研究　（東京）刀水書房　1990
　　　p. 187

S. 7691

冉雲華　敦煌遺書與中國禪宗歷史研究　"中國唐代學會"會刊（第四期）　（臺北）"中國唐代學會"
　　　1993　p. 56

S. 7730

石井昌子　靈寶經類　敦煌と中國道教（講座敦煌4）　（東京）大東出版社　1983　p. 150

陳祚龍　看了敦煌古抄《佛說盂蘭盆經讚述》以後　敦煌學散策新集　（臺北）新文豐出版公司
　　　1989　p. 349

王卡　太上靈寶長夜九幽府玉匱明真科　敦煌學大辭典　上海辭書出版社　1998　p. 768

榮新江　英國圖書館藏敦煌漢文非佛教文獻殘卷概述　敦煌文藪（下）　（臺北）新文豐出版公司
　　　1999　p. 126

王卡　敦煌道教文獻研究　中國社會科學出版社　2004　p. 96

S. 7740

王藍明　晉唐時期吐魯番的植棉和棉紡織業　《敦煌研究》2005 年第 1 期　p. 40

S. 7753

鄭汝中　行草書法與敦煌寫卷　《敦煌研究》2000 年第 4 期　p. 77

S. 7781

劉銘恕　敦煌遺書叢識　1983 年全國敦煌學術討論會文集·文史遺書編（上）　甘肅人民出版社
　　　1987　p. 429

S. 7782

陶敏　李一飛　隋唐五代文學史料學　中華書局　2001　p. 350

S. 7821

方廣錩　般若波羅蜜多心經疏　敦煌學大辭典　上海辭書出版社　1998　p. 687

S. 7830

索仁森著　李吉和譯　敦煌漢文禪籍特徵概觀　《敦煌研究》1994 年第 1 期　p. 117

S. 7867

石井昌子　靈寶經類　敦煌と中國道教(講座敦煌 4)　(東京)大東出版社　1983　p. 159

S. 7876

榮新江　英國圖書館藏敦煌漢文非佛教文獻殘卷概述　敦煌文藪(下)　(臺北)新文豐出版公司
　　1999　p. 126

山田俊　唐初道教思想史研究·資料篇　(京都)平樂寺書店　1999　p. 15、161

王卡　敦煌道教文獻研究　中國社會科學出版社　2004　p. 195

王卡　中國國家圖書館藏敦煌道教遺書研究報告　敦煌吐魯番研究(第七卷)　北京大學出版社
　　2004　p. 367

S. 7882

郝春文　出唱　敦煌學大辭典　上海辭書出版社　1998　p. 646

郝春文　唐後期五代宋初敦煌僧尼的社會生活　中國社會科學出版社　1998　p. 271

郝春文　關於唐後期五代宋初沙州僧團的"出唱"活動　首都師範大學史學研究(1)　首都師範大學
　　出版社　1999　p. 109

謝桃坊　敦煌文化尋繹　四川人民出版社　1999　p. 152(原文錄爲 P. 7882)

S. 7902

王卡　敦煌道教文獻研究　中國社會科學出版社　2004　p. 224

S. 7907

榮新江　鄧文寬　有關敦博本禪籍的幾個問題　《敦煌學輯刊》1994 年第 2 期　p. 8

柳田聖山　禪籍解題(一)·敦煌禪籍　俗語言研究(第二期)　(京都)禪文化研究所　1995　p. 146

周紹良　敦煌本《六祖壇經》是慧能的原本:《敦博本禪籍校錄》序　敦煌吐魯番研究(第一卷)　北
　　京大學出版社　1996　p. 301

鄧文寬　榮新江　敦博本禪籍錄校　江蘇古籍出版社　1998　p. 11、3

S. 7931

寧可　郝春文　敦煌社邑文書輯校　江蘇古籍出版社　1997　p. 121

孟憲實　敦煌社邑的分佈　敦煌文獻論集:紀念藏經洞發現一百周年國際學術研討會論文集　遼寧
　　人民出版社　2001　p. 430

山本達郎等　補(IV)社·III 轉貼　『NUN – HUANG AND TURFAN DOCUMENTS CONCERNING SO-
　　CIAL AND ECONOMIC HISTORY』(Sup. p. lemrnts)　(東京)東洋文庫　2001　p. 76

S. 7932

郝春文　評榮新江《英國圖書館藏敦煌漢文非佛教文獻殘卷目録(S. 6981 – 13624)》　敦煌吐魯番研
　　究(第一卷)　北京大學出版社　1996　p. 363

郝春文　英藏敦煌文獻年代叢考　英國收藏敦煌漢藏文獻研究:紀念敦煌文獻發現一百周年　中國

社會科學出版社　2000　p. 376

S. 7939

郝春文　唐後期五代宋初敦煌僧尼的社會生活　中國社會科學出版社　1998　p. 125

郝春文　唐後期五代宋初敦煌寺院常住什物的數量及與僧人的關係　《敦煌研究》1998 年第 2 期
　　p. 117

湛如　敦煌佛教律儀制度研究　中華書局　2003　p. 57

S. 7940

郝春文　唐後期五代宋初敦煌僧尼的社會生活　中國社會科學出版社　1998　p. 125

郝春文　唐後期五代宋初敦煌寺院常住什物的數量及與僧人的關係　《敦煌研究》1998 年第 2 期
　　p. 117

S. 7941

郝春文　唐後期五代宋初敦煌僧尼的社會生活　中國社會科學出版社　1998　p. 125

郝春文　唐後期五代宋初敦煌寺院常住什物的數量及與僧人的關係　《敦煌研究》1998 年第 2 期
　　p. 117

S. 7956

王卡　太上靈寶長夜九幽府玉匱明真科　敦煌學大辭典　上海辭書出版社　1998　p. 768

榮新江　英國圖書館藏敦煌漢文非佛教文獻殘卷概述　敦煌文藪(下)　(臺北)新文豐出版公司
　　1999　p. 126

王卡　敦煌殘抄本《太上濟衆經》考釋　唐研究(第六卷)　北京大學出版社　2000　p. 63

王卡　中國國家圖書館藏敦煌道教遺書研究報告　國際敦煌學學術史研討會論文集　研討會籌備組
　　2002　p. 279　又見:敦煌吐魯番研究(第七卷)　北京大學出版社　2004　p. 373

S. 7961

柳田聖山　敦煌の禪籍と矢吹慶輝　敦煌仏典と禪(講座敦煌 8)　(東京)大東出版社　1980　p. 9

篠原壽雄　北宗禪と南宗禪　敦煌仏典と禪(講座敦煌 8)　(東京)大東出版社　1980　p. 171

吳其昱著　伊藤美重子譯　敦煌漢文寫本概観　敦煌漢文文獻(講座敦煌 5)　(東京)大東出版社
　　1992　p. 57

田中良昭　敦煌の禪籍　禪學研究入門　(東京)大東出版社　1994　p. 60

柳田聖山　禪籍解題(一)・敦煌禪籍　俗語言研究(第二期)　(京都)禪文化研究所　1995　p. 138

方廣錩　大乘無生方便門　敦煌學大辭典　上海辭書出版社　1998　p. 725

S. 7963

池田溫　敦煌の便穀曆　日野開三郎博士頌壽記念論集・中國社會・制度・文化史の諸問題　(福
　　岡)中國書店　1987　p. 377

唐耕耦　陸宏基　敦煌社會經濟文獻真迹釋録(二)　全國圖書館文獻縮微複製中心　1990　p. 250

郝春文　唐後期五代宋初敦煌僧尼的社會生活　中國社會科學出版社　1998　p. 326

童丕　10 世紀敦煌的借貸人　法國漢學(第 3 輯)　中華書局　1998　p. 73

羅彤華　從便物曆論敦煌寺院的放貸　敦煌文獻論集:紀念藏經洞發現一百周年國際學術研討會論

文集　遼寧人民出版社　2001　p. 471

S. 7964

王卡　敦煌道教文獻研究　中國社會科學出版社　2004　p. 195

王卡　中國國家圖書館藏敦煌道教遺書研究報告　敦煌吐魯番研究(第七卷)　北京大學出版社　2004　p. 367

S. 7986

王卡　敦煌殘抄本《太上濟眾經》考釋　唐研究(第六卷)　北京大學出版社　2000　p. 58

S. 8055

王卡　敦煌道教文獻研究　中國社會科學出版社　2004　p. 196

王卡　中國國家圖書館藏敦煌道教遺書研究報告　敦煌吐魯番研究(第七卷)　北京大學出版社　2004　p. 367

S. 8071

方廣錩　敦煌佛教經錄輯校　江蘇古籍出版社　1997　p. 807

S. 8076

王卡　太上洞淵神咒經　敦煌學大辭典　上海辭書出版社　1998　p. 762

榮新江　英國圖書館藏敦煌漢文非佛教文獻殘卷概述　敦煌文藪(下)　(臺北)新文豐出版公司　1999　p. 126

王卡　敦煌本洞玄靈寶九天生神章經疏考釋　《敦煌學輯刊》2002年第2期　p. 74

王卡　敦煌道教文獻研究　中國社會科學出版社　2004　p. 11、145

王卡　中國國家圖書館藏敦煌道教遺書研究報告　敦煌吐魯番研究(第七卷)　北京大學出版社　2004　p. 359

王卡　敦煌道教綜述　敦煌與絲路文化學術講座(第二輯)　北京圖書館出版社　2005　p. 380

S. 8087

王三慶　敦煌書儀載錄之節日活動與民俗　全國敦煌學研討會論文集　(臺北)中正大學中國文學系所　1995　p. 27 注 57

S. 8093

王三慶　敦煌書儀載錄之節日活動與民俗　全國敦煌學研討會論文集　(臺北)中正大學中國文學系所　1995　p. 27 注 57

S. 8101

陳祚龍　唐代西京刻印圖籍之一斑　敦煌資料考屑(下冊)　(臺北)商務印書館　1979　p. 256

翁同文　世界史上最早的中晚唐間長安出版商　唐代研究論集(第四輯)　(臺北)新文豐出版公司　1992　p. 69

白化文　西川過家真印本　敦煌學大辭典　上海辭書出版社　1998　p. 590

S. 8102

陳祚龍　釋雲辯及其詩文　中華佛教文化史散策(初集)　(臺北)新文豐出版公司　1978　p. 98

S. 8124

林聰明　敦煌文書學　(臺北)新文豐出版公司　1991　p. 389

S. 8146

林聰明　敦煌文書學　(臺北)新文豐出版公司　1991　p. 401

S. 8150

蔡濟生　弘揚民族文化　促進國際合作:《英藏敦煌文獻》簡介　敦煌學國際學術討論會論文縮寫文
　　(1990)　敦煌研究院　1990　p. 50

王冀青　英國圖書館藏《備急單驗藥方卷》(S. 9987)的整理復原　《敦煌研究》1991 年第 4 期
　　p. 103

S. 8152

李小榮　敦煌密教文獻論稿　人民文學出版社　2003　p. 173

S. 8160

郝春文　敦煌寫本社邑文書年代彙考(一)　《首都師範大學學報》1993 年第 4 期　p. 33

郝春文　中古時期儒佛文化對民間結社的影響及其變化　唐文化研究論文集　上海人民出版社
　　1994　p. 210

寧可　郝春文　敦煌寫本社邑文書述略　《首都師範大學學報》1994 年第 4 期　p. 12

寧可　郝春文　敦煌社邑的喪葬互助　《首都師範大學學報》1995 年第 6 期　p. 36

石田勇作　敦煌「社文書」研究序說　中國古代の國家と民眾(堀敏一先生古稀記念)　(東京)汲古
　　書院　1995　p. 685

土肥義和　唐・北宋間の「社」の組織形態に関する一考察　中國古代の國家と民眾(堀敏一先生古
　　稀記念)　(東京)汲古書院　1995　p. 711

寧可　郝春文　敦煌社邑文書輯校　江蘇古籍出版社　1997　p. 12

土肥義和　唐・北宋の間:敦煌の杜家親情社追補社條(S. 8160rv)について　唐代史研究(創刊號)
　　(東京)唐代史研究會　1998　p. 1

榮新江　英國圖書館藏敦煌漢文非佛教文獻殘卷概述　敦煌文藪(下)　(臺北)新文豐出版公司
　　1999　p. 130

郝春文　英藏敦煌文獻年代叢考　英國收藏敦煌漢藏文獻研究:紀念敦煌文獻發現一百周年　中國
　　社會科學出版社　2000　p. 376

山本達郎等　補(IV)社・社條　『NUN – HUANG AND TURFAN DOCUMENTS CONCERNING SO-
　　CIAL AND ECONOMIC HISTORY』(Sup. p. lemrnts)　(東京)東洋文庫　2001　p. 67

郝春文　《唐末五代宋初敦煌社邑的幾個問題》商榷　國際敦煌學學術史研討會論文集　研討會籌
　　備組　2002　p. 195

郝春文　唐後期五代宋初敦煌私社的教育與教化功能　敦煌吐魯番研究(第九卷)　北京大學出版
　　社　2006　p. 305、313

郝春文　再論敦煌私社的"春秋坐局席"活動　《敦煌學輯刊》2006 年第 1 期　p. 5 注 14

金瀅坤　敦煌社會經濟文書定年拾遺　《首都師範大學學報》2006 年第 1 期　p. 14
孟憲實　論唐宋時期敦煌民間結社的社條　敦煌吐魯番研究（第九卷）　北京大學出版社　2006
　　　p. 317 、331

S. 8167
曾良　敦煌文獻字義通釋　廈門大學出版社　2001　p. 171
李小榮　敦煌變文作品校錄二種　《敦煌學輯刊》2002 年第 2 期　p. 30

S. 8168
曾良　敦煌文獻字義通釋　廈門大學出版社　2001　p. 66

S. 8178
郝春文　中古時期儒佛文化對民間結社的影響及其變化　唐文化研究論文集　上海人民出版社
　　　1994　p. 208
寧可　郝春文　敦煌社邑文書輯校　江蘇古籍出版社　1997　p. 587
葉貴良　敦煌社邑文書詞語選釋　《敦煌研究》2004 年第 5 期　p. 79

S. 8180
郝春文　評榮新江《英國圖書館藏敦煌漢文非佛教文獻殘卷目錄（S. 6981 – 13624）》　敦煌吐魯番研
　　　究（第一卷）　北京大學出版社　1996　p. 366

S. 8197
郝春文　唐後期五代宋初敦煌僧尼的社會生活　中國社會科學出版社　1998　p. 111
郝春文　唐後期五代宋初敦煌僧人的稅役負擔　《敦煌學輯刊》1998 年第 2 期　p. 7

S. 8212
高國藩　古敦煌民間葬俗　學林漫錄（十集）　中華書局　1985　p. 77
麥克唐納著　耿昇譯　王堯校訂　敦煌吐蕃歷史文書考釋　青海人民出版社　1991　p. 259
高國藩　敦煌民俗資料導論　（臺北）新文豐出版公司　1993　p. 89
王堯　西藏文史考信集　中國藏學出版社　1994　p. 227
王堯　從敦煌文獻看吐蕃文化　南京棲霞山石窟藝術與敦煌學　中國美術學院出版社　2002
　　　p. 215
王堯　西望陽關有故人：敦煌藏文寫卷述要　中國學術（第四輯）　商務印書館　2002　p. 14

S. 8237
劉敬林　敦煌文牒詞語校釋　《敦煌學輯刊》2003 年第 1 期　p. 116

S. 8240
池田溫　中國古代寫本識語集錄　（東京）大藏出版株式會社　1990　p. 557

S. 8252
徐俊　敦煌詩集殘卷輯考　中華書局　2000　p. 38

S. 8262

鄭炳林　唐五代敦煌的粟特人與佛教　敦煌歸義軍史專題研究　蘭州大學出版社　1997　p. 445

郝春文　出唱　敦煌學大辭典　上海辭書出版社　1998　p. 646

郝春文　唐後期五代宋初敦煌僧尼的社會生活　中國社會科學出版社　1998　p. 276、362

郝春文　關於唐後期五代宋初沙州僧團的"出唱"活動　首都師範大學史學研究(1)　首都師範大學
　　出版社　1999　p. 113

郝春文　英藏敦煌文獻年代叢考　英國收藏敦煌漢藏文獻研究:紀念敦煌文獻發現一百周年　中國
　　社會科學出版社　2000　p. 376

楊森　《辛巳年六月十六日社人于燈司倉貸粟曆》文書之定年　《敦煌學輯刊》2001 年第 2 期　p. 18

S. 8266

石井昌子　靈寶經類　敦煌と中國道教(講座敦煌 4)　(東京)大東出版社　1983　p. 160

榮新江　英國圖書館藏敦煌漢文非佛教文獻殘卷概述　敦煌文藪(下)　(臺北)新文豐出版公司
　　1999　p. 126

山田俊　唐初道教思想史研究・資料篇　(京都)平樂寺書店　1999　p. 163

王卡　敦煌道教文獻研究　中國社會科學出版社　2004　p. 201

王卡　中國國家圖書館藏敦煌道教遺書研究報告　敦煌吐魯番研究(第七卷)　北京大學出版社
　　2004　p. 369

S. 8289

馬繼興　敦煌醫藥文獻　敦煌學大辭典　上海辭書出版社　1998　p. 615

馬繼興　敦煌醫藥文獻輯校　江蘇古籍出版社　1998　p. 48、458

王淑民　不知名醫方第十九種　敦煌學大辭典　上海辭書出版社　1998　p. 619

王淑民　脈經　敦煌學大辭典　上海辭書出版社　1998　p. 617

王淑民　平脈略例　敦煌學大辭典　上海辭書出版社　1998　p. 616

榮新江　英國圖書館藏敦煌漢文非佛教文獻殘卷概述　敦煌文藪(下)　(臺北)新文豐出版公司
　　1999　p. 127

王淑民　敦煌石窟秘藏醫方　北京醫科大學中國協和醫科大學聯合出版社　1999　p. 4

榮新江　《英藏敦煌文獻》定名商補　文史(第五十二輯)　中華書局　2000　p. 124　又見:敦煌學
　　新論　甘肅教育出版社　2002　p. 200

榮新江　《英國圖書館藏敦煌漢文非佛教文獻殘卷目錄》補正　英國收藏敦煌漢藏文獻研究:紀念敦
　　煌文獻發現一百周年　中國社會科學出版社　2000　p. 380

王淑民　四個英藏敦煌脈書殘卷的綴輯研究　《敦煌研究》2001 年第 4 期　p. 129

馬繼興　當前世界各地收藏的中國出土卷子本古醫藥文獻備考　敦煌吐魯番研究(第六卷)　北京
　　大學出版社　2002　p. 139

趙平安　談談敦煌醫學寫本的釋字問題　敦煌吐魯番研究(第六卷)　北京大學出版社　2002
　　p. 197

王卡　敦煌道教文獻研究　中國社會科學出版社　2004　p. 178

陳懷宇　道宣與孫思邈醫學交流之一證蠡測　敦煌吐魯番研究(第九卷)　北京大學出版社　2006
　　p. 405

S. 8290

郝春文　評榮新江《英國圖書館藏敦煌漢文非佛教文獻殘卷目録(S. 6981－13624)》　敦煌吐魯番研
　　究(第一卷)　北京大學出版社　1996　p. 366

S. 8318

馬德　10 世紀敦煌寺曆所記三窟活動　《敦煌研究》1998 年第 2 期　p. 82

S. 8319

郝春文　評榮新江《英國圖書館藏敦煌漢文非佛教文獻殘卷目録(S. 6981－13624)》　敦煌吐魯番研
　　究(第一卷)　北京大學出版社　1996　p. 366

S. 8324

榮新江　《英國圖書館藏敦煌漢文非佛教文獻殘卷目録》補正　英國收藏敦煌漢藏文獻研究:紀念敦
　　煌文獻發現一百周年　中國社會科學出版社　2000　p. 380

S. 8334

榮新江　《英國圖書館藏敦煌漢文非佛教文獻殘卷目録》補正　英國收藏敦煌漢藏文獻研究:紀念敦
　　煌文獻發現一百周年　中國社會科學出版社　2000　p. 380

S. 8336

白化文　新集文詞九經抄　敦煌學大辭典　上海辭書出版社　1998　p. 781
榮新江　英國圖書館藏敦煌漢文非佛教文獻殘卷概述　敦煌文藪(下)　(臺北)新文豐出版公司
　　1999　p. 127
曾良　俗字與古籍整理舉隅　《中國典籍與文化》2003 年第 2 期　p. 64

S. 8350

沙知　敦煌契約文書輯校　江蘇古籍出版社　1998　p. 172
黃正建　敦煌祿命類文書述略　中國社會科學院歷史研究所學刊(第一集)　社會科學文獻出版社
　　2001　p. 258
黃正建　敦煌占卜文書與唐五代占卜研究　學苑出版社　2001　p. 130、173
山本達郎等　補(III)契・敦煌發現契　『NUN－HUANG AND TURFAN DOCUMENTS CONCERNING
　　SOCIAL AND ECONOMIC HISTORY』(Sup. p. lemrnts)　(東京)東洋文庫　2001　p. 53
余欣　禁忌、儀式與法術　唐代宗教信仰與社會　上海辭書出版社　2003　p. 301
金身佳　敦煌寫本宅經中的陰陽宅修造吉日　《敦煌研究》2006 年第 2 期　p. 69

S. 8353

榮新江　英國圖書館藏敦煌漢文非佛教文獻殘卷概述　敦煌文藪(下)　(臺北)新文豐出版公司
　　1999　p. 130

S. 8362

黃正建　敦煌占卜文書與唐五代占卜研究　學苑出版社　2001　p. 103

S. 8366

寧可　敦煌遺書散録二則　敦煌吐魯番研究(第一卷)　北京大學出版社　1996　p. 315

S. 8378

土肥義和　唐代敦煌均田制の田土給授文書について　東アジア古文書の史的研究　(東京)刀水書房　1990　p. 288

S. 8387

池田溫　唐代敦煌均田制の一考察　『東洋學報』(66卷1-4號　創立60年記念特輯號)　(東京)東洋學術協會　1985　p. 1

池田溫　唐代敦煌均田制考察之一　《敦煌學輯刊》1986年第2期　p. 159　又見:唐研究論文選集　中國社會科學出版社　1999　p. 312

池田溫著　胡小鵬譯　唐代敦煌均田制小考　《敦煌學研究》(西北師院學報)1986年增刊　p. 50

榮新江　歐洲所藏西域出土文獻聞見録　《敦煌學輯刊》1986年第1期　p. 121

楊際平　敦煌吐魯番出土經濟文書雜考(三題)　《中國社會經濟史研究》1987年第1期　p. 36

宋家鈺　唐朝戶籍法與均田制研究　中州古籍出版社　1988　p. 104

池田溫　敦煌における土地税役制をめぐって　東アジア古文書の史的研究　(東京)刀水書房　1990　p. 70

唐耕耦　陸宏基　敦煌社會經濟文獻真迹釋録(二)　全國圖書館文獻縮微複製中心　1990　p. 369

朱雷　唐代"點籍樣"制度初探　敦煌吐魯番文書初探(二編)　武漢大學出版社　1990　p. 353

楊際平　均田制新探　廈門大學出版社　1991　p. 272

施萍婷　俄藏敦煌文獻經眼録之一　《敦煌研究》1996年第2期　p. 75

張國剛　隋唐五代史研究概要　天津教育出版社　1996　p. 247

姜伯勤　論池田溫先生的唐研究　唐研究論文選集　中國社會科學出版社　1999　p. 16

榮新江　敦煌學十八講　北京大學出版社　2001　p. 351

S. 8397

楊際平　敦煌吐魯番出土經濟文書雜考(三題)　《中國社會經濟史研究》1987年第1期　p. 31

楊際平　北朝隋唐均田制新探　岳麓書社　2003　p. 267

S. 8402

郝春文　評榮新江《英國圖書館藏敦煌漢文非佛教文獻殘卷目録(S. 6981-13624)》　敦煌吐魯番研究(第一卷)　北京大學出版社　1996　p. 363

郝春文　英藏敦煌文獻年代叢考　英國收藏敦煌漢藏文獻研究:紀念敦煌文獻發現一百周年　中國社會科學出版社　2000　p. 376

羅彤華　從便物曆論敦煌寺院的放貸　敦煌文獻論集:紀念藏經洞發現一百周年國際學術研討會論文集　遼寧人民出版社　2001　p. 467

S. 8410

劉進寶　關於吐蕃統治經營河西地區的若干問題　《中國邊疆史地研究》1994年第1期　p. 15(原文録爲P. 8410)

S. 8426

山本達郎等　敦煌・I 社條　『NUN－HUANG AND TURFAN DOCUMENTS CONCERNING SOCIAL AND ECONOMIC HISTORY』(IV)　（東京）東洋文庫　1989　p. 8

土肥義和　唐・北宋間の「社」の組織形態に関する一考察　中國古代の國家と民衆（堀敏一先生古稀記念）　（東京）汲古書院　1995　p. 731

郝春文　評榮新江《英國圖書館藏敦煌漢文非佛教文獻殘卷目錄(S. 6981－13624)》　敦煌吐魯番研究（第一卷）　北京大學出版社　1996　p. 363

榮新江　英國圖書館藏敦煌漢文非佛教文獻殘卷概述　敦煌文藪（下）　（臺北）新文豐出版公司　1999　p. 130

馬德　《敦煌工匠史料》補遺與訂誤　敦煌學（第 25 輯）　（臺北）樂學書局有限公司　2004　p. 295

S. 8443

池田溫　敦煌の便穀曆　日野開三郎博士頌壽記念論集・中國社會・制度・文化史の諸問題　（福岡）中國書店　1987　p. 358

榮新江　通頰考　文史（第三十三輯）　中華書局　1990　p. 137　又見：二十世紀中國文史考據文錄　雲南人民出版社　2001　p. 2118

唐耕耦　敦煌寫本便物曆初探　敦煌吐魯番文獻研究論集（第五輯）　北京大學出版社　1990　p. 191

唐耕耦　陸宏基　敦煌社會經濟文獻真迹釋錄（二）　全國圖書館文獻縮微複製中心　1990　p. 216

郭鋒　略論慕容歸盈出任歸義軍瓜州刺史前的身世　《敦煌研究》1991 年第 4 期　p. 92

劉進寶　試談歸義軍時期敦煌縣鄉的建置　《敦煌研究》1994 年第 3 期　p. 80

池田溫　評《英國圖書館藏敦煌漢文非佛教文獻殘卷目錄》　『東洋學報』(77 卷 3・4 號)　（東京）東洋學術協會　1996　p. 70

鄭炳林　唐五代敦煌的粟特人與佛教　敦煌歸義軍史專題研究　蘭州大學出版社　1997　p. 458

金瀅坤　從敦煌文書看晚唐五代敦煌地區布紡織業　《敦煌研究》1998 年第 2 期　p. 134

李冬梅　唐五代歸義軍與周邊民族關係綜論　《敦煌學輯刊》1998 年第 2 期　p. 52

童丕　10 世紀敦煌的借貸人　法國漢學（第 3 輯）　中華書局　1998　p. 72、81、98

榮新江　英國圖書館藏敦煌漢文非佛教文獻殘卷概述　敦煌文藪（下）　（臺北）新文豐出版公司　1999　p. 129

劉進寶　敦煌歷史文化　甘肅人民出版社　2000　p. 124

劉進寶　敦煌文書與唐史研究　（臺北）新文豐出版公司　2000　p. 134

羅彤華　從便物曆論敦煌寺院的放貸　敦煌文獻論集：紀念藏經洞發現一百周年國際學術研討會論文集　遼寧人民出版社　2001　p. 467

曾良　敦煌文獻字義通釋　廈門大學出版社　2001　p. 92

劉進寶　敦煌學通論　甘肅教育出版社　2002　p. 82

徐曉麗　鄭炳林　晚唐五代敦煌吐谷渾與吐蕃移民婦女研究　《敦煌學輯刊》2002 年第 2 期　p. 3

楊惠玲　敦煌契約文書中的保人、見人、口承人、同便人、同取人　《敦煌研究》2002 年第 6 期　p. 44

鄭炳林　晚唐五代河西地區的居民結構研究　《蘭州大學學報》2006 年第 2 期　p. 10

S. 8444

池田溫　敦煌の流通経済　敦煌の社會（講座敦煌 3）　（東京）大東出版社　1980　p. 340　又見：敦煌文書の世界　（東京）名著刊行會　2003　p. 176

榮新江　曹議金征甘州回鶻史事表微　《敦煌研究》1991 年第 2 期　p. 9

榮新江　金山國史辨正　中華文史論叢（總 50 輯）　上海古籍出版社　1992　p. 80

榮新江　甘州回鶻成立史論　《魏晉南北朝隋唐史》1993 年第 12 期　p. 65

姜伯勤　敦煌吐魯番文書與絲綢之路　文物出版社　1994　p. 267

堀敏一　古代東アジア世界の基本構造　律令制と東アジア世界：私の中國史學（二）　（東京）汲古書院　1994　p. 167

李錦繡　1993—1994 年大陸地區唐代學術研究概況：史學　"中國唐代學會"會刊（第五期）　（臺北）"中國唐代學會"　1994　p. 94

黃壽成　1994—1995 年大陸地區唐代學術研究概況：敦煌學　"中國唐代學會"會刊（第六期）　（臺北）"中國唐代學會"　1995　p. 119

李錦繡　唐代財政史稿・下卷（第一分冊）　北京大學出版社　1995　p. 461

陸慶夫　甘州回鶻可汗世次辨析　《敦煌學輯刊》1995 年第 2 期　p. 31　又見：敦煌歸義軍史專題研究　蘭州大學出版社　1997　p. 466

榮新江　歸義軍史研究　上海古籍出版社　1996　p. 12

張國剛　隋唐五代史研究概要　天津教育出版社　1996　p. 177 注 2

石見清裕　唐代外國貿易・在留外國人をめぐる諸問題　魏晉南北朝隋唐時代史の基本問題　（東京）汲古書院　1997　p. 87

榮新江　歸義軍大事紀年初稿　出土文獻研究（第三輯）　文物出版社　1998　p. 241

沙知　內文思使之印　敦煌學大辭典　上海辭書出版社　1998　p. 290

陸慶夫　金山國與甘州回鶻關係考論　《敦煌學輯刊》1999 年第 1 期　p. 50

榮新江　英國圖書館藏敦煌漢文非佛教文獻殘卷概述　敦煌文藪（下）　（臺北）新文豐出版公司　1999　p. 129

鄭炳林　晚唐五代敦煌貿易市場的外來商品輯考　中華文史論叢（總 63 輯）　上海古籍出版社　2000　p. 83

王豔明　瓜州曹氏與甘州回鶻的兩次和親始末　《敦煌研究》2003 年第 1 期　p. 70

鄭炳林　晚唐五代敦煌商業貿易市場研究　《敦煌學輯刊》2004 年第 1 期　p. 107

S. 8445

鄭炳林　羊萍　敦煌本夢書　甘肅文化出版社　1995　p. 308

郝春文　評榮新江《英國圖書館藏敦煌漢文非佛教文獻殘卷目錄（S. 6981 – 13624）》　敦煌吐魯番研究（第一卷）　北京大學出版社　1996　p. 362

張亞萍　晚唐五代歸義軍牧羊業管理機構：羊司　《敦煌學輯刊》1997 年第 2 期　p. 130

鄭炳林　唐五代敦煌金山國征伐樓蘭史事考　敦煌歸義軍史專題研究　蘭州大學出版社　1997　p. 24 注 26

鄭炳林　唐五代敦煌畜牧區域研究　敦煌歸義軍史專題研究　蘭州大學出版社　1997　p. 208、232

沙知　敦煌契約文書輯校　江蘇古籍出版社　1998　p. 377

楊秀清　試論金山國的有關政治制度　《敦煌學輯刊》1998 年第 2 期　p. 39

榮新江　英國圖書館藏敦煌漢文非佛教文獻殘卷概述　敦煌文藪（下）　（臺北）新文豐出版公司　1999　p. 130

楊秀清　敦煌西漢金山國史　甘肅人民出版社　1999　p. 98

郝春文　英藏敦煌文獻年代叢考　英國收藏敦煌漢藏文獻研究：紀念敦煌文獻發現一百周年　中國社會科學出版社　2000　p. 377

山本達郎等　補(Ⅲ)契・敦煌發現契　『NUN – HUANG AND TURFAN DOCUMENTS CONCERNING SOCIAL AND ECONOMIC HISTORY』(Sup. p. lemrnts)　(東京)東洋文庫　2001　p. 61

乜小紅　試論唐五代宋初敦煌畜牧區域的分佈　《敦煌研究》2002 年第 2 期　p. 40

鄭炳林　晚唐五代敦煌歸義軍行政區劃制度研究(之二)　《敦煌研究》2002 年第 3 期　p. 69

鄭炳林　敦煌寫本解夢書校錄研究　民族出版社　2005　p. 127

馮培紅　歸義軍鎮制考　敦煌吐魯番研究(第九卷)　北京大學出版社　2006　p. 265、269

S. 8446

鄭炳林　羊萍　敦煌本夢書　甘肅文化出版社　1995　p. 308

郝春文　評榮新江《英國圖書館藏敦煌漢文非佛教文獻殘卷目錄(S. 6981 – 13624)》　敦煌吐魯番研究(第一卷)　北京大學出版社　1996　p. 362

張亞萍　晚唐五代歸義軍牧羊業管理機構:羊司　《敦煌學輯刊》1997 年第 2 期　p. 130

鄭炳林　唐五代敦煌金山國征伐樓蘭史事考　唐五代敦煌金山國征伐樓蘭史事考　敦煌歸義軍史專題研究　蘭州大學出版社　1997　p. 24 注 26

鄭炳林　唐五代敦煌畜牧區域研究　敦煌歸義軍史專題研究　蘭州大學出版社　1997　p. 208、232

沙知　敦煌契約文書輯校　江蘇古籍出版社　1998　p. 377

楊秀清　試論金山國的有關政治制度　《敦煌學輯刊》1998 年第 2 期　p. 39

榮新江　英國圖書館藏敦煌漢文非佛教文獻殘卷概述　敦煌文藪(下)　(臺北)新文豐出版公司　1999　p. 130

楊秀清　敦煌西漢金山國史　甘肅人民出版社　1999　p. 98

郝春文　英藏敦煌文獻年代叢考　英國收藏敦煌漢藏文獻研究:紀念敦煌文獻發現一百周年　中國社會科學出版社　2000　p. 377

山本達郎等　補(Ⅲ)契・敦煌發現契　『NUN – HUANG AND TURFAN DOCUMENTS CONCERNING SOCIAL AND ECONOMIC HISTORY』(Sup. p. lemrnts)　(東京)東洋文庫　2001　p. 61

乜小紅　試論唐五代宋初敦煌畜牧區域的分佈　《敦煌研究》2002 年第 2 期　p. 40

徐曉麗　鄭炳林　晚唐五代敦煌吐谷渾與吐蕃移民婦女研究　《敦煌學輯刊》2002 年第 2 期　p. 6

鄭炳林　晚唐五代敦煌歸義軍行政區劃制度研究(之二)　《敦煌研究》2002 年第 3 期　p. 69

鄭炳林　敦煌寫本解夢書校錄研究　民族出版社　2005　p. 127

馮培紅　歸義軍鎮制考　敦煌吐魯番研究(第九卷)　北京大學出版社　2006　p. 269

S. 8448

堀敏一著　林世田譯　唐代後期敦煌社會經濟之變化　《敦煌學輯刊》1991 年第 1 期　p. 96

鄭炳林　羊萍著　敦煌本夢書　甘肅文化出版社　1995　p. 308

馮培紅　唐五代敦煌的河渠水利與水司管理機構初探　《敦煌學輯刊》1997 年第 2 期　p. 79

鄭炳林　唐五代敦煌畜牧區域研究　敦煌歸義軍史專題研究　蘭州大學出版社　1997　p. 210、225

馮培紅　客司與歸義軍的外交活動　《敦煌學輯刊》1999 年第 1 期　p. 75

榮新江　英國圖書館藏敦煌漢文非佛教文獻殘卷概述　敦煌文藪(下)　(臺北)新文豐出版公司　1999　p. 130

徐俊　敦煌詩集殘卷輯考　中華書局　2000　p. 918

乜小紅　唐五代敦煌牧羊業述論　《敦煌研究》2001 年第 1 期　p. 138

乜小紅　試論唐五代宋初敦煌畜牧區域的分佈　《敦煌研究》2002 年第 2 期　p. 40

鄭炳林　晚唐五代敦煌歸義軍行政區劃制度研究(之二)　《敦煌研究》2002 年第 3 期　p. 69

鄭炳林　敦煌寫本解夢書校録研究　民族出版社　2005　p. 127
馮培紅　歸義軍鎮制考　敦煌吐魯番研究(第九卷)　北京大學出版社　2006　p. 265

S. 8451

鄭炳林　徐曉麗　敦煌寫本 P. 3973《往五臺山行記》殘卷研究　《敦煌學輯刊》2002 年第 1 期　p. 9
黨燕妮　五臺山文殊信仰及其在敦煌的流傳　《敦煌學輯刊》2004 年第 1 期　p. 88

S. 8453

池田溫　中國古代寫本識語集録　(東京)大藏出版株式會社　1990　p. 137
梅弘理　敦煌的宗教活動和斷代寫本　法國學者敦煌學論文選萃　中華書局　1993　p. 567
黃征　吳偉　敦煌願文集　岳麓書社　1995　p. 844
王惠民　《董保德功德記》與隋代敦煌崇教寺舍利塔　《敦煌研究》1997 年第 3 期　p. 78
方廣錩　金光明經　敦煌學大辭典　上海辭書出版社　1998　p. 678
王惠民　敦煌隋至初唐的彌勒圖像考察　2000 年敦煌學國際學術討論會文集・石窟考古卷　甘肅
　　民族出版社　2003　p. 27

S. 8459

榮新江　英倫所見三種敦煌俗文學作品跋　(香港)《九州學刊》(敦煌學專輯)1993 年第 5 卷第 4 期
　　p. 131
黃征　張涌泉　敦煌變文校注　中華書局　1997　p. 99
榮新江　英國圖書館藏敦煌漢文非佛教文獻殘卷概述　敦煌文藪(下)　(臺北)新文豐出版公司
　　1999　p. 128
徐俊　敦煌詩集殘卷輯考　中華書局　2000　p. 253
張鴻勳　說唱藝術奇葩:敦煌變文選評　甘肅人民出版社　2000　p. 42

S. 8464

榮新江　英國圖書館藏敦煌漢文非佛教文獻殘卷概述　敦煌文藪(下)　(臺北)新文豐出版公司
　　1999　p. 125
許建平　敦煌本《尚書》敘録　敦煌文獻論集:紀念藏經洞發現一百周年國際學術研討會論文集　遼
　　寧人民出版社　2001　p. 385
中村威也　ДХ10698『尚書費誓』と ДХ10698v「史書」について　『西北出土文獻研究』(創刊號)
　　(新潟)西北出土文獻研究會　2004　p. 43

S. 8466

項楚　敦煌詩歌導論　(臺北)新文豐出版公司　1993　p. 81
榮新江　《英國圖書館藏敦煌漢文非佛教文獻殘卷目録》補正　英國收藏敦煌漢藏文獻研究:紀念敦
　　煌文獻發現一百周年　中國社會科學出版社　2000　p. 380
徐俊　敦煌詩集殘卷輯考　中華書局　2000　p. 663
張鴻勳　說唱藝術奇葩:敦煌變文選評　甘肅人民出版社　2000　p. 124
張鴻勳　敦煌俗文學研究　甘肅人民出版社　2002　p. 246
馮培紅　歸義軍鎮制考　敦煌吐魯番研究(第九卷)　北京大學出版社　2006　p. 265

S. 8467

項楚　敦煌詩歌導論　（臺北）新文豐出版公司　1993　p. 81

寧可　敦煌遺書散録二則　敦煌吐魯番研究（第一卷）　北京大學出版社　1996　p. 315

榮新江　《英國圖書館藏敦煌漢文非佛教文獻殘卷目録》補正　英國收藏敦煌漢藏文獻研究：紀念敦煌文獻發現一百周年　中國社會科學出版社　2000　p. 380

徐俊　敦煌詩集殘卷輯考　中華書局　2000　p. 663

張鴻勳　說唱藝術奇葩：敦煌變文選評　甘肅人民出版社　2000　p. 124

張鴻勳　敦煌俗文學研究　甘肅人民出版社　2002　p. 246

S. 8468

鄭炳林　羊萍　敦煌本夢書　甘肅文化出版社　1995　p. 308

郝春文　評榮新江《英國圖書館藏敦煌漢文非佛教文獻殘卷目録（S. 6981－13624）》　敦煌吐魯番研究（第一卷）　北京大學出版社　1996　p. 362

張亞萍　晚唐五代歸義軍牧羊業管理機構：羊司　《敦煌學輯刊》1997年第2期　p. 130

鄭炳林　唐五代敦煌金山國征伐樓蘭史事考　敦煌歸義軍史專題研究　蘭州大學出版社　1997　p. 24 注 26

鄭炳林　唐五代敦煌畜牧區域研究　敦煌歸義軍史專題研究　蘭州大學出版社　1997　p. 208

楊秀清　試論金山國的有關政治制度　《敦煌學輯刊》1998年第2期　p. 39

榮新江　英國圖書館藏敦煌漢文非佛教文獻殘卷概述　敦煌文藪（下）　（臺北）新文豐出版公司　1999　p. 130

楊秀清　敦煌西漢金山國史　甘肅人民出版社　1999　p. 98

郝春文　英藏敦煌文獻年代叢考　英國收藏敦煌漢藏文獻研究：紀念敦煌文獻發現一百周年　中國社會科學出版社　2000　p. 377

乜小紅　試論唐五代宋初敦煌畜牧區域的分佈　《敦煌研究》2002年第2期　p. 40

鄭炳林　晚唐五代敦煌歸義軍行政區劃制度研究（之二）　《敦煌研究》2002年第3期　p. 69

鄭炳林　敦煌寫本解夢書校録研究　民族出版社　2005　p. 127

馮培紅　歸義軍鎮制考　敦煌吐魯番研究（第九卷）　北京大學出版社　2006　p. 265

S. 8470

郝春文　評榮新江《英國圖書館藏敦煌漢文非佛教文獻殘卷目録（S. 6981－13624）》　敦煌吐魯番研究（第一卷）　北京大學出版社　1996　p. 366

S. 8493

方廣錩　敦煌佛教經録輯校　江蘇古籍出版社　1997　p. 634

方廣錩　大般若經點勘録　敦煌學大辭典　上海辭書出版社　1998　p. 753

S. 8515

李錦繡　唐開元中北庭長行坊文書考釋　《吐魯番學研究》2004年第2期　p. 30 注 1

S. 8516

郝春文　敦煌寫本社邑文書年代彙考（一）　《首都師範大學學報》1993年第4期　p. 36

李并成　李春元　瓜沙史地研究　甘肅文化出版社　1996　p. 147

劉進寶　P. 3236 號《壬申年官布籍》時代考　《西北師大學報》(社會科學版)1996 年第 5 期　p. 43

劉進寶　P. 3236 號《壬申年官布籍》研究　慶祝潘石禪先生九秩華誕敦煌學特刊　(臺北)文津出版社　1996　p. 360

榮新江　歸義軍史研究　上海古籍出版社　1996　p. 25

寧可　郝春文　敦煌社邑文書輯校　江蘇古籍出版社　1997　p. 330

榮新江　歸義軍大事紀年初稿　出土文獻研究(第三輯)　文物出版社　1998　p. 249

沙知　沙州節度使印　敦煌學大辭典　上海辭書出版社　1998　p. 291

趙和平　《敦煌寫本書儀研究》訂補　敦煌吐魯番研究(第三卷)　北京大學出版社　1998　p. 250

榮新江　英國圖書館藏敦煌漢文非佛教文獻殘卷概述　敦煌文藪(下)　(臺北)新文豐出版公司　1999　p. 123、130

雷紹鋒　歸義軍賦役制度初探　(臺北)洪葉文化事業有限公司　2000　p. 245

劉進寶　敦煌文書與唐史研究　(臺北)新文豐出版公司　2000　p. 231

榮新江　《英藏敦煌文獻》定名商補　文史(第五十二輯)　中華書局　2000　p. 127

榮新江　《英國圖書館藏敦煌漢文非佛教文獻殘卷目錄》補正　英國收藏敦煌漢藏文獻研究:紀念敦煌文獻發現一百周年　中國社會科學出版社　2000　p. 381

蘇金花　試論晚唐五代敦煌僧侶免賦特權的進一步喪失　《敦煌研究》2000 年第 3 期　p. 158

王豔明　瓜沙州大王印考　《敦煌學輯刊》2000 年第 2 期　p. 44

徐俊　敦煌詩集殘卷輯考　中華書局　2000　p. 283

黃正建　敦煌占卜文書與唐五代占卜研究　學苑出版社　2001　p. 173

榮新江　敦煌學十八講　北京大學出版社　2001　p. 195

曾良　敦煌文獻字義通釋　廈門大學出版社　2001　p. 195

李正宇　唐宋時期的敦煌佛教　敦煌佛教藝術文化國際學術研討會論文集　蘭州大學出版社　2002　p. 381

森安孝夫著　梁曉鵬摘譯　河西歸義軍節度使官印及其編年　《敦煌學輯刊》2003 年第 1 期　p. 141

馮培紅　歸義軍鎮制考　敦煌吐魯番研究(第九卷)　北京大學出版社　2006　p. 276

金瀅坤　敦煌社會經濟文書定年拾遺　《首都師範大學學報》2006 年第 1 期　p. 12

余欣　唐宋敦煌醮祭鎮宅法考察　《敦煌研究》2006 年第 2 期　p. 61

鄭炳林　晚唐五代河西地區的居民結構研究　《蘭州大學學報》2006 年第 2 期　p. 15

S. 8520

郝春文　敦煌寫本社邑文書年代彙考(三)　《社科縱橫》1993 年第 5 期　p. 10

寧可　郝春文　敦煌社邑文書輯校　江蘇古籍出版社　1997　p. 455

郝春文　英藏敦煌文獻年代叢考　英國收藏敦煌漢藏文獻研究:紀念敦煌文獻發現一百周年　中國社會科學出版社　2000　p. 376

S. 8521

白化文　周祖謨先生與敦煌學　敦煌吐魯番研究(第一卷)　北京大學出版社　1996　p. 341

張金泉　許建平　敦煌音義彙考　杭州大學出版社　1996　p. 410

白化文　文選　敦煌學大辭典　上海辭書出版社　1998　p. 783

榮新江　英國圖書館藏敦煌漢文非佛教文獻殘卷概述　敦煌文藪(下)　(臺北)新文豐出版公司　1999　p. 128

饒宗頤　敦煌吐魯番本文選　中華書局　2000　p. 107(圖版)

徐真真　敦煌本《文選音》殘卷校證　《敦煌研究》2002 年第 3 期　p. 51

羅國威　敦煌本斯八五二一《文選音》殘卷校證　《文選》與"文選學"　學苑出版社　2003　p. 678

S. 8532

張錫厚　敦煌本《故陳子昂集》補說　《敦煌學輯刊》1994 年第 2 期　p. 31

孫猛　《日本國見在書目錄》(經部、史部、集部)失考書考　域外漢籍研究集刊　中華書局　2006
　　p. 210

S. 8549

張鴻勳　大漢三年季布罵陣詞文　敦煌學大辭典　上海辭書出版社　1998　p. 582

S. 8564

榮新江　英國圖書館藏敦煌漢文非佛教文獻殘卷概述　敦煌文藪(下)　(臺北)新文豐出版公司
　　1999　p. 126

王卡　敦煌道教文獻研究　中國社會科學出版社　2004　p. 93

S. 8566

方廣錩　敦煌佛教經錄輯校　江蘇古籍出版社　1997　p. 720

S. 8567

唐耕耦　陸宏基　敦煌社會經濟文獻真迹釋錄(二)　全國圖書館文獻縮微複製中心　1990　p. 228

方廣錩　敦煌佛教經錄輯校　江蘇古籍出版社　1997　p. 797、1070

郝春文　唐後期五代宋初敦煌僧尼的社會生活　中國社會科學出版社　1998　p. 187

S. 8574

嚴敦傑　五兆經法要決　敦煌學大辭典　上海辭書出版社　1998　p. 622

馬克　敦煌數占小考　法國漢學(敦煌學專號)　中華書局　2000　p. 188

黃正建　敦煌占卜文書與唐五代占卜研究　學苑出版社　2001　p. 17

S. 8583

榮新江　關於沙州歸義軍都僧統年代的幾個問題　《敦煌研究》1989 年第 4 期　p. 74

榮新江　沙州歸義軍歷任節度使稱號研究　敦煌吐魯番學研究論文集　漢語大詞典出版社　1990
　　p. 798

姜伯勤　敦煌社會文書導論　(臺北)新文豐出版公司　1992　p. 218

榮新江　甘州回鶻與曹氏歸義軍　《中國古代史》(先秦至隋唐)1994 年第 3 期　p. 107

郝春文　唐後期五代宋初沙州的方等道場與方等道場司　唐研究(第二卷)　北京大學出版社
　　1996　p. 66、96

榮新江　歸義軍史研究　上海古籍出版社　1996　p. 111

唐耕耦　敦煌研究拾遺補缺二則　《敦煌研究》1996 年第 4 期　p. 115

池田溫　律令法　魏晉南北朝隋唐時代史の基本問題　(東京)汲古書院　1997　p. 286

郝春文　歸義軍政權與敦煌佛教之關係新探　周紹良先生欣開九秩慶壽文集　中華書局　1997
　　p. 171

劉永連　1996—1997 年大陸地區唐代學術研究概況：敦煌學　"中國唐代學會"會刊（第八期）　（臺
　　北）"中國唐代學會"　1997　p. 115

張廣達　"歡佛"與"歡齋"　慶祝鄧廣銘教授九十華誕論文集　河北教育出版社　1997　p. 62

鄭炳林　敦煌碑銘讚輯釋　甘肅教育出版社　1997　p. 504 注 6

郝春文　唐後期五代宋初敦煌僧尼的社會生活　中國社會科學出版社　1998　p. 28、72

沙知　河西都僧統印　敦煌學大辭典　上海辭書出版社　1998　p. 294

唐耕耦　報恩寺方等道場榜　敦煌學大辭典　上海辭書出版社　1998　p. 637

榮新江　英國圖書館藏敦煌漢文非佛教文獻殘卷概述　敦煌文藪（下）　（臺北）新文豐出版公司
　　1999　p. 130

宋家鈺　佛教齋文源流與敦煌本"齋文"書的復原　《中國史研究》1999 年第 2 期　p. 77　又見：英
　　國收藏敦煌漢藏文獻研究：紀念敦煌文獻發現一百周年　中國社會科學出版社　2000　p. 306

榮新江　《英藏敦煌文獻》定名商補　文史（第五十二輯）　中華書局　2000　p. 125　又見：敦煌學
　　新論　甘肅教育出版社　2002　p. 202

榮新江　《英國圖書館藏敦煌漢文非佛教文獻殘卷目錄》補正　英國收藏敦煌漢藏文獻研究：紀念敦
　　煌文獻發現一百周年　中國社會科學出版社　2000　p. 381

劉進寶　敦煌學通論　甘肅教育出版社　2002　p. 328

徐曉卉　敦煌歸義軍時期的道場司探析　《敦煌研究》2002 年第 2 期　p. 26

郝春文　英藏敦煌社會歷史文獻釋錄（第二卷）　科學出版社　2003　p. 566

S. 8587

曾良　敦煌文獻字義通釋　廈門大學出版社　2001　p. 125

S. 8632

趙貞　評《敦煌占卜文書與唐五代占卜研究》　唐研究（第八卷）　北京大學出版社　2002　p. 522

S. 8638

鄭炳林　讀敦煌文書 P. 3859《後唐清泰三年六月沙州儭司教授福集等狀》劄記　《西北史地》1993 年
　　第 4 期　p. 45　又見：敦煌吐魯番文獻研究　中華書局　1995　p. 612

S. 8647

羅彤華　從便物曆論敦煌寺院的放貸　敦煌文獻論集：紀念藏經洞發現一百周年國際學術研討會論
　　文集　遼寧人民出版社　2001　p. 472

S. 8649

榮新江　歸義軍史研究　上海古籍出版社　1996　p. 291

曾良　敦煌文獻字義通釋　廈門大學出版社　2001　p. 7

S. 8655

山本達郎等　敦煌・IV 納贈曆・納色物曆等　『NUN–HUANG AND TURFAN DOCUMENTS CON-
　　CERNING SOCIAL AND ECONOMIC HISTORY』(IV)　（東京）東洋文庫　1989　p. 106

池田溫　敦煌における土地稅役制をめぐって　東アジア古文書の史的研究　（東京）刀水書房
　　1990　p. 63

堀敏一　中唐以後敦煌税法的變化　《魏晉南北朝隋唐史》1990 年第 6 期　p. 62

堀敏一著　林世田譯　唐代後期敦煌社會經濟之變化　《敦煌學輯刊》1991 年第 1 期　p. 100

郝春文　評榮新江《英國圖書館藏敦煌漢文非佛教文獻殘卷目録(S. 6981－13624)》　敦煌吐魯番研
　　究(第一卷)　北京大學出版社　1996　p. 363

劉進寶　從敦煌文書談晚唐五代的"地子"　《歷史研究》1996 年第 3 期　p. 175

雷紹鋒　唐末宋初歸義軍時期之"地子"、"地税"淺論　魏晉南北朝隋唐史資料(第 15 輯)　武漢大
　　學出版社　1997　p. 135

劉進寶　晚唐五代"地子"考釋　唐代的歷史與社會　武漢大學出版社　1997　p. 301

陳國燦　唐代的經濟社會　(臺北)文津出版社　1999　p. 159

堀敏一　中唐以後敦煌地域における税制度　東アジア史における國家と地域　(東京)刀水書房
　　1999　p. 324

郝春文　英藏敦煌文獻年代叢考　英國收藏敦煌漢藏文獻研究:紀念敦煌文獻發現一百周年　中國
　　社會科學出版社　2000　p. 376

堀敏一著　張宇譯　中唐以後敦煌地區的税制　《敦煌研究》2000 年第 3 期　p. 148

雷紹鋒　歸義軍賦役制度初探　(臺北)洪葉文化事業有限公司　2000　p. 40

劉進寶　敦煌文書與唐史研究　(臺北)新文豐出版公司　2000　p. 192

陳國燦　敦煌學史事新證　甘肅教育出版社　2002　p. 290

乜小紅　唐五代敦煌音聲人試探　《敦煌研究》2003 年第 3 期　p. 79

S. 8656

汪娟　跋《上生禮》相關寫卷二篇　敦煌學(第 23 輯)　(臺北)樂學書局有限公司　2002　p. 49

S. 8657

池田溫　敦煌の便穀歷　日野開三郎博士頌壽記念論集・中國社會・制度・文化史の諸問題　(福
　　岡)中國書店　1987　p. 358、371

唐耕耦　敦煌寫本便物歷初探　敦煌吐魯番文獻研究論集(第五輯)　北京大學出版社　1990
　　p. 155

郝春文　評榮新江《英國圖書館藏敦煌漢文非佛教文獻殘卷目録(S. 6981－13624)》　敦煌吐魯番研
　　究(第一卷)　北京大學出版社　1996　p. 366

唐耕耦　敦煌寺院會計文書研究　(臺北)新文豐出版公司　1997　p. 363

童丕　10 世紀敦煌的借貸人　法國漢學(第 3 輯)　中華書局　1998　p. 98

S. 8658

徐俊　敦煌詩集殘卷輯考　中華書局　2000　p. 837、910

羅彤華　從便物歷論敦煌寺院的放貸　敦煌文獻論集:紀念藏經洞發現一百周年國際學術研討會論
　　文集　遼寧人民出版社　2001　p. 469

S. 8662

方廣錩　敦煌佛教經録輯校　江蘇古籍出版社　1997　p. 721

S. 8665

晌麟　曹仁貴即曹議金　《敦煌學輯刊》1993 年第 2 期　p. 89

榮新江　關於曹氏歸義軍首任節度使的幾個問題　《敦煌研究》1993 年第 2 期　p. 47

鄭炳林　讀敦煌文書 P. 3859《後唐清泰三年六月沙州儭司教授福集等狀》劄記　《西北史地》1993 年
　　第 4 期　p. 45　又見:敦煌吐魯番文獻研究　中華書局　1995　p. 612

榮新江　歸義軍史研究　上海古籍出版社　1996　p. 233

馮培紅　晚唐五代宋初歸義軍武職軍將研究　敦煌歸義軍史專題研究　蘭州大學出版社　1997
　　p. 102

楊秀清　曹議金執政臆談　《敦煌研究》1998 年第 3 期　p. 119

榮新江　英國圖書館藏敦煌漢文非佛教文獻殘卷概述　敦煌文藪(下)　(臺北)新文豐出版公司
　　1999　p. 129

楊秀清　敦煌西漢金山國史　甘肅人民出版社　1999　p. 160

榮新江　唐五代歸義軍武職軍將考　敦煌學新論　甘肅教育出版社　2002　p. 53

金瀅坤　敦煌社會經濟文書定年拾遺　《首都師範大學學報》2006 年第 1 期　p. 13

S. 8666

馬德　《敦煌工匠史料》補遺與訂誤　敦煌學(第 25 輯)　(臺北)樂學書局有限公司　2004　p. 296

S. 8667

寧可　郝春文　敦煌社邑文書輯校　江蘇古籍出版社　1997　p. 475

山本達郎等　補(IV)社·IV 納贈曆·納色物曆　『NUN – HUANG AND TURFAN DOCUMENTS
CONCERNING SOCIAL AND ECONOMIC HISTORY』(Sup. p. lemrnts)　(東京)東洋文庫　2001
　　p. 86

S. 8671

徐俊　敦煌詩集殘卷輯考　中華書局　2000　p. 911

S. 8673

.馬德　《敦煌工匠史料》補遺與訂誤　敦煌學(第 25 輯)　(臺北)樂學書局有限公司　2004　p. 297

S. 8674

方廣錩　敦煌佛教經錄輯校　江蘇古籍出版社　1997　p. 850

S. 8677

郝春文　唐後期五代宋初敦煌僧尼的社會生活　中國社會科學出版社　1998　p. 110

郝春文　唐後期五代宋初敦煌僧人的稅役負擔　《敦煌學輯刊》1998 年第 2 期　p. 6

S. 8678

寧可　郝春文　敦煌社邑文書輯校　江蘇古籍出版社　1997　p. 401

寧可　渠人轉帖　敦煌學大辭典　上海辭書出版社　1998　p. 429

山本達郎等　補(IV)社·III 轉貼　『NUN – HUANG AND TURFAN DOCUMENTS CONCERNING SO-
CIAL AND ECONOMIC HISTORY』(Sup. p. lemrnts)　(東京)東洋文庫　2001　p. 80

楊森　五代宋時期于闐皇太子在敦煌的太子莊　《敦煌研究》2003 年第 4 期　p. 43

S. 8680

趙豐　敦煌所見隋唐絲綢中的花鳥圖案　敦煌吐魯番學研究論文集　漢語大詞典出版社　1990
　　　p. 860（原文録爲 P. 8680）

趙和平　《敦煌寫本書儀研究》訂補　敦煌吐魯番研究（第三卷）　北京大學出版社　1998　p. 250

榮新江　英國圖書館藏敦煌漢文非佛教文獻殘卷概述　敦煌文藪（下）　（臺北）新文豐出版公司
　　　1999　p. 127

榮新江　《英藏敦煌文獻》定名商補　文史（第五十二輯）　中華書局　2000　p. 127

余欣　敦煌的入宅與暖房禮俗　中華文史論叢（總 78 輯）　上海古籍出版社　2004　p. 106

S. 8681

郝春文　唐後期五代宋初敦煌僧尼的社會生活　中國社會科學出版社　1998　p. 104

郝春文　唐後期五代宋初敦煌僧人的稅役負擔　《敦煌學輯刊》1998 年第 2 期　p. 3

馮培紅　姚桂蘭　歸義軍時期敦煌與周邊地區之間的僧使交往　敦煌佛教藝術文化國際學術研討
　　　會論文集　蘭州大學出版社　2002　p. 459

S. 8682

王卡　敦煌道教文獻研究　中國社會科學出版社　2004　p. 47、237

余欣　唐宋敦煌醮祭鎮宅法考察　《敦煌研究》2006 年第 2 期　p. 62

S. 8683

晒麟　曹仁貴即曹議金　《敦煌學輯刊》1993 年第 2 期　p. 89

榮新江　關於曹氏歸義軍首任節度使的幾個問題　《敦煌研究》1993 年第 2 期　p. 47

鄭炳林　讀敦煌文書 P. 3859《後唐清泰三年六月沙州儭司教授福集等狀》劄記　《西北史地》1993 年
　　　第 4 期　p. 46　又見：敦煌吐魯番文獻研究　中華書局　1995　p. 612

榮新江　甘州回鶻與曹氏歸義軍　《中國古代史》（先秦至隋唐）1994 年第 3 期　p. 103

池田溫　評『英國圖書館藏敦煌漢文非佛教文獻殘卷目録』『東洋學報』（77 卷 3・4 號）　（東京）
　　　東洋學術協會　1995　p. 71

榮新江　歸義軍史研究　上海古籍出版社　1996　p. 233

馮培紅　晚唐五代宋初歸義軍武職軍將研究　敦煌歸義軍史專題研究　蘭州大學出版社　1997
　　　p. 102、115

楊秀清　曹議金執政臆談　《敦煌研究》1998 年第 3 期　p. 119

榮新江　英國圖書館藏敦煌漢文非佛教文獻殘卷概述　敦煌文藪（下）　（臺北）新文豐出版公司
　　　1999　p. 129

土肥義和　敦煌莫高窟供養人圖像題記について　東アジア史における國家と地域　（東京）刀水
　　　書房　1999　p. 371

楊秀清　敦煌西漢金山國史　甘肅人民出版社　1999　p. 160

徐俊　敦煌詩集殘卷輯考　中華書局　2000　p. 865

趙貞　歸義軍押衙兼知他官略考　《敦煌研究》2001 年第 2 期　p. 94

榮新江　唐五代歸義軍武職軍將考　敦煌學新論　甘肅教育出版社　2002　p. 53

S. 8686

宋家鈺　地子　敦煌學大辭典　上海辭書出版社　1998　p. 412

宋家鈺　地子曆　敦煌學大辭典　上海辭書出版社　1998　p. 412

S. 8689

徐俊　敦煌詩集殘卷輯考　中華書局　2000　p. 912

S. 8691

池田溫　評『英國圖書館藏敦煌漢文非佛教文獻殘卷目録』　『東洋學報』（77 卷 3・4 號）　（東京）
　　東洋學術協會　1996　p. 70

黃正建　敦煌文書所見唐宋之際敦煌民衆住房面積考略　敦煌吐魯番研究（第三卷）　北京大學出
　　版社　1998　p. 209

沙知　敦煌契約文書輯校　江蘇古籍出版社　1998　p. 49

山本達郎等　補（III）契・敦煌發現契　『NUN – HUANG AND TURFAN DOCUMENTS CONCERNING
　　SOCIAL AND ECONOMIC HISTORY』（Sup. p. lemrnts）　（東京）東洋文庫　2001　p. 51

王啓濤　中古及近代法制文書語言研究　巴蜀書社　2003　p. 304

S. 8692

羅彤華　從便物曆論敦煌寺院的放貸　敦煌文獻論集：紀念藏經洞發現一百周年國際學術研討會論
　　文集　遼寧人民出版社　2001　p. 472

S. 8698

方廣錩　敦煌佛教經録輯校　江蘇古籍出版社　1997　p. 1015

S. 8699

黃亮文　評《敦煌寫本書儀研究》　唐研究（第三卷）　北京大學出版社　1997　p. 499

趙和平　《敦煌寫本書儀研究》訂補　敦煌吐魯番研究（第三卷）　北京大學出版社　1998　p. 245

榮新江　《英藏敦煌文獻》定名商補　文史（第五十二輯）　中華書局　2000　p. 125　又見：敦煌學
　　新論　甘肅教育出版社　2002　p. 202

榮新江　《英國圖書館藏敦煌漢文非佛教文獻殘卷目録》補正　英國收藏敦煌漢藏文獻研究：紀念敦
　　煌文獻發現一百周年　中國社會科學出版社　2000　p. 381

孫猛　《日本國見在書目録》（經部、史部、集部）失考書考　域外漢籍研究集刊　中華書局　2006
　　p. 229

S. 8701

方廣錩　敦煌佛教經録輯校　江蘇古籍出版社　1997　p. 1070

S. 8702

郝春文　唐後期五代宋初敦煌僧尼的社會生活　中國社會科學出版社　1998　p. 104

郝春文　唐後期五代宋初敦煌僧人的稅役負擔　《敦煌學輯刊》1998 年第 2 期　p. 3

高啓安　唐五代敦煌僧人飲食的幾個名詞解釋　《敦煌研究》1999 年第 4 期　p. 134

馮培紅　姚桂蘭　歸義軍時期敦煌與周邊地區之間的僧使交往　敦煌佛教藝術文化國際學術研討會
　　論文集　蘭州大學出版社　2002　p. 459

高啓安　唐五代敦煌飲食文化研究　民族出版社　2004　p. 358

S. 8703

方廣錩　敦煌佛教經録輯校　江蘇古籍出版社　1997　p. 1071

S. 8711

方廣錩　敦煌佛教經録輯校　江蘇古籍出版社　1997　p. 798

S. 8712

榮新江　《英國圖書館藏敦煌漢文非佛教文獻殘卷目録》補正　英國收藏敦煌漢藏文獻研究：紀念敦
　　煌文獻發現一百周年　中國社會科學出版社　2000　p. 381

馮培紅　歸義軍鎮制考　敦煌吐魯番研究（第九卷）　北京大學出版社　2006　p. 271、276

鄭炳林　晚唐五代河西地區的居民結構研究　《蘭州大學學報》2006 年第 2 期　p. 15

S. 8713

山本達郎等　補（IV）社・VI 諸種文書　『NUN－HUANG AND TURFAN DOCUMENTS CONCERNING
　　SOCIAL AND ECONOMIC HISTORY』（Sup. p. lemrnts）　（東京）東洋文庫　2001　p. 93

S. 8714

方廣錩　敦煌佛教經録輯校　江蘇古籍出版社　1997　p. 1017

馬德　10 世紀敦煌寺曆所記三窟活動　《敦煌研究》1998 年第 2 期　p. 86

王蘭平　敦煌寫本 ДX6062《歸義軍時期大般若經抄寫紙曆》及其相關問題考釋　敦煌佛教藝術文化
　　國際學術研討會論文集　蘭州大學出版社　2002　p. 71

S. 8715

方廣錩　敦煌佛教經録輯校　江蘇古籍出版社　1997　p. 1012

S. 8720

石井昌子　靈寶經類　敦煌と中國道教（講座敦煌4）　（東京）大東出版社　1983　p. 151

唐耕耦　陸宏基　敦煌社會經濟文獻真迹釋録（三）　全國圖書館文獻縮微複製中心　1990　p. 136

王卡　太上洞玄靈寶無量度人上品妙經　敦煌學大辭典　上海辭書出版社　1998　p. 767

榮新江　英國圖書館藏敦煌漢文非佛教文獻殘卷概述　敦煌文藪（下）　（臺北）新文豐出版公司
　　1999　p. 126

郝春文　英藏敦煌社會歷史文獻釋録（第一卷）　科學出版社　2001　p. 41

鄭炳林　晚唐五代敦煌村莊聚落輯考　2000 年敦煌學國際學術討論會文集・歷史文化卷（上）　甘
　　肅民族出版社　2003　p. 130、154

高啓安　唐五代敦煌飲食文化研究　民族出版社　2004　p. 356

王卡　敦煌道教文獻研究　中國社會科學出版社　2004　p. 101

王卡　中國國家圖書館藏敦煌道教遺書研究報告　敦煌吐魯番研究（第七卷）　北京大學出版社
　　2004　p. 350

趙紅　高啓安　唐五代時期敦煌僧人飲食概述　麥積山石窟藝術文化論文集（下）　蘭州大學出版
　　社　2004　p. 300

S. 8750

郝春文　唐後期五代宋初敦煌僧尼的社會生活　中國社會科學出版社　1998　p. 130

郝春文　唐後期五代宋初敦煌寺院常住什物的數量及與僧人的關係　《敦煌研究》1998 年第 2 期
　　p. 120

S. 8755

徐俊　敦煌詩集殘卷輯考　中華書局　2000　p. 912

S. 8812

羅彤華　從便物曆論敦煌寺院的放貸　敦煌文獻論集：紀念藏經洞發現一百周年國際學術研討會論
　　文集　遼寧人民出版社　2001　p. 473

S. 8836

鄭阿財　朱鳳玉　敦煌蒙書研究　甘肅教育出版社　2002　p. 279、289

屈直敏　從敦煌寫本類書《勵忠節抄》看唐代的知識、道德與政治秩序　《蘭州大學學報》2006 年第 2
　　期　p. 29

S. 8877

池田溫　評『英國圖書館藏敦煌漢文非佛教文獻殘卷目錄』　『東洋學報』(77 卷 3・4 號)　(東京)
　　東洋學術協會　1996　p. 70

沙知　北庭都護府印　敦煌學大辭典　上海辭書出版社　1998　p. 290

榮新江　英國圖書館藏敦煌漢文非佛教文獻殘卷概述　敦煌文藪(下)　(臺北)新文豐出版公司
　　1999　p. 131

榮新江　敦煌學十八講　北京大學出版社　2001　p. 362

李錦繡　唐開元中北庭長行坊文書考釋　《吐魯番學研究》2004 年第 2 期　p. 14

S. 8885

方廣錩　敦煌佛教經錄輯校　江蘇古籍出版社　1997　p. 723

鄭炳林　晚唐五代敦煌諸寺藏經與管理　新世紀敦煌學論集　巴蜀書社　2003　p. 354

鄭炳林　徐曉麗　讀《俄藏敦煌文獻》第 12 冊幾件非佛經文獻劄記　《敦煌研究》2003 年第 4 期
　　p. 84

S. 8924

郝春文　敦煌寫本社邑文書年代彙考(三)　《社科縱橫》1993 年第 5 期　p. 10

寧可　郝春文　敦煌社邑文書輯校　江蘇古籍出版社　1997　p. 482

寧可　社人便物曆　敦煌學大辭典　上海辭書出版社　1998　p. 430

楊森　談敦煌社邑文書中"三官"及"錄事""虞侯"的若干問題　《敦煌研究》1999 年第 3 期　p. 84

郝春文　英藏敦煌文獻年代叢考　英國收藏敦煌漢藏文獻研究：紀念敦煌文獻發現一百周年　中國
　　社會科學出版社　2000　p. 377

羅彤華　從便物曆論敦煌寺院的放貸　敦煌文獻論集：紀念藏經洞發現一百周年國際學術研討會論
　　文集　遼寧人民出版社　2001　p. 467

山本達郎等　補(IV)社・V 計會文書　『NUN-HUANG AND TURFAN DOCUMENTS CONCERNING

SOCIAL AND ECONOMIC HISTORY』(Sup. p. lemrnts) （東京）東洋文庫 2001 p. 88
楊森 五代宋時期于闐皇太子在敦煌的太子莊 《敦煌研究》2003 年第 4 期 p. 40

S. 8972

方廣錩 敦煌佛教經録輯校 江蘇古籍出版社 1997 p. 1072

S. 9038

榮新江 《英藏敦煌文獻》定名商補 文史（第五十二輯） 中華書局 2000 p. 125 又見：敦煌學
新論 甘肅教育出版社 2002 p. 202
榮新江 《英國圖書館藏敦煌漢文非佛教文獻殘卷目録》補正 英國收藏敦煌漢藏文獻研究：紀念敦
煌文獻發現一百周年 中國社會科學出版社 2000 p. 381
徐俊 敦煌詩集殘卷輯考 中華書局 2000 p. 791

S. 9047

王卡 敦煌本洞玄靈寶九天生神章經疏考釋 《敦煌學輯刊》2002 年第 2 期 p. 74
王卡 敦煌道教文獻研究 中國社會科學出版社 2004 p. 11、145
王卡 中國國家圖書館藏敦煌道教遺書研究報告 敦煌吐魯番研究（第七卷） 北京大學出版社
2004 p. 359
王卡 敦煌道教綜述 敦煌與絲路文化學術講座（第二輯） 北京圖書館出版社 2005 p. 380

S. 9088

池田溫 中國古代寫本識語集録 （東京）大藏出版株式會社 1990 p. 254

S. 9123

王卡 敦煌道教文獻研究 中國社會科學出版社 2004 p. 206

S. 9137

胡素馨 敦煌的粉本和壁畫之間的關係 唐研究（第三卷） 北京大學出版社 1997 p. 439

S. 9139

方廣錩 大乘無盡藏法 藏外佛教文獻（第四輯） 宗教文化出版社 1998 p. 363
西本照真 三階教文獻綜述 藏外佛教文獻（第九輯） 宗教文化出版社 2003 p. 368

S. 9141

池田溫 中國古代寫本識語集録 （東京）大藏出版株式會社 1990 p. 104
藤枝晃 敦煌遺書之分期 敦煌吐魯番學研究論文集 漢語大詞典出版社 1990 p. 15（圖版）
藤枝晃著 徐慶全 李樹清譯 敦煌寫本概述 《敦煌研究》1996 年第 2 期 p. 117
方廣錩 大方廣佛華嚴經 敦煌學大辭典 上海辭書出版社 1998 p. 655
石塚晴通 聖教の形と場——敦煌及び日本の古寫經・刊本 日本における漢字字體規範成立の實
證的研究（報告書） 北海道大學大學院文學研究科 2002 p. 192
殷光明 敦煌盧舍那佛法界圖像研究之一 《敦煌研究》2002 年第 1 期 p. 49
李丞宰著 大塚忠藏譯 敦煌佛經の50 卷本華嚴經を探して 日本學・敦煌學・漢文訓讀の新展

開　（東京）汲古書院　2005　p.56

S.9156

池田溫　中國古代籍帳研究：概観・録文　東京大學東洋文化研究所　1979　p.561

陳踐　敦煌、新疆古藏文寫本述略　《甘肅民族研究》1983年第1-2期　p.24

王堯　陳踐　敦煌吐蕃文獻選　四川民族出版社　1983　p.60注1

楊際平　吐蕃時期敦煌計口授田考　《社會科學》1983年第2期　又見：中國敦煌學百年文庫・歷史
　　卷（一）　甘肅文化出版社　1999　p.516

楊際平　鄭學檬　敦煌文書安環清賣地契的性質和年代　《四川大學學報》1983年第4期　p.88

姜伯勤　突地考　《敦煌學輯刊》1984年第1期　p.12

寧欣　唐代敦煌地區農業水利問題初探　敦煌吐魯番文獻研究論集（第三輯）　北京大學出版社
　　1986　p.502注13、510、528

楊際平　吐蕃時期沙州社會經濟研究　敦煌吐魯番出土經濟文書研究　廈門大學出版社　1986
　　p.357

姜伯勤　唐五代敦煌寺戶制度　中華書局　1987　p.108

王堯　新疆藏文簡牘考述及釋例　1983年全國敦煌學術討論會文集・文史遺書編（上）　甘肅人民
　　出版社　1987　p.227

李正宇　唐宋時代敦煌縣河渠泉澤簡志（一）　《敦煌研究》1988年第4期　p.92

李正宇　唐宋時代敦煌縣河渠泉澤簡志（二）　《敦煌研究》1989年第1期　p.54

王獻軍　唐代吐蕃統治河隴地區漢族瑣談　《西藏研究》1989年第2期　p.38

池田溫　敦煌における土地税役制をめぐって　東アジア古文書の史的研究　（東京）刀水書房
　　1990　p.47

周偉洲　吐蕃對河隴的統治及歸義軍前期的河西諸族　《甘肅民族研究》1990年第2期　p.2

李并成　漢唐時期河西走廊的水利建設　《西北師大學報》1991年第2期　又見：中國敦煌學百年文
　　庫・地理卷（二）　1999　p.282

林家平　寧強　羅華慶　中國敦煌學史　北京語言學院出版社　1992　p.532

劉進寶　敦煌遺書與歷史研究　《魏晉南北朝隋唐史》1992年第9期　p.71

榮新江　敦煌學書評二則　《敦煌研究》1992年第4期　p.110

李正宇　敦煌遺書中的檔案資料及其價值意義　《魏晉南北朝隋唐史》1993年第5期　p.66

王克孝　ДХ2168號寫本初探　《敦煌學輯刊》1993年第2期　p.25　又見：1994年敦煌學國際研討
　　會文集・宗教文史卷（下）　甘肅民族出版社　2000　p.229

楊銘　吐蕃在敦煌計口授田的幾個問題　《西北師大學報》（社會科學版）1993年第5期　p.104

劉進寶　關於吐蕃統治經營河西地區的若干問題　《中國邊疆史地研究》1994年第1期　p.15

馬子海　吐蕃統治下的河西走廊　《西北師大學報》（社會科學版）1994年第2期　p.104

劉進寶　敦煌學論述　（臺北）洪葉文化事業有限公司　1995　p.269

李正宇　敦煌史地新論　（臺北）新文豐出版公司　1996　p.110

劉進寶　吐蕃對河西的統治與經營　敦煌吐魯番學研究論集　書目文獻出版社　1996　p.327

馮培紅　唐五代敦煌的河渠水利與水司管理機構初探　《敦煌學輯刊》1997年第2期　p.72

李正宇　敦煌歷史地理導論　（臺北）新文豐出版公司　1997　p.246

楊際平　郭鋒　張和平　五—十世紀敦煌的家庭與家族關係　岳麓書社　1997　p.145

楊銘　吐蕃統治敦煌研究　（臺北）新文豐出版公司　1997　p.27

陳國燦　吐蕃敦煌諸戶口數地畝計簿　敦煌學大辭典　上海辭書出版社　1998　p.415

郝春文　計口授田制　敦煌學大辭典　上海辭書出版社　1998　p. 415
李正宇　河北渠　敦煌學大辭典　上海辭書出版社　1998　p. 313
陳永勝　敦煌吐魯番法制文書研究　甘肅人民出版社　2000　p. 109
雷紹鋒　歸義軍賦役制度初探　（臺北）洪葉文化事業有限公司　2000　p. 13
劉進寶　敦煌歷史文化　甘肅人民出版社　2000　p. 95
劉進寶　敦煌文書與唐史研究　（臺北）新文豐出版公司　2000　p. 11、97
陳國燦　敦煌學史事新證　甘肅教育出版社　2002　p. 23
劉進寶　敦煌學通論　甘肅教育出版社　2002　p. 60、294
洪藝芳　敦煌社會經濟文書中的唐五代新興量詞研究　敦煌學（第24輯）（臺北）樂學書局有限公司　2003　p. 103
楊際平　北朝隋唐均田制新探　岳麓書社　2003　p. 407
孟憲實　論敦煌渠人社　周秦漢唐文化研究（第三輯）　三秦出版社　2004　p. 140
趙曉星　寇甲　西魏：歸義軍時期敦煌地區的史姓　《敦煌學輯刊》2005年第2期　p. 130
陸離　吐蕃統治河隴西域時期職官四題　《西北民族研究》2006年第2期　p. 28

S. 9157

唐耕耦　陸宏基　敦煌社會經濟文獻真迹釋錄(二)　全國圖書館文獻縮微複製中心　1990　p. 408

S. 9158

劉進寶　關於吐蕃統治經營河西地區的若干問題　《中國邊疆史地研究》1994年第1期　p. 16

S. 9159

池田溫　中國古代寫本識語集錄　（東京）大藏出版株式會社　1990　p. 395
方廣錩　諸星母陀羅尼經　敦煌學大辭典　上海辭書出版社　1998　p. 703

S. 9165

陳慶英　從敦煌出土帳簿文書看吐蕃王朝的經濟制度　藏學研究論叢（第三輯）　西藏人民出版社　1992　p. 77

S. 9172

蘇遠鳴　敦煌漢文寫本的斷代　法國學者敦煌學論文選萃　中華書局　1993　p. 561

S. 9213

榮新江　英國圖書館藏敦煌漢文非佛教文獻殘卷概述　敦煌文藪(下)　（臺北）新文豐出版公司　1999　p. 125
榮新江　《英藏敦煌文獻》定名商補　文史(第五十二輯)　中華書局　2000　p. 121

S. 9219

白化文　周易王弼注　敦煌學大辭典　上海辭書出版社　1998　p. 772
榮新江　英國圖書館藏敦煌漢文非佛教文獻殘卷概述　敦煌文藪(下)　（臺北）新文豐出版公司　1999　p. 125

S. 9222

榮新江　英國圖書館藏敦煌漢文非佛教文獻殘卷概述　敦煌文藪（下）　（臺北）新文豐出版公司
　　1999　p. 125

S. 9223

榮新江　英國圖書館藏敦煌漢文非佛教文獻殘卷概述　敦煌文藪（下）　（臺北）新文豐出版公司
　　1999　p. 125

S. 9224

榮新江　英國圖書館藏敦煌漢文非佛教文獻殘卷概述　敦煌文藪（下）　（臺北）新文豐出版公司
　　1999　p. 125

S. 9225

榮新江　英國圖書館藏敦煌漢文非佛教文獻殘卷概述　敦煌文藪（下）　（臺北）新文豐出版公司
　　1999　p. 125

S. 9227

郝春文　歸義軍政權與敦煌佛教之關係新探　周紹良先生欣開九秩慶壽文集　中華書局　1997
　　p. 172
郝春文　唐後期五代宋初敦煌僧尼的社會生活　中國社會科學出版社　1998　p. 92
郝春文　唐後期五代宋初敦煌僧尼遺產的處理與喪事的操辦　《敦煌研究》1998年第3期　p. 36
郝春文　唐後期五代宋初敦煌寺院常住什物的數量及與僧人的關係　《敦煌研究》1998年第2期
　　p. 128
沙知　河西都僧統印　敦煌學大辭典　上海辭書出版社　1998　p. 294
郝春文　英藏敦煌文獻年代叢考　英國收藏敦煌漢藏文獻研究：紀念敦煌文獻發現一百周年　中國
　　社會科學出版社　2000　p. 377
榮新江　《英國圖書館藏敦煌漢文非佛教文獻殘卷目錄》補正　英國收藏敦煌漢藏文獻研究：紀念敦
　　煌文獻發現一百周年　中國社會科學出版社　2000　p. 381
郝春文　營造寄託：中國六至十世紀造寺功德的探討　佛教與歷史文化　宗教文化出版社　2001
　　p. 420

S. 9229

福井文雅　般若心經　敦煌と中國仏教（講座敦煌7）　（東京）大東出版社　1984　p. 39

S. 9304

劉進寶　敦煌學論述　（臺北）洪葉文化事業有限公司　1995　p. 321
劉進寶　敦煌學通論　甘肅教育出版社　2002　p. 365

S. 9411

王卡　敦煌道教文獻研究　中國社會科學出版社　2004　p. 14、46、241
王卡　敦煌道教綜述　敦煌與絲路文化學術講座（第二輯）　北京圖書館出版社　2005　p. 383

S. 9413

方廣錩　敦煌佛教經錄輯校　江蘇古籍出版社　1997　p. 724

S. 9416

方廣錩　敦煌佛教經錄輯校　江蘇古籍出版社　1997　p. 683

S. 9418

寧可　郝春文　敦煌社邑文書輯校　江蘇古籍出版社　1997　p. 360

S. 9419

方廣錩　敦煌佛教經錄輯校　江蘇古籍出版社　1997　p. 1017

S. 9420

方廣錩　敦煌佛教經錄輯校　江蘇古籍出版社　1997　p. 1074

S. 9422

方廣錩　敦煌佛教經錄輯校　江蘇古籍出版社　1997　p. 1072

S. 9423

方廣錩　敦煌佛教經錄輯校　江蘇古籍出版社　1997　p. 1075

S. 9424

榮新江　英國圖書館藏敦煌漢文非佛教文獻殘卷概述　敦煌文藪(下)　(臺北)新文豐出版公司
　　1999　p. 128
榮新江　法門寺與敦煌　'98法門寺唐文化國際學術討論會論文集　陝西人民出版社　2000　p. 74
徐俊　敦煌詩集殘卷輯考　中華書局　2000　p. 333

S. 9426

方廣錩　敦煌佛教經錄輯校　江蘇古籍出版社　1997　p. 1075

S. 9427

方廣錩　敦煌佛教經錄輯校　江蘇古籍出版社　1997　p. 683

S. 9428

方廣錩　敦煌佛教經錄輯校　江蘇古籍出版社　1997　p. 1073

S. 9431

馬繼興　敦煌醫藥文獻輯校　江蘇古籍出版社　1998　p. 468
王淑民　不知名醫方第二十種　敦煌學大辭典　上海辭書出版社　1998　p. 619
王淑民　平脈略例　敦煌學大辭典　上海辭書出版社　1998　p. 616
榮新江　英國圖書館藏敦煌漢文非佛教文獻殘卷概述　敦煌文藪(下)　(臺北)新文豐出版公司
　　1999　p. 127

榮新江　《英藏敦煌文獻》定名商補　文史(第五十二輯)　中華書局　2000　p. 124　又見：敦煌學
　　新論　甘肅教育出版社　2002　p. 201

榮新江　《英國圖書館藏敦煌漢文非佛教文獻殘卷目録》補正　英國收藏敦煌漢藏文獻研究：紀念敦
　　煌文獻發現一百周年　中國社會科學出版社　2000　p. 380

王淑民　四個英藏敦煌脈書殘卷的綴輯研究　《敦煌研究》2001年第4期　p. 129

馬繼興　當前世界各地收藏的中國出土卷子本古醫藥文獻備考　敦煌吐魯番研究(第六卷)　北京
　　大學出版社　2002　p. 140

王卡　敦煌道教文獻研究　中國社會科學出版社　2004　p. 178

S. 9432

張錫厚　敦煌本《故陳子昂集》補說　《敦煌學輯刊》1994年第2期　p. 31

榮新江　英國圖書館藏敦煌漢文非佛教文獻殘卷概述　敦煌文藪(下)　(臺北)新文豐出版公司
　　1999　p. 128

榮新江　《英國圖書館藏敦煌漢文非佛教文獻殘卷目録》補正　英國收藏敦煌漢藏文獻研究：紀念敦
　　煌文獻發現一百周年　中國社會科學出版社　2000　p. 382

徐俊　敦煌詩集殘卷輯考　中華書局　2000　p. 264

S. 9433

黃征　程惠新　劫塵遺珠：敦煌遺書　甘肅教育出版社　1999　p. 211

S. 9434

馬繼興　敦煌醫藥文獻輯校　江蘇古籍出版社　1998　p. 665

榮新江　英國圖書館藏敦煌漢文非佛教文獻殘卷概述　敦煌文藪(下)　(臺北)新文豐出版公司
　　1999　p. 127

榮新江　《英藏敦煌文獻》定名商補　文史(第五十二輯)　中華書局　2000　p. 126　又見：敦煌學
　　新論　甘肅教育出版社　2002　p. 202

榮新江　《英國圖書館藏敦煌漢文非佛教文獻殘卷目録》補正　英國收藏敦煌漢藏文獻研究：紀念敦
　　煌文獻發現一百周年　中國社會科學出版社　2000　p. 382

馬繼興　當前世界各地收藏的中國出土卷子本古醫藥文獻備考　敦煌吐魯番研究(第六卷)　北京
　　大學出版社　2002　p. 140

林平和　試論敦煌文獻之輯佚價值　新世紀敦煌學論集　巴蜀書社　2003　p. 735

王卡　敦煌道教文獻研究　中國社會科學出版社　2004　p. 13、148

王卡　敦煌道教綜述　敦煌與絲路文化學術講座(第二輯)　北京圖書館出版社　2005　p. 382

S. 9443

馬繼興　敦煌醫藥文獻輯校　江蘇古籍出版社　1998　p. 470

王淑民　不知名醫方第二十一種　敦煌學大辭典　上海辭書出版社　1998　p. 619

王淑民　平脈略例　敦煌學大辭典　上海辭書出版社　1998　p. 616

榮新江　英國圖書館藏敦煌漢文非佛教文獻殘卷概述　敦煌文藪(下)　(臺北)新文豐出版公司
　　1999　p. 127

榮新江　《英藏敦煌文獻》定名商補　文史(第五十二輯)　中華書局　2000　p. 124　又見：敦煌學
　　新論　甘肅教育出版社　2002　p. 201

榮新江　《英國圖書館藏敦煌漢文非佛教文獻殘卷目録》補正　英國收藏敦煌漢藏文獻研究：紀念敦
　　煌文獻發現一百周年　中國社會科學出版社　2000　p. 381

王淑民　四個英藏敦煌脈書殘卷的綴輯研究　《敦煌研究》2001 年第 4 期　p. 129

馬繼興　當前世界各地收藏的中國出土卷子本古醫藥文獻備考　敦煌吐魯番研究（第六卷）　北京
　　大學出版社　2002　p. 139

王卡　敦煌道教文獻研究　中國社會科學出版社　2004　p. 178

S. 9447

方廣錩　敦煌佛教經録輯校　江蘇古籍出版社　1997　p. 684

S. 9448

榮新江　英國圖書館藏敦煌漢文非佛教文獻殘卷概述　敦煌文藪（下）　（臺北）新文豐出版公司
　　1999　p. 127

鄭阿財　朱鳳玉　敦煌蒙書研究　甘肅教育出版社　2002　p. 54

S. 9449

榮新江　英國圖書館藏敦煌漢文非佛教文獻殘卷概述　敦煌文藪（下）　（臺北）新文豐出版公司
　　1999　p. 127

鄭阿財　朱鳳玉　敦煌蒙書研究　甘肅教育出版社　2002　p. 54

S. 9450

山本達郎等　補（Ⅲ）契・敦煌發現契　『NUN–HUANG AND TURFAN DOCUMENTS CONCERNING
　　SOCIAL AND ECONOMIC HISTORY』（Sup. p. lemrnts）　（東京）東洋文庫　2001　p. 62

S. 9452

馮培紅　歸義軍鎮制考　敦煌吐魯番研究（第九卷）　北京大學出版社　2006　p. 271

S. 9455

馬德　《敦煌工匠史料》補遺與訂誤　敦煌學（第 25 輯）　（臺北）樂學書局有限公司　2004　p. 297

S. 9456

池田溫　契　敦煌漢文文獻（講座敦煌5）　（東京）大東出版社　1992　p. 666　又見：敦煌文書の世
　　界　（東京）名著刊行會　2003　p. 196

沙知　敦煌契約文書輯校　江蘇古籍出版社　1998　p. 50

山本達郎等　補（Ⅲ）契・敦煌發現契　『NUN–HUANG AND TURFAN DOCUMENTS CONCERNING
　　SOCIAL AND ECONOMIC HISTORY』（Sup. p. lemrnts）　（東京）東洋文庫　2001　p. 50

S. 9458

山本達郎等　補（Ⅲ）契・敦煌發現契　『NUN–HUANG AND TURFAN DOCUMENTS CONCERNING
　　SOCIAL AND ECONOMIC HISTORY』（Sup. p. lemrnts）　（東京）東洋文庫　2001　p. 63

S. 9460

榮新江　歐洲所藏西域出土文獻聞見錄　《敦煌學輯刊》1986 年第 1 期　p. 121

劉俊文　敦煌吐魯番唐代法制文書考釋　中華書局　1989　p. 30

岡野誠　敦煌資料と唐代法典研究——西域発見の唐律・律疏斷簡の再檢討　敦煌漢文文獻（講座敦煌 5）　（東京）大東出版社　1992　p. 512

唐耕耦　國忌　敦煌學大辭典　上海辭書出版社　1998　p. 377

榮新江　英國圖書館藏敦煌漢文非佛教文獻殘卷概述　敦煌文藪（下）　（臺北）新文豐出版公司　1999　p. 129

陳永勝　敦煌吐魯番法制文書研究　甘肅人民出版社　2000　p. 28

山本達郎等　補（I）法制　『NUN–HUANG AND TURFAN DOCUMENTS CONCERNING SOCIAL AND ECONOMIC HISTORY』（Sup. p. lemrnts）　（東京）東洋文庫　2001　p. 1

S. 9462

寧可　郝春文　敦煌社邑文書輯校　江蘇古籍出版社　1997　p. 353

山本達郎等　補（IV）社・III 轉貼　『NUN–HUANG AND TURFAN DOCUMENTS CONCERNING SOCIAL AND ECONOMIC HISTORY』（Sup. p. lemrnts）　（東京）東洋文庫　2001　p. 76

S. 9463

羅彤華　從便物曆論敦煌寺院的放貸　敦煌文獻論集：紀念藏經洞發現一百周年國際學術研討會論文集　遼寧人民出版社　2001　p. 472

S. 9464

張廣達　榮新江　八世紀下半至九世紀初的于闐　唐研究（第三卷）　北京大學出版社　1997　p. 344

榮新江　英國圖書館藏敦煌漢文非佛教文獻殘卷概述　敦煌文藪（下）　（臺北）新文豐出版公司　1999　p. 125

S. 9467

榮新江　《英國圖書館藏敦煌漢文非佛教文獻殘卷目錄》補正　英國收藏敦煌漢藏文獻研究：紀念敦煌文獻發現一百周年　中國社會科學出版社　2000　p. 383

S. 9468

徐俊　敦煌詩集殘卷輯考　中華書局　2000　p. 912

S. 9469

榮新江　《英國圖書館藏敦煌漢文非佛教文獻殘卷目錄》補正　英國收藏敦煌漢藏文獻研究：紀念敦煌文獻發現一百周年　中國社會科學出版社　2000　p. 383

S. 9470

榮新江　英國圖書館藏敦煌漢文非佛教文獻殘卷概述　敦煌文藪（下）　（臺北）新文豐出版公司　1999　p. 127

鄭阿財　朱鳳玉　敦煌蒙書研究　甘肅教育出版社　2002　p. 54

S. 9481

邰惠莉　敦煌版畫叙録　《敦煌研究》2005 年第 2 期　p. 12

S. 9487

池田温　唐代敦煌均田制の一考察　（東京）『東洋學報』(66 卷 1－4 號　創立 60 年記念特輯號)
　　（東京）東洋學術協會　1985　p. 1

池田温　唐代敦煌均田制考察之一　《敦煌學輯刊》1986 年第 2 期　p. 159　又見：唐研究論文選集
　　中國社會科學出版社　1999　p. 312

池田温著　胡小鵬譯　唐代敦煌均田制小考　《敦煌學研究》(西北師院學報)1986 年增刊　p. 51

榮新江　歐洲所藏西域出土文獻聞見録　《敦煌學輯刊》1986 年第 1 期　p. 121

楊際平　敦煌吐魯番出土經濟文書雜考(三題)　《中國社會經濟史研究》1987 年第 1 期　p. 31

宋家鈺　唐朝戶籍法與均田制研究　中州古籍出版社　1988　p. 346

池田温　敦煌における土地稅役制をめぐって　東アジア古文書の史的研究　（東京）刀水書房
　　1990　p. 70

唐耕耦　陸宏基　敦煌社會經濟文獻真迹釋録(二)　全國圖書館文獻縮微複製中心　1990　p. 369

土肥義和　唐代敦煌均田制の田土給授文書について　東アジア古文書の史的研究　（東京）刀水
　　書房　1990　p. 288

朱雷　唐代"點籍樣"制度初探　敦煌吐魯番文書初探(二編)　武漢大學出版社　1990　p. 353、353

楊際平　均田制新探　廈門大學出版社　1991　p. 272

施萍婷　俄藏敦煌文獻經眼録之一　《敦煌研究》1996 年第 2 期　p. 75

張國剛　隋唐五代史研究概要　天津教育出版社　1996　p. 247

姜伯勤　論池田温先生的唐研究　唐研究論文選集　中國社會科學出版社　1999　p. 16

榮新江　敦煌學十八講　北京大學出版社　2001　p. 351

楊際平　北朝隋唐均田制新探　岳麓書社　2003　p. 267

邰惠莉　敦煌版畫叙録　《敦煌研究》2005 年第 2 期　p. 12

S. 9489

池田温著　胡小鵬譯　唐代敦煌均田制小考　《敦煌學研究》(西北師院學報)1986 年增刊　p. 50

S. 9491

朱鳳玉　從傳統語文教育論敦煌本《雜抄》　全國敦煌學研討會論文集　（臺北）中正大學中國文學
　　系所　1995　p. 203

榮新江　英國圖書館藏敦煌漢文非佛教文獻殘卷概述　敦煌文藪(下)　（臺北）新文豐出版公司
　　1999　p. 127

鄭阿財　朱鳳玉　敦煌蒙書研究　甘肅教育出版社　2002　p. 169

S. 9501

榮新江　英倫所見三種敦煌俗文學作品跋　（香港）《九州學刊》(敦煌學專輯)1993 年第 5 卷第 4 期
　　p. 132

嚴敦傑　孔子馬頭卜法一部二十七條　敦煌學大辭典　上海辭書出版社　1998　p. 622

張鴻勳　下女夫詞　敦煌學大辭典　上海辭書出版社　1998　p. 582

榮新江　英國圖書館藏敦煌漢文非佛教文獻殘卷概述　敦煌文藪(下)　（臺北）新文豐出版公司

1999　p. 126

榮新江　《英國圖書館藏敦煌漢文非佛教文獻殘卷目録》補正　英國收藏敦煌漢藏文獻研究：紀念敦
　　煌文獻發現一百周年　中國社會科學出版社　2000　p. 383

徐俊　敦煌詩集殘卷輯考　中華書局　2000　p. 217

張錫厚　敦煌文學源流　作家出版社　2000　p. 551

黃征　敦煌語言文字學研究　甘肅教育出版社　2002　p. 164

張鴻勳　敦煌俗文學研究　甘肅人民出版社　2002　p. 409

趙跟喜　敦煌唐宋時期的女子教育初探　《敦煌研究》2006 年第 2 期　p. 95

S. 9502

榮新江　英倫所見三種敦煌俗文學作品跋　（香港）《九州學刊》（敦煌學專輯）1993 年第 5 卷第 4 期
　　p. 132

嚴敦傑　孔子馬頭卜法一部二十七條　敦煌學大辭典　上海辭書出版社　1998　p. 622

張鴻勳　下女夫詞　敦煌學大辭典　上海辭書出版社　1998　p. 582

榮新江　英國圖書館藏敦煌漢文非佛教文獻殘卷概述　敦煌文藪（下）　（臺北）新文豐出版公司
　　1999　p. 126

榮新江　《英國圖書館藏敦煌漢文非佛教文獻殘卷目録》補正　英國收藏敦煌漢藏文獻研究：紀念敦
　　煌文獻發現一百周年　中國社會科學出版社　2000　p. 383

徐俊　敦煌詩集殘卷輯考　中華書局　2000　p. 217

張錫厚　敦煌文學源流　作家出版社　2000　p. 551

黃正建　敦煌占卜文書與唐五代占卜研究　學苑出版社　2001　p. 26

黃征　敦煌語言文字學研究　甘肅教育出版社　2002　p. 164

張鴻勳　敦煌俗文學研究　甘肅人民出版社　2002　p. 409

趙跟喜　敦煌唐宋時期的女子教育初探　《敦煌研究》2006 年第 2 期　p. 95

S. 9504

張錫厚　敦煌本唐集研究　（臺北）新文豐出版公司　1995　p. 409

張錫厚　敦煌賦彙　（臺北）新文豐出版公司　1996　p. 3

張錫厚　評《敦煌賦校注》　敦煌吐魯番研究（第一卷）　北京大學出版社　1996　p. 421

白化文　文選　敦煌學大辭典　上海辭書出版社　1998　p. 783

榮新江　英國圖書館藏敦煌漢文非佛教文獻殘卷概述　敦煌文藪（下）　（臺北）新文豐出版公司
　　1999　p. 128

傅剛　文選版本研究　北京大學出版社　2000　p. 114

饒宗頤　敦煌吐魯番本文選　中華書局　2000　p. 29（圖版）

張錫厚　敦煌文學源流　作家出版社　2000　p. 197

S. 9505

郝春文　評榮新江《英國圖書館藏敦煌漢文非佛教文獻殘卷目録（S. 6981 - 13624）》　敦煌吐魯番研
　　究（第一卷）　北京大學出版社　1996　p. 367

S. 9509

郝春文　評榮新江《英國圖書館藏敦煌漢文非佛教文獻殘卷目録（S. 6981 - 13624）》　敦煌吐魯番研

究(第一卷)　北京大學出版社　1996　p. 367

曾良　敦煌文獻字義通釋　廈門大學出版社　2001　p. 9

S. 9515

楊寶玉　《懺悔滅罪金光明經冥報傳》校考　英國收藏敦煌漢藏文獻研究:紀念敦煌文獻發現一百周
年　中國社會科學出版社　2000　p. 330

S. 9517

馬繼興　當前世界各地收藏的中國出土卷子本古醫藥文獻備考　敦煌吐魯番研究(第六卷)　北京
大學出版社　2002　p. 140

S. 9523

萬毅　敦煌本《昇玄內教経》試探　唐研究(第一卷)　北京大学出版社　1995　p. 67

萬毅　敦煌本《昇玄內教経》解說　道家文化研究(第十三輯)　三聯書店　1998　p. 268

王卡　太上洞玄靈寶昇玄內教經　敦煌學大辭典　上海辭書出版社　1998　p. 760

榮新江　英國圖書館藏敦煌漢文非佛教文獻殘卷概述　敦煌文藪(下)　(臺北)新文豐出版公司
1999　p. 126

山田俊　唐初道教思想史研究·資料篇　(京都)平樂寺書店　1999　p. 275

萬毅　敦煌本道教《昇玄內教経》的文本順序　敦煌文獻論集:紀念藏経洞發現一百周年國際學術研
討會論文集　遼寧人民出版社　2001　p. 599

王卡　敦煌道經殘卷綴合與考訂三則　敦煌文獻論集:紀念藏経洞發現一百周年國際學術研討會論
文集　遼寧人民出版社　2001　p. 581

王卡　敦煌道教文獻研究　中國社會科學出版社　2004　p. 122

王卡　中國國家圖書館藏敦煌道教遺書研究報告　敦煌吐魯番研究(第七卷)　北京大學出版社
2004　p. 354

S. 9532

施萍婷　評《敦煌天文曆法文獻輯校》　敦煌吐魯番研究(第三卷)　北京大學出版社　1998　p. 392

榮新江　英國圖書館藏敦煌漢文非佛教文獻殘卷概述　敦煌文藪(下)　(臺北)新文豐出版公司
1999　p. 127

S. 9533

榮新江　英國圖書館藏敦煌漢文非佛教文獻殘卷概述　敦煌文藪(下)　(臺北)新文豐出版公司
1999　p. 127

S. 9535

楊森　《辛巳年六月十六日社人于燈司倉貸粟曆》文書之定年　《敦煌學輯刊》2001年第2期　p. 18

S. 9538

方廣錩　敦煌佛教經録輯校　江蘇古籍出版社　1997　p. 1076

S. 9539

郝春文　評榮新江《英國圖書館藏敦煌漢文非佛教文獻殘卷目録(S. 6981－13624)》　敦煌吐魯番研
　　究(第一卷)　北京大學出版社　1996　p. 367
余欣　唐宋敦煌醮祭鎮宅法考察　《敦煌研究》2006 年第 2 期　p. 63

S. 9593

黄盛璋　回鶻譯本《玄奘傳》殘卷五玄奘回程之地望與對音研究　中外交通與交流史研究　安徽教
　　育出版社　2002　p. 251

S. 9713

趙和平　《敦煌寫本書儀研究》訂補　敦煌吐魯番研究(第三卷)　北京大學出版社　1998　p. 251
榮新江　英國圖書館藏敦煌漢文非佛教文獻殘卷概述　敦煌文藪(下)　(臺北)新文豐出版公司
　　1999　p. 128
榮新江　《英藏敦煌文獻》定名商補　文史(第五十二輯)　中華書局　2000　p. 126
榮新江　《英國圖書館藏敦煌漢文非佛教文獻殘卷目録》補正　英國收藏敦煌漢藏文獻研究:紀念敦
　　煌文獻發現一百周年　中國社會科學出版社　2000　p. 383

S. 9724

許國霖　敦煌石室写经年代表　《微妙声》1937 年第 5 期　又見:中國敦煌學百年文庫·宗教卷
　　(四)　甘肅文化出版社　1999　p. 194

S. 9749

宋家鈺　佛教齋文源流與敦煌本"齋文"書的復原　《中國史研究》1999 年第 2 期　p. 77　又見:英
　　國收藏敦煌漢藏文獻研究:紀念敦煌文獻發現一百周年　中國社會科學出版社　2000　p. 306

S. 9764

王卡　敦煌道教文獻研究　中國社會科學出版社　2004　p. 126
王卡　中國國家圖書館藏敦煌道教遺書研究報告　敦煌吐魯番研究(第七卷)　北京大學出版社
　　2004　p. 354

S. 9766

馬克　敦煌數占小考　法國漢學(敦煌學專號)　中華書局　2000　p. 194
黄正建　敦煌占卜文書與唐五代占卜研究　學苑出版社　2001　p. 20
趙貞　評《敦煌占卜文書與唐五代占卜研究》　唐研究(第八卷)　北京大學出版社　2002　p. 521
王卡　敦煌道教文獻研究　中國社會科學出版社　2004　p. 13、150
王卡　敦煌道教綜述　敦煌與絲路文化學術講座(第二輯)　北京圖書館出版社　2005　p. 382

S. 9814

寧可　郝春文　敦煌社邑文書輯校　江蘇古籍出版社　1997　p. 348
黄正建　敦煌禄命類文書述略　中國社會科學院歷史研究所學刊(第一集)　社會科學文獻出版社
　　2001　p. 258
黄正建　敦煌占卜文書與唐五代占卜研究　學苑出版社　2001　p. 131

孟憲實　敦煌社邑的分佈　敦煌文獻論集：紀念藏經洞發現一百周年國際學術研討會論文集　遼寧
　　人民出版社　2001　p. 433

山本達郎等　補（Ⅳ）社・Ⅲ 轉貼　『NUN－HUANG AND TURFAN DOCUMENTS CONCERNING SO-
　　CIAL AND ECONOMIC HISTORY』（Sup. p. lemrnts）　（東京）東洋文庫　2001　p. 77

S. 9822

王卡　敦煌道教文獻研究　中國社會科學出版社　2004　p. 195

王卡　中國國家圖書館藏敦煌道教遺書研究報告　敦煌吐魯番研究（第七卷）　北京大學出版社
　　2004　p. 367

S. 9830

王卡　敦煌道教文獻研究　中國社會科學出版社　2004　p. 194

王卡　中國國家圖書館藏敦煌道教遺書研究報告　敦煌吐魯番研究（第七卷）　北京大學出版社
　　2004　p. 367

S. 9846

王卡　敦煌道經殘卷綴合與考訂三則　敦煌文獻論集：紀念藏經洞發現一百周年國際學術研討會論
　　文集　遼寧人民出版社　2001　p. 585

王卡　敦煌道教文獻研究　中國社會科學出版社　2004　p. 177

S. 9858

寧可　郝春文　敦煌社邑文書輯校　江蘇古籍出版社　1997　p. 355

山本達郎等　補（Ⅳ）社・Ⅲ 轉貼　『NUN－HUANG AND TURFAN DOCUMENTS CONCERNING SO-
　　CIAL AND ECONOMIC HISTORY』（Sup. p. lemrnts）　（東京）東洋文庫　2001　p. 78

S. 9877

寧可　郝春文　敦煌社邑文書輯校　江蘇古籍出版社　1997　p. 357

山本達郎等　補（Ⅳ）社・Ⅳ 納贈曆・納色物曆　『NUN－HUANG AND TURFAN DOCUMENTS
　　CONCERNING SOCIAL AND ECONOMIC HISTORY』（Sup. p. lemrnts）　（東京）東洋文庫　2001
　　p. 86

S. 9925

寧可　郝春文　敦煌社邑文書輯校　江蘇古籍出版社　1997　p. 346

山本達郎等　補（Ⅳ）社・Ⅲ 轉貼　『NUN－HUANG AND TURFAN DOCUMENTS CONCERNING SO-
　　CIAL AND ECONOMIC HISTORY』（Sup. p. lemrnts）　（東京）東洋文庫　2001　p. 75

S. 9927

羅彤華　從便物曆論敦煌寺院的放貸　敦煌文獻論集：紀念藏經洞發現一百周年國際學術研討會論
　　文集　遼寧人民出版社　2001　p. 472

S. 9928

榮新江　英國圖書館藏敦煌漢文非佛教文獻殘卷概述　敦煌文藪（下）　（臺北）新文豐出版公司

1999　p. 126

王卡　中國國家圖書館藏敦煌道教遺書研究報告　敦煌吐魯番研究(第七卷)　北京大學出版社
　　2004　p. 366

S. 9929

寧可　郝春文　敦煌社邑文書輯校　江蘇古籍出版社　1997　p. 124

楊森　談敦煌社邑文書中"三官"及"錄事""虞侯"的若干問題　《敦煌研究》1999年第3期　p. 80

山本達郎等　補(IV)社・III轉貼　『NUN－HUANG AND TURFAN DOCUMENTS CONCERNING SO-
　　CIAL AND ECONOMIC HISTORY』(Sup. p. lemrnts)　(東京)東洋文庫　2001　p. 75

S. 9930

沙知　敦煌契約文書輯校　江蘇古籍出版社　1998　p. 45

山本達郎等　補(III)契・敦煌發現契　『NUN－HUANG AND TURFAN DOCUMENTS CONCERNING
　　SOCIAL AND ECONOMIC HISTORY』(Sup. p. lemrnts)　(東京)東洋文庫　2001　p. 50

王啓濤　中古及近代法制文書語言研究　巴蜀書社　2003　p. 304

S. 9931

郝春文　唐後期五代宋初敦煌僧尼的社會生活　中國社會科學出版社　1998　p. 131

郝春文　唐後期五代宋初敦煌寺院常住什物的數量及與僧人的關係　《敦煌研究》1998年第2期
　　p. 120

榮新江　英國圖書館藏敦煌漢文非佛教文獻殘卷概述　敦煌文藪(下)　(臺北)新文豐出版公司
　　1999　p. 128

S. 9932

馬繼興　當前世界各地收藏的中國出土卷子本古醫藥文獻備考　敦煌吐魯番研究(第六卷)　北京
　　大學出版社　2002　p. 140

王卡　敦煌道教文獻研究　中國社會科學出版社　2004　p. 47、237

S. 9934

沙知　敦煌契約文書輯校　江蘇古籍出版社　1998　p. 445

山本達郎等　補(III)契・敦煌發現契　『NUN－HUANG AND TURFAN DOCUMENTS CONCERNING
　　SOCIAL AND ECONOMIC HISTORY』(Sup. p. lemrnts)　(東京)東洋文庫　2001　p. 60

S. 9935

榮新江　英國圖書館藏敦煌漢文非佛教文獻殘卷概述　敦煌文藪(下)　(臺北)新文豐出版公司
　　1999　p. 125

榮新江　《英藏敦煌文獻》定名商補　文史(第五十二輯)　中華書局　2000　p. 126　又見:敦煌學
　　新論　甘肅教育出版社　2002　p. 203

榮新江　《英國圖書館藏敦煌漢文非佛教文獻殘卷目錄》補正　英國收藏敦煌漢藏文獻研究:紀念敦
　　煌文獻發現一百周年　中國社會科學出版社　2000　p. 383

許建平　敦煌本《尚書》叙錄　敦煌文獻論集:紀念藏經洞發現一百周年國際學術研討會論文集　遼
　　寧人民出版社　2001　p. 381

中村威也　ДХ10698『尚書費誓』とДХ10698v「史書」について　『西北出土文獻研究』（創刊號）
　　（新潟）西北出土文獻研究會　2004　p. 43

S. 9936

馬繼興　敦煌醫藥文獻　敦煌學大辭典　上海辭書出版社　1998　p. 615

馬繼興　敦煌醫藥文獻輯校　江蘇古籍出版社　1998　p. 731

王淑民　五石藥方　敦煌學大辭典　上海辭書出版社　1998　p. 620

榮新江　英國圖書館藏敦煌漢文非佛教文獻殘卷概述　敦煌文藪（下）　（臺北）新文豐出版公司
　　1999　p. 127

馬繼興　當前世界各地收藏的中國出土卷子本古醫藥文獻備考　敦煌吐魯番研究（第六卷）　北京
　　大學出版社　2002　p. 140

王卡　敦煌道教文獻研究　中國社會科學出版社　2004　p. 48、238

陳明　備急單驗：敦煌醫藥文獻中的單藥方　敦煌學國際研討會論文集　北京圖書館出版社　2005
　　p. 239

陳明　殊方異藥：出土文書與西域醫學　北京大學出版社　2005　p. 150

S. 9937

趙和平　《敦煌寫本書儀研究》訂補　敦煌吐魯番研究（第三卷）　北京大學出版社　1998　p. 250

榮新江　英國圖書館藏敦煌漢文非佛教文獻殘卷概述　敦煌文藪（下）　（臺北）新文豐出版公司
　　1999　p. 127

榮新江　《英藏敦煌文獻》定名商補　文史（第五十二輯）　中華書局　2000　p. 127

余欣　敦煌的入宅與暖房禮俗　中華文史論叢（總78輯）　上海古籍出版社　2004　p. 106

S. 9941

鄭炳林　晚唐五代敦煌村莊聚落輯考　2000年敦煌學國際學術討論會文集·歷史文化卷（上）　甘
　　肅民族出版社　2003　p. 128、153

S. 9942

徐俊　敦煌詩集殘卷輯考　中華書局　2000　p. 863

S. 9943

王啓濤　中古及近代法制文書語言研究　巴蜀書社　2003　p. 323

S. 9946

榮新江　英倫所見三種敦煌俗文學作品跋　（香港）《九州學刊》（敦煌學專輯）1993年第5卷第4期
　　p. 132

S. 9951

白化文　姓望氏族譜　敦煌學大辭典　上海辭書出版社　1998　p. 452

榮新江　英國圖書館藏敦煌漢文非佛教文獻殘卷概述　敦煌文藪（下）　（臺北）新文豐出版公司
　　1999　p. 129

榮新江　《英藏敦煌文獻》定名商補　文史（第五十二輯）　中華書局　2000　p. 123

S. 9953

寧可　郝春文　敦煌社邑文書輯校　江蘇古籍出版社　1997　p. 358

山本達郎等　補(IV)社・III 轉貼　『NUN‐HUANG AND TURFAN DOCUMENTS CONCERNING SO‐
CIAL AND ECONOMIC HISTORY』(Sup. p. lemrnts)　(東京)東洋文庫　2001　p. 70

S. 9956

榮新江　英國圖書館藏敦煌漢文非佛教文獻殘卷概述　敦煌文藪(下)　(臺北)新文豐出版公司
1999　p. 126

許建平　英倫法京所藏敦煌寫本殘片八種之定名並校錄　敦煌學(第 24 輯)　(臺北)樂學書局有限
公司　2003　p. 126

S. 9958

曾良　敦煌文獻字義通釋　廈門大學出版社　2001　p. 125

S. 9983

王卡　敦煌道教文獻研究　中國社會科學出版社　2004　p. 200

王卡　中國國家圖書館藏敦煌道教遺書研究報告　敦煌吐魯番研究(第七卷)　北京大學出版社
2004　p. 369

S. 9986

郝春文　評榮新江《英國圖書館藏敦煌漢文非佛教文獻殘卷目錄(S. 6981‐13624)》　敦煌吐魯番研
究(第一卷)　北京大學出版社　1996　p. 366

S. 9987

張儂　敦煌石窟秘方與灸經圖　甘肅文化出版社　1995　p. 147

馬繼興　敦煌醫藥文獻　敦煌學大辭典　上海辭書出版社　1998　p. 615

馬繼興　敦煌醫藥文獻輯校　江蘇古籍出版社　1998　p. 257、452

王淑民　備急單驗方　敦煌學大辭典　上海辭書出版社　1998　p. 620

王淑民　不知名醫方第十八種　敦煌學大辭典　上海辭書出版社　1998　p. 619

嚴敦傑　相書一卷　敦煌學大辭典　上海辭書出版社　1998　p. 621

榮新江　英國圖書館藏敦煌漢文非佛教文獻殘卷概述　敦煌文藪(下)　(臺北)新文豐出版公司
1999　p. 126

王淑民　敦煌石窟秘藏醫方　北京醫科大學中國協和醫科大學聯合出版社　1999　p. 4

榮新江　《英藏敦煌文獻》定名商補　文史(第五十二輯)　中華書局　2000　p. 120

黃正建　敦煌占卜文書與唐五代占卜研究　學苑出版社　2001　p. 59、103

曾良　敦煌文獻字義通釋　廈門大學出版社　2001　p. 99

馬繼興　當前世界各地收藏的中國出土卷子本古醫藥文獻備考　敦煌吐魯番研究(第六卷)　北京
大學出版社　2002　p. 140

鄭炳林　王晶波　敦煌寫本相書概述　《敦煌學國際聯絡委員會通訊》2003 年第 1 期　p. 46

王晶波　論佛教占相內容對敦煌寫本相書的影響　《敦煌研究》2004 年第 2 期　p. 94

王卡　敦煌道教文獻研究　中國社會科學出版社　2004　p. 51、183

王卡　中國國家圖書館藏敦煌道教遺書研究報告　敦煌吐魯番研究(第七卷)　北京大學出版社

2004　p. 365

鄭炳林　王晶波　敦煌寫本相書校録研究　民族出版社　2004　p. 11、120

陳明　備急單驗：敦煌醫藥文獻中的單藥方　敦煌學國際研討會論文集　北京圖書館出版社　2005
　　p. 236

陳明　殊方異藥：出土文書與西域醫學　北京大學出版社　2005　p. 149

陳逸平　亦波　論天人感應思想對敦煌相書的影響　《敦煌研究》2005 年第 2 期　p. 81

王晶波　論敦煌相書中的陰陽五行觀念　《敦煌學輯刊》2005 年第 2 期　p. 44

王晶波　王璐　唐代相痣書殘卷 P. 3492v 研究　《敦煌研究》2005 年第 1 期　p. 19

S. 9988

郝春文　評榮新江《英國圖書館藏敦煌漢文非佛教文獻殘卷目録（S. 6981 – 13624）》　敦煌吐魯番研
　　究（第一卷）　北京大學出版社　1996　p. 366

S. 9989

余欣　唐宋敦煌醮祭鎮宅法考察　《敦煌研究》2006 年第 2 期　p. 63

S. 9993

王卡　敦煌道教文獻研究　中國社會科學出版社　2004　p. 47、237

余欣　唐宋敦煌醮祭鎮宅法考察　《敦煌研究》2006 年第 2 期　p. 63

S. 9994

方廣錩　敦煌佛教經録輯校　江蘇古籍出版社　1997　p. 119、799

方廣錩　大唐内典録　敦煌學大辭典　上海辭書出版社　1998　p. 744

方廣錩　敦煌遺書中所存的全國性佛教經録　敦煌學佛教學論叢（上）　中國佛教文化研究所
　　1998　p. 283

S. 9996

羅彤華　從便物曆論敦煌寺院的放貸　敦煌文獻論集：紀念藏經洞發現一百周年國際學術研討會論
　　文集　遼寧人民出版社　2001　p. 468

曾良　敦煌文獻字義通釋　廈門大學出版社　2001　p. 17

S. 10001

郝春文　評榮新江《英國圖書館藏敦煌漢文非佛教文獻殘卷目録（S. 6981 – 13624）》　敦煌吐魯番研
　　究（第一卷）　北京大學出版社　1996　p. 367

S. 10002

寧可　郝春文　敦煌社邑文書輯校　江蘇古籍出版社　1997　p. 358

山本達郎等　補（Ⅳ）社・Ⅲ 轉貼　『NUN – HUANG AND TURFAN DOCUMENTS CONCERNING SO-
　　CIAL AND ECONOMIC HISTORY』（Sup. p. lemrnts）　（東京）東洋文庫　2001　p. 76

S. 10007

方廣錩　敦煌佛教經録輯校　江蘇古籍出版社　1997　p. 1077

S. 10010

趙和平　《敦煌寫本書儀研究》訂補　敦煌吐魯番研究(第三卷)　北京大學出版社　1998　p. 250

榮新江　英國圖書館藏敦煌漢文非佛教文獻殘卷概述　敦煌文藪(下)　(臺北)新文豐出版公司
　　1999　p. 127

榮新江　《英國圖書館藏敦煌漢文非佛教文獻殘卷目録》補正　英國收藏敦煌漢藏文獻研究：紀念敦
　　煌文獻發現一百周年　中國社會科學出版社　2000　p. 383

余欣　敦煌的入宅與暖房禮俗　中華文史論叢(總78輯)　上海古籍出版社　2004　p. 106

S. 10013

寧可　郝春文　敦煌社邑文書輯校　江蘇古籍出版社　1997　p. 350

山本達郎等　補(IV)社・III 轉貼　『NUN‒HUANG AND TURFAN DOCUMENTS CONCERNING SO-
　　CIAL AND ECONOMIC HISTORY』(Sup. p. lemrnts)　(東京)東洋文庫　2001　p. 76

S. 10014

張先堂　晚唐至宋初淨土五會念佛法門在敦煌的流傳　《敦煌研究》1998年第1期　p. 53

S. 10056

榮新江　英國圖書館藏敦煌漢文非佛教文獻殘卷概述　敦煌文藪(下)　(臺北)新文豐出版公司
　　1999　p. 126

S. 10060

榮新江　英國圖書館藏敦煌漢文非佛教文獻殘卷概述　敦煌文藪(下)　(臺北)新文豐出版公司
　　1999　p. 126

S. 10179

饒宗頤　敦煌吐魯番本文選　中華書局　2000　p. 51(圖版)

榮新江　《英藏敦煌文獻》定名商補　文史(第五十二輯)　中華書局　2000　p. 126　又見：敦煌學
　　新論　甘肅教育出版社　2002　p. 203

榮新江　《英國圖書館藏敦煌漢文非佛教文獻殘卷目録》補正　英國收藏敦煌漢藏文獻研究：紀念敦
　　煌文獻發現一百周年　中國社會科學出版社　2000　p. 383

徐俊　評《敦煌吐魯番本文選》、《敦煌本〈昭明文選〉研究》、《敦煌本〈文選注〉箋證》、《文選版本研
　　究》　敦煌吐魯番研究(第五卷)　北京大學出版社　2001　p. 380

S. 10182

郝春文　評榮新江《英國圖書館藏敦煌漢文非佛教文獻殘卷目録(S. 6981‒13624)》　敦煌吐魯番研
　　究(第一卷)　北京大學出版社　1996　p. 366

曾良　敦煌文獻字義通釋　廈門大學出版社　2001　p. 85

S. 10184

寧可　郝春文　敦煌社邑文書輯校　江蘇古籍出版社　1997　p. 124

楊森　談敦煌社邑文書中"三官"及"録事""虞侯"的若干問題　《敦煌研究》1999年第3期　p. 80

山本達郎等　補(IV)社・III 轉貼　『NUN‒HUANG AND TURFAN DOCUMENTS CONCERNING SO-

CIAL AND ECONOMIC HISTORY』(Sup. p. lemrnts)　　（東京）東洋文庫　2001　p. 75

S. 10207

王卡　敦煌道教文獻研究　中國社會科學出版社　2004　p. 253

S. 10264

王卡　敦煌道教文獻研究　中國社會科學出版社　2004　p. 253

S. 10273

郝春文　評榮新江《英國圖書館藏敦煌漢文非佛教文獻殘卷目録(S. 6981－13624)》　敦煌吐魯番研究(第一卷)　北京大學出版社　1996　p. 362

郝春文　英藏敦煌文獻年代叢考　英國收藏敦煌漢藏文獻研究:紀念敦煌文獻發現一百周年　中國社會科學出版社　2000　p. 375

羅彤華　從便物曆論敦煌寺院的放貸　敦煌文獻論集:紀念藏經洞發現一百周年國際學術研討會論文集　遼寧人民出版社　2001　p. 469

S. 10274

郝春文　評榮新江《英國圖書館藏敦煌漢文非佛教文獻殘卷目録(S. 6981－13624)》　敦煌吐魯番研究(第一卷)　北京大學出版社　1996　p. 363

郝春文　英藏敦煌文獻年代叢考　英國收藏敦煌漢藏文獻研究:紀念敦煌文獻發現一百周年　中國社會科學出版社　2000　p. 377

羅彤華　從便物曆論敦煌寺院的放貸　敦煌文獻論集:紀念藏經洞發現一百周年國際學術研討會論文集　遼寧人民出版社　2001　p. 472

S. 10275

榮新江　《英國圖書館藏敦煌漢文非佛教文獻殘卷目録》補正　英國收藏敦煌漢藏文獻研究:紀念敦煌文獻發現一百周年　中國社會科學出版社　2000　p. 384

S. 10276

郝春文　評榮新江《英國圖書館藏敦煌漢文非佛教文獻殘卷目録(S. 6981－13624)》　敦煌吐魯番研究(第一卷)　北京大學出版社　1996　p. 363

郝春文　英藏敦煌文獻年代叢考　英國收藏敦煌漢藏文獻研究:紀念敦煌文獻發現一百周年　中國社會科學出版社　2000　p. 377

羅彤華　從便物曆論敦煌寺院的放貸　敦煌文獻論集:紀念藏經洞發現一百周年國際學術研討會論文集　遼寧人民出版社　2001　p. 472

S. 10277

郝春文　評榮新江《英國圖書館藏敦煌漢文非佛教文獻殘卷目録(S. 6981－13624)》　敦煌吐魯番研究(第一卷)　北京大學出版社　1996　p. 363

郝春文　英藏敦煌文獻年代叢考　英國收藏敦煌漢藏文獻研究:紀念敦煌文獻發現一百周年　中國社會科學出版社　2000　p. 377

羅彤華　從便物曆論敦煌寺院的放貸　敦煌文獻論集:紀念藏經洞發現一百周年國際學術研討會論

文集　遼寧人民出版社　2001　p. 472

S. 10279

郝春文　評榮新江《英國圖書館藏敦煌漢文非佛教文獻殘卷目錄(S. 6981-13624)》　敦煌吐魯番研
　　究(第一卷)　北京大學出版社　1996　p. 362

郝春文　英藏敦煌文獻年代叢考　英國收藏敦煌漢藏文獻研究:紀念敦煌文獻發現一百周年　中國
　　社會科學出版社　2000　p. 375

羅彤華　從便物曆論敦煌寺院的放貸　敦煌文獻論集:紀念藏經洞發現一百周年國際學術研討會論
　　文集　遼寧人民出版社　2001　p. 469

S. 10281

寧可　郝春文　敦煌社邑文書輯校　江蘇古籍出版社　1997　p. 464

郝春文　唐後期五代宋初敦煌僧尼的社會生活　中國社會科學出版社　1998　p. 381

郝春文　唐後期五代宋初敦煌僧尼遺產的處理與喪事的操辦　《敦煌研究》1998年第3期　p. 40

山本達郎等　補(Ⅳ)社·Ⅳ納贈曆·納色物曆　『NUN-HUANG AND TURFAN DOCUMENTS
CONCERNING SOCIAL AND ECONOMIC HISTORY』(Sup. p. lemrnts)　(東京)東洋文庫　2001
p. 86

S. 10284

王卡　敦煌道教文獻研究　中國社會科學出版社　2004　p. 228

王卡　中國國家圖書館藏敦煌道教遺書研究報告　敦煌吐魯番研究(第七卷)　北京大學出版社
　　2004　p. 375

S. 10285

郝春文　唐後期五代宋初敦煌僧尼的社會生活　中國社會科學出版社　1998　p. 131

郝春文　唐後期五代宋初敦煌寺院常住什物的數量及與僧人的關係　《敦煌研究》1998年第2期
　　p. 120

S. 10286

郝春文　唐後期五代宋初敦煌僧尼的社會生活　中國社會科學出版社　1998　p. 131

郝春文　唐後期五代宋初敦煌寺院常住什物的數量及與僧人的關係　《敦煌研究》1998年第2期
　　p. 120

S. 10290

郝春文　評榮新江《英國圖書館藏敦煌漢文非佛教文獻殘卷目錄(S. 6981-13624)》　敦煌吐魯番研
　　究(第一卷)　北京大學出版社　1996　p. 363

羅彤華　從便物曆論敦煌寺院的放貸　敦煌文獻論集:紀念藏經洞發現一百周年國際學術研討會論
　　文集　遼寧人民出版社　2001　p. 472

S. 10291

程毅中　韓朋賦　敦煌學大辭典　上海辭書出版社　1998　p. 587

李鼎霞　新集嚴父教一本　敦煌學大辭典　上海辭書出版社　1998　p. 781

榮新江　英國圖書館藏敦煌漢文非佛教文獻殘卷概述　敦煌文藪(下)　(臺北)新文豐出版公司
　　1999　p. 127

榮新江　《英藏敦煌文獻》定名商補　文史(第五十二輯)　中華書局　2000　p. 127　又見：敦煌學
　　新論　甘肅教育出版社　2002　p. 204

榮新江　《英國圖書館藏敦煌漢文非佛教文獻殘卷目錄》補正　英國收藏敦煌漢藏文獻研究：紀念敦
　　煌文獻發現一百周年　中國社會科學出版社　2000　p. 384

徐俊　敦煌詩集殘卷輯考　中華書局　2000　p. 819

張鴻勳　說唱藝術奇葩：敦煌變文選評　甘肅人民出版社　2000　p. 91

張錫厚　敦煌文學源流　作家出版社　2000　p. 252

鄭阿財　朱鳳玉　敦煌蒙書研究　甘肅教育出版社　2002　p. 404

S. 10312

榮新江　《英藏敦煌文獻》定名商補　文史(第五十二輯)　中華書局　2000　p. 127

榮新江　《英國圖書館藏敦煌漢文非佛教文獻殘卷目錄》補正　英國收藏敦煌漢藏文獻研究：紀念敦
　　煌文獻發現一百周年　中國社會科學出版社　2000　p. 385

S. 10375

孫猛　《日本國見在書目録》(經部、史部、集部)失考書考　域外漢籍研究集刊　中華書局　2006
　　p. 229

S. 10376

土卡　敦煌道教文獻研究　中國社會科學出版社　2004　p. 33、220

S. 10391

方廣錩　敦煌佛教經録輯校　江蘇古籍出版社　1997　p. 1078

S. 10392

方廣錩　敦煌佛教經録輯校　江蘇古籍出版社　1997　p. 1079

S. 10393

山本達郎等　補(III)契・敦煌發現契　『NUN–HUANG AND TURFAN DOCUMENTS CONCERNING
　　SOCIAL AND ECONOMIC HISTORY』(Sup. p. lemrnts)　(東京)東洋文庫　2001　p. 66

S. 10394

方廣錩　敦煌佛教經録輯校　江蘇古籍出版社　1997　p. 1079

S. 10396

方廣錩　敦煌佛教經録輯校　江蘇古籍出版社　1997　p. 1080

S. 10397

方廣錩　敦煌佛教經録輯校　江蘇古籍出版社　1997　p. 1081

S. 10398

方廣錩　敦煌佛教經録輯校　江蘇古籍出版社　1997　p. 1082

S. 10399

方廣錩　敦煌佛教經録輯校　江蘇古籍出版社　1997　p. 1082

S. 10441

許建平　殘卷定名正補　2000年敦煌學國際學術討論會文集・歷史文化卷(上)　甘肅民族出版社
　　2003　p. 307

S. 10446

趙貞　評《敦煌占卜文書與唐五代占卜研究》　唐研究(第八卷)　北京大學出版社　2002　p. 519

S. 10468

徐俊　敦煌詩集殘卷輯考　中華書局　2000　p. 326

S. 10476

寧可　郝春文　敦煌社邑文書輯校　江蘇古籍出版社　1997　p. 354

S. 10477

王卡　中國國家圖書館藏敦煌道教遺書研究報告　國際敦煌學學術史研討會論文集　研討會籌備組
　　2002　p. 251　又見：敦煌吐魯番研究(第七卷)　北京大學出版社　2004　p. 354
王卡　敦煌道教文獻研究　中國社會科學出版社　2004　p. 125

S. 10484

榮新江　敦煌本禪宗燈史殘卷拾遺　周紹良先生欣開九秩慶壽文集　中華書局　1997　p. 231
榮新江　《英國圖書館藏敦煌漢文非佛教文獻殘卷目録》補正　英國收藏敦煌漢藏文獻研究：紀念敦
　　煌文獻發現一百周年　中國社會科學出版社　2000　p. 384
榮新江　敦煌學十八講　北京大學出版社　2001　p. 252

S. 10493

王卡　敦煌道教文獻研究　中國社會科學出版社　2004　p. 241

S. 10502

方廣錩　敦煌佛教經録輯校　江蘇古籍出版社　1997　p. 800

S. 10512

羅彤華　從便物曆論敦煌寺院的放貸　敦煌文獻論集：紀念藏經洞發現一百周年國際學術研討會論
　　文集　遼寧人民出版社　2001　p. 473

S. 10524

郝春文　評榮新江《英國圖書館藏敦煌漢文非佛教文獻殘卷目録(S. 6981－13624)》　敦煌吐魯番研

究(第一卷)　北京大學出版社　1996　p. 367

榮新江　英國圖書館藏敦煌漢文非佛教文獻殘卷概述　敦煌文藪(下)　(臺北)新文豐出版公司
　　1999　p. 125

榮新江　《英藏敦煌文獻》定名商補　文史(第五十二輯)　中華書局　2000　p. 127　又見:敦煌學
　　新論　甘肅教育出版社　2002　p. 204

榮新江　《英國圖書館藏敦煌漢文非佛教文獻殘卷目錄》補正　英國收藏敦煌漢藏文獻研究:紀念敦
　　煌文獻發現一百周年　中國社會科學出版社　2000　p. 384

許建平　敦煌本《尚書》叙錄　敦煌文獻論集:紀念藏經洞發現一百周年國際學術研討會論文集　遼
　　寧人民出版社　2001　p. 386

許建平　中國國家圖書館藏未刊敦煌寫本殘片四種的定名與綴合　浙江與敦煌學:常書鴻先生誕辰
　　一百周年紀念文集　浙江古籍出版社　2004　p. 319

中村威也　ДХ10698『尚書費誓』とДХ10698v「史書」について　『西北出土文獻研究』(創刊號)
　　(新潟)西北出土文獻研究會　2004　p. 43

S. 10526

黄正建　敦煌祿命類文書述略　中國社會科學院歷史研究所學刊(第一集)　社會科學文獻出版社
　　2001　p. 258

黄正建　敦煌占卜文書與唐五代占卜研究　學苑出版社　2001　p. 131

S. 10527

馬繼興　敦煌醫藥文獻輯校　江蘇古籍出版社　1998　p. 472

王淑民　不知名醫方第二十二種　敦煌學大辭典　上海辭書出版社　1998　p. 619

王淑民　脈經　敦煌學大辭典　上海辭書出版社　1998　p. 617

馬繼興　當前世界各地收藏的中國出土卷子本古醫藥文獻備考　敦煌吐魯番研究(第六卷)　北京
　　大學出版社　2002　p. 141

S. 10528

方廣錩　敦煌佛教經錄輯校　江蘇古籍出版社　1997　p. 1083

S. 10530

寧可　郝春文　敦煌社邑文書輯校　江蘇古籍出版社　1997　p. 466

S. 10531

趙和平　《敦煌寫本書儀研究》訂補　敦煌吐魯番研究(第三卷)　北京大學出版社　1998　p. 250

榮新江　英國圖書館藏敦煌漢文非佛教文獻殘卷概述　敦煌文藪(下)　(臺北)新文豐出版公司
　　1999　p. 127

榮新江　《英國圖書館藏敦煌漢文非佛教文獻殘卷目錄》補正　英國收藏敦煌漢藏文獻研究:紀念敦
　　煌文獻發現一百周年　中國社會科學出版社　2000　p. 384

余欣　敦煌的入宅與暖房禮俗　中華文史論叢(總78輯)　上海古籍出版社　2004　p. 106

S. 10533

方廣錩　敦煌佛教經錄輯校　江蘇古籍出版社　1997　p. 1084

S. 10534

榮新江　英國圖書館藏敦煌漢文非佛教文獻殘卷概述　敦煌文藪(下)　(臺北)新文豐出版公司
　　1999　p. 128

榮新江　法門寺與敦煌　'98 法門寺唐文化國際學術討論會論文集　陝西人民出版社　2000　p. 74

徐俊　敦煌詩集殘卷輯考　中華書局　2000　p. 333

S. 10535

方廣錩　敦煌佛教經録輯校　江蘇古籍出版社　1997　p. 1084

S. 10537

山本達郎等　敦煌・IV 納贈曆・納色物曆等　『NUN–HUANG AND TURFAN DOCUMENTS CON-
　　CERNING SOCIAL AND ECONOMIC HISTORY』(IV)　(東京)東洋文庫　1989　p. 90

山本達郎等　補(IV)社・VI 諸種文書　『NUN–HUANG AND TURFAN DOCUMENTS CONCERN-
　　ING SOCIAL AND ECONOMIC HISTORY』(Sup. p. lemrnts)　(東京)東洋文庫　2001　p. 93

S. 10539

方廣錩　敦煌佛教經録輯校　江蘇古籍出版社　1997　p. 1085

S. 10540

方廣錩　敦煌佛教經録輯校　江蘇古籍出版社　1997　p. 1085

S. 10541

方廣錩　敦煌佛教經録輯校　江蘇古籍出版社　1997　p. 1086

S. 10546

山本達郎等　補(III)契・敦煌發現契　『NUN–HUANG AND TURFAN DOCUMENTS CONCERNING
　　SOCIAL AND ECONOMIC HISTORY』(Sup. p. lemrnts)　(東京)東洋文庫　2001　p. 56

S. 10547

沙知　敦煌契約文書輯校　江蘇古籍出版社　1998　p. 344

山本達郎等　補(III)契・敦煌發現契　『NUN–HUANG AND TURFAN DOCUMENTS CONCERNING
　　SOCIAL AND ECONOMIC HISTORY』(Sup. p. lemrnts)　(東京)東洋文庫　2001　p. 55

王啓濤　中古及近代法制文書語言研究　巴蜀書社　2003　p. 193

S. 10549

寧可　郝春文　敦煌社邑文書輯校　江蘇古籍出版社　1997　p. 347

S. 10551

方廣錩　敦煌佛教經録輯校　江蘇古籍出版社　1997　p. 644

S. 10553

郝春文　評榮新江《英國圖書館藏敦煌漢文非佛教文獻殘卷目録(S. 6981–13624)》　敦煌吐魯番研

究（第一卷） 北京大學出版社 1996 p. 366

S. 10555

郝春文 評榮新江《英國圖書館藏敦煌漢文非佛教文獻殘卷目録（S. 6981 – 13624）》 敦煌吐魯番研
究（第一卷） 北京大學出版社 1996 p. 367

S. 10556

王卡 敦煌道教文獻研究 中國社會科學出版社 2004 p. 47、237

S. 10561

寧可 郝春文 敦煌社邑文書輯校 江蘇古籍出版社 1997 p. 352
山本達郎等 補（IV）社・III 轉貼 『NUN – HUANG AND TURFAN DOCUMENTS CONCERNING SO-
CIAL AND ECONOMIC HISTORY』（Sup. p. lemrnts） （東京）東洋文庫 2001 p. 78

S. 10562

沙知 敦煌契約文書輯校 江蘇古籍出版社 1998 p. 386
山本達郎等 補（III）契・敦煌發現契 『NUN – HUANG AND TURFAN DOCUMENTS CONCERNING
SOCIAL AND ECONOMIC HISTORY』（Sup. p. lemrnts） （東京）東洋文庫 2001 p. 62

S. 10563

寧可 郝春文 敦煌社邑文書輯校 江蘇古籍出版社 1997 p. 585

S. 10564

池田溫 契 敦煌漢文文獻（講座敦煌5） （東京）大東出版社 1992 p. 666 又見：敦煌文書の世
界 （東京）名著刊行會 2003 p. 196
寧可 郝春文 敦煌社邑文書輯校 江蘇古籍出版社 1997 p. 302
沙知 敦煌契約文書輯校 江蘇古籍出版社 1998 p. 268
孟憲實 敦煌社邑的分佈 敦煌文獻論集：紀念藏經洞發現一百周年國際學術研討會論文集 遼寧
人民出版社 2001 p. 433
山本達郎等 補（IV）社・III 轉貼 『NUN – HUANG AND TURFAN DOCUMENTS CONCERNING SO-
CIAL AND ECONOMIC HISTORY』（Sup. p. lemrnts） （東京）東洋文庫 2001 p. 75

S. 10565

楊森 五代宋時期于闐皇太子在敦煌的太子莊 《敦煌研究》2003 年第 4 期 p. 43

S. 10566

方廣錩 敦煌佛教經録輯校 江蘇古籍出版社 1997 p. 832
方廣錩 壬子年十月秋季轉《大般若經》録 敦煌學大辭典 上海辭書出版社 1998 p. 755
郝春文 唐後期五代宋初敦煌僧尼的社會生活 中國社會科學出版社 1998 p. 216
郝春文 唐後期五代宋初敦煌的春秋官齋、十二月轉經、水則道場與佛教節日 慶祝吳其昱先生八秩
華誕敦煌學特刊 （臺北）文津出版社 2000 p. 247
鄭炳林 晚唐五代敦煌地區《大般若經》的流傳與信仰 麥積山石窟藝術文化論文集（下） 蘭州大

　　學出版社　2004　p. 120

S. 10576

王卡　敦煌道教文獻研究　中國社會科學出版社　2004　p. 40、110

S. 10591

白化文　漢書　敦煌學大辭典　上海辭書出版社　1998　p. 775

榮新江　英國圖書館藏敦煌漢文非佛教文獻殘卷概述　敦煌文藪(下)　(臺北)新文豐出版公司
　　1999　p. 126

S. 10595

榮新江　敦煌本《書儀鏡》爲安西書儀考　慶祝潘石禪先生九秩華誕敦煌學特刊　(臺北)文津出版
　　社　1996　p. 267

趙和平　《敦煌寫本書儀研究》訂補　敦煌吐魯番研究(第三卷)　北京大學出版社　1998　p. 241

趙和平　書儀鏡　敦煌學大辭典　上海辭書出版社　1998　p. 418

榮新江　英國圖書館藏敦煌漢文非佛教文獻殘卷概述　敦煌文藪(下)　(臺北)新文豐出版公司
　　1999　p. 127

榮新江　《英國圖書館藏敦煌漢文非佛教文獻殘卷目錄》補正　英國收藏敦煌漢藏文獻研究:紀念敦
　　煌文獻發現一百周年　中國社會科學出版社　2000　p. 384

S. 10599

郝春文　評榮新江《英國圖書館藏敦煌漢文非佛教文獻殘卷目錄(S. 6981－13624)》　敦煌吐魯番研
　　究(第一卷)　北京大學出版社　1996　p. 366

王卡　敦煌道教文獻研究　中國社會科學出版社　2004　p. 192

S. 10600

郝春文　評榮新江《英國圖書館藏敦煌漢文非佛教文獻殘卷目錄(S. 6981－13624)》　敦煌吐魯番研
　　究(第一卷)　北京大學出版社　1996　p. 366

王卡　敦煌道教文獻研究　中國社會科學出版社　2004　p. 247

S. 10601

王卡　敦煌道教文獻研究　中國社會科學出版社　2004　p. 205

S. 10602

榮新江　初期沙州歸義軍與唐中央朝廷之關係　隋唐史論集　香港大學亞洲研究中心　1993
　　p. 113

榮新江　歸義軍史研究　上海古籍出版社　1996　p. 7、163

榮新江　歸義軍大事紀年初稿　出土文獻研究(第三輯)　文物出版社　1998　p. 237

榮新江　英國圖書館藏敦煌漢文非佛教文獻殘卷概述　敦煌文藪(下)　(臺北)新文豐出版公司
　　1999　p. 129

鄭炳林　晚唐五代敦煌歸義軍行政區劃制度研究(之一)　《敦煌研究》2002 年第 2 期　p. 12

S. 10603

山本達郎　敦煌發見の唐代籍帳にみえる已受田の增減　『東方學』（第70輯）　（東京）東方學會　1985　p. 3

鄭炳林　晚唐五代敦煌園圃經濟研究　敦煌歸義軍史專題研究　蘭州大學出版社　1997　p. 309

鄧小南　六至八世紀的吐魯番婦女：特別是她們在家庭以外的活動　敦煌吐魯番研究（第四卷）　北京大學出版社　1999　p. 221

S. 10604

方廣錩　敦煌佛教經録輯校　江蘇古籍出版社　1997　p. 156

方廣錩　大唐内典録抄　敦煌學大辭典　上海辭書出版社　1998　p. 744

方廣錩　敦煌遺書中所存的全國性佛教經録　敦煌學佛教學論叢（上）　中國佛教文化研究所　1998　p. 285

S. 10605

王卡　敦煌道教文獻研究　中國社會科學出版社　2004　p. 40、109

S. 10607

沙知　敦煌契約文書輯校　江蘇古籍出版社　1998　p. 173

山本達郎等　補（Ⅲ）契・敦煌發現契　『NUN – HUANG AND TURFAN DOCUMENTS CONCERNING SOCIAL AND ECONOMIC HISTORY』（Sup. p. lemrnts）　（東京）東洋文庫　2001　p. 54

楊森　《辛巳年六月十六日社人于燈司貸粟曆》文書之定年　《敦煌學輯刊》2001年第2期　p. 18

S. 10608

王卡　敦煌道教文獻研究　中國社會科學出版社　2004　p. 192

S. 10609

山本達郎　敦煌發見の唐代籍帳にみえる已受田の增減　『東方學』（第70輯）　（東京）東方學會　1985　p. 2

S. 10611

方廣錩　敦煌佛教經録輯校　江蘇古籍出版社　1997　p. 1087

S. 10614

黃亮文　評《敦煌寫本書儀研究》　唐研究（第三卷）　北京大學出版社　1997　p. 499

趙和平　《敦煌寫本書儀研究》訂補　敦煌吐魯番研究（第三卷）　北京大學出版社　1998　p. 250

榮新江　《英藏敦煌文獻》定名商補　文史（第五十二輯）　中華書局　2000　p. 127　又見：敦煌學新論　甘肅教育出版社　2002　p. 204

榮新江　《英國圖書館藏敦煌漢文非佛教文獻殘卷目録》補正　英國收藏敦煌漢藏文獻研究：紀念敦煌文獻發現一百周年　中國社會科學出版社　2000　p. 385

余欣　敦煌的人宅與暖房禮俗　中華文史論叢（總78輯）　上海古籍出版社　2004　p. 106

S. 10619

沙知　敦煌契約文書輯校　江蘇古籍出版社　1998　p. 318

山本達郎等　補(III)契・敦煌發現契　『NUN – HUANG AND TURFAN DOCUMENTS CONCERNING SOCIAL AND ECONOMIC HISTORY』(Sup. p. lemrnts)　(東京)東洋文庫　2001　p. 57

S. 10620

方廣錩　敦煌佛教經録輯校　江蘇古籍出版社　1997　p. 1088

S. 10621

楊寶玉　英國收藏敦煌文獻叙録　英國收藏敦煌漢藏文獻研究：紀念敦煌文獻發現一百周年　中國社會科學出版社　2000　p. 178

S. 10623

方廣錩　敦煌佛教經録輯校　江蘇古籍出版社　1997　p. 1089

S. 10625

沙知　敦煌契約文書輯校　江蘇古籍出版社　1998　p. 295

山本達郎等　補(III)契・敦煌發現契　『NUN – HUANG AND TURFAN DOCUMENTS CONCERNING SOCIAL AND ECONOMIC HISTORY』(Sup. p. lemrnts)　(東京)東洋文庫　2001　p. 57

S. 10639

嚴敦傑　葬録　敦煌學大辭典　上海辭書出版社　1998　p. 625

榮新江　英國圖書館藏敦煌漢文非佛教文獻殘卷概述　敦煌文藪(下)　(臺北)新文豐出版公司　1999　p. 127

劉屹　上博本《曹元深祭神文》的幾個問題　敦煌學國際研討會論文集　北京圖書館出版社　2005　p. 156

S. 10645

沙知　敦煌契約文書輯校　江蘇古籍出版社　1998　p. 566

山本達郎等　補(III)契・敦煌發現契　『NUN – HUANG AND TURFAN DOCUMENTS CONCERNING SOCIAL AND ECONOMIC HISTORY』(Sup. p. lemrnts)　(東京)東洋文庫　2001　p. 66

S. 10649

羅彤華　從便物曆論敦煌寺院的放貸　敦煌文獻論集：紀念藏經洞發現一百周年國際學術研討會論文集　遼寧人民出版社　2001　p. 473

S. 10714

王卡　敦煌道教文獻研究　中國社會科學出版社　2004　p. 100

王卡　中國國家圖書館藏敦煌道教遺書研究報告　敦煌吐魯番研究(第七卷)　北京大學出版社　2004　p. 350

S. 10720

榮新江　英國圖書館藏敦煌漢文非佛教文獻殘卷概述　敦煌文藪(下)　(臺北)新文豐出版公司
　　1999　p. 127

S. 10725

郝春文　評榮新江《英國圖書館藏敦煌漢文非佛教文獻殘卷目録(S. 6981 – 13624)》　敦煌吐魯番研
　　究(第一卷)　北京大學出版社　1996　p. 367

S. 10726

李正宇　學士郎　敦煌學大辭典　上海辭書出版社　1998　p. 597
榮新江　《英藏敦煌文獻》定名商補　文史(第五十二輯)　中華書局　2000　p. 127　又見:敦煌學
　　新論　甘肅教育出版社　2002　p. 204
榮新江　《英國圖書館藏敦煌漢文非佛教文獻殘卷目録》補正　英國收藏敦煌漢藏文獻研究:紀念敦
　　煌文獻發現一百周年　中國社會科學出版社　2000　p. 385

S. 10735

趙和平　《敦煌寫本書儀研究》訂補　敦煌吐魯番研究(第三卷)　北京大學出版社　1998　p. 245
榮新江　英國圖書館藏敦煌漢文非佛教文獻殘卷概述　敦煌文藪(下)　(臺北)新文豐出版公司
　　1999　p. 127
榮新江　《英藏敦煌文獻》定名商補　文史(第五十二輯)　中華書局　2000　p. 127　又見:敦煌學
　　新論　甘肅教育出版社　2002　p. 205
榮新江　《英國圖書館藏敦煌漢文非佛教文獻殘卷目録》補正　英國收藏敦煌漢藏文獻研究:紀念敦
　　煌文獻發現一百周年　中國社會科學出版社　2000　p. 385

S. 10746

馬德　敦煌莫高窟"報恩吉祥窟"考　《敦煌研究》1999 年第 4 期　p. 58

S. 10799

池田溫　評《英國圖書館藏敦煌漢文非佛教文獻殘卷目録》　『東洋學報』(77 卷 3・4 號)　(東京)
　　東洋學術協會　1996　p. 71
郝春文　評榮新江《英國圖書館藏敦煌漢文非佛教文獻殘卷目録(S. 6981 – 13624)》　敦煌吐魯番研
　　究(第一卷)　北京大學出版社　1996　p. 362
榮新江　英國圖書館藏敦煌漢文非佛教文獻殘卷概述　敦煌文藪(下)　(臺北)新文豐出版公司
　　1999　p. 126
王卡　敦煌道教文獻研究　中國社會科學出版社　2004　p. 184
王卡　中國國家圖書館藏敦煌道教遺書研究報告　敦煌吐魯番研究(第七卷)　北京大學出版社
　　2004　p. 366

S. 10848

郝春文　評榮新江《英國圖書館藏敦煌漢文非佛教文獻殘卷目録(S. 6981 – 13624)》　敦煌吐魯番研
　　究(第一卷)　北京大學出版社　1996　p. 363
郝春文　英藏敦煌文獻年代叢考　英國收藏敦煌漢藏文獻研究:紀念敦煌文獻發現一百周年　中國

社會科學出版社　2000　p. 378

羅彤華　從便物曆論敦煌寺院的放貸　敦煌文獻論集:紀念藏經洞發現一百周年國際學術研討會論

　　文集　遼寧人民出版社　2001　p. 473

S. 10855

方廣錩　敦煌經帙　敦煌學佛教學論叢(上)　中國佛教文化研究所　1998　p. 219

郭俊葉　敦煌研究院藏絲質經帙標簽及其相關問題　《敦煌研究》2005 年第 6 期　p. 91

S. 10856

方廣錩　敦煌經帙　敦煌學佛教學論叢(上)　中國佛教文化研究所　1998　p. 222

S. 10865

池田溫　中國古代寫本識語集録　(東京)大藏出版株式會社　1990　p. 559

S. 10918

王卡　敦煌道教文獻研究　中國社會科學出版社　2004　p. 126

S. 10967

方廣錩　敦煌佛教經録輯校　江蘇古籍出版社　1997　p. 801

馬德　敦煌文書《諸寺付經歷》芻議　《敦煌學輯刊》1999 年第 1 期　p. 44

S. 11014

榮新江　敦煌本禪宗燈史殘卷拾遺　周紹良先生欣開九秩慶壽文集　中華書局　1997　p. 235

西肋常記　關於柏林所藏吐魯番收集品中的禪籍資料　俗語言研究(第四期)　(京都)禪文化研究

　　所　1997　p. 138

榮新江　《英國圖書館藏敦煌漢文非佛教文獻殘卷目録》補正　英國收藏敦煌漢藏文獻研究:紀念敦

　　煌文獻發現一百周年　中國社會科學出版社　2000　p. 385

榮新江　敦煌學十八講　北京大學出版社　2001　p. 253

榮新江　有關敦煌本《歷代法寶記》的幾個問題　中日敦煌佛教學術會議論文集　中國社會科學院

　　研究所　2002　p. 70

榮新江　有關敦煌本《歷代法寶記》的新資料　戒幢佛學(第二卷)　岳麓書社　2002　p. 94

S. 11026

郝春文　評榮新江《英國圖書館藏敦煌漢文非佛教文獻殘卷目録(S. 6981 – 13624)》　敦煌吐魯番研

　　究(第一卷)　北京大學出版社　1996　p. 366

王卡　敦煌道教文獻研究　中國社會科學出版社　2004　p. 90

S. 11043

方廣錩　敦煌佛教經録輯校　江蘇古籍出版社　1997　p. 1089

S. 11049

方廣錩　敦煌經帙　敦煌學佛教學論叢(上)　中國佛教文化研究所　1998　p. 223

郭俊葉　敦煌研究院藏絲質經帙標簽及其相關問題　《敦煌研究》2005 年第 6 期　p. 92

S. 11213

郝春文　評榮新江《英國圖書館藏敦煌漢文非佛教文獻殘卷目録（S. 6981 – 13624）》　敦煌吐魯番研究（第一卷）　北京大學出版社　1996　p. 364

郝春文　英藏敦煌文獻年代叢考　英國收藏敦煌漢藏文獻研究：紀念敦煌文獻發現一百周年　中國社會科學出版社　2000　p. 378

S. 11214

施萍婷　評《敦煌天文曆法文獻輯校》　敦煌吐魯番研究（第三卷）　北京大學出版社　1998　p. 392

S. 11284

羅彤華　從便物曆論敦煌寺院的放貸　敦煌文獻論集：紀念藏經洞發現一百周年國際學術研討會論文集　遼寧人民出版社　2001　p. 466

S. 11285

羅彤華　從便物曆論敦煌寺院的放貸　敦煌文獻論集：紀念藏經洞發現一百周年國際學術研討會論文集　遼寧人民出版社　2001　p. 473

S. 11286

郝春文　評榮新江《英國圖書館藏敦煌漢文非佛教文獻殘卷目録（S. 6981 – 13624）》　敦煌吐魯番研究（第一卷）　北京大學出版社　1996　p. 366

郝春文　關於唐後期五代宋初沙州僧俗的施捨問題　唐研究（第三卷）　北京大學出版社　1997　p. 24

郝春文　唐後期五代宋初敦煌僧尼的社會生活　中國社會科學出版社　1998　p. 247

S. 11287

榮新江　《敦煌漢文文獻》（講座敦煌 5）（書評）　（香港）《東方文化》1993 年第 31 卷第 1 期　p. 177

雷聞　從 S. 11287 看唐代論事勅書的成立過程　唐研究（第一卷）　北京大學出版社　1995　p. 323

池田溫　評《英國圖書館藏敦煌漢文非佛教文獻殘卷目録》　『東洋學報』（77 卷 3・4 號）　（東京）東洋學術協會　1996　p. 70

中村裕一　唐代公文書研究　（東京）汲古書院　1996　p. 66、274、628、648

仁井田陞　唐令拾遺補訂　唐令拾遺補　東京大學出版會　1997　p. 731

榮新江　中國所藏吐魯番文書及其對中古史研究的貢獻　唐研究國際學術會議論文彙編　中國社會科學院歷史研究所　1997　p. 237

中村裕一　文書行政　魏晉南北朝隋唐時代史の基本問題　（東京）汲古書院　1997　p. 337

沙知　中書省之印　敦煌學大辭典　上海辭書出版社　1998　p. 289

丸橋充拓　中村裕一著『唐代公文書研究』　唐代史研究（創刊號）　（東京）唐代史研究會　1998　p. 93

榮新江　英國圖書館藏敦煌漢文非佛教文獻殘卷概述　敦煌文藪（下）　（臺北）新文豐出版公司　1999　p. 124

孫繼民　關於 S. 11287 號兩組軍事文書的探討　《敦煌學輯刊》1999 年第 1 期　p. 14

榮新江　《英國圖書館藏敦煌漢文非佛教文獻殘卷目錄》補正　英國收藏敦煌漢藏文獻研究：紀念敦
　　煌文獻發現一百周年　中國社會科學出版社　2000　p. 385

宋家鈺　唐睿宗敕書試釋　英國收藏敦煌漢藏文獻研究：紀念敦煌文獻發現一百周年　中國社會科
　　學出版社　2000　p. 252

孫繼民　敦煌吐魯番所出唐代軍事文書初探　中國社會科學出版社　2000　p. 147、181

程喜霖　20 世紀敦煌文獻與古史研究　敦煌文獻論集：紀念藏經洞發現一百周年國際學術研討會論
　　文集　遼寧人民出版社　2001　p. 53

榮新江　敦煌學十八講　北京大學出版社　2001　p. 194

沙知　英藏敦煌文獻雜談　敦煌與絲路文化學術講座　北京圖書館出版社　2003　p. 119

S. 11288

羅彤華　從便物曆論敦煌寺院的放貸　敦煌文獻論集：紀念藏經洞發現一百周年國際學術研討會論
　　文集　遼寧人民出版社　2001　p. 466

S. 11293

榮新江　英國圖書館藏敦煌漢文非佛教文獻殘卷概述　敦煌文藪（下）　（臺北）新文豐出版公司
　　1999　p. 130

楊森　《辛巳年六月十六日社人于燈司倉貸粟曆》文書之定年　《敦煌學輯刊》2001 年第 2 期　p. 18

S. 11297

榮新江　英國圖書館藏敦煌漢文非佛教文獻殘卷概述　敦煌文藪（下）　（臺北）新文豐出版公司
　　1999　p. 128

S. 11305

方廣錩　敦煌佛教經錄輯校　江蘇古籍出版社　1997　p. 635、804

方廣錩　大般若經點勘錄　敦煌學大辭典　上海辭書出版社　1998　p. 753

S. 11308

羅彤華　從便物曆論敦煌寺院的放貸　敦煌文獻論集：紀念藏經洞發現一百周年國際學術研討會論
　　文集　遼寧人民出版社　2001　p. 473

S. 11309

許建平　英倫法京所藏敦煌寫本殘片八種之定名並校錄　敦煌學（第 24 輯）　（臺北）樂學書局有限
　　公司　2003　p. 120

S. 11312

方廣錩　敦煌佛教經錄輯校　江蘇古籍出版社　1997　p. 1090

S. 11314

馮培紅　晚唐五代宋初歸義軍武職軍將研究　敦煌歸義軍史專題研究　蘭州大學出版社　1997
　　p. 102

榮新江　英國圖書館藏敦煌漢文非佛教文獻殘卷概述　敦煌文藪(下)　(臺北)新文豐出版公司
　　1999　p. 127

S. 11316

王卡　敦煌道教文獻研究　中國社會科學出版社　2004　p. 253

S. 11318

方廣錩　敦煌佛教經錄輯校　江蘇古籍出版社　1997　p. 1091

S. 11319

方廣錩　敦煌佛教經錄輯校　江蘇古籍出版社　1997　p. 1092

S. 11320

方廣錩　敦煌佛教經錄輯校　江蘇古籍出版社　1997　p. 1093

S. 11321

方廣錩　敦煌佛教經錄輯校　江蘇古籍出版社　1997　p. 1094

S. 11322

方廣錩　敦煌佛教經錄輯校　江蘇古籍出版社　1997　p. 1094

S. 11323

方廣錩　敦煌佛教經錄輯校　江蘇古籍出版社　1997　p. 1095

S. 11324

方廣錩　敦煌佛教經錄輯校　江蘇古籍出版社　1997　p. 1096

S. 11325

方廣錩　敦煌佛教經錄輯校　江蘇古籍出版社　1997　p. 1096

S. 11332

池田溫　吐魯番・敦煌文書にみえる地方城市の住居　中國都市の歷史的研究(唐代史研究會報告
　　第 VI 集)　(東京)刀水書房　1988　p. 188

唐耕耦　陸宏基　敦煌社會經濟文獻真迹釋錄(二)　全國圖書館文獻縮微複製中心　1990　p. 143
　　注、144

齊陳駿　有關遺産繼承的幾件敦煌遺書　《敦煌學輯刊》1994 年第 2 期　p. 55

鄭炳林　唐五代敦煌種植林業研究　敦煌歸義軍史專題研究　蘭州大學出版社　1997　p. 202

鄭炳林　晚唐五代敦煌園圃經濟研究　敦煌歸義軍史專題研究　蘭州大學出版社　1997　p. 314

沙知　敦煌契約文書輯校　江蘇古籍出版社　1998　p. 431

土肥義和　唐・北宋の間：敦煌の杜家親情社追補社條(S. 8160rv)について　唐代史研究(創刊號)
　　(東京)唐代史研究會　1998　p. 21

陳永勝　敦煌吐魯番法制文書研究　甘肅人民出版社　2000　p. 174

盛會蓮　唐五代百姓房舍的分配及相關問題之試析　《敦煌研究》2002 年第 6 期　　p. 30
王啓濤　中古及近代法制文書語言研究　巴蜀書社　2003　p. 218、235
黑維强　吐魯番出土文書詞語例釋（二）　《敦煌學輯刊》2005 年第 2 期　　p. 191

S. 11333

羅彤華　從便物曆論敦煌寺院的放貸　敦煌文獻論集：紀念藏經洞發現一百周年國際學術研討會論
　　文集　遼寧人民出版社　2001　p. 468

S. 11334

寧可　郝春文　敦煌社邑文書輯校　江蘇古籍出版社　1997　p. 359

S. 11342

沙知　敦煌契約文書輯校　江蘇古籍出版社　1998　p. 563
山本達郎等　補（III）契・敦煌發現契　『NUN – HUANG AND TURFAN DOCUMENTS CONCERNING
　　SOCIAL AND ECONOMIC HISTORY』（Sup. p. lemrnts）　（東京）東洋文庫　2001　p. 65

S. 11343

晒麟　曹仁貴即曹議金　《敦煌學輯刊》1993 年第 2 期　　p. 89
榮新江　關於曹氏歸義軍首任節度使的幾個問題　《敦煌研究》1993 年第 2 期　　p. 47
鄭炳林　讀敦煌文書 P. 3859《後唐清泰三年六月沙州儭司教授福集等狀》劄記　《西北史地》1993 年
　　第 4 期　　p. 45　又見：敦煌吐魯番文獻研究　中華書局　1995　p. 612
榮新江　歸義軍史研究　上海古籍出版社　1996　p. 236
楊秀清　曹議金執政臆談　《敦煌研究》1998 年第 3 期　　p. 119
榮新江　英國圖書館藏敦煌漢文非佛教文獻殘卷概述　敦煌文藪（下）　（臺北）新文豐出版公司
　　1999　p. 129
楊秀清　敦煌西漢金山國史　甘肅人民出版社　1999　p. 160
趙貞　歸義軍押衙兼知他官略考　《敦煌研究》2001 年第 2 期　　p. 94
榮新江　唐五代歸義軍武職軍將考　敦煌學新論　甘肅教育出版社　2002　p. 55
鄭炳林　晚唐五代敦煌歸義軍行政區劃制度研究（之一）　《敦煌研究》2002 年第 2 期　　p. 19

S. 11344

池田溫　敦煌における土地稅役制をめぐって　東アジア古文書の史的研究　（東京）刀水書房
　　1990　p. 68

S. 11345

方廣錩　宣宗關於歸義軍的詔敕　《敦煌研究》2000 年第 3 期　　p. 113

S. 11348

榮新江　英國圖書館藏敦煌漢文非佛教文獻殘卷概述　敦煌文藪（下）　（臺北）新文豐出版公司
　　1999　p. 128

S. 11349

榮新江　英國圖書館藏敦煌漢文非佛教文獻殘卷概述　敦煌文藪(下)　(臺北)新文豐出版公司
　　1999　p. 128

S. 11350

榮新江　英國圖書館藏敦煌漢文非佛教文獻殘卷概述　敦煌文藪(下)　(臺北)新文豐出版公司
　　1999　p. 128

馮培紅　歸義軍鎮制考　敦煌吐魯番研究(第九卷)　北京大學出版社　2006　p. 282

S. 11351

馬德　10 世紀敦煌寺曆所記三窟活動　《敦煌研究》1998 年第 2 期　p. 84

袁德領　歸義軍時期莫高窟與敦煌寺院的關係　《敦煌研究》2000 年第 3 期　p. 175

S. 11352

郝春文　評榮新江《英國圖書館藏敦煌漢文非佛教文獻殘卷目録(S. 6981 – 13624)》　敦煌吐魯番研
　　究(第一卷)　北京大學出版社　1996　p. 367

郝春文　唐後期五代宋初敦煌僧尼的社會生活　中國社會科學出版社　1998　p. 236

郝春文　唐後期五代宋初敦煌的春秋官齋、十二月轉經、水則道場與佛教節日　慶祝吳其昱先生八秩
　　華誕敦煌學特刊　(臺北)文津出版社　2000　p. 267

S. 11353

郝春文　敦煌寫本社邑文書年代彙考(一、二)　《首都師範大學學報》1993 年第 4、5 期　p. 37；82

寧可　郝春文　敦煌社邑文書輯校　江蘇古籍出版社　1997　p. 338

郝春文　英藏敦煌文獻年代叢考　英國收藏敦煌漢藏文獻研究：紀念敦煌文獻發現一百周年　中國
　　社會科學出版社　2000　p. 378

山本達郎等　補(IV)社・III 轉貼　『NUN – HUANG AND TURFAN DOCUMENTS CONCERNING SO-
　　CIAL AND ECONOMIC HISTORY』(Sup. p. lemrnts)　(東京)東洋文庫　2001　p. 74

劉進寶　P. 4525(8)《官布籍》所見歸義軍政權的賦稅免征　新世紀敦煌學論集　巴蜀書社　2003
　　p. 303

S. 11358

鄭炳林　唐五代敦煌粟特人與歸義軍政權　《敦煌研究》1996 年第 4 期　p. 84　又見：敦煌歸義軍史
　　專題研究　蘭州大學出版社　1997　p. 408

郝春文　英藏敦煌文獻年代叢考　英國收藏敦煌漢藏文獻研究：紀念敦煌文獻發現一百周年　中國
　　社會科學出版社　2000　p. 376

山本達郎等　補(IV)社・III 轉貼　『NUN – HUANG AND TURFAN DOCUMENTS CONCERNING SO-
　　CIAL AND ECONOMIC HISTORY』(Sup. p. lemrnts)　(東京)東洋文庫　2001　p. 80

S. 11359

沙知　敦煌契約文書輯校　江蘇古籍出版社　1998　p. 240

山本達郎等　補(III)契・敦煌發現契　『NUN – HUANG AND TURFAN DOCUMENTS CONCERNING
　　SOCIAL AND ECONOMIC HISTORY』(Sup. p. lemrnts)　(東京)東洋文庫　2001　p. 55

S. 11360

鄭炳林　唐五代敦煌畜牧區域研究　敦煌歸義軍史專題研究　蘭州大學出版社　1997　p. 210

羅彤華　從便物曆論敦煌寺院的放貸　敦煌文獻論集：紀念藏經洞發現一百周年國際學術研討會論
　　文集　遼寧人民出版社　2001　p. 473

S. 11362

嚴敦傑　五兆經法要決　敦煌學大辭典　上海辭書出版社　1998　p. 622

馬克　敦煌數占小考　法國漢學（敦煌學專號）　中華書局　2000　p. 188

黄正建　敦煌占卜文書與唐五代占卜研究　學苑出版社　2001　p. 103

S. 11363

馬繼興　敦煌醫藥文獻　敦煌學大辭典　上海辭書出版社　1998　p. 615

馬繼興　敦煌醫藥文獻輯校　江蘇古籍出版社　1998　p. 729

王淑民　五石藥方　敦煌學大辭典　上海辭書出版社　1998　p. 620

馬繼興　當前世界各地收藏的中國出土卷子本古醫藥文獻備考　敦煌吐魯番研究（第六卷）　北京
　　大學出版社　2002　p. 141

王卡　敦煌道教文獻研究　中國社會科學出版社　2004　p. 48、238

陳明　備急單驗：敦煌醫藥文獻中的單藥方　敦煌學國際研討會論文集　北京圖書館出版社　2005
　　p. 239

陳明　殊方異藥：出土文書與西域醫學　北京大學出版社　2005　p. 150

S. 11364

方廣錩　敦煌佛教經錄輯校　江蘇古籍出版社　1997　p. 1097

S. 11365

方廣錩　敦煌佛教經錄輯校　江蘇古籍出版社　1997　p. 1098

S. 11366

方廣錩　敦煌佛教經錄輯校　江蘇古籍出版社　1997　p. 1098

S. 11367

方廣錩　敦煌佛教經錄輯校　江蘇古籍出版社　1997　p. 1099

S. 11368

方廣錩　敦煌佛教經錄輯校　江蘇古籍出版社　1997　p. 1100

S. 11369

方廣錩　敦煌佛教經錄輯校　江蘇古籍出版社　1997　p. 1100

S. 11370

方廣錩　敦煌佛教經錄輯校　江蘇古籍出版社　1997　p. 1101

S. 11371
方廣錩　敦煌佛教經録輯校　江蘇古籍出版社　1997　p. 1102

S. 11372
方廣錩　敦煌佛教經録輯校　江蘇古籍出版社　1997　p. 1102

S. 11373
方廣錩　敦煌佛教經録輯校　江蘇古籍出版社　1997　p. 1103

S. 11374
方廣錩　敦煌佛教經録輯校　江蘇古籍出版社　1997　p. 1103

S. 11375
方廣錩　敦煌佛教經録輯校　江蘇古籍出版社　1997　p. 1104

S. 11376
方廣錩　敦煌佛教經録輯校　江蘇古籍出版社　1997　p. 1105

S. 11377
方廣錩　敦煌佛教經録輯校　江蘇古籍出版社　1997　p. 1105

S. 11378
方廣錩　敦煌佛教經録輯校　江蘇古籍出版社　1997　p. 1107

S. 11379
方廣錩　敦煌佛教經録輯校　江蘇古籍出版社　1997　p. 1107

S. 11380
黄正建　敦煌占卜文書與唐五代占卜研究　學苑出版社　2001　p. 176

S. 11381
施萍婷　評《敦煌天文曆法文獻輯校》　敦煌吐魯番研究（第三卷）　北京大學出版社　1998　p. 392
榮新江　英國圖書館藏敦煌漢文非佛教文獻殘卷概述　敦煌文藪（下）　（臺北）新文豐出版公司
　　　1999　p. 127

S. 11382
施萍婷　評《敦煌天文曆法文獻輯校》　敦煌吐魯番研究（第三卷）　北京大學出版社　1998　p. 392
榮新江　英國圖書館藏敦煌漢文非佛教文獻殘卷概述　敦煌文藪（下）　（臺北）新文豐出版公司
　　　1999　p. 127

S. 11383
榮新江　英國圖書館藏敦煌漢文非佛教文獻殘卷概述　敦煌文藪（下）　（臺北）新文豐出版公司

1999　p. 127

S. 11387

王卡　敦煌道教文獻研究　中國社會科學出版社　2004　p. 47

余欣　唐宋敦煌醮祭鎮宅法考察　《敦煌研究》2006 年第 2 期　p. 62

S. 11388

王卡　敦煌道教文獻研究　中國社會科學出版社　2004　p. 47

S. 11389

邰惠莉　敦煌版畫叙錄　《敦煌研究》2005 年第 2 期　p. 12

S. 11390

邰惠莉　敦煌版畫叙錄　《敦煌研究》2005 年第 2 期　p. 8

S. 11391

邰惠莉　敦煌版畫叙錄　《敦煌研究》2005 年第 2 期　p. 12

S. 11399

榮新江　英國圖書館藏敦煌漢文非佛教文獻殘卷概述　敦煌文藪(下)　(臺北)新文豐出版公司
　　1999　p. 125

榮新江　《英國圖書館藏敦煌漢文非佛教文獻殘卷目録》補正　英國收藏敦煌漢藏文獻研究：紀念敦
　　煌文獻發現一百周年　中國社會科學出版社　2000　p. 385

許建平　敦煌本《尚書》叙錄　敦煌文獻論集：紀念藏經洞發現一百周年國際學術研討會論文集　遼
　　寧人民出版社　2001　p. 385

中村威也　ДX10698『尚書費誓』とДX10698v「史書」について　『西北出土文獻研究』(創刊號)
　　(新潟)西北出土文獻研究會　2004　p. 43

S. 11400

榮新江　《英國圖書館藏敦煌漢文非佛教文獻殘卷目録》補正　英國收藏敦煌漢藏文獻研究：紀念敦
　　煌文獻發現一百周年　中國社會科學出版社　2000　p. 385

榮新江　《英藏敦煌文獻》定名商補　文史(第五十二輯)　中華書局　2000　p. 127　又見：敦煌學
　　新論　甘肅教育出版社　2002　p. 205

S. 11414

馬繼興　當前世界各地收藏的中國出土卷子本古醫藥文獻備考　敦煌吐魯番研究(第六卷)　北京
　　大學出版社　2002　p. 141

S. 11415

嚴敦傑　李老君周易十二錢卜法　敦煌學大辭典　上海辭書出版社　1998　p. 622

榮新江　英國圖書館藏敦煌漢文非佛教文獻殘卷概述　敦煌文藪(下)　(臺北)新文豐出版公司
　　1999　p. 127

馬克　敦煌數占小考　法國漢學(敦煌學專號)　中華書局　2000　p. 194
榮新江　《英藏敦煌文獻》定名商補　文史(第五十二輯)　中華書局　2000　p. 121
榮新江　《英國圖書館藏敦煌漢文非佛教文獻殘卷目録》補正　英國收藏敦煌漢藏文獻研究：紀念敦
　　煌文獻發現一百周年　中國社會科學出版社　2000　p. 386
黄正建　敦煌占卜文書與唐五代占卜研究　學苑出版社　2001　p. 23、172
王卡　敦煌道教文獻研究　中國社會科學出版社　2004　p. 15、151
王卡　敦煌道教綜述　敦煌與絲路文化學術講座(第二輯)　北京圖書館出版社　2005　p. 384

S. 11419

榮新江　英倫所見三種敦煌俗文學作品跋　(香港)《九州學刊》(敦煌學專輯)1993年第5卷第4期
　　p. 132
嚴敦傑　孔子馬頭卜法一部二十七條　敦煌學大辭典　上海辭書出版社　1998　p. 622
張鴻勳　下女夫詞　敦煌學大辭典　上海辭書出版社　1998　p. 582
榮新江　英國圖書館藏敦煌漢文非佛教文獻殘卷概述　敦煌文藪(下)　(臺北)新文豐出版公司
　　1999　p. 126
馬克　敦煌數占小考　法國漢學(敦煌學專號)　中華書局　2000　p. 197
榮新江　《英國圖書館藏敦煌漢文非佛教文獻殘卷目録》補正　英國收藏敦煌漢藏文獻研究：紀念敦
　　煌文獻發現一百周年　中國社會科學出版社　2000　p. 383
徐俊　敦煌詩集殘卷輯考　中華書局　2000　p. 217
張鴻勳　敦煌俗文學研究　甘肅人民出版社　2002　p. 410

S. 11422

榮新江　英國圖書館藏敦煌漢文非佛教文獻殘卷概述　敦煌文藪(下)　(臺北)新文豐出版公司
　　1999　p. 126
王卡　中國國家圖書館藏敦煌道教遺書研究報告　敦煌吐魯番研究(第七卷)　北京大學出版社
　　2004　p. 366

S. 11423

張金泉　許建平　敦煌音義彙考　杭州大學出版社　1996　p. 834
張金泉　關於《時要字樣》等八件敦煌寫卷的考辨　古典文獻與文化論叢　中華書局　1997　p. 95
榮新江　英國圖書館藏敦煌漢文非佛教文獻殘卷概述　敦煌文藪(下)　(臺北)新文豐出版公司
　　1999　p. 127
榮新江　《英藏敦煌文獻》定名商補　文史(第五十二輯)　中華書局　2000　p. 127　又見：敦煌學
　　新論　甘肅教育出版社　2002　p. 205
榮新江　《英國圖書館藏敦煌漢文非佛教文獻殘卷目録》補正　英國收藏敦煌漢藏文獻研究：紀念敦
　　煌文獻發現一百周年　中國社會科學出版社　2000　p. 386

S. 11427

鄧文寬　敦煌天文曆法文獻輯校　江蘇古籍出版社　1996　p. 560
方廣錩　敦煌佛教經録輯校　江蘇古籍出版社　1997　p. 121
鄧文寬　太平興國七年壬午歲具注曆日　敦煌學大辭典　上海辭書出版社　1998　p. 609
方廣錩　大唐内典録　敦煌學大辭典　上海辭書出版社　1998　p. 744

方廣錩　敦煌遺書中所存的全國性佛教經録　敦煌學佛教學論叢（上）　中國佛教文化研究所
　　1998　p. 283

施萍婷　評《敦煌天文曆法文獻輯校》　敦煌吐魯番研究（第三卷）　北京大學出版社　1998
　　p. 392

劉永明　散見敦煌曆朔閏輯考　《敦煌研究》2002 年第 6 期　p. 18

馬繼興　當前世界各地收藏的中國出土卷子本古醫藥文獻備考　敦煌吐魯番研究（第六卷）　北京
　　大學出版社　2002　p. 141

S. 11432

榮新江　《英藏敦煌文獻》定名商補　文史（第五十二輯）　中華書局　2000　p. 123

S. 11438

方廣錩　敦煌佛教經録輯校　江蘇古籍出版社　1997　p. 851

S. 11440

郝春文　評榮新江《英國圖書館藏敦煌漢文非佛教文獻殘卷目録（S. 6981－13624）》　敦煌吐魯番研
　　究（第一卷）　北京大學出版社　1996　p. 366

S. 11441

郝春文　評榮新江《英國圖書館藏敦煌漢文非佛教文獻殘卷目録（S. 6981－13624）》　敦煌吐魯番研
　　究（第一卷）　北京大學出版社　1996　p. 366

S. 11443

山本達郎等　補（III）契・敦煌發現契　『NUN－HUANG AND TURFAN DOCUMENTS CONCERNING
　　SOCIAL AND ECONOMIC HISTORY』（Sup. p. lemrnts）　（東京）東洋文庫　2001　p. 66

S. 11444

寧可　郝春文　敦煌社邑文書輯校　江蘇古籍出版社　1997　p. 355

S. 11445

寧可　郝春文　敦煌社邑文書輯校　江蘇古籍出版社　1997　p. 473

S. 11446

劉俊文　敦煌寫本永徽東宮諸府職員令殘卷校箋：唐令格式寫本殘卷研究之二　敦煌吐魯番文獻研
　　究論集（第三輯）　北京大學出版社　1986　p. 221

劉俊文　敦煌吐魯番唐代法制文書考釋　中華書局　1989　p. 180

中村裕一　唐代官文書研究　（京都）中文出版社　1991　p. 19、101

中村裕一　唐代制勅研究　（東京）汲古書院　1991　p. 87、255

岡野誠　敦煌資料と唐代法典研究——西域発見の唐律・律疏斷簡の再檢討　敦煌漢文文獻（講座
　　敦煌5）　（東京）大東出版社　1992　p. 511

劉進寶　敦煌學論述　（臺北）洪葉文化事業有限公司　1995　p. 260

池田温　評《英國圖書館藏敦煌漢文非佛教文獻殘卷目録》　『東洋學報』（77 卷 3・4 號）　（東京）

東洋學術協會　1996　p.72

郝春文　評榮新江《英國圖書館藏敦煌漢文非佛教文獻殘卷目録(S.6981-13624)》　敦煌吐魯番研究(第一卷)　北京大學出版社　1996　p.365

仁井田陞　唐令拾遺補訂　唐令拾遺補　東京大學出版會　1997　p.349

仁井田陞　ペリオ敦煌發見唐職員令の再吟味　唐令拾遺補　東京大學出版會　1997　p.306

李錦繡　唐代視品官制初探　《中國史研究》1998年第3期　p.70

李錦繡　唐代制度史略論稿　中國政法大學出版社　1998　p.57

趙和平　評《唐令拾遺補：附唐日兩令對照一覽》　唐研究(第四卷)　北京大學出版社　1998　p.550

高明士　試釋唐永徽職員令殘卷的試經規定　敦煌文藪(下)　(臺北)新文豐出版公司　1999　p.19

姜伯勤　論池田溫先生的唐研究　唐研究論文選集　中國社會科學出版社　1999　p.5

榮新江　唐代西州的道教　敦煌吐魯番研究(第四卷)　北京大學出版社　1999　p.139

榮新江　英國圖書館藏敦煌漢文非佛教文獻殘卷概述　敦煌文藪(下)　(臺北)新文豐出版公司　1999　p.129

陳永勝　敦煌法制文書研究回顧與展望　《敦煌研究》2000年第2期　p.101

陳永勝　敦煌吐魯番法制文書研究　甘肅人民出版社　2000　p.6

劉進寶　敦煌文書與唐史研究　(臺北)新文豐出版公司　2000　p.2

榮新江　《英國圖書館藏敦煌漢文非佛教文獻殘卷目録》補正　英國收藏敦煌漢藏文獻研究：紀念敦煌文獻發現一百周年　中國社會科學出版社　2000　p.386

榮新江　敦煌學十八講　北京大學出版社　2001　p.199、262

山本達郎等　補(Ⅰ)法制　『NUN-HUANG AND TURFAN DOCUMENTS CONCERNING SOCIAL AND ECONOMIC HISTORY』(Sup. p. lemrnts)　(東京)東洋文庫　2001　p.3

山本達郎等　補(Ⅱ)籍帳　『NUN-HUANG AND TURFAN DOCUMENTS CONCERNING SOCIAL AND ECONOMIC HISTORY』(Sup. p. lemrnts)　(東京)東洋文庫　2001　p.36

王素　敦煌吐魯番文獻　文物出版社　2002　p.141

S.11450

榮新江　俄藏敦煌西域文獻紀略　學術集林(卷四)　上海遠東出版社　1995　p.264

池田溫　評『英國圖書館藏敦煌漢文非佛教文獻殘卷目録』　『東洋學報』(77卷3·4號)　(東京)東洋學術協會　1996　p.70

榮新江　英國圖書館藏敦煌漢文非佛教文獻殘卷概述　敦煌文藪(下)　(臺北)新文豐出版公司　1999　p.124

李方　唐西州行政體制考論　黑龍江教育出版社　2000　p.167

榮新江　敦煌學十八講　北京大學出版社　2001　p.362

李錦繡　唐開元中北庭長行坊文書考釋　《吐魯番學研究》2004年第2期　p.29注2

S.11451

榮新江　俄藏敦煌西域文獻紀略　學術集林(卷四)　上海遠東出版社　1995　p.264

池田溫　評『英國圖書館藏敦煌漢文非佛教文獻殘卷目録』　『東洋學報』(77卷3·4號)　(東京)東洋學術協會　1996　p.70

榮新江　英國圖書館藏敦煌漢文非佛教文獻殘卷概述　敦煌文藪(下)　(臺北)新文豐出版公司

1999　p. 124

榮新江　敦煌學十八講　北京大學出版社　2001　p. 362

李錦繡　唐開元中北庭長行坊文書考釋　《吐魯番學研究》2004 年第 2 期　p. 29 注 2

S. 11452

李錦繡　唐開元中北庭長行坊文書考釋　《吐魯番學研究》2004 年第 2 期　p. 14 注 4

S. 11453

池田溫　評『英國圖書館藏敦煌漢文非佛教文獻殘卷目録』　『東洋學報』(77 卷 3・4 號)　(東京)
　　東洋學術協會　1996　p. 70

方廣錩　敦煌佛教經録輯校　江蘇古籍出版社　1997　p. 1108

方廣錩　敦煌經帙　敦煌學佛教學論叢(上)　中國佛教文化研究所　1998　p. 224

沙知　瀚海軍之印　敦煌學大辭典　上海辭書出版社　1998　p. 292

榮新江　英國圖書館藏敦煌漢文非佛教文獻殘卷概述　敦煌文藪(下)　(臺北)新文豐出版公司
　　1999　p. 124

孫繼民　敦煌吐魯番所出唐代軍事文書初探　中國社會科學出版社　2000　p. 214

孫繼民　唐代翰海軍文書研究　甘肅文化出版社　2002　p. 9

孫繼民　羅振玉舊藏文書考之二　《吐魯番學研究》2002 年第 1 期　p. 13

劉安志　敦煌吐魯番文書所見唐代“都司”考　《吐魯番學研究》2003 年第 1 期　p. 24　又見：魏晉
　　南北朝隋唐史資料(第二十輯)　武漢大學出版社　2003　p. 206

孫繼民　S. 11453 與 S. 11459 文書的初步考察　2000 年敦煌學國際學術討論會文集・歷史文化卷
　　(上)　甘肅民族出版社　2003　p. 310

S. 11454

榮新江　英國圖書館藏敦煌漢文非佛教文獻殘卷概述　敦煌文藪(下)　(臺北)新文豐出版公司
　　1999　p. 129

羅彤華　從便物曆論敦煌寺院的放貸　敦煌文獻論集：紀念藏經洞發現一百周年國際學術研討會論
　　文集　遼寧人民出版社　2001　p. 466

陸離　有關吐蕃太子的文書研究　《敦煌學輯刊》2003 年第 1 期　p. 37

陸離　吐蕃統治河隴西域時期職官四題　《西北民族研究》2006 年第 2 期　p. 22

S. 11455

方廣錩　敦煌經帙　敦煌學佛教學論叢(上)　中國佛教文化研究所　1998　p. 223

S. 11456

池田溫　評『英國圖書館藏敦煌漢文非佛教文獻殘卷目録』　『東洋學報』(77 卷 3・4 號)　(東京)
　　東洋學術協會　1996　p. 71

陳麗萍　中古時期敦煌地區財婚風氣略論　麥積山石窟藝術文化論文集(下)　蘭州大學出版社
　　2004　p. 263

S. 11458

榮新江　俄藏敦煌西域文獻紀略　學術集林(卷四)　上海遠東出版社　1995　p. 264

池田溫　評『英國圖書館藏敦煌漢文非佛教文獻殘卷目録』　『東洋學報』(77 卷 3・4 號)　(東京)
　　東洋學術協會　1996　p. 70

沙知　北庭都護府印　敦煌學大辭典　上海辭書出版社　1998　p. 290

榮新江　《英藏敦煌文獻》定名商補　文史(第五十二輯)　中華書局　2000　p. 128　又見：敦煌學
　　新論　甘肅教育出版社　2002　p. 205

榮新江　《英國圖書館藏敦煌漢文非佛教文獻殘卷目録》補正　英國收藏敦煌漢藏文獻研究：紀念敦
　　煌文獻發現一百周年　中國社會科學出版社　2000　p. 386

榮新江　敦煌學十八講　北京大學出版社　2001　p. 362

孫繼民　關於唐北庭都護楊楚客其人　《吐魯番學研究》2003 年第 1 期　p. 11

李錦繡　唐開元中北庭長行坊文書考釋　《吐魯番學研究》2004 年第 2 期　p. 14

S. 11459

池田溫　評『英國圖書館藏敦煌漢文非佛教文獻殘卷目録』　『東洋學報』(77 卷 3・4 號)　(東京)
　　東洋學術協會　1996　p. 70

郝春文　評榮新江《英國圖書館藏敦煌漢文非佛教文獻殘卷目録(S. 6981 - 13624)》　敦煌吐魯番研
　　究(第一卷)　北京大學出版社　1996　p. 365

方廣錩　敦煌佛教經録輯校　江蘇古籍出版社　1997　p. 1109

方廣錩　敦煌經帙　敦煌學佛教學論叢(上)　中國佛教文化研究所　1998　p. 225

沙知　瀚海軍之印　敦煌學大辭典　上海辭書出版社　1998　p. 292

榮新江　英國圖書館藏敦煌漢文非佛教文獻殘卷概述　敦煌文藪(下)　(臺北)新文豐出版公司
　　1999　p. 124

孫繼民　敦煌吐魯番所出唐代軍事文書初探　中國社會科學出版社　2000　p. 214

孫繼民　羅振玉舊藏文書考之二　《吐魯番學研究》2002 年第 1 期　p. 13

孫繼民　唐代翰海軍文書研究　甘肅文化出版社　2002　p. 9

劉安志　敦煌吐魯番文書所見唐代“都司”考　《吐魯番學研究》2003 年第 1 期　p. 24　又見：魏晉
　　南北朝隋唐史資料(第二十輯)　武漢大學出版社　2003　p. 206

孫繼民　S. 11453 與 S. 11459 文書的初步考察　2000 年敦煌學國際學術討論會文集・歷史文化卷
　　(上)　甘肅民族出版社　2003　p. 310

S. 11460

榮新江　《英藏敦煌文獻》定名商補　文史(第五十二輯)　中華書局　2000　p. 128

S. 11461

鄭炳林　唐五代敦煌的粟特人與佛教　敦煌歸義軍史專題研究　蘭州大學出版社　1997　p. 448

鄭炳林　晚唐五代敦煌村莊聚落輯考　2000 年敦煌學國際學術討論會文集・歷史文化卷(上)　甘
　　肅民族出版社　2003　p. 153

S. 11463

方廣錩　敦煌經帙　敦煌學佛教學論叢(上)　中國佛教文化研究所　1998　p. 220

S. 11464

方廣錩　敦煌經帙　敦煌學佛教學論叢(上)　中國佛教文化研究所　1998　p. 220

郭俊葉　敦煌研究院藏絲質經帙標簽及其相關問題　《敦煌研究》2005 年第 6 期　　p. 92

S. 11491

張錫厚　敦煌文學源流　作家出版社　2000　　p. 551

S. 11522

方廣錩　敦煌佛教經録輯校　江蘇古籍出版社　1997　　p. 853

S. 11525

方廣錩　敦煌佛教經録輯校　江蘇古籍出版社　1997　　p. 645

S. 11526

方廣錩　敦煌佛教經録輯校　江蘇古籍出版社　1997　　p. 804

土肥義和著　王平先譯　論莫高窟藏經洞的性質　2004 年石窟研究國際學術會議論文提要集　敦
　　煌研究院　2004　p. 51

S. 11529

方廣錩　敦煌佛教經録輯校　江蘇古籍出版社　1997　　p. 1018

王蘭平　敦煌寫本 ДX6062《歸義軍時期大般若經抄寫紙曆》及其相關問題考釋　敦煌佛教藝術文化
　　國際學術研討會論文集　蘭州大學出版社　2002　p. 71

S. 11530

方廣錩　敦煌佛教經録輯校　江蘇古籍出版社　1997　　p. 1109

S. 11533

徐俊　敦煌詩集殘卷輯考　中華書局　2000　　p. 913

S. 11546

郝春文　評榮新江《英國圖書館藏敦煌漢文非佛教文獻殘卷目録(S. 6981 – 13624)》　敦煌吐魯番研
　　究(第一卷)　北京大學出版社　1996　　p. 366

S. 11550

郝春文　評榮新江《英國圖書館藏敦煌漢文非佛教文獻殘卷目録(S. 6981 – 13624)》　敦煌吐魯番研
　　究(第一卷)　北京大學出版社　1996　p. 366

方廣錩　敦煌佛教經録輯校　江蘇古籍出版社　1997　　p. 1110

S. 11552

寧可　郝春文　敦煌社邑文書輯校　江蘇古籍出版社　1997　　p. 471

山本達郎等　補(IV)社・IV 納贈曆・納色物曆　『NUN – HUANG AND TURFAN DOCUMENTS
　　CONCERNING SOCIAL AND ECONOMIC HISTORY』(Sup. p. lemrnts)　(東京)東洋文庫　2001
　　p. 86

S. 11553

郝春文　唐後期五代宋初敦煌僧尼的社會生活　中國社會科學出版社　1998　p. 131

郝春文　唐後期五代宋初敦煌寺院常住什物的數量及與僧人的關係　《敦煌研究》1998 年第 2 期　p. 120

S. 11556

中村裕一　唐代官文書研究　（京都）中文出版社　1991　p. 19

S. 11557

寧可　郝春文　敦煌社邑文書輯校　江蘇古籍出版社　1997　p. 470

楊森　敦煌社司文書畫押符號及其相關問題　《敦煌學輯刊》1999 年第 1 期　p. 86

山本達郎等　補（IV）社・IV 納贈曆・納色物曆　『NUN – HUANG AND TURFAN DOCUMENTS CONCERNING SOCIAL AND ECONOMIC HISTORY』（Sup. p. lemrnts）　（東京）東洋文庫　2001　p. 86

S. 11559

沙知　敦煌契約文書輯校　江蘇古籍出版社　1998　p. 430

山本達郎等　補（III）契・敦煌發現契　『NUN – HUANG AND TURFAN DOCUMENTS CONCERNING SOCIAL AND ECONOMIC HISTORY』（Sup. p. lemrnts）　（東京）東洋文庫　2001　p. 64

S. 11563

李索　敦煌寫卷《春秋經傳集解》校證　中國社會科學出版社　2005　p. 225

S. 11564

晆麟　《敕河西節度兵部尚書張公德政之碑》復原與撰寫　《敦煌學輯刊》1993 年第 2 期　p. 31

榮新江　敦煌寫本《敕河西節度兵部尚書張公德政之碑》校考　周一良先生八十生日紀念論文集　中國社會科學出版社　1993　p. 207

李冬梅　唐五代敦煌學校部分教學檔案簡介　《敦煌學輯刊》1995 年第 2 期　p. 63

池田溫　評『英國圖書館藏敦煌漢文非佛教文獻殘卷目錄』　『東洋學報』（77 卷 3・4 號）　（東京）東洋學術協會　1996　p. 71

郝春文　評榮新江《英國圖書館藏敦煌漢文非佛教文獻殘卷目錄（S. 6981 – 13624）》　敦煌吐魯番研究（第一卷）　北京大學出版社　1996　p. 362

榮新江　歸義軍史研究　上海古籍出版社　1996　p. 2

陸慶夫　從焉耆龍王到河西龍家——龍部落遷徙考　敦煌歸義軍史專題研究　蘭州大學出版社　1997　p. 492

齊陳俊　馮培紅　晚唐五代宋初歸義軍對外商業貿易　敦煌歸義軍史專題研究　蘭州大學出版社　1997　p. 341

張先堂　S. 4654 晚唐《莫高窟紀遊詩》新探　《敦煌研究》1997 年第 3 期　p. 130

趙和平　晚唐五代靈武節度使與沙州歸義軍關係試論　第三屆中國唐代文化學術研討會論文集　（臺北）政治大學中國文學系　1997　p. 541

鄭炳林　唐五代敦煌的粟特人與歸義軍政權　敦煌歸義軍史專題研究　蘭州大學出版社　1997　p. 418

鄭炳林　唐五代敦煌金山國征伐樓蘭史事考　敦煌歸義軍史專題研究　蘭州大學出版社　1997　p. 24 注 20

鄭炳林　唐五代敦煌種植林業研究　敦煌歸義軍史專題研究　蘭州大學出版社　1997　p. 194

鄭炳林　馮培紅　唐五代歸義軍政權對外關係中的使頭一職　敦煌歸義軍史專題研究　蘭州大學出版社　1997　p. 63

李冬梅　唐五代歸義軍與周邊民族關係綜論　《敦煌學輯刊》1998 年第 2 期　p. 45

榮新江　歸義軍大事紀年初稿　出土文獻研究（第三輯）　文物出版社　1998　p. 234

徐志斌　《河西都僧統唐悟真作品和見載文獻系年》補四則　《敦煌學輯刊》1998 年第 2 期　p. 67

張亞萍　唐五代歸義軍政府牧馬業研究　《敦煌學輯刊》1998 年第 2 期　p. 59

馮培紅　客司與歸義軍的外交活動　《敦煌學輯刊》1999 年第 1 期　p. 73、83

楊秀清　敦煌西漢金山國史　甘肅人民出版社　1999　p. 33

雷紹鋒　歸義軍賦役制度初探　（臺北）洪葉文化事業有限公司　2000　p. 242

榮新江　《英藏敦煌文獻》定名商補　文史（第五十二輯）　中華書局　2000　p. 120、128　又見：敦煌學新論　甘肅教育出版社　2002　p. 205

榮新江　《英國圖書館藏敦煌漢文非佛教文獻殘卷目録》補正　英國收藏敦煌漢藏文獻研究：紀念敦煌文獻發現一百周年　中國社會科學出版社　2000　p. 386

徐俊　敦煌詩集殘卷輯考　中華書局　2000　p. 171、326、496、922

顏廷亮　敦煌文化　光明日報出版社　2000　p. 215、408

馮培紅　姚桂蘭　歸義軍時期敦煌與周邊地區之間的僧使交往　敦煌佛教藝術文化國際學術研討會論文集　蘭州大學出版社　2002　p. 451

張先堂　敦煌寫本《晚唐佚名氏殘詩集》新校　2000 年敦煌學國際學術討論會文集・歷史文化卷（下）　甘肅民族出版社　2003　p. 443

馮培紅　關於歸義軍節度使官制的幾個問題　麥積山石窟藝術文化論文集（下）　蘭州大學出版社　2004　p. 206

馮培紅　論晚唐五代的沙州（歸義軍）與涼州（河西）節度使　浙江與敦煌學：常書鴻先生誕辰一百周年紀念文集　浙江古籍出版社　2004　p. 253 注 11

S. 11570

趙貞　評《敦煌占卜文書與唐五代占卜研究》　唐研究（第八卷）　北京大學出版社　2002　p. 519

S. 11585

榮新江　英國圖書館藏敦煌漢文非佛教文獻殘卷概述　敦煌文藪（下）　（臺北）新文豐出版公司　1999　p. 125

榮新江　《英國圖書館藏敦煌漢文非佛教文獻殘卷目録》補正　英國收藏敦煌漢藏文獻研究：紀念敦煌文獻發現一百周年　中國社會科學出版社　2000　p. 386

S. 11599

沙知　敦煌契約文書輯校　江蘇古籍出版社　1998　p. 171

S. 11602

池田溫　契　敦煌漢文文獻（講座敦煌5）　（東京）大東出版社　1992　p. 666　又見：敦煌文書の世

界　（東京）名著刊行會　2003　p. 196

郝春文　評榮新江《英國圖書館藏敦煌漢文非佛教文獻殘卷目録(S. 6981–13624)》　敦煌吐魯番研
究(第一卷)　北京大學出版社　1996　p. 366

沙知　敦煌契約文書輯校　江蘇古籍出版社　1998　p. 561

山本達郎等　補(III)契・敦煌發現契　『NUN–HUANG AND TURFAN DOCUMENTS CONCERNING
SOCIAL AND ECONOMIC HISTORY』(Sup. p. lemrnts)　（東京)東洋文庫　2001　p. 65

S. 11604

劉進寶　近十年來大陸地區敦煌學研究概述　"中國唐代學會"會刊(第四期)　（臺北)"中國唐代
學會"　1993　p. 69

劉進寶　敦煌學論述　（臺北)洪葉文化事業有限公司　1995　p. 203

S. 11605

榮新江　英國圖書館藏敦煌漢文非佛教文獻殘卷概述　敦煌文藪(下)　（臺北)新文豐出版公司
1999　p. 125

S. 11606

方廣錩　敦煌藏經洞封閉原因之我見:兼論敦煌遺書與藏經洞遺書之界定　敦煌學佛教學論叢(上)
中國佛教文化研究所　1998　p. 59

方廣錩　敦煌藏經洞封閉年代之我見　敦煌文藪(下)　（臺北)新文豐出版公司　1999　p. 187

方廣錩　敦煌遺書鑒別三題　敦煌學與中國史研究論集　甘肅人民出版社　2001　p. 120

S. 11607

方廣錩　敦煌藏經洞封閉原因之我見:兼論敦煌遺書與藏經洞遺書之界定　敦煌學佛教學論叢(上)
中國佛教文化研究所　1998　p. 61

方廣錩　敦煌藏經洞封閉年代之我見　敦煌文藪(下)　（臺北)新文豐出版公司　1999　p. 188

方廣錩　敦煌遺書鑒別三題　敦煌學與中國史研究論集　甘肅人民出版社　2001　p. 120

S. 11608

方廣錩　敦煌藏經洞封閉原因之我見:兼論敦煌遺書與藏經洞遺書之界定　敦煌學佛教學論叢(上)
中國佛教文化研究所　1998　p. 61

方廣錩　敦煌藏經洞封閉年代之我見　敦煌文藪(下)　（臺北)新文豐出版公司　1999　p. 188

方廣錩　敦煌遺書鑒別三題　敦煌學與中國史研究論集　甘肅人民出版社　2001　p. 120

S. 11609

方廣錩　敦煌藏經洞封閉原因之我見:兼論敦煌遺書與藏經洞遺書之界定　敦煌學佛教學論叢(上)
中國佛教文化研究所　1998　p. 61

方廣錩　敦煌藏經洞封閉年代之我見　敦煌文藪(下)　（臺北)新文豐出版公司　1999　p. 188

方廣錩　敦煌遺書鑒別三題　敦煌學與中國史研究論集　甘肅人民出版社　2001　p. 120

S. 11626

郝春文　評榮新江《英國圖書館藏敦煌漢文非佛教文獻殘卷目録(S. 6981–13624)》　敦煌吐魯番研

究（第一卷）　北京大學出版社　1996　p. 367

S. 11681

榮新江　英國圖書館藏敦煌漢文非佛教文獻殘卷概述　敦煌文藪（下）　（臺北）新文豐出版公司
　　1999　p. 127

榮新江　《英藏敦煌文獻》定名商補　文史（第五十二輯）　中華書局　2000　p. 128　又見：敦煌學
　　新論　甘肅教育出版社　2002　p. 205

榮新江　《英國圖書館藏敦煌漢文非佛教文獻殘卷目録》補正　英國收藏敦煌漢藏文獻研究：紀念敦
　　煌文獻發現一百周年　中國社會科學出版社　2000　p. 387

鄭阿財　朱鳳玉　敦煌蒙書研究　甘肅教育出版社　2002　p. 377

S. 11731

葉貴良　敦煌社邑文書詞語選釋　《敦煌研究》2004 年第 5 期　p. 80

S. 11910

榮新江　《唐寫本論語鄭氏注及其研究》拾遺　《文物》1993 年第 2 期　p. 58

許建平　評《敦煌〈論語集解〉校正》　敦煌吐魯番研究（第五卷）　北京大學出版社　2001　p. 342

王素　敦煌本《論語》研究的回顧與展望　2000 年敦煌學國際學術討論會文集・歷史文化卷（上）
　　甘肅民族出版社　2003　p. 472

余欣　新刊俄藏敦煌文獻研讀劄記　《敦煌學輯刊》2004 年第 1 期　p. 19

S. 11954

方廣錩　敦煌佛教經録輯校　江蘇古籍出版社　1997　p. 1111

S. 11962

方廣錩　敦煌佛教經録輯校　江蘇古籍出版社　1997　p. 196

方廣錩　大周刊定衆經目録　敦煌學大辭典　上海辭書出版社　1998　p. 745

方廣錩　敦煌遺書中所存的全國性佛教經録　敦煌學佛教學論叢（上）　中國佛教文化研究所
　　1998　p. 290

S. 11963

郝春文　評榮新江《英國圖書館藏敦煌漢文非佛教文獻殘卷目録（S. 6981 – 13624）》　敦煌吐魯番研
　　究（第一卷）　北京大學出版社　1996　p. 366

S. 11969

郝春文　評榮新江《英國圖書館藏敦煌漢文非佛教文獻殘卷目録（S. 6981 – 13624）》　敦煌吐魯番研
　　究（第一卷）　北京大學出版社　1996　p. 366

王卡　敦煌道教文獻研究　中國社會科學出版社　2004　p. 111

王卡　中國國家圖書館藏敦煌道教遺書研究報告　敦煌吐魯番研究（第七卷）　北京大學出版社
　　2004　p. 352

S. 11997

方廣錩　敦煌佛教經録輯校　江蘇古籍出版社　1997　p. 1112

S. 12000

方廣錩　敦煌佛教經録輯校　江蘇古籍出版社　1997　p. 1113

S. 12024

榮新江　《英國圖書館藏敦煌漢文非佛教文獻殘卷目録》補正　英國收藏敦煌漢藏文獻研究：紀念敦
　　煌文獻發現一百周年　中國社會科學出版社　2000　p. 387

許建平　殘卷定名正補　2000年敦煌學國際學術討論會文集·歷史文化卷(上)　甘肅民族出版社
　　2003　p. 307

S. 12029

王卡　敦煌道教文獻研究　中國社會科學出版社　2004　p. 120

S. 12042

榮新江　英國圖書館藏敦煌漢文非佛教文獻殘卷概述　敦煌文藪(下)　(臺北)新文豐出版公司
　　1999　p. 126

榮新江　《英國圖書館藏敦煌漢文非佛教文獻殘卷目録》補正　英國收藏敦煌漢藏文獻研究：紀念敦
　　煌文獻發現一百周年　中國社會科學出版社　2000　p. 387

S. 12087

郝春文　評榮新江《英國圖書館藏敦煌漢文非佛教文獻殘卷目録(S. 6981 – 13624)》　敦煌吐魯番研
　　究(第一卷)　北京大學出版社　1996　p. 362

榮新江　英國圖書館藏敦煌漢文非佛教文獻殘卷概述　敦煌文藪(下)　(臺北)新文豐出版公司
　　1999　p. 126

榮新江　《英藏敦煌文獻》定名商補　文史(第五十二輯)　中華書局　2000　p. 128　又見：敦煌學
　　新論　甘肅教育出版社　2002　p. 206

榮新江　《英國圖書館藏敦煌漢文非佛教文獻殘卷目録》補正　英國收藏敦煌漢藏文獻研究：紀念敦
　　煌文獻發現一百周年　中國社會科學出版社　2000　p. 387

王卡　敦煌道教文獻研究　中國社會科學出版社　2004　p. 184

王卡　中國國家圖書館藏敦煌道教遺書研究報告　敦煌吐魯番研究(第七卷)　北京大學出版社
　　2004　p. 366

S. 12098

榮新江　《英藏敦煌文獻》定名商補　文史(第五十二輯)　中華書局　2000　p. 128　又見：敦煌學
　　新論　甘肅教育出版社　2002　p. 206

榮新江　《英國圖書館藏敦煌漢文非佛教文獻殘卷目録》補正　英國收藏敦煌漢藏文獻研究：紀念敦
　　煌文獻發現一百周年　中國社會科學出版社　2000　p. 387

徐俊　敦煌詩集殘卷輯考　中華書局　2000　p. 155

劉瑞明　集遺珠以彙詩海　復原貌而觀萬象：評《敦煌詩集殘卷輯考》　《敦煌研究》2001年第4期
　　p. 170

S. 12114

王卡　敦煌道教文獻研究　中國社會科學出版社　2004　p. 207、253

S. 12124

榮新江　英國圖書館藏敦煌漢文非佛教文獻殘卷概述　敦煌文藪(下)　(臺北)新文豐出版公司
　　1999　p. 126

王卡　中國國家圖書館藏敦煌道教遺書研究報告　敦煌吐魯番研究(第七卷)　北京大學出版社
　　2004　p. 366

S. 12133

趙貞　評《敦煌占卜文書與唐五代占卜研究》　唐研究(第八卷)　北京大學出版社　2002　p. 519

S. 12136

趙貞　評《敦煌占卜文書與唐五代占卜研究》　唐研究(第八卷)　北京大學出版社　2002　p. 519

S. 12140

王卡　敦煌道教文獻研究　中國社會科學出版社　2004　p. 190

劉永明　敦煌道教的世俗化之路:道教向具注曆日的滲透　《敦煌學輯刊》2005 年第 2 期　p. 201

S. 12149

鄭炳林　晚唐五代敦煌占卜中的行爲決定論　《敦煌學輯刊》2003 年第 1 期　p. 8

鄭炳林　敦煌寫本解夢書校錄研究　民族出版社　2005　p. 159

S. 12187

王卡　敦煌道教文獻研究　中國社會科學出版社　2004　p. 228

S. 12194

榮新江　英國圖書館藏敦煌漢文非佛教文獻殘卷概述　敦煌文藪(下)　(臺北)新文豐出版公司
　　1999　p. 127

黃正建　敦煌占卜文書與唐五代占卜研究　學苑出版社　2001　p. 31、202

陳于柱　從敦煌占卜文書看晚唐五代敦煌占卜與佛教的對話交融　《敦煌學輯刊》2005 年第 2 期
　　p. 29

S. 12252

王卡　敦煌道教文獻研究　中國社會科學出版社　2004　p. 253

S. 12262

趙貞　評《敦煌占卜文書與唐五代占卜研究》　唐研究(第八卷)　北京大學出版社　2002　p. 519

S. 12282

白化文　周易王弼注　敦煌學大辭典　上海辭書出版社　1998　p. 772

榮新江　英國圖書館藏敦煌漢文非佛教文獻殘卷概述　敦煌文藪(下)　(臺北)新文豐出版公司

1999　p. 125

榮新江　《英藏敦煌文獻》定名商補　文史（第五十二輯）　中華書局　2000　p. 128　又見：敦煌學
　　新論　甘肅教育出版社　2002　p. 206

榮新江　《英國圖書館藏敦煌漢文非佛教文獻殘卷目録》補正　英國收藏敦煌漢藏文獻研究：紀念敦
　　煌文獻發現一百周年　中國社會科學出版社　2000　p. 387

S. 12285

榮新江　英國圖書館藏敦煌漢文非佛教文獻殘卷概述　敦煌文藪（下）　（臺北）新文豐出版公司
　　1999　p. 126

S. 12287

李錦繡　唐代制度史略論稿　中國政法大學出版社　1998　p. 63

S. 12288

榮新江　英國圖書館藏敦煌漢文非佛教文獻殘卷概述　敦煌文藪（下）　（臺北）新文豐出版公司
　　1999　p. 126

S. 12295

榮新江　英國圖書館藏敦煌漢文非佛教文獻殘卷概述　敦煌文藪（下）　（臺北）新文豐出版公司
　　1999　p. 126

王卡　中國國家圖書館藏敦煌道教遺書研究報告　敦煌吐魯番研究（第七卷）　北京大學出版社
　　2004　p. 366

S. 12361

王卡　敦煌道教文獻研究　中國社會科學出版社　2004　p. 205

王卡　中國國家圖書館藏敦煌道教遺書研究報告　敦煌吐魯番研究（第七卷）　北京大學出版社
　　2004　p. 371

S. 12418

方廣錩　敦煌佛教經録輯校　江蘇古籍出版社　1997　p. 1020、1114

S. 12455

榮新江　《英藏敦煌文獻》定名商補　文史（第五十二輯）　中華書局　2000　p. 128　又見：敦煌學
　　新論　甘肅教育出版社　2002　p. 206

榮新江　《英國圖書館藏敦煌漢文非佛教文獻殘卷目録》補正　英國收藏敦煌漢藏文獻研究：紀念敦
　　煌文獻發現一百周年　中國社會科學出版社　2000　p. 387

S. 12456

嚴敦傑　葬録　敦煌學大辭典　上海辭書出版社　1998　p. 625

榮新江　英國圖書館藏敦煌漢文非佛教文獻殘卷概述　敦煌文藪（下）　（臺北）新文豐出版公司
　　1999　p. 127

黃正建　敦煌占卜文書與唐五代占卜研究　學苑出版社　2001　p. 83

劉屹　上博本《曹元深祭神文》的幾個問題　敦煌學國際研討會論文集　北京圖書館出版社　2005
　　　p. 156

S. 12459

施萍婷　評《敦煌天文曆法文獻輯校》　敦煌吐魯番研究(第三卷)　北京大學出版社　1998　p. 392

榮新江　英國圖書館藏敦煌漢文非佛教文獻殘卷概述　敦煌文藪(下)　(臺北)新文豐出版公司
　　　1999　p. 127

S. 12499

方廣錩　敦煌佛教經錄輯校　江蘇古籍出版社　1997　p. 1114

S. 12508

徐俊　敦煌詩集殘卷輯考　中華書局　2000　p. 900

S. 12582

陳國燦　安史亂後的唐二庭四鎮　唐研究(第二卷)　北京大學出版社　1996　p. 418

陳國燦　敦煌學史事新證　甘肅教育出版社　2002　p. 449

S. 12603

沙知　敦煌契約文書輯校　江蘇古籍出版社　1998　p. 345

山本達郎等　補(III)契・敦煌發現契　『NUN－HUANG AND TURFAN DOCUMENTS CONCERNING
　　　SOCIAL AND ECONOMIC HISTORY』(Sup. p. lemrnts)　(東京)東洋文庫　2001　p. 56

S. 12609

王卡　敦煌道教文獻研究　中國社會科學出版社　2004　p. 45、190

劉永明　敦煌道教的世俗化之路:道教向具注曆日的滲透　《敦煌學輯刊》2005 年第 2 期　p. 201

S. 12646

方廣錩　敦煌佛教經錄輯校　江蘇古籍出版社　1997　p. 1115

S. 12710

榮新江　英國圖書館藏敦煌漢文非佛教文獻殘卷概述　敦煌文藪(下)　(臺北)新文豐出版公司
　　　1999　p. 126

王卡　中國國家圖書館藏敦煌道教遺書研究報告　敦煌吐魯番研究(第七卷)　北京大學出版社
　　　2004　p. 366

S. 12721

郝春文　評榮新江《英國圖書館藏敦煌漢文非佛教文獻殘卷目錄(S. 6981－13624)》　敦煌吐魯番研
　　　究(第一卷)　北京大學出版社　1996　p. 366

S. 12728

榮新江　英國圖書館藏敦煌漢文非佛教文獻殘卷概述　敦煌文藪(下)　(臺北)新文豐出版公司

1999　p. 126

王卡　中國國家圖書館藏敦煌道教遺書研究報告　敦煌吐魯番研究(第七卷)　北京大學出版社
　　2004　p. 366

S. 12838

王卡　中國國家圖書館藏敦煌道教遺書研究報告　國際敦煌學學術史研討會論文集　研討會籌備組
　　2002　p. 264　又見:敦煌吐魯番研究(第七卷)　北京大學出版社　2004　p. 346、363
王卡　敦煌道教文獻研究　中國社會科學出版社　2004　p. 174

S. 12911

榮新江　英國圖書館藏敦煌漢文非佛教文獻殘卷概述　敦煌文藪(下)　(臺北)新文豐出版公司
　　1999　p. 126

S. 12951

榮新江　英國圖書館藏敦煌漢文非佛教文獻殘卷概述　敦煌文藪(下)　(臺北)新文豐出版公司
　　1999　p. 126

S. 12956

徐俊　敦煌詩集殘卷輯考　中華書局　2000　p. 326

S. 12971

榮新江　英國圖書館藏敦煌漢文非佛教文獻殘卷概述　敦煌文藪(下)　(臺北)新文豐出版公司
　　1999　p. 126

S. 12991

榮新江　英國圖書館藏敦煌漢文非佛教文獻殘卷概述　敦煌文藪(下)　(臺北)新文豐出版公司
　　1999　p. 126

王卡　中國國家圖書館藏敦煌道教遺書研究報告　敦煌吐魯番研究(第七卷)　北京大學出版社
　　2004　p. 366

S. 13002

榮新江　英倫所見三種敦煌俗文學作品跋　(香港)《九州學刊》(敦煌學專輯)1993 年第 5 卷第 4 期
　　p. 132
嚴敦傑　孔子馬頭卜法一部二十七條　敦煌學大辭典　上海辭書出版社　1998　p. 622
張鴻勳　下女夫詞　敦煌學大辭典　上海辭書出版社　1998　p. 582
榮新江　英國圖書館藏敦煌漢文非佛教文獻殘卷概述　敦煌文藪(下)　(臺北)新文豐出版公司
　　1999　p. 126
馬克　敦煌數占小考　法國漢學(敦煌學專號)　中華書局　2000　p. 197
榮新江　《英國圖書館藏敦煌漢文非佛教文獻殘卷目録》補正　英國收藏敦煌漢藏文獻研究:紀念敦
　　煌文獻發現一百周年　中國社會科學出版社　2000　p. 383
徐俊　敦煌詩集殘卷輯考　中華書局　2000　p. 217
張錫厚　敦煌文學源流　作家出版社　2000　p. 551

張鴻勳　敦煌俗文學研究　甘肅人民出版社　2002　p. 410

S. 13117
黃正建　敦煌占卜文書與唐五代占卜研究　學苑出版社　2001　p. 15

S. 13219
池田溫　評『英國圖書館藏敦煌漢文非佛教文獻殘卷目錄』『東洋學報』(77 卷 3・4 號)　(東京)　東洋學術協會　1996　p. 71

榮新江　英國圖書館藏敦煌漢文非佛教文獻殘卷概述　敦煌文藪(下)　(臺北)新文豐出版公司　1999　p. 126

王卡　中國國家圖書館藏敦煌道教遺書研究報告　敦煌吐魯番研究(第七卷)　北京大學出版社　2004　p. 366

S. 13248
王卡　敦煌道教文獻研究　中國社會科學出版社　2004　p. 161

王卡　中國國家圖書館藏敦煌道教遺書研究報告　敦煌吐魯番研究(第七卷)　北京大學出版社　2004　p. 361

S. 13250
郝春文　評榮新江《英國圖書館藏敦煌漢文非佛教文獻殘卷目錄(S. 6981 – 13624)》　敦煌吐魯番研究(第一卷)　北京大學出版社　1996　p. 366

S. 13354
林天蔚　敦煌戶籍卷中所見唐代田制之新探　唐代研究論集(第二輯)　(臺北)新文豐出版公司　1992　p. 112

S. 13441
榮新江　英國圖書館藏敦煌漢文非佛教文獻殘卷概述　敦煌文藪(下)　(臺北)新文豐出版公司　1999　p. 126

王卡　中國國家圖書館藏敦煌道教遺書研究報告　敦煌吐魯番研究(第七卷)　北京大學出版社　2004　p. 366

S. 13496
榮新江　英國圖書館藏敦煌漢文非佛教文獻殘卷概述　敦煌文藪(下)　(臺北)新文豐出版公司　1999　p. 126

榮新江　《英藏敦煌文獻》定名商補　文史(第五十二輯)　中華書局　2000　p. 128

榮新江　《英國圖書館藏敦煌漢文非佛教文獻殘卷目錄》補正　英國收藏敦煌漢藏文獻研究：紀念敦煌文獻發現一百周年　中國社會科學出版社　2000　p. 387

王卡　中國國家圖書館藏敦煌道教遺書研究報告　敦煌吐魯番研究(第七卷)　北京大學出版社　2004　p. 366

S. 13595

郝春文　評榮新江《英國圖書館藏敦煌漢文非佛教文獻殘卷目録（S. 6981－13624）》　敦煌吐魯番研
　　究（第一卷）　北京大學出版社　1996　p. 366

王卡　敦煌道教文獻研究　中國社會科學出版社　2004　p. 247

S. 13624

榮新江　英國圖書館藏敦煌漢文非佛教文獻殘卷概述　敦煌文藪（下）　（臺北）新文豐出版公司
　　1999　p. 126

榮新江　《英藏敦煌文獻》定名商補　文史（第五十二輯）　中華書局　2000　p. 128

榮新江　《英國圖書館藏敦煌漢文非佛教文獻殘卷目録》補正　英國收藏敦煌漢藏文獻研究：紀念敦
　　煌文獻發現一百周年　中國社會科學出版社　2000　p. 387

王卡　中國國家圖書館藏敦煌道教遺書研究報告　敦煌吐魯番研究（第七卷）　北京大學出版社
　　2004　p. 366

S. 13880

方廣錩　敦煌經帙　敦煌學佛教學論叢（上）　中國佛教文化研究所　1998　p. 221

英藏敦煌藏文遺書研究按號索引

S. T. 5
沖本克己　律文獻　敦煌胡語文獻(講座敦煌6)　(東京)大東出版社　1985　p. 408

S. T. 6
沖本克己　律文獻　敦煌胡語文獻(講座敦煌6)　(東京)大東出版社　1985　p. 408

S. T. 7
沖本克己　律文獻　敦煌胡語文獻(講座敦煌6)　(東京)大東出版社　1985　p. 408

S. T. 8
沖本克己　律文獻　敦煌胡語文獻(講座敦煌6)　(東京)大東出版社　1985　p. 408

S. T. 9
沖本克己　律文獻　敦煌胡語文獻(講座敦煌6)　(東京)大東出版社　1985　p. 408

S. T. 10
沖本克己　律文獻　敦煌胡語文獻(講座敦煌6)　(東京)大東出版社　1985　p. 408

S. T. 11
沖本克己　律文獻　敦煌胡語文獻(講座敦煌6)　(東京)大東出版社　1985　p. 408

S. T. 12
沖本克己　律文獻　敦煌胡語文獻(講座敦煌6)　(東京)大東出版社　1985　p. 408

S. T. 13
沖本克己　律文獻　敦煌胡語文獻(講座敦煌6)　(東京)大東出版社　1985　p. 408

S. T. 14
沖本克己　律文獻　敦煌胡語文獻(講座敦煌6)　(東京)大東出版社　1985　p. 408

S. T. 15
沖本克己　律文獻　敦煌胡語文獻(講座敦煌6)　(東京)大東出版社　1985　p. 408

S. T. 17
李德龍　古藏文戒律文獻　敦煌學大辭典　上海辭書出版社　1998　p. 483

S. T. 18
沖本克己　律文獻　敦煌胡語文獻（講座敦煌6）　（東京）大東出版社　1985　p. 408

S. T. 19
沖本克己　律文獻　敦煌胡語文獻（講座敦煌6）　（東京）大東出版社　1985　p. 408

S. T. 24
上山大峻　敦煌佛教の研究　（京都）法藏館　1990　p. 148

S. T. 26
沖本克己　律文獻　敦煌胡語文獻（講座敦煌6）　（東京）大東出版社　1985　p. 411

S. T. 27
沖本克己　律文獻　敦煌胡語文獻（講座敦煌6）　（東京）大東出版社　1985　p. 408

S. T. 28
沖本克己　律文獻　敦煌胡語文獻（講座敦煌6）　（東京）大東出版社　1985　p. 408

S. T. 29
沖本克己　律文獻　敦煌胡語文獻（講座敦煌6）　（東京）大東出版社　1985　p. 411

S. T. 30
沖本克己　律文獻　敦煌胡語文獻（講座敦煌6）　（東京）大東出版社　1985　p. 411

S. T. 31
沖本克己　律文獻　敦煌胡語文獻（講座敦煌6）　（東京）大東出版社　1985　p. 411

S. T. 32
沖本克己　律文獻　敦煌胡語文獻（講座敦煌6）　（東京）大東出版社　1985　p. 411

S. T. 33
沖本克己　律文獻　敦煌胡語文獻（講座敦煌6）　（東京）大東出版社　1985　p. 411

S. T. 35
沖本克己　律文獻　敦煌胡語文獻（講座敦煌6）　（東京）大東出版社　1985　p. 411
李德龍　古藏文戒律文獻　敦煌學大辭典　上海辭書出版社　1998　p. 483

S. T. 37
沖本克己　律文獻　敦煌胡語文獻（講座敦煌6）　（東京）大東出版社　1985　p. 411

S. T. 38
沖本克己　律文獻　敦煌胡語文獻（講座敦煌6）　（東京）大東出版社　1985　p. 411

S. T. 40
沖本克己　律文獻　敦煌胡語文獻（講座敦煌6）　（東京）大東出版社　1985　p. 411

S. T. 41
沖本克己　律文獻　敦煌胡語文獻（講座敦煌6）　（東京）大東出版社　1985　p. 411

S. T. 42
沖本克己　律文獻　敦煌胡語文獻（講座敦煌6）　（東京）大東出版社　1985　p. 412

S. T. 47
上山大峻　敦煌佛教の研究　（京都）法藏館　1990　p. 114

S. T. 51
上山大峻　敦煌佛教の研究　（京都）法藏館　1990　p. 457

S. T. 52
上山大峻　敦煌佛教の研究　（京都）法藏館　1990　p. 457

S. T. 63
原田覺　吐蕃譯經史　敦煌胡語文獻（講座敦煌6）　（東京）大東出版社　1985　p. 428

S. T. 64
原田覺　吐蕃譯經史　敦煌胡語文獻（講座敦煌6）　（東京）大東出版社　1985　p. 428

S. T. 65
原田覺　吐蕃譯經史　敦煌胡語文獻（講座敦煌6）　（東京）大東出版社　1985　p. 428

S. T. 69
原田覺　吐蕃譯經史　敦煌胡語文獻（講座敦煌6）　（東京）大東出版社　1985　p. 432
上山大峻　敦煌佛教の研究　（京都）法藏館　1990　p. 108、194

S. T. 73
王堯　陳踐　敦煌吐魯番文獻選　四川民族出版社　1983　p. 42
原田覺　吐蕃譯經史　敦煌胡語文獻（講座敦煌6）　（東京）大東出版社　1985　p. 428

S. T. 74
原田覺　吐蕃譯經史　敦煌胡語文獻（講座敦煌6）　（東京）大東出版社　1985　p. 428

S. T. 75
原田覺　吐蕃譯經史　敦煌胡語文獻（講座敦煌6）　（東京）大東出版社　1985　p. 428

S. T. 80
原田覺　吐蕃譯經史　敦煌胡語文獻（講座敦煌6）　（東京）大東出版社　1985　p. 428

S. T. 100
原田覺　吐蕃譯經史　敦煌胡語文獻（講座敦煌6）　（東京）大東出版社　1985　p. 423

S. T. 103
山口瑞鳳　古代チベット史考異（上）　『東洋學報』（49 卷 3 號）　（東京）東洋學術協會　1966
　　p. 26

S. T. 110
原田覺　吐蕃譯經史　敦煌胡語文獻（講座敦煌6）　（東京）大東出版社　1985　p. 428

S. T. 118
上山大峻　敦煌佛教の研究　（京都）法藏館　1990　p. 173

S. T. 120
上山大峻　敦煌佛教の研究　（京都）法藏館　1990　p. 89

S. T. 122
斎藤明　中観系資料　敦煌胡語文獻（講座敦煌6）　（東京）大東出版社　1985　p. 314

S. T. 123
斎藤明　中観系資料　敦煌胡語文獻（講座敦煌6）　（東京）大東出版社　1985　p. 313

S. T. 124
斎藤明　中観系資料　敦煌胡語文獻（講座敦煌6）　（東京）大東出版社　1985　p. 314

S. T. 125
斎藤明　中観系資料　敦煌胡語文獻（講座敦煌6）　（東京）大東出版社　1985　p. 314

S. T. 126
斎藤明　中観系資料　敦煌胡語文獻（講座敦煌6）　（東京）大東出版社　1985　p. 313

S. T. 132
原田覺　吐蕃譯經史　敦煌胡語文獻（講座敦煌6）　（東京）大東出版社　1985　p. 428

S. T. 146
原田覺　吐蕃譯經史　敦煌胡語文獻（講座敦煌6）　（東京）大東出版社　1985　p. 428

S. T. 150
原田覺　吐蕃譯經史　敦煌胡語文獻（講座敦煌6）　（東京）大東出版社　1985　p. 428

S. T. 161

原田覺　吐蕃譯經史　敦煌胡語文獻（講座敦煌 6）　（東京）大東出版社　1985　p. 421

S. T. 162

原田覺　吐蕃譯經史　敦煌胡語文獻（講座敦煌 6）　（東京）大東出版社　1985　p. 421

S. T. 164

原田覺　吐蕃譯經史　敦煌胡語文獻（講座敦煌 6）　（東京）大東出版社　1985　p. 421

S. T. 167

袴谷憲昭　チベット語文獻——仏教文獻　敦煌胡語文獻（講座敦煌 6）　（東京）大東出版社　1985　p. 248

原田覺　吐蕃譯經史　敦煌胡語文獻（講座敦煌 6）　（東京）大東出版社　1985　p. 432

李德龍　古藏文楞伽經　敦煌學大辭典　上海辭書出版社　1998　p. 479

S. T. 170

原田覺　吐蕃譯經史　敦煌胡語文獻（講座敦煌 6）　（東京）大東出版社　1985　p. 423

S. T. 171

原田覺　吐蕃譯經史　敦煌胡語文獻（講座敦煌 6）　（東京）大東出版社　1985　p. 423

S. T. 172

原田覺　吐蕃譯經史　敦煌胡語文獻（講座敦煌 6）　（東京）大東出版社　1985　p. 423

S. T. 173

原田覺　吐蕃譯經史　敦煌胡語文獻（講座敦煌 6）　（東京）大東出版社　1985　p. 423

S. T. 174

原田覺　吐蕃譯經史　敦煌胡語文獻（講座敦煌 6）　（東京）大東出版社　1985　p. 423

S. T. 175

原田覺　吐蕃譯經史　敦煌胡語文獻（講座敦煌 6）　（東京）大東出版社　1985　p. 423

S. T. 176

原田覺　吐蕃譯經史　敦煌胡語文獻（講座敦煌 6）　（東京）大東出版社　1985　p. 423

S. T. 177

斎藤明　中観系資料　敦煌胡語文獻（講座敦煌 6）　（東京）大東出版社　1985　p. 313

木村隆德　Kamalaśila 作金剛經廣注の敦煌出土チベット寫本　金剛般若經の思想的研究　（東京）春秋社　1999　p. 231

S. T. 180

原田覺　吐蕃譯經史　敦煌胡語文獻（講座敦煌6）　（東京）大東出版社　1985　p. 424

S. T. 184

原田覺　吐蕃譯經史　敦煌胡語文獻（講座敦煌6）　（東京）大東出版社　1985　p. 428

S. T. 186

原田覺　吐蕃譯經史　敦煌胡語文獻（講座敦煌6）　（東京）大東出版社　1985　p. 424

S. T. 187

原田覺　吐蕃譯經史　敦煌胡語文獻（講座敦煌6）　（東京）大東出版社　1985　p. 424

S. T. 188

原田覺　吐蕃譯經史　敦煌胡語文獻（講座敦煌6）　（東京）大東出版社　1985　p. 424

S. T. 189

斎藤明　中観系資料　敦煌胡語文獻（講座敦煌6）　（東京）大東出版社　1985　p. 314

S. T. 193

袴谷憲昭　チベット語文獻――仏教文獻　敦煌胡語文獻（講座敦煌6）　（東京）大東出版社　1985　p. 232

原田覺　吐蕃譯經史　敦煌胡語文獻（講座敦煌6）　（東京）大東出版社　1985　p. 432

S. T. 194

袴谷憲昭　チベット語文獻――仏教文獻　敦煌胡語文獻（講座敦煌6）　（東京）大東出版社　1985　p. 208

李德龍　古藏文解深密經　敦煌學大辭典　上海辭書出版社　1998　p. 480

S. T. 196

原田覺　吐蕃譯經史　敦煌胡語文獻（講座敦煌6）　（東京）大東出版社　1985　p. 426

S. T. 198

原田覺　吐蕃譯經史　敦煌胡語文獻（講座敦煌6）　（東京）大東出版社　1985　p. 444

S. T. 205

原田覺　吐蕃譯經史　敦煌胡語文獻（講座敦煌6）　（東京）大東出版社　1985　p. 428

上山大峻　敦煌佛教の研究　（京都）法藏館　1990　p. 87、141

李德龍　錫杖經古藏文譯本　敦煌學大辭典　上海辭書出版社　1998　p. 478

S. T. 208

原田覺　吐蕃譯經史　敦煌胡語文獻（講座敦煌6）　（東京）大東出版社　1985　p. 421

S. T. 210

原田覺　吐蕃譯經史　敦煌胡語文獻(講座敦煌6)　(東京)大東出版社　1985　p. 421

S. T. 213

原田覺　吐蕃譯經史　敦煌胡語文獻(講座敦煌6)　(東京)大東出版社　1985　p. 428

上山大峻　敦煌佛教の研究　(京都)法藏館　1990　p. 87、129

S. T. 214

原田覺　吐蕃譯經史　敦煌胡語文獻(講座敦煌6)　(東京)大東出版社　1985　p. 428

S. T. 217

上山大峻　敦煌佛教の研究　(京都)法藏館　1990　p. 86、125

王堯　敦煌本藏文《賢愚經》及譯者考述　(香港)九州學刊(敦煌學專輯)1992年第4卷第4期
　　p. 98

李德龍　賢愚經古藏文譯本　敦煌學大辭典　上海辭書出版社　1998　p. 478

王堯　從敦煌文獻看吐蕃文化　南京棲霞山石窟藝術與敦煌學　中國美術學院出版社　2002
　　p. 234

王堯　西望陽關有故人：敦煌藏文寫卷述要　中國學術(第四輯)　商務印書館　2002　p. 52

S. T. 218

上山大峻　敦煌佛教の研究　(京都)法藏館　1990　p. 86、125

王堯　敦煌本藏文《賢愚經》及譯者考述　(香港)九州學刊(敦煌學專輯)1992年第4卷第4期
　　p. 98

李德龍　賢愚經古藏文譯本　敦煌學大辭典　上海辭書出版社　1998　p. 478

王堯　從敦煌文獻看吐蕃文化　南京棲霞山石窟藝術與敦煌學　中國美術學院出版社　2002
　　p. 234

王堯　西望陽關有故人：敦煌藏文寫卷述要　中國學術(第四輯)　商務印書館　2002　p. 52

S. T. 219

袴谷憲昭　チベット語文獻——仏教文獻　敦煌胡語文獻(講座敦煌6)　(東京)大東出版社　1985
　　p. 215

原田覺　吐蕃譯經史　敦煌胡語文獻(講座敦煌6)　(東京)大東出版社　1985　p. 428

上山大峻　敦煌佛教の研究　(京都)法藏館　1990　p. 86、372

李德龍　入楞伽經疏古藏文譯本　敦煌學大辭典　上海辭書出版社　1998　p. 479

S. T. 220

原田覺　吐蕃譯經史　敦煌胡語文獻(講座敦煌6)　(東京)大東出版社　1985　p. 428

上山大峻　敦煌佛教の研究　(京都)法藏館　1990　p. 86、120

S. T. 222

原田覺　吐蕃譯經史　敦煌胡語文獻(講座敦煌6)　(東京)大東出版社　1985　p. 443

李德龍　法王經古藏文譯本　敦煌學大辭典　上海辭書出版社　1998　p. 487

S. T. 223
原田覺　吐蕃譯經史　敦煌胡語文獻（講座敦煌6）　（東京）大東出版社　1985　p. 443

S. T. 224
原田覺　吐蕃譯經史　敦煌胡語文獻（講座敦煌6）　（東京）大東出版社　1985　p. 422

S. T. 225
原田覺　吐蕃譯經史　敦煌胡語文獻（講座敦煌6）　（東京）大東出版社　1985　p. 422

S. T. 228
原田覺　吐蕃譯經史　敦煌胡語文獻（講座敦煌6）　（東京）大東出版社　1985　p. 421

S. T. 232
原田覺　吐蕃譯經史　敦煌胡語文獻（講座敦煌6）　（東京）大東出版社　1985　p. 421

S. T. 233
原田覺　吐蕃譯經史　敦煌胡語文獻（講座敦煌6）　（東京）大東出版社　1985　p. 421

S. T. 235
原田覺　吐蕃譯經史　敦煌胡語文獻（講座敦煌6）　（東京）大東出版社　1985　p. 422

S. T. 236
原田覺　吐蕃譯經史　敦煌胡語文獻（講座敦煌6）　（東京）大東出版社　1985　p. 422

S. T. 237
原田覺　吐蕃譯經史　敦煌胡語文獻（講座敦煌6）　（東京）大東出版社　1985　p. 422

S. T. 238
原田覺　吐蕃譯經史　敦煌胡語文獻（講座敦煌6）　（東京）大東出版社　1985　p. 422

S. T. 240
原田覺　吐蕃譯經史　敦煌胡語文獻（講座敦煌6）　（東京）大東出版社　1985　p. 423

S. T. 252
袴谷憲昭　チベット語文獻──仏教文獻　敦煌胡語文獻（講座敦煌6）　（東京）大東出版社　1985
　p. 215

S. T. 264
原田覺　吐蕃譯經史　敦煌胡語文獻（講座敦煌6）　（東京）大東出版社　1985　p. 443

S. T. 265
原田覺　吐蕃譯經史　敦煌胡語文獻（講座敦煌6）　（東京）大東出版社　1985　p. 443

S. T. 267

原田覺　吐蕃譯經史　敦煌胡語文獻(講座敦煌6)　(東京)大東出版社　1985　p. 443

S. T. 300

袴谷憲昭　チベット語文獻──仏教文獻　敦煌胡語文獻(講座敦煌6)　(東京)大東出版社　1985　p. 232

S. T. 301

袴谷憲昭　チベット語文獻──仏教文獻　敦煌胡語文獻(講座敦煌6)　(東京)大東出版社　1985　p. 232

S. T. 302

袴谷憲昭　チベット語文獻──仏教文獻　敦煌胡語文獻(講座敦煌6)　(東京)大東出版社　1985　p. 232

S. T. 304

斎藤明　中観系資料　敦煌胡語文獻(講座敦煌6)　(東京)大東出版社　1985　p. 313
木村隆德　Kamalaśila 作金剛經廣注の敦煌出土チベット寫本　金剛般若經の思想的研究　(東京)春秋社　1999　p. 231

S. T. 308

御牧克己　大乘無量壽宗要經　敦煌と中國仏教(講座敦煌7)　(東京)大東出版社　1984　p. 170

S. T. 309

御牧克己　大乘無量壽宗要經　敦煌と中國仏教(講座敦煌7)　(東京)大東出版社　1984　p. 170

S. T. 310

御牧克己　大乘無量壽宗要經　敦煌と中國仏教(講座敦煌7)　(東京)大東出版社　1984　p. 170

S. T. 315

原田覺　吐蕃譯經史　敦煌胡語文獻(講座敦煌6)　(東京)大東出版社　1985　p. 421

S. T. 334

上山大峻　敦煌佛教の研究　(京都)法藏館　1990　p. 90、174

S. T. 335

上山大峻　敦煌佛教の研究　(京都)法藏館　1990　p. 86

S. T. 344

李德龍　諸星母陀羅尼經古藏文譯本　敦煌學大辭典　上海辭書出版社　1998　p. 478

S. T. 372

原田覺　吐蕃譯經史　敦煌胡語文獻（講座敦煌6）　（東京）大東出版社　1985　p. 428

S. T. 373

原田覺　吐蕃譯經史　敦煌胡語文獻（講座敦煌6）　（東京）大東出版社　1985　p. 428

S. T. 374

原田覺　吐蕃譯經史　敦煌胡語文獻（講座敦煌6）　（東京）大東出版社　1985　p. 435

S. T. 379

原田覺　吐蕃譯經史　敦煌胡語文獻（講座敦煌6）　（東京）大東出版社　1985　p. 421

S. T. 380

原田覺　吐蕃譯經史　敦煌胡語文獻（講座敦煌6）　（東京）大東出版社　1985　p. 432

S. T. 390

原田覺　吐蕃譯經史　敦煌胡語文獻（講座敦煌6）　（東京）大東出版社　1985　p. 428

S. T. 401

袴谷憲昭　チベット語文獻——仏教文獻　敦煌胡語文獻（講座敦煌6）　（東京）大東出版社　1985　p. 262

S. T. 420

饒宗頤　吽字說　梵學集　上海古籍出版社　1993　p. 278

S. T. 421

饒宗頤　吽字說　梵學集　上海古籍出版社　1993　p. 278

S. T. 428

原田覺　吐蕃譯經史　敦煌胡語文獻（講座敦煌6）　（東京）大東出版社　1985　p. 428
上山大峻　敦煌佛教の研究　（京都）法藏館　1990　p. 196

S. T. 430

原田覺　吐蕃譯經史　敦煌胡語文獻（講座敦煌6）　（東京）大東出版社　1985　p. 428
上山大峻　敦煌佛教の研究　（京都）法藏館　1990　p. 196

S. T. 436

平松敏雄　タントラ經典　敦煌胡語文獻（講座敦煌6）　（東京）大東出版社　1985　p. 361
李德龍　古藏文怛特羅文獻　敦煌學大辭典　上海辭書出版社　1998　p. 484

S. T. 437

平松敏雄　タントラ經典　敦煌胡語文獻（講座敦煌6）　（東京）大東出版社　1985　p. 361

S. T. 438

平松敏雄　タントラ經典　敦煌胡語文獻(講座敦煌6)　(東京)大東出版社　1985　p. 359

李德龍　古藏文怛特羅文獻　敦煌學大辭典　上海辭書出版社　1998　p. 484

S. T. 443

原田覺　吐蕃譯經史　敦煌胡語文獻(講座敦煌6)　(東京)大東出版社　1985　p. 422

S. T. 444

原田覺　吐蕃譯經史　敦煌胡語文獻(講座敦煌6)　(東京)大東出版社　1985　p. 422

S. T. 445

原田覺　吐蕃譯經史　敦煌胡語文獻(講座敦煌6)　(東京)大東出版社　1985　p. 422

S. T. 446

原田覺　吐蕃譯經史　敦煌胡語文獻(講座敦煌6)　(東京)大東出版社　1985　p. 422

S. T. 450

原田覺　吐蕃譯經史　敦煌胡語文獻(講座敦煌6)　(東京)大東出版社　1985　p. 422

S. T. 454

平松敏雄　タントラ經典　敦煌胡語文獻(講座敦煌6)　(東京)大東出版社　1985　p. 359

S. T. 463

御牧克己　大乘無量壽宗要經　敦煌と中國仏教(講座敦煌7)　(東京)大東出版社　1984　p. 170

S. T. 468

御牧克己　シルクロード出土の仏典　シルクロードと仏教文化　(東京)東洋哲學研究所　1979　p. 298

原田覺　吐蕃譯經史　敦煌胡語文獻(講座敦煌6)　(東京)大東出版社　1985　p. 442

上山大峻　敦煌佛教の研究　(京都)法藏館　1990　p. 304

S. T. 470

平松敏雄　タントラ經典　敦煌胡語文獻(講座敦煌6)　(東京)大東出版社　1985　p. 361

S. T. 473

郭麗英　敦煌漢傳密教經典研究:以《金剛峻經》爲例　敦煌吐魯番研究(第七卷)　北京大學出版社　2004　p. 333

S. T. 508

平松敏雄　タントラ經典　敦煌胡語文獻(講座敦煌6)　(東京)大東出版社　1985　p. 359

S. T. 511

嚴敦傑　相書一卷　敦煌學大辭典　上海辭書出版社　1998　p. 621

S. T. 579

平松敏雄　タントラ經典　敦煌胡語文獻(講座敦煌6)　(東京)大東出版社　1985　p. 361

S. T. 588

原田覺　吐蕃譯經史　敦煌胡語文獻(講座敦煌6)　(東京)大東出版社　1985　p. 428

斎藤明　中観系資料　敦煌胡語文獻(講座敦煌6)　(東京)大東出版社　1985　p. 314

上山大峻　敦煌佛教の研究　(京都)法藏館　1990　p. 88

S. T. 592

袴谷憲昭　チベット語文獻——仏教文獻　敦煌胡語文獻(講座敦煌6)　(東京)大東出版社　1985
　　　p. 224

原田覺　吐蕃譯經史　敦煌胡語文獻(講座敦煌6)　(東京)大東出版社　1985　p. 428

S. T. 593

原田覺　吐蕃譯經史　敦煌胡語文獻(講座敦煌6)　(東京)大東出版社　1985　p. 428

S. T. 595

斎藤明　中観系資料　敦煌胡語文獻(講座敦煌6)　(東京)大東出版社　1985　p. 314

S. T. 597

原田覺　吐蕃譯經史　敦煌胡語文獻(講座敦煌6)　(東京)大東出版社　1985　p. 445

上山大峻　敦煌佛教の研究　(京都)法藏館　1990　p. 90、183

S. T. 598

原田覺　吐蕃譯經史　敦煌胡語文獻(講座敦煌6)　(東京)大東出版社　1985　p. 445

上山大峻　敦煌佛教の研究　(京都)法藏館　1990　p. 90、183

S. T. 599

斎藤明　中観系資料　敦煌胡語文獻(講座敦煌6)　(東京)大東出版社　1985　p. 313

S. T. 601

原田覺　吐蕃譯經史　敦煌胡語文獻(講座敦煌6)　(東京)大東出版社　1985　p. 445

上山大峻　敦煌佛教の研究　(京都)法藏館　1990　p. 90、184

S. T. 603

袴谷憲昭　チベット語文獻——仏教文獻　敦煌胡語文獻(講座敦煌6)　(東京)大東出版社　1985
　　　p. 232

S. T. 606

原田覺　吐蕃譯經史　敦煌胡語文獻（講座敦煌6）　（東京）大東出版社　1985　p. 423

S. T. 607

御牧克己　シルクロード出土の仏典　シルクロードと仏教文化　（東京）東洋哲學研究所　1979
　　p. 299

S. T. 608

原田覺　吐蕃譯經史　敦煌胡語文獻（講座敦煌6）　（東京）大東出版社　1985　p. 435

S. T. 609

原田覺　吐蕃譯經史　敦煌胡語文獻（講座敦煌6）　（東京）大東出版社　1985　p. 435

S. T. 611

袴谷憲昭　チベット語文獻——仏教文獻　敦煌胡語文獻（講座敦煌6）　（東京）大東出版社　1985
　　p. 231

S. T. 612

袴谷憲昭　チベット語文獻——仏教文獻　敦煌胡語文獻（講座敦煌6）　（東京）大東出版社　1985
　　p. 231

S. T. 613

袴谷憲昭　チベット語文獻——仏教文獻　敦煌胡語文獻（講座敦煌6）　（東京）大東出版社　1985
　　p. 228

S. T. 614

袴谷憲昭　チベット語文獻——仏教文獻　敦煌胡語文獻（講座敦煌6）　（東京）大東出版社　1985
　　p. 231
原田覺　吐蕃譯經史　敦煌胡語文獻（講座敦煌6）　（東京）大東出版社　1985　p. 428

S. T. 615

袴谷憲昭　チベット語文獻——仏教文獻　敦煌胡語文獻（講座敦煌6）　（東京）大東出版社　1985
　　p. 231

S. T. 616

袴谷憲昭　チベット語文獻——仏教文獻　敦煌胡語文獻（講座敦煌6）　（東京）大東出版社　1985
　　p. 222

S. T. 617

原田覺　吐蕃譯經史　敦煌胡語文獻（講座敦煌6）　（東京）大東出版社　1985　p. 423
斎藤明　中観系資料　敦煌胡語文獻（講座敦煌6）　（東京）大東出版社　1985　p. 314

S. T. 618

斎藤明　中観系資料　敦煌胡語文献（講座敦煌6）　（東京）大東出版社　1985　p. 314

S. T. 619

斎藤明　中観系資料　敦煌胡語文獻（講座敦煌6）　（東京）大東出版社　1985　p. 314

上山大峻　敦煌佛教の研究　（京都）法藏館　1990　p. 89

S. T. 620

斎藤明　中観系資料　敦煌胡語文獻（講座敦煌6）　（東京）大東出版社　1985　p. 314

S. T. 621

斎藤明　中観系資料　敦煌胡語文獻（講座敦煌6）　（東京）大東出版社　1985　p. 313

上山大峻　敦煌佛教の研究　（京都）法藏館　1990　p. 209

S. T. 622

斎藤明　中観系資料　敦煌胡語文獻（講座敦煌6）　（東京）大東出版社　1985　p. 313

上山大峻　敦煌佛教の研究　（京都）法藏館　1990　p. 209

S. T. 623

斎藤明　中観系資料　敦煌胡語文獻（講座敦煌6）　（東京）大東出版社　1985　p. 313

S. T. 624

斎藤明　中観系資料　敦煌胡語文獻（講座敦煌6）　（東京）大東出版社　1985　p. 313

S. T. 625

原田覺　吐蕃譯經史　敦煌胡語文獻（講座敦煌6）　（東京）大東出版社　1985　p. 428

上山大峻　敦煌佛教の研究　（京都）法藏館　1990　p. 89、152

S. T. 628

斎藤明　中観系資料　敦煌胡語文獻（講座敦煌6）　（東京）大東出版社　1985　p. 313

李德龍　古藏文菩薩行論　敦煌學大辭典　上海辭書出版社　1998　p. 482

S. T. 629

原田覺　吐蕃譯經史　敦煌胡語文獻（講座敦煌6）　（東京）大東出版社　1985　p. 428

斎藤明　中観系資料　敦煌胡語文獻（講座敦煌6）　（東京）大東出版社　1985　p. 313

S. T. 630

袴谷憲昭　チベット語文獻——仏教文獻　敦煌胡語文獻（講座敦煌6）　（東京）大東出版社　1985　p. 224

斎藤明　中観系資料　敦煌胡語文獻（講座敦煌6）　（東京）大東出版社　1985　p. 313

S. T. 631
袴谷憲昭　チベット語文献——仏教文献　敦煌胡語文献（講座敦煌6）　（東京）大東出版社　1985
　　p. 222

S. T. 632
沖本克己　律文献　敦煌胡語文献（講座敦煌6）　（東京）大東出版社　1985　p. 412
袴谷憲昭　チベット語文献——仏教文献　敦煌胡語文献（講座敦煌6）　（東京）大東出版社　1985
　　p. 222
原田覺　吐蕃譯經史　敦煌胡語文献（講座敦煌6）　（東京）大東出版社　1985　p. 428

S. T. 633
沖本克己　律文献　敦煌胡語文献（講座敦煌6）　（東京）大東出版社　1985　p. 408
袴谷憲昭　チベット語文献——仏教文献　敦煌胡語文献（講座敦煌6）　（東京）大東出版社　1985
　　p. 222
李德龍　古藏文別解脱戒經　敦煌學大辭典　上海辭書出版社　1998　p. 483
李德龍　古藏文菩薩律儀二十頌注　敦煌學大辭典　上海辭書出版社　1998　p. 484

S. T. 634
原田覺　吐蕃譯經史　敦煌胡語文献（講座敦煌6）　（東京）大東出版社　1985　p. 426

S. T. 635
原田覺　吐蕃譯經史　敦煌胡語文献（講座敦煌6）　（東京）大東出版社　1985　p. 426

S. T. 636
原田覺　吐蕃譯經史　敦煌胡語文献（講座敦煌6）　（東京）大東出版社　1985　p. 426

S. T. 637
斎藤明　中観系資料　敦煌胡語文献（講座敦煌6）　（東京）大東出版社　1985　p. 313
李德龍　古藏文中觀文献　敦煌學大辭典　上海辭書出版社　1998　p. 481

S. T. 638
袴谷憲昭　チベット語文献——仏教文献　敦煌胡語文献（講座敦煌6）　（東京）大東出版社　1985
　　p. 255
原田覺　吐蕃譯經史　敦煌胡語文献（講座敦煌6）　（東京）大東出版社　1985　p. 428
斎藤明　中観系資料　敦煌胡語文献（講座敦煌6）　（東京）大東出版社　1985　p. 313

S. T. 639
袴谷憲昭　チベット語文献——仏教文献　敦煌胡語文献（講座敦煌6）　（東京）大東出版社　1985
　　p. 218
原田覺　吐蕃譯經史　敦煌胡語文献（講座敦煌6）　（東京）大東出版社　1985　p. 428

S. T. 642

袴谷憲昭　チベット語文獻——仏教文獻　敦煌胡語文獻（講座敦煌6）　（東京）大東出版社　1985
　　p. 221

李德龍　古藏文瑜伽師地論　敦煌學大辭典　上海辭書出版社　1998　p. 481

S. T. 643

斎藤明　中観系資料　敦煌胡語文獻（講座敦煌6）　（東京）大東出版社　1985　p. 313

S. T. 646

原田覺　吐蕃譯經史　敦煌胡語文獻（講座敦煌6）　（東京）大東出版社　1985　p. 428

斎藤明　中観系資料　敦煌胡語文獻（講座敦煌6）　（東京）大東出版社　1985　p. 313

S. T. 648

御牧克己　シルクロ－ド出土の仏典　シルクロ－ドと仏教文化　（東京）東洋哲學研究所　1979
　　p. 299

原田覺　吐蕃譯經史　敦煌胡語文獻（講座敦煌6）　（東京）大東出版社　1985　p. 425

斎藤明　中観系資料　敦煌胡語文獻（講座敦煌6）　（東京）大東出版社　1985　p. 313

李德龍　古藏文修習次第初編　敦煌學大辭典　上海辭書出版社　1998　p. 482

S. T. 649

斎藤明　中観系資料　敦煌胡語文獻（講座敦煌6）　（東京）大東出版社　1985　p. 313

S. T. 650

斎藤明　中観系資料　敦煌胡語文獻（講座敦煌6）　（東京）大東出版社　1985　p. 313

S. T. 651

斎藤明　中観系資料　敦煌胡語文獻（講座敦煌6）　（東京）大東出版社　1985　p. 313

S. T. 652

斎藤明　中観系資料　敦煌胡語文獻（講座敦煌6）　（東京）大東出版社　1985　p. 313

S. T. 653

袴谷憲昭　チベット語文獻——仏教文獻　敦煌胡語文獻（講座敦煌6）　（東京）大東出版社　1985
　　p. 236

S. T. 656

袴谷憲昭　チベット語文獻——仏教文獻　敦煌胡語文獻（講座敦煌6）　（東京）大東出版社　1985
　　p. 236

S. T. 662

袴谷憲昭　チベット語文獻——仏教文獻　敦煌胡語文獻（講座敦煌6）　（東京）大東出版社　1985
　　p. 236

S. T. 666

袴谷憲昭　チベット語文獻——仏教文獻　敦煌胡語文獻（講座敦煌6）　（東京）大東出版社　1985
　p. 236

S. T. 667

平松敏雄　タントラ經典　敦煌胡語文獻（講座敦煌6）　（東京）大東出版社　1985　p. 372

S. T. 673

袴谷憲昭　チベット語文獻——仏教文獻　敦煌胡語文獻（講座敦煌6）　（東京）大東出版社　1985
　p. 222

S. T. 674

袴谷憲昭　チベット語文獻——仏教文獻　敦煌胡語文獻（講座敦煌6）　（東京）大東出版社　1985
　p. 222

S. T. 675

袴谷憲昭　チベット語文獻——仏教文獻　敦煌胡語文獻（講座敦煌6）　（東京）大東出版社　1985
　p. 236

S. T. 676

袴谷憲昭　チベット語文獻——仏教文獻　敦煌胡語文獻（講座敦煌6）　（東京）大東出版社　1985
　p. 221

李德龍　古藏文瑜伽師地論　敦煌學大辭典　上海辭書出版社　1998　p. 481

S. T. 677

袴谷憲昭　チベット語文獻——仏教文獻　敦煌胡語文獻（講座敦煌6）　（東京）大東出版社　1985
　p. 236

S. T. 678

袴谷憲昭　チベット語文獻——仏教文獻　敦煌胡語文獻（講座敦煌6）　（東京）大東出版社　1985
　p. 236

S. T. 679

袴谷憲昭　チベット語文獻——仏教文獻　敦煌胡語文獻（講座敦煌6）　（東京）大東出版社　1985
　p. 224

S. T. 680

袴谷憲昭　チベット語文獻——仏教文獻　敦煌胡語文獻（講座敦煌6）　（東京）大東出版社　1985
　p. 236

S. T. 681

袴谷憲昭　チベット語文獻——仏教文獻　敦煌胡語文獻（講座敦煌6）　（東京）大東出版社　1985

p. 236

S. T. 682

袴谷憲昭　チベット語文獻——仏教文獻　敦煌胡語文獻（講座敦煌6）　（東京）大東出版社　1985
　　p. 236

S. T. 683

袴谷憲昭　チベット語文獻——仏教文獻　敦煌胡語文獻（講座敦煌6）　（東京）大東出版社　1985
　　p. 208

S. T. 685

袴谷憲昭　チベット語文獻——仏教文獻　敦煌胡語文獻（講座敦煌6）　（東京）大東出版社　1985
　　p. 236

S. T. 686

袴谷憲昭　チベット語文獻——仏教文獻　敦煌胡語文獻（講座敦煌6）　（東京）大東出版社　1985
　　p. 237

原田覺　吐蕃譯經史　敦煌胡語文獻（講座敦煌6）　（東京）大東出版社　1985　p. 428

上山大峻　敦煌佛教の研究　（京都）法藏館　1990　p. 89、154

李德龍　古藏文孟秋施物緣起要說　敦煌學大辭典　上海辭書出版社　1998　p. 489

S. T. 687

原田覺　吐蕃譯經史　敦煌胡語文獻（講座敦煌6）　（東京）大東出版社　1985　p. 428

上山大峻　敦煌佛教の研究　（京都）法藏館　1990　p. 89、154

S. T. 689

袴谷憲昭　チベット語文獻——仏教文獻　敦煌胡語文獻（講座敦煌6）　（東京）大東出版社　1985
　　p. 237

平松敏雄　タントラ經典　敦煌胡語文獻（講座敦煌6）　（東京）大東出版社　1985　p. 373

S. T. 690

袴谷憲昭　チベット語文獻——仏教文獻　敦煌胡語文獻（講座敦煌6）　（東京）大東出版社　1985
　　p. 237

S. T. 691

袴谷憲昭　チベット語文獻——仏教文獻　敦煌胡語文獻（講座敦煌6）　（東京）大東出版社　1985
　　p. 237

S. T. 692

御牧克己　シルクロード出土の仏典　シルクロードと仏教文化　（東京）東洋哲學研究所　1979
　　p. 299

松本史朗　仏教綱要書　敦煌胡語文獻（講座敦煌6）　（東京）大東出版社　1985　p. 267

原田覺　吐蕃譯經史　敦煌胡語文獻（講座敦煌6）　（東京）大東出版社　1985　p. 433
李德龍　古藏文見解之別　敦煌學大辭典　上海辭書出版社　1998　p. 480

S. T. 693
御牧克己　シルクロード出土の仏典　シルクロードと仏教文化　（東京）東洋哲學研究所　1979
　　p. 299
松本史朗　仏教綱要書　敦煌胡語文獻（講座敦煌6）　（東京）大東出版社　1985　p. 266

S. T. 694
御牧克己　シルクロード出土の仏典　シルクロードと仏教文化　（東京）東洋哲學研究所　1979
　　p. 299
松本史朗　仏教綱要書　敦煌胡語文獻（講座敦煌6）　（東京）大東出版社　1985　p. 267
原田覺　吐蕃譯經史　敦煌胡語文獻（講座敦煌6）　（東京）大東出版社　1985　p. 433

S. T. 698
袴谷憲昭　チベット語文獻——仏教文獻　敦煌胡語文獻（講座敦煌6）　（東京）大東出版社　1985
　　p. 237

S. T. 699
袴谷憲昭　チベット語文獻——仏教文獻　敦煌胡語文獻（講座敦煌6）　（東京）大東出版社　1985
　　p. 237

S. T. 700
袴谷憲昭　チベット語文獻——仏教文獻　敦煌胡語文獻（講座敦煌6）　（東京）大東出版社　1985
　　p. 237
原田覺　吐蕃譯經史　敦煌胡語文獻（講座敦煌6）　（東京）大東出版社　1985　p. 432

S. T. 703
袴谷憲昭　チベット語文獻——仏教文獻　敦煌胡語文獻（講座敦煌6）　（東京）大東出版社　1985
　　p. 246
平松敏雄　タントラ經典　敦煌胡語文獻（講座敦煌6）　（東京）大東出版社　1985　p. 373
原田覺　吐蕃譯經史　敦煌胡語文獻（講座敦煌6）　（東京）大東出版社　1985　p. 432

S. T. 704
原田覺　吐蕃譯經史　敦煌胡語文獻（講座敦煌6）　（東京）大東出版社　1985　p. 432

S. T. 705
平松敏雄　タントラ經典　敦煌胡語文獻（講座敦煌6）　（東京）大東出版社　1985　p. 372
原田覺　吐蕃譯經史　敦煌胡語文獻（講座敦煌6）　（東京）大東出版社　1985　p. 432
李德龍　法王經古藏文譯本　敦煌學大辭典　上海辭書出版社　1998　p. 487

S. T. 706

平松敏雄　タントラ經典　敦煌胡語文獻（講座敦煌6）　（東京）大東出版社　1985　p. 373

原田覺　吐蕃譯經史　敦煌胡語文獻（講座敦煌6）　（東京）大東出版社　1985　p. 432

S. T. 707

平松敏雄　タントラ經典　敦煌胡語文獻（講座敦煌6）　（東京）大東出版社　1985　p. 373

原田覺　吐蕃譯經史　敦煌胡語文獻（講座敦煌6）　（東京）大東出版社　1985　p. 424

S. T. 708

袴谷憲昭　チベット語文獻——仏教文獻　敦煌胡語文獻（講座敦煌6）　（東京）大東出版社　1985　p. 237

S. T. 709

御牧克己　シルクロード出土の仏典　シルクロードと仏教文化　（東京）東洋哲學研究所　1979　p. 298

平松敏雄　タントラ經典　敦煌胡語文獻（講座敦煌6）　（東京）大東出版社　1985　p. 372

原田覺　吐蕃譯經史　敦煌胡語文獻（講座敦煌6）　（東京）大東出版社　1985　p. 442

上山大峻　敦煌佛教の研究　（京都）法藏館　1990　p. 331

李德龍　古藏文摩訶衍禪師說禪要書　敦煌學大辭典　上海辭書出版社　1998　p. 487

S. T. 710

御牧克己　シルクロード出土の仏典　シルクロードと仏教文化　（東京）東洋哲學研究所　1979　p. 298

平松敏雄　タントラ經典　敦煌胡語文獻（講座敦煌6）　（東京）大東出版社　1985　p. 372

原田覺　吐蕃譯經史　敦煌胡語文獻（講座敦煌6）　（東京）大東出版社　1985　p. 442

李德龍　頓悟真宗要決古藏文譯本　敦煌學大辭典　上海辭書出版社　1998　p. 485

S. T. 724

林家平　寧强　羅華慶　中國敦煌學史　北京語言學院出版社　1992　p. 561

王堯　吐蕃時期藏譯漢籍名著及故事　中國古籍研究（第一卷）　上海古籍出版社　1996　p. 558

佟錦華　孔丘項橐相問書古藏文譯本　敦煌學大辭典　上海辭書出版社　1998　p. 475

王堯　西望陽關有故人：敦煌藏文寫卷述要　中國學術（第四輯）　商務印書館　2002　p. 46

王小盾　何仟年　越南本《孔子項橐問答書》譾論　新世紀敦煌學論集　巴蜀書社　2003　p. 240

S. T. 731

山口瑞鳳　醫療文獻　敦煌胡語文獻（講座敦煌6）　（東京）大東出版社　1985　p. 553

S. T. 736

黃布凡　"南"語文獻　敦煌學大辭典　上海辭書出版社　1998　p. 474

S. T. 737

御牧克己　シルクロード出土の仏典　シルクロードと仏教文化　（東京）東洋哲學研究所　1979

p. 299

佟錦華　羅摩衍那古藏文譯本　敦煌學大辭典　上海辭書出版社　1998　p. 477

S. T. 738

山口瑞鳳　占い手引書　敦煌胡語文獻(講座敦煌6)　(東京)大東出版社　1985　p. 535

S. T. 741

山口瑞鳳　占い手引書　敦煌胡語文獻(講座敦煌6)　(東京)大東出版社　1985　p. 533

S. T. 742

山口瑞鳳　占い手引書　敦煌胡語文獻(講座敦煌6)　(東京)大東出版社　1985　p. 533

S. T. 744

山口瑞鳳　占い手引書　敦煌胡語文獻(講座敦煌6)　(東京)大東出版社　1985　p. 533

S. T. 750

御牧克己　シルクロ－ド出土の仏典　シルクロ－ドと仏教文化　(東京)東洋哲學研究所　1979　p. 298

山口瑞鳳　チベット語文獻——仏教關係以外の諸文獻　敦煌胡語文獻(講座敦煌6)　(東京)大東出版社　1985　p. 453

榮新江　敦煌學十八講　北京大學出版社　2001　p. 228

沙知　英藏敦煌文獻雜談　敦煌與絲路文化學術講座　北京圖書館出版社　2003　p. 123

S. T. 751

山口瑞鳳　私文書　敦煌胡語文獻(講座敦煌6)　(東京)大東出版社　1985　p. 510

山口瑞鳳　醫療文獻　敦煌胡語文獻(講座敦煌6)　(東京)大東出版社　1985　p. 548

S. T. 755

羅秉芬　象雄語　敦煌學大辭典　上海辭書出版社　1998　p. 474

馬繼興　當前世界各地收藏的中國出土卷子本古醫藥文獻備考　敦煌吐魯番研究(第六卷)　北京大學出版社　2002　p. 144

S. T. 756

山口瑞鳳　醫療文獻　敦煌胡語文獻(講座敦煌6)　(東京)大東出版社　1985　p. 542

陳明　漢唐西域胡語醫學文獻中的宗教因素　中國學術(第一輯)　商務印書館　2004　p. 143

陳明　殊方異藥:出土文書與西域醫學　北京大學出版社　2005　p. 79

S. T. 758

山口瑞鳳　醫療文獻　敦煌胡語文獻(講座敦煌6)　(東京)大東出版社　1985　p. 542

S. T. 760

御牧克己　シルクロ－ド出土の仏典　シルクロ－ドと仏教文化　(東京)東洋哲學研究所　1979

　　　　　　p. 299

山口瑞鳳　　醫療文獻　　敦煌胡語文獻（講座敦煌 6）　（東京）大東出版社　　1985　p. 543

S. T. 761

御牧克己　　シルクロ－ド出土の仏典　　シルクロ－ドと仏教文化　（東京）東洋哲學研究所　　1979

　　　　　　p. 299

山口瑞鳳　　醫療文獻　　敦煌胡語文獻（講座敦煌 6）　（東京）大東出版社　　1985　p. 543

S. T. 762

御牧克己　　シルクロ－ド出土の仏典　　シルクロ－ドと仏教文化　（東京）東洋哲學研究所　　1979

　　　　　　p. 299

S. T. 763

御牧克己　　シルクロ－ド出土の仏典　　シルクロ－ドと仏教文化　（東京）東洋哲學研究所　　1979

　　　　　　p. 299

山口瑞鳳　　醫療文獻　　敦煌胡語文獻（講座敦煌 6）　（東京）大東出版社　　1985　p. 543

S. T. 769

上山大峻　　敦煌佛教の研究　（京都）法藏館　　1990　p. 209

S. T. 795

斎藤明　　中観系資料　　敦煌胡語文獻（講座敦煌 6）　（東京）大東出版社　　1985　p. 312

李德龍　　古藏文中觀文獻　　敦煌學大辭典　　上海辭書出版社　　1998　p. 481

S. T. 796

斎藤明　　中観系資料　　敦煌胡語文獻（講座敦煌 6）　（東京）大東出版社　　1985　p. 312

英國國家圖書館藏敦煌刻本研究按號索引

S. P. 2

劉進寶　敦煌學論述　（臺北）洪葉文化事業有限公司　1995　p. 291

黃征　程惠新　劫塵遺珠——敦煌遺書　甘肅教育出版社　1999　p. 244

鄧文寬　敦煌曆日文獻研究的歷史追憶　敦煌吐魯番研究（第七卷）　北京大學出版社　2004　p. 295

邰惠莉　敦煌版畫叙錄　《敦煌研究》2005 年第 2 期　p. 12

王錫臻　敦煌版畫民間美術研究　《敦煌研究》2005 年第 2 期　p. 41

謝生保　謝靜　敦煌版畫對雕版印刷業的影響　《敦煌研究》2005 年第 2 期　p. 46

余義虎　敦煌版畫的性質與用途　《敦煌研究》2005 年第 2 期　p. 20

S. P. 3

邰惠莉　敦煌版畫叙錄　《敦煌研究》2005 年第 2 期　p. 12

S. P. 4

邰惠莉　敦煌版畫叙錄　《敦煌研究》2005 年第 2 期　p. 12

S. P. 5

公維章　涅槃、淨土的殿堂：敦煌莫高窟第 148 窟研究　民族出版社　2004　p. 215

邰惠莉　敦煌版畫叙錄　《敦煌研究》2005 年第 2 期　p. 12

S. P. 6

高田時雄　五姓說在敦煌藏族　敦煌吐魯番學研究論文集　漢語大詞典出版社　1990　p. 758

高田時雄　五姓を說く敦煌資料　『國立民族學博物館研究報告別冊』（14 號）　（吹田）國立民族學博物館　1991　p. 254

高田時雄　評：池田溫編『敦煌漢文文獻』（講座敦煌 5）　『東洋史研究』（52 卷 1 號）　（東京）東洋史研究會　1993　p. 122

鄧文寬　敦煌天文曆法文獻輯校　江蘇古籍出版社　1996　p. 198

施萍婷　評《敦煌天文曆法文獻輯校》　敦煌吐魯番研究（第三卷）　北京大學出版社　1998　p. 396

妹尾達彦　唐代長安東市の印刷業　東アジア史における國家と地域　（東京）刀水書房　1999　p. 205

黃正建　評《東亞史的國家和地域》　唐研究（第六卷）　北京大學出版社　2000　p. 461

鄧文寬　敦煌本《唐乾符四年丁酉歲(877 年)具注曆日》"雜占"補錄　敦煌學與中國史研究論集　甘肅人民出版社　2001　p. 135

鄧文寬　敦煌吐魯番天文曆法研究　甘肅教育出版社　2002　p. 97

黃正建　敦煌占婚嫁文書與唐五代的占婚嫁　新世紀敦煌學論集　巴蜀書社　2003　p. 274

鄧文寬　兩篇敦煌具注曆日補釋與新校　出土文獻研究（第六輯）　文物出版社　2004　p. 260

華瀾　簡論中國古代曆日中的廿八宿注曆——以敦煌具注曆爲中心　敦煌吐魯番研究（第七卷）
　　北京大學出版社　2004　p. 415
邰惠莉　敦煌版畫叙録　《敦煌研究》2005 年第 2 期　p. 12
吳榮鑒　關於敦煌版畫製作的幾個問題　《敦煌研究》2005 年第 2 期　p. 26

S. P. 7

邰惠莉　敦煌版畫叙録　《敦煌研究》2005 年第 2 期　p. 8、13

S. P. 8

邰惠莉　敦煌版畫叙録　《敦煌研究》2005 年第 2 期　p. 13

S. P. 9

鄧文寬　敦煌天文曆法文獻輯校　江蘇古籍出版社　1996　p. 689
邰惠莉　敦煌版畫叙録　《敦煌研究》2005 年第 2 期　p. 13

S. P. 10

鄧文寬　敦煌天文曆法文獻輯校　江蘇古籍出版社　1996　p. 232
妹尾達彦　唐代長安東市の印刷業　東アジア史における國家と地域　（東京）刀水書房　1999
　　p. 203
趙貞　"九曜行年"略說　《敦煌學輯刊》2005 年第 3 期　p. 24

S. P. 12

妹尾達彦　唐代長安東市の印刷業　東アジア史における國家と地域　（東京）刀水書房　1999
　　p. 202
黄正建　評《東亞史的國家和地域》　唐研究（第六卷）　北京大學出版社　2000　p. 461

S. P. 15

邰惠莉　敦煌版畫叙録　《敦煌研究》2005 年第 2 期　p. 13

S. P. 16

邰惠莉　敦煌版畫叙録　《敦煌研究》2005 年第 2 期　p. 13

S. P. 17

邰惠莉　敦煌版畫叙録　《敦煌研究》2005 年第 2 期　p. 13

S. P. 18

邰惠莉　敦煌版畫叙録　《敦煌研究》2005 年第 2 期　p. 13

S. P. 19

邰惠莉　敦煌版畫叙録　《敦煌研究》2005 年第 2 期　p. 13

S. P. 20

邰惠莉　敦煌版畫叙録　《敦煌研究》2005 年第 2 期　p. 13

英國博物館藏敦煌絹紙畫研究按號索引

BM. S. P. 05（Ch. xxxviii. 005）

公維章　涅槃、淨土的殿堂——敦煌莫高窟第 148 窟研究　民族出版社　2004　p. 215

BM. S. P. 32（Ch. xxxvii. 004）

公維章　涅槃、淨土的殿堂——敦煌莫高窟第 148 窟研究　民族出版社　2004　p. 215

BM. S. P. 76（Ch. 00144）

沙武田　S. P. 76《維摩詰經變稿》試析　《敦煌研究》2000 年第 4 期　p. 14

李旭東　敦煌壁畫的"夯土版築"建築研究　2004 年石窟研究國際學術會議論文提要集　敦煌研究
院　2004　p. 73

王惠民　敦煌經變畫的研究成果與研究方法　《敦煌學輯刊》2004 年第 2 期　p. 70

BM. S. P. 83（Ch. 00208）

沙武田　S. P. 83、P. 3998《金光明最勝王經變稿》初探　《敦煌研究》1998 年第 4 期　p. 19

王惠民　敦煌經變畫的研究成果與研究方法　《敦煌學輯刊》2004 年第 2 期　p. 70

BM. S. P. 231

邰惠莉　敦煌版畫叙録　《敦煌研究》2005 年第 2 期　p. 13

謝生保　謝靜　敦煌版畫對雕版印刷業的影響　《敦煌研究》2005 年第 2 期　p. 49

BM. S. P. 232

馬德　敦煌版畫的背景意義　《敦煌研究》2005 年第 2 期　p. 2

邰惠莉　敦煌版畫叙録　《敦煌研究》2005 年第 2 期　p. 13

王錫臻　敦煌版畫民間美術研究　《敦煌研究》2005 年第 2 期　p. 41

BM. S. P. 233

邰惠莉　敦煌版畫叙録　《敦煌研究》2005 年第 2 期　p. 13

BM. S. P. 235

邰惠莉　敦煌版畫叙録　《敦煌研究》2005 年第 2 期　p. 13

BM. S. P. 236

邰惠莉　敦煌版畫叙録　《敦煌研究》2005 年第 2 期　p. 13

BM. S. P. 237

馬德　敦煌版畫的背景意義　《敦煌研究》2005 年第 2 期　p. 2

邰惠莉　敦煌版畫叙録　《敦煌研究》2005 年第 2 期　p. 13

王錫臻　敦煌版畫民間美術研究　《敦煌研究》2005 年第 2 期　p. 41
王怡　鄒曉萍　敦煌版畫藝術的風格特點　《敦煌研究》2005 年第 2 期　p. 33
吳榮鑒　關於敦煌版畫製作的幾個問題　《敦煌研究》2005 年第 2 期　p. 28

BM. S. P. 239

邰惠莉　敦煌版畫叙錄　《敦煌研究》2005 年第 2 期　p. 13

BM. S. P. 240

馬德　敦煌版畫的背景意義　《敦煌研究》2005 年第 2 期　p. 2
邰惠莉　敦煌版畫叙錄　《敦煌研究》2005 年第 2 期　p. 13
王怡　鄒曉萍　敦煌版畫藝術的風格特點　《敦煌研究》2005 年第 2 期　p. 33
吳榮鑒　關於敦煌版畫製作的幾個問題　《敦煌研究》2005 年第 2 期　p. 28

BM. S. P. 241

馬德　敦煌版畫的背景意義　《敦煌研究》2005 年第 2 期　p. 4
邰惠莉　敦煌版畫叙錄　《敦煌研究》2005 年第 2 期　p. 13
王錫臻　敦煌版畫民間美術研究　《敦煌研究》2005 年第 2 期　p. 45
王怡　鄒曉萍　敦煌版畫藝術的風格特點　《敦煌研究》2005 年第 2 期　p. 33
吳榮鑒　關於敦煌版畫製作的幾個問題　《敦煌研究》2005 年第 2 期　p. 27

BM. S. P. 242（Ch. 00185. d）

邰惠莉　敦煌版畫叙錄　《敦煌研究》2005 年第 2 期　p. 13

BM. S. P. 243

邰惠莉　敦煌版畫叙錄　《敦煌研究》2005 年第 2 期　p. 13

BM. S. P. 244

邰惠莉　敦煌版畫叙錄　《敦煌研究》2005 年第 2 期　p. 13

BM. S. P. 245（Ch. xxx. 002）

陸離　敦煌、新疆等地吐蕃時期石窟中着虎皮衣飾神祇、武士圖像及雕塑研究　《敦煌學輯刊》2005
　　年第 3 期　p. 117
馬德　敦煌版畫的背景意義　《敦煌研究》2005 年第 2 期　p. 4
邰惠莉　敦煌版畫叙錄　《敦煌研究》2005 年第 2 期　p. 13
王怡　鄒曉萍　敦煌版畫藝術的風格特點　《敦煌研究》2005 年第 2 期　p. 33
吳榮鑒　關於敦煌版畫製作的幾個問題　《敦煌研究》2005 年第 2 期　p. 27

BM. S. P. 246（Ch. 00295）

馬德　敦煌版畫的背景意義　《敦煌研究》2005 年第 2 期　p. 5
邰惠莉　敦煌版畫叙錄　《敦煌研究》2005 年第 2 期　p. 13
王錫臻　敦煌版畫民間美術研究　《敦煌研究》2005 年第 2 期　p. 41
吳榮鑒　關於敦煌版畫製作的幾個問題　《敦煌研究》2005 年第 2 期　p. 27

BM. S. P. 247 (Ch. 00152)

馬德　敦煌版畫的背景意義　《敦煌研究》2005 年第 2 期　p. 3

邰惠莉　敦煌版畫叙録　《敦煌研究》2005 年第 2 期　p. 13

王錫臻　敦煌版畫民間美術研究　《敦煌研究》2005 年第 2 期　p. 44

BM. S. P. 248 (Ch. 00151. t)

馬德　敦煌版畫的背景意義　《敦煌研究》2005 年第 2 期　p. 3

邰惠莉　敦煌版畫叙録　《敦煌研究》2005 年第 2 期　p. 8、13

王錫臻　敦煌版畫民間美術研究　《敦煌研究》2005 年第 2 期　p. 44

BM. S. P. 249 (Ch. xliii. 004)

馬德　敦煌版畫的背景意義　《敦煌研究》2005 年第 2 期　p. 3

邰惠莉　敦煌版畫叙録　《敦煌研究》2005 年第 2 期　p. 13

王錫臻　敦煌版畫民間美術研究　《敦煌研究》2005 年第 2 期　p. 42

王怡　鄒曉萍　敦煌版畫藝術的風格特點　《敦煌研究》2005 年第 2 期　p. 34

吳榮鑒　關於敦煌版畫製作的幾個問題　《敦煌研究》2005 年第 2 期　p. 27

余義虎　敦煌版畫的性質與用途　《敦煌研究》2005 年第 2 期　p. 23

周安平　由敦煌雕版佛畫管窺中國古代版畫的美術歷史作用　《敦煌研究》2005 年第 2 期　p. 37

BM. S. P. 250

邰惠莉　敦煌版畫叙録　《敦煌研究》2005 年第 2 期　p. 13

王錫臻　敦煌版畫民間美術研究　《敦煌研究》2005 年第 2 期　p. 41

吳榮鑒　關於敦煌版畫製作的幾個問題　《敦煌研究》2005 年第 2 期　p. 28

BM. S. P. 251

邰惠莉　敦煌版畫叙録　《敦煌研究》2005 年第 2 期　p. 14

BM. S. P. 252

邰惠莉　敦煌版畫叙録　《敦煌研究》2005 年第 2 期　p. 14

BM. S. P. 253

邰惠莉　敦煌版畫叙録　《敦煌研究》2005 年第 2 期　p. 14

BM. S. P. 254

邰惠莉　敦煌版畫叙録　《敦煌研究》2005 年第 2 期　p. 14

BM. S. P. 255

邰惠莉　敦煌版畫叙録　《敦煌研究》2005 年第 2 期　p. 14

王錫臻　敦煌版畫民間美術研究　《敦煌研究》2005 年第 2 期　p. 41

BM. S. P. 256

邰惠莉　敦煌版畫叙録　《敦煌研究》2005 年第 2 期　p. 14

王錫臻　敦煌版畫民間美術研究　《敦煌研究》2005 年第 2 期　p. 41

BM. S. P. 257
邰惠莉　敦煌版畫叙錄　《敦煌研究》2005 年第 2 期　p. 14
王錫臻　敦煌版畫民間美術研究　《敦煌研究》2005 年第 2 期　p. 41
王怡　鄒曉萍　敦煌版畫藝術的風格特點　《敦煌研究》2005 年第 2 期　p. 35

BM. S. P. 258
邰惠莉　敦煌版畫叙錄　《敦煌研究》2005 年第 2 期　p. 8、14

BM. S. P. 259
邰惠莉　敦煌版畫叙錄　《敦煌研究》2005 年第 2 期　p. 8、14

BM. S. P. 260（Ch. 00422）
邰惠莉　敦煌版畫叙錄　《敦煌研究》2005 年第 2 期　p. 14
王錫臻　敦煌版畫民間美術研究　《敦煌研究》2005 年第 2 期　p. 41
王怡　鄒曉萍　敦煌版畫藝術的風格特點　《敦煌研究》2005 年第 2 期　p. 35

法藏敦煌遺書研究按號索引

P. 2001

池田溫　評『ペリオ將來敦煌漢文文獻目録』第一卷（P. 2001－2500）　『東洋學報』（52 卷 4 號）
（東京）東洋學術協會　1972　p. 64

陳祚龍　新譯補注杜女史主修的《巴黎國立圖書館藏敦煌中文卷冊目録》之"自序"及"緒說"　敦煌
學要籥　（臺北）新文豐出版公司　1982　p. 39

岡部和雄　敦煌藏經目録　敦煌と中國仏教（講座敦煌 7）　（東京）大東出版社　1984　p. 301

姜亮夫　諸隋唐宋人韻書小韻韻次異同考　敦煌學論文集　上海古籍出版社　1987　p. 701

金岡照光　孝行譚──『舜子変』と『董永傳』　敦煌の文學文獻（講座敦煌 9）　（東京）大東出版社
1992　p. 489

王邦維　唐高僧義淨生平及其著作論考　重慶出版社　1996　p. 153

P. 2002

姜亮夫　敦煌所見道教佚經考　敦煌學論文集　上海古籍出版社　1987　p. 314

池田溫　中國古代寫本識語集録　（東京）大藏出版株式會社　1990　p. 465

陶秋英輯　姜亮夫校訂　敦煌所見道教佚經録　敦煌碎金　浙江古籍出版社　1992　p. 319

鄧文寬　白描畫稿　敦煌學大辭典　上海辭書出版社　1998　p. 242

譚蟬雪　敦煌歲時文化導論　（臺北）新文豐出版公司　1998　p. 173

王卡　無上金玄上妙道德玄經　敦煌學大辭典　上海辭書出版社　1998　p. 765

李重申　敦煌古代體育文化　甘肅人民出版社　2000　p. 33

高啓安　從莫高窟壁畫看唐五代敦煌人的坐具和飲食坐姿（上）　《敦煌研究》2001 年第 3 期　p. 24

李金梅　敦煌古代百戲考述　《敦煌研究》2001 年第 1 期　p. 109

高啓安　唐五代敦煌飲食文化研究　民族出版社　2004　p. 241

胡同慶　安忠義　佛教藝術　敦煌文藝出版社　2004　p. 289

王卡　敦煌道教文獻研究　中國社會科學出版社　2004　p. 140

蘭州理工大學絲綢之路文史研究所編　絲綢之路體育文化論集　中華書局　2005　p. 141

沙武田　敦煌寫真邈真讚畫稿研究：兼論敦煌畫之寫真肖像藝術　《敦煌學輯刊》2006 年第 1 期
p. 43

P. 2003

那波利貞　千佛岩莫高窟と敦煌文書　西域文化研究（第二）・敦煌吐魯番社會經濟資料（上）　（京
都）法藏館　1959　p. 63

金岡照光　敦煌寫本と民衆仏教　續シルクロードと仏教文化　（東京）東洋哲學研究所　1980
p. 155

道端良秀　敦煌文獻に見える死後の世界　敦煌と中國仏教（講座敦煌 7）　（東京）大東出版社
1984　p. 506

金岡照光　敦煌における地獄文獻──敦煌庶民信仰の一樣相　敦煌と中國仏教（講座敦煌 7）
（東京）大東出版社　1984　p. 575

小川貫弌　閻羅王授記經　敦煌と中國仏教(講座敦煌7)　(東京)大東出版社　1984　p. 228

杜斗城　關於敦煌本《佛說十王經》的幾個問題　《世界宗教研究》1987 年第 2 期　p. 44

姜亮夫　敦煌小識六論　敦煌學論文集　上海古籍出版社　1987　p. 755　又見:姜亮夫全集(十四)　雲南人民出版社　2002　p. 198

施萍婷　一件完整的社會風俗史資料　《敦煌研究》1987 年第 2 期　p. 37

蕭登福　敦煌所見十九種《閻羅受記經(佛說十王經)》之校勘　敦煌俗文學論叢　(臺北)商務印書館　1988　p. 252

蕭登福　敦煌寫卷《佛說十王經》之探討　敦煌俗文學論叢　(臺北)商務印書館　1988　p. 175、238、249 注 8、250 注 23

杜斗城　敦煌本《佛說十王經》校錄研究　甘肅教育出版社　1989　p. 3

譚蟬雪　三教融合的敦煌喪俗　《敦煌研究》1991 年第 3 期　p. 74

黃征　敦煌寫本整理應遵循的原則　《敦煌研究》1993 年第 2 期　p. 107　又見:敦煌語文叢說　(臺北)新文豐出版公司　1997　p. 13

蘇遠鳴　敦煌寫本中的壁畫題識集　法國學者敦煌學論文選萃　中華書局　1993　p. 204

蕭登福　道教與密宗　(臺北)新文豐出版公司　1993　p. 527

邰惠莉　敦煌遺書中的白描畫簡介　《社科縱橫》1994 年第 4 期　p. 50

蕭登福　道教術儀與密教典籍　(臺北)新文豐出版公司　1994　p. 428

張涌泉　試論審辨敦煌寫本俗字的方法　《敦煌研究》1994 年第 2 期　p. 151　又見:舊學新知　浙江大學出版社　1999　p. 84

杜斗城　北涼譯經論　甘肅文化出版社　1995　p. 42

林悟殊　波斯拜火教與古代中國　(臺北)新文豐出版公司　1995　p. 93

王書慶　從敦煌文獻看敦煌佛教文化與中原佛教文化的交流　敦煌佛教文獻研究　敦煌研究院文獻研究所　1995　p. 28

蕭登福　道教與佛教　(臺北)東大圖書公司　1995　p. 155

張涌泉　漢語俗字研究　岳麓書社　1995　p. 146

蕭登福　道佛十王地獄說　(臺北)新文豐出版公司　1996　p. 242

張涌泉　敦煌俗字研究導論　(臺北)新文豐出版公司　1996　p. 100

黃征　張涌泉　敦煌變文校注　中華書局　1997　p. 313

羅世平　地藏十王圖像的遺存及其信仰　唐研究(第四卷)　北京大學出版社　1998　p. 394、409

譚蟬雪　逆修　敦煌學大辭典　上海辭書出版社　1998　p. 444

譚蟬雪　十齋忌　敦煌學大辭典　上海辭書出版社　1998　p. 443

高國藩　敦煌俗文化學　上海三聯書店　1999　p. 608

李麗　公維章　林太仁　豐都"鬼城"地獄十王信仰的考察　《敦煌學輯刊》1999 年第 2 期　p. 43

張涌泉　俗字研究與敦煌文獻的校理　舊學新知　浙江大學出版社　1999　p. 58

艾麗白　上古和中古時代中國的動物喪葬活動　法國漢學(敦煌學專號)　中華書局　2000　p. 139

金岡照光　敦煌文獻と中國文學　(東京)五曜書房　2000　p. 21

李小榮　變文變相關係論　《敦煌研究》2000 年第 3 期　p. 60

譚蟬雪　喪祭與齋忌　敦煌學與中國史研究論集　甘肅人民出版社　2001　p. 227

曾良　敦煌文獻字義通釋　廈門大學出版社　2001　p. 171

張總　《閻羅王授記經》綴補研考　敦煌吐魯番研究(第五卷)　北京大學出版社　2001　p. 83

杜斗城　流傳於日本的《十王生七經》與《地藏十王經》　敦煌佛教藝術文化國際學術研討會論文集　蘭州大學出版社　2002　p. 55

李小榮　變文講唱與華梵宗教藝術　上海三聯書店　2002　p. 114、249

勝義　《俄藏敦煌文獻》第十二冊校讀記(上)　戒幢佛學(第二卷)　岳麓書社　2002　p. 630

湛如　敦煌佛教喪葬律儀研究　中日敦煌佛教學術會議論文集　中國社會科學院研究所　2002　p. 90

湛如　敦煌佛教律儀制度研究　中華書局　2003　p. 366

張總　地藏信仰研究　宗教文化出版社　2003　p. 273

張總　疑僞經典與佛教藝術探例　2000年敦煌學國際學術討論會文集　甘肅民族出版社　2003　p. 246

黨燕妮　晚唐五代敦煌的十王信仰　麥積山石窟藝術文化論文集(下)　蘭州大學出版社　2004　p. 150

荒見泰史　關於地藏十王信仰成立和演變的有關資料數則　2004年石窟研究國際學術會議論文提要集　敦煌研究院　2004　p. 62

王青　西域文化影響下的中古小說　中國社會科學出版社　2006　p. 482

P. 2004

饒宗頤　吳縣玄妙觀石礎畫迹　"中央研究院"歷史語言研究所集刊(第45本第2分冊)　1974　p. 262

王重民　敦煌古籍叙録　中華書局　1979　p. 260

蘇瑩輝　敦煌學概要　(臺北)編譯館"中華叢書編委會"　1981　p. 54

陳祚龍　古代敦煌及其他地區流行之公私印章圖記文字録　敦煌學要籥　(臺北)新文豐出版公司　1982　p. 341

山田利明　老子化胡經類　敦煌と中國道教(講座敦煌4)　(東京)大東出版社　1983　p. 99

蘇瑩輝　敦煌石室真迹録題記訂補之續　敦煌論集續編　(臺北)學生書局　1983　p. 215

蘇瑩輝　中外敦煌古寫本纂要　敦煌論集　(臺北)學生書局　1983　p. 330

岡部和雄　敦煌藏經目録　敦煌と中國仏教(講座敦煌7)　(東京)大東出版社　1984　p. 317

王重民原編　黃永武新編　敦煌古籍叙録新編(第十三冊、十四冊)　(臺北)新文豐出版公司　1986　p. 297；1

姜亮夫　敦煌經卷壁畫中所見寺觀録　敦煌學論文集　上海古籍出版社　1987　p. 1083

姜亮夫　敦煌所見道教佚經考　敦煌學論文集　上海古籍出版社　1987　p. 313

池田溫　敦煌文獻について　『書道研究』(2卷2號)　(東京)萱原書局　1988　p. 49　又見：敦煌文書の世界　(東京)名著刊行會　2003　p. 52

林平和　羅振玉敦煌學析論　(臺北)文史哲出版社　1988　p. 18、201

陳祚龍　看了敦煌古抄《報恩寺開溫室浴僧記》以後　敦煌學散策新集　(臺北)新文豐出版公司　1989　p. 206

林聰明　敦煌文書學　(臺北)新文豐出版公司　1991　p. 125

榮新江　話說敦煌　山東教育出版社　1991　p. 78

陶秋英輯録　姜亮夫校訂　敦煌所見道教佚經録　敦煌碎金　浙江古籍出版社　1992　p. 318

朱越利　道經總論　遼寧教育出版社　1992　p. 272

李正宇　敦煌文學概論　甘肅人民出版社　1993　p. 126

饒宗頤　從"眹變"論變文與圖繪之關係　梵學集　上海古籍出版社　1993　p. 325　又見：饒宗頤史學論著選　上海古籍出版社　1993　p. 397；饒宗頤東方學論集　汕頭大學出版社　1999　p. 200

汪泛舟　敦煌文學概論　甘肅人民出版社　1993　p. 546

項楚　敦煌詩歌導論　（臺北）新文豐出版公司　1993　p. 167

胡戟　傅玫　敦煌史話　中華書局　1995　p. 134

李豐楙　敦煌道經寫卷與道教寫經的供養功德觀　全國敦煌學研討會論文集　（臺北）中正大學中
　　國文學系所　1995　p. 135

劉進寶　敦煌學論述　（臺北）洪葉文化事業有限公司　1995　p. 277

曲金良　敦煌佛教文學研究　（臺北）文津出版社　1995　p. 109

劉屹　敦煌十卷本《老子化胡經》殘卷新探　唐研究（第二卷）　北京大學出版社　1996　p. 101

邵文實　敦煌道教試述　《世界宗教研究》1996 年第 2 期　又見:中國敦煌學百年文庫·宗教卷
　　（三）　甘肅文化出版社　1999　p. 344

項楚　《老子化胡經·玄歌》補校　敦煌文學論集　四川人民出版社　1997　p. 210

李正宇　淨土寺　敦煌學大辭典　上海辭書出版社　1998　p. 631

李正宇　淨土寺藏經印　敦煌學大辭典　上海辭書出版社　1998　p. 293

汪泛舟　敦煌道教詩歌補論　《敦煌研究》1998 年第 4 期　p. 93

王卡　敦煌道經校讀三則　道家文化研究（第十三輯）　三聯書店　1998　p. 114

王卡　老子化胡經　敦煌學大辭典　上海辭書出版社　1998　p. 761

饒宗頤　論道教創世記　道家文化研究（第十六輯）　三聯書店　1999　p. 240

謝桃坊　敦煌文化尋繹　四川人民出版社　1999　p. 128

顏廷亮　敦煌文化中的道教及文化　《敦煌研究》1999 年第 1 期　p. 136

顏廷亮　關於敦煌文學發展的歷史進程　《甘肅社會科學》1999 年第 4 期　p. 45

顏廷亮　敦煌文化　光明日報出版社　2000　p. 232、316

張錫厚　敦煌文學源流　作家出版社　2000　p. 60

曾良　敦煌文獻字義通釋　廈門大學出版社　2001　p. 34

姜亮夫　敦煌莫高窟年表　姜亮夫全集（十一）　雲南人民出版社　2002　p. 13

劉進寶　敦煌學通論　甘肅教育出版社　2002　p. 370

劉屹　論二十世紀的敦煌道教文獻研究　國際敦煌學學術史研討會論文集　研討會籌備組　2002
　　p. 222　又見:敦煌吐魯番研究（第七卷）　北京大學出版社　2004　p. 201

林平和　試論敦煌文獻之輯佚價值　新世紀敦煌學論集　巴蜀書社　2003　p. 733

林雪鈴　敦煌道經研究的回顧與展望　敦煌學（第 24 輯）　（臺北）樂學書局有限公司　2003　p. 47

劉屹　唐代道教的"化胡"經說與"道本論"　唐代宗教信仰與社會　上海辭書出版社　2003　p. 104

劉屹　北京大學藏上宮廄戶寫《維摩詰經》補說　華林（第三卷）　中華書局　2004　p. 163

王冀青　斯坦因與日本敦煌學　甘肅教育出版社　2004　p. 135

王卡　敦煌道教文獻研究　中國社會科學出版社　2004　p. 10、27、188

葉貴良　《敦煌社邑文書輯校》拾補　《吐魯番學研究》2004 年第 1 期　p. 105

王卡　敦煌道教綜述　敦煌與絲路文化學術講座（第二輯）　北京圖書館出版社　2005　p. 379

劉屹　唐開元年間摩尼教命運的轉折　敦煌吐魯番研究（第九卷）　中華書局　2006　p. 86

王青　西域文化影響下的中古小說　中國社會科學出版社　2006　p. 482

P. 2005

那波利貞　敦煌發見文書に拠る中晚唐時代の佛教寺院の錢穀布帛類貸付營利事業運營の實況
　　『支那學』（10 卷 3 號）　（京都）支那學社　1941　p. 163

那波利貞　千佛岩莫高窟と敦煌文書　西域文化研究（第二）·敦煌吐魯番社會經濟資料（上）　（京

都）法藏館　1959　p. 45

竺沙雅章　敦煌の寺戶について　『史林』（44 卷 5 號）　京都大學文學部史學研究會　1961　p. 58

菊池英夫　西域出土文書を通じてみたる唐玄宗時代における府兵制の運用（上）　『東洋學報』（52 卷 3 號）　（東京）東洋學術協會　1969　p. 25

菊池英夫　西域出土文書を通じてみたる唐玄宗時代における府兵制の運用（下）　『東洋學報』（52 卷 4 號）　（東京）東洋學術協會　1970　p. 84

池田溫　評『ペリオ將來敦煌漢文文獻目録』第一卷（P. 2001–2500）　『東洋學報』（54 卷 4 號）（東京）東洋學術協會　1972　p. 64

陳祚龍　中世敦煌與成都之間的交通路線：敦煌學散策之一　敦煌學（第 1 輯）　（香港）新亞研究所敦煌學會　1974　p. 83　又見：敦煌資料考屑（下冊）　（臺北）商務印書館　1979　p. 339；唐代研究論集（第三輯）　（臺北）新文豐出版公司　1992　p. 439

陳祚龍　簡記敦煌古抄方志　敦煌文物隨筆　（臺北）商務印書館　1979　p. 48

王重民　敦煌古籍叙録　中華書局　1979　p. 113、115

白須淨真　在地豪族・名族社會——一至四世紀の河西　敦煌の社會（講座敦煌 3）　（東京）大東出版社　1980　p. 42

北原薫　晚唐・五代の敦煌寺院経済——収支決算報告を中心に　敦煌の社會（講座敦煌 3）　（東京）大東出版社　1980　p. 448

菊池英夫　唐代敦煌社會の外貌　敦煌の社會（講座敦煌 3）　（東京）大東出版社　1980　p. 92

杉山佳男　敦煌の土地制度——均田制施行を中心として　敦煌の社會（講座敦煌 3）　（東京）大東出版社　1980　p. 228

土肥義和　はじめに——歸義軍節度使の敦煌支配　敦煌の歷史（講座敦煌 2）　（東京）大東出版社　1980　p. 250

佐藤武敏　敦煌の水利　敦煌の社會（講座敦煌 3）　（東京）大東出版社　1980　p. 273

蘇瑩輝　敦煌學概要　（臺北）編譯館"中華叢書編委會"　1981　p. 119

陳祚龍　《簡記敦煌古抄方志》及其"後語"　敦煌學要籥　（臺北）新文豐出版公司　1982　p. 219

鄧小南　爲肅州刺史劉臣璧答南蕃書（伯二五五五）校釋　敦煌吐魯番文獻研究論集　中華書局　1982　p. 607 注 15、608 注 19

史葦湘　絲綢之路上的敦煌與莫高窟　敦煌研究文集　甘肅人民出版社　1982　p. 60 注、115 注 3、117 注 54

蘇瑩輝　敦煌石室真迹録題記訂補之續　敦煌論集續編　（臺北）學生書局　1983　p. 210

宿白　兩漢魏晉南北朝時期的敦煌　絲路訪古　甘肅人民出版社　1983　p. 24　又見：中國石窟寺考古　文物出版社　1996　p. 233

陳祚龍　竭誠做好知己知彼，悉力做到精益求精：敦煌學散策之四（上）　敦煌學（第 8 輯）　（臺北）"中國文化大學"中國文學研究所敦煌學會　1984　p. 15　又見：敦煌學林劄記　（臺北）商務印書館　1987　p. 205

饒宗頤　敦煌書法叢刊（第十二卷）・經史（十）　（東京）二玄社　1984　p. 3、68

饒宗頤解說　林宏作譯　敦煌書法叢刊（第二四卷）・寫經（五）　（東京）二玄社　1984　p. 54

王重民　敦煌本曆日之研究　敦煌遺書論文集　中華書局　1984　p. 131 注 23

艾麗白著　耿昇譯　敦煌漢文寫本中的鳥形押　敦煌譯叢（第一輯）　甘肅人民出版社　1985　p. 210 注 4

史葦湘　敦煌莫高窟的《寶雨經變》　1983 年全國敦煌學術討論會文集・石窟藝術編（上）　甘肅人民出版社　1985　p. 76

王重民　巴黎敦煌殘卷叙録（第一輯）　敦煌叢刊初集（九）　（臺北）新文豐出版公司　1985
　　p. 138、140

高明士　唐代敦煌的教育　漢學研究（敦煌學國際研討會論文專號）　（臺北）漢學研究資料及服務
　　中心　1986　p. 232

李并成　唐代圖經蠡測　《敦煌學研究》（西北師院學報）1986 年增刊　p. 34

李正宇　敦煌方音止遇二攝混同及其校勘學意義　《敦煌研究》1986 年第 4 期　p. 49

李正宇　唐宋時代的敦煌學校　《敦煌研究》1986 年第 1 期　p. 39

盧向前　關於歸義軍時期一份布紙破用曆的研究：試釋伯四六四〇背面文書　敦煌吐魯番文獻研究
　　論集（第三輯）　北京大學出版社　1986　p. 410 注 15、417 注 40、418 注 62、426 注 115、421 注
　　93、422 注 94　又見：敦煌吐魯番文書論稿　江西人民出版社　1992　p. 116 注 15、123 注 54

寧欣　唐代敦煌地區農業水利問題初探　敦煌吐魯番文獻研究論集（第三輯）　北京大學出版社
　　1986　p. 474 注 8、483、500、503、511

唐耕耦　陸宏基　敦煌社會經濟文獻真迹釋録（一）　書目文獻出版社　1986　p. 2

土肥義和著　李永寧譯　歸義軍時期（晚唐、五代、宋）的敦煌（一）　《敦煌研究》1986 年第 4 期
　　p. 88 注 8

王素　高昌火祆教論稿　《歷史研究》1986 年第 3 期　p. 170　又見：《魏晉南北朝隋唐史》1986 年第
　　10 期　p. 13

王重民原編　黃永武新編　敦煌古籍叙録新編（第六冊）　（臺北）新文豐出版公司　1986　p. 235、
　　347

陳國燦　武周瓜沙地區的吐谷渾歸朝事迹：對吐魯番墓葬新出敦煌軍事文書的探討　1983 年全國敦
　　煌學術討論會文集·文史遺書編（上）　甘肅人民出版社　1987　p. 26 注 13

姜伯勤　唐五代敦煌寺戶制度　中華書局　1987　p. 16

梁尉英　漢代效穀城考　1983 年全國敦煌學術討論會文集·文史遺書編（上）　甘肅人民出版社
　　1987　p. 283

周紹良　讀《沙州圖經》卷子　《敦煌研究》1987 年第 2 期　p. 27

李正宇　敦煌地區古代祠廟寺觀簡志　《敦煌學輯刊》1988 年第 1、2 期　p. 71

李正宇　敦煌古城談往　《西北史地》1988 年第 2 期　p. 24

李正宇　唐宋時代敦煌縣河渠泉澤簡志（一）　《敦煌研究》1988 年第 4 期　p. 91

林平和　羅振玉敦煌學析論　（臺北）文史哲出版社　1988　p. 10、40

楊際平　上海藏本敦煌所出河西支度營田使文書研究　《魏晉南北朝隋唐史》1988 年第 9 期　p. 62

陳國燦　唐五代敦煌縣鄉里制的演變　《敦煌研究》1989 年第 3 期　p. 46

高國藩　敦煌民俗學　上海文藝出版社　1989　p. 1、48

荒川正晴　唐河西以西の傳馬坊と長行坊　『東洋學報』（70 卷 3·4 號）　（東京）東洋文庫　1989
　　p. 49

李正宇　《敦煌廿詠》探微　古文獻研究　浙江古籍出版社　1989　p. 237

李正宇　唐宋時代敦煌縣河渠泉澤簡志（二）　《敦煌研究》1989 年第 1 期　p. 54

劉進寶　伯希和與敦煌遺書　《西北師大學報》（社會科學版）1989 年第 4 期　p. 52

馬德　靈圖寺、靈圖寺窟及其它　《敦煌研究》1989 年第 2 期　p. 1

譚蟬雪　祭文　敦煌文學　甘肅人民出版社　1989　p. 126

張錫厚　敦煌詩歌考論　《敦煌學輯刊》1989 年第 2 期　p. 25

張錫厚　賦　敦煌文學　甘肅人民出版社　1989　p. 139

張錫厚　詩歌　敦煌文學　甘肅人民出版社　1989　p. 173

鄭炳林　敦煌地理文書彙輯校注　甘肅教育出版社　1989　p. 5

陳國燦　唐五代瓜沙歸義軍軍鎮的演變　敦煌吐魯番文書初探（二編）　武漢大學出版社　1990　p. 559

陳國燦　武周時期的勘田檢籍活動　敦煌吐魯番文書初探（二編）　武漢大學出版社　1990　p. 386

高國藩　敦煌古俗與民俗流變　河海大學出版社　1990　p. 91

姜伯勤　敦煌白畫中的粟特神祇　敦煌吐魯番學研究論文集　漢語大詞典出版社　1990　p. 306

李并成　敦煌石窟所出《沙州都督府圖經》　《陽關》1990 年第 2 期　p. 63

李并成　《沙州城土鏡》之地理調查與考釋　《敦煌學輯刊》1990 年第 2 期　p. 85

李并成　唐代瓜州（晉昌郡）治所及其有關城址的調查與考證　《敦煌研究》1990 年第 3 期　p. 26

李錦繡　唐開元二十二年秋季沙州會計曆考釋　敦煌吐魯番學研究論文集　漢語大詞典出版社　1990　p. 907 注 1

李正宇　渥窪水天馬史事綜理　《敦煌研究》1990 年第 3 期　p. 16

譚蟬雪　敦煌歲時掇瑣：正月　《敦煌研究》1990 年第 1 期　p. 49

譚真　敦煌隋唐時期醫事狀況　敦煌學國際學術討論會論文縮寫文（1990）　敦煌研究院　1990　p. 73　又見：敦煌學國際研討會文集·石窟考古編　遼寧美術出版社　1995　p. 405

唐長孺　吐魯番文書中所見的西州府兵　敦煌吐魯番文書初探（二編）　武漢大學出版社　1990　p. 38 注 8

土肥義和　唐代敦煌均田制の田土給授文書について　東アジア古文書の史的研究　（東京）刀水書房　1990　p. 295

白須淨真　唐代の折衝府の等級と西州の折衝府等級に關する覺書（3）　『吐魯番出土文物研究會會報』（69 號）　（東京）吐魯番出土文物研究會　1991　p. 1

程喜霖　漢唐烽堠制度研究　（臺北）聯經出版公司　1991　p. 187

荒川正晴　西域出土文書に見える函馬について（下）　吐魯番出土文物研究情報集錄　『吐魯番出土文物研究會會報』（1 – 50 號·41）　（東京）吐魯番出土文物研究會　1991　p. 219

李并成　漢敦煌郡廣至縣城及其有關問題考　《敦煌研究》1991 年第 4 期　p. 83

李并成　漢敦煌郡冥安、淵泉二縣城址考　《社會縱橫》1991 年第 2 期　又見：中國敦煌學百年文庫·地理卷（二）　甘肅文化出版社　1999　p. 213

李并成　漢敦煌郡效穀縣城考　《敦煌學輯刊》1991 年第 1 期　p. 59

李并成　漢唐時期河西走廊的水利建設　《西北師大學報》1991 年第 2 期　又見：中國敦煌學百年文庫·地理卷（二）　甘肅文化出版社　1999　p. 279

李并成　鎖陽城遺址及其故墾區沙漠化過程考證　《中國沙漠》1991 年第 2 期　p. 22

李正宇　敦煌大方盤城及河倉城新考　《敦煌研究》1991 年第 4 期　p. 74

李正宇　敦煌名勝古迹導論　《陽關》1991 年第 4 期　p. 46

林聰明　敦煌文書學　（臺北）新文豐出版公司　1991　p. 396

陸慶夫　略論敦煌民族史料的價值　《敦煌學輯刊》1991 年第 1 期　p. 31、36

竇俠父　敦煌學發凡　新疆大學出版社　1992　p. 41

姜伯勤　敦煌社會文書導論　（臺北）新文豐出版公司　1992　p. 4、82、121、170、225

李并成　敦煌遺書中地理書卷的學術價值　《地理研究》1992 年第 3 期　p. 42

李并成　唐代河西戍所城址考　《敦煌學輯刊》1992 年第 1、2 期　p. 9

李并成　五代宋初的玉門關及其相關問題考　《敦煌研究》1992 年第 2 期　p. 89

李并成　一批珍貴的古代地理文書：敦煌遺書中的地理書卷　《中國科技史料》1992 年第 13 卷第 4 期　p. 90

李正宇　《沙州圖經》綴合校注　《甘肅文史》1992 年第 8 期　p. 44、54

林家平　寧强　羅華慶　中國敦煌學史　北京語言學院出版社　1992　p. 81

日比野丈夫　地理書　敦煌漢文文獻（講座敦煌 5）　（東京）大東出版社　1992　p. 343

王仲犖　敦煌石室出《沙州都督府圖經》殘卷考釋　《中國歷史地理論叢》1992 年第 1 輯　又見：中
　　國敦煌學百年文庫·地理卷（一）　甘肅文化出版社　1999　P. 353

吳其昱著　伊藤美重子譯　敦煌漢文寫本概觀　敦煌漢文文獻（講座敦煌 5）　（東京）大東出版社
　　1992　p. 104

張國藩　陳琦　敦煌交通地理文書考釋　《西北史地》1992 年第 4 期　p. 24

周丕顯　敦煌佚詩雜考　《敦煌學輯刊》1992 年第 1、2 期　p. 51

周紹良　敦煌文學芻議及其它　（臺北）新文豐出版公司　1992　p. 31、183

晡麟　金山國名稱來源　《敦煌學輯刊》1993 年第 1 期　p. 52

伏俊璉　將軍神功甘泉湧：《貳師泉賦》賞析　《絲綢之路》1993 年第 4 期　p. 41

高國藩　敦煌民俗資料導論　（臺北）新文豐出版公司　1993　p. 16

姜伯勤　論高昌胡天與敦煌祆寺　《世界宗教研究》1993 年第 1 期　又見：中國敦煌學百年文庫·宗
　　教卷（三）　甘肅文化出版社　1999　p. 516

李并成　漢敦煌郡的鄉、里、南境塞牆和烽隧系統考　《敦煌研究》1993 年第 2 期　p. 69

李明偉　敦煌文學概論　甘肅人民出版社　1993　p. 487

李正宇　敦煌文學概論　甘肅人民出版社　1993　p. 125

榮新江　甘州回鶻成立史論　《歷史研究》1993 年第 5 期　p. 34

榮新江　關於唐宋時期中原文化對于闐影響的幾個問題　國學研究（第一卷）　北京大學出版社
　　1993　p. 403

譚蟬雪　敦煌祈賽風俗　《敦煌研究》1993 年第 4 期　p. 62

譚禪雪　敦煌歲時掇瑣　（香港）《九州學刊》（敦煌學專輯）1993 年第 5 卷第 4 期　p. 86

王克孝　ДХ2168 號寫本初探　《敦煌學輯刊》1993 年第 2 期　p. 25　又見：1994 年敦煌學國際研討
　　會文集·宗教文史卷（下）　甘肅民族出版社　2000　p. 228

王仲犖　《沙州都督府圖經》殘卷考釋　敦煌石室地志殘卷考釋　上海古籍出版社　1993　p. 109、
　　141

項楚　敦煌詩歌導論　（臺北）新文豐出版公司　1993　p. 227、272

張鴻勳　敦煌說唱文學概論　（臺北）新文豐出版公司　1993　p. 21

張錫厚　敦煌文學概論　甘肅人民出版社　1993　p. 363

鄭炳林　前涼行政地理區劃初探（河州沙州）　《敦煌學輯刊》1993 年第 2 期　p. 74

丛春雨　敦煌中醫藥全書　中醫古籍出版社　1994　p. 43

姜伯勤　敦煌邈真讚與敦煌望族　敦煌邈真讚校錄並研究　（臺北）新文豐出版公司　1994　p. 10

姜伯勤　敦煌吐魯番文書與絲綢之路　文物出版社　1994　p. 244

勁草　《敦煌文學概論》證誤糾謬　《敦煌學輯刊》1994 年第 1 期　p. 87

李并成　瓜沙二州間一塊消失了的綠洲　《敦煌研究》1994 年第 3 期　p. 71　又見：《中國古代史》
　　（先秦至隋唐）1994 年第 12 期　p. 97

李明偉　隋唐絲綢之路　甘肅人民出版社　1994　p. 47

李正宇　籍端水、獨利河、蘇勒河名義考　《西域研究》1994 年第 3 期　p. 62

李正宇　論敦煌古塞城　《敦煌研究》1994 年第 1 期　p. 30

李正宇　《沙州都督府圖經卷第三》劄記　《中國古代史》（先秦至隋唐）1994 年第 1 期　p. 110

李正宇　志在更革：從涼王李暠"庚子"年號談起　隴西李氏文化專輯　甘肅隴西李氏文化研究總會

1994　p. 86

陸慶夫　敦煌民族文獻與河西古代民族　《敦煌學輯刊》1994 年第 2 期　p. 84

榮新江　敦煌邈真讚所見歸義軍與東西回鶻的關係　敦煌邈真讚校録並研究　（臺北）新文豐出版
　　公司　1994　p. 59

沙知　跋天寶十三載便麥契(P. 4053v)　紀念陳寅恪先生百年誕辰學術論文集　江西教育出版社
　　1994　p. 280 注 15

王進玉　敦煌石窟探秘　四川教育出版社　1994　p. 15、61

王永興　唐代前期西北軍事研究　中國社會科學出版社　1994　p. 111

鄭炳林　敦煌本《張淮深變文》研究　《西北民族研究》1994 年第 1 期　p. 154

鄭炳林　《索勳紀德碑》研究　《敦煌學輯刊》1994 年第 2 期　p. 71

鄭炳林　唐五代敦煌新開道考　《敦煌學輯刊》1994 年第 1 期　p. 47

陳國燦　唐五代敦煌四出道路考　敦煌學國際研討會文集・史地語文編　遼寧美術出版社　1995
　　p. 217

程喜霖　漢唐敦煌軍防　敦煌學國際研討會文集・史地語文編　遼寧美術出版社　1995　p. 40

鄧文寬　敦煌吐魯番曆日略論　敦煌吐魯番學耕耘録　（臺北）新文豐出版公司　1995　p. 8

胡戟　傅玫　敦煌史話　中華書局　1995　p. 148

黃征　吳偉　敦煌願文集　岳麓書社　1995　p. 22

李并成　唐代瓜沙二州間驛站考　敦煌學國際研討會文集・史地語文編　遼寧美術出版社　1995
　　p. 201　又見:《歷史地理》1996 年第 13 輯；中國敦煌學百年文庫・地理卷(二)　甘肅文化出
　　版社　1999　p. 161

李錦繡　唐代財政史稿・上卷(第三分冊)　北京大學出版社　1995　p. 1028

李明偉　敦煌文學中"敦煌文"的研究和分類評價　《敦煌研究》1995 年第 4 期　p. 122

李正宇　俄藏《端拱二年八月十九日往西天取菩薩戒僧智堅手記》決疑　敦煌佛教文獻研究　敦煌
　　研究院文獻研究所　1995　p. 4

李正宇　《沙州都督府圖經卷第三》劄記(二)　《敦煌研究》1995 年第 4 期　p. 105、112

林悟殊　波斯拜火教與古代中國　（臺北）新文豐出版公司　1995　p. 94

劉惠琴　從敦煌文書中看沙州紡織業　《敦煌學輯刊》1995 年第 2 期　p. 52

劉進寶　敦煌學論述　（臺北）洪葉文化事業有限公司　1995　p. 213

樓勁　漢唐對絲路上一般中外交往的管理　敦煌吐魯番文獻研究　蘭州大學出版社　1995　p. 430

陸慶夫　唐代絲綢路上的昭武九姓　敦煌吐魯番文獻研究　蘭州大學出版社　1995　p. 546

馬德　敦煌的世族與莫高窟　《敦煌學輯刊》1995 年第 2 期　p. 42

土肥義和　唐・北宋間の「社」の組織形態に関する一考察　中國古代の國家と民衆(堀敏一先生古
　　稀記念)　（東京）汲古書院　1995　p. 693

吳庚舜　董乃斌　唐代文學史(下)　人民文學出版社　1995　p. 611

張傳璽　懸泉置、效穀縣、魚澤障的設與廢　國學研究(第三卷)　北京大學出版社　1995　p. 329 注 5

張廣達　西域史地叢稿初編　上海古籍出版社　1995　p. 143

張先堂　S. 4654《薩訶上人寄錫雁閣留題並序呈獻》新校與初探　敦煌佛教文獻研究　敦煌研究院
　　文獻研究所　1995　p. 42

鄭炳林　唐五代敦煌金鞍山異名考　《敦煌研究》1995 年第 2 期　p. 129、134

鄭炳林　羊萍　敦煌本夢書　甘肅文化出版社　1995　p. 307

鄧文寬　敦煌吐魯番文獻重文符號釋讀舉隅　敦煌吐魯番學耕耘録　（臺北）新文豐出版公司
　　1996　p. 317

李并成　北魏瓜州敦煌郡鳴沙、平康、東鄉三縣城址考　敦煌吐魯番學研究論集　書目文獻出版社　1996　p. 286

李并成　漢敦煌郡宜禾都尉府與曹魏敦煌郡宜禾縣城考辨　《敦煌學輯刊》1996 年第 2 期　p. 97

李并成　李春元　瓜沙史地研究　甘肅文化出版社　1996　p. 9

李正宇　敦煌史地新論　（臺北）新文豐出版公司　1996　p. 24

李正宇　敦煌遺書 P. 2691 寫本的定性與正名　慶祝潘石禪先生九秩華誕敦煌學特刊　（臺北）文津出版社　1996　p. 119

李正宇　《沙州都督府圖經》卷第三劄記　敦煌吐魯番研究（第一卷）　北京大學出版社　1996　p. 330

劉濤　評《法藏敦煌書苑精華》　敦煌吐魯番研究（第一卷）　北京大學出版社　1996　p. 378

陸慶夫　唐宋間敦煌粟特人之漢化　《歷史研究》1996 年第 6 期　p. 31　又見：敦煌歸義軍史專題研究　蘭州大學出版社　1997　p. 366

陸慶夫　鄭炳林　俄藏敦煌寫本中九件轉帖初探　《敦煌學輯刊》1996 年第 1 期　p. 11

馬德　敦煌莫高窟史研究　甘肅教育出版社　1996　p. 84、244

榮新江　吐魯番出土《武周康居士寫經功德記碑》校考　民大史學(1)　中央民族大學出版社　1996　p. 15

邵文實　敦煌道教試述　《世界宗教研究》1996 年第 2 期　又見：中國敦煌學百年文庫·宗教卷（三）　甘肅文化出版社　1999　p. 336

鄭炳林　唐五代敦煌粟特人與歸義軍政權　《敦煌研究》1996 年第 4 期　p. 95　又見：敦煌歸義軍史專題研究　蘭州大學出版社　1997　p. 429

馮培紅　唐五代敦煌的河渠水利與水司管理機構初探　《敦煌學輯刊》1997 年第 2 期　p. 69

馮培紅　晚唐五代宋初歸義軍武職軍將研究　敦煌歸義軍史專題研究　蘭州大學出版社　1997　p. 148

賀世哲　莫高窟第 290 窟佛傳畫中的瑞應思想研究　《敦煌研究》1997 年第 1 期　p. 3

華林甫　略論敦煌文書的地名學意義　《中國歷史地理論叢》1997 年第 2 輯　又見：中國敦煌學百年文庫·地理卷（二）　甘肅文化出版社　1999　p. 239

姜伯勤　敦煌藝術宗教與禮樂文明　中國社會科學出版社　1997　p. 193、298、489

姜伯勤　唐代城市史與唐禮唐令　唐研究國際學術會議論文彙編　中國社會科學院歷史所等　1997　p. 138

李正宇　敦煌歷史地理導論　（臺北）新文豐出版公司　1997　p. 18

李正宇　唐瓜州常樂縣“拔河帝山”考　周紹良先生欣開九秩慶壽文集　中華書局　1997　p. 118

劉雯　吐蕃及歸義軍時期敦煌索氏家族研究　《敦煌學輯刊》1997 年第 2 期　p. 89

陸慶夫　鄭炳林　唐末五代敦煌的社與粟特人聚落　敦煌歸義軍史專題研究　蘭州大學出版社　1997　p. 393

王惠民　《董保德功德記》與隋代敦煌崇教寺舍利塔　《敦煌研究》1997 年第 3 期　p. 77

楊際平　郭鋒　張和平　五—十世紀敦煌的家庭與家族關係　岳麓書社　1997　p. 298

張涌泉　敦煌地理文書輯錄著作三種校議　古典文獻與文化論叢　中華書局　1997　p. 86

鄭炳林　敦煌碑銘讚輯釋　甘肅教育出版社　1997　p. 22 注 6

鄭炳林　唐末五代敦煌都河水系研究　敦煌歸義軍史專題研究　蘭州大學出版社　1997　p. 180

鄭炳林　唐五代敦煌的醫事研究　敦煌歸義軍史專題研究　蘭州大學出版社　1997　p. 515

鄭炳林　唐五代敦煌金山國征伐樓蘭史事考　敦煌歸義軍史專題研究　蘭州大學出版社　1997　p. 18

鄭炳林　唐五代敦煌畜牧區域研究　敦煌歸義軍史專題研究　蘭州大學出版社　1997　p. 206
鄭炳林　唐五代敦煌種植林業研究　敦煌歸義軍史專題研究　蘭州大學出版社　1997　p. 197
鄭炳林　吐蕃統治下的敦煌粟特人　敦煌歸義軍史專題研究　蘭州大學出版社　1997　p. 388 注 1
鄭炳林　晚唐五代敦煌園圃經濟研究　敦煌歸義軍史專題研究　蘭州大學出版社　1997　p. 308
柴劍虹　載初歌謠　敦煌學大辭典　上海辭書出版社　1998　p. 555
陳國燦　豆盧軍　敦煌學大辭典　上海辭書出版社　1998　p. 392
陳國燦　敦煌鎮　敦煌學大辭典　上海辭書出版社　1998　p. 295
陳國燦　河倉城　敦煌學大辭典　上海辭書出版社　1998　p. 305
陳國燦　靖恭堂　敦煌學大辭典　上海辭書出版社　1998　p. 381
陳國燦　李無虧　敦煌學大辭典　上海辭書出版社　1998　p. 345
陳國燦　稍竿道　敦煌學大辭典　上海辭書出版社　1998　p. 307
姜伯勤　道釋相激：道教在敦煌　道家文化研究（第十三輯）　三聯書店　1998　p. 58
金瀅坤　從敦煌文書看晚唐五代敦煌地區布紡織業　《敦煌研究》1998 年第 2 期　p. 133
李斌城　隋唐五代社會生活史　中國社會科學出版社　1998　p. 489
李正宇　村莊　敦煌學大辭典　上海辭書出版社　1998　p. 304
李正宇　敦煌學校　敦煌學大辭典　上海辭書出版社　1998　p. 596
李正宇　古本敦煌鄉土志八種箋證　（臺北）新文豐出版公司　1998　p. 11
李正宇　苦水　敦煌學大辭典　上海辭書出版社　1998　p. 320
李正宇　李先王廟　敦煌學大辭典　上海辭書出版社　1998　p. 625
李正宇　靈圖觀　敦煌學大辭典　上海辭書出版社　1998　p. 633
李正宇　馬圈口堰　敦煌學大辭典　上海辭書出版　1998 社　p. 312
李正宇　孟敏　敦煌學大辭典　上海辭書出版社　1998　p. 340
李正宇　塞庭渠　敦煌學大辭典　上海辭書出版社　1998　p. 313
李正宇　沙州圖經卷第一　敦煌學大辭典　上海辭書出版社　1998　p. 325
李正宇　社稷壇　敦煌學大辭典　上海辭書出版社　1998　p. 626
李正宇　祅廟　敦煌學大辭典　上海辭書出版社　1998　p. 634
榮新江　康拂躭延　敦煌學大辭典　上海辭書出版社　1998　p. 345
沙知　敦煌吐魯番文獻所見唐軍府名掇拾　《敦煌學輯刊》1998 年第 1 期　p. 11
沙知　蒲昌府　敦煌學大辭典　上海辭書出版社　1998　p. 397
沙知　雙池府　敦煌學大辭典　上海辭書出版社　1998　p. 395
沙知　效穀府　敦煌學大辭典　上海辭書出版社　1998　p. 396
譚蟬雪　端午蹙沙　敦煌學大辭典　上海辭書出版社　1998　p. 435
譚蟬雪　敦煌道經題記綜述　道家文化研究（第十三輯）　三聯書店　1998　p. 11
譚蟬雪　敦煌歲時文化導論　（臺北）新文豐出版公司　1998　p. 45
譚蟬雪　沙知　賽祅　敦煌學大辭典　上海辭書出版社　1998　p. 449
汪泛舟　陰守忠　敦煌學大辭典　上海辭書出版社　1998　p. 345
王素　高昌史稿·統治編　文物出版社　1998　p. 142
楊鐮　羅布泊探險考察一世紀　西域考察與研究續編　新疆人民出版社　1998　p. 17
楊森　敦煌邊塞詩歌綜論　《敦煌研究》1998 年第 1 期　p. 129
楊森　張大爽　敦煌學大辭典　上海辭書出版社　1998　p. 346
張澤咸　漢唐間河西走廊地區農牧生產述略　《中國史研究》1998 年第 1 期　p. 48
陳國燦　唐代的經濟社會　文津出版公司　1999　p. 13

池田溫　八世紀中葉敦煌的粟特人聚落　唐研究論文選集　中國社會科學出版社　1999　p. 53 注 8

高國藩　敦煌俗文化學　上海三聯書店　1999　p. 507

胡大浚　王志鵬　敦煌邊塞詩歌校注　甘肅人民出版社　1999　p. 255

黃征　程惠新　劫塵遺珠:敦煌遺書　甘肅教育出版社　1999　p. 175、235

姜亮夫　敦煌:偉大的文化寶藏　雲南人民出版社　1999　p. 111

李并成　"鏡"類文獻識略　《敦煌研究》1999 年第 1 期　p. 59

林悟殊　波斯瑣羅亞斯德教與中國古代的祆神崇拜　歐亞學刊(第 1 輯)　中華書局　1999　又見:
　　二十世紀中國文史考據文錄　雲南人民出版社　2001　p. 1904

馬德　敦煌文書《諸寺付經歷》芻議　《敦煌學輯刊》1999 年第 1 期　p. 39

饒宗頤　劉薩訶事迹與瑞像圖　饒宗頤東方學論集　汕頭大學出版社　1999　p. 270

榮新江　北朝隋唐粟特人之遷徙及其聚落　國學研究(第六卷)　北京大學出版社　1999　p. 30、38

施謝捷　敦煌文獻語詞校釋叢劄　《敦煌研究》1999 年第 4 期　p. 27

王惠民　武則天時期的密教造像　藝術史研究(1)　中山大學出版社　1999　p. 253

謝桃坊　敦煌文化尋繹　四川人民出版社　1999　p. 29、193

熊飛　P. 2555 殘卷抄録時間等相關問題再探　《敦煌研究》1999 年第 1 期　p. 68

顔廷亮　敦煌文化中的道教及文化　《敦煌研究》1999 年第 1 期　p. 136

顔廷亮　關於敦煌文學發展的歷史進程　《甘肅社會科學》1999 年第 4 期　p. 45

張涌泉　敦煌文書疑難詞語辨釋　舊學新知　浙江大學出版社　1999　p. 256

周維平　從敦煌遺書看敦煌道教　《西北民族研究》1999 年第 2 期　p. 128

陳海濤　敦煌歸義軍時期從化鄉消失原因初探　中國社會歷史評論(第二卷)　天津古籍出版社
　　2000　p. 432

陳永勝　敦煌吐魯番法制文書研究　甘肅人民出版社　2000　p. 146

程存潔　略論唐王朝對西北邊城的經營　'98 法門寺唐文化國際學術討論會論文集　陝西人民出版
　　社　2000　p. 415

程喜霖　唐代過所研究　中華書局　2000　p. 117 注 10

丛春雨　敦煌中醫藥精萃發微　中醫古籍出版社　2000　p. 387

董志翹　《入唐求法巡禮行記》辭彙研究　中國社會科學出版社　2000　p. 63

杜琪　敦煌詩賦作品要目分類題注　《甘肅社會科學》2000 年第 1 期　p. 63

伏俊璉　俗情雅韻:敦煌賦選析　甘肅人民出版社　2000　p. 27

高明士　唐代敦煌官方的祭祀禮儀　1994 年敦煌學國際研討會文集·宗教文史卷(上)　甘肅民族
　　出版社　2000　p. 46

姜伯勤　敦煌白畫中粟特神祇圖像的再考察　藝術史研究(2)　中山大學出版社　2000　p. 282

雷紹鋒　歸義軍賦役制度初探　(臺北)洪葉文化事業有限公司　2000　p. 190

李方　唐西州行政體制考論　黑龍江教育出版社　2000　p. 169

李明偉　敦煌文學中敦煌文的分類及評價　1994 年敦煌學國際研討會文集·宗教文史卷(上)　甘
　　肅民族出版社　2000　p. 300

李正宇　歸義軍樂營的結構與配置　《敦煌研究》2000 年第 3 期　p. 77

劉進寶　藏經洞之謎:敦煌文物流散記　甘肅人民出版社　2000　p. 120

劉進寶　敦煌文書與唐史研究　(臺北)新文豐出版公司　2000　p. 199

榮新江　敦煌文獻與古籍整理　慶祝吳其昱先生八秩華誕敦煌學特刊　(臺北)文津出版社　2000
　　p. 272

巫新華　李肖　尋秘大海道:考古探察手記　中國社會科學出版社　2000　p. 128

徐俊　敦煌詩集殘卷輯考　中華書局　2000　p. 759

顔廷亮　敦煌文化　光明日報出版社　2000　p. 116、180、210、280

楊寶玉　敦煌史話　中國大百科全書出版社　2000　p. 158

楊秀清　華戎交會的都市：敦煌與絲綢之路　甘肅人民出版社　2000　p. 48

張錫厚　敦煌文學源流　作家出版社　2000　p. 73、236

倉修良　陳仰光　從敦煌圖經殘卷看隋唐五代圖經發展　文史（第五十五輯）　中華書局　2001
　p. 131

褚良才　敦煌學簡明教程　中華書局　2001　p. 47

杜正乾　唐病坊表徵　《敦煌研究》2001 年第 1 期　p. 126

郝春文　英藏敦煌社會歷史文獻釋錄（第一卷）　科學出版社　2001　p. 331

姜伯勤　唐敦煌城市的禮儀空間　文史（第五十五輯）　中華書局　2001　p. 231

榮新江　評《古本敦煌鄉土志八種箋證》　敦煌吐魯番研究（第五卷）　北京大學出版社　2001
　p. 418

榮新江　中古中國與外來文明　三聯書店　2001　p. 42、217

顔廷亮　敦煌文化中的祆教、摩尼教和景教　敦煌學與中國史研究論集　甘肅人民出版社　2001
　p. 419

張鴻勳　敦煌文學雜考三則　敦煌學與中國史研究論集　甘肅人民出版社　2001　p. 155

蔡忠霖　敦煌漢文寫卷俗字及其現象　（臺北）文津出版社　2002　p. 67、139

陳國燦　敦煌學史事新證　甘肅教育出版社　2002　p. 26、110、183、375、424

鄧文寬　敦煌吐魯番天文曆法研究　甘肅教育出版社　2002　p. 51

高啓安　敦煌文獻中的"草子"爲"沙米"考　《敦煌學輯刊》2002 年第 2 期　p. 43

華林甫　中國地名學源流　湖南人民出版社　2002　p. 185

黃征　敦煌語言文字學研究　甘肅教育出版社　2002　p. 117

姜亮夫　敦煌莫高窟年表　姜亮夫全集（十一）　雲南人民出版社　2002　p. 315

李斌城　唐代文化　中國社會科學出版社　2002　p. 1651

呂鍾　重修敦煌縣誌　甘肅人民出版社　2002　p. 134、496

乜小紅　試論唐五代宋初敦煌畜牧區域的分佈　《敦煌研究》2002 年第 2 期　p. 37

榮新江　敦煌地理文獻的價值與研究　敦煌學新論　甘肅教育出版社　2002　p. 246

史葦湘　敦煌歷史與莫高窟藝術研究　甘肅教育出版社　2002　p. 382

王素　敦煌吐魯番文獻　文物出版社　2002　p. 12、142

許全勝　評《中古中國與外來文明》　唐研究（第八卷）　北京大學出版社　2002　p. 531

楊寶玉　敦煌滄桑　長江文藝出版社　2002　p. 243

鄭炳林　晚唐五代敦煌歸義軍行政區劃制度研究（之二）　《敦煌研究》2002 年第 3 期　p. 69

蔡忠霖　從書法角度看俗字的生成　敦煌學（第 24 輯）　（臺北）樂學書局有限公司　2003　p. 167

蔡忠霖　官定正字之外的通行文字　新世紀敦煌學論集　巴蜀書社　2003　p. 108

蔡忠霖　遼・釋行均《龍龕手鑒》的俗字觀　冉雲華先生八秩華誕壽慶論文集　（臺北）法光出版社
　2003　p. 418

池田溫　敦煌の歴史的背景　敦煌文書の世界　（東京）名著刊行會　2003　p. 105

李并成　敦煌文獻與西北生態環境變遷研究　漢語史學報專輯（第三輯）　上海教育出版社　2003
　p. 390

李并成　敦煌學與沙漠歷史地理研究　2000 年敦煌學國際學術討論會文集・歷史文化卷（上）　甘
　肅民族出版社　2003　p. 485

李并成　盛唐時期河西走廊的區位特點與開發　唐代地域結構與運作空間　上海辭書出版社　2003
　　p. 73

李并成　魏晉時期寄理敦煌郡北界之伊吾縣城考　《敦煌研究》2003 年第 3 期　p. 39

李正宇　敦煌歷史地理研究百年回眸　2000 年敦煌學國際學術討論會文集·歷史文化卷(上)　甘
　　肅民族出版社　2003　p. 464

李正宇　敦煌遺書一宗後晉時期敦煌民事訴訟檔案　《敦煌研究》2003 年第 2 期　p. 44

林悟殊　唐代三夷教的社會走向　唐代宗教信仰與社會　上海辭書出版社　2003　p. 371

盧向前　唐代敦煌吐魯番地區的戍與長行坊　2000 年敦煌學國際學術討論會文集·歷史文化卷
　　(上)　甘肅民族出版社　2003　p. 31

榮新江　北朝隋唐胡人聚落的宗教信仰與祆祠的社會功能　唐代宗教信仰與社會　上海辭書出版社
　　2003　p. 401

譚蟬雪　敦煌的粟特居民及祆神祈賽　2000 年敦煌學國際學術討論會文集·歷史文化卷(下)　甘
　　肅民族出版社　2003　p. 57

王國良　《劉薩訶和尚因緣記》探究　新世紀敦煌學論集　巴蜀書社　2003　p. 595

蕭默　敦煌建築研究　機械工業出版社　2003　p. 282

辛德勇　唐代的地理學　唐代地域結構與運作空間　上海辭書出版社　2003　p. 441

徐朝東　與蔣藏本《唐韻》相關的敦煌韻書殘卷考釋　《敦煌研究》2003 年第 2 期　p. 82

楊秀清　敦煌:絲綢之路上的國際商貿中心　敦煌陽關玉門關論文選萃　甘肅人民出版社　2003
　　p. 86

余欣　禁忌、儀式與法術　唐代宗教信仰與社會　上海辭書出版社　2003　p. 344

張德芳　敦煌懸泉置遺址　敦煌陽關玉門關論文選萃　甘肅人民出版社　2003　p. 331

張澤咸　漢晉唐時期農業　中國社會科學出版社　2003　p. 756

鄭炳林　晚唐五代敦煌村莊聚落輯考　2000 年敦煌學國際學術討論會文集·歷史文化卷(上)　甘
　　肅民族出版社　2003　p. 125、151

朱悅梅　李并成　《沙州督都府圖經》纂修年代及其相關問題考　《敦煌研究》2003 年第 5 期　p. 61

竇懷永　敦煌本《瑞應圖》讖緯佚文輯校　浙江與敦煌學:常書鴻先生誕辰一百周年紀念文集　浙江
　　古籍出版社　2004　p. 405 注 15

高啓安　唐五代敦煌飲食文化研究　民族出版社　2004　p. 31

姜伯勤　唐會昌毀祆後的祆神祆祠與祆僧　華學(第 7 輯)　中山大學出版社　2004　p. 220

姜伯勤　中國祆教藝術史研究　三聯書店　2004　p. 180、265

李宗俊　讀《李無虧墓誌銘》三題　《敦煌學國際聯絡委員會通訊》2004 年第 1 期　p. 50

李宗俊　《沙州都督府圖經》撰修年代新探　《敦煌學輯刊》2004 年第 1 期　p. 53

劉安志　關於唐代沙州陞爲都督府的時間問題　《敦煌學輯刊》2004 年第 2 期　p. 60

劉永增　莫高窟第 158 窟的納骨器與粟特人的喪葬習俗　《敦煌研究》2004 年第 2 期　p. 13

屈直敏　敦煌高僧　民族出版社　2004　p. 9

滕磊　西域聖火:神秘的古波斯祆教　人民美術出版社　2004　p. 97

王惠民　《沙州刺史李無虧墓誌》跋　《敦煌研究》2004 年第 5 期　p. 67

王卡　敦煌道教文獻研究　中國社會科學出版社　2004　p. 7

王志鵬　敦煌寫卷 P. 2555《白雲歌》再探　《敦煌研究》2004 年第 6 期　p. 86

吳越　敦煌歷史人物　民族出版社　2004　p. 61

張清濤　武則天時代的敦煌陰氏及有關洞窟　2004 年石窟研究國際學術會議論文提要集　敦煌研
　　究院　2004　p. 95

趙紅　高啓安　張孝嵩斬龍傳說歷史背景研究　《敦煌研究》2004 年第 2 期　p. 63

鄭炳林　讀《大周故沙州刺史李君墓誌銘》劄記　《敦煌學國際聯絡委員會通訊》2004 年第 1 期　p. 40

高啓安　趙紅　敦煌"玉女"考屑　《敦煌研究》2005 年第 2 期　p. 70　又見:敦煌學國際研討會論文集　北京圖書館出版社　2005　p. 227 注 2

黃正建　敦煌資料與唐五代人的衣食住行　敦煌與絲路文化學術講座(第二輯)　北京圖書館出版社　2005　p. 122

李并成　唐《始平縣圖經》殘卷(S. 6014)研究　《敦煌研究》2005 年第 5 期　p. 52

李錦繡　敦煌吐魯番地理文書與唐五代地理學　《吐魯番學研究》2005 年第 1 期　p. 58

林悟殊　中古三夷教辨證　中華書局　2005　p. 261、334

王卡　敦煌道教綜述　敦煌與絲路文化學術講座(第二輯)　北京圖書館出版社　2005　p. 376

解梅　唐五代敦煌地區賽祆儀式考　《敦煌學輯刊》2005 年第 2 期　p. 145

鄭炳林　敦煌寫本解夢書校錄研究　民族出版社　2005　p. 127

陳大爲　敦煌淨土寺與敦煌地區胡姓居民關係探析　《敦煌學輯刊》2006 年第 1 期　p. 90

馮培紅　歸義軍鎮制考　敦煌吐魯番研究(第九卷)　中華書局　2006　p. 264

P. 2006

姜亮夫　敦煌小識六論　敦煌學論文集　上海古籍出版社　1987　p. 755

高啓安　從莫高窟壁畫看唐五代敦煌人的坐具和飲食坐姿(上)　《敦煌研究》2001 年第 3 期　p. 24

高啓安　唐五代敦煌飲食文化研究　民族出版社　2004　p. 241

P. 2007

王重民　敦煌古籍叙錄　中華書局　1979　p. 259

蘇瑩輝　敦煌學概要　(臺北)編譯館"中華叢書編委會"　1981　p. 54

山田利明　老子化胡經類　敦煌と中國道教(講座敦煌 4)　(東京)大東出版社　1983　p. 99

蘇瑩輝　敦煌石室真迹錄題記訂補之續　敦煌論集續編　(臺北)學生書局　1983　p. 215

蘇瑩輝　中外敦煌古寫本纂要　敦煌論集　(臺北)學生書局　1983　p. 330

平井宥慶　千手千眼陀羅尼經　敦煌と中國仏教(講座敦煌 7)　(東京)大東出版社　1984　p. 144

王重民原編　黃永武新編　敦煌古籍叙錄新編(第十三冊)　(臺北)新文豐出版公司　1986　p. 297

姜亮夫　敦煌經卷壁畫中所見釋氏僧名錄　敦煌學論文集　上海古籍出版社　1987　p. 1027

姜亮夫　敦煌經卷壁畫中所見寺觀錄　敦煌學論文集　上海古籍出版社　1987　p. 1082

姜亮夫　敦煌所見道教佚經考　敦煌學論文集　上海古籍出版社　1987　p. 313

林平和　羅振玉敦煌學析論　(臺北)文史哲出版社　1988　p. 17、199

陳祚龍　看了敦煌古抄《報恩寺開溫室浴僧記》以後　敦煌學散策新集　(臺北)新文豐出版公司　1989　p. 206

上山大峻　敦煌佛教の研究　(京都)法藏館　1990　p. 469

榮新江　話說敦煌　山東教育出版社　1991　p. 78

杜愛英　敦煌遺書中俗體字的諸種類型　《敦煌研究》1992 年第 3 期　p. 120

陶秋英輯錄　姜亮夫校訂　敦煌經卷壁畫中所見釋氏名錄　敦煌碎金　浙江古籍出版社　1992　p. 6

陶秋英輯錄　姜亮夫校訂　敦煌經卷所見寺名錄　敦煌碎金　浙江古籍出版社　1992　p. 127、135

陶秋英輯錄　姜亮夫校訂　敦煌所見道教佚經錄　敦煌碎金　浙江古籍出版社　1992　p. 318

王見川　從摩尼教到明教　（臺北）新文豐出版公司　1992　p. 219

張廣達　榮新江　于闐佛寺志　于闐史叢考　上海書店　1993　p. 291

胡戟　傅玫　敦煌史話　中華書局　1995　p. 134

劉進寶　敦煌學論述　（臺北）洪葉文化事業有限公司　1995　p. 277

劉屹　敦煌十卷本《老子化胡經》殘卷新探　唐研究（第二卷）　北京大學出版社　1996　p. 101

項楚　《老子化胡經·玄歌》補校　敦煌文學論集　四川人民出版社　1997　p. 210

鄭阿財　《龍興寺毗沙門天王靈驗記》與敦煌地區的毗沙門信仰　周紹良先生欣開九秩慶壽文集
　　中華書局　1997　p. 253

鄧文寬　貞明九年歲次癸未具注曆日　敦煌學大辭典　上海辭書出版社　1998　p. 607

方廣錩　佛說回向輪經　敦煌學大辭典　上海辭書出版社　1998　p. 697

劉屹　試論《化胡經》產生的年代　道家文化研究（第十三輯）　三聯書店　1998　p. 99

王卡　老子化胡經　敦煌學大辭典　上海辭書出版社　1998　p. 760

饒宗頤　論道教創世記　道家文化研究（第十六輯）　三聯書店　1999　p. 240

謝桃坊　敦煌文化尋繹　四川人民出版社　1999　p. 128

顏廷亮　敦煌文化中的道教及文化　《敦煌研究》1999年第1期　p. 136

顏廷亮　敦煌文化　光明日報出版社　2000　p. 232

曾良　敦煌文獻字義通釋　廈門大學出版社　2001　p. 165

姜亮夫　敦煌莫高窟年表　姜亮夫全集（十一）　雲南人民出版社　2002　p. 13

劉屹　論二十世紀的敦煌道教文獻研究　國際敦煌學學術史研討會論文集　研討會籌備組　2002
　　p. 222　又見：敦煌吐魯番研究（第七卷）　北京大學出版社　2004　p. 201

林平和　試論敦煌文獻之輯佚價值　新世紀敦煌學論集　巴蜀書社　2003　p. 733

林雪鈴　敦煌道經研究的回顧與展望　敦煌學（第24輯）　（臺北）樂學書局有限公司　2003　p. 47

劉屹　試論敦煌本《化胡經序》的時代　2000年敦煌學國際學術討論會文集·歷史文化卷（上）　甘
　　肅民族出版社　2003　p. 264

劉屹　唐代道教的"化胡"經說與"道本論"　唐代宗教信仰與社會　上海辭書出版社　2003　p. 104

柳存仁　《老子化胡經》卷八的成立時代　新世紀敦煌學論集　巴蜀書社　2003　p. 173

梅林　莫高窟365窟漢文題記重錄並跋　寺院財富與世俗供養　上海書畫出版社　2003　p. 350

王冀青　斯坦因與日本敦煌學　甘肅教育出版社　2004　p. 135

王卡　敦煌道教文獻研究　中國社會科學出版社　2004　p. 26、187

劉屹　敬天與崇道：中古經教道教形成的思想史背景　中華書局　2005　p. 390

劉屹　唐開元年間摩尼教命運的轉折　敦煌吐魯番研究（第九卷）　中華書局　2006　p. 86

P. 2009

陳祚龍　簡記敦煌古抄方志　敦煌文物隨筆　（臺北）商務印書館　1979　p. 49

陳祚龍　中世敦煌與成都之間的交通路線　敦煌資料考屑（下冊）　（臺北）商務印書館　1979
　　p. 339　又見：唐代研究論集（第三輯）　（臺北）新文豐出版公司　1992　p. 439

王重民　敦煌古籍敘錄　中華書局　1979　p. 117

菊池英夫　唐代敦煌社會の外貌　敦煌の社會（講座敦煌3）　（東京）大東出版社　1980　p. 92

陳祚龍　《簡記敦煌古抄方志》及其"後語"　敦煌學要籥　（臺北）新文豐出版公司　1982　p. 220

蘇瑩輝　敦煌石室真迹錄題記訂補之續　敦煌論集續編　（臺北）學生書局　1983　p. 212

李并成　唐代圖經蠡測　《敦煌學研究》（西北師院學報）1986年增刊　p. 34

唐耕耦　陸宏基　敦煌社會經濟文獻真迹釋錄（一）　書目文獻出版社　1986　p. 54

王素　高昌火祆教論稿　《歷史研究》1986 年第 3 期　p. 169

王重民原編　黄永武新編　敦煌古籍叙録新編(第七册)　(臺北)新文豐出版公司　1986　p. 1

姜亮夫　敦煌經卷在中國文化學術上的價值　敦煌學論文集　上海古籍出版社　1987　p. 17

林悟殊　論高昌"俗事天神"　《歷史研究》1987 年第 4 期　p. 95

程喜霖　從唐代過所文書所見通"西域"的中道　《敦煌研究》1988 年第 1 期　p. 58

程喜霖　烽鋪考　《魏晉南北朝隋唐史》1988 年第 4 期　p. 64

林平和　羅振玉敦煌學析論　(臺北)文史哲出版社　1988　p. 11、40、203

鄭炳林　敦煌地理文書彙輯校注　甘肅教育出版社　1989　p. 74

程喜霖　唐《西州圖經》殘卷道路考　敦煌吐魯番文書初探(二編)　武漢大學出版社　1990　p. 533

程喜霖　漢唐烽堠制度研究　(臺北)聯經出版公司　1991　p. 176、191

荒川正晴　新疆維吾爾自治區古代城址一覽表(1)　吐魯番出土文物研究情報集録　『吐魯番出土文物研究會會報』(1－50 號・26)　(東京)吐魯番出土文物研究會　1991　p. 125

林聰明　敦煌文書學　(臺北)新文豐出版公司　1991　p. 396

王永興　唐勾檢制研究　上海古籍出版社　1991　p. 144

竇俠父　敦煌學發凡　新疆大學出版社　1992　p. 41

李并成　敦煌遺書中地理書卷的學術價值　《地理研究》1992 年第 3 期　p. 42

李并成　一批珍貴的古代地理文書:敦煌遺書中的地理書卷　《中國科技史料》1992 年第 13 卷第 4 期　p. 91

林家平　寧强　羅華慶　中國敦煌學史　北京語言學院出版社　1992　p. 81

日比野丈夫　地理書　敦煌漢文文獻(講座敦煌 5)　(東京)大東出版社　1992　p. 348

王仲犖考釋　鄭宜秀整理　敦煌石室出《西州圖經》殘卷考釋　《魏晉南北朝隋唐史》1992 年第 1 期　p. 16

吳其昱著　伊藤美重子譯　敦煌漢文寫本概觀　敦煌漢文文獻(講座敦煌 5)　(東京)大東出版社　1992　p. 104

張國藩　陳琦　敦煌交通地理文書考釋　《西北史地》1992 年第 4 期　p. 24

王仲犖　《西州圖經》殘卷考釋　敦煌石室地志殘卷考釋　上海古籍出版社　1993　p. 208

李明偉　隋唐絲綢之路　甘肅人民出版社　1994　p. 301

王永興　唐代前期西北軍事研究　中國社會科學出版社　1994　p. 241

鄭炳林　唐五代敦煌新開道考　《敦煌學輯刊》1994 年第 1 期　p. 43

陳國燦　唐五代敦煌四出道路考　敦煌學國際研討會文集・史地語文編　遼寧美術出版社　1995　p. 223

胡戟　傅玫　敦煌史話　中華書局　1995　p. 148

林悟殊　波斯拜火教與古代中國　(臺北)新文豐出版公司　1995　p. 133

李并成　李春元　瓜沙史地研究　甘肅文化出版社　1996　p. 174

李正宇　敦煌歷史地理導論　(臺北)新文豐出版公司　1997　p. 283

蘇北海　唐朝在吐魯番盆地的國防設施　《西北史地》1997 年第 3 期　p. 7

巫新華　唐代西州溝通周邊地區的主要交通路線　《中國邊疆史地研究》1997 年第 4 期　p. 3

鄭炳林　晚唐五代敦煌貿易市場的物價　敦煌歸義軍史專題研究　蘭州大學出版社　1997　p. 284

公維章　麴氏高昌佛教述論　《敦煌學輯刊》1998 年第 1 期　p. 117

李正宇　古本敦煌鄉土志八種箋證　(臺北)新文豐出版公司　1998　p. 253

沙知　大海道　敦煌學大辭典　上海辭書出版社　1998　p. 307

王素　高昌史稿・交通編　文物出版社　1998　p. 71、123

黃征　程惠新　劫塵遺珠：敦煌遺書　甘肅教育出版社　1999　p. 177

姜亮夫　敦煌：偉大的文化寶藏　雲南人民出版社　1999　p. 111

氣賀澤保規　府兵制の研究——府兵兵士とその社會　（東京）同朋舍　1999　p. 336

張廣達　吐魯番出土漢語文書中所見伊朗語地區宗教的蹤迹　敦煌吐魯番研究（第四卷）　北京大學出版社　1999　p. 9

程存潔　略論唐王朝對西北邊城的經營　’98 法門寺唐文化國際學術討論會論文集　陝西人民出版社　2000　p. 417

程喜霖　唐代過所研究　中華書局　2000　p. 76、228

榮新江　敦煌地理文獻的價值與研究　《書品》2000 年第 3 期　又見：敦煌學新論　甘肅教育出版社　2002　p. 251

榮新江　摩尼教在高昌的初傳　吐魯番新出摩尼教文獻研究　文物出版社　2000　p. 218

蘇北海　西域歷史地理　新疆大學出版社　2000　p. 183

巫新華　李肖　尋秘大海道：考古探察手記　中國社會科學出版社　2000　p. 55

顏廷亮　敦煌文化　光明日報出版社　2000　p. 210

程喜霖　吐魯番文書所見唐安西都護府與絲綢之路　敦煌學與中國史研究論集　甘肅人民出版社　2001　p. 208

榮新江　敦煌學十八講　北京大學出版社　2001　p. 272

王素　評《吐魯番唐代交通路線的考察與研究》　敦煌吐魯番研究（第五卷）　北京大學出版社　2001　p. 402

陳國燦　敦煌學史事新證　甘肅教育出版社　2002　p. 26、431

姜亮夫　敦煌莫高窟年表　姜亮夫全集（十一）　雲南人民出版社　2002　p. 340

李斌城　唐代文化　中國社會科學出版社　2002　p. 1651

劉安志　讀吐魯番所出《唐貞觀十七年（643）西州奴俊延妻孫氏辯辭》及其相關文書　《敦煌研究》2002 年第 3 期　p. 60

王素　敦煌吐魯番文獻　文物出版社　2002　p. 47、142

賈應逸　藏經洞遺書與和闐佛教遺址　2000 年敦煌學國際學術討論會文集・歷史文化卷（上）　甘肅民族出版社　2003　p. 83

李并成　盛唐時期河西走廊的區位特點與開發　唐代地域結構與運作空間　上海辭書出版社　2003　p. 78

辛德勇　唐代的地理學　唐代地域結構與運作空間　上海辭書出版社　2003　p. 441

李并成　西涼敦煌戶籍殘卷（S. 0113）若干問題新探　敦煌學（第 25 輯）　（臺北）樂學書局有限公司　2004　p. 202

孟憲實　漢唐文化與高昌歷史　齊魯書社　2004　p. 213

李并成　唐《始平縣圖經》殘卷（S. 6014）研究　《敦煌研究》2005 年第 5 期　p. 52

P. 2010

戴密微著　耿昇譯　敦煌學近作　敦煌譯叢（第一輯）　甘肅人民出版社　1985　p. 32

姜亮夫　敦煌小識六論　敦煌學論文集　上海古籍出版社　1987　p. 755　又見：姜亮夫全集（十四）　雲南人民出版社　2002　p. 198

羅華慶　敦煌藝術中的《觀音普門品變》和《觀音經變》　《敦煌研究》1987 年第 3 期　p. 56

陳祚龍　關於造作觀世音形象的流變之參考資料　敦煌學散策新集　（臺北）新文豐出版公司　1989　p. 360

林聰明　敦煌文書學　（臺北）新文豐出版公司　1991　p. 364
邰惠莉　敦煌遺書中的白描畫簡介　《社科縱橫》1994 年第 4 期　p. 50
趙青蘭　莫高窟吐蕃時期洞窟龕內屏風畫研究　《敦煌研究》1994 年第 3 期　p. 52
李小榮　變文變相關係論　《敦煌研究》2000 年第 3 期　p. 60
汪娟　敦煌寫本《觀音禮》初探　慶祝吳其昱先生八秩華誕敦煌學特刊　（臺北）文津出版社　2000　p. 337
李小榮　變文講唱與華梵宗教藝術　上海三聯書店　2002　p. 114
王青　西域文化影響下的中古小說　中國社會科學出版社　2006　p. 482

P. 2011

羅常培　敦煌寫本守溫韻學殘卷跋　《國立中央研究院歷史語言所集刊》1931 年第 2 期　又見：中國敦煌學百年文庫·語言文字卷（一）　甘肅文化出版社　1999　p. 17
姜亮夫　大英博物館藏敦煌寫本卷子 S 五一二卷歸三十母例跋　《經世季刊》1941 年第 2 卷第 1 期　又見：中國敦煌學百年文庫·文獻卷（一）　甘肅文化出版社　1999　p. 212
姜亮夫　瀛涯敦煌韻輯總目叙錄　《國立中央圖書館館刊》1947 年第 1 期　又見：中國敦煌學百年文庫·文獻卷（一）　甘肅文化出版社　1999　p. 263
周祖謨　王仁昫切韻著作年代釋疑　問學集　中華書局　1966　又見：中國敦煌學百年文庫·語言文字卷（一）　甘肅文化出版社　1999　p. 310
潘重規　瀛涯敦煌韻輯新編　（臺北）文史哲出版社　1974　p. 325
蘇瑩輝　敦煌學概要　（臺北）編譯館"中華叢書編委會"　1981　p. 73
姜亮夫　瀛涯敦煌韻輯補逸　《敦煌學輯刊》1983 年創刊號　p. 2
蘇瑩輝　中外敦煌古寫本纂要　敦煌論集　（臺北）學生書局　1983　p. 342
周祖謨　唐五代韻書集存　中華書局　1983　p. 246、871
饒宗頤　敦煌書法叢刊（第二卷）·韻書　（東京）二玄社　1984　p. 2、52
饒宗頤　敦煌書法叢刊（第十九卷）·碎金（二）　（東京）二玄社　1984　p. 90、106
姜亮夫　敦煌學概論　中華書局　1985　p. 94
劉復　敦煌掇瑣　敦煌叢刊初集（十五）　（臺北）新文豐出版公司　1985　p. 433、445、453
耿昇　八十年代的法國敦煌學論著簡介　《敦煌研究》1986 年第 3 期　p. 83
林炯陽　敦煌韻書殘卷在聲韻學研究上的價值　漢學研究（敦煌學國際研討會論文專號）　（臺北）漢學研究資料及服務中心　1986　p. 418
姜亮夫　敦煌韻輯凡例與叙例　敦煌學論文集　上海古籍出版社　1987　p. 366
姜亮夫　切韻系統　敦煌學論文集　上海古籍出版社　1987　p. 398、404、412、418、430、455
姜亮夫　隋唐宋韻書反切異文表　敦煌學論文集　上海古籍出版社　1987　p. 500
姜亮夫　隋唐宋韻書體式變遷考　敦煌學論文集　上海古籍出版社　1987　p. 467
姜亮夫　唐人所謂聲紐三十母說：S. 512 卷歸三十字母例　敦煌學論文集　上海古籍出版社　1987　p. 728
姜亮夫　王靜安先生所錄切韻三種卷子校記　敦煌學論文集　上海古籍出版社　1987　p. 779
姜亮夫　吳彩鸞書切韻事辯及其征信錄　敦煌學論文集　上海古籍出版社　1987　p. 712
姜亮夫　瀛外將去敦煌所藏韻書字書各卷叙錄　敦煌學論文集　上海古籍出版社　1987　p. 322　又見：姜亮夫全集（十三）　雲南人民出版社　2002　p. 283
姜亮夫　諸隋唐宋人韻書小韻韻次異同考　敦煌學論文集　上海古籍出版社　1987　p. 699
郭在貽　張涌泉　黃征　敦煌變文整理校勘中的幾個問題　《古漢語研究》1988 年第 1 期　p. 78

張涌泉　敦煌變文校勘平議　《敦煌研究》1988 年第 4 期　p. 85

李純良　敦煌本《韓朋賦》創作時代考　《敦煌研究》1989 年第 1 期　p. 78

姜亮夫　瀛涯敦煌韻書卷子考釋　浙江古籍出版社　1990　p. 60、147

姜亮夫　李丹禾　從敦煌卷子推測唐人對切韻系統諸韻書之刊補大例　敦煌吐魯番學研究論文集
　　漢語大詞典出版社　1990　p. 1

張涌泉　《王梵志詩校注》獻疑　《敦煌研究》1990 年第 2 期　p. 75

趙誠　中國古代韻書　中華書局　1991　p. 29

林家平　寧强　羅華慶　中國敦煌學史　北京語言學院出版社　1992　p. 19、59、63、144、301

吳其昱著　伊藤美重子譯　敦煌漢文寫本概觀　敦煌漢文文獻(講座敦煌 5)　(東京)大東出版社
　　1992　p. 102

戴仁　敦煌的經折裝寫本　法國學者敦煌學論文選萃　中華書局　1993　p. 579

郭在貽　郭在貽敦煌學論集　江西人民出版社　1993　p. 155

高田時雄　可洪隨函錄と行瑫隨函音疏　中國語の資料と方法　京都大學人文科學研究所　1994
　　p. 147

蔣禮鴻　敦煌文獻語言詞典　杭州大學出版社　1994　p. 188

張涌泉　試論審辨敦煌寫本俗字的方法　《敦煌研究》1994 年第 2 期　p. 153　又見:舊學新知　浙
　　江大學出版社　1999　p. 87

潘重規　敦煌卷子俗寫文字之研究　全國敦煌學研討會論文集　(臺北)中正大學中國文學系所
　　1995　p. 1

姚榮松　巴黎所藏 P. 2011 王韻的新校記　全國敦煌學研討會論文集　(臺北)中正大學中國文學系
　　所　1995　p. 29　又見:慶祝潘石禪先生九秩華誕敦煌學特刊　(臺北)文津出版社　1996
　　p. 427

張涌泉　漢語俗字研究　岳麓書社　1995　p. 258

劉濤　評《法藏敦煌書苑精華》　敦煌吐魯番研究(第一卷)　北京大學出版社　1996　p. 378

張涌泉　敦煌俗字彙考　敦煌俗字研究　上海教育出版社　1996　p. 5

張涌泉　敦煌俗字研究導論　(臺北)新文豐出版公司　1996　p. 40、67、135、178、230、286

張涌泉　評《敦煌邈真讚校錄並研究》　敦煌吐魯番研究(第一卷)　北京大學出版社　1996　p. 426

鄭阿財　洪藝芳　1995—1996 年臺灣地區唐代學術研究概況:敦煌學　"中國唐代學會"會刊(第七
　　期)　(臺北)"中國唐代學會"　1996　p. 99

黃征　張涌泉　敦煌變文校注　中華書局　1997　p. 855、1020

張涌泉　敦煌文獻校讀易誤字例釋　敦煌文學論集　四川人民出版社　1997　p. 268

白化文　旋風裝　敦煌學大辭典　上海辭書出版社　1998　p. 593

張金泉　敦煌韻書　敦煌學大辭典　上海辭書出版社　1998　p. 512

張金泉　王仁昫　敦煌學大辭典　上海辭書出版社　1998　p. 345

張涌泉　漢語俗字叢考　漢語史研究集刊·第一輯(下)　巴蜀書社　1998　p. 612

黃征　程惠新　劫塵遺珠:敦煌遺書　甘肅教育出版社　1999　p. 61

姜亮夫　敦煌:偉大的文化寶藏　雲南人民出版社　1999　p. 137

王繼如　預流悟詁　敦煌問學叢稿　甘肅文化出版社　1999　p. 269

張涌泉　大型字典編纂中與俗字相關的若干問題　舊學新知　浙江大學出版社　1999　p. 21、27

張涌泉　敦煌變文校讀釋例　舊學新知　浙江大學出版社　1999　p. 179

張涌泉　敦煌文獻校讀釋例　舊學新知　浙江大學出版社　1999　p. 211

張涌泉　俗字研究與敦煌文獻的校理　舊學新知　浙江大學出版社　1999　p. 55

北京大學　敦煌《經卷》、《照片》及《圖書》目録　中國敦煌學百年文庫・綜述卷（一）　甘肅文化出版社　1999　p. 315

何華珍　金春梅　敦煌本《勵忠節抄》王校補正　中古近代漢語研究（第一輯）　上海教育出版社　2000　p. 290

姜亮夫　隋唐宋韻書體式變遷考　中古近代漢語研究（第一輯）　上海教育出版社　2000　p. 1

張涌泉　前言　漢語俗字叢考　中華書局　2000　p. 3

林聰明　敦煌吐魯番文書解詁指例　（臺北）新文豐出版公司　2001　p. 141

張涌泉　敦煌故里對敦煌學的新奉獻　《敦煌研究》2001年第1期　p. 184

姜亮夫　切韻系統　姜亮夫全集（十三）　雲南人民出版社　2002　p. 344

姜亮夫　唐人所謂聲紐三十母説　姜亮夫全集（十四）　雲南人民出版社　2002　p. 181

劉永明　散見敦煌曆朔閏輯考　《敦煌研究》2002年第6期　p. 15

施安昌　敦煌寫經的遞變字群及其命名　善本碑帖論集　紫禁城出版社　2002　p. 336

施安昌　論漢字演變的分期:兼談敦煌古韻書的書寫時間　善本碑帖論集　紫禁城出版社　2002　p. 323

關長龍　曾波　敦煌韻書斯二〇五五之謎　浙江與敦煌學:常書鴻先生誕辰一百周年紀念文集　浙江古籍出版社　2004　p. 448

洪藝芳　潘重規先生在敦煌音韻整理研究上的貢獻　敦煌學（第25輯）　（臺北）樂學書局有限公司　2004　p. 235

許建平　法藏敦煌《毛詩音》"又音"考　中國俗文化研究（第二輯）　巴蜀書社　2004　p. 98

張弓　敦煌四部籍與中古後期社會的文化情境　敦煌學（第25輯）　（臺北）樂學書局有限公司　2004　p. 323

張志清　林世田　S. 6349與P. 4924《易三備》寫卷綴合整理研究　《文獻》2006年第1期　p. 48

P. 2012

潘重規　瀛涯敦煌韻輯新編　（臺北）文史哲出版社　1974　p. 606

周祖謨　唐五代韻書集存　中華書局　1983　p. 796、957

林炯陽　敦煌韻書殘卷在聲韻學研究上的價值　漢學研究（敦煌學國際研討會論文專號）　（臺北）漢學研究資料及服務中心　1986　p. 418

姜亮夫　敦煌小識六論　敦煌學論文集　上海古籍出版社　1987　p. 755

林家平　寧強　羅華慶　中國敦煌學史　北京語言學院出版社　1992　p. 142

邰惠莉　敦煌遺書中的白描畫簡介　《社科縱橫》1994年第4期　p. 50

姜伯勤　敦煌藝術宗教與禮樂文明　中國社會科學出版社　1996　p. 39

胡素馨　敦煌的粉本和壁畫之間的關係　唐研究（第三卷）　北京大學出版社　1997　p. 440

鄧文寬　白描密教曼荼羅壁畫粉本　敦煌學大辭典　上海辭書出版社　1998　p. 240

張金泉　守溫韻學殘卷　敦煌學大辭典　上海辭書出版社　1998　p. 515

北京大學　敦煌《經卷》、《照片》及《圖書》目録　中國敦煌學百年文庫・綜述卷（一）　甘肅文化出版社　1999　p. 316

徐俊　敦煌詩集殘卷輯考　中華書局　2000　p. 760

姜亮夫　唐人所謂聲紐三十母説　姜亮夫全集（十四）　雲南人民出版社　2002　p. 175

郭麗英　敦煌漢傳密教經典研究:以《金剛峻經》爲例　敦煌吐魯番研究（第七卷）　北京大學出版社　2004　p. 331

周廣榮　梵語《悉曇章》在中國的傳播與影響　宗教文化出版社　2004　p. 199

沙武田　敦煌畫中的"色標"資料　《敦煌研究》2005 年第 1 期　p. 59

P. 2013

蕭登福　從敦煌寫卷中看道教星斗崇拜對佛經之影響　第二屆敦煌學國際研討會論文集　（臺北）
　　漢學研究中心　1990　p. 336

邰惠莉　敦煌遺書中的白描畫簡介　《社科縱橫》1994 年第 4 期　p. 50

白化文　插圖本　敦煌學大辭典　上海辭書出版社　1998　p. 593

李小榮　變文變相關係論　《敦煌研究》2000 年第 3 期　p. 60

姜亮夫　敦煌小識六論　姜亮夫全集（十四）　雲南人民出版社　2002　p. 198

李小榮　變文講唱與華梵宗教藝術　上海三聯書店　2002　p. 114

P. 2014

姜亮夫　敦煌經卷在中國學術文化上之價值　《說文月刊》1943 年第 3 卷第 10 期　又見：敦煌學論
　　文集　上海古籍出版社　1987　p. 13

姜亮夫　瀛涯敦煌韻輯總目叙錄　《國立中央圖書館館刊》1947 年第 1 期　又見：中國敦煌學百年文
　　庫·文獻卷（一）　甘肅文化出版社　1999　p. 264

那波利貞　千佛岩莫高窟と敦煌文書　西域文化研究（第二）·敦煌吐魯番社會經濟資料（上）　（京
　　都）法藏館　1959　p. 63

陳祚龍　瓜沙印錄　（臺北）《大陸雜誌》1962 年第 4 期　又見：中國敦煌學百年文庫·考古卷（一）
　　甘肅文化出版社　1999　p. 191

潘重規　瀛涯敦煌韻輯新編　（臺北）文史哲出版社　1974　p. 409

陳祚龍　古代敦煌及其他地區流行之公私印章圖記文字錄　敦煌學要籥　（臺北）新文豐出版公司
　　1982　p. 344

姜亮夫　瀛涯敦煌韻輯補逸　《敦煌學輯刊》1983 年創刊號　p. 2

周祖謨　唐五代韻書集存　中華書局　1983　p. 739、919

饒宗頤　敦煌書法叢刊（第二卷）·韻書　（東京）二玄社　1984　p. 44、54

姜亮夫　敦煌學概論　中華書局　1985　p. 64

林炯陽　敦煌韻書殘卷在聲韻學研究上的價值　漢學研究（敦煌學國際研討會論文專號）　（臺北）
　　漢學研究資料及服務中心　1986　p. 412

姜亮夫　切韻系統敦煌學論文集　上海古籍出版社　1987　p. 424、452、455

姜亮夫　隋唐宋韻書反切異文表　敦煌學論文集　上海古籍出版社　1987　p. 495

姜亮夫　隋唐宋韻書體式變遷考　敦煌學論文集　上海古籍出版社　1987　p. 471

姜亮夫　瀛外將去敦煌所藏韻書字書各卷叙錄　敦煌學論文集　上海古籍出版社　1987　p. 322、
　　348

姜亮夫　瀛涯敦煌韻輯補逸　敦煌學論文集　上海古籍出版社　1987　p. 382

姜亮夫　諸隋唐宋人韻書小韻韻次異同考　敦煌學論文集　上海古籍出版社　1987　p. 702

姜亮夫　後得零卷 P. 2014 卷補正　敦煌語言文學論文集　浙江古籍出版社　1988　p. 1

舒學　敦煌漢文遺書中雕版印刷資料綜叙　敦煌語言文學研究　北京大學出版社　1988　p. 290

周祖謨　五代刻本切韻及其聲母的讀音　周祖謨語言文史論集　浙江古籍出版社　1988　p. 258

周祖謨　五代刻本切韻之韻母　周祖謨語言文史論集　浙江古籍出版社　1988　p. 249

張涌泉　《敦煌歌辭總編》誤校二十例　《古籍整理出版情況簡報》1989 年第 218 期　p. 21

高田時雄　五姓說在敦煌藏族　敦煌吐魯番學研究論文集　漢語大詞典出版社　1990　p. 758

姜亮夫　瀛涯敦煌韻書卷子考釋　浙江古籍出版社　1990　p. 106、149

高田時雄　五姓を說く敦煌資料　『國立民族學博物館研究報告別冊』（14 號）（吹田）國立民族學博物館　1991　p. 256

林聰明　敦煌文書學　（臺北）新文豐出版公司　1991　p. 40

趙誠　中國古代韻書　中華書局　1991　p. 42

林家平　寧強　羅華慶　中國敦煌學史　北京語言學院出版社　1992　p. 144、301

吳其昱著　伊藤美重子譯　敦煌漢文寫本概觀　敦煌漢文文獻（講座敦煌 5）（東京）大東出版社　1992　p. 19、102

榮新江　歸義軍改元考　文史（第三十八輯）　中華書局　1994　p. 50

劉進寶　敦煌學論述　（臺北）洪葉文化事業有限公司　1995　p. 294

榮新江　歸義軍史研究　上海古籍出版社　1996　p. 53

張涌泉　敦煌俗字彙考　敦煌俗字研究　上海教育出版社　1996　p. 5

張涌泉　敦煌俗字研究導論　（臺北）新文豐出版公司　1996　p. 44、97

張涌泉　評《唐五代韻書集存》　敦煌吐魯番研究（第二卷）　北京大學出版社　1997　p. 382

張金泉　敦煌韻書　敦煌學大辭典　上海辭書出版社　1998　p. 512

姜亮夫　敦煌：偉大的文化寶藏　雲南人民出版社　1999　p. 137

妹尾達彥　唐代長安東市の印刷業　東アジア史における國家と地域　（東京）刀水書房　1999　p. 230

張涌泉　論吳任臣的字彙補　舊學新知　浙江大學出版社　1999　p. 155

北京大學　敦煌《經卷》、《照片》及《圖書》目錄　中國敦煌學百年文庫・綜述卷（一）　甘肅文化出版社　1999　p. 315

姜亮夫　隋唐宋韻書體式變遷考　中古近代漢語研究（第一輯）　上海教育出版社　2000　p. 7

張涌泉　漢語俗字叢考　中華書局　2000　p. 43、309、963、1052

姜亮夫　切韻系統　姜亮夫全集（十三）　雲南人民出版社　2002　p. 391

姜亮夫　瀛涯敦煌韻輯　姜亮夫全集（九）　雲南人民出版社　2002　p. 213

施安昌　敦煌寫經的遞變字群及其命名　善本碑帖論集　紫禁城出版社　2002　p. 334

徐朝東　與蔣藏本《唐韻》相關的敦煌韻書殘卷考釋　《敦煌研究》2003 年第 2 期　p. 82

洪藝芳　潘重規先生在敦煌音韻整理研究上的貢獻　敦煌學（第 25 輯）（臺北）樂學書局有限公司　2004　p. 235

高田時雄著　鍾翀等譯　五姓說之敦煌資料　敦煌・民族・語言　中華書局　2005　p. 334

P. 2015

潘重規　瀛涯敦煌韻輯新編　（臺北）文史哲出版社　1974　p. 449

姜亮夫　瀛涯敦煌韻輯補逸　《敦煌學輯刊》1983 年創刊號　p. 2

周祖謨　唐五代韻書集存　中華書局　1983　p. 739、919

姜亮夫　敦煌學概論　中華書局　1985　p. 64

林炯陽　敦煌韻書殘卷在聲韻學研究上的價值　漢學研究（敦煌學國際研討會論文專號）（臺北）漢學研究資料及服務中心　1986　p. 413

姜亮夫　敦煌經卷在中國文化學術上的價值　敦煌學論文集　上海古籍出版社　1987　p. 13

姜亮夫　切韻系統　敦煌學論文集　上海古籍出版社　1987　p. 424、452

姜亮夫　隋唐宋韻書反切異文表　敦煌學論文集　上海古籍出版社　1987　p. 495

姜亮夫　隋唐宋韻書體式變遷考　敦煌學論文集　上海古籍出版社　1987　p. 471

姜亮夫　瀛外將去敦煌所藏韻書字書各卷叙錄　敦煌學論文集　上海古籍出版社　1987　p. 322

姜亮夫　瀛涯敦煌韻輯補逸　敦煌學論文集　上海古籍出版社　1987　p. 382

舒學　敦煌漢文遺書中雕版印刷資料綜叙　敦煌語言文學研究　北京大學出版社　1988　p. 290

周祖謨　五代刻本切韻及其聲母的讀音　周祖謨語言文史論集　浙江古籍出版社　1988　p. 258

周祖謨　五代刻本切韻之韻目　周祖謨語言文史論集　浙江古籍出版社　1988　p. 249

高田時雄　五姓說在敦煌藏族　敦煌吐魯番學研究論文集　漢語大詞典出版社　1990　p. 758

姜亮夫　瀛涯敦煌韻書卷子考釋　浙江古籍出版社　1990　p. 116、149

高田時雄　五姓を說く敦煌資料　『國立民族學博物館研究報告別冊』(14 號)　(吹田)國立民族學博物館　1991　p. 257

林聰明　敦煌文書學　(臺北)新文豐出版公司　1991　p. 40

林家平　寧强　羅華慶　中國敦煌學史　北京語言學院出版社　1992　p. 301

高田時雄　可洪隨函錄と行瑫隨函音疏　中國語の資料と方法　京都大學人文科學研究所　1994　p. 144

劉進寶　敦煌學論述　(臺北)洪葉文化事業有限公司　1995　p. 294

張涌泉　敦煌俗字彙考　敦煌俗字研究　上海教育出版社　1996　p. 5

張涌泉　敦煌俗字研究導論　(臺北)新文豐出版公司　1996　p. 44

張金泉　敦煌韻書　敦煌學大辭典　上海辭書出版社　1998　p. 512

姜亮夫　敦煌:偉大的文化寶藏　雲南人民出版社　1999　p. 137

妹尾達彥　唐代長安東市の印刷業　東アジア史における國家と地域　(東京)刀水書房　1999　p. 230

姜亮夫　隋唐宋韻書體式變遷考　中古近代漢語研究(第一輯)　上海教育出版社　2000　p. 7

張涌泉　漢語俗字叢考　中華書局　2000　p. 425、702、824

姜亮夫　瀛涯敦煌韻輯　姜亮夫全集(九)　雲南人民出版社　2002　p. 233

施安昌　敦煌寫經的遞變字群及其命名　善本碑帖論集　紫禁城出版社　2002　p. 334

徐朝東　與蔣藏本《唐韻》相關的敦煌韻書殘卷考釋　《敦煌研究》2003 年第 2 期　p. 82

高田時雄著　鍾翀等譯　五姓說之敦煌資料　敦煌・民族・語言　中華書局　2005　p. 334

P. 2016

姜亮夫　瀛涯敦煌韻輯總目叙錄　《國立中央圖書館館刊》1947 年第 1 期　又見:中國敦煌學百年文庫・文獻卷(一)　甘肅文化出版社　1999　p. 264

潘重規　瀛涯敦煌韻輯新編　(臺北)文史哲出版社　1974　p. 399

饒宗頤　敦煌書法叢刊(第十八卷)・碎金(一)　(東京)二玄社　1983　p. 37、93

周祖謨　唐五代韻書集存　中華書局　1983　p. 739、774、942、919

姜亮夫　敦煌學概論　中華書局　1985　p. 64

姜亮夫　切韻系統　敦煌學論文集　上海古籍出版社　1987　p. 423、448、451、458

姜亮夫　隋唐宋韻書反切異文表　敦煌學論文集　上海古籍出版社　1987　p. 495

姜亮夫　隋唐宋韻書體式變遷考　敦煌學論文集　上海古籍出版社　1987　p. 483

姜亮夫　瀛外將去敦煌所藏韻書字書各卷叙錄　敦煌學論文集　上海古籍出版社　1987　p. 343　又見:姜亮夫全集(十三)　雲南人民出版社　2002　p. 297

周祖謨　五代刻本切韻及其聲母的讀音　周祖謨語言文史論集　浙江古籍出版社　1988　p. 258

姜亮夫　瀛涯敦煌韻書卷子考釋　浙江古籍出版社　1990　p. 103

趙誠　中國古代韻書　中華書局　1991　p. 35

林家平　寧强　羅華慶　中國敦煌學史　北京語言學院出版社　1992　p. 59、144、301

胡戟　傅玫　敦煌史話　中華書局　1995　p. 181

張金泉　敦煌韻書　敦煌學大辭典　上海辭書出版社　1998　p. 512

張金泉　陸法言　敦煌學大辭典　上海辭書出版社　1998　p. 344

姜亮夫　敦煌:偉大的文化寶藏　雲南人民出版社　1999　p. 137

北京大學　敦煌《經卷》、《照片》及《圖書》目錄　中國敦煌學百年文庫・綜述卷(一)　甘肅文化出版社　1999　p. 315

姜亮夫　切韻系統　姜亮夫全集(十三)　雲南人民出版社　2002　p. 389

姜亮夫　瀛涯敦煌韻輯　姜亮夫全集(九)　雲南人民出版社　2002　p. 207

施安昌　敦煌寫經的遞變字群及其命名　善本碑帖論集　紫禁城出版社　2002　p. 334

徐朝東　與蔣藏本《唐韻》相關的敦煌韻書殘卷考釋　《敦煌研究》2003 年第 2 期　p. 82

P. 2017

姜亮夫　瀛涯敦煌韻輯總目叙錄　《國立中央圖書館館刊》1947 年第 1 期　又見:中國敦煌學百年文庫・文獻卷(一)　甘肅文化出版社　1999　p. 263

潘重規　瀛涯敦煌韻輯新編　(臺北)文史哲出版社　1974　p. 29、45

董作賓　敦煌紀年　敦煌學文選(上)　蘭州大學歷史系敦煌學研究室等　1983　p. 20

饒宗頤　敦煌書法叢刊(第十八卷)・碎金(一)　(東京)二玄社　1983　p. 38、94

周祖謨　唐五代韻書集存　中華書局　1983　p. 225、856

姜亮夫　敦煌學概論　中華書局　1985　p. 64

姜亮夫　切韻系統　敦煌學論文集　上海古籍出版社　1987　p. 399、406、415

姜亮夫　隋唐宋韻書體式變遷考　敦煌學論文集　上海古籍出版社　1987　p. 470

姜亮夫　瀛外將去敦煌所藏韻書字書各卷叙錄　敦煌學論文集　上海古籍出版社　1987　p. 324
　　又見:姜亮夫全集(十三)　雲南人民出版社　2002　p. 282

姜亮夫　瀛涯敦煌韻書卷子考釋　浙江古籍出版社　1990　p. 5、147

趙誠　中國古代韻書　中華書局　1991　p. 22

林家平　寧强　羅華慶　中國敦煌學史　北京語言學院出版社　1992　p. 144、300

張涌泉　敦煌俗字彙考　敦煌俗字研究　上海教育出版社　1996　p. 4

張涌泉　敦煌文獻校讀易誤字例釋　敦煌文學論集　四川人民出版社　1997　p. 262 注 2

張金泉　敦煌韻書　敦煌學大辭典　上海辭書出版社　1998　p. 512

張金泉　陸法言　敦煌學大辭典　上海辭書出版社　1998　p. 344

北京大學　敦煌《經卷》、《照片》及《圖書》目錄　中國敦煌學百年文庫・綜述卷(一)　甘肅文化出版社　1999　p. 315

姜亮夫　隋唐宋韻書體式變遷考　中古近代漢語研究(第一輯)　上海教育出版社　2000　p. 3

姜亮夫　敦煌莫高窟年表　姜亮夫全集(十一)　雲南人民出版社　2002　p. 186

姜亮夫　切韻系統　姜亮夫全集(十三)　雲南人民出版社　2002　p. 359

姜亮夫　瀛涯敦煌韻輯　姜亮夫全集(九)　雲南人民出版社　2002　p. 11

施安昌　敦煌寫經的遞變字群及其命名　善本碑帖論集　紫禁城出版社　2002　p. 334

施安昌　論漢字演變的分期:兼談敦煌古韻書的書寫時間　善本碑帖論集　紫禁城出版社　2002　p. 323

洪藝芳　潘重規先生在敦煌音韻整理研究上的貢獻　敦煌學(第 25 輯)　(臺北)樂學書局有限公司　2004　p. 235

P. 2018

姜亮夫　瀛涯敦煌韻輯總目叙録　《國立中央圖書館館刊》1947年第1期　又見:中國敦煌學百年文
　　庫·文獻卷(一)　甘肅文化出版社　1999　p. 263
潘重規　瀛涯敦煌韻輯新編　(臺北)文史哲出版社　1974　p. 395
上田正　ソ連にある切韻殘卷について　『東方學』(第62輯)　(東京)東方學會　1981　p. 1
饒宗頤解說　林宏作譯　敦煌書法叢刊(第十八卷)·碎金(一)　(東京)二玄社　1983　p. 93
周祖謨　唐五代韻書集存　中華書局　1983　p. 638、909
姜亮夫　敦煌學概論　中華書局　1985　p. 64
姜亮夫　切韻系統　敦煌學論文集　上海古籍出版社　1987　p. 423、448、451、458
姜亮夫　隋唐宋韻書反切異文表　敦煌學論文集　上海古籍出版社　1987　p. 495
姜亮夫　隋唐宋韻書體式變遷考　敦煌學論文集　上海古籍出版社　1987　p. 483
姜亮夫　瀛外將去敦煌所藏韻書字書各卷叙録　敦煌學論文集　上海古籍出版社　1987　p. 342
　　又見:姜亮夫全集(十三)　雲南人民出版社　2002　p. 297
周祖謨　跋唐寫本孫愐唐韻殘葉　周祖謨語言文史論集　浙江古籍出版社　1988　p. 246
姜亮夫　瀛涯敦煌韻書卷子考釋　浙江古籍出版社　1990　p. 102
林家平　寧强　羅華慶　中國敦煌學史　北京語言學院出版社　1992　p. 59、144、301
胡戟　傅玫　敦煌史話　中華書局　1995　p. 181
張金泉　孫愐　敦煌學大辭典　上海辭書出版社　1998　p. 346
張金泉　唐韻　敦煌學大辭典　上海辭書出版社　1998　p. 514
姜亮夫　敦煌:偉大的文化寶藏　雲南人民出版社　1999　p. 137
北京大學　敦煌《經卷》、《照片》及《圖書》目録　中國敦煌學百年文庫·綜述卷(一)　甘肅文化出
　　版社　1999　p. 315
姜亮夫　隋唐宋韻書體式變遷考　中古近代漢語研究(第一輯)　上海教育出版社　2000　p. 15
姜亮夫　切韻系統　姜亮夫全集(十三)　雲南人民出版社　2002　p. 389
姜亮夫　瀛涯敦煌韻輯　姜亮夫全集(九)　雲南人民出版社　2002　p. 205
施安昌　敦煌寫經的遞變字群及其命名　善本碑帖論集　紫禁城出版社　2002　p. 334
徐朝東　與蔣藏本《唐韻》相關的敦煌韻書殘卷考釋　《敦煌研究》2003年第2期　p. 79

P. 2019

姜亮夫　瀛涯敦煌韻輯總目叙録　《國立中央圖書館館刊》1947年第1期　又見:中國敦煌學百年文
　　庫·文獻卷(一)　甘肅文化出版社　1999　p. 263
潘重規　瀛涯敦煌韻輯新編　(臺北)文史哲出版社　1974　p. 12
饒宗頤　敦煌書法叢刊(第十八卷)·碎金(一)　(東京)二玄社　1983　p. 39、95
周祖謨　唐五代韻書集存　中華書局　1983　p. 732、916
姜亮夫　敦煌學概論　中華書局　1985　p. 64
姜亮夫　敦煌韻輯凡例與叙例　敦煌學論文集　上海古籍出版社　1987　p. 367
姜亮夫　切韻系統　敦煌學論文集　上海古籍出版社　1987　p. 439
姜亮夫　瀛外將去敦煌所藏韻書字書各卷叙録　敦煌學論文集　上海古籍出版社　1987　p. 322
　　又見:姜亮夫全集(十三)　雲南人民出版社　2002　p. 280
姜亮夫　瀛涯敦煌韻書卷子考釋　浙江古籍出版社　1990　p. 4、145
趙誠　中國古代韻書　中華書局　1991　p. 25
林家平　寧强　羅華慶　中國敦煌學史　北京語言學院出版社　1992　p. 144、300

趙聲良　榮新江　饒宗頤編《法藏敦煌書苑精華》評介　《敦煌研究》1995 年第 1 期　p. 173

張金泉　敦煌韻書　敦煌學大辭典　上海辭書出版社　1998　p. 512

張涌泉　試論漢語俗字研究的意義　舊學新知　浙江大學出版社　1999　p. 11

北京大學　敦煌《經卷》、《照片》及《圖書》目錄　中國敦煌學百年文庫·綜述卷（一）　甘肅文化出
版社　1999　p. 315

張涌泉　漢語俗字叢考　中華書局　2000　p. 64

姜亮夫　敦煌莫高窟年表　姜亮夫全集（十一）　雲南人民出版社　2002　p. 246

姜亮夫　瀛涯敦煌韻輯　姜亮夫全集（九）　雲南人民出版社　2002　p. 9

施安昌　論漢字演變的分期：兼談敦煌古韻書的書寫時間　善本碑帖論集　紫禁城出版社　2002
p. 323

謝和耐著　耿昇譯　中國 5—10 世紀的寺院經濟　上海古籍出版社　2004　p. 208 注 3

P. 2020

饒宗頤解說　林宏作譯　敦煌書法叢刊（第二五卷）·寫經（六）　（東京）二玄社　1984　p. 71

土橋秀高　敦煌の律藏　敦煌と中國仏教（講座敦煌 7）　（東京）大東出版社　1984　p. 261

吉田豐　ソグド語文獻　敦煌胡語文獻（講座敦煌 6）　（東京）大東出版社　1985　p. 195

謝桃坊　敦煌文化尋繹　四川人民出版社　1999　p. 136

湛如　敦煌佛教律儀制度研究　中華書局　2003　p. 156

P. 2021

賀世哲　從供養人題記看莫高窟部分洞窟的營建年代　敦煌莫高窟供養人題記　文物出版社　1986
p. 211

李正宇　唐宋時代沙州壽昌縣河渠泉澤簡志　《敦煌研究》1989 年第 3 期　p. 34

李正宇　敦煌名勝古迹導論　《陽關》1991 年第 4 期　p. 51

暨遠志　張議潮出行圖研究（續）　《敦煌研究》1992 年第 4 期　p. 85

姜伯勤　敦煌社會文書導論　（臺北）新文豐出版公司　1992　p. 48

齊陳駿　寒沁　河西都僧統唐悟真作品和見載文獻系年　《敦煌學輯刊》1993 年第 2 期　p. 10

鄭炳林　《索崇恩和尚修功德記》考釋　《敦煌研究》1993 年第 2 期　p. 61

鄭炳林　敦煌碑銘讚抄本概述　《蘭州大學學報》1993 年第 4 期　p. 139

姜伯勤　敦煌邈真讚與敦煌望族　敦煌邈真讚校錄並研究　（臺北）新文豐出版公司　1994　p. 19

王惠民　關於《天請問經》和天請問經變的幾個問題　《敦煌研究》1994 年第 4 期　p. 182

馬德　敦煌莫高窟史研究　甘肅教育出版社　1996　p. 101

張涌泉　評《敦煌邈真讚校錄並研究》　敦煌吐魯番研究（第一卷）　北京大學出版社　1996　p. 433 注

姜伯勤　普寂與北宗禪風西旋敦煌　佛教與中國傳統文化　宗教文化出版社　1997　p. 470

劉雯　吐蕃及歸義軍時期敦煌索氏家族研究　《敦煌學輯刊》1997 年第 2 期　p. 85

鄭炳林　敦煌碑銘讚及其有關問題　敦煌碑銘讚輯釋　甘肅教育出版社　1997　p. 1

鄭炳林　敦煌碑銘讚輯釋　甘肅教育出版社　1997　p. 75、102

李正宇　渥窪池　敦煌學大辭典　上海辭書出版社　1998　p. 323

沙知　敦煌吐魯番文獻所見唐軍府名掇拾　《敦煌學輯刊》1998 年第 1 期　p. 8

沙知　防城使　敦煌學大辭典　上海辭書出版社　1998　p. 384

沙知　黃石府　敦煌學大辭典　上海辭書出版社　1998　p. 394

董玉祥　梵宮藝苑：甘肅石窟寺　甘肅教育出版社　1999　p. 114

金瀅坤　吐蕃沙州都督考　《敦煌研究》1999 年第 3 期　p. 89

謝桃坊　敦煌文化尋繹　四川人民出版社　1999　p. 136

榮新江　《英藏敦煌文獻》定名商補　文史(第五十二輯)　中華書局　2000　p. 117　又見:敦煌學
　　新論　甘肅教育出版社　2002　p. 190

張娜麗　敦煌本《注千字文》注解　《敦煌學輯刊》2002 年第 1 期　p. 47

公維章　涅槃、淨土的殿堂:敦煌莫高窟第 148 窟研究　民族出版社　2004　p. 200

P. 2022

熊本裕　コータン語文獻　敦煌胡語文獻(講座敦煌 6)　(東京)大東出版社　1985　p. 127

張廣達　榮新江　巴黎國立圖書館所藏敦煌于闐語寫卷目錄初編　敦煌吐魯番文獻研究論集(第四
　　輯)　北京大學出版社　1987　p. 94、95、111、116

張廣達　榮新江　和田、敦煌發現的中古于闐史料概述　于闐史叢考　上海書店　1993　p. 16

榮新江　于闐語抒情詩　敦煌學大辭典　上海辭書出版社　1998　p. 503

謝桃坊　敦煌文化尋繹　四川人民出版社　1999　p. 136

楊森　五代宋時期于闐皇太子在敦煌的太子莊　《敦煌研究》2003 年第 4 期　p. 42

P. 2023

池田溫　評『ペリオ將來敦煌漢文文獻目錄』第一卷(P. 2001－2500)　『東洋學報』(54 卷 4 號)
　　(東京)東洋學術協會　1972　p. 67

張廣達　榮新江　巴黎國立圖書館所藏敦煌于闐語寫卷目錄初編　敦煌吐魯番文獻研究論集(第四
　　輯)　北京大學出版社　1987　p. 96

榮新江　敦煌文獻所見晚唐五代宋初的中印文化交往　季羨林教授八十華誕紀念論文集(下)　江
　　西人民出版社　1991　p. 960

戴仁　敦煌和吐魯番寫本的斷代研究　法國學者敦煌學論文選萃　中華書局　1993　p. 524

郝春文　《敦煌社邑文書輯校》補遺(二)　《首都師範大學學報》2000 年第 2 期　p. 9

曾良　敦煌文獻字義通釋　廈門大學出版社　2001　p. 137

P. 2024

那波利貞　千佛岩莫高窟と敦煌文書　西域文化研究(第二)·敦煌吐魯番社會經濟資料(上)　(京
　　都)法藏館　1959　p. 54

熊本裕　コータン語文獻　敦煌胡語文獻(講座敦煌 6)　(東京)大東出版社　1985　p. 134

姜亮夫　敦煌經卷在中國文化學術上的價值　敦煌學論文集　上海古籍出版社　1987　p. 5

黃盛璋　敦煌于闐文書中河西部族考證　《敦煌學輯刊》1990 年第 1 期　p. 62

黃盛璋　敦煌漢文與于闐文書中之龍家及其相關問題　全國敦煌學研討會論文集　(臺北)中正大
　　學中國文學系所　1995　p. 68

鄭炳林　敦煌碑銘讚輯釋　甘肅教育出版社　1997　p. 350 注 8

馬德　10 世紀敦煌寺曆所記三窟活動　《敦煌研究》1998 年第 2 期　p. 81

童丕　從寺院的帳簿看敦煌二月八日節　法國漢學(敦煌學專號)　中華書局　2000　p. 87

袁德領　歸義軍時期莫高窟與敦煌寺院的關係　《敦煌研究》2000 年第 3 期　p. 175

沙武田　莫高窟窟前殿堂建築遺址述論　敦煌學與中國史研究論集　甘肅人民出版社　2001　p. 62

P. 2025

金岡照光　敦煌の寫本　敦煌の文學　（東京）大藏出版株式會社　1971　p. 76

張廣達　榮新江　和田、敦煌發現的中古于闐史料概述　《新疆社會科學》1983 年第 4 期　p. 81　又見：于闐史叢考　上海書店　1993　p. 16

黃振華　于闐文研究概述　中國民族古文字研究　中國社會科學出版社　1984　p. 71

熊本裕　コ-タン語文獻　敦煌胡語文獻（講座敦煌6）　（東京）大東出版社　1985　p. 118

岩松淺夫　敦煌のコ-タン語仏教文獻　敦煌胡語文獻（講座敦煌6）　（東京）大東出版社　1985　p. 180

姜亮夫　敦煌經卷在中國文化學術上的價值　敦煌學論文集　上海古籍出版社　1987　p. 5

張廣達　榮新江　巴黎國立圖書館所藏敦煌于闐語寫卷目錄初編　敦煌吐魯番文獻研究論集（第四輯）　北京大學出版社　1987　p. 96、97、113、119

周丕顯　敦煌佛經略考　《敦煌學輯刊》1987 年第 2 期　p. 7

張廣達　榮新江　關於敦煌出土于闐文獻的年代及其相關問題　紀念陳寅恪先生誕辰百年學術論文集　北京大學出版社　1989　p. 290

王三慶　敦煌寫卷中武后新字之調查研究　唐代研究論集（第三輯）　（臺北）新文豐出版公司　1992　p. 95

張廣達　榮新江　于闐佛寺志　于闐史叢考　上海書店　1993　p. 283

胡戟　傅玫　敦煌史話　中華書局　1995　p. 128、202

井ノ口泰淳　トカラ語及びウテン語の仏典　中央アジアの言語と仏教　（京都）法藏館　1995　p. 115

劉進寶　敦煌學論述　（臺北）洪葉文化事業有限公司　1995　p. 276

榮新江　于闐語善財譬喻經　敦煌學大辭典　上海辭書出版社　1998　p. 502

榮新江　于闐語抒情詩　敦煌學大辭典　上海辭書出版社　1998　p. 503

姜亮夫　敦煌：偉大的文化寶藏　雲南人民出版社　1999　p. 75

賈應逸　藏經洞遺書與和闐佛教遺址　2000 年敦煌學國際學術討論會文集·歷史文化卷（上）　甘肅民族出版社　2003　p. 84

楊森　五代宋時期于闐皇太子在敦煌的太子莊　《敦煌研究》2003 年第 4 期　p. 42

P. 2026

熊本裕　コ-タン語文獻　敦煌胡語文獻（講座敦煌6）　（東京）大東出版社　1985　p. 121

張廣達　榮新江　巴黎國立圖書館所藏敦煌于闐語寫卷目錄初編　敦煌吐魯番文獻研究論集（第四輯）　北京大學出版社　1987　p. 98

周丕顯　敦煌佛經略考　《敦煌學輯刊》1987 年第 2 期　p. 7

張廣達　榮新江　關於敦煌出土于闐文獻的年代及其相關問題　紀念陳寅恪先生誕辰百年學術論文集　北京大學出版社　1989　p. 292

榮新江　于闐王國與瓜沙曹氏　《敦煌研究》1994 年第 2 期　p. 112

劉進寶　敦煌學論述　（臺北）洪葉文化事業有限公司　1995　p. 276

榮新江　于闐語佛名經　敦煌學大辭典　上海辭書出版社　1998　p. 501

姜亮夫　敦煌：偉大的文化寶藏　雲南人民出版社　1999　p. 75

榮新江　略談于闐對敦煌石窟的貢獻　2000 年敦煌學國際學術討論會文集·歷史文化卷（上）　甘肅民族出版社　2003　p. 74

P. 2027

哈密頓　851—1001 年于闐王世系　《敦煌學輯刊》1982 年第 3 期　p. 164

張廣達　榮新江　關於唐末宋初于闐國的國號、年號及其王家世系問題　敦煌吐魯番文獻研究論集
　　中華書局　1982　p. 184　又見:于闐史叢考　上海書店　1993　p. 33

熊本裕　コータン語文獻　敦煌胡語文獻(講座敦煌6)　(東京)大東出版社　1985　p. 121

姜亮夫　敦煌經卷在中國文化學術上的價值　敦煌學論文集　上海古籍出版社　1987　p. 5

錢伯泉　有關歸義軍前期歷史的幾個問題　《敦煌學輯刊》1987 年第 1 期　p. 86

張廣達　榮新江　巴黎國立圖書館所藏敦煌于闐語寫卷目錄初編　敦煌吐魯番文獻研究論集(第四
　　輯)　北京大學出版社　1987　p. 98

高田時雄　コータン文書中の漢語語彙　漢語史の諸問題(別冊)　京都大學人文科學研究所
　　1988　p. 79

張廣達　榮新江　關於敦煌出土于闐文獻的年代及其相關問題　紀念陳寅恪先生誕辰百年學術論文
　　集　北京大學出版社　1989　p. 285

錢伯泉　甘州回鶻國的"國際"關係及其在絲綢之路的歷史地位　《甘肅民族研究》1990 年第 2 期
　　p. 24 注 7

楊森　金山國與各教的疏密關係　敦煌佛教文獻研究　敦煌研究院文獻研究所　1995　p. 58

陳國燦　同慶　敦煌學大辭典　上海辭書出版社　1998　p. 463

榮新江　于闐語佛名經　敦煌學大辭典　上海辭書出版社　1998　p. 501

榮新江　于闐語韻文書簡　敦煌學大辭典　上海辭書出版社　1998　p. 504

楊秀清　敦煌西漢金山國史　甘肅人民出版社　1999　p. 135

曾良　敦煌文獻字義通釋　廈門大學出版社　2001　p. 137

高田時雄著　鍾翀等譯　于闐文書中的漢語語彙　敦煌·民族·語言　中華書局　2005　p. 224

P. 2028

哈密頓　851—1001 年于闐王世系　《敦煌學輯刊》1982 年第 3 期　p. 165

黃振華　于闐文研究概述　中國民族古文字研究　中國社會科學出版社　1984　p. 70

熊本裕　コータン語文獻　敦煌胡語文獻(講座敦煌6)　(東京)大東出版社　1985　p. 134

姜亮夫　敦煌經卷在中國文化學術上的價值　敦煌學論文集　上海古籍出版社　1987　p. 5

張廣達　榮新江　巴黎國立圖書館所藏敦煌于闐語寫卷目錄初編　敦煌吐魯番文獻研究論集(第四
　　輯)　北京大學出版社　1987　p. 99

高田時雄　コータン文書中の漢語語彙　漢語史の諸問題(別冊)　京都大學人文科學研究所
　　1988　p. 78

黃盛璋　敦煌于闐文書與漢文書中關於甘州回鶻史實異同及回鶻進佔甘州的年代問題　《西北史
　　地》1989 年第 1 期　p. 2

張廣達　榮新江　關於敦煌出土于闐文獻的年代及其相關問題　紀念陳寅恪先生誕辰百年學術論文
　　集　北京大學出版社　1989　p. 285、299

孟凡人　五代宋初于闐王統考　《中國邊疆史地研究》1992 年第 3 期　p. 106

張廣達　榮新江　關於唐末宋初于闐國的國號、年號及其王家世襲問題　于闐史叢考　上海書店
　　1993　p. 33

高田時雄著　鍾翀等譯　于闐文書中的漢語語彙　敦煌·民族·語言　中華書局　2005　p. 224

P. 2029

黄振華　于闐文研究概述　中國民族古文字研究　中國社會科學出版社　1984　p. 70

熊本裕　コータン語文獻　敦煌胡語文獻（講座敦煌 6）　（東京）大東出版社　1985　p. 114

張廣達　榮新江　巴黎國立圖書館所藏敦煌于闐語寫卷目錄初編　敦煌吐魯番文獻研究論集（第四輯）　北京大學出版社　1987　p. 99、103

張廣達　榮新江　關於敦煌出土于闐文獻的年代及其相關問題　紀念陳寅恪先生誕辰百年學術論文集　北京大學出版社　1989　p. 298

胡戟　傅玫　敦煌史話　中華書局　1995　p. 202

榮新江　于闐語妙法蓮華經抄　敦煌學大辭典　上海辭書出版社　1998　p. 501

楊富學　《法華經》胡漢諸本的傳譯　敦煌吐魯番研究（第三卷）　北京大學出版社　1998　p. 30

P. 2030

姜伯勤　唐五代敦煌寺戶制度　中華書局　1987　p. 146、286

姜亮夫　敦煌經卷在中國文化學術上的價值　敦煌學論文集　上海古籍出版社　1987　p. 5

張廣達　榮新江　巴黎國立圖書館所藏敦煌于闐語寫卷目錄初編　敦煌吐魯番文獻研究論集（第四輯）　北京大學出版社　1987　p. 100

謝重光　白文固　中國僧官制度史　青海人民出版社　1990　p. 135

鄭炳林　讀敦煌文書 P. 3859《後唐清泰三年六月沙州儭司教授福集等狀》劄記　《西北史地》1993 年第 4 期　p. 49　又見：敦煌吐魯番文獻研究　蘭州大學出版社　1995　p. 617

鄭炳林　敦煌碑銘讚輯釋　甘肅教育出版社　1997　p. 373 注 2

金瀅坤　從敦煌文書看晚唐五代敦煌地區布紡織業　《敦煌研究》1998 年第 2 期　p. 134

陳永勝　敦煌吐魯番法制文書研究　甘肅人民出版社　2000　p. 124

湛如　敦煌佛教律儀制度研究　中華書局　2003　p. 41

P. 2031

熊本裕　コータン語文獻　敦煌胡語文獻（講座敦煌 6）　（東京）大東出版社　1985　p. 132

姜亮夫　敦煌經卷在中國文化學術上的價值　敦煌學論文集　上海古籍出版社　1987　p. 5

張廣達　榮新江　巴黎國立圖書館所藏敦煌于闐語寫卷目錄初編　敦煌吐魯番文獻研究論集（第四輯）　北京大學出版社　1987　p. 94、106

黄盛璋　敦煌于闐文書中河西部族考證　《敦煌學輯刊》1990 年第 1 期　p. 65

鄭炳林　唐五代敦煌畜牧區域研究　敦煌歸義軍史專題研究　蘭州大學出版社　1997　p. 222

P. 2032

那波利貞　佛教信仰に基きて組織せられたる中晚唐五代時代の社邑に就きて（上、下）　『史林』（24 卷 3、4 號）　京都大學文學部史學研究會　1939　p. 39；89

那波利貞　敦煌發見文書に拠る中晚唐時代の佛教寺院の錢穀布帛類貸付營利事業運營の實況　『支那學』（10 卷 3 號）　（京都）支那學社　1941　p. 151、168

傅芸子　俗講新考　《新思潮月刊》1945 年第 1 卷第 2 期　又見：敦煌變文論文錄　上海古籍出版社　1982　p. 150

那波利貞　俗講と變文　『佛教史學』（1 卷 3 號）　（京都）平樂寺書店　1950　p. 69　又見：唐代社會文化史研究・第四編　（東京）創文社　1974　p. 404

那波利貞　千佛岩莫高窟と敦煌文書　西域文化研究（第二）・敦煌吐魯番社會經濟資料（上）　（京

都）法藏館　1959　p. 35

那波利貞　佛教信仰に基きて組織せられたる中晚唐五代時代の社邑に就きて　唐代社會文化史研究・第六編　（東京）創文社　1974　p. 607、643、660

那波利貞　梁戶考　唐代社會文化史研究・第三編　（東京）創文社　1974　p. 294、365、389

北原薫　晚唐・五代の敦煌寺院経済——収支決算報告を中心に　敦煌の社會（講座敦煌3）　（東京）大東出版社　1980　p. 390、418

堀敏一　敦煌社會の変質——中國社會全般の発展とも関連して　敦煌の社會（講座敦煌3）　（東京）大東出版社　1980　p. 193

土肥義和　はじめに——歸義軍節度使の敦煌支配　敦煌の歷史（講座敦煌2）　（東京）大東出版社　1980　p. 274

姜伯勤　敦煌寺院碾磑經營的兩種形式　歷史論叢（第三輯）　齊魯書社　1983　p. 178、180　又見：五十年來漢唐佛教寺院經濟研究　北京師範大學出版社　1986　p. 225

王仲犖　唐代西州的綫布　新疆考古三十年　新疆人民出版社　1983　p. 455

姜伯勤　敦煌寺院文書中"梁戶"的性質　敦煌吐魯番文書研究　甘肅人民出版社　1984　p. 340
　　又見：五十年來漢唐佛教寺院經濟研究　北京師範大學出版社　1986　p. 132、135

謝和耐著　耿昇譯　敦煌的塪戶與梁戶　敦煌譯叢（第一輯）　甘肅人民出版社　1985　p. 170 注 28、34

唐耕耦　唐五代時期的高利貸：敦煌吐魯番出土借貸文書初探　《敦煌學輯刊》1986 年第 1 期 p. 143

張弓　唐代寺院奴婢階層略說　《魏晉南北朝隋唐史》1986 年第 10 期　p. 39

池田溫　敦煌の便穀曆　日野開三郎博士頌壽記念論集・中國社會・制度・文化史の諸問題　（福岡）中國書店　1987　p. 385

姜伯勤　敦煌的"畫行"與"畫院"　1983 年全國敦煌學術討論會文集・石窟藝術編（下）　甘肅人民出版社　1987　p. 176、188

姜伯勤　唐五代敦煌寺戶制度　中華書局　1987　p. 147、180、187、190、197、248、266、274

謝和耐著　耿昇譯　中國5—10世紀的寺院經濟　甘肅人民出版社　1987　p. 157 注 1、186 注 3、252 注 4　又見：上海古籍出版社　2004　p. 127、140 注 2、274 注 4

李正宇　敦煌地區古代祠廟寺觀簡志　《敦煌學輯刊》1988 年第 1、2 期　p. 81

譚蟬雪　曹元德曹元深卒年考　《敦煌研究》1988 年第 1 期　p. 52

唐耕耦　伯2032 號甲辰年淨土寺諸色入破曆計會稿殘卷試釋　敦煌吐魯番學文集　敦煌吐魯番學北京資料中心　1988　p. 1

唐耕耦　關於敦煌寺院水磑研究中的幾個問題　《文獻》1988 年第 1 期　p. 185

高國藩　敦煌民俗學　上海文藝出版社　1989　p. 61

榮新江　關於沙州歸義軍都僧統年代的幾個問題　《敦煌研究》1989 年第 4 期　p. 75

山本達郎等　敦煌・I 社條　『NUN‑HUANG AND TURFAN DOCUMENTS CONCERNING SOCIAL AND ECONOMIC HISTORY』(IV)　（東京）東洋文庫　1989　p. 13

山本達郎等　敦煌・IV 納贈曆・納色物曆等　『NUN‑HUANG AND TURFAN DOCUMENTS CONCERNING SOCIAL AND ECONOMIC HISTORY』(IV)　（東京）東洋文庫　1989　p. 104

王進玉　趙豐　敦煌文物中的紡織技藝　《敦煌研究》1989 年第 4 期　p. 101

郝春文　敦煌五代宋初佛社與寺院的關係　《敦煌學輯刊》1990 年第 1 期　p. 17

郝春文　唐後期五代宋初沙州僧尼的特點　敦煌吐魯番學研究論文集　漢語大詞典出版社　1990　p. 835、850

榮新江　沙州歸義軍歷任節度使稱號研究　敦煌吐魯番學研究論文集　漢語大詞典出版社　1990
　　p. 797

唐耕耦　敦煌寫本便物曆初探　敦煌吐魯番文獻研究論集（第五輯）　北京大學出版社　1990
　　p. 178、186、188

唐耕耦　己巳年（西元九四五年）淨土寺諸色入破算會牒稿殘卷試釋　敦煌吐魯番學研究論文集
　　漢語大詞典出版社　1990　p. 238

唐耕耦　陸宏基　敦煌社會經濟文獻真迹釋録（三）　全國圖書館文獻縮微複製中心　1990　p. 455

張弓　唐代的寺莊　《魏晉南北朝隋唐史》1990 年第 2 期　p. 55

張弓　中國中古時期寺院地主的非自主發展　《魏晉南北朝隋唐史》1990 年第 9 期　p. 12

陳炳應　西夏與敦煌　《西北民族研究》1991 年第 1 期　又見：中國敦煌學百年文庫·民族卷（四）
　　甘肅文化出版社　1999　p. 246

黄正建　敦煌文書與唐五代北方地區的飲食生活　魏晉南北朝隋唐史資料（第 11 輯）　武漢大學出
　　版社　1991　p. 263

李正宇　敦煌名勝古迹導論　《陽關》1991 年第 4 期　p. 51

姜伯勤　敦煌社會文書導論　（臺北）新文豐出版公司　1992　p. 178、255

高國藩　敦煌民俗資料導論　（臺北）新文豐出版公司　1993　p. 16

郝春文　敦煌寫本社邑文書年代彙考（一）　《首都師範大學學報》1993 年第 4 期　p. 36

郝春文　敦煌寫本社邑文書年代彙考（三）　《社科縱横》1993 年第 5 期　p. 10

郝春文　唐後期五代宋初敦煌寺院中的博士　《中國經濟史研究》1993 年第 2 期　p. 122

前田正名　河西歷史地理學研究　中國藏學出版社　1993　p. 255

譚蟬雪　敦煌歲時掇瑣　（香港）《九州學刊》（敦煌學專輯）1993 年第 5 卷第 4 期　p. 90、94

鄭炳林　敦煌碑銘讚抄本概述　《蘭州大學學報》1993 年第 4 期　p. 141

王進玉　敦煌石窟探秘　四川教育出版社　1994　p. 96、129

鄭炳林　董念清　唐五代敦煌私營釀酒業初探　《社科縱横》1994 年第 4 期　p. 66

鄭炳林　高偉　唐五代敦煌釀酒業初探　《西北史地》1994 年第 1 期　p. 32

胡戟　傅玫　敦煌史話　中華書局　1995　p. 133

李正宇　俄藏《端拱二年八月十九日往西天取菩薩戒僧智堅手記》決疑　敦煌佛教文獻研究　敦煌
　　研究院文獻研究所　1995　p. 3

劉惠琴　從敦煌文書中看沙州紡織業　《敦煌學輯刊》1995 年第 2 期　p. 52

寧强　曹議金夫婦出行禮佛圖　敦煌學國際研討會文集·石窟藝術編　遼寧美術出版社　1995
　　p. 306

土肥義和　唐·北宋間の「社」の組織形態に関する一考察　中國古代の國家と民衆（堀敏一先生古
　　稀記念）　（東京）汲古書院　1995　p. 705

張弓　敦煌秋冬節俗初探　敦煌學國際研討會文集·史地語文編　遼寧美術出版社　1995　p. 588

郝春文　唐後期五代宋初沙州僧尼的宗教收入（一）　慶祝潘石禪先生九秩華誕敦煌學特刊　（臺
　　北）文津出版社　1996　p. 298

郝春文　唐後期五代宋初沙州僧尼的宗教收入（三）：大衆倉試探　《敦煌學輯刊》1996 年第 2 期
　　p. 1

姜伯勤　敦煌藝術宗教與禮樂文明　中國社會科學出版社　1996　p. 17、416

雷紹鋒　論曹氏歸義軍時期官府之"牧子"　《敦煌學輯刊》1996 年第 1 期　p. 42

李正宇　敦煌史地新論　（臺北）新文豐出版公司　1996　p. 82、127

劉進寶　P. 3236 號《壬申年官布籍》時代考　《西北師大學報》（社會科學版）1996 年第 5 期　p. 43

劉進寶　P. 3236 號《壬申年官布籍》研究　慶祝潘石禪先生九秩華誕敦煌學特刊　（臺北）文津出版社　1996　p. 359

馬德　《董保德功德頌》述略　《敦煌研究》1996 年第 3 期　p. 19

馬德　敦煌莫高窟史研究　甘肅教育出版社　1996　p. 75、171

馬德　九、十世紀敦煌工匠史料述論　慶祝潘石禪先生九秩華誕敦煌學特刊　（臺北）文津出版社　1996　p. 306、319

榮新江　歸義軍史研究　上海古籍出版社　1996　p. 22

張國剛　隋唐五代史研究概要　天津教育出版社　1996　p. 746

鄭炳林　唐五代敦煌粟特人與歸義軍政權　《敦煌研究》1996 年第 4 期　p. 82、91　又見：敦煌歸義軍史專題研究　蘭州大學出版社　1997　p. 404、423

馮培紅　唐五代敦煌的河渠水利與水司管理機構初探　《敦煌學輯刊》1997 年第 2 期　p. 77

馮培紅　晚唐五代宋初歸義軍武職軍將研究　敦煌歸義軍史專題研究　蘭州大學出版社　1997　p. 123

公維章　文讕　敦煌寺院中的會計：直歲　《敦煌學輯刊》1997 年第 2 期　p. 119

郝春文　關於唐後期五代宋初沙州僧俗的施捨問題　唐研究（第三卷）　北京大學出版社　1997　p. 31

李正宇　敦煌歷史地理導論　（臺北）新文豐出版公司　1997　p. 60、63、214

陸慶夫　鄭炳林　唐末五代敦煌的社與粟特人聚落　敦煌歸義軍史專題研究　蘭州大學出版社　1997　p. 393

馬德　敦煌工匠史料　甘肅人民出版社　1997　p. 8、49

寧可　郝春文　敦煌社邑文書輯校　江蘇古籍出版社　1997　p. 774

齊陳俊　馮培紅　晚唐五代宋初歸義軍政權中"十將"及下屬諸職考　敦煌歸義軍史專題研究　蘭州大學出版社　1997　p. 30

孫曉林　敦煌遺書所見唐宋間令狐氏在敦煌的分佈　唐代的歷史與社會　武漢大學出版社　1997　p. 531

唐耕耦　敦煌淨土寺六件諸色入破曆算會稿綴合　敦煌吐魯番研究（第二卷）　北京大學出版社　1997　p. 259

唐耕耦　敦煌寺院會計文書研究　（臺北）新文豐出版公司　1997　p. 13、28、47、67、343、405、472

唐耕耦　四柱式諸色入破曆算會牒的解剖　周紹良先生欣開九秩慶壽文集　中華書局　1997　p. 126

王惠民　《董保德功德記》與隋代敦煌崇教寺舍利塔　《敦煌研究》1997 年第 3 期　p. 72

袁德領　曹元德卒年新說　《敦煌研究》1997 年第 4 期　p. 137

張弓　漢唐佛寺文化史　中國社會科學出版社　1997　p. 311

鄭炳林　敦煌碑銘讚及其有關問題　敦煌碑銘讚輯釋　甘肅教育出版社　1997　p. 13

鄭炳林　敦煌碑銘讚輯釋　甘肅教育出版社　1997　p. 105 注 2

鄭炳林　唐五代敦煌的粟特人與佛教　敦煌歸義軍史專題研究　蘭州大學出版社　1997　p. 447、458

鄭炳林　唐五代敦煌手工業研究　敦煌歸義軍史專題研究　蘭州大學出版社　1997　p. 241、264

鄭炳林　唐五代敦煌種植林業研究　敦煌歸義軍史專題研究　蘭州大學出版社　1997　p. 195、203

鄭炳林　晚唐五代敦煌貿易市場的物價　敦煌歸義軍史專題研究　蘭州大學出版社　1997　p. 278、287

鄭炳林　晚唐五代敦煌園囿經濟研究　敦煌歸義軍史專題研究　蘭州大學出版社　1997　p. 313、

323

鄭炳林　馮培紅　唐五代歸義軍政權對外關係中的使頭一職　敦煌歸義軍史專題研究　蘭州大學出版社　1997　p. 66

鄭炳林　馮培紅　晚唐五代宋初歸義軍政權中都頭一職考辨　敦煌歸義軍史專題研究　蘭州大學出版社　1997　p. 79

鄭炳林　楊富學　敦煌西域出土回鶻文文獻所載 qunbu 與漢文文獻所見官布研究　《敦煌學輯刊》1997 年第 2 期　p. 23

高啓安　索黛　敦煌古代僧人官齋飲食檢閱　《敦煌研究》1998 年第 3 期　p. 66

高啓安　索黛　唐五代敦煌飲食中的餅淺探　《敦煌研究》1998 年第 4 期　p. 81

郝春文　唐後期五代宋初敦煌僧尼的社會生活　中國社會科學出版社　1998　p. 25、166、383

郝春文　唐後期五代宋初敦煌僧尼遺產的處理與喪事的操辦　《敦煌研究》1998 年第 3 期　p. 39、43

郝春文　西倉司　敦煌學大辭典　上海辭書出版社　1998　p. 636

金瀅坤　從敦煌文書看晚唐五代敦煌地區布紡織業　《敦煌研究》1998 年第 2 期　p. 134

李正宇　村莊　敦煌學大辭典　上海辭書出版社　1998　p. 304

李正宇　古本敦煌鄉土志八種箋證　（臺北）新文豐出版公司　1998　p. 386

李正宇　淨土寺　敦煌學大辭典　上海辭書出版社　1998　p. 631

李正宇　僧人吃酒　敦煌學大辭典　上海辭書出版社　1998　p. 452

馬德　10 世紀敦煌寺曆所記三窟活動　《敦煌研究》1998 年第 2 期　p. 82

寧可　行像社　敦煌學大辭典　上海辭書出版社　1998　p. 428

榮新江　歸義軍大事紀年初稿　出土文獻研究（第三輯）　文物出版社　1998　p. 246

沙知　都料　敦煌學大辭典　上海辭書出版社　1998　p. 410

譚蟬雪　敦煌歲時文化導論　（臺北）新文豐出版公司　1998　p. 86、132、258、343、386

譚蟬雪　年終難巷　敦煌學大辭典　上海辭書出版社　1998　p. 436

唐耕耦　敦煌會計文書　敦煌學大辭典　上海辭書出版社　1998　p. 647

唐耕耦　墾地課　敦煌學大辭典　上海辭書出版社　1998　p. 645

唐耕耦　梁課　敦煌學大辭典　上海辭書出版社　1998　p. 645

唐耕耦　入破曆算會牒　敦煌學大辭典　上海辭書出版社　1998　p. 647

童丕　10 世紀敦煌的借貸人　法國漢學（第 3 輯）　中華書局　1998　p. 66

謝重光　車頭　敦煌學大辭典　上海辭書出版社　1998　p. 652

謝重光　行像　敦煌學大辭典　上海辭書出版社　1998　p. 644

謝重光　營設司　敦煌學大辭典　上海辭書出版社　1998　p. 635

楊森　晚唐五代兩件《女人社》文書劄記　《敦煌研究》1998 年第 1 期　p. 70

馮培紅　客司與歸義軍的外交活動　《敦煌學輯刊》1999 年第 1 期　p. 75

高國藩　敦煌俗文化學　上海三聯書店　1999　p. 82

高啓安　唐五代敦煌僧人飲食的幾個名詞解釋　《敦煌研究》1999 年第 4 期　p. 133

高啓安　唐五代至宋敦煌的量器及量制　《敦煌學輯刊》1999 年第 1 期　p. 67

高啓安　王璽玉　唐五代敦煌人的飲食品種研究　《敦煌研究》1999 年第 2 期　p. 60、65

郭俊葉　莫高窟第 454 窟窟主再議　《敦煌研究》1999 年第 2 期　p. 24

陸離　敦煌文書中的博士與教授　《敦煌學輯刊》1999 年第 1 期　p. 91

鄭炳林　晚唐五代敦煌地區種植棉花研究　《中國史研究》1999 年第 3 期　p. 84、92

陳永勝　敦煌吐魯番法制文書研究　甘肅人民出版社　2000　p. 124

董志翹　《入唐求法巡禮行記》辭彙研究　中國社會科學出版社　2000　p. 106

董志翹　《太平廣記》詞語輯釋　中古近代漢語研究(第一輯)　上海教育出版社　2000　p. 235

高啓安　崇高與卑賤:敦煌的佛教信仰賤名再探　'98 法門寺唐文化國際學術討論會論文集　陝西人民出版社　2000　p. 252

郝春文　唐後期五代宋初敦煌的春秋官齋、十二月轉經、水則道場與佛教節日　慶祝吳其昱先生八秩華誕敦煌學特刊　(臺北)文津出版社　2000　p. 244

雷紹鋒　歸義軍賦役制度初探　(臺北)洪葉文化事業有限公司　2000　p. 182

劉進寶　敦煌文書與唐史研究　(臺北)新文豐出版公司　2000　p. 201、231

童丕　從寺院的帳簿看敦煌二月八日節　法國漢學(敦煌學專號)　中華書局　2000　p. 59

顏廷亮　敦煌文化　光明日報出版社　2000　p. 382

袁德領　歸義軍時期莫高窟與敦煌寺院的關係　《敦煌研究》2000 年第 3 期　p. 175

鄭炳林　晚唐五代敦煌貿易市場的外來商品輯考　中華文史論叢(總 63 輯)　上海古籍出版社　2000　p. 66、75、87

李正宇　安徽省博物館藏敦煌遺書《二娘子家書》　《敦煌研究》2001 年第 3 期　p. 92

羅彤華　從便物曆論敦煌寺院的放貸　敦煌文獻論集:紀念藏經洞發現一百周年國際學術研討會論文集　遼寧人民出版社　2001　p. 453

沙武田　莫高窟窟前殿堂建築遺址述論　敦煌學與中國史研究論集　甘肅人民出版社　2001　p. 61

譚蟬雪　唐宋敦煌歲時佛俗:二月至七月　《敦煌研究》2001 年第 1 期　p. 95、102

譚蟬雪　唐宋敦煌歲時佛俗:八月至十二月　《敦煌研究》2001 年第 2 期　p. 75、79

楊森　《辛巳年六月十六日社人于燈司倉貸粟曆》文書之定年　《敦煌學輯刊》2001 年第 2 期　p. 18

曾良　敦煌文獻字義通釋　廈門大學出版社　2001　p. 36、49、74、102、178

張總　《閻羅王授記經》綴補研考　敦煌吐魯番研究(第五卷)　北京大學出版社　2001　p. 98

馮培紅　姚桂蘭　歸義軍時期敦煌與周邊地區之間的僧使交往　敦煌佛教藝術文化國際學術研討會論文集　蘭州大學出版社　2002　p. 458

郝春文　《勘尋永安寺法律願慶與老宿紹建相諍根由狀》及相關問題考　戒幢佛學(第二卷)　岳麓書社　2002　p. 83　又見:中日敦煌佛教學術會議論文集　中國社會科學院研究所　2002　p. 59

李德龍　沙州三界寺《授戒牒》初探　甘肅民族研究論叢　甘肅人民出版社　2002　p. 416

李正宇　唐宋時期的敦煌佛教　敦煌佛教藝術文化國際學術研討會論文集　蘭州大學出版社　2002　p. 382

馬茜　歸義軍時期敦煌地區庶民佛教的發展　甘肅民族研究論叢　甘肅人民出版社　2002　p. 453

乜小紅　試論唐五代宋初敦煌畜牧區域的分佈　《敦煌研究》2002 年第 2 期　p. 38

乜小紅　唐宋敦煌毛紡織業述略　敦煌學(第 23 輯)　(臺北)樂學書局有限公司　2002　p. 120、124

徐曉麗　回鶻天公主與敦煌佛教　敦煌佛教藝術文化國際學術研討會論文集　蘭州大學出版社　2002　p. 426

郝春文　唐後期五代宋初中印文化對敦煌寺院的影響　新世紀敦煌學論集　巴蜀書社　2003　p. 334

胡素馨　佛教藝術的經濟制度:雜物曆、儲藏室和畫行　寺院財富與世俗供養　上海書畫出版社　2003　p. 278

袁德領　歸義軍時期敦煌佛教的轉經活動　2000 年敦煌學國際學術討論會文集·歷史文化卷(下)　甘肅民族出版社　2003　p. 193

湛如　敦煌佛教律儀制度研究　中華書局　2003　p. 53

鄭炳林　晚唐五代敦煌村莊聚落輯考　2000 年敦煌學國際學術討論會文集·歷史文化卷(上)　甘肅民族出版社　2003　p. 124、136

陳大爲　歸義軍時期敦煌淨土寺與都司及諸寺的經濟交往　《敦煌學輯刊》2004 年第 1 期　p. 120

高啓安　唐五代敦煌飲食文化研究　民族出版社　2004　p. 16、35、56、125、192

李正宇　晚唐至宋敦煌僧人聽食"淨肉"　敦煌學(第 25 輯)　(臺北)樂學書局有限公司　2004　p. 182

湯涒　敦煌曲子詞地域文化研究　上海古籍出版社　2004　p. 171

葉貴良　《敦煌社邑文書輯校》拾補　《吐魯番學研究》2004 年第 1 期　p. 103

趙紅　高啓安　唐五代時期敦煌僧人飲食概述　麥積山石窟藝術文化論文集(下)　蘭州大學出版社　2004　p. 284、286、296

鄭炳林　晚唐五代敦煌商業貿易市場研究　《敦煌學輯刊》2004 年第 1 期　p. 115

鄭顯文　唐代律令制研究　北京大學出版社　2004　p. 279

郭永利　晚唐五代敦煌佛教寺院的納贈　《敦煌學輯刊》2005 年第 4 期　p. 78

黑維強　吐魯番出土文書詞語例釋(二)　《敦煌學輯刊》2005 年第 2 期　p. 185

李軍　晚唐五代肅州相關史實考述　《敦煌學輯刊》2005 年第 3 期　p. 95

李永寧　程亮　整理王重民敦煌遺書手稿所得(三)　《敦煌研究》2005 年第 2 期　p. 65

李正宇　晚唐至北宋敦煌僧尼普聽飲酒　《敦煌研究》2005 年第 3 期　p. 70、74

王豔明　晉唐時期吐魯番的植棉和棉紡織業　《敦煌研究》2005 年第 1 期　p. 40

趙曉星　寇甲　西魏:歸義軍時期敦煌地區的史姓　《敦煌學輯刊》2005 年第 2 期　p. 136

鄭炳林　敦煌寫本解夢書校錄研究　民族出版社　2005　p. 124

鄭炳林　晚唐五代敦煌地區的胡姓居民與聚落　法國漢學(第 10 輯)(粟特人在中國:歷史、考古、語言的新探索)　中華書局　2005　p. 182

陳大爲　敦煌淨土寺與敦煌地區胡姓居民關係探析　《敦煌學輯刊》2006 年第 1 期　p. 89

馮培紅　歸義軍鎮制考　敦煌吐魯番研究(第九卷)　中華書局　2006　p. 265、276

金瀅坤　敦煌社會經濟文獻綴合拾遺　文史(第七十五輯)　中華書局　2006　p. 87

李正宇　晚唐至宋敦煌聽許僧人娶妻生子　敦煌吐魯番研究(第九卷)　中華書局　2006　p. 340

P. 2033

孫修身　敦煌遺書伯 3016 號卷背第二件文書有關問題考　《敦煌學輯刊》1988 年第 1、2 期　p. 32

孫修身　五代時期甘州回鶻和中原王朝的交通　《敦煌研究》1989 年第 3 期　p. 54

孫修身　五代時期甘州回鶻可汗世系考　《敦煌研究》1990 年第 3 期　p. 43

唐耕耦　敦煌寫本便物曆初探　敦煌吐魯番文獻研究論集(第五輯)　北京大學出版社　1990　p. 147

方廣錩　十地經論　敦煌學大辭典　上海辭書出版社　1998　p. 720

孫修身　曹元德　敦煌學大辭典　上海辭書出版社　1998　p. 360

孫修身　跋敦煌遺書伯 2992 號卷背幾件文書　中國敦煌學百年文庫·民族卷(四)　甘肅文化出版社　1999　p. 40

P. 2034

芳村修基　佛教初學入門書殘卷考　西域文化研究(第一)·敦煌佛教資料　(京都)法藏館　1958　p. 223

矢吹慶輝　鳴沙餘韻·解說篇(第一部)　(京都)臨川書店　1980　p. 134

方廣錩　佛教大藏經史(八—十世紀)　中國社會科學出版社　1991　p. 138

平井宥慶　敦煌文書における金剛經疏　金剛般若經の思想的研究　（東京）春秋社　1999　p. 266

杜正乾　唐代的《金剛經》信仰　《敦煌研究》2004 年第 5 期　p. 53

P. 2035

諏訪義讓　敦煌本瑜伽論手記に就いて　『宗教研究』(7 卷 3 期)　（東京）宗教研究會　1930　p. 68

矢吹慶輝　鳴沙餘韻・解說篇(第一部)　（京都）臨川書店　1980　p. 143

田中良昭　敦煌禪宗文獻の研究　（東京）大東出版社　1983　p. 197

戴密微著　耿昇譯　敦煌學近作　敦煌譯叢(第一輯)　甘肅人民出版社　1985　p. 66

周丕顯　敦煌佛經略考　《敦煌學輯刊》1987 年第 2 期　p. 7

上山大峻　敦煌佛教の研究　（京都）法藏館　1990　p. 92、181、217、228、244

楊雄　講經文名實說　（香港）《九州學刊》(敦煌學專輯)1993 年第 5 卷第 4 期　p. 142

方廣錩　瑜伽師地論分門記　敦煌學大辭典　上海辭書出版社　1998　p. 715

徐紹強　瑜伽師地開釋分門記　藏外佛教文獻(第五輯)　宗教文化出版社　1998　p. 203

鄭阿財　《盂蘭盆經疏》與《盂蘭盆經講經文》　冉雲華先生八秩華誕壽慶論文集　（臺北）法光出版社　2003　p. 442

P. 2036

矢吹慶輝　三階教之研究　（東京）岩波書店　1927　p. 789

諏訪義讓　敦煌本瑜伽論手記に就いて　『宗教研究』(7 卷 3 期)　（東京）宗教研究會　1930　p. 68

矢吹慶輝　鳴沙餘韻・解說篇(第一部)　（京都）臨川書店　1980　p. 140

吳其昱著　福井文雅　樋口勝譯　大蕃國大德・三藏法師・法成傳考　敦煌と中國仏教(講座敦煌 7)　（東京）大東出版社　1984　p. 392

上山大峻　敦煌佛教の研究　（京都）法藏館　1990　p. 179、232

吳其昱著　伊藤美重子譯　敦煌漢文寫本概觀　敦煌漢文文獻(講座敦煌 5)　（東京）大東出版社　1992　p. 17

李正宇　中國唐宋硬筆書法　上海文化出版社　1993　p. 74

方廣錩　菩薩律儀二十頌　敦煌學大辭典　上海辭書出版社　1998　p. 714

P. 2037

饒宗頤　敦煌書法叢刊(第二五卷)・寫經(六)　（東京）二玄社　1984　p. 15、72

饒宗頤　鳩摩羅什《通韻》箋　敦煌語言文學論文集　浙江古籍出版社　1988　p. 13　又見：中印文化關係史論集・語文篇　香港中文大學中國文化研究所　三聯書店　1990　p. 40；梵學集　上海古籍出版社　1993　p. 121

韓建瓴　傳記　敦煌文學　甘肅人民出版社　1989　p. 61

上山大峻　敦煌佛教の研究　（京都）法藏館　1990　p. 221

李明偉　敦煌文學概論　甘肅人民出版社　1993　p. 474

劉濤　評《法藏敦煌書苑精華》　敦煌吐魯番研究(第一卷)　北京大學出版社　1996　p. 380

白化文　草書寫經　敦煌學大辭典　上海辭書出版社　1998　p. 591

馬德　敦煌寫卷行草書法集　甘肅人民美術出版社　2000　p. 75

P. 2038

諏訪義讓　敦煌本瑜伽論分門記に就いて　『大谷學報』(第11卷第3號)　(京都)大谷學會　1930
　　p. 119

諏訪義讓　敦煌本瑜伽論手記に就いて　『宗教研究』(7卷3期)　(東京)宗教研究會　1930
　　p. 68

陳祚龍　敦煌寫本《洪䛒、悟真等告身》校注　(臺北)《大陸雜誌》1962年第1期　又見：敦煌資料考
　　屑(上冊)　(臺北)商務印書館　1979　p. 39；中國敦煌學百年文庫・民族卷(二)　甘肅文化
　　出版社　1999　p. 79

矢吹慶輝　鳴沙餘韻・解說篇(第一部)　(京都)臨川書店　1980　p. 144

蘇瑩輝　敦煌學概要　(臺北)編譯館"中華叢書編委會"　1981　p. 180

饒宗頤解說　林宏作譯　敦煌書法叢刊(第二五卷)・寫經(六)　(東京)二玄社　1984　p. 72

吳其昱著　福井文雅　樋口勝譯　大蕃國大德・三藏法師・法成傳考　敦煌と中國仏教(講座敦煌
　　7)　(東京)大東出版社　1984　p. 388

上山大峻　敦煌佛教の研究　(京都)法藏館　1990　p. 92、109、242

姜伯勤　敦煌社會文書導論　(臺北)新文豐出版公司　1992　p. 212

鄭炳林　敦煌碑銘讚輯釋　甘肅教育出版社　1997　p. 191 注13

陸離　吐蕃僧官制度試探　華林(第三卷)　中華書局　2004　p. 81

P. 2039

諏訪義讓　敦煌本瑜伽論分門記に就いて　『大谷學報』(第11卷第3號)　(京都)大谷學會　1930
　　p. 122

諏訪義讓　敦煌本瑜伽論手記に就いて　『宗教研究』(7卷3期)　(東京)宗教研究會　1930
　　p. 68

月輪賢隆　土橋秀高　『四分戒本疏』卷第四について　西域文化研究(第一)・敦煌佛教資料　(京
　　都)法藏館　1958　p. 180

佐藤哲英　維摩經疏の殘缺本について　西域文化研究(第一)・敦煌佛教資料　(京都)法藏館
　　1958　p. 129

陳祚龍　瓜沙印錄　(臺北)《大陸雜誌》1962年第4期　又見：敦煌學概要　(臺北)編譯館"中華叢
　　書編委會"　1981　p. 268；中國敦煌學百年文庫・考古卷(一)　甘肅文化出版社　1999
　　p. 190

矢吹慶輝　鳴沙餘韻・解說篇(第一部)　(京都)臨川書店　1980　p. 144

陳祚龍　古代敦煌及其他地區流行之公私印章圖記文字錄　敦煌學要籥　(臺北)新文豐出版公司
　　1982　p. 341

田中良昭　敦煌禪宗文獻の研究　(東京)大東出版社　1983　p. 196

岡部和雄　敦煌藏經目錄　敦煌と中國仏教(講座敦煌7)　(東京)大東出版社　1984　p. 317

饒宗頤解說　林宏作譯　敦煌書法叢刊(第二五卷)・寫經(六)　(東京)二玄社　1984　p. 72

池田溫　敦煌文獻について　『書道研究』(2卷2號)　(東京)萱原書局　1988　p. 49　又見：敦煌
　　文書の世界　(東京)名著刊行會　2003　p. 52

汪泛舟　讚・箴　敦煌文學　甘肅人民出版社　1989　p. 101

上山大峻　敦煌佛教の研究　(京都)法藏館　1990　p. 92、223、242、418

林聰明　敦煌文書學　(臺北)新文豐出版公司　1991　p. 125

汪泛舟　敦煌文學概論　甘肅人民出版社　1993　p. 555

田中良昭　敦煌の禪籍　禪學研究入門　（東京）大東出版社　1994　p. 58

方廣錩　天竺國菩提達摩禪師論　藏外佛教文獻（第一輯）　宗教文化出版社　1995　p. 32

柳田聖山　禪籍解題（一）‧敦煌禪籍　俗語言研究（第二期）　（京都）禪文化研究所　1995　p. 135

方廣錩　天竺國菩提達摩禪師論　藏外佛教文獻（第二輯）　宗教文化出版社　1996　p. 166

榮新江　評《藏外佛教文獻》第一輯　唐研究（第二卷）　北京大學出版社　1996　p. 463

鄧文寬　評《藏外佛教文獻》第一輯　敦煌吐魯番研究（第二卷）　北京大學出版社　1997　p. 374

方廣錩　大乘起世論　藏外佛教文獻（第三輯）　宗教文化出版社　1997　p. 54

唐代語録研究班　北京圖書館藏新 1254、1255 號《殘禪宗文獻》三種補校　俗語言研究（第四期）　　（京都）禪文化研究所　1997　p. 11

李正宇　淨土寺　敦煌學大辭典　上海辭書出版社　1998　p. 631

平井宥慶　敦煌文書における金剛經疏　金剛般若經の思想的研究　（東京）春秋社　1999　p. 269

謝桃坊　敦煌文化尋繹　四川人民出版社　1999　p. 212

達照　敦煌本 P. 2039v 號《金剛經讚》的考察　法源（第 19 期）　中國佛學院　2001　p. 90

曾良　敦煌文獻字義通釋　廈門大學出版社　2001　p. 161

達照　金剛經讚研究　宗教文化出版社　2002　p. 2、15

宗舜　《浙藏敦煌文獻》佛教資料考辨　敦煌吐魯番研究（第六卷）　北京大學出版社　2002　p. 338

達照　金剛經讚集　藏外佛教文獻（第九輯）　宗教文化出版社　2003　p. 38

張勇　俄藏 ДХ0201А 號殘卷考：兼評達照《金剛經讚研究》及其《序》　敦煌學（第 25 輯）　（臺北）　樂學書局有限公司　2004　p. 343

P. 2040

那波利貞　佛教信仰に基きて組織せられたる中晚唐五代時代の社邑に就きて（上、下）　『史林』　（24 卷 3、4 號）　京都大學文學部史學研究會　1939　p. 39；87　又見：唐代社會文化史研究‧　第六編　（東京）創文社　1974　p. 607、614、642、660

那波利貞　俗講と變文　『佛教史學』（1 卷 3 號）　（京都）平樂寺書店　1950　p. 70　又見：唐代社　會文化史研究‧第四編　（東京）創文社　1974　p. 404

那波利貞　梁戶考　唐代社會文化史研究‧第三編　（東京）創文社　1974　p. 295、334、339、366、　389

北原薫　晚唐‧五代の敦煌寺院経済——収支決算報告を中心に　敦煌の社會（講座敦煌 3）　（東　京）大東出版社　1980　p. 432

姜伯勤　敦煌寺院碾磑經營的兩種形式　歷史論叢（第三輯）　齊魯書社　1983　p. 178　又見：五　十年來漢唐佛教寺院經濟研究　北京師範大學出版社　1986　p. 225

謝和耐著　耿昇譯　敦煌的塪戶與梁戶　敦煌譯叢（第一輯）　甘肅人民出版社　1985　p. 170 注　29

姜伯勤　敦煌寺院文書中"梁戶"的性質　五十年來漢唐佛教寺院經濟研究　北京師範大學出版社　　1986　p. 127、133、139

唐耕耦　唐五代時期的高利貸：敦煌吐魯番出土借貸文書初探　《敦煌學輯刊》1986 年第 1 期　　p. 143

姜伯勤　唐五代敦煌寺戶制度　中華書局　1987　p. 147、180、249、266、286

謝和耐著　耿昇譯　中國 5—10 世紀的寺院經濟　甘肅人民出版社　1987　p. 157 注 2、172 注 1、　249 注 1　又見：上海古籍出版社　2004　p. 127、140 注 2

姜伯勤　敦煌音聲人略論　《敦煌研究》1988 年第 4 期　p. 8

唐耕耦 關於敦煌寺院水磑研究中的幾個問題 《文獻》1988 年第 1 期 p. 184

榮新江 關於沙州歸義軍都僧統年代的幾個問題 《敦煌研究》1989 年第 4 期 p. 75

郝春文 敦煌的渠人與渠社 《北京師範學院學報》1990 年第 1 期 p. 92

郝春文 敦煌五代宋初佛社與寺院的關係 《敦煌學輯刊》1990 年第 1 期 p. 17

郝春文 唐後期五代宋初沙州僧尼的特點 敦煌吐魯番學研究論文集 漢語大詞典出版社 1990
p. 835、850

上山大峻 敦煌佛教の研究 （京都）法藏館 1990 p. 20、62

唐耕耦 敦煌寫本便物曆初探 敦煌吐魯番文獻研究論集（第五輯） 北京大學出版社 1990
p. 187

唐耕耦 陸宏基 敦煌社會經濟文獻真迹釋録（三） 全國圖書館文獻縮微複製中心 1990 p. 401

郝春文 隋唐五代宋初傳統私社與寺院的關係 《魏晉南北朝隋唐史》1991 年第 6 期 p. 69

黃正建 敦煌文書與唐五代北方地區的飲食生活 魏晉南北朝隋唐史資料（第 11 輯） 武漢大學出
版社 1991 p. 263

林聰明 敦煌文書學 （臺北）新文豐出版公司 1991 p. 62

土肥義和 九・十世紀の敦煌莫高窟を支えた人々 中國の都市と農村 （東京）汲古書院 1992
p. 442

郝春文 敦煌寫本社邑文書年代彙考（二） 《首都師範大學學報》1993 年第 5 期 p. 79

郝春文 唐後期五代宋初敦煌寺院中的博士 《中國經濟史研究》1993 年第 2 期 p. 122

前田正名 河西歷史地理學研究 中國藏學出版社 1993 p. 255

方廣錩 許培鈴 敦煌遺書中的《維摩詰所說經》及其注疏 《敦煌研究》1994 年第 4 期 p. 150 又
見：敦煌學佛教學論叢（下） 中國佛教文化研究所 1998 p. 119

李正宇 俄藏《端拱二年八月十九日往西天取菩薩戒僧智堅手記》決疑 敦煌佛教文獻研究 敦煌
研究院文獻研究所 1995 p. 3

劉惠琴 從敦煌文書中看沙州紡織業 《敦煌學輯刊》1995 年第 2 期 p. 52

馬雅倫 關於南山問題的討論 《敦煌學輯刊》1995 年第 2 期 p. 48

土肥義和 唐・北宋間の「社」の組織形態に関する一考察 中國古代の國家と民衆（堀敏一先生古
稀記念） （東京）汲古書院 1995 p. 705

張弓 敦煌秋冬節俗初探 敦煌學國際研討會文集・史地語文編 遼寧美術出版社 1995 p. 587

鄭炳林 羊萍 敦煌本夢書 甘肅文化出版社 1995 p. 329

郝春文 唐後期五代宋初沙州僧尼的宗教收入（一） 慶祝潘石禪先生九秩華誕敦煌學特刊 （臺
北）文津出版社 1996 p. 296

姜伯勤 敦煌藝術宗教與禮樂文明 中國社會科學出版社 1996 p. 523

李正宇 敦煌史地新論 （臺北）新文豐出版公司 1996 p. 82

馬德 敦煌莫高窟史研究 甘肅教育出版社 1996 p. 171、176、220

馬德 九、十世紀敦煌工匠史料述論 慶祝潘石禪先生九秩華誕敦煌學特刊 （臺北）文津出版社
1996 p. 306

馬德 莫高窟與敦煌佛教教團 敦煌吐魯番研究（第一卷） 北京大學出版社 1996 p. 170

榮新江 歸義軍史研究 上海古籍出版社 1996 p. 23

張涌泉 敦煌俗字研究導論 （臺北）新文豐出版公司 1996 p. 88

鄭炳林 唐五代敦煌粟特人與歸義軍政權 《敦煌研究》1996 年第 4 期 p. 83、91 又見：敦煌歸義
軍史專題研究 蘭州大學出版社 1997 p. 404、422

馮培紅 唐五代敦煌的河渠水利與水司管理機構初探 《敦煌學輯刊》1997 年第 2 期 p. 77

馮培紅　晚唐五代宋初歸義軍武職軍將研究　敦煌歸義軍史專題研究　蘭州大學出版社　1997
　　p. 123

李正宇　敦煌歷史地理導論　（臺北）新文豐出版公司　1997　p. 58、226

馬德　敦煌工匠史料　甘肅人民出版社　1997　p. 49、72

寧可　郝春文　敦煌社邑文書輯校　江蘇古籍出版社　1997　p. 775

齊陳俊　馮培紅　晚唐五代宋初歸義軍對外商業貿易　敦煌歸義軍史專題研究　蘭州大學出版社
　　1997　p. 350

唐耕耦　敦煌淨土寺六件諸色入破曆算會稿綴合　敦煌吐魯番研究（第二卷）　北京大學出版社
　　1997　p. 259

唐耕耦　敦煌寺院會計文書研究　（臺北）新文豐出版公司　1997　p. 14、47、67、438、471

唐耕耦　四柱式諸色入破曆算會牒的解剖　周紹良先生欣開九秩慶壽文集　中華書局　1997
　　p. 126

袁德領　曹元德卒年新說　《敦煌研究》1997 年第 4 期　p. 137

張弓　漢唐佛寺文化史　中國社會科學出版社　1997　p. 315、862、957

鄭炳林　敦煌碑銘讚及其有關問題　敦煌碑銘讚輯釋　甘肅教育出版社　1997　p. 13

鄭炳林　敦煌碑銘讚輯釋　甘肅教育出版社　1997　p. 105 注 2

鄭炳林　唐五代敦煌的粟特人與佛教　敦煌歸義軍史專題研究　蘭州大學出版社　1997　p. 447

鄭炳林　唐五代敦煌金山國征伐樓蘭史事考　敦煌歸義軍史專題研究　蘭州大學出版社　1997
　　p. 22

鄭炳林　唐五代敦煌手工業研究　敦煌歸義軍史專題研究　蘭州大學出版社　1997　p. 246、262

鄭炳林　唐五代敦煌畜牧區域研究　敦煌歸義軍史專題研究　蘭州大學出版社　1997　p. 211

鄭炳林　唐五代敦煌種植林業研究　敦煌歸義軍史專題研究　蘭州大學出版社　1997　p. 197

鄭炳林　晚唐五代敦煌貿易市場的物價　敦煌歸義軍史專題研究　蘭州大學出版社　1997　p. 280

鄭炳林　晚唐五代敦煌園囿經濟研究　敦煌歸義軍史專題研究　蘭州大學出版社　1997　p. 313、
　322

鄭炳林　馮培紅　唐五代歸義軍政權對外關係中的使頭—職　敦煌歸義軍史專題研究　蘭州大學出
　版社　1997　p. 66

鄭炳林　馮培紅　晚唐五代宋初歸義軍政權中都頭—職考辨　敦煌歸義軍史專題研究　蘭州大學出
　版社　1997　p. 81

鄭炳林　楊富學　敦煌西域出土回鶻文文獻所載 qunbu 與漢文文獻所見官布研究　《敦煌學輯刊》
　　1997 年第 2 期　p. 23

方廣錩　維摩經疏　敦煌學大辭典　上海辭書出版社　1998　p. 676

高啓安　索黛　敦煌古代僧人官齋飲食檢閱　《敦煌研究》1998 年第 3 期　p. 66

高啓安　索黛　唐五代敦煌飲食中的餅淺探　《敦煌研究》1998 年第 4 期　p. 79、83

郝春文　唐後期五代宋初敦煌僧尼的社會生活　中國社會科學出版社　1998　p. 25、166、222、383

郝春文　唐後期五代宋初敦煌僧尼遺產的處理與喪事的操辦　《敦煌研究》1998 年第 3 期　p. 39

金瀅坤　從敦煌文書看晚唐五代敦煌地區布紡織業　《敦煌研究》1998 年第 2 期　p. 133、138

李冬梅　唐五代歸義軍與周邊民族關係綜論　《敦煌學輯刊》1998 年第 2 期　p. 49

李正宇　村莊　敦煌學大辭典　上海辭書出版社　1998　p. 304

李正宇　淨土寺　敦煌學大辭典　上海辭書出版社　1998　p. 631

馬德　10 世紀敦煌寺曆所記三窟活動　《敦煌研究》1998 年第 2 期　p. 81

寧可　行像社　敦煌學大辭典　上海辭書出版社　1998　p. 428

榮新江　歸義軍大事紀年初稿　出土文獻研究（第三輯）　文物出版社　1998　p. 247

蘇金花　從“方外之賓”到“釋吏”　《敦煌學輯刊》1998 年第 2 期　p. 113

唐耕耦　敦煌會計文書　敦煌學大辭典　上海辭書出版社　1998　p. 647

唐耕耦　梁課　敦煌學大辭典　上海辭書出版社　1998　p. 645

唐耕耦　入破曆算會牒　敦煌學大辭典　上海辭書出版社　1998　p. 647

童丕　10 世紀敦煌的借貸人　法國漢學（第 3 輯）　中華書局　1998　p. 66

謝重光　酒戶　敦煌學大辭典　上海辭書出版社　1998　p. 652

謝重光　行像　敦煌學大辭典　上海辭書出版社　1998　p. 644

謝重光　營設司　敦煌學大辭典　上海辭書出版社　1998　p. 635

張亞萍　唐五代敦煌地區的駱駝牧養業　《敦煌學輯刊》1998 年第 1 期　p. 56

馮培紅　客司與歸義軍的外交活動　《敦煌學輯刊》1999 年第 1 期　p. 83

高啓安　唐五代敦煌僧人飲食的幾個名詞解釋　《敦煌研究》1999 年第 4 期　p. 135

高啓安　王璽玉　唐五代敦煌人的飲食品種研究　《敦煌研究》1999 年第 2 期　p. 67

陸離　敦煌文書中的博士與教授　《敦煌學輯刊》1999 年第 1 期　p. 92

土肥義和　敦煌莫高窟供養人圖像題記について　東アジア史における國家と地域　（東京）刀水書房　1999　p. 371

鄭炳林　晚唐五代敦煌地區種植棉花研究　《中國史研究》1999 年第 3 期　p. 85、92

陳永勝　敦煌吐魯番法制文書研究　甘肅人民出版社　2000　p. 124

高啓安　崇高與卑賤：敦煌的佛教信仰賤名再探　’98 法門寺唐文化國際學術討論會論文集　陝西人民出版社　2000　p. 252

郝春文　唐後期五代宋初敦煌的春秋官齋、十二月轉經、水則道場與佛教節日　慶祝吳其昱先生八秩華誕敦煌學特刊　（臺北）文津出版社　2000　p. 244

雷紹鋒　歸義軍賦役制度初探　（臺北）洪葉文化事業有限公司　2000　p. 195

劉進寶　敦煌文書與唐史研究　（臺北）新文豐出版公司　2000　p. 201

童丕　從寺院的帳簿看敦煌二月八日節　法國漢學（敦煌學專號）　中華書局　2000　p. 59

袁德領　歸義軍時期莫高窟與敦煌寺院的關係　《敦煌研究》2000 年第 3 期　p. 175

楊森　《辛巳年六月十六日社人于燈司倉貸粟曆》文書之定年　《敦煌學輯刊》2001 年第 2 期　p. 18

曾良　敦煌文獻字義通釋　廈門大學出版社　2001　p. 7、32、75、92、139、179

張弓　中國盂蘭盆節的民族化研究　佛教與歷史文化　宗教文化出版社　2001　p. 408

杜建録　西夏經濟史　中國社會科學出版社　2002　p. 218

高啓安　晚唐五代敦煌僧人飲食戒律初探　敦煌佛教藝術文化國際學術研討會論文集　蘭州大學出版社　2002　p. 390

李德龍　沙州三界寺《授戒牒》初探　甘肅民族研究論叢　甘肅人民出版社　2002　p. 416

李正宇　唐宋時期的敦煌佛教　敦煌佛教藝術文化國際學術研討會論文集　蘭州大學出版社　2002　p. 382

劉永明　散見敦煌曆朔閏輯考　《敦煌研究》2002 年第 6 期　p. 17

乜小紅　試論唐五代宋初敦煌畜牧區域的分佈　《敦煌研究》2002 年第 2 期　p. 39

徐曉麗　鄭炳林　晚唐五代敦煌吐谷渾與吐蕃移民婦女研究　《敦煌學輯刊》2002 年第 2 期　p. 9

胡素馨　佛教藝術的經濟制度：雜物曆、儲藏室和畫行　寺院財富與世俗供養　上海書畫出版社　2003　p. 288　注 15

劉進寶　關於歸義軍時期稅草的兩個問題　2000 年敦煌學國際學術討論會文集·歷史文化卷（上）　甘肅民族出版社　2003　p. 171

乜小紅　唐五代敦煌音聲人試探　《敦煌研究》2003 年第 3 期　p. 75

沙武田　趙曉星　歸義軍時期敦煌文獻中的太子　《敦煌研究》2003 年第 4 期　p. 50

袁德領　歸義軍時期敦煌佛教的轉經活動　2000 年敦煌學國際學術討論會文集·歷史文化卷（下）
　　甘肅民族出版社　2003　p. 193

鄭炳林　晚唐五代敦煌村莊聚落輯考　2000 年敦煌學國際學術討論會文集·歷史文化卷（上）　甘
　　肅民族出版社　2003　p. 124、139

鄭炳林　晚唐五代敦煌諸寺藏經與管理　新世紀敦煌學論集　巴蜀書社　2003　p. 356

陳大爲　歸義軍時期敦煌淨土寺與都司及諸寺的經濟交往　《敦煌學輯刊》2004 年第 1 期　p. 120

高啓安　唐五代敦煌飲食文化研究　民族出版社　2004　p. 10、16、26、56、151、192

黑維強　吐魯番出土文書詞語例釋（一）　《敦煌學輯刊》2004 年第 2 期　p. 117

李正宇　晚唐至宋敦煌僧人聽食“淨肉”　敦煌學（第 25 輯）　（臺北）樂學書局有限公司　2004
　　p. 178

趙紅　高啓安　唐五代時期敦煌僧人飲食概述　麥積山石窟藝術文化論文集（下）　蘭州大學出版
　　社　2004　p. 286、296

鄭炳林　徐曉莉　晚唐五代敦煌歸義軍政權的婚姻關係研究　敦煌學（第 25 輯）　（臺北）樂學書局
　　有限公司　2004　p. 561

馮培紅　晚唐五代宋初沙州上佐考論　敦煌學國際研討會論文集　北京圖書館出版社　2005　p. 71

郭永利　晚唐五代敦煌佛教寺院的納贈　《敦煌學輯刊》2005 年第 4 期　p. 78

李正宇　晚唐至北宋敦煌僧尼普聽飲酒　《敦煌研究》2005 年第 3 期　p. 70

趙曉星　寇甲　西魏：歸義軍時期敦煌地區的史姓　《敦煌學輯刊》2005 年第 2 期　p. 136

鄭炳林　敦煌寫本解夢書校錄研究　民族出版社　2005　p. 22

鄭炳林　晚唐五代敦煌地區的胡姓居民與聚落　法國漢學（第 10 輯）（粟特人在中國：歷史、考古、語
　　言的新探索）　中華書局　2005　p. 184

陳大爲　敦煌淨土寺與敦煌地區胡姓居民關係探析　《敦煌學輯刊》2006 年第 1 期　p. 90

陳大爲　敦煌文獻 P. 4958 背(3)《當寺轉帖》小考　《文獻》2006 年第 1 期　p. 94

金瀅坤　敦煌社會經濟文書定年拾遺　《首都師範大學學報》2006 年第 1 期　p. 12

金瀅坤　敦煌社會經濟文獻綴合拾遺　文史（第七十五輯）　中華書局　2006　p. 87

李正宇　晚唐至宋敦煌聽許僧人娶妻生子　敦煌吐魯番研究（第九卷）　中華書局　2006　p. 340

P. 2041

陳祚龍　敦煌古抄內典尾記彙校初、二、三編合刊　敦煌學要籥　（臺北）新文豐出版公司　1982
　　p. 165

饒宗頤　敦煌書法叢刊（第二四卷）·寫經（五）　（東京）二玄社　1984　p. 46

姜亮夫　敦煌經卷壁畫中所見釋氏僧名錄　敦煌學論文集　上海古籍出版社　1987　p. 1045

池田溫　中國古代寫本識語集錄　（東京）大藏出版株式會社　1990　p. 308

上山大峻　敦煌佛教の研究　（京都）法藏館　1990　p. 36、435

方廣錩　佛教大藏經史（八—十世紀）　中國社會科學出版社　1991　p. 136

林聰明　敦煌文書出處略考　季羨林教授八十華誕紀念論文集（下）　江西人民出版社　1991
　　p. 867

林聰明　敦煌文書學　（臺北）新文豐出版公司　1991　p. 386、409

陶秋英輯錄　姜亮夫校訂　敦煌經卷壁畫中所見釋氏名錄　敦煌碎金　浙江古籍出版社　1992
　　p. 42

姜伯勤　敦煌毗尼藏主考　《敦煌研究》1993 年第 3 期　p. 6

方廣錩　敦煌文獻中的《金剛經》及其注疏　《新疆文物》1995 年第 1 期　p. 48　又見：敦煌學佛教
　　學論叢（上）　中國佛教文化研究所　1998　p. 382

姜伯勤　敦煌藝術宗教與禮樂文明　中國社會科學出版社　1996　p. 333

榮新江　歸義軍史研究　上海古籍出版社　1996　p. 257

方廣錩　四分律刪繁補闕行事抄　敦煌學大辭典　上海辭書出版社　1998　p. 713

方廣錩　御注金剛般若波羅蜜經宣演　敦煌學大辭典　上海辭書出版社　1998　p. 684

榮新江　摩尼教在高昌的初傳　中國學術（第一輯）　商務印書館　2000　p. 169　又見：吐魯番新
　　出摩尼教文獻研究　文物出版社　2000　p. 227

林聰明　敦煌吐魯番文書解詁指例　（臺北）新文豐出版公司　2001　p. 131、188

薛宗正　吐蕃、回鶻、葛邏祿的多邊關係考述　《西域研究》2001 年第 3 期　p. 15

曾良　敦煌文獻字義通釋　廈門大學出版社　2001　p. 21、62、173

姜亮夫　敦煌莫高窟年表　姜亮夫全集（十一）　雲南人民出版社　2002　p. 344

劉安志　石墨林《大谷文書集成》佛教資料考辨　魏晉南北朝隋唐史資料（第 20 輯）　武漢大學出
　　版社　2003　p. 281

郝春文　再論敦煌私社的"義聚"　敦煌學（第 25 輯）　（臺北）樂學書局有限公司　2004　p. 280

劉安志　吐魯番出土的幾件佛典注疏殘片　敦煌吐魯番研究（第九卷）　中華書局　2006　p. 31

P. 2042

那波利貞　佛教信仰に基きて組織せられたる中晚唐五代時代の社邑に就きて（上）　『史林』（24
　　卷 3 號）　京都大學文學部史學研究會　1939　p. 39　又見：唐代社會文化史研究・第六編
　　（東京）創文社　1974　p. 607

那波利貞　開元末期以前と天寶初期以後との唐の時世の差異に就きて　唐代社會文化史研究・第
　　一編　（東京）創文社　1974　p. 85

陳祚龍　敦煌古抄內典尾記彙校初、二、三編合刊　敦煌學要籥　（臺北）新文豐出版公司　1982
　　p. 166

池田溫　中國古代寫本識語集錄　（東京）大藏出版株式會社　1990　p. 473

林聰明　敦煌文書出處略考　季羨林教授八十華誕紀念論文集（下）　江西人民出版社　1991
　　p. 856

林聰明　敦煌文書學　（臺北）新文豐出版公司　1991　p. 57

郝春文　敦煌寫本社邑文書年代彙考（三）　《社科縱橫》1993 年第 5 期　p. 10

劉惠琴　從敦煌文書中看沙州紡織業　《敦煌學輯刊》1995 年第 2 期　p. 51

趙和平　敦煌寫本書儀中的口頭用語問題初探　慶祝潘石禪先生九秩華誕敦煌學特刊　（臺北）文
　　津出版社　1996　p. 244

齊陳俊　馮培紅　晚唐五代宋初歸義軍對外商業貿易　敦煌歸義軍史專題研究　蘭州大學出版社
　　1997　p. 346

汪娟　敦煌本《大佛略懺》在佛教懺悔文中的地位　敦煌文學論集　四川人民出版社　1997　p. 388

趙和平　敦煌表狀箋啓書儀輯校　江蘇古籍出版社　1997　p. 369

寧可　席錄　敦煌學大辭典　上海辭書出版社　1998　p. 427

湛如　敦煌結夏安居考察　法源（第 16 期）　中國佛學院　1998　p. 84　又見：佛學研究（第七期）
　　中國佛教文化研究所　1998　p. 339

趙和平　《敦煌寫本書儀研究》訂補　敦煌吐魯番研究（第三卷）　北京大學出版社　1998　p. 251

趙和平　新集兩親家接客隨月時景儀　敦煌學大辭典　上海辭書出版社　1998　p. 421

曾良　敦煌文獻字義通釋　廈門大學出版社　2001　p. 31、56、137

吳麗娛　唐禮摭遺：中古書儀研究　商務印書館　2002　p. 52

曾良　敦煌文獻字義劄記　2000 年敦煌學國際學術討論會文集·歷史文化卷（下）　甘肅民族出版
　　社　2003　p. 467

湛如　敦煌佛教律儀制度研究　中華書局　2003　p. 247

鄭炳林　敦煌寫本解夢書校錄研究　民族出版社　2005　p. 66

P. 2043

王重民　敦煌本尚書六跋　《國立北平圖書館館刊》1935 年第 9 卷第 4 號　又見：中國敦煌學百年文
　　庫·文獻卷（二）　甘肅文化出版社　1999　p. 558

P. 2044

周紹良　敦煌所出變文現存目錄　敦煌變文彙錄　上海出版公司　1955　p. 3

金岡照光　敦煌文學のさまざま　敦煌の文學　（東京）大藏出版株式會社　1971　p. 122

金岡照光　敦煌民眾の宗教と生活　敦煌の民眾——その生活と思想　（東京）評論社　1972
　　p. 114

陳祚龍　敦煌道經後記彙錄　敦煌文物隨筆　（臺北）商務印書館　1979　p. 23

矢吹慶輝　鳴沙余韻·解說篇（第一部）　（京都）臨川書店　1980　p. 254

楊家駱　敦煌變文　（臺北）世界書局　1980　p. 842

潘重規　敦煌詞話　（臺北）石門圖書公司　1981　p. 73

鄭阿財　孝道文學敦煌寫卷《十恩德讚》初探　（臺北）《華岡文科學報》1981 年第 13 期　p. 234

陳祚龍　新校重訂《敦煌道經後記彙錄》　敦煌學要籥　（臺北）新文豐出版公司　1982　p. 213 注 3

史葦湘　絲綢之路上的敦煌與莫高窟　敦煌研究文集　甘肅人民出版社　1982　p. 118 注 105

鄭阿財　敦煌孝道文學研究　（臺北）石門圖書公司　1982　p. 135、626

陳祚龍　中世敦煌釋門的布薩法事之一斑　敦煌簡策訂存　（臺北）商務印書館　1983　p. 146

潘重規　敦煌變文集新書（上）　（臺北）"中國文化大學"中文研究所　1984　p. 29、471

王慶菽　押座文　敦煌變文集　人民文學出版社　1984　p. 842

陳祚龍　關於中世敦煌流行的某些"偈"或"偈子"　中華佛教文化史散策（四集）　（臺北）新文豐出
　　版公司　1986　p. 151

姜亮夫　敦煌經卷在中國文化學術上的價值　敦煌學論文集　上海古籍出版社　1987　p. 5

郭在貽　張涌泉　黃征　敦煌變文整理校勘中的幾個問題　《古漢語研究》1988 年第 1 期　p. 78

張鴻勳　《父母恩重經講經文》補校　敦煌語言文學論文集　浙江古籍出版社　1988　p. 263

郭在貽　張涌泉　黃征　"押座文"八種補校　《寧波師院學報》1989 年第 1 期　p. 76

張鴻勳　講經文　敦煌文學　甘肅人民出版社　1989　p. 268

鄭阿財　敦煌寫卷新集文詞九經抄研究　（臺北）文史哲出版社　1989　p. 114　又見：唐代研究論
　　集（第四輯）　（臺北）新文豐出版公司　1992　p. 666

高國藩　敦煌古俗與民俗流變　河海大學出版社　1990　p. 435

郭在貽　張涌泉　黃征　敦煌變文集校議　岳麓書社　1990　p. 357

榮新江　沙州張淮深與唐中央朝廷之關係　《敦煌學輯刊》1990 年第 2 期　p. 1

楊振良　由現存評彈"開篇"論押座文　第二屆敦煌學國際研討會論文集　（臺北）漢學研究中心
　　1990　p. 471

鄭阿財　敦煌蒙書析論　第二屆敦煌學國際研討會論文集　（臺北）漢學研究中心　1990　p. 233

王三慶　談齋論文——敦煌寫卷齋願文研究　第四屆唐代文化學術研討會論文集　（臺南）成功大學　1991　p. 299

郭在貽　郭在貽語言文學論稿　浙江古籍出版社　1992　p. 46

黃征　吳偉　《敦煌願文集》輯校中的一些問題　《敦煌研究》1992 年第 1 期　p. 65

金岡照光　押座文　敦煌の文學文獻（講座敦煌 9）　（東京）大東出版社　1992　p. 346

項楚　《敦煌歌辭總編》匡補（二）　文史（第三十六輯）　中華書局　1992　p. 178

周紹良　敦煌文學芻議及其它　（臺北）新文豐出版公司　1992　p. 56

杜琦　敦煌文學概論　甘肅人民出版社　1993　p. 522

郭在貽　郭在貽敦煌學論集　江西人民出版社　1993　p. 245

蔣冀騁　敦煌文書校讀研究　（臺北）文津出版社　1993　p. 207

張鴻勳　敦煌說唱文學概論　（臺北）新文豐出版公司　1993　p. 104

鄭阿財　從敦煌文獻看唐代的三教合一　第二屆國際唐代學術會議論文集（上）　（臺北）文津出版社　1993　p. 660

鄭阿財　敦煌文獻與文學　（臺北）新文豐出版公司　1993　p. 9、26、206、272

鄭阿財　學日益齋敦煌學劄記　周一良先生八十生日紀念論文集　中國社會科學出版社　1993　p. 190

蔣禮鴻　敦煌文獻語言詞典　杭州大學出版社　1994　p. 138

汪娟　敦煌禮懺文研究　（臺北）法鼓文化公司　1994　p. 202

黃征　吳偉　敦煌願文集　岳麓書社　1995　p. 167

張涌泉　漢語俗字研究　岳麓書社　1995　p. 142

張涌泉　試論敦煌寫卷俗文字研究之意義　敦煌學國際研討會文集·史地語文編　遼寧美術出版社　1995　p. 367

榮新江　歸義軍史研究　上海古籍出版社　1996　p. 169、175

張涌泉　敦煌俗字研究導論　（臺北）新文豐出版公司　1996　p. 75

方一新　敦煌變文詞語校釋　敦煌文學論集　四川人民出版社　1997　p. 306

王書慶　敦煌文獻中的《齋琬文》　《敦煌研究》1997 年第 1 期　p. 144

周紹良　張涌泉　黃征　敦煌變文講經文因緣輯校　江蘇古籍出版社　1998　p. 22、1070

刁汝鈞　《敦煌變文》研究管見　中國敦煌學百年文庫·文學卷（四）　甘肅文化出版社　1999　p. 19

李小榮　變文與唱導關係之探討　《敦煌研究》1999 年第 4 期　p. 9

楊秀清　敦煌西漢金山國史　甘肅人民出版社　1999　p. 42

湛如　評《敦煌禮懺文研究》　敦煌吐魯番研究（第四卷）　北京大學出版社　1999　p. 620

張涌泉　以父母十恩德爲主題的佛教文學藝術作品探源　舊學新知　浙江大學出版社　1999　p. 317 注 1

達照　金剛五禮　藏外佛教文獻（第七輯）　宗教文化出版社　2000　p. 55

金岡照光　敦煌文獻と中國文學　（東京）五曜書房　2000　p. 135

李小榮　變文變相關係論　《敦煌研究》2000 年第 3 期　p. 60

聖凱　《金剛經》相關的懺法初探　法源（第 18 期）　中國佛學院　2000　p. 215

徐俊　敦煌詩集殘卷輯考　中華書局　2000　p. 762

趙望秦　敦煌遺書 P. 2044v《文範》中的“太保相公”究竟指誰　《敦煌研究》2000 年第 3 期　p. 141

譚蟬雪　唐宋敦煌歲時佛俗　《敦煌研究》2001 年第 1 期　p. 96

汪泛舟　敦煌俗別字補正　《敦煌研究》2001 年第 4 期　p. 156

曾良　敦煌文獻字義通釋　廈門大學出版社　2001　p. 35、151、170

鄭阿財　敦煌童蒙讀物的分類與總說　敦煌文獻論集：紀念藏經洞發現一百周年國際學術研討會論
　　文集　遼寧人民出版社　2001　p. 202

李小榮　變文講唱與華梵宗教藝術　上海三聯書店　2002　p. 57、113

馬茜　歸義軍時期敦煌地區庶民佛教的發展　甘肅民族研究論叢　甘肅人民出版社　2002　p. 455

史葦湘　敦煌歷史與莫高窟藝術研究　甘肅教育出版社　2002　p. 85

李小榮　敦煌密教文獻論稿　人民文學出版社　2003　p. 168

汪娟　敦煌寫本《降生禮文》初探　新世紀敦煌學論集　巴蜀書社　2003　p. 411

楊秀清　唐宋敦煌地區的世俗佛教信仰　新世紀敦煌學論集　巴蜀書社　2003　p. 709

張承東　試論敦煌寫本齋文的駢文特色　《敦煌學輯刊》2003 年第 1 期　p. 93

黨燕妮　晚唐五代敦煌的十王信仰　麥積山石窟藝術文化論文集（下）　蘭州大學出版社　2004
　　p. 166

高啓安　唐五代敦煌飲食文化研究　民族出版社　2004　p. 210

羅豐　胡漢之間：“絲綢之路”與西北歷史考古　文物出版社　2004　p. 343

敏春芳　敦煌願文詞語例釋　《敦煌學輯刊》2005 年第 1 期　p. 98

汪泛舟　敦煌俗別字新考（上）　《敦煌研究》2006 年第 1 期　p. 103

武學軍　敏春芳　敦煌願文婉詞試解（一）　《敦煌學輯刊》2006 年第 1 期　p. 127

P. 2045

金岡照光　敦煌文學のさまざま　敦煌の文學　（東京）大藏出版株式會社　1971　p. 151

川崎ミチコ　修道偈Ⅱ——定格聯章　敦煌仏典と禪（講座敦煌 8）　（東京）大東出版社　1980
　　p. 264

平井俊榮　牛頭宗と保唐宗　敦煌仏典と禪（講座敦煌 8）　（東京）大東出版社　1980　p. 200

篠原壽雄　北宗禪と南宗禪　敦煌仏典と禪（講座敦煌 8）　（東京）大東出版社　1980　p. 181

任半塘　敦煌歌辭研究在國外　文學評論叢刊（第九輯）　中國社會科學出版社　1981　p. 192

鄭阿財　敦煌孝道文學研究　（臺北）石門圖書公司　1982　p. 532

陳祚龍　敦煌古抄中華禪學藝文兩種　敦煌簡策訂存　（臺北）商務印書館　1983　p. 177

田中良昭　敦煌禪宗文獻の研究　（東京）大東出版社　1983　p. 173、257、480

王重民　記敦煌寫本的佛經　敦煌吐魯番文獻研究論集（第二輯）　北京大學出版社　1983　p. 21
　　又見：敦煌遺書論文集　中華書局　1984　p. 305

陳祚龍　釋法融與“牛頭學”　中華佛教文化史散策（四集）　（臺北）新文豐出版公司　1986　p. 437

龍晦　論敦煌詞曲所見之禪宗與淨土宗　《世界宗教研究》1986 年第 3 期　p. 60

任半塘　敦煌歌辭總編　上海古籍出版社　1987　p. 1443

楊曾文　日本學者對中國禪宗文獻的研究和整理　《世界宗教研究》1987 年第 1 期　p. 118

楊曾文　中日的敦煌禪籍研究和敦博本《壇經》、《南宗定是非論》等文獻的學術價值　《世界宗教研
　　究》1988 年第 1 期　又見：中國敦煌學百年文庫·宗教卷（二）　甘肅文化出版社　1999　p. 189

上山大峻　敦煌佛教の研究　（京都）法藏館　1990　p. 204、333、407、431

宋紹年　近代漢語語法資料彙編（唐五代卷）　商務印書館　1990　p. 42

李學勤　禪宗早期文物的重要發現　《文物》1992 年第 3 期　p. 71

吳其昱著　伊藤美重子譯　敦煌漢文寫本概觀　敦煌漢文文獻（講座敦煌 5）　（東京）大東出版社
　　1992　p. 57

周紹良　敦煌文學芻議及其它　（臺北）新文豐出版公司　1992　p. 37

冉雲華　敦煌遺書與中國禪宗歷史研究　"中國唐代學會"會刊（第四期）　（臺北）"中國唐代學會"　1993　p. 57

孫其芳　顏廷亮　敦煌文學概論　甘肅人民出版社　1993　p. 445

劉尊明　唐五代詞的文化觀照　（臺北）文津出版社　1994　p. 511

榮新江　敦煌邈真讚所見歸義軍與東西回鶻的關係　敦煌邈真讚校録並研究　（臺北）新文豐出版公司　1994　p. 85

榮新江　鄧文寬　有關敦博本禪籍的幾個問題　《敦煌學輯刊》1994 年第 2 期　p. 7、13

索仁森著　李吉和譯　敦煌漢文禪籍特徵概觀　《敦煌研究》1994 年第 1 期　p. 111

田中良昭　敦煌の禪籍　禪學研究入門　（東京）大東出版社　1994　p. 61

葛兆光　中國禪思想史：從 6 世紀到 9 世紀　北京大學出版社　1995　p. 291 注 68

柳田聖山　禪籍解題（一）·敦煌禪籍　俗語言研究（第二期）　（京都）禪文化研究所　1995　p. 136、146

張涌泉　漢語俗字研究　岳麓書社　1995　p. 106、362

劉再聰　陳正桃　胡適與敦煌學　《敦煌學輯刊》1996 年第 1 期　p. 61

楊曾文　神會和尚禪語録　中華書局　1996　p. 3、131、193

張涌泉　敦煌俗字研究導論　（臺北）新文豐出版公司　1996　p. 96

周紹良　敦煌本《六祖壇經》是慧能的原本：《敦博本禪籍校録》序　敦煌吐魯番研究（第一卷）　北京大學出版社　1996　p. 302

高啓安　敦煌五更詞與甘肅五更詞比較研究　《敦煌研究》1997 年第 3 期　p. 114

姜伯勤　普寂與北宗禪風西旋敦煌　佛教與中國傳統文化　宗教文化出版社　1997　p. 487

孫昌武　禪思與詩情　中華書局　1997　p. 331 注 27

柴劍虹　南宗定邪正五更轉　敦煌學大辭典　上海辭書出版社　1998　p. 549

鄧文寬　榮新江　敦博本禪籍録校　江蘇古籍出版社　1998　p. 9、3、109

方廣錩　絶觀論　敦煌學大辭典　上海辭書出版社　1998　p. 727

方廣錩　南陽和上頓教解脱禪門直了性壇語　敦煌學大辭典　上海辭書出版社　1998　p. 726

方廣錩　菩提達磨南宗定是非論　敦煌學大辭典　上海辭書出版社　1998　p. 727

胡適　新校定的敦煌寫本神會和尚遺著兩種　中國敦煌學百年文庫·宗教卷（四）　甘肅文化出版社　1999　p. 29

北京大學　敦煌《經卷》、《照片》及《圖書》目録　中國敦煌學百年文庫·綜述卷（一）　甘肅文化出版社　1999　p. 320

姜伯勤　敦煌本宋文明道教佚書研究　慶祝吳其昱先生八秩華誕敦煌學特刊　（臺北）文津出版社　2000　p. 104

徐俊　敦煌詩集殘卷輯考　中華書局　2000　p. 763

張錫厚　敦煌文學源流　作家出版社　2000　p. 330

張勇　傅大士研究　巴蜀書社　2000　p. 532

張涌泉　漢語俗字叢考　中華書局　2000　p. 7

楊富學　王書慶　從敦煌文獻看道信禪法　敦煌學與中國史研究論集　甘肅人民出版社　2001　p. 414

曾良　敦煌文獻字義通釋　廈門大學出版社　2001　p. 19、31、96

榮新江　驚沙撼大漠：向達的敦煌考察及其學術意義　國際敦煌學學術史研討會論文集　研討會籌備組　2002　p. 78　又見：敦煌吐魯番研究（第七卷）　北京大學出版社　2004　p. 117

田中良昭　敦煌の禪宗燈史　中日敦煌佛教學術會議論文集　中國社會科學院研究所　2002
　　p. 108　又見:戒幢佛學(第二卷)　岳麓書社　2002　p. 149
蔣宗福　敦煌禪宗文獻詞語劄記　新世紀敦煌學論集　巴蜀書社　2003　p. 478
曾良　敦煌文獻字義劄記　2000 年敦煌學國際學術討論會文集・歷史文化卷(下)　甘肅民族出版
　　社　2003　p. 467
王志鵬　從敦煌歌辭看唐代敦煌地區禪宗的流傳與發展　《敦煌研究》2005 年第 6 期　p. 97
楊曾文　慧能弟子神會及其禪法理論　敦煌與絲路文化學術講座(第二輯)　北京圖書館出版社
　　2005　p. 358

P. 2046

羅常培　唐五代西北方音　國立中央研究院歷史語言研究所　1933　p. 12
王堯　吐蕃文獻叙錄　中國民族古文字研究　中國社會科學出版社　1984　p. 123
戴仁　敦煌的經折裝寫本　法國學者敦煌學論文選萃　中華書局　1993　p. 579
王堯　西藏文史考信集　中國藏學出版社　1994　p. 304
汪泛舟　論敦煌文明的多民族貢獻　《敦煌研究》1995 年第 2 期　p. 191
杜偉生　從敦煌遺書的裝幀談"旋風裝"　《文獻》1997 年第 3 期　p. 183
鄭炳林　敦煌碑銘讚輯釋　甘肅教育出版社　1997　p. 358 注 6
謝桃坊　敦煌文化尋繹　四川人民出版社　1999　p. 136
林聰明　敦煌吐魯番文書解詁指例　(臺北)新文豐出版公司　2001　p. 27 注 6
杜偉生　中國古籍修復與裝裱技術圖解　北京圖書館出版社　2003　p. 448
張志清　林世田　S. 6349 與 P. 4924《易三備》寫卷綴合整理研究　《文獻》2006 年第 1 期　p. 48

P. 2047

孫修身　曹議金　敦煌學大辭典　上海辭書出版社　1998　p. 359
鄭汝中　敦煌寫卷行草書法集　甘肅人民美術出版社　2000　p. 293

P. 2048

陳祚龍　敦煌古抄內典尾記彙校二編　敦煌文物隨筆　(臺北)商務印書館　1979　p. 163
矢吹慶輝　鳴沙餘韻・解說篇(第一部)　(京都)臨川書店　1980　p. 11
陳祚龍　敦煌古抄內典尾記彙校初、二、三編合刊　敦煌學要籥　(臺北)新文豐出版公司　1982
　　p. 70
姜伯勤　敦煌寺院碾磑經營的兩種形式　五十年來漢唐佛教寺院經濟研究　北京師範大學出版社
　　1986　p. 226
池田溫　中國古代寫本識語集錄　(東京)大藏出版株式會社　1990　p. 167
胡戟　傅玫　敦煌史話　中華書局　1995　p. 130

P. 2049

那波利貞　佛教信仰に基きて組織せられたる中晩唐五代時代の社邑に就きて(上)　『史林』(24
　　卷 3 號)　京都大學文學部史學研究會　1939　p. 39、89　又見:唐代社會文化史研究・第六編
　　(東京)創文社　1974　p. 607、644、649、660
那波利貞　俗講と變文　『佛教史學』(1 卷 3 號)　(京都)平樂寺書店　1950　p. 70　又見:唐代社
　　會文化史研究・第四編　(東京)創文社　1974　p. 405

那波利貞　千佛岩莫高窟と敦煌文書　西域文化研究(第二)・敦煌吐魯番社會經濟資料(上)　(京都)法藏館　1959　p. 35

藤枝晃　敦煌の僧尼籍　『東方學報』(第 35 號)　京都大學人文科學研究所　1964　p. 322

竺沙雅章　敦煌出土「社」文書の研究　『東方學報』(第 35 號)　京都大學人文科學研究所　1964　p. 268

那波利貞　梁戶考　唐代社會文化史研究・第三編　(東京)創文社　1974　p. 281、296、308、332、341、366、389

那波利貞　唐代の社邑に就きて(1938 年)　唐代社會文化史研究・第五編　(東京)創文社　1974　p. 506

池田溫　中國古代籍帳研究：概観・録文　東京大學東洋文化研究所　1979　p. 617、642

北原薰　晚唐・五代の敦煌寺院経済——収支決算報告を中心に　敦煌の社會(講座敦煌 3)　(東京)大東出版社　1980　p. 418、322

岡部和雄　疑偽經典　敦煌仏典と禪(講座敦煌 8)　(東京)大東出版社　1980　p. 358

堀敏一　敦煌社會の変質——中國社會全般の発展とも関連して　敦煌の社會(講座敦煌 3)　(東京)大東出版社　1980　p. 172

陳國燦　敦煌所出諸借契年代考　魏晉南北朝隋唐史資料(第 4 輯)　武漢大學出版社　1982　p. 16　又見：《敦煌學輯刊》1984 年第 1 期　p. 9

姜伯勤　敦煌寺院碾磑經營的兩種形式　歷史論叢(第三輯)　齊魯書社　1983　p. 178　又見：五十年來漢唐佛教寺院經濟研究　北京師範大學出版社　1986　p. 225

謝和耐著　耿昇譯　敦煌的墰戶與梁戶　敦煌譯叢(第一輯)　甘肅人民出版社　1985　p. 170 注 27、31，171 注 52

韓國磐　也談四柱結帳法　敦煌吐魯番出土經濟文書研究　廈門大學出版社　1986　p. 198 注 1

姜伯勤　敦煌寺院文書中"梁戶"的性質　五十年來漢唐佛教寺院經濟研究　北京師範大學出版社　1986　p. 133

寧欣　唐代敦煌地區農業水利問題初探　敦煌吐魯番文獻研究論集(第三輯)　北京大學出版社　1986　p. 510、527、529

唐耕耦　唐五代時期的高利貸：敦煌吐魯番出土借貸文書初探　《敦煌學輯刊》1986 年第 1 期　p. 143

謝重光　關於唐後期至五代間沙州寺院經濟的幾個問題　敦煌吐魯番出土經濟文書研究　廈門大學出版社　1986　p. 450、462

謝重光　晉—唐僧官制度考略　《世界宗教研究》1986 年第 3 期　p. 44 注 6　又見：五十年來漢唐佛教寺院經濟研究　北京師範大學出版社　1986　p. 347 注 4

張弓　唐代寺院奴婢階層略說　《魏晉南北朝隋唐史》1986 年第 10 期　p. 39

黃永武　敦煌的唐詩　(臺北)洪範書店　1987　p. 1、66

姜伯勤　唐五代敦煌寺戶制度　中華書局　1987　p. 147、187、247、257、277

李正宇　敦煌學郎題記輯注　《敦煌學輯刊》1987 年第 1 期　p. 36、39

森安孝夫　敦煌と西ウイグル王國　『東方學』(第 74 輯)　(東京)東方學會　1987　p. 68

森安孝夫著　陳俊謀譯　敦煌與西回鶻王國　《西北史地》1987 年第 3 期　p. 126

謝和耐著　耿昇譯　中國 5—10 世紀的寺院經濟　甘肅人民出版社　1987　p. 119 注 1、156 注 1、186 注 3、219 注 3、252 注 3　又見：上海古籍出版社　2004　p. 127、140 注 2

羅華慶　9 至 11 世紀敦煌的行像和浴佛活動　《敦煌研究》1988 年第 4 期　p. 100

唐耕耦　伯 2032 號甲辰年淨土寺諸色入破曆計會稿殘卷試釋　敦煌吐魯番學文集　敦煌吐魯番學

　　北京資料中心　1988　p. 2

唐耕耦　關於敦煌寺院水磑研究中的幾個問題　《文獻》1988 年第 1 期　p. 179

高國藩　敦煌民俗學　上海文藝出版社　1989　p. 60

郝春文　敦煌遺書中的"春秋座局席"考　《北京師範學院學報》1989 年第 4 期　p. 32

李正宇　唐宋時代敦煌縣河渠泉澤簡志(二)　《敦煌研究》1989 年第 1 期　p. 58

榮新江　關於沙州歸義軍都僧統年代的幾個問題　《敦煌研究》1989 年第 4 期　p. 75

山本達郎等　敦煌・III 轉貼　『NUN – HUANG AND TURFAN DOCUMENTS CONCERNING SOCIAL
　　AND ECONOMIC HISTORY』(IV)　(東京)東洋文庫　1989　p. 38、88

山本達郎等　敦煌・IV 納贈曆・納色物曆等　『NUN – HUANG AND TURFAN DOCUMENTS CON-
　　CERNING SOCIAL AND ECONOMIC HISTORY』(IV)　(東京)東洋文庫　1989　p. 104

山本達郎等　敦煌・V 計會文書　『NUN – HUANG AND TURFAN DOCUMENTS CONCERNING SO-
　　CIAL AND ECONOMIC HISTORY』(IV)　(東京)東洋文庫　1989　p. 114

唐耕耦　8 至 10 世紀敦煌的物價　紀念陳寅恪教授國際學術討論會文集　中山大學出版社　1989
　　p. 531、537

王進玉　趙豐　敦煌文物中的紡織技藝　《敦煌研究》1989 年第 4 期　p. 102

王三慶　《敦煌變文集》中的《孝子傳》新探　敦煌學(第 14 輯)　(臺北)新文豐出版公司　1989
　　p. 191

張廣達　榮新江　關於敦煌出土于闐文獻的年代及其相關問題　紀念陳寅恪先生誕辰百年學術論文
　　集　北京大學出版社　1989　p. 292

高國藩　敦煌古俗與民俗流變　河海大學出版社　1990　p. 368

郝春文　敦煌的渠人與渠社　《北京師範學院學報》1990 年第 1 期　p. 91

郝春文　敦煌五代宋初佛社與寺院的關係　《敦煌學輯刊》1990 年第 1 期　p. 17

郝春文　唐後期五代宋初沙州僧尼的特點　敦煌吐魯番學研究論文集　漢語大詞典出版社　1990
　　p. 837、844、850、854 注 29

榮新江　西元十世紀沙州歸義軍與西州回鶻的文化交往　第二屆敦煌學國際研討會論文集　(臺
　　北)漢學研究中心　1990　p. 585

榮新江　小月氏考　中亞學刊(第三輯)　中華書局　1990　p. 58

上山大峻　敦煌佛教の研究　(京都)法藏館　1990　p. 20、62

譚蟬雪　敦煌歲時掇瑣:正月　《敦煌研究》1990 年第 1 期　p. 47　又見:(香港)《九州學刊》(敦煌
　　學專輯)1993 年第 5 卷第 4 期　p. 85、108

唐耕耦　己巳年(西元九四五年)淨土寺諸色入破算會牒稿殘卷試釋　敦煌吐魯番學研究論文集
　　漢語大詞典出版社　1990　p. 249

唐耕耦　陸宏基　敦煌社會經濟文獻真迹釋錄(三)　全國圖書館文獻縮微複製中心　1990
　　p. 347、369

謝重光　白文固　中國僧官制度史　青海人民出版社　1990　p. 133 注 3

郝春文　隋唐五代宋初傳統私社與寺院的關係　《魏晉南北朝隋唐史》1991 年第 6 期　p. 70

黃正建　敦煌文書與唐五代北方地區的飲食生活　魏晉南北朝隋唐史資料(第 11 輯)　武漢大學出
　　版社　1991　p. 263

李正宇　敦煌名勝古迹導論　《陽關》1991 年第 4 期　p. 51

鄭炳林　伯 2641 號背莫高窟再修功德記撰寫人探微　《敦煌學輯刊》1991 年第 2 期　p. 52

姜伯勤　敦煌社會文書導論　(臺北)新文豐出版公司　1992　p. 178、189、234

榮新江　金山國史辨正　中華文史論叢(總 50 輯)　上海古籍出版社　1992　p. 75

土肥義和　九・十世紀の敦煌莫高窟を支えた人々　中國の都市と農村　（東京）汲古書院　1992　p. 438

王三慶著　池田溫譯　類書　敦煌漢文文獻（講座敦煌 5）　（東京）大東出版社　1992　p. 362

楊寶玉　《龍興寺毗沙門天王靈驗記》簡注　《閩南佛學院學報》1992 年第 2 期　p. 112

尹偉先　從敦煌文書看唐代河西地區的貨幣流通　《社科縱橫》1992 年第 6 期　又見：中國敦煌學百年文庫・歷史卷（二）　甘肅文化出版社　1999　p. 344

陳祚龍　唐代敦煌佛寺講經之真象　第二屆國際唐代學術會議論文集（上）　（臺北）文津出版社　1993　p. 615 注 7

高國藩　敦煌民俗資料導論　（臺北）新文豐出版公司　1993　p. 16、170

郝春文　敦煌寫本社邑文書年代彙考（一、二）　《首都師範大學學報》1993 年第 4、5 期　p. 36；78

郝春文　敦煌寫本社邑文書年代彙考（三）　《社科縱橫》1993 年第 5 期　p. 8

郝春文　唐後期五代宋初敦煌寺院中的博士　《中國經濟史研究》1993 年第 2 期　p. 121

侯錦郎　敦煌龍興寺的器物曆　法國學者敦煌學論文選萃　中華書局　1993　p. 85

前田正名　河西歷史地理學研究　中國藏學出版社　1993　p. 257

譚蟬雪　敦煌祈賽風俗　《敦煌研究》1993 年第 4 期　p. 62

唐耕耦　北圖新一四四六號諸色入破曆算會牒殘卷　（香港）《九州學刊》（敦煌學專輯）1993 年第 5 卷第 4 期　p. 126

王永興　從田令和敦煌文書看唐代土地制度中幾個問題　陳門問學叢稿　江西人民出版社　1993　p. 192

魏普賢　敦煌寫本和石窟中的劉薩訶傳說　法國學者敦煌學論文選萃　中華書局　1993　p. 446

方廣錩　許培鈴　敦煌遺書中的《維摩詰所說經》及其注疏　《敦煌研究》1994 年第 4 期　p. 150　又見：敦煌學佛教學論叢（下）　中國佛教文化研究所　1998　p. 119

郝春文　中古時期儒佛文化對民間結社的影響及其變化　唐文化研究論文集　上海人民出版社　1994　p. 210

李明偉　隋唐絲綢之路　甘肅人民出版社　1994　p. 260、265

榮新江　歸義軍改元考　文史（第三十八輯）　中華書局　1994　p. 49

鄭炳林　董念清　唐五代敦煌私營釀酒業初探　《社科縱橫》1994 年第 4 期　p. 65

鄭炳林　高偉　唐五代敦煌釀酒業初探　《西北史地》1994 年第 1 期　p. 31

胡戟　傅玫　敦煌史話　中華書局　1995　p. 133

李正宇　俄藏《端拱二年八月十九日往西天取菩薩戒僧智堅手記》決疑　敦煌佛教文獻研究　敦煌研究院文獻研究所　1995　p. 3

劉惠琴　從敦煌文書中看沙州紡織業　《敦煌學輯刊》1995 年第 2 期　p. 51

馬德　論莫高窟佛教的社會性　敦煌佛教文獻研究　敦煌研究院文獻研究所　1995　p. 15

土肥義和　唐・北宋間の「社」の組織形態に関する一考察　中國古代の國家と民眾（堀敏一先生古稀記念）　（東京）汲古書院　1995　p. 705

張弓　敦煌秋冬節俗初探　敦煌學國際研討會文集・史地語文編　遼寧美術出版社　1995　p. 588

鄭炳林　讀敦煌文書 P. 3859《後唐清泰三年六月沙州儭司教授福集等狀》劄記　敦煌吐魯番文獻研究　蘭州大學出版社　1995　p. 612

陳允吉　《目連變》故事基型的素材結構與生成時代之推考　唐研究（第二卷）　北京大學出版社　1996　p. 223

郝春文　評榮新江《英國圖書館藏敦煌漢文非佛教文獻殘卷目錄（S. 6981－13624）》　敦煌吐魯番研究（第一卷）　北京大學出版社　1996　p. 363

姜伯勤　敦煌戒壇與大乘佛教　華學(第二輯)　中山大學出版社　1996　p. 325

姜伯勤　敦煌藝術宗教與禮樂文明　中國社會科學出版社　1996　p. 17、353

李正宇　敦煌史地新論　(臺北)新文豐出版公司　1996　p. 82

劉進寶　P. 3236 號《壬申年官布籍》時代考　《西北師大學報》(社會科學版)1996 年第 5 期　p. 44

劉進寶　P. 3236 號《壬申年官布籍》研究　慶祝潘石禪先生九秩華誕敦煌學特刊　(臺北)文津出版社　1996　p. 361

馬德　敦煌莫高窟史研究　甘肅教育出版社　1996　p. 171、172、196、209

馬德　九、十世紀敦煌工匠史料述論　慶祝潘石禪先生九秩華誕敦煌學特刊　(臺北)文津出版社　1996　p. 306

馬德　莫高窟與敦煌佛教教團　敦煌吐魯番研究(第一卷)　北京大學出版社　1996　p. 167

榮新江　歸義軍史研究　上海古籍出版社　1996　p. 18

徐俊　敦煌寫本唐人詩歌存佚互見綜考　敦煌吐魯番研究(第一卷)　北京大學出版社　1996　p. 114

張亞萍　娜閣　唐五代敦煌的計量單位與價格換算　《敦煌學輯刊》1996 年第 2 期　p. 40

張涌泉　敦煌俗字研究導論　(臺北)新文豐出版公司　1996　p. 218

鄭阿財　洪藝芳　1995—1996 年臺灣地區唐代學術研究概況:敦煌學　"中國唐代學會"會刊(第七期)　(臺北)"中國唐代學會"　1996　p. 102

鄭炳林　唐五代敦煌粟特人與歸義軍政權　《敦煌研究》1996 年第 4 期　p. 83、91　又見:敦煌歸義軍史專題研究　蘭州大學出版社　1997　p. 404、422、428

馮培紅　晚唐五代宋初歸義軍武職軍將研究　敦煌歸義軍史專題研究　蘭州大學出版社　1997　p. 115、123

郝春文　關於唐後期五代宋初沙州僧俗的施捨問題　唐研究(第三卷)　北京大學出版社　1997　p. 31

郝春文　歸義軍政權與敦煌佛教之關係新探　周紹良先生欣開九秩慶壽文集　中華書局　1997　p. 167

李正宇　敦煌歷史地理導論　(臺北)新文豐出版公司　1997　p. 214、225

陸慶夫　甘州回鶻可汗世次辨析　敦煌歸義軍史專題研究　蘭州大學出版社　1997　p. 475

馬德　敦煌工匠史料　甘肅人民出版社　1997　p. 14、60、85

馬德　敦煌遺書莫高窟歲首燃燈文輯識　《敦煌研究》1997 年第 3 期　p. 59

寧可　郝春文　敦煌社邑文書輯校　江蘇古籍出版社　1997　p. 772

唐耕耦　敦煌寺院會計文書研究　(臺北)新文豐出版公司　1997　p. 33、400、421、437、463

唐耕耦　四柱式諸色入破曆算會牒的解剖　周紹良先生欣開九秩慶壽文集　中華書局　1997　p. 126

張弓　漢唐佛寺文化史　中國社會科學出版社　1997　p. 315、943

鄭阿財　《龍興寺毗沙門天王靈驗記》與敦煌地區的毗沙門信仰　周紹良先生欣開九秩慶壽文集　中華書局　1997　p. 262

鄭阿財　論敦煌寫本《龍興寺毗沙門天王靈驗記》與唐代的毗沙門信仰　第三屆中國唐代文化學術研討會論文集　(臺北)政治大學中國文學系　1997　p. 440

鄭炳林　敦煌碑銘讚輯釋　甘肅教育出版社　1997　p. 61 注 9

鄭炳林　唐五代敦煌的粟特人與佛教　敦煌歸義軍史專題研究　蘭州大學出版社　1997　p. 457

鄭炳林　唐五代敦煌手工業研究　敦煌歸義軍史專題研究　蘭州大學出版社　1997　p. 242、266

鄭炳林　唐五代敦煌畜牧區域研究　敦煌歸義軍史專題研究　蘭州大學出版社　1997　p. 227

鄭炳林　晚唐五代敦煌貿易市場的物價　敦煌歸義軍史專題研究　蘭州大學出版社　1997　p. 278、
　　294

鄭炳林　晚唐五代敦煌園圃經濟研究　敦煌歸義軍史專題研究　蘭州大學出版社　1997　p. 317

鄭炳林　馮培紅　唐五代歸義軍政權對外關係中的使頭一職　敦煌歸義軍史專題研究　蘭州大學出
　　版社　1997　p. 51

鄭炳林　楊富學　晚唐五代金銀在敦煌的使用與流通　《甘肅金融》1997 年第 8 期　又見：中國敦煌
　　學百年文庫·歷史卷（二）　甘肅文化出版社　1999　p. 583

董志翹　敦煌文書詞語考釋　《敦煌研究》1998 年第 1 期　p. 133

董志翹　也論中古漢語辭彙研究中的推源問題　漢語史研究集刊·第一輯（上）　巴蜀書社　1998
　　p. 77　又見：中古文獻語言論集　巴蜀書社　2000　p. 119

方廣錩　維摩經疏　敦煌學大辭典　上海辭書出版社　1998　p. 676

高啓安　索黛　敦煌古代僧人官齋飲食檢閱　《敦煌研究》1998 年第 3 期　p. 68

高啓安　索黛　唐五代敦煌飲食中的餅淺探　《敦煌研究》1998 年第 4 期　p. 79

郝春文　唐後期五代宋初敦煌僧尼的社會生活　中國社會科學出版社　1998　p. 25、117、398

郝春文　唐後期五代宋初敦煌僧尼遺產的處理與喪事的操辦　《敦煌研究》1998 年第 3 期　p. 38

郝春文　唐後期五代宋初敦煌寺院常住什物的數量及與僧人的關係　《敦煌研究》1998 年第 2 期
　　p. 118、131

黃正建　唐代衣食住行研究　首都師範大學出版社　1998　p. 2

金瀅坤　從敦煌文書看晚唐五代敦煌地區布紡織業　《敦煌研究》1998 年第 2 期　p. 135

李正宇　淨土寺　敦煌學大辭典　上海辭書出版社　1998　p. 631

馬德　10 世紀敦煌寺曆所記三窟活動　《敦煌研究》1998 年第 2 期　p. 80

寧可　行像社　敦煌學大辭典　上海辭書出版社　1998　p. 428

榮新江　歸義軍大事紀年初稿　出土文獻研究（第三輯）　文物出版社　1998　p. 244

譚蟬雪　敦煌歲時文化導論　（臺北）新文豐出版公司　1998　p. 22、41、56、87、131、315

譚蟬雪　賽天王　敦煌學大辭典　上海辭書出版社　1998　p. 449

唐耕耦　敦煌會計文書　敦煌學大辭典　上海辭書出版社　1998　p. 647

唐耕耦　入破曆算會牒　敦煌學大辭典　上海辭書出版社　1998　p. 647

唐耕耦　執物僧　敦煌學大辭典　上海辭書出版社　1998　p. 639

童丕　10 世紀敦煌的借貸人　法國漢學（第 3 輯）　中華書局　1998　p. 66

謝重光　燃燈　敦煌學大辭典　上海辭書出版社　1998　p. 644

謝重光　行像　敦煌學大辭典　上海辭書出版社　1998　p. 644

謝重光　迎、送、看、設　敦煌學大辭典　上海辭書出版社　1998　p. 520

楊森　晚唐五代兩件《女人社》文書劄記　《敦煌研究》1998 年第 1 期　p. 70

湛如　敦煌結夏安居考察　法源（第 16 期）　中國佛學院　1998　p. 81　又見：佛學研究（第七期）
　　中國佛教文化研究所　1998　p. 336

張亞萍　唐五代敦煌地區的駱駝牧養業　《敦煌學輯刊》1998 年第 1 期　p. 58

馮培紅　客司與歸義軍的外交活動　《敦煌學輯刊》1999 年第 1 期　p. 75

高國藩　敦煌俗文化學　上海三聯書店　1999　p. 43、82

高啓安　唐五代敦煌僧人飲食的幾個名詞解釋　《敦煌研究》1999 年第 4 期　p. 133

高啓安　唐五代至宋敦煌的量器及量制　《敦煌學輯刊》1999 年第 1 期　p. 65

高啓安　王璽玉　唐五代敦煌人的飲食品種研究　《敦煌研究》1999 年第 2 期　p. 63

郝春文　關於唐後期五代宋初沙州僧團的“出唱”活動　首都師範大學史學研究(1)　首都師範大學

出版社　1999　p. 111

陸離　敦煌文書中的博士與教授　《敦煌學輯刊》1999 年第 1 期　p. 92

寧可　寧可史學論集　中國社會科學出版社　1999　p. 447 注 1

施謝捷　敦煌文獻語詞校釋叢劄　《敦煌研究》1999 年第 4 期　p. 23

張涌泉　敦煌文書疑難詞語辨釋　舊學新知　浙江大學出版社　1999　p. 261

鄭炳林　晚唐五代敦煌地區種植棉花研究　《中國史研究》1999 年第 3 期　p. 92

陳永勝　敦煌吐魯番法制文書研究　甘肅人民出版社　2000　p. 124

董志翹　《入唐求法巡禮行記》辭彙研究　中國社會科學出版社　2000　p. 223

伏俊璉　伏麒鵬　石室齊諧:敦煌小說選析　甘肅人民出版社　2000　p. 165

高啓安　崇高與卑賤:敦煌的佛教信仰賤名再探　'98 法門寺唐文化國際學術討論會論文集　陝西
　　人民出版社　2000　p. 253

郝春文　唐後期五代宋初敦煌的春秋官齋、十二月轉經、水則道場與佛教節日　慶祝吳其昱先生八秩
　　華誕敦煌學特刊　(臺北)文津出版社　2000　p. 244

郝春文　英藏敦煌文獻年代叢考　英國收藏敦煌漢藏文獻研究　中國社會科學出版社　2000
　　p. 373

雷紹鋒　歸義軍賦役制度初探　(臺北)洪葉文化事業有限公司　2000　p. 265、283

劉進寶　敦煌文書與唐史研究　(臺北)新文豐出版公司　2000　p. 232

譚蟬雪　唐宋敦煌歲時佛俗:正月　《敦煌研究》2000 年第 4 期　p. 68

童丕　從寺院的帳簿看敦煌二月八日節　法國漢學(敦煌學專號)　中華書局　2000　p. 59

徐俊　敦煌詩集殘卷輯考　中華書局　2000　p. 774

顏廷亮　敦煌文化　光明日報出版社　2000　p. 382

袁德領　歸義軍時期莫高窟與敦煌寺院的關係　《敦煌研究》2000 年第 3 期　p. 171

鄭炳林　晚唐五代敦煌貿易市場的外來商品輯考　中華文史論叢(總 63 輯)　上海古籍出版社
　　2000　p. 87

郝春文　營造寄託:中國六至十世紀造寺功德的探討　佛教與歷史文化　宗教文化出版社　2001
　　p. 420

劉文鎖　尼雅浴佛會及浴佛齋禱文　《敦煌研究》2001 年第 3 期　p. 47

羅彤華　從便物曆論敦煌寺院的放貸　敦煌文獻論集:紀念藏經洞發現一百周年國際學術研討會論
　　文集　遼寧人民出版社　2001　p. 456

乜小紅　唐五代敦煌牧羊業述論　《敦煌研究》2001 年第 1 期　p. 139

山本達郎等　補(IV)社・III 轉貼　『NUN – HUANG AND TURFAN DOCUMENTS CONCERNING SO-
　　CIAL AND ECONOMIC HISTORY』(Sup. p. lemrnts)　(東京)東洋文庫　2001　p. 71、81

山本達郎等　補(IV)社・V 計會文書　『NUN – HUANG AND TURFAN DOCUMENTS CONCERNING
　　SOCIAL AND ECONOMIC HISTORY』(Sup. p. lemrnts)　(東京)東洋文庫　2001　p. 88

譚蟬雪　唐宋敦煌歲時佛俗:二月至七月　《敦煌研究》2001 年第 1 期　p. 95

譚蟬雪　唐宋敦煌歲時佛俗:八月至十二月　《敦煌研究》2001 年第 2 期　p. 75、79

謝重光　漢唐佛教社會史論　(臺北)國際文化事業有限公司　2001　p. 68 注 57、210

楊際平　論唐末五代宋初敦煌地權的集中與分散　敦煌學與中國史研究論集　甘肅人民出版社
　　2001　p. 193

陳國燦　敦煌學史事新證　甘肅教育出版社　2002　p. 343

馮培紅　姚桂蘭　歸義軍時期敦煌與周邊地區之間的僧使交往　敦煌佛教藝術文化國際學術研討會
　　論文集　蘭州大學出版社　2002　p. 460

高啓安　晚唐五代敦煌僧人飲食戒律初探　敦煌佛教藝術文化國際學術研討會論文集　蘭州大學出版社　2002　p. 389、395

李斌城　唐代文化　中國社會科學出版社　2002　p. 1074

李正宇　唐宋時期的敦煌佛教　敦煌佛教藝術文化國際學術研討會論文集　蘭州大學出版社　2002　p. 378

馬茜　歸義軍時期敦煌地區庶民佛教的發展　甘肅民族研究論叢　甘肅人民出版社　2002　p. 462

乜小紅　唐宋敦煌毛紡織業述略　敦煌學（第 23 輯）　（臺北）樂學書局有限公司　2002　p. 121

榮新江　再論敦煌藏經洞的寶藏：三界寺與藏經洞　敦煌佛教藝術文化國際學術研討會論文集　蘭州大學出版社　2002　p. 22

徐曉麗　回鶻天公主與敦煌佛教　敦煌佛教藝術文化國際學術研討會論文集　蘭州大學出版社　2002　p. 426

徐曉麗　鄭炳林　晚唐五代敦煌吐谷渾與吐蕃移民婦女研究　《敦煌學輯刊》2002 年第 2 期　p. 8

馮培紅　唐五代敦煌官府宴設機構考略　2000 年敦煌學國際學術討論會文集·歷史文化卷（上）　甘肅民族出版社　2003　p. 176

古正美　于闐與敦煌的毗沙門天王信仰　2000 年敦煌學國際學術討論會文集·歷史文化卷（上）　甘肅民族出版社　2003　p. 55

郝春文　唐後期五代宋初敦煌僧尼的生活方式　寺院財富與世俗供養　上海書畫出版社　2003　p. 134

郝春文　唐後期五代宋初中印文化對敦煌寺院的影響　新世紀敦煌學論集　巴蜀書社　2003　p. 336

胡素馨　佛教藝術的經濟制度：雜物曆、儲藏室和畫行　寺院財富與世俗供養　上海書畫出版社　2003　p. 287 注 6

李小榮　敦煌密教文獻論稿　人民文學出版社　2003　p. 167

毛漢光　敦煌吐魯番居民生存權之個案研究　新世紀敦煌學論集　巴蜀書社　2003　p. 328

乜小紅　唐五代敦煌音聲人試探　《敦煌研究》2003 年第 3 期　p. 75

童丕　敦煌的借貸：中國中古時代的物質生活與社會　中華書局　2003　p. 104

汪娟　敦煌寫本《降生禮文》初探　新世紀敦煌學論集　巴蜀書社　2003　p. 420

袁德領　歸義軍時期敦煌佛教的轉經活動　2000 年敦煌學國際學術討論會文集·歷史文化卷（下）　甘肅民族出版社　2003　p. 188

湛如　敦煌佛教律儀制度研究　中華書局　2003　p. 53、240

鄭炳林　晚唐五代敦煌村莊聚落輯考　2000 年敦煌學國際學術討論會文集·歷史文化卷（上）　甘肅民族出版社　2003　p. 156

陳大爲　歸義軍時期敦煌淨土寺與都司及諸寺的經濟交往　《敦煌學輯刊》2004 年第 1 期　p. 121

高啓安　唐五代敦煌飲食文化研究　民族出版社　2004　p. 10

李正宇　晚唐至宋敦煌僧人聽食"淨肉"　敦煌學（第 25 輯）　（臺北）樂學書局有限公司　2004　p. 182

屈直敏　敦煌高僧　民族出版社　2004　p. 53

張涌泉　敦煌文獻字詞例釋　敦煌學（第 25 輯）　（臺北）樂學書局有限公司　2004　p. 348

趙紅　高啓安　唐五代時期敦煌僧人飲食概述　麥積山石窟藝術文化論文集（下）　蘭州大學出版社　2004　p. 286、294

鄭炳林　晚唐五代敦煌商業貿易市場研究　《敦煌學輯刊》2004 年第 1 期　p. 115

黨燕妮　毗沙門天王信仰在敦煌的流傳　《敦煌研究》2005 年第 3 期　p. 103

郭永利　晚唐五代敦煌佛教寺院的納贈　《敦煌學輯刊》2005 年第 4 期　p. 78

黑維强　吐魯番出土文書詞語例釋（二）　《敦煌學輯刊》2005 年第 2 期　p. 185

李軍　晚唐五代肅州相關史實考述　《敦煌學輯刊》2005 年第 3 期　p. 95

李正宇　晚唐至北宋敦煌僧尼普聽飲酒　《敦煌研究》2005 年第 3 期　p. 70、76

徐時儀　玄應《衆經音義》研究　中華書局　2005　p. 601

趙曉星　寇甲　西魏:歸義軍時期敦煌地區的史姓　《敦煌學輯刊》2005 年第 2 期　p. 136

鄭炳林　敦煌寫本解夢書校錄研究　民族出版社　2005　p. 124

鄭炳林　晚唐五代敦煌地區的胡姓居民與聚落　法國漢學（第 10 輯）（粟特人在中國:歷史、考古、語言的新探索）　中華書局　2005　p. 179

陳大爲　敦煌淨土寺與敦煌地區胡姓居民關係探析　《敦煌學輯刊》2006 年第 1 期　p. 92

金瀅坤　敦煌社會經濟文獻綴合拾遺　文史（第七十五輯）　中華書局　2006　p. 89

P. 2051

矢吹慶輝　鳴沙餘韻・解說篇（第一部）　（京都）臨川書店　1980　p. 154

姜亮夫　敦煌經卷壁畫中所見釋氏僧名錄　敦煌學論文集　上海古籍出版社　1987　p. 1045

周丕顯　敦煌佛經略考　《敦煌學輯刊》1987 年第 2 期　p. 7

上山大峻　敦煌佛教の研究　（京都）法藏館　1990　p. 18

方廣錩　佛教大藏經史（八―十世紀）　中國社會科學出版社　1991　p. 135

陶秋英輯錄　姜亮夫校訂　敦煌經卷壁畫中所見釋氏名錄　敦煌碎金　浙江古籍出版社　1992　p. 43

鄭汝中　敦煌寫卷行草書法集　甘肅人民美術出版社　2000　p. 145

P. 2052

方廣錩　佛爲心王菩薩說頭陀經　藏外佛教文獻（第一輯）　宗教文化出版社　1995　p. 252　又見:敦煌學大辭典　上海辭書出版社　1998　p. 737

榮新江　評《藏外佛教文獻》第一輯　唐研究（第二卷）　北京大學出版社　1996　p. 465

方廣錩　關於《佛爲心王菩薩說頭陀經》　敦煌學佛教學論叢（下）　中國佛教文化研究所　1998　p. 271

唐耕耦　新集天下姓望氏族譜　敦煌學大辭典　上海辭書出版社　1998　p. 453

P. 2053

諏訪義讓　敦煌本瑜伽論手記に就いて　『宗教研究』（7 卷 3 期）　（東京）宗教研究會　1930　p. 69

矢吹慶輝　鳴沙餘韻・解說篇（第一部）　（京都）臨川書店　1980　p. 144

田中良昭　敦煌禪宗文獻の研究　（東京）大東出版社　1983　p. 197

謝和耐著　耿昇譯　中國 5―10 世紀的寺院經濟　甘肅人民出版社　1987　p. 330 注 4

上山大峻　敦煌佛教の研究　（京都）法藏館　1990　p. 92

方廣錩　瑜伽師地論分門記　敦煌學大辭典　上海辭書出版社　1998　p. 715

P. 2054

王重民　說《十二時》　《申報・文史》1948 年第 22 期　又見:敦煌遺書論文集　中華書局　1984　p. 159、161；中國敦煌學百年文庫・文學卷（一）　甘肅文化出版社　1999　p. 479

芳村修基　土橋秀高　井ノ口泰淳　敦煌佛教史年表　西域文化研究(第一)・敦煌佛教資料　(京都)法藏館　1958　p. 277

邵榮芬　敦煌俗文學中的別字異文和唐五代西北方音　《中國語文》1963 年第 3 期　又見：中國敦煌學百年文庫・語言文字卷(一)　甘肅文化出版社　1999　p. 136

金岡照光　敦煌文學のこころ　敦煌の文學　(東京)大藏出版株式會社　1971　p. 276

金岡照光　敦煌民衆の宗教と生活　敦煌の民衆——その生活と思想　(東京)評論社　1972　p. 215

蘇瑩輝　"敦煌曲"評介　《香港中文大學學報》1974 年第 1 期　又見：敦煌論集續編　(臺北)學生書局　1983　p. 313；中國敦煌學百年文庫・藝術卷(一)　甘肅文化出版社　1999　p. 375

川崎ミチコ　修道偈Ⅱ——定格聯章　敦煌仏典と禪(講座敦煌 8)　(東京)大東出版社　1980　p. 270

潘重規　敦煌詞話　(臺北)石門圖書公司　1981　p. 69、98

潘重規　敦煌卷子俗寫文字與俗文學之研究　敦煌變文論輯　(臺北)石門圖書公司　1981　p. 320

陳祚龍　敦煌古抄內典尾記彙校初、二、三編合刊　敦煌學要籥　(臺北)新文豐出版公司　1982　p. 166

鄭阿財　敦煌孝道文學研究　(臺北)石門圖書公司　1982　p. 532

周丕顯　敦煌俗曲分時聯章歌體再議　《敦煌學輯刊》1983 年創刊號　p. 18

周丕顯　敦煌俗曲中的分時聯章體歌辭　關隴文學論叢　甘肅人民出版社　1983　p. 7

李正宇　敦煌方音止遇二攝混同及其校勘學意義　《敦煌研究》1986 年第 4 期　p. 54

李正宇　唐宋時代的敦煌學校　《敦煌研究》1986 年第 1 期　p. 45

高國藩　敦煌文學作品選　中華書局　1987　p. 102 注 7

李正宇　敦煌學郎題記輯注　《敦煌學輯刊》1987 年第 1 期　p. 31

龍晦　唐五代西北方音與敦煌文獻研究　敦煌歌辭總編　上海古籍出版社　1987　p. 1826

任半塘　敦煌歌辭總編　上海古籍出版社　1987　p. 1360、1389、1581

高國藩　敦煌曲子詞中的詠花詞　《鹽城師專學報》1988 年第 3 期　p. 34

高國藩　驅儺風俗和敦煌民間歌謠《兒郎偉》　文史(第二十九輯)　中華書局　1988　p. 290

高國藩　敦煌民俗學　上海文藝出版社　1989　p. 139、404、493

高國藩　敦煌曲子詞欣賞　南京大學出版社　1989　p. 99

劉進寶　俚曲小調　敦煌文學　甘肅人民出版社　1989　p. 222

池田溫　中國古代寫本識語集錄　(東京)大藏出版株式會社　1990　p. 467

郭在貽　張涌泉　黃征　敦煌變文集校議　岳麓書社　1990　p. 5

林聰明　從敦煌文書看佛教徒的造經祈福　第二屆敦煌學國際研討會論文集　(臺北)漢學研究中心　1990　p. 533

任半塘　王昆吾　隋唐五代燕樂雜言歌辭集　巴蜀書社　1990　p. 425

唐耕耦　陸宏基　敦煌社會經濟文獻真迹釋錄(四)　全國圖書館文獻縮微複製中心　1990　p. 186

榮新江　敦煌文獻所見晚唐五代宋初的中印文化交往　季羨林教授八十華誕紀念論文集(下)　江西人民出版社　1991　p. 957

姜伯勤　敦煌社會文書導論　(臺北)新文豐出版公司　1992　p. 87

金岡照光　講唱體類　敦煌の文學文獻(講座敦煌 9)　(東京)大東出版社　1992　p. 148、164

金岡照光　總說『敦煌文學の諸形態』　敦煌の文學文獻(講座敦煌 9)　(東京)大東出版社　1992　p. 28

潘重規著　遊佐昇譯　中國で最初の「詞の總集」——敦煌雲謠集の發見と整理　敦煌の文學文獻

（講座敦煌9）　（東京）大東出版社　1992　p. 420

張涌泉　《敦煌歌辭總編》校議　《語言研究》1992年第1期　p. 60

高國藩　敦煌民俗資料導論　（臺北）新文豐出版公司　1993　p. 59、132

李正宇　敦煌文學概論　甘肅人民出版社　1993　p. 153、170

孫其芳　顏廷亮　敦煌文學概論　甘肅人民出版社　1993　p. 445

張鴻勳　敦煌文學概論　甘肅人民出版社　1993　p. 238

鄭阿財　敦煌文獻與文學　（臺北）新文豐出版公司　1993　p. 116、135

蔣禮鴻　敦煌文獻語言詞典　杭州大學出版社　1994　p. 217、299

劉尊明　唐五代詞的文化觀照　（臺北）文津出版社　1994　p. 515

榮新江　敦煌邈真讚所見歸義軍與東西回鶻的關係　敦煌邈真讚校錄並研究　（臺北）新文豐出版公司　1994　p. 85

張涌泉　試論審辨敦煌寫本俗字的方法　《敦煌研究》1994年第2期　p. 148　又見：舊學新知　浙江大學出版社　1999　p. 78、84

史雙元　唐五代詞紀事會評　黃山書社　1995　p. 366

王書慶　敦煌佛學·佛事篇　甘肅民族出版社　1995　p. 234

張涌泉　敦煌文書類化字研究　《敦煌研究》1995年第4期　p. 76

張涌泉　漢語俗字研究　岳麓書社　1995　p. 69、199、282

段小强　敦煌文書所反映的古代喪禮　《敦煌學輯刊》1996年第2期　p. 45

李正宇　敦煌史地新論　（臺北）新文豐出版公司　1996　p. 189

榮新江　評《上海博物館藏敦煌吐魯番文獻》　敦煌吐魯番研究（第一卷）　北京大學出版社　1996　p. 374

虞萬里　敦煌摩尼教《下部讚》寫本年代新探　敦煌吐魯番研究（第一卷）　北京大學出版社　1996　p. 44

張涌泉　敦煌俗字研究導論　（臺北）新文豐出版公司　1996　p. 60、174、225、244

鄭炳林　唐五代敦煌粟特人與歸義軍政權　《敦煌研究》1996年第4期　p. 84　又見：敦煌歸義軍史專題研究　蘭州大學出版社　1997　p. 407、425

黃征　《伍子胥變文》校補　敦煌語文叢説　（臺北）新文豐出版公司　1997　p. 294

黃征　張涌泉　敦煌變文校注　中華書局　1997　p. 22、994、1123、1180

張弓　漢唐佛寺文化史　中國社會科學出版社　1997　p. 841

鄭炳林　敦煌碑銘讚輯釋　甘肅教育出版社　1997　p. 145 注2

鄭炳林　唐五代敦煌的粟特人與佛教　敦煌歸義軍史專題研究　蘭州大學出版社　1997　p. 447

郝春文　唐後期五代宋初敦煌僧尼的社會生活　中國社會科學出版社　1998　p. 392

潘重規　敦煌《雲謠集》新書　雲謠集研究彙錄　上海古籍出版社　1998　p. 209

潘重規　中國第一部"詞的總集"：敦煌《雲謠集》之發現與整理　雲謠集研究彙錄　上海古籍出版社　1998　p. 265

孫其芳　普勸四眾依教修行十二時　敦煌學大辭典　上海辭書出版社　1998　p. 539

孫其芳　十二時　敦煌學大辭典　上海辭書出版社　1998　p. 537

高國藩　敦煌俗文化學　上海三聯書店　1999　p. 587

梅維恒著　楊繼東　陳引馳譯　唐代變文（上）　（香港）中國佛教文化出版公司　1999　p. 249

史成禮　史葆光　敦煌性文化　廣州出版社　1999　p. 78

楊秀清　淺談唐、宋時期敦煌地區的學生生活　《敦煌研究》1999年第4期　p. 139

張涌泉　俗字研究與敦煌文獻的校理　舊學新知　浙江大學出版社　1999　p. 53

陳海濤　敦煌歸義軍時期從化鄉消失原因初探　中國社會歷史評論(第二卷)　天津古籍出版社
　　2000　p. 436

金岡照光　敦煌文獻と中國文學　(東京)五曜書房　2000　p. 295

史成禮　敦煌性文化初探　1994 年敦煌學國際研討會文集・宗教文史卷(下)　甘肅民族出版社
　　2000　p. 243

徐俊　敦煌詩集殘卷輯考　中華書局　2000　p. 775、899

顏廷亮　敦煌文化　光明日報出版社　2000　p. 275

張錫厚　敦煌文學源流　作家出版社　2000　p. 338

陳秀蘭　敦煌俗文學語彙溯源　岳麓書社　2001　p. 94

林聰明　敦煌吐魯番文書解詁指例　(臺北)新文豐出版公司　2001　p. 153

榮新江　敦煌學十八講　北京大學出版社　2001　p. 194

曾良　敦煌文獻字義通釋　廈門大學出版社　2001　p. 184

姜亮夫　敦煌莫高窟年表　姜亮夫全集(十一)　雲南人民出版社　2002　p. 473

釋覺旻　從"三教大法師"看晚唐五代敦煌社會的三教融合　敦煌佛教藝術文化國際學術研討會論
　　文集　蘭州大學出版社　2002　p. 403

張子開　敦煌文獻中的白話禪詩　《敦煌學輯刊》2003 年第 1 期　p. 84

P. 2055

饒宗頤　孝順觀念與敦煌佛曲　敦煌學(第 1 輯)　(香港)新亞研究所敦煌學會　1974　p. 70　又
　　見:敦煌曲續論　(臺北)新文豐出版公司　1996　p. 7

陳祚龍　敦煌古抄內典尾記彙校初、二、三編合刊　敦煌學要籥　(臺北)新文豐出版公司　1982
　　p. 167

鄭阿財　敦煌孝道文學研究　(臺北)石門圖書公司　1982　p. 70、190

川口久雄　目連救母變文考　大目乾連冥間救母變文(敦煌資料と日本文學　3)　(東京)大東文化
　　大學東洋研究所　1984　p. 55

道端良秀　敦煌文獻に見える死後の世界　敦煌と中國仏教(講座敦煌 7)　(東京)大東出版社
　　1984　p. 506

金岡照光　敦煌における地獄文獻——敦煌庶民信仰の一樣相　敦煌と中國仏教(講座敦煌 7)
　　(東京)大東出版社　1984　p. 572

平野顯照著　張桐生譯　唐代的文學與佛教　(臺北)業強出版社　1987　p. 257

王惠民　敦煌水月觀音像　《敦煌研究》1987 年第 1 期　p. 31

陳祚龍　看了敦煌古抄《佛說盂蘭盆經讚述》以後　敦煌學散策新集　(臺北)新文豐出版公司
　　1989　p. 250

池田溫　中國古代寫本識語集錄　(東京)大藏出版株式會社　1990　p. 495

高國藩　敦煌古俗與民俗流變　河海大學出版社　1990　p. 323

林聰明　從敦煌文書看佛教徒的造經祈福　第二屆敦煌學國際研討會論文集　(臺北)漢學研究中
　　心　1990　p. 535

文初　讀敦煌卷子劄記二則　《敦煌語言文學研究通訊》1990 年第 2－3 期　p. 4

林聰明　敦煌文書學　(臺北)新文豐出版公司　1991　p. 361

譚蟬雪　三教融合的敦煌喪俗　《敦煌研究》1991 年第 3 期　p. 78

文初　再談京藏岡字 44 號寫卷的抄寫者　《敦煌語言文學研究通訊》1991 年第 1－2 期　p. 7

王惠民　敦煌寫本《水月觀音經》研究　《敦煌研究》1992 年第 3 期　p. 93

吳其昱著　伊藤美重子譯　敦煌漢文寫本概觀　敦煌漢文文獻（講座敦煌5）　（東京）大東出版社　1992　p. 68

竺沙雅章　寺院文書　敦煌漢文文獻（講座敦煌5）　（東京）大東出版社　1992　p. 648

高國藩　敦煌民俗資料導論　（臺北）新文豐出版公司　1993　p. 116

李正宇　敦煌文學概論　甘肅人民出版社　1993　p. 100

鄭阿財　從敦煌文獻看唐代的三教合一　第二屆國際唐代學術會議論文集（上）　（臺北）文津出版社　1993　p. 647

方廣錩　佛說水月光觀音菩薩經　藏外佛教文獻（第一輯）　宗教文化出版社　1995　p. 350

胡戟　傅玫　敦煌史話　中華書局　1995　p. 145

李際寧　佛母經　藏外佛教文獻（第一輯）　宗教文化出版社　1995　p. 374

李金梅　敦煌傳統文化與武術　《敦煌研究》1995年第2期　p. 195

顏廷亮　敦煌文學概說　（臺北）新文豐出版公司　1995　p. 219

姜伯勤　敦煌藝術宗教與禮樂文明　中國社會科學出版社　1996　p. 463

李際寧　敦煌疑偽經典《佛母經》考察　《北京圖書館館刊》1996年第4期　p. 83　又見：中國敦煌學百年文庫·宗教卷（二）　甘肅文化出版社　1999　p. 446

榮新江　歸義軍史研究　上海古籍出版社　1996　p. 278

鄭炳林　敦煌碑銘讚輯釋　甘肅教育出版社　1997　p. 60 注9

柴劍虹　兒郎偉　敦煌學大辭典　上海辭書出版社　1998　p. 541

方廣錩　佛母經　敦煌學大辭典　上海辭書出版社　1998　p. 732

方廣錩　佛說盂蘭盆經　敦煌學大辭典　上海辭書出版社　1998　p. 672

方廣錩　善惡因果經　敦煌學大辭典　上海辭書出版社　1998　p. 740

李正宇　古本敦煌鄉土志八種箋證　（臺北）新文豐出版公司　1998　p. 385

李正宇　翟奉達　敦煌學大辭典　上海辭書出版社　1998　p. 363

譚蟬雪　十齋忌　敦煌學大辭典　上海辭書出版社　1998　p. 443

姜伯勤　沙州儺禮考　中國敦煌學百年文庫·歷史卷（二）　甘肅文化出版社　1999　p. 440

金岡照光　關於敦煌變文與唐代佛教儀式之關係　敦煌文藪（上）　（臺北）新文豐出版公司　1999　p. 133

池田溫　吐魯番敦煌功德錄和有關文書　1994年敦煌學國際研討會文集·宗教文史卷（上）　甘肅民族出版社　2000　p. 134

黃征　敦煌孝道故事　浙江大學出版社　2000　p. 117

金岡照光　敦煌文獻と中國文學　（東京）五曜書房　2000　p. 376

李小榮　變文變相關係論　《敦煌研究》2000年第3期　p. 59

顏廷亮　敦煌文化　光明日報出版社　2000　p. 271

林聰明　敦煌吐魯番文書解詁指例　（臺北）新文豐出版公司　2001　p. 208

譚蟬雪　喪祭與齋忌　敦煌學與中國史研究論集　甘肅人民出版社　2001　p. 228

張總　《閻羅王授記經》綴補研考　敦煌吐魯番研究（第五卷）　北京大學出版社　2001　p. 95

陳麗萍　敦煌女性寫經題記及反映的婦女問題　敦煌佛教藝術文化國際學術研討會論文集　蘭州大學出版社　2002　p. 447

李際寧　佛經版本　江蘇古籍出版社　2002　p. 15

李小榮　變文講唱與華梵宗教藝術　上海三聯書店　2002　p. 111

李正宇　唐宋時期敦煌佛經性質功能的變化　戒幢佛學（第二卷）　岳麓書社　2002　p. 21　又見：中日敦煌佛教學術會議論文集　中國社會科學院研究所　2002　p. 18

湛如　敦煌佛教喪葬律儀研究　中日敦煌佛教學術會議論文集　中國社會科學院研究所　2002　p. 92

張國剛　佛學與隋唐社會　河北人民出版社　2002　p. 195

李小榮　敦煌密教文獻論稿　人民文學出版社　2003　p. 118

湛如　敦煌佛教律儀制度研究　中華書局　2003　p. 367

張總　疑僞經典與佛教藝術探例　2000年敦煌學國際學術討論會文集·石窟藝術卷　甘肅民族出版社　2003　p. 249

鄭阿財　《盂蘭盆經疏》與《盂蘭盆經講經文》　冉雲華先生八秩華誕壽慶論文集　（臺北）法光出版社　2003　p. 436

黨燕妮　晚唐五代敦煌的十王信仰　麥積山石窟藝術文化論文集(下)　蘭州大學出版社　2004　p. 160

關長龍　曾波　敦煌韻書斯二〇五五之謎　浙江與敦煌學：常書鴻先生誕辰一百周年紀念文集　浙江古籍出版社　2004　p. 445

施萍婷　敦煌研究院、上海圖書館、天津藝術博物館藏敦煌遺書巡禮　浙江與敦煌學：常書鴻先生誕辰一百周年紀念文集　浙江古籍出版社　2004　p. 310

町田隆吉　『唐咸亨四年(673)左憧熹生前及隨身錢物疏』をめぐって　『西北出土文獻研究』(創刊號)　（新潟）西北出土文獻研究會　2004　p. 69

殷光明　敦煌石窟中的地獄圖像與冥報思想　麥積山石窟藝術文化論文集(下)　蘭州大學出版社　2004　p. 41

陳明　殊方異藥：出土文書與西域醫學　北京大學出版社　2005　p. 81

P. 2056

芳村修基　土橋秀高　井ノ口泰淳　敦煌佛教史年表　西域文化研究(第一)·敦煌佛教資料　（京都）法藏館　1958　p. 261

陳祚龍　敦煌古抄內典尾記彙校初、二、三編合刊　敦煌學要籥　（臺北）新文豐出版公司　1982　p. 167

董作賓　敦煌紀年　敦煌學文選(上)　蘭州大學歷史系敦煌學研究室等　1983　p. 21

饒宗頤　敦煌書法叢刊(第二三卷)·寫經(四)　（東京）二玄社　1983　p. 25、49

池田溫　中國古代寫本識語集錄　（東京）大藏出版株式會社　1990　p. 206

林聰明　從敦煌文書看佛教徒的造經祈福　第二屆敦煌學國際研討會論文集　（臺北）漢學研究中心　1990　p. 526

郭在貽　郭在貽敦煌學論集　江西人民出版社　1993　p. 214

沃興華　敦煌書法藝術　上海人民出版社　1994　p. 120

黃征　吳偉　敦煌願文集　岳麓書社　1995　p. 890

王書慶　敦煌佛學·佛事篇　甘肅民族出版社　1995　p. 215

王三慶　敦煌書儀載錄之節日活動與民俗　全國敦煌學研討會論文集　（臺北）中正大學中國文學系所　1995　p. 27 注56

鄭阿財　敦煌文獻與唐代字樣學　第六屆中國文字學全國學術研討會論文集　（臺北）"中國文字學會"　1995　p. 265

方廣錩　阿毗曇毗婆沙論　敦煌學大辭典　上海辭書出版社　1998　p. 722

顧吉辰　敦煌文獻職官結銜考釋　《敦煌學輯刊》1998年第2期　p. 24

李小榮　變文變相關係論　《敦煌研究》2000年第3期　p. 59

蘇遠鳴　中國避諱略述　法國漢學(敦煌學專號)　中華書局　2000　p. 54
姜亮夫　敦煌莫高窟年表　姜亮夫全集(十一)　雲南人民出版社　2002　p. 230
李小榮　變文講唱與華梵宗教藝術　上海三聯書店　2002　p. 111
礪波護著　韓昇　劉建英譯　隋唐佛教文化　上海古籍出版社　2004　p. 51

P. 2057

陳祚龍　瓜沙印錄　(臺北)《大陸雜誌》1962年第4期　又見:敦煌學概要　(臺北)編譯館"中華叢
　　書編委會"　1981　p. 268;中國敦煌學百年文庫·考古卷(一)　甘肅文化出版社　1999
　　p. 190
陳祚龍　古代敦煌及其他地區流行之公私印章圖記文字錄　敦煌學要籥　(臺北)新文豐出版公司
　　1982　p. 341
池田溫　敦煌文獻について　『書道研究』(2卷2號)　(東京)萱原書局　1988　p. 49　又見:敦煌
　　文書の世界　(東京)名著刊行會　2003　p. 52
林聰明　敦煌文書學　(臺北)新文豐出版公司　1991　p. 125
東野治之　敦煌と日本の『千字文』　遣唐使と正倉院　(東京)岩波書店　1992　p. 245
方廣錩　諸法無行經　敦煌學大辭典　上海辭書出版社　1998　p. 669
李正宇　淨土寺　敦煌學大辭典　上海辭書出版社　1998　p. 631
謝桃坊　敦煌文化尋繹　四川人民出版社　1999　p. 212
鄭炳林　晚唐五代敦煌村莊聚落輯考　2000年敦煌學國際學術討論會文集·歷史文化卷(上)　甘
　　肅民族出版社　2003　p. 123

P. 2058

久野芳隆　流動性に富む唐代の禪宗典籍　『宗教研究』(新14卷1期)　(東京)宗教研究會　1937
　　p. 119
久野芳隆　北宗禪——燉煌本發見によりて明瞭になれる神秀の思想　『大正學報』(30、31合併
　　號)　(東京)大正大學院　1940　p. 150
金岡照光　敦煌文學のさまざま　敦煌の文學　(東京)大藏出版株式會社　1971　p. 161
那波利貞　梁戶考　唐代社會文化史研究·第三編　(東京)創文社　1974　p. 294
川崎ミチコ　通俗詩類·雜詩文類　敦煌仏典と禪(講座敦煌8)　(東京)大東出版社　1980
　　p. 329
柳田聖山　敦煌の禪籍と矢吹慶輝　敦煌仏典と禪(講座敦煌8)　(東京)大東出版社　1980　p. 9
篠原壽雄　北宗禪と南宗禪　敦煌仏典と禪(講座敦煌8)　(東京)大東出版社　1980　p. 171
戴密微　《拉薩宗教會議僧諍記》導言　《敦煌學輯刊》1981年第2期　p. 147
田中良昭　敦煌禪宗文獻の研究　(東京)大東出版社　1983　p. 205、508
楊曾文　日本學者對中國禪宗文獻的研究和整理　《世界宗教研究》1987年第1期　p. 118
周祖謨　敦煌唐本字書敘錄　敦煌語言文學研究　北京大學出版社　1988　p. 52
劉燕文　從敦煌寫本《字寶》的注音看晚唐五代西北方音　出土文獻研究續集　文物出版社　1989
　　p. 237
郝春文　敦煌寫本齋文及其樣式的分類與定名　《北京師範學院學報》1990年第3期　p. 96
上山大峻　敦煌佛教の研究　(京都)法藏館　1990　p. 417
譚蟬雪　敦煌歲時掇瑣:正月　《敦煌研究》1990年第1期　p. 47　又見:(香港)《九州學刊》(敦煌
　　學專輯)1993年第5卷第4期　p. 85、109

鄭阿財　敦煌蒙書析論　第二屆敦煌學國際研討會論文集　（臺北）漢學研究中心　1990　p. 219

朱鳳玉　敦煌寫本《碎金》系字書初探　第二屆敦煌學國際研討會論文集　（臺北）漢學研究中心
　　　1990　p. 502

林聰明　敦煌文書學　（臺北）新文豐出版公司　1991　p. 61

榮新江　曹議金征甘州回鶻史事表微　《敦煌研究》1991 年第 2 期　p. 7

汪泛舟　敦煌文學寫本辨正舉隅　《敦煌研究》1991 年第 1 期　p. 93

項楚　敦煌文學叢考　上海古籍出版社　1991　p. 17

吳其昱著　伊藤美重子譯　敦煌漢文寫本概観　敦煌漢文文獻（講座敦煌 5）　（東京）大東出版社
　　　1992　p. 57

許建平　敦煌遺書《劉子》殘卷校證補　《杭州師範學院學報》1992 年第 1 期　p. 40

艾麗白　敦煌寫本中的"大儺"儀禮　法國學者敦煌學論文選萃　中華書局　1993　p. 258

艾麗白　敦煌寫本中的"兒郎偉"　法國學者敦煌學論文選萃　中華書局　1993　p. 241

高國藩　敦煌民俗資料導論　（臺北）新文豐出版公司　1993　p. 172

高田時雄　チベット文字書寫「長卷」の研究（本文編）『東方學報』（第 65 號）　京都大學人文科
　　　學研究所　1993　p. 373

郝春文　敦煌寫本社邑文書年代彙考（三）《社科縱橫》1993 年第 5 期　p. 11

黃征　敦煌願文《兒郎偉》輯考　（香港）《九州學刊》（敦煌學專輯）1993 年第 5 卷第 4 期　p. 51　又
　　　見：敦煌語文叢說　（臺北）新文豐出版公司　1997　p. 624

李正宇　敦煌儺散論　《敦煌研究》1993 年第 2 期　p. 120

冉雲華　敦煌遺書與中國禪宗歷史研究　"中國唐代學會"會刊（第四期）（臺北）"中國唐代學會"
　　　1993　p. 56

張金泉　論敦煌本《字寶》《敦煌研究》1993 年第 2 期　p. 93

鄭阿財　敦煌文獻與文學　（臺北）新文豐出版公司　1993　p. 250、300 注 33

鄭炳林　讀敦煌文書 P. 3859《後唐清泰三年六月沙州儭司教授福集等狀》劄記　《西北史地》1993 年
　　　第 4 期　p. 48　又見：敦煌吐魯番文獻研究　蘭州大學出版社　1995　p. 616

高田時雄　可洪隨函錄と行瑫隨函音疏　中國語の資料と方法　京都大學人文科學研究所　1994
　　　p. 147

黃征　敦煌願文散校　《敦煌研究》1994 年第 3 期　p. 133　又見：敦煌語文叢說　（臺北）新文豐出
　　　版公司　1997　p. 577、583、591

蔣禮鴻　敦煌文獻語言詞典　杭州大學出版社　1994　p. 227

榮新江　敦煌邈真讚所見歸義軍與東西回鶻的關係　敦煌邈真讚校錄並研究　（臺北）新文豐出版
　　　公司　1994　p. 97

田中良昭　敦煌の禪籍　禪學研究入門　（東京）大東出版社　1994　p. 59

張涌泉　試論審辨敦煌寫本俗字的方法　《敦煌研究》1994 年第 2 期　p. 153　又見：舊學新知　浙
　　　江大學出版社　1999　p. 87

胡戟　傅玫　敦煌史話　中華書局　1995　p. 131

黃征　吳偉　敦煌願文集　岳麓書社　1995　p. 186、250、319、374、446、579、664、771、943

李金梅　敦煌傳統文化與武術　《敦煌研究》1995 年第 2 期　p. 195

柳田聖山　禪籍解題（一）·敦煌禪籍　俗語言研究（第二期）（京都）禪文化研究所　1995　p. 135

王元軍　從敦煌唐佛經寫本談有關唐代寫經生及其書法藝術的幾個問題　《敦煌研究》1995 年第 1
　　　期　p. 160

王元軍　唐人書法與文化　（臺北）東大圖書公司　1995　p. 138

張涌泉　漢語俗字研究　岳麓書社　1995　p. 269

李際寧　敦煌疑僞經典《佛母經》考察　《北京圖書館館刊》1996 年第 4 期　p. 83　又見：中國敦煌
　　學百年文庫·宗教卷（二）　甘肅文化出版社　1999　p. 456

徐俊　敦煌寫本唐人詩歌存佚互見綜考　敦煌吐魯番研究（第一卷）　北京大學出版社　1996
　　p. 129

張金泉　敦煌遺書與字樣學　文史（第四十一輯）　中華書局　1996　p. 206

張涌泉　敦煌俗字彙考　敦煌俗字研究　上海教育出版社　1996　p. 3

張涌泉　敦煌俗字研究導論　（臺北）新文豐出版公司　1996　p. 36

朱鳳玉　論敦煌本《碎金》與唐五代辭彙　慶祝潘石禪先生九秩華誕敦煌學特刊　（臺北）文津出版
　　社　1996　p. 565

黃征　敦煌歌謠《兒郎偉》的價值　敦煌語文叢說　（臺北）新文豐出版公司　1997　p. 600

黃征　敦煌文學《兒郎偉》輯録校注　敦煌語文叢說　（臺北）新文豐出版公司　1997　p. 674、689、
　　719

黃征　王梵志詩校釋商補　敦煌語文叢說　（臺北）新文豐出版公司　1997　p. 160

黃征　張涌泉　敦煌變文校注　中華書局　1997　p. 57、188、275、312、411

姜伯勤　普寂與北宗禪風西旋敦煌　佛教與中國傳統文化　宗教文化出版社　1997　p. 481

陸淑綺　李重申　敦煌古代戲曲文化史料綜述　《敦煌研究》1997 年第 2 期　p. 59

馬德　敦煌遺書莫高窟歲首燃燈文輯識　《敦煌研究》1997 年第 3 期　p. 60

寧可　郝春文　敦煌社邑文書輯校　江蘇古籍出版社　1997　p. 548、649

鄭炳林　敦煌碑銘讚輯釋　甘肅教育出版社　1997　p. 227 注 2

鄭炳林　楊富學　晚唐五代金銀在敦煌的使用與流通　《甘肅金融》1997 年第 8 期　又見：中國敦煌
　　學百年文庫·歷史卷（二）　甘肅文化出版社　1999　p. 584

朱鳳玉　敦煌寫本碎金研究　（臺北）文津出版社　1997　p. 21、96

方廣錩　大乘無生方便門　敦煌學大辭典　上海辭書出版社　1998　p. 725

高啓安　釋敦煌文獻中的梧桐餅　《敦煌學輯刊》1998 年第 1 期　p. 54

龔方震　晏可佳　祆教史　上海社會科學院出版社　1998　p. 244

郝春文　唐後期五代宋初敦煌僧尼的社會生活　中國社會科學出版社　1998　p. 224

黃征　評《敦煌寫本碎金研究》　唐研究（第四卷）　北京大學出版社　1998　p. 543

沙知　敦煌別稱　敦煌學大辭典　上海辭書出版社　1998　p. 306

譚蟬雪　敦煌歲時文化導論　（臺北）新文豐出版公司　1998　p. 23、90、310、386、403

譚蟬雪　和親婚　敦煌學大辭典　上海辭書出版社　1998　p. 436

譚蟬雪　正月燃燈　敦煌學大辭典　上海辭書出版社　1998　p. 434

張金泉　字寶　敦煌學大辭典　上海辭書出版社　1998　p. 516

周季文　南天竺國菩提達摩禪師觀門古藏文音譯本　敦煌學大辭典　上海辭書出版社　1998
　　p. 476

高國藩　敦煌俗文化學　上海三聯書店　1999　p. 227

饒宗頤　談佛教的發願文　敦煌吐魯番研究（第四卷）　北京大學出版社　1999　p. 486

宋家鈺　佛教齋文源流與敦煌本"齋文"書的復原　《中國史研究》1999 年第 2 期　p. 71　又見：英
　　國收藏敦煌漢藏文獻研究　中國社會科學出版社　2000　p. 299

楊秀清　淺談唐、宋時期敦煌地區的學生生活　《敦煌研究》1999 第 4 期　p. 145

北京大學　敦煌《經卷》、《照片》及《圖書》目録　中國敦煌學百年文庫·綜述卷（一）　甘肅文化出
　　版社　1999　p. 316

郝春文　唐後期五代宋初敦煌的春秋官齋、十二月轉經、水則道場與佛教節日　慶祝吳其昱先生八秩華誕敦煌學特刊　（臺北）文津出版社　2000　p.256、262

李重申　陸淑綺　敦煌目連變文與戲曲研究　《敦煌研究》2000年第3期　p.54

宋家鈺　英國收藏敦煌文獻叙錄　英國收藏敦煌漢藏文獻研究　中國社會科學出版社　2000　p.106

譚蟬雪　唐宋敦煌歲時佛俗：正月　《敦煌研究》2000年第4期　p.68

徐俊　敦煌詩集殘卷輯考　中華書局　2000　p.280、288

顔廷亮　敦煌文化　光明日報出版社　2000　p.438

朱鳳玉　英藏S.619《白家碎金》考釋　慶祝吳其昱先生八秩華誕敦煌學特刊　（臺北）文津出版社　2000　p.345

陳秀蘭　敦煌俗文學語彙溯源　岳麓書社　2001　p.77

黃征　敦煌願文考辯　敦煌文獻論集：紀念藏經洞發現一百周年國際學術研討會論文集　遼寧人民出版社　2001　p.546

譚蟬雪　唐宋敦煌歲時佛俗：二月至七月　《敦煌研究》2001年第1期　p.96

譚蟬雪　唐宋敦煌歲時佛俗：八月至十二月　《敦煌研究》2001年第2期　p.73、79

曾良　敦煌文獻字義通釋　廈門大學出版社　2001　p.197

蔡忠霖　敦煌漢文寫卷俗字及其現象　（臺北）文津出版社　2002　p.103

黃征　敦煌語言文字學研究　甘肅教育出版社　2002　p.366

李小榮　變文講唱與華梵宗教藝術　上海三聯書店　2002　p.144

徐曉麗　敦煌石窟所見天公主考辨　《敦煌學輯刊》2002年第2期　p.78

徐曉麗　回鶻天公主與敦煌佛教　敦煌佛教藝術文化國際學術研討會論文集　蘭州大學出版社　2002　p.418

鄭阿財　朱鳳玉　敦煌蒙書研究　甘肅教育出版社　2002　p.128

郝春文　《敦煌寫本社邑文書輯校》補遺（四）　漢語史學報專輯（第三輯）　上海教育出版社　2003　p.383

楊挺　不存在兒郎偉文體和兒郎偉曲調　《敦煌研究》2003年第1期　p.47

張總　地藏信仰研究　宗教文化出版社　2003　p.379

鄭阿財　敦煌蒙書　敦煌與絲路文化學術講座（第一輯）　北京圖書館出版社　2003　p.136

朱鳳玉　敦煌本《碎金》與宋、明俗用雜字之比較　漢語史學報專輯（第三輯）　上海教育出版社　2003　p.411

陳炳應　盧冬　古代民族　敦煌文藝出版社　2004　p.225

陳曉紅　試論敦煌佛教願文的類型　《敦煌學輯刊》2004年第1期　p.100

黨燕妮　晚唐五代敦煌的十王信仰　麥積山石窟藝術文化論文集（下）　蘭州大學出版社　2004　p.162

杜斗城　"七七齋"之源流及敦煌文獻中有關資料的分析　《敦煌研究》2004年第4期　p.34

高啓安　唐五代敦煌飲食文化研究　民族出版社　2004　p.122、184、206

葉貴良　敦煌社邑文書詞語選釋　《敦煌研究》2004年第5期　p.82

何劍平　作爲民間寫經和禮懺儀式的維摩詰信仰　《敦煌學輯刊》2005年第4期　p.63

黃征　敦煌俗字典　上海教育出版社　2005　p.前言11

黃征　敦煌俗字要論　《敦煌研究》2005年第1期　p.85

敏春芳　敦煌願文詞語例釋　《敦煌學輯刊》2005年第1期　p.105

吳麗娛　楊寶玉　P.3197v《曹氏歸義軍時期甘州使人書狀》考試　《敦煌學輯刊》2005年第4期

p. 19

郝春文　唐後期五代宋初敦煌私社的教育與教化功能　敦煌吐魯番研究（第九卷）　中華書局
　　2006　p. 308

汪泛舟　敦煌俗別字新考（上）　《敦煌研究》2006 年第 1 期　p. 104

武學軍　敏春芳　敦煌願文婉詞試解（一）　《敦煌學輯刊》2006 年第 1 期　p. 126

謝生保　謝靜　敦煌文獻與水陸法會　文史（第七十五輯）　中華書局　2006　p. 45

P. 2059

矢吹慶輝　三階教之研究　（東京）岩波書店　1927　p. 191、786

那波利貞　唐寫本雜抄考——唐代庶民教育史研究の一資料　唐代社會文化史研究・第二編　（東
　　京）創文社　1974　p. 258

王重民　記敦煌寫本的佛經　敦煌吐魯番文獻研究論集（第二輯）　北京大學出版社　1983　p. 20
　　又見：敦煌遺書論文集　中華書局　1984　p. 304

饒宗頤　敦煌書法叢刊（第二四卷）・寫經（五）　（東京）二玄社　1984　p. 20、54

方廣錩　讀敦煌佛典經録劄記　《敦煌學輯刊》1986 年第 1 期　p. 111

黃家全　敦煌寫本《千字文》試論　1983 年全國敦煌學術討論會文集・文史遺書編（下）　甘肅人民
　　出版社　1987　p. 344

高國藩　敦煌民俗學　上海文藝出版社　1989　p. 104

鄭阿財　敦煌蒙書析論　第二屆敦煌學國際研討會論文集　（臺北）漢學研究中心　1990　p. 216

方廣錩　佛教大藏經史（八—十世紀）　中國社會科學出版社　1991　p. 131

林聰明　敦煌文書學　（臺北）新文豐出版公司　1991　p. 62

東野治之　訓蒙書　敦煌漢文文獻（講座敦煌 5）　（東京）大東出版社　1992　p. 413

吳其昱著　伊藤美重子譯　敦煌漢文寫本概觀　敦煌漢文文獻（講座敦煌 5）　（東京）大東出版社
　　1992　p. 73

胡戟　傅玫　敦煌史話　中華書局　1995　p. 132、182

邰惠莉　敦煌本《六字千文》初探　《敦煌研究》1997 年第 1 期　p. 154

曾良　敦煌文獻字義通釋　廈門大學出版社　2001　p. 31、67

西本照真　敦煌抄本中的三階教文獻　中日敦煌佛教學術會議論文集　中國社會科學院研究所
　　2002　p. 178

鄭阿財　朱鳳玉　敦煌蒙書研究　甘肅教育出版社　2002　p. 12

西本照真　三階教文獻綜述　藏外佛教文獻（第九輯）　宗教文化出版社　2003　p. 366

曾良　敦煌文獻字義劄記　2000 年敦煌學國際學術討論會文集・歷史文化卷（下）　甘肅民族出版
　　社　2003　p. 467

P. 2060

楠山春樹　道德經類　付『莊子』『列子』『文子』　敦煌と中國道教（講座敦煌 4）　（東京）大東出版
　　社　1983　p. 39

陳祚龍　看了敦煌古抄《報恩寺開溫室浴僧記》以後　敦煌學散策新集　（臺北）新文豐出版公司
　　1989　p. 212

曾良　敦煌文獻字義通釋　廈門大學出版社　2001　p. 36、137、151

P. 2061

王堯　藏族翻譯家管・法成對民族文化交流的貢獻　《文物》1980 年第 7 期　又見：中國敦煌學百年
　　文庫・民族卷（三）　甘肅文化出版社　1999　p. 35

吳其昱著　福井文雅　樋口勝譯　大蕃國大德・三藏法師・法成傳考　敦煌と中國仏教（講座敦煌
　　7）（東京）大東出版社　1984　p. 392

戴密微著　耿昇譯　敦煌學近作　敦煌譯叢（第一輯）　甘肅人民出版社　1985　p. 51

周丕顯　敦煌佛經略考　《敦煌學輯刊》1987 年第 2 期　p. 6

上山大峻　敦煌佛教の研究　（京都）法藏館　1990　p. 90、152、181、218、232

王堯　西藏文史考信集　中國藏學出版社　1994　p. 30

胡戟　傅玫　敦煌史話　中華書局　1995　p. 130

鄭炳林　唐五代敦煌的粟特人與佛教　敦煌歸義軍史專題研究　蘭州大學出版社　1997　p. 440

方廣錩　八囀聲頌　敦煌學大辭典　上海辭書出版社　1998　p. 705

曾良　敦煌文獻字義通釋　廈門大學出版社　2001　p. 31、96

鄭炳林　北京圖書館藏《吳和尚經論目錄》有關問題研究　敦煌學與中國史研究論集　甘肅人民出
　　版社　2001　p. 129

曾良　敦煌文獻字義劄記　2000 年敦煌學國際學術討論會文集・歷史文化卷（下）　甘肅民族出版
　　社　2003　p. 467

P. 2062

饒宗頤解說　林宏作譯　敦煌書法叢刊（第二六卷）・寫經（七）　（東京）二玄社　1984　p. 55

上山大峻　敦煌佛教の研究　（京都）法藏館　1990　p. 18

P. 2063

饒宗頤　敦煌書法叢刊（第二六卷）・寫經（七）　（東京）二玄社　1984　p. 3、53

上山大峻　敦煌佛教の研究　（京都）法藏館　1990　p. 91、341

鄭汝中　敦煌書法管窺　《敦煌研究》1991 年第 4 期　p. 40

趙聲良　萬經珍寶：古代書法藝術的寶庫"敦煌書法"　（臺北）《雄獅美術》1994 年第 12 期

鄭汝中　敦煌書法概述　敦煌書法庫（第一輯）　甘肅人民美術出版社　1994　p. 13

鄭汝中　唐代書法藝術與敦煌寫卷　敦煌書法庫（第四輯）　甘肅人民美術出版社　1994　p. 15
　　又見：《敦煌研究》1996 年第 2 期　p. 129

鄭汝中　因明入正理論　敦煌書法庫（第四輯）　甘肅人民美術出版社　1994　p. 169

劉濤　評《法藏敦煌書苑精華》　敦煌吐魯番研究（第一卷）　北京大學出版社　1996　p. 380

趙聲良　敦煌寫卷書法（下）　《文史知識》1997 年第 5 期　p. 85

劉濤　敦煌書法　敦煌學大辭典　上海辭書出版社　1998　p. 273

劉濤　因明入正理論後疏　敦煌學大辭典　上海辭書出版社　1998　p. 276

鄭汝中　敦煌寫卷行草書法集　甘肅人民美術出版社　2000　p. 154

鄭汝中　行草書法與敦煌寫卷　《敦煌研究》2000 年第 4 期　p. 77

胡同慶　安忠義　佛教藝術　敦煌文藝出版社　2004　p. 298

P. 2064

月輪賢隆　土橋秀高　沙門慧述『四分戒本疏』卷第一について　西域文化研究（第一）・敦煌佛教
　　資料　（京都）法藏館　1958　p. 156

福井文雅　講經儀式の組織內容　敦煌と中國仏教（講座敦煌7）　（東京）大東出版社　1984
　　p. 368

上山大峻　敦煌佛教の研究　（京都）法藏館　1990　p. 362

陳祚龍　學佛記問　敦煌學津雜誌　（臺北）文津出版社　1991　p. 60

姜伯勤　敦煌毗尼藏主考　《敦煌研究》1993 年第 3 期　p. 7

姜伯勤　敦煌藝術宗教與禮樂文明　中國社會科學出版社　1996　p. 334

方廣錩　四分律戒本疏　敦煌學大辭典　上海辭書出版社　1998　p. 713

黃征　王伯敏先生藏敦煌唐寫本《四分律小抄一卷》（擬）殘卷研究　敦煌學與中國史研究論集　甘
　　肅人民出版社　2001　p. 166

聖凱　論唐代的講經儀軌　《敦煌學輯刊》2001 年第 2 期　p. 38

曾良　敦煌文獻字義通釋　廈門大學出版社　2001　p. 96、170

陳明　印度梵文醫典醫理精華研究　中華書局　2002　p. 197

黃征　敦煌語言文字學研究　甘肅教育出版社　2002　p. 330

榮新江　評《上海圖書館藏敦煌吐魯番文獻》　歷史文獻（第七輯）　上海古籍出版社　2004　p. 324

P. 2065

姜亮夫　敦煌經卷壁畫中所見釋氏僧名録　敦煌學論文集　上海古籍出版社　1987　p. 1045

陶秋英輯録　姜亮夫校訂　敦煌經卷壁畫中所見釋氏名録　敦煌碎金　浙江古籍出版社　1992
　　p. 42

上山大峻　龍口明生　龍谷大學所藏敦煌本『比丘含注戒本』解說　敦煌寫本『本草集注』序録・『比
　　丘含注戒本』　（京都）法藏館　1998　p. 300

陳明　評《敦煌寫本〈本草集注序録〉〈比丘含注戒本〉》　敦煌吐魯番研究（第四卷）　北京大學出版
　　社　1999　p. 627

曾良　敦煌文獻字義通釋　廈門大學出版社　2001　p. 8、22、99、134

曾良　敦煌文獻字義劄記　2000 年敦煌學國際學術討論會文集・歷史文化卷（下）　甘肅民族出版
　　社　2003　p. 471

徐時儀　玄應《眾經音義》研究　中華書局　2005　p. 419

P. 2066

金岡照光　敦煌漢文文學文獻の文學形態上の種類とその分類　敦煌出土文學文獻分類目録・附解
　　說　（東京）東洋文庫　1971　p. 230

金岡照光　敦煌文學のさまざま　敦煌の文學　（東京）大藏出版株式會社　1971　p. 131

蘇瑩輝　"敦煌曲"評介　《香港中文大學學報》1974 年第 1 期　又見：敦煌論集續編　（臺北）學生
　　書局　1983　p. 319；中國敦煌學百年文庫・藝術卷（一）　甘肅文化出版社　1999　p. 378

陳祚龍　新校重訂敦煌寫本《十空讚》表隱　敦煌資料考屑（上冊）　（臺北）商務印書館　1979
　　p. 126 注 14

加地哲定　增補中國佛教文學研究　（東京）同朋舍　1979　p. 210

矢吹慶輝　鳴沙餘韻・解說篇（第二部）　（京都）臨川書店　1980　p. 90

田中良昭　念仏禪と後期北宗禪　敦煌仏典と禪（講座敦煌8）　（東京）大東出版社　1980　p. 241

陳祚龍　新校重訂中世敦煌流行的"讚"文十種　中華佛教文化史散策（三集）　（臺北）新文豐出版
　　公司　1981　p. 162

潘重規　敦煌詞話　（臺北）石門圖書公司　1981　p. 93

鄭阿財　敦煌孝道文學研究　（臺北）石門圖書公司　1982　p. 532

陳祚龍　敦煌古抄"讚"文兩種　敦煌簡策訂存　（臺北）商務印書館　1983　p. 20

廣川堯敏　淨土三部經　敦煌と中國仏教（講座敦煌 7）　（東京）大東出版社　1984　p. 84

廣川堯敏　禮讚　敦煌と中國仏教（講座敦煌 7）　（東京）大東出版社　1984　p. 431

王文才　俗講儀式考　敦煌學論集　甘肅人民出版社　1985　p. 118

龍晦　論敦煌詞曲所見之禪宗與淨土宗　《世界宗教研究》1986 年第 3 期　p. 64

朱鳳玉　王梵志詩研究（下）　（臺北）學生書局　1986　p. 218

任半塘　敦煌歌辭總編　上海古籍出版社　1987　p. 918、1063

高國藩　敦煌曲子詞中的詠花詞　《鹽城師專學報》1988 年第 3 期　p. 34

施萍婷　敦煌遺書《阿彌陀經》校勘記　《敦煌研究》1989 年第 3 期　p. 59

孫其芳　詞　敦煌文學　甘肅人民出版社　1989　p. 214

高國藩　敦煌古俗與民俗流變　河海大學出版社　1990　p. 451

任半塘　王昆吾　隋唐五代燕樂雜言歌辭集　巴蜀書社　1990　p. 261

榮新江　沙州歸義軍歷任節度使稱號研究　敦煌吐魯番學研究論文集　漢語大詞典出版社　1990
　　p. 774

唐耕耦　陸宏基　敦煌社會經濟文獻真迹釋録（五）　全國圖書館文獻縮微複製中心　1990　p. 4

暨遠志　張議潮出行圖研究　《敦煌研究》1991 年第 3 期　p. 29

林聰明　敦煌文書學　（臺北）新文豐出版公司　1991　p. 233

金岡照光　邈真讚　敦煌の文學文獻（講座敦煌 9）　（東京）大東出版社　1992　p. 606

周紹良　敦煌文學芻議及其它　（臺北）新文豐出版公司　1992　p. 38

高田時雄　チベット文字書寫「長卷」の研究（本文編）　『東方學報』（第 65 號）　京都大學人文科
　　學研究所　1993　p. 371

孫其芳　顏廷亮　敦煌文學概論　甘肅人民出版社　1993　p. 440

林聰明　談敦煌文書的抄寫問題　紀念陳寅恪先生百年誕辰學術論文集　江西教育出版社　1994
　　p. 297

井ノ口泰淳　敦煌本『阿彌陀經』　中央アジアの言語と仏教　（京都）法藏館　1995　p. 363

王書慶　敦煌佛學・佛事篇　甘肅民族出版社　1995　p. 214

饒宗頤　"法曲子"論　敦煌曲續論　（臺北）新文豐出版公司　1996　p. 87

榮新江　歸義軍史研究　上海古籍出版社　1996　p. 69

張先堂　敦煌本唐代淨土五會讚文與佛教文學　《敦煌研究》1996 年第 4 期　p. 67

張涌泉　敦煌俗字研究導論　（臺北）新文豐出版公司　1996　p. 161

張涌泉　敦煌文獻校讀釋例　文史（第四十一輯）　中華書局　1996　p. 200　又見：舊學新知　浙
　　江大學出版社　1999　p. 213

郝春文　歸義軍政權與敦煌佛教之關係新探　周紹良先生欣開九秩慶壽文集　中華書局　1997
　　p. 166

劉長東　法照生卒、籍貫新考　敦煌文學論集　四川人民出版社　1997　p. 428

陸淑綺　李重申　敦煌古代戲曲文化史料綜述　《敦煌研究》1997 年第 2 期　p. 64

張弓　漢唐佛寺文化史　中國社會科學出版社　1997　p. 825

鄭炳林　敦煌碑銘讚輯釋　甘肅教育出版社　1997　p. 406 注 8

柴劍虹　高聲念佛讚　敦煌學大辭典　上海辭書出版社　1998　p. 546

方廣錩　淨土五會念佛誦經觀行儀　敦煌學大辭典　上海辭書出版社　1998　p. 723

郝春文　唐後期五代宋初敦煌僧尼的社會生活　中國社會科學出版社　1998　p. 397

劉長東　法照事迹新考　佛學研究（第七期）　中國佛教文化研究所　1998　p. 40

孫其芳　歸去來　敦煌學大辭典　上海辭書出版社　1998　p. 535

張先堂　晚唐至宋初淨土五會念佛法門在敦煌的流傳　《敦煌研究》1998 年第 1 期　p. 49、61

高國藩　敦煌俗文化學　上海三聯書店　1999　p. 588

鄭炳潤　敦煌佛教故事類講唱文學所見淨土宗與禪宗　《敦煌研究》1999 年第 2 期　p. 157

金岡照光　敦煌文獻と中國文學　（東京）五曜書房　2000　p. 183

劉長東　晉唐彌陀淨土信仰研究　巴蜀書社　2000　p. 100、378

聖凱　善導禮讚儀新探　法源（第 18 期）　中國佛學院　2000　p. 174

張錫厚　敦煌文學源流　作家出版社　2000　p. 358

林聰明　敦煌吐魯番文書解詁指例　（臺北）新文豐出版公司　2001　p. 48

曾良　敦煌文獻字義通釋　廈門大學出版社　2001　p. 9、31、56、121、165

湛如　敦煌淨土教讚文考辨　華林（第一卷）　中華書局　2001　p. 185

姜亮夫　敦煌莫高窟年表　姜亮夫全集（十一）　雲南人民出版社　2002　p. 352、405

林仁昱　論敦煌佛教歌曲特質與“弘法”的關係　敦煌學（第 23 輯）　（臺北）樂學書局有限公司　2002　p. 57、72

林仁昱　論敦煌佛教歌曲向通俗傳播的內容　中國俗文化研究（第一輯）　巴蜀書社　2003　p. 188

曾良　敦煌文獻字義劄記　2000 年敦煌學國際學術討論會文集・歷史文化卷（下）　甘肅民族出版社　2003　p. 467

湛如　敦煌佛教律儀制度研究　中華書局　2003　p. 255

張先堂　唐代淨土教宗師法照與五臺山、並州關係新探　《敦煌研究》2003 年第 3 期　p. 64

張先堂　唐宋敦煌世俗佛教信仰的類型、特徵　寺院財富與世俗供養　上海書畫出版社　2003　p. 303

朱鳳玉　《俄藏敦煌文獻》11－17 冊中之文學文獻敘錄　冉雲華先生八秩華誕壽慶論文集　（臺北）法光出版社　2003　p. 115

楊明芬　敦煌文獻 P. 2130 之我見　《敦煌學輯刊》2005 年第 1 期　p. 60

鄭炳林　晚唐五代歸義軍政權與佛教教團關係研究　《敦煌學輯刊》2005 年第 1 期　p. 10

P. 2067

方廣錩　大乘入道次第　敦煌學大辭典　上海辭書出版社　1998　p. 723

林聰明　敦煌吐魯番文書解詁指例　（臺北）新文豐出版公司　2001　p. 140

P. 2068

方廣錩　四分律比丘戒本　敦煌學大辭典　上海辭書出版社　1998　p. 712

P. 2070

矢吹慶輝　鳴沙餘韻・解說篇（第一部）　（京都）臨川書店　1980　p. 170

姜亮夫　敦煌經卷壁畫中所見釋氏僧名錄　敦煌學論文集　上海古籍出版社　1987　p. 1045

上山大峻　敦煌佛教の研究　（京都）法藏館　1990　p. 19

陶秋英輯錄　姜亮夫校訂　敦煌經卷壁畫中所見釋氏名錄　敦煌碎金　浙江古籍出版社　1992　p. 43

P. 2071

金岡照光　敦煌文獻より見たる彌勒信仰の一側面　敦煌と中國仏教(講座敦煌 7)　(東京)大東
　　出版社　1984　p. 546

金岡照光　敦煌文獻と中國文學　(東京)五曜書房　2000　p. 348

曾良　敦煌文獻字義通釋　廈門大學出版社　2001　p. 91、137、165

姜亮夫　瀛外將去敦煌所藏韻書字書各卷叙錄　姜亮夫全集(十三)　雲南人民出版社　2002
　　p. 283

P. 2072

王重民　記敦煌寫本的佛經　敦煌吐魯番文獻研究論集(第二輯)　北京大學出版社　1983　p. 16

王三慶　敦煌本古類書《語對》研究　(臺北)文史哲出版社　1985　p. 183、197、209、217、302

汪泛舟　敦煌文學概論　甘肅人民出版社　1993　p. 563

黃征　吳偉　敦煌願文集　岳麓書社　1995　p. 48、435、468

鄭炳林　敦煌碑銘讚輯釋　甘肅教育出版社　1997　p. 409 注 21

鄭炳林　唐五代敦煌的粟特人與佛教　敦煌歸義軍史專題研究　蘭州大學出版社　1997　p. 441

鄭炳林　敦煌文獻中的解夢書與相面書　敦煌與絲路文化學術講座(第一輯)　北京圖書館出版社
　　2003　p. 158

湯涒　敦煌曲子詞地域文化研究　上海古籍出版社　2004　p. 110

汪泛舟　敦煌俗別字新考(上)　《敦煌研究》2006 年第 1 期　p. 106

P. 2073

王堯　藏族翻譯家管・法成對民族文化交流的貢獻　《文物》1980 年第 7 期　又見：中國敦煌學百年
　　文庫・民族卷(三)　甘肅文化出版社　1999　p. 29、36

陳祚龍　敦煌古抄內典尾記彙校初、二、三編合刊　敦煌學要籥　(臺北)新文豐出版公司　1982
　　p. 167

王重民　記敦煌寫本的佛經　敦煌遺書論文集　中華書局　1984　p. 301

吳其昱著　福井文雅　樋口勝譯　大蕃國大德・三藏法師・法成傳考　敦煌と中國仏教(講座敦煌
　　7)　(東京)大東出版社　1984　p. 387

戴密微著　耿昇譯　敦煌學近作　敦煌譯叢(第一輯)　甘肅人民出版社　1985　p. 60

姜亮夫　敦煌經卷壁畫中所見釋氏僧名錄　敦煌學論文集　上海古籍出版社　1987　p. 1031

姜亮夫　敦煌經卷壁畫中所見寺觀錄　敦煌學論文集　上海古籍出版社　1987　p. 1078

孫修身　敦煌遺書伯 3016 號卷背第二件文書有關問題考　《敦煌學輯刊》1988 年第 1、2 期　p. 28

池田溫　中國古代寫本識語集録　(東京)大藏出版株式會社　1990　p. 348

上山大峻　敦煌佛教の研究　(京都)法藏館　1990　p. 90、106、175

林聰明　敦煌文書出處略考　季羨林教授八十華誕紀念論文集(下)　江西人民出版社　1991
　　p. 865

林聰明　敦煌文書學　(臺北)新文豐出版公司　1991　p. 404、418

孫修身　伯 2155《曹元忠致甘州回鶻可汗狀》時代考　《敦煌研究》1991 年第 2 期　p. 29

金岡照光　講唱體類　敦煌の文學文獻(講座敦煌 9)　(東京)大東出版社　1992　p. 106

陶秋英輯録　姜亮夫校訂　敦煌經卷壁畫中所見釋氏名録　敦煌碎金　浙江古籍出版社　1992
　　p. 12

陶秋英輯録　姜亮夫校訂　敦煌經卷所見寺名録　敦煌碎金　浙江古籍出版社　1992　p. 117

王堯　西藏文史考信集　中國藏學出版社　1994　p. 20、31

林聰明　敦煌文書年代考探略述　敦煌學國際研討會文集・史地語文編　遼寧美術出版社　1995
　　　p. 552

鄭炳林　敦煌碑銘讚輯釋　甘肅教育出版社　1997　p. 86 注 2

陳國燦　大番國　敦煌學大辭典　上海辭書出版社　1998　p. 368

沙知　修多寺　敦煌學大辭典　上海辭書出版社　1998　p. 633

楊富學　李吉和　敦煌漢文吐蕃史料輯校（第一輯）　甘肅人民出版社　1999　p. 281

林聰明　敦煌吐魯番文書解詁指例　（臺北）新文豐出版公司　2001　p. 254

乜小紅　唐五代敦煌牧羊業述論　《敦煌研究》2001 年第 1 期　p. 139

曾良　敦煌文獻字義通釋　廈門大學出版社　2001　p. 152

鄭炳林　北京圖書館藏《吳和尚經論目録》有關問題研究　敦煌學與中國史研究論集　甘肅人民出
　　　版社　2001　p. 127

蔡忠霖　官定正字之外的通行文字　新世紀敦煌學論集　巴蜀書社　2003　p. 108

P. 2074

久野芳隆　流動性に富む唐代の禪宗典籍　『宗教研究』（新 14 卷 1 期）　（東京）宗教研究會　1937
　　　p. 122

關口慈光　絶觀論（燉煌出土）撰者考　『大正學報』（30、31 合併號）　（東京）大正大學院　1940
　　　p. 179

平井俊榮　牛頭宗と保唐宗　敦煌仏典と禪（講座敦煌 8）　（東京）大東出版社　1980　p. 199

吳其昱　臥輪禪師出家安心十功德蕃本試釋　敦煌學（第 5 輯）　（臺北）新文豐出版公司　1982
　　　p. 43

陳祚龍　敦煌古抄中華禪學藝文兩種　敦煌簡策訂存　（臺北）商務印書館　1983　p. 175

田中良昭　敦煌禪宗文獻の研究　（東京）大東出版社　1983　p. 257

陳祚龍　釋法融與"牛頭學"　中華佛教文化史散策（四集）　（臺北）新文豐出版公司　1986　p. 437

楊曾文　日本學者對中國禪宗文獻的研究和整理　《世界宗教研究》1987 年第 1 期　p. 118

上山大峻　敦煌佛教の研究　（京都）法藏館　1990　p. 408

吳其昱著　伊藤美重子譯　敦煌漢文寫本概觀　敦煌漢文文獻（講座敦煌 5）　（東京）大東出版社
　　　1992　p. 57

冉雲華　敦煌遺書與中國禪宗歷史研究　"中國唐代學會"會刊（第四期）　（臺北）"中國唐代學會"
　　　1993　p. 62

索仁森著　李吉和譯　敦煌漢文禪籍特徵概觀　《敦煌研究》1994 年第 1 期　p. 110

田中良昭　敦煌の禪籍　禪學研究入門　（東京）大東出版社　1994　p. 63

姜伯勤　論敦煌本《本際經》的道性論　道家文化研究（第七輯）　上海古籍出版社　1995　p. 240

姜伯勤　敦煌藝術宗教與禮樂文明　中國社會科學出版社　1996　p. 220

方廣錩　絶觀論　敦煌學大辭典　上海辭書出版社　1998　p. 727

徐俊　敦煌詩集殘卷輯考　中華書局　2000　p. 862

張勇　傅大士研究　巴蜀書社　2000　p. 398、532

曾良　敦煌文獻字義通釋　廈門大學出版社　2001　p. 185

湯涒　敦煌曲子詞地域文化研究　上海古籍出版社　2004　p. 170

張錫厚　《詠臥輪禪師看心法四首》補正與敦煌本《菩提達摩論》定名　《敦煌研究》2006 年第 1 期
　　　p. 94

P. 2075

上山大峻　敦煌佛教の研究　（京都）法藏館　1990　p. 36、80

平井宥慶　敦煌文書における金剛經疏　金剛般若經の思想的研究　（東京）春秋社　1999　p. 266

杜正乾　唐代的《金剛經》信仰　《敦煌研究》2004 年第 5 期　p. 53

P. 2077

池田溫　評『ペリオ將來敦煌漢文文獻目録』第一卷（P. 2001 – 2500）　『東洋學報』（54 卷 4 號）
　　（東京）東洋學術協會　1972　p. 67

陳祚龍　敦煌古抄內典尾記彙校二編　敦煌文物隨筆　（臺北）商務印書館　1979　p. 171

矢吹慶輝　鳴沙余韻・解說篇（第一部）（京都）臨川書店　1980　p. 170

陳祚龍　敦煌古抄內典尾記彙校初、二、三編合刊　敦煌學要籥　（臺北）新文豐出版公司　1982
　　p. 77

姜亮夫　敦煌經卷壁畫中所見釋氏僧名録　敦煌學論文集　上海古籍出版社　1987　p. 1045

上山大峻　敦煌佛教の研究　（京都）法藏館　1990　p. 19

陶秋英輯録　姜亮夫校訂　敦煌經卷壁畫中所見釋氏名録　敦煌碎金　浙江古籍出版社　1992
　　p. 43

吳其昱著　伊藤美重子譯　敦煌漢文寫本概觀　敦煌漢文文獻（講座敦煌 5）（東京）大東出版社
　　1992　p. 66

方廣錩　大乘百法明門論開宗義決　敦煌學大辭典　上海辭書出版社　1998　p. 718

方廣錩　楞伽阿跋多羅寶經疏　敦煌學大辭典　上海辭書出版社　1998　p. 667

P. 2078

饒宗頤　敦煌書法叢刊（第二一卷）・寫經（二）（東京）二玄社　1983　p. 3、72

金岡照光　敦煌における地獄文獻——敦煌庶民信仰の一樣相　敦煌と中國仏教（講座敦煌 7）
　　（東京）大東出版社　1984　p. 571

池田溫　中國古代寫本識語集録　（東京）大藏出版株式會社　1990　p. 96

趙聲良　佛說觀佛三昧海經　敦煌書法庫（第二輯）甘肅人民美術出版社　1994　p. 7

趙聲良　榮新江　饒宗頤編《法藏敦煌書苑精華》評介　《敦煌研究》1995 年第 1 期　p. 173

劉濤　評《敦煌書法庫》　敦煌吐魯番研究（第二卷）北京大學出版社　1997　p. 403

方廣錩　觀佛三昧海經　敦煌學大辭典　上海辭書出版社　1998　p. 663

劉濤　佛說觀佛三昧海經卷第四　敦煌學大辭典　上海辭書出版社　1998　p. 282

林聰明　敦煌吐魯番文書解詁指例　（臺北）新文豐出版公司　2001　p. 169

曾良　敦煌文獻字義通釋　廈門大學出版社　2001　p. 133

陳麗萍　敦煌文書所見唐五代婚變現象初探（一）《敦煌學輯刊》2005 年第 2 期　p. 165

P. 2079

鈴木大拙　敦煌出土「達摩和尚絕觀論」について　『佛教研究』（1 卷 1 期）（京都）佛教研究會
　　1937　p. 53

佐藤哲英　維摩經疏の殘缺本について　西域文化研究（第一）・敦煌佛教資料　（京都）法藏館
　　1958　p. 130

矢吹慶輝　鳴沙余韻・解說篇（第一部）（京都）臨川書店　1980　p. 43

陳祚龍　敦煌古抄內典尾記彙校初、二、三編合刊　敦煌學要籥　（臺北）新文豐出版公司　1982

　　　p. 167

池田溫　中國古代寫本識語集録　（東京）大藏出版株式會社　1990　p. 429

上山大峻　敦煌佛教の研究　（京都）法藏館　1990　p. 345

杜愛英　敦煌遺書中俗體字的諸種類型　《敦煌研究》1992 年第 3 期　p. 124

榮新江　敦煌邈真讚年代考　敦煌邈真讚校録並研究　（臺北）新文豐出版公司　1994　p. 359

鄭炳林　馮培紅　讀《中國古代寫本識語集録》劄記　《西北史地》1994 年第 4 期　p. 47

王三慶　敦煌書儀載録之節日活動與民俗　全國敦煌學研討會論文集　（臺北）中正大學中國文學
　　　系所　1995　p. 25 注 11

榮新江　歸義軍史研究　上海古籍出版社　1996　p. 8

方廣錩　敦煌佛教經録輯校　江蘇古籍出版社　1997　p. 444

鄭炳林　敦煌碑銘讚及其有關問題　敦煌碑銘讚輯釋　甘肅教育出版社　1997　p. 12

榮新江　歸義軍大事紀年初稿　出土文獻研究(第三輯)　文物出版社　1998　p. 238

張涌泉　敦煌寫本書寫特例發微　舊學新知　浙江大學出版社　1999　p. 252

林聰明　敦煌吐魯番文書解詁指例　（臺北）新文豐出版公司　2001　p. 358

鄭炳林　北京圖書館藏《吳和尚經論目録》有關問題研究　敦煌學與中國史研究論集　甘肅人民出
　　　版社　2001　p. 129

李正宇　唐宋時期敦煌佛經性質功能的變化　戒幢佛學(第二卷)　岳麓書社　2002　p. 20　又見：
　　　中日敦煌佛教學術會議論文集　中國社會科學院研究所　2002　p. 17

荒見泰史　敦煌的講唱體文獻　敦煌學(第 25 輯)　（臺北）樂學書局有限公司　2004　p. 277

何劍平　作爲民間寫經和禮懺儀式的維摩詰信仰　《敦煌學輯刊》2005 年第 4 期　p. 63

P. 2080

諏訪義讓　敦煌本瑜伽論手記に就いて　『宗教研究』(7 卷 3 期)　（東京）宗教研究會　1930
　　　p. 69

矢吹慶輝　鳴沙餘韻・解説篇(第一部)　（京都）臨川書店　1980　p. 144

田中良昭　敦煌禪宗文獻の研究　（東京）大東出版社　1983　p. 197

王堯　陳踐　敦煌吐蕃文獻選　四川民族出版社　1983　p. 206

上山大峻　敦煌佛教の研究　（京都）法藏館　1990　p. 245

方廣錩　瑜伽師地論分門記　敦煌學大辭典　上海辭書出版社　1998　p. 715

P. 2081

耿昇　八十年代的法國敦煌學論著簡介　《敦煌研究》1986 年第 3 期　p. 85

王重民原編　黃永武新編　敦煌古籍叙録新編(第十四冊)　（臺北）新文豐出版公司　1986　p. 100

譚蟬雪　敦煌歲時文化導論　（臺北）新文豐出版公司　1998　p. 153

王卡　太上靈寶老子化胡妙經　敦煌學大辭典　上海辭書出版社　1998　p. 761

譚蟬雪　唐宋敦煌歲時佛俗　《敦煌研究》2001 年第 1 期　p. 99

P. 2082

陳祚龍　敦煌古抄内典尾記彙校初、二、三編合刊　敦煌學要籥　（臺北）新文豐出版公司　1982
　　　p. 168

張廣達　榮新江　關於唐末宋初于闐國的國號、年號及其王家世系問題　敦煌吐魯番文獻研究論集
　　　中華書局　1982　p. 190

池田溫　中國古代寫本識語集録　（東京）大蔵出版株式會社　1990　p. 256

上山大峻　敦煌佛教の研究　（京都）法藏館　1990　p. 18

林聰明　敦煌文書學　（臺北）新文豐出版公司　1991　p. 61

伊藤美重子　敦煌本『大智度論』の整理　中國佛教石經の研究　京都大學學術出版會　1996
　　　p. 366

郝春文　曇曠　敦煌學大辭典　上海辭書出版社　1998　p. 347

平井宥慶　敦煌文書における金剛經疏　金剛般若經の思想的研究　（東京）春秋社　1999　p. 266

金岡照光　敦煌文獻と中國文學　（東京）五曜書房　2000　p. 408

林聰明　敦煌吐魯番文書解詁指例　（臺北）新文豐出版公司　2001　p. 169

樊錦詩　玄奘譯經和敦煌壁畫　《敦煌研究》2004 年第 2 期　p. 6

陳麗萍　敦煌文書所見唐五代婚變現象初探(一)　《敦煌學輯刊》2005 年第 2 期　p. 165

P. 2083

楊際平　鄭學檬　兩本《敦煌吐魯番文獻研究論集》評介　《中國社會經濟史研究》1984 年第 1 期
　　　p. 119

P. 2084

饒宗頤　論敦煌陷於吐蕃之年代　（香港）《東方文化》1971 年第 9 卷第 1 期　又見:選堂集林·史林
　　　（香港）中華書局　1982　p. 684 ；中國敦煌學百年文庫·民族卷(一)　甘肅文化出版社　1999
　　　p. 229

陳祚龍　關於李唐玄宗御“注”金剛經　敦煌資料考屑(下冊)　（臺北）商務印書館　1979　p. 490

陳祚龍　敦煌古抄《梁朝傅大士頌金剛經》之考證和校訂　敦煌簡策訂存　（臺北）商務印書館
　　　1983　p. 248 注 13

田中良昭　敦煌禪宗文獻の研究　（東京）大東出版社　1983　p. 198

上山大峻　敦煌佛教の研究　（京都）法藏館　1990　p. 36、435

平井宥慶　敦煌文書における金剛經疏　金剛般若經の思想的研究　（東京）春秋社　1999　p. 265

林聰明　敦煌吐魯番文書解詁指例　（臺北）新文豐出版公司　2001　p. 150

P. 2085

土肥義和　莫高窟千佛洞と大寺と蘭若と　敦煌の社會（講座敦煌 3）　（東京）大東出版社　1980
　　　p. 364

陳祚龍　敦煌古抄内典尾記彙校初、二、三編合刊　敦煌學要籥　（臺北）新文豐出版公司　1982
　　　p. 168

池田溫　中國古代寫本識語集録　（東京）大蔵出版株式會社　1990　p. 396

竺沙雅章　寺院文書　敦煌漢文文獻（講座敦煌 5）　（東京）大東出版社　1992　p. 652

姜伯勤　敦煌毗尼藏主考　《敦煌研究》1993 年第 3 期　p. 6

姜伯勤　敦煌藝術宗教與禮樂文明　中國社會科學出版社　1996　p. 333

方廣錩　四分律刪繁補闕行事抄　敦煌學大辭典　上海辭書出版社　1998　p. 713

李正宇　蘭若　敦煌學大辭典　上海辭書出版社　1998　p. 627

林聰明　敦煌吐魯番文書解詁指例　（臺北）新文豐出版公司　2001　p. 138.221

蔡忠霖　敦煌漢文寫卷俗字及其現象　（臺北）文津出版社　2002　p. 103

湛如　敦煌佛教律儀制度研究　中華書局　2003　p. 63

P. 2086

芳村修基　土橋秀高　井ノ口泰淳　敦煌佛教史年表　西域文化研究(第一)・敦煌佛教資料　（京都)法藏館　1958　p. 257

戴密微著　耿昇譯　唐代的入冥故事：黃仕强傳　敦煌譯叢(第一輯)　甘肅人民出版社　1985　p. 146 注 5

謝和耐著　耿昇譯　中國 5—10 世紀的寺院經濟　甘肅人民出版社　1987　p. 319 注 4

韓建瓴　題跋　敦煌文學　甘肅人民出版社　1989　p. 75

池田溫　中國古代寫本識語集錄　（東京)大藏出版株式會社　1990　p. 147

楊森　淺談北朝經生體楷筆的演化　《社科縱橫》1994 年第 4 期　p. 61

趙聲良　隋代敦煌寫本的書法藝術　敦煌書法庫(第三輯)　甘肅人民美術出版社　1994　p. 2　又見：《敦煌研究》1995 年第 4 期　p. 134

黃征　吳偉　敦煌願文集　岳麓書社　1995　p. 853

寧可　郝春文　敦煌社邑文書輯校　江蘇古籍出版社　1997　p. 751

張弓　漢唐佛寺文化史　中國社會科學出版社　1997　p. 881

方廣錩　十地經論　敦煌學大辭典　上海辭書出版社　1998　p. 720

林聰明　敦煌吐魯番文書解詁指例　（臺北)新文豐出版公司　2001　p. 112

陳麗萍　敦煌女性寫經題記及反映的婦女問題　敦煌佛教藝術文化國際學術研討會論文集　蘭州大學出版社　2002　p. 443

姜亮夫　敦煌莫高窟年表　姜亮夫全集(十一)　雲南人民出版社　2002　p. 176、305

P. 2087

賀世哲　敦煌莫高窟隋代石窟與"雙弘定慧"　1983 年全國敦煌學術討論會文集・石窟藝術編(上)　甘肅人民出版社　1985　p. 47、49

謝重光　關於唐後期至五代間沙州寺院經濟的幾個問題　敦煌吐魯番出土經濟文書研究　廈門大學出版社　1986　p. 512 注 168

賀世哲　關於十六國北朝時期的三世佛與三佛造像諸問題(二)　《敦煌研究》1993 年第 1 期　p. 7

李正宇　敦煌文學概論　甘肅人民出版社　1993　p. 95

方廣錩　像法決疑經　敦煌學大辭典　上海辭書出版社　1998　p. 736

謝重光　漢唐佛教社會史論　（臺北)國際文化事業有限公司　2001　p. 254 注 78

馮培紅　歸義軍鎮制考　敦煌吐魯番研究(第九卷)　中華書局　2006　p. 276

P. 2088

饒宗頤　敦煌書法叢刊(第二三卷)・寫經(四)　（東京)二玄社　1983　p. 22、48

江素雲　維摩詰所說經敦煌寫本綜合目錄　（臺北)東初出版社　1991　p. 85

汪泛舟　敦煌文學概論　甘肅人民出版社　1993　p. 181

趙聲良　唐寫本《維摩詰經》　敦煌書法庫(第三輯)　甘肅人民美術出版社　1994　p. 135

趙聲良　萬經珍寶：古代書法藝術的寶庫"敦煌書法"　（臺北)《雄獅美術》1994 年第 12 期

鄭汝中　唐代書法藝術與敦煌寫卷　敦煌書法庫(第四輯)　甘肅人民美術出版社　1994　p. 10　又見：《敦煌研究》1996 年第 2 期　p. 127

P. 2089

本田義英　敦煌出土智度論に就いて　『宗教研究』(新 6 卷 2 期)　（東京)宗教研究會　1929

p. 244

陳祚龍　後魏元宋坐鎮瓜州事佛之一斑　中華佛教文化史散策（初集）　（臺北）新文豐出版公司
　　1978　p. 95

陳祚龍　敦煌古抄內典尾記彙校初、二、三編合刊　敦煌學要籥　（臺北）新文豐出版公司　1982
　　p. 169

饒宗頤　敦煌書法叢刊（第二一卷）‧寫經（二）　（東京）二玄社　1983　p. 13、73

池田溫　中國古代寫本識語集錄　（東京）大藏出版株式會社　1990　p. 166

林聰明　敦煌文書學　（臺北）新文豐出版公司　1991　p. 312

伊藤美重子　敦煌本『大智度論』の整理　中國佛教石經の研究　京都大學學術出版會　1996
　　p. 355

方廣錩　大智度論　敦煌學大辭典　上海辭書出版社　1998　p. 721

P. 2090

陳祚龍　敦煌古抄內典尾記彙校初、二、三編合刊　敦煌學要籥　（臺北）新文豐出版公司　1982
　　p. 169

池田溫　中國古代寫本識語集錄　（東京）大藏出版株式會社　1990　p. 208

林聰明　敦煌文書出處略考　季羨林教授八十華誕紀念論文集（下）　江西人民出版社　1991
　　p. 866

林聰明　敦煌文書學　（臺北）新文豐出版公司　1991　p. 165、305、407

張弓　漢唐佛寺文化史　中國社會科學出版社　1997　p. 882

白化文　寫經生　敦煌學大辭典　上海辭書出版社　1998　p. 594

蔡忠霖　敦煌漢文寫卷俗字及其現象　（臺北）文津出版社　2002　p. 56

姜亮夫　敦煌莫高窟年表　姜亮夫全集（十一）　雲南人民出版社　2002　p. 232

李玉瑉　敦煌初唐的彌勒經變　2000年敦煌學國際學術討論會文集‧石窟考古卷　甘肅民族出版
　　社　2003　p. 70

P. 2091

陳祚龍　敦煌古抄內典尾記彙校初、二、三編合刊　敦煌學要籥　（臺北）新文豐出版公司　1982
　　p. 169

饒宗頤　敦煌書法叢刊（第二二卷）‧寫經（三）　（東京）二玄社　1983　p. 62、69

池田溫　中國古代寫本識語集錄　（東京）大藏出版株式會社　1990　p. 177

林聰明　敦煌文書學　（臺北）新文豐出版公司　1991　p. 61、187、306、415

趙聲良　隋代敦煌寫本的書法藝術　敦煌書法庫（第三輯）　甘肅人民美術出版社　1994　p. 3　又
　　見：《敦煌研究》1995第4期　p. 135

趙聲良　隋寫本《勝鬘義記》　敦煌書法庫（第三輯）　甘肅人民美術出版社　1994　p. 79

趙聲良　萬經珍寶：古代書法藝術的寶庫"敦煌書法"　（臺北）《雄獅美術》1994年第12期

杜斗城　北涼譯經論　甘肅文化出版社　1995　p. 18

林聰明　敦煌文書年代考探略述　敦煌學國際研討會文集‧史地語文編　遼寧美術出版社　1995
　　p. 551

趙聲良　敦煌寫卷書法（下）　《文史知識》1997年第5期　p. 80

方廣錩　勝鬘義記　敦煌學大辭典　上海辭書出版社　1998　p. 659

趙聲良　勝鬘義記　敦煌學大辭典　上海辭書出版社　1998　p. 284

林聰明　敦煌吐魯番文書解詁指例　（臺北）新文豐出版公司　2001　p. 157. 252
蔡忠霖　敦煌漢文寫卷俗字及其現象　（臺北）文津出版社　2002　p. 28
姜亮夫　敦煌莫高窟年表　姜亮夫全集（十一）　雲南人民出版社　2002　p. 193
石井公成　敦煌發現之地論宗諸文獻與電腦自動異本處理　戒幢佛學（第二卷）　岳麓書社　2002
　　　p. 180

P. 2092

沃興華　敦煌書法藝術　上海人民出版社　1994　p. 54
方孝坤　敦煌書法的文獻學價值　文史（第七十五輯）　中華書局　2006　p. 37

P. 2093

諏訪義讓　敦煌本瑜伽論分門記に就いて　『大谷學報』（第11卷第3號）　（京都）大谷學會　1930
　　　p. 123
矢吹慶輝　鳴沙餘韻・解說篇（第一部）　（京都）臨川書店　1980　p. 144
田中良昭　敦煌禪宗文獻の研究　（東京）大東出版社　1983　p. 198
王堯　陳踐　敦煌吐蕃文獻選　四川民族出版社　1983　p. 206
上山大峻　敦煌佛教の研究　（京都）法藏館　1990　p. 92、110、220

P. 2094

芳村修基　土橋秀高　井ノ口泰淳　敦煌佛教史年表　西域文化研究（第一）・敦煌佛教資料　（京
　　　都）法藏館　1958　p. 276
金岡照光　敦煌文學のさまざま　敦煌の文學　（東京）大藏出版株式會社　1971　p. 133
池田溫　中國古代の租佃契（上）　『東洋文化研究所紀要』（第60冊）　東京大學東洋文化研究所
　　　1973　p. 93
陳祚龍　中世敦煌與成都之間的交通路線：敦煌學散策之一　敦煌學（第1輯）　（香港）新亞研究所
　　　敦煌學會　1974　p. 80　又見：敦煌資料考屑（下冊）　（臺北）商務印書館　1979　p. 335；唐
　　　代研究論集（第三輯）　（臺北）新文豐出版公司　1992　p. 435
陳祚龍　敦煌古抄內典尾記彙校二編　敦煌文物隨筆　（臺北）商務印書館　1979　p. 161
陳祚龍　敦煌古抄中世詩歌一續　敦煌學海探珠（上冊）　（臺北）商務印書館　1979　p. 169
王重民　敦煌古籍敘錄　中華書局　1979　p. 268
矢吹慶輝　鳴沙餘韻・解說篇（第一部）　（京都）臨川書店　1980　p. 87
蘇瑩輝　敦煌學概要　（臺北）編譯館“中華叢書編委會”　1981　p. 77、96
陳祚龍　敦煌古抄內典尾記彙校初、二、三編合刊　敦煌學要籥　（臺北）新文豐出版公司　1982
　　　p. 68
鄭阿財　敦煌孝道文學研究　（臺北）石門圖書公司　1982　p. 531
董作賓　敦煌紀年　敦煌學文選（上）　蘭州大學歷史系敦煌學研究室等　1983　p. 30
龍晦　唐五代西北方音與卜天壽《論語》寫本　新疆考古三十年　新疆人民出版社　1983　p. 376
蘇瑩輝　敦煌石室真迹錄題記訂補　敦煌論集續編　（臺北）學生書局　1983　p. 189
蘇瑩輝　敦煌文化傳自中原略論　敦煌論集續編　（臺北）學生書局　1983　p. 295
蘇瑩輝　敦煌學與圖書館學　敦煌論集　（臺北）學生書局　1983　p. 45
蘇瑩輝　中外敦煌古寫本纂要　敦煌論集　（臺北）學生書局　1983　p. 333
王堯　陳踐　敦煌吐蕃文獻選　四川民族出版社　1983　p. 206

平野顯照　講經文の組織内容　敦煌と中國仏教(講座敦煌7)　(東京)大東出版社　1984　p. 348

王重民　巴黎敦煌殘卷叙録(第二輯)　敦煌叢刊初集(九)　(臺北)新文豐出版公司　1985　p. 257

高明士　唐代敦煌的教育　漢學研究(敦煌學國際研討會論文專號)　(臺北)漢學研究資料及服務
　　中心　1986　p. 252

姜伯勤　敦煌寺院文書中"梁戶"的性質　五十年來漢唐佛教寺院經濟研究　北京師範大學出版社
　　1986　p. 127

李正宇　唐宋時代的敦煌學校　《敦煌研究》1986年第1期　p. 47 注15

王重民原編　黃永武新編　敦煌古籍叙録新編(第十四冊)　(臺北)新文豐出版公司　1986　p. 218

姜伯勤　唐五代敦煌寺戶制度　中華書局　1987　p. 251

姜亮夫　敦煌經卷題名録　敦煌學論文集　上海古籍出版社　1987　p. 1069

李正宇　敦煌學郎題記輯注　《敦煌學輯刊》1987年第1期　p. 38

李正宇　關於金山國和敦煌國建國的幾個問題　《西北史地》1987年第2期　p. 72

龍晦　大足石刻父母恩重經變像與敦煌音樂文學的關係　敦煌歌辭總編　上海古籍出版社　1987
　　p. 1835

平野顯照著　張桐生譯　唐代的文學與佛教　(臺北)業強出版社　1987　p. 252、264

土肥義和著　李永寧譯　歸義軍時期(晚唐、五代、宋)的敦煌(續)　《敦煌研究》1987年第1期
　　p. 91

舒學　敦煌漢文遺書中雕版印刷資料綜叙　敦煌語言文學研究　北京大學出版社　1988　p. 298

袁德領　敦煌遺書中佛教文書簡介　《敦煌研究》1988年第1期　p. 110

汪泛舟　讚·箴　敦煌文學　甘肅人民出版社　1989　p. 98

周紹良　小說　敦煌文學　甘肅人民出版社　1989　p. 282

池田溫　中國古代寫本識語集録　(東京)大藏出版株式會社　1990　p. 453

龍晦　敦煌與五代兩蜀文化　《敦煌研究》1990年第2期　p. 100

盧向前　金山國立國之我見　《敦煌學輯刊》1990年第2期　p. 16　又見:敦煌吐魯番文書論稿　江
　　西人民出版社　1992　p. 178

張先堂　伯三八九八殘卷篇名、作者新探　《社科縱橫》1990年第6期　p. 49

張先堂　佛教義理與小說藝術聯姻的產兒:論敦煌寫本佛教靈驗記　《甘肅社會科學》1990年第5期
　　p. 164

林聰明　敦煌文書學　(臺北)新文豐出版公司　1991　p. 339、380、410 注3

杜愛英　敦煌遺書中俗體字的諸種類型　《敦煌研究》1992年第3期　p. 119

陶秋英輯録　姜亮夫校訂　敦煌經卷題名録　敦煌碎金　浙江古籍出版社　1992　p. 93

王堯　漢藏佛典對勘釋讀舉要《金剛經》　藏學零墨　西藏人民出版社　1992　p. 196

趙豐　唐代絲綢與絲綢之路　三秦出版社　1992　p. 202 注4

李正宇　敦煌文學概論　甘肅人民出版社　1993　p. 101

蘇遠鳴　敦煌佛教肖像剳記　法國學者敦煌學論文選萃　中華書局　1993　p. 188、193

汪泛舟　敦煌文學概論　甘肅人民出版社　1993　p. 555

項楚　敦煌詩歌導論　(臺北)新文豐出版公司　1993　p. 182

張鴻勳　敦煌話本詞文俗賦導論　(臺北)新文豐出版公司　1993　p. 74

張先堂　敦煌文學概論　甘肅人民出版社　1993　p. 340

方廣錩　敦煌文獻中的《金剛經》及其注疏　《新疆文物》1995年第1期　p. 46

劉進寶　敦煌學論述　(臺北)洪葉文化事業有限公司　1995　p. 274

王書慶　敦煌佛學·佛事篇　甘肅民族出版社　1995　p. 290

項楚　敦煌歌辭總編匡補　（臺北）新文豐出版公司　1995　p. 84

鄭阿財　敦煌寫卷《持誦金剛經靈驗功德記》研究　全國敦煌學研討會論文集　（臺北）中正大學中
　　國文學系所　1995　p. 251、271、274 注 7

鄭阿財　1994—1995 年大陸地區唐代學術研究概況：文學　"中國唐代學會"會刊（第六期）　（臺
　　北）"中國唐代學會"　1995　p. 71

李正宇　敦煌史地新論　（臺北）新文豐出版公司　1996　p. 192 注 15、211

榮新江　歸義軍史研究　上海古籍出版社　1996　p. 51、217

寧可　郝春文　敦煌社邑文書輯校　江蘇古籍出版社　1997　p. 760

楊寶玉　P. 2094《持誦金剛經靈驗功德記》校考　周紹良先生欣開九秩慶壽文集　中華書局　1997
　　p. 266

張弓　漢唐佛寺文化史　中國社會科學出版社　1997　p. 766

鄭阿財　敦煌靈應小說的佛教史學價值　唐研究國際學術會議論文彙編　中國社會科學院歷史所等
　　1997　p. 185　又見：唐研究（第四卷）　北京大學出版社　1998　p. 33、43

鄭炳林　敦煌碑銘讚輯釋　甘肅教育出版社　1997　p. 59 注 9

白化文　西川印本　敦煌學大辭典　上海辭書出版社　1998　p. 590

方廣錩　持誦金剛經靈驗功德記　敦煌學大辭典　上海辭書出版社　1998　p. 685

方廣錩　敦煌遺書中的《金剛經》及其注疏　敦煌學佛教學論叢（上）　中國佛教文化研究所　1998
　　p. 375

方廣錩　金剛般若波羅蜜經　敦煌學大辭典　上海辭書出版社　1998　p. 682

李正宇　翟奉達　敦煌學大辭典　上海辭書出版社　1998　p. 363

唐耕耦　梁課　敦煌學大辭典　上海辭書出版社　1998　p. 645

妹尾達彦　唐代長安東市の印刷業　東アジア史における國家と地域　（東京）刀水書房　1999
　　p. 231

平井宥慶　敦煌文書における金剛經疏　金剛般若經の思想的研究　（東京）春秋社　1999　p. 269

勝崎裕彦　般若經の靈驗記類　金剛般若經の思想的研究　（東京）春秋社　1999　p. 552

楊秀清　敦煌西漢金山國史　甘肅人民出版社　1999　p. 140

伏俊璉　伏麒鵬　石室齊諧：敦煌小說選析　甘肅人民出版社　2000　p. 227

徐俊　敦煌詩集殘卷輯考　中華書局　2000　p. 434

顏廷亮　敦煌文化的靈魂論綱　《甘肅社會科學》2000 年第 4 期　p. 34

楊寶玉　英國收藏敦煌文獻叙錄　英國收藏敦煌漢藏文獻研究　中國社會科學出版社　2000
　　p. 162

張涌泉　敦煌變文校讀劄記　中華文史論叢（總 63 輯）　上海古籍出版社　2000　p. 102

林聰明　敦煌吐魯番文書解詁指例　（臺北）新文豐出版公司　2001　p. 132. 189

汪泛舟　敦煌俗別字補正　《敦煌研究》2001 年第 4 期　p. 156

蔡忠霖　敦煌漢文寫卷俗字及其現象　（臺北）文津出版社　2002　p. 26、65、142、171

姜亮夫　敦煌莫高窟年表　姜亮夫全集（十一）　雲南人民出版社　2002　p. 459

李正宇　唐宋時期的敦煌佛教　敦煌佛教藝術文化國際學術研討會論文集　蘭州大學出版社　2002
　　p. 377

李正宇　唐宋時期敦煌佛經性質功能的變化　戒幢佛學（第二卷）　岳麓書社　2002　p. 17　又見：
　　中日敦煌佛教學術會議論文集　中國社會科學院研究所　2002　p. 15

劉進寶　敦煌學通論　甘肅教育出版社　2002　p. 298

張鴻勳　敦煌俗文學研究　甘肅人民出版社　2002　p. 352

童丕　敦煌的借貸：中國中古時代的物質生活與社會　中華書局　2003　p. 10

汪娟　佛教懺法對靈驗故事的運用　冉雲華先生八秩華誕壽慶論文集　（臺北）法光出版社　2003
　　p. 220

衣川賢次　唐玄宗《御注金剛般若經》的復原與研究　新世紀敦煌學論集　巴蜀書社　2003　p. 122

鄭阿財　敦煌疑偽經與靈驗記關係之考察　漢語史學報專輯（第三輯）　上海教育出版社　2003
　　p. 286

杜正乾　唐代的《金剛經》信仰　《敦煌研究》2004 年第 5 期　p. 53

柴劍虹　敦煌古小說淺談　敦煌與絲路文化學術講座（第二輯）　北京圖書館出版社　2005　p. 272

P. 2095

平井宥慶　金剛般若經　敦煌と中國仏教（講座敦煌7）（東京）大東出版社　1984　p. 20

方廣錩　許培鈴　敦煌遺書中的《維摩詰所說經》及其注疏　《敦煌研究》1994 年第 4 期　p. 148

方廣錩　注維摩經　敦煌學大辭典　上海辭書出版社　1998　p. 677

P. 2096

方廣錩　大莊嚴法門經　敦煌學大辭典　上海辭書出版社　1998　p. 670

林聰明　敦煌吐魯番文書解詁指例　（臺北）新文豐出版公司　2001　p. 122

P. 2097

陳祚龍　瓜沙印録　（臺北）《大陸雜誌》1962 年第 4 期　又見：敦煌學概要　（臺北）編譯館“中華叢
　　書編委會”　1981　p. 266、267；中國敦煌學百年文庫·考古卷（一）　甘肅文化出版社　1999
　　p. 184、188

陳祚龍　古代敦煌及其他地區流行之公私印章圖記文字録　敦煌學要籥　（臺北）新文豐出版公司
　　1982　p. 324、334

孫修身　敦煌三界寺　甘肅省史學會論文集　甘肅省歷史學會編印　1982　p. 173　又見：中國敦煌
　　學百年文庫·宗教卷（一）　甘肅文化出版社　1999　p. 58

岡部和雄　敦煌蔵經目録　敦煌と中國仏教（講座敦煌7）（東京）大東出版社　1984　p. 317

姜亮夫　敦煌經卷壁畫中所見寺觀録　敦煌學論文集　上海古籍出版社　1987　p. 1073

池田溫　敦煌文獻について　『書道研究』（2 卷 2 號）（東京）萱原書局　1988　p. 49　又見：敦煌
　　文書の世界　（東京）名著刊行會　2003　p. 52

林聰明　敦煌文書學　（臺北）新文豐出版公司　1991　p. 129、425

陶秋英輯録　姜亮夫校訂　敦煌經卷所見寺名録　敦煌碎金　浙江古籍出版社　1992　p. 103、105

王三慶　敦煌寫卷中武后新字之調查研究　唐代研究論集（第三輯）（臺北）新文豐出版公司
　　1992　p. 95

吳其昱著　伊藤美重子譯　敦煌漢文寫本概観　敦煌漢文文獻（講座敦煌5）（東京）大東出版社
　　1992　p. 22

鄭炳林　敦煌碑銘讚輯釋　甘肅教育出版社　1997　p. 517 注 8

李正宇　三界寺　敦煌學大辭典　上海辭書出版社　1998　p. 631

李正宇　三界寺藏經印　敦煌學大辭典　上海辭書出版社　1998　p. 293

沙知　蓮藏經　敦煌學大辭典　上海辭書出版社　1998　p. 294

沙知　顯德寺藏經印　敦煌學大辭典　上海辭書出版社　1998　p. 294

P. 2098

池田溫　評『ペリオ將來敦煌漢文文獻目録』第一卷（P. 2001－2500）　『東洋學報』（54 卷 4 號）
　　（東京）東洋學術協會　1972　p. 67

陳祚龍　敦煌古抄內典尾記彙校初、二、三編合刊　敦煌學要籥　（臺北）新文豐出版公司　1982
　　p. 169

池田溫　中國古代寫本識語集録　（東京）大藏出版株式會社　1990　p. 468

林聰明　敦煌文書學　（臺北）新文豐出版公司　1991　p. 316

石泰安著　耿昇譯　敦煌寫本中的印—藏和漢—藏兩種辭彙　國外藏學研究譯文集（第八輯）　西
　　藏人民出版社　1992　p. 185

譚蟬雪　敦煌婚嫁詩詞　《社科縱橫》1994 年第 4 期　又見：中國敦煌學百年文庫·文學卷（三）
　　甘肅文化出版社　1999　p. 440

方廣錩　天地八陽神咒經　敦煌學大辭典　上海辭書出版社　1998　p. 733

金岡照光　敦煌文獻と中國文學　（東京）五曜書房　2000　p. 431

顏廷亮　敦煌文化　光明日報出版社　2000　p. 270

姜亮夫　敦煌莫高窟年表　姜亮夫全集（十一）　雲南人民出版社　2002　p. 478

P. 2099

陳祚龍　新譯補注杜女史主修的《巴黎國立圖書館藏敦煌中文卷冊目録》之"自序"及"緒說"　敦煌
　　學要籥　（臺北）新文豐出版公司　1982　p. 42

張先堂　佛教義理與小說藝術聯姻的產兒：論敦煌寫本佛教靈驗記　《甘肅社會科學》1990 年第 5 期
　　p. 163

張先堂　敦煌文學概論　甘肅人民出版社　1993　p. 340

王書慶　敦煌佛學·佛事篇　甘肅民族出版社　1995　p. 288

楊富學　西域、敦煌文獻所見回鶻之佛經翻譯　《敦煌研究》1995 年第 4 期　p. 7

鄭阿財　敦煌寫卷《懺悔滅罪金光明經傳》初探　慶祝潘石禪先生九秩華誕敦煌學特刊　（臺北）文
　　津出版社　1996　p. 584

鄭阿財　敦煌寫卷《懺悔滅罪金光明經傳》研究　敦煌文藪（下）　（臺北）新文豐出版公司　1999
　　p. 73

楊寶玉　《懺悔滅罪金光明經冥報傳》校考　英國收藏敦煌漢藏文獻研究　中國社會科學出版社
　　2000　p. 331

P. 2100

芳村修基　土橋秀高　井ノ口泰淳　敦煌佛教史年表　西域文化研究（第一）·敦煌佛教資料　（京
　　都）法藏館　1958　p. 275

土橋秀高　四部律及論要抄解說　西域文化研究（第一）·敦煌佛教資料　（京都）法藏館　1958
　　p. 210

陳祚龍　瓜沙印録　（臺北）《大陸雜誌》1962 年第 4 期　又見：敦煌學概要　（臺北）編譯館"中華叢
　　書編委會"　1981　p. 268；中國敦煌學百年文庫·考古卷（一）　甘肅文化出版社　1999
　　p. 190

陳祚龍　敦煌古抄內典尾記彙校二編　敦煌文物隨筆　（臺北）商務印書館　1979　p. 168

矢吹慶輝　鳴沙餘韻·解說篇（第一部）　（京都）臨川書店　1980　p. 129

陳祚龍　敦煌古抄內典尾記彙校初、二、三編合刊　敦煌學要籥　（臺北）新文豐出版公司　1982

p. 74

岡部和雄　敦煌藏經目録　敦煌と中國仏教（講座敦煌 7）　（東京）大東出版社　1984　p. 317

池田溫　敦煌文獻について　『書道研究』（2 卷 2 號）　（東京）萱原書局　1988　p. 49　又見：敦煌
文書の世界　（東京）名著刊行會　2003　p. 52

池田溫　中國古代寫本識語集録　（東京）大蔵出版株式會社　1990　p. 397

林聰明　敦煌文書學　（臺北）新文豐出版公司　1991　p. 125

黄征　張涌泉　敦煌變文校注　中華書局　1997　p. 142

王堯　敦煌吐蕃文書 P. T. 1297 號再釋　佛教與中國傳統文化　宗教文化出版社　1997　p. 756

李正宇　淨土寺　敦煌學大辭典　上海辭書出版社　1998　p. 631

李正宇　淨土寺藏經印　敦煌學大辭典　上海辭書出版社　1998　p. 293

黄征　王伯敏先生藏敦煌唐寫本《四分律小抄一卷》（擬）殘卷研究　敦煌學與中國史研究論集　甘
肅人民出版社　2001　p. 166

黄征　敦煌語言文字學研究　甘肅教育出版社　2002　p. 331

王志銘　論敦煌書法的藝術價值　敦煌佛教藝術文化國際學術研討會論文集　蘭州大學出版社
2002　p. 609

P. 2101

芳村修基　土橋秀高　井ノ口泰淳　敦煌佛教史年表　西域文化研究（第一）・敦煌佛教資料　（京
都）法藏館　1958　p. 264

陳祚龍　敦煌古抄内典尾記彙校二編　敦煌文物隨筆　（臺北）商務印書館　1979　p. 170

陳祚龍　敦煌古抄内典尾記彙校初、二、三編合刊　敦煌學要籥　（臺北）新文豐出版公司　1982
p. 76

饒宗頤　敦煌書法叢刊（第二三卷）・寫經（四）　（東京）二玄社　1983　p. 37

袴谷憲昭　チベット語文獻——仏教文獻　敦煌胡語文獻（講座敦煌 6）　（東京）大東出版社　1985
p. 219

耿昇　八十年代的法國敦煌學論著簡介　《敦煌研究》1986 年第 3 期　p. 88

姜亮夫　敦煌經卷壁畫中所見釋氏僧名録　敦煌學論文集　上海古籍出版社　1987　p. 1027

姜亮夫　敦煌經卷壁畫中所見寺觀録　敦煌學論文集　上海古籍出版社　1987　p. 1077

池田溫　中國古代寫本識語集録　（東京）大蔵出版株式會社　1990　p. 267

上山大峻　敦煌佛教の研究　（京都）法藏館　1990　p. 74

林聰明　敦煌文書學　（臺北）新文豐出版公司　1991　p. 299

陶秋英輯録　姜亮夫校訂　敦煌經卷壁畫中所見釋氏名録　敦煌碎金　浙江古籍出版社　1992
p. 12

陶秋英輯録　姜亮夫校訂　敦煌經卷所見寺名録　敦煌碎金　浙江古籍出版社　1992　p. 112

王惠民　關於《天請問經》和天請問經變的幾個問題　《敦煌研究》1994 年第 4 期　p. 177

方廣錩　廣百論疏　敦煌學大辭典　上海辭書出版社　1998　p. 718

姜亮夫　敦煌莫高窟年表　姜亮夫全集（十一）　雲南人民出版社　2002　p. 283

P. 2103

方廣錩　佛頂尊勝陀羅尼經　敦煌學大辭典　上海辭書出版社　1998　p. 697

P. 2104

那波利貞　佛教信仰に基きて組織せられたる中晚唐五代時代の社邑に就きて（上）　『史林』（24卷3號）　京都大學文學部史學研究會　1939　p. 56　又見：唐代社會文化史研究・第六編（東京）創文社　1974　p. 623

周一良　跋敦煌秘笈留真　《清華學報》1948年第15卷第1期　又見：魏晉南北朝史論集　中華書局　1963　p. 371；中國敦煌學百年文庫・文獻卷（一）甘肅文化出版社　1999　p. 283

芳村修基　土橋秀高　井ノ口泰淳　敦煌佛教史年表　西域文化研究（第一）・敦煌佛教資料　（京都）法藏館　1958　p. 256

陳祚龍　敦煌古抄內典尾記彙校二編　敦煌文物隨筆　（臺北）商務印書館　1979　p. 169

陳祚龍　敦煌古抄中世詩歌一續　敦煌學海探珠（上冊）　（臺北）商務印書館　1979　p. 187

陳祚龍　敦煌學雜記　敦煌資料考屑（下冊）　（臺北）商務印書館　1979　p. 390

陳祚龍　新校重訂《齋琬文》敦煌學海探珠（下冊）　（臺北）商務印書館　1979　p. 322

矢吹慶輝　鳴沙餘韻・解說篇（第一部）　（京都）臨川書店　1980　p. 11

田中良昭　修道偈I　敦煌仏典と禪（講座敦煌8）　（東京）大東出版社　1980　p. 251

陳祚龍　敦煌古抄內典尾記彙校初、二、三編合刊　敦煌學要籥　（臺北）新文豐出版公司　1982　p. 75

董作賓　敦煌紀年　敦煌學文選（上）　蘭州大學歷史系敦煌學研究室等　1983　p. 19

饒宗頤　敦煌書法叢刊（第二二卷）・寫經（三）　（東京）二玄社　1983　p. 3、64

田中良昭　敦煌禪宗文獻の研究　（東京）大東出版社　1983　p. 297

岡部和雄　敦煌藏經目錄　敦煌と中國仏教（講座敦煌7）　（東京）大東出版社　1984　p. 316

饒宗頤解說　林宏作譯　敦煌書法叢刊（第二九卷）・道書（三）　（東京）二玄社　1984　p. 67

汪泛舟　讚・箴　敦煌文學　甘肅人民出版社　1989　p. 98

池田溫　中國古代寫本識語集錄　（東京）大藏出版株式會社　1990　p. 134、320

梅弘理著　耿昇譯　根據P. 2547號寫本對《齋琬文》的復原和斷代　《敦煌研究》1990年第2期　p. 51

上山大峻　敦煌佛教の研究　（京都）法藏館　1990　p. 421

林聰明　敦煌文書學　（臺北）新文豐出版公司　1991　p. 101

趙聲良　敦煌南北朝寫本的書法藝術　《敦煌研究》1991年第4期　p. 45

鄭炳林　伯2641號背莫高窟再修功德記撰寫人探微　《敦煌學輯刊》1991年第2期　p. 46

趙益　敦煌卷子中三種禪宗文獻考辨　古典文獻研究　南京大學出版社　1992　又見：中國敦煌學百年文庫・宗教卷（二）甘肅文化出版社　1999　p. 323

鄭炳林　梁志勝　《梁幸德邈真讚》與梁願請《莫高窟功德記》《敦煌研究》1992年第2期　p. 69　又見：敦煌吐魯番文獻研究　蘭州大學出版社　1995　p. 267

項楚　敦煌詩歌導論　（臺北）新文豐出版公司　1993　p. 151

索仁森著　李吉和譯　敦煌漢文禪籍特徵概觀　《敦煌研究》1994年第1期　p. 113

田中良昭　敦煌の禪籍　禪學研究入門　（東京）大東出版社　1994　p. 68

趙聲良　南北朝寫經書法藝術　敦煌書法庫（第一輯）　甘肅人民美術出版社　1994　p. 19

趙聲良　早期敦煌寫本書法的時代分期和類型　敦煌書法庫（第二輯）　甘肅人民美術出版社　1994　p. 7

黃征　吳偉　敦煌願文集　岳麓書社　1995　p. 71

李崇峰　有關莫高窟北周洞窟研究的兩個問題　敦煌學國際研討會文集・石窟考古編　遼寧美術出版社　1995　p. 81

柳田聖山　禪籍解題(一)·敦煌禪籍　俗語言研究(第二期)　(京都)禪文化研究所　1995　p.150

徐俊　敦煌寫本《山僧歌》綴合與斯5692蝴蝶裝冊的還原　中國典籍與文化論叢(第二輯)　中華書局　1995　p.79

柳田聖山　禪籍解題(二)　俗語言研究(第三期)　(京都)禪文化研究所　1996　p.190

榮新江　評《俄藏敦煌文獻》第1－5冊　敦煌吐魯番研究(第一卷)　北京大學出版社　1996　p.372

田中良昭　《禪籍解題(一)·敦煌禪籍》補遺　俗語言研究(第三期)　(京都)禪文化研究所　1996　p.216

徐俊　敦煌寫本唐人詩歌存佚互見綜考　敦煌吐魯番研究(第一卷)　北京大學出版社　1996　p.114

周一良著　錢文忠譯　唐代密宗　上海遠東出版社　1996　p.212

柴劍虹　俄藏敦煌詩詞寫卷經眼録(二)　敦煌吐魯番研究(第二卷)　北京大學出版社　1997　p.56　又見:敦煌吐魯番學論稿　浙江教育出版社　2000　p.236

孫昌武　禪思與詩情　中華書局　1997　p.331注36

徐俊　敦煌大曲　敦煌文學論集　四川人民出版社　1997　p.248注1

鄭炳林　敦煌碑銘讚輯釋　甘肅教育出版社　1997　p.176注4

楊富學　李吉和　敦煌漢文吐蕃史料輯校(第一輯)　甘肅人民出版社　1999　p.277

李崇峰　敦煌莫高窟唐前期洞窟分期　敦煌研究文集·敦煌石窟考古篇　甘肅民族出版社　2000　p.80

徐俊　敦煌詩集殘卷輯考　中華書局　2000　p.11、494、543、641

徐俊　關於"禪門秘要訣":敦煌釋氏歌偈寫本三種合校　慶祝吳其昱先生八秩華誕敦煌學特刊　(臺北)文津出版社　2000　p.221

趙聲良　早期敦煌寫本書法的分期研究　1994年敦煌學國際研討會文集·石窟藝術卷　甘肅民族出版社　2000　p.277

林聰明　敦煌吐魯番文書解詁指例　(臺北)新文豐出版公司　2001　p.114

蔡忠霖　敦煌漢文寫卷俗字及其現象　(臺北)文津出版社　2002　p.363

鄧鷗英　敦煌詩歌《釋氏歌偈銘叢抄》補校　《敦煌研究》2002年第2期　p.99

姜亮夫　敦煌莫高窟年表　姜亮夫全集(十一)　雲南人民出版社　2002　p.154

蔡忠霖　從書法角度看俗字的生成　敦煌學(第24輯)　(臺北)樂學書局有限公司　2003　p.163、167

蔡忠霖　遼·釋行均《龍龕手鑒》的俗字觀　冉雲華先生八秩華誕壽慶論文集　(臺北)法光出版社　2003　p.418

李小榮　敦煌密教文獻論稿　人民文學出版社　2003　p.264

王志鵬　從敦煌歌辭看唐代敦煌地區禪宗的流傳與發展　《敦煌研究》2005年第6期　p.100

鍾書林　《禪門秘要訣》校補　《敦煌學輯刊》2006年第1期　p.133

P.2105

陳祚龍　敦煌學雜記　敦煌資料考屑(下冊)　(臺北)商務印書館　1979　p.390

沖本克己　敦煌出土のチベット文禪宗文獻の內容　敦煌仏典と禪(講座敦煌8)　(東京)大東出版社　1980　p.426

木村隆德　敦煌出土のチベット文禪宗文獻の性格　敦煌仏典と禪(講座敦煌8)　(東京)大東出版社　1980　p.443

田中良昭　修道偈Ⅰ　敦煌仏典と禪(講座敦煌8)　(東京)大東出版社　1980　p. 251

田中良昭　敦煌禪宗文獻の研究　(東京)大東出版社　1983　p. 297

姜亮夫　瀛外將去敦煌所藏韻書字書各卷叙録　敦煌學論文集　上海古籍出版社　1987　p. 348

張鴻勳　講經文　敦煌文學　甘肅人民出版社　1989　p. 271

上山大峻　敦煌佛教の研究　(京都)法藏館　1990　p. 421

王惠民　敦煌寫本《水月觀音經》研究　《敦煌研究》1992年第3期　p. 94

王堯　敦煌本藏文《賢愚經》及譯者考述　(香港)《九州學刊》(敦煌學專輯)1992年第4卷第4期　p. 98

趙益　敦煌卷子中三種禪宗文獻考辨　古典文獻研究　南京大學出版社　1992　又見:中國敦煌學百年文庫·宗教卷(二)　甘肅文化出版社　1999　p. 323

田中良昭　敦煌の禪籍　禪學研究入門　(東京)大東出版社　1994　p. 68

王惠民　敦煌千手千眼觀音像　《敦煌學輯刊》1994年第1期　p. 63

王堯　西藏文史考信集　中國藏學出版社　1994　p. 184

梁梁　敦煌壁畫故事(第四輯)　江蘇古籍出版社　1995　p. 3

柳田聖山　禪籍解題(一)·敦煌禪籍　俗語言研究(第二期)　(京都)禪文化研究所　1995　p. 150

徐俊　敦煌寫本《山僧歌》綴合與斯5692蝴蝶裝冊的還原　中國典籍與文化論叢(第二輯)　中華書局　1995　p. 79

田中良昭　《禪籍解題(一)·敦煌禪籍》補遺　俗語言研究(第三期)　(京都)禪文化研究所　1996　p. 217

徐俊　敦煌寫本唐人詩歌存佚互見綜考　敦煌吐魯番研究(第一卷)　北京大學出版社　1996　p. 125

孫昌武　禪思與詩情　中華書局　1997　p. 331注37

張金泉　敦煌佛經音義寫卷述要　《敦煌研究》1997年第2期　p. 120

方廣錩　賢愚因緣經　敦煌學大辭典　上海辭書出版社　1998　p. 707

徐俊　敦煌詩集殘卷輯考　中華書局　2000　p. 11、543、641

徐俊　關於"禪門秘要訣":敦煌釋氏歌偈寫本三種合校　慶祝吳其昱先生八秩華誕敦煌學特刊　(臺北)文津出版社　2000　p. 221

顔廷亮　敦煌文化　光明日報出版社　2000　p. 478

張勇　傅大士研究　巴蜀書社　2000　p. 225

鄧鷗英　敦煌詩歌《釋氏歌偈銘叢抄》補校　《敦煌研究》2002年第2期　p. 99

李小榮　論密教中的千手觀音　文史(第五十六輯)　中華書局　2003　p. 158

王志鵬　從敦煌歌辭看唐代敦煌地區禪宗的流傳與發展　《敦煌研究》2005年第6期　p. 100

鍾書林　《禪門秘要訣》校補　《敦煌學輯刊》2006年第1期　p. 133

P. 2106

本田義英　敦煌出土智度論に就いて　『宗教研究』(新6卷2期)　(東京)宗教研究會　1929　p. 243

池田溫　中國古代寫本識語集録　(東京)大藏出版株式會社　1990　p. 255

伊藤美重子　敦煌本『大智度論』の整理　中國佛教石經の研究　京都大學學術出版會　1996　p. 370

金岡照光　敦煌文獻と中國文學　(東京)五曜書房　2000　p. 408

P. 2107

任半塘　敦煌歌辭總編　上海古籍出版社　1987　p. 1049

孫其芳　詞　敦煌文學　甘肅人民出版社　1989　p. 215

任半塘　王昆吾　隋唐五代燕樂雜言歌辭集　巴蜀書社　1990　p. 515

張涌泉　《敦煌歌辭總編》校議　《語言研究》1992 年第 1 期　p. 59

周紹良　敦煌文學芻議及其它　（臺北）新文豐出版公司　1992　p. 38

王昆吾　隋唐五代燕樂雜言歌辭研究　中華書局　1996　p. 392

柴劍虹　俄藏敦煌詩詞寫卷經眼録（二）　敦煌吐魯番研究（第二卷）　北京大學出版社　1997
　　p. 52　又見：敦煌吐魯番學論稿　浙江教育出版社　2000　p. 231

張弓　漢唐佛寺文化史　中國社會科學出版社　1997　p. 837

柴劍虹　千門化　敦煌學大辭典　上海辭書出版社　1998　p. 547

盛冬鈴　京兆杜氏邈真讚　敦煌學大辭典　上海辭書出版社　1998　p. 550

陸永峰　試論變文中的叙事套語　新國學（第一卷）　巴蜀書社　1999　p. 340

張子開　敦煌文獻中的白話禪詩　《敦煌學輯刊》2003 年第 1 期　p. 83

P. 2109

廣川堯敏　禮讚　敦煌と中國仏教（講座敦煌 7）　（東京）大東出版社　1984　p. 448

方廣錩　齋法清淨經　敦煌學大辭典　上海辭書出版社　1998　p. 738

P. 2110

陳祚龍　瓜沙印録　（臺北）《大陸雜誌》1962 年第 4 期　又見：敦煌學概要　（臺北）編譯館“中華叢
　書編委會”　1981　p. 269；中國敦煌學百年文庫·考古卷（一）　甘肅文化出版社　1999
　p. 191

陳祚龍　後魏元榮坐鎮瓜州事佛之一斑　《古今談》1973 年第 103 期　又見：中華佛教文化史散策
　（初集）　（臺北）新文豐出版公司　1978　p. 82；中國敦煌學百年文庫·宗教卷（一）　甘肅文
　化出版社　1999　p. 9

陳祚龍　敦煌古抄内典尾記彙校初、二、三編合刊　敦煌學要籥　（臺北）新文豐出版公司　1982
　p. 169

陳祚龍　古代敦煌及其他地區流行之公私印章圖記文字録　敦煌學要籥　（臺北）新文豐出版公司
　1982　p. 344

饒宗頤解說　林宏作譯　敦煌書法叢刊（第二十卷）·寫經（一）　（東京）二玄社　1983　p. 63

王三慶　日本所見敦煌寫卷目録提要（一）　敦煌學（第 15 輯）　（臺北）新文豐出版公司　1989
　p. 99

池田溫　中國古代寫本識語集録　（東京）大藏出版株式會社　1990　p. 103

林聰明　從敦煌文書看佛教徒的造經祈福　第二屆敦煌學國際研討會論文集　（臺北）漢學研究中
　心　1990　p. 528

林聰明　敦煌文書學　（臺北）新文豐出版公司　1991　p. 159、438

伊藤伸　中國書法史上から見た敦煌漢文寫本　敦煌漢文文獻（講座敦煌 5）　（東京）大東出版社
　1992　p. 212

戴仁　敦煌寫本紙張的顏色　法國學者敦煌學論文選萃　中華書局　1993　p. 591

林聰明　談敦煌文書的抄寫問題　紀念陳寅恪先生百年誕辰學術論文集　江西教育出版社　1994
　p. 287

趙聲良　早期敦煌寫本書法的時代分期和類型　敦煌書法庫（第二輯）　甘肅人民美術出版社
　　1994　p. 5

林聰明　敦煌文書年代考探略述　敦煌學國際研討會文集・史地語文編　遼寧美術出版社　1995
　　p. 561

張涌泉　敦煌文書類化字研究　《敦煌研究》1995 年第 4 期　p. 77

藤枝晃著　徐慶全　李樹清譯　敦煌寫本概述　《敦煌研究》1996 年第 2 期　p. 117

方廣錩　大方廣佛華嚴經　敦煌學大辭典　上海辭書出版社　1998　p. 655

趙聲良　早期敦煌寫本書法的分期研究　1994 年敦煌學國際研討會文集・石窟藝術卷　甘肅民族
　　出版社　2000　p. 269

林聰明　敦煌吐魯番文書解詁指例　（臺北）新文豐出版公司　2001　p. 34. 269

蔡忠霖　敦煌漢文寫卷俗字及其現象　（臺北）文津出版社　2002　p. 26

劉濤　中國書法史・魏晉南北朝卷　江蘇教育出版社　2002　p. 397 注 22

徐俊　俄藏 Dx. 11414＋Dx. 02947 前秦擬古詩殘本研究：兼論背面契券文書的地域和時代　敦煌吐
　　魯番研究（第六卷）　北京大學出版社　2002　p. 219 注

殷光明　敦煌盧舍那佛法界圖像研究之一　《敦煌研究》2002 年第 1 期　p. 49

P. 2111

金岡照光　敦煌民眾の宗教と生活　敦煌の民眾——その生活と思想　（東京）評論社　1972
　　p. 106

那波利貞　開元末期以前と天寶初期以後との唐の時世の差異に就きて　唐代社會文化史研究・第
　　一編　（東京）創文社　1974　p. 45

北村茂樹　『維摩經講經文』の異本について　『印度學佛教學研究』（24 卷 2 號）　（東京）日本印度
　　學佛教學會　1976　p. 146

周紹良　談唐代民間文學：讀《中國文學史》中“變文”節書後　紹良叢稿　齊魯書社　1984　p. 56

張雲　唐代吐蕃史與西北民族史研究　中國藏學出版社　2004　p. 200

P. 2112

陳祚龍　敦煌古抄内典尾記彙校初、二、三編合刊　敦煌學要籥　（臺北）新文豐出版公司　1982
　　p. 169

P. 2113

饒宗頤　論敦煌陷於吐蕃之年代　（香港）《東方文化》1971 年第 9 卷第 1 期　又見：選堂集林・史林
　　（香港）中華書局　1982　p. 684；中國敦煌學百年文庫・民族卷（一）　甘肅文化出版社　1999
　　p. 229

陳祚龍　關於李唐玄宗御“注”金剛經　敦煌資料考屑（下冊）　（臺北）商務印書館　1979　p. 490

土肥義和　莫高窟千佛洞と大寺と蘭若と　敦煌の社會（講座敦煌 3）　（東京）大東出版社　1980
　　p. 354

陳祚龍　敦煌古抄《梁朝傅大士頌金剛經》之考證和校訂　敦煌簡策訂存　（臺北）商務印書館
　　1983　p. 248 注 13

田中良昭　敦煌禪宗文獻の研究　（東京）大東出版社　1983　p. 198

饒宗頤　敦煌書法叢刊（第二四卷）・寫經（五）　（東京）二玄社　1984　p. 41

馬德　敦煌遺書莫高窟營建史料淺論　敦煌學國際學術討論會論文縮寫文（1990）　敦煌研究院

1990　p. 46

方廣錩　敦煌遺書中的《金剛經》及其注疏　敦煌學佛教學論叢(上)　中國佛教文化研究所　1998
　　p. 381

方廣錩　御注金剛般若波羅蜜經宣演　敦煌學大辭典　上海辭書出版社　1998　p. 684

平井宥慶　敦煌文書における金剛經疏　金剛般若經の思想的研究　(東京)春秋社　1999　p. 265

馬德　敦煌寫本《營窟稿文範》箋證　1994年敦煌學國際研討會文集·石窟考古卷　甘肅民族出版
　　社　2000　p. 220

石內德　敦煌文獻中被廢棄的殘經抄本　法國漢學(敦煌學專號)　中華書局　2000　p. 14

呂鍾　重修敦煌縣誌　甘肅人民出版社　2002　p. 579

杜正乾　唐代的《金剛經》信仰　《敦煌研究》2004年第5期　p. 53

P. 2114

陳祚龍　瓜沙印錄　(臺北)《大陸雜誌》1962年第4期　又見:敦煌學概要　(臺北)編譯館"中華叢
　　書編委會"　1981　p. 269；中國敦煌學百年文庫·考古卷(一)　甘肅文化出版社　1999
　　p. 191

陳祚龍　古代敦煌及其他地區流行之公私印章圖記文字錄　敦煌學要籥　(臺北)新文豐出版公司
　　1982　p. 344

王三慶　敦煌寫卷中武后新字之調查研究　唐代研究論集(第三輯)　(臺北)新文豐出版公司
　　1992　p. 95

沙知　建章監之印　敦煌學大辭典　上海辭書出版社　1998　p. 290

石塚晴通　聖教の形と場——敦煌及び日本の古寫經·刊本　日本における漢字字體規範成立の實
　　證的研究(報告書)　北海道大學大學院文學研究科　2002　p. 192

P. 2115

三木榮　西域出土醫藥關係文獻綜合解說目錄　『東洋學報』(47卷1號)　(東京)東洋學術協會
　　1964　p. 9

陳祚龍　我國的藥書與醫學　敦煌文物隨筆　(臺北)商務印書館　1979　p. 36

戴密微著　耿昇譯　敦煌學近作　敦煌譯叢(第一輯)　甘肅人民出版社　1985　p. 21

譚宗達　敦煌本《張仲景五臟論》校勘　《敦煌研究》1986年第2期　p. 82

馬繼興　敦煌古醫籍考釋　江西科學技術出版社　1988　p. 11、16

郭在貽　張涌泉　黃征　敦煌變文集校議　岳麓書社　1990　p. 14

宮下三郎　敦煌本の本草醫書　敦煌漢文文獻(講座敦煌5)　(東京)大東出版社　1992　p. 498

吳其昱著　伊藤美重子譯　敦煌漢文寫本概觀　敦煌漢文文獻(講座敦煌5)　(東京)大東出版社
　　1992　p. 73

丛春雨　敦煌中醫藥全書　中醫古籍出版社　1994　p. 52、82、274

胡戟　傅玫　敦煌史話　中華書局　1995　p. 191

黃征　張涌泉　敦煌變文校注　中華書局　1997　p. 35

鄭炳林　唐五代敦煌的醫事研究　敦煌歸義軍史專題研究　蘭州大學出版社　1997　p. 519

鄭炳林　馮培紅　唐五代歸義軍政權對外關係中的使頭一職　敦煌歸義軍史專題研究　蘭州大學出
　　版社　1997　p. 57

馬繼興　敦煌醫藥文獻　敦煌學大辭典　上海辭書出版社　1998　p. 615

馬繼興　敦煌醫藥文獻輯校　江蘇古籍出版社　1998　p. 54

王淑民　平脈略例　敦煌學大辭典　上海辭書出版社　1998　p. 616

王淑民　張仲景五臟論　敦煌學大辭典　上海辭書出版社　1998　p. 616

馮培紅　客司與歸義軍的外交活動　《敦煌學輯刊》1999 年第 1 期　p. 82

王進玉　從敦煌文物看中西文化交流　《西域研究》1999 年第 1 期　p. 60

王淑民　敦煌石窟秘藏醫方　北京醫科大學中國協和醫科大學聯合出版社　1999　p. 4

丛春雨　敦煌中醫藥精萃發微　中醫古籍出版社　2000　p. 1、57

楊秀清　華戎交會的都市:敦煌與絲綢之路　甘肅人民出版社　2000　p. 130

陳明　醫理精華:印度古典醫學在敦煌的實例分析　敦煌吐魯番研究(第五卷)　北京大學出版社
　　2001　p. 228

馬繼興　當前世界各地收藏的中國出土卷子本古醫藥文獻備考　敦煌吐魯番研究(第六卷)　北京
　　大學出版社　2002　p. 136

西本照真　敦煌抄本中的三階教文獻　中日敦煌佛教學術會議論文集　中國社會科學院研究所
　　2002　p. 178

張總　評《三階教的研究》　唐研究(第八卷)　北京大學出版社　2002　p. 469

陳明　耆婆的形象演變及其在敦煌吐魯番地區的影響　文津學志(第一輯)　北京圖書館出版社
　　2003　p. 153

西本照真　三階教文獻綜述　藏外佛教文獻(第九輯)　宗教文化出版社　2003　p. 368

陳明　殊方異藥:出土文書與西域醫學　北京大學出版社　2005　p. 159

李應存　敦煌卷子《張仲景五臟論》中"四色神丹"考　《敦煌學輯刊》2005 年第 2 期　p. 47

李應存　新發現 ДХ1325v 爲敦煌《張仲景五臟論》又一寫本　《敦煌研究》2006 年第 1 期　p. 89

P. 2116

羽田亨　敦煌遺書活字本第一集解題　羽田博士史學論文集(上卷)·歷史篇　(東京)東洋史研究
　　會　1957　p. 583

王重民　記敦煌寫本的佛經　敦煌吐魯番文獻研究論集(第二輯)　北京大學出版社　1983　p. 16
　　又見:敦煌遺書論文集　中華書局　1984　p. 301

戴密微著　耿昇譯　敦煌學近作　敦煌譯叢(第一輯)　甘肅人民出版社　1985　p. 60

姜亮夫　敦煌經卷壁畫中所見釋氏僧名錄　敦煌學論文集　上海古籍出版社　1987　p. 1031

姜亮夫　敦煌經卷壁畫中所見寺觀錄　敦煌學論文集　上海古籍出版社　1987　p. 1078

上山大峻　敦煌佛教の研究　(京都)法藏館　1990　p. 90、175

陶秋英輯錄　姜亮夫校訂　敦煌經卷壁畫中所見釋氏名錄　敦煌碎金　浙江古籍出版社　1992
　　p. 12

陶秋英輯錄　姜亮夫校訂　敦煌經卷所見寺名錄　敦煌碎金　浙江古籍出版社　1992　p. 117

林聰明　敦煌吐魯番文書解詁指例　(臺北)新文豐出版公司　2001　p. 144

P. 2117

那波利貞　千佛岩莫高窟と敦煌文書　西域文化研究(第二)·敦煌吐魯番社會經濟資料(上)　(京
　　都)法藏館　1959　p. 63

陳祚龍　敦煌古抄內典尾記彙校初、二、三編合刊　敦煌學要篇　(臺北)新文豐出版公司　1982
　　p. 169

董作賓　敦煌紀年　敦煌學文選(上)　蘭州大學歷史系敦煌學研究室等　1983　p. 20

饒宗頤　敦煌書法叢刊(第二二卷)·寫經(三)　(東京)二玄社　1983　p. 56、68

饒宗頤解說　林宏作譯　敦煌書法叢刊(第十二卷)·經史(十)　(東京)二玄社　1984　p. 69

池田溫　中國古代寫本識語集錄　(東京)大藏出版株式會社　1990　p. 175

林聰明　從敦煌文書看佛教徒的造經祈福　第二屆敦煌學國際研討會論文集　(臺北)漢學研究中心　1990　p. 526

鄭汝中　敦煌書法管窺　《敦煌研究》1991 年第 4 期　p. 39

譚世保　燉(焞、敦)煌考釋　文史(第三十七輯)　中華書局　1993　p. 55　又見:中國敦煌學百年文庫·歷史卷(二)　甘肅文化出版社　1999　p. 373

趙聲良　隋代敦煌寫本的書法藝術　敦煌書法庫(第三輯)　甘肅人民美術出版社　1994　p. 2　又見:《敦煌研究》1995 年第 4 期　p. 134

鄭汝中　敦煌書法概述　敦煌書法庫(第一輯)　甘肅人民美術出版社　1994　p. 12

黄征　吳偉　敦煌願文集　岳麓書社　1995　p. 877

張弓　漢唐佛寺文化史　中國社會科學出版社　1997　p. 881

趙聲良　敦煌寫卷書法(下)　《文史知識》1997 年第 5 期　p. 80

顧吉辰　敦煌文獻職官結銜考釋　《敦煌學輯刊》1998 年第 2 期　p. 21

沙知　大黃府　敦煌學大辭典　上海辭書出版社　1998　p. 396

沙知　敦煌吐魯番文獻所見唐軍府名掇拾　《敦煌學輯刊》1998 年第 1 期　p. 13

金岡照光　敦煌文獻と中國文學　(東京)五曜書房　2000　p. 431

姜亮夫　敦煌莫高窟年表　姜亮夫全集(十一)　雲南人民出版社　2002　p. 190

景盛軒　試論敦煌佛經異文研究的價值和意義　《敦煌研究》2004 年第 5 期　p. 87

梁銀景　莫高窟隋代經變畫與南朝、兩京地區　《敦煌研究》2004 年第 5 期　p. 32

梁銀景　隋代佛教窟龕研究　文物出版社　2004　p. 170

P. 2118

饒宗頤　敦煌書法叢刊(第二五卷)·寫經(六)　(東京)二玄社　1984　p. 53、73

上山大峻　敦煌佛教の研究　(京都)法藏館　1990　p. 369

鄭汝中　敦煌書法管窺　《敦煌研究》1991 年第 4 期　p. 40

吳其昱著　伊藤美重子譯　敦煌漢文寫本概觀　敦煌漢文文獻(講座敦煌 5)　(東京)大東出版社　1992　p. 17

沃興華　敦煌書法藝術　上海人民出版社　1994　p. 138

鄭汝中　敦煌書法概述　敦煌書法庫(第一輯)　甘肅人民美術出版社　1994　p. 13

鄭汝中　妙法蓮花經明決要述　敦煌書法庫(第四輯)　甘肅人民美術出版社　1994　p. 143

鄭汝中　唐代書法藝術與敦煌寫卷　敦煌書法庫(第四輯)　甘肅人民美術出版社　1994　p. 15

胡戟　傅玫　敦煌史話　中華書局　1995　p. 130

劉濤　評《法藏敦煌書苑精華》　敦煌吐魯番研究(第一卷)　北京大學出版社　1996　p. 380

方廣錩　敦煌遺書中的《法華經》注疏　《世界宗教研究》1998 年第 2 期　p. 77

方廣錩　敦煌遺書中的《妙法蓮華經》及有關文獻　敦煌學佛教學論叢(下)　中國佛教文化研究所　1998　p. 84　又見:法源(第 16 期)　中國佛學院　1998　p. 49

劉濤　敦煌書法　敦煌學大辭典　上海辭書出版社　1998　p. 273

劉濤　妙法蓮花經明決要述卷第四　敦煌學大辭典　上海辭書出版社　1998　p. 277

鄭汝中　敦煌寫卷行草書法集　甘肅人民美術出版社　2000　p. 106

鄭汝中　行草書法與敦煌寫卷　《敦煌研究》2000 年第 4 期　p. 77

胡同慶　安忠義　佛教藝術　敦煌文藝出版社　2004　p. 298

P. 2119

田中良昭　敦煌禪宗文獻の研究　（東京）大東出版社　1983　p. 350

姜亮夫　敦煌經卷題名録　敦煌學論文集　上海古籍出版社　1987　p. 1056

張錫厚　敦煌文學作品選　中華書局　1987　p. 47

劉銘恕　敦煌遺書叢識　敦煌語言文學論文集　浙江古籍出版社　1988　p. 43

張錫厚　詩歌　敦煌文學　甘肅人民出版社　1989　p. 171

唐耕耦　陸宏基　敦煌社會經濟文獻真迹釋録（二）　全國圖書館文獻縮微複製中心　1990　p. 133

林聰明　敦煌文書學　（臺北）新文豐出版公司　1991　p. 62

陶秋英輯録　姜亮夫校訂　敦煌經卷題名録　敦煌碎金　浙江古籍出版社　1992　p. 67

梅弘理　敦煌本佛教教理問答書　法國學者敦煌學論文選萃　中華書局　1993　p. 140

張錫厚　敦煌文學概論　甘肅人民出版社　1993　p. 389

黃征　張涌泉　敦煌變文校注　中華書局　1997　p. 1220

鄭炳林　敦煌碑銘讚輯釋　甘肅教育出版社　1997　p. 325 注 9

沙知　敦煌契約文書輯校　江蘇古籍出版社　1998　p. 239

楊森　敦煌邊塞詩歌綜論　《敦煌研究》1998 年第 1 期　p. 126

高國藩　敦煌俗文化學　上海三聯書店　1999　p. 523

胡大浚　王志鵬　敦煌邊塞詩歌校注　甘肅人民出版社　1999　p. 14、172

徐俊　敦煌詩集殘卷輯考　中華書局　2000　p. 763

顏廷亮　西陲文學遺珍：敦煌文學通俗談　甘肅人民出版社　2000　p. 108

楊森　關於敦煌文獻中的"平章"一詞　敦煌學與中國史研究論集　甘肅人民出版社　2001　p. 232

楊惠玲　敦煌契約文書中的保人、見人、口承人、同便人、同取人　《敦煌研究》2002 年第 6 期　p. 43

P. 2121

陳祚龍　敦煌古抄内典尾記彙校初、二、三編合刊　敦煌學要籥　（臺北）新文豐出版公司　1982
　　p. 170

姜亮夫　敦煌經卷壁畫中所見釋氏僧名録　敦煌學論文集　上海古籍出版社　1987　p. 1045

池田溫　中國古代寫本識語集録　（東京）大藏出版株式會社　1990　p. 397

陶秋英輯録　姜亮夫校訂　敦煌經卷壁畫中所見釋氏名録　敦煌碎金　浙江古籍出版社　1992
　　p. 42

鄭汝中　唐代書法藝術與敦煌寫卷　敦煌書法庫（第四輯）　甘肅人民美術出版社　1994　p. 15

方廣錩　四分律刪繁補闕行事抄　敦煌學大辭典　上海辭書出版社　1998　p. 713

林聰明　敦煌吐魯番文書解詁指例　（臺北）新文豐出版公司　2001　p. 138. 221

P. 2122

諏訪義讓　敦煌本瑜伽論分門記に就いて　『大谷學報』（第 11 卷第 3 號）　（京都）大谷學會　1930
　　p. 118

諏訪義讓　敦煌本瑜伽論手記に就いて　『宗教研究』（7 卷 3 期）　（東京）宗教研究會　1930
　　p. 68

關德棟　談變文　《覺群周報》1946 年 1 卷 1－12 期　又見：敦煌變文論文録　上海古籍出版社
　　1982　p. 201

那波利貞　俗講と變文（下）　『佛教史學』（1 卷 4 號）　（京都）平樂寺書店　1950　p. 48　又見：唐
　　代社會文化史研究・第四編　（東京）創文社　1974　p. 437

周紹良　敦煌所出變文現存目錄　敦煌變文彙錄　上海出版公司　1955　p. 2

金岡照光　ソビエトにおける敦煌研究文獻三種　『東洋學報』(48 卷 1 號)　(東京)東洋學術協會
　　1965　p. 123

金岡照光　敦煌漢文文學文獻の文學形態上の種類とその分類　敦煌出土文學文獻分類目録・附解
　　說　(東京)東洋文庫　1971　p. 191

金岡照光　敦煌文學のさまざま　敦煌の文學　(東京)大蔵出版株式會社　1971　p. 104

金岡照光　敦煌民衆の宗教と生活　敦煌の民衆──その生活と思想　(東京)評論社　1972
　　p. 127

加地哲定　增補中國佛教文學研究　(東京)同朋舍　1979　p. 121

矢吹慶輝　鳴沙餘韻・解說篇(第一部)　(京都)臨川書店　1980　p. 144

楊家駱　敦煌變文　(臺北)世界書局　1980　p. 486、591、831

金岡照光　敦煌の繪物語　(東京)東方書店　1981　p. 54

張鴻勳　敦煌講唱文學韻律初探　《敦煌研究》1982 年試刊第 2 期　p. 129

鄭阿財　敦煌孝道文學研究　(臺北)石門圖書公司　1982　p. 107

周紹良　談唐代民間文學　敦煌變文論文錄　上海古籍出版社　1982　p. 413

川口久雄　敦煌出土阿彌陀經講經文と我が國淨土文學　于闐國和尚阿彌陀經講經文(敦煌資料と
　　日本文學　4)　(東京)大東文化大學東洋研究所　1984　p. 18

川口久雄　圖版解說　于闐國和尚阿彌陀經講經文(敦煌資料と日本文學　4)　(東京)大東文化大
　　學東洋研究所　1984　p. 2

廣川堯敏　淨土三部經　敦煌と中國仏教(講座敦煌 7)　(東京)大東出版社　1984　p. 109

潘重規　敦煌變文集新書(上)　(臺北)"中國文化大學"中文研究所　1984　p. 13、179

平野顯照　講經文の組織內容　敦煌と中國仏教(講座敦煌 7)　(東京)大東出版社　1984　p. 337

王慶菽　佛說阿彌陀經講經文　敦煌變文集　人民文學出版社　1984　p. 481

王慶菽　維摩詰經講經文　敦煌變文集　人民文學出版社　1984　p. 591

王重民　維摩經押座文　敦煌變文集　人民文學出版社　1984　p. 831

戴密微著　耿昇譯　列寧格勒所藏敦煌漢文寫本簡介　敦煌譯叢(第一輯)　甘肅人民出版社
　　1985　p. 131

平野顯照著　張桐生譯　唐代的文學與佛教　(臺北)業強出版社　1987　p. 211

任半塘　敦煌歌辭總編　上海古籍出版社　1987　p. 1099、1491

楊雄　《佛說阿彌陀經講經文》補校　《敦煌學輯刊》1987 年第 1 期　p. 70

周紹良　唐代變文及其它　敦煌文學作品選　中華書局　1987　p. 16、21

蕭登福　唐世佛家之講經與敦煌變文　敦煌俗文學論叢　(臺北)商務印書館　1988　p. 51

郭在貽　張涌泉　黃征　《敦煌變文集新書》讀後　《杭州師範學院學報》1989 年第 5 期　p. 115

郭在貽　張涌泉　黃征　"押座文"八種補校　《寧波師院學報》1989 年第 1 期　p. 73

楊雄　《維摩詰經講經文》補校　《敦煌研究》1989 年第 4 期　p. 79

張鴻勳　講經文　敦煌文學　甘肅人民出版社　1989　p. 261

張涌泉　《敦煌歌辭總編》誤校二十例　《古籍整理出版情況簡報》1989 年第 218 期　p. 23

郭在貽　張涌泉　黃征　敦煌變文集校議　岳麓書社　1990　p. 260、313、427

加地哲定著　劉衛星譯　中國佛教文學　今日中國出版社　1990　p. 105、135、147

上山大峻　敦煌佛教の研究　(京都)法藏館　1990　p. 92、242

項楚　《維摩詰經講經文》補校　敦煌吐魯番文獻研究論集(第五輯)　北京大學出版社　1990
　　p. 69　又見:敦煌文學叢考　上海古籍出版社　1991　p. 270

楊振良　由現存評彈"開篇"論押座文　第二屆敦煌學國際研討會論文集　（臺北）漢學研究中心　1990　p. 471

劉瑞明　所謂唐代兩件戲劇資料辨析　中華戲曲（第11輯）　山西人民出版社　1991　p. 176

項楚　《維摩碎金》探索　敦煌文學叢考　上海古籍出版社　1991　p. 31

胥洪泉　《敦煌變文集》校記四十五則　《敦煌學輯刊》1991年第2期　p. 29

金岡照光　講唱體類　敦煌の文學文獻（講座敦煌9）　（東京）大東出版社　1992　p. 37

金岡照光　押座文　敦煌の文學文獻（講座敦煌9）　（東京）大東出版社　1992　p. 378、386

周紹良　敦煌文學芻議及其它　（臺北）新文豐出版公司　1992　p. 56、81

郭在貽　郭在貽敦煌學論集　江西人民出版社　1993　p. 167

蔣冀騁　敦煌文書校讀研究　（臺北）文津出版社　1993　p. 138

楊雄　講經文名實說　（香港）《九州學刊》（敦煌學專輯）1993年第5卷第4期　p. 141　又見：敦煌論稿　甘肅文化出版社　1995　p. 255

翟平　講經文稱"經"考　（香港）《九州學刊》（敦煌學專輯）1993年第5卷第4期　p. 149注2

張鴻勳　敦煌說唱文學概論　（臺北）新文豐出版公司　1993　p. 102、194

張鴻勳　敦煌文學概論　甘肅人民出版社　1993　p. 218

曲金良　敦煌佛教文學研究　（臺北）文津出版社　1995　p. 98

楊雄　佛說阿彌陀經講經文　敦煌論稿　甘肅文化出版社　1995　p. 342

張涌泉　敦煌文書類化字研究　《敦煌研究》1995年第4期　p. 72

張涌泉　漢語俗字研究　岳麓書社　1995　p. 137

張涌泉　敦煌俗字研究導論　（臺北）新文豐出版公司　1996　p. 189、209

方一新　敦煌變文詞語校釋　敦煌文學論集　四川人民出版社　1997　p. 304

伏俊璉　關於變文體裁的一點探索　敦煌文學論集　四川人民出版社　1997　p. 135

黃征　李丹禾　敦煌變文中的願文　敦煌文學論集　四川人民出版社　1997　p. 367

黃征　張涌泉　敦煌變文校注　中華書局　1997　p. 697、1149

寧可　郝春文　敦煌社邑文書輯校　江蘇古籍出版社　1997　p. 548

張弓　漢唐佛寺文化史　中國社會科學出版社　1997　p. 838

張涌泉　讀《八瓊室金石補正》劄記　周紹良先生欣開九秩慶壽文集　中華書局　1997　p. 78

張涌泉　敦煌文獻校讀易誤字例釋　敦煌文學論集　四川人民出版社　1997　p. 273

鄭炳林　敦煌碑銘讚輯釋　甘肅教育出版社　1997　p. 87注2

柴劍虹　化生童子讚　敦煌學大辭典　上海辭書出版社　1998　p. 546

海客　佛說阿彌陀經講經文　敦煌學大辭典　上海辭書出版社　1998　p. 579

海客　維摩經押座文　敦煌學大辭典　上海辭書出版社　1998　p. 580

周紹良　張涌泉　黃征　敦煌變文講經文因緣輯校（上、下）　江蘇古籍出版社　1998　p. 22；1039

伏俊璉　論變文與講經文的關係　《敦煌研究》1999年第3期　p. 102

高國藩　敦煌俗文化學　上海三聯書店　1999　p. 317

姜亮夫　敦煌：偉大的文化寶藏　雲南人民出版社　1999　p. 79

鄭炳潤　敦煌佛教故事類講唱文學所見淨土宗與禪宗　《敦煌研究》1999年第2期　p. 149

伏俊璉　論講經文與變文的關係　中國典籍與文化論叢（第五輯）　中華書局　2000　p. 112

劉長東　晉唐彌陀淨土信仰研究　巴蜀書社　2000　p. 488

張錫厚　敦煌文學源流　作家出版社　2000　p. 373、425

張涌泉　漢語俗字叢考　中華書局　2000　p. 657

李小榮　敦煌變文"平"、"側"、"斷"諸音聲符號探析　《敦煌學輯刊》2001年第2期　p. 9

鄭炳林　北京圖書館藏《吳和尚經論目録》有關問題研究　敦煌學與中國史研究論集　甘肅人民出版社　2001　p. 127

李小榮　變文講唱與華梵宗教藝術　上海三聯書店　2002　p. 176、204

林仁昱　論敦煌佛教歌曲特質與"弘法"的關係　敦煌學(第 23 輯)　(臺北)樂學書局有限公司　2002　p. 72

張鴻勳　敦煌俗文學研究　甘肅人民出版社　2002　p. 9

何劍平　敦煌維摩詰文學中的金粟如來　2000 年敦煌學國際學術討論會文集·歷史文化卷(下)　甘肅民族出版社　2003　p. 527

張子開　敦煌文獻中的白話禪詩　《敦煌學輯刊》2003 年第 1 期　p. 83

荒見泰史　關於《佛說阿彌陀經押座文》的一些問題　浙江與敦煌學:常書鴻先生誕辰一百周年紀念文集　浙江古籍出版社　2004　p. 624

湯涒　敦煌曲子詞地域文化研究　上海古籍出版社　2004　p. 105

夏廣興　冥界遊行:從佛典記載到隋唐五代小說　佛經文學研究論集　復旦大學出版社　2004　p. 427

殷光明　敦煌石窟中的地獄圖像與冥報思想　麥積山石窟藝術文化論文集(下)　蘭州大學出版社　2004　p. 38

P. 2123

李方　敦煌《論語集解》校正　江蘇古籍出版社　1998　p. 830

李方　唐寫本《論語集解》校讀零拾　出土文獻研究(第三輯)　文物出版社　1998　p. 219

P. 2124

田中良昭　敦煌禪宗文獻の研究　(東京)大東出版社　1983　p. 98

劉復　敦煌掇瑣　敦煌叢刊初集(十五)　(臺北)新文豐出版公司　1985　p. 243

上山大峻　敦煌佛教の研究　(京都)法藏館　1990　p. 422

杜愛英　敦煌遺書中俗體字的諸種類型　《敦煌研究》1992 年第 3 期　p. 121

林家平　寧强　羅華慶　中國敦煌學史　北京語言學院出版社　1992　p. 17

田中良昭　《禪籍解題(一)·敦煌禪籍》補遺　俗語言研究(第三期)　(京都)禪文化研究所　1996　p. 213

P. 2125

柳田聖山　敦煌の禪籍と矢吹慶輝　敦煌仏典と禪(講座敦煌 8)　(東京)大東出版社　1980　p. 22

平井俊榮　牛頭宗と保唐宗　敦煌仏典と禪(講座敦煌 8)　(東京)大東出版社　1980　p. 212

冉雲華　中國佛教文化研究論集　東初出版社　1980　p. 59

矢吹慶輝　鳴沙餘韻·解說篇(第一、二部)　(京都)臨川書店　1980　p. 208;520

田中良昭　禪宗燈史の発展　敦煌仏典と禪(講座敦煌 8)　(東京)大東出版社　1980　p. 102

張廣達　唐代禪宗的傳入吐蕃及有關的敦煌文書　學林漫録(三集)　中華書局　1981　p. 57 注 21

田中良昭　敦煌禪宗文獻の研究　(東京)大東出版社　1983　p. 625

王重民　記敦煌寫本的佛經　敦煌吐魯番文獻研究論集(第二輯)　北京大學出版社　1983　p. 22
又見:敦煌遺書論文集　中華書局　1984　p. 306

張錫厚　王梵志詩校輯　中華書局　1983　p. 4

朱鳳玉　王梵志詩研究(上、下)　(臺北)學生書局　1986　p. 37、69；338

陳慶浩　法忍抄本殘卷王梵志詩初校　敦煌學(第 12 輯)　(臺北)新文豐出版公司　1987　p. 95

項楚　王梵志詩校注　敦煌吐魯番文獻研究論集(第四輯)　北京大學出版社　1987　p. 137、572
　　　又見：上海古籍出版社　1991　p. 725、907

楊曾文　日本學者對中國禪宗文獻的研究和整理　《世界宗教研究》1987 年第 1 期　p. 120

張錫厚　整理《王梵志詩集》的新收穫　《敦煌學輯刊》1987 年第 2 期　p. 35

陳祚龍　學佛零志　敦煌學散策新集　(臺北)新文豐出版公司　1989　p. 231

戴密微著　耿昇譯　達摩多羅考　國外藏學研究譯文集(第七輯)　西藏人民出版社　1990　p. 131

上山大峻　敦煌佛教の研究　(京都)法藏館　1990　p. 408

項楚　敦煌遺書中有關王梵志三條材料的校訂與解說　敦煌吐魯番文獻研究論集(第五輯)　北京
　　　大學出版社　1990　p. 54　又見：敦煌文學叢考　上海古籍出版社　1991　p. 441

張錫厚　敦煌寫本王梵志詩原卷真迹　王梵志詩研究彙錄(上)　上海古籍出版社　1990　圖版 26

張錫厚　關於敦煌寫本王梵志詩整理的若干問題　王梵志詩研究彙錄(上)　上海古籍出版社
　　　1990　p. 62

張錫厚　論王梵志詩的口語化傾向　王梵志詩研究彙錄(上)　上海古籍出版社　1990　p. 124

姜伯勤　論禪宗在敦煌僧俗中的流傳　(香港)《九州學刊》(敦煌學專輯)1992 年第 4 卷第 4 期
　　　p. 7

林家平　寧強　羅華慶　中國敦煌學史　北京語言學院出版社　1992　p. 600

吳其昱著　伊藤美重子譯　敦煌漢文寫本概觀　敦煌漢文文獻(講座敦煌 5)　(東京)大東出版社
　　　1992　p. 59

杜斗城　敦煌本《歷代法寶記》與蜀地禪宗　《敦煌學輯刊》1993 年第 1 期　p. 53

項楚　敦煌詩歌導論　(臺北)新文豐出版公司　1993　p. 296

索仁森著　李吉和譯　敦煌漢文禪籍特徵概觀　《敦煌研究》1994 年第 1 期　p. 111

杜斗城　北涼譯經論　甘肅文化出版社　1995　p. 83

葛兆光　中國禪思想史：從 6 世紀到 9 世紀　北京大學出版社　1995　p. 197

柳田聖山　禪籍解題(一)・敦煌禪籍　俗語言研究(第二期)　(京都)禪文化研究所　1995　p. 147

曲金良　敦煌佛教文學研究　(臺北)文津出版社　1995　p. 250

張錫厚　敦煌本唐集研究　(臺北)新文豐出版公司　1995　p. 62

姜伯勤　敦煌藝術宗教與禮樂文明　中國社會科學出版社　1996　p. 363

柳田聖山撰　劉方譯　敦煌禪籍總說　《敦煌學輯刊》1996 年第 2 期　p. 117

吳福祥　敦煌變文遠指代詞初探　敦煌吐魯番研究(第一卷)　北京大學出版社　1996　p. 84

中原健二　評項楚著《王梵志詩校注》　俗語言研究(第三期)　(京都)禪文化研究所　1996　p. 119

劉長東　法照生卒、籍貫新考　敦煌文學論集　四川人民出版社　1997　p. 438

榮新江　敦煌本禪宗燈史殘卷拾遺　周紹良先生欣開九秩慶壽文集　中華書局　1997　p. 235

西肋常記　關於柏林所藏吐魯番收集品中的禪籍資料　俗語言研究(第四期)　(京都)禪文化研究
　　　所　1997　p. 138

鄭炳林　敦煌碑銘讚輯釋　甘肅教育出版社　1997　p. 94 注 7

方廣錩　歷代法寶記　敦煌學大辭典　上海辭書出版社　1998　p. 728

方廣錩　日本對敦煌佛教文獻之研究　敦煌學佛教學論叢(下)　中國佛教文化研究所　1998
　　　p. 376

黃征　敦煌願文雜考　文史(第四十六輯)　中華書局　1998　p. 254 注 8

張錫厚　柴劍虹　王梵志詩集　敦煌學大辭典　上海辭書出版社　1998　p. 562

高國藩　敦煌俗文化學　上海三聯書店　1999　p. 612、619

姜伯勤　論禪宗在敦煌僧俗中的流傳　中國敦煌學百年文庫·宗教卷（一）　甘肅文化出版社
　　1999　p. 220

張子開　唐代成都府淨衆寺歷史沿革考　新國學（第一卷）　巴蜀書社　1999　p. 290

劉長東　晉唐彌陀淨土信仰研究　巴蜀書社　2000　p. 327、386

張錫厚　敦煌文學源流　作家出版社　2000　p. 77

陳明　醫理精華:印度古典醫學在敦煌的實例分析　敦煌吐魯番研究（第五卷）　北京大學出版社
　　2001　p. 228

林聰明　敦煌吐魯番文書解詁指例　（臺北）新文豐出版公司　2001　p. 122

榮新江　敦煌學十八講　北京大學出版社　2001　p. 253

楊富學　敦煌本《歷代法寶記·弘忍傳》考論　華林（第一卷）　中華書局　2001　p. 177

湛如　敦煌淨土教讚文考辨　華林（第一卷）　中華書局　2001　p. 195

湛如　論淨衆禪門與法照淨土思想的關聯　敦煌文獻論集:紀念藏經洞發現一百周年國際學術研討
　　會論文集　遼寧人民出版社　2001　p. 511

陳明　印度梵文醫典醫理精華研究　中華書局　2002　p. 71

榮新江　有關敦煌本《歷代法寶記》的幾個問題　中日敦煌佛教學術會議論文集　中國社會科學院
　　研究所　2002　p. 70

榮新江　有關敦煌本《歷代法寶記》的新資料　戒幢佛學（第二卷）　岳麓書社　2002　p. 94

田中良昭　敦煌の禪宗燈史　中日敦煌佛教學術會議論文集　中國社會科學院研究所　2002
　　p. 109

董志翹　敦煌寫本《諸山聖迹志》校理　《敦煌研究》2003年第3期　p. 68

蔣宗福　敦煌禪宗文獻詞語劄記　新世紀敦煌學論集　巴蜀書社　2003　p. 474

湛如　敦煌佛教律儀制度研究　中華書局　2003　p. 275

陳明　從出土文獻看漢唐西域中外醫學交流　敦煌與絲路文化學術講座（第二輯）　北京圖書館出
　　版社　2005　p. 172

P. 2127

芳村修基　土橋秀高　井ノ口泰淳　敦煌佛教史年表　西域文化研究（第一）·敦煌佛教資料　（京
　　都）法藏館　1958　p. 259

白化文　朱墨寫經　敦煌學大辭典　上海辭書出版社　1998　p. 591

P. 2128

山口瑞鳳　吐蕃の敦煌支配期間　敦煌の歷史（講座敦煌2）　（東京）大東出版社　1980　p. 218

王三慶　敦煌寫卷中武后新字之調查研究　唐代研究論集（第三輯）　（臺北）新文豐出版公司
　　1992　p. 95

湯涒　敦煌曲子詞地域文化研究　上海古籍出版社　2004　p. 207

P. 2129

周一良　跋敦煌寫本《海中有神龜》　《大公報文史周刊》1946年12月　又見:魏晉南北朝史論集
　　中華書局　1963　p. 361；中國敦煌學百年文庫·文獻卷（一）　甘肅文化出版社　1999
　　p. 256

姜亮夫　瀛涯敦煌韻輯總目叙錄　《國立中央圖書館館刊》1947年第1期　又見:中國敦煌學百年文

庫・文獻卷（一）　甘肅文化出版社　1999　p. 263

劉銘恕　再記英國倫敦所藏的敦煌經卷　《中國科學院圖書館通訊》1957 年第 7 期　又見：中國敦煌學百年文庫・綜述卷（二）　甘肅文化出版社　1999　p. 135

周祖謨　王仁昫切韻著作年代釋疑　問學集　中華書局　1966　又見：中國敦煌學百年文庫・語言文字卷（一）　甘肅文化出版社　1999　p. 311

潘重規　巴黎倫敦所藏敦煌詩經卷子題記　（香港）《新亞書院學術年刊》1969 年第 11 期　又見：中國敦煌學百年文庫・文獻卷（二）　甘肅文化出版社　1999　p. 387

潘重規　敦煌詩經卷子研究　（臺北）《華岡學報》1970 年第 6 期　又見：中國敦煌學百年文庫・文獻卷（二）　甘肅文化出版社　1999　p. 432、444

金岡照光　敦煌文學のさまざま　敦煌の文學　（東京）大藏出版株式會社　1971　p. 164

潘重規　瀛涯敦煌韻輯新編　（臺北）文史哲出版社　1974　p. 1

陳祚龍　敦煌古抄中世詩歌一續　敦煌學海探珠（上冊）　（臺北）商務印書館　1979　p. 183

蘇瑩輝　敦煌學概要　（臺北）編譯館“中華叢書編委會”　1981　p. 74

傅芸子　敦煌俗文學之發見及其展開　敦煌變文論文録　上海古籍出版社　1982　p. 140

饒宗頤　敦煌書法叢刊（第十八卷）・碎金（一）　（東京）二玄社　1983　p. 47、92

周祖謨　唐五代韻書集存　中華書局　1983　p. 242、868

姜亮夫　敦煌學概論　中華書局　1985　p. 63

劉復　敦煌掇瑣　敦煌叢刊初集（十五）　（臺北）新文豐出版公司　1985　p. 137、139、199、437

姜亮夫　敦煌韻輯凡例與叙例　敦煌學論文集　上海古籍出版社　1987　p. 367

姜亮夫　切韻系統　敦煌學論文集　上海古籍出版社　1987　p. 399、406、414

姜亮夫　瀛外將去敦煌所藏韻書字書各卷叙録　敦煌學論文集　上海古籍出版社　1987　p. 322　又見：姜亮夫全集（十三）　雲南人民出版社　2002　p. 280

陳祚龍　敦煌學剳記　敦煌學散策新集　（臺北）新文豐出版公司　1989　p. 19

張錫厚　敦煌詩歌考論　《敦煌學輯刊》1989 年第 2 期　p. 23

張錫厚　詩歌　敦煌文學　甘肅人民出版社　1989　p. 170

姜亮夫　瀛涯敦煌韻書卷子考釋　浙江古籍出版社　1990　p. 1、145

林聰明　敦煌文書學　（臺北）新文豐出版公司　1991　p. 72

趙誠　中國古代韻書　中華書局　1991　p. 18 注 1

林家平　寧强　羅華慶　中國敦煌學史　北京語言學院出版社　1992　p. 16、19、145、300

土田健次郎　儒教典籍　敦煌漢文文獻（講座敦煌 5）　（東京）大東出版社　1992　p. 268

蔣冀騁　敦煌文書校讀研究　（臺北）文津出版社　1993　p. 251

蘇遠鳴　敦煌石窟中的瑞像圖　法國學者敦煌學論文選萃　中華書局　1993　p. 170

張錫厚　敦煌文學概論　甘肅人民出版社　1993　p. 363

劉進寶　敦煌學論述　（臺北）洪葉文化事業有限公司　1995　p. 327

張涌泉　陳祚龍校録敦煌卷子失誤例釋　學術集林（卷六）　上海遠東出版社　1995　p. 312　又見：舊學新知　浙江大學出版社　1999　p. 286

張涌泉　漢語俗字研究　岳麓書社　1995　p. 259

江藍生　《燕子賦》（乙）校釋拾零　敦煌吐魯番研究（第一卷）　北京大學出版社　1996　p. 50

張涌泉　敦煌俗字研究導論　（臺北）新文豐出版公司　1996　p. 40、108

鄭阿財　潘重規教授與敦煌學研究　“中國唐代學會”會刊（第七期）　（臺北）“中國唐代學會”　1996　p. 35

周一良著　錢文忠譯　唐代密宗　上海遠東出版社　1996　p. 253

劉子瑜　敦煌變文和王梵志詩　大象出版社　1997　p. 77

張涌泉　敦煌文獻校讀易誤字例釋　敦煌文學論集　四川人民出版社　1997　p. 262

柴劍虹　少年問老　敦煌學大辭典　上海辭書出版社　1998　p. 568

張金泉　敦煌韻書　敦煌學大辭典　上海辭書出版社　1998　p. 512

張金泉　王仁昫　敦煌學大辭典　上海辭書出版社　1998　p. 345

黃征　程惠新　劫塵遺珠:敦煌遺書　甘肅教育出版社　1999　p. 60

姜亮夫　敦煌:偉大的文化寶藏　雲南人民出版社　1999　p. 98

北京大學　敦煌《經卷》、《照片》及《圖書》目錄　中國敦煌學百年文庫·綜述卷(一)　甘肅文化出
　　版社　1999　p. 315

徐俊　敦煌詩集殘卷輯考　中華書局　2000　p. 472、764

張錫厚　敦煌文學源流　作家出版社　2000　p. 69

張涌泉　漢語俗字叢考　中華書局　2000　p. 1153

姜亮夫　瀛涯敦煌韻輯　姜亮夫全集(九)　雲南人民出版社　2002　p. 3

劉進寶　敦煌學通論　甘肅教育出版社　2002　p. 373

施安昌　論漢字演變的分期:兼談敦煌古韻書的書寫時間　善本碑帖論集　紫禁城出版社　2002
　　p. 323

洪藝芳　潘重規先生在敦煌音韻整理研究上的貢獻　敦煌學(第25輯)　(臺北)樂學書局有限公司
　　2004　p. 234

張弓　敦煌四部籍與中古後期社會的文化情境　敦煌學(第25輯)　(臺北)樂學書局有限公司
　　2004　p. 334

汪泛舟　敦煌俗別字新考(上)　《敦煌研究》2006年第1期　p. 108

P. 2130

廣川堯敏　禮讚　敦煌と中國仏教(講座敦煌7)　(東京)大東出版社　1984　p. 449

金岡照光　敦煌における地獄文獻——敦煌庶民信仰の一樣相　敦煌と中國仏教(講座敦煌7)
　　(東京)大東出版社　1984　p. 571

汪泛舟　讚·箴　敦煌文學　甘肅人民出版社　1989　p. 98

陶秋英輯録　姜亮夫校訂　敦煌經卷壁畫中所見釋氏名録　敦煌碎金　浙江古籍出版社　1992
　　p. 16

汪泛舟　敦煌文學概論　甘肅人民出版社　1993　p. 554

施萍婷　法照與敦煌文學　《社科縱橫》1994年第4期　p. 12

王三慶　敦煌書儀載録之節日活動與民俗　全國敦煌學研討會論文集　(臺北)中正大學中國文學
　　系所　1995　p. 25 注23

砂岡和子　敦煌散花樂和聲曲輯考　敦煌佛教文化研究　社科縱橫編輯部　1996　p. 27

張先堂　敦煌本唐代淨土五會讚文與佛教文學　《敦煌研究》1996年第4期　p. 64、72

黃霞　佛說相好經　藏外佛教文獻(第三輯)　宗教文化出版社　1997　p. 405

方廣錩　相好經　敦煌學大辭典　上海辭書出版社　1998　p. 730

劉長東　法照事迹新考　佛學研究(第七期)　中國佛教文化研究所　1998　p. 42

聖凱　二十世紀法照研究綜述　法源(第16期)　中國佛學院　1998　p. 180　又見:《敦煌研究》
　　1999第2期　p. 162

張先堂　晚唐至宋初淨土五會念佛法門在敦煌的流傳　《敦煌研究》1998年第1期　p. 50、55、61

劉長東　晉唐彌陀淨土信仰研究　巴蜀書社　2000　p. 397、469

施萍婷　法照與敦煌初探　1994 年敦煌學國際研討會文集·宗教文史卷(上)　甘肅民族出版社　2000　p. 77

榮新江　敦煌學十八講　北京大學出版社　2001　p. 87

李小榮　變文講唱與華梵宗教藝術　上海三聯書店　2002　p. 238

林仁昱　論敦煌佛教歌曲特質與"弘法"的關係　敦煌學(第 23 輯)　(臺北)樂學書局有限公司　2002　p. 60、67

榮新江　再論敦煌藏經洞的寶藏:三界寺與藏經洞　敦煌佛教藝術文化國際學術研討會論文集　蘭州大學出版社　2002　p. 21

林仁昱　論敦煌佛教歌曲向通俗傳播的內容　中國俗文化研究(第一輯)　巴蜀書社　2003　p. 191

張先堂　唐代淨土教宗師法照與五臺山、並州關係新探　《敦煌研究》2003 年第 3 期　p. 64

土肥義和著　王平先譯　論莫高窟藏經洞的性質　2004 年石窟研究國際學術會議論文提要集　敦煌研究院　2004　p. 50

楊明芬　敦煌文獻 P. 2130 之我見　《敦煌學輯刊》2005 年第 1 期　p. 57

張先堂　觀相念佛:盛唐至北宋一度流行的淨土教行儀　《敦煌研究》2005 年第 5 期　p. 33

P. 2131

池田溫　中國古代寫本識語集錄　(東京)大藏出版株式會社　1990　p. 310

上山大峻　敦煌佛教の研究　(京都)法藏館　1990　p. 346

黃征　敦煌文獻中有浙江文化史的資料　敦煌語文叢說　(臺北)新文豐出版公司　1997　p. 770

李正宇　敦煌遺書標點符號　敦煌學大辭典　上海辭書出版社　1998　p. 519

楊富學　敦煌寫本《天臺五義分門圖》校錄研究　西域敦煌宗教論稿　甘肅文化出版社　1998　p. 97

姜亮夫　敦煌:偉大的文化寶藏　雲南人民出版社　1999　p. 119

楊富學　王書慶　唐代長安與敦煌佛教文化之關係　'98 法門寺唐文化國際學術討論會論文集　陝西人民出版社　2000　p. 177

黃征　敦煌語言文字學研究　甘肅教育出版社　2002　p. 24

黃征　敦煌語言文字學研究要論　漢語史學報(第二輯)　上海教育出版社　2002　p. 6

P. 2132

芳村修基　土橋秀高　井ノ口泰淳　敦煌佛教史年表　西域文化研究(第一)·敦煌佛教資料　(京都)法藏館　1958　p. 269

饒宗頤　論敦煌陷於吐蕃之年代　(香港)《東方文化》1971 年第 9 卷第 1 期　又見:選堂集林·史林(香港)中華書局　1982　p. 684、689;中國敦煌學百年文庫·民族卷(一)　甘肅文化出版社　1999　p. 229

陳祚龍　敦煌古抄內典尾記彙校二編　敦煌文物隨筆　(臺北)商務印書館　1979　p. 160

陳祚龍　關於李唐玄宗御"注"金剛經　敦煌資料考屑(下冊)　(臺北)商務印書館　1979　p. 491

矢吹慶輝　鳴沙餘韻·解說篇(第一部)　(京都)臨川書店　1980　p. 67

陳祚龍　敦煌古抄內典尾記彙校初、二、三編合刊　敦煌學要籥　(臺北)新文豐出版公司　1982　p. 67

陳祚龍　敦煌古抄《梁朝傅大士頌金剛經》之考證和校訂　敦煌簡策訂存　(臺北)商務印書館　1983　p. 248 注 13

董作賓　敦煌紀年　敦煌學文選(上)　蘭州大學歷史系敦煌學研究室等　1983　p. 26

田中良昭　敦煌禪宗文獻の研究　（東京）大東出版社　1983　p. 198

王重民　記敦煌寫本的佛經　敦煌吐魯番文獻研究論集（第二輯）　北京大學出版社　1983　p. 19
　　又見：敦煌遺書論文集　中華書局　1984　p. 303

王重民　《敦煌遺書總目索引》後記　敦煌遺書論文集　中華書局　1984　p. 82

饒宗頤　敦煌書法叢刊（第二四卷）・寫經（五）　（東京）二玄社　1984　p. 44

池田溫　中國古代寫本識語集録　（東京）大藏出版株式會社　1990　p. 311、327、335

上山大峻　敦煌佛教の研究　（京都）法藏館　1990　p. 422

方廣錩　敦煌文獻中的《金剛經》及其注疏　《新疆文物》1995 年第 1 期　p. 48　又見：敦煌學佛教
　　學論叢（上）　中國佛教文化研究所　1998　p. 382

陳國燦　安史亂後的唐二庭四鎮　唐研究（第二卷）　北京大學出版社　1996　p. 430

榮新江　歸義軍史研究　上海古籍出版社　1996　p. 257

方廣錩　御注金剛般若波羅蜜經宣演　敦煌學大辭典　上海辭書出版社　1998　p. 684

平井宥慶　敦煌文書における金剛經疏　金剛般若經の思想的研究　（東京）春秋社　1999　p. 265

榮新江　摩尼教在高昌的初傳　吐魯番新出摩尼教文獻研究　文物出版社　2000　p. 226　又見：中
　　國學術（第一輯）　商務印書館　2000　p. 168

林聰明　敦煌吐魯番文書解詁指例　（臺北）新文豐出版公司　2001　p. 139. 218

榮新江　敦煌學十八講　北京大學出版社　2001　p. 48

王素　評《吐魯番唐代交通路線的考察與研究》　敦煌吐魯番研究（第五卷）　北京大學出版社
　　2001　p. 406 注

薛宗正　吐蕃、回鶻、葛邏祿的多邊關係考述　《西域研究》2001 年第 3 期　p. 15

蔡忠霖　敦煌漢文寫卷俗字及其現象　（臺北）文津出版社　2002　p. 67、140

陳國燦　敦煌學史事新證　甘肅教育出版社　2002　p. 465

姜亮夫　敦煌莫高窟年表　姜亮夫全集（十一）　雲南人民出版社　2002　p. 360

勞心　從敦煌文獻看 9 世紀的西州　《敦煌研究》2002 年第 1 期　p. 81

釋永有　敦煌遺書中的金剛經　敦煌佛教藝術文化國際學術研討會論文集　蘭州大學出版社　2002
　　p. 39

王素　敦煌吐魯番文獻　文物出版社　2002　p. 218

蔡忠霖　從書法角度看俗字的生成　敦煌學（第 24 輯）　（臺北）樂學書局有限公司　2003　p. 166

蔡忠霖　官定正字之外的通行文字　新世紀敦煌學論集　巴蜀書社　2003　p. 111

劉安志　石墨林《大谷文書集成》佛教資料考辨　魏晉南北朝隋唐史資料（第 20 輯）　武漢大學出
　　版社　2003　p. 281

劉安志　吐魯番出土的幾件佛典注疏殘片　敦煌吐魯番研究（第九卷）　中華書局　2006　p. 31

P. 2133

周紹良　敦煌所出變文現存目録　敦煌變文彙録　上海出版公司　1955　p. 5

金岡照光　敦煌文學のさまざま　敦煌の文學　（東京）大藏出版株式會社　1971　p. 104

金岡照光　敦煌民衆の宗教と生活　敦煌の民衆——その生活と思想　（東京）評論社　1972
　　p. 106

邱鎮京　敦煌變文述論　（臺北）商務印書館　1974　p. 1951

陳祚龍　關於李唐玄宗御"注"金剛經　敦煌資料考屑（下冊）　（臺北）商務印書館　1979　p. 486

加地哲定　增補中國佛教文學研究　（東京）同朋舍　1979　p. 120

閻文儒　經變的起源種類和所反映佛教上宗派的關係　《社會科學戰線》1979 年第 4 期　又見：中國

敦煌學百年文庫·宗教卷(四)　甘肅文化出版社　1999　p. 92

楊家駱　敦煌變文　(臺北)世界書局　1980　p. 447、515

金岡照光　敦煌の繪物語　(東京)東方書店　1981　p. 54

潘重規　敦煌卷子俗寫文字與俗文學之研究　敦煌變文論輯　(臺北)石門圖書公司　1981　p. 303

陳祚龍　敦煌古抄內典尾記彙校初、二、三編合刊　敦煌學要籥　(臺北)新文豐出版公司　1982　p. 170

羅宗濤　敦煌變文中詩歌形式之探討　漢學論文集　(臺北)文史哲出版社　1982

張鴻勳　敦煌講唱文學韻律初探　《敦煌研究》1982年試刊第2期　p. 129

鄭阿財　敦煌孝道文學研究　(臺北)石門圖書公司　1982　p. 292

潘重規　敦煌變文集新書(上)　(臺北)"中國文化大學"中文研究所　1984　p. 122、212

平野顯照　講經文の組織內容　敦煌と中國仏教(講座敦煌7)　(東京)大東出版社　1984　p. 330

王慶菽　金剛般若波羅蜜經講經文　敦煌變文集　人民文學出版社　1984　p. 447

王慶菽　妙法蓮華經講經文　敦煌變文集　人民文學出版社　1984　p. 515

白化文　程毅中　對《雙恩記》講經文的一些推斷　敦煌學論集　甘肅人民出版社　1985　p. 123

金岡照光　關於敦煌變文演出的二三個問題　漢學研究(敦煌學國際研討會論文專號)　(臺北)漢學研究資料及服務中心　1986　p. 305

楊雄　金剛經、金剛經變及金剛經變文的比教　《敦煌研究》1986年第4期　p. 58　又見:敦煌論稿　甘肅文化出版社　1995　p. 157

高國藩　敦煌文學作品選　中華書局　1987　p. 69 注3

龍晦　唐五代西北方音與敦煌文獻研究　敦煌歌辭總編　上海古籍出版社　1987　p. 1832

平野顯照著　張桐生譯　唐代的文學與佛教　(臺北)業強出版社　1987　p. 210、235、266

曲金良　敦煌寫本變文、講經文作品創作時間彙考(續)　《敦煌學輯刊》1987年第2期　p. 45

張涌泉　敦煌變文校讀釋例　《敦煌學輯刊》1987年第2期　p. 20　又見:舊學新知　浙江大學出版社　1999　p. 167

周紹良　唐代變文及其它　敦煌文學作品選　中華書局　1987　p. 12

郭在貽　張涌泉　黃征　敦煌變文整理校勘中的幾個問題　《古漢語研究》1988年第1期　p. 74

郭在貽　張涌泉　黃征　蘇聯所藏押座文及說唱佛經故事五種補校　《古籍整理研究學刊》1988年第4期　p. 21

蕭登福　唐世佛家之講經與敦煌變文　敦煌俗文學論叢　(臺北)商務印書館　1988　p. 46

張涌泉　敦煌變文校劄　敦煌語言文學論文集　浙江古籍出版社　1988　p. 194

郭在貽　張涌泉　黃征　《敦煌變文集新書》讀後　《杭州師範學院學報》1989年第5期　p. 114

張鴻勳　講經文　敦煌文學　甘肅人民出版社　1989　p. 261

高國藩　敦煌古俗與民俗流變　河海大學出版社　1990　p. 321

郭在貽　張涌泉　黃征　敦煌變文集校議　岳麓書社　1990　p. 240、345

郭在貽　張涌泉　黃征　敦煌寫本書寫特例發微　敦煌吐魯番學研究論文集　漢語大詞典出版社　1990　p. 319、330、319

加地哲定著　劉衛星譯　中國佛教文學　今日中國出版社　1990　p. 104、124

楊雄　《敦煌變文集》校勘拾遺　《敦煌研究》1990年第4期　p. 76

潘重規　敦煌卷子俗寫文字之整理與發展　敦煌學(第17輯)　(臺北)新文豐出版公司　1991　p. 7

胥洪泉　《敦煌變文集》校記四十五則　《敦煌學輯刊》1991年第2期　p. 29

郭在貽　郭在貽語言文學論稿　浙江古籍出版社　1992　p. 146

金岡照光　講唱體類　敦煌の文學文獻(講座敦煌9)　(東京)大東出版社　1992　p. 37、157

金岡照光　押座文　敦煌の文學文獻(講座敦煌9)　(東京)大東出版社　1992　p. 345、386

吳其昱著　伊藤美重子譯　敦煌漢文寫本概觀　敦煌漢文文獻(講座敦煌5)　(東京)大東出版社
　　1992　p. 23

張涌泉　《敦煌歌辭總編》校議　《語言研究》1992年第1期　p. 55

張涌泉　敦煌寫卷俗字類型及其考辨的方法　(香港)《九州學刊》(敦煌學專輯)1992年第4卷第4
　　期　p. 82

周紹良　敦煌文學芻議及其它　(臺北)新文豐出版公司　1992　p. 51

高國藩　敦煌民俗資料導論　(臺北)新文豐出版公司　1993　p. 115

郭在貽　郭在貽敦煌學論集　江西人民出版社　1993　p. 147、241

楊雄　講經文名實說　(香港)《九州學刊》(敦煌學專輯)1993年第5卷第4期　p. 141　又見：敦煌
　　論稿　甘肅文化出版社　1995　p. 254

翟平　講經文稱"經"考　(香港)《九州學刊》(敦煌學專輯)1993年第5卷第4期　p. 150

張鴻勳　敦煌說唱文學概論　(臺北)新文豐出版公司　1993　p. 68、102、189

張鴻勳　敦煌文學概論　甘肅人民出版社　1993　p. 211

蔣禮鴻　敦煌文獻語言詞典　杭州大學出版社　1994　p. 66、373

潘重規　敦煌卷子俗寫文字之研究　敦煌學國際研討會文集·史地語文編　遼寧美術出版社　1995
　　p. 352　又見：全國敦煌學研討會論文集　(臺北)中正大學中國文學系所　1995　p. 9

曲金良　敦煌佛教文學研究　(臺北)文津出版社　1995　p. 40

楊雄　妙法蓮華經講經文　敦煌論稿　甘肅文化出版社　1995　p. 347

張涌泉　漢語俗字研究　岳麓書社　1995　p. 58、203

鄭阿財　敦煌寫卷《持誦金剛經靈驗功德記》研究　全國敦煌學研討會論文集　(臺北)中正大學中
　　國文學系所　1995　p. 271

黃征　敦煌俗語法研究之一：句法篇　敦煌吐魯番研究(第一卷)　北京大學出版社　1996　p. 76

林聰明　讀敦煌講經文劄記　慶祝潘石禪先生九秩華誕敦煌學特刊　(臺北)文津出版社　1996
　　p. 448 注1

張涌泉　《龍龕手鏡》讀法四題　慶祝潘石禪先生九秩華誕敦煌學特刊　(臺北)文津出版社　1996
　　p. 278

張涌泉　敦煌俗字研究導論　(臺北)新文豐出版公司　1996　p. 105、180、263

伏俊璉　關於變文體裁的一點探索　敦煌文學論集　四川人民出版社　1997　p. 130

黃征　張涌泉　敦煌變文校注　中華書局　1997　p. 646、705

汪泛舟　敦煌詩詞補正與考源　《敦煌研究》1997年第3期　p. 110

張涌泉　敦煌地理文書輯錄著作三種校議　古典文獻與文化論叢　中華書局　1997　p. 89

張涌泉　敦煌文獻校讀易誤字例釋　敦煌文學論集　四川人民出版社　1997　p. 266

朱慶之　敦煌變文詩體文的換"言"現象及其來源　敦煌文學論集　四川人民出版社　1997　p. 85

方廣錩　敦煌遺書中的《妙法蓮華經》及有關文獻　法源(第16期)　中國佛學院　1998　p. 50

方廣錩　敦煌遺書中的《金剛經》及其注疏　敦煌學佛教學論叢(上)　中國佛教文化研究所　1998
　　p. 388

海客　金剛般若波羅蜜經講經文　敦煌學大辭典　上海辭書出版社　1998　p. 578

海客　張錫厚　妙法蓮華經講經文　敦煌學大辭典　上海辭書出版社　1998　p. 579

黃征　唐代俗語詞輯釋　唐研究(第四卷)　北京大學出版社　1998　p. 147

劉方　妙法蓮花經變文研究　敦煌學大辭典　上海辭書出版社　1998　p. 846

羅世平　地藏十王圖像的遺存及其信仰　唐研究(第四卷)　北京大學出版社　1998　p. 413 注 59

周紹良　張涌泉　黃征　敦煌變文講經文因緣輯校(上)　江蘇古籍出版社　1998　p. 16、180、252

伏俊璉　論變文與講經文的關係　《敦煌研究》1999 年第 3 期　p. 102　又見:中國典籍與文化論叢
(第五輯)　中華書局　2000　p. 111

高國藩　敦煌俗文化學　上海三聯書店　1999　p. 614

金榮華　敦煌俗文學　中國敦煌學百年文庫·文學卷(五)　甘肅文化出版社　1999　p. 199

羅宗濤　讀《敦煌所出現的佛教講唱文》　中國敦煌學百年文庫·文學卷(二)　甘肅文化出版社
1999　p. 373

平井宥慶　敦煌文書における金剛經疏　金剛般若經の思想的研究　(東京)春秋社　1999　p. 269

張涌泉　敦煌寫本書寫特例發微　舊學新知　浙江大學出版社　1999　p. 228、240、250

張涌泉　龍龕手鏡讀法四題　舊學新知　浙江大學出版社　1999　p. 111

張涌泉　俗字研究與敦煌文獻的校理　舊學新知　浙江大學出版社　1999　p. 63、72

鄭炳潤　敦煌佛教故事類講唱文學所見淨土宗與禪宗　《敦煌研究》1999 年第 2 期　p. 148、156

金岡照光　敦煌文獻と中國文學　(東京)五曜書房　2000　p. 148

顏廷亮　敦煌文化　光明日報出版社　2000　p. 270

張錫厚　敦煌文學源流　作家出版社　2000　p. 367

張涌泉　漢語俗字叢考　中華書局　2000　p. 88、490、930

林聰明　敦煌吐魯番文書解詁指例　(臺北)新文豐出版公司　2001　p. 364

聖凱　論唐代的講經儀軌　《敦煌學輯刊》2001 年第 2 期　p. 37

汪泛舟　敦煌俗別字補正　《敦煌研究》2001 年第 4 期　p. 157

黃征　敦煌語言文字學研究　甘肅教育出版社　2002　p. 160、242

姜亮夫　敦煌莫高窟年表　姜亮夫全集(十一)　雲南人民出版社　2002　p. 465

李小榮　變文講唱與華梵宗教藝術　上海三聯書店　2002　p. 29

馬茜　歸義軍時期敦煌地區庶民佛教的發展　甘肅民族研究論叢　甘肅人民出版社　2002　p. 449

張鴻勳　敦煌俗文學研究　甘肅人民出版社　2002　p. 352

王小盾　從敦煌本共住修道故事看唐代佛教詩歌文體的來源　中國俗文化研究(第一輯)　巴蜀書
社　2003　p. 21

鄭阿財　《盂蘭盆經疏》與《盂蘭盆經講經文》　冉雲華先生八秩華誕壽慶論文集　(臺北)法光出版
社　2003　p. 442

荒見泰史　敦煌的講唱體文獻　敦煌學(第 25 輯)　(臺北)樂學書局有限公司　2004　p. 274

王小盾　潘重規先生"變文外衣"理論疏說　敦煌學(第 25 輯)　(臺北)樂學書局有限公司　2004
p. 83

黃征　敦煌俗字典　上海教育出版社　2005　p. 11、47、79、106

劉正平　唐代俗講與佛教神變月齋戒　戒幢佛學(第三卷)　岳麓書社　2005　p. 264

劉正平　王志鵬　唐代俗講與佛教八關齋戒之關係　《敦煌研究》2005 年第 2 期　p. 95

P. 2134

諏訪義讓　敦煌本瑜伽論手記に就いて　『宗教研究』(7 卷 3 期)　(東京)宗教研究會　1930
p. 69

吉田豐　ソグド語文獻　敦煌胡語文獻(講座敦煌 6)　(東京)大東出版社　1985　p. 194

周丕顯　敦煌佛經略考　《敦煌學輯刊》1987 年第 2 期　p. 6

池田溫　中國古代寫本識語集録　(東京)大藏出版株式會社　1990　p. 459

上山大峻　敦煌佛教の研究　（京都）法藏館　1990　p. 91、245

鄭炳林　馮培紅　讀《中國古代寫本識語集録》劄記　《西北史地》1994 年第 4 期　p. 47

胡戟　傅玫　敦煌史話　中華書局　1995　p. 130

鄭炳林　唐五代敦煌的粟特人與佛教　敦煌歸義軍史專題研究　蘭州大學出版社　1997　p. 440

鄭炳林　法鏡　敦煌學大辭典　上海辭書出版社　1998　p. 353

鄭炳林　北京圖書館藏《吳和尚經論目録》有關問題研究　敦煌學與中國史研究論集　甘肅人民出版社　2001　p. 129

郝春文　唐後期五代宋初敦煌私社的教育與教化功能　敦煌吐魯番研究（第九卷）　中華書局　2006　p. 308

P. 2135

王三慶　敦煌寫卷中武后新字之調查研究　唐代研究論集（第三輯）（臺北）新文豐出版公司　1992　p. 95

王惠民　關於《天請問經》和天請問經變的幾個問題　《敦煌研究》1994 年第 4 期　p. 176

李際寧　天請問經疏　藏外佛教文獻（第一輯）　宗教文化出版社　1995　p. 64

榮新江　評《藏外佛教文獻》第一輯　唐研究（第二卷）　北京大學出版社　1996　p. 464

方廣錩　天請問經疏　敦煌學大辭典　上海辭書出版社　1998　p. 708

樊錦詩　玄奘譯經和敦煌壁畫　《敦煌研究》2004 年第 2 期　p. 2

公維章　涅槃、淨土的殿堂：敦煌莫高窟第 148 窟研究　民族出版社　2004　p. 199

P. 2136

矢吹慶輝　三階教之研究　（東京）岩波書店　1927　p. 686、735

本田義英　敦煌出土智度論に就いて　『宗教研究』（新 6 卷 2 期）（東京）宗教研究會　1929　p. 245

矢吹慶輝　鳴沙餘韻・解說篇（第一、二部）（京都）臨川書店　1980　p. 204;208

王堯　藏族翻譯家管・法成對民族文化交流的貢獻　《文物》1980 年第 7 期　又見：中國敦煌學百年文庫・民族卷（三）　甘肅文化出版社　1999　p. 36

戴密微著　耿昇譯　唐代的入冥故事：黃仕強傳　敦煌譯叢（第一輯）　甘肅人民出版社　1985　p. 138，146 注 1、注 6、注 7，147 注 1

柴劍虹　讀敦煌寫卷《黃仕強傳》劄記　敦煌語言文學研究　北京大學出版社　1988　p. 248

程毅中　唐代小說史話　文化藝術出版社　1990　p. 94

張先堂　佛教義理與小說藝術聯姻的產兒：論敦煌寫本佛教靈驗記　《甘肅社會科學》1990 年第 5 期　p. 163

鄭炳林　敦煌碑銘讚三篇證誤與考釋　《敦煌學輯刊》1992 年第 1、2 期　p. 100

蕭登福　道教星斗符印與佛教密宗　（臺北）新文豐出版公司　1993　p. 43

張先堂　敦煌文學概論　甘肅人民出版社　1993　p. 336

王堯　西藏文史考信集　中國藏學出版社　1994　p. 31

蕭登福　道教術儀與密教典籍　（臺北）新文豐出版公司　1994　p. 488

伏俊璉　伏麒鵬　石室齊諧：敦煌小說選析　甘肅人民出版社　2000　p. 217

黃征　敦煌傳奇故事　浙江大學出版社　2000　p. 5

張鴻勳　敦煌俗文學研究　甘肅人民出版社　2002　p. 352

鄭阿財　敦煌疑偽經與靈驗記關係之考察　漢語史學報專輯（第三輯）　上海教育出版社　2003

p. 286

余欣　許國霖與敦煌學　敦煌吐魯番研究(第七卷)　北京大學出版社　2004　p. 76

P. 2137

曲金良　敦煌寫本變文、講經文作品創作時間彙考　《敦煌學輯刊》1987 年第 1 期　p. 66

吳其昱著　伊藤美重子譯　敦煌漢文寫本概観　敦煌漢文文獻(講座敦煌 5)　(東京)大東出版社
　　1992　p. 73

蔣冀騁　敦煌文書校讀研究　(臺北)文津出版社　1993　p. 114

P. 2138

陳祚龍　敦煌古抄內典尾記彙校初、二、三編合刊　敦煌學要籥　(臺北)新文豐出版公司　1982
　　p. 170

董作賓　敦煌紀年　敦煌學文選(上)　蘭州大學歷史系敦煌學研究室等　1983　p. 20

王三慶　日本所見敦煌寫卷目錄提要(一)　敦煌學(第 15 輯)　(臺北)新文豐出版公司　1989
　　p. 101

池田溫　中國古代寫本識語集錄　(東京)大蔵出版株式會社　1990　p. 172

林聰明　敦煌文書學　(臺北)新文豐出版公司　1991　p. 287、321

黃征　吳偉　敦煌願文集　岳麓書社　1995　p. 872

伊藤美重子　敦煌本『大智度論』の整理　中國佛教石經の研究　京都大學學術出版會　1996
　　p. 377

方廣錩　大智度論　敦煌學大辭典　上海辭書出版社　1998　p. 721

金岡照光　敦煌文獻と中國文學　(東京)五曜書房　2000　p. 409

林聰明　敦煌吐魯番文書解詁指例　(臺北)新文豐出版公司　2001　p. 165

徐曉麗　曹議金與甘州回鶻天公主結親時間考　《敦煌研究》2001 年第 4 期　p. 115

姜亮夫　敦煌莫高窟年表　姜亮夫全集(十一)　雲南人民出版社　2002　p. 189

李小榮　變文講唱與華梵宗教藝術　上海三聯書店　2002　p. 239

落合俊典　敦煌秘笈目錄(第 433 號至第 670 號)略考　敦煌吐魯番研究(第七卷)　北京大學出版
　　社　2004　p. 177

P. 2139

金岡照光　敦煌文學のさまざま　敦煌の文學　(東京)大蔵出版株式會社　1971　p. 107

王重民　記敦煌寫本的佛經　敦煌吐魯番文獻研究論集(第二輯)　北京大學出版社　1983　p. 16
　　又見:敦煌遺書論文集　中華書局　1984　p. 301

張廣達　榮新江　和田、敦煌發現的中古于闐史料概述　《新疆社會科學》1983 年第 4 期　p. 82　又
　　見:于闐史叢考　上海書店　1993　p. 16

吳其昱著　福井文雅　樋口勝譯　大蕃國大德・三藏法師・法成傳考　敦煌と中國仏教(講座敦煌
　　7)　(東京)大東出版社　1984　p. 408

戴密微著　耿昇譯　敦煌學近作　敦煌譯叢(第一輯)　甘肅人民出版社　1985　p. 61

張廣達　榮新江　敦煌"瑞像記"、瑞像圖及其反映的于闐　敦煌吐魯番文獻研究論集(第三輯)　北
　　京大學出版社　1986　p. 124　又見:于闐史叢考　上海書店　1993　p. 260

姜亮夫　敦煌經卷壁畫中所見釋氏僧名錄　敦煌學論文集　上海古籍出版社　1987　p. 1031

上山大峻　敦煌佛教の研究　(京都)法藏館　1990　p. 90、182

陶秋英輯録　姜亮夫校訂　敦煌經卷壁畫中所見釋氏名録　敦煌碎金　浙江古籍出版社　1992
　　p. 12

楊銘　關於敦煌藏文卷子中 Lho bal 研究　《西北民族研究》1994 年第 2 期　p. 115

汪泛舟　論敦煌文明的多民族貢獻　《敦煌研究》1995 年第 2 期　p. 188

楊銘　吐蕃統治敦煌研究　（臺北）新文豐出版公司　1997　p. 183

張弓　漢唐佛寺文化史　中國社會科學出版社　1997　p. 21

鄭炳林　敦煌碑銘讚輯釋　甘肅教育出版社　1997　p. 87 注 2

鄭炳林　北京圖書館藏《吳和尚經論目録》有關問題研究　敦煌學與中國史研究論集　甘肅人民出
　　版社　2001　p. 128

賈應逸　藏經洞遺書與和闐佛教遺址　2000 年敦煌學國際學術討論會文集·歷史文化卷（上）　甘
　　肅民族出版社　2003　p. 84

P. 2140

饒宗頤　敦煌書法叢刊（第二一卷）·寫經（二）　（東京）二玄社　1983　p. 23、73

林家平　寧强　羅華慶　中國敦煌學史　北京語言學院出版社　1992　p. 676

張涌泉　俗字研究與敦煌文獻的校理　舊學新知　浙江大學出版社　1999　p. 55

P. 2141

芳村修基　土橋秀高　井ノ口泰淳　敦煌佛教史年表　西域文化研究（第一）·敦煌佛教資料　（京
　　都）法藏館　1958　p. 267

陳祚龍　敦煌古抄内典尾記彙校二編　敦煌文物隨筆　（臺北）商務印書館　1979　p. 170

矢吹慶輝　鳴沙餘韻·解說篇（第一部）　（京都）臨川書店　1980　p. 154

陳祚龍　敦煌古抄内典尾記彙校初、二、三編合刊　敦煌學要籥　（臺北）新文豐出版公司　1982
　　p. 76

饒宗頤　敦煌書法叢刊（第二六卷）·寫經（七）　（東京）二玄社　1984　p. 23、55

姜亮夫　敦煌經卷壁畫中所見釋氏僧名録　敦煌學論文集　上海古籍出版社　1987　p. 1045

周丕顯　敦煌佛經略考　《敦煌學輯刊》1987 年第 2 期　p. 7

池田溫　中國古代寫本識語集録　（東京）大藏出版株式會社　1990　p. 167

上山大峻　敦煌佛教の研究　（京都）法藏館　1990　p. 18、77

方廣錩　佛教大藏經史（八一十世紀）　中國社會科學出版社　1991　p. 135

陶秋英輯録　姜亮夫校訂　敦煌經卷壁畫中所見釋氏名録　敦煌碎金　浙江古籍出版社　1992
　　p. 43

沃興華　敦煌書法藝術　上海人民出版社　1994　p. 137

鄭汝中　妙法蓮花經明決要述　敦煌書法庫（第四輯）　甘肅人民美術出版社　1994　p. 143

杜斗城　北涼譯經論　甘肅文化出版社　1995　p. 18

劉濤　評《法藏敦煌書苑精華》　敦煌吐魯番研究（第一卷）　北京大學出版社　1996　p. 380

方廣錩　大乘起信論略述　敦煌學大辭典　上海辭書出版社　1998　p. 718

方廣錩　地持義記　敦煌學大辭典　上海辭書出版社　1998　p. 720

劉濤　敦煌書法　敦煌學大辭典　上海辭書出版社　1998　p. 273

劉濤　因明入正理論後疏　敦煌學大辭典　上海辭書出版社　1998　p. 276

胡同慶　安忠義　佛教藝術　敦煌文藝出版社　2004　p. 298

黃征　敦煌草書寫卷《大乘起信論略述》卷上考訂（三）　敦煌學國際研討會論文集　北京圖書館出

版社　2005　p. 100

P. 2142

方廣錩　無量壽宗要經　敦煌學大辭典　上海辭書出版社　1998　p. 704

P. 2143

周一良　跋敦煌秘笈留真　《清華學報》1948 年第 15 卷第 1 期　又見：魏晉南北朝史論集　中華書
　　局　1963　p. 369；中國敦煌學百年文庫・文獻卷(一)　甘肅文化出版社　1999　p. 282

芳村修基　土橋秀高　井ノ口泰淳　敦煌佛教史年表　西域文化研究(第一)・敦煌佛教資料　(京
　　都)法藏館　1958　p. 254

陳祚龍　後魏元榮坐鎮瓜州事佛之一斑　《古今談》1973 年第 103 期　又見：中國敦煌學百年文庫・
　　宗教卷(一)　甘肅文化出版社　1999　p. 13

陳祚龍　敦煌古抄內典尾記彙校初、二、三編合刊　敦煌學要籥　(臺北)新文豐出版公司　1982
　　p. 170

董作賓　敦煌紀年　敦煌學文選(上)　蘭州大學歷史系敦煌學研究室等　1983　p. 18

王重民　記敦煌寫本的佛經　敦煌吐魯番文獻研究論集(第二輯)　北京大學出版社　1983　p. 10
　　又見：敦煌遺書論文集　中華書局　1984　p. 296

饒宗頤　敦煌書法叢刊(第二一卷)・寫經(二)　(東京)二玄社　1983　p. 34、74

宿白　東陽王與建平公　向達先生紀念論文集　新疆人民出版社　1986　p. 161　又見：敦煌吐魯番
　　文獻研究論集(第四輯)　北京大學出版社　1987　p. 42

Jean – Pierre Drege　敦煌寫本的物質性分析　漢學研究(敦煌學國際研討會論文專號)　(臺北)漢
　　學研究資料及服務中心　1986　p. 111

周丕顯　敦煌佛經略考　《敦煌學輯刊》1987 年第 2 期　p. 3

韓建瓴　題跋　敦煌文學　甘肅人民出版社　1989　p. 75

池田溫　中國古代寫本識語集錄　(東京)大藏出版株式會社　1990　p. 116

林聰明　從敦煌文書看佛教徒的造經祈福　第二屆敦煌學國際研討會論文集　(臺北)漢學研究中
　　心　1990　p. 526

林聰明　敦煌文書學　(臺北)新文豐出版公司　1991　p. 281

戴仁　敦煌寫本紙張的顏色　法國學者敦煌學論文選萃　中華書局　1993　p. 591

楊森　淺談北朝經生體楷筆的演化　《社科縱橫》1994 年第 4 期　p. 61

趙聲良　早期敦煌寫本書法的時代分期和類型　敦煌書法庫(第二輯)　甘肅人民美術出版社
　　1994　p. 6

黃征　吳偉　敦煌願文集　岳麓書社　1995　p. 818

張涌泉　漢語俗字研究　岳麓書社　1995　p. 331

宿白　兩漢魏晉南北朝時期的敦煌　中國石窟寺考古　文物出版社　1996　p. 247

藤枝晃著　徐慶全　李樹清譯　敦煌寫本概述　《敦煌研究》1996 年第 2 期　p. 118

伊藤美重子　敦煌本『大智度論』の整理　中國佛教石經の研究　京都大學學術出版會　1996
　　p. 355

張涌泉　敦煌俗字研究導論　(臺北)新文豐出版公司　1996　p. 154、198

周一良著　錢文忠譯　唐代密宗　上海遠東出版社　1996　p. 210

鄭阿財　《龍興寺毗沙門天王靈驗記》與敦煌地區的毗沙門信仰　周紹良先生欣開九秩慶壽文集
　　中華書局　1997　p. 259

鄭阿財　論敦煌寫本《龍興寺毗沙門天王靈驗記》與唐代的毗沙門信仰　第三屆中國唐代文化學術
　　研討會論文集　（臺北）政治大學中國文學系　1997　p. 435
鄭炳林　敦煌碑銘讚輯釋　甘肅教育出版社　1997　p. 15 注 5
陳國燦　普泰二年元榮寫維摩詰經疏記　敦煌學大辭典　上海辭書出版社　1998　p. 454
方廣錩　大智度論　敦煌學大辭典　上海辭書出版社　1998　p. 720
顧吉辰　敦煌文獻職官結銜考釋　《敦煌學輯刊》1998 年第 2 期　p. 20
黃征　吳士鑒舊藏敦煌北朝唐人寫卷的鑒定與考證　《敦煌研究》1999 年第 2 期　p. 167
黃征　程惠新　劫塵遺珠:敦煌遺書　甘肅教育出版社　1999　p. 218
張涌泉　敦煌文書疑難詞語辨釋　舊學新知　浙江大學出版社　1999　p. 266
金岡照光　敦煌文獻と中國文學　（東京）五曜書房　2000　p. 431
趙聲良　早期敦煌寫本書法的分期研究　1994 年敦煌學國際研討會文集·石窟藝術卷　甘肅民族
　　出版社　2000　p. 273
馬德　敦煌寫經題記的社會意義　法源(第 19 期)　中國佛學院　2001　p. 77
王惠民　敦煌西方淨土信仰資料與淨土圖像研究史　《敦煌研究》2001 年第 3 期　p. 12
蔡忠霖　敦煌漢文寫卷俗字及其現象　（臺北）文津出版社　2002　p. 140、163
姜亮夫　敦煌莫高窟年表　姜亮夫全集(十一)　雲南人民出版社　2002　p. 132
榮新江　才高四海,學貫八書:周一良先生與敦煌學　敦煌吐魯番研究(第六卷)　北京大學出版社
　　2002　p. 29
蔡忠霖　從書法角度看俗字的生成　敦煌學(第 24 輯)　（臺北）樂學書局有限公司　2003　p. 172
池田溫　敦煌漢文寫本の價值　敦煌文書の世界　（東京）名著刊行會　2003　p. 254
公維章　涅槃、淨土的殿堂:敦煌莫高窟第 148 窟研究　民族出版社　2004　p. 121
黨燕妮　毗沙門天王信仰在敦煌的流傳　《敦煌研究》2005 年第 3 期　p. 99
李丞宰　探尋敦煌佛經的 50 卷本《華嚴經》　敦煌學·日本學:石塚晴通教授退職紀念論文集　上
　　海辭書出版社　2005　p. 39
李丞宰著　大塚忠藏譯　敦煌佛經の50 卷本華嚴經を探して　日本學·敦煌學·漢文訓讀の新展
　　開　（東京）汲古書院　2005　p. 47

P. 2144

芳村修基　土橋秀高　井ノ口泰淳　敦煌佛教史年表　西域文化研究(第一)·敦煌佛教資料　（京
　　都）法藏館　1958　p. 258
陳祚龍　敦煌古抄內典尾記彙校初、二、三編合刊　敦煌學要籥　（臺北）新文豐出版公司　1982
　　p. 171
董作賓　敦煌紀年　敦煌學文選(上)　蘭州大學歷史系敦煌學研究室等　1983　p. 19
饒宗頤　敦煌書法叢刊(第二二卷)·寫經(三)　（東京）二玄社　1983　p. 48、68
池田溫　中國古代寫本識語集錄　（東京）大藏出版株式會社　1990　p. 150
江藍生　近代漢語語法資料彙編(唐五代卷)　商務印書館　1990　p. 296
林聰明　從敦煌文書看佛教徒的造經祈福　第二屆敦煌學國際研討會論文集　（臺北）漢學研究中
　　心　1990　p. 527
林聰明　敦煌文書學　（臺北）新文豐出版公司　1991　p. 355
楊森　"婆姨"與"優婆姨"稱謂芻議　《敦煌研究》1994 年第 3 期　p. 125
趙聲良　隋代敦煌寫本的書法藝術　敦煌書法庫(第三輯)　甘肅人民美術出版社　1994　p. 2　又
　　見:《敦煌研究》1995 年第 4 期　p. 134

黃征　吳偉　敦煌願文集　岳麓書社　1995　p. 856
方廣錩　大方廣佛華嚴經　敦煌學大辭典　上海辭書出版社　1998　p. 655
劉濤　華嚴經卷第三十七　敦煌學大辭典　上海辭書出版社　1998　p. 283
戴仁　敦煌寫本中的贋品　法國漢學(敦煌學專號)　中華書局　2000　p. 9
金岡照光　敦煌文獻と中國文學　(東京)五曜書房　2000　p. 431
陳麗萍　敦煌女性寫經題記及反映的婦女問題　敦煌佛教藝術文化國際學術研討會論文集　蘭州大
　　學出版社　2002　p. 434
殷光明　敦煌盧舍那佛法界圖像研究之一　《敦煌研究》2002 年第 1 期　p. 49
李丞宰著　大塚忠藏譯　敦煌佛經の50 卷本華嚴經を探して　日本學・敦煌學・漢文訓讀の新展
　　開　(東京)汲古書院　2005　p. 61

P. 2146
林聰明　敦煌文書學　(臺北)新文豐出版公司　1991　p. 314
鄭炳林　敦煌碑銘讚輯釋　甘肅教育出版社　1997　p. 22 注 6
沙知　敦煌別稱　敦煌學大辭典　上海辭書出版社　1998　p. 306
顏廷亮　敦煌文化中的道教及文化　《敦煌研究》1999 年第 1 期　p. 140
顏廷亮　敦煌文化　光明日報出版社　2000　p. 243
林聰明　敦煌吐魯番文書解詁指例　(臺北)新文豐出版公司　2001　p. 144
陳曉紅　試論敦煌佛教願文的類型　《敦煌學輯刊》2004 年第 1 期　p. 95

P. 2147
饒宗頤　敦煌書法叢刊(第二五卷)・寫經(六)　(東京)二玄社　1984　p. 3、71
汪泛舟　讚・箴　敦煌文學　甘肅人民出版社　1989　p. 98
林聰明　敦煌文書學　(臺北)新文豐出版公司　1991　p. 262、426
王三慶　敦煌寫卷中武后新字之調查研究　唐代研究論集(第三輯)　(臺北)新文豐出版公司
　　1992　p. 95、96
吳其昱著　伊藤美重子譯　敦煌漢文寫本概観　敦煌漢文文獻(講座敦煌 5)　(東京)大東出版社
　　1992　p. 22
劉濤　評《法藏敦煌書苑精華》　敦煌吐魯番研究(第一卷)　北京大學出版社　1996　p. 380
砂岡和子　敦煌散花樂和聲曲輯考　敦煌佛教文化研究　社科縱橫編輯部　1996　p. 24
劉濤　敦煌書法　敦煌學大辭典　上海辭書出版社　1998　p. 273
劉濤　因明入正理論後疏　敦煌學大辭典　上海辭書出版社　1998　p. 276
張先堂　晚唐至宋初淨土五會念佛法門在敦煌的流傳　《敦煌研究》1998 年第 1 期　p. 53
張先堂　唐宋敦煌世俗佛教信仰的類型、特徵　寺院財富與世俗供養　上海書畫出版社　2003
　　p. 303
胡同慶　安忠義　佛教藝術　敦煌文藝出版社　2004　p. 298
馬國俊　敦煌遺書民間書法特徵研究　文史(第七十五輯)　中華書局　2006　p. 34

P. 2148
陳祚龍　敦煌古抄內典尾記彙校二編　敦煌文物隨筆　(臺北)商務印書館　1979　p. 167
矢吹慶輝　鳴沙餘韻・解說篇(第一、二部)　(京都)臨川書店　1980　p. 127;353
陳祚龍　敦煌古抄內典尾記彙校初、二、三編合刊　敦煌學要籥　(臺北)新文豐出版公司　1982

    p. 73
馬德　敦煌工匠史料　甘肅人民出版社　1997　p. 80
方廣錩　毗尼心　敦煌學大辭典　上海辭書出版社　1998　p. 714

P. 2149
佐藤哲英　維摩經疏の殘缺本について　西域文化研究（第一）・敦煌佛教資料　（京都）法藏館
　　　1958　p. 129
矢吹慶輝　鳴沙餘韻・解說篇（第一部）　（京都）臨川書店　1980　p. 39
謝重光　晉—唐僧官制度考略　《世界宗教研究》1986年第3期　p. 44注6
池田溫　中國古代寫本識語集録　（東京）大藏出版株式會社　1990　p. 309
上山大峻　敦煌佛教の研究　（京都）法藏館　1990　p. 345
方廣錩　許培鈴　敦煌遺書中的《維摩詰所說經》及其注疏　《敦煌研究》1994年第4期　p. 151　又
　　　見：敦煌學佛教學論叢（下）　中國佛教文化研究所　1998　p. 122
方廣錩　黎明　維摩疏釋前小序抄・釋肇序抄義　敦煌學大辭典　上海辭書出版社　1998　p. 676
黃征　吳士鑒舊藏敦煌北朝唐人寫卷的鑒定與考證　《敦煌研究》1999年第2期　p. 166
劉屹　北京大學藏上宮廏戶寫《維摩詰經》補說　華林（第三卷）　中華書局　2004　p. 165

P. 2151
王三慶　敦煌寫卷中武后新字之調查研究　唐代研究論集（第三輯）　（臺北）新文豐出版公司
　　　1992　p. 96
吳其昱著　伊藤美重子譯　敦煌漢文寫本概観　敦煌漢文文獻（講座敦煌5）　（東京）大東出版社
　　　1992　p. 22
黃征　敦煌俗字典　上海教育出版社　2005　p. 32、82
黃征　敦煌俗字種類考辨　敦煌學・日本學：石塚晴通教授退職紀念論文集　上海辭書出版社
　　　2005　p. 125

P. 2152
林聰明　敦煌文書出處略考　季羨林教授八十華誕紀念論文集（下）　江西人民出版社　1991
　　　p. 866
林聰明　敦煌文書學　（臺北）新文豐出版公司　1991　p. 408
林聰明　敦煌吐魯番文書解詁指例　（臺北）新文豐出版公司　2001　p. 144
蔡忠霖　敦煌漢文寫卷俗字及其現象　（臺北）文津出版社　2002　p. 67
姜亮夫　敦煌莫高窟年表　姜亮夫全集（十一）　雲南人民出版社　2002　p. 281
張涌泉　敦煌文獻字詞例釋　敦煌學（第25輯）　（臺北）樂學書局有限公司　2004　p. 349

P. 2153
高國藩　敦煌民俗資料導論　（臺北）新文豐出版公司　1993　p. 305
李并成　唐代瓜沙二州間驛站考　敦煌學國際研討會文集・史地語文編　遼寧美術出版社　1995
　　　p. 203　又見：中國敦煌學百年文庫・地理卷（二）　甘肅文化出版社　1999　p. 162
李并成　李春元　瓜沙史地研究　甘肅文化出版社　1996　p. 65、133
李小榮　敦煌密教文獻論稿　人民文學出版社　2003　p. 107

P. 2154

矢吹慶輝　鳴沙餘韻・解說篇(第一部)　(京都)臨川書店　1980　p. 43

上山大峻　敦煌佛教の研究　(京都)法藏館　1990　p. 345

顏廷亮　敦煌文化　光明日報出版社　2000　p. 116

P. 2155

劉銘恕　再記英國倫敦所藏的敦煌經卷　《中國科學院圖書館通訊》1957 年第 7 期　又見：中國敦煌
　　學百年文庫・綜述卷(二)　甘肅文化出版社　1999　p. 133

陳祚龍　瓜沙印錄　(臺北)《大陸雜誌》1962 年第 4 期　又見：敦煌學概要　(臺北)編譯館"中華叢
　　書編委會"　1981　p. 267；中國敦煌學百年文庫・考古卷(一)　甘肅文化出版社　1999
　　p. 187

池田溫　評『ペリオ將來敦煌漢文文獻目錄』第一卷(P. 2001－2500)　『東洋學報』(54 卷 4 號)
　　(東京)東洋學術協會　1972　p. 67

梅村坦　住民の種族構成——敦煌をめぐる諸民族の動向　敦煌の社會(講座敦煌 3)　(東京)大
　　東出版社　1980　p. 211

森安孝夫　ウイグルと敦煌　敦煌の歷史(講座敦煌 2)　(東京)大東出版社　1980　p. 326

陳祚龍　古代敦煌及其他地區流行之公私印章圖記文字錄　敦煌學要籥　(臺北)新文豐出版公司
　　1982　p. 330

董作賓　敦煌紀年　敦煌學文選(上)　蘭州大學歷史系敦煌學研究室等　1983　p. 22

饒宗頤　敦煌書法叢刊(第十九卷)・碎金(二)　(東京)二玄社　1984　p. 3、92

森安孝夫著　高然譯　回鶻與敦煌　《西北史地》1984 年第 1 期　p. 118

艾麗白著　耿昇譯　敦煌漢文寫本中的鳥形押　敦煌譯叢(第一輯)　甘肅人民出版社　1985
　　p. 204 注 2

饒宗頤　敦煌書法叢刊(第十五卷)・牒狀(二)　(東京)二玄社　1985　p. 56、88

黃盛璋　于闐文《使河西記》的歷史地理研究　《敦煌學輯刊》1986 年第 2 期　p. 13

黃盛璋　敦煌本曹氏二州六鎮與八鎮考　1983 年全國敦煌學術討論會文集・文史遺書編(上)　甘
　　肅人民出版社　1987　p. 272、275

姜亮夫　敦煌經卷題名錄　敦煌學論文集　上海古籍出版社　1987　p. 1066

蘇瑩輝　曹元德、元深、元忠事迹考略　敦煌文史藝術論叢　(臺北)新文豐出版公司　1987　p. 162

榮新江　沙州歸義軍歷任節度使稱號研究　敦煌吐魯番學研究論文集　漢語大詞典出版社　1990
　　p. 803

蘇北海　丁谷山　瓜沙曹氏政權與甘州回鶻于闐回鶻的關係　《敦煌研究》1990 年第 3 期　p. 34

蘇哲　伯二九九二號文書三通五代狀文的研究　敦煌吐魯番文獻研究論集(第五輯)　北京大學出
　　版社　1990　p. 456

唐耕耦　陸宏基　敦煌社會經濟文獻真迹釋錄(三、四)　全國圖書館文獻縮微複製中心　1990
　　p. 596；401

李并成　漢敦煌郡廣至縣城及其有關問題考　《敦煌研究》1991 年第 4 期　p. 85

孫修身　伯 2155《曹元忠致甘州回鶻可汗狀》時代考　《敦煌研究》1991 年第 2 期　p. 27

汪泛舟　敦煌文學寫本辨正舉隅　《敦煌研究》1991 年第 1 期　p. 93

張廣達　唐末五代宋初西北地區的般次和使次　季羨林教授八十華誕紀念論文集(下)　江西人民
　　出版社　1991　p. 970

耿昇　哈密頓《鋼和泰藏卷考釋》述要　亞洲文明(第一集)　安徽教育出版社　1992　p. 209

姜伯勤　敦煌社會文書導論　（臺北）新文豐出版公司　1992　p. 159

陸慶夫　河西達怛考述　《敦煌學輯刊》1992 年第 1、2 期　p. 12

陶秋英輯録　姜亮夫校訂　敦煌經卷題名録　敦煌碎金　浙江古籍出版社　1992　p. 86

吳其昱著　伊藤美重子譯　敦煌漢文寫本概観　敦煌漢文文獻（講座敦煌 5）　（東京）大東出版社　1992　p. 21

陳守忠　河隴史地考述　蘭州大學出版社　1993　p. 89

榮新江　敦煌邈真讚所見歸義軍與東西回鶻的關係　敦煌邈真讚校録並研究　（臺北）新文豐出版公司　1994　p. 114

榮新江　甘州回鶻與曹氏歸義軍　《中國古代史》（先秦至隋唐）1994 年第 3 期　p. 109

趙聲良　萬經珍寶：古代書法藝術的寶庫“敦煌書法”　（臺北）《雄獅美術》1994 年第 12 期

鄭汝中　唐代書法藝術與敦煌寫卷　敦煌書法庫（第四輯）　甘肅人民美術出版社　1994　p. 11
又見：《敦煌研究》1996 第 2 期　p. 127

Л. N. チュグイェフスキ－著　荒川正晴譯注　ソ連邦科學アカデミ－東洋學研究所所藏、敦煌寫本における官印と寺印　『吐魯番出土文物研究會會報』（98、99 號）　（東京）吐魯番出土文物研究會　1994　p. 4

陳守忠　論河西回鶻　敦煌學國際研討會文集・史地語文編　遼寧美術出版社　1995　p. 141

陸慶夫　甘州回鶻可汗世次辨析　《敦煌學輯刊》1995 年第 2 期　p. 37　又見：敦煌歸義軍史專題研究　蘭州大學出版社　1997　p. 480

孫修身　試論瓜沙曹氏與甘州回鶻之關係　敦煌學國際研討會文集・史地語文編　遼寧美術出版社　1995　p. 108

張廣達　西域史地叢稿初編　上海古籍出版社　1995　p. 337

郝春文　評榮新江《英國圖書館藏敦煌漢文非佛教文獻殘卷目録（S. 6981－13624）》　敦煌吐魯番研究（第一卷）　北京大學出版社　1996　p. 364

雷紹鋒　論曹氏歸義軍時期官府之“牧子”　《敦煌學輯刊》1996 年第 1 期　p. 39、44

榮新江　歸義軍史研究　上海古籍出版社　1996　p. 27、120

鄭炳林　唐五代敦煌粟特人與歸義軍政權　《敦煌研究》1996 年第 4 期　p. 93　又見：敦煌歸義軍史專題研究　蘭州大學出版社　1997　p. 425

馮培紅　晚唐五代宋初歸義軍武職軍將研究　敦煌歸義軍史專題研究　蘭州大學出版社　1997　p. 129

黃征　敦煌俗語詞輯釋　敦煌語文叢說　（臺北）新文豐出版公司　1997　p. 70

黃征　王梵志詩校釋續商補　敦煌語文叢說　（臺北）新文豐出版公司　1997　p. 237

陸慶夫　從焉耆龍王到河西龍家——龍部落遷徙考　敦煌歸義軍史專題研究　蘭州大學出版社　1997　p. 501

張亞萍　晚唐五代歸義軍牧羊業管理機構：羊司　《敦煌學輯刊》1997 年第 2 期　p. 131

趙聲良　敦煌寫卷書法（下）　《文史知識》1997 年第 5 期　p. 83

鄭炳林　敦煌碑銘讚輯釋　甘肅教育出版社　1997　p. 535 注 2

鄭炳林　唐五代敦煌手工業研究　敦煌歸義軍史專題研究　蘭州大學出版社　1997　p. 261、269

鄭炳林　唐五代敦煌畜牧區域研究　敦煌歸義軍史專題研究　蘭州大學出版社　1997　p. 233

鄭炳林　馮培紅　唐五代歸義軍政權對外關係中的使頭一職　敦煌歸義軍史專題研究　蘭州大學出版社　1997　p. 64

鄭炳林　馮培紅　晚唐五代宋初歸義軍政權中都頭一職考辨　敦煌歸義軍史專題研究　蘭州大學出版社　1997　p. 74、81

陳國燦　會稽鎮　敦煌學大辭典　上海辭書出版社　1998　p. 398

李冬梅　唐五代歸義軍與周邊民族關係綜論　《敦煌學輯刊》1998 年第 2 期　p. 48

陸慶夫　黨項的崛起與對河西的爭奪　《敦煌研究》1998 年第 3 期　p. 111

陸慶夫　歸義軍晚期的回鶻化與沙州回鶻政權　《敦煌學輯刊》1998 年第 1 期　p. 19

榮新江　歸義軍大事紀年初稿　出土文獻研究（第三輯）　文物出版社　1998　p. 250

沙知　歸義軍節度使新鑄印　敦煌學大辭典　上海辭書出版社　1998　p. 291

張亞萍　唐五代敦煌地區的駱駝牧養業　《敦煌學輯刊》1998 年第 1 期　p. 57

張亞萍　唐五代歸義軍政府牧馬業研究　《敦煌學輯刊》1998 年第 2 期　p. 58

趙聲良　曹元忠狀　敦煌學大辭典　上海辭書出版社　1998　p. 278

趙聲良　唯識二十論存　敦煌學大辭典　上海辭書出版社　1998　p. 277

丘古耶夫斯基著　魏迎春譯　俄藏敦煌漢文寫卷中的官印及寺院印章　《敦煌學輯刊》1999 年第 1
　　期　p. 144

池田溫　李盛鐸舊藏敦煌歸義軍後期社會經濟文書簡介　慶祝吳其昱先生八秩華誕敦煌學特刊
　　（臺北）文津出版社　2000　p. 50

雷紹鋒　歸義軍賦役制度初探　（臺北）洪葉文化事業有限公司　2000　p. 94、175、187

劉玉權　沙州回鶻史探微　1994 年敦煌學國際研討會文集·宗教文史卷（下）　甘肅民族出版社
　　2000　p. 18

馬德　敦煌寫卷行草書法集　甘肅人民美術出版社　2000　p. 327

譚蟬雪　《君者者狀》辨析：河西達怛國的一份書狀　1994 年敦煌學國際研討會文集·宗教文史卷
　　（下）　甘肅民族出版社　2000　p. 102

王豔明　瓜沙州大王印考　《敦煌學輯刊》2000 年第 2 期　p. 44

乜小紅　唐五代敦煌牧羊業述論　《敦煌研究》2001 年第 1 期　p. 139

曾良　敦煌文獻字義通釋　廈門大學出版社　2001　p. 6、37

陳國燦　敦煌學史事新證　甘肅教育出版社　2002　p. 398

黃征　敦煌語言文字學研究　甘肅教育出版社　2002　p. 318

劉勝角　古代楷書發展史　中國戲劇出版社　2002　p. 306

董志翹　敦煌社會經濟文書詞語散釋　中國俗文化研究（第一輯）　巴蜀書社　2003　p. 131

森安孝夫著　梁曉鵬摘譯　河西歸義軍節度使官印及其編年　《敦煌學輯刊》2003 年第 1 期　p. 141

董志翹　敦煌社會經濟文獻詞語略考　浙江與敦煌學：常書鴻先生誕辰一百周年紀念文集　浙江古
　　籍出版社　2004　p. 494

李軍　晚唐五代肅州相關史實考述　《敦煌學輯刊》2005 年第 3 期　p. 97

馮培紅　歸義軍鎮制考　敦煌吐魯番研究（第九卷）　中華書局　2006　p. 272、279

金瀅坤　敦煌社會經濟文書定年拾遺　《首都師範大學學報》2006 年第 1 期　p. 13

汪泛舟　敦煌俗別字新考（上）　《敦煌研究》2006 年第 1 期　p. 104

鄭炳林　晚唐五代河西地區的居民結構研究　《蘭州大學學報》2006 年第 2 期　p. 17

P. 2156

吳其昱著　福井文雅　樋口勝譯　大蕃國大德·三藏法師·法成傳考　敦煌と中國仏教（講座敦煌
　　7）　（東京）大東出版社　1984　p. 394

盧向前　關於歸義軍時期一份布紙破用曆的研究：試釋伯四六四〇背面文書　敦煌吐魯番文獻研究
　　論集（第三輯）　北京大學出版社　1986　p. 410 注 18　又見：敦煌吐魯番文書論稿　江西人民
　　出版社　1992　p. 116 注 15

黄征　敦煌語言文字學研究　甘肅教育出版社　2002　p. 17

楊森　五代宋時期于闐皇太子在敦煌的太子莊　《敦煌研究》2003 年第 4 期　p. 42

P. 2157

林聰明　從敦煌文書看佛教徒的造經祈福　第二屆敦煌學國際研討會論文集　（臺北）漢學研究中心　1990　p. 528

吳其昱著　伊藤美重子譯　敦煌漢文寫本概観　敦煌漢文文獻（講座敦煌 5）　（東京）大東出版社　1992　p. 68

汪娟　敦煌禮懺文研究　（臺北）法鼓文化公司　1994　p. 33

胡戟　傅玫　敦煌史話　中華書局　1995　p. 131

鄧文寬　敦煌吐魯番文獻重文符號釋讀舉隅　敦煌吐魯番學耕耘錄　（臺北）新文豐出版公司　1996　p. 325

方廣錩　妙好寶車經　敦煌學大辭典　上海辭書出版社　1998　p. 736

李正宇　敦煌遺書標點符號　敦煌學大辭典　上海辭書出版社　1998　p. 519

蔡榮婷　敦煌本《佛說妙好寶車經》研究　新世紀敦煌學論集　巴蜀書社　2003　p. 435

景盛軒　試論敦煌佛經異文研究的價值和意義　《敦煌研究》2004 年第 5 期　p. 88

P. 2158

池田溫　評『ペリオ將來敦煌漢文文獻目録』第一卷（P. 2001－2500）　『東洋學報』（54 卷 4 號）　（東京）東洋學術協會　1972　p. 67

矢吹慶輝　鳴沙餘韻・解說篇（第一、二部）　（京都）臨川書店　1980　p. 127；353

杜琦　敦煌文學概論　甘肅人民出版社　1993　p. 509

P. 2159

矢吹慶輝　鳴沙餘韻・解說篇（第一部）　（京都）臨川書店　1980　p. 78

姜亮夫　敦煌經卷壁畫中所見釋氏僧名録　敦煌學論文集　上海古籍出版社　1987　p. 1045

姜亮夫　敦煌經卷壁畫中所見寺觀録　敦煌學論文集　上海古籍出版社　1987　p. 1085

畢素娟　遼僧詮明著作在敦煌藏經洞出現及有關問題　敦煌學國際學術討論會論文縮寫文（1990）　敦煌研究院　1990　p. 58

上山大峻　敦煌佛教の研究　（京都）法藏館　1990　p. 368

陶秋英輯録　姜亮夫校訂　敦煌經卷壁畫中所見釋氏名録　敦煌碎金　浙江古籍出版社　1992　p. 42

陶秋英輯録　姜亮夫校訂　敦煌經卷所見寺名録　敦煌碎金　浙江古籍出版社　1992　p. 134

方廣錩　敦煌文獻中的《金剛經》及其注疏　《新疆文物》1995 年第 1 期　p. 49　又見：敦煌學佛教學論叢（上）　中國佛教文化研究所　1998　p. 384

榮新江　敦煌藏經洞的性質及其封閉原因　敦煌吐魯番研究（第二卷）　北京大學出版社　1997　p. 38

方廣錩　敦煌藏經洞封閉原因之我見：兼論敦煌遺書與藏經洞遺書之界定　敦煌學佛教學論叢（上）　中國佛教文化研究所　1998　p. 54、81　又見：敦煌文藪（下）　（臺北）新文豐出版公司　1999　p. 184、200

方廣錩　金剛般若經依天親菩薩論讚略釋秦本義記　敦煌學大辭典　上海辭書出版社　1998　p. 684

楊富學　敦煌寫本《天臺五義分門圖》校錄研究　西域敦煌宗教論稿　甘肅文化出版社　1998
　　p. 118
畢素娟　遼代名僧詮明著作在敦煌藏經洞出現及有關問題　中國敦煌學百年文庫·宗教卷（二）
　　甘肅文化出版社　1999　p. 438
平井宥慶　敦煌文書における金剛經疏　金剛般若經の思想的研究　（東京）春秋社　1999　p. 266
劉進寶　敦煌文書與唐史研究　（臺北）新文豐出版公司　2000　p. 329
沙武田　關於莫高窟第130窟窟前殿堂建築遺址的時代問題　《敦煌學輯刊》2000年第1期　p. 75
榮新江　敦煌學十八講　北京大學出版社　2001　p. 94
杜正乾　唐代的《金剛經》信仰　《敦煌研究》2004年第5期　p. 53

P. 2160

周一良　跋敦煌秘笈留真　《清華學報》1948年第15卷第1期　又見：魏晉南北朝史論集　中華書
　　局　1963　p. 371；中國敦煌學百年文庫·文獻卷（一）　甘肅文化出版社　1999　p. 283
芳村修基　土橋秀高　井ノ口泰淳　敦煌佛教史年表　西域文化研究（第一）·敦煌佛教資料　（京
　　都）法藏館　1958　p. 257
陳祚龍　敦煌古抄內典尾記彙校初、二、三編合刊　敦煌學要籥　（臺北）新文豐出版公司　1982
　　p. 171
饒宗頤　敦煌書法叢刊（第二二卷）·寫經（三）　（東京）二玄社　1983　p. 38、67
王重民　記敦煌寫本的佛經　敦煌吐魯番文獻研究論集（第二輯）　北京大學出版社　1983　p. 14
　　又見：敦煌遺書論文集　中華書局　1984　p. 299
周丕顯　敦煌佛經略考　《敦煌學輯刊》1987年第2期　p. 4
池田溫　中國古代寫本識語集錄　（東京）大藏出版株式會社　1990　p. 141
林聰明　從敦煌文書看佛教徒的造經祈福　第二屆敦煌學國際研討會論文集　（臺北）漢學研究中
　　心　1990　p. 527
施萍婷著　池田溫譯　敦煌研究院、上海圖書館及び天津藝術博物館所藏の敦煌遺書をめぐって
　　『東洋學報』（72卷1·2號）　（東京）東洋文庫　1990　p. 105
伊藤伸　中國書法史上から見た敦煌漢文寫本　敦煌漢文文獻（講座敦煌5）　（東京）大東出版社
　　1992　p. 193
趙聲良　隋代敦煌寫本的書法藝術　敦煌書法庫（第三輯）　甘肅人民美術出版社　1994　p. 3　又
　　見：《敦煌研究》1995年第4期　p. 134
黃征　吳偉　敦煌願文集　岳麓書社　1995　p. 851
伊藤伸著　趙聲良譯　從中國書法史看敦煌漢文文書（二）　《敦煌研究》1996年第2期　p. 136
周一良著　錢文忠譯　唐代密宗　上海遠東出版社　1996　p. 213
張金泉　敦煌佛經音義寫卷述要　《敦煌研究》1997年第2期　p. 118
方廣錩　大智度論　敦煌學大辭典　上海辭書出版社　1998　p. 720
方廣錩　摩訶摩耶經　敦煌學大辭典　上海辭書出版社　1998　p. 696
劉濤　敦煌書法　敦煌學大辭典　上海辭書出版社　1998　p. 273
劉濤　生經第一　敦煌學大辭典　上海辭書出版社　1998　p. 283
姜亮夫　敦煌莫高窟年表　姜亮夫全集（十一）　雲南人民出版社　2002　p. 171
梁銀景　莫高窟隋代經變畫與南朝、兩京地區　《敦煌研究》2004年第5期　p. 34
梁銀景　隋代佛教窟龕研究　文物出版社　2004　p. 179
石塚晴通　關於漢字文化圈漢字字體的標準　敦煌學（第25輯）　（臺北）樂學書局有限公司　2004

p. 102

紅林幸子　"無"、"无"字間的問題系列：在《開成石經周易》中的兩字　敦煌學・日本學：石塚晴通教授退職紀念論文集　上海辭書出版社　2005　p. 194

紅林幸子　「無」・「无」字の問題系——『開成石經周易』における二字體　日本學・敦煌學・漢文訓讀の新展開　（東京）汲古書院　2005　p. 547

黃征　敦煌俗字典　上海教育出版社　2005　p. 前言 7、29、89

武學軍　敏春芳　敦煌願文婉詞試解（一）　《敦煌學輯刊》2006 年第 1 期　p. 130

P. 2161

芳村修基　土橋秀高　井ノ口泰淳　敦煌佛教史年表　西域文化研究（第一）・敦煌佛教資料　（京都）法藏館　1958　p. 275

池田溫　評『ペリオ將來敦煌漢文文獻目錄』第一卷（P. 2001－2500）　『東洋學報』（54 卷 4 號）（東京）東洋學術協會　1972　p. 67

矢吹慶輝　鳴沙餘韻・解說篇（第一部）　（京都）臨川書店　1980　p. 166

陳祚龍　敦煌古抄内典尾記彙校初、二、三編合刊　敦煌學要篇　（臺北）新文豐出版公司　1982　p. 172

陳祚龍　新譯補注杜女史主修的《巴黎國立圖書館藏敦煌中文卷冊目錄》之"自序"及"緒說"　敦煌學要篇　（臺北）新文豐出版公司　1982　p. 42

唐耕耦　陸宏基　敦煌社會經濟文獻真迹釋錄（一）　書目文獻出版社　1986　p. 379

池田溫　敦煌の便穀曆　日野開三郎博士頌壽記念論集・中國社會・制度・文化史の諸問題　（福岡）中國書店　1987　p. 389

池田溫　吐魯番・敦煌文書にみえる地方城市の住居　中國都市の歴史的研究（唐代史研究會報告第 VI 集）　（東京）刀水書房　1988　p. 183

山本達郎等　敦煌・IV 納贈曆・納色物曆等　『NUN－HUANG AND TURFAN DOCUMENTS CONCERNING SOCIAL AND ECONOMIC HISTORY』（IV）　（東京）東洋文庫　1989　p. 105

池田溫　中國古代寫本識語集錄　（東京）大藏出版株式會社　1990　p. 401

上山大峻　敦煌佛教の研究　（京都）法藏館　1990　p. 19、80

唐耕耦　陸宏基　敦煌社會經濟文獻真迹釋錄（二）　全國圖書館文獻縮微複製中心　1990　p. 18、255

鄭炳林　梁志勝　《梁幸德邈真讚》與梁願請《莫高窟功德記》　《敦煌研究》1992 年第 2 期　p. 65　又見：敦煌吐魯番文獻研究　蘭州大學出版社　1995　p. 259

釋依昱　曇曠與敦煌寫本《大乘百法明門論開宗義記》的研究　敦煌學國際研討會文集・史地語文編　遼寧美術出版社　1995　p. 514

張傳璽　中國歷代契約會編考釋（上）　北京大學出版社　1995　p. 232

馮培紅　唐五代歸義軍政權中隊職問題辨析　《敦煌學輯刊》1996 年第 2 期　p. 27　又見：敦煌歸義軍史專題研究　蘭州大學出版社　1997　p. 39

鄭炳林　唐五代敦煌粟特人與歸義軍政權　《敦煌研究》1996 年第 4 期　p. 82

馮培紅　晚唐五代宋初歸義軍武職軍將研究　敦煌歸義軍史專題研究　蘭州大學出版社　1997　p. 119

寧可　郝春文　敦煌社邑文書輯校　江蘇古籍出版社　1997　p. 467

鄭炳林　敦煌碑銘讚輯釋　甘肅教育出版社　1997　p. 159 注 4

方廣錩　大乘百法明門論開宗義記　敦煌學大辭典　上海辭書出版社　1998　p. 717

沙知　敦煌契約文書輯校　江蘇古籍出版社　1998　p. 16、177、355、400、555

高啓安　崇高與卑賤:敦煌的佛教信仰賤名再探　'98 法門寺唐文化國際學術討論會論文集　陝西人民出版社　2000　p. 253

徐俊　敦煌詩集殘卷輯考　中華書局　2000　p. 114

羅彤華　從便物曆論敦煌寺院的放貸　敦煌文獻論集:紀念藏經洞發現一百周年國際學術研討會論文集　遼寧人民出版社　2001　p. 471

山本達郎等　補(III)契・敦煌發現契　『NUN－HUANG AND TURFAN DOCUMENTS CONCERNING SOCIAL AND ECONOMIC HISTORY』(Sup. p. lemrnts)　(東京)東洋文庫　2001　p. 54

趙貞　歸義軍押衙兼知他官略考　《敦煌研究》2001 年第 2 期　p. 91

榮新江　唐五代歸義軍武職軍將考　敦煌學新論　甘肅教育出版社　2002　p. 61

榮新江　略談于闐對敦煌石窟的貢獻　2000 年敦煌學國際學術討論會文集・歷史文化卷(上)　甘肅民族出版社　2003　p. 73

童丕　敦煌的借貸:中國中古時代的物質生活與社會　中華書局　2003　p. 15、159

鄭炳林　晚唐五代敦煌村莊聚落輯考　2000 年敦煌學國際學術討論會文集・歷史文化卷(上)　甘肅民族出版社　2003　p. 139

鄭炳林　晚唐五代敦煌地區的胡姓居民與聚落　法國漢學(第 10 輯)(粟特人在中國:歷史、考古、語言的新探索)　中華書局　2005　p. 183

P. 2162

陳祚龍　敦煌學雜記　敦煌資料考屑(下冊)　(臺北)商務印書館　1979　p. 383

柳田聖山　敦煌の禪籍と矢吹慶輝　敦煌仏典と禪(講座敦煌 8)　(東京)大東出版社　1980　p. 11

矢吹慶輝　鳴沙餘韻・解說篇(第二部)　(京都)臨川書店　1980　p. 540

田中良昭　念仏禪と後期北宗禪　敦煌仏典と禪(講座敦煌 8)　(東京)大東出版社　1980　p. 233

陳國燦　對未刊敦煌借契的考察　魏晉南北朝隋唐史資料(第 5 輯)　武漢大學出版社　1983　p. 20

姜伯勤　上海藏本敦煌所出河西支度營田使文書研究　敦煌吐魯番文獻研究論集(第二輯)　北京大學出版社　1983　p. 344

田中良昭　敦煌禪宗文獻の研究　(東京)大東出版社　1983　p. 237、253

王重民　記敦煌寫本的佛經　敦煌吐魯番文獻研究論集(第二輯)　北京大學出版社　1983　p. 21　又見:敦煌遺書論文集　中華書局　1984　p. 305

姜伯勤　突地考　《敦煌學輯刊》1984 年第 1 期　p. 13

盧向前　關於歸義軍時期一份布紙破用曆的研究:試釋伯四六四〇背面文書　敦煌吐魯番文獻研究論集(第三輯)　北京大學出版社　1986　p. 414 注 42　又見:敦煌吐魯番文書論稿　江西人民出版社　1992　p. 120 注 42

楊際平　吐蕃時期沙州社會經濟研究　敦煌吐魯番出土經濟文書研究　廈門大學出版社　1986　p. 383

姜伯勤　唐五代敦煌寺戶制度　中華書局　1987　p. 109 注 4

楊銘　吐蕃時期敦煌部落設置考　《西北史地》1987 年第 2 期　p. 39

李正宇　唐宋時代敦煌縣河渠泉澤簡志(一)　《敦煌研究》1988 年第 4 期　p. 96

李正宇　唐宋時代敦煌縣河渠泉澤簡志(二)　《敦煌研究》1989 年第 1 期　p. 54

池田溫　敦煌における土地稅役制をめぐって　東アジア古文書の史的研究　(東京)刀水書房

1990　p. 54

上山大峻　敦煌佛教の研究　（京都）法藏館　1990　p. 410、425

唐耕耦　陸宏基　敦煌社會經濟文獻真迹釋錄(二)　全國圖書館文獻縮微複製中心　1990　p. 405

姜伯勤　論禪宗在敦煌僧俗中的流傳　（香港）《九州學刊》(敦煌學專輯)1992 年第 4 卷第 4 期
　　p. 7　又見：中國敦煌學百年文庫·宗教卷(一)　甘肅文化出版社　1999　p. 220

榮新江　敦煌學書評二則　《敦煌研究》1992 年第 4 期　p. 110

吳其昱著　伊藤美重子譯　敦煌漢文寫本概観　敦煌漢文文獻（講座敦煌 5）　（東京）大東出版社
　　1992　p. 59

趙益　敦煌卷子中三種禪宗文獻考辨　古典文獻研究　南京大學出版社　1992　又見：中國敦煌學
　　百年文庫·宗教卷(二)　甘肅文化出版社　1999　p. 325

張鴻勳　敦煌話本詞文俗賦導論　（臺北）新文豐出版公司　1993　p. 202

姜伯勤　敦煌吐魯番文書與絲綢之路　文物出版社　1994　p. 266

劉進寶　關於吐蕃統治經營河西地區的若干問題　《中國邊疆史地研究》1994 年第 1 期　p. 17

索仁森著　李吉和譯　敦煌漢文禪籍特徵概觀　《敦煌研究》1994 年第 1 期　p. 110

田中良昭　敦煌の禪籍　禪學研究入門　（東京）大東出版社　1994　p. 65

王永興　敦煌經濟文書導論　（臺北）新文豐出版公司　1994　p. 407

葛兆光　中國禪思想史：從 6 世紀到 9 世紀　北京大學出版社　1995　p. 228 注 64

柳田聖山　禪籍解題(一)·敦煌禪籍　俗語言研究(第二期)　（京都）禪文化研究所　1995　p. 140

姜伯勤　敦煌藝術宗教與禮樂文明　中國社會科學出版社　1996　p. 363

李正宇　敦煌史地新論　（臺北）新文豐出版公司　1996　p. 120

劉進寶　吐蕃對河西的統治與經營　敦煌吐魯番學研究論集　書目文獻出版社　1996　p. 329

柳田聖山撰　劉方譯　敦煌禪籍總說　《敦煌學輯刊》1996 年第 2 期　p. 112

楊銘　吐蕃"十將"(Tshan bcu)制補證　《中國藏學》1996 年第 2 期　又見：中國敦煌學百年文庫·
　　民族卷(二)　甘肅文化出版社　1999　p. 61

雷紹鋒　唐末宋初歸義軍時期之"地子"、"地稅"淺論　魏晉南北朝隋唐史資料(第 15 輯)　武漢大
　　學出版社　1997　p. 136

李并成　古代河西走廊桑蠶絲織業考　《敦煌學輯刊》1997 年第 2 期　p. 63

楊際平　敦煌吐魯番出土雇工契研究　敦煌吐魯番研究(第二卷)　北京大學出版社　1997　p. 220

楊際平　郭鋒　張和平　五─十世紀敦煌的家庭與家族關係　岳麓書社　1997　p. 145

楊銘　吐蕃統治敦煌研究　（臺北）新文豐出版公司　1997　p. 272

鄭炳林　唐五代敦煌手工業研究　敦煌歸義軍史專題研究　蘭州大學出版社　1997　p. 256

鄭炳林　吐蕃統治下的敦煌粟特人　敦煌歸義軍史專題研究　蘭州大學出版社　1997　p. 376、390
　　注 38

陳國燦　將頭　敦煌學大辭典　上海辭書出版社　1998　p. 384

陳國燦　左三將納丑年突田曆　敦煌學大辭典　上海辭書出版社　1998　p. 408

方廣錩　大乘開心顯性頓悟真宗論　敦煌學大辭典　上海辭書出版社　1998　p. 725

郝春文　唐後期五代宋初敦煌僧尼的社會生活　中國社會科學出版社　1998　p. 217

金瀅坤　吐蕃統治敦煌的社會基層組織　《中國邊疆史地研究》1998 年第 4 期　p. 33

鄭炳林　《康秀華寫經施入疏》與《炫和尚貨賣胡粉曆》研究　敦煌吐魯番研究(第三卷)　北京大學
　　出版社　1998　p. 200

高啓安　唐五代至宋敦煌的量器及量制　《敦煌學輯刊》1999 年第 1 期　p. 69

金瀅坤　吐蕃統治敦煌的財政職官體系　《敦煌研究》1999 年第 2 期　p. 86

陳永勝　敦煌吐魯番法制文書研究　甘肅人民出版社　2000　p. 116

郝春文　唐後期五代宋初敦煌的春秋官齋、十二月轉經、水則道場與佛教節日　慶祝吳其昱先生八秩華誕敦煌學特刊　(臺北)文津出版社　2000　p. 248

雷紹鋒　歸義軍賦役制度初探　(臺北)洪葉文化事業有限公司　2000　p. 41、63、205

劉進寶　敦煌歷史文化　甘肅人民出版社　2000　p. 97

劉進寶　敦煌文書與唐史研究　(臺北)新文豐出版公司　2000　p. 101

陸離　俄法所藏敦煌文獻中一件歸義軍時期土地糾紛案卷殘卷淺識　《敦煌學輯刊》2000 年第 2 期　p. 62

王克孝　ДХ2168 寫本初探　1994 年敦煌學國際研討會文集·宗教文史卷(下)　甘肅民族出版社　2000　p. 230

楊際平　也談唐宋間敦煌量制"石"、"斗"、"馱"、"秤"　《敦煌學輯刊》2000 年第 2 期　p. 18

張鴻勳　說唱藝術奇葩:敦煌變文選評　甘肅人民出版社　2000　p. 107

陳國燦　敦煌學史事新證　甘肅教育出版社　2002　p. 24

沖本克己　敦煌發現的藏文禪宗文獻及所遺課題　戒幢佛學(第二卷)　岳麓書社　2002　p. 161

劉進寶　敦煌學通論　甘肅教育出版社　2002　p. 61

陸離　唐五代敦煌寺戶制度源流辨析　敦煌吐魯番研究(第六卷)　北京大學出版社　2002　p. 290

童丕　敦煌的借貸:中國中古時代的物質生活與社會　中華書局　2003　p. 81

鄭炳林　晚唐五代敦煌村莊聚落輯考　2000 年敦煌學國際學術討論會文集·歷史文化卷(上)　甘肅民族出版社　2003　p. 129

鄭炳林　晚唐五代敦煌商業貿易市場研究　《敦煌學輯刊》2004 年第 1 期　p. 104

陸離　吐蕃統治敦煌時期的官府勞役　魏晉南北朝隋唐史資料(第 22 輯)　武漢大學出版社　2005　p. 178

陸離　也談敦煌文書中的唐五代"地子"、"地稅"　《歷史研究》2006 年第 4 期　p. 167

P. 2163

陳祚龍　敦煌古抄內典尾記彙校初、二、三編合刊　敦煌學要籥　(臺北)新文豐出版公司　1982　p. 172

饒宗頤　敦煌書法叢刊(第二四卷)·寫經(五)　(東京)二玄社　1984　p. 3、53

池田溫　中國古代寫本識語集錄　(東京)大藏出版株式會社　1990　p. 296

林聰明　敦煌文書出處略考　季羨林教授八十華誕紀念論文集(下)　江西人民出版社　1991　p. 867

林聰明　敦煌文書學　(臺北)新文豐出版公司　1991　p. 303、408

馬子海　吐蕃統治下的河西走廊　《西北師大學報》(社會科學版)1994 年第 5 期　p. 104

趙聲良　萬經珍寶:古代書法藝術的寶庫"敦煌書法"　(臺北)《雄獅美術》1994 年第 12 期

鄭阿財　敦煌文獻與唐代字樣學　第六屆中國文字學全國學術研討會論文集　(臺北)"中國文字學會"　1995　p. 265

劉濤　評《法藏敦煌書苑精華》　敦煌吐魯番研究(第一卷)　北京大學出版社　1996　p. 380

趙聲良　敦煌寫卷書法(下)　《文史知識》1997 年第 5 期　p. 83

劉濤　因明入正理論後疏　敦煌學大辭典　上海辭書出版社　1998　p. 276

姜亮夫　敦煌莫高窟年表　姜亮夫全集(十一)　雲南人民出版社　2002　p. 312

P. 2164

鄭炳林　讀敦煌文書伯3859《後唐清泰三年六月沙州儭司教授福集等狀》劄記　《西北史地》1993年
　　第4期　p. 47　又見：敦煌吐魯番文獻研究　蘭州大學出版社　1995　p. 614

P. 2165

陳祚龍　敦煌古抄內典尾記彙校初、二、三編合刊　敦煌學要籥　（臺北）新文豐出版公司　1982
　　p. 172

董作賓　敦煌紀年　敦煌學文選(上)　蘭州大學歷史系敦煌學研究室等　1983　p. 24

福井文雅　般若心經　敦煌と中國仏教(講座敦煌7)　（東京）大東出版社　1984　p. 39

韓建瓴　題跋　敦煌文學　甘肅人民出版社　1989　p. 74

池田溫　中國古代寫本識語集錄　（東京）大藏出版株式會社　1990　p. 288、553

上山大峻　敦煌佛教の研究　（京都）法藏館　1990　p. 196

林聰明　敦煌文書出處略考　季羨林教授八十華誕紀念論文集(下)　江西人民出版社　1991
　　p. 864

林聰明　敦煌文書學　（臺北）新文豐出版公司　1991　p. 402

趙益　敦煌卷子中三種禪宗文獻考辨　古典文獻研究　南京大學出版社　1992　又見：中國敦煌學
　　百年文庫・宗教卷(二)　甘肅文化出版社　1999　p. 325

平井宥慶　敦煌文書における金剛經疏　金剛般若經の思想的研究　（東京）春秋社　1999　p. 268

徐俊　關於"禪門秘要訣"：敦煌釋氏歌偈寫本三種合校　慶祝吳其昱先生八秩華誕敦煌學特刊
　　（臺北）文津出版社　2000　p. 225

林聰明　敦煌吐魯番文書解詁指例　（臺北）新文豐出版公司　2001　p. 181. 219

姜亮夫　敦煌莫高窟年表　姜亮夫全集(十一)　雲南人民出版社　2002　p. 296、304

釋永有　敦煌遺書中的金剛經　敦煌佛教藝術文化國際學術研討會論文集　蘭州大學出版社　2002
　　p. 39

P. 2166

方廣錩　太子須大拏經　敦煌學大辭典　上海辭書出版社　1998　p. 671

P. 2167

道端良秀　敦煌文獻に見える死後の世界　敦煌と中國仏教(講座敦煌7)　（東京）大東出版社
　　1984　p. 523

金岡照光　敦煌における地獄文獻——敦煌庶民信仰の一樣相　敦煌と中國仏教(講座敦煌7)
　　（東京）大東出版社　1984　p. 571

唐耕耦　陸宏基　敦煌社會經濟文獻真迹釋錄(四)　全國圖書館文獻縮微複製中心　1990　p. 66

趙聲良　萬經珍寶：古代書法藝術的寶庫"敦煌書法"　（臺北）《雄獅美術》1994年第12期

P. 2168

陳祚龍　新校重訂敦煌寫本《十空讚》表隱　敦煌資料考屑(上冊)　（臺北）商務印書館　1979
　　p. 126 注17

福井文雅　般若心經　敦煌と中國仏教(講座敦煌7)　（東京）大東出版社　1984　p. 39

柴劍虹　敦煌文學研究　唐代文學研究年鑒(1984)　陝西人民出版社　1985　p. 115

李正宇　佛塔式寫經　敦煌學大辭典　上海辭書出版社　1998　p. 592

P. 2169

方廣錩　金有陀羅尼經　敦煌學大辭典　上海辭書出版社　1998　p. 704

P. 2170

陳祚龍　敦煌道經後記彙錄　敦煌文物隨筆　（臺北）商務印書館　1979　p. 9

陳祚龍　關於道家"本際經"及其"要略妙義"與"疏"的敦煌古抄　敦煌文物隨筆　（臺北）商務印書
　　館　1979　p. 213

陳祚龍　新校重訂《敦煌道經後記彙錄》　敦煌學要籥　（臺北）新文豐出版公司　1982　p. 203

宮川尚志　唐以前の河西における宗教・思想的狀況　敦煌と中國道教（講座敦煌4）　（東京）大
　　東出版社　1983　p. 308

山田利明　敦煌文書と仙伝類　敦煌と中國道教（講座敦煌4）　（東京）大東出版社　1983　p. 240

石井昌子　靈寶經類　敦煌と中國道教（講座敦煌4）　（東京）大東出版社　1983　p. 160

饒宗頤　敦煌書法叢刊（第二八卷）・道書（二）　（東京）二玄社　1984　p. 21、90

姜亮夫　敦煌所見道教佚經考　敦煌學論文集　上海古籍出版社　1987　p. 310

池田溫　中國古代寫本識語集錄　（東京）大藏出版株式會社　1990　p. 281

林聰明　敦煌文書學　（臺北）新文豐出版公司　1991　p. 201

鄭汝中　敦煌書法管窺　《敦煌研究》1991 年第 4 期　p. 39

陶秋英輯錄　姜亮夫校訂　敦煌所見道教佚經錄　敦煌碎金　浙江古籍出版社　1992　p. 314

朱越利　道經總論　遼寧教育出版社　1992　p. 264

張澤洪　敦煌文書中的唐代道經　《敦煌學輯刊》1993 年第 2 期　p. 61

沃興華　敦煌書法藝術　上海人民出版社　1994　p. 228

趙聲良　萬經珍寶：古代書法藝術的寶庫"敦煌書法"　（臺北）《雄獅美術》1994 年第 12 期

鄭汝中　敦煌書法概述　敦煌書法庫（第一輯）　甘肅人民美術出版社　1994　p. 12

鄭汝中　唐代書法藝術與敦煌寫卷　敦煌書法庫（第四輯）　甘肅人民美術出版社　1994　p. 11
　　又見：《敦煌研究》1996 年第 2 期　p. 127

李豐楙　敦煌道經寫卷與道教寫經的供養功德觀　全國敦煌學研討會論文集　（臺北）中正大學中
　　國文學系所　1995　p. 125

邵文實　敦煌道教試述　《世界宗教研究》1996 年第 2 期　又見：中國敦煌學百年文庫・宗教卷
　　（三）　甘肅文化出版社　1999　p. 339

趙聲良　敦煌寫卷書法（下）　《文史知識》1997 年第 5 期　p. 84

胡文和　仁壽縣壇神岩第 53 號"三寶"窟右壁"南竺觀記"中道藏經目研究　《世界宗教研究》1998
　　年第 2 期　p. 125

山田俊　唐初道教思想史研究・資料篇　（京都）平樂寺書店　1999　p. 57、162

顏廷亮　敦煌文化中的道教及文化　《敦煌研究》1999 年第 1 期　p. 137

周維平　從敦煌遺書看敦煌道教　《西北民族研究》1999 年第 2 期　p. 131

汪泛舟　敦煌道教與齋醮諸考　1994 年敦煌學國際研討會文集・宗教文史卷（上）　甘肅民族出版
　　社　2000　p. 3

顏廷亮　敦煌文化　光明日報出版社　2000　p. 237

張澤洪　論唐代道教的寫經　《敦煌研究》2000 年第 3 期　p. 132

姜亮夫　敦煌莫高窟年表　姜亮夫全集（十一）　雲南人民出版社　2002　p. 262

劉勝角　古代楷書發展史　中國戲劇出版社　2002　p. 305

王卡　敦煌道教文獻研究　中國社會科學出版社　2004　p. 199

王卡　中國國家圖書館藏敦煌道教遺書研究報告　敦煌吐魯番研究(第七卷)　北京大學出版社
　　2004　p. 369
黃征　敦煌俗字典　上海教育出版社　2005　p. 前言 32、110

P. 2171
三木榮　西域出土醫藥關係文獻綜合解說目錄　『東洋學報』(47 卷 1 號)　(東京)東洋學術協會
　　1964　p. 13
馬繼興　敦煌古醫籍考釋　江西科學技術出版社　1988　p. 9
張金泉　敦煌佛經音義寫卷述要　《敦煌研究》1997 年第 2 期　p. 116
方廣錩　延壽命經　敦煌學大辭典　上海辭書出版社　1998　p. 734
馬繼興　敦煌醫藥文獻　敦煌學大辭典　上海辭書出版社　1998　p. 615
馬繼興　當前世界各地收藏的中國出土卷子本古醫藥文獻備考　敦煌吐魯番研究(第六卷)　北京
　　大學出版社　2002　p. 146

P. 2172
伏俊璉　關於變文體裁的一點探索　敦煌文學論集　四川人民出版社　1997　p. 130
張金泉　敦煌佛經音義寫卷述要　《敦煌研究》1997 年第 2 期　p. 115
張金泉　大般涅槃經音　敦煌學大辭典　上海辭書出版社　1998　p. 518
王繼如　預流悟詁　敦煌問學叢稿　甘肅文化出版社　1999　p. 266
徐時儀　玄應《衆經音義》研究　中華書局　2005　p. 427

P. 2173
饒宗頤　論敦煌陷於吐蕃之年代　(香港)《東方文化》1971 年第 9 卷第 1 期　又見:選堂集林・史林
　　(香港)中華書局　1982　p. 684；中國敦煌學百年文庫・民族卷(一)　甘肅文化出版社　1999
　　p. 229
陳祚龍　關於李唐玄宗御"注"金剛經　敦煌資料考屑(下冊)　(臺北)商務印書館　1979　p. 490
矢吹慶輝　鳴沙餘韻・解說篇(第一部)　(京都)臨川書店　1980　p. 67
陳祚龍　敦煌古抄《梁朝傅大士頌金剛經》之考證和校訂　敦煌簡策訂存　(臺北)商務印書館
　　1983　p. 247 注 13
羅宗濤　敦煌變文:石窟裏的老傳說　(臺北)時報文化出版公司　1983　p. 26
王重民　記敦煌寫本的佛經　敦煌吐魯番文獻研究論集(第二輯)　北京大學出版社　1983　p. 19
　　又見:敦煌遺書論文集　中華書局　1984　p. 303
左景權　《大正新修大藏經》第八十五卷——舊刊新評:《敦煌文書學發凡》之一章　敦煌吐魯番文獻
　　研究論集(第二輯)　北京大學出版社　1983　p. 621
饒宗頤　敦煌書法叢刊(第二四卷)・寫經(五)　(東京)二玄社　1984　p. 27
王重民　《敦煌遺書總目索引》後記　敦煌遺書論文集　中華書局　1984　p. 82
姜亮夫　敦煌經卷在中國文化學術上的價值　敦煌學論文集　上海古籍出版社　1987　p. 5
方廣錩　佛教大藏經史(八—十世紀)　中國社會科學出版社　1991　p. 144
蘇遠鳴　敦煌佛教肖像剳記　法國學者敦煌學論文選萃　中華書局　1993　p. 191
趙聲良　唐寫本《御注金剛經》　敦煌書法庫(第四輯)　甘肅人民美術出版社　1994　p. 78
趙聲良　萬經珍寶:古代書法藝術的寶庫"敦煌書法"　(臺北)《雄獅美術》1994 年第 12 期
鄭汝中　唐代書法藝術與敦煌寫卷　敦煌書法庫(第四輯)　甘肅人民美術出版社　1994　p. 11

又見:《敦煌研究》1996 年第 2 期　　p. 127

鄭阿財　敦煌文獻與唐代字樣學　第六屆中國文字學全國學術研討會論文集　（臺北）"中國文字學會"　1995　p. 265

張涌泉　敦煌俗字研究導論　（臺北）新文豐出版公司　1996　p. 225

趙聲良　敦煌寫卷書法(下)　《文史知識》1997 年第 5 期　p. 84

方廣錩　敦煌遺書中的《金剛經》及其注疏　敦煌學佛教學論叢(上)　中國佛教文化研究所　1998　p. 382

方廣錩　御注金剛般若波羅蜜經宣演　敦煌學大辭典　上海辭書出版社　1998　p. 684

平井宥慶　敦煌文書における金剛經疏　金剛般若經の思想的研究　（東京）春秋社　1999　p. 265

姜亮夫　敦煌莫高窟年表　姜亮夫全集(十一)　雲南人民出版社　2002　p. 360

尚永琪　佛經義疏與講經文、因緣文及變文的關係探討　2000 年敦煌學國際學術討論會文集·歷史文化卷(下)　甘肅民族出版社　2003　p. 230

杜正乾　唐代的《金剛經》信仰　《敦煌研究》2004 年第 5 期　p. 53

黃征　敦煌俗字典　上海教育出版社　2005　p. 6、32、54

黃征　敦煌俗字種類考辨　敦煌學·日本學:石塚晴通教授退職紀念論文集　上海辭書出版社　2005　p. 124

P. 2174

饒宗頤　論敦煌陷於吐蕃之年代　（香港）《東方文化》1971 年第 9 卷第 1 期　又見:選堂集林·史林（香港）中華書局　1982　p. 684；中國敦煌學百年文庫·民族卷(一)　甘肅文化出版社　1999　p. 229

土橋秀高　敦煌の律藏　敦煌と中國仏教(講座敦煌 7)　（東京）大東出版社　1984　p. 261

姜亮夫　敦煌經卷在中國文化學術上的價值　敦煌學論文集　上海古籍出版社　1987　p. 17

汪泛舟　讚·箴　敦煌文學　甘肅人民出版社　1989　p. 104

上山大峻　敦煌佛教の研究　（京都）法藏館　1990　p. 74

汪泛舟　敦煌文學概論　甘肅人民出版社　1993　p. 552

張鴻勳　敦煌話本詞文俗賦導論　（臺北）新文豐出版公司　1993　p. 98

沃興華　敦煌書法藝術　上海人民出版社　1994　p. 138

黃征　張涌泉　敦煌變文校注　中華書局　1997　p. 1123

姜亮夫　敦煌:偉大的文化寶藏　雲南人民出版社　1999　p. 79

平井宥慶　敦煌文書における金剛經疏　金剛般若經の思想的研究　（東京）春秋社　1999　p. 265

王繼如　預流悟詁　敦煌問學叢稿　甘肅文化出版社　1999　p. 269

湛如　敦煌佛教律儀制度研究　中華書局　2003　p. 156

杜正乾　唐代的《金剛經》信仰　《敦煌研究》2004 年第 5 期　p. 53

P. 2175

陳祚龍　瓜沙印錄　（臺北）《大陸雜誌》1962 年第 4 期　又見:敦煌學概要　（臺北）編譯館"中華叢書編委會"　1981　p. 268；中國敦煌學百年文庫·考古卷(一)　甘肅文化出版社　1999　p. 190

陳祚龍　古代敦煌及其他地區流行之公私印章圖記文字錄　敦煌學要籥　（臺北）新文豐出版公司　1982　p. 341

岡部和雄　敦煌藏經目錄　敦煌と中國仏教(講座敦煌 7)　（東京）大東出版社　1984　p. 317

池田溫　敦煌文獻について　『書道研究』(2 卷 2 號)　(東京)萱原書局　1988　p. 49　又見:敦煌
　　文書の世界　(東京)名著刊行會　2003　p. 52

林聰明　敦煌文書學　(臺北)新文豐出版公司　1991　p. 125

張金泉　敦煌佛經音義寫卷述要　《敦煌研究》1997 年第 2 期　p. 120

李正宇　淨土寺　敦煌學大辭典　上海辭書出版社　1998　p. 631

榮新江　《英藏敦煌文獻》定名商補　文史(第五十二輯)　中華書局　2000　p. 129 注 3

P. 2176

饒宗頤　敦煌書法叢刊(第二五卷)·寫經(六)　(東京)二玄社　1984　p. 34

上山大峻　敦煌佛教の研究　(京都)法藏館　1990　p. 366

吳其昱著　伊藤美重子譯　敦煌漢文寫本概觀　敦煌漢文文獻(講座敦煌 5)　(東京)大東出版社
　　1992　p. 17

鄭汝中　妙法蓮花經明決要述　敦煌書法庫(第四輯)　甘肅人民美術出版社　1994　p. 143

劉濤　評《法藏敦煌書苑精華》　敦煌吐魯番研究(第一卷)　北京大學出版社　1996　p. 380

白化文　草書寫經　敦煌學大辭典　上海辭書出版社　1998　p. 591

方廣錩　敦煌遺書中的《法華經》注疏　《世界宗教研究》1998 年第 2 期　p. 75

方廣錩　敦煌遺書中的《妙法蓮華經》及有關文獻　敦煌學佛教學論叢(下)　中國佛教文化研究所
　　1998　p. 84　又見:法源(第 16 期)　中國佛學院　1998　p. 46

劉濤　因明入正理論後疏　敦煌學大辭典　上海辭書出版社　1998　p. 276

鄭汝中　敦煌寫卷行草書法集　甘肅人民美術出版社　2000　p. 67

P. 2177

陳祚龍　瓜沙印録　(臺北)《大陸雜誌》1962 年第 4 期　又見:　敦煌學概要　(臺北)編譯館“中華
　　叢書編委會”　1981　p. 266；中國敦煌學百年文庫·考古卷(一)　甘肅文化出版社　1999
　　p. 186

陳祚龍　古代敦煌及其他地區流行之公私印章圖記文字録　敦煌學要籥　(臺北)新文豐出版公司
　　1982　p. 328

耿昇　中法學者友好合作的成果　《敦煌研究》1987 年第 1 期　p. 108

Л. N. チュグイェフスキ－著　荒川正晴譯注　ソ連邦科學アカデミ－東洋學研究所所藏、敦煌寫本
　　における官印と寺印　『吐魯番出土文物研究會會報』(98、99 號)　(東京)吐魯番出土文物研
　　究會　1994　p. 5

沙知　瓜沙州大王印　敦煌學大辭典　上海辭書出版社　1998　p. 289

楊森　張議潮　敦煌學大辭典　上海辭書出版社　1998　p. 352

丘古耶夫斯基著　魏迎春譯　俄藏敦煌漢文寫卷中的官印及寺院印章　《敦煌學輯刊》1999 年第 1
　　期　p. 144

王豔明　瓜沙州大王印考　《敦煌學輯刊》2000 年第 2 期　p. 42

森安孝夫著　梁曉鵬摘譯　河西歸義軍節度使官印及其編年　《敦煌學輯刊》2003 年第 1 期　p. 143

P. 2178

岡部和雄　經疏·要抄　敦煌仏典と禪(講座敦煌 8)　(東京)大東出版社　1980　p. 337

福井文雅　般若心經　敦煌と中國仏教(講座敦煌 7)　(東京)大東出版社　1984　p. 39

姜伯勤　唐五代敦煌寺戶制度　中華書局　1987　p. 1

蕭登福　唐世佛家之講經與敦煌變文　敦煌俗文學論叢　（臺北）商務印書館　1988　p. 69

柴劍虹　因緣　敦煌文學　甘肅人民出版社　1989　p. 273

柴劍虹　敦煌文學中的"因緣"與"詩話"　西域文史論稿　（臺北）國文天地雜誌社　1991　p. 515

李明偉　《長興四年中興殿應聖節講經文》研究　絲綢之路貿易史研究　甘肅人民出版社　1991　p. 349

項楚　《破魔變文》補校　敦煌文學叢考　上海古籍出版社　1991　p. 240

周紹良　敦煌文學芻議及其它　（臺北）新文豐出版公司　1992　p. 54

索仁森著　李吉和譯　敦煌漢文禪籍特徵概觀　《敦煌研究》1994 年第 1 期　p. 110

黃征　吳偉　敦煌願文集　岳麓書社　1995　p. 71、793

柳田聖山　禪籍解題(一)·敦煌禪籍　俗語言研究(第二期)　（京都）禪文化研究所　1995　p. 149

榮新江　評《俄藏敦煌文獻》第 1－5 冊　敦煌吐魯番研究(第一卷)　北京大學出版社　1996　p. 372

黃征　敦煌寫本異文綜析　敦煌語文叢說　（臺北）新文豐出版公司　1997　p. 39

黃征　敦煌願文考論　敦煌語文叢說　（臺北）新文豐出版公司　1997　p. 592

黃征　李丹禾　敦煌變文中的願文　敦煌文學論集　四川人民出版社　1997　p. 365

黃征　曾良　洪玉雙　敦煌願文研究　敦煌文學論集　四川人民出版社　1997　p. 376

王書慶　敦煌文獻中的《齋琬文》　《敦煌研究》1997 年第 1 期　p. 142

方廣錩　般若波羅蜜多心經疏　敦煌學大辭典　上海辭書出版社　1998　p. 687

楊富學　李吉和　敦煌漢文吐蕃史料輯校(第一輯)　甘肅人民出版社　1999　p. 263

王宗祥　敦煌變文斷代研究劄記二則　《敦煌研究》2001 年第 1 期　p. 161

余欣　胡天漢月:海外中國古代契約研究史略　國際漢學(第七輯)　大象出版社　2002　p. 368

曾良　俗字與古籍整理舉隅　《中國典籍與文化》2003 年第 2 期

李小榮　《阿鼻地獄變文》校注　《敦煌研究》2004 年第 5 期　p. 102

P. 2179

陳祚龍　瓜沙印錄　（臺北）《大陸雜誌》1962 年第 4 期　又見:敦煌學概要　（臺北）編譯館"中華叢書編委會"　1981　p. 269；中國敦煌學百年文庫·考古卷(一)　甘肅文化出版社　1999　p. 191

陳祚龍　後魏元榮坐鎮瓜州事佛之一斑　《古今談》1973 年第 103 期　又見:中華佛教文化史散策(初集)　（臺北）新文豐出版公司　1978　p. 82

陳祚龍　敦煌古抄內典尾記彙校初、二、三編合刊　敦煌學要籥　（臺北）新文豐出版公司　1982　p. 172

陳祚龍　古代敦煌及其他地區流行之公私印章圖記文字錄　敦煌學要籥　（臺北）新文豐出版公司　1982　p. 344

饒宗頤　敦煌書法叢刊(第二十卷)·寫經(一)　（東京）二玄社　1983　p. 33、63

李正宇　敦煌地區古代祠廟寺觀簡志　《敦煌學輯刊》1988 年第 1、2 期　p. 75

王三慶　日本所見敦煌寫卷目錄提要(一)　敦煌學(第 15 輯)　（臺北）新文豐出版公司　1989　p. 99

池田溫　中國古代寫本識語集錄　（東京）大藏出版株式會社　1990　p. 105

高國藩　敦煌古俗與民俗流變　河海大學出版社　1990　p. 424

林聰明　從敦煌文書看佛教徒的造經祈福　第二屆敦煌學國際研討會論文集　（臺北）漢學研究中心　1990　p. 528

林聰明　敦煌文書出處略考　季羨林教授八十華誕紀念論文集（下）　江西人民出版社　1991　p. 855

林聰明　敦煌文書學　（臺北）新文豐出版公司　1991　p. 159、382、438

趙聲良　敦煌南北朝寫本的書法藝術　《敦煌研究》1991 年第 4 期　p. 44

李偉國　上海博物館藏敦煌吐魯番文獻綜論　中華文史論叢（總 50 輯）　上海古籍出版社　1992　p. 38

伊藤伸　中國書法史上から見た敦煌漢文寫本　敦煌漢文文獻（講座敦煌 5）　（東京）大東出版社　1992　p. 212

戴仁　敦煌和吐魯番寫本的斷代研究　法國學者敦煌學論文選萃　中華書局　1993　p. 532

林聰明　談敦煌文書的抄寫問題　紀念陳寅恪先生百年誕辰學術論文集　江西教育出版社　1994　p. 287

楊森　淺談北朝經生體楷筆的演化　《社科縱橫》1994 年第 4 期　p. 61

趙聲良　南北朝寫經書法藝術　敦煌書法庫（第一輯）　甘肅人民美術出版社　1994　p. 18

趙聲良　早期敦煌寫本書法的時代分期和類型　敦煌書法庫（第二輯）　甘肅人民美術出版社　1994　p. 5

林聰明　敦煌文書年代考探略述　敦煌學國際研討會文集・史地語文編　遼寧美術出版社　1995　p. 561

趙聲良　榮新江　饒宗頤編《法藏敦煌書苑精華》評介　《敦煌研究》1995 年第 1 期　p. 173

李正宇　敦煌史地新論　（臺北）新文豐出版公司　1996　p. 69

藤枝晃著　徐慶全　李樹清譯　敦煌寫本概述　《敦煌研究》1996 年第 2 期　p. 117

伊藤伸著　趙聲良譯　從中國書法史看敦煌漢文文書（二）　《敦煌研究》1996 年第 2 期　p. 144

伊藤美重子　敦煌本『大智度論』の整理　中國佛教石經の研究　京都大學學術出版會　1996　p. 392

張涌泉　敦煌俗字研究導論　（臺北）新文豐出版公司　1996　p. 120

方廣錩　成實論　敦煌學大辭典　上海辭書出版社　1998　p. 722

顧吉辰　敦煌文獻職官結銜考釋　《敦煌學輯刊》1998 年第 2 期　p. 20

李正宇　法海寺　敦煌學大辭典　上海辭書出版社　1998　p. 628

陳祚龍　後魏元榮坐鎮瓜州事佛之一斑　中國敦煌學百年文庫・宗教卷（一）　甘肅文化出版社　1999　p. 9

顏廷亮　敦煌文化　光明日報出版社　2000　p. 377

趙聲良　早期敦煌寫本書法的分期研究　1994 年敦煌學國際研討會文集・石窟藝術卷　甘肅民族出版社　2000　p. 269

林聰明　敦煌吐魯番文書解詁指例　（臺北）新文豐出版公司　2001　p. 34.269

姜亮夫　敦煌莫高窟年表　姜亮夫全集（十一）　雲南人民出版社　2002　p. 119

王志銘　論敦煌書法的藝術價值　敦煌佛教藝術文化國際學術研討會論文集　蘭州大學出版社　2002　p. 611

徐俊　俄藏 Dx. 11414 + Dx. 02947 前秦擬古詩殘本研究：兼論背面契券文書的地域和時代　敦煌吐魯番研究（第六卷）　北京大學出版社　2002　p. 219 注

石塚晴通　關於漢字文化圈漢字字體的標準　敦煌學（第 25 輯）　（臺北）樂學書局有限公司　2004　p. 102

紅林幸子　"無"、"无"字間的問題系列：在《開成石經周易》中的兩字　敦煌學・日本學：石塚晴通教授退職紀念論文集　上海辭書出版社　2005　p. 194

紅林幸子　「無」·「无」字の問題系──『開成石經周易』における二字體　日本學·敦煌學·漢文
　　訓讀の新展開　（東京）汲古書院　2005　p. 547

P. 2180

矢吹慶輝　三階教之研究　（東京）岩波書店　1927　p. 686

池田溫　評『ペリオ將來敦煌漢文文獻目録』第一卷（P. 2001 – 2500）　『東洋學報』（54 卷 4 號）
　　（東京）東洋學術協會　1972　p. 67

矢吹慶輝　鳴沙餘韻·解說篇（第一部）　（京都）臨川書店　1980　p. 165

姜亮夫　敦煌經卷壁畫中所見釋氏僧名録　敦煌學論文集　上海古籍出版社　1987　p. 1045

山本達郎等　敦煌·III 轉貼　『NUN – HUANG AND TURFAN DOCUMENTS CONCERNING SOCIAL
　　AND ECONOMIC HISTORY』（IV）　（東京）東洋文庫　1989　p. 59

上山大峻　敦煌佛教の研究　（京都）法藏館　1990　p. 19

陶秋英輯録　姜亮夫校訂　敦煌經卷壁畫中所見釋氏名録　敦煌碎金　浙江古籍出版社　1992
　　p. 43

王三慶　敦煌寫卷中武后新字之調査研究　唐代研究論集（第三輯）　（臺北）新文豐出版公司
　　1992　p. 96

吳其昱著　伊藤美重子譯　敦煌漢文寫本概観　敦煌漢文文獻（講座敦煌 5）　（東京）大東出版社
　　1992　p. 22

釋依昱　曇曠與敦煌寫本《大乘百法明門論開宗義記》的研究　敦煌學國際研討會文集·史地語文
　　編　遼寧美術出版社　1995　p. 506

方廣錩　大乘百法明門論開宗義記　敦煌學大辭典　上海辭書出版社　1998　p. 717

P. 2181

王小盾　潘重規先生"變文外衣"理論疏說　敦煌學（第 25 輯）　（臺北）樂學書局有限公司　2004
　　p. 76

P. 2182

池田溫　評『ペリオ將來敦煌漢文文獻目録』第一卷（P. 2001 – 2500）　『東洋學報』（54 卷 4 號）
　　（東京）東洋學術協會　1972　p. 67

田中良昭　敦煌禪宗文獻の研究　（東京）大東出版社　1983　p. 198

林聰明　敦煌漢文文書解讀要點試論　漢學研究（敦煌學國際研討會論文專號）　（臺北）漢學研究
　　資料及服務中心　1986　p. 426

姜亮夫　敦煌經卷在中國文化學術上的價值　敦煌學論文集　上海古籍出版社　1987　p. 5

沃興華　敦煌書法藝術　上海人民出版社　1994　p. 54

姜亮夫　敦煌:偉大的文化寶藏　雲南人民出版社　1999　p. 79

林聰明　敦煌吐魯番文書解詁指例　（臺北）新文豐出版公司　2001　p. 53

方孝坤　敦煌書法的文獻學價值　文史（第七十五輯）　中華書局　2006　p. 37

P. 2183

陳祚龍　敦煌古抄內典尾記彙校初、二、三編合刊　敦煌學要籥　（臺北）新文豐出版公司　1982
　　p. 173

P. 2184

土肥義和　はじめに——歸義軍節度使の敦煌支配　敦煌の歷史（講座敦煌2）　（東京）大東出版
　　社　1980　p. 271

陳祚龍　關於我國始行雕版印刷品的"老"問題　敦煌簡策訂存　（臺北）商務印書館　1983　p. 3

土肥義和著　李永寧譯　歸義軍時期（晚唐、五代、宋）的敦煌（續）　《敦煌研究》1987 年第 1 期
　　p. 95

舒學　敦煌漢文遺書中雕版印刷資料綜叙　敦煌語言文學研究　北京大學出版社　1988　p. 298

黃盛璋　敦煌于闐文書與漢文書中關於甘州回鶻史實異同及回鶻進佔甘州的年代問題　《西北史
　　地》1989 年第 1 期　p. 6

池田溫　中國古代寫本識語集録　（東京）大藏出版株式會社　1990　p. 439

白化文　重印本　敦煌學大辭典　上海辭書出版社　1998　p. 593

達照　敦煌本 P. 2039v 號《金剛經讚》的考察　法源（第 19 期）　中國佛學院　2001　p. 91

釋永有　敦煌遺書中的金剛經　敦煌佛教藝術文化國際學術研討會論文集　蘭州大學出版社　2002
　　p. 44

達照　金剛經讚集　藏外佛教文獻（第九輯）　宗教文化出版社　2003　p. 38

P. 2185

饒宗頤　孝順觀念與敦煌佛曲　敦煌學（第 1 輯）　（香港）新亞研究所敦煌學會　1974　p. 70　又
　　見：敦煌曲續論　（臺北）新文豐出版公司　1996　p. 7

鄭阿財　敦煌孝道文學研究　（臺北）石門圖書公司　1982　p. 70、189、301

川口久雄　目連救母變文考　大目乾連冥間救母變文（敦煌資料と日本文學　3）　（東京）大東文化
　　大學東洋研究所　1984　p. 55

陳祚龍　看了敦煌古抄《佛說盂蘭盆經讚述》以後　敦煌學散策新集　（臺北）新文豐出版公司
　　1989　p. 268

方廣錩　佛說淨土盂蘭盆經　敦煌學大辭典　上海辭書出版社　1998　p. 705

金岡照光　關於敦煌變文與唐代佛教儀式之關係　敦煌文藪（上）　（臺北）新文豐出版公司　1999
　　p. 134

王繼如　預流悟詁　敦煌問學叢稿　甘肅文化出版社　1999　p. 267

金岡照光　敦煌文獻と中國文學　（東京）五曜書房　2000　p. 378、392

町田隆吉　『唐咸亨四年（673）左憧熹生前及隨身錢物疏』をめぐって　『西北出土文獻研究』（創刊
　　號）　（新潟）西北出土文獻研究會　2004　p. 69

P. 2186

矢吹慶輝　三階教之研究　（東京）岩波書店　1927　p. 735

矢吹慶輝　鳴沙餘韻・解說篇（第一、二部）　（京都）臨川書店　1980　p. 204；208

戴密微著　耿昇譯　唐代的入冥故事：黃仕強傳　敦煌譯叢（第一輯）　甘肅人民出版社　1985
　　p. 135、138、140 注 3、144 注 4、145 注 7

柴劍虹　讀敦煌寫卷《黃仕強傳》剳記　敦煌語言文學研究　北京大學出版社　1988　p. 248

周紹良　小說　敦煌文學　甘肅人民出版社　1989　p. 283

程毅中　唐代小說史話　文化藝術出版社　1990　p. 94

蕭登福　從敦煌寫卷中看道教星斗崇拜對佛經之影響　第二屆敦煌學國際研討會論文集　（臺北）
　　漢學研究中心　1990　p. 338

張先堂　佛教義理與小說藝術聯姻的產兒：論敦煌寫本佛教靈驗記　《甘肅社會科學》1990 年第 5 期
　　　p. 163

周紹良　敦煌文學芻議及其它　（臺北）新文豐出版公司　1992　p. 11

張先堂　敦煌文學概論　甘肅人民出版社　1993　p. 336

蕭登福　道教術儀與密教典籍　（臺北）新文豐出版公司　1994　p. 488

王繼如　《醜女緣起》校釋補正　俗語言研究（第二期）　（京都）禪文化研究所　1995　p. 53

方廣錩　普賢菩薩說證明經　敦煌學大辭典　上海辭書出版社　1998　p. 736

高國藩　敦煌俗文化學　上海三聯書店　1999　p. 364

伏俊璉　伏麒鵬　石室齊諧：敦煌小說選析　甘肅人民出版社　2000　p. 217

黃征　敦煌傳奇故事　浙江大學出版社　2000　p. 5

于淑健　《黃仕强傳》校注商補　《敦煌學輯刊》2001 年第 2 期　p. 16

張鴻勳　敦煌俗文學研究　甘肅人民出版社　2002　p. 352

荒見泰史　敦煌本夢書雜識　漢語史學報專輯（第三輯）　上海教育出版社　2003　p. 338

鄭阿財　敦煌疑偽經與靈驗記關係之考察　漢語史學報專輯（第三輯）　上海教育出版社　2003
　　　p. 286

余欣　許國霖與敦煌學　敦煌吐魯番研究（第七卷）　北京大學出版社　2004　p. 76

P. 2187

許國霖　敦煌石室寫經題記彙編　《微妙聲》1936 – 1937 年第 1 – 4 期　又見：中國敦煌學百年文
　　　庫·宗教卷（四）　甘肅文化出版社　1999　p. 243

那波利貞　中唐時代俗講僧文漵法師釋疑　『東洋史研究』（4 卷 6 號）　（東京）東洋史研究會
　　　1939　p. 4

那波利貞　敦煌發見文書に拠る中晚唐時代の佛教寺院の錢穀布帛類貸付營利事業運營の實況
　　　『支那學』（10 卷 3 號）　（京都）支那學社　1941　p. 124

傅芸子　關於破魔變文：倫敦足本之發見　《藝文》1943 年第 3 期　又見：敦煌變文論文録　上海古
　　　籍出版社　1982　p. 495；中國敦煌學百年文庫·文學卷（一）　甘肅文化出版社　1999
　　　p. 330

傅芸子　敦煌本溫室經講唱押座文跋　『支那佛教史學』（第 10 卷第 1 號）　（東京）第一書房　1943
　　　p. 1　又見：敦煌變文論文録　上海古籍出版社　1982　p. 486

傅芸子　俗講新考　《新思潮月刊》1945 年第 1 卷第 2 期　又見：敦煌變文論文録　上海古籍出版社
　　　1982　p. 152

關德棟　談“變文”　《覺群周報》1946 年 1 卷 1 – 12 期　又見：敦煌變文論文録　上海古籍出版社
　　　1982　p. 227；中國敦煌學百年文庫·文學卷（一）　甘肅文化出版社　1999　p. 390

向達　唐代俗講考　《國學季刊》1946 年第 6 卷第 4 號　p. 42　又見：唐代長安與西域文明　三聯書
　　　店　1957　p. 333；敦煌變文論輯　（臺北）石門圖書公司　1981　p. 39；敦煌變文論文録　上
　　　海古籍出版社　1982　p. 67；關隴文學論叢　甘肅人民出版社　1983　p. 155、179

那波利貞　俗講と變文（中、下）　『佛教史學』（1 卷 3、4 號）　（京都）平樂寺書店　1950　p. 80；
　　　48

孫楷第　讀變文二則　《現代佛學》1951 年第 10 期　又見：中國敦煌學百年文庫·文學卷（一）　甘
　　　肅文化出版社　1999　p. 503

周紹良　敦煌所出變文現存目録　敦煌變文彙録　上海出版公司　1955　p. 1

仁井田陞　唐末五代の敦煌寺院佃戶關係文書　西域文化研究（第二）·敦煌吐魯番社會經濟資料

（上）　（京都）法藏館　1959　p. 73、85

竺沙雅章　敦煌の寺戸について　『史林』（44 卷 5 號）　京都大學文學部史學研究會　1961　p. 44

邵榮芬　敦煌俗文學中的別字異文和唐五代西北方音　《中國語文》1963 年第 3 期　又見：中國敦煌
學百年文庫・語言文字卷（一）　甘肅文化出版社　1999　p. 127

金岡照光　敦煌漢文文學文獻の寫本及び影印の收集保存、整理研究の現狀　敦煌出土文學文獻分
類目錄・附解說　（東京）東洋文庫　1971　p. 178

金岡照光　敦煌漢文文學文獻の文學形態上の種類とその分類　敦煌出土文學文獻分類目錄・附解
說　（東京）東洋文庫　1971　p. 198

金岡照光　敦煌文學のさまざま　敦煌の文學　（東京）大藏出版株式會社　1971　p. 107、128、186

金岡照光　敦煌民衆の宗教と生活　敦煌の民衆――その生活と思想　（東京）評論社　1972
p. 113、123、133、165、241、336

那波利貞　佛教信仰に基きて組織せられたる中晚唐五代時代の社邑に就きて　唐代社會文化史研
究・第六編　（東京）創文社　1974　p. 617

那波利貞　俗講と變文　唐代社會文化史研究・第四編　（東京）創文社　1974　p. 416、437

邱鎮京　敦煌變文述論　（臺北）商務印書館　1974　p. 1882

加地哲定　增補中國佛教文學研究　（東京）同朋舍　1979　p. 119、166

北原薰　晚唐・五代の敦煌寺院經濟――收支決算報告を中心に　敦煌の社會（講座敦煌 3）　（東
京）大東出版社　1980　p. 417

堀敏一　敦煌社會の變質――中國社會全般の發展とも關連して　敦煌の社會（講座敦煌 3）　（東
京）大東出版社　1980　p. 163

楊家駱　敦煌變文　（臺北）世界書局　1980　p. 355、769、856

姜伯勤　論敦煌寺院的"常住百姓"　《敦煌研究》1981 年試刊第 1 期　p. 52　又見：五十年來漢唐
佛教寺院經濟研究　北京師範大學出版社　1986　p. 182、200

金岡照光　敦煌の繪物語　（東京）東方書店　1981　p. 56、133

潘重規　敦煌變文新論　敦煌變文論輯　（臺北）石門圖書公司　1981　p. 160

潘重規　敦煌詞話　（臺北）石門圖書公司　1981　p. 55、114

孫楷第　讀變文　敦煌變文論輯　（臺北）石門圖書公司　1981　p. 107　又見：敦煌變文論文錄
上海古籍出版社　1982　p. 242

鄭阿財　孝道文學敦煌寫卷《十恩德讚》初探　（臺北）《華岡文科學報》1981 年第 13 期　p. 235、243

白化文　什麼是變文　敦煌變文論文錄　上海古籍出版社　1982　p. 430

陳祚龍　敦煌古抄內典尾記彙校初、二、三編合刊　敦煌學要籥　（臺北）新文豐出版公司　1982
p. 173

傅芸子　敦煌俗文學之發見及其展開　敦煌變文論文錄　上海古籍出版社　1982　p. 136

潘重規　敦煌變文集新書引言　敦煌學（第 5 輯）　（臺北）新文豐出版公司　1982　p. 65

史葦湘　絲綢之路上的敦煌與莫高窟　敦煌研究文集　甘肅人民出版社　1982　p. 118 注 109

王重民　敦煌變文研究　敦煌變文論文錄　上海古籍出版社　1982　p. 316　又見：敦煌遺書論文集
中華書局　1984　p. 218

張鴻勳　敦煌講唱伎藝搬演考略　《敦煌學輯刊》1982 年第 3 期　p. 65

鄭阿財　敦煌孝道文學研究　（臺北）石門圖書公司　1982　p. 75、264 注 195

周紹良　談唐代民間文學　敦煌變文論文錄　上海古籍出版社　1982　p. 412　又見：紹良叢稿　齊
魯書社　1984　p. 54

川口久雄　敦煌出土パリ本・『四獸因緣』　天福九年書寫破魔變・四獸因緣（敦煌資料と日本文學

　　　3）　（東京）大東文化大學東洋研究所　1983　p. 18

董作賓　敦煌紀年　敦煌學文選（上）　蘭州大學歷史系敦煌學研究室等　1983　p. 33

姜伯勤　敦煌寺院碾磑經營的兩種形式　歷史論叢（第三輯）　齊魯書社　1983　p. 173　又見：五
　　十年來漢唐佛教寺院經濟研究　北京師範大學出版社　1986　p. 221

張鴻勳　試論敦煌文學的範圍、性質及特點　《社會科學》1983年第2期　又見：中國敦煌學百年文
　　庫・文學卷（五）　甘肅文化出版社　1999　p. 254

潘重規　敦煌變文集新書（上）　（臺北）"中國文化大學"中文研究所　1984　p. 585、750、1195

平野顯照　講經文の組織内容　敦煌と中國仏教（講座敦煌7）　（東京）大東出版社　1984　p. 355

王慶菽　四獸因緣　敦煌變文集　人民文學出版社　1984　p. 856

王重民　頻婆娑羅王后宮綵女功德意供養塔生天因緣變　敦煌變文集　人民文學出版社　1984
　　p. 769

王重民　破魔變文　敦煌變文集　人民文學出版社　1984　p. 355

吳其昱　有關唐代和十世紀奴婢的敦煌卷子　《敦煌學輯刊》1984年第2期　p. 140

向達　敦煌變文集引言　敦煌遺書論文集　中華書局　1984　p. 336

周紹良　讀變文劄記　紹良叢稿　齊魯書社　1984　p. 109

仁井田陞著　姜鎮慶譯　唐末五代的敦煌寺院佃戶關係文書　敦煌學譯文集　甘肅人民出版社
　　1985　p. 822

王文才　俗講儀式考　敦煌學論集　甘肅人民出版社　1985　p. 112

李正宇　敦煌方音止遇二攝混同及其校勘學意義　《敦煌研究》1986年第4期　p. 50

盧向前　牒式及其處理程式的探討：唐公式文研究　敦煌吐魯番文獻研究論集（第三輯）　北京大學
　　出版社　1986　p. 337、390注5

曲金良　"變文"名實新辨　《敦煌研究》1986年第2期　p. 48

謝重光　關於唐後期至五代間沙州寺院經濟的幾個問題　敦煌吐魯番出土經濟文書研究　廈門大學
　　出版社　1986　p. 509注94

張弓　南北朝隋唐寺觀戶階層述略　五十年來漢唐佛教寺院經濟研究　北京師範大學出版社　1986
　　p. 318

張弓　唐代寺院奴婢階層略說　《魏晉南北朝隋唐史》1986年第10期　p. 36

何昌林　敦煌琵琶譜之考、解、譯（附《敦煌琵琶譯譜》）　1983年全國敦煌學術討論會文集・石窟藝
　　術編（下）　甘肅人民出版社　1987　p. 404注12

姜伯勤　唐五代敦煌寺戶制度　中華書局　1987　p. 4（圖版）、1、138、162

姜亮夫　敦煌經卷壁畫中所見釋氏僧名錄　敦煌學論文集　上海古籍出版社　1987　p. 1043

王永興　隋唐五代經濟史料彙編校注・第一編（上）　中華書局　1987　p. 317

項楚　敦煌文學雜考　1983年全國敦煌學術討論會文集・文史遺書編（下）　甘肅人民出版社
　　1987　p. 135、137

謝和耐著　耿昇譯　中國5—10世紀的寺院經濟　甘肅人民出版社　1987　p. 133注2　又見：上海
　　古籍出版社　2004　p. 106

顏廷亮　關於敦煌遺書中的甘肅文學作品　1983年全國敦煌學術討論會文集・文史遺書編（下）
　　甘肅人民出版社　1987　p. 223

鄭振鐸　中國俗文學史（上）　上海書店　1987　p. 187、233

周紹良　唐代變文及其它　敦煌文學作品選　中華書局　1987　p. 3、19

劉銘恕　敦煌遺書考（一）　文史（第二十九輯）　中華書局　1988　p. 276

譚蟬雪　曹元德曹元深卒年考　《敦煌研究》1988年第1期　p. 55

王慶菽　敦煌變文研究　敦煌語言文學論文集　浙江古籍出版社　1988　p. 58、65

蕭登福　唐世佛家之講經與敦煌變文　敦煌俗文學論叢　（臺北）商務印書館　1988　p. 74、76

張鴻勳　《父母恩重經講經文》補校　敦煌語言文學論文集　浙江古籍出版社　1988　p. 261

馬世長　《四獸因緣》考　《敦煌研究》1989 年第 2 期　p. 19

楊雄　敦煌變文四篇補校　《敦煌研究》1989 年第 1 期　p. 88

張鴻勳　變文　敦煌文學　甘肅人民出版社　1989　p. 241

張鴻勳　講經文　敦煌文學　甘肅人民出版社　1989　p. 268

池田溫　中國古代寫本識語集錄　（東京）大藏出版株式會社　1990　p. 485

郭在貽　張涌泉　黃征　敦煌變文集校議　岳麓書社　1990　p. 211、357、442

郝春文　唐後期五代宋初沙州僧尼的特點　敦煌吐魯番學研究論文集　漢語大詞典出版社　1990
　　　　p. 841

黃盛璋　敦煌于闐文書中河西部族考證　《敦煌學輯刊》1990 年第 1 期　p. 57

蔣紹愚　近代漢語語法資料彙編（唐五代卷）　商務印書館　1990　p. 362

黎薔　西域戲劇的緣起及敦煌佛教戲曲的形成　《敦煌研究》1990 年第 2 期　p. 106

榮新江　沙州歸義軍歷任節度使稱號研究　敦煌吐魯番學研究論文集　漢語大詞典出版社　1990
　　　　p. 799

唐耕耦　陸宏基　敦煌社會經濟文獻真迹釋錄（四）　全國圖書館文獻縮微複製中心　1990　p. 158

項楚　敦煌變文選注　巴蜀書社　1990　p. 448

謝重光　白文固　中國僧官制度史　青海人民出版社　1990　p. 148

楊振良　由現存評彈"開篇"論押座文　第二屆敦煌學國際研討會論文集　（臺北）漢學研究中心
　　　　1990　p. 468

佐竹靖彥　唐宋變革の地域的研究　（東京）同朋舍　1990　p. 167

李明偉　《長興四年中興殿應聖節講經文》研究　絲綢之路貿易史研究　甘肅人民出版社　1991
　　　　p. 345

林聰明　敦煌文書出處略考　季羨林教授八十華誕紀念論文集（下）　江西人民出版社　1991
　　　　p. 858

林聰明　敦煌文書學　（臺北）新文豐出版公司　1991　p. 184、234、255、273、389

仁井田陞　補訂中國法制史研究：奴隸農奴法・家族村落法　東京大學出版會　1991　p. 48、79

森安孝夫　ウイグル＝マニ教史の研究　大阪大學文學部紀要（第 31、32 合併號）　大阪大學
　　　　1991　p. 133

汪泛舟　敦煌文學寫本辨正舉隅　《敦煌研究》1991 年第 1 期　p. 92

項楚　敦煌文學叢考　上海古籍出版社　1991　p. 18

項楚　王梵志詩校注　上海古籍出版社　1991　p. 692

謝重光　吐蕃佔領期與歸義軍時期的敦煌僧官制度　《敦煌研究》1991 年第 3 期　p. 59

黃征　王梵志詩校釋補議　中華文史論叢（總 50 輯）　上海古籍出版社　1992　p. 94　又見：敦煌
　　　　語文叢說　（臺北）新文豐出版公司　1997　p. 252

黃征　語辭輯釋　《古漢語研究》1992 年第 1 期　p. 61

黃征　吳偉　《敦煌願文集》輯校中的一些問題　《敦煌研究》1992 年第 1 期　p. 65　又見：敦煌語
　　　　文叢說　（臺北）新文豐出版公司　1997　p. 549

姜伯勤　敦煌社會文書導論　（臺北）新文豐出版公司　1992　p. 165

金岡照光　講唱體類　敦煌の文學文獻（講座敦煌 9）　（東京）大東出版社　1992　p. 65、76、92、
　　　　116、156、170

金岡照光　押座文　敦煌の文學文獻(講座敦煌9)　（東京）大東出版社　1992　p. 339、369

金岡照光　韻文體類——長篇叙事詩・短篇歌詠　敦煌の文學文獻(講座敦煌9)　（東京）大東出版社　1992　p. 261

金岡照光　總說『敦煌文學の諸形態』　敦煌の文學文獻(講座敦煌9)　（東京）大東出版社　1992　p. 21

黎薔　敦煌遺書與壁畫中的佛教戲曲　西域戲劇與戲劇的發生　新疆人民出版社　1992　p. 91

林家平　寧强　羅華慶　中國敦煌學史　北京語言學院出版社　1992　p. 337、629、688

陶秋英輯録　姜亮夫校訂　敦煌經卷壁畫中所見釋氏名録　敦煌碎金　浙江古籍出版社　1992　p. 38

陶秋英輯録　姜亮夫校訂　敦煌經卷所見寺名録　敦煌碎金　浙江古籍出版社　1992　p. 114

岩本裕　敦煌における仏傳・本生譚　敦煌の文學文獻(講座敦煌9)　（東京）大東出版社　1992　p. 443

張涌泉　敦煌寫卷俗字類型及其考辨的方法　（香港）《九州學刊》(敦煌學專輯)1992 年第 4 卷第 4 期　p. 72

周紹良　敦煌文學芻議及其它　（臺北）新文豐出版公司　1992　p. 42、68、84

佐竹靖彦　唐末宋初敦煌地區戶籍制度的演變　唐代均田制研究選譯　甘肅教育出版社　1992　p. 178

鄧文寬　敦煌文獻《河西都僧統悟真處分常住榜》管窺　周一良先生八十生日紀念論文集　中國社會科學出版社　1993　p. 217　又見:敦煌吐魯番學耕耘録　（臺北）新文豐出版公司　1996　p. 159

郝春文　唐後期五代宋初敦煌寺院中的博士　《中國經濟史研究》1993 年第 2 期　p. 123

蔣冀騁　敦煌文書校讀研究　（臺北）文津出版社　1993　p. 54

李正宇　敦煌文學概論　甘肅人民出版社　1993　p. 96

齊陳駿　寒沁　河西都僧統唐悟真作品和見載文獻系年　《敦煌學輯刊》1993 年第 2 期　p. 14

前田正名　河西歷史地理學研究　中國藏學出版社　1993　p. 257

舒華　敦煌"變文"體裁新論　（香港）《九州學刊》(敦煌學專輯)1993 年第 5 卷第 4 期　p. 164

汪泛舟　敦煌文學概論　甘肅人民出版社　1993　p. 181

楊雄　講經文名實說　（香港）《九州學刊》(敦煌學專輯)1993 年第 5 卷第 4 期　p. 145

張鴻勳　敦煌說唱文學概論　（臺北）新文豐出版公司　1993　p. 12

張鴻勳　敦煌文學概論　甘肅人民出版社　1993　p. 238

鄭阿財　敦煌文獻與文學　（臺北）新文豐出版公司　1993　p. 28

蔣禮鴻　敦煌文獻語言詞典　杭州大學出版社　1994　p. 117、357

李明偉　隋唐絲綢之路　甘肅人民出版社　1994　p. 325

李明偉　唐代文學的嬗變與絲綢之路的影響　《敦煌研究》1994 年第 3 期　p. 140

李潤强　《降魔變文》、《破魔變文》與《西遊記》　《社科縱橫》1994 年第 4 期　p. 29

林聰明　談敦煌文書的抄寫問題　紀念陳寅恪先生百年誕辰學術論文集　江西教育出版社　1994　p. 290、297、301

黃盛璋　敦煌漢文與于闐文書中之龍家及其相關問題　全國敦煌學研討會論文集　（臺北）中正大學中國文學系所　1995　p. 58　又見:《西域研究》1996 年第 1 期　p. 26

劉進寶　敦煌學論述　（臺北）洪葉文化事業有限公司　1995　p. 303

劉迎勝　絲路文化・草原卷　浙江人民出版社　1995　p. 157

曲金良　敦煌佛教文学研究　（臺北）文津出版社　1995　p. 98、224

榮新江　龍家考　中亞學刊(第四輯)　北京大學出版社　1995　p. 151

譚蟬雪　敦煌婚俗的特點　敦煌學國際研討會文集·史地語文編　遼寧美術出版社　1995　p. 612

汪泛舟　從敦煌文學構成特點看中外交流關係　敦煌學國際研討會文集·史地語文編　遼寧美術出版社　1995　p. 247

王書慶　敦煌佛學·佛事篇　甘肅民族出版社　1995　p. 188、259

顏廷亮　敦煌文學概說　(臺北)新文豐出版公司　1995　p. 64

楊雄　破魔變文　敦煌論稿　甘肅文化出版社　1995　p. 296

張涌泉　陳祚龍校録敦煌卷子失誤例釋　學術集林(卷六)　上海遠東出版社　1995　p. 301　又見：舊學新知　浙江大學出版社　1999　p. 278

張涌泉　漢語俗字研究　岳麓書社　1995　p. 74

張涌泉　試論敦煌寫卷俗文字研究之意義　敦煌學國際研討會文集·史地語文編　遼寧美術出版社　1995　p. 368

榮新江　歸義軍史研究　上海古籍出版社　1996　p. 23

王昆吾　隋唐五代燕樂雜言歌辭研究　中華書局　1996　p. 367

張涌泉　敦煌俗字研究導論　(臺北)新文豐出版公司　1996　p. 128

張涌泉　敦煌寫卷俗字類釋　敦煌吐魯番學研究論集　書目文獻出版社　1996　p. 481

伏俊璉　關於變文體裁的一點探索　敦煌文學論集　四川人民出版社　1997　p. 131

黃征　敦煌俗語詞小劄　敦煌語文叢說　(臺北)新文豐出版公司　1997　p. 77

黃征　敦煌文學《兒郎偉》輯録校注　敦煌語文叢說　(臺北)新文豐出版公司　1997　p. 728

黃征　敦煌寫本異文綜析　敦煌語文叢說　(臺北)新文豐出版公司　1997　p. 39

黃征　張涌泉　敦煌變文校注　中華書局　1997　p. 50、87、537、625、1084、1165、1214

黃征　李丹禾　敦煌變文中的願文　敦煌文學論集　四川人民出版社　1997　p. 367

劉子瑜　敦煌變文和王梵志詩　大象出版社　1997　p. 37

陸慶夫　從焉耆龍王到河西龍家——龍部落遷徙考　敦煌歸義軍史專題研究　蘭州大學出版社　1997　p. 499

陸淑綺　李重申　敦煌古代戲曲文化史料綜述　《敦煌研究》1997年第2期　p. 65

入矢義高　評蔣禮鴻《敦煌變文字義通釋》　俗語言研究(第四期)　(京都)禪文化研究所　1997　p. 101

顏廷亮　關於《晏子賦》寫本的抄寫年代問題　《敦煌研究》1997年第2期　p. 138

張弓　漢唐佛寺文化史　中國社會科學出版社　1997　p. 770

鄭炳林　敦煌碑銘讚輯釋　甘肅教育出版社　1997　p. 136 注2

朱慶之　敦煌變文詩體文的換"言"現象及其來源　敦煌文學論集　四川人民出版社　1997　p. 81

海客　四獸因緣　敦煌學大辭典　上海辭書出版社　1998　p. 580

郝春文　唐後期五代宋初敦煌僧尼的社會生活　中國社會科學出版社　1998　p. 120

李冬梅　唐五代歸義軍與周邊民族關係綜論　《敦煌學輯刊》1998年第2期　p. 48

李正宇　悟真　敦煌學大辭典　上海辭書出版社　1998　p. 355

潘重規　敦煌《雲謠集》新書　雲謠集研究彙録　上海古籍出版社　1998　p. 211

潘重規　中國第一部"詞的總集"：敦煌《雲謠集》之發現與整理　雲謠集研究彙録　上海古籍出版社　1998　p. 266

榮新江　歸義軍大事紀年初稿　出土文獻研究(第三輯)　文物出版社　1998　p. 247

蘇金花　從"方外之賓"到"釋吏"　《敦煌學輯刊》1998年第2期　p. 112

譚蟬雪　敦煌歲時文化導論　(臺北)新文豐出版公司　1998　p. 80

唐耕耦　河西都僧統　敦煌學大辭典　上海辭書出版社　1998　p. 636

謝重光　常住百姓親伍禮　敦煌學大辭典　上海辭書出版社　1998　p. 652

張鴻勛　頌　敦煌學大辭典　上海辭書出版社　1998　p. 527

周紹良　張涌泉　黃征　敦煌變文講經文因緣輯校（上、下）　江蘇古籍出版社　1998　p. 5、19；
　　819、924

伏俊璉　論變文與講經文的關係　《敦煌研究》1999 年第 3 期　p. 102

高國藩　敦煌俗文化學　上海三聯書店　1999　p. 335、600

金榮華　敦煌俗文學　中國敦煌學百年文庫·文學卷（五）　甘肅文化出版社　1999　p. 198

柳存仁　敦煌變文與中國文學　道家與道術　上海古籍出版社　1999　p. 198

梅維恒著　楊繼東　陳引馳譯　唐代變文（上）　（香港）中國佛教文化出版公司　1999　p. 55、70、
　　89、258

潘重規　敦煌愛國詞　中國敦煌學百年文庫·文學卷（二）　甘肅文化出版社　1999　p. 367

謝桃坊　敦煌文化尋繹　四川人民出版社　1999　p. 114

顏廷亮　關於敦煌文學發展的歷史進程　《甘肅社會科學》1999 年第 4 期　p. 47

張涌泉　敦煌寫本書寫特例發微　舊學新知　浙江大學出版社　1999　p. 237、252

伏俊璉　論講經文與變文的關係　中國典籍與文化論叢（第五輯）　中華書局　2000　p. 112

金岡照光　敦煌文獻と中國文學　（東京）五曜書房　2000　p. 135、292、420

雷紹鋒　歸義軍賦役制度初探　（臺北）洪葉文化事業有限公司　2000　p. 260

劉進寶　敦煌文書與唐史研究　（臺北）新文豐出版公司　2000　p. 256

謝生保　成佛之路：敦煌壁畫佛傳故事　甘肅人民出版社　2000　p. 181

徐俊　敦煌詩集殘卷輯考　中華書局　2000　p. 767

顏廷亮　敦煌文化　光明日報出版社　2000　p. 275、322、514

張錫厚　敦煌文學源流　作家出版社　2000　p. 426

張涌泉　漢語俗字叢考　中華書局　2000　p. 5

林聰明　敦煌吐魯番文書解詁指例　（臺北）新文豐出版公司　2001　p. 41.54

謝重光　漢唐佛教社會史論　（臺北）國際文化事業有限公司　2001　p. 37 注 72

黃征　敦煌語言文字學研究　甘肅教育出版社　2002　p. 163

姜亮夫　敦煌莫高窟年表　姜亮夫全集（十一）　雲南人民出版社　2002　p. 514

李小榮　變文講唱與華梵宗教藝術　上海三聯書店　2002　p. 57、181

劉進寶　敦煌學通論　甘肅教育出版社　2002　p. 318

馬茜　歸義軍時期敦煌地區庶民佛教的發展　甘肅民族研究論叢　甘肅人民出版社　2002　p. 450

張鴻勛　敦煌俗文學研究　甘肅人民出版社　2002　p. 7、40、99

胡素馨　佛教藝術的經濟制度：雜物曆、儲藏室和畫行　寺院財富與世俗供養　上海書畫出版社
　　2003　p. 284

荒見泰史　敦煌本夢書雜識　漢語史學報專輯（第三輯）　上海教育出版社　2003　p. 342

顏廷亮　關於敦煌文化在古代世界文化格局中的地位問題　2000 年敦煌學國際學術討論會文集·
　　歷史文化卷（下）　甘肅民族出版社　2003　p. 102

竇懷永　許建平　敦煌寫本的避諱特點及其對傳統寫本抄寫時代判定的參考價值　《敦煌研究》
　　2004 年第 4 期　p. 53

荒見泰史　敦煌變文研究概述以及新觀點　華林（第三卷）　中華書局　2004　p. 391

荒見泰史　敦煌的講唱體文獻　敦煌學（第 25 輯）　（臺北）樂學書局有限公司　2004　p. 265、269

荒見泰史　敦煌文獻和變文研究回顧　敦煌吐魯番研究（第七卷）　北京大學出版社　2004　p. 247

湯涒　敦煌曲子詞地域文化研究　上海古籍出版社　2004　p. 171

王小盾　潘重規先生"變文外衣"理論疏說　敦煌學(第25輯)　(臺北)樂學書局有限公司　2004
　　　p. 75

吳蘊慧　《敦煌變文校注》校釋補正　《敦煌研究》2004年第5期　p. 107

鄭炳林　魏迎春　晚唐五代敦煌佛教教團的戒律和清規　《敦煌學輯刊》2004年第2期　p. 33

黑維強　吐魯番出土文書詞語例釋(二)　《敦煌學輯刊》2005年第2期　p. 190

劉正平　唐代俗講與佛教神變月齋戒　戒幢佛學(第三卷)　岳麓書社　2005　p. 264

余欣　神祇的"碎化"：唐宋敦煌社祭變遷研究　《歷史研究》2006年第3期　p. 69

P. 2188

佐藤哲英　維摩經疏の殘缺本について　西域文化研究(第一)・敦煌佛教資料　(京都)法藏館
　　　1958　p. 129

陳祚龍　瓜沙印錄　(臺北)《大陸雜誌》1962年第4期　又見：敦煌學概要　(臺北)編譯館"中華叢
　　　書編委會"　1981　p. 268；中國敦煌學百年文庫・考古卷(一)　甘肅文化出版社　1999
　　　p. 190

矢吹慶輝　鳴沙餘韻・解說篇(第一部)　(京都)臨川書店　1980　p. 35

陳祚龍　古代敦煌及其他地區流行之公私印章圖記文字錄　敦煌學要籥　(臺北)新文豐出版公司
　　　1982　p. 341

岡部和雄　敦煌藏經目錄　敦煌と中國仏教(講座敦煌7)　(東京)大東出版社　1984　p. 317

池田溫　敦煌文獻について　『書道研究』(2卷2號)　(東京)萱原書局　1988　p. 49　又見：敦煌
　　　文書の世界　(東京)名著刊行會　2003　p. 52

上山大峻　敦煌佛教の研究　(京都)法藏館　1990　p. 344

方廣錩　佛教大藏經史(八—十世紀)　中國社會科學出版社　1991　p. 135

陳允吉　《目連變》故事基型的素材結構與生成時代之推考　唐研究(第二卷)　北京大學出版社
　　　1996　p. 234 注16

黎明　淨名經集解關中疏　藏外佛教文獻(第二輯)　宗教文化出版社　1996　p. 175

陸淑綺　李重申　敦煌古代戲曲文化史料綜述　《敦煌研究》1997年第2期　p. 68

王繼如　敦煌疑字尋解　俗語言研究(第四期)　(京都)禪文化研究所　1997　p. 67

李正宇　淨土寺　敦煌學大辭典　上海辭書出版社　1998　p. 631

王繼如　敦煌俗字研究法　2000年敦煌學國際學術討論會文集・歷史文化卷(下)　甘肅民族出版
　　　社　2003　p. 457

P. 2189

周一良　跋敦煌秘笈留真　《清華學報》1948年第15卷第1期　又見：魏晉南北朝史論集　中華書
　　　局　1963　p. 371；中國敦煌學百年文庫・文獻卷(一)　甘肅文化出版社　1999　p. 283

陳祚龍　敦煌學剳記　敦煌資料考屑(下冊)　(臺北)商務印書館　1979　p. 401

陳祚龍　敦煌古抄內典尾記彙校初、二、三編合刊　敦煌學要籥　(臺北)新文豐出版公司　1982
　　　p. 173

饒宗頤　敦煌書法叢刊(第二一卷)・寫經(二)　(東京)二玄社　1983　p. 54、75

金岡照光　關於敦煌變文演出的二三個問題　漢學研究(敦煌學國際研討會論文專號)　(臺北)漢
　　　學研究資料及服務中心　1986　p. 305

耿昇　中法學者友好合作的成果　《敦煌研究》1987年第1期　p. 111

謝和耐著　耿昇譯　中國5—10世紀的寺院經濟　甘肅人民出版社　1987　p. 320 注 1

池田溫　中國古代寫本識語集録　（東京）大藏出版株式會社　1990　p. 121

陳祚龍　敦煌學識小　敦煌學津雜誌　（臺北）文津出版社　1991　p. 178

林聰明　敦煌文書出處略考　季羨林教授八十華誕紀念論文集（下）　江西人民出版社　1991
　　p. 866

林聰明　敦煌文書學　（臺北）新文豐出版公司　1991　p. 407

趙聲良　敦煌南北朝寫本的書法藝術　《敦煌研究》1991 年第 4 期　p. 45

郭麗英　敦煌本《東都發願文》考略　法國學者敦煌學論文選萃　中華書局　1993　p. 105

汪泛舟　敦煌文學概論　甘肅人民出版社　1993　p. 558

趙聲良　南北朝寫經書法藝術　敦煌書法庫（第一輯）　甘肅人民美術出版社　1994　p. 19

趙聲良　西魏寫本《東都發願文》　敦煌書法庫（第一輯）　甘肅人民美術出版社　1994　p. 196

趙聲良　早期敦煌寫本書法的時代分期和類型　敦煌書法庫（第二輯）　甘肅人民美術出版社
　　1994　p. 7

黃征　吳偉　敦煌願文集　岳麓書社　1995　p. 288

釋依昱　曇曠與敦煌寫本《大乘百法明門論開宗義記》的研究　敦煌學國際研討會文集·史地語文
　　編　遼寧美術出版社　1995　p. 509

王書慶　從敦煌文獻看敦煌佛教文化與中原佛教文化的交流　敦煌佛教文獻研究　敦煌研究院文獻
　　研究所　1995　p. 30

王書慶　敦煌佛學·佛事篇　甘肅民族出版社　1995　p. 29

張涌泉　漢語俗字研究　岳麓書社　1995　p. 330

周一良著　錢文忠譯　唐代密宗　上海遠東出版社　1996　p. 213

黃征　敦煌願文考論　敦煌語文叢說　（臺北）新文豐出版公司　1997　p. 582

黃征　曾良　洪玉雙　敦煌願文研究　敦煌文學論集　四川人民出版社　1997　p. 373

孫曉林　跋 P. 2189《東都發願文》殘卷　敦煌吐魯番研究（第二卷）　北京大學出版社　1997
　　p. 331

郝春文　發願文　敦煌學大辭典　上海辭書出版社　1998　p. 459

楊富學　劉永連　丁曉瑜　1997—1998 年大陸地區唐代學術研究概況:敦煌學　"中國唐代學會"會
　　刊(第九期)　（臺北）"中國唐代學會"　1998　p. 109

趙聲良　東都發願文　敦煌學大辭典　上海辭書出版社　1998　p. 281

饒宗頤　談佛教的發願文　敦煌吐魯番研究(第四卷)　北京大學出版社　1999　p. 477

史睿　1996—1997 年隋唐五代史研究綜述　國際漢學(第三輯)　大象出版社　1999　p. 442

顏廷亮　關於敦煌文學發展的歷史進程　《甘肅社會科學》1999 年第 4 期　p. 45

顏廷亮　敦煌文化　光明日報出版社　2000　p. 91、314

趙聲良　早期敦煌寫本書法的分期研究　1994 年敦煌學國際研討會文集·石窟藝術卷　甘肅民族
　　出版社　2000　p. 275

黃征　敦煌願文考辯　敦煌文獻論集:紀念藏經洞發現一百周年國際學術研討會論文集　遼寧人民
　　出版社　2001　p. 543

曾良　敦煌文獻字義通釋　廈門大學出版社　2001　p. 77

蔡忠霖　敦煌漢文寫卷俗字及其現象　（臺北）文津出版社　2002　p. 66、141

黃征　敦煌語言文字學研究　甘肅教育出版社　2002　p. 199

姜亮夫　敦煌莫高窟年表　姜亮夫全集(十一)　雲南人民出版社　2002　p. 136

王志銘　論敦煌書法的藝術價值　敦煌佛教藝術文化國際學術研討會論文集　蘭州大學出版社

2002　p. 610

池田溫　敦煌の歷史的背景　敦煌文書の世界　（東京）名著刊行會　2003　p. 110

蔡忠霖　從書法角度看俗字的生成　敦煌學(第24輯)　（臺北）樂學書局有限公司　2003　p. 164

湛如　敦煌佛教律儀制度研究　中華書局　2003　p. 324

李丞宰　探尋敦煌佛經的50卷本《華嚴經》　敦煌學・日本學:石塚晴通教授退職紀念論文集　上海辭書出版社　2005　p. 39

李丞宰著　大塚忠藏譯　敦煌佛經の50卷本華嚴經を探して　日本學・敦煌學・漢文訓讀の新展開　（東京）汲古書院　2005　p. 47

汪泛舟　敦煌俗別字新考(上)　《敦煌研究》2006年第1期　p. 107

P. 2190

矢吹慶輝　鳴沙餘韻・解說篇(第一部)　（京都）臨川書店　1980　p. 144

田中良昭　敦煌禪宗文獻の研究　（東京）大東出版社　1983　p. 197

上山大峻　敦煌佛教の研究　（京都）法藏館　1990　p. 92、245

方廣錩　瑜伽師地論分門記　敦煌學大辭典　上海辭書出版社　1998　p. 715

P. 2191

矢吹慶輝　鳴沙餘韻・解說篇(第一部)　（京都）臨川書店　1980　p. 35

饒宗頤解說　林宏作譯　敦煌書法叢刊(第二五卷)・寫經(六)　（東京）二玄社　1984　p. 73

姜亮夫　敦煌經卷在中國文化學術上的價值　敦煌學論文集　上海古籍出版社　1987　p. 5

上山大峻　敦煌佛教の研究　（京都）法藏館　1990　p. 344

姜亮夫　敦煌:偉大的文化寶藏　雲南人民出版社　1999　p. 79

陳明　殊方異藥:出土文書與西域醫學　北京大學出版社　2005　p. 42

P. 2192

岡部和雄　經疏・要抄　敦煌仏典と禪(講座敦煌8)　（東京）大東出版社　1980　p. 341

陳祚龍　敦煌古抄內典尾記彙校初、二、三編合刊　敦煌學要籥　（臺北）新文豐出版公司　1982　p. 174

田中良昭　敦煌禪宗文獻の研究　（東京）大東出版社　1983　p. 411

平野顯照　講經文の組織內容　敦煌と中國仏教(講座敦煌7)　（東京）大東出版社　1984　p. 345

唐耕耦　陸宏基　敦煌社會經濟文獻真迹釋錄(一)　書目文獻出版社　1986　p. 306

池田溫　中國古代寫本識語集錄　（東京）大藏出版株式會社　1990　p. 382

索仁森著　李吉和譯　敦煌漢文禪籍特徵概觀　《敦煌研究》1994年第1期　p. 110

方廣錩　法句經疏　敦煌學大辭典　上海辭書出版社　1998　p. 742

伊吹敦　關於禪宗系的《法句經疏》　中日敦煌佛教學術會議論文集　中國社會科學院研究所　2002　p. 151

P. 2193

傅芸子　《丑女缘起》与《贤愚经・金剛品》　《藝文》1943年第3卷第3期　又見:敦煌變文論文錄　上海古籍出版社　1982　p. 509；中國敦煌學百年文庫・宗教卷(四)　甘肅文化出版社　1999　p. 12

關德棟　談變文　《覺群周報》1946年1卷1-12期　又見:敦煌變文論文錄　上海古籍出版社

1982　p. 227

向達　唐代俗講考　《國學季刊》1946 年第 6 卷第 4 號　p. 42　又見：唐代長安與西域文明　三聯書店　1957　p. 332；敦煌變文論輯　（臺北）石門圖書公司　1981　p. 38；敦煌變文論文録　上海古籍出版社　1982　p. 66；關隴文學論叢　甘肅人民出版社　1983　p. 179

周紹良　敦煌所出變文現存目録　敦煌變文彙録　上海出版公司　1955　p. 3

王慶菽　試談變文的産生和影響　《新建設》1957 年第 3、8 期　又見：敦煌變文論文録　上海古籍出版社　1982　p. 259；中國敦煌學百年文庫・文學卷（一）　甘肅文化出版社　1999　p. 546

金岡照光　敦煌漢文文學文獻の文學形態上の種類とその分類　敦煌出土文學文獻分類目録・附解説　（東京）東洋文庫　1971　p. 189

金岡照光　敦煌文學のさまざま　敦煌の文學　（東京）大藏出版株式會社　1971　p. 108

金岡照光　敦煌民衆の宗教と生活　敦煌の民衆——その生活と思想　（東京）評論社　1972　p. 142、191

那波利貞　俗講と變文　唐代社會文化史研究・第四編　（東京）創文社　1974　p. 427

邱鎮京　敦煌變文述論　（臺北）商務印書館　1974　p. 1865、1884

曾錦漳　唐代俗講及其底本　《香港浸會學院學報》1978 年第 5 期　又見：中國敦煌學百年文庫・文學卷（二）　甘肅文化出版社　1999　p. 313

加地哲定　增補中國佛教文學研究　（東京）同朋舍　1979　p. 130、167

金岡照光　敦煌寫本と民衆仏教　續シルクロードと仏教文化　（東京）東洋哲學研究所　1980　p. 155

楊家駱　敦煌變文　（臺北）世界書局　1980　p. 713

金岡照光　敦煌の繪物語　（東京）東方書店　1981　p. 69、173

潘重規　敦煌變文新論　敦煌變文論輯　（臺北）石門圖書公司　1981　p. 171

陳祚龍　敦煌古抄內典尾記彙校初、二、三編合刊　敦煌學要籥　（臺北）新文豐出版公司　1982　p. 174

傅芸子　敦煌俗文學之發見及其展開　敦煌變文論文録　上海古籍出版社　1982　p. 136

趙景深　目連故事的演變　敦煌變文論文録　上海古籍出版社　1982　p. 459

鄭阿財　敦煌孝道文學研究　（臺北）石門圖書公司　1982　p. 16、76、200、294、426

川口久雄　目連救母變文考　大目乾連冥間救母變文（敦煌資料と日本文學　3）　（東京）大東文化大學東洋研究所　1984　p. 45

道端良秀　敦煌文獻に見える死後の世界　敦煌と中國仏教（講座敦煌 7）　（東京）大東出版社　1984　p. 506

金岡照光　敦煌における地獄文獻——敦煌庶民信仰の一樣相　敦煌と中國仏教（講座敦煌 7）　（東京）大東出版社　1984　p. 582

潘重規　敦煌變文集新書（下）　（臺北）"中國文化大學"中文研究所　1984　p. 681

王慶菽　目連緣起　敦煌變文集　人民文學出版社　1984　p. 713

曲金良　"變文"名實新辨　《敦煌研究》1986 年第 2 期　p. 49

周紹良　《敦煌變文集》中幾個卷子定名之商榷　敦煌吐魯番文獻研究論集（第三輯）　北京大學出版社　1986　p. 24、25

陳祚龍　看了敦煌古抄《佛說盂蘭盆經讚述》以後　敦煌學（第 12 輯）　（臺北）新文豐出版公司　1987　p. 25　又見：敦煌學散策新集　（臺北）新文豐出版公司　1989　p. 268

鄭振鐸　中國俗文學史（上）　上海書店　1987　p. 187、234

陳觀勝　中國佛教中的孝　《敦煌學輯刊》1988 年第 1、2 期　p. 133

張涌泉　敦煌變文校勘平議　《敦煌研究》1988 年第 4 期　p. 85

柴劍虹　因緣　敦煌文學　甘肅人民出版社　1989　p. 273

陳觀勝　中國佛教中之孝道　西域與佛教文書論集　（臺北）學生書局　1989　p. 263 注 30

高國藩　敦煌民俗學　上海文藝出版社　1989　p. 34

張鴻勛　講經文　敦煌文學　甘肅人民出版社　1989　p. 270

池田溫　中國古代寫本識語集錄　（東京）大藏出版株式會社　1990　p. 523

郭在貽　張涌泉　黃征　敦煌變文集校議　岳麓書社　1990　p. 371

郭在貽　張涌泉　黃征　敦煌寫本書寫特例發微　敦煌吐魯番學研究論文集　漢語大詞典出版社　1990　p. 315

郭在貽　張涌泉　俗字研究與古籍整理　古籍整理與研究（第 5 期）　中華書局　1990　p. 240

加地哲定著　劉衛星譯　中國佛教文學　今日中國出版社　1990　p. 112、141

柴劍虹　敦煌文學中的“因緣”與“詩話”　西域文史論稿　（臺北）國文天地雜誌社　1991　p. 515

楊雄　目連變文校勘拾遺　敦煌學（第 17 輯）（臺北）新文豐出版公司　1991　p. 16

段平　河西寶卷選（上）（臺北）新文豐出版公司　1992　p. 8

岡野誠　敦煌資料と唐代法典研究——西域發見の唐律・律疏斷簡の再檢討　敦煌漢文文獻（講座敦煌 5）（東京）大東出版社　1992　p. 520

郭在貽　郭在貽語言文學論稿　浙江古籍出版社　1992　p. 274

金岡照光　講唱體類　敦煌の文學文獻（講座敦煌 9）（東京）大東出版社　1992　p. 77、106、121

金岡照光　押座文　敦煌の文學文獻（講座敦煌 9）（東京）大東出版社　1992　p. 349

金岡照光　總說『敦煌文學の諸形態』　敦煌の文學文獻（講座敦煌 9）（東京）大東出版社　1992　p. 9

黎薔　敦煌遺書與壁畫中的佛教戲曲　西域戲劇與戲劇的發生　新疆人民出版社　1992　p. 91

林家平　寧強　羅華慶　中國敦煌學史　北京語言學院出版社　1992　p. 116

王三慶著　池田溫譯　類書　敦煌漢文文獻（講座敦煌 5）（東京）大東出版社　1992　p. 377

張涌泉　敦煌寫卷俗字類型及其考辨的方法　（香港）《九州學刊》（敦煌學專輯）1992 年第 4 卷第 4 期　p. 70

周紹良　敦煌文學芻議及其它　（臺北）新文豐出版公司　1992　p. 102

高國藩　敦煌民俗資料導論　（臺北）新文豐出版公司　1993　p. 88

李正宇　敦煌文學概論　甘肅人民出版社　1993　p. 104

楊雄　講經文名實說　（香港）《九州學刊》（敦煌學專輯）1993 年第 5 卷第 4 期　p. 144

鄭阿財　從敦煌文獻看唐代的三教合一　第二屆國際唐代學術會議論文集（上）（臺北）文津出版社　1993　p. 648

鄭阿財　敦煌文獻與文學　（臺北）新文豐出版公司　1993　p. 27

陳海濤　敦煌變文新論　《敦煌研究》1994 年第 1 期　p. 66

汪泛舟　敦煌僧詩補論　《敦煌研究》1994 年第 3 期　p. 146

曲金良　敦煌佛教文學研究　（臺北）文津出版社　1995　p. 99

吳庚舜　董乃斌　唐代文學史（下）　人民文學出版社　1995　p. 596 注 14

張涌泉　陳祚龍校錄敦煌卷子失誤例釋　學術集林（卷六）　上海遠東出版社　1995　p. 301　又見：舊學新知　浙江大學出版社　1999　p. 278

陳允吉　《目連變》故事基型的素材結構與生成時代之推考　唐研究（第二卷）　北京大學出版社　1996　p. 216、233 注 2

張涌泉　敦煌俗字研究導論　（臺北）新文豐出版公司　1996　p. 58、179、203

張涌泉　敦煌寫卷俗字類釋　敦煌吐魯番學研究論集　書目文獻出版社　1996　p. 478

黃征　張涌泉　敦煌變文校注　中華書局　1997　p. 691、1016

劉子瑜　敦煌變文和王梵志詩　大象出版社　1997　p. 45

陸淑綺　李重申　敦煌古代戲曲文化史料綜述　《敦煌研究》1997年第2期　p. 65

王書慶　敦煌文獻中五代宋初戒牒研究　《敦煌研究》1997年第3期　p. 39

張弓　漢唐佛寺文化史　中國社會科學出版社　1997　p. 774

鄭炳林　敦煌碑銘讚輯釋　甘肅教育出版社　1997　p. 517 注8

海客　目連緣起　敦煌學大辭典　上海辭書出版社　1998　p. 580

李正宇　古本敦煌鄉土志八種箋證　（臺北）新文豐出版公司　1998　p. 306

譚蟬雪　敦煌歲時文化導論　（臺北）新文豐出版公司　1998　p. 252

周紹良　張涌泉　黃征　敦煌變文講經文因緣輯校(下)　江蘇古籍出版社　1998　p. 915

高國藩　敦煌俗文化學　上海三聯書店　1999　p. 481

金岡照光　關於敦煌變文與唐代佛教儀式之關係　敦煌文藪(上)　（臺北）新文豐出版公司　1999　p. 136

羅宗濤　讀"敦煌所出現的佛教講唱文"　中國敦煌學百年文庫・文學卷(二)　甘肅文化出版社　1999　p. 373

梅維恒著　楊繼東　陳引馳譯　唐代變文(上)　（香港）中國佛教文化出版公司　1999　p. 80、245、254

王繼如　《目連緣起》校釋補正　敦煌問學叢稿　甘肅文化出版社　1999　p. 206

謝桃坊　敦煌文化尋繹　四川人民出版社　1999　p. 117

顏廷亮　關於敦煌文學發展的歷史進程　《甘肅社會科學》1999年第4期　p. 47

張湧泉　敦煌寫本書寫特例發微　舊學新知　浙江大學出版社　1999　p. 225

金岡照光　敦煌文獻と中國文學　（東京）五曜書房　2000　p. 21、382

李重申　陸淑綺　敦煌目連變文與戲曲研究　《敦煌研究》2000年第3期　p. 53

劉長東　晉唐彌陀淨土信仰研究　巴蜀書社　2000　p. 488

徐俊　敦煌詩集殘卷輯考　中華書局　2000　p. 114

顏廷亮　敦煌文化　光明日報出版社　2000　p. 321

張錫厚　敦煌文學源流　作家出版社　2000　p. 414

張涌泉　漢語俗字叢考　中華書局　2000　p. 1037

岡野誠　論中國國家圖書館所藏唐律殘片　敦煌文獻論集:紀念藏經洞發現一百周年國際學術研討會論文集　遼寧人民出版社　2001　p. 104

張錫厚　讀敦煌緣起類作品及其他　敦煌學與中國史研究論集　甘肅人民出版社　2001　p. 147

李小榮　變文講唱與華梵宗教藝術　上海三聯書店　2002　p. 246

李小榮　敦煌變文作品校錄二種　《敦煌學輯刊》2002年第2期　p. 32

李正宇　唐宋時期敦煌佛經性質功能的變化　戒幢佛學(第二卷)　岳麓書社　2002　p. 26　又見:中日敦煌佛教學術會議論文集　中國社會科學院研究所　2002　p. 20

張鴻勳　敦煌俗文學研究　甘肅人民出版社　2002　p. 8、99

鄭阿財　《盂蘭盆經疏》與《盂蘭盆經講經文》　冉雲華先生八秩華誕壽慶論文集　（臺北）法光出版社　2003　p. 446

荒見泰史　敦煌的講唱體文獻　敦煌學(第25輯)　（臺北）樂學書局有限公司　2004　p. 275

夏廣興　冥界遊行:從佛典記載到隋唐五代小說　佛經文學研究論集　復旦大學出版社　2004

p. 426

殷光明　敦煌石窟中的地獄圖像與冥報思想　麥積山石窟藝術文化論文集（下）　蘭州大學出版社
　　2004　p. 41

于向東　榆林窟第 19 窟目連變相與《目連變文》《敦煌學輯刊》2005 年第 1 期　p. 91

P. 2194

佐藤哲英　維摩經疏の殘缺本について　西域文化研究（第一）・敦煌佛教資料　（京都）法藏館
　　1958　p. 129

三崎良周　仏頂尊勝陀羅尼經と諸星母陀羅尼經　敦煌と中國仏教（講座敦煌 7）　（東京）大東出
　　版社　1984　p. 127

蕭登福　從敦煌寫卷中看道教星斗崇拜對佛經之影響　第二屆敦煌學國際研討會論文集　（臺北）
　　漢學研究中心　1990　p. 340

蕭登福　道教星斗符印與佛教密宗　（臺北）新文豐出版公司　1993　p. 48

蕭登福　敦煌寫卷及藏經中所見受道教影響的星壇及幡燈續命思想　慶祝潘石禪先生九秩華誕敦煌
　　學特刊　（臺北）文津出版社　1996　p. 465

李小榮　變文講唱與華梵宗教藝術　上海三聯書店　2002　p. 269

P. 2195

陳祚龍　敦煌古抄內典尾記彙校初、二、三編合刊　敦煌學要籥　（臺北）新文豐出版公司　1982
　　p. 174

池田溫　中國古代寫本識語集録　（東京）大藏出版株式會社　1990　p. 222

高國藩　敦煌古俗與民俗流變　河海大學出版社　1990　p. 428

林聰明　從敦煌文書看佛教徒的造經祈福　第二屆敦煌學國際研討會論文集　（臺北）漢學研究中
　　心　1990　p. 524

方廣錩　佛教大藏經史（八—十世紀）　中國社會科學出版社　1991　p. 61

林聰明　敦煌文書出處略考　季羨林教授八十華誕紀念論文集（下）　江西人民出版社　1991
　　p. 851

林聰明　敦煌文書學　（臺北）新文豐出版公司　1991　p. 112、137、374

戴仁　敦煌寫本紙張的顏色　法國學者敦煌學論文選萃　中華書局　1993　p. 591

林聰明　談敦煌文書的抄寫問題　紀念陳寅恪先生百年誕辰學術論文集　江西教育出版社　1994
　　p. 283

沃興華　敦煌書法藝術　上海人民出版社　1994　p. 65

藤枝晃著　徐慶全　李樹清譯　敦煌寫本概述　《敦煌研究》1996 年第 2 期　p. 119

張涌泉　敦煌俗字研究導論　（臺北）新文豐出版公司　1996　p. 25

白化文　楷書手　敦煌學大辭典　上海辭書出版社　1998　p. 594

陳國燦　上元三年唐宮廷寫妙法蓮花經記　敦煌學大辭典　上海辭書出版社　1998　p. 455

方廣錩　敦煌遺書中的《妙法蓮華經》及有關文獻　敦煌學佛教學論叢（下）　中國佛教文化研究所
　　1998　p. 80　又見：法源（第 16 期）　中國佛學院　1998　p. 44

蘇遠鳴　中國避諱略述　法國漢學（敦煌學專號）　中華書局　2000　p. 54

楊富學　王書慶　唐代長安與敦煌佛教文化之關係　'98 法門寺唐文化國際學術討論會論文集　陝
　　西人民出版社　2000　p. 178

林聰明　敦煌吐魯番文書解詁指例　（臺北）新文豐出版公司　2001　p. 58 注 6、151

蔡忠霖　敦煌漢文寫卷俗字及其現象　（臺北）文津出版社　2002　p. 31

姜亮夫　敦煌莫高窟年表　姜亮夫全集（十一）　雲南人民出版社　2002　p. 240

P. 2196

周一良　跋敦煌秘笈留真　《清華學報》1948 年第 15 卷第 1 期　又見：魏晉南北朝史論集　中華書
　　　局　1963　p. 371；中國敦煌學百年文庫·文獻卷（一）　甘肅文化出版社　1999　p. 283

那波利貞　千佛岩莫高窟と敦煌文書　西域文化研究（第二）·敦煌吐魯番社會經濟資料（上）　（京
　　　都）法藏館　1959　p. 63

陳祚龍　敦煌古抄內典尾記彙校初、二、三編合刊　敦煌學要籥　（臺北）新文豐出版公司　1982
　　　p. 175

董作賓　敦煌紀年　敦煌學文選（上）　蘭州大學歷史系敦煌學研究室等　1983　p. 17

王重民　記敦煌寫本的佛經　敦煌吐魯番文獻研究論集（第二輯）　北京大學出版社　1983　p. 14
　　　又見：敦煌遺書論文集　中華書局　1984　p. 299

饒宗頤　敦煌書法叢刊（第二十卷）·寫經（一）　（東京）二玄社　1983　p. 53、64

饒宗頤解說　林宏作譯　敦煌書法叢刊（第二二卷）·寫經（三）　（東京）二玄社　1983　p. 67

土橋秀高　敦煌の律藏　敦煌と中國仏教（講座敦煌 7）　（東京）大東出版社　1984　p. 261

池田溫　中國古代寫本識語集錄　（東京）大藏出版株式會社　1990　p. 107

趙聲良　敦煌南北朝寫本的書法藝術　《敦煌研究》1991 年第 4 期　p. 44

李正宇　北京圖書館藏《敦煌金石文字存佚考略》　（香港）《九州學刊》（敦煌學專輯）1992 年第 4 卷
　　　第 4 期　p. 134 注 31

王素　吐魯番出土的古寫本題記　《中國文物報》1992 年 9 月 6 日

伊藤伸　中國書法史上から見た敦煌漢文寫本　敦煌漢文文獻（講座敦煌 5）　（東京）大東出版社
　　　1992　p. 188

戴仁　敦煌和吐魯番寫本的斷代研究　法國學者敦煌學論文選萃　中華書局　1993　p. 528

戴仁　敦煌寫本紙張的顏色　法國學者敦煌學論文選萃　中華書局　1993　p. 591

楊森　淺談北朝經生體楷筆的演化　《社科縱橫》1994 年第 4 期　p. 61

趙聲良　南北朝寫經書法藝術　敦煌書法庫（第一輯）　甘肅人民美術出版社　1994　p. 16

趙聲良　早期敦煌寫本書法的時代分期和類型　敦煌書法庫（第二輯）　甘肅人民美術出版社
　　　1994　p. 4

趙聲良　榮新江　饒宗頤編《法藏敦煌書苑精華》評介　《敦煌研究》1995 年第 1 期　p. 173

姜伯勤　敦煌戒壇與大乘佛教　華學（第二輯）　中山大學出版社　1996　p. 325

姜伯勤　敦煌藝術宗教與禮樂文明　中國社會科學出版社　1996　p. 352

伊藤伸著　趙聲良譯　從中國書法史看敦煌漢文文書（二）　《敦煌研究》1996 年第 2 期　p. 134

周一良著　錢文忠譯　唐代密宗　上海遠東出版社　1996　p. 213

孫曉林　跋 P. 2189《東都發願文》殘卷　敦煌吐魯番研究（第二卷）　北京大學出版社　1997
　　　p. 334

湛如　敦煌菩薩戒儀與菩薩戒牒之研究　《敦煌研究》1997 年第 2 期　p. 79

張弓　漢唐佛寺文化史　中國社會科學出版社　1997　p. 879

劉方　戒律之研究　敦煌學大辭典　上海辭書出版社　1998　p. 836

劉濤　出家人菩薩戒法卷第一　敦煌學大辭典　上海辭書出版社　1998　p. 282

趙聲良　早期敦煌寫本書法的分期研究　1994 年敦煌學國際研討會文集·石窟藝術卷　甘肅民族
　　　出版社　2000　p. 266

姜亮夫　敦煌莫高窟年表　姜亮夫全集（十一）　雲南人民出版社　2002　p. 123

湛如　敦煌佛教律儀制度研究　中華書局　2003　p. 156

胡同慶　安忠義　佛教藝術　敦煌文藝出版社　2004　p. 296

梁銀景　莫高窟隋代經變畫與南朝、兩京地區　《敦煌研究》2004 年第 5 期　p. 34

梁銀景　隋代佛教窟龕研究　文物出版社　2004　p. 179

聖凱　中國佛教懺法研究　宗教文化出版社　2004　p. 107

P. 2197

蔣述卓　佛經傳譯與中古文學思潮　江西人民出版社　1990　p. 63

王惠民　敦煌寫本《水月觀音經》研究　《敦煌研究》1992 年第 3 期　p. 94

王三慶　敦煌寫卷中武后新字之調查研究　唐代研究論集（第三輯）　（臺北）新文豐出版公司　1992　p. 96

蔣禮鴻　敦煌文獻語言詞典　杭州大學出版社　1994　p. 136、325

王惠民　敦煌千手千眼觀音像　《敦煌學輯刊》1994 年第 1 期　p. 63

王惠民　論《孔雀明王經》及其在敦煌、大足的流傳　《敦煌研究》1996 年第 4 期　p. 42

張金泉　敦煌佛經音義寫卷述要　《敦煌研究》1997 年第 2 期　p. 120

李小榮　敦煌密教文獻論稿　人民文學出版社　2003　p. 241

李小榮　論密教中的千手觀音　文史（第五十六輯）　中華書局　2003　p. 156

P. 2198

吳其昱著　福井文雅　樋口勝譯　大蕃國大德・三藏法師・法成傳考　敦煌と中國仏教（講座敦煌 7）　（東京）大東出版社　1984　p. 402

上山大峻　敦煌佛教の研究　（京都）法藏館　1990　p. 71、116、389

方廣錩　楞伽阿跋多羅寶經疏　敦煌學大辭典　上海辭書出版社　1998　p. 667

樊錦詩　玄奘譯經和敦煌壁畫　《敦煌研究》2004 年第 2 期　p. 6

P. 2199

本田義英　敦煌出土智度論に就いて　『宗教研究』（新 6 卷 2 期）　（東京）宗教研究會　1929　p. 245

陳祚龍　敦煌古抄內典尾記彙校初、二、三編合刊　敦煌學要籥　（臺北）新文豐出版公司　1982　p. 175

陳祚龍　古代敦煌及其他地區流行之公私印章圖記文字録　敦煌學要籥　（臺北）新文豐出版公司　1982　p. 341

董作賓　敦煌紀年　敦煌學文選（上）　蘭州大學歷史系敦煌學研究室等　1983　p. 36

池田溫　中國古代寫本識語集録　（東京）大藏出版株式會社　1990　p. 145

林聰明　敦煌文書學　（臺北）新文豐出版公司　1991　p. 203、355

譚禪雪　敦煌歲時掇瑣　（香港）《九州學刊》（敦煌學專輯）1993 年第 5 卷第 4 期　p. 95

林聰明　談敦煌文書的抄寫問題　紀念陳寅恪先生百年誕辰學術論文集　江西教育出版社　1994　p. 293

王三慶　敦煌書儀載録之節日活動與民俗　全國敦煌學研討會論文集　（臺北）中正大學中國文學系所　1995　p. 26 注 39

伊藤美重子　敦煌本『大智度論』の整理　中國佛教石經の研究　京都大學學術出版會　1996

p. 362

方廣錩　大智度論　敦煌學大辭典　上海辭書出版社　1998　p. 721

李正宇　淨土寺　敦煌學大辭典　上海辭書出版社　1998　p. 631

譚蟬雪　敦煌歲時文化導論　（臺北）新文豐出版公司　1998　p. 151

張涌泉　敦煌寫本書寫特例發微　舊學新知　浙江大學出版社　1999　p. 252

林聰明　敦煌吐魯番文書解詁指例　（臺北）新文豐出版公司　2001　p. 60 注 37

譚蟬雪　唐宋敦煌歲時佛俗　《敦煌研究》2001 年第 1 期　p. 99

姜亮夫　敦煌莫高窟年表　姜亮夫全集（十一）　雲南人民出版社　2002　p. 176

P. 2200

高國藩　敦煌民俗資料導論　（臺北）新文豐出版公司　1993　p. 171

P. 2201

姜亮夫　敦煌經卷壁畫中所見釋氏僧名錄　敦煌學論文集　上海古籍出版社　1987　p. 1045

陶秋英輯錄　姜亮夫校訂　敦煌經卷壁畫中所見釋氏名錄　敦煌碎金　浙江古籍出版社　1992
　　　p. 42

上山大峻　龍口明生　龍谷大學所藏敦煌本『比丘含注戒本』解說　敦煌寫本『本草集注』序錄·『比
　　　丘含注戒本』　（京都）法藏館　1998　p. 296

陳明　評《敦煌寫本〈本草集注序錄〉〈比丘含注戒本〉》　敦煌吐魯番研究（第四卷）　北京大學出版
　　　社　1999　p. 627

P. 2202

上山大峻　敦煌佛教の研究　（京都）法藏館　1990　p. 19、39、77

方廣錩　大乘入道次第開決　敦煌學大辭典　上海辭書出版社　1998　p. 723

P. 2203

池田溫　中國古代寫本識語集錄　（東京）大藏出版株式會社　1990　p. 516、559

黃征　吳偉　敦煌願文集　岳麓書社　1995　p. 940

鄭阿財　敦煌寫卷《懺悔滅罪金光明經傳》初探　慶祝潘石禪先生九秩華誕敦煌學特刊　（臺北）文
　　　津出版社　1996　p. 585

葛兆光　中國宗教與文學論集　清華大學出版社　1998　p. 37 注 3

高國藩　敦煌俗文化學　上海三聯書店　1999　p. 608

鄭阿財　敦煌寫卷《懺悔滅罪金光明經傳》研究　敦煌文藪（下）　（臺北）新文豐出版公司　1999
　　　p. 74

金岡照光　敦煌文獻と中國文學　（東京）五曜書房　2000　p. 410

楊寶玉　《懺悔滅罪金光明經冥報傳》校考　英國收藏敦煌漢藏文獻研究　中國社會科學出版社
　　　2000　p. 331

劉永明　論敦煌佛教信仰中的佛道融合　《敦煌學輯刊》2005 年第 1 期　p. 54

P. 2204

芳村修基　土橋秀高　井ノ口泰淳　敦煌佛教史年表　西域文化研究（第一）·敦煌佛教資料　（京
　　　都）法藏館　1958　p. 278

金岡照光　敦煌漢文文學文獻の文學形態上の種類とその分類　敦煌出土文學文獻分類目録・附解說　（東京）東洋文庫　1971　p. 229

金岡照光　敦煌文學のさまざま　敦煌の文學　（東京）大蔵出版株式會社　1971　p. 129

加地哲定　增補中國佛教文學研究　（東京）同朋舍　1979　p. 212

山口瑞鳳　吐蕃の敦煌支配期間　敦煌の歷史（講座敦煌2）　（東京）大東出版社　1980　p. 218

矢吹慶輝　鳴沙餘韻・解說篇（第二部）　（京都）臨川書店　1980　p. 501

潘重規　敦煌詞話　（臺北）石門圖書公司　1981　p. 89

潘重規　敦煌卷子俗寫文字與俗文學之研究　敦煌變文論輯　（臺北）石門圖書公司　1981　p. 2882

饒宗頤　論鳩摩羅什《通韻》　選堂集林・史林　（香港）中華書局　1982　p. 1446

任半塘　敦煌歌辭總編　上海古籍出版社　1987　p. 940

錢伯泉　爲索勳篡權翻案　《敦煌研究》1988年第1期　p. 72

饒宗頤　梵文四流母音 R、R̄、L、L̄ 與其對中國文學之影響：論鳩摩羅什《通韻》　西域與佛教文書論集　（臺北）學生書局　1989　p. 204　又見:梵學集　上海古籍出版社　1993　p. 188；饒宗頤史學論著選　上海古籍出版社　1993　p. 368

孫其芳　詞　敦煌文學　甘肅人民出版社　1989　p. 214

饒宗頤　《禪門悉曇章》作者辨　中印文化關係史論集・語文篇　香港中文大學中國文化研究所　三聯書店　1990　p. 138　又見:梵學集　上海古籍出版社　1993　p. 205

饒宗頤　論悉曇入華之年代與河西法朗之"肆曇"說　中印文化關係史論集・語文篇　香港中文大學中國文化研究所　三聯書店　1990　p. 30

任半塘　王昆吾　隋唐五代燕樂雜言歌辭集　巴蜀書社　1990　p. 419

上山大峻　敦煌佛教の研究　（京都）法藏館　1990　p. 421

周紹良　敦煌文學芻議及其它　（臺北）新文豐出版公司　1992　p. 38

孫其芳　顏廷亮　敦煌文學概論　甘肅人民出版社　1993　p. 440

王邦維　鳩摩羅什《通韻》考疑暨敦煌寫卷 S. 1344 號相關問題　中國文化(7)　（香港）中華書局　1993　p. 75 注 1

張涌泉　試論審辨敦煌寫本俗字的方法　《敦煌研究》1994年第2期　p. 150　又見:舊學新知　浙江大學出版社　1999　p. 82

王書慶　敦煌佛學・佛事篇　甘肅民族出版社　1995　p. 285

張涌泉　漢語俗字研究　岳麓書社　1995　p. 207

張涌泉　敦煌俗字研究導論　（臺北）新文豐出版公司　1996　p. 60、253、282

黃征　《敦煌願文集》輯校中的一些問題　敦煌語文叢說　（臺北）新文豐出版公司　1997　p. 548

陸淑綺　李重申　敦煌古代戲曲文化史料綜述　《敦煌研究》1997年第2期　p. 64

孫昌武　禪思與詩情　中華書局　1997　p. 330 注 19

張弓　漢唐佛寺文化史　中國社會科學出版社　1997　p. 833

方廣錩　佛說楞伽經禪門悉談章　敦煌學大辭典　上海辭書出版社　1998　p. 667

孫其芳　悉曇章　敦煌學大辭典　上海辭書出版社　1998　p. 536

段小强　敦煌文書中所見的古代喪儀　《西北民族研究》1999年第1期　p. 215

周廣榮　敦煌《悉曇章》歌辭源流考略　《敦煌研究》2001年第1期　p. 141

姜亮夫　敦煌莫高窟年表　姜亮夫全集（十一）　雲南人民出版社　2002　p. 507

張子開　敦煌文獻中的白話禪詩　《敦煌學輯刊》2003年第1期　p. 86

李小榮　論《大般涅槃經》卷八之《文字品》　佛經文學研究論集　復旦大學出版社　2004　p. 46

周廣榮　梵語《悉曇章》在中國的傳播與影響　宗教文化出版社　2004　p. 388
王志鵬　從敦煌歌辭看唐代敦煌地區禪宗的流傳與發展　《敦煌研究》2005 年第 6 期　p. 99

P. 2205

陳祚龍　敦煌古抄內典尾記彙校初、二、三編合刊　敦煌學要籥　（臺北）新文豐出版公司　1982
　　p. 175
董作賓　敦煌紀年　敦煌學文選(上)　蘭州大學歷史系敦煌學研究室等　1983　p. 20
饒宗頤解說　林宏作譯　敦煌書法叢刊(第二二卷)·寫經(三)　（東京）二玄社　1983　p. 68
池田溫　中國古代寫本識語集録　（東京）大藏出版株式會社　1990　p. 175
林聰明　敦煌文書學　（臺北）新文豐出版公司　1991　p. 321
譚世寶　燉(燉、敦)煌考釋　文史(第三十七輯)　中華書局　1993　p. 55　又見：中國敦煌學百年
　　文庫·歷史卷(二)　甘肅文化出版社　1999　p. 373
趙聲良　隋代敦煌寫本的書法藝術　敦煌書法庫(第三輯)　甘肅人民美術出版社　1994　p. 2　又
　　見：《敦煌研究》1995 年第 4 期　p. 134
黃征　吳偉　敦煌願文集　岳麓書社　1995　p. 877
方廣錩　大般涅槃經　敦煌學大辭典　上海辭書出版社　1998　p. 694
沙知　大黃府　敦煌學大辭典　上海辭書出版社　1998　p. 396
沙知　敦煌吐魯番文獻所見唐軍府名掇拾　《敦煌學輯刊》1998 年第 1 期　p. 13
金岡照光　敦煌文獻と中國文學　（東京）五曜書房　2000　p. 431
林聰明　敦煌吐魯番文書解詁指例　（臺北）新文豐出版公司　2001　p. 193
姜亮夫　敦煌莫高窟年表　姜亮夫全集(十一)　雲南人民出版社　2002　p. 190
公維章　涅槃、淨土的殿堂：敦煌莫高窟第 148 窟研究　民族出版社　2004　p. 85

P. 2206

方廣錩　大莊嚴法門經　敦煌學大辭典　上海辭書出版社　1998　p. 670

P. 2207

池田溫　評『ペリオ將來敦煌漢文文獻目録』第一卷(P. 2001 – 2500)　『東洋學報』(54 卷 4 號)
　　（東京）東洋學術協會　1972　p. 67
余欣　評《敦煌的借貸：中國中古時代的物質生活與社會》　敦煌吐魯番研究(第六卷)　北京大學出
　　版社　2002　p. 415

P. 2208

矢吹慶輝　鳴沙餘韻·解說篇(第一部)　（京都）臨川書店　1980　p. 64
池田溫　中國古代寫本識語集録　（東京）大藏出版株式會社　1990　p. 423
榮新江　歸義軍改元考　文史(第三十八輯)　中華書局　1994　p. 46
榮新江　歸義軍史研究　上海古籍出版社　1996　p. 45
黃征　《龍龕手鏡》名義考　敦煌語文叢說　（臺北）新文豐出版公司　1997　p. 786
方廣錩　佛說大乘稻稈經隨聽手鏡記　敦煌學大辭典　上海辭書出版社　1998　p. 673
楊富學　李吉和　敦煌漢文吐蕃史料輯校(第一輯)　甘肅人民出版社　1999　p. 135
李正宇　唐宋時期敦煌佛經性質功能的變化　戒幢佛學(第二卷)　岳麓書社　2002　p. 20　又見：
　　中日敦煌佛教學術會議論文集　中國社會科學院研究所　2002　p. 17

P. 2209

陳祚龍　瓜沙印録　（臺北）《大陸雜誌》1962 年第 4 期　又見：敦煌學概要　（臺北）編譯館"中華叢
　　書編委會"　1981　p. 266；中國敦煌學百年文庫・考古卷（一）　甘肅文化出版社　1999
　　p. 186

陳祚龍　古代敦煌及其他地區流行之公私印章圖記文字録　敦煌學要籥　（臺北）新文豐出版公司
　　1982　p. 328

林聰明　敦煌文書學　（臺北）新文豐出版公司　1991　p. 116、394

Л. N. チュグイェフスキー著　荒川正晴譯注　ソ連邦科學アカデミー東洋學研究所所藏、敦煌寫本
　　における官印と寺印　『吐魯番出土文物研究會會報』（98、99 號）　（東京）吐魯番出土文物研
　　究會　1994　p. 5

沙知　瓜沙州大王印　敦煌學大辭典　上海辭書出版社　1998　p. 289

丘古耶夫斯基著　魏迎春譯　俄藏敦煌漢文寫卷中的官印及寺院印章　《敦煌學輯刊》1999 年第 1
　　期　p. 144

柴劍虹　敦煌古小說淺談　敦煌吐魯番學論稿　浙江教育出版社　2000　p. 112

P. 2210

諏訪義讓　敦煌本瑜伽論分門記に就いて　『大谷學報』（第 11 卷第 3 號）　（京都）大谷學會　1930
　　p. 123

諏訪義讓　敦煌本瑜伽論手記に就いて　『宗教研究』（7 卷 3 期）　（東京）宗教研究會　1930
　　p. 69

矢吹慶輝　鳴沙餘韻・解說篇（第一部）　（京都）臨川書店　1980　p. 144

鄭阿財　敦煌孝道文學研究　（臺北）石門圖書公司　1982　p. 107

田中良昭　敦煌禪宗文獻の研究　（東京）大東出版社　1983　p. 206

姜亮夫　敦煌小識六論　敦煌學論文集　上海古籍出版社　1987　p. 755

上山大峻　敦煌佛教の研究　（京都）法藏館　1990　p. 92、242

P. 2211

朱鳳玉　王梵志詩研究（上）　（臺北）學生書局　1986　p. 2

上山大峻　敦煌佛教の研究　（京都）法藏館　1990　p. 205

林聰明　敦煌文書學　（臺北）新文豐出版公司　1991　p. 174、294

林聰明　談敦煌文書的抄寫問題　紀念陳寅恪先生百年誕辰學術論文集　江西教育出版社　1994
　　p. 289

華方田　因緣心釋論開決記　藏外佛教文獻（第三輯）　宗教文化出版社　1997　p. 225

方廣錩　因緣心論釋開決記　敦煌學大辭典　上海辭書出版社　1998　p. 719

林聰明　敦煌吐魯番文書解詁指例　（臺北）新文豐出版公司　2001　p. 38

許建平　敦煌《詩經》卷子研讀劄記二則　《敦煌學輯刊》2004 年第 1 期　p. 76

P. 2212

周紹良　敦煌所出變文現存目録　敦煌變文彙録　上海出版公司　1955　p. 5

金岡照光　敦煌文學のさまざま　敦煌の文學　（東京）大藏出版株式會社　1971　p. 129

池田溫　評『ペリオ將來敦煌漢文文獻目録』第一卷（P. 2001 - 2500）　『東洋學報』（54 卷 4 號）
　　（東京）東洋學術協會　1972　p. 67

加地哲定　增補中國佛教文學研究　（東京）同朋舍　1979　p. 212

矢吹慶輝　鳴沙餘韻·解說篇（第二部）　（京都）臨川書店　1980　p. 504

潘重規　敦煌詞話　（臺北）石門圖書公司　1981　p. 89

饒宗頤　論鳩摩羅什《通韻》　選堂集林·史林　（香港）中華書局　1982　p. 1446

任半塘　敦煌歌辭總編　上海古籍出版社　1987　p. 940

饒宗頤　梵文四流母音 R、R、L、L 與其對中國文學之影響：論鳩摩羅什《通韻》　西域與佛教文書論
　　集　（臺北）學生書局　1989　p. 204　又見：梵學集　上海古籍出版社　1993　p. 188；饒宗頤
　　史學論著選　上海古籍出版社　1993　p. 368

孫其芳　詞　敦煌文學　甘肅人民出版社　1989　p. 214

饒宗頤　《禪門悉曇章》作者辨　中印文化關係史論集·語文篇　香港中文大學中國文化研究所
　　三聯書店　1990　p. 138　又見：梵學集　上海古籍出版社　1993　p. 205

饒宗頤　論悉曇入華之年代與河西法朗之"肆曇"說　中印文化關係史論集·語文篇　香港中文大
　　學中國文化研究所　三聯書店　1990　p. 30

任半塘　王昆吾　隋唐五代燕樂雜言歌辭集　巴蜀書社　1990　p. 419

周紹良　敦煌文學芻議及其它　（臺北）新文豐出版公司　1992　p. 38

王邦維　鳩摩羅什《通韻》考疑暨敦煌寫卷 S. 1344 號相關問題　中國文化（7）　（香港）中華書局
　　1993　p. 75 注 1

汪娟　敦煌禮懺文研究　（臺北）法鼓文化公司　1994　p. 33

張涌泉　漢語俗字研究　岳麓書社　1995　p. 207

張涌泉　敦煌俗字研究導論　（臺北）新文豐出版公司　1996　p. 210、246、282

孫昌武　禪思與詩情　中華書局　1997　p. 330 注 19

張弓　漢唐佛寺文化史　中國社會科學出版社　1997　p. 833

方廣錩　佛說楞伽經禪門悉談章　敦煌學大辭典　上海辭書出版社　1998　p. 667

孫其芳　悉曇章　敦煌學大辭典　上海辭書出版社　1998　p. 536

張涌泉　試論審辨敦煌寫本俗字的方法　舊學新知　浙江大學出版社　1999　p. 82

周廣榮　敦煌《悉曇章》歌辭源流考略　《敦煌研究》2001 年第 1 期　p. 141

張子開　敦煌文獻中的白話禪詩　《敦煌學輯刊》2003 年第 1 期　p. 86

黨燕妮　五臺山文殊信仰及其在敦煌的流傳　《敦煌學輯刊》2004 年第 1 期　p. 90

李小榮　論《大般涅槃經》卷八之《文字品》　佛經文學研究論集　復旦大學出版社　2004　p. 46

周廣榮　梵語《悉曇章》在中國的傳播與影響　宗教文化出版社　2004　p. 388

王志鵬　從敦煌歌辭看唐代敦煌地區禪宗的流傳與發展　《敦煌研究》2005 年第 6 期　p. 99

P. 2213

池田溫　評『ペリオ將來敦煌漢文文獻目録』第一卷（P. 2001－2500）　『東洋學報』（54 卷 4 號）
　　（東京）東洋學術協會　1972　p. 67

賀世哲　孫修身　《瓜沙曹氏年表補正》之補正　《甘肅師大學報》1980 年第 3 期　又見：敦煌學文
　　選（上）　蘭州大學歷史系敦煌學研究室等　1983　p. 159、160 注 18；中國敦煌學百年文庫·
　　歷史卷（一）　甘肅文化出版社　1999　p. 496

賀世哲　孫修身　瓜沙曹氏與敦煌莫高窟　敦煌研究文集　甘肅人民出版社　1982　p. 231、270 注
　　20

陳祚龍　竭誠做好知己知彼，悉力做到精益求精：敦煌學散策之四（上）　敦煌學（第 8 輯）　（臺北）
　　"中國文化大學"中國文學研究所敦煌學會　1984　p. 14　又見：敦煌學林劄記　（臺北）商務印

書館 1987 p. 204、213

孫修身 敦煌遺書 P. 2992 號卷《沙州上甘州回鶻可汗狀》有關問題考 《西北史地》1985 年第 4 期 p. 83

賀世哲 從供養人題記看莫高窟部分洞窟的營建年代 敦煌莫高窟供養人題記 文物出版社 1986 p. 219、235 注 52

姜亮夫 敦煌經卷題名錄 敦煌學論文集 上海古籍出版社 1987 p. 1063

周一良 敦煌寫本書儀考(之二) 敦煌吐魯番文獻研究論集(第四輯) 北京大學出版社 1987 p. 31 又見:唐五代書儀研究 中國社會科學出版社 1995 p. 85

孫啓治 唐寫本俗別字變化類型舉例 敦煌吐魯番文獻研究論集(第五輯) 北京大學出版社 1990 p. 124、131

陶秋英輯錄 姜亮夫校訂 敦煌經卷題名錄 敦煌碎金 浙江古籍出版社 1992 p. 81

王三慶 敦煌寫卷中武后新字之調查研究 唐代研究論集(第三輯) (臺北)新文豐出版公司 1992 p. 96

錢伯泉 于闐國使劉再昇的國籍及出使過程探微 《敦煌研究》1998 年第 1 期 p. 97

李正宇 安徽省博物館藏敦煌遺書《二娘子家書》 《敦煌研究》2001 年第 3 期 p. 93

周一良 魏晉南北朝史論集續編 北京大學出版社 2001 p. 238

王卡 敦煌道教文獻研究 中國社會科學出版社 2004 p. 249

P. 2214

張廣達 西域史地叢稿初編 上海古籍出版社 1995 p. 65

P. 2215

三木榮 西域出土醫藥關係文獻綜合解說目錄 『東洋學報』(47 卷 1 號) (東京)東洋學術協會 1964 p. 13

陳祚龍 敦煌古抄內典尾記彙校初、二、三編合刊 敦煌學要籥 (臺北)新文豐出版公司 1982 p. 175

馬繼興 敦煌古醫籍考釋 江西科學技術出版社 1988 p. 505

池田溫 中國古代寫本識語集錄 (東京)大藏出版株式會社 1990 p. 208

林聰明 敦煌文書學 (臺北)新文豐出版公司 1991 p. 294

戴仁 敦煌和吐魯番寫本的斷代研究 法國學者敦煌學論文選萃 中華書局 1993 p. 524

叢春雨 敦煌中醫藥全書 中醫古籍出版社 1994 p. 720

馬繼興 敦煌醫藥文獻輯校 江蘇古籍出版社 1998 p. 781

林聰明 敦煌吐魯番文書解詁指例 (臺北)新文豐出版公司 2001 p. 126

馬繼興 當前世界各地收藏的中國出土卷子本古醫藥文獻備考 敦煌吐魯番研究(第六卷) 北京大學出版社 2002 p. 146

P. 2216

那波利貞 唐寫本雜抄考——唐代庶民教育史研究の一資料 唐代社會文化史研究·第二編 (東京)創文社 1974 p. 204

李正宇 敦煌學郎題記輯注 《敦煌學輯刊》1987 年第 1 期 p. 32

沙知 敦煌契約文書輯校 江蘇古籍出版社 1998 p. 291

P. 2217

矢吹慶輝　鳴沙餘韻・解說篇(第一部)　(京都)臨川書店　1980　p. 196

陳祚龍　敦煌學劄記　敦煌學(第 11 輯)　(臺北)新文豐出版公司　1986　p. 23　又見:敦煌學散
　　策新集　(臺北)新文豐出版公司　1989　p. 37

劉昭瑞　關於吐魯番出土隨葬衣物疏的幾個問題　《敦煌研究》1993 年第 3 期　p. 65

羅世平　敦煌泗州僧伽經像與泗州和尚信仰　敦煌吐魯番學研究論集　書目文獻出版社　1996
　　p. 124

方廣錩　僧伽和尚欲入涅槃說六度經　敦煌學大辭典　上海辭書出版社　1998　p. 739

孫曉崗　僧伽和尚像及遺書《僧伽欲入涅槃說六度經》有關問題考　《西北民族研究》1998 年第 2 期
　　p. 262

張總　疑偽經典與佛教藝術探例　2000 年敦煌學國際學術討論會文集・石窟藝術卷　甘肅民族出
　　版社　2003　p. 269

P. 2219

陳祚龍　瓜沙印錄　(臺北)《大陸雜誌》1962 年第 4 期　又見:敦煌學概要　(臺北)編譯館"中華叢
　　書編委會"　1981　p. 268；中國敦煌學百年文庫・考古卷(一)　甘肅文化出版社　1999
　　p. 190

岡部和雄　敦煌藏經目錄　敦煌と中國仏教(講座敦煌 7)　(東京)大東出版社　1984　p. 317

姜亮夫　敦煌經卷壁畫中所見寺觀錄　敦煌學論文集　上海古籍出版社　1987　p. 1077

池田溫　敦煌文獻について　『書道研究』(2 卷 2 號)　(東京)萱原書局　1988　p. 49　又見:敦煌
　　文書の世界　(東京)名著刊行會　2003　p. 52

上山大峻　敦煌佛教の研究　(京都)法藏館　1990　p. 340

林聰明　敦煌文書學　(臺北)新文豐出版公司　1991　p. 125

陶秋英輯錄　姜亮夫校訂　敦煌經卷所見寺名錄　敦煌碎金　浙江古籍出版社　1992　p. 114

方廣錩　華嚴經探玄記　敦煌學大辭典　上海辭書出版社　1998　p. 656

李正宇　淨土寺　敦煌學大辭典　上海辭書出版社　1998　p. 631

殷光明　敦煌盧舍那佛法界圖像研究之一　《敦煌研究》2002 年第 1 期　p. 51

P. 2221

羅宗濤　敦煌講經變文"古吟上下"探原　中國敦煌學百年文庫・文學卷(四)　甘肅文化出版社
　　1999　p. 172

荒見泰史　從敦煌寫本中變文的改寫情況來探討五代講唱文學的演變　敦煌學國際研討會論文集
　　北京圖書館出版社　2005　p. 179

P. 2222

芳村修基　土橋秀高　井ノ口泰淳　敦煌佛教史年表　西域文化研究(第一)・敦煌佛教資料　(京
　　都)法藏館　1958　p. 275

佐藤哲英　維摩經疏の殘缺本について　西域文化研究(第一)・敦煌佛教資料　(京都)法藏館
　　1958　p. 129

竺沙雅章　敦煌の寺戶について　『史林』(44 卷 5 號)　京都大學文學部史學研究會　1961　p. 66

矢吹慶輝　鳴沙餘韻・解說篇(第一部)　(京都)臨川書店　1980　p. 35

姜伯勤　論敦煌寺院的"常住百姓"　《敦煌研究》1981 年試刊第 1 期　p. 45　又見:五十年來漢唐

佛教寺院經濟研究　北京師範大學出版社　1986　p. 187

陳祚龍　敦煌古抄內典尾記彙校初、二、三編合刊　敦煌學要籥　（臺北）新文豐出版公司　1982　p. 175

馬世長　敦煌縣博物館藏地志殘卷:敦博第五八號卷子研究之一　敦煌吐魯番文獻研究論集　中華書局　1982　p. 423

董作賓　敦煌紀年　敦煌學文選(上)　蘭州大學歷史系敦煌學研究室等　1983　p. 27

山口瑞鳳　吐蕃王國成立史研究　（東京）岩波書店　1983　p. 619

冷鵬飛　唐末沙州歸義軍時期有關百姓受田和賦稅的幾個問題　《敦煌學輯刊》1984 年第 1 期　p. 33

饒宗頤　敦煌書法叢刊(第二五卷)‧寫經(六)　（東京）二玄社　1984　p. 63、73

陳人之　八十年來我國之敦煌學　敦煌學論集　甘肅人民出版社　1985　p. 14

唐剛卯　唐代請田制度初探　《敦煌學輯刊》1985 年第 2 期　p. 59

寧欣　唐代敦煌地區農業水利問題初探　敦煌吐魯番文獻研究論集(第三輯)　北京大學出版社　1986　p. 500 注 9、502 注 13、510、526

謝重光　關於唐後期至五代間沙州寺院經濟的幾個問題　敦煌吐魯番出土經濟文書研究　廈門大學出版社　1986　p. 508 注 66

謝重光　略論唐代寺院、僧尼免賦特權的逐步喪失　五十年來漢唐佛教寺院經濟研究　北京師範大學出版社　1986　p. 247 注 2

張弓　南北朝隋唐寺觀戶階層述略　五十年來漢唐佛教寺院經濟研究　北京師範大學出版社　1986　p. 320

姜伯勤　唐五代敦煌寺戶制度　中華書局　1987　p. 139、160、169

姜亮夫　敦煌經卷在中國文化學術上的價值　敦煌學論文集　上海古籍出版社　1987　p. 16

李正宇　敦煌學郎題記輯注　《敦煌學輯刊》1987 年第 1 期　p. 33

李正宇　唐宋時代敦煌縣河渠泉澤簡志(二)　《敦煌研究》1989 年第 1 期　p. 58

池田溫　中國古代寫本識語集錄　（東京）大藏出版株式會社　1990　p. 424

郝春文　唐後期五代宋初沙州僧尼的特點　敦煌吐魯番學研究論文集　漢語大詞典出版社　1990　p. 830

榮新江　沙州歸義軍歷任節度使稱號研究　敦煌吐魯番學研究論文集　漢語大詞典出版社　1990　p. 774

榮新江　通頰考　文史(第三十三輯)　中華書局　1990　p. 135　又見:二十世紀中國文史考據文錄　雲南人民出版社　2001　p. 2116

上山大峻　敦煌佛教の研究　（京都）法藏館　1990　p. 344

唐耕耦　陸宏基　敦煌社會經濟文獻真迹釋錄(二)　全國圖書館文獻縮微複製中心　1990　p. 289、372、468

土肥義和　唐代敦煌均田制の田土給授文書について　東アジア古文書の史的研究　（東京）刀水書房　1990　p. 295

暨遠志　張議潮出行圖研究　《敦煌研究》1991 年第 3 期　p. 29

吳其昱著　伊藤美重子譯　敦煌漢文寫本概觀　敦煌漢文文獻(講座敦煌 5)　（東京）大東出版社　1992　p. 17

王震亞　趙熒　敦煌殘卷爭訟文牒集釋　甘肅人民出版社　1993　p. 15

汪泛舟　論敦煌文明的多民族貢獻　《敦煌研究》1995 年第 2 期　p. 187

李正宇　敦煌史地新論　（臺北）新文豐出版公司　1996　p. 133

劉濤　評《法藏敦煌書苑精華》　敦煌吐魯番研究(第一卷)　北京大學出版社　1996　p. 380

榮新江　歸義軍史研究　上海古籍出版社　1996　p. 6

方廣錩　敦煌佛教經錄輯校　江蘇古籍出版社　1997　p. 419

馮培紅　唐五代敦煌的河渠水利與水司管理機構初探　《敦煌學輯刊》1997 年第 2 期　p. 73

李正宇　敦煌歷史地理導論　(臺北)新文豐出版公司　1997　p. 269

劉進寶　歸義軍土地制度初探　《敦煌研究》1997 年第 2 期　p. 52

鄭炳林　敦煌碑銘讚輯釋　甘肅教育出版社　1997　p. 294 注 3

鄭炳林　唐五代敦煌畜牧區域研究　敦煌歸義軍史專題研究　蘭州大學出版社　1997　p. 227

方廣錩　維摩詰經品名錄　敦煌學大辭典　上海辭書出版社　1998　p. 750

郝春文　唐後期五代宋初敦煌僧尼的社會生活　中國社會科學出版社　1998　p. 83

郝春文　唐後期五代宋初敦煌僧人的稅役負擔　《敦煌學輯刊》1998 年第 2 期　p. 1

雷紹鋒　P. 3418v《唐沙州諸鄉欠枝夫人戶名目》研究　《敦煌研究》1998 年第 2 期　p. 112

榮新江　歸義軍大事紀年初稿　出土文獻研究(第三輯)　文物出版社　1998　p. 237

沙知　博易契　敦煌學大辭典　上海辭書出版社　1998　p. 387

謝重光　承料役次　敦煌學大辭典　上海辭書出版社　1998　p. 406

謝重光　矜判人鄉管　敦煌學大辭典　上海辭書出版社　1998　p. 377

楊森　張議潮　敦煌學大辭典　上海辭書出版社　1998　p. 352

陳國燦　唐代的經濟社會　(臺北)文津出版社　1999　p. 78

姜亮夫　敦煌:偉大的文化寶藏　雲南人民出版社　1999　p. 115

楊森　小議張淮深受旌節　《敦煌研究》1999 年第 1 期　p. 98

雷紹鋒　歸義軍賦役制度初探　(臺北)洪葉文化事業有限公司　2000　p. 47、95

劉進寶　敦煌文書與唐史研究　(臺北)新文豐出版公司　2000　p. 164

羅豐　流寓中國的中亞史國人　國學研究(第七卷)　北京大學出版社　2000　p. 255

蘇金花　試論晚唐五代敦煌僧侶免賦特權的進一步喪失　《敦煌研究》2000 年第 3 期　p. 154

郝春文　營造寄託:中國六至十世紀造寺功德的探討　佛教與歷史文化　宗教文化出版社　2001　p. 419

林聰明　敦煌吐魯番文書解詁指例　(臺北)新文豐出版公司　2001　p. 155

謝重光　漢唐佛教社會史論　(臺北)國際文化事業有限公司　2001　p. 253 注 65

蔡忠霖　敦煌漢文寫卷俗字及其現象　(臺北)文津出版社　2002　p. 27

陳國燦　敦煌學史事新證　甘肅教育出版社　2002　p. 306

姜亮夫　敦煌莫高窟年表　姜亮夫全集(十一)　雲南人民出版社　2002　p. 399

李德龍　沙州三界寺《授戒牒》初探　甘肅民族研究論叢　甘肅人民出版社　2002　p. 415

董志翹　敦煌社會經濟文書詞語散釋　中國俗文化研究(第一輯)　巴蜀書社　2003　p. 129

高國藩　敦煌學百年史述要　(臺北)商務印書館　2003　p. 98

郝春文　唐後期五代宋初敦煌僧尼的生活方式　寺院財富與世俗供養　上海書畫出版社　2003　p. 133

李正宇　敦煌遺書一宗後晉時期敦煌民事訴訟檔案　《敦煌研究》2003 年第 2 期　p. 44

劉敬林　敦煌文牒詞語校釋　《敦煌學輯刊》2003 年第 1 期　p. 117

彭金章　有關敦煌莫高窟北區瘞窟的幾個問題　寺院財富與世俗供養　上海書畫出版社　2003　p. 366

童丕　敦煌的借貸:中國中古時代的物質生活與社會　中華書局　2003　p. 161

鄭炳林　晚唐五代敦煌村莊聚落輯考　2000 年敦煌學國際學術討論會文集・歷史文化卷(上)　甘

肅民族出版社　2003　p. 133

董志翹　敦煌社會經濟文獻詞語略考　浙江與敦煌學：常書鴻先生誕辰一百周年紀念文集　浙江古
　　籍出版社　2004　p. 491

羅豐　胡漢之間：“絲綢之路”與西北歷史考古　文物出版社　2004　p. 229

鄭炳林　魏迎春　晚唐五代敦煌佛教教團的戒律和清規　《敦煌學輯刊》2004 年第 2 期　p. 36

趙曉星　寇甲　西魏：歸義軍時期敦煌地區的史姓　《敦煌學輯刊》2005 年第 2 期　p. 135

P. 2225

王三慶　敦煌寫卷中武后新字之調查研究　唐代研究論集（第三輯）　（臺北）新文豐出版公司
　　1992　p. 96

吳其昱著　伊藤美重子譯　敦煌漢文寫本概觀　敦煌漢文文獻（講座敦煌 5）　（東京）大東出版社
　　1992　p. 22

蘇遠鳴　敦煌佛教肖像剳記　法國學者敦煌學論文選萃　中華書局　1993　p. 190

施安昌　唐武周時期的刻經與敦煌寫經　善本碑帖論集　紫禁城出版社　2002　p. 120

P. 2226

那波利貞　佛教信仰に基きて組織せられたる中晚唐五代時代の社邑に就きて（下）　『史林』（24
　　卷 4 號）　京都大學文學部史學研究會　1939　p. 112　又見：唐代社會文化史研究・第六編
　　（東京）創文社　1974　p. 664

那波利貞　梁戶考　唐代社會文化史研究・第三編　（東京）創文社　1974　p. 313

福井文雅　般若心經　敦煌と中國仏教（講座敦煌 7）　（東京）大東出版社　1984　p. 39

廣川堯敏　淨土三部經　敦煌と中國仏教（講座敦煌 7）　（東京）大東出版社　1984　p. 87

山本達郎等　敦煌・VII 尚饗文・諸齋文　『NUN‐HUANG AND TURFAN DOCUMENTS CONCERN-
ING SOCIAL AND ECONOMIC HISTORY』(IV)　（東京）東洋文庫　1989　p. 140

郝春文　敦煌寫本社邑文書年代彙考（三）　《社科縱橫》1993 年第 5 期　p. 11

汪泛舟　敦煌文學概論　甘肅人民出版社　1993　p. 565

郝春文　中古時期儒佛文化對民間結社的影響及其變化　唐文化研究論文集　上海人民出版社
　　1994　p. 208

王書慶　敦煌寺廟“號頭文”略說　《社科縱橫》1994 年第 4 期　p. 45

沃興華　敦煌書法藝術　上海人民出版社　1994　p. 73

黃征　吳偉　敦煌願文集　岳麓書社　1995　p. 12、37、317、500、640、736

土肥義和　唐・北宋間の「社」の組織形態に関する一考察　中國古代の國家と民衆（堀敏一先生古
　　稀記念）　（東京）汲古書院　1995　p. 703

王書慶　敦煌佛學・佛事篇　甘肅民族出版社　1995　p. 35、55

黃征　敦煌願文考論　敦煌語文叢說　（臺北）新文豐出版公司　1997　p. 583

寧可　郝春文　敦煌社邑文書輯校　江蘇古籍出版社　1997　p. 518

黃征　敦煌願文雜考　文史（第四十六輯）　中華書局　1998　p. 254

寧可　寧可史學論集　中國社會科學出版社　1999　p. 446 注 11

艾麗白　上古和中古時代中國的動物喪葬活動　法國漢學（敦煌學專號）　中華書局　2000　p. 140

王三慶　北京大學圖書館藏本《諸文要集》一卷研究　慶祝吳其昱先生八秩華誕敦煌學特刊　（臺
　　北）文津出版社　2000　p. 170

曾良　敦煌文獻字義通釋　廈門大學出版社　2001　p. 145

黃征　敦煌語言文字學研究　甘肅教育出版社　2002　p. 194

馬茜　歸義軍時期敦煌地區庶民佛教的發展　甘肅民族研究論叢　甘肅人民出版社　2002　p. 455

湛如　敦煌佛教律儀制度研究　中華書局　2003　p. 329、350

黨燕妮　晚唐五代敦煌的十王信仰　麥積山石窟藝術文化論文集(下)　蘭州大學出版社　2004　p. 162

杜斗城　"七七齋"之源流及敦煌文獻中有關資料的分析　《敦煌研究》2004年第4期　p. 34

葉貴良　《敦煌社邑文書輯校》拾補　《吐魯番學研究》2004年第1期　p. 102、106

郝春文　唐後期五代宋初敦煌私社的教育與教化功能　敦煌吐魯番研究(第九卷)　中華書局　2006　p. 308

汪泛舟　敦煌俗別字新考(上)　《敦煌研究》2006年第1期　p. 104、108

P. 2227

姜亮夫　敦煌莫高窟年表　姜亮夫全集(十一)　雲南人民出版社　2002　p. 117

P. 2228

矢吹慶輝　鳴沙餘韻·解說篇(第一部)　(京都)臨川書店　1980　p. 194

李正宇　敦煌名勝古迹導論　《陽關》1991年第4期　p. 47

方廣錩　要行捨身經　敦煌學大辭典　上海辭書出版社　1998　p. 741

P. 2231

陳祚龍　敦煌道經後記彙錄　敦煌文物隨筆　(臺北)商務印書館　1979　p. 23

陳祚龍　關於道家"本際經"及其"要略妙義"與"疏"的敦煌古抄　敦煌文物隨筆　(臺北)商務印書館　1979　p. 215

陳祚龍　新校重訂《敦煌道經後記彙錄》　敦煌學要籥　(臺北)新文豐出版公司　1982　p. 213注3

石井昌子　靈寶經類　敦煌と中國道教(講座敦煌4)　(東京)大東出版社　1983　p. 161

姜伯勤　《本際經》與敦煌道教　《敦煌研究》　1994年第3期　p. 9

萬毅　日本天理圖書館藏卷敦煌本《本際經》論略　華學(第一輯)　中山大學出版社　1995　p. 167

姜伯勤　敦煌藝術宗教與禮樂文明　中國社會科學出版社　1996　p. 214、240

萬毅　敦煌道教文獻《本際經》錄文及解說　道家文化研究(第十三輯)　三聯書店　1998　p. 442

山田俊　唐初道教思想史研究·資料篇　(京都)平樂寺書店　1999　p. 105、164

楊曉靄　翰海駝鈴——絲綢之路的人物往來與文化交流　甘肅教育出版社　1999　p. 251

王卡　敦煌道教文獻研究　中國社會科學出版社　2004　p. 204

王卡　中國國家圖書館藏敦煌道教遺書研究報告　敦煌吐魯番研究(第七卷)　北京大學出版社　2004　p. 371

P. 2232

周紹良　敦煌文學芻議及其它　(臺北)新文豐出版公司　1992　p. 15

鄭炳林　唐五代敦煌的粟特人與佛教　敦煌歸義軍史專題研究　蘭州大學出版社　1997　p. 441

鄭炳林　北京圖書館藏《吳和尚經論目錄》有關問題研究　敦煌學與中國史研究論集　甘肅人民出版社　2001　p. 130

P. 2233

陳祚龍　瓜沙印録　（臺北）《大陸雜誌》1962年第4期　又見：敦煌學概要　（臺北）編譯館"中華叢書編委會"　1981　p. 267；中國敦煌學百年文庫・考古卷（一）　甘肅文化出版社　1999　p. 188

陳祚龍　古代敦煌及其他地區流行之公私印章圖記文字録　敦煌學要籥　（臺北）新文豐出版公司　1982　p. 333

岡部和雄　敦煌蔵經目録　敦煌と中國仏教（講座敦煌7）　（東京）大東出版社　1984　p. 317

姜亮夫　敦煌經卷壁畫中所見寺觀録　敦煌學論文集　上海古籍出版社　1987　p. 1073、1080

池田溫　敦煌文獻について　『書道研究』（2卷2號）　（東京）萱原書局　1988　p. 49　又見：敦煌文書の世界　（東京）名著刊行會　2003　p. 51

李正宇　敦煌地區古代祠廟寺觀簡志　《敦煌學輯刊》1988年第1、2期　p. 78

高國藩　敦煌古俗與民俗流變　河海大學出版社　1990　p. 370

陶秋英輯録　姜亮夫校訂　敦煌經卷所見寺名録　敦煌碎金　浙江古籍出版社　1992　p. 103、121

高國藩　敦煌民俗資料導論　（臺北）新文豐出版公司　1993　p. 172

李正宇　敦煌史地新論　（臺北）新文豐出版公司　1996　p. 76

鄭炳林　敦煌碑銘讚輯釋　甘肅教育出版社　1997　p. 517注8

李正宇　報恩寺　敦煌學大辭典　上海辭書出版社　1998　p. 629

李正宇　報恩寺藏經印　敦煌學大辭典　上海辭書出版社　1998　p. 293

李正宇　三界寺　敦煌學大辭典　上海辭書出版社　1998　p. 631

李正宇　三界寺藏經印　敦煌學大辭典　上海辭書出版社　1998　p. 293

孫修身　敦煌三界寺　中國敦煌學百年文庫・宗教卷（一）　甘肅文化出版社　1999　p. 58

P. 2234

陳祚龍撰　費海璣譯　蘇瑩輝補注　瓜沙印録　敦煌學概要　（臺北）編譯館"中華叢書編委會"　1981　p. 269

陳祚龍　古代敦煌及其他地區流行之公私印章圖記文字録　敦煌學要籥　（臺北）新文豐出版公司　1982　p. 344

饒宗頤　論七曜與十一曜：記敦煌開寶七年（九七四）康遵批命課　選堂集林・史林　（香港）中華書局　1982　p. 775　又見：饒宗頤史學論著選　上海古籍出版社　1993　p. 574；饒宗頤東方學論集　汕頭大學出版社　1999　p. 116

戴仁　敦煌和吐魯番寫本的斷代研究　法國學者敦煌學論文選萃　中華書局　1993　p. 524

P. 2235

池田溫　評『ペリオ將來敦煌漢文文獻目録』第一卷（P. 2001-2500）　『東洋學報』（54卷4號）　（東京）東洋學術協會　1972　p. 67

鄭炳林　馮培紅　讀《中國古代寫本識語集録》劄記　《西北史地》1994年第4期　p. 47

姜伯勤　變文的南方源頭與敦煌的唱導法匠　華學（第一輯）　中山大學出版社　1995　p. 154

姜伯勤　敦煌藝術宗教與禮樂文明　中國社會科學出版社　1996　p. 406

鄭炳林　敦煌碑銘讚輯釋　甘肅教育出版社　1997　p. 186注2

P. 2236

諏訪義讓　敦煌本瑜伽論手記に就いて　『宗教研究』（7卷3期）　（東京）宗教研究會　1930

p. 69

陳祚龍　敦煌古抄內典尾記彙校初、二、三編合刊　敦煌學要籥　（臺北）新文豐出版公司　1982
　　p. 175

池田溫　中國古代寫本識語集録　（東京）大藏出版株式會社　1990　p. 422

鄭炳林　敦煌碑銘讚輯釋　甘肅教育出版社　1997　p. 87 注 2

P. 2237

那波利貞　佛教信仰に基きて組織せられたる中晚唐五代時代の社邑に就きて（下）　『史林』（24
　　卷 4 號）　京都大學文學部史學研究會　1939　p. 112　又見：唐代社會文化史研究・第六編
　　（東京）創文社　1974　p. 664

芳村修基　佛教初學入門書殘卷考　西域文化研究（第一）・敦煌佛教資料　（京都）法藏館　1958
　　p. 228

芳村修基　土橋秀高　井ノ口泰淳　敦煌佛教史年表　西域文化研究（第一）・敦煌佛教資料　（京
　　都）法藏館　1958　p. 277

那波利貞　梁戶考　唐代社會文化史研究・第三編　（東京）創文社　1974　p. 313

董作賓　敦煌紀年　敦煌學文選（上）　蘭州大學歷史系敦煌學研究室等　1983　p. 31

譚蟬雪　印沙・脫佛・脫塔　《敦煌研究》1989 年第 1 期　p. 19

池田溫　中國古代寫本識語集録　（東京）大藏出版株式會社　1990　p. 473

譚蟬雪　三教融合的敦煌喪俗　《敦煌研究》1991 年第 3 期　p. 79

杜琦　敦煌文學概論　甘肅人民出版社　1993　p. 528

侯錦郎　敦煌寫本中的"印沙佛"儀軌　法國學者敦煌學論文選萃　中華書局　1993　p. 280

汪泛舟　敦煌文學概論　甘肅人民出版社　1993　p. 565

黃征　吳偉　敦煌願文集　岳麓書社　1995　p. 3、16、326、443、538、660、708、803

黃征　敦煌願文考論　敦煌語文叢說　（臺北）新文豐出版公司　1997　p. 587

寧可　郝春文　敦煌社邑文書輯校　江蘇古籍出版社　1997　p. 644

郝春文　唐後期五代宋初敦煌僧尼的社會生活　中國社會科學出版社　1998　p. 231

郝春文　齋文　敦煌學大辭典　上海辭書出版社　1998　p. 458

饒宗頤　談佛教的發願文　敦煌吐魯番研究（第四卷）　北京大學出版社　1999　p. 486

宋家鈺　佛教齋文源流與敦煌本"齋文"書的復原　《中國史研究》1999 年第 2 期　p. 71　又見：英
　　國收藏敦煌漢藏文獻研究　中國社會科學出版社　2000　p. 299

顏廷亮　敦煌文化中的道教及文化　《敦煌研究》1999 年第 1 期　p. 140

楊富學　李吉和　敦煌漢文吐蕃史料輯校（第一輯）　甘肅人民出版社　1999　p. 212、234、246、
　　256、271

郝春文　唐後期五代宋初敦煌的春秋官齋、十二月轉經、水則道場與佛教節日　慶祝吳其昱先生八秩
　　華誕敦煌學特刊　（臺北）文津出版社　2000　p. 262

王微　春祭：二月八日節的佛教儀式　法國漢學（敦煌學專號）　中華書局　2000　p. 111

顏廷亮　敦煌文化　光明日報出版社　2000　p. 243

姜亮夫　敦煌莫高窟年表　姜亮夫全集（十一）　雲南人民出版社　2002　p. 485

馬茜　歸義軍時期敦煌地區庶民佛教的發展　甘肅民族研究論叢　甘肅人民出版社　2002　p. 455

余欣　禁忌、儀式與法術　唐代宗教信仰與社會　上海辭書出版社　2003　p. 329、342

湛如　敦煌佛教律儀制度研究　中華書局　2003　p. 327

張承東　試論敦煌寫本齋文的駢文特色　《敦煌學輯刊》2003 年第 1 期　p. 98

黨燕妮　晚唐五代敦煌的十王信仰　麥積山石窟藝術文化論文集(下)　蘭州大學出版社　2004
　　p. 164
杜斗城　"七七齋"之源流及敦煌文獻中有關資料的分析　《敦煌研究》2004 年第 4 期　p. 35
高啓安　唐五代敦煌飲食文化研究　民族出版社　2004　p. 379
趙紅　高啓安　唐五代時期敦煌僧人飲食概述　麥積山石窟藝術文化論文集(下)　蘭州大學出版
　　社　2004　p. 287
何劍平　作爲民間寫經和禮懺儀式的維摩詰信仰　《敦煌學輯刊》2005 年第 4 期　p. 60
敏春芳　敦煌願文詞語例釋　《敦煌學輯刊》2005 年第 1 期　p. 98
沙武田　《金光明最勝王經變》在敦煌吐蕃時期洞窟首次出現的原因　《蘭州大學學報》2006 年第 3
　　期　p. 36
武學軍　敏春芳　敦煌願文婉詞試解(一)　《敦煌學輯刊》2006 年第 1 期　p. 130
謝生保　謝靜　敦煌文獻與水陸法會　文史(第七十五輯)　中華書局　2006　p. 48

P. 2238

戴仁　敦煌的經折裝寫本　法國學者敦煌學論文選萃　中華書局　1993　p. 583

P. 2239

陳祚龍　敦煌古抄內典尾記彙校初、二、三編合刊　敦煌學要籥　(臺北)新文豐出版公司　1982
　　p. 175
平井俊榮　敦煌仏典と中國仏教　敦煌と中國仏教(講座敦煌 7)　(東京)大東出版社　1984　p. 8
池田溫　中國古代寫本識語集録　(東京)大藏出版株式會社　1990　p. 321
金岡照光　高僧傳因緣　敦煌の文學文獻(講座敦煌 9)　(東京)大東出版社　1992　p. 598
姜伯勤　變文的南方源頭與敦煌的唱導法匠　華學(第一輯)　中山大學出版社　1995　p. 157
姜伯勤　敦煌藝術宗教與禮樂文明　中國社會科學出版社　1996　p. 410
湛如　敦煌菩薩戒儀與菩薩戒牒之研究　《敦煌研究》1997 年第 2 期　p. 77
方廣錩　放光般若經　敦煌學大辭典　上海辭書出版社　1998　p. 679
楊富學　李吉和　敦煌漢文吐蕃史料輯校(第一輯)　甘肅人民出版社　1999　p. 277
陳麗萍　敦煌女性寫經題記及反映的婦女問題　敦煌佛教藝術文化國際學術研討會論文集　蘭州大
　　學出版社　2002　p. 431
湛如　敦煌佛教律儀制度研究　中華書局　2003　p. 152

P. 2241

梅村坦　住民の種族構成——敦煌をめぐる諸民族の動向　敦煌の社會(講座敦煌 3)　(東京)大
　　東出版社　1980　p. 203

P. 2242

土橋秀高　敦煌の律藏　敦煌と中國仏教(講座敦煌 7)　(東京)大東出版社　1984　p. 250
方廣錩　四分律刪補隨機羯磨　敦煌學大辭典　上海辭書出版社　1998　p. 712

P. 2243

方廣錩　佛垂般涅槃略說教誡經　敦煌學大辭典　上海辭書出版社　1998　p. 707

P. 2244

岡部和雄　敦煌藏經目録　敦煌と中國仏教（講座敦煌7）　（東京）大東出版社　1984　p. 316

胡戟　傅玫　敦煌史話　中華書局　1995　p. 130

P. 2245

芳村修基　土橋秀高　井ノ口泰淳　敦煌佛教史年表　西域文化研究（第一）・敦煌佛教資料　（京都）法藏館　1958　p. 275

陳祚龍　敦煌古抄内典尾記彙校二編　敦煌文物隨筆　（臺北）商務印書館　1979　p. 166

矢吹慶輝　鳴沙餘韻・解説篇（第一部）　（京都）臨川書店　1980　p. 124

王堯　藏族翻譯家管・法成對民族文化交流的貢獻　《文物》1980年第7期　又見:中國敦煌學百年文庫・民族卷（三）　甘肅文化出版社　1999　p. 29

陳祚龍　敦煌古抄内典尾記彙校初、二、三編合刊　敦煌學要篇　（臺北）新文豐出版公司　1982　p. 73

池田溫　中國古代寫本識語集録　（東京）大藏出版株式會社　1990　p. 399

上山大峻　敦煌佛教の研究　（京都）法藏館　1990　p. 105、362

林聰明　敦煌文書學　（臺北）新文豐出版公司　1991　p. 341

王堯　西藏文史考信集　中國藏學出版社　1994　p. 19

姜伯勤　敦煌戒壇與大乘佛教　華學（第二輯）　中山大學出版社　1996　p. 319

姜伯勤　敦煌藝術宗教與禮樂文明　中國社會科學出版社　1996　p. 341

鄭炳林　敦煌碑銘讚輯釋　甘肅教育出版社　1997　p. 79 注3

白化文　勘了　敦煌學大辭典　上海辭書出版社　1998　p. 593

方廣錩　四分律戒本疏　敦煌學大辭典　上海辭書出版社　1998　p. 713

袁德領　法心與敦煌莫高窟第119窟　《敦煌研究》1998年第4期　p. 30

鄭炳林　法心　敦煌學大辭典　上海辭書出版社　1998　p. 350

湛如　敦煌佛教律儀制度研究　中華書局　2003　p. 59

P. 2247

諏訪義讓　敦煌本瑜伽論分門記に就いて　『大谷學報』（第11卷第3號）　（京都）大谷學會　1930　p. 133

鄭良樹　敦煌老子寫本考異　（臺北）《大陸雜誌》1981年第2期　又見:中國敦煌學百年文庫・宗教卷（三）　甘肅文化出版社　1999　p. 61

上山大峻　敦煌佛教の研究　（京都）法藏館　1990　p. 92、110、220、229

李正宇　敦煌遺書標點符號　敦煌學大辭典　上海辭書出版社　1998　p. 519

段小強　敦煌文書中所見的古代喪儀　《西北民族研究》1999年第1期　p. 215

P. 2248

陳祚龍　敦煌道經後記彙録　敦煌文物隨筆　（臺北）商務印書館　1979　p. 23

陳祚龍　新校重訂《敦煌道經後記彙録》　敦煌學要篇　（臺北）新文豐出版公司　1982　p. 213 注3

P. 2249

那波利貞　俗講と變文（中、下）　『佛教史學』（1卷3、4號）　（京都）平樂寺書店　1950　p. 86;49

那波利貞　中晚唐五代の佛教寺院の俗講の座に於ける變文の演出方法に就きて　甲南大學論集

（2）　（神戶）甲南大學　1955　p. 7

那波利貞　悉達太子修道因緣解說　西域文化研究（第一）・敦煌佛教資料　（京都）法藏館　1958　p. 213

金岡照光　敦煌漢文文學文獻の寫本及び影印の收集保存、整理研究の現狀　敦煌出土文學文獻分類目錄・附解說　（東京）東洋文庫　1971　p. 167

金岡照光　敦煌文學のこころ　敦煌の文學　（東京）大藏出版株式會社　1971　p. 250

金岡照光　敦煌民衆の宗教と生活　敦煌の民衆——その生活と思想　（東京）評論社　1972　p. 191、235

那波利貞　梁戶考　唐代社會文化史研究・第三編　（東京）創文社　1974　p. 274

那波利貞　俗講と變文　唐代社會文化史研究・第四編　（東京）創文社　1974　p. 421、438

金岡照光　敦煌の繪物語　（東京）東方書店　1981　p. 114、173

姜伯勤　敦煌寺院文書中"梁戶"的性質　五十年來漢唐佛教寺院經濟研究　北京師範大學出版社　1986　p. 136

李正宇　敦煌方音止遇二攝混同及其校勘學意義　《敦煌研究》1986 年第 4 期　p. 53

姜伯勤　唐五代敦煌寺戶制度　中華書局　1987　p. 263

王永興　隋唐五代經濟史料彙編校注・第一編（下）　中華書局　1987　p. 700

謝和耐著　耿昇譯　中國 5—10 世紀的寺院經濟　甘肅人民出版社　1987　p. 164 注 4　又見：上海古籍出版社　2004　p. 134 注 1

李正宇　敦煌文學雜考二題　敦煌語言文學研究　北京大學出版社　1988　p. 95

高國藩　敦煌民俗學　上海文藝出版社　1989　p. 62

唐耕耦　陸宏基　敦煌社會經濟文獻真迹釋錄（二）　全國圖書館文獻縮微複製中心　1990　p. 71

仁井田陞　補訂中國法制史研究：土地法・交易法　東京大學出版會　1991　p. 740

金岡照光　高僧傳因緣　敦煌の文學文獻（講座敦煌 9）　（東京）大東出版社　1992　p. 597

金岡照光　講唱體類　敦煌の文學文獻（講座敦煌 9）　（東京）大東出版社　1992　p. 106

王三慶　敦煌書儀載錄之節日活動與民俗　全國敦煌學研討會論文集　（臺北）中正大學中國文學系所　1995　p. 25 注 14

張傳璽　中國歷代契約會編考釋（上）　北京大學出版社　1995　p. 438 注 1

沙知　敦煌契約文書輯校　江蘇古籍出版社　1998　p. 258

高啓安　唐五代至宋敦煌的量器及量制　《敦煌學輯刊》1999 年第 1 期　p. 67

梅維恒著　楊繼東　陳引馳譯　唐代變文（上、下）　（香港）中國佛教文化出版公司　1999　p. 43；8

金岡照光　敦煌文獻と中國文學　（東京）五曜書房　2000　p. 134、475

雷紹鋒　歸義軍賦役制度初探　（臺北）洪葉文化事業有限公司　2000　p. 180

張總　《閻羅王授記經》綴補研考　敦煌吐魯番研究（第五卷）　北京大學出版社　2001　p. 93

童丕　敦煌的借貸：中國中古時代的物質生活與社會　中華書局　2003　p. 135

王啓濤　中古及近代法制文書語言研究　巴蜀書社　2003　p. 107、293、299、311

武曉玲　《敦煌變文校注・維摩詰經講經文》商補　《敦煌研究》2003 年第 3 期　p. 106

黨燕妮　晚唐五代敦煌的十王信仰　麥積山石窟藝術文化論文集（下）　蘭州大學出版社　2004　p. 153

荒見泰史　敦煌的講唱體文獻　敦煌學（第 25 輯）　（臺北）樂學書局有限公司　2004　p. 274

荒見泰史　從敦煌寫本中變文的改寫情況來探討五代講唱文學的演變　敦煌學國際研討會論文集　北京圖書館出版社　2005　p. 177

P. 2250

那波利貞　佛教信仰に基きて組織せられたる中晚唐五代時代の社邑に就きて（下）　『史林』（24
　　卷4號）　京都大學文學部史學研究會　1939　p. 95　又見：唐代社會文化史研究・第六編
　　（東京）創文社　1974　p. 649

向達　記敦煌石室出晉天福十年寫本壽昌縣地境　《北平圖書館圖書季刊》1944年新第5卷第4期
　　p. 11　又見：唐代長安與西域文明　三聯書店　1957　p. 432

芳村修基　土橋秀高　井ノ口泰淳　敦煌佛教史年表　西域文化研究（第一）・敦煌佛教資料　（京
　　都）法藏館　1958　p. 279

仁井田陞　唐末五代の敦煌寺院佃戶關係文書　西域文化研究（第二）・敦煌吐魯番社會經濟資料
　　（上）　（京都）法藏館　1959　p. 74

藤枝晃　敦煌の僧尼籍　『東方學報』（第35號）　京都大學人文科學研究所　1964　p. 314、323

金岡照光　敦煌漢文文學文獻の文學形態上の種類とその分類　敦煌出土文學文獻分類目錄・附解
　　說　（東京）東洋文庫　1971　p. 229

金岡照光　敦煌文學のさまざま　敦煌の文學　（東京）大藏出版株式會社　1971　p. 131

那波利貞　開元末期以前と天寶初期以後との唐の時世の差異に就きて　唐代社會文化史研究・第
　　一編　（東京）創文社　1974　p. 44

那波利貞　梁戶考　唐代社會文化史研究・第三編　（東京）創文社　1974　p. 377

那波利貞　俗講と變文　唐代社會文化史研究・第四編　（東京）創文社　1974　p. 437

陳祚龍　敦煌古抄內典尾記彙校二編　敦煌文物隨筆　（臺北）商務印書館　1979　p. 173

陳祚龍　新校重訂敦煌寫本《十空讚》表隱　敦煌資料考屑（上冊）　（臺北）商務印書館　1979
　　p. 126注14

加地哲定　增補中國佛教文學研究　（東京）同朋舍　1979　p. 210

矢吹慶輝　鳴沙餘韻・解說篇（第二部）　（京都）臨川書店　1980　p. 90

田中良昭　念仏禪と後期北宗禪　敦煌仏典と禪（講座敦煌8）　（東京）大東出版社　1980　p. 241

陳祚龍　新校重訂中世敦煌流行的"讚"文十種　中華佛教文化史散策（三集）　（臺北）新文豐出版
　　公司　1981　p. 163

潘重規　敦煌詞話　（臺北）石門圖書公司　1981　p. 94

蘇瑩輝　敦煌學概要　（臺北）編譯館"中華叢書編委會"　1981　p. 176

陳祚龍　敦煌古抄內典尾記彙校初、二、三編合刊　敦煌學要籥　（臺北）新文豐出版公司　1982
　　p. 78

鄭阿財　敦煌孝道文學研究　（臺北）石門圖書公司　1982　p. 532

董作賓　敦煌紀年　敦煌學文選（上）　蘭州大學歷史系敦煌學研究室等　1983　p. 6

席臻貫　《佛本行集經・憂波離品次》琵琶譜符號考　《音樂研究》1983年第3期　又見：中國敦煌
　　學百年文庫・藝術卷（三）　甘肅文化出版社　1999　p. 244

岡部和雄　敦煌藏經目錄　敦煌と中國仏教（講座敦煌7）　（東京）大東出版社　1984　p. 316

廣川堯敏　禮讚　敦煌と中國仏教（講座敦煌7）　（東京）大東出版社　1984　p. 452

仁井田陞著　姜鎮慶譯　唐末五代的敦煌寺院佃戶關係文書　敦煌學譯文集　甘肅人民出版社
　　1985　p. 826注1

陳祚龍　古往世上流行之中華佛教男女信士立誓發願文章的抽樣　中華佛教文化史散策（四集）
　　（臺北）新文豐出版公司　1986　p. 387

龍晦　論敦煌詞曲所見之禪宗與淨土宗　《世界宗教研究》1986年第3期　p. 64

盧善煥　《敦煌曲校錄》略校　《敦煌學輯刊》1986年第2期　p. 93

朱鳳玉　王梵志詩研究（下）　（臺北）學生書局　1986　p. 218

姜亮夫　敦煌經卷壁畫中所見寺觀錄　敦煌學論文集　上海古籍出版社　1987　p. 1077、1081

姜亮夫　敦煌小識六論　敦煌學論文集　上海古籍出版社　1987　p. 750　又見：姜亮夫全集（十
　　四）　雲南人民出版社　2002　p. 193

李正宇　敦煌學郎題記輯注　《敦煌學輯刊》1987 年第 1 期　p. 34

任半塘　敦煌歌辭總編　上海古籍出版社　1987　p. 1066

謝和耐著　耿昇譯　中國 5—10 世紀的寺院經濟　甘肅人民出版社　1987　p. 23 注 2

姜伯勤　敦煌音聲人略論　《敦煌研究》1988 年第 4 期　p. 3

李正宇　敦煌地區古代祠廟寺觀簡志　《敦煌學輯刊》1988 年第 1、2 期　p. 77

高國藩　敦煌民俗學　上海文藝出版社　1989　p. 116

山本達郎等　敦煌・I 社條　『NUN – HUANG AND TURFAN DOCUMENTS CONCERNING SOCIAL
　　AND ECONOMIC HISTORY』(IV)　（東京）東洋文庫　1989　p. 7

山本達郎等　敦煌・III 轉貼　『NUN – HUANG AND TURFAN DOCUMENTS CONCERNING SOCIAL
　　AND ECONOMIC HISTORY』(IV)　（東京）東洋文庫　1989　p. 39、81

山本達郎等　敦煌・IV 納贈曆・納色物曆等　『NUN – HUANG AND TURFAN DOCUMENTS CON-
　　CERNING SOCIAL AND ECONOMIC HISTORY』(IV)　（東京）東洋文庫　1989　p. 90

山本達郎等　敦煌・V 計會文書　『NUN – HUANG AND TURFAN DOCUMENTS CONCERNING SO-
　　CIAL AND ECONOMIC HISTORY』(IV)　（東京）東洋文庫　1989　p. 116

施萍婷　敦煌遺書《阿彌陀經》校勘記　《敦煌研究》1989 年第 3 期　p. 59

孫其芳　詞　敦煌文學　甘肅人民出版社　1989　p. 214

郝春文　唐後期五代宋初沙州僧尼的特點　敦煌吐魯番學研究論文集　漢語大詞典出版社　1990
　　p. 818、854

任半塘　王昆吾　隋唐五代燕樂雜言歌辭集　巴蜀書社　1990　p. 261

唐耕耦　陸宏基　敦煌社會經濟文獻真迹釋錄（三）　全國圖書館文獻縮微複製中心　1990　p. 193

林聰明　敦煌文書學　（臺北）新文豐出版公司　1991　p. 411 注 9

仁井田陞　補訂中國法制史研究：奴隸農奴法・家族村落法　東京大學出版會　1991　p. 51

金岡照光　邈真讚　敦煌の文學文獻（講座敦煌 9）　（東京）大東出版社　1992　p. 606

李正宇　敦煌俗講僧保宣及其《講經通難致語》　程千帆先生八十壽辰紀念文集　江蘇古籍出版社
　　1992　p. 212

林家平　寧强　羅華慶　中國敦煌學史　北京語言學院出版社　1992　p. 101、190

陶秋英輯錄　姜亮夫校訂　敦煌經卷所見寺名錄　敦煌碎金　浙江古籍出版社　1992　p. 100、110、
　　112、118

周紹良　敦煌文學芻議及其它　（臺北）新文豐出版公司　1992　p. 33

竺沙雅章　寺院文書　敦煌漢文文獻（講座敦煌 5）　（東京）大東出版社　1992　p. 619

高田時雄　チベット文字書寫「長卷」の研究（本文編）　『東方學報』（第 65 號）　京都大學人文科
　　學研究所　1993　p. 374

郝春文　敦煌寫本社邑文書年代彙考（二）　《首都師範大學學報》1993 年第 5 期　p. 76

郝春文　敦煌寫本社邑文書年代彙考（三）　《社科縱橫》1993 年第 5 期　p. 10

李正宇　敦煌文學概論　甘肅人民出版社　1993　p. 102

劉進寶　敦煌學論述　（臺北）洪葉文化事業有限公司　1995　p. 337

土肥義和　唐・北宋間の「社」の組織形態に關する一考察　中國古代の國家と民衆（堀敏一先生古
　　稀記念）　（東京）汲古書院　1995　p. 734

郝春文　唐後期五代宋初沙州的方等道場與方等道場司　唐研究（第二卷）　北京大學出版社
　　1996　p. 67

郝春文　唐後期五代宋初沙州僧尼的宗教收入（三）：大衆倉試探　《敦煌學輯刊》1996 年第 2 期
　　p. 7

李正宇　敦煌史地新論　（臺北）新文豐出版公司　1996　p. 73

饒宗頤　敦煌曲與樂舞及龜茲樂　敦煌曲續論　（臺北）新文豐出版公司　1996　p. 73

張先堂　敦煌本唐代淨土五會讚文與佛教文學　《敦煌研究》1996 年第 4 期　p. 69

黄征　張涌泉　敦煌變文校注　中華書局　1997　p. 716

唐耕耦　敦煌寺院會計文書研究　（臺北）新文豐出版公司　1997　p. 340

張弓　漢唐佛寺文化史　中國社會科學出版社　1997　p. 825

鄭炳林　敦煌碑銘讚輯釋　甘肅教育出版社　1997　p. 98 注 35

鄭炳林　唐五代敦煌的粟特人與佛教　敦煌歸義軍史專題研究　蘭州大學出版社　1997　p. 448

柴劍虹　高聲念佛讚　敦煌學大辭典　上海辭書出版社　1998　p. 546

方廣錩　淨土五會念佛誦經觀行儀　敦煌學大辭典　上海辭書出版社　1998　p. 723

郝春文　唐後期五代宋初敦煌僧尼的社會生活　中國社會科學出版社　1998　p. 25、315

郝春文　唐後期五代宋初敦煌僧尼遺產的處理與喪事的操辦　《敦煌研究》1998 年第 3 期　p. 38

郝春文　唐後期五代宋初敦煌寺院常住什物的數量及與僧人的關係　《敦煌研究》1998 年第 2 期
　　p. 118、129

李正宇　古本敦煌鄉土志八種箋證　（臺北）新文豐出版公司　1998　p. 346

李正宇　金光明寺　敦煌學大辭典　上海辭書出版社　1998　p. 630

李正宇　開元寺　敦煌學大辭典　上海辭書出版社　1998　p. 629

李正宇　龍興寺　敦煌學大辭典　上海辭書出版社　1998　p. 629

孫其芳　歸去來　敦煌學大辭典　上海辭書出版社　1998　p. 535

張先堂　晚唐至宋初淨土五會念佛法門在敦煌的流傳　《敦煌研究》1998 年第 1 期　p. 49

馬德　敦煌文書《諸寺付經歷》芻議　《敦煌學輯刊》1999 年第 1 期　p. 39

謝桃坊　敦煌文化尋繹　四川人民出版社　1999　p. 69

鄭炳潤　敦煌佛教故事類講唱文學所見淨土宗與禪宗　《敦煌研究》1999 年第 2 期　p. 157

郝春文　英藏敦煌文獻年代叢考　英國收藏敦煌漢藏文獻研究　中國社會科學出版社　2000
　　p. 370

劉長東　晉唐彌陀淨土信仰研究　巴蜀書社　2000　p. 405

劉進寶　敦煌文書與唐史研究　（臺北）新文豐出版公司　2000　p. 277

丘古耶夫斯基　敦煌漢文文書　上海古籍出版社　2000　p. 132、213

徐俊　敦煌詩集殘卷輯考　中華書局　2000　p. 875

張錫厚　敦煌文學源流　作家出版社　2000　p. 358

山本達郎等　補（Ⅳ）社・Ⅳ 納贈曆・納色物曆　『NUN – HUANG AND TURFAN DOCUMENTS
　　CONCERNING SOCIAL AND ECONOMIC HISTORY』（Sup. p. lemrnts）　（東京）東洋文庫　2001
　　p. 86

張總　《閻羅王授記經》綴補研考　敦煌吐魯番研究（第五卷）　北京大學出版社　2001　p. 100

郝春文　P.3223《勘尋永安寺法律願慶與老宿紹建相諍根由狀》及其相關問題考　中日敦煌佛教學
　　術會議論文集　中國社會科學院研究所　2002　p. 57

姜亮夫　敦煌莫高窟年表　姜亮夫全集（十一）　雲南人民出版社　2002　p. 352

李小榮　變文講唱與華梵宗教藝術　上海三聯書店　2002　p. 175

林仁昱　論敦煌佛教歌曲特質與"弘法"的關係　敦煌學(第 23 輯)　(臺北)樂學書局有限公司
　　2002　p. 56、65、72

劉進寶　敦煌學通論　甘肅教育出版社　2002　p. 330

林仁昱　論敦煌佛教歌曲向通俗傳播的内容　中國俗文化研究(第一輯)　巴蜀書社　2003　p. 190

徐俊　敦煌先唐詩考　2000 年敦煌學國際學術討論會文集・歷史文化卷(下)　甘肅民族出版社
　　2003　p. 303

張先堂　唐宋敦煌世俗佛教信仰的類型、特徵　寺院財富與世俗供養　上海書畫出版社　2003
　　p. 303

朱鳳玉　《俄藏敦煌文獻》11 - 17 冊中之文學文獻敍録　冉雲華先生八秩華誕壽慶論文集　(臺北)
　　法光出版社　2003　p. 79

湯涒　敦煌曲子詞地域文化研究　上海古籍出版社　2004　p. 20

湯涒　敦煌曲子詞寫本叙略　敦煌學國際研討會論文集　北京圖書館出版社　2005　p. 193

金瀅坤　敦煌社會經濟文書定年拾遺　《首都師範大學學報》2006 年第 1 期　p. 10

汪泛舟　敦煌俗別字新考(上)　《敦煌研究》2006 年第 1 期　p. 106

P. 2251

馬德　敦煌遺書莫高窟營建史料淺論　敦煌學國際研討會文集・石窟考古編　遼寧美術出版社
　　1995　p. 150

謝生保　敦煌李氏三碑研究綜述　《敦煌研究》2000 年第 2 期　p. 105

杜斗城　東晉時期敦煌高僧的南巡及遊歷於敦煌的僧人　敦煌學(第 25 輯)　(臺北)樂學書局有限
　　公司　2004　p. 208

公維章　涅槃、淨土的殿堂:敦煌莫高窟第 148 窟研究　民族出版社　2004　p. 17

P. 2254

陳祚龍　敦煌道經後記彙録　敦煌文物隨筆　(臺北)商務印書館　1979　p. 23

陳祚龍　新校重訂《敦煌道經後記彙録》　敦煌學要籥　(臺北)新文豐出版公司　1982　p. 213 注 3

王卡　太上一乘海空智藏經　敦煌學大辭典　上海辭書出版社　1998　p. 761

王卡　敦煌道教文獻研究　中國社會科學出版社　2004　p. 212

王卡　中國國家圖書館藏敦煌道教遺書研究報告　敦煌吐魯番研究(第七卷)　北京大學出版社
　　2004　p. 372

P. 2255

佐藤哲英　維摩經疏の殘缺本について　西域文化研究(第一)・敦煌佛教資料　(京都)法藏館
　　1958　p. 129

陳祚龍　敦煌道經後記彙録　敦煌文物隨筆　(臺北)商務印書館　1979　p. 23

閻文儒　莫高窟研究　《科技史文集》1981 年第 6 期　又見:中國敦煌學百年文庫・綜述卷(二)
　　甘肅文化出版社　1999　p. 340

陳祚龍　新校重訂《敦煌道經後記彙録》　敦煌學要籥　(臺北)新文豐出版公司　1982　p. 213 注 3

李正宇　《吐蕃子年(西元 808 年)沙州百姓氾履倩等戶籍手實殘卷》研究　1983 年全國敦煌學術討
　　論會文集・文史遺書編(上)　甘肅人民出版社　1987　p. 185 注 13

譚蟬雪　印沙・脫佛・脫塔　《敦煌研究》1989 年第 1 期　p. 19

林聰明　敦煌文書學　(臺北)新文豐出版公司　1991　p. 58、314

鄭炳林　敦煌碑銘讚三篇證誤與考釋　《敦煌學輯刊》1992 年第 1、2 期　p. 101

李正宇　中國唐宋硬筆書法　上海文化出版社　1993　p. 36

汪泛舟　敦煌文學概論　甘肅人民出版社　1993　p. 569

鄭炳林　《索崇恩和尚修功德記》考釋　《敦煌研究》1993 年第 2 期　p. 60

黃征　敦煌願文散校　《敦煌研究》1994 年第 3 期　p. 130　又見:敦煌語文叢說　（臺北）新文豐出
　　版公司　1997　p. 570

黃征　吳偉　敦煌願文集　岳麓書社　1995　p. 4、18、344、551、913

汪泛舟　論敦煌文明的多民族貢獻　《敦煌研究》1995 年第 2 期　p. 187

楊自福　顧大勇　敦煌本《周公解夢書》殘卷初探　《敦煌學輯刊》1995 年第 2 期　p. 71

鄭炳林　敦煌漢文吐蕃史料綜述:兼論吐蕃控制河西時期的職官與統治政策　敦煌吐魯番文獻研究
　　蘭州大學出版社　1995　p. 99

鄭炳林　羊萍　敦煌本夢書　甘肅文化出版社　1995　p. 240

陳國燦　敦煌五十九首佚名氏詩歷史背景新探　敦煌吐魯番研究（第二卷）　北京大學出版社
　　1997　p. 96

鄭炳林　敦煌碑銘讚輯釋　甘肅教育出版社　1997　p. 30 注 2

鄭炳林　唐五代敦煌手工業研究　敦煌歸義軍史專題研究　蘭州大學出版社　1997　p. 273 注 7

白化文　道德經白文本　敦煌學大辭典　上海辭書出版社　1998　p. 776

黃征　唐代俗語詞輯釋　唐研究（第四卷）　北京大學出版社　1998　p. 147

譚蟬雪　敦煌歲時文化導論　（臺北）新文豐出版公司　1998　p. 282

楊森　晚唐五代兩件《女人社》文書劄記　《敦煌研究》1998 年第 1 期　p. 71

楊富學　李吉和　敦煌漢文吐蕃史料輯校（第一輯）　甘肅人民出版社　1999　p. 186、198、241、255

戴仁　敦煌寫本中的贋品　法國漢學（敦煌學專號）　中華書局　2000　p. 8

顏廷亮　敦煌文化　光明日報出版社　2000　p. 124、243

楊森　淺談敦煌文獻中唐代墓誌銘抄本　《敦煌研究》2000 年第 3 期　p. 137

陳國燦　敦煌學史事新證　甘肅教育出版社　2002　p. 510

黃征　敦煌語言文字學研究　甘肅教育出版社　2002　p. 160

陸離　有關吐蕃太子的文書研究　《敦煌學輯刊》2003 年第 1 期　p. 29

王繼光　鄭炳林　敦煌漢文吐蕃史料綜述　中國西部民族文化研究（2003 年卷）　民族出版社
　　2003　p. 239

黃建寧　《雙恩記》補校　《敦煌研究》2004 年第 6 期　p. 91

王卡　敦煌道教文獻研究　中國社會科學出版社　2004　p. 162

王卡　中國國家圖書館藏敦煌道教遺書研究報告　敦煌吐魯番研究（第七卷）　北京大學出版社
　　2004　p. 361

陸離　吐蕃統治時期敦煌僧官的幾個問題　《敦煌研究》2005 年第 3 期　p. 98

屈直敏　從《勵忠節抄》看歸義軍政權道德秩序的重建　《敦煌學輯刊》2005 年第 3 期　p. 82

魏郭輝　唐代河隴朝鮮人之研究　《敦煌學輯刊》2005 年第 2 期　p. 287

鄭炳林　敦煌寫本解夢書校錄研究　民族出版社　2005　p. 55

汪泛舟　敦煌俗別字新考（上）　《敦煌研究》2006 年第 1 期　p. 105

武學軍　敏春芳　敦煌願文婉詞試解（一）　《敦煌學輯刊》2006 年第 1 期　p. 129

謝生保　謝靜　敦煌文獻與水陸法會　文史（第七十五輯）　中華書局　2006　p. 44

朱大星　從出土文獻看《老子》的分章:以《道經》三十六章、《德經》四十五章的分章形式爲中心　文
　　史（第七十五輯）　中華書局　2006　p. 114

P. 2256

芳村修基　土橋秀高　井ノ口泰淳　敦煌佛教史年表　西域文化研究（第一）・敦煌佛教資料　（京都）法藏館　1958　p. 265

陳祚龍　敦煌道經後記彙録　敦煌文物隨筆　（臺北）商務印書館　1979　p. 23

陳祚龍　新校重訂《敦煌道經後記彙録》　敦煌學要籥　（臺北）新文豐出版公司　1982　p. 213 注 3

董作賓　敦煌紀年　敦煌學文選（上）　蘭州大學歷史系敦煌學研究室等　1983　p. 23

吳其昱著　福井文雅　樋口勝譯　大蕃國大德・三藏法師・法成傳考　敦煌と中國仏教（講座敦煌 7）　（東京）大東出版社　1984　p. 394

陳人之　八十年來我國之敦煌學　敦煌學論集　甘肅人民出版社　1985　p. 10

姜亮夫　敦煌經卷題名録　敦煌學論文集　上海古籍出版社　1987　p. 1060

姜亮夫　敦煌經卷在中國文化學術上的價值　敦煌學論文集　上海古籍出版社　1987　p. 17

姜亮夫　敦煌所見道教佚經考　敦煌學論文集　上海古籍出版社　1987　p. 311

池田溫　中國古代寫本識語集録　（東京）大蔵出版株式會社　1990　p. 288

上山大峻　敦煌佛教の研究　（京都）法藏館　1990　p. 197

林聰明　敦煌文書學　（臺北）新文豐出版公司　1991　p. 58

陶秋英輯録　姜亮夫校訂　敦煌經卷題名録　敦煌碎金　浙江古籍出版社　1992　p. 74

王見川　從摩尼教到明教　（臺北）新文豐出版公司　1992　p. 220

李正宇　敦煌文學概論　甘肅人民出版社　1993　p. 123 注 9

林聰明　談敦煌文書的抄寫問題　紀念陳寅恪先生百年誕辰學術論文集　江西教育出版社　1994　p. 291

李豐楙　敦煌道經寫卷與道教寫經的供養功德觀　全國敦煌學研討會論文集　（臺北）中正大學中國文學系所　1995　p. 124

萬毅　敦煌本《昇玄内教經》試探　唐研究（第一卷）　北京大學出版社　1995　p. 81

姜伯勤　敦煌藝術宗教與禮樂文明　中國社會科學出版社　1996　p. 268、289

邵文實　敦煌道教試述　《世界宗教研究》1996 年第 2 期　又見：中國敦煌學百年文庫・宗教卷（三）　甘肅文化出版社　1999　p. 340

姜伯勤　敦煌本宋文明《通門論》所見"變文"詞義考釋　周紹良先生欣開九秩慶壽文集　中華書局　1997　p. 384

姜伯勤　敦煌道書中南朝宋文明的再發現　《傳統文化與現代化》1997 年第 3 期　p. 36

大淵忍爾　論古靈寶經　道家文化研究（第十三輯）　三聯書店　1998　p. 485

姜伯勤　道釋相激：道教在敦煌　道家文化研究（第十三輯）　三聯書店　1998　p. 49、54

王承文　敦煌本《太極左仙公請問經》考論　道家文化研究（第十三輯）　三聯書店　1998　p. 159

王卡　敦煌道經校讀三則　道家文化研究（第十三輯）　三聯書店　1998　p. 118

王卡　通門論　敦煌學大辭典　上海辭書出版社　1998　p. 766

王承文　早期靈寶經與漢魏天師道　《敦煌研究》1999 年第 3 期　p. 34

周維平　從敦煌遺書看敦煌道教　《西北民族研究》1999 年第 2 期　p. 131

姜伯勤　敦煌本宋文明道教佚書研究　慶祝吳其昱先生八秩華誕敦煌學特刊　（臺北）文津出版社　2000　p. 84

林聰明　敦煌吐魯番文書解詁指例　（臺北）新文豐出版公司　2001　p. 43

王卡　敦煌道經殘卷綴合與考訂三則　敦煌文獻論集：紀念藏經洞發現一百周年國際學術研討會論文集　遼寧人民出版社　2001　p. 593

李小榮　變文講唱與華梵宗教藝術　上海三聯書店　2002　p. 17

榮新江　驚沙撼大漠：向達的敦煌考察及其學術意義　國際敦煌學學術史研討會論文集　研討會籌
　　備組　2002　p. 74　又見：敦煌吐魯番研究（第七卷）　北京大學出版社　2004　p. 112

王承文　敦煌古靈寶經與晉唐道教　中華書局　2002　p. 14、175、376、450、666、696

王承文　古靈寶經定期齋戒的淵源及其與佛教的關係　華林（第二卷）　中華書局　2002　p. 238

王承文　《隋書·經籍志·道經序》與道教教主元始天尊的確立　唐研究（第八卷）　北京大學出版
　　社　2002　p. 25

王卡　敦煌本洞玄靈寶九天生神章經疏考釋　《敦煌學輯刊》2002 年第 2 期　p. 75

李小榮　敦煌密教文獻論稿　人民文學出版社　2003　p. 21

李小榮　釋家變文原初意義之推考　《敦煌研究》2003 年第 3 期　p. 98

王承文　敦煌本古靈寶經兩部佚經考證　《敦煌研究》2003 年第 1 期　p. 83

楊森　武則天至玄宗時代敦煌的三洞法師中嶽先生述略　《敦煌研究》2003 年第 3 期　p. 46

周西波　敦煌寫本《靈寶自然齋儀》考論　敦煌學（第 24 輯）　（臺北）樂學書局有限公司　2003
　　p. 30

王卡　敦煌道教文獻研究　中國社會科學出版社　2004　p. 115

P. 2257

芳村修基　土橋秀高　井ノ口泰淳　敦煌佛教史年表　西域文化研究（第一）·敦煌佛教資料　（京
　　都）法藏館　1958　p. 267

董作賓　敦煌紀年　敦煌學文選（上）　蘭州大學歷史系敦煌學研究室等　1983　p. 25

石井昌子　靈寶經類　敦煌と中國道教（講座敦煌 4）　（東京）大東出版社　1983　p. 149

龍晦　論敦煌道教文學　《世界宗教研究》1985 年第 3 期　又見：中國敦煌學百年文庫·宗教卷
　　（三）　甘肅文化出版社　1999　p. 367

姜亮夫　敦煌所見道教佚經考　敦煌學論文集　上海古籍出版社　1987　p. 314

秦明智　關於甘肅省博物館藏敦煌遺書之淺考和目錄　1983 年全國敦煌學術討論會文集·文史遺
　　書編（上）　甘肅人民出版社　1987　p. 499

陳祚龍　敦煌學識小　敦煌學（第 16 輯）　（臺北）新文豐出版公司　1990　p. 29　又見：敦煌學津
　　雜誌　（臺北）文津出版社　1991　p. 100

池田溫　中國古代寫本識語集錄　（東京）大藏出版株式會社　1990　p. 301

林聰明　敦煌文書學　（臺北）新文豐出版公司　1991　p. 200

陶秋英輯錄　姜亮夫校訂　敦煌所見道教佚經錄　敦煌碎金　浙江古籍出版社　1992　p. 320

李豐楙　敦煌道經寫卷與道教寫經的供養功德觀　全國敦煌學研討會論文集　（臺北）中正大學中
　　國文學系所　1995　p. 122

邵文實　敦煌道教試述　《世界宗教研究》1996 年第 2 期　又見：中國敦煌學百年文庫·宗教卷
　　（三）　甘肅文化出版社　1999　p. 337

馬德　敦煌文書《道家雜齋文範集》及有關問題述略　道家文化研究（第十三輯）　三聯書店　1998
　　p. 244

譚蟬雪　敦煌道經題記綜述　道家文化研究（第十三輯）　三聯書店　1998　p. 13

王卡　太上大道玉清經　敦煌學大辭典　上海辭書出版社　1998　p. 761

山田俊　唐初道教思想史研究·論述篇　（京都）平樂寺書店　1999　p. 530

周維平　從敦煌遺書看敦煌道教　《西北民族研究》1999 年第 2 期　p. 129

金岡照光　敦煌文獻と中國文學　（東京）五曜書房　2000　p. 519

龍晦　敦煌文獻所見唐玄宗的宗教活動　1994 年敦煌學國際研討會文集·宗教文史卷（上）　甘肅

　　民族出版社　2000　p. 25

林聰明　敦煌吐魯番文書解詁指例　（臺北）新文豐出版公司　2001　p. 114

姜亮夫　敦煌莫高窟年表　姜亮夫全集（十一）　雲南人民出版社　2002　p. 335

王卡　敦煌道教文獻研究　中國社會科學出版社　2004　p. 8、24、147

王卡　中國國家圖書館藏敦煌道教遺書研究報告　敦煌吐魯番研究（第七卷）　北京大學出版社
　　2004　p. 360

鄭阿財　北京故宮藏敦煌本《慈善孝子報恩成道經》考　敦煌學（第25輯）　（臺北）樂學書局有限公
　　司　2004　p. 548

王卡　敦煌道教綜述　敦煌與絲路文化學術講座（第二輯）　北京圖書館出版社　2005　p. 377

鄭阿財　敦煌本慈善孝子報恩成道經考論　敦煌學國際研討會論文集　北京圖書館出版社　2005
　　p. 137

P. 2258

戴密微著　耿昇譯　敦煌學近作　敦煌譯叢（第一輯）　甘肅人民出版社　1985　p. 43 注 1

上山大峻　敦煌佛教の研究　（京都）法藏館　1990　p. 80、198、368、429

鄭炳林　《索崇恩和尚修功德記》考釋　《敦煌研究》1993 年第 2 期　p. 58

P. 2259

李正宇　唐宋時代敦煌縣河渠泉澤簡志（一）　《敦煌研究》1988 年第 4 期　p. 94

李正宇　俄藏《端拱二年八月十九日往西天取菩薩戒僧智堅手記》決疑　敦煌佛教文獻研究　敦煌
　　研究院文獻研究所　1995　p. 5

李正宇　敦煌史地新論　（臺北）新文豐出版公司　1996　p. 111

李并成　古代河西走廊桑蠶絲織業考　《敦煌學輯刊》1997 年第 2 期　p. 63

李正宇　敦煌出土的四首特型詩及其破解　敦煌文學論集　四川人民出版社　1997　p. 13

李正宇　敦煌歷史地理導論　（臺北）新文豐出版公司　1997　p. 248、325

李正宇　吐蕃論董勃藏修伽藍功德記兩殘卷的發現、綴合及考證　敦煌吐魯番研究（第二卷）　北京
　　大學出版社　1997　p. 252

鄭炳林　敦煌碑銘讚輯釋　甘肅教育出版社　1997　p. 252 注 35

金瀅坤　吐蕃統治敦煌的社會基層組織　《中國邊疆史地研究》1998 年第 4 期　p. 28

李正宇　龍勒鄉部落見在及向東人戶、田畝曆　敦煌學大辭典　上海辭書出版社　1998　p. 414

李正宇　塞庭渠　敦煌學大辭典　上海辭書出版社　1998　p. 313

高國藩　敦煌俗文化學　上海三聯書店　1999　p. 481

劉進寶　敦煌歷史文化　甘肅人民出版社　2000　p. 92

劉進寶　敦煌文書與唐史研究　（臺北）新文豐出版公司　2000　p. 92

劉進寶　敦煌學通論　甘肅教育出版社　2002　p. 57

P. 2260

平井俊榮　敦煌仏典と中國仏教　敦煌と中國仏教（講座敦煌 7）　（東京）大東出版社　1984　p. 8

P. 2261

王惠民　敦煌《密嚴經變》考釋　《敦煌研究》1993 年第 2 期　p. 15

王書慶　敦煌文獻中五代宋初戒牒研究　《敦煌研究》1997 年第 3 期　p. 39

鄭炳林　敦煌碑銘讚輯釋　甘肅教育出版社　1997　p. 517 注 8

P. 2263

陳祚龍　瓜沙印録　（臺北）《大陸雜誌》1962 年第 4 期　又見：敦煌學概要　（臺北）編譯館"中華叢
　　書編委會"　1981　p. 268；中國敦煌學百年文庫‧考古卷（一）　甘肅文化出版社　1999
　　p. 190

金岡照光　ソビエトにおける敦煌研究文獻三種　『東洋學報』(48 卷 1 號)　（東京）東洋學術協會
　　1965　p. 121

陳祚龍　古代敦煌及其他地區流行之公私印章圖記文字録　敦煌學要籥　（臺北）新文豐出版公司
　　1982　p. 341

岡部和雄　敦煌藏經目録　敦煌と中國仏教（講座敦煌 7）　（東京）大東出版社　1984　p. 317

姜亮夫　羅振玉《補唐書張議潮傳》訂補　向達先生紀念論文集　新疆人民出版社　1986　p. 93

姜亮夫　敦煌經卷壁畫中所見寺觀録　敦煌學論文集　上海古籍出版社　1987　p. 1077

池田溫　敦煌文獻について　『書道研究』(2 卷 2 號)　（東京）萱原書局　1988　p. 49　又見：敦煌
　　文書の世界　（東京）名著刊行會　2003　p. 52

陶秋英輯録　姜亮夫校訂　敦煌經卷所見寺名録　敦煌碎金　浙江古籍出版社　1992　p. 114

方廣錩　大辨邪正經　敦煌學大辭典　上海辭書出版社　1998　p. 741

陳明　殊方異藥：出土文書與西域醫學　北京大學出版社　2005　p. 120

P. 2265

平井宥慶　金剛般若經　敦煌と中國仏教（講座敦煌 7）　（東京）大東出版社　1984　p. 24

林聰明　從敦煌文書看佛教徒的造經祈福　第二屆敦煌學國際研討會論文集　（臺北）漢學研究中
　　心　1990　p. 531

蘇遠鳴　敦煌佛教肖像剳記　法國學者敦煌學論文選萃　中華書局　1993　p. 188、190、197

平井宥慶　敦煌流傳の金剛般若經　金剛般若經の思想的研究　（東京）春秋社　1999　p. 249

魏迎春　敦煌菩薩漫談　民族出版社　2004　p. 81

P. 2267

宮島一彥　曆書‧算書　敦煌漢文文獻（講座敦煌 5）　（東京）大東出版社　1992　p. 477

湛如　敦煌菩薩戒儀與菩薩戒牒之研究　《敦煌研究》1997 年第 2 期　p. 78

白化文　道德經白文本　敦煌學大辭典　上海辭書出版社　1998　p. 776

湛如　敦煌佛教律儀制度研究　中華書局　2003　p. 158

P. 2268

上山大峻　敦煌佛教の研究　（京都）法藏館　1990　p. 158

吳其昱著　伊藤美重子譯　敦煌漢文寫本概觀　敦煌漢文文獻（講座敦煌 5）　（東京）大東出版社
　　1992　p. 73

西本照真　敦煌抄本中的三階教文獻　中日敦煌佛教學術會議論文集　中國社會科學院研究所
　　2002　p. 178

西本照真　三階教文獻綜述　藏外佛教文獻（第九輯）　宗教文化出版社　2003　p. 368

張總　陝西新發現的唐代三階教刻經窟初識　唐代宗教信仰與社會　上海辭書出版社　2003
　　p. 189

P. 2269

矢吹慶輝　鳴沙餘韻・解說篇(第一部)　(京都)臨川書店　1980　p. 114

鄭阿財　敦煌孝道文學研究　(臺北)石門圖書公司　1982　p. 70

陳祚龍　看了敦煌古抄《佛說盂蘭盆經讚述》以後　敦煌學(第 12 輯)　(臺北)新文豐出版公司
　　1987　p. 13　又見：敦煌學散策新集　(臺北)新文豐出版公司　1989　p. 249

馬德　曹氏三大窟營建的社會背景　《敦煌研究》1991 年第 1 期　p. 24

蕭登福　道教與佛教　(臺北)東大圖書公司　1995　p. 245

馬德　敦煌莫高窟史研究　甘肅教育出版社　1996　p. 236

方廣錩　盂蘭盆經讚述　敦煌學大辭典　上海辭書出版社　1998　p. 672

董志翹　《入唐求法巡禮行記》辭彙研究　中國社會科學出版社　2000　p. 121

P. 2270

久野芳隆　流動性に富む唐代の禪宗典籍　『宗教研究』(新 14 卷 1 期)　(東京)宗教研究會　1937
　　p. 119、136

久野芳隆　北宗禪──燉煌本發見によりて明瞭になれる神秀の思想　『大正學報』(30、31 合併
　　號)　(東京)大正大學院　1940　p. 150

金岡照光　敦煌文學のさまざま　敦煌の文學　(東京)大蔵出版株式會社　1971　p. 161

川崎ミチコ　修道偈Ⅱ──定格聯章　敦煌仏典と禪(講座敦煌 8)　(東京)大東出版社　1980
　　p. 264

川崎ミチコ　通俗詩類・雜詩文類　敦煌仏典と禪(講座敦煌 8)　(東京)大東出版社　1980
　　p. 329

柳田聖山　敦煌の禪籍と矢吹慶輝　敦煌仏典と禪(講座敦煌 8)　(東京)大東出版社　1980　p. 9

篠原壽雄　北宗禪と南宗禪　敦煌仏典と禪(講座敦煌 8)　(東京)大東出版社　1980　p. 171

戴密微　《拉薩宗教會議僧諍記》導言　《敦煌學輯刊》1981 年第 2 期　p. 147

蘇瑩輝　敦煌學概要　(臺北)編譯館"中華叢書編委會"　1981　p. 73

鄭阿財　敦煌孝道文學研究　(臺北)石門圖書公司　1982　p. 532

蘇瑩輝　"敦煌曲"評介　敦煌論集續編　(臺北)學生書局　1983　p. 311

盧善煥　《敦煌曲校錄》略校　《敦煌學輯刊》1986 年第 2 期　p. 93

任半塘　敦煌歌辭總編　上海古籍出版社　1987　p. 1443

蘇瑩輝　國際敦煌學研究近貌　敦煌文史藝術論叢　(臺北)新文豐出版公司　1987　p. 186

汪泛舟　偈・頌　敦煌文學　甘肅人民出版社　1989　p. 88

池田溫　中國古代寫本識語集錄　(東京)大蔵出版株式會社　1990　p. 522

上山大峻　敦煌佛教の研究　(京都)法藏館　1990　p. 417

姜伯勤　論禪宗在敦煌僧俗中的流傳　(香港)《九州學刊》(敦煌學專輯)1992 年第 4 卷第 4 期
　　p. 15　又見：中國敦煌學百年文庫・宗教卷(一)　甘肅文化出版社　1999　p. 228

吳其昱著　伊藤美重子譯　敦煌漢文寫本概觀　敦煌漢文文獻(講座敦煌 5)　(東京)大東出版社
　　1992　p. 24、58

冉雲華　敦煌遺書與中國禪宗歷史研究　"中國唐代學會"會刊(第四期)　(臺北)"中國唐代學會"
　　1993　p. 56

榮新江　鄧文寬　有關敦博本禪籍的幾個問題　《敦煌學輯刊》1994 年第 2 期　p. 8

田中良昭　敦煌の禪籍　禪學研究入門　(東京)大東出版社　1994　p. 59

葛兆光　中國禪思想史：從 6 世紀到 9 世紀　北京大學出版社　1995　p. 291 注 68

胡戟　傅玫　敦煌史話　中華書局　1995　p. 131

柳田聖山　禪籍解題(一) · 敦煌禪籍　俗語言研究(第二期)　(京都)禪文化研究所　1995
　　　p. 138、146

姜伯勤　敦煌藝術宗教與禮樂文明　中國社會科學出版社　1996　p. 375

周紹良　敦煌本《六祖壇經》是慧能的原本:《敦博本禪籍校録》序　敦煌吐魯番研究(第一卷)　北
　　　京大學出版社　1996　p. 302

高啓安　敦煌五更詞與甘肅五更詞比較研究　《敦煌研究》1997 年第 3 期　p. 116

孫昌武　禪思與詩情　中華書局　1997　p. 331 注 29

鄭炳林　敦煌碑銘讚輯釋　甘肅教育出版社　1997　p. 517 注 8

柴劍虹　南宗定邪正五更轉　敦煌學大辭典　上海辭書出版社　1998　p. 549

鄧文寬　榮新江　敦博本禪籍録校　江蘇古籍出版社　1998　p. 10、187

方廣錩　大乘無生方便門　敦煌學大辭典　上海辭書出版社　1998　p. 725

徐俊　敦煌詩集殘卷輯考　中華書局　2000　p. 114

張錫厚　敦煌文學源流　作家出版社　2000　p. 330

王志鵬　從敦煌歌辭看唐代敦煌地區禪宗的流傳與發展　《敦煌研究》2005 年第 6 期　p. 97

P. 2271

陳祚龍　《簡記敦煌古抄方志》及其"後語"　敦煌學要籥　(臺北)新文豐出版公司　1982　p. 226

高田時雄　ウイグル字音考　『東方學』(第 70 輯)　(東京)東方學會　1985　p. 136

唐耕耦　陸宏基　敦煌社會經濟文獻真迹釋録(四)　全國圖書館文獻縮微複製中心　1990　p. 4

石塚晴通　玄應《一切經音義》的西域寫本　《敦煌研究》1992 年第 2 期　p. 55

張金泉　許建平　敦煌音義彙考　杭州大學出版社　1996　p. 857

張金泉　敦煌佛經音義寫卷述要　《敦煌研究》1997 年第 2 期　p. 114

鄭炳林　晚唐五代敦煌園圃經濟研究　敦煌歸義軍史專題研究　蘭州大學出版社　1997　p. 328

張金泉　玄應　敦煌學大辭典　上海辭書出版社　1998　p. 345

張金泉　P. 2901 佛經音義寫卷考　《杭州大學學報》1998 年第 1 期　p. 100

姜亮夫　敦煌:偉大的文化寶藏　雲南人民出版社　1999　p. 115

鄭賢章　敦煌音義寫卷若干字重考　《敦煌研究》2003 年第 1 期　p. 51

徐時儀　玄應《衆經音義》版本考　中國學術(第二輯)　商務印書館　2004　p. 195

張涌泉　敦煌文獻字詞例釋　敦煌學(第 25 輯)　(臺北)樂學書局有限公司　2004　p. 352

鄭炳林　魏迎春　晚唐五代敦煌佛教教團的戒律和清規　《敦煌學輯刊》2004 年第 2 期　p. 38

徐時儀　玄應《衆經音義》研究　中華書局　2005　p. 40

P. 2272

藤枝晃　敦煌の僧尼籍　『東方學報』(第 35 號)　京都大學人文科學研究所　1964　p. 289

姜伯勤　唐五代敦煌寺戶制度　中華書局　1987　p. 144

P. 2273

芳村修基　土橋秀高　井ノ口泰淳　敦煌佛教史年表　西域文化研究(第一) · 敦煌佛教資料　(京
　　　都)法藏館　1958　p. 255

陳祚龍　敦煌古抄内典尾記彙校初、二、三編合刊　敦煌學要籥　(臺北)新文豐出版公司　1982
　　　p. 176

饒宗頤　巴黎藏最早之敦煌寫卷金光明經（P. 4506）　選堂集林・史林　（香港）中華書局　1982　p. 414

李正宇　敦煌地區古代祠廟寺觀簡志　《敦煌學輯刊》1988 年第 1、2 期　p. 75

池田溫　中國古代寫本識語集録　（東京）大藏出版株式會社　1990　p. 124

陸揚　《維摩詰經》與南北朝社會文化之關係　中國文化與中國哲學（1988）　三聯書店　1990　p. 578

林聰明　敦煌文書出處略考　季羨林教授八十華誕紀念論文集（下）　江西人民出版社　1991　p. 855

林聰明　敦煌文書學　（臺北）新文豐出版公司　1991　p. 382

戴仁　敦煌和吐魯番寫本的斷代研究　法國學者敦煌學論文選萃　中華書局　1993　p. 523

楊森　淺談北朝經生體楷筆的演化　《社科縱橫》1994 年第 4 期　p. 61

趙聲良　早期敦煌寫本書法的時代分期和類型　敦煌書法庫（第二輯）　甘肅人民美術出版社　1994　p. 7

李正宇　敦煌史地新論　（臺北）新文豐出版公司　1996　p. 70

李正宇　普濟寺　敦煌學大辭典　上海辭書出版社　1998　p. 628

北京大學　敦煌《經卷》、《照片》及《圖書》目録　中國敦煌學百年文庫・綜述卷（一）　甘肅文化出版社　1999　p. 319

趙聲良　早期敦煌寫本書法的分期研究　1994 年敦煌學國際研討會文集・石窟藝術卷　甘肅民族出版社　2000　p. 276

姜亮夫　敦煌莫高窟年表　姜亮夫全集（十一）　雲南人民出版社　2002　p. 136

徐俊　俄藏 Dx. 11414＋Dx. 02947 前秦擬古詩殘本研究：兼論背面契券文書的地域和時代　敦煌吐魯番研究（第六卷）　北京大學出版社　2002　p. 219 注

李永寧　程亮　整理王重民敦煌遺書手稿所得（三）　《敦煌研究》2005 年第 2 期　p. 65

P. 2274

芳村修基　土橋秀高　井ノ口泰淳　敦煌佛教史年表　西域文化研究（第一）・敦煌佛教資料　（京都）法藏館　1958　p. 271

陳祚龍　敦煌古抄内典尾記彙校初、二、三編合刊　敦煌學要籥　（臺北）新文豐出版公司　1982　p. 176

董作賓　敦煌紀年　敦煌學文選（上）　蘭州大學歷史系敦煌學研究室等　1983　p. 26

池田溫　中國古代寫本識語集録　（東京）大藏出版株式會社　1990　p. 404

林聰明　從敦煌文書看佛教徒的造經祈福　第二屆敦煌學國際研討會論文集　（臺北）漢學研究中心　1990　p. 533

鄭阿財　從敦煌文獻看唐代的三教合一　第二屆國際唐代學術會議論文集（上）　（臺北）文津出版社　1993　p. 647

金岡照光　敦煌文獻と中國文學　（東京）五曜書房　2000　p. 431

姜亮夫　敦煌莫高窟年表　姜亮夫全集（十一）　雲南人民出版社　2002　p. 384

沙武田　《金光明最勝王經變》在敦煌吐蕃時期洞窟首次出現的原因　《蘭州大學學報》2006 年第 3 期　p. 37

P. 2275

方廣錩　敦煌遺書中的《維摩詰所說經》及其注疏　敦煌學佛教學論叢（下）　中國佛教文化研究所

1998　p. 119

方廣錩　維摩經抄　敦煌學大辭典　上海辭書出版社　1998　p. 676

P. 2276

陳祚龍　敦煌古抄內典尾記彙校初、二、三編合刊　敦煌學要籥　（臺北）新文豐出版公司　1982
　　p. 176

廣川堯敏　淨土三部經　敦煌と中國仏教（講座敦煌7）　（東京）大東出版社　1984　p. 103

李正宇　晚唐敦煌本《釋迦因緣劇本》試探　《敦煌研究》1987 年第 1 期　p. 74

池田溫　中國古代寫本識語集録　（東京）大藏出版株式會社　1990　p. 170

李玉瑉　敦煌藥師經變研究　（臺北）《"故宮"學術季刊》1990 年第 7 卷第 3 期　p. 8

吳其昱著　伊藤美重子譯　敦煌漢文寫本概觀　敦煌漢文文獻（講座敦煌5）　（東京）大東出版社
　　1992　p. 68

黃征　吳偉　敦煌願文集　岳麓書社　1995　p. 869

梁尉英　敦煌佛傳概觀及其中國化之特點　敦煌學國際研討會文集·石窟藝術編　遼寧美術出版社
　　1995　p. 341

王三慶　敦煌書儀載録之節日活動與民俗　全國敦煌學研討會論文集　（臺北）中正大學中國文學
　　系所　1995　p. 26 注 39

姜伯勤　敦煌戒壇與大乘佛教　華學（第二輯）　中山大學出版社　1996　p. 325

姜伯勤　敦煌藝術宗教與禮樂文明　中國社會科學出版社　1996　p. 353

小田義久　大谷文書の研究　（京都）法藏館　1996　p. 355

寧可　郝春文　敦煌社邑文書輯校　江蘇古籍出版社　1997　p. 646

方廣錩　優婆塞戒經　敦煌學大辭典　上海辭書出版社　1998　p. 710

金岡照光　敦煌文獻と中國文學　（東京）五曜書房　2000　p. 431

王惠民　敦煌隋至唐前期藥師圖像考察　藝術史研究(2)　中山大學出版社　2000　p. 297

姜亮夫　敦煌莫高窟年表　姜亮夫全集(十一)　雲南人民出版社　2002　p. 188

公維章　涅槃、淨土的殿堂：敦煌莫高窟第 148 窟研究　民族出版社　2004　p. 121、143

李文潔　林世田　《佛說如來成道經》與《降魔變文》關係之研究　《敦煌學輯刊》2005 年第 4 期
　　p. 47

P. 2277

川崎ミチコ　通俗詩類·雜詩文類　敦煌仏典と禪（講座敦煌8）　（東京）大東出版社　1980
　　p. 331

柳田聖山　禪籍解題(一)·敦煌禪籍　俗語言研究(第二期)　（京都）禪文化研究所　1995　p. 147

張勇　《梁朝傅大士頌金剛經》版本源流考述　敦煌文學論集　四川人民出版社　1997　p. 404

平井宥慶　敦煌文書における金剛經疏　金剛般若經の思想的研究　（東京）春秋社　1999　p. 263

張勇　傅大士研究　巴蜀書社　2000　p. 260

達照　金剛經讚研究　宗教文化出版社　2002　p. 2、52

達照　金剛經讚集　藏外佛教文獻(第九輯)　宗教文化出版社　2003　p. 38

P. 2279

矢吹慶輝　鳴沙餘韻·解說篇(第一部)　（京都）臨川書店　1980　p. 20

田中良昭　修道偈Ⅰ　敦煌仏典と禪（講座敦煌8）　（東京）大東出版社　1980　p. 261

左景權　《大正新修大藏經》第八十五卷——舊刊新評:《敦煌文書學發凡》之一章　敦煌吐魯番文獻研究論集(第二輯)　北京大學出版社　1983　p. 625

項楚　敦煌詩歌導論　(臺北)新文豐出版公司　1993　p. 141

張錫厚　敦煌釋氏詩歌創作論　慶祝潘石禪先生九秩華誕敦煌學特刊　(臺北)文津出版社　1996　p. 207

柴劍虹　定後吟　敦煌學大辭典　上海辭書出版社　1998　p. 555

徐俊　敦煌詩集殘卷輯考　中華書局　2000　p. 873

殷光明　敦煌盧舍那佛法界圖像研究之一　《敦煌研究》2002年第1期　p. 51

P. 2280

陳祚龍　敦煌古抄內典尾記彙校初、二、三編合刊　敦煌學要籥　(臺北)新文豐出版公司　1982　p. 176

池田溫　中國古代寫本識語集錄　(東京)大藏出版株式會社　1990　p. 401

王三慶　敦煌書儀載錄之節日活動與民俗　全國敦煌學研討會論文集　(臺北)中正大學中國文學系所　1995　p. 25 注23

郝春文　唐後期五代宋初敦煌僧尼的社會生活　中國社會科學出版社　1998　p. 14

P. 2281

Jean－Pierre Drege　敦煌寫本的物質性分析　漢學研究(敦煌學國際研討會論文專號)　(臺北)漢學研究資料及服務中心　1986　p. 110

景盛軒　試論敦煌佛經異文研究的價值和意義　《敦煌研究》2004年第5期　p. 89

P. 2282

矢吹慶輝　鳴沙餘韻·解說篇(第一部)　(京都)臨川書店　1980　p. 181

姜亮夫　敦煌經卷壁畫中所見釋氏僧名錄　敦煌學論文集　上海古籍出版社　1987　p. 1031

蕭登福　從敦煌寫卷中看道教星斗崇拜對佛經之影響　第二屆敦煌學國際研討會論文集　(臺北)漢學研究中心　1990　p. 323

林家平　寧強　羅華慶　中國敦煌學史　北京語言學院出版社　1992　p. 17

陶秋英輯錄　姜亮夫校訂　敦煌經卷壁畫中所見釋氏名錄　敦煌碎金　浙江古籍出版社　1992　p. 12

蕭登福　道教星斗符印與佛教密宗　(臺北)新文豐出版公司　1993　p. 13

方廣錩　諸星母陀羅尼經　敦煌學大辭典　上海辭書出版社　1998　p. 703

沙知　修多寺　敦煌學大辭典　上海辭書出版社　1998　p. 633

P. 2283

吳其昱著　伊藤美重子譯　敦煌漢文寫本概觀　敦煌漢文文獻(講座敦煌5)　(東京)大東出版社　1992　p. 73

西本照真　敦煌抄本中的三階教文獻　中日敦煌佛教學術會議論文集　中國社會科學院研究所　2002　p. 178

西本照真　三階教文獻綜述　藏外佛教文獻(第九輯)　宗教文化出版社　2003　p. 368

張總　陝西新發現的唐代三階教刻經窟初識　唐代宗教信仰與社會　上海辭書出版社　2003　p. 188

P. 2284

陳祚龍　瓜沙印録　（臺北）《大陸雜誌》1962 年第 4 期　又見：敦煌學概要　（臺北）編譯館“中華叢
　　書編委會”　1981　p. 268；中國敦煌學百年文庫・考古卷（一）　甘肅文化出版社　1999
　　p. 190

陳祚龍　敦煌古抄內典尾記彙校二編　敦煌文物隨筆　（臺北）商務印書館　1979　p. 166

矢吹慶輝　鳴沙餘韻・解說篇（第一部）　（京都）臨川書店　1980　p. 63

土肥義和　莫高窟千佛洞と大寺と蘭若と　敦煌の社會（講座敦煌 3）　（東京）大東出版社　1980
　　p. 369

王堯　藏族翻譯家管・法成對民族文化交流的貢獻　《文物》1980 年第 7 期　又見：中國敦煌學百年
　　文庫・民族卷（三）　甘肅文化出版社　1999　p. 29

陳祚龍　敦煌古抄內典尾記彙校初、二、三編合刊　敦煌學要籥　（臺北）新文豐出版公司　1982
　　p. 72

陳祚龍　古代敦煌及其他地區流行之公私印章圖記文字録　敦煌學要籥　（臺北）新文豐出版公司
　　1982　p. 341

岡部和雄　敦煌藏經目録　敦煌と中國仏教（講座敦煌 7）　（東京）大東出版社　1984　p. 317

吳其昱著　福井文雅　樋口勝譯　大蕃國大德・三藏法師・法成傳考　敦煌と中國仏教（講座敦煌
　　7）　（東京）大東出版社　1984　p. 406

戴密微著　耿昇譯　敦煌學近作　敦煌譯叢（第一輯）　甘肅人民出版社　1985　p. 64

池田溫　敦煌文獻について　『書道研究』（2 卷 2 號）　（東京）萱原書局　1988　p. 49　又見：敦煌
　　文書の世界　（東京）名著刊行會　2003　p. 52

池田溫　中國古代寫本識語集録　（東京）大藏出版株式會社　1990　p. 384

上山大峻　敦煌佛教の研究　（京都）法藏館　1990　p. 91、105、210

王堯　西藏文史考信集　中國藏學出版社　1994　p. 19、31

Л. N. チュグイェフスキ – 著　荒川正晴譯注　ソ連邦科學アカデミ – 東洋學研究所所藏、敦煌寫本
　　における官印と寺印　『吐魯番出土文物研究會會報』（98、99 號）　（東京）吐魯番出土文物研
　　究會　1994　p. 8

李正宇　敦煌史地新論　（臺北）新文豐出版公司　1996　p. 80

黄征　《龍龕手鏡》名義考　敦煌語文叢說　（臺北）新文豐出版公司　1997　p. 786

鄭炳林　敦煌碑銘讚輯釋　甘肅教育出版社　1997　p. 79 注 3

方廣錩　佛說大乘稻稈經隨聽手鏡記　敦煌學大辭典　上海辭書出版社　1998　p. 673

李正宇　淨土寺　敦煌學大辭典　上海辭書出版社　1998　p. 631

李正宇　永康寺　敦煌學大辭典　上海辭書出版社　1998　p. 631

黄征　吳士鑒舊藏敦煌北朝唐人寫卷的鑒定與考證　《敦煌研究》1999 年第 2 期　p. 167

楊富學　李吉和　敦煌漢文吐蕃史料輯校（第一輯）　甘肅人民出版社　1999　p. 101、135、283

上山大峻　敦煌遺書的吐蕃特色與藏經洞封閉之謎　戒幢佛學（第二卷）　岳麓書社　2002　p. 157

P. 2285

陳祚龍　敦煌學新記　敦煌文物隨筆　（臺北）商務印書館　1979　p. 272

金岡照光　敦煌寫本と民眾仏教　続シルクロードと仏教文化　（東京）東洋哲學研究所　1980
　　p. 153

陳祚龍　敦煌古抄內典尾記彙校初、二、三編合刊　敦煌學要籥　（臺北）新文豐出版公司　1982
　　p. 176

鄭阿財　敦煌孝道文學研究　（臺北）石門圖書公司　1982　p. 165

李正宇　中國佛教中的孝　《敦煌學輯刊》1988 年第 1、2 期　p. 136

池田溫　中國古代寫本識語集錄　（東京）大藏出版株式會社　1990　p. 349

陳祚龍　敦煌學新簡　敦煌文物散論　（臺北）新文豐出版公司　1993　p. 161

鄭阿財　從敦煌文獻看唐代的三教合一　第二屆國際唐代學術會議論文集（上）　（臺北）文津出版
社　1993　p. 646

鄭炳林　敦煌碑銘讚部分文書拼接復原　《敦煌研究》1993 年第 1 期　p. 54

馬德　敦煌莫高窟史研究　甘肅教育出版社　1996　p. 94

孫修身　大足寶頂與敦煌莫高窟佛說父母恩重經變相的比較研究　《敦煌研究》1997 年第 1 期
p. 67

鄭炳林　敦煌碑銘讚輯釋　甘肅教育出版社　1997　p. 223 注 5

方廣錩　父母恩重經　敦煌學大辭典　上海辭書出版社　1998　p. 733

楊富學　李吉和　敦煌漢文吐蕃史料輯校（第一輯）　甘肅人民出版社　1999　p. 281

張涌泉　敦煌本《佛說父母恩重經》研究　文史（第四十九輯）　中華書局　1999　p. 68

金岡照光　敦煌文獻と中國文學　（東京）五曜書房　2000　p. 19

馬世長　《父母恩重經》寫本與變相　敦煌研究文集·敦煌石窟經變篇　甘肅民族出版社　2000
p. 398

徐俊　敦煌詩集殘卷輯考　中華書局　2000　p. 835

林聰明　敦煌吐魯番文書解詁指例　（臺北）新文豐出版公司　2001　p. 164

陳麗萍　敦煌女性寫經題記及反映的婦女問題　敦煌佛教藝術文化國際學術研討會論文集　蘭州大
學出版社　2002　p. 447

鄭阿財　《父母恩重經》傳佈的歷史考察　新世紀敦煌學論集　巴蜀書社　2003　p. 45

屈直敏　敦煌高僧　民族出版社　2004　p. 111

町田隆吉　『唐咸亨四年(673)左憧憙生前及隨身錢物疏』をめぐって　『西北出土文獻研究』（創刊
號）　（新潟）西北出土文獻研究會　2004　p. 69

P. 2286

陳祚龍　敦煌古抄內典尾記彙校二編　敦煌文物隨筆　（臺北）商務印書館　1979　p. 169

川崎ミチコ　通俗詩類·雜詩文類　敦煌仏典と禪（講座敦煌 8）　（東京）大東出版社　1980
p. 332

陳祚龍　敦煌古抄內典尾記彙校初、二、三編合刊　敦煌學要籥　（臺北）新文豐出版公司　1982
p. 75

陳祚龍　敦煌古抄《梁朝傅大士頌金剛經》之考證和校訂　敦煌簡策訂存　（臺北）商務印書館
1983　p. 204

陳祚龍　善用敦煌古抄殘全卷冊　中華佛教文化史散策（四集）　（臺北）新文豐出版公司　1986
p. 258

汪泛舟　偈·頌　敦煌文學　甘肅人民出版社　1989　p. 88

池田溫　中國古代寫本識語集錄　（東京）大藏出版株式會社　1990　p. 444

項楚　敦煌詩歌導論　（臺北）新文豐出版公司　1993　p. 106

柳田聖山　禪籍解題(一)·敦煌禪籍　俗語言研究（第二期）　（京都）禪文化研究所　1995　p. 147

張勇　《梁朝傅大士頌金剛經》版本源流考述　敦煌文學論集　四川人民出版社　1997　p. 404

方廣錩　敦煌遺書中的《金剛經》及其注疏　敦煌學佛教學論叢（上）　中國佛教文化研究所　1998

　　　p. 380

方廣錩　梁朝傅大士頌金剛經　敦煌學大辭典　上海辭書出版社　1998　p. 731

平井宥慶　敦煌文書における金剛經疏　金剛般若經の思想的研究　（東京）春秋社　1999　p. 263

張勇　傅大士研究　巴蜀書社　2000　p. 260

達照　金剛經讚研究　宗教文化出版社　2002　p. 4

達照　金剛經讚集　藏外佛教文獻（第九輯）　宗教文化出版社　2003　p. 41

張鐵山　莫高窟北區出土三件珍貴的回鶻文佛經殘片研究　《敦煌研究》2004 年第 1 期　p. 81

P. 2287

池田溫　評『ペリオ將來敦煌漢文文獻目錄』第一卷（P. 2001 - 2500）　『東洋學報』（54 卷 4 號）
　　　（東京）東洋學術協會　1972　p. 67

戴密微著　耿昇譯　敦煌學近作　敦煌譯叢（第一輯）　甘肅人民出版社　1985　p. 36

馬德　吐蕃統治敦煌初期的幾個問題　《敦煌研究》1987 年第 1 期　p. 58

池田溫　中國古代寫本識語集錄　（東京）大藏出版株式會社　1990　p. 209

上山大峻　敦煌佛教の研究　（京都）法藏館　1990　p. 19、42、82、485

吳其昱著　伊藤美重子譯　敦煌漢文寫本概觀　敦煌漢文文獻（講座敦煌 5）　（東京）大東出版社
　　　1992　p. 67

王堯　西藏文史考信集　中國藏學出版社　1994　p. 310

柳田聖山　禪籍解題（一）・敦煌禪籍　俗語言研究（第二期）　（京都）禪文化研究所　1995　p. 141

方廣錩　大乘二十二問　敦煌學大辭典　上海辭書出版社　1998　p. 723

榮新江　大乘二十二問之研究　敦煌學大辭典　上海辭書出版社　1998　p. 835

楊富學　李吉和　敦煌漢文吐蕃史料輯校（第一輯）　甘肅人民出版社　1999　p. 6

榮新江　敦煌學十八講　北京大學出版社　2001　p. 48

王卡　敦煌道教文獻研究　中國社會科學出版社　2004　p. 86

P. 2288

矢吹慶輝　鳴沙餘韻・解說篇（第一部）　（京都）臨川書店　1980　p. 43

P. 2289

道端良秀　敦煌文獻に見える死後の世界　敦煌と中國仏教（講座敦煌 7）　（東京）大東出版社
　　　1984　p. 514

金岡照光　敦煌における地獄文獻——敦煌庶民信仰の一樣相　敦煌と中國仏教（講座敦煌 7）
　　　（東京）大東出版社　1984　p. 579

蕭登福　道教術儀與密教典籍　（臺北）新文豐出版公司　1994　p. 477

張總　評《三階教的研究》　唐研究（第八卷）　北京大學出版社　2002　p. 469

P. 2290

陳祚龍　古代敦煌及其他地區流行之公私印章圖記文字錄　敦煌學要籥　（臺北）新文豐出版公司
　　　1982　p. 341

岡部和雄　敦煌藏經目錄　敦煌と中國仏教（講座敦煌 7）　（東京）大東出版社　1984　p. 317

池田溫　敦煌文獻について　『書道研究』（2 卷 2 號）　（東京）萱原書局　1988　p. 49　又見：敦煌
　　　文書の世界　（東京）名著刊行會　2003　p. 52

林聰明　敦煌文書學　（臺北）新文豐出版公司　1991　p. 125

李正宇　淨土寺　敦煌學大辭典　上海辭書出版社　1998　p. 631

謝桃坊　敦煌文化尋繹　四川人民出版社　1999　p. 213

P. 2291

陳祚龍　敦煌古抄內典尾記彙校初、二、三編合刊　敦煌學要籥　（臺北）新文豐出版公司　1982
　　　p. 176

董作賓　敦煌紀年　敦煌學文選（上）　蘭州大學歷史系敦煌學研究室等　1983　p. 24

賴富本宏　中國密教史における敦煌文獻　敦煌と中國仏教（講座敦煌7）　（東京）大東出版社
　　　1984　p. 163

平井宥慶　千手千眼陀羅尼經　敦煌と中國仏教（講座敦煌7）　（東京）大東出版社　1984　p. 135

池田溫　中國古代寫本識語集録　（東京）大藏出版株式會社　1990　p. 297

張先堂　敦煌文學概論　甘肅人民出版社　1993　p. 336

蕭登福　道教與佛教　（臺北）東大圖書公司　1995　p. 61

楊森　金山國與各教的疏密關係　敦煌佛教文獻研究　敦煌研究院文獻研究所　1995　p. 59

方廣錩　千手千眼觀世音菩薩廣大圓滿無礙大悲心陀羅尼經　敦煌學大辭典　上海辭書出版社
　　　1998　p. 701

姜亮夫　敦煌莫高窟年表　姜亮夫全集（十一）　雲南人民出版社　2002　p. 315

李小榮　敦煌密教文獻論稿　人民文學出版社　2003　p. 84

李小榮　論密教中的千手觀音　文史（第五十六輯）　中華書局　2003　p. 155

魏迎春　敦煌菩薩漫談　民族出版社　2004　p. 80

P. 2292

關德棟　談變文　《覺群周報》1946年第12期　又見：敦煌變文論文録　上海古籍出版社　1982
　　　p. 225；中國敦煌學百年文庫·文學卷（一）　甘肅文化出版社　1999　p. 389

向達　唐代俗講考　《國學季刊》1946年第6卷第4號　p. 42　又見：唐代長安與西域文明　三聯書
　　　店　1957　p. 318注25、334；敦煌變文論輯　（臺北）石門圖書公司　1981　p. 26注25、40；敦
　　　煌變文論文録　上海古籍出版社　1982　p. 68；關隴文學論叢　甘肅人民出版社　1983
　　　p. 155、180

那波利貞　中晚唐五代の佛教寺院の俗講の座に於ける變文の演出方法に就きて　甲南大學論集
　　　（2）　（神戶）甲南大學　1955　p. 18

周紹良　敦煌所出變文現存目録　敦煌變文彙録　上海出版公司　1955　p. 6

那波利貞　千佛岩莫高窟と敦煌文書　西域文化研究（第二）·敦煌吐魯番社會經濟資料（上）　（京
　　　都）法藏館　1959　p. 50

金岡照光　ソビエトにおける敦煌研究文獻三種　『東洋學報』（48卷1號）　（東京）東洋學術協會
　　　1965　p. 117

金岡照光　敦煌漢文文學文獻の文學形態上の種類とその分類　敦煌出土文學文獻分類目録·附解
　　　說　（東京）東洋文庫　1971　p. 191

金岡照光　敦煌文學のさまざま　敦煌の文學　（東京）大藏出版株式會社　1971　p. 104

池田溫　評『ペリオ將來敦煌漢文文獻目録』第一卷（P. 2001 – 2500）　『東洋學報』（54卷4號）
　　　（東京）東洋學術協會　1972　p. 68

金岡照光　敦煌民衆の宗教と生活　敦煌の民衆——その生活と思想　（東京）評論社　1972

p. 102、174

邱鎮京　敦煌變文述論　（臺北）商務印書館　1974　p. 1858、1870

北村茂樹　『維摩經講經文』の異本について　『印度學佛教學研究』（24 卷 2 號）　（東京）日本印度
　　學佛教學會　1976　p. 146

加地哲定　增補中國佛教文學研究　（東京）同朋舍　1979　p. 121、144、159、174

閻文儒　經變的起源種類和所反映佛教上宗派的關係　《社會科學戰線》1979 年第 4 期　又見：中國
　　敦煌學百年文庫・宗教卷（四）　甘肅文化出版社　1999　p. 92

土肥義和　はじめに——歸義軍節度使の敦煌支配　敦煌の歷史（講座敦煌 2）　（東京）大東出版
　　社　1980　p. 262

楊家駱　敦煌變文　（臺北）世界書局　1980　p. 619

金岡照光　敦煌の繪物語　（東京）東方書店　1981　p. 55

潘重規　敦煌卷子俗寫文字與俗文學之研究　敦煌變文論輯　（臺北）石門圖書公司　1981　p. 303

王重民　敦煌變文研究　敦煌變文論輯　（臺北）石門圖書公司　1981　p. 189　又見：敦煌變文論
　　文錄　上海古籍出版社　1982　p. 275；敦煌遺書論文集　中華書局　1984　p. 177

張廣達　唐代禪宗的傳入吐蕃及有關的敦煌文書　學林漫錄（三集）　中華書局　1981　p. 55

陳祚龍　敦煌古抄內典尾記彙校初、二、三編合刊　敦煌學要籲　（臺北）新文豐出版公司　1982
　　p. 177

張鴻勳　敦煌講唱伎藝搬演考略　《敦煌學輯刊》1982 年第 3 期　p. 60

張鴻勳　敦煌講唱文學韻律初探　《敦煌研究》1982 年試刊第 2 期　p. 129

鄭阿財　敦煌孝道文學研究　（臺北）石門圖書公司　1982　p. 108

董作賓　敦煌紀年　敦煌學文選（上）　蘭州大學歷史系敦煌學研究室等　1983　p. 34

遊佐昇　文學文獻より見た敦煌の道教　敦煌と中國道教（講座敦煌 4）　（東京）大東出版社
　　1983　p. 286

張鴻勳　試論敦煌文學的範圍、性質及特點　《社會科學》1983 年第 2 期　又見：中國敦煌學百年文
　　庫・文學卷（五）　甘肅文化出版社　1999　p. 254

何昌林　《敦煌琵琶譜》的來龍去脈　《陽關》1984 年第 5 期　又見：中國敦煌學百年文庫・藝術卷
　　（三）　甘肅文化出版社　1999　p. 293

潘重規　敦煌變文集新書（上）　（臺北）"中國文化大學"中文研究所　1984　p. 356

平野顯照　講經文の組織內容　敦煌と中國仏教（講座敦煌 7）　（東京）大東出版社　1984　p. 333

王慶菽　維摩詰經講經文　敦煌變文集　人民文學出版社　1984　p. 619

向達　維摩詰經講經文　敦煌變文集　人民文學出版社　1984　p. 633

周紹良　談唐代民間文學：讀《中國文學史》中"變文"節書後　紹良叢稿　齊魯書社　1984　p. 59

白化文　程毅中　對《雙恩記》講經文的一些推斷　敦煌學論集　甘肅人民出版社　1985　p. 125

戴密微著　耿昇譯　列寧格勒所藏敦煌漢文寫本簡介　敦煌譯叢（第一輯）　甘肅人民出版社
　　1985　p. 131

張錫厚　敦煌變文藝術散論　敦煌學論集　甘肅人民出版社　1985　p. 155

王重民原編　黃永武新編　敦煌古籍敘錄新編（第十八冊）　（臺北）新文豐出版公司　1986　p. 87

龍晦　唐五代西北方音與敦煌文獻研究　敦煌歌辭總編　上海古籍出版社　1987　p. 1832 注 3

平野顯照著　張桐生譯　唐代的文學與佛教　（臺北）業強出版社　1987　p. 257

曲金良　敦煌寫本變文、講經文作品創作時間彙考（續）　《敦煌學輯刊》1987 年第 2 期　p. 47

任半塘　敦煌歌辭總編　上海古籍出版社　1987　p. 1491

蘇瑩輝　從敦煌遺書的發現論中國古典文學和俗講作品對後世的影響　敦煌文史藝術論叢　（臺

北)新文豐出版公司 1987 p. 16

土肥義和著 李永寧譯 歸義軍時期(晚唐、五代、宋)的敦煌(續) 《敦煌研究》1987 年第 1 期 p. 91

張鴻勳 敦煌講唱文學作品選注 甘肅人民出版社 1987 p. 2

周丕顯 敦煌佛經略考 《敦煌學輯刊》1987 年第 2 期 p. 4

周紹良 唐代變文及其它 敦煌文學作品選 中華書局 1987 p. 14

程毅中 唐代俗講文體制補說 敦煌語言文學研究 北京大學出版社 1988 p. 65

郭在貽 張涌泉 黃征 敦煌變文整理校勘中的幾個問題 《古漢語研究》1988 年第 1 期 p. 72

孫昌武 佛教與中國文學 上海人民出版社 1988 p. 302

蕭登福 敦煌寫卷《唐太宗入冥記》之撰寫年代及其影響 敦煌俗文學論叢 (臺北)商務印書館 1988 p. 90、130 注 4 又見:中國敦煌學百年文庫·文學卷(五) 甘肅文化出版社 1999 p. 275

袁賓 變文詞語考釋錄 敦煌語言文學論文集 浙江古籍出版社 1988 p. 148

張涌泉 敦煌變文校劄 敦煌語言文學論文集 浙江古籍出版社 1988 p. 182

郭在貽 張涌泉 黃征 《敦煌變文集新書》讀後 《杭州師範學院學報》1989 年第 5 期 p. 115

郭在貽 張涌泉 黃征 《秋吟》和《不知名變文》三種補校 《溫州師範學院學報》1989 年第 2 期 p. 8

楊雄 《維摩詰經講經文》補校 《敦煌研究》1989 年第 4 期 p. 79

張鴻勳 講經文 敦煌文學 甘肅人民出版社 1989 p. 256

池田溫 中國古代寫本識語集錄 (東京)大藏出版株式會社 1990 p. 488

郭在貽 張涌泉 黃征 敦煌寫本書寫特例發微 敦煌吐魯番學研究論文集 漢語大詞典出版社 1990 p. 314、317

郭在貽 張涌泉 黃征 敦煌變文集校議 岳麓書社 1990 p. 251、325

加地哲定著 劉衛星譯 中國佛教文學 今日中國出版社 1990 p. 104、124、135、147

黎薔 西域戲劇的緣起及敦煌佛教戲曲的形成 《敦煌研究》1990 年第 2 期 p. 110

龍晦 敦煌與五代兩蜀文化 《敦煌研究》1990 年 2 期 p. 97

任半塘 王昆吾 隋唐五代燕樂雜言歌辭集 巴蜀書社 1990 p. 890

項楚 《維摩詰經講經文》補校 敦煌吐魯番文獻研究論集(第五輯) 北京大學出版社 1990 p. 69、90 又見:敦煌文學叢考 上海古籍出版社 1991 p. 270、314

林聰明 敦煌文書出處略考 季羨林教授八十華誕紀念論文集(下) 江西人民出版社 1991 p. 867

林聰明 敦煌文書學 (臺北)新文豐出版公司 1991 p. 338、409

項楚 《維摩碎金》探索 敦煌文學叢考 上海古籍出版社 1991 p. 26

郭在貽 郭在貽語言文學論稿 浙江古籍出版社 1992 p. 144

金岡照光 講唱體類 敦煌の文學文獻(講座敦煌9) (東京)大東出版社 1992 p. 38、144、160

金岡照光 押座文 敦煌の文學文獻(講座敦煌9) (東京)大東出版社 1992 p. 386

黎薔 敦煌遺書與壁畫中的佛教戲曲 西域戲劇與戲劇的發生 新疆人民出版社 1992 p. 102

張涌泉 敦煌寫卷俗字類型及其考辨的方法 (香港)《九州學刊》(敦煌學專輯)1992 年第 4 卷第 4 期 p. 82

周紹良 敦煌文學芻議及其它 (臺北)新文豐出版公司 1992 p. 79

郭在貽 郭在貽敦煌學論集 江西人民出版社 1993 p. 144、173、208

楊雄 講經文名實說 (香港)《九州學刊》(敦煌學專輯)1993 年第 5 卷第 4 期 p. 141 又見:敦煌

　　論稿　甘肅文化出版社　1995　p. 253

張鴻勳　敦煌話本《葉淨能詩》再探　第二屆國際唐代學術會議論文集(上)　(臺北)文津出版社
　　1993　p. 737　又見:1994 年敦煌學國際研討會文集·宗教文史卷(上)　甘肅民族出版社
　　2000　p. 278

張鴻勳　敦煌說唱文學概論　(臺北)新文豐出版公司　1993　p. 69、103、194

張鴻勳　敦煌文學概論　甘肅人民出版社　1993　p. 212

蔣禮鴻　敦煌文獻語言詞典　杭州大學出版社　1994　p. 95、115、149、182、220、278

胡戟　傅玫　敦煌史話　中華書局　1995　p. 175

曲金良　敦煌佛教文學研究　(臺北)文津出版社　1995　p. 38、60

王書慶　從敦煌文獻看敦煌佛教文化與中原佛教文化的交流　敦煌佛教文獻研究　敦煌研究院文獻
　　研究所　1995　p. 28

楊雄　維摩詰經講經文　敦煌論稿　甘肅文化出版社　1995　p. 375

張廣達　西域史地叢稿初編　上海古籍出版社　1995　p. 212

張涌泉　《敦煌文獻語言辭典》補正　原學(第四輯)　中國廣播電視出版社　1995　p. 393

張涌泉　陳祚龍校錄敦煌卷子失誤例釋　學術集林(卷六)　上海遠東出版社　1995　p. 300、310
　　又見:舊學新知　浙江大學出版社　1999　p. 276、284、290

張涌泉　敦煌文書類化字研究　《敦煌研究》1995 年第 4 期　p. 73

張涌泉　漢語俗字研究　岳麓書社　1995　p. 68、145、203

黃征　敦煌俗語法研究之一:句法篇　敦煌吐魯番研究(第一卷)　北京大學出版社　1996　p. 76

林聰明　讀敦煌講經文劄記　慶祝潘石禪先生九秩華誕敦煌學特刊　(臺北)文津出版社　1996
　　p. 448 注 2

寧可　敦煌遺書散錄二則　敦煌吐魯番研究(第一卷)　北京大學出版社　1996　p. 319 注

宿白　敦煌莫高窟密教遺迹劄記　中國石窟寺考古　文物出版社　1996　p. 293

王昆吾　隋唐五代燕樂雜言歌辭研究　中華書局　1996　p. 392

張涌泉　敦煌俗字研究導論　(臺北)新文豐出版公司　1996　p. 75、294

方一新　敦煌變文詞語校釋　敦煌文學論集　四川人民出版社　1997　p. 300

黃征　張涌泉　敦煌變文校注　中華書局　1997　p. 183、539、650、773、870

顏廷亮　關於《晏子賦》寫本的抄寫年代問題　《敦煌研究》1997 年第 2 期　p. 138

張涌泉　讀《八瓊室金石補正》劄記　周紹良先生欣開九秩慶壽文集　中華書局　1997　p. 78

海客　維摩詰經講經文　敦煌學大辭典　上海辭書出版社　1998　p. 578

李重申　武術　敦煌學大辭典　上海辭書出版社　1998　p. 600

孫繼民　廣政十年寫維摩詰經講經文記　敦煌學大辭典　上海辭書出版社　1998　p. 458

周紹良　張涌泉　黃征　敦煌變文講經文因緣輯校(上)　江蘇古籍出版社　1998　p. 428

高國藩　敦煌俗文化學　上海三聯書店　1999　p. 317

金榮華　敦煌俗文學　中國敦煌學百年文庫·文學卷(五)　甘肅文化出版社　1999　p. 199

陸永峰　試論變文中的敘事套語　新國學(第一卷)　巴蜀書社　1999　p. 338

羅宗濤　讀《敦煌所出現的佛教講唱文》　中國敦煌學百年文庫·文學卷(二)　甘肅文化出版社
　　1999　p. 370

梅維恒著　楊繼東　陳引馳譯　唐代變文(上)　(香港)中國佛教文化出版公司　1999　p. 42、260

施謝捷　敦煌文獻語詞校釋叢劄　《敦煌研究》1999 年第 4 期　p. 29

顏廷亮　關於敦煌文學發展的歷史進程　《甘肅社會科學》1999 年第 4 期　p. 47

張涌泉　敦煌變文校讀釋例　舊學新知　浙江大學出版社　1999　p. 180

張涌泉　敦煌寫本書寫特例發微　舊學新知　浙江大學出版社　1999　p. 224、242、264
鄭炳潤　敦煌佛教故事類講唱文學所見淨土宗與禪宗　《敦煌研究》1999 年第 2 期　p. 153
顏廷亮　敦煌文化　光明日報出版社　2000　p. 322
葉永勝　敦煌本《辯才家教》初探　1994 年敦煌學國際研討會文集・宗教文史卷（下）　甘肅民族出
　　版社　2000　p. 213
張錫厚　敦煌文學源流　作家出版社　2000　p. 377
杜曉勤　隋唐五代文學研究　北京出版社　2001　p. 1244
李小榮　敦煌變文"平"、"側"、"斷"諸音聲符號探析　《敦煌學輯刊》2001 年第 2 期　p. 10
林聰明　敦煌吐魯番文書解詁指例　（臺北）新文豐出版公司　2001　p. 178.358
黃征　敦煌語言文字學研究　甘肅教育出版社　2002　p. 242
姜亮夫　敦煌莫高窟年表　姜亮夫全集（十一）　雲南人民出版社　2002　p. 522
馬茜　歸義軍時期敦煌地區庶民佛教的發展　甘肅民族研究論叢　甘肅人民出版社　2002　p. 449
魏良弢　"邪教"雜考　文史（第六十輯）　中華書局　2002　p. 253
張鴻勳　敦煌俗文學研究　甘肅人民出版社　2002　p. 32、272
何建平　《維摩詰經講經文》的撰寫年代　《敦煌研究》2003 年第 4 期　p. 66
孫昌武　敦煌寫卷《維摩詰講經文》的文學意義　2000 年敦煌學國際學術討論會文集・歷史文化卷
　　（下）　甘肅民族出版社　2003　p. 477
王昆吾　從敦煌學到域外漢文學　商務印書館　2003　p. 94
王小盾　從莫高窟第 61 窟維摩詰經變看經變畫和講經文的體制　2000 年敦煌學國際學術討論會文
　　集・石窟考古卷　甘肅民族出版社　2003　p. 183、203
武曉玲　《敦煌變文校注・維摩詰經講經文》商補　《敦煌研究》2003 年第 3 期　p. 105
荒見泰史　敦煌的講唱體文獻　敦煌學（第 25 輯）　（臺北）樂學書局有限公司　2004　p. 263、274
王小盾　潘重規先生"變文外衣"理論疏說　敦煌學（第 25 輯）　（臺北）樂學書局有限公司　2004
　　p. 78
劉正平　唐代俗講與佛教神變月齋戒　戒幢佛學（第三卷）　岳麓書社　2005　p. 264
單芳　論敦煌說唱文學的敘事藝術　《敦煌研究》2005 年第 6 期　p. 103
徐時儀　玄應《眾經音義》研究　中華書局　2005　p. 480

P. 2293

關德棟　談變文　《覺群周報》1946 年 1 卷 1－12 期　又見：敦煌變文論文錄　上海古籍出版社
　　1982　p. 224
姜亮夫　敦煌經卷壁畫中所見釋氏僧名錄　敦煌學論文集　上海古籍出版社　1987　p. 1045
鄭振鐸　中國俗文學史（上）　上海書店　1987　p. 206
陶秋英輯錄　姜亮夫校訂　敦煌經卷壁畫中所見釋氏名錄　敦煌碎金　浙江古籍出版社　1992
　　p. 42

P. 2295

那波利貞　俗講と變文　唐代社會文化史研究・第四編　（東京）創文社　1974　p. 420
龍晦　論敦煌道教文學　《世界宗教研究》1985 年第 3 期　又見：中國敦煌學百年文庫・宗教卷
　　（三）　甘肅文化出版社　1999　p. 365
張錫厚　敦煌文學源流　作家出版社　2000　p. 56

P. 2296

山田俊　再論《太上妙法本相經》：以《東極真人問事品第九》爲主　敦煌吐魯番研究（第四卷）　北
　　京大學出版社　1999　p. 507

P. 2297

戴密微著　耿昇譯　唐代的入冥故事：黃仕强傳　敦煌譯叢（第一輯）　甘肅人民出版社　1985
　　p. 138、140 注 3

柴劍虹　讀敦煌寫卷《黃仕强傳》劄記　敦煌語言文學研究　北京大學出版社　1988　p. 248

程毅中　唐代小說史話　文化藝術出版社　1990　p. 94

蕭登福　從敦煌寫卷中看道教星斗崇拜對佛經之影響　第二屆敦煌學國際研討會論文集　（臺北）
　　漢學研究中心　1990　p. 338

張先堂　佛教義理與小說藝術聯姻的産兒：論敦煌寫本佛教靈驗記　《甘肅社會科學》1990 年第 5 期
　　p. 163

蕭登福　道教星斗符印與佛教密宗　（臺北）新文豐出版公司　1993　p. 43

張先堂　敦煌文學概論　甘肅人民出版社　1993　p. 339

蕭登福　道教術儀與密教典籍　（臺北）新文豐出版公司　1994　p. 488

方廣錩　普賢菩薩說證明經　敦煌學大辭典　上海辭書出版社　1998　p. 736

伏俊璉　伏麒鵬　石室齊諧：敦煌小說選析　甘肅人民出版社　2000　p. 217

黃征　敦煌傳奇故事　浙江大學出版社　2000　p. 5

于淑健　《黃仕强傳》校注商補　《敦煌學輯刊》2001 年第 2 期　p. 14

鄭阿財　敦煌疑僞經與靈驗記關係之考察　漢語史學報專輯（第三輯）　上海教育出版社　2003
　　p. 286

余欣　許國霖與敦煌學　敦煌吐魯番研究（第七卷）　北京大學出版社　2004　p. 76

P. 2298

陳祚龍　瓜沙印録　（臺北）《大陸雜誌》1962 年第 4 期　又見：敦煌學概要　（臺北）編譯館“中華叢
　　書編委會”　1981　p. 268；中國敦煌學百年文庫·考古卷（一）　甘肅文化出版社　1999
　　p. 190

陳祚龍　敦煌古抄内典尾記彙校二編　敦煌文物隨筆　（臺北）商務印書館　1979　p. 172

矢吹慶輝　鳴沙餘韻·解說篇（第一部）　（京都）臨川書店　1980　p. 212

陳祚龍　敦煌古抄内典尾記彙校初、二、三編合刊　敦煌學要籥　（臺北）新文豐出版公司　1982
　　p. 77

陳祚龍　古代敦煌及其他地區流行之公私印章圖記文字録　敦煌學要籥　（臺北）新文豐出版公司
　　1982　p. 341

岡部和雄　敦煌藏經目録　敦煌と中國仏教（講座敦煌7）　（東京）大東出版社　1984　p. 317

池田溫　敦煌文獻について　『書道研究』（2 卷 2 號）　（東京）萱原書局　1988　p. 49　又見：敦煌
　　文書の世界　（東京）名著刊行會　2003　p. 52

池田溫　中國古代寫本識語集録　（東京）大藏出版株式會社　1990　p. 339

上山大峻　敦煌佛教の研究　（京都）法藏館　1990　p. 315、603

林聰明　敦煌文書學　（臺北）新文豐出版公司　1991　p. 125、294

方廣錩　大乘經纂要義　敦煌學大辭典　上海辭書出版社　1998　p. 697

楊富學　李吉和　敦煌漢文吐蕃史料輯校（第一輯）　甘肅人民出版社　1999　p. 279

P. 2299

周紹良　敦煌所出變文現存目録　敦煌變文彙録　上海出版公司　1955　p. 5

邵榮芬　敦煌俗文學中的別字異文和唐五代西北方音　《中國語文》1963 年第 3 期　又見：中國敦煌學百年文庫・語言文字卷（一）　甘肅文化出版社　1999　p. 125

金岡照光　敦煌漢文文學文獻の文學形態上の種類とその分類　敦煌出土文學文獻分類目録・附解説　（東京）東洋文庫　1971　p. 203

金岡照光　敦煌文學のさまざま　敦煌の文學　（東京）大藏出版株式會社　1971　p. 108

金岡照光　敦煌民衆の宗教と生活　敦煌の民衆──その生活と思想　（東京）評論社　1972　p. 234

楊家駱　敦煌變文　（臺北）世界書局　1980　p. 301

蔣禮鴻　敦煌變文字義通釋　上海古籍出版社　1981　p. 432　又見：敦煌叢刊初集（十四）　（臺北）新文豐出版公司　1985　p. 432

金岡照光　敦煌の繪物語　（東京）東方書店　1981　p. 69、112

川口久雄　「王子と餓えた母虎」解説　敦煌壁畫繪解き銘文集（敦煌資料と日本文學　3）　（東京）大東文化大學東洋研究所　1983　p. 40

潘重規　敦煌變文集新書（上）　（臺北）"中國文化大學"中文研究所　1984　p. 513

王慶菽　太子成道經　敦煌變文集　人民文學出版社　1984　p. 301

白化文　對可補入《敦煌變文集》中的幾則録文的討論　《敦煌學輯刊》1986 年第 1 期　p. 46

梁梁　《太子成道經》隨筆數則　《敦煌研究》1986 年第 3 期　p. 51

李正宇　晚唐敦煌本《釋迦因緣劇本》試探　《敦煌研究》1987 年第 1 期　p. 67

平野顯照著　張桐生譯　唐代的文學與佛教　（臺北）業强出版社　1987　p. 288

周紹良　唐代變文及其它　敦煌文學作品選　中華書局　1987　p. 18

柴劍虹　因緣　敦煌文學　甘肅人民出版社　1989　p. 273

高國藩　敦煌古俗與民俗流變　河海大學出版社　1990　p. 380

柴劍虹　敦煌文學中的"因緣"與"詩話"　西域文史論稿　（臺北）國文天地雜誌社　1991　p. 514

劉瑞明　所謂唐代兩件戲劇資料辨析　中華戲曲（第 11 輯）　山西人民出版社　1991　p. 173

金岡照光　講唱體類　敦煌の文學文獻（講座敦煌 9）　（東京）大東出版社　1992　p. 76、163

周紹良　敦煌文學芻議及其它　（臺北）新文豐出版公司　1992　p. 84

鄧文寬　敦煌文獻中的"去"字　中國文化（9）　（香港）中華書局　1993　p. 166　又見：敦煌吐魯番學耕耘録　（臺北）新文豐出版公司　1996　p. 309

高國藩　敦煌民俗資料導論　（臺北）新文豐出版公司　1993　p. 175

郭在貽　郭在貽敦煌學論集　江西人民出版社　1993　p. 200

鄧文寬　英藏敦煌本《六祖壇經》通借字芻議　《敦煌研究》1994 年第 1 期　p. 80

梁尉英　敦煌佛傳概觀及其中國化之特點　敦煌學國際研討會文集・石窟藝術編　遼寧美術出版社　1995　p. 335

曲金良　敦煌佛教文學研究　（臺北）文津出版社　1995　p. 41

王慶雲　佛太子與賈寶玉：從敦煌寫本《八相變》看佛教文學對《紅樓夢》的影響　敦煌佛教文學研究　（臺北）文津出版社　1995　p. 300

張涌泉　漢語俗字研究　岳麓書社　1995　p. 80

黃征　敦煌俗語法研究之一：句法篇　敦煌吐魯番研究（第一卷）　北京大學出版社　1996　p. 66

伏俊璉　關於變文體裁的一點探索　敦煌文學論集　四川人民出版社　1997　p. 134

黃征　張涌泉　敦煌變文校注　中華書局　1997　p. 442、713、799、1088

海客　太子成道經　敦煌學大辭典　上海辭書出版社　1998　p. 576

潘重規　敦煌《雲謠集》新書　雲謠集研究彙録　上海古籍出版社　1998　p. 191

周紹良　張涌泉　黄征　敦煌變文講經文因緣輯校(下)　江蘇古籍出版社　1998　p. 709

伏俊璉　論變文與講經文的關係　《敦煌研究》1999 年第 3 期　p. 104

張涌泉　陳祚龍校録敦煌卷子失誤例釋　舊學新知　浙江大學出版社　1999　p. 285

伏俊璉　論講經文與變文的關係　中國典籍與文化論叢(第五輯)　中華書局　2000　p. 115

金岡照光　敦煌文獻と中國文學　(東京)五曜書房　2000　p. 132、500

張錫厚　敦煌文學源流　作家出版社　2000　p. 383

黄征　敦煌語言文字學研究　甘肅教育出版社　2002　p. 164、230

汪娟　敦煌寫本《降生禮文》初探　新世紀敦煌學論集　巴蜀書社　2003　p. 416

王小盾　潘重規先生"變文外衣"理論疏説　敦煌學(第 25 輯)　(臺北)樂學書局有限公司　2004
　　p. 90

荒見泰史　從敦煌寫本中變文的改寫情況來探討五代講唱文學的演變　敦煌學國際研討會論文集
　　北京圖書館出版社　2005　p. 178

黄征　敦煌俗字典　上海教育出版社　2005　p. 前言 29、16、47

黄征　敦煌俗字種類考辨　敦煌學·日本學:石塚晴通教授退職紀念論文集　上海辭書出版社
　　2005　p. 118

P. 2300

池田温　評『ペリオ將來敦煌漢文文獻目録』第一卷(P. 2001 – 2500)　『東洋學報』(54 卷 4 號)
　　(東京)東洋學術協會　1972　p. 67

金岡照光　敦煌における地獄文獻——敦煌庶民信仰の一樣相　敦煌と中國仏教(講座敦煌 7)
　　(東京)大東出版社　1984　p. 571

黄霞　佛説相好經　藏外佛教文獻(第三輯)　宗教文化出版社　1997　p. 405

方廣錩　相好經　敦煌學大辭典　上海辭書出版社　1998　p. 730

張先堂　觀相念佛:盛唐至北宋一度流行的淨土教行儀　《敦煌研究》2005 年第 5 期　p. 33

P. 2301

那波利貞　俗講と變文　唐代社會文化史研究·第四編　(東京)創文社　1974　p. 420

張廣達　西域史地叢稿初編　上海古籍出版社　1995　p. 344

方廣錩　別釋雜阿含經　敦煌學大辭典　上海辭書出版社　1998　p. 706

荒見泰史　敦煌本夢書雜識　漢語史學報專輯(第三輯)　上海教育出版社　2003　p. 328

荒見泰史　漢文譬喻經典及其綱要本的作用　佛經文學研究論集　復旦大學出版社　2004　p. 281

P. 2302

譚禪雪　敦煌歲時掇瑣　(香港)《九州學刊》(敦煌學專輯)1993 年第 5 卷第 4 期　p. 101

方廣錩　長者女庵提遮獅子吼了義經　敦煌學大辭典　上海辭書出版社　1998　p. 670

P. 2303

陳祚龍　敦煌古抄內典尾記彙校二編　敦煌文物隨筆　(臺北)商務印書館　1979　p. 166

王堯　藏族翻譯家管·法成對民族文化交流的貢獻　《文物》1980 年第 7 期　又見:中國敦煌學百年
　　文庫·民族卷(三)　甘肅文化出版社　1999　p. 36

陳祚龍　敦煌古抄內典尾記彙校初、二、三編合刊　敦煌學要籥　（臺北）新文豐出版公司　1982　p. 72

戴密微著　耿昇譯　敦煌學近作　敦煌譯叢（第一輯）　甘肅人民出版社　1985　p. 65

上山大峻　敦煌佛教の研究　（京都）法藏館　1990　p. 91、210

王堯　西藏文史考信集　中國藏學出版社　1994　p. 31

黃征　《龍龕手鏡》名義考　敦煌語文叢說　（臺北）新文豐出版公司　1997　p. 786

黃征　吳士鑒舊藏敦煌北朝唐人寫卷的鑒定與考證　《敦煌研究》1999年第2期　p. 167

楊富學　李吉和　敦煌漢文吐蕃史料輯校（第一輯）　甘肅人民出版社　1999　p. 135

荒見泰史　敦煌本夢書雜識　漢語史學報專輯（第三輯）　上海教育出版社　2003　p. 336

荒見泰史　漢文譬喻經典及其綱要本的作用　佛經文學研究論集　復旦大學出版社　2004　p. 284

荒見泰史　從敦煌寫本中變文的改寫情況來探討五代講唱文學的演變　敦煌學國際研討會論文集
　　北京圖書館出版社　2005　p. 176

P. 2304

姜亮夫　敦煌經卷壁畫中所見釋氏僧名錄　敦煌學論文集　上海古籍出版社　1987　p. 1031

林聰明　敦煌文書學　（臺北）新文豐出版公司　1991　p. 61

陶秋英輯錄　姜亮夫校訂　敦煌經卷壁畫中所見釋氏名錄　敦煌碎金　浙江古籍出版社　1992
　　p. 12

黃征　《龍龕手鏡》名義考　敦煌語文叢說　（臺北）新文豐出版公司　1997　p. 786

楊富學　李吉和　敦煌漢文吐蕃史料輯校（第一輯）　甘肅人民出版社　1999　p. 135

P. 2305

關德棟　談變文　《覺群周報》1946年第12期　又見：敦煌變文論文錄　上海古籍出版社　1982
　　p. 201、225；中國敦煌學百年文庫·文學卷（一）　甘肅文化出版社　1999　p. 389

向達　唐代俗講考　《國學季刊》1946年第6卷第4號　p. 42　又見：唐代長安與西域文明　三聯書
　　店　1957　p. 335；敦煌變文論輯　（臺北）石門圖書公司　1981　p. 41；敦煌變文論文錄　上
　　海古籍出版社　1982　p. 69；關隴文學論叢　甘肅人民出版社　1983　p. 181

那波利貞　中晚唐五代の佛教寺院の俗講の座に於ける變文の演出方法に就きて　甲南大學論集
　　（2）　（神戶）甲南大學　1955　p. 19

周紹良　敦煌所出變文現存目錄　敦煌變文彙錄　上海出版公司　1955　p. 7

王慶菽　試談變文的産生和影響　《新建設》1957年第3、8期　又見：敦煌變文論文錄　上海古籍出
　　版社　1982　p. 258；中國敦煌學百年文庫·文學卷（一）　甘肅文化出版社　1999　p. 546

周一良　讀唐代俗講考　魏晉南北朝史論集　中華書局　1963　p. 381

金岡照光　敦煌文學のさまざま　敦煌の文學　（東京）大藏出版株式會社　1971　p. 104

金岡照光　敦煌民衆の宗教と生活　敦煌の民衆——その生活と思想　（東京）評論社　1972
　　p. 106

邱鎮京　敦煌變文述論　（臺北）商務印書館　1974　p. 1865

加地哲定　增補中國佛教文學研究　（東京）同朋舍　1979　p. 121、144、160、168

閻文儒　經變的起源種類和所反映佛教上宗派的關係　《社會科學戰線》1979年第4期　又見：中國
　　敦煌學百年文庫·宗教卷（四）　甘肅文化出版社　1999　p. 92

楊家駱　敦煌變文　（臺北）世界書局　1980　p. 500、670

金岡照光　敦煌の繪物語　（東京）東方書店　1981　p. 55

潘重規　敦煌卷子俗寫文字與俗文學之研究　敦煌變文論輯　（臺北）石門圖書公司　1981　p. 292

王重民　敦煌變文研究　敦煌變文論輯　（臺北）石門圖書公司　1981　p. 189　又見：敦煌變文論
　　文録　上海古籍出版社　1982　p. 275；敦煌遺書論文集　中華書局　1984　p. 177

傅芸子　敦煌俗文學之發見及其展開　敦煌變文論文録　上海古籍出版社　1982　p. 135

張鴻勳　敦煌講唱文學韻律初探　《敦煌研究》1982 年試刊第 2 期　p. 129

鄭阿財　敦煌孝道文學研究　（臺北）石門圖書公司　1982　p. 414

周紹良　談唐代民間文學　敦煌變文論文録　上海古籍出版社　1982　p. 413　又見：紹良叢稿　齊
　　魯書社　1984　p. 56

遊佐昇　文學文獻より見た敦煌の道教　敦煌と中國道教（講座敦煌 4）　（東京）大東出版社
　　1983　p. 290

潘重規　敦煌變文集新書(上)　（臺北）"中國文化大學"中文研究所　1984　p. 441

平野顯照　講經文の組織内容　敦煌と中國仏教（講座敦煌 7）　（東京）大東出版社　1984　p. 322

王慶菽　無常經講經文　敦煌變文集　人民文學出版社　1984　p. 670

王重民　妙法蓮華經講經文　敦煌變文集　人民文學出版社　1984　p. 500

柴劍虹　敦煌文學研究　唐代文學研究年鑒(1984)　陝西人民出版社　1985　p. 115

周紹良　《敦煌變文集》中幾個卷子定名之商榷　敦煌吐魯番文獻研究論集（第三輯）　北京大學出
　　版社　1986　p. 23

白化文　"解講"和"解講辭"　俗文學論　黑龍江人民出版社　1987　p. 140

高國藩　敦煌文學作品選　中華書局　1987　p. 63 注 4、85 注 7

平野顯照著　張桐生譯　唐代的文學與佛教　（臺北）業强出版社　1987　p. 214、236

任半塘　敦煌歌辭總編　上海古籍出版社　1987　p. 1105

謝生保　河西寶卷與敦煌變文的比較　《敦煌研究》1987 年第 4 期　p. 83

張涌泉　敦煌變文校讀釋例　《敦煌學輯刊》1987 年第 2 期　p. 21、27　又見：舊學新知　浙江大學
　　出版社　1999　p. 162、175

鄭振鐸　中國俗文學史(上)　上海書店　1987　p. 185

周紹良　唐代變文及其它　敦煌文學作品選　中華書局　1987　p. 12、22

程毅中　唐代俗講文體制補說　敦煌語言文學研究　北京大學出版社　1988　p. 66

郭在貽　張涌泉　黃征　蘇聯所藏押座文及說唱佛經故事五種補校　《古籍整理研究學刊》1988 年
　　第 3 期　p. 17

蕭登福　唐世佛家之講經與敦煌變文　敦煌俗文學論叢　（臺北）商務印書館　1988　p. 48、60

袁賓　變文詞語考釋錄　敦煌語言文學論文集　浙江古籍出版社　1988　p. 145

張鴻勳　《父母恩重經講經文》補校　敦煌語言文學論文集　浙江古籍出版社　1988　p. 260

張涌泉　敦煌變文校勘平議　《敦煌研究》1988 年第 4 期　p. 86

程毅中　敦煌俗賦的淵源及其與變文的關係　《文學遺產》1989 年第 1 期　p. 33

張鴻勳　講經文　敦煌文學　甘肅人民出版社　1989　p. 255

程毅中　唐代小說史話　文化藝術出版社　1990　p. 88

郭在貽　張涌泉　黃征　敦煌變文集校議　岳麓書社　1990　p. 238、345

郭在貽　張涌泉　黃征　敦煌寫本書寫特例發微　敦煌吐魯番學研究論文集　漢語大詞典出版社
　　1990　p. 324

加地哲定著　劉衛星譯　中國佛教文學　今日中國出版社　1990　p. 104、124、136

任半塘　王昆吾　隋唐五代燕樂雜言歌辭集　巴蜀書社　1990　p. 889

楊雄　《敦煌變文集》校勘拾遺　《敦煌研究》1990 年第 4 期　p. 76

李明偉　《長興四年中興殿應聖節講經文》研究　絲綢之路貿易史研究　甘肅人民出版社　1991
　　　p. 351

林聰明　敦煌文書學　（臺北）新文豐出版公司　1991　p. 255

胥洪泉　《敦煌變文集》校記四十五則　《敦煌學輯刊》1991 年第 2 期　p. 29

張涌泉　《補全唐詩》兩種補校　《敦煌學輯刊》1991 年第 2 期　p. 22

郭在貽　郭在貽語言文學論稿　浙江古籍出版社　1992　p. 45、142

金岡照光　講唱體類　敦煌の文學文獻（講座敦煌 9）　（東京）大東出版社　1992　p. 37

金岡照光　押座文　敦煌の文學文獻（講座敦煌 9）　（東京）大東出版社　1992　p. 365、386

張涌泉　《敦煌歌辭總編》校議　《語言研究》1992 年第 1 期　p. 59

張涌泉　敦煌寫卷俗字類型及其考辨的方法　（香港）《九州學刊》（敦煌學專輯）1992 年第 4 卷第 4
　　　期　p. 82

周紹良　敦煌文學芻議及其它　（臺北）新文豐出版公司　1992　p. 51、101

高國藩　敦煌民俗資料導論　（臺北）新文豐出版公司　1993　p. 16、88、115

郭在貽　郭在貽敦煌學論集　江西人民出版社　1993　p. 177、199、244

張鴻勳　敦煌說唱文學概論　（臺北）新文豐出版公司　1993　p. 68、102、197

張鴻勳　敦煌文學概論　甘肅人民出版社　1993　p. 204、211、231

叢春雨　敦煌中醫藥全書　中醫古籍出版社　1994　p. 721

蔣禮鴻　敦煌文獻語言詞典　杭州大學出版社　1994　p. 50、89、155、209、263、287、336

林聰明　談敦煌文書的抄寫問題　紀念陳寅恪先生百年誕辰學術論文集　江西教育出版社　1994
　　　p. 302

胡戟　傅玫　敦煌史話　中華書局　1995　p. 175

潘重規　敦煌卷子俗寫文字之研究　全國敦煌學研討會論文集　（臺北）中正大學中國文學系所
　　　1995　p. 6

曲金良　敦煌佛教文學研究　（臺北）文津出版社　1995　p. 39

汪泛舟　從敦煌文學構成特點看中外交流關係　敦煌學國際研討會文集・史地語文編　遼寧美術出
　　　版社　1995　p. 242

王書慶　敦煌佛學・佛事篇　甘肅民族出版社　1995　p. 143

楊雄　妙法蓮華經講經文　敦煌論稿　甘肅文化出版社　1995　p. 343

張涌泉　陳祚龍校錄敦煌卷子失誤例釋　學術集林（卷六）　上海遠東出版社　1995　p. 298、307
　　　又見：舊學新知　浙江大學出版社　1999　p. 274、282、289

張涌泉　《敦煌文獻語言辭典》補正　原學（第四輯）　中國廣播電視出版社　1995　p. 393

張涌泉　漢語俗字研究　岳麓書社　1995　p. 59、132、203

段小強　敦煌文書所反映的古代喪禮　《敦煌學輯刊》1996 年第 2 期　p. 45

黃征　敦煌俗語法研究之一：句法篇　敦煌吐魯番研究（第一卷）　北京大學出版社　1996　p. 77

張涌泉　敦煌俗字研究導論　（臺北）新文豐出版公司　1996　p. 97、141、190、252

張涌泉　敦煌文獻校讀釋例　文史（第四十一輯）　中華書局　1996　p. 191

周一良著　錢文忠譯　唐代密宗　上海遠東出版社　1996　p. 166

鄧文寬　大梵寺佛音：敦煌莫高窟壇經讀本　（臺北）如聞出版社　1997　p. 33

黃征　張涌泉　敦煌變文校注　中華書局　1997　p. 74、154、678、701、950、1164、1194

張弓　漢唐佛寺文化史　中國社會科學出版社　1997　p. 769

張涌泉　敦煌地理文書輯錄著作三種校議　古典文獻與文化論叢　中華書局　1997　p. 86

柴劍虹　先祇備　敦煌學大辭典　上海辭書出版社　1998　p. 547

鄧文寬　敦煌本《六祖壇經》書寫形式和符號發微　出土文獻研究（第三輯）　文物出版社　1998
　　p. 229

海客　張錫厚　妙法蓮華經講經文　敦煌學大辭典　上海辭書出版社　1998　p. 579

劉方　妙法蓮花經變文研究　敦煌學大辭典　上海辭書出版社　1998　p. 846

張鴻勳　講院　敦煌學大辭典　上海辭書出版社　1998　p. 524

周紹良　解座文彙抄　敦煌學大辭典　上海辭書出版社　1998　p. 579

周紹良　張涌泉　黃征　敦煌變文講經文因緣輯校（上、下）　江蘇古籍出版社　1998　p. 16、24、
　　216；1094

段小強　敦煌文書中所見的古代喪儀　《西北民族研究》1999 年第 1 期　p. 213

高國藩　敦煌俗文化學　上海三聯書店　1999　p. 506、614

金榮華　敦煌俗文學　中國敦煌學百年文庫·文學卷（五）　甘肅文化出版社　1999　p. 198

張涌泉　敦煌文書疑難詞語辨釋　舊學新知　浙江大學出版社　1999　p. 264

張涌泉　敦煌寫本書寫特例發微　舊學新知　浙江大學出版社　1999　p. 235、244

張涌泉　俗字研究與敦煌文獻的校理　舊學新知　浙江大學出版社　1999　p. 54、72

鄭炳潤　敦煌佛教故事類講唱文學所見淨土宗與禪宗　《敦煌研究》1999 年第 2 期　p. 150

嚴耀中　敦煌文書中的"平等大王"和唐宋間的均平思潮　唐研究（第六卷）　北京大學出版社
　　2000　p. 22

楊秀清　華戎交會的都市：敦煌與絲綢之路　甘肅人民出版社　2000　p. 85

張錫厚　敦煌文學源流　作家出版社　2000　p. 368、381、430

張涌泉　漢語俗字叢考　中華書局　2000　p. 18、68、522、833

陳秀蘭　敦煌俗文學語彙溯源　岳麓書社　2001　p. 27、94、115

林聰明　敦煌吐魯番文書解詁指例　（臺北）新文豐出版公司　2001　p. 55. 375

陶敏　李一飛　隋唐五代文學史料學　中華書局　2001　p. 366

張鴻勳　敦煌本《觀音證驗賦》與敦煌觀音信仰　敦煌文獻論集：紀念藏經洞發現一百周年國際學術
　　研討會論文集　遼寧人民出版社　2001　p. 297

張錫厚　讀敦煌緣起類作品及其他　敦煌學與中國史研究論集　甘肅人民出版社　2001　p. 154

白化文　從圓珍述及俗講的兩段文字說起：紀念周太初（一良）先生　敦煌吐魯番研究（第六卷）　北
　　京大學出版社　2002　p. 6

杜澤遜　文獻學概要　中華書局　2002　p. 512

黃征　敦煌語言文字學研究　甘肅教育出版社　2002　p. 167、242

李小榮　變文講唱與華梵宗教藝術　上海三聯書店　2002　p. 127

馬茜　歸義軍時期敦煌地區庶民佛教的發展　甘肅民族研究論叢　甘肅人民出版社　2002　p. 449

張國剛　佛學與隋唐社會　河北人民出版社　2002　p. 173

張鴻勳　敦煌俗文學研究　甘肅人民出版社　2002　p. 352

武曉玲　《敦煌變文校注·維摩詰經講經文》商補　《敦煌研究》2003 年第 3 期　p. 106

項楚　讀變隨劄　新世紀敦煌學論集　巴蜀書社　2003　p. 548

張子開　敦煌文獻中的白話禪詩　《敦煌學輯刊》2003 年第 1 期　p. 83

汪娟　梁麗玲　潘重規先生與佛教研究　敦煌學（第 25 輯）　（臺北）樂學書局有限公司　2004
　　p. 211

王小盾　潘重規先生"變文外衣"理論疏說　敦煌學（第 25 輯）　（臺北）樂學書局有限公司　2004
　　p. 83

黃征　敦煌俗字典　上海教育出版社　2005　p. 前言 25、51、63

黄征　敦煌俗字種類考辨　敦煌學·日本學：石塚晴通教授退職紀念論文集　上海辭書出版社
　　2005　p. 116

王青　西域文化影響下的中古小說　中國社會科學出版社　2006　p. 493

P. 2306

姜亮夫　敦煌經卷壁畫中所見釋氏僧名録　敦煌學論文集　上海古籍出版社　1987　p. 1045

陶秋英輯録　姜亮夫校訂　敦煌經卷壁畫中所見釋氏名録　敦煌碎金　浙江古籍出版社　1992
　　p. 42

項楚　《老子化胡經·玄歌》補校　敦煌文學論集　四川人民出版社　1997　p. 210

顔廷亮　敦煌文化中的道教及文化　《敦煌研究》1999 年第 1 期　p. 136

顔廷亮　敦煌文化　光明日報出版社　2000　p. 232

P. 2308

岡部和雄　疑僞經典　敦煌仏典と禪（講座敦煌 8）　（東京）大東出版社　1980　p. 357

田中良昭　敦煌禪宗文獻の研究　（東京）大東出版社　1983　p. 403

柳田聖山　禪籍解題（一）·敦煌禪籍　俗語言研究（第二期）　（京都）禪文化研究所　1995　p. 148

方廣錩　法句經　敦煌學大辭典　上海辭書出版社　1998　p. 742

池田溫　敦煌の流通經濟　敦煌文書の世界　（東京）名著刊行會　2003　p. 180

P. 2311

久野芳隆　曇曠述二十二問　『佛教研究』（1 卷 2 期）　（京都）佛教研究會　1937　p. 113

饒宗頤　論敦煌陷於吐蕃之年代　（香港）《東方文化》1971 年第 9 卷第 1 期　又見：選堂集林·史林
　　（香港）中華書局　1982　p. 685；中國敦煌學百年文庫·民族卷（一）　甘肅文化出版社　1999
　　p. 230

董作賓　敦煌紀年　敦煌學文選（上）　蘭州大學歷史系敦煌學研究室等　1983　p. 21

戴密微著　耿昇譯　敦煌學近作　敦煌譯叢（第一輯）　甘肅人民出版社　1985　p. 42

上山大峻　敦煌佛教の研究　（京都）法藏館　1990　p. 81

馬德　吐蕃佔領敦煌前後沙州史事系年　敦煌學（第 19 輯）　（臺北）樂學書局有限公司　1992
　　p. 73

樊錦詩　趙青蘭　吐蕃佔領時期莫高窟洞窟的分期研究　《敦煌研究》1994 年第 4 期　p. 87　又見：
　　敦煌研究文集·敦煌石窟考古篇　甘肅民族出版社　2000　p. 199

P. 2312

芳村修基　土橋秀高　井ノ口泰淳　敦煌佛教史年表　西域文化研究（第一）·敦煌佛教資料　（京
　　都）法藏館　1958　p. 276

賀世哲　孫修身　《瓜沙曹氏年表補正》之補正　《甘肅師大學報》1980 年第 3 期　又見：敦煌學文
　　選（上）　蘭州大學歷史系敦煌學研究室等　1983　p. 149；中國敦煌學百年文庫·歷史卷（一）
　　甘肅文化出版社　1999　p. 490

陳祚龍　敦煌古抄内典尾記彙校初、二、三編合刊　敦煌學要籥　（臺北）新文豐出版公司　1982
　　p. 177

艾麗白著　耿昇譯　敦煌漢文寫本中的鳥形押　敦煌譯叢（第一輯）　甘肅人民出版社　1985
　　p. 199 注 5、206 注 1

池田溫　中國古代寫本識語集録　（東京）大蔵出版株式會社　1990　p. 463

林聰明　敦煌文書學　（臺北）新文豐出版公司　1991　p. 356

鄭雨　莫高窟第九十八窟的歷史背景與時代精神　（香港）《九州學刊》（敦煌學專輯）1992 年第 4 卷
　　第 4 期　p. 38

戴仁　敦煌和吐魯番寫本的斷代研究　法國學者敦煌學論文選萃　中華書局　1993　p. 532

井ノ口泰淳　敦煌本『仏名經』の諸系統　中央アジアの言語と仏教　（京都）法藏館　1995　p. 298

饒宗頤　敦煌曲訂補　敦煌曲續論　（臺北）新文豐出版公司　1996　p. 46

鄭炳林　敦煌碑銘讚輯釋　甘肅教育出版社　1997　p. 384 注 12

金岡照光　敦煌文獻と中國文學　（東京）五曜書房　2000　p. 431

姜亮夫　敦煌莫高窟年表　姜亮夫全集（十一）　雲南人民出版社　2002　p. 466

李正宇　唐宋時期敦煌佛經性質功能的變化　戒幢佛學（第二卷）　岳麓書社　2002　p. 23　又見：
　　中日敦煌佛教學術會議論文集　中國社會科學院研究所　2002　p. 19

P. 2313

傅芸子　敦煌俗文學之發見及其展開　敦煌變文論文録　上海古籍出版社　1982　p. 137

董作賓　敦煌紀年　敦煌學文選（上）　蘭州大學歷史系敦煌學研究室等　1983　p. 30

黃征　吳偉　敦煌願文集　岳麓書社　1995　p. 260

黃征　敦煌願文考論　敦煌語文叢說　（臺北）新文豐出版公司　1997　p. 592

王書慶　敦煌文獻中的《齋琬文》　《敦煌研究》1997 年第 1 期　p. 143

饒宗頤　談佛教的發願文　敦煌吐魯番研究（第四卷）　北京大學出版社　1999　p. 480

黃征　敦煌俗字典　上海教育出版社　2005　p. 前言 27

黃征　敦煌俗字種類考辨　敦煌學・日本學：石塚晴通教授退職紀念論文集　上海辭書出版社
　　2005　p. 119

武學軍　敏春芳　敦煌願文婉詞試解（一）　《敦煌學輯刊》2006 年第 1 期　p. 130

P. 2314

陳祚龍　敦煌古抄內典尾記彙校初、二、三編合刊　敦煌學要籥　（臺北）新文豐出版公司　1982
　　p. 177

方廣錩　讀敦煌佛典經録劄記　《敦煌學輯刊》1986 年第 1 期　p. 108

耿昇　八十年代的法國敦煌學論著簡介　《敦煌研究》1986 年第 3 期　p. 88

池田溫　中國古代寫本識語集録　（東京）大蔵出版株式會社　1990　p. 247

林聰明　從敦煌文書看佛教徒的造經祈福　第二屆敦煌學國際研討會論文集　（臺北）漢學研究中
　　心　1990　p. 525

方廣錩　佛教大藏經史（八—十世紀）　中國社會科學出版社　1991　p. 133

林聰明　敦煌文書出處略考　季羨林教授八十華誕紀念論文集（下）　江西人民出版社　1991
　　p. 852

林聰明　敦煌文書學　（臺北）新文豐出版公司　1991　p. 376

楊繼東　《大雲經疏》撰僧名姓小考　中華文史論叢（總 50 輯）　上海古籍出版社　1992　p. 27

方廣錩　敦煌佛教經録輯校　江蘇古籍出版社　1997　p. 366

方廣錩　敦煌經帙　敦煌學佛教學論叢（上）　中國佛教文化研究所　1998　p. 240

方廣錩　《進新譯大方廣佛花嚴經表》　藏外佛教文獻（第六輯）　宗教文化出版社　1998　p. 382

方廣錩　進新譯大方廣佛華嚴經表附大周新譯大方廣佛華嚴經總目　敦煌學大辭典　上海辭書出版

社　1998　p. 749

顧吉辰　敦煌文獻職官結銜考釋　《敦煌學輯刊》1998 年第 2 期　p. 27

楊富學　王書慶　唐代長安與敦煌佛教文化之關係　'98 法門寺唐文化國際學術討論會論文集　陝西人民出版社　2000　p. 178

姜亮夫　敦煌莫高窟年表　姜亮夫全集(十一)　雲南人民出版社　2002　p. 273

施安昌　唐武周時期的刻經與敦煌寫經　善本碑帖論集　紫禁城出版社　2002　p. 120

殷光明　敦煌盧舍那佛法界圖像研究之一　《敦煌研究》2002 年第 1 期　p. 51

P. 2315

姜亮夫　敦煌經卷壁畫中所見釋氏僧名録　敦煌學論文集　上海古籍出版社　1987　p. 1045

上山大峻　龍口明生　龍谷大學所藏敦煌本『比丘含注戒本』解說　敦煌寫本『本草集注』序録・『比丘含注戒本』　(京都)法藏館　1998　p. 300

陳明　評《敦煌寫本〈本草集注序録〉〈比丘含注戒本〉》　敦煌吐魯番研究(第四卷)　北京大學出版社　1999　p. 627

P. 2316

王堯　敦煌本藏文《賢愚經》及譯者考述　(香港)《九州學刊》(敦煌學專輯)1992 年第 4 卷第 4 期　p. 98

王堯　西藏文史考信集　中國藏學出版社　1994　p. 184

梁梁　敦煌壁畫故事(第四輯)　江蘇古籍出版社　1995　p. 3

P. 2317

田中良昭　敦煌禪宗文獻の研究　(東京)大東出版社　1983　p. 350

方廣錩　讀敦煌佛典經録劄記　《敦煌學輯刊》1986 年第 1 期　p. 108

梅弘理　敦煌本佛教教理問答書　法國學者敦煌學論文選萃　中華書局　1993　p. 140

邵文實　敦煌道教試述　《世界宗教研究》1996 年第 2 期　又見:中國敦煌學百年文庫・宗教卷(三)　甘肅文化出版社　1999　p. 336

P. 2318

陳祚龍　瓜沙印録　(臺北)《大陸雜誌》1962 年第 4 期　又見:敦煌學概要　(臺北)編譯館"中華叢書編委會"　1981　p. 267；中國敦煌學百年文庫・考古卷(一)　甘肅文化出版社　1999　p. 186

陳祚龍　古代敦煌及其他地區流行之公私印章圖記文字録　敦煌學要籥　(臺北)新文豐出版公司　1982　p. 328

平井俊榮　敦煌仏典と中國仏教　敦煌と中國仏教(講座敦煌 7)　(東京)大東出版社　1984　p. 8

林聰明　敦煌文書學　(臺北)新文豐出版公司　1991　p. 117、394

王豔明　瓜沙州大王印考　《敦煌學輯刊》2000 年第 2 期　p. 46

P. 2319

關德棟　談變文　《覺群周報》1946 年 1 卷 1－12 期　又見:敦煌變文論文録　上海古籍出版社　1982　p. 202

向達　唐代俗講考　《國學季刊》1946 年第 6 卷第 4 號　p. 42　又見:唐代長安與西域文明　三聯書

　　店　1957　p. 332；敦煌變文論輯　（臺北）石門圖書公司　1981　p. 38；敦煌變文論文録　上
　　海古籍出版社　1982　p. 66；關隴文學論叢　甘肅人民出版社　1983　p. 179
那波利貞　俗講と變文（中、下）　『佛教史學』（1 卷 3、4 號）　（京都）平樂寺書店　1950　p. 91；
　　49
那波利貞　中晚唐五代の佛教寺院の俗講の座に於ける變文の演出方法に就きて　甲南大學論集
　　（2）　（神戸）甲南大學　1955　p. 6、71
周紹良　敦煌所出變文現存目録　敦煌變文彙録　上海出版公司　1955　p. 7
邵榮芬　敦煌俗文學中的別字異文和唐五代西北方音　《中國語文》1963 年第 3 期　又見：中國敦煌
　　學百年文庫・語言文字卷（一）　甘肅文化出版社　1999　p. 125、131
金岡照光　敦煌漢文文學文獻の文學形態上の種類とその分類　敦煌出土文學文獻分類目録・附解
　　説　（東京）東洋文庫　1971　p. 198
金岡照光　敦煌文學のさまざま　敦煌の文學　（東京）大藏出版株式會社　1971　p. 186
金岡照光　敦煌文學のこころ　敦煌の文學　（東京）大藏出版株式會社　1971　p. 250
金岡照光　敦煌民衆の宗教と生活　敦煌の民衆——その生活と思想　（東京）評論社　1972
　　p. 134、191
那波利貞　俗講と變文　唐代社會文化史研究・第四編　（東京）創文社　1974　p. 427
加地哲定　增補中國佛教文學研究　（東京）同朋舍　1979　p. 167
楊家駱　敦煌變文　（臺北）世界書局　1980　p. 745
金岡照光　敦煌の繪物語　（東京）東方書店　1981　p. 57、173
白化文　什麼是變文　敦煌變文論文録　上海古籍出版社　1982　p. 431
鄭阿財　敦煌孝道文學研究　（臺北）石門圖書公司　1982　p. 16、75、219
周紹良　談唐代民間文學　敦煌變文論文録　上海古籍出版社　1982　p. 412　又見：紹良叢稿　齊
　　魯書社　1984　p. 54
川口久雄　目連救母變文考　大目乾連冥間救母變文（敦煌資料と日本文學　3）　（東京）大東文化
　　大學東洋研究所　1984　p. 45
道端良秀　敦煌文獻に見える死後の世界　敦煌と中國仏教（講座敦煌 7）　（東京）大東出版社
　　1984　p. 506
金岡照光　敦煌における地獄文獻——敦煌庶民信仰の一樣相　敦煌と中國仏教（講座敦煌 7）
　　（東京）大東出版社　1984　p. 582
潘重規　敦煌變文集新書（下）　（臺北）"中國文化大學"中文研究所　1984　p. 716
王慶菽　大目乾連冥間救母變文並圖一卷並序　敦煌變文集　人民文學出版社　1984　p. 745
李正宇　敦煌方音止遇二攝混同及其校勘學意義　《敦煌研究》1986 年第 4 期　p. 49
曲金良　"變文"名實新辨　《敦煌研究》1986 年第 2 期　p. 49
任半塘　敦煌歌辭總編　上海古籍出版社　1987　p. 1006
周紹良　唐代變文及其它　敦煌文學作品選　中華書局　1987　p. 4
陳觀勝　中國佛教中之孝道　西域與佛教文書論集　（臺北）學生書局　1989　p. 263 注 31
陳祚龍　看了敦煌古抄《佛説盂蘭盆經讚述》以後　敦煌學散策新集　（臺北）新文豐出版公司
　　1989　p. 269
郭在貽　張涌泉　黃征　《大目乾連冥間救母變文》校議　《安徽師大學報》1989 年第 1 期　p. 18
張鴻勳　變文　敦煌文學　甘肅人民出版社　1989　p. 241
郭在貽　張涌泉　黃征　敦煌變文集校議　岳麓書社　1990　p. 370
郭在貽　張涌泉　黃征　敦煌寫本書寫特例發微　敦煌吐魯番學研究論文集　漢語大詞典出版社

1990　p. 313、334、343

加地哲定著　劉衛星譯　中國佛教文學　今日中國出版社　1990　p. 141

江藍生　近代漢語語法資料彙編(唐五代卷)　商務印書館　1990　p. 390

項楚　敦煌變文選注　巴蜀書社　1990　p. 646

段平　河西寶卷選(上)　(臺北)新文豐出版公司　1992　p. 7

岡野誠　敦煌資料と唐代法典研究——西域発見の唐律・律疏斷簡の再檢討　敦煌漢文文獻(講座敦煌5)　(東京)大東出版社　1992　p. 522

郭在貽　郭在貽語言文學論稿　浙江古籍出版社　1992　p. 53

金岡照光　講唱體類　敦煌の文學文獻(講座敦煌9)　(東京)大東出版社　1992　p. 65、92、115、121、152

金岡照光　韻文體類——長篇敍事詩・短篇歌詠　敦煌の文學文獻(講座敦煌9)　(東京)大東出版社　1992　p. 256

金岡照光　孝行譚——『舜子変』と『董永傳』　敦煌の文學文獻(講座敦煌9)　(東京)大東出版社　1992　p. 544

林家平　寧强　羅華慶　中國敦煌學史　北京語言學院出版社　1992　p. 337

張涌泉　敦煌寫卷俗字類型及其考辨的方法　(香港)《九州學刊》(敦煌學專輯)1992年第4卷第4期　p. 76

周紹良　敦煌文學芻議及其它　(臺北)新文豐出版公司　1992　p. 42

高國藩　敦煌民俗資料導論　(臺北)新文豐出版公司　1993　p. 88

郭在貽　郭在貽敦煌學論集　江西人民出版社　1993　p. 206、252

鄭阿財　從敦煌文獻看唐代的三教合一　第二屆國際唐代學術會議論文集(上)　(臺北)文津出版社　1993　p. 648

蔣禮鴻　敦煌文獻語言詞典　杭州大學出版社　1994　p. 112、294、364

李明偉　隋唐絲綢之路　甘肅人民出版社　1994　p. 325

李明偉　唐代文學的嬗變與絲綢之路的影響　《敦煌研究》1994年第3期　p. 140

顏廷亮　《大目乾連冥間救母變文並圖一卷並序》的一個未見著錄的節抄卷　《社科縱橫》1994年第4期　p. 4

黃征　唐代俗語詞輯釋　唐研究(第一卷)　北京大學出版社　1995　p. 196

劉進寶　敦煌學論述　(臺北)洪葉文化事業有限公司　1995　p. 303

曲金良　敦煌佛教文學研究　(臺北)文津出版社　1995　p. 99

蕭登福　道教與佛教　(臺北)東大圖書公司　1995　p. 275

顏廷亮　敦煌文學概說　(臺北)新文豐出版公司　1995　p. 323

張涌泉　陳祚龍校錄敦煌卷子失誤例釋　學術集林(卷六)　上海遠東出版社　1995　p. 309　又見:舊學新知　浙江大學出版社　1999　p. 284

張涌泉　漢語俗字研究　岳麓書社　1995　p. 78

張涌泉　敦煌俗字研究導論　(臺北)新文豐出版公司　1996　p. 247

張涌泉　敦煌寫卷俗字類釋　敦煌吐魯番學研究論集　書目文獻出版社　1996　p. 486

黃征　李丹禾　敦煌變文中的願文　敦煌文學論集　四川人民出版社　1997　p. 369

黃征　張涌泉　敦煌變文校注　中華書局　1997　p. 116、166、797、840、1004、1162

劉子瑜　敦煌變文和王梵志詩　大象出版社　1997　p. 38

海客　大目乾連冥間救母變文　敦煌學大辭典　上海辭書出版社　1998　p. 575

李重申　武術　敦煌學大辭典　上海辭書出版社　1998　p. 600

王繼如　別本《大目乾連冥間救母變文》研究　《敦煌研究》1998 年第 3 期　p. 142

周紹良　張涌泉　黃征　敦煌變文講經文因緣輯校(上、下)　江蘇古籍出版社　1998　p. 5;872

梅維恒著　楊繼東　陳引馳譯　唐代變文(上)　(香港)中國佛教文化出版公司　1999　p. 55、197

張涌泉　敦煌文書疑難詞語辨釋　舊學新知　浙江大學出版社　1999　p. 259

張涌泉　敦煌寫本書寫特例發微　舊學新知　浙江大學出版社　1999　p. 223、244、253

金岡照光　敦煌文獻と中國文學　(東京)五曜書房　2000　p. 62

沙知　英國收藏敦煌文獻叙録　英國收藏敦煌漢藏文獻研究　中國社會科學出版社　2000　p. 124

砂岡和子　以元刊《佛說目連救母經》補勘《大目乾連冥間救母變文》　1994 年敦煌學國際研討會文
　　集·宗教文史卷(上)　甘肅民族出版社　2000　p. 181

張錫厚　敦煌文學源流　作家出版社　2000　p. 464

陶敏　李一飛　隋唐五代文學史料學　中華書局　2001　p. 352

黃征　敦煌語言文字學研究　甘肅教育出版社　2002　p. 134

張鴻勳　敦煌俗文學研究　甘肅人民出版社　2002　p. 7

張子開　敦煌文獻中的白話禪詩　《敦煌學輯刊》2003 年第 1 期　p. 83

鄭阿財　《盂蘭盆經疏》與《盂蘭盆經講經文》　冉雲華先生八秩華誕壽慶論文集　(臺北)法光出版
　　社　2003　p. 446

高啓安　唐五代敦煌飲食文化研究　民族出版社　2004　p. 132

荒見泰史　敦煌變文研究概述以及新觀點　華林(第三卷)　中華書局　2004　p. 393

王小盾　潘重規先生"變文外衣"理論疏說　敦煌學(第 25 輯)　(臺北)樂學書局有限公司　2004
　　p. 76

張涌泉　敦煌文獻字詞例釋　敦煌學(第 25 輯)　(臺北)樂學書局有限公司　2004　p. 349

黃征　敦煌俗字典　上海教育出版社　2005　p. 前言 25、51、96

黃征　敦煌俗字種類考辨　敦煌學·日本學:石塚晴通教授退職紀念論文集　上海辭書出版社
　　2005　p. 117

P. 2320

陳祚龍　瓜沙印録　(臺北)《大陸雜誌》1962 年第 4 期　又見:　敦煌學概要　(臺北)編譯館"中華
　　叢書編委會"　1981　p. 268；中國敦煌學百年文庫·考古卷(一)　甘肅文化出版社　1999
　　p. 190

陳祚龍　古代敦煌及其他地區流行之公私印章圖記文字録　敦煌學要籥　(臺北)新文豐出版公司
　　1982　p. 341

岡部和雄　敦煌藏經目録　敦煌と中國仏教(講座敦煌 7)　(東京)大東出版社　1984　p. 317

姜亮夫　敦煌經卷壁畫中所見寺觀録　敦煌學論文集　上海古籍出版社　1987　p. 1077

池田溫　敦煌文獻について　『書道研究』(2 卷 2 號)　(東京)萱原書局　1988　p. 49　又見:敦煌
　　文書の世界　(東京)名著刊行會　2003　p. 52

上山大峻　敦煌佛教の研究　(京都)法藏館　1990　p. 362

林聰明　敦煌文書學　(臺北)新文豐出版公司　1991　p. 126

陶秋英輯録　姜亮夫校訂　敦煌經卷所見寺名録　敦煌碎金　浙江古籍出版社　1992　p. 114

李正宇　淨土寺　敦煌學大辭典　上海辭書出版社　1998　p. 631

謝桃坊　敦煌文化尋繹　四川人民出版社　1999　p. 213

P. 2322

福井文雅　般若心經　敦煌と中國仏教(講座敦煌7)　(東京)大東出版社　1984　p. 39

三崎良周　仏頂尊勝陀羅尼經と諸星母陀羅尼經　敦煌と中國仏教(講座敦煌7)　(東京)大東出版社　1984　p. 127

郭長城　敦煌變文集失收之三個與"秋吟一本"相關寫卷叙錄：S. 5572, P. 2704, P. 4980　敦煌學(第11輯)　(臺北)新文豐出版公司　1986　p. 74

劉文英　夢的迷信與夢的探索　中國社會科學出版社　1989　p. 139

蕭登福　從敦煌寫卷中看道教星斗崇拜對佛經之影響　第二屆敦煌學國際研討會論文集　(臺北)漢學研究中心　1990　p. 341

蕭登福　道教星斗符印與佛教密宗　(臺北)新文豐出版公司　1993　p. 51

張金泉　敦煌佛經音義寫卷述要　《敦煌研究》1997年第2期　p. 120

方廣錩　《般若心經譯注集成》前言　敦煌學佛教學論叢(下)　中國佛教文化研究所　1998　p. 29

方廣錩　唐梵翻對字音般若波羅蜜多心經　敦煌學大辭典　上海辭書出版社　1998　p. 687

吳其昱　唐代景教之法王與尊經考　敦煌吐魯番研究(第五卷)　北京大學出版社　2001　p. 13

張總　說不盡的觀世音　上海辭書出版社　2002　p. 7

P. 2323

陳祚龍　關於研究李唐三藏法師玄奘的"作爲"及其影響之敦煌古抄參考資料　中華佛教文化史散策(初集)　(臺北)新文豐出版公司　1978　p. 366

陳祚龍　敦煌古抄內典尾記彙校初、二、三編合刊　敦煌學要籥　(臺北)新文豐出版公司　1982　p. 178

林聰明　從敦煌文書看佛教徒的造經祈福　第二屆敦煌學國際研討會論文集　(臺北)漢學研究中心　1990　p. 522

林聰明　敦煌文書出處略考　季羨林教授八十華誕紀念論文集(下)　江西人民出版社　1991　p. 851

林聰明　敦煌文書學　(臺北)新文豐出版公司　1991　p. 373

顧吉辰　敦煌文獻職官結銜考釋　《敦煌學輯刊》1998年第2期　p. 22

謝桃坊　敦煌文化尋繹　四川人民出版社　1999　p. 208

姜亮夫　敦煌莫高窟年表　姜亮夫全集(十一)　雲南人民出版社　2002　p. 217

釋永有　敦煌遺書中的金剛經　敦煌佛教藝術文化國際學術研討會論文集　蘭州大學出版社　2002　p. 40

杜正乾　唐代的《金剛經》信仰　《敦煌研究》2004年第5期　p. 53

P. 2324

那波利貞　中晚唐五代の佛教寺院の俗講の座に於ける變文の演出方法に就きて　甲南大學論集(2)　(神戶)甲南大學　1955　p. 22

那波利貞　千佛岩莫高窟と敦煌文書　西域文化研究(第二)・敦煌吐魯番社會經濟資料(上)　(京都)法藏館　1959　p. 51

金岡照光　敦煌文學のさまざま　敦煌の文學　(東京)大藏出版株式會社　1971　p. 108

加地哲定　增補中國佛教文學研究　(東京)同朋舍　1979　p. 129

楊家駱　敦煌變文　(臺北)世界書局　1980　p. 403

金岡照光　敦煌の繪物語　(東京)東方書店　1981　p. 114

鄭阿財　敦煌孝道文學研究　（臺北）石門圖書公司　1982　p. 269 注 274、557 注 54

潘重規　敦煌變文集新書(上)　（臺北）"中國文化大學"中文研究所　1984　p. 656

王重民　難陀出家緣起　敦煌變文集　人民文學出版社　1984　p. 403

張涌泉　敦煌變文校讀釋例　《敦煌學輯刊》1987 年第 2 期　p. 22、28　又見：舊學新知　浙江大學
　　出版社　1999　p. 165、177、198

周紹良　唐代變文及其它　敦煌文學作品選　中華書局　1987　p. 18

程毅中　唐代俗講文體制補說　敦煌語言文學研究　北京大學出版社　1988　p. 74

柴劍虹　因緣　敦煌文學　甘肅人民出版社　1989　p. 273

楊雄　敦煌變文四篇補校　《敦煌研究》1989 年第 1 期　p. 92

郭在貽　張涌泉　黃征　敦煌寫本書寫特例發微　敦煌吐魯番學研究論文集　漢語大詞典出版社
　　1990　p. 328

加地哲定著　劉衛星譯　中國佛教文學　今日中國出版社　1990　p. 112、145

蔣紹愚　近代漢語語法資料彙編(唐五代卷)　商務印書館　1990　p. 375

柴劍虹　敦煌文學中的"因緣"與"詩話"　西域文史論稿　（臺北）國文天地雜誌社　1991　p. 514

汪泛舟　敦煌文學寫本辨正舉隅　《敦煌研究》1991 年第 1 期　p. 93

岩本裕　敦煌における仏傳・本生譚　敦煌の文學文獻(講座敦煌9)　（東京）大東出版社　1992
　　p. 444

周紹良　敦煌文學芻議及其它　（臺北）新文豐出版公司　1992　p. 83

黃征　敦煌寫本整理應遵循的原則　《敦煌研究》1993 年第 2 期　p. 106　又見：敦煌語文叢說　（臺
　　北)新文豐出版公司　1997　p. 12

李正宇　敦煌文學概論　甘肅人民出版社　1993　p. 107

王小盾　唐代酒令藝術　（臺北）文津出版社　1993　p. 157

楊雄　講經文名實說　（香港）《九州學刊》(敦煌學專輯)1993 年第 5 卷第 4 期　p. 144

陳海濤　敦煌變文新論　《敦煌研究》1994 年第 1 期　p. 65

黃征　輯注本《啓顏錄》匡補　俗語言研究(第二)　（京都）禪文化研究所　1995　p. 89　又見：敦煌
　　語文叢說　（臺北）新文豐出版公司　1997　p. 502

黃征　唐代俗語詞輯釋　唐研究(第一卷)　北京大學出版社　1995　p. 203

楊雄　難陀出家緣起　敦煌論稿　甘肅文化出版社　1995　p. 303

姜伯勤　敦煌藝術宗教與禮樂文明　中國社會科學出版社　1996　p. 556

張涌泉　敦煌文獻校讀釋例　文史(第四十一輯)　中華書局　1996　p. 190　又見：舊學新知　浙
　　江大學出版社　1999　p. 198

賀世哲　讀莫高窟第 254 窟《難陀出家圖》　《敦煌研究》1997 年第 2 期　p. 1

黃征　敦煌寫本異文綜析　敦煌語文叢說　（臺北）新文豐出版公司　1997　p. 28

黃征　《壇經校釋》釋詞商補　敦煌語文叢說　（臺北）新文豐出版公司　1997　p. 87

黃征　張涌泉　敦煌變文校注　中華書局　1997　p. 594、847

海客　難陀出家緣起　敦煌學大辭典　上海辭書出版社　1998　p. 580

潘重規　敦煌《雲謠集》新書　雲謠集研究彙錄　上海古籍出版社　1998　p. 191

譚蟬雪　敦煌歲時文化導論　（臺北）新文豐出版公司　1998　p. 354

張涌泉　敦煌寫本書寫特例發微　舊學新知　浙江大學出版社　1999　p. 239

鄭炳潤　敦煌佛教故事類講唱文學所見淨土宗與禪宗　《敦煌研究》1999 年第 2 期　p. 149

金岡照光　敦煌文獻と中國文學　（東京）五曜書房　2000　p. 135、173

謝生保　成佛之路：敦煌壁畫佛傳故事　甘肅人民出版社　2000　p. 181

李小榮　敦煌變文"平"、"側"、"斷"諸音聲符號探析　《敦煌學輯刊》2001 年第 2 期　p. 9

李正宇　沙州歸義軍樂營及其職事　敦煌吐魯番研究(第五卷)　北京大學出版社　2001　p. 223

汪泛舟　敦煌俗別字補正　《敦煌研究》2001 年第 4 期　p. 156

黃征　敦煌語言文字學研究　甘肅教育出版社　2002　p. 48、143

李小榮　變文講唱與華梵宗教藝術　上海三聯書店　2002　p. 204

張鴻勳　敦煌俗文學研究　甘肅人民出版社　2002　p. 99

王克芬　柴劍虹　對敦煌舞譜研究若干問題的再認識　2000 年敦煌學國際學術討論會文集‧石窟
　　藝術卷　甘肅民族出版社　2003　p. 48

王小盾　潘重規先生"變文外衣"理論疏說　敦煌學(第 25 輯)　(臺北)樂學書局有限公司　2004
　　p. 87

P. 2325

宇井伯壽　西域佛典の研究——敦煌逸書簡譯　(東京)岩波書店　1969　p. 335

陳寅恪　敦煌本心王投陀經及法句經跋尾　金明館叢稿(二編)　上海古籍出版社　1980　p. 178
　　又見：中國敦煌學百年文庫‧宗教卷(四)　甘肅文化出版社　1999　p. 9

岡部和雄　經疏‧要抄　敦煌仏典と禪(講座敦煌 8)　(東京)大東出版社　1980　p. 340

岡部和雄　疑僞經典　敦煌仏典と禪(講座敦煌 8)　(東京)大東出版社　1980　p. 355

矢吹慶輝　鳴沙余韻‧解說篇(第一、二部)　(京都)臨川書店　1980　p. 188；244

田中良昭　敦煌禪宗文獻の研究　(東京)大東出版社　1983　p. 401

上山大峻　敦煌佛教の研究　(京都)法藏館　1990　p. 422

汪娟　敦煌禮懺文研究　(臺北)法鼓文化公司　1994　p. 202

孫昌武　禪思與詩情　中華書局　1997　p. 154

方廣錩　法句經疏　敦煌學大辭典　上海辭書出版社　1998　p. 742

山田俊　再論《太上妙法本相經》：以《東極真人問事品第九》爲主　敦煌吐魯番研究(第四卷)　北
　　京大學出版社　1999　p. 491

湛如　評《敦煌禮懺文研究》　敦煌吐魯番研究(第四卷)　北京大學出版社　1999　p. 620

達照　金剛五禮　藏外佛教文獻(第七輯)　宗教文化出版社　2000　p. 53

達照　《金剛經》相關的懺法初探　法源(第 18 期)　中國佛學院　2000　p. 215

P. 2326

石井昌子　靈寶經類　敦煌と中國道教(講座敦煌 4)　(東京)大東出版社　1983　p. 159

鄭炳林　敦煌碑銘讚三篇證誤與考釋　《敦煌學輯刊》1992 年第 1、2 期　p. 101

邵文實　沙州節兒考及其引申出來的幾個問題　《西北師大學報》(社會科學版)1992 年第 5 期
　　p. 66

鄭炳林　《索崇恩和尚修功德記》考釋　《敦煌研究》1993 年第 2 期　p. 58

鄭炳林　馮培紅　讀《中國古代寫本識語集錄》劄記　《西北史地》1994 年第 4 期　p. 47

黃征　吳偉　敦煌願文集　岳麓書社　1995　p. 347

姜伯勤　變文的南方源頭與敦煌的唱導法匠　華學(第一輯)　中山大學出版社　1995　p. 155

萬毅　敦煌本《昇玄內教經》試探　唐研究(第一卷)　北京大學出版社　1995　p. 67

鄭炳林　敦煌漢文吐蕃史料綜述：兼論吐蕃控制河西時期的職官與統治政策　敦煌吐魯番文獻研究
　　蘭州大學出版社　1995　p. 97

姜伯勤　敦煌藝術宗教與禮樂文明　中國社會科學出版社　1996　p. 406

劉屹　敦煌十卷本《老子化胡經》殘卷新探　唐研究（第二卷）　北京大學出版社　1996　p. 108

馬雅倫　邢豔紅　吐蕃統治時期敦煌兩位粟特僧官：史慈燈、石法海考　《敦煌學輯刊》1996 年第 1
　　期　p. 55

鄭炳林　敦煌碑銘讚輯釋　甘肅教育出版社　1997　p. 30 注 2

鄭炳林　唐五代敦煌的粟特人與佛教　敦煌歸義軍史專題研究　蘭州大學出版社　1997　p. 436

鄭炳林　吐蕃統治下的敦煌粟特人　敦煌歸義軍史專題研究　蘭州大學出版社　1997　p. 381

萬毅　敦煌本《昇玄內教經》解說　道家文化研究（第十三輯）　三聯書店　1998　p. 268

王卡　太上洞玄靈寶昇玄內教經　敦煌學大辭典　上海辭書出版社　1998　p. 760

鄭炳林　《康秀華寫經施入疏》與《炫和尚貨賣胡粉曆》研究　敦煌吐魯番研究（第三卷）　北京大學
　　出版社　1998　p. 203

金瀅坤　吐蕃沙州都督考　《敦煌研究》1999 年第 3 期　p. 87

山田俊　唐初道教思想史研究·資料篇　（京都）平樂寺書店　1999　p. 209、274、455

顏廷亮　敦煌文化中的道教及文化　《敦煌研究》1999 年第 1 期　p. 140

楊富學　李吉和　敦煌漢文吐蕃史料輯校（第一輯）　甘肅人民出版社　1999　p. 186、199

萬毅　敦煌本道教《昇玄內教經》的文本順序　《敦煌研究》2000 年第 4 期　p. 135　又見：敦煌文獻
　　論集：紀念藏經洞發現一百周年國際學術研討會論文集　遼寧人民出版社　2001　p. 598

顏廷亮　敦煌文化　光明日報出版社　2000　p. 124、243

楊森　淺談敦煌文獻中唐代墓誌銘抄本《敦煌研究》2000 年第 3 期　p. 137

陸離　有關吐蕃太子的文書研究　《敦煌學輯刊》2003 年第 1 期　p. 29

王繼光　鄭炳林　敦煌漢文吐蕃史料綜述　中國西部民族文化研究（2003 年卷）　民族出版社
　　2003　p. 239、248

王卡　敦煌道教文獻研究　中國社會科學出版社　2004　p. 121

王卡　中國國家圖書館藏敦煌道教遺書研究報告　敦煌吐魯番研究（第七卷）　北京大學出版社
　　2004　p. 354

陸離　吐蕃統治時期敦煌僧官的幾個問題　《敦煌研究》2005 年第 3 期　p. 98

屈直敏　從《勵忠節抄》看歸義軍政權道德秩序的重建　《敦煌學輯刊》2005 年第 3 期　p. 82

汪泛舟　敦煌俗別字新考（上）　《敦煌研究》2006 年第 1 期　p. 105

王卡　敦煌本《昇玄內教經》殘卷校讀記　敦煌吐魯番研究（第九卷）　中華書局　2006　p. 66

P. 2328

矢吹慶輝　鳴沙餘韻·解說篇（第一部）　（京都）臨川書店　1980　p. 64

陳祚龍　敦煌古抄內典尾記彙校初、二、三編合刊　敦煌學要籥　（臺北）新文豐出版公司　1982
　　p. 178

吳其昱著　福井文雅　樋口勝譯　大蕃國大德·三藏法師·法成傳考　敦煌と中國仏教（講座敦煌
　　7）　（東京）大東出版社　1984　p. 389

戴密微著　耿昇譯　敦煌學近作　敦煌譯叢（第一輯）　甘肅人民出版社　1985　p. 64

池田溫　中國古代寫本識語集錄　（東京）大藏出版株式會社　1990　p. 336

上山大峻　敦煌佛教の研究　（京都）法藏館　1990　p. 210

劉屹　敦煌十卷本《老子化胡經》殘卷新探　唐研究（第二卷）　北京大學出版社　1996　p. 108

方廣錩　大乘百法明門論述　敦煌學大辭典　上海辭書出版社　1998　p. 717

方廣錩　大乘稻稈經隨聽疏決　敦煌學大辭典　上海辭書出版社　1998　p. 730

楊富學　李吉和　敦煌漢文吐蕃史料輯校（第一輯）　甘肅人民出版社　1999　p. 278

P. 2329

唐文播　巴黎所藏敦煌老子寫卷校記　《中國文化研究彙刊》1930 年第 5 卷　又見：中國敦煌學百年
　　文庫·文獻卷(一)　甘肅文化出版社　1999　p. 90

唐文播　巴黎所藏敦煌老子寫本綜考　《中國文化研究彙刊》1944 年第 4 卷　又見：中國敦煌學百年
　　文庫·文獻卷(一)　甘肅文化出版社　1999　p. 221

內藤幹治　河上公注老子の養生說について　吉岡博士還曆記念：道教研究論集——道教の思想と
　　文化　(東京)國書刊行會　1977　p. 338

鄭良樹　敦煌老子寫本考異　(臺北)《大陸雜誌》1981 年第 2 期　又見：中國敦煌學百年文庫·宗
　　教卷(三)　甘肅文化出版社　1999　p. 61

楠山春樹　道德經類　付『莊子』『列子』『文子』　敦煌と中國道教(講座敦煌 4)　(東京)大東出版
　　社　1983　p. 7

姜亮夫　巴黎所藏敦煌寫本道德經殘卷綜合研究　敦煌學論文集　上海古籍出版社　1987　p. 244、
　　261 注、274、302

周紹良　敦煌文學芻議及其它　(臺北)新文豐出版公司　1992　p. 53

白化文　道德經白文本　敦煌學大辭典　上海辭書出版社　1998　p. 776

王卡　老子道德經序訣　敦煌學大辭典　上海辭書出版社　1998　p. 762

周紹良　張涌泉　黃征　敦煌變文講經文因緣輯校(上)　江蘇古籍出版社　1998　p. 19

郝春文　英藏敦煌社會歷史文獻釋錄(第一卷)　科學出版社　2001　p. 47

姜亮夫　巴黎所藏敦煌寫本道德經殘卷綜合研究　姜亮夫全集(十三)　雲南人民出版社　2002
　　p. 210

王卡　敦煌道教文獻研究　中國社會科學出版社　2004　p. 159、164

P. 2330

饒宗頤　論敦煌陷於吐蕃之年代　(香港)《東方文化》1971 年第 9 卷第 1 期　又見：選堂集林·史林
　　(香港)中華書局　1982　p. 684；中國敦煌學百年文庫·民族卷(一)　甘肅文化出版社　1999
　　p. 229

陳祚龍　關於李唐玄宗御"注"金剛經　敦煌資料考屑(下冊)　(臺北)商務印書館　1979　p. 490

陳祚龍　敦煌古抄《梁朝傅大士頌金剛經》之考證和校訂　敦煌簡策訂存　(臺北)商務印書館
　　1983　p. 247 注 13

田中良昭　敦煌禪宗文獻の研究　(東京)大東出版社　1983　p. 198

王重民　記敦煌寫本的佛經　敦煌吐魯番文獻研究論集(第二輯)　北京大學出版社　1983　p. 19
　　又見：敦煌遺書論文集　中華書局　1984　p. 303

王重民　《敦煌遺書總目索引》後記　敦煌遺書論文集　中華書局　1984　p. 82

平井宥慶　敦煌文書における金剛經疏　金剛般若經の思想的研究　(東京)春秋社　1999　p. 266

杜正乾　唐代的《金剛經》信仰　《敦煌研究》2004 年第 5 期　p. 53

P. 2331

林聰明　敦煌文書學　(臺北)新文豐出版公司　1991　p. 62

高國藩　敦煌民俗資料導論　(臺北)新文豐出版公司　1993　p. 4

郝春文　敦煌寫本社邑文書年代彙考(三)　《社科縱橫》1993 年第 5 期　p. 11

沃興華　敦煌書法藝術　上海人民出版社　1994　p. 206

黃征　吳偉　敦煌願文集　岳麓書社　1995　p. 317、374、643

姜伯勤　論敦煌本《本際經》的道性論　道家文化研究(第七輯)　上海古籍出版社　1995　p. 234

黃征　敦煌願文考論　敦煌語文叢說　(臺北)新文豐出版公司　1997　p. 583

寧可　郝春文　敦煌社邑文書輯校　江蘇古籍出版社　1997　p. 518

上山大峻　龍口明生　龍谷大學所藏敦煌本『比丘含注戒本』解說　敦煌寫本『本草集注』序錄・『比丘含注戒本』　(京都)法藏館　1998　p. 301

陳明　評《敦煌寫本〈本草集注序錄〉〈比丘含注戒本〉》　敦煌吐魯番研究(第四卷)　北京大學出版社　1999　p. 627

P. 2332

戴密微著　耿昇譯　敦煌學近作　敦煌譯叢(第一輯)　甘肅人民出版社　1985　p. 43 注 1

P. 2334

陳祚龍　敦煌古抄內典尾記彙校初、二、三編合刊　敦煌學要籥　(臺北)新文豐出版公司　1982　p. 178

池田溫　中國古代寫本識語集錄　(東京)大藏出版株式會社　1990　p. 178

林聰明　從敦煌文書看佛教徒的造經祈福　第二屆敦煌學國際研討會論文集　(臺北)漢學研究中心　1990　p. 527

林聰明　敦煌文書學　(臺北)新文豐出版公司　1991　p. 321

尹偉先　從敦煌文書看唐代河西地區的貨幣流通　《社科縱橫》1992 年第 6 期　又見:中國敦煌學百年文庫・歷史卷(二)　甘肅文化出版社　1999　p. 344

方廣錩　敦煌遺書中的《妙法蓮華經》及有關文獻　敦煌學佛教學論叢(下)　中國佛教文化研究所　1998　p. 75　又見:法源(第 16 期)　中國佛學院　1998　p. 42

方廣錩　妙法蓮華經　敦煌學大辭典　上海辭書出版社　1998　p. 689

金岡照光　敦煌文獻と中國文學　(東京)五曜書房　2000　p. 432

陳麗萍　敦煌女性寫經題記及反映的婦女問題　敦煌佛教藝術文化國際學術研討會論文集　蘭州大學出版社　2002　p. 430

姜亮夫　敦煌莫高窟年表　姜亮夫全集(十一)　雲南人民出版社　2002　p. 196

石塚晴通　關於漢字文化圈漢字字體的標準　敦煌學(第 25 輯)　(臺北)樂學書局有限公司　2004　p. 102

紅林幸子　"無"、"无"字間的問題系列:在《開成石經周易》中的兩字　敦煌學・日本學:石塚晴通教授退職紀念論文集　上海辭書出版社　2005　p. 194

紅林幸子　「無」・「无」字の問題系——『開成石經周易』における二字體　日本學・敦煌學・漢文訓讀の新展開　(東京)汲古書院　2005　p. 547

P. 2335

李豐楙　敦煌道經寫卷與道教寫經的供養功德觀　全國敦煌學研討會論文集　(臺北)中正大學中國文學系所　1995　p. 126

王承文　敦煌本《太極左仙公請問經》考論　道家文化研究(第十三輯)　三聯書店　1998　p. 166

王承文　敦煌古靈寶經與晉唐道教　中華書局　2002　p. 100

P. 2337

秋月觀暎　敦煌發見神人所說三元威儀觀行經斷簡校勘　福井博士頌壽記念東洋思想論集　(東

京）論文集刊行會　1960　p. 16

石井昌子　靈寶經類　敦煌と中國道教（講座敦煌4）　（東京）大東出版社　1983　p. 158

尾崎正治　道教の類書　敦煌と中國道教（講座敦煌4）　（東京）大東出版社　1983　p. 202

尾崎正治　洞淵神呪經　敦煌と中國道教（講座敦煌4）　（東京）大東出版社　1983　p. 180

尾崎正治　其他道典類　敦煌と中國道教（講座敦煌4）　（東京）大東出版社　1983　p. 186

柳存仁　《三洞奉道科誡儀範》卷第五：P. 2337 中金明七真一詞之推測　漢學研究（敦煌學國際研討會論文專號）　（臺北）漢學研究資料及服務中心　1986　p. 509　又見：唐代研究論集（第四輯）（臺北）新文豐出版公司　1992　p. 357；和風堂新文集（上）　（臺北）新文豐出版公司　1997　p. 339

柳存仁　想爾注與道教　第二屆敦煌學國際研討會論文集　（臺北）漢學研究中心　1990　p. 49 注 3

朱越利　道經總論　遼寧教育出版社　1992　p. 310

王卡　老子道德經河上公章句　中華書局　1993　p. 6

李豐楙　敦煌道經寫卷與道教寫經的供養功德觀　全國敦煌學研討會論文集　（臺北）中正大學中國文學系所　1995　p. 129

萬毅　敦煌本《昇玄內教經》試探　唐研究（第一卷）　北京大學出版社　1995　p. 81

王卡　敦煌道經校讀三則　道家文化研究（第十三輯）　三聯書店　1998　p. 119

王卡　三洞奉道科戒儀範　敦煌學大辭典　上海辭書出版社　1998　p. 763

池田溫　東アジア中古の莊園をめぐる一考察　東アジア史における國家と地域　（東京）刀水書房　1999　p. 400

汪泛舟　敦煌道教與齋醮諸考　1994 年敦煌學國際研討會文集・宗教文史卷（上）　甘肅民族出版社　2000　p. 13

王承文　敦煌古靈寶經與晉唐道教　中華書局　2002　p. 189、362、455

王承文　古靈寶經定期齋戒的淵源及其與佛教的關係　華林（第二卷）　中華書局　2002　p. 241

王承文　《隋書・經籍志・道經序》與道教教主元始天尊的確立　唐研究（第八卷）　北京大學出版社　2002　p. 45

王承文　敦煌本古靈寶經兩部佚經考證　《敦煌研究》2003 年第 1 期　p. 85

王承文　敦煌古靈寶經與道教“三洞經書”和“三乘”考論　《敦煌學輯刊》2003 年第 1 期　p. 44

王卡　敦煌道教文獻研究　中國社會科學出版社　2004　p. 33、138

鄭阿財　北京故宮藏敦煌本《慈善孝子報恩成道經》考　敦煌學（第25輯）　（臺北）樂學書局有限公司　2004　p. 547

鄭阿財　敦煌本慈善孝子報恩成道經考論　敦煌學國際研討會論文集　北京圖書館出版社　2005　p. 137

P. 2338

土橋秀高　敦煌の律藏　敦煌と中國仏教（講座敦煌7）　（東京）大東出版社　1984　p. 250

P. 2339

北京大學　敦煌《經卷》、《照片》及《圖書》目錄　中國敦煌學百年文庫・綜述卷（一）　甘肅文化出版社　1999　p. 319

P. 2340

陳祚龍　簡介"佛說護身命經"的敦煌古抄　敦煌學海探珠(下冊)　(臺北)商務印書館　1979
　　p. 317

矢吹慶輝　鳴沙餘韻・解說篇(第二部)　(京都)臨川書店　1980　p. 227

汪泛舟　偈・頌　敦煌文學　甘肅人民出版社　1989　p. 89

池田溫　中國古代寫本識語集錄　(東京)大藏出版株式會社　1990　p. 522

汪泛舟　敦煌文學概論　甘肅人民出版社　1993　p. 548

京戶　慈光　傳入日本的中國佛教疑偽經典(上)　《敦煌學輯刊》1996 年第 1 期　p. 77

鄭炳林　敦煌碑銘讚輯釋　甘肅教育出版社　1997　p. 517 注 8

方廣錩　救護身命經　敦煌學大辭典　上海辭書出版社　1998　p. 741

羅宗濤　讀《敦煌所出現的佛教講唱文》　中國敦煌學百年文庫・文學卷(二)　甘肅文化出版社
　　1999　p. 376

徐俊　敦煌詩集殘卷輯考　中華書局　2000　p. 114

P. 2341

那波利貞　佛教信仰に基きて組織せられたる中晚唐五代時代の社邑に就きて(下)　『史林』(24
　　卷 4 號)　京都大學文學部史學研究會　1939　p. 112　又見:唐代社會文化史研究・第六編
　　(東京)創文社　1974　p. 664

那波利貞　梁戶考　唐代社會文化史研究・第三編　(東京)創文社　1974　p. 313

金岡照光　敦煌の繪物語　(東京)東方書店　1981　p. 115

邵文實　沙州節兒考及其引申出來的幾個問題　《西北師大學報》(社會科學版)1992 第 5 期　p. 64

郝春文　敦煌寫本社邑文書年代彙考(三)　《社科縱橫》1993 年第 5 期　p. 11

楊銘　一件有關敦煌陷蕃時間的藏文文書　《敦煌研究》1994 年第 3 期　p. 87

黃征　吳偉　敦煌願文集　岳麓書社　1995　p. 38、254、333、442、508、661、728、793

鄭炳林　敦煌漢文吐蕃史料綜述:兼論吐蕃控制河西時期的職官與統治政策　敦煌吐魯番文獻研究
　　蘭州大學出版社　1995　p. 96

黃征　敦煌願文考論　敦煌語文叢說　(臺北)新文豐出版公司　1997　p. 587

寧可　郝春文　敦煌社邑文書輯校　江蘇古籍出版社　1997　p. 525

楊銘　吐蕃統治敦煌研究　(臺北)新文豐出版公司　1997　p. 108

鄭炳林　敦煌碑銘讚輯釋　甘肅教育出版社　1997　p. 523 注 3

王卡　太上大道玉清經　敦煌學大辭典　上海辭書出版社　1998　p. 761

顏廷亮　敦煌文化中的道教及文化　《敦煌研究》1999 年第 1 期　p. 140

楊富學　李吉和　敦煌漢文吐蕃史料輯校(第一輯)　甘肅人民出版社　1999　p. 183、199、258

劉進寶　敦煌文書與唐史研究　(臺北)新文豐出版公司　2000　p. 110

王三慶　北京大學圖書館藏本《諸文要集》一卷研究　慶祝吳其昱先生八秩華誕敦煌學特刊　(臺
　　北)文津出版社　2000　p. 170

顏廷亮　敦煌文化　光明日報出版社　2000　p. 243

曾良　敦煌文獻字義通釋　廈門大學出版社　2001　p. 197

郝春文　《敦煌寫本社邑文書輯校》補遺(四)　漢語史學報專輯(第三輯)　上海教育出版社　2003
　　p. 385

陸離　有關吐蕃太子的文書研究　《敦煌學輯刊》2003 年第 1 期　p. 29

王繼光　鄭炳林　敦煌漢文吐蕃史料綜述　中國西部民族文化研究(2003 年卷)　民族出版社

2003　p. 248

余欣　禁忌、儀式與法術　唐代宗教信仰與社會　上海辭書出版社　2003　p. 329

張承東　試論敦煌寫本齋文的駢文特色　《敦煌學輯刊》2003 年第 1 期　p. 98

黨燕妮　晚唐五代敦煌的十王信仰　麥積山石窟藝術文化論文集(下)　蘭州大學出版社　2004
　　p. 162

杜斗城　"七七齋"之源流及敦煌文獻中有關資料的分析　《敦煌研究》2004 年第 4 期　p. 35

王卡　敦煌道教文獻研究　中國社會科學出版社　2004　p. 147

王卡　中國國家圖書館藏敦煌道教遺書研究報告　敦煌吐魯番研究(第七卷)　北京大學出版社
　　2004　p. 360

黨燕妮　毗沙門天王信仰在敦煌的流傳　《敦煌研究》2005 年第 3 期　p. 101

郝春文　唐後期五代宋初敦煌私社的教育與教化功能　敦煌吐魯番研究(第九卷)　中華書局
　　2006　p. 310

汪泛舟　敦煌俗別字新考(上)　《敦煌研究》2006 年第 1 期　p. 103

武學軍　敏春芳　敦煌願文婉詞試解(一)　《敦煌學輯刊》2006 年第 1 期　p. 129

P. 2342

陳祚龍　瓜沙印錄　(臺北)《大陸雜誌》1962 年第 4 期　又見:敦煌學概要　(臺北)編譯館"中華叢
　　書編委會"　1981　p. 269；中國敦煌學百年文庫·考古卷(一)　甘肅文化出版社　1999
　　p. 191

池田溫　評『ペリオ將來敦煌漢文文獻目錄』第一卷(P. 2001 - 2500)　『東洋學報』(54 卷 4 號)
　　(東京)東洋學術協會　1972　p. 67

陳祚龍　古代敦煌及其他地區流行之公私印章圖記文字錄　敦煌學要籥　(臺北)新文豐出版公司
　　1982　p. 344

李正宇　唐宋時代敦煌的用筆與製筆　《絲路論壇》1987 年第 2 期　p. 51

山本達郎等　敦煌·III 轉貼　『NUN - HUANG AND TURFAN DOCUMENTS CONCERNING SOCIAL
　　AND ECONOMIC HISTORY』(IV)　(東京)東洋文庫　1989　p. 78

高國藩　敦煌古俗與民俗流變　河海大學出版社　1990　p. 423

王進玉　敦煌石窟探秘　四川教育出版社　1994　p. 98

石田勇作　敦煌「社文書」研究序說　中國古代の國家と民眾(堀敏一先生古稀記念)　(東京)汲古
　　書院　1995　p. 675

李正宇　司　敦煌學大辭典　上海辭書出版社　1998　p. 382

P. 2343

那波利貞　佛教信仰に基きて組織せられたる中晚唐五代時代の社邑に就きて(下)　『史林』(24
　　卷 4 號)　京都大學文學部史學研究會　1939　p. 112　又見:唐代社會文化史研究·第六編
　　(東京)創文社　1974　p. 664

那波利貞　梁戶考　唐代社會文化史研究·第三編　(東京)創文社　1974　p. 313

石井昌子　靈寶經類　敦煌と中國道教(講座敦煌 4)　(東京)大東出版社　1983　p. 159

尾崎正治　其他道典類　敦煌と中國道教(講座敦煌 4)　(東京)大東出版社　1983　p. 187

姜亮夫　敦煌經卷在中國文化學術上的價值　敦煌學論文集　上海古籍出版社　1987　p. 6

哈密頓著　耿昇譯　回鶻文尊號闍梨和都統考　《甘肅民族研究》1988 年第 3 - 4 期　p. 121 注 1

朱越利　道經總論　遼寧教育出版社　1992　p. 259

姜伯勤　《本際經》與敦煌道教　《敦煌研究》1994 年第 3 期　p. 9

姜伯勤　論敦煌本《本際經》的道性論　道家文化研究（第七輯）　上海古籍出版社　1995　p. 237

萬毅　敦煌本《昇玄內教經》試探　唐研究（第一卷）　北京大學出版社　1995　p. 67

姜伯勤　敦煌藝術宗教與禮樂文明　中國社會科學出版社　1996　p. 217、240

萬毅　敦煌本《昇玄內教經》解說　道家文化研究（第十三輯）　三聯書店　1998　p. 268

王卡　太上洞玄靈寶昇玄內教經　敦煌學大辭典　上海辭書出版社　1998　p. 760

山田俊　唐初道教思想史研究·論述篇　（京都）平樂寺書店　1999　p. 55、157、234、257、275、407

萬毅　敦煌本道教《昇玄內教經》的文本順序　《敦煌研究》2000 年第 4 期　p. 135　又見：敦煌文獻
　　論集：紀念藏經洞發現一百周年國際學術研討會論文集　遼寧人民出版社　2001　p. 598

王卡　敦煌道經殘卷綴合與考訂三則　敦煌文獻論集：紀念藏經洞發現一百周年國際學術研討會論
　　文集　遼寧人民出版社　2001　p. 590

王承文　敦煌古靈寶經與晉唐道教　中華書局　2002　p. 238、658

劉屹　論《昇玄經》的文本差異問題　文津學志（第一輯）　北京圖書館出版社　2003　p. 191

劉屹　唐代道教的"化胡"經說與"道本論"　唐代宗教信仰與社會　上海辭書出版社　2003　p. 100

劉屹　敦煌本《昇玄經》經籙傳授儀式研究　敦煌學（第 25 輯）　（臺北）樂學書局有限公司　2004
　　p. 477

王卡　敦煌道教文獻研究　中國社會科學出版社　2004　p. 122

王卡　中國國家圖書館藏敦煌道教遺書研究報告　敦煌吐魯番研究（第七卷）　北京大學出版社
　　2004　p. 354

王卡　敦煌本《昇玄內教經》殘卷校讀記　敦煌吐魯番研究（第九卷）　中華書局　2006　p. 64

P. 2344

諏訪義讓　敦煌本瑜伽論分門記に就いて　『大谷學報』（第 11 卷第 3 號）　（京都）大谷學會　1930
　　p. 133

王慶菽　試談變文的產生和影響　《新建設》1957 年第 3、8 期　又見：敦煌變文論文錄　上海古籍出
　　版社　1982　p. 259；中國敦煌學百年文庫·文學卷（一）　甘肅文化出版社　1999　p. 547

金岡照光　敦煌文學のさまざま　敦煌の文學　（東京）大藏出版株式會社　1971　p. 108

潘重規　敦煌寫本祇園圖記新書　敦煌學（第 3 輯）　（香港）新亞研究所敦煌學會　1976　p. 103

楊家駱　敦煌變文　（臺北）世界書局　1980　p. 409

潘重規　敦煌詞話　（臺北）石門圖書公司　1981　p. 112

潘重規　敦煌卷子俗寫文字與俗文學之研究　敦煌變文論輯　（臺北）石門圖書公司　1981　p. 310

潘重規　敦煌變文集新書引言　敦煌學（第 5 輯）　（臺北）新文豐出版公司　1982　p. 63

潘重規　敦煌變文集新書（上）　（臺北）"中國文化大學"中文研究所　1984　p. 663

王慶菽　祇園因由記　敦煌變文集　人民文學出版社　1984　p. 409

吳其昱著　福井文雅　樋口勝譯　大蕃國大德·三藏法師·法成傳考　敦煌と中國仏教（講座敦煌
　　7）　（東京）大東出版社　1984　p. 392

柴劍虹　因緣　敦煌文學　甘肅人民出版社　1989　p. 276

高國藩　敦煌民俗學　上海文藝出版社　1989　p. 117、143

王慶菽　關於《敦煌變文集》內《降魔變文》"校記"的一些問題　《敦煌語言文學研究通訊》1989 年第
　　2 期　p. 2

楊雄　敦煌變文四篇補校　《敦煌研究》1989 年第 1 期　p. 93

郭在貽　張涌泉　黃征　敦煌變文集校議　岳麓書社　1990　p. 228

上山大峻　敦煌佛教の研究　（京都）法藏館　1990　p. 232

柴劍虹　敦煌文學中的"因緣"與"詩話"　西域文史論稿　（臺北）國文天地雜誌社　1991　p. 519

岩本裕　敦煌における仏傳・本生譚　敦煌の文學文獻（講座敦煌9）　（東京）大東出版社　1992　p. 430

高國藩　敦煌民俗資料導論　（臺北）新文豐出版公司　1993　p. 58

黃征　敦煌寫本整理應遵循的原則　《敦煌研究》1993 年第 2 期　p. 107　又見:敦煌語文叢說　（臺北）新文豐出版公司　1997　p. 14

王書慶　敦煌佛學・佛事篇　甘肅民族出版社　1995　p. 185

楊雄　祇園因由記　敦煌論稿　甘肅文化出版社　1995　p. 306

張涌泉　敦煌俗字研究導論　（臺北）新文豐出版公司　1996　p. 103

黃征　敦煌寫本異文綜析　敦煌語文叢說　（臺北）新文豐出版公司　1997　p. 28

黃征　張涌泉　敦煌變文校注　中華書局　1997　p. 604

柴劍虹　因緣記　敦煌學大辭典　上海辭書出版社　1998　p. 523

潘重規　敦煌《雲謠集》新書　雲謠集研究彙錄　上海古籍出版社　1998　p. 211

張鴻勳　祇園因由記　敦煌學大辭典　上海辭書出版社　1998　p. 581

周紹良　張涌泉　黃征　敦煌變文講經文因緣輯校（下）　江蘇古籍出版社　1998　p. 1000

張涌泉　俗字研究與敦煌文獻的校理　舊學新知　浙江大學出版社　1999　p. 61

金岡照光　敦煌文獻と中國文學　（東京）五曜書房　2000　p. 135

李永寧　蔡偉堂　《降魔變文》與敦煌壁畫中的勞度叉鬥聖變　敦煌研究文集・敦煌石窟經變篇　甘肅民族出版社　2000　p. 330

謝生保　成佛之路:敦煌壁畫佛傳故事　甘肅人民出版社　2000　p. 181

鄭阿財　臺北"中研院"傅斯年圖書館藏敦煌卷子題記　慶祝吳其昱先生八秩華誕敦煌學特刊　（臺北）文津出版社　2000　p. 383

黃征　敦煌語言文字學研究　甘肅教育出版社　2002　p. 47、114

姜亮夫　敦煌莫高窟年表　姜亮夫全集（十一）　雲南人民出版社　2002　p. 42

陳國燦　敦煌藏經洞魏晉寫經系年訂補　漢語史學報專輯（第三輯）　上海教育出版社　2003　p. 49

吳蘊慧　《敦煌變文校注》校釋補正　《敦煌研究》2004 年第 5 期　p. 107

汪泛舟　敦煌俗別字新考（上）　《敦煌研究》2006 年第 1 期　p. 105

P. 2346

上山大峻　敦煌佛教の研究　（京都）法藏館　1990　p. 369

方廣錩　敦煌遺書中的《法華經》注疏　《世界宗教研究》1998 年第 2 期　p. 77

方廣錩　敦煌遺書中的《妙法蓮華經》及有關文獻　法源（第 16 期）　中國佛學院　1998　p. 49

P. 2347

唐文播　巴黎所藏敦煌老子寫卷校記　《中國文化研究彙刊》1930 年第 5 卷　又見:中國敦煌學百年文庫・文獻卷（一）　甘肅文化出版社　1999　p. 90

唐文播　巴黎所藏敦煌老子寫本綜考　《中國文化研究彙刊》1944 年第 4 卷　又見:中國敦煌學百年文庫・文獻卷（一）　甘肅文化出版社　1999　p. 240

周一良　跋敦煌秘笈留真　《清華學報》1948 年第 15 卷第 1 期　又見:魏晉南北朝史論集　中華書局　1963　p. 366；中國敦煌學百年文庫・文獻卷（一）　甘肅文化出版社　1999　p. 280

饒宗頤　吳建衡二年索紞寫本道德經殘卷考證　（香港）《東方文化》1955 年第 2 卷第 1 期　p. 18、28

嚴靈峰　老子《想爾注》寫本殘卷質疑　（臺北）《大陸雜誌》1965 年第 6 期　又見：中國敦煌學百年
　　文庫・文獻卷（一）　甘肅文化出版社　1999　p. 495

陳祚龍　敦煌道經後記彙錄　敦煌文物隨筆　（臺北）商務印書館　1979　p. 4、11

鄭阿財　孝道文學敦煌寫卷《十恩德讚》初探　（臺北）《華岡文科學報》1981 年第 13 期　p. 236

鄭良樹　敦煌老子寫本考異　（臺北）《大陸雜誌》1981 年第 2 期　又見：中國敦煌學百年文庫・宗
　　教卷（三）　甘肅文化出版社　1999　p. 62

陳祚龍　敦煌古抄文獻會最　（臺北）新文豐出版公司　1982　p. 26（圖版）

陳祚龍　新校重訂《敦煌道經後記彙錄》　敦煌學要籥　（臺北）新文豐出版公司　1982　p. 199、204

董作賓　敦煌紀年　敦煌學文選（上）　蘭州大學歷史系敦煌學研究室等　1983　p. 18

宮川尚志　唐以前の河西における宗教・思想的狀況　敦煌と中國道教（講座敦煌 4）　（東京）大
　　東出版社　1983　p. 308

楠山春樹　道德經類　付『莊子』『列子』『文子』　敦煌と中國道教（講座敦煌 4）　（東京）大東出版
　　社　1983　p. 4、16

石井昌子　靈寶經類　敦煌と中國道教（講座敦煌 4）　（東京）大東出版社　1983　p. 156

蘇瑩輝　中外敦煌古寫本纂要　敦煌論集　（臺北）學生書局　1983　p. 336

遊佐昇　文學文獻より見た敦煌の道教　敦煌と中國道教（講座敦煌 4）　（東京）大東出版社
　　1983　p. 264

クリストファー・シッペール著　福井文雅訳　敦煌文書に見える道士の法位階梯について　敦煌
　　と中國道教（講座敦煌 4）　（東京）大東出版社　1983　p. 334

饒宗頤解說　林宏作譯　敦煌書法叢刊（第二八卷）・道書（二）　（東京）二玄社　1984　p. 91

龍晦　論敦煌道教文學　《世界宗教研究》1985 年第 3 期　又見：中國敦煌學百年文庫・宗教卷
　　（三）　甘肅文化出版社　1999　p. 366

饒宗頤　敦煌書法叢刊（第二七卷）・道書（一）　（東京）二玄社　1985　p. 23、77

姜伯勤　沙州道門親表部落釋證　《敦煌研究》1986 年第 3 期　p. 3

朱鳳玉　王梵志研究的兩本專著評介　敦煌學（第 11 輯）　（臺北）新文豐出版公司　1986　p. 92

姜亮夫　巴黎所藏敦煌寫本道德經殘卷綜合研究　敦煌學論文集　上海古籍出版社　1987　p. 244、
　　266 注、274、283、304　又見：姜亮夫全集（十三）　雲南人民出版社　2002　p. 211

姜亮夫　敦煌經卷題名錄　敦煌學論文集　上海古籍出版社　1987　p. 1058

姜亮夫　敦煌經卷在中國文化學術上的價值　敦煌學論文集　上海古籍出版社　1987　p. 7

姜亮夫　敦煌所見道教佚經考　敦煌學論文集　上海古籍出版社　1987　p. 315

秦明智　關於甘肅省博物館藏敦煌遺書之淺考和目錄　1983 年全國敦煌學術討論會文集・文史遺
　　書編（上）　甘肅人民出版社　1987　p. 456

李正宇　敦煌地區古代祠廟寺觀簡志　《敦煌學輯刊》1988 年第 1、2 期　p. 73

陳國燦　唐五代敦煌縣鄉里制的演變　《敦煌研究》1989 年第 3 期　p. 48

池田溫　中國古代寫本識語集錄　（東京）大藏出版株式會社　1990　p. 271

孫啓治　唐寫本俗別字變化類型舉例　敦煌吐魯番文獻研究論集（第五輯）　北京大學出版社
　　1990　p. 124、129、132

林聰明　敦煌文書學　（臺北）新文豐出版公司　1991　p. 193、201

姜伯勤　敦煌社會文書導論　（臺北）新文豐出版公司　1992　p. 225、227

陶秋英輯錄　姜亮夫校訂　敦煌經卷題名錄　敦煌碎金　浙江古籍出版社　1992　p. 70

陶秋英輯錄　姜亮夫校訂　敦煌所見道教佚經錄　敦煌碎金　浙江古籍出版社　1992　p. 321

朱越利　道經總論　遼寧教育出版社　1992　p. 258、263、282

張澤洪　敦煌文書中的唐代道經　《敦煌學輯刊》1993 年第 2 期　p. 62

鄭阿財　敦煌文獻與文學　（臺北）新文豐出版公司　1993　p. 30

姜伯勤　《本際經》與敦煌道教　《敦煌研究》1994 年第 3 期　p. 14

林聰明　談敦煌文書的抄寫問題　紀念陳寅恪先生百年誕辰學術論文集　江西教育出版社　1994
　　p. 292

劉進寶　敦煌學論述　（臺北）洪葉文化事業有限公司　1995　p. 277

張涌泉　陳祚龍校錄敦煌卷子失誤例釋　學術集林（卷六）　上海遠東出版社　1995　p. 300　又
　　見：舊學新知　浙江大學出版社　1999　p. 277

姜伯勤　敦煌藝術宗教與禮樂文明　中國社會科學出版社　1996　p. 249、257、298

李正宇　敦煌史地新論　（臺北）新文豐出版公司　1996　p. 64

邵文實　敦煌道教試述　《世界宗教研究》1996 年第 2 期　又見：中國敦煌學百年文庫·宗教卷
　　（三）　甘肅文化出版社　1999　p. 337

周一良著　錢文忠譯　唐代密宗　上海遠東出版社　1996　p. 208

李正宇　敦煌歷史地理導論　（臺北）新文豐出版公司　1997　p. 57

鄭炳林　敦煌碑銘讚輯釋　甘肅教育出版社　1997　p. 250 注 28

白化文　道德經白文本　敦煌學大辭典　上海辭書出版社　1998　p. 776

姜伯勤　道釋相激：道教在敦煌　道家文化研究（第十三輯）　三聯書店　1998　p. 59

李正宇　沖虛觀　敦煌學大辭典　上海辭書出版社　1998　p. 633

馬德　敦煌文書《道家雜齋文範集》及有關問題述略　道家文化研究（第十三輯）　三聯書店　1998
　　p. 247

譚蟬雪　敦煌道經題記綜述　道家文化研究（第十三輯）　三聯書店　1998　p. 11

王卡　十戒經　敦煌學大辭典　上海辭書出版社　1998　p. 765

鄭阿財　敦煌道教孝道文獻研究之一　《杭州大學學報》1998 年第 1 期　又見：中國敦煌學百年文
　　庫·宗教卷（三）　甘肅文化出版社　1999　p. 353

顏廷亮　敦煌文化中的道教及文化　《敦煌研究》1999 年第 1 期　p. 137、143

顏廷亮　關於敦煌文學發展的歷史進程　《甘肅社會科學》1999 年第 4 期　p. 45

周維平　從敦煌遺書看敦煌道教　《西北民族研究》1999 年第 2 期　p. 129

金岡照光　敦煌文獻と中國文學　（東京）五曜書房　2000　p. 519

汪泛舟　敦煌道教與齋醮諸考　1994 年敦煌學國際研討會文集·宗教文史卷（上）　甘肅民族出版
　　社　2000　p. 3

顏廷亮　敦煌文化　光明日報出版社　2000　p. 250、316

張澤洪　論唐代道教的寫經　《敦煌研究》2000 年第 3 期　p. 133

李重申　李金梅　李小唐　敦煌石窟氣功鈎沈　《敦煌學輯刊》2001 年第 2 期　p. 50

林聰明　敦煌吐魯番文書解詁指例　（臺北）新文豐出版公司　2001　p. 60 注 33

孫昌武　道教與唐代文學　人民文學出版社　2001　p. 483 注 2

姜亮夫　敦煌莫高窟年表　姜亮夫全集（十一）　雲南人民出版社　2002　p. 286

李金梅　敦煌氣功養生文化的研究　敦煌佛教藝術文化國際學術研討會論文集　蘭州大學出版社
　　2002　p. 628

李金梅　李重申　敦煌文獻與體育史研究之關係　《敦煌研究》2002 年第 2 期　p. 45

榮新江　才高四海，學貫八書：周一良先生與敦煌學　敦煌吐魯番研究（第六卷）　北京大學出版社
　　2002　p. 29

楊森　武則天至玄宗時代敦煌的三洞法師中嶽先生述略　《敦煌研究》2003年第3期　p.43

王卡　敦煌道教文獻研究　中國社會科學出版社　2004　p.7、134、166

王卡　中國國家圖書館藏敦煌道教遺書研究報告　敦煌吐魯番研究（第七卷）　北京大學出版社　2004　p.357

鄭阿財　北京故宮藏敦煌本《慈善孝子報恩成道經》考　敦煌學（第25輯）　（臺北）樂學書局有限公司　2004　p.546

王卡　敦煌道教綜述　敦煌與絲路文化學術講座（第二輯）　北京圖書館出版社　2005　p.377

鄭阿財　敦煌本慈善孝子報恩成道經考論　敦煌學國際研討會論文集　北京圖書館出版社　2005　p.136

P. 2348

劉銘恕　再記英國倫敦所藏的敦煌經卷　《中國科學院圖書館通訊》1957年第7期　又見：中國敦煌學百年文庫·綜述卷（二）　甘肅文化出版社　1999　p.135

傅芸子　敦煌俗文學之發見及其展開　敦煌變文論文録　上海古籍出版社　1982　p.136

石井昌子　靈寶經類　敦煌と中國道教（講座敦煌4）　（東京）大東出版社　1983　p.156

姜亮夫　敦煌所見道教佚經考　敦煌學論文集　上海古籍出版社　1987　p.319

陶秋英輯録　姜亮夫校訂　敦煌所見道教佚經録　敦煌碎金　浙江古籍出版社　1992　p.327

王卡　天尊爲一切衆生說三塗五苦存亡往生救苦拔出地獄妙經　敦煌學大辭典　上海辭書出版社　1998　p.765

山田俊　唐初道教思想史研究·論述篇　（京都）平樂寺書店　1999　p.159

王卡　敦煌道教文獻研究　中國社會科學出版社　2004　p.131

P. 2349

方廣錩　大佛頂如來密因修正了義諸菩薩萬行首楞嚴經　敦煌學大辭典　上海辭書出版社　1998　p.699

姜亮夫　敦煌莫高窟年表　姜亮夫全集（十一）　雲南人民出版社　2002　p.281

張涌泉　敦煌文獻字詞例釋　敦煌學（第25輯）　（臺北）樂學書局有限公司　2004　p.350

P. 2350

嚴靈峰　老子《想爾注》寫本殘卷質疑　（臺北）《大陸雜誌》1965年第6期　又見：中國敦煌學百年文庫·文獻卷（一）　甘肅文化出版社　1999　p.495

陳祚龍　敦煌道經後記彙録　敦煌文物隨筆　（臺北）商務印書館　1979　p.5、12

鄭良樹　敦煌老子寫本考異　（臺北）《大陸雜誌》1981年第2期　又見：中國敦煌學百年文庫·宗教卷（三）　甘肅文化出版社　1999　p.62

陳祚龍　新校重訂《敦煌道經後記彙録》　敦煌學要籥　（臺北）新文豐出版公司　1982　p.200、205

宮川尚志　唐以前の河西における宗教·思想的狀況　敦煌と中國道教（講座敦煌4）　（東京）大東出版社　1983　p.309

楠山春樹　道德經類　付『莊子』『列子』『文子』　敦煌と中國道教（講座敦煌4）　（東京）大東出版社　1983　p.8

石井昌子　靈寶經類　敦煌と中國道教（講座敦煌4）　（東京）大東出版社　1983　p.156

クリストファー・シッペール著　福井文雅訳　敦煌文書に見える道士の法位階梯について　敦煌と中國道教（講座敦煌4）　（東京）大東出版社　1983　p.337

吳其昱著　福井文雅　樋口勝譯　大蕃國大德・三藏法師・法成傳考　敦煌と中國仏教（講座敦煌
　　7）（東京）大東出版社　1984　p. 405

龍晦　論敦煌道教文學　《世界宗教研究》1985 年第 3 期　又見：中國敦煌學百年文庫・宗教卷
　　（三）　甘肅文化出版社　1999　p. 367

姜亮夫　敦煌經卷在中國文化學術上的價值　敦煌學論文集　上海古籍出版社　1987　p. 6

張鴻勳　敦煌寫本《下女夫詞》新探　1983 年全國敦煌學術討論會文集・文史遺書編（下）　甘肅人
　　民出版社　1987　p. 163

陳國燦　唐五代敦煌縣鄉里制的演變　《敦煌研究》1989 年第 3 期　p. 41、48

張錫厚　詩歌　敦煌文學　甘肅人民出版社　1989　p. 182 注 11

池田溫　中國古代寫本識語集錄　（東京）大蔵出版株式會社　1990　p. 287

上山大峻　敦煌佛教の研究　（京都）法藏館　1990　p. 186、610

林聰明　敦煌文書學　（臺北）新文豐出版公司　1991　p. 284、314

姜伯勤　敦煌社會文書導論　（臺北）新文豐出版公司　1992　p. 227

陶秋英輯錄　姜亮夫校訂　敦煌所見道教佚經錄　敦煌碎金　浙江古籍出版社　1992　p. 321

朱越利　道經總論　遼寧教育出版社　1992　p. 258、263、282

胡戟　傅玫　敦煌史話　中華書局　1995　p. 128

張涌泉　陳祚龍校錄敦煌卷子失誤例釋　學術集林（卷六）　上海遠東出版社　1995　p. 301　又
　　見：舊學新知　浙江大學出版社　1999　p. 277

姜伯勤　敦煌藝術宗教與禮樂文明　中國社會科學出版社　1996　p. 299

邵文實　敦煌道教試述　《世界宗教研究》1996 年第 2 期　又見：中國敦煌學百年文庫・宗教卷
　　（三）　甘肅文化出版社　1999　p. 338

李正宇　敦煌歷史地理導論　（臺北）新文豐出版公司　1997　p. 57

劉子瑜　敦煌變文和王梵志詩　大象出版社　1997　p. 77

白化文　道德經白文本　敦煌學大辭典　上海辭書出版社　1998　p. 776

陳國燦　效穀鄉　敦煌學大辭典　上海辭書出版社　1998　p. 303

方廣錩　大乘四法經　敦煌學大辭典　上海辭書出版社　1998　p. 696

何雙全　常安里　敦煌學大辭典　上海辭書出版社　1998　p. 303

譚蟬雪　敦煌道經題記綜述　道家文化研究（第十三輯）　三聯書店　1998　p. 11

王卡　敦煌道經　敦煌學大辭典　上海辭書出版社　1998　p. 758

王卡　十戒經　敦煌學大辭典　上海辭書出版社　1998　p. 765

顏廷亮　敦煌文化中的道教及文化　《敦煌研究》1999 年第 1 期　p. 137

楊富學　李吉和　敦煌漢文吐蕃史料輯校（第一輯）　甘肅人民出版社　1999　p. 85

周維平　從敦煌遺書看敦煌道教　《西北民族研究》1999 年第 2 期　p. 130

金岡照光　敦煌文獻と中國文學　（東京）五曜書房　2000　p. 516

汪泛舟　敦煌道教與齋醮諸考　1994 年敦煌學國際研討會文集・宗教文史卷（上）　甘肅民族出版
　　社　2000　p. 3

顏廷亮　敦煌文化　光明日報出版社　2000　p. 237

張澤洪　論唐代道教的寫經　《敦煌研究》2000 年第 3 期　p. 133

李重申　李金梅　李小唐　敦煌石窟氣功鈎沈　《敦煌學輯刊》2001 年第 2 期　p. 50

孫昌武　道教與唐代文學　人民文學出版社　2001　p. 483 注 2

陳國燦　敦煌學史事新證　甘肅教育出版社　2002　p. 366

李金梅　敦煌氣功養生文化的研究　敦煌佛教藝術文化國際學術研討會論文集　蘭州大學出版社

2002　p. 628

李金梅　李重申　敦煌文獻與體育史研究之關係　《敦煌研究》2002 年第 2 期　p. 45

楊森　武則天至玄宗時代敦煌的三洞法師中嶽先生述略　《敦煌研究》2003 年第 3 期　p. 44

王卡　敦煌道教文獻研究　中國社會科學出版社　2004　p. 136、164

王卡　中國國家圖書館藏敦煌道教遺書研究報告　敦煌吐魯番研究(第七卷)　北京大學出版社
　　2004　p. 357

P. 2351

陳祚龍　古代敦煌及其他地區流行之公私印章圖記文字錄　敦煌學要籥　(臺北)新文豐出版公司
　　1982　p. 326

岡部和雄　敦煌藏經目錄　敦煌と中國仏教(講座敦煌 7)　(東京)大東出版社　1984　p. 317

姜亮夫　敦煌經卷壁畫中所見寺觀錄　敦煌學論文集　上海古籍出版社　1987　p. 1081

池田溫　敦煌文獻について　『書道研究』(2 卷 2 號)　(東京)萱原書局　1988　p. 49　又見：敦煌
　　文書の世界　(東京)名著刊行會　2003　p. 51

杜愛英　敦煌遺書中俗體字的諸種類型　《敦煌研究》1992 年第 3 期　p. 124

陶秋英輯錄　姜亮夫校訂　敦煌經卷所見寺名錄　敦煌碎金　浙江古籍出版社　1992　p. 122

高國藩　敦煌民俗資料導論　(臺北)新文豐出版公司　1993　p. 90

李正宇　開元寺　敦煌學大辭典　上海辭書出版社　1998　p. 629

李正宇　開元寺藏經印　敦煌學大辭典　上海辭書出版社　1998　p. 293

P. 2352

陳祚龍　敦煌古抄文獻會最　(臺北)新文豐出版公司　1982　p. 28(圖版)

石井昌子　靈寶經類　敦煌と中國道教(講座敦煌 4)　(東京)大東出版社　1983　p. 150

陳祚龍　看了敦煌古抄《佛說盂蘭盆經讚述》以後　敦煌學散策新集　(臺北)新文豐出版公司
　　1989　p. 348

田中良昭　《禪籍解題(一)·敦煌禪籍》補遺　俗語言研究(第三期)　(京都)禪文化研究所　1996
　　p. 213

王卡　太上靈寶長夜九幽府玉匱明真科　敦煌學大辭典　上海辭書出版社　1998　p. 768

王卡　敦煌道教文獻研究　中國社會科學出版社　2004　p. 59

P. 2353

饒宗頤　吳建衡二年索紞寫本道德經殘卷考證　(香港)《東方文化》1955 年第 2 卷第 1 期　p. 9

大淵忍爾　敦煌殘卷三則　福井博士頌壽記念　東洋思想論集　(東京)論文集刊行會　1960
　　p. 123

鄭良樹　敦煌老子寫本考異　(臺北)《大陸雜誌》1981 年第 2 期　又見：中國敦煌學百年文庫·宗
　　教卷(三)　甘肅文化出版社　1999　p. 62

楠山春樹　道德經類　付『莊子』『列子』『文子』　敦煌と中國道教(講座敦煌 4)　(東京)大東出版
　　社　1983　p. 44

麥谷邦夫　『老子想爾注』について　『東方學報』(第 57 號)　京都大學人文科學研究所　1985
　　p. 105

饒宗頤解說　林宏作譯　敦煌書法叢刊(第二七卷)·道書(一)　(東京)二玄社　1985　p. 76

王重民原編　黃永武新編　敦煌古籍叙錄新編(第十二冊)　(臺北)新文豐出版公司　1986　p. 314

孫啓治　唐寫本俗別字變化類型舉例　敦煌吐魯番文獻研究論集(第五輯)　北京大學出版社
　　1990　p. 125、127、132

杜愛英　敦煌遺書中俗體字的諸種類型　《敦煌研究》1992 年第 3 期　p. 121

朱越利　道經總論　遼寧教育出版社　1992　p. 270

愛宕元　唐代樓觀考　中國古道教史研究(京都大學人文科學研究所研究報告)　(東京)同朋舍
　　1996　p. 294

白化文　老子道德經義疏　敦煌學大辭典　上海辭書出版社　1998　p. 777

山田俊　唐初道教思想史研究‧論述篇　(京都)平樂寺書店　1999　p. 194、329

山田俊　唐初道教思想史研究‧資料篇　(京都)平樂寺書店　1999　p. 277

郝春文　英藏敦煌社會歷史文獻釋錄(第一卷)　科學出版社　2001　p. 47

劉屹　《玄妙內篇》考　敦煌文獻論集:紀念藏經洞發現一百周年國際學術研討會論文集　遼寧人民
　　出版社　2001　p. 621

孫昌武　道教與唐代文學　人民文學出版社　2001　p. 453

劉屹　試論敦煌本《化胡經序》的時代　2000 年敦煌學國際學術討論會文集‧歷史文化卷(上)　甘
　　肅民族出版社　2003　p. 279

王卡　敦煌道教文獻研究　中國社會科學出版社　2004　p. 28、174

王卡　中國國家圖書館藏敦煌道教遺書研究報告　敦煌吐魯番研究(第七卷)　北京大學出版社
　　2004　p. 363

劉屹　敬天與崇道:中古經教道教形成的思想史背景　中華書局　2005　p. 411

朱大星　從出土文獻看《老子》的分章:以《道經》三十六章、《德經》四十五章的分章形式爲中心　文
　　史(第七十五輯)　中華書局　2006　p. 111

P. 2354

高啓安　唐宋時期敦煌人名探析　《敦煌研究》1997 年第 4 期　p. 123

王卡　投金龍玉璧儀　敦煌學大辭典　上海辭書出版社　1998　p. 760

汪泛舟　敦煌道教與齋醮諸考　1994 年敦煌學國際研討會文集‧宗教文史卷(上)　甘肅民族出版
　　社　2000　p. 16

王承文　敦煌古靈寶經與晉唐道教　中華書局　2002　p. 572

雷聞　五嶽真君祠與唐代國家祭祀　唐代宗教信仰與社會　上海辭書出版社　2003　p. 65

葛兆光　唐宋時期道教的投簡　華林(第三卷)　中華書局　2004　p. 74

王卡　敦煌道教文獻研究　中國社會科學出版社　2004　p. 9、23、42、221

王卡　敦煌道教綜述　敦煌與絲路文化學術講座(第二輯)　北京圖書館出版社　2005　p. 378

P. 2355

石井昌子　靈寶經類　敦煌と中國道教(講座敦煌 4)　(東京)大東出版社　1983　p. 151

姜亮夫　敦煌經卷在中國文化學術上的價值　敦煌學論文集　上海古籍出版社　1987　p. 6

姜亮夫　敦煌所見道教佚經考　敦煌學論文集　上海古籍出版社　1987　p. 316

孫啓治　唐寫本俗別字變化類型舉例　敦煌吐魯番文獻研究論集(第五輯)　北京大學出版社
　　1990　p. 124

陶秋英輯錄　姜亮夫校訂　敦煌所見道教佚經錄　敦煌碎金　浙江古籍出版社　1992　p. 322

王卡　太上洞玄靈寶無量度人上品妙經　敦煌學大辭典　上海辭書出版社　1998　p. 767

郝春文　英藏敦煌社會歷史文獻釋錄(第一卷)　科學出版社　2001　p. 40

王卡　敦煌道教文獻研究　中國社會科學出版社　2004　p. 100
王卡　中國國家圖書館藏敦煌道教遺書研究報告　敦煌吐魯番研究(第七卷)　北京大學出版社
　　2004　p. 350

P. 2356

石井昌子　靈寶經類　敦煌と中國道教(講座敦煌4)　(東京)大東出版社　1983　p. 153
吳其昱著　福井文雅　樋口勝譯　大蕃國大德‧三藏法師‧法成傳考　敦煌と中國仏教(講座敦煌
　　7)　(東京)大東出版社　1984　p. 405
姜亮夫　敦煌經卷在中國文化學術上的價值　敦煌學論文集　上海古籍出版社　1987　p. 6
上山大峻　敦煌佛教の研究　(京都)法藏館　1990　p. 186、610
朱越利　道經總論　遼寧教育出版社　1992　p. 273
姜伯勤　敦煌藝術宗教與禮樂文明　中國社會科學出版社　1996　p. 291
大淵忍爾　論古靈寶經　道家文化研究(第十三輯)　三聯書店　1998　p. 503
方廣錩　大乘四法經　敦煌學大辭典　上海辭書出版社　1998　p. 696
方廣錩　大乘四法經釋　敦煌學大辭典　上海辭書出版社　1998　p. 696
姜伯勤　道釋相激:道教在敦煌　道家文化研究(第十三輯)　三聯書店　1998　p. 51
王卡　靈寶威儀經訣　敦煌學大辭典　上海辭書出版社　1998　p. 765
楊富學　李吉和　敦煌漢文吐蕃史料輯校(第一輯)　甘肅人民出版社　1999　p. 85
周維平　從敦煌遺書看敦煌道教　《西北民族研究》1999 年第 2 期　p. 129
王承文　古靈寶經對"黃赤道士"的批判與道教出家理論的發端　華林(第一卷)　中華書局　2001
　　p. 303
王承文　敦煌古靈寶經與晉唐道教　中華書局　2002　p. 33、55、138、375
王承文　古靈寶經定期齋戒的淵源及其與佛教的關係　華林(第二卷)　中華書局　2002　p. 241
王承文　敦煌本古靈寶經兩部佚經考證　《敦煌研究》2003 年第 1 期　p. 86
王承文　敦煌古靈寶經與道教"三洞經書"和"三乘"考論　《敦煌學輯刊》2003 年第 1 期　p. 44
王卡　敦煌道教文獻研究　中國社會科學出版社　2004　p. 104
林悟殊　中古三夷教辨證　中華書局　2005　p. 21
王卡　敦煌本《昇玄內教經》殘卷校讀記　敦煌吐魯番研究(第九卷)　中華書局　2006　p. 81

P. 2357

那波利貞　俗講と變文(中)　『佛教史學』(1 卷 3 號)　(京都)平樂寺書店　1950　p. 85
陳祚龍　瓜沙印錄　(臺北)《大陸雜誌》1962 年第 4 期　又見:敦煌學概要　(臺北)編譯館"中華叢
　　書編委會"　1981　p. 266；中國敦煌學百年文庫‧考古卷(一)　甘肅文化出版社　1999
　　p. 185
陳祚龍　關於道家"本際經"及其"要略妙義"與"疏"的敦煌古抄　敦煌文物隨筆　(臺北)商務印書
　　館　1979　p. 213
石井昌子　靈寶經類　敦煌と中國道教(講座敦煌4)　(東京)大東出版社　1983　p. 160
王卡　太上妙法本相經　敦煌學大辭典　上海辭書出版社　1998　p. 761
山田俊　唐初道教思想史研究‧論述篇　(京都)平樂寺書店　1999　p. 366、500、526
山田俊　唐初道教思想史研究‧資料篇　(京都)平樂寺書店　1999　p. 57、162
山田俊　再論《太上妙法本相經》:以《東極真人問事品第九》爲主　敦煌吐魯番研究(第四卷)　北
　　京大學出版社　1999　p. 491

王卡　敦煌道教文獻研究　中國社會科學出版社　2004　p. 117、199

王卡　中國國家圖書館藏敦煌道教遺書研究報告　敦煌吐魯番研究（第七卷）　北京大學出版社
　2004　p. 369

P. 2358

石井昌子　靈寶經類　敦煌と中國道教（講座敦煌4）　（東京）大東出版社　1983　p. 149

姜亮夫　敦煌經卷在中國文化學術上的價值　敦煌學論文集　上海古籍出版社　1987　p. 6

黃征　吳偉　敦煌願文集　岳麓書社　1995　p. 18、352、768、913

馬雅倫　邢豔紅　吐蕃統治時期敦煌兩位粟特僧官：史慈燈、石法海考　《敦煌學輯刊》1996 年第 1
　期　p. 55

寧可　郝春文　敦煌社邑文書輯校　江蘇古籍出版社　1997　p. 723

鄭炳林　敦煌碑銘讚輯釋　甘肅教育出版社　1997　p. 145 注 2

鄭炳林　唐五代敦煌的粟特人與佛教　敦煌歸義軍史專題研究　蘭州大學出版社　1997　p. 436

寧可　社邑牒狀　敦煌學大辭典　上海辭書出版社　1998　p. 432

王卡　太上洞玄靈寶智慧上品大戒　敦煌學大辭典　上海辭書出版社　1998　p. 768

楊森　晚唐五代兩件《女人社》文書劄記　《敦煌研究》1998 年第 1 期　p. 71

鄭炳林　《康秀華寫經施入疏》與《炫和尚貨賣胡粉曆》研究　敦煌吐魯番研究（第三卷）　北京大學
　出版社　1998　p. 203

顏廷亮　敦煌文化中的道教及文化　《敦煌研究》1999 年第 1 期　p. 140

楊富學　李吉和　敦煌漢文吐蕃史料輯校（第一輯）　甘肅人民出版社　1999　p. 186、196、205、225

顏廷亮　敦煌文化　光明日報出版社　2000　p. 124

山本達郎等　補（IV）社·II 牒、狀　『NUN－HUANG AND TURFAN DOCUMENTS CONCERNING SO-
　CIAL AND ECONOMIC HISTORY』（Sup. p. lemrnts）　（東京）東洋文庫　2001　p. 69

王承文　古靈寶經定期齋戒的淵源及其與佛教的關係　華林（第二卷）　中華書局　2002　p. 262

王繼光　鄭炳林　敦煌漢文吐蕃史料綜述　中國西部民族文化研究（2003 年卷）　民族出版社
　2003　p. 239

陸離　吐蕃僧官制度試探　華林（第三卷）　中華書局　2004　p. 84

王卡　敦煌道教文獻研究　中國社會科學出版社　2004　p. 95

王卡　中國國家圖書館藏敦煌道教遺書研究報告　敦煌吐魯番研究（第七卷）　北京大學出版社
　2004　p. 350

陸離　吐蕃統治時期敦煌僧官的幾個問題　《敦煌研究》2005 年第 3 期　p. 94

陸離　吐蕃統治河隴西域時期職官四題　《西北民族研究》2006 年第 2 期　p. 24

武學軍　敏春芳　敦煌願文婉詞試解（一）　《敦煌學輯刊》2006 年第 1 期　p. 131

P. 2359

陳祚龍　敦煌道經後記彙錄　敦煌文物隨筆　（臺北）商務印書館　1979　p. 23

陳祚龍　關於道家"本際經"及其"要略妙義"與"疏"的敦煌古抄　敦煌文物隨筆　（臺北）商務印書
　館　1979　p. 212

陳祚龍　新校重訂《敦煌道經後記彙錄》　敦煌學要籥　（臺北）新文豐出版公司　1982　p. 213 注 3

石井昌子　靈寶經類　敦煌と中國道教（講座敦煌4）　（東京）大東出版社　1983　p. 160

山田俊　唐初道教思想史研究·資料篇　（京都）平樂寺書店　1999　p. 28、162

王卡　敦煌道教文獻研究　中國社會科學出版社　2004　p. 196

王卡　中國國家圖書館藏敦煌道教遺書研究報告　敦煌吐魯番研究(第七卷)　北京大學出版社
　　2004　p. 368

P. 2360

池田溫　敦煌の流通経済　敦煌の社會(講座敦煌3)　(東京)大東出版社　1980　p. 342

山田利明　老子化胡經類　敦煌と中國道教(講座敦煌4)　(東京)大東出版社　1983　p. 99

龍晦　論敦煌詞曲所見之禪宗與淨土宗　《世界宗教研究》1986年第3期　p. 61

王重民原編　黃永武新編　敦煌古籍叙錄新編(第十四冊)　(臺北)新文豐出版公司　1986　p. 97

陳祚龍　看了敦煌古抄《報恩寺開溫室浴僧記》以後　敦煌學散策新集　(臺北)新文豐出版公司
　　1989　p. 206

劉屹　敦煌十卷本《老子化胡經》殘卷新探　唐研究(第二卷)　北京大學出版社　1996　p. 114 注
　　17

劉屹　唐代道教的"化胡"經說與"道本論"　唐代宗教信仰與社會　上海辭書出版社　2003　p. 104

柳存仁　《老子化胡經》卷八的成立時代　新世紀敦煌學論集　巴蜀書社　2003　p. 187

王卡　敦煌道教文獻研究　中國社會科學出版社　2004　p. 27、188

P. 2361

芳村修基　土橋秀高　井ノ口泰淳　敦煌佛教史年表　西域文化研究(第一)・敦煌佛教資料　(京
　　都)法藏館　1958　p. 264

陳祚龍　敦煌道經後記彙錄　敦煌文物隨筆　(臺北)商務印書館　1979　p. 9

陳祚龍　關於道家"本際經"及其"要略妙義"與"疏"的敦煌古抄　敦煌文物隨筆　(臺北)商務印書
　　館　1979　p. 218

陳祚龍　新校重訂《敦煌道經後記彙錄》　敦煌學要籥　(臺北)新文豐出版公司　1982　p. 203

宮川尚志　唐以前の河西における宗教・思想的狀況　敦煌と中國道教(講座敦煌4)　(東京)大
　　東出版社　1983　p. 307

山田利明　敦煌文書と仙伝類　敦煌と中國道教(講座敦煌4)　(東京)大東出版社　1983　p. 240

石井昌子　靈寶經類　敦煌と中國道教(講座敦煌4)　(東京)大東出版社　1983　p. 160

龍晦　論敦煌道教文學　《世界宗教研究》1985年第3期　又見:中國敦煌學百年文庫・宗教卷
　　(三)　甘肅文化出版社　1999　p. 366

姜伯勤　沙州道門親表部落釋證　《敦煌研究》1986年第3期　p. 3

姜亮夫　敦煌所見道教佚經考　敦煌學論文集　上海古籍出版社　1987　p. 311

池田溫　中國古代寫本識語集錄　(東京)大藏出版株式會社　1990　p. 268

林聰明　敦煌文書學　(臺北)新文豐出版公司　1991　p. 192

姜伯勤　敦煌社會文書導論　(臺北)新文豐出版公司　1992　p. 225

邵文實　沙州節兒考及其引申出來的幾個問題　《西北師大學報》(社會科學版)1992年第5期
　　p. 64

陶秋英輯錄　姜亮夫校訂　敦煌所見道教佚經錄　敦煌碎金　浙江古籍出版社　1992　p. 315

周紹良　敦煌文學芻議及其它　(臺北)新文豐出版公司　1992　p. 15

朱越利　道經總論　遼寧教育出版社　1992　p. 258、263

張澤洪　敦煌文書中的唐代道經　《敦煌學輯刊》1993年第2期　p. 61

姜伯勤　《本際經》與敦煌道教　《敦煌研究》1994年第3期　p. 8

李豐楙　敦煌道經寫卷與道教寫經的供養功德觀　全國敦煌學研討會論文集　(臺北)中正大學中

　　國文學系所　1995　p. 125

姜伯勤　敦煌藝術宗教與禮樂文明　中國社會科學出版社　1996　p. 238、298

邵文實　敦煌道教試述　《世界宗教研究》1996 年第 2 期　又見：中國敦煌學百年文庫·宗教卷
　　（三）　甘肅文化出版社　1999　p. 336

方廣錩　敦煌佛教經錄輯校　江蘇古籍出版社　1997　p. 298

鄭炳林　敦煌碑銘讚輯釋　甘肅教育出版社　1997　p. 250 注 28

方廣錩　大般若經會卷品對照錄　敦煌學大辭典　上海辭書出版社　1998　p. 748

姜伯勤　道釋相激：道教在敦煌　道家文化研究（第十三輯）　三聯書店　1998　p. 59

馬德　敦煌文書《道家雜齋文範集》及有關問題述略　道家文化研究（第十三輯）　三聯書店　1998
　　p. 246

山田俊　唐初道教思想史研究·論述篇　（京都）平樂寺書店　1999　p. 11、23、193

山田俊　唐初道教思想史研究·資料篇　（京都）平樂寺書店　1999　p. 60、162

楊富學　李吉和　敦煌漢文吐蕃史料輯校（第一輯）　甘肅人民出版社　1999　p. 199

周維平　從敦煌遺書看敦煌道教　《西北民族研究》1999 年第 2 期　p. 128

劉屹　評《唐初道教思想史研究》　唐研究（第六卷）　北京大學出版社　2000　p. 453

張澤洪　論唐代道教的寫經　《敦煌研究》2000 年第 3 期　p. 132

林聰明　敦煌吐魯番文書解詁指例　（臺北）新文豐出版公司　2001　p. 129

姜亮夫　敦煌莫高窟年表　姜亮夫全集（十一）　雲南人民出版社　2002　p. 285

王卡　敦煌道教文獻研究　中國社會科學出版社　2004　p. 8

王卡　敦煌道教綜述　敦煌與絲路文化學術講座（第二輯）　北京圖書館出版社　2005　p. 377

P. 2362

石井昌子　靈寶經類　敦煌と中國道教（講座敦煌 4）　（東京）大東出版社　1983　p. 155

姜亮夫　敦煌所見道教佚經考　敦煌學論文集　上海古籍出版社　1987　p. 319

陶秋英輯錄　姜亮夫校訂　敦煌所見道教佚經錄　敦煌碎金　浙江古籍出版社　1992　p. 328

王卡　太上業報因緣經　敦煌學大辭典　上海辭書出版社　1998　p. 764

王卡　敦煌道教文獻研究　中國社會科學出版社　2004　p. 126

王卡　中國國家圖書館藏敦煌道教遺書研究報告　敦煌吐魯番研究（第七卷）　北京大學出版社
　　2004　p. 354

P. 2363

尾崎正治　道教の類書　敦煌と中國道教（講座敦煌 4）　（東京）大東出版社　1983　p. 194

姜亮夫　敦煌所見道教佚經考　敦煌學論文集　上海古籍出版社　1987　p. 314

陶秋英輯錄　姜亮夫校訂　敦煌所見道教佚經錄　敦煌碎金　浙江古籍出版社　1992　p. 320

王卡　大道通玄要　敦煌學大辭典　上海辭書出版社　1998　p. 759

向群　敦煌本《大道通玄要》研究　道家文化研究（第十三輯）　三聯書店　1998　p. 336

王卡　敦煌道教文獻研究　中國社會科學出版社　2004　p. 229

王卡　中國國家圖書館藏敦煌道教遺書研究報告　敦煌吐魯番研究（第七卷）　北京大學出版社
　　2004　p. 375

P. 2364

石井昌子　靈寶經類　敦煌と中國道教（講座敦煌 4）　（東京）大東出版社　1983　p. 157

姜亮夫　敦煌所見道教佚經考　敦煌學論文集　上海古籍出版社　1987　p. 314

陶秋英輯錄　姜亮夫校訂　敦煌所見道教佚經錄　敦煌碎金　浙江古籍出版社　1992　p. 320

王卡　敦煌殘抄本《太上濟衆經》考釋　唐研究(第六卷)　北京大學出版社　2000　p. 58

王卡　敦煌道教文獻研究　中國社會科學出版社　2004　p. 214

王卡　中國國家圖書館藏敦煌道教遺書研究報告　敦煌吐魯番研究(第七卷)　北京大學出版社
　　2004　p. 373

P. 2365

陳祚龍　敦煌道經後記彙錄　敦煌文物隨筆　(臺北)商務印書館　1979　p. 23

陳祚龍　新校重訂《敦煌道經後記彙錄》　敦煌學要籥　(臺北)新文豐出版公司　1982　p. 213注3

尾崎正治　洞淵神呪經　敦煌と中國道教(講座敦煌4)　(東京)大東出版社　1983　p. 178

姜亮夫　敦煌所見道教佚經考　敦煌學論文集　上海古籍出版社　1987　p. 319

李豐楙　唐代《洞淵神呪經》寫卷與李弘:兼論神呪類道經的功德觀　第二屆敦煌學國際研討會論文
　　集　(臺北)漢學研究中心　1990　p. 482

陶秋英輯錄　姜亮夫校訂　敦煌所見道教佚經錄　敦煌碎金　浙江古籍出版社　1992　p. 328

高國藩　敦煌民俗資料導論　(臺北)新文豐出版公司　1993　p. 238

胡戟　傅玫　敦煌史話　中華書局　1995　p. 134

馬承玉　從敦煌寫本看《洞淵神呪經》在北方的傳播　道家文化研究(第十三輯)　三聯書店　1998
　　p. 200

王卡　太上洞淵神呪經　敦煌學大辭典　上海辭書出版社　1998　p. 762

王卡　敦煌道教文獻研究　中國社會科學出版社　2004　p. 144

王卡　中國國家圖書館藏敦煌道教遺書研究報告　敦煌吐魯番研究(第七卷)　北京大學出版社
　　2004　p. 359

P. 2366

陳祚龍　關於道家"本際經"及其"要略妙義"與"疏"的敦煌古抄　敦煌文物隨筆　(臺北)商務印書
　　館　1979　p. 214

石井昌子　靈寶經類　敦煌と中國道教(講座敦煌4)　(東京)大東出版社　1983　p. 155

姜亮夫　敦煌經卷在中國文化學術上的價值　敦煌學論文集　上海古籍出版社　1987　p. 6

姜亮夫　敦煌所見道教佚經考　敦煌學論文集　上海古籍出版社　1987　p. 311、320

李豐楙　唐代《洞淵神呪經》寫卷與李弘:兼論神呪類道經的功德觀　第二屆敦煌學國際研討會論文
　　集　(臺北)漢學研究中心　1990　p. 482

陶秋英輯錄　姜亮夫校訂　敦煌所見道教佚經錄　敦煌碎金　浙江古籍出版社　1992　p. 314、323、
　　328

高國藩　敦煌民俗資料導論　(臺北)新文豐出版公司　1993　p. 238

馬承玉　從敦煌寫本看《洞淵神呪經》在北方的傳播　道家文化研究(第十三輯)　三聯書店　1998
　　p. 200

萬毅　敦煌道教文獻《本際經》錄文及解說　道家文化研究(第十三輯)　三聯書店　1998　p. 428

王卡　太上洞淵神呪經　敦煌學大辭典　上海辭書出版社　1998　p. 762

王卡　太上元陽經　敦煌學大辭典　上海辭書出版社　1998　p. 764

王卡　太玄真一本際經　敦煌學大辭典　上海辭書出版社　1998　p. 765

山田俊　唐初道教思想史研究・論述篇　(京都)平樂寺書店　1999　p. 483

山田俊　唐初道教思想史研究‧資料篇　（京都）平樂寺書店　1999　p. 90、163

王卡　敦煌道教文獻研究　中國社會科學出版社　2004　p. 116、145

王卡　中國國家圖書館藏敦煌道教遺書研究報告　敦煌吐魯番研究（第七卷）　北京大學出版社
　　2004　p. 359

P. 2367

陳祚龍　關於道家"本際經"及其"要略妙義"與"疏"的敦煌古抄　敦煌文物隨筆　（臺北）商務印書
　　館　1979　p. 212

石井昌子　靈寶經類　敦煌と中國道教（講座敦煌4）　（東京）大東出版社　1983　p. 160

山田俊　唐初道教思想史研究‧資料篇　（京都）平樂寺書店　1999　p. 162

楊森　武則天至玄宗時代敦煌的三洞法師中嶽先生述略　《敦煌研究》2003 年第 3 期　p. 48

王卡　敦煌道教文獻研究　中國社會科學出版社　2004　p. 198

王卡　中國國家圖書館藏敦煌道教遺書研究報告　敦煌吐魯番研究（第七卷）　北京大學出版社
　　2004　p. 368

P. 2368

陳祚龍　敦煌道經後記彙錄　敦煌文物隨筆　（臺北）商務印書館　1979　p. 23

陳祚龍　新校重訂《敦煌道經後記彙錄》　敦煌學要籥　（臺北）新文豐出版公司　1982　p. 213 注 3

李重申　敦煌馬毬史料探析　《敦煌研究》1994 年第 4 期　p. 171

李重申　敦煌古代體育文化　甘肅人民出版社　2000　p. 60

馬茜　歸義軍時期敦煌地區庶民佛教的發展　甘肅民族研究論叢　甘肅人民出版社　2002　p. 454

王承文　敦煌古靈寶經與晉唐道教　中華書局　2002　p. 382

P. 2369

饒宗頤　吳縣玄妙觀石礎畫迹　"中央研究院"歷史語言研究所集刊（第 45 本第 2 分冊）　1974
　　p. 261

陳祚龍　敦煌道經後記彙錄　敦煌文物隨筆　（臺北）商務印書館　1979　p. 22

陳祚龍　關於道家"本際經"及其"要略妙義"與"疏"的敦煌古抄　敦煌文物隨筆　（臺北）商務印書
　　館　1979　p. 214

陳祚龍　新校重訂《敦煌道經後記彙錄》　敦煌學要籥　（臺北）新文豐出版公司　1982　p. 212、213
　　注 3

石井昌子　靈寶經類　敦煌と中國道教（講座敦煌4）　（東京）大東出版社　1983　p. 160

姜亮夫　敦煌所見道教佚經考　敦煌學論文集　上海古籍出版社　1987　p. 311

池田溫　中國古代寫本識語集錄　（東京）大藏出版株式會社　1990　p. 288

孫啓治　唐寫本俗別字變化類型舉例　敦煌吐魯番文獻研究論集（第五輯）　北京大學出版社
　　1990　p. 124

林聰明　敦煌文書學　（臺北）新文豐出版公司　1991　p. 195

陶秋英輯錄　姜亮夫校訂　敦煌所見道教佚經錄　敦煌碎金　浙江古籍出版社　1992　p. 314

林聰明　談敦煌文書的抄寫問題　紀念陳寅恪先生百年誕辰學術論文集　江西教育出版社　1994
　　p. 291

李豐楙　敦煌道經寫卷與道教寫經的供養功德觀　全國敦煌學研討會論文集　（臺北）中正大學中
　　國文學系所　1995　p. 124

劉屹　敦煌十卷本《老子化胡經》殘卷新探　唐研究(第二卷)　北京大學出版社　1996　p. 117 注
　　38

山田俊　唐初道教思想史研究‧論述篇　(京都)平樂寺書店　1999　p. 47

山田俊　唐初道教思想史研究‧資料篇　(京都)平樂寺書店　1999　p. 87、163

周維平　從敦煌遺書看敦煌道教　《西北民族研究》1999 年第 2 期　p. 131

汪泛舟　敦煌道教與齋醮諸考　1994 年敦煌學國際研討會文集‧宗教文史卷(上)　甘肅民族出版
　　社　2000　p. 2

張澤洪　論唐代道教的寫經　《敦煌研究》2000 年第 3 期　p. 132

林聰明　敦煌吐魯番文書解詁指例　(臺北)新文豐出版公司　2001　p. 43

楊森　武則天至玄宗時代敦煌的三洞法師中嶽先生述略　《敦煌研究》2003 年第 3 期　p. 46

竇懷永　許建平　敦煌寫本的避諱特點及其對傳統寫本抄寫時代判定的參考價值　《敦煌研究》
　　2004 年第 4 期　p. 53

王卡　敦煌道教文獻研究　中國社會科學出版社　2004　p. 200

王卡　中國國家圖書館藏敦煌道教遺書研究報告　敦煌吐魯番研究(第七卷)　北京大學出版社
　　2004　p. 369

P. 2370

唐文播　巴黎所藏敦煌老子寫卷校記　《中國文化研究彙刊》1930 年第 5 卷　又見:中國敦煌學百年
　　文庫‧文獻卷(一)　甘肅文化出版社　1999　p. 89

唐文播　巴黎所藏敦煌老子寫本綜考　《中國文化研究彙刊》1944 年第 4 卷　又見:中國敦煌學百年
　　文庫‧文獻卷(一)　甘肅文化出版社　1999　p. 219

那波利貞　俗講と變文(中)　『佛教史學』(1 卷 3 號)　(京都)平樂寺書店　1950　p. 85　又見:唐
　　代社會文化史研究‧第四編　(東京)創文社　1974　p. 420

鄭良樹　敦煌老子寫本考異　(臺北)《大陸雜誌》1981 年第 2 期　又見:中國敦煌學百年文庫‧宗
　　教卷(三)　甘肅文化出版社　1999　p. 62

楠山春樹　道德經類 付『莊子』『列子』『文子』　敦煌と中國道教(講座敦煌 4)　(東京)大東出版
　　社　1983　p. 4

王重民原編　黃永武新編　敦煌古籍敘錄新編(第十二冊)　(臺北)新文豐出版公司　1986　p. 256

姜亮夫　巴黎所藏敦煌寫本道德經殘卷綜合研究　敦煌學論文集　上海古籍出版社　1987　p. 240、
　　243、274、300　又見:姜亮夫全集(十三)　雲南人民出版社　2002　p. 207

麥谷邦夫　唐玄宗御注『道德真經』および疏撰述をめぐる二、三の問題　『東方學報』(第 62 號)
　　京都大學人文科學研究所　1990　p. 230

白化文　道德經白文本　敦煌學大辭典　上海辭書出版社　1998　p. 776

王卡　老子道德經序訣　敦煌學大辭典　上海辭書出版社　1998　p. 762

郝春文　英藏敦煌社會歷史文獻釋錄(第一卷)　科學出版社　2001　p. 47

李重申　李金梅　李小唐　敦煌石窟氣功鈞沈　《敦煌學輯刊》2001 年第 2 期　p. 50

李金梅　敦煌氣功養生文化的研究　敦煌佛教藝術文化國際學術研討會論文集　蘭州大學出版社
　　2002　p. 628

李金梅　李重申　敦煌文獻與體育史研究之關係　《敦煌研究》2002 年第 2 期　p. 45

王卡　敦煌道教文獻研究　中國社會科學出版社　2004　p. 158、165

王卡　中國國家圖書館藏敦煌道教遺書研究報告　敦煌吐魯番研究(第七卷)　北京大學出版社
　　2004　p. 361

P. 2371

周一良　跋敦煌秘笈留真　《清華學報》1948 年第 15 卷第 1 期　又見:魏晉南北朝史論集　中華書
　　局　1963　p. 366；中國敦煌學百年文庫·文獻卷(一)　甘肅文化出版社　1999　p. 280

山田利明　敦煌文書と仙伝類　敦煌と中國道教(講座敦煌 4)　(東京)大東出版社　1983　p. 246

姜伯勤　沙州道門親表部落釋證　《敦煌研究》1986 年第 3 期　p. 3

姜亮夫　敦煌所見道教佚經考　敦煌學論文集　上海古籍出版社　1987　p. 316

任半塘　敦煌歌辭總編　上海古籍出版社　1987　p. 1555

池田溫　中國古代寫本識語集錄　(東京)大藏出版株式會社　1990　p. 291

林聰明　敦煌文書學　(臺北)新文豐出版公司　1991　p. 192、196、318、357

姜伯勤　敦煌社會文書導論　(臺北)新文豐出版公司　1992　p. 225

陶秋英輯錄　姜亮夫校訂　敦煌所見道教佚經錄　敦煌碎金　浙江古籍出版社　1992　p. 322

朱越利　道經總論　遼寧教育出版社　1992　p. 258、263

戴仁　敦煌寫本紙張的顏色　法國學者敦煌學論文選萃　中華書局　1993　p. 591

林聰明　談敦煌文書的抄寫問題　紀念陳寅恪先生百年誕辰學術論文集　江西教育出版社　1994
　　p. 291

胡戟　傅玫　敦煌史話　中華書局　1995　p. 134

李豐楙　敦煌道經寫卷與道教寫經的供養功德觀　全國敦煌學研討會論文集　(臺北)中正大學中
　　國文學系所　1995　p. 126

王三慶　敦煌書儀載錄之節日活動與民俗　全國敦煌學研討會論文集　(臺北)中正大學中國文學
　　系所　1995　p. 25 注 27

姜伯勤　敦煌藝術宗教與禮樂文明　中國社會科學出版社　1996　p. 298

李并成　李春元　瓜沙史地研究　甘肅文化出版社　1996　p. 133

周一良著　錢文忠譯　唐代密宗　上海遠東出版社　1996　p. 207

鄭炳林　敦煌碑銘讚輯釋　甘肅教育出版社　1997　p. 250 注 28

姜伯勤　道釋相激:道教在敦煌　道家文化研究(第十三輯)　三聯書店　1998　p. 59

馬德　敦煌文書《道家雜齋文範集》及有關問題述略　道家文化研究(第十三輯)　三聯書店　1998
　　p. 246

孫繼民　開元六年馬處幽等寫無上秘要經記　敦煌學大辭典　上海辭書出版社　1998　p. 456

汪泛舟　敦煌道教詩歌補論　《敦煌研究》1998 年第 4 期　p. 93

王卡　無上秘要　敦煌學大辭典　上海辭書出版社　1998　p. 766

周維平　從敦煌遺書看敦煌道教　《西北民族研究》1999 年第 2 期　p. 128

金岡照光　敦煌文獻と中國文學　(東京)五曜書房　2000　p. 432、517

汪泛舟　敦煌道教與齋醮諸考　1994 年敦煌學國際研討會文集·宗教文史卷(上)　甘肅民族出版
　　社　2000　p. 3

顏廷亮　敦煌文化　光明日報出版社　2000　p. 238

林聰明　敦煌吐魯番文書解詁指例　(臺北)新文豐出版公司　2001　p. 43

李小榮　變文講唱與華梵宗教藝術　上海三聯書店　2002　p. 287

楊森　武則天至玄宗時代敦煌的三洞法師中嶽先生述略　《敦煌研究》2003 年第 3 期　p. 46

王卡　敦煌道教文獻研究　中國社會科學出版社　2004　p. 223

王卡　中國國家圖書館藏敦煌道教遺書研究報告　敦煌吐魯番研究(第七卷)　北京大學出版社
　　2004　p. 374

P. 2372

王重民　英倫所藏敦煌經卷訪問記　《大公報》1936 年 4 月 2 日　又見：中國敦煌學百年文庫・綜述
　　卷(一)　甘肅文化出版社　1999　p. 64

陳祚龍　關於道家"本際經"及其"要略妙義"與"疏"的敦煌古抄　敦煌文物隨筆　(臺北)商務印書
　　館　1979　p. 213

石井昌子　靈寶經類　敦煌と中國道教(講座敦煌 4)　(東京)大東出版社　1983　p. 160

汪泛舟　敦煌道教詩歌補論　《敦煌研究》1998 年第 4 期　p. 93

山田俊　唐初道教思想史研究・資料篇　(京都)平樂寺書店　1999　p. 57、162

王卡　敦煌道教文獻研究　中國社會科學出版社　2004　p. 199

王卡　中國國家圖書館藏敦煌道教遺書研究報告　敦煌吐魯番研究(第七卷)　北京大學出版社
　　2004　p. 369

P. 2373

金岡照光　敦煌文獻より見たる彌勒信仰の一側面　敦煌と中國仏教(講座敦煌 7)　(東京)大東
　　出版社　1984　p. 546

姜伯勤　論禪宗在敦煌僧俗中的流傳　(香港)《九州學刊》(敦煌學專輯)1992 年第 4 卷第 4 期
　　p. 14

金岡照光　敦煌文獻と中國文學　(東京)五曜書房　2000　p. 348、370

姜亮夫　敦煌莫高窟年表　姜亮夫全集(十一)　雲南人民出版社　2002　p. 73

P. 2374

芳村修基　土橋秀高　井ノ口泰淳　敦煌佛教史年表　西域文化研究(第一)・敦煌佛教資料　(京
　　都)法藏館　1958　p. 280

矢吹慶輝　鳴沙餘韻・解說篇(第一部)　(京都)臨川書店　1980　p. 192

陳祚龍　敦煌古抄內典尾記彙校初、二、三編合刊　敦煌學要籥　(臺北)新文豐出版公司　1982
　　p. 179

董作賓　敦煌紀年　敦煌學文選(上)　蘭州大學歷史系敦煌學研究室等　1983　p. 35

李正宇　敦煌地區古代祠廟寺觀簡志　《敦煌學輯刊》1988 年第 1、2 期　p. 82

池田溫　中國古代寫本識語集錄　(東京)大藏出版株式會社　1990　p. 496

孫啓治　唐寫本俗別字變化類型舉例　敦煌吐魯番文獻研究論集(第五輯)　北京大學出版社
　　1990　p. 130

李刈　敦煌壁畫中的《天請問經變相》　《敦煌研究》1991 年第 1 期　p. 2

林聰明　敦煌文書學　(臺北)新文豐出版公司　1991　p. 234

林聰明　談敦煌文書的抄寫問題　紀念陳寅恪先生百年誕辰學術論文集　江西教育出版社　1994
　　p. 297

姜伯勤　敦煌藝術宗教與禮樂文明　中國社會科學出版社　1996　p. 373

李正宇　敦煌史地新論　(臺北)新文豐出版公司　1996　p. 90

榮新江　歸義軍史研究　上海古籍出版社　1996　p. 278

鄭炳林　敦煌碑銘讚輯釋　甘肅教育出版社　1997　p. 478 注 13

方廣錩　續命經　敦煌學大辭典　上海辭書出版社　1998　p. 735

方廣錩　延壽命經　敦煌學大辭典　上海辭書出版社　1998　p. 735

李正宇　永興禪院　敦煌學大辭典　上海辭書出版社　1998　p. 632

姜伯勤　論禪宗在敦煌僧俗中的流傳　中國敦煌學百年文庫·宗教卷（一）　甘肅文化出版社
　　1999　p. 227

金岡照光　敦煌文獻と中國文學　（東京）五曜書房　2000　p. 432

顏廷亮　敦煌文化　光明日報出版社　2000　p. 271

林聰明　敦煌吐魯番文書解詁指例　（臺北）新文豐出版公司　2001　p. 49

湛如　敦煌淨土教讚文考辨　華林（第一卷）　中華書局　2001　p. 193

張總　《閻羅王授記經》綴補研考　敦煌吐魯番研究（第五卷）　北京大學出版社　2001　p. 95

姜亮夫　敦煌莫高窟年表　姜亮夫全集（十一）　雲南人民出版社　2002　p. 541

湛如　敦煌佛教律儀制度研究　中華書局　2003　p. 270

P. 2375

唐文播　巴黎所藏敦煌老子寫卷校記　《中國文化研究彙刊》1930 年第 5 卷　又見：中國敦煌學百年
　　文庫·文獻卷（一）　甘肅文化出版社　1999　p. 90

唐文播　巴黎所藏敦煌老子寫本綜考　《中國文化研究彙刊》1944 年第 4 卷　又見：中國敦煌學百年
　　文庫·文獻卷（一）　甘肅文化出版社　1999　p. 240

饒宗頤　吳建衡二年索紞寫本道德經殘卷考證　（香港）《東方文化》1955 年第 2 卷第 1 期　p. 28

鄭良樹　敦煌老子寫本考異　（臺北）《大陸雜誌》1981 年第 2 期　又見：中國敦煌學百年文庫·宗
　　教卷（三）　甘肅文化出版社　1999　p. 63

姜亮夫　巴黎所藏敦煌寫本道德經殘卷綜合研究　敦煌學論文集　上海古籍出版社　1987　p. 243、
　　263 注、283　又見：姜亮夫全集（十三）　雲南人民出版社　2002　p. 210

白化文　道德經白文本　敦煌學大辭典　上海辭書出版社　1998　p. 776

王卡　敦煌道教文獻研究　中國社會科學出版社　2004　p. 165

王卡　中國國家圖書館藏敦煌道教遺書研究報告　敦煌吐魯番研究（第七卷）　北京大學出版社
　　2004　p. 361

P. 2376

王永興　敦煌吐魯番文書中有關唐代勾檢制資料試析：兼整理伯二七六三背、伯二六五四背、伯三四
　　四六背文書　敦煌吐魯番文獻研究論集（第四輯）　北京大學出版社　1987　p. 61

汪泛舟　偈·頌　敦煌文學　甘肅人民出版社　1989　p. 90

王永興　唐勾檢制研究　上海古籍出版社　1991　p. 95

汪泛舟　敦煌文學概論　甘肅人民出版社　1993　p. 572

方廣錩　敦煌佛教經錄輯校　江蘇古籍出版社　1997　p. 429

汪娟　敦煌本《大佛略懺》在佛教懺悔文中的地位　敦煌文學論集　四川人民出版社　1997　p. 389

柴劍虹　觀音偈　敦煌學大辭典　上海辭書出版社　1998　p. 548

方廣錩　佛本行集經卷次錄　敦煌學大辭典　上海辭書出版社　1998　p. 750

湛如　敦煌結夏安居考察　法源（第 16 期）　中國佛學院　1998　p. 84　又見：佛學研究（第七期）
　　中國佛教文化研究所　1998　p. 339

湛如　敦煌佛教律儀制度研究　中華書局　2003　p. 247

P. 2377

陳祚龍　關於道家"本際經"及其"要略妙義"與"疏"的敦煌古抄　敦煌文物隨筆　（臺北）商務印書
　　館　1979　p. 214

饒宗頤　老子想爾注考略　選堂集林·史林　（香港）中華書局　1982　p. 337、344、350

石井昌子　靈寶經類　敦煌と中國道教（講座敦煌4）　（東京）大東出版社　1983　p. 160

姜亮夫　敦煌經卷在中國文化學術上的價值　敦煌學論文集　上海古籍出版社　1987　p. 6

方廣錩　阿毗達磨大毗婆沙論　敦煌學大辭典　上海辭書出版社　1998　p. 722

山田俊　唐初道教思想史研究·論述篇　（京都）平樂寺書店　1999　p. 50

山田俊　唐初道教思想史研究·資料篇　（京都）平樂寺書店　1999　p. 80、163

王卡　敦煌道教文獻研究　中國社會科學出版社　2004　p. 202

王卡　中國國家圖書館藏敦煌道教遺書研究報告　敦煌吐魯番研究（第七卷）　北京大學出版社
　　2004　p. 369

P. 2378

三木榮　西域出土醫藥關係文獻綜合解說目録　『東洋學報』（47卷1號）　（東京）東洋學術協會
　　1964　p. 9

任半塘　敦煌歌辭研究在國外　文學評論叢刊（第九輯）　中國社會科學出版社　1981　p. 188

戴密微著　耿昇譯　敦煌學近作　敦煌譯叢（第一輯）　甘肅人民出版社　1985　p. 21

譚宗達　敦煌本《張仲景五臟論》校勘　《敦煌研究》1986年第2期　p. 82

馬繼興　敦煌古醫籍考釋　江西科學技術出版社　1988　p. 16、34

郭在貽　張涌泉　黃征　敦煌變文集校議　岳麓書社　1990　p. 15

甘肅中醫學院圖書館　敦煌中醫藥學集錦　甘肅中醫學院圖書館　1990　p. 18

宮下三郎　敦煌本の本草醫書　敦煌漢文文獻（講座敦煌5）　（東京）大東出版社　1992　p. 499

丛春雨　敦煌中醫藥全書　中醫古籍出版社　1994　p. 69、73

沃興華　敦煌書法藝術　上海人民出版社　1994　p. 54

黃征　敦煌俗語詞輯釋　敦煌語文叢說　（臺北）新文豐出版公司　1997　p. 70

黃征　王梵志詩校釋續商補　敦煌語文叢說　（臺北）新文豐出版公司　1997　p. 237

黃征　張涌泉　敦煌變文校注　中華書局　1997　p. 35

馬繼興　敦煌醫藥文獻輯校　江蘇古籍出版社　1998　p. 123

王淑民　張仲景五臟論　敦煌學大辭典　上海辭書出版社　1998　p. 616

山田俊　唐初道教思想史研究·論述篇　（京都）平樂寺書店　1999　p. 346

丛春雨　敦煌中醫藥精萃發微　中醫古籍出版社　2000　p. 1

陳明　醫理精華：印度古典醫學在敦煌的實例分析　敦煌吐魯番研究（第五卷）　北京大學出版社
　　2001　p. 257注

黃征　敦煌語言文字學研究　甘肅教育出版社　2002　p. 111、318

馬繼興　當前世界各地收藏的中國出土卷子本古醫藥文獻備考　敦煌吐魯番研究（第六卷）　北京
　　大學出版社　2002　p. 136、146

王承文　敦煌古靈寶經與晉唐道教　中華書局　2002　p. 367

王承文　古靈寶經定期齋戒的淵源及其與佛教的關係　華林（第二卷）　中華書局　2002　p. 243

王卡　敦煌道教文獻研究　中國社會科學出版社　2004　p. 87

陳明　殊方異藥：出土文書與西域醫學　北京大學出版社　2005　p. 159

李應存　新發現ДХ1325v爲敦煌《張仲景五臟論》又一寫本　《敦煌研究》2006年第1期　p. 89

P. 2379

陳祚龍　關於道家"本際經"及其"要略妙義"與"疏"的敦煌古抄　敦煌文物隨筆　（臺北）商務印書

館　1979　p. 216

石井昌子　靈寶經類　敦煌と中國道教（講座敦煌4）（東京）大東出版社　1983　p. 161

山田俊　唐初道教思想史研究・資料篇　（京都）平樂寺書店　1999　p. 133、164

王卡　敦煌道教文獻研究　中國社會科學出版社　2004　p. 208

王卡　中國國家圖書館藏敦煌道教遺書研究報告　敦煌吐魯番研究（第七卷）　北京大學出版社　2004　p. 371

P. 2380

董作賓　敦煌紀年　敦煌學文選（上）　蘭州大學歷史系敦煌學研究室等　1983　p. 24

楠山春樹　道德經類　付『莊子』『列子』『文子』　敦煌と中國道教（講座敦煌4）（東京）大東出版社　1983　p. 54

石井昌子　靈寶經類　敦煌と中國道教（講座敦煌4）（東京）大東出版社　1983　p. 172

饒宗頤解說　林宏作譯　敦煌書法叢刊（第二七卷）・道書（一）（東京）二玄社　1985　p. 79

池田溫　中國古代寫本識語集錄　（東京）大藏出版株式會社　1990　p. 297

中村裕一　唐代制敕研究　（東京）汲古書院　1991　p. 892

中村裕一　唐代公文書研究　（東京）汲古書院　1996　p. 354

譚蟬雪　敦煌道經題記綜述　道家文化研究（第十三輯）　三聯書店　1998　p. 13

王卡　文子　敦煌學大辭典　上海辭書出版社　1998　p. 766

龍晦　敦煌文獻所見唐玄宗的宗教活動　1994年敦煌學國際研討會文集・宗教文史卷（上）　甘肅民族出版社　2000　p. 25

顏廷亮　敦煌文化　光明日報出版社　2000　p. 209

盛朝暉　敦煌寫本P. 2506、2810a、2810b、4073、2380之研究　《敦煌研究》2001年第4期　p. 125

朱大星　敦煌寫本《文子》殘卷校證　文史（第五十七輯）　中華書局　2001　p. 139

姜亮夫　敦煌莫高窟年表　姜亮夫全集（十一）　雲南人民出版社　2002　p. 315

劉進寶　敦煌學通論　甘肅教育出版社　2002　p. 301

許建平　北敦14681號《尚書》殘卷的抄寫時代及其版本來源：與王熙華先生商榷　《敦煌學輯刊》2002年第2期　p. 36

許建平　英倫法京所藏敦煌寫本殘片八種之定名並校錄　敦煌學（第24輯）（臺北）樂學書局有限公司　2003　p. 124

許建平　BD14681《尚書》殘卷考辨　新世紀敦煌學論集　巴蜀書社　2003　p. 75

朱大星　《文子》敦煌本與竹簡本、今本關係考論　《敦煌研究》2003年第2期　p. 60

李永寧　程亮　王重民敦煌遺書手稿整理　《敦煌研究》2004年第5期　p. 69

李永寧　程亮　整理王重民敦煌遺書手稿所得（一）《敦煌研究》2004年第6期　p. 71

王卡　敦煌道教文獻研究　中國社會科學出版社　2004　p. 24、185

朱大星　敦煌本《文子》校補　《敦煌研究》2004年第6期　p. 103

李樹輝　"陰陽・五行・十二獸相配紀年法"非吐蕃所創　《敦煌研究》2006年第1期　p. 74

P. 2381

周一良　跋敦煌寫本法句經及法句譬喻經殘卷三種　魏晉南北朝史論集　中華書局　1963　p. 352

矢吹慶輝　鳴沙餘韻・解說篇（第一部）（京都）臨川書店　1980　p. 188

田中良昭　敦煌禪宗文獻の研究　（東京）大東出版社　1983　p. 403

王重民　記敦煌寫本的佛經　敦煌吐魯番文獻研究論集（第二輯）　北京大學出版社　1983　p. 10

又見:敦煌遺書論文集　中華書局　1984　p. 295

周丕顯　敦煌佛經略考　《敦煌學輯刊》1987 第 2 期　p. 3

蘇遠鳴　敦煌漢文寫本的斷代　法國學者敦煌學論文選萃　中華書局　1993　p. 560

沃興華　敦煌書法藝術　上海人民出版社　1994　p. 94

張弓　漢唐佛寺文化史　中國社會科學出版社　1997　p. 881

姜亮夫　敦煌莫高窟年表　姜亮夫全集(十一)　雲南人民出版社　2002　p. 104

P. 2382

三崎良周　仏頂尊勝陀羅尼經と諸星母陀羅尼經　敦煌と中國仏教(講座敦煌 7)　(東京)大東出
　　版社　1984　p. 127

P. 2383

石井昌子　靈寶經類　敦煌と中國道教(講座敦煌 4)　(東京)大東出版社　1983　p. 152

姜亮夫　敦煌所見道教佚經考　敦煌學論文集　上海古籍出版社　1987　p. 318

陳祚龍　看了兩種類比偽造的敦煌唐抄道經以後　(臺北)《大陸雜誌》1988 年第 5、6 期　又見:敦
　　煌學散策新集　(臺北)新文豐出版公司　1989　p. 447 ; 中國敦煌學百年文庫·宗教卷(三)
　　甘肅文化出版社　1999　p. 142

林聰明　敦煌文書學　(臺北)新文豐出版公司　1991　p. 58

陶秋英輯錄　姜亮夫校訂　敦煌所見道教佚經錄　敦煌碎金　浙江古籍出版社　1992　p. 326

朱越利　道經總論　遼寧教育出版社　1992　p. 273

鄭阿財　從敦煌文獻看唐代的三教合一　第二屆國際唐代學術會議論文集(上)　(臺北)文津出版
　　社　1993　p. 640

王卡　太上洞玄靈寶淨土生神經　敦煌學大辭典　上海辭書出版社　1998　p. 767

王承文　敦煌古靈寶經與晉唐道教　中華書局　2002　p. 129

王卡　敦煌道教文獻研究　中國社會科學出版社　2004　p. 107

王卡　中國國家圖書館藏敦煌道教遺書研究報告　敦煌吐魯番研究(第七卷)　北京大學出版社
　　2004　p. 352

P. 2384

芳村修基　土橋秀高　井ノ口泰淳　敦煌佛教史年表　西域文化研究(第一)·敦煌佛教資料　(京
　　都)法藏館　1958　p. 278

鄭良樹　敦煌老子寫本考異　(臺北)《大陸雜誌》1981 年第 2 期　又見:中國敦煌學百年文庫·宗
　　教卷(三)　甘肅文化出版社　1999　p. 63

陳祚龍　敦煌古抄內典尾記彙校初、二、三編合刊　敦煌學要籥　(臺北)新文豐出版公司　1982
　　p. 179

董作賓　敦煌紀年　敦煌學文選(上)　蘭州大學歷史系敦煌學研究室等　1983　p. 32

池田溫　中國古代寫本識語集錄　(東京)大藏出版株式會社　1990　p. 475

榮新江　歸義軍改元考　文史(第三十八輯)　中華書局　1994　p. 50

榮新江　歸義軍史研究　上海古籍出版社　1996　p. 53

林聰明　敦煌吐魯番文書解詁指例　(臺北)新文豐出版公司　2001　p. 178

姜亮夫　敦煌莫高窟年表　姜亮夫全集(十一)　雲南人民出版社　2002　p. 493

李小榮　敦煌密教文獻論稿　人民文學出版社　2003　p. 28

P. 2385

石井昌子　靈寶經類　敦煌と中國道教(講座敦煌 4)　(東京)大東出版社　1983　p. 157

陳祚龍　古往世上流行之中華佛教男女信士立誓發願文章的抽樣　中華佛教文化史散策(四集)　(臺北)新文豐出版公司　1986　p. 402

姜亮夫　敦煌所見道教佚經考　敦煌學論文集　上海古籍出版社　1987　p. 314

譚蟬雪　祭文　敦煌文學　甘肅人民出版社　1989　p. 121

張錫厚　詩歌　敦煌文學　甘肅人民出版社　1989　p. 168

陶秋英輯錄　姜亮夫校訂　敦煌所見道教佚經錄　敦煌碎金　浙江古籍出版社　1992　p. 320

鄭阿財　敦煌寫卷《新集文詞九經抄》研究　唐代研究論集(第四輯)　(臺北)新文豐出版公司　1992　p. 650

鄭炳林　敦煌碑銘讚三篇證誤與考釋　《敦煌學輯刊》1992 年第 1、2 期　p. 97

舒華　敦煌"變文"體裁新論　(香港)《九州學刊》(敦煌學專輯)1993 年第 5 卷第 4 期　p. 161

勁草　《敦煌文學概論》證誤糾謬　《敦煌學輯刊》1994 年第 1 期　p. 86

黃征　吳偉　敦煌願文集　岳麓書社　1995　p. 191、467

劉進寶　敦煌學論述　(臺北)洪葉文化事業有限公司　1995　p. 325

王書慶　敦煌佛學·佛事篇　甘肅民族出版社　1995　p. 278

朱鳳玉　從傳統語文教育論敦煌本《雜抄》　全國敦煌學研討會論文集　(臺北)中正大學中國文學系所　1995　p. 207

姜伯勤　敦煌藝術宗教與禮樂文明　中國社會科學出版社　1996　p. 284

張錫厚　敦煌釋氏詩歌創作論　慶祝潘石禪先生九秩華誕敦煌學特刊　(臺北)文津出版社　1996　p. 210

黃征　《敦煌碑銘讚輯釋》評介　敦煌語文叢說　(臺北)新文豐出版公司　1997　p. 808

鄭炳林　敦煌碑銘讚及其有關問題　敦煌碑銘讚輯釋　甘肅教育出版社　1997　p. 7

柴劍虹　衛元嵩十二因緣六字歌詞　敦煌學大辭典　上海辭書出版社　1998　p. 547

姜伯勤　道釋相激:道教在敦煌　道家文化研究(第十三輯)　三聯書店　1998　p. 44

劉屹　評《北京大學藏敦煌文獻》　敦煌吐魯番研究(第三卷)　北京大學出版社　1998　p. 373

王卡　靈真戒拔除生死濟苦經　敦煌學大辭典　上海辭書出版社　1998　p. 763

王卡　太上大道玉清經　敦煌學大辭典　上海辭書出版社　1998　p. 761

黃征　程惠新　劫塵遺珠:敦煌遺書　甘肅教育出版社　1999　p. 97

山田俊　唐初道教思想史研究·論述篇　(京都)平樂寺書店　1999　p. 530

杜琪　敦煌詩賦作品要目分類題注　《甘肅社會科學》2000 年第 1 期　p. 63

王三慶　北京大學圖書館藏本《諸文要集》一卷研究　慶祝吳其昱先生八秩華誕敦煌學特刊　(臺北)文津出版社　2000　p. 172

張錫厚　敦煌文學源流　作家出版社　2000　p. 57

劉進寶　敦煌學通論　甘肅教育出版社　2002　p. 371

鄭阿財　朱鳳玉　敦煌蒙書研究　甘肅教育出版社　2002　p. 298

鄭炳林　徐曉麗　讀《俄藏敦煌文獻》第 12 冊幾件非佛經文獻劄記　《敦煌研究》2003 年第 4 期　p. 82

王卡　敦煌道教文獻研究　中國社會科學出版社　2004　p. 131、148

王卡　中國國家圖書館藏敦煌道教遺書研究報告　敦煌吐魯番研究(第七卷)　北京大學出版社　2004　p. 360

P. 2386

石井昌子　靈寶經類　敦煌と中國道教(講座敦煌4)　(東京)大東出版社　1983　p. 152

杜愛英　敦煌遺書中俗體字的諸種類型　《敦煌研究》1992 年第 3 期　p. 119

朱越利　道經總論　遼寧教育出版社　1992　p. 273

高國藩　敦煌民俗資料導論　(臺北)新文豐出版公司　1993　p. 237

王卡　太上洞玄靈寶妙經衆篇序章　敦煌學大辭典　上海辭書出版社　1998　p. 767

王承文　敦煌古靈寶經與晉唐道教　中華書局　2002　p. 114

葉貴良　《英藏敦煌社會歷史文獻釋錄·斯 63 號太上洞玄靈寶無量度人上品妙經》校正　《敦煌學
　　輯刊》2002 年第 2 期　p. 146

王卡　敦煌道教文獻研究　中國社會科學出版社　2004　p. 106

P. 2387

石井昌子　靈寶經類　敦煌と中國道教(講座敦煌4)　(東京)大東出版社　1983　p. 155

姜亮夫　敦煌所見道教佚經考　敦煌學論文集　上海古籍出版社　1987　p. 319

陶秋英輯錄　姜亮夫校訂　敦煌所見道教佚經錄　敦煌碎金　浙江古籍出版社　1992　p. 328

王卡　太上業報因緣經　敦煌學大辭典　上海辭書出版社　1998　p. 764

王卡　敦煌道教文獻研究　中國社會科學出版社　2004　p. 126

王卡　中國國家圖書館藏敦煌道教遺書研究報告　敦煌吐魯番研究(第七卷)　北京大學出版社
　　2004　p. 354

P. 2388

陳祚龍　瓜沙印錄　(臺北)《大陸雜誌》1962 年第 4 期　又見:敦煌學概要　(臺北)編譯館"中華叢
　　書編委會"　1981　p. 269；中國敦煌學百年文庫·考古卷(一)　甘肅文化出版社　1999
　　p. 191

陳祚龍　古代敦煌及其他地區流行之公私印章圖記文字錄　敦煌學要籥　(臺北)新文豐出版公司
　　1982　p. 344

姜亮夫　敦煌所見道教佚經考　敦煌學論文集　上海古籍出版社　1987　p. 317

陶秋英輯錄　姜亮夫校訂　敦煌所見道教佚經錄　敦煌碎金　浙江古籍出版社　1992　p. 324

王卡　太上妙法本相經　敦煌學大辭典　上海辭書出版社　1998　p. 761

山田俊　唐初道教思想史研究·論述篇　(京都)平樂寺書店　1999　p. 509、526

山田俊　再論《太上妙法本相經》:以《東極真人問事品第九》爲主　敦煌吐魯番研究(第四卷)　北
　　京大學出版社　1999　p. 506 注

王卡　敦煌 S. 6310 號殘抄本綴合定名之誤　敦煌吐魯番研究(第五卷)　北京大學出版社　2001
　　p. 79

王卡　敦煌道教文獻研究　中國社會科學出版社　2004　p. 119

P. 2389

姜亮夫　敦煌所見道教佚經考　敦煌學論文集　上海古籍出版社　1987　p. 317

陶秋英輯錄　姜亮夫校訂　敦煌所見道教佚經錄　敦煌碎金　浙江古籍出版社　1992　p. 324

王卡　太上妙法本相經　敦煌學大辭典　上海辭書出版社　1998　p. 761

山田俊　唐初道教思想史研究·論述篇　(京都)平樂寺書店　1999　p. 526

劉屹　評《唐初道教思想史研究》　唐研究(第六卷)　北京大學出版社　2000　p. 457

王卡　敦煌道教文獻研究　中國社會科學出版社　2004　p. 119

P. 2390

鄭炳林　敦煌碑銘讚輯釋　甘肅教育出版社　1997　p. 374 注 3

山田俊　唐初道教思想史研究・論述篇　（京都）平樂寺書店　1999　p. 47

山田俊　唐初道教思想史研究・資料篇　（京都）平樂寺書店　1999　p. 205、269

王卡　敦煌道經殘卷綴合與考訂三則　敦煌文獻論集：紀念藏經洞發現一百周年國際學術研討會論
　　文集　遼寧人民出版社　2001　p. 585

王承文　敦煌古靈寶經與晉唐道教　中華書局　2002　p. 292

王承文　古靈寶經定期齋戒的淵源及其與佛教的關係　華林（第二卷）　中華書局　2002　p. 265

王卡　敦煌道教文獻研究　中國社會科學出版社　2004　p. 177

P. 2391

石井昌子　靈寶經類　敦煌と中國道教（講座敦煌 4）　（東京）大東出版社　1983　p. 159

川口久雄　敦煌出土阿彌陀經講經文と我が國淨土文學　于闐國和尚阿彌陀經講經文（敦煌資料と
　　日本文學　4）　（東京）大東文化大學東洋研究所　1984　p. 19

萬毅　敦煌本《昇玄內教經》試探　唐研究（第一卷）　北京大學出版社　1995　p. 67

方一新　敦煌變文詞語校釋　敦煌文學論集　四川人民出版社　1997　p. 301

鄭炳林　吐蕃統治下的敦煌粟特人　敦煌歸義軍史專題研究　蘭州大學出版社　1997　p. 378

萬毅　敦煌本《昇玄內教經》解說　道家文化研究（第十三輯）　三聯書店　1998　p. 268

王卡　太上洞玄靈寶昇玄內教經　敦煌學大辭典　上海辭書出版社　1998　p. 760

山田俊　唐初道教思想史研究・論述篇　（京都）平樂寺書店　1999　p. 48、90、120、155、244、257、

山田俊　唐初道教思想史研究・資料篇　（京都）平樂寺書店　1999　p. 176、274

萬毅　敦煌本道教《昇玄內教經》的文本順序　《敦煌研究》2000 年第 4 期　p. 136　又見：敦煌文獻
　　論集：紀念藏經洞發現一百周年國際學術研討會論文集　遼寧人民出版社　2001　p. 599

劉屹　敦煌本《昇玄經》經籙傳授儀式研究　敦煌學（第 25 輯）　（臺北）樂學書局有限公司　2004
　　p. 473

王卡　敦煌道教文獻研究　中國社會科學出版社　2004　p. 120

王卡　中國國家圖書館藏敦煌道教遺書研究報告　敦煌吐魯番研究（第七卷）　北京大學出版社
　　2004　p. 354

P. 2392

陳祚龍　敦煌道經後記彙錄　敦煌文物隨筆　（臺北）商務印書館　1979　p. 23

陳祚龍　關於道家"本際經"及其"要略妙義"與"疏"的敦煌古抄　敦煌文物隨筆　（臺北）商務印書
　　館　1979　p. 211

陳祚龍　新校重訂《敦煌道經後記彙錄》　敦煌學要籥　（臺北）新文豐出版公司　1982　p. 213 注 3

石井昌子　靈寶經類　敦煌と中國道教（講座敦煌 4）　（東京）大東出版社　1983　p. 159

姜亮夫　敦煌所見道教佚經考　敦煌學論文集　上海古籍出版社　1987　p. 310

陶秋英輯錄　姜亮夫校訂　敦煌所見道教佚經錄　敦煌碎金　浙江古籍出版社　1992　p. 314

胡戟　傅玫　敦煌史話　中華書局　1995　p. 134

胡文和　仁壽縣壇神岩第 53 號"三寶"窟右壁"南竺觀記"中道藏經目研究　《世界宗教研究》1998
　　年第 2 期　p. 125

萬毅　敦煌道教文獻《本際經》録文及解說　道家文化研究（第十三輯）　三聯書店　1998　p. 394

山田俊　唐初道教思想史研究·論述篇　（京都）平樂寺書店　1999　p. 47

山田俊　唐初道教思想史研究·資料篇　（京都）平樂寺書店　1999　p. 10、161

王卡　敦煌道教文獻研究　中國社會科學出版社　2004　p. 194

王卡　中國國家圖書館藏敦煌道教遺書研究報告　敦煌吐魯番研究（第七卷）　北京大學出版社　2004　p. 367

P. 2393

陳祚龍　關於道家"本際經"及其"要略妙義"與"疏"的敦煌古抄　敦煌文物隨筆　（臺北）商務印書館　1979　p. 212

石井昌子　靈寶經類　敦煌と中國道教（講座敦煌 4）　（東京）大東出版社　1983　p. 160

姜亮夫　敦煌所見道教佚經考　敦煌學論文集　上海古籍出版社　1987　p. 310

陶秋英輯録　姜亮夫校訂　敦煌所見道教佚經録　敦煌碎金　浙江古籍出版社　1992　p. 314

姜伯勤　《本際經》與敦煌道教　《敦煌研究》1994 年第 3 期　p. 6

姜伯勤　論敦煌本《本際經》的道性論　道家文化研究（第七輯）　上海古籍出版社　1995　p. 225

姜伯勤　敦煌藝術宗教與禮樂文明　中國社會科學出版社　1996　p. 202、234

胡文和　仁壽縣壇神岩第 53 號"三寶"窟右壁"南竺觀記"中道藏經目研究　《世界宗教研究》1998 年第 2 期　p. 125

劉屹　評《北京大學藏敦煌文獻》　敦煌吐魯番研究（第三卷）　北京大學出版社　1998　p. 375

王卡　太玄真一本際經　敦煌學大辭典　上海辭書出版社　1998　p. 765

山田俊　唐初道教思想史研究·論述篇　（京都）平樂寺書店　1999　p. 47

山田俊　唐初道教思想史研究·資料篇　（京都）平樂寺書店　1999　p. 28、162

王卡　中國國家圖書館藏敦煌道教遺書研究報告　國際敦煌學學術史研討會論文集　研討會籌備組　2002　p. 272　又見：敦煌吐魯番研究（第七卷）　北京大學出版社　2004　p. 368

王卡　敦煌道教文獻研究　中國社會科學出版社　2004　p. 196

P. 2394

クリストファー·シッペール著　福井文雅訳　敦煌文書に見える道士の法位階梯について　敦煌と中國道教（講座敦煌 4）　（東京）大東出版社　1983　p. 341

朱越利　道經總論　遼寧教育出版社　1992　p. 282

王卡　閱録儀　敦煌學大辭典　上海辭書出版社　1998　p. 760

劉屹　敦煌本《昇玄經》經録傳授儀式研究　敦煌學（第 25 輯）　（臺北）樂學書局有限公司　2004　p. 481

王卡　敦煌道教文獻研究　中國社會科學出版社　2004　p. 219

P. 2395

王卡　道要靈祇神鬼品經　敦煌學大辭典　上海辭書出版社　1998　p. 759

王承文　敦煌古靈寶經與晉唐道教　中華書局　2002　p. 365

王承文　古靈寶經定期齋戒的淵源及其與佛教的關係　華林（第二卷）　中華書局　2002　p. 242

王卡　敦煌道教文獻研究　中國社會科學出版社　2004　p. 225

王卡　中國國家圖書館藏敦煌道教遺書研究報告　敦煌吐魯番研究（第七卷）　北京大學出版社　2004　p. 374

P. 2396

姜亮夫　敦煌經卷在中國文化學術上的價值　敦煌學論文集　上海古籍出版社　1987　p. 7

孫啓治　唐寫本俗別字變化類型舉例　敦煌吐魯番文獻研究論集(第五輯)　北京大學出版社　1990　p. 126、130

王卡　太上妙法本相經　敦煌學大辭典　上海辭書出版社　1998　p. 761

姜亮夫　敦煌:偉大的文化寶藏　雲南人民出版社　1999　p. 81

山田俊　唐初道教思想史研究·論述篇　(京都)平樂寺書店　1999　p. 507、526

山田俊　再論《太上妙法本相經》:以《東極真人問事品第九》爲主　敦煌吐魯番研究(第四卷)　北京大學出版社　1999　p. 492

王卡　敦煌道教文獻研究　中國社會科學出版社　2004　p. 117

P. 2397

陳祚龍　關於道家"本際經"及其"要略妙義"與"疏"的敦煌古抄　敦煌文物隨筆　(臺北)商務印書館　1979　p. 212

石井昌子　靈寶經類　敦煌と中國道教(講座敦煌4)　(東京)大東出版社　1983　p. 160

山田俊　唐初道教思想史研究·資料篇　(京都)平樂寺書店　1999　p. 35、162

王卡　中國國家圖書館藏敦煌道教遺書研究報告　國際敦煌學學術史研討會論文集　研討會籌備組　2002　p. 272　又見:敦煌吐魯番研究(第七卷)　北京大學出版社　2004　p. 368

王卡　敦煌道教文獻研究　中國社會科學出版社　2004　p. 196

P. 2398

陳祚龍　敦煌道經後記彙錄　敦煌文物隨筆　(臺北)商務印書館　1979　p. 23

陳祚龍　關於道家"本際經"及其"要略妙義"與"疏"的敦煌古抄　敦煌文物隨筆　(臺北)商務印書館　1979　p. 213

陳祚龍　新校重訂《敦煌道經後記彙錄》　敦煌學要籥　(臺北)新文豐出版公司　1982　p. 213 注3

石井昌子　靈寶經類　敦煌と中國道教(講座敦煌4)　(東京)大東出版社　1983　p. 160

姜亮夫　敦煌所見道教佚經考　敦煌學論文集　上海古籍出版社　1987　p. 310

陶秋英輯錄　姜亮夫校訂　敦煌所見道教佚經錄　敦煌碎金　浙江古籍出版社　1992　p. 314

山田俊　唐初道教思想史研究·資料篇　(京都)平樂寺書店　1999　p. 56、162

王卡　敦煌道教文獻研究　中國社會科學出版社　2004　p. 199

王卡　中國國家圖書館藏敦煌道教遺書研究報告　敦煌吐魯番研究(第七卷)　北京大學出版社　2004　p. 369

P. 2399

石井昌子　靈寶經類　敦煌と中國道教(講座敦煌4)　(東京)大東出版社　1983　p. 149

姜亮夫　敦煌所見道教佚經考　敦煌學論文集　上海古籍出版社　1987　p. 312

陶秋英輯錄　姜亮夫校訂　敦煌所見道教佚經錄　敦煌碎金　浙江古籍出版社　1992　p. 317

朱越利　道經總論　遼寧教育出版社　1992　p. 272

姜伯勤　敦煌藝術宗教與禮樂文明　中國社會科學出版社　1996　p. 290

大淵忍爾　論古靈寶經　道家文化研究(第十三輯)　三聯書店　1998　p. 497

姜伯勤　道釋相激:道教在敦煌　道家文化研究(第十三輯)　三聯書店　1998　p. 51

王卡　太上洞玄靈寶空洞靈章　敦煌學大辭典　上海辭書出版社　1998　p. 768

王承文　敦煌古靈寶經與晉唐道教　中華書局　2002　p. 176、804

王承文　敦煌古靈寶經與道教"三洞經書"和"三乘"考論　《敦煌學輯刊》2003 年第 1 期　p. 45

王卡　敦煌道教文獻研究　中國社會科學出版社　2004　p. 92

P. 2400

石井昌子　靈寶經類　敦煌と中國道教(講座敦煌 4)　(東京)大東出版社　1983　p. 151

李豐楙　敦煌道經寫卷與道教寫經的供養功德觀　全國敦煌學研討會論文集　(臺北)中正大學中

　　國文學系所　1995　p. 138

王卡　太上消魔寶真安志智慧本願大戒上品　敦煌學大辭典　上海辭書出版社　1998　p. 767

王卡　敦煌道教文獻研究　中國社會科學出版社　2004　p. 105

P. 2401

金岡照光　敦煌の寫本　敦煌の文學　(東京)大藏出版株式會社　1971　p. 78

石井昌子　靈寶經類　敦煌と中國道教(講座敦煌 4)　(東京)大東出版社　1983　p. 152

姜亮夫　敦煌經卷在中國文化學術上的價值　敦煌學論文集　上海古籍出版社　1987　p. 5

陳祚龍　看了兩種類比偽造的敦煌唐抄道經以後　(臺北)《大陸雜誌》1988 年第 5、6 期　又見：敦

　　煌學散策新集　(臺北)新文豐出版公司　1989　p. 448；中國敦煌學百年文庫・宗教卷(三)

　　甘肅文化出版社　1999　p. 142

李刈　敦煌壁畫中的《天請問經變相》　《敦煌研究》1991 年第 1 期　p. 2

朱越利　道經總論　遼寧教育出版社　1992　p. 273

鄭阿財　從敦煌文獻看唐代的三教合一　第二屆國際唐代學術會議論文集(上)　(臺北)文津出版

　　社　1993　p. 640

方廣錩　天請問經　敦煌學大辭典　上海辭書出版社　1998　p. 708

王卡　太上洞玄靈寶淨土生神經　敦煌學大辭典　上海辭書出版社　1998　p. 767

姜亮夫　敦煌：偉大的文化寶藏　雲南人民出版社　1999　p. 80

王卡　敦煌道教文獻研究　中國社會科學出版社　2004　p. 107

王卡　中國國家圖書館藏敦煌道教遺書研究報告　敦煌吐魯番研究(第七卷)　北京大學出版社

　　2004　p. 352

P. 2402

姜亮夫　敦煌所見道教佚經考　敦煌學論文集　上海古籍出版社　1987　p. 312

陳祚龍　看了敦煌古抄《報恩寺開溫室浴僧記》以後　敦煌學散策新集　(臺北)新文豐出版公司

　　1989　p. 207

陶秋英輯錄　姜亮夫校訂　敦煌所見道教佚經錄　敦煌碎金　浙江古籍出版社　1992　p. 317

朱越利　道經總論　遼寧教育出版社　1992　p. 273

姜伯勤　敦煌藝術宗教與禮樂文明　中國社會科學出版社　1996　p. 311

程存潔　敦煌本《太上靈寶洗浴身心經》研究　道家文化研究(第十三輯)　三聯書店　1998　p. 295

姜伯勤　道釋相激：道教在敦煌　道家文化研究(第十三輯)　三聯書店　1998　p. 72

王卡　太上靈寶洗浴身心經　敦煌學大辭典　上海辭書出版社　1998　p. 764

楊富學　李吉和　敦煌漢文吐蕃史料輯校(第一輯)　甘肅人民出版社　1999　p. 280

陳明　耆婆的形象演變及其在敦煌吐魯番地區的影響　文津學志(第一輯)　北京圖書館出版社

　　2003　p. 151

王卡　中國國家圖書館藏敦煌道教遺書研究報告　敦煌吐魯番研究(第七卷)　北京大學出版社
　　2004　p. 355

P. 2403

石井昌子　靈寶經類　敦煌と中國道教(講座敦煌4)　(東京)大東出版社　1983　p. 153
姜亮夫　敦煌經卷在中國文化學術上的價值　敦煌學論文集　上海古籍出版社　1987　p. 6
朱越利　道經總論　遼寧教育出版社　1992　p. 273
姜伯勤　敦煌藝術宗教與禮樂文明　中國社會科學出版社　1996　p. 291
姜伯勤　道釋相激:道教在敦煌　道家文化研究(第十三輯)　三聯書店　1998　p. 51
王卡　靈寶威儀經訣　敦煌學大辭典　上海辭書出版社　1998　p. 765
王承文　古靈寶經對"黃赤道士"的批判與道教出家理論的發端　華林(第一卷)　中華書局　2001
　　p. 295
王承文　敦煌古靈寶經與晉唐道教　中華書局　2002　p. 141、189、419、767
王承文　敦煌本古靈寶經兩部佚經考證　《敦煌研究》2003 年第 1 期　p. 87
王承文　敦煌古靈寶經與道教"三洞經書"和"三乘"考論　《敦煌學輯刊》2003 年第 1 期　p. 44
王卡　敦煌道教文獻研究　中國社會科學出版社　2004　p. 104
王卡　敦煌本《昇玄內教經》殘卷校讀記　敦煌吐魯番研究(第九卷)　中華書局　2006　p. 81

P. 2404

陳祚龍　關於研究李唐三藏法師玄奘的"作爲"及其影響之敦煌古抄參考資料　中華佛教文化史散
　　策(初集)　(臺北)新文豐出版公司　1978　p. 367
陳祚龍　敦煌道經後記彙錄　敦煌文物隨筆　(臺北)商務印書館　1979　p. 23
陳祚龍　關於道家"本際經"及其"要略妙義"與"疏"的敦煌古抄　敦煌文物隨筆　(臺北)商務印書
　　館　1979　p. 213
矢吹慶輝　鳴沙餘韻·解說篇(第一部)　(京都)臨川書店　1980　p. 115
土肥義和　莫高窟千佛洞と大寺と蘭若と　敦煌の社會(講座敦煌3)　(東京)大東出版社　1980
　　p. 369
王堯　藏族翻譯家管·法成對民族文化交流的貢獻　《文物》1980 年第 7 期　又見:中國敦煌學百年
　　文庫·民族卷(三)　甘肅文化出版社　1999　p. 29
陳祚龍　敦煌古抄內典尾記彙校初、二、三編合刊　敦煌學要籥　(臺北)新文豐出版公司　1982
　　p. 179
陳祚龍　新校重訂《敦煌道經後記彙錄》　敦煌學要籥　(臺北)新文豐出版公司　1982　p. 213 注 3
石井昌子　靈寶經類　敦煌と中國道教(講座敦煌4)　(東京)大東出版社　1983　p. 160
吳其昱著　福井文雅　樋口勝譯　大蕃國大德·三藏法師·法成傳考　敦煌と中國仏教(講座敦煌
　　7)　(東京)大東出版社　1984　p. 405
姜亮夫　敦煌經卷壁畫中所見寺觀錄　敦煌學論文集　上海古籍出版社　1987　p. 1075
姜亮夫　敦煌經卷在中國文化學術上的價值　敦煌學論文集　上海古籍出版社　1987　p. 5
姜亮夫　敦煌所見道教佚經考　敦煌學論文集　上海古籍出版社　1987　p. 310
施萍婷　敦煌曆日研究　1983 年全國敦煌學術討論會文集·文史遺書編(上)　甘肅人民出版社
　　1987　p. 313
李正宇　敦煌地區古代祠廟寺觀簡志　《敦煌學輯刊》1988 年第 1、2 期　p. 80
池田溫　中國古代寫本識語集錄　(東京)大藏出版株式會社　1990　p. 341

上山大峻　敦煌佛教の研究　（京都）法藏館　1990　p. 104、195

林聰明　敦煌文書出處略考　季羨林教授八十華誕紀念論文集（下）　江西人民出版社　1991
　　p. 857、863

林聰明　敦煌文書學　（臺北）新文豐出版公司　1991　p. 58、388、402

陶秋英輯録　姜亮夫校訂　敦煌經卷所見寺名録　敦煌碎金　浙江古籍出版社　1992　p. 108

陶秋英輯録　姜亮夫校訂　敦煌所見道教佚經録　敦煌碎金　浙江古籍出版社　1992　p. 314

王堯　西藏文史考信集　中國藏學出版社　1994　p. 19

李正宇　敦煌史地新論　（臺北）新文豐出版公司　1996　p. 80

鄭炳林　敦煌碑銘讚輯釋　甘肅教育出版社　1997　p. 87 注 2

方廣錩　六門陀羅尼經　敦煌學大辭典　上海辭書出版社　1998　p. 701

姜亮夫　敦煌:偉大的文化寶藏　雲南人民出版社　1999　p. 80

山田俊　唐初道教思想史研究·資料篇　（京都）平樂寺書店　1999　p. 59、162

楊富學　李吉和　敦煌漢文吐蕃史料輯校（第一輯）　甘肅人民出版社　1999　p. 101

姜伯勤　唐敦煌城市的禮儀空間　文史（第五十五輯）　中華書局　2001　p. 236

林聰明　敦煌吐魯番文書解詁指例　（臺北）新文豐出版公司　2001　p. 129

鄭炳林　北京圖書館藏《吳和尚經論目録》有關問題研究　敦煌學與中國史研究論集　甘肅人民出
　　版社　2001　p. 128

余欣　禁忌、儀式與法術　唐代宗教信仰與社會　上海辭書出版社　2003　p. 300

王卡　敦煌道教文獻研究　中國社會科學出版社　2004　p. 199

王卡　中國國家圖書館藏敦煌道教遺書研究報告　敦煌吐魯番研究（第七卷）　北京大學出版社
　　2004　p. 369

P. 2405

姜亮夫　敦煌經卷在中國文化學術上的價值　敦煌學論文集　上海古籍出版社　1987　p. 17

王卡　太上大道玉清經　敦煌學大辭典　上海辭書出版社　1998　p. 761

山田俊　唐初道教思想史研究·論述篇　（京都）平樂寺書店　1999　p. 530

王卡　敦煌道教文獻研究　中國社會科學出版社　2004　p. 147

王卡　中國國家圖書館藏敦煌道教遺書研究報告　敦煌吐魯番研究（第七卷）　北京大學出版社
　　2004　p. 360

P. 2406

石井昌子　靈寶經類　敦煌と中國道教（講座敦煌4）　（東京）大東出版社　1983　p. 150

姜亮夫　敦煌經卷在中國文化學術上的價值　敦煌學論文集　上海古籍出版社　1987　p. 6

姜亮夫　敦煌所見道教佚經考　敦煌學論文集　上海古籍出版社　1987　p. 313

陳祚龍　看了敦煌古抄《佛說盂蘭盆經讚述》以後　敦煌學散策新集　（臺北）新文豐出版公司
　　1989　p. 348

上山大峻　敦煌佛教の研究　（京都）法藏館　1990　p. 201

陶秋英輯録　姜亮夫校訂　敦煌所見道教佚經録　敦煌碎金　浙江古籍出版社　1992　p. 317

王卡　太上靈寶長夜九幽府玉匱明真科　敦煌學大辭典　上海辭書出版社　1998　p. 768

顔廷亮　敦煌文化中的道教及文化　《敦煌研究》1999 年第 1 期　p. 138

汪泛舟　敦煌道教與齋醮諸考　1994 年敦煌學國際研討會文集·宗教文史卷（上）　甘肅民族出版
　　社　2000　p. 7

王卡　敦煌殘抄本《太上濟衆經》考釋　唐研究（第六卷）　北京大學出版社　2000　p. 63

顔廷亮　敦煌文化　光明日報出版社　2000　p. 240

王承文　敦煌古靈寶經與晉唐道教　中華書局　2002　p. 375

王承文　古靈寶經定期齋戒的淵源及其與佛教的關係　華林（第二卷）　中華書局　2002　p. 247

葉貴良　《英藏敦煌社會歷史文獻釋錄・斯 63 號太上洞玄靈寶無量度人上品妙經》校正　《敦煌學輯刊》2002 年第 2 期　p. 148

吳麗娛　論九宮祭祀與道教崇拜　唐研究（第九卷）　北京大學出版社　2003　p. 293

王卡　敦煌道教文獻研究　中國社會科學出版社　2004　p. 96

P. 2407

饒宗頤　吳建衡二年索紞寫本道德經殘卷考證　（香港）《東方文化》1955 年第 2 卷第 1 期　p. 9

鄭良樹　敦煌老子寫本考異　（臺北）《大陸雜誌》1981 年第 2 期　又見：中國敦煌學百年文庫・宗教卷（三）　甘肅文化出版社　1999　p. 63

楠山春樹　道德經類 付『莊子』『列子』『文子』　敦煌と中國道教（講座敦煌 4）　（東京）大東出版社　1983　p. 9

姜亮夫　巴黎所藏敦煌寫本道德經殘卷綜合研究　敦煌學論文集　上海古籍出版社　1987　p. 248、300　又見：姜亮夫全集（十三）　雲南人民出版社　2002　p. 213

胡戟　傅玫　敦煌史話　中華書局　1995　p. 134

王卡　老子道德經序訣　敦煌學大辭典　上海辭書出版社　1998　p. 762

郝春文　英藏敦煌社會歷史文獻釋錄（第一卷）　科學出版社　2001　p. 47

林聰明　敦煌吐魯番文書解詁指例　（臺北）新文豐出版公司　2001　p. 140

王卡　敦煌道教文獻研究　中國社會科學出版社　2004　p. 158

P. 2409

高國藩　敦煌民俗資料導論　（臺北）新文豐出版公司　1993　p. 238、261、305

沃興華　敦煌書法藝術　上海人民出版社　1994　p. 155

王卡　上清玉佩金璫太極金書　敦煌學大辭典　上海辭書出版社　1998　p. 763

王卡　敦煌道教文獻研究　中國社會科學出版社　2004　p. 11、87

王卡　敦煌道教綜述　敦煌與絲路文化學術講座（第二輯）　北京圖書館出版社　2005　p. 380

P. 2410

陳祚龍　古代敦煌及其他地區流行之公私印章圖記文字錄　敦煌學要籥　（臺北）新文豐出版公司　1982　p. 344

石井昌子　靈寶經類　敦煌と中國道教（講座敦煌 4）　（東京）大東出版社　1983　p. 158

姜亮夫　敦煌所見道教佚經考　敦煌學論文集　上海古籍出版社　1987　p. 314

陶秋英輯錄　姜亮夫校訂　敦煌所見道教佚經錄　敦煌碎金　浙江古籍出版社　1992　p. 320

朱越利　道經總論　遼寧教育出版社　1992　p. 274

王卡　神人所說三千威儀觀行徑　敦煌學大辭典　上海辭書出版社　1998　p. 763

王卡　敦煌道教文獻研究　中國社會科學出版社　2004　p. 139

吳羽　敦煌道經及齋文所見道教事師之禮　《敦煌研究》2005 年第 1 期　p. 26

P. 2411

林聰明　敦煌文書學　（臺北）新文豐出版公司　1991　p. 425

王三慶　敦煌寫卷中武后新字之調查研究　唐代研究論集（第三輯）　（臺北）新文豐出版公司　1992　p. 96

林聰明　敦煌文書年代考探略述　敦煌學國際研討會文集·史地語文編　遼寧美術出版社　1995　p. 555

林聰明　敦煌吐魯番文書解詁指例　（臺北）新文豐出版公司　2001　p. 258

姜亮夫　敦煌莫高窟年表　姜亮夫全集（十一）　雲南人民出版社　2002　p. 272

施安昌　唐武周時期的刻經與敦煌寫經　善本碑帖論集　紫禁城出版社　2002　p. 120

P. 2412

矢吹慶輝　三階教之研究　（東京）岩波書店　1927　p. 181、192、788

金岡照光　敦煌寫本と民衆仏教　續シルクロードと仏教文化　（東京）東洋哲學研究所　1980　p. 152

王重民　記敦煌寫本的佛經　敦煌吐魯番文獻研究論集（第二輯）　北京大學出版社　1983　p. 20　又見：敦煌遺書論文集　中華書局　1984　p. 304

岡部和雄　敦煌藏經目錄　敦煌と中國仏教（講座敦煌7）　（東京）大東出版社　1984　p. 297

饒宗頤解說　林宏作譯　敦煌書法叢刊（第二四卷）·寫經（五）　（東京）二玄社　1984　p. 55

方廣錩　讀敦煌佛典經錄劄記　《敦煌學輯刊》1986 年第 1 期　p. 111

上山大峻　敦煌佛教の研究　（京都）法藏館　1990　p. 18、77

方廣錩　佛教大藏經史（八一十世紀）　中國社會科學出版社　1991　p. 131

吳其昱著　伊藤美重子譯　敦煌漢文寫本概觀　敦煌漢文文獻（講座敦煌5）　（東京）大東出版社　1992　p. 73

胡戟　傅玫　敦煌史話　中華書局　1995　p. 132

方廣錩　敦煌佛教經錄輯校　江蘇古籍出版社　1997　p. 252

寧可　郝春文　敦煌社邑文書輯校　江蘇古籍出版社　1997　p. 380

方廣錩　敦煌遺書中所存的全國性佛教經錄　敦煌學佛教學論叢（上）　中國佛教文化研究所　1998　p. 303

方廣錩　人集錄都目　敦煌學大辭典　上海辭書出版社　1998　p. 747

郝春文　曇曠　敦煌學大辭典　上海辭書出版社　1998　p. 347

寧可　渠人轉帖　敦煌學大辭典　上海辭書出版社　1998　p. 429

金岡照光　敦煌文獻と中國文學　（東京）五曜書房　2000　p. 18

西本照真　敦煌抄本中的三階教文獻　中日敦煌佛教學術會議論文集　中國社會科學院研究所　2002　p. 178

西本照真　三階教文獻綜述　藏外佛教文獻（第九輯）　宗教文化出版社　2003　p. 366

張總　陝西新發現的唐代三階教刻經窟初識　唐代宗教信仰與社會　上海辭書出版社　2003　p. 175、188

P. 2413

池田溫　評『ペリオ將來敦煌漢文文獻目錄』第一卷（P. 2001－2500）　『東洋學報』（54 卷 4 號）　（東京）東洋學術協會　1972　p. 67

陳祚龍撰　費海璣譯　蘇瑩輝補注　瓜沙印録　敦煌學概要　（臺北）編譯館"中華叢書編委會"

　　　1981　p. 267　又見:中國敦煌學百年文庫・考古卷(一)　甘肅文化出版社　1999　p. 186

陳祚龍　敦煌古抄內典尾記彙校初、二、三編合刊　敦煌學要籥　（臺北）新文豐出版公司　1982
　　　p. 179

陳祚龍　古代敦煌及其他地區流行之公私印章圖記文字録　敦煌學要籥　（臺北）新文豐出版公司
　　　1982　p. 328

耿昇　中法學者友好合作的成果　《敦煌研究》1987 年第 1 期　p. 109

池田溫　敦煌文獻について　『書道研究』(2 卷 2 號)　（東京）萱原書局　1988　p. 49

池田溫　中國古代寫本識語集録　（東京）大藏出版株式會社　1990　p. 142

林聰明　從敦煌文書看佛教徒的造經祈福　第二屆敦煌學國際研討會論文集　（臺北）漢學研究中
　　　心　1990　p. 525

林聰明　敦煌文書出處略考　季羨林教授八十華誕紀念論文集(下)　江西人民出版社　1991
　　　p. 853

林聰明　敦煌文書學　（臺北）新文豐出版公司　1991　p. 378、394

趙聲良　隋代敦煌寫本的書法藝術　敦煌書法庫(第三輯)　甘肅人民美術出版社　1994　p. 3　又
　　　見:《敦煌研究》1995 年第 4 期　p. 135

王三慶　敦煌書儀載録之節日活動與民俗　全國敦煌學研討會論文集　（臺北）中正大學中國文學
　　　系所　1995　p. 26 注 39

藤枝晃著　徐慶全　李樹清譯　敦煌寫本概述　《敦煌研究》1996 年第 2 期　p. 118

張弓　漢唐佛寺文化史　中國社會科學出版社　1997　p. 879

顧吉辰　敦煌文獻職官結銜考釋　《敦煌學輯刊》1998 年第 2 期　p. 21

沙知　瓜沙州大王印　敦煌學大辭典　上海辭書出版社　1998　p. 289

謝桃坊　敦煌文化尋繹　四川人民出版社　1999　p. 208

金岡照光　敦煌文獻と中國文學　（東京）五曜書房　2000　p. 432

劉長東　晉唐彌陀淨土信仰研究　巴蜀書社　2000　p. 235

邰惠莉　甘肅藏非敦煌文獻的真偽、來源及相關問題　《敦煌學輯刊》2000 年第 2 期　p. 76

王豔明　瓜沙州大王印考　《敦煌學輯刊》2000 年第 2 期　p. 42

顏廷亮　敦煌文化　光明日報出版社　2000　p. 116

王光照　隋晉王楊廣"寶台經藏"建置述論　唐研究(第七卷)　北京大學出版社　2001　p. 9

陳麗萍　敦煌女性寫經題記及反映的婦女問題　敦煌佛教藝術文化國際學術研討會論文集　蘭州大
　　　學出版社　2002　p. 435

姜亮夫　敦煌莫高窟年表　姜亮夫全集(十一)　雲南人民出版社　2002　p. 117、173

森安孝夫著　梁曉鵬摘譯　河西歸義軍節度使官印及其編年　《敦煌學輯刊》2003 年第 1 期　p. 143

P. 2414

林聰明　敦煌文書學　（臺北）新文豐出版公司　1991　p. 74

池田溫　敦煌遺文　敦煌文書の世界　（東京）名著刊行會　2003　p. 41

P. 2415

池田溫　評『ペリオ將來敦煌漢文文獻目録』第一卷（P. 2001 – 2500）　『東洋學報』(54 卷 4 號)
　　　（東京）東洋學術協會　1972　p. 67

那波利貞　梁戶考　唐代社會文化史研究・第三編　（東京）創文社　1974　p. 273

那波利貞　唐代の社邑に就きて(1938 年)　唐代社會文化史研究・第五編　（東京）創文社　1974

p. 569

姜伯勤　敦煌寺院文書中"梁戶"的性質　五十年來漢唐佛教寺院經濟研究　北京師範大學出版社
　　1986　p. 136

姜伯勤　唐五代敦煌寺戶制度　中華書局　1987　p. 196

謝和耐著　耿昇譯　中國5—10世紀的寺院經濟　甘肅人民出版社　1987　p. 165注1　又見：上海
　　古籍出版社　2004　p. 134注2

陳祚龍　關於唐釋智昇的生平與著述　敦煌學散策新集　（臺北）新文豐出版公司　1989　p. 172

高國藩　敦煌民俗學　上海文藝出版社　1989　p. 62

仁井田陞　補訂中國法制史研究：土地法・交易法　東京大學出版會　1991　p. 739

張傳璽　中國歷代契約會編考釋（上）　北京大學出版社　1995　p. 443注1

沙知　敦煌契約文書輯校　江蘇古籍出版社　1998　p. 263

沙知　雇工契　敦煌學大辭典　上海辭書出版社　1998　p. 389

雷紹鋒　歸義軍賦役制度初探　（臺北）洪葉文化事業有限公司　2000　p. 282

P. 2416

張鴻勳　敦煌說唱文學概論　（臺北）新文豐出版公司　1993　p. 100

方廣錩　天請問經疏　敦煌學大辭典　上海辭書出版社　1998　p. 708

P. 2417

唐文播　巴黎所藏敦煌老子寫卷校記　《中國文化研究彙刊》1930年第5卷　又見：中國敦煌學百年
　　文庫・文獻卷（一）　甘肅文化出版社　1999　p. 90

唐文播　敦煌老子寫卷《系師定河上真人章句》考　《中國文化研究彙刊》1930年第6卷　又見：中
　　國敦煌學百年文庫・文獻卷（一）　甘肅文化出版社　1999　p. 79

唐文播　巴黎所藏敦煌老子寫本綜考　《中國文化研究彙刊》1944年第4卷　又見：中國敦煌學百年
　　文庫・文獻卷（一）　甘肅文化出版社　1999　p. 219

周一良　跋敦煌秘笈留真　《清華學報》1948年第15卷第1期　又見：魏晉南北朝史論集　中華書
　　局　1963　p. 367；中國敦煌學百年文庫・文獻卷（一）　甘肅文化出版社　1999　p. 281

饒宗頤　吳建衡二年索紞寫本道德經殘卷考證　（香港）《東方文化》1955年第2卷第1期　p. 10、18

周紹良　敦煌所出變文現存目錄　敦煌變文彙錄　上海出版公司　1955　p. 4

陳世驤　"想爾"老子道德經敦煌殘卷論證　《清華學報》1957年新1卷第2期　又見：中國敦煌學百
　　年文庫・文獻卷（一）　甘肅文化出版社　1999　p. 383

芳村修基　土橋秀高　井ノ口泰淳　敦煌佛教史年表　西域文化研究（第一）・敦煌佛教資料　（京
　　都）法藏館　1958　p. 267

嚴靈峰　老子《想爾注》寫本殘卷質疑　（臺北）《大陸雜誌》1965年第6期　又見：中國敦煌學百年
　　文庫・文獻卷（一）　甘肅文化出版社　1999　p. 495

池田溫　評『ペリオ將來敦煌漢文文獻目録』第一卷（P. 2001-2500）　『東洋學報』（54卷4號）
　　（東京）東洋學術協會　1972　p. 67

陳祚龍　敦煌道經後記彙錄　敦煌文物隨筆　（臺北）商務印書館　1979　p. 14

鄭良樹　敦煌老子寫本考異　（臺北）《大陸雜誌》1981年第2期　又見：中國敦煌學百年文庫・宗
　　教卷（三）　甘肅文化出版社　1999　p. 63

陳祚龍　敦煌古抄文獻會最　（臺北）新文豐出版公司　1982　p. 22（圖版）

陳祚龍　新校重訂《敦煌道經後記彙錄》　敦煌學要籥　（臺北）新文豐出版公司　1982　p. 207

董作賓　敦煌紀年　敦煌學文選(上)　蘭州大學歷史系敦煌學研究室等　1983　p. 25

宮川尚志　唐以前の河西における宗教・思想的狀況　敦煌と中國道教(講座敦煌4)　(東京)大東出版社　1983　p. 308

楠山春樹　道德經類　付『莊子』『列子』『文子』　敦煌と中國道教(講座敦煌4)　(東京)大東出版社　1983　p. 27

蘇瑩輝　敦煌卷子對近五十年來中國文學史家之貢獻　敦煌論集續編　(臺北)學生書局　1983　p. 100　又見:中國敦煌學百年文庫・文學卷(五)　甘肅文化出版社　1999　p. 187

王永興　七十年來我國《敦煌研究》文獻目錄　絲路訪古　甘肅人民出版社　1983　p. 243

クリストファー・シッペール著　福井文雅訳　敦煌文書に見える道士の法位階梯について　敦煌と中國道教(講座敦煌4)　(東京)大東出版社　1983　p. 337

饒宗頤解說　林宏作譯　敦煌書法叢刊(第二八卷)・道書(二)　(東京)二玄社　1984　p. 92

饒宗頤解說　林宏作譯　敦煌書法叢刊(第二七卷)・道書(一)　(東京)二玄社　1985　p. 75

姜伯勤　沙州道門親表部落釋證　《敦煌研究》1986年第3期　p. 3

王重民原編　黃永武新編　敦煌古籍敘錄新編(第十三冊)　(臺北)新文豐出版公司　1986　p. 109

姜亮夫　巴黎所藏敦煌寫本道德經殘卷綜合研究　敦煌學論文集　上海古籍出版社　1987　p. 240、245、248、273、283、303　又見:姜亮夫全集(十三)　雲南人民出版社　2002　p. 207

姜亮夫　敦煌經卷壁畫中所見寺觀錄　敦煌學論文集　上海古籍出版社　1987　p. 1079

姜亮夫　敦煌經卷在中國文化學術上的價值　敦煌學論文集　上海古籍出版社　1987　p. 7

姜亮夫　敦煌小識六論　敦煌學論文集　上海古籍出版社　1987　p. 756

秦明智　關於甘肅省博物館藏敦煌遺書之淺考和目錄　1983年全國敦煌學術討論會文集・文史遺書編(上)　甘肅人民出版社　1987　p. 458

李正宇　敦煌地區古代祠廟寺觀簡志　《敦煌學輯刊》1988年第1、2期　p. 73

陳國燦　唐五代敦煌縣鄉里制的演變　《敦煌研究》1989年第3期　p. 48

韓建瓴　題跋　敦煌文學　甘肅人民出版社　1989　p. 75

池田溫　中國古代寫本識語集錄　(東京)大藏出版株式會社　1990　p. 300

孫啟治　唐寫本俗別字變化類型舉例　敦煌吐魯番文獻研究論集(第五輯)　北京大學出版社　1990　p. 130

林聰明　敦煌文書學　(臺北)新文豐出版公司　1991　p. 192

姜伯勤　敦煌社會文書導論　(臺北)新文豐出版公司　1992　p. 225

陶秋英輯錄　姜亮夫校訂　敦煌經卷所見寺名錄　敦煌碎金　浙江古籍出版社　1992　p. 117

朱越利　道經總論　遼寧教育出版社　1992　p. 263、282

張鴻勳　敦煌說唱文學概論　(臺北)新文豐出版公司　1993　p. 6

劉進寶　敦煌學論述　(臺北)洪葉文化事業有限公司　1995　p. 277

張涌泉　漢語俗字研究　岳麓書社　1995　p. 330

姜伯勤　敦煌藝術宗教與禮樂文明　中國社會科學出版社　1996　p. 258、298

李并成　李春元　瓜沙史地研究　甘肅文化出版社　1996　p. 65、133

李正宇　敦煌史地新論　(臺北)新文豐出版公司　1996　p. 63

邵文實　敦煌道教試述　《世界宗教研究》1996年第2期　又見:中國敦煌學百年文庫・宗教卷(三)　甘肅文化出版社　1999　p. 336

周一良著　錢文忠譯　唐代密宗　上海遠東出版社　1996　p. 208

李正宇　敦煌歷史地理導論　(臺北)新文豐出版公司　1997　p. 57

鄭炳林　敦煌碑銘讚輯釋　甘肅教育出版社　1997　p. 250 注28

白化文　道德經白文本　敦煌學大辭典　上海辭書出版社　1998　p.776

姜伯勤　道釋相激:道教在敦煌　道家文化研究(第十三輯)　三聯書店　1998　p.59

李正宇　神泉觀　敦煌學大辭典　上海辭書出版社　1998　p.633

馬德　敦煌文書《道家雜齋文範集》及有關問題述略　道家文化研究(第十三輯)　三聯書店　1998
　　　p.246

譚蟬雪　敦煌道經題記綜述　道家文化研究(第十三輯)　三聯書店　1998　p.11

姜亮夫　敦煌:偉大的文化寶藏　雲南人民出版社　1999　p.86

顏廷亮　敦煌文化中的道教及文化　《敦煌研究》1999年第1期　p.137、143

周維平　從敦煌遺書看敦煌道教　《西北民族研究》1999年第2期　p.128

金岡照光　敦煌文獻と中國文學　(東京)五曜書房　2000　p.518

顏廷亮　敦煌文化　光明日報出版社　2000　p.209、238、251

張澤洪　論唐代道教的寫經　《敦煌研究》2000年第3期　p.133

李重申　李金梅　李小唐　敦煌石窟氣功鈎沈　《敦煌學輯刊》2001年第2期　p.50

姜亮夫　敦煌莫高窟年表　姜亮夫全集(十一)　雲南人民出版社　2002　p.333

李金梅　敦煌氣功養生文化的研究　敦煌佛教藝術文化國際學術研討會論文集　蘭州大學出版社
　　　2002　p.628

李金梅　李重申　敦煌文獻與體育史研究之關係　《敦煌研究》2002年第2期　p.45

劉永明　散見敦煌曆朔閏輯考　《敦煌研究》2002年第6期　p.13

榮新江　才高四海,學貫八書:周一良先生與敦煌學　敦煌吐魯番研究(第六卷)　北京大學出版社
　　　2002　p.29

楊森　武則天至玄宗時代敦煌的三洞法師中嶽先生述略　《敦煌研究》2003年第3期　p.45

王卡　敦煌道教文獻研究　中國社會科學出版社　2004　p.8、162

王卡　中國國家圖書館藏敦煌道教遺書研究報告　敦煌吐魯番研究(第七卷)　北京大學出版社
　　　2004　p.361

王卡　敦煌道教綜述　敦煌與絲路文化學術講座(第二輯)　北京圖書館出版社　2005　p.377

P. 2418

向達　唐代俗講考　《國學季刊》1946年第6卷第4號　p.42　又見:唐代長安與西域文明　三聯書
　　　店　1957　p.335;敦煌變文論輯　(臺北)石門圖書公司　1981　p.15、41;敦煌變文論文録
　　　上海古籍出版社　1982　p.69;關隴文學論叢　甘肅人民出版社　1983　p.156、181

那波利貞　中晚唐五代の佛教寺院の俗講の座に於ける變文の演出方法に就きて　甲南大學論集
　　　(2)　(神戸)甲南大學　1955　p.21

那波利貞　千佛岩莫高窟と敦煌文書　西域文化研究(第二)・敦煌吐魯番社會經濟資料(上)　(京
　　　都)法藏館　1959　p.50

金岡照光　敦煌漢文文學文獻の文學形態上の種類とその分類　敦煌出土文學文獻分類目録・附解
　　　說　(東京)東洋文庫　1971　p.233

金岡照光　敦煌文學のさまざま　敦煌の文學　(東京)大藏出版株式會社　1971　p.104

金岡照光　敦煌文學のこころ　敦煌の文學　(東京)大藏出版株式會社　1971　p.258

金岡照光　敦煌民衆の宗教と生活　敦煌の民衆——その生活と思想　(東京)評論社　1972
　　　p.106、208

羅宗濤　敦煌變文社會風俗事物考　(臺北)文史哲出版社　1974　p.203

饒宗頤　孝順觀念與敦煌佛曲　敦煌學(第1輯)　(香港)新亞研究所敦煌學會　1974　p.73　又

見：敦煌曲續論 （臺北）新文豐出版公司 1996 p. 11

陳祚龍 新校重訂敦煌古抄事佛崇法文獻小集 《東方雜誌》1978年第6期 又見：中國敦煌學百年文庫·宗教卷（二） 甘肅文化出版社 1999 p. 48

加地哲定 增補中國佛教文學研究 （東京）同朋舍 1979 p. 160

金岡照光 敦煌寫本と民衆仏教 続シルクロードと仏教文化 （東京）東洋哲學研究所 1980 p. 153

楊家駱 敦煌變文 （臺北）世界書局 1980 p. 694

金岡照光 敦煌の繪物語 （東京）東方書店 1981 p. 55

潘重規 敦煌卷子俗寫文字與俗文學之研究 敦煌變文論輯 （臺北）石門圖書公司 1981 p. 292、303

鄭阿財 孝道文學敦煌寫卷《十恩德讚》初探 （臺北）《華岡文科學報》1981年第13期 p. 234

邢慶蘭 敦煌石室所見《董永董仲歌》與紅河上游擺彝所傳借錢葬父故事 敦煌變文論文錄 上海古籍出版社 1982 p. 701

張鴻勳 敦煌講唱文學韻律初探 《敦煌研究》1982年試刊第2期 p. 129

鄭阿財 敦煌孝道文學研究 （臺北）石門圖書公司 1982 p. 15、114、198、628

方南生 《雙恩記》創作年代初探 《社會科學》1983年第5期 又見：中國敦煌學百年文庫·文學卷（四） 甘肅文化出版社 1999 p. 93

潘重規 敦煌變文集新書（上） （臺北）"中國文化大學"中文研究所 1984 p. 470

平野顯照 講經文の組織内容 敦煌と中國仏教（講座敦煌7） （東京）大東出版社 1984 p. 334

向達 敦煌變文集引言 敦煌遺書論文集 中華書局 1984 p. 336

小川貫弌 父母恩重經 敦煌と中國仏教（講座敦煌7） （東京）大東出版社 1984 p. 213

白化文 程毅中 對《雙恩記》講經文的一些推斷 敦煌學論集 甘肅人民出版社 1985 p. 125

戴密微著 耿昇譯 列寧格勒所藏敦煌漢文寫本簡介 敦煌譯叢（第一輯） 甘肅人民出版社 1985 p. 115 注3

高國藩 論敦煌民間變文 敦煌學論集 甘肅人民出版社 1985 p. 188

高明士 唐代敦煌的教育 漢學研究（敦煌學國際研討會論文專號） （臺北）漢學研究資料及服務中心 1986 p. 266

金岡照光 關於敦煌變文演出的二三個問題 漢學研究（敦煌學國際研討會論文專號） （臺北）漢學研究資料及服務中心 1986 p. 309

袁賓 敦煌變文校補 《蘭州大學學報》1986年第2期 p. 20

周鳳五 敦煌寫本太公家教研究 （臺北）明文書局 1986 p. 155

朱鳳玉 太公家教研究 漢學研究（敦煌學國際研討會論文專號） （臺北）漢學研究資料及服務中心 1986 p. 399

龍晦 大足石刻父母恩重經變像與敦煌音樂文學的關係 敦煌歌辭總編 上海古籍出版社 1987 p. 1843

平野顯照著 張桐生譯 唐代的文學與佛教 （臺北）業強出版社 1987 p. 230

任半塘 敦煌歌辭總編 上海古籍出版社 1987 p. 543、1221

周紹良 唐代變文及其它 敦煌文學作品選 中華書局 1987 p. 13

程毅中 唐代俗講文體制補說 敦煌語言文學研究 北京大學出版社 1988 p. 65

高國藩 古敦煌民間遊戲 學林漫録（十二集） 中華書局 1988 p. 72

郭在貽 張涌泉 黃征 敦煌變文整理校勘中的幾個問題 《古漢語研究》1988年第1期 p. 72

郭在貽 張涌泉 黃征 蘇聯所藏押座文及說唱佛經故事五種補校 《古籍整理研究學刊》1988年

第 3 期　p. 13、23

李正宇　中國佛教中的孝　《敦煌學輯刊》1988 年第 1、2 期　p. 136

王慶菽　敦煌變文研究　敦煌語言文學論文集　浙江古籍出版社　1988　p. 62

張鴻勳　《父母恩重經講經文》補校　敦煌語言文學論文集　浙江古籍出版社　1988　p. 259

張涌泉　敦煌變文校劄　敦煌語言文學論文集　浙江古籍出版社　1988　p. 177

高國藩　敦煌民俗學　上海文藝出版社　1989　p. 39、509

郭在貽　張涌泉　黃征　《敦煌變文集新書》讀後　《杭州師範學院學報》1989 年第 5 期　p. 114

張鴻勳　講經文　敦煌文學　甘肅人民出版社　1989　p. 262

池田溫　中國古代寫本識語集錄　（東京）大藏出版株式會社　1990　p. 470

高國藩　敦煌古俗與民俗流變　河海大學出版社　1990　p. 437

郭在貽　張涌泉　俗字研究與古籍整理　古籍整理與研究（第 5 期）　中華書局　1990　p. 238

郭在貽　張涌泉　黃征　敦煌變文集校議　岳麓書社　1990　p. 349、370

郭在貽　張涌泉　黃征　敦煌寫本書寫特例發微　敦煌吐魯番學研究論文集　漢語大詞典出版社
　　1990　p. 328

加地哲定著　劉衛星譯　中國佛教文學　今日中國出版社　1990　p. 136

任半塘　王昆吾　隋唐五代燕樂雜言歌辭集　巴蜀書社　1990　p. 493

周紹良　《盂蘭盆經》講經文　敦煌吐魯番文獻研究論集（第五輯）　北京大學出版社　1990　p. 25

林聰明　敦煌文書學　（臺北）新文豐出版公司　1991　p. 268

胥洪泉　《敦煌變文集》校記四十五則　《敦煌學輯刊》1991 年第 2 期　p. 30

郭在貽　郭在貽語言文學論稿　浙江古籍出版社　1992　p. 49

胡文和　大足寶頂《父母恩重經變》研究　《敦煌研究》1992 年第 2 期　p. 14

金岡照光　講唱體類　敦煌の文學文獻（講座敦煌 9）　（東京）大東出版社　1992　p. 38、161

金岡照光　押座文　敦煌の文學文獻（講座敦煌 9）　（東京）大東出版社　1992　p. 386

項楚　《敦煌歌辭總編》匡補（二）　文史（第三十六輯）　中華書局　1992　p. 178

張涌泉　《敦煌歌辭總編》校議　《語言研究》1992 年第 1 期　p. 55

張涌泉　敦煌寫卷俗字類型及其考辨的方法　（香港）《九州學刊》（敦煌學專輯）1992 年第 4 卷第 4
　　期　p. 77

周紹良　敦煌文學芻議及其它　（臺北）新文豐出版公司　1992　p. 51、110

高國藩　敦煌民俗資料導論　（臺北）新文豐出版公司　1993　p. 41、115

郭在貽　郭在貽敦煌學論集　江西人民出版社　1993　p. 145、210、251

蔣冀騁　敦煌文書校讀研究　（臺北）文津出版社　1993　p. 191

譚禪雪　敦煌歲時掇瑣　（香港）《九州學刊》（敦煌學專輯）1993 年第 5 卷第 4 期　p. 90

汪泛舟　敦煌文學概論　甘肅人民出版社　1993　p. 180

王小盾　唐代酒令藝術　（臺北）文津出版社　1993　p. 43

楊雄　講經文名實說　（香港）《九州學刊》（敦煌學專輯）1993 年第 5 卷第 4 期　p. 139　又見：敦煌
　　論稿　甘肅文化出版社　1995　p. 251

張鴻勳　敦煌說唱文學概論　（臺北）新文豐出版公司　1993　p. 69、103、189

張鴻勳　敦煌文學概論　甘肅人民出版社　1993　p. 212、221

張涌泉　俗字研究與大型字典的編纂　中國典籍與文化論叢（第一輯）　中華書局　1993　p. 469

張涌泉　語詞辨析七則　《古漢語研究》1993 年第 1 期　p. 45

鄭阿財　從敦煌文獻看唐代的三教合一　第二屆國際唐代學術會議論文集（上）　（臺北）文津出版
　　社　1993　p. 648

鄭阿財　敦煌文獻與文學　（臺北）新文豐出版公司　1993　p. 10、41、179

劉迎勝　絲路文化・草原卷　浙江人民出版社　1995　p. 157

潘重規　敦煌卷子俗寫文字之研究　全國敦煌學研討會論文集　（臺北）中正大學中國文學系所
　　1995　p. 9

曲金良　敦煌佛教文學研究　（臺北）文津出版社　1995　p. 42、99

項楚　敦煌歌辭總編匡補　（臺北）新文豐出版公司　1995　p. 85

張涌泉　陳祚龍校錄敦煌卷子失誤例釋　學術集林（卷六）　上海遠東出版社　1995　p. 297　又
　　見：舊學新知　浙江大學出版社　1999　p. 274

張涌泉　敦煌文書類化字研究　《敦煌研究》1995 年第 4 期　p. 72

張涌泉　漢語俗字研究　岳麓書社　1995　p. 8、64、140

張涌泉　試論敦煌寫卷俗文字研究之意義　敦煌學國際研討會文集・史地語文編　遼寧美術出版社
　　1995　p. 366

陳允吉　《目連變》故事基型的素材結構與生成時代之推考　唐研究（第二卷）　北京大學出版社
　　1996　p. 216、233 注 4

黃征　敦煌俗語法研究之一：句法篇　敦煌吐魯番研究（第一卷）　北京大學出版社　1996　p. 77

李重申　敦煌古代的博弈文化　敦煌佛教文化研究　社科縱橫編輯部　1996　p. 187

林聰明　讀敦煌講經文劄記　慶祝潘石禪先生九秩華誕敦煌學特刊　（臺北）文津出版社　1996
　　p. 448 注 3

張涌泉　敦煌俗字研究導論　（臺北）新文豐出版公司　1996　p. 62、172、227、246

張涌泉　敦煌寫卷俗字類釋　敦煌吐魯番學研究論集　書目文獻出版社　1996　p. 479、487

張涌泉　《龍龕手鏡》讀法四題　慶祝潘石禪先生九秩華誕敦煌學特刊　（臺北）文津出版社　1996
　　p. 278　又見：舊學新知　浙江大學出版社　1999　p. 105

鄧文寬　大梵寺佛音：敦煌莫高窟壇經讀本　（臺北）如聞出版社　1997　p. 79

伏俊璉　關於變文體裁的一點探索　敦煌文學論集　四川人民出版社　1997　p. 129

岡部和雄　《父母恩重經》中的儒教・佛教・道教　中日佛教學術會議論文集　中國社會科學出版
　　社　1997　p. 447

黃征　敦煌文學《兒郎偉》輯錄校注　敦煌語文叢說　（臺北）新文豐出版公司　1997　p. 712

黃征　張涌泉　敦煌變文校注　中華書局　1997　p. 778、899、979

孫修身　大足寶頂與敦煌莫高窟佛說父母恩重經變相的比較研究　《敦煌研究》1997 年第 1 期
　　p. 58

張錫厚　評《敦煌文獻與文學》　敦煌吐魯番研究（第二卷）　北京大學出版社　1997　p. 390

張涌泉　讀《八瓊室金石補正》劄記　周紹良先生欣開九秩慶壽文集　中華書局　1997　p. 79

張涌泉　敦煌寫本《秦婦吟》彙校　中國典籍與文化論叢（第四輯）　中華書局　1997　p. 340 注 7

鄧文寬　敦煌本《六祖壇經》書寫形式和符號發微　出土文獻研究（第三輯）　文物出版社　1998
　　p. 229

方廣錩　父母恩重經　敦煌學大辭典　上海辭書出版社　1998　p. 733

海客　父母恩重經講經文　敦煌學大辭典　上海辭書出版社　1998　p. 579

張涌泉　漢語俗字叢考　漢語史研究集刊・第一輯（下）　巴蜀書社　1998　p. 615　又見：中華書
　　局　2000　p. 248、414、792

周紹良　張涌泉　黃征　敦煌變文講經文因緣輯校（上、下）　江蘇古籍出版社　1998　p. 16;628

伏俊璉　論變文與講經文的關係　《敦煌研究》1999 年第 3 期　p. 102

高國藩　敦煌俗文化學　上海三聯書店　1999　p. 344、582、600

梅維恒著　楊繼東　陳引馳譯　唐代變文(上)　(香港)中國佛教文化出版公司　1999　p. 254

謝桃坊　敦煌文化尋繹　四川人民出版社　1999　p. 116

楊秀清　淺談唐、宋時期敦煌地區的學生生活　《敦煌研究》1999 年第 4 期　p. 139

張涌泉　敦煌本《佛說父母恩重經》研究　文史(第四十九輯)　中華書局　1999　p. 65、72

張涌泉　敦煌文書疑難詞語辨釋　舊學新知　浙江大學出版社　1999　p. 270

張涌泉　敦煌寫本書寫特例發微　舊學新知　浙江大學出版社　1999　p. 238

張涌泉　論吳任臣的字彙補　舊學新知　浙江大學出版社　1999　p. 145 注 1

張涌泉　評《唐五代語言詞典》　敦煌吐魯番研究(第四卷)　北京大學出版社　1999　p. 623

張涌泉　俗字研究與敦煌文獻的校理　舊學新知　浙江大學出版社　1999　p. 56、57

張涌泉　以父母十恩德爲主題的佛教文學藝術作品探源　舊學新知　浙江大學出版社　1999
　　p. 318、322、328

伏俊璉　論講經文與變文的關係　中國典籍與文化論叢(第五輯)　中華書局　2000　p. 111

金岡照光　敦煌文獻と中國文學　(東京)五曜書房　2000　p. 19

李重申　敦煌古代體育文化　甘肅人民出版社　2000　p. 85、104

劉長東　晉唐彌陀淨土信仰研究　巴蜀書社　2000　p. 488

馬世長　《報父母恩重經》與相關變相圖　宿白先生八秩華誕紀念文集　文物出版社　2000　p. 557

馬世長　《父母恩重經》寫本與變相　敦煌研究文集・敦煌石窟經變篇　甘肅民族出版社　2000
　　p. 415

顏廷亮　敦煌文化　光明日報出版社　2000　p. 270

楊秀清　華戎交會的都市:敦煌與絲綢之路　甘肅人民出版社　2000　p. 97

張涌泉　敦煌變文校讀劄記　中華文史論叢(總 63 輯)　上海古籍出版社　2000　p. 108

林聰明　敦煌吐魯番文書解詁指例　(臺北)新文豐出版公司　2001　p. 359

黃征　敦煌語言文字學研究　甘肅教育出版社　2002　p. 16、242

黃征　敦煌語言文字學研究要論　漢語史學報(第二輯)　上海教育出版社　2002　p. 6

姜亮夫　敦煌莫高窟年表　姜亮夫全集(十一)　雲南人民出版社　2002　p. 482

李小榮　變文講唱與華梵宗教藝術　上海三聯書店　2002　p. 184、275

馬茜　歸義軍時期敦煌地區庶民佛教的發展　甘肅民族研究論叢　甘肅人民出版社　2002　p. 449

張鴻勳　敦煌俗文學研究　甘肅人民出版社　2002　p. 9

高國藩　敦煌學百年史述要　(臺北)商務印書館　2003　p. 162

尚永琪　佛經義疏與講經文、因緣文及變文的關係探討　2000 年敦煌學國際學術討論會文集・歷史
　　文化卷(下)　甘肅民族出版社　2003　p. 240

楊秀清　唐宋敦煌地區的世俗佛教信仰　新世紀敦煌學論集　巴蜀書社　2003　p. 718

鄭阿財　《父母恩重經》傳佈的歷史考察　新世紀敦煌學論集　巴蜀書社　2003　p. 42

荒見泰史　敦煌的講唱體文獻　敦煌學(第 25 輯)　(臺北)樂學書局有限公司　2004　p. 274

町田隆吉　『唐咸亨四年(673)左憧憙生前及隨身錢物疏』をめぐって　『西北出土文獻研究』(創刊
　　號)　(新潟)西北出土文獻研究會　2004　p. 69

王小盾　潘重規先生"變文外衣"理論疏說　敦煌學(第 25 輯)　(臺北)樂學書局有限公司　2004
　　p. 82

王曉平　敦煌書儀與《萬葉集》書狀的比較研究　《敦煌研究》2004 年第 6 期　p. 77

吳蘊慧　《敦煌變文校注》校釋補正　《敦煌研究》2004 年第 5 期　p. 106

張小豔　試論敦煌書儀的語料價值　浙江與敦煌學:常書鴻先生誕辰一百周年紀念文集　浙江古籍
　　出版社　2004　p. 545

張涌泉　燦爛的敦煌文化　浙江與敦煌學：常書鴻先生誕辰一百周年紀念文集　浙江古籍出版社
　　2004　p. 636

劉正平　唐代俗講與佛教神變月齋戒　戒幢佛學（第三卷）　岳麓書社　2005　p. 264

王志鵬　試論敦煌佛教歌辭中儒釋思想的調合　《敦煌學輯刊》2005 年第 3 期　p. 150

楊森　跋甘肅武山拉梢寺北周造大佛像發願文石刻碑　《敦煌學輯刊》2005 年第 2 期　p. 233

蘭州理工大學絲綢之路文史研究所編　絲綢之路體育文化論集　中華書局　2005　p. 212、217

趙跟喜　敦煌唐宋時期的女子教育初探　文史（第七十五輯）　中華書局　2006　p. 91

P. 2419

陳祚龍　關於道家"本際經"及其"要略妙義"與"疏"的敦煌古抄　敦煌文物隨筆　（臺北）商務印書
　　館　1979　p. 215

石井昌子　靈寶經類　敦煌と中國道教（講座敦煌 4）　（東京）大東出版社　1983　p. 161

姜亮夫　敦煌經卷在中國文化學術上的價值　敦煌學論文集　上海古籍出版社　1987　p. 6

張鴻勳　敦煌話本詞文俗賦導論　（臺北）新文豐出版公司　1993　p. 185

山田俊　唐初道教思想史研究・資料篇　（京都）平樂寺書店　1999　p. 107、164

王卡　敦煌道教文獻研究　中國社會科學出版社　2004　p. 204

王卡　中國國家圖書館藏敦煌道教遺書研究報告　敦煌吐魯番研究（第七卷）　北京大學出版社
　　2004　p. 371

P. 2420

唐文播　巴黎所藏敦煌老子寫卷校記　《中國文化研究彙刊》1930 年第 5 卷　又見：中國敦煌學百年
　　文庫・文獻卷（一）　甘肅文化出版社　1999　p. 90

唐文播　巴黎所藏敦煌老子寫本綜考　《中國文化研究彙刊》1944 年第 4 卷　又見：中國敦煌學百年
　　文庫・文獻卷（一）　甘肅文化出版社　1999　p. 220

饒宗頤　吳建衡二年索紞寫本道德經殘卷考證　（香港）《東方文化》1955 年第 2 卷第 1 期　p. 29

鄭良樹　敦煌老子寫本考異　（臺北）《大陸雜誌》1981 年第 2 期　又見：中國敦煌學百年文庫・宗
　　教卷（三）　甘肅文化出版社　1999　p. 63

楠山春樹　道德經類　付『莊子』『列子』『文子』　敦煌と中國道教（講座敦煌 4）　（東京）大東出版
　　社　1983　p. 30

姜亮夫　巴黎所藏敦煌寫本道德經殘卷綜合研究　敦煌學論文集　上海古籍出版社　1987　p. 242、
　　264 注、273、282　又見：姜亮夫全集（十三）　雲南人民出版社　2002　p. 209

姜亮夫　敦煌經卷在中國文化學術上的價值　敦煌學論文集　上海古籍出版社　1987　p. 7

劉進寶　敦煌學論述　（臺北）洪葉文化事業有限公司　1995　p. 277

李重申　李金梅　李小唐　敦煌石窟氣功鉤沈　《敦煌學輯刊》2001 年第 2 期　p. 50

李金梅　敦煌氣功養生文化的研究　敦煌佛教藝術文化國際學術研討會論文集　蘭州大學出版社
　　2002　p. 628

李金梅　李重申　敦煌文獻與體育史研究之關係　《敦煌研究》2002 年第 2 期　p. 45

王卡　敦煌道教文獻研究　中國社會科學出版社　2004　p. 132、167

朱大星　從出土文獻看《老子》的分章：以《道經》三十六章、《德經》四十五章的分章形式爲中心　文
　　史（第七十五輯）　中華書局　2006　p. 112

P. 2421

饒宗頤　吳建衡二年索紞寫本道德經殘卷考證　（香港）《東方文化》1955 年第 2 卷第 1 期　p. 28

池田溫　評『ペリオ將來敦煌漢文文獻目録』第一卷（P. 2001－2500）　『東洋學報』（54 卷 4 號）
　　（東京）東洋學術協會　1972　p. 67

鄭良樹　敦煌老子寫本考異　（臺北）《大陸雜誌》1981 年第 2 期　又見：中國敦煌學百年文庫·宗
　　教卷（三）　甘肅文化出版社　1999　p. 64

姜亮夫　巴黎所藏敦煌寫本道德經殘卷綜合研究　敦煌學論文集　上海古籍出版社　1987　p. 243
　　又見：姜亮夫全集（十三）　雲南人民出版社　2002　p. 210

姜亮夫　敦煌經卷在中國文化學術上的價值　敦煌學論文集　上海古籍出版社　1987　p. 7

劉進寶　敦煌學論述　（臺北）洪葉文化事業有限公司　1995　p. 277

白化文　道德經白文本　敦煌學大辭典　上海辭書出版社　1998　p. 776

李重申　李金梅　李小唐　敦煌石窟氣功鈎沈　《敦煌學輯刊》2001 年第 2 期　p. 50

姜亮夫　敦煌莫高窟年表　姜亮夫全集（十一）　雲南人民出版社　2002　p. 382

李金梅　敦煌氣功養生文化的研究　敦煌佛教藝術文化國際學術研討會論文集　蘭州大學出版社
　　2002　p. 628

李金梅　李重申　敦煌文獻與體育史研究之關係　《敦煌研究》2002 年第 2 期　p. 45

王卡　敦煌道教文獻研究　中國社會科學出版社　2004　p. 162

王卡　中國國家圖書館藏敦煌道教遺書研究報告　敦煌吐魯番研究（第七卷）　北京大學出版社
　　2004　p. 361

P. 2422

陳祚龍　敦煌道經後記彙録　敦煌文物隨筆　（臺北）商務印書館　1979　p. 23

陳祚龍　關於道家"本際經"及其"要略妙義"與"疏"的敦煌古抄　敦煌文物隨筆　（臺北）商務印書
　　館　1979　p. 212

陳祚龍　新校重訂《敦煌道經後記彙録》　敦煌學要籥　（臺北）新文豐出版公司　1982　p. 213 注 3

石井昌子　靈寶經類　敦煌と中國道教（講座敦煌 4）　（東京）大東出版社　1983　p. 160

姜亮夫　敦煌所見道教佚經考　敦煌學論文集　上海古籍出版社　1987　p. 310

陶秋英輯録　姜亮夫校訂　敦煌所見道教佚經録　敦煌碎金　浙江古籍出版社　1992　p. 314

胡文和　仁壽縣壇神岩第 53 號"三寶"窟右壁"南竺觀記"中道藏經目研究　《世界宗教研究》1998
　　年第 2 期　p. 125

山田俊　唐初道教思想史研究·論述篇　（京都）平樂寺書店　1999　p. 47

山田俊　唐初道教思想史研究·資料篇　（京都）平樂寺書店　1999　p. 32、162

王卡　敦煌道教文獻研究　中國社會科學出版社　2004　p. 197

王卡　中國國家圖書館藏敦煌道教遺書研究報告　敦煌吐魯番研究（第七卷）　北京大學出版社
　　2004　p. 368

P. 2423

池田溫　中國古代寫本識語集録　（東京）大藏出版株式會社　1990　p. 284

王卡　敦煌道教文獻研究　中國社會科學出版社　2004　p. 120

P. 2424

陳祚龍　敦煌道經後記彙録　敦煌文物隨筆　（臺北）商務印書館　1979　p. 19

陳祚龍　新校重訂《敦煌道經後記彙錄》　敦煌學要籥　（臺北）新文豐出版公司　1982　p. 210

宮川尚志　唐以前の河西における宗教・思想的狀況　敦煌と中國道教（講座敦煌4）　（東京）大東出版社　1983　p. 308

尾崎正治　洞淵神呪經　敦煌と中國道教（講座敦煌4）　（東京）大東出版社　1983　p. 179

姜伯勤　沙州道門親表部落釋證　《敦煌研究》1986 年第 3 期　p. 3

姜亮夫　敦煌所見道教佚經考　敦煌學論文集　上海古籍出版社　1987　p. 319

池田溫　中國古代寫本識語集錄　（東京）大藏出版株式會社　1990　p. 257

李豐楙　唐代《洞淵神呪經》寫卷與李弘：兼論神呪類道經的功德觀　第二屆敦煌學國際研討會論文集　（臺北）漢學研究中心　1990　p. 482

林聰明　敦煌文書學　（臺北）新文豐出版公司　1991　p. 192

姜伯勤　敦煌社會文書導論　（臺北）新文豐出版公司　1992　p. 225

陶秋英輯錄　姜亮夫校訂　敦煌所見道教佚經錄　敦煌碎金　浙江古籍出版社　1992　p. 328

朱越利　道經總論　遼寧教育出版社　1992　p. 263

張澤洪　敦煌文書中的唐代道經　《敦煌學輯刊》1993 年第 2 期　p. 61

胡戟　傅玫　敦煌史話　中華書局　1995　p. 134

李豐楙　敦煌道經寫卷與道教寫經的供養功德觀　全國敦煌學研討會論文集　（臺北）中正大學中國文學系所　1995　p. 121

王三慶　敦煌書儀載錄之節日活動與民俗　全國敦煌學研討會論文集　（臺北）中正大學中國文學系所　1995　p. 25 注 27

姜伯勤　敦煌藝術宗教與禮樂文明　中國社會科學出版社　1996　p. 298

邵文實　敦煌道教試述　《世界宗教研究》1996 年第 2 期　又見：中國敦煌學百年文庫・宗教卷（三）　甘肅文化出版社　1999　p. 336

鄭炳林　敦煌碑銘讚輯釋　甘肅教育出版社　1997　p. 250 注 28

姜伯勤　道釋相激：道教在敦煌　道家文化研究（第十三輯）　三聯書店　1998　p. 59

馬承玉　從敦煌寫本看《洞淵神呪經》在北方的傳播　道家文化研究（第十三輯）　三聯書店　1998　p. 200

馬德　敦煌文書《道家雜齋文範集》及有關問題述略　道家文化研究（第十三輯）　三聯書店　1998　p. 247

王卡　太上洞淵神呪經　敦煌學大辭典　上海辭書出版社　1998　p. 762

周維平　從敦煌遺書看敦煌道教　《西北民族研究》1999 年第 2 期　p. 128

張澤洪　論唐代道教的寫經　《敦煌研究》2000 年第 3 期　p. 132

楊森　武則天至玄宗時代敦煌的三洞法師中嶽先生述略　《敦煌研究》2003 年第 3 期　p. 47

王卡　敦煌道教文獻研究　中國社會科學出版社　2004　p. 8、144

王卡　中國國家圖書館藏敦煌道教遺書研究報告　敦煌吐魯番研究（第七卷）　北京大學出版社　2004　p. 359

王卡　敦煌道教綜述　敦煌與絲路文化學術講座（第二輯）　北京圖書館出版社　2005　p. 377

P. 2425

陳祚龍　敦煌道經後記彙錄　敦煌文物隨筆　（臺北）商務印書館　1979　p. 23

陳祚龍　關於道家"本際經"及其"要略妙義"與"疏"的敦煌古抄　敦煌文物隨筆　（臺北）商務印書館　1979　p. 214

陳祚龍　新校重訂《敦煌道經後記彙錄》　敦煌學要籥　（臺北）新文豐出版公司　1982　p. 213 注 3

饒宗頤　論七曜與十一曜:記敦煌開寶七年(九七四)康遵批命課　選堂集林‧史林　(香港)中華書
　　　局　1982　p.792

石井昌子　靈寶經類　敦煌と中國道教(講座敦煌4)　(東京)大東出版社　1983　p.160

姜亮夫　敦煌所見道教佚經考　敦煌學論文集　上海古籍出版社　1987　p.311

陶秋英輯錄　姜亮夫校訂　敦煌所見道教佚經錄　敦煌碎金　浙江古籍出版社　1992　p.314

山田俊　唐初道教思想史研究‧論述篇　(京都)平樂寺書店　1999　p.47

山田俊　唐初道教思想史研究‧資料篇　(京都)平樂寺書店　1999　p.80、163

乜小紅　唐宋敦煌毛紡織業述略　敦煌學(第23輯)　(臺北)樂學書局有限公司　2002　p.124

王卡　敦煌道教文獻研究　中國社會科學出版社　2004　p.201

王卡　中國國家圖書館藏敦煌道教遺書研究報告　敦煌吐魯番研究(第七卷)　北京大學出版社
　　　2004　p.369

P. 2426

石井昌子　靈寶經類　敦煌と中國道教(講座敦煌4)　(東京)大東出版社　1983　p.151

王堯　陳踐　敦煌吐蕃文獻選　四川民族出版社　1983　p.206

姜亮夫　敦煌經卷在中國文化學術上的價值　敦煌學論文集　上海古籍出版社　1987　p.5

王卡　太上洞玄靈寶真一勸戒法輪妙經　敦煌學大辭典　上海辭書出版社　1998　p.767

汪泛舟　敦煌道教與齋醮諸考　1994年敦煌學國際研討會文集‧宗教文史卷(上)　甘肅民族出版
　　　社　2000　p.12

王承文　敦煌古靈寶經與晉唐道教　中華書局　2002　p.66

王卡　敦煌道教文獻研究　中國社會科學出版社　2004　p.99

P. 2427

林聰明　敦煌文書學　(臺北)新文豐出版公司　1991　p.429

王三慶　敦煌寫卷中武后新字之調查研究　唐代研究論集(第三輯)　(臺北)新文豐出版公司
　　　1992　p.96

林聰明　敦煌文書年代考探略述　敦煌學國際研討會文集‧史地語文編　遼寧美術出版社　1995
　　　p.556

伊藤美重子　敦煌本『大智度論』の整理　中國佛教石經の研究　京都大學學術出版會　1996
　　　p.384

李正宇　敦煌古代美術字　敦煌學大辭典　上海辭書出版社　1998　p.287

林聰明　敦煌吐魯番文書解詁指例　(臺北)新文豐出版公司　2001　p.260

姜亮夫　敦煌莫高窟年表　姜亮夫全集(十一)　雲南人民出版社　2002　p.272

施安昌　唐武周時期的刻經與敦煌寫經　善本碑帖論集　紫禁城出版社　2002　p.120

P. 2428

盧向前　關於歸義軍時期一份布紙破用曆的研究:試釋伯四六四〇背面文書　敦煌吐魯番文獻研究
　　　論集(第三輯)　北京大學出版社　1986　p.412 注31

方廣錩　長爪梵志所問經　敦煌學大辭典　上海辭書出版社　1998　p.708

陳麗萍　敦煌女性寫經題記及反映的婦女問題　敦煌佛教藝術文化國際學術研討會論文集　蘭州大
　　　學出版社　2002　p.431

鄭炳林　晚唐五代河西地區的居民結構研究　《蘭州大學學報》2006年第2期　p.15

P. 2429

姜亮夫　敦煌所見道教佚經考　敦煌學論文集　上海古籍出版社　1987　p. 317

陶秋英輯録　姜亮夫校訂　敦煌所見道教佚經録　敦煌碎金　浙江古籍出版社　1992　p. 324

王卡　太上妙法本相經　敦煌學大辭典　上海辭書出版社　1998　p. 761

山田俊　唐初道教思想史研究・論述篇　（京都）平樂寺書店　1999　p. 367、507

山田俊　再論《太上妙法本相經》：以《東極真人問事品第九》爲主　敦煌吐魯番研究（第四卷）　北
　　京大學出版社　1999　p. 490

王卡　敦煌道教文獻研究　中國社會科學出版社　2004　p. 118

P. 2430

金岡照光　敦煌の寫本　敦煌の文學　（東京）大藏出版株式會社　1971　p. 80

池田溫　評『ペリオ將來敦煌漢文文獻目録』第一卷（P. 2001 - 2500）　『東洋學報』（54 卷 4 號）
　　（東京）東洋學術協會　1972　p. 67

石井昌子　靈寶經類　敦煌と中國道教（講座敦煌 4）　（東京）大東出版社　1983　p. 159

姜亮夫　敦煌經卷在中國文化學術上的價值　敦煌學論文集　上海古籍出版社　1987　p. 6

姜亮夫　敦煌所見道教佚經考　敦煌學論文集　上海古籍出版社　1987　p. 312

陶秋英輯録　姜亮夫校訂　敦煌所見道教佚經録　敦煌碎金　浙江古籍出版社　1992　p. 316

萬毅　敦煌本《昇玄內教經》試探　唐研究（第一卷）　北京大學出版社　1995　p. 67

劉屹　敦煌十卷本《老子化胡經》殘卷新探　唐研究（第二卷）　北京大學出版社　1996　p. 108

姜伯勤　道釋相激：道教在敦煌　道家文化研究（第十三輯）　三聯書店　1998　p. 58

萬毅　敦煌本《昇玄內教經》解說　道家文化研究（第十三輯）　三聯書店　1998　p. 268、279

王卡　太上洞玄靈寶昇玄內教經　敦煌學大辭典　上海辭書出版社　1998　p. 760

山田俊　唐初道教思想史研究・論述篇　（京都）平樂寺書店　1999　p. 61、257、345

山田俊　唐初道教思想史研究・資料篇　（京都）平樂寺書店　1999　p. 220、275

萬毅　敦煌本道教《昇玄內教經》的文本順序　《敦煌研究》2000 年第 4 期　p. 135　又見：敦煌文獻
　　論集：紀念藏經洞發現一百周年國際學術研討會論文集　遼寧人民出版社　2001　p. 598

王卡　敦煌道經殘卷綴合與考訂三則　敦煌文獻論集：紀念藏經洞發現一百周年國際學術研討會論
　　文集　遼寧人民出版社　2001　p. 589

王卡　中國國家圖書館藏敦煌道教遺書研究報告　國際敦煌學學術史研討會論文集　研討會籌備組
　　2002　p. 250　又見：敦煌吐魯番研究（第七卷）　北京大學出版社　2004　p. 354

劉屹　論《昇玄經》的文本差異問題　文津學志（第一輯）　北京圖書館出版社　2003　p. 191

王卡　敦煌道教文獻研究　中國社會科學出版社　2004　p. 122

P. 2431

石井昌子　靈寶經類　敦煌と中國道教（講座敦煌 4）　（東京）大東出版社　1983　p. 149

姜亮夫　敦煌所見道教佚經考　敦煌學論文集　上海古籍出版社　1987　p. 320

陶秋英輯録　姜亮夫校訂　敦煌所見道教佚經録　敦煌碎金　浙江古籍出版社　1992　p. 329

高國藩　敦煌民俗資料導論　（臺北）新文豐出版公司　1993　p. 177

王卡　洞玄靈寶諸天內音自然玉字　敦煌學大辭典　上海辭書出版社　1998　p. 768

山田俊　唐初道教思想史研究・論述篇　（京都）平樂寺書店　1999　p. 530

王卡　敦煌道教文獻研究　中國社會科學出版社　2004　p. 94

P. 2432

姜亮夫　敦煌經卷在中國文化學術上的價值　敦煌學論文集　上海古籍出版社　1987　p. 6

鄭炳林　敦煌碑銘讚輯釋　甘肅教育出版社　1997　p. 338 注 1

王卡　道要靈祇神鬼品經　敦煌學大辭典　上海辭書出版社　1998　p. 759

王卡　敦煌道教文獻研究　中國社會科學出版社　2004　p. 225

王卡　中國國家圖書館藏敦煌道教遺書研究報告　敦煌吐魯番研究(第七卷)　北京大學出版社
　　2004　p. 374

P. 2433

佐藤哲英　法照和尚念佛讚解說　西域文化研究(第一)・敦煌佛教資料　(京都)法藏館　1958
　　p. 211

石井昌子　靈寶經類　敦煌と中國道教(講座敦煌 4)　(東京)大東出版社　1983　p. 156

朱越利　道經總論　遼寧教育出版社　1992　p. 274

王卡　天尊說隨願往生罪福報對次說預修科文妙經　敦煌學大辭典　上海辭書出版社　1998
　　p. 764

王卡　敦煌道教文獻研究　中國社會科學出版社　2004　p. 132

王卡　中國國家圖書館藏敦煌道教遺書研究報告　敦煌吐魯番研究(第七卷)　北京大學出版社
　　2004　p. 358

P. 2434

傅芸子　俗講新考　《新思潮月刊》1945 年第 1 卷第 2 期　又見:敦煌變文論文錄　上海古籍出版社
　　1982　p. 151

那波利貞　唐代の社邑に就きて(1938 年)　唐代社會文化史研究・第五編　(東京)創文社　1974
　　p. 488

那波利貞　唐寫本雜抄考——唐代庶民教育史研究の一資料　唐代社會文化史研究・第二編　(東
　　京)創文社　1974　p. 221

陳祚龍　關於道家"本際經"及其"要略妙義"與"疏"的敦煌古抄　敦煌文物隨筆　(臺北)商務印書
　　館　1979　p. 214

石井昌子　靈寶經類　敦煌と中國道教(講座敦煌 4)　(東京)大東出版社　1983　p. 160

田中良昭　敦煌禪宗文獻の研究　(東京)大東出版社　1983　p. 346

姜亮夫　敦煌經卷在中國文化學術上的價值　敦煌學論文集　上海古籍出版社　1987　p. 6

梅弘理　敦煌本佛教教理問答書　法國學者敦煌學論文選萃　中華書局　1993　p. 139

蔣禮鴻　敦煌文獻語言詞典　杭州大學出版社　1994　p. 263

山田俊　唐初道教思想史研究・資料篇　(京都)平樂寺書店　1999　p. 79、163

王承文　敦煌古靈寶經與晉唐道教　中華書局　2002　p. 286

王卡　敦煌道教文獻研究　中國社會科學出版社　2004　p. 201

王卡　中國國家圖書館藏敦煌道教遺書研究報告　敦煌吐魯番研究(第七卷)　北京大學出版社
　　2004　p. 369

P. 2435

唐文播　巴黎所藏敦煌老子寫卷校記　《中國文化研究彙刊》1930 年第 5 卷　又見:中國敦煌學百年
　　文庫・文獻卷(一)　甘肅文化出版社　1999　p. 90

池田溫　評『ペリオ將來敦煌漢文文獻目録』第一卷（P. 2001 – 2500）　『東洋學報』（54 卷 4 號）
　　（東京）東洋學術協會　1972　p. 67
鄭良樹　敦煌老子寫本考異　（臺北）《大陸雜誌》1981 年第 2 期　又見：中國敦煌學百年文庫・宗
　　教卷（三）　甘肅文化出版社　1999　p. 64
姜亮夫　巴黎所藏敦煌寫本道德經殘卷綜合研究　敦煌學論文集　上海古籍出版社　1987　p. 244、
　　261 注、274、303　又見：姜亮夫全集（十三）　雲南人民出版社　2002　p. 211
姜亮夫　敦煌經卷在中國文化學術上的價值　敦煌學論文集　上海古籍出版社　1987　p. 6
白化文　道德經白文本　敦煌學大辭典　上海辭書出版社　1998　p. 776
王卡　老子道德經序訣　敦煌學大辭典　上海辭書出版社　1998　p. 762
郝春文　英藏敦煌社會歷史文獻釋録（第一卷）　科學出版社　2001　p. 47
王卡　敦煌道教文獻研究　中國社會科學出版社　2004　p. 159、165
王卡　中國國家圖書館藏敦煌道教遺書研究報告　敦煌吐魯番研究（第七卷）　北京大學出版社
　　2004　p. 361

P. 2436

陳祚龍　敦煌古抄內典尾記彙校初、二、三編合刊　敦煌學要籥　（臺北）新文豐出版公司　1982
　　p. 77
姜亮夫　敦煌經卷在中國文化學術上的價值　敦煌學論文集　上海古籍出版社　1987　p. 6
上山大峻　敦煌佛教の研究　（京都）法藏館　1990　p. 18
楊富學　李吉和　敦煌漢文吐蕃史料輯校（第一輯）　甘肅人民出版社　1999　p. 135
王卡　敦煌道教文獻研究　中國社會科學出版社　2004　p. 45、114

P. 2437

陳祚龍　關於道家"本際經"及其"要略妙義"與"疏"的敦煌古抄　敦煌文物隨筆　（臺北）商務印書
　　館　1979　p. 215
石井昌子　靈寶經類　敦煌と中國道教（講座敦煌 4）　（東京）大東出版社　1983　p. 161
姜亮夫　敦煌所見道教佚經考　敦煌學論文集　上海古籍出版社　1987　p. 311
陶秋英輯録　姜亮夫校訂　敦煌所見道教佚經録　敦煌碎金　浙江古籍出版社　1992　p. 314
胡文和　仁壽縣壇神岩第 53 號"三寶"窟右壁"南竺觀記"中道藏經目研究　《世界宗教研究》1998
　　年第 2 期　p. 125
山田俊　唐初道教思想史研究・論述篇　（京都）平樂寺書店　1999　p. 47
山田俊　唐初道教思想史研究・資料篇　（京都）平樂寺書店　1999　p. 113、164
汪泛舟　敦煌道教與齋醮諸考　1994 年敦煌學國際研討會文集・宗教文史卷（上）　甘肅民族出版
　　社　2000　p. 3
王卡　敦煌道教文獻研究　中國社會科學出版社　2004　p. 206
王卡　中國國家圖書館藏敦煌道教遺書研究報告　敦煌吐魯番研究（第七卷）　北京大學出版社
　　2004　p. 371

P. 2438

陳祚龍　關於道家"本際經"及其"要略妙義"與"疏"的敦煌古抄　敦煌文物隨筆　（臺北）商務印書
　　館　1979　p. 214
石井昌子　靈寶經類　敦煌と中國道教（講座敦煌 4）　（東京）大東出版社　1983　p. 160

姜亮夫　敦煌所見道教佚經考　敦煌學論文集　上海古籍出版社　1987　p. 311

陶秋英輯錄　姜亮夫校訂　敦煌所見道教佚經錄　敦煌碎金　浙江古籍出版社　1992　p. 314

胡文和　仁壽縣壇神岩第53號"三寶"窟右壁"南竺觀記"中道藏經目研究　《世界宗教研究》1998
　　年第2期　p. 125

萬毅　敦煌道教文獻《本際經》錄文及解說　道家文化研究(第十三輯)　三聯書店　1998　p. 432

山田俊　唐初道教思想史研究・論述篇　(京都)平樂寺書店　1999　p. 47

山田俊　唐初道教思想史研究・資料篇　(京都)平樂寺書店　1999　p. 90、163

施萍婷　法照與敦煌初探　1994年敦煌學國際研討會文集・宗教文史卷(上)　甘肅民族出版社
　　2000　p. 81

王卡　敦煌道教文獻研究　中國社會科學出版社　2004　p. 202

王卡　中國國家圖書館藏敦煌道教遺書研究報告　敦煌吐魯番研究(第七卷)　北京大學出版社
　　2004　p. 370

P. 2439

山本達郎等　敦煌・III　轉貼　『NUN – HUANG AND TURFAN DOCUMENTS CONCERNING SOCIAL
　　AND ECONOMIC HISTORY』(IV)　(東京)東洋文庫　1989　p. 59

石田勇作　敦煌『社文書』研究序說　中國古代の國家と民眾(堀敏一先生古稀記念)　(東京)汲古
　　書院　1995　p. 684

寧可　郝春文　敦煌社邑文書輯校　江蘇古籍出版社　1997　p. 233

蘇遠鳴　中國避諱略述　法國漢學(敦煌學專號)　中華書局　2000　p. 54

孟憲實　敦煌社邑的分佈　敦煌文獻論集:紀念藏經洞發現一百周年國際學術研討會論文集　遼寧
　　人民出版社　2001　p. 432

P. 2440

饒宗頤　論敦煌殘本登真隱訣(P. 2732)　敦煌學(第4輯)　(香港)新亞研究所敦煌學會　1979
　　p. 18

石井昌子　靈寶經類　敦煌と中國道教(講座敦煌4)　(東京)大東出版社　1983　p. 149

姜亮夫　敦煌所見道教佚經考　敦煌學論文集　上海古籍出版社　1987　p. 319

陶秋英輯錄　姜亮夫校訂　敦煌所見道教佚經錄　敦煌碎金　浙江古籍出版社　1992　p. 327

朱越利　道經總論　遼寧教育出版社　1992　p. 267

高國藩　敦煌民俗資料導論　(臺北)新文豐出版公司　1993　p. 261、305

楊雄　講經文名實說　(香港)《九州學刊》(敦煌學專輯)1993年第5卷第4期　p. 141　又見:敦煌
　　論稿　甘肅文化出版社　1995　p. 253

姜伯勤　變文的南方源頭與敦煌的唱導法匠　華學(第一輯)　中山大學出版社　1995　p. 156

黃征　張涌泉　敦煌變文校注　中華書局　1997　p. 482

王卡　太上洞玄靈寶無極大道自然真一五稱符上經　敦煌學大辭典　上海辭書出版社　1998
　　p. 769

李小榮　敦煌變文"平"、"側"、"斷"諸音聲符號探析　《敦煌學輯刊》2001年第2期　p. 9

李小榮　變文講唱與華梵宗教藝術　上海三聯書店　2002　p. 204

王承文　敦煌古靈寶經與晉唐道教　中華書局　2002　p. 60、237、767

王承文　古靈寶經定期齋戒的淵源及其與佛教的關係　華林(第二卷)　中華書局　2002　p. 244

陳明　耆婆的形象演變及其在敦煌吐魯番地區的影響　文津學志(第一輯)　北京圖書館出版社

2003　p. 148

陳明　漢唐西域胡語醫學文獻中的宗教因素　中國學術(第一輯)　商務印書館　2004　p. 168

王卡　敦煌道教文獻研究　中國社會科學出版社　2004　p. 94

葉貴良　敦煌社邑文書詞語選釋　《敦煌研究》2004 年第 5 期　p. 82

陳明　殊方異藥：出土文書與西域醫學　北京大學出版社　2005　p. 65

P. 2441

陳祚龍　瓜沙印録　(臺北)《大陸雜誌》1962 年第 4 期　又見：敦煌學概要　(臺北)編譯館"中華叢
　書編委會"　1981　p. 269 ; 中國敦煌學百年文庫·考古卷(一)　甘肅文化出版社　1999
　p. 191

池田溫　評『ペリオ將來敦煌漢文文獻目録』第一卷(P. 2001 - 2500)　『東洋學報』(54 卷 4 號)
　(東京)東洋學術協會　1972　p. 67

陳祚龍　古代敦煌及其他地區流行之公私印章圖記文字録　敦煌學要籥　(臺北)新文豐出版公司
　1982　p. 344

林聰明　敦煌文書學　(臺北)新文豐出版公司　1991　p. 426

王三慶　敦煌寫卷中武后新字之調查研究　唐代研究論集(第三輯)　(臺北)新文豐出版公司
　1992　p. 96

吳其昱著　伊藤美重子譯　敦煌漢文寫本概観　敦煌漢文文獻(講座敦煌 5)　(東京)大東出版社
　1992　p. 22

姜亮夫　敦煌莫高窟年表　姜亮夫全集(十一)　雲南人民出版社　2002　p. 272

施安昌　唐武周時期的刻經與敦煌寫經　善本碑帖論集　紫禁城出版社　2002　p. 120

P. 2442

石井昌子　靈寶經類　敦煌と中國道教(講座敦煌 4)　(東京)大東出版社　1983　p. 150

陳祚龍　看了敦煌古抄《佛說盂蘭盆經讚述》以後　敦煌學散策新集　(臺北)新文豐出版公司
　1989　p. 348

王卡　太上靈寶長夜九幽府玉匱明真科　敦煌學大辭典　上海辭書出版社　1998　p. 768

王卡　敦煌道教文獻研究　中國社會科學出版社　2004　p. 95

P. 2443

姜亮夫　敦煌經卷在中國文化學術上的價值　敦煌學論文集　上海古籍出版社　1987　p. 6

王三慶　談齋論文——敦煌寫卷齋願文研究　第四屆唐代文化學術研討會論文集　(臺南)成功大
　學　1991　p. 299

高國藩　敦煌民俗資料導論　(臺北)新文豐出版公司　1993　p. 237

黃征　吳偉　敦煌願文集　岳麓書社　1995　p. 540

王卡　敦煌道教文獻研究　中國社會科學出版社　2004　p. 227

王卡　中國國家圖書館藏敦煌道教遺書研究報告　敦煌吐魯番研究(第七卷)　北京大學出版社
　2004　p. 375

P. 2444

陳祚龍　敦煌道經後記彙録　敦煌文物隨筆　(臺北)商務印書館　1979　p. 18

陳祚龍　新校重訂《敦煌道經後記彙録》　敦煌學要籥　(臺北)新文豐出版公司　1982　p. 210

宮川尚志　唐以前の河西における宗教・思想的狀況　敦煌と中國道教(講座敦煌4)　(東京)大東出版社　1983　p. 309

尾崎正治　洞淵神呪經　敦煌と中國道教(講座敦煌4)　(東京)大東出版社　1983　p. 179

龍晦　論敦煌道教文學　《世界宗教研究》1985年第3期　又見:中國敦煌學百年文庫・宗教卷(三)　甘肅文化出版社　1999　p. 365

耿昇　中法學者友好合作的成果　《敦煌研究》1987年第1期　p. 109

池田溫　中國古代寫本識語集錄　(東京)大藏出版株式會社　1990　p. 209

高國藩　敦煌古俗與民俗流變　河海大學出版社　1990　p. 429

李豐楙　唐代《洞淵神呪經》寫卷與李弘:兼論神呪類道經的功德觀　第二屆敦煌學國際研討會論文集　(臺北)漢學研究中心　1990　p. 481

林聰明　敦煌文書學　(臺北)新文豐出版公司　1991　p. 194

陶秋英輯錄　姜亮夫校訂　敦煌所見道教佚經錄　敦煌碎金　浙江古籍出版社　1992　p. 328

朱越利　道經總論　遼寧教育出版社　1992　p. 257、263、310

顧吉辰　唐代敦煌文獻寫本書手考述　《敦煌學輯刊》1993年第1期　p. 29

李豐楙　敦煌道經寫卷與道教寫經的供養功德觀　全國敦煌學研討會論文集　(臺北)中正大學中國文學系所　1995　p. 121

邵文實　敦煌道教試述　《世界宗教研究》1996年第2期　又見:中國敦煌學百年文庫・宗教卷(三)　甘肅文化出版社　1999　p. 341

顧吉辰　敦煌文獻職官結銜考釋　《敦煌學輯刊》1998年第2期　p. 24

馬承玉　從敦煌寫本看《洞淵神呪經》在北方的傳播　道家文化研究(第十三輯)　三聯書店　1998　p. 200

孫繼民　麟德元年敕寫洞淵神呪經記　敦煌學大辭典　上海辭書出版社　1998　p. 455

譚蟬雪　敦煌道經題記綜述　道家文化研究(第十三輯)　三聯書店　1998　p. 11

王卡　太上洞淵神呪經　敦煌學大辭典　上海辭書出版社　1998　p. 762

顏廷亮　敦煌文化中的道教及文化　《敦煌研究》1999年第1期　p. 137

周維平　從敦煌遺書看敦煌道教　《西北民族研究》1999年第2期　p. 129 注3、134

金岡照光　敦煌文獻と中國文學　(東京)五曜書房　2000　p. 432、515

蘇遠鳴　中國避諱略述　法國漢學(敦煌學專號)　中華書局　2000　p. 55

顏廷亮　敦煌文化　光明日報出版社　2000　p. 238

張澤洪　論唐代道教的寫經　《敦煌研究》2000年第3期　p. 130

郝春文　英藏敦煌社會歷史文獻釋錄(第一卷)　科學出版社　2001　p. 474

楊森　武則天至玄宗時代敦煌的三洞法師中嶽先生述略　《敦煌研究》2003年第3期　p. 46

劉敬林　《英藏敦煌社會歷史文獻釋錄》(第一卷)補校　《敦煌研究》2004年第2期　p. 103

王卡　敦煌道教文獻研究　中國社會科學出版社　2004　p. 9、35、144

王卡　中國國家圖書館藏敦煌道教遺書研究報告　敦煌吐魯番研究(第七卷)　北京大學出版社　2004　p. 359

王卡　敦煌道教綜述　敦煌與絲路文化學術講座(第二輯)　北京圖書館出版社　2005　p. 378

P. 2445

石井昌子　靈寶經類　敦煌と中國道教(講座敦煌4)　(東京)大東出版社　1983　p. 159

姜亮夫　敦煌經卷在中國文化學術上的價值　敦煌學論文集　上海古籍出版社　1987　p. 6

萬毅　敦煌本《昇玄內教經》試探　唐研究(第一卷)　北京大學出版社　1995　p. 67

姜伯勤　敦煌藝術宗教與禮樂文明　中國社會科學出版社　1996　p. 295

姜伯勤　道釋相激:道教在敦煌　道家文化研究(第十三輯)　三聯書店　1998　p. 56

萬毅　敦煌本《昇玄內教經》解說　道家文化研究(第十三輯)　三聯書店　1998　p. 268

王卡　太上洞玄靈寶昇玄內教經　敦煌學大辭典　上海辭書出版社　1998　p. 760

山田俊　唐初道教思想史研究·論述篇　(京都)平樂寺書店　1999　p. 130、155、236、257

山田俊　唐初道教思想史研究·資料篇　(京都)平樂寺書店　1999　p. 137、239、275

萬毅　敦煌本道教《昇玄內教經》的文本順序　《敦煌研究》2000年第4期　p. 135　又見:敦煌文獻
　　論集:紀念藏經洞發現一百周年國際學術研討會論文集　遼寧人民出版社　2001　p. 599

王卡　敦煌道經殘卷綴合與考訂三則　敦煌文獻論集:紀念藏經洞發現一百周年國際學術研討會論
　　文集　遼寧人民出版社　2001　p. 581

劉屹　論《昇玄經》的文本差異問題　文津學志(第一輯)　北京圖書館出版社　2003　p. 200

劉屹　敦煌本《昇玄經》經錄傳授儀式研究　敦煌學(第25輯)　(臺北)樂學書局有限公司　2004
　　p. 466

王卡　敦煌道教文獻研究　中國社會科學出版社　2004　p. 122

王卡　中國國家圖書館藏敦煌道教遺書研究報告　敦煌吐魯番研究(第七卷)　北京大學出版社
　　2004　p. 354

王卡　敦煌本《昇玄內教經》殘卷校讀記　敦煌吐魯番研究(第九卷)　中華書局　2006　p. 64

P. 2446

金岡照光　敦煌寫本と民眾仏教　続シルクロ－ドと仏教文化　(東京)東洋哲學研究所　1980
　　p. 152

石井昌子　靈寶經類　敦煌と中國道教(講座敦煌4)　(東京)大東出版社　1983　p. 151

姜亮夫　敦煌所見道教佚經考　敦煌學論文集　上海古籍出版社　1987　p. 315

陶秋英輯錄　姜亮夫校訂　敦煌所見道教佚經錄　敦煌碎金　浙江古籍出版社　1992　p. 321

王卡　太上洞玄靈寶無量度人上品妙經　敦煌學大辭典　上海辭書出版社　1998　p. 767

金岡照光　敦煌文獻と中國文學　(東京)五曜書房　2000　p. 18

郝春文　英藏敦煌社會歷史文獻釋錄(第一卷)　科學出版社　2001　p. 41

吳麗娛　論九宮祭祀與道教崇拜　唐研究(第九卷)　北京大學出版社　2003　p. 307

王卡　敦煌道教文獻研究　中國社會科學出版社　2004　p. 101

王卡　中國國家圖書館藏敦煌道教遺書研究報告　敦煌吐魯番研究(第七卷)　北京大學出版社
　　2004　p. 350

P. 2447

陳祚龍　敦煌道經後記彙錄　敦煌文物隨筆　(臺北)商務印書館　1979　p. 23

陳祚龍　新校重訂《敦煌道經後記彙錄》　敦煌學要籥　(臺北)新文豐出版公司　1982　p. 213 注3

姜亮夫　敦煌所見道教佚經考　敦煌學論文集　上海古籍出版社　1987　p. 314

陶秋英輯錄　姜亮夫校訂　敦煌所見道教佚經錄　敦煌碎金　浙江古籍出版社　1992　p. 319

唐耕耦　敦煌寺院會計文書研究　(臺北)新文豐出版公司　1997　p. 431

王卡　老子說法食禁戒經　敦煌學大辭典　上海辭書出版社　1998　p. 760

高國藩　敦煌俗文化學　上海三聯書店　1999　p. 199

高國藩　敦煌學百年史述要　(臺北)商務印書館　2003　p. 97

王卡　敦煌道教文獻研究　中國社會科學出版社　2004　p. 12、189

王卡　敦煌道教綜述　敦煌與絲路文化學術講座(第二輯)　北京圖書館出版社　2005　p. 381

P. 2448

陳祚龍　關於道家"本際經"及其"要略妙義"與"疏"的敦煌古抄　敦煌文物隨筆　(臺北)商務印書
　　館　1979　p. 211

石井昌子　靈寶經類　敦煌と中國道教(講座敦煌4)　(東京)大東出版社　1983　p. 159

Jean – Pierre Drege　敦煌寫本的物質性分析　漢學研究(敦煌學國際研討會論文專號)　(臺北)漢
　　學研究資料及服務中心　1986　p. 114

萬毅　敦煌道教文獻《本際經》錄文及解說　道家文化研究(第十三輯)　三聯書店　1998　p. 368

山田俊　唐初道教思想史研究·資料篇　(京都)平樂寺書店　1999　p. 10、161

王卡　敦煌道教文獻研究　中國社會科學出版社　2004　p. 194

王卡　中國國家圖書館藏敦煌道教遺書研究報告　敦煌吐魯番研究(第七卷)　北京大學出版社
　　2004　p. 367

P. 2449

王堯　陳踐　吐蕃兵制考略　(香港)《東方文化》1971 年第 9 卷第 1 期　又見:中國敦煌學百年文
　　庫·民族卷(一)　甘肅文化出版社　1999　p. 309

陳祚龍　新校重訂唐代吐蕃統治瓜沙期間當地釋衆事佛的幾種藝文　敦煌學海探珠(下冊)　(臺
　　北)商務印書館　1979　p. 359

山口瑞鳳　吐蕃の敦煌支配期間　敦煌の歷史(講座敦煌2)　(東京)大東出版社　1980　p. 212

張廣達　唐代禪宗的傳入吐蕃及有關的敦煌文書　學林漫録(三集)　中華書局　1981　p. 44

高田時雄　チベット文字轉寫阿彌陀經の奧書　『人文研究』(第 65 輯)　(小樽市)小樽商科大學
　　1983　p. 8

石井昌子　靈寶經類　敦煌と中國道教(講座敦煌4)　(東京)大東出版社　1983　p. 157

姜亮夫　敦煌所見道教佚經考　敦煌學論文集　上海古籍出版社　1987　p. 318

李正宇　《吐蕃子年(西元 808 年)沙州百姓汜履倩等戶籍手實殘卷》研究　1983 年全國敦煌學術討
　　論會文集·文史遺書編(上)　甘肅人民出版社　1987　p. 186 注 18、218 注 12

楊銘　吐蕃時期敦煌部落設置考　《西北史地》1987 年第 2 期　p. 35

馬德　KHROM 詞義考　《中國藏學》1992 年第 2 期　p. 99

邵文實　沙州節兒考及其引申出來的幾個問題　《西北師大學報》(社會科學版)1992 年第 5 期
　　p. 63

陶秋英輯録　姜亮夫校訂　敦煌所見道教佚經録　敦煌碎金　浙江古籍出版社　1992　p. 325

圓空　《新菩薩經》《勸善經》《救諸衆生苦難經》校録及其流傳背景之探討　《敦煌研究》1992 年第 1
　　期　p. 57

前田正名　河西歷史地理學研究　中國藏學出版社　1993　p. 242

鄭炳林　《索崇恩和尚修功德記》考釋　《敦煌研究》1993 年第 2 期　p. 59

劉進寶　關於吐蕃統治經營河西地區的若干問題　《中國邊疆史地研究》1994 年第 1 期　p. 18

馬子海　吐蕃統治下的河西走廊　《西北師大學報》(社會科學版)1994 年第 5 期　p. 104

楊銘　一件有關敦煌陷蕃時間的藏文文書　《敦煌研究》1994 年第 3 期　p. 85

鄭炳林　馮培紅　讀《中國古代寫本識語集録》劄記　《西北史地》1994 年第 4 期　p. 49

黃征　吳偉　敦煌願文集　岳麓書社　1995　p. 750

楊銘　吐蕃時期河隴軍政機構設置考　中亞學刊(第四輯)　北京大學出版社　1995　p. 113

張廣達　西域史地叢稿初編　上海古籍出版社　1995　p. 198

劉進寶　吐蕃對河西的統治與經營　敦煌吐魯番學研究論集　書目文獻出版社　1996　p. 332

黃征　張涌泉　敦煌變文校注　中華書局　1997　p. 346

楊銘　吐蕃統治敦煌研究　（臺北）新文豐出版公司　1997　p. 2、22、105

鄭炳林　敦煌碑銘讚輯釋　甘肅教育出版社　1997　p. 190 注 12

鄭炳林　唐五代敦煌的醫事研究　敦煌歸義軍史專題研究　蘭州大學出版社　1997　p. 517

陳國燦　敦煌漢僧爲瓜州節度使祈福文　敦煌學大辭典　上海辭書出版社　1998　p. 369

金瀅坤　吐蕃統治敦煌的社會基層組織　《中國邊疆史地研究》1998 年第 4 期　p. 29

榮新江　拉薩宗教會議　敦煌學大辭典　上海辭書出版社　1998　p. 814

王卡　太上濟衆經　敦煌學大辭典　上海辭書出版社　1998　p. 763

姜亮夫　敦煌:偉大的文化寶藏　雲南人民出版社　1999　p. 79

王堯　《國外敦煌吐蕃文書研究選譯》前言　法藏敦煌藏文文獻解題目錄　民族出版社　1999　p. 299

劉進寶　敦煌歷史文化　甘肅人民出版社　2000　p. 82

劉進寶　敦煌文書與唐史研究　（臺北）新文豐出版公司　2000　p. 105

邵文實　敦煌佛教文學與邊塞文學　《敦煌學輯刊》2001 年第 2 期　p. 25

郭鋒　略論歸義軍時期仲雲人族屬諸問題　唐史與敦煌文獻論稿　中國社會科學出版社　2002　p. 315

姜亮夫　敦煌莫高窟年表　姜亮夫全集（十一）　雲南人民出版社　2002　p. 382

金瀅坤　吐蕃瓜州節度使初探　《敦煌研究》2002 年第 2 期　p. 22

劉進寶　敦煌學通論　甘肅教育出版社　2002　p. 52

王繼光　鄭炳林　敦煌漢文吐蕃史料綜述　中國西部民族文化研究（2003 年卷）　民族出版社　2003　p. 239

王卡　敦煌道教文獻研究　中國社會科學出版社　2004　p. 127

高田時雄著　鍾翀等譯　藏文書寫阿彌陀經的跋文　敦煌·民族·語言　中華書局　2005　p. 69

P. 2450

石井昌子　靈寶經類　敦煌と中國道教(講座敦煌 4)　（東京）大東出版社　1983　p. 156

姜亮夫　敦煌經卷在中國文化學術上的價值　敦煌學論文集　上海古籍出版社　1987　p. 6

寧可　郝春文　敦煌社邑文書輯校　江蘇古籍出版社　1997　p. 766

王卡　太上元陽經　敦煌學大辭典　上海辭書出版社　1998　p. 764

山田俊　唐初道教思想史研究·論述篇　（京都）平樂寺書店　1999　p. 483

王卡　敦煌道教文獻研究　中國社會科學出版社　2004　p. 116

P. 2451

石井昌子　靈寶經類　敦煌と中國道教(講座敦煌 4)　（東京）大東出版社　1983　p. 150

唐耕耦　關於唐代租佃制的若干問題:以吐魯番敦煌租佃契爲中心　歷史論叢(第五輯)　齊魯書社　1985　p. 123

陳祚龍　看了敦煌古抄《佛說盂蘭盆經讚述》以後　敦煌學散策新集　（臺北）新文豐出版公司　1989　p. 348

唐耕耦　陸宏基　敦煌社會經濟文獻真迹釋錄(二)　全國圖書館文獻縮微複製中心　1990　p. 70

林聰明　敦煌文書學　（臺北）新文豐出版公司　1991　p. 65

張涌泉　敦煌俗字研究導論　（臺北）新文豐出版公司　1996　p. 240

郝春文　唐後期五代宋初敦煌僧尼的社會生活　中國社會科學出版社　1998　p. 102

郝春文　唐後期五代宋初敦煌僧人的稅役負擔　《敦煌學輯刊》1998 年第 2 期　p. 1

王卡　太上靈寶長夜九幽府玉匱明真科　敦煌學大辭典　上海辭書出版社　1998　p. 768

榮新江　英國圖書館藏敦煌漢文非佛教文獻殘卷概述　敦煌文藪(下)　（臺北）新文豐出版公司
　　1999　p. 126

顏廷亮　敦煌文化中的道教及文化　《敦煌研究》1999 年第 1 期　p. 136

雷紹鋒　歸義軍賦役制度初探　（臺北）洪葉文化事業有限公司　2000　p. 53

王卡　敦煌道教文獻研究　中國社會科學出版社　2004　p. 96

P. 2452

石井昌子　靈寶經類　敦煌と中國道教(講座敦煌 4)　（東京）大東出版社　1983　p. 153

姜亮夫　敦煌所見道教佚經考　敦煌學論文集　上海古籍出版社　1987　p. 318

陶秋英輯録　姜亮夫校訂　敦煌所見道教佚經録　敦煌碎金　浙江古籍出版社　1992　p. 326

朱越利　道經總論　遼寧教育出版社　1992　p. 273

姜伯勤　敦煌藝術宗教與禮樂文明　中國社會科學出版社　1996　p. 291

姜伯勤　道釋相激：道教在敦煌　道家文化研究(第十三輯)　三聯書店　1998　p. 51

藤枝晃　寫本解題　敦煌寫本本草集注序録・比丘含注戒本　（京都）法藏館　1998　p. 218

王卡　靈寶威儀經訣　敦煌學大辭典　上海辭書出版社　1998　p. 765

山田俊　唐初道教思想史研究・論述篇　（京都）平樂寺書店　1999　p. 140

王承文　敦煌古靈寶經與晉唐道教　中華書局　2002　p. 33、142、766

王承文　敦煌本古靈寶經兩部佚經考證　《敦煌研究》2003 年第 1 期　p. 87

王承文　敦煌古靈寶經與道教"三洞經書"和"三乘"考論　《敦煌學輯刊》2003 年第 1 期　p. 44

王卡　敦煌道教文獻研究　中國社會科學出版社　2004　p. 104

王卡　敦煌本《昇玄內教經》殘卷校讀記　敦煌吐魯番研究(第九卷)　中華書局　2006　p. 81

P. 2453

陳祚龍　關於道家"本際經"及其"要略妙義"與"疏"的敦煌古抄　敦煌文物隨筆　（臺北）商務印書
　　館　1979　p. 211

石井昌子　靈寶經類　敦煌と中國道教(講座敦煌 4)　（東京）大東出版社　1983　p. 159

鄭炳林　晚唐五代敦煌貿易市場的物價　敦煌歸義軍史專題研究　蘭州大學出版社　1997　p. 281

山田俊　唐初道教思想史研究・資料篇　（京都）平樂寺書店　1999　p. 7、161

王卡　敦煌道教文獻研究　中國社會科學出版社　2004　p. 194

王卡　中國國家圖書館藏敦煌道教遺書研究報告　敦煌吐魯番研究(第七卷)　北京大學出版社
　　2004　p. 367

P. 2454

石井昌子　靈寶經類　敦煌と中國道教(講座敦煌 4)　（東京）大東出版社　1983　p. 152

姜亮夫　敦煌所見道教佚經考　敦煌學論文集　上海古籍出版社　1987　p. 312

陶秋英輯録　姜亮夫校訂　敦煌所見道教佚經録　敦煌碎金　浙江古籍出版社　1992　p. 317

劉進寶　敦煌學論述　（臺北）洪葉文化事業有限公司　1995　p. 278

大淵忍爾　論古靈寶經　道家文化研究(第十三輯)　三聯書店　1998　p. 505

王承文　敦煌本《太極左仙公請問經》考論　道家文化研究（第十三輯）　三聯書店　1998　p. 161
王卡　太上洞玄靈寶仙人請問本行因緣衆聖難經　敦煌學大辭典　上海辭書出版社　1998　p. 767
王承文　早期靈寶經與漢魏天師道　《敦煌研究》1999 年第 3 期　p. 35
王承文　敦煌古靈寶經與晉唐道教　中華書局　2002　p.　、39、127
劉屹　唐代道教的"化胡"經說與"道本論"　唐代宗教信仰與社會　上海辭書出版社　2003　p. 101
王卡　敦煌道教文獻研究　中國社會科學出版社　2004　p. 105

P. 2455
石井昌子　靈寶經類　敦煌と中國道教（講座敦煌 4）　（東京）大東出版社　1983　p. 154
朱越利　道經總論　遼寧教育出版社　1992　p. 273
邵文實　敦煌道教試述　《世界宗教研究》1996 年第 2 期　又見：中國敦煌學百年文庫·宗教卷
　　（三）　甘肅文化出版社　1999　p. 340
大淵忍爾　論古靈寶經　道家文化研究（第十三輯）　三聯書店　1998　p. 503
姜伯勤　道釋相激：道教在敦煌　道家文化研究（第十三輯）　三聯書店　1998　p. 50
王卡　靈寶自然齋儀　敦煌學大辭典　上海辭書出版社　1998　p. 764
王卡　中國國家圖書館藏敦煌道教遺書研究報告　國際敦煌學學術史研討會論文集　研討會籌備組
　　2002　p. 248　又見：敦煌吐魯番研究（第七卷）　北京大學出版社　2004　p. 346、352
周西波　敦煌寫本《靈寶自然齋儀》考論　敦煌學（第 24 輯）　（臺北）樂學書局有限公司　2003
　　p. 32
王卡　敦煌道教文獻研究　中國社會科學出版社　2004　p. 12、113
王卡　敦煌道教綜述　敦煌與絲路文化學術講座（第二輯）　北京圖書館出版社　2005　p. 381

P. 2456
尾崎正治　道教の類書　敦煌と中國道教（講座敦煌 4）　（東京）大東出版社　1983　p. 193
姜亮夫　敦煌所見道教佚經考　敦煌學論文集　上海古籍出版社　1987　p. 314
陶秋英輯錄　姜亮夫校訂　敦煌所見道教佚經錄　敦煌碎金　浙江古籍出版社　1992　p. 320
戴仁　敦煌寫本紙張的顏色　法國學者敦煌學論文選萃　中華書局　1993　p. 594 注 4
萬毅　敦煌本《昇玄內教經》試探　唐研究（第一卷）　北京大學出版社　1995　p. 74
萬毅　日本天理圖書館藏卷敦煌本《本際經》論略　華學（第一輯）　中山大學出版社　1995　p. 167
大淵忍爾　論古靈寶經　道家文化研究（第十三輯）　三聯書店　1998　p. 498
王承文　敦煌本《太極左仙公請問經》考論　道家文化研究（第十三輯）　三聯書店　1998　p. 166
王卡　大道通玄要　敦煌學大辭典　上海辭書出版社　1998　p. 759
向群　敦煌本《大道通玄要》研究　道家文化研究（第十三輯）　三聯書店　1998　p. 311
山田俊　唐初道教思想史研究·論述篇　（京都）平樂寺書店　1999　p. 143、257、455
山田俊　唐初道教思想史研究·資料篇　（京都）平樂寺書店　1999　p. 175、208、274
萬毅　敦煌本道教《昇玄內教經》的文本順序　《敦煌研究》2000 年第 4 期　p. 136　又見：敦煌文獻
　　論集：紀念藏經洞發現一百周年國際學術研討會論文集　遼寧人民出版社　2001　p. 600
朱大星　敦煌寫本《文子》殘卷校證　文史（第五十七輯）　中華書局　2001　p. 139
王承文　敦煌古靈寶經與晉唐道教　中華書局　2002　p. 100
許建平　英倫法京所藏敦煌寫本殘片八種之定名並校錄　敦煌學（第 24 輯）　（臺北）樂學書局有限
　　公司　2003　p. 124
朱大星　《文子》敦煌本與竹簡本、今本關係考論　《敦煌研究》2003 年第 2 期　p. 60

王卡　敦煌道教文獻研究　中國社會科學出版社　2004　p. 12
王卡　中國國家圖書館藏敦煌道教遺書研究報告　敦煌吐魯番研究(第七卷)　北京大學出版社
　　2004　p. 375
朱大星　敦煌本《文子》校補　《敦煌研究》2004 年第 6 期　p. 103
林悟殊　中古三夷教辨證　中華書局　2005　p. 21
王卡　敦煌道教綜述　敦煌與絲路文化學術講座(第二輯)　北京圖書館出版社　2005　p. 381

P. 2457

那波利貞　唐寫本雜抄考——唐代庶民教育史研究の一資料　唐代社會文化史研究・第二編　(東
　　京)創文社　1974　p. 258
陳祚龍　敦煌道經後記彙錄　敦煌文物隨筆　(臺北)商務印書館　1979　p. 19
陳祚龍　新校重訂《敦煌道經後記彙錄》　敦煌學要籥　(臺北)新文豐出版公司　1982　p. 211
董作賓　敦煌紀年　敦煌學文選(上)　蘭州大學歷史系敦煌學研究室等　1983　p. 24
宮川尚志　唐以前の河西における宗教・思想的狀況　敦煌と中國道教(講座敦煌4)　(東京)大
　　東出版社　1983　p. 310
クリストファー・シッペール著　福井文雅訳　敦煌文書に見える道士の法位階梯について　敦煌
　　と中國道教(講座敦煌4)　(東京)大東出版社　1983　p. 332
饒宗頤解說　林宏作譯　敦煌書法叢刊(第二八卷)・道書(二)　(東京)二玄社　1984　p. 85
饒宗頤　敦煌書法叢刊(第二九卷)・道書(三)　(東京)二玄社　1984　p. 13、67
龍晦　論敦煌道教文學　《世界宗教研究》1985 年第 3 期　又見:中國敦煌學百年文庫・宗教卷
　　(三)　甘肅文化出版社　1999　p. 366
李斌城　敦煌寫本唐玄宗《道德經》注疏殘卷研究　《世界宗教研究》1987 年第 1 期　p. 55
高國藩　敦煌民俗學　上海文藝出版社　1989　p. 104
池田溫　中國古代寫本識語集錄　(東京)大藏出版株式會社　1990　p. 295
高國藩　敦煌古俗與民俗流變　河海大學出版社　1990　p. 421
鄭阿財　敦煌蒙書析論　第二屆敦煌學國際研討會論文集　(臺北)漢學研究中心　1990　p. 216
林聰明　敦煌文書出處略考　季羨林教授八十華誕紀念論文集(下)　江西人民出版社　1991
　　p. 867
林聰明　敦煌文書學　(臺北)新文豐出版公司　1991　p. 217、288、304、409
鄭汝中　敦煌書法管窺　《敦煌研究》1991 年第 4 期　p. 39
東野治之　敦煌と日本の『千字文』　遣唐使と正倉院　(東京)岩波書店　1992　p. 245
東野治之　訓蒙書　敦煌漢文文獻(講座敦煌5)　(東京)大東出版社　1992　p. 413
朱越利　道經總論　遼寧教育出版社　1992　p. 258、282
顧吉辰　唐代敦煌文獻寫本書手考述　《敦煌學輯刊》1993 年第 1 期　p. 27
張澤洪　敦煌文書中的唐代道經　《敦煌學輯刊》1993 年第 2 期　p. 61
沃興華　敦煌書法藝術　上海人民出版社　1994　p. 65
鄭汝中　敦煌書法概述　敦煌書法庫(第一輯)　甘肅人民美術出版社　1994　p. 12
鄭汝中　唐代書法藝術與敦煌寫卷　敦煌書法庫(第四輯)　甘肅人民美術出版社　1994　p. 11
　　又見:《敦煌研究》1996 年第 2 期　p. 127
胡戟　傅玫　敦煌史話　中華書局　1995　p. 182
李豐楙　敦煌道經寫卷與道教寫經的供養功德觀　全國敦煌學研討會論文集　(臺北)中正大學中
　　國文學系所 1995　p. 123

劉濤　評《法藏敦煌書苑精華》　敦煌吐魯番研究(第一卷)　北京大學出版社　1996　p. 379

白化文　寫經生　敦煌學大辭典　上海辭書出版社　1998　p. 594

顧吉辰　敦煌文獻職官結銜考釋　《敦煌學輯刊》1998 年第 2 期　p. 28

劉濤　敦煌書法　敦煌學大辭典　上海辭書出版社　1998　p. 274

劉濤　閱紫錄儀　敦煌學大辭典　上海辭書出版社　1998　p. 285

譚蟬雪　敦煌道經題記綜述　道家文化研究(第十三輯)　三聯書店　1998　p. 13

王卡　敦煌道經　敦煌學大辭典　上海辭書出版社　1998　p. 758

王卡　閱紫錄儀　敦煌學大辭典　上海辭書出版社　1998　p. 766

顏廷亮　敦煌文化中的道教及文化　《敦煌研究》1999 年第 1 期　p. 137

周維平　從敦煌遺書看敦煌道教　《西北民族研究》1999 年第 2 期　p. 129 注 4

金岡照光　敦煌文獻と中國文學　(東京)五曜書房　2000　p. 518、528

龍晦　敦煌文獻所見唐玄宗的宗教活動　1994 年敦煌學國際研討會文集・宗教文史卷(上)　甘肅
　　民族出版社　2000　p. 25

顏廷亮　敦煌文化　光明日報出版社　2000　p. 238

張澤洪　論唐代道教的寫經　《敦煌研究》2000 年第 3 期　p. 132

蔡忠霖　敦煌漢文寫卷俗字及其現象　(臺北)文津出版社　2002　p. 34、139、164

姜亮夫　敦煌莫高窟年表　姜亮夫全集(十一)　雲南人民出版社　2002　p. 311

劉勝角　古代楷書發展史　中國戲劇出版社　2002　p. 303

王承文　敦煌古靈寶經與晉唐道教　中華書局　2002　p. 576

鄭阿財　朱鳳玉　敦煌蒙書研究　甘肅教育出版社　2002　p. 12

蔡忠霖　從書法角度看俗字的生成　敦煌學(第 24 輯)　(臺北)樂學書局有限公司　2003　p. 175

蔡忠霖　遼・釋行均《龍龕手鑒》的俗字觀　冉雲華先生八秩華誕壽慶論文集　(臺北)法光出版社
　　2003　p. 418

楊森　武則天至玄宗時代敦煌的三洞法師中嶽先生述略　《敦煌研究》2003 年第 3 期　p. 46

王卡　敦煌道教文獻研究　中國社會科學出版社　2004　p. 9、23、219

王卡　敦煌道教綜述　敦煌與絲路文化學術講座(第二輯)　北京圖書館出版社　2005　p. 378

P. 2458

石井昌子　靈寶經類　敦煌と中國道教(講座敦煌 4)　(東京)大東出版社　1983　p. 151

姜亮夫　敦煌所見道教佚經考　敦煌學論文集　上海古籍出版社　1987　p. 315

陶秋英輯錄　姜亮夫校訂　敦煌所見道教佚經錄　敦煌碎金　浙江古籍出版社　1992　p. 321

王卡　太上洞玄靈寶無量度人上品妙經　敦煌學大辭典　上海辭書出版社　1998　p. 767

汪泛舟　敦煌道教與齋醮諸考　1994 年敦煌學國際研討會文集・宗教文史卷(上)　甘肅民族出版
　　社　2000　p. 12

郝春文　英藏敦煌社會歷史文獻釋錄(第一卷)　科學出版社　2001　p. 41

吳麗娛　論九宮祭祀與道教崇拜　唐研究(第九卷)　北京大學出版社　2003　p. 307

王卡　敦煌道教文獻研究　中國社會科學出版社　2004　p. 101

王卡　中國國家圖書館藏敦煌道教遺書研究報告　敦煌吐魯番研究(第七卷)　北京大學出版社
　　2004　p. 350

P. 2459

嚴靈峰　老子《想爾注》寫本殘卷質疑　(臺北)《大陸雜誌》1965 年第 6 期　又見:中國敦煌學百年

　　　文庫·文獻卷(一)　甘肅文化出版社　1999　p.488

石井昌子　靈寶經類　敦煌と中國道教(講座敦煌4)　(東京)大東出版社　1983　p.162

王三慶　日本天理大學圖書館典藏之敦煌卷子　第二屆敦煌學國際研討會論文集　(臺北)漢學研
　　　究中心　1990　p.95

萬毅　日本天理圖書館藏卷敦煌本《本際經》論略　華學(第一輯)　中山大學出版社　1995　p.166

神塚淑子　魔の觀念と消魔の思想　中國古道教史研究(京都大學人文科學研究所研究報告)　(東
　　　京)同朋舍　1996　p.112

大淵忍爾　論古靈寶經　道家文化研究(第十三輯)　三聯書店　1998　p.504

山田俊　唐初道教思想史研究·論述篇　(京都)平樂寺書店　1999　p.155、257

山田俊　唐初道教思想史研究·資料篇　(京都)平樂寺書店　1999　p.58、162、174、274

萬毅　敦煌本道教《昇玄內教經》的文本順序　《敦煌研究》2000年第4期　p.136　又見:敦煌文獻
　　　論集:紀念藏經洞發現一百周年國際學術研討會論文集　遼寧人民出版社　2001　p.600

王承文　古靈寶經對"黃赤道士"的批判與道教出家理論的發端　華林(第一卷)　中華書局　2001
　　　p.307

王承文　敦煌古靈寶經與晉唐道教　中華書局　2002　p.386、444

劉屹　敦煌本《昇玄經》經錄傳授儀式研究　敦煌學(第25輯)　(臺北)樂學書局有限公司　2004
　　　p.466

王卡　敦煌道教文獻研究　中國社會科學出版社　2004　p.210、217

王卡　中國國家圖書館藏敦煌道教遺書研究報告　敦煌吐魯番研究(第七卷)　北京大學出版社
　　　2004　p.371

荒見泰史　從敦煌寫本中變文的改寫情況來探討五代講唱文學的演變　敦煌學國際研討會論文集
　　　北京圖書館出版社　2005　p.179

P. 2460

柳田聖山　敦煌の禪籍と矢吹慶輝　敦煌仏典と禪(講座敦煌8)　(東京)大東出版社　1980
　　　p.10

石井昌子　靈寶經類　敦煌と中國道教(講座敦煌4)　(東京)大東出版社　1983　p.155

田中良昭　敦煌禪宗文獻の研究　(東京)大東出版社　1983　p.208

姜亮夫　敦煌經卷在中國文化學術上的價值　敦煌學論文集　上海古籍出版社　1987　p.16

楊曾文　日本學者對中國禪宗文獻的研究和整理　《世界宗教研究》1987年第1期　p.117

上山大峻　敦煌佛教の研究　(京都)法藏館　1990　p.420

冉雲華　敦煌遺書與中國禪宗歷史研究　"中國唐代學會"會刊(第四期)　(臺北)"中國唐代學會"
　　　1993　p.56

田中良昭　敦煌の禪籍　禪學研究入門　(東京)大東出版社　1994　p.59

胡戟　傅玫　敦煌史話　中華書局　1995　p.131

柳田聖山　禪籍解題(一)·敦煌禪籍　俗語言研究(第二期)　(京都)禪文化研究所　1995　p.137

楊曾文　禪宗北宗及禪法　佛教與中國傳統文化　宗教文化出版社　1997　p.449

方廣錩　觀心論　敦煌學大辭典　上海辭書出版社　1998　p.724

王卡　太上業報因緣經　敦煌學大辭典　上海辭書出版社　1998　p.764

榮新江　《英藏敦煌文獻》定名商補　文史(第五十二輯)　中華書局　2000　p.118

王卡　敦煌道教文獻研究　中國社會科學出版社　2004　p.126

王卡　中國國家圖書館藏敦煌道教遺書研究報告　敦煌吐魯番研究(第七卷)　北京大學出版社

2004　p. 354

P. 2461

矢吹慶輝　鳴沙餘韻・解說篇(第一部)　(京都)臨川書店　1980　p. 60

石井昌子　靈寶經類　敦煌と中國道教(講座敦煌 4)　(東京)大東出版社　1983　p. 149

姜亮夫　敦煌經卷在中國文化學術上的價值　敦煌學論文集　上海古籍出版社　1987　p. 6

姜亮夫　敦煌所見道教佚經考　敦煌學論文集　上海古籍出版社　1987　p. 311

上山大峻　敦煌佛教の研究　(京都)法藏館　1990　p. 91、192

唐耕耦　陸宏基　敦煌社會經濟文獻真迹釋錄(三)　全國圖書館文獻縮微複製中心　1990　p. 610

陶秋英輯錄　姜亮夫校訂　敦煌所見道教佚經錄　敦煌碎金　浙江古籍出版社　1992　p. 318

高國藩　敦煌民俗資料導論　(臺北)新文豐出版公司　1993　p. 177

沃興華　敦煌書法藝術　上海人民出版社　1994　p. 119

胡戟　傅玫　敦煌史話　中華書局　1995　p. 128

李豐楙　敦煌道經寫卷與道教寫經的供養功德觀　全國敦煌學研討會論文集　(臺北)中正大學中
國文學系所　1995　p. 138

黃征　《龍龕手鏡》名義考　敦煌語文叢說　(臺北)新文豐出版公司　1997　p. 786

大淵忍爾　論古靈寶經　道家文化研究(第十三輯)　三聯書店　1998　p. 499

王卡　太上洞玄靈寶智慧上品大戒　敦煌學大辭典　上海辭書出版社　1998　p. 768

楊富學　李吉和　敦煌漢文吐蕃史料輯校(第一輯)　甘肅人民出版社　1999　p. 135

顏廷亮　敦煌文化　光明日報出版社　2000　p. 116、234

姜亮夫　敦煌莫高窟年表　姜亮夫全集(十一)　雲南人民出版社　2002　p. 166

王承文　敦煌古靈寶經與晉唐道教　中華書局　2002　p. 382

王卡　敦煌道教文獻研究　中國社會科學出版社　2004　p. 95

王卡　中國國家圖書館藏敦煌道教遺書研究報告　敦煌吐魯番研究(第七卷)　北京大學出版社
2004　p. 350

P. 2462

嚴靈峰　老子《想爾注》寫本殘卷質疑　(臺北)《大陸雜誌》1965 年第 6 期　又見:中國敦煌學百年
文庫・文獻卷(一)　甘肅文化出版社　1999　p. 496

楠山春樹　道德經類　付『莊子』『列子』『文子』　敦煌と中國道教(講座敦煌 4)　(東京)大東出版
社　1983　p. 48

饒宗頤　敦煌書法叢刊(第二九卷)・道書(三)　(東京)二玄社　1984　p. 26、69

王重民原編　黃永武新編　敦煌古籍叙錄新編(第十三冊)　(臺北)新文豐出版公司　1986　p. 111

姜亮夫　海外敦煌卷子經眼錄　敦煌學論文集　上海古籍出版社　1987　p. 40

朱越利　道經總論　遼寧教育出版社　1992　p. 271

胡戟　傅玫　敦煌史話　中華書局　1995　p. 134

王卡　老子道德經序訣　敦煌學大辭典　上海辭書出版社　1998　p. 762

姜亮夫　敦煌:偉大的文化寶藏　雲南人民出版社　1999　p. 80

郝春文　英藏敦煌社會歷史文獻釋錄(第一卷)　科學出版社　2001　p. 47

李斌城　敦煌寫本《玄言新記明老部》殘卷研究　古史文存　社會科學文獻出版社　2002　p. 202

王卡　敦煌道教文獻研究　中國社會科學出版社　2004　p. 159、173

朱大星　從出土文獻看《老子》的分章:以《道經》三十六章、《德經》四十五章的分章形式爲中心　文

史(第七十五輯)　中華書局　2006　p. 110

P. 2463

陳祚龍　關於道家"本際經"及其"要略妙義"與"疏"的敦煌古抄　敦煌文物隨筆　（臺北）商務印書
　　館　1979　p. 214

石井昌子　靈寶經類　敦煌と中國道教(講座敦煌4)　（東京）大東出版社　1983　p. 160

林聰明　敦煌文書學　（臺北）新文豐出版公司　1991　p. 168

陶秋英輯録　姜亮夫校訂　敦煌所見道教佚經録　敦煌碎金　浙江古籍出版社　1992　p. 314

姜伯勤　《本際經》與敦煌道教　《敦煌研究》1994年第3期　p. 3

姜伯勤　論敦煌本《本際經》的道性論　道家文化研究(第七輯)　上海古籍出版社　1995　p. 225

萬毅　日本天理圖書館藏卷敦煌本《本際經》論略　華學(第一輯)　中山大學出版社　1995　p. 168

姜伯勤　敦煌藝術宗教與禮樂文明　中國社會科學出版社　1996　p. 209

萬毅　敦煌道教文獻《本際經》録文及解說　道家文化研究(第十三輯)　三聯書店　1998　p. 415

山田俊　唐初道教思想史研究・資料篇　（京都）平樂寺書店　1999　p. 74、163

王卡　敦煌道教文獻研究　中國社會科學出版社　2004　p. 200

王卡　中國國家圖書館藏敦煌道教遺書研究報告　敦煌吐魯番研究(第七卷)　北京大學出版社
　　2004　p. 369

P. 2464

方廣錩　讀敦煌佛典經録劄記　《敦煌學輯刊》1986年第1期　p. 112

姜亮夫　敦煌經卷在中國文化學術上的價值　敦煌學論文集　上海古籍出版社　1987　p. 6

白化文　《首羅比丘見五百仙人並見月光童子經》校録　敦煌學(第16輯)　（臺北）新文豐出版公司
　　1990　p. 48

方廣錩　佛教大藏經史(八—十世紀)　中國社會科學出版社　1991　p. 134

鄭炳林　唐五代敦煌手工業研究　敦煌歸義軍史專題研究　蘭州大學出版社　1997　p. 261

方廣錩　首羅比丘經　敦煌學大辭典　上海辭書出版社　1998　p. 743

劉屹　評《北京大學藏敦煌文獻》　敦煌吐魯番研究(第三卷)　北京大學出版社　1998　p. 372

山田俊　唐初道教思想史研究・資料篇　（京都）平樂寺書店　1999　p. 163

P. 2465

陳祚龍　關於道家"本際經"及其"要略妙義"與"疏"的敦煌古抄　敦煌文物隨筆　（臺北）商務印書
　　館　1979　p. 217

石井昌子　靈寶經類　敦煌と中國道教(講座敦煌4)　（東京）大東出版社　1983　p. 162

姜亮夫　敦煌所見道教佚經考　敦煌學論文集　上海古籍出版社　1987　p. 311

王三慶　日本天理大學圖書館典藏之敦煌卷子　第二屆敦煌學國際研討會論文集　（臺北）漢學研
　　究中心　1990　p. 95

陶秋英輯録　姜亮夫校訂　敦煌所見道教佚經録　敦煌碎金　浙江古籍出版社　1992　p. 315

鄭汝中　唐代書法藝術與敦煌寫卷　敦煌書法庫(第四輯)　甘肅人民美術出版社　1994　p. 11
　　又見:《敦煌研究》1996年第2期　p. 127

萬毅　日本天理圖書館藏卷敦煌本《本際經》論略　華學(第一輯)　中山大學出版社　1995　p. 166

山田俊　唐初道教思想史研究・論述篇　（京都）平樂寺書店　1999　p. 37、48

山田俊　唐初道教思想史研究・資料篇　（京都）平樂寺書店　1999　p. 151

王卡　敦煌道教文獻研究　中國社會科學出版社　2004　p. 210
王卡　中國國家圖書館藏敦煌道教遺書研究報告　敦煌吐魯番研究(第七卷)　北京大學出版社　2004　p. 371

P. 2466

尾崎正治　道教の類書　敦煌と中國道教(講座敦煌4)　(東京)大東出版社　1983　p. 194
姜亮夫　敦煌所見道教佚經考　敦煌學論文集　上海古籍出版社　1987　p. 314
陶秋英輯録　姜亮夫校訂　敦煌所見道教佚經録　敦煌碎金　浙江古籍出版社　1992　p. 320
萬毅　敦煌本《昇玄內教經》試探　唐研究(第一卷)　北京大學出版社　1995　p. 72
大淵忍爾　論古靈寶經　道家文化研究(第十三輯)　三聯書店　1998　p. 502
王卡　大道通玄要　敦煌學大辭典　上海辭書出版社　1998　p. 759
向群　敦煌本《大道通玄要》研究　道家文化研究(第十三輯)　三聯書店　1998　p. 324
山田俊　唐初道教思想史研究・論述篇　(京都)平樂寺書店　1999　p. 155、257、345
山田俊　唐初道教思想史研究・資料篇　(京都)平樂寺書店　1999　p. 173、210、274
萬毅　敦煌本道教《昇玄內教經》的文本順序　《敦煌研究》2000 年第 4 期　p. 136　又見:敦煌文獻論集:紀念藏經洞發現一百周年國際學術研討會論文集　遼寧人民出版社　2001　p. 600
王卡　敦煌道教文獻研究　中國社會科學出版社　2004　p. 12、228
王卡　中國國家圖書館藏敦煌道教遺書研究報告　敦煌吐魯番研究(第七卷)　北京大學出版社　2004　p. 375
王卡　敦煌道教綜述　敦煌與絲路文化學術講座(第二輯)　北京圖書館出版社　2005　p. 381

P. 2467

陳祚龍　關於道家"本際經"及其"要略妙義"與"疏"的敦煌古抄　敦煌文物隨筆　(臺北)商務印書館　1979　p. 217
姜亮夫　敦煌所見道教佚經考　敦煌學論文集　上海古籍出版社　1987　p. 311、319
汪泛舟　偈・頌　敦煌文學　甘肅人民出版社　1989　p. 94
陳祚龍　敦煌學識小　敦煌學津雜誌　(臺北)文津出版社　1991　p. 98
陶秋英輯録　姜亮夫校訂　敦煌所見道教佚經録　敦煌碎金　浙江古籍出版社　1992　p. 315、325、328
張涌泉　語詞辨析七則　《古漢語研究》1993 年第 1 期　p. 46
蔣禮鴻　敦煌文獻語言詞典　杭州大學出版社　1994　p. 400
劉進寶　敦煌學論述　(臺北)洪葉文化事業有限公司　1995　p. 278
張涌泉　敦煌俗字研究導論　(臺北)新文豐出版公司　1996　p. 98
黃征　張涌泉　敦煌變文校注　中華書局　1997　p. 794
汪泛舟　敦煌道教詩歌補論　《敦煌研究》1998 年第 4 期　p. 94
王卡　諸經要略妙義　敦煌學大辭典　上海辭書出版社　1998　p. 759
山田俊　唐初道教思想史研究・論述篇　(京都)平樂寺書店　1999　p. 183、530
山田俊　唐初道教思想史研究・資料篇　(京都)平樂寺書店　1999　p. 7、31、56、74、91、124、157
張涌泉　俗字研究與敦煌文獻的校理　舊學新知　浙江大學出版社　1999　p. 56
王承文　敦煌古靈寶經與晉唐道教　中華書局　2002　p. 687
王承文　《隋書・經籍志・道經序》與道教教主元始天尊的確立　唐研究(第八卷)　北京大學出版社　2002　p. 52

王卡　敦煌道教文獻研究　中國社會科學出版社　2004　p. 229
王卡　敦煌道教綜述　敦煌與絲路文化學術講座(第二輯)　北京圖書館出版社　2005　p. 381

P. 2468

石井昌子　靈寶經類　敦煌と中國道教(講座敦煌4)　(東京)大東出版社　1983　p. 151
姜亮夫　敦煌所見道教佚經考　敦煌學論文集　上海古籍出版社　1987　p. 318
陶秋英輯錄　姜亮夫校訂　敦煌所見道教佚經錄　敦煌碎金　浙江古籍出版社　1992　p. 326
張涌泉　敦煌寫卷俗字類型及其考辨的方法　(香港)《九州學刊》(敦煌學專輯)1992年第4卷第4
　　期　p. 74
李豐楙　敦煌道經寫卷與道教寫經的供養功德觀　全國敦煌學研討會論文集　(臺北)中正大學中
　　國文學系所　1995　p. 138
大淵忍爾　論古靈寶經　道家文化研究(第十三輯)　三聯書店　1998　p. 504
王卡　太上消魔寶真安志智慧本願大戒上品　敦煌學大辭典　上海辭書出版社　1998　p. 767
王承文　早期靈寶經與漢魏天師道　《敦煌研究》1999年第3期　p. 37
王承文　敦煌古靈寶經與晉唐道教　中華書局　2002　p. 384
王承文　古靈寶經定期齋戒的淵源及其與佛教的關係　華林(第二卷)　中華書局　2002　p. 252
劉屹　唐代道教的"化胡"經說與"道本論"　唐代宗教信仰與社會　上海辭書出版社　2003　p. 99
王卡　敦煌道教文獻研究　中國社會科學出版社　2004　p. 104

P. 2469

陳祚龍　敦煌道經後記彙錄　敦煌文物隨筆　(臺北)商務印書館　1979　p. 23
陳祚龍　新校重訂《敦煌道經後記彙錄》　敦煌學要籥　(臺北)新文豐出版公司　1982　p. 213注3
姜亮夫　敦煌所見道教佚經考　敦煌學論文集　上海古籍出版社　1987　p. 314
陶秋英輯錄　姜亮夫校訂　敦煌所見道教佚經錄　敦煌碎金　浙江古籍出版社　1992　p. 319
姜伯勤　敦煌毗尼藏主考　《敦煌研究》1993年第3期　p. 7
李正宇　敦煌文學概論　甘肅人民出版社　1993　p. 93
萬毅　敦煌本《昇玄內教經》試探　唐研究(第一卷)　北京大學出版社　1995　p. 70
姜伯勤　敦煌藝術宗教與禮樂文明　中國社會科學出版社　1996　p. 334
鄭炳林　敦煌碑銘讚輯釋　甘肅教育出版社　1997　p. 264注2
陳國燦　榮新江　璨微　敦煌學大辭典　上海辭書出版社　1998　p. 305
李正宇　璆琳　敦煌學大辭典　上海辭書出版社　1998　p. 348
劉屹　試論《化胡經》產生的年代　道家文化研究(第十三輯)　三聯書店　1998　p. 101
山田俊　唐初道教思想史研究·資料篇　(京都)平樂寺書店　1999　p. 177
徐俊　敦煌詩集殘卷輯考　中華書局　2000　p. 817
萬毅　敦煌本道教《昇玄內教經》的文本順序　《敦煌研究》2000年第4期　p. 136　又見：敦煌文獻
　　論集：紀念藏經洞發現一百周年國際學術研討會論文集　遼寧人民出版社　2001　p. 600
楊森　淺談敦煌文獻中唐代墓誌銘抄本　《敦煌研究》2000第3期　p. 137
王卡　敦煌道教文獻研究　中國社會科學出版社　2004　p. 121、227
王卡　中國國家圖書館藏敦煌道教遺書研究報告　敦煌吐魯番研究(第七卷)　北京大學出版社
　　2004　p. 375

P. 2470

陳祚龍　關於道家"本際經"及其"要略妙義"與"疏"的敦煌古抄　敦煌文物隨筆　（臺北）商務印書
　　館　1979　p. 214

石井昌子　靈寶經類　敦煌と中國道教（講座敦煌4）　（東京）大東出版社　1983　p. 160

郭長城　敦煌變文集失收之三個與"秋吟一本"相關寫卷叙録：S. 5572，P. 2704，P. 4980　敦煌學（第
　　11 輯）　（臺北）新文豐出版公司　1986　p. 78

姜亮夫　敦煌所見道教佚經考　敦煌學論文集　上海古籍出版社　1987　p. 311

陶秋英輯録　姜亮夫校訂　敦煌所見道教佚經録　敦煌碎金　浙江古籍出版社　1992　p. 314

山田俊　唐初道教思想史研究·論述篇　（京都）平樂寺書店　1999　p. 47

山田俊　唐初道教思想史研究·資料篇　（京都）平樂寺書店　1999　p. 74、163

王卡　敦煌道教文獻研究　中國社會科學出版社　2004　p. 200

王卡　中國國家圖書館藏敦煌道教遺書研究報告　敦煌吐魯番研究（第七卷）　北京大學出版社
　　2004　p. 369

P. 2471

榮新江　歸義軍及其與周邊民族的關係初探　《敦煌學輯刊》1986 年第 2 期　p. 29　又見：中國人文
　　社會科學博士碩士文庫·歷史學卷　浙江教育出版社　1998　p. 656

姜亮夫　敦煌所見道教佚經考　敦煌學論文集　上海古籍出版社　1987　p. 320

孫啓治　唐寫本俗別字變化類型舉例　敦煌吐魯番文獻研究論集（第五輯）　北京大學出版社
　　1990　p. 128、130

陶秋英輯録　姜亮夫校訂　敦煌所見道教佚經録　敦煌碎金　浙江古籍出版社　1992　p. 329

黃盛璋　敦煌漢文與于闐文書中之龍家及其相關問題　全國敦煌學研討會論文集　（臺北）中正大
　　學中國文學系所　1995　p. 67　又見：《西域研究》1996 年第 1 期　p. 31

王卡　太上昇玄護命經　敦煌學大辭典　上海辭書出版社　1998　p. 761

王卡　敦煌道教文獻研究　中國社會科學出版社　2004　p. 139

P. 2472

岡部和雄　敦煌藏經目録　敦煌と中國仏教（講座敦煌7）　（東京）大東出版社　1984　p. 316

竺沙雅章　寺院文書　敦煌漢文文獻（講座敦煌5）　（東京）大東出版社　1992　p. 651

方廣錩　敦煌佛教經録輯校　江蘇古籍出版社　1997　p. 1035

P. 2473

姜亮夫　敦煌所見道教佚經考　敦煌學論文集　上海古籍出版社　1987　p. 319

陶秋英輯録　姜亮夫校訂　敦煌所見道教佚經録　敦煌碎金　浙江古籍出版社　1992　p. 328

馬承玉　從敦煌寫本看《洞淵神咒經》在北方的傳播　道家文化研究（第十三輯）　三聯書店　1998
　　p. 200

王卡　太上洞淵神咒經　敦煌學大辭典　上海辭書出版社　1998　p. 762

王卡　太上一乘海空智藏經　敦煌學大辭典　上海辭書出版社　1998　p. 761

王卡　敦煌道教文獻研究　中國社會科學出版社　2004　p. 11、144、212

王卡　中國國家圖書館藏敦煌道教遺書研究報告　敦煌吐魯番研究（第七卷）　北京大學出版社
　　2004　p. 359、372

王卡　敦煌道教綜述　敦煌與絲路文化學術講座（第二輯）　北京圖書館出版社　2005　p. 380

P. 2474

石井昌子　靈寶經類　敦煌と中國道教(講座敦煌4)　(東京)大東出版社　1983　p. 159

姜亮夫　敦煌所見道教佚經考　敦煌學論文集　上海古籍出版社　1987　p. 312

陶秋英輯録　姜亮夫校訂　敦煌所見道教佚經録　敦煌碎金　浙江古籍出版社　1992　p. 316

萬毅　敦煌本《昇玄内教經》試探　唐研究(第一卷)　北京大學出版社　1995　p. 67

姜伯勤　敦煌藝術宗教與禮樂文明　中國社會科學出版社　1996　p. 295

劉屹　敦煌十卷本《老子化胡經》殘卷新探　唐研究(第二卷)　北京大學出版社　1996　p. 108

榮新江　歸義軍史研究　上海古籍出版社　1996　p. 31

高啓安　索黛　唐五代敦煌飲食中的餅淺探　《敦煌研究》1998 年第 4 期　p. 83

胡文和　仁壽縣壇神岩第 53 號"三寶"窟右壁"南竺觀記"中道藏經目研究　《世界宗教研究》1998
　　年第 2 期　p. 124

姜伯勤　道釋相激:道教在敦煌　道家文化研究(第十三輯)　三聯書店　1998　p. 56

萬毅　敦煌本《昇玄内教經》解說　道家文化研究(第十三輯)　三聯書店　1998　p. 268、280

王卡　太上洞玄靈寶昇玄内教經　敦煌學大辭典　上海辭書出版社　1998　p. 760

山田俊　唐初道教思想史研究·論述篇　(京都)平樂寺書店　1999　p. 61、130、155、237、257、455

山田俊　唐初道教思想史研究·資料篇　(京都)平樂寺書店　1999　p. 208、274

萬毅　敦煌本道教《昇玄内教經》的文本順序　《敦煌研究》2000 年第 4 期　p. 135　又見:敦煌文獻
　　論集:紀念藏經洞發現一百周年國際學術研討會論文集　遼寧人民出版社　2001　p. 598

王卡　敦煌 S. 6310 號殘抄本綴合定名之誤　敦煌吐魯番研究(第五卷)　北京大學出版社　2001
　　p. 79

高啓安　唐五代敦煌飲食文化研究　民族出版社　2004　p. 221

王卡　敦煌道教文獻研究　中國社會科學出版社　2004　p. 121

王卡　中國國家圖書館藏敦煌道教遺書研究報告　敦煌吐魯番研究(第七卷)　北京大學出版社
　　2004　p. 354

葉貴良　《敦煌社邑文書輯校》拾補　《吐魯番學研究》2004 年第 1 期　p. 105

王卡　敦煌本《昇玄内教經》殘卷校讀記　敦煌吐魯番研究(第九卷)　中華書局　2006　p. 66

P. 2475

陳祚龍　敦煌道經後記彙録　敦煌文物隨筆　(臺北)商務印書館　1979　p. 8

陳祚龍　關於道家"本際經"及其"要略妙義"與"疏"的敦煌古抄　敦煌文物隨筆　(臺北)商務印書
　　館　1979　p. 212

陳祚龍　新校重訂《敦煌道經後記彙録》　敦煌學要籥　(臺北)新文豐出版公司　1982　p. 202

宮川尚志　唐以前の河西における宗教·思想的狀況　敦煌と中國道教(講座敦煌4)　(東京)大
　　東出版社　1983　p. 310

石井昌子　靈寶經類　敦煌と中國道教(講座敦煌4)　(東京)大東出版社　1983　p. 160

姜亮夫　敦煌所見道教佚經考　敦煌學論文集　上海古籍出版社　1987　p. 310

池田溫　中國古代寫本識語集録　(東京)大藏出版株式會社　1990　p. 287

林聰明　敦煌文書學　(臺北)新文豐出版公司　1991　p. 195、300

陶秋英輯録　姜亮夫校訂　敦煌所見道教佚經録　敦煌碎金　浙江古籍出版社　1992　p. 314

朱越利　道經總論　遼寧教育出版社　1992　p. 258、264

劉屹　敦煌十卷本《老子化胡經》殘卷新探　唐研究(第二卷)　北京大學出版社　1996　p. 117 注
　　38

大淵忍爾　論古靈寶經　道家文化研究(第十三輯)　三聯書店　1998　p. 486
山田俊　唐初道教思想史研究·論述篇　(京都)平樂寺書店　1999　p. 35
山田俊　唐初道教思想史研究·資料篇　(京都)平樂寺書店　1999　p. 33、162
顏廷亮　敦煌文化中的道教及文化　《敦煌研究》1999年第1期　p. 137
周維平　從敦煌遺書看敦煌道教　《西北民族研究》1999年第2期　p. 131
汪泛舟　敦煌道教與齋醮諸考　1994年敦煌學國際研討會文集·宗教文史卷(上)　甘肅民族出版
　　社　2000　p. 2
顏廷亮　敦煌文化　光明日報出版社　2000　p. 237
張澤洪　論唐代道教的寫經　《敦煌研究》2000年第3期　p. 132
林聰明　敦煌吐魯番文書解詁指例　(臺北)新文豐出版公司　2001　p. 43
楊森　武則天至玄宗時代敦煌的三洞法師中嶽先生述略　《敦煌研究》2003年第3期　p. 46
王卡　敦煌道教文獻研究　中國社會科學出版社　2004　p. 197
王卡　中國國家圖書館藏敦煌道教遺書研究報告　敦煌吐魯番研究(第七卷)　北京大學出版社
　　2004　p. 368
葉貴良　敦煌社邑文書詞語選釋　《敦煌研究》2004年第5期　p. 81
葉貴良　《敦煌社邑文書輯校》拾補　《吐魯番學研究》2004年第1期　p. 104

P. 2476

石井昌子　靈寶經類　敦煌と中國道教(講座敦煌4)　(東京)大東出版社　1983　p. 172
郝春文　唐後期五代宋初敦煌僧尼的社會生活　中國社會科學出版社　1998　p. 14
王卡　太上妙法本相經　敦煌學大辭典　上海辭書出版社　1998　p. 761
山田俊　唐初道教思想史研究·論述篇　(京都)平樂寺書店　1999　p. 526
王卡　敦煌道教文獻研究　中國社會科學出版社　2004　p. 119、193

P. 2478

金岡照光　敦煌文學のさまざま　敦煌の文學　(東京)大藏出版株式會社　1971　p. 164
李豐楙　敦煌道經寫卷與道教寫經的供養功德觀　全國敦煌學研討會論文集　(臺北)中正大學中
　　國文學系所　1995　p. 124
姜伯勤　敦煌白畫中粟特神祇圖像的再考察　藝術史研究(2)　中山大學出版社　2000　p. 281
姜伯勤　中國祆教藝術史研究　三聯書店　2004　p. 265

P. 2480

陳祚龍　新譯補注杜女史主修的《巴黎國立圖書館藏敦煌中文卷冊目錄》之"自序"及"緒說"　敦煌
　　學要籥　(臺北)新文豐出版公司　1982　p. 40
羅國威　敦煌本《昭明文選》研究　黑龍江教育出版社　1999　p. 266

P. 2481

施萍婷　敦煌與莫高窟　《敦煌研究》1981年試刊第1期　p. 163
陳祚龍　新校重訂敦煌古抄名僧真讚小集　中華佛教文化史散策(四集)　(臺北)新文豐出版公司
　　1986　p. 277
簡濤　敦煌本《燕子賦》考論　《敦煌研究》1986年第3期　p. 30
饒宗頤　敦煌書法叢刊(第十三卷)·書儀　(東京)二玄社　1986　p. 49、72

李正宇　邈真讚　敦煌文學　甘肅人民出版社　1989　p. 184

王進玉　漫步敦煌藝術科技畫廊　文物出版社　1989　p. 42

白化文　《諸文要集》殘卷錄釋　敦煌學國際學術討論會論文縮寫文（1990）　敦煌研究院　1990
　　p. 87

白化文　李鼎霞　《諸文要集》殘卷校録　中國文化(2)　（香港）中華書局　1990　p. 26　又見：敦
　　煌學國際研討會文集·史地語文編　遼寧美術出版社　1995　p. 417

榮新江　沙州歸義軍歷任節度使稱號研究　敦煌吐魯番學研究論文集　漢語大詞典出版社　1990
　　p. 803

譚蟬雪　敦煌歲時掇瑣：正月　《敦煌研究》1990 年第 1 期　p. 46　又見：（香港）《九州學刊》（敦煌
　　學專輯）1993 年第 5 卷第 4 期　p. 89

林聰明　敦煌文書學　（臺北）新文豐出版公司　1991　p. 65

陸慶夫　略論敦煌民族史料的價值　《敦煌學輯刊》1991 年第 1 期　p. 38

孫修身　伯 2155《曹元忠致甘州回鶻可汗狀》時代考　《敦煌研究》1991 年第 2 期　p. 29

王三慶　談齋論文——敦煌寫卷齋願文研究　第四屆唐代文化學術研討會論文集　（臺南）成功大
　　學　1991　p. 300

杜琦　敦煌文學概論　甘肅人民出版社　1993　p. 510、531

李正宇　敦煌文學概論　甘肅人民出版社　1993　p. 135

姜伯勤　項楚　榮新江　敦煌邈真讚校録並研究　（臺北）新文豐出版公司　1994　p. 347

榮新江　敦煌邈真讚年代考　敦煌邈真讚校録並研究　（臺北）新文豐出版公司　1994　p. 367

王書慶　敦煌佛學·佛事篇　甘肅民族出版社　1995　p. 196

張涌泉　陳祚龍校録敦煌卷子失誤例釋　學術集林（卷六）　上海遠東出版社　1995　p. 300　又
　　見：舊學新知　浙江大學出版社　1999　p. 276

周一良　趙和平　敦煌寫本 P. 2481 號性質初探　唐五代書儀研究　中國社會科學出版社　1995
　　p. 266

周一良　趙和平　書儀源流考　唐五代書儀研究　中國社會科學出版社　1995　p. 102　又見：魏晉
　　南北朝史論集續編　北京大學出版社　2001　p. 270

榮新江　歸義軍史研究　上海古籍出版社　1996　p. 120

張涌泉　敦煌俗字研究導論　（臺北）新文豐出版公司　1996　p. 69

馬德　敦煌工匠史料　甘肅人民出版社　1997　p. 46

張廣達　"歎佛"與"歎齋"　慶祝鄧廣銘教授九十華誕論文集　河北教育出版社　1997　p. 62、71

趙和平　敦煌表狀箋啓書儀輯校　江蘇古籍出版社　1997　p. 402

鄭炳林　敦煌碑銘讚輯釋　甘肅教育出版社　1997　p. 512、551

方廣錩　《進新譯大方廣佛花嚴經表》　藏外佛教文獻（第六輯）　宗教文化出版社　1998　p. 382

李正宇　六蕃　敦煌學大辭典　上海辭書出版社　1998　p. 463

譚蟬雪　敦煌歲時文化導論　（臺北）新文豐出版公司　1998　p. 78、97、135、337

王三慶　北京大學圖書館藏本《諸文要集》一卷研究　慶祝吳其昱先生八秩華誕敦煌學特刊　（臺
　　北）文津出版社　2000　p. 159

徐俊　敦煌詩集殘卷輯考　中華書局　2000　p. 53

顔廷亮　西陲文學遺珍：敦煌文學通俗談　甘肅人民出版社　2000　p. 14

張錫厚　敦煌文學源流　作家出版社　2000　p. 145

鄭炳林　張紅麗　《張淮深變文》的年代問題　1994 年敦煌學國際研討會文集·宗教文史卷（上）
　　甘肅民族出版社　2000　p. 328

姜伯勤　唐敦煌城市的禮儀空間　文史(第五十五輯)　中華書局　2001　p. 237

周一良　賜無畏及其他:讀《敦煌變文集》劄記　魏晉南北朝史論集續編　北京大學出版社　2001　p. 286

釋覺旻　從"三教大法師"看晚唐五代敦煌社會的三教融合　敦煌佛教藝術文化國際學術研討會論文集　蘭州大學出版社　2002　p. 410

陳明　沙門黄散:唐代佛教醫事與社會生活　唐代宗教信仰與社會　上海辭書出版社　2003　p. 256

王啓濤　中古及近代法制文書語言研究　巴蜀書社　2003　p. 29

張錫厚　敦煌文概說　2000年敦煌學國際學術討論會文集·歷史文化卷(下)　甘肅民族出版社　2003　p. 204

屈直敏　從《勵忠節抄》看歸義軍政權道德秩序的重建　《敦煌學輯刊》2005年第3期　p. 82

P. 2482

王重民　金山國墜事零拾　《國立北平圖書館館刊》1936年第9卷第6號　又見:中國敦煌學百年文庫·歷史卷(一)　甘肅文化出版社　1999　p. 32

羽田亨　敦煌遺書活字本第一集解題　羽田博士史學論文集(上卷)·歷史篇　(東京)東洋史研究會　1957　p. 581

金維諾　敦煌窟龕名數考　《文物》1959年第5期　p. 51

池田溫　評『ペリオ將來敦煌漢文文獻目録』第一卷(P. 2001 - 2500)　『東洋學報』(54卷4號)　(東京)東洋學術協會　1972　p. 67

陳祚龍　敦煌古抄碑銘五種　敦煌文物隨筆　(臺北)商務印書館　1979　p. 68

池田溫　敦煌の流通経済　敦煌の社會(講座敦煌3)　(東京)大東出版社　1980　p. 338　又見:敦煌文書の世界　(東京)名著刊行會　2003　p. 175

賀世哲　孫修身　《瓜沙曹氏年表補正》之補正　《甘肅師大學報》1980年第3期　又見:敦煌學文選(上)　蘭州大學歷史系敦煌學研究室等　1983　p. 155;中國敦煌學百年文庫·歷史卷(一)　甘肅文化出版社　1999　p. 494

森安孝夫　ウイグルと敦煌　敦煌の歷史(講座敦煌2)　(東京)大東出版社　1980　p. 307

土肥義和　はじめに——歸義軍節度使の敦煌支配　敦煌の歷史(講座敦煌2)　(東京)大東出版社　1980　p. 246

閻文儒　莫高窟的創建與藏經洞的開鑿及其封閉　《文物》1980年第6期　又見:中國敦煌學百年文庫·綜述卷(二)　甘肅文化出版社　1999　p. 330

賀世哲　孫修身　瓜沙曹氏與敦煌莫高窟　敦煌研究文集　甘肅人民出版社　1982　p. 244

董作賓　敦煌紀年　敦煌學文選(上)　蘭州大學歷史系敦煌學研究室等　1983　p. 33

李永寧　《方角書一首》試析　《敦煌研究》1983年創刊號　p. 177

蘇瑩輝　瓜沙史事叢考　(臺北)商務印書館　1983　p. 110

饒宗頤　敦煌書法叢刊(第十九卷)·碎金(二)　(東京)二玄社　1984　p. 59、100

森安孝夫著　高然譯　回鶻與敦煌　《西北史地》1984年第1期　p. 111

王重民　金山國墜事零拾　敦煌遺書論文集　中華書局　1984　p. 95

劉復　敦煌掇瑣　敦煌叢刊初集(十五)　(臺北)新文豐出版公司　1985　p. 309

陳祚龍　敦煌名讚小集　中華佛教文化史散策(四集)　(臺北)新文豐出版公司　1986　p. 284

黄盛璋　于闐文《使河西記》的歷史地理研究　《敦煌學輯刊》1986年第2期　p. 12

盧向前　關於歸義軍時期一份布紙破用曆的研究:試釋伯四六四〇背面文書　敦煌吐魯番文獻研究論集(第三輯)　北京大學出版社　1986　p. 430　又見:敦煌吐魯番文書論稿　江西人民出版

社 1992 p. 119 注 31、136

榮新江 歸義軍及其與周邊民族的關係初探 《敦煌學輯刊》1986 年第 2 期 p. 27 又見:中國人文社會科學博士碩士文庫·歷史學卷 浙江教育出版社 1998 p. 652

土肥義和著 李永寧譯 歸義軍時期(晚唐、五代、宋)的敦煌(一) 《敦煌研究》1986 年第 4 期 p. 87

黄盛璋 敦煌本曹氏二州六鎮與八鎮考 1983 年全國敦煌學術討論會文集·文史遺書編(上) 甘肅人民出版社 1987 p. 271、275

蘇瑩輝 曹元德、元深、元忠事迹考略 敦煌文史藝術論叢 (臺北)新文豐出版公司 1987 p. 156

王堯 陳踐 歸義軍曹氏與于闐之關係補證 《西北史地》1987 年第 2 期 p. 60

高田時雄 コータン文書中の漢語語彙 漢語史の諸問題(別冊) 京都大學人文科學研究所 1988 p. 89

李正宇 邈真讚 敦煌文學 甘肅人民出版社 1989 p. 184

譚蟬雪 碑·銘 敦煌文學 甘肅人民出版社 1989 p. 112

陳國燦 唐五代瓜沙歸義軍軍鎮的演變 敦煌吐魯番文書初探(二編) 武漢大學出版社 1990 p. 564

池田溫 中國古代寫本識語集録 (東京)大藏出版株式會社 1990 p. 484

榮新江 沙州歸義軍歷任節度使稱號研究 敦煌吐魯番學研究論文集 漢語大詞典出版社 1990 p. 795

榮新江 通頰考 文史(第三十三輯) 中華書局 1990 p. 136 又見:二十世紀中國文史考據文録 雲南人民出版社 2001 p. 2117

唐耕耦 陸宏基 敦煌社會經濟文獻真迹釋録(四) 全國圖書館文獻縮微複製中心 1990 p. 501

顧吉辰 西漢金山國系年要録 《敦煌研究》1991 年第 3 期 p. 65

李并成 漢敦煌郡廣至縣城及其有關問題考 《敦煌研究》1991 年第 4 期 p. 85

李并成 一批珍貴的歷史人物檔案:敦煌遺書中的邈真讚 《檔案》1991 年第 5 期 p. 34

李正宇 曹仁貴歸奉後的一組新資料 魏晉南北朝隋唐史資料(第 11 輯) 武漢大學出版社 1991 p. 281 注 4

李正宇 敦煌名勝古迹導論 《陽關》1991 年第 4 期 p. 51

林聰明 敦煌文書學 (臺北)新文豐出版公司 1991 p. 65

陸慶夫 略論敦煌民族史料的價值 《敦煌學輯刊》1991 年第 1 期 p. 33

榮新江 曹議金征甘州回鶻史事表微 《敦煌研究》1991 年第 2 期 p. 2

譚蟬雪 三教融合的敦煌喪俗 《敦煌研究》1991 年第 3 期 p. 74

耿昇 哈密頓《鋼和泰藏卷考釋》述要 亞洲文明(第一集) 安徽教育出版社 1992 p. 209

黄茂琳 哈密頓《鋼和泰藏卷考釋》辨正 亞洲文明(第一集) 安徽教育出版社 1992 p. 200

黄盛璋 關於沙州曹氏和于闐交往的諸藏文文書及相關問題 《敦煌研究》1992 年第 1 期 p. 41

暨遠志 張議潮出行圖研究(續) 《敦煌研究》1992 年第 4 期 p. 83

姜伯勤 敦煌社會文書導論 (臺北)新文豐出版公司 1992 p. 50、54、61、73、173

金岡照光 邈真讚 敦煌の文學文獻(講座敦煌 9) (東京)大東出版社 1992 p. 621

林家平 寧强 羅華慶 中國敦煌學史 北京語言學院出版社 1992 p. 18

榮新江 金山國史辨正 中華文史論叢(總 50 輯) 上海古籍出版社 1992 p. 79

周紹良 敦煌文學芻議及其它 (臺北)新文豐出版公司 1992 p. 17

高國藩 敦煌民俗資料導論 (臺北)新文豐出版公司 1993 p. 90

李明偉 敦煌文學概論 甘肅人民出版社 1993 p. 480

李正宇　敦煌文學概論　甘肅人民出版社　1993　p. 102

榮新江　初期沙州歸義軍與唐中央朝廷之關係　隋唐史論集　香港大學亞洲研究中心　1993　p. 112

楊銘　敦煌遺書中的 Lho bal 與南波　《敦煌研究》1993 年第 3 期　p. 13

張鴻勳　敦煌說唱文學概論　（臺北）新文豐出版公司　1993　p. 7

鄭炳林　敦煌碑銘讚部分文書拼接復原　《敦煌研究》1993 年第 1 期　p. 53、57

鄭炳林　敦煌碑銘讚抄本概述　《蘭州大學學報》1993 年第 4 期　p. 143

姜伯勤　敦煌邈真讚與敦煌望族　敦煌邈真讚校錄並研究　（臺北）新文豐出版公司　1994　p. 4、23、44

姜伯勤　項楚　榮新江　敦煌邈真讚校錄並研究　（臺北）新文豐出版公司　1994　p. 316、329

勁草　《敦煌文學概論》證誤糾謬　《敦煌學輯刊》1994 年第 1 期　p. 85

陸慶夫　敦煌民族文獻與河西古代民族　《敦煌學輯刊》1994 年第 2 期　p. 85

榮新江　敦煌邈真讚年代考　敦煌邈真讚校錄並研究　（臺北）新文豐出版公司　1994　p. 365

榮新江　敦煌邈真讚所見歸義軍與東西回鶻的關係　敦煌邈真讚校錄並研究　（臺北）新文豐出版公司　1994　p. 90

沃興華　敦煌書法藝術　上海人民出版社　1994　p. 185

鄭炳林　馮培紅　讀《中國古代寫本識語集錄》劄記　《西北史地》1994 年第 4 期　p. 47

黃盛璋　敦煌漢文與于闐文書中之龍家及其相關問題　全國敦煌學研討會論文集　（臺北）中正大學中國文學系所　1995　p. 64　又見:《西域研究》1996 年第 1 期　p. 29

李明偉　敦煌文學中"敦煌文"的研究和分類評價　《敦煌研究》1995 年第 4 期　p. 122

劉進寶　敦煌學論述　（臺北）洪葉文化事業有限公司　1995　p. 114

馬雅倫　關於南山問題的討論　《敦煌學輯刊》1995 年第 2 期　p. 48

榮新江　龍家考　中亞學刊（第四輯）　北京大學出版社　1995　p. 152

孫修身　試論瓜沙曹氏與甘州回鶻之關係　敦煌學國際研討會文集·史地語文編　遼寧美術出版社　1995　p. 111

土肥義和　唐·北宋間の「社」の組織形態に関する一考察　中國古代の國家と民眾（堀敏一先生古稀記念）　（東京）汲古書院　1995　p. 726

凍國棟　旅順博物館藏《唐建中五年孔目司帖》管見　魏晉南北朝隋唐史資料（第 14 輯）　武漢大學出版社　1996　p. 131

李正宇　敦煌史地新論　（臺北）新文豐出版公司　1996　p. 123

李正宇　俄藏中國西北文物經眼記　《敦煌研究》1996 年第 3 期　p. 39

馬德　莫高窟張都衙窟及有關問題　《敦煌研究》1996 年第 2 期　p. 30

榮新江　歸義軍史研究　上海古籍出版社　1996　p. 5、23

楊銘　敦煌卷子中的 Lho bal 與南波　敦煌吐魯番學研究論集　書目文獻出版社　1996　p. 356

張涌泉　敦煌俗字研究導論　（臺北）新文豐出版公司　1996　p. 183、212 注 9

張涌泉　評《敦煌邈真讚校錄並研究》　敦煌吐魯番研究（第一卷）　北京大學出版社　1996　p. 431

馮培紅　晚唐五代宋初歸義軍武職軍將研究　敦煌歸義軍史專題研究　蘭州大學出版社　1997　p. 102、158

李并成　西北民族歷史地理研究芻議　《甘肅民族研究》1997 年第 1 期　p. 23

李正宇　敦煌歷史地理導論　（臺北）新文豐出版公司　1997　p. 56

陸慶夫　從焉耆龍王到河西龍家——龍部落遷徙考　敦煌歸義軍史專題研究　蘭州大學出版社　1997　p. 499

陸慶夫　略論粟特人與龍家的關係　敦煌歸義軍史專題研究　蘭州大學出版社　1997　p.510

齊陳俊　馮培紅　晚唐五代宋初歸義軍對外商業貿易　敦煌歸義軍史專題研究　蘭州大學出版社　1997　p.347

楊銘　吐蕃統治敦煌研究　（臺北）新文豐出版公司　1997　p.255

張涌泉　敦煌文獻校讀易誤字例釋　敦煌文學論集　四川人民出版社　1997　p.269

鄭炳林　敦煌碑銘讚及其有關問題　敦煌碑銘讚輯釋　甘肅教育出版社　1997　p.1

鄭炳林　敦煌碑銘讚輯釋　甘肅教育出版社　1997　p.349 注8、480

鄭炳林　唐五代敦煌金山國征伐樓蘭史事考　敦煌歸義軍史專題研究　蘭州大學出版社　1997　p.22

鄭炳林　唐五代敦煌畜牧區域研究　敦煌歸義軍史專題研究　蘭州大學出版社　1997　p.215

鄭炳林　馮培紅　晚唐五代宋初歸義軍政權中都頭一職考辨　敦煌歸義軍史專題研究　蘭州大學出版社　1997　p.74、87

鄭炳林　楊富學　敦煌西域出土回鶻文文獻所載 qunbu 與漢文文獻所見官布研究　《敦煌學輯刊》1997 年第2期　p.25

陳國燦　常樂副使田員宗啓　敦煌學大辭典　上海辭書出版社　1998　p.374

馮培紅　唐五代歸義軍軍資庫司初探　《敦煌學輯刊》1998 年第1期　p.32

李麗　關於《張淮深墓誌銘》的兩個問題　《敦煌學輯刊》1998 年第1期　p.143

李正宇　陰善雄墓誌　敦煌學大辭典　上海辭書出版社　1998　p.335

榮新江　歸義軍大事紀年初稿　出土文獻研究（第三輯）　文物出版社　1998　p.236

榮新江　南山　敦煌學大辭典　上海辭書出版社　1998　p.462

沙知　敦煌契約文書輯校　江蘇古籍出版社　1998　p.156

唐耕耦　捉道人　敦煌學大辭典　上海辭書出版社　1998　p.409

楊秀清　試論金山國的有關政治制度　《敦煌學輯刊》1998 年第2期　p.38

段小強　敦煌文書中所見的古代喪儀　《西北民族研究》1999 年第1期　p.212

胡大浚　王志鵬　敦煌邊塞詩歌校注　甘肅人民出版社　1999　p.259

土肥義和　敦煌莫高窟供養人圖像題記について　東アジア史における國家と地域　（東京）刀水書房　1999　p.371

楊聖敏　敦煌卷子 P.3633 號研究　中國敦煌學百年文庫・民族卷（三）　甘肅文化出版社　1999　p.280

楊秀清　敦煌西漢金山國史　甘肅人民出版社　1999　p.83、96

馮培紅　唐五代歸義軍節院與節院使略考　《敦煌學輯刊》2000 年第1期　p.49

馬克　敦煌數占小考　法國漢學（敦煌學專號）　中華書局　2000　p.193

錢伯泉　南山部族與阿薩蘭回鶻研究　1994 年敦煌學國際研討會文集・宗教文史卷（下）　甘肅民族出版社　2000　p.42

徐俊　敦煌詩集殘卷輯考　中華書局　2000　p.895

楊森　淺談敦煌文獻中唐代墓誌銘抄本　《敦煌研究》2000 年第3期　p.138

張錫厚　敦煌文學源流　作家出版社　2000　p.157

張涌泉　漢語俗字叢考　中華書局　2000　p.3

黃正建　敦煌祿命類文書述略　中國社會科學院歷史研究所學刊（第一集）　學刊編委會　2001　p.249

黃正建　敦煌占卜文書與唐五代占卜研究　學苑出版社　2001　p.14、119

曾良　敦煌文獻字義通釋　廈門大學出版社　2001　p.4、26

趙貞　歸義軍押衙兼知他官略考　《敦煌研究》2001 年第 2 期　p. 90

陳國燦　敦煌學史事新證　甘肅教育出版社　2002　p. 398

姜亮夫　敦煌莫高窟年表　姜亮夫全集（十一）　雲南人民出版社　2002　p. 365、512

劉進寶　敦煌學通論　甘肅教育出版社　2002　p. 112

劉永明　散見敦煌曆朔閏輯考　《敦煌研究》2002 年第 6 期　p. 12、17

呂鍾　重修敦煌縣誌　甘肅人民出版社　2002　p. 574

乜小紅　試論唐五代宋初敦煌畜牧區域的分佈　《敦煌研究》2002 年第 2 期　p. 41

榮新江　唐五代歸義軍武職軍將考　敦煌學新論　甘肅教育出版社　2002　p. 55、59

余欣　評《敦煌的借貸：中國中古時代的物質生活與社會》　敦煌吐魯番研究（第六卷）　北京大學出版社　2002　p. 416

鄭炳林　晚唐五代敦煌歸義軍行政區劃制度研究（一、二）　《敦煌研究》2002 年第 2、3 期　p. 16；70

陸慶夫　歸義軍政權與蕃兵蕃將　2000 年敦煌學國際學術討論會文集·歷史文化卷（上）　甘肅民族出版社　2003　p. 110

宋曉梅　高昌國：西元五至七世紀絲綢之路上的一個移民小社會　中國社會科學出版社　2003　p. 97

童丕　敦煌的借貸：中國中古時代的物質生活與社會　中華書局　2003　p. 99

王繼光　鄭炳林　敦煌漢文吐蕃史料綜述　中國西部民族文化研究（2003 年卷）　民族出版社　2003　p. 243

鄭炳林　王晶波　敦煌寫本相書概述　《敦煌學國際聯絡委員會通訊》2003 年第 1 期　p. 58

馮培紅　論晚唐五代的沙州（歸義軍）與涼州（河西）節度使　浙江與敦煌學：常書鴻先生誕辰一百周年紀念文集　浙江古籍出版社　2004　p. 250

徐曉麗　唐五代敦煌大族出嫁女性初探　麥積山石窟藝術文化論文集（下）　蘭州大學出版社　2004　p. 270

趙紅　高啓安　張孝嵩斬龍傳說歷史背景研究　《敦煌研究》2004 年第 2 期　p. 64

鄭炳林　徐曉莉　晚唐五代敦煌歸義軍政權的婚姻關係研究　敦煌學（第 25 輯）　（臺北）樂學書局有限公司　2004　p. 574

屈直敏　從《勵忠節抄》看歸義軍政權道德秩序的重建　《敦煌學輯刊》2005 年第 3 期　p. 87

趙曉星　寇甲　西魏：歸義軍時期敦煌地區的史姓　《敦煌學輯刊》2005 年第 2 期　p. 138

鄭炳林　晚唐五代敦煌地區的胡姓居民與聚落　法國漢學（第 10 輯）（粟特人在中國：歷史、考古、語言的新探索）　中華書局　2005　p. 188

馮培紅　歸義軍鎮制考　敦煌吐魯番研究（第九卷）　中華書局　2006　p. 265、270

張志清　林世田　S. 6015《易三備》綴合與校錄　敦煌吐魯番研究（第九卷）　中華書局　2006　p. 393

P. 2483

王重民　說《五更轉》　《申報·文史周刊》1947 年第 3 期　又見：冷廬文藪　上海古籍出版社　1992　p. 45；中國敦煌學百年文庫·文學卷（一）　甘肅文化出版社　1999　p. 453

佐藤哲英　法照和尚念佛讚解說　西域文化研究（第一）·敦煌佛教資料　（京都）法藏館　1958　p. 211

金岡照光　敦煌漢文文學文獻の寫本及び影印の收集保存、整理研究の現狀　敦煌出土文學文獻分類目錄·附解說　（東京）東洋文庫　1971　p. 174

金岡照光　敦煌文學のさまざま　敦煌の文學　（東京）大藏出版株式會社　1971　p. 151

金岡照光　敦煌民衆の宗教と生活　敦煌の民衆——その生活と思想　（東京）評論社　1972　p. 234

加地哲定　增補中國佛教文學研究　（東京）同朋舍　1979　p. 188

矢吹慶輝　鳴沙餘韻・解說篇（第二部）　（京都）臨川書店　1980　p. 90

傅芸子　敦煌俗文學之發見及其展開　敦煌變文論文錄　上海古籍出版社　1982　p. 139

陳祚龍　敦煌古抄"讚"文兩種　敦煌簡策訂存　（臺北）商務印書館　1983　p. 20

蘇瑩輝　"敦煌曲"評介　敦煌論集續編　（臺北）學生書局　1983　p. 311

周丕顯　敦煌俗曲分時聯章歌體再議　《敦煌學輯刊》1983 年創刊號　p. 14

周丕顯　敦煌俗曲中的分時聯章體歌辭　關隴文學論叢　甘肅人民出版社　1983　p. 3

廣川堯敏　禮讚　敦煌と中國仏教（講座敦煌7）　（東京）大東出版社　1984　p. 456

劉復　敦煌掇瑣　敦煌叢刊初集（十五）　（臺北）新文豐出版公司　1985　p. 205

杜斗城　關於敦煌本《五臺山讚》與《五臺山曲子》的創作年代問題　《敦煌學輯刊》1987 年第 1 期　p. 51

李正宇　敦煌學郎題記輯注　《敦煌學輯刊》1987 年第 1 期　p. 37

任半塘　敦煌歌辭總編　上海古籍出版社　1987　p. 1473、1577

郭在貽　張涌泉　黃征　敦煌變文整理校勘中的幾個問題　《古漢語研究》1988 年第 1 期　p. 72

陳祚龍　學佛零志　敦煌學散策新集　（臺北）新文豐出版公司　1989　p. 246

劉進寶　俚曲小調　敦煌文學　甘肅人民出版社　1989　p. 218

汪泛舟　讚・箴　敦煌文學　甘肅人民出版社　1989　p. 102

池田溫　中國古代寫本識語集錄　（東京）大藏出版株式會社　1990　p. 510

加地哲定著　劉衛星譯　中國佛教文學　今日中國出版社　1990　p. 160

任半塘　王昆吾　隋唐五代燕樂雜言歌辭集　巴蜀書社　1990　p. 877

上山大峻　敦煌佛教の研究　（京都）法藏館　1990　p. 419

杜斗城　敦煌五臺山文獻校錄研究　山西人民出版社　1991　p. 64

姜伯勤　敦煌社會文書導論　（臺北）新文豐出版公司　1992　p. 92

金岡照光　邈真讚　敦煌の文學文獻（講座敦煌9）　（東京）大東出版社　1992　p. 606

金岡照光　總說『敦煌文學の諸形態』　敦煌の文學文獻（講座敦煌9）　（東京）大東出版社　1992　p. 11

林家平　寧强　羅華慶　中國敦煌學史　北京語言學院出版社　1992　p. 16

周紹良　敦煌文學芻議及其它　（臺北）新文豐出版公司　1992　p. 37

高田時雄　チベット文字書寫「長卷」の研究（本文編）　『東方學報』（第 65 號）　京都大學人文科學研究所　1993　p. 370

郭在貽　郭在貽敦煌學論集　江西人民出版社　1993　p. 142

侯錦郎　敦煌寫本中的"印沙佛"儀軌　法國學者敦煌學論文選萃　中華書局　1993　p. 272

孫其芳　顏廷亮　敦煌文學概論　甘肅人民出版社　1993　p. 446

譚蟬雪　敦煌歲時掇瑣　（香港）《九州學刊》（敦煌學專輯）1993 年第 5 卷第 4 期　p. 85

汪泛舟　敦煌文學概論　甘肅人民出版社　1993　p. 180

杜斗城　北涼譯經論　甘肅文化出版社　1995　p. 24

曲金良　敦煌佛教文學研究　（臺北）文津出版社　1995　p. 236

李正宇　敦煌史地新論　（臺北）新文豐出版公司　1996　p. 73、189

王昆吾　隋唐五代燕樂雜言歌辭研究　中華書局　1996　p. 421

張先堂　敦煌本唐代淨土五會讚文與佛教文學　《敦煌研究》1996 年第 4 期　p. 72

張涌泉　敦煌俗字研究導論　（臺北）新文豐出版公司　1996　p. 219

高啓安　敦煌五更詞與甘肅五更詞比較研究　《敦煌研究》1997 年第 3 期　p. 115

黃征　張涌泉　敦煌變文校注　中華書局　1997　p. 1121

林仁昱　由唐代淨土讚歌看敦煌聯章俗曲歌謠套用曲調的原則　敦煌文學論集　四川人民出版社
　　1997　p. 157

鄭炳林　敦煌碑銘讚輯釋　甘肅教育出版社　1997　p. 419 注 9

柴劍虹　太子成佛五更轉　敦煌學大辭典　上海辭書出版社　1998　p. 549

李正宇　學士郎　敦煌學大辭典　上海辭書出版社　1998　p. 597

李正宇　永安寺　敦煌學大辭典　上海辭書出版社　1998　p. 630

劉長東　法照事迹新考　佛學研究（第七期）　中國佛教文化研究所　1998　p. 43

孫其芳　五更轉　敦煌學大辭典　上海辭書出版社　1998　p. 535

譚蟬雪　印沙佛會　敦煌學大辭典　上海辭書出版社　1998　p. 434

張錫厚　柴劍虹　五臺山聖境讚　敦煌學大辭典　上海辭書出版社　1998　p. 544

張先堂　晚唐至宋初淨土五會念佛法門在敦煌的流傳　《敦煌研究》1998 年第 1 期　p. 50、61

馬德　敦煌文書《諸寺付經歷》芻議　《敦煌學輯刊》1999 年第 1 期　p. 39

張涌泉　以父母十恩德爲主題的佛教文學藝術作品探源　舊學新知　浙江大學出版社　1999
　　p. 317

劉長東　晉唐彌陀淨土信仰研究　巴蜀書社　2000　p. 399

譚蟬雪　唐宋敦煌歲時佛俗：正月　《敦煌研究》2000 年第 4 期　p. 69

徐俊　敦煌詩集殘卷輯考　中華書局　2000　p. 767

張錫厚　敦煌文學源流　作家出版社　2000　p. 330

湛如　論淨衆禪門與法照淨土思想的關聯　敦煌文獻論集：紀念藏經洞發現一百周年國際學術研討
　　會論文集　遼寧人民出版社　2001　p. 509

陳國燦　敦煌學史事新證　甘肅教育出版社　2002　p. 393

李正宇　唐宋時期的敦煌佛教　敦煌佛教藝術文化國際學術研討會論文集　蘭州大學出版社　2002
　　p. 377

李正宇　唐宋時期敦煌佛經性質功能的變化　戒幢佛學（第二卷）　岳麓書社　2002　p. 17　又見：
　　中日敦煌佛教學術會議論文集　中國社會科學院研究所　2002　p. 15

林仁昱　論敦煌佛教歌曲特質與“弘法”的關係　敦煌學（第 23 輯）　（臺北）樂學書局有限公司
　　2002　p. 59、72

林仁昱　論敦煌佛教歌曲向通俗傳播的內容　中國俗文化研究（第一輯）　巴蜀書社　2003　p. 193

王小盾　從敦煌本共住修道故事看唐代佛教詩歌文體的來源　中國俗文化研究（第一輯）　巴蜀書
　　社　2003　p. 28

湛如　敦煌佛教律儀制度研究　中華書局　2003　p. 271

朱鳳玉　《俄藏敦煌文獻》11－17 冊中之文學文獻叙錄　冉雲華先生八秩華誕壽慶論文集　（臺北）
　　法光出版社　2003　p. 79、114

荒見泰史　從敦煌寫本中變文的改寫情況來探討五代講唱文學的演變　敦煌學國際研討會論文集
　　北京圖書館出版社　2005　p. 176

P. 2484

陳祚龍　瓜沙印録　（臺北）《大陸雜誌》1962 年第 4 期　又見：敦煌學概要　（臺北）編譯館“中華叢
　　書編委會”　1981　p. 267；中國敦煌學百年文庫·考古卷（一）　甘肅文化出版社　1999

　　p. 187

池田溫　評『ペリオ將來敦煌漢文文獻目録』第一卷（P. 2001－2500）　『東洋學報』（54 卷 4 號）
　　（東京）東洋學術協會　1972　p. 68

池田溫　中國古代籍帳研究：概観・録文　東京大學東洋文化研究所　1979　p. 660

北原薰　晚唐・五代の敦煌寺院経済——収支決算報告を中心に　敦煌の社會（講座敦煌 3）　（東
　　京）大東出版社　1980　p. 403

陳祚龍　古代敦煌及其他地區流行之公私印章圖記文字録　敦煌學要籥　（臺北）新文豐出版公司
　　1982　p. 330

楊際平　鄭學檬　敦煌文書安環清賣地契的性質和年代　《四川大學學報》1983 年第 4 期　p. 88

陳國燦　敦煌所出諸借契年代考　《敦煌學輯刊》1984 年第 1 期　p. 8

平井俊榮　敦煌仏典と中國仏教　敦煌と中國仏教（講座敦煌 7）　（東京）大東出版社　1984　p. 6

艾麗白著　耿昇譯　敦煌漢文寫本中的鳥形押　敦煌譯叢（第一輯）　甘肅人民出版社　1985
　　p. 204 注 2

李正宇　唐宋時代的敦煌學校　《敦煌研究》1986 年第 1 期　p. 45

姜伯勤　唐五代敦煌寺戶制度　中華書局　1987　p. 273

李正宇　敦煌學郎題記輯注　《敦煌學輯刊》1987 年第 1 期　p. 39

王永興　隋唐五代經濟史料彙編校注・第一編（下）　中華書局　1987　p. 924

譚蟬雪　印沙・脫佛・脫塔　《敦煌研究》1989 年第 1 期　p. 19

唐耕耦　陸宏基　敦煌社會經濟文獻真迹釋録（三）　全國圖書館文獻縮微複製中心　1990　p. 586
　　注、590、596 注、597 注

堀敏一著　林世田譯　唐代後期敦煌社會經濟之變化　《敦煌學輯刊》1991 年第 1 期　p. 96

林聰明　敦煌文書出處略考　季羨林教授八十華誕紀念論文集（下）　江西人民出版社　1991
　　p. 859

林聰明　敦煌文書學　（臺北）新文豐出版公司　1991　p. 62、120、393

姜伯勤　敦煌社會文書導論　（臺北）新文豐出版公司　1992　p. 158

高國藩　敦煌民俗資料導論　（臺北）新文豐出版公司　1993　p. 15

郝春文　敦煌寫本社邑文書年代彙考（一）　《首都師範大學學報》1993 年第 4 期　p. 37

郝春文　敦煌寫本社邑文書年代彙考（三）　《社科縱橫》1993 年第 5 期　p. 9

王永興　敦煌經濟文書導論　（臺北）新文豐出版公司　1994　p. 362

Л. N. チュグイェフスキ－著　荒川正晴譯注　ソ連邦科學アカデミ－東洋學研究所所藏、敦煌寫本
　　における官印と寺印　『吐魯番出土文物研究會會報』（98、99 號）　（東京）吐魯番出土文物研
　　究會　1994　p. 4

郝春文　評榮新江《英國圖書館藏敦煌漢文非佛教文獻殘卷目録（S. 6981－13624）》　敦煌吐魯番研
　　究（第一卷）　北京大學出版社　1996　p. 364

雷紹鋒　論曹氏歸義軍時期官府之"牧子"　《敦煌學輯刊》1996 年第 1 期　p. 39、43

李正宇　敦煌史地新論　（臺北）新文豐出版公司　1996　p. 189

劉進寶　P. 3236 號《壬申年官布籍》時代考　《西北師大學報》（社會科學版）1996 年第 5 期　p. 43

劉進寶　P. 3236 號《壬申年官布籍》研究　慶祝潘石禪先生九秩華誕敦煌學特刊　（臺北）文津出版
　　社　1996　p. 360

劉進寶　歸義軍土地制度初探　《敦煌研究》1997 年第 2 期　p. 49

張亞萍　晚唐五代歸義軍牧羊業管理機構：羊司　《敦煌學輯刊》1997 年第 2 期　p. 130

鄭炳林　唐五代敦煌畜牧區域研究　敦煌歸義軍史專題研究　蘭州大學出版社　1997　p. 234

沙知　歸義軍節度使新鑄印　敦煌學大辭典　上海辭書出版社　1998　p. 291

唐耕耦　郝春文　牧羊人　敦煌學大辭典　上海辭書出版社　1998　p. 410

張亞萍　唐五代敦煌地區的駱駝牧養業　《敦煌學輯刊》1998 年第 1 期　p. 56

張亞萍　唐五代歸義軍政府牧馬業研究　《敦煌學輯刊》1998 年第 2 期　p. 56

丘古耶夫斯基著　魏迎春譯　俄藏敦煌漢文寫卷中的官印及寺院印章　《敦煌學輯刊》1999 年第 1
　　期　p. 144

謝桃坊　敦煌文化尋繹　四川人民出版社　1999　p. 204

郝春文　英藏敦煌文獻年代叢考　英國收藏敦煌漢藏文獻研究　中國社會科學出版社　2000
　　p. 370

雷紹鋒　歸義軍賦役制度初探　（臺北）洪葉文化事業有限公司　2000　p. 68、94、175、181

劉進寶　敦煌文書與唐史研究　（臺北）新文豐出版公司　2000　p. 155、231

王豔明　瓜沙州大王印考　《敦煌學輯刊》2000 年第 2 期　p. 44

乜小紅　唐五代敦煌牧羊業述論　《敦煌研究》2001 年第 1 期　p. 136

陳國燦　敦煌學史事新證　甘肅教育出版社　2002　p. 342

榮新江　唐五代歸義軍武職軍將考　敦煌學新論　甘肅教育出版社　2002　p. 58

劉進寶　P. 4525（8）《官布籍》所見歸義軍政權的賦稅免征　新世紀敦煌學論集　巴蜀書社　2003
　　p. 303

森安孝夫著　梁曉鵬摘譯　河西歸義軍節度使官印及其編年　《敦煌學輯刊》2003 年第 1 期　p. 141

鄭炳林　晚唐五代敦煌村莊聚落輯考　2000 年敦煌學國際學術討論會文集・歷史文化卷（上）　甘
　　肅民族出版社　2003　p. 152

P. 2485

王重民　敦煌古籍叙錄　中華書局　1979　p. 81

饒宗頤　敦煌書法叢刊（第十卷）・經史（八）　（東京）二玄社　1985　p. 1、49、60

王重民　巴黎敦煌殘卷叙錄（第一輯）　敦煌叢刊初集（九）　（臺北）新文豐出版公司　1985　p. 132

王重民原編　黃永武新編　敦煌古籍叙錄新編（第五冊）　（臺北）新文豐出版公司　1986　p. 87

林聰明　敦煌文書學　（臺北）新文豐出版公司　1991　p. 54、62

尾崎康　史籍　敦煌漢文文獻（講座敦煌 5）　（東京）大東出版社　1992　p. 307、317

沃興華　敦煌書法藝術　上海人民出版社　1994　p. 120

胡戟　傅玫　敦煌史話　中華書局　1995　p. 143

劉濤　評《法藏敦煌書苑精華》　敦煌吐魯番研究（第一卷）　北京大學出版社　1996　p. 379

張弓　漢唐佛寺文化史　中國社會科學出版社　1997　p. 991

白化文　漢書　敦煌學大辭典　上海辭書出版社　1998　p. 775

周紹良　張涌泉　黃征　敦煌變文講經文因緣輯校（下）　江蘇古籍出版社　1998　p. 873

顏廷亮　敦煌文化　光明日報出版社　2000　p. 209

姜亮夫　敦煌莫高窟年表　姜亮夫全集（十一）　雲南人民出版社　2002　p. 204

P. 2486

芳村修基　土橋秀高　井ノ口泰淳　敦煌佛教史年表　西域文化研究（第一）・敦煌佛教資料　（京
　　都）法藏館　1958　p. 261

金岡照光　敦煌の寫本　敦煌の文學　（東京）大藏出版株式會社　1971　p. 82

王重民　敦煌古籍叙錄　中華書局　1979　p. 60

蘇瑩輝　敦煌學概要　（臺北）編譯館"中華叢書編委會"　1981　p. 36

董作賓　敦煌紀年　敦煌學文選(上)　蘭州大學歷史系敦煌學研究室等　1983　p. 21

蘇瑩輝　中外敦煌古寫本纂要　敦煌論集　（臺北）學生書局　1983　p. 312

饒宗頤解說　林宏作譯　敦煌書法叢刊(第九卷)·經史(七)　（東京）二玄社　1985　p. 47

王重民　巴黎敦煌殘卷叙錄(第一輯)　敦煌叢刊初集(九)　（臺北）新文豐出版公司　1985　p. 121

王重民原編　黄永武新編　敦煌古籍叙錄新編(第三冊)　（臺北）新文豐出版公司　1986　p. 337

Jean – Pierre Drege　敦煌寫本的物質性分析　漢學研究(敦煌學國際研討會論文專號)　（臺北）漢
　　學研究資料及服務中心　1986　p. 113

姜亮夫　海外敦煌卷子經眼錄　敦煌學論文集　上海古籍出版社　1987　p. 34　　又見:姜亮夫全集
　　(十三)　雲南人民出版社　2002　p. 28

李正宇　唐宋時代敦煌縣河渠泉澤簡志(二)　《敦煌研究》1989年第1期　p. 54

池田温　中國古代寫本識語集錄　（東京）大藏出版株式會社　1990　p. 207

孫啓治　唐寫本俗別字變化類型舉例　敦煌吐魯番文獻研究論集(第五輯)　北京大學出版社
　　1990　p. 124、129

林聰明　敦煌文書學　（臺北）新文豐出版公司　1991　p. 101、154、308

陶秋英輯錄　姜亮夫校訂　敦煌經卷題名錄　敦煌碎金　浙江古籍出版社　1992　p. 88

土田健次郎　儒教典籍　敦煌漢文文獻(講座敦煌5)　（東京）大東出版社　1992　p. 268

顧吉辰　唐代敦煌文獻寫本書手考述　《敦煌學輯刊》1993年第1期　p. 30

林聰明　談敦煌文書的抄寫問題　紀念陳寅恪先生百年誕辰學術論文集　江西教育出版社　1994
　　p. 286

胡戟　傅玫　敦煌史話　中華書局　1995　p. 143

白化文　春秋穀梁傳范寧集解　敦煌學大辭典　上海辭書出版社　1998　p. 774

顧吉辰　敦煌文獻職官結銜考釋　《敦煌學輯刊》1998年第2期　p. 24

姜亮夫　敦煌:偉大的文化寶藏　雲南人民出版社　1999　p. 104

林聰明　敦煌吐魯番文書解詁指例　（臺北）新文豐出版公司　2001　p. 33、134、350

蔡忠霖　敦煌漢文寫卷俗字及其現象　（臺北）文津出版社　2002　p. 34

姜亮夫　敦煌莫高窟年表　姜亮夫全集(十一)　雲南人民出版社　2002　p. 231

竇懷永　許建平　敦煌寫本的避諱特點及其對傳統寫本抄寫時代判定的參考價值　《敦煌研究》
　　2004年第4期　p. 54

許建平　跋國家圖書館藏《春秋穀梁傳集解》殘卷　《敦煌研究》2006年第1期　p. 86

P. 2487

羅常培　唐五代西北方音　國立中央研究院歷史語言研究所　1933　p. 12

那波利貞　唐寫本雜抄考——唐代庶民教育史研究の一資料　唐代社會文化史研究·第二編　（東
　　京）創文社　1974　p. 254

雷僑雲　敦煌兒童文學　（臺北）學生書局　1985　p. 44

周祖謨　敦煌唐本字書叙錄　敦煌語言文學研究　北京大學出版社　1988　p. 43

高國藩　敦煌民俗學　上海文藝出版社　1989　p. 109

鄭阿財　敦煌蒙書析論　第二屆敦煌學國際研討會論文集　（臺北）漢學研究中心　1990　p. 217

楊聯陞　書評:饒宗頤、戴密微合著《敦煌曲》　楊聯陞論文集　中國社會科學出版社　1992　p. 243

鄭阿財　敦煌文獻與文學　（臺北）新文豐出版公司　1993　p. 246

沃興華　敦煌書法藝術　上海人民出版社　1994　p. 249

胡戟　傅玫　敦煌史話　中華書局　1995　p. 182

朱鳳玉　敦煌寫本碎金研究　（臺北）文津出版社　1997　p. 150

汪泛舟　《開蒙要訓》初探　《敦煌研究》1999 年第 2 期　p. 139

汪泛舟　敦煌古代兒童課本　甘肅人民出版社　2000　p. 9、52

汪泛舟　敦煌俗別字補正　《敦煌研究》2001 年第 4 期　p. 160

鄭阿財　朱鳳玉　敦煌蒙書研究　甘肅教育出版社　2002　p. 54

P. 2488

金岡照光　敦煌漢文文學文獻の文學形態上の種類とその分類　敦煌出土文學文獻分類目録・附解
　　說　（東京）東洋文庫　1971　p. 214

金岡照光　敦煌文學のさまざま　敦煌の文學　（東京）大蔵出版株式會社　1971　p. 163

蘇瑩輝　敦煌學概要　（臺北）編譯館“中華叢書編委會”　1981　p. 148

陳祚龍　新譯補注杜女史主修的《巴黎國立圖書館藏敦煌中文卷冊目録》之“自序”及“緒說”　敦煌
　　學要籥　（臺北）新文豐出版公司　1982　p. 40

李正宇　唐宋時代的敦煌學校　《敦煌研究》1986 年第 1 期　p. 45

張錫厚　略論敦煌賦集及其選録標準　《敦煌學輯刊》1986 年第 1 期　p. 18、22

柴劍虹　研究唐代文學的珍貴資料：敦煌 P. 2555 號唐人寫卷分析　1983 年全國敦煌學術討論會文
　　集・文史遺書編（下）　甘肅人民出版社　1987　p. 81

任半塘　敦煌歌辭總編　上海古籍出版社　1987　p. 1784

顏廷亮　關於敦煌遺書中的甘肅文學作品　1983 年全國敦煌學術討論會文集・文史遺書編（下）
　　甘肅人民出版社　1987　p. 227

張錫厚　敦煌賦集校理　《敦煌研究》1987 年第 4 期　p. 38

張錫厚　關於《敦煌賦集》整理的幾個問題　《敦煌學輯刊》1987 年第 1 期　p. 43、48　又見：敦煌語
　　言文學論文集　浙江古籍出版社　1988　p. 225、237

張錫厚　伯 2488、伯 5037 敦煌賦卷初考　敦煌語言文學研究　北京大學出版社　1988　p. 199

張錫厚　賦　敦煌文學　甘肅人民出版社　1989　p. 134

池田溫　中國古代寫本識語集録　（東京）大蔵出版株式會社　1990　p. 473

任半塘　王昆吾　隋唐五代燕樂雜言歌辭集　巴蜀書社　1990　p. 359

榮新江　《唐刺史考》補遺　《文獻》1990 年第 2 期　p. 93　又見：敦煌學新論　甘肅教育出版社
　　2002　p. 271

柴劍虹　敦煌唐人詩文選集殘卷（伯 2555）補録　西域文史論稿　（臺北）國文天地雜誌社　1991
　　p. 291

李并成　漢敦煌郡廣至縣城及其有關問題考　《敦煌研究》1991 年第 4 期　p. 86

林聰明　敦煌文書學　（臺北）新文豐出版公司　1991　p. 204

姜伯勤　敦煌社會文書導論　（臺北）新文豐出版公司　1992　p. 114、240、242

金岡照光　散文體類　敦煌の文學文獻（講座敦煌 9）　（東京）大東出版社　1992　p. 225

周紹良　敦煌文學芻議及其它　（臺北）新文豐出版公司　1992　p. 20

伏俊璉　敦煌賦校補（三）　《江西師範大學學報》1993 年第 26 卷第 4 期　p. 115

李正宇　敦煌文學概論　甘肅人民出版社　1993　p. 121

舒華　敦煌“變文”體裁新論　（香港）《九州學刊》（敦煌學專輯）1993 年第 5 卷第 4 期　p. 158

項楚　敦煌詩歌導論　（臺北）新文豐出版公司　1993　p. 47

張鴻勛　敦煌話本詞文俗賦導論　（臺北）新文豐出版公司　1993　p. 168

張錫厚　敦煌文學概論　甘肅人民出版社　1993　p. 394

伏俊璉　敦煌賦校注　甘肅人民出版社　1994　p. 1

伏俊璉　敦煌遺文《秦將賦》及其產生流傳的原因　《社科縱橫》1994 年第 4 期　p. 24

李并成　瓜沙二州間一塊消失了的綠洲　《敦煌研究》1994 年第 3 期　p. 76

顏廷亮　歸義軍張氏時期敦煌的三位張姓作家　《駝鈴》1994 年第 3 期　p. 92

段小強　讀《瓜沙史事概述》劄記　《敦煌學輯刊》1995 年第 2 期　p. 125

胡戟　傅玫　敦煌史話　中華書局　1995　p. 180

顏廷亮　敦煌文學概說　（臺北）新文豐出版公司　1995　p. 70

張錫厚　敦煌本唐集研究　（臺北）新文豐出版公司　1995　p. 411

鄭炳林　唐五代敦煌金鞍山異名考　《敦煌研究》1995 年第 2 期　p. 133

李并成　李春元　瓜沙史地研究　甘肅文化出版社　1996　p. 139

徐俊　評《敦煌本唐集研究》　唐研究（第二卷）　北京大學出版社　1996　p. 485

張錫厚　敦煌賦彙　（臺北）新文豐出版公司　1996　p. 5、201、269、287、308.、461

張錫厚　評《敦煌賦校注》　敦煌吐魯番研究（第一卷）　北京大學出版社　1996　p. 421

張錫厚　探幽發微　佚篇薈萃：讀《敦煌賦校注》　《西北師大學報》（社會科學版）1996 年第 2 期　　p. 73

郭鋒　補唐末沙州節度判官掌書記張球事一則　敦煌吐魯番研究（第二卷）　北京大學出版社　1997　p. 349

王利器　讀《敦煌變文集》四首俗賦書後　曉傳書齋集　華東師範大學出版社　1997　p. 486

顏廷亮　關於《貳師泉賦》的作者及寫本年代問題　《甘肅社會科學》1997 年第 5 期　p. 52

楊際平　郭鋒　張和平　五一十世紀敦煌的家庭與家族關係　岳麓書社　1997　p. 239

鄭炳林　敦煌碑銘讚輯釋　甘肅教育出版社　1997　p. 23 注 7

鄭炳林　論晚唐敦煌文士張球即張景球　文史（第四十三輯）　中華書局　1997　p. 112

周裕鍇　敦煌賦與初唐歌行　敦煌文學論集　四川人民出版社　1997　p. 75

柴劍虹　高興歌　敦煌學大辭典　上海辭書出版社　1998　p. 552

張錫厚　貳師泉賦　敦煌學大辭典　上海辭書出版社　1998　p. 588

張錫厚　漁父歌滄浪賦　敦煌學大辭典　上海辭書出版社　1998　p. 588

杜琪　敦煌詩賦作品要目分類題注　《甘肅社會科學》2000 年第 1 期　p. 64

伏俊璉　俗情雅韻：敦煌賦選析　甘肅人民出版社　2000　p. 11、60

徐俊　敦煌詩集殘卷輯考　中華書局　2000　p. 732、918

張錫厚　敦煌文學源流　作家出版社　2000　p. 199、202、215

林聰明　敦煌吐魯番文書解詁指例　（臺北）新文豐出版公司　2001　p. 140

王勛成　敦煌寫本《高興歌》作者考　《敦煌學輯刊》2002 年第 2 期　p. 41

顏廷亮　有關張球生平及其著作的一件新見文獻　《敦煌研究》2002 年第 5 期　p. 103

林平和　試論敦煌文獻之輯佚價值　新世紀敦煌學論集　巴蜀書社　2003　p. 742

P. 2489

池田溫　評『ペリオ將來敦煌漢文文獻目錄』第一卷（P. 2001－2500）　『東洋學報』（54 卷 4 號）　（東京）東洋學術協會　1972　p. 67

饒宗頤解說　林宏作譯　敦煌書法叢刊（第八卷）・經史（六）　（東京）二玄社　1986　p. 76

姜亮夫　海外敦煌卷子經眼錄　敦煌學論文集　上海古籍出版社　1987　p. 28　又見：姜亮夫全集（十三）　雲南人民出版社　2002　p. 23

池田溫　中國古代寫本識語集錄　（東京）大藏出版株式會社　1990　p. 470

土田健次郎　儒教典籍　敦煌漢文文獻(講座敦煌5)　（東京）大東出版社　1992　p. 268

白化文　春秋經傳集解　敦煌學大辭典　上海辭書出版社　1998　p. 774

姜亮夫　敦煌:偉大的文化寶藏　雲南人民出版社　1999　p. 102

許建平　《俄藏敦煌文獻》儒家經典類寫本的定名與綴合　漢語史學報專輯(第三輯)　上海教育出
　　版社　2003　p. 308

黨燕妮　晚唐五代敦煌的十王信仰　麥積山石窟藝術文化論文集(下)　蘭州大學出版社　2004
　　p. 153

P. 2490

池田溫　中國古代の租佃契(中)　『東洋文化研究所紀要』(第65冊)　東京大學東洋文化研究所
　　1975　p. 88

陳祚龍　新校重訂敦煌古抄事佛崇法文獻小集　《東方雜誌》1978年第6期　又見:中國敦煌學百年
　　文庫・宗教卷(二)　甘肅文化出版社　1999　p. 47

王重民　敦煌古籍叙錄　中華書局　1979　p. 159

蘇瑩輝　敦煌學概要　（臺北）編譯館"中華叢書編委會"　1981　p. 44

蘇瑩輝　中外敦煌古寫本纂要　敦煌論集　（臺北）學生書局　1983　p. 319

王重民原編　黃永武新編　敦煌古籍叙錄新編(第八冊)　（臺北）新文豐出版公司　1986　p. 187

許康　敦煌算書透露的科學與社會信息　《敦煌研究》1989年第1期　p. 96

池田溫　中國古代寫本識語集錄　（東京）大藏出版株式會社　1990　p. 491

李并成　從敦煌算經看我國唐宋時代的初級數學教育　《數學教學研究》1991年第1期　p. 40

林家平　寧強　羅華慶　中國敦煌學史　北京語言學院出版社　1992　p. 157

王進玉　敦煌石窟探秘　四川教育出版社　1994　p. 106

胡戟　傅玫　敦煌史話　中華書局　1995　p. 197

楊際平　唐代尺步、畝制、畝産小議　《中國社會經濟史研究》1996年第2期　p. 36

杜偉生　從敦煌遺書的裝幀談"旋風裝"　《文獻》1997年第3期　p. 184

鄧文寬　敦煌算書　敦煌學大辭典　上海辭書出版社　1998　p. 600

劉鈍　田畝算表　敦煌學大辭典　上海辭書出版社　1998　p. 601

姜亮夫　敦煌莫高窟年表　姜亮夫全集(十一)　雲南人民出版社　2002　p. 533

杜偉生　中國古籍修復與裝裱技術圖解　北京圖書館出版社　2003　p. 449

張志清　林世田　S. 6349與P. 4924《易三備》寫卷綴合整理研究　《文獻》2006年第1期　p. 48

P. 2491

邵榮芬　敦煌俗文學中的別字異文和唐五代西北方音　《中國語文》1963年第3期　又見:中國敦煌
　　學百年文庫・語言文字卷(一)　甘肅文化出版社　1999　p. 125

金岡照光　敦煌漢文文學文獻の文學形態上の種類とその分類　敦煌出土文學文獻分類目錄・附解
　　說　（東京）東洋文庫　1971　p. 218

金岡照光　敦煌文學のさまざま　敦煌の文學　（東京）大藏出版株式會社　1971　p. 113

楊家駱　敦煌變文　（臺北）世界書局　1980　p. 254

張錫厚　敦煌文學　上海古籍出版社　1980　p. 110　注2

蔣禮鴻　敦煌變文字義通釋　上海古籍出版社　1981　p. 432　又見:敦煌叢刊初集(十四)　（臺
　　北）新文豐出版公司　1985　p. 432

鄭阿財　敦煌孝道文學研究　（臺北）石門圖書公司　1982　p. 78、629

蔣禮鴻　敦煌寫本《燕子賦》二種校注　關隴文學論叢　甘肅人民出版社　1983　p. 80

潘重規　敦煌變文集新書（下）　（臺北）"中國文化大學"中文研究所　1984　p. 1148

王重民　燕子賦　敦煌變文集　人民文學出版社　1984　p. 254

雷僑雲　敦煌兒童文學　（臺北）學生書局　1985　p. 148

簡濤　敦煌本《燕子賦》考論　《敦煌研究》1986年第3期　p. 26

李正宇　敦煌方音止遇二攝混同及其校勘學意義　《敦煌研究》1986年第4期　p. 54

張鴻勳　敦煌講唱文學作品選注　甘肅人民出版社　1987　p. 60

張鴻勳　敦煌《燕子賦》（甲本）研究　敦煌語言文學研究　北京大學出版社　1988　p. 177

張錫厚　關於整理《敦煌賦集》的幾個問題　敦煌語言文學論文集　浙江古籍出版社　1988　p. 227

陳治文　敦煌變文釋詞商兌　《語言研究》1989年第1期　又見：中國敦煌學百年文庫·語言文字卷
　　　（二）　甘肅文化出版社　1999　p. 15

郭在貽　張涌泉　黃征　敦煌變文集校議　岳麓書社　1990　p. 10

江藍生　近代漢語語法資料彙編（唐五代卷）　商務印書館　1990　p. 325

項楚　敦煌變文選注　巴蜀書社　1990　p. 374

張涌泉　《王梵志詩校注》獻疑　《敦煌研究》1990年第2期　p. 78

朱雷　敦煌兩種寫本《燕子賦》中所見唐代浮逃戶處置的變化及其他：讀《敦煌變文集》劄記）（六）
　　　敦煌吐魯番文書初探（二編）　武漢大學出版社　1990　p. 503、504

項楚　敦煌本《孝子傳》補校　敦煌文學叢考　上海古籍出版社　1991　p. 392.

黃征　王梵志詩校釋補議　中華文史論叢（總50輯）　上海古籍出版社　1992　p. 97　又見：敦煌
　　　語文叢說　（臺北）新文豐出版公司　1997　p. 255

金岡照光　散文體類　敦煌の文學文獻（講座敦煌9）　（東京）大東出版社　1992　p. 176、207

周紹良　敦煌文學芻議及其它　（臺北）新文豐出版公司　1992　p. 19

鄭阿財　敦煌文獻與文學　（臺北）新文豐出版公司　1993　p. 12

蔣禮鴻　敦煌文獻語言詞典　杭州大學出版社　1994　p. 43、198、270、326、389

張涌泉　試論審辨敦煌寫本俗字的方法　《敦煌研究》1994年第2期　p. 154　又見：舊學新知　浙
　　　江大學出版社　1999　p. 89

胡戟　傅玫　敦煌史話　中華書局　1995　p. 178

黃征　輯注《啓顏録》匡補　俗語言研究（第二）　（京都）禪文化研究所　1995　p. 82

黃征　唐代俗語詞輯釋　唐研究（第一卷）　北京大學出版社　1995　p. 197

李錦繡　唐代財政史稿·上卷（第三分冊）　北京大學出版社　1995　p. 1064

曲金良　敦煌佛教文學研究　（臺北）文津出版社　1995　p. 96

吳庚舜　董乃斌　唐代文學史（下）　人民文學出版社　1995　p. 603

張錫厚　敦煌本唐集研究　（臺北）新文豐出版公司　1995　p. 413

張涌泉　漢語俗字研究　岳麓書社　1995　p. 205

張錫厚　敦煌賦彙　（臺北）新文豐出版公司　1996　p. 9、395

鄧文寬　大梵寺佛音：敦煌莫高窟壇經讀本　（臺北）如聞出版社　1997　p. 40

黃征　敦煌俗語詞輯釋　敦煌語文叢說　（臺北）新文豐出版公司　1997　p. 60

黃征　敦煌文學《兒郎偉》輯録校注　敦煌語文叢說　（臺北）新文豐出版公司　1997　p. 715

黃征　敦煌寫本異文綜析　敦煌語文叢說　（臺北）新文豐出版公司　1997　p. 21、29、39

黃征　《伍子胥變文》校補　敦煌語文叢說　（臺北）新文豐出版公司　1997　p. 300

黃征　張涌泉　敦煌變文校注　中華書局　1997　p. 23、89、380、1188

程毅中　柴劍虹　燕子賦　敦煌學大辭典　上海辭書出版社　1998　p. 588
顏廷亮　關於敦煌文學發展的歷史進程　《甘肅社會科學》1999 年第 4 期　p. 48
伏俊璉　俗情雅韻：敦煌賦選析　甘肅人民出版社　2000　p. 112
蔣禮鴻　中國俗文字學研究導言　中古近代漢語研究(第一輯)　上海教育出版社　2000　p. 73
顏廷亮　敦煌文化　光明日報出版社　2000　p. 324
張鴻勳　說唱藝術奇葩：敦煌變文選評　甘肅人民出版社　2000　p. 75
張錫厚　敦煌文學源流　作家出版社　2000　p. 201、255
郝春文　英藏敦煌社會歷史文獻釋錄(第一卷)　科學出版社　2001　p. 320
黃征　敦煌語言文字學研究　甘肅教育出版社　2002　p. 42、53、136、175
張鴻勳　敦煌俗文學研究　甘肅人民出版社　2002　p. 6、171
黃征　《燕子賦》研究　《敦煌研究》2003 年第 1 期　p. 38
黃征　敦煌俗字典　上海教育出版社　2005　p. 前言 14、53、96
黃征　敦煌俗字要論　《敦煌研究》2005 年第 1 期　p. 87

P. 2492

池田溫　評『ペリオ將來敦煌漢文文獻目録』第一卷(P. 2001 – 2500)　『東洋學報』(54 卷 4 號)
　　(東京)東洋學術協會　1972　p. 68
唐耕耦　陸宏基　敦煌社會經濟文獻真迹釋錄(一)　書目文獻出版社　1986　p. 161
黃永武　敦煌的唐詩　(臺北)洪範書店　1987　p. 121
張錫厚　詩歌　敦煌文學　甘肅人民出版社　1989　p. 175
周紹良　敦煌文學芻議及其它　(臺北)新文豐出版公司　1992　p. 27
陳守忠　河隴史地考述　蘭州大學出版社　1993　p. 85
項楚　敦煌詩歌導論　(臺北)新文豐出版公司　1993　p. 3
張錫厚　敦煌文學概論　甘肅人民出版社　1993　p. 356
陳守忠　論河西回鶻　敦煌學國際研討會文集·史地語文編　遼寧美術出版社　1995　p. 137
劉進寶　敦煌學論述　(臺北)洪葉文化事業有限公司　1995　p. 330
張錫厚　敦煌本唐集研究　(臺北)新文豐出版公司　1995　p. 233
徐俊　敦煌寫本唐人詩歌存佚互見綜考　敦煌吐魯番研究(第一卷)　北京大學出版社　1996
　　p. 122
謝思煒　白居易集綜論　中國社會科學出版社　1997　p. 57 注 1
謝思煒　敦煌本白居易詩再考證　《文獻》1997 年第 1 期　p. 146 注 1
張錫厚　白香山詩集　敦煌學大辭典　上海辭書出版社　1998　p. 561
黃征　程惠新　劫塵遺珠：敦煌遺書　甘肅教育出版社　1999　p. 212
榮新江　徐俊　新見俄藏敦煌唐詩寫本三種考證及校錄　唐研究(第五卷)　北京大學出版社
　　1999　p. 67
鄧文寬　《敦煌天文曆法文獻輯校》零拾　慶祝吳其昱先生八秩華誕敦煌學特刊　(臺北)文津出版
　　社　2000　p. 142
徐俊　敦煌詩集殘卷輯考　中華書局　2000　p. 28、40
顏廷亮　敦煌文化的靈魂論綱　《甘肅社會科學》2000 年第 4 期　p. 33
張錫厚　敦煌本《白香山詩集》考　1994 年敦煌學國際研討會文集·宗教文史卷(上)　甘肅民族出
　　版社　2000　p. 237
張錫厚　敦煌文學源流　作家出版社　2000　p. 80

陳尚君　評《敦煌詩集殘卷輯考》　敦煌吐魯番研究(第五卷)　北京大學出版社　2001　p. 383

劉瑞明　集遺珠以彙詩海　復原貌而觀萬象:評《敦煌詩集殘卷輯考》《敦煌研究》2001 年第 4 期　p. 170

榮新江　敦煌學十八講　北京大學出版社　2001　p. 277

劉進寶　敦煌學通論　甘肅教育出版社　2002　p. 377

柴劍虹　關於俄藏敦煌文獻整理與研究的幾個問題　新世紀敦煌學論集　巴蜀書社　2003　p. 5

齊陳駿　隋唐西北的屯田　枳室史稿　甘肅文化出版社　2005　p. 222

P. 2493

饒宗頤　敦煌本文選斠證(一)　(香港)《新亞學報》1957 年第 1 期　p. 335

金岡照光　敦煌漢文文學文獻の文學形態上の種類とその分類　敦煌出土文學文獻分類目録・附解說　(東京)東洋文庫　1971　p. 236

陳祚龍　敦煌寫本《登樓賦》斠證　敦煌學海探珠(上冊)　(臺北)商務印書館　1979　p. 21 注 9

王重民　敦煌古籍敘録　中華書局　1979　p. 316

蘇瑩輝　敦煌學概要　(臺北)編譯館"中華叢書編委會"　1981　p. 63

蘇瑩輝　中外敦煌古寫本纂要　敦煌論集　(臺北)學生書局　1983　p. 336

王重民　巴黎敦煌殘卷敘録(第二輯)　敦煌叢刊初集(九)　(臺北)新文豐出版公司　1985　p. 306

王重民原編　黃永武新編　敦煌古籍敘録新編(第十六冊)　(臺北)新文豐出版公司　1986　p. 110

林平和　羅振玉敦煌學析論　(臺北)文史哲出版社　1988　p. 70

林聰明　敦煌文書學　(臺北)新文豐出版公司　1991　p. 55

金岡照光　講唱體類　敦煌の文學文獻(講座敦煌 9)　(東京)大東出版社　1992　p. 150

金岡照光　韻文體類——長篇敘事詩・短篇歌詠　敦煌の文學文獻(講座敦煌 9)　(東京)大東出版社　1992　p. 264

石塚晴通　敦煌の加點本　敦煌漢文文獻(講座敦煌 5)　(東京)大東出版社　1992　p. 250

遊志誠　敦煌古抄本文選五臣注研究　全國敦煌學研討會論文集　(臺北)中正大學中國文學系所　1995　p. 148

遊志誠　昭明文選學術論考　(臺北)學生書局　1996　p. 35

鄭炳林　敦煌碑銘讚輯釋　甘肅教育出版社　1997　p. 552 注 4

白化文　敦煌遺書中《文選》殘卷綜述　中外學者文選學論集(上)　中華書局　1998　p. 382

白化文　文選　敦煌學大辭典　上海辭書出版社　1998　p. 783

傅剛　《文選》版本敘録　國學研究(第五卷)　北京大學出版社　1998　p. 173

黃征　程惠新　劫塵遺珠:敦煌遺書　甘肅教育出版社　1999　p. 214

羅國威　敦煌本《昭明文選》研究　黑龍江教育出版社　1999　p. 247

平井宥慶　敦煌文書における金剛經疏　金剛般若經の思想的研究　(東京)春秋社　1999　p. 266

饒宗頤　敦煌本文選校證(一)　中國敦煌學百年文庫・文學卷(二)　甘肅文化出版社　1999　p. 2

傅剛　文選版本研究　北京大學出版社　2000　p. 114、315

饒宗頤　敦煌吐魯番本文選　中華書局　2000　p. 85(圖版)

顏廷亮　敦煌文化　光明日報出版社　2000　p. 202

徐俊　評《敦煌吐魯番本文選》、《敦煌本〈昭明文選〉研究》、《敦煌本〈文選注〉箋證》、《文選版本研究》　敦煌吐魯番研究(第五卷)　北京大學出版社　2001　p. 369

范志新　文選版本論稿　江西人民出版社　2003　p. 228

石塚晴通　敦煌的加點本　敦煌學・日本學:石塚晴通教授退職紀念論文集　上海辭書出版社

2005 p. 9

P. 2494

周祖謨 騫公楚辭音之協韻說與楚音 問學集(下) 中華書局 1966 p. 168 又見:中國敦煌學
　　百年文庫·語言文字卷(一) 甘肅文化出版社 1999 p. 227

金岡照光 敦煌漢文文學文獻の文學形態上の種類とその分類 敦煌出土文學文獻分類目録·附解
　　說 (東京)東洋文庫 1971 p. 236

金岡照光 敦煌の寫本 敦煌の文學 (東京)大藏出版株式會社 1971 p. 85

池田溫 評『ペリオ將來敦煌漢文文獻目録』第一卷(P. 2001 – 2500) 『東洋學報』(54 卷 4 號)
　　(東京)東洋學術協會 1972 p. 68

王重民 敦煌古籍叙録 中華書局 1979 p. 275

蘇瑩輝 敦煌學概要 (臺北)編譯館"中華叢書編委會" 1981 p. 59

蘇瑩輝 敦煌卷子對近五十年來中國文學史家之貢獻 敦煌論集續編 (臺北)學生書局 1983
　　p. 108

蘇瑩輝 中外敦煌古寫本纂要 敦煌論集 (臺北)學生書局 1983 p. 334

王重民 巴黎敦煌殘卷叙録(第一輯) 敦煌叢刊初集(九) (臺北)新文豐出版公司 1985 p. 171

王重民原編 黃永武新編 敦煌古籍叙録新編(第十五冊) (臺北)新文豐出版公司 1986 p. 1

姜亮夫 海外敦煌卷子經眼録 敦煌學論文集 上海古籍出版社 1987 p. 44 又見:姜亮夫全集
　　(十三) 雲南人民出版社 2002 p. 37

林聰明 敦煌文書學 (臺北)新文豐出版公司 1991 p. 221、252

金岡照光 韻文體類——長篇叙事詩·短篇歌詠 敦煌の文學文獻(講座敦煌 9) (東京)大東出
　　版社 1992 p. 264

林家平 寧强 羅華慶 中國敦煌學史 北京語言學院出版社 1992 p. 141

張涌泉 敦煌寫卷俗字類型及其考辨的方法 (香港)《九州學刊》(敦煌學專輯)1992 年第 4 卷第 4
　　期 p. 73

林聰明 談敦煌文書的抄寫問題 紀念陳寅恪先生百年誕辰學術論文集 江西教育出版社 1994
　　p. 301

胡戟 傅玫 敦煌史話 中華書局 1995 p. 181

張涌泉 漢語俗字研究 岳麓書社 1995 p. 56

張涌泉 試論敦煌寫卷俗文字研究之意義 敦煌學國際研討會文集·史地語文編 遼寧美術出版社
　　1995 p. 364

張金泉 許建平 敦煌音義彙考 杭州大學出版社 1996 p. 382

張涌泉 敦煌俗字彙考 敦煌俗字研究 上海教育出版社 1996 p. 6

張涌泉 敦煌俗字研究導論 (臺北)新文豐出版公司 1996 p. 60

李正宇 敦煌遺書標點符號 敦煌學大辭典 上海辭書出版社 1998 p. 519

張金泉 楚辭音 敦煌學大辭典 上海辭書出版社 1998 p. 517

張金泉 智騫 敦煌學大辭典 上海辭書出版社 1998 p. 344

蘇瑩輝 敦煌卷子對近五十年來中國文學史家之貢獻 中國敦煌學百年文庫·文學卷(五) 甘肅
　　文化出版社 1999 p. 192

林聰明 敦煌吐魯番文書解詁指例 (臺北)新文豐出版公司 2001 p. 89

黃耀堃 黃海卓 道騫與《楚辭音》殘卷的作者新考 漢語史學報專輯(第三輯) 上海教育出版社
　　2003 p. 401

姜亮夫　敦煌寫本隋釋智騫楚辭音跋　雪泥鴻爪:浙江大學古籍研究所建所二十周年紀念文集　中華書局　2003　p. 9

P. 2495

小島祐馬　巴黎國立圖書館藏敦煌遺書所見録(九)　『支那學』(8卷1號)　(京都)支那學社　1935　p. 93

寺岡龍含　敦煌本郭象注莊子南華真經研究總論　福井漢文學會　1966　p. 241

饒宗頤　敦煌書法叢刊(第二七卷)·道書(一)　(東京)二玄社　1985　p. 45、78

趙聲良　榮新江　饒宗頤編《法藏敦煌書苑精華》評介　《敦煌研究》1995年第1期　p. 173

鄭阿財　敦煌文獻與唐代字樣學　第六屆中國文字學全國學術研討會論文集　(臺北)"中國文字學會"　1995　p. 265

白化文　列子張湛注　敦煌學大辭典　上海辭書出版社　1998　p. 777

王卡　敦煌道教文獻研究　中國社會科學出版社　2004　p. 182、184

王卡　中國國家圖書館藏敦煌道教遺書研究報告　敦煌吐魯番研究(第七卷)　北京大學出版社　2004　p. 365

P. 2496

邵榮芬　敦煌俗文學中的別字異文和唐五代西北方音　《中國語文》1963年第3期　又見:中國敦煌學百年文庫·語言文字卷(一)　甘肅文化出版社　1999　p. 150

池田溫　評『ペリオ將來敦煌漢文文獻目録』第一卷(P. 2001－2500)　『東洋學報』(54卷4號)　(東京)東洋學術協會　1972　p. 67

陳國燦　唐五代瓜沙歸義軍軍鎮的演變　敦煌吐魯番文書初探(二編)　武漢大學出版社　1990　p. 569

土田健次郎　儒教典籍　敦煌漢文文獻(講座敦煌5)　(東京)大東出版社　1992　p. 269

方廣錩　許培鈴　敦煌遺書中的《維摩詰所說經》及其注疏　《敦煌研究》1994年第4期　p. 151

鄭炳林　敦煌碑銘讚輯釋　甘肅教育出版社　1997　p. 105注2

雷紹鋒　歸義軍賦役制度初探　(臺北)洪葉文化事業有限公司　2000　p. 195

陳國燦　敦煌學史事新證　甘肅教育出版社　2002　p. 397

鄭炳林　晚唐五代敦煌歸義軍行政區劃制度研究(之二)　《敦煌研究》2002年第3期　p. 68

許建平　《俄藏敦煌文獻》儒家經典類寫本的定名與綴合　漢語史學報專輯(第三輯)　上海教育出版社　2003　p. 311

馮培紅　歸義軍鎮制考　敦煌吐魯番研究(第九卷)　中華書局　2006　p. 255

P. 2497

王重民原編　黃永武新編　敦煌古籍叙録新編(第十五冊)　(臺北)新文豐出版公司　1986　p. 176

高國藩　敦煌民俗學　上海文藝出版社　1989　p. 86

高國藩　敦煌民俗資料導論　(臺北)新文豐出版公司　1993　p. 42

譚蟬雪　敦煌婚姻文化　甘肅人民出版社　1993　p. 67

黃征　敦煌願文考論　敦煌語文叢說　(臺北)新文豐出版公司　1997　p. 595

寧可　郝春文　敦煌社邑文書輯校　江蘇古籍出版社　1997　p. 596

高國藩　敦煌俗文化學　上海三聯書店　1999　p. 41

王三慶　敦煌寫卷中有關的"滿月禮"儀式及其源流探討　冉雲華先生八秩華誕壽慶論文集　(臺

北)法光出版社　2003　p. 6

P. 2498

饒宗頤　敦煌本文選斟證(一)　(香港)《新亞學報》1957 年第 1 期　p. 336

芳村修基　土橋秀高　井ノ口泰淳　敦煌佛教史年表　西域文化研究(第一)・敦煌佛教資料　(京都)法藏館　1958　p. 277

池田溫　評『ペリオ將來敦煌漢文文獻目錄』第一卷(P. 2001 - 2500)　『東洋學報』(54 卷 4 號)(東京)東洋學術協會　1972　p. 67

那波利貞　唐代の社邑に就きて(1938 年)　唐代社會文化史研究・第五編　(東京)創文社　1974　p. 524

陳祚龍　關於劉漢蘇武的行事之某些藝文　敦煌文物隨筆　(臺北)商務印書館　1979　p. 240

王重民　敦煌古籍叙録　中華書局　1979　p. 308

蘇瑩輝　敦煌學概要　(臺北)編譯館"中華叢書編委會"　1981　p. 62

董作賓　敦煌紀年　敦煌學文選(上)　蘭州大學歷史系敦煌學研究室等　1983　p. 31

王重民　巴黎敦煌殘卷叙録(第二輯)　敦煌叢刊初集(九)　(臺北)新文豐出版公司　1985　p. 316

高明士　唐代敦煌的教育　漢學研究(敦煌學國際研討會論文專號)　(臺北)漢學研究資料及服務中心　1986　p. 251

簡濤　敦煌本《燕子賦》考論　《敦煌研究》1986 年第 3 期　p. 31

唐耕耦　陸宏基　敦煌社會經濟文獻真迹釋録(一)　書目文獻出版社　1986　p. 295

王重民原編　黃永武新編　敦煌古籍叙録新編(第十六冊)　(臺北)新文豐出版公司　1986　p. 1

姜亮夫　敦煌經卷題名録　敦煌學論文集　上海古籍出版社　1987　p. 1056

李正宇　敦煌學郎題記輯注　《敦煌學輯刊》1987 年第 1 期　p. 31

顏廷亮　關於敦煌遺書中的甘肅文學作品　1983 年全國敦煌學術討論會文集・文史遺書編(下)　甘肅人民出版社　1987　p. 224

李丹禾　校訂敦煌本《李陵蘇武往還書》　敦煌語言文學論文集　浙江古籍出版社　1988　p. 292

杜琪　書・啓　敦煌文學　甘肅人民出版社　1989　p. 27

高國藩　敦煌民俗學　上海文藝出版社　1989　p. 99

李正宇　敦煌佚詩零珠　《敦煌語言文學研究通訊》1989 年第 1 期　p. 6

山本達郎等　敦煌・Ⅱ牒・狀　『NUN - HUANG AND TURFAN DOCUMENTS CONCERNING SOCIAL AND ECONOMIC HISTORY』(IV)　(東京)東洋文庫　1989　p. 15

山本達郎等　敦煌・Ⅲ轉貼　『NUN - HUANG AND TURFAN DOCUMENTS CONCERNING SOCIAL AND ECONOMIC HISTORY』(IV)　(東京)東洋文庫　1989　p. 31

高國藩　敦煌古俗與民俗流變　河海大學出版社　1990　p. 68

林聰明　敦煌文書學　(臺北)新文豐出版公司　1991　p. 173

東野治之　敦煌と日本の『千字文』　遣唐使と正倉院　(東京)岩波書店　1992　p. 241

東野治之　訓蒙書　敦煌漢文文獻(講座敦煌 5)　(東京)大東出版社　1992　p. 405

姜伯勤　敦煌社會文書導論　(臺北)新文豐出版公司　1992　p. 240

金岡照光　講史譚・時事変文等——「王陵」「李陵」「張議潮」変文を中心に　敦煌の文學文獻(講座敦煌 9)　(東京)大東出版社　1992　p. 552

陶秋英輯録　姜亮夫校訂　敦煌經卷題名録　敦煌碎金　浙江古籍出版社　1992　p. 65

周紹良　敦煌文學芻議及其它　(臺北)新文豐出版公司　1992　p. 6

李正宇　敦煌文學概論　甘肅人民出版社　1993　p. 104

項楚　敦煌詩歌導論　（臺北）新文豐出版公司　1993　p. 213

張錫厚　敦煌文學概論　甘肅人民出版社　1993　p. 363

林聰明　談敦煌文書的抄寫問題　紀念陳寅恪先生百年誕辰學術論文集　江西教育出版社　1994
　　p. 289

石田勇作　敦煌「社文書」研究序說　中國古代の國家と民衆（堀敏一先生古稀記念）　（東京）汲古
　　書院　1995　p. 684

王三慶　敦煌書儀載錄之節日活動與民俗　全國敦煌學研討會論文集　（臺北）中正大學中國文學
　　系所　1995　p. 25 注 16

顏廷亮　敦煌文學概說　（臺北）新文豐出版公司　1995　p. 66

遊志誠　敦煌古抄本文選五臣注研究　全國敦煌學研討會論文集　（臺北）中正大學中國文學系所
　　1995　p. 147

張涌泉　陳祚龍校錄敦煌卷子失誤例釋　學術集林（卷六）　上海遠東出版社　1995　p. 312　又
　　見：舊學新知　浙江大學出版社　1999　p. 286

遊志誠　昭明文選學術論考　（臺北）學生書局　1996　p. 35

黃征　張涌泉　敦煌變文校注　中華書局　1997　p. 142

寧可　郝春文　敦煌社邑文書輯校　江蘇古籍出版社　1997　p. 223、704

邵文實　敦煌李陵、蘇武故事流變發微　敦煌吐魯番研究（第二卷）　北京大學出版社　1997　p. 80

柴劍虹　學士郎李幸思詩　敦煌學大辭典　上海辭書出版社　1998　p. 558

寧可　三官　敦煌學大辭典　上海辭書出版社　1998　p. 426

張錫厚　李正宇　李陵蘇武書　敦煌學大辭典　上海辭書出版社　1998　p. 583

寧可　寧可史學論集　中國社會科學出版社　1999　p. 449 注 2

楊秀清　淺談唐、宋時期敦煌地區的學生生活　《敦煌研究》1999 年第 4 期　p. 138

徐俊　敦煌詩集殘卷輯考　中華書局　2000　p. 768

楊秀清　華戎交會的都市：敦煌與絲綢之路　甘肅人民出版社　2000　p. 94

郝春文　英藏敦煌社會歷史文獻釋錄（第一卷）　科學出版社　2001　p. 257

林聰明　敦煌吐魯番文書解詁指例　（臺北）新文豐出版公司　2001　p. 38. 174

姜亮夫　敦煌莫高窟年表　姜亮夫全集（十一）　雲南人民出版社　2002　p. 482

孟憲實　論唐宋時期敦煌民間結社的組織形態　《敦煌研究》2002 年第 1 期　p. 61

陳國燦　俄藏敦煌ДХ12012 號《書儀》疏證　敦煌學（第 25 輯）　（臺北）樂學書局有限公司　2004
　　p. 412

葉貴良　敦煌社邑文書詞語選釋　《敦煌研究》2004 年第 5 期　p. 80

P. 2499

池田溫　評『ペリオ將來敦煌漢文文獻目錄』第一卷（P. 2001－2500）　『東洋學報』（54 卷 4 號）
　　（東京）東洋學術協會　1972　p. 67

饒宗頤解說　林宏作譯　敦煌書法叢刊（第八卷）・經史（六）　（東京）二玄社　1986　p. 76

姜亮夫　敦煌經卷在中國文化學術上的價值　敦煌學論文集　上海古籍出版社　1987　p. 5

姜亮夫　海外敦煌卷子經眼錄　敦煌學論文集　上海古籍出版社　1987　p. 28　又見：姜亮夫全集
　　（十三）　雲南人民出版社　2002　p. 24

土田健次郎　儒教典籍　敦煌漢文文獻（講座敦煌 5）　（東京）大東出版社　1992　p. 268

白化文　春秋經傳集解　敦煌學大辭典　上海辭書出版社　1998　p. 774

姜亮夫　敦煌：偉大的文化寶藏　雲南人民出版社　1999　p. 102

P. 2500

陳祚龍　瓜沙印録　（臺北）《大陸雜誌》1962 年第 4 期　又見:敦煌學概要　（臺北）編譯館"中華叢書編委會"　1981　p. 269；中國敦煌學百年文庫・考古卷（一）　甘肅文化出版社　1999　p. 191

王重民　敦煌古籍叙録　中華書局　1979　p. 45

陳祚龍　古代敦煌及其他地區流行之公私印章圖記文字録　敦煌學要籥　（臺北）新文豐出版公司　1982　p. 344

陳祚龍　新譯補注杜女史主修的《巴黎國立圖書館藏敦煌中文卷冊目録》之"自序"及"緒說"　敦煌學要籥　（臺北）新文豐出版公司　1982　p. 43

董作賓　敦煌紀年　敦煌學文選（上）　蘭州大學歷史系敦煌學研究室等　1983　p. 24

岡部和雄　敦煌藏經目録　敦煌と中國仏教（講座敦煌 7）　（東京）大東出版社　1984　p. 301

饒宗頤　敦煌書法叢刊（第七卷）・經史（五）　（東京）二玄社　1985　p. 3、49

王重民原編　黃永武新編　敦煌古籍叙録新編（第三冊）　（臺北）新文豐出版公司　1986　p. 1

姜亮夫　敦煌經卷題名録　敦煌學論文集　上海古籍出版社　1987　p. 1057

姜亮夫　海外敦煌卷子經眼録　敦煌學論文集　上海古籍出版社　1987　p. 27　又見:姜亮夫全集（十三）　雲南人民出版社　2002　p. 23

林平和　羅振玉敦煌學析論　（臺北）文史哲出版社　1988　p. 55、200、214

池田溫　中國古代寫本識語集録　（東京）大藏出版株式會社　1990　p. 293

林平和　羅振玉校勘敦煌寫卷之商榷　第二屆敦煌學國際研討會論文集　（臺北）漢學研究中心　1990　p. 185、191

陶秋英輯録　姜亮夫校訂　敦煌經卷題名録　敦煌碎金　浙江古籍出版社　1992　p. 68

土田健次郎　儒教典籍　敦煌漢文文獻（講座敦煌 5）　（東京）大東出版社　1992　p. 268

項楚　敦煌詩歌導論　（臺北）新文豐出版公司　1993　p. 228

胡戟　傅玫　敦煌史話　中華書局　1995　p. 143

白化文　禮記鄭玄注　敦煌學大辭典　上海辭書出版社　1998　p. 773

姜亮夫　敦煌:偉大的文化寶藏　雲南人民出版社　1999　p. 101

謝桃坊　敦煌文化尋繹　四川人民出版社　1999　p. 100

姜亮夫　敦煌莫高窟年表　姜亮夫全集（十一）　雲南人民出版社　2002　p. 302

吳麗娛　唐禮摭遺:中古書儀研究　商務印書館　2002　p. 202

許建平　殘卷定名正補　2000 年敦煌學國際學術討論會文集・歷史文化卷（上）　甘肅民族出版社　2003　p. 301

石塚晴通　敦煌的加點本　敦煌學・日本學:石塚晴通教授退職紀念論文集　上海辭書出版社　2005　p. 13

P. 2501

王重民　敦煌古籍叙録　中華書局　1979　p. 97

董作賓　敦煌紀年　敦煌學文選（上）　蘭州大學歷史系敦煌學研究室等　1983　p. 21

岡部和雄　敦煌藏經目録　敦煌と中國仏教（講座敦煌 7）　（東京）大東出版社　1984　p. 301

王重民原編　黃永武新編　敦煌古籍叙録新編（第六冊）　（臺北）新文豐出版公司　1986　p. 27

姜亮夫　敦煌經卷題名録　敦煌學論文集　上海古籍出版社　1987　p. 1056

林平和　羅振玉敦煌學析論　（臺北）文史哲出版社　1988　p. 35、203、214

陶秋英輯録　姜亮夫校訂　敦煌經卷題名録　敦煌碎金　浙江古籍出版社　1992　p. 67

胡戟　傅玫　敦煌史話　中華書局　1995　p. 143
鄭炳林　敦煌碑銘讚輯釋　甘肅教育出版社　1997　p. 234 注5
白化文　闗外春秋　敦煌學大辭典　上海辭書出版社　1998　p. 776
黄征　程惠新　劫塵遺珠:敦煌遺書　甘肅教育出版社　1999　p. 200
林平和　試論敦煌文獻之輯佚價值　新世紀敦煌學論集　巴蜀書社　2003　p. 731

P. 2502

陳慶浩　古賢集校注　敦煌學(第3輯)　(香港)新亞研究所敦煌學會　1976　p. 71、89
王重民　敦煌古籍叙録　中華書局　1979　p. 202
段文傑　敦煌壁畫中的衣冠服飾　敦煌研究文集　甘肅人民出版社　1982　p. 187 注55
鄭阿財　敦煌孝道文學研究　(臺北)石門圖書公司　1982　p. 426、608
陳國燦　敦煌所出諸借契年代考　《敦煌學輯刊》1984年第1期　p. 5
雷僑雲　敦煌兒童文學　(臺北)學生書局　1985　p. 129
劉復　敦煌掇瑣　敦煌叢刊初集(十五)　(臺北)新文豐出版公司　1985　p. 255
王三慶　敦煌本古類書《語對》研究　(臺北)文史哲出版社　1985　p. 137、142、184、289
王堯　陳踐　從一張借契看宗教的社會作用:P. T. 1297號敦煌吐蕃文書譯解　《世界宗教研究》1986
　　年第4期　p. 69
王重民原編　黄永武新編　敦煌古籍叙録新編(第十冊)　(臺北)新文豐出版公司　1986　p. 291
池田溫　敦煌の便穀曆　日野開三郎博士頌壽記念論集・中國社會・制度・文化史の諸問題　(福
　　岡)中國書店　1987　p. 355
王三慶　敦煌古類書研究之一:"事林一卷"(伯4052號)研究　敦煌學(第12輯)　(臺北)新文豐
　　出版公司　1987　p. 103
王永興　隋唐五代經濟史料彙編校注・第一編(上)　中華書局　1987　p. 320、692
楊銘　吐蕃時期敦煌部落設置考　《西北史地》1987年第2期　p. 35
林平和　羅振玉敦煌學析論　(臺北)文史哲出版社　1988　p. 68、153
高國藩　敦煌民俗學　上海文藝出版社　1989　p. 46
王三慶　《敦煌變文集》中的《孝子傳》新探　敦煌學(第14輯)　(臺北)新文豐出版公司　1989
　　p. 197
唐耕耦　陸宏基　敦煌社會經濟文獻真迹釋録(二)　全國圖書館文獻縮微複製中心　1990　p. 81
鄭阿財　敦煌蒙書析論　第二屆敦煌學國際研討會論文集　(臺北)漢學研究中心　1990　p. 226
項楚　王梵志詩校注　上海古籍出版社　1991　p. 467
林家平　寧强　羅華慶　中國敦煌學史　北京語言學院出版社　1992　p. 17
王三慶著　池田溫譯　類書　敦煌漢文文獻(講座敦煌5)　(東京)大東出版社　1992　p. 381
鄭阿財　敦煌文獻與文學　(臺北)新文豐出版公司　1993　p. 259
張傳璽　中國歷代契約會編考釋(上)　北京大學出版社　1995　p. 371 注1
周一良　趙和平　敦煌寫本書儀中所見的唐代婚喪禮俗　唐五代書儀研究　中國社會科學出版社
　　1995　p. 288
楊銘　吐蕃統治敦煌研究　(臺北)新文豐出版公司　1997　p. 23
白化文　百行章　敦煌學大辭典　上海辭書出版社　1998　p. 782
陳國燦　悉董薩部落　敦煌學大辭典　上海辭書出版社　1998　p. 301
金瀅坤　吐蕃統治敦煌的社會基層組織　《中國邊疆史地研究》1998年第4期　p. 31
沙知　敦煌契約文書輯校　江蘇古籍出版社　1998　p. 135

沙知　身東西不在　敦煌學大辭典　上海辭書出版社　1998　p. 390

高國藩　敦煌俗文化學　上海三聯書店　1999　p. 322

陳永勝　敦煌買賣契約法律制度探析　《敦煌研究》2000 年第 4 期　p. 101

周一良　王梵志詩的幾條補注　魏晉南北朝史論集續編　北京大學出版社　2001　p. 291

陳國燦　敦煌學史事新證　甘肅教育出版社　2002　p. 334

姜亮夫　敦煌莫高窟年表　姜亮夫全集(十一)　雲南人民出版社　2002　p. 184

童丕　敦煌的借貸：中國中古時代的物質生活與社會　中華書局　2003　p. 76

王克孝　顔廷亮　敦煌吐魯番契約中的契約形式與契約制度　2000 年敦煌學國際學術討論會文集・歷史文化卷(上)　甘肅民族出版社　2003　p. 231

王啓濤　中古及近代法制文書語言研究　巴蜀書社　2003　p. 210、311

余欣　新刊俄藏敦煌文獻研讀劄記　《敦煌學輯刊》2004 年第 1 期　p. 19

P. 2503

久野芳隆　北宗禪——燉煌本發見によりて明瞭になれる神秀の思想　『大正學報』(30、31 合併號)　(東京)大正大學院　1940　p. 150

饒宗頤　敦煌本文選斠證(一)　(香港)《新亞學報》1957 年第 1 期　p. 336

金岡照光　敦煌漢文文學文獻の文學形態上の種類とその分類　敦煌出土文學文獻分類目録・附解說　(東京)東洋文庫　1971　p. 237

陳祚龍　敦煌古抄《石崇王明君辭一首並序》之校斠　敦煌資料考屑(上冊)　(臺北)商務印書館　1979　p. 88

王重民　敦煌古籍叙録　中華書局　1979　p. 324

饒宗頤　敦煌書法叢刊(第十六卷)・詩詞　(東京)二玄社　1985　p. 12、69

王重民原編　黄永武新編　敦煌古籍叙録新編(第十六冊)　(臺北)新文豐出版公司　1986　p. 188

汪泛舟　《玉臺新詠》殘卷雜考　《敦煌研究》1987 年第 3 期　p. 80

林平和　羅振玉敦煌學析論　(臺北)文史哲出版社　1988　p. 72、204、218

汪泛舟　敦煌文學寫本辨正舉隅　《敦煌研究》1991 年第 1 期　p. 92

金岡照光　韻文體類——長篇叙事詩・短篇歌詠　敦煌の文學文獻(講座敦煌 9)　(東京)大東出版社　1992　p. 264

李正宇　敦煌文學概論　甘肅人民出版社　1993　p. 120

胡戟　傅玫　敦煌史話　中華書局　1995　p. 168

汪泛舟　玉臺新詠　敦煌學大辭典　上海辭書出版社　1998　p. 564

黄征　程惠新　劫塵遺珠：敦煌遺書　甘肅教育出版社　1999　p. 214

昝亮　《玉臺新詠》版本探索　文史(第五十二輯)　中華書局　2000　p. 107

姜亮夫　敦煌莫高窟年表　姜亮夫全集(十一)　雲南人民出版社　2002　p. 168

P. 2504

那波利貞　敦煌發見文書に拠る中晚唐時代の佛教寺院の錢穀布帛類貸付營利事業運營の實況　『支那學』(10 卷 3 號)　(京都)支那學社　1941　p. 137

姜亮夫　敦煌經卷在中國學術文化上之價值　《說文月刊》1943 年第 3 卷第 10 期　又見：敦煌學論文集　上海古籍出版社　1987　p. 16；中國敦煌學百年文庫・綜述卷(一)　甘肅文化出版社　1999　p. 90

陳祚龍　唐史散策　敦煌資料考屑(下冊)　(臺北)商務印書館　1979　p. 432

王重民　敦煌古籍叙録　中華書局　1979　p. 137

土肥義和　はじめに——歸義軍節度使の敦煌支配　敦煌の歷史(講座敦煌2)　(東京)大東出版社　1980　p. 285

陳國燦　敦煌所出諸借契年代考　魏晉南北朝隋唐史資料(第4輯)　武漢大學出版社　1982　p. 16　又見:《敦煌學輯刊》1984年第1期　p. 9

王堯　陳踐　敦煌吐蕃文獻選　四川民族出版社　1983　p. 2

饒宗頤解說　林宏作譯　敦煌書法叢刊(第二九卷)・道書(三)　(東京)二玄社　1984　p. 70

唐耕耦　唐五代時期的高利貸　《敦煌學輯刊》1985年第2期　p. 19

趙呂甫　讀金毓黻《敦煌寫本唐天寶官品令考釋》書後　《西北史地》1985年第1期　p. 67

劉俊文　天寶令式表與天寶法制:唐令格式寫本殘卷研究之一　敦煌吐魯番文獻研究論集(第三輯)　北京大學出版社　1986　p. 176

盧向前　牒式及其處理程式的探討:唐公式文研究　敦煌吐魯番文獻研究論集(第三輯)　北京大學出版社　1986　p. 344

王重民原編　黃永武新編　敦煌古籍叙録新編(第七冊)　(臺北)新文豐出版公司　1986　p. 179

陳踐　王堯　敦煌本《吐蕃法制文書》譯釋　1983年全國敦煌學術討論會文集・文史遺書編(上)　甘肅人民出版社　1987　p. 241

姜亮夫　海外敦煌卷子經眼録　敦煌學論文集　上海古籍出版社　1987　p. 37　又見:姜亮夫全集(十三)　雲南人民出版社　2002　p. 31

王永興　隋唐五代經濟史料彙編校注・第一編(下)　中華書局　1987　p. 932

劉俊文　敦煌吐魯番唐代法制文書考釋　中華書局　1989　p. 355

唐耕耦　8至10世紀敦煌的物價　紀念陳寅恪教授國際學術討論會文集　中山大學出版社　1989　p. 533、537

張廣達　論唐代的吏　《北京大學學報》1989年第2期　p. 4

黎薔　西域戲劇的緣起及敦煌佛教戲曲的形成　《敦煌研究》1990年第2期　p. 106

榮新江　西元十世紀沙州歸義軍與西州回鶻的文化交往　第二屆敦煌學國際研討會論文集　(臺北)漢學研究中心　1990　p. 587

唐耕耦　陸宏基　敦煌社會經濟文獻真迹釋録(二)　全國圖書館文獻縮微複製中心　1990　p. 124、313、586

趙和平　敦煌寫本書儀略論　敦煌吐魯番學研究論文集　漢語大詞典出版社　1990　p. 569　又見:敦煌寫本書儀略論　唐五代書儀研究　中國社會科學出版社　1995　p. 8

桂齊遜　唐代律令格式之性質與位階　第四屆唐代文化學術研討會論文集　(臺南)成功大學　1991　p. 696注25

仁井田陞　補訂中國法制史研究:法と慣習・法と道德　東京大學出版會　1991　p. 335

中村裕一　唐代官文書研究　(京都)中文出版社　1991　p. 23、179、208

中村裕一　唐代制勅研究　(東京)汲古書院　1991　p. 26

林家平　寧強　羅華慶　中國敦煌學史　北京語言學院出版社　1992　p. 71、167

林天蔚　敦煌戶籍卷中所見唐代田制之新探　唐代研究論集(第二輯)　(臺北)新文豐出版公司　1992　p. 118注11

林悟殊　榮新江　所謂李氏舊藏敦煌景教文獻二種辨僞　(香港)《九州學刊》(敦煌學專輯)1992年第4卷第4期　p. 33注49

尹偉先　從敦煌文書看唐代河西地區的貨幣流通　《社科縱橫》1992年第6期　又見:中國敦煌學百年文庫・歷史卷(二)　甘肅文化出版社　1999　p. 344

鄭炳林　梁志勝　《梁幸德邈真讚》與梁願請《莫高窟功德記》《敦煌研究》1992 年第 2 期　p. 70

　　又見：敦煌吐魯番文獻研究　蘭州大學出版社　1995　p. 269

中村裕一　官文書　敦煌漢文文獻（講座敦煌 5）　（東京）大東出版社　1992　p. 560

前田正名　河西歷史地理學研究　中國藏學出版社　1993　p. 257、292

榮新江　關於唐宋時期中原文化對于闐影響的幾個問題　國學研究（第一卷）　北京大學出版社
　　1993　p. 409

王震亞　趙燮　敦煌殘卷爭訟文牒集釋　甘肅人民出版社　1993　p. 54

趙和平　敦煌寫本書儀研究　（臺北）新文豐出版公司　1993　p. 21

李明偉　隋唐絲綢之路　甘肅人民出版社　1994　p. 253、260

王永興　敦煌經濟文書導論　（臺北）新文豐出版公司　1994　p. 426

胡戟　傅玫　敦煌史話　中華書局　1995　p. 154

劉進寶　敦煌學論述　（臺北）洪葉文化事業有限公司　1995　p. 260

張傳璽　中國歷代契約會編考釋（上）　北京大學出版社　1995　p. 395 注 1

清木場東　唐代財政史研究·運輸編　九州大學出版會　1996　p. 258

榮新江　歸義軍史研究　上海古籍出版社　1996　p. 25

中村裕一　唐代公文書研究　（東京）汲古書院　1996　p. 92、455

齊陳俊　馮培紅　晚唐五代宋初歸義軍對外商業貿易　敦煌歸義軍史專題研究　蘭州大學出版社
　　1997　p. 346、354

仁井田陞　唐令拾遺補訂　唐令拾遺補　東京大學出版會　1997　p. 810

沙知　般次零拾　周紹良先生欣開九秩慶壽文集　中華書局　1997　p. 145

唐耕耦　敦煌寺院會計文書研究　（臺北）新文豐出版公司　1997　p. 452

張廣達　"歡佛"與"歡齋"　慶祝鄧廣銘教授九十華誕論文集　河北教育出版社　1997　p. 68

鄭炳林　論晚唐敦煌文士張球即張景球　文史（第四十三輯）　中華書局　1997　p. 113

鄭炳林　晚唐五代敦煌貿易市場的物價　敦煌歸義軍史專題研究　蘭州大學出版社　1997　p. 281、
　　298

鄭炳林　馮培紅　唐五代歸義軍政權對外關係中的使頭一職　敦煌歸義軍史專題研究　蘭州大學出
　　版社　1997　p. 52

顧吉辰　敦煌文獻職官結銜考釋　《敦煌學輯刊》1998 年第 2 期　p. 29

李冬梅　唐五代歸義軍與周邊民族關係綜論　《敦煌學輯刊》1998 年第 2 期　p. 45

仁井田陞　唐令拾遺　東京大學出版會　1998　p. 87

沙知　敦煌契約文書輯校　江蘇古籍出版社　1998　p. 215

沙知　身東西不在　敦煌學大辭典　上海辭書出版社　1998　p. 390

唐耕耦　國忌　敦煌學大辭典　上海辭書出版社　1998　p. 377

唐耕耦　平闕式　敦煌學大辭典　上海辭書出版社　1998　p. 379

唐耕耦　田令　敦煌學大辭典　上海辭書出版社　1998　p. 378

馮培紅　客司與歸義軍的外交活動　《敦煌學輯刊》1999 年第 1 期　p. 82

劉俊文　唐代法制研究　（臺北）文津出版社　1999　p. 45

謝桃坊　敦煌文化尋繹　四川人民出版社　1999　p. 185

葉煒　試論隋與唐前期中央文官機構文書胥吏的組織系統　唐研究（第五卷）　北京大學出版社
　　1999　p. 137

張涌泉　試論審辨敦煌寫本俗字的方法　舊學新知　浙江大學出版社　1999　p. 81

陳永勝　敦煌法制文書研究回顧與展望　《敦煌研究》2000 年第 2 期　p. 103

陳永勝　敦煌吐魯番法制文書研究　甘肅人民出版社　2000　p. 9、41

劉後濱　從敕牒的特性看唐代中書門下體制　唐研究（第六卷）　北京大學出版社　2000　p. 228

劉進寶　敦煌文書與唐史研究　（臺北）新文豐出版公司　2000　p. 2

戴建國　唐"天寶律令式"說獻疑　法律史論集（第三卷）　法律出版社　2001　p. 517 注 1

丸山裕美子　唐宋節假制度的變遷——兼論"令"和"格敕"　中國社會歷史評論（第三卷）　中華書局　2001　p. 366

楊森　關於敦煌文獻中的"平章"一詞　敦煌學與中國史研究論集　甘肅人民出版社　2001　p. 231

陳國燦　敦煌學史事新證　甘肅教育出版社　2002　p. 15、342

姜亮夫　敦煌莫高窟年表　姜亮夫全集（十一）　雲南人民出版社　2002　p. 317

吳麗娛　唐禮摭遺：中古書儀研究　商務印書館　2002　p. 233

徐俊　唐詞、唐曲子及其相關問題　國際敦煌學學術史研討會論文集　研討會籌備組　2002　p. 373　又見：敦煌吐魯番研究（第七卷）　北京大學出版社　2004　p. 148

楊惠玲　敦煌契約文書中的保人、見人、口承人、同便人、同取人　《敦煌研究》2002 年第 6 期　p. 43

陸慶夫　歸義軍政權與蕃兵蕃將　2000 年敦煌學國際學術討論會文集・歷史文化卷（上）　甘肅民族出版社　2003　p. 116

童丕　敦煌的借貸：中國中古時代的物質生活與社會　中華書局　2003　p. 117、139

陳麗萍　中古時期敦煌地區財婚風氣略論　麥積山石窟藝術文化論文集（下）　蘭州大學出版社　2004　p. 266

公維章　讀敦煌《大曆碑》劄記　《敦煌學輯刊》2004 年第 1 期　p. 49

公維章　涅槃、淨土的殿堂：敦煌莫高窟第 148 窟研究　民族出版社　2004　p. 46

劉後濱　唐代中書門下體制研究　齊魯書社　2004　p. 301

鄭炳林　晚唐五代敦煌商業貿易市場研究　《敦煌學輯刊》2004 年第 1 期　p. 110

劉進寶　唐五代的"單身"及其賦役免征　中華文史論叢（總 79 輯）　上海古籍出版社　2005　p. 235

鄭炳林　晚唐五代敦煌地區的胡姓居民與聚落　法國漢學（第 10 輯）（粟特人在中國：歷史、考古、語言的新探索）　中華書局　2005　p. 185

吳麗娛　正禮與時俗：論民間書儀與唐朝禮制的同期互動　敦煌吐魯番研究（第九卷）　中華書局　2006　p. 177

P. 2505

那波利貞　千佛岩莫高窟と敦煌文書　西域文化研究（第二）・敦煌吐魯番社會經濟資料（上）　（京都）法藏館　1959　p. 56

那波利貞　開元末期以前と天寶初期以後との唐の時世の差異に就きて　唐代社會文化史研究・第一編　（東京）創文社　1974　p. 68

董作賓　敦煌紀年　敦煌學文選（上）　蘭州大學歷史系敦煌學研究室等　1983　p. 34

郭長城　敦煌寫本朋友書儀試論　漢學研究（敦煌學國際研討會論文專號）　（臺北）漢學研究資料及服務中心　1986　p. 296

王重民原編　黃永武新編　敦煌古籍叙錄新編（第十一冊）　（臺北）新文豐出版公司　1986　p. 349

趙和平　敦煌寫本《朋友書儀》殘卷整理及研究　《敦煌研究》1987 年第 4 期　p. 44　又見：唐五代書儀研究　中國社會科學出版社　1995　p. 109

周紹良　趙和平　書儀　《敦煌語言文學研究通訊》1987 年第 4 期　p. 1　又見：敦煌文學　甘肅人民出版社　1989　p. 46

周一良　敦煌寫本書儀考（之二）　敦煌吐魯番文獻研究論集（第四輯）　北京大學出版社　1987
　　　p. 21　又見：唐五代書儀研究　中國社會科學出版社　1995　p. 72
池田溫　中國古代寫本識語集録　（東京）大藏出版株式會社　1990　p. 491
趙和平　敦煌寫本書儀略論　敦煌吐魯番學研究論文集　漢語大詞典出版社　1990　p. 562　又見：
　　　唐五代書儀研究　中國社會科學出版社　1995　p. 2
周紹良　敦煌文學芻議及其它　（臺北）新文豐出版公司　1992　p. 9
周一良　唐代書儀の類型　敦煌漢文文獻（講座敦煌5）　（東京）大東出版社　1992　p. 695
杜琦　敦煌文學概論　甘肅人民出版社　1993　p. 509
趙和平　敦煌寫本書儀研究　（臺北）新文豐出版公司　1993　p. 11
胡戟　中國古代禮儀　陝西人民出版社　1994　p. 187
胡戟　傅玫　敦煌史話　中華書局　1995　p. 186
鄧文寬　評《藏外佛教文獻》第一輯　敦煌吐魯番研究（第二卷）　北京大學出版社　1997　p. 375
鄭炳林　敦煌碑銘讚輯釋　甘肅教育出版社　1997　p. 208 注8
趙和平　朋友書儀　敦煌學大辭典　上海辭書出版社　1998　p. 417
張錫厚　敦煌文學源流　作家出版社　2000　p. 154
周一良　魏晉南北朝史論集續編　北京大學出版社　2001　p. 225
姜亮夫　敦煌莫高窟年表　姜亮夫全集（十一）　雲南人民出版社　2002　p. 535
王三慶　黃亮文　《朋友書儀》一卷研究　敦煌學（第25輯）　（臺北）新文豐出版公司　2004　p. 22

P. 2506

王重民　敦煌本曆日之研究　《東方雜誌》1937年第34卷　又見：敦煌遺書論文集　中華書局
　　　1984　p. 118；中國敦煌學百年文庫・科技卷　甘肅文化出版社　1999　p. 25
王重民　敦煌曲子詞集　商務印書館　1950　p. 11、32
潘重規　巴黎倫敦所藏敦煌詩經卷子題記　（香港）《新亞書院學術年刊》1969年第11期　又見：中
　　　國敦煌學百年文庫・文獻卷（二）　甘肅文化出版社　1999　p. 388
潘重規　敦煌詩經卷子研究　（臺北）《華岡學報》1970年第6期　又見：中國敦煌學百年文庫・文
　　　獻卷（二）　甘肅文化出版社　1999　p. 434
金岡照光　敦煌文學のさまざま　敦煌の文學　（東京）大藏出版株式會社　1971　p. 143
蘇瑩輝　從敦煌本毛詩詁訓傳論毛詩定本及詁訓傳分卷問題　（臺北）《孔孟學報》1971年第22期
　　　又見：敦煌論集續編　（臺北）學生書局　1983　p. 29、34
王重民　敦煌古籍叙録　中華書局　1979　p. 27
波多野太郎　敦煌曲子詞孟姜女に對する潘重規教授の見解　敦煌詞話　（臺北）石門圖書公司
　　　1981　p. 13
潘重規　敦煌詞話　（臺北）石門圖書公司　1981　p. 6、79、96
蘇瑩輝　敦煌學概要　（臺北）編譯館“中華叢書編委會”　1981　p. 35
蘇瑩輝　“敦煌曲”評介　敦煌論集續編　（臺北）學生書局　1983　p. 305
蘇瑩輝　中外敦煌古寫本纂要　敦煌論集　（臺北）學生書局　1983　p. 311
饒宗頤　敦煌書法叢刊（第六卷）・經史（四）　（東京）二玄社　1985　p. 46、69
汪泛舟　敦煌曲子詞的地位特點和影響　《蘭州學刊》1985年第1期　p. 72
汪泛舟　敦煌曲子詞中民族、愛國詞篇考析　《敦煌研究》1985年第2期　p. 121
林玫儀　敦煌曲在詞學研究上之價值　漢學研究（敦煌學國際研討會論文專號）　（臺北）漢學研究
　　　資料及服務中心　1986　p. 191

盧善煥　《敦煌曲校録》略校　《敦煌學輯刊》1986 年第 2 期　p. 89

邱燮友　唐代敦煌曲的時代使命　漢學研究(敦煌學國際研討會論文專號)　(臺北)漢學研究資料及服務中心　1986　p. 146

王重民原編　黃永武新編　敦煌古籍叙録新編(第二冊)　(臺北)新文豐出版公司　1986　p. 48

鄧文寬　《涼州節院使押衙劉少晏狀》新探　《敦煌學輯刊》1987 年第 2 期　p. 64

高國藩　敦煌文學作品選　中華書局　1987　p. 86 注 1

姜亮夫　敦煌本毛詩傳箋校録　敦煌學論文集　上海古籍出版社　1987　p. 58、102　又見:姜亮夫全集(十三)　雲南人民出版社　2002　p. 48、87

姜亮夫　敦煌經卷在中國文化學術上的價值　敦煌學論文集　上海古籍出版社　1987　p. 10

任半塘　敦煌歌辭總編　上海古籍出版社　1987　p. 405、673

施萍婷　敦煌曆日研究　1983 年全國敦煌學術討論會文集·文史遺書編(上)　甘肅人民出版社　1987　p. 311、327、357

汪泛舟　敦煌曲子詞方音習語及其他　《敦煌研究》1987 年第 4 期　p. 58

高國藩　敦煌曲子詞中的詠花詞　《鹽城師專學報》1988 年第 3 期　p. 35

林平和　羅振玉敦煌學析論　(臺北)文史哲出版社　1988　p. 54、123、199、208

高國藩　敦煌民俗學　上海文藝出版社　1989　p. 6、526

高國藩　敦煌曲子詞欣賞　南京大學出版社　1989　p. 97、145

黃盛璋　敦煌于闐文書與漢文書中關於甘州回鶻史實異同及回鶻進佔甘州的年代問題　《西北史地》1989 年第 1 期　p. 3

孫其芳　詞　敦煌文學　甘肅人民出版社　1989　p. 202

嚴敦傑　跋敦煌唐乾符四年曆書　中國古代天文文物論集　文物出版社　1989　p. 246　又見:中國敦煌學百年文庫·科技卷　甘肅文化出版社　1999　p. 215

林平和　羅振玉校勘敦煌寫卷之商榷　第二屆敦煌學國際研討會論文集　(臺北)漢學研究中心　1990　p. 203

劉操南　敦煌本毛詩傳箋校録疏證　《敦煌研究》1990 年第 1 期　p. 102

任半塘　王昆吾　隋唐五代燕樂雜言歌辭集　巴蜀書社　1990　p. 240

譚蟬雪　敦煌歲時掇瑣:正月　《敦煌研究》1990 年第 1 期　p. 50　又見:(香港)《九州學刊》(敦煌學專輯)1993 年第 5 卷第 4 期　p. 87

宮島一彥　曆書·算書　敦煌漢文文獻(講座敦煌 5)　(東京)大東出版社　1992　p. 474

金岡照光　曲子詞類　敦煌の文學文獻(講座敦煌 9)　(東京)大東出版社　1992　p. 396

林家平　寧強　羅華慶　中國敦煌學史　北京語言學院出版社　1992　p. 28

石塚晴通　敦煌の加點本　敦煌漢文文獻(講座敦煌 5)　(東京)大東出版社　1992　p. 247

土田健次郎　儒教典籍　敦煌漢文文獻(講座敦煌 5)　(東京)大東出版社　1992　p. 268

尾崎康　史籍　敦煌漢文文獻(講座敦煌 5)　(東京)大東出版社　1992　p. 327

周紹良　敦煌文學芻議及其它　(臺北)新文豐出版公司　1992　p. 34

孫其芳　顏廷亮　敦煌文學概論　甘肅人民出版社　1993　p. 415

張鴻勳　敦煌文學概論　甘肅人民出版社　1993　p. 273 注 11

鄭阿財　敦煌文獻與文學　(臺北)新文豐出版公司　1993　p. 12

金賢珠　唐五代敦煌民歌　(臺北)文史哲出版社　1994　p. 61、94、131

王進玉　敦煌石窟探秘　四川教育出版社　1994　p. 85

張先堂　敦煌文學與周邊民族文學、域外文學關係述論　《敦煌研究》1994 年第 1 期　p. 54

胡戟　傅玫　敦煌史話　中華書局　1995　p. 168

黃盛璋　敦煌漢文與于闐文書中之龍家及其相關問題　全國敦煌學研討會論文集　（臺北）中正大
　　學中國文學系所　1995　p. 75　又見:《西域研究》1996 年第 1 期　p. 38

劉進寶　敦煌學論述　（臺北）洪葉文化事業有限公司　1995　p. 342

史雙元　唐五代詞紀事會評　黃山書社　1995　p. 400

吳庚舜　董乃斌　唐代文學史（下）　人民文學出版社　1995　p. 619 注 14

鄧文寬　敦煌天文曆法文獻輯校　江蘇古籍出版社　1996　p. 338

王昆吾　隋唐五代燕樂雜言歌辭研究　中華書局　1996　p. 418

張先堂　敦煌文學與周邊文學、域外文學關係述論　敦煌吐魯番學研究論集　書目文獻出版社
　　1996　p. 426

黃征　張涌泉　敦煌變文校注　中華書局　1997　p. 80、342

·白化文　詩經　敦煌學大辭典　上海辭書出版社　1998　p. 773

鄧文寬　天復五年乙丑歲具注曆日　敦煌學大辭典　上海辭書出版社　1998　p. 607

潘重規　敦煌《雲謠集》新書　雲謠集研究彙錄　上海古籍出版社　1998　p. 217

孫其芳　酒泉子　敦煌學大辭典　上海辭書出版社　1998　p. 532

孫其芳　臨江仙　敦煌學大辭典　上海辭書出版社　1998　p. 532

孫其芳　獻忠心　敦煌學大辭典　上海辭書出版社　1998　p. 531

高國藩　敦煌俗文化學　上海三聯書店　1999　p. 35、161、565

姜亮夫　敦煌:偉大的文化寶藏　雲南人民出版社　1999　p. 97

潘重規　敦煌寫本曲子孟姜女的震蕩（下）　中國敦煌學百年文庫·文學卷（二）　甘肅文化出版社
　　1999　p. 359

蘇瑩輝　從敦煌本毛詩詁訓傳論毛詩定本及詁訓傳分卷問題　中國敦煌學百年文庫·文學卷（二）
　　甘肅文化出版社　1999　p. 254

高明士　唐代敦煌官方的祭祀禮儀　1994 年敦煌學國際研討會文集·宗教文史卷（上）　甘肅民族
　　出版社　2000　p. 45

劉尊明　唐五代詞史論稿　文化藝術出版社　2000　p. 49

孫其芳　鳴沙遺音:敦煌詞選評　甘肅人民出版社　2000　p. 107

顏廷亮　敦煌文化　光明日報出版社　2000　p. 201

顏廷亮　西陲文學遺珍:敦煌文學通俗談　甘肅人民出版社　2000　p. 126

張鴻勳　說唱藝術奇葩:敦煌變文選評　甘肅人民出版社　2000　p. 157

張錫厚　敦煌文學源流　作家出版社　2000　p. 447

聶鋒　祁淑虹　敦煌歷史文化藝術　甘肅人民美術出版社　2001　p. 110

盛朝暉　敦煌寫本 P. 2506、2810a、2810b、4073、2380 之研究　《敦煌研究》2001 年第 4 期　p. 123

姜亮夫　敦煌莫高窟年表　姜亮夫全集（十一）　雲南人民出版社　2002　p. 289

劉進寶　敦煌學通論　甘肅教育出版社　2002　p. 389

劉永明　散見敦煌曆朔閏輯考　《敦煌研究》2002 年第 6 期　p. 11、15

馬繼興　當前世界各地收藏的中國出土卷子本古醫藥文獻備考　敦煌吐魯番研究（第六卷）　北京
　　大學出版社　2002　p. 146

余欣　禁忌、儀式與法術　唐代宗教信仰與社會　上海辭書出版社　2003　p. 315

伏俊璉　敦煌《詩經》殘卷的文獻價值　《敦煌研究》2004 年第 4 期　p. 41

馬若安　敦煌曆日"沒日"和"滅日"安排初探　敦煌吐魯番研究（第七卷）　北京大學出版社　2004
　　p. 429

湯涒　敦煌曲子詞地域文化研究　上海古籍出版社　2004　p. 20、32、138

朱大星　敦煌本《文子》校補　《敦煌研究》2004 年第 6 期　　p. 103

石塚晴通　敦煌的加點本　敦煌學・日本學:石塚晴通教授退職紀念論文集　上海辭書出版社　2005　p. 11

湯涒　敦煌曲子詞寫本叙略　敦煌學國際研討會論文集　北京圖書館出版社　2005　p. 193、200

P. 2507

那波利貞　千佛岩莫高窟と敦煌文書　西域文化研究(第二)・敦煌吐魯番社會經濟資料(上)　(京都)法藏館　1959　p. 35

金岡照光　敦煌民衆の社會と生活　敦煌の民衆——その生活と思想　(東京)評論社　1972　p. 337

王重民　敦煌古籍叙録　中華書局　1979　p. 126

佐藤武敏　敦煌の水利　敦煌の社會(講座敦煌 3)　(東京)大東出版社　1980　p. 273

姜伯勤　敦煌寺院碾磑經營的兩種形式　歷史論叢(第三輯)　齊魯書社　1983　p. 174　又見:五十年來漢唐佛教寺院經濟研究　北京師範大學出版社　1986　p. 221

孫曉林　唐西州高昌縣的水渠及其使用、管理　敦煌吐魯番文書初探　武漢大學出版社　1983　p. 541 注 4

謝和耐著　耿昇譯　敦煌的壇戶與梁戶　敦煌譯叢(第一輯)　甘肅人民出版社　1985　p. 169 注 18

趙和平　略論唐代海運　北京史苑(第 2 輯)　北京出版社　1985　p. 101

程喜霖　對吐魯番所出四角萄役夫文書的考察　《中國史研究》1986 年第 1 期　　p. 53

楚古耶夫斯基著　桑林摘譯　八—十世紀的敦煌　國外中國學研究譯叢(1)　青海人民出版社　1986　p. 583

立格夫斯基著　道奮譯　八至十世紀敦煌的經濟生活與經濟形態　《甘肅民族研究》1986 年第 4 期　p. 99

寧欣　唐代敦煌地區農業水利問題初探　敦煌吐魯番文獻研究論集(第三輯)　北京大學出版社　1986　p. 477 注 13

王永興　敦煌寫本唐開元水部式校釋　敦煌吐魯番文獻研究論集(第三輯)　北京大學出版社　1986　p. 42　又見:陳門問學叢稿　江西人民出版社　1993　p. 282

王重民原編　黄永武新編　敦煌古籍叙録新編(第七冊)　(臺北)新文豐出版公司　1986　p. 65

張弓　唐朝倉廩制度初探　中華書局　1986　p. 24 注 29

姜伯勤　唐五代敦煌寺戶制度　中華書局　1987　p. 227

姜亮夫　敦煌經卷在中國文化學術上的價值　敦煌學論文集　上海古籍出版社　1987　p. 17

謝和耐著　耿昇譯　中國 5—10 世紀的寺院經濟　甘肅人民出版社　1987　p. 179 注 1　又見:上海古籍出版社　2004　p. 146 注 7

林平和　羅振玉敦煌學析論　(臺北)文史哲出版社　1988　p. 38、204

宋家鈺　唐朝戶籍法與均田制研究　中州古籍出版社　1988　p. 308 注 2

白須淨真著　陳俊謀譯　唐代西州武城城之前城主與沙州壽昌城主　《西北史地》1989 年第 3 期　p. 34

劉進寶　伯希和與敦煌遺書　《西北師大學報》(社會科學版)1989 年第 4 期　p. 52

劉俊文　敦煌吐魯番唐代法制文書考釋　中華書局　1989　p. 326

唐長孺　敦煌所出眉縣尉判集中所見的唐代防丁　山居存稿　中華書局　1989　p. 405 注 1

鄭炳林　敦煌地理文書彙輯校注　甘肅教育出版社　1989　p. 101

葛承雍　唐代國庫制度　三秦出版社　1990　p. 62 注 1

郝春文　敦煌的渠人與渠社　《北京師範學院學報》1990 年第 1 期　p. 92

唐耕耦　陸宏基　敦煌社會經濟文獻真迹釋録(二)　全國圖書館文獻縮微複製中心　1990　p. 577

仁井田陞　補訂中國法制史研究：法と慣習・法と道德　東京大學出版會　1991　p. 324

愛宕元　韓國唐代の蒲州河中府城と河陽三城　中國の都市と農村　(東京)汲古書院　1992　p. 269

李并成　敦煌遺書中地理書卷的學術價值　《地理研究》1992 年第 3 期　p. 43

李并成　一批珍貴的古代地理文書：敦煌遺書中的地理書卷　《中國科技史料》1992 年第 13 卷第 4 期　p. 94

李鴻賓　《水部式》與唐朝的水利管理　《中國水利》1992 年第 3 期　p. 35

李錦繡　唐前期"輕稅"制度初探　《中國社會經濟史研究》1993 年第 1 期　1992　p. 28

林家平　寧强　羅華慶　中國敦煌學史　北京語言學院出版社　1992　p. 71

吳震　吐魯番出土法制文書概述　《西域研究》1992 年第 3 期　p. 71

高國藩　敦煌民俗資料導論　(臺北)新文豐出版公司　1993　p. 16

張涌泉　語詞辨析七則　《古漢語研究》1993 年第 1 期　p. 44

韓國磐　傳世文獻中所見唐式輯存　《中國古代史》(先秦至隋唐)1994 年第 3 期　p. 82

李明偉　隋唐絲綢之路　甘肅人民出版社　1994　p. 40

王永興　敦煌經濟文書導論　(臺北)新文豐出版公司　1994　p. 397

胡戟　傅玫　敦煌史話　中華書局　1995　p. 154

李錦繡　唐代財政史稿・上卷(第一分冊)　北京大學出版社　1995　p. 40、235、536

劉進寶　敦煌學論述　(臺北)洪葉文化事業有限公司　1995　p. 260

周一良　趙和平　敦煌寫本 P. 2481 號性質初探　唐五代書儀研究　中國社會科學出版社　1995　p. 278

李并成　李春元　瓜沙史地研究　甘肅文化出版社　1996　p. 190

鄧小南　課績・資格・考察——唐宋文官考核制度側談　大象出版社　1997　p. 25

董志翹　《入唐求法巡禮行記校注》商兌　俗語言研究(第四期)　(京都)禪文化研究所　1997　p. 55

馮培紅　唐五代敦煌的河渠水利與水司管理機構初探　《敦煌學輯刊》1997 年第 2 期　p. 71

唐耕耦　敦煌寺院會計文書研究　(臺北)新文豐出版公司　1997　p. 63

鄭炳林　敦煌碑銘讚輯釋　甘肅教育出版社　1997　p. 105 注 2

董志翹　敦煌文書詞語考釋　《敦煌研究》1998 年第 1 期　p. 135

荒川正晴　最近五年來(1993—1998)日本的唐代學術研究概況　"中國唐代學會"會刊(第九期)　(臺北)"中國唐代學會"　1998　p. 187

宋家鈺　防人　敦煌學大辭典　上海辭書出版社　1998　p. 405

宋家鈺　前官　敦煌學大辭典　上海辭書出版社　1998　p. 408

唐耕耦　斗門　敦煌學大辭典　上海辭書出版社　1998　p. 325

唐耕耦　平關式　敦煌學大辭典　上海辭書出版社　1998　p. 379

唐耕耦　郝春文　渠頭　敦煌學大辭典　上海辭書出版社　1998　p. 410

張澤咸　漢唐間河西走廊地區農牧生産述略　《中國史研究》1998 年第 1 期　p. 48

黃征　程惠新　劫塵遺珠：敦煌遺書　甘肅教育出版社　1999　p. 189

氣賀澤保規　府兵制の研究——府兵兵士とその社會　(東京)同朋舍　1999　p. 117

張涌泉　敦煌文書疑難詞語辨釋　舊學新知　浙江大學出版社　1999　p. 269

陳永勝　敦煌法制文書研究回顧與展望　《敦煌研究》2000 年第 2 期　p. 101

陳永勝　敦煌吐魯番法制文書研究　甘肅人民出版社　2000　p. 6、118

董志翹　《入唐求法巡禮行記》辭彙研究　中國社會科學出版社　2000　p. 37、201、291

雷紹鋒　歸義軍賦役制度初探　（臺北）洪葉文化事業有限公司　2000　p. 199

李方　唐代考課制度拾遺:敦煌吐魯番考課文書考釋　'98 法門寺唐文化國際學術討論會論文集
　陝西人民出版社　2000　p. 560

劉進寶　藏經洞之謎:敦煌文物流散記　甘肅人民出版社　2000　p. 119

劉進寶　敦煌文書與唐史研究　（臺北）新文豐出版公司　2000　p. 2

丘古耶夫斯基　敦煌漢文文書　上海古籍出版社　2000　p. 22

顏廷亮　敦煌文化　光明日報出版社　2000　p. 118、210

榮新江　敦煌學十八講　北京大學出版社　2001　p. 199

周一良　說宛　魏晉南北朝史論集續編　北京大學出版社　2001　p. 296

陳國燦　敦煌學史事新證　甘肅教育出版社　2002　p. 15

李并成　盛唐時期河西走廊的區位特點與開發　唐代地域結構與運作空間　上海辭書出版社　2003
　p. 83

童丕　敦煌的借貸:中國中古時代的物質生活與社會　中華書局　2003　p. 47

王啓濤　中古及近代法制文書語言研究　巴蜀書社　2003　p. 105、234、388

張澤咸　漢晉唐時期農業　中國社會科學出版社　2003　p. 757

孟憲實　論敦煌渠人社　周秦漢唐文化研究(第三輯)　三秦出版社　2004　p. 139

鄭顯文　唐代律令制研究　北京大學出版社　2004　p. 287

P. 2508

小島祐馬　巴黎國立圖書館藏敦煌遺書所見錄(九)　『支那學』(8 卷 1 號)　（京都）支那學社
　1935　p. 93

寺岡龍含　敦煌本郭象注莊子南華真經輯影　福井漢文學會　1960　p. 52、137

寺岡龍含　敦煌本郭象注莊子南華真經研究總論　福井漢文學會　1966　p. 57、67、113、136、157

王重民　敦煌古籍叙錄　中華書局　1979　p. 247

蘇瑩輝　敦煌學概要　（臺北）編譯館"中華叢書編委會"　1981　p. 53

楠山春樹　道德經類　付『莊子』『列子』『文子』　敦煌と中國道教(講座敦煌4)　（東京）大東出版
　社　1983　p. 51

蘇瑩輝　中外敦煌古寫本纂要　敦煌論集　（臺北）學生書局　1983　p. 329

饒宗頤　敦煌書法叢刊(第二八卷)‧道書(二)　（東京）二玄社　1984　p. 3、85

姜伯勤　沙州道門親表部落釋證　《敦煌研究》1986 年第 3 期　p. 3

王重民原編　黃永武新編　敦煌古籍叙錄新編(第十三冊)　（臺北）新文豐出版公司　1986
　p. 143、188

林平和　羅振玉敦煌學析論　（臺北）文史哲出版社　1988　p. 63、141、197、205、212、214

林平和　羅振玉校勘敦煌寫卷之商榷　第二屆敦煌學國際研討會論文集　（臺北）漢學研究中心
　1990　p. 186

榮新江　饒宗頤教授與敦煌學研究　"中國唐代學會"會刊(第四期)　（臺北）"中國唐代學會"
　1993　p. 47　又見:選堂文史論苑　上海古籍出版社　1994　p. 272；中國敦煌學百年文庫‧綜
　述卷(三)　甘肅文化出版社　1999　p. 372

汪泛舟　敦煌文學概論　甘肅人民出版社　1993　p. 570

姜伯勤　敦煌藝術宗教與禮樂文明　中國社會科學出版社　1996　p. 4、257

張金泉　許建平　敦煌音義彙考　杭州大學出版社　1996　p. 545

黄征　評《敦煌寫本碎金研究》　唐研究(第四卷)　北京大學出版社　1998　p. 545

譚世寶　敦煌文書《南華真經》諸寫本之年代及篇卷結構探討　道家文化研究(第十三輯)　三聯書店　1998　p. 79

顏廷亮　敦煌文化中的道教及文化　《敦煌研究》1999 年第 1 期　p. 142

顏廷亮　敦煌文化　光明日報出版社　2000　p. 209、247

李正宇　沙州歸義軍樂營及其職事　敦煌吐魯番研究(第五卷)　北京大學出版社　2001　p. 221

黄征　敦煌語言文字學研究　甘肅教育出版社　2002　p. 368

姜亮夫　敦煌莫高窟年表　姜亮夫全集(十一)　雲南人民出版社　2002　p. 204

劉屹　論 20 世紀的敦煌道教文獻研究　敦煌吐魯番研究(第七卷)　北京大學出版社　2004　p. 205

王卡　敦煌道教文獻研究　中國社會科學出版社　2004　p. 181、182

王卡　中國國家圖書館藏敦煌道教遺書研究報告　敦煌吐魯番研究(第七卷)　北京大學出版社　2004　p. 366

張金泉　《字寶》考　浙江與敦煌學：常書鴻先生誕辰一百周年紀念文集　浙江古籍出版社　2004　p. 558

湯涒　敦煌曲子詞寫本叙略　敦煌學國際研討會論文集　北京圖書館出版社　2005　p. 208

P. 2509

王重民　敦煌古籍叙録　中華書局　1979　p. 50

王重民原編　黄永武新編　敦煌古籍叙録新編(第三冊)　(臺北)新文豐出版公司　1986　p. 85

饒宗頤解說　林宏作譯　敦煌書法叢刊(第八卷)·經史(六)　(東京)二玄社　1986　p. 74

姜亮夫　海外敦煌卷子經眼録　敦煌學論文集　上海古籍出版社　1987　p. 29　又見：姜亮夫全集(十三)　雲南人民出版社　2002　p. 24

林平和　羅振玉敦煌學析論　(臺北)文史哲出版社　1988　p. 57、125、201

林家平　寧强　羅華慶　中國敦煌學史　北京語言學院出版社　1992　p. 29

土田健次郎　儒教典籍　敦煌漢文文獻(講座敦煌 5)　(東京)大東出版社　1992　p. 268

白化文　春秋經傳集解　敦煌學大辭典　上海辭書出版社　1998　p. 774

姜亮夫　敦煌：偉大的文化寶藏　雲南人民出版社　1999　p. 102

姜亮夫　敦煌莫高窟年表　姜亮夫全集(十一)　雲南人民出版社　2002　p. 162

李索　敦煌寫卷《春秋經傳集解》校證　中國社會科學出版社　2005　p. 115

李索　從寫卷 P. 2509 之"岠躍"看《左傳》"距躍"的意義　《敦煌研究》2006 年第 1 期　p. 109

P. 2510

王重民　敦煌古籍叙録　中華書局　1979　p. 65

左景權　敦煌古圖書蠡側　《香港中文大學學報》1979 年第 10 卷　又見：中國敦煌學百年文庫·文獻卷(二)　甘肅文化出版社　1999　p. 509

蘇瑩輝　敦煌學概要　(臺北)編譯館"中華叢書編委會"　1981　p. 37

蘇瑩輝　近三十年國際研究"敦煌學"之回顧與前瞻　《書目季刊》1982 年第 60 卷第 2 期　又見：中國敦煌學百年文庫·綜述卷(三)　甘肅文化出版社　1999　p. 31

穆舜英等　新疆考古三十年　新疆人民出版社　1983　p. 346 注 2

蘇瑩輝　中外敦煌古寫本纂要　敦煌論集　（臺北）學生書局　1983　p. 313

饒宗頤　敦煌書法叢刊（第七卷）·經史（五）　（東京）二玄社　1985　p. 20、49

王重民原編　黄永武新編　敦煌古籍叙録新編（第四册）　（臺北）新文豐出版公司　1986　p. 102

林平和　羅振玉敦煌學析論　（臺北）文史哲出版社　1988　p. 31、203、217

王素　唐寫本《論語鄭氏注》對策殘卷與唐代經義對策　《文物》1988 年第 2 期　p. 57

池田溫　中國古代寫本識語集録　（東京）大藏出版株式會社　1990　p. 556

林平和　羅振玉校勘敦煌寫卷之商榷　第二届敦煌學國際研討會論文集　（臺北）漢學研究中心
　　1990　p. 208

金谷治　鄭玄與《論語》　唐寫本論語鄭氏注及其研究　文物出版社　1991　p. 205

林聰明　敦煌文書學　（臺北）新文豐出版公司　1991　p. 354

王素　敦煌文書中的第四件《論語鄭氏注》　唐寫本論語鄭氏注及其研究　文物出版社　1991
　　p. 172

王素　唐寫本《論語鄭氏注》對策殘卷考索　唐寫本論語鄭氏注及其研究　文物出版社　1991
　　p. 265

王素　唐寫本《論語鄭氏注》校讀劄記　唐寫本論語鄭氏注及其研究　文物出版社　1991　p. 256

王素　唐寫本《論語鄭氏注》校録　唐寫本論語鄭氏注及其研究　文物出版社　1991　p. 75、93、118

王素　唐寫本《論語鄭氏注》校録校勘説明　唐寫本論語鄭氏注及其研究　文物出版社　1991　p. 3

姜伯勤　敦煌社會文書導論　（臺北）新文豐出版公司　1992　p. 96

土田健次郎　儒教典籍　敦煌漢文文獻（講座敦煌 5）　（東京）大東出版社　1992　p. 269、273、288

榮新江　《唐寫本論語鄭氏注及其研究》拾遺　《文物》1993 年第 2 期　p. 57

榮新江　歸義軍改元考　文史（第三十八輯）　中華書局　1994　p. 47

鄭汝中　唐代書法藝術與敦煌寫卷　敦煌書法庫（第四輯）　甘肅人民美術出版社　1994　p. 11
　　又見:《敦煌研究》1996 年第 2 期　p. 127

胡戟　傅玫　敦煌史話　中華書局　1995　p. 140

陳金木　唐寫本論語鄭氏注研究（上）　（臺北）文津出版社　1996　p. 4

榮新江　歸義軍史研究　上海古籍出版社　1996　p. 48

鄭阿財　洪藝芳　1995—1996 年臺灣地區唐代學術研究概况:敦煌學　"中國唐代學會"會刊（第七
　　期）　（臺北）"中國唐代學會"　1996　p. 103

李方　敦煌《論語集解》校正　江蘇古籍出版社　1998　p. 832

李方　唐寫本《論語集解》校讀零拾　出土文獻研究（第三輯）　文物出版社　1998　p. 218

劉方　唐抄本鄭氏注論語集成　敦煌學大辭典　上海辭書出版社　1998　p. 833

劉濤　論語鄭玄注卷第二殘卷　敦煌學大辭典　上海辭書出版社　1998　p. 286

謝桃坊　敦煌文化尋繹　四川人民出版社　1999　p. 101

張錫厚　敦煌文學源流　作家出版社　2000　p. 142

林聰明　敦煌吐魯番文書解詁指例　（臺北）新文豐出版公司　2001　p. 348

單承彬　定州漢墓竹簡《論語》爲"魯論"考　文史（第五十六輯）　中華書局　2001　p. 50

許建平　評《敦煌〈論語集解〉校正》　敦煌吐魯番研究（第五卷）　北京大學出版社　2001　p. 342

姜亮夫　敦煌莫高窟年表　姜亮夫全集（十一）　雲南人民出版社　2002　p. 430

姜亮夫　敦煌學之文書研究　姜亮夫全集（十四）　雲南人民出版社　2002　p. 438

林平和　試論敦煌文獻之輯佚價值　新世紀敦煌學論集　巴蜀書社　2003　p. 728

王素　敦煌本《論語》研究的回顧與展望　2000 年敦煌學國際學術討論會文集·歷史文化卷（上）
　　甘肅民族出版社　2003　p. 471

許建平　《俄藏敦煌文獻》儒家經典類寫本的定名與綴合　漢語史學報專輯(第三輯)　上海教育出版社　2003　p. 313

許建平　英倫法京所藏敦煌寫本殘片八種之定名並校錄　敦煌學(第24輯)　(臺北)樂學書局有限公司　2003　p. 123

竇懷永　許建平　敦煌寫本的避諱特點及其對傳統寫本抄寫時代判定的參考價值　《敦煌研究》2004年第4期　p. 54

許建平　中國國家圖書館藏未刊敦煌寫本殘片四種的定名與綴合　浙江與敦煌學:常書鴻先生誕辰一百周年紀念文集　浙江古籍出版社　2004　p. 320

韓鋒　讀俄藏敦煌文書ДХ02174號劄記　《敦煌學輯刊》2005年第1期　p. 41

P. 2511

陳祚龍　簡記敦煌古抄方志　敦煌文物隨筆　(臺北)商務印書館　1979　p. 51

王重民　敦煌古籍叙錄　中華書局　1979　p. 111

陳祚龍　《簡記敦煌古抄方志》及其"後語"　敦煌學要籥　(臺北)新文豐出版公司　1982　p. 222

馬世長　敦煌縣博物館藏地志殘卷:敦博第五八號卷子研究之一　敦煌吐魯番文獻研究論集　中華書局　1982　p. 309注48、318、385、386、397、398注2

唐耕耦　陸宏基　敦煌社會經濟文獻真迹釋錄(一)　書目文獻出版社　1986　p. 69

王重民原編　黄永武新編　敦煌古籍叙錄新編(第六冊)　(臺北)新文豐出版公司　1986　p. 190

王仲犖　《諸道山河地名要略》第二殘卷校釋　敦煌吐魯番文獻研究論集(第四輯)　北京大學出版社　1987　p. 1　又見:敦煌石室地志殘卷考釋　上海古籍出版社　1993　p. 90

林平和　羅振玉敦煌學析論　(臺北)文史哲出版社　1988　p. 39、220

鄭炳林　敦煌地理文書彙輯校注　甘肅教育出版社　1989　p. 173

池田溫　中國古代寫本識語集錄　(東京)大藏出版株式會社　1990　p. 447

杜斗城　敦煌五臺山文獻校錄研究　山西人民出版社　1991　p. 211

鄭炳林　敦煌文書S.373號李存勖唐玄奘詩證誤　《敦煌學輯刊》1991年第1期　p. 23　又見:敦煌吐魯番文獻研究　蘭州大學出版社　1995　p. 302

李并成　敦煌遺書中地理書卷的學術價值　《地理研究》1992年第3期　p. 42

李并成　一批珍貴的古代地理文書:敦煌遺書中的地理書卷　《中國科技史料》1992年第13卷第4期　p. 89

林家平　寧强　羅華慶　中國敦煌學史　北京語言學院出版社　1992　p. 82

日比野丈夫　地理書　敦煌漢文文獻(講座敦煌5)　(東京)大東出版社　1992　p. 337

胡戟　傅玫　敦煌史話　中華書局　1995　p. 147

華林甫　《姓氏錄》寫作年代考　《敦煌研究》1995年第4期　p. 99

李錦繡　唐代財政史稿·下卷(第一分冊)　北京大學出版社　1995　p. 82注9

凍國棟　唐代前期的岢嵐鎮與岢嵐軍　魏晉南北朝隋唐史資料(第14輯)　武漢大學出版社　1996　p. 100

程存潔　唐王朝北邊邊城的修築與邊防政策　唐研究(第三卷)　北京大學出版社　1997　p. 368

華林甫　略論敦煌文書的地名學意義　《中國歷史地理論叢》1997年第2輯　又見:中國敦煌學百年文庫·地理卷(二)　甘肅文化出版社　1999　p. 239

張涌泉　敦煌地理文書輯錄著作三種校議　古典文獻與文化論叢　中華書局　1997　p. 84

鄭炳林　敦煌碑銘讚輯釋　甘肅教育出版社　1997　p. 304注6

李正宇　古本敦煌鄉土志八種箋證　(臺北)新文豐出版公司　1998　p. 194

黃征　程惠新　劫塵遺珠：敦煌遺書　甘肅教育出版社　1999　p. 188
饒宗頤　《敦煌本〈甘棠集〉研究》序　敦煌吐魯番研究(第四卷)　北京大學出版社　1999　p. 561
柴劍虹　"葫蘆河"考　敦煌吐魯番學論稿　浙江教育出版社　2000　p. 273
黃正建　試論唐代前期皇帝消費的某些側面　唐研究(第六卷)　北京大學出版社　2000　p. 208 注 3
榮新江　敦煌文獻與古籍整理　慶祝吳其昱先生八秩華誕敦煌學特刊　(臺北)文津出版社　2000
　　　p. 272
徐俊　敦煌詩集殘卷輯考　中華書局　2000　p. 309
榮新江　敦煌學十八講　北京大學出版社　2001　p. 269
華林甫　中國地名學源流　湖南人民出版社　2002　p. 184
姜亮夫　敦煌莫高窟年表　姜亮夫全集(十一)　雲南人民出版社　2002　p. 397
榮新江　敦煌地理文獻的價值與研究　敦煌學新論　甘肅教育出版社　2002　p. 244
鄭炳林　徐曉麗　敦煌寫本 P. 3973《往五臺山行記》殘卷研究　《敦煌學輯刊》2002 年第 1 期　p. 2
石雲濤　唐代幕府制度研究　中國社會科學出版社　2003　p. 348
辛德勇　唐代的地理學　唐代地域結構與運作空間　上海辭書出版社　2003　p. 441
李錦繡　敦煌吐魯番地理文書與唐五代地理學　《吐魯番學研究》2005 年第 1 期　p. 50
吳麗娛　關於敦煌 S. 5566 書儀的研究　敦煌學國際研討會論文集　北京圖書館出版社　2005
　　　p. 81

P. 2512

王重民　敦煌古籍叙錄　中華書局　1979　p. 176
馬世長　敦煌縣博物館藏星圖、占雲氣書殘卷：敦博第五八號卷子研究之三　敦煌吐魯番文獻研究論
　　　集　中華書局　1982　p. 478、480、483、489、508 注 8
饒宗頤　論七曜與十一曜：記敦煌開寶七年(九七四)康遵批命課　選堂集林·史林　(香港)中華書
　　　局　1982　p. 792　又見：饒宗頤史學論著選　上海古籍出版社　1993　p. 591；饒宗頤東方學
　　　論集　汕頭大學出版社　1999　p. 130
王重民原編　黃永武新編　敦煌古籍叙錄新編(第九冊)　(臺北)新文豐出版公司　1986　p. 70
趙承澤　敦煌學和科技史　1983 年全國敦煌學術討論會文集·文史遺書編(上)　甘肅人民出版社
　　　1987　p. 406
林平和　羅振玉敦煌學析論　(臺北)文史哲出版社　1988　p. 42
高國藩　敦煌民俗學　上海文藝出版社　1989　p. 332
馬世長　敦煌寫本紫微垣星圖　中國古代天文文物論集　文物出版社　1989　p. 201
潘鼐　敦煌卷子中的天文材料　中國古代天文文物論集　文物出版社　1989　p. 223
夏鼐　另一件敦煌星圖寫本：《敦煌星圖乙本》　中國古代天文文物論集　文物出版社　1989
　　　p. 215 注 3
鄧文寬　比《步天歌》更古老的通俗識星作品：《玄象詩》　《文物》1990 年第 3 期　p. 61
榮新江　話說敦煌　山東教育出版社　1991　p. 105
菅原信海　占筮書　敦煌漢文文獻(講座敦煌 5)　(東京)大東出版社　1992　p. 452
胡同慶　羅華慶　敦煌學入門　甘肅人民出版社　1994　p. 75
王進玉　敦煌石窟探秘　四川教育出版社　1994　p. 79
胡戟　傅玫　敦煌史話　中華書局　1995　p. 196
劉進寶　敦煌學論述　(臺北)洪葉文化事業有限公司　1995　p. 289
鄧文寬　敦煌天文曆法文獻輯校　江蘇古籍出版社　1996　p. 3

鄧文寬　石氏甘氏巫咸氏三家星經　敦煌學大辭典　上海辭書出版社　1998　p. 603

饒宗頤　敦煌出土鎮墓文所見解除慣語考釋:《魏晉南北朝敦煌文獻編年》序　敦煌吐魯番研究(第
　　三卷)　北京大學出版社　1998　p. 14

饒宗頤　馬王堆《陰陽五行》之天一圖:漢初天一家遺說考　燕京學報(新第7期)　北京大學出版社
　　1999　p. 66

顏廷亮　敦煌文化　光明日報出版社　2000　p. 118、210

楊秀清　華戎交會的都市:敦煌與絲綢之路　甘肅人民出版社　2000　p. 125

榮新江　敦煌學十八講　北京大學出版社　2001　p. 293

鄧文寬　敦煌吐魯番天文曆法研究　甘肅教育出版社　2002　p. 6、17

杜澤遜　文獻學概要　中華書局　2002　p. 515

姜亮夫　敦煌莫高窟年表　姜亮夫全集(十一)　雲南人民出版社　2002　p. 200

李斌城　唐代文化　中國社會科學出版社　2002　p. 1581

吳麗娛　論九宮祭祀與道教崇拜　唐研究(第九卷)　北京大學出版社　2003　p. 290

鄭炳林　王晶波　敦煌寫本相書概述　《敦煌學國際聯絡委員會通訊》2003年第1期　p. 50

張弓　敦煌四部籍與中古後期社會的文化情境　敦煌學(第25輯)　(臺北)樂學書局有限公司
　　2004　p. 329

鄭炳林　王晶波　敦煌寫本相書校錄研究　民族出版社　2004　p. 215

鄭炳林　敦煌寫本許負相書殘卷研究　敦煌學國際研討會論文集　北京圖書館出版社　2005
　　p. 165

鄧文寬　劉樂賢　敦煌天文氣象占寫本概述　敦煌吐魯番研究(第九卷)　中華書局　2006　p. 410

P. 2513

王重民　敦煌古籍叙錄　中華書局　1979　p. 81

饒宗頤　敦煌書法叢刊(第十一卷)・經史(九)　(東京)二玄社　1984　p. 3、62

饒宗頤解說　林宏作譯　敦煌書法叢刊(第十卷)・經史(八)　(東京)二玄社　1985　p. 61

王重民　巴黎敦煌殘卷叙錄(第一輯)　敦煌叢刊初集(九)　(臺北)新文豐出版公司　1985　p. 132

王重民原編　黃永武新編　敦煌古籍叙錄新編(第五冊)　(臺北)新文豐出版公司　1986　p. 87、96

林平和　羅振玉敦煌學析論　(臺北)文史哲出版社　1988　p. 61、205、212、233

杜愛英　敦煌遺書中俗體字的諸種類型　《敦煌研究》1992年第3期　p. 119

尾崎康　史籍　敦煌漢文文獻(講座敦煌5)　(東京)大東出版社　1992　p. 307

胡戟　傅玫　敦煌史話　中華書局　1995　p. 143

白化文　漢書　敦煌學大辭典　上海辭書出版社　1998　p. 775

黃征　程惠新　劫塵遺珠:敦煌遺書　甘肅教育出版社　1999　p. 197

饒宗頤　馬王堆《陰陽五行》之天一圖:漢初天一家遺說考　燕京學報(新第7期)　北京大學出版社
　　1999　p. 71

P. 2514

潘重規　巴黎倫敦所藏敦煌詩經卷子題記　(香港)《新亞書院學術年刊》1969年第11期　又見:中
　　國敦煌學百年文庫・文獻卷(二)　甘肅文化出版社　1999　p. 388

王重民　敦煌古籍叙錄　中華書局　1979　p. 27

蘇瑩輝　敦煌學概要　(臺北)編譯館"中華叢書編委會"　1981　p. 35

蘇瑩輝　從敦煌本毛詩詁訓傳論毛詩定本及詁訓傳分卷問題　敦煌論集續編　(臺北)學生書局

1983　　p. 29、34

蘇瑩輝　中外敦煌古寫本纂要　敦煌論集　（臺北）學生書局　1983　p. 311

饒宗頤　敦煌書法叢刊(第六卷)・經史(四)　（東京）二玄社　1985　p. 3、69

王重民原編　黄永武新編　敦煌古籍叙録新編(第二冊)　（臺北）新文豐出版公司　1986　p. 48

姜亮夫　敦煌本毛詩傳箋校録　敦煌學論文集　上海古籍出版社　1987　p. 58、108　又見：姜亮夫
　　全集(十三)　雲南人民出版社　2002　p. 49、93

姜亮夫　敦煌經卷在中國文化學術上的價值　敦煌學論文集　上海古籍出版社　1987　p. 10

林平和　羅振玉敦煌學析論　（臺北）文史哲出版社　1988　p. 53、123、199

池田温　中國古代寫本識語集録　（東京）大藏出版株式會社　1990　p. 402

林平和　羅振玉校勘敦煌寫卷之商榷　第二屆敦煌學國際研討會論文集　（臺北）漢學研究中心
　　1990　p. 188

劉操南　敦煌本毛詩傳箋校録疏證　《敦煌研究》1990年第1期　p. 102

林聰明　敦煌文書學　（臺北）新文豐出版公司　1991　p. 236

林家平　寧强　羅華慶　中國敦煌學史　北京語言學院出版社　1992　p. 28

土田健次郎　儒教典籍　敦煌漢文文獻(講座敦煌5)　（東京）大東出版社　1992　p. 268

劉濤　評《法藏敦煌書苑精華》　敦煌吐魯番研究(第一卷)　北京大學出版社　1996　p. 379

白化文　詩經　敦煌學大辭典　上海辭書出版社　1998　p. 773

姜亮夫　敦煌:偉大的文化寶藏　雲南人民出版社　1999　p. 97

潘重規　敦煌詩經卷子研究　中國敦煌學百年文庫・文獻卷(二)　甘肅文化出版社　1999　p. 433

顏廷亮　敦煌文化　光明日報出版社　2000　p. 201

姜亮夫　敦煌莫高窟年表　姜亮夫全集(十一)　雲南人民出版社　2002　p. 160

伏俊璉　敦煌《詩經》殘卷的文獻價值　《敦煌研究》2004年第4期　p. 41

許建平　潘重規先生對《詩經》研究的貢獻　敦煌學(第25輯)　（臺北）樂學書局有限公司　2004
　　p. 397

石塚晴通　敦煌的加點本　敦煌學・日本學:石塚晴通教授退職紀念論文集　上海辭書出版社
　　2005　p. 9、13

P. 2515

羅福頤　敦煌石室文物對於學術上的貢獻　《歷史教學》1951年第5期　又見:中國敦煌學百年文
　　庫・考古卷(四)　甘肅文化出版社　1999　p. 7

王重民　敦煌寫本跋文(王重民遺稿)　敦煌吐魯番文獻研究論集　中華書局　1982　p. 4

周鳳五　敦煌寫本太公家教研究　（臺北）明文書局　1986　p. 155

池田温　中國古代寫本識語集録　（東京）大藏出版株式會社　1990　p. 498

林聰明　敦煌文書學　（臺北）新文豐出版公司　1991　p. 191

鄭阿財　從敦煌文獻看唐代的三教合一　第二屆國際唐代學術會議論文集(上)　（臺北）文津出版
　　社　1993　p. 655

鄭阿財　敦煌文獻與文學　（臺北）新文豐出版公司　1993　p. 262

劉進寶　P. 3236號《壬申年官布籍》時代考　《西北師大學報》(社會科學版)1996年第5期　p. 43

劉進寶　P. 3236號《壬申年官布籍》研究　慶祝潘石禪先生九秩華誕敦煌學特刊　（臺北）文津出版
　　社　1996　p. 359

李鼎霞　辯才家教　敦煌學大辭典　上海辭書出版社　1998　p. 781

劉進寶　敦煌文書與唐史研究　（臺北）新文豐出版公司　2000　p. 230

葉永勝　敦煌本《辯才家教》初探　1994 年敦煌學國際研討會文集·宗教文史卷(下)　甘肅民族出
　　版社　2000　p. 213

鄧文寬　敦煌吐魯番天文曆法研究　甘肅教育出版社　2002　p. 26

鄭阿財　朱鳳玉　敦煌蒙書研究　甘肅教育出版社　2002　p. 389

趙跟喜　敦煌唐宋時期的女子教育初探　文史(第七十五輯)　中華書局　2006　p. 93

P. 2516

陳鐵凡　敦煌本尚書述略　(臺北)《大陸雜誌》1961 年第 8 期　又見:中國敦煌學百年文庫·文獻
　　卷(一)　甘肅文化出版社　1999　p. 444

陳鐵凡　敦煌本尚書十四殘卷綴合記　(新加坡)《新社學報》1969 年第 3 期　又見:中國敦煌學百
　　年文庫·文獻卷(二)　甘肅文化出版社　1999　p. 413

陳鐵凡　敦煌本虞夏商書校證補遺　(臺北)《大陸雜誌》1969 年第 2 期　又見:中國敦煌學百年文
　　庫·文獻卷(二)　甘肅文化出版社　1999　p. 419

王重民　敦煌本尚書六跋　《青海民族學院學報》1979 年第 4 卷　又見:中國敦煌學百年文庫·文獻
　　卷(二)　甘肅文化出版社　1999　p. 555

王重民　敦煌古籍叙錄　中華書局　1979　p. 8、11

王堯　陳踐　敦煌吐蕃文獻選　四川民族出版社　1983　p. 67

饒宗頤解說　林宏作譯　敦煌書法叢刊(第五卷)·經史(三)　(東京)二玄社　1985　p. 48

王重民　巴黎敦煌殘卷叙錄(第一輯)　敦煌叢刊初集(九)　(臺北)新文豐出版公司　1985　p. 110

王重民原編　黃永武新編　敦煌古籍叙錄新編(第一冊)　(臺北)新文豐出版公司　1986　p. 126、
　　159、249

姜亮夫　敦煌本尚書校錄　敦煌學論文集　上海古籍出版社　1987　p. 154、156、203　又見:姜亮夫
　　全集(十三)　雲南人民出版社　2002　p. 136

姜亮夫　敦煌經卷在中國文化學術上的價值　敦煌學論文集　上海古籍出版社　1987　p. 9

任半塘　敦煌歌辭總編　上海古籍出版社　1987　p. 378

林平和　羅振玉敦煌學析論　(臺北)文史哲出版社　1988　p. 29、122

孫啓治　唐寫本俗別字變化類型舉例　敦煌吐魯番文獻研究論集(第五輯)　北京大學出版社
　　1990　p. 125、129、131

林家平　寧強　羅華慶　中國敦煌學史　北京語言學院出版社　1992　p. 22、25

土田健次郎　儒教典籍　敦煌漢文文獻(講座敦煌 5)　(東京)大東出版社　1992　p. 268、280

吳福熙　敦煌殘卷古文尚書校注　甘肅人民出版社　1992　p. 30

吳其昱著　伊藤美重子譯　敦煌漢文寫本概観　敦煌漢文文獻(講座敦煌 5)　(東京)大東出版社
　　1992　p. 96

顧吉辰　唐代敦煌文獻寫本書手考述　《敦煌學輯刊》1993 年第 1 期　p. 29

胡戟　傅玫　敦煌史話　中華書局　1995　p. 140

王堯　吐蕃時期藏譯漢籍名著及故事　中國古籍研究(第一卷)　上海古籍出版社　1996　p. 539

趙和平　敦煌本商書校證　敦煌學大辭典　上海辭書出版社　1998　p. 823

姜亮夫　敦煌:偉大的文化寶藏　雲南人民出版社　1999　p. 99

徐俊　敦煌詩集殘卷輯考　中華書局　2000　p. 768

林聰明　敦煌吐魯番文書解詁指例　(臺北)新文豐出版公司　2001　p. 343

汪泛舟　敦煌俗別字補正　《敦煌研究》2001 年第 4 期　p. 161

許建平　敦煌本《尚書》叙錄　敦煌文獻論集:紀念藏經洞發現一百周年國際學術研討會論文集　遼

寧人民出版社　2001　p. 384

姜亮夫　敦煌莫高窟年表　姜亮夫全集(十一)　雲南人民出版社　2002　p. 203

許建平　碑誌釋詞　漢語史學報(第二輯)　上海教育出版社　2002　p. 18

趙平安　談談敦煌醫學寫本的釋字問題　敦煌吐魯番研究(第六卷)　北京大學出版社　2002　p. 199

許建平　BD14681《尚書》殘卷考辨　新世紀敦煌學論集　巴蜀書社　2003　p. 83

許建平　敦煌出土《尚書》寫卷研究的過去與未來　敦煌吐魯番研究(第七卷)　北京大學出版社　2004　p. 225

中村威也　ДХ10698『尚書費誓』とДХ10698v「史書」について　『西北出土文獻研究』(創刊號)　(新潟)西北出土文獻研究會　2004　p. 42

石塚晴通　敦煌的加點本　敦煌學・日本學:石塚晴通教授退職紀念論文集　上海辭書出版社　2005　p. 9

P. 2517

石濱純太郎　敦煌古書雜考　『東洋學報』(15卷4號)　(東京)東洋學術協會　1927　p. 85

唐文播　巴黎所藏敦煌老子寫卷校記　《中國文化研究彙刊》1930年第5卷　又見:中國敦煌學百年文庫・文獻卷(一)　甘肅文化出版社　1999　p. 90

羅福頤　敦煌石室文物對於學術上的貢獻　《歷史教學》1951年第5期　又見:中國敦煌學百年文庫・考古卷(四)　甘肅文化出版社　1999　p. 9

嚴靈峰　老子《想爾注》寫本殘卷質疑　(臺北)《大陸雜誌》1965年第6期　又見:中國敦煌學百年文庫・文獻卷(一)　甘肅文化出版社　1999　p. 496

王重民　敦煌古籍叙録　中華書局　1979　p. 236

蘇瑩輝　敦煌學概要　(臺北)編譯館"中華叢書編委會"　1981　p. 52

鄭良樹　敦煌老子寫本考異　(臺北)《大陸雜誌》1981年第2期　又見:中國敦煌學百年文庫・宗教卷(三)　甘肅文化出版社　1999　p. 64

楠山春樹　道德經類　付『莊子』『列子』『文子』　敦煌と中國道教(講座敦煌4)　(東京)大東出版社　1983　p. 40

蘇瑩輝　中外敦煌古寫本纂要　敦煌論集　(臺北)學生書局　1983　p. 328

王重民　巴黎敦煌殘卷叙録(第二輯)　敦煌叢刊初集(九)　(臺北)新文豐出版公司　1985　p. 274

王重民原編　黃永武新編　敦煌古籍叙録新編(第十二冊)　(臺北)新文豐出版公司　1986　p. 274

姜亮夫　巴黎所藏敦煌寫本道德經殘卷綜合研究　敦煌學論文集　上海古籍出版社　1987　p. 246、267注、277　又見:姜亮夫全集(十三)　雲南人民出版社　2002　p. 212

姜亮夫　敦煌經卷在中國文化學術上的價值　敦煌學論文集　上海古籍出版社　1987　p. 8

林平和　羅振玉敦煌學析論　(臺北)文史哲出版社　1988　p. 139、201、212

朱越利　道經總論　遼寧教育出版社　1992　p. 282

胡戟　傅玟　敦煌史話　中華書局　1995　p. 134

姜伯勤　敦煌藝術宗教與禮樂文明　中國社會科學出版社　1996　p. 301

張涌泉　敦煌俗字研究導論　(臺北)新文豐出版公司　1996　p. 199

白化文　老子道德經義疏　敦煌學大辭典　上海辭書出版社　1998　p. 777

姜伯勤　道釋相激:道教在敦煌　道家文化研究(第十三輯)　三聯書店　1998　p. 62

姜亮夫　敦煌:偉大的文化寶藏　雲南人民出版社　1999　p. 88

顏廷亮　敦煌文化　光明日報出版社　2000　p. 209

張涌泉　前言　漢語俗字叢考　中華書局　2000　p. 11

劉屹　《玄妙内篇》考　敦煌文獻論集:紀念藏經洞發現一百周年國際學術研討會論文集　遼寧人民
　　出版社　2001　p. 621

孫昌武　道教與唐代文學　人民文學出版社　2001　p. 453

姜亮夫　敦煌莫高窟年表　姜亮夫全集(十一)　雲南人民出版社　2002　p. 250

劉屹　論二十世紀的敦煌道教文獻研究　國際敦煌學學術史研討會論文集　研討會籌備組　2002
　　p. 224　又見:敦煌吐魯番研究(第七卷)　北京大學出版社　2004　p. 203

榮新江　《英藏敦煌文獻》寫本定名商補　敦煌學新論　甘肅教育出版社　2002　p. 201

王卡　中國國家圖書館藏敦煌道教遺書研究報告　國際敦煌學學術史研討會論文集　研討會籌備組
　　2002　p. 264　又見:敦煌吐魯番研究(第七卷)　北京大學出版社　2004　p. 363

王卡　敦煌道教文獻研究　中國社會科學出版社　2004　p. 28、174

P. 2518

那波利貞　開元末期以前と天寶初期以後との唐の時世の差異に就きて　唐代社會文化史研究・第
　　一編　(東京)創文社　1974　p. 54

王重民　敦煌古籍叙錄　中華書局　1979　p. 191

王重民　巴黎敦煌殘卷叙錄(第二輯)　敦煌叢刊初集(九)　(臺北)新文豐出版公司　1985　p. 288

王重民原編　黄永武新編　敦煌古籍叙錄新編(第十册)　(臺北)新文豐出版公司　1986　p. 192

林平和　羅振玉敦煌學析論　(臺北)文史哲出版社　1988　p. 220

高國藩　敦煌民俗學　上海文藝出版社　1989　p. 25

姜伯勤　敦煌社會文書導論　(臺北)新文豐出版公司　1992　p. 145、147

王利器　敦煌寫本《二十五等人圖》跋　曉傳書齋集　華東師範大學出版社　1997　p. 515

白化文　二十五等人圖　敦煌學大辭典　上海辭書出版社　1998　p. 779

汪泛舟　敦煌俗别字補正　《敦煌研究》2001 年第 4 期　p. 157

凍國棟　讀敦煌所出唐寫本《二十五等人圖》論漢唐間社會觀念的某些變遷　中國中古史論集　天
　　津古籍出版社　2003　p. 27

馬德　《敦煌工匠史料》補遺與訂誤　敦煌學(第 25 輯)　(臺北)樂學書局有限公司　2004　p. 297

凍國棟　敦煌所出唐寫本《二十五等人圖》補論　魏晉南北朝隋唐史資料(第 22 輯)　武漢大學出版
　　社　2005　p. 120 注 1

馬翼虹　從敦煌遺書《謹案二十五等人圖》看中國古代的道德教育　《敦煌研究》2005 年第 5 期
　　p. 57

P. 2519

池田溫　中國古代寫本識語集錄　(東京)大藏出版株式會社　1990　p. 449

林平和　羅振玉校勘敦煌寫卷之商榷　第二屆敦煌學國際研討會論文集　(臺北)漢學研究中心
　　1990　p. 190

邵文實　唐代後期河西地區的民族遷徙及其後果　《敦煌學輯刊》1992 年第 1、2 期　p. 31

P. 2522

金岡照光　敦煌の寫本　敦煌の文學　(東京)大藏出版株式會社　1971　p. 83

陳祚龍　簡記敦煌古抄方志　敦煌文物隨筆　(臺北)商務印書館　1979　p. 51

王重民　敦煌古籍叙錄　中華書局　1979　p. 106

蘇瑩輝　敦煌學概要　（臺北）編譯館"中華叢書編委會"　1981　p. 41

陳祚龍　《簡記敦煌古抄方志》及其"後語"　敦煌學要籥　（臺北）新文豐出版公司　1982　p. 222

馬世長　敦煌縣博物館藏地志殘卷：敦博第五八號卷子研究之一　敦煌吐魯番文獻研究論集　中華書局　1982　p. 271、332、386、397

饒宗頤　維州在唐代蕃漢交涉史上之地位　選堂集林·史林　（香港）中華書局　1982　p. 661

蘇瑩輝　中外敦煌古寫本纂要　敦煌論集　（臺北）學生書局　1983　p. 317

唐耕耦　陸宏基　敦煌社會經濟文獻真迹釋錄（一）　書目文獻出版社　1986　p. 68

王重民原編　黃永武新編　敦煌古籍叙錄新編（第六冊）　（臺北）新文豐出版公司　1986　p. 177

蘇瑩輝　論敦煌唐代資料在文史藝術及科技諸方面的貢獻　敦煌文史藝術論叢　（臺北）新文豐出版公司　1987　p. 46

林平和　羅振玉敦煌學析論　（臺北）文史哲出版社　1988　p. 39、243

鄭炳林　敦煌地理文書彙輯校注　甘肅教育出版社　1989　p. 144

竇俠父　敦煌學發凡　新疆大學出版社　1992　p. 41

李并成　敦煌遺書中地理書卷的學術價值　《地理研究》1992年第3期　p. 41

李并成　一批珍貴的古代地理文書：敦煌遺書中的地理書卷　《中國科技史料》1992年第13卷第4期　p. 88

林家平　寧強　羅華慶　中國敦煌學史　北京語言學院出版社　1992　p. 22

日比野丈夫　地理書　敦煌漢文文獻（講座敦煌5）　（東京）大東出版社　1992　p. 335

王仲犖　《貞元十道錄》劍南道殘卷考釋　敦煌石室地志殘卷考釋　上海古籍出版社　1993　p. 76

榮新江　饒宗頤教授與敦煌學研究　選堂文史論苑　上海古籍出版社　1994　p. 270　又見：中國敦煌學百年文庫·綜述卷（三）　甘肅文化出版社　1999　p. 369

王永興　敦煌經濟文書導論　（臺北）新文豐出版公司　1994　p. 408

胡戟　傅玫　敦煌史話　中華書局　1995　p. 147

華林甫　《姓氏錄》寫作年代考　《敦煌研究》1995年第4期　p. 99

張涌泉　敦煌俗字研究導論　（臺北）新文豐出版公司　1996　p. 157

張涌泉　敦煌地理文書輯錄著作三種校議　古典文獻與文化論叢　中華書局　1997　p. 86

張涌泉　敦煌文獻校讀易誤字例釋　敦煌文學論集　四川人民出版社　1997　p. 265

方廣錩　敦煌遺書中的《妙法蓮華經》及有關文獻　法源（第16期）　中國佛學院　1998　p. 42

李正宇　古本敦煌鄉土志八種箋證　（臺北）新文豐出版公司　1998　p. 234

黃征　程惠新　劫塵遺珠：敦煌遺書　甘肅教育出版社　1999　p. 182

黃正建　試論唐代前期皇帝消費的某些側面　唐研究（第六卷）　北京大學出版社　2000　p. 208 注3

榮新江　敦煌本《貞元十道錄》及其價值　中華文史論叢（總63輯）　上海古籍出版社　2000　p. 92

榮新江　敦煌文獻與古籍整理　慶祝吳其昱先生八秩華誕敦煌學特刊　（臺北）文津出版社　2000　p. 272

顏廷亮　敦煌文化　光明日報出版社　2000　p. 118

榮新江　敦煌學十八講　北京大學出版社　2001　p. 269

姜亮夫　敦煌莫高窟年表　姜亮夫全集（十一）　雲南人民出版社　2002　p. 364

榮新江　敦煌地理文獻的價值與研究　敦煌學新論　甘肅教育出版社　2002　p. 244

辛德勇　唐代的地理學　唐代地域結構與運作空間　上海辭書出版社　2003　p. 445

李錦繡　敦煌吐魯番地理文書與唐五代地理學　《吐魯番學研究》2005年第1期　p. 52

P. 2523

王重民　敦煌古籍叙録　中華書局　1979　p. 50、52

饒宗頤解說　林宏作譯　敦煌書法叢刊(第八卷)・經史(六)　(東京)二玄社　1986　p. 74

王重民原編　黃永武新編　敦煌古籍叙録新編(第三冊)　(臺北)新文豐出版公司　1986　p. 85

姜亮夫　海外敦煌卷子經眼録　敦煌學論文集　上海古籍出版社　1987　p. 29　又見：姜亮夫全集
　　(十三)　雲南人民出版社　2002　p. 25

林平和　羅振玉敦煌學析論　(臺北)文史哲出版社　1988　p. 58、125、208、211

林家平　寧强　羅華慶　中國敦煌學史　北京語言學院出版社　1992　p. 22、29

土田健次郎　儒教典籍　敦煌漢文文獻(講座敦煌5)　(東京)大東出版社　1992　p. 268

白化文　春秋經傳集解　敦煌學大辭典　上海辭書出版社　1998　p. 774

陳公柔　評介《尚書文字合編》　燕京學報(新第4期)　北京大學出版社　1998　p. 293

姜亮夫　敦煌：偉大的文化寶藏　雲南人民出版社　1999　p. 102

顏廷亮　敦煌文化　光明日報出版社　2000　p. 201

許建平　敦煌本《尚書》叙録　敦煌文獻論集：紀念藏經洞發現一百周年國際學術研討會論文集　遼
　　寧人民出版社　2001　p. 389

姜亮夫　敦煌莫高窟年表　姜亮夫全集(十一)　雲南人民出版社　2002　p. 162

許建平　殘卷定名正補　2000年敦煌學國際學術討論會文集・歷史文化卷(上)　甘肅民族出版社
　　2003　p. 301

許建平　BD09523《禮記音義》殘卷跋　《敦煌研究》2003年第2期　p. 77

許建平　敦煌出土《尚書》寫卷研究的過去與未來　敦煌吐魯番研究(第七卷)　北京大學出版社
　　2004　p. 230

中村威也　ДХ10698『尚書費誓』とДХ10698v「史書」について　『西北出土文獻研究』(創刊號)
　　(新潟)西北出土文獻研究會　2004　p. 42

李索　敦煌寫卷《春秋經傳集解》校證　中國社會科學出版社　2005　p. 382

P. 2524

金岡照光　敦煌漢文文學文獻の文學形態上の種類とその分類　敦煌出土文學文獻分類目録・附解
　　說　(東京)東洋文庫　1971　p. 204

陳慶浩　古賢集校注　敦煌學(第3輯)　(香港)新亞研究所敦煌學會　1976　p. 71、89

王重民　敦煌古籍叙録　中華書局　1979　p. 202、203

鄭阿財　敦煌孝道文學研究　(臺北)石門圖書公司　1982　p. 426

山田利明　敦煌文書と仙伝類　敦煌と中國道教(講座敦煌4)　(東京)大東出版社　1983　p. 253

雷僑雲　敦煌兒童文學　(臺北)學生書局　1985　p. 104、131

饒宗頤解說　林宏作譯　敦煌書法叢刊(第十六卷)・詩詞　(東京)二玄社　1985　p. 77

饒宗頤解說　林宏作譯　敦煌書法叢刊(第十七卷)・雜詩文　(東京)二玄社　1985　p. 51

王三慶　敦煌本古類書《語對》伯2524號及其複本寫卷之研究　敦煌學(第9輯)　(臺北)新文豐出
　　版公司　1985　p. 63

王三慶　敦煌本古類書《語對》研究　(臺北)文史哲出版社　1985　p. 1、91、94

王重民原編　黃永武新編　敦煌古籍叙録新編(第十冊)　(臺北)新文豐出版公司　1986　p. 291、
　　350

周鳳五　太公家教重探　漢學研究(敦煌學國際研討會論文專號)　(臺北)漢學研究資料及服務中
　　心　1986　p. 359

林平和　羅振玉敦煌學析論　（臺北）文史哲出版社　1988　p. 66、153、220

高國藩　敦煌民俗學　上海文藝出版社　1989　p. 127

王三慶　《敦煌變文集》中的《孝子傳》新探　敦煌學（第14輯）（臺北）新文豐出版公司　1989　p. 192

項楚　敦煌變文選注　巴蜀書社　1990　p. 282

鄭阿財　敦煌寫本《孔子項托相問書》初探　《法學商報》1990年第24期　又見：中國敦煌學百年文庫·文學卷（五）　甘肅文化出版社　1999　p. 54

杜斗城　敦煌五臺山文獻校錄研究　山西人民出版社　1991　p. 133

程毅中　敦煌本《孝子傳》與睒子故事　中國文化（5）（香港）中華書局　1992　p. 149

金岡照光　韻文體類——長篇叙事詩·短篇歌詠　敦煌の文學文獻（講座敦煌9）（東京）大東出版社　1992　p. 264

林家平　寧强　羅華慶　中國敦煌學史　北京語言學院出版社　1992　p. 22

王三慶著　池田溫譯　類書　敦煌漢文文獻（講座敦煌5）（東京）大東出版社　1992　p. 372

朱越利　道經總論　遼寧教育出版社　1992　p. 280

高國藩　敦煌民俗資料導論　（臺北）新文豐出版公司　1993　p. 236

張鴻勳　敦煌話本詞文俗賦導論　（臺北）新文豐出版公司　1993　p. 92

鄭炳林　《索勳紀德碑》研究　《敦煌學輯刊》1994年第2期　p. 65

杜斗城　北涼譯經論　甘肅文化出版社　1995　p. 38

杜斗城　敦煌所見《五臺山圖》與《五臺山讚》　敦煌吐魯番文獻研究　蘭州大學出版社　1995　p. 398

饒宗頤　法藏敦煌曲子詞四種解說　敦煌曲續論　（臺北）新文豐出版公司　1996　p. 226

黃征　張涌泉　敦煌變文校注　中華書局　1997　p. 236

鄭炳林　敦煌碑銘讚輯釋　甘肅教育出版社　1997　p. 71注31

白化文　語對　敦煌學大辭典　上海辭書出版社　1998　p. 780

高國藩　敦煌俗文化學　上海三聯書店　1999　p. 255、322

郝春文　英藏敦煌社會歷史文獻釋錄（第一卷）　科學出版社　2001　p. 107

曾良　敦煌文獻字義通釋　廈門大學出版社　2001　p. 100

劉屹　評《敦煌道藏》　敦煌吐魯番研究（第六卷）　北京大學出版社　2002　p. 388

徐俊　敦煌先唐詩考　2000年敦煌學國際學術討論會文集·歷史文化卷（下）　甘肅民族出版社　2003　p. 291

張涌泉　試論敦煌寫本類書的校勘價值：以《勵忠節抄》爲例　《敦煌研究》2003年第2期　p. 69

屈直敏　《敦煌類書·勵忠節抄》校注商補（續）　《敦煌學輯刊》2004年第1期　p. 36

黃征　敦煌俗字典　上海教育出版社　2005　p. 前言13、49、22

黃征　敦煌俗字要論　《敦煌研究》2005年第1期　p. 86

黃征　敦煌俗字種類考辨　敦煌學·日本學：石塚晴通教授退職紀念論文集　上海辭書出版社　2005　p. 118、122

P. 2525

饒宗頤　敦煌本文選斠證（一）（香港）《新亞學報》1957年第1期　p. 335　又見：中國敦煌學百年文庫·文學卷（二）　甘肅文化出版社　1999　p. 2

金岡照光　敦煌漢文文學文獻の文學形態上の種類とその分類　敦煌出土文學文獻分類目錄·附解說　（東京）東洋文庫　1971　p. 236

陳祚龍　敦煌寫本《登樓賦》斠證　敦煌學海探珠(上冊)　(臺北)商務印書館　1979　p. 21 注 9

王重民　敦煌古籍叙錄　中華書局　1979　p. 310、315、316

蘇瑩輝　敦煌學概要　(臺北)編譯館"中華叢書編委會"　1981　p. 63

蘇瑩輝　中外敦煌古寫本纂要　敦煌論集　(臺北)學生書局　1983　p. 337

王重民　巴黎敦煌殘卷叙錄(第二輯)　敦煌叢刊初集(九)　(臺北)新文豐出版公司　1985　p. 307

林聰明　敦煌漢文文書解讀要點試論　漢學研究(敦煌學國際研討會論文專號)　(臺北)漢學研究
　　資料及服務中心　1986　p. 428

王重民原編　黃永武新編　敦煌古籍叙錄新編(第十六冊)　(臺北)新文豐出版公司　1986　p. 28

林平和　羅振玉敦煌學析論　(臺北)文史哲出版社　1988　p. 70、201

林聰明　敦煌文書學　(臺北)新文豐出版公司　1991　p. 419

金岡照光　講唱體類　敦煌の文學文獻(講座敦煌9)　(東京)大東出版社　1992　p. 150

金岡照光　韻文體類——長篇叙事詩·短篇歌詠　敦煌の文學文獻(講座敦煌9)　(東京)大東出
　　版社　1992　p. 264

石塚晴通　敦煌の加點本　敦煌漢文文獻(講座敦煌5)　(東京)大東出版社　1992　p. 248

伏俊璉　敦煌賦校補(一)　《社科縱橫》1993 年第 3 期　p. 46

遊志誠　敦煌古抄本文選五臣注研究　全國敦煌學研討會論文集　(臺北)中正大學中國文學系所
　　1995　p. 148

遊志誠　昭明文選學術論考　(臺北)學生書局　1996　p. 35

白化文　敦煌遺書中《文選》殘卷綜述　中外學者文選學論集(上)　中華書局　1998　p. 381

白化文　文選　敦煌學大辭典　上海辭書出版社　1998　p. 783

傅剛　《文選》版本叙錄　國學研究(第五卷)　北京大學出版社　1998　p. 173

黃征　程惠新　劫塵遺珠:敦煌遺書　甘肅教育出版社　1999　p. 214

羅國威　敦煌本《昭明文選》研究　黑龍江教育出版社　1999　p. 229

傅剛　文選版本研究　北京大學出版社　2000　p. 114、314

饒宗頤　敦煌吐魯番本文選　中華書局　2000　p. 74(圖版)

顏廷亮　敦煌文化　光明日報出版社　2000　p. 202

林聰明　敦煌吐魯番文書解詁指例　(臺北)新文豐出版公司　2001　p. 255

徐俊　評《敦煌吐魯番本文選》、《敦煌本〈昭明文選〉研究》、《敦煌本〈文選注〉箋證》、《文選版本研
　　究》　敦煌吐魯番研究(第五卷)　北京大學出版社　2001　p. 342

蔡忠霖　敦煌漢文寫卷俗字及其現象　(臺北)文津出版社　2002　p. 22

范志新　文選版本論稿　江西人民出版社　2003　p. 228

石塚晴通　敦煌的加點本　敦煌學·日本學:石塚晴通教授退職紀念論文集　上海辭書出版社
　　2005　p. 11

P. 2526

王重民　敦煌古籍叙錄　中華書局　1979　p. 193

蘇瑩輝　敦煌學概要　(臺北)編譯館"中華叢書編委會"　1981　p. 48

蘇瑩輝　七十年來之敦煌學研究概述　《珠海學報》1981 年第 12 期　又見:中國敦煌學百年文庫·
　　綜述卷(二)　甘肅文化出版社　1999　p. 359

蘇瑩輝　近三十年國際研究"敦煌學"之回顧與前瞻　《書目季刊》1982 年第 60 卷第 2 期　又見:中
　　國敦煌學百年文庫·綜述卷(三)　甘肅文化出版社　1999　p. 13

蘇瑩輝　中外敦煌古寫本纂要　敦煌論集　(臺北)學生書局　1983　p. 324

王三慶　敦煌本古類書《語對》研究　（臺北）文史哲出版社　1985　p. 255

王重民原編　黃永武新編　敦煌古籍叙録新編（第十冊）　（臺北）新文豐出版公司　1986　p. 203

李永寧　敦煌文物研究所藏《說苑·反質篇》殘卷校勘　1983年全國敦煌學術討論會文集·文史遺書編（下）　甘肅人民出版社　1987　p. 55注14

錢伯泉　歸義軍與安西回鶻的關係　1983年全國敦煌學術討論會文集·文史遺書編（上）　甘肅人民出版社　1987　p. 61注6

林平和　羅振玉敦煌學析論　（臺北）文史哲出版社　1988　p. 26、43、210、214

東野治之　「典言」の成立と受容　遺唐使と正倉院　（東京）岩波書店　1992　p. 269

林家平　寧強　羅華慶　中國敦煌學史　北京語言學院出版社　1992　p. 22、37

王三慶著　池田溫譯　類書　敦煌漢文文獻（講座敦煌5）　（東京）大東出版社　1992　p. 360

饒宗頤　從對立角度談魏晉南北朝文學發展的路向　魏晉南北朝文學與思想學術研討會論文集（第二輯）　（臺北）文津出版社　1993　p. 4

胡戟　傅玫　敦煌史話　中華書局　1995　p. 190

黃維忠　鄭炳林　敦煌本《修文殿御覽殘卷》考釋　《敦煌學輯刊》1995年第1期　p. 36

黃征　吳偉　敦煌願文集　岳麓書社　1995　p. 198

李鼎霞　華林遍略　敦煌學大辭典　上海辭書出版社　1998　p. 779

姜亮夫　敦煌莫高窟年表　姜亮夫全集（十一）　雲南人民出版社　2002　p. 156

王承文　敦煌古靈寶經與晉唐道教　中華書局　2002　p. 549

陳明　耆婆的形象演變及其在敦煌吐魯番地區的影響　文津學志（第一輯）　北京圖書館出版社　2003　p. 152

張涌泉　試論敦煌寫本類書的校勘價值：以《勵忠節抄》爲例　《敦煌研究》2003年第2期　p. 69

張弓　敦煌四部籍與中古後期社會的文化情境　敦煌學（第25輯）　（臺北）樂學書局有限公司　2004　p. 315

P. 2527

饒宗頤　敦煌本文選斠證（一）　（香港）《新亞學報》1957年第1期　p. 334

饒宗頤　敦煌本文選斠證（二）　（香港）《新亞學報》1958年第2期　p. 305

金岡照光　敦煌漢文文學文獻の文學形態上の種類とその分類　敦煌出土文學文獻分類目録·附解說　（東京）東洋文庫　1971　p. 236

陳祚龍　敦煌寫本《登樓賦》斠證　敦煌學海探珠（上冊）　（臺北）商務印書館　1979　p. 21注9

王重民　敦煌古籍叙録　中華書局　1979　p. 310、314

蘇瑩輝　敦煌學概要　（臺北）編譯館“中華叢書編委會”　1981　p. 64

蘇瑩輝　中外敦煌古寫本纂要　敦煌論集　（臺北）學生書局　1983　p. 338

王重民　巴黎敦煌殘卷叙録（第一輯）　敦煌叢刊初集（九）　（臺北）新文豐出版公司　1985　p. 157

王重民原編　黃永武新編　敦煌古籍叙録新編（第十六冊）　（臺北）新文豐出版公司　1986　p. 28

蘇瑩輝　論敦煌唐代資料在文史藝術及科技諸方面的貢獻　敦煌文史藝術論叢　（臺北）新文豐出版公司　1987　p. 47

林平和　羅振玉敦煌學析論　（臺北）文史哲出版社　1988　p. 69、153

金岡照光　講唱體類　敦煌の文學文獻（講座敦煌9）　（東京）大東出版社　1992　p. 150

金岡照光　韻文體類——長篇叙事詩·短篇歌詠　敦煌の文學文獻（講座敦煌9）　（東京）大東出版社　1992　p. 264

林家平　寧強　羅華慶　中國敦煌學史　北京語言學院出版社　1992　p. 22

伏俊璉　從敦煌唐寫本殘卷看李善《文選注》的體例　《社科縱橫》1993 年第 4 期　p. 51

顧吉辰　唐代敦煌文獻寫本書手考述　《敦煌學輯刊》1993 年第 1 期　p. 29

遊志誠　敦煌古抄本文選五臣注研究　全國敦煌學研討會論文集　（臺北）中正大學中國文學系所
　　　1995　p. 148

遊志誠　昭明文選學術論考　（臺北）學生書局　1996　p. 35

張金泉　許建平　敦煌音義彙考　杭州大學出版社　1996　p. 481

白化文　敦煌遺書中《文選》殘卷綜述　中外學者文選學論集（上）　中華書局　1998　p. 383

白化文　文選　敦煌學大辭典　上海辭書出版社　1998　p. 783

傅剛　《文選》版本叙錄　國學研究（第五卷）　北京大學出版社　1998　p. 173

富永一登　文選李善注の研究　（東京）研文出版　1999　p. 72

黃征　程惠新　劫塵遺珠：敦煌遺書　甘肅教育出版社　1999　p. 214

羅國威　敦煌本《昭明文選》研究　黑龍江教育出版社　1999　p. 181

饒宗頤　敦煌本文選校證（一）　中國敦煌學百年文庫·文學卷（二）　甘肅文化出版社　1999　p. 2

傅剛　文選版本研究　北京大學出版社　2000　p. 114、314

傅剛　《文選》李善注原貌考論　文史（第五十一輯）　中華書局　2000　p. 194

饒宗頤　敦煌吐魯番本文選　中華書局　2000　p. 54（圖版）

張錫厚　敦煌文學源流　作家出版社　2000　p. 142

徐俊　評《敦煌吐魯番本文選》、《敦煌本〈昭明文選〉研究》、《敦煌本〈文選注〉箋證》、《文選版本研
　　　究》　敦煌吐魯番研究（第五卷）　北京大學出版社　2001　p. 367

姜亮夫　敦煌莫高窟年表　姜亮夫全集（十一）　雲南人民出版社　2002　p. 248

王德華　李善《文選》注體例管窺　《文選》與"文選學"　學苑出版社　2003　p. 735

P. 2528

饒宗頤　敦煌本文選斠證（一）　（香港）《新亞學報》1957 年第 1 期　p. 333　又見：中國敦煌學百年
　　　文庫·文學卷（二）　甘肅文化出版社　1999　p. 1

陳祚龍　敦煌寫本《登樓賦》斠證　敦煌學海探珠（上冊）　（臺北）商務印書館　1979　p. 21 注 9

王重民　敦煌古籍叙錄　中華書局　1979　p. 310、312

蘇瑩輝　敦煌學概要　（臺北）編譯館"中華叢書編委會"　1981　p. 64

蘇瑩輝　中外敦煌古寫本纂要　敦煌論集　（臺北）學生書局　1983　p. 338

王重民原編　黃永武新編　敦煌古籍叙錄新編（第十六冊）　（臺北）新文豐出版公司　1986　p. 28

姜亮夫　敦煌經卷壁畫中所見寺觀錄　敦煌學論文集　上海古籍出版社　1987　p. 1085

蘇瑩輝　論敦煌唐代資料在文史藝術及科技諸方面的貢獻　敦煌文史藝術論叢　（臺北）新文豐出
　　　版公司　1987　p. 47

張錫厚　敦煌賦集校理　《敦煌研究》1987 年第 4 期　p. 31

林平和　羅振玉敦煌學析論　（臺北）文史哲出版社　1988　p. 68、153、214

張錫厚　關於整理《敦煌賦集》的幾個問題　敦煌語言文學論文集　浙江古籍出版社　1988　p. 224

張錫厚　賦　敦煌文學　甘肅人民出版社　1989　p. 133

池田溫　中國古代寫本識語集錄　（東京）大藏出版株式會社　1990　p. 232

林聰明　敦煌文書學　（臺北）新文豐出版公司　1991　p. 302、341

金岡照光　講唱體類　敦煌の文學文獻（講座敦煌 9）　（東京）大東出版社　1992　p. 150

林家平　寧強　羅華慶　中國敦煌學史　北京語言學院出版社　1992　p. 22

石塚晴通　敦煌の加點本　敦煌漢文文獻（講座敦煌 5）　（東京）大東出版社　1992　p. 252

陶秋英輯録　姜亮夫校訂　敦煌經卷所見寺名録　敦煌碎金　浙江古籍出版社　1992　p. 133

伏俊璉　從敦煌唐寫本殘卷看李善《文選注》的體例　《社科縱橫》1993 年第 4 期　p. 51

伏俊璉　敦煌唐寫本《西京賦》殘卷校詁　《敦煌學輯刊》1993 年第 2 期　p. 45

顧吉辰　唐代敦煌文獻寫本書手考述　《敦煌學輯刊》1993 年第 1 期　p. 28

張鴻勳　敦煌話本詞文俗賦導論　（臺北）新文豐出版公司　1993　p. 135

張錫厚　敦煌文學概論　甘肅人民出版社　1993　p. 393

伏俊璉　敦煌賦校注　甘肅人民出版社　1994　p. 1

伏俊璉　敦煌寫本《西京賦》殘卷校詁　《敦煌研究》1994 年第 1 期　p. 88

黄盛璋　敦煌漢文與于闐文書中之龍家及其相關問題　全國敦煌學研討會論文集　（臺北）中正大
　　學中國文學系所　1995　p. 66

遊志誠　敦煌古抄本文選五臣注研究　全國敦煌學研討會論文集　（臺北）中正大學中國文學系所
　　1995　p. 148

張錫厚　敦煌本唐集研究　（臺北）新文豐出版公司　1995　p. 409

遊志誠　昭明文選學術論考　（臺北）學生書局　1996　p. 35

張金泉　許建平　敦煌音義彙考　杭州大學出版社　1996　p. 481

張錫厚　敦煌賦彙　（臺北）新文豐出版公司　1996　p. 2

張錫厚　評《敦煌賦校注》　敦煌吐魯番研究（第一卷）　北京大學出版社　1996　p. 421

張錫厚　探幽發微　佚篇薈萃：讀《敦煌賦校注》　《西北師大學報》（社會科學版）1996 年第 2 期
　　p. 73

白化文　敦煌遺書中《文選》殘卷綜述　中外學者文選學論集（上）　中華書局　1998　p. 382

白化文　文選　敦煌學大辭典　上海辭書出版社　1998　p. 783

傅剛　《文選》版本叙録　國學研究（第五卷）　北京大學出版社　1998　p. 173

富永一登　文選李善注の研究　（東京）研文出版　1999　p. 71

黄征　程惠新　劫塵遺珠：敦煌遺書　甘肅教育出版社　1999　p. 214

羅國威　敦煌本《昭明文選》研究　黑龍江教育出版社　1999　p. 36、275

傅剛　文選版本研究　北京大學出版社　2000　p. 114、314

傅剛　《文選》李善注原貌考論　文史（第五十一輯）　中華書局　2000　p. 194

饒宗頤　敦煌吐魯番本文選　中華書局　2000　p. 2（圖版）

顔廷亮　敦煌文化　光明日報出版社　2000　p. 209

張錫厚　敦煌文學源流　作家出版社　2000　p. 197

林聰明　敦煌吐魯番文書解詁指例　（臺北）新文豐出版公司　2001　p. 149. 222

徐俊　評《敦煌吐魯番本文選》、《敦煌本〈昭明文選〉研究》、《敦煌本〈文選注〉箋證》、《文選版本研
　　究》　敦煌吐魯番研究（第五卷）　北京大學出版社　2001　p. 367

姜亮夫　敦煌莫高窟年表　姜亮夫全集（十一）　雲南人民出版社　2002　p. 247

范志新　文選版本論稿　江西人民出版社　2003　p. 225、233

李玉瑉　敦煌初唐的彌勒經變　2000 年敦煌學國際學術討論會文集·石窟考古卷　甘肅民族出版
　　社　2003　p. 70

王德華　李善《文選》注體例管窺　《文選》與"文選學"　學苑出版社　2003　p. 735

徐俊　敦煌先唐詩考　2000 年敦煌學國際學術討論會文集·歷史文化卷（下）　甘肅民族出版社
　　2003　p. 292

竇懷永　許建平　敦煌寫本的避諱特點及其對傳統寫本抄寫時代判定的參考價值　《敦煌研究》
　　2004 年第 4 期　p. 54

石塚晴通　敦煌的加點本　敦煌學·日本學:石塚晴通教授退職紀念論文集　上海辭書出版社　2005　p. 13

P. 2529

潘重規　巴黎倫敦所藏敦煌詩經卷子題記　（香港）《新亞書院學術年刊》1969 年第 11 期　又見:中國敦煌學百年文庫·文獻卷(二)　甘肅文化出版社　1999　p. 387

潘重規　敦煌詩經卷子研究　（臺北）《華岡學報》1970 年第 6 期　又見:中國敦煌學百年文庫·文獻卷(二)　甘肅文化出版社　1999　p. 434

金岡照光　敦煌の寫本　敦煌の文學　（東京）大藏出版株式會社　1971　p. 82

蘇瑩輝　從敦煌本毛詩詁訓傳論毛詩定本及詁訓傳分卷問題　（臺北）《孔孟學報》1971 年第 22 期　又見:中國敦煌學百年文庫·文學卷(二)　甘肅文化出版社　1999　p. 254

蘇瑩輝　石室出土的寫本古籍　敦煌　（臺北）藝文印書館　1977　p. 19

王重民　敦煌古籍敍錄　中華書局　1979　p. 27、28

潘重規　敦煌卷子俗寫文字與俗文學之研究　敦煌變文論輯　（臺北）石門圖書公司　1981　p. 282、302

蘇瑩輝　敦煌學概要　（臺北）編譯館"中華叢書編委會"　1981　p. 35

蘇瑩輝　七十年來之敦煌學研究概述　《珠海學報》1981 年第 12 期　又見:中國敦煌學百年文庫·綜述卷(二)　甘肅文化出版社　1999　p. 361

蘇瑩輝　近三十年國際研究"敦煌學"之回顧與前瞻　《書目季刊》1982 年第 60 卷第 2 期　又見:中國敦煌學百年文庫·綜述卷(三)　甘肅文化出版社　1999　p. 14

姜亮夫　敦煌學之文書研究　敦煌吐魯番文獻研究論集(第二輯)　北京大學出版社　1983　p. 31　又見:姜亮夫全集(十四)　雲南人民出版社　2002　p. 437

潘重規　龍龕手鑑與寫本刻本之關係　敦煌學(第 6 輯)　（臺北）新文豐出版公司　1983　p. 88

蘇瑩輝　從敦煌本毛詩詁訓傳論毛詩定本及詁訓傳分卷問題　敦煌論集續編　（臺北）學生書局　1983　p. 29、31

蘇瑩輝　略論五經正義的原本格式及其標記"經"、"傳"、"注"文起訖情形　敦煌論集續編　（臺北）學生書局　1983　p. 73

蘇瑩輝　中外敦煌古寫本纂要　敦煌論集　（臺北）學生書局　1983　p. 311

姜亮夫　敦煌學概論　中華書局　1985　p. 56

黃瑞雲　敦煌古寫本《詩經》校釋劄記(二)　《敦煌研究》1986 年第 3 期　p. 39

王重民原編　黃永武新編　敦煌古籍敍錄新編(第二冊)　（臺北）新文豐出版公司　1986　p. 48、194

黃瑞雲　敦煌古寫本《詩經》校釋劄記(三)　《敦煌研究》1987 年第 1 期　p. 83

姜亮夫　敦煌本毛詩傳箋校錄　敦煌學論文集　上海古籍出版社　1987　p. 55、60　又見:姜亮夫全集(十三)　雲南人民出版社　2002　p. 46

姜亮夫　敦煌經卷在中國文化學術上的價值　敦煌學論文集　上海古籍出版社　1987　p. 10

林平和　羅振玉敦煌學析論　（臺北）文史哲出版社　1988　p. 51、123、198、214、221

林平和　羅振玉校勘敦煌寫卷之商榷　第二屆敦煌學國際研討會論文集　（臺北）漢學研究中心　1990　p. 184

劉操南　敦煌本毛詩傳箋校錄疏證　《敦煌研究》1990 年第 1 期　p. 102

林家平　寧強　羅華慶　中國敦煌學史　北京語言學院出版社　1992　p. 23、28

土田健次郎　儒教典籍　敦煌漢文文獻(講座敦煌 5)　（東京）大東出版社　1992　p. 268、284

胡戟　傅玫　敦煌史話　中華書局　1995　p. 142

潘重規　敦煌卷子俗寫文字之研究　全國敦煌學研討會論文集　（臺北）中正大學中國文學系所　1995　p. 8

鄧文寬　敦煌吐魯番文獻重文符號釋讀舉隅　敦煌吐魯番學耕耘録　（臺北）新文豐出版公司　1996　p. 329

白化文　詩經　敦煌學大辭典　上海辭書出版社　1998　p. 773

姜亮夫　敦煌：偉大的文化寶藏　雲南人民出版社　1999　p. 97

金榮華　敦煌俗文學　中國敦煌學百年文庫·文學卷（五）　甘肅文化出版社　1999　p. 199

姜亮夫　敦煌莫高窟年表　姜亮夫全集（十一）　雲南人民出版社　2002　p. 219

許建平　《俄藏敦煌文獻》儒家經典類寫本的定名與綴合　漢語史學報專輯（第三輯）　上海教育出版社　2003　p. 305

伏俊璉　敦煌《詩經》殘卷的文獻價值　《敦煌研究》2004 年第 4 期　p. 43

許建平　敦煌《詩經》卷子研讀劄記二則　《敦煌學輯刊》2004 年第 1 期　p. 72

張弓　敦煌四部籍與中古後期社會的文化情境　敦煌學（第 25 輯）　（臺北）樂學書局有限公司　2004　p. 313

P. 2530

王重民　敦煌古籍叙録　中華書局　1979　p. 1、3

姜亮夫　敦煌學之文書研究　敦煌吐魯番文獻研究論集（第二輯）　北京大學出版社　1983　p. 29

蘇瑩輝　略論五經正義的原本格式及其標記"經"、"傳"、"注"文起訖情形　敦煌論集續編　（臺北）學生書局　1983　p. 73

饒宗頤　敦煌書法叢刊（第三卷）·經史（一）　（東京）二玄社　1984　p. 3、50

王重民原編　黃永武新編　敦煌古籍叙録新編（第一册）　（臺北）新文豐出版公司　1986　p. 5

Jean – Pierre Drege　敦煌寫本的物質性分析　漢學研究（敦煌學國際研討會論文專號）　（臺北）漢學研究資料及服務中心　1986　p. 110

姜亮夫　海外敦煌卷子經眼録　敦煌學論文集　上海古籍出版社　1987　p. 24　又見：姜亮夫全集（十三）　雲南人民出版社　2002　p. 20

林平和　羅振玉敦煌學析論　（臺北）文史哲出版社　1988　p. 49、119、199、208、233

池田溫　中國古代寫本識語集録　（東京）大藏出版株式會社　1990　p. 204

林平和　羅振玉校勘敦煌寫卷之商榷　第二屆敦煌學國際研討會論文集　（臺北）漢學研究中心　1990　p. 183、187

林聰明　敦煌文書學　（臺北）新文豐出版公司　1991　p. 14、294

菅原信海　占筮書　敦煌漢文文獻（講座敦煌 5）　（東京）大東出版社　1992　p. 442

林家平　寧強　羅華慶　中國敦煌學史　北京語言學院出版社　1992　p. 22、25、27

石塚晴通　敦煌の加點本　敦煌漢文文獻（講座敦煌 5）　（東京）大東出版社　1992　p. 244

土田健次郎　儒教典籍　敦煌漢文文獻（講座敦煌 5）　（東京）大東出版社　1992　p. 268

戴仁　敦煌和吐魯番寫本的斷代研究　法國學者敦煌學論文選萃　中華書局　1993　p. 524

顧吉辰　唐代敦煌文獻寫本書手考述　《敦煌學輯刊》1993 年第 1 期　p. 30

伏俊璉　敦煌賦校注　甘肅人民出版社　1994　p. 6

胡戟　傅玫　敦煌史話　中華書局　1995　p. 143

李正宇　敦煌歷史地理導論　（臺北）新文豐出版公司　1997　p. 273

張弓　漢唐佛寺文化史　中國社會科學出版社　1997　p. 989

白化文　周易王弼注　敦煌學大辭典　上海辭書出版社　1998　p. 772
柴劍虹　無(吳)山話別詩　敦煌學大辭典　上海辭書出版社　1998　p. 570
姜亮夫　敦煌:偉大的文化寶藏　雲南人民出版社　1999　p. 101
謝桃坊　敦煌文化尋繹　四川人民出版社　1999　p. 100
徐俊　敦煌詩集殘卷輯考　中華書局　2000　p. 769
林聰明　敦煌吐魯番文書解詁指例　(臺北)新文豐出版公司　2001　p. 126
蔡忠霖　敦煌漢文寫卷俗字及其現象　(臺北)文津出版社　2002　p. 65、142
姜亮夫　敦煌莫高窟年表　姜亮夫全集(十一)　雲南人民出版社　2002　p. 228
蔡忠霖　從書法角度看俗字的生成　敦煌學(第24輯)　(臺北)樂學書局有限公司　2003　p. 164
張弓　敦煌四部籍與中古後期社會的文化情境　敦煌學(第25輯)　(臺北)樂學書局有限公司
　　2004　p. 313
石塚晴通　敦煌的加點本　敦煌學・日本學:石塚晴通教授退職紀念論文集　上海辭書出版社
　　2005　p. 8

P. 2531

小島祐馬　巴黎國立圖書館藏敦煌遺書所見録(九)　『支那學』(8卷1號)　(京都)支那學社
　　1935　p. 93
寺岡龍含　敦煌本郭象注莊子南華真經輯影　福井漢文學會　1960　p. 79
寺岡龍含　敦煌本郭象注莊子南華真經研究總論　福井漢文學會　1966　p. 61、117、157
王重民　敦煌古籍叙録　中華書局　1979　p. 248
楠山春樹　道德經類　付『莊子』『列子』『文子』　敦煌と中國道教(講座敦煌4)　(東京)大東出版
　　社　1983　p. 51
蘇瑩輝　中外敦煌古寫本纂要　敦煌論集　(臺北)學生書局　1983　p. 329
饒宗頤解說　林宏作譯　敦煌書法叢刊(第二八卷)・道書(二)　(東京)二玄社　1984　p. 86
王重民原編　黃永武新編　敦煌古籍叙録新編(第十三冊)　(臺北)新文豐出版公司　1986
　　p. 143、188
林平和　羅振玉敦煌學析論　(臺北)文史哲出版社　1988　p. 63、141、205、212、214
林家平　寧強　羅華慶　中國敦煌學史　北京語言學院出版社　1992　p. 22
姜伯勤　敦煌藝術宗教與禮樂文明　中國社會科學出版社　1996　p. 4
譚世寶　敦煌文書《南華真經》諸寫本之年代及篇卷結構探討　道家文化研究(第十三輯)　三聯書
　　店　1998　p. 79
顏廷亮　敦煌文化　光明日報出版社　2000　p. 209
張錫厚　敦煌文學源流　作家出版社　2000　p. 142
姜亮夫　敦煌莫高窟年表　姜亮夫全集(十一)　雲南人民出版社　2002　p. 204、367
劉屹　論二十世紀的敦煌道教文獻研究　國際敦煌學學術史研討會論文集　研討會籌備組　2002
　　p. 226　又見:敦煌吐魯番研究(第七卷)　北京大學出版社　2004　p. 205
王卡　敦煌道教文獻研究　中國社會科學出版社　2004　p. 182
王卡　中國國家圖書館藏敦煌道教遺書研究報告　敦煌吐魯番研究(第七卷)　北京大學出版社
　　2004　p. 366

P. 2532

王重民　敦煌古籍叙録　中華書局　1979　p. 1、4

姜亮夫　敦煌學之文書研究　敦煌吐魯番文獻研究論集(第二輯)　北京大學出版社　1983　p. 29
饒宗頤解說　林宏作譯　敦煌書法叢刊(第三卷)·經史(一)　(東京)二玄社　1984　p. 50
王重民原編　黃永武新編　敦煌古籍叙錄新編(第一冊)　(臺北)新文豐出版公司　1986　p. 5
姜亮夫　海外敦煌卷子經眼錄　敦煌學論文集　上海古籍出版社　1987　p. 25　又見:姜亮夫全集
　　(十三)　雲南人民出版社　2002　p. 21
任半塘　敦煌歌辭總編　上海古籍出版社　1987　p. 457、872
林平和　羅振玉敦煌學析論　(臺北)文史哲出版社　1988　p. 50、119、199、210
林平和　羅振玉校勘敦煌寫卷之商榷　第二屆敦煌學國際研討會論文集　(臺北)漢學研究中心
　　1990　p. 188
菅原信海　占筮書　敦煌漢文文獻(講座敦煌5)　(東京)大東出版社　1992　p. 442
林家平　寧強　羅華慶　中國敦煌學史　北京語言學院出版社　1992　p. 22
土田健次郎　儒教典籍　敦煌漢文文獻(講座敦煌5)　(東京)大東出版社　1992　p. 268、272、277
顧吉辰　唐代敦煌文獻寫本書手考述　《敦煌學輯刊》1993 年第 1 期　p. 30
胡戟　傅玫　敦煌史話　中華書局　1995　p. 143
白化文　周易王弼注　敦煌學大辭典　上海辭書出版社　1998　p. 772
姜亮夫　敦煌:偉大的文化寶藏　雲南人民出版社　1999　p. 101
謝桃坊　敦煌文化尋繹　四川人民出版社　1999　p. 100
姜亮夫　敦煌莫高窟年表　姜亮夫全集(十一)　雲南人民出版社　2002　p. 228

P. 2533

陳鐵凡　敦煌本尚書述略　(臺北)《大陸雜誌》1961 年第 8 期　又見:中國敦煌學百年文庫·文獻
　　卷(一)　甘肅文化出版社　1999　p. 444
陳鐵凡　敦煌本虞夏商書校證補遺　(臺北)《大陸雜誌》1969 年第 2 期　又見:中國敦煌學百年文
　　庫·文獻卷(二)　甘肅文化出版社　1999　p. 419
王重民　敦煌古籍叙錄　中華書局　1979　p. 8、10
姜亮夫　敦煌學之文書研究　敦煌吐魯番文獻研究論集(第二輯)　北京大學出版社　1983　p. 32
　　又見:姜亮夫全集(十四)　雲南人民出版社　2002　p. 437
王堯　陳踐　敦煌吐蕃文獻選　四川民族出版社　1983　p. 67
王重民原編　黃永武新編　敦煌古籍叙錄新編(第一冊)　(臺北)新文豐出版公司　1986　p. 126、
　　128
姜亮夫　敦煌本尚書校錄　敦煌學論文集　上海古籍出版社　1987　p. 154、156、170　又見:姜亮夫
　　全集(十三)　雲南人民出版社　2002　p. 134
姜亮夫　敦煌經卷在中國文化學術上的價值　敦煌學論文集　上海古籍出版社　1987　p. 9
任半塘　敦煌歌辭總編　上海古籍出版社　1987　p. 378
林平和　羅振玉敦煌學析論　(臺北)文史哲出版社　1988　p. 28、198、227
林平和　羅振玉校勘敦煌寫卷之商榷　第二屆敦煌學國際研討會論文集　(臺北)漢學研究中心
　　1990　p. 184
孫啓治　唐寫本俗別字變化類型舉例　敦煌吐魯番文獻研究論集(第五輯)　北京大學出版社
　　1990　p. 125、127、132
林家平　寧強　羅華慶　中國敦煌學史　北京語言學院出版社　1992　p. 22、25
石塚晴通　敦煌の加點本　敦煌漢文文獻(講座敦煌5)　(東京)大東出版社　1992　p. 248
土田健次郎　儒教典籍　敦煌漢文文獻(講座敦煌5)　(東京)大東出版社　1992　p. 268

吳福熙　敦煌殘卷古文尚書校注　甘肅人民出版社　1992　p. 12、38

吳其昱著　伊藤美重子譯　敦煌漢文寫本概觀　敦煌漢文文獻(講座敦煌5)　(東京)大東出版社　1992　p. 96

張鴻勳　敦煌文學概論　甘肅人民出版社　1993　p. 243

胡戟　傅玫　敦煌史話　中華書局　1995　p. 140

王堯　吐蕃時期藏譯漢籍名著及故事　中國古籍研究(第一卷)　上海古籍出版社　1996　p. 539

陳公柔　評介《尚書文字合編》　燕京學報(新第4期)　北京大學出版社　1998　p. 290

姜亮夫　敦煌:偉大的文化寶藏　雲南人民出版社　1999　p. 99

張涌泉　《補全唐詩》兩種補校　舊學新知　浙江大學出版社　1999　p. 306

顏廷亮　敦煌文化　光明日報出版社　2000　p. 201

顏廷亮　西陲文學遺珍:敦煌文學通俗談　甘肅人民出版社　2000　p. 32

林聰明　敦煌吐魯番文書解詁指例　(臺北)新文豐出版公司　2001　p. 343

許建平　敦煌本《尚書》叙錄　敦煌文獻論集:紀念藏經洞發現一百周年國際學術研討會論文集　遼寧人民出版社　2001　p. 383

姜亮夫　敦煌莫高窟年表　姜亮夫全集(十一)　雲南人民出版社　2002　p. 161

許建平　BD14681《尚書》殘卷考辨　新世紀敦煌學論集　巴蜀書社　2003　p. 92

許建平　敦煌出土《尚書》寫卷研究的過去與未來　敦煌吐魯番研究(第七卷)　北京大學出版社　2004　p. 225

中村威也　ДХ10698『尚書費誓』とДХ10698v「史書」について　『西北出土文獻研究』(創刊號)　(新潟)西北出土文獻研究會　2004　p. 42

石塚晴通　敦煌的加點本　敦煌學·日本學:石塚晴通教授退職紀念論文集　上海辭書出版社　2005　p. 9

P. 2534

唐文播　巴黎所藏敦煌老子寫本綜考　《中國文化研究彙刊》1944年第4卷　又見:中國敦煌學百年文庫·文獻卷(一)　甘肅文化出版社　1999　p. 240

王重民　敦煌古籍叙錄　中華書局　1979　p. 175

戴密微著　耿昇譯　敦煌學近作　敦煌譯叢(第一輯)　甘肅人民出版社　1985　p. 100

王重民原編　黃永武新編　敦煌古籍叙錄新編(第九冊)　(臺北)新文豐出版公司　1986　p. 1

林平和　羅振玉敦煌學析論　(臺北)文史哲出版社　1988　p. 43、200、214

高國藩　敦煌民俗學　上海文藝出版社　1989　p. 330

高田時雄　五姓說在敦煌藏族　敦煌吐魯番學研究論文集　漢語大詞典出版社　1990　p. 757

菅原信海　占筮書　敦煌漢文文獻(講座敦煌5)　(東京)大東出版社　1992　p. 447

高國藩　敦煌民俗資料導論　(臺北)新文豐出版公司　1993　p. 96

周一良　趙和平　後唐時代甘州回鶻表本及相關漢文文獻的初步研究　唐五代書儀研究　中國社會科學出版社　1995　p. 249

嚴敦傑　陰陽書　敦煌學大辭典　上海辭書出版社　1998　p. 621

顏廷亮　敦煌文化　光明日報出版社　2000　p. 461

黃正建　敦煌占卜文書與唐五代占卜研究　學苑出版社　2001　p. 82

高田時雄著　鍾翀等譯　五姓說之敦煌資料　敦煌·民族·語言　中華書局　2005　p. 330

劉屹　上博本《曹元深祭神文》的幾個問題　敦煌學國際研討會論文集　北京圖書館出版社　2005　p. 156

P. 2535

王重民　敦煌古籍叙録　中華書局　1979　p. 61

董作賓　敦煌紀年　敦煌學文選(上)　蘭州大學歷史系敦煌學研究室等　1983　p. 21

饒宗頤解說　林宏作譯　敦煌書法叢刊(第九卷)‧經史(七)　(東京)二玄社　1985　p. 49

王重民原編　黄永武新編　敦煌古籍叙録新編(第四冊)　(臺北)新文豐出版公司　1986　p. 1

姜亮夫　海外敦煌卷子經眼録　敦煌學論文集　上海古籍出版社　1987　p. 35　又見:姜亮夫全集
　　(十三)　雲南人民出版社　2002　p. 29

林平和　羅振玉敦煌學析論　(臺北)文史哲出版社　1988　p. 30、200、216

池田溫　中國古代寫本識語集録　(東京)大藏出版株式會社　1990　p. 127

林家平　寧強　羅華慶　中國敦煌學史　北京語言學院出版社　1992　p. 22

土田健次郎　儒教典籍　敦煌漢文文獻(講座敦煌5)　(東京)大東出版社　1992　p. 268

顧吉辰　唐代敦煌文獻寫本書手考述　《敦煌學輯刊》1993年第1期　p. 30

白化文　春秋穀梁傳范寧集解　敦煌學大辭典　上海辭書出版社　1998　p. 774

姜亮夫　敦煌:偉大的文化寶藏　雲南人民出版社　1999　p. 105

林聰明　敦煌吐魯番文書解詁指例　(臺北)新文豐出版公司　2001　p. 345

姜亮夫　敦煌莫高窟年表　姜亮夫全集(十一)　雲南人民出版社　2002　p. 221

張鴻勳　敦煌俗文學研究　甘肅人民出版社　2002　p. 125

許建平　跋國家圖書館藏《春秋穀梁傳集解》殘卷　《敦煌研究》2006年第1期　p. 88

P. 2536

王重民　敦煌古籍叙録　中華書局　1979　p. 57

蘇瑩輝　敦煌學概要　(臺北)編譯館"中華叢書編委會"　1981　p. 36

鄭阿財　敦煌孝道文學研究　(臺北)石門圖書公司　1982　p. 395

蘇瑩輝　中外敦煌古寫本纂要　敦煌論集　(臺北)學生書局　1983　p. 312

饒宗頤解說　林宏作譯　敦煌書法叢刊(第九卷)‧經史(七)　(東京)二玄社　1985　p. 47

王重民原編　黄永武新編　敦煌古籍叙録新編(第三冊)　(臺北)新文豐出版公司　1986　p. 267

姜亮夫　海外敦煌卷子經眼録　敦煌學論文集　上海古籍出版社　1987　p. 34　又見:姜亮夫全集
　　(十三)　雲南人民出版社　2002　p. 28

李永寧　敦煌文物研究所藏《說苑‧反質篇》殘卷校勘　1983年全國敦煌學術討論會文集‧文史遺
　　書編(下)　甘肅人民出版社　1987　p. 51

林平和　羅振玉敦煌學析論　(臺北)文史哲出版社　1988　p. 59、126、202、219、249

池田溫　中國古代寫本識語集録　(東京)大藏出版株式會社　1990　p. 207

林家平　寧強　羅華慶　中國敦煌學史　北京語言學院出版社　1992　p. 22

土田健次郎　儒教典籍　敦煌漢文文獻(講座敦煌5)　(東京)大東出版社　1992　p. 268

顧吉辰　唐代敦煌文獻寫本書手考述　《敦煌學輯刊》1993年第1期　p. 31

林聰明　談敦煌文書的抄寫問題　紀念陳寅恪先生百年誕辰學術論文集　江西教育出版社　1994
　　p. 285

胡戟　傅玫　敦煌史話　中華書局　1995　p. 143

白化文　春秋穀梁傳范寧集解　敦煌學大辭典　上海辭書出版社　1998　p. 774

顧吉辰　敦煌文獻職官結銜考釋　《敦煌學輯刊》1998年第2期　p. 24

姜亮夫　敦煌:偉大的文化寶藏　雲南人民出版社　1999　p. 104

顏廷亮　敦煌文化中的道教及文化　《敦煌研究》1999年第1期　p. 141

顏廷亮　敦煌文化　光明日報出版社　2000　p. 247

黃正建　敦煌占卜文書與唐五代占卜研究　學苑出版社　2001　p. 49

林聰明　敦煌吐魯番文書解詁指例　（臺北）新文豐出版公司　2001　p. 59 注 18

蔡忠霖　敦煌漢文寫卷俗字及其現象　（臺北）文津出版社　2002　p. 64、139、161

姜亮夫　敦煌莫高窟年表　姜亮夫全集（十一）　雲南人民出版社　2002　p. 231、475

許建平　北敦 14681 號《尚書》殘卷的抄寫時代及其版本來源：與王熙華先生商榷　《敦煌學輯刊》
　　2002 年第 2 期　p. 35

蔡忠霖　從書法角度看俗字的生成　敦煌學（第 24 輯）　（臺北）樂學書局有限公司　2003　p. 164

竇懷永　許建平　敦煌寫本的避諱特點及其對傳統寫本抄寫時代判定的參考價值　《敦煌研究》
　　2004 年第 4 期　p. 53

黃征　敦煌俗字典　上海教育出版社　2005　p. 前言 11、102

黃征　敦煌俗字要論　《敦煌研究》2005 年第 1 期　p. 84

鄧文寬　劉樂賢　敦煌天文氣象占寫本概述　敦煌吐魯番研究（第九卷）　中華書局　2006　p. 411

許建平　跋國家圖書館藏《春秋穀梁傳集解》殘卷　《敦煌研究》2006 年第 1 期　p. 86

P. 2537

小島祐馬　巴黎國立圖書館藏敦煌遺書所見録（九）　『支那學』（8 卷 1 號）　（京都）支那學社
　　1935　p. 126

那波利貞　俗講と變文（下）　『佛教史學』（1 卷 4 號）　（京都）平樂寺書店　1950　p. 46　又見：唐
　　代社會文化史研究·第四編　（東京）創文社　1974　p. 435

蘇瑩輝　論敦煌資料中的三位河西都僧統　（臺北）《幼獅學志》1966 年第 1 期　又見：敦煌論集
　　（臺北）學生書局　1983　p. 421；中國敦煌學百年文庫·宗教卷（一）　甘肅文化出版社　1999
　　p. 5

陳慶浩　古賢集校注　敦煌學（第 3 輯）　（香港）新亞研究所敦煌學會　1976　p. 76

王重民　敦煌古籍叙録　中華書局　1979　p. 208、209、211、213

蘇瑩輝　敦煌學概要　（臺北）編譯館“中華叢書編委會”　1981　p. 150、160

王重民　敦煌寫本跋文（王重民遺稿）　敦煌吐魯番文獻研究論集　中華書局　1982　p. 4

蘇瑩輝　敦煌石室真迹録題記訂補之續　敦煌論集續編　（臺北）學生書局　1983　p. 229

饒宗頤　敦煌書法叢刊（第十九卷）·碎金（二）　（東京）二玄社　1984　p. 43、99

姜亮夫　敦煌學概論　中華書局　1985　p. 62

雷僑雲　敦煌兒童文學　（臺北）學生書局　1985　p. 111、130

王三慶　敦煌本古類書《語對》研究　（臺北）文史哲出版社　1985　p. 18、82、95

王重民　巴黎敦煌殘卷叙録（第一輯）　敦煌叢刊初集（九）　（臺北）新文豐出版公司　1985
　　p. 162、165

王重民原編　黃永武新編　敦煌古籍叙録新編（第十一冊）　（臺北）新文豐出版公司　1986　p. 42、
　　75、100

顏廷亮　關於敦煌遺書中的甘肅文學作品　1983 年全國敦煌學術討論會文集·文史遺書編（下）
　　甘肅人民出版社　1987　p. 224

林平和　羅振玉敦煌學析論　（臺北）文史哲出版社　1988　p. 65、201、214、220、247

池田溫　中國古代寫本識語集録　（東京）大藏出版株式會社　1990　p. 447

程毅中　敦煌本《孝子傳》與睒子故事　中國文化（5）　（香港）中華書局　1992　p. 149

東野治之　「典言」の成立と受容　遣唐使と正倉院　（東京）岩波書店　1992　p. 268

姜伯勤　敦煌社會文書導論　（臺北）新文豐出版公司　1992　p. 61

林家平　寧强　羅華慶　中國敦煌學史　北京語言學院出版社　1992　p. 22

王三慶著　池田溫譯　類書　敦煌漢文文獻（講座敦煌 5）　（東京）大東出版社　1992　p. 374

顧吉辰　唐代敦煌文獻寫本書手考述　《敦煌學輯刊》1993 年第 1 期　p. 27

李正宇　敦煌文學概論　甘肅人民出版社　1993　p. 97

鄭炳林　《索勳紀德碑》研究　《敦煌學輯刊》1994 年第 2 期　p. 74

段小强　讀《瓜沙史事概述》劄記　《敦煌學輯刊》1995 年第 2 期　p. 125

胡戟　傅玫　敦煌史話　中華書局　1995　p. 190

李冬梅　唐五代敦煌學校部分教學檔案簡介　《敦煌學輯刊》1995 年第 2 期　p. 66

蘇瑩輝　瓜沙史事概述　全國敦煌學研討會論文集　（臺北）中正大學中國文學系所　1995　p. 8

顏廷亮　敦煌文學概說　（臺北）新文豐出版公司　1995　p. 120

顏廷亮　張球著作系年與生平管窺　敦煌學國際研討會文集·史地語文編　遼寧美術出版社　1995　p. 252

鄭炳林　羊萍　敦煌本夢書　甘肅文化出版社　1995　p. 251

郭鋒　補唐末沙州節度判官掌書記張球事一則　敦煌吐魯番研究（第二卷）　北京大學出版社　1997　p. 349

鄭炳林　敦煌碑銘讚輯釋　甘肅教育出版社　1997　p. 97 注 17

鄭炳林　論晚唐敦煌文士張球即張景球　文史（第四十三輯）　中華書局　1997　p. 111

李鼎霞　略出籤金　敦煌學大辭典　上海辭書出版社　1998　p. 779

李正宇　古本敦煌鄉土志八種箋證　（臺北）新文豐出版公司　1998　p. 321

李正宇　張球　敦煌學大辭典　上海辭書出版社　1998　p. 356

楊寶玉　籤金　敦煌學大辭典　上海辭書出版社　1998　p. 779

李正宇　《敦煌錄》整理後記　慶祝吳其昱先生八秩華誕敦煌學特刊　（臺北）文津出版社　2000　p. 58

查屏球　唐學與唐詩：中晚唐詩風的一種文化考察　商務印書館　2000　p. 265

姜亮夫　海外敦煌卷子經眼錄　姜亮夫全集（十三）　雲南人民出版社　2002　p. 41

顏廷亮　有關張球生平及其著作的一件新見文獻　《敦煌研究》2002 年第 5 期　p. 103

徐俊　敦煌先唐詩考　2000 年敦煌學國際學術討論會文集·歷史文化卷（下）　甘肅民族出版社　2003　p. 294、305

鄭炳林　敦煌寫本解夢書校錄研究　民族出版社　2005　p. 66

孫猛　《日本國見在書目錄》（經部、史部、集部）失考書考　域外漢籍研究集刊（第二輯）　中華書局　2006　p. 211

P. 2538

潘重規　巴黎倫敦所藏敦煌詩經卷子題記　（香港）《新亞書院學術年刊》1969 年第 11 期　又見：中國敦煌學百年文庫·文獻卷（二）　甘肅文化出版社　1999　p. 388

潘重規　敦煌詩經卷子研究　（臺北）《華岡學報》1970 年第 6 期　又見：中國敦煌學百年文庫·文獻卷（二）　甘肅文化出版社　1999　p. 435、444

蘇瑩輝　從敦煌本毛詩詁訓傳論毛詩定本及詁訓傳分卷問題　（臺北）《孔孟學報》1971 年第 22 期　又見：敦煌論集續編　（臺北）學生書局　1983　p. 29、34；中國敦煌學百年文庫·文學卷（二）　甘肅文化出版社　1999　p. 254

王重民　敦煌古籍叙錄　中華書局　1979　p. 27、29

蘇瑩輝　敦煌學概要　（臺北）編譯館"中華叢書編委會"　1981　p. 35

蘇瑩輝　略論五經正義的原本格式及其標記"經"、"傳"、"注"文起訖情形　敦煌論集續編　（臺北）學生書局　1983　p. 73

蘇瑩輝　中外敦煌古寫本纂要　敦煌論集　（臺北）學生書局　1983　p. 311

王重民原編　黃永武新編　敦煌古籍叙録新編（第二冊）　（臺北）新文豐出版公司　1986　p. 48、244

姜亮夫　敦煌本毛詩傳箋校録　敦煌學論文集　上海古籍出版社　1987　p. 55、60　又見：姜亮夫全集（十三）　雲南人民出版社　2002　p. 46

林平和　羅振玉敦煌學析論　（臺北）文史哲出版社　1988　p. 52、123、197、252

林平和　羅振玉校勘敦煌寫卷之商榷　第二屆敦煌學國際研討會論文集　（臺北）漢學研究中心　1990　p. 184

劉操南　敦煌本毛詩傳箋校録疏證　《敦煌研究》1990年第1期　p. 102

上山大峻　敦煌佛教の研究　（京都）法藏館　1990　p. 205

林聰明　敦煌文書學　（臺北）新文豐出版公司　1991　p. 55

林家平　寧強　羅華慶　中國敦煌學史　北京語言學院出版社　1992　p. 22

土田健次郎　儒教典籍　敦煌漢文文献（講座敦煌5）　（東京）大東出版社　1992　p. 268、284

胡戟　傅玫　敦煌史話　中華書局　1995　p. 142

白化文　詩經　敦煌學大辭典　上海辭書出版社　1998　p. 773

黃征　程惠新　劫塵遺珠：敦煌遺書　甘肅教育出版社　1999　p. 193

姜亮夫　敦煌：偉大的文化寶藏　雲南人民出版社　1999　p. 96

吳麗娛　關於S. 078v和S. 1725v兩件敦煌寫本書儀的一些看法　敦煌學與中國史研究論集　甘肅人民出版社　2001　p. 175

姜亮夫　敦煌莫高窟年表　姜亮夫全集（十一）　雲南人民出版社　2002　p. 219

許建平　敦煌《詩經》卷子研讀劄記二則　《敦煌學輯刊》2004年第1期　p. 74

P. 2539

金岡照光　敦煌漢文文學文献の文學形態上の種類とその分類　敦煌出土文學文献分類目録・附解說　（東京）東洋文庫　1971　p. 236

金岡照光　敦煌文學のさまざま　敦煌の文學　（東京）大藏出版株式會社　1971　p. 165

金岡照光　敦煌民衆の宗教と生活　敦煌の民衆——その生活と思想　（東京）評論社　1972　p. 259

陳祚龍　我國的藥書與醫學　敦煌文物隨筆　（臺北）商務印書館　1979　p. 36

王重民　敦煌古籍叙録　中華書局　1979　p. 303

小川陽一　道教說話　敦煌と中國道教（講座敦煌4）　（東京）大東出版社　1983　p. 291

遊佐昇　文學文献より見た敦煌の道教　敦煌と中國道教（講座敦煌4）　（東京）大東出版社　1983　p. 287

王重民原編　黃永武新編　敦煌古籍叙録新編（第十一、十五冊）　（臺北）新文豐出版公司　1986　p. 388；248

張錫厚　略論敦煌賦集及其選録標準　《敦煌學輯刊》1986年第1期　p. 19

姜亮夫　海外敦煌卷子經眼録　敦煌學論文集　上海古籍出版社　1987　p. 40　又見：姜亮夫全集（十三）　雲南人民出版社　2002　p. 34

森安孝夫　敦煌と西ウイグル王國　『東方學』（第74輯）　（東京）東方學會　1987　p. 68

森安孝夫著　陳俊謀譯　敦煌與西回鶻王國　《西北史地》1987 年第 3 期　p. 126

張錫厚　關於整理《敦煌賦集》的幾個問題　敦煌語言文學論文集　浙江古籍出版社　1988
　　　p. 225、236

高國藩　敦煌民俗學　上海文藝出版社　1989　p. 175

張廣達　榮新江　有關西州回鶻的一篇敦煌漢文文獻　《北京大學學報》1989 年第 2 期　p. 26

張錫厚　賦　敦煌文學　甘肅人民出版社　1989　p. 134

高國藩　敦煌古俗與民俗流變　河海大學出版社　1990　p. 214

唐耕耦　陸宏基　敦煌社會經濟文獻真迹釋録(五)　全國圖書館文獻縮微複製中心　1990　p. 389

周紹良　敦煌文學芻議及其它　(臺北)新文豐出版公司　1992　p. 20

朱越利　道經總論　遼寧教育出版社　1992　p. 281

高國藩　敦煌民俗資料導論　(臺北)新文豐出版公司　1993　p. 58

李正宇　敦煌文學概論　甘肅人民出版社　1993　p. 151

張鴻勳　敦煌話本詞文俗賦導論　(臺北)新文豐出版公司　1993　p. 171

張錫厚　敦煌文學概論　甘肅人民出版社　1993　p. 394

叢春雨　敦煌中醫藥全書　中醫古籍出版社　1994　p. 41、725

伏俊璉　敦煌賦校注　甘肅人民出版社　1994　p. 2、251

伏俊璉　《天地陰陽交歡大樂賦》補校　《古漢語研究》1994 年第 4 期　p. 71

李重申　敦煌體育史料考析　敦煌學國際研討會文集·石窟考古編　遼寧美術出版社　1995
　　　p. 376

張廣達　西域史地叢稿初編　上海古籍出版社　1995　p. 224

張錫厚　敦煌本唐集研究　(臺北)新文豐出版公司　1995　p. 411

趙和平　後唐時代甘州回鶻表本及相關漢文文獻的初步研究　(香港)《九州學刊》1995 年第 6 卷第
　　　4 期　p. 97

周一良　趙和平　後唐時代刺史專用書儀　唐五代書儀研究　中國社會科學出版社　1995　p. 228

周一良　趙和平　後唐時代甘州回鶻表本及相關漢文文獻的初步研究　唐五代書儀研究　中國社會
　　　科學出版社　1995　p. 242

周一良　趙和平　《新集雜別紙》的初步研究　唐五代書儀研究　中國社會科學出版社　1995
　　　p. 262

張錫厚　敦煌賦彙　(臺北)新文豐出版公司　1996　p. 5、241

張錫厚　評《敦煌賦校注》　敦煌吐魯番研究(第一卷)　北京大學出版社　1996　p. 421

張錫厚　探幽發微　佚篇薈萃:讀《敦煌賦校注》　《西北師大學報》(社會科學版)1996 年第 2 期
　　　p. 73

張涌泉　敦煌俗字研究導論　(臺北)新文豐出版公司　1996　p. 144

張涌泉　敦煌文獻校讀易誤字例釋　敦煌文學論集　四川人民出版社　1997　p. 267

趙和平　敦煌表狀箋啓書儀輯校　江蘇古籍出版社　1997　p. 266

趙和平　晚唐五代靈武節度使與沙州歸義軍關係試論　第三屆中國唐代文化學術研討會論文集
　　　(臺北)政治大學中國文學系　1997　p. 546

鄭炳林　敦煌碑銘讚輯釋　甘肅教育出版社　1997　p. 509 注 17

馬繼興　敦煌醫藥文獻　敦煌學大辭典　上海辭書出版社　1998　p. 615

馬繼興　敦煌醫藥文獻輯校　江蘇古籍出版社　1998　p. 791

張錫厚　天地陰陽交歡大樂賦　敦煌學大辭典　上海辭書出版社　1998　p. 588

趙和平　靈武節度使書狀集　敦煌學大辭典　上海辭書出版社　1998　p. 424

江曉原　《天地陰陽交歡大樂賦》發微　中國敦煌學百年文庫·文學卷（三）　甘肅文化出版社
　　1999　p. 277

史成禮　史葆光　敦煌性文化　廣州出版社　1999　p. 78

謝桃坊　敦煌文化尋繹　四川人民出版社　1999　p. 166

顔廷亮　敦煌文化中的道教及文化　《敦煌研究》1999 年第 1 期　p. 143

丛春雨　敦煌中醫藥精萃發微　中醫古籍出版社　2000　p. 181、394、403

李重申　敦煌古代體育文化　甘肅人民出版社　2000　p. 164

史成禮　敦煌性文化初探　1994 年敦煌學國際研討會文集·宗教文史卷（下）　甘肅民族出版社
　　2000　p. 243

孫繼民　敦煌吐魯番所出唐代軍事文書初探　中國社會科學出版社　2000　p. 310

顔廷亮　敦煌文化　光明日報出版社　2000　p. 251

張錫厚　敦煌文學源流　作家出版社　2000　p. 199、208、239

趙和平　敦煌本《甘棠集》研究　（臺北）新文豐出版公司　2000　p. 18

李重申　李金梅　李小唐　敦煌石窟氣功鈎沈　《敦煌學輯刊》2001 年第 2 期　p. 57

林聰明　敦煌吐魯番文書解詁指例　（臺北）新文豐出版公司　2001　p. 140

吳麗娛　從敦煌書儀中的表狀箋啓看唐五代官場禮儀的轉移變遷　中國社會歷史評論（第三卷）
　　中華書局　2001　p. 361

吳麗娛　關於 S.078v 和 S.1725v 兩件敦煌寫本書儀的一些看法　敦煌學與中國史研究論集　甘肅
　　人民出版社　2001　p. 176

姜亮夫　敦煌莫高窟年表　姜亮夫全集（十一）　雲南人民出版社　2002　p. 369

馬繼興　當前世界各地收藏的中國出土卷子本古醫藥文獻備考　敦煌吐魯番研究（第六卷）　北京
　　大學出版社　2002　p. 146

吳麗娛　唐禮摭遺：中古書儀研究　商務印書館　2002　p. 31、161、175、296、540、591、630

吳麗娛　再析 P.2945 書儀的年代與曹氏歸義軍通使中原　《敦煌研究》2002 年第 3 期　p. 79

林平和　試論敦煌文獻之輯佚價值　新世紀敦煌學論集　巴蜀書社　2003　p. 743

陳明　情性至道：西域“足身力”方與敦煌房中方藥　中國俗文化研究（第二輯）　巴蜀書社　2004
　　p. 172

王卡　敦煌道教文獻研究　中國社會科學出版社　2004　p. 50

吳麗娛　關於別紙和重疊別紙　浙江與敦煌學：常書鴻先生誕辰一百周年紀念文集　浙江古籍出版
　　社　2004　p. 412

張小豔　試論敦煌書儀的語料價值　浙江與敦煌學：常書鴻先生誕辰一百周年紀念文集　浙江古籍
　　出版社　2004　p. 543

陳明　殊方異藥：出土文書與西域醫學　北京大學出版社　2005　p. 137

張鴻勳　《天地陰陽交歡大樂賦》與日本平安時代漢文學　敦煌吐魯番研究（第九卷）　北京大學出
　　版社　2006　p. 449

P. 2540

王重民　敦煌古籍叙録　中華書局　1979　p. 50、51

饒宗頤　敦煌書法叢刊（第八卷）·經史（六）　（東京）二玄社　1986　p. 49、74

王重民原編　黃永武新編　敦煌古籍叙録新編（第三冊）　（臺北）新文豐出版公司　1986　p. 85、
　　234

姜亮夫　海外敦煌卷子經眼録　敦煌學論文集　上海古籍出版社　1987　p. 30　又見：姜亮夫全集

（十三）　雲南人民出版社　2002　p. 25

林平和　羅振玉敦煌學析論　（臺北）文史哲出版社　1988　p. 58、125、211

林家平　寧强　羅華慶　中國敦煌學史　北京語言學院出版社　1992　p. 22、29

石塚晴通　敦煌の加點本　敦煌漢文文獻（講座敦煌5）　（東京）大東出版社　1992　p. 250

土田健次郎　儒教典籍　敦煌漢文文獻（講座敦煌5）　（東京）大東出版社　1992　p. 268

趙聲良　萬經珍寶：古代書法藝術的寶庫"敦煌書法"　（臺北）《雄獅美術》1994 年第 12 期

鄭汝中　唐代書法藝術與敦煌寫卷　敦煌書法庫（第四輯）　甘肅人民美術出版社　1994　p. 11
　　又見：《敦煌研究》1996 年第 2 期　p. 127

趙聲良　敦煌寫卷書法（下）　《文史知識》1997 年第 5 期　p. 85

白化文　春秋經傳集解　敦煌學大辭典　上海辭書出版社　1998　p. 774

姜亮夫　敦煌：偉大的文化寶藏　雲南人民出版社　1999　p. 102

李春遠　關於敦煌遺書的書法化趨向　《敦煌學輯刊》2002 年第 1 期　p. 62

李索　敦煌寫卷《春秋經傳集解》校證　中國社會科學出版社　2005　p. 354

石塚晴通　敦煌的加點本　敦煌學・日本學：石塚晴通教授退職紀念論文集　上海辭書出版社
　　2005　p. 14

P. 2541

白化文　文選　敦煌學大辭典　上海辭書出版社　1998　p. 783

徐俊　評《敦煌吐魯番本文選》、《敦煌本〈昭明文選〉研究》、《敦煌本〈文選注〉箋證》、《文選版本研
　　究》　敦煌吐魯番研究（第五卷）　北京大學出版社　2001　p. 371

P. 2542

饒宗頤　敦煌本文選斠證（一）　（香港）《新亞學報》1957 年第 1 期　p. 335　又見：中國敦煌學百年
　　文庫・文學卷（二）　甘肅文化出版社　1999　p. 2

金岡照光　敦煌漢文文學文獻の文學形態上の種類とその分類　敦煌出土文學文獻分類目錄・附解
　　說　（東京）東洋文庫　1971　p. 236

陳祚龍　敦煌寫本《登樓賦》斠證　敦煌學海探珠（上冊）　（臺北）商務印書館　1979　p. 21 注 9

王重民　敦煌古籍叙錄　中華書局　1979　p. 310、320

蘇瑩輝　敦煌學概要　（臺北）編譯館"中華叢書編委會"　1981　p. 63

蘇瑩輝　中外敦煌古寫本纂要　敦煌論集　（臺北）學生書局　1983　p. 337

饒宗頤解說　林宏作譯　敦煌書法叢刊（第十七卷）・雜詩文　（東京）二玄社　1985　p. 51

王重民　巴黎敦煌殘卷叙錄（第二輯）　敦煌叢刊初集（九）　（臺北）新文豐出版公司　1985　p. 312

王重民原編　黃永武新編　敦煌古籍叙錄新編（第十六冊）　（臺北）新文豐出版公司　1986　p. 28

林平和　羅振玉敦煌學析論　（臺北）文史哲出版社　1988　p. 214

金岡照光　韻文體類——長篇叙事詩・短篇歌詠　敦煌の文學文獻（講座敦煌9）　（東京）大東出
　　版社　1992　p. 264

黃征　吳偉　敦煌願文集　岳麓書社　1995　p. 199

遊志誠　敦煌古抄本文選五臣注研究　全國敦煌學研討會論文集　（臺北）中正大學中國文學系所
　　1995　p. 148

遊志誠　昭明文選學術論考　（臺北）學生書局　1996　p. 35

白化文　敦煌遺書中《文選》殘卷綜述　中外學者文選學論集（上）　中華書局　1998　p. 380

白化文　文選　敦煌學大辭典　上海辭書出版社　1998　p. 783

傅剛　《文選》版本叙錄　國學研究(第五卷)　北京大學出版社　1998　p. 173

羅國威　敦煌本《昭明文選》研究　黑龍江教育出版社　1999　p. 267

傅剛　文選版本研究　北京大學出版社　2000　p. 114、313

饒宗頤　敦煌吐魯番本文選　中華書局　2000　p. 66(圖版)

蘇遠鳴　中國避諱略述　法國漢學(敦煌學專號)　中華書局　2000　p. 43

顏廷亮　敦煌文化　光明日報出版社　2000　p. 202

徐俊　評《敦煌吐魯番本文選》、《敦煌本〈昭明文選〉研究》、《敦煌本〈文選注〉箋證》、《文選版本研
　　究》　敦煌吐魯番研究(第五卷)　北京大學出版社　2001　p. 367

范志新　文選版本論稿　江西人民出版社　2003　p. 229

P. 2543

饒宗頤　敦煌本文選斠證(一)　(香港)《新亞學報》1957年第1期　p. 334　又見:中國敦煌學百年
　　文庫・文學卷(二)　甘肅文化出版社　1999　p. 2

金岡照光　敦煌漢文文學文獻の文學形態上の種類とその分類　敦煌出土文學文獻分類目録・附解
　　説　(東京)東洋文庫　1971　p. 236

陳祚龍　敦煌寫本《登樓賦》斠證　敦煌學海探珠(上冊)　(臺北)商務印書館　1979　p. 21 注9

王重民　敦煌古籍叙錄　中華書局　1979　p. 319、320

蘇瑩輝　敦煌學概要　(臺北)編譯館"中華叢書編委會"　1981　p. 63

蘇瑩輝　中外敦煌古寫本纂要　敦煌論集　(臺北)學生書局　1983　p. 337

饒宗頤解說　林宏作譯　敦煌書法叢刊(第十七卷)・雜詩文　(東京)二玄社　1985　p. 51

王重民　巴黎敦煌殘卷叙錄(第二輯)　敦煌叢刊初集(九)　(臺北)新文豐出版公司　1985　p. 311

王重民原編　黃永武新編　敦煌古籍叙錄新編(第十六冊)　(臺北)新文豐出版公司　1986　p. 148

林平和　羅振玉敦煌學析論　(臺北)文史哲出版社　1988　p. 71

林聰明　敦煌文書學　(臺北)新文豐出版公司　1991　p. 358

金岡照光　講唱體類　敦煌の文學文獻(講座敦煌9)　(東京)大東出版社　1992　p. 150

金岡照光　韻文體類——長篇叙事詩・短篇歌詠　敦煌の文學文獻(講座敦煌9)　(東京)大東出
　　版社　1992　p. 264

黃征　吳偉　敦煌願文集　岳麓書社　1995　p. 198、318

遊志誠　敦煌古抄本文選五臣注研究　全國敦煌學研討會論文集　(臺北)中正大學中國文學系所
　　1995　p. 148

遊志誠　昭明文選學術論考　(臺北)學生書局　1996　p. 36

白化文　敦煌遺書中《文選》殘卷綜述　中外學者文選學論集(上)　中華書局　1998　p. 380

白化文　文選　敦煌學大辭典　上海辭書出版社　1998　p. 783

傅剛　《文選》版本叙錄　國學研究(第五卷)　北京大學出版社　1998　p. 173

羅國威　敦煌本《昭明文選》研究　黑龍江教育出版社　1999　p. 267

傅剛　文選版本研究　北京大學出版社　2000　p. 127

饒宗頤　敦煌吐魯番本文選　中華書局　2000　p. 63(圖版)

顏廷亮　敦煌文化　光明日報出版社　2000　p. 202

徐俊　評《敦煌吐魯番本文選》、《敦煌本〈昭明文選〉研究》、《敦煌本〈文選注〉箋證》、《文選版本研
　　究》　敦煌吐魯番研究(第五卷)　北京大學出版社　2001　p. 369

陳明　耆婆的形象演變及其在敦煌吐魯番地區的影響　文津學志(第一輯)　北京圖書館出版社
　　2003　p. 152

王冀青　斯坦因與日本敦煌學　甘肅教育出版社　2004　p. 306

許建平　敦煌出土《尚書》寫卷研究的過去與未來　敦煌吐魯番研究（第七卷）　北京大學出版社
　　2004　p. 226

白化文　讀《伯希和劫經錄》　敦煌學國際研討會論文集　北京圖書館出版社　2005　p. 17

P. 2544

張鐵弦　敦煌古寫本叢談　《文物》1963 年第 3 期　p. 9

金岡照光　敦煌漢文文學文獻の文學形態上の種類とその分類　敦煌出土文學文獻分類目録・附解
　　説　（東京）東洋文庫　1971　p. 236

金岡照光　敦煌文學のさまざま　敦煌の文學　（東京）大藏出版株式會社　1971　p. 163

饒宗頤　李白出生地：碎葉　選堂集林・史林　（香港）中華書局　1982　p. 641

饒宗頤　敦煌書法叢刊（第十八卷）・碎金（一）　（東京）二玄社　1983　p. 15、88

蔣禮鴻　《補全唐詩》校記　敦煌學論集　甘肅人民出版社　1985　p. 75

張錫厚　略論敦煌賦集及其選錄標準　《敦煌學輯刊》1986 年第 1 期　p. 18

柴劍虹　研究唐代文學的珍貴資料：敦煌 P. 2555 號唐人寫卷分析　1983 年全國敦煌學術討論會文
　　集・文史遺書編（下）　甘肅人民出版社　1987　p. 81

黃永武　敦煌的唐詩　（臺北）洪範書店　1987　p. 117

姜亮夫　海外敦煌卷子經眼錄　敦煌學論文集　上海古籍出版社　1987　p. 47　又見：姜亮夫全集
　　（十三）　雲南人民出版社　2002　p. 40

任半塘　敦煌歌辭總編　上海古籍出版社　1987　p. 727、1784

張錫厚　敦煌賦集校理　《敦煌研究》1987 年第 4 期　p. 41

張錫厚　關於《敦煌賦集》整理的幾個問題　《敦煌學輯刊》1987 年第 1 期　p. 45　又見：敦煌語言
　　文學論文集　浙江古籍出版社　1988　p. 225、231

韓建瓴　敦煌寫本《古賢集》研究　敦煌語言文學研究　北京大學出版社　1988　p. 157

張錫厚　伯 2488、伯 5037 敦煌賦卷初考　敦煌語言文學研究　北京大學出版社　1988　p. 200

張錫厚　賦　敦煌文學　甘肅人民出版社　1989　p. 134

張錫厚　詩歌　敦煌文學　甘肅人民出版社　1989　p. 177

任半塘　王昆吾　隋唐五代燕樂雜言歌辭集　巴蜀書社　1990　p. 359、364

柴劍虹　敦煌唐人詩文選集殘卷（伯 2555）補錄　西域文史論稿　（臺北）國文天地雜誌社　1991
　　p. 291

項楚　王梵志詩論　敦煌文學叢考　上海古籍出版社　1991　p. 688

張涌泉　《補全唐詩》兩種補校　《敦煌學輯刊》1991 年第 2 期　p. 18　又見：舊學新知　浙江大學
　　出版社　1999　p. 297、302

姜伯勤　敦煌社會文書導論　（臺北）新文豐出版公司　1992　p. 160

周紹良　敦煌文學芻議及其它　（臺北）新文豐出版公司　1992　p. 20

伏俊璉　敦煌賦校補（三）　《江西師範大學學報》1993 年第 26 卷第 4 期　p. 115

暨遠志　論唐代打馬球　《敦煌研究》1993 年第 2 期　p. 27

項楚　敦煌詩歌導論　（臺北）新文豐出版公司　1993　p. 8、47

張鴻勳　敦煌話本詞文俗賦導論　（臺北）新文豐出版公司　1993　p. 164、176

張錫厚　敦煌文學概論　甘肅人民出版社　1993　p. 356

伏俊璉　敦煌賦校注　甘肅人民出版社　1994　p. 1

蔣禮鴻　蔣禮鴻語言文字學論叢　浙江古籍出版社　1994　p. 420

李重申　敦煌馬毬史料探析　《敦煌研究》1994 年第 4 期　p. 170

沃興華　敦煌書法藝術　上海人民出版社　1994　p. 53

張涌泉　試論審辨敦煌寫本俗字的方法　《敦煌研究》1994 年第 2 期　p. 151　又見：舊學新知　浙江大學出版社　1999　p. 83

鄭汝中　敦煌書法概述　敦煌書法庫（第一輯）　甘肅人民美術出版社　1994　p. 8

鄭汝中　唐代書法藝術與敦煌寫卷　敦煌書法庫（第四輯）　甘肅人民美術出版社　1994　p. 7　又見：《敦煌研究》1996 年第 2 期　p. 125

王元軍　從敦煌唐佛經寫本談有關唐代寫經生及其書法藝術的幾個問題　《敦煌研究》1995 年第 1 期　p. 159

王元軍　唐人書法與文化　（臺北）東大圖書公司　1995　p. 136

王忠林　敦煌歌辭與民俗活動　全國敦煌學研討會論文集　（臺北）中正大學中國文學系所　1995　p. 165、178 注 1

項楚　敦煌歌辭總編匡補　（臺北）新文豐出版公司　1995　p. 77

張錫厚　敦煌本唐集研究　（臺北）新文豐出版公司　1995　p. 411

張先堂　《敦煌唐人詩集殘卷（P. 2555）》新校　《敦煌研究》1995 年第 3 期　p. 159

陳金木　唐寫本論語鄭氏注研究（上）　（臺北）文津出版社　1996　p. 29

譚蟬雪　敦煌馬文化　《敦煌研究》1996 年第 1 期　p. 119

張錫厚　敦煌賦彙　（臺北）新文豐出版公司　1996　p. 5、201、278

張涌泉　敦煌俗字研究導論　（臺北）新文豐出版公司　1996　p. 182

鄧文寬　大梵寺佛音：敦煌莫高窟壇經讀本　（臺北）如聞出版社　1997　p. 15

王利器　讀《敦煌變文集》四首俗賦書後　曉傳書齋集　華東師範大學出版社　1997　p. 486

周裕鍇　敦煌賦與初唐歌行　敦煌文學論集　四川人民出版社　1997　p. 75

白化文　臨本　敦煌學大辭典　上海辭書出版社　1998　p. 593

柴劍虹　長安少年行　敦煌學大辭典　上海辭書出版社　1998　p. 570

柴劍虹　打馬毬詩　敦煌學大辭典　上海辭書出版社　1998　p. 569

柴劍虹　高興歌　敦煌學大辭典　上海辭書出版社　1998　p. 552

柴劍虹　錦衣篇　敦煌學大辭典　上海辭書出版社　1998　p. 557

柴劍虹　丘爲詩　敦煌學大辭典　上海辭書出版社　1998　p. 560

顧吉辰　敦煌文獻職官結銜考釋　《敦煌學輯刊》1998 年第 2 期　p. 18

李重申　錦袄子　敦煌學大辭典　上海辭書出版社　1998　p. 600

劉濤　敦煌書法　敦煌學大辭典　上海辭書出版社　1998　p. 274

劉濤　王羲之蘭亭序　敦煌學大辭典　上海辭書出版社　1998　p. 278

譚蟬雪　敦煌歲時文化導論　（臺北）新文豐出版公司　1998　p. 171

張錫厚　龍門賦　敦煌學大辭典　上海辭書出版社　1998　p. 587

胡大浚　王志鵬　敦煌邊塞詩歌校注　甘肅人民出版社　1999　p. 96

謝桃坊　敦煌文化尋繹　四川人民出版社　1999　p. 100

朱關田　中國書法史（隋唐五代卷）　江蘇教育出版社　1999　p. 57

鄧文寬　英藏敦煌本《六祖壇經》的河西特色：以方音通假爲依據的探索　1994 年敦煌學國際研討會文集・宗教文史卷（上）　甘肅民族出版社　2000　p. 108

杜琪　敦煌詩賦作品要目分類題注　《甘肅社會科學》2000 年第 1 期　p. 64

伏俊璉　俗情雅韻：敦煌賦選析　甘肅人民出版社　2000　p. 11、39

李重申　敦煌古代體育文化　甘肅人民出版社　2000　p. 58、63、86

徐俊　敦煌詩集殘卷輯考　中華書局　2000　p. 55、75、120、399、464、732

張錫厚　敦煌文學源流　作家出版社　2000　p. 86、199、215、244

段小强　陳康　從敦煌本《杖前飛》談唐代馬球運動　《敦煌研究》2002 年第 6 期　p. 60

姜亮夫　敦煌莫高窟年表　姜亮夫全集(十一)　雲南人民出版社　2002　p. 42

李春遠　關於敦煌遺書的書法化趨向　《敦煌學輯刊》2002 年第 1 期　p. 63

李金梅　李重申　敦煌文獻與體育史研究之關係　《敦煌研究》2002 年第 2 期　p. 45

徐俊　敦煌寫本詩歌續考　《敦煌研究》2002 年第 5 期　p. 65

胡大浚　敦煌寫卷中幾首佚名詩考釋　2000 年敦煌學國際學術討論會文集·歷史文化卷(下)　甘
　　肅民族出版社　2003　p. 286

林平和　試論敦煌文獻之輯佚價值　新世紀敦煌學論集　巴蜀書社　2003　p. 738

鶴田一雄　敦煌出土の書迹に關する一考察　『西北出土文獻研究』(創刊號)　(新潟)西北出土文
　　獻研究會　2004　p. 91

張涌泉　燦爛的敦煌文化　浙江與敦煌學:常書鴻先生誕辰一百周年紀念文集　浙江古籍出版社
　　2004　p. 641

徐時儀　玄應《衆經音義》研究　中華書局　2005　p. 601

蘭州理工大學絲綢之路文史研究所編　絲綢之路體育文化論集　中華書局　2005　p. 213、248、251

P. 2545

那波利貞　敦煌發見文書に拠る中晚唐時代の佛教寺院の錢穀布帛類貸付營利事業運營の實況
　　『支那學』(10 卷 3 號)　(京都)支那學社　1941　p. 174

陳慶浩　古賢集校注　敦煌學(第 3 輯)　(香港)新亞研究所敦煌學會　1976　p. 77

陳鐵凡　敦煌本孝經考略　(臺中)《東海學報》1978 年第 19 卷　又見:中國敦煌學百年文庫·文獻
　　卷(二)　甘肅文化出版社　1999　p. 497

姜伯勤　唐五代敦煌寺戶制度　中華書局　1987　p. 303

黎薔　西域戲劇的緣起及敦煌佛教戲曲的形成　《敦煌研究》1990 年第 2 期　p. 106

李德超　敦煌本孝經校讎　第二屆敦煌學國際研討會論文集　(臺北)漢學研究中心　1990　p. 101

土田健次郎　儒教典籍　敦煌漢文文獻(講座敦煌 5)　(東京)大東出版社　1992　p. 269

胡戟　傅玫　敦煌史話　中華書局　1995　p. 143

寧可　郝春文　敦煌社邑文書輯校　江蘇古籍出版社　1997　p. 360

羅國威　敦煌本《昭明文選》研究　黑龍江教育出版社　1999　p. 211

許建平　英倫法京所藏敦煌寫本殘片八種之定名並校錄　敦煌學(第 24 輯)　(臺北)樂學書局有限
　　公司　2003　p. 126

P. 2546

小島保祐馬　巴黎國立圖書館藏敦煌遺書所見錄(二)　『支那學』(6 卷 1 號)　(京都)支那學社
　　1932　p. 137

王重民　敦煌古籍叙錄　中華書局　1979　p. 185、186

蘇瑩輝　敦煌學概要　(臺北)編譯館"中華叢書編委會"　1981　p. 47

蘇瑩輝　中外敦煌古寫本纂要　敦煌論集　(臺北)學生書局　1983　p. 323

林其錟　陳鳳金　一種未被著錄的《劉子》敦煌殘卷　《敦煌學輯刊》1984 年第 2 期　p. 53

王重民　巴黎敦煌殘卷叙錄(第一、二輯)　敦煌叢刊初集(九)　(臺北)新文豐出版公司　1985
　　p. 147;250

王重民原編　黃永武新編　敦煌古籍敘錄新編（第九冊）　（臺北）新文豐出版公司　1986　p. 348、
　　355

林其錟　陳鳳金輯校　敦煌遺書劉子殘卷集錄　上海書店　1988　p. 1、86

許建平　敦煌本《劉子殘卷》舉善　《敦煌研究》1989 年第 3 期　p. 74

許建平　敦煌遺書《劉子》殘卷校證　《杭州師範學院學報》1989 年第 5 期　p. 119

周丕顯　巴黎藏伯字第二七二一號《雜抄·書目》初探　敦煌吐魯番學研究論文集　漢語大詞典出
　　版社　1990　p. 415

許建平　敦煌遺書《劉子》殘卷校證補　《杭州師範學院學報》1992 年第 1 期　p. 42

許建平　《殘類書》所引《劉子》殘卷考略　《浙江社會科學》1993 年第 4 期　p. 89

白化文　劉子新論　敦煌學大辭典　上海辭書出版社　1998　p. 778

榮新江　敦煌文獻與古籍整理　慶祝吳其昱先生八秩華誕敦煌學特刊　（臺北）文津出版社　2000
　　p. 271

姜亮夫　敦煌莫高窟年表　姜亮夫全集（十一）　雲南人民出版社　2002　p. 164

P. 2547

小島保祐馬　巴黎國立圖書館藏敦煌遺書所見錄（二）　『支那學』（6 卷 1 號）　（京都）支那學社
　　1932　p. 137

陳祚龍　古代敦煌及其他地區流行之公私印章圖記文字錄　敦煌學要籥　（臺北）新文豐出版公司
　　1982　p. 344

饒宗頤　敦煌書法叢刊（第十三卷）·書儀　（東京）二玄社　1986　p. 3、67

唐耕耦　陸宏基　敦煌社會經濟文獻真迹釋錄（一）　書目文獻出版社　1986　p. 161

土肥義和著　李永寧譯　歸義軍時期（晚唐、五代、宋）的敦煌（續）　《敦煌研究》1987 年第 1 期
　　p. 91

李明偉　狀·牒·帖　敦煌文學　甘肅人民出版社　1989　p. 41

李正宇　《敦煌廿詠》探微　古文獻研究　浙江古籍出版社　1989　p. 241

梅弘理著　耿昇譯　根據 P. 2547 號寫本對《齋琬文》的復原和斷代　《敦煌研究》1990 年第 2 期
　　p. 50

唐耕耦　陸宏基　敦煌社會經濟文獻真迹釋錄（四）　全國圖書館文獻縮微複製中心　1990　p. 285

姜伯勤　敦煌社會文書導論　（臺北）新文豐出版公司　1992　p. 124

郝春文　敦煌寫本社邑文書年代彙考（三）　《社科縱橫》1993 年第 5 期　p. 11

黃征　吳偉　敦煌願文集　岳麓書社　1995　p. 71

榮新江　評《俄藏敦煌文獻》第 1－5 冊　敦煌吐魯番研究（第一卷）　北京大學出版社　1996
　　p. 372

寧可　郝春文　敦煌社邑文書輯校　江蘇古籍出版社　1997　p. 587

楊寶玉　P. 2094《持誦金剛經靈驗功德記》校考　周紹良先生欣開九秩慶壽文集　中華書局　1997
　　p. 281

張廣達　"歎佛"與"歎齋"　慶祝鄧廣銘教授九十華誕論文集　河北教育出版社　1997　p. 61

黃征　敦煌願文雜考　文史（第四十六輯）　中華書局　1998　p. 252

宋家鈺　佛教齋文源流與敦煌本"齋文"書的復原　《中國史研究》1999 年第 2 期　p. 75　又見：英
　　國收藏敦煌漢藏文獻研究　中國社會科學出版社　2000　p. 304

艾麗白　上古和中古時代中國的動物喪葬活動　法國漢學（敦煌學專號）　中華書局　2000　p. 135

徐俊　敦煌詩集殘卷輯考　中華書局　2000　p. 8

陳國燦　莫高窟北區第 47 窟新出唐告身文書研究　《敦煌研究》2001 年第 3 期　p. 84

黃征　敦煌語言文字學研究　甘肅教育出版社　2002　p. 185

余欣　禁忌、儀式與法術　唐代宗教信仰與社會　上海辭書出版社　2003　p. 343

袁德領　歸義軍時期敦煌佛教的轉經活動　2000 年敦煌學國際學術討論會文集·歷史文化卷(下)　甘肅民族出版社　2003　p. 191

湛如　敦煌佛教律儀制度研究　中華書局　2003　p. 336

陳麗萍　敦煌文書所見唐五代婚變現象初探(一)　《敦煌學輯刊》2005 年第 2 期　p. 170

趙曉星　寇甲　西魏:歸義軍時期敦煌地區的史姓　《敦煌學輯刊》2005 年第 2 期　p. 128

陳麗萍　敦煌籍帳中夫妻年歲差距過大現象初探　《首都師範大學學報》2006 年第 2 期　p. 8

汪泛舟　敦煌俗別字新考(上)　《敦煌研究》2006 年第 1 期　p. 105

P. 2548

王素　唐寫本《論語鄭氏注》校錄　唐寫本論語鄭氏注及其研究　文物出版社　1991　p. 137 注 10

土田健次郎　儒教典籍　敦煌漢文文獻(講座敦煌 5)　(東京)大東出版社　1992　p. 269

沃興華　敦煌書法藝術　上海人民出版社　1994　p. 73、195

陳金木　唐寫本論語鄭氏注研究(上)　(臺北)文津出版社　1996　p. 80

李方　敦煌《論語集解》校正　江蘇古籍出版社　1998　p. 832

王志銘　論敦煌書法的藝術價值　敦煌佛教藝術文化國際學術研討會論文集　蘭州大學出版社　2002　p. 615

韓鋒　幾件敦煌寫本《論語》白文殘卷綴合研究　《敦煌學輯刊》2006 年第 1 期　p. 6

P. 2549

姜亮夫　敦煌經卷在中國學術文化上之價值　《說文月刊》1943 年第 3 卷第 10 期　又見:敦煌學論文集　上海古籍出版社　1987　p. 9；中國敦煌學百年文庫·綜述卷(一)　甘肅文化出版社　1999　p. 84

陳鐵凡　敦煌本尚書述略　(臺北)《大陸雜誌》1961 年第 8 期　又見:中國敦煌學百年文庫·文獻卷(一)　甘肅文化出版社　1999　p. 443

王重民　敦煌古籍叙錄　中華書局　1979　p. 21、202

饒宗頤　論古文尚書非東晉孔安國所編成　選堂集林·史林　(香港)中華書局　1982　p. 405

王堯　陳踐　敦煌吐蕃文獻選　四川民族出版社　1983　p. 67

王重民　巴黎敦煌殘卷叙錄(第二輯)　敦煌叢刊初集(九)　(臺北)新文豐出版公司　1985　p. 209

王重民原編　黃永武新編　敦煌古籍叙錄新編(第十冊)　(臺北)新文豐出版公司　1986　p. 291

姜亮夫　敦煌本尚書校錄　敦煌學論文集　上海古籍出版社　1987　p. 152、154、159、162　又見:姜亮夫全集(十三)　雲南人民出版社　2002　p. 132

姜亮夫　海外敦煌卷子經眼錄　敦煌學論文集　上海古籍出版社　1987　p. 42　又見:姜亮夫全集(十三)　雲南人民出版社　2002　p. 35

林平和　羅振玉敦煌學析論　(臺北)文史哲出版社　1988　p. 66、153

土田健次郎　儒教典籍　敦煌漢文文獻(講座敦煌 5)　(東京)大東出版社　1992　p. 268

王三慶　敦煌本《勵忠節抄》研究　(香港)《九州學刊》(敦煌學專輯)1992 年第 4 卷第 4 期　p. 87

王三慶著　池田溫譯　類書　敦煌漢文文獻(講座敦煌 5)　(東京)大東出版社　1992　p. 368

吳其昱著　伊藤美重子譯　敦煌漢文寫本概觀　敦煌漢文文獻(講座敦煌 5)　(東京)大東出版社　1992　p. 96

榮新江　饒宗頤教授與敦煌學研究　"中國唐代學會"會刊(第四期)　(臺北)"中國唐代學會"
　　1993　p. 44　又見:選堂文史論苑　上海古籍出版社　1994　p. 270；中國敦煌學百年文庫·
　　綜述卷(三)　甘肅文化出版社　1999　p. 369

胡戟　傅玫　敦煌史話　中華書局　1995　p. 140

王堯　吐蕃時期藏譯漢籍名著及故事　中國古籍研究(第一卷)　上海古籍出版社　1996　p. 539

陳公柔　評介《尚書文字合編》　燕京學報(新第 4 期)　北京大學出版社　1998　p. 294

姜亮夫　敦煌:偉大的文化寶藏　雲南人民出版社　1999　p. 98

何華珍　金春梅　敦煌本《勵忠節抄》王校補正　中古近代漢語研究(第一輯)　上海教育出版社
　　2000　p. 281

顏廷亮　敦煌文化　光明日報出版社　2000　p. 201

許建平　敦煌本《尚書》叙錄　敦煌文獻論集:紀念藏經洞發現一百周年國際學術研討會論文集　遼
　　寧人民出版社　2001　p. 388

姜亮夫　敦煌莫高窟年表　姜亮夫全集(十一)　雲南人民出版社　2002　p. 161

徐俊　敦煌先唐詩考　2000 年敦煌學國際學術討論會文集·歷史文化卷(下)　甘肅民族出版社
　　2003　p. 303

許建平　《俄藏敦煌文獻》儒家經典類寫本的定名與綴合　漢語史學報專輯(第三輯)　上海教育出
　　版社　2003　p. 304

張涌泉　試論敦煌寫本類書的校勘價值:以《勵忠節抄》爲例　《敦煌研究》2003 年第 2 期　p. 69

屈直敏　《敦煌類書·勵忠節抄》校注商補(續)　《敦煌學輯刊》2004 年第 1 期　p. 26

屈直敏　敦煌寫本類書《勵忠節抄》引《史記》異文考證　《敦煌學輯刊》2004 年第 2 期　p. 6 注 2

許建平　敦煌出土《尚書》寫卷研究的過去與未來　敦煌吐魯番研究(第七卷)　北京大學出版社
　　2004　p. 226

中村威也　ДХ10698『尚書費誓』とДХ10698v「史書」について　『西北出土文獻研究』(創刊號)
　　(新潟)西北出土文獻研究會　2004　p. 42

屈直敏　從《勵忠節抄》看歸義軍政權道德秩序的重建　《敦煌學輯刊》2005 年第 3 期　p. 78

屈直敏　敦煌本類書《勵忠節抄》寫卷研究　敦煌學國際研討會論文集　北京圖書館出版社　2005
　　p. 92

屈直敏　從敦煌寫本類書《勵忠節抄》看唐代的知識、道德與政治秩序　《蘭州大學學報》2006 年第 2
　　期　p. 23

P. 2550

陳祚龍　繼行新發現,續作新發明:敦煌學散策之五　敦煌學(第 10 輯)　(臺北)新文豐出版公司
　　1985　p. 22　又見:敦煌學林劄記　(臺北)商務印書館　1987　p. 379

陳祚龍　趙宋以前山西虞鄉百梯寺的歷史參考文獻小集　敦煌學林劄記　(臺北)商務印書館
　　1987　p. 288

陳祚龍　從敦煌古抄"葉淨能詩"談到凌濛初的"唐明皇好道集奇人"與"武惠妃崇禪門異法"　敦煌
　　學(第 13 輯)　(臺北)新文豐出版公司　1988　p. 4　又見:敦煌文物散論　(臺北)新文豐出版
　　公司　1993　p. 8

譚蟬雪　三教融合的敦煌喪俗　《敦煌研究》1991 年第 3 期　p. 72

蕭登福　道教與密宗　(臺北)新文豐出版公司　1993　p. 442

楊際平　郭鋒　張和平　五一十世紀敦煌的家庭與家族關係　岳麓書社　1997　p. 86

丘古耶夫斯基　敦煌漢文文書　上海古籍出版社　2000　p. 121

黄正建　敦煌占卜文書與唐五代占卜研究　學苑出版社　2001　p. 83

西本照真　敦煌抄本中的三階教文獻　中日敦煌佛教學術會議論文集　中國社會科學院研究所　2002　p. 178

西本照真　三階教文獻綜述　藏外佛教文獻（第九輯）　宗教文化出版社　2003　p. 368

金身佳　敦煌寫本葬書中的六甲八卦塚　《敦煌學輯刊》2005 年第 2 期　p. 33

金身佳　敦煌寫本 P. 2831《卜葬書》中的麒麟、鳳凰、章光、玉堂　《敦煌學輯刊》2005 年第 4 期　p. 31、36

汪泛舟　敦煌俗別字新考（上）　《敦煌研究》2006 年第 1 期　p. 103

P. 2551

陳祚龍　敦煌學零策　《歷史教學》1951 年第 5 期　又見：中國敦煌學百年文庫·考古卷（四）　甘肅文化出版社　1999　p. 48

羽田亨　敦煌の千佛洞について　羽田博士史學論文集（上卷）·歷史篇　（東京）東洋史研究會　1957　p. 564

那波利貞　千佛岩莫高窟と敦煌文書　西域文化研究（第二）·敦煌吐魯番社會經濟資料（上）　（京都）法藏館　1959　p. 22

陳祚龍　敦煌學新記　敦煌文物隨筆　（臺北）商務印書館　1979　p. 255

陳祚龍　中古敦煌的書學　敦煌資料考屑（上冊）　（臺北）商務印書館　1979　p. 161

閻文儒　莫高窟的創建與藏經洞的開鑿及其封閉　《文物》1980 年第 6 期　又見：中國敦煌學百年文庫·綜述卷（二）　甘肅文化出版社　1999　p. 331

李永寧　敦煌莫高窟碑文録及有關問題（一）　《敦煌研究》1981 年試刊第 1 期　p. 56

蘇瑩輝　敦煌學概要　（臺北）編譯館"中華叢書編委會"　1981　p. 234

蘇瑩輝　七十年來之敦煌學研究概述　《珠海學報》1981 年第 12 期　又見：中國敦煌學百年文庫·綜述卷（二）　甘肅文化出版社　1999　p. 354

閻文儒　莫高窟研究　《科技史文集》1981 年第 6 期　又見：中國敦煌學百年文庫·綜述卷（二）　甘肅文化出版社　1999　p. 337

饒宗頤　北魏馮熙（？—495）與敦煌寫經：魏太和寫雜阿毘曇心經跋　選堂集林·史林　（香港）中華書局　1982　p. 422　又見：饒宗頤史學論著選　上海古籍出版社　1993　p. 482

石井昌子　靈寶經類　敦煌と中國道教（講座敦煌 4）　（東京）大東出版社　1983　p. 154

蘇瑩輝　瓜沙史事叢考　（臺北）商務印書館　1983　p. 116

宿白　兩漢魏晉南北朝時期的敦煌　絲路訪古　甘肅人民出版社　1983　p. 38 注 20

耿昇　八十年代的法國敦煌學論著簡介　《敦煌研究》1986 年第 3 期　p. 88

賀世哲　從供養人題記看莫高窟部分洞窟的營建年代　敦煌莫高窟供養人題記　文物出版社　1986　p. 203

宿白　東陽王與建平公　向達先生紀念論文集　新疆人民出版社　1986　p. 156

王三慶　敦煌寫卷中武后新字之調查研究　漢學研究（敦煌學國際研討會論文專號）　（臺北）漢學研究資料及服務中心　1986　p. 441　又見：唐代研究論集（第三輯）　（臺北）新文豐出版公司　1992　p. 96

陳祚龍　百尺竿頭，更進一步：敦煌學散策之三　敦煌學林劄記　（臺北）商務印書館　1987　p. 55

李正宇　敦煌地區古代祠廟寺觀簡志　《敦煌學輯刊》1988 年第 1、2 期　p. 83

譚蟬雪　碑·銘　敦煌文學　甘肅人民出版社　1989　p. 109

郭在貽　張涌泉　黄征　敦煌變文集校議　岳麓書社　1990　p. 28

宿白　《李君莫高窟佛龕碑》合校　敦煌吐魯番學研究論文集　漢語大詞典出版社　1990　**p. 44**

姜伯勤　敦煌社會文書導論　（臺北）新文豐出版公司　1992　**p. 63**

馬德　敦煌李氏世系訂誤　《敦煌研究》1992 年第 4 期　**p. 87**

李明偉　敦煌文學概論　甘肅人民出版社　1993　**p. 479**

鄭炳林　敦煌碑銘讚抄本概述　《蘭州大學學報》1993 年第 4 期　**p. 139**

馬德　敦煌遺書莫高窟營建史料淺論　敦煌學國際研討會文集・石窟考古編　遼寧美術出版社　1995　**p. 138**

鄭炳林　唐五代敦煌金鞍山異名考　《敦煌研究》1995 年第 2 期　**p. 133**

李正宇　敦煌史地新論　（臺北）新文豐出版公司　1996　**p. 94**

馬德　敦煌莫高窟史研究　甘肅教育出版社　1996　**p. 177**

馬德　九、十世紀敦煌工匠史料述論　慶祝潘石禪先生九秩華誕敦煌學特刊　（臺北）文津出版社　1996　**p. 317**

宿白　敦煌莫高窟早期洞窟雜考　中國石窟寺考古　文物出版社　1996　**p. 221**

宿白　《莫高窟記》跋　中國石窟寺考古　文物出版社　1996　**p. 204 注 19**

宿白　《武周聖曆李君莫高窟佛龕碑》合校　中國石窟寺考古　文物出版社　1996　**p. 263**

黃征　說校勘中補改之難　敦煌語文叢說　（臺北）新文豐出版公司　1997　**p. 284**

黃征　《伍子胥變文》校補　敦煌語文叢說　（臺北）新文豐出版公司　1997　**p. 327**

黃征　張涌泉　敦煌變文校注　中華書局　1997　**p. 54**

馬德　敦煌工匠史料　甘肅人民出版社　1997　**p. 44**

王素　敦煌出土前涼文獻所見"建元"年號的歸屬：兼談敦煌莫高窟的創建時間　敦煌吐魯番研究（第二卷）　北京大學出版社　1997　**p. 15**

楊際平　郭鋒　張和平　五一十世紀敦煌的家庭與家族關係　岳麓書社　1997　**p. 304**

鄭炳林　敦煌碑銘讚及其有關問題　敦煌碑銘讚輯釋　甘肅教育出版社　1997　**p. 2**

鄭炳林　敦煌碑銘讚輯釋　甘肅教育出版社　1997　**p. 9**

鄭炳林　唐五代敦煌種植林業研究　敦煌歸義軍史專題研究　蘭州大學出版社　1997　**p. 193**

李永寧　李君修慈悲佛龕碑　敦煌學大辭典　上海辭書出版社　1998　**p. 331**

沙知　大黃府　敦煌學大辭典　上海辭書出版社　1998　**p. 396**

沙知　敦煌吐魯番文獻所見唐軍府名掇拾　《敦煌學輯刊》1998 年第 1 期　**p. 13**

沙知　效穀府　敦煌學大辭典　上海辭書出版社　1998　**p. 396**

王卡　太上業報因緣經　敦煌學大辭典　上海辭書出版社　1998　**p. 764**

王惠民　武則天時期的密教造像　藝術史研究(1)　中山大學出版社　1999　**p. 260**

馬德　敦煌寫本《營窟稿文範》箋證　1994 年敦煌學國際研討會文集・石窟考古卷　甘肅民族出版社　2000　**p. 217**

顏廷亮　敦煌文化　光明日報出版社　2000　**p. 69、118、210、378、428**

顏廷亮　敦煌文化的靈魂論綱　《甘肅社會科學》2000 年第 4 期　**p. 33**

胡同慶　論古代敦煌環保意識基礎及其與現代大西北可持續發展之關係　《敦煌研究》2001 年第 3 期　**p. 32**　又見：敦煌佛教藝術文化國際學術研討會論文集　蘭州大學出版社　2002　**p. 635**

王素　敦煌莫高窟創建時間補說　敦煌文獻論集：紀念藏經洞發現一百周年國際學術研討會論文集　遼寧人民出版社　2001　**p. 349**

姜亮夫　敦煌莫高窟年表　姜亮夫全集(十一)　雲南人民出版社　2002　**p. 308**

呂鍾　重修敦煌縣誌　甘肅人民出版社　2002　**p. 547**

王素　敦煌吐魯番文獻　文物出版社　2002　**p. 24**

池田溫　敦煌の歷史的背景　敦煌文書の世界　（東京）名著刊行會　2003　p. 103

王國良　《劉薩訶和尚因緣記》探究　新世紀敦煌學論集　巴蜀書社　2003　p. 595

胡同慶　宋琪　試探麥積山石窟摩崖龕的功能和意義　麥積山石窟藝術文化論文集（上）　蘭州大
　　學出版社　2004　p. 226

屈直敏　敦煌高僧　民族出版社　2004　p. 5

王卡　敦煌道教文獻研究　中國社會科學出版社　2004　p. 125、127

王卡　中國國家圖書館藏敦煌道教遺書研究報告　敦煌吐魯番研究（第七卷）　北京大學出版社
　　2004　p. 354

吳越　敦煌歷史人物　民族出版社　2004　p. 116

P. 2552

金岡照光　敦煌漢文文學文獻の文學形態上の種類とその分類　敦煌出土文學文獻分類目錄·附解
　　說　（東京）東洋文庫　1971　p. 237

金岡照光　敦煌文學のさまざま　敦煌の文學　（東京）大藏出版株式會社　1971　p. 165

蘇瑩輝　石室出土的寫本古籍　敦煌　（臺北）藝文印書館　1977　p. 20

王重民　敦煌古籍敘錄　中華書局　1979　p. 290、327

萬曼　唐集敘錄　中華書局　1980　p. 102

蘇瑩輝　敦煌學概要　（臺北）編譯館"中華叢書編委會"　1981　p. 65

王重民　敦煌寫本跋文（王重民遺稿）　敦煌吐魯番文獻研究論集　中華書局　1982　p. 3

周紹良　談唐代民間文學　敦煌變文論文錄　上海古籍出版社　1982　p. 413　又見：紹良叢稿　齊
　　魯書社　1984　p. 55

蘇瑩輝　敦煌卷子對近五十年來中國文學史家之貢獻　敦煌論集續編　（臺北）學生書局　1983
　　p. 109

蘇瑩輝　中外敦煌古寫本纂要　敦煌論集　（臺北）學生書局　1983　p. 339

蔣禮鴻　《補全唐詩》校記　敦煌學論集　甘肅人民出版社　1985　p. 77

饒宗頤解說　林宏作譯　敦煌書法叢刊（第十六卷）·詩詞　（東京）二玄社　1985　p. 72

王重民　巴黎敦煌殘卷敘錄（第一、二輯）　敦煌叢刊初集（九）　（臺北）新文豐出版公司　1985
　　p. 194；290

王重民原編　黃永武新編　敦煌古籍敘錄新編（第十五、十六冊）　（臺北）新文豐出版公司　1986
　　p. 93；260

楊雄　敦煌寫本李白詩芻議　《敦煌研究》1986年第1期　p. 56　又見：敦煌論稿　甘肅文化出版社
　　1995　p. 168

黃永武　敦煌的唐詩　（臺北）洪範書店　1987　p. 109

蘇瑩輝　論敦煌唐代資料在文史藝術及科技諸方面的貢獻　敦煌文史藝術論叢　（臺北）新文豐出
　　版公司　1987　p. 48

顏廷亮　敦煌文學作品選　中華書局　1987　p. 24

周紹良　唐代變文及其它　敦煌文學作品選　中華書局　1987　p. 6

高國藩　驅儺風俗和敦煌民間歌謠《兒郎偉》　文史（第二十九輯）　中華書局　1988　p. 294

林平和　羅振玉敦煌學析論　（臺北）文史哲出版社　1988　p. 45

黃永武　施淑婷　敦煌的唐詩續編　（臺北）文史哲出版社　1989　p. 17

張錫厚　敦煌詩歌考論　《敦煌學輯刊》1989年第2期　p. 27

張錫厚　詩歌　敦煌文學　甘肅人民出版社　1989　p. 175

林聰明　敦煌文書學　（臺北）新文豐出版公司　1991　p. 358

姜伯勤　敦煌社會文書導論　（臺北）新文豐出版公司　1992　p. 10

金岡照光　韻文體類——長篇叙事詩・短篇歌詠　敦煌の文學文獻（講座敦煌9）　（東京）大東出版社　1992　p. 264

林家平　寧强　羅華慶　中國敦煌學史　北京語言學院出版社　1992　p. 82、337

王重民　《巴黎敦煌殘卷叙録》（第二輯）自記　冷廬文藪　上海古籍出版社　1992　p. 779

周丕顯　敦煌佚詩雜考　《敦煌學輯刊》1992年第1、2期　p. 47

周紹良　敦煌文學芻議及其它　（臺北）新文豐出版公司　1992　p. 28、71

榮新江　饒宗頤教授與敦煌學研究　"中國唐代學會"會刊（第四期）　（臺北）"中國唐代學會"　1993　p. 44

項楚　敦煌詩歌導論　（臺北）新文豐出版公司　1993　p. 2

張錫厚　敦煌文學概論　甘肅人民出版社　1993　p. 356

蔣禮鴻　敦煌文獻語言詞典　杭州大學出版社　1994　p. 383

蔣禮鴻　蔣禮鴻語言文字學論叢　浙江古籍出版社　1994　p. 422

胡戟　傅玫　敦煌史話　中華書局　1995　p. 168

劉進寶　敦煌學論述　（臺北）洪葉文化事業有限公司　1995　p. 330

張錫厚　敦煌本唐集研究　（臺北）新文豐出版公司　1995　p. 172

徐俊　敦煌寫本唐人詩歌存佚互見綜考　敦煌吐魯番研究（第一卷）　北京大學出版社　1996　p. 118

徐俊　評《敦煌本唐集研究》　唐研究（第二卷）　北京大學出版社　1996　p. 486

張錫厚　敦煌本《高適詩集》考述　《敦煌研究》1996年第1期　p. 83

陳尚君　評《唐詩研究集成》　唐研究（第三卷）　北京大學出版社　1997　p. 487

陳尚君　唐代文學叢考　中國社會科學出版社　1997　p. 198

劉子瑜　敦煌變文和王梵志詩　大象出版社　1997　p. 38

柴劍虹　李昂詩　敦煌學大辭典　上海辭書出版社　1998　p. 560

胡大浚　王志鵬　敦煌邊塞詩歌綜論　《敦煌研究》1998年第1期　p. 118

徐俊　唐寫本唐人選唐詩　敦煌學大辭典　上海辭書出版社　1998　p. 565

張錫厚　高適詩集　敦煌學大辭典　上海辭書出版社　1998　p. 561

黃征　程惠新　劫塵遺珠：敦煌遺書　甘肅教育出版社　1999　p. 212

張涌泉　《補全唐詩》兩種補校　舊學新知　浙江大學出版社　1999　p. 301

杜琪　敦煌詩賦作品要目分類題注　《甘肅社會科學》2000年第1期　p. 64

孫其芳　大漠遺歌：敦煌詩歌選評　甘肅人民出版社　2000　p. 138

徐俊　敦煌詩集殘卷輯考　中華書局　2000　p. 44、183、392、536、697

張錫厚　敦煌文學源流　作家出版社　2000　p. 78

杜曉勤　隋唐五代文學研究　北京出版社　2001　p. 1263

林聰明　敦煌吐魯番文書解詁指例　（臺北）新文豐出版公司　2001　p. 67、83 注6

陶敏　李一飛　隋唐五代文學史料學　中華書局　2001　p. 354、363

徐俊　敦煌寫本詩歌續考　《敦煌研究》2002年第5期　p. 65

高國藩　敦煌學百年史述要　（臺北）商務印書館　2003　p. 187

林平和　試論敦煌文獻之輯佚價值　新世紀敦煌學論集　巴蜀書社　2003　p. 738

徐俊　敦煌詩歌寫本特徵及內容的分類考察　敦煌與絲路文化學術講座（第二輯）　北京圖書館出版社　2005　p. 278

P. 2553

傅芸子　俗講新考　《新思潮月刊》1945 年第 1 卷第 2 期　又見:敦煌變文論文錄　上海古籍出版社
　　1982　p. 151

關德棟　談變文　《覺群周報》1946 年第 12 期　又見:敦煌變文論文錄　上海古籍出版社　1982
　　p. 229

向達　唐代俗講考　《國學季刊》1946 年第 6 卷第 4 號　p. 42　又見:唐代長安與西域文明　三聯書
　　店　1957　p. 333;敦煌變文論輯　(臺北)石門圖書公司　1981　p. 39;敦煌變文論文錄　上
　　海古籍出版社　1982　p. 67;關隴文學論叢　甘肅人民出版社　1983　p. 180

那波利貞　俗講と變文(下)　『佛教史學』(1 卷 4 號)　(京都)平樂寺書店　1950　p. 49

那波利貞　中晚唐五代の佛教寺院の俗講の座に於ける變文の演出方法に就きて　甲南大學論集
　　(2)　(神戶)甲南大學　1955　p. 71

周紹良　敦煌所出變文現存目錄　敦煌變文彙錄　上海出版公司　1955　p. 10

羽田亨　敦煌遺書活字本第一集解題　羽田博士史學論文集(上卷)・歷史篇　(東京)東洋史研究
　　會　1957　p. 583

那波利貞　千佛岩莫高窟と敦煌文書　西域文化研究(第二)・敦煌吐魯番社會經濟資料(上)　(京
　　都)法藏館　1959　p. 49

周一良　讀唐代俗講考　魏晉南北朝史論集　中華書局　1963　p. 383

金岡照光　敦煌漢文文學文獻の文學形態上の種類とその分類　敦煌出土文學文獻分類目錄・附解
　　說　(東京)東洋文庫　1971　p. 199

金岡照光　敦煌文學のこころ　敦煌の文學　(東京)大藏出版株式會社　1971　p. 278

金岡照光　敦煌文學のさまざま　敦煌の文學　(東京)大藏出版株式會社　1971　p. 109、192

金岡照光　敦煌民衆の宗教と生活　敦煌の民衆――その生活と思想　(東京)評論社　1972
　　p. 142、163

那波利貞　俗講と變文　唐代社會文化史研究・第四編　(東京)創文社　1974　p. 438

邱鎮京　敦煌變文述論　(臺北)商務印書館　1974　p. 1866

潘重規　敦煌寫本祇園圖記新書　敦煌學(第 3 輯)　(香港)新亞研究所敦煌學會　1976　p. 108

曾錦漳　唐代俗講及其底本　《香港浸會學院學報》1978 年第 5 期　又見:中國敦煌學百年文庫・文
　　學卷(二)　甘肅文化出版社　1999　p. 313

王重民　敦煌古籍叙錄　中華書局　1979　p. 350

楊家駱　敦煌變文　(臺北)世界書局　1980　p. 107

金岡照光　敦煌の繪物語　(東京)東方書店　1981　p. 59、207

潘重規　敦煌變文新論　敦煌變文論輯　(臺北)石門圖書公司　1981　p. 174

潘重規　敦煌詞話　(臺北)石門圖書公司　1981　p. 39

蘇瑩輝　敦煌學概要　(臺北)編譯館"中華叢書編委會"　1981　p. 88

鄭阿財　孝道文學敦煌寫卷《十恩德讚》初探　(臺北)《華岡文科學報》1981 年第 13 期　p. 235

周紹良　敦煌變文彙錄序　敦煌變文論輯　(臺北)石門圖書公司　1981　p. 120

白化文　什麼是變文　敦煌變文論文錄　上海古籍出版社　1982　p. 441

傅芸子　敦煌俗文學之發見及其展開　敦煌變文論文錄　上海古籍出版社　1982　p. 138

高國藩　敦煌寫本《太公家教》初探　《敦煌學輯刊》1984 年第 1 期　p. 64

何昌林　《敦煌琵琶譜》的來龍去脈　《陽關》1984 年第 5 期　又見:中國敦煌學百年文庫・藝術卷
　　(三)　甘肅文化出版社　1999　p. 293

潘重規　敦煌變文集新書(下)　(臺北)"中國文化大學"中文研究所　1984　p. 920

平野顯照　講經文の組織内容　敦煌と中國仏教（講座敦煌7）　（東京）大東出版社　1984　p. 357

啓功　王昭君變文　敦煌變文集　人民文學出版社　1984　p. 107

王重民　跋太公家教　敦煌遺書論文集　中華書局　1984　p. 136

高國藩　古敦煌民間葬俗　學林漫録（十集）　中華書局　1985　p. 72

雷僑雲　敦煌兒童文學　（臺北）學生書局　1985　p. 82 注 5

劉復　敦煌掇瑣　敦煌叢刊初集（十五）　（臺北）新文豐出版公司　1985　p. 107

饒宗頤　敦煌書法叢刊（第十七卷）・雜詩文　（東京）二玄社　1985　p. 38、58

林聰明　敦煌漢文文書解讀要點試論　漢學研究（敦煌學國際研討會論文專號）　（臺北）漢學研究
　　資料及服務中心　1986　p. 432

曲金良　"變文"名實新辨　《敦煌研究》1986 年第 2 期　p. 55

王重民原編　黃永武新編　敦煌古籍叙録新編（第十七冊）　（臺北）新文豐出版公司　1986　p. 421

周鳳五　敦煌寫本太公家教研究　（臺北）明文書局　1986　p. 155

高國藩　敦煌文學作品選　中華書局　1987　p. 80 注 3

張鴻勳　敦煌講唱文學作品選注　甘肅人民出版社　1987　p. 210

郭在貽　張涌泉　黃征　蘇聯所藏押座文及說唱佛經故事五種補校　《古籍整理研究學刊》1988 年
　　第 4 期　p. 23

蕭登福　唐世佛家之講經與敦煌變文　敦煌俗文學論叢　（臺北）商務印書館　1988　p. 64、67

高國藩　敦煌本王昭君故事研究　《敦煌學輯刊》1989 年第 2 期　p. 52

高國藩　敦煌民俗學　上海文藝出版社　1989　p. 258

高國藩　敦煌曲子詞欣賞　南京大學出版社　1989　p. 107、144

鄭阿財　敦煌寫卷新集文詞九經抄研究　（臺北）文史哲出版社　1989　p. 128 注 1

郭在貽　張涌泉　黃征　敦煌變文集校議　岳麓書社　1990　p. 81

郭在貽　張涌泉　黃征　敦煌寫本書寫特例發微　敦煌吐魯番學研究論文集　漢語大詞典出版社
　　1990　p. 333

項楚　敦煌變文選注　巴蜀書社　1990　p. 192

鄭阿財　敦煌蒙書析論　第二屆敦煌學國際研討會論文集　（臺北）漢學研究中心　1990　p. 226

張涌泉　《補全唐詩》兩種補校　《敦煌學輯刊》1991 年第 2 期　p. 20　又見：舊學新知　浙江大學
　　出版社　1999　p. 306

金岡照光　講唱體類　敦煌の文學文獻（講座敦煌9）　（東京）大東出版社　1992　p. 68

金岡照光　講史譚・時事変文等——「王陵」「李陵」「張議潮」変文を中心に　敦煌の文學文獻（講
　　座敦煌9）　（東京）大東出版社　1992　p. 548

林家平　寧强　羅華慶　中國敦煌學史　北京語言學院出版社　1992　p. 16、37

張涌泉　敦煌寫卷俗字類型及其考辨的方法　（香港）《九州學刊》（敦煌學專輯）1992 年第 4 卷第 4
　　期　p. 71

高國藩　敦煌民俗資料導論　（臺北）新文豐出版公司　1993　p. 88、172

張鴻勳　敦煌說唱文學概論　（臺北）新文豐出版公司　1993　p. 170

鄭阿財　敦煌文獻與文學　（臺北）新文豐出版公司　1993　p. 28、260

鄭阿財　學日益齋敦煌學劄記　周一良先生八十生日紀念論文集　中國社會科學出版社　1993
　　p. 193

張涌泉　試論審辨敦煌寫本俗字的方法　《敦煌研究》1994 年第 2 期　p. 153　又見：舊學新知　浙
　　江大學出版社　1999　p. 87

胡戟　傅玫　敦煌史話　中華書局　1995　p. 176、184

曲金良　敦煌佛教文學研究　（臺北）文津出版社　1995　p. 117

張涌泉　漢語俗字研究　岳麓書社　1995　p. 8、50、204

張涌泉　敦煌俗字研究導論　（臺北）新文豐出版公司　1996　p. 69、147、181、230

張涌泉　敦煌文獻校讀釋例　文史（第四十一輯）　中華書局　1996　p. 194　又見：舊學新知　浙江大學出版社　1999　p. 204

張涌泉　敦煌寫卷俗字類釋　敦煌吐魯番學研究論集　書目文獻出版社　1996　p. 478

周一良著　錢文忠譯　唐代密宗　上海遠東出版社　1996　p. 168

黃征　敦煌文學《兒郎偉》輯錄校注　敦煌語文叢說　（臺北）新文豐出版公司　1997　p. 721

黃征　張涌泉　敦煌變文校注　中華書局　1997　p. 55、160、716

程毅中　王昭君變文　敦煌學大辭典　上海辭書出版社　1998　p. 577

周紹良　張涌泉　黃征　敦煌變文講經文因緣輯校（上）　江蘇古籍出版社　1998　p. 102

段小強　敦煌文書中所見的古代喪儀　《西北民族研究》1999年第1期　p. 211

高國藩　敦煌俗文化學　上海三聯書店　1999　p. 336、528

關德棟　談"變文"　中國敦煌學百年文庫·文學卷（一）　甘肅文化出版社　1999　p. 391

梅維恒著　楊繼東　陳引馳譯　唐代變文（上、下）　（香港）中國佛教文化出版公司　1999　p. 57；28

潘重規　敦煌寫本唐昭宗菩薩蠻詞的新探測（下）　中國敦煌學百年文庫·文學卷（二）　甘肅文化出版社　1999　p. 364

張涌泉　大型字典編纂中與俗字相關的若干問題　舊學新知　浙江大學出版社　1999　p. 31

張涌泉　敦煌寫本書寫特例發微　舊學新知　浙江大學出版社　1999　p. 244

汪泛舟　敦煌古代兒童課本　甘肅人民出版社　2000　p. 222

張鴻勳　說唱藝術奇葩：敦煌變文選評　甘肅人民出版社　2000　p. 135

張涌泉　漢語俗字叢考　中華書局　2000　p. 82、267、1133

張涌泉　前言　漢語俗字叢考　中華書局　2000　p. 10

林聰明　敦煌吐魯番文書解詁指例　（臺北）新文豐出版公司　2001　p. 71

陶敏　李一飛　隋唐五代文學史料學　中華書局　2001　p. 352

李小榮　變文講唱與華梵宗教藝術　上海三聯書店　2002　p. 73

張鴻勳　敦煌俗文學研究　甘肅人民出版社　2002　p. 41

陳允吉　李賀《許公子鄭姬歌》與變文講唱　佛經文學研究論集　復旦大學出版社　2004　p. 414

荒見泰史　敦煌變文研究概述以及新觀點　華林（第三卷）　中華書局　2004　p. 389

王冀青　斯坦因與日本敦煌學　甘肅教育出版社　2004　p. 306

P. 2554

饒宗頤　敦煌本文選斠證（一）　（香港）《新亞學報》1957年第1期　p. 334

饒宗頤　敦煌本文選斠證（二）　（香港）《新亞學報》1958年第2期　p. 324

金岡照光　敦煌漢文文學文獻の文學形態上の種類とその分類　敦煌出土文學文獻分類目録·附解說　（東京）東洋文庫　1971　p. 236

陳祚龍　敦煌寫本《登樓賦》斠證　敦煌學海探珠（上冊）　（臺北）商務印書館　1979　p. 21 注9

王重民　敦煌古籍叙錄　中華書局　1979　p. 316

蘇瑩輝　敦煌學概要　（臺北）編譯館"中華叢書編委會"　1981　p. 63

蘇瑩輝　中外敦煌古寫本纂要　敦煌論集　（臺北）學生書局　1983　p. 337

饒宗頤　敦煌書法叢刊（第十六卷）·詩詞　（東京）二玄社　1985　p. 3、69

王重民　巴黎敦煌殘卷叙録（第二輯）　敦煌叢刊初集（九）　（臺北）新文豐出版公司　1985　p. 306

王重民原編　黄永武新編　敦煌古籍叙録新編（第十六冊）　（臺北）新文豐出版公司　1986　p. 110

張涌泉　敦煌變文校讀釋例　《敦煌學輯刊》1987 年第 2 期　p. 19　又見：舊學新知　浙江大學出版社　1999　p. 160

林平和　羅振玉敦煌學析論　（臺北）文史哲出版社　1988　p. 70

伏俊璉　敦煌賦校補（四）　《西北民族學院學報》1994 年第 2 期　p. 97

遊志誠　敦煌古抄本文選五臣注研究　全國敦煌學研討會論文集　（臺北）中正大學中國文學系所　1995　p. 148

遊志誠　昭明文選學術論考　（臺北）學生書局　1996　p. 35

徐俊　評《敦煌吐魯番本文選》、《敦煌本〈昭明文選〉研究》、《敦煌本〈文選注〉箋證》、《文選版本研究》　敦煌吐魯番研究（第五卷）　北京大學出版社　1997　p. 380

白化文　敦煌遺書中《文選》殘卷綜述　中外學者文選學論集（上）　中華書局　1998　p. 380

白化文　文選　敦煌學大辭典　上海辭書出版社　1998　p. 783

柴劍虹　鮑照樂府詩　敦煌學大辭典　上海辭書出版社　1998　p. 557

傅剛　《文選》版本叙録　國學研究（第五卷）　北京大學出版社　1998　p. 173

黄征　程惠新　劫塵遺珠：敦煌遺書　甘肅教育出版社　1999　p. 214

羅國威　敦煌本《昭明文選》研究　黑龍江教育出版社　1999　p. 167

饒宗頤　敦煌本文選校證（一）　中國敦煌學百年文庫·文學卷（二）　甘肅文化出版社　1999　p. 1

饒宗頤　敦煌吐魯番本文選　中華書局　2000　p. 47（圖版）

榮新江　《英藏敦煌文獻》定名商補　文史（第五十二輯）　中華書局　2000　p. 126

榮新江　《英國圖書館藏敦煌漢文非佛教文獻殘卷目録》補正　英國收藏敦煌漢藏文獻研究　中國社會科學出版社　2000　p. 383

傅剛　文選版本研究　北京大學出版社　2000　p. 114

顏廷亮　敦煌文化　光明日報出版社　2000　p. 202

姜亮夫　敦煌莫高窟年表　姜亮夫全集（十一）　雲南人民出版社　2002　p. 165

范志新　文選版本論稿　江西人民出版社　2003　p. 225

石塚晴通　敦煌的加點本　敦煌學·日本學：石塚晴通教授退職紀念論文集　上海辭書出版社　2005　p. 9

P. 2555

張鐵弦　敦煌古寫本叢談　《文物》1963 年第 3 期　p. 8

金岡照光　敦煌漢文文學文獻の文學形態上の種類とその分類　敦煌出土文學文獻分類目録·附解說　（東京）東洋文庫　1971　p. 236

金岡照光　敦煌文學のさまざま　敦煌の文學　（東京）大藏出版株式會社　1971　p. 160

舒學　敦煌唐人詩集殘卷　《文物資料叢刊》1977 年第 1 期　又見：中國敦煌學百年文庫·文學卷（二）　甘肅文化出版社　1999　p. 302

陳祚龍　敦煌古抄《石崇王明君辭一首並序》之校斠　敦煌資料考屑（上冊）　（臺北）商務印書館　1979　p. 102

陳祚龍　敦煌古抄中世詩歌　敦煌學海探珠（上冊）　（臺北）商務印書館　1979　p. 139

陳祚龍　關於敦煌古抄某些李唐旁塞詞客之詩歌　敦煌學海探珠（上冊）　（臺北）商務印書館　1979　p. 99

陳祚龍　李唐至德以前西京上元燈節景象之一斑　敦煌資料考屑（下冊）　（臺北）商務印書館

1979　p. 356

陳祚龍　新校重訂敦煌古抄李唐詞人陷蕃詩歌初集　敦煌學海探珠(上冊)　(臺北)商務印書館
　1979　p. 109

高嵩　《敦煌唐人詩集殘卷》的文學價值　《社會科學》1980 年第 3 期　又見：中國敦煌學百年文
　庫‧文學卷(二)　甘肅文化出版社　1999　p. 467

菊池英夫　隋唐王朝支配期の河西と敦煌　敦煌の歷史(講座敦煌2)　(東京)大東出版社　1980
　p. 182

張廣達　唐代禪宗的傳入吐蕃及有關的敦煌文書　學林漫錄(三集)　中華書局　1981　p. 45

鄧小南　爲肅州刺史劉臣璧答南蕃書(伯二五五五)校釋　敦煌吐魯番文獻研究論集　中華書局
　1982　p. 596

高嵩　敦煌唐人詩集殘卷考釋　寧夏人民出版社　1982　p. 1

王重民　《補全唐詩》序言　敦煌遺書論文集　中華書局　1984　p. 4

王重民　劉修業　《補全唐詩》拾遺　敦煌遺書論文集　中華書局　1984　p. 26、33、36、45

柴劍虹　《敦煌唐人詩集殘卷(伯 2555)》初探　敦煌學論集　甘肅人民出版社　1985　p. 171　又
　見：西域文史論稿　(臺北)國文天地雜誌社　1991　p. 221、241；敦煌吐魯番學論稿　浙江教
　育出版社　2000　p. 1

柴劍虹　敦煌文學研究　唐代文學研究年鑒(1984)　陝西人民出版社　1985　p. 112

饒宗頤　敦煌書法叢刊(第十七卷)‧雜詩文　(東京)二玄社　1985　p. 30、53

張鴻勳　樂傳史事纂詁　《敦煌研究》1985 年第 2 期　p. 146

陳國燦　八、九世紀間唐朝西州統治政權的轉移　魏晉南北朝隋唐史資料(第 8 輯)　武漢大學出版
　社　1986　p. 16

簡濤　敦煌本《燕子賦》考論　《敦煌研究》1986 年第 3 期　p. 26

姜伯勤　沙州道門親表部落釋證　《敦煌研究》1986 年第 3 期　p. 5

李鼎文　劉商及其《胡笳十八拍》　甘肅文史叢稿　甘肅人民出版社　1986　p. 90

閻文儒　敦煌兩個陷蕃人殘詩集校釋　向達先生紀念論文集　新疆人民出版社　1986　p. 180

柴劍虹　研究唐代文學的珍貴資料：敦煌 P. 2555 號唐人寫卷分析　1983 年全國敦煌學術討論會文
　集‧文史遺書編(下)　甘肅人民出版社　1987　p. 79　又見：西域文史論稿　(臺北)國文天地
　雜誌社　1991　p. 244

陳國燦　武周瓜沙地區的吐谷渾歸朝事迹：對吐魯番墓葬新出敦煌軍事文書的探討　1983 年全國敦
　煌學術討論會文集‧文史遺書編(上)　甘肅人民出版社　1987　p. 26 注 9

高國藩　敦煌與俗文學　俗文學論　黑龍江人民出版社　1987　p. 121

黃永武　敦煌本唐詩校勘舉例　唐代文學研討會論文集　(臺北)文史哲出版社　1987　p. 89

黃永武　敦煌的唐詩　(臺北)洪範書店　1987　p. 173、201

姜伯勤　唐五代敦煌寺戶制度　中華書局　1987　p. 12

任半塘　敦煌歌辭總編　上海古籍出版社　1987　p. 658、1746

顏廷亮　敦煌文學作品選　中華書局　1987　p. 27

顏廷亮　關於敦煌遺書中的甘肅文學作品　1983 年全國敦煌學術討論會文集‧文史遺書編(下)
　甘肅人民出版社　1987　p. 224

張鴻勳　敦煌講唱文學作品選注　甘肅人民出版社　1987　p. 212

張金泉　校勘變文當明方音　1983 年全國敦煌學術討論會文集‧文史遺書編(下)　甘肅人民出版
　社　1987　p. 306

張錫厚　敦煌賦集校理　《敦煌研究》1987 年第 4 期　p. 32

張錫厚　關於《敦煌賦集》整理的幾個問題　《敦煌學輯刊》1987 年第 1 期　p. 44、48　又見：敦煌語
　　言文學論文集　浙江古籍出版社　1988　p. 225

李正宇　唐宋時代敦煌縣河渠泉澤簡志(一)　《敦煌研究》1988 年第 4 期　p. 92

潘重規　敦煌唐人陷蕃詩集殘卷研究　敦煌學(第 13 輯)　(臺北)新文豐出版公司　1988　p. 79

張錫厚　伯 2488、伯 5037 敦煌賦卷初考　敦煌語言文學研究　北京大學出版社　1988　p. 200

周紹良　張錫厚　解放以來全國敦煌語言文學研究述評　敦煌語言文學研究　北京大學出版社
　　1988　p. 15

杜琪　書・啓　敦煌文學　甘肅人民出版社　1989　p. 27

高國藩　敦煌本王昭君故事研究　《敦煌學輯刊》1989 年第 2 期　p. 50

高國藩　敦煌民俗學　上海文藝出版社　1989　p. 538

黄永武　施淑婷　敦煌的唐詩續編　(臺北)文史哲出版社　1989　p. 19

王堯　敦煌吐蕃官號"節兒"考　《民族語文》1989 年第 4 期　又見：中國敦煌學百年文庫・民族卷
　　(一)　甘肅文化出版社　1999　p. 418

王文才　敦煌本《冀國夫人歌辭》補釋　《敦煌學輯刊》1989 年第 2 期　p. 34

項楚　列 1456 號王梵志詩殘卷補校　《中華文史論叢》1989 年第 1 期　又見：敦煌吐魯番學研究論
　　文集　漢語大詞典出版社　1990　p. 353；中國敦煌學百年文庫・文學卷(二)　甘肅文化出版
　　社　1999　p. 584

顔廷亮　敦煌文學　甘肅人民出版社　1989　p. 9

顔廷亮　十多年來我國的敦煌文學研究　敦煌文學　甘肅人民出版社　1989　p. 321

張錫厚　賦　敦煌文學　甘肅人民出版社　1989　p. 134

張錫厚　敦煌賦集校理(續)　《敦煌研究》1989 年第 4 期　p. 94

張錫厚　敦煌詩歌考論　《敦煌學輯刊》1989 年第 2 期　p. 8

張錫厚　詩歌　敦煌文學　甘肅人民出版社　1989　p. 152、176

高國藩　敦煌古俗與民俗流變　河海大學出版社　1990　p. 366

郭在貽　張涌泉　黄征　敦煌變文集校議　岳麓書社　1990　p. 20

任半塘　王昆吾　隋唐五代燕樂雜言歌辭集　巴蜀書社　1990　p. 359、1446

榮新江　《唐刺史考》補遺　《文獻》1990 年第 2 期　p. 82、93　又見：敦煌學新論　甘肅教育出版社
　　2002　p. 261、271

唐耕耦　陸宏基　敦煌社會經濟文獻真迹釋録(三、四)　全國圖書館文獻縮微複製中心　1990
　　p. 52；330、354

王小甫　安史之亂後西域形勢及唐軍的堅守　《敦煌研究》1990 年第 4 期　p. 59

張錫厚　敦煌語言文學研究述評　中國文化(2)　(香港)中華書局　1990　p. 3

林聰明　敦煌文書學　(臺北)新文豐出版公司　1991　p. 240

王勳成　敦煌唐卷《冀國夫人歌詞》爲祠祭之歌説　《敦煌學輯刊》1991 年第 1 期　p. 16

項楚　王梵志詩校注　上海古籍出版社　1991　p. 381、642

熊飛　《敦煌唐人詩集殘卷(伯 2555)補録》校勘斟補　《敦煌研究》1991 年第 2 期　p. 93

張涌泉　《補全唐詩》兩種補校　《敦煌學輯刊》1991 年第 2 期　p. 14　又見：舊學新知　浙江大學
　　出版社　1999　p. 296、308

林家平　寧强　羅華慶　中國敦煌學史　北京語言學院出版社　1992　p. 緒論 3、19、607、615、655、
　　665

潘重規　敦煌唐人陷蕃詩集殘卷作者的新探測　唐代研究論集(第三輯)　(臺北)新文豐出版公司
　　1992　p. 1

饒宗頤　敦煌寫卷之書法　唐代研究論集(第三輯)　(臺北)新文豐出版公司　1992　p. 24

邵文實　沙州節兒考及其引申出來的幾個問題　《西北師大學報》(社會科學版)1992 年第 5 期　p. 67

王小甫　唐吐蕃大食政治關係史　北京大學出版社　1992　p. 200

吳其昱著　伊藤美重子譯　敦煌漢文寫本概觀　敦煌漢文文獻(講座敦煌 5)　(東京)大東出版社　1992　p. 136

尹偉先　從敦煌文書看唐代河西地區的貨幣流通　《社科縱橫》1992 年第 6 期　又見:中國敦煌學百年文庫·歷史卷(二)　甘肅文化出版社　1999　p. 340

周丕顯　敦煌佚詩雜考　《敦煌學輯刊》1992 年第 1、2 期　p. 50

周紹良　敦煌文學芻議及其它　(臺北)新文豐出版公司　1992　p. 4、20、33

晌麟　金山國名稱來源　《敦煌學輯刊》1993 年第 1 期　p. 52

伏俊璉　敦煌賦校補(三)　《江西師範大學學報》1993 年第 26 卷第 4 期　p. 115

伏俊璉　將軍神功甘泉湧:《貳師泉賦》賞析　《絲綢之路》1993 年第 4 期　p. 42

李明偉　敦煌文學概論　甘肅人民出版社　1993　p. 466、487

李正宇　敦煌文學概論　甘肅人民出版社　1993　p. 93、156

劉進寶　近十年來大陸地區敦煌學研究概述　"中國唐代學會"會刊(第四期)　(臺北)"中國唐代學會"　1993　p. 67

前田正名　河西歷史地理學研究　中國藏學出版社　1993　p. 165

汪泛舟　敦煌文學概論　甘肅人民出版社　1993　p. 181

項楚　敦煌本《行路難》之再探討　第二屆國際唐代學術會議論文集(上)　(臺北)文津出版社　1993　p. 712

項楚　敦煌詩歌導論　(臺北)新文豐出版公司　1993　p. 7、47、243、256

楊銘　敦煌遺書中的 Lho bal 與南波　《敦煌研究》1993 年第 3 期　p. 12　又見:敦煌吐魯番學研究論集　書目文獻出版社　1996　p. 354

張鴻勳　敦煌話本詞文俗賦導論　(臺北)新文豐出版公司　1993　p. 168、183

張錫厚　敦煌文學概論　甘肅人民出版社　1993　p. 356、365、389、394

伏俊璉　敦煌賦校注　甘肅人民出版社　1994　p. 1

蔣禮鴻　敦煌文獻語言詞典　杭州大學出版社　1994　p. 100

林聰明　談敦煌文書的抄寫問題　紀念陳寅恪先生百年誕辰學術論文集　江西教育出版社　1994　p. 299

邵文實　敦煌俗文學作品中的駢儷文風　《敦煌學輯刊》1994 年第 2 期　p. 42

沃興華　敦煌書法藝術　上海人民出版社　1994　p. 49、72

徐俊　敦煌伯 3619 唐詩寫卷校錄平議　《社科縱橫》1994 年第 5 期　p. 89

鄭炳林　敦煌本《張淮深變文》研究　《西北民族研究》1994 年第 1 期　p. 153

鄭炳林　《索勳紀德碑》研究　《敦煌學輯刊》1994 年第 2 期　p. 75

鄭炳林　高偉　唐五代敦煌釀酒業初探　《西北史地》1994 年第 1 期　p. 35

鄭汝中　唐代書法藝術與敦煌寫卷　敦煌書法庫(第四輯)　甘肅人民美術出版社　1994　p. 7　又見:《敦煌研究》1996 年第 2 期　p. 124

周偉洲　吐谷渾在西域的活動及定居　西域考察與研究　新疆人民出版　1994　p. 274 注 35

陳國燦　唐五代敦煌四出道路考　敦煌學國際研討會文集·史地語文編　遼寧美術出版社　1995　p. 230

伏俊璉　論敦煌賦的表現特色　詩賦論集　甘肅人民出版社　1995　p. 114

胡戟　傅玫　敦煌史話　中華書局　1995　p. 172、180

李明偉　敦煌文學中"敦煌文"的研究和分類評價　《敦煌研究》1995 年第 4 期　p. 121

林聰明　談敦煌學研究上的一些障礙問題　全國敦煌學研討會論文集　（臺北）中正大學中國文學
　　系所　1995　p. 241

劉進寶　敦煌學論述　（臺北）洪葉文化事業有限公司　1995　p. 316、330、399

邵文實　敦煌邊塞文學之《征婦怨》作品述論　《敦煌學輯刊》1995 年第 2 期　p. 55

汪泛舟　論敦煌文明的多民族貢獻　《敦煌研究》1995 年第 2 期　p. 185

項楚　敦煌歌辭總編匡補　（臺北）新文豐出版公司　1995　p. 152、308

薛宗正　安西與北庭　黑龍江教育出版社　1995　p. 455

顏廷亮　敦煌文學概說　（臺北）新文豐出版公司　1995　p. 15、261

楊銘　吐蕃時期河隴軍政機構設置考　中亞學刊（第四輯）　北京大學出版社　1995　p. 118

楊秀清　八十年代以來金山國史研究綜述　《敦煌研究》1995 年第 4 期　p. 192

張錫厚　敦煌本唐集研究　（臺北）新文豐出版公司　1995　p. 172

張先堂　《敦煌唐人詩集殘卷（伯 2555）》新校　《敦煌研究》1995 年第 3 期　p. 155

張涌泉　漢語俗字研究　岳麓書社　1995　p. 146

鄭炳林　敦煌漢文吐蕃史料綜述：兼論吐蕃控制河西時期的職官與統治政策　敦煌吐魯番文獻研究
　　蘭州大學出版社　1995　p. 93

鄭炳林　唐五代敦煌金鞍山異名考　《敦煌研究》1995 年第 2 期　p. 133

鄭炳林　羊萍　敦煌本夢書　甘肅文化出版社　1995　p. 263

柴劍虹　俄藏敦煌詩詞寫卷經眼錄（一）　敦煌吐魯番研究（第一卷）　北京大學出版社　1996
　　p. 110 注

陳國燦　安史亂後的唐二庭四鎮　唐研究（第二卷）　北京大學出版社　1996　p. 418、433

胡大浚　唐詩中的"絲綢"之旅　唐代文學研究（第六輯）　廣西師範大學出版社　1996　p. 2

姜伯勤　敦煌藝術宗教與禮樂文明　中國社會科學出版社　1996　p. 262

李正宇　敦煌史地新論　（臺北）新文豐出版公司　1996　p. 108

饒宗頤　《雲謠集》一些問題的檢討　敦煌曲續論　（臺北）新文豐出版公司　1996　p. 111

王昆吾　隋唐五代燕樂雜言歌辭研究　中華書局　1996　p. 191

徐俊　敦煌寫本唐人詩歌存佚互見綜考　敦煌吐魯番研究（第一卷）　北京大學出版社　1996
　　p. 111

張鴻勳　俄藏"漢王與張良故事"殘卷懸解　《敦煌研究》1996 年第 1 期　p. 105

張錫厚　敦煌本《高適詩集》考述　《敦煌研究》1996 年第 1 期　p. 83

張錫厚　敦煌賦彙　（臺北）新文豐出版公司　1996　p. 5、201、304

張錫厚　探幽發微　佚篇薈萃：讀《敦煌賦校注》　《西北師大學報》（社會科學版）1996 年第 2 期
　　p. 73

張涌泉　敦煌俗字研究導論　（臺北）新文豐出版公司　1996　p. 100

鄭阿財　潘重規教授與敦煌學研究　"中國唐代學會"會刊（第七期）　（臺北）"中國唐代學會"
　　1996　p. 33

鄭阿財　洪藝芳　1995—1996 年臺灣地區唐代學術研究概況：敦煌學　"中國唐代學會"會刊（第七
　　期）　（臺北）"中國唐代學會"　1996　p. 148

鄭炳林　唐五代敦煌粟特人與歸義軍政權　《敦煌研究》1996 年第 4 期　p. 81、89　又見：敦煌歸義
　　軍史專題研究　蘭州大學出版社　1997　p. 402、419

柴劍虹　"模糊"的"敦煌文學"　敦煌文學論集　四川人民出版社　1997　p. 6

陳國燦　敦煌五十九首佚名氏詩歷史背景新探　敦煌吐魯番研究(第二卷)　北京大學出版社
　　1997　p. 87

洪藝芳　敦煌陷蕃詩内容析論　敦煌文學論集　四川人民出版社　1997　p. 178

黃征　《伍子胥變文》校補　敦煌語文叢説　(臺北)新文豐出版公司　1997　p. 315

黃征　張涌泉　敦煌變文校注　中華書局　1997　p. 44

李正宇　西同考　《敦煌研究》1997 年第 4 期　p. 114

劉子瑜　敦煌變文和王梵志詩　大象出版社　1997　p. 71

唐耕耦　敦煌寺院會計文書研究　(臺北)新文豐出版公司　1997　p. 2

徐俊　敦煌大曲　敦煌文學論集　四川人民出版社　1997　p. 248 注 4

楊際平　郭鋒　張和平　五—十世紀敦煌的家庭與家族關係　岳麓書社　1997　p. 239

楊銘　吐蕃統治敦煌研究　(臺北)新文豐出版公司　1997　p. 12、253

張弓　漢唐佛寺文化史　中國社會科學出版社　1997　p. 900

鄭炳林　敦煌碑銘讚輯釋　甘肅教育出版社　1997　p. 22 注 6

鄭炳林　唐五代敦煌的粟特人與佛教　敦煌歸義軍史專題研究　蘭州大學出版社　1997　p. 458

周裕鍇　敦煌賦與初唐歌行　敦煌文學論集　四川人民出版社　1997　p. 75

白化文　臨本　敦煌學大辭典　上海辭書出版社　1998　p. 593

柴劍虹　高興歌　敦煌學大辭典　上海辭書出版社　1998　p. 552

柴劍虹　胡笳十八拍　敦煌學大辭典　上海辭書出版社　1998　p. 567

柴劍虹　懷素師草書歌　敦煌學大辭典　上海辭書出版社　1998　p. 551

柴劍虹　李邕詩　敦煌學大辭典　上海辭書出版社　1998　p. 560

柴劍虹　落蕃人詩　敦煌學大辭典　上海辭書出版社　1998　p. 563

柴劍虹　馬雲奇詩　敦煌學大辭典　上海辭書出版社　1998　p. 559

柴劍虹　明堂詩　敦煌學大辭典　上海辭書出版社　1998　p. 574

柴劍虹　唐人詩文選集　敦煌學大辭典　上海辭書出版社　1998　p. 565

柴劍虹　王昭君詩　敦煌學大辭典　上海辭書出版社　1998　p. 567

柴劍虹　詠物詩　敦煌學大辭典　上海辭書出版社　1998　p. 555

柴劍虹　御制勤政樓下觀燈詩　敦煌學大辭典　上海辭書出版社　1998　p. 567

柴劍虹　月賦　敦煌學大辭典　上海辭書出版社　1998　p. 557

陳國燦　東道節度使　敦煌學大辭典　上海辭書出版社　1998　p. 384

陳國燦　柴劍虹　爲肅州刺史劉臣壁答南蕃書　敦煌學大辭典　上海辭書出版社　1998　p. 369

胡大浚　王志鵬　敦煌邊塞詩歌綜論　《敦煌研究》1998 年第 1 期　p. 118

李并成　"西桐"地望考　《西北民族研究》1998 年第 1 期　p. 46

李正宇　馬圈口堰　敦煌學大辭典　上海辭書出版社　1998　p. 312

李正宇　毛押牙　敦煌學大辭典　上海辭書出版社　1998　p. 347

榮新江　拉薩宗教會議　敦煌學大辭典　上海辭書出版社　1998　p. 814

譚蟬雪　拗籠篲　敦煌學大辭典　上海辭書出版社　1998　p. 447

高國藩　敦煌俗文化學　上海三聯書店　1999　p. 657

胡大浚　王志鵬　敦煌邊塞詩歌校注　甘肅人民出版社　1999　p. 6、21

黃永武　敦煌本劉希夷詩研究　中國敦煌學百年文庫·文學卷(三)　甘肅文化出版社　1999
　　p. 381

潘重規　續論敦煌唐人陷蕃詩集殘卷作者的新探測　敦煌文藪(上)　(臺北)新文豐出版公司
　　1999　p. 148

饒宗頤　劉薩訶事迹與瑞像圖　饒宗頤東方學論集　汕頭大學出版社　1999　p. 270

榮新江　徐俊　新見俄藏敦煌唐詩寫本三種考證及校錄　唐研究（第五卷）　北京大學出版社　1999　p. 73

王繼如　《敦煌的唐詩》讀後剳存　敦煌問學叢稿　甘肅文化出版社　1999　p. 285

謝桃坊　敦煌文化尋繹　四川人民出版社　1999　p. 188

熊飛　P. 2555 殘卷抄錄時間等相關問題再探　《敦煌研究》1999 年第 1 期　p. 63

顏廷亮　關於敦煌文學發展的歷史進程　《甘肅社會科學》1999 年第 4 期　p. 45

楊富學　李吉和　敦煌漢文吐蕃史料輯校（第一輯）　甘肅人民出版社　1999　p. 7

張涌泉　俗字研究與敦煌文獻的校理　舊學新知　浙江大學出版社　1999　p. 58、68

柴劍虹　敦煌伯 2555 卷"馬雲奇詩"辨　敦煌吐魯番學論稿　浙江教育出版社　2000　p. 62

杜琪　敦煌詩賦作品要目分類題注　《甘肅社會科學》2000 年第 1 期　p. 62

伏俊璉　俗情雅韻：敦煌賦選析　甘肅人民出版社　2000　p. 11、67

高啓安　唐五代敦煌人的飲酒習俗述論　《敦煌研究》2000 年第 3 期　p. 87

李明偉　敦煌文學中敦煌文的分類及評價　1994 年敦煌學國際研討會文集·宗教文史卷（上）　甘肅民族出版社　2000　p. 297

李重申　敦煌古代體育文化　甘肅人民出版社　2000　p. 115

孫其芳　大漠遺歌：敦煌詩歌選評　甘肅人民出版社　2000　p. 71、187

顏廷亮　敦煌文化　光明日報出版社　2000　p. 304、316、430、449

顏廷亮　敦煌文化的靈魂論綱　《甘肅社會科學》2000 年第 4 期　p. 33

顏廷亮　西陲文學遺珍：敦煌文學通俗談　甘肅人民出版社　2000　p. 86、108

張錫厚　敦煌文學源流　作家出版社　2000　p. 31、78、199

張勇　傅大士研究　巴蜀書社　2000　p. 210

鄭阿財　潘重規先生敦煌學研究成果與貢獻　《敦煌研究》2000 年第 2 期　p. 116

鄭炳林　張紅麗　《張淮深變文》的年代問題　1994 年敦煌學國際研討會文集·宗教文史卷（上）　甘肅民族出版社　2000　p. 328

陳尚君　評《敦煌詩集殘卷輯考》　敦煌吐魯番研究（第五卷）　北京大學出版社　2001　p. 382

杜曉勤　隋唐五代文學研究　北京出版社　2001　p. 1250

林聰明　敦煌吐魯番文書解詁指例　（臺北）新文豐出版公司　2001　p. 51、308

陶敏　李一飛　隋唐五代文學史料學　中華書局　2001　p. 350

汪泛舟　敦煌俗別字補正　《敦煌研究》2001 年第 4 期　p. 158

楊曉靄　勘正辨疑　隨文釋義：《敦煌邊塞詩歌校注》簡評　《敦煌學輯刊》2001 年第 1 期　p. 114

陳國燦　敦煌學史事新證　甘肅教育出版社　2002　p. 439、497

劉進寶　敦煌學通論　甘肅教育出版社　2002　p. 359

榮新江　再論敦煌藏經洞的寶藏：三界寺與藏經洞　敦煌佛教藝術文化國際學術研討會論文集　蘭州大學出版社　2002　p. 24

王勳成　敦煌寫本《高興歌》作者考　《敦煌學輯刊》2002 年第 2 期　p. 42

鄭炳林　敦煌寫本《張議潮處置涼州進表》拼接綴合與歸義軍對涼州的管理　國際敦煌學學術史研討會論文集　研討會籌備組　2002　p. 187

柴劍虹　關於俄藏敦煌文獻整理與研究的幾個問題　新世紀敦煌學論集　巴蜀書社　2003　p. 5

高國藩　敦煌學百年史述要　（臺北）商務印書館　2003　p. 185

胡大浚　敦煌寫卷中幾首佚名詩考釋　2000 年敦煌學國際學術討論會文集·歷史文化卷（下）　甘肅民族出版社　2003　p. 282

李并成　盛唐時期河西走廊的區位特點與開發　唐代地域結構與運作空間　上海辭書出版社　2003
　　p. 82

林平和　試論敦煌文獻之輯佚價值　新世紀敦煌學論集　巴蜀書社　2003　p. 742

錢伯泉　墨離軍及其相關問題　《敦煌研究》2003 年第 1 期　p. 64

王國良　《劉薩訶和尚因緣記》探究　新世紀敦煌學論集　巴蜀書社　2003　p. 595

王繼光　鄭炳林　敦煌漢文吐蕃史料綜述　中國西部民族文化研究（2003 年卷）　民族出版社
　　2003　p. 243

王勳成　從敦煌唐卷看劉商《胡笳十八拍》的寫作年代　《敦煌研究》2003 年第 4 期　p. 61

楊富學　敦煌與吐蕃、回鶻、蒙古學研究　中國西部民族文化研究（2003 年卷）　民族出版社　2003
　　p. 256

張錫厚　敦煌文概說　2000 年敦煌學國際學術討論會文集·歷史文化卷（下）　甘肅民族出版社
　　2003　p. 205

鄭炳林　徐曉麗　讀《俄藏敦煌文獻》第 12 冊幾件非佛經文獻劄記　《敦煌研究》2003 年第 4 期
　　p. 84

柳洪亮　遷居吐魯番盆地的吐谷渾人　《吐魯番學研究》2004 年第 2 期　p. 121

湯涒　敦煌曲子詞地域文化研究　上海古籍出版社　2004　p. 111

王志鵬　敦煌寫卷 P. 2555《白雲歌》再探　《敦煌研究》2004 年第 6 期　p. 81

張弓　敦煌四部籍與中古後期社會的文化情境　敦煌學（第 25 輯）　（臺北）樂學書局有限公司
　　2004　p. 320

朱鳳玉　臺灣地區敦煌文學研究之考察與展望　敦煌吐魯番研究（第七卷）　北京大學出版社
　　2004　p. 283

陳于柱　從敦煌占卜文書看晚唐五代敦煌占卜與佛教的對話交融　《敦煌學輯刊》2005 年第 2 期
　　p. 26

邵文實　王錫與 S. 1438 文書中的沙州長官　《敦煌學輯刊》2005 年第 2 期　p. 150

徐俊　敦煌詩歌寫本特徵及內容的分類考察　敦煌與絲路文化學術講座（第二輯）　北京圖書館出
　　版社　2005　p. 278

楊富學　少數民族對古代敦煌文化的貢獻　《敦煌學輯刊》2005 年第 2 期　p. 89

鄭炳林　敦煌寫本解夢書校錄研究　民族出版社　2005　p. 91

鄭炳林　晚唐五代歸義軍政權與佛教教團關係研究　《敦煌學輯刊》2005 年第 1 期　p. 4

P. 2556

那波利貞　千佛岩莫高窟と敦煌文書　西域文化研究（第二）·敦煌吐魯番社會經濟資料（上）　（京
　　都）法藏館　1959　p. 56

金岡照光　敦煌民眾の社會と生活　敦煌の民眾——その生活と思想　（東京）評論社　1972
　　p. 317

那波利貞　開元末期以前と天寶初期以後との唐の時世の差異に就きて　唐代社會文化史研究·第
　　一編　（東京）創文社　1974　p. 67

王重民　敦煌古籍敘錄　中華書局　1979　p. 225、226

周一良　敦煌寫本書儀考（之一）　敦煌吐魯番文獻研究論集　中華書局　1982　p. 27、29　又見：
　　唐五代書儀研究　中國社會科學出版社　1995　p. 58

蘇瑩輝　敦煌藝文略　敦煌論集　（臺北）學生書局　1983　p. 383

饒宗頤解說　林宏作譯　敦煌書法叢刊（第十三卷）·書儀　（東京）二玄社　1986　p. 73

王重民原編　黃永武新編　敦煌古籍叙録新編（第十二冊）　（臺北）新文豐出版公司　1986　p. 1

李正宇　《下女夫詞》研究　《敦煌研究》1987 第 2 期　p. 41

周一良　敦煌寫本書儀考（之二）　敦煌吐魯番文獻研究論集（第四輯）　北京大學出版社　1987　p. 28　又見：唐五代書儀研究　中國社會科學出版社　1995　p. 82

周一良　"賜無畏"及其他：讀《敦煌變文集》劄記　1983 年全國敦煌學術討論會文集・文史遺書編（下）　甘肅人民出版社　1987　p. 247　又見：魏晉南北朝史論集續編　北京大學出版社　2001　p. 284

山本達郎等　敦煌・VI 諸種文書　『NUN－HUANG AND TURFAN DOCUMENTS CONCERNING SOCIAL AND ECONOMIC HISTORY』（IV）　（東京）東洋文庫　1989　p. 129

上山大峻　敦煌佛教の研究　（京都）法藏館　1990　p. 196

中村裕一　唐代官文書研究　（京都）中文出版社　1991　p. 501

姜伯勤　敦煌社會文書導論　（臺北）新文豐出版公司　1992　p. 15

馬德　《乘恩帖》述略　《敦煌研究》1992 年第 1 期　p. 23

陶秋英輯録　姜亮夫校訂　敦煌所見道教佚經録　敦煌碎金　浙江古籍出版社　1992　p. 315

周一良　唐代書儀の類型　敦煌漢文文獻（講座敦煌 5）　（東京）大東出版社　1992　p. 708

李正宇　敦煌文學概論　甘肅人民出版社　1993　p. 115

王震亞　趙熒　敦煌殘卷爭訟文牒集釋　甘肅人民出版社　1993　p. 39

項楚　敦煌詩歌導論　（臺北）新文豐出版公司　1993　p. 203

周一良　唐代的書儀與中日文化關係　中日文化關係史論　江西人民出版社　1993　p. 63　又見：唐五代書儀研究　中國社會科學出版社　1995　p. 334

胡戟　傅玫　敦煌史話　中華書局　1995　p. 188

鄭炳林　羊萍　敦煌本夢書　甘肅文化出版社　1995　p. 250

周一良　趙和平　敦煌寫本鄭餘慶《大唐新定吉凶書儀》殘卷研究　唐五代書儀研究　中國社會科學出版社　1995　p. 151

周一良　趙和平　晚唐五代時的三種吉凶書儀寫卷研究　唐五代書儀研究　中國社會科學出版社　1995　p. 201

馬德　敦煌莫高窟史研究　甘肅教育出版社　1996　p. 80

寧可　郝春文　敦煌社邑文書輯校　江蘇古籍出版社　1997　p. 316、505

趙和平　新集吉凶書儀、吉儀卷上　敦煌學大辭典　上海辭書出版社　1998　p. 420

劉瑞明　吐魯番出土文書釋詞　《西域研究》1999 年第 4 期　p. 59

謝桃坊　敦煌文化尋繹　四川人民出版社　1999　p. 102、204

周維平　從敦煌遺書看敦煌道教　《西北民族研究》1999 年第 2 期　p. 129

林聰明　敦煌吐魯番文書解詁指例　（臺北）新文豐出版公司　2001　p. 141

山本達郎等　補（IV）社・III 轉貼　『NUN－HUANG AND TURFAN DOCUMENTS CONCERNING SOCIAL AND ECONOMIC HISTORY』（Sup. p. lemrnts）　（東京）東洋文庫　2001　p. 81

山本達郎等　補（IV）社・VI 諸種文書　『NUN－HUANG AND TURFAN DOCUMENTS CONCERNING SOCIAL AND ECONOMIC HISTORY』（Sup. p. lemrnts）　（東京）東洋文庫　2001　p. 93

周一良　魏晉南北朝史論集續編　北京大學出版社　2001　p. 212

姜亮夫　敦煌莫高窟年表　姜亮夫全集（十一）　雲南人民出版社　2002　p. 458

吳麗娛　唐禮摭遺：中古書儀研究　商務印書館　2002　p. 50

許建平　英倫法京所藏敦煌寫本殘片八種之定名並校録　敦煌學（第 24 輯）　（臺北）樂學書局有限公司　2003　p. 121

郝春文　再論敦煌私社的"義聚"　敦煌學(第25輯)　(臺北)樂學書局有限公司　2004　p. 286

張弓　敦煌四部籍與中古後期社會的文化情境　敦煌學(第25輯)　(臺北)樂學書局有限公司
　　2004　p. 332

吳麗娛　關於敦煌 S. 5566 書儀的研究　敦煌學國際研討會論文集　北京圖書館出版社　2005
　　p. 73

鄭炳林　敦煌寫本解夢書校錄研究　民族出版社　2005　p. 66

孫猛　《日本國見在書目錄》(經部、史部、集部)失考書考　域外漢籍研究集刊(第二輯)　中華書局
　　2006　p. 229

P. 2557

王重民　敦煌古籍叙錄　中華書局　1979　p. 213

王重民　巴黎敦煌殘卷叙錄(第二輯)　敦煌叢刊初集(九)　(臺北)新文豐出版公司　1985　p. 251

李正宇　敦煌方音止遇二攝混同及其校勘學意義　《敦煌研究》1986年第4期　p. 50

王重民原編　黃永武新編　敦煌古籍叙錄新編(第十一冊)　(臺北)新文豐出版公司　1986　p. 106

周鳳五　敦煌寫本太公家教研究　(臺北)明文書局　1986　p. 155

周鳳五　太公家教重探　漢學研究(敦煌學國際研討會論文專號)　(臺北)漢學研究資料及服務中
　　心　1986　p. 363

朱鳳玉　太公家教研究　漢學研究(敦煌學國際研討會論文專號)　(臺北)漢學研究資料及服務中
　　心　1986　p. 401

鄭阿財　敦煌寫本《新集文詞九經抄》校錄　敦煌學(第12輯)　(臺北)新文豐出版公司　1987
　　p. 109

鄭阿財　敦煌寫卷新集文詞九經抄研究　(臺北)文史哲出版社　1989　p. 3、13、49　又見：唐代研
　　究論集(第四輯)　(臺北)新文豐出版公司　1992　p. 635

鄭阿財　敦煌蒙書析論　第二屆敦煌學國際研討會論文集　(臺北)漢學研究中心　1990　p. 224

王三慶著　池田溫譯　類書　敦煌漢文文獻(講座敦煌5)　(東京)大東出版社　1992　p. 366

鄭阿財　敦煌文獻與文學　(臺北)新文豐出版公司　1993　p. 222、258

胡戟　傅玫　敦煌史話　中華書局　1995　p. 184

鄭炳林　羊萍　敦煌本夢書　甘肅文化出版社　1995　p. 250

白化文　新集文詞九經抄　敦煌學大辭典　上海辭書出版社　1998　p. 781

汪泛舟　論敦煌僧詩的功利性　《敦煌研究》2000年第4期　p. 151

鄭阿財　朱鳳玉　敦煌蒙書研究　甘肅教育出版社　2002　p. 290、367

鄭炳林　徐曉麗　讀《俄藏敦煌文獻》第12冊幾件非佛經文獻劄記　《敦煌研究》2003年第4期
　　p. 86

屈直敏　《敦煌類書·勵忠節抄》校注商補(續)　《敦煌學輯刊》2004年第1期　p. 32

鄭炳林　敦煌寫本解夢書校錄研究　民族出版社　2005　p. 66

P. 2558

山本達郎等　敦煌·III 轉貼　『NUN – HUANG AND TURFAN DOCUMENTS CONCERNING SOCIAL
　　AND ECONOMIC HISTORY』(IV)　(東京)東洋文庫　1989　p. 69

蕭登福　從敦煌寫卷中看道教星斗崇拜對佛經之影響　第二屆敦煌學國際研討會論文集　(臺北)
　　漢學研究中心　1990　p. 332

高國藩　敦煌民俗資料導論　(臺北)新文豐出版公司　1993　p. 305

蕭登福　道教星斗符印與佛教密宗　（臺北）新文豐出版公司　1993　p. 31、195、220、237

蕭登福　道教與密宗　（臺北）新文豐出版公司　1993　p. 187

蕭登福　道教術儀與密教典籍　（臺北）新文豐出版公司　1994　p. 436

石田勇作　敦煌「社文書」研究序說　中國古代の國家と民眾（堀敏一先生古稀記念）　（東京）汲古書院　1995　p. 687

土肥義和　唐・北宋間の「社」の組織形態に関する一考察　中國古代の國家と民眾（堀敏一先生古稀記念）　（東京）汲古書院　1995　p. 714

蕭登福　道教與佛教　（臺北）東大圖書公司　1995　p. 52

蕭登福　敦煌寫卷及藏經中所見受道教影響的星壇及幡燈續命思想　慶祝潘石禪先生九秩華誕敦煌學特刊　（臺北）文津出版社　1996　p. 465

寧可　郝春文　敦煌社邑文書輯校　江蘇古籍出版社　1997　p. 376

寧可　渠人轉帖　敦煌學大辭典　上海辭書出版社　1998　p. 429

孟憲實　敦煌社邑的分佈　敦煌文獻論集：紀念藏經洞發現一百周年國際學術研討會論文集　遼寧人民出版社　2001　p. 434

孟憲實　論敦煌渠人社　周秦漢唐文化研究（第三輯）　三秦出版社　2004　p. 128

王卡　敦煌道教文獻研究　中國社會科學出版社　2004　p. 251

劉永明　敦煌道教的世俗化之路：道教向具注曆日的滲透　《敦煌學輯刊》2005 年第 2 期　p. 203

劉永明　論敦煌佛教信仰中的佛道融合　《敦煌學輯刊》2005 年第 1 期　p. 50

P. 2559

王重民　記敦煌寫本的佛經　敦煌吐魯番文獻研究論集（第二輯）　北京大學出版社　1983　p. 22

唐耕耦　陸宏基　敦煌社會經濟文獻真迹釋録（二）　全國圖書館文獻縮微複製中心　1990　p. 3

高國藩　敦煌民俗資料導論　（臺北）新文豐出版公司　1993　p. 305

王卡　陶公傳授儀　敦煌學大辭典　上海辭書出版社　1998　p. 759

王承文　敦煌古靈寶經與晉唐道教　中華書局　2002　p. 804

王卡　敦煌殘抄本陶公傳授儀校讀記　《敦煌學輯刊》2002 年第 1 期　p. 93

王卡　敦煌道教文獻研究　中國社會科學出版社　2004　p. 33、141

王卡　中國國家圖書館藏敦煌道教遺書研究報告　敦煌吐魯番研究（第七卷）　北京大學出版社　2004　p. 358

P. 2560

石井昌子　靈寶經類　敦煌と中國道教（講座敦煌 4）　（東京）大東出版社　1983　p. 158

黃永武　敦煌曲"鬥百草詞"試釋　第二屆敦煌學國際研討會論文集　（臺北）漢學研究中心　1990　p. 438

陶秋英輯録　姜亮夫校訂　敦煌所見道教佚經録　敦煌碎金　浙江古籍出版社　1992　p. 316

萬毅　敦煌本《昇玄內教經》試探　唐研究（第一卷）　北京大學出版社　1995　p. 67

姜伯勤　敦煌藝術宗教與禮樂文明　中國社會科學出版社　1996　p. 296

胡文和　仁壽縣壇神岩第 53 號"三寶"窟右壁"南竺觀記"中道藏經目研究　《世界宗教研究》1998 年第 2 期　p. 124

姜伯勤　道釋相激：道教在敦煌　道家文化研究（第十三輯）　三聯書店　1998　p. 56

萬毅　敦煌本《昇玄內教經》解說　道家文化研究（第十三輯）　三聯書店　1998　p. 268

王卡　太上洞玄靈寶昇玄內教經　敦煌學大辭典　上海辭書出版社　1998　p. 760

山田俊　評《道家文化研究》第 13 輯《敦煌道教文獻專號》　敦煌吐魯番研究(第四卷)　北京大學出
　　版社　1999　p. 615

山田俊　唐初道教思想史研究·論述篇　(京都)平樂寺書店　1999　p. 155、236、257、、297、454

山田俊　唐初道教思想史研究·資料篇　(京都)平樂寺書店　1999　p. 185、274

萬毅　敦煌本道教《昇玄内教經》的文本順序　《敦煌研究》2000 年第 4 期　p. 135　又見:敦煌文獻
　　論集:紀念藏經洞發現一百周年國際學術研討會論文集　遼寧人民出版社　2001　p. 598

劉屹　論《昇玄經》的文本差異問題　文津學志(第一輯)　北京圖書館出版社　2003　p. 199

劉屹　敦煌本《昇玄經》經錄傳授儀式研究　敦煌學(第 25 輯)　(臺北)樂學書局有限公司　2004
　　p. 476

湯涒　敦煌曲子詞地域文化研究　上海古籍出版社　2004　p. 192

湯涒　敦煌曲子詞與河西本土文化　中國俗文化研究(第二輯)　巴蜀書社　2004　p. 195

王卡　敦煌道教文獻研究　中國社會科學出版社　2004　p. 121

王卡　中國國家圖書館藏敦煌道教遺書研究報告　敦煌吐魯番研究(第七卷)　北京大學出版社
　　2004　p. 354

P. 2561

陳祚龍　關於道家"本際經"及其"要略妙義"與"疏"的敦煌古抄　敦煌文物隨筆　(臺北)商務印書
　　館　1979　p. 214

陳祚龍　中古敦煌的書學　敦煌資料考屑(上冊)　(臺北)商務印書館　1979　p. 164

石井昌子　靈寶經類　敦煌と中國道教(講座敦煌 4)　(東京)大東出版社　1983　p. 160

山田俊　唐初道教思想史研究·論述篇　(京都)平樂寺書店　1999　p. 50

山田俊　唐初道教思想史研究·資料篇　(京都)平樂寺書店　1999　p. 82、163

王卡　敦煌道教文獻研究　中國社會科學出版社　2004　p. 200

王卡　中國國家圖書館藏敦煌道教遺書研究報告　敦煌吐魯番研究(第七卷)　北京大學出版社
　　2004　p. 369

P. 2562

王重民　敦煌古籍叙錄　中華書局　1979　p. 50

饒宗頤　敦煌書法叢刊(第八卷)·經史(六)　(東京)二玄社　1986　p. 3、74

王重民原編　黄永武新編　敦煌古籍叙錄新編(第三冊)　(臺北)新文豐出版公司　1986　p. 85

姜亮夫　海外敦煌卷子經眼錄　敦煌學論文集　上海古籍出版社　1987　p. 30　又見:姜亮夫全集
　　(十三)　雲南人民出版社　2002　p. 25

森安孝夫　敦煌と西ウイグル王國　『東方學』(第 74 輯)　(東京)東方學會　1987　p. 67

林平和　羅振玉敦煌學析論　(臺北)文史哲出版社　1988　p. 56、125、211

林家平　寧強　羅華慶　中國敦煌學史　北京語言學院出版社　1992　p. 29

土田健次郎　儒教典籍　敦煌漢文文獻(講座敦煌 5)　(東京)大東出版社　1992　p. 268

尾崎康　史籍　敦煌漢文文獻(講座敦煌 5)　(東京)大東出版社　1992　p. 327

高國藩　敦煌民俗資料導論　(臺北)新文豐出版公司　1993　p. 15、25

趙聲良　萬經珍寶:古代書法藝術的寶庫"敦煌書法"　(臺北)《雄獅美術》1994 年第 12 期

黄征　唐代俗語詞輯釋　唐研究(第一卷)　北京大學出版社　1995　p. 195

邵文實　敦煌道教試述　《世界宗教研究》1996 年第 2 期　又見:中國敦煌學百年文庫·宗教卷
　　(三)　甘肅文化出版社　1999　p. 337

趙聲良　敦煌寫卷書法(下)　《文史知識》1997 年第 5 期　p. 85
白化文　春秋經傳集解　敦煌學大辭典　上海辭書出版社　1998　p. 774
姜亮夫　敦煌:偉大的文化寶藏　雲南人民出版社　1999　p. 103
謝桃坊　敦煌文化尋繹　四川人民出版社　1999　p. 100
鄭汝中　敦煌寫卷行草書法集　甘肅人民美術出版社　2000　p. 58
黃征　敦煌語言文字學研究　甘肅教育出版社　2002　p. 134
姜亮夫　敦煌莫高窟年表　姜亮夫全集(十一)　雲南人民出版社　2002　p. 220
李春遠　關於敦煌遺書的書法化趨向　《敦煌學輯刊》2002 年第 1 期　p. 62
徐俊　敦煌先唐詩考　2000 年敦煌學國際學術討論會文集・歷史文化卷(下)　甘肅民族出版社
　　2003　p. 299
許建平　殘卷定名正補　2000 年敦煌學國際學術討論會文集・歷史文化卷(上)　甘肅民族出版社
　　2003　p. 305
李索　敦煌寫卷《春秋經傳集解》校證　中國社會科學出版社　2005　p. 6

P. 2563

小島祐馬　巴黎國立圖書館藏敦煌遺書所見錄(九)　『支那學』(8 卷 1 號)　(京都)支那學社
　　1935　p. 93
寺岡龍含　敦煌本郭象注莊子南華真經輯影　福井漢文學會　1960　p. 9
寺岡龍含　敦煌本郭象注莊子南華真經研究總論　福井漢文學會　1966　p. 49、97
楠山春樹　道德經類　付『莊子』『列子』『文子』　敦煌と中國道教(講座敦煌 4)　(東京)大東出版
　　社　1983　p. 51
盧善煥　《敦煌曲校錄》略校　《敦煌學輯刊》1986 年第 2 期　p. 93
王重民原編　黃永武新編　敦煌古籍叙錄新編(第十三冊)　(臺北)新文豐出版公司　1986　p. 206
張錫厚　關於整理《敦煌賦集》的幾個問題　敦煌語言文學論文集　浙江古籍出版社　1988　p. 227
高國藩　敦煌民俗學　上海文藝出版社　1989　p. 262
孫其芳　詞　敦煌文學　甘肅人民出版社　1989　p. 214
汪泛舟　讚・箴　敦煌文學　甘肅人民出版社　1989　p. 100
金岡照光　邈真讚　敦煌の文學文獻(講座敦煌 9)　(東京)大東出版社　1992　p. 606
周紹良　敦煌文學芻議及其它　(臺北)新文豐出版公司　1992　p. 38
高國藩　敦煌民俗資料導論　(臺北)新文豐出版公司　1993　p. 89
茅甘　敦煌寫本中的"五姓堪輿"法　法國學者敦煌學論文選萃　中華書局　1993　p. 251
姜伯勤　敦煌藝術宗教與禮樂文明　中國社會科學出版社　1996　p. 4
砂岡和子　敦煌散花樂和聲曲輯考　敦煌佛教文化研究　社科縱橫編輯部　1996　p. 24
柴劍虹　散蓮花樂　敦煌學大辭典　上海辭書出版社　1998　p. 545
王卡　敦煌道教文獻研究　中國社會科學出版社　2004　p. 181
王卡　中國國家圖書館藏敦煌道教遺書研究報告　敦煌吐魯番研究(第七卷)　北京大學出版社
　　2004　p. 366

P. 2564

邵榮芬　敦煌俗文學中的別字異文和唐五代西北方音　《中國語文》1963 年第 3 期　又見:中國敦煌
　　學百年文庫・語言文字卷(一)　甘肅文化出版社　1999　p. 134
金岡照光　敦煌漢文文學文獻の文學形態上の種類とその分類　敦煌出土文學文獻分類目錄・附解

說　（東京）東洋文庫　1971　p. 218

金岡照光　敦煌文學のさまざま　敦煌の文學　（東京）大藏出版株式會社　1971　p. 113、、127、154

川崎ミチコ　修道偈Ⅱ——定格聯章　敦煌仏典と禪（講座敦煌8）　（東京）大東出版社　1980　p. 271

楊家駱　敦煌變文　（臺北）世界書局　1980　p. 245、861

潘重規　敦煌詞話　（臺北）石門圖書公司　1981　p. 62

陳祚龍　敦煌古抄文獻會最　（臺北）新文豐出版公司　1982　p. 307（圖版）

傅芸子　敦煌俗文學之發見及其展開　敦煌變文論文錄　上海古籍出版社　1982　p. 142

鄭阿財　敦煌孝道文學研究　（臺北）石門圖書公司　1982　p. 16、78、601

周丕顯　敦煌俗曲中的分時聯章體歌辭　關隴文學論叢　甘肅人民出版社　1983　p. 7

高國藩　敦煌寫本《太公家教》初探　《敦煌學輯刊》1984 年第 1 期　p. 64

潘重規　敦煌變文集新書（下）　（臺北）“中國文化大學”中文研究所　1984　p. 1136、1200

王慶菽　齖䶎書一卷　敦煌變文集　人民文學出版社　1984　p. 861

王重民　跋太公家教　敦煌遺書論文集　中華書局　1984　p. 136

王重民　晏子賦　敦煌變文集　人民文學出版社　1984　p. 245

雷僑雲　敦煌兒童文學　（臺北）學生書局　1985　p. 81 注 2

劉復　敦煌掇瑣　敦煌叢刊初集（十五）　（臺北）新文豐出版公司　1985　p. 33、125

李正宇　敦煌方音止遇二攝混同及其校勘學意義　《敦煌研究》1986 年第 4 期　p. 55

林玫儀　敦煌曲在詞學研究上之價值　漢學研究（敦煌學國際研討會論文專號）　（臺北）漢學研究資料及服務中心　1986　p. 188

邱燮友　唐代敦煌曲的時代使命　漢學研究（敦煌學國際研討會論文專號）　（臺北）漢學研究資料及服務中心　1986　p. 153

張錫厚　略論敦煌賦集及其選錄標準　《敦煌學輯刊》1986 年第 1 期　p. 20

周鳳五　敦煌寫本太公家教研究　（臺北）明文書局　1986　p. 155

任半塘　敦煌歌辭總編　上海古籍出版社　1987　p. 1288

張鴻勳　敦煌講唱文學作品選注　甘肅人民出版社　1987　p. 74

郭在貽　張涌泉　黃征　敦煌變文整理校勘中的幾個問題　《古漢語研究》1988 年第 1 期　p. 72

張鴻勳　《父母恩重經講經文》補校　敦煌語言文學論文集　浙江古籍出版社　1988　p. 267

張錫厚　關於整理《敦煌賦集》的幾個問題　敦煌語言文學論文集　浙江古籍出版社　1988　p. 226、238

張涌泉　敦煌變文校勘平議　《敦煌研究》1988 年第 4 期　p. 85

周紹良　讀變文劄記　敦煌語言文學研究　北京大學出版社　1988　p. 60

柴劍虹　詩話　敦煌文學　甘肅人民出版社　1989　p. 301　又見:敦煌學大辭典　上海辭書出版社　1998　p. 524

高國藩　敦煌民俗學　上海文藝出版社　1989　p. 96

劉進寶　俚曲小調　敦煌文學　甘肅人民出版社　1989　p. 222

張錫厚　賦　敦煌文學　甘肅人民出版社　1989　p. 135

鄭阿財　敦煌寫卷新集文詞九經抄研究　（臺北）文史哲出版社　1989　p. 128 注 1

郭在貽　張涌泉　黃征　敦煌變文集校議　岳麓書社　1990　p. 165、361、443

郭在貽　張涌泉　黃征　敦煌寫本書寫特例發微　敦煌吐魯番學研究論文集　漢語大詞典出版社　1990　p. 311、319

任半塘　王昆吾　隋唐五代燕樂雜言歌辭集　巴蜀書社　1990　p. 247

項楚　敦煌變文選注　巴蜀書社　1990　p. 789

鄭阿財　敦煌蒙書析論　第二屆敦煌學國際研討會論文集　（臺北）漢學研究中心　1990　p. 226

柴劍虹　敦煌文學中的"因緣"與"詩話"　西域文史論稿　（臺北）國文天地雜誌社　1991　p. 524

郭在貽　郭在貽語言文學論稿　浙江古籍出版社　1992　p. 142

黃征　王梵志詩校釋補議　中華文史論叢（總50輯）　上海古籍出版社　1992　p. 106　又見:敦煌
　　語文叢說　（臺北）新文豐出版公司　1997　p. 266

金岡照光　講唱體類　敦煌の文學文獻（講座敦煌9）　（東京）大東出版社　1992　p. 107

金岡照光　散文體類　敦煌の文學文獻（講座敦煌9）　（東京）大東出版社　1992　p. 192

金岡照光　韻文體類——長篇叙事詩・短篇歌詠　敦煌の文學文獻（講座敦煌9）　（東京）大東出
　　版社　1992　p. 261

林家平　寧強　羅華慶　中國敦煌學史　北京語言學院出版社　1992　p. 16

尹偉先　從敦煌文書看唐代河西地區的貨幣流通　《社科縱橫》1992年第6期　又見:中國敦煌學百
　　年文庫・歷史卷（二）　甘肅文化出版社　1999　p. 343

張涌泉　敦煌寫卷俗字類型及其考辨的方法　（香港）《九州學刊》（敦煌學專輯）1992年第4卷第4
　　期　p. 82

周紹良　敦煌文學芻議及其它　（臺北）新文豐出版公司　1992　p. 19、61、204

高國藩　敦煌民俗資料導論　（臺北）新文豐出版公司　1993　p. 16、58、88

郭在貽　郭在貽敦煌學論集　江西人民出版社　1993　p. 141、209

黃征　敦煌寫本整理應遵循的原則　《敦煌研究》1993年第2期　p. 106　又見:敦煌語文叢說　（臺
　　北）新文豐出版公司　1997　p. 10

孫其芳　顏廷亮　敦煌文學概論　甘肅人民出版社　1993　p. 449

張鴻勳　敦煌話本詞文俗賦導論　（臺北）新文豐出版公司　1993　p. 193

張錫厚　敦煌文學概論　甘肅人民出版社　1993　p. 276

鄭阿財　從敦煌文獻看唐代的三教合一　第二屆國際唐代學術會議論文集（上）　（臺北）文津出版
　　社　1993　p. 651

鄭阿財　敦煌文獻與文學　（臺北）新文豐出版公司　1993　p. 117、135、259

鄭阿財　學日益齋敦煌學劄記　周一良先生八十生日紀念論文集　中國社會科學出版社　1993
　　p. 193

鄧文寬　英藏敦煌本《六祖壇經》通借字芻議　《敦煌研究》1994年第1期　p. 80

伏俊璉　敦煌賦校注　甘肅人民出版社　1994　p. 2

蔣禮鴻　敦煌文獻語言詞典　杭州大學出版社　1994　p. 49、414

胡戟　傅玫　敦煌史話　中華書局　1995　p. 178、184

曲金良　敦煌佛教文學研究　（臺北）文津出版社　1995　p. 96

張錫厚　敦煌本唐集研究　（臺北）新文豐出版公司　1995　p. 412

張涌泉　敦煌文書類化字研究　《敦煌研究》1995年第4期　p. 78

張涌泉　漢語俗字研究　岳麓書社　1995　p. 145

王昆吾　隋唐五代燕樂雜言歌辭研究　中華書局　1996　p. 421

王小盾　潘建國　敦煌論議考　中國古籍研究（第一卷）　上海古籍出版社　1996　p. 189

張錫厚　敦煌賦彙　（臺北）新文豐出版公司　1996　p. 8、340

張錫厚　評《敦煌賦校注》　敦煌吐魯番研究（第一卷）　北京大學出版社　1996　p. 421

張錫厚　探幽發微　佚篇薈萃:讀《敦煌賦校注》　《西北師大學報》（社會科學版）1996年第2期

p. 73

張涌泉　敦煌俗字研究導論　（臺北）新文豐出版公司　1996　p. 222

黃征　敦煌寫本異文綜析　敦煌語文叢說　（臺北）新文豐出版公司　1997　p. 26

黃征　王梵志詩校釋續商補　敦煌語文叢說　（臺北）新文豐出版公司　1997　p. 212

黃征　魏晉南北朝俗語詞輯釋　敦煌語文叢說　（臺北）新文豐出版公司　1997　p. 106

黃征　《伍子胥變文》校補　敦煌語文叢說　（臺北）新文豐出版公司　1997　p. 325

黃征　張涌泉　敦煌變文校注　中華書局　1997　p. 52、371、980、1216

顏廷亮　關於《晏子賦》寫本的抄寫年代問題　《敦煌研究》1997 年第 2 期　p. 134

白化文　百行章　敦煌學大辭典　上海辭書出版社　1998　p. 782

程毅中　柴劍虹　晏子賦　敦煌學大辭典　上海辭書出版社　1998　p. 589

荒川正晴　最近五年來（1993—1998）日本的唐代學術研究概況　"中國唐代學會"會刊（第九期）　（臺北）"中國唐代學會"　1998　p. 191

潘重規　敦煌《雲謠集》新書　雲謠集研究彙錄　上海古籍出版社　1998　p. 190

沙知　敦煌契約文書輯校　江蘇古籍出版社　1998　p. 540

孫其芳　十二時　敦煌學大辭典　上海辭書出版社　1998　p. 537

張鴻勳　斟酌書　敦煌學大辭典　上海辭書出版社　1998　p. 586

高國藩　敦煌俗文化學　上海三聯書店　1999　p. 20、323、449

高啓安　王璽玉　唐五代敦煌人的飲食品種研究　《敦煌研究》1999 年第 2 期　p. 64

楊秀清　淺談唐、宋時期敦煌地區的學生生活　《敦煌研究》1999 年第 4 期　p. 140

張涌泉　敦煌寫本書寫特例發微　舊學新知　浙江大學出版社　1999　p. 230

伏俊璉　俗情雅韻：敦煌賦選析　甘肅人民出版社　2000　p. 167

汪泛舟　敦煌古代兒童課本　甘肅人民出版社　2000　p. 222

徐俊　敦煌詩集殘卷輯考　中華書局　2000　p. 764、924

楊秀清　華戎交會的都市：敦煌與絲綢之路　甘肅人民出版社　2000　p. 99

張鴻勳　說唱藝術奇葩：敦煌變文選評　甘肅人民出版社　2000　p. 99

張錫厚　敦煌文學源流　作家出版社　2000　p. 200、216、250、530

張涌泉　漢語俗字叢考　中華書局　2000　p. 127、248、1123

杜曉勤　隋唐五代文學研究　北京出版社　2001　p. 1251

黃正建　敦煌占卜文書與唐五代占卜研究　學苑出版社　2001　p. 174

陶敏　李一飛　隋唐五代文學史料學　中華書局　2001　p. 353

黃征　敦煌語言文字學研究　甘肅教育出版社　2002　p. 7、46、298

余欣　評《敦煌的借貸：中國中古時代的物質生活與社會》　敦煌吐魯番研究（第六卷）　北京大學出版社　2002　p. 416

張鴻勳　敦煌俗文學研究　甘肅人民出版社　2002　p. 6

鄭阿財　朱鳳玉　敦煌蒙書研究　甘肅教育出版社　2002　p. 322

高國藩　敦煌學百年史述要　（臺北）商務印書館　2003　p. 156

王昆吾　從敦煌學到域外漢文學　商務印書館　2003　p. 28

王紹峰　初唐佛典辭彙研究　安徽教育出版社　2004　p. 206

李文潔　敦煌寫本《晏子賦》的同卷書寫情況　《文獻》2006 年第 1 期　p. 55

趙跟喜　敦煌唐宋時期的女子教育初探　文史（第七十五輯）　中華書局　2006　p. 93

P. 2565

三木榮　西域出土醫藥關係文獻綜合解說目録　『東洋學報』(47卷1號)　(東京)東洋學術協會
　　1964　p. 5

趙健雄　敦煌石窟醫學史料輯要　《敦煌學輯刊》1985年第2期　p. 120

王重民原編　黄永武新編　敦煌古籍叙録新編(第五册)　(臺北)新文豐出版公司　1986　p. 202

馬繼興　敦煌古醫籍考釋　江西科學技術出版社　1988　p. 14

甘肅中醫學院圖書館　敦煌中醫藥學集錦　甘肅中醫學院圖書館　1990　p. 128

趙健雄　敦煌遺書醫學卷考析　《敦煌研究》1991年第4期　p. 101

王三慶　敦煌寫卷中武后新字之調查研究　唐代研究論集(第三輯)　(臺北)新文豐出版公司
　　1992　p. 96

丛春雨　敦煌中醫藥全書　中醫古籍出版社　1994　p. 30、469

王進玉　敦煌石窟探秘　四川教育出版社　1994　p. 118

劉進寶　敦煌學論述　(臺北)洪葉文化事業有限公司　1995　p. 301

馬繼興　敦煌醫藥文獻　敦煌學大辭典　上海辭書出版社　1998　p. 615

馬繼興　敦煌醫藥文獻輯校　江蘇古籍出版社　1998　p. 215

王淑民　唐人選方　敦煌學大辭典　上海辭書出版社　1998　p. 618

王進玉　從敦煌文物看中西文化交流　《西域研究》1999年第1期　p. 61

王淑民　敦煌石窟秘藏醫方　北京醫科大學中國協和醫科大學聯合出版社　1999　p. 4、50、102

丛春雨　敦煌中醫藥精萃發微　中醫古籍出版社　2000　p. 189、262

陳明　醫理精華:印度古典醫學在敦煌的實例分析　敦煌吐魯番研究(第五卷)　北京大學出版社
　　2001　p. 254

陳明　印度梵文醫典醫理精華研究　中華書局　2002　p. 114

劉進寶　敦煌學通論　甘肅教育出版社　2002　p. 418

馬繼興　當前世界各地收藏的中國出土卷子本古醫藥文獻備考　敦煌吐魯番研究(第六卷)　北京
　　大學出版社　2002　p. 152

張弓　敦煌四部籍與中古後期社會的文化情境　敦煌學(第25輯)　(臺北)樂學書局有限公司
　　2004　p. 329

陳明　備急單驗:敦煌醫藥文獻中的單藥方　敦煌學國際研討會論文集　北京圖書館出版社　2005
　　p. 239

陳明　殊方異藥:出土文書與西域醫學　北京大學出版社　2005　p. 150

P. 2566

李正宇　唐宋時代的敦煌學校　《敦煌研究》1986年第1期　p. 45

李正宇　敦煌學郎題記輯注　《敦煌學輯刊》1987年第1期　p. 33

李正宇　敦煌地區古代祠廟寺觀簡志　《敦煌學輯刊》1988年第1、2期　p. 72

李正宇　敦煌佚詩零珠　《敦煌語言文學研究通訊》1989年第1期　p. 4

汪泛舟　讚·箴　敦煌文學　甘肅人民出版社　1989　p. 104

池田溫　中國古代寫本識語集録　(東京)大藏出版株式會社　1990　p. 506

李正宇　敦煌遺書宋人詩輯校　《敦煌研究》1992年第2期　p. 41

項楚　敦煌詩歌導論　(臺北)新文豐出版公司　1993　p. 221

徐俊　敦煌學郎詩作者問題考略　《文獻》1994年第2期　p. 21

王書慶　敦煌佛學·佛事篇　甘肅民族出版社　1995　p. 225

王宗祥　《景教創世頌》非宋人詩　《敦煌研究》1995 年第 3 期　p. 169

李正宇　敦煌史地新論　（臺北）新文豐出版公司　1996　p. 188

徐俊　敦煌寫本唐人詩歌存佚互見綜考　敦煌吐魯番研究（第一卷）　北京大學出版社　1996　p. 124

柴劍虹　"模糊"的"敦煌文學"　敦煌文學論集　四川人民出版社　1997　p. 5

柴劍虹　正月七日立春詩　敦煌學大辭典　上海辭書出版社　1998　p. 566

李正宇　敦煌學校教師　敦煌學大辭典　上海辭書出版社　1998　p. 596

譚蟬雪　敦煌歲時文化導論　（臺北）新文豐出版公司　1998　p. 282

徐俊　敦煌詩集殘卷輯考　中華書局　2000　p. 280、770

顏廷亮　敦煌文化　光明日報出版社　2000　p. 188

楊秀清　華戎交會的都市：敦煌與絲綢之路　甘肅人民出版社　2000　p. 59

馬德　敦煌寫經題記的社會意義　法源（第 19 期）　中國佛學院　2001　p. 88

姜亮夫　敦煌莫高窟年表　姜亮夫全集（十一）　雲南人民出版社　2002　p. 562

王蘭平　敦煌寫本 ДХ6062《歸義軍時期大般若經抄寫紙曆》及其相關問題考釋　敦煌佛教藝術文化
　　國際學術研討會論文集　蘭州大學出版社　2002　p. 72

鍾書林　《禪門秘要訣》校補　《敦煌學輯刊》2006 年第 1 期　p. 137

P. 2567

金岡照光　敦煌漢文文學文獻の文學形態上の種類とその分類　敦煌出土文學文獻分類目録・附解
　　說　（東京）東洋文庫　1971　p. 237

金岡照光　敦煌文學のさまざま　敦煌の文學　（東京）大藏出版株式會社　1971　p. 165

蘇瑩輝　石室出土的寫本古籍　敦煌　（臺北）藝文印書館　1977　p. 20

池田溫　中國古代籍帳研究：概観・録文　東京大學東洋文化研究所　1979　p. 512

王重民　敦煌古籍叙録　中華書局　1979　p. 326、327

池田溫　敦煌の流通経済　敦煌の社會（講座敦煌3）　（東京）大東出版社　1980　p. 336　又見：敦
　　煌文書の世界　（東京）名著刊行會　2003　p. 171

蘇瑩輝　敦煌學概要　（臺北）編譯館"中華叢書編委會"　1981　p. 65

王重民　敦煌寫本跋文（王重民遺稿）　敦煌吐魯番文獻研究論集　中華書局　1982　p. 3

蘇瑩輝　敦煌卷子對近五十年來中國文學史家之貢獻　敦煌論集續編　（臺北）學生書局　1983
　　p. 110

蘇瑩輝　中外敦煌古寫本纂要　敦煌論集　（臺北）學生書局　1983　p. 339

蔣禮鴻　《補全唐詩》校記　敦煌學論集　甘肅人民出版社　1985　p. 77

王重民　巴黎敦煌殘卷叙録（第一輯）　敦煌叢刊初集（九）　（臺北）新文豐出版公司　1985　p. 195

謝和耐著　耿昇譯　敦煌的壇戶與梁戶　敦煌譯叢（第一輯）　甘肅人民出版社　1985　p. 172 注
　　68

王重民原編　黃永武新編　敦煌古籍叙録新編（第十六冊）　（臺北）新文豐出版公司　1986　p. 218

楊雄　敦煌寫本李白詩芻議　《敦煌研究》1986 年第 1 期　p. 56　又見：敦煌論稿　甘肅文化出版社
　　1995　p. 168

黃永武　敦煌本唐詩校勘舉例　唐代文學研討會論文集　（臺北）文史哲出版社　1987　p. 93

黃永武　敦煌的唐詩　（臺北）洪範書店　1987　p. 1、87、178

蘇瑩輝　論敦煌唐代資料在文史藝術及科技諸方面的貢獻　敦煌文史藝術論叢　（臺北）新文豐出
　　版公司　1987　p. 48

謝和耐著　耿昇譯　中國5—10世紀的寺院經濟　甘肅人民出版社　1987　p. 188 注7　又見：上海古籍出版社　2004　p. 154 注1

張涌泉　敦煌變文校讀釋例　《敦煌學輯刊》1987年第2期　p. 19　又見：舊學新知　浙江大學出版社　1999　p. 160

韓建瓴　敦煌寫本《古賢集》研究　敦煌語言文學研究　北京大學出版社　1988　p. 171

李正宇　敦煌地區古代祠廟寺觀簡志　《敦煌學輯刊》1988年第1、2期　p. 78

林平和　羅振玉敦煌學析論　（臺北）文史哲出版社　1988　p. 44

黃永武　施淑婷　敦煌的唐詩續編　（臺北）文史哲出版社　1989　p. 17

張錫厚　敦煌詩歌考論　《敦煌學輯刊》1989年第2期　p. 27

張錫厚　詩歌　敦煌文學　甘肅人民出版社　1989　p. 152、175

姜伯勤　敦煌與波斯　《敦煌研究》1990年第3期　p. 12

任半塘　王昆吾　隋唐五代燕樂雜言歌辭集　巴蜀書社　1990　p. 961

唐耕耦　陸宏基　敦煌社會經濟文獻真迹釋録（三）　全國圖書館文獻縮微複製中心　1990　p. 71

趙豐　敦煌所見隋唐絲綢中的花鳥圖案　敦煌吐魯番學研究論文集　漢語大詞典出版社　1990　p. 860

林聰明　敦煌文書學　（臺北）新文豐出版公司　1991　p. 7、219、250、358

杜愛英　敦煌遺書中俗體字的諸種類型　《敦煌研究》1992年第3期　p. 121

黃永武著　渋谷譽一郎譯　韻文體類——敦煌に殘された李白詩四首の價值　敦煌の文學文獻（講座敦煌9）　（東京）大東出版社　1992　p. 267

金岡照光　韻文體類——長篇叙事詩・短篇歌詠　敦煌の文學文獻（講座敦煌9）　（東京）大東出版社　1992　p. 264

潘重規　敦煌唐人陷蕃詩集殘卷作者的新探測　唐代研究論集（第三輯）　（臺北）新文豐出版公司　1992　p. 3

陶秋英輯録　姜亮夫校訂　敦煌所見道教佚經録　敦煌碎金　浙江古籍出版社　1992　p. 328

周丕顯　敦煌佚詩雜考　《敦煌學輯刊》1992年第1、2期　p. 47

周紹良　敦煌文學芻議及其它　（臺北）新文豐出版公司　1992　p. 28

侯錦郎　敦煌龍興寺的器物曆　法國學者敦煌學論文選萃　中華書局　1993　p. 89

李正宇　中國唐宋硬筆書法　上海文化出版社　1993　p. 32

王克孝　ДX2168號寫本初探　《敦煌學輯刊》1993年第2期　p. 28　又見：1994年敦煌學國際研討會文集・宗教文史卷（下）　甘肅民族出版社　2000　p. 234

項楚　敦煌詩歌導論　（臺北）新文豐出版公司　1993　p. 7

張錫厚　敦煌文學概論　甘肅人民出版社　1993　p. 356

伏俊璉　敦煌賦校補（四）　《西北民族學院學報》1994年第2期　p. 97

姜伯勤　敦煌吐魯番文書與絲綢之路　文物出版社　1994　p. 66

蔣禮鴻　蔣禮鴻語言文字學論叢　浙江古籍出版社　1994　p. 422

林聰明　談敦煌文書的抄寫問題　紀念陳寅恪先生百年誕辰學術論文集　江西教育出版社　1994　p. 300

齊陳駿　有關遺產繼承的幾件敦煌遺書　《敦煌學輯刊》1994年第2期　p. 52

胡戟　傅玫　敦煌史話　中華書局　1995　p. 168

劉進寶　敦煌學論述　（臺北）洪葉文化事業有限公司　1995　p. 330

張錫厚　敦煌本唐集研究　（臺北）新文豐出版公司　1995　p. 172

張涌泉　漢語俗字研究　岳麓書社　1995　p. 227

徐俊　敦煌寫本唐人詩歌存佚互見綜考　敦煌吐魯番研究（第一卷）　北京大學出版社　1996
　　p. 111

張錫厚　敦煌本《高適詩集》考述　《敦煌研究》1996 年第 1 期　p. 83

張錫厚　敦煌本《李白詩集》殘卷探微　敦煌吐魯番學研究論集　書目文獻出版社　1996　p. 408

張涌泉　敦煌俗字研究導論　（臺北）新文豐出版公司　1996　p. 94

陳尚君　評《唐詩研究集成》　唐研究（第三卷）　北京大學出版社　1997　p. 487

陳尚君　唐代文學叢考　中國社會科學出版社　1997　p. 198

郝春文　關於唐後期五代宋初沙州僧俗的施捨問題　唐研究（第三卷）　北京大學出版社　1997
　　p. 33

李正宇　敦煌歷史地理導論　（臺北）新文豐出版公司　1997　p. 214

劉子瑜　敦煌變文和王梵志詩　大象出版社　1997　p. 79

鄭炳林　楊富學　晚唐五代金銀在敦煌的使用與流通　《甘肅金融》1997 年第 8 期　又見：中國敦煌
　　學百年文庫·歷史卷（二）　甘肅文化出版社　1999　p. 582

柴劍虹　丘爲詩　敦煌學大辭典　上海辭書出版社　1998　p. 560

郝春文　唐後期五代宋初敦煌僧尼的社會生活　中國社會科學出版社　1998　p. 164

胡大浚　王志鵬　敦煌邊塞詩歌綜論　《敦煌研究》1998 年第 1 期　p. 118

金瀅坤　從敦煌文書看晚唐五代敦煌地區布紡織業　《敦煌研究》1998 年第 2 期　p. 134、138

李正宇　蓮台寺　敦煌學大辭典　上海辭書出版社　1998　p. 630

徐俊　唐寫本唐人選唐詩　敦煌學大辭典　上海辭書出版社　1998　p. 565

鄭炳林　《康秀華寫經施入疏》與《炫和尚貨賣胡粉曆》研究　敦煌吐魯番研究（第三卷）　北京大學
　　出版社　1998　p. 201

高國藩　敦煌俗文化學　上海三聯書店　1999　p. 32

郝春文　關於唐後期五代宋初沙州僧團的"出唱"活動　首都師範大學史學研究（1）　首都師範大學
　　出版社　1999　p. 111

胡大浚　王志鵬　敦煌邊塞詩歌校注　甘肅人民出版社　1999　p. 30

黃征　程惠新　劫塵遺珠：敦煌遺書　甘肅教育出版社　1999　p. 212

馬德　敦煌文書《諸寺付經歷》芻議　《敦煌學輯刊》1999 年第 1 期　p. 38

蘇金花　唐、五代敦煌地區的商品貨幣形態　《敦煌研究》1999 年第 2 期　p. 95

王繼如　《敦煌的唐詩》讀後劄存　敦煌問學叢稿　甘肅文化出版社　1999　p. 287

張涌泉　《補全唐詩》兩種補校　舊學新知　浙江大學出版社　1999　p. 302

張涌泉　俗字研究與敦煌文獻的校理　舊學新知　浙江大學出版社　1999　p. 51

杜琪　敦煌詩賦作品要目分類題注　《甘肅社會科學》2000 年第 1 期　p. 64

李重申　敦煌古代體育文化　甘肅人民出版社　2000　p. 24

孫其芳　大漠遺歌：敦煌詩歌選評　甘肅人民出版社　2000　p. 134、195

徐俊　敦煌詩集殘卷輯考　中華書局　2000　p. 44、183、392、536、697

顏廷亮　敦煌文化　光明日報出版社　2000　p. 403

張錫厚　敦煌文學源流　作家出版社　2000　p. 78、83

鄭炳林　晚唐五代敦煌貿易市場的外來商品輯考　中華文史論叢（總 63 輯）　上海古籍出版社
　　2000　p. 68、73

陳尚君　評《敦煌詩集殘卷輯考》　敦煌吐魯番研究（第五卷）　北京大學出版社　2001　p. 381

杜曉勤　隋唐五代文學研究　北京出版社　2001　p. 1264

林聰明　敦煌吐魯番文書解詁指例　（臺北）新文豐出版公司　2001　p. 67、83 注 6

陶敏　李一飛　隋唐五代文學史料學　中華書局　2001　p. 350、363

楊曉靄　勘正辨疑　隨文釋義：《敦煌邊塞詩歌校注》簡評　《敦煌學輯刊》2001 年第 1 期　p. 114

姜亮夫　敦煌莫高窟年表　姜亮夫全集（十一）　雲南人民出版社　2002　p. 336

劉進寶　敦煌學通論　甘肅教育出版社　2002　p. 377

徐俊　敦煌寫本詩歌續考　《敦煌研究》2002 年第 5 期　p. 65

高國藩　敦煌學百年史述要　（臺北）商務印書館　2003　p. 189

洪藝芳　敦煌社會經濟文書中的唐五代新興量詞研究　敦煌學（第 24 輯）　（臺北）樂學書局有限公司　2003　p. 87、93、98

胡大浚　敦煌寫卷中幾首佚名詩考釋　2000 年敦煌學國際學術討論會文集·歷史文化卷（下）　甘肅民族出版社　2003　p. 287

林平和　試論敦煌文獻之輯佚價值　新世紀敦煌學論集　巴蜀書社　2003　p. 738

榮新江　于闐花氈與粟特銀盤：九、十世紀敦煌寺院的外來供養　寺院財富與世俗供養　上海書畫出版社　2003　p. 249

童丕　據敦煌寫本談紅藍花——植物的使用　寺院財富與世俗供養　上海書畫出版社　2003　p. 262

高啓安　唐五代敦煌飲食文化研究　民族出版社　2004　p. 31、64

黑維强　吐魯番出土文書詞語疏證三則　西北方言與民俗研究論叢　中國社會科學出版社　2004　p. 225

張涌泉　燦爛的敦煌文化　浙江與敦煌學：常書鴻先生誕辰一百周年紀念文集　浙江古籍出版社　2004　p. 641

鄭炳林　晚唐五代敦煌商業貿易市場研究　《敦煌學輯刊》2004 年第 1 期　p. 115

支那　《敦煌遺書總目索引新編》匡補　《敦煌研究》2004 年第 4 期　p. 59

朱鳳玉　臺灣地區敦煌文學研究之考察與展望　敦煌吐魯番研究（第七卷）　北京大學出版社　2004　p. 283

徐俊　敦煌詩歌寫本特徵及內容的分類考察　敦煌與絲路文化學術講座（第二輯）　北京圖書館出版社　2005　p. 278

P. 2568

那波利貞　千佛岩莫高窟と敦煌文書　西域文化研究（第二）·敦煌吐魯番社會經濟資料（上）　（京都）法藏館　1959　p. 18

蘇瑩輝　補唐書張淮深傳　（臺北）《大陸雜誌》1963 年第 5 期　又見：敦煌論集　（臺北）學生書局　1983　p. 243；中國敦煌學百年文庫·歷史卷（一）　甘肅文化出版社　1999　p. 265

蘇瑩輝　論敦煌資料中的三位河西都僧統　（臺北）《幼獅學志》1966 年第 1 期　又見：敦煌論集　（臺北）學生書局　1983　p. 420；中國敦煌學百年文庫·宗教卷（一）　甘肅文化出版社　1999　p. 4

陳祚龍　敦煌古抄碑銘五種　敦煌文物隨筆　（臺北）商務印書館　1979　p. 70

王重民　敦煌古籍叙錄　中華書局　1979　p. 104

蘇瑩輝　敦煌學概要　（臺北）編譯館"中華叢書編委會"　1981　p. 150

周丕顯　敦煌科技書卷叢談　《敦煌學輯刊》1981 年第 2 期　p. 54

董作賓　敦煌紀年　敦煌學文選（上）　蘭州大學歷史系敦煌學研究室等　1983　p. 29

榮新江　敦煌卷子劄記四則　敦煌吐魯番文獻研究論集（第二輯）　北京大學出版社　1983　p. 633、641、642

饒宗頤　敦煌書法叢刊(第十九卷)・碎金(二)　(東京)二玄社　1984　p. 36、98

王重民　敦煌本曆日之研究　敦煌遺書論文集　中華書局　1984　p. 131 注 26

王重民　巴黎敦煌殘卷叙録(第一輯)　敦煌叢刊初集(九)　(臺北)新文豐出版公司　1985　p. 162

榮新江　歸義軍及其與周邊民族的關係初探　《敦煌學輯刊》1986 年第 2 期　p. 28　又見:中國人文
　　社會科學博士碩士文庫・歷史學卷　浙江教育出版社　1998　p. 655

王重民原編　黃永武新編　敦煌古籍叙録新編(第六冊)　(臺北)新文豐出版公司　1986　p. 153

林平和　羅振玉敦煌學析論　(臺北)文史哲出版社　1988　p. 37、197

韓建瓴　傳記　敦煌文學　甘肅人民出版社　1989　p. 62

池田溫　中國古代寫本識語集録　(東京)大藏出版株式會社　1990　p. 556

鄧文寬　歸義軍張氏家族的封爵與郡望　敦煌吐魯番學研究論文集　漢語大詞典出版社　1990
　　p. 605

唐耕耦　陸宏基　敦煌社會經濟文獻真迹釋録(五)　全國圖書館文獻縮微複製中心　1990　p. 163

姜伯勤　敦煌社會文書導論　(臺北)新文豐出版公司　1992　p. 60、131

尾崎康　史籍　敦煌漢文文獻(講座敦煌 5)　(東京)大東出版社　1992　p. 328

周紹良　敦煌文學芻議及其它　(臺北)新文豐出版公司　1992　p. 11

李明偉　敦煌文學概論　甘肅人民出版社　1993　p. 474

李正宇　敦煌文學概論　甘肅人民出版社　1993　p. 97

沃興華　敦煌書法藝術　上海人民出版社　1994　p. 73、177

鄭炳林　《索勳紀德碑》研究　《敦煌學輯刊》1994 年第 2 期　p. 74

鄧文寬　張淮深改建莫高窟北大像和開鑿第 94 窟年代考　敦煌學國際研討會文集・石窟考古編
　　遼寧美術出版社　1995　p. 123

胡戟　傅玫　敦煌史話　中華書局　1995　p. 145

李明偉　敦煌文學中"敦煌文"的研究和分類評價　《敦煌研究》1995 年第 4 期　p. 121

劉詩平　評《唐方鎮文職僚佐考》　唐研究(第一卷)　北京大學出版社　1995　p. 551

顏廷亮　敦煌文學概說　(臺北)新文豐出版公司　1995　p. 120

顏廷亮　張球著作系年與生平管窺　敦煌學國際研討會文集・史地語文編　遼寧美術出版社　1995
　　p. 252

姜伯勤　敦煌悉磨遮爲蘇摩遮樂舞考　《敦煌研究》1996 年第 3 期　p. 11

姜伯勤　敦煌藝術宗教與禮樂文明　中國社會科學出版社　1996　p. 545

榮新江　歸義軍史研究　上海古籍出版社　1996　p. 10

譚蟬雪　敦煌馬文化　《敦煌研究》1996 年第 1 期　p. 119

張涌泉　敦煌俗字研究導論　(臺北)新文豐出版公司　1996　p. 182

郭鋒　補唐末沙州節度判官掌書記張球事一則　敦煌吐魯番研究(第二卷)　北京大學出版社
　　1997　p. 352

鄭炳林　敦煌碑銘讚輯釋　甘肅教育出版社　1997　p. 281

鄭炳林　論晚唐敦煌文士張球即張景球　文史(第四十三輯)　中華書局　1997　p. 112

柴劍虹　張延綬別傳　敦煌學大辭典　上海辭書出版社　1998　p. 589

顧吉辰　敦煌文獻職官結銜考釋　《敦煌學輯刊》1998 年第 2 期　p. 32

李麗　關於《張淮深墓誌銘》的兩個問題　《敦煌學輯刊》1998 年第 1 期　p. 143

李正宇　古本敦煌鄉土志八種箋證　(臺北)新文豐出版公司　1998　p. 321

李正宇　張球　敦煌學大辭典　上海辭書出版社　1998　p. 356

榮新江　歸義軍大事紀年初稿　出土文獻研究(第三輯)　文物出版社　1998　p. 239

譚蟬雪　敦煌歲時文化導論　（臺北）新文豐出版公司　1998　p. 169

譚蟬雪　馬毬　敦煌學大辭典　上海辭書出版社　1998　p. 600

楊森　小議張淮深受旌節　《敦煌研究》1999 年第 1 期　p. 97

楊秀清　敦煌西漢金山國史　甘肅人民出版社　1999　p. 20

李明偉　敦煌文學中敦煌文的分類及評價　1994 年敦煌學國際研討會文集·宗教文史卷（上）　甘
　　肅民族出版社　2000　p. 298

李正宇　《敦煌錄》整理後記　慶祝吳其昱先生八秩華誕敦煌學特刊　（臺北）文津出版社　2000
　　p. 58

顏廷亮　敦煌文化　光明日報出版社　2000　p. 215

張錫厚　敦煌文學源流　作家出版社　2000　p. 168

林聰明　敦煌吐魯番文書解詁指例　（臺北）新文豐出版公司　2001　p. 126

姜亮夫　敦煌莫高窟年表　姜亮夫全集（十一）　雲南人民出版社　2002　p. 428

劉永明　散見敦煌曆朔閏輯考　《敦煌研究》2002 年第 6 期　p. 15

王素　敦煌吐魯番文獻　文物出版社　2002　p. 141

顏廷亮　有關張球生平及其著作的一件新見文獻　《敦煌研究》2002 年第 5 期　p. 103

張錫厚　敦煌文概說　2000 年敦煌學國際學術討論會文集·歷史文化卷（下）　甘肅民族出版社
　　2003　p. 225

馮培紅　關於歸義軍節度使官制的幾個問題　麥積山石窟藝術文化論文集（下）　蘭州大學出版社
　　2004　p. 207

馮培紅　論晚唐五代的沙州（歸義軍）與涼州（河西）節度使　浙江與敦煌學：常書鴻先生誕辰一百周
　　年紀念文集　浙江古籍出版社　2004　p. 243

湯涒　敦煌曲子詞地域文化研究　上海古籍出版社　2004　p. 111

張弓　敦煌四部籍與中古後期社會的文化情境　敦煌學（第 25 輯）　（臺北）樂學書局有限公司
　　2004　p. 331

張小豔　試論敦煌書儀的語料價值　浙江與敦煌學：常書鴻先生誕辰一百周年紀念文集　浙江古籍
　　出版社　2004　p. 538

趙紅　高啓安　張孝嵩斬龍傳說歷史背景研究　《敦煌研究》2004 年第 2 期　p. 64

蘭州理工大學絲綢之路文史研究所編　絲綢之路體育文化論集　中華書局　2005　p. 250

馬國俊　敦煌遺書民間書法特徵研究　文史（第七十五輯）　中華書局　2006　p. 32

P. 2569

王重民　英倫所藏敦煌經卷訪問記　《大公報》1936 年 4 月 2 日　又見：敦煌遺書論文集　中華書局
　　1984　p. 3；中國敦煌學百年文庫·綜述卷（一）　甘肅文化出版社　1999　p. 64

那波利貞　千佛岩莫高窟と敦煌文書　西域文化研究（第二）·敦煌吐魯番社會經濟資料（上）　（京
　　都）法藏館　1959　p. 43

唐長孺　關於歸義軍節度使的幾種資料跋　《中華文史論叢》1962 年第 1 期　又見：敦煌學文選
　　（上）　蘭州大學歷史系敦煌學研究室等　1983　p. 189；山居存稿　中華書局　1989　p. 451；
　　中國敦煌學百年文庫·歷史卷（一）　甘肅文化出版社　1999　p. 217

長澤和俊　敦煌　（東京）築摩書房　1965　p. 197

池田溫　評『ペリオ將來敦煌漢文文獻目錄』第一卷（P. 2001 - 2500）　『東洋學報』（54 卷 4 號）
　　（東京）東洋學術協會　1972　p. 67

王重民　敦煌古籍敘錄　中華書局　1979　p. 91、93

梅村坦　住民の種族構成——敦煌をめぐる諸民族の動向　敦煌の社會（講座敦煌3）　（東京）大東出版社　1980　p. 203、210

蘇瑩輝　敦煌學概要　（臺北）編譯館"中華叢書編委會"　1981　p. 39

饒宗頤　穆護歌考　選堂集林·史林　（香港）中華書局　1982　p. 483、495　又見：饒宗頤史學論著選　上海古籍出版社　1993　p. 415、428；饒宗頤東方學論集　汕頭大學出版社　1999　p. 103

蘇瑩輝　中外敦煌古寫本纂要　敦煌論集　（臺北）學生書局　1983　p. 315

湯開建　馬明達　對五代宋初河西若干民族問題的探討　《敦煌學輯刊》1983年創刊號　p. 74

劉銘恕　敦煌遺書雜記四篇　敦煌學論集　甘肅人民出版社　1985　p. 52

王重民　巴黎敦煌殘卷叙錄（第一輯）　敦煌叢刊初集（九）　（臺北）新文豐出版公司　1985　p. 134、200

盧向前　關於歸義軍時期一份布紙破用曆的研究：試釋伯四六四〇背面文書　敦煌吐魯番文獻研究論集（第三輯）　北京大學出版社　1986　p. 417 注 40、453、455　又見：敦煌吐魯番文書論稿　江西人民出版社　1992　p. 123 注 54、158

榮新江　歸義軍及其與周邊民族的關係初探　《敦煌學輯刊》1986年第2期　p. 30　又見：中國人文社會科學博士碩士文庫·歷史學卷　浙江教育出版社　1998　p. 658

王重民原編　黃永武新編　敦煌古籍叙錄新編（第五冊）　（臺北）新文豐出版公司　1986　p. 254、272、294

康世昌　孔衍《春秋後語》試探　敦煌學（第13輯）　（臺北）新文豐出版公司　1988　p. 113

林平和　羅振玉敦煌學析論　（臺北）文史哲出版社　1988　p. 32、198

高國藩　敦煌民俗學　上海文藝出版社　1989　p. 274

康世昌　《春秋後語》輯校（上、下）　敦煌學（第14、15輯）　（臺北）新文豐出版公司　1989　p. 91；13

姜伯勤　敦煌白畫中的粟特神祇　敦煌吐魯番學研究論文集　漢語大詞典出版社　1990　p. 306

康世昌　《春秋後語》研究　敦煌學（第16輯）　（臺北）新文豐出版公司　1990　p. 72

周偉洲　吐蕃對河隴的統治及歸義軍前期的河西諸族　《甘肅民族研究》1990年第2期　p. 10 注 52

姜伯勤　敦煌社會文書導論　（臺北）新文豐出版公司　1992　p. 10

尾崎康　史籍　敦煌漢文文獻（講座敦煌5）　（東京）大東出版社　1992　p. 326

黃征　敦煌願文《兒郎偉》輯考　（香港）《九州學刊》（敦煌學專輯）1993年第5卷第4期　p. 51　又見：敦煌語文叢說　（臺北）新文豐出版公司　1997　p. 626

姜伯勤　論高昌胡天與敦煌祆寺　《世界宗教研究》1993年第1期　又見：中國敦煌學百年文庫·宗教卷（三）　甘肅文化出版社　1999　p. 516、522

李正宇　敦煌儺散論　《敦煌研究》1993年第2期　p. 112

黃征　敦煌願文散校　《敦煌研究》1994年第3期　p. 131　又見：敦煌語文叢說　（臺北）新文豐出版公司　1997　p. 573

姜伯勤　敦煌吐魯番文書與絲綢之路　文物出版社　1994　p. 241、259

胡戟　傅玫　敦煌史話　中華書局　1995　p. 143

黃征　吳偉　敦煌願文集　岳麓書社　1995　p. 20、944

李金梅　敦煌傳統文化與武術　《敦煌研究》1995年第2期　p. 195

林悟殊　波斯拜火教與古代中國　（臺北）新文豐出版公司　1995　p. 94、160

馬雅倫　關於南山問題的討論　《敦煌學輯刊》1995年第2期　p. 48

許建平　《春秋後語釋文》校證　《敦煌研究》1995年第4期　p. 81

鄭炳林　羊萍　敦煌本夢書　甘肅文化出版社　1995　p. 251

姜伯勤　敦煌藝術宗教與禮樂文明　中國社會科學出版社　1996　p. 193、497

許建平　《春秋後語釋文》校讀記　《杭州大學學報》1996 年第 26 卷第 2 期　p. 116　又見:敦煌文獻
　　叢考　中華書局　2005　p. 236

黄征　敦煌歌謡《兒郎偉》的價值　敦煌語文叢說　（臺北）新文豐出版公司　1997　p. 600

黄征　敦煌文學《兒郎偉》輯録校注　敦煌語文叢說　（臺北）新文豐出版公司　1997　p. 702

黄征　敦煌寫本異文綜析　敦煌語文叢說　（臺北）新文豐出版公司　1997　p. 22

黄征　《龍龕手鏡》名義考　敦煌語文叢說　（臺北）新文豐出版公司　1997　p. 786

黄征　魏晉南北朝俗語詞輯釋　敦煌語文叢說　（臺北）新文豐出版公司　1997　p. 109

黄征　張涌泉　敦煌變文校注　中華書局　1997　p. 198、400、583

黄征　曾良　洪玉雙　敦煌願文研究　敦煌文學論集　四川人民出版社　1997　p. 381

鄭炳林　晚唐五代敦煌貿易市場的物價　敦煌歸義軍史專題研究　蘭州大學出版社　1997　p. 284

鄭炳林　馮培紅　唐五代歸義軍政權對外關係中的使頭一職　敦煌歸義軍史專題研究　蘭州大學出
　　版社　1997　p. 56

鄭炳林　楊富學　晚唐五代金銀在敦煌的使用與流通　《甘肅金融》1997 年第 8 期　又見:中國敦煌
　　學百年文庫·歷史卷(二)　甘肅文化出版社　1999　p. 584

陳國燦　榮新江　璨微　敦煌學大辭典　上海辭書出版社　1998　p. 305

龔方震　晏可佳　祆教史　上海社會科學院出版社　1998　p. 242

譚蟬雪　敦煌歲時文化導論　（臺北）新文豐出版公司　1998　p. 402

譚蟬雪　儺舞　敦煌學大辭典　上海辭書出版社　1998　p. 271

張金泉　白化文　春秋後語　敦煌學大辭典　上海辭書出版社　1998　p. 780

池田溫　八世紀中葉敦煌的粟特人聚落　唐研究論文選集　中國社會科學出版社　1999　p. 54 注
　　14

高國藩　敦煌俗文化學　上海三聯書店　1999　p. 226

黄征　程惠新　劫塵遺珠:敦煌遺書　甘肅教育出版社　1999　p. 132、235

林悟殊　波斯瑣羅亞斯德教與中國古代的祆神崇拜　歐亞學刊(第 1 輯)　中華書局　1999　又見:
　　二十世紀中國文史考據文録　雲南人民出版社　2001　p. 1904

李正宇　歸義軍樂營的結構與配置　《敦煌研究》2000 年第 3 期　p. 74

榮新江　敦煌文獻與古籍整理　慶祝吳其昱先生八秩華誕敦煌學特刊　（臺北）文津出版社　2000
　　p. 274

顔廷亮　敦煌文化　光明日報出版社　2000　p. 282

姜伯勤　唐敦煌城市的禮儀空間　文史(第五十五輯)　中華書局　2001　p. 237

李正宇　沙州歸義軍樂營及其職事　敦煌吐魯番研究(第五卷)　北京大學出版社　2001　p. 221

李正宇　索勳、張承奉更叠之際史事考　敦煌文獻論集:紀念藏經洞發現一百周年國際學術研討會論
　　文集　遼寧人民出版社　2001　p. 114

顔廷亮　敦煌文化中的祆教、摩尼教和景教　敦煌學與中國史研究論集　甘肅人民出版社　2001
　　p. 420

趙貞　歸義軍押衙兼知他官略考　《敦煌研究》2001 年第 2 期　p. 92

黄征　敦煌語言文字學研究　甘肅教育出版社　2002　p. 42

姜亮夫　敦煌莫高窟年表　姜亮夫全集(十一)　雲南人民出版社　2002　p. 35

譚蟬雪　敦煌的粟特居民及祆神祈賽　2000 年敦煌學國際學術討論會文集·歷史文化卷(下)　甘
　　肅民族出版社　2003　p. 64

楊挺　不存在兒郎偉文體和兒郎偉曲調　《敦煌研究》2003 年第 1 期　p. 46

姜伯勤　唐會昌毀祆後的祆神祆祠與祆僧　華學(第 7 輯)　中山大學出版社　2004　p. 220

姜伯勤　中國祆教藝術史研究　三聯書店　2004　p. 248

李永平　從考古發現看胡騰舞與祆教儀式　碑林集刊(九)　陝西人民美術社　2004　p. 137

黃征　敦煌俗字典　上海教育出版社　2005　p. 27

黃征　敦煌俗字種類考辨　敦煌學·日本學:石塚晴通教授退職紀念論文集　上海辭書出版社
　　2005　p. 119

林悟殊　中古三夷教辨證　中華書局　2005　p. 335

解梅　唐五代敦煌地區賽祆儀式考　《敦煌學輯刊》2005 年第 2 期　p. 145

鄭炳林　敦煌寫本解夢書校錄研究　民族出版社　2005　p. 66

陸離　吐蕃統治河隴西域時期的市券研究　敦煌吐魯番研究(第九卷)　中華書局　2006　p. 240

汪泛舟　敦煌俗別字新考(上)　《敦煌研究》2006 年第 1 期　p. 103

P. 2570

姜亮夫　敦煌經卷在中國學術文化上之價值　《說文月刊》1943 年第 3 卷 10 期　又見:敦煌學論文
　　集　上海古籍出版社　1987　p. 10

潘重規　巴黎倫敦所藏敦煌詩經卷子題記　(香港)《新亞書院學術年刊》1969 年第 11 期　又見:中
　　國敦煌學百年文庫·文獻卷(二)　甘肅文化出版社　1999　p. 388

潘重規　敦煌詩經卷子研究　(臺北)《華岡學報》1970 年第 6 期　又見:中國敦煌學百年文庫·文
　　獻卷(二)　甘肅文化出版社　1999　p. 433

蘇瑩輝　從敦煌本毛詩詁訓傳論毛詩定本及詁訓傳分卷問題　(臺北)《孔孟學報》1971 年第 22 期
　　又見:敦煌論集續編　(臺北)學生書局　1983　p. 29、34 ; 中國敦煌學百年文庫·文學卷(二)
　　甘肅文化出版社　1999　p. 254

王重民　敦煌古籍叙錄　中華書局　1979　p. 27

蘇瑩輝　敦煌學概要　(臺北)編譯館"中華叢書編委會"　1981　p. 35

蘇瑩輝　略論五經正義的原本格式及其標記"經"、"傳"、"注"文起訖情形　敦煌論集續編　(臺北)
　　學生書局　1983　p. 73

蘇瑩輝　中外敦煌古寫本纂要　敦煌論集　(臺北)學生書局　1983　p. 311

姜亮夫　敦煌學概論　中華書局　1985　p. 55

饒宗頤　敦煌書法叢刊(第六卷)·經史(四)　(東京)二玄社　1985　p. 38、69

高明士　唐代敦煌的教育　漢學研究(敦煌學國際研討會論文專號)　(臺北)漢學研究資料及服務
　　中心　1986　p. 256

李正宇　唐宋時代的敦煌學校　《敦煌研究》1986 年第 1 期　p. 45

王重民原編　黃永武新編　敦煌古籍叙錄新編(第二冊)　(臺北)新文豐出版公司　1986　p. 48

黃瑞雲　敦煌古寫本《詩經》校釋剳記(三)　《敦煌研究》1987 年第 1 期　p. 83

姜亮夫　敦煌本毛詩傳箋校錄　敦煌學論文集　上海古籍出版社　1987　p. 56、58、91

姜亮夫　敦煌經卷壁畫中所見釋氏僧名錄　敦煌學論文集　上海古籍出版社　1987　p. 1041

姜亮夫　敦煌經卷壁畫中所見寺觀錄　敦煌學論文集　上海古籍出版社　1987　p. 1077

姜亮夫　海外敦煌卷子經眼錄　敦煌學論文集　上海古籍出版社　1987　p. 43

李正宇　敦煌學郎題記輯注　《敦煌學輯刊》1987 年第 1 期　p. 38

李正宇　敦煌地區古代祠廟寺觀簡志　《敦煌學輯刊》1988 年第 1、2 期　p. 81

林平和　羅振玉敦煌學析論　(臺北)文史哲出版社　1988　p. 54、123、199、208、252

高國藩　敦煌民俗學　上海文藝出版社　1989　p. 99

池田溫　中國古代寫本識語集錄　（東京）大蔵出版株式會社　1990　p. 402

林平和　羅振玉校勘敦煌寫卷之商榷　第二屆敦煌學國際研討會論文集　（臺北）漢學研究中心　1990　p. 190

劉操南　敦煌本毛詩傳箋校錄疏證　《敦煌研究》1990 年第 1 期　p. 102

林聰明　敦煌文書出處略考　季羨林教授八十華誕紀念論文集（下）　江西人民出版社　1991　p. 858

林聰明　敦煌文書學　（臺北）新文豐出版公司　1991　p. 390

鄭阿財　敦煌寫本《孔子備問書》初探　敦煌學（第 17 輯）　（臺北）新文豐出版公司　1991　p. 99

東野治之　敦煌と日本の『千字文』　遺唐使と正倉院　（東京）岩波書店　1992　p. 240

東野治之　訓蒙書　敦煌漢文文獻（講座敦煌 5）　（東京）大東出版社　1992　p. 404

姜伯勤　敦煌社會文書導論　（臺北）新文豐出版公司　1992　p. 88

林家平　寧强　羅華慶　中國敦煌學史　北京語言學院出版社　1992　p. 28

陶秋英輯錄　姜亮夫校訂　敦煌經卷壁畫中所見釋氏名錄　敦煌碎金　浙江古籍出版社　1992　p. 34

陶秋英輯錄　姜亮夫校訂　敦煌經卷所見寺名錄　敦煌碎金　浙江古籍出版社　1992　p. 114

土田健次郎　儒教典籍　敦煌漢文文獻（講座敦煌 5）　（東京）大東出版社　1992　p. 268

蔣冀騁　敦煌文書校讀研究　（臺北）文津出版社　1993　p. 251

榮新江　甘州回鶻成立史論　《歷史研究》1993 年第 5 期　p. 35

鄭阿財　從敦煌文獻看唐代的三教合一　第二屆國際唐代學術會議論文集（上）　（臺北）文津出版社　1993　p. 652

鄭阿財　敦煌文獻與文學　（臺北）新文豐出版公司　1993　p. 304

榮新江　敦煌邈真讚所見歸義軍與東西回鶻的關係　敦煌邈真讚校錄並研究　（臺北）新文豐出版公司　1994　p. 61

榮新江　歸義軍改元考　文史（第三十八輯）　中華書局　1994　p. 46

趙聲良　北魏寫本《毛詩》殘卷　敦煌書法庫（第二輯）　甘肅人民美術出版社　1994　p. 32

趙聲良　早期敦煌寫本書法的時代分期和類型　敦煌書法庫（第二輯）　甘肅人民美術出版社　1994　p. 3

鄭炳林　敦煌本《張淮深變文》研究　《西北民族研究》1994 年第 1 期　p. 147

鄭炳林　張淮深改建北大像和開鑿 94 窟年代再探　《敦煌研究》1994 年第 3 期　p. 40

李正宇　敦煌史地新論　（臺北）新文豐出版公司　1996　p. 82、189

劉濤　評《法藏敦煌書苑精華》　敦煌吐魯番研究（第一卷）　北京大學出版社　1996　p. 379

榮新江　歸義軍史研究　上海古籍出版社　1996　p. 8、46

李正宇　西同考　《敦煌研究》1997 年第 4 期　p. 112

劉濤　評《敦煌書法庫》　敦煌吐魯番研究（第二卷）　北京大學出版社　1997　p. 403

趙聲良　敦煌寫卷書法（上）　《文史知識》1997 年第 3 期　p. 73

鄭炳林　唐五代敦煌金山國征伐樓蘭史事考　敦煌歸義軍史專題研究　蘭州大學出版社　1997　p. 20

白化文　詩經　敦煌學大辭典　上海辭書出版社　1998　p. 773

陳國燦　榮新江　西桐　敦煌學大辭典　上海辭書出版社　1998　p. 306

顧吉辰　敦煌文獻職官結銜考釋　《敦煌學輯刊》1998 年第 2 期　p. 20

李并成　"西桐"地望考　《西北民族研究》1998 年第 1 期　p. 48

李正宇　淨土寺　敦煌學大辭典　上海辭書出版社　1998　p. 631

榮新江　歸義軍大事紀年初稿　出土文獻研究（第三輯）　文物出版社　1998　p. 238

姜亮夫　敦煌經卷在中國學術文化上之價值　中國敦煌學百年文庫·綜述卷（一）　甘肅文化出版社　1999　p. 85

姜亮夫　敦煌：偉大的文化寶藏　雲南人民出版社　1999　p. 97

謝桃坊　敦煌文化尋繹　四川人民出版社　1999　p. 95

顏廷亮　敦煌文化中的道教及文化　《敦煌研究》1999 年第 1 期　p. 139

楊富學　李吉和　敦煌漢文吐蕃史料輯校（第一輯）　甘肅人民出版社　1999　p. 284

顏廷亮　敦煌文化　光明日報出版社　2000　p. 201、241

趙聲良　早期敦煌寫本書法的分期研究　1994 年敦煌學國際研討會文集·石窟藝術卷　甘肅民族出版社　2000　p. 263

鄭炳林　張紅麗　《張淮深變文》的年代問題　1994 年敦煌學國際研討會文集·宗教文史卷（上）甘肅民族出版社　2000　p. 324

姜亮夫　敦煌本毛詩傳箋校錄　姜亮夫全集（十三）　雲南人民出版社　2002　p. 47

姜亮夫　敦煌莫高窟年表　姜亮夫全集（十一）　雲南人民出版社　2002　p. 160

李小榮　變文講唱與華梵宗教藝術　上海三聯書店　2002　p. 280

鄭阿財　朱鳳玉　敦煌蒙書研究　甘肅教育出版社　2002　p. 194

郝春文　唐後期五代宋初中印文化對敦煌寺院的影響　新世紀敦煌學論集　巴蜀書社　2003　p. 333

伏俊璉　敦煌《詩經》殘卷的文獻價值　《敦煌研究》2004 年第 4 期　p. 42

張弓　敦煌四部籍與中古後期社會的文化情境　敦煌學（第 25 輯）　（臺北）樂學書局有限公司　2004　p. 313

P. 2571

張廣達　"歎佛"與"歎齋"　慶祝鄧廣銘教授九十華誕論文集　河北教育出版社　1997　p. 60

王三慶　北京大學圖書館藏本《諸文要集》一卷研究　慶祝吳其昱先生八秩華誕敦煌學特刊　（臺北）文津出版社　2000　p. 159

P. 2572

陳祚龍　相學國手袁天綱　敦煌資料考屑（下冊）　（臺北）商務印書館　1979　p. 270

王重民　敦煌古籍叙錄　中華書局　1979　p. 178

耿昇　八十年代的法國敦煌學論著簡介　《敦煌研究》1986 年第 3 期　p. 79

王重民原編　黃永武新編　敦煌古籍叙錄新編（第九冊）　（臺北）新文豐出版公司　1986　p. 208

陳祚龍　從敦煌古抄"葉淨能詩"談到淩濛初的"唐明皇好道集奇人"與"武惠妃崇禪鬥異法"　敦煌學（第 13 輯）　（臺北）新文豐出版公司　1988　p. 3　又見：敦煌文物散論　（臺北）新文豐出版公司　1993　p. 8

黃正建　敦煌文書中《相書》殘卷與唐代的相面　《敦煌學輯刊》1988 年第 1、2 期　p. 114

高國藩　敦煌古俗與民俗流變　河海大學出版社　1990　p. 28

李豐楙　唐代《洞淵神咒經》寫卷與李弘：兼論神咒類道經的功德觀　第二屆敦煌學國際研討會論文集　（臺北）漢學研究中心　1990　p. 482

菅原信海　占筮書　敦煌漢文文獻（講座敦煌 5）　（東京）大東出版社　1992　p. 455

高國藩　敦煌民俗資料導論　（臺北）新文豐出版公司　1993　p. 322

侯錦郎　敦煌寫本中的唐代相書　法國學者敦煌學論文選萃　中華書局　1993　p. 352

高國藩　敦煌數字與俗文化　慶祝潘石禪先生九秩華誕敦煌學特刊　（臺北）文津出版社　1996　p. 178

嚴敦傑　相書一卷　敦煌學大辭典　上海辭書出版社　1998　p. 621

高國藩　敦煌俗文化學　上海三聯書店　1999　p. 14

黃正建　敦煌占卜文書與唐五代占卜研究　學苑出版社　2001　p. 58

李斌城　唐代文化　中國社會科學出版社　2002　p. 1612

王晶波　敦煌相術與佛教占相內容異同論　《敦煌學輯刊》2003 年第 1 期　p. 70

鄭炳林　敦煌文獻中的解夢書與相面書　敦煌與絲路文化學術講座（第一輯）　北京圖書館出版社　2003　p. 164

鄭炳林　晚唐五代敦煌占卜中的行爲決定論　《敦煌學輯刊》2003 年第 1 期　p. 3

鄭炳林　王晶波　敦煌寫本相書概述　《敦煌學國際聯絡委員會通訊》2003 年第 1 期　p. 46

王晶波　敦煌所出相痣圖 CH00209、S. 5976 校理釋錄　《敦煌學輯刊》2004 年第 1 期　p. 42

王晶波　敦煌相書殘卷 P. 3390 號研究　《敦煌學輯刊》2004 年第 2 期　p. 12

王晶波　論佛教占相內容對敦煌寫本相書的影響　《敦煌研究》2004 年第 2 期　p. 92

鄭炳林　王晶波　敦煌寫本相書校錄研究　民族出版社　2004　p. 2、75、201

王晶波　論敦煌相書中的陰陽五行觀念　《敦煌學輯刊》2005 年第 2 期　p. 43

鄭炳林　敦煌寫本解夢書校錄研究　民族出版社　2005　p. 163

鄭炳林　敦煌寫本許負相書殘卷研究　敦煌學國際研討會論文集　北京圖書館出版社　2005　p. 166

鄭炳林　王晶波　敦煌寫本 P. 2572（B）《相法》（擬）殘卷研究　《敦煌學輯刊》2005 年第 4 期　p. 24

P. 2573

那波利貞　唐寫本雜抄考——唐代庶民教育史研究の一資料　唐代社會文化史研究·第二編　（東京）創文社　1974　p. 236、259

王重民　敦煌古籍敍錄　中華書局　1979　p. 205

傅芸子　敦煌俗文學之發見及其展開　敦煌變文論文錄　上海古籍出版社　1982　p. 143

饒宗頤　敦煌書法叢刊（第十八卷）·碎金（一）　（東京）二玄社　1983　p. 68、98

郭長城　敦煌寫本兔園策府敍錄　敦煌學（第 8 輯）　（臺北）新文豐出版公司　1984　p. 47

劉復　敦煌掇瑣　敦煌叢刊初集（十五）　（臺北）新文豐出版公司　1985　p. 431

王重民原編　黃永武新編　敦煌古籍敍錄新編（第十一冊）　（臺北）新文豐出版公司　1986　p. 1

林平和　羅振玉敦煌學析論　（臺北）文史哲出版社　1988　p. 43

鄭阿財　敦煌蒙書析論　第二屆敦煌學國際研討會論文集　（臺北）漢學研究中心　1990　p. 224

鄭阿財　敦煌本《明詩論》與《問對》殘卷初探　第四屆唐代文化學術研討會論文集　（臺南）成功大學　1991　p. 309 注 3

林家平　寧強　羅華慶　中國敦煌學史　北京語言學院出版社　1992　p. 19

王三慶著　池田溫譯　類書　敦煌漢文文獻（講座敦煌 5）　（東京）大東出版社　1992　p. 385

鄭阿財　敦煌文獻與文學　（臺北）新文豐出版公司　1993　p. 257

周丕顯　敦煌古抄《兔園策府》考析　《敦煌學輯刊》1994 年第 2 期　p. 18

胡戟　傅玫　敦煌史話　中華書局　1995　p. 183

劉濤　評《法藏敦煌書苑精華》　敦煌吐魯番研究（第一卷）　北京大學出版社　1996　p. 378

李鼎霞　兔園策府　敦煌學大辭典　上海辭書出版社　1998　p. 779

劉進寶　敦煌本《兔園策府・征東夷》產生的歷史背景　《敦煌研究》1998 年第 1 期　P. 111

劉進寶　敦煌文書與唐史研究　（臺北）新文豐出版公司　2000　p. 73

汪泛舟　敦煌道教與齋醮諸考　1994 年敦煌學國際研討會文集・宗教文史卷（上）　甘肅民族出版
　　社　2000　p. 13

顏廷亮　敦煌文化　光明日報出版社　2000　p. 210、487

屈直敏　敦煌本《兔園策府》考辨　《敦煌研究》2001 年第 3 期　P. 126

姜亮夫　敦煌莫高窟年表　姜亮夫全集（十一）　雲南人民出版社　2002　p. 209

鄭阿財　朱鳳玉　敦煌蒙書研究　甘肅教育出版社　2002　p. 265

徐俊　敦煌先唐詩考　2000 年敦煌學國際學術討論會文集・歷史文化卷（下）　甘肅民族出版社
　　2003　p. 299

張涌泉　試論敦煌寫本類書的校勘價值：以《勵忠節抄》爲例　《敦煌研究》2003 年第 2 期　P. 69

王卡　敦煌道教文獻研究　中國社會科學出版社　2004　p. 14

鄭阿財　敦煌蒙書研究的回顧與前瞻　敦煌吐魯番研究（第七卷）　北京大學出版社　2004　p. 256

王卡　敦煌道教綜述　敦煌與絲路文化學術講座（第二輯）　北京圖書館出版社　2005　p. 383

P. 2574

金岡照光　敦煌文學のさまざま　敦煌の文學　（東京）大藏出版株式會社　1971　p. 132

甘肅中醫學院圖書館　敦煌中醫藥學集錦　甘肅中醫學院圖書館　1990　p. 180

鄭炳林　敦煌碑銘讚輯釋　甘肅教育出版社　1997　p. 471 注 2

嚴敦傑　周公孔子占法　敦煌學大辭典　上海辭書出版社　1998　p. 621

張先堂　晚唐至宋初淨土五會念佛法門在敦煌的流傳　《敦煌研究》1998 年第 1 期　P. 53

馬克　敦煌數占小考　法國漢學（敦煌學專號）　中華書局　2000　p. 199

石內德　敦煌文獻中被廢棄的殘經抄本　法國漢學（敦煌學專號）　中華書局　2000　p. 21

黃正建　敦煌占卜文書與唐五代占卜研究　學苑出版社　2001　p. 31

景盛軒　敦煌寫本《大般涅槃經》著錄商補　浙江與敦煌學：常書鴻先生誕辰一百周年紀念文集　浙
　　江古籍出版社　2004　p. 345

劉永明　敦煌占卜與道教初探　《敦煌學輯刊》2004 年第 2 期　p. 18

P. 2576

陳祚龍　敦煌古抄內典尾記彙校二編　敦煌文物隨筆　（臺北）商務印書館　1979　p. 171

饒宗頤　論敦煌殘本登真隱訣（P. 2732）　敦煌學（第 4 輯）　（香港）新亞研究所敦煌學會　1979
　　p. 15

矢吹慶輝　鳴沙餘韻・解說篇（第一部）　（京都）臨川書店　1980　p. 170

陳祚龍　敦煌古抄內典尾記彙校初、二、三編合刊　敦煌學要籥　（臺北）新文豐出版公司　1982
　　p. 77

姜亮夫　敦煌所見道教佚經考　敦煌學論文集　上海古籍出版社　1987　p. 319

池田溫　中國古代寫本識語集錄　（東京）大藏出版株式會社　1990　p. 401

上山大峻　敦煌佛教の研究　（京都）法藏館　1990　p. 19、80、368

林聰明　敦煌文書學　（臺北）新文豐出版公司　1991　p. 60

吳其昱著　伊藤美重子譯　敦煌漢文寫本概觀　敦煌漢文文獻（講座敦煌 5）　（東京）大東出版社
　　1992　p. 66

方廣錩　大乘百法明門論開宗義決　敦煌學大辭典　上海辭書出版社　1998　p. 718

王卡　上清三真旨要玉訣　敦煌學大辭典　上海辭書出版社　1998　p. 762

王卡　太上洞淵神咒經　敦煌學大辭典　上海辭書出版社　1998　p. 762

徐俊　敦煌詩集殘卷輯考　中華書局　2000　p. 846

葉貴良　《英藏敦煌社會歷史文獻釋錄·斯63號太上洞玄靈寶無量度人上品妙經》校正　《敦煌學
　　輯刊》2002年第2期　p. 147

王卡　敦煌道教文獻研究　中國社會科學出版社　2004　p. 88、142

王卡　中國國家圖書館藏敦煌道教遺書研究報告　敦煌吐魯番研究（第七卷）　北京大學出版社
　　2004　p. 358

P. 2577

小島祐馬　巴黎國立圖書館藏敦煌遺書所見錄（八）　『支那學』（7卷3號）　（京都）支那學社
　　1934　p. 117

王重民　敦煌古籍敘錄　中華書局　1979　p. 242

蘇瑩輝　敦煌學概要　（臺北）編譯館“中華叢書編委會”　1981　p. 49

鄭良樹　敦煌老子寫本考異　（臺北）《大陸雜誌》1981年第2期　又見：中國敦煌學百年文庫·宗
　　教卷（三）　甘肅文化出版社　1999　p. 64

楠山春樹　道德經類　付『莊子』『列子』『文子』　敦煌と中國道教（講座敦煌4）　（東京）大東出版
　　社　1983　p. 39

蘇瑩輝　中外敦煌古寫本纂要　敦煌論集　（臺北）學生書局　1983　p. 325

王重民　巴黎敦煌殘卷敘錄（第二輯）　敦煌叢刊初集（九）　（臺北）新文豐出版公司　1985　p. 273

王重民原編　黃永武新編　敦煌古籍敘錄新編（第十三冊）　（臺北）新文豐出版公司　1986　p. 1

姜亮夫　巴黎所藏敦煌寫本道德經殘卷綜合研究　敦煌學論文集　上海古籍出版社　1987　p. 247

龍晦　大足石刻父母恩重經變像與敦煌音樂文學的關係　敦煌歌辭總編　上海古籍出版社　1987
　　p. 1835

陳祚龍　看了敦煌古抄《報恩寺開溫室浴僧記》以後　敦煌學散策新集　（臺北）新文豐出版公司
　　1989　p. 213

鄭阿財　敦煌寫卷新集文詞九經抄研究　（臺北）文史哲出版社　1989　p. 179

姜伯勤　敦煌藝術宗教與禮樂文明　中國社會科學出版社　1996　p. 303

顏廷亮　關於《白雀歌》見在寫卷兼及敦煌佛道關係　敦煌佛教文化研究　社科縱橫編輯部　1996
　　p. 12

楊秀清　金山國立國年代補證　《敦煌研究》1997年第4期　p. 129

白化文　老子道德經李榮注　敦煌學大辭典　上海辭書出版社　1998　p. 777

姜伯勤　道釋相激：道教在敦煌　道家文化研究（第十三輯）　三聯書店　1998　p. 64

姜亮夫　敦煌：偉大的文化寶藏　雲南人民出版社　1999　p. 88

楊秀清　敦煌西漢金山國史　甘肅人民出版社　1999　p. 57、74

徐俊　敦煌詩集殘卷輯考　中華書局　2000　p. 772

顏廷亮　敦煌文化　光明日報出版社　2000　p. 209

孫昌武　道教與唐代文學　人民文學出版社　2001　p. 453

王卡　敦煌道教文獻研究　中國社會科學出版社　2004　p. 28、174

朱大星　敦煌寫卷李榮《老子注》及相關問題　浙江與敦煌學：常書鴻先生誕辰一百周年紀念文集
　　浙江古籍出版社　2004　p. 373

P. 2578

羅常培　唐五代西北方音　國立中央研究院歷史語言研究所　1933　p. 12

那波利貞　唐寫本雜抄考——唐代庶民教育史研究の一資料　唐代社會文化史研究・第二編　（東京）創文社　1974　p. 205、254、257

傅芸子　敦煌俗文學之發見及其展開　敦煌變文論文錄　上海古籍出版社　1982　p. 143

董作賓　敦煌紀年　敦煌學文選（上）　蘭州大學歷史系敦煌學研究室等　1983　p. 31

饒宗頤　敦煌書法叢刊（第十八卷）・碎金（一）　（東京）二玄社　1983　p. 51、97

牛龍菲　敦煌古樂史資料概論　《新疆藝術》1984 年第 5、6 期

雷僑雲　敦煌兒童文學　（臺北）學生書局　1985　p. 44

劉復　敦煌掇瑣　敦煌叢刊初集（十五）　（臺北）新文豐出版公司　1985　p. 329

牛龍菲　敦煌樂史資料概論　絲綢之路樂舞藝術　新疆人民出版社　1985　p. 356　又見：中國敦煌學百年文庫・文獻卷（二）　甘肅文化出版社　1999　p. 333

潘重規　王梵志詩校輯讀後記　敦煌學（第 9 輯）　（臺北）新文豐出版公司　1985　p. 22

高明士　唐代敦煌的教育　漢學研究（敦煌學國際研討會論文專號）　（臺北）漢學研究資料及服務中心　1986　p. 250

簡濤　敦煌本《燕子賦》考論　《敦煌研究》1986 年第 3 期　p. 31

李正宇　敦煌方音止遇二攝混同及其校勘學意義　《敦煌研究》1986 年第 4 期　p. 47

朱鳳玉　王梵志詩研究（下）　（臺北）學生書局　1986　p. 122

李正宇　敦煌學郎題記輯注　《敦煌學輯刊》1987 年第 1 期　P. 31

高田時雄　玉篇の敦煌本　人文（第 33 集）　京都大學教養部　1987　p. 61

李正宇　敦煌文學雜考二題　敦煌語言文學研究　北京大學出版社　1988　p. 93

周祖謨　敦煌唐本字書叙錄　敦煌語言文學研究　北京大學出版社　1988　p. 43

高國藩　敦煌民俗學　上海文藝出版社　1989　p. 109

池田溫　中國古代寫本識語集錄　（東京）大藏出版株式會社　1990　p. 472

鄭阿財　敦煌蒙書析論　第二屆敦煌學國際研討會論文集　（臺北）漢學研究中心　1990　p. 217

林聰明　敦煌文書學　（臺北）新文豐出版公司　1991　p. 178、221

朱鳳玉　敦煌寫本字書緒論　（臺北）《華岡文科學報》1991 年第 18 期　p. 94

東野治之　敦煌と日本の『千字文』　遣唐使と正倉院　（東京）岩波書店　1992　p. 240

東野治之　訓蒙書　敦煌漢文文獻（講座敦煌 5）　（東京）大東出版社　1992　p. 404

林家平　寧強　羅華慶　中國敦煌學史　北京語言學院出版社　1992　p. 18

鄭阿財　敦煌文獻與文學　（臺北）新文豐出版公司　1993　p. 246

林聰明　談敦煌文書的抄寫問題　紀念陳寅恪先生百年誕辰學術論文集　江西教育出版社　1994　p. 295

沃興華　敦煌書法藝術　上海人民出版社　1994　p. 34、128、249

李金梅　敦煌傳統文化與武術　《敦煌研究》1995 年第 2 期　P. 195

張先堂　《敦煌唐人詩集殘卷（P. 2555）》新校　《敦煌研究》1995 年第 3 期　P. 159

張金泉　許建平　敦煌音義彙考　杭州大學出版社　1996　p. 531

陸淑綺　李重申　敦煌古代戲曲文化史料綜述　《敦煌研究》1997 年第 2 期　P. 58

張金泉　白化文　開蒙要訓　敦煌學大辭典　上海辭書出版社　1998　p. 781

鄭汝中　音樂部　敦煌學大辭典　上海辭書出版社　1998　p. 247

高國藩　敦煌俗文化學　上海三聯書店　1999　p. 43

汪泛舟　《開蒙要訓》初探　《敦煌研究》1999 年第 2 期　P. 138

汪泛舟　敦煌古代兒童課本　甘肅人民出版社　2000　p. 11、52
林聰明　敦煌吐魯番文書解詁指例　（臺北）新文豐出版公司　2001　p. 46
汪泛舟　敦煌俗別字補正　《敦煌研究》2001 年第 4 期　P. 159
姜亮夫　敦煌莫高窟年表　姜亮夫全集（十一）　雲南人民出版社　2002　p. 384、484
鄭阿財　朱鳳玉　敦煌蒙書研究　甘肅教育出版社　2002　p. 54、67
朱鳳玉　敦煌寫本《開蒙要訓》與臺灣《四言雜字》　中國俗文化研究（第一輯）　巴蜀書社　2003
　　　p. 121
高啓安　唐五代敦煌飲食文化研究　民族出版社　2004　p. 166
高田時雄著　鍾翀等譯　敦煌本《玉篇》　敦煌・民族・語言　中華書局　2005　p. 313

P. 2579

鄭阿財　敦煌蒙書析論　第二屆敦煌學國際研討會論文集　（臺北）漢學研究中心　1990　p. 222
鄭阿財　敦煌寫本《孔子備問書》　敦煌學國際學術討論會論文縮寫文（1990）　敦煌研究院　1990
　　　p. 82
鄭阿財　敦煌寫本《孔子備問書》初探　敦煌學（第 17 輯）　（臺北）新文豐出版公司　1991　p. 100
鄭阿財　敦煌文獻與文學　（臺北）新文豐出版公司　1993　p. 254、306
朱鳳玉　從傳統語文教育論敦煌本《雜抄》　全國敦煌學研討會論文集　（臺北）中正大學中國文學
　　　系所　1995　p. 208
張錫厚　評《敦煌文獻與文學》　敦煌吐魯番研究（第二卷）　北京大學出版社　1997　p. 390
葛兆光　盛世的平庸：八世紀上半葉中國的知識與思想狀況　唐研究（第五卷）　北京大學出版社
　　　1999　p. 27 注 34
鄭阿財　朱鳳玉　敦煌蒙書研究　甘肅教育出版社　2002　p. 213
鄭阿財　敦煌蒙書研究的回顧與前瞻　敦煌吐魯番研究（第七卷）　北京大學出版社　2004　p. 267

P. 2580

佐藤哲英　維摩經疏の殘缺本について　西域文化研究（第一）・敦煌佛教資料　（京都）法藏館
　　　1958　p. 130
矢吹慶輝　鳴沙餘韻・解說篇（第一部）　（京都）臨川書店　1980　p. 43
陳祚龍　中世敦煌釋門的布薩法事之一斑　敦煌簡策訂存　（臺北）商務印書館　1983　p. 161
上山大峻　敦煌佛教の研究　（京都）法藏館　1990　p. 345
鄭阿財　敦煌蒙書析論　第二屆敦煌學國際研討會論文集　（臺北）漢學研究中心　1990　p. 222
鄭炳林　敦煌碑銘讚輯釋　甘肅教育出版社　1997　p. 508 注 8
柴劍虹　左手攜干戈詩　敦煌學大辭典　上海辭書出版社　1998　p. 569
徐俊　敦煌詩集殘卷輯考　中華書局　2000　p. 770
徐俊　敦煌寫本詩歌續考　《敦煌研究》2002 年第 5 期　p. 70
汪泛舟　敦煌俗別字新考（上）　《敦煌研究》2006 年第 1 期　p. 106

P. 2581

盧善煥　《敦煌曲校錄》略校　《敦煌學輯刊》1986 年第 2 期　P. 92
高田時雄　五姓說在敦煌藏族　敦煌吐魯番學研究論文集　漢語大詞典出版社　1990　p. 758
鄭阿財　敦煌寫本《孔子備問書》　敦煌學國際學術討論會論文縮寫文（1990）　敦煌研究院　1990
　　　p. 82

高田時雄　五姓を說く敦煌資料　『國立民族學博物館研究報告別冊』（14 號）　（吹田）國立民族學博物館　1991　p. 256

鄭阿財　敦煌寫本《孔子備問書》初探　敦煌學（第 17 輯）　（臺北）新文豐出版公司　1991　p. 99

鄭阿財　從敦煌文獻看唐代的三教合一　第二屆國際唐代學術會議論文集（上）　（臺北）文津出版社　1993　p. 652

鄭阿財　敦煌文獻與文學　（臺北）新文豐出版公司　1993　p. 254

王堯　從"河圖"、"洛書"、"陰陽五行"、"八卦"在西藏看古代哲學思想的交流　華學（第一輯）　中山大學出版社　1995　p. 252

朱鳳玉　從傳統語文教育論敦煌本《雜抄》　全國敦煌學研討會論文集　（臺北）中正大學中國文學系所　1995　p. 208

張錫厚　評《敦煌文獻與文學》　敦煌吐魯番研究（第二卷）　北京大學出版社　1997　p. 390

葛兆光　盛世的平庸：八世紀上半葉中國的知識與思想狀況　唐研究（第五卷）　北京大學出版社　1999　p. 5

鄭阿財　朱鳳玉　敦煌蒙書研究　甘肅教育出版社　2002　p. 195

高田時雄著　鍾翀等譯　五姓說之敦煌資料　敦煌·民族·語言　中華書局　2005　p. 333

鄭炳林　王晶波　敦煌寫本 P. 2572（B）《相法》（擬）殘卷研究　《敦煌學輯刊》2005 年第 4 期　p. 28

陳逸平　唐宋時期敦煌大眾的歷史知識　文史（第七十五輯）　中華書局　2006　p. 98

P. 2582

雷僑雲　敦煌兒童文學　（臺北）學生書局　1985　p. 90 注 5

姜亮夫　敦煌所見道教佚經考　敦煌學論文集　上海古籍出版社　1987　p. 320

陳祚龍　敦煌學新簡　敦煌學（第 14 輯）　（臺北）新文豐出版公司　1989　p. 47　又見：敦煌文物散論　（臺北）新文豐出版公司　1993　p. 199

林聰明　敦煌文書學　（臺北）新文豐出版公司　1991　p. 274

陶秋英輯錄　姜亮夫校訂　敦煌所見道教佚經錄　敦煌碎金　浙江古籍出版社　1992　p. 329

鄭阿財　從敦煌文獻看唐代的三教合一　第二屆國際唐代學術會議論文集（上）　（臺北）文津出版社　1993　p. 640

王卡　隋唐孝道宗源　道家文化研究（第九輯）　重慶出版社　1996　p. 106

王卡　慈善孝子報恩成道經　敦煌學大辭典　上海辭書出版社　1998　p. 762

張錫厚　柴劍虹　好住娘讚　敦煌學大辭典　上海辭書出版社　1998　p. 545

鄭阿財　敦煌道教孝道文獻研究之一　《杭州大學學報》1998 年第 1 期　又見：中國敦煌學百年文庫·宗教卷（三）　甘肅文化出版社　1999　p. 347

鄭阿財　梁麗玲　1997—1998 年臺灣地區唐代學術研究概況：敦煌學　"中國唐代學會"會刊（第九期）　（臺北）"中國唐代學會"　1998　p. 72

朱越利　淨明道與摩尼教　中國學術（第二輯）　商務印書館　2003　p. 109

王卡　敦煌道教文獻研究　中國社會科學出版社　2004　p. 133

鄭阿財　北京故宮藏敦煌本《慈善孝子報恩成道經》考　敦煌學（第 25 輯）　（臺北）樂學書局有限公司　2004　p. 543

鄭阿財　敦煌本慈善孝子報恩成道經考論　敦煌學國際研討會論文集　北京圖書館出版社　2005　p. 132

P. 2583

那波利貞　佛教信仰に基きて組織せられたる中晚唐五代時代の社邑に就きて（上）　『史林』（24卷3號）　京都大學文學部史學研究會　1939　p.61　又見：唐代社會文化史研究・第六編　（東京）創文社　1974　p.626

那波利貞　唐代の社邑に就きて（1938年）　唐代社會文化史研究・第五編　（東京）創文社　1974　p.551

池田溫　中國古代籍帳研究：概觀・錄文　東京大學東洋文化研究所　1979　p.546

北原薰　晚唐・五代の敦煌寺院経済──収支決算報告を中心に　敦煌の社會（講座敦煌3）　（東京）大東出版社　1980　p.384、443

姜伯勤　論敦煌寺院的"常住百姓"　《敦煌研究》1981年試刊第1期　p.54注18

李正宇　敦煌方音止遇二攝混同及其校勘學意義　《敦煌研究》1986年第4期　p.48

謝重光　關於唐後期至五代間沙州寺院經濟的幾個問題　敦煌吐魯番出土經濟文書研究　廈門大學出版社　1986　p.512注148

姜伯勤　唐五代敦煌寺戶制度　中華書局　1987　p.12、68

施萍婷　敦煌曆日研究　1983年全國敦煌學術討論會文集・文史遺書編（上）　甘肅人民出版社　1987　p.311、322、347

唐耕耦　8至10世紀敦煌的物價　紀念陳寅恪教授國際學術討論會文集　中山大學出版社　1989　p.535、548

王進玉　趙豐　敦煌文物中的紡織技藝　《敦煌研究》1989年第4期　p.100、102

譚蟬雪　敦煌歲時掇瑣：正月　《敦煌研究》1990年第1期　p.48

唐耕耦　陸宏基　敦煌社會經濟文獻真迹釋錄（三）　全國圖書館文獻縮微複製中心　1990　p.64

竺沙雅章　敦煌吐蕃期的僧官制度　第二屆敦煌學國際研討會論文集　（臺北）漢學研究中心　1990　p.148

姜伯勤　敦煌吐魯番與香藥之路　季羨林教授八十華誕紀念論文集（下）　江西人民出版社　1991　p.840

宮島一彥　曆書・算書　敦煌漢文文獻（講座敦煌5）　（東京）大東出版社　1992　p.473

姜伯勤　敦煌社會文書導論　（臺北）新文豐出版公司　1992　p.206、221

邵文實　沙州節兒考及其引申出來的幾個問題　《西北師大學報》（社會科學版）1992年第5期　p.64

尹偉先　從敦煌文書看唐代河西地區的貨幣流通　《社科縱橫》1992年第6期　又見：中國敦煌學百年文庫・歷史卷（二）　甘肅文化出版社　1999　p.340

竺沙雅章　寺院文書　敦煌漢文文獻（講座敦煌5）　（東京）大東出版社　1992　p.644

晒麟　南朝小考　《敦煌學輯刊》1993年第1期　p.71

侯錦郎　敦煌龍興寺的器物曆　法國學者敦煌學論文選萃　中華書局　1993　p.89

李正宇　中國唐宋硬筆書法　上海文化出版社　1993　p.33

邵文實　尚乞心兒事迹考　《敦煌學輯刊》1993年第2期　p.17

鄭炳林　《索崇恩和尚修功德記》考釋　《敦煌研究》1993年第2期　p.58

李明偉　隋唐絲綢之路　甘肅人民出版社　1994　p.255、269

劉惠琴　從敦煌文書中看沙州紡織業　《敦煌學輯刊》1995年第2期　p.50

王三慶　敦煌書儀載錄之節日活動與民俗　全國敦煌學研討會論文集　（臺北）中正大學中國文學系所　1995　p.25注16

鄧文寬　敦煌天文曆法文獻輯校　江蘇古籍出版社　1996　p.128

郝春文　唐後期五代宋初沙州僧尼的宗教收入(一)　慶祝潘石禪先生九秩華誕敦煌學特刊　(臺北)文津出版社　1996　p. 292

郝春文　唐後期五代宋初沙州僧尼的宗教收入(三)：大衆倉試探　《敦煌學輯刊》1996 年第 2 期　p. 1

張亞萍　娜閣　唐五代敦煌的計量單位與價格換算　《敦煌學輯刊》1996 年第 2 期　p. 40

郝春文　關於唐後期五代宋初沙州僧俗的施捨問題　唐研究(第三卷)　北京大學出版社　1997　p. 20

李并成　古代河西走廊桑蠶絲織業考　《敦煌學輯刊》1997 年第 2 期　p. 64

唐耕耦　敦煌寺院會計文書研究　(臺北)新文豐出版公司　1997　p. 424、451

鄭炳林　都教授張金炫和尚生平事迹考　敦煌歸義軍史專題研究　蘭州大學出版社　1997　p. 548

鄭炳林　敦煌碑銘讚輯釋　甘肅教育出版社　1997　p. 252 注 35

鄭炳林　唐五代敦煌的醫事研究　敦煌歸義軍史專題研究　蘭州大學出版社　1997　p. 518

鄭炳林　吐蕃統治下的敦煌粟特人　敦煌歸義軍史專題研究　蘭州大學出版社　1997　p. 389 注 14

鄭炳林　晚唐五代敦煌貿易市場的物價　敦煌歸義軍史專題研究　蘭州大學出版社　1997　p. 285

鄭炳林　楊富學　晚唐五代金銀在敦煌的使用與流通　《甘肅金融》1997 年第 8 期　又見：中國敦煌學百年文庫·歷史卷(二)　甘肅文化出版社　1999　p. 582

鄧文寬　長慶元年辛丑歲具注曆日　敦煌學大辭典　上海辭書出版社　1998　p. 606

郝春文　唐後期五代宋初敦煌僧尼的社會生活　中國社會科學出版社　1998　p. 232、242

黃顥　節兒　敦煌學大辭典　上海辭書出版社　1998　p. 384

姜伯勤　玉關驛戶起義　敦煌學大辭典　上海辭書出版社　1998　p. 376

金瀅坤　從敦煌文書看晚唐五代敦煌地區布紡織業　《敦煌研究》1998 年第 2 期　p. 137

宋家鈺　驛戶　敦煌學大辭典　上海辭書出版社　1998　p. 404

蘇金花　從"方外之賓"到"釋吏"　《敦煌學輯刊》1998 年第 2 期　p. 112

譚蟬雪　敦煌歲時文化導論　(臺北)新文豐出版公司　1998　p. 40

楊森　跋《子年三月五日計料海濟受戒衣鉢具色──如後》帳及卷背《釋門教授帖》文書　《敦煌研究》1998 年第 4 期　p. 101

楊森　正勤　敦煌學大辭典　上海辭書出版社　1998　p. 348

鄭炳林　《康秀華寫經施入疏》與《炫和尚貨賣胡粉曆》研究　敦煌吐魯番研究(第三卷)　北京大學出版社　1998　p. 196

陳海濤　敦煌歸義軍時期從化鄉消失原因初探　中國社會歷史評論(第二卷)　天津古籍出版社　1999　p. 433

郝春文　關於唐後期五代宋初沙州僧團的"出唱"活動　首都師範大學史學研究(1)　首都師範大學出版社　1999　p. 111

蘇金花　唐、五代敦煌地區的商品貨幣形態　《敦煌研究》1999 年第 2 期　p. 95

楊富學　李吉和　敦煌漢文吐蕃史料輯校(第一輯)　甘肅人民出版社　1999　p. 200、213

郝春文　唐後期五代宋初敦煌的春秋官齋、十二月轉經、水則道場與佛教節日　慶祝吳其昱先生八秩華誕敦煌學特刊　(臺北)文津出版社　2000　p. 262

譚蟬雪　唐宋敦煌歲時佛俗：正月　《敦煌研究》2000 年第 4 期　p. 70

童丕　從寺院的帳簿看敦煌二月八日節　法國漢學(敦煌學專號)　中華書局　2000　p. 82

顏廷亮　敦煌文化　光明日報出版社　2000　p. 202

鄭炳林　晚唐五代敦煌貿易市場的外來商品輯考　中華文史論叢(總 63 輯)　上海古籍出版社　2000　p. 68、77、86

謝重光　漢唐佛教社會史論　（臺北）國際文化事業有限公司　2001　p. 253 注 60

陳麗萍　敦煌女性寫經題記及反映的婦女問題　敦煌佛教藝術文化國際學術研討會論文集　蘭州大
　　學出版社　2002　p. 442

高啓安　晚唐五代敦煌僧人飲食戒律初探　敦煌佛教藝術文化國際學術研討會論文集　蘭州大學出
　　版社　2002　p. 392

李正宇　唐宋時期的敦煌佛教　敦煌佛教藝術文化國際學術研討會論文集　蘭州大學出版社　2002
　　p. 370

劉永明　散見敦煌曆朔閏輯考　《敦煌研究》2002 年第 6 期　p. 11

馬繼興　當前世界各地收藏的中國出土卷子本古醫藥文獻備考　敦煌吐魯番研究（第六卷）　北京
　　大學出版社　2002　p. 147

洪藝芳　敦煌社會經濟文書中的唐五代新興量詞研究　敦煌學（第 24 輯）　（臺北）樂學書局有限公
　　司　2003　p. 99、106

華瀾　略論敦煌曆書的社會與宗教背景　敦煌與絲路文化學術講座　北京圖書館出版社　2003
　　p. 175

榮新江　于闐花氈與粟特銀盤：九、十世紀敦煌寺院的外來供養　寺院財富與世俗供養　上海書畫出
　　版社　2003　p. 248

童丕　敦煌的借貸：中國中古時代的物質生活與社會　中華書局　2003　p. 103

童丕　據敦煌寫本談紅藍花——植物的使用　寺院財富與世俗供養　上海書畫出版社　2003
　　p. 265

王繼光　鄭炳林　敦煌漢文吐蕃史料綜述　中國西部民族文化研究（2003 年卷）　民族出版社
　　2003　p. 248

鄭學檬　唐代物價散論　2000 年敦煌學國際學術討論會文集·歷史文化卷（上）　甘肅民族出版社
　　2003　p. 6

樊錦詩　彭金章　敦煌莫高窟北區 B228 窟出土河西大涼國安樂三年（619）郭方隨葬衣物疏初探
　　敦煌學（第 25 輯）　（臺北）樂學書局有限公司　2004　p. 526

高啓安　唐五代敦煌飲食文化研究　民族出版社　2004　p. 50、83、366

黑維強　吐魯番出土文書詞語疏證三則　西北方言與民俗研究論叢　中國社會科學出版社　2004
　　p. 225

羅豐　胡漢之間：“絲綢之路”與西北歷史考古　文物出版社　2004　p. 83

馬若安　敦煌曆日“沒日”和“滅日”安排初探　敦煌吐魯番研究（第七卷）　北京大學出版社　2004
　　p. 429

趙曉星　敦煌落蕃舊事　民族出版社　2004　p. 183

黑維強　吐魯番出土文書詞語例釋（二）　《敦煌學輯刊》2005 年第 2 期　p. 191

陸離　吐蕃統治敦煌時期的官府勞役　魏晉南北朝隋唐史資料（第 22 輯）　武漢大學出版社　2005
　　p. 178

P. 2584

唐文播　巴黎所藏敦煌老子寫卷校記　《中國文化研究彙刊》1930 年第 5 卷　又見：中國敦煌學百年
　　文庫·文獻卷（一）　甘肅文化出版社　1999　p. 90、219

唐文播　巴黎所藏敦煌老子寫本綜考　《中國文化研究彙刊》1944 年第 4 卷　又見：中國敦煌學百年
　　文庫·文獻卷（一）　甘肅文化出版社　1999　p. 219

饒宗頤　吳建衡二年索紞寫本道德經殘卷考證　（香港）《東方文化》1955 年第 2 卷第 1 期　p. 3

大淵忍爾　敦煌殘卷三則　福井博士頌壽記念　東洋思想論集　（東京）論文集刊行會　1960
　　p. 122

嚴靈峰　老子《想爾注》寫本殘卷質疑　（臺北）《大陸雜誌》1965 年第 6 期　又見：中國敦煌學百年
　　文庫·文獻卷（一）　甘肅文化出版社　1999　p. 495

陳祚龍　敦煌道經後記彙録　敦煌文物隨筆　（臺北）商務印書館　1979　p. 14

鄭阿財　孝道文學敦煌寫卷《十恩德讚》初探　（臺北）《華岡文科學報》1981 年第 13 期　p. 239

鄭良樹　敦煌老子寫本考異　（臺北）《大陸雜誌》1981 年第 2 期　又見：中國敦煌學百年文庫·宗
　　教卷（三）　甘肅文化出版社　1999　p. 64

陳祚龍　敦煌古抄文獻會最　（臺北）新文豐出版公司　1982　p. 24（圖版）

陳祚龍　新校重訂《敦煌道經後記彙録》　敦煌學要籥　（臺北）新文豐出版公司　1982　p. 206

鄭阿財　敦煌孝道文學研究　（臺北）石門圖書公司　1982　p. 650

楠山春樹　道德經類 付『莊子』『列子』『文子』　敦煌と中國道教（講座敦煌 4）　（東京）大東出版
　　社　1983　p. 43

姜伯勤　沙州道門親表部落釋證　《敦煌研究》1986 年第 3 期　p. 3

朱鳳玉　王梵志詩研究（下）　（臺北）學生書局　1986　p. 338

姜亮夫　巴黎所藏敦煌寫本道德經殘卷綜合研究　敦煌學論文集　上海古籍出版社　1987　p. 240、
　　248、261、274、281、284、303　又見：姜亮夫全集（十三）　雲南人民出版社　2002　p. 207

姜亮夫　敦煌經卷在中國文化學術上的價值　敦煌學論文集　上海古籍出版社　1987　p. 7

姜亮夫　敦煌小識六論　敦煌學論文集　上海古籍出版社　1987　p. 756

池田溫　中國古代寫本識語集録　（東京）大藏出版株式會社　1990　p. 281

麥谷邦夫　唐玄宗御注『道德真經』および疏撰述をめぐる二、三の問題　『東方學報』（第 62 號）
　　京都大學人文科學研究所　1990　p. 232

孫啓治　唐寫本俗別字變化類型舉例　敦煌吐魯番文獻研究論集（第五輯）　北京大學出版社
　　1990　p. 125、130、135

林聰明　敦煌文書學　（臺北）新文豐出版公司　1991　p. 195

朱越利　道經總論　遼寧教育出版社　1992　p. 264

鄭阿財　敦煌文獻與文學　（臺北）新文豐出版公司　1993　p. 34

姜伯勤　《本際經》與敦煌道教　《敦煌研究》1994 年第 3 期　p. 9

林聰明　談敦煌文書的抄寫問題　紀念陳寅恪先生百年誕辰學術論文集　江西教育出版社　1994
　　p. 291

李豐楙　敦煌道經寫卷與道教寫經的供養功德觀　全國敦煌學研討會論文集　（臺北）中正大學中
　　國文學系所　1995　p. 125

劉進寶　敦煌學論述　（臺北）洪葉文化事業有限公司　1995　p. 276

姜伯勤　敦煌藝術宗教與禮樂文明　中國社會科學出版社　1996　p. 241、257

劉屹　敦煌十卷本《老子化胡經》殘卷新探　唐研究（第二卷）　北京大學出版社　1996　p. 117 注
　　38

白化文　道德經白文本　敦煌學大辭典　上海辭書出版社　1998　p. 776

大淵忍爾　論古靈寶經　道家文化研究（第十三輯）　三聯書店　1998　p. 486

廖名春　楚簡《老子》校釋之一　華學（第三輯）　中山大學出版社　1998　p. 190

王卡　老子道德經序訣　敦煌學大辭典　上海辭書出版社　1998　p. 762

姜亮夫　敦煌：偉大的文化寶藏　雲南人民出版社　1999　p. 85

顏廷亮　敦煌文化中的道教及文化　《敦煌研究》1999 年第 1 期　p. 137

周維平　從敦煌遺書看敦煌道教　《西北民族研究》1999 年第 2 期　p. 131

石內德　敦煌文獻中被廢棄的殘經抄本　法國漢學（敦煌學專號）　中華書局　2000　p. 15

汪泛舟　敦煌道教與齋醮諸考　1994 年敦煌學國際研討會文集·宗教文史卷（上）　甘肅民族出版社　2000　p. 3

顏廷亮　敦煌文化　光明日報出版社　2000　p. 237

張澤洪　論唐代道教的寫經　《敦煌研究》2000 年第 3 期　p. 132

郝春文　英藏敦煌社會歷史文獻釋錄（第一卷）　科學出版社　2001　p. 47

李重申　李金梅　李小唐　敦煌石窟氣功鈎沈　《敦煌學輯刊》2001 年第 2 期　p. 50

林聰明　敦煌吐魯番文書解詁指例　（臺北）新文豐出版公司　2001　p. 43

李金梅　敦煌氣功養生文化的研究　敦煌佛教藝術文化國際學術研討會論文集　蘭州大學出版社　2002　p. 628

李金梅　李重申　敦煌文獻與體育史研究之關係　《敦煌研究》2002 年第 2 期　p. 45

楊森　武則天至玄宗時代敦煌的三洞法師中嶽先生述略　《敦煌研究》2003 年第 3 期　p. 46

王卡　敦煌道教文獻研究　中國社會科學出版社　2004　p. 159、165

王卡　中國國家圖書館藏敦煌道教遺書研究報告　敦煌吐魯番研究（第七卷）　北京大學出版社　2004　p. 361

P. 2585

陳祚龍　敦煌古抄內典尾記彙校初、二、三編合刊　敦煌學要籥　（臺北）新文豐出版公司　1982　p. 179

董作賓　敦煌紀年　敦煌學文選（上）　蘭州大學歷史系敦煌學研究室等　1983　p. 23

饒宗頤　敦煌書法叢刊（第十八卷）·碎金（一）　（東京）二玄社　1983　p. 35、92

耿昇　中法學者友好合作的成果　《敦煌研究》1987 年第 1 期　p. 108

王三慶　日本所見敦煌寫卷目錄提要（一）　敦煌學（第 15 輯）　（臺北）新文豐出版公司　1989　p. 94

池田溫　中國古代寫本識語集錄　（東京）大藏出版株式會社　1990　p. 553

王三慶　敦煌寫卷中武后新字之調查研究　唐代研究論集（第三輯）　（臺北）新文豐出版公司　1992　p. 96

吳其昱著　伊藤美重子譯　敦煌漢文寫本概觀　敦煌漢文文獻（講座敦煌 5）　（東京）大東出版社　1992　p. 21

陳國燦　長安三年制新譯金光明最勝王經記　敦煌學大辭典　上海辭書出版社　1998　p. 456

楊富學　王書慶　唐代長安與敦煌佛教文化之關係　'98 法門寺唐文化國際學術討論會論文集　陝西人民出版社　2000　p. 178

施安昌　唐武周時期的刻經與敦煌寫經　善本碑帖論集　紫禁城出版社　2002　p. 120

P. 2586

王重民　敦煌古籍敘錄　中華書局　1979　p. 84

饒宗頤　敦煌書法叢刊（第十一卷）·經史（九）　（東京）二玄社　1984　p. 9、63

饒宗頤　敦煌與吐魯番寫本孫盛晉春秋及其"傳之外國"考　漢學研究（敦煌學國際研討會論文專號）　（臺北）漢學研究資料及服務中心　1986　p. 3

王重民原編　黃永武新編　敦煌古籍敘錄新編（第五冊）　（臺北）新文豐出版公司　1986　p. 146

林平和　羅振玉敦煌學析論　（臺北）文史哲出版社　1988　p. 35、208

林聰明　敦煌文書學　（臺北）新文豐出版公司　1991　p. 218

尾崎康　史籍　敦煌漢文文獻（講座敦煌5）　（東京）大東出版社　1992　p. 325

吳其昱著　伊藤美重子譯　敦煌漢文寫本概觀　敦煌漢文文獻（講座敦煌5）　（東京）大東出版社　1992　p. 103

高田時雄　評:池田溫編『敦煌漢文文獻』（講座敦煌5）　『東洋史研究』（52卷1號）　（東京）東洋史研究會　1993　p. 123

榮新江　評《敦煌漢文文獻》（講座敦煌5）　（香港）《東方文化》1993年第31卷第1期　p. 175

胡戟　傅玫　敦煌史話　中華書局　1995　p. 143

張涌泉　敦煌俗字研究導論　（臺北）新文豐出版公司　1996　p. 45

白化文　晉春（陽）秋　敦煌學大辭典　上海辭書出版社　1998　p. 775

劉濤　晉春（陽）秋殘卷　敦煌學大辭典　上海辭書出版社　1998　p. 280

黄征　程惠新　劫塵遺珠:敦煌遺書　甘肅教育出版社　1999　p. 198

丘古耶夫斯基　敦煌漢文文書　上海古籍出版社　2000　p. 187

榮新江　敦煌文獻與古籍整理　慶祝吳其昱先生八秩華誕敦煌學特刊　（臺北）文津出版社　2000　p. 277

顏廷亮　敦煌文化　光明日報出版社　2000　p. 202

姜亮夫　敦煌莫高窟年表　姜亮夫全集（十一）　雲南人民出版社　2002　p. 33

王素　敦煌吐魯番文獻　文物出版社　2002　p. 140

池田溫　敦煌遺文　敦煌文書の世界　（東京）名著刊行會　2003　p. 36

P. 2587

饒宗頤　敦煌書法叢刊（第二九卷）・道書（三）　（東京）二玄社　1984　p. 3、66

東野治之　訓蒙書　敦煌漢文文獻（講座敦煌5）　（東京）大東出版社　1992　p. 405

譚蟬雪　敦煌婚姻文化　甘肅人民出版社　1993　p. 64

胡戟　傅玫　敦煌史話　中華書局　1995　p. 182

黄征　敦煌願文考論　敦煌語文叢說　（臺北）新文豐出版公司　1997　p. 590

郝春文　齋文　敦煌學大辭典　上海辭書出版社　1998　p. 458

馬德　難月　敦煌學大辭典　上海辭書出版社　1998　p. 441

王三慶　敦煌寫卷中有關的"滿月禮"儀式及其源流探討　冉雲華先生八秩華誕壽慶論文集　（臺北）法光出版社　2003　p. 6

楊秀清　唐宋敦煌地區的世俗佛教信仰　新世紀敦煌學論集　巴蜀書社　2003　p. 721

鄭阿財　敦煌蒙書研究的回顧與前瞻　敦煌吐魯番研究（第七卷）　北京大學出版社　2004　p. 257

P. 2588

那波利貞　佛教信仰に基きて組織せられたる中晚唐五代時代の社邑に就きて（下）　『史林』（24卷4號）　京都大學文學部史學研究會　1939　p. 112　又見:唐代社會文化史研究・第六編　（東京）創文社　1974　p. 664

那波利貞　梁戶考　唐代社會文化史研究・第三編　（東京）創文社　1974　p. 313

那波利貞　唐寫本雜抄考——唐代庶民教育史研究の一資料　唐代社會文化史研究・第二編　（東京）創文社　1974　p. 254

雷僑雲　敦煌兒童文學　（臺北）學生書局　1985　p. 44

高國藩　敦煌民俗學　上海文藝出版社　1989　p. 109

鄭阿財　敦煌蒙書析論　第二屆敦煌學國際研討會論文集　（臺北）漢學研究中心　1990　p. 217

郝春文　敦煌寫本社邑文書年代彙考（三）　《社科縱橫》1993 年第 5 期　p. 11

汪泛舟　敦煌文學概論　甘肅人民出版社　1993　p. 564

鄭阿財　敦煌文獻與文學　（臺北）新文豐出版公司　1993　p. 246

沃興華　敦煌書法藝術　上海人民出版社　1994　p. 249

黃征　吳偉　敦煌願文集　岳麓書社　1995　p. 192、382、433、515、638、713

黃征　敦煌願文考論　敦煌語文叢說　（臺北）新文豐出版公司　1997　p. 591

寧可　郝春文　敦煌社邑文書輯校　江蘇古籍出版社　1997　p. 548

顏廷亮　《金山國諸雜齋文範》校錄及其他　敦煌文學論集　四川人民出版社　1997　p. 356

黃征　敦煌願文雜考　文史（第四十六輯）　中華書局　1998　p. 248

汪泛舟　《開蒙要訓》初探　《敦煌研究》1999 年第 2 期　p. 139

宋家鈺　佛教齋文源流與敦煌本"齋文"書的復原　英國收藏敦煌漢藏文獻研究　中國社會科學出
　　版社　2000　p. 316

汪泛舟　敦煌古代兒童課本　甘肅人民出版社　2000　p. 52

張鴻勳　敦煌本《觀音證驗賦》與敦煌觀音信仰　敦煌文獻論集：紀念藏經洞發現一百周年國際學術
　　研討會論文集　遼寧人民出版社　2001　p. 298

黃征　敦煌語言文字學研究　甘肅教育出版社　2002　p. 185

張鴻勳　敦煌俗文學研究　甘肅人民出版社　2002　p. 349

鄭阿財　朱鳳玉　敦煌蒙書研究　甘肅教育出版社　2002　p. 54

杜斗城　"七七齋"之源流及敦煌文獻中有關資料的分析　《敦煌研究》2004 年第 4 期　p. 35

敏春芳　敦煌願文詞語例釋　《敦煌學輯刊》2005 年第 1 期　p. 98、105

謝生保　謝靜　敦煌文獻與水陸法會　文史（第七十五輯）　中華書局　2006　p. 46

P. 2589

王重民　英倫所藏敦煌經卷訪問記　《大公報》1936 年 4 月 2 日　又見：中國敦煌學百年文庫‧綜述
　　卷（一）　甘肅文化出版社　1998　p. 64

長澤和俊　敦煌　（東京）築摩書房　1965　p. 188

王重民　敦煌古籍敘錄　中華書局　1979　p. 92

蘇瑩輝　中外敦煌古寫本纂要　敦煌論集　（臺北）學生書局　1983　p. 315

馬明達　P. T. 1291 號敦煌藏文文書譯解訂誤　《敦煌學輯刊》1984 年第 2 期　p. 17

王重民　巴黎敦煌殘卷敘錄（第一輯）　敦煌叢刊初集（九）　（臺北）新文豐出版公司　1985　p. 201

王重民原編　黃永武新編　敦煌古籍敘錄新編（第五冊）　（臺北）新文豐出版公司　1986　p. 278

康世昌　孔衍《春秋後語》試探　敦煌學（第 13 輯）　（臺北）新文豐出版公司　1988　p. 120

林平和　羅振玉敦煌學析論　（臺北）文史哲出版社　1988　p. 34、203

康世昌　《春秋後語》輯校（上、下）　敦煌學（第 14、15 輯）　（臺北）新文豐出版公司　1989　p. 91；
　　13

康世昌　《春秋後語》研究　敦煌學（第 16 輯）　（臺北）新文豐出版公司　1990　p. 84

石泰安著　耿昇譯　兩卷敦煌藏文寫本中的儒教格言　國外藏學研究譯文集（第十一輯）　西藏人
　　民出版社　1994　p. 269

胡戟　傅玫　敦煌史話　中華書局　1995　p. 143

饒宗頤　跋：從"河圖"、"洛書"、"陰陽五行"、"八卦"在西藏看古代哲學思想的交流　華學（第一輯）
　　中山大學出版社　1995　p. 257

許建平　《春秋後語釋文》校證　《敦煌研究》1995 年第 4 期　p. 81

許建平　《春秋後語釋文》校讀記　《杭州大學學報》1996 年第 26 卷第 2 期　p. 116　又見：敦煌文獻
　　叢考　中華書局　2005　p. 236

張金泉　白化文　春秋後語　敦煌學大辭典　上海辭書出版社　1998　p. 780

鄧文寬　《敦煌天文曆法文獻輯校》零拾　慶祝吳其昱先生八秩華誕敦煌學特刊　（臺北）文津出版
　　社　2000　p. 142

榮新江　敦煌文獻與古籍整理　慶祝吳其昱先生八秩華誕敦煌學特刊　（臺北）文津出版社　2000
　　p. 274

姜亮夫　敦煌莫高窟年表　姜亮夫全集（十一）　雲南人民出版社　2002　p. 35

張弓　敦煌四部籍與中古後期社會的文化情境　敦煌學（第 25 輯）　（臺北）樂學書局有限公司
　　2004　p. 315

P. 2590

王重民　敦煌古籍敘錄　中華書局　1979　p. 46

饒宗頤　敦煌書法叢刊（第九卷）·經史（七）　（東京）二玄社　1985　p. 3、47

土田健次郎　儒教典籍　敦煌漢文文獻（講座敦煌 5）　（東京）大東出版社　1992　p. 268

鄭阿財　敦煌文獻與唐代字樣學　第六屆中國文字學全國學術研討會論文集　（臺北）“中國文字學
　　會”　1995　p. 265

劉濤　評《法藏敦煌書苑精華》　敦煌吐魯番研究（第一卷）　北京大學出版社　1996　p. 378

張弓　漢唐佛寺文化史　中國社會科學出版社　1997　p. 989

白化文　春秋穀梁傳范寧集解　敦煌學大辭典　上海辭書出版社　1998　p. 774

姜亮夫　敦煌：偉大的文化寶藏　雲南人民出版社　1999　p. 105

許建平　跋國家圖書館藏《春秋穀梁傳集解》殘卷　《敦煌研究》2006 年第 1 期　p. 86

P. 2591

王重民　敦煌本曆日之研究　敦煌遺書論文集　中華書局　1984　p. 118　又見：中國敦煌學百年文
　　庫·科技卷　甘肅文化出版社　1999　p. 25

施萍婷　敦煌曆日研究　1983 年全國敦煌學術討論會文集·文史遺書編（上）　甘肅人民出版社
　　1987　p. 310、321、330、361

宮島一彥　曆書·算書　敦煌漢文文獻（講座敦煌 5）　（東京）大東出版社　1992　p. 474

鄧文寬　敦煌天文曆法文獻輯校　江蘇古籍出版社　1996　p. 450

榮新江　歸義軍史研究　上海古籍出版社　1996　p. 27

施萍婷　敦煌遺書編目雜記二則　敦煌吐魯番研究（第一卷）　北京大學出版社　1996　p. 327

鄧文寬　天福九年甲辰歲具注曆日　敦煌學大辭典　上海辭書出版社　1998　p. 608

榮新江　歸義軍大事紀年初稿　出土文獻研究（第三輯）　文物出版社　1998　p. 249

馬繼興　當前世界各地收藏的中國出土卷子本古醫藥文獻備考　敦煌吐魯番研究（第六卷）　北京
　　大學出版社　2002　p. 147

馬若安　敦煌曆日“沒日”和“滅日”安排初探　敦煌吐魯番研究（第七卷）　北京大學出版社　2004
　　p. 429

P. 2592

那波利貞　千佛岩莫高窟と敦煌文書　西域文化研究（第二）·敦煌吐魯番社會經濟資料（上）　（京

都）法藏館　1959　p. 32

西嶋定生　吐魯番出土文書より見たる均田制の實行狀態　西域文化研究（第二）·敦煌吐魯番社會經濟資料（上）　（京都）法藏館　1959　p. 206

陳祚龍　瓜沙印録　（臺北）《大陸雜誌》1962 年第 4 期　又見：敦煌學概要　（臺北）編譯館“中華叢書編委會”　1981　p. 268；中國敦煌學百年文庫·考古卷（一）　甘肅文化出版社　1999　p. 189

土肥義和　唐令よりみたる現存唐代戶籍の基礎的研究（上）　『東洋學報』（52 卷 1 號）　（東京）東洋學術協會　1969　p. 94

池田溫　中國古代籍帳研究：概観·録文　東京大學東洋文化研究所　1979　p. 89、192

佐藤武敏　敦煌の水利　敦煌の社會（講座敦煌 3）　（東京）大東出版社　1980　p. 277

陳祚龍　古代敦煌及其他地區流行之公私印章圖記文字録　敦煌學要籥　（臺北）新文豐出版公司　1982　p. 338

楊際平　鄭學檬　從唐代敦煌戶籍資料看均田制下私田的存在　《廈門大學學報》1982 年第 4 期　p. 41

陳炳應　敦煌所出宋開寶八年“鄭醜撻賣地舍契”定誤考釋　《西北史地》1983 年第 4 期　p. 86

蘇瑩輝　瓜沙史事系年　敦煌論集　（臺北）學生書局　1983　p. 273

池田溫　中國古代籍帳研究　中華書局　1984　p. 250

侯紹莊　“買田”性質研究　《敦煌學研究》（西北師院學報）1984 年增刊　p. 22

山本達郎　敦煌發見の唐代籍帳にみえる已受田の增減　『東方學』（第 70 輯）　（東京）東方學會　1985　p. 2

西村元佑著　姜鎮慶譯　唐代均田制下授田的實際情況　敦煌學譯文集　甘肅人民出版社　1985　p. 475

西嶋定生著　姜振慶譯　從吐魯番出土文書看實施均田制的狀況　敦煌學譯文集　甘肅人民出版社　1985　p. 327

寧欣　唐代敦煌地區農業水利問題初探　敦煌吐魯番文獻研究論集（第三輯）　北京大學出版社　1986　p. 501 注 1、520

李正宇　唐宋時代敦煌縣河渠泉澤簡志（一）　《敦煌研究》1988 年第 4 期　p. 94

陳國燦　唐五代敦煌縣鄉里制的演變　《敦煌研究》1989 年第 3 期　p. 48

高國藩　敦煌民俗學　上海文藝出版社　1989　p. 11

鄧文寬　敦煌吐魯番文書與唐代均田制研究　中國文化（2）　（香港）中華書局　1990　p. 10

梅弘理著　耿昇譯　根據 P. 2547 號寫本對《齋琬文》的復原和斷代　《敦煌研究》1990 年第 2 期　p. 54

楊際平　均田制新探　廈門大學出版社　1991　p. 192

池田溫　關於敦煌發現的唐大曆四年手實殘卷　唐代均田制研究選譯　甘肅教育出版社　1992　p. 134 注 1、162 注 1

林天蔚　敦煌戶籍卷中所見唐代田制之新探　唐代研究論集（第二輯）　（臺北）新文豐出版公司　1992　p. 119 注 17

鈴木俊　山本達郎　唐代的均田制度與敦煌戶籍　唐代均田制研究選譯　甘肅教育出版社　1992　p. 20

王永興　唐天寶敦煌差科簿研究——兼論唐代色役制和其他問題　陳門問學叢稿　江西人民出版社　1993　p. 92

王永興　敦煌經濟文書導論　（臺北）新文豐出版公司　1994　p. 6、176

王永興　敦煌吐魯番出土唐官府文書縫背縫表記事押署鈐印問題初探　文史（第四十輯）　中華書
　　局　1994　p. 91

Л. N. チュグイェフスキ‐著　荒川正晴譯注　ソ連邦科學アカデミ‐東洋學研究所所藏、敦煌寫本
　　における官印と寺印　『吐魯番出土文物研究會會報』（98、99 號）　（東京）吐魯番出土文物研
　　究會　1994　p. 3

胡戟　傅玫　敦煌史話　中華書局　1995　p. 160

胡如雷　隋唐五代社會經濟史論稿　中國社會科學出版社　1996　p. 79 注 14

李正宇　敦煌史地新論　（臺北）新文豐出版公司　1996　p. 115

李并成　古代河西走廊桑蠶絲織業考　《敦煌學輯刊》1997 年第 2 期　p. 63

李正宇　敦煌歷史地理導論　（臺北）新文豐出版公司　1997　p. 57、256

鄭炳林　都教授張金炫和尚生平事迹考　敦煌歸義軍史專題研究　蘭州大學出版社　1997　p. 547

鄭炳林　敦煌碑銘讚輯釋　甘肅教育出版社　1997　p. 252 注 35

鄭炳林　晚唐五代敦煌園囿經濟研究　敦煌歸義軍史專題研究　蘭州大學出版社　1997　p. 309

黃永年　唐代史事考釋　（臺北）聯經出版公司　1998　p. 446、463

沙知　敦煌縣之印　敦煌學大辭典　上海辭書出版社　1998　p. 292

宋家鈺　買田　敦煌學大辭典　上海辭書出版社　1998　p. 414

宋家鈺　衛士　敦煌學大辭典　上海辭書出版社　1998　p. 404

宋家鈺　自田　敦煌學大辭典　上海辭書出版社　1998　p. 413

池田溫　八世紀中葉敦煌的粟特人聚落　唐研究論文選集　中國社會科學出版社　1999　p. 61 注
　　69

鄧小南　六至八世紀的吐魯番婦女：特別是她們在家庭以外的活動　敦煌吐魯番研究（第四卷）　北
　　京大學出版社　1999　p. 221

姜亮夫　敦煌：偉大的文化寶藏　雲南人民出版社　1999　p. 111

丘古耶夫斯基著　魏迎春譯　俄藏敦煌漢文寫卷中的官印及寺院印章　《敦煌學輯刊》1999 年第 1
　　期　p. 143

陳永勝　敦煌吐魯番法制文書研究　甘肅人民出版社　2000　p. 164

段塔麗　唐代婦女地位研究　人民出版社　2000　p. 272

雷紹鋒　歸義軍賦役制度初探　（臺北）洪葉文化事業有限公司　2000　p. 10

李伯重　唐代奴婢的異稱　唐研究（第六卷）　北京大學出版社　2000　p. 322

丘古耶夫斯基　敦煌漢文文書　上海古籍出版社　2000　p. 56、63

王克孝　ДХ2168 寫本初探　1994 年敦煌學國際研討會文集·宗教文史卷（下）　甘肅民族出版社
　　2000　p. 230

趙雲旗　唐代土地買賣研究　中國財政經濟出版社　2000　p. 44

楊際平　北朝隋唐均田制新探　岳麓書社　2003　p. 186

李并成　西涼敦煌戶籍殘卷（S. 0113）若干問題新探　敦煌學（第 25 輯）　（臺北）樂學書局有限公司
　　2004　p. 197

劉安志　關於唐代沙州陞爲都督府的時間問題　《敦煌學輯刊》2004 年第 2 期　p. 63

陳麗萍　敦煌文書所見唐五代婚變現象初探（一）　《敦煌學輯刊》2005 年第 2 期　p. 170

趙曉星　寇甲　西魏：歸義軍時期敦煌地區的史姓　《敦煌學輯刊》2005 年第 2 期　p. 128

陳麗萍　敦煌籍帳中夫妻年歲差距過大現象初探　《首都師範大學學報》2006 年第 2 期　p. 8

P. 2593

池田溫　敦煌本判集三種　古代東アジア史論集(下卷)　(東京)吉川弘文館　1978　p. 422

饒宗頤　敦煌書法叢刊(第十九卷)・碎金(二)　(東京)二玄社　1984　p. 79、103

劉俊文　敦煌吐魯番唐代法制文書考釋　中華書局　1989　p. 479

唐耕耦　陸宏基　敦煌社會經濟文獻真迹釋錄(二)　全國圖書館文獻縮微複製中心　1990　p. 596

中村裕一　唐代制勅研究　(東京)汲古書院　1991　p. 533

姜伯勤　敦煌社會文書導論　(臺北)新文豐出版公司　1992　p. 123

王震亞　趙燡　敦煌殘卷爭訟文牒集釋　甘肅人民出版社　1993　p. 125

周一良　趙和平　後唐時代刺史專用書儀　唐五代書儀研究　中國社會科學出版社　1995　p. 229

董念清　從唐代的判集看唐代對法律的適用　《社科縱橫》1996年第1期　p. 50

劉濤　評《法藏敦煌書苑精華》　敦煌吐魯番研究(第一卷)　北京大學出版社　1996　p. 378

齊陳駿　讀伯3813號《唐判集》劄記　《敦煌學輯刊》1996年第1期　p. 15

鄭炳林　敦煌碑銘讚輯釋　甘肅教育出版社　1997　p. 22 注6

姜伯勤　論池田溫先生的唐研究　唐研究論文選集　中國社會科學出版社　1999　p. 6

劉俊文　唐代法制研究　(臺北)文津出版社　1999　p. 92

陳永勝　敦煌法制文書研究回顧與展望　《敦煌研究》2000年第2期　p. 103

陳永勝　敦煌吐魯番法制文書研究　甘肅人民出版社　2000　p. 2、11、183

王啓濤　中古及近代法制文書語言研究　巴蜀書社　2003　p. 23、267

P. 2594

唐文播　巴黎所藏敦煌老子寫卷校記　《中國文化研究彙刊》1930年第5卷　又見:中國敦煌學百年文庫・文獻卷(一)　甘肅文化出版社　1999　p. 90

小島祐馬　巴黎國立圖書館藏敦煌遺書所見錄(八)　『支那學』(7卷3號)　(京都)支那學社　1934　p. 117

王重民　金山國墜事零拾　《國立北平圖書館館刊》1936年第9卷第6號　又見:敦煌學文選(上)　蘭州大學歷史系敦煌學研究室等　1983　p. 67；敦煌遺書論文集　中華書局　1984　p. 87；中國敦煌學百年文庫・歷史卷(一)　甘肅文化出版社　1999　p. 29

唐文播　巴黎所藏敦煌老子寫本綜考　《中國文化研究彙刊》1944年第4卷　又見:中國敦煌學百年文庫・文獻卷(一)　甘肅文化出版社　1999　p. 241

陳祚龍　莫高窟壁畫表隱　敦煌資料考屑(下冊)　(臺北)商務印書館　1979　p. 292

王重民　敦煌古籍叙錄　中華書局　1979　p. 242

蘇瑩輝　敦煌學概要　(臺北)編譯館"中華叢書編委會"　1981　p. 49

鄭良樹　敦煌老子寫本考異　(臺北)《大陸雜誌》1981年第2期　又見:中國敦煌學百年文庫・宗教卷(三)　甘肅文化出版社　1999　p. 65

傅芸子　敦煌俗文學之發見及其展開　敦煌變文論文錄　上海古籍出版社　1982　p. 140

王冀青　有關金山國史的幾個問題　《敦煌學輯刊》1982年第3期　p. 46

楠山春樹　道德經類　付『莊子』『列子』『文子』　敦煌と中國道教(講座敦煌4)　(東京)大東出版社　1983　p. 4、39

蘇瑩輝　中外敦煌古寫本纂要　敦煌論集　(臺北)學生書局　1983　p. 325

冷鵬飛　唐末沙州歸義軍時期有關百姓受田和賦稅的幾個問題　《敦煌學輯刊》1984年第1期　p. 36

饒宗頤解說　林宏作譯　敦煌書法叢刊(第十九卷)・碎金(二)　(東京)二玄社　1984　p. 101

艾麗白著　耿昇譯　敦煌漢文寫本中的鳥形押　敦煌譯叢（第一輯）　甘肅人民出版社　1985
　　p. 210 注 3

饒宗頤解說　林宏作譯　敦煌書法叢刊（第十五卷）‧牒狀（二）　（東京）二玄社　1985　p. 79

王重民　巴黎敦煌殘卷叙録（第二輯）　敦煌叢刊初集（九）　（臺北）新文豐出版公司　1985　p. 273

盧向前　關於歸義軍時期一份布紙破用曆的研究：試釋伯四六四○背面文書　敦煌吐魯番文獻研究
　　論集（第三輯）　北京大學出版社　1986　p. 447　又見：敦煌吐魯番文書論稿　江西人民出版
　　社　1992　p. 152

蘇瑩輝　從幾種敦煌資料論張承奉、曹議金之稱"帝"稱"王"　敦煌學（第 11 輯）　（臺北）新文豐出
　　版公司　1986　p. 71　又見：敦煌文史藝術論叢　（臺北）新文豐出版公司　1987　p. 150

蘇瑩輝　瓜沙史事述要　漢學研究（敦煌學國際研討會論文專號）　（臺北）漢學研究資料及服務中
　　心　1986　p. 473　又見：敦煌文史藝術論叢　（臺北）新文豐出版公司　1987　p. 83

王重民原編　黄永武新編　敦煌古籍叙録新編（第七、十三冊）　（臺北）新文豐出版公司　1986
　　p. 261；1

姜亮夫　巴黎所藏敦煌寫本道德經殘卷綜合研究　敦煌學論文集　上海古籍出版社　1987　p. 246、
　　264 注、278、283

李正宇　關於金山國和敦煌國建國的幾個問題　《西北史地》1987 年第 2 期　p. 63

李正宇　談《白雀歌》尾部雜寫與金山國建國年月　《敦煌研究》1987 年第 3 期　p. 75

龍晦　大足石刻父母恩重經變像與敦煌音樂文學的關係　敦煌歌辭總編　上海古籍出版社　1987
　　p. 1835

中野美代子　敦煌物語　（東京）集英社　1987　p. 188

陳祚龍　看了敦煌古抄《報恩寺開溫室浴僧記》以後　敦煌學散策新集　（臺北）新文豐出版公司
　　1989　p. 213

高國藩　敦煌民俗學　上海文藝出版社　1989　p. 333、338

顔廷亮　《白雀歌》新校並序　《敦煌學輯刊》1989 年第 2 期　p. 60

張錫厚　敦煌詩歌考論　《敦煌學輯刊》1989 年第 2 期　p. 9

張錫厚　詩歌　敦煌文學　甘肅人民出版社　1989　p. 154

盧向前　金山國立國之我見　《敦煌學輯刊》1990 年第 2 期　p. 14

蘇哲　伯二九九二號文書三通五代狀文的研究　敦煌吐魯番文獻研究論集（第五輯）　北京大學出
　　版社　1990　p. 441

張伯元　試論敦煌壁畫《龍王禮佛圖》的創作思想　《敦煌學輯刊》1990 年第 2 期　p. 75

鄭阿財　敦煌蒙書析論　第二屆敦煌學國際研討會論文集　（臺北）漢學研究中心　1990　p. 222

鄭阿財　敦煌寫本《孔子備問書》　敦煌學國際學術討論會論文縮寫文（1990）　敦煌研究院　1990
　　p. 82

顧吉辰　西漢金山國系年要録　《敦煌研究》1991 年第 3 期　p. 64

鄭阿財　敦煌寫本《孔子備問書》初探　敦煌學（第 17 輯）　（臺北）新文豐出版公司　1991　p. 99

姜伯勤　敦煌社會文書導論　（臺北）新文豐出版公司　1992　p. 88

林家平　寧强　羅華慶　中國敦煌學史　北京語言學院出版社　1992　p. 518

榮新江　金山國史辨正　中華文史論叢（總 50 輯）　上海古籍出版社　1992　p. 77

吳其昱著　伊藤美重子譯　敦煌漢文寫本概觀　敦煌漢文文獻（講座敦煌 5）　（東京）大東出版社
　　1992　p. 139

周紹良　敦煌文學芻議及其它　（臺北）新文豐出版公司　1992　p. 22

李正宇　敦煌文學概論　甘肅人民出版社　1993　p. 98、140

項楚　敦煌詩歌導論　（臺北）新文豐出版公司　1993　p. 263

張錫厚　敦煌文學概論　甘肅人民出版社　1993　p. 358

鄭阿財　從敦煌文獻看唐代的三教合一　第二屆國際唐代學術會議論文集(上)　（臺北）文津出版社　1993　p. 652

鄭阿財　敦煌文獻與文學　（臺北）新文豐出版公司　1993　p. 254

段小強　讀《瓜沙史事概述》劄記　《敦煌學輯刊》1995 年第 2 期　p. 127

胡戟　傅玫　敦煌史話　中華書局　1995　p. 134

李正宇　《沙州都督府圖經卷第三》劄記(二)　《敦煌研究》1995 年第 4 期　p. 108

劉進寶　敦煌學論述　（臺北）洪葉文化事業有限公司　1995　p. 317

蘇瑩輝　張承奉稱帝稱王與曹仁貴節度沙州歸義軍顛末考　敦煌學國際研討會文集·史地語文編　遼寧美術出版社　1995　p. 51

顏廷亮　敦煌文學概說　（臺北）新文豐出版公司　1995　p. 167、267

楊秀清　八十年代以來金山國史研究綜述　《敦煌研究》1995 年第 4 期　p. 187

鄭炳林　敦煌漢文吐蕃史料綜述:兼論吐蕃控制河西時期的職官與統治政策　敦煌吐魯番文獻研究　蘭州大學出版社　1995　p. 93

鄭炳林　唐五代敦煌金鞍山異名考　《敦煌研究》1995 年第 2 期　p. 129

朱鳳玉　從傳統語文教育論敦煌本《雜抄》　全國敦煌學研討會論文集　（臺北）中正大學中國文學系所　1995　p. 208

姜伯勤　敦煌藝術宗教與禮樂文明　中國社會科學出版社　1996　p. 303

李正宇　敦煌史地新論　（臺北）新文豐出版公司　1996　p. 194

劉進寶　P. 3236 號《壬申年官布籍》時代考　《西北師大學報》(社會科學版)1996 年第 5 期　p. 43

劉進寶　P. 3236 號《壬申年官布籍》研究　慶祝潘石禪先生九秩華誕敦煌學特刊　（臺北）文津出版社　1996　p. 358

榮新江　歸義軍史研究　上海古籍出版社　1996　p. 14

顏廷亮　敦煌西漢金山國檔案文獻考略　《甘肅社會科學》1996 年第 5 期　p. 92

顏廷亮　關於《白雀歌》見在寫卷兼及敦煌佛道關係　敦煌佛教文化研究　社科縱橫編輯部　1996　p. 12

陳國燦　敦煌五十九首佚名氏詩歷史背景新探　敦煌吐魯番研究(第二卷)　北京大學出版社　1997　p. 92

李正宇　敦煌歷史地理導論　（臺北）新文豐出版公司　1997　p. 243

劉子瑜　敦煌變文和王梵志詩　大象出版社　1997　p. 72

楊秀清　金山國立國年代補證　《敦煌研究》1997 年第 4 期　p. 129、133

張春燕　吳越　西衙考　《敦煌學輯刊》1997 年第 2 期　p. 122

張錫厚　評《敦煌文獻與文學》　敦煌吐魯番研究(第二卷)　北京大學出版社　1997　p. 390

鄭炳林　敦煌碑銘讚及其有關問題　敦煌碑銘讚輯釋　甘肅教育出版社　1997　p. 17

鄭炳林　敦煌碑銘讚輯釋　甘肅教育出版社　1997　p. 164 注 7

鄭炳林　論晚唐敦煌文士張球即張景球　文史(第四十三輯)　中華書局　1997　p. 119 注 28

鄭炳林　唐五代敦煌金山國征伐樓蘭史事考　敦煌歸義軍史專題研究　蘭州大學出版社　1997　p. 2

鄭炳林　唐五代敦煌畜牧區域研究　敦煌歸義軍史專題研究　蘭州大學出版社　1997　p. 220

白化文　老子道德經李榮注　敦煌學大辭典　上海辭書出版社　1998　p. 777

姜伯勤　道釋相激:道教在敦煌　道家文化研究(第十三輯)　三聯書店　1998　p. 64

李正宇　白雀歌　敦煌學大辭典　上海辭書出版社　1998　p. 552

李正宇　古本敦煌鄉土志八種箋證　（臺北）新文豐出版公司　1998　p. 158

李正宇　金山　敦煌學大辭典　上海辭書出版社　1998　p. 312

榮新江　歸義軍大事紀年初稿　出土文獻研究（第三輯）　文物出版社　1998　p. 242

楊森　敦煌邊塞詩歌綜論　《敦煌研究》1998 年第 1 期　p. 127

楊森　張承奉　敦煌學大辭典　上海辭書出版社　1998　p. 356

葛兆光　盛世的平庸：八世紀上半葉中國的知識與思想狀況　唐研究（第五卷）　北京大學出版社
　　1999　p. 27 注 34

胡大浚　王志鵬　敦煌邊塞詩歌校注　甘肅人民出版社　1999　p. 253、257

姜亮夫　敦煌：偉大的文化寶藏　雲南人民出版社　1999　p. 88、115

陸慶夫　金山國與甘州回鶻關係考論　《敦煌學輯刊》1999 年第 1 期　p. 53

任愛君　對敦煌遺書“搜上”一詞的釋義　《敦煌研究》1999 年第 1 期　p. 93

顏廷亮　關於敦煌文學發展的歷史進程　《甘肅社會科學》1999 年第 4 期　p. 46

楊森　敦煌社司文書畫押符號及其相關問題　《敦煌學輯刊》1999 年第 1 期　p. 89

楊秀清　敦煌西漢金山國史　甘肅人民出版社　1999　p. 56、74

杜琪　敦煌詩賦作品要目分類題注　《甘肅社會科學》2000 年第 1 期　p. 62

劉進寶　敦煌文書與唐史研究　（臺北）新文豐出版公司　2000　p. 229

徐俊　敦煌詩集殘卷輯考　中華書局　2000　p. 772

顏廷亮　敦煌文化　光明日報出版社　2000　p. 209、443

顏廷亮　敦煌西漢金山國之文學考論　1994 年敦煌學國際研討會文集・宗教文史卷（上）　甘肅民
　　族出版社　2000　p. 205

張錫厚　敦煌文學源流　作家出版社　2000　p. 36

榮新江　評《古本敦煌鄉土志八種箋證》　敦煌吐魯番研究（第五卷）　北京大學出版社　2001
　　p. 420

孫昌武　道教與唐代文學　人民文學出版社　2001　p. 453

陳國燦　敦煌學史事新證　甘肅教育出版社　2002　p. 504

姜亮夫　敦煌莫高窟年表　姜亮夫全集（十一）　雲南人民出版社　2002　p. 250

劉進寶　敦煌學通論　甘肅教育出版社　2002　p. 361

呂鍾　重修敦煌縣誌　甘肅人民出版社　2002　p. 490

鄭阿財　朱鳳玉　敦煌蒙書研究　甘肅教育出版社　2002　p. 195

王繼光　鄭炳林　敦煌漢文吐蕃史料綜述　中國西部民族文化研究（2003 年卷）　民族出版社
　　2003　p. 245

王豔明　瓜州曹氏與甘州回鶻的兩次和親始末　《敦煌研究》2003 年第 1 期　p. 70

蕭默　敦煌建築研究　機械工業出版社　2003　p. 18

鄭炳林　晚唐五代敦煌村莊聚落輯考　2000 年敦煌學國際學術討論會文集・歷史文化卷（上）　甘
　　肅民族出版社　2003　p. 153

湯涒　敦煌曲子詞地域文化研究　上海古籍出版社　2004　p. 120

王卡　敦煌道教文獻研究　中國社會科學出版社　2004　p. 28、174

王志鵬　敦煌寫卷 P. 2555《白雲歌》再探　《敦煌研究》2004 年第 6 期　p. 86

朱大星　敦煌寫卷李榮《老子注》及相關問題　浙江與敦煌學：常書鴻先生誕辰一百周年紀念文集
　　浙江古籍出版社　2004　p. 372

高啟安　趙紅　敦煌“玉女”考屑　《敦煌研究》2005 年第 2 期　p. 70　又見：敦煌學國際研討會論

文集　北京圖書館出版社　2005　p. 227

朱鳳玉　王重民先生與敦煌文學研究　敦煌學國際研討會論文集　北京圖書館出版社　2005　p. 11

馮培紅　歸義軍鎮制考　敦煌吐魯番研究(第九卷)　中華書局　2006　p. 267

P. 2595

池田溫　吐魯番・敦煌文書にみえる地方城市の住居　中國都市の歷史的研究(唐代史研究會報告第 VI 集)　(東京)刀水書房　1988　p. 179

唐耕耦　陸宏基　敦煌社會經濟文獻真迹釋録(二)　全國圖書館文獻縮微複製中心　1990　p. 309

王震亞　趙熒　敦煌殘卷爭訟文牒集釋　甘肅人民出版社　1993　p. 46

劉進寶　歸義軍土地制度初探　《敦煌研究》1997 年第 2 期　p. 55

孫曉林　敦煌遺書所見唐宋間令狐氏在敦煌的分佈　唐代的歷史與社會　武漢大學出版社　1997　p. 529

鄭炳林　敦煌碑銘讚輯釋　甘肅教育出版社　1997　p. 76 注 23

黃正建　敦煌文書所見唐宋之際敦煌民衆住房面積考略　敦煌吐魯番研究(第三卷)　北京大學出版社　1998　p. 209

沙知　敦煌契約文書輯校　江蘇古籍出版社　1998　p. 7

雷紹鋒　歸義軍賦役制度初探　(臺北)洪葉文化事業有限公司　2000　p. 133、170

劉進寶　敦煌文書與唐史研究　(臺北)新文豐出版公司　2000　p. 170

趙雲旗　唐代土地買賣研究　中國財政經濟出版社　2000　p. 254

劉永明　散見敦煌曆朔閏輯考　《敦煌研究》2002 年第 6 期　p. 14

王啓濤　中古及近代法制文書語言研究　巴蜀書社　2003　p. 104、146

劉進寶　唐五代的"單身"及其賦役免征　中華文史論叢(總 79 輯)　上海古籍出版社　2005　p. 237

P. 2596

鄭良樹　敦煌老子寫本考異　(臺北)《大陸雜誌》1981 年第 2 期　又見:中國敦煌學百年文庫・宗教卷(三)　甘肅文化出版社　1999　p. 65

饒宗頤　敦煌書法叢刊(第二七卷)・道書(一)　(東京)二玄社　1985　p. 11、74

王永興　關於唐代均田制中給田問題的探討——讀大谷欠田、退田、給田文書劄記　陳門問學叢稿　江西人民出版社　1993　p. 238

黃征　敦煌願文散校　《敦煌研究》1994 年第 3 期　p. 133　又見:敦煌語文叢說　(臺北)新文豐出版公司　1997　p. 577

姜伯勤　敦煌吐魯番文書與絲綢之路　文物出版社　1994　p. 68

劉進寶　敦煌學論述　(臺北)洪葉文化事業有限公司　1995　p. 263

寧可　郝春文　敦煌社邑的喪葬互助　《首都師範大學學報》1995 年第 6 期　p. 35

趙聲良　榮新江　饒宗頤編《法藏敦煌書苑精華》評介　《敦煌研究》1995 年第 1 期　p. 173

劉濤　評《法藏敦煌書苑精華》　敦煌吐魯番研究(第一卷)　北京大學出版社　1996　p. 379

陸慶夫　唐宋間敦煌粟特人之漢化　敦煌歸義軍史專題研究　蘭州大學出版社　1997　p. 369

王卡　老子道德經序訣　敦煌學大辭典　上海辭書出版社　1998　p. 762

林梅村　古道西風:考古新發現所見中西文化交流　三聯書店　2000　p. 221

劉進寶　敦煌文書與唐史研究　(臺北)新文豐出版公司　2000　p. 6

陳明　醫理精華:印度古典醫學在敦煌的實例分析　敦煌吐魯番研究(第五卷)　北京大學出版社

2001　p. 244

郝春文　英藏敦煌社會歷史文獻釋錄(第一卷)　科學出版社　2001　p. 47

陳明　印度梵文醫典醫理精華研究　中華書局　2002　p. 98

王卡　敦煌道教文獻研究　中國社會科學出版社　2004　p. 159

P. 2597

王重民　敦煌古籍叙錄　中華書局　1979　p. 213

王素　唐寫本《論語鄭氏注》校錄　唐寫本論語鄭氏注及其研究　文物出版社　1991　p. 144 注 5

土田健次郎　儒教典籍　敦煌漢文文獻(講座敦煌5)　(東京)大東出版社　1992　p. 269

李方　敦煌《論語集解》校正　江蘇古籍出版社　1998　p. 830

李方　唐寫本《論語集解》校讀零拾　出土文獻研究(第三輯)　文物出版社　1998　p. 219

許建平　《俄藏敦煌文獻》儒家經典類寫本的定名與綴合　漢語史學報專輯(第三輯)　上海教育出版社　2003　p. 312

P. 2598

王重民　巴黎敦煌殘卷叙錄(第二輯)　敦煌叢刊初集(九)　(臺北)新文豐出版公司　1985　p. 251

李正宇　敦煌方音止遇二攝混同及其校勘學意義　《敦煌研究》1986 年第 4 期　p. 49

王重民原編　黃永武新編　敦煌古籍叙錄新編(第十一冊)　(臺北)新文豐出版公司　1986　p. 106

周鳳五　敦煌寫本太公家教研究　(臺北)明文書局　1986　p. 155

周鳳五　太公家教重探　漢學研究(敦煌學國際研討會論文專號)　(臺北)漢學研究資料及服務中心　1986　p. 364

朱鳳玉　太公家教研究　漢學研究(敦煌學國際研討會論文專號)　(臺北)漢學研究資料及服務中心　1986　p. 401

姜亮夫　敦煌經卷題名錄　敦煌學論文集　上海古籍出版社　1987　p. 1067

鄭阿財　敦煌寫本《新集文詞九經抄》校錄　敦煌學(第 12 輯)　(臺北)新文豐出版公司　1987　p. 109

鄭阿財　敦煌寫卷新集文詞九經抄研究　(臺北)文史哲出版社　1989　p. 3、49、174　又見：唐代研究論集(第四輯)　(臺北)新文豐出版公司　1992　p. 635

池田溫　中國古代寫本識語集錄　(東京)大藏出版株式會社　1990　p. 435

鄭阿財　敦煌蒙書析論　第二屆敦煌學國際研討會論文集　(臺北)漢學研究中心　1990　p. 224、233

林聰明　敦煌文書學　(臺北)新文豐出版公司　1991　p. 301

項楚　王梵志詩校注　上海古籍出版社　1991　p. 457

姜伯勤　敦煌社會文書導論　(臺北)新文豐出版公司　1992　p. 100

陶秋英輯錄　姜亮夫校訂　敦煌經卷題名錄　敦煌碎金　浙江古籍出版社　1992　p. 89

王三慶著　池田溫譯　類書　敦煌漢文文獻(講座敦煌5)　(東京)大東出版社　1992　p. 366

中村裕一　官文書　敦煌漢文文獻(講座敦煌5)　(東京)大東出版社　1992　p. 579

杜琦　敦煌文學概論　甘肅人民出版社　1993　p. 533 注 5

顧吉辰　唐代敦煌文獻寫本書手考述　《敦煌學輯刊》1993 年第 1 期　p. 28

譚禪雪　敦煌歲時掇瑣　(香港)《九州學刊》(敦煌學專輯)1993 年第 5 卷第 4 期　p. 84

鄭阿財　敦煌文獻與文學　(臺北)新文豐出版公司　1993　p. 222、258、272

周丕顯　敦煌"童蒙"、"家訓"寫本之考察　《敦煌學輯刊》1993 年第 1 期　p. 20

胡戟　傅玫　敦煌史話　中華書局　1995　p. 184

鄭阿財　敦煌文獻與唐代字樣學　第六屆中國文字學全國學術研討會論文集　（臺北）"中國文字學
　　會"　1995　p. 265

鄭炳林　《梁幸德邈真讚》與梁願請《莫高窟功德記》　敦煌吐魯番文獻研究　蘭州大學出版社
　　1995　p. 262

中村裕一　唐代公文書研究　（東京）汲古書院　1996　p. 146

鄧文寬　大梵寺佛音：敦煌莫高窟壇經讀本　（臺北）如聞出版社　1997　p. 15

寧可　郝春文　敦煌社邑文書輯校　江蘇古籍出版社　1997　p. 360

鄭炳林　敦煌碑銘讚輯釋　甘肅教育出版社　1997　p. 454 注 9、523 注 3

白化文　九諫書　敦煌學大辭典　上海辭書出版社　1998　p. 779

白化文　新集文詞九經抄　敦煌學大辭典　上海辭書出版社　1998　p. 781

郝春文　唐後期五代宋初敦煌僧尼的社會生活　中國社會科學出版社　1998　p. 403

譚蟬雪　安傘旋城　敦煌學大辭典　上海辭書出版社　1998　p. 433

譚蟬雪　敦煌歲時文化導論　（臺北）新文豐出版公司　1998　p. 16

鄧文寬　英藏敦煌本《六祖壇經》的河西特色：以方音通假爲依據的探索　1994 年敦煌學國際研討會
　　文集·宗教文史卷（上）　甘肅民族出版社　2000　p. 108

譚蟬雪　唐宋敦煌歲時佛俗：正月　《敦煌研究》2000 年第 4 期　p. 67

顏廷亮　敦煌文化　光明日報出版社　2000　p. 215

鄭阿財　敦煌童蒙讀物的分類與總說　敦煌文獻論集：紀念藏經洞發現一百周年國際學術研討會論
　　文集　遼寧人民出版社　2001　p. 202

姜亮夫　敦煌莫高窟年表　姜亮夫全集（十一）　雲南人民出版社　2002　p. 421

徐俊　敦煌寫本詩歌續考　《敦煌研究》2002 年第 5 期　p. 67

鄭阿財　朱鳳玉　敦煌蒙書研究　甘肅教育出版社　2002　p. 290、367

P. 2599

唐文播　巴黎所藏敦煌老子寫卷校記　《中國文化研究彙刊》1930 年第 5 卷　又見：中國敦煌學百年
　　文庫·文獻卷（一）　甘肅文化出版社　1999　p. 90

唐文播　敦煌老子寫卷《系師定河上真人章句》考　《中國文化研究彙刊》1930 年第 6 卷　又見：中
　　國敦煌學百年文庫·文獻卷（一）　甘肅文化出版社　1999　p. 79

唐文播　巴黎所藏敦煌老子寫本綜考　《中國文化研究彙刊》1944 年第 4 卷　又見：中國敦煌學百年
　　文庫·文獻卷（一）　甘肅文化出版社　1999　p. 219

饒宗頤　吳建衡二年索紞寫本道德經殘卷考證　（香港）《東方文化》1955 年第 2 卷第 1 期　p. 10、28

陳世驤　"想爾"老子道德經敦煌殘卷論證　《清華學報》1957 年新 1 卷第 2 期　又見：中國敦煌學百
　　年文庫·文獻卷（一）　甘肅文化出版社　1999　p. 383

嚴靈峰　老子《想爾注》寫本殘卷質疑　（臺北）《大陸雜誌》1965 年第 6 期　又見：中國敦煌學百年
　　文庫·文獻卷（一）　甘肅文化出版社　1999　p. 496

鄭良樹　敦煌老子寫本考異　（臺北）《大陸雜誌》1981 年第 2 期　又見：中國敦煌學百年文庫·宗
　　教卷（三）　甘肅文化出版社　1999　p. 65

姜亮夫　巴黎所藏敦煌寫本道德經殘卷綜合研究　敦煌學論文集　上海古籍出版社　1987　p. 245、
　　268 注、274　又見：姜亮夫全集（十三）　雲南人民出版社　2002　p. 211

白化文　道德經白文本　敦煌學大辭典　上海辭書出版社　1998　p. 776

王卡　敦煌道教文獻研究　中國社會科學出版社　2004　p. 163

王卡　中國國家圖書館藏敦煌道教遺書研究報告　敦煌吐魯番研究(第七卷)　北京大學出版社
　　2004　p. 346

P. 2600
羅宗濤　敦煌變文：石窟裏的老傳說　(臺北)時報文化出版公司　1983　p. 282
高國藩　敦煌寫本《太公家教》初探　《敦煌學輯刊》1984 年第 1 期　p. 64
汪泛舟　《太公家教》考　《敦煌研究》1986 年第 1 期　p. 51
周鳳五　敦煌寫本太公家教研究　(臺北)明文書局　1986　p. 155
周鳳五　太公家教重探　漢學研究(敦煌學國際研討會論文專號)　(臺北)漢學研究資料及服務中
　　心　1986　p. 374
鄭阿財　敦煌寫卷新集文詞九經抄研究　(臺北)文史哲出版社　1989　p. 128 注 1
鄭阿財　敦煌蒙書析論　第二屆敦煌學國際研討會論文集　(臺北)漢學研究中心　1990　p. 226
鄭阿財　敦煌文獻與文學　(臺北)新文豐出版公司　1993　p. 260
鄭阿財　學日益齋敦煌學劄記　周一良先生八十生日紀念論文集　中國社會科學出版社　1993
　　p. 193
黃征　《敦煌碑銘讚輯釋》評介　敦煌語文叢說　(臺北)新文豐出版公司　1997　p. 813
汪泛舟　敦煌古代兒童課本　甘肅人民出版社　2000　p. 218
魏迎春　讀俄藏敦煌文獻 ДХ00098、ДХ00513 號劄記　《敦煌學輯刊》2001 年第 1 期　p. 15
鄭阿財　朱鳳玉　敦煌蒙書研究　甘肅教育出版社　2002　p. 377
趙跟喜　敦煌唐宋時期的女子教育初探　文史(第七十五輯)　中華書局　2006　p. 93

P. 2601
吳其昱著　福井文雅　樋口勝譯　大蕃國大德・三藏法師・法成傳考　敦煌と中國仏教(講座敦煌
　　7)　(東京)大東出版社　1984　p. 393
土田健次郎　儒教典籍　敦煌漢文文獻(講座敦煌 5)　(東京)大東出版社　1992　p. 269
李方　敦煌《論語集解》校正　江蘇古籍出版社　1998　p. 830
許建平　評《敦煌〈論語集解〉校正》　敦煌吐魯番研究(第五卷)　北京大學出版社　2001　p. 342
許建平　《俄藏敦煌文獻》儒家經典類寫本的定名與綴合　漢語史學報專輯(第三輯)　上海教育出
　　版社　2003　p. 312

P. 2602
董作賓　敦煌紀年　敦煌學文選(上)　蘭州大學歷史系敦煌學研究室等　1983　p. 24
山田利明　敦煌文書と仙伝類　敦煌と中國道教(講座敦煌 4)　(東京)大東出版社　1983　p. 246
饒宗頤　敦煌書法叢刊(第二八卷)・道書(二)　(東京)二玄社　1984　p. 42、92
姜伯勤　沙州道門親表部落釋證　《敦煌研究》1986 年第 3 期　p. 3
姜亮夫　敦煌經卷壁畫中所見寺觀錄　敦煌學論文集　上海古籍出版社　1987　p. 1079
姜亮夫　敦煌所見道教佚經考　敦煌學論文集　上海古籍出版社　1987　p. 316
任半塘　敦煌歌辭總編　上海古籍出版社　1987　p. 1555
池田溫　中國古代寫本識語集錄　(東京)大藏出版株式會社　1990　p. 291
林聰明　敦煌文書出處略考　季羨林教授八十華誕紀念論文集(下)　江西人民出版社　1991　p. 859
林聰明　敦煌文書學　(臺北)新文豐出版公司　1991　p. 193、196、357、391
姜伯勤　敦煌社會文書導論　(臺北)新文豐出版公司　1992　p. 225

陶秋英輯録　姜亮夫校訂　敦煌經卷所見寺名録　敦煌碎金　浙江古籍出版社　1992　p. 117

陶秋英輯録　姜亮夫校訂　敦煌所見道教佚經録　敦煌碎金　浙江古籍出版社　1992　p. 322

朱越利　道經總論　遼寧教育出版社　1992　p. 258、264

高國藩　敦煌民俗資料導論　（臺北）新文豐出版公司　1993　p. 305

蕭登福　道教星斗符印與佛教密宗　（臺北）新文豐出版公司　1993　p. 65、237

蕭登福　道教與密宗　（臺北）新文豐出版公司　1993　p. 188

林聰明　談敦煌文書的抄寫問題　紀念陳寅恪先生百年誕辰學術論文集　江西教育出版社　1994
　　p. 291

沃興華　敦煌書法藝術　上海人民出版社　1994　p. 120

蕭登福　道教術儀與密教典籍　（臺北）新文豐出版公司　1994　p. 435、459

趙聲良　萬經珍寶:古代書法藝術的寶庫"敦煌書法"　（臺北）《雄獅美術》1994 年第 12 期

鄭汝中　唐代書法藝術與敦煌寫卷　敦煌書法庫（第四輯）　甘肅人民美術出版社　1994　p. 11
　　又見:《敦煌研究》1996 年第 2 期　p. 127

胡戟　傅玫　敦煌史話　中華書局　1995　p. 134

李豐楙　敦煌道經寫卷與道教寫經的供養功德觀　全國敦煌學研討會論文集　（臺北）中正大學中
　　國文學系所　1995　p. 126

蕭登福　道教與佛教　（臺北）東大圖書公司　1995　p. 52

姜伯勤　敦煌藝術宗教與禮樂文明　中國社會科學出版社　1996　p. 298

李并成　李春元　瓜沙史地研究　甘肅文化出版社　1996　p. 133

邵文實　敦煌道教試述　《世界宗教研究》1996 年第 2 期　又見:中國敦煌學百年文庫・宗教卷
　　（三）　甘肅文化出版社　1999　p. 336

趙聲良　敦煌寫卷書法(下)　《文史知識》1997 年第 5 期　p. 84

鄭炳林　敦煌碑銘讚輯釋　甘肅教育出版社　1997　p. 250 注 28

姜伯勤　道釋相激:道教在敦煌　道家文化研究（第十三輯）　三聯書店　1998　p. 59

馬德　敦煌文書《道家雜齋文範集》及有關問題述略　道家文化研究（第十三輯）　三聯書店　1998
　　p. 247

孫繼民　開元六年馬處幽等寫無上秘要經記　敦煌學大辭典　上海辭書出版社　1998　p. 456

汪泛舟　敦煌道教詩歌補論　《敦煌研究》1998 年第 4 期　p. 93

王卡　無上秘要　敦煌學大辭典　上海辭書出版社　1998　p. 766

周維平　從敦煌遺書看敦煌道教　《西北民族研究》1999 年第 2 期　p. 128

金岡照光　敦煌文獻と中國文學　（東京）五曜書房　2000　p. 432、517

汪泛舟　敦煌道教與齋醮諸考　1994 年敦煌學國際研討會文集・宗教文史卷(上)　甘肅民族出版
　　社　2000　p. 3

顏廷亮　敦煌文化　光明日報出版社　2000　p. 238

林聰明　敦煌吐魯番文書解詁指例　（臺北）新文豐出版公司　2001　p. 43

蔡忠霖　敦煌漢文寫卷俗字及其現象　（臺北）文津出版社　2002　p. 42、139

姜亮夫　敦煌莫高窟年表　姜亮夫全集（十一）　雲南人民出版社　2002　p. 298

劉勝角　古代楷書發展史　中國戲劇出版社　2002　p. 303

蔡忠霖　從書法角度看俗字的生成　敦煌學（第 24 輯）　（臺北）樂學書局有限公司　2003　p. 164、
　　171

蔡忠霖　官定正字之外的通行文字　新世紀敦煌學論集　巴蜀書社　2003　p. 109

王卡　敦煌道教文獻研究　中國社會科學出版社　2004　p. 223

王卡　中國國家圖書館藏敦煌道教遺書研究報告　敦煌吐魯番研究(第七卷)　北京大學出版社
　　2004　p. 374

葉貴良　《俄藏敦煌文獻》道經殘卷考述　浙江與敦煌學：常書鴻先生誕辰一百周年紀念文集　浙江
　　古籍出版社　2004　p. 362

P. 2603

芳村修基　土橋秀高　井ノ口泰淳　敦煌佛教史年表　西域文化研究(第一)・敦煌佛教資料　(京
　　都)法藏館　1958　p. 270

陳祚龍　敦煌寫本『讚普滿偈』之罩鑽——唐代佛教文化史稿之一　『東方宗教』(30 號)　(東京)日
　　本道教學會　1967　p. 37　又見：敦煌資料考屑(上冊)　(臺北)商務印書館　1979　p. 51；中
　　國敦煌學百年文庫・文獻卷(二)　甘肅文化出版社　1999　p. 286

陳祚龍　釋雲辯及其詩文　中華佛教文化史散策(初集)　(臺北)新文豐出版公司　1978　p. 98

王重民　敦煌古籍叙錄　中華書局　1979　p. 22

土肥義和　はじめに——歸義軍節度使の敦煌支配　敦煌の歷史(講座敦煌 2)　(東京)大東出版
　　社　1980　p. 270

陳祚龍　敦煌古抄內典尾記彙校初、二、三編合刊　敦煌學要籥　(臺北)新文豐出版公司　1982
　　p. 180

鄭阿財　敦煌孝道文學研究　(臺北)石門圖書公司　1982　p. 490

董作賓　敦煌紀年　敦煌學文選(上)　蘭州大學歷史系敦煌學研究室等　1983　p. 33

任半塘　敦煌歌辭總編　上海古籍出版社　1987　p. 971

土肥義和著　李永寧譯　歸義軍時期(晚唐、五代、宋)的敦煌(續)　《敦煌研究》1987 年第 1 期
　　p. 95

汪泛舟　偈・頌　敦煌文學　甘肅人民出版社　1989　p. 90

池田溫　中國古代寫本識語集錄　(東京)大藏出版株式會社　1990　p. 485

任半塘　王昆吾　隋唐五代燕樂雜言歌辭集　巴蜀書社　1990　p. 1592

張涌泉　《敦煌歌辭總編》校議　《語言研究》1992 年第 1 期　p. 58

張涌泉　敦煌寫卷俗字類型及其考辨的方法　(香港)《九州學刊》(敦煌學專輯)1992 年第 4 卷第 4
　　期　p. 71

周紹良　敦煌文學芻議及其它　(臺北)新文豐出版公司　1992　p. 29

汪泛舟　敦煌文學概論　甘肅人民出版社　1993　p. 548

項楚　敦煌詩歌導論　(臺北)新文豐出版公司　1993　p. 153

榮新江　歸義軍改元考　文史(第三十八輯)　中華書局　1994　p. 45

王書慶　敦煌佛學・佛事篇　甘肅民族出版社　1995　p. 219

張涌泉　陳祚龍校錄敦煌卷子失誤例釋　學術集林(卷六)　上海遠東出版社　1995　p. 312　又
　　見：舊學新知　浙江大學出版社　1999　p. 287

張涌泉　漢語俗字研究　岳麓書社　1995　p. 50、136、191

張涌泉　敦煌俗字研究導論　(臺北)新文豐出版公司　1996　p. 191、214 注 32

張涌泉　敦煌寫卷俗字類釋　敦煌吐魯番學研究論集　書目文獻出版社　1996　p. 478

柴劍虹　十偈辭　敦煌學大辭典　上海辭書出版社　1998　p. 548

黃征　唐代俗語詞輯釋　唐研究(第四卷)　北京大學出版社　1998　p. 145

李正宇　古本敦煌鄉土志八種箋證　(臺北)新文豐出版公司　1998　p. 384

張涌泉　試論漢語俗字研究的意義　舊學新知　浙江大學出版社　1999　p. 9

金岡照光　敦煌文獻と中國文學　（東京）五曜書房　2000　p. 168

徐俊　敦煌詩集殘卷輯考　中華書局　2000　p. 605、616

陳尚君　評《敦煌詩集殘卷輯考》　敦煌吐魯番研究(第五卷)　北京大學出版社　2001　p. 387

黃征　敦煌語言文字學研究　甘肅教育出版社　2002　p. 157

姜亮夫　敦煌莫高窟年表　姜亮夫全集(十一)　雲南人民出版社　2002　p. 517

P. 2604

矢吹慶輝　鳴沙餘韻・解說篇(第一部)　（京都）臨川書店　1980　p. 124

董作賓　敦煌紀年　敦煌學文選(上)　蘭州大學歷史系敦煌學研究室等　1983　p. 27

池田溫　中國古代寫本識語集錄　（東京）大藏出版株式會社　1990　p. 403

王素　唐寫本《論語鄭氏注》校錄　唐寫本論語鄭氏注及其研究　文物出版社　1991　p. 14 注 1

土田健次郎　儒教典籍　敦煌漢文文獻(講座敦煌 5)　（東京）大東出版社　1992　p. 269

陳金木　唐寫本論語鄭氏注研究(上)　（臺北）文津出版社　1996　p. 18

黃征　敦煌俗語詞輯釋　敦煌語文叢說　（臺北）新文豐出版公司　1997　p. 61

李方　敦煌《論語集解》校正　江蘇古籍出版社　1998　p. 830

李方　唐寫本《論語集解》校讀零拾　出土文獻研究(第三輯)　文物出版社　1998　p. 218

顏廷亮　敦煌文化　光明日報出版社　2000　p. 214

姜亮夫　敦煌莫高窟年表　姜亮夫全集(十一)　雲南人民出版社　2002　p. 388

郝春文　唐後期五代宋初中印文化對敦煌寺院的影響　新世紀敦煌學論集　巴蜀書社　2003　p. 332

許建平　《俄藏敦煌文獻》儒家經典類寫本的定名與綴合　漢語史學報專輯(第三輯)　上海教育出版社　2003　p. 312

P. 2605

饒宗頤　敦煌書法叢刊(第十九卷)・碎金(二)　（東京）二玄社　1984　p. 73、101

張鴻勳　樂傳史事纂詁　《敦煌研究》1985 年第 2 期　p. 145

高國藩　敦煌文學作品選　中華書局　1987　p. 64 注 1

高國藩　敦煌曲子詞欣賞　南京大學出版社　1989　p. 42

孫其芳　詞　敦煌文學　甘肅人民出版社　1989　p. 215

池田溫　中國古代寫本識語集錄　（東京）大藏出版株式會社　1990　p. 524

榮新江　敦煌文獻所見晚唐五代宋初的中印文化交往　季羨林教授八十華誕紀念論文集(下)　江西人民出版社　1991　p. 959

周紹良　敦煌文學芻議及其它　（臺北）新文豐出版公司　1992　p. 38

劉濤　評《法藏敦煌書苑精華》　敦煌吐魯番研究(第一卷)　北京大學出版社　1996　p. 378

鄭炳林　敦煌碑銘讚輯釋　甘肅教育出版社　1997　p. 243 注 6

馬德　敦煌文書《道家雜齋文範集》及有關問題述略　道家文化研究(第十三輯)　三聯書店　1998　p. 246

高國藩　敦煌俗文化學　上海三聯書店　1999　p. 562

姜亮夫　敦煌:偉大的文化寶藏　雲南人民出版社　1999　p. 113

王志鵬　敦煌僧人彥熙平創作考論　《敦煌研究》2004 年第 1 期　p. 67

P. 2606

陳祚龍　敦煌道經後記彙録　敦煌文物隨筆　（臺北）商務印書館　1979　p. 2、21

陳祚龍　新校重訂《敦煌道經後記彙録》　敦煌學要籥　（臺北）新文豐出版公司　1982　p. 197、212

宮川尚志　唐以前の河西における宗教・思想的狀況　敦煌と中國道教（講座敦煌4）　（東京）大
　　東出版社　1983　p. 308

石井昌子　靈寶經類　敦煌と中國道教（講座敦煌4）　（東京）大東出版社　1983　p. 151

饒宗頤　敦煌書法叢刊（第二八卷）・道書（二）　（東京）二玄社　1984　p. 10、87

姜亮夫　敦煌所見道教佚經考　敦煌學論文集　上海古籍出版社　1987　p. 315

池田溫　中國古代寫本識語集録　（東京）大蔵出版株式會社　1990　p. 257

林聰明　敦煌文書學　（臺北）新文豐出版公司　1991　p. 193、215、398

陶秋英輯録　姜亮夫校訂　敦煌經卷所見寺名録　敦煌碎金　浙江古籍出版社　1992　p. 120

陶秋英輯録　姜亮夫校訂　敦煌所見道教佚經録　敦煌碎金　浙江古籍出版社　1992　p. 321

朱越利　道經總論　遼寧教育出版社　1992　p. 263

李豐楙　敦煌道經寫卷與道教寫經的供養功德觀　全國敦煌學研討會論文集　（臺北）中正大學中
　　國文學系所　1995　p. 123

邵文實　敦煌道教試述　《世界宗教研究》1996 年第 2 期　又見：中國敦煌學百年文庫・宗教卷
　　（三）　甘肅文化出版社　1999　p. 337

大淵忍爾　論古靈寶經　道家文化研究（第十三輯）　三聯書店　1998　p. 501

譚蟬雪　敦煌道經題記綜述　道家文化研究（第十三輯）　三聯書店　1998　p. 13

王卡　太上洞玄靈寶無量度人上品妙經　敦煌學大辭典　上海辭書出版社　1998　p. 767

顏廷亮　敦煌文化中的道教及文化　《敦煌研究》1999 年第 1 期　p. 137

汪泛舟　敦煌道教與齋醮諸考　1994 年敦煌學國際研討會文集・宗教文史卷（上）　甘肅民族出版
　　社　2000　p. 2

顏廷亮　敦煌文化　光明日報出版社　2000　p. 237

郝春文　英藏敦煌社會歷史文獻釋録（第一卷）　科學出版社　2001　p. 40

王卡　中國國家圖書館藏敦煌道教遺書研究報告　國際敦煌學學術史研討會論文集　研討會籌備組
　　2002　p. 244　又見：敦煌吐魯番研究（第七卷）　北京大學出版社　2004　p. 350

吳麗娛　論九宮祭祀與道教崇拜　唐研究（第九卷）　北京大學出版社　2003　p. 306

王卡　敦煌道教文獻研究　中國社會科學出版社　2004　p. 9、99

王卡　敦煌道教綜述　敦煌與絲路文化學術講座（第二輯）　北京圖書館出版社　2005　p. 378

P. 2607

遊佐昇　『王梵志詩』のもつ兩側面　大正大學大學院研究論集（第 2 號）　（東京）大正大學大學院
　　1978　p. 10

王重民　敦煌古籍叙録　中華書局　1979　p. 214

川崎ミチコ　通俗詩類・雜詩文類　敦煌仏典と禪（講座敦煌8）　（東京）大東出版社　1980
　　p. 319

矢吹慶輝　鳴沙餘韻・解說篇（第一部）　（京都）臨川書店　1980　p. 196

陳祚龍　敦煌古抄内典尾記彙校初、二、三編合刊　敦煌學要籥　（臺北）新文豐出版公司　1982
　　p. 180

饒宗頤　京都藤井氏有鄰館藏敦煌殘卷記略　選堂集林・史林　（香港）中華書局　1982　p. 1005

董作賓　敦煌紀年　敦煌學文選（上）　蘭州大學歷史系敦煌學研究室等　1983　p. 26

張錫厚　王梵志詩校輯　中華書局　1983　p. 4

王三慶　敦煌本古類書《語對》研究　（臺北）文史哲出版社　1985　p. 183

王重民　巴黎敦煌殘卷叙録（第二輯）　敦煌叢刊初集（九）　（臺北）新文豐出版公司　1985　p. 251

林玫儀　敦煌曲在詞學研究上之價值　漢學研究（敦煌學國際研討會論文專號）　（臺北）漢學研究
　　資料及服務中心　1986　p. 191

王重民原編　黃永武新編　敦煌古籍叙録新編（第十一冊）　（臺北）新文豐出版公司　1986　p. 149

朱鳳玉　王梵志詩研究（上）　（臺北）學生書局　1986　p. 29、112、272

項楚　王梵志詩校注　敦煌吐魯番文獻研究論集（第四輯）　北京大學出版社　1987　p. 136

菊池英夫　中國古文書·古寫本學と日本　東アジア古文書の史的研究　（東京）刀水書房　1990
　　p. 192

張錫厚　敦煌寫本王梵志詩原卷真迹　王梵志詩研究彙録（上）　上海古籍出版社　1990　圖版18

鄭阿財　敦煌蒙書析論　第二屆敦煌學國際研討會論文集　（臺北）漢學研究中心　1990　p. 228

金岡照光　曲子詞類　敦煌の文學文獻（講座敦煌9）　（東京）大東出版社　1992　p. 398

王三慶著　池田溫譯　類書　敦煌漢文文獻（講座敦煌5）　（東京）大東出版社　1992　p. 365

吳其昱著　伊藤美重子譯　敦煌漢文寫本概觀　敦煌漢文文獻（講座敦煌5）　（東京）大東出版社
　　1992　p. 116

圓空　《新菩薩經》《勸善經》《救諸衆生苦難經》校録及其流傳背景之探討　《敦煌研究》1992年第1
　　期　p. 53

項楚　敦煌詩歌導論　（臺北）新文豐出版公司　1993　p. 296

鄭阿財　敦煌文獻與文學　（臺北）新文豐出版公司　1993　p. 263

張先堂　敦煌文學與周邊民族文學、域外文學關係述論　《敦煌研究》1994年第1期　p. 55　又見：
　　敦煌吐魯番學研究論集　書目文獻出版社　1996　p. 426

曲金良　敦煌佛教文學研究　（臺北）文津出版社　1995　p. 249

白化文　兩面抄　敦煌學大辭典　上海辭書出版社　1998　p. 592

黃正建　唐代衣食住行研究　首都師範大學出版社　1998　p. 94

張錫厚　柴劍虹　王梵志詩集　敦煌學大辭典　上海辭書出版社　1998　p. 562

屈直敏　敦煌古抄《勤讀書抄》校注　《敦煌學輯刊》1999年第2期　p. 14

張錫厚　敦煌文學源流　作家出版社　2000　p. 76、298

姜亮夫　敦煌莫高窟年表　姜亮夫全集（十一）　雲南人民出版社　2002　p. 364、389

鄭阿財　朱鳳玉　敦煌蒙書研究　甘肅教育出版社　2002　p. 425

張小豔　刪字符號卜與敦煌文獻的解讀　《敦煌研究》2003年第3期　p. 72

湯涒　敦煌曲子詞寫本叙略　敦煌學國際研討會論文集　北京圖書館出版社　2005　p. 193

P. 2609

那波利貞　敦煌發見文書に拠る中晚唐時代の佛教寺院の錢穀布帛類貸付營利事業運營の實況
　　『支那學』（10卷3號）　（京都）支那學社　1941　p. 119

那波利貞　梁戶考　唐代社會文化史研究·第三編　（東京）創文社　1974　p. 294、331

傅芸子　敦煌俗文學之發見及其展開　敦煌變文論文録　上海古籍出版社　1982　p. 143

姜亮夫　敦煌學概論　中華書局　1985　p. 61

劉復　敦煌掇瑣　敦煌叢刊初集（十五）　（臺北）新文豐出版公司　1985　p. 593

李正宇　敦煌文學雜考二題　敦煌語言文學研究　北京大學出版社　1988　p. 93

周祖謨　敦煌唐本字書叙録　敦煌語言文學研究　北京大學出版社　1988　p. 49

周祖謨　唐五代的北方語音　周祖謨語言文史論集　浙江古籍出版社　1988　p. 210

高國藩　敦煌民俗學　上海文藝出版社　1989　p. 393

朱鳳玉　敦煌寫本字樣書研究之一　（臺北）《華岡文科學報》1989 年第 17 期　p. 122

王克芬　柴劍虹　敦煌舞譜的再探索　敦煌吐魯番學研究論文集　漢語大詞典出版社　1990
　　p. 233

鄭阿財　敦煌蒙書析論　第二屆敦煌學國際研討會論文集　（臺北）漢學研究中心　1990　p. 218

朱鳳玉　敦煌寫本《碎金》系字書初探　第二屆敦煌學國際研討會論文集　（臺北）漢學研究中心
　　1990　p. 508

柴劍虹　敦煌舞譜的再探索　西域文史論稿　（臺北）國文天地雜誌社　1991　p. 479

黃正建　敦煌文書與唐五代北方地區的飲食生活　魏晉南北朝隋唐史資料（第 11 輯）　武漢大學出
　　版社　1991　p. 263

林聰明　敦煌文書學　（臺北）新文豐出版公司　1991　p. 334

朱鳳玉　敦煌寫本字書緒論　（臺北）《華岡文科學報》1991 年第 18 期　p. 96

東野治之　敦煌と日本の『千字文』　遣唐使と正倉院　（東京）岩波書店　1992　p. 240

東野治之　訓蒙書　敦煌漢文文獻（講座敦煌 5）　（東京）大東出版社　1992　p. 405

林家平　寧強　羅華慶　中國敦煌學史　北京語言學院出版社　1992　p. 19

嚴耕望　唐人習業山林寺院之風尚　唐代研究論集（第二輯）　（臺北）新文豐出版公司　1992　p. 8

鄭阿財　敦煌文獻與文學　（臺北）新文豐出版公司　1993　p. 248

朱鳳玉　敦煌寫卷《俗務要名林》研究　第二屆國際唐代學術會議論文集（上）　（臺北）文津出版社
　　1993　p. 669

金賢珠　唐五代敦煌民歌　（臺北）文史哲出版社　1994　p. 27、42

王進玉　敦煌石窟探秘　四川教育出版社　1994　p. 25、108

張涌泉　試論審辨敦煌寫本俗字的方法　《敦煌研究》1994 年第 2 期　p. 153　又見：舊學新知　浙
　　江大學出版社　1999　p. 87

朱鳳玉　從敦煌寫本字書看唐代民間的飲食生活　中國學術研討會論文集　（臺北）大安出版會
　　1994　p. 160

張涌泉　漢語俗字研究　岳麓書社　1995　p. 272

洪藝芳　論《俗務要名林》所反映的唐代西北方音　慶祝潘石禪先生九秩華誕敦煌學特刊　（臺北）
　　文津出版社　1996　p. 510

張金泉　許建平　敦煌音義彙考　杭州大學出版社　1996　p. 645

張涌泉　敦煌俗字彙考　敦煌俗字研究　上海教育出版社　1996　p. 3

張涌泉　敦煌俗字研究導論　（臺北）新文豐出版公司　1996　p. 39

朱鳳玉　敦煌寫本碎金研究　（臺北）文津出版社　1997　p. 103

高啓安　索黛　敦煌古代僧人官齋飲食檢閱　《敦煌研究》1998 年第 3 期　p. 65、71

高啓安　索黛　唐五代敦煌飲食中的餅淺探　《敦煌研究》1998 年第 4 期　p. 79、84

黃征　評《敦煌寫本碎金研究》　唐研究（第四卷）　北京大學出版社　1998　p. 543

沙知　敦煌契約文書輯校　江蘇古籍出版社　1998　p. 418

尚衍斌　西域文化　遼寧教育出版社　1998　p. 309

張金泉　俗務要名林　敦煌學大辭典　上海辭書出版社　1998　p. 517

高啓安　唐五代至宋敦煌的量器及量制　《敦煌學輯刊》1999 年第 1 期　p. 61

高啓安　王璽玉　唐五代敦煌人的飲食品種研究　《敦煌研究》1999 年第 2 期　p. 70

黃征　程惠新　劫塵遺珠：敦煌遺書　甘肅教育出版社　1999　p. 67

梅維恒著　楊繼東　陳引馳譯　唐代變文(上)　(香港)中國佛教文化出版公司　1999　p. 264 注 5

張涌泉　大型字典編纂中與俗字相關的若干問題　舊學新知　浙江大學出版社　1999　p. 34

何華珍　金春梅　敦煌本《勵忠節抄》王校補正　中古近代漢語研究(第一輯)　上海教育出版社　2000　p. 288

李重申　敦煌古代體育文化　甘肅人民出版社　2000　p. 73

楊際平　也談唐宋間敦煌量制"石"、"斗"、"馱"、"秤"　《敦煌學輯刊》2000 年第 2 期　p. 16

張涌泉　漢語俗字叢考　中華書局　2000　p. 204、784

張涌泉　前言　漢語俗字叢考　中華書局　2000　p. 14

朱鳳玉　俄藏敦煌寫本《雜字》研究　新國學(第二卷)　巴蜀書社　2000　p. 313

宋家鈺　敦煌文獻所見唐代農業生產　敦煌文獻論集:紀念藏經洞發現一百周年國際學術研討會論文集　遼寧人民出版社　2001　p. 173

黃征　敦煌語言文字學研究　甘肅教育出版社　2002　p. 366

鄭阿財　朱鳳玉　敦煌蒙書研究　甘肅教育出版社　2002　p. 77

童丕　敦煌的借貸:中國中古時代的物質生活與社會　中華書局　2003　p. 15、64、131、153

王克芬　中國舞蹈發展史　上海人民出版社　2003　p. 235

王啓濤　中古及近代法制文書語言研究　巴蜀書社　2003　p. 66、133

高啓安　唐五代敦煌飲食文化研究　民族出版社　2004　p. 21、36、131

鄭阿財　敦煌蒙書研究的回顧與前瞻　敦煌吐魯番研究(第七卷)　北京大學出版社　2004　p. 257

黃正建　敦煌資料與唐五代人的衣食住行　敦煌與絲路文化學術講座(第二輯)　北京圖書館出版社　2005　p. 115

P. 2610

陳祚龍　我國的藥書與醫學　敦煌文物隨筆　(臺北)商務印書館　1979　p. 36

陳祚龍　從敦煌古抄"葉淨能詩"談到淩濛初的"唐明皇好道集奇人"與"武惠妃崇禪鬥異法"　敦煌學(第 13 輯)　(臺北)新文豐出版公司　1988　p. 4　又見:敦煌文物散論　(臺北)新文豐出版公司　1993　p. 8

高國藩　敦煌古俗與民俗流變　河海大學出版社　1990　p. 215

高國潘　敦煌巫術形態:兼與中外巫術之比較　第二屆敦煌學國際研討會論文集　(臺北)漢學研究中心　1990　p. 608、620、652

蕭登福　從敦煌寫卷中看道教星斗崇拜對佛經之影響　第二屆敦煌學國際研討會論文集　(臺北)漢學研究中心　1990　p. 348

林聰明　敦煌文書學　(臺北)新文豐出版公司　1991　p. 224

菅原信海　占筮書　敦煌漢文文獻(講座敦煌 5)　(東京)大東出版社　1992　p. 453

高國藩　敦煌民俗資料導論　(臺北)新文豐出版公司　1993　p. 260、353

蕭登福　道教星斗符印與佛教密宗　(臺北)新文豐出版公司　1993　p. 68

李重申　敦煌體育史料考析　敦煌學國際研討會文集·石窟考古編　遼寧美術出版社　1995　p. 377

劉瑞明　敦煌求愛奇術揭密　《敦煌研究》1997 年第 1 期　p. 121

王政　敦煌遺書中生殖婚配喻象探討　《敦煌研究》1998 年第 3 期　p. 93

嚴敦傑　孤虛占一卷　敦煌學大辭典　上海辭書出版社　1998　p. 622

嚴敦傑　雜占書　敦煌學大辭典　上海辭書出版社　1998　p. 624

史成禮　史葆光　敦煌性文化　廣州出版社　1999　p. 78

黃正建　敦煌占卜文書與唐五代占卜研究　學苑出版社　2001　p. 36

李重申　李金梅　李小唐　敦煌石窟氣功鈎沈　《敦煌學輯刊》2001 年第 2 期　p. 57

劉樂賢　敦煌寫本中的媚道文獻及相關問題　敦煌吐魯番研究(第六卷)　北京大學出版社　2002
　p. 101

張鴻勳　敦煌俗文學研究　甘肅人民出版社　2002　p. 422

趙貞　評《敦煌占卜文書與唐五代占卜研究》　唐研究(第八卷)　北京大學出版社　2002　p. 523

陳明　情性至道:西域"足身力"方與敦煌房中方藥　中國俗文化研究(第二輯)　巴蜀書社　2004
　p. 172

劉樂賢　敦煌卷子與《乙巳占》對讀一例　出土文獻研究(第六輯)　上海古籍出版社　2004　p. 267

陳明　殊方異藥:出土文書與西域醫學　北京大學出版社　2005　p. 137

鄧文寬　劉樂賢　敦煌天文氣象占寫本概述　敦煌吐魯番研究(第九卷)　中華書局　2006　p. 411

余欣　神祇的"碎化":唐宋敦煌社祭變遷研究　《歷史研究》2006 年第 3 期　p. 71

P. 2611

陳祚龍　關於道家"本際經"及其"要略妙義"與"疏"的敦煌古抄　敦煌文物隨筆　(臺北)商務印書
　館　1979　p. 215

鄭阿財　敦煌孝道文學研究　(臺北)石門圖書公司　1982　p. 303

石井昌子　靈寶經類　敦煌と中國道教(講座敦煌 4)　(東京)大東出版社　1983　p. 160

劉瑞明　敦煌求愛奇術揭密　《敦煌研究》1997 年第 1 期　p. 123

山田俊　唐初道教思想史研究·資料篇　(京都)平樂寺書店　1999　p. 93、164

王卡　敦煌道教文獻研究　中國社會科學出版社　2004　p. 203

王卡　中國國家圖書館藏敦煌道教遺書研究報告　敦煌吐魯番研究(第七卷)　北京大學出版社
　2004　p. 370

P. 2612

王三慶　敦煌本古類書《語對》研究　(臺北)文史哲出版社　1985　p. 183

朱鳳玉　太公家教研究　漢學研究(敦煌學國際研討會論文專號)　(臺北)漢學研究資料及服務中
　心　1986　p. 400

鄭阿財　敦煌寫本《新集文詞九經抄》校錄　敦煌學(第 12 輯)　(臺北)新文豐出版公司　1987
　p. 113

高國藩　敦煌民俗學　上海文藝出版社　1989　p. 503

鄭阿財　敦煌寫卷新集文詞九經抄研究　(臺北)文史哲出版社　1989　p. 47、124、179　又見:唐代
　研究論集(第四輯)　(臺北)新文豐出版公司　1992　p. 646

王三慶著　池田溫譯　類書　敦煌漢文文獻(講座敦煌 5)　(東京)大東出版社　1992　p. 366

高國藩　敦煌民俗資料導論　(臺北)新文豐出版公司　1993　p. 178

黃征　敦煌願文《兒郎偉》輯考　(香港)《九州學刊》(敦煌學專輯)1993 年第 5 卷第 4 期　p. 51、55
　又見:敦煌語文叢說　(臺北)新文豐出版公司　1997　p. 630

鄭阿財　敦煌文獻與文學　(臺北)新文豐出版公司　1993　p. 224、259

蔣禮鴻　敦煌文獻語言詞典　杭州大學出版社　1994　p. 50、256

黃征　吳偉　敦煌願文集　岳麓書社　1995　p. 948

李金梅　敦煌傳統文化與武術　《敦煌研究》1995 年第 2 期　p. 195

鄭炳林　羊萍　敦煌本夢書　甘肅文化出版社　1995　p. 250

朱鳳玉　敦煌文獻中的語文教材　（臺灣)《嘉義師院學報》1995 年第 9 期　p. 470

黃征　敦煌文學《兒郎偉》輯錄校注　敦煌語文叢說　（臺北)新文豐出版公司　1997　p. 680

黃征　張涌泉　敦煌變文校注　中華書局　1997　p. 170

鄭炳林　楊富學　晚唐五代金銀在敦煌的使用與流通　《甘肅金融》1997 年第 8 期　又見:中國敦煌
學百年文庫・歷史卷(二)　甘肅文化出版社　1999　p. 584

白化文　九諫書　敦煌學大辭典　上海辭書出版社　1998　p. 779

譚蟬雪　敦煌歲時文化導論　（臺北)新文豐出版公司　1998　p. 425

楊寶玉　文詞教林　敦煌學大辭典　上海辭書出版社　1998　p. 782

顏廷亮　敦煌文化　光明日報出版社　2000　p. 438

陳秀蘭　敦煌俗文學語彙溯源　岳麓書社　2001　p. 27

李正宇　沙州歸義軍樂營及其職事　敦煌吐魯番研究(第五卷)　北京大學出版社　2001　p. 221

鄭阿財　朱鳳玉　敦煌蒙書研究　甘肅教育出版社　2002　p. 314、366

屈直敏　《敦煌類書・勵忠節抄》校注商補(續)　《敦煌學輯刊》2004 年第 1 期　p. 34

鄭炳林　晚唐五代敦煌商業貿易市場研究　《敦煌學輯刊》2004 年第 1 期　p. 105

魏郭輝　唐代河隴朝鮮人之研究　《敦煌學輯刊》2005 年第 2 期　p. 286

鄭炳林　敦煌寫本解夢書校錄研究　民族出版社　2005　p. 66

P. 2613

賀昌群　敦煌佛教藝術的系統　《東方雜誌》1931 年第 28 卷　又見:敦煌學文選(上)　蘭州大學歷
史系敦煌學研究室等　1983　p. 419；中國敦煌學百年文庫・藝術卷(一)　甘肅文化出版社
1999　p. 34

水天明　敦煌訪古報告書　《蘭州和平日報》1948 年 11 – 15 期　又見:中國敦煌學百年文庫・綜述
卷(一)　甘肅文化出版社　1999　p. 327

芳村修基　土橋秀高　井ノ口泰淳　敦煌佛教史年表　西域文化研究(第一)・敦煌佛教資料　（京
都)法藏館　1958　p. 272

池田溫　中國古代籍帳研究:概觀・錄文　東京大學東洋文化研究所　1979　p. 579

土肥義和　莫高窟千佛洞と大寺と蘭若と　敦煌の社會(講座敦煌 3)　（東京)大東出版社　1980
p. 357

土肥義和　はじめに——歸義軍節度使の敦煌支配　敦煌の歷史(講座敦煌 2)　（東京)大東出版
社　1980　p. 273

董作賓　敦煌紀年　敦煌學文選(上)　蘭州大學歷史系敦煌學研究室等　1983　p. 7、28

謝和耐著　耿昇譯　敦煌的墂戶與梁戶　敦煌譯叢(第一輯)　甘肅人民出版社　1985　p. 171 注
44

姜伯勤著　池田溫譯　敦煌・吐魯番とシルクロード上のソグド人(3)　『季刊東西交渉』(5 卷 3
號)　（東京)井草出版社　1986　p. 28

謝重光　關於唐後期至五代間沙州寺院經濟的幾個問題　敦煌吐魯番出土經濟文書研究　廈門大學
出版社　1986　p. 450

謝重光　晉—唐僧官制度考略　《世界宗教研究》1986 年第 3 期　p. 43 注 3　又見:五十年來漢唐佛
教寺院經濟研究　北京師範大學出版社　1986　p. 344 注 5

陳祚龍　看了"法門寺出土唐中宗下發入塔銘"以後　敦煌學林劄記　（臺北)商務印書館　1987
p. 126

姜伯勤　唐五代敦煌寺戶制度　中華書局　1987　p. 145、229

謝和耐著　耿昇譯　中國 5—10 世紀的寺院經濟　甘肅人民出版社　1987　p. 184 注 1　又見：上海
　　古籍出版社　2004　p. 150 注 2

姜伯勤　敦煌音聲人略論　《敦煌研究》1988 年第 4 期　p. 2

郝春文　唐後期五代宋初沙州僧尼的特點　敦煌吐魯番學研究論文集　漢語大詞典出版社　1990
　　p. 838

唐耕耦　陸宏基　敦煌社會經濟文獻真迹釋錄(三)　全國圖書館文獻縮微複製中心　1990　p. 9

謝重光　白文固　中國僧官制度史　青海人民出版社　1990　p. 135

姜伯勤　敦煌社會文書導論　(臺北)新文豐出版公司　1992　p. 210

晰麟　金山國名稱來源　《敦煌學輯刊》1993 年第 1 期　p. 52

侯錦郎　敦煌龍興寺的器物曆　法國學者敦煌學論文選萃　中華書局　1993　p. 86

黃征　敦煌願文《兒郎偉》輯考　(香港)《九州學刊》(敦煌學專輯)1993 年第 5 卷第 4 期　p. 78

李正宇　敦煌文學概論　甘肅人民出版社　1993　p. 108

鄭炳林　《索崇恩和尚修功德記》考釋　《敦煌研究》1993 年第 2 期　p. 59

姜伯勤　敦煌吐魯番文書與絲綢之路　文物出版社　1994　p. 16、208

李明偉　隋唐絲綢之路　甘肅人民出版社　1994　p. 61

鄭炳林　《索勳紀德碑》研究　《敦煌學輯刊》1994 年第 2 期　p. 67、73

鄭炳林　馮培紅　讀《中國古代寫本識語集錄》劄記　《西北史地》1994 年第 4 期　p. 49

姜伯勤　敦煌文書所見胡錦番錦考　敦煌學國際研討會文集·石窟考古編　遼寧美術出版社　1995
　　p. 282

顏廷亮　敦煌文學概說　(臺北)新文豐出版公司　1995　p. 169

鄭炳林　敦煌漢文吐蕃史料綜述：兼論吐蕃控制河西時期的職官與統治政策　敦煌吐魯番文獻研究
　　蘭州大學出版社　1995　p. 97

鄭炳林　唐五代敦煌金鞍山異名考　《敦煌研究》1995 年第 2 期　p. 133

郝春文　唐後期五代宋初沙州僧尼的宗教收入(三)：大衆倉試探　《敦煌學輯刊》1996 年第 2 期
　　p. 2

姜伯勤　敦煌藝術宗教與禮樂文明　中國社會科學出版社　1996　p. 511

李正宇　敦煌史地新論　(臺北)新文豐出版公司　1996　p. 83

顏廷亮　敦煌西漢金山國檔案文獻考略　《甘肅社會科學》1996 年第 5 期　p. 93

公維章　文闌　敦煌寺院中的會計：直歲　《敦煌學輯刊》1997 年第 2 期　p. 119

馬德　敦煌工匠史料　甘肅人民出版社　1997　p. 97

齊陳俊　馮培紅　晚唐五代宋初歸義軍對外商業貿易　敦煌歸義軍史專題研究　蘭州大學出版社
　　1997　p. 347

榮新江　敦煌藏經洞的性質及其封閉原因　敦煌吐魯番研究(第二卷)　北京大學出版社　1997
　　p. 31

唐耕耦　敦煌寺院會計文書研究　(臺北)新文豐出版公司　1997　p. 3

田德新　敦煌寺院中的都師　《敦煌學輯刊》1997 年第 2 期　p. 124

楊際平　郭鋒　張和平　五—十世紀敦煌的家庭與家族關係　岳麓書社　1997　p. 239

張弓　漢唐佛寺文化史　中國社會科學出版社　1997　p. 862

張涌泉　敦煌文獻校讀易誤字例釋　敦煌文學論集　四川人民出版社　1997　p. 268

鄭炳林　敦煌碑銘讚輯釋　甘肅教育出版社　1997　p. 46 注 19

鄭炳林　唐五代敦煌的粟特人與佛教　敦煌歸義軍史專題研究　蘭州大學出版社　1997　p. 452

鄭炳林　吐蕃統治下的敦煌粟特人　敦煌歸義軍史專題研究　蘭州大學出版社　1997　p. 390 注 40

鄭炳林　楊富學　晚唐五代金銀在敦煌的使用與流通　《甘肅金融》1997 年第 8 期　又見：中國敦煌學百年文庫·歷史卷(二)　甘肅文化出版社　1999　p. 581

高啓安　索黛　敦煌古代僧人官齋飲食檢閱　《敦煌研究》1998 年第 3 期　p. 72

郝春文　都師　敦煌學大辭典　上海辭書出版社　1998　p. 639

郝春文　唐後期五代宋初敦煌僧尼的社會生活　中國社會科學出版社　1998　p. 124

郝春文　唐後期五代宋初敦煌寺院常住什物的數量及與僧人的關係　《敦煌研究》1998 年第 2 期　p. 116

金瀅坤　從敦煌文書看晚唐五代敦煌地區布紡織業　《敦煌研究》1998 年第 2 期　p. 140

李正宇　奉唐寺　敦煌學大辭典　上海辭書出版社　1998　p. 631

沙知　敦煌別稱　敦煌學大辭典　上海辭書出版社　1998　p. 306

譚蟬雪　野遊隊　敦煌學大辭典　上海辭書出版社　1998　p. 448

唐耕耦　交割曆　敦煌學大辭典　上海辭書出版社　1998　p. 648

謝重光　燈司　敦煌學大辭典　上海辭書出版社　1998　p. 635

高啓安　唐五代至宋敦煌的量器及量制　《敦煌學輯刊》1999 年第 1 期　p. 60

楊富學　李吉和　敦煌漢文吐蕃史料輯校(第一輯)　甘肅人民出版社　1999　p. 188、199

鄭炳林　晚唐五代敦煌地區種植棉花研究　《中國史研究》1999 年第 3 期　p. 91

高啓安　唐五代敦煌人的飲酒習俗述論　《敦煌研究》2000 年第 3 期　p. 84

林梅村　古道西風：考古新發現所見中西文化交流　三聯書店　2000　p. 221

王三慶　北京大學圖書館藏本《諸文要集》一卷研究　慶祝吳其昱先生八秩華誕敦煌學特刊　(臺北)文津出版社　2000　p. 174

魏明孔　隋唐寺院手工業述論　'98 法門寺唐文化國際學術討論會論文集　陝西人民出版社　2000　p. 539

顏廷亮　敦煌文化　光明日報出版社　2000　p. 403

顏廷亮　敦煌西漢金山國之文學考論　1994 年敦煌學國際研討會文集·宗教文史卷(上)　甘肅民族出版社　2000　p. 207

鄭炳林　晚唐五代敦煌貿易市場的外來商品輯考　中華文史論叢(總 63 輯)　上海古籍出版社　2000　p. 63、68、72

高啓安　從莫高窟壁畫看唐五代敦煌人的坐具和飲食坐姿(上)　《敦煌研究》2001 年第 3 期　p. 22

王明珠　定西地區博物館藏長柄銅香爐　《敦煌研究》2001 年第 1 期　p. 29

謝重光　漢唐佛教社會史論　(臺北)國際文化事業有限公司　2001　p. 210

楊森　《辛巳年六月十六日社人于燈司倉貸粟曆》文書之定年　《敦煌學輯刊》2001 年第 2 期　p. 18

李斌城　唐代文化　中國社會科學出版社　2002　p. 1743

李小榮　變文講唱與華梵宗教藝術　上海三聯書店　2002　p. 136

洪藝芳　敦煌社會經濟文書中的唐五代新興量詞研究　敦煌學(第 24 輯)　(臺北)樂學書局有限公司　2003　p. 106

乜小紅　唐五代敦煌音聲人試探　《敦煌研究》2003 年第 3 期　p. 79

榮新江　于闐花氈與粟特銀盤：九、十世紀敦煌寺院的外來供養　寺院財富與世俗供養　上海書畫出版社　2003　p. 248

王繼光　鄭炳林　敦煌漢文吐蕃史料綜述　中國西部民族文化研究(2003 年卷)　民族出版社　2003　p. 248

湛如　敦煌佛教律儀制度研究　中華書局　2003　p. 41

鄭炳林　晚唐五代敦煌諸寺藏經與管理　新世紀敦煌學論集　巴蜀書社　2003　p. 355

高啓安　唐五代敦煌飲食文化研究　民族出版社　2004　p. 60、73、87、234
鄭炳林　晚唐五代敦煌商業貿易市場研究　《敦煌學輯刊》2004 年第 1 期　p. 115
魏郭輝　唐代河隴朝鮮人之研究　《敦煌學輯刊》2005 年第 2 期　p. 286

P. 2614

池田溫　中國古代籍帳研究：概觀・錄文　東京大學東洋文化研究所　1979　p. 592
陳國燦　對未刊敦煌借契的考察　魏晉南北朝隋唐史資料（第 5 輯）　武漢大學出版社　1983
　　p. 24
潘重規　敦煌變文集新書（下）　（臺北）“中國文化大學”中文研究所　1984　p. 786
山本達郎等　敦煌・VII 尚饗文・諸齋文　『NUN‐HUANG AND TURFAN DOCUMENTS CONCERN-
　　ING SOCIAL AND ECONOMIC HISTORY』（IV）　（東京）東洋文庫　1989　p. 138
譚蟬雪　祭文　敦煌文學　甘肅人民出版社　1989　p. 121
鄭炳林　伯 2641 號背莫高窟再修功德記撰寫人探微　《敦煌學輯刊》1991 年第 2 期　p. 49
姜伯勤　敦煌社會文書導論　（臺北）新文豐出版公司　1992　p. 101
郝春文　敦煌寫本社邑文書年代彙考（三）　《社科縱橫》1993 年第 5 期　p. 12
郝春文　中古時期儒佛文化对民间结社的影响及其变化　唐文化研究論文集　上海人民出版社
　　1994　p. 207
土肥義和　唐・北宋間の「社」の組織形態に関する一考察　中國古代の國家と民衆（堀敏一先生古
　　稀記念）　（東京）汲古書院　1995　p. 703
黃征　王梵志詩校釋續商補　敦煌語文叢說　（臺北）新文豐出版公司　1997　p. 228
陸淑綺　李重申　敦煌古代戲曲文化史料綜述　《敦煌研究》1997 年第 2 期　p. 59
寧可　郝春文　敦煌社邑文書輯校　江蘇古籍出版社　1997　p. 683、768
寧可　社祭文　敦煌學大辭典　上海辭書出版社　1998　p. 431
嚴敦傑　五兆經法要決　敦煌學大辭典　上海辭書出版社　1998　p. 622
顏廷亮　關於敦煌文學發展的歷史進程　《甘肅社會科學》1999 年第 4 期　p. 47
砂岡和子　以元刊《佛說目連救母經》補勘《大目乾連冥間救母變文》　1994 年敦煌學國際研討會文
　　集・宗教文史卷（上）　甘肅民族出版社　2000　p. 181
山本達郎等　補（IV）社・III 轉貼　『NUN‐HUANG AND TURFAN DOCUMENTS CONCERNING SO-
　　CIAL AND ECONOMIC HISTORY』（Sup. p. lemrnts）　（東京）東洋文庫　2001　p. 70
山本達郎等　補（IV）社・VI 諸種文書　『NUN‐HUANG AND TURFAN DOCUMENTS CONCERNING
　　SOCIAL AND ECONOMIC HISTORY』（Sup. p. lemrnts）　（東京）東洋文庫　2001　p. 94
于向東　榆林窟第 19 窟目連變相與《目連變文》　《敦煌學輯刊》2005 年第 1 期　p. 91

P. 2615

耿昇　中法學者友好合作的成果　《敦煌研究》1987 年第 1 期　p. 112
高田時雄　五姓說在敦煌藏族　敦煌吐魯番學研究論文集　漢語大詞典出版社　1990　p. 757
高田時雄　五姓を說く敦煌資料　『國立民族學博物館研究報告別冊』（14 號）　（吹田）國立民族學
　　博物館　1991　p. 252
菅原信海　占筮書　敦煌漢文文獻（講座敦煌 5）　（東京）大東出版社　1992　p. 448
高國藩　敦煌民俗資料導論　（臺北）新文豐出版公司　1993　p. 130
高田時雄　評：池田溫編『敦煌漢文文獻』（講座敦煌 5）　『東洋史研究』（52 卷 1 號）　（東京）東洋
　　史研究會　1993　p. 126

蕭登福　道教與密宗　（臺北）新文豐出版公司　1993　p. 442

鄧文寬　五姓　敦煌學大辭典　上海辭書出版社　1998　p. 625

嚴敦傑　皇帝推五姓陰陽等宅圖經一卷　敦煌學大辭典　上海辭書出版社　1998　p. 624

黃正建　關於17件俄藏敦煌占卜文書的定名問題　《敦煌研究》2000年第4期　p. 131

黃正建　敦煌占卜文書與唐五代占卜研究　學苑出版社　2001　p. 77

陳于柱　魏萬斗　唐宋陰陽相宅宗初探：以敦煌寫本宅經爲考索　《敦煌學輯刊》2002年第2期
　　p. 45

趙貞　評《敦煌占卜文書與唐五代占卜研究》　唐研究（第八卷）　北京大學出版社　2002　p. 523

李小榮　敦煌密教文獻論稿　人民文學出版社　2003　p. 21

陳于柱　敦煌寫本宅經的八宅："八宅經一卷"研究　麥積山石窟藝術文化論文集（下）　蘭州大學出
　　版社　2004　p. 237

陳于柱　從敦煌占卜文書看晚唐五代敦煌占卜與佛教的對話交融　《敦煌學輯刊》2005年第2期
　　p. 26

高田時雄著　鍾翀等譯　五姓說之敦煌資料　敦煌·民族·語言　中華書局　2005　p. 330

曾波　敦煌寫卷《諸雜推五姓陰陽等宅圖經》之"五姓"校議　《敦煌學輯刊》2005年第3期　p. 36

余欣　唐宋敦煌醮祭鎮宅法考察　文史（第七十五輯）　中華書局　2006　p. 60

余欣　唐宋時代敦煌的鎮宅術　敦煌吐魯番研究（第九卷）　中華書局　2006　p. 362

P. 2616

菅原信海　占筮書　敦煌漢文文獻（講座敦煌5）　（東京）大東出版社　1992　p. 442

土田健次郎　儒教典籍　敦煌漢文文獻（講座敦煌5）　（東京）大東出版社　1992　p. 268

李錦繡　唐代財政史稿·上卷（第一分冊）　北京大學出版社　1995　p. 199

周一良　趙和平　杜友晉《吉凶書儀》及《書儀鏡》成書年代考　唐五代書儀研究　中國社會科學出
　　版社　1995　p. 138

周一良　趙和平　敦煌寫本書儀中所見的唐代婚喪禮俗　唐五代書儀研究　中國社會科學出版社
　　1995　p. 295　又見：魏晉南北朝史論集續編　北京大學出版社　2001　p. 254

榮新江　敦煌本《書儀鏡》爲安西書儀考　慶祝潘石禪先生九秩華誕敦煌學特刊　（臺北）文津出版
　　社　1996　p. 268

白化文　周易王弼注　敦煌學大辭典　上海辭書出版社　1998　p. 772

段小強　敦煌文書中所見的古代喪儀　《西北民族研究》1999年第1期　p. 211

李并成　"鏡"類文獻識略　《敦煌研究》1999年第1期　p. 59

吳麗娛　唐代書儀中單、複書形式簡析　英國收藏敦煌漢藏文獻研究　中國社會科學出版社　2000
　　p. 273

史睿　敦煌吉凶書儀與東晉南朝禮俗　敦煌文獻論集：紀念藏經洞發現一百周年國際學術研討會論
　　文集　遼寧人民出版社　2001　p. 411

吳麗娛　唐禮摭遺：中古書儀研究　商務印書館　2002　p. 46

P. 2617

王重民　敦煌古籍敘錄　中華書局　1979　p. 6

董作賓　敦煌紀年　敦煌學文選（上）　蘭州大學歷史系敦煌學研究室等　1983　p. 24

饒宗頤　敦煌書法叢刊（第四卷）·經史（二）　（東京）二玄社　1985　p. 3、41

王重民原編　黄永武新編　敦煌古籍敘錄新編（第一冊）　（臺北）新文豐出版公司　1986　p. 88、

124

姜亮夫　海外敦煌卷子經眼錄　敦煌學論文集　上海古籍出版社　1987　p. 26　　又見：姜亮夫全集
　　（十三）　雲南人民出版社　2002　p. 22

林平和　羅振玉敦煌學析論　（臺北）文史哲出版社　1988　p. 60、206

池田溫　中國古代寫本識語集錄　（東京）大藏出版株式會社　1990　p. 297

林聰明　敦煌文書出處略考　季羨林教授八十華誕紀念論文集（下）　江西人民出版社　1991
　　p. 867

林聰明　敦煌文書學　（臺北）新文豐出版公司　1991　p. 234、410、420

姜伯勤　敦煌社會文書導論　（臺北）新文豐出版公司　1992　p. 120

土田健次郎　儒教典籍　敦煌漢文文獻（講座敦煌5）　（東京）大東出版社　1992　p. 269

許建平　《殘類書》所引《劉子》殘卷考略　《浙江社會科學》1993 年第 4 期　p. 89

林聰明　談敦煌文書的抄寫問題　紀念陳寅恪先生百年誕辰學術論文集　江西教育出版社　1994
　　p. 298

趙聲良　萬經珍寶：古代書法藝術的寶庫“敦煌書法”　（臺北）《雄獅美術》1994 年第 12 期

鄭汝中　唐代書法藝術與敦煌寫卷　敦煌書法庫（第四輯）　甘肅人民美術出版社　1994　p. 11
　　又見：《敦煌研究》1996 年第 2 期　p. 128

林聰明　敦煌文書年代考探略述　敦煌學國際研討會文集·史地語文編　遼寧美術出版社　1995
　　p. 553

趙聲良　榮新江　饒宗頤編《法藏敦煌書苑精華》評介　《敦煌研究》1995 年第 1 期　p. 173

張金泉　許建平　敦煌音義彙考　杭州大學出版社　1996　p. 2

許建平　讀卷校經劄記　古典文獻與文化論叢　中華書局　1997　p. 77

趙聲良　敦煌寫卷書法（下）　《文史知識》1997 年第 5 期　p. 85

白化文　周易經典釋文　敦煌學大辭典　上海辭書出版社　1998　p. 772

顧吉辰　敦煌文獻職官結銜考釋　《敦煌學輯刊》1998 年第 2 期　p. 29

趙聲良　周易經典釋文　敦煌學大辭典　上海辭書出版社　1998　p. 285

姜亮夫　敦煌：偉大的文化寶藏　雲南人民出版社　1999　p. 101

謝桃坊　敦煌文化尋繹　四川人民出版社　1999　p. 100

林聰明　敦煌吐魯番文書解詁指例　（臺北）新文豐出版公司　2001　p. 49.256

許建平　敦煌本《尚書》叙錄　敦煌文獻論集：紀念藏經洞發現一百周年國際學術研討會論文集　遼
　　寧人民出版社　2001　p. 379

姜亮夫　敦煌莫高窟年表　姜亮夫全集（十一）　雲南人民出版社　2002　p. 313

李春遠　關於敦煌遺書的書法化趨向　《敦煌學輯刊》2002 年第 1 期　p. 62

劉勝角　古代楷書發展史　中國戲劇出版社　2002　p. 306

許建平　伯三六〇二殘卷作者考　雪泥鴻爪：浙江大學古籍研究所建所二十周年紀念文集　中華書
　　局　2003　p. 69

許建平　BD09523《禮記音義》殘卷跋　《敦煌研究》2003 年第 2 期　p. 75

竇懷永　許建平　敦煌寫本的避諱特點及其對傳統寫本抄寫時代判定的參考價值　《敦煌研究》
　　2004 年第 4 期　p. 53

張弓　敦煌四部籍與中古後期社會的文化情境　敦煌學（第 25 輯）　（臺北）樂學書局有限公司
　　2004　p. 313

P. 2618

董作賓　敦煌紀年　敦煌學文選(上)　蘭州大學歷史系敦煌學研究室等　1983　p. 28

高明士　唐代敦煌的教育　漢學研究(敦煌學國際研討會論文專號)　(臺北)漢學研究資料及服務中心　1986　p. 251

李正宇　唐宋時代的敦煌學校　《敦煌研究》1986 年第 1 期　p. 45

王重民原編　黃永武新編　敦煌古籍敘錄新編(第七冊)　(臺北)新文豐出版公司　1986　p. 258

李正宇　敦煌學郎題記輯注　《敦煌學輯刊》1987 年第 1 期　p. 29、39

汪泛舟　《太公家教》別考　敦煌語言文學研究　北京大學出版社　1988　p. 244

高國藩　敦煌民俗學　上海文藝出版社　1989　p. 98

池田溫　中國古代寫本識語集錄　(東京)大藏出版株式會社　1990　p. 431

林聰明　敦煌文書出處略考　季羨林教授八十華誕紀念論文集(下)　江西人民出版社　1991　p. 863

林聰明　敦煌文書學　(臺北)新文豐出版公司　1991　p. 401

王素　唐寫本《論語鄭氏注》校錄　唐寫本論語鄭氏注及其研究　文物出版社　1991　p. 4

東野治之　敦煌と日本の『千字文』　遣唐使と正倉院　(東京)岩波書店　1992　p. 240

東野治之　訓蒙書　敦煌漢文文獻(講座敦煌 5)　(東京)大東出版社　1992　p. 404

姜伯勤　敦煌社會文書導論　(臺北)新文豐出版公司　1992　p. 93

土田健次郎　儒教典籍　敦煌漢文文獻(講座敦煌 5)　(東京)大東出版社　1992　p. 269

陳金木　唐寫本論語鄭氏注研究(上)　(臺北)文津出版社　1996　p. 18

李正宇　敦煌史地新論　(臺北)新文豐出版公司　1996　p. 184

李方　敦煌《論語集解》校正　江蘇古籍出版社　1998　p. 830

李方　唐寫本《論語集解》校讀零拾　出土文獻研究(第三輯)　文物出版社　1998　p. 218

謝桃坊　敦煌文化尋繹　四川人民出版社　1999　p. 95

許建平　評《敦煌〈論語集解〉校正》　敦煌吐魯番研究(第五卷)　北京大學出版社　2001　p. 339

郝春文　唐後期五代宋初中印文化對敦煌寺院的影響　新世紀敦煌學論集　巴蜀書社　2003　p. 332

許建平　《俄藏敦煌文獻》儒家經典類寫本的定名與綴合　漢語史學報專輯(第三輯)　上海教育出版社　2003　p. 312

P. 2619

那波利貞　千佛岩莫高窟と敦煌文書　西域文化研究(第二)・敦煌吐魯番社會經濟資料(上)　(京都)法藏館　1959　p. 56

王重民　敦煌古籍敘錄　中華書局　1979　p. 5

饒宗頤　敦煌書法叢刊(第三卷)・經史(一)　(東京)二玄社　1984　p. 43、50

王重民原編　黃永武新編　敦煌古籍敘錄新編(第一、十一冊)　(臺北)新文豐出版公司　1986　p. 65；373

姜亮夫　海外敦煌卷子經眼錄　敦煌學論文集　上海古籍出版社　1987　p. 26　又見:姜亮夫全集(十三)　雲南人民出版社　2002　p. 21

森安孝夫　敦煌と西ウイグル王國　『東方學』(第 74 輯)　(東京)東方學會　1987　p. 68

菅原信海　占筮書　敦煌漢文文獻(講座敦煌 5)　(東京)大東出版社　1992　p. 442

土田健次郎　儒教典籍　敦煌漢文文獻(講座敦煌 5)　(東京)大東出版社　1992　p. 268

杜琦　敦煌文學概論　甘肅人民出版社　1993　p. 530

顧吉辰　唐代敦煌文獻寫本書手考述　《敦煌學輯刊》1993 年第 1 期　p. 30

譚蟬雪　敦煌婚姻文化　甘肅人民出版社　1993　p. 27

鄭阿財　臺灣地區研究概況（1992—1993）：敦煌學部分　"中國唐代學會"會刊（第四期）　（臺北）"中國唐代學會"　1993　p. 248

趙聲良　榮新江　饒宗頤編《法藏敦煌書苑精華》評介　《敦煌研究》1995 年第 1 期　p. 173

姜伯勤　敦煌藝術宗教與禮樂文明　中國社會科學出版社　1996　p. 437

劉濤　評《法藏敦煌書苑精華》　敦煌吐魯番研究（第一卷）　北京大學出版社　1996　p. 378

榮新江　敦煌本《書儀鏡》爲安西書儀考　慶祝潘石禪先生九秩華誕敦煌學特刊　（臺北）文津出版社　1996　p. 268

黃亮文　評《敦煌寫本書儀研究》　唐研究（第三卷）　北京大學出版社　1997　p. 499

白化文　周易王弼注　敦煌學大辭典　上海辭書出版社　1998　p. 772

譚蟬雪　蹴鞠　敦煌學大辭典　上海辭書出版社　1998　p. 599

譚蟬雪　敦煌歲時文化導論　（臺北）新文豐出版公司　1998　p. 190、306、335

趙和平　《敦煌寫本書儀研究》訂補　敦煌吐魯番研究（第三卷）　北京大學出版社　1998　p. 242

趙和平　新定書儀鏡　敦煌學大辭典　上海辭書出版社　1998　p. 419

姜伯勤　唐禮與敦煌發現的書儀　敦煌文藪（下）　（臺北）新文豐出版公司　1999　p. 13

姜亮夫　敦煌：偉大的文化寶藏　雲南人民出版社　1999　p. 101

李重申　敦煌古代體育文化　甘肅人民出版社　2000　p. 104

吳麗娛　唐代書儀中單、複書形式簡析　英國收藏敦煌漢藏文獻研究　中國社會科學出版社　2000　p. 277

姜亮夫　敦煌莫高窟年表　姜亮夫全集（十一）　雲南人民出版社　2002　p. 229

吳麗娛　唐禮撮遺：中古書儀研究　商務印書館　2002　p. 46、284、356

趙和平　評《英藏敦煌社會歷史文獻釋錄》　敦煌吐魯番研究（第六卷）　北京大學出版社　2002　p. 392

吳麗娛　唐代婚儀的再檢討　燕京學報（新第 15 期）　北京大學出版社　2003　p. 56

張小豔　試論敦煌書儀的語料價值　浙江與敦煌學：常書鴻先生誕辰一百周年紀念文集　浙江古籍出版社　2004　p. 539

蘭州理工大學絲綢之路文史研究所編　絲綢之路體育文化論集　中華書局　2005　p. 217

P. 2620

王重民原編　黃永武新編　敦煌古籍叙錄新編（第四冊）　（臺北）新文豐出版公司　1986　p. 203

王素　唐寫本《論語鄭氏注》校錄　唐寫本論語鄭氏注及其研究　文物出版社　1991　p. 137 注 2

土田健次郎　儒教典籍　敦煌漢文文獻（講座敦煌 5）　（東京）大東出版社　1992　p. 269

陳金木　唐寫本論語鄭氏注研究（上）　（臺北）文津出版社　1996　p. 80

鄭炳林　敦煌碑銘讚輯釋　甘肅教育出版社　1997　p. 374 注 3

李方　敦煌《論語集解》校正　江蘇古籍出版社　1998　p. 830

李方　唐寫本《論語集解》校讀零拾　出土文獻研究（第三輯）　文物出版社　1998　p. 219

沙知　敦煌吐魯番文獻所見唐軍府名掇拾　《敦煌學輯刊》1998 年第 1 期　p. 4

張總　說不盡的觀世音　上海辭書出版社　2002　p. 179

許建平　英倫法京所藏敦煌寫本殘片八種之定名並校錄　敦煌學（第 24 輯）　（臺北）樂學書局有限公司　2003　p. 123

P. 2621

三木榮　西域出土醫藥關係文獻綜合解說目録　『東洋學報』(47 卷 1 號)　(東京)東洋學術協會　1964　p. 5

金岡照光　敦煌漢文文學文獻の文學形態上の種類とその分類　敦煌出土文學文獻分類目録・附解說　(東京)東洋文庫　1971　p. 214、222

金岡照光　敦煌文學のこころ　敦煌の文學　(東京)大蔵出版株式會社　1971　p. 232

金岡照光　敦煌文學のさまざま　敦煌の文學　(東京)大蔵出版株式會社　1971　p. 165

金岡照光　敦煌民衆の社會と生活　敦煌の民衆——その生活と思想　(東京)評論社　1972　p. 303

那波利貞　唐寫本雜抄考——唐代庶民教育史研究の一資料　唐代社會文化史研究・第二編　(東京)創文社　1974　p. 206

陳慶浩　古賢集校注　敦煌學(第 3 輯)　(香港)新亞研究所敦煌學會　1976　p. 76

饒宗頤　居延簡術數耳鳴目瞤解　選堂集林・史林　(香港)中華書局　1982　p. 297

鄭阿財　敦煌孝道文學研究　(臺北)石門圖書公司　1982　p. 395、423

周紹良　談唐代民間文學　敦煌變文論文録　上海古籍出版社　1982　p. 413　又見:紹良叢稿　齊魯書社　1984　p. 55

潘重規　敦煌變文集新書(下)　(臺北)"中國文化大學"中文研究所　1984　p. 1267

王慶菽　孝子傳　敦煌變文集　人民文學出版社　1984　p. 910

雷僑雲　敦煌兒童文學　(臺北)學生書局　1985　p. 111、390

饒宗頤解說　林宏作譯　敦煌書法叢刊(第十五卷)・牒狀(二)　(東京)二玄社　1985　p. 85

王三慶　敦煌本古類書《語對》研究　(臺北)文史哲出版社　1985　p. 143

簡濤　敦煌本《燕子賦》考論　《敦煌研究》1986 年第 3 期　p. 31

李正宇　唐宋時代的敦煌學校　《敦煌研究》1986 年第 1 期　p. 45

張錫厚　略論敦煌賦集及其選録標準　《敦煌學輯刊》1986 年第 1 期　p. 19

李正宇　敦煌學郎題記輯注　《敦煌學輯刊》1987 年第 1 期　p. 32、36

任半塘　敦煌歌辭總編　上海古籍出版社　1987　p. 1784

張錫厚　敦煌賦集校理　《敦煌研究》1987 年第 4 期　p. 38

張錫厚　關於《敦煌賦集》整理的幾個問題　《敦煌學輯刊》1987 年第 1 期　p. 45、48

馬繼興　敦煌古醫籍考釋　江西科學技術出版社　1988　p. 8

張錫厚　伯 2488、伯 5037 敦煌賦卷初考　敦煌語言文學研究　北京大學出版社　1988　p. 200

張錫厚　關於整理《敦煌賦集》的幾個問題　敦煌語言文學論文集　浙江古籍出版社　1988　p. 225、238

高國藩　敦煌民俗學　上海文藝出版社　1989　p. 143

山本達郎等　敦煌・III 轉貼　『NUN – HUANG AND TURFAN DOCUMENTS CONCERNING SOCIAL AND ECONOMIC HISTORY』(IV)　(東京)東洋文庫　1989　p. 63

王三慶　《敦煌變文集》中的《孝子傳》新探　敦煌學(第 14 輯)　(臺北)新文豐出版公司　1989　p. 189

張錫厚　敦煌賦集校理(續)　《敦煌研究》1989 年第 4 期　p. 95

張錫厚　賦　敦煌文學　甘肅人民出版社　1989　p. 134

池田溫　中國古代寫本識語集録　(東京)大蔵出版株式會社　1990　p. 470

高國藩　敦煌古俗與民俗流變　河海大學出版社　1990　p. 227

郭在貽　張涌泉　黃征　敦煌變文集校議　岳麓書社　1990　p. 468

郭在貽　張涌泉　黃征　敦煌寫本書寫特例發微　敦煌吐魯番學研究論文集　漢語大詞典出版社　1990　p. 335

謝明勳　敦煌本《孝子傳》"睒子"故事考索　敦煌學(第 17 輯)　(臺北)新文豐出版公司　1991　p. 21

程毅中　敦煌本《孝子傳》與睒子故事　中國文化(5)　(香港)中華書局　1992　p. 149

東野治之　敦煌と日本の『千字文』　遣唐使と正倉院　(東京)岩波書店　1992　p. 240

東野治之　訓蒙書　敦煌漢文文獻(講座敦煌 5)　(東京)大東出版社　1992　p. 405

姜伯勤　敦煌社會文書導論　(臺北)新文豐出版公司　1992　p. 88、97、114

金岡照光　高僧傳因緣　敦煌の文學文獻(講座敦煌 9)　(東京)大東出版社　1992　p. 590

金岡照光　散文體類　敦煌の文學文獻(講座敦煌 9)　(東京)大東出版社　1992　p. 246

金岡照光　孝行譚──『舜子変』と『董永傳』　敦煌の文學文獻(講座敦煌 9)　(東京)大東出版社　1992　p. 486

金岡照光　韻文體類──長篇叙事詩・短篇歌詠　敦煌の文學文獻(講座敦煌 9)　(東京)大東出版社　1992　p. 256

林家平　寧强　羅華慶　中國敦煌學史　北京語言學院出版社　1992　p. 337

王三慶著　池田溫譯　類書　敦煌漢文文獻(講座敦煌 5)　(東京)大東出版社　1992　p. 362

嚴耕望　唐人習業山林寺院之風尚　唐代研究論集(第二輯)　(臺北)新文豐出版公司　1992　p. 9

鄭炳林　梁志勝　《梁幸德邈真讚》與梁願請《莫高窟功德記》　《敦煌研究》1992 年第 2 期　p. 62　　又見:敦煌吐魯番文獻研究　蘭州大學出版社　1995　p. 255

周紹良　敦煌文學芻議及其它　(臺北)新文豐出版公司　1992　p. 20

高國藩　敦煌民俗資料導論　(臺北)新文豐出版公司　1993　p. 58、88、236、351

高田時雄　評:池田溫編『敦煌漢文文獻』(講座敦煌 5)　『東洋史研究』(52 卷 1 號)　(東京)東洋史研究會　1993　p. 124

李正宇　敦煌文學概論　甘肅人民出版社　1993　p. 121

項楚　敦煌詩歌導論　(臺北)新文豐出版公司　1993　p. 213

張鴻勳　敦煌話本詞文俗賦導論　(臺北)新文豐出版公司　1993　p. 173、183

張錫厚　敦煌文學概論　甘肅人民出版社　1993　p. 363、394

伏俊璉　敦煌賦校注　甘肅人民出版社　1994　p. 2

榮新江　于闐王國與瓜沙曹氏　《敦煌研究》1994 年第 2 期　p. 112

徐俊　敦煌學郎詩作者問題考略　《文獻》1994 年第 2 期　p. 18

張涌泉　試論審辨敦煌寫本俗字的方法　《敦煌研究》1994 年第 2 期　p. 151　又見:舊學新知　浙江大學出版社　1999　p. 84

土肥義和　唐・北宋間の「社」の組織形態に関する一考察　中國古代の國家と民衆(堀敏一先生古稀記念)　(東京)汲古書院　1995　p. 729

張錫厚　敦煌本唐集研究　(臺北)新文豐出版公司　1995　p. 411

李正宇　敦煌史地新論　(臺北)新文豐出版公司　1996　p. 189

張錫厚　敦煌賦彙　(臺北)新文豐出版公司　1996　p. 6、269、317

張錫厚　評《敦煌賦校注》　敦煌吐魯番研究(第一卷)　北京大學出版社　1996　p. 421

張涌泉　敦煌俗字研究導論　(臺北)新文豐出版公司　1996　p. 101、170

張涌泉　敦煌文獻校讀釋例　文史(第四十一輯)　中華書局　1996　p. 203　又見:舊學新知　浙江大學出版社　1999　p. 218

黃征　張涌泉　敦煌變文校注　中華書局　1997　p. 105、210

劉子瑜　敦煌變文和王梵志詩　大象出版社　1997　p. 38

顔廷亮　關於《貳師泉賦》的作者及寫本年代問題　《甘肅社會科學》1997 年第 5 期　p. 52

張涌泉　讀《八瓊室金石補正》劄記　周紹良先生欣開九秩慶壽文集　中華書局　1997　p. 80

張子開　今本《戰國策》、《史記》疑誤一則　文史(第四十三輯)　中華書局　1997　p. 60

趙和平　敦煌表狀箋啓書儀輯校　江蘇古籍出版社　1997　p. 302

鄭炳林　吐蕃統治下的敦煌粟特人　敦煌歸義軍史專題研究　蘭州大學出版社　1997　p. 385

周裕鍇　敦煌賦與初唐歌行　敦煌文學論集　四川人民出版社　1997　p. 77

柴劍虹　高興歌　敦煌學大辭典　上海辭書出版社　1998　p. 552

馬繼興　敦煌醫藥文獻　敦煌學大辭典　上海辭書出版社　1998　p. 615

曲金良　敦煌寫本《孝子傳》及其相關問題　《敦煌研究》1998 年第 2 期　p. 156

魏文斌　師彥靈　唐曉軍　甘肅宋金墓"二十四孝"圖與敦煌遺書《孝子傳》《敦煌研究》1998 年第
　　3 期　p. 82

張鴻勳　孝子傳　敦煌學大辭典　上海辭書出版社　1998　p. 584

張錫厚　貳師泉賦　敦煌學大辭典　上海辭書出版社　1998　p. 588

張錫厚　漁父歌滄浪賦　敦煌學大辭典　上海辭書出版社　1998　p. 588

趙和平　書儀　敦煌學大辭典　上海辭書出版社　1998　p. 424

高國藩　敦煌俗文化學　上海三聯書店　1999　p. 254、600

梅維恒著　楊繼東　陳引馳譯　唐代變文(上)　(香港)中國佛教文化出版公司　1999　p. 264 注 5

楊秀清　淺談唐、宋時期敦煌地區的學生生活　《敦煌研究》1999 年第 4 期　p. 144

張涌泉　敦煌寫本書寫特例發微　舊學新知　浙江大學出版社　1999　p. 249

張涌泉　俗字研究與敦煌文獻的校理　舊學新知　浙江大學出版社　1999　p. 59、64

杜琪　敦煌詩賦作品要目分類題注　《甘肅社會科學》2000 年第 1 期　p. 64

伏俊璉　俗情雅韻:敦煌賦選析　甘肅人民出版社　2000　p. 23、72

伏俊璉　伏麒鵬　石室齊諧:敦煌小說選析　甘肅人民出版社　2000　p. 164

金岡照光　敦煌文獻と中國文學　(東京)五曜書房　2000　p. 33、59、67、103

徐俊　敦煌詩集殘卷輯考　中華書局　2000　p. 507、774、920

楊秀清　華戎交會的都市:敦煌與絲綢之路　甘肅人民出版社　2000　p. 107

張錫厚　敦煌文學源流　作家出版社　2000　p. 199、215

張涌泉　漢語俗字叢考　中華書局　2000　p. 812

黃正建　敦煌占卜文書與唐五代占卜研究　學苑出版社　2001　p. 161

林聰明　敦煌吐魯番文書解詁指例　(臺北)新文豐出版公司　2001　p. 128. 176

李小榮　變文講唱與華梵宗教藝術　上海三聯書店　2002　p. 279

馬繼興　當前世界各地收藏的中國出土卷子本古醫藥文獻備考　敦煌吐魯番研究(第六卷)　北京
　　大學出版社　2002　p. 147

吳麗娛　唐禮摭遺:中古書儀研究　商務印書館　2002　p. 145

戴仁　十世紀敦煌的基礎教育教材與學校文化　法國漢學(第 8 輯)　中華書局　2003　p. 95

荒見泰史　敦煌本夢書雜識　漢語史學報專輯(第三輯)　上海教育出版社　2003　p. 326、338

荒見泰史　敦煌文學與日本說話文學　敦煌與絲路文化學術講座(第一輯)　北京圖書館出版社
　　2003　p. 235　又見:佛經文學研究論集　復旦大學出版社　2004　p. 619

林平和　試論敦煌文獻之輯佚價值　新世紀敦煌學論集　巴蜀書社　2003　p. 743

王小盾　從敦煌本共住修道故事看唐代佛教詩歌文體的來源　中國俗文化研究(第一輯)　巴蜀書
　　社　2003　p. 22

徐俊　敦煌先唐詩考　2000 年敦煌學國際學術討論會文集·歷史文化卷(下)　甘肅民族出版社
　　2003　p. 294

張涌泉　試論敦煌寫本類書的校勘價值:以《勵忠節抄》爲例　《敦煌研究》2003 年第 2 期　p. 69

張鴻勳　從印度到中國:絲綢路上的睒子故事與藝術　麥積山石窟藝術文化論文集(上)　蘭州大學
　　出版社　2004　p. 341

P. 2622

芳村修基　土橋秀高　井ノ口泰淳　敦煌佛教史年表　西域文化研究(第一)·敦煌佛教資料　(京
　　都)法藏館　1958　p. 271

那波利貞　千佛岩莫高窟と敦煌文書　西域文化研究(第二)·敦煌吐魯番社會經濟資料(上)　(京
　　都)法藏館　1959　p. 56

那波利貞　開元末期以前と天寶初期以後との唐の時世の差異に就きて　唐代社會文化史研究·第
　　一編　(東京)創文社　1974　p. 67

饒宗頤解說　林宏作譯　敦煌書法叢刊(第十八卷)·碎金(一)　(東京)二玄社　1983　p. 89

周一良著　池田溫付記　敦煌寫本の書儀に見える唐代の婚禮と葬式　『東方學』(第 71 輯)　(東
　　京)東方學會　1986　p. 139

姜亮夫　敦煌經卷題名録　敦煌學論文集　上海古籍出版社　1987　p. 1062

李正宇　敦煌學郎題記輯注　《敦煌學輯刊》1987 年第 1 期　p. 28

李正宇　《下女夫詞》研究　《敦煌研究》1987 年第 2 期　p. 41

周紹良　趙和平　書儀　《敦煌語言文學研究通訊》1987 年第 4 期　p. 2　又見:敦煌文學　甘肅人
　　民出版社　1989　p. 48

周一良　"賜無畏"及其他:讀《敦煌變文集》劄記　1983 年全國敦煌學術討論會文集·文史遺書編
　　(下)　甘肅人民出版社　1987　p. 244

周一良　敦煌寫本書儀考(之二)　敦煌吐魯番文獻研究論集(第四輯)　北京大學出版社　1987
　　p. 27、35　又見:唐五代書儀研究　中國社會科學出版社　1995　p. 81

陳國燦　唐五代敦煌縣鄉里制的演變　《敦煌研究》1989 年第 3 期　p. 47

譚蟬雪　祭文　敦煌文學　甘肅人民出版社　1989　p. 122

池田溫　中國古代寫本識語集録　(東京)大藏出版株式會社　1990　p. 423

霍巍　宋元時期的敦煌葬俗　《敦煌研究》1990 年第 1 期　p. 42

趙和平　敦煌寫本書儀略論　敦煌吐魯番學研究論文集　漢語大詞典出版社　1990　p. 565、598
　　又見:唐五代書儀研究　中國社會科學出版社　1995　p. 3、35

林聰明　敦煌文書學　(臺北)新文豐出版公司　1991　p. 294

譚蟬雪　三教融合的敦煌喪俗　《敦煌研究》1991 年第 3 期　p. 74

姜伯勤　敦煌社會文書導論　(臺北)新文豐出版公司　1992　p. 25

陶秋英輯録　姜亮夫校訂　敦煌經卷題名録　敦煌碎金　浙江古籍出版社　1992　p. 79

杜琦　敦煌文學概論　甘肅人民出版社　1993　p. 515

李正宇　敦煌文學概論　甘肅人民出版社　1993　p. 150

項楚　敦煌詩歌導論　(臺北)新文豐出版公司　1993　p. 218

趙和平　敦煌寫本書儀研究　(臺北)新文豐出版公司　1993　p. 14、66、594

周一良　唐代的書儀與中日文化關係　中日文化關係史論　江西人民出版社　1993　p. 65

沃興華　敦煌書法藝術　上海人民出版社　1994　p. 39

徐俊　敦煌學郎詩作者問題考略　《文獻》1994 年第 2 期　p. 17

鄭炳林　馮培紅　讀《中國古代寫本識語集録》劄記　《西北史地》1994 年第 4 期　p. 49

白化文　李鼎霞　《諸文要集》殘卷校録　敦煌學國際研討會文集・史地語文編　遼寧美術出版社 1995　p. 417

謝海平　從應用文教學觀點看伯三四四二杜友晉《吉凶書儀》　全國敦煌學研討會論文集　（臺北）中正大學中國文學系所　1995　p. 290 注 27

周一良　趙和平　敦煌寫本書儀中所見的唐代婚喪禮俗　唐五代書儀研究　中國社會科學出版社 1995　p. 295

周一良　趙和平　唐代的書儀與中日文化關係　唐五代書儀研究　中國社會科學出版社　1995 p. 336

周一良　趙和平　晚唐五代時的三種吉凶書儀寫卷研究　唐五代書儀研究　中國社會科學出版社 1995　p. 201

陳金木　唐寫本論語鄭氏注研究（上）　（臺北）文津出版社　1996　p. 29

段小强　敦煌文書所反映的古代喪禮　《敦煌學輯刊》1996 年第 2 期　p. 44　又見：《西北民族研究》1999 年第 1 期　p. 210

姜伯勤　敦煌悉磨遮爲蘇摩遮樂舞考　《敦煌研究》1996 年第 3 期　p. 11

姜伯勤　敦煌藝術宗教與禮樂文明　中國社會科學出版社　1996　p. 439

黃亮文　評《敦煌寫本書儀研究》　唐研究（第三卷）　北京大學出版社　1997　p. 498

張廣達　“歡佛”與“歡齋”　慶祝鄧廣銘教授九十華誕論文集　河北教育出版社　1997　p. 68

劉濤　敦煌書法　敦煌學大辭典　上海辭書出版社　1998　p. 274

劉濤　王羲之蘭亭序　敦煌學大辭典　上海辭書出版社　1998　p. 278

譚蟬雪　臨壙設祭　敦煌學大辭典　上海辭書出版社　1998　p. 442

徐俊　唐五代長沙窯瓷器題詩校證　唐研究（第四卷）　北京大學出版社　1998　p. 72、80、91

趙和平　《敦煌寫本書儀研究》訂補　敦煌吐魯番研究（第三卷）　北京大學出版社　1998　p. 245

趙和平　新定書儀鏡　敦煌學大辭典　上海辭書出版社　1998　p. 419

趙和平　新集吉凶書儀、凶儀卷下　敦煌學大辭典　上海辭書出版社　1998　p. 421

姜伯勤　唐禮與敦煌發現的書儀　敦煌文藪（下）　（臺北）新文豐出版公司　1999　p. 16

楊秀清　淺談唐、宋時期敦煌地區的學生生活　《敦煌研究》1999 年第 4 期　p. 142

金岡照光　敦煌文獻と中國文學　（東京）五曜書房　2000　p. 32

徐俊　敦煌詩集殘卷輯考　中華書局　2000　p. 319、456、744、775

顏廷亮　敦煌文化　光明日報出版社　2000　p. 215

楊秀清　華戎交會的都市：敦煌與絲綢之路　甘肅人民出版社　2000　p. 103

張錫厚　敦煌文學源流　作家出版社　2000　p. 71

陳尚君　評《敦煌詩集殘卷輯考》　敦煌吐魯番研究（第五卷）　北京大學出版社　2001　p. 388

雷聞　評《中國禮制史・隋唐五代卷》　唐研究（第七卷）　北京大學出版社　2001　p. 533

史睿　敦煌吉凶書儀與東晉南朝禮俗　敦煌文獻論集：紀念藏經洞發現一百周年國際學術研討會論文集　遼寧人民出版社　2001　p. 410

周一良　賜無畏及其他：讀《敦煌變文集》劄記　魏晉南北朝史論集續編　北京大學出版社　2001 p. 282

周一良　魏晉南北朝史論集續編　北京大學出版社　2001　p. 233

陳國燦　敦煌學史事新證　甘肅教育出版社　2002　p. 377

姜亮夫　敦煌莫高窟年表　姜亮夫全集（十一）　雲南人民出版社　2002　p. 396

吳麗娛　唐禮摭遺：中古書儀研究　商務印書館　2002　p. 50、65、224

徐俊　敦煌寫本詩歌續考　《敦煌研究》2002 年第 5 期　p. 70

趙和平　唐五代書儀的主要内容及其學術價值　敦煌與絲路文化學術講座（第一輯）　北京圖書館
　　　出版社　2003　p. 223

高啓安　唐五代敦煌飲食文化研究　民族出版社　2004　p. 282

胡同慶　安忠義　佛教藝術　敦煌文藝出版社　2004　p. 298

柴劍虹　敦煌與西部開發　敦煌與絲路文化學術講座（第二輯）　北京圖書館出版社　2005　p. 410

劉屹　上博本《曹元深祭神文》的幾個問題　敦煌學國際研討會論文集　北京圖書館出版社　2005
　　　p. 153

孫猛　《日本國見在書目録》（經部、史部、集部）失考書考　域外漢籍研究集刊（第二輯）　中華書局
　　　2006　p. 229

吳麗娛　正禮與時俗：論民間書儀與唐朝禮制的同期互動　敦煌吐魯番研究（第九卷）　中華書局
　　　2006　p. 181

P. 2623

王重民　敦煌本曆日之研究　《東方雜誌》1937 年第 34 卷　又見：中國敦煌學百年文庫・科技卷
　　　甘肅文化出版社　1999　p. 25

向達　記敦煌石室出晉天福十年寫本壽昌縣地境　《北平圖書館圖書季刊》1944 年新第 5 卷第 4 期
　　　p. 11　又見：唐代長安與西域文明　三聯書店　1957　p. 438

羅福頤　敦煌石室文物對於學術上的貢獻　《歷史教學》1951 年第 5 期　又見：中國敦煌學百年文
　　　庫・考古卷（四）　甘肅文化出版社　1999　p. 12

那波利貞　唐寫本雜抄考——唐代庶民教育史研究の一資料　唐代社會文化史研究・第二編　（東
　　　京）創文社　1974　p. 206

王重民　敦煌古籍叙録　中華書局　1979　p. 122

施萍婷　敦煌與莫高窟　《敦煌研究》1981 年試刊第 1 期　p. 162

蘇瑩輝　敦煌學概要　（臺北）編譯館“中華叢書編委會”　1981　p. 44、174

周丕顯　敦煌科技書卷叢談　《敦煌學輯刊》1981 年第 2 期　p. 53

饒宗頤　論七曜與十一曜：記敦煌開寶七年（九七四）康遵批命課　選堂集林・史林　（香港）中華書
　　　局　1982　p. 786　又見：饒宗頤史學論著選　上海古籍出版社　1993　p. 586；饒宗頤東方學
　　　論集　汕頭大學出版社　1999　p. 126

董作賓　敦煌紀年　敦煌學文選（上）　蘭州大學歷史系敦煌學研究室等　1983　p. 35

施萍婷　本所藏《酒帳》研究　《敦煌研究》1983 年創刊號　p. 148

蘇瑩輝　敦煌藝文略　敦煌論集　（臺北）學生書局　1983　p. 382

蘇瑩輝　瓜沙史事叢考　（臺北）商務印書館　1983　p. 74

王重民　敦煌本曆日之研究　敦煌遺書論文集　中華書局　1984　p. 117

高明士　唐代敦煌的教育　漢學研究（敦煌學國際研討會論文專號）　（臺北）漢學研究資料及服務
　　　中心　1986　p. 248

李正宇　唐宋時代的敦煌學校　《敦煌研究》1986 年第 1 期　p. 43、47 注 18

王重民原編　黃永武新編　敦煌古籍叙録新編（第七册）　（臺北）新文豐出版公司　1986　p. 16

姜亮夫　敦煌經卷題名録　敦煌學論文集　上海古籍出版社　1987　p. 1069

施萍婷　敦煌曆日研究　1983 年全國敦煌學術討論會文集・文史遺書編（上）　甘肅人民出版社
　　　1987　p. 306、313、341

舒學　敦煌漢文遺書中雕版印刷資料綜叙　敦煌語言文學研究　北京大學出版社　1988　p. 298

張錫厚　敦煌詩歌考論　《敦煌學輯刊》1989 年第 2 期　p. 11

高國藩　敦煌古俗與民俗流變　河海大學出版社　1990　p. 310

項楚　敦煌變文選注　巴蜀書社　1990　p. 319

蕭登福　從敦煌寫卷中看道教星斗崇拜對佛經之影響　第二屆敦煌學國際研討會論文集　（臺北）
　　漢學研究中心　1990　p. 350

林聰明　敦煌文書學　（臺北）新文豐出版公司　1991　p. 380、411 注 6

姜伯勤　敦煌社會文書導論　（臺北）新文豐出版公司　1992　p. 86、103

陶秋英輯録　姜亮夫校訂　敦煌經卷題名録　敦煌碎金　浙江古籍出版社　1992　p. 93

李正宇　敦煌文學概論　甘肅人民出版社　1993　p. 100

茅甘　敦煌寫本中的"九宮圖"　法國學者敦煌學論文選萃　中華書局　1993　p. 302

蕭登福　道教星斗符印與佛教密宗　（臺北）新文豐出版公司　1993　p. 65

張錫厚　敦煌文學概論　甘肅人民出版社　1993　p. 359

劉進寶　敦煌學論述　（臺北）洪葉文化事業有限公司　1995　p. 286

饒宗頤　跋：從"河圖"、"洛書"、"陰陽五行"、"八卦"在西藏看古代哲學思想的交流　華學（第一輯）
　　中山大學出版社　1995　p. 257

鄧文寬　敦煌天文曆法文獻輯校　江蘇古籍出版社　1996　p. 506

李正宇　敦煌史地新論　（臺北）新文豐出版公司　1996　p. 183、192 注 18

榮新江　歸義軍史研究　上海古籍出版社　1996　p. 27

施萍婷　敦煌遺書編目雜記二則　敦煌吐魯番研究（第一卷）　北京大學出版社　1996　p. 327

張錫厚　探幽發微　佚篇薈萃：讀《敦煌賦校注》　《西北師大學報》（社會科學版）1996 年第 1 期
　　p. 73

鄭炳林　敦煌碑銘讚輯釋　甘肅教育出版社　1997　p. 59 注 9

鄧文寬　顯德六年己未歲具注曆日並序　敦煌學大辭典　上海辭書出版社　1998　p. 609

顧吉辰　敦煌文獻職官結銜考釋　《敦煌學輯刊》1998 年第 2 期　p. 34

李正宇　翟奉達　敦煌學大辭典　上海辭書出版社　1998　p. 363

榮新江　歸義軍大事紀年初稿　出土文獻研究（第三輯）　文物出版社　1998　p. 249

陸離　敦煌文書中的博士與教授　《敦煌學輯刊》1999 年第 1 期　p. 91

汪泛舟　敦煌詩述異　《敦煌研究》1999 年第 4 期　p. 16

顏廷亮　敦煌文化　光明日報出版社　2000　p. 184、407

張錫厚　敦煌文學源流　作家出版社　2000　p. 38

林聰明　敦煌吐魯番文書解詁指例　（臺北）新文豐出版公司　2001　p. 198

蔡忠霖　敦煌漢文寫卷俗字及其現象　（臺北）文津出版社　2002　p. 22

鄧文寬　敦煌吐魯番天文曆法研究　甘肅教育出版社　2002　p. 179

姜亮夫　敦煌莫高窟年表　姜亮夫全集（十一）　雲南人民出版社　2002　p. 478、541

馬繼興　當前世界各地收藏的中國出土卷子本古醫藥文獻備考　敦煌吐魯番研究（第六卷）　北京
　　大學出版社　2002　p. 147

P. 2624

高國藩　敦煌民俗學　上海文藝出版社　1989　p. 475

張錫厚　敦煌詩歌考論　《敦煌學輯刊》1989 年第 2 期　p. 22

張錫厚　詩歌　敦煌文學　甘肅人民出版社　1989　p. 169

周紹良　敦煌文學芻議及其它　（臺北）新文豐出版公司　1992　p. 29

高國藩　敦煌民俗資料導論　（臺北）新文豐出版公司　1993　p. 177

項楚　敦煌詩歌導論　（臺北）新文豐出版公司　1993　p. 197

張錫厚　敦煌文學概論　甘肅人民出版社　1993　p. 361

鄭汝中　唐代書法藝術與敦煌寫卷　敦煌書法庫（第四輯）　甘肅人民美術出版社　1994　p. 11
又見:《敦煌研究》1996 年第 2 期　p. 127

劉進寶　敦煌學論述　（臺北）洪葉文化事業有限公司　1995　p. 326

吳庚舜　董乃斌　唐代文學史（下）　人民文學出版社　1995　p. 616

徐俊　敦煌寫本唐人詩歌存佚互見綜考　敦煌吐魯番研究（第一卷）　北京大學出版社　1996
p. 130

柴劍虹　詠廿四節氣詩　敦煌學大辭典　上海辭書出版社　1998　p. 563

姜伯勤　道釋相激:道教在敦煌　道家文化研究（第十三輯）　三聯書店　1998　p. 70

譚蟬雪　敦煌歲時文化導論　（臺北）新文豐出版公司　1998　p. 39、431

杜琪　敦煌詩賦作品要目分類題注　《甘肅社會科學》2000 年第 1 期　p. 63

孫其芳　大漠遺歌:敦煌詩歌選評　甘肅人民出版社　2000　p. 179

徐俊　敦煌詩集殘卷輯考　中華書局　2000　p. 99、280

顏廷亮　西陲文學遺珍:敦煌文學通俗談　甘肅人民出版社　2000　p. 93

張錫厚　敦煌文學源流　作家出版社　2000　p. 65

劉進寶　敦煌學通論　甘肅教育出版社　2002　p. 372

王卡　敦煌道教文獻研究　中國社會科學出版社　2004　p. 14、46、240

包菁萍　敦煌文獻《詠廿四氣詩》輯校　《敦煌研究》2005 年第 1 期　p. 88

王卡　敦煌道教綜述　敦煌與絲路文化學術講座（第二輯）　北京圖書館出版社　2005　p. 383

汪泛舟　敦煌俗別字新考（上）　《敦煌研究》2006 年第 1 期　p. 108

余欣　唐宋時代敦煌的鎮宅術　敦煌吐魯番研究（第九卷）　中華書局　2006　p. 362

鍾書林　《禪門秘要訣》校補　《敦煌學輯刊》2006 年第 1 期　p. 137

P. 2625

饒宗頤　吳建衡二年索紞寫本道德經殘卷考證　（香港）《東方文化》1955 年第 2 卷第 1 期　p. 22

羽田亨　敦煌遺書活字本第一集解題　羽田博士史學論文集（上卷）·歷史篇　（東京）東洋史研究
會　1957　p. 582

蘇瑩輝　再論唐時敦煌陷蕃的年代　（臺北）《大陸雜誌》1963 年第 5 期　又見:敦煌論集　（臺北）
學生書局　1983　p. 227；中國敦煌學百年文庫·歷史卷（一）　甘肅文化出版社　1999
p. 273

史葦湘　世族與石窟　敦煌研究文集　甘肅人民出版社　1982　p. 163 注 1、164 注 7

史葦湘　絲綢之路上的敦煌與莫高窟　敦煌研究文集　甘肅人民出版社　1982　p. 115 注 2、43

榮新江　敦煌卷子劄記四則　敦煌吐魯番文獻研究論集（第二輯）　北京大學出版社　1983　p. 631

饒宗頤解說　林宏作譯　敦煌書法叢刊（第二四卷）·寫經（五）　（東京）二玄社　1984　p. 53

王素　高昌令狐氏的由來　學林漫錄（九集）　中華書局　1984　p. 188 注 1

梁尉英　張芝籍貫辨　《敦煌研究》1985 年第 2 期　p. 149

饒宗頤解說　林宏作譯　敦煌書法叢刊（第十五卷）·牒狀（二）　（東京）二玄社　1985　p. 88

史葦湘　敦煌莫高窟的《寶雨經變》　1983 年全國敦煌學術討論會文集·石窟藝術編（上）　甘肅人
民出版社　1985　p. 83 注 19

賀世哲　從供養人題記看莫高窟部分洞窟的營建年代　敦煌莫高窟供養人題記　文物出版社　1986

p. 203

唐耕耦　陸宏基　敦煌社會經濟文獻真迹釋録(一)　書目文獻出版社　1986　p. 99

陳國燦　武周瓜沙地區的吐谷渾歸朝事迹:對吐魯番墓葬新出敦煌軍事文書的探討　1983 年全國敦
煌學術討論會文集·文史遺書編(上)　甘肅人民出版社　1987　p. 26 注 19

姜伯勤　唐五代敦煌寺戶制度　中華書局　1987　p. 14

馬德　《莫高窟記》淺議　《敦煌學輯刊》1987 年第 2 期　p. 130

王仲犖　《新集天下姓望氏族譜》考釋　嶭華山館叢稿　中華書局　1987　p. 376

鄭炳林　敦煌地理文書彙輯校注　甘肅教育出版社　1989　p. 110

陳國燦　唐五代瓜沙歸義軍軍鎮的演變　敦煌吐魯番文書初探(二編)　武漢大學出版社　1990
p. 579 注 11

鄧文寬　歸義軍張氏家族的封爵與郡望　敦煌吐魯番學研究論文集　漢語大詞典出版社　1990
p. 608

榮新江　《唐刺史考》補遺　《文獻》1990 年第 2 期　p. 81　又見:敦煌學新論　甘肅教育出版社
2002　p. 260

白須淨真　唐代の折衝府の等級と西州の折衝府等級に關する覺書(3)　『吐魯番出土文物研究會
會報』(69 號)　(東京)吐魯番出土文物研究會　1991　p. 3

荒川正晴　吐魯番出土文物研究情報集録　『吐魯番出土文物研究會會報』(1－50 號·13)　(東
京)吐魯番出土文物研究會　1991　p. 60

林聰明　敦煌文書學　(臺北)新文豐出版公司　1991　p. 397

尤成民　漢代河西的豪强大姓　《敦煌學輯刊》1991 年第 1 期　p. 41

姜伯勤　敦煌社會文書導論　(臺北)新文豐出版公司　1992　p. 43、46

王仲犖　敦煌石室出《沙州都督府圖經》殘卷考釋　《中國歷史地理論叢》1992 年第 1 輯　又見:中
國敦煌學百年文庫·地理卷(二)　甘肅文化出版社　1999　p. 362

張涌泉　敦煌寫卷俗字類型及其考辨的方法　(香港)《九州學刊》(敦煌學專輯)1992 年第 4 卷第 4
期　p. 81

荒川正晴著　王忻譯　唐政府對西域布帛的運送及客商的活動　《敦煌學輯刊》1993 年第 2 期
p. 113

李正宇　敦煌文學概論　甘肅人民出版社　1993　p. 131

王仲犖　《沙州都督府圖經》殘卷考釋　敦煌石室地志殘卷考釋　上海古籍出版社　1993　p. 134

張涌泉　俗字研究與大型字典的編纂　中國典籍與文化論叢(第一輯)　中華書局　1993　p. 469

鄭炳林　《索崇恩和尚修功德記》考釋　《敦煌研究》1993 年第 2 期　p. 61

姜伯勤　敦煌邈真讚與敦煌望族　敦煌邈真讚校録並研究　(臺北)新文豐出版公司　1994　p. 1、
4、11、19

鄭炳林　《索勳紀德碑》研究　《敦煌學輯刊》1994 年第 2 期　p. 65

李正宇　《沙州都督府圖經卷第三》劄記(二)　《敦煌研究》1995 年第 4 期　p. 111

梁尉英　敦煌佛傳概觀及其中國化之特點　敦煌學國際研討會文集·石窟藝術編　遼寧美術出版社
1995　p. 342

張涌泉　漢語俗字研究　岳麓書社　1995　p. 177

鄭炳林　羊萍　敦煌本夢書　甘肅文化出版社　1995　p. 319

郭鋒　晉唐士族的郡望與士族等級的判定標準　唐研究(第二卷)　北京大學出版社　1996　p. 263
注 38

宿白　《莫高窟記》跋　中國石窟寺考古　文物出版社　1996　p. 202 注 12

楊偉　從敦煌文書中看古代西部移民　《敦煌研究》1996 年第 4 期　p. 98

李正宇　敦煌歷史地理導論　（臺北）新文豐出版公司　1997　p. 129、270

楊際平　郭鋒　張和平　五—十世紀敦煌的家庭與家族關係　岳麓書社　1997　p. 3

張涌泉　敦煌文獻校讀易誤字例釋　敦煌文學論集　四川人民出版社　1997　p. 271

鄭炳林　敦煌碑銘讚輯釋　甘肅教育出版社　1997　p. 96 注 14

鄭炳林　論晚唐敦煌文士張球即張景球　文史（第四十三輯）　中華書局　1997　p. 116

鄭炳林　唐五代敦煌種植林業研究　敦煌歸義軍史專題研究　蘭州大學出版社　1997　p. 199

陳國燦　吐魯番出土文獻所見之唐代軍府　魏晉南北朝隋唐史資料（第 16 輯）　武漢大學出版社
　　1998　p. 83

董志翹　敦煌文書詞語考釋　《敦煌研究》1998 年第 1 期　p. 132

荒川正晴　關於唐向西域輸送布帛與客商的關係　魏晉南北朝隋唐史資料（第 16 輯）　武漢大學出
　　版社　1998　p. 349

沙知　敦煌吐魯番文獻所見唐軍府名掇拾　《敦煌學輯刊》1998 年第 1 期　p. 4

沙知　望雲府　敦煌學大辭典　上海辭書出版社　1998　p. 393

沙知　陰平府　敦煌學大辭典　上海辭書出版社　1998　p. 395

唐耕耦　敦煌名族志　敦煌學大辭典　上海辭書出版社　1998　p. 453

汪泛舟　陰守忠　敦煌學大辭典　上海辭書出版社　1998　p. 345

汪泛舟　陰嗣瑗　敦煌學大辭典　上海辭書出版社　1998　p. 345

王素　高昌史稿·統治編　文物出版社　1998　p. 91 注 2、318

楊森　索䫂　敦煌學大辭典　上海辭書出版社　1998　p. 338

池田溫　唐朝氏族志研究——關於《敦煌名族志》殘卷　唐研究論文選集　中國社會科學出版社
　　1999　p. 69

黃征　程惠新　劫塵遺珠：敦煌遺書　甘肅教育出版社　1999　p. 179

姜伯勤　論池田溫先生的唐研究　唐研究論文選集　中國社會科學出版社　1999　p. 17

金瀅坤　吐蕃沙州都督考　《敦煌研究》1999 年第 3 期　p. 89

程存潔　略論唐王朝對西北邊城的經營　’98 法門寺唐文化國際學術討論會論文集　陝西人民出版
　　社　2000　p. 416

劉進寶　敦煌歷史文化　甘肅人民出版社　2000　p. 86

劉進寶　敦煌文書與唐史研究　（臺北）新文豐出版公司　2000　p. 110

榮新江　敦煌學十八講　北京大學出版社　2001　p. 23、212

榮新江　評《古本敦煌鄉土志八種箋證》　敦煌吐魯番研究（第五卷）　北京大學出版社　2001
　　p. 421

榮新江　中古中國與外來文明　三聯書店　2001　p. 262

施新榮　也談高昌麴氏之郡望　《西域研究》2001 年第 3 期　p. 59 注 1

曾良　敦煌文獻字義通釋　廈門大學出版社　2001　p. 172

劉進寶　敦煌學通論　甘肅教育出版社　2002　p. 53

史葦湘　敦煌歷史與莫高窟藝術研究　甘肅教育出版社　2002　p. 125、312

王素　敦煌吐魯番文獻　文物出版社　2002　p. 141

劉安志　敦煌吐魯番文書所見唐代“都司”考　《吐魯番學研究》2003 年第 1 期　p. 24　又見：魏晉
　　南北朝隋唐史資料（第 20 輯）　武漢大學出版社　2003　p. 206

宋曉梅　高昌國：西元五至七世紀絲綢之路上的一個移民小社會　中國社會科學出版社　2003
　　p. 96

王惠民　敦煌隋至初唐的彌勒圖像考察　2000 年敦煌學國際學術討論會文集・石窟考古卷　甘肅民族出版社　2003　p. 49

曾良　敦煌文獻字義劄記　2000 年敦煌學國際學術討論會文集・歷史文化卷（下）　甘肅民族出版社　2003　p. 464

鄭炳林　晚唐五代敦煌村莊聚落輯考　2000 年敦煌學國際學術討論會文集・歷史文化卷（上）　甘肅民族出版社　2003　p. 135

孟憲實　漢唐文化與高昌歷史　齊魯書社　2004　p. 348

施新榮　《高昌書儀》初探　《吐魯番學研究》2004 年第 1 期　p. 98 注 1

張清濤　武則天時代的敦煌陰氏及有關洞窟　2004 年石窟研究國際學術會議論文提要集　敦煌研究院　2004　p. 94

鄭炳林　徐曉莉　晚唐五代敦煌歸義軍政權的婚姻關係研究　敦煌學（第 25 輯）（臺北）樂學書局有限公司　2004　p. 563

馮培紅　漢晉敦煌大族略論　《敦煌學輯刊》2005 年第 2 期　p. 101

鄭炳林　敦煌寫本解夢書校錄研究　民族出版社　2005　p. 12

馮培紅　歸義軍鎮制考　敦煌吐魯番研究（第九卷）　中華書局　2006　p. 264、273

P. 2626

三木榮　西域出土醫藥關係文獻綜合解說目錄　『東洋學報』（47 卷 1 號）（東京）東洋學術協會　1964　p. 5

池田溫　中國古代籍帳研究：概觀・錄文　東京大學東洋文化研究所　1979　p. 482

盧向前　關於歸義軍時期一份布紙破用曆的研究：試釋伯四六四〇背面文書　敦煌吐魯番文獻研究論集（第三輯）　北京大學出版社　1986　p. 411 注 25　又見：敦煌吐魯番文書論稿　江西人民出版社　1992　p. 118 注 25

唐耕耦　陸宏基　敦煌社會經濟文獻真迹釋錄（一）　書目文獻出版社　1986　p. 468

吳麗娛　張小舟　唐代車坊的研究　敦煌吐魯番文獻研究論集（第三輯）　北京大學出版社　1986　p. 281 注 6

荒川正晴　唐河西以西の傳馬坊と長行坊　『東洋學報』（70 卷 3・4 號）（東京）東洋文庫　1989　p. 58

李并成　從敦煌文牒檔案看盛唐時期河西農戶對國家的糧食貢獻　《檔案》1989 年第 4 期　p. 43

李并成　唐代前期河西走廊農田開墾面積估算　《檔案》1989 年第 6 期　p. 39

唐耕耦　8 至 10 世紀敦煌的物價　紀念陳寅恪教授國際學術討論會文集　中山大學出版社　1989　p. 527

李并成　唐代瓜州（晉昌郡）治所及其有關城址的調查與考證　《敦煌研究》1990 年第 3 期　p. 27

李并成　唐代前期河西走廊的農業開發　《中國農史》1990 年第 1 期　p. 14

李錦繡　唐開元二十二年秋季沙州會計曆考釋　敦煌吐魯番學研究論文集　漢語大詞典出版社　1990　p. 917

上山大峻　敦煌佛教の研究　（京都）法藏館　1990　p. 409

李并成　鎖陽城遺址及其故墾區沙漠化過程考證　《中國沙漠》1991 年第 2 期　p. 23

羅彤華　唐代官本放貸初探——州縣公廨本錢之研究　第四屆唐代文化學術研討會論文集　（臺南）成功大學　1991　p. 659

中村裕一　唐代官文書研究　（京都）中文出版社　1991　p. 494

李錦繡　試論唐代的稅草制度　文史（第三十三輯）　中華書局　1992　p. 111

尹偉先　從敦煌文書看唐代河西地區的貨幣流通　《社科縱橫》1992年第6期　又見：中國敦煌學百年文庫・歷史卷（二）　甘肅文化出版社　1999　p. 339

王永興　吐魯番出土唐西州某縣事目文書研究　國學研究（第一卷）　北京大學出版社　1993　p. 361

李并成　瓜沙二州間一塊消失了的綠洲　《敦煌研究》1994年第3期　p. 77

李明偉　隋唐絲綢之路　甘肅人民出版社　1994　p. 265

王進玉　敦煌石窟探秘　四川教育出版社　1994　p. 19

王永興　敦煌經濟文書導論　（臺北）新文豐出版公司　1994　p. 337、424

王永興　唐代前期西北軍事研究　中國社會科學出版社　1994　p. 373

李并成　唐代瓜沙二州間驛站考　敦煌學國際研討會文集・史地語文編　遼寧美術出版社　1995　p. 207　又見：《歷史地理》1996年第13輯；中國敦煌學百年文庫・地理卷（二）　甘肅文化出版社　1999　p. 165

李錦繡　唐代財政史稿・上卷（第一分冊）　北京大學出版社　1995　p. 200、278

譚真　敦煌隋唐時期醫事狀況　敦煌學國際研討會文集・石窟考古編　遼寧美術出版社　1995　p. 406

姜伯勤　敦煌藝術宗教與禮樂文明　中國社會科學出版社　1996　p. 315

李并成　李春元　瓜沙史地研究　甘肅文化出版社　1996　p. 5、136

李正宇　敦煌遺書P. 2691寫本的定性與正名　慶祝潘石禪先生九秩華誕敦煌學特刊　（臺北）文津出版社　1996　p. 119

譚蟬雪　敦煌馬文化　《敦煌研究》1996年第1期　p. 116

田中良昭　《禪籍解題（一）・敦煌禪籍》補遺　俗語言研究（第三期）　（東京）禪文化研究所　1996　p. 213

李并成　甘肅境內遺存的古城址　《文史知識》1997年第6期　p. 62

李正宇　唐瓜州常樂縣"拔河帝山"考　周紹良先生欣開九秩慶壽文集　中華書局　1997　p. 118

唐耕耦　敦煌寺院會計文書研究　（臺北）新文豐出版公司　1997　p. 412

鄭炳林　敦煌碑銘讚輯釋　甘肅教育出版社　1997　p. 242 注5

鄭炳林　唐五代敦煌的醫事研究　敦煌歸義軍史專題研究　蘭州大學出版社　1997　p. 524

陳國燦　階亭坊　敦煌學大辭典　上海辭書出版社　1998　p. 382

陳國燦　天寶四載豆盧軍和糴會計牒　敦煌學大辭典　上海辭書出版社　1998　p. 416

姜伯勤　道釋相激：道教在敦煌　道家文化研究（第十三輯）　三聯書店　1998　p. 76

李斌城　隋唐五代社會生活史　中國社會科學出版社　1998　p. 484

李并成　養馬城考　《敦煌研究》1998年第2期　p. 148

李錦繡　唐代制度史略論稿　中國政法大學出版社　1998　p. 346

李正宇　古本敦煌鄉土志八種箋證　（臺北）新文豐出版公司　1998　p. 279

孫曉林　函馬　敦煌學大辭典　上海辭書出版社　1998　p. 402

張亞萍　唐五代敦煌地區的駱駝牧養業　《敦煌學輯刊》1998年第1期　p. 59

張亞萍　唐五代歸義軍政府牧馬業研究　《敦煌學輯刊》1998年第2期　p. 56

高啓安　唐五代至宋敦煌的量器及量制　《敦煌學輯刊》1999年第1期　p. 61

蘇金花　唐、五代敦煌地區的商品貨幣形態　《敦煌研究》1999年第2期　p. 93

程存潔　略論唐王朝對西北邊城的經營　'98法門寺唐文化國際學術討論會論文集　陝西人民出版社　2000　p. 418

王素　高昌史稿・交通編　文物出版社　2000　p. 537

杜正乾　唐病坊表徵　《敦煌研究》2001 年第 1 期　p. 124

高啓安　從莫高窟壁畫看唐五代敦煌人的坐具和飲食坐姿(上)　《敦煌研究》2001 年第 3 期　p. 22

鄧文寬　敦煌吐魯番天文曆法研究　甘肅教育出版社　2002　p. 313

高啓安　莫高窟第 61 窟"五臺山靈口之店推磨圖"之我見　《敦煌學輯刊》2002 第 1 期　p. 112

馮培紅　唐五代敦煌官府宴設機構考略　2000 年敦煌學國際學術討論會文集·歷史文化卷(上)
　　甘肅民族出版社　2003　p. 179

洪藝芳　敦煌社會經濟文書中的唐五代新興量詞研究　敦煌學(第 24 輯)　(臺北)樂學書局有限公
　　司　2003　p. 96

李并成　敦煌文獻與西北生態環境變遷研究　漢語史學報專輯(第三輯)　上海教育出版社　2003
　　p. 392

李并成　盛唐時期河西走廊的區位特點與開發　唐代地域結構與運作空間　上海辭書出版社　2003
　　p. 91

童丕　敦煌的借貸:中國中古時代的物質生活與社會　中華書局　2003　p. 39

高啓安　唐五代敦煌飲食文化研究　民族出版社　2004　p. 61、182

黑維強　吐魯番出土文書詞語例釋(二)　《敦煌學輯刊》2005 年第 2 期　p. 189

乜小紅　吐魯番所出唐代文書中的官營畜牧業　《敦煌研究》2005 年第 6 期　p. 74

P. 2627

王重民　敦煌古籍敘錄　中華書局　1979　p. 76

蘇瑩輝　七十年來之敦煌學研究概述　《珠海學報》1981 年第 12 期　又見:中國敦煌學百年文庫·
　　綜述卷(二)　甘肅文化出版社　1999　p. 361

傅芸子　敦煌俗文學之發見及其展開　敦煌變文論文錄　上海古籍出版社　1982　p. 137

蘇瑩輝　近三十年國際研究"敦煌學"之回顧與前瞻　《書目季刊》1982 年第 60 卷第 2 期　又見:中
　　國敦煌學百年文庫·綜述卷(三)　甘肅文化出版社　1999　p. 14

張鴻勳　敦煌講唱伎藝搬演考略　《敦煌學輯刊》1982 年第 3 期　p. 65

王重民　敦煌本《王陵變文》　敦煌遺書論文集　中華書局　1984　p. 266

饒宗頤　敦煌書法叢刊(第十卷)·經史(八)　(東京)二玄社　1985　p. 3、58

王重民　巴黎敦煌殘卷敘錄(第一輯)　敦煌叢刊初集(九)　(臺北)新文豐出版公司　1985　p. 129

王重民原編　黃永武新編　敦煌古籍敘錄新編(第五冊)　(臺北)新文豐出版公司　1986　p. 1

蘇瑩輝　論敦煌唐代資料在文史藝術及科技諸方面的貢獻　敦煌文史藝術論叢　(臺北)新文豐出
　　版公司　1987　p. 45

李德超　敦煌本孝經校讎　第二屆敦煌學國際研討會論文集　(臺北)漢學研究中心　1990　p. 102

上山大峻　敦煌佛教の研究　(京都)法藏館　1990　p. 18

孫啓治　唐寫本俗別字變化類型舉例　敦煌吐魯番文獻研究論集(第五輯)　北京大學出版社
　　1990　p. 129、132

尾崎康　史籍　敦煌漢文文獻(講座敦煌 5)　(東京)大東出版社　1992　p. 306、314

鄭阿財　敦煌文獻與文學　(臺北)新文豐出版公司　1993　p. 30

胡戟　傅玫　敦煌史話　中華書局　1995　p. 143

鄭阿財　敦煌文獻與唐代字樣學　第六屆中國文字學全國學術研討會論文集　(臺北)"中國文字學
　　會"　1995　p. 264

鄧文寬　敦煌吐魯番文獻重文符號釋讀舉隅　敦煌吐魯番學耕耘錄　(臺北)新文豐出版公司
　　1996　p. 317、325

白化文　史記集解　敦煌學大辭典　上海辭書出版社　1998　p. 775
郝春文　曇曠　敦煌學大辭典　上海辭書出版社　1998　p. 347
平井宥慶　敦煌文書における金剛經疏　金剛般若經の思想的研究　（東京）春秋社　1999　p. 266
謝桃坊　敦煌文化尋繹　四川人民出版社　1999　p. 210
池田溫　李盛鐸舊藏敦煌歸義軍後期社會經濟文書簡介　慶祝吳其昱先生八秩華誕敦煌學特刊
　　（臺北）文津出版社　2000　p. 34
顔廷亮　敦煌文化　光明日報出版社　2000　p. 208
姜亮夫　敦煌莫高窟年表　姜亮夫全集（十一）　雲南人民出版社　2002　p. 198
王素　敦煌吐魯番文獻　文物出版社　2002　p. 140
樊錦詩　玄奘譯經和敦煌壁畫　《敦煌研究》2004 年第 2 期　p. 6
張弓　敦煌四部籍與中古後期社會的文化情境　敦煌學（第 25 輯）　（臺北）樂學書局有限公司
　　2004　p. 315

P. 2628

陳祚龍撰　費海璣譯　蘇瑩輝補注　瓜沙印録　敦煌學概要　（臺北）編譯館"中華叢書編委會"
　　1981　p. 268
王重民原編　黃永武新編　敦煌古籍叙録新編（第四冊）　（臺北）新文豐出版公司　1986　p. 185
孫啓治　唐寫本俗別字變化類型舉例　敦煌吐魯番文獻研究論集（第五輯）　北京大學出版社
　　1990　p. 124
土田健次郎　儒教典籍　敦煌漢文文獻（講座敦煌 5）　（東京）大東出版社　1992　p. 269
李方　敦煌《論語集解》校正　江蘇古籍出版社　1998　p. 830
李方　唐寫本《論語集解》校讀零拾　出土文獻研究（第三輯）　文物出版社　1998　p. 218
段小强　敦煌文書中所見的古代喪儀　《西北民族研究》1999 年第 1 期　p. 217
許建平　BD09523《禮記音義》殘卷跋　《敦煌研究》2003 年第 2 期　p. 77

P. 2629

羅福頤　敦煌石室文物對於學術上的貢獻　《歷史教學》1951 年第 5 期　又見：中國敦煌學百年文
　　庫·考古卷（四）　甘肅文化出版社　1999　p. 12
陳祚龍　瓜沙印録　（臺北）《大陸雜誌》1962 年第 4 期　又見：敦煌學概要　（臺北）編譯館"中華叢
　　書編委會"　1981　p. 267；中國敦煌學百年文庫·考古卷（一）　甘肅文化出版社　1999
　　p. 187
梅村坦　住民の種族構成——敦煌をめぐる諸民族の動向　敦煌の社會（講座敦煌 3）　（東京）大
　　東出版社　1980　p. 203
土肥義和　はじめに——歸義軍節度使の敦煌支配　敦煌の歷史（講座敦煌 2）　（東京）大東出版
　　社　1980　p. 278
陳祚龍　古代敦煌及其他地區流行之公私印章圖記文字録　敦煌學要籥　（臺北）新文豐出版公司
　　1982　p. 330
饒宗頤　穆護歌考　選堂集林·史林　（香港）中華書局　1982　p. 483　又見：饒宗頤史學論著選
　　上海古籍出版社　1993　p. 415
施萍婷　本所藏《酒帳》研究　《敦煌研究》1983 年創刊號　p. 147
盧向前　關於歸義軍時期一份布紙破用曆的研究：試釋伯四六四〇背面文書　敦煌吐魯番文獻研究
　　論集（第三輯）　北京大學出版社　1986　p. 416 注48、417 注40　又見：敦煌吐魯番文書論稿

江西人民出版社 1992 p. 122 注 48

榮新江 歸義軍及其與周邊民族的關係初探 《敦煌學輯刊》1986 年第 2 期 p. 33

姜伯勤 敦煌的“畫行”與“畫院” 1983 年全國敦煌學術討論會文集・石窟藝術編(下) 甘肅人民出版社 1987 p. 184

森安孝夫著 陳俊謀譯 敦煌與西回鶻王國 《西北史地》1987 年第 3 期 p. 126

高國藩 敦煌民俗學 上海文藝出版社 1989 p. 57

山本達郎等 敦煌・IV 納贈曆・納色物曆等 『NUN – HUANG AND TURFAN DOCUMENTS CONCERNING SOCIAL AND ECONOMIC HISTORY』(IV) (東京)東洋文庫 1989 p. 105

張廣達 榮新江 關於敦煌出土于闐文獻的年代及其相關問題 紀念陳寅恪先生誕辰百年學術論文集 北京大學出版社 1989 p. 292

高國藩 敦煌古俗與民俗流變 河海大學出版社 1990 p. 479

劉銘恕 敦煌遺書叢識之四 敦煌吐魯番學研究論文集 漢語大詞典出版社 1990 p. 32

榮新江 西元十世紀沙州歸義軍與西州回鶻的文化交往 第二屆敦煌學國際研討會論文集 (臺北)漢學研究中心 1990 p. 589

施萍婷著 池田溫譯 敦煌研究院、上海圖書館及び天津藝術博物館所藏の敦煌遺書をめぐって 『東洋學報』(72 卷 1・2 號) (東京)東洋文庫 1990 p. 92

唐耕耦 陸宏基 敦煌社會經濟文獻真迹釋録(三) 全國圖書館文獻縮微複製中心 1990 p. 271

林聰明 敦煌文書出處略考 季羨林教授八十華誕紀念論文集(下) 江西人民出版社 1991 p. 859

林聰明 敦煌文書學 (臺北)新文豐出版公司 1991 p. 121、360、393

陸慶夫 略論敦煌民族史料的價值 《敦煌學輯刊》1991 年第 1 期 p. 31

邵文實 唐代後期河西地區的民族遷徙及其後果 《敦煌學輯刊》1992 年第 1、2 期 p. 28

姜伯勤 論高昌胡天與敦煌祆寺 《世界宗教研究》1993 年第 1 期 又見:中國敦煌學百年文庫・宗教卷(三) 甘肅文化出版社 1999 p. 522

譚蟬雪 敦煌祈賽風俗 《敦煌研究》1993 年第 4 期 p. 62

黃盛璋 敦煌寫卷于闐文《克什米爾行程》歷史地理研究 《新疆文物》1994 年第 4 期 又見:中國敦煌學百年文庫・地理卷(二) 甘肅文化出版社 1999 p. 13

姜伯勤 敦煌吐魯番文書與絲綢之路 文物出版社 1994 p. 255

李重申 敦煌馬毬史料探析 《敦煌研究》1994 年第 4 期 p. 172

榮新江 敦煌邈真讚所見歸義軍與東西回鶻的關係 敦煌邈真讚校録並研究 (臺北)新文豐出版公司 1994 p. 115

榮新江 甘州回鶻與曹氏歸義軍 《中國古代史》(先秦至隋唐)1994 年第 3 期 p. 110

榮新江 于闐王國與瓜沙曹氏 《敦煌研究》1994 年第 2 期 p. 113

鄭炳林 敦煌本《張淮深變文》研究 《西北民族研究》1994 年第 1 期 p. 154

鄭炳林 高偉 唐五代敦煌釀酒業初探 《西北史地》1994 第 1 期 p. 30

Л. N. チュグィェフスキ – 著 荒川正晴譯注 ソ連邦科學アカデミ – 東洋學研究所所藏、敦煌寫本における官印と寺印 『吐魯番出土文物研究會會報』(98、99 號) (東京)吐魯番出土文物研究會 1994 p. 4

黃盛璋 敦煌漢文與于闐文書中之龍家及其相關問題 全國敦煌學研討會論文集 (臺北)中正大學中國文學系所 1995 p. 67

劉惠琴 從敦煌文書中看沙州紡織業 《敦煌學輯刊》1995 年第 2 期 p. 53

鄭炳林 羊萍 敦煌本夢書 甘肅文化出版社 1995 p. 308

姜伯勤　敦煌藝術宗教與禮樂文明　中國社會科學出版社　1996　p. 25、498

雷紹鋒　論曹氏歸義軍時期官府之"牧子"《敦煌學輯刊》1996 年第 1 期　p. 42

馬德　敦煌莫高窟史研究　甘肅教育出版社　1996　p. 170

馬德　九、十世紀敦煌工匠史料述論　慶祝潘石禪先生九秩華誕敦煌學特刊　（臺北）文津出版社
　　1996　p. 306

榮新江　歸義軍史研究　上海古籍出版社　1996　p. 28

譚蟬雪　敦煌馬文化　《敦煌研究》1996 年第 1 期　p. 115

鄭炳林　唐五代敦煌粟特人與歸義軍政權　《敦煌研究》1996 年第 4 期　p. 81、91

李正宇　敦煌歷史地理導論　（臺北）新文豐出版公司　1997　p. 58

馬德　敦煌工匠史料　甘肅人民出版社　1997　p. 48、66

榮新江　敦煌藏經洞的性質及其封閉原因　敦煌吐魯番研究（第二卷）　北京大學出版社　1997
　　p. 37

張廣達　唐代祆教圖像再考　唐研究（第三卷）　北京大學出版社　1997　p. 4

鄭炳林　敦煌碑銘讚輯釋　甘肅教育出版社　1997　p. 349 注 8

鄭炳林　唐五代敦煌的粟特人與歸義軍政權　敦煌歸義軍史專題研究　蘭州大學出版社　1997
　　p. 402、422、429

鄭炳林　唐五代敦煌的醫事研究　敦煌歸義軍史專題研究　蘭州大學出版社　1997　p. 526

鄭炳林　唐五代敦煌金山國征伐樓蘭史事考　敦煌歸義軍史專題研究　蘭州大學出版社　1997
　　p. 12

鄭炳林　唐五代敦煌手工業研究　敦煌歸義軍史專題研究　蘭州大學出版社　1997　p. 250、267

鄭炳林　唐五代敦煌畜牧區域研究　敦煌歸義軍史專題研究　蘭州大學出版社　1997　p. 224

鄭炳林　晚唐五代敦煌園圃經濟研究　敦煌歸義軍史專題研究　蘭州大學出版社　1997　p. 310、
　　323

鄭炳林　馮培紅　唐五代歸義軍政權對外關係中的使頭一職　敦煌歸義軍史專題研究　蘭州大學出
　　版社　1997　p. 52

龔方震　晏可佳　祆教史　上海社會科學院出版社　1998　p. 242

李正宇　村莊　敦煌學大辭典　上海辭書出版社　1998　p. 304

馬德　10 世紀敦煌寺曆所記三窟活動　《敦煌研究》1998 年第 2 期　p. 82、86

榮新江　歸義軍大事紀年初稿　出土文獻研究（第三輯）　文物出版社　1998　p. 250

榮新江　南山　敦煌學大辭典　上海辭書出版社　1998　p. 462

沙知　歸義軍節度使新鑄印　敦煌學大辭典　上海辭書出版社　1998　p. 291

譚蟬雪　敦煌歲時文化導論　（臺北）新文豐出版公司　1998　p. 289

譚蟬雪　駝馬神　敦煌學大辭典　上海辭書出版社　1998　p. 449

譚蟬雪　造花樹　敦煌學大辭典　上海辭書出版社　1998　p. 435

譚蟬雪　沙知　賽祆　敦煌學大辭典　上海辭書出版社　1998　p. 449

唐耕耦　捉道人　敦煌學大辭典　上海辭書出版社　1998　p. 409

楊森　晚唐五代兩件《女人社》文書劄記　《敦煌研究》1998 年第 1 期　p. 70

張亞萍　唐五代敦煌地區的駱駝牧養業　《敦煌學輯刊》1998 年第 1 期　p. 59

趙和平　《敦煌寫本書儀研究》訂補　敦煌吐魯番研究（第三卷）　北京大學出版社　1998　p. 241

池田溫　八世紀中葉敦煌的粟特人聚落　唐研究論文選集　中國社會科學出版社　1999　p. 54 注
　　15

馮培紅　客司與歸義軍的外交活動　《敦煌學輯刊》1999 年第 1 期　p. 76

高國藩　敦煌俗文化學　上海三聯書店　1999　p. 82

姜亮夫　敦煌:偉大的文化寶藏　雲南人民出版社　1999　p. 113

林悟殊　波斯瑣羅亞斯德教與中國古代的祆神崇拜　歐亞學刊(第 2 輯)　中華書局　1999　又見:
　　二十世紀中國文史考據文録　雲南人民出版社　2001　p. 1905

丘古耶夫斯基著　魏迎春譯　俄藏敦煌漢文寫卷中的官印及寺院印章　《敦煌學輯刊》1999 年第 1
　　期　p. 144

沙武田　青山慶示所捐敦煌文獻及三件校釋　《敦煌研究》1999 年第 2 期　p. 51

施萍婷　邰惠莉　敦煌研究院藏敦煌文獻叙録　敦煌研究文集:敦煌研究院藏敦煌文獻研究篇　甘
　　肅民族出版社　1999　p. 22

陳永勝　敦煌吐魯番法制文書研究　甘肅人民出版社　2000　p. 129

程存潔　略論唐王朝對西北邊城的經營　'98 法門寺唐文化國際學術討論會論文集　陝西人民出版
　　社　2000　p. 417

高啓安　唐五代敦煌人的飲酒習俗述論　《敦煌研究》2000 年第 3 期　p. 83

華濤　西域歷史研究(8—10 世紀)　上海古籍出版社　2000　p. 93

雷紹鋒　歸義軍賦役制度初探　(臺北)洪葉文化事業有限公司　2000　p. 53

李重申　敦煌古代體育文化　甘肅人民出版社　2000　p. 61

邰惠莉　敦煌寫本《佛圖澄所化經》初探　'98 法門寺唐文化國際學術討論會論文集　陝西人民出版
　　社　2000　p. 265

譚蟬雪　《君者者狀》辨析:河西達怛國的一份書狀　1994 年敦煌學國際研討會文集·宗教文史卷
　　(下)　甘肅民族出版社　2000　p. 101

王藝明　瓜沙州大王印考　《敦煌學輯刊》2000 年第 2 期　p. 44

顏廷亮　敦煌文化　光明日報出版社　2000　p. 282

袁德領　歸義軍時期莫高窟與敦煌寺院的關係　《敦煌研究》2000 年第 3 期　p. 176

林聰明　敦煌吐魯番文書解詁指例　(臺北)新文豐出版公司　2001　p. 98

榮新江　敦煌學十八講　北京大學出版社　2001　p. 91

譚蟬雪　唐宋敦煌歲時佛俗　《敦煌研究》2001 年第 1 期　p. 103

陳國燦　略論吐魯番出土的敦煌文書　《西域研究》2002 年第 3 期　p. 4　又見:《吐魯番學研究》
　　2002 年第 1 期　p. 4；新世紀敦煌學論集　巴蜀書社　2003　p. 54

陳明　印度梵文醫典醫理精華研究　中華書局　2002　p. 84

達照　金剛經讚研究　宗教文化出版社　2002　p. 2、57

杜建録　西夏經濟史　中國社會科學出版社　2002　p. 218

馮培紅　姚桂蘭　歸義軍時期敦煌與周邊地區之間的僧使交往　敦煌佛教藝術文化國際學術研討會
　　論文集　蘭州大學出版社　2002　p. 460

施安昌　故宮藏有關轄戛的敦煌酒帳初探　善本碑帖論集　紫禁城出版社　2002　p. 340

徐曉麗　敦煌石窟所見天公主考辨　《敦煌學輯刊》2002 年第 2 期　p. 82

宗舜　《浙藏敦煌文獻》佛教資料考辨　敦煌吐魯番研究(第六卷)　北京大學出版社　2002　p. 338

陳明　耆婆的形象演變及其在敦煌吐魯番地區的影響　文津學志(第一輯)　北京圖書館出版社
　　2003　p. 154

達照　金剛經讚集　藏外佛教文獻(第九輯)　宗教文化出版社　2003　p. 40

馮培紅　唐五代敦煌官府宴設機構考略　2000 年敦煌學國際學術討論會文集·歷史文化卷(上)
　　甘肅民族出版社　2003　p. 177

韓惠言　甘藏敦煌漢文文獻概況　2000 年敦煌學國際學術討論會文集·歷史文化卷(上)　甘肅民

族出版社　2003　p. 520

榮新江　北朝隋唐胡人聚落的宗教信仰與祆祠的社會功能　唐代宗教信仰與社會　上海辭書出版社　2003　p. 407

榮新江　略談于闐對敦煌石窟的貢獻　2000 年敦煌學國際學術討論會文集・歷史文化卷（上）　甘肅民族出版社　2003　p. 75

森安孝夫著　梁曉鵬摘譯　河西歸義軍節度使官印及其編年　《敦煌學輯刊》2003 年第 1 期　p. 141

沙武田　趙曉星　歸義軍時期敦煌文獻中的太子　《敦煌研究》2003 年第 4 期　p. 46

譚蟬雪　敦煌的粟特居民及祆神祈賽　2000 年敦煌學國際學術討論會文集・歷史文化卷（下）　甘肅民族出版社　2003　p. 64

王繼光　鄭炳林　敦煌漢文吐蕃史料綜述　中國西部民族文化研究（2003 年卷）　民族出版社　2003　p. 243

王啓濤　中古及近代法制文書語言研究　巴蜀書社　2003　p. 134

楊森　五代宋時期于闐皇太子在敦煌的太子莊　《敦煌研究》2003 年第 4 期　p. 40

鄭炳林　晚唐五代敦煌村莊聚落輯考　2000 年敦煌學國際學術討論會文集・歷史文化卷（上）　甘肅民族出版社　2003　p. 127、145、158

陳明　生命呋陀：西域出土胡語醫學文獻的知識來源　歐亞學刊（第 4 輯）　中華書局　2004　p. 236

高啓安　唐五代敦煌飲食文化研究　民族出版社　2004　p. 35、47、199、327

李永平　從考古發現看胡騰舞與祆教儀式　碑林集刊（九）　陝西人民美術出版社　2004　p. 137

施萍婷　敦煌研究院、上海圖書館、天津藝術博物館藏敦煌遺書巡禮　浙江與敦煌學：常書鴻先生誕辰一百周年紀念文集　浙江古籍出版社　2004　p. 305

鄭炳林　魏迎春　晚唐五代敦煌佛教教團的戒律和清規　《敦煌學輯刊》2004 年第 2 期　p. 34

鄭炳林　徐曉莉　晚唐五代敦煌歸義軍政權的婚姻關係研究　敦煌學（第 25 輯）　（臺北）樂學書局有限公司　2004　p. 580

陳明　殊方異藥：出土文書與西域醫學　北京大學出版社　2005　p. 43

馮培紅　晚唐五代宋初沙州上佐考論　敦煌學國際研討會論文集　北京圖書館出版社　2005　p. 71

李軍　晚唐五代肅州相關史實考述　《敦煌學輯刊》2005 年第 3 期　p. 97

李正宇　晚唐至北宋敦煌僧尼普聽飲酒　《敦煌研究》2005 年第 3 期　p. 76

林悟殊　中古三夷教辨證　中華書局　2005　p. 336

陸離　吐蕃統治敦煌時期的官府勞役　魏晉南北朝隋唐史資料（第 22 輯）　武漢大學出版社　2005　p. 186

解梅　唐五代敦煌地區賽祆儀式考　《敦煌學輯刊》2005 年第 2 期　p. 145

鄭炳林　敦煌寫本解夢書校錄研究　民族出版社　2005　p. 23、127

鄭炳林　晚唐五代敦煌地區的胡姓居民與聚落　法國漢學（第 10 輯）（粟特人在中國：歷史、考古、語言的新探索）　中華書局　2005　p. 181

蘭州理工大學絲綢之路文史研究所編　絲綢之路體育文化論集　中華書局　2005　p. 250

鄭炳林　晚唐五代河西地區的居民結構研究　《蘭州大學學報》2006 年第 2 期　p. 10

P. 2630

陳鐵凡　敦煌本尚書述略　（臺北）《大陸雜誌》1961 年第 8 期　又見：中國敦煌學百年文庫・文獻卷（一）　甘肅文化出版社　1999　p. 442

王堯　陳踐　敦煌吐蕃文獻選　四川民族出版社　1983　p. 67

饒宗頤解說　林宏作譯　敦煌書法叢刊(第五卷)・經史(三)　(東京)二玄社　1985　p. 48

王重民　巴黎敦煌殘卷叙録(第一輯)　敦煌叢刊初集(九)　(臺北)新文豐出版公司　1985　p. 111

王重民原編　黄永武新編　敦煌古籍叙録新編(第二冊)　(臺北)新文豐出版公司　1986　p. 1

姜亮夫　敦煌本尚書校録　敦煌學論文集　上海古籍出版社　1987　p. 155、159、230　又見:姜亮夫
　　全集(十三)　雲南人民出版社　2002　p. 138

姜亮夫　敦煌經卷在中國文化學術上的價值　敦煌學論文集　上海古籍出版社　1987　p. 9

姜亮夫　海外敦煌卷子經眼録　敦煌學論文集　上海古籍出版社　1987　p. 49　又見:姜亮夫全集
　　(十三)　雲南人民出版社　2002　p. 42

孫啓治　唐寫本俗别字變化類型舉例　敦煌吐魯番文獻研究論集(第五輯)　北京大學出版社
　　1990　p. 125、127、132

土田健次郎　儒教典籍　敦煌漢文文獻(講座敦煌5)　(東京)大東出版社　1992　p. 268

吳福熙　敦煌殘卷古文尚書校注　甘肅人民出版社　1992　p. 51

顧吉辰　唐代敦煌文獻寫本書手考述　《敦煌學輯刊》1993 年第 1 期　p. 30

王堯　吐蕃時期藏譯漢籍名著及故事　中國古籍研究(第一卷)　上海古籍出版社　1996　p. 539

張涌泉　敦煌俗字研究導論　(臺北)新文豐出版公司　1996　p. 126

黄征　說校勘中補改之難　敦煌語文叢說　(臺北)新文豐出版公司　1997　p. 281

陳公柔　評介《尚書文字合編》　燕京學報(新第 4 期)　北京大學出版社　1998　p. 289

姜亮夫　敦煌:偉大的文化寶藏　雲南人民出版社　1999　p. 100

伏俊璉　伏麒鵬　石室齊諧:敦煌小說選析　甘肅人民出版社　2000　p. 84

顔廷亮　西陲文學遺珍:敦煌文學通俗談　甘肅人民出版社　2000　p. 80

黄正建　敦煌占卜文書與唐五代占卜研究　學苑出版社　2001　p. 79

許建平　敦煌本《尚書》叙録　敦煌文獻論集:紀念藏經洞發現一百周年國際學術研討會論文集　遼
　　寧人民出版社　2001　p. 389

許建平　北敦 14681 號《尚書》殘卷的抄寫時代及其版本來源:與王熙華先生商榷　《敦煌學輯刊》
　　2002 年第 2 期　p. 37

趙貞　評《敦煌占卜文書與唐五代占卜研究》　唐研究(第八卷)　北京大學出版社　2002　p. 521

彭海　敦煌寫本《古文尚書》與漢代孔府壁本《尚書》淵源辨析　《敦煌研究》2003 年第 2 期　p. 49

許建平　BD09523《禮記音義》殘卷跋　《敦煌研究》2003 年第 2 期　p. 77

許建平　BD14681《尚書》殘卷考辨　新世紀敦煌學論集　巴蜀書社　2003　p. 77

許建平　敦煌出土《尚書》寫卷研究的過去與未來　敦煌吐魯番研究(第七卷)　北京大學出版社
　　2004　p. 226

張弓　敦煌四部籍與中古後期社會的文化情境　敦煌學(第 25 輯)　(臺北)樂學書局有限公司
　　2004　p. 318

中村威也　ДХ10698『尚書費誓』とДХ10698v「史書」について　『西北出土文獻研究』(創刊號)
　　(新潟)西北出土文獻研究會　2004　p. 42

P. 2631

姜亮夫　海外敦煌卷子經眼録　敦煌學論文集　上海古籍出版社　1987　p. 40　又見:姜亮夫全集
　　(十三)　雲南人民出版社　2002　p. 34

譚蟬雪　敦煌歲時掇瑣:正月　《敦煌研究》1990 年第 1 期　p. 48　又見:(香港)《九州學刊》(敦煌
　　學專輯)1993 年第 5 卷第 4 期　p. 86

唐耕耦　陸宏基　敦煌社會經濟文獻真迹釋録(四)　全國圖書館文獻縮微複製中心　1990　p. 27

晌麟　金山國名稱來源　《敦煌學輯刊》1993 年第 1 期　p. 52

鄭炳林　《索崇恩和尚修功德記》考釋　《敦煌研究》1993 年第 2 期　p. 59

鄭炳林　《索勳紀德碑》研究　《敦煌學輯刊》1994 年第 2 期　p. 67

鄭炳林　馮培紅　讀《中國古代寫本識語集錄》劄記　《西北史地》1994 年第 4 期　p. 49

胡戟　傅玫　敦煌史話　中華書局　1995　p. 131、189

黃征　吳偉　敦煌願文集　岳麓書社　1995　p. 355

鄭炳林　敦煌漢文吐蕃史料綜述：兼論吐蕃控制河西時期的職官與統治政策　敦煌吐魯番文獻研究
　　蘭州大學出版社　1995　p. 97

鄭炳林　唐五代敦煌金鞍山異名考　《敦煌研究》1995 年第 2 期　p. 133

黃征　敦煌願文考論　敦煌語文叢說　（臺北）新文豐出版公司　1997　p. 591

楊際平　郭鋒　張和平　五—十世紀敦煌的家庭與家族關係　岳麓書社　1997　p. 239

鄭炳林　敦煌碑銘讚輯釋　甘肅教育出版社　1997　p. 22 注 6、87 注 2

沙知　敦煌別稱　敦煌學大辭典　上海辭書出版社　1998　p. 306

譚蟬雪　敦煌歲時文化導論　（臺北）新文豐出版公司　1998　p. 40、85

譚蟬雪　二月八盛節　敦煌學大辭典　上海辭書出版社　1998　p. 435

金瀅坤　吐蕃沙州都督考　《敦煌研究》1999 年第 3 期　p. 88

金瀅坤　吐蕃統治敦煌的財政職官體系　《敦煌研究》1999 年第 2 期　p. 87

楊富學　李吉和　敦煌漢文吐蕃史料輯校（第一輯）　甘肅人民出版社　1999　p. 189、200

王三慶　北京大學圖書館藏本《諸文要集》一卷研究　慶祝吳其昱先生八秩華誕敦煌學特刊　（臺
　　北）文津出版社　2000　p. 174、176

王微　春祭：二月八日節的佛教儀式　法國漢學（敦煌學專號）　中華書局　2000　p. 111、116

山本達郎等　補（IV）社・V 計會文書　『NUN – HUANG AND TURFAN DOCUMENTS CONCERNING
　　SOCIAL AND ECONOMIC HISTORY』（Sup. p. lemrnts）　（東京）東洋文庫　2001　p. 87

譚蟬雪　唐宋敦煌歲時佛俗　《敦煌研究》2001 年第 1 期　p. 95

王繼光　鄭炳林　敦煌漢文吐蕃史料綜述　中國西部民族文化研究（2003 年卷）　民族出版社
　　p. 248

鄭炳林　晚唐五代敦煌商業貿易市場研究　《敦煌學輯刊》2004 年第 1 期　p. 106

P. 2632

王重民　金山國墜事零拾　《國立北平圖書館館刊》1936 年第 9 卷第 6 號　又見：敦煌學文選（上）
　　蘭州大學歷史系敦煌學研究室等　1983　p. 69；中國敦煌學百年文庫・歷史卷（一）　甘肅文
　　化出版社　1999　p. 30

陳祚龍　敦煌古抄內典尾記彙校初、二、三編合刊　敦煌學要籥　（臺北）新文豐出版公司　1982
　　p. 181

董作賓　敦煌紀年　敦煌學文選（上）　蘭州大學歷史系敦煌學研究室等　1983　p. 28

劉復　敦煌掇瑣　敦煌叢刊初集（十五）　（臺北）新文豐出版公司　1985　p. 141

耿昇　八十年代的法國敦煌學論著簡介　《敦煌研究》1986 年第 3 期　p. 84

蘇瑩輝　從幾種敦煌資料論張承奉、曹議金之稱"帝"稱"王"　敦煌學（第 11 輯）　（臺北）新文豐出
　　版公司　1986　p. 67

王重民原編　黃永武新編　敦煌古籍叙錄新編（第九冊）　（臺北）新文豐出版公司　1986　p. 287

耿昇　中法學者友好合作的成果　《敦煌研究》1987 年第 1 期　p. 112

池田溫　中國古代寫本識語集錄　（東京）大藏出版株式會社　1990　p. 429

高田時雄　五姓說在敦煌藏族　敦煌吐魯番學研究論文集　漢語大詞典出版社　1990　p. 757、764

高田時雄　五姓を說く敦煌資料　『國立民族學博物館研究報告別冊』（14 號）　（吹田）國立民族學博物館　1991　p. 252

林聰明　敦煌文書出處略考　季羨林教授八十華誕紀念論文集（下）　江西人民出版社　1991　p. 865

林聰明　敦煌文書學　（臺北）新文豐出版公司　1991　p. 405

菅原信海　占筮書　敦煌漢文文獻（講座敦煌 5）　（東京）大東出版社　1992　p. 448

林家平　寧強　羅華慶　中國敦煌學史　北京語言學院出版社　1992　p. 162

盧向前　關於歸義軍時期一份布紙破用曆的研究：試釋伯四六四〇背面文書　敦煌吐魯番文書論稿　江西人民出版社　1992　p. 130 注 107

晛麟　金山國名稱來源　《敦煌學輯刊》1993 年第 1 期　p. 52

高國藩　敦煌民俗資料導論　（臺北）新文豐出版公司　1993　p. 130、304

高田時雄　評：池田溫編『敦煌漢文文獻』（講座敦煌 5）　『東洋史研究』（52 卷 1 號）　（東京）東洋史研究會　1993　p. 122

茅甘　敦煌寫本中的"五姓堪輿"法　法國學者敦煌學論文選萃　中華書局　1993　p. 250

前田正名　河西歷史地理學研究　中國藏學出版社　1993　p. 221

饒宗頤　文心雕龍聲律篇與鳩摩羅什通韻　梵學集　上海古籍出版社　1993　p. 103

蕭登福　道教與密宗　（臺北）新文豐出版公司　1993　p. 442

蘇瑩輝　張承奉稱帝稱王與曹仁貴節度沙州歸義軍顛末考　敦煌學國際研討會文集・史地語文編　遼寧美術出版社　1995　p. 53

楊森　金山國與各教的疏密關係　敦煌佛教文獻研究　敦煌研究院文獻研究所　1995　p. 53

楊秀清　八十年代以來金山國史研究綜述　《敦煌研究》1995 年第 4 期　p. 189

李正宇　敦煌史地新論　（臺北）新文豐出版公司　1996　p. 206

劉永明　S. 2729 背《懸象占》與蕃占時期的敦煌道教　敦煌歸義軍史專題研究　蘭州大學出版社　1997　p. 532

鄭炳林　敦煌碑銘讚輯釋　甘肅教育出版社　1997　p. 321 注 2

鄧文寬　手決一卷　敦煌學大辭典　上海辭書出版社　1998　p. 623

鄧文寬　五姓　敦煌學大辭典　上海辭書出版社　1998　p. 625

沙知　壤送蝗蟲　敦煌學大辭典　上海辭書出版社　1998　p. 451

嚴敦傑　五姓寫經　敦煌學大辭典　上海辭書出版社　1998　p. 624

楊秀清　敦煌西漢金山國史　甘肅人民出版社　1999　p. 73

顏廷亮　敦煌文化　光明日報出版社　2000　p. 246

黃正建　敦煌占卜文書與唐五代占卜研究　學苑出版社　2001　p. 46、73

蔡忠霖　敦煌漢文寫卷俗字及其現象　（臺北）文津出版社　2002　p. 56

陳于柱　魏萬斗　唐宋陰陽相宅宗初探：以敦煌寫本宅經爲考索　《敦煌學輯刊》2002 年第 2 期　p. 45

姜亮夫　敦煌莫高窟年表　姜亮夫全集（十一）　雲南人民出版社　2002　p. 413

高田時雄著　鍾翀等譯　五姓說之敦煌資料　敦煌・民族・語言　中華書局　2005　p. 330

曾波　敦煌寫卷《諸雜推五姓陰陽等宅圖經》之"五姓"校議　《敦煌學輯刊》2005 年第 3 期　p. 36

鄧文寬　劉樂賢　敦煌天文氣象占寫本概述　敦煌吐魯番研究（第九卷）　中華書局　2006　p. 411

P. 2633

陳祚龍　敦煌學零策　《歷史教學》1951 年第 5 期　又見:中國敦煌學百年文庫·考古卷(四)　甘
　　肅文化出版社　1999　p. 51

邵榮芬　敦煌俗文學中的別字異文和唐五代西北方音　《中國語文》1963 年第 3 期　又見:中國敦煌
　　學百年文庫·語言文字卷(一)　甘肅文化出版社　1999

金岡照光　敦煌漢文文學文獻の文學形態上の種類とその分類　敦煌出土文學文獻分類目録·附解
　　說　(東京)東洋文庫　1971　p. 224

金岡照光　敦煌文學のさまざま　敦煌の文學　(東京)大藏出版株式會社　1971　p. 127、158

饒宗頤　孝順觀念與敦煌佛曲　敦煌學(第 1 輯)　(香港)新亞研究所敦煌學會　1974　p. 74　又
　　見:敦煌曲續論　(臺北)新文豐出版公司　1996　p. 14

蘇瑩輝　“敦煌曲”評介　《香港中文大學學報》1974 年第 1 期　又見:敦煌論集續編　(臺北)學生
　　書局　1983　p. 319 ; 中國敦煌學百年文庫·藝術卷(一)　甘肅文化出版社　1999　p. 377

陳祚龍　關於敦煌古抄李唐《崔氏夫人訓女文》　敦煌學海探珠(上冊)　(臺北)商務印書館　1979
　　p. 43

陳祚龍　關於敦煌古抄楊滿山的《詠孝經》　敦煌學海探珠(上冊)　(臺北)商務印書館　1979
　　p. 49

陳祚龍　唐代西京刻印圖籍之一斑　敦煌資料考屑(下冊)　(臺北)商務印書館　1979　p. 255

川崎ミチコ　修道偈Ⅱ——定格聯章　敦煌仏典と禪(講座敦煌 8)　(東京)大東出版社　1980
　　p. 271

楊家駱　敦煌變文　(臺北)世界書局　1980　p. 861

潘重規　敦煌詞話　(臺北)石門圖書公司　1981　p. 62

陳祚龍　敦煌古抄文獻會最　(臺北)新文豐出版公司　1982　p. 310(圖版)

傅芸子　敦煌俗文學之發見及其展開　敦煌變文論文録　上海古籍出版社　1982　p. 142

鄭阿財　敦煌孝道文學研究　(臺北)石門圖書公司　1982　p. 16、78、425、532、548、601

陳祚龍　關於我國始行雕版印刷品的“老”問題　敦煌簡策訂存　(臺北)商務印書館　1983　p. 3

周丕顯　敦煌俗曲中的分時聯章體歌辭　關隴文學論叢　甘肅人民出版社　1983　p. 7

陳國燦　敦煌所出諸借契年代考　《敦煌學輯刊》1984 年第 1 期　p. 5

潘重規　敦煌變文集新書(下)　(臺北)“中國文化大學”中文研究所　1984　p. 1200

王慶菽　䚢䚚書一卷　敦煌變文集　人民文學出版社　1984　p. 861

劉復　敦煌掇瑣　敦煌叢刊初集(十五)　(臺北)新文豐出版公司　1985　p. 253

高明士　唐代敦煌的教育　漢學研究(敦煌學國際研討會論文專號)　(臺北)漢學研究資料及服務
　　中心　1986　p. 256

簡濤　敦煌本《燕子賦》考論　《敦煌研究》1986 年第 3 期　p. 36

李正宇　唐宋時代的敦煌學校　《敦煌研究》1986 年第 1 期　p. 45

邱燮友　唐代敦煌曲的時代使命　漢學研究(敦煌學國際研討會論文專號)　(臺北)漢學研究資料
　　及服務中心　1986　p. 153

周鳳五　敦煌寫本太公家教研究　(臺北)明文書局　1986　p. 155

周鳳五　太公家教重探　漢學研究(敦煌學國際研討會論文專號)　(臺北)漢學研究資料及服務中
　　心　1986　p. 364

柴劍虹　研究唐代文學的珍貴資料:敦煌 P. 2555 號唐人寫卷分析　1983 年全國敦煌學術討論會文
　　集·文史遺書編(下)　甘肅人民出版社　1987　p. 81

李正宇　敦煌學郎題記輯注　《敦煌學輯刊》1987 年第 1 期　p. 35

任半塘　敦煌歌辭總編　上海古籍出版社　1987　p. 636、1288、1784

王永興　隋唐五代經濟史料彙編校注・第一編(下)　中華書局　1987　p. 924

張鴻勳　敦煌講唱文學作品選注　甘肅人民出版社　1987　p. 82

舒學　敦煌漢文遺書中雕版印刷資料綜叙　敦煌語言文學研究　北京大學出版社　1988　p. 294

袁賓　變文詞語考釋錄　敦煌語言文學論文集　浙江古籍出版社　1988　p. 159

張錫厚　伯2488、伯5037敦煌賦卷初考　敦煌語言文學研究　北京大學出版社　1988　p. 200

張錫厚　關於整理《敦煌賦集》的幾個問題　敦煌語言文學論文集　浙江古籍出版社　1988
　　p. 225、236

周紹良　讀變文剳記　敦煌語言文學研究　北京大學出版社　1988　p. 60

柴劍虹　詩話　敦煌文學　甘肅人民出版社　1989　p. 301　又見:敦煌學大辭典　上海辭書出版社
　　1998　p. 524

劉進寶　俚曲小調　敦煌文學　甘肅人民出版社　1989　p. 222

張錫厚　敦煌詩歌考論　《敦煌學輯刊》1989年第2期　p. 9

張錫厚　賦　敦煌文學　甘肅人民出版社　1989　p. 134

張錫厚　詩歌　敦煌文學　甘肅人民出版社　1989　p. 169

池田溫　中國古代寫本識語集錄　(東京)大藏出版株式會社　1990　p. 465

高國藩　敦煌古俗與民俗流變　河海大學出版社　1990　p. 462

郭在貽　張涌泉　黃征　敦煌變文集校議　岳麓書社　1990　p. 443

郭在貽　張涌泉　黃征　敦煌寫本書寫特例發微　敦煌吐魯番學研究論文集　漢語大詞典出版社
　　1990　p. 316

任半塘　王昆吾　隋唐五代燕樂雜言歌辭集　巴蜀書社　1990　p. 247、359

榮新江　《唐刺史考》補遺　《文獻》1990年第2期　p. 93　又見:敦煌學新論　甘肅教育出版社
　　2002　p. 271

唐耕耦　陸宏基　敦煌社會經濟文獻真迹釋錄(二)　全國圖書館文獻縮微複製中心　1990　p. 113

項楚　敦煌變文選注　巴蜀書社　1990　p. 789

張涌泉　《王梵志詩校注》獻疑　《敦煌研究》1990年第2期　p. 76

鄭阿財　敦煌蒙書析論　第二屆敦煌學國際研討會論文集　(臺北)漢學研究中心　1990　p. 227

柴劍虹　敦煌唐人詩文選集殘卷(伯2555)補錄　西域文史論稿　(臺北)國文天地雜誌社　1991
　　p. 291

柴劍虹　敦煌文學中的"因緣"與"詩話"　西域文史論稿　(臺北)國文天地雜誌社　1991　p. 524

高田時雄　五姓を說く敦煌資料　『國立民族學博物館研究報告別冊』(14號)　(吹田)國立民族學
　　博物館　1991　p. 256

東野治之　敦煌と日本の『千字文』　遣唐使と正倉院　(東京)岩波書店　1992　p. 241

東野治之　訓蒙書　敦煌漢文文獻(講座敦煌5)　(東京)大東出版社　1992　p. 405

姜伯勤　敦煌社會文書導論　(臺北)新文豐出版公司　1992　p. 88

金岡照光　散文體類　敦煌の文學文獻(講座敦煌9)　(東京)大東出版社　1992　p. 224

金岡照光　韻文體類——長篇叙事詩・短篇歌詠　敦煌の文學文獻(講座敦煌9)　(東京)大東出
　　版社　1992　p. 261

林家平　寧强　羅華慶　中國敦煌學史　北京語言學院出版社　1992　p. 16

翁同文　世界史上最早的中晚唐間長安出版商　唐代研究論集(第四輯)　(臺北)新文豐出版公司
　　1992　p. 64

嚴耕望　唐人習業山林寺院之風尚　唐代研究論集(第二輯)　(臺北)新文豐出版公司　1992　p. 9

張鴻勳　敦煌唱本《百鳥名》的文化意蘊及其流變影響　《敦煌研究》1992 年第 1 期　p. 71

周紹良　敦煌文學芻議及其它　（臺北）新文豐出版公司　1992　p. 20、61、204

伏俊璉　敦煌賦校補（三）　《江西師範大學學報》1993 年第 26 卷第 4 期　p. 115

高國藩　敦煌民俗資料導論　（臺北）新文豐出版公司　1993　p. 59、170

郭在貽　郭在貽敦煌學論集　江西人民出版社　1993　p. 209

李正宇　敦煌文學概論　甘肅人民出版社　1993　p. 121

舒華　敦煌"變文"體裁新論　（香港）《九州學刊》（敦煌學專輯）1993 年第 5 卷第 4 期　p. 155

譚蟬雪　敦煌婚姻文化　甘肅人民出版社　1993　p. 18

項楚　敦煌詩歌導論　（臺北）新文豐出版公司　1993　p. 47、185

張鴻勳　敦煌話本詞文俗賦導論　（臺北）新文豐出版公司　1993　p. 75、93、168、195

張錫厚　敦煌文學概論　甘肅人民出版社　1993　p. 276、362

張涌泉　俗字研究與大型字典的編纂　中國典籍與文化論叢（第一輯）　中華書局　1993　p. 469

鄭阿財　從敦煌文獻看唐代的三教合一　第二屆國際唐代學術會議論文集（上）　（臺北）文津出版社　1993　p. 651

鄭阿財　敦煌文獻與文學　（臺北）新文豐出版公司　1993　p. 118、135、262、282

伏俊璉　敦煌賦校注　甘肅人民出版社　1994　p. 2

張涌泉　試論審辨敦煌寫本俗字的方法　《敦煌研究》1994 年第 2 期　p. 152　又見：舊學新知　浙江大學出版社　1999　p. 85

劉進寶　敦煌學論述　（臺北）洪葉文化事業有限公司　1995　p. 325

張傳璽　中國歷代契約會編考釋（上）　北京大學出版社　1995　p. 379 注 1

張錫厚　敦煌本唐集研究　（臺北）新文豐出版公司　1995　p. 411

張涌泉　漢語俗字研究　岳麓書社　1995　p. 80、177

朱鳳玉　敦煌文獻中的語文教材　（臺灣）《嘉義師院學報》1995 年第 9 期　p. 472

李正宇　敦煌史地新論　（臺北）新文豐出版公司　1996　p. 189

項楚　王梵志詩中的他人作品　敦煌吐魯番研究（第一卷）　北京大學出版社　1996　p. 98

徐俊　敦煌寫本唐人詩歌存佚互見綜考　敦煌吐魯番研究（第一卷）　北京大學出版社　1996　p. 129

徐俊　評《敦煌本唐集研究》　唐研究（第二卷）　北京大學出版社　1996　p. 485

張錫厚　敦煌賦彙　（臺北）新文豐出版公司　1996　p. 5、201

張錫厚　評《敦煌賦校注》　敦煌吐魯番研究（第一卷）　北京大學出版社　1996　p. 421

張錫厚　探幽發微　佚篇薈萃：讀《敦煌賦校注》　《西北師大學報》（社會科學版）1996 年第 2 期　p. 73

張涌泉　敦煌俗字研究導論　（臺北）新文豐出版公司　1996　p. 62、225

張涌泉　敦煌文獻校讀釋例　文史（第四十一輯）　中華書局　1996　p. 195　又見：舊學新知　浙江大學出版社　1999　p. 206

柴劍虹　"模糊"的"敦煌文學"　敦煌文學論集　四川人民出版社　1997　p. 6

黃征　張涌泉　敦煌變文校注　中華書局　1997　p. 1216

劉子瑜　敦煌變文和王梵志詩　大象出版社　1997　p. 77

王利器　讀《敦煌變文集》四首俗賦書後　曉傳書齋集　華東師範大學出版社　1997　p. 486

顏廷亮　關於《晏子賦》寫本的抄寫年代問題　《敦煌研究》1997 年第 2 期　p. 136

鄭炳林　敦煌碑銘讚輯釋　甘肅教育出版社　1997　p. 110 注 7

周裕鍇　敦煌賦與初唐歌行　敦煌文學論集　四川人民出版社　1997　p. 75

白化文　西川過家真印本　敦煌學大辭典　上海辭書出版社　1998　p. 590

柴劍虹　高興歌　敦煌學大辭典　上海辭書出版社　1998　p. 552

柴劍虹　讚崔氏女　敦煌學大辭典　上海辭書出版社　1998　p. 547

鄧文寬　敦煌本《六祖壇經》口語詞釋　敦煌吐魯番研究(第三卷)　北京大學出版社　1998　p. 101

荒川正晴　最近五年來(1993—1998)日本的唐代學術研究概況　"中國唐代學會"會刊(第九期)
　　(臺北)"中國唐代學會"　1998　p. 191

李鼎霞　柴劍虹　崔氏夫人要女文　敦煌學大辭典　上海辭書出版社　1998　p. 547

沙知　敦煌契約文書輯校　江蘇古籍出版社　1998　p. 179

沙知　鄉原　敦煌學大辭典　上海辭書出版社　1998　p. 390

孫其芳　十二時　敦煌學大辭典　上海辭書出版社　1998　p. 537

徐俊　詠孝經詩　敦煌學大辭典　上海辭書出版社　1998　p. 575

張鴻勳　齖䶗書　敦煌學大辭典　上海辭書出版社　1998　p. 586

黃征　程惠新　劫塵遺珠:敦煌遺書　甘肅教育出版社　1999　p. 99

梅維恒著　楊繼東　陳引馳譯　唐代變文(上)　(香港)中國佛教文化出版公司　1999　p. 253 注
　　1、257 注 2、264 注 5

妹尾達彥　唐代長安東市の印刷業　東アジア史における國家と地域　(東京)刀水書房　1999
　　p. 220

張涌泉　敦煌寫本書寫特例發微　舊學新知　浙江大學出版社　1999　p. 226

杜琪　敦煌詩賦作品要目分類題注　《甘肅社會科學》2000 年第 1 期　p. 63

伏俊璉　俗情雅韻:敦煌賦選析　甘肅人民出版社　2000　p. 11、90、112

丘古耶夫斯基　敦煌漢文文書　上海古籍出版社　2000　p. 109、126

徐俊　敦煌詩集殘卷輯考　中華書局　2000　p. 253、290、434、626、732

張鴻勳　說唱藝術奇葩:敦煌變文選評　甘肅人民出版社　2000　p. 99

張錫厚　敦煌文學源流　作家出版社　2000　p. 65、199、530

張涌泉　漢語俗字叢考　中華書局　2000　p. 127

陳國燦　敦煌學史事新證　甘肅教育出版社　2002　p. 335

李斌城　唐代文化　中國社會科學出版社　2002　p. 1640

劉進寶　敦煌學通論　甘肅教育出版社　2002　p. 372、411

王勳成　敦煌寫本《高興歌》作者考　《敦煌學輯刊》2002 年第 2 期　p. 41

張鴻勳　敦煌俗文學研究　甘肅人民出版社　2002　p. 7

鄭阿財　朱鳳玉　敦煌蒙書研究　甘肅教育出版社　2002　p. 126

林平和　試論敦煌文獻之輯佚價值　新世紀敦煌學論集　巴蜀書社　2003　p. 742

王啓濤　中古及近代法制文書語言研究　巴蜀書社　2003　p. 207

項楚　王梵志詩中的他人作品　柱馬屋存稿　商務印書館　2003　p. 40

高田時雄著　鍾翀等譯　五姓說之敦煌資料　敦煌·民族·語言　中華書局　2005　p. 333

吳榮鑒　關於敦煌版畫製作的幾個問題　《敦煌研究》2005 年第 2 期　p. 26

張錫厚　敦煌本《詠孝經十八章》補校　《敦煌研究》2005 年第 2 期　p. 88

趙跟喜　敦煌唐宋時期的女子教育初探　文史(第七十五輯)　中華書局　2006　p. 92

P. 2634

芳村修基　土橋秀高　井ノ口泰淳　敦煌佛教史年表　西域文化研究(第一)·敦煌佛教資料　(京
　　都)法藏館　1958　p. 275

陳祚龍　敦煌學劄記　敦煌資料考屑(下冊)　(臺北)商務印書館　1979　p. 425

柳田聖山　敦煌の禪籍と矢吹慶輝　敦煌仏典と禪(講座敦煌8)　(東京)大東出版社　1980　p. 11

矢吹慶輝　鳴沙餘韻・解說篇(第二部)　(京都)臨川書店　1980　p. 526

椎名宏雄　北宗燈史の成立　敦煌仏典と禪(講座敦煌8)　(東京)大東出版社　1980　p. 56

饒宗頤　敦煌書法叢刊(第十九卷)・碎金(二)　(東京)二玄社　1984　p. 20、94

陳祚龍　"杜朏"應該不是"朏法師"　中華佛教文化史散策(四集)　(臺北)新文豐出版公司　1986　p. 309

楊曾文　日本學者對中國禪宗文獻的研究和整理　《世界宗教研究》1987 年第 1 期　p. 118

陳祚龍　學佛零志　敦煌學散策新集　(臺北)新文豐出版公司　1989　p. 225

吳其昱著　伊藤美重子譯　敦煌漢文寫本概觀　敦煌漢文文獻(講座敦煌5)　(東京)大東出版社　1992　p. 59

索仁森著　李吉和譯　敦煌漢文禪籍特徵概觀　《敦煌研究》1994 年第 1 期　p. 113

田中良昭　敦煌の禪籍　禪學研究入門　(東京)大東出版社　1994　p. 46

柳田聖山　禪籍解題(一)・敦煌禪籍　俗語言研究(第二期)　(京都)禪文化研究所　1995　p. 139

柳田聖山撰　劉方譯　敦煌禪籍總說　《敦煌學輯刊》1996 年第 2 期　p. 112

榮新江　敦煌本禪宗燈史殘卷拾遺　周紹良先生欣開九秩慶壽文集　中華書局　1997　p. 231

鄭炳林　敦煌碑銘讚輯釋　甘肅教育出版社　1997　p. 143 注 2

方廣錩　傳法寶紀　敦煌學大辭典　上海辭書出版社　1998　p. 725

方廣錩　日本對敦煌佛教文獻之研究　敦煌學佛教學論叢(下)　中國佛教文化研究所　1998　p. 376

劉方　初期的禪史 I　敦煌學大辭典　上海辭書出版社　1998　p. 827

胡適　新校定的敦煌寫本神會和尚遺著兩種　中國敦煌學百年文庫・宗教卷(四)　甘肅文化出版社　1999　p. 64

榮新江　敦煌學十八講　北京大學出版社　2001　p. 252

李小榮　變文講唱與華梵宗教藝術　上海三聯書店　2002　p. 281

田中良昭　敦煌的禪宗燈史　戒幢佛學(第二卷)　岳麓書社　2002　p. 146

田中良昭　敦煌の禪宗燈史　中日敦煌佛教學術會議論文集　中國社會科學院研究所　2002　p. 107

P. 2635

小島祐馬　巴黎國立圖書館藏敦煌遺書所見錄(九)　『支那學』(8 卷 1 號)　(京都)支那學社　1935　p. 109

三木榮　西域出土醫藥關係文獻綜合解說目錄　『東洋學報』(47 卷 1 號)　(東京)東洋學術協會　1964　p. 5

陳祚龍　敦煌古抄《石崇王明君辭一首並序》之校罕　敦煌資料考屑(上冊)　(臺北)商務印書館　1979　p. 102

王重民　敦煌古籍敘錄　中華書局　1979　p. 206

川口久雄撰　郭自得譯　敦煌本類林與我國文學　敦煌學(第 10 輯)　(臺北)新文豐出版公司　1985　p. 66

王三慶　敦煌本古類書《語對》伯 2524 號及其複本寫卷之研究　敦煌學(第 9 輯)　(臺北)新文豐出版公司　1985　p. 73

王三慶　敦煌本古類書《語對》研究　（臺北）文史哲出版社　1985　p. 18、34、78、140、169、196、298、311

王重民　巴黎敦煌殘卷叙録（第一輯）　敦煌叢刊初集（九）（臺北）新文豐出版公司　1985　p. 160

王重民原編　黄永武新編　敦煌古籍叙録新編（第十一冊）（臺北）新文豐出版公司　1986　p. 9

項楚　敦煌文學作品選　中華書局　1987　p. 321 注 11

馬繼興　敦煌古醫籍考釋　江西科學技術出版社　1988　p. 483

王三慶　《敦煌變文集》中的《孝子傳》新探　敦煌學（第 14 輯）（臺北）新文豐出版公司　1989　p. 191

高國潘　敦煌巫術形態：兼與中外巫術之比較　第二屆敦煌學國際研討會論文集　（臺北）漢學研究中心　1990　p. 616

張弘强　杜文傑　敦煌石窟氣功：一分鐘臍密功　甘肅科學技術出版社　1990　p. 8

王三慶　敦煌本《類林》校箋及其研究（下）　敦煌學（第 17 輯）（臺北）新文豐出版公司　1991　p. 51

王三慶著　池田溫譯　類書　敦煌漢文文獻（講座敦煌 5）（東京）大東出版社　1992　p. 361

高國藩　敦煌民俗資料導論　（臺北）新文豐出版公司　1993　p. 43、237、260

高國藩　敦煌巫術與巫術流變　河海大學出版社　1993　p. 172

丛春雨　敦煌中醫藥全書　中醫古籍出版社　1994　p. 568

鄭炳林　《索勳紀德碑》研究　《敦煌學輯刊》1994 年第 2 期　p. 65

胡戟　傅玫　敦煌史話　中華書局　1995　p. 190

鄧文寬　敦煌吐魯番文獻重文符號釋讀舉隅　敦煌吐魯番學耕耘録　（臺北）新文豐出版公司　1996　p. 328

鄭炳林　敦煌碑銘讚輯釋　甘肅教育出版社　1997　p. 52 注 60

馬繼興　敦煌醫藥文獻輯校　江蘇古籍出版社　1998　p. 733

王淑民　王宗雒（？）忌單方　敦煌學大辭典　上海辭書出版社　1998　p. 620

楊寶玉　類林　敦煌學大辭典　上海辭書出版社　1998　p. 780

高國藩　敦煌俗文化學　上海三聯書店　1999　p. 41

李重申　李金梅　李小唐　敦煌石窟氣功鈎沈　《敦煌學輯刊》2001 年第 2 期　p. 53

馬繼興　當前世界各地收藏的中國出土卷子本古醫藥文獻備考　敦煌吐魯番研究（第六卷）　北京大學出版社　2002　p. 147

徐俊　敦煌先唐詩考　2000 年敦煌學國際學術討論會文集·歷史文化卷（下）　甘肅民族出版社　2003　p. 291

張涌泉　試論敦煌寫本類書的校勘價值：以《勵忠節抄》爲例　《敦煌研究》2003 年第 2 期　p. 69

陳明　備急單驗：敦煌醫藥文獻中的單藥方　敦煌學國際研討會論文集　北京圖書館出版社　2005　p. 236

陳明　殊方異藥：出土文書與西域醫學　北京大學出版社　2005　p. 147

劉少霞　敦煌出土醫書中有關女性問題初探　《敦煌學輯刊》2005 年第 2 期　p. 177

P. 2636

金岡照光　敦煌の寫本　敦煌の文學　（東京）大藏出版株式會社　1971　p. 82

王重民　敦煌古籍叙録　中華書局　1979　p. 94

蘇瑩輝　敦煌學概要　（臺北）編譯館"中華叢書編委會"　1981　p. 40

蘇瑩輝　中外敦煌古寫本纂要　敦煌論集　（臺北）學生書局　1983　p. 316

王重民　巴黎敦煌殘卷敘録(第一輯)　敦煌叢刊初集(九)　(臺北)新文豐出版公司　1985　p. 143

王重民原編　黃永武新編　敦煌古籍敘録新編(第六冊)　(臺北)新文豐出版公司　1986　p. 1

蘇瑩輝　論敦煌唐代資料在文史藝術及科技諸方面的貢獻　敦煌文史藝術論叢　(臺北)新文豐出版公司　1987　p. 45

林聰明　敦煌文書學　(臺北)新文豐出版公司　1991　p. 15

林聰明　虞世南帝王略論兩寫本校記　唐代研究論集(第三輯)　(臺北)新文豐出版公司　1992　p. 117

尾崎康　史籍　敦煌漢文文獻(講座敦煌 5)　(東京)大東出版社　1992　p. 327

高國藩　敦煌民俗資料導論　(臺北)新文豐出版公司　1993　p. 237

胡戟　傅玫　敦煌史話　中華書局　1995　p. 143

蕭登福　道教與佛教　(臺北)東大圖書公司　1995　p. 61

白化文　帝王論　敦煌學大辭典　上海辭書出版社　1998　p. 776

黃征　程惠新　劫塵遺珠:敦煌遺書　甘肅教育出版社　1999　p. 200

柴劍虹　敦煌古小說淺談　敦煌吐魯番學論稿　浙江教育出版社　2000　p. 106　又見:敦煌與絲路文化學術講座(第二輯)　北京圖書館出版社　2005　p. 268

林聰明　敦煌吐魯番文書解詁指例　(臺北)新文豐出版公司　2001　p. 70. 224. 324

趙貞　歸義軍押衙兼知他官略考　《敦煌研究》2001 年第 2 期　p. 93

姜亮夫　敦煌莫高窟年表　姜亮夫全集(十一)　雲南人民出版社　2002　p. 212

林平和　試論敦煌文獻之輯佚價值　新世紀敦煌學論集　巴蜀書社　2003　p. 732

P. 2637

三木榮　西域出土醫藥關係文獻綜合解説目録　『東洋學報』(47 卷 1 號)　(東京)東洋學術協會　1964　p. 13

馬繼興　敦煌古醫籍考釋　江西科學技術出版社　1988　p. 15、460

高國潘　敦煌巫術形態:兼與中外巫術之比較　第二屆敦煌學國際研討會論文集　(臺北)漢學研究中心　1990　p. 645

甘肅中醫學院圖書館　敦煌中醫藥學集錦　甘肅中醫學院圖書館　1990　p. 137

高國潘　敦煌民俗資料導論　(臺北)新文豐出版公司　1993　p. 262

蕭登福　道教與密宗　(臺北)新文豐出版公司　1993　p. 302

周一良　唐代的書儀與中日文化關係　中日文化關係史論　江西人民出版社　1993　p. 65　又見:唐五代書儀研究　中國社會科學出版社　1995　p. 336

叢春雨　敦煌中醫藥全書　中醫古籍出版社　1994　p. 687

蕭登福　道教術儀與密教典籍　(臺北)新文豐出版公司　1994　p. 452

蕭登福　道教與佛教　(臺北)東大圖書公司　1995　p. 61

馬繼興　敦煌醫藥文獻　敦煌學大辭典　上海辭書出版社　1998　p. 615

馬繼興　敦煌醫藥文獻輯校　江蘇古籍出版社　1998　p. 692

王淑民　辟谷諸方　敦煌學大辭典　上海辭書出版社　1998　p. 620

蓋建民　從敦煌遺書看佛教醫學思想及其影響　佛學研究(第八期)　中國佛教文化研究所　1999　p. 265

王淑民　敦煌石窟秘藏醫方　北京醫科大學中國協和醫科大學聯合出版社　1999　p. 59

叢春雨　敦煌中醫藥精萃發微　中醫古籍出版社　2000　p. 312

鄧文寬　英藏敦煌本《六祖壇經》的河西特色:以方音通假爲依據的探索　1994 年敦煌學國際研討會

文集・宗教文史卷（上）　甘肅民族出版社　2000　p. 111

陳明　醫理精華:印度古典醫學在敦煌的實例分析　敦煌吐魯番研究（第五卷）　北京大學出版社　2001　p. 256

陳明　印度梵文醫典醫理精華研究　中華書局　2002　p. 116

馬繼興　當前世界各地收藏的中國出土卷子本古醫藥文獻備考　敦煌吐魯番研究（第六卷）　北京大學出版社　2002　p. 147

張總　說不盡的觀世音　上海辭書出版社　2002　p. 180

陳明　沙門黃散:唐代佛教醫事與社會生活　唐代宗教信仰與社會　上海辭書出版社　2003　p. 259

蕭登福　敦煌寫卷所見受道教避穀食氣思想影響的佛典　新世紀敦煌學論集　巴蜀書社　2003　p. 690

王卡　敦煌道教文獻研究　中國社會科學出版社　2004　p. 62

P. 2638

那波利貞　佛教信仰に基きて組織せられたる中晚唐五代時代の社邑に就きて（上）　『史林』（24卷3號）　京都大學文學部史學研究會　1939　p. 39　又見:唐代社會文化史研究・第六編　（東京）創文社　1974　p. 607

姜亮夫　瀛涯敦煌韻輯總目叙錄　《國立中央圖書館館刊》1947年第1期　又見:中國敦煌學百年文庫・文獻卷（一）　甘肅文化出版社　1999　p. 263

陳祚龍　瓜沙印錄　（臺北）《大陸雜誌》1962年第4期　又見:敦煌學概要　（臺北）編譯館"中華叢書編委會"　1981　p. 266；中國敦煌學百年文庫・考古卷（一）　甘肅文化出版社　1999　p. 185

藤枝晃　敦煌の僧尼籍　『東方學報』（第35號）　京都大學人文科學研究所　1964　p. 316、323

金岡照光　敦煌民衆の社會と生活　敦煌の民衆——その生活と思想　（東京）評論社　1972　p. 320

那波利貞　梁戶考　唐代社會文化史研究・第三編　（東京）創文社　1974　p. 389

潘重規　瀛涯敦煌韻輯新編　（臺北）文史哲出版社　1974　p. 13

池田溫　中國古代籍帳研究:概觀・錄文　東京大學東洋文化研究所　1979　p. 650

北原薰　晚唐・五代の敦煌寺院経済——収支決算報告を中心に　敦煌の社會（講座敦煌3）　（東京）大東出版社　1980　p. 384、452

菊池英夫　唐代敦煌社會の外貌　敦煌の社會（講座敦煌3）　（東京）大東出版社　1980　p. 104

土肥義和　莫高窟千佛洞と大寺と蘭若と　敦煌の社會（講座敦煌3）　（東京）大東出版社　1980　p. 367

土肥義和　はじめに——歸義軍節度使の敦煌支配　敦煌の歷史（講座敦煌2）　（東京）大東出版社　1980　p. 273

蘇瑩輝　敦煌學概要　（臺北）編譯館"中華叢書編委會"　1981　p. 81

史葦湘　絲綢之路上的敦煌與莫高窟　敦煌研究文集　甘肅人民出版社　1982　p. 96

張廣達　榮新江　關於唐末宋初于闐國的國號、年號及其王家世系問題　敦煌吐魯番文獻研究論集　中華書局　1982　p. 191、192、193、194　又見:于闐史叢考　上海書店　1993　p. 33

陳國燦　唐代的民間借貸:吐魯番敦煌等地所出唐代借貸契券初探　敦煌吐魯番文書初探　武漢大學出版社　1983　p. 272 注54

董作賓　敦煌紀年　敦煌學文選（上）　蘭州大學歷史系敦煌學研究室等　1983　p. 32

饒宗頤　敦煌書法叢刊（第十八卷）・碎金（一）　（東京）二玄社　1983　p. 40、95

榮新江　敦煌卷子劄記四則　敦煌吐魯番文獻研究論集（第二輯）　北京大學出版社　1983　p. 656、660

周祖謨　唐五代韻書集存　中華書局　1983　p. 736、918

姜亮夫　敦煌學概論　中華書局　1985　p. 64

饒宗頤　敦煌書法叢刊（第十四卷）·牒狀（一）　（東京）二玄社　1985　p. 69、91

陳祚龍　《標點新印本瓜沙曹氏年表序》讀後　中華佛教文化史散策（四集）　（臺北）新文豐出版公司　1986　p. 328

韓國磐　也談四柱結帳法　敦煌吐魯番出土經濟文書研究　廈門大學出版社　1986　p. 193

賀世哲　從供養人題記看莫高窟部分洞窟的營建年代　敦煌莫高窟供養人題記　文物出版社　1986　p. 222

榮新江　歸義軍及其與周邊民族的關係初探　《敦煌學輯刊》1986 年第 2 期　p. 36　又見：中國人文社會科學博士碩士文庫·歷史學卷　浙江教育出版社　1998　p. 668

謝重光　關於唐後期至五代間沙州寺院經濟的幾個問題　敦煌吐魯番出土經濟文書研究　廈門大學出版社　1986　p. 512 注 165

謝重光　晉—唐僧官制度考略　五十年來漢唐佛教寺院經濟研究　北京師範大學出版社　1986　p. 344 注 7

姜伯勤　唐五代敦煌寺戶制度　中華書局　1987　p. 145、213、295、315

姜亮夫　敦煌韻輯凡例與叙例　敦煌學論文集　上海古籍出版社　1987　p. 367

姜亮夫　瀛外將去敦煌所藏韻書字書各卷叙錄　敦煌學論文集　上海古籍出版社　1987　p. 322　又見：姜亮夫全集（十三）　雲南人民出版社　2002　p. 280

王永興　隋唐五代經濟史料彙編校注·第一編（下）　中華書局　1987　p. 924

謝和耐著　耿昇譯　中國 5—10 世紀的寺院經濟　甘肅人民出版社　1987　p. 24 注 2、117 注 3　又見：上海古籍出版社　2004　p. 351

姜伯勤　敦煌音聲人略論　《敦煌研究》1988 年第 4 期　p. 1

孫修身　瓜沙曹氏卒立世次考　《鄭州大學學報》1988 年第 4 期　又見：《魏晉南北朝隋唐史》1988 年第 10 期　p. 26；中國敦煌學百年文庫·歷史卷（二）　甘肅文化出版社　1999　p. 230

譚蟬雪　曹元德曹元深卒年考　《敦煌研究》1988 年第 1 期　p. 53

高國藩　敦煌民俗學　上海文藝出版社　1989　p. 36

馬德　都僧統之“家窟”及其營建《臘八燃燈分配窟龕名數》叢識之三　《敦煌研究》1989 年第 4 期　p. 56

榮新江　關於沙州歸義軍都僧統年代的幾個問題　《敦煌研究》1989 年第 4 期　p. 73

王進玉　趙豐　敦煌文物中的紡織技藝　《敦煌研究》1989 年第 4 期　p. 101

張廣達　榮新江　關於敦煌出土于闐文獻的年代及其相關問題　紀念陳寅恪先生誕辰百年學術論文集　北京大學出版社　1989　p. 292

姜亮夫　瀛涯敦煌韻書卷子考釋　浙江古籍出版社　1990　p. 2、145

馬雍　薩曼王朝與中國的交往　西域史地文物叢考　文物出版社　1990　p. 178

榮新江　沙州歸義軍歷任節度使稱號研究　敦煌吐魯番學研究論文集　漢語大詞典出版社　1990　p. 794

唐耕耦　陸宏基　敦煌社會經濟文獻真迹釋錄（三、五）　全國圖書館文獻縮微複製中心　1990　p. 391；9 注

王仲犖　唐西陲物價考　敦煌吐魯番文獻研究論集（第五輯）　北京大學出版社　1990　p. 4

林聰明　敦煌文書學　（臺北）新文豐出版公司　1991　p. 123

榮新江　敦煌文獻所見晚唐五代宋初的中印文化交往　季羨林教授八十華誕紀念論文集（下）　江西人民出版社　1991　p. 959

譚蟬雪　三教融合的敦煌喪俗　《敦煌研究》1991 年第 3 期　p. 76

趙誠　中國古代韻書　中華書局　1991　p. 27

黃盛璋　關於沙州曹氏和于闐交往的諸藏文文書及相關問題　《敦煌研究》1992 年第 1 期　p. 42

姜伯勤　敦煌社會文書導論　（臺北）新文豐出版公司　1992　p. 200、215

林家平　寧強　羅華慶　中國敦煌學史　北京語言學院出版社　1992　p. 144、300

吳其昱著　伊藤美重子譯　敦煌漢文寫本概觀　敦煌漢文文獻（講座敦煌 5）　（東京）大東出版社　1992　p. 24

趙豐　唐代絲綢與絲綢之路　三秦出版社　1992　p. 133

鄭炳林　梁志勝　《梁幸德邈真讚》與梁願請《莫高窟功德記》　《敦煌研究》1992 年第 2 期　p. 67
　　又見：敦煌吐魯番文獻研究　蘭州大學出版社　1995　p. 263

高國藩　敦煌民俗資料導論　（臺北）新文豐出版公司　1993　p. 176

李正宇　敦煌文學概論　甘肅人民出版社　1993　p. 101

榮新江　關於曹氏歸義軍首任節度使的幾個問題　《敦煌研究》1993 年第 2 期　p. 48

譚禪雪　敦煌歲時掇瑣　（香港）《九州學刊》（敦煌學專輯）1993 年第 5 卷第 4 期　p. 101

汪泛舟　敦煌文學概論　甘肅人民出版社　1993　p. 564

謝和耐　敦煌賣契與專賣制度　法國學者敦煌學論文選萃　中華書局　1993　p. 43

榮新江　敦煌邈真讚年代考　敦煌邈真讚校錄並研究　（臺北）新文豐出版公司　1994　p. 365

榮新江　敦煌邈真讚所見歸義軍與東西回鶻的關係　敦煌邈真讚校錄並研究　（臺北）新文豐出版公司　1994　p. 106

榮新江　甘州回鶻與曹氏歸義軍　《中國古代史》（先秦至隋唐）1994 年第 3 期　p. 104

榮新江　于闐王國與瓜沙曹氏　《敦煌研究》1994 年第 2 期　p. 112

林聰明　談敦煌學研究上的一些障礙問題　全國敦煌學研討會論文集　（臺北）中正大學中國文學系所　1995　p. 244

寧強　曹議金夫婦出行禮佛圖　敦煌學國際研討會文集·石窟藝術編　遼寧美術出版社　1995　p. 306

汪泛舟　論敦煌文明的多民族貢獻　《敦煌研究》1995 年第 2 期　p. 188

郝春文　唐後期五代宋初沙州僧尼的宗教收入（一）　慶祝潘石禪先生九秩華誕敦煌學特刊　（臺北）文津出版社　1996　p. 287

郝春文　唐後期五代宋初沙州僧尼的宗教收入（三）：大眾倉試探　《敦煌學輯刊》1996 年第 2 期　p. 2

姜伯勤　敦煌戒壇與大乘佛教　華學（第二輯）　中山大學出版社　1996　p. 325

姜伯勤　敦煌藝術宗教與禮樂文明　中國社會科學出版社　1996　p. 353、510

劉濤　評《法藏敦煌書苑精華》　敦煌吐魯番研究（第一卷）　北京大學出版社　1996　p. 378

榮新江　歸義軍史研究　上海古籍出版社　1996　p. 21、287

王仲犖　金泥玉屑叢考　中華書局　1996　p. 195

鄭阿財　洪藝芳　1995—1996 年臺灣地區唐代學術研究概況：敦煌學　"中國唐代學會"會刊（第七期）　（臺北）"中國唐代學會"　1996　p. 105

公維章　文讕　敦煌寺院中的會計：直歲　《敦煌學輯刊》1997 年第 2 期　p. 119

唐耕耦　敦煌寺院會計文書研究　（臺北）新文豐出版公司　1997　p. 53

鄭炳林　敦煌碑銘讚輯釋　甘肅教育出版社　1997　p. 159 注 4

鄭炳林　唐五代敦煌金山國征伐樓蘭史事考　敦煌歸義軍史專題研究　蘭州大學出版社　1997
　　p. 14

鄭炳林　晚唐五代敦煌貿易市場的物價　敦煌歸義軍史專題研究　蘭州大學出版社　1997　p. 279

白化文　兩面抄　敦煌學大辭典　上海辭書出版社　1998　p. 592

郝春文　出唱　敦煌學大辭典　上海辭書出版社　1998　p. 646

郝春文　都師　敦煌學大辭典　上海辭書出版社　1998　p. 639

郝春文　唐後期五代宋初敦煌僧尼的社會生活　中國社會科學出版社　1998　p. 61

金瀅坤　從敦煌文書看晚唐五代敦煌地區布紡織業　《敦煌研究》1998 年第 2 期　p. 139

李冬梅　唐五代歸義軍與周邊民族關係綜論　《敦煌學輯刊》1998 年第 2 期　p. 50

李正宇　陰海晏墓誌銘　敦煌學大辭典　上海辭書出版社　1998　p. 335

沙知　河西都僧統印　敦煌學大辭典　上海辭書出版社　1998　p. 294

譚蟬雪　敦煌歲時文化導論　（臺北）新文豐出版公司　1998　p. 81

譚蟬雪　臨壙衣物　敦煌學大辭典　上海辭書出版社　1998　p. 442

譚蟬雪　造花樹　敦煌學大辭典　上海辭書出版社　1998　p. 435

唐耕耦　觀司　敦煌學大辭典　上海辭書出版社　1998　p. 635

徐俊　唐五代長沙窯瓷器題詩校證　唐研究（第四卷）　北京大學出版社　1998　p. 90

楊富學　劉永連　丁曉瑜　1997—1998 年大陸地區唐代學術研究概況：敦煌學　"中國唐代學會"會
　　刊（第九期）　（臺北）"中國唐代學會"　1998　p. 114

楊聯陞　佛教寺院與國史上四種籌措金錢的制度　國史探微　遼寧教育出版社　1998　p. 213

張金泉　敦煌韻書　敦煌學大辭典　上海辭書出版社　1998　p. 512

陳國燦　唐代的經濟社會　（臺北）文津出版社　1999　p. 218 注 54

陳祚龍　迎頭趕上，此其時也：敦煌學散策之二　中國敦煌學百年文庫·綜述卷（三）　甘肅文化出
　　版社　1999　p. 50

郝春文　關於唐後期五代宋初沙州僧團的"出唱"活動　首都師範大學史學研究（1）　首都師範大學
　　出版社　1999　p. 108

饒宗頤　談佛教的發願文　敦煌吐魯番研究（第四卷）　北京大學出版社　1999　p. 481

唐耕耦　北圖新八七〇廣順二年願護等牒跋　敦煌文藪（下）　（臺北）新文豐出版公司　1999
　　p. 209

張涌泉　敦煌文書疑難詞語辨釋　舊學新知　浙江大學出版社　1999　p. 261

鄭炳林　晚唐五代敦煌地區種植棉花研究　《中國史研究》1999 年第 3 期　p. 92

北京大學　敦煌《經卷》、《照片》及《圖書》目錄　中國敦煌學百年文庫·綜述卷（一）　甘肅文化出
　　版社　1999　p. 315

雷紹鋒　歸義軍賦役制度初探　（臺北）洪葉文化事業有限公司　2000　p. 255

劉進寶　敦煌文書與唐史研究　（臺北）新文豐出版公司　2000　p. 245

童丕　從寺院的帳簿看敦煌二月八日節　法國漢學（敦煌學專號）　中華書局　2000　p. 82

徐俊　敦煌詩集殘卷輯考　中華書局　2000　p. 935

袁德領　歸義軍時期莫高窟與敦煌寺院的關係　《敦煌研究》2000 年第 3 期　p. 171

林聰明　敦煌吐魯番文書解詁指例　（臺北）新文豐出版公司　2001　p. 99

譚蟬雪　唐宋敦煌歲時佛俗　《敦煌研究》2001 年第 1 期　p. 94、104

謝重光　漢唐佛教社會史論　（臺北）國際文化事業有限公司　2001　p. 254 注 83

楊際平　論唐末五代宋初敦煌地權的集中與分散　敦煌學與中國史研究論集　甘肅人民出版社
　　2001　p. 193

楊森　《辛巳年六月十六日社人于燈司倉貸粟曆》文書之定年　《敦煌學輯刊》2001 年第 2 期　p. 18

姜亮夫　敦煌莫高窟年表　姜亮夫全集（十一）　雲南人民出版社　2002　p. 246、333、497

姜亮夫　瀛涯敦煌韻輯　姜亮夫全集（九）　雲南人民出版社　2002　p. 5

李小榮　變文講唱與華梵宗教藝術　上海三聯書店　2002　p. 134

劉進寶　敦煌學通論　甘肅教育出版社　2002　p. 311、329

施安昌　論漢字演變的分期：兼談敦煌古韻書的書寫時間　善本碑帖論集　紫禁城出版社　2002
　　　p. 323

史葦湘　敦煌歷史與莫高窟藝術研究　甘肅教育出版社　2002　p. 97

徐曉麗　敦煌石窟所見天公主考辨　《敦煌學輯刊》2002 年第 2 期　p. 79

徐曉麗　回鶻天公主與敦煌佛教　敦煌佛教藝術文化國際學術研討會論文集　蘭州大學出版社
　　　2002　p. 419

榮新江　略談于闐對敦煌石窟的貢獻　2000 年敦煌學國際學術討論會文集·歷史文化卷（上）　甘
　　　肅民族出版社　2003　p. 73

楊森　五代宋時期于闐皇太子在敦煌的太子莊　《敦煌研究》2003 年第 4 期　p. 41

湛如　敦煌佛教律儀制度研究　中華書局　2003　p. 41、64、381

陳大爲　歸義軍時期敦煌淨土寺與都司及諸寺的經濟交往　《敦煌學輯刊》2004 年第 1 期　p. 120

羅豐　胡漢之間：“絲綢之路”與西北歷史考古　文物出版社　2004　p. 335 注 57

湯涒　敦煌曲子詞地域文化研究　上海古籍出版社　2004　p. 108

鄭顯文　唐代律令制研究　北京大學出版社　2004　p. 281

吳麗娛　楊寶玉　P. 3197v《曹氏歸義軍時期甘州使人書狀》考試　《敦煌學輯刊》2005 年第 4 期
　　　p. 18

P. 2639

唐文播　巴黎所藏敦煌老子寫卷校記　《中國文化研究彙刊》1930 年第 5 卷　又見：中國敦煌學百年
　　　文庫·文獻卷（一）　甘肅文化出版社　1999　p. 90

唐文播　巴黎所藏敦煌老子寫本綜考　《中國文化研究彙刊》1944 年第 4 卷　又見：中國敦煌學百年
　　　文庫·文獻卷（一）　甘肅文化出版社　1999　p. 220

饒宗頤　吳建衡二年索紞寫本道德經殘卷考證　（香港）《東方文化》1955 年第 2 卷第 1 期　p. 29

嚴靈峰　老子《想爾注》寫本殘卷質疑　（臺北）《大陸雜誌》1965 年第 6 期　又見：中國敦煌學百年
　　　文庫·文獻卷（一）　甘肅文化出版社　1999　p. 496

楠山春樹　老子河上公注の思想史的考察——特に「一」の語を中心として　『東方宗教』（28 號）
　　　（東京）日本道教學會　1966　p. 19

王重民　敦煌古籍敘錄　中華書局　1979　p. 229

蘇瑩輝　敦煌學概要　（臺北）編譯館“中華叢書編委會”　1981　p. 49

鄭良樹　敦煌老子寫本考異　（臺北）《大陸雜誌》1981 年第 2 期　又見：中國敦煌學百年文庫·宗
　　　教卷（三）　甘肅文化出版社　1999　p. 66

楠山春樹　道德經類 付『莊子』『列子』『文子』　敦煌と中國道教（講座敦煌 4）　（東京）大東出版
　　　社　1983　p. 34

蘇瑩輝　中外敦煌古寫本纂要　敦煌論集　（臺北）學生書局　1983　p. 325

王重民　巴黎敦煌殘卷敘錄（第二輯）　敦煌叢刊初集（九）　（臺北）新文豐出版公司　1985　p. 259

王重民原編　黃永武新編　敦煌古籍敘錄新編（第十二冊）　（臺北）新文豐出版公司　1986　p. 83

姜亮夫　巴黎所藏敦煌寫本道德經殘卷綜合研究　敦煌學論文集　上海古籍出版社　1987　p. 246、

　　264 注、282

姜亮夫　敦煌經卷在中國文化學術上的價值　敦煌學論文集　上海古籍出版社　1987　p. 8

王卡　老子道德經河上公章句　中華書局　1993　p. 15

胡戟　傅玫　敦煌史話　中華書局　1995　p. 134

白化文　老子道德經河上公章句　敦煌學大辭典　上海辭書出版社　1998　p. 776

白化文　兩面抄　敦煌學大辭典　上海辭書出版社　1998　p. 592

王卡　敦煌道教文獻研究　中國社會科學出版社　2004　p. 11、168

王卡　敦煌道教綜述　敦煌與絲路文化學術講座(第二輯)　北京圖書館出版社　2005　p. 380

朱大星　從出土文獻看《老子》的分章：以《道經》三十六章、《德經》四十五章的分章形式爲中心　文
　　史(第七十五輯)　中華書局　2006　p. 115

P. 2640

金岡照光　敦煌文學のさまざま　敦煌の文學　(東京)大藏出版株式會社　1971　p. 164

那波利貞　唐代の社邑に就きて(1938 年)　唐代社會文化史研究・第五編　(東京)創文社　1974
　　p. 488

那波利貞　唐寫本雜抄考——唐代庶民教育史研究の一資料　唐代社會文化史研究・第二編　(東
　　京)創文社　1974　p. 221、238

陳祚龍　唐太宗登基前後之文治與武功　敦煌學海探珠(上冊)　(臺北)商務印書館　1979　p. 190

唐長孺　《常何墓碑》寫本録文　魏晉南北朝隋唐史資料(第 2 輯)　武漢大學出版社　1980　p. 7

黃盛璋　于闐文《使河西記》的歷史地理研究　《敦煌學輯刊》1986 年第 2 期　p. 15

姜亮夫　敦煌經卷壁畫中所見釋氏僧名録　敦煌學論文集　上海古籍出版社　1987　p. 1044

姜亮夫　海外敦煌卷子經眼録　敦煌學論文集　上海古籍出版社　1987　p. 48　又見：姜亮夫全集
　　(十三)　雲南人民出版社　2002　p. 41

黃永年　敦煌寫本《常何墓碑》和唐前期宮廷政變中的玄武門　1983 年全國敦煌學術討論會文集・
　　文史遺書編(上)　甘肅人民出版社　1987　p. 132

劉進寶　常何與隋末農民起義　《敦煌研究》1990 年第 1 期　p. 72

榮新江　《唐刺史考》補遺　《文獻》1990 年第 2 期　p. 81　又見：敦煌學新論　甘肅教育出版社
　　2002　p. 260

唐耕耦　陸宏基　敦煌社會經濟文獻真迹釋録(五)　全國圖書館文獻縮微複製中心　1990　p. 53

林聰明　敦煌文書學　(臺北)新文豐出版公司　1991　p. 63

劉進寶　敦煌遺書與歷史研究　《魏晉南北朝隋唐史》1992 年第 9 期　p. 70　又見：(臺北)新文豐
　　出版公司　2000　p. 17

陶秋英輯録　姜亮夫校訂　敦煌經卷壁畫中所見釋氏名録　敦煌碎金　浙江古籍出版社　1992
　　p. 41

周紹良　敦煌文學芻議及其它　(臺北)新文豐出版公司　1992　p. 16

黃征　吳偉　敦煌願文集　岳麓書社　1995　p. 52

饒宗頤　敦煌資料與佛教文學小記　敦煌曲續論　(臺北)新文豐出版公司　1996　p. 57

徐俊　敦煌寫本唐人詩歌存佚互見綜考　敦煌吐魯番研究(第一卷)　北京大學出版社　1996
　　p. 112

黃征　《敦煌碑銘讚輯釋》評介　敦煌語文叢說　(臺北)新文豐出版公司　1997　p. 809

鄭炳林　敦煌碑銘讚輯釋　甘肅教育出版社　1997　p. 1

柴劍虹　秋夜聽擣衣　敦煌學大辭典　上海辭書出版社　1998　p. 568

柴劍虹　怨歌行　敦煌學大辭典　上海辭書出版社　1998　p. 554

黃惠賢　常何墓碑寫本殘卷　敦煌學大辭典　上海辭書出版社　1998　p. 331

黃永年　唐代史事考釋　（臺北）聯經出版公司　1998　p. 37

黃征　唐代俗語詞輯釋　唐研究（第四卷）　北京大學出版社　1998　p. 142

劉進寶　常何與隋末唐初政治　《中國史研究》1998 年第 4 期　p. 86

沙知　敦煌吐魯番文獻所見唐軍府名掇拾　《敦煌學輯刊》1998 年第 1 期　p. 2

沙知　清義府　敦煌學大辭典　上海辭書出版社　1998　p. 393

沙知　真化府　敦煌學大辭典　上海辭書出版社　1998　p. 392

黃永年　敦煌寫本常何墓碑和唐前期宮廷政變中的玄武門　文史探微　中華書局　2000　p. 183

徐俊　敦煌詩集殘卷輯考　中華書局　2000　p. 110

楊森　淺談敦煌文獻中唐代墓誌銘抄本　《敦煌研究》2000 年第 3 期　p. 135

榮新江　敦煌學十八講　北京大學出版社　2001　p. 205

曾良　敦煌文獻字義通釋　廈門大學出版社　2001　p. 12、67、148

黃征　敦煌語言文字學研究　甘肅教育出版社　2002　p. 153

劉進寶　敦煌學通論　甘肅教育出版社　2002　p. 291

王素　敦煌吐魯番文獻　文物出版社　2002　p. 159

葉貴良　《敦煌文獻字義通釋》釋義商榷舉例　《敦煌研究》2002 年第 3 期　p. 49

徐俊　敦煌先唐詩考　2000 年敦煌學國際學術討論會文集·歷史文化卷（下）　甘肅民族出版社
　　2003　p. 290、309

葉貴良　敦煌社邑文書詞語選釋　《敦煌研究》2004 年第 5 期　p. 83

葉貴良　《敦煌社邑文書輯校》拾補　《吐魯番學研究》2004 年第 1 期　p. 108

P. 2641

那波利貞　千佛岩莫高窟と敦煌文書　西域文化研究（第二）·敦煌吐魯番社會經濟資料（上）　（京
　　都）法藏館　1959　p. 24

長澤和俊　敦煌　（東京）築摩書房　1965　p. 197

陳祚龍　新校重訂敦煌古抄事佛崇法文獻小集　《東方雜誌》1978 年第 6 期　又見：中國敦煌學百年
　　文庫·宗教卷（二）　甘肅文化出版社　1999　p. 49

陳祚龍　敦煌古抄中世詩歌　敦煌學海探珠（上冊）　（臺北）商務印書館　1979　p. 157

陳祚龍　簡記敦煌古抄方志　敦煌文物隨筆　（臺北）商務印書館　1979　p. 61

菊池英夫　唐代敦煌社會の外貌　敦煌の社會（講座敦煌 3）　（東京）大東出版社　1980　p. 106

陳祚龍　《簡記敦煌古抄方志》及其"後語"　敦煌學要籥　（臺北）新文豐出版公司　1982　p. 230

柴劍虹　《敦煌唐人詩集殘卷（伯 2555）》初探　敦煌學論集　甘肅人民出版社　1985　p. 184 注 2
　　又見：西域文史論稿　（臺北）國文天地雜誌社　1991　p. 239 注 2

梁梁　《太子成道經》隨筆數則　《敦煌研究》1986 年第 3 期　p. 55

盧向前　關於歸義軍時期一份布紙破用曆的研究：試釋伯四六四〇背面文書　敦煌吐魯番文獻研究
　　論集（第三輯）　北京大學出版社　1986　p. 411 注 25、412 注 26、414 注 42　又見：敦煌吐魯番
　　文書論稿　江西人民出版社　1992　p. 118 注 28

姜伯勤　敦煌的"畫行"與"畫院"　1983 年全國敦煌學術討論會文集·石窟藝術編（下）　甘肅人民
　　出版社　1987　p. 185

姜伯勤　唐五代敦煌寺戶制度　中華書局　1987　p. 144

任半塘　敦煌歌辭總編　上海古籍出版社　1987　p. 452

姜伯勤　敦煌音聲人略論　《敦煌研究》1988 年第 4 期　p. 7

韓建瓴　雜記　敦煌文學　甘肅人民出版社　1989　p. 68

李正宇　唐宋時代敦煌縣河渠泉澤簡志(二)　《敦煌研究》1989 年第 1 期　p. 54

史葦湘　再論産生敦煌佛教藝術審美的社會因素　《敦煌研究》1989 年第 1 期　p. 2

張廣達　榮新江　關於敦煌出土于闐文獻的年代及其相關問題　紀念陳寅恪先生誕辰百年學術論文
　　集　北京大學出版社　1989　p. 292

劉銘恕　敦煌遺書叢識之四　敦煌吐魯番學研究論文集　漢語大詞典出版社　1990　p. 35

馬德　敦煌遺書莫高窟營建史料淺論　敦煌學國際學術討論會論文縮寫文(1990)　敦煌研究院
　　1990　p. 47　又見：敦煌學國際研討會文集・石窟考古編　遼寧美術出版社　1995　p. 145

任半塘　王昆吾　隋唐五代燕樂雜言歌辭集　巴蜀書社　1990　p. 355

唐耕耦　陸宏基　敦煌社會經濟文獻真迹釋録(五)　全國圖書館文獻縮微複製中心　1990　p. 234

黃正建　敦煌文書與唐五代北方地區的飲食生活　魏晉南北朝隋唐史資料(第 11 輯)　武漢大學出
　　版社　1991　p. 263

李并成　一批珍貴的歷史人物檔案：敦煌遺書中的邈真讚　《檔案》1991 年第 5 期　p. 34

陸慶夫　略論敦煌民族史料的價值　《敦煌學輯刊》1991 年第 1 期　p. 33

鄭炳林　伯 2641 號背莫高窟再修功德記撰寫人探微　《敦煌學輯刊》1991 年第 2 期　p. 43

姜伯勤　敦煌社會文書導論　(臺北)新文豐出版公司　1992　p. 135、162

李正宇　敦煌遺書宋人詩輯校　《敦煌研究》1992 年第 2 期　p. 39

邵文實　唐代後期河西地區的民族遷徙及其後果　《敦煌學輯刊》1992 年第 1、2 期　p. 28

鄭炳林　梁志勝　《梁幸德邈真讚》與梁願請《莫高窟功德記》　《敦煌研究》1992 年第 2 期　p. 64
　　　　又見：敦煌吐魯番文獻研究　蘭州大學出版社　1995　p. 260

周紹良　敦煌文學芻議及其它　(臺北)新文豐出版公司　1992　p. 12

高國藩　敦煌民俗資料導論　(臺北)新文豐出版公司　1993　p. 174

黃征　敦煌願文《兒郎偉》輯考　(香港)《九州學刊》(敦煌學專輯)1993 年第 5 卷第 4 期　p. 78

李明偉　敦煌文學概論　甘肅人民出版社　1993　p. 498

李正宇　敦煌文學概論　甘肅人民出版社　1993　p. 103、157

前田正名　河西歷史地理學研究　中國藏學出版社　1993　p. 255

譚蟬雪　敦煌祈賽風俗　《敦煌研究》1993 年第 4 期　p. 62

項楚　敦煌詩歌導論　(臺北)新文豐出版公司　1993　p. 276

張鴻勳　敦煌話本詞文俗賦導論　(臺北)新文豐出版公司　1993　p. 202

鄭炳林　敦煌碑銘讚抄本概述　《蘭州大學學報》1993 年第 4 期　p. 139

胡同慶　莫高窟第 154、231 窟經變畫研究　敦煌學研究　甘肅人民美術出版社　1994　p. 123

陸慶夫　敦煌民族文獻與河西古代民族　《敦煌學輯刊》1994 年第 2 期　p. 85

馬德　《莫高窟再修功德記》考述　《社科縱橫》1994 年第 4 期　p. 43

榮新江　于闐王國與瓜沙曹氏　《敦煌研究》1994 年第 2 期　p. 112

汪泛舟　敦煌韻文辨正舉隅　《敦煌研究》1994 年第 2 期　p. 142

王進玉　敦煌石窟探秘　四川教育出版社　1994　p. 135

王永興　敦煌經濟文書導論　(臺北)新文豐出版公司　1994　p. 447

馬德　敦煌莫高窟吐蕃、歸義軍時代營建概況　(香港)《九州學刊》1995 年第 6 卷第 4 期　p. 68

馬德　敦煌庶民與莫高窟的營造　華學(第一輯)　中山大學出版社　1995　p. 186

馬德　論莫高窟佛教的社會性　敦煌佛教文獻研究　敦煌研究院文獻研究所　1995　p. 16

榮新江　龍家考　中亞學刊(第四輯)　北京大學出版社　1995　p. 153

土肥義和　唐・北宋間の「社」の組織形態に関する一考察　中國古代の國家と民衆（堀敏一先生古稀記念）　（東京）汲古書院　1995　p. 731

王書慶　敦煌佛學・佛事篇　甘肅民族出版社　1995　p. 206

張涌泉　陳祚龍校録敦煌卷子失誤例釋　學術集林（卷六）　上海遠東出版社　1995　p. 300　又見：舊學新知　浙江大學出版社　1999　p. 276

黄盛璋　敦煌漢文與于闐文書中之龍家及其相關問題　《西域研究》1996 年第 1 期　p. 30

姜伯勤　敦煌藝術宗教與禮樂文明　中國社會科學出版社　1996　p. 25、523

雷紹鋒　論曹氏歸義軍時期官府之"牧子"　《敦煌學輯刊》1996 年第 1 期　p. 42

李正宇　俄藏中國西北文物經眼記　《敦煌研究》1996 年第 3 期　p. 41

馬德　敦煌莫高窟史研究　甘肅教育出版社　1996　p. 134、170、176、183

馬德　九、十世紀敦煌工匠史料述論　慶祝潘石禪先生九秩華誕敦煌學特刊　（臺北）文津出版社　1996　p. 305、313、317、321

馬德　莫高窟與敦煌佛教教團　敦煌吐魯番研究（第一卷）　北京大學出版社　1996　p. 166

饒宗頤　敦煌曲訂補　敦煌曲續論　（臺北）新文豐出版公司　1996　p. 47

饒宗頤　曲子定西蕃　敦煌曲續論　（臺北）新文豐出版公司　1996　p. 1

榮新江　歸義軍史研究　上海古籍出版社　1996　p. 24

盛朝暉　"細供"考　《敦煌學輯刊》1996 年第 2 期　p. 102

譚蟬雪　敦煌馬文化　《敦煌研究》1996 年第 1 期　p. 115

張錫厚　敦煌釋氏詩歌創作論　慶祝潘石禪先生九秩華誕敦煌學特刊　（臺北）文津出版社　1996　p. 208

張涌泉　敦煌俗字研究導論　（臺北）新文豐出版公司　1996　p. 193、258

陳國燦　劉健明　《全唐文》職官叢考　武漢大學出版社　1997　p. 42

馮培紅　晚唐五代宋初歸義軍武職軍將研究　敦煌歸義軍史專題研究　蘭州大學出版社　1997　p. 126

李正宇　敦煌歷史地理導論　（臺北）新文豐出版公司　1997　p. 226

陸慶夫　從焉耆龍王到河西龍家——龍部落遷徙考　敦煌歸義軍史專題研究　蘭州大學出版社　1997　p. 500

馬德　敦煌工匠史料　甘肅人民出版社　1997　p. 31、46、62、85

馬德　敦煌遺書莫高窟歲首燃燈文輯識　《敦煌研究》1997 年第 3 期　p. 65

王惠民　《董保德功德記》與隋代敦煌崇教寺舍利塔　《敦煌研究》1997 年第 3 期　p. 70

薛宗正　中國新疆古代社會生活史　新疆人民出版社　1997　p. 368

顔廷亮　關於《貳師泉賦》的作者及寫本年代問題　《甘肅社會科學》1997 年第 5 期　p. 55

張先堂　S. 4654 晚唐《莫高窟紀遊詩》新探　《敦煌研究》1997 年第 3 期　p. 126

鄭炳林　敦煌碑銘讚及其有關問題　敦煌碑銘讚輯釋　甘肅教育出版社　1997　p. 6

鄭炳林　敦煌碑銘讚輯釋　甘肅教育出版社　1997　p. 515

鄭炳林　唐五代敦煌金山國征伐樓蘭史事考　敦煌歸義軍史專題研究　蘭州大學出版社　1997　p. 13

鄭炳林　唐五代敦煌手工業研究　敦煌歸義軍史專題研究　蘭州大學出版社　1997　p. 254、263

鄭炳林　唐五代敦煌畜牧區域研究　敦煌歸義軍史專題研究　蘭州大學出版社　1997　p. 232

鄭炳林　馮培紅　唐五代歸義軍政權對外關係中的使頭一職　敦煌歸義軍史專題研究　蘭州大學出版社　1997　p. 69 注 2

鄭炳林　馮培紅　晚唐五代宋初歸義軍政權中都頭一職考辨　敦煌歸義軍史專題研究　蘭州大學出

版社　1997　p. 77

鄭炳林　楊富學　晚唐五代金銀在敦煌的使用與流通　《甘肅金融》1997 年第 8 期　又見：中國敦煌
　　學百年文庫·歷史卷（二）　甘肅文化出版社　1999　p. 583

柴劍虹　修龕短句　敦煌學大辭典　上海辭書出版社　1998　p. 571

陳國燦　乙卯年押衙知柴場司安祐成狀　敦煌學大辭典　上海辭書出版社　1998　p. 417

高啓安　索黛　唐五代敦煌飲食中的餅淺探　《敦煌研究》1998 年第 4 期　p. 80

李正宇　道真　敦煌學大辭典　上海辭書出版社　1998　p. 365

李正宇　公主君者者致北宅夫人書　敦煌學大辭典　上海辭書出版社　1998　p. 375

李正宇　古本敦煌鄉土志八種箋證　（臺北）新文豐出版公司　1998　p. 306

李正宇　憑　敦煌學大辭典　上海辭書出版社　1998　p. 387

李正宇　司　敦煌學大辭典　上海辭書出版社　1998　p. 382

李正宇　押衙兄弟莫高窟再修公德記　敦煌學大辭典　上海辭書出版社　1998　p. 335

馬德　10 世紀敦煌寺曆所記三窟活動　《敦煌研究》1998 年第 2 期　p. 86

榮新江　歸義軍大事紀年初稿　出土文獻研究（第三輯）　文物出版社　1998　p. 248

沙知　敦煌別稱　敦煌學大辭典　上海辭書出版社　1998　p. 306

尚衍斌　西域文化　遼寧教育出版社　1998　p. 307

譚蟬雪　敦煌歲時文化導論　（臺北）新文豐出版公司　1998　p. 225

譚蟬雪　觀音賜子　敦煌學大辭典　上海辭書出版社　1998　p. 441

譚蟬雪　胡餅　敦煌學大辭典　上海辭書出版社　1998　p. 444

唐耕耦　宴設司　敦煌學大辭典　上海辭書出版社　1998　p. 382

土肥義和　唐·北宋の間：敦煌の杜家親情社追補社條（S. 8160rv）について　唐代史研究（創刊號）
　　（東京）唐代史研究會　1998　p. 19

楊森　晚唐五代兩件《女人社》文書劄記　《敦煌研究》1998 年第 1 期　p. 72

張亞萍　唐五代歸義軍政府牧馬業研究　《敦煌學輯刊》1998 年第 2 期　p. 56

馮培紅　客司與歸義軍的外交活動　《敦煌學輯刊》1999 年第 1 期　p. 75

高國藩　敦煌俗文化學　上海三聯書店　1999　p. 82、545

高啓安　王璽玉　唐五代敦煌人的飲食品種研究　《敦煌研究》1999 年第 2 期　p. 68

熊飛　P. 2555 殘卷抄録時間等相關問題再探　《敦煌研究》1999 年第 1 期　p. 68

杜琪　敦煌詩賦作品要目分類題注　《甘肅社會科學》2000 年第 1 期　p. 63

馮培紅　歸義軍時期敦煌縣諸鄉置廢申論　《敦煌研究》2000 年第 3 期　p. 99

雷紹鋒　歸義軍賦役制度初探　（臺北）洪葉文化事業有限公司　2000　p. 51、165、182

李正宇　歸義軍樂營的結構與配置　《敦煌研究》2000 年第 3 期　p. 77

孫其芳　鳴沙遺音：敦煌詞選評　甘肅人民出版社　2000　p. 195

譚蟬雪　《君者者狀》辨析：河西達怛國的一份書狀　1994 年敦煌學國際研討會文集·宗教文史卷
　　（下）　甘肅民族出版社　2000　p. 102

汪泛舟　論敦煌僧詩的功利性　《敦煌研究》2000 年第 4 期　p. 155

徐俊　敦煌詩集殘卷輯考　中華書局　2000　p. 113

顏廷亮　敦煌文化　光明日報出版社　2000　p. 381

顏廷亮　敦煌文化的靈魂論綱　《甘肅社會科學》2000 年第 4 期　p. 34

袁德領　歸義軍時期莫高窟與敦煌寺院的關係　《敦煌研究》2000 年第 3 期　p. 170

張鴻勳　說唱藝術奇葩：敦煌變文選評　甘肅人民出版社　2000　p. 107

鄭炳林　晚唐五代敦煌貿易市場的外來商品輯考　中華文史論叢（總 63 輯）　上海古籍出版社

2000　p. 71、79

汪泛舟　敦煌俗別字補正　《敦煌研究》2001 年第 4 期　p. 158

曾良　敦煌文獻字義通釋　廈門大學出版社　2001　p. 130

張鴻勳　敦煌文學雜考三則　敦煌學與中國史研究論集　甘肅人民出版社　2001　p. 155

杜建錄　西夏經濟史　中國社會科學出版社　2002　p. 218

黃盛璋　試論所謂"吐火羅語"及其有關的歷史地理和民族問題　中外交通與交流史研究　安徽教
　　育出版社　2002　p. 226

李德龍　沙州三界寺《授戒牒》初探　甘肅民族研究論叢　甘肅人民出版社　2002　p. 408

劉進寶　敦煌學通論　甘肅教育出版社　2002　p. 364

呂鍾　重修敦煌縣誌　甘肅人民出版社　2002　p. 572

榮新江　唐五代歸義軍武職軍將考　敦煌學新論　甘肅教育出版社　2002　p. 58

史葦湘　敦煌歷史與莫高窟藝術研究　甘肅教育出版社　2002　p. 496

張鴻勳　敦煌俗文學研究　甘肅人民出版社　2002　p. 235

張總　說不盡的觀世音　上海辭書出版社　2002　p. 198

馮培紅　唐五代敦煌官府宴設機構考略　2000 年敦煌學國際學術討論會文集·歷史文化卷(上)
　　甘肅民族出版社　2003　p. 176

古正美　于闐與敦煌的毗沙門天王信仰　2000 年敦煌學國際學術討論會文集·歷史文化卷(上)
　　甘肅民族出版社　2003　p. 58

胡朝陽　胡同慶　敦煌壁畫藝術的美學特徵　《敦煌研究》2003 年第 2 期　p. 3

劉進寶　P. 4525(8)《官布籍》所見歸義軍政權的賦稅免征　新世紀敦煌學論集　巴蜀書社　2003
　　p. 307

榮新江　略談于闐對敦煌石窟的貢獻　2000 年敦煌學國際學術討論會文集·歷史文化卷(上)　甘
　　肅民族出版社　2003　p. 74

楊森　五代宋時期于闐皇太子在敦煌的太子莊　《敦煌研究》2003 年第 4 期　p. 40

鄭炳林　晚唐五代敦煌村莊聚落輯考　2000 年敦煌學國際學術討論會文集·歷史文化卷(上)　甘
　　肅民族出版社　2003　p. 128、152

樊錦詩　玄奘譯經和敦煌壁畫　《敦煌研究》2004 年第 2 期　p. 10

高啓安　唐五代敦煌飲食文化研究　民族出版社　2004　p. 183

公維章　涅槃、淨土的殿堂：敦煌莫高窟第 148 窟研究　民族出版社　2004　p. 216

胡同慶　安忠義　佛教藝術　敦煌文藝出版社　2004　p. 151

屈直敏　敦煌高僧　民族出版社　2004　p. 58

湯涒　敦煌曲子詞地域文化研究　上海古籍出版社　2004　p. 40、102

高啓安　趙紅　敦煌"玉女"考屑　《敦煌研究》2005 年第 2 期　p. 70　又見：敦煌學國際研討會論
　　文集　北京圖書館出版社　2005　p. 227

李軍　晚唐五代肅州相關史實考述　《敦煌學輯刊》2005 年第 3 期　p. 95

陸離　吐蕃統治敦煌時期的官府勞役　魏晉南北朝隋唐史資料(第 22 輯)　武漢大學出版社　2005
　　p. 186

湯涒　敦煌曲子詞寫本叙略　敦煌學國際研討會論文集　北京圖書館出版社　2005　p. 203

趙曉星　寇甲　西魏：歸義軍時期敦煌地區的史姓　《敦煌學輯刊》2005 年第 2 期　p. 136

汪泛舟　敦煌俗別字新考(上)　《敦煌研究》2006 年第 1 期　p. 104

鄭炳林　晚唐五代河西地區的居民結構研究　《蘭州大學學報》2006 年第 2 期　p. 13

P. 2642

譚蟬雪　曹元德曹元深卒年考　《敦煌研究》1988 年第 1 期　p. 56

張廣達　榮新江　關於敦煌出土于闐文獻的年代及其相關問題　紀念陳寅恪先生誕辰百年學術論文
集　北京大學出版社　1989　p. 295

榮新江　西元十世紀沙州歸義軍與西州回鶻的文化交往　第二屆敦煌學國際研討會論文集　（臺
北）漢學研究中心　1990　p. 590

唐耕耦　陸宏基　敦煌社會經濟文獻真迹釋録（三）　全國圖書館文獻縮微複製中心　1990　p. 209

譚蟬雪　三教融合的敦煌喪俗　《敦煌研究》1991 年第 3 期　p. 79

杜琦　敦煌文學概論　甘肅人民出版社　1993　p. 514

譚禪雪　敦煌歲時掇瑣　（香港）《九州學刊》（敦煌學專輯）1993 年第 5 卷第 4 期　p. 107

黄征　敦煌願文散校　《敦煌研究》1994 年第 3 期　p. 129　又見:敦煌語文叢說　（臺北）新文豐出
版公司　1997　p. 568

胡戟　傅玫　敦煌史話　中華書局　1995　p. 189

王書慶　敦煌佛學·佛事篇　甘肅民族出版社　1995　p. 19

榮新江　歸義軍史研究　上海古籍出版社　1996　p. 112

馬德　敦煌工匠史料　甘肅人民出版社　1997　p. 85

鄭炳林　敦煌碑銘讚輯釋　甘肅教育出版社　1997　p. 22 注 6

鄭炳林　馮培紅　唐五代歸義軍政權對外關係中的使頭一職　敦煌歸義軍史專題研究　蘭州大學出
版社　1997　p. 51

鄭炳林　馮培紅　晚唐五代宋初歸義軍政權中都頭一職考辨　敦煌歸義軍史專題研究　蘭州大學出
版社　1997　p. 83

譚蟬雪　大祥　敦煌學大辭典　上海辭書出版社　1998　p. 443

譚蟬雪　敦煌歲時文化導論　（臺北）新文豐出版公司　1998　p. 346、378

譚蟬雪　年終難巷　敦煌學大辭典　上海辭書出版社　1998　p. 436

譚蟬雪　朱符安宅　敦煌學大辭典　上海辭書出版社　1998　p. 447

高啓安　唐五代敦煌僧人飲食的幾個名詞解釋　《敦煌研究》1999 年第 4 期　p. 134

段塔麗　唐代婦女地位研究　人民出版社　2000　p. 192

王三慶　北京大學圖書館藏本《諸文要集》一卷研究　慶祝吳其昱先生八秩華誕敦煌學特刊　（臺
北）文津出版社　2000　p. 170

顏廷亮　敦煌文化　光明日報出版社　2000　p. 378

譚蟬雪　喪祭與齋忌　敦煌學與中國史研究論集　甘肅人民出版社　2001　p. 228

譚蟬雪　唐宋敦煌歲時佛俗:八月至十二月　《敦煌研究》2001 年第 2 期　p. 78

汪玢玲　中國婚姻史　上海人民出版社　2001　p. 219

周一良　敦煌寫本書儀中所見的唐代婚喪禮俗　魏晉南北朝史論集續編　北京大學出版社　2001
p. 246

姜亮夫　海外敦煌卷子經眼録　姜亮夫全集（十三）　雲南人民出版社　2002　p. 34

鄭炳林　晚唐五代敦煌村莊聚落輯考　2000 年敦煌學國際學術討論會文集·歷史文化卷（上）　甘
肅民族出版社　2003　p. 154

趙紅　高啓安　唐五代時期敦煌僧人飲食概述　麥積山石窟藝術文化論文集（下）　蘭州大學出版
社　2004　p. 284

李正宇　晚唐至北宋敦煌僧尼普聽飲酒　《敦煌研究》2005 年第 3 期　p. 69、75

謝生保　謝靜　敦煌文獻與水陸法會　文史（第七十五輯）　中華書局　2006　p. 45

P. 2643

陳鐵凡　敦煌本尚書述略　（臺北）《大陸雜誌》1961 年第 8 期　又見：中國敦煌學百年文庫・文獻卷（一）　甘肅文化出版社　1999　p. 442

陳鐵凡　敦煌本虞夏商書校證補遺　（臺北）《大陸雜誌》1969 年第 2 期　又見：中國敦煌學百年文庫・文獻卷（二）　甘肅文化出版社　1999　p. 419

那波利貞　開元末期以前と天寶初期以後との唐の時世の差異に就きて　唐代社會文化史研究・第一編　（東京）創文社　1974　p. 141

蘇瑩輝　石室出土的寫本古籍　敦煌　（臺北）藝文印書館　1977　p. 19

王重民　敦煌古籍叙録　中華書局　1979　p. 16

董作賓　敦煌紀年　敦煌學文選（上）　蘭州大學歷史系敦煌學研究室等　1983　p. 25

王堯　陳踐　敦煌吐蕃文獻選　四川民族出版社　1983　p. 67

饒宗頤　敦煌書法叢刊（第五卷）・經史（三）　（東京）二玄社　1985　p. 3

王重民　巴黎敦煌殘卷叙録（第一輯）　敦煌叢刊初集（九）　（臺北）新文豐出版公司　1985　p. 115

高明士　唐代敦煌的教育　漢學研究（敦煌學國際研討會論文專號）　（臺北）漢學研究資料及服務中心　1986　p. 255

李正宇　唐宋時代的敦煌學校　《敦煌研究》1986 年第 1 期　p. 41

王重民原編　黃永武新編　敦煌古籍叙録新編（第一冊）　（臺北）新文豐出版公司　1986　p. 257

姜亮夫　敦煌本尚書校録　敦煌學論文集　上海古籍出版社　1987　p. 155、177　又見：姜亮夫全集（十三）　雲南人民出版社　2002　p. 134

姜亮夫　敦煌經卷在中國文化學術上的價值　敦煌學論文集　上海古籍出版社　1987　p. 9

李正宇　敦煌學郎題記輯注　《敦煌學輯刊》1987 年第 1 期　p. 27

高國藩　敦煌民俗學　上海文藝出版社　1989　p. 100

池田溫　中國古代寫本識語集録　（東京）大藏出版株式會社　1990　p. 305

孫啓治　唐寫本俗別字變化類型舉例　敦煌吐魯番文獻研究論集（第五輯）　北京大學出版社　1990　p. 125、127、129、131

林聰明　敦煌文書學　（臺北）新文豐出版公司　1991　p. 219、332

汪泛舟　敦煌文學寫本辨正舉隅　《敦煌研究》1991 年第 1 期　p. 92

東野治之　敦煌と日本の『千字文』　遣唐使と正倉院　（東京）岩波書店　1992　p. 240

東野治之　訓蒙書　敦煌漢文文獻（講座敦煌 5）　（東京）大東出版社　1992　p. 404

姜伯勤　敦煌社會文書導論　（臺北）新文豐出版公司　1992　p. 96

石塚晴通　敦煌の加點本　敦煌漢文文獻（講座敦煌 5）　（東京）大東出版社　1992　p. 258

土田健次郎　儒教典籍　敦煌漢文文獻（講座敦煌 5）　（東京）大東出版社　1992　p. 268

吳福熙　敦煌殘卷古文尚書校注　甘肅人民出版社　1992　p. 18

吳其昱著　伊藤美重子譯　敦煌漢文寫本概觀　敦煌漢文文獻（講座敦煌 5）　（東京）大東出版社　1992　p. 96

林聰明　談敦煌文書的抄寫問題　紀念陳寅恪先生百年誕辰學術論文集　江西教育出版社　1994　p. 288、294

李正宇　敦煌史地新論　（臺北）新文豐出版公司　1996　p. 178

劉濤　評《法藏敦煌書苑精華》　敦煌吐魯番研究（第一卷）　北京大學出版社　1996　p. 379

王堯　吐蕃時期藏譯漢籍名著及故事　中國古籍研究（第一卷）　上海古籍出版社　1996　p. 539

張弓　漢唐佛寺文化史　中國社會科學出版社　1997　p. 988

白化文　隸古定尚書　敦煌學大辭典　上海辭書出版社　1998　p. 772

李正宇　敦煌學校　敦煌學大辭典　上海辭書出版社　1998　p. 596
李正宇　義學生　敦煌學大辭典　上海辭書出版社　1998　p. 597
劉濤　古文尚書卷第五殘卷　敦煌學大辭典　上海辭書出版社　1998　p. 285
趙和平　敦煌本商書校證　敦煌學大辭典　上海辭書出版社　1998　p. 823
黃征　程惠新　劫塵遺珠：敦煌遺書　甘肅教育出版社　1999　p. 191
姜亮夫　敦煌：偉大的文化寶藏　雲南人民出版社　1999　p. 99
謝桃坊　敦煌文化尋繹　四川人民出版社　1999　p. 94
顏廷亮　敦煌文化　光明日報出版社　2000　p. 182、214
林聰明　敦煌吐魯番文書解詁指例　（臺北）新文豐出版公司　2001　p. 36. 203
許建平　敦煌本《尚書》叙錄　敦煌文獻論集：紀念藏經洞發現一百周年國際學術研討會論文集　遼
　　寧人民出版社　2001　p. 379
蔡忠霖　敦煌漢文寫卷俗字及其現象　（臺北）文津出版社　2002　p. 30、67、141
杜澤遜　文獻學概要　中華書局　2002　p. 503
姜亮夫　敦煌莫高窟年表　姜亮夫全集（十一）　雲南人民出版社　2002　p. 339
許建平　碑誌釋詞　漢語史學報（第二輯）　上海教育出版社　2002　p. 18
蔡忠霖　從書法角度看俗字的生成　敦煌學（第24輯）　（臺北）樂學書局有限公司　2003　p. 167
蔡忠霖　官定正字之外的通行文字　新世紀敦煌學論集　巴蜀書社　2003　p. 108
許建平　BD14681《尚書》殘卷考辨　新世紀敦煌學論集　巴蜀書社　2003　p. 83
許建平　敦煌出土《尚書》寫卷研究的過去與未來　敦煌吐魯番研究（第七卷）　北京大學出版社
　　2004　p. 226
張弓　敦煌四部籍與中古後期社會的文化情境　敦煌學（第25輯）　（臺北）樂學書局有限公司
　　2004　p. 313
中村威也　ДХ10698『尚書費誓』とДХ10698v「史書」について　『西北出土文獻研究』（創刊號）
　　（新潟）西北出土文獻研究會　2004　p. 42
石塚晴通　敦煌的加點本　敦煌學・日本學：石塚晴通教授退職紀念論文集　上海辭書出版社
　　2005　p. 13

P. 2644

陳祚龍　敦煌古抄內典尾記彙校初、二、三編合刊　敦煌學要籥　（臺北）新文豐出版公司　1982
　　p. 181
饒宗頤　敦煌書法叢刊（第十八卷）・碎金（一）　（東京）二玄社　1983　p. 23、91
池田溫　中國古代寫本識語集録　（東京）大藏出版株式會社　1990　p. 214
林聰明　從敦煌文書看佛教徒的造經祈福　第二屆敦煌學國際研討會論文集　（臺北）漢學研究中
　　心　1990　p. 529
柴劍虹　《敦煌遺書總目索引》重印記　西域文史論稿　（臺北）國文天地雜誌社　1991　p. 491
方廣錩　佛教大藏經史（八—十世紀）　中國社會科學出版社　1991　p. 61
林聰明　敦煌文書出處略考　季羨林教授八十華誕紀念論文集（下）　江西人民出版社　1991
　　p. 851
林聰明　敦煌文書學　（臺北）新文豐出版公司　1991　p. 102、112、161
楊森　唐虞世南子虞昶傳略補　《陝西師範大學學報》1992年第21卷第2期　p. 72
戴仁　敦煌和吐魯番寫本的斷代研究　法國學者敦煌學論文選萃　中華書局　1993　p. 528
顧吉辰　唐代敦煌文獻寫本書手考述　《敦煌學輯刊》1993年第1期　p. 28

林聰明　談敦煌文書的抄寫問題　紀念陳寅恪先生百年誕辰學術論文集　江西教育出版社　1994
　　　p. 287

劉濤　評《法藏敦煌書苑精華》　敦煌吐魯番研究(第一卷)　北京大學出版社　1996　p. 378

藤枝晃著　徐慶全　李樹清譯　敦煌寫本概述　《敦煌研究》1996 年第 2 期　p. 118

陳國燦　咸亨二年唐宮廷寫妙法蓮花經記　敦煌學大辭典　上海辭書出版社　1998　p. 455

方廣錩　敦煌遺書中的《妙法蓮華經》及有關文獻　敦煌學佛教學論叢(下)　中國佛教文化研究所
　　　1998　p. 79　又見:法源(第 16 期)　中國佛學院　1998　p. 44

方廣錩　妙法蓮華經　敦煌學大辭典　上海辭書出版社　1998　p. 689

李正宇　三界寺　敦煌學大辭典　上海辭書出版社　1998　p. 631

楊富學　王書慶　唐代長安與敦煌佛教文化之關係　'98 法門寺唐文化國際學術討論會論文集　陝
　　　西人民出版社　2000　p. 178

林聰明　敦煌吐魯番文書解詁指例　(臺北)新文豐出版公司　2001　p. 35

姜亮夫　敦煌莫高窟年表　姜亮夫全集(十一)　雲南人民出版社　2002　p. 239

劉濤　中國書法史・魏晉南北朝卷　江蘇教育出版社　2002　p. 397 注 23

P. 2645

饒宗頤　敦煌本文選斠證(一)　(香港)《新亞學報》1957 年第 1 期　p. 335　又見:中國敦煌學百年
　　　文庫・文學卷(二)　甘肅文化出版社　1999　p. 2

金岡照光　敦煌漢文文學文獻の文學形態上の種類とその分類　敦煌出土文學文獻分類目録・附解
　　　說　(東京)東洋文庫　1971　p. 236

陳祚龍　敦煌寫本《登樓賦》斠證　敦煌學海探珠(上冊)　(臺北)商務印書館　1979　p. 21 注 9

王重民　敦煌古籍叙録　中華書局　1979　p. 316

蘇瑩輝　敦煌學概要　(臺北)編譯館"中華叢書編委會"　1981　p. 63

王重民　敦煌寫本跋文(王重民遺稿)　敦煌吐魯番文獻研究論集　中華書局　1982　p. 1

李永寧　本所藏《文選・運命論》殘卷介紹　《敦煌研究》1983 年創刊號　p. 164

王重民　巴黎敦煌殘卷叙録(第二輯)　敦煌叢刊初集(九)　(臺北)新文豐出版公司　1985　p. 306

王重民原編　黃永武新編　敦煌古籍叙録新編(第十六冊)　(臺北)新文豐出版公司　1986　p. 110

林聰明　敦煌文書學　(臺北)新文豐出版公司　1991　p. 360

金岡照光　講唱體類　敦煌の文學文獻(講座敦煌 9)　(東京)大東出版社　1992　p. 150

趙聲良　唐寫本《文選・運命論》　敦煌書法庫(第四輯)　甘肅人民美術出版社　1994　p. 16

遊志誠　敦煌古抄本文選五臣注研究　全國敦煌學研討會論文集　(臺北)中正大學中國文學系所
　　　1995　p. 148

遊志誠　昭明文選學術論考　(臺北)學生書局　1996　p. 36

趙聲良　敦煌寫卷書法(下)　《文史知識》1997 年第 5 期　p. 85

白化文　敦煌遺書中《文選》殘卷綜述　中外學者文選學論集(上)　中華書局　1998　p. 381

白化文　文選　敦煌學大辭典　上海辭書出版社　1998　p. 783

傅剛　《文選》版本叙録　國學研究(第五卷)　北京大學出版社　1998　p. 173

高啓安　王璽玉　唐五代敦煌人的飲食品種研究　《敦煌研究》1999 年第 2 期　p. 62

羅國威　敦煌本《昭明文選》研究　黑龍江教育出版社　1999　p. 239

傅剛　文選版本研究　北京大學出版社　2000　p. 114

饒宗頤　敦煌吐魯番本文選　中華書局　2000　p. 78(圖版)

顏廷亮　敦煌文化　光明日報出版社　2000　p. 202

徐俊　評《敦煌吐魯番本文選》、《敦煌本〈昭明文選〉研究》、《敦煌本〈文選注〉箋證》、《文選版本研
　　究》　敦煌吐魯番研究(第五卷)　北京大學出版社　2001　p. 371

姜亮夫　敦煌莫高窟年表　姜亮夫全集(十一)　雲南人民出版社　2002　p. 165

李春遠　關於敦煌遺書的書法化趨向　《敦煌學輯刊》2002年第1期　p. 62

榮新江　驚沙撼大漠：向達的敦煌考察及其學術意義　國際敦煌學學術史研討會論文集　研討會籌
　　備組　2002　p. 75　又見：敦煌吐魯番研究(第七卷)　北京大學出版社　2004　p. 114

范志新　文選版本論稿　江西人民出版社　2003　p. 223

徐俊　敦煌本《文選》拾補　《文選》與"文選學"　學苑出版社　2003　p. 661

P. 2646

那波利貞　千佛岩莫高窟と敦煌文書　西域文化研究(第二)・敦煌吐魯番社會經濟資料(上)　(京
　　都)法藏館　1959　p. 56

那波利貞　開元末期以前と天寶初期以後との唐の時世の差異に就きて　唐代社會文化史研究・第
　　一編　(東京)創文社　1974　p. 66

王重民　敦煌古籍叙録　中華書局　1979　p. 225、226

董作賓　敦煌紀年　敦煌學文選(上)　蘭州大學歷史系敦煌學研究室等　1983　p. 30

蘇瑩輝　敦煌藝文略　敦煌論集　(臺北)學生書局　1983　p. 383

高明士　唐代敦煌的教育　漢學研究(敦煌學國際研討會論文專號)　(臺北)漢學研究資料及服務
　　中心　1986　p. 251

簡濤　敦煌本《燕子賦》考論　《敦煌研究》1986年第3期　p. 31

饒宗頤解說　林宏作譯　敦煌書法叢刊(第十三卷)・書儀　(東京)二玄社　1986　p. 66

王重民原編　黃永武新編　敦煌古籍叙録新編(第十二冊)　(臺北)新文豐出版公司　1986　p. 1

周一良著　池田溫付記　敦煌寫本の書儀に見える唐代の婚禮と葬式　『東方學』(第71輯)　(東
　　京)東方學會　1986　p. 136

李正宇　敦煌學郎題記輯注　《敦煌學輯刊》1987年第1期　p. 30

李正宇　《下女夫詞》研究　《敦煌研究》1987年第2期　p. 41

周紹良　趙和平　書儀　《敦煌語言文學研究通訊》1987年第4期　p. 2　又見：敦煌文學　甘肅人
　　民出版社　1989　p. 48

周一良　敦煌寫本書儀考(之二)　敦煌吐魯番文獻研究論集(第四輯)　北京大學出版社　1987
　　p. 28、33　又見：唐五代書儀研究　中國社會科學出版社　1995　p. 82

山本達郎等　敦煌・Ⅲ 轉貼　『NUN－HUANG AND TURFAN DOCUMENTS CONCERNING SOCIAL
　　AND ECONOMIC HISTORY』(Ⅳ)　(東京)東洋文庫　1989　p. 31

蔡偉堂　關於敦煌壁畫《婚禮圖》的幾個問題　《敦煌研究》1990年第1期　p. 56

池田溫　中國古代寫本識語集録　(東京)大藏出版株式會社　1990　p. 452

譚蟬雪　敦煌歲時掇瑣：正月　《敦煌研究》1990年第1期　p. 44

趙和平　敦煌寫本書儀略論　敦煌吐魯番學研究論文集　漢語大詞典出版社　1990　p. 565　又見：
　　唐五代書儀研究　中國社會科學出版社　1995　p. 3、35

林聰明　敦煌文書學　(臺北)新文豐出版公司　1991　p. 172

中村裕一　唐代官文書研究　(京都)中文出版社　1991　p. 500

姜伯勤　敦煌社會文書導論　(臺北)新文豐出版公司　1992　p. 14

盧向前　金山國立國之我見　敦煌吐魯番文書論稿　江西人民出版社　1992　p. 178

榮新江　金山國史辨正　中華文史論叢(總50輯)　上海古籍出版社　1992　p. 75

周一良　唐代書儀の類型　敦煌漢文文獻(講座敦煌5)　(東京)大東出版社　1992　p. 699

杜琦　敦煌文學概論　甘肅人民出版社　1993　p. 514

高國藩　敦煌民俗資料導論　(臺北)新文豐出版公司　1993　p. 58、170、

李正宇　敦煌文學概論　甘肅人民出版社　1993　p. 123 注 9

譚蟬雪　敦煌婚姻文化　甘肅人民出版社　1993　p. 12

趙和平　敦煌寫本書儀研究　(臺北)新文豐出版公司　1993　p. 14、65

周一良　從中秋節看中日文化交流　中日文化關係史論　江西人民出版社　1993　p. 45

周一良　唐代的書儀與中日文化關係　中日文化關係史論　江西人民出版社　1993　p. 60　又見：
　　唐五代書儀研究　中國社會科學出版社　1995　p. 331

譚蟬雪　敦煌婚嫁詩詞　《社科縱橫》1994 年第 4 期　又見：中國敦煌學百年文庫·文學卷(三)
　　甘肅文化出版社　1999　p. 437

白化文　李鼎霞　《諸文要集》殘卷校錄　敦煌學國際研討會文集·史地語文編　遼寧美術出版社
　　1995　p. 417

胡戟　傅玫　敦煌史話　中華書局　1995　p. 188

李冬梅　唐五代敦煌學校部分教學檔案簡介　《敦煌學輯刊》1995 年第 2 期　p. 67

譚蟬雪　敦煌婚俗的特點　敦煌學國際研討會文集·史地語文編　遼寧美術出版社　1995　p. 602

謝海平　從應用文教學觀點看伯三四四二杜友晉《吉凶書儀》　全國敦煌學研討會論文集　(臺北)
　　中正大學中國文學系所　1995　p. 290 注 27

鄭炳林　羊萍　敦煌本夢書　甘肅文化出版社　1995　p. 250

周一良　趙和平　敦煌寫本書儀中所見的唐代婚喪禮俗　唐五代書儀研究　中國社會科學出版社
　　1995　p. 288　又見：魏晉南北朝史論集續編　北京大學出版社　2001　p. 247

周一良　趙和平　晚唐五代時的三種吉凶書儀寫卷研究　唐五代書儀研究　中國社會科學出版社
　　1995　p. 201

李正宇　敦煌史地新論　(臺北)新文豐出版公司　1996　p. 211

劉進寶　P. 3236 號《壬申年官布籍》時代考　《西北師大學報》(社會科學版)1996 年第 5 期　p. 44

劉進寶　P. 3236 號《壬申年官布籍》研究　慶祝潘石禪先生九秩華誕敦煌學特刊　(臺北)文津出版
　　社　1996　p. 361

榮新江　歸義軍史研究　上海古籍出版社　1996　p. 217

寧可　郝春文　敦煌社邑文書輯校　江蘇古籍出版社　1997　p. 505

顧吉辰　敦煌文獻職官結銜考釋　《敦煌學輯刊》1998 年第 2 期　p. 33

譚蟬雪　敦煌歲時文化導論　(臺北)新文豐出版公司　1998　p. 129、335

譚蟬雪　男就女家　敦煌學大辭典　上海辭書出版社　1998　p. 437

謝生保　敦煌壁畫中的民俗資料概述　《敦煌研究》1998 年第 3 期　p. 103

趙和平　《敦煌寫本書儀研究》訂補　敦煌吐魯番研究(第三卷)　北京大學出版社　1998　p. 245

趙和平　新集吉凶書儀、吉儀卷上　敦煌學大辭典　上海辭書出版社　1998　p. 420

陳靜　"別紙"考釋　《敦煌學輯刊》1999 年第 1 期　p. 108

董志翹　敦煌文書詞語瑣記　《敦煌研究》1999 年第 4 期　p. 37　又見：中古文獻語言論集　巴蜀書
　　社　2000　p. 107

高國藩　敦煌俗文化學　上海三聯書店　1999　p. 44

高啓安　王㼗玉　唐五代敦煌人的飲食品種研究　《敦煌研究》1999 年第 2 期　p. 70

謝桃坊　敦煌文化尋繹　四川人民出版社　1999　p. 102

董志翹　《入唐求法巡禮行記》辭彙研究　中國社會科學出版社　2000　p. 34

段塔麗　唐代婦女地位研究　人民出版社　2000　p. 204

李永寧　蔡偉堂　敦煌壁畫中的彌勒經變　敦煌研究文集・敦煌石窟經變篇　甘肅民族出版社
　　2000　p. 307

劉進寶　敦煌文書與唐史研究　（臺北）新文豐出版公司　2000　p. 232

吳麗娛　唐代書儀中單、複書形式簡析　英國收藏敦煌漢藏文獻研究　中國社會科學出版社　2000
　　p. 277

譚蟬雪　喪祭與齋忌　敦煌學與中國史研究論集　甘肅人民出版社　2001　p. 228

吳麗娛　從敦煌書儀中的表狀箋啓看唐五代官場禮儀的轉移變遷　中國社會歷史評論（第三卷）
　　中華書局　2001　p. 359

吳麗娛　敦煌所出杜佑喪服制度圖與鄭餘慶元和書儀　敦煌吐魯番研究（第五卷）　北京大學出版
　　社　2001　p. 201

吳麗娛　關於 S. 078v 和 S. 1725v 兩件敦煌寫本書儀的一些看法　敦煌學與中國史研究論集　甘肅
　　人民出版社　2001　p. 173

吳玉貴　中國風俗通史（隋唐五代卷）　上海文藝出版社　2001　p. 401

周一良　魏晉南北朝史論集續編　北京大學出版社　2001　p. 234、241

蔡忠霖　敦煌漢文寫卷俗字及其現象　（臺北）文津出版社　2002　p. 30

姜亮夫　敦煌莫高窟年表　姜亮夫全集（十一）　雲南人民出版社　2002　p. 458

李斌城　唐代文化　中國社會科學出版社　2002　p. 1206

石曉軍　日本園城寺（三井寺）藏唐人詩文尺牘校證　唐研究（第八卷）　北京大學出版社　2002
　　p. 128

吳麗娛　唐禮撮遺:中古書儀研究　商務印書館　2002　p. 38、50、63、243、314

童丕　敦煌的借貸:中國中古時代的物質生活與社會　中華書局　2003　p. 10

王啓濤　中古及近代法制文書語言研究　巴蜀書社　2003　p. 182

吳麗娛　敦煌的禮書　敦煌與絲路文化學術講座（第一輯）　北京圖書館出版社　2003　p. 201

吳麗娛　唐代婚儀的再檢討　燕京學報（新第 15 期）　北京大學出版社　2003　p. 49

趙和平　唐五代書儀的主要內容及其學術價值　敦煌與絲路文化學術講座（第一輯）　北京圖書館
　　出版社　2003　p. 223

陳麗萍　中古時期敦煌地區財婚風氣略論　麥積山石窟藝術文化論文集（下）　蘭州大學出版社
　　2004　p. 262

高啓安　唐五代敦煌飲食文化研究　民族出版社　2004　p. 277

李永寧　程亮　王重民敦煌遺書手稿整理　《敦煌研究》2004 年第 5 期　p. 70

王曉平　敦煌書儀與《萬葉集》書狀的比較研究　《敦煌研究》2004 年第 6 期　p. 78

張弓　敦煌四部籍與中古後期社會的文化情境　敦煌學（第 25 輯）　（臺北）樂學書局有限公司
　　2004　p. 332

張小豔　試論敦煌書儀的語料價值　浙江與敦煌學:常書鴻先生誕辰一百周年紀念文集　浙江古籍
　　出版社　2004　p. 538

吳麗娛　關於敦煌 S. 5566 書儀的研究　敦煌學國際研討會論文集　北京圖書館出版社　2005
　　p. 73

鄭炳林　敦煌寫本解夢書校錄研究　民族出版社　2005　p. 66

孫猛　《日本國見在書目錄》（經部、史部、集部）失考書考　域外漢籍研究集刊（第二輯）　中華書局
　　2006　p. 229

吳麗娛　正禮與時俗:論民間書儀與唐朝禮制的同期互動　敦煌吐魯番研究（第九卷）　中華書局

2006　　p. 180

余欣　唐宋時代敦煌的鎮宅術　敦煌吐魯番研究(第九卷)　中華書局　2006　　p. 361

P. 2647

王重民　說《五更轉》　《申報・文史周刊》1947 年第 3 期　又見：冷廬文藪　上海古籍出版社　1992
　　p. 45；中國敦煌學百年文庫・文學卷(一)　甘肅文化出版社　1999　p. 453

金岡照光　敦煌漢文文學文獻の文學形態上の種類とその分類　敦煌出土文學文獻分類目録・附解
　　説　(東京)東洋文庫　1971　p. 218

金岡照光　敦煌文學のさまざま　敦煌の文學　(東京)大藏出版株式會社　1971　p. 113

楊家駱　敦煌變文　(臺北)世界書局　1980　p. 246

潘重規　敦煌詞話　(臺北)石門圖書公司　1981　p. 96

傅芸子　敦煌俗文學之發見及其展開　敦煌變文論文録　上海古籍出版社　1982　p. 140

周丕顯　敦煌俗曲分時聯章歌體再議　《敦煌學輯刊》1983 年創刊號　p. 14

周丕顯　敦煌俗曲中的分時聯章體歌辭　關隴文學論叢　甘肅人民出版社　1983　p. 3

潘重規　敦煌變文集新書(下)　(臺北)“中國文化大學”中文研究所　1984　p. 1137

王重民　晏子賦　敦煌變文集　人民文學出版社　1984　p. 246

劉復　敦煌掇瑣　敦煌叢刊初集(十五)　(臺北)新文豐出版公司　1985　p. 159

高國藩　敦煌民間詩詞中的府兵制與詞的起源問題　《魏晉南北朝隋唐史》1986 年第 4 期　p. 72

盧善煥　《敦煌曲校録》略校　《敦煌學輯刊》1986 年第 2 期　p. 93

高國藩　敦煌文學作品選　中華書局　1987　p. 63 注 4

高國藩　論敦煌寫本中孟姜女故事的形成和價值　1983 年全國敦煌學術討論會文集・文史遺書編
　　(下)　甘肅人民出版社　1987　p. 196

任半塘　敦煌歌辭總編　上海古籍出版社　1987　p. 1248、1577

張鴻勳　敦煌講唱文學作品選注　甘肅人民出版社　1987　p. 74

張錫厚　關於整理《敦煌賦集》的幾個問題　敦煌語言文學論文集　浙江古籍出版社　1988　p. 226

高國藩　敦煌曲子詞欣賞　南京大學出版社　1989　p. 175

劉進寶　俚曲小調　敦煌文學　甘肅人民出版社　1989　p. 218

張錫厚　賦　敦煌文學　甘肅人民出版社　1989　p. 135

任半塘　王昆吾　隋唐五代燕樂雜言歌辭集　巴蜀書社　1990　p. 1718

林聰明　敦煌文書學　(臺北)新文豐出版公司　1991　p. 56

東野治之　敦煌と日本の『千字文』　遣唐使と正倉院　(東京)岩波書店　1992　p. 245

東野治之　訓蒙書　敦煌漢文文獻(講座敦煌 5)　(東京)大東出版社　1992　p. 413

金岡照光　散文體類　敦煌の文學文獻(講座敦煌 9)　(東京)大東出版社　1992　p. 192

林家平　寧強　羅華慶　中國敦煌學史　北京語言學院出版社　1992　p. 16

周紹良　敦煌文學芻議及其它　(臺北)新文豐出版公司　1992　p. 20

張鴻勳　敦煌話本詞文俗賦導論　(臺北)新文豐出版公司　1993　p. 193

伏俊璉　敦煌賦校注　甘肅人民出版社　1994　p. 2

胡戟　傅玫　敦煌史話　中華書局　1995　p. 178

張錫厚　敦煌本唐集研究　(臺北)新文豐出版公司　1995　p. 412

王昆吾　隋唐五代燕樂雜言歌辭研究　中華書局　1996　p. 420

王小盾　潘建國　敦煌論議考　中國古籍研究(第一卷)　上海古籍出版社　1996　p. 189

張錫厚　敦煌賦彙　(臺北)新文豐出版公司　1996　p. 8、340

鄧文寬　大梵寺佛音:敦煌莫高窟壇經讀本　（臺北）如聞出版社　1997　p. 126

高啓安　敦煌五更詞與甘肅五更詞比較研究　《敦煌研究》1997 年第 3 期　p. 115

黃征　張涌泉　敦煌變文校注　中華書局　1997　p. 371

顏廷亮　關於《晏子賦》寫本的抄寫年代問題　《敦煌研究》1997 年第 2 期　p. 134

盛冬鈴　閨思五更曲　敦煌學大辭典　上海辭書出版社　1998　p. 542

孫其芳　五更轉　敦煌學大辭典　上海辭書出版社　1998　p. 535

高國藩　敦煌俗文化學　上海三聯書店　1999　p. 449

張錫厚　敦煌文學源流　作家出版社　2000　p. 200、251、330

王昆吾　從敦煌學到域外漢文學　商務印書館　2003　p. 28

王小盾　從敦煌本共住修道故事看唐代佛教詩歌文體的來源　中國俗文化研究（第一輯）　巴蜀書
　　社　2003　p. 27

李文潔　敦煌寫本《晏子賦》的同卷書寫情況　《文獻》2006 年第 1 期　p. 55

P. 2648

小島祐馬　巴黎國立圖書館藏敦煌遺書所見録（三）　『支那學』（6 卷 2 號）　（京都）支那學社
　　1932　p. 119

王重民　敦煌本《捉季布傳文》　《國立北平圖書館館刊》1936 年第 10 卷第 1 號　又見:敦煌變文論
　　文録　上海古籍出版社　1982　p. 560；敦煌遺書論文集　中華書局　1984　p. 228、231

周紹良　敦煌所出變文現存目録　敦煌變文彙録　上海出版公司　1955　p. 9

那波利貞　中晚唐五代の佛教寺院の俗講の座に於ける變文の演出方法に就きて　甲南大學論集
　　（2）　（神户）甲南大學　1955　p. 7

左補闕　《敦煌遺書總目索引》簡評　文史（第一輯）　中華書局　1962　p. 86

邵榮芬　敦煌俗文學中的別字異文和唐五代西北方音　《中國語文》1963 年第 3 期　又見:中國敦煌
　　學百年文庫·語言文字卷（一）　甘肅文化出版社　1999　p. 138

蘇瑩輝　論敦煌本史傳變文與中國俗文學　（臺中）《東海大學圖書館學報》1964 年第 6 期　又見:
　　中國敦煌學百年文庫·文學卷（五）　甘肅文化出版社　1999　p. 16

金岡照光　敦煌漢文文學文獻の文學形態上の種類とその分類　敦煌出土文學文獻分類目録·附解
　　說　（東京）東洋文庫　1971　p. 221

金岡照光　敦煌文學のさまざま　敦煌の文學　（東京）大藏出版株式會社　1971　p. 123

潘重規　敦煌寫本祇園圖記新書　敦煌學（第 3 輯）　（香港）新亞研究所敦煌學會　1976　p. 107

王重民　敦煌古籍叙録　中華書局　1979　p. 344

楊家駱　敦煌變文　（臺北）世界書局　1980　p. 71

張錫厚　敦煌文學　上海古籍出版社　1980　p. 114 注 1

蘇瑩輝　敦煌學概要　（臺北）編譯館"中華叢書編委會"　1981　p. 89

傅芸子　敦煌俗文學之發見及其展開　敦煌變文論文録　上海古籍出版社　1982　p. 137

蘇瑩輝　論敦煌本史傳變文與中國俗文學　敦煌論集　（臺北）學生書局　1983　p. 121

潘重規　敦煌變文集新書（上）　（臺北）"中國文化大學"中文研究所　1984　p. 665、1009

潘重規　敦煌寫本秦婦吟新書　敦煌學（第 8 輯）　（臺北）"中國文化大學"中國文學研究所敦煌學
　　會　1984　p. 22

王重民　捉季布傳文　敦煌變文集　人民文學出版社　1984　p. 71

劉復　敦煌掇瑣　敦煌叢刊初集（十五）　（臺北）新文豐出版公司　1985　p. 57

王重民原編　黃永武新編　敦煌古籍叙録新編（第十七冊）　（臺北）新文豐出版公司　1986　p. 101

張鴻勳　敦煌講唱文學作品選注　甘肅人民出版社　1987　p. 21 注 116

張金泉　唐民間詩韻：論變文詩韻　1983 年全國敦煌學術討論會文集・文史遺書編（下）　甘肅人民出版社　1987　p. 253

鄭振鐸　中國俗文學史（上）　上海書店　1987　p. 150

李正宇　釋"耶沒忽"：敦煌遺書王梵志詩俗詞語研究之一　王梵志詩研究彙錄（上）　上海古籍出版社　1990　p. 267

項楚　敦煌變文選注　巴蜀書社　1990　p. 142

林聰明　敦煌文書學　（臺北）新文豐出版公司　1991　p. 354

金岡照光　講史譚・時事変文等——「王陵」「李陵」「張議潮」変文を中心に　敦煌の文學文献（講座敦煌 9）　（東京）大東出版社　1992　p. 549

林家平　寧強　羅華慶　中國敦煌學史　北京語言學院出版社　1992　p. 15

張涌泉　敦煌寫卷俗字類型及其考辨的方法　（香港）《九州學刊》（敦煌學專輯）1992 年第 4 卷第 4 期　p. 85

郭在貽　郭在貽敦煌學論集　江西人民出版社　1993　p. 214

榮新江　英倫所見三種敦煌俗文學作品跋　（香港）《九州學刊》（敦煌學專輯）1993 年第 5 卷第 4 期　p. 131

張鴻勳　敦煌話本詞文俗賦導論　（臺北）新文豐出版公司　1993　p. 79

鄭阿財　敦煌文獻與文學　（臺北）新文豐出版公司　1993　p. 13

蔣禮鴻　敦煌文獻語言詞典　杭州大學出版社　1994　p. 311

張涌泉　敦煌俗字研究導論　（臺北）新文豐出版公司　1996　p. 251

張涌泉　敦煌文獻校讀釋例　文史（第四十一輯）　中華書局　1996　p. 190　又見：舊學新知　浙江大學出版社　1999　p. 198

張涌泉　敦煌寫卷俗字類釋　敦煌吐魯番學研究論集　書目文獻出版社　1996　p. 483

黃征　敦煌俗語詞小劄　敦煌語文叢說　（臺北）新文豐出版公司　1997　p. 75

黃征　敦煌文學《兒郎偉》輯錄校注　敦煌語文叢說　（臺北）新文豐出版公司　1997　p. 717

黃征　敦煌寫本異文綜析　敦煌語文叢說　（臺北）新文豐出版公司　1997　p. 19、33、38

黃征　敦煌寫本整理應遵循的原則　敦煌語文叢說　（臺北）新文豐出版公司　1997　p. 11

黃征　張涌泉　敦煌變文校注　中華書局　1997　p. 99、606

張鴻勳　大漢三年季布罵陣詞文　敦煌學大辭典　上海辭書出版社　1998　p. 582

金岡照光　敦煌文獻と中國文學　（東京）五曜書房　2000　p. 236

徐俊　敦煌詩集殘卷輯考　中華書局　2000　p. 253、465

張鴻勳　說唱藝術奇葩：敦煌變文選評　甘肅人民出版社　2000　p. 41

張錫厚　敦煌文學源流　作家出版社　2000　p. 542

林聰明　敦煌吐魯番文書解詁指例　（臺北）新文豐出版公司　2001　p. 66

徐俊　評《敦煌吐魯番本文選》、《敦煌本〈昭明文選〉研究》、《敦煌本〈文選注〉箋證》、《文選版本研究》　敦煌吐魯番研究（第五卷）　北京大學出版社　2001　p. 370

黃征　敦煌語言文字學研究　甘肅教育出版社　2002　p. 40、52

張鴻勳　敦煌俗文學研究　甘肅人民出版社　2002　p. 132

徐俊　敦煌本《文選》拾補　《文選》與"文選學"　學苑出版社　2003　p. 661

黃征　敦煌俗字典　上海教育出版社　2005　p. 22

P. 2649

芳村修基　土橋秀高　井ノ口泰淳　敦煌佛教史年表　西域文化研究(第一)・敦煌佛教資料　(京都)法藏館　1958　p. 281

那波利貞　佛教信仰に基きて組織せられたる中晚唐五代時代の社邑に就きて　唐代社會文化史研究・第六編　(東京)創文社　1974　p. 597

賀世哲　孫修身　《瓜沙曹氏年表補正》之補正　《甘肅師大學報》1980 年第 3 期　又見：中國敦煌學百年文庫・歷史卷(一)　甘肅文化出版社　1999　p. 501

張廣達　榮新江　關於唐末宋初于闐國的國號、年號及其王家世系問題　敦煌吐魯番文獻研究論集　中華書局　1982　p. 187　又見：于闐史叢考　上海書店　1993　p. 33

韓建瓴　敦煌寫本《韓擒虎畫本》初探(一)　《敦煌學輯刊》1986 年第 1 期　p. 61

賀世哲　從供養人題記看莫高窟部分洞窟的營建年代　敦煌莫高窟供養人題記　文物出版社　1986　p. 230

榮新江　沙州歸義軍歷任節度使稱號研究　敦煌吐魯番學研究論文集　漢語大詞典出版社　1990　p. 807

黃盛璋　關於沙州曹氏和于闐交往的諸藏文文書及相關問題　《敦煌研究》1992 年第 1 期　p. 41

孟凡人　五代宋初于闐王統考　《中國邊疆史地研究》1992 年第 3 期　p. 105

姜伯勤　敦煌藝術宗教與禮樂文明　中國社會科學出版社　1996　p. 308

榮新江　歸義軍史研究　上海古籍出版社　1996　p. 32

鄭炳林　唐五代敦煌手工業研究　敦煌歸義軍史專題研究　蘭州大學出版社　1997　p. 259

姜伯勤　道釋相激：道教在敦煌　道家文化研究(第十三輯)　三聯書店　1998　p. 69

榮新江　歸義軍大事紀年初稿　出土文獻研究(第三輯)　文物出版社　1998　p. 253

汪泛舟　敦煌道教與齋醮諸考　1994 年敦煌學國際研討會文集・宗教文史卷(上)　甘肅民族出版社　2000　p. 4

姜亮夫　敦煌莫高窟年表　姜亮夫全集(十一)　雲南人民出版社　2002　p. 578

劉永明　散見敦煌曆朔閏輯考　《敦煌研究》2002 年第 6 期　p. 12、18

劉永明　試論曹延祿的醮祭活動　《敦煌學輯刊》2002 年第 1 期　p. 65

古正美　于闐與敦煌的毗沙門天王信仰　2000 年敦煌學國際學術討論會文集・歷史文化卷(上)　甘肅民族出版社　2003　p. 59

馮培紅　關於歸義軍節度使官制的幾個問題　麥積山石窟藝術文化論文集(下)　蘭州大學出版社　2004　p. 224

羅瑤　榆林窟第 20 窟新發現"供養人像"考　《敦煌研究》2004 年第 2 期　p. 21

王卡　敦煌道教文獻研究　中國社會科學出版社　2004　p. 14、46、239

陳于柱　從敦煌占卜文書看晚唐五代敦煌占卜與佛教的對話交融　《敦煌學輯刊》2005 年第 2 期　p. 31

劉永明　敦煌道教的世俗化之路：道教向具注曆日的滲透　《敦煌學輯刊》2005 年第 2 期　p. 206

王卡　敦煌道教綜述　敦煌與絲路文化學術講座(第二輯)　北京圖書館出版社　2005　p. 383

余欣　唐宋敦煌醮祭鎮宅法考察　文史(第七十五輯)　中華書局　2006　p. 62

P. 2650

芳村修基　土橋秀高　井ノ口泰淳　敦煌佛教史年表　西域文化研究(第一)・敦煌佛教資料　(京都)法藏館　1958　p. 270

董作賓　敦煌紀年　敦煌學文選(上)　蘭州大學歷史系敦煌學研究室等　1983　p. 26、36

劉復　敦煌掇瑣　敦煌叢刊初集(十五)　(臺北)新文豐出版公司　1985　p. 225

劉瑞明　王梵志年代新擬　《敦煌研究》1989 年第 1 期　p. 84

林家平　寧強　羅華慶　中國敦煌學史　北京語言學院出版社　1992　p. 17

圓空　《新菩薩經》《勸善經》《救諸衆生苦難經》校錄及其流傳背景之探討　《敦煌研究》1992 年第 1
　　期　p. 53

蕭登福　道教術儀與密教典籍　(臺北)新文豐出版公司　1994　p. 214、496

方廣錩　勸善經　敦煌學大辭典　上海辭書出版社　1998　p. 741

山田俊　唐初道教思想史研究·論述篇　(京都)平樂寺書店　1999　p. 155

P. 2651

石井昌子　靈寶經類　敦煌と中國道教(講座敦煌4)　(東京)大東出版社　1983　p. 151

姜亮夫　敦煌所見道教佚經考　敦煌學論文集　上海古籍出版社　1987　p. 315

陶秋英輯錄　姜亮夫校訂　敦煌所見道教佚經錄　敦煌碎金　浙江古籍出版社　1992　p. 321

王卡　太上洞玄靈寶無量度人上品妙經　敦煌學大辭典　上海辭書出版社　1998　p. 767

汪泛舟　敦煌道教與齋醮諸考　1994 年敦煌學國際研討會文集·宗教文史卷(上)　甘肅民族出版
　　社　2000　p. 12

郝春文　英藏敦煌社會歷史文獻釋錄(第一卷)　科學出版社　2001　p. 41

王卡　敦煌道教文獻研究　中國社會科學出版社　2004　p. 101

王卡　中國國家圖書館藏敦煌道教遺書研究報告　敦煌吐魯番研究(第七卷)　北京大學出版社
　　2004　p. 350

P. 2652

仁井田陞　スタイン探險隊敦煌發見法律史料數種　『國家學會雜誌』(50 卷 6 號)　(東京)國家學
　　會　1936　p. 102

池田溫　敦煌の流通経済　敦煌の社會(講座敦煌3)　(東京)大東出版社　1980　p. 339　又見:敦
　　煌文書の世界　(東京)名著刊行會　2003　p. 175

劉復　敦煌掇瑣　敦煌叢刊初集(十五)　(臺北)新文豐出版公司　1985　p. 249

森安孝夫著　陳俊謀譯　敦煌與西回鶻王國　《西北史地》1987 年第 3 期　p. 125

王永興　隋唐五代經濟史料彙編校注·第一編(下)　中華書局　1987　p. 700

郭鋒　敦煌寫本《天地開闢以來帝王紀》成書年代諸問題　《敦煌學輯刊》1988 年第 1、2 期　p. 102

唐耕耦　8 至 10 世紀敦煌的物價　紀念陳寅恪教授國際學術討論會文集　中山大學出版社　1989
　　p. 550

榮新江　西元十世紀沙州歸義軍與西州回鶻的文化交往　第二屆敦煌學國際研討會論文集　(臺
　　北)漢學研究中心　1990　p. 587

唐耕耦　陸宏基　敦煌社會經濟文獻真迹釋錄(二)　全國圖書館文獻縮微複製中心　1990　p. 41

鄭阿財　敦煌蒙書析論　第二屆敦煌學國際研討會論文集　(臺北)漢學研究中心　1990　p. 222

林聰明　敦煌文書學　(臺北)新文豐出版公司　1991　p. 437

林家平　寧強　羅華慶　中國敦煌學史　北京語言學院出版社　1992　p. 17

高國藩　敦煌民俗資料導論　(臺北)新文豐出版公司　1993　p. 235

謝和耐　敦煌賣契與專賣制度　法國學者敦煌學論文選萃　中華書局　1993　p. 70 注 85

謝和耐　敦煌寫本中的租駱駝旅行契　法國學者敦煌學論文選萃　中華書局　1993　p. 98

鄭阿財　敦煌文獻與文學　(臺北)新文豐出版公司　1993　p. 254

姜伯勤　敦煌邈真讚與敦煌望族　敦煌邈真讚校録並研究　（臺北）新文豐出版公司　1994　p. 2

鄭炳林　唐五代敦煌新開道考　《敦煌學輯刊》1994 年第 1 期　p. 48

胡戟　傅玫　敦煌史話　中華書局　1995　p. 144

林聰明　敦煌文書年代考探略述　敦煌學國際研討會文集·史地語文編　遼寧美術出版社　1995　p. 561

張傳璽　中國歷代契約會編考釋(上)　北京大學出版社　1995　p. 448 注 1

周一良　趙和平　敦煌表狀箋啓書儀略論　唐五代書儀研究　中國社會科學出版社　1995　p. 49

朱鳳玉　從傳統語文教育論敦煌本《雜抄》　全國敦煌學研討會論文集　（臺北）中正大學中國文學系所　1995　p. 208

榮新江　歸義軍史研究　上海古籍出版社　1996　p. 24

趙和平　敦煌寫本書儀中的口頭用語問題初探　慶祝潘石禪先生九秩華誕敦煌學特刊　（臺北）文津出版社　1996　p. 235

沙知　般次零拾　周紹良先生欣開九秩慶壽文集　中華書局　1997　p. 146

唐耕耦　敦煌寺院會計文書研究　（臺北）新文豐出版公司　1997　p. 455

趙和平　敦煌表狀箋啓書儀輯校　江蘇古籍出版社　1997　p. 313

鄭炳林　馮培紅　唐五代歸義軍政權對外關係中的使頭一職　敦煌歸義軍史專題研究　蘭州大學出版社　1997　p. 50

白化文　天地開闢以來帝王紀　敦煌學大辭典　上海辭書出版社　1998　p. 775

李冬梅　唐五代歸義軍與周邊民族關係綜論　《敦煌學輯刊》1998 年第 2 期　p. 45

榮新江　歸義軍大事紀年初稿　出土文獻研究(第三輯)　文物出版社　1998　p. 248

沙知　敦煌契約文書輯校　江蘇古籍出版社　1998　p. 315

沙知　雇畜契　敦煌學大辭典　上海辭書出版社　1998　p. 389

趙和平　雜相謝賀　敦煌學大辭典　上海辭書出版社　1998　p. 425

馮培紅　客司與歸義軍的外交活動　《敦煌學輯刊》1999 年第 1 期　p. 82

陳永勝　敦煌吐魯番法制文書研究　甘肅人民出版社　2000　p. 76

雷紹鋒　歸義軍賦役制度初探　（臺北）洪葉文化事業有限公司　2000　p. 171

施萍婷　《敦煌遺書總目索引新編》前言　敦煌遺書總目索引新編　中華書局　2000　p. 3

徐俊　敦煌詩集殘卷輯考　中華書局　2000　p. 180

李正宇　安徽省博物館藏敦煌遺書《二娘子家書》　《敦煌研究》2001 年第 3 期　p. 93

林聰明　敦煌吐魯番文書解詁指例　（臺北）新文豐出版公司　2001　p. 269

吳麗娛　從敦煌書儀中的表狀箋啓看唐五代官場禮儀的轉移變遷　中國社會歷史評論(第三卷)　中華書局　2001　p. 363

吳麗娛　關於 S. 078v 和 S. 1725v 兩件敦煌寫本書儀的一些看法　敦煌學與中國史研究論集　甘肅人民出版社　2001　p. 175

石曉軍　日本園城寺(三井寺)藏唐人詩文尺牘校證　唐研究(第八卷)　北京大學出版社　2002　p. 130

吳麗娛　唐禮摭遺:中古書儀研究　商務印書館　2002　p. 145、163

王啓濤　中古及近代法制文書語言研究　巴蜀書社　2003　p. 281

謝和耐著　耿昇譯　中國 5—10 世紀的寺院經濟　上海古籍出版社　2004　p. 367

張小豔　試論敦煌書儀的語料價值　浙江與敦煌學:常書鴻先生誕辰一百周年紀念文集　浙江古籍出版社　2004　p. 532

鄭炳林　晚唐五代敦煌商業貿易市場研究　《敦煌學輯刊》2004 年第 1 期　p. 109

陸離　吐蕃統治敦煌時期的官府勞役　魏晉南北朝隋唐史資料（第 22 輯）　武漢大學出版社　2005　p. 187

P. 2653

王利器　敦煌文學中的《韓朋賦》　文學遺産增刊（第一輯）　作家出版社　1955　p. 434　又見：敦煌變文論文錄　上海古籍出版社　1982　p. 683

左補闕　《敦煌遺書總目索引》簡評　文史（第一輯）　中華書局　1962　p. 86

邵榮芬　敦煌俗文學中的別字異文和唐五代西北方音　《中國語文》1963 年第 3 期　又見：中國敦煌學百年文庫・語言文字卷（一）　甘肅文化出版社　1999　p. 122

金岡照光　敦煌漢文文學文獻の文學形態上の種類とその分類　敦煌出土文學文獻分類目録・附解說　（東京）東洋文庫　1971　p. 213

金岡照光　敦煌文學のさまざま　敦煌の文學　（東京）大藏出版株式會社　1971　p. 112

王重民　敦煌古籍叙録　中華書局　1979　p. 332

楊家駱　敦煌變文　（臺北）世界書局　1980　p. 141、254、266

張錫厚　敦煌文學　上海古籍出版社　1980　p. 110 注 1

蘇瑩輝　敦煌學概要　（臺北）編譯館"中華叢書編委會"　1981　p. 70

張錫厚　敦煌文學的歷史貢獻　文學評論叢刊（第九輯）　中國社會科學出版社　1981　p. 203

傅芸子　敦煌俗文學之發見及其展開　敦煌變文論文錄　上海古籍出版社　1982　p. 142

羅宗濤　敦煌變文中詩歌形式之探討　漢學論文集　（臺北）文史哲出版社　1982　又見：中國敦煌學百年文庫・文學卷（四）　甘肅文化出版社　1999　p. 63

鄭阿財　敦煌孝道文學研究　（臺北）石門圖書公司　1982　p. 77

蔣禮鴻　敦煌寫本《燕子賦》二種校注　關隴文學論叢　甘肅人民出版社　1983　p. 80

蘇瑩輝　中外敦煌古寫本纂要　敦煌論集　（臺北）學生書局　1983　p. 341

潘重規　敦煌變文集新書（下）　（臺北）"中國文化大學"中文研究所　1984　p. 965、1148

潘重規　敦煌寫本秦婦吟新書　敦煌學（第 8 輯）　（臺北）"中國文化大學"中國文學研究所敦煌學會　1984　p. 40

王慶菽　韓朋賦　敦煌變文集　人民文學出版社　1984　p. 141

王重民　燕子賦　敦煌變文集　人民文學出版社　1984　p. 254

高國藩　古敦煌民間葬俗　學林漫録（十集）　中華書局　1985　p. 73

雷僑雲　敦煌兒童文學　（臺北）學生書局　1985　p. 148

劉復　敦煌掇瑣　敦煌叢刊初集（十五）　（臺北）新文豐出版公司　1985　p. 25、37、45

簡濤　敦煌本《燕子賦》考論　《敦煌研究》1986 年第 3 期　p. 31

王重民原編　黃永武新編　敦煌古籍叙録新編（第十六冊）　（臺北）新文豐出版公司　1986　p. 335

朱鳳玉　王梵志詩研究（下）　（臺北）學生書局　1986　p. 188

蘇瑩輝　從敦煌遺書的發現論中國古典文學和俗講作品對後世的影響　敦煌文史藝術論叢　（臺北）新文豐出版公司　1987　p. 11

張鴻勳　敦煌講唱文學作品選注　甘肅人民出版社　1987　p. 60

張錫厚　關於《敦煌賦集》整理的幾個問題　《敦煌學輯刊》1987 年第 1 期　p. 49　又見：敦煌語言文學論文集　浙江古籍出版社　1988　p. 226、239

張涌泉　敦煌變文校讀釋例　《敦煌學輯刊》1987 年第 2 期　p. 20　又見：舊學新知　浙江大學出版社　1999　p. 163

張鴻勳　敦煌《燕子賦》（甲本）研究　敦煌語言文學研究　北京大學出版社　1988　p. 177

陳治文　敦煌變文釋詞商兌　《語言研究》1989 年第 1 期　又見:中國敦煌學百年文庫·語言文字卷
（二）　甘肅文化出版社　1999　p. 15

高國藩　敦煌民俗學　上海文藝出版社　1989　p. 115

張錫厚　賦　敦煌文學　甘肅人民出版社　1989　p. 132

程毅中　唐代小說史話　文化藝術出版社　1990　p. 81

高國藩　敦煌古俗與民俗流變　河海大學出版社　1990　p. 227

郭在貽　張涌泉　黃征　敦煌變文集校議　岳麓書社　1990　p. 108、167

江藍生　近代漢語語法資料彙編（唐五代卷）　商務印書館　1990　p. 326

李正宇　釋"耶沒忽":敦煌遺書王梵志詩俗詞語研究之一　王梵志詩研究彙錄(上)　上海古籍出版
社　1990　p. 265

任半塘　王昆吾　隋唐五代燕樂雜言歌辭集　巴蜀書社　1990　p. 225

項楚　敦煌本《燕子賦》劄記　敦煌吐魯番文獻研究論集(第五輯)　北京大學出版社　1990　p. 109

項楚　敦煌變文選注　巴蜀書社　1990　p. 266、374

朱雷　敦煌兩種寫本《燕子賦》中所見唐代浮逃戶處置的變化及其他:讀《敦煌變文集》劄記(六)
敦煌吐魯番文書初探(二編)　武漢大學出版社　1990　p. 503、504

項楚　敦煌本《孝子傳》補校　敦煌文學叢考　上海古籍出版社　1991　p. 392

黃征　語辭輯釋　《古漢語研究》1992 年第 1 期　p. 61

姜伯勤　敦煌社會文書導論　(臺北)新文豐出版公司　1992　p. 131

金岡照光　講唱體類　敦煌の文學文獻(講座敦煌 9)　(東京)大東出版社　1992　p. 107

金岡照光　散文體類　敦煌の文學文獻(講座敦煌 9)　(東京)大東出版社　1992　p. 176、209、240

林家平　寧强　羅華慶　中國敦煌學史　北京語言學院出版社　1992　p. 15

周紹良　敦煌文學芻議及其它　(臺北)新文豐出版公司　1992　p. 19

高國藩　敦煌民俗資料導論　(臺北)新文豐出版公司　1993　p. 16、58、88、352

蔣冀騁　敦煌文書校讀研究　(臺北)文津出版社　1993　p. 45

張鴻勳　敦煌話本詞文俗賦導論　(臺北)新文豐出版公司　1993　p. 185

伏俊璉　敦煌賦校注　甘肅人民出版社　1994　p. 2

蔣禮鴻　敦煌文獻語言詞典　杭州大學出版社　1994　p. 8、118、200、270、376

張涌泉　試論審辨敦煌寫本俗字的方法　《敦煌研究》1994 年第 2 期　p. 149　又見:舊學新知　浙
江大學出版社　1999　p. 80

胡戟　傅玫　敦煌史話　中華書局　1995　p. 178

黃征　唐代俗語詞輯釋　唐研究(第一卷)　北京大學出版社　1995　p. 197

李錦繡　唐代財政史稿·上卷(第三分冊)　北京大學出版社　1995　p. 1064

曲金良　敦煌佛教文學研究　(臺北)文津出版社　1995　p. 95

吳庚舜　董乃斌　唐代文學史(下)　人民文學出版社　1995　p. 603

張錫厚　敦煌本唐集研究　(臺北)新文豐出版公司　1995　p. 413

張涌泉　敦煌文書類化字研究　《敦煌研究》1995 年第 4 期　p. 75

張涌泉　漢語俗字研究　岳麓書社　1995　p. 108

黃征　敦煌俗語法研究之一:句法篇　敦煌吐魯番研究(第一卷)　北京大學出版社　1996　p. 71

張錫厚　敦煌賦彙　(臺北)新文豐出版公司　1996　p. 8、356、395、438

張涌泉　敦煌俗字研究導論　(臺北)新文豐出版公司　1996　p. 21、59、224、238

張涌泉　評《敦煌邈真讚校錄並研究》　敦煌吐魯番研究(第一卷)　北京大學出版社　1996　p. 433
注

方一新　敦煌變文詞語校釋　敦煌文學論集　四川人民出版社　1997　p. 307

黃征　敦煌俗語詞小劄　敦煌語文叢說　(臺北)新文豐出版公司　1997　p. 77

黃征　敦煌文獻中有浙江文化史的資料　敦煌語文叢說　(臺北)新文豐出版公司　1997　p. 769

黃征　敦煌文學《兒郎偉》輯錄校注　敦煌語文叢說　(臺北)新文豐出版公司　1997　p. 715

黃征　敦煌寫本異文綜析　敦煌語文叢說　(臺北)新文豐出版公司　1997　p. 21、31、39

黃征　《韓朋賦》補校　敦煌語文叢說　(臺北)新文豐出版公司　1997　p. 357

黃征　王梵志詩校釋續商補　敦煌語文叢說　(臺北)新文豐出版公司　1997　p. 226

黃征　魏晉南北朝俗語詞輯釋　敦煌語文叢說　(臺北)新文豐出版公司　1997　p. 111

黃征　張涌泉　敦煌變文校注　中華書局　1997　p. 19、53、215、355、725、990、1142

程毅中　韓朋賦　敦煌學大辭典　上海辭書出版社　1998　p. 587

程毅中　柴劍虹　燕子賦　敦煌學大辭典　上海辭書出版社　1998　p. 588

方廣錩　救諸衆生一切苦難經　敦煌學大辭典　上海辭書出版社　1998　p. 741

王政　敦煌遺書中生殖婚配喻象探討　《敦煌研究》1998年第3期　p. 96

高國藩　敦煌俗文化學　上海三聯書店　1999　p. 321、337、409、459

黃征　程惠新　劫塵遺珠:敦煌遺書　甘肅教育出版社　1999　p. 110

柴劍虹　敦煌藏文 P. T. 1208、1221 號寫卷卷背的唐人詩抄　敦煌吐魯番學論稿　浙江教育出版社　2000　p. 262

蔣禮鴻　中國俗文字學研究導言　中古近代漢語研究(第一輯)　上海教育出版社　2000　p. 73

金岡照光　敦煌文獻と中國文學　(東京)五曜書房　2000　p. 142、183

張鴻勳　說唱藝術奇葩:敦煌變文選評　甘肅人民出版社　2000　p. 75、91

張錫厚　敦煌文學源流　作家出版社　2000　p. 200、217、252

張涌泉　漢語俗字叢考　中華書局　2000　p. 719

杜曉勤　隋唐五代文學研究　北京出版社　2001　p. 1251

郝春文　英藏敦煌社會歷史文獻釋錄(第一卷)　科學出版社　2001　p. 320

陶敏　李一飛　隋唐五代文學史料學　中華書局　2001　p. 353

黃征　敦煌語言文字學研究　甘肅教育出版社　2002　p. 41、50、135、175、236、309

張鴻勳　敦煌俗文學研究　甘肅人民出版社　2002　p. 6、171

黃征　《燕子賦》研究　《敦煌研究》2003年第1期　p. 38

王昆吾　從敦煌學到域外漢文學　商務印書館　2003　p. 33

李小榮　《阿鼻地獄變文》校注　《敦煌研究》2004年第5期　p. 101

王小盾　潘重規先生"變文外衣"理論疏說　敦煌學(第25輯)　(臺北)樂學書局有限公司　2004　p. 93

李永寧　程亮　整理王重民敦煌遺書手稿所得(三)　《敦煌研究》2005年第2期　p. 65

P. 2654

池田溫　中國古代籍帳研究:概觀·錄文　東京大學東洋文化研究所　1979　p. 510

池田溫　敦煌の流通經濟　敦煌の社會(講座敦煌3)　(東京)大東出版社　1980　p. 337　又見:敦煌文書の世界　(東京)名著刊行會　2003　p. 172

陳祚龍　古代敦煌及其他地區流行之公私印章圖記文字錄　敦煌學要籥　(臺北)新文豐出版公司　1982　p. 344

傅芸子　敦煌俗文學之發見及其展開　敦煌變文論文錄　上海古籍出版社　1982　p. 141

唐耕耦　陸宏基　敦煌社會經濟文獻真迹釋錄(一)　書目文獻出版社　1986　p. 491

楊際平　現存我國四柱結算法的最早實例——吐蕃時期沙州倉曹狀上勾覆所牒研究　敦煌吐魯番出土經濟文書研究　廈門大學出版社　1986　p. 165

王永興　敦煌吐魯番文書中有關唐代勾檢制資料試析：兼整理伯二七六三背、伯二六五四背、伯三四四六背文書　敦煌吐魯番文獻研究論集（第四輯）　北京大學出版社　1987　p. 58

上山大峻　敦煌佛教の研究　（京都）法藏館　1990　p. 409

王永興　唐勾檢制研究　上海古籍出版社　1991　p. 95

楊際平　四柱結算法在漢唐的應用　《中國經濟問題》1991 年第 2 期　p. 62

林家平　寧强　羅華慶　中國敦煌學史　北京語言學院出版社　1992　p. 15

王克孝　ДХ2168 號寫本初探　《敦煌學輯刊》1993 年第 2 期　p. 29　又見：1994 年敦煌學國際研討會文集・宗教文史卷（下）　甘肅民族出版社　2000　p. 236

王永興　敦煌經濟文書導論　（臺北）新文豐出版公司　1994　p. 344

李錦繡　唐代財政史稿・上卷（第一分冊）　北京大學出版社　1995　p. 202、236

田中良昭　《禪籍解題（一）・敦煌禪籍》補遺　俗語言研究（第三期）　（京都）禪文化研究所　1996　p. 213

姜亮夫　敦煌：偉大的文化寶藏　雲南人民出版社　1999　p. 80

張涌泉　《補全唐詩》兩種補校　舊學新知　浙江大學出版社　1999　p. 305

高啓安　敦煌文獻中的"草子"爲"沙米"考　《敦煌學輯刊》2002 年第 2 期　p. 43

李并成　敦煌文獻與西北生態環境變遷研究　漢語史學報專輯（第三輯）　上海教育出版社　2003　p. 392

高啓安　唐五代敦煌飲食文化研究　民族出版社　2004　p. 14、30、141

徐曉卉　唐五代宋初敦煌地區麻的種植品種試析　《敦煌研究》2004 年第 2 期　p. 89

陸離　吐蕃統治河隴西域時期職官四題　《西北民族研究》2006 年第 2 期　p. 21

P. 2655

李正宇　敦煌方音止遇二攝混同及其校勘學意義　《敦煌研究》1986 年第 4 期　p. 54

P. 2656

陳祚龍　敦煌寫本《瓜沙古事系年並序》箋正　（臺北）《大陸雜誌》1960 年第 12 期　又見：敦煌資料考屑（上冊）　（臺北）商務印書館　1979　p. 27；中國敦煌學百年文庫・歷史卷（一）　甘肅文化出版社　1999　p. 180

金岡照光　敦煌漢文文學文獻の文學形態上の種類とその分類　敦煌出土文學文獻分類目錄・附解說　（東京）東洋文庫　1971　p. 215

陳慶浩　古賢集校注　敦煌學（第 3 輯）　（香港）新亞研究所敦煌學會　1976　p. 89

鄭阿財　敦煌孝道文學研究　（臺北）石門圖書公司　1982　p. 424

周紹良　談唐代民間文學　敦煌變文論文錄　上海古籍出版社　1982　p. 413　又見：紹良叢稿　齊魯書社　1984　p. 55

潘重規　敦煌變文集新書（下）　（臺北）"中國文化大學"中文研究所　1984　p. 1238

王慶菽　搜神記一卷　敦煌變文集　人民文學出版社　1984　p. 890

姜亮夫　海外敦煌卷子經眼錄　敦煌學論文集　上海古籍出版社　1987　p. 50　又見：姜亮夫全集（十三）　雲南人民出版社　2002　p. 42

周紹良　小說　敦煌文學　甘肅人民出版社　1989　p. 285

程毅中　唐代小說史話　文化藝術出版社　1990　p. 231

郭在貽　張涌泉　黃征　敦煌變文集校議　岳麓書社　1990　p. 449

金岡照光　散文體類　敦煌の文學文獻(講座敦煌9)　(東京)大東出版社　1992　p. 244

金岡照光　孝行譚——『舜子変』と『董永傳』　敦煌の文學文獻(講座敦煌9)　(東京)大東出版社　1992　p. 525

林家平　寧强　羅華慶　中國敦煌學史　北京語言學院出版社　1992　p. 337

張涌泉　敦煌寫卷俗字類型及其考辨的方法　(香港)《九州學刊》(敦煌學專輯)1992年第4卷第4期　p. 70

周紹良　敦煌文學芻議及其它　(臺北)新文豐出版公司　1992　p. 58

張涌泉　漢語俗字研究　岳麓書社　1995　p. 48

張涌泉　敦煌寫卷俗字類釋　敦煌吐魯番學研究論集　書目文獻出版社　1996　p. 477

黃征　張涌泉　敦煌變文校注　中華書局　1997　p. 45

劉子瑜　敦煌變文和王梵志詩　大象出版社　1997　p. 38

張鴻勳　句道興搜神記　敦煌學大辭典　上海辭書出版社　1998　p. 583

高國藩　敦煌俗文化學　上海三聯書店　1999　p. 253、321

伏俊璉　伏麒鵬　石室齊諧:敦煌小說選析　甘肅人民出版社　2000　p. 137

金岡照光　敦煌文獻と中國文學　(東京)五曜書房　2000　p. 33

張錫厚　敦煌文學源流　作家出版社　2000　p. 502

王青　句道興《搜神記》與天鵝處女型故事　《敦煌研究》2005年第2期　p. 96

王青　西域文化影響下的中古小說　中國社會科學出版社　2006　p. 342

P. 2657

西村元佑　唐代敦煌差科簿の研究　西域文化研究(第三)・敦煌吐魯番社會經濟資料(下)　(京都)法藏館　1960　p. 377、383

陳祚龍　瓜沙印錄　(臺北)《大陸雜誌》1962年第4期　又見:敦煌學概要　(臺北)編譯館"中華叢書編委會"　1981　p. 268；中國敦煌學百年文庫・考古卷(一)　甘肅文化出版社　1999　p. 189

三木榮　西域出土醫藥關係文獻綜合解說目錄　『東洋學報』(47卷1號)　(東京)東洋學術協會　1964　p. 17

池田溫　中國古代籍帳研究:概観・録文　東京大學東洋文化研究所　1979　p. 99、263

菊池英夫　隋唐王朝支配期の河西と敦煌　敦煌の歷史(講座敦煌2)　(東京)大東出版社　1980　p. 157

柳田聖山　敦煌の禪籍と矢吹慶輝　敦煌仏典と禪(講座敦煌8)　(東京)大東出版社　1980　p. 10

梅村坦　住民の種族構成——敦煌をめぐる諸民族の動向　敦煌の社會(講座敦煌3)　(東京)大東出版社　1980　p. 202

陳祚龍　古代敦煌及其他地區流行之公私印章圖記文字錄　敦煌學要籥　(臺北)新文豐出版公司　1982　p. 339

王永興　唐天寶敦煌差科簿研究:兼論唐代色役制和其他問題　敦煌吐魯番文獻研究論集　中華書局　1982　p. 63、64、65、66、90　又見:陳門問學叢稿　江西人民出版社　1993　p. 45

池田溫　中國古代籍帳研究　中華書局　1984　p. 281

楊際平　鄭學檬　兩本《敦煌吐魯番文獻研究論集》評介　《中國社會經濟史研究》1984年第1期　p. 119

西村元佑著　姜鎮慶譯　通過唐代敦煌差科簿看唐代均田制時代的徭役制度　敦煌學譯文集　甘肅
　　人民出版社　1985　p. 979、996、1038、1057、1223、1233 補注

李正宇　唐宋時代的敦煌學校　《敦煌研究》1986 年第 1 期　p. 39

林天蔚　論索勳紀德碑及其史事之探討　漢學研究(敦煌學國際研討會論文專號)　(臺北)漢學研
　　究資料及服務中心　1986　p. 487

唐耕耦　陸宏基　敦煌社會經濟文獻真迹釋錄(一)　書目文獻出版社　1986　p. 208

楊際平　鄭學檬　關於西魏大統十三年敦煌計帳戶籍文書的幾個問題　魏晉南北朝史研究　湖北人
　　民出版社　1986　p. 416

王永興　隋唐五代經濟史料彙編校注·第一編(下)　中華書局　1987　p. 567

楊曾文　日本學者對中國禪宗文獻的研究和整理　《世界宗教研究》1987 年第 1 期　p. 117

高國藩　敦煌民俗學　上海文藝出版社　1989　p. 319

王進玉　漫步敦煌藝術科技畫廊　文物出版社　1989　p. 87

上山大峻　敦煌佛教の研究　(京都)法藏館　1990　p. 403

譚真　敦煌隋唐時期醫事狀況　敦煌學國際學術討論會論文縮寫文(1990)　敦煌研究院　1990
　　p. 73　又見:敦煌學國際研討會文集·石窟考古編　遼寧美術出版社　1995　p. 405

李錦繡　試論唐代的給侍制度:儒家學說的具體實現　學人(第一輯)　江蘇文藝出版社　1991
　　p. 402

姜伯勤　敦煌社會文書導論　(臺北)新文豐出版公司　1992　p. 86、181

林家平　寧强　羅華慶　中國敦煌學史　北京語言學院出版社　1992　p. 550

前田正名　河西歷史地理學研究　中國藏學出版社　1993　p. 244

冉雲華　敦煌遺書與中國禪宗歷史研究　"中國唐代學會"會刊(第四期)　(臺北)"中國唐代學會"
　　1993　p. 56

王永興　關於唐代門蔭制的一些史料校釋　陳門問學叢稿　江西人民出版社　1993　p. 384

叢春雨　敦煌中醫藥全書　中醫古籍出版社　1994　p. 43

田中良昭　敦煌の禪籍　禪學研究入門　(東京)大東出版社　1994　p. 59

王永興　敦煌經濟文書導論　(臺北)新文豐出版公司　1994　p. 204、397

几. N. チュグイェフスキ−著　荒川正晴譯注　ソ連邦科學アカデミ−東洋學研究所所藏、敦煌寫本
　　における官印と寺印　『吐魯番出土文物研究會會報』(98、99 號)　(東京)吐魯番出土文物研
　　究會　1994　p. 3

胡戟　傅玫　敦煌史話　中華書局　1995　p. 131、161

柳田聖山　禪籍解題(一)·敦煌禪籍　俗語言研究(第二期)　(京都)禪文化研究所　1995　p. 137

馮培紅　唐五代敦煌的河渠水利與水司管理機構初探　《敦煌學輯刊》1997 年第 2 期　p. 81

高啓安　唐宋時期敦煌人名探析　《敦煌研究》1997 年第 4 期　p. 124

黃征　張涌泉　敦煌變文校注　中華書局　1997　p. 408

孫繼民　《唐大曆三年曹忠敏牒爲請免差充子弟事》書後　敦煌吐魯番研究(第二卷)　北京大學出
　　版社　1997　p. 232

孫曉林　敦煌遺書所見唐宋間令狐氏在敦煌的分佈　唐代的歷史與社會　武漢大學出版社　1997
　　p. 533

楊曾文　禪宗北宗及禪法　佛教與中國傳統文化　宗教文化出版社　1997　p. 449

鄭炳林　唐五代敦煌的醫事研究　敦煌歸義軍史專題研究　蘭州大學出版社　1997　p. 515

龔方震　晏可佳　祆教史　上海社會科學院出版社　1998　p. 242

李錦繡　唐代制度史略論稿　中國政法大學出版社　1998　p. 362

沙知　敦煌縣之印　敦煌學大辭典　上海辭書出版社　1998　p. 292

宋家鈺　計帳　敦煌學大辭典　上海辭書出版社　1998　p. 404

宋家鈺　土鎮兵　敦煌學大辭典　上海辭書出版社　1998　p. 404

池田溫　八世紀中葉敦煌的粟特人聚落　唐研究論文選集　中國社會科學出版社　1999　p. 7、56　注 32

張涌泉　《補全唐詩》兩種補校　舊學新知　浙江大學出版社　1999　p. 302

張涌泉　俗字研究與敦煌文獻的校理　舊學新知　浙江大學出版社　1999　p. 51

丛春雨　敦煌中醫藥精萃發微　中醫古籍出版社　2000　p. 174、387

丘古耶夫斯基　敦煌漢文文書　上海古籍出版社　2000　p. 20

榮新江　《英藏敦煌文獻》定名商補　文史(第五十二輯)　中華書局　2000　p. 118

孫繼民　敦煌吐魯番所出唐代軍事文書初探　中國社會科學出版社　2000　p. 102

顏廷亮　敦煌文化　光明日報出版社　2000　p. 181

杜正乾　唐病坊表徵　《敦煌研究》2001 年第 1 期　p. 126

陳國燦　敦煌學史事新證　甘肅教育出版社　2002　p. 19

鄧文寬　敦煌吐魯番天文曆法研究　甘肅教育出版社　2002　p. 308

王素　敦煌吐魯番文獻　文物出版社　2002　p. 176

陳國燦　唐代的"執衣"與執衣錢　魏晉南北朝隋唐史資料(第 22 輯)　武漢大學出版社　2005　p. 144

陸離　吐蕃統治敦煌時期的官府勞役　魏晉南北朝隋唐史資料(第 22 輯)　武漢大學出版社　2005　p. 181

劉再聰　從吐魯番文書看唐代西州縣以下行政建制　《西域研究》2006 年第 3 期　p. 47

P. 2658

饒宗頤　敦煌本文選斠證(一)　(香港)《新亞學報》1957 年第 1 期　p. 335　又見:中國敦煌學百年文庫・文學卷(二)　甘肅文化出版社　1999　p. 2

金岡照光　敦煌漢文文學文獻の文學形態上の種類とその分類　敦煌出土文學文獻分類目錄・附解說　(東京)東洋文庫　1971　p. 236

陳祚龍　敦煌寫本《登樓賦》斠證　敦煌學海探珠(上冊)　(臺北)商務印書館　1979　p. 21 注 9

王重民　敦煌古籍叙録　中華書局　1979　p. 316

蘇瑩輝　敦煌學概要　(臺北)編譯館"中華叢書編委會"　1981　p. 63

董作賓　敦煌紀年　敦煌學文選(上)　蘭州大學歷史系敦煌學研究室等　1983　p. 29

蘇瑩輝　中外敦煌古寫本纂要　敦煌論集　(臺北)學生書局　1983　p. 337

王重民　巴黎敦煌殘卷叙録(第二輯)　敦煌叢刊初集(九)　(臺北)新文豐出版公司　1985　p. 306

王重民原編　黄永武新編　敦煌古籍叙録新編(第十六冊)　(臺北)新文豐出版公司　1986　p. 110

耿昇　中法學者友好合作的成果　《敦煌研究》1987 年第 1 期　p. 108

李正宇　敦煌學郎題記輯注　《敦煌學輯刊》1987 年第 1 期　p. 30

汪泛舟　讚・箴　敦煌文學　甘肅人民出版社　1989　p. 100

林聰明　敦煌文書學　(臺北)新文豐出版公司　1991　p. 123

金岡照光　講唱體類　敦煌の文學文獻(講座敦煌 9)　(東京)大東出版社　1992　p. 150

金岡照光　韻文體類——長篇叙事詩・短篇歌詠　敦煌の文學文獻(講座敦煌 9)　(東京)大東出版社　1992　p. 264

遊志誠　敦煌古抄本文選五臣注研究　全國敦煌學研討會論文集　(臺北)中正大學中國文學系所

1995　p. 148

遊志誠　昭明文選學術論考　（臺北）學生書局　1996　p. 36

白化文　敦煌遺書中《文選》殘卷綜述　中外學者文選學論集（上）　中華書局　1998　p. 381

白化文　文選　敦煌學大辭典　上海辭書出版社　1998　p. 783

羅國威　敦煌本《昭明文選》研究　黑龍江教育出版社　1999　p. 224

北京大學　敦煌《經卷》、《照片》及《圖書》目録　中國敦煌學百年文庫・綜述卷（一）　甘肅文化出版社　1999　p. 317

傅剛　文選版本研究　北京大學出版社　2000　p. 114、313

饒宗頤　敦煌吐魯番本文選　中華書局　2000　p. 72（圖版）

顔廷亮　敦煌文化　光明日報出版社　2000　p. 202

徐俊　評《敦煌吐魯番本文選》、《敦煌本〈昭明文選〉研究》、《敦煌本〈文選注〉箋證》、《文選版本研究》　敦煌吐魯番研究（第五卷）　北京大學出版社　2001　p. 367

姜亮夫　敦煌莫高窟年表　姜亮夫全集（十一）　雲南人民出版社　2002　p. 165

石塚晴通　敦煌的加點本　敦煌學・日本學：石塚晴通教授退職紀念論文集　上海辭書出版社　2005　p. 9

P. 2659

周祖謨　唐五代韻書集存　中華書局　1983　p. 793、954

林家平　寧强　羅華慶　中國敦煌學史　北京語言學院出版社　1992　p. 82

鄭炳林　董念清　唐五代敦煌私營釀酒業初探　《社科縱橫》1994 年第 4 期　p. 65

胡戟　傅玫　敦煌史話　中華書局　1995　p. 182

汪娟　敦煌寫本《十二光禮》研究　慶祝潘石禪先生九秩華誕敦煌學特刊　（臺北）文津出版社　1996　p. 481

鄭炳林　敦煌碑銘讚輯釋　甘肅教育出版社　1997　p. 435 注 4

李正宇　敦煌遺書標點符號　敦煌學大辭典　上海辭書出版社　1998　p. 519

張金泉　唐韻摘字　敦煌學大辭典　上海辭書出版社　1998　p. 514

顔廷亮　敦煌文化　光明日報出版社　2000　p. 180

P. 2660

潘重規　巴黎倫敦所藏敦煌詩經卷子題記　（香港）《新亞書院學術年刊》1969 年第 11 期　又見：中國敦煌學百年文庫・文獻卷（二）　甘肅文化出版社　1999　p. 387

潘重規　敦煌詩經卷子研究　（臺北）《華岡學報》1970 年第 6 期　又見：中國敦煌學百年文庫・文獻卷（二）　甘肅文化出版社　1999　p. 432

Jean‒Pierre Drege　敦煌寫本的物質性分析　漢學研究（敦煌學國際研討會論文專號）　（臺北）漢學研究資料及服務中心　1986　p. 114

王素　唐寫本《論語鄭氏注》校録　唐寫本論語鄭氏注及其研究　文物出版社　1991　p. 137 注 9

土田健次郎　儒教典籍　敦煌漢文文獻（講座敦煌 5）　（東京）大東出版社　1992　p. 268

李正宇　敦煌文學概論　甘肅人民出版社　1993　p. 103

胡戟　傅玫　敦煌史話　中華書局　1995　p. 168

鄭炳林　敦煌碑銘讚輯釋　甘肅教育出版社　1997　p. 53 注 67

白化文　詩經　敦煌學大辭典　上海辭書出版社　1998　p. 773

姜亮夫　敦煌：偉大的文化寶藏　雲南人民出版社　1999　p. 97

徐俊　敦煌詩集殘卷輯考　中華書局　2000　p. 780、936

李正宇　敦煌遺書一宗後晉時期敦煌民事訴訟檔案　《敦煌研究》2003 年第 2 期　p. 44

P. 2661

周祖謨　爾雅郭璞注古本跋　問學集　中華書局　1966　又見：中國敦煌學百年文庫・語言文字卷
　　（一）　甘肅文化出版社　1999　p. 305

王重民　敦煌古籍敘錄　中華書局　1979　p. 74

姜亮夫　敦煌學概論　中華書局　1985　p. 60

劉復　敦煌掇瑣　敦煌叢刊初集（十五）　（臺北）新文豐出版公司　1985　p. 403

王重民　巴黎敦煌殘卷敘錄（第一輯）　敦煌叢刊初集（九）　（臺北）新文豐出版公司　1985　p. 127

王重民原編　黃永武新編　敦煌古籍敘錄新編（第四、九冊）　（臺北）新文豐出版公司　1986
　　p. 304；261

高國藩　敦煌民俗學簡論　1983 年全國敦煌學術討論會文集・文史遺書編（下）　甘肅人民出版社
　　1987　p. 415、420

李正宇　敦煌學郎題記輯注　《敦煌學輯刊》1987 年第 1 期　p. 38

高國藩　驅儺風俗和敦煌民間歌謠《兒郎偉》　文史（第二十九輯）　中華書局　1988　p. 291

高國藩　敦煌民俗學　上海文藝出版社　1989　p. 84、280

高國藩　敦煌古俗與民俗流變　河海大學出版社　1990　p. 293、379

高國潘　敦煌巫術形態：兼與中外巫術之比較　第二屆敦煌學國際研討會論文集　（臺北）漢學研究
　　中心　1990　p. 608、630

孫啓治　唐寫本俗別字變化類型舉例　敦煌吐魯番文獻研究論集（第五輯）　北京大學出版社
　　1990　p. 124、127

林聰明　敦煌文書學　（臺北）新文豐出版公司　1991　p. 364

林家平　寧强　羅華慶　中國敦煌學史　北京語言學院出版社　1992　p. 18

土田健次郎　儒教典籍　敦煌漢文文獻（講座敦煌 5）　（東京）大東出版社　1992　p. 269

高國藩　敦煌民俗資料導論　（臺北）新文豐出版公司　1993　p. 41、43、170、236、351

譚禪雪　敦煌歲時掇瑣　（香港）《九州學刊》（敦煌學專輯）1993 年第 5 卷第 4 期　p. 83

沃興華　敦煌書法藝術　上海人民出版社　1994　p. 228、243

胡戟　傅玫　敦煌史話　中華書局　1995　p. 185

王三慶　敦煌書儀載錄之節日活動與民俗　全國敦煌學研討會論文集　（臺北）中正大學中國文學
　　系所　1995　p. 27 注 60

高國藩　敦煌數字與俗文化　慶祝潘石禪先生九秩華誕敦煌學特刊　（臺北）文津出版社　1996
　　p. 183

張金泉　許建平　敦煌音義彙考　杭州大學出版社　1996　p. 310

劉瑞明　敦煌求愛奇術揭密　《敦煌研究》1997 年第 1 期　p. 120

許建平　讀卷校經劄記　古典文獻與文化論叢　中華書局　1997　p. 81

譚蟬雪　敦煌歲時文化導論　（臺北）新文豐出版公司　1998　p. 66、119、200、298

譚蟬雪　門懸桃枝　敦煌學大辭典　上海辭書出版社　1998　p. 447

譚蟬雪　七種忌　敦煌學大辭典　上海辭書出版社　1998　p. 450

譚蟬雪　遠行禁忌　敦煌學大辭典　上海辭書出版社　1998　p. 446

張金泉　爾雅注　敦煌學大辭典　上海辭書出版社　1998　p. 517

高國藩　敦煌俗文化學　上海三聯書店　1999　p. 24、41、186

黄征　程惠新　劫塵遺珠：敦煌遺書　甘肅教育出版社　1999　p. 54

王永平　論唐代的行業神崇拜　首都師範大學史學研究(1)　首都師範大學出版社　1999　p. 102

閻國權　敦煌二千一百年　新華出版社　2000　p. 242

顏廷亮　敦煌文化　光明日報出版社　2000　p. 202

黄正建　敦煌占卜文書與唐五代占卜研究　學苑出版社　2001　p. 89、100、162

林聰明　敦煌吐魯番文書解詁指例　（臺北）新文豐出版公司　2001　p. 200

姜亮夫　敦煌莫高窟年表　姜亮夫全集（十一）　雲南人民出版社　2002　p. 350

劉樂賢　敦煌寫本中的媚道文獻及相關問題　敦煌吐魯番研究（第六卷）　北京大學出版社　2002
　　p. 101

王志銘　論敦煌書法的藝術價值　敦煌佛教藝術文化國際學術研討會論文集　蘭州大學出版社
　　2002　p. 609

鄧文寬　敦煌曆日與戰國秦漢《日書》的文化關係　漢語史學報專輯（第三輯）　上海教育出版社
　　2003　p. 298

余欣　禁忌、儀式與法術　唐代宗教信仰與社會　上海辭書出版社　2003　p. 301、323

陳明　情性至道：西域"足身力"方與敦煌房中方藥　中國俗文化研究（第二輯）　巴蜀書社　2004
　　p. 172

王冀青　斯坦因與日本敦煌學　甘肅教育出版社　2004　p. 306

張弓　敦煌四部籍與中古後期社會的文化情境　敦煌學（第25輯）　（臺北）樂學書局有限公司
　　2004　p. 314

劉少霞　敦煌出土醫書中有關女性問題初探　《敦煌學輯刊》2005年第2期　p. 174

劉永明　敦煌道教的世俗化之路：道教向具注曆日的滲透　《敦煌學輯刊》2005年第2期　p. 202

余欣　敦煌竈神信仰稽考　《敦煌學輯刊》2005年第3期　p. 157

余欣　神祇的"碎化"：唐宋敦煌社祭變遷研究　《歷史研究》2006年第3期　p. 72

余欣　唐宋時代敦煌的鎮宅術　敦煌吐魯番研究（第九卷）　中華書局　2006　p. 354、371

P. 2662

趙健雄　敦煌石窟醫學史料輯要　《敦煌學輯刊》1985年第2期　p. 120

馬繼興　敦煌古醫籍考釋　江西科學技術出版社　1988　p. 12、320

唐耕耦　8至10世紀敦煌的物價　紀念陳寅恪教授國際學術討論會文集　中山大學出版社　1989
　　p. 527

高國潘　敦煌巫術形態：兼與中外巫術之比較　第二屆敦煌學國際研討會論文集　（臺北）漢學研究
　　中心　1990　p. 646

甘肅中醫學院圖書館　敦煌中醫藥學集錦　甘肅中醫學院圖書館　1990　p. 133

趙健雄　敦煌遺書醫學卷考析　《敦煌研究》1991年第4期　p. 101

王三慶　敦煌寫卷中武后新字之調查研究　唐代研究論集（第三輯）　（臺北）新文豐出版公司
　　1992　p. 97

朱越利　道經總論　遼寧教育出版社　1992　p. 263

高國藩　敦煌民俗資料導論　（臺北）新文豐出版公司　1993　p. 262

叢春雨　敦煌中醫藥全書　中醫古籍出版社　1994　p. 29、37、478

李明偉　隋唐絲綢之路　甘肅人民出版社　1994　p. 265

劉進寶　敦煌學論述　（臺北）洪葉文化事業有限公司　1995　p. 301

馬繼興　敦煌醫藥文獻　敦煌學大辭典　上海辭書出版社　1998　p. 615

馬繼興　敦煌醫藥文獻輯校　江蘇古籍出版社　1998　p. 215、431

王淑民　不知名醫方第十六種　敦煌學大辭典　上海辭書出版社　1998　p. 619

王淑民　唐人選方　敦煌學大辭典　上海辭書出版社　1998　p. 618

王淑民　敦煌石窟秘藏醫方　北京醫科大學中國協和醫科大學聯合出版社　1999　p. 30、61

丛春雨　敦煌中醫藥精萃發微　中醫古籍出版社　2000　p. 198、255

陳明　醫理精華:印度古典醫學在敦煌的實例分析　敦煌吐魯番研究(第五卷)　北京大學出版社
　　2001　p. 230

丛春雨　論醋在敦煌遺書、馬王堆竹簡古醫方的臨床應用　《敦煌研究》2001 年第 2 期　p. 142

張儂　敦煌遺書中的針灸文獻　《敦煌研究》2001 年第 2 期　p. 149

姜亮夫　敦煌莫高窟年表　姜亮夫全集(十一)　雲南人民出版社　2002　p. 272

劉進寶　敦煌學通論　甘肅教育出版社　2002　p. 418

馬繼興　當前世界各地收藏的中國出土卷子本古醫藥文獻備考　敦煌吐魯番研究(第六卷)　北京
　　大學出版社　2002　p. 147

陳明　印度梵文醫典醫理精華研究　中華書局　2002　p. 75

徐曉卉　唐五代宋初敦煌地區麻的種植品種試析　《敦煌研究》2004 年第 2 期　p. 91

陳明　備急單驗:敦煌醫藥文獻中的單藥方　敦煌學國際研討會論文集　北京圖書館出版社　2005
　　p. 239

陳明　殊方異藥:出土文書與西域醫學　北京大學出版社　2005　p. 81、150

劉少霞　敦煌出土醫書中有關女性　問題初探　《敦煌學輯刊》2005 年第 2 期　p. 174

P. 2663

王重民原編　黃永武新編　敦煌古籍叙錄新編(第四冊)　(臺北)新文豐出版公司　1986　p. 183

李正宇　敦煌學郎題記輯注　《敦煌學輯刊》1987 年第 1 期　p. 38

王素　唐寫本《論語鄭氏注》校錄　唐寫本論語鄭氏注及其研究　文物出版社　1991　p. 130 注 122

土田健次郎　儒教典籍　敦煌漢文文獻(講座敦煌 5)　(東京)大東出版社　1992　p. 269

晛麟　南朝小考　《敦煌學輯刊》1993 年第 1 期　p. 71

陳金木　唐寫本論語鄭氏注研究(上)　(臺北)文津出版社　1996　p. 70

李方　敦煌《論語集解》校正　江蘇古籍出版社　1998　p. 830

李方　唐寫本《論語集解》校讀零拾　出土文獻研究(第三輯)　文物出版社　1998　p. 218

伏俊璉　俗情雅韻:敦煌賦選析　甘肅人民出版社　2000　p. 167

徐俊　敦煌詩集殘卷輯考　中華書局　2000　p. 780

許建平　《俄藏敦煌文獻》儒家經典類寫本的定名與綴合　漢語史學報專輯(第三輯)　上海教育出
　　版社　2003　p. 312

P. 2664

王素　唐寫本《論語鄭氏注》校錄　唐寫本論語鄭氏注及其研究　文物出版社　1991　p. 137 注 10

土田健次郎　儒教典籍　敦煌漢文文獻(講座敦煌 5)　(東京)大東出版社　1992　p. 269

李方　敦煌《論語集解》校正　江蘇古籍出版社　1998　p. 830

許建平　英倫法京所藏敦煌寫本殘片八種之定名並校錄　敦煌學(第 24 輯)　(臺北)樂學書局有限
　　公司　2003　p. 122

P. 2665

羅福頤　敦煌石室文物對於學術上的貢獻　《歷史教學》1951 年第 5 期　又見：中國敦煌學百年文庫·考古卷（四）　甘肅文化出版社　1999　p. 12

三木榮　西域出土醫藥關係文獻綜合解說目録　『東洋學報』（47 卷 1 號）　（東京）東洋學術協會　1964　p. 13

陳祚龍　關於道家"本際經"及其"要略妙義"與"疏"的敦煌古抄　敦煌文物隨筆　（臺北）商務印書館　1979　p. 216

石井昌子　靈寶經類　敦煌と中國道教（講座敦煌 4）　（東京）大東出版社　1983　p. 162

王三慶　日本天理大學圖書館典藏之敦煌卷子　第二屆敦煌學國際研討會論文集　（臺北）漢學研究中心　1990　p. 95

丛春雨　敦煌中醫藥全書　中醫古籍出版社　1994　p. 686

沃興華　敦煌書法藝術　上海人民出版社　1994　p. 212、264

萬毅　日本天理圖書館藏卷敦煌本《本際經》論略　華學（第一輯）　中山大學出版社　1995　p. 166

鄭炳林　唐五代敦煌的醫事研究　敦煌歸義軍史專題研究　蘭州大學出版社　1997　p. 519

馬繼興　敦煌醫藥文獻　敦煌學大辭典　上海辭書出版社　1998　p. 615

馬繼興　敦煌醫藥文獻輯校　江蘇古籍出版社　1998　p. 751

盖建民　從敦煌遺書看佛教醫學思想及其影響　佛學研究（第八期）　中國佛教文化研究所　1999　p. 265

山田俊　唐初道教思想史研究·資料篇　（京都）平樂寺書店　1999　p. 34、147、165

王進玉　從敦煌文物看中西文化交流　《西域研究》1999 年第 1 期　p. 59

陳明　醫理精華：印度古典醫學在敦煌的實例分析　敦煌吐魯番研究（第五卷）　北京大學出版社　2001　p. 255

陳明　印度梵文醫典醫理精華研究　中華書局　2002　p. 116

馬繼興　當前世界各地收藏的中國出土卷子本古醫藥文獻備考　敦煌吐魯番研究（第六卷）　北京大學出版社　2002　p. 147

陳明　沙門黃散：唐代佛教醫事與社會生活　唐代宗教信仰與社會　上海辭書出版社　2003　p. 259

王卡　敦煌道教文獻研究　中國社會科學出版社　2004　p. 209

王卡　中國國家圖書館藏敦煌道教遺書研究報告　敦煌吐魯番研究（第七卷）　北京大學出版社　2004　p. 371

陳明　備急單驗：敦煌醫藥文獻中的單藥方　敦煌學國際研討會論文集　北京圖書館出版社　2005　p. 239

陳明　殊方異藥：出土文書與西域醫學　北京大學出版社　2005　p. 79、150

P. 2666

三木榮　西域出土醫藥關係文獻綜合解說目録　『東洋學報』（47 卷 1 號）　（東京）東洋學術協會　1964　p. 5

陳祚龍　關於道家"本際經"及其"要略妙義"與"疏"的敦煌古抄　敦煌文物隨筆　（臺北）商務印書館　1979　p. 217

石井昌子　靈寶經類　敦煌と中國道教（講座敦煌 4）　（東京）大東出版社　1983　p. 162

馬繼興　敦煌古醫籍考釋　江西科學技術出版社　1988　p. 10、179

張錫厚　敦煌詩歌考論　《敦煌學輯刊》1989 年第 2 期　p. 28

高國潘　敦煌巫術形態：兼與中外巫術之比較　第二屆敦煌學國際研討會論文集　（臺北）漢學研究

中心　1990　p. 616、650

王三慶　日本天理大學圖書館典藏之敦煌卷子　第二屆敦煌學國際研討會論文集　（臺北）漢學研
　　究中心　1990　p. 95

張弘强　杜文傑著　敦煌石窟氣功：一分鐘臍密功　甘肅科學技術出版社　1990　p. 8、90

杜愛英　敦煌遺書中俗體字的諸種類型　《敦煌研究》1992 年第 3 期　p. 123

高國藩　敦煌民俗資料導論　（臺北）新文豐出版公司　1993　p. 43、171、260

高國藩　敦煌巫術與巫術流變　河海大學出版社　1993　p. 172

叢春雨　敦煌中醫藥全書　中醫古籍出版社　1994　p. 31、569

萬毅　日本天理圖書館藏卷敦煌本《本際經》論略　華學（第一輯）　中山大學出版社　1995　p. 166

馬繼興　敦煌醫藥文獻輯校　江蘇古籍出版社　1998　p. 246

譚蟬雪　敦煌歲時文化導論　（臺北）新文豐出版公司　1998　p. 39、107、202、298

王淑民　單藥方　敦煌學大辭典　上海辭書出版社　1998　p. 618

高國藩　敦煌俗文化學　上海三聯書店　1999　p. 41

山田俊　唐初道教思想史研究·論述篇　（京都）平樂寺書店　1999　p. 34

山田俊　唐初道教思想史研究·資料篇　（京都）平樂寺書店　1999　p. 153、165

史成禮　史葆光　敦煌性文化　廣州出版社　1999　p. 78

王淑民　敦煌石窟秘藏醫方　北京醫科大學中國協和醫科大學聯合出版社　1999　p. 4、29

周維平　從敦煌遺書看敦煌道教　《西北民族研究》1999 年第 2 期　p. 129

叢春雨　敦煌中醫藥精萃發微　中醫古籍出版社　2000　p. 205、265

陳明　醫理精華：印度古典醫學在敦煌的實例分析　敦煌吐魯番研究（第五卷）　北京大學出版社
　　2001　p. 255

叢春雨　論醋在敦煌遺書、馬王堆竹簡古醫方的臨床應用　《敦煌研究》2001 年第 2 期　p. 142

李重申　李金梅　李小唐　敦煌石窟氣功鈎沈　《敦煌學輯刊》2001 年第 2 期　p. 53

陳明　印度梵文醫典醫理精華研究　中華書局　2002　p. 115

劉樂賢　敦煌寫本中的媚道文獻及相關問題　敦煌吐魯番研究（第六卷）　北京大學出版社　2002
　　p. 101

馬繼興　當前世界各地收藏的中國出土卷子本古醫藥文獻備考　敦煌吐魯番研究（第六卷）　北京
　　大學出版社　2002　p. 147

童丕　敦煌的借貸：中國中古時代的物質生活與社會　中華書局　2003　p. 58

陳明　情性至道：西域"足身力"方與敦煌房中方藥　中國俗文化研究（第二輯）　巴蜀書社　2004
　　p. 172

高啓安　唐五代敦煌飲食文化研究　民族出版社　2004　p. 47

王卡　敦煌道教文獻研究　中國社會科學出版社　2004　p. 210

王卡　中國國家圖書館藏敦煌道教遺書研究報告　敦煌吐魯番研究（第七卷）　北京大學出版社
　　2004　p. 371

徐曉卉　唐五代宋初敦煌地區麻的種植品種試析　《敦煌研究》2004 年第 2 期　p. 88

陳明　備急單驗：敦煌醫藥文獻中的單藥方　敦煌學國際研討會論文集　北京圖書館出版社　2005
　　p. 232、239

陳明　殊方異藥：出土文書與西域醫學　北京大學出版社　2005　p. 81、138、151、227

劉少霞　敦煌出土醫書中有關女性問題初探　《敦煌學輯刊》2005 年第 2 期　p. 176

余欣　神祇的"碎化"：唐宋敦煌社祭變遷研究　《歷史研究》2006 年 3 期　p. 71

P. 2667

李儼　敦煌石室"算書"　《中大季刊》1926 年第 1 卷第 2 期　　又見：中國敦煌學百年文庫·科技卷
　　甘肅文化出版社　1999　p. 15

李儼　敦煌石室"算經一卷並序"　《國立北平圖書館館刊》1935 年第 9 卷第 1 號　　又見：中國敦煌學
　　百年文庫·科技卷　甘肅文化出版社　1999　p. 18

王重民　敦煌古籍叙録　中華書局　1979　p. 157、158、159

蘇瑩輝　敦煌學概要　（臺北）編譯館"中華叢書編委會"　1981　p. 44

蘇瑩輝　中外敦煌古寫本纂要　敦煌論集　（臺北）學生書局　1983　p. 319

王重民原編　黃永武新編　敦煌古籍叙録新編（第八冊）　（臺北）新文豐出版公司　1986　p. 158、
　　181、187

姜伯勤　唐五代敦煌寺戶制度　中華書局　1987　p. 248

高國藩　敦煌民俗學　上海文藝出版社　1989　p. 104

郝春文　敦煌遺書中的"春秋座局席"考　《北京師範學院學報》1989 年第 4 期　p. 32

許康　敦煌算書透露的科學與社會信息　《敦煌研究》1989 年第 1 期　p. 96

鄭阿財　敦煌蒙書析論　第二屆敦煌學國際研討會論文集　（臺北）漢學研究中心　1990　p. 216

李并成　從敦煌算經看我國唐宋時代的初級數學教育　《數學教學研究》1991 年第 1 期　p. 40

東野治之　敦煌と日本の『千字文』　遣唐使と正倉院　（東京）岩波書店　1992　p. 245

東野治之　訓蒙書　敦煌漢文文獻（講座敦煌 5）　（東京）大東出版社　1992　p. 413

林家平　寧强　羅華慶　中國敦煌學史　北京語言學院出版社　1992　p. 156

鄭炳林　梁志勝　《梁幸德邈真讚》與梁願請《莫高窟功德記》　《敦煌研究》1992 年第 2 期　p. 64
　　又見：敦煌吐魯番文獻研究　蘭州大學出版社　1995　p. 259

郝春文　敦煌寫本社邑文書年代彙考（一）　《首都師範大學學報》1993 年第 4 期　p. 39

譚蟬雪　敦煌祈賽風俗　《敦煌研究》1993 年第 4 期　p. 62

鄭炳林　讀敦煌文書 P. 3859《後唐清泰三年六月沙州儭司教授福集等狀》劄記　《西北史地》1993 年
　　第 4 期　p. 47　又見：敦煌吐魯番文獻研究　蘭州大學出版社　1995　p. 614

姜伯勤　敦煌邈真讚與敦煌望族　敦煌邈真讚校録並研究　（臺北）新文豐出版公司　1994　p. 44

王進玉　敦煌石窟探秘　四川教育出版社　1994　p. 15、108

胡戟　傅玫　敦煌史話　中華書局　1995　p. 197

譚蟬雪　敦煌馬文化　《敦煌研究》1996 年第 1 期　p. 115

楊際平　唐代尺步、畝制、畝産小議　《中國社會經濟史研究》1996 年第 2 期　p. 36

寧可　郝春文　敦煌社邑文書輯校　江蘇古籍出版社　1997　p. 139

鄭炳林　敦煌碑銘讚輯釋　甘肅教育出版社　1997　p. 453 注 7、486 注 2

鄧文寬　敦煌算書　敦煌學大辭典　上海辭書出版社　1998　p. 600

劉鈍　算經　敦煌學大辭典　上海辭書出版社　1998　p. 601

沙知　梁戶　敦煌學大辭典　上海辭書出版社　1998　p. 651

譚蟬雪　敦煌歲時文化導論　（臺北）新文豐出版公司　1998　p. 225

譚蟬雪　灌腸　敦煌學大辭典　上海辭書出版社　1998　p. 445

黃正建　S. 964v 號文書與唐代兵士的春冬衣　英國收藏敦煌漢藏文獻研究　中國社會科學出版社
　　2000　p. 249

榮新江　敦煌學十八講　北京大學出版社　2001　p. 296

山本達郎等　補（IV）社·III 轉貼　『NUN－HUANG AND TURFAN DOCUMENTS CONCERNING SO-
　　CIAL AND ECONOMIC HISTORY』(Sup. p. lemrnts)　（東京）東洋文庫　2001　p. 70

趙貞　歸義軍押衙兼知他官略考　《敦煌研究》2001 年第 2 期　p. 92

鄭阿財　朱鳳玉　敦煌蒙書研究　甘肅教育出版社　2002　p. 12

馮培紅　唐五代敦煌官府宴設機構考略　2000 年敦煌學國際學術討論會文集·歷史文化卷(上)　甘肅民族出版社　2003　p. 184

郭正忠　《甲種敦煌算書》的考校與釋補　數學典籍索引:秦漢至宋社會經濟史料　遼寧教育出版社　2003　p. 516

郭正忠　一部失落的北朝算書寫本:《甲種敦煌算書》研究　數學典籍索引:秦漢至宋社會經濟史料　遼寧教育出版社　2003　p. 530

P. 2668

芳村修基　土橋秀高　井ノ口泰淳　敦煌佛教史年表　西域文化研究(第一)·敦煌佛教資料　(京都)法藏館　1958　p. 277

陳祚龍　敦煌道經後記彙錄　敦煌文物隨筆　(臺北)商務印書館　1979　p. 23

王重民　敦煌古籍叙錄　中華書局　1979　p. 98

陳祚龍　新校重訂《敦煌道經後記彙錄》　敦煌學要籥　(臺北)新文豐出版公司　1982　p. 213 注 3

姜亮夫　瓜沙曹氏年表補正　敦煌學文選(上)　蘭州大學歷史系敦煌學研究室等　1983　p. 112　又見:敦煌學論文集　上海古籍出版社　1987　p. 917；姜亮夫全集(十四)　雲南人民出版社　2002　p. 342

土橋秀高　敦煌の律藏　敦煌と中國仏教(講座敦煌7)　(東京)大東出版社　1984　p. 262

王重民　巴黎敦煌殘卷叙錄(第一輯)　敦煌叢刊初集(九)　(臺北)新文豐出版公司　1985　p. 135

李正宇　敦煌方音止遇二攝混同及其校勘學意義　《敦煌研究》1986 年第 4 期　p. 51

李正宇　唐宋時代的敦煌學校　《敦煌研究》1986 年第 1 期　p. 47 注 16

王重民原編　黃永武新編　敦煌古籍叙錄新編(第六冊)　(臺北)新文豐出版公司　1986　p. 116

林平和　羅振玉敦煌學析論　(臺北)文史哲出版社　1988　p. 37、129

杜愛英　敦煌遺書中俗體字的諸種類型　《敦煌研究》1992 年第 3 期　p. 119

竺沙雅章　寺院文書　敦煌漢文文獻(講座敦煌5)　(東京)大東出版社　1992　p. 599

李正宇　敦煌文學概論　甘肅人民出版社　1993　p. 101

沃興華　敦煌書法藝術　上海人民出版社　1994　p. 195

胡戟　傅玫　敦煌史話　中華書局　1995　p. 143

王書慶　敦煌佛學·佛事篇　甘肅民族出版社　1995　p. 85

鄧文寬　敦煌吐魯番文獻重文符號釋讀舉隅　敦煌吐魯番學耕耘錄　(臺北)新文豐出版公司　1996　p. 319

郝春文　唐後期五代宋初沙州的方等道場與方等道場司　唐研究(第二卷)　北京大學出版社　1996　p. 77

李正宇　敦煌史地新論　(臺北)新文豐出版公司　1996　p. 192 注 16

馬德　《董保德功德頌》述略　《敦煌研究》1996 年第 3 期　p. 18

鄭炳林　敦煌碑銘讚輯釋　甘肅教育出版社　1997　p. 234 注 5

白化文　閫外春秋　敦煌學大辭典　上海辭書出版社　1998　p. 776

郝春文　唐後期五代宋初敦煌僧尼的社會生活　中國社會科學出版社　1998　p. 42

李正宇　翟奉達　敦煌學大辭典　上海辭書出版社　1998　p. 363

李正宇　翟奉達詩　敦煌學大辭典　上海辭書出版社　1998　p. 563

馬德　同光四年馬聖者造窟考　《敦煌研究》1998 年第 4 期　p. 36

譚蟬雪　敦煌歲時文化導論　（臺北）新文豐出版公司　1998　p. 157

徐俊　敦煌詩集殘卷輯考　中華書局　2000　p. 781、924

黄正建　敦煌占卜文書與唐五代占卜研究　學苑出版社　2001　p. 70

譚蟬雪　唐宋敦煌歲時佛俗　《敦煌研究》2001 年第 1 期　p. 100

林平和　試論敦煌文獻之輯佚價值　新世紀敦煌學論集　巴蜀書社　2003　p. 731

湛如　敦煌佛教律儀制度研究　中華書局　2003　p. 137

馬國俊　敦煌遺書民間書法特徵研究　文史（第七十五輯）　中華書局　2006　p. 32

P. 2669

小島祐馬　巴黎國立圖書館藏敦煌遺書所見録（四、五）『支那學』（6 卷 3、4 號）（京都）支那學社
　　1932　p. 90；87

芳村修基　土橋秀高　井ノ口泰淳　敦煌佛教史年表　西域文化研究（第一）·敦煌佛教資料　（京
　　都）法藏館　1958　p. 273

潘重規　敦煌毛詩詁訓傳殘卷題記　（香港）《新亞書院學術年刊》1968 年第 10 期　又見：中國敦煌
　　學百年文庫·文獻卷（二）甘肅文化出版社　1999　p. 216

潘重規　巴黎倫敦所藏敦煌詩經卷子題記　（香港）《新亞書院學術年刊》1969 年第 11 期　又見：中
　　國敦煌學百年文庫·文獻卷（二）甘肅文化出版社　1999　p. 387

潘重規　敦煌詩經卷子研究　（臺北）《華岡學報》1970 年第 6 期　又見：中國敦煌學百年文庫·文
　　獻卷（二）甘肅文化出版社　1999　p. 436

蘇瑩輝　石室出土的寫本古籍　敦煌　（臺北）藝文印書館　1977　p. 19

蘇瑩輝　七十年來之敦煌學研究概述　《珠海學報》1981 年第 12 期　又見：中國敦煌學百年文庫·
　　綜述卷（二）甘肅文化出版社　1999　p. 361

蘇瑩輝　近三十年國際研究"敦煌學"之回顧與前瞻　《書目季刊》1982 年第 60 卷第 2 期　又見：中
　　國敦煌學百年文庫·綜述卷（三）甘肅文化出版社　1999　p. 14

董作賓　敦煌紀年　敦煌學文選（上）蘭州大學歷史系敦煌學研究室等　1983　p. 29

蘇瑩輝　從敦煌本毛詩詁訓傳論毛詩定本及詁訓傳分卷問題　敦煌論集續編　（臺北）學生書局
　　1983　p. 33

田中良昭　敦煌禪宗文獻の研究　（東京）大東出版社　1983　p. 507

戴密微著　耿昇譯　敦煌學近作　敦煌譯叢（第一輯）甘肅人民出版社　1985　p: 103

姜亮夫　敦煌學概論　中華書局　1985　p. 56

黄瑞雲　敦煌古寫本《詩經》校釋劄記（二）《敦煌研究》1986 年第 3 期　p. 39

姜亮夫　敦煌本毛詩傳箋校録　敦煌學論文集　上海古籍出版社　1987　p. 59、120

姜亮夫　敦煌經卷在中國文化學術上的價值　敦煌學論文集　上海古籍出版社　1987　p. 10

劉操南　敦煌本毛詩傳箋校録疏證　《敦煌研究》1990 年第 1 期　p. 102

土田健次郎　儒教典籍　敦煌漢文文獻（講座敦煌 5）（東京）大東出版社　1992　p. 268

白化文　詩經　敦煌學大辭典　上海辭書出版社　1998　p. 773

李冬梅　唐五代歸義軍與周邊民族關係綜論　《敦煌學輯刊》1998 年第 2 期　p. 49

倚山　張議潮出生地及有關問題　《敦煌研究》1998 年第 4 期　p. 122

姜亮夫　敦煌：偉大的文化寶藏　雲南人民出版社　1999　p. 97

顔廷亮　敦煌文化　光明日報出版社　2000　p. 214、491

姜亮夫　敦煌本毛詩傳箋校録　姜亮夫全集（十三）雲南人民出版社　2002　p. 49、104

姜亮夫　敦煌莫高窟年表　姜亮夫全集（十一）雲南人民出版社　2002　p. 434

趙貞　評《敦煌占卜文書與唐五代占卜研究》　唐研究(第八卷)　北京大學出版社　2002　p. 522

伏俊璉　敦煌《詩經》殘卷的文獻價值　《敦煌研究》2004 年第 4 期　p. 41

洪藝芳　潘重規先生在敦煌音韻整理研究上的貢獻　敦煌學(第 25 輯)　(臺北)樂學書局有限公司
　　　2004　p. 241

許建平　敦煌《詩經》卷子研讀劄記二則　《敦煌學輯刊》2004 年第 1 期　p. 72

許建平　潘重規先生對《詩經》研究的貢獻　敦煌學(第 25 輯)　(臺北)樂學書局有限公司　2004
　　　p. 404

張弓　敦煌四部籍與中古後期社會的文化情境　敦煌學(第 25 輯)　(臺北)樂學書局有限公司
　　　2004　p. 313

許建平　跋國家圖書館所藏敦煌《詩經》寫卷　敦煌學國際研討會論文集　北京圖書館出版社
　　　2005　p. 59、63

鄭阿財　論敦煌文獻展現的六朝隋唐注釋學　《敦煌學輯刊》2005 年第 4 期　p. 5

P. 2670

陳鐵凡　敦煌本尚書述略　(臺北)《大陸雜誌》1961 年第 8 期　又見：中國敦煌學百年文庫·文獻
　　　卷(一)　甘肅文化出版社　1999　p. 444

董作賓　敦煌紀年　敦煌學文選(上)　蘭州大學歷史系敦煌學研究室等　1983　p. 10

田中良昭　《禪籍解題(一)·敦煌禪籍》補遺　俗語言研究(第三期)　(京都)禪文化研究所　1996
　　　p. 213

姜亮夫　海外敦煌卷子經眼錄　姜亮夫全集(十三)　雲南人民出版社　2002　p. 36

P. 2671

姜亮夫　敦煌經卷在中國文化學術上的價值　敦煌學論文集　上海古籍出版社　1987　p. 5

張錫厚　詩歌　敦煌文學　甘肅人民出版社　1989　p. 160

邰惠莉　敦煌遺書中的白描畫簡介　《社科縱橫》1994 年第 4 期　p. 50

沃興華　敦煌書法藝術　上海人民出版社　1994　p. 54

王書慶　敦煌佛學·佛事篇　甘肅民族出版社　1995　p. 276

宿白　《莫高窟記》跋　中國石窟寺考古　文物出版社　1996　p. 202 注 10

徐俊　敦煌詩集殘卷輯考　中華書局　2000　p. 836

P. 2672

鄧小南　爲肅州刺史劉臣璧答南蕃書(伯二五五五)校釋　敦煌吐魯番文獻研究論集　中華書局
　　　1982　p. 612 注 46

顏廷亮　關於敦煌遺書中的甘肅文學作品　1983 年全國敦煌學術討論會文集·文史遺書編(下)
　　　甘肅人民出版社　1987　p. 224

李正宇　討賴河本名呼鹽水、唐宋名金河　《陽關》1988 年第 4 期　p. 62

周紹良　敦煌文學芻議及其它　(臺北)新文豐出版公司　1992　p. 28

張錫厚　敦煌文學概論　甘肅人民出版社　1993　p. 356

顏廷亮　敦煌文學概說　(臺北)新文豐出版公司　1995　p. 65

鄭炳林　唐五代敦煌金鞍山異名考　《敦煌研究》1995 年第 2 期　p. 133

馬德　敦煌文書《某使君造龕設齋讚文》的有關問題　《敦煌研究》1997 年第 2 期　p. 127

楊際平　郭鋒　張和平　五—十世紀敦煌的家庭與家族關係　岳麓書社　1997　p. 239

鄭炳林　敦煌碑銘讚輯釋　甘肅教育出版社　1997　p. 46 注 20

李正宇　西部詩選　敦煌學大辭典　上海辭書出版社　1998　p. 564

王志鵬　敦煌 P. 2672 卷殘詩集內容考釋　《敦煌研究》1998 年第 3 期　p. 136

楊森　敦煌邊塞詩歌綜論　《敦煌研究》1998 年第 1 期　p. 125

胡大浚　王志鵬　敦煌邊塞詩歌校注　甘肅人民出版社　1999　p. 37

杜琪　敦煌詩賦作品要目分類題注　《甘肅社會科學》2000 年第 1 期　p. 62

徐俊　敦煌詩集殘卷輯考　中華書局　2000　p. 320、650

顏廷亮　敦煌文化　光明日報出版社　2000　p. 215

劉瑞明　集遺珠以彙詩海　復原貌而觀萬象:評《敦煌詩集殘卷輯考》　《敦煌研究》2001 年第 4 期　p. 170

鄭炳林　晚唐五代敦煌歸義軍行政區劃制度研究(之二)　《敦煌研究》2002 年第 3 期　p. 70

森安孝夫著　梁曉鵬摘譯　河西歸義軍節度使官印及其編年　《敦煌學輯刊》2003 年第 1 期　p. 140

張涌泉　敦煌文獻字詞例釋　敦煌學(第 25 輯)　(臺北)樂學書局有限公司　2004　p. 356

汪泛舟　敦煌俗別字新考(上)　《敦煌研究》2006 年第 1 期　p. 104

鄭炳林　晚唐五代河西地區的居民結構研究　《蘭州大學學報》2006 年第 2 期　p. 15、19

P. 2673

金岡照光　敦煌漢文文學文獻の文學形態上の種類とその分類　敦煌出土文學文獻分類目錄・附解說　(東京)東洋文庫　1971　p. 236

金岡照光　敦煌文學のさまざま　敦煌の文學　(東京)大藏出版株式會社　1971　p. 163

陳祚龍　敦煌古抄《石崇王明君辭一首並序》之校箋　敦煌資料考屑(上冊)　(臺北)商務印書館　1979　p. 102

潘重規　敦煌卷子俗寫文字與俗文學之研究　敦煌變文論輯　(臺北)石門圖書公司　1981　p. 302

蔣禮鴻　《補全唐詩》校記　敦煌學論集　甘肅人民出版社　1985　p. 75

張錫厚　略論敦煌賦集及其選錄標準　《敦煌學輯刊》1986 年第 1 期　p. 18

柴劍虹　研究唐代文學的珍貴資料:敦煌 P. 2555 號唐人寫卷分析　1983 年全國敦煌學術討論會文集・文史遺書編(下)　甘肅人民出版社　1987　p. 80　又見:西域文史論稿　(臺北)國文天地雜誌社　1991　p. 256

黃永武　敦煌的唐詩　(臺北)洪範書店　1987　p. 201

張錫厚　敦煌賦集校理　《敦煌研究》1987 年第 4 期　p. 40

張錫厚　關於《敦煌賦集》整理的幾個問題　《敦煌學輯刊》1987 年第 1 期　p. 45　又見:敦煌語言文學論文集　浙江古籍出版社　1988　p. 231

張錫厚　賦　敦煌文學　甘肅人民出版社　1989　p. 134

張錫厚　敦煌詩歌考論　《敦煌學輯刊》1989 年第 2 期　p. 28

林聰明　敦煌文書學　(臺北)新文豐出版公司　1991　p. 250

張涌泉　《補全唐詩》兩種補校　《敦煌學輯刊》1991 年第 2 期　p. 14　又見:舊學新知　浙江大學出版社　1999　p. 295

周紹良　敦煌文學芻議及其它　(臺北)新文豐出版公司　1992　p. 20

項楚　敦煌詩歌導論　(臺北)新文豐出版公司　1993　p. 11

張鴻勳　敦煌話本詞文俗賦導論　(臺北)新文豐出版公司　1993　p. 164、176

伏俊璉　敦煌賦校注　甘肅人民出版社　1994　p. 2

蔣禮鴻　蔣禮鴻語言文字學論叢　浙江古籍出版社　1994　p. 420

潘重規　敦煌卷子俗寫文字之研究　全國敦煌學研討會論文集　（臺北）中正大學中國文學系所　1995　p. 8

張先堂　《敦煌唐人詩集殘卷（P. 2555）》新校　《敦煌研究》1995 年第 3 期　p. 157

張錫厚　敦煌賦彙　（臺北）新文豐出版公司　1996　p. 6、278

柴劍虹　北邙篇　敦煌學大辭典　上海辭書出版社　1998　p. 557

柴劍虹　王昭君詩　敦煌學大辭典　上海辭書出版社　1998　p. 567

柴劍虹　詠韶州靈鷲廣果二寺　敦煌學大辭典　上海辭書出版社　1998　p. 572

張錫厚　龍門賦　敦煌學大辭典　上海辭書出版社　1998　p. 587

黃永武　敦煌本劉希夷詩研究　中國敦煌學百年文庫·文學卷（三）　甘肅文化出版社　1999　p. 381、386

金榮華　敦煌俗文學　中國敦煌學百年文庫·文學卷（五）　甘肅文化出版社　1999　p. 199

熊飛　P. 2555 殘卷抄錄時間等相關問題再探　《敦煌研究》1999 年第 1 期　p. 63

杜琪　敦煌詩賦作品要目分類題注　《甘肅社會科學》2000 年第 1 期　p. 64

伏俊璉　俗情雅韻：敦煌賦選析　甘肅人民出版社　2000　p. 39

孫其芳　大漠遺歌：敦煌詩歌選評　甘肅人民出版社　2000　p. 187

徐俊　敦煌詩集殘卷輯考　中華書局　2000　p. 119、295、430、694

張錫厚　敦煌文學源流　作家出版社　2000　p. 82、199、215、244

P. 2674

久野芳隆　曇曠述二十二問　『佛教研究』（1 卷 2 期）　（京都）佛教研究會　1937　p. 114

金岡照光　敦煌文學のさまざま　敦煌の文學　（東京）大藏出版株式會社　1971　p. 151

陳鐵凡　敦煌本孝經考略　（臺中）《東海學報》1978 年第 19 卷　又見：中國敦煌學百年文庫·文獻卷（二）　甘肅文化出版社　1999　p. 499

李德超　敦煌本孝經校讎　第二屆敦煌學國際研討會論文集　（臺北）漢學研究中心　1990　p. 107

土田健次郎　儒教典籍　敦煌漢文文獻（講座敦煌 5）　（東京）大東出版社　1992　p. 269

胡戟　傅玫　敦煌史話　中華書局　1995　p. 143

許建平　英倫法京所藏敦煌寫本殘片八種之定名並校錄　敦煌學（第 24 輯）　（臺北）樂學書局有限公司　2003　p. 121

P. 2675

那波利貞　佛教信仰に基きて組織せられたる中晚唐五代時代の社邑に就きて（上）　『史林』（24 卷 3 號）　京都大學文學部史學研究會　1939　p. 25　又見：唐代社會文化史研究·第六編　（東京）創文社　1974　p. 595

三木榮　西域出土醫藥關係文獻綜合解說目錄　『東洋學報』（47 卷 1 號）　（東京）東洋學術協會　1964　p. 11

陳祚龍　唐代西京刻印圖籍之一斑　敦煌資料考屑（下冊）　（臺北）商務印書館　1979　p. 256

董作賓　敦煌紀年　敦煌學文選（上）　蘭州大學歷史系敦煌學研究室等　1983　p. 27

陳祚龍　從敦煌古抄“葉淨能詩”談到凌濛初的“唐明皇好道集奇人”與“武惠妃崇禪鬥異法”　敦煌學（第 13 輯）　（臺北）新文豐出版公司　1988　p. 3　又見：敦煌文物散論　（臺北）新文豐出版公司　1993　p. 8

馬繼興　敦煌古醫籍考釋　江西科學技術出版社　1988　p. 14、442

舒學　敦煌漢文遺書中雕版印刷資料綜叙　敦煌語言文學研究　北京大學出版社　1988　p. 294

高國藩　敦煌民俗學　上海文藝出版社　1989　p. 319

池田溫　中國古代寫本識語集録　（東京）大藏出版株式會社　1990　p. 424、447

榮新江　沙州歸義軍歷任節度使稱號研究　敦煌吐魯番學研究論文集　漢語大詞典出版社　1990
　　p. 791

譚真　敦煌隋唐時期醫事狀況　敦煌學國際學術討論會論文縮寫文(1990)　敦煌研究院　1990
　　p. 73

唐耕耦　陸宏基　敦煌社會經濟文獻真迹釋録(四)　全國圖書館文獻縮微複製中心　1990　p. 389

蕭登福　從敦煌寫卷中看道教星斗崇拜對佛經之影響　第二屆敦煌學國際研討會論文集　（臺北）
　　漢學研究中心　1990　p. 348

林聰明　敦煌文書學　（臺北）新文豐出版公司　1991　p. 152

趙健雄　敦煌遺書醫學卷考析　《敦煌研究》1991年第4期　p. 100

宮下三郎　敦煌本の本草醫書　敦煌漢文文獻(講座敦煌5)　（東京）大東出版社　1992　p. 502

菅原信海　占筮書　敦煌漢文文獻(講座敦煌5)　（東京）大東出版社　1992　p. 447

林家平　寧强　羅華慶　中國敦煌學史　北京語言學院出版社　1992　p. 566

李正宇　敦煌文學概論　甘肅人民出版社　1993　p. 123 注 11

蕭登福　道教星斗符印與佛教密宗　（臺北）新文豐出版公司　1993　p. 67、113

叢春雨　敦煌中醫藥全書　中醫古籍出版社　1994　p. 200

林聰明　談敦煌文書的抄寫問題　紀念陳寅恪先生百年誕辰學術論文集　江西教育出版社　1994
　　p. 286

王進玉　敦煌石窟探秘　四川教育出版社　1994　p. 74

張儂　中國存世最早的針灸圖　《社科縱橫》1994年第4期　p. 41

胡戟　傅玫　敦煌史話　中華書局　1995　p. 192

鄭炳林　羊萍　敦煌本夢書　甘肅文化出版社　1995　p. 250

鄭炳林　唐五代敦煌的醫事研究　敦煌歸義軍史專題研究　蘭州大學出版社　1997　p. 519

白化文　京中李家印本　敦煌學大辭典　上海辭書出版社　1998　p. 590

顧吉辰　敦煌文獻職官結銜考釋　《敦煌學輯刊》1998年第2期　p. 31

馬繼興　敦煌醫藥文獻　敦煌學大辭典　上海辭書出版社　1998　p. 615

馬繼興　敦煌醫藥文獻輯校　江蘇古籍出版社　1998　p. 513

王淑民　新集備急灸經　敦煌學大辭典　上海辭書出版社　1998　p. 617

嚴敦傑　陰陽書　敦煌學大辭典　上海辭書出版社　1998　p. 621

黃征　程惠新　劫塵遺珠：敦煌遺書　甘肅教育出版社　1999　p. 166

姜亮夫　敦煌：偉大的文化寶藏　雲南人民出版社　1999　p. 145

妹尾達彥　唐代長安東市の印刷業　東アジア史における國家と地域　（東京）刀水書房　1999
　　p. 211

王淑民　敦煌石窟秘藏醫方　北京醫科大學中國協和醫科大學聯合出版社　1999　p. 4

顏廷亮　敦煌文化中的道教及文化　《敦煌研究》1999年第1期　p. 141

叢春雨　敦煌中醫藥精萃發微　中醫古籍出版社　2000　p. 85

馬繼興　敦煌漢文針灸圖俞穴名稱部位考　英國收藏敦煌漢藏文獻研究　中國社會科學出版社
　　2000　p. 339

顏廷亮　敦煌文化　光明日報出版社　2000　p. 215、246

楊秀清　華戎交會的都市：敦煌與絲綢之路　甘肅人民出版社　2000　p. 132

陳明　醫理精華：印度古典醫學在敦煌的實例分析　敦煌吐魯番研究(第五卷)　北京大學出版社

2001　p. 228

黃正建　敦煌祿命類文書述略　中國社會科學院歷史研究所學刊(第一集)　學刊編委會　2001
　　p. 241

黃正建　敦煌占卜文書與唐五代占卜研究　學苑出版社　2001　p. 108、226

林聰明　敦煌吐魯番文書解詁指例　(臺北)新文豐出版公司　2001　p. 33

張儂　敦煌遺書中的針灸文獻　《敦煌研究》2001 年第 2 期　p. 148

陳明　印度梵文醫典醫理精華研究　中華書局　2002　p. 71

洪武娌　蔡景峰　現存最早的灸法專著:《敦煌古藏醫灸法殘卷》　敦煌本吐蕃醫學文獻精要　民族
　　出版社　2002　p. 53

姜亮夫　敦煌莫高窟年表　姜亮夫全集(十一)　雲南人民出版社　2002　p. 399

劉進寶　敦煌學通論　甘肅教育出版社　2002　p. 411

劉永明　試論曹延祿的醮祭活動　《敦煌學輯刊》2002 年第 1 期　p. 72

馬繼興　當前世界各地收藏的中國出土卷子本古醫藥文獻備考　敦煌吐魯番研究(第六卷)　北京
　　大學出版社　2002　p. 133、148

吳麗娛　唐禮摭遺:中古書儀研究　商務印書館　2002　p. 183

馮培紅　關於歸義軍節度使官制的幾個問題　麥積山石窟藝術文化論文集(下)　蘭州大學出版社
　　2004　p. 209

馮培紅　論晚唐五代的沙州(歸義軍)與涼州(河西)節度使　浙江與敦煌學:常書鴻先生誕辰一百周
　　年紀念文集　浙江古籍出版社　2004　p. 250

張弓　敦煌四部籍與中古後期社會的文化情境　敦煌學(第 25 輯)　(臺北)樂學書局有限公司
　　2004　p. 329

鄭炳林　晚唐五代敦煌地區《大般若經》的流傳與信仰　麥積山石窟藝術文化論文集(下)　蘭州大
　　學出版社　2004　p. 134

陳明　備急單驗:敦煌醫藥文獻中的單藥方　敦煌學國際研討會論文集　北京圖書館出版社　2005
　　p. 240

陳明　從出土文獻看漢唐西域中外醫學交流　敦煌與絲路文化學術講座(第二輯)　北京圖書館出
　　版社　2005　p. 172

陳明　殊方異藥:出土文書與西域醫學　北京大學出版社　2005　p. 152

劉永明　敦煌道教的世俗化之路:道教向具注曆日的滲透　《敦煌學輯刊》2005 年第 2 期　p. 207

吳榮鐾　關於敦煌版畫製作的幾個問題　《敦煌研究》2005 年第 2 期　p. 26

鄭炳林　敦煌寫本解夢書校録研究　民族出版社　2005　p. 21、66

華瀾　9 至 10 世紀敦煌曆日中的選擇術與醫學活動　敦煌吐魯番研究(第九卷)　中華書局　2006
　　p. 428

劉永明　敦煌道教的世俗化之路:敦煌《發病書》研究　《敦煌學輯刊》2006 年第 1 期　p. 77

趙貞　敦煌文書中的"七星人命屬法"釋證　文史(第七十五輯)　中華書局　2006　p. 72

P. 2676

池田溫　中國古代寫本識語集録　(東京)大藏出版株式會社　1990　p. 402

宮島一彥　曆書・算書　敦煌漢文文獻(講座敦煌 5)　(東京)大東出版社　1992　p. 473

土田健次郎　儒教典籍　敦煌漢文文獻(講座敦煌 5)　(東京)大東出版社　1992　p. 269

劉永明　S. 2729 背《懸象占》與蕃占時期的敦煌道教　敦煌歸義軍史專題研究　蘭州大學出版社
　　1997　p. 540

李方　敦煌《論語集解》校正　江蘇古籍出版社　1998　p. 830
許建平　評《敦煌〈論語集解〉校正》　敦煌吐魯番研究(第五卷)　北京大學出版社　2001　p. 339
許建平　中國國家圖書館藏未刊敦煌寫本殘片四種的定名與綴合　浙江與敦煌學:常書鴻先生誕辰
　　一百周年紀念文集　浙江古籍出版社　2004　p. 325 注 16

P. 2677

王素　唐寫本《論語鄭氏注》校錄　唐寫本論語鄭氏注及其研究　文物出版社　1991　p. 14 注 1
土田健次郎　儒教典籍　敦煌漢文文獻(講座敦煌 5)　(東京)大東出版社　1992　p. 269
陳金木　唐寫本論語鄭氏注研究(上)　(臺北)文津出版社　1996　p. 18
李方　敦煌《論語集解》校正　江蘇古籍出版社　1998　p. 830
榮新江　《英藏敦煌文獻》定名商補　文史(第五十二輯)　中華書局　2000　p. 128　又見:敦煌學
　　新論　甘肅教育出版社　2002　p. 206
榮新江　《英國圖書館藏敦煌漢文非佛教文獻殘卷目錄》補正　英國收藏敦煌漢藏文獻研究　中國
　　社會科學出版社　2000　p. 387
徐俊　敦煌詩集殘卷輯考　中華書局　2000　p. 155、203、399、785
劉瑞明　集遺珠以彙詩海　復原貌而觀萬象:評《敦煌詩集殘卷輯考》　《敦煌研究》2001 年第 4 期
　　p. 169
許建平　《俄藏敦煌文獻》儒家經典類寫本的定名與綴合　漢語史學報專輯(第三輯)　上海教育出
　　版社　2003　p. 312

P. 2678

王三慶　敦煌本古類書《語對》研究　(臺北)文史哲出版社　1985　p. 18、83、85
王三慶著　池田溫譯　類書　敦煌漢文文獻(講座敦煌 5)　(東京)大東出版社　1992　p. 379、385
胡戟　傅玫　敦煌史話　中華書局　1995　p. 190
白化文　古賢集　敦煌學大辭典　上海辭書出版社　1998　p. 780
楊寶玉　籯金　敦煌學大辭典　上海辭書出版社　1998　p. 779

P. 2679

那波利貞　千佛岩莫高窟と敦煌文書　西域文化研究(第二)・敦煌吐魯番社會經濟資料(上)　(京
　　都)法藏館　1959　p. 59
郭長城　敦煌寫本朋友書儀試論　漢學研究(敦煌學國際研討會論文專號)　(臺北)漢學研究資料
　　及服務中心　1986　p. 296
趙和平　敦煌寫本《朋友書儀》殘卷整理及研究　《敦煌研究》1987 年第 4 期　p. 44
周紹良　趙和平　書儀　《敦煌語言文學研究通訊》1987 年第 4 期　p. 1　又見:敦煌文學　甘肅人
　　民出版社　1989　p. 46
周一良　敦煌寫本書儀考(之二)　敦煌吐魯番文獻研究論集(第四輯)　北京大學出版社　1987
　　p. 21　又見:唐五代書儀研究　中國社會科學出版社　1995　p. 73
李明偉　狀・牒・帖　敦煌文學　甘肅人民出版社　1989　p. 41
劉進寶　俚曲小調　敦煌文學　甘肅人民出版社　1989　p. 226
山本達郎等　敦煌・III 轉貼　『NUN - HUANG AND TURFAN DOCUMENTS CONCERNING SOCIAL
　　AND ECONOMIC HISTORY』(IV)　(東京)東洋文庫　1989　p. 61
譚蟬雪　敦煌歲時撷瑣:正月　《敦煌研究》1990 年第 1 期　p. 47　又見:(香港)《九州學刊》(敦煌

學專輯）1993 年第 5 卷第 4 期　p. 84

趙和平　敦煌寫本書儀略論　敦煌吐魯番學研究論文集　漢語大詞典出版社　1990　p. 562　又見：唐五代書儀研究　中國社會科學出版社　1995　p. 2

周一良　唐代書儀の類型　敦煌漢文文獻（講座敦煌 5）　（東京）大東出版社　1992　p. 706

趙和平　敦煌寫本書儀研究　（臺北）新文豐出版公司　1993　p. 11、114

石田勇作　敦煌『社文書』研究序說　中國古代の國家と民眾（堀敏一先生古稀記念）　（東京）汲古書院　1995　p. 688

周一良　趙和平　敦煌寫本《朋友書儀》殘卷整理及研究　唐五代書儀研究　中國社會科學出版社　1995　p. 109

寧可　郝春文　敦煌社邑文書輯校　江蘇古籍出版社　1997　p. 351

譚蟬雪　敦煌歲時文化導論　（臺北）新文豐出版公司　1998　p. 18

譚蟬雪　唐宋敦煌歲時佛俗：正月　《敦煌研究》2000 年第 4 期　p. 67

周一良　魏晉南北朝史論集續編　北京大學出版社　2001　p. 227

王三慶　黃亮文　《朋友書儀》一卷研究　敦煌學（第 25 輯）　（臺北）新文豐出版公司　2004　p. 22

劉正平　唐代俗講與佛教神變月齋戒　戒幢佛學（第三卷）　岳麓書社　2005　p. 260

P. 2680

陳祚龍　劉薩河研究　（臺北）《華岡佛學學報》1973 年第 3 期　又見：敦煌資料考屑（上冊）　（臺北）商務印書館　1979　p. 212；中國敦煌學百年文庫・宗教卷（四）　甘肅文化出版社　1999　p. 318

陳祚龍　新校重訂釋增忍的答李"難"　敦煌學海探珠（下冊）　（臺北）商務印書館　1979　p. 310

田中良昭　禪宗燈史の發展　敦煌仏典と禪（講座敦煌 8）　（東京）大東出版社　1980　p. 117

陳祚龍　關於研究無著、世親的生平及其"著述"之新資料　中華佛教文化史散策（三集）　（臺北）新文豐出版公司　1981　p. 183

陳祚龍　新校重訂敦煌古抄僧讚集　中華佛教文化史散策（三集）　（臺北）新文豐出版公司　1981　p. 194

田中良昭　敦煌禪宗文獻の研究　（東京）大東出版社　1983　p. 82、641

陳祚龍著　福井文雅　平木真快譯　釋亡名と善慧大士の詩歌について　敦煌と中國仏教（講座敦煌 7）　（東京）大東出版社　1984　p. 487

饒宗頤解說　林宏作譯　敦煌書法叢刊（第十九卷）・碎金（二）　（東京）二玄社　1984　p. 105

孫修身　劉薩河和尚事迹考　1983 年全國敦煌學術討論會文集・石窟藝術編（上）　甘肅人民出版社　1985　p. 308 注 6

陳祚龍　敦煌名僧新傳小集　中華佛教文化史散策（四集）　（臺北）新文豐出版公司　1986　p. 199

唐耕耦　陸宏基　敦煌社會經濟文獻真迹釋錄（一）　書目文獻出版社　1986　p. 328、378

池田溫　敦煌の便穀曆　日野開三郎博士頌壽記念論集・中國社會・制度・文化史の諸問題　（福岡）中國書店　1987　p. 374

周紹良　唐代變文及其它　敦煌文學作品選　中華書局　1987　p. 19

柴劍虹　因緣　敦煌文學　甘肅人民出版社　1989　p. 276

郭鋒　慕容歸盈與瓜沙曹氏　《敦煌學輯刊》1989 年第 1 期　p. 96

山本達郎等　敦煌・III 轉貼　『NUN‒HUANG AND TURFAN DOCUMENTS CONCERNING SOCIAL AND ECONOMIC HISTORY』(IV)　（東京）東洋文庫　1989　p. 39、55、83

山本達郎等　敦煌・IV 納贈曆・納色物曆等　『NUN‒HUANG AND TURFAN DOCUMENTS CON-

CERNING SOCIAL AND ECONOMIC HISTORY』(IV)　（東京）東洋文庫　1989　p. 103

山本達郎等　敦煌·Ｖ計會文書　『NUN–HUANG AND TURFAN DOCUMENTS CONCERNING SO-CIAL AND ECONOMIC HISTORY』(IV)　（東京）東洋文庫　1989　p. 116

史葦湘　劉薩訶與敦煌莫高窟　絲綢之路文獻叙録　蘭州大學出版社　1989　p. 592

唐耕耦　8 至 10 世紀敦煌的物價　紀念陳寅恪教授國際學術討論會文集　中山大學出版社　1989　p. 535

郝春文　唐後期五代宋初沙州僧尼的特點　敦煌吐魯番學研究論文集　漢語大詞典出版社　1990　p. 852 注 2

榮新江　沙州張淮深與唐中央朝廷之關係　《敦煌學輯刊》1990 年第 2 期　p. 4

榮新江　通頰考　文史（第三十三輯）　中華書局　1990　p. 137　又見：二十世紀中國文史考據文録　雲南人民出版社　2001　p. 2118

唐耕耦　敦煌寫本便物曆初探　敦煌吐魯番文獻研究論集（第五輯）　北京大學出版社　1990　p. 158、176

唐耕耦　陸宏基　敦煌社會經濟文獻真迹釋録（二、三）　全國圖書館文獻縮微複製中心　1990　p. 234；135

柴劍虹　敦煌文學中的"因緣"與"詩話"　西域文史論稿　（臺北）國文天地雜誌社　1991　p. 519

方廣錩　佛教大藏經史（八—十世紀）　中國社會科學出版社　1991　p. 115

林聰明　敦煌文書學　（臺北）新文豐出版公司　1991　p. 267

姜伯勤　敦煌社會文書導論　（臺北）新文豐出版公司　1992　p. 174、242

金岡照光　高僧傳因緣　敦煌の文學文獻（講座敦煌 9）　（東京）大東出版社　1992　p. 575

周紹良　敦煌文學芻議及其它　（臺北）新文豐出版公司　1992　p. 85

郝春文　敦煌寫本社邑文書年代彙考（二）　《首都師範大學學報》1993 年第 5 期　p. 81

郝春文　敦煌寫本社邑文書年代彙考（三）　《社科縱橫》1993 年第 5 期　p. 9

舒華　敦煌"變文"體裁新論　（香港）《九州學刊》（敦煌學專輯）1993 年第 5 卷第 4 期　p. 160

魏普賢　敦煌寫本和石窟中的劉薩訶傳說　法國學者敦煌學論文選萃　中華書局　1993　p. 430

魏普賢　劉薩訶與莫高窟　法國學者敦煌學論文選萃　中華書局　1993　p. 465

張鴻勳　敦煌說唱文學概論　（臺北）新文豐出版公司　1993　p. 81

張鴻勳　敦煌文學概論　甘肅人民出版社　1993　p. 226

李明偉　隋唐絲綢之路　甘肅人民出版社　1994　p. 259

劉進寶　試談歸義軍時期敦煌縣鄉的建置　《敦煌研究》1994 年第 3 期　p. 80

鄭炳林　馮培紅　讀《中國古代寫本識語集録》劄記　《西北史地》1994 年第 4 期　p. 46

石田勇作　敦煌『社文書』研究序說　中國古代の國家と民眾（堀敏一先生古稀記念）　（東京）汲古書院　1995　p. 688

土肥義和　唐·北宋間の「社」の組織形態に関する一考察　中國古代の國家と民眾（堀敏一先生古稀記念）　（東京）汲古書院　1995　p. 714

王書慶　敦煌佛學·佛事篇　甘肅民族出版社　1995　p. 74

張涌泉　陳祚龍校録敦煌卷子失誤例釋　學術集林（卷六）　上海遠東出版社　1995　p. 298　又見：舊學新知　浙江大學出版社　1999　p. 275

劉進寶　P. 3236 號《壬申年官布籍》研究　慶祝潘石禪先生九秩華誕敦煌學特刊　（臺北）文津出版社　1996　p. 365

榮新江　歸義軍史研究　上海古籍出版社　1996　p. 175

田中良昭　《禪籍解題（一）·敦煌禪籍》補遺　俗語言研究（第三期）　（京都）禪文化研究所　1996

p. 213

鄭炳林　唐五代敦煌粟特人與歸義軍政權　《敦煌研究》1996 年第 4 期　p. 84、92　又見：敦煌歸義軍史專題研究　蘭州大學出版社　1997　p. 425

方廣錩　敦煌佛教經錄輯校　江蘇古籍出版社　1997　p. 689

馮培紅　唐五代敦煌的河渠水利與水司管理機構初探　《敦煌學輯刊》1997 年第 2 期　p. 79

馮培紅　晚唐五代宋初歸義軍武職軍將研究　敦煌歸義軍史專題研究　蘭州大學出版社　1997　p. 111

高啓安　唐宋時期敦煌人名探析　《敦煌研究》1997 年第 4 期　p. 126

李正宇　敦煌歷史地理導論　（臺北）新文豐出版公司　1997　p. 224

寧可　郝春文　敦煌社邑文書輯校　江蘇古籍出版社　1997　p. 329、451

唐耕耦　敦煌寺院會計文書研究　（臺北）新文豐出版公司　1997　p. 367、390、424

鄭炳林　敦煌碑銘讚輯釋　甘肅教育出版社　1997　p. 315 注 12

鄭炳林　唐五代敦煌手工業研究　敦煌歸義軍史專題研究　蘭州大學出版社　1997　p. 272

鄭炳林　晚唐五代敦煌貿易市場的物價　敦煌歸義軍史專題研究　蘭州大學出版社　1997　p. 279

鄭炳林　楊富學　敦煌西域出土回鶻文文獻所載 qunbu 與漢文文獻所見官布研究　《敦煌學輯刊》1997 年第 2 期　p. 25

柴劍虹　因緣記　敦煌學大辭典　上海辭書出版社　1998　p. 523

方廣錩　丙申年開《大般若》付經歷　敦煌學大辭典　上海辭書出版社　1998　p. 754

郝春文　唐後期五代宋初敦煌僧尼的社會生活　中國社會科學出版社　1998　p. 119、384

郝春文　唐後期五代宋初敦煌僧尼遺產的處理與喪事的操辦　《敦煌研究》1998 年第 3 期　p. 42

李正宇　敦煌遺書標點符號　敦煌學大辭典　上海辭書出版社　1998　p. 519

周紹良　佛圖澄和尚因緣記　敦煌學大辭典　上海辭書出版社　1998　p. 581

周紹良　靈州龍興寺白草院史和尚因緣記　敦煌學大辭典　上海辭書出版社　1998　p. 581

周紹良　隋淨影寺沙門慧遠和尚因緣記　敦煌學大辭典　上海辭書出版社　1998　p. 581

楊森　敦煌社司文書畫押符號及其相關問題　《敦煌學輯刊》1999 年第 1 期　p. 86

湛如　敦煌布薩文與布薩次第新探　《敦煌研究》1999 年第 1 期　p. 127

陳海濤　敦煌歸義軍時期從化鄉消失原因初探　中國社會歷史評論（第二卷）　天津古籍出版社　2000　p. 436

高啓安　崇高與卑賤：敦煌的佛教信仰賤名再探　'98 法門寺唐文化國際學術討論會論文集　陝西人民出版社　2000　p. 253

雷紹鋒　歸義軍賦役制度初探　（臺北）洪葉文化事業有限公司　2000　p. 110

劉進寶　敦煌歷史文化　甘肅人民出版社　2000　p. 124

劉進寶　敦煌文書與唐史研究　（臺北）新文豐出版公司　2000　p. 134、239

徐俊　敦煌詩集殘卷輯考　中華書局　2000　p. 846

姜伯勤　唐敦煌城市的禮儀空間　文史（第五十五輯）　中華書局　2001　p. 232

羅彤華　從便物曆論敦煌寺院的放貸　敦煌文獻論集：紀念藏經洞發現一百周年國際學術研討會論文集　遼寧人民出版社　2001　p. 468

孟憲實　敦煌社邑的分佈　敦煌文獻論集：紀念藏經洞發現一百周年國際學術研討會論文集　遼寧人民出版社　2001　p. 434

榮新江　中古中國與外來文明　三聯書店　2001　p. 353

山本達郎等　補（IV）社・IV 納贈曆・納色物曆　『NUN – HUANG AND TURFAN DOCUMENTS CONCERNING SOCIAL AND ECONOMIC HISTORY』(Sup. p. lemrnts)　（東京）東洋文庫　2001

p. 84

劉進寶　敦煌學通論　甘肅教育出版社　2002　p. 82

史葦湘　敦煌歷史與莫高窟藝術研究　甘肅教育出版社　2002　p. 198、347

孫修身　敦煌與中西交通研究　甘肅教育出版社　2002　p. 167

楊惠玲　敦煌契約文書中的保人、見人、口承人、同便人、同取人　《敦煌研究》2002年第6期　p. 45

張鴻勳　敦煌俗文學研究　甘肅人民出版社　2002　p. 111

童丕　敦煌的借貸：中國中古時代的物質生活與社會　中華書局　2003　p. 103

王國良　《劉薩訶和尚因緣記》探究　新世紀敦煌學論集　巴蜀書社　2003　p. 585

袁德領　歸義軍時期敦煌佛教的轉經活動　2000年敦煌學國際學術討論會文集・歷史文化卷(下)
　　甘肅民族出版社　2003　p. 193

湛如　布薩文研究　敦煌與絲路文化學術講座　北京圖書館出版社　2003　p. 510

湛如　敦煌佛教律儀制度研究　中華書局　2003　p. 209

鄭學檬　唐代物價散論　2000年敦煌學國際學術討論會文集・歷史文化卷(上)　甘肅民族出版社
　　2003　p. 6

陳炳應　盧冬　古代民族　敦煌文藝出版社　2004　p. 114

屈直敏　敦煌高僧　民族出版社　2004　p. 168

沙武田　敦煌壁畫榜題寫本研究　《敦煌研究》2004年第3期　p. 105

鄭炳林　晚唐五代敦煌地區《大般若經》的流傳與信仰　麥積山石窟藝術文化論文集(下)　蘭州大
　　學出版社　2004　p. 121

鄭炳林　晚唐五代敦煌地區的胡姓居民與聚落　法國漢學(第10輯)(粟特人在中國：歷史、考古、語
　　言的新探索)　中華書局　2005　p. 181

金瀅坤　敦煌社會經濟文獻綴合拾遺　文史(第七十五輯)　中華書局　2006　p. 87

汪泛舟　敦煌俗別字新考(上)　《敦煌研究》2006年第1期　p. 103

P. 2681

董作賓　敦煌紀年　敦煌學文選(上)　蘭州大學歷史系敦煌學研究室等　1983　p. 28

高明士　唐代敦煌的教育　漢學研究(敦煌學國際研討會論文專號)　(臺北)漢學研究資料及服務
　　中心　1986　p. 251

榮新江　歸義軍及其與周邊民族的關係初探　《敦煌學輯刊》1986年第2期　p. 29　又見：中國人文
　　社會科學博士碩士文庫・歷史學卷　浙江教育出版社　1998　p. 656

姜亮夫　敦煌經卷題名錄　敦煌學論文集　上海古籍出版社　1987　p. 1065

李正宇　敦煌學郎題記輯注　《敦煌學輯刊》1987年第1期　p. 29

池田溫　中國古代寫本識語集錄　(東京)大藏出版株式會社　1990　p. 430

林聰明　敦煌文書出處略考　季羨林教授八十華誕紀念論文集(下)　江西人民出版社　1991
　　p. 857

林聰明　敦煌文書學　(臺北)新文豐出版公司　1991　p. 171、387、415

東野治之　敦煌と日本の『千字文』　遣唐使と正倉院　(東京)岩波書店　1992　p. 241

東野治之　訓蒙書　敦煌漢文文獻(講座敦煌5)　(東京)大東出版社　1992　p. 405

陶秋英輯錄　姜亮夫校訂　敦煌經卷題名錄　敦煌碎金　浙江古籍出版社　1992　p. 85

土田健次郎　儒教典籍　敦煌漢文文獻(講座敦煌5)　(東京)大東出版社　1992　p. 269

林聰明　談敦煌文書的抄寫問題　紀念陳寅恪先生百年誕辰學術論文集　江西教育出版社　1994
　　p. 289

李正宇　敦煌史地新論　（臺北）新文豐出版公司　1996　p. 184
顧吉辰　敦煌文獻職官結銜考釋　《敦煌學輯刊》1998 年第 2 期　p. 31
李方　敦煌《論語集解》校正　江蘇古籍出版社　1998　p. 830
謝桃坊　敦煌文化尋繹　四川人民出版社　1999　p. 204
林聰明　敦煌吐魯番文書解詁指例　（臺北）新文豐出版公司　2001　p. 37
姜亮夫　敦煌莫高窟年表　姜亮夫全集（十一）　雲南人民出版社　2002　p. 415
許建平　《俄藏敦煌文獻》儒家經典類寫本的定名與綴合　漢語史學報專輯（第三輯）　上海教育出
　　版社　2003　p. 312

P. 2682

王重民　敦煌古籍叙錄　中華書局　1979　p. 174
蘇瑩輝　敦煌學概要　（臺北）編譯館“中華叢書編委會”　1981　p. 46
蘇瑩輝　中外敦煌古寫本纂要　敦煌論集　（臺北）學生書局　1983　p. 322
王重民　巴黎敦煌殘卷叙錄（第一輯）　敦煌叢刊初集（九）　（臺北）新文豐出版公司　1985　p. 157
王重民原編　黄永武新編　敦煌古籍叙錄新編（第八冊）　（臺北）新文豐出版公司　1986　p. 341
陳祚龍　從敦煌古抄“葉淨能詩”談到凌濛初的“唐明皇好道集奇人”與“武惠妃崇禪鬥異法”　敦煌
　　學（第 13 輯）　（臺北）新文豐出版公司　1988　p. 3　又見：敦煌文物散論　（臺北）新文豐出版
　　公司　1993　p. 7
池田溫　中國古代寫本識語集錄　（東京）大藏出版株式會社　1990　p. 326
高國潘　敦煌巫術形態：兼與中外巫術之比較　第二屆敦煌學國際研討會論文集　（臺北）漢學研究
　　中心　1990　p. 623
林聰明　敦煌文書學　（臺北）新文豐出版公司　1991　p. 256
菅原信海　占筮書　敦煌漢文文獻（講座敦煌 5）　（東京）大東出版社　1992　p. 445
高國藩　敦煌民俗資料導論　（臺北）新文豐出版公司　1993　p. 235、261、352
高國藩　敦煌巫術與巫術流變　河海大學出版社　1993　p. 255
榮新江　饒宗頤教授與敦煌學研究　“中國唐代學會”會刊（第四期）　（臺北）“中國唐代學會”
　　1993　p. 46　又見：選堂文史論苑　上海古籍出版社　1994　p. 271
林聰明　談敦煌文書的抄寫問題　紀念陳寅恪先生百年誕辰學術論文集　江西教育出版社　1994
　　p. 302
邰惠莉　敦煌遺書中的白描畫簡介　《社科縱橫》1994 年第 4 期　p. 50
葛兆光　評《隋書經籍志詳考》　唐研究（第二卷）　北京大學出版社　1996　p. 541
黄征　敦煌文學《兒郎偉》輯錄校注　敦煌語文叢說　（臺北）新文豐出版公司　1997　p. 708
陸淑綺　李重申　敦煌古代戲曲文化史料綜述　《敦煌研究》1997 年第 2 期　p. 60
白化文　白澤精怪圖　敦煌學大辭典　上海辭書出版社　1998　p. 778
高國藩　敦煌俗文化學　上海三聯書店　1999　p. 345
金榮華　敦煌俗文學　中國敦煌學百年文庫·文學卷（五）　甘肅文化出版社　1999　p. 200
黄正建　敦煌占卜文書與唐五代占卜研究　學苑出版社　2001　p. 166
林聰明　敦煌吐魯番文書解詁指例　（臺北）新文豐出版公司　2001　p. 55、340
張鴻勳　敦煌俗文學研究　甘肅人民出版社　2002　p. 111
周西波　《白澤圖》研究　中國俗文化研究（第一輯）　巴蜀書社　2003　p. 166
張弓　敦煌四部籍與中古後期社會的文化情境　敦煌學（第 25 輯）　（臺北）樂學書局有限公司
　　2004　p. 315

余欣　唐宋時代敦煌的鎮宅術　敦煌吐魯番研究（第九卷）　中華書局　2006　p. 354

P. 2683

姜亮夫　瀛涯敦煌韻輯總目叙錄　《國立中央圖書館館刊》1947 年第 1 期　又見：中國敦煌學百年文
　　庫・文獻卷（一）　甘肅文化出版社　1999　p. 264

張鐵弦　敦煌古寫本叢談　《文物》1963 年第 3 期　p. 10

王重民　敦煌古籍叙錄　中華書局　1979　p. 167

潘重規　敦煌卷子俗寫文字與俗文學之研究　敦煌變文論輯　（臺北）石門圖書公司　1981　p. 301

蘇瑩輝　敦煌學概要　（臺北）編譯館"中華叢書編委會"　1981　p. 45

蘇瑩輝　中外敦煌古寫本纂要　敦煌論集　（臺北）學生書局　1983　p. 321

饒宗頤解說　林宏作譯　敦煌書法叢刊（第十二卷）・經史（十）　（東京）二玄社　1984　p. 69

王重民　巴黎敦煌殘卷叙錄（第一輯）　敦煌叢刊初集（九）　（臺北）新文豐出版公司　1985　p. 154

姜伯勤　沙州道門親表部落釋證　《敦煌研究》1986 年第 3 期　p. 3

王重民原編　黃永武新編　敦煌古籍叙錄新編（第八冊）　（臺北）新文豐出版公司　1986　p. 283

姜亮夫　海外敦煌卷子經眼錄　敦煌學論文集　上海古籍出版社　1987　p. 26　又見：姜亮夫全集
　　（十三）　雲南人民出版社　2002　p. 22

陳祚龍　從敦煌古抄"葉淨能詩"談到淩濛初的"唐明皇好道集奇人"與"武惠妃崇禪鬥異法"　敦煌
　　學（第 13 輯）　（臺北）新文豐出版公司　1988　p. 3　又見：敦煌文物散論　（臺北）新文豐出版
　　公司　1993　p. 7

胡同慶　莫高窟早期龍圖像研究　《敦煌研究》1988 年第 1 期　p. 16　又見：敦煌學研究　甘肅人民
　　美術出版社　1994　p. 83

高國藩　敦煌民俗學　上海文藝出版社　1989　p. 356

東野治之　豐旗雲と祥瑞『唐太宗屏風書』　遣唐使と正倉院　（東京）岩波書店　1992　p. 298

菅原信海　占筮書　敦煌漢文文獻（講座敦煌 5）　（東京）大東出版社　1992　p. 446

林家平　寧强　羅華慶　中國敦煌學史　北京語言學院出版社　1992　p. 301

高國藩　敦煌民俗資料導論　（臺北）新文豐出版公司　1993　p. 235

邰惠莉　敦煌遺書中的白描畫簡介　《社科縱橫》1994 年第 4 期　p. 50

姜伯勤　敦煌藝術宗教與禮樂文明　中國社會科學出版社　1996　p. 257、284

賀世哲　莫高窟第 290 窟佛傳畫中的瑞應思想研究　《敦煌研究》1997 年第 1 期　p. 3

白化文　插圖本　敦煌學大辭典　上海辭書出版社　1998　p. 593

白化文　瑞應圖　敦煌學大辭典　上海辭書出版社　1998　p. 778

姜伯勤　道釋相激：道教在敦煌　道家文化研究（第十三輯）　三聯書店　1998　p. 44

顏廷亮　敦煌文化中的道教及文化　《敦煌研究》1999 年第 1 期　p. 135

楊曉靄　翰海駝鈴——絲綢之路的人物往來與文化交流　甘肅教育出版社　1999　p. 254

顏廷亮　敦煌文化　光明日報出版社　2000　p. 231

陳明　醫理精華：印度古典醫學在敦煌的實例分析　敦煌吐魯番研究（第五卷）　北京大學出版社
　　2001　p. 237

陳明　印度梵文醫典醫理精華研究　中華書局　2002　p. 83

姜亮夫　敦煌莫高窟年表　姜亮夫全集（十一）　雲南人民出版社　2002　p. 164

劉屹　評《敦煌道藏》　敦煌吐魯番研究（第六卷）　北京大學出版社　2002　p. 389

謝成水　莫高窟北周第 290、296 窟中國線法的形成及其意義　2000 年敦煌學國際學術討論會文
　　集・石窟藝術卷　甘肅民族出版社　2003　p. 174

竇懷永　敦煌本《瑞應圖》讖緯佚文輯校　浙江與敦煌學：常書鴻先生誕辰一百周年紀念文集　浙江古籍出版社　2004　p. 396

張弓　敦煌四部籍與中古後期社會的文化情境　敦煌學（第 25 輯）　（臺北）樂學書局有限公司　2004　p. 315

P. 2684

王重民　敦煌本《捉季布傳文》《國立北平圖書館館刊》1936 年第 10 卷第 1 號　又見：敦煌變文論文錄　上海古籍出版社　1982　p. 557

那波利貞　千佛巖莫高窟と敦煌文書　西域文化研究（第二）·敦煌吐魯番社會經濟資料（上）　（京都）法藏館　1959　p. 32

土肥義和　唐令よりみたる現存唐代戶籍の基礎的研究（上、下）『東洋學報』（52 卷 1、2 號）　（東京）東洋學術協會　1969　p. 94；91

池田溫　中國古代籍帳研究：概觀·錄文　東京大學東洋文化研究所　1979　p. 187

佐藤武敏　敦煌の水利　敦煌の社會（講座敦煌 3）　（東京）大東出版社　1980　p. 277

楊際平　鄭學檬　從唐代敦煌戶籍資料看均田制下私田的存在　《廈門大學學報》1982 年第 4 期　p. 40

陳炳應　敦煌所出宋開寶八年"鄭醜撻賣地舍契"定誤考釋　《西北史地》1983 年第 4 期　p. 84

土肥義和著　凍國棟譯　唐代均田制的給田基準考　魏晉南北朝隋唐史資料（第 6 輯）　武漢大學出版社　1984　p. 93

山本達郎　敦煌發見の唐代籍帳にみえる已受田の增減　『東方學』（第 70 輯）　（東京）東方學會　1985　p. 2

西村元佑著　姜鎮慶譯　通過唐代敦煌差科簿看唐代均田制時代的徭役制度　敦煌學譯文集　甘肅人民出版社　1985　p. 1150

寧欣　唐代敦煌地區農業水利問題初探　敦煌吐魯番文獻研究論集（第三輯）　北京大學出版社　1986　p. 501 注 13、515

唐耕耦　陸宏基　敦煌社會經濟文獻真迹釋錄（一）　書目文獻出版社　1986　p. 154

姜亮夫　海外敦煌卷子經眼錄　敦煌學論文集　上海古籍出版社　1987　p. 39　又見：姜亮夫全集（十三）　雲南人民出版社　2002　p. 33

王永興　隋唐五代經濟史料彙編校注·第一編（下）　中華書局　1987　p. 496

高國藩　敦煌民俗學　上海文藝出版社　1989　p. 11

李正宇　唐宋時代敦煌縣河渠泉澤簡志（二）　《敦煌研究》1989 年第 1 期　p. 54

土肥義和　唐代敦煌均田制の田土給授文書について　東アジア古文書の史的研究　（東京）刀水書房　1990　p. 300

林聰明　敦煌文書學　（臺北）新文豐出版公司　1991　p. 398

楊際平　均田制新探　廈門大學出版社　1991　p. 192

林家平　寧强　羅華慶　中國敦煌學史　北京語言學院出版社　1992　p. 17

林天蔚　敦煌戶籍卷中所見唐代田制之新探　唐代研究論集（第二輯）　（臺北）新文豐出版公司　1992　p. 110

王仲犖　敦煌石室出《沙州都督府圖經》殘卷考釋　《中國歷史地理論叢》1992 年第 1 輯

吳其昱著　伊藤美重子譯　敦煌漢文寫本概觀　敦煌漢文文獻（講座敦煌 5）　（東京）大東出版社　1992　p. 73

前田正名　河西歷史地理學研究　中國藏學出版社　1993　p. 254

王永興　關於唐代均田制中給田問題的探討——讀大谷欠田、退田、給田文書劄記　陳門問學叢稿　江西人民出版社　1993　p. 238

王仲犖　《沙州都督府圖經》殘卷考釋　敦煌石室地志殘卷考釋　上海古籍出版社　1993　p. 112

王永興　敦煌經濟文書導論　（臺北）新文豐出版公司　1994　p. 5

王永興　敦煌吐魯番出土唐官府文書縫背縫表記事押署鈐印問題初探　文史（第四十輯）　中華書局　1994　p. 90

劉進寶　敦煌學論述　（臺北）洪葉文化事業有限公司　1995　p. 263

李正宇　敦煌史地新論　（臺北）新文豐出版公司　1996　p. 123

李正宇　敦煌歷史地理導論　（臺北）新文豐出版公司　1997　p. 260

鄭炳林　敦煌碑銘讚輯釋　甘肅教育出版社　1997　p. 32 注 10

顧吉辰　敦煌文獻職官結銜考釋　《敦煌學輯刊》1998 年第 2 期　p. 27

王仲犖　敦煌石室出《沙州都督府圖經》殘卷考釋　中國敦煌學百年文庫・地理卷（二）　甘肅文化出版社　1999　p. 354

雷紹鋒　歸義軍賦役制度初探　（臺北）洪葉文化事業有限公司　2000　p. 108

劉進寶　敦煌文書與唐史研究　（臺北）新文豐出版公司　2000　p. 6

丘古耶夫斯基　敦煌漢文文書　上海古籍出版社　2000　p. 63、170、236

馮培紅　敦煌文獻中的職官史料與唐五代藩鎮官制研究　《敦煌研究》2001 年第 3 期　p. 108

陳國燦　敦煌學史事新證　甘肅教育出版社　2002　p. 273

姜亮夫　敦煌莫高窟年表　姜亮夫全集（十一）　雲南人民出版社　2002　p. 270

楊際平　北朝隋唐均田制新探　岳麓書社　2003　p. 185

李并成　西涼敦煌戶籍殘卷（S. 0113）若干問題新探　敦煌學（第 25 輯）　（臺北）樂學書局有限公司　2004　p. 199

陳麗萍　敦煌文書所見唐五代婚變現象初探（一）　《敦煌學輯刊》2005 年第 2 期　p. 170

P. 2685

仁井田陞　スタイン探險隊敦煌發見法律史料數種　『國家學會雜誌』（50 卷 6 號）　（東京）國家學會　1936　p. 103

池田溫　中國古代の租佃契（上）　『東洋文化研究所紀要』（第 60 冊）　東京大學東洋文化研究所　1973　p. 107

劉復　敦煌掇瑣　敦煌叢刊初集（十五）　（臺北）新文豐出版公司　1985　p. 257

謝和耐著　耿昇譯　中國 5—10 世紀的寺院經濟　甘肅人民出版社　1987　p. 109 注 1

池田溫　吐魯番・敦煌文書にみえる地方城市の住居　中國都市の歷史的研究（唐代史研究會報告第 VI 集）　（東京）刀水書房　1988　p. 188

高國藩　敦煌民俗學　上海文藝出版社　1989　p. 45

唐耕耦　陸宏基　敦煌社會經濟文獻真迹釋錄（二）　全國圖書館文獻縮微複製中心　1990　p. 142

佐竹靖彦　唐宋變革の地域的研究　（東京）同朋舍　1990　p. 172

仁井田陞　補訂中國法制史研究：奴隸農奴法・家族村落法　東京大學出版會　1991　p. 567

池田溫　關於敦煌發現的唐大曆四年手實殘卷　唐代均田制研究選譯　甘肅教育出版社　1992　p. 154

林家平　寧强　羅華慶　中國敦煌學史　北京語言學院出版社　1992　p. 17

熊鐵基　以敦煌資料證傳統家庭　《敦煌研究》1993 年第 3 期　p. 77

蔣禮鴻　敦煌文獻語言詞典　杭州大學出版社　1994　p. 255

齊陳駿　有關遺産繼承的幾件敦煌遺書　《敦煌學輯刊》1994 年第 2 期　p. 51、55

張傳璽　中國歷代契約會編考釋(上)　北京大學出版社　1995　p. 456 注 1

黄征　張涌泉　敦煌變文校注　中華書局　1997　p. 1157

李正宇　敦煌歷史地理導論　(臺北)新文豐出版公司　1997　p. 265

鄭炳林　唐五代敦煌種植林業研究　敦煌歸義軍史專題研究　蘭州大學出版社　1997　p. 202

鄭炳林　晚唐五代敦煌園圃經濟研究　敦煌歸義軍史專題研究　蘭州大學出版社　1997　p. 314

黄永年　唐代史事考釋　(臺北)聯經出版公司　1998　p. 455

沙知　敦煌契約文書輯校　江蘇古籍出版社　1998　p. 431

土肥義和　唐・北宋の間:敦煌の杜家親情社追補社條(S. 8160rv)について　唐代史研究(創刊號)
　　(東京)唐代史研究會　1998　p. 21

陳永勝　敦煌吐魯番法制文書研究　甘肅人民出版社　2000　p. 173

盛會蓮　唐五代百姓房舍的分配及相關問題之試析　《敦煌研究》2002 年第 6 期　p. 30

盛會蓮　從敦煌吐魯番文書看隋至宋初的宅舍交易　中國中古史論集　天津古籍出版社　2003
　　p. 76

王啓濤　中古及近代法制文書語言研究　巴蜀書社　2003　p. 218、235

劉進寶　歸義軍政權初期的人口調查和土地調整　《敦煌研究》2004 年第 2 期　p. 60

鄭顯文　唐代律令制研究　北京大學出版社　2004　p. 135、201

黑維强　吐魯番出土文書詞語例釋(二)　《敦煌學輯刊》2005 年第 2 期　p. 191

P. 2686

那波利貞　敦煌發見文書に拠る中晚唐時代の佛教寺院の錢穀布帛類貸付營利事業運營の實況
　　『支那學』(10 卷 3 號)　(京都)支那學社　1941　p. 106

仁井田陞　唐末五代の敦煌寺院佃戶關係文書　西域文化研究(第二)・敦煌吐魯番社會經濟資料
　　(上)　(京都)法藏館　1959　p. 72

竺沙雅章　敦煌の寺戶について　『史林』(44 卷 5 號)　京都大學文學部史學研究會　1961　p. 42

陳祚龍　瓜沙印録　(臺北)《大陸雜誌》1962 年第 4 期　又見:敦煌學概要　(臺北)編譯館"中華叢
　　書編委會"　1981　p. 269 ; 中國敦煌學百年文庫・考古卷(一)　甘肅文化出版社　1999
　　p. 191

長澤和俊　敦煌　(東京)築摩書房　1965　p. 201

那波利貞　梁戶考　唐代社會文化史研究・第三編　(東京)創文社　1974　p. 352

陳祚龍　敦煌道經後記彙録　敦煌文物隨筆　(臺北)商務印書館　1979　p. 23

堀敏一　敦煌社會の変質——中國社會全般の発展とも関連して　敦煌の社會(講座敦煌 3)　(東
　　京)大東出版社　1980　p. 171

姜伯勤　論敦煌寺院的"常住百姓"　《敦煌研究》1981 年試刊第 1 期　p. 54 注 18

陳國燦　敦煌所出諸借契年代考　魏晉南北朝隋唐史資料(第 4 輯)　武漢大學出版社　1982
　　p. 11　又見:《敦煌學輯刊》1984 年第 1 期　p. 4

陳祚龍　古代敦煌及其他地區流行之公私印章圖記文字録　敦煌學要籥　(臺北)新文豐出版公司
　　1982　p. 344

陳祚龍　新校重訂《敦煌道經後記彙録》　敦煌學要籥　(臺北)新文豐出版公司　1982　p. 213 注 3

段文傑　敦煌壁畫中的衣冠服飾　敦煌研究文集　甘肅人民出版社　1982　p. 187 注 55

劉復　敦煌掇瑣　敦煌叢刊初集(十五)　(臺北)新文豐出版公司　1985　p. 247

仁井田陞著　姜鎮慶譯　唐末五代的敦煌寺院佃戶關係文書　敦煌學譯文集　甘肅人民出版社
　　1985　p. 842

王重民　巴黎敦煌殘卷叙錄(第二輯)　敦煌叢刊初集(九)　(臺北)新文豐出版公司　1985
　　p. 240

池田溫　吐魯番、敦煌契券概觀　漢學研究(敦煌學國際研討會論文專號)　(臺北)漢學研究資料及
　　服務中心　1986　p. 22

王堯　陳踐　從一張借契看宗教的社會作用:P. T. 1297 號敦煌吐蕃文書譯解　《世界宗教研究》1986
　　年第 4 期　p. 69

王重民原編　黃永武新編　敦煌古籍叙錄新編(第七冊)　(臺北)新文豐出版公司　1986　p. 255

謝重光　關於唐後期至五代間沙州寺院經濟的幾個問題　敦煌吐魯番出土經濟文書研究　廈門大學
　　出版社　1986　p. 507 注 41

池田溫　敦煌の便穀曆　日野開三郎博士頌壽記念論集・中國社會・制度・文化史の諸問題　(福
　　岡)中國書店　1987　p. 355

姜伯勤　唐五代敦煌寺戶制度　中華書局　1987　p. 1、43、70、134、159

姜亮夫　敦煌經卷壁畫中所見寺觀錄　敦煌學論文集　上海古籍出版社　1987　p. 1081

姜亮夫　敦煌經卷題名錄　敦煌學論文集　上海古籍出版社　1987　p. 1056

姜亮夫　海外敦煌卷子經眼錄　敦煌學論文集　上海古籍出版社　1987　p. 39　又見:姜亮夫全集
　　(十三)　雲南人民出版社　2002　p. 33

王永興　隋唐五代經濟史料彙編校注・第一編(上)　中華書局　1987　p. 315

謝和耐著　耿昇譯　中國 5—10 世紀的寺院經濟　甘肅人民出版社　1987　p. 218 注 3　又見:上海
　　古籍出版社　2004　p. 179 注 3

楊銘　吐蕃時期敦煌部落設置考　《西北史地》1987 年第 2 期　p. 35

王公望　契約　敦煌文學　甘肅人民出版社　1989　p. 58

郝春文　唐後期五代宋初沙州僧尼的特點　敦煌吐魯番學研究論文集　漢語大詞典出版社　1990
　　p. 833

唐耕耦　陸宏基　敦煌社會經濟文獻真迹釋錄(二)　全國圖書館文獻縮微複製中心　1990　p. 96

仁井田陞　補訂中國法制史研究:奴隸農奴法・家族村落法　東京大學出版會　1991　p. 46、63

仁井田陞　補訂中國法制史研究:土地法・交易法　東京大學出版會　1991　p. 722

姜伯勤　敦煌社會文書導論　(臺北)新文豐出版公司　1992　p. 221

陶秋英輯錄　姜亮夫校訂　敦煌經卷所見寺名錄　敦煌碎金　浙江古籍出版社　1992　p. 124

陶秋英輯錄　姜亮夫校訂　敦煌經卷題名錄　敦煌碎金　浙江古籍出版社　1992　p. 66

晒麟　南朝小考　《敦煌學輯刊》1993 年第 1 期　p. 71

高田時雄　評:池田溫編『敦煌漢文文獻』(講座敦煌 5)　『東洋史研究』(52 卷 1 號)　(東京)東洋
　　史研究會　1993　p. 119

李正宇　中國唐宋硬筆書法　上海文化出版社　1993　p. 41

前田正名　河西歷史地理學研究　中國藏學出版社　1993　p. 241

張傳璽　中國歷代契約會編考釋(上)　北京大學出版社　1995　p. 374 注 1

鄭炳林　敦煌漢文吐蕃史料綜述:兼論吐蕃控制河西時期的職官與統治政策　敦煌吐魯番文獻研究
　　蘭州大學出版社　1995　p. 92

楊銘　吐蕃統治敦煌研究　(臺北)新文豐出版公司　1997　p. 23

鄭炳林　敦煌碑銘讚輯釋　甘肅教育出版社　1997　p. 493 注 15

陳國燦　悉董薩部落　敦煌學大辭典　上海辭書出版社　1998　p. 301

金瀅坤　吐蕃統治敦煌的社會基層組織　《中國邊疆史地研究》1998 年第 4 期　p. 30

沙知　典物契　敦煌學大辭典　上海辭書出版社　1998　p. 389

沙知　敦煌契約文書輯校　江蘇古籍出版社　1998　p. 141

沙知　身東西不在　敦煌學大辭典　上海辭書出版社　1998　p. 390

謝重光　漢唐佛教社會史論　（臺北）國際文化事業有限公司　2001　p. 251 注 38

楊森　關於敦煌文獻中的"平章"一詞　敦煌學與中國史研究論集　甘肅人民出版社　2001　p. 231

蔡忠霖　敦煌漢文寫卷俗字及其現象　（臺北）文津出版社　2002　p. 39

陳國燦　敦煌學史事新證　甘肅教育出版社　2002　p. 333

余欣　胡天漢月：海外中國古代契約研究史略　國際漢學（第七輯）　大象出版社　2002　p. 368

余欣　評《敦煌的借貸：中國中古時代的物質生活與社會》　敦煌吐魯番研究（第六卷）　北京大學出版社　2002　p. 417

洪藝芳　敦煌社會經濟文書中的唐五代新興量詞研究　敦煌學（第 24 輯）　（臺北）樂學書局有限公司　2003　p. 111

李正宇　敦煌遺書一宗後晉時期敦煌民事訴訟檔案　《敦煌研究》2003 年第 2 期　p. 45

童丕　敦煌的借貸：中國中古時代的物質生活與社會　中華書局　2003　p. 58、153

王繼光　鄭炳林　敦煌漢文吐蕃史料綜述　中國西部民族文化研究（2003 年卷）　民族出版社　2003　p. 243

王啓濤　中古及近代法制文書語言研究　巴蜀書社　2003　p. 311

楊銘　四件英藏敦煌藏文文書考釋　2000 年敦煌學國際學術討論會文集·歷史文化卷（上）　甘肅民族出版社　2003　p. 297

鄭顯文　唐代律令制研究　北京大學出版社　2004　p. 219

P. 2687

森安孝夫　ウイグルと敦煌　敦煌の歴史（講座敦煌 2）　（東京）大東出版社　1980　p. 328

梅弘理著　耿昇譯　根據 P. 2547 號寫本對《齋琬文》的復原和斷代　《敦煌研究》1990 年第 2 期　p. 52

王素　唐寫本《論語鄭氏注》校錄　唐寫本論語鄭氏注及其研究　文物出版社　1991　p. 137 注 10

土田健次郎　儒教典籍　敦煌漢文文獻（講座敦煌 5）　（東京）大東出版社　1992　p. 269

周紹良　敦煌文學芻議及其它　（臺北）新文豐出版公司　1992　p. 28

陳金木　唐寫本論語鄭氏注研究（上）　（臺北）文津出版社　1996　p. 80

徐俊　敦煌寫本唐人詩歌存佚互見綜考　敦煌吐魯番研究（第一卷）　北京大學出版社　1996　p. 112

郝春文　關於唐後期五代宋初沙州僧俗的施捨問題　唐研究（第三卷）　北京大學出版社　1997　p. 26

鄭炳林　敦煌碑銘讚輯釋　甘肅教育出版社　1997　p. 403 注 8

柴劍虹　獨鶴篇　敦煌學大辭典　上海辭書出版社　1998　p. 557

郝春文　唐後期五代宋初敦煌僧尼的社會生活　中國社會科學出版社　1998　p. 250

李方　敦煌《論語集解》校正　江蘇古籍出版社　1998　p. 830

李方　唐寫本《論語集解》校讀零拾　出土文獻研究（第三輯）　文物出版社　1998　p. 221

徐俊　敦煌詩集殘卷輯考　中華書局　2000　p. 132

P. 2688

小島祐馬　巴黎國立圖書館藏敦煌遺書所見録（九）　『支那學』（8卷1號）　（京都）支那學社
　　1935　p. 93

寺岡龍含　敦煌本郭象注莊子南華真經輯影　福井漢文學會　1960　p. 153

寺岡龍含　敦煌本郭象注莊子南華真經研究總論　福井漢文學會　1966　p. 69、139、191

楠山春樹　道德經類　付『莊子』『列子』『文子』　敦煌と中國道教（講座敦煌4）　（東京）大東出版
　　社　1983　p. 52

王重民原編　黃永武新編　敦煌古籍叙録新編（第十三冊）　（臺北）新文豐出版公司　1986　p. 210

姜伯勤　敦煌藝術宗教與禮樂文明　中國社會科學出版社　1996　p. 4

高啓安　唐五代至宋敦煌的量器及量制　《敦煌學輯刊》1999年第1期　p. 64

王卡　中國國家圖書館藏敦煌道教遺書研究報告　敦煌吐魯番研究（第七卷）　北京大學出版社
　　2004　p. 366

P. 2689

蘇瑩輝　敦煌學概要　（臺北）編譯館"中華叢書編委會"　1981　p. 81

高國藩　敦煌民俗學　上海文藝出版社　1989　p. 36

唐耕耦　陸宏基　敦煌社會經濟文獻真迹釋録（三）　全國圖書館文獻縮微複製中心　1990　p. 153

林聰明　談敦煌學研究上的一些障礙問題　全國敦煌學研討會論文集　（臺北）中正大學中國文學
　　系所　1995　p. 244

張亞萍　娜閣　唐五代敦煌的計量單位與價格換算　《敦煌學輯刊》1996年第2期　p. 40

唐耕耦　敦煌寺院會計文書研究　（臺北）新文豐出版公司　1997　p. 445

鄭炳林　唐五代敦煌的粟特人與佛教　敦煌歸義軍史專題研究　蘭州大學出版社　1997　p. 437

鄭炳林　吐蕃統治下的敦煌粟特人　敦煌歸義軍史專題研究　蘭州大學出版社　1997　p. 382

鄭炳林　晚唐五代敦煌貿易市場的物價　敦煌歸義軍史專題研究　蘭州大學出版社　1997　p. 283、
　　304

郝春文　唐後期五代宋初敦煌僧尼的社會生活　中國社會科學出版社　1998　p. 274

鄭炳林　《康秀華寫經施入疏》與《炫和尚貨賣胡粉曆》研究　敦煌吐魯番研究（第三卷）　北京大學
　　出版社　1998　p. 204

郝春文　關於唐後期五代宋初沙州僧團的"出唱"活動　首都師範大學史學研究（1）　首都師範大學
　　出版社　1999　p. 111

陳海濤　敦煌歸義軍時期從化鄉消失原因初探　中國社會歷史評論（第二卷）　天津古籍出版社
　　2000　p. 434

劉進寶　敦煌文書與唐史研究　（臺北）新文豐出版公司　2000　p. 251

林聰明　敦煌吐魯番文書解詁指例　（臺北）新文豐出版公司　2001　p. 313

P. 2690

金岡照光　敦煌漢文文學文獻の文學形態上の種類とその分類　敦煌出土文學文獻分類目録・附解
　　說　（東京）東洋文庫　1971　p. 236

金岡照光　敦煌文學のさまざま　敦煌の文學　（東京）大藏出版株式會社　1971　p. 160

川崎ミチコ　修道偈Ⅱ——定格聯章　敦煌仏典と禪（講座敦煌8）　（東京）大東出版社　1980
　　p. 269

土肥義和　莫高窟千佛洞と大寺と蘭若と　敦煌の社會（講座敦煌3）　（東京）大東出版社　1980

p. 368

饒宗頤　穆護歌考　選堂集林·史林　（香港）中華書局　1982　p. 509 注 24　又見：饒宗頤史學論
　　著選　上海古籍出版社　1993　p. 441 注 22

鄭阿財　敦煌孝道文學研究　（臺北）石門圖書公司　1982　p. 532

李鼎文　讀佚名《敦煌二十詠》《西北師院學報》1983 年第 4 期　又見：甘肅文史叢稿　甘肅人民
　　出版社　1986　p. 93

馬德　《敦煌二十詠》寫作年代初探　《敦煌研究》1983 年創刊號　p. 179

王重民　劉修業　《補全唐詩》拾遺　敦煌遺書論文集　中華書局　1984　p. 52

盧善煥　《敦煌曲校録》略校　《敦煌學輯刊》1986 年第 2 期　p. 93

任半塘　敦煌歌辭總編　上海古籍出版社　1987　p. 1072

張錫厚　敦煌詩歌考論　《敦煌學輯刊》1989 年第 2 期　p. 11

張錫厚　詩歌　敦煌文學　甘肅人民出版社　1989　p. 157

高國藩　敦煌古俗與民俗流變　河海大學出版社　1990　p. 479

山田勝久　《沙州敦煌二十詠》　敦煌學國際學術討論會論文縮寫文（1990）　敦煌研究院　1990
　　p. 85

上山大峻　敦煌佛教の研究　（京都）法藏館　1990　p. 19、43、82、419、485

李并成　漢敦煌郡廣至縣城及其有關問題考　《敦煌研究》1991 年第 4 期　p. 86

竇俠父　敦煌學發凡　新疆大學出版社　1992　p. 41

金岡照光　邈真讚　敦煌の文學文獻（講座敦煌 9）（東京）大東出版社　1992　p. 607

吳其昱著　伊藤美重子譯　敦煌漢文寫本概觀　敦煌漢文文獻（講座敦煌 5）（東京）大東出版社
　　1992　p. 67

周紹良　敦煌文學芻議及其它　（臺北）新文豐出版公司　1992　p. 22

高田時雄　チベット文字書寫「長卷」の研究（本文編）『東方學報』（第 65 號）京都大學人文科
　　學研究所　1993　p. 372

項楚　敦煌詩歌導論　（臺北）新文豐出版公司　1993　p. 268

張錫厚　敦煌文學概論　甘肅人民出版社　1993　p. 359

鄭阿財　敦煌文獻與文學　（臺北）新文豐出版公司　1993　p. 119、136

李并成　瓜沙二州間一塊消失了的綠洲　《敦煌研究》1994 年第 3 期　p. 76

汪娟　敦煌禮懺文研究　（臺北）法鼓文化公司　1994　p. 33

胡戟　傅玫　敦煌史話　中華書局　1995　p. 173

柳田聖山　禪籍解題（一）·敦煌禪籍　俗語言研究（第二期）（京都）禪文化研究所　1995　p. 141

釋依昱　曇曠與敦煌寫本《大乘百法明門論開宗義記》的研究　敦煌學國際研討會文集·史地語文
　　編　遼寧美術出版社　1995　p. 507

劉子瑜　敦煌變文和王梵志詩　大象出版社　1997　p. 76

方廣錩　大乘二十二問　敦煌學大辭典　上海辭書出版社　1998　p. 723

李正宇　敦煌廿詠　敦煌學大辭典　上海辭書出版社　1998　p. 553

榮新江　大乘二十二問之研究　敦煌學大辭典　上海辭書出版社　1998　p. 835

徐俊　唐五代長沙窯瓷器題詩校證　唐研究（第四卷）北京大學出版社　1998　p. 74

張先堂　晚唐至宋初淨土五會念佛法門在敦煌的流傳　《敦煌研究》1998 年第 1 期　p. 53

胡大浚　王志鵬　敦煌邊塞詩歌校注　甘肅人民出版社　1999　p. 261

楊富學　李吉和　敦煌漢文吐蕃史料輯校（第一輯）甘肅人民出版社　1999　p. 6

湛如　評《敦煌禮懺文研究》　敦煌吐魯番研究（第四卷）北京大學出版社　1999　p. 618

徐俊　敦煌詩集殘卷輯考　中華書局　2000　p. 159、781

張錫厚　敦煌文學源流　作家出版社　2000　p. 41

湛如　論淨衆禪門與法照淨土思想的關聯　敦煌文獻論集：紀念藏經洞發現一百周年國際學術研討
　　會論文集　遼寧人民出版社　2001　p. 509

林仁昱　論敦煌佛教歌曲特質與"弘法"的關係　敦煌學（第 23 輯）　（臺北）樂學書局有限公司
　　2002　p. 60、72

湛如　敦煌佛教律儀制度研究　中華書局　2003　p. 271

李正宇　晚唐至北宋敦煌僧尼普聽飲酒　《敦煌研究》2005 年第 3 期　p. 79

P. 2691

賀昌群　敦煌佛教藝術的系統　《東方雜誌》1931 年第 28 卷　又見：敦煌學文選（上）　蘭州大學歷
　　史係敦煌學研究室等　1983　p. 420；中國敦煌學百年文庫·藝術卷（一）　甘肅文化出版社
　　1999　p. 34

衛聚賢　敦煌石室　《說文月刊》1943 年第 3 卷第 10 期　又見：中國敦煌學百年文庫·綜述卷（一）
　　甘肅文化出版社　1999　p. 94

方回　玉門關陽關雜考　《真理雜誌》1944 年第 4 期　又見：中國敦煌學百年文庫·地理卷（二）
　　甘肅文化出版社　1999　p. 35

向達　記敦煌石室出晉天福十年寫本壽昌縣地境　《北平圖書館圖書季刊》1944 年新第 5 卷第 4 期
　　p. 11　又見：唐代長安與西域文明　三聯書店　1987　p. 430

何遂　校經圖序　《說文月刊》1945 年第 5 卷第 3－4 期　又見：中國敦煌學百年文庫·文獻卷（一）
　　甘肅文化出版社　1999　p. 250

水天明　敦煌訪古報告書　《蘭州和平日報》1948 年第 11－15 期　又見：中國敦煌學百年文庫·綜
　　述卷（一）　甘肅文化出版社　1999　p. 327

陳祚龍　敦煌學零策　《歷史教學》1951 年第 5 期　又見：中國敦煌學百年文庫·考古卷（四）　甘
　　肅文化出版社　1999　p. 48

向達　莫高、榆林二窟雜考　文物參考資料（第 2 卷第 5 期）·敦煌文物展覽特刊（下冊）　文物出版
　　社　1951　p. 76　又見：唐代長安與西域文明　三聯書店　1957　p. 394

向達　兩關雜考　唐代長安與西域文明　三聯書店　1957　p. 374

羽田亨　敦煌の千佛洞について　羽田博士史學論文集（上卷）·歷史篇　（東京）東洋史研究會
　　1957　p. 565

羽田亨　敦煌遺書活字本第一集解題　羽田博士史學論文集（上卷）·歷史篇　（東京）東洋史研究
　　會　1957　p. 578

那波利貞　千佛岩莫高窟と敦煌文書　西域文化研究（第二）·敦煌吐魯番社會經濟資料（上）　（京
　　都）法藏館　1959　p. 23

陳祚龍　敦煌寫本《瓜沙古事系年並序》箋正　（臺北）《大陸雜誌》1960 年第 12 期　又見：敦煌資料
　　考屑（上冊）　（臺北）商務印書館　1979　p. 27；中國敦煌學百年文庫·歷史卷（一）　甘肅文
　　化出版社　1999　p. 180

那波利貞　開元末期以前と天寶初期以後との唐の時世の差異に就きて　唐代社會文化史研究·第
　　一編　（東京）創文社　1974　p. 66

中村元　笠原一男　金岡秀友　アジア仏教史·中國編Ⅴ：シルクロードの宗教　（東京）佼成出版
　　社　1975　p. 185

陳祚龍　簡記敦煌古抄方志　敦煌文物隨筆　（臺北）商務印書館　1979　p. 56

1980

陳祚龍　新考重訂《朝英集》　敦煌資料考屑(上冊)　(臺北)商務印書館　1979　p. 187

陳祚龍　中世敦煌與成都之間的交通路線　敦煌資料考屑(下冊)　(臺北)商務印書館　1979
　　　p. 339　又見:唐代研究論集(第三輯)　(臺北)新文豐出版公司　1992　p. 439

王重民　敦煌古籍敘錄　中華書局　1979　p. 119

菊池英夫　唐代敦煌社會の外貌　敦煌の社會(講座敦煌3)　(東京)大東出版社　1980　p. 92

閻文儒　莫高窟的創建與藏經洞的開鑿及其封閉　《文物》1980年第6期　又見:中國敦煌學百年文
　　　庫·綜述卷(二)　甘肅文化出版社　1999　p. 331

陳祚龍　《簡記敦煌古抄方志》及其"後語"　敦煌學要籥　(臺北)新文豐出版公司　1982　p. 226

秦明智　前涼西北《法句經》及其有關問題　《敦煌學輯刊》1982年第3期　p. 26

饒宗頤　敦煌書法叢刊(第十八卷)·碎金(一)　(東京)二玄社　1983　p. 81、99

蘇瑩輝　魏晉南北朝時期的敦煌佛教藝術概說　敦煌論集續編　(臺北)學生書局　1983　p. 270

蘇瑩輝　再論唐時敦煌陷蕃的年代　敦煌論集　(臺北)學生書局　1983　p. 228

陳祚龍　竭誠做好知己知彼,悉力做到精益求精:敦煌學散策之四(上)　敦煌學(第8輯)　(臺北)
　　　"中國文化大學"中國文學研究所敦煌學會　1984　p. 15　又見:敦煌學林劄記　(臺北)商務印
　　　書館　1987　p. 205

梁尉英　張芝籍貫辨　《敦煌研究》1985年第2期　p. 152

盧向前　關於歸義軍時期一份布紙破用曆的研究:試釋伯四六四〇背面文書　敦煌吐魯番文獻研究
　　　論集(第三輯)　北京大學出版社　1986　p. 418注64　又見:敦煌吐魯番文書論稿　江西人民
　　　出版社　1992　p. 125注64

寧欣　唐代敦煌地區農業水利問題初探　敦煌吐魯番文獻研究論集(第三輯)　北京大學出版社
　　　1986　p. 483

唐耕耦　陸宏基　敦煌社會經濟文獻真迹釋錄(一)　書目文獻出版社　1986　p. 43

王重民原編　黃永武新編　敦煌古籍敘錄新編(第七冊)　(臺北)新文豐出版公司　1986　p. 14

姜亮夫　敦煌經卷在中國文化學術上的價值　敦煌學論文集　上海古籍出版社　1987　p. 17

梁尉英　漢代效穀城考　1983年全國敦煌學術討論會文集·文史遺書編(上)　甘肅人民出版社
　　　1987　p. 283

李正宇　敦煌地區古代祠廟寺觀簡志　《敦煌學輯刊》1988年第1、2期　p. 71、78

李正宇　敦煌古城談往　《西北史地》1988年第2期　p. 23

李正宇　唐宋時代沙州壽昌縣河渠泉澤簡志　《敦煌研究》1989年第3期　p. 34

劉瑞明　王梵志年代新擬　《敦煌研究》1989年第1期　p. 83

馬德　靈圖寺、靈圖寺窟及其它　《敦煌研究》1989年第2期　p. 1

鄭炳林　敦煌地理文書彙輯校注　甘肅教育出版社　1989　p. 39

陳國燦　唐五代瓜沙歸義軍軍鎮的演變　敦煌吐魯番文書初探(二編)　武漢大學出版社　1990
　　　p. 558

池田溫　中國古代寫本識語集錄　(東京)大藏出版株式會社　1990　p. 480

李并成　《沙州城土鏡》之地理調查與考釋　《敦煌學輯刊》1990年第2期　p. 84

李并成　唐代瓜州(晉昌郡)治所及其有關城址的調查與考證　《敦煌研究》1990年第3期　p. 25

李正宇　渥窪水天馬史事綜理　《敦煌研究》1990年第3期　p. 20

李并成　漢敦煌郡廣至縣城及其有關問題考　《敦煌研究》1991年第4期　p. 83

李并成　漢敦煌郡冥安、淵泉二縣城址考　《社會縱橫》1991年第2期

李并成　漢敦煌郡效穀縣城考　《敦煌學輯刊》1991年第1期　p. 60

李并成　鎖陽城遺址及其故墾區沙漠化過程考證　《中國沙漠》1991年第2期　p. 21

李正宇　敦煌大方盤城及河倉城新考　《敦煌研究》1991 年第 4 期　p. 74

中村裕一　唐代官文書研究　（京都）中文出版社　1991　p. 476

姜伯勤　敦煌社會文書導論　（臺北）新文豐出版公司　1992　p. 170

李并成　敦煌遺書中地理書卷的學術價值　《地理研究》1992 年第 3 期　p. 42

李并成　唐代河西戍所城址考　《敦煌學輯刊》1992 年第 1、2 期　p. 10

李并成　一批珍貴的古代地理文書:敦煌遺書中的地理書卷　《中國科技史料》1992 年第 13 卷第 4
　　期　p. 90

李正宇　敦煌名勝古迹導論　《陽關》1992 年第 1 期　p. 39

林家平　寧强　羅華慶　中國敦煌學史　北京語言學院出版社　1992　p. 82、101、149

日比野丈夫　地理書　敦煌漢文文獻（講座敦煌 5）　（東京）大東出版社　1992　p. 346

王仲犖　敦煌石窟出《壽昌縣地鏡》考釋　《敦煌學輯刊》1992 年第 1、2 期　p. 2

李并成　漢敦煌郡的鄉、里、南境塞牆和烽隧系統考　《敦煌研究》1993 年第 2 期　p. 69

李正宇　敦煌呂鍾氏錄本《壽昌縣地境》　《敦煌研究》1993 年第 4 期　p. 44

王仲犖　沙州志殘片三種考釋　敦煌石室地志殘卷考釋　上海古籍出版社　1993　p. 149

王仲犖　《壽昌縣地鏡》考釋　敦煌石室地志殘卷考釋　上海古籍出版社　1993　p. 194

鄭炳林　前涼行政地理區劃初探（河州沙州）　《敦煌學輯刊》1993 年第 2 期　p. 75

勁草　《敦煌文學概論》證誤糾謬　《敦煌學輯刊》1994 年第 1 期　p. 87

李并成　瓜沙二州間一塊消失了的綠洲　《敦煌研究》1994 年第 3 期　p. 76

李正宇　論敦煌古塞城　《敦煌研究》1994 年第 1 期　p. 34

李正宇　陽關區域古迹新探　《敦煌研究》1994 年第 4 期　p. 127

楊富學　9—12 世紀的沙州回鶻文化　《敦煌學輯刊》1994 年第 2 期　p. 98

鄭炳林　敦煌本《張淮深變文》研究　《西北民族研究》1994 年第 1 期　p. 154

鄭炳林　《索勳紀德碑》研究　《敦煌學輯刊》1994 年第 2 期　p. 71

鄭炳林　唐五代敦煌新開道考　《敦煌學輯刊》1994 年第 1 期　p. 47

程喜霖　漢唐敦煌軍防　敦煌學國際研討會文集·史地語文編　遼寧美術出版社　1995　p. 40

黃文昆　關於十六國時代的敦煌石窟藝術　敦煌學國際研討會文集·石窟藝術編　遼寧美術出版社
　　1995　p. 21

李并成　唐代瓜沙二州間驛站考　敦煌學國際研討會文集·史地語文編　遼寧美術出版社　1995
　　p. 202

李正宇　俄藏《端拱二年八月十九日往西天取菩薩戒僧智堅手記》決疑　敦煌佛教文獻研究　敦煌
　　研究院文獻研究所　1995　p. 4

張先堂　S. 4654《薩訶上人寄錫雁閣留題並序呈獻》新校與初探　敦煌佛教文獻研究　敦煌研究院
　　文獻研究所　1995　p. 45

鄭炳林　唐五代敦煌金鞍山異名考　《敦煌研究》1995 年第 2 期　p. 129

李并成　北魏瓜州敦煌郡鳴沙、平康、東鄉三縣城址考　敦煌吐魯番學研究論集　書目文獻出版社
　　1996　p. 282

李并成　唐代瓜、沙二州間驛站考　《歷史地理》1996 年第 13 輯　又見:中國敦煌學百年文庫·地理
　　卷(二)　甘肅文化出版社　1999　p. 162

李并成　李春元　瓜沙史地研究　甘肅文化出版社　1996　p. 65、108

李正宇　敦煌史地新論　（臺北）新文豐出版公司　1996　p. 32

李正宇　敦煌遺書 P. 2691 寫本的定性與正名　慶祝潘石禪先生九秩華誕敦煌學特刊　（臺北）文津
　　出版社　1996　p. 117

李正宇　《沙州都督府圖經》卷第三剳記　敦煌吐魯番研究(第一卷)　北京大學出版社　1996　p. 332

馬德　敦煌莫高窟史研究　甘肅教育出版社　1996　p. 51、210

馬德　莫高窟與敦煌佛教教團　敦煌吐魯番研究(第一卷)　北京大學出版社　1996　p. 167

宿白　敦煌莫高窟早期洞窟雜考　中國石窟寺考古　文物出版社　1996　p. 214 注 3

鄭阿財　洪藝芳　1995—1996 年臺灣地區唐代學術研究概況：敦煌學　"中國唐代學會"會刊(第七期)　(臺北)"中國唐代學會"　1996　p. 103

鄭炳林　唐五代敦煌粟特人與歸義軍政權　《敦煌研究》1996 年第 4 期　p. 95　又見：敦煌歸義軍史專題研究　蘭州大學出版社　1997　p. 429

李正宇　敦煌歷史地理導論　(臺北)新文豐出版公司　1997　p. 8、110、302

李正宇　西同考　《敦煌研究》1997 年第 4 期　p. 112

王素　敦煌出土前涼文獻所見"建元"年號的歸屬：兼談敦煌莫高窟的創建時間　敦煌吐魯番研究(第二卷)　北京大學出版社　1997　p. 18

張涌泉　敦煌地理文書輯錄著作三種校議　古典文獻與文化論叢　中華書局　1997　p. 87

鄭炳林　敦煌碑銘讚輯釋　甘肅教育出版社　1997　p. 23 注 7

鄭炳林　唐末五代敦煌都河水系研究　敦煌歸義軍史專題研究　蘭州大學出版社　1997　p. 182

鄭炳林　唐五代敦煌畜牧區域研究　敦煌歸義軍史專題研究　蘭州大學出版社　1997　p. 222

陳國燦　敦煌鎮　敦煌學大辭典　上海辭書出版社　1998　p. 295

陳國燦　榮新江　西壽昌城　敦煌學大辭典　上海辭書出版社　1998　p. 306

方廣錩　大乘四法經釋　敦煌學大辭典　上海辭書出版社　1998　p. 696

李正宇　古本敦煌鄉土志八種箋證　(臺北)新文豐出版公司　1998　p. 251

李正宇　李先王廟　敦煌學大辭典　上海辭書出版社　1998　p. 625

李正宇　三危山　敦煌學大辭典　上海辭書出版社　1998　p. 310

李正宇　渥窪池　敦煌學大辭典　上海辭書出版社　1998　p. 323

高國藩　敦煌俗文化學　上海三聯書店　1999　p. 20

李并成　漢敦煌郡冥安、淵泉二縣城址考　中國敦煌學百年文庫·地理卷(二)　甘肅文化出版社　1999　p. 213

李并成　"鏡"類文獻識略　《敦煌研究》1999 年第 1 期　p. 52

謝桃坊　敦煌文化尋繹　四川人民出版社　1999　p. 69

楊富學　李吉和　敦煌漢文吐蕃史料輯校(第一輯)　甘肅人民出版社　1999　p. 101

張涌泉　敦煌文書疑難詞語辨釋　舊學新知　浙江大學出版社　1999　p. 256

高明士　唐代敦煌官方的祭祀禮儀　1994 年敦煌學國際研討會文集·宗教文史卷(上)　甘肅民族出版社　2000　p. 52

顏廷亮　敦煌文化　光明日報出版社　2000　p. 70

楊寶玉　敦煌史話　中國大百科全書出版社　2000　p. 41、160

倉修良　陳仰光　從敦煌圖經殘卷看隋唐五代圖經發展　文史(第五十五輯)　中華書局　2001　p. 131

褚良才　敦煌學簡明教程　中華書局　2001　p. 47

李并成　漢玉門關新考　敦煌文獻論集：紀念藏經洞發現一百周年國際學術研討會論文集　遼寧人民出版社　2001　p. 130

榮新江　敦煌學十八講　北京大學出版社　2001　p. 271

榮新江　評《古本敦煌鄉土志八種箋證》　敦煌吐魯番研究(第五卷)　北京大學出版社　2001

p. 418

王素　敦煌莫高窟創建時間補說　敦煌文獻論集：紀念藏經洞發現一百周年國際學術研討會論文集
　　遼寧人民出版社　2001　p. 349

陳國燦　敦煌學史事新證　甘肅教育出版社　2002　p. 182

華林甫　中國地名學源流　湖南人民出版社　2002　p. 185

姜亮夫　敦煌莫高窟年表　姜亮夫全集（十一）　雲南人民出版社　2002　p. 41、530

姜亮夫　敦煌小識六論　姜亮夫全集（十四）　雲南人民出版社　2002　p. 191

馬德　莫高窟新發現的窟龕與墓塔遺迹　敦煌佛教藝術文化國際學術研討會論文集　蘭州大學出版
　　社　2002　p. 157

乜小紅　試論唐五代宋初敦煌畜牧區域的分佈　《敦煌研究》2002 年第 2 期　p. 38

榮新江　敦煌地理文獻的價值與研究　敦煌學新論　甘肅教育出版社　2002　p. 246

王素　敦煌吐魯番文獻　文物出版社　2002　p. 24

鄭炳林　晚唐五代敦煌歸義軍行政區劃制度研究（之二）　《敦煌研究》2002 年第 3 期　p. 69

百橋明穗　敦煌莫高窟早期窟試論　2000 年敦煌學國際學術討論會文集・石窟考古卷　甘肅民族
　　出版社　2003　p. 279

池田溫　敦煌の歷史的背景　敦煌文書の世界　（東京）名著刊行會　2003　p. 104

李并成　敦煌文獻與西北生態環境變遷研究　漢語史學報專輯（第三輯）　上海教育出版社　2003
　　p. 390

李并成　敦煌學與沙漠歷史地理研究　2000 年敦煌學國際學術討論會文集・歷史文化卷（上）　甘
　　肅民族出版社　2003　p. 486

李并成　盛唐時期河西走廊的區位特點與開發　唐代地域結構與運作空間　上海辭書出版社　2003
　　p. 79

李正宇　李樹輝　絲綢之路與敦煌　敦煌陽關玉門關論文選萃　甘肅人民出版社　2003　p. 76

譚蟬雪　敦煌的粟特居民及祆神祈賽　2000 年敦煌學國際學術討論會文集・歷史文化卷（下）　甘
　　肅民族出版社　2003　p. 57

蕭默　敦煌建築研究　機械工業出版社　2003　p. 10

張德芳　敦煌懸泉置遺址　敦煌陽關玉門關論文選萃　甘肅人民出版社　2003　p. 331

朱悅梅　李并成　《沙州督都府圖經》纂修年代及其相關問題考　《敦煌研究》2003 年第 5 期　p. 62

高啓安　唐五代敦煌飲食文化研究　民族出版社　2004　p. 245

高啓安　趙紅　敦煌“玉女”考屑　《敦煌研究》2005 年第 2 期　p. 68

李錦繡　敦煌吐魯番地理文書與唐五代地理學　《吐魯番學研究》2005 年第 1 期　p. 63

馮培紅　歸義軍鎮制考　敦煌吐魯番研究（第九卷）　中華書局　2006　p. 269

P. 2692

饒宗頤　敦煌本文選斠證（一）　（香港）《新亞學報》1957 年第 1 期　p. 336

金岡照光　敦煌漢文文學文獻の文學形態上の種類とその分類　敦煌出土文學文獻分類目録・附解
　　說　（東京）東洋文庫　1971　p. 203

金岡照光　敦煌民衆の宗教と生活　敦煌の民衆——その生活と思想　（東京）評論社　1972
　　p. 142

金岡照光　敦煌の繪物語　（東京）東方書店　1981　p. 68

賀世哲　孫修身　瓜沙曹氏與敦煌莫高窟　敦煌研究文集　甘肅人民出版社　1982　p. 246

董作賓　敦煌紀年　敦煌學文選（上）　蘭州大學歷史系敦煌學研究室等　1983　p. 27

陳祚龍　竭誠做好知己知彼,悉力做到精益求精:敦煌學散策之四(上)　敦煌學(第 8 輯)　(臺北)
　　"中國文化大學"中國文學研究所敦煌學會　1984　p. 12　又見:敦煌學林劄記　(臺北)商務印
　　書館　1987　p. 198

饒宗頤解說　林宏作譯　敦煌書法叢刊(第十五卷)·牒狀(二)　(東京)二玄社　1985　p. 87

賀世哲　從供養人題記看莫高窟部分洞窟的營建年代　敦煌莫高窟供養人題記　文物出版社　1986
　　p. 225

蘇瑩輝　曹元德、元深、元忠事迹考略　敦煌文史藝術論叢　(臺北)新文豐出版公司　1987　p. 156

譚蟬雪　曹元德曹元深卒年考　《敦煌研究》1988 年第 1 期　p. 53

杜琪　表·疏　敦煌文學　甘肅人民出版社　1989　p. 24

榮新江　沙州歸義軍歷任節度使稱號研究　敦煌吐魯番學研究論文集　漢語大詞典出版社　1990
　　p. 798

馬德　曹氏三大窟營建的社會背景　《敦煌研究》1991 年第 1 期　p. 24

仁井田陞　補訂中國法制史研究:土地法·交易法　東京大學出版會　1991　p. 734

菅原信海　占筮書　敦煌漢文文獻(講座敦煌 5)　(東京)大東出版社　1992　p. 452

金岡照光　講唱體類　敦煌の文學文獻(講座敦煌 9)　(東京)大東出版社　1992　p. 76

饒宗頤　敦煌寫卷之書法　唐代研究論集(第三輯)　(臺北)新文豐出版公司　1992　p. 22

高田時雄　チベット文字書寫「長卷」の研究(本文編)　『東方學報』(第 65 號)　京都大學人文科
　　學研究所　1993　p. 369

賀世哲　再談曹元深功德窟　《敦煌研究》1994 年第 3 期　p. 33

榮新江　敦煌邈真讚所見歸義軍與東西回鶻的關係　敦煌邈真讚校錄並研究　(臺北)新文豐出版
　　公司　1994　p. 110

汪娟　敦煌禮懺文研究　(臺北)法鼓文化公司　1994　p. 14、92、178、318、358

劉進寶　敦煌學論述　(臺北)洪葉文化事業有限公司　1995　p. 112 注 165

榮新江　歸義軍史研究　上海古籍出版社　1996　p. 22

汪娟　敦煌寫本《十二光禮》研究　慶祝潘石禪先生九秩華誕敦煌學特刊　(臺北)文津出版社
　　1996　p. 494

黃征　《敦煌遺書劉子殘卷集錄》匡補　敦煌語文叢說　(臺北)新文豐出版公司　1997　p. 517

李正宇　西同考　《敦煌研究》1997 年第 4 期　p. 111

李正宇　古本敦煌鄉土志八種箋證　(臺北)新文豐出版公司　1998　p. 383

榮新江　歸義軍大事紀年初稿　出土文獻研究(第三輯)　文物出版社　1998　p. 246

姜亮夫　敦煌:偉大的文化寶藏　雲南人民出版社　1999　p. 79

湛如　評《敦煌禮懺文研究》　敦煌吐魯番研究(第四卷)　北京大學出版社　1999　p. 618

張涌泉　俗字研究與敦煌文獻的校理　舊學新知　浙江大學出版社　1999　p. 68

汪娟　敦煌寫本《觀音禮》初探　慶祝吳其昱先生八秩華誕敦煌學特刊　(臺北)文津出版社　2000
　　p. 313

姜亮夫　敦煌莫高窟年表　姜亮夫全集(十一)　雲南人民出版社　2002　p. 507

乜小紅　試論唐五代宋初敦煌畜牧區域的分佈　《敦煌研究》2002 年第 2 期　p. 42

李并成　盛唐時期河西走廊的區位特點與開發　唐代地域結構與運作空間　上海辭書出版社　2003
　　p. 82

沙武田　趙曉星　歸義軍時期敦煌文獻中的太子　《敦煌研究》2003 年第 4 期　p. 48

汪娟　敦煌寫本《降生禮文》初探　新世紀敦煌學論集　巴蜀書社　2003　p. 409

鄭炳林　敦煌寫本解夢書校錄研究　民族出版社　2005　p. 121

P. 2693

王重民　敦煌古籍叙録　中華書局　1979　p. 177

饒宗頤　論七曜與十一曜：記敦煌開寶七年(九七四)康遵批命課　選堂集林‧史林　(香港)中華書局　1982　p. 792　又見：饒宗頤史學論著選　上海古籍出版社　1993　p. 592；饒宗頤東方學論集　汕頭大學出版社　1999　p. 130

董作賓　敦煌紀年　敦煌學文選(上)　蘭州大學歷史系敦煌學研究室等　1983　p. 33

王重民　敦煌本曆日之研究　敦煌遺書論文集　中華書局　1984　p. 132 注 28

王重民　巴黎敦煌殘卷叙録(第二輯)　敦煌叢刊初集(九)　(臺北)新文豐出版公司　1985　p. 249

龍晦　論敦煌詞曲所見之禪宗與淨土宗　《世界宗教研究》1986 年第 3 期　p. 61

高國藩　敦煌古俗與民俗流變　河海大學出版社　1990　p. 307

蕭登福　從敦煌寫卷中看道教星斗崇拜對佛經之影響　第二屆敦煌學國際研討會論文集　(臺北)漢學研究中心　1990　p. 349

金岡照光　講史譚‧時事変文等──「王陵」「李陵」「張議潮」変文を中心に　敦煌の文學文獻(講座敦煌9)　(東京)大東出版社　1992　p. 561

林家平　寧强　羅華慶　中國敦煌學史　北京語言學院出版社　1992　p. 159

高田時雄　評：池田溫編『敦煌漢文文獻』(講座敦煌5)　『東洋史研究』(52 卷 1 號)　(東京)東洋史研究會　1993　p. 126

高田時雄　チベット文字書寫「長卷」の研究(本文編)　『東方學報』(第 65 號)　京都大學人文科學研究所　1993　p. 374

蕭登福　道教星斗符印與佛教密宗　(臺北)新文豐出版公司　1993　p. 32

馬德　敦煌遺書莫高窟營建史料淺論　敦煌學國際研討會文集‧石窟考古編　遼寧美術出版社　1995　p. 139

馬德　《董保德功德頌》述略　《敦煌研究》1996 年第 3 期　p. 18

馬德　敦煌莫高窟史研究　甘肅教育出版社　1996　p. 75

姜亮夫　敦煌：偉大的文化寶藏　雲南人民出版社　1999　p. 146

施謝捷　敦煌文獻語詞校釋叢劄　《敦煌研究》1999 年第 4 期　p. 27

黄正建　敦煌占卜文書與唐五代占卜研究　學苑出版社　2001　p. 90

姜亮夫　敦煌莫高窟年表　姜亮夫全集(十一)　雲南人民出版社　2002　p. 478

孫修身　敦煌與中西交通研究　甘肅教育出版社　2002　p. 187

余欣　禁忌、儀式與法術　唐代宗教信仰與社會　上海辭書出版社　2003　p. 332

趙貞　"九曜行年"略說　《敦煌學輯刊》2005 年第 3 期　p. 28

P. 2694

陳祚龍　關於研究李唐三藏法師玄奘的"作爲"及其影響之敦煌古抄參考資料　中華佛教文化史散策(初集)　(臺北)新文豐出版公司　1978　p. 371

鄭炳林　敦煌碑銘讚輯釋　甘肅教育出版社　1997　p. 555 注 7

方廣錩　辯中邊論　敦煌學大辭典　上海辭書出版社　1998　p. 715

P. 2695

池田溫　評『ペリオ將來敦煌漢文文獻目録』第一卷(P. 2001－2500)　『東洋學報』(54 卷 4 號)　(東京)東洋學術協會　1972　p. 64

陳祚龍　簡記敦煌古抄方志　敦煌文物隨筆　(臺北)商務印書館　1979　p. 48

陳祚龍　中世敦煌與成都之間的交通路線　敦煌資料考屑(下冊)　(臺北)商務印書館　1979
　　　p. 339　又見:唐代研究論集(第三輯)　(臺北)新文豐出版公司　1992　p. 439

王重民　敦煌古籍叙録　中華書局　1979　p. 115

菊池英夫　唐代敦煌社會の外貌　敦煌の社會(講座敦煌3)　(東京)大東出版社　1980　p. 92

蘇瑩輝　敦煌學概要　(臺北)編譯館"中華叢書編委會"　1981　p. 120

周丕顯　敦煌科技書卷叢談　《敦煌學輯刊》1981年第2期　p. 55

陳祚龍　《簡記敦煌古抄方志》及其"後語"　敦煌學要籥　(臺北)新文豐出版公司　1982　p. 219

董作賓　敦煌紀年　敦煌學文選(上)　蘭州大學歷史系敦煌學研究室等　1983　p. 20

蘇瑩輝　敦煌石室真迹録題記訂補之續　敦煌論集續編　(臺北)學生書局　1983　p. 210

陳祚龍　竭誠做好知己知彼,悉力做到精益求精:敦煌學散策之四(上)　敦煌學(第8輯)　(臺北)
　　"中國文化大學"中國文學研究所敦煌學會　1984　p. 15　又見:敦煌學林劄記　(臺北)商務印
　　書館　1987　p. 205

王重民　巴黎敦煌殘卷叙録(第一輯)　敦煌叢刊初集(九)　(臺北)新文豐出版公司　1985　p. 138

李并成　唐代圖經蠡測　《敦煌學研究》(西北師院學報)1986年增刊　p. 34

唐耕耦　陸宏基　敦煌社會經濟文獻真迹釋録(一)　書目文獻出版社　1986　p. 24

王重民原編　黃永武新編　敦煌古籍叙録新編(第六冊)　(臺北)新文豐出版公司　1986　p. 347

周紹良　讀《沙州圖經》卷子　《敦煌研究》1987年第2期　p. 27

李正宇　敦煌地區古代祠廟寺觀簡志　《敦煌學輯刊》1988年第1、2期　p. 71

林平和　羅振玉敦煌學析論　(臺北)文史哲出版社　1988　p. 11

劉進寶　伯希和與敦煌遺書　《西北師大學報》(社會科學版)1989年第4期　p. 52

張錫厚　敦煌詩歌考論　《敦煌學輯刊》1989年第2期　p. 25

張錫厚　詩歌　敦煌文學　甘肅人民出版社　1989　p. 173

鄭炳林　敦煌地理文書彙輯校注　甘肅教育出版社　1989　p. 34

李并成　敦煌石窟所出《沙州都督府圖經》　《陽關》1990年第2期　p. 63

李并成　《沙州城土鏡》之地理調查與考釋　《敦煌學輯刊》1990年第2期　p. 90

宿白　《李君莫高窟佛龕碑》合校　敦煌吐魯番學研究論文集　漢語大詞典出版社　1990　p. 57

林聰明　敦煌文書學　(臺北)新文豐出版公司　1991　p. 396

姜伯勤　敦煌社會文書導論　(臺北)新文豐出版公司　1992　p. 225

李并成　敦煌遺書中地理書卷的學術價值　《地理研究》1992年第3期　p. 42

李并成　一批珍貴的古代地理文書:敦煌遺書中的地理書卷　《中國科技史料》1992年第13卷第4
　　期　p. 90

日比野丈夫　地理書　敦煌漢文文獻(講座敦煌5)　(東京)大東出版社　1992　p. 343

王仲犖　敦煌石室出《沙州都督府圖經》殘卷考釋　《中國歷史地理論叢》1992年第1輯　又見:中
　　國敦煌學百年文庫·地理卷(二)　甘肅文化出版社　1999　p. 364

吳其昱著　伊藤美重子譯　敦煌漢文寫本概観　敦煌漢文文獻(講座敦煌5)　(東京)大東出版社
　　1992　p. 104

周紹良　敦煌文學芻議及其它　(臺北)新文豐出版公司　1992　p. 183

晒麟　金山國名稱來源　《敦煌學輯刊》1993年第1期　p. 52

姜伯勤　論高昌胡天與敦煌祆寺　《世界宗教研究》1993年第1期　又見:中國敦煌學百年文庫·宗
　　教卷(三)　甘肅文化出版社　1999　p. 516

王克孝　ДХ2168號寫本初探　《敦煌學輯刊》1993年第2期　p. 25　又見:1994年敦煌學國際研討
　　會文集·宗教文史卷(下)　甘肅民族出版社　2000　p. 229

王仲犖　《沙州都督府圖經》殘卷考釋　敦煌石室地志殘卷考釋　上海古籍出版社　1993　p. 140

項楚　敦煌詩歌導論　（臺北）新文豐出版公司　1993　p. 227

張錫厚　敦煌文學概論　甘肅人民出版社　1993　p. 363

姜伯勤　敦煌吐魯番文書與絲綢之路　文物出版社　1994　p. 244

胡戟　傅玫　敦煌史話　中華書局　1995　p. 148

劉進寶　敦煌學論述　（臺北）洪葉文化事業有限公司　1995　p. 213

土肥義和　唐・北宋間の「社」の組織形態に關する一考察　中國古代の國家と民衆（堀敏一先生古稀記念）　（東京）汲古書院　1995　p. 693

吳庚舜　董乃斌　唐代文學史（下）　人民文學出版社　1995　p. 611

鄭炳林　唐五代敦煌金鞍山異名考　《敦煌研究》1995 年第 2 期　p. 134

姜伯勤　敦煌藝術宗教與禮樂文明　中國社會科學出版社　1996　p. 298、489

李并成　李春元　瓜沙史地研究　甘肅文化出版社　1996　p. 174

李正宇　敦煌史地新論　（臺北）新文豐出版公司　1996　p. 72

李正宇　敦煌遺書 P. 2691 寫本的定性與正名　慶祝潘石禪先生九秩華誕敦煌學特刊　（臺北）文津出版社　1996　p. 126

宿白　《武周聖曆李君莫高窟佛龕碑》合校　中國石窟寺考古　文物出版社　1996　p. 269

李正宇　敦煌歷史地理導論　（臺北）新文豐出版公司　1997　p. 21

仁井田陞　ペリオ敦煌發見唐令の再吟味　唐令拾遺補　東京大學出版會　1997　p. 258

王惠民　《董保德功德記》與隋代敦煌崇教寺舍利塔　《敦煌研究》1997 年第 3 期　p. 77

楊際平　郭鋒　張和平　五—十世紀敦煌的家庭與家族關係　岳麓書社　1997　p. 298

鄭炳林　敦煌碑銘讚輯釋　甘肅教育出版社　1997　p. 24 注 14

鄭炳林　唐五代敦煌金山國征伐樓蘭史事考　敦煌歸義軍史專題研究　蘭州大學出版社　1997　p. 18

柴劍虹　載初歌謠　敦煌學大辭典　上海辭書出版社　1998　p. 555

陳國燦　敦煌鎮　敦煌學大辭典　上海辭書出版社　1998　p. 295

姜伯勤　道釋相激：道教在敦煌　道家文化研究（第十三輯）　三聯書店　1998　p. 58

李正宇　古本敦煌鄉土志八種箋證　（臺北）新文豐出版公司　1998　p. 116

李正宇　李先王廟　敦煌學大辭典　上海辭書出版社　1998　p. 625

李正宇　靈圖觀　敦煌學大辭典　上海辭書出版社　1998　p. 633

李正宇　沙州圖經卷第一　敦煌學大辭典　上海辭書出版社　1998　p. 325

李正宇　潘玉閃　崇教寺　敦煌學大辭典　上海辭書出版社　1998　p. 628

羅豐　薩寶：一個唐朝唯一外來官職的再考察　唐研究（第四卷）　北京大學出版社　1998　p. 239

馬德　敦煌文書《道家雜齋文範集》及有關問題述略　道家文化研究（第十三輯）　三聯書店　1998　p. 246

譚蟬雪　敦煌道經題記綜述　道家文化研究（第十三輯）　三聯書店　1998　p. 11

王素　高昌史稿・統治編　文物出版社　1998　p. 142

勞榦　敦煌長史武斑碑校釋　中國敦煌學百年文庫・地理卷（二）　甘肅文化出版社　1999　p. 109

杜琪　敦煌詩賦作品要目分類題注　《甘肅社會科學》2000 年第 1 期　p. 63

劉進寶　藏經洞之謎：敦煌文物流散記　甘肅人民出版社　2000　p. 120

徐俊　敦煌詩集殘卷輯考　中華書局　2000　p. 759

顏廷亮　敦煌文化　光明日報出版社　2000　p. 118、210

楊寶玉　敦煌史話　中國大百科全書出版社　2000　p. 158

1988

張錫厚　敦煌文學源流　作家出版社　2000　p. 73

倉修良　陳仰光　從敦煌圖經殘卷看隋唐五代圖經發展　文史(第五十五輯)　中華書局　2001　p. 131

榮新江　評《古本敦煌鄉土志八種箋證》　敦煌吐魯番研究(第五卷)　北京大學出版社　2001　p. 418

李斌城　唐代文化　中國社會科學出版社　2002　p. 1651

呂鍾　重修敦煌縣誌　甘肅人民出版社　2002　p. 601

榮新江　敦煌地理文獻的價值與研究　敦煌學新論　甘肅教育出版社　2002　p. 246

楊寶玉　敦煌滄桑　長江文藝出版社　2002　p. 243

陳夢家　玉門關與玉門縣　敦煌陽關玉門關論文選萃　甘肅人民出版社　2003　p. 140

辛德勇　唐代的地理學　唐代地域結構與運作空間　上海辭書出版社　2003　p. 441

李宗俊　讀《李無虧墓誌銘》三題　《敦煌學國際聯絡委員會通訊》2004 年第 1 期　p. 50

李宗俊　《沙州都督府圖經》撰修年代新探　《敦煌學輯刊》2004 年第 1 期　p. 53

羅豐　胡漢之間："絲綢之路"與西北歷史考古　文物出版社　2004　p. 277

王卡　敦煌道教文獻研究　中國社會科學出版社　2004　p. 7

王志鵬　敦煌寫卷 P. 2555《白雲歌》再探　《敦煌研究》2004 年第 6 期　p. 86

鄭炳林　讀《大周故沙州刺史李君墓誌銘》劄記　《敦煌學國際聯絡委員會通訊》2004 年第 1 期　p. 43

李并成　唐《始平縣圖經》殘卷(S. 6014)研究　《敦煌研究》2005 年第 5 期　p. 52

李錦繡　敦煌吐魯番地理文書與唐五代地理學　《吐魯番學研究》2005 年第 1 期　p. 58

王卡　敦煌道教綜述　敦煌與絲路文化學術講座(第二輯)　北京圖書館出版社　2005　p. 376

P. 2696

芳村修基　土橋秀高　井ノ口泰淳　敦煌佛教史年表　西域文化研究(第一)·敦煌佛教資料　(京都)法藏館　1958　p. 273

蔡治淮　敦煌寫本唐僖宗中和五年三月車駕還京師大赦詔校釋　敦煌吐魯番文獻研究論集　中華書局　1982　p. 650

陳祚龍　古代敦煌及其他地區流行之公私印章圖記文字録　敦煌學要籥　(臺北)新文豐出版公司　1982　p. 345

陳祚龍　關於敦煌古抄李唐僖宗的"改元光啓赦"　敦煌簡策訂存　(臺北)商務印書館　1983　p. 110

饒宗頤　敦煌書法叢刊(第十一卷)·經史(九)　(東京)二玄社　1984　p. 26、64

楊際平　鄭學檬　兩本《敦煌吐魯番文獻研究論集》評介　《中國社會經濟史研究》1984 年第 1 期　p. 119

劉俊文　敦煌吐魯番唐代法制文書考釋　中華書局　1989　p. 420

唐耕耦　陸宏基　敦煌社會經濟文獻真迹釋録(四)　全國圖書館文獻縮微複製中心　1990　p. 263

中村裕一　唐代制勅研究　(東京)汲古書院　1991　p. 26、77、866

林家平　寧強　羅華慶　中國敦煌學史　北京語言學院出版社　1992　p. 81

中村裕一　官文書　敦煌漢文文獻(講座敦煌5)　(東京)大東出版社　1992　p. 552

榮新江　歸義軍改元考　文史(第三十八輯)　中華書局　1994　p. 47

沃興華　敦煌書法藝術　上海人民出版社　1994　p. 188

榮新江　歸義軍史研究　上海古籍出版社　1996　p. 10、47、181

中村裕一　唐代公文書研究　（東京）汲古書院　1996　p. 70、132
中村裕一　文書行政　魏晉南北朝隋唐時代史の基本問題　（東京）汲古書院　1997　p. 330
榮新江　歸義軍大事紀年初稿　出土文獻研究（第三輯）　文物出版社　1998　p. 239
謝桃坊　敦煌文化尋繹　四川人民出版社　1999　p. 194
陳永勝　敦煌法制文書研究回顧與展望　《敦煌研究》2000 年第 2 期　p. 101
陳永勝　敦煌吐魯番法制文書研究　甘肅人民出版社　2000　p. 8
榮新江　敦煌學十八講　北京大學出版社　2001　p. 194
森安孝夫著　梁曉鵬摘譯　河西歸義軍節度使官印及其編年　《敦煌學輯刊》2003 年第 1 期　p. 140
王啓濤　中古及近代法制文書語言研究　巴蜀書社　2003　p. 387、400
劉後濱　唐代中書門下體制研究　齊魯書社　2004　p. 316

P. 2697
董作賓　敦煌紀年　敦煌學文選（上）　蘭州大學歷史系敦煌學研究室等　1983　p. 32
唐耕耦　陸宏基　敦煌社會經濟文獻真迹釋録（三）　全國圖書館文獻縮微複製中心　1990　p. 89
姜伯勤　敦煌社會文書導論　（臺北）新文豐出版公司　1992　p. 2
王書慶　敦煌佛學・佛事篇　甘肅民族出版社　1995　p. 239
姜伯勤　敦煌藝術宗教與禮樂文明　中國社會科學出版社　1996　p. 439
郝春文　關於唐後期五代宋初沙州僧俗的施捨問題　唐研究（第三卷）　北京大學出版社　1997　p. 25
鄭炳林　敦煌碑銘讚輯釋　甘肅教育出版社　1997　p. 412 注 3
郝春文　唐後期五代宋初敦煌僧尼的社會生活　中國社會科學出版社　1998　p. 249
金瀅坤　從敦煌文書看晚唐五代敦煌地區布紡織業　《敦煌研究》1998 年第 2 期　p. 140
陳祚龍　迎頭趕上，此其時也：敦煌學散策之二　中國敦煌學百年文庫・綜述卷（三）　甘肅文化出版社　1999　p. 52
姜伯勤　唐禮與敦煌發現的書儀　敦煌文藪（下）　（臺北）新文豐出版公司　1999　p. 16
鄭炳林　晚唐五代敦煌地區種植棉花研究　《中國史研究》1999 年第 3 期　p. 91
顏廷亮　敦煌文化　光明日報出版社　2000　p. 381
姜亮夫　敦煌莫高窟年表　姜亮夫全集（十一）　雲南人民出版社　2002　p. 495
張國剛　佛學與隋唐社會　河北人民出版社　2002　p. 124
湛如　敦煌佛教律儀制度研究　中華書局　2003　p. 333
屈直敏　敦煌高僧　民族出版社　2004　p. 53

P. 2699
王素　唐寫本《論語鄭氏注》校録　唐寫本論語鄭氏注及其研究　文物出版社　1991　p. 84 注 55
土田健次郎　儒教典籍　敦煌漢文文獻（講座敦煌 5）　（東京）大東出版社　1992　p. 269
陳金木　唐寫本論語鄭氏注研究（上）　（臺北）文津出版社　1996　p. 70
李方　敦煌《論語集解》校正　江蘇古籍出版社　1998　p. 830
李方　唐寫本《論語集解》校讀零拾　出土文獻研究（第三輯）　文物出版社　1998　p. 219
許建平　《俄藏敦煌文獻》儒家經典類寫本的定名與綴合　漢語史學報專輯（第三輯）　上海教育出版社　2003　p. 313
許建平　中國國家圖書館藏未刊敦煌寫本殘片四種的定名與綴合　浙江與敦煌學：常書鴻先生誕辰一百周年紀念文集　浙江古籍出版社　2004　p. 320

P. 2700

芳村修基　土橋秀高　井ノ口泰淳　敦煌佛教史年表　西域文化研究(第一)・敦煌佛教資料　(京都)法藏館　1958　p. 273

金岡照光　敦煌漢文文學文獻の文學形態上の種類とその分類　敦煌出土文學文獻分類目録・附解說　(東京)東洋文庫　1971　p. 236

金岡照光　敦煌文學のさまざま　敦煌の文學　(東京)大藏出版株式會社　1971　p. 160

王重民　敦煌古籍叙録　中華書局　1979　p. 303、308

蘇瑩輝　敦煌學概要　(臺北)編譯館"中華叢書編委會"　1981　p. 61

傅芸子　敦煌俗文學之發見及其展開　敦煌變文論文録　上海古籍出版社　1982　p. 140

蘇瑩輝　中外敦煌古寫本纂要　敦煌論集　(臺北)學生書局　1983　p. 335

劉修業　王重民　《秦婦吟》校勘續記　敦煌遺書論文集　中華書局　1984　p. 142、153 注 4、154　又見：秦婦吟研究彙録　上海古籍出版社　1990　p. 126

潘重規　敦煌寫本秦婦吟新書　敦煌學(第 8 輯)　(臺北)"中國文化大學"中國文學研究所敦煌學會　1984　p. 15

王水照　韋莊簡論　唐宋文學論集　齊魯書社　1984　p. 112 注 1

蔣禮鴻　《補全唐詩》校記　敦煌學論集　甘肅人民出版社　1985　p. 79

王重民原編　黃永武新編　敦煌古籍叙録新編(第十五冊)　(臺北)新文豐出版公司　1986　p. 261

龍晦　大足石刻父母恩重經變像與敦煌音樂文學的關係　敦煌歌辭總編　上海古籍出版社　1987　p. 1835

張錫厚　詩歌　敦煌文學　甘肅人民出版社　1989　p. 178

鄭炳林　敦煌地理文書彙輯校注　甘肅教育出版社　1989　p. 231

柴劍虹　《秦婦吟》敦煌寫卷的新發現　秦婦吟研究彙録　上海古籍出版社　1990　p. 171　又見：西域文史論稿　(臺北)國文天地雜誌社　1991　p. 307

龍晦　敦煌與五代兩蜀文化　《敦煌研究》1990 年第 2 期　p. 96

榮新江　西元十世紀沙州歸義軍與西州回鶻的文化交往　第二屆敦煌學國際研討會論文集　(臺北)漢學研究中心　1990　p. 591

顏廷亮　趙以武　秦婦吟研究彙録　上海古籍出版社　1990　p. 1(圖版)

Lionel Giles 撰　張蔭麟譯　《秦婦吟》之考證與校釋　秦婦吟研究彙録　上海古籍出版社　1990　p. 24

張高評　韋莊《秦婦吟》與唐宋詩風之嬗變──以叙事、詩史、破體爲例　第四屆唐代文化學術研討會論文集　(臺南)成功大學　1991　p. 385 注 2

鄭炳林　伯 2641 號背莫高窟再修功德記撰寫人探微　《敦煌學輯刊》1991 年第 2 期　p. 50

李并成　敦煌遺書中地理書卷的學術價值　《地理研究》1992 年第 3 期　p. 42

李并成　一批珍貴的古代地理文書：敦煌遺書中的地理書卷　《中國科技史料》1992 年第 13 卷第 4 期　p. 91

周丕顯　敦煌佚詩雜考　《敦煌學輯刊》1992 年第 1、2 期　p. 49

周紹良　敦煌文學芻議及其它　(臺北)新文豐出版公司　1992　p. 27

高田時雄　評：池田溫編『敦煌漢文文獻』(講座敦煌 5)　『東洋史研究』(52 卷 1 號)　(東京)東洋史研究會　1993　p. 125

汪泛舟　敦煌文學概論　甘肅人民出版社　1993　p. 565

項楚　敦煌詩歌導論　(臺北)新文豐出版公司　1993　p. 33

張錫厚　敦煌文學概論　甘肅人民出版社　1993　p. 357

蔣禮鴻　蔣禮鴻語言文字學論叢　浙江古籍出版社　1994　p. 424

汪泛舟　敦煌韻文辨正舉隅　《敦煌研究》1994 年第 2 期　p. 144

胡戟　傅玫　敦煌史話　中華書局　1995　p. 168

劉進寶　敦煌學論述　（臺北）洪葉文化事業有限公司　1995　p. 331

顔廷亮　敦煌文學概說　（臺北）新文豐出版公司　1995　p. 98

張涌泉　敦煌寫本《秦婦吟》彙校　中國典籍與文化論叢(第四輯)　中華書局　1997　p. 313

鄭炳林　敦煌碑銘讚輯釋　甘肅教育出版社　1997　p. 314 注 6

柴劍虹　秦婦吟　敦煌學大辭典　上海辭書出版社　1998　p. 554

柴劍虹　王克茂詩　敦煌學大辭典　上海辭書出版社　1998　p. 559

高國藩　敦煌俗文化學　上海三聯書店　1999　p. 512

杜琪　敦煌詩賦作品要目分類題注　《甘肅社會科學》2000 年第 1 期　p. 63

雷紹鋒　歸義軍賦役制度初探　（臺北）洪葉文化事業有限公司　2000　p. 284

徐俊　敦煌詩集殘卷輯考　中華書局　2000　p. 115、141

張錫厚　敦煌文學源流　作家出版社　2000　p. 72、110

杜曉勤　隋唐五代文學研究　北京出版社　2001　p. 646

陶敏　李一飛　隋唐五代文學史料學　中華書局　2001　p. 363

張總　《閻羅王授記經》綴補研考　敦煌吐魯番研究(第五卷)　北京大學出版社　2001　p. 111 注

陳國燦　敦煌學史事新證　甘肅教育出版社　2002　p. 26

姜亮夫　敦煌莫高窟年表　姜亮夫全集(十一)　雲南人民出版社　2002　p. 421

榮新江　敦煌地理文獻的價值與研究　敦煌學新論　甘肅教育出版社　2002　p. 253

P. 2701

鄭阿財　敦煌蒙書析論　第二屆敦煌學國際研討會論文集　（臺北）漢學研究中心　1990　p. 223

柴劍虹　敦煌文學概論　甘肅人民出版社　1993　p. 541

鄭阿財　敦煌文獻與文學　（臺北）新文豐出版公司　1993　p. 256

黃征　吳偉　敦煌願文集　岳麓書社　1995　p. 3、611

朱鳳玉　敦煌文獻中的語文教材　（臺灣）《嘉義師院學報》1995 年第 9 期　p. 468

張國剛　隋唐五代史研究概要　天津教育出版社　1996　p. 746

柴劍虹　敦煌的童蒙文學作品　敦煌吐魯番學論稿　浙江教育出版社　2000　p. 211

P. 2702

小島祐馬　巴黎國立圖書館藏敦煌遺書所見錄(三)　『支那學』(6 卷 2 號)　（京都）支那學社
　　1932　p. 111

王重民　英倫所藏敦煌經卷訪問記　《大公報》1936 年 4 月 2 日　又見：敦煌遺書論文集　中華書局
　　1984　p. 4 ; 中國敦煌學百年文庫·綜述卷(一)　甘肅文化出版社　1999　p. 64

王重民　敦煌古籍叙錄　中華書局　1979　p. 89

蘇瑩輝　敦煌學概要　（臺北）編譯館"中華叢書編委會"　1981　p. 39

蘇瑩輝　"敦煌曲"評介　敦煌論集續編　（臺北）學生書局　1983　p. 305

蘇瑩輝　中外敦煌古寫本纂要　敦煌論集　（臺北）學生書局　1983　p. 315

王重民　巴黎敦煌殘卷叙錄(第一、二輯)　敦煌叢刊初集(九)　（臺北）新文豐出版公司　1985
　　p. 133、201 ; 218、220

王重民原編　黃永武新編　敦煌古籍叙錄新編(第五冊)　（臺北）新文豐出版公司　1986　p. 204、

220

任半塘　敦煌歌辭總編　上海古籍出版社　1987　p. 823

柴劍虹　徐俊　敦煌詞輯校四談　《敦煌學輯刊》1988 年第 1、2 期　p. 56　又見:西域文史論稿
　　（臺北）國文天地雜誌社　1991　p. 504

林平和　羅振玉敦煌學析論　（臺北）文史哲出版社　1988　p. 34、129

康世昌　《春秋後語》輯校（上）　敦煌學（第 14 輯）　（臺北）新文豐出版公司　1989　p. 91

高國藩　敦煌古俗與民俗流變　河海大學出版社　1990　p. 214

康世昌　《春秋後語》研究　敦煌學（第 16 輯）　（臺北）新文豐出版公司　1990　p. 73

任半塘　王昆吾　隋唐五代燕樂雜言歌辭集　巴蜀書社　1990　p. 235

林聰明　敦煌文書學　（臺北）新文豐出版公司　1991　p. 54

尾崎康　史籍　敦煌漢文文獻（講座敦煌 5）　（東京）大東出版社　1992　p. 325

高國藩　敦煌民俗資料導論　（臺北）新文豐出版公司　1993　p. 170

馬德福　李重申　敦煌氣功史料初探　《社科縱橫》1994 年第 4 期　p. 39

胡戟　傅玫　敦煌史話　中華書局　1995　p. 143

李重申　敦煌體育史料考析　敦煌學國際研討會文集・石窟考古編　遼寧美術出版社　1995
　　p. 377

史成禮　史葆光　敦煌性文化　廣州出版社　1999　p. 78、217

李重申　敦煌古代體育文化　甘肅人民出版社　2000　p. 146

榮新江　敦煌文獻與古籍整理　慶祝吳其昱先生八秩華誕敦煌學特刊　（臺北）文津出版社　2000
　　p. 274

史成禮　敦煌性文化初探　1994 年敦煌學國際研討會文集・宗教文史卷（下）　甘肅民族出版社
　　2000　p. 243

李重申　李金梅　李小唐　敦煌石窟氣功鈎沈　《敦煌學輯刊》2001 年第 2 期　p. 57

姜亮夫　敦煌莫高窟年表　姜亮夫全集（十一）　雲南人民出版社　2002　p. 34

張鴻勳　敦煌俗文學研究　甘肅人民出版社　2002　p. 422

張子開　敦煌文獻中的白話禪詩　《敦煌學輯刊》2003 年第 1 期　p. 83

湯涒　敦煌曲子詞地域文化研究　上海古籍出版社　2004　p. 41、160、193

湯涒　敦煌曲子詞與河西本土文化　中國俗文化研究（第二輯）　巴蜀書社　2004　p. 195

王卡　敦煌道教文獻研究　中國社會科學出版社　2004　p. 50、217

張弓　敦煌四部籍與中古後期社會的文化情境　敦煌學（第 25 輯）　（臺北）樂學書局有限公司
　　2004　p. 315

湯涒　敦煌曲子詞寫本敘略　敦煌學國際研討會論文集　北京圖書館出版社　2005　p. 204

P. 2703

那波利貞　佛教信仰に基きて組織せられたる中晚唐五代時代の社邑に就きて（上）　『史林』（24
　　卷 3 號）　京都大學文學部史學研究會　1939　p. 25　又見:唐代社會文化史研究・第六編
　　（東京）創文社　1974　p. 596

三木榮　西域出土醫藥關係文獻綜合解說目錄　『東洋學報』（47 卷 1 號）　（東京）東洋學術協
　　會　1964　p. 13

梅村坦　住民の種族構成——敦煌をめぐる諸民族の動向　敦煌の社會（講座敦煌 3）　（東京）大
　　東出版社　1980　p. 211

森安孝夫　ウイグルと敦煌　敦煌の歷史（講座敦煌 2）　（東京）大東出版社　1980　p. 326

土肥義和　はじめに——歸義軍節度使の敦煌支配　敦煌の歷史(講座敦煌 2)　(東京)大東出版社　1980　p. 238

賀世哲　孫修身　瓜沙曹氏與敦煌莫高窟　敦煌研究文集　甘肅人民出版社　1982　p. 271 注 42

高自厚　敦煌文獻中的河西回鶻　《西北民族學院學報》1983 年第 3 期　又見:中國敦煌學百年文庫·民族卷(三)　甘肅文化出版社　1999　p. 245

賀世哲　孫修身　《瓜沙曹氏年表補正》之補正　敦煌學文選(上)　蘭州大學歷史系敦煌學研究室等　1983　p. 160 注 18

姜亮夫　瓜沙曹氏年表補正　敦煌學文選(上)　蘭州大學歷史系敦煌學研究室等　1983　p. 117　又見:敦煌學論文集　上海古籍出版社　1987　p. 923

蘇瑩輝　瓜沙史事叢考　(臺北)商務印書館　1983　p. 112

森安孝夫著　高然譯　回鶻與敦煌　《西北史地》1984 年第 1 期　p. 118

劉銘恕　敦煌遺書雜記四篇　敦煌學論集　甘肅人民出版社　1985　p. 50

賀世哲　從供養人題記看莫高窟部分洞窟的營建年代　敦煌莫高窟供養人題記　文物出版社　1986　p. 235 注 66

蘇瑩輝　瓜沙史事述要　漢學研究(敦煌學國際研討會論文專號)　(臺北)漢學研究資料及服務中心　1986　p. 477　又見:敦煌文史藝術論叢　(臺北)新文豐出版公司　1987　p. 89

土肥義和著　李永寧譯　歸義軍時期(晚唐、五代、宋)的敦煌(一)　《敦煌研究》1986 年第 4 期　p. 83

蘇瑩輝　瓜沙曹氏稱"王"者新考　敦煌文史藝術論叢　(臺北)新文豐出版公司　1987　p. 99

馬繼興　敦煌古醫籍考釋　江西科學技術出版社　1988　p. 15、460

榮新江　沙州歸義軍歷任節度使稱號研究　敦煌吐魯番學研究論文集　漢語大詞典出版社　1990　p. 804

唐耕耦　陸宏基　敦煌社會經濟文獻真迹釋錄(三、四)　全國圖書館文獻縮微複製中心　1990　p. 586 注、596 注、616;399

榮新江　敦煌文獻所見晚唐五代宋初的中印文化交往　季羨林教授八十華誕紀念論文集(下)　江西人民出版社　1991　p. 964

姜伯勤　敦煌社會文書導論　(臺北)新文豐出版公司　1992　p. 135、158

蘇瑩輝　曹元忠仕履與卒年新考　(香港)《九州學刊》(敦煌學專輯)1992 年第 4 卷第 4 期　p. 163

叢春雨　敦煌中醫藥全書　中醫古籍出版社　1994　p. 692

榮新江　敦煌邈真讚所見歸義軍與東西回鶻的關係　敦煌邈真讚校錄並研究　(臺北)新文豐出版公司　1994　p. 117

榮新江　甘州回鶻與曹氏歸義軍　《中國古代史》(先秦至隋唐)1994 年第 3 期　p. 111

王永興　敦煌經濟文書導論　(臺北)新文豐出版公司　1994　p. 438

劉惠琴　從敦煌文書中看沙州紡織業　《敦煌學輯刊》1995 年第 2 期　p. 53

陸慶夫　甘州回鶻可汗世次辨析　《敦煌學輯刊》1995 年第 2 期　p. 38　又見:敦煌歸義軍史專題研究　蘭州大學出版社　1997　p. 482

雷紹鋒　論曹氏歸義軍時期官府之"牧子"　《敦煌學輯刊》1996 年第 1 期　p. 41、45

鄭炳林　唐五代敦煌粟特人與歸義軍政權　《敦煌研究》1996 年第 4 期　p. 91　又見:敦煌歸義軍史專題研究　蘭州大學出版社　1997　p. 422

馮培紅　晚唐五代宋初歸義軍武職軍將研究　敦煌歸義軍史專題研究　蘭州大學出版社　1997　p. 126

張春燕　吳越　西衙考　《敦煌學輯刊》1997 年第 2 期　p. 122

1994

鄭炳林　唐五代敦煌手工業研究　敦煌歸義軍史專題研究　蘭州大學出版社　1997　p. 269

鄭炳林　馮培紅　晚唐五代宋初歸義軍政權中都頭一職考辨　敦煌歸義軍史專題研究　蘭州大學出版社　1997　p. 77

陸慶夫　歸義軍晚期的回鶻化與沙州回鶻政權　《敦煌學輯刊》1998 年第 1 期　p. 19

馬繼興　敦煌醫藥文獻輯校　江蘇古籍出版社　1998　p. 692

汪泛舟　王令詮　敦煌學大辭典　上海辭書出版社　1998　p. 348

王淑民　辟谷諸方　敦煌學大辭典　上海辭書出版社　1998　p. 620

盖建民　從敦煌遺書看佛教醫學思想及其影響　佛學研究(第八期)　中國佛教文化研究所　1999　p. 265

榮新江　唐代西州的道教　敦煌吐魯番研究(第四卷)　北京大學出版社　1999　p. 132

丛春雨　敦煌中醫藥精萃發微　中醫古籍出版社　2000　p. 314

鄧文寬　英藏敦煌本《六祖壇經》的河西特色:以方音通假爲依據的探索　1994 年敦煌學國際研討會文集·宗教文史卷(上)　甘肅民族出版社　2000　p. 111

雷紹鋒　歸義軍賦役制度初探　(臺北)洪葉文化事業有限公司　2000　p. 179

王豔明　瓜沙州大王印考　《敦煌學輯刊》2000 年第 2 期　p. 43

馮培紅　姚桂蘭　歸義軍時期敦煌與周邊地區之間的僧使交往　敦煌佛教藝術文化國際學術研討會論文集　蘭州大學出版社　2002　p. 463

馬繼興　當前世界各地收藏的中國出土卷子本古醫藥文獻備考　敦煌吐魯番研究(第六卷)　北京大學出版社　2002　p. 148

乜小紅　唐宋敦煌毛紡織業述略　敦煌學(第 23 輯)　(臺北)樂學書局有限公司　2002　p. 122

徐曉麗　敦煌石窟所見天公主考辨　《敦煌學輯刊》2002 年第 2 期　p. 83

余欣　許國霖與敦煌學　國際敦煌學學術史研討會論文集　研討會籌備組　2002　p. 92　又見:敦煌吐魯番研究(第七卷)　北京大學出版社　2004　p. 75

陳明　沙門黃散:唐代佛教醫事與社會生活　唐代宗教信仰與社會　上海辭書出版社　2003　p. 259

陸慶夫　歸義軍政權與蕃兵蕃將　2000 年敦煌學國際學術討論會文集·歷史文化卷(上)　甘肅民族出版社　2003　p. 117

王豔明　瓜州曹氏與甘州回鶻的兩次和親始末　《敦煌研究》2003 年第 1 期　p. 74

楊森　五代宋時期於闐皇太子在敦煌的太子莊　《敦煌研究》2003 年第 4 期　p. 40

馮培紅　關於歸義軍節度使官制的幾個問題　麥積山石窟藝術文化論文集(下)　蘭州大學出版社　2004　p. 223

高啓安　唐五代敦煌飲食文化研究　民族出版社　2004　p. 187

鄭炳林　晚唐五代歸義軍政權與佛教教團關係研究　《敦煌學輯刊》2005 年第 1 期　p. 3

P. 2704

羽田亨　敦煌遺書活字本第一集解題　羽田博士史學論文集(上卷)·歷史篇　(東京)東洋史研究會　1957　p. 579

陳祚龍　瓜沙印録　(臺北)《大陸雜誌》1962 年第 4 期　又見:敦煌學概要　(臺北)編譯館"中華叢書編委會"　1981　p. 266 ; 中國敦煌學百年文庫·考古卷(一)　甘肅文化出版社　1999　p. 184

陳祚龍　中世瓜沙僧俗通用之"疏"帖　敦煌學海探珠(下冊)　(臺北)商務印書館　1979　p. 375

北原薰　晚唐·五代の敦煌寺院経済——收支決算報告を中心に　敦煌の社會(講座敦煌 3)　(東京)大東出版社　1980　p. 443

賀世哲　孫修身　《瓜沙曹氏年表補正》之補正　《甘肅師大學報》1980年第3期　又見:敦煌學文選(上)　蘭州大學歷史系敦煌學研究室等　1983　p. 151 注2 ; 中國敦煌學百年文庫·歷史卷(一)　甘肅文化出版社　1999　p. 493

土肥義和　莫高窟千佛洞と大寺と蘭若と　敦煌の社會(講座敦煌3)　(東京)大東出版社　1980　p. 358

陳祚龍　古代敦煌及其他地區流行之公私印章圖記文字錄　敦煌學要籥　(臺北)新文豐出版公司　1982　p. 322

賀世哲　孫修身　瓜沙曹氏與敦煌莫高窟　敦煌研究文集　甘肅人民出版社　1982　p. 236、269 注7

榮新江　敦煌卷子劄記四則　敦煌吐魯番文獻研究論集(第二輯)　北京大學出版社　1983　p. 652-654

蘇瑩輝　敦煌石室真迹錄題記訂補之續　敦煌論集續編　(臺北)學生書局　1983　p. 218

蘇瑩輝　瓜沙史事叢考　(臺北)商務印書館　1983　p. 6、89、109

蘇瑩輝　瓜沙史事系年　敦煌論集　(臺北)學生書局　1983　p. 272

福井文雅　般若心經　敦煌と中國仏教(講座敦煌7)　(東京)大東出版社　1984　p. 42

饒宗頤解說　林宏作譯　敦煌書法叢刊(第十九卷)·碎金(二)　(東京)二玄社　1984　p. 102

艾麗白著　耿昇譯　敦煌漢文寫本中的鳥形押　敦煌譯叢(第一輯)　甘肅人民出版社　1985　p. 199 注4

饒宗頤　敦煌書法叢刊(第十五卷)·牒狀(二)　(東京)二玄社　1985　p. 42、83

陳祚龍　《標點新印本瓜沙曹氏年表序》讀後　中華佛教文化史散策(四集)　(臺北)新文豐出版公司　1986　p. 328

陳祚龍　關於中世敦煌流行的某些"偈"或"偈子"　中華佛教文化史散策(四集)　(臺北)新文豐出版公司　1986　p. 172

郭長城　敦煌變文集失收之三個與"秋吟一本"相關寫卷叙錄:S. 5572,P. 2704,P. 4980　敦煌學(第11輯)　(臺北)新文豐出版公司　1986　p. 73

賀世哲　從供養人題記看莫高窟部分洞窟的營建年代　敦煌莫高窟供養人題記　文物出版社　1986　p. 221

蘇瑩輝　從幾種敦煌資料論張承奉、曹議金之稱"帝"稱"王"　敦煌學(第11輯)　(臺北)新文豐出版公司　1986　p. 67　又見:敦煌文史藝術論叢　(臺北)新文豐出版公司　1987　p. 151

蘇瑩輝　瓜沙史事述要　漢學研究(敦煌學國際研討會論文專號)　(臺北)漢學研究資料及服務中心　1986　p. 476

萬庚育　珍貴的歷史資料:莫高窟供養人畫像題記　敦煌莫高窟供養人題記　文物出版社　1986　p. 192 注31

閻文儒　敦煌兩個陷蕃人殘詩集校釋　向達先生紀念論文集　新疆人民出版社　1986　p. 187

耿昇　中法學者友好合作的成果　《敦煌研究》1987年第1期　p. 109

姜亮夫　敦煌經卷在中國文化學術上的價值　敦煌學論文集　上海古籍出版社　1987　p. 5

蘇瑩輝　巴黎藏敦煌寫本歸義軍節度使曹議金道場四疏箋正　敦煌文史藝術論叢　(臺北)新文豐出版公司　1987　p. 121

蘇瑩輝　曹元德、元深、元忠事迹考略　敦煌文史藝術論叢　(臺北)新文豐出版公司　1987　p. 155

蘇瑩輝　從莫高、榆林二窟供養者像看瓜、沙曹氏的聯姻外族　敦煌文史藝術論叢　(臺北)新文豐出版公司　1987　p. 32

蘇瑩輝　瓜沙曹氏稱"王"者新考　敦煌文史藝術論叢　(臺北)新文豐出版公司　1987　p. 98

蘇瑩輝　瓜沙史事述要　敦煌文史藝術論叢　(臺北)新文豐出版公司　1987　p. 88

蘇瑩輝　巴黎藏石室本歸義軍節度使曹議金四疏箋證　《敦煌研究》1989 年第 4 期　p. 59

張廣達　榮新江　關於敦煌出土于闐文獻的年代及其相關問題　紀念陳寅恪先生誕辰百年學術論文集　北京大學出版社　1989　p. 291

郭在貽　張涌泉　黃征　敦煌變文集校議　岳麓書社　1990　p. 413

榮新江　沙州歸義軍歷任節度使稱號研究　敦煌吐魯番學研究論文集　漢語大詞典出版社　1990　p. 794、796

譚蟬雪　敦煌歲時掇瑣：正月　《敦煌研究》1990 年第 1 期　p. 47

唐耕耦　陸宏基　敦煌社會經濟文獻真迹釋録（三）　全國圖書館文獻縮微複製中心　1990　p. 85

林聰明　敦煌文書出處略考　季羨林教授八十華誕紀念論文集（下）　江西人民出版社　1991　p. 859

林聰明　敦煌文書學　（臺北）新文豐出版公司　1991　p. 114、392

陸慶夫　略論敦煌民族史料的價值　《敦煌學輯刊》1991 年第 1 期　p. 38

黃盛璋　關於沙州曹氏和于闐交往的諸藏文文書及相關問題　《敦煌研究》1992 年第 1 期　p. 40

李并成　五代宋初的玉門關及其相關問題考　《敦煌研究》1992 年第 2 期　p. 93

吳其昱著　伊藤美重子譯　敦煌漢文寫本概観　敦煌漢文文獻（講座敦煌 5）　（東京）大東出版社　1992　p. 17、24

周紹良　敦煌文學芻議及其它　（臺北）新文豐出版公司　1992　p. 6

竺沙雅章　寺院文書　敦煌漢文文獻（講座敦煌 5）　（東京）大東出版社　1992　p. 594、642

李正宇　敦煌文學概論　甘肅人民出版社　1993　p. 118

項楚　敦煌詩歌導論　（臺北）新文豐出版公司　1993　p. 127

鄭炳林　讀敦煌文書 P. 3859《後唐清泰三年六月沙州儭司教授福集等狀》劄記　《西北史地》1993 年第 4 期　p. 48　又見：敦煌吐魯番文獻研究　蘭州大學出版社　1995　p. 617

梅林　469 窟與莫高窟石室經藏的方位特徵　《敦煌研究》1994 年第 4 期　p. 186

榮新江　敦煌邈真讚所見歸義軍與東西回鶻的關係　敦煌邈真讚校録並研究　（臺北）新文豐出版公司　1994　p. 109

榮新江　甘州回鶻與曹氏歸義軍　《中國古代史》（先秦至隋唐）1994 年第 3 期　p. 107

榮新江　于闐王國與瓜沙曹氏　《敦煌研究》1994 年第 2 期　p. 112

Л. N. チュグイェフスキー–著　荒川正晴譯注　ソ連邦科學アカデミ–東洋學研究所所藏、敦煌寫本における官印と寺印　『吐魯番出土文物研究會會報』（98、99 號）　（東京）吐魯番出土文物研究會　1994　p. 4

段文傑　玄奘取經圖研究　敦煌學國際研討會文集・石窟藝術編　遼寧美術出版社　1995　p. 15

黃征　吳偉　敦煌願文集　岳麓書社　1995　p. 376

王惠民　曹元德功德窟考　《敦煌研究》1995 年第 4 期　p. 163

王書慶　敦煌佛學・佛事篇　甘肅民族出版社　1995　p. 239

郝春文　唐後期五代宋初沙州僧尼的宗教收入（一）　慶祝潘石禪先生九秩華誕敦煌學特刊　（臺北）文津出版社　1996　p. 293

郝春文　唐後期五代宋初沙州僧尼的宗教收入（三）：大衆倉試探　《敦煌學輯刊》1996 年第 2 期　p. 7

李并成　李春元　瓜沙史地研究　甘肅文化出版社　1996　p. 161

李正宇　敦煌史地新論　（臺北）新文豐出版公司　1996　p. 11

榮新江　歸義軍史研究　上海古籍出版社　1996　p. 19

郝春文　關於唐後期五代宋初沙州僧俗的施捨問題　唐研究（第三卷）　北京大學出版社　1997

　　　p. 25

郝春文　歸義軍政權與敦煌佛教之關係新探　周紹良先生欣開九秩慶壽文集　中華書局　1997
　　　p. 170

李并成　古代河西走廊桑蠶絲織業考　《敦煌學輯刊》1997 年第 2 期　p. 64

鄭炳林　敦煌碑銘讚輯釋　甘肅教育出版社　1997　p. 386 注 12

鄭炳林　唐五代敦煌金山國征伐樓蘭史事考　敦煌歸義軍史專題研究　蘭州大學出版社　1997
　　　p. 16

鄭炳林　馮培紅　唐五代歸義軍政權對外關係中的使頭一職　敦煌歸義軍史專題研究　蘭州大學出
　　　版社　1997　p. 54

鄭炳林　楊富學　敦煌西域出土回鶻文文獻所載 qunbu 與漢文文獻所見官布研究　《敦煌學輯刊》
　　　1997 年第 2 期　p. 24

郝春文　唐後期五代宋初敦煌僧尼的社會生活　中國社會科學出版社　1998　p. 11、289

金瀅坤　從敦煌文書看晚唐五代敦煌地區布紡織業　《敦煌研究》1998 年第 2 期　p. 140

李冬梅　唐五代歸義軍與周邊民族關係綜論　《敦煌學輯刊》1998 年第 2 期　p. 50

李正宇　十一寺　敦煌學大辭典　上海辭書出版社　1998　p. 627

錢伯泉　于闐國使劉再昇的國籍及出使過程探微　《敦煌研究》1998 年第 1 期　p. 101

榮新江　歸義軍大事紀年初稿　出土文獻研究（第三輯）　文物出版社　1998　p. 245

沙知　沙州節度使印　敦煌學大辭典　上海辭書出版社　1998　p. 291

孫修身　曹議金　敦煌學大辭典　上海辭書出版社　1998　p. 359

譚蟬雪　敦煌歲時文化導論　（臺北）新文豐出版公司　1998　p. 18

陳祚龍　迎頭趕上，此其時也：敦煌學散策之二　中國敦煌學百年文庫·綜述卷（三）　甘肅文化出
　　　版社　1999　p. 50

郝春文　關於唐後期五代宋初沙州僧團的"出唱"活動　首都師範大學史學研究（1）　首都師範大學
　　　出版社　1999　p. 111

黃征　程惠新　劫塵遺珠：敦煌遺書　甘肅教育出版社　1999　p. 166

蘇瑩輝　榆林窟壁畫供養者題名考略　中國敦煌學百年文庫·考古卷（一）　甘肅文化出版社
　　　1999　p. 308

鄭炳林　晚唐五代敦煌地區種植棉花研究　《中國史研究》1999 年第 3 期　p. 90

郝春文　部分英藏敦煌文獻的定名問題　英國收藏敦煌漢藏文獻研究　中國社會科學出版社　2000
　　　p. 388

郝春文　唐後期五代宋初敦煌的春秋官齋、十二月轉經、水則道場與佛教節日　慶祝吳其昱先生八秩
　　　華誕敦煌學特刊　（臺北）文津出版社　2000　p. 245

譚蟬雪　唐宋敦煌歲時佛俗：正月　《敦煌研究》2000 年第 4 期　p. 67

王艷明　瓜沙州大王印考　《敦煌學輯刊》2000 年第 2 期　p. 43

林聰明　敦煌吐魯番文書解詁指例　（臺北）新文豐出版公司　2001　p. 97

陳國燦　略論吐魯番出土的敦煌文書　《西域研究》2002 年第 3 期　p. 9　又見：《吐魯番學研究》
　　　2002 年第 1 期　p. 9；新世紀敦煌學論集　巴蜀書社　2003　p. 61

陳明　沙武田　莫高窟第 98 窟及其對曹氏歸義軍時期大窟營建之影響　敦煌佛教藝術文化國際學
　　　術研討會論文集　蘭州大學出版社　2002　p. 173

姜亮夫　敦煌莫高窟年表　姜亮夫全集（十一）　雲南人民出版社　2002　p. 494

徐曉麗　回鶻天公主與敦煌佛教　敦煌佛教藝術文化國際學術研討會論文集　蘭州大學出版社
　　　2002　p. 419

榮新江　略談于闐對敦煌石窟的貢獻　2000 年敦煌學國際學術討論會文集·歷史文化卷(上)　甘
　　肅民族出版社　2003　p. 73

沙武田　趙曉星　歸義軍時期敦煌文獻中的太子　《敦煌研究》2003 年第 4 期　p. 48

森安孝夫著　梁曉鵬摘譯　河西歸義軍節度使官印及其編年　《敦煌學輯刊》2003 年第 1 期　p. 140

湛如　敦煌佛教律儀制度研究　中華書局　2003　p. 332

馮培紅　關於歸義軍節度使官制的幾個問題　麥積山石窟藝術文化論文集(下)　蘭州大學出版社
　　2004　p. 210

趙紅　高啓安　唐五代時期敦煌僧人飲食概述　麥積山石窟藝術文化論文集(下)　蘭州大學出版
　　社　2004　p. 301

鄭炳林　晚唐五代敦煌商業貿易市場研究　《敦煌學輯刊》2004 年第 1 期　p. 109

鄭炳林　徐曉莉　晚唐五代敦煌歸義軍政權的婚姻關係研究　敦煌學(第 25 輯)　(臺北)樂學書局
　　有限公司　2004　p. 573

劉正平　唐代俗講與佛教神變月齋戒　戒幢佛學(第三卷)　岳麓書社　2005　p. 259

劉正平　王志鵬　唐代俗講與佛教八關齋戒之關係　《敦煌研究》2005 年第 2 期　p. 93

吳麗娛　楊寶玉　P. 3197v《曹氏歸義軍時期甘州使人書狀》考試　《敦煌學輯刊》2005 年第 4 期
　　p. 22 注 11

徐曉卉　S. 5640 願文中"司徒"人物定名考釋　敦煌學國際研討會論文集　北京圖書館出版社
　　2005　p. 89

P. 2705

王重民　敦煌本曆日之研究　《東方雜誌》1937 年第 34 卷　又見:敦煌遺書論文集　中華書局
　　1984　p. 119；中國敦煌學百年文庫·科技卷　甘肅文化出版社　1999　p. 25

施萍婷　敦煌曆日研究　1983 年全國敦煌學術討論會文集·文史遺書編(上)　甘肅人民出版社
　　1987　p. 307、310、330、364

池田溫　中國古代寫本識語集錄　(東京)大藏出版株式會社　1990　p. 533

高國藩　敦煌古俗與民俗流變　河海大學出版社　1990　p. 297

宮島一彥　曆書·算書　敦煌漢文文獻(講座敦煌 5)　(東京)大東出版社　1992　p. 474

梅弘理　敦煌的宗教活動和斷代寫本　法國學者敦煌學論文選萃　中華書局　1993　p. 570

李錦繡　唐代財政史稿·上卷(第一分冊)　北京大學出版社　1995　p. 95

劉進寶　敦煌學論述　(臺北)洪葉文化事業有限公司　1995　p. 287

鄧文寬　敦煌天文曆法文獻輯校　江蘇古籍出版社　1996　p. 650

鄧文寬　端拱二年己丑歲具注曆日　敦煌學大辭典　上海辭書出版社　1998　p. 610

黃一農　嫁娶宜忌:選擇術中的"亥不行嫁"與"陰陽不將"考辨　法制與禮俗　(臺北)"中央研究
　　院"歷史語言研究所　2002　p. 291

馬繼興　當前世界各地收藏的中國出土卷子本古醫藥文獻備考　敦煌吐魯番研究(第六卷)　北京
　　大學出版社　2002　p. 148

馬若安　敦煌曆日"沒日"和"滅日"安排初探　敦煌吐魯番研究(第七卷)　北京大學出版社　2004
　　p. 429

P. 2706

姜亮夫　敦煌所見道教佚經考　敦煌學論文集　上海古籍出版社　1987　p. 311

王克孝　ДX2168 號寫本初探　《敦煌學輯刊》1993 年第 2 期　p. 28　又見:1994 年敦煌學國際研討

　　會文集·宗教文史卷（下）　甘肅民族出版社　2000　p. 235

姜伯勤　敦煌吐魯番文書與絲綢之路　文物出版社　1994　p. 69、209

姜伯勤　敦煌文書所見胡錦番錦考　敦煌學國際研討會文集·石窟考古編　遼寧美術出版社　1995　p. 281

劉惠琴　從敦煌文書中看沙州紡織業　《敦煌學輯刊》1995 年第 2 期　p. 53

馬德　敦煌工匠史料　甘肅人民出版社　1997　p. 95

齊陳俊　馮培紅　晚唐五代宋初歸義軍對外商業貿易　敦煌歸義軍史專題研究　蘭州大學出版社　1997　p. 346、354

唐耕耦　敦煌寺院會計文書研究　（臺北）新文豐出版公司　1997　p. 7

楊際平　郭鋒　張和平　五—十世紀敦煌的家庭與家族關係　岳麓書社　1997　p. 290

鄭炳林　馮培紅　唐五代歸義軍政權對外關係中的使頭一職　敦煌歸義軍史專題研究　蘭州大學出版社　1997　p. 66

鄭炳林　楊富學　晚唐五代金銀在敦煌的使用與流通　《甘肅金融》1997 年第 8 期　又見：中國敦煌學百年文庫·歷史卷（二）　甘肅文化出版社　1999　p. 581

郝春文　唐後期五代宋初敦煌僧尼的社會生活　中國社會科學出版社　1998　p. 125

郝春文　唐後期五代宋初敦煌寺院常住什物的數量及與僧人的關係　《敦煌研究》1998 年第 2 期　p. 117

鄭炳林　《康秀華寫經施入疏》與《炫和尚貨賣胡粉曆》研究　敦煌吐魯番研究（第三卷）　北京大學出版社　1998　p. 199

鄭炳林　晚唐五代敦煌地區種植棉花研究　《中國史研究》1999 年第 3 期　p. 87

鄭炳林　晚唐五代敦煌貿易市場的外來商品輯考　中華文史論叢（總 63 輯）　上海古籍出版社　2000　p. 57、65、74

乜小紅　唐宋敦煌毛紡織業述略　敦煌學（第 23 輯）　（臺北）樂學書局有限公司　2002　p. 120

洪藝芳　敦煌社會經濟文書中的唐五代新興量詞研究　敦煌學（第 24 輯）　（臺北）樂學書局有限公司　2003　p. 108

榮新江　于闐花氈與粟特銀盤：九、十世紀敦煌寺院的外來供養　寺院財富與世俗供養　上海書畫出版社　2003　p. 248

童丕　據敦煌寫本談紅藍花——植物的使用　寺院財富與世俗供養　上海書畫出版社　2003　p. 264

高啓安　唐五代敦煌飲食文化研究　民族出版社　2004　p. 63

鄭炳林　晚唐五代敦煌商業貿易市場研究　《敦煌學輯刊》2004 年第 1 期　p. 114

P. 2707

饒宗頤　敦煌本文選斠證（一）　（香港）《新亞學報》1957 年第 1 期　p. 334　又見：中國敦煌學百年文庫·文學卷（二）　甘肅文化出版社　1999　p. 2

金岡照光　敦煌漢文文學文獻の文學形態上の種類とその分類　敦煌出土文學文獻分類目錄·附解說　（東京）東洋文庫　1971　p. 236

陳祚龍　敦煌寫本《登樓賦》斠證　敦煌學海探珠（上冊）　（臺北）商務印書館　1979　p. 21 注 9

王重民　敦煌古籍叙錄　中華書局　1979　p. 319

蘇瑩輝　敦煌學概要　（臺北）編譯館"中華叢書編委會"　1981　p. 63

蘇瑩輝　中外敦煌古寫本纂要　敦煌論集　（臺北）學生書局　1983　p. 337

饒宗頤解說　林宏作譯　敦煌書法叢刊（第十七卷）·雜詩文　（東京）二玄社　1985　p. 51

王重民　巴黎敦煌殘卷叙録(第二輯)　敦煌叢刊初集(九)　(臺北)新文豐出版公司　1985　p. 311

王重民原編　黄永武新編　敦煌古籍叙録新編(第十六冊)　(臺北)新文豐出版公司　1986　p. 148

姜伯勤　唐五代敦煌寺戶制度　中華書局　1987　p. 145

林聰明　敦煌文書學　(臺北)新文豐出版公司　1991　p. 358

金岡照光　講唱體類　敦煌の文學文獻(講座敦煌9)　(東京)大東出版社　1992　p. 150

金岡照光　韻文體類——長篇叙事詩・短篇歌詠　敦煌の文學文獻(講座敦煌9)　(東京)大東出版社　1992　p. 264

周紹良　敦煌文學芻議及其它　(臺北)新文豐出版公司　1992　p. 34

李正宇　敦煌文學概論　甘肅人民出版社　1993　p. 96

遊志誠　敦煌古抄本文選五臣注研究　全國敦煌學研討會論文集　(臺北)中正大學中國文學系所　1995　p. 148

遊志誠　昭明文選學術論考　(臺北)學生書局　1996　p. 36

白化文　敦煌遺書中《文選》殘卷綜述　中外學者文選學論集(上)　中華書局　1998　p. 380

白化文　文選　敦煌學大辭典　上海辭書出版社　1998　p. 783

傅剛　《文選》版本叙録　國學研究(第五卷)　北京大學出版社　1998　p. 173

羅國威　敦煌本《昭明文選》研究　黑龍江教育出版社　1999　p. 211

傅剛　文選版本研究　北京大學出版社　2000　p. 127

饒宗頤　敦煌吐魯番本文選　中華書局　2000　p. 62(圖版)

孫其芳　鳴沙遺音：敦煌詞選評　甘肅人民出版社　2000　p. 142

顏廷亮　敦煌文化　光明日報出版社　2000　p. 202

徐俊　評《敦煌吐魯番本文選》、《敦煌本〈昭明文選〉研究》、《敦煌本〈文選注〉箋證》、《文選版本研究》　敦煌吐魯番研究(第五卷)　北京大學出版社　2001　p. 369

姜亮夫　敦煌莫高窟年表　姜亮夫全集(十一)　雲南人民出版社　2002　p. 165

白化文　讀《伯希和劫經録》　敦煌學國際研討會論文集　北京圖書館出版社　2005　p. 17

P. 2708

那波利貞　佛教信仰に基きて組織せられたる中晩唐五代時代の社邑に就きて(上)　『史林』(24卷3號)　京都大学文学部史学研究会　1939　p. 29、37、52　又見：唐代社會文化史研究・第六編　(東京)創文社　1974　p. 599、605、619

那波利貞　俗講と變文　『佛教史學』(1卷3號)　(京都)平樂寺書店　1950　p. 71　又見：唐代社會文化史研究・第四編　(東京)創文社　1974　p. 406

唐耕耦　陸宏基　敦煌社會經濟文獻真迹釋録(一)　書目文獻出版社　1986　p. 290

謝和耐著　耿昇譯　中國5—10世紀的寺院經濟　甘肅人民出版社　1987　p. 330注3　又見：上海古籍出版社　2004　p. 274注2

山本達郎等　敦煌・I 社條　『NUN–HUANG AND TURFAN DOCUMENTS CONCERNING SOCIAL AND ECONOMIC HISTORY』(IV)　(東京)東洋文庫　1989　p. 13

郝春文　敦煌五代宋初佛社與寺院的關係　《敦煌學輯刊》1990年第1期　p. 19

郝春文　敦煌寫本社邑文書年代彙考(二)　《首都師範大學學報》1993年第5期　p. 82

郝春文　敦煌寫本社邑文書年代彙考(三)　《社科縱橫》1993年第5期　p. 9

土肥義和　唐・北宋間の「社」の組織形態に関する一考察　中國古代の國家と民衆(堀敏一先生古稀記念)　(東京)汲古書院　1995　p. 716

寧可　郝春文　敦煌社邑文書輯校　江蘇古籍出版社　1997　p. 340

郝春文   唐後期五代宋初敦煌僧尼的社會生活   中國社會科學出版社   1998   p. 362
寧可   社僧   敦煌學大辭典   上海辭書出版社   1998   p. 427
土肥義和   唐・北宋の間:敦煌の杜家親情社追補社條(S. 8160rv)について   唐代史研究(創刊號)
　　(東京)唐代史研究會   1998   p. 25
寧可   寧可史學論集   中國社會科學出版社   1999   p. 450 注3
楊森   敦煌社司文書畫押符號及其相關問題   《敦煌學輯刊》1999年第1期   p. 85
楊森   談敦煌社邑文書中"三官"及"錄事""虞侯"的若干問題   《敦煌研究》1999年第3期   p. 81
高啓安   崇高與卑賤:敦煌的佛教信仰賤名再探   '98法門寺唐文化國際學術討論會論文集   陝西
　　人民出版社   2000   p. 250
郝春文   英藏敦煌文獻年代叢考   英國收藏敦煌漢藏文獻研究   中國社會科學出版社   2000
　　p. 375
趙曉星   寇甲   西魏:歸義軍時期敦煌地區的史姓   《敦煌學輯刊》2005年第2期   p. 137
孟憲實   論唐宋時期敦煌民間結社的社條   敦煌吐魯番研究(第九卷)   中華書局   2006   p. 319

P. 2709

鄧文寬   張淮深平定甘州回鶻史事鈎沈   《魏晉南北朝隋唐史》1986年第11期   p. 62
林天蔚   論索勳紀德碑及其史事之探討   漢學研究(敦煌學國際研討會論文專號)   (臺北)漢學研
　　究資料及服務中心   1986   p. 492
李明偉   狀・牒・帖   敦煌文學   甘肅人民出版社   1989   p. 37
榮新江   甘州回鶻成立史論   《歷史研究》1993年第5期   p. 34
榮新江   敦煌邈真讚所見歸義軍與東西回鶻的關係   敦煌邈真讚校錄並研究   (臺北)新文豐出版
　　公司   1994   p. 59
鄭炳林   敦煌本《張淮深變文》研究   《西北民族研究》1994年第1期   p. 151
榮新江   歸義軍史研究   上海古籍出版社   1996   p. 7
張國剛   隋唐五代史研究概要   天津教育出版社   1996   p. 743
榮新江   歸義軍大事紀年初稿   出土文獻研究(第三輯)   文物出版社   1998   p. 237
王素   評《敦煌吐魯番學耕耘錄》   敦煌吐魯番研究(第三卷)   北京大學出版社   1998   p. 411
鄭炳林   張紅麗   《張淮深變文》的年代問題   1994年敦煌學國際研討會文集・宗教文史卷(上)
　　甘肅民族出版社   2000   p. 327

P. 2710

那波利貞   唐寫本雜抄考——唐代庶民教育史研究の一資料   唐代社會文化史研究・第二編   (東
　　京)創文社   1974   p. 243
陳慶浩   古賢集校注   敦煌學(第3輯)   (香港)新亞研究所敦煌學會   1976   p. 71、86
王重民   敦煌古籍叙錄   中華書局   1979   p. 206
王三慶   敦煌本古類書《語對》研究   (臺北)文史哲出版社   1985   p. 184
王重民   巴黎敦煌殘卷叙錄(第二輯)   敦煌叢刊初集(九)   (臺北)新文豐出版公司   1985   p. 253
王重民原編   黃永武新編   敦煌古籍叙錄新編(第十一冊)   (臺北)新文豐出版公司   1986   p. 37
王三慶著   池田溫譯   類書   敦煌漢文文獻(講座敦煌5)   (東京)大東出版社   1992   p. 383
周丕顯   敦煌"童蒙"、"家訓"寫本之考察   《敦煌學輯刊》1993年第1期   p. 16
胡戟   傅玫   敦煌史話   中華書局   1995   p. 182
楊寶玉   蒙求   敦煌學大辭典   上海辭書出版社   1998   p. 781

葛兆光　盛世的平庸：八世紀上半葉中國的知識與思想狀況　唐研究（第五卷）　北京大學出版社
　　1999　p. 27 注 36

邰惠莉　敦煌本《李翰自注蒙求》初探　敦煌研究文集：敦煌研究院藏敦煌文獻研究篇　甘肅民族出
　　版社　2000　p. 438

汪泛舟　敦煌古代兒童課本　甘肅人民出版社　2000　p. 4

汪泛舟　《蒙求》（補足本）　敦煌研究文集：敦煌研究院藏敦煌文獻研究篇　甘肅民族出版社　2000
　　p. 366

徐俊　敦煌詩集殘卷輯考　中華書局　2000　p. 145、355

張娜麗　敦煌研究院藏李翰《蒙求》試解　《敦煌研究》2002 年第 5 期　p. 81

鄭阿財　朱鳳玉　敦煌蒙書研究　甘肅教育出版社　2002　p. 230

鄭阿財　敦煌本《蒙求》及注文之考訂與研究　敦煌學（第 24 輯）　（臺北）樂學書局有限公司　2003
　　p. 179

P. 2711

王三慶　敦煌本《勵忠節抄》研究　（香港）《九州學刊》（敦煌學專輯）1992 年第 4 卷第 4 期　p. 87

王三慶著　池田溫譯　類書　敦煌漢文文獻（講座敦煌 5）　（東京）大東出版社　1992　p. 368

楊寶玉　勵忠節抄　敦煌學大辭典　上海辭書出版社　1998　p. 779

何華珍　金春梅　敦煌本《勵忠節抄》王校補正　中古近代漢語研究（第一輯）　上海教育出版社
　　2000　p. 281

姜亮夫　敦煌莫高窟年表　姜亮夫全集（十一）　雲南人民出版社　2002　p. 427

徐俊　敦煌先唐詩考　2000 年敦煌學國際學術討論會文集·歷史文化卷（下）　甘肅民族出版社
　　2003　p. 300

張涌泉　試論敦煌寫本類書的校勘價值：以《勵忠節抄》爲例　《敦煌研究》2003 年第 2 期　p. 69

屈直敏　《敦煌類書·勵忠節抄》校注商補（續）　《敦煌學輯刊》2004 年第 1 期　p. 26

屈直敏　敦煌寫本類書《勵忠節抄》引《史記》異文考證　《敦煌學輯刊》2004 年第 2 期　p. 6 注 2

中村威也　ДХ10698『尚書費誓』とДХ10698v「史書」について　『西北出土文獻研究』（創刊號）
　　（新潟）西北出土文獻研究會　2004　p. 48

屈直敏　從《勵忠節抄》看歸義軍政權道德秩序的重建　《敦煌學輯刊》2005 年第 3 期　p. 78

屈直敏　敦煌本類書《勵忠節抄》寫卷研究　敦煌學國際研討會論文集　北京圖書館出版社　2005
　　p. 92

屈直敏　從敦煌寫本類書《勵忠節抄》看唐代的知識、道德與政治秩序　《蘭州大學學報》2006 年第 2
　　期　p. 23

P. 2712

金岡照光　敦煌文學のさまざま　敦煌の文學　（東京）大藏出版株式會社　1971　p. 163

那波利貞　唐寫本雜抄考——唐代庶民教育史研究の一資料　唐代社會文化史研究·第二編　（東
　　京）創文社　1974　p. 206

饒宗頤解說　林宏作譯　敦煌書法叢刊（第十五卷）·牒狀（二）　（東京）二玄社　1985　p. 85

高明士　唐代敦煌的教育　漢學研究（敦煌學國際研討會論文專號）　（臺北）漢學研究資料及服務
　　中心　1986　p. 258

簡濤　敦煌本《燕子賦》考論　《敦煌研究》1986 年第 3 期　p. 31

張錫厚　略論敦煌賦集及其選錄標準　《敦煌學輯刊》1986 年第 1 期　p. 19

李正宇　敦煌學郎題記輯注　《敦煌學輯刊》1987 年第 1 期　p. 31

任半塘　敦煌歌辭總編　上海古籍出版社　1987　p. 1784

張錫厚　敦煌賦集校理　《敦煌研究》1987 年第 4 期　p. 38

李正宇　敦煌地區古代祠廟寺觀簡志　《敦煌學輯刊》1988 年第 1、2 期　p. 78

張錫厚　伯 2488、伯 5037 敦煌賦卷初考　敦煌語言文學研究　北京大學出版社　1988　p. 200

張錫厚　關於整理《敦煌賦集》的幾個問題　敦煌語言文學論文集　浙江古籍出版社　1988　p. 225

李正宇　唐宋時代敦煌縣河渠泉澤簡志(二)　《敦煌研究》1989 年第 1 期　p. 61

張錫厚　賦　敦煌文學　甘肅人民出版社　1989　p. 134

池田溫　中國古代寫本識語集錄　（東京）大藏出版株式會社　1990　p. 459

李并成　漢敦煌郡廣至縣城及其有關問題考　《敦煌研究》1991 年第 4 期　p. 86

林聰明　敦煌文書出處略考　季羨林教授八十華誕紀念論文集(下)　江西人民出版社　1991
　　p. 856

林聰明　敦煌文書學　（臺北）新文豐出版公司　1991　p. 173、334、385

東野治之　敦煌と日本の『千字文』　遣唐使と正倉院　（東京）岩波書店　1992　p. 241

東野治之　訓蒙書　敦煌漢文文獻(講座敦煌 5)　（東京）大東出版社　1992　p. 405

姜伯勤　敦煌社會文書導論　（臺北）新文豐出版公司　1992　p. 91、97、114

嚴耕望　唐人習業山林寺院之風尚　唐代研究論集(第二輯)　（臺北）新文豐出版公司　1992　p. 9

周紹良　敦煌文學芻議及其它　（臺北）新文豐出版公司　1992　p. 20

李正宇　敦煌文學概論　甘肅人民出版社　1993　p. 121

鄭阿財　從敦煌文獻看唐代的三教合一　第二屆國際唐代學術會議論文集(上)　（臺北）文津出版
　　社　1993　p. 649

伏俊璉　敦煌賦校注　甘肅人民出版社　1994　p. 2

李并成　瓜沙二州間一塊消失了的綠洲　《敦煌研究》1994 年第 3 期　p. 76

林聰明　談敦煌文書的抄寫問題　紀念陳寅恪先生百年誕辰學術論文集　江西教育出版社　1994
　　p. 289

張錫厚　敦煌本唐集研究　（臺北）新文豐出版公司　1995　p. 411

李并成　李春元　瓜沙史地研究　甘肅文化出版社　1996　p. 139

李正宇　敦煌史地新論　（臺北）新文豐出版公司　1996　p. 76

張金泉　許建平　敦煌音義彙考　杭州大學出版社　1996　p. 1031

張錫厚　敦煌賦彙　（臺北）新文豐出版公司　1996　p. 6、269、287

顏廷亮　關於《貳師泉賦》的作者及寫本年代問題　《甘肅社會科學》1997 年第 5 期　p. 52

鄭炳林　敦煌碑銘讚輯釋　甘肅教育出版社　1997　p. 23 注 7

柴劍虹　高興歌　敦煌學大辭典　上海辭書出版社　1998　p. 552

李正宇　龍興寺　敦煌學大辭典　上海辭書出版社　1998　p. 629

饒宗頤　由懸泉置漢代紙帛法書名迹談早期敦煌書家　出土文獻研究(第四輯)　文物出版社
　　1998　p. 1

張錫厚　貳師泉賦　敦煌學大辭典　上海辭書出版社　1998　p. 588

張錫厚　漁父歌滄浪賦　敦煌學大辭典　上海辭書出版社　1998　p. 588

鄭阿財　敦煌道教孝道文獻研究之一　《杭州大學學報》1998 年第 1 期　又見：中國敦煌學百年文
　　庫·宗教卷(三)　甘肅文化出版社　1999　p. 356

馬德　敦煌文書《諸寺付經歷》芻議　《敦煌學輯刊》1999 年第 1 期　p. 38

梅維恒著　楊繼東　陳引馳譯　唐代變文(上)　（香港）中國佛教文化出版公司　1999　p. 264 注 5

伏俊璉　俗情雅韻：敦煌賦選析　甘肅人民出版社　2000　p. 23

金岡照光　敦煌文獻と中國文學　（東京）五曜書房　2000　p. 71

張錫厚　敦煌文學源流　作家出版社　2000　p. 199

林聰明　敦煌吐魯番文書解詁指例　（臺北）新文豐出版公司　2001　p. 38、131

姜亮夫　敦煌莫高窟年表　姜亮夫全集（十一）　雲南人民出版社　2002　p. 466

金瀅坤　唐五代童子科與兒童教育　中國中古史論集　天津古籍出版社　2003　p. 296

林平和　試論敦煌文獻之輯佚價值　新世紀敦煌學論集　巴蜀書社　2003　p. 743

P. 2713

邵榮芬　敦煌俗文學中的別字異文和唐五代西北方音　《中國語文》1963 年第 3 期　又見：中國敦煌
　　學百年文庫·語言文字卷（一）　甘肅文化出版社　1999　p. 138

金岡照光　敦煌漢文文學文獻の文學形態上の種類とその分類　敦煌出土文學文獻分類目錄·附解
　　說　（東京）東洋文庫　1971　p. 229

金岡照光　敦煌文學のさまざま　敦煌の文學　（東京）大蔵出版株式會社　1971　p. 130

加地哲定　增補中國佛教文學研究　（東京）同朋舍　1979　p. 208

潘重規　敦煌詞話　（臺北）石門圖書公司　1981　p. 92

鄭阿財　敦煌孝道文學研究　（臺北）石門圖書公司　1982　p. 532

戴密微著　耿昇譯　列寧格勒所藏敦煌漢文寫本簡介　敦煌譯叢（第一輯）　甘肅人民出版社
　　1985　p. 124 注 1

劉復　敦煌掇瑣　敦煌叢刊初集（十五）　（臺北）新文豐出版公司　1985　p. 221

盧善煥　《敦煌曲校録》略校　《敦煌學輯刊》1986 年第 2 期　p. 92

邱燮友　唐代敦煌曲的時代使命　漢學研究（敦煌學國際研討會論文專號）　（臺北）漢學研究資料
　　及服務中心　1986　p. 150

任半塘　敦煌歌辭總編　上海古籍出版社　1987　p. 758

高國藩　敦煌民俗學　上海文藝出版社　1989　p. 32

孫其芳　詞　敦煌文學　甘肅人民出版社　1989　p. 214

汪泛舟　讚·箴　敦煌文學　甘肅人民出版社　1989　p. 101

高國藩　敦煌古俗與民俗流變　河海大學出版社　1990　p. 448

加地哲定著　劉衛星譯　中國佛教文學　今日中國出版社　1990　p. 178

金岡照光　邈真讚　敦煌の文學文獻（講座敦煌 9）　（東京）大東出版社　1992　p. 606

林家平　寧強　羅華慶　中國敦煌學史　北京語言學院出版社　1992　p. 17

周紹良　敦煌文學芻議及其它　（臺北）新文豐出版公司　1992　p. 38

高國藩　敦煌民俗資料導論　（臺北）新文豐出版公司　1993　p. 132

李正宇　敦煌文學概論　甘肅人民出版社　1993　p. 145

孫其芳　顏廷亮　敦煌文學概論　甘肅人民出版社　1993　p. 440

汪泛舟　敦煌文學概論　甘肅人民出版社　1993　p. 554

陸淑綺　李重申　敦煌古代戲曲文化史料綜述　《敦煌研究》1997 年第 2 期　p. 64

張錫厚　柴劍虹　好住娘讚　敦煌學大辭典　上海辭書出版社　1998　p. 545

高國藩　敦煌俗文化學　上海三聯書店　1999　p. 143

陳永勝　敦煌吐魯番法制文書研究　甘肅人民出版社　2000　p. 169

汪泛舟　敦煌道教與齋醮諸考　1994 年敦煌學國際研討會文集·宗教文史卷（上）　甘肅民族出版
　　社　2000　p. 13

張子開　敦煌文獻中的白話禪詩　《敦煌學輯刊》2003 年第 1 期　p. 82

P. 2714

王重民　說《十二時》《申報·文史》1948 年第 22 期　又見：敦煌遺書論文集　中華書局　1984
　　　p. 159、161；中國敦煌學百年文庫·文學卷(一)　甘肅文化出版社　1999　p. 479

邵榮芬　敦煌俗文學中的別字異文和唐五代西北方音　《中國語文》1963 年第 3 期　又見：中國敦煌
　　　學百年文庫·語言文字卷(一)　甘肅文化出版社　1999　p. 136

金岡照光　敦煌民衆の宗教と生活　敦煌の民衆——その生活と思想　(東京)評論社　1972
　　　p. 215

川崎ミチコ　修道偈II——定格聯章　敦煌仏典と禪(講座敦煌 8)　(東京)大東出版社　1980
　　　p. 270

土肥義和　はじめに——歸義軍節度使の敦煌支配　敦煌の歷史(講座敦煌 2)　(東京)大東出版
　　　社　1980　p. 266

潘重規　敦煌詞話　(臺北)石門圖書公司　1981　p. 69、98

潘重規　敦煌卷子俗寫文字與俗文學之研究　敦煌變文論輯　(臺北)石門圖書公司　1981　p. 320

張錫厚　敦煌文學的歷史貢獻　文學評論叢刊(第九輯)　中國社會科學出版社　1981　p. 214

鄭阿財　敦煌孝道文學研究　(臺北)石門圖書公司　1982　p. 532

周丕顯　敦煌俗曲分時聯章歌體再議　《敦煌學輯刊》1983 年創刊號　p. 18

周丕顯　敦煌俗曲中的分時聯章體歌辭　關隴文學論叢　甘肅人民出版社　1983　p. 7

盧善煥　《敦煌曲校錄》略校　《敦煌學輯刊》1986 年第 2 期　p. 95

任半塘　敦煌歌辭總編　上海古籍出版社　1987　p. 1581

土肥義和著　李永寧譯　歸義軍時期(晚唐、五代、宋)的敦煌(續)　《敦煌研究》1987 年第 1 期
　　　p. 92

劉進寶　俚曲小調　敦煌文學　甘肅人民出版社　1989　p. 222

山本達郎等　敦煌·III 轉貼　『NUN－HUANG AND TURFAN DOCUMENTS CONCERNING SOCIAL
　　　AND ECONOMIC HISTORY』(IV)　(東京)東洋文庫　1989　p. 20

郭在貽　張涌泉　黃征　敦煌變文集校議　岳麓書社　1990　p. 347

任半塘　王昆吾　隋唐五代燕樂雜言歌辭集　巴蜀書社　1990　p. 425

黃茂琳　哈密頓《鋼和泰藏卷考釋》辨正　亞洲文明(第一集)　安徽教育出版社　1992　p. 200

金岡照光　講唱體類　敦煌の文學文獻(講座敦煌 9)　(東京)大東出版社　1992　p. 148

金岡照光　總說『敦煌文學の諸形態』　敦煌の文學文獻(講座敦煌 9)　(東京)大東出版社　1992
　　　p. 28

潘重規著　遊佐昇譯　中國で最初の「詞の総集」——敦煌雲謠集の発見と整理　敦煌の文學文獻
　　　(講座敦煌 9)　(東京)大東出版社　1992　p. 420

張涌泉　《敦煌歌辭總編》校議　《語言研究》1992 年第 1 期　p. 60

周紹良　敦煌文學芻議及其它　(臺北)新文豐出版公司　1992　p. 37

李正宇　敦煌文學概論　甘肅人民出版社　1993　p. 170

茅甘　敦煌寫本中的鳥鳴占吉凶書　法國學者敦煌學論文選萃　中華書局　1993　p. 389 注 25

鄭阿財　敦煌文獻與文學　(臺北)新文豐出版公司　1993　p. 120、135

張涌泉　試論審辨敦煌寫本俗字的方法　《敦煌研究》1994 年第 2 期　p. 148　又見：舊學新知　浙
　　　江大學出版社　1999　p. 78、84、91

史雙元　唐五代詞紀事會評　黃山書社　1995　p. 366

張涌泉　陳祚龍校錄敦煌卷子失誤例釋　學術集林(卷六)　上海遠東出版社　1995　p. 305

張涌泉　敦煌文書類化字研究　《敦煌研究》1995 年第 4 期　p. 74

張涌泉　漢語俗字研究　岳麓書社　1995　p. 206

榮新江　評《上海博物館藏敦煌吐魯番文獻》　敦煌吐魯番研究(第一卷)　北京大學出版社　1996
　　p. 374

張涌泉　敦煌俗字研究導論　(臺北)新文豐出版公司　1996　p. 60、95、139、162、196

張涌泉　敦煌文獻校讀釋例　文史(第四十一輯)　中華書局　1996　p. 200　又見:舊學新知　浙
　　江大學出版社　1999　p. 214

黃征　張涌泉　敦煌變文校注　中華書局　1997　p. 22、1180

張弓　漢唐佛寺文化史　中國社會科學出版社　1997　p. 841

潘重規　中國第一部"詞的總集":敦煌《雲謠集》之發現與整理　雲謠集研究彙錄　上海古籍出版社
　　1998　p. 265

孫其芳　普勸四眾依教修行十二時　敦煌學大辭典　上海辭書出版社　1998　p. 539

孫其芳　十二時　敦煌學大辭典　上海辭書出版社　1998　p. 537

高國藩　敦煌俗文化學　上海三聯書店　1999　p. 587

張涌泉　俗字研究與敦煌文獻的校理　舊學新知　浙江大學出版社　1999　p. 51、53

金岡照光　敦煌文獻と中國文學　(東京)五曜書房　2000　p. 295

張錫厚　敦煌文學源流　作家出版社　2000　p. 17、338

張涌泉　漢語俗字叢考　中華書局　2000　p. 18

姜亮夫　敦煌莫高窟年表　姜亮夫全集(十一)　雲南人民出版社　2002　p. 423

張子開　敦煌文獻中的白話禪詩　《敦煌學輯刊》2003 年第 1 期　p. 84

P. 2715

那波利貞　佛教信仰に基きて組織せられたる中晚唐五代時代の社邑に就きて(上)　『史林』(24
　　卷 3 號)　京都大學文學部史學研究會　1939　p. 68　又見:唐代社會文化史研究・第六編
　　(東京)創文社　1974　p. 630

陳鐵凡　敦煌本孝經考略　(臺中)《東海學報》1978 年第 19 卷　又見:中國敦煌學百年文庫・文獻
　　卷(二)　甘肅文化出版社　1999　p. 493

汪泛舟　《太公家教》別考　敦煌語言文學研究　北京大學出版社　1988　p. 244

池田溫　中國古代寫本識語集錄　(東京)大藏出版株式會社　1990　p. 333

李德超　敦煌本孝經校讎　第二屆敦煌學國際研討會論文集　(臺北)漢學研究中心　1990　p. 110

林聰明　敦煌文書學　(臺北)新文豐出版公司　1991　p. 303

土田健次郎　儒教典籍　敦煌漢文文獻(講座敦煌 5)　(東京)大東出版社　1992　p. 269

石田勇作　敦煌『社文書』研究序說　中國古代の國家と民眾(堀敏一先生古稀記念)　(東京)汲古
　　書院　1995　p. 684

鄧文寬　敦煌文獻《唐貞觀八年高士廉等條舉氏族奏抄》辨證　敦煌吐魯番學耕耘錄　(臺北)新文
　　豐出版公司　1996　p. 253

張涌泉　敦煌俗字研究導論　(臺北)新文豐出版公司　1996　p. 25

黃征　敦煌俗語詞輯釋　敦煌語文叢說　(臺北)新文豐出版公司　1997　p. 62

寧可　郝春文　敦煌社邑文書輯校　江蘇古籍出版社　1997　p. 280

白化文　勘了　敦煌學大辭典　上海辭書出版社　1998　p. 593

林聰明　敦煌吐魯番文書解詁指例　(臺北)新文豐出版公司　2001　p. 148

山本達郎等　補(IV)社・III 轉貼　『NUN－HUANG AND TURFAN DOCUMENTS CONCERNING SO-
　　CIAL AND ECONOMIC HISTORY』(Sup. p. lemrnts)　(東京)東洋文庫　2001　p. 70
許建平　英倫法京所藏敦煌寫本殘片八種之定名並校録　敦煌學(第24輯)　(臺北)樂學書局有限
　　公司　2003　p. 126
湛如　敦煌佛教律儀制度研究　中華書局　2003　p. 353
許建平　跋大谷文書中四件未經定名的儒家經籍殘片　《敦煌學輯刊》2005年第4期　p. 11

P. 2716

那波利貞　佛教信仰に基きて組織せられたる中晚唐五代時代の社邑に就きて(上)　『史林』(24
　　卷3號)　京都大學文學部史學研究會　1939　p. 65　又見：唐代社會文化史研究・第六編
　　(東京)創文社　1974　p. 630
那波利貞　唐寫本雜抄考——唐代庶民教育史研究の一資料　唐代社會文化史研究・第二編　(東
　　京)創文社　1974　p. 207
高明士　唐代敦煌的教育　漢學研究(敦煌學國際研討會論文專號)　(臺北)漢學研究資料及服務
　　中心　1986　p. 251
簡濤　敦煌本《燕子賦》考論　《敦煌研究》1986年第3期　p. 37
唐耕耦　陸宏基　敦煌社會經濟文獻真迹釋録(一)　書目文獻出版社　1986　p. 312
李正宇　敦煌學郎題記輯注　《敦煌學輯刊》1987年第1期　p. 27
汪泛舟　《太公家教》別考　敦煌語言文學研究　北京大學出版社　1988　p. 244
山本達郎等　敦煌・III 轉貼　『NUN－HUANG AND TURFAN DOCUMENTS CONCERNING SOCIAL
　　AND ECONOMIC HISTORY』(IV)　(東京)東洋文庫　1989　p. 31
池田溫　中國古代寫本識語集録　(東京)大藏出版株式會社　1990　p. 405、425
高國藩　敦煌古俗與民俗流變　河海大學出版社　1990　p. 423
林聰明　敦煌文書學　(臺北)新文豐出版公司　1991　p. 167、222
東野治之　敦煌と日本の『千字文』　遣唐使と正倉院　(東京)岩波書店　1992　p. 240
東野治之　訓蒙書　敦煌漢文文獻(講座敦煌5)　(東京)大東出版社　1992　p. 404
姜伯勤　敦煌社會文書導論　(臺北)新文豐出版公司　1992　p. 242
土田健次郎　儒教典籍　敦煌漢文文獻(講座敦煌5)　(東京)大東出版社　1992　p. 269
林聰明　談敦煌文書的抄寫問題　紀念陳寅恪先生百年誕辰學術論文集　江西教育出版社　1994
　　p. 295
石田勇作　敦煌『社文書』研究序說　中國古代の國家と民衆(堀敏一先生古稀記念)　(東京)汲古
　　書院　1995　p. 684
寧可　郝春文　敦煌社邑文書輯校　江蘇古籍出版社　1997　p. 256
李方　敦煌《論語集解》校正　江蘇古籍出版社　1998　p. 830
李方　唐寫本《論語集解》校讀零拾　出土文獻研究(第三輯)　文物出版社　1998　p. 221
林聰明　敦煌吐魯番文書解詁指例　(臺北)新文豐出版公司　2001　p. 46
孟憲實　敦煌社邑的分佈　敦煌文獻論集：紀念藏經洞發現一百周年國際學術研討會論文集　遼寧
　　人民出版社　2001　p. 432
楊森　從敦煌文獻看中國古代從左向右的書寫格式　《敦煌研究》2001年第2期　p. 107
姜亮夫　敦煌莫高窟年表　姜亮夫全集(十一)　雲南人民出版社　2002　p. 390
湛如　敦煌佛教律儀制度研究　中華書局　2003　p. 353

P. 2717

姜亮夫　瀛涯敦煌韻輯總目叙錄　《國立中央圖書館館刊》1947 年第 1 期　又見：中國敦煌學百年文庫・文獻卷（一）　甘肅文化出版社　1999　p. 264

那波利貞　唐寫本雜抄考——唐代庶民教育史研究の一資料　唐代社會文化史研究・第二編　（東京）創文社　1974　p. 254

潘重規　瀛涯敦煌韻輯新編　（臺北）文史哲出版社　1974　p. 524

姜亮夫　敦煌學概論　中華書局　1985　p. 61

雷僑雲　敦煌兒童文學　（臺北）學生書局　1985　p. 44

劉復　敦煌掇瑣　敦煌叢刊初集（十五）　（臺北）新文豐出版公司　1985　p. 573

潘重規　王梵志詩校輯讀後記　敦煌學（第 9 輯）　（臺北）新文豐出版公司　1985　p. 20

姜亮夫　敦煌韻輯凡例與叙例　敦煌學論文集　上海古籍出版社　1987　p. 367

姜亮夫　瀛外將去敦煌所藏韻書字書各卷叙錄　敦煌學論文集　上海古籍出版社　1987　p. 362　又見：姜亮夫全集（十三）　雲南人民出版社　2002　p. 314

周祖謨　敦煌唐本字書叙錄　敦煌語言文學研究　北京大學出版社　1988　p. 52

高國藩　敦煌民俗學　上海文藝出版社　1989　p. 109

郝春文　唐後期五代宋初沙州僧尼的特點　敦煌吐魯番學研究論文集　漢語大詞典出版社　1990　p. 833

姜亮夫　瀛涯敦煌韻書卷子考釋　浙江古籍出版社　1990　p. 129、261

鄭阿財　敦煌蒙書析論　第二屆敦煌學國際研討會論文集　（臺北）漢學研究中心　1990　p. 217

朱鳳玉　敦煌寫本《碎金》系字書初探　第二屆敦煌學國際研討會論文集　（臺北）漢學研究中心　1990　p. 502

項楚　王梵志詩校注　上海古籍出版社　1991　p. 109

項楚　《維摩碎金》探索　敦煌文學叢考　上海古籍出版社　1991　p. 24

杜愛英　敦煌遺書中俗體字的諸種類型　《敦煌研究》1992 年第 3 期　p. 118

金岡照光　講唱體類　敦煌の文學文獻（講座敦煌 9）　（東京）大東出版社　1992　p. 107

林家平　寧強　羅華慶　中國敦煌學史　北京語言學院出版社　1992　p. 19、301

舒華　敦煌"變文"體裁新論　（香港）《九州學刊》（敦煌學專輯）1993 年第 5 卷第 4 期　p. 158

張金泉　論敦煌本《字寶》　《敦煌研究》1993 年第 2 期　p. 92

鄭阿財　敦煌文獻與文學　（臺北）新文豐出版公司　1993　p. 246、267

高田時雄　可洪隨函錄と行瑫隨函音疏　中國語の資料と方法　京都大學人文科學研究所　1994　p. 147

沃興華　敦煌書法藝術　上海人民出版社　1994　p. 249

張涌泉　試論審辨敦煌寫本俗字的方法　《敦煌研究》1994 年第 2 期　p. 153　又見：舊學新知　浙江大學出版社　1999　p. 87

胡戟　傅玫　敦煌史話　中華書局　1995　p. 182

王元軍　從敦煌唐佛經寫本談有關唐代寫經生及其書法藝術的幾個問題　《敦煌研究》1995 年第 1 期　p. 160

王元軍　唐人書法與文化　（臺北）東大圖書公司　1995　p. 138

張涌泉　漢語俗字研究　岳麓書社　1995　p. 269

張金泉　許建平　敦煌音義彙考　杭州大學出版社　1996　p. 545

張涌泉　敦煌俗字彙考　敦煌俗字研究　上海教育出版社　1996　p. 3

張涌泉　敦煌俗字研究導論　（臺北）新文豐出版公司　1996　p. 36

朱鳳玉　論敦煌本《碎金》與唐五代辭彙　慶祝潘石禪先生九秩華誕敦煌學特刊　（臺北）文津出版社　1996　p.565

黃征　張涌泉　敦煌變文校注　中華書局　1997　p.385

入矢義高　評蔣禮鴻《敦煌變文字義通釋》　俗語言研究（第四期）　（京都）禪文化研究所　1997　p.101

朱鳳玉　敦煌寫本碎金研究　（臺北）文津出版社　1997　p.17

方廣錩　大方等大集經菩薩念佛三昧分　敦煌學大辭典　上海辭書出版社　1998　p.663

郝春文　唐後期五代宋初敦煌僧尼的社會生活　中國社會科學出版社　1998　p.83

郝春文　唐後期五代宋初敦煌僧尼遺產的處理與喪事的操辦　《敦煌研究》1998年第3期　p.43

黃征　評《敦煌寫本碎金研究》　唐研究（第四卷）　北京大學出版社　1998　p.543

張金泉　字寶　敦煌學大辭典　上海辭書出版社　1998　p.516

汪泛舟　《開蒙要訓》初探　《敦煌研究》1999年第2期　p.139

汪泛舟　敦煌古代兒童課本　甘肅人民出版社　2000　p.8、52

徐俊　敦煌詩集殘卷輯考　中華書局　2000　p.288

張涌泉　漢語俗字叢考　中華書局　2000　p.917

郝春文　營造寄託：中國六至十世紀造寺功德的探討　佛教與歷史文化　宗教文化出版社　2001　p.419

蔡忠霖　敦煌漢文寫卷俗字及其現象　（臺北）文津出版社　2002　p.103

黃征　敦煌語言文字學研究　甘肅教育出版社　2002　p.366

姜亮夫　瀛涯敦煌韻輯　姜亮夫全集（九）　雲南人民出版社　2002　p.259

李德龍　沙州三界寺《授戒牒》初探　甘肅民族研究論叢　甘肅人民出版社　2002　p.415

鄭阿財　朱鳳玉　敦煌蒙書研究　甘肅教育出版社　2002　p.55、105

郝春文　唐後期五代宋初敦煌僧尼的生活方式　寺院財富與世俗供養　上海書畫出版社　2003　p.134

朱鳳玉　敦煌本《碎金》與宋、明俗用雜字之比較　漢語史學報專輯（第三輯）　上海教育出版社　2003　p.411

洪藝芳　潘重規先生在敦煌音韻整理研究上的貢獻　敦煌學（第25輯）　（臺北）樂學書局有限公司　2004　p.245

張金泉　《字寶》考　浙江與敦煌學：常書鴻先生誕辰一百周年紀念文集　浙江古籍出版社　2004　p.558

鄭阿財　敦煌蒙書研究的回顧與前瞻　敦煌吐魯番研究（第七卷）　北京大學出版社　2004　p.257

黃征　敦煌俗字典　上海教育出版社　2005　p.前言11、95

黃征　敦煌俗字要論　《敦煌研究》2005年第1期　p.85

趙鑫曄　瀝血哀集　蔚然可觀：讀《敦煌俗字典》　《敦煌研究》2006年第1期　p.114

P.2718

胡適　唐初的白話詩白話文學史　新月書店　1928　p.134

那波利貞　千佛岩莫高窟と敦煌文書　西域文化研究（第二）·敦煌吐魯番社會經濟資料（上）　（京都）法藏館　1959　p.52

邵榮芬　敦煌俗文學中的別字異文和唐五代西北方音　《中國語文》1963年第3期　又見：中國敦煌學百年文庫·語言文字卷（一）　甘肅文化出版社　1999　p.136

三木榮　西域出土醫藥關係文獻綜合解說目錄　『東洋學報』（47卷1號）　（東京）東洋學術協會

1964　p. 15

金岡照光　敦煌漢文文學文獻の文學形態上の種類とその分類　敦煌出土文學文獻分類目録・附解
　　說　（東京）東洋文庫　1971　p. 218

金岡照光　敦煌文學のさまざま　敦煌の文學　（東京）大蔵出版株式會社　1971　p. 113、159

金岡照光　敦煌民衆の宗教と生活　敦煌の民衆——その生活と思想　（東京）評論社　1972
　　p. 177

邱鎮京　敦煌變文述論　（臺北）商務印書館　1974　p. 1873、1911

遊佐昇　『王梵志詩』のもつ兩側面　大正大學大學院研究論集（第 2 號）　（東京）大正大學大學院
　　1978　p. 10

加地哲定　增補中國佛教文學研究　（東京）同朋舎　1979　p. 79

王重民　敦煌古籍叙録　中華書局　1979　p. 283

川崎ミチコ　通俗詩類・雜詩文類　敦煌仏典と禪（講座敦煌 8）　（東京）大東出版社　1980
　　p. 318

菊池英夫　唐代敦煌社會の外貌　敦煌の社會（講座敦煌 3）　（東京）大東出版社　1980　p. 140

矢吹慶輝　鳴沙餘韻・解說篇（第一部）　（京都）臨川書店　1980　p. 251

萬曼　唐集叙録　中華書局　1980　p. 12

楊家駱　敦煌變文　（臺北）世界書局　1980　p. 269

張錫厚　敦煌文學　上海古籍出版社　1980　p. 47 注 2

陳祚龍　敦煌古抄內典尾記彙校初、二、三編合刊　敦煌學要籥　（臺北）新文豐出版公司　1982
　　p. 181

傅芸子　敦煌俗文學之發見及其展開　敦煌變文論文録　上海古籍出版社　1982　p. 140

張錫厚　關於敦煌寫本《王梵志詩》整理的若干問題　文史（第十五輯）　中華書局　1982　p. 185
　　　又見：王梵志詩研究彙録（上）　上海古籍出版社　1990　p. 58

鄭阿財　敦煌孝道文學研究　（臺北）石門圖書公司　1982　p. 77

董作賓　敦煌紀年　敦煌學文選（上）　蘭州大學歷史系敦煌學研究室等　1983　p. 35

高國藩　談敦煌五言白話詩　關隴文學論叢　甘肅人民出版社　1983　p. 59

榮新江　敦煌卷子劄記四則　敦煌吐魯番文獻研究論集（第二輯）　北京大學出版社　1983　p. 632

張錫厚　關於王梵志思想評價的幾個問題　關隴文學論叢　甘肅人民出版社　1983　p. 33

張錫厚　王梵志詩校輯　中華書局　1983　p. 3

潘重規　敦煌變文集新書（下）　（臺北）"中國文化大學"中文研究所　1984　p. 1171

王重民　茶酒論　敦煌變文集　人民文學出版社　1984　p. 269

雷僑雲　敦煌兒童文學　（臺北）學生書局　1985　p. 159

劉復　敦煌掇瑣　敦煌叢刊初集（十五）　（臺北）新文豐出版公司　1985　p. 121、189

牛龍菲　也談《西涼樂》　《甘肅民族研究》1985 年第 3–4 期　p. 83

饒宗頤解說　林宏作譯　敦煌書法叢刊（第十四卷）・牒狀（一）　（東京）二玄社　1985　p. 91

高明士　唐代敦煌的教育　漢學研究（敦煌學國際研討會論文專號）　（臺北）漢學研究資料及服務
　　中心　1986　p. 252

朗吉　敦煌漢文卷子《茶酒論》與藏文《茶酒仙女》　《敦煌學輯刊》1986 年第 1 期　p. 68 注 3

李正宇　敦煌方音止遇二攝混同及其校勘學意義　《敦煌研究》1986 第 4 期　p. 55

李正宇　唐宋時代的敦煌學校　《敦煌研究》1986 年第 1 期　p. 43

劉瑞明　王梵志詩校注補正　《敦煌學研究》（西北師院學報）1986 年增刊　p. 21

王重民原編　黃永武新編　敦煌古籍叙録新編（第十五冊）　（臺北）新文豐出版公司　1986　p. 21

朱鳳玉　王梵志詩研究(上、下)　(臺北)學生書局　1986　p. 2、30、112；267

朱鳳玉　王梵志研究的兩本專著評介　敦煌學(第 11 輯)　(臺北)新文豐出版公司　1986　p. 85

陳慶浩　法忍抄本殘卷王梵志詩初校　敦煌學(第 12 輯)　(臺北)新文豐出版公司　1987　p. 92

姜伯勤　敦煌的"畫行"與"畫院"　1983 年全國敦煌學術討論會文集·石窟藝術編(下)　甘肅人民
　　出版社　1987　p. 183

姜伯勤　唐五代敦煌寺戶制度　中華書局　1987　p. 292 注 3

姜亮夫　敦煌經卷壁畫中所見寺觀錄　敦煌學論文集　上海古籍出版社　1987　p. 1077

姜亮夫　敦煌經卷題名錄　敦煌學論文集　上海古籍出版社　1987　p. 1071

李正宇　敦煌學郎題記輯注　《敦煌學輯刊》1987 年第 1 期　p. 33

劉銘恕　敦煌遺書叢識　1983 年全國敦煌學術討論會文集·文史遺書編(上)　甘肅人民出版社
　　1987　p. 428

項楚　敦煌文學雜考　1983 年全國敦煌學術討論會文集·文史遺書編(下)　甘肅人民出版社
　　1987　p. 129

項楚　王梵志詩校注　敦煌吐魯番文獻研究論集(第四輯)　北京大學出版社　1987　p. 133　又
　　見：上海古籍出版社　1991　p. 493

張鴻勳　敦煌講唱文學作品選注　甘肅人民出版社　1987　p. 101

張錫厚　整理《王梵志詩集》的新收穫　《敦煌學輯刊》1987 年第 2 期　p. 34

高國藩　古敦煌民間遊戲　學林漫錄(十二集)　中華書局　1988　p. 73

李正宇　敦煌文學雜考二題　敦煌語言文學研究　北京大學出版社　1988　p. 95

馬繼興　敦煌古醫籍考釋　江西科學技術出版社　1988　p. 8

高國藩　敦煌民俗學　上海文藝出版社　1989　p. 42、511、518、532

張鴻勳　敦煌故事賦《茶酒論》與爭奇型小說　《敦煌研究》1989 年第 1 期　p. 66

周丕顯　題跋　敦煌文學　甘肅人民出版社　1989　p. 81

池田溫　中國古代寫本識語集錄　(東京)大藏出版株式會社　1990　p. 503

高國藩　敦煌古俗與民俗流變　河海大學出版社　1990　p. 321

郭在貽　張涌泉　黃征　敦煌變文集校議　岳麓書社　1990　p. 181、363、417

郭在貽　張涌泉　黃征　敦煌寫本書寫特例發微　敦煌吐魯番學研究論文集　漢語大詞典出版社
　　1990　p. 315

暨遠志　敦煌寫本《茶酒論》研究之一　敦煌學國際學術討論會論文縮寫文(1990)　敦煌研究院
　　1990　p. 93

江藍生　近代漢語語法資料彙編(唐五代卷)　商務印書館　1990　p. 334

菊池英夫　中國古文書·古寫本學と日本　東アジア古文書の史的研究　(東京)刀水書房　1990
　　p. 181

李正宇　釋"耶沒忽"：敦煌遺書王梵志詩俗詞語研究之一　王梵志詩研究彙錄(上)　上海古籍出版
　　社　1990　p. 263

項楚　敦煌變文選注　巴蜀書社　1990　p. 432

張錫厚　敦煌寫本王梵志詩原卷真迹　王梵志詩研究彙錄(上)　上海古籍出版社　1990　圖版 11

張錫厚　論王梵志詩的口語化傾向　王梵志詩研究彙錄(上)　上海古籍出版社　1990　p. 136

張錫厚　蘇藏敦煌寫本王梵志詩補正　王梵志詩研究彙錄(上)　上海古籍出版社　1990　p. 243

趙逵夫　唐代的一個俳優戲腳本：敦煌石窟發現《茶酒論》考述　中國文化(3)　(香港)中華書局
　　1990　p. 157、163 注 1　又見：中國敦煌學百年文庫·藝術卷(四)　甘肅文化出版社　1999
　　p. 284

鄭阿財　敦煌蒙書析論　第二屆敦煌學國際研討會論文集　（臺北）漢學研究中心　1990　p. 228

林聰明　敦煌文書學　（臺北）新文豐出版公司　1991　p. 332

項楚　敦煌本句道興《搜神記》補校　敦煌文學叢考　上海古籍出版社　1991　p. 362.

黃征　語辭輯釋　《古漢語研究》1992 年第 1 期　p. 61

姜伯勤　敦煌社會文書導論　（臺北）新文豐出版公司　1992　p. 106、121

金岡照光　講唱體類　敦煌の文學文獻(講座敦煌 9)　（東京）大東出版社　1992　p. 160

金岡照光　散文體類　敦煌の文學文獻(講座敦煌 9)　（東京）大東出版社　1992　p. 177、197、220

林家平　寧強　羅華慶　中國敦煌學史　北京語言學院出版社　1992　p. 16、595、600

陶秋英輯録　姜亮夫校訂　敦煌經卷題名録　敦煌碎金　浙江古籍出版社　1992　p. 98

吳其昱著　伊藤美重子譯　敦煌漢文寫本概觀　敦煌漢文文獻(講座敦煌 5)　（東京）大東出版社
　　1992　p. 116

張涌泉　敦煌寫卷俗字類型及其考辨的方法　（香港）《九州學刊》(敦煌學專輯)1992 年第 4 卷第 4
　　期　p. 78

趙逵夫　《敦煌變文集》第一卷六篇補校　《蘭州大學學報》1992 年第 2 期　p. 127

周丕顯　敦煌佚詩雜考　《敦煌學輯刊》1992 年第 1、2 期　p. 48

周紹良　敦煌文學芻議及其它　（臺北）新文豐出版公司　1992　p. 13

李明偉　敦煌文學概論　甘肅人民出版社　1993　p. 492

李正宇　敦煌文學概論　甘肅人民出版社　1993　p. 150

顏廷亮　茶酒論　中國古代小說百科全書　中國大百科全書出版社　1993　p. 25

張鴻勳　敦煌話本詞文俗賦導論　（臺北）新文豐出版公司　1993　p. 203

鄭阿財　敦煌文獻與文學　（臺北）新文豐出版公司　1993　p. 263

叢春雨　敦煌中醫藥全書　中醫古籍出版社　1994　p. 41、707

蔣禮鴻　敦煌文獻語言詞典　杭州大學出版社　1994　p. 41、260、311

張涌泉　試論審辨敦煌寫本俗字的方法　《敦煌研究》1994 年第 2 期　p. 152　又見：舊學新知　浙
　　江大學出版社　1999　p. 85、91

姜伯勤　敦煌"令舞"曲拍譜的再發現：兼論王朝"法度禮樂"與歌酒"樂章舞曲"的消長　學術集林
　　(卷五)　上海遠東出版社　1995　p. 284

李金梅　敦煌傳統文化與武術　《敦煌研究》1995 年第 2 期　p. 195

李重申　敦煌體育史料考析　敦煌學國際研討會文集·石窟考古編　遼寧美術出版社　1995
　　p. 380

喬象鍾　陳鐵民　唐代文學史(上)　人民文學出版社　1995　p. 169

曲金良　敦煌佛教文學研究　（臺北）文津出版社　1995　p. 96、249

張錫厚　敦煌本唐集研究　（臺北）新文豐出版公司　1995　p. 58

張涌泉　漢語俗字研究　岳麓書社　1995　p. 101、222

張涌泉　試論敦煌寫卷俗文字研究之意義　敦煌學國際研討會文集·史地語文編　遼寧美術出版社
　　1995　p. 359

姜伯勤　敦煌藝術宗教與禮樂文明　中國社會科學出版社　1996　p. 24、561

李正宇　敦煌史地新論　（臺北）新文豐出版公司　1996　p. 185

李重申　敦煌古代的博弈文化　敦煌佛教文化研究　社科縱橫編輯部　1996　p. 188

王小盾　潘建國　敦煌論議考　中國古籍研究(第一卷)　上海古籍出版社　1996　p. 187

張涌泉　敦煌俗字研究導論　（臺北）新文豐出版公司　1996　p. 68、103、162

張涌泉　敦煌寫卷俗字類釋　敦煌吐魯番學研究論集　書目文獻出版社　1996　p. 489

中原健二　評項楚著《王梵志詩校注》　俗語言研究(第三期)　(京都)禪文化研究所　1996　p. 119

黃征　敦煌俗語詞小劄　敦煌語文叢說　(臺北)新文豐出版公司　1997　p. 77

黃征　《敦煌遺書劉子殘卷集錄》匡補　敦煌語文叢說　(臺北)新文豐出版公司　1997　p. 518

黃征　《龍龕手鏡》名義考　敦煌語文叢說　(臺北)新文豐出版公司　1997　p. 786

黃征　王梵志詩校釋續商補　敦煌語文叢說　(臺北)新文豐出版公司　1997　p. 226

黃征　魏晉南北朝俗語詞考釋　敦煌語文叢說　(臺北)新文豐出版公司　1997　p. 102

黃征　張涌泉　敦煌變文校注　中華書局　1997　p. 80、170、273、425、787、1159

顏廷亮　關於《晏子賦》寫本的抄寫年代問題　《敦煌研究》1997 年第 2 期　p. 139

張涌泉　讀《八瓊室金石補正》劄記　周紹良先生欣開九秩慶壽文集　中華書局　1997　p. 79

鄭炳林　唐五代敦煌的醫事研究　敦煌歸義軍史專題研究　蘭州大學出版社　1997　p. 527

李正宇　禮生　敦煌學大辭典　上海辭書出版社　1998　p. 597

馬繼興　敦煌醫藥文獻　敦煌學大辭典　上海辭書出版社　1998　p. 615

張鴻勳　茶酒論　敦煌學大辭典　上海辭書出版社　1998　p. 586

張錫厚　柴劍虹　王梵志詩集　敦煌學大辭典　上海辭書出版社　1998　p. 562

高國藩　敦煌俗文化學　上海三聯書店　1999　p. 139、291、582

胡適　唐初的白話詩　中國敦煌學百年文庫・文學卷(一)　甘肅文化出版社　1999　p. 29

梅維恒著　楊繼東　陳引馳譯　唐代變文(上)　(香港)中國佛教文化出版公司　1999　p. 257 注 1

山田俊　敦煌舞譜的對舞結構試析:兼論譜字的解釋　敦煌吐魯番研究(第四卷)　北京大學出版社
　1999　p. 511

顏廷亮　關於敦煌文學發展的歷史進程　《甘肅社會科學》1999 年第 4 期　p. 48

楊秀清　淺談唐、宋時期敦煌地區的學生生活　《敦煌研究》1999 年第 4 期　p. 143

張錫厚　關於敦煌寫本《王梵志詩》整理的若干問題　中國敦煌學百年文庫・文學卷(二)　甘肅文
　化出版社　1999　p. 483

張涌泉　敦煌變文校讀釋例　舊學新知　浙江大學出版社　1999　p. 181 注 3

張涌泉　敦煌文書疑難詞語辨釋　舊學新知　浙江大學出版社　1999　p. 264

張涌泉　敦煌寫本書寫特例發微　舊學新知　浙江大學出版社　1999　p. 226

張涌泉　俗字研究與敦煌文獻的校理　舊學新知　浙江大學出版社　1999　p. 51、61

叢春雨　敦煌中醫藥精萃發微　中醫古籍出版社　2000　p. 181、393

鄧文寬　英藏敦煌本《六祖壇經》的河西特色:以方音通假爲依據的探索　1994 年敦煌學國際研討會
　文集・宗教文史卷(上)　甘肅民族出版社　2000　p. 107

伏俊璉　俗情雅韻:敦煌賦選析　甘肅人民出版社　2000　p. 158

李明偉　敦煌文學中敦煌文的分類及評價　1994 年敦煌學國際研討會文集・宗教文史卷(上)　甘
　肅民族出版社　2000　p. 305

李重申　敦煌古代體育文化　甘肅人民出版社　2000　p. 24、87

徐俊　敦煌詩集殘卷輯考　中華書局　2000　p. 284、435

顏廷亮　敦煌文化　光明日報出版社　2000　p. 185、324

顏廷亮　西陲文學遺珍:敦煌文學通俗談　甘肅人民出版社　2000　p. 16、156

楊秀清　華戎交會的都市:敦煌與絲綢之路　甘肅人民出版社　2000　p. 106

張鴻勳　說唱藝術奇葩:敦煌變文選評　甘肅人民出版社　2000　p. 114

張錫厚　敦煌文學源流　作家出版社　2000　p. 76、149

陳明　醫理精華:印度古典醫學在敦煌的實例分析　敦煌吐魯番研究(第五卷)　北京大學出版社
　2001　p. 228

杜曉勤　隋唐五代文學研究　北京出版社　2001　p. 1272

李金梅　敦煌角抵考　敦煌學與中國史研究論集　甘肅人民出版社　2001　p. 66

林聰明　敦煌吐魯番文書解詁指例　（臺北）新文豐出版公司　2001　p. 202

陳明　印度梵文醫典醫理精華研究　中華書局　2002　p. 72

黃征　敦煌語言文字學研究　甘肅教育出版社　2002　p. 309

姜亮夫　敦煌莫高窟年表　姜亮夫全集（十一）　雲南人民出版社　2002　p. 198、553

馬繼興　當前世界各地收藏的中國出土卷子本古醫藥文獻備考　敦煌吐魯番研究（第六卷）　北京大學出版社　2002　p. 134、148

齊文榜　《王梵志詩校注》指瑕　文史（第五十九輯）　中華書局　2002　p. 164

張鴻勳　敦煌俗文學研究　甘肅人民出版社　2002　p. 6、193

鄭阿財　朱鳳玉　敦煌蒙書研究　甘肅教育出版社　2002　p. 425

王昆吾　從敦煌學到域外漢文學　商務印書館　2003　p. 26

曾良　敦煌文獻字義劄記　2000 年敦煌學國際學術討論會文集・歷史文化卷（下）　甘肅民族出版社　2003　p. 470

張總　地藏信仰研究　宗教文化出版社　2003　p. 362

陳于柱　敦煌寫本宅經的八宅："八宅經一卷"研究　麥積山石窟藝術文化論文集（下）　蘭州大學出版社　2004　p. 251

竇懷永　許建平　敦煌寫本的避諱特點及其對傳統寫本抄寫時代判定的參考價值　《敦煌研究》2004 年第 4 期　p. 54

鄭阿財　敦煌蒙書研究的回顧與前瞻　敦煌吐魯番研究（第七卷）　北京大學出版社　2004　p. 256

陳明　從出土文獻看漢唐西域中外醫學交流　敦煌與絲路文化學術講座（第二輯）　北京圖書館出版社　2005　p. 172

黃正建　敦煌資料與唐五代人的衣食住行　敦煌與絲路文化學術講座（第二輯）　北京圖書館出版社　2005　p. 115

鄭阿財　論敦煌俗字與寫本學之關係　日本學・敦煌學・漢文訓讀の新展開　（東京）汲古書院　2005　p. 37

蘭州理工大學絲綢之路文史研究所編　絲綢之路體育文化論集　中華書局　2005　p. 94、214

P. 2719

佐藤武敏　敦煌の水利　敦煌の社會（講座敦煌 3）　（東京）大東出版社　1980　p. 277

楊際平　鄭學檬　從唐代敦煌戶籍資料看均田制下私田的存在　《廈門大學學報》1982 年第 4 期　p. 41

唐耕耦　陸宏基　敦煌社會經濟文獻真迹釋錄（一）　書目文獻出版社　1986　p. 159

楊際平　均田制新探　廈門大學出版社　1991　p. 192

王永興　從田令和敦煌文書看唐代土地制度中幾個問題　陳門問學叢稿　江西人民出版社　1993　p. 15

王永興　關於唐代均田制中給田問題的探討——讀大谷欠田、退田、給田文書劄記　陳門問學叢稿　江西人民出版社　1993　p. 238

王永興　敦煌經濟文書導論　（臺北）新文豐出版公司　1994　p. 6

王永興　敦煌吐魯番出土唐官府文書縫背縫表記事押署鈐印問題初探　文史（第四十輯）　中華書局　1994　p. 90

劉進寶　敦煌學論述　（臺北）洪葉文化事業有限公司　1995　p. 263

李正宇　敦煌歷史地理導論　（臺北）新文豐出版公司　1997　p. 57
劉進寶　敦煌文書與唐史研究　（臺北）新文豐出版公司　2000　p. 6
姜亮夫　敦煌莫高窟年表　姜亮夫全集（十一）　雲南人民出版社　2002　p. 323
楊際平　北朝隋唐均田制新探　岳麓書社　2003　p. 185

P. 2720
李明偉　敦煌文學概論　甘肅人民出版社　1993　p. 498
李正宇　敦煌歷史地理導論　（臺北）新文豐出版公司　1997　p. 252
鄭炳林　敦煌碑銘讚輯釋　甘肅教育出版社　1997　p. 140 注 12

P. 2721
那波利貞　佛教信仰に基きて組織せられたる中晚唐五代時代の社邑に就きて（上）　『史林』（24
　　卷 3 號）　京都大學文學史史學研究會　1939　p. 46　又見：唐代社會文化史研究・第六編
　　（東京）創文社　1974　p. 614
關德棟　談變文　《覺群周報》1946 年 1 卷 1 – 12 期　又見：敦煌變文論文錄　上海古籍出版社
　　1982　p. 204、229
向達　唐代俗講考　《國學季刊》1946 年第 6 卷第 4 號　p. 42　又見：唐代長安與西域文明　三聯書
　　店　1957　p. 333；敦煌變文論輯　（臺北）石門圖書公司　1981　p. 39；敦煌變文論文錄　上
　　海古籍出版社　1982　p. 67；關隴文學論叢　甘肅人民出版社　1983　p. 179
周一良　敦煌寫本雜抄考　《燕京學報》1948 年第 35 卷　又見：魏晉南北朝史論集　中華書局
　　1963　p. 345；中國敦煌學百年文庫・文獻卷（一）　甘肅文化出版社　1999　p. 275
羅福頤　敦煌石室文物對於學術上的貢獻　《歷史教學》1951 年第 5 期　又見：中國敦煌學百年文
　　庫・考古卷（四）　甘肅文化出版社　1999　p. 7
周紹良　敦煌所出變文現存目錄　敦煌變文彙錄　上海出版公司　1955　p. 7
劉銘恕　再記英國倫敦所藏的敦煌經卷　《中國科學院圖書館通訊》1957 年第 7 期　又見：中國敦煌
　　學百年文庫・綜述卷（二）　甘肅文化出版社　1999　p. 138
金岡照光　敦煌漢文文學文獻の文學形態上の種類とその分類　敦煌出土文學文獻分類目錄・附解
　　說　（東京）東洋文庫　1971　p. 198
金岡照光　敦煌文學のこころ　敦煌の文學　（東京）大藏出版株式會社　1971　p. 214
金岡照光　敦煌文學のさまざま　敦煌の文學　（東京）大藏出版株式會社　1971　p. 110、133、187
金岡照光　敦煌民衆の宗教と生活　敦煌の民衆——その生活と思想　（東京）評論社　1972
　　p. 134、214
那波利貞　梁戶考　唐代社會文化史研究・第三編　（東京）創文社　1974　p. 316
那波利貞　唐代の社邑に就きて（1938 年）　唐代社會文化史研究・第五編　（東京）創文社　1974
　　p. 488
那波利貞　唐寫本雜抄考—唐代庶民教育史研究の一資料　唐代社會文化史研究・第二編　（東
　　京）創文社　1974　p. 222、225、255
饒宗頤　孝順觀念與敦煌佛曲　敦煌學（第 1 輯）　（香港）新亞研究所敦煌學會　1974　p. 73　又
　　見：敦煌曲續論　（臺北）新文豐出版公司　1996　p. 12
陳慶浩　古賢集校注　敦煌學（第 3 輯）　（香港）新亞研究所敦煌學會　1976　p. 75
遊佐昇　『王梵志詩』のもつ兩側面　大正大學大學院研究論集（第 2 號）　（東京）大正大學大學院
　　1978　p. 9

陳祚龍　敦煌古抄中世詩歌一續　敦煌學海探珠(上冊)　(臺北)商務印書館　1979　p. 169

陳祚龍　敦煌古抄中世釋衆倡導行孝報恩的歌曲詞文集　敦煌文物隨筆　(臺北)商務印書館　1979　p. 286

陳祚龍　關於李唐玄宗御"注"金剛經　敦煌資料考屑(下冊)　(臺北)商務印書館　1979　p. 486

王重民　敦煌古籍叙録　中華書局　1979　p. 215

川崎ミチコ　修道偈Ⅱ——定格聯章　敦煌仏典と禪(講座敦煌8)　(東京)大東出版社　1980　p. 275

楊家駱　敦煌變文　(臺北)世界書局　1980　p. 135、910

波多野太郎　敦煌曲子詞孟姜女に對する潘重規教授の見解　敦煌詞話　(臺北)石門圖書公司　1981　p. 13

金岡照光　敦煌の繪物語　(東京)東方書店　1981　p. 57

潘重規　敦煌變文新論　敦煌變文論輯　(臺北)石門圖書公司　1981　p. 161

潘重規　敦煌變文與儒生解經　《靜宜學報》1981年第4集　又見:中國敦煌學百年文庫·文學卷(四)　甘肅文化出版社　1999　p. 57

潘重規　敦煌詞話　(臺北)石門圖書公司　1981　p. 6、36、82

施萍婷　敦煌與莫高窟　《敦煌研究》1981年試刊第1期　p. 161

白化文　什麼是變文　敦煌變文論文録　上海古籍出版社　1982　p. 431

傅芸子　敦煌俗文學之發見及其展開　敦煌變文論文録　上海古籍出版社　1982　p. 137

饒宗頤　三教論及其海外移殖　選堂集林·史林　(香港)中華書局　1982　p. 1207

鄭阿財　敦煌孝道文學研究　(臺北)石門圖書公司　1982　p. 16、74、266 注230、363、531、729

周紹良　談唐代民間文學　敦煌變文論文録　上海古籍出版社　1982　p. 412　又見:紹良叢稿　齊魯書社　1984　p. 54

董作賓　敦煌紀年　敦煌學文選(上)　蘭州大學歷史系敦煌學研究室等　1983　p. 34

郭長城　敦煌寫本兔園策府叙録　敦煌學(第8輯)　(臺北)"中國文化大學"中國文學研究所敦煌學會　1984　p. 48

潘重規　敦煌變文集新書(下)　(臺北)"中國文化大學"中文研究所　1984　p. 957

王慶菽　孝子傳　敦煌變文集　人民文學出版社　1984　p. 910

王重民　董永變文　敦煌變文集　人民文學出版社　1984　p. 135

高國藩　古敦煌民間葬俗　學林漫録(十集)　中華書局　1985　p. 74、79

雷僑雲　敦煌兒童文學　(臺北)學生書局　1985　p. 90 注5、389

劉復　敦煌掇瑣　敦煌叢刊初集(十五)　(臺北)新文豐出版公司　1985　p. 93、211、213、337

王三慶　敦煌本古類書《語對》研究　(臺北)文史哲出版社　1985　p. 310

王重民　巴黎敦煌殘卷叙録(第一輯)　敦煌叢刊初集(九)　(臺北)新文豐出版公司　1985　p. 166

李正宇　唐宋時代的敦煌學校　《敦煌研究》1986年第1期　p. 45

盧善煥　《敦煌曲校録》略校　《敦煌學輯刊》1986年第2期　p. 92

曲金良　"變文"名實新辨　《敦煌研究》1986年第2期　p. 48

王重民原編　黄永武新編　敦煌古籍叙録新編(第十一冊)　(臺北)新文豐出版公司　1986　p. 159、183

曾錦漳　從小說藝術看敦煌史傳變文的成就　漢學研究(敦煌學國際研討會論文專號)　(臺北)漢學研究資料及服務中心　1986　p. 336

周鳳五　太公家教重探　漢學研究(敦煌學國際研討會論文專號)　(臺北)漢學研究資料及服務中心　1986　p. 360

朱鳳玉　王梵志詩研究（下）　（臺北）學生書局　1986　p. 130

高國藩　敦煌文學作品選　中華書局　1987　p. 102 注 9

曲金良　敦煌寫本變文、講經文作品創作時間彙考　《敦煌學輯刊》1987 年第 1 期　p. 61

項楚　王梵志詩校注　敦煌吐魯番文獻研究論集（第四輯）　北京大學出版社　1987　p. 602　又
　　見：上海古籍出版社　1991　p. 226、457

張錫厚　關於《敦煌賦集》整理的幾個問題　《敦煌學輯刊》1987 年第 1 期　p. 48

張涌泉　敦煌變文校讀釋例　《敦煌學輯刊》1987 年第 2 期　p. 21　又見：舊學新知　浙江大學出版
　　社　1999　p. 162

鄭振鐸　中國俗文學史（上）　上海書店　1987　p. 188

周紹良　唐代變文及其它　敦煌文學作品選　中華書局　1987　p. 3

高國藩　驅儺風俗和敦煌民間歌謠《兒郎偉》　文史（第二十九輯）　中華書局　1988　p. 291

姜伯勤　敦煌音聲人略論　《敦煌研究》1988 年第 4 期　p. 1

林其錟　陳鳳金輯校　敦煌遺書劉子殘卷集録　上海書店　1988　p. 4、87

蕭登福　唐世佛家之講經與敦煌變文　敦煌俗文學論叢　（臺北）商務印書館　1988　p. 68

張涌泉　敦煌變文校劄　敦煌語言文學論文集　浙江古籍出版社　1988　p. 182

高國藩　敦煌民俗學　上海文藝出版社　1989　p. 106

汪泛舟　讚·箴　敦煌文學　甘肅人民出版社　1989　p. 98

張鴻勳　變文　敦煌文學　甘肅人民出版社　1989　p. 242

張錫厚　詩歌　敦煌文學　甘肅人民出版社　1989　p. 173

高田時雄　五姓說在敦煌藏族　敦煌吐魯番學研究論文集　漢語大詞典出版社　1990　p. 758

高田時雄　雜抄と九九乘法表──敦煌におけるチベット文字使用の一面　『均社論叢』（第 14 號）
　　京都大學　1990　p. 1

郭在貽　張涌泉　黃征　敦煌變文集校議　岳麓書社　1990　p. 100、468

蔣紹愚　近代漢語語法資料彙編（唐五代卷）　商務印書館　1990　p. 239

任半塘　王昆吾　隋唐五代燕樂雜言歌辭集　巴蜀書社　1990　p. 1450

項楚　敦煌變文選注　巴蜀書社　1990　p. 249

鄭阿財　敦煌蒙書析論　第二屆敦煌學國際研討會論文集　（臺北）漢學研究中心　1990　p. 221

周丕顯　巴黎藏伯字第二七二一號《雜抄·書目》初探　敦煌吐魯番學研究論文集　漢語大詞典出
　　版社　1990　p. 415

高田時雄　五姓を說く敦煌資料　『國立民族學博物館研究報告別冊』（14 號）　（吹田）國立民族學
　　博物館　1991　p. 255

鄭阿財　敦煌寫本《孔子備問書》初探　敦煌學（第 17 輯）　（臺北）新文豐出版公司　1991　p. 118

金岡照光　高僧傳因緣　敦煌の文學文獻（講座敦煌 9）　（東京）大東出版社　1992　p. 590

金岡照光　講唱體類　敦煌の文學文獻（講座敦煌 9）　（東京）大東出版社　1992　p. 66、93、111

金岡照光　散文體類　敦煌の文學文獻（講座敦煌 9）　（東京）大東出版社　1992　p. 173、228、246

金岡照光　孝行譚──『舜子変』と『董永傳』　敦煌の文學文獻（講座敦煌 9）　（東京）大東出版社
　　1992　p. 483

金岡照光　韻文體類──長篇敘事詩·短篇歌詠　敦煌の文學文獻（講座敦煌 9）　（東京）大東出
　　版社　1992　p. 257

金岡照光　總說『敦煌文學の諸形態』　敦煌の文學文獻（講座敦煌 9）　（東京）大東出版社　1992
　　p. 12

林家平　寧強　羅華慶　中國敦煌學史　北京語言學院出版社　1992　p. 15、337

土田健次郎　儒教典籍　敦煌漢文文獻（講座敦煌5）　（東京）大東出版社　1992　p. 270

王三慶著　池田溫譯　類書　敦煌漢文文獻（講座敦煌5）　（東京）大東出版社　1992　p. 387

張涌泉　《敦煌歌辭總編》校議　《語言研究》1992年第1期　p. 54

張涌泉　敦煌寫卷俗字類型及其考辨的方法　（香港）《九州學刊》（敦煌學專輯）1992年第4卷第4期　p. 72

周紹良　敦煌文學芻議及其它　（臺北）新文豐出版公司　1992　p. 35

高國藩　敦煌民俗資料導論　（臺北）新文豐出版公司　1993　p. 88、170

高田時雄　評：池田溫編『敦煌漢文文獻』（講座敦煌5）　『東洋史研究』（52卷1號）　（東京）東洋史研究會　1993　p. 124

項楚　敦煌詩歌導論　（臺北）新文豐出版公司　1993　p. 182

張鴻勳　敦煌話本詞文俗賦導論　（臺北）新文豐出版公司　1993　p. 73、173

張鴻勳　敦煌說唱文學概論　（臺北）新文豐出版公司　1993　p. 22

張錫厚　敦煌文學概論　甘肅人民出版社　1993　p. 381

鄭阿財　從敦煌文獻看唐代的三教合一　第二屆國際唐代學術會議論文集（上）　（臺北）文津出版社　1993　p. 650

鄭阿財　敦煌文獻與文學　（臺北）新文豐出版公司　1993　p. 211、252、339

金賢珠　唐五代敦煌民歌　（臺北）文史哲出版社　1994　p. 67、130

李明偉　隋唐絲綢之路　甘肅人民出版社　1994　p. 325

劉尊明　唐五代詞的文化觀照　（臺北）文津出版社　1994　p. 234

榮新江　歸義軍改元考　文史（第三十八輯）　中華書局　1994　p. 51

沃興華　敦煌書法藝術　上海人民出版社　1994　p. 46、204、247

胡戟　傅玫　敦煌史話　中華書局　1995　p. 176

黃征　輯注本《啓顏錄》匡補　俗語言研究（第二）　（京都）禪文化研究所　1995　p. 86　又見：敦煌語文叢說　（臺北）新文豐出版公司　1997　p. 495

劉進寶　敦煌學論述　（臺北）洪葉文化事業有限公司　1995　p. 303

曲金良　敦煌佛教文學研究　（臺北）文津出版社　1995　p. 96

史雙元　唐五代詞紀事會評　黃山書社　1995　p. 382

王堯　從"河圖"、"洛書"、"陰陽五行"、"八卦"在西藏看古代哲學思想的交流　華學（第一輯）　中山大學出版社　1995　p. 252

吳庚舜　董乃斌　唐代文學史（下）　人民文學出版社　1995　p. 611

張涌泉　漢語俗字研究　岳麓書社　1995　p. 80

張涌泉　試論敦煌寫卷俗文字研究之意義　敦煌學國際研討會文集‧史地語文編　遼寧美術出版社　1995　p. 367

鄭阿財　敦煌寫卷《持誦金剛經靈驗功德記》研究　全國敦煌學研討會論文集　（臺北）中正大學中國文學系所　1995　p. 274注7

朱鳳玉　從傳統語文教育論敦煌本《雜抄》　全國敦煌學研討會論文集　（臺北）中正大學中國文學系所　1995　p. 203

陳金木　唐寫本論語鄭氏注研究（上）　（臺北）文津出版社　1996　p. 15

程毅中　《舜子變》與舜子故事的演化　慶祝潘石禪先生九秩華誕敦煌學特刊　（臺北）文津出版社　1996　p. 89

段小強　敦煌文書所反映的古代喪禮　《敦煌學輯刊》1996年第2期　p. 44

高國藩　敦煌數字與俗文化　慶祝潘石禪先生九秩華誕敦煌學特刊　（臺北）文津出版社　1996

　　　p. 182

黄征　敦煌俗語法研究之一：句法篇　敦煌吐魯番研究（第一卷）　北京大學出版社　1996　p. 71

姜伯勤　敦煌藝術宗教與禮樂文明　中國社會科學出版社　1996　p. 510

李正宇　敦煌史地新論　（臺北）新文豐出版公司　1996　p. 189

榮新江　歸義軍史研究　上海古籍出版社　1996　p. 54

項楚　王梵志詩中的他人作品　敦煌吐魯番研究（第一卷）　北京大學出版社　1996　p. 97

張涌泉　敦煌寫卷俗字類釋　敦煌吐魯番學研究論集　書目文獻出版社　1996　p. 479

周一良著　錢文忠譯　唐代密宗　上海遠東出版社　1996　p. 214

柴劍虹　"模糊"的"敦煌文學"　敦煌文學論集　四川人民出版社　1997　p. 2

黄征　敦煌文學《兒郎偉》輯録校注　敦煌語文叢説　（臺北）新文豐出版公司　1997　p. 718

黄征　敦煌寫本異文綜析　敦煌語文叢説　（臺北）新文豐出版公司　1997　p. 32

黄征　張涌泉　敦煌變文校注　中華書局　1997　p. 110、204、295、979

劉子瑜　敦煌變文和王梵志詩　大象出版社　1997　p. 38

王書慶　敦煌文獻中的《齋琬文》　《敦煌研究》1997 年第 1 期　p. 141

顏廷亮　關於《晏子賦》寫本的抄寫年代問題　《敦煌研究》1997 年第 2 期　p. 138

鄭炳林　敦煌碑銘讚輯釋　甘肅教育出版社　1997　p. 110 注 7

白化文　雜抄　敦煌學大辭典　上海辭書出版社　1998　p. 782

程毅中　太子成道經　敦煌學大辭典　上海辭書出版社　1998　p. 576

杜斗城　悼周丕顯先生　敦煌吐魯番研究（第三卷）　北京大學出版社　1998　p. 336

黄永年　唐代史事考釋　（臺北）聯經出版公司　1998　p. 513

黄征　唐代俗語詞輯釋　唐研究（第四卷）　北京大學出版社　1998　p. 141

李正宇　孫其芳　皇帝感　敦煌學大辭典　上海辭書出版社　1998　p. 542

劉進寶　敦煌本《兔園策府·征東夷》產生的歷史背景　《敦煌研究》1998 年第 1 期　p. 111

潘重規　敦煌《雲謡集》新書　雲謡集研究彙録　上海古籍出版社　1998　p. 190

曲金良　敦煌寫本《孝子傳》及其相關問題　《敦煌研究》1998 年第 2 期　p. 159

譚蟬雪　敦煌歲時文化導論　（臺北）新文豐出版公司　1998　p. 117、219

汪泛舟　敦煌道教詩歌補論　《敦煌研究》1998 年第 4 期　p. 90

鄭阿財　敦煌道教孝道文獻研究之一　《杭州大學學報》1998 年第 1 期　又見：中國敦煌學百年文
　　　庫·宗教卷（三）　甘肅文化出版社　1999　p. 355

周紹良　張涌泉　黄征　敦煌變文講經文因緣輯校（上）　江蘇古籍出版社　1998　p. 6

周紹良　張涌泉　黄征　舜子變一卷　敦煌變文講經文因緣輯校（上）　江蘇古籍出版社　1998
　　　p. 10

段小强　敦煌文書中所見的古代喪儀　《西北民族研究》1999 年第 1 期　p. 213

高國藩　敦煌俗文化學　上海三聯書店　1999　p. 18、239、323

高啓安　王璽玉　唐五代敦煌人的飲食品種研究　《敦煌研究》1999 年第 2 期　p. 62

梅維恒著　楊繼東　陳引馳譯　唐代變文（上）　（香港）中國佛教文化出版公司　1999　p. 42、71

潘重規　敦煌詞不可輕改　中國敦煌學百年文庫·文學卷（二）　甘肅文化出版社　1999　p. 359

謝桃坊　敦煌文化尋繹　四川人民出版社　1999　p. 96

顏廷亮　關於敦煌文學發展的歷史進程　《甘肅社會科學》1999 年第 4 期　p. 47

金岡照光　敦煌文獻と中國文學　（東京）五曜書房　2000　p. 37、109、331、421

劉進寶　敦煌文書與唐史研究　（臺北）新文豐出版公司　2000　p. 73

龍晦　敦煌文獻所見唐玄宗的宗教活動　1994 年敦煌學國際研討會文集·宗教文史卷（上）　甘肅

民族出版社　2000　p. 29

汪泛舟　敦煌古代兒童課本　甘肅人民出版社　2000　p. 50

徐俊　敦煌詩集殘卷輯考　中華書局　2000　p. 434、782

顔廷亮　敦煌文化　光明日報出版社　2000　p. 193、323

張鴻勳　說唱藝術奇葩：敦煌變文選評　甘肅人民出版社　2000　p. 14

張錫厚　敦煌文學源流　作家出版社　2000　p. 215

張涌泉　漢語俗字叢考　中華書局　2000　p. 501

程毅中　再論敦煌俗賦的淵源　敦煌文獻論集：紀念藏經洞發現一百周年國際學術研討會論文集　遼寧人民出版社　2001　p. 252

府憲展　《赤鬚將軍歌》初探　敦煌文獻論集：紀念藏經洞發現一百周年國際學術研討會論文集　遼寧人民出版社　2001　p. 284

林聰明　敦煌吐魯番文書解詁指例　（臺北）新文豐出版公司　2001　p. 243

黃征　敦煌語言文字學研究　甘肅教育出版社　2002　p. 51、115、152、236

姜亮夫　敦煌莫高窟年表　姜亮夫全集（十一）　雲南人民出版社　2002　p. 301

張鴻勳　敦煌俗文學研究　甘肅人民出版社　2002　p. 7

鄭阿財　朱鳳玉　敦煌蒙書研究　甘肅教育出版社　2002　p. 166

陳明　耆婆的形象演變及其在敦煌吐魯番地區的影響　文津學志（第一輯）　北京圖書館出版社　2003　p. 150

高國藩　敦煌學百年史述要　（臺北）商務印書館　2003　p. 154

荒見泰史　敦煌本夢書雜識　漢語史學報專輯（第三輯）　上海教育出版社　2003　p. 326、343

荒見泰史　敦煌文學與日本說話文學　敦煌與絲路文化學術講座（第一輯）　北京圖書館出版社　2003　p. 234　又見：佛經文學研究論集　復旦大學出版社　2004　p. 617

王小盾　從敦煌本共住修道故事看唐代佛教詩歌文體的來源　中國俗文化研究（第一輯）　巴蜀書社　2003　p. 21

項楚　王梵志詩中的他人作品　柱馬屋存稿　商務印書館　2003　p. 40

張涌泉　試論敦煌寫本類書的校勘價值：以《勵忠節抄》為例　《敦煌研究》2003年第2期　p. 69

朱鳳玉　《俄藏敦煌文獻》11-17冊中之文學文獻叙録　冉雲華先生八秩華誕壽慶論文集　（臺北）法光出版社　2003　p. 115

高啓安　唐五代敦煌飲食文化研究　民族出版社　2004　p. 382

荒見泰史　敦煌變文研究概述以及新觀點　華林（第三卷）　中華書局　2004　p. 391、408

梅維恒　《心經》與《西遊記》的關係　唐研究（第十卷）　北京大學出版社　2004　p. 61注47

王冀青　斯坦因與日本敦煌學　甘肅教育出版社　2004　p. 306

張鴻勳　神聖與世俗：《舜子變》的叙事學解讀：兼論敦煌變文與口承故事的關係　敦煌學（第25輯）　（臺北）樂學書局有限公司　2004　p. 382

趙紅　高啓安　唐五代時期敦煌僧人飲食概述　麥積山石窟藝術文化論文集（下）　蘭州大學出版社　2004　p. 291

鄭阿財　敦煌蒙書研究的回顧與前瞻　敦煌吐魯番研究（第七卷）　北京大學出版社　2004　p. 256

高田時雄著　鍾翀等譯　五姓說之敦煌資料　敦煌·民族·語言　中華書局　2005　p. 332

高田時雄著　鍾翀等譯　《雜抄》與九九乘法表：敦煌藏文字使用的一個側面　敦煌·民族·語言　中華書局　2005　p. 80

韓鋒　讀俄藏敦煌文書ДХ02174號劄記　《敦煌學輯刊》2005年第1期　p. 39

荒見泰史　從敦煌寫本中變文的改寫情況來探討五代講唱文學的演變　敦煌學國際研討會論文集

北京圖書館出版社　2005　p. 174

黃征　敦煌俗字典　上海教育出版社　2005　p. 23

王志鵬　試論敦煌佛教歌辭中儒釋思想的調合　《敦煌學輯刊》2005 年第 3 期　p. 150

鄭炳林　王晶波　敦煌寫本 P. 2572（B）《相法》（擬）殘卷研究　《敦煌學輯刊》2005 年第 4 期　p. 27

陳逸平　唐宋時期敦煌大衆的歷史知識　文史（第七十五輯）　中華書局　2006　p. 98

屈直敏　從敦煌寫本類書《勵忠節抄》看唐代的知識、道德與政治秩序　《蘭州大學學報》2006 年第 2 期　p. 27

汪泛舟　敦煌俗別字新考（上）　《敦煌研究》2006 年第 1 期　p. 103

P. 2722

廣川堯敏　禮讚　敦煌と中國仏教（講座敦煌 7）　（東京）大東出版社　1984　p. 429

張廣達　榮新江　敦煌文書 P. 3510（于闐文）《從德太子發願文（擬）》及其年代　1983 年全國敦煌學術討論會文集·文史遺書編（上）　甘肅人民出版社　1987　p. 173 注 5　又見：于闐史叢考　上海書店　1993　p. 59

陳祚龍　關於唐釋智昇的生平與著述　敦煌學散策新集　（臺北）新文豐出版公司　1989　p. 172

方廣錩　佛教大藏經史（八—十世紀）　中國社會科學出版社　1991　p. 142、416

梅弘理　敦煌的宗教活動和斷代寫本　法國學者敦煌學論文選萃　中華書局　1993　p. 570

汪娟　敦煌禮懺文研究　（臺北）法鼓文化公司　1994　p. 14、75

井ノ口泰淳　敦煌本『禮懺文』　中央アジアの言語と仏教　（京都）法藏館　1995　p. 354

汪娟　敦煌寫本《上生禮》研究　全國敦煌學研討會論文集　（臺北）中正大學中國文學系所　1995　p. 94

王書慶　敦煌佛學·佛事篇　甘肅民族出版社　1995　p. 95

田中良昭　《禪籍解題（一）·敦煌禪籍》補遺　俗語言研究（第三期）　（京都）禪文化研究所　1996　p. 213

汪娟　敦煌寫本《十二光禮》研究　慶祝潘石禪先生九秩華誕敦煌學特刊　（臺北）文津出版社　1996　p. 481

方廣錩　敦煌佛教經錄輯校　江蘇古籍出版社　1997　p. 222

方廣錩　法王經　敦煌學大辭典　上海辭書出版社　1998　p. 740

方廣錩　敦煌遺書中所存的全國性佛教經錄　敦煌學佛教學論叢（上）　中國佛教文化研究所　1998　p. 297

方廣錩　開元釋教錄簡目　敦煌學大辭典　上海辭書出版社　1998　p. 746

徐俊　唐五代長沙窯瓷器題詩校證　唐研究（第四卷）　北京大學出版社　1998　p. 89

聖凱　善導禮讚儀新探　法源（第 18 期）　中國佛學院　2000　p. 173

湛如　敦煌淨土教讚文考辨　華林（第一卷）　中華書局　2001　p. 186

姜亮夫　敦煌莫高窟年表　姜亮夫全集（十一）　雲南人民出版社　2002　p. 451

林仁昱　論敦煌佛教歌曲向通俗傳播的内容　中國俗文化研究（第一輯）　巴蜀書社　2003　p. 193

汪娟　敦煌寫本《降生禮文》初探　新世紀敦煌學論集　巴蜀書社　2003　p. 399

湛如　敦煌佛教律儀制度研究　中華書局　2003　p. 258

盛會蓮　《禮阿彌陀佛文》校勘記　《敦煌研究》2005 年第 2 期　p. 105

P. 2723

芳村修基　土橋秀高　井ノ口泰淳　敦煌佛教史年表　西域文化研究（第一）·敦煌佛教資料　（京

都)法藏館　1958　p. 272

陳國燦　八、九世紀間唐朝西州統治政權的轉移　魏晉南北朝隋唐史資料(第 8 輯)　武漢大學出版社　1986　p. 16

蕭登福　從敦煌寫卷中看道教星斗崇拜對佛經之影響　第二屆敦煌學國際研討會論文集　(臺北)漢學研究中心　1990　p. 332

蕭登福　道教星斗符印與佛教密宗　(臺北)新文豐出版公司　1993　p. 55、235

蕭登福　道教術儀與密教典籍　(臺北)新文豐出版公司　1994　p. 436

王卡　敦煌道教文獻研究　中國社會科學出版社　2004　p. 251

P. 2724

石井昌子　靈寶經類　敦煌と中國道教(講座敦煌 4)　(東京)大東出版社　1983　p. 152

姜亮夫　敦煌所見道教佚經考　敦煌學論文集　上海古籍出版社　1987　p. 312

陶秋英輯録　姜亮夫校訂　敦煌所見道教佚經録　敦煌碎金　浙江古籍出版社　1992　p. 316

劉進寶　敦煌學論述　(臺北)洪葉文化事業有限公司　1995　p. 278

王承文　敦煌本《太極左仙公請問經》考論　道家文化研究(第十三輯)　三聯書店　1998　p. 161

王卡　太上洞玄靈寶仙人請問本行因緣衆聖難經　敦煌學大辭典　上海辭書出版社　1998　p. 767

王承文　敦煌古靈寶經與晉唐道教　中華書局　2002　p. 95

王卡　敦煌道教文獻研究　中國社會科學出版社　2004　p. 105

P. 2725

芳村修基　土橋秀高　井ノ口泰淳　敦煌佛教史年表　西域文化研究(第一)・敦煌佛教資料　(京都)法藏館　1958　p. 270

神塚淑子　魔の觀念と消魔の思想　中國古道教史研究(京都大學人文科學研究所研究報告)　(東京)同朋舍　1996　p. 142

大淵忍爾　論古靈寶經　道家文化研究(第十三輯)　三聯書店　1998　p. 504

山田俊　唐初道教思想史研究・論述篇　(京都)平樂寺書店　1999　p. 43

山田俊　唐初道教思想史研究・資料篇　(京都)平樂寺書店　1999　p. 64、162

王卡　敦煌道教文獻研究　中國社會科學出版社　2004　p. 227

王卡　中國國家圖書館藏敦煌道教遺書研究報告　敦煌吐魯番研究(第七卷)　北京大學出版社　2004　p. 375

P. 2726

土肥義和　はじめに——歸義軍節度使の敦煌支配　敦煌の歷史(講座敦煌 2)　(東京)大東出版社　1980　p. 266

土肥義和著　李永寧譯　歸義軍時期(晚唐、五代、宋)的敦煌(續)　《敦煌研究》1987 年第 1 期　p. 92

李正宇　敦煌地區古代祠廟寺觀簡志　《敦煌學輯刊》1988 年第 1、2 期　p. 78

榮新江　沙州歸義軍歷任節度使稱號研究　敦煌吐魯番學研究論文集　漢語大詞典出版社　1990　p. 804

榮新江　敦煌文獻所見晚唐五代宋初的中印文化交往　季羨林教授八十華誕紀念論文集(下)　江西人民出版社　1991　p. 961

郝春文　敦煌寫本社邑文書年代彙考(二)　《首都師範大學學報》1993 年第 5 期　p. 79

榮新江　歸義軍改元考　文史(第三十八輯)　中華書局　1994　p. 52

黃征　吳偉　敦煌願文集　岳麓書社　1995　p. 305

李正宇　敦煌史地新論　(臺北)新文豐出版公司　1996　p. 76

劉進寶　P. 3236 號《壬申年官布籍》時代考　《西北師大學報》(社會科學版)1996 年第 5 期　p. 46

榮新江　歸義軍史研究　上海古籍出版社　1996　p. 56

楊偉　從敦煌文書中看古代西部移民　《敦煌研究》1996 年第 4 期　p. 99

黃征　張涌泉　敦煌變文校注　中華書局　1997　p. 194

鄭炳林　唐五代敦煌種植林業研究　敦煌歸義軍史專題研究　蘭州大學出版社　1997　p. 194

李正宇　報恩寺　敦煌學大辭典　上海辭書出版社　1998　p. 629

劉進寶　敦煌文書與唐史研究　(臺北)新文豐出版公司　2000　p. 239

榮新江　《英藏敦煌文獻》定名商補　文史(第五十二輯)　中華書局　2000　p. 128

姜亮夫　敦煌莫高窟年表　姜亮夫全集(十一)　雲南人民出版社　2002　p. 583

何劍平　敦煌維摩詰文學中的金粟如來　2000 年敦煌學國際學術討論會文集·歷史文化卷(下)
　　甘肅民族出版社　2003　p. 510

土肥義和著　王平先譯　論莫高窟藏經洞的性質　2004 年石窟研究國際學術會議論文提要集　敦
　　煌研究院　2004　p. 51

P. 2727

陳祚龍　瓜沙印錄　(臺北)《大陸雜誌》1962 年第 4 期　又見:敦煌學概要　(臺北)編譯館"中華叢
　　書編委會"　1981　p. 269；中國敦煌學百年文庫·考古卷(一)　甘肅文化出版社　1999
　　p. 191

陳祚龍　古代敦煌及其他地區流行之公私印章圖記文字錄　敦煌學要籥　(臺北)新文豐出版公司
　　1982　p. 345

姜亮夫　敦煌經卷壁畫中所見寺觀錄　敦煌學論文集　上海古籍出版社　1987　p. 1075

李正宇　敦煌地區古代祠廟寺觀簡志　《敦煌學輯刊》1988 年第 1、2 期　p. 80

方廣錩　佛教大藏經史(八—十世紀)　中國社會科學出版社　1991　p. 108

陶秋英輯錄　姜亮夫校訂　敦煌經卷所見寺名錄　敦煌碎金　浙江古籍出版社　1992　p. 108、121

張涌泉　漢語俗字研究　岳麓書社　1995　p. 269

李正宇　敦煌史地新論　(臺北)新文豐出版公司　1996　p. 80

方廣錩　敦煌佛教經錄輯校　江蘇古籍出版社　1997　p. 580

方廣錩　當寺上藏內諸雜經錄　敦煌學大辭典　上海辭書出版社　1998　p. 752

方廣錩　酉年三月十三日於普光寺點官《大般若經》錄　敦煌學大辭典　上海辭書出版社　1998
　　p. 752

郝春文　唐後期五代宋初敦煌僧尼的社會生活　中國社會科學出版社　1998　p. 224

李正宇　永康寺　敦煌學大辭典　上海辭書出版社　1998　p. 631

楊富學　李吉和　敦煌漢文吐蕃史料輯校(第一輯)　甘肅人民出版社　1999　p. 101

郝春文　唐後期五代宋初敦煌的春秋官齋、十二月轉經、水則道場與佛教節日　慶祝吳其昱先生八秩
　　華誕敦煌學特刊　(臺北)文津出版社　2000　p. 254

史葦湘　敦煌歷史與莫高窟藝術研究　甘肅教育出版社　2002　p. 200

袁德領　歸義軍時期敦煌佛教的轉經活動　2000 年敦煌學國際學術討論會文集·歷史文化卷(下)
　　甘肅民族出版社　2003　p. 196

鄭炳林　晚唐五代敦煌諸寺藏經與管理　新世紀敦煌學論集　巴蜀書社　2003　p. 342

鄭炳林　晚唐五代敦煌地區《大般若經》的流傳與信仰　麥積山石窟藝術文化論文集(下)　蘭州大學出版社　2004　p. 111

P. 2728

王卡　上清金真玉光八景飛經　敦煌學大辭典　上海辭書出版社　1998　p. 763

郝春文　英藏敦煌社會歷史文獻釋錄(第一卷)　科學出版社　2001　p. 366

王卡　敦煌道教文獻研究　中國社會科學出版社　2004　p. 86

張錫厚　敦煌本辰017《上清高聖玉晨太上大道君列記》詩頌校錄　敦煌學(第25輯)　(臺北)樂學書局有限公司　2004　p. 359

P. 2729

池田溫　中國古代籍帳研究:概觀・錄文　東京大學東洋文化研究所　1979　p. 502

李明偉　狀・牒・帖　敦煌文學　甘肅人民出版社　1989　p. 41

唐耕耦　陸宏基　敦煌社會經濟文獻真迹釋錄(五)　全國圖書館文獻縮微複製中心　1990　p. 352

李正宇　敦煌文學概論　甘肅人民出版社　1993　p. 93

胡同慶　羅華慶　敦煌學入門　甘肅人民出版社　1994　p. 66

榮新江　敦煌邈真讚年代考　敦煌邈真讚校錄並研究　(臺北)新文豐出版公司　1994　p. 354

周一良　趙和平　敦煌表狀箋啓書儀略論　唐五代書儀研究　中國社會科學出版社　1995　p. 46
　　又見:敦煌吐魯番學研究論集　書目文獻出版社　1996　p. 197

趙和平　敦煌寫本書儀中的口頭用語問題初探　慶祝潘石禪先生九秩華誕敦煌學特刊　(臺北)文津出版社　1996　p. 231

鄭炳林　唐五代敦煌粟特人與歸義軍政權　《敦煌研究》1996年第4期　p. 85　又見:敦煌歸義軍史專題研究　蘭州大學出版社　1997　p. 410

趙和平　敦煌表狀箋啓書儀輯校　江蘇古籍出版社　1997　p. 287

趙和平　晚唐五代靈武節度使與沙州歸義軍關係試論　第三屆中國唐代文化學術研討會論文集　(臺北)政治大學中國文學系　1997　p. 542

鄭炳林　吐蕃統治下的敦煌粟特人　敦煌歸義軍史專題研究　蘭州大學出版社　1997　p. 380

陳國燦　辰年索遊岩轉寫淨名經關中疏記　敦煌學大辭典　上海辭書出版社　1998　p. 457

郝春文　唐後期五代宋初敦煌僧尼的社會生活　中國社會科學出版社　1998　p. 3893

趙和平　歸義軍僧官書儀　敦煌學大辭典　上海辭書出版社　1998　p. 424

鄭炳林　《康秀華寫經施入疏》與《炫和尚貨賣胡粉曆》研究　敦煌吐魯番研究(第三卷)　北京大學出版社　1998　p. 195

楊富學　李吉和　敦煌漢文吐蕃史料輯校(第一輯)　甘肅人民出版社　1999　p. 277

陳海濤　敦煌歸義軍時期從化鄉消失原因初探　中國社會歷史評論(第二卷)　天津古籍出版社　2000　p. 434

趙和平　敦煌本《甘棠集》研究　(臺北)新文豐出版公司　2000　p. 9

吳麗娛　從敦煌書儀中的表狀箋啓看唐五代官場禮儀的轉移變遷　中國社會歷史評論(第3卷)　中華書局　2001　p. 360

吳麗娛　關於S. 078v和S. 1725v兩件敦煌寫本書儀的一些看法　敦煌學與中國史研究論集　甘肅人民出版社　2001　p. 176

石曉軍　日本園城寺(三井寺)藏唐人詩文尺牘校證　唐研究(第八卷)　北京大學出版社　2002　p. 130

吳麗娛　唐禮摭遺：中古書儀研究　商務印書館　2002　p. 145、537、590

P. 2730

石井昌子　靈寶經類　敦煌と中國道教(講座敦煌 4)　(東京)大東出版社　1983　p. 150

左景權　《大正新修大藏經》第八十五卷——舊刊新評：《敦煌文書學發凡》之一章　敦煌吐魯番文獻
　　研究論集(第二輯)　北京大學出版社　1983　p. 621

姜亮夫　敦煌所見道教佚經考　敦煌學論文集　上海古籍出版社　1987　p. 319

陳祚龍　看了敦煌古抄《佛說盂蘭盆經讚述》以後　敦煌學散策新集　(臺北)新文豐出版公司
　　1989　p. 348

陶秋英輯録　姜亮夫校訂　敦煌所見道教佚經録　敦煌碎金　浙江古籍出版社　1992　p. 327

王卡　太上靈寶長夜九幽府玉匱明真科　敦煌學大辭典　上海辭書出版社　1998　p. 768

王卡　敦煌道教文獻研究　中國社會科學出版社　2004　p. 95

P. 2731

陳祚龍　新校重訂敦煌寫本《十空讚》表隱　敦煌資料考屑(上冊)　(臺北)商務印書館　1979
　　p. 126 注 17

福井文雅　般若心經　敦煌と中國仏教(講座敦煌 7)　(東京)大東出版社　1984　p. 39

李正宇　兩面抄　敦煌學大辭典　上海辭書出版社　1998　p. 592

譚蟬雪　塔形經　敦煌學大辭典　上海辭書出版社　1998　p. 450

P. 2732

久野芳隆　流動性に富む唐代の禪宗典籍　『宗教研究』(新 14 卷 1 期)　(東京)宗教研究會　1937
　　p. 121

鈴木大拙　敦煌出土『達摩和尚絶觀論』について　『佛教研究』(1 卷 1 期)　(京都)佛教研究會
　　1937　p. 53

關口慈光　絶觀論(燉煌出土)撰者考　『大正學報』(30、31 合併號)　(東京)大正大學院　1940
　　p. 179

陳祚龍　敦煌道經後記彙録　敦煌文物隨筆　(臺北)商務印書館　1979　p. 23

饒宗頤　論敦煌殘本登真隱訣(P. 2732)　敦煌學(第 4 輯)　(香港)新亞研究所敦煌學會　1979
　　p. 10

平井俊榮　牛頭宗と保唐宗　敦煌仏典と禪(講座敦煌 8)　(東京)大東出版社　1980　p. 199

陳祚龍　新校重訂《敦煌道經後記彙録》　敦煌學要籥　(臺北)新文豐出版公司　1982　p. 213 注 3

吳其昱　臥輪禪師出家安心十功德蕃本試釋　敦煌學(第 5 輯)　(臺北)新文豐出版公司　1982
　　p. 43

陳祚龍　敦煌古抄中華禪學藝文兩種　敦煌簡策訂存　(臺北)商務印書館　1983　p. 177

田中良昭　敦煌禪宗文獻の研究　(東京)大東出版社　1983　p. 257

王堯　陳踐　敦煌吐蕃文獻選　四川民族出版社　1983　p. 206

吳其昱著　福井文雅　樋口勝譯　大蕃國大德・三藏法師・法成傳考　敦煌と中國仏教(講座敦煌
　　7)　(東京)大東出版社　1984　p. 391

森安孝夫著　耿昇譯　回鶻吐蕃 789—792 年的北庭之爭　敦煌譯叢(第一輯)　甘肅人民出版社
　　1985　p. 256

陳國燦　八、九世紀間唐朝西州統治政權的轉移　魏晉南北朝隋唐史資料(第 8 輯)　武漢大學出版

社　1986　p. 15

劉美崧　論歸義軍節度與回鶻關係中的幾個問題　《中南民族學院學報》1986 年第 3 期　又見：中國
　　敦煌學百年文庫·民族卷(三)　甘肅文化出版社　1999　p. 271

楊曾文　日本學者對中國禪宗文獻的研究和整理　《世界宗教研究》1987 年第 1 期　p. 118

池田温　中國古代寫本識語集録　(東京)大藏出版株式會社　1990　p. 316

上山大峻　敦煌佛教の研究　(京都)法藏館　1990　p. 402

林聰明　敦煌文書出處略考　季羨林教授八十華誕紀念論文集(下)　江西人民出版社　1991
　　p. 865

林聰明　敦煌文書學　(臺北)新文豐出版公司　1991　p. 404

林家平　寧强　羅華慶　中國敦煌學史　北京語言學院出版社　1992　p. 686

吳其昱著　伊藤美重子譯　敦煌漢文寫本概觀　敦煌漢文文獻(講座敦煌 5)　(東京)大東出版社
　　1992　p. 57、108

榮新江　饒宗頤教授與敦煌學研究　"中國唐代學會"會刊(第四期)　(臺北)"中國唐代學會"
　　1993　p. 39　又見：選堂文史論苑　上海古籍出版社　1994　p. 266

索仁森著　李吉和譯　敦煌漢文禪籍特徵概觀　《敦煌研究》1994 年第 1 期　p. 112

田中良昭　敦煌の禪籍　禪學研究入門　(東京)大東出版社　1994　p. 63

姜伯勤　論敦煌本《本際經》的道性論　道家文化研究(第七輯)　上海古籍出版社　1995　p. 240

陳國燦　安史亂後的唐二庭四鎮　唐研究(第二卷)　北京大學出版社　1996　p. 430

姜伯勤　敦煌藝術宗教與禮樂文明　中國社會科學出版社　1996　p. 220

王卡　登真隱訣　敦煌學大辭典　上海辭書出版社　1998　p. 759

姜亮夫　敦煌：偉大的文化寶藏　雲南人民出版社　1999　p. 88

楊富學　李吉和　敦煌漢文吐蕃史料輯校(第一輯)　甘肅人民出版社　1999　p. 276

華濤　北庭之戰後的回鶻、吐蕃和葛邏祿　中亞學刊(第五輯)　新疆人民出版社　2000　p. 151 注
　　26

榮新江　摩尼教在高昌的初傳　吐魯番新出摩尼教文獻研究　文物出版社　2000　p. 228　又見：中
　　國學術(第一輯)　商務印書館　2000　p. 169

徐俊　敦煌詩集殘卷輯考　中華書局　2000　p. 862

張勇　傅大士研究　巴蜀書社　2000　p. 532

榮新江　敦煌學十八講　北京大學出版社　2001　p. 48

陳國燦　敦煌學史事新證　甘肅教育出版社　2002　p. 465、487

姜亮夫　敦煌莫高窟年表　姜亮夫全集(十一)　雲南人民出版社　2002　p. 362

王卡　敦煌道教文獻研究　中國社會科學出版社　2004　p. 84

汪泛舟　敦煌俗別字新考(上)　《敦煌研究》2006 年第 1 期　p. 103

張錫厚　《詠臥輪禪師看心法四首》補正與敦煌本《菩提達摩論》定名　《敦煌研究》2006 年第 1 期
　　p. 94

P. 2733

陸慶夫　河西達怛考述　《敦煌學輯刊》1992 年第 1、2 期　p. 19

周紹良　敦煌文學芻議及其它　(臺北)新文豐出版公司　1992　p. 6

黃征　敦煌願文散校　《敦煌研究》1994 年第 3 期　p. 128　又見：敦煌語文叢說　(臺北)新文豐出
　　版公司　1997　p. 568

黃征　吳偉　敦煌願文集　岳麓書社　1995　p. 372、910

黃征　敦煌文學《兒郎偉》輯錄校注　敦煌語文叢說　（臺北）新文豐出版公司　1997　p. 725

李冬梅　唐五代歸義軍與周邊民族關係綜論　《敦煌學輯刊》1998 年第 2 期　p. 50

譚蟬雪　《君者者狀》辨析：河西達怛國的一份書狀　1994 年敦煌學國際研討會文集·宗教文史卷（下）　甘肅民族出版社　2000　p. 106

徐曉卉　S. 5640 願文中“司徒”人物定名考釋　敦煌學國際研討會論文集　北京圖書館出版社　2005　p. 88

汪泛舟　敦煌俗別字新考（上）　《敦煌研究》2006 年第 1 期　p. 105

P. 2734

王重民　說《十二時》　《申報·文史》1948 年第 22 期　又見：敦煌遺書論文集　中華書局　1984　p. 158；中國敦煌學百年文庫·文學卷（一）　甘肅文化出版社　1999　p. 479

金岡照光　敦煌漢文文學文獻の寫本及び影印の收集保存、整理研究の現狀　敦煌出土文學文獻分類目錄·附解說　（東京）東洋文庫　1971　p. 174

金岡照光　敦煌民衆の宗教と生活　敦煌の民衆——その生活と思想　（東京）評論社　1972　p. 234

加地哲定　增補中國佛教文學研究　（東京）同朋舍　1979　p. 190

川崎ミチコ　修道偈Ⅱ——定格聯章　敦煌仏典と禪（講座敦煌 8）　（東京）大東出版社　1980　p. 272

潘重規　敦煌詞話　（臺北）石門圖書公司　1981　p. 98

陳祚龍　敦煌古抄內典尾記彙校初、二、三編合刊　敦煌學要籥　（臺北）新文豐出版公司　1982　p. 182

傅芸子　敦煌俗文學之發見及其展開　敦煌變文論文錄　上海古籍出版社　1982　p. 139

鄭阿財　敦煌孝道文學研究　（臺北）石門圖書公司　1982　p. 532

周丕顯　敦煌俗曲分時聯章歌體再議　《敦煌學輯刊》1983 年創刊號　p. 18

周丕顯　敦煌俗曲中的分時聯章體歌辭　關隴文學論叢　甘肅人民出版社　1983　p. 7

劉復　敦煌掇瑣　敦煌叢刊初集（十五）　（臺北）新文豐出版公司　1985　p. 203、313

任半塘　敦煌歌辭總編　上海古籍出版社　1987　p. 1389、1479

高國藩　敦煌曲子詞中的詠花詞　《鹽城師專學報》1988 年第 3 期　p. 34

高國藩　驅儺風俗和敦煌民間歌謠《兒郎偉》　文史（第二十九輯）　中華書局　1988　p. 290

高國藩　敦煌民俗學　上海文藝出版社　1989　p. 114

劉進寶　俚曲小調　敦煌文學　甘肅人民出版社　1989　p. 222

加地哲定著　劉衛星譯　中國佛教文學　今日中國出版社　1990　p. 162

任半塘　王昆吾　隋唐五代燕樂雜言歌辭集　巴蜀書社　1990　p. 369

金岡照光　總說『敦煌文學の諸形態』　敦煌の文學文獻（講座敦煌 9）　（東京）大東出版社　1992　p. 11

林家平　寧強　羅華慶　中國敦煌學史　北京語言學院出版社　1992　p. 16、18

張涌泉　《敦煌歌辭總編》校議　《語言研究》1992 年第 1 期　p. 60

周紹良　敦煌文學芻議及其它　（臺北）新文豐出版公司　1992　p. 37

汪泛舟　敦煌文學概論　甘肅人民出版社　1993　p. 180

鄭阿財　敦煌文獻與文學　（臺北）新文豐出版公司　1993　p. 121、135

王書慶　敦煌佛學·佛事篇　甘肅民族出版社　1995　p. 231

王昆吾　隋唐五代燕樂雜言歌辭研究　中華書局　1996　p. 421

鄭炳林　敦煌碑銘讚輯釋　甘肅教育出版社　1997　p. 61 注 9

柴劍虹　聖教十二時　敦煌學大辭典　上海辭書出版社　1998　p. 538

孫其芳　十二時　敦煌學大辭典　上海辭書出版社　1998　p. 537

P. 2735

饒宗頤　吳建衡二年索紞寫本道德經殘卷考證　（香港）《東方文化》1955 年第 2 卷第 1 期　p. 18

陳祚龍　敦煌道經後記彙録　敦煌文物隨筆　（臺北）商務印書館　1979　p. 16

鄭良樹　敦煌老子寫本考異　（臺北）《大陸雜誌》1981 年第 2 期　又見：中國敦煌學百年文庫·宗
　　教卷（三）　甘肅文化出版社　1999　p. 66

陳祚龍　新校重訂《敦煌道經後記彙録》　敦煌學要籥　（臺北）新文豐出版公司　1982　p. 208

宮川尚志　唐以前の河西における宗教·思想的狀況　敦煌と中國道教（講座敦煌 4）　（東京）大
　　東出版社　1983　p. 309

楠山春樹　道德經類 付『莊子』『列子』『文子』　敦煌と中國道教（講座敦煌 4）　（東京）大東出版
　　社　1983　p. 27

クリストファー·シッペール著　福井文雅訳　敦煌文書に見える道士の法位階梯について　敦煌
　　と中國道教（講座敦煌 4）　（東京）大東出版社　1983　p. 337

龍晦　論敦煌道教文學　《世界宗教研究》1985 年第 3 期　又見：中國敦煌學百年文庫·宗教卷
　　（三）　甘肅文化出版社　1999　p. 367

姜伯勤　沙州道門親表部落釋證　《敦煌研究》1986 年第 3 期　p. 3

姜亮夫　巴黎所藏敦煌寫本道德經殘卷綜合研究　敦煌學論文集　上海古籍出版社　1987　p. 244、
　　274　又見：姜亮夫全集（十三）　雲南人民出版社　2002　p. 210

陳國燦　唐五代敦煌縣鄉里制的演變　《敦煌研究》1989 年第 3 期　p. 48

池田溫　中國古代寫本識語集録　（東京）大藏出版株式會社　1990　p. 304

朱越利　道經總論　遼寧教育出版社　1992　p. 258、282

張鴻勳　敦煌說唱文學概論　（臺北）新文豐出版公司　1993　p. 6

張涌泉　漢語俗字研究　岳麓書社　1995　p. 330

姜伯勤　敦煌藝術宗教與禮樂文明　中國社會科學出版社　1996　p. 258、313

邵文實　敦煌道教試述　《世界宗教研究》1996 年第 2 期　又見：中國敦煌學百年文庫·宗教卷
　　（三）　甘肅文化出版社　1999　p. 338

李正宇　敦煌歷史地理導論　（臺北）新文豐出版公司　1997　p. 57

王利器　跋敦煌寫本《十二時頌》　曉傳書齋集　華東師範大學出版社　1997　p. 509

白化文　道德經白文本　敦煌學大辭典　上海辭書出版社　1998　p. 776

姜伯勤　道釋相激：道教在敦煌　道家文化研究（第十三輯）　三聯書店　1998　p. 75

譚蟬雪　敦煌道經題記綜述　道家文化研究（第十三輯）　三聯書店　1998　p. 9

姜亮夫　敦煌：偉大的文化寶藏　雲南人民出版社　1999　p. 89

顏廷亮　敦煌文化中的道教及文化　《敦煌研究》1999 年第 1 期　p. 137

周維平　從敦煌遺書看敦煌道教　《西北民族研究》1999 年第 2 期　p. 130

金岡照光　敦煌文獻と中國文學　（東京）五曜書房　2000　p. 519

顏廷亮　敦煌文化　光明日報出版社　2000　p. 238

張澤洪　論唐代道教的寫經　《敦煌研究》2000 年第 3 期　p. 133

姜亮夫　敦煌莫高窟年表　姜亮夫全集（十一）　雲南人民出版社　2002　p. 338

楊森　武則天至玄宗時代敦煌的三洞法師中嶽先生述略　《敦煌研究》2003 年第 3 期　p. 45

王卡　敦煌道教文獻研究　中國社會科學出版社　2004　p. 163

P. 2736

孫修身　敦煌遺書伯3016號卷背第二件文書有關問題考　《敦煌學輯刊》1988年第1、2期　p. 28

孫修身　伯2155《曹元忠致甘州回鶻可汗狀》時代考　《敦煌研究》1991年第2期　p. 29

黃征　敦煌文學《兒郎偉》輯錄校注　敦煌語文叢說　（臺北）新文豐出版公司　1997　p. 725

謝桃坊　敦煌文化尋繹　四川人民出版社　1999　p. 210

石內德　敦煌文獻中被廢棄的殘經抄本　法國漢學（敦煌學專號）　中華書局　2000　p. 19、25

P. 2737

陳祚龍　古代敦煌及其他地區流行之公私印章圖記文字錄　敦煌學要籥　（臺北）新文豐出版公司　1982　p. 330

艾麗白著　耿昇譯　敦煌漢文寫本中的鳥形押　敦煌譯叢（第一輯）　甘肅人民出版社　1985　p. 191

劉復　敦煌掇瑣　敦煌叢刊初集（十五）　（臺北）新文豐出版公司　1985　p. 315

姜亮夫　敦煌經卷壁畫中所見寺觀錄　敦煌學論文集　上海古籍出版社　1987　p. 1082

姜亮夫　敦煌經卷題名錄　敦煌學論文集　上海古籍出版社　1987　p. 1059

森安孝夫著　陳俊謀譯　敦煌與西回鶻王國　《西北史地》1987年第3期　p. 126

森安孝夫　敦煌と西ウイグル王國　『東方學』（第74輯）　（東京）東方學會　1987　p. 68

榮新江　西元十世紀沙州歸義軍與西州回鶻的文化交往　第二屆敦煌學國際研討會論文集　（臺北）漢學研究中心　1990　p. 590

唐耕耦　陸宏基　敦煌社會經濟文獻真迹釋錄（三）　全國圖書館文獻縮微複製中心　1990　p. 602

姜伯勤　敦煌社會文書導論　（臺北）新文豐出版公司　1992　p. 159

陶秋英輯錄　姜亮夫校訂　敦煌經卷所見寺名錄　敦煌碎金　浙江古籍出版社　1992　p. 126

陶秋英輯錄　姜亮夫校訂　敦煌經卷題名錄　敦煌碎金　浙江古籍出版社　1992　p. 72

王震亞　趙熒　敦煌殘卷爭訟文牒集釋　甘肅人民出版社　1993　p. 227

榮新江　于闐王國與瓜沙曹氏　《敦煌研究》1994年第2期　p. 113

郝春文　評榮新江《英國圖書館藏敦煌漢文非佛教文獻殘卷目錄（S. 6981－13624）》　敦煌吐魯番研究（第一卷）　北京大學出版社　1996　p. 364

雷紹鋒　論曹氏歸義軍時期官府之"牧子"　《敦煌學輯刊》1996年第1期　p. 40

榮新江　歸義軍史研究　上海古籍出版社　1996　p. 33

鄭炳林　馮培紅　唐五代歸義軍政權對外關係中的使頭一職　敦煌歸義軍史專題研究　蘭州大學出版社　1997　p. 50

鄭炳林　馮培紅　晚唐五代宋初歸義軍政權中都頭一職考辨　敦煌歸義軍史專題研究　蘭州大學出版社　1997　p. 81

李正宇　憑　敦煌學大辭典　上海辭書出版社　1998　p. 387

榮新江　歸義軍大事紀年初稿　出土文獻研究（第三輯）　文物出版社　1998　p. 253

沙知　歸義軍節度使之印　敦煌學大辭典　上海辭書出版社　1998　p. 291

張亞萍　唐五代敦煌地區的駱駝牧養業　《敦煌學輯刊》1998年第1期　p. 57

馮培紅　客司與歸義軍的外交活動　《敦煌學輯刊》1999年第1期　p. 82

池田溫　李盛鐸舊藏敦煌歸義軍後期社會經濟文書簡介　慶祝吳其昱先生八秩華誕敦煌學特刊　（臺北）文津出版社　2000　p. 50

雷紹鋒　歸義軍賦役制度初探　（臺北）洪葉文化事業有限公司　2000　p. 94、177、185

王豔明　瓜沙州大王印考　《敦煌學輯刊》2000 年第 2 期　p. 43

榮新江　略談于闐對敦煌石窟的貢獻　2000 年敦煌學國際學術討論會文集·歷史文化卷（上）　甘
　　肅民族出版社　2003　p. 76

森安孝夫著　梁曉鵬摘譯　河西歸義軍節度使官印及其編年　《敦煌學輯刊》2003 年第 1 期　p. 142

P. 2738

那波利貞　佛教信仰に基きて組織せられたる中晚唐五代時代の社邑に就きて（下）　『史林』（24
　　卷 4 號）　京都大學文學部史學研究會　1939　p. 106　又見：唐代社會文化史研究·第六編
　　（東京）創文社　1974　p. 659

芳村修基　土橋秀高　井ノ口泰淳　敦煌佛教史年表　西域文化研究（第一）·敦煌佛教資料　（京
　　都）法藏館　1958　p. 272

塚本善隆　敦煌佛教史概說　西域文化研究（第一）·敦煌佛教資料　（京都）法藏館　1958　p. 72

藤枝晃　敦煌の僧尼籍　『東方學報』（第 35 號）　京都大學人文科學研究所　1964　p. 291

金岡照光　敦煌民衆の宗教と生活　敦煌の民衆——その生活と思想　（東京）評論社　1972
　　p. 171

那波利貞　開元末期以前と天寶初期以後との唐の時世の差異に就きて　唐代社會文化史研究·第
　　一編　（東京）創文社　1974　p. 44

陳祚龍　簡記敦煌古抄方志　敦煌文物隨筆　（臺北）商務印書館　1979　p. 61

菊池英夫　唐代敦煌社會の外貌　敦煌の社會（講座敦煌 3）　（東京）大東出版社　1980　p. 104

矢吹慶輝　鳴沙餘韻·解說篇（第二部）　（京都）臨川書店　1980　p. 90

土肥義和　莫高窟千佛洞と大寺と蘭若と　敦煌の社會（講座敦煌 3）　（東京）大東出版社　1980
　　p. 364

土肥義和　はじめに——歸義軍節度使の敦煌支配　敦煌の歷史（講座敦煌 2）　（東京）大東出版
　　社　1980　p. 251

陳祚龍　古代敦煌及其他地區流行之公私印章圖記文字錄　敦煌學要籥　（臺北）新文豐出版公司
　　1982　p. 345

陳祚龍　《簡記敦煌古抄方志》及其"後語"　敦煌學要籥　（臺北）新文豐出版公司　1982　p. 230

高國藩　敦煌寫本《太公家教》初探　《敦煌學輯刊》1984 年第 1 期　p. 64

雷僑雲　敦煌兒童文學　（臺北）學生書局　1985　p. 82 注 5

張鴻勳　樂傅史事纂詁　《敦煌研究》1985 年第 2 期　p. 146

唐耕耦　陸宏基　敦煌社會經濟文獻真迹釋錄（一）　書目文獻出版社　1986　p. 309

周鳳五　敦煌寫本太公家教研究　（臺北）明文書局　1986　p. 155

姜伯勤　唐五代敦煌寺戶制度　中華書局　1987　p. 144

姜亮夫　敦煌經卷壁畫中所見寺觀錄　敦煌學論文集　上海古籍出版社　1987　p. 1074

李正宇　敦煌學郎題記輯注　《敦煌學輯刊》1987 年第 1 期　p. 28、34

張鴻勳　《父母恩重經講經文》補校　敦煌語言文學論文集　浙江古籍出版社　1988　p. 268

陳國燦　唐五代敦煌縣鄉里制的演變　《敦煌研究》1989 年第 3 期　p. 47

齊陳俊　河西史研究　甘肅教育出版社　1989　p. 91

山本達郎等　敦煌·III 轉貼　『NUN - HUANG AND TURFAN DOCUMENTS CONCERNING SOCIAL
　　AND ECONOMIC HISTORY』（IV）　（東京）東洋文庫　1989　p. 29

鄭阿財　敦煌寫卷新集文詞九經抄研究　（臺北）文史哲出版社　1989　p. 128 注 1

郭在貽　張涌泉　黃征　敦煌變文集校議　岳麓書社　1990　p. 361

鄭阿財　敦煌蒙書析論　第二屆敦煌學國際研討會論文集　（臺北）漢學研究中心　1990　p. 226

林聰明　敦煌文書學　（臺北）新文豐出版公司　1991　p. 411 注 9

姜伯勤　敦煌社會文書導論　（臺北）新文豐出版公司　1992　p. 187、242

陶秋英輯錄　姜亮夫校訂　敦煌經卷所見寺名錄　敦煌碎金　浙江古籍出版社　1992　p. 100、105、
　　109、114、118、121、124

郝春文　敦煌寫本社邑文書年代彙考（二）　《首都師範大學學報》1993 年第 5 期　p. 78

郝春文　敦煌寫本社邑文書年代彙考（三）　《社科縱橫》1993 年第 5 期　p. 12

前田正名　河西歷史地理學研究　中國藏學出版社　1993　p. 257

鄭阿財　敦煌文獻與文學　（臺北）新文豐出版公司　1993　p. 260

鄭阿財　學日益齋敦煌學劄記　周一良先生八十生日紀念論文集　中國社會科學出版社　1993
　　p. 193

榮新江　敦煌邈真讚年代考　敦煌邈真讚校錄並研究　（臺北）新文豐出版公司　1994　p. 360

石田勇作　敦煌「社文書」研究序說　中國古代の國家と民衆（堀敏一先生古稀記念）　（東京）汲古
　　書院　1995　p. 684

李并成　李春元　瓜沙史地研究　甘肅文化出版社　1996　p. 65

李正宇　敦煌史地新論　（臺北）新文豐出版公司　1996　p. 97

陸慶夫　鄭炳林　俄藏敦煌寫本中九件轉帖初探　《敦煌學輯刊》1996 年第 1 期　p. 10

黃征　張涌泉　敦煌變文校注　中華書局　1997　p. 986

陸慶夫　鄭炳林　唐末五代敦煌的社與粟特人聚落　敦煌歸義軍史專題研究　蘭州大學出版社
　　1997　p. 392

寧可　郝春文　敦煌社邑文書輯校　江蘇古籍出版社　1997　p. 173、297

孫曉林　敦煌遺書所見唐宋間令狐氏在敦煌的分佈　唐代的歷史與社會　武漢大學出版社　1997
　　p. 537

鄭阿財　《龍興寺毗沙門天王靈驗記》與敦煌地區的毗沙門信仰　周紹良先生欣開九秩慶壽文集
　　中華書局　1997　p. 253

陳國燦　赤心鄉　敦煌學大辭典　上海辭書出版社　1998　p. 303

李正宇　佛堂　敦煌學大辭典　上海辭書出版社　1998　p. 627

李正宇　蘭若　敦煌學大辭典　上海辭書出版社　1998　p. 627

李正宇　數字取名　敦煌學大辭典　上海辭書出版社　1998　p. 451

謝桃坊　敦煌文化尋繹　四川人民出版社　1999　p. 69

楊森　談敦煌社邑文書中"三官"及"錄事""虞侯"的若干問題　《敦煌研究》1999 年第 3 期　p. 79、84

陳海濤　敦煌歸義軍時期從化鄉消失原因初探　中國社會歷史評論（第二卷）　天津古籍出版社
　　2000　p. 436

高啓安　崇高與卑賤：敦煌的佛教信仰賤名再探　'98 法門寺唐文化國際學術討論會論文集　陝西
　　人民出版社　2000　p. 251

金岡照光　敦煌文獻と中國文學　（東京）五曜書房　2000　p. 532

丘古耶夫斯基　敦煌漢文文書　上海古籍出版社　2000　p. 118

汪泛舟　敦煌古代兒童課本　甘肅人民出版社　2000　p. 222

徐俊　敦煌詩集殘卷輯考　中華書局　2000　p. 782

孟憲實　敦煌社邑的分佈　敦煌文獻論集：紀念藏經洞發現一百周年國際學術研討會論文集　遼寧
　　人民出版社　2001　p. 423

榮新江　敦煌學十八講　北京大學出版社　2001　p. 215

陳國燦　敦煌學史事新證　甘肅教育出版社　2002　p. 377

馬茜　歸義軍時期敦煌地區庶民佛教的發展　甘肅民族研究論叢　甘肅人民出版社　2002　p. 454

徐俊　敦煌寫本詩歌續考　《敦煌研究》2002 年第 5 期　p. 70

湛如　敦煌佛教律儀制度研究　中華書局　2003　p. 65

孟憲實　論敦煌渠人社　周秦漢唐文化研究(第三輯)　三秦出版社　2004　p. 144

陳于柱　從敦煌占卜文書看晚唐五代敦煌占卜與佛教的對話交融　《敦煌學輯刊》2005 年第 2 期　p. 25

陳大爲　敦煌淨土寺與敦煌地區胡姓居民關係探析　《敦煌學輯刊》2006 年第 1 期　p. 90

P. 2739

張廣達　榮新江　關於唐末宋初于闐國的國號、年號及其王家世系問題　敦煌吐魯番文獻研究論集　中華書局　1982　p. 185　又見:于闐史叢考　上海書店　1993　p. 33

石井昌子　靈寶經類　敦煌と中國道教(講座敦煌4)　(東京)大東出版社　1983　p. 160

熊本裕　コ－タン語文獻　敦煌胡語文獻(講座敦煌6)　(東京)大東出版社　1985　p. 129

姜亮夫　敦煌經卷在中國文化學術上的價值　敦煌學論文集　上海古籍出版社　1987　p. 5

張廣達　榮新江　巴黎國立圖書館所藏敦煌于闐語寫卷目錄初編　敦煌吐魯番文獻研究論集(第四輯)　北京大學出版社　1987　p. 100

周丕顯　敦煌佛經略考　《敦煌學輯刊》1987 年第 2 期　p. 7

高田時雄　コ－タン文書中の漢語語彙　漢語史の諸問題(別冊)　京都大學人文科學研究所　1988　p. 73

張廣達　榮新江　關於敦煌出土于闐文獻的年代及其相關問題　紀念陳寅恪先生誕辰百年學術論文集　北京大學出版社　1989　p. 285

劉進寶　敦煌學論述　(臺北)洪葉文化事業有限公司　1995　p. 276

伊藤美重子　敦煌本『大智度論』の整理　中國佛教石經の研究　京都大學學術出版會　1996　p. 353

段晴　幾件與冊封于闐有關的于闐文書　伊朗學在中國論文集(二)　北京大學出版社　1998　p. 10

P. 2740

郭長城　敦煌變文集失收之三個與"秋吟一本"相關寫卷敘録:S. 5572, P. 2704, P. 4980　敦煌學(第 11 輯)　(臺北)新文豐出版公司　1986　p. 78

張廣達　榮新江　巴黎國立圖書館所藏敦煌于闐語寫卷目錄初編　敦煌吐魯番文獻研究論集(第四輯)　北京大學出版社　1987　p. 101

榮新江　梵文究竟一乘寶性論　敦煌學大辭典　上海辭書出版社　1998　p. 511

P. 2741

張廣達　榮新江　關於唐末宋初于闐國的國號、年號及其王家世系問題　敦煌吐魯番文獻研究論集　中華書局　1982　p. 181、182　又見:于闐史叢考　上海書店　1993　p. 33

張廣達　榮新江　和田、敦煌發現的中古于闐史料概述　《新疆社會科學》1983 年第 4 期　p. 80　又見:于闐史叢考　上海書店　1993　p. 16

黃振華　于闐文研究概述　中國民族古文字研究　中國社會科學出版社　1984　p. 70　又見:中國

敦煌學百年文庫·民族卷(一)　甘肅文化出版社　1999　p. 190

熊本裕　コータン語文獻　敦煌胡語文獻(講座敦煌6)　(東京)大東出版社　1985　p. 131

黃盛璋　于闐文《使河西記》的歷史地理研究(一)　《敦煌學輯刊》1986 年第 2 期　p. 12

黃盛璋　敦煌本曹氏二州六鎮與八鎮考　1983 年全國敦煌學術討論會文集·文史遺書編(上)　甘肅人民出版社　1987　p. 277

黃盛璋　于闐文《使河西記》的歷史地理研究(二)　《敦煌學輯刊》1987 年第 1 期　p. 4

姜亮夫　敦煌經卷在中國文化學術上的價值　敦煌學論文集　上海古籍出版社　1987　p. 5

高田時雄　コータン文書中の漢語語彙　漢語史の諸問題(別冊)　京都大學人文科學研究所　1988　p. 73

黃盛璋　敦煌于闐文幾篇使臣奏稿及其相關問題綜論　《敦煌研究》1989 年第 2 期　p. 54

黃盛璋　敦煌于闐文書與漢文書中關於甘州回鶻史實異同及回鶻進佔甘州的年代問題　《西北史地》1989 年第 1 期　p. 1

錢伯泉　張淮深對甘州回鶻國的顛覆行動　《甘肅民族研究》1989 年第 1 期　p. 26 注 7

張廣達　榮新江　關於敦煌出土于闐文獻的年代及其相關問題　紀念陳寅恪先生誕辰百年學術論文集　北京大學出版社　1989　p. 285、299

陳炳應　也談甘州回鶻　《敦煌學輯刊》1990 年第 2 期　p. 41

黃盛璋　敦煌于闐文書中河西部族考證　《敦煌學輯刊》1990 年第 1 期　p. 51

陸慶夫　略論敦煌民族史料的價值　《敦煌學輯刊》1991 年第 1 期　p. 32

張廣達　唐末五代宋初西北地區的般次和使次　季羨林教授八十華誕紀念論文集(下)　江西人民出版社　1991　p. 973

耿昇　哈密頓《鋼和泰藏卷考釋》述要　亞洲文明(第一集)　安徽教育出版社　1992　p. 207

黃茂琳　哈密頓《鋼和泰藏卷考釋》辨正　亞洲文明(第一集)　安徽教育出版社　1992　p. 200

李并成　五代宋初的玉門關及其相關問題考　《敦煌研究》1992 年第 2 期　p. 92

陸慶夫　河西達怛考述　《敦煌學輯刊》1992 年第 1、2 期　p. 12

榮新江　關於唐宋時期中原文化對于闐影響的幾個問題　國學研究(第一卷)　北京大學出版社　1993　p. 411

姜伯勤　敦煌吐魯番文書與絲綢之路　文物出版社　1994　p. 268

陸慶夫　敦煌民族文獻與河西古代民族　《敦煌學輯刊》1994 年第 2 期　p. 87

陳國燦　唐五代敦煌四出道路考　敦煌學國際研討會文集·史地語文編　遼寧美術出版社　1995　p. 220

胡戟　傅玫　敦煌史話　中華書局　1995　p. 203

黃盛璋　敦煌漢文與于闐文書中之龍家及其相關問題　全國敦煌學研討會論文集　(臺北)中正大學中國文學系所　1995　p. 65　又見:《西域研究》1996 年第 1 期　p. 30、39

榮新江　龍家考　中亞學刊(第四輯)　北京大學出版社　1995　p. 154

楊富學　牛汝極　沙州回鶻及其文獻　甘肅文化出版社　1995　p. 93

楊秀清　晚唐歸義軍與中央關係述論　《甘肅社會科學》1996 年第 2 期　p. 70

薛宗正　中國新疆古代社會生活史　新疆人民出版社　1997　p. 289

鄭炳林　敦煌碑銘讚及其有關問題　敦煌碑銘讚輯釋　甘肅教育出版社　1997　p. 17

鄭炳林　敦煌碑銘讚輯釋　甘肅教育出版社　1997　p. 348 注 8

高永久　論 11 世紀初伊斯蘭教在于闐的傳播問題　《蘭州大學學報》1998 年第 2 期　p. 97

羅豐　五代、宋初靈州與絲綢之路　《西北民族研究》1998 年第 1 期　p. 17

榮新江　塞語文書　敦煌學大辭典　上海辭書出版社　1998　p. 820

榮新江　于闐使臣上于闐朝廷書　敦煌學大辭典　上海辭書出版社　1998　p. 504

榮新江　仲雲　敦煌學大辭典　上海辭書出版社　1998　p. 462

尚衍斌　西域文化　遼寧教育出版社　1998　p. 365

王欣　吐火羅在河西一帶的活動　《蘭州大學學報》1998 年第 1 期　p. 100

王欣　吐火羅之名考　《民族研究》1998 年第 3 期　又見：中國敦煌學百年文庫·民族卷（一）　甘肅文化出版社　1999　p. 96

黃盛璋　于闐文《使河西記》的歷史地理研究（續完）　中國敦煌學百年文庫·地理卷（二）　甘肅文化出版社　1999　p. 61

謝桃坊　敦煌文化尋繹　四川人民出版社　1999　p. 139

楊秀清　敦煌西漢金山國史　甘肅人民出版社　1999　p. 21

譚蟬雪　《君者者狀》辨析：河西達怛國的一份書狀　1994 年敦煌學國際研討會文集·宗教文史卷（下）　甘肅民族出版社　2000　p. 110

徐俊　敦煌詩集殘卷輯考　中華書局　2000　p. 796

陳國燦　敦煌學史事新證　甘肅教育出版社　2002　p. 427

黃盛璋　試論所謂"吐火羅語"及其有關的歷史地理和民族問題　中外交通與交流史研究　安徽教育出版社　2002　p. 228

施安昌　故宮藏有關韃靼的敦煌酒帳初探　善本碑帖論集　紫禁城出版社　2002　p. 340

王欣　吐火羅史研究　中國社會科學出版社　2002　p. 63

趙貞　敦煌所出靈州道文書述略　《敦煌研究》2003 年第 4 期　p. 53

柳洪亮　遷居吐魯番盆地的吐谷渾人　《吐魯番學研究》2004 年第 2 期　p. 128

羅豐　胡漢之間："絲綢之路"與西北歷史考古　文物出版社　2004　p. 342

高田時雄著　鍾翀等譯　于闐文書中的漢語語彙　敦煌·民族·語言　中華書局　2005　p. 218

P. 2742

熊本裕　コータン語文獻　敦煌胡語文獻（講座敦煌6）　（東京）大東出版社　1985　p. 121

姜亮夫　敦煌經卷在中國文化學術上的價值　敦煌學論文集　上海古籍出版社　1987　p. 5

張廣達　榮新江　巴黎國立圖書館所藏敦煌于闐語寫卷目錄初編　敦煌吐魯番文獻研究論集（第四輯）　北京大學出版社　1987　p. 102

方廣錩　大方等大集賢護分　敦煌學大辭典　上海辭書出版社　1998　p. 663

P. 2743

陳祚龍　釋法融與"牛頭學"　中華佛教文化史散策（四集）　（臺北）新文豐出版公司　1986　p. 437

張廣達　榮新江　巴黎國立圖書館所藏敦煌于闐語寫卷目錄初編　敦煌吐魯番文獻研究論集（第四輯）　北京大學出版社　1987　p. 99

P. 2744

土肥義和　はじめに——歸義軍節度使の敦煌支配　敦煌の歷史（講座敦煌2）　（東京）大東出版社　1980　p. 243、277

盧向前　關於歸義軍時期一份布紙破用曆的研究：試釋伯四六四〇背面文書　敦煌吐魯番文獻研究論集（第三輯）　北京大學出版社　1986　p. 414 注 40

土肥義和著　李永寧譯　歸義軍時期（晚唐、五代、宋）的敦煌（一）　《敦煌研究》1986 年第 4 期　p. 86

張廣達　榮新江　關於敦煌出土于闐文獻的年代及其相關問題　紀念陳寅恪先生誕辰百年學術論文
集　北京大學出版社　1989　p. 294

黃正建　敦煌文書與唐五代北方地區的飲食生活　魏晉南北朝隋唐史資料(第 11 輯)　武漢大學出
版社　1991　p. 263

朱鳳玉　敦煌寫卷《俗務要名林》研究　第二屆國際唐代學術會議論文集(上)　(臺北)文津出版社
1993　p. 686

土肥義和　唐・北宋間の「社」の組織形態に関する一考察　中國古代の國家と民衆(堀敏一先生古
稀記念)　(東京)汲古書院　1995　p. 731

薛宗正　中國新疆古代社會生活史　新疆人民出版社　1997　p. 368

張春燕　吳越　西衙考　《敦煌學輯刊》1997 年第 2 期　p. 121

高啓安　索黛　唐五代敦煌飲食中的餅淺探　《敦煌研究》1998 年第 4 期　p. 83

尚衍斌　西域文化　遼寧教育出版社　1998　p. 308

徐俊　敦煌詩集殘卷輯考　中華書局　2000　p. 783

榮新江　略談于闐對敦煌石窟的貢獻　2000 年敦煌學國際學術討論會文集・歷史文化卷(上)　甘
肅民族出版社　2003　p. 76

高啓安　唐五代敦煌飲食文化研究　民族出版社　2004　p. 130

P. 2745

熊本裕　コータン語文獻　敦煌胡語文獻(講座敦煌6)　(東京)大東出版社　1985　p. 129、139

張廣達　榮新江　巴黎國立圖書館所藏敦煌于闐語寫卷目錄初編　敦煌吐魯番文獻研究論集(第四
輯)　北京大學出版社　1987　p. 102

周紹良　敦煌文學芻議及其它　(臺北)新文豐出版公司　1992　p. 28

P. 2746

陳鐵凡　敦煌本孝經考略　(臺中)《東海學報》1978 年第 19 卷　又見:中國敦煌學百年文庫・文獻
卷(二)　甘肅文化出版社　1999　p. 494

李正宇　敦煌學郎題記輯注　《敦煌學輯刊》1987 年第 1 期　p. 34

李正宇　敦煌文學雜考二題　敦煌語言文學研究　北京大學出版社　1988　p. 95

李正宇　敦煌佚詩零珠　《敦煌語言文學研究通訊》1989 年第 1 期　p. 6

李德超　敦煌本孝經校讎　第二屆敦煌學國際研討會論文集　(臺北)漢學研究中心　1990　p. 114

土田健次郎　儒教典籍　敦煌漢文文獻(講座敦煌5)　(東京)大東出版社　1992　p. 269、274

李正宇　敦煌文學概論　甘肅人民出版社　1993　p. 138

項楚　敦煌詩歌導論　(臺北)新文豐出版公司　1993　p. 214

徐俊　敦煌學郎詩作者問題考略　《文獻》1994 年第 2 期　p. 19

李正宇　學郎詩　敦煌學大辭典　上海辭書出版社　1998　p. 558

楊秀清　淺談唐、宋時期敦煌地區的學生生活　《敦煌研究》1999 年第 4 期　p. 138

徐俊　敦煌詩集殘卷輯考　中華書局　2000　p. 783

楊秀清　華戎交會的都市:敦煌與絲綢之路　甘肅人民出版社　2000　p. 95

張錫厚　敦煌文學源流　作家出版社　2000　p. 71

林聰明　敦煌吐魯番文書解詁指例　(臺北)新文豐出版公司　2001　p. 174

P. 2747

小島祐馬　巴黎國立圖書館藏敦煌遺書所見録(三)　『支那學』(6 卷 2 號)　(京都)支那學社
　　1932　p. 119

王重民　敦煌本《捉季布傳文》《国立北平圖書館館刊》1936 年第 10 卷第 1 號　又見:敦煌變文論
　　文録　上海古籍出版社　1982　p. 557；敦煌遺書論文集　中華書局　1984　p. 228、230

傅芸子　俗講新考　《新思潮月刊》1945 年第 1 卷第 2 期　又見:敦煌變文論文録　上海古籍出版社
　　1982　p. 152

那波利貞　中晚唐五代の佛教寺院の俗講の座に於ける變文の演出方法に就きて　甲南大學論集
　　(2)　(神户)甲南大學　1955　p. 7

周紹良　敦煌所出變文現存目録　敦煌變文彙録　上海出版公司　1955　p. 9

左補闕　《敦煌遺書總目索引》簡評　文史(第一輯)　中華書局　1962　p. 86

邵榮芬　敦煌俗文學中的別字異文和唐五代西北方音　《中國語文》1963 年第 3 期　又見:中國敦煌
　　學百年文庫·語言文字卷(一)　甘肅文化出版社　1999　p. 138

蘇瑩輝　論敦煌本史傳變文與中國俗文學　(臺中)《東海大學圖書館學報》1964 年第 6 期　又見:
　　中國敦煌學百年文庫·文學卷(五)　甘肅文化出版社　1999　p. 16

金岡照光　敦煌漢文文學文獻の文學形態上の種類とその分類　敦煌出土文學文獻分類目録·附解
　　說　(東京)東洋文庫　1971　p. 221

金岡照光　敦煌文學のさまざま　敦煌の文學　(東京)大藏出版株式會社　1971　p. 123

王重民　敦煌古籍叙録　中華書局　1979　p. 344

楊家駱　敦煌變文　(臺北)世界書局　1980　p. 71

張錫厚　敦煌文學　上海古籍出版社　1980　p. 114 注 1

蘇瑩輝　敦煌學概要　(臺北)編譯館"中華叢書編委會"　1981　p. 89

傅芸子　敦煌俗文學之發見及其展開　敦煌變文論文録　上海古籍出版社　1982　p. 137

蘇瑩輝　論敦煌本史傳變文與中國俗文學　敦煌論集　(臺北)學生書局　1983　p. 121

潘重規　敦煌變文集新書(下)　(臺北)"中國文化大學"中文研究所　1984　p. 1009、1195

潘重規　敦煌寫本秦婦吟新書　敦煌學(第 8 輯)　(臺北)"中國文化大學"中國文研究所敦煌學會
　　1984　p. 21

王重民　捉季布傳文　敦煌變文集　人民文學出版社　1984　p. 71

劉復　敦煌掇瑣　敦煌叢刊初集(十五)　(臺北)新文豐出版公司　1985　p. 51

李正宇　敦煌方音止遇二攝混同及其校勘學意義　《敦煌研究》1986 年第 4 期　p. 53

王重民原編　黃永武新編　敦煌古籍叙録新編(第十七冊)　(臺北)新文豐出版公司　1986　p. 101

張鴻勳　敦煌講唱文學作品選注　甘肅人民出版社　1987　p. 22

張金泉　唐民間詩韻:論變文詩韻　1983 年全國敦煌學術討論會文集·文史遺書編(下)　甘肅人民
　　出版社　1987　p. 253

鄭振鐸　中國俗文學史(上)　上海書店　1987　p. 147

項楚　敦煌變文選注　巴蜀書社　1990　p. 142

林聰明　敦煌文書學　(臺北)新文豐出版公司　1991　p. 354

金岡照光　講史譚·時事変文等——「王陵」「李陵」「張議潮」変文を中心に　敦煌の文學文獻(講
　　座敦煌9)　(東京)大東出版社　1992　p. 549

林家平　寧强　羅華慶　中國敦煌學史　北京語言學院出版社　1992　p. 15

榮新江　英倫所見三種敦煌俗文學作品跋　(香港)《九州學刊》(敦煌學專輯)1993 年第 5 卷第 4 期
　　p. 131

張鴻勳　敦煌話本詞文俗賦導論　（臺北）新文豐出版公司　1993　p. 79

張涌泉　俗字研究與大型字典的編纂　中國典籍與文化論叢（第一輯）　中華書局　1993　p. 467

蔣禮鴻　敦煌文獻語言詞典　杭州大學出版社　1994　p. 397、415

胡戟　傅玫　敦煌史話　中華書局　1995　p. 180

張涌泉　陳祚龍校録敦煌卷子失誤例釋　學術集林（卷六）　上海遠東出版社　1995　p. 310　又
　　見：舊學新知　浙江大學出版社　1999　p. 284

黃征　敦煌寫本異文綜析　敦煌語文叢說　（臺北）新文豐出版公司　1997　p. 20

黃征　張涌泉　敦煌變文校注　中華書局　1997　p. 99、672

潘重規　敦煌《雲謠集》新書　雲謠集研究彙録　上海古籍出版社　1998　p. 190

張鴻勳　大漢三年季布罵陣詞文　敦煌學大辭典　上海辭書出版社　1998　p. 582

榮新江　英國圖書館藏敦煌漢文非佛教文獻殘卷概述　敦煌文藪（下）　（臺北）新文豐出版公司
　　1999　p. 128

蔣禮鴻　中國俗文字學研究導言　中古近代漢語研究（第一輯）　上海教育出版社　2000　p. 73

金岡照光　敦煌文獻と中國文學　（東京）五曜書房　2000　p. 236

徐俊　敦煌詩集殘卷輯考　中華書局　2000　p. 148、253、465

張鴻勳　說唱藝術奇葩：敦煌變文選評　甘肅人民出版社　2000　p. 41

張錫厚　敦煌文學源流　作家出版社　2000　p. 542

張涌泉　漢語俗字叢考　中華書局　2000　p. 190

林聰明　敦煌吐魯番文書解詁指例　（臺北）新文豐出版公司　2001　p. 66

黃征　敦煌語言文字學研究　甘肅教育出版社　2002　p. 41

張鴻勳　敦煌俗文學研究　甘肅人民出版社　2002　p. 132

P. 2748

陳鐵凡　敦煌本尚書述略　（臺北）《大陸雜誌》1961 年第 8 期　又見：中國敦煌學百年文庫·文獻
　　卷（一）　甘肅文化出版社　1999　p. 447

金岡照光　敦煌漢文文學文獻の文學形態上の種類とその分類　敦煌出土文學文獻分類目録·附解
　　說　（東京）東洋文庫　1971　p. 236

金岡照光　敦煌文學のさまざま　敦煌の文學　（東京）大藏出版株式會社　1971　p. 159、164

那波利貞　開元末期以前と天寶初期以後との唐の時世の差異に就きて　唐代社會文化史研究·第
　　一編　（東京）創文社　1974　p. 121

蘇瑩輝　"敦煌曲"評介　《香港中文大學學報》1974 年第 1 期　又見：敦煌論集續編　（臺北）學生
　　書局　1983　p. 303；中國敦煌學百年文庫·藝術卷（一）　甘肅文化出版社　1999　p. 370

陳慶浩　古賢集校注　敦煌學（第 3 輯）　（香港）新亞研究所敦煌學會　1976　p. 67

陳祚龍　敦煌古抄《石崇王明君辭一首並序》之校牮　敦煌資料考屑（上冊）　（臺北）商務印書館
　　1979　p. 102

陳祚龍　敦煌學雜記　敦煌資料考屑（下冊）　（臺北）商務印書館　1979　p. 376

陳祚龍　新考重訂《朝英集》　敦煌資料考屑（上冊）　（臺北）商務印書館　1979　p. 187

王重民　敦煌本尚書六跋　《青海民族學院學報》1979 年第 4 卷　又見：中國敦煌學百年文庫·文獻
　　卷（二）　甘肅文化出版社　1999　p. 557

王重民　敦煌古籍叙録　中華書局　1979　p. 16

土肥義和　莫高窟千佛洞と大寺と蘭若と　敦煌の社會（講座敦煌 3）　（東京）大東出版社　1980
　　p. 368

饒宗頤　穆護歌考　選堂集林·史林　（香港）中華書局　1982　p. 509 注 24　又見:饒宗頤史學論
　　著選　上海古籍出版社　1993　p. 441 注 22

鄭阿財　敦煌孝道文學研究　（臺北）石門圖書公司　1982　p. 371、425、533、607

馬德　《敦煌二十詠》寫作年代初探　《敦煌研究》1983 年創刊號　p. 179

王堯　陳踐　敦煌吐蕃文獻選　四川民族出版社　1983　p. 67

王重民　劉修業　《補全唐詩》拾遺　敦煌遺書論文集　中華書局　1984　p. 26、46、51

蔣禮鴻　《補全唐詩》校記　敦煌學論集　甘肅人民出版社　1985　p. 76

雷僑雲　敦煌兒童文學　（臺北）學生書局　1985　p. 93

劉復　敦煌掇瑣　敦煌叢刊初集（十五）（臺北）新文豐出版公司　1985　p. 201

饒宗頤　敦煌書法叢刊（第十六卷）·詩詞　（東京）二玄社　1985　p. 67、77

饒宗頤　敦煌書法叢刊（第十七卷）·雜詩文　（東京）二玄社　1985　p. 11、52

王重民　巴黎敦煌殘卷叙錄（第一輯）　敦煌叢刊初集（九）（臺北）新文豐出版公司　1985
　　p. 113

李鼎文　讀佚名《敦煌二十詠》《西北師院學報》1983 年第 4 期　又見:甘肅文史叢稿　甘肅人民
　　出版社　1986　p. 93

李正宇　敦煌方音止遇二攝混同及其校勘學意義　《敦煌研究》1986 年第 4 期　p. 50

盧向前　關於歸義軍時期一份布紙破用曆的研究:試釋伯四六四〇背面文書　敦煌吐魯番文獻研究
　　論集（第三輯）　北京大學出版社　1986　p. 417 注 40,422 注 94、96　又見:敦煌吐魯番文書論
　　稿　江西人民出版社　1992　p. 123 注 54

王重民原編　黃永武新編　敦煌古籍叙錄新編（第一冊）（臺北）新文豐出版公司　1986　p. 294

柴劍虹　研究唐代文學的珍貴資料:敦煌 P. 2555 號唐人寫卷分析　1983 年全國敦煌學術討論會文
　　集·文史遺書編（下）　甘肅人民出版社　1987　p. 90　又見:西域文史論稿　（臺北）國文天地
　　雜誌社　1991　p. 255

高國藩　敦煌與俗文學　俗文學論　黑龍江人民出版社　1987　p. 121

姜亮夫　敦煌本尚書校錄　敦煌學論文集　上海古籍出版社　1987　p. 157、217

姜亮夫　敦煌經卷在中國文化學術上的價值　敦煌學論文集　上海古籍出版社　1987　p. 9

姜亮夫　海外敦煌卷子經眼錄　敦煌學論文集　上海古籍出版社　1987　p. 45　又見:姜亮夫全集
　　（十三）雲南人民出版社　2002　p. 38

任半塘　敦煌歌辭總編　上海古籍出版社　1987　p. 329、1343

蘇瑩輝　從敦煌遺書的發現論中國古典文學和俗講作品對後世的影響　敦煌文史藝術論叢　（臺
　　北）新文豐出版公司　1987　p. 13

顏廷亮　關於敦煌遺書中的甘肅文學作品　1983 年全國敦煌學術討論會文集·文史遺書編（下）
　　甘肅人民出版社　1987　p. 227

鄭阿財　敦煌寫本定格聯章《百歲篇》研究　（臺北）《木鐸》1987 年第 11 期　又見:中國敦煌學百年
　　文庫·文學卷（四）　甘肅文化出版社　1999　p. 312

柴劍虹　徐俊　敦煌詞輯校四談　《敦煌學輯刊》1988 年第 1、2 期　p. 58

陳國燦　魏晉至隋唐河西胡人的聚居與火祆教　《西北民族研究》1988 年第 1 期　p. 209

韓建瓴　敦煌寫本《古賢集》研究　敦煌語言文學研究　北京大學出版社　1988　p. 150、160

李正宇　敦煌文學雜考二題　敦煌語言文學研究　北京大學出版社　1988　p. 94

陳國燦　唐五代敦煌縣鄉里制的演變　《敦煌研究》1989 年第 3 期　p. 46

高國藩　敦煌本王昭君故事研究　《敦煌學輯刊》1989 年第 2 期　p. 52

高國藩　敦煌民俗學　上海文藝出版社　1989　p. 57、273、375

黄永武　施淑婷　敦煌的唐詩續編　（臺北）文史哲出版社　1989　p. 19

張錫厚　敦煌詩歌考論　《敦煌學輯刊》1989 年第 2 期　p. 11

張錫厚　詩歌　敦煌文學　甘肅人民出版社　1989　p. 157、180

高國藩　敦煌古俗與民俗流變　河海大學出版社　1990　p. 479

李并成　《沙州城土鏡》之地理調查與考釋　《敦煌學輯刊》1990 年第 2 期　p. 86

任半塘　王昆吾　隋唐五代燕樂雜言歌辭集　巴蜀書社　1990　p. 469

孫啓治　唐寫本俗別字變化類型舉例　敦煌吐魯番文獻研究論集（第五輯）　北京大學出版社
　　1990　p. 124、126、128、130、132

唐耕耦　陸宏基　敦煌社會經濟文獻真迹釋錄（四）　全國圖書館文獻縮微複製中心　1990
　　p. 362

鄭阿財　敦煌蒙書析論　第二屆敦煌學國際研討會論文集　（臺北）漢學研究中心　1990　p. 222

柴劍虹　列寧格勒藏敦煌《長安詞》寫卷分析　西域文史論稿　（臺北）國文天地雜誌社　1991
　　p. 325

林聰明　敦煌文書學　（臺北）新文豐出版公司　1991　p. 69、217、257、263、421

張涌泉　《補全唐詩》兩種補校　《敦煌學輯刊》1991 年第 2 期　p. 16　又見：舊學新知　浙江大學
　　出版社　1999　p. 298

金岡照光　曲子詞類　敦煌の文學文獻（講座敦煌 9）　（東京）大東出版社　1992　p. 400

林家平　寧強　羅華慶　中國敦煌學史　北京語言學院出版社　1992　p. 16

土田健次郎　儒教典籍　敦煌漢文文獻（講座敦煌 5）　（東京）大東出版社　1992　p. 268

王三慶著　池田溫譯　類書　敦煌漢文文獻（講座敦煌 5）　（東京）大東出版社　1992　p. 385

吳福熙　敦煌殘卷古文尚書校注　甘肅人民出版社　1992　p. 38

周紹良　敦煌文學芻議及其它　（臺北）新文豐出版公司　1992　p. 22

高國藩　敦煌民俗資料導論　（臺北）新文豐出版公司　1993　p. 16、171

姜伯勤　論高昌胡天與敦煌祆寺　《世界宗教研究》1993 年第 1 期　又見：中國敦煌學百年文庫·宗
　　教卷（三）　甘肅文化出版社　1999　p. 516、520

李正宇　敦煌文學概論　甘肅人民出版社　1993　p. 95

齊陳駿　寒沁　河西都僧統唐悟真作品和見載文獻系年　《敦煌學輯刊》1993 年第 2 期　p. 7、11

項楚　敦煌詩歌導論　（臺北）新文豐出版公司　1993　p. 191、268

張鴻勳　敦煌話本詞文俗賦導論　（臺北）新文豐出版公司　1993　p. 76

張錫厚　敦煌文學概論　甘肅人民出版社　1993　p. 357

鄭阿財　敦煌文獻與文學　（臺北）新文豐出版公司　1993　p. 161、167、255

姜伯勤　《敦煌邈真讚與敦煌望族》　敦煌邈真讚校錄並研究　（臺北）新文豐出版公司　1994　p. 41

姜伯勤　敦煌吐魯番文書與絲綢之路　文物出版社　1994　p. 243

蔣禮鴻　蔣禮鴻語言文字學論叢　浙江古籍出版社　1994　p. 420

林聰明　談敦煌文書的抄寫問題　紀念陳寅恪先生百年誕辰學術論文集　江西教育出版社　1994
　　p. 302、304

王繼如　《維摩碎金》校釋補正　俗語言研究（創刊號）　（京都）禪文化研究所　1994　p. 48

沃興華　敦煌書法藝術　上海人民出版社　1994　p. 134

胡戟　傅玫　敦煌史話　中華書局　1995　p. 140、168

林聰明　敦煌文書年代考探略述　敦煌學國際研討會文集·史地語文編　遼寧美術出版社　1995
　　p. 553

林悟殊　波斯拜火教與古代中國　（臺北）新文豐出版公司　1995　p. 94、158

劉進寶　敦煌學論述　（臺北）洪葉文化事業有限公司　1995　p. 332

王繼如　《醜女緣起》校釋補正　俗語言研究(第二期)　（京都）禪文化研究所　1995　p. 73

王書慶　敦煌佛學・佛事篇　甘肅民族出版社　1995　p. 251

吳庚舜　董乃斌　唐代文學史(下)　人民文學出版社　1995　p. 613

顏廷亮　敦煌文學概說　（臺北）新文豐出版公司　1995　p. 70

顏廷亮　張球著作系年與生平管窺　敦煌學國際研討會文集・史地語文編　遼寧美術出版社　1995　p. 267

張錫厚　敦煌本唐集研究　（臺北）新文豐出版公司　1995　p. 172

朱鳳玉　敦煌文獻中的語文教材　（臺灣）《嘉義師院學報》1995 年第 9 期　p. 467

鄧文寬　敦煌文獻《唐貞觀八年高士廉等條舉氏族奏抄》辨證　敦煌吐魯番學耕耘錄　（臺北）新文豐出版公司　1996　p. 254

姜伯勤　敦煌藝術宗教與禮樂文明　中國社會科學出版社　1996　p. 489

劉濤　評《法藏敦煌書苑精華》　敦煌吐魯番研究(第一卷)　北京大學出版社　1996　p. 378

陸慶夫　唐宋間敦煌粟特人之漢化　《歷史研究》1996 年第 6 期　p. 31　又見:敦煌歸義軍史專題研究　蘭州大學出版社　1997　p. 366

饒宗頤　敦煌詞劄記　敦煌曲續論　（臺北）新文豐出版公司　1996　p. 199

饒宗頤　敦煌曲訂補　敦煌曲續論　（臺北）新文豐出版公司　1996　p. 45

饒宗頤　敦煌資料與佛教文學小記　敦煌曲續論　（臺北）新文豐出版公司　1996　p. 56

饒宗頤　法藏敦煌曲子詞四種解說　敦煌曲續論　（臺北）新文豐出版公司　1996　p. 226

饒宗頤　《雲謠集》一些問題的檢討　敦煌曲續論　（臺北）新文豐出版公司　1996　p. 110

王堯　吐蕃時期藏譯漢籍名著及故事　中國古籍研究(第一卷)　上海古籍出版社　1996　p. 539

張錫厚　敦煌本《高適詩集》考述　《敦煌研究》1996 年第 1 期　p. 83

張涌泉　敦煌俗字研究導論　（臺北）新文豐出版公司　1996　p. 95

黃征　張涌泉　敦煌變文校注　中華書局　1997　p. 63

李正宇　敦煌歷史地理導論　（臺北）新文豐出版公司　1997　p. 58

劉子瑜　敦煌變文和王梵志詩　大象出版社　1997　p. 76

張涌泉　敦煌文獻校讀易誤字例釋　敦煌文學論集　四川人民出版社　1997　p. 261

鄭炳林　敦煌碑銘讚輯釋　甘肅教育出版社　1997　p. 124 注 2

朱鳳玉　敦煌寫本碎金研究　（臺北）文津出版社　1997　p. 185

白化文　古賢集　敦煌學大辭典　上海辭書出版社　1998　p. 780

柴劍虹　長門怨　敦煌學大辭典　上海辭書出版社　1998　p. 557

柴劍虹　思越人　敦煌學大辭典　上海辭書出版社　1998　p. 540

柴劍虹　王昭君怨諸詞人連句　敦煌學大辭典　上海辭書出版社　1998　p. 567

陳公柔　評介《尚書文字合編》　燕京學報(新第 4 期)　北京大學出版社　1998　p. 293

馮培紅　P. 3249 背《軍籍殘卷》與歸義軍初期的僧兵武裝　《敦煌研究》1998 年第 2 期　p. 145

李正宇　敦煌甘詠　敦煌學大辭典　上海辭書出版社　1998　p. 553

李正宇　三危山　敦煌學大辭典　上海辭書出版社　1998　p. 310

李正宇　悟真　敦煌學大辭典　上海辭書出版社　1998　p. 355

李正宇　悟真詩　敦煌學大辭典　上海辭書出版社　1998　p. 558

沙知　祭川原　敦煌學大辭典　上海辭書出版社　1998　p. 435

譚蟬雪　沙知　賽袄　敦煌學大辭典　上海辭書出版社　1998　p. 449

池田溫　八世紀中葉敦煌的粟特人聚落　唐研究論文選集　中國社會科學出版社　1999　p. 54 注

11

胡大浚　王志鵬　敦煌邊塞詩歌校注　甘肅人民出版社　1999　p. 96、261

黃征　程惠新　劫塵遺珠：敦煌遺書　甘肅教育出版社　1999　p. 181、191

姜亮夫　敦煌：偉大的文化寶藏　雲南人民出版社　1999　p. 100

張涌泉　俗字研究與敦煌文獻的校理　舊學新知　浙江大學出版社　1999　p. 51

杜琪　敦煌詩賦作品要目分類題注　《甘肅社會科學》2000 年第 1 期　p. 62

孫其芳　大漠遺歌：敦煌詩歌選評　甘肅人民出版社　2000　p. 181

孫其芳　鳴沙遺音：敦煌詞選評　甘肅人民出版社　2000　p. 184

徐俊　敦煌詩集殘卷輯考　中華書局　2000　p. 143、206、326、467、535、840

顏廷亮　敦煌文化　光明日報出版社　2000　p. 214、281、491

楊秀清　華戎交會的都市：敦煌與絲綢之路　甘肅人民出版社　2000　p. 48

張錫厚　敦煌文學源流　作家出版社　2000　p. 41、78、347

張涌泉　漢語俗字叢考　中華書局　2000　p. 805

杜曉勤　隋唐五代文學研究　北京出版社　2001　p. 1262

姜伯勤　唐敦煌城市的禮儀空間　文史（第五十五輯）　中華書局　2001　p. 237

林聰明　敦煌吐魯番文書解詁指例　（臺北）新文豐出版公司　2001　p. 22、56、256

邵文實　敦煌佛教文學與邊塞文學　《敦煌學輯刊》2001 年第 2 期　p. 29

陶敏　李一飛　隋唐五代文學史料學　中華書局　2001　p. 354

許建平　敦煌本《尚書》敘錄　敦煌文獻論集：紀念藏經洞發現一百周年國際學術研討會論文集　遼寧人民出版社　2001　p. 386

顏廷亮　敦煌文化中的祆教、摩尼教和景教　敦煌學與中國史研究論集　甘肅人民出版社　2001　p. 419

曾良　敦煌文獻字義通釋　廈門大學出版社　2001　p. 15、119

鄭阿財　敦煌童蒙讀物的分類與總說　敦煌文獻論集：紀念藏經洞發現一百周年國際學術研討會論文集　遼寧人民出版社　2001　p. 206

陳國燦　敦煌學史事新證　甘肅教育出版社　2002　p. 93、375

馮培紅　姚桂蘭　歸義軍時期敦煌與周邊地區之間的僧使交往　敦煌佛教藝術文化國際學術研討會論文集　蘭州大學出版社　2002　p. 451

姜亮夫　敦煌本尚書校錄　姜亮夫全集（十三）　雲南人民出版社　2002　p. 137

姜亮夫　敦煌莫高窟年表　姜亮夫全集（十一）　雲南人民出版社　2002　p. 380

王素　敦煌吐魯番文獻　文物出版社　2002　p. 20

徐俊　敦煌寫本詩歌續考　《敦煌研究》2002 年第 5 期　p. 65

顏廷亮　有關張球生平及其著作的一件新見文獻　《敦煌研究》2002 年第 5 期　p. 103

張鴻勳　敦煌俗文學研究　甘肅人民出版社　2002　p. 314

鄭阿財　朱鳳玉　敦煌蒙書研究　甘肅教育出版社　2002　p. 254

高國藩　敦煌學百年史述要　（臺北）商務印書館　2003　p. 296

胡大浚　敦煌寫卷中幾首佚名詩考釋　2000 年敦煌學國際學術討論會文集·歷史文化卷（下）　甘肅民族出版社　2003　p. 286

姜伯勤　天水隋石屏風墓胡人“酒如繩”祆祭畫像石圖像研究　《敦煌研究》2003 年第 1 期　p. 14

彭海　敦煌寫本《古文尚書》與漢代孔府壁本《尚書》淵源辨析　《敦煌研究》2003 年第 2 期　p. 49

許建平　BD09523《禮記音義》殘卷跋　《敦煌研究》2003 年第 2 期　p. 77

許建平　BD14681《尚書》殘卷考辨　新世紀敦煌學論集　巴蜀書社　2003　p. 83

楊秀清　敦煌:絲綢之路上的國際商貿中心　敦煌陽關玉門關論文選萃　甘肅人民出版社　2003
　　p. 86

余欣　禁忌、儀式與法術　唐代宗教信仰與社會　上海辭書出版社　2003　p. 344

湛如　敦煌佛教律儀制度研究　中華書局　2003　p. 65

趙貞　敦煌所出靈州道文書述略　《敦煌研究》2003 年第 4 期　p. 52

姜伯勤　中國祆教藝術史研究　三聯書店　2004　p. 158

李永平　從考古發現看胡騰舞與祆教儀式　碑林集刊(九)　陝西人民美術出版社　2004　p. 138

屈直敏　敦煌高僧　民族出版社　2004　p. 108

湯涒　敦煌曲子詞地域文化研究　上海古籍出版社　2004　p. 44、252

王冀青　斯坦因與日本敦煌學　甘肅教育出版社　2004　p. 306

許建平　敦煌出土《尚書》寫卷研究的過去與未來　敦煌吐魯番研究(第七卷)　北京大學出版社
　　2004　p. 226

張弓　敦煌四部籍與中古後期社會的文化情境　敦煌學(第 25 輯)　(臺北)樂學書局有限公司
　　2004　p. 318、327

中村威也　ДХ10698『尚書費誓』とДХ10698v「史書」について　『西北出土文獻研究』(創刊號)
　　(新潟)西北出土文獻研究會　2004　p. 42

彭建兵　歸義軍首任河西都僧統吳洪辯生平事迹述評　《敦煌學輯刊》2005 年第 2 期　p. 160

湯涒　敦煌曲子詞寫本敘略　敦煌學國際研討會論文集　北京圖書館出版社　2005　p. 209

解梅　唐五代敦煌地區賽祆儀式考　《敦煌學輯刊》2005 年第 2 期　p. 148

鄭炳林　晚唐五代歸義軍政權與佛教教團關係研究　《敦煌學輯刊》2005 年第 1 期　p. 2

P. 2749

李豐楙　唐代《洞淵神咒經》寫卷與李弘:兼論神咒類道經的功德觀　第二屆敦煌學國際研討會論文
　　集　(臺北)漢學研究中心　1990　p. 482

馬承玉　從敦煌寫本看《洞淵神咒經》在北方的傳播　道家文化研究(第十三輯)　三聯書店　1998
　　p. 200

王卡　太上洞淵神咒經　敦煌學大辭典　上海辭書出版社　1998　p. 762

王卡　中國國家圖書館藏敦煌道教遺書研究報告　敦煌吐魯番研究(第七卷)　北京大學出版社
　　2004　p. 359

P. 2750

池田溫　評『ペリオ將來敦煌漢文文獻目録』第一卷(P. 2001 – 2500)　『東洋學報』(54 卷 4 號)
　　(東京)東洋學術協會　1972　p. 67

石井昌子　靈寶經類　敦煌と中國道教(講座敦煌 4)　(東京)大東出版社　1983　p. 159

陶秋英輯録　姜亮夫校訂　敦煌所見道教佚經録　敦煌碎金　浙江古籍出版社　1992　p. 316

萬毅　敦煌本《昇玄內教經》試探　唐研究(第一卷)　北京大學出版社　1995　p. 67

姜伯勤　敦煌藝術宗教與禮樂文明　中國社會科學出版社　1996　p. 209、297

劉屹　敦煌十卷本《老子化胡經》殘卷新探　唐研究(第二卷)　北京大學出版社　1996　p. 108

胡文和　仁壽縣壇神岩第 53 號"三寶"窟右壁"南竺觀記"中道藏經目研究　《世界宗教研究》1998
　　年第 2 期　p. 124

姜伯勤　道釋相激:道教在敦煌　道家文化研究(第十三輯)　三聯書店　1998　p. 58

萬毅　敦煌本《昇玄內教經》解說　道家文化研究(第十三輯)　三聯書店　1998　p. 268、279

王卡　太上洞玄靈寶昇玄內教經　敦煌學大辭典　上海辭書出版社　1998　p.760

山田俊　唐初道教思想史研究·論述篇　(京都)平樂寺書店　1999　p.47、155、257、408

山田俊　唐初道教思想史研究·資料篇　(京都)平樂寺書店　1999　p.220、275

萬毅　敦煌本道教《昇玄內教經》的文本順序　《敦煌研究》2000年第4期　p.135　又見：敦煌文獻
　　論集：紀念藏經洞發現一百周年國際學術研討會論文集　遼寧人民出版社　2001　p.598

汪泛舟　敦煌道教與齋醮諸考　1994年敦煌學國際研討會文集·宗教文史卷(上)　甘肅民族出版
　　社　2000　p.3

王卡　敦煌道經殘卷綴合與考訂三則　敦煌文獻論集：紀念藏經洞發現一百周年國際學術研討會論
　　文集　遼寧人民出版社　2001　p.589

王卡　中國國家圖書館藏敦煌道教遺書研究報告　國際敦煌學學術史研討會論文集　研討會籌備組
　　2002　p.250　又見：敦煌吐魯番研究(第七卷)　北京大學出版社　2004　p.354

劉屹　論《昇玄經》的文本差異問題　文津學志(第一輯)　北京圖書館出版社　2003　p.191

王卡　敦煌道教文獻研究　中國社會科學出版社　2004　p.122

P.2751

饒宗頤　論敦煌殘本登真隱訣(P.2732)　敦煌學(第4輯)　(香港)新亞研究所敦煌學會　1979
　　p.18

王卡　紫文行事訣　敦煌學大辭典　上海辭書出版社　1998　p.765

姜亮夫　敦煌莫高窟年表　姜亮夫全集(十一)　雲南人民出版社　2002　p.273

王卡　敦煌道教文獻研究　中國社會科學出版社　2004　p.49、89

P.2752

馬承玉　從敦煌寫本看《洞淵神咒經》在北方的傳播　道家文化研究(第十三輯)　三聯書店　1998
　　p.200

王卡　太上洞淵神咒經　敦煌學大辭典　上海辭書出版社　1998　p.762

王卡　中國國家圖書館藏敦煌道教遺書研究報告　敦煌吐魯番研究(第七卷)　北京大學出版社
　　2004　p.359

P.2753

王卡　道要靈祇神鬼品經　敦煌學大辭典　上海辭書出版社　1998　p.759

王卡　敦煌道教文獻研究　中國社會科學出版社　2004　p.225

王卡　中國國家圖書館藏敦煌道教遺書研究報告　敦煌吐魯番研究(第七卷)　北京大學出版社
　　2004　p.374

P.2754

池田溫　敦煌本判集三種　古代東アジア史論集(下卷)　(東京)吉川弘文館　1978　p.436

唐長孺　唐西州諸鄉戶口帳試釋　敦煌吐魯番文書初探　武漢大學出版社　1983　p.200 注14

劉俊文　敦煌吐魯番唐代法制文書考釋　中華書局　1989　p.464

唐耕耦　陸宏基　敦煌社會經濟文獻真迹釋録(二)　全國圖書館文獻縮微複製中心　1990　p.610

姜伯勤　敦煌社會文書導論　(臺北)新文豐出版公司　1992　p.122

李正宇　唐麟德二年西域道行軍的救于闐之役　魏晉南北朝隋唐史資料(第12輯)　武漢大學出版
　　社　1993　p.35

王震亞　趙熒　敦煌殘卷爭訟文牒集釋　甘肅人民出版社　1993　p. 162

蔣禮鴻　敦煌文獻語言詞典　杭州大學出版社　1994　p. 54

張涌泉　漢語俗字研究　岳麓書社　1995　p. 347

李方　唐西州長官編年考證　敦煌吐魯番研究（第一卷）　北京大學出版社　1996　p. 274

齊陳駿　讀伯 3813 號《唐判集》劄記　《敦煌學輯刊》1996 年第 1 期　p. 15

張涌泉　敦煌俗字研究導論　（臺北）新文豐出版公司　1996　p. 150

張涌泉　敦煌文獻校讀釋例　文史（第四十一輯）　中華書局　1996　p. 196　又見：舊學新知　浙
　　江大學出版社　1999　p. 208

黃征　敦煌俗語詞輯釋　敦煌語文叢說　（臺北）新文豐出版公司　1997　p. 70

黃征　王梵志詩校釋續商補　敦煌語文叢說　（臺北）新文豐出版公司　1997　p. 236

陳國燦　吐魯番出土文獻所見之唐代軍府　魏晉南北朝隋唐史資料（第 16 輯）　武漢大學出版社
　　1998　p. 80

唐耕耦　敦煌會計文書　敦煌學大辭典　上海辭書出版社　1998　p. 646

姜伯勤　論池田溫先生的唐研究　唐研究論文選集　中國社會科學出版社　1999　p. 6

陳永勝　敦煌法制文書研究回顧與展望　《敦煌研究》2000 年第 2 期　p. 103

陳永勝　敦煌吐魯番法制文書研究　甘肅人民出版社　2000　p. 2、11、196

余欣　吐魯番出土上烽契詞語輯釋　文史（第五十三輯）　中華書局　2000　p. 134

劉安志　從吐魯番出土文書看唐高宗咸亨年間的西域政局　魏晉南北朝隋唐史資料（第 18 輯）　武
　　漢大學出版社　2001　p. 110

黃征　敦煌語言文字學研究　甘肅教育出版社　2002　p. 317

劉安志　讀吐魯番所出《唐貞觀十七年（643）西州奴俊延妻孫氏辯辭》及其相關文書　《敦煌研究》
　　2002 年第 3 期　p. 62

王啓濤　中古及近代法制文書語言研究　巴蜀書社　2003　p. 23、60

解梅　P. 2754《唐安西判集殘卷》研究　《敦煌研究》2003 年第 5 期　p. 77

P. 2755

三木榮　西域出土醫藥關係文獻綜合解說目錄　『東洋學報』（47 卷 1 號）　（東京）東洋學術協會
　　1964　p. 9

任半塘　敦煌歌辭研究在國外　文學評論叢刊（第九輯）　中國社會科學出版社　1981　p. 188

戴密微著　耿昇譯　敦煌學近作　敦煌譯叢（第一輯）　甘肅人民出版社　1985　p. 21

譚宗達　敦煌本《張仲景五臟論》校勘　《敦煌研究》1986 年第 2 期　p. 82

馬繼興　敦煌古醫籍考釋　江西科學技術出版社　1988　p. 16、31

甘肅中醫學院圖書館　敦煌中醫藥學集錦　甘肅中醫學院圖書館　1990　p. 18

叢春雨　敦煌中醫藥全書　中醫古籍出版社　1994　p. 73、581

黃征　敦煌俗語詞輯釋　敦煌語文叢說　（臺北）新文豐出版公司　1997　p. 70

黃征　王梵志詩校釋續商補　敦煌語文叢說　（臺北）新文豐出版公司　1997　p. 237

黃征　張涌泉　敦煌變文校注　中華書局　1997　p. 35

鄭炳林　唐五代敦煌的醫事研究　敦煌歸義軍史專題研究　蘭州大學出版社　1997　p. 520

馬繼興　敦煌醫藥文獻輯校　江蘇古籍出版社　1998　p. 115

王卡　太上妙法本相經　敦煌學大辭典　上海辭書出版社　1998　p. 761

王淑民　張仲景五臟論　敦煌學大辭典　上海辭書出版社　1998　p. 616

山田俊　唐初道教思想史研究・論述篇　（京都）平樂寺書店　1999　p. 526

丛春雨　敦煌中醫藥精萃發微　中醫古籍出版社　2000　p. 1

陳明　醫理精華：印度古典醫學在敦煌的實例分析　敦煌吐魯番研究（第五卷）　北京大學出版社
　　2001　p. 257 注

黄征　敦煌語言文字學研究　甘肅教育出版社　2002　p. 111、318

馬繼興　當前世界各地收藏的中國出土卷子本古醫藥文獻備考　敦煌吐魯番研究（第六卷）　北京
　　大學出版社　2002　p. 136、148

陳明　耆婆的形象演變及其在敦煌吐魯番地區的影響　文津學志（第一輯）　北京圖書館出版社
　　2003　p. 153

王卡　敦煌道教文獻研究　中國社會科學出版社　2004　p. 118

陳明　殊方異藥：出土文書與西域醫學　北京大學出版社　2005　p. 159

李應存　敦煌卷子《張仲景五臟論》中"四色神丹"考　《敦煌學輯刊》2005 年第 2 期　p. 47

李應存　新發現 ДX1325v 爲敦煌《張仲景五臟論》又一寫本　《敦煌研究》2006 年第 1 期　p. 90

P. 2756

川崎ミチコ　通俗詩類・雜詩文類　敦煌仏典と禪（講座敦煌 8）　（東京）大東出版社　1980
　　p. 332

陳祚龍　敦煌古抄《梁朝傅大士頌金剛經》之考證和校訂　敦煌簡策訂存　（臺北）商務印書館
　　1983　p. 204

項楚　敦煌詩歌導論　（臺北）新文豐出版公司　1993　p. 106

井ノ口泰淳　『金剛般若經』傳承の一形式　中央アジアの言語と仏教　（京都）法藏館　1995
　　p. 376

柳田聖山　禪籍解題（一）・敦煌禪籍　俗語言研究（第二期）　（京都）禪文化研究所　1995　p. 147

張勇　《梁朝傅大士頌金剛經》版本源流考述　敦煌文學論集　四川人民出版社　1997　p. 404

方廣錩　敦煌遺書中的《金剛經》及其注疏　敦煌學佛教學論叢（上）　中國佛教文化研究所　1998
　　p. 380

方廣錩　梁朝傅大士頌金剛經　敦煌學大辭典　上海辭書出版社　1998　p. 731

平井宥慶　敦煌文書における金剛經疏　金剛般若經の思想的研究　（東京）春秋社　1999　p. 263

張勇　傅大士研究　巴蜀書社　2000　p. 260

達照　金剛經讚研究　宗教文化出版社　2002　p. 4、66

達照　金剛經讚集　藏外佛教文獻（第九輯）　宗教文化出版社　2003　p. 41

張鐵山　莫高窟北區出土三件珍貴的回鶻文佛經殘片研究　《敦煌研究》2004 年第 1 期　p. 81

P. 2757

陳鐵凡　敦煌本孝經考略　（臺中）《東海學報》1978 年第 19 卷　又見：中國敦煌學百年文庫・文獻
　　卷（二）　甘肅文化出版社　1999　p. 503

石井昌子　靈寶經類　敦煌と中國道教（講座敦煌 4）　（東京）大東出版社　1983　p. 155

雷僑雲　敦煌兒童文學　（臺北）學生書局　1985　p. 90 注 5

孫修身　劉薩河和尚事迹考　1983 年全國敦煌學術討論會文集・石窟藝術編（上）　甘肅人民出版
　　社　1985　p. 308 注 6

譚蟬雪　三教融合的敦煌喪俗　《敦煌研究》1991 年第 3 期　p. 79

土田健次郎　儒教典籍　敦煌漢文文獻（講座敦煌 5）　（東京）大東出版社　1992　p. 269、295

白化文　孝經　敦煌學大辭典　上海辭書出版社　1998　p. 775

譚蟬雪　中祥　敦煌學大辭典　上海辭書出版社　1998　p. 443

王卡　太上業報因緣經　敦煌學大辭典　上海辭書出版社　1998　p. 764

孫修身　敦煌與中西交通研究　甘肅教育出版社　2002　p. 167

王卡　敦煌道教文獻研究　中國社會科學出版社　2004　p. 126

王卡　中國國家圖書館藏敦煌道教遺書研究報告　敦煌吐魯番研究（第七卷）　北京大學出版社
　　2004　p. 354

P. 2758

姜亮夫　瀛涯敦煌韻輯總目叙錄　《國立中央圖書館館刊》1947 年第 1 期　又見：中國敦煌學百年文
　　庫·文獻卷（一）　甘肅文化出版社　1999　p. 264

潘重規　瀛涯敦煌韻輯新編　（臺北）文史哲出版社　1974　p. 503

周祖謨　唐五代韻書集存　中華書局　1983　p. 785、950

姜亮夫　敦煌學概論　中華書局　1985　p. 61

劉復　敦煌掇瑣　敦煌叢刊初集（十五）　（臺北）新文豐出版公司　1985　p. 567

姜亮夫　敦煌韻輯凡例與叙例　敦煌學論文集　上海古籍出版社　1987　p. 367

姜亮夫　瀛外將去敦煌所藏韻書字書各卷叙錄　敦煌學論文集　上海古籍出版社　1987　p. 359

姜亮夫　瀛涯敦煌韻書卷子考釋　浙江古籍出版社　1990　p. 127

林家平　寧强　羅華慶　中國敦煌學史　北京語言學院出版社　1992　p. 19、301

胡戟　傅玫　敦煌史話　中華書局　1995　p. 182

張涌泉　敦煌俗字彙考　敦煌俗字研究　上海教育出版社　1996　p. 5

張金泉　唐韻摘字　敦煌學大辭典　上海辭書出版社　1998　p. 514

姜亮夫　瀛涯敦煌韻輯　姜亮夫全集（九）　雲南人民出版社　2002　p. 255

P. 2759

那波利貞　唐寫本雜抄考——唐代庶民教育史研究の一資料　唐代社會文化史研究·第二編　（東
　　京）創文社　1974　p. 258

高國藩　敦煌民俗學　上海文藝出版社　1989　p. 104

鄭阿財　敦煌蒙書析論　第二屆敦煌學國際研討會論文集　（臺北）漢學研究中心　1990　p. 216

東野治之　敦煌と日本の『千字文』　遣唐使と正倉院　（東京）岩波書店　1992　p. 245

東野治之　訓蒙書　敦煌漢文文獻（講座敦煌 5）　（東京）大東出版社　1992　p. 413

鄭炳林　敦煌碑銘讚輯釋　甘肅教育出版社　1997　p. 86 注 2

王卡　太上一乘海空智藏經　敦煌學大辭典　上海辭書出版社　1998　p. 761

鄭炳林　北京圖書館藏《吳和尚經論目錄》有關問題研究　敦煌學與中國史研究論集　甘肅人民出
　　版社　2001　p. 127

鄭阿財　朱鳳玉　敦煌蒙書研究　甘肅教育出版社　2002　p. 13

王卡　敦煌道教文獻研究　中國社會科學出版社　2004　p. 212

王卡　中國國家圖書館藏敦煌道教遺書研究報告　敦煌吐魯番研究（第七卷）　北京大學出版社
　　2004　p. 372

P. 2760

陸慶夫　略論敦煌民族史料的價值　《敦煌學輯刊》1991 年第 1 期　p. 35

李并成　西北民族歷史地理研究芻議　《甘肅民族研究》1997 年第 1 期　p. 23

汪泛舟　敦煌俗別字新考（上）　《敦煌研究》2006 年第 1 期　p. 106

P. 2761

傅芸子　俗講新考　《新思潮月刊》1945 年第 1 卷第 2 期　又見：敦煌變文論文錄　上海古籍出版社
　　1982　p. 151

榮新江　沙州歸義軍歷任節度使稱號研究　敦煌吐魯番學研究論文集　漢語大詞典出版社　1990
　　p. 770、804

陳祚龍　唐代敦煌佛寺講經之真象　第二屆國際唐代學術會議論文集（上）　（臺北）文津出版社
　　1993　p. 614

戴仁　敦煌和吐魯番寫本的斷代研究　法國學者敦煌學論文選萃　中華書局　1993　p. 540

郝春文　評榮新江《英國圖書館藏敦煌漢文非佛教文獻殘卷目錄（S. 6981－13624）》　敦煌吐魯番研
　　究（第一卷）　北京大學出版社　1996　p. 364

雷紹鋒　論曹氏歸義軍時期官府之“牧子”　《敦煌學輯刊》1996 年第 1 期　p. 41

鄭炳林　唐五代敦煌手工業研究　敦煌歸義軍史專題研究　蘭州大學出版社　1997　p. 261

柴劍虹　雄豪莫欺詩　敦煌學大辭典　上海辭書出版社　1998　p. 569

方廣錩　長阿含經　敦煌學大辭典　上海辭書出版社　1998　p. 706

李正宇　曹字私印　敦煌學大辭典　上海辭書出版社　1998　p. 294

譚蟬雪　敦煌歲時文化導論　（臺北）新文豐出版公司　1998　p. 80

池田溫　李盛鐸舊藏敦煌歸義軍後期社會經濟文書簡介　慶祝吳其昱先生八秩華誕敦煌學特刊
　　（臺北）文津出版社　2000　p. 50

雷紹鋒　歸義軍賦役制度初探　（臺北）洪葉文化事業有限公司　2000　p. 181

徐俊　敦煌詩集殘卷輯考　中華書局　2000　p. 784

李正宇　安徽省博物館藏敦煌遺書《二娘子家書》　《敦煌研究》2001 年第 3 期　p. 93

乜小紅　唐五代敦煌牧羊業述論　《敦煌研究》2001 年第 1 期　p. 136

P. 2762

羅常培　唐五代西北方音　國立中央研究院歷史語言研究所　1933　p. 12

向達　羅叔言《補唐書張議潮傳》補正　遼海引年集　和記印書館　1948　p. 85　又見：唐代長安與
　　西域文明　三聯書店　1987　p. 419

羽田亨　敦煌遺書活字本第一集解題　羽田博士史學論文集（上卷）・歷史篇　（東京）東洋史研究
　　會　1957　p. 578

蘇瑩輝　補唐書張淮深傳　（臺北）《大陸雜誌》1963 年第 5 期　又見：敦煌論集　（臺北）學生書局
　　1983　p. 244；中國敦煌學百年文庫・歷史卷（一）　甘肅文化出版社　1999　p. 265

蘇瑩輝　再論唐時敦煌陷蕃的年代　（臺北）《大陸雜誌》1963 年第 5 期　又見：敦煌論集　（臺北）
　　學生書局　1983　p. 229；中國敦煌學百年文庫・歷史卷（一）　甘肅文化出版社　1999
　　p. 274

長澤和俊　敦煌　（東京）築摩書房　1965　p. 180

蘇瑩輝　論索勳、張承奉節度沙州歸義軍之起訖年　敦煌學（第 1 輯）　（香港）新亞研究所敦煌學會
　　1974　p. 93 注 14

姜亮夫　唐五代瓜沙張曹兩世家考　中華文史論叢（總 11 輯）　上海古籍出版社　1979　又見：中
　　國敦煌學百年文庫・歷史卷（一）　甘肅文化出版社　1999　p. 355

賀世哲　敦煌莫高窟供養人題記校勘　《中國史研究》1980 年第 3 期　p. 37

土肥義和　はじめに——歸義軍節度使の敦煌支配　敦煌の歴史（講座敦煌2）　（東京）大東出版社　1980　p.253

陳慶英　《斯坦因劫經録》、《伯希和劫經録》所收漢文寫卷中夾存的藏文寫卷情況調查　《敦煌學輯刊》1981 年第 2 期　p.116

蘇瑩輝　敦煌學概要　（臺北）編譯館"中華叢書編委會"　1981　p.144、247

王冀青　有關金山國史的幾個問題　《敦煌學輯刊》1982 年第 3 期　p.47

山口瑞鳳　吐蕃王國成立史研究　（東京）岩波書店　1983　p.700

蘇瑩輝　瓜沙史事系年　敦煌論集　（臺北）學生書局　1983　p.271

蘇瑩輝　論敦煌本史傳變文與中國俗文學　敦煌論集　（臺北）學生書局　1983　p.134

蘇瑩輝　論張議潮收復河隴州郡之年代　敦煌論集續編　（臺北）學生書局　1983　p.8

蘇瑩輝　試論張議潮收復河隴後遣使獻表長安之年代　敦煌論集續編　（臺北）學生書局　1983　p.152

蘇瑩輝　張議潮　敦煌論集　（臺北）學生書局　1983　p.238

向達　補唐書張議潮傳補正　敦煌學文選（上）　蘭州大學歷史系敦煌學研究室等　1983　p.53、61 注 11

冷鵬飛　唐末沙州歸義軍時期有關百姓受田和賦稅的幾個問題　《敦煌學輯刊》1984 年第 1 期　p.31

饒宗頤　敦煌書法叢刊（第十九卷）·碎金（二）　（東京）二玄社　1984　p.26、95

姜亮夫　羅振玉《補唐書張議潮傳》訂補　向達先生紀念論文集　新疆人民出版社　1986　p.80 又見：敦煌學論文集　上海古籍出版社　1987　p.892；姜亮夫全集（十四）　雲南人民出版社　2002　p.321

李正宇　唐宋時代的敦煌學校　《敦煌研究》1986 年第 1 期　p.46 注 9

蘇瑩輝　瓜沙史事述要　漢學研究（敦煌學國際研討會論文專號）　（臺北）漢學研究資料及服務中心　1986　p.470　又見：敦煌文史藝術論叢　（臺北）新文豐出版公司　1987　p.78

土肥義和著　李永寧譯　歸義軍時期（晚唐、五代、宋）的敦煌（一）　《敦煌研究》1986 年第 4 期　p.89

鄧文寬　《涼州節院使押衙劉少晏狀》新探　《敦煌學輯刊》1987 年第 2 期　p.68

姜亮夫　敦煌經卷題名録　敦煌學論文集　上海古籍出版社　1987　p.1065

馬德　《莫高窟記》淺議　《敦煌學輯刊》1987 年第 2 期　p.129

蘇瑩輝　晚唐時歸義軍節度使暨涼州、瓜沙兩節度領州數述異　敦煌文史藝術論叢　（臺北）新文豐出版公司　1987　p.65

土肥義和著　李永寧譯　歸義軍時期（晚唐、五代、宋）的敦煌（續）　《敦煌研究》1987 年第 1 期　p.90

鄧文寬　也談張淮深之死　《敦煌研究》1988 年第 1 期　p.78

韓建瓴　雜記　敦煌文學　甘肅人民出版社　1989　p.67

李正宇　《敦煌廿詠》探微　古文獻研究　浙江古籍出版社　1989　p.240

譚蟬雪　碑·銘　敦煌文學　甘肅人民出版社　1989　p.119 注 9

鄭炳林　敦煌地理文書彙輯校注　甘肅教育出版社　1989　p.127

鄧文寬　張淮深改建北大像和開鑿第 94 窟年代考　敦煌學國際學術討論會論文縮寫文（1990）　敦煌研究院　1990　p.44

姜伯勤　敦煌與波斯　《敦煌研究》1990 年第 3 期　p.13

榮新江　《唐刺史考》補遺　《文獻》1990 年第 2 期　p.88

唐耕耦　陸宏基　敦煌社會經濟文獻真迹釋録(三、五)　全國圖書館文獻縮微複製中心　1990
　　p. 600；198
暨遠志　張議潮出行圖研究　《敦煌研究》1991年第3期　p. 28
陸慶夫　略論敦煌民族史料的價值　《敦煌學輯刊》1991年第1期　p. 37
榮新江　唐代河西地區鐵勒部落的入居及其消亡　中華民族研究新探索　中國社會科學出版社
　　1991　p. 281　又見：中國敦煌學百年文庫·民族卷(一)　甘肅文化出版社　1999　p. 80
朱鳳玉　敦煌寫本字書緒論　(臺北)《華岡文科學報》1991年第18期　p. 101
暨遠志　張議潮出行圖研究(續)　《敦煌研究》1992年第4期　p. 79
姜伯勤　敦煌本乘恩帖考證　中山大學史學集刊(第一輯)　廣東人民出版社　1992　又見：中國敦
　　煌學百年文庫·宗教卷(二)　甘肅文化出版社　1999　p. 315
桑山正進　慧超往五天竺國傳研究　京都大學人文科學研究所　1992　p. 60
陶秋英輯録　姜亮夫校訂　敦煌經卷題名録　敦煌碎金　浙江古籍出版社　1992　p. 85
尾崎康　史籍　敦煌漢文文獻(講座敦煌5)　(東京)大東出版社　1992　p. 328
吳其昱著　伊藤美重子譯　敦煌漢文寫本概観　敦煌漢文文獻(講座敦煌5)　(東京)大東出版社
　　1992　p. 139
周紹良　敦煌文學芻議及其它　(臺北)新文豐出版公司　1992　p. 11、28
竺沙雅章　寺院文書　敦煌漢文文獻(講座敦煌5)　(東京)大東出版社　1992　p. 644
晒麟　《敕河西節度兵部尚書張公德政之碑》復原與撰寫　《敦煌學輯刊》1993年第2期　p. 31
鄧文寬　敦煌文獻《河西都僧統悟真處分常住榜》管窺　周一良先生八十生日紀念論文集　中國社
　　會科學出版社　1993　p. 232 注7
齊陳駿　寒沁　河西都僧統唐悟真作品和見載文獻系年　《敦煌學輯刊》1993年第2期　p. 12
饒宗頤　上代塞種史若干問題：于闐史叢考序　中國文化(8)　(香港)中華書局　1993　p. 167
榮新江　敦煌寫本《敕河西節度兵部尚書張公德政之碑》校考　周一良先生八十生日紀念論文集
　　中國社會科學出版社　1993　p. 206
姜伯勤　敦煌吐魯番文書與絲綢之路　文物出版社　1994　p. 70
陸慶夫　敦煌民族文獻與河西古代民族　《敦煌學輯刊》1994年第2期　p. 87
梅林　469窟與莫高窟石室經藏的方位特徵　《敦煌研究》1994年第4期　p. 188
王繼如　《維摩碎金》校釋補正　俗語言研究(創刊號)　(京都)禪文化研究所　1994　p. 52
王進玉　敦煌石窟探秘　四川教育出版社　1994　p. 14
鄭炳林　敦煌本《張淮深變文》研究　《西北民族研究》1994年第1期　p. 148
鄭炳林　張淮深改建北大像和開鑿94窟年代再探　《敦煌研究》1994年第3期　p. 41
周偉洲　吐谷渾在西域的活動及定居　西域考察與研究　新疆人民出版　1994　p. 258、268
胡戟　傅玫　敦煌史話　中華書局　1995　p. 145
黃盛璋　敦煌漢文與于闐文書中之龍家及其相關問題　全國敦煌學研討會論文集　(臺北)中正大
　　學中國文學系所　1995　p. 57　又見：《西域研究》1996第1期　p. 26
李冬梅　唐五代敦煌學校部分教學檔案簡介　《敦煌學輯刊》1995年第2期　p. 63
李明偉　敦煌文學中"敦煌文"的研究和分類評價　《敦煌研究》1995年第4期　p. 121
劉進寶　敦煌學論述　(臺北)洪葉文化事業有限公司　1995　p. 110 注135
馬德　敦煌莫高窟吐蕃、歸義軍時代營建概況　(香港)《九州學刊》1995年第6卷第4期　p. 59
馬德　敦煌遺書莫高窟營建史料淺論　敦煌學國際研討會文集·石窟考古編　遼寧美術出版社
　　1995　p. 136、151
榮新江　龍家考　中亞學刊(第四輯)　北京大學出版社　1995　p. 146

蘇瑩輝　瓜沙史事概述　全國敦煌學研討會論文集　（臺北）中正大學中國文學系所　1995　p. 5

張涌泉　漢語俗字研究　岳麓書社　1995　p. 89

朱鳳玉　敦煌文獻中的語文教材　（臺灣）《嘉義師院學報》1995 年第 9 期　p. 465

郝春文　評榮新江《英國圖書館藏敦煌漢文非佛教文獻殘卷目録(S. 6981－13624)》　敦煌吐魯番研
　　究(第一卷)　北京大學出版社　1996　p. 362

姜伯勤　敦煌藝術宗教與禮樂文明　中國社會科學出版社　1996　p. 383

李正宇　敦煌史地新論　（臺北）新文豐出版公司　1996　p. 191 注 9

馬德　敦煌莫高窟史研究　甘肅教育出版社　1996　p. 100、115、176

馬德　九、十世紀敦煌工匠史料述論　慶祝潘石禪先生九秩華誕敦煌學特刊　（臺北）文津出版社
　　1996　p. 317

馬德　莫高窟張都衙窟及有關問題　《敦煌研究》1996 年第 2 期　p. 35

榮新江　歸義軍史研究　上海古籍出版社　1996　p. 2

宿白　《莫高窟記》跋　中國石窟寺考古　文物出版社　1996　p. 202 注 14

楊秀清　張議潮出走與張淮深之死　《敦煌研究》1996 年第 4 期　p. 75

張國剛　隋唐五代史研究概要　天津教育出版社　1996　p. 392

黃征　《敦煌碑銘讚輯釋》評介　敦煌語文叢說　（臺北）新文豐出版公司　1997　p. 813

李正宇　敦煌歷史地理導論　（臺北）新文豐出版公司　1997　p. 61

陸慶夫　從焉耆龍王到河西龍家——龍部落遷徙考　敦煌歸義軍史專題研究　蘭州大學出版社
　　1997　p. 492

陸慶夫　略論粟特人與龍家的關係　敦煌歸義軍史專題研究　蘭州大學出版社　1997　p. 510

馬德　敦煌工匠史料　甘肅人民出版社　1997　p. 44

馬德　敦煌文書《某使君造龕設齋讚文》的有關問題　《敦煌研究》1997 年第 2 期　p. 126

齊陳俊　馮培紅　晚唐五代宋初歸義軍對外商業貿易　敦煌歸義軍史專題研究　蘭州大學出版社
　　1997　p. 341

張先堂　S. 4654 晚唐《莫高窟紀遊詩》新探　《敦煌研究》1997 年第 3 期　p. 130

趙和平　晚唐五代靈武節度使與沙州歸義軍關係試論　第三屆中國唐代文化學術研討會論文集
　　（臺北）政治大學中國文學系　1997　p. 541

鄭炳林　敦煌碑銘讚輯釋　甘肅教育出版社　1997　p. 46 注 19

鄭炳林　唐五代敦煌金山國征伐樓蘭史事考　敦煌歸義軍史專題研究　蘭州大學出版社　1997
　　p. 24 注 20

鄭炳林　馮培紅　唐五代歸義軍政權對外關係中的使頭一職　敦煌歸義軍史專題研究　蘭州大學出
　　版社　1997　p. 63

柴劍虹　夫字爲首尾詩　敦煌學大辭典　上海辭書出版社　1998　p. 569

黃時鑒　慧超《往五天竺國傳》識讀餘論　東西交流論譚　上海文藝出版社　1998　p. 34

李冬梅　唐五代歸義軍與周邊民族關係綜論　《敦煌學輯刊》1998 年第 2 期　p. 45、51

李永寧　敕河西節度兵部尚書張公德政之碑　敦煌學大辭典　上海辭書出版社　1998　p. 333

李正宇　悟真詩　敦煌學大辭典　上海辭書出版社　1998　p. 558

榮新江　歸義軍大事紀年初稿　出土文獻研究(第三輯)　文物出版社　1998　p. 234

榮新江　西藏古代史　敦煌學大辭典　上海辭書出版社　1998　p. 820

譚蟬雪　起重器械　敦煌學大辭典　上海辭書出版社　1998　p. 446

汪泛舟　敦煌道教詩歌補論　《敦煌研究》1998 年第 4 期　p. 92

徐志斌　《河西都僧統唐悟真作品和見載文獻系年》補四則　《敦煌學輯刊》1998 年第 2 期　p. 67

楊森　張淮深　敦煌學大辭典　上海辭書出版社　1998　p. 353

張亞萍　唐五代歸義軍政府牧馬業研究　《敦煌學輯刊》1998 年第 2 期　p. 59

馮培紅　客司與歸義軍的外交活動　《敦煌學輯刊》1999 年第 1 期　p. 73

榮新江　英國圖書館藏敦煌漢文非佛教文獻殘卷概述　敦煌文藪（下）　（臺北）新文豐出版公司　1999　p. 131

汪泛舟　敦煌詩述異　《敦煌研究》1999 年第 4 期　p. 12

楊森　小議張淮深受旌節　《敦煌研究》1999 年第 1 期　p. 97

楊聖敏　敦煌卷子 P. 3633 號研究　中國敦煌學百年文庫・民族卷（三）　甘肅文化出版社　1999　p. 284

楊秀清　敦煌西漢金山國史　甘肅人民出版社　1999　p. 33

華濤　西域歷史研究（8—10 世紀）　上海古籍出版社　2000　p. 75 注 39、92

雷紹鋒　歸義軍賦役制度初探　（臺北）洪葉文化事業有限公司　2000　p. 242

馬德　敦煌寫本《營窟稿文範》箋證　1994 年敦煌學國際研討會文集・石窟考古卷　甘肅民族出版社　2000　p. 217

榮新江　《英藏敦煌文獻》定名商補　文史（第五十二輯）　中華書局　2000　p. 120

徐俊　敦煌詩集殘卷輯考　中華書局　2000　p. 171、326、496、922

顏廷亮　敦煌文化　光明日報出版社　2000　p. 408、438

汪泛舟　敦煌俗別字補正　《敦煌研究》2001 年第 4 期　p. 157

徐曉麗　曹議金與甘州回鶻天公主結親時間考　《敦煌研究》2001 年第 4 期　p. 116

陳國燦　敦煌學史事新證　甘肅教育出版社　2002　p. 24

陳明　沙武田　莫高窟第 98 窟及其對曹氏歸義軍時期大窟營建之影響　敦煌佛教藝術文化國際學術研討會論文集　蘭州大學出版社　2002　p. 169

馮培紅　姚桂蘭　歸義軍時期敦煌與周邊地區之間的僧使交往　敦煌佛教藝術文化國際學術研討會論文集　蘭州大學出版社　2002　p. 451

姜亮夫　敦煌莫高窟年表　姜亮夫全集（十一）　雲南人民出版社　2002　p. 410

榮新江　《唐刺史考》補遺　敦煌學新論　甘肅教育出版社　2002　p. 266

王豔明　瓜州曹氏與甘州回鶻的兩次和親始末　《敦煌研究》2003 年第 1 期　p. 71

項楚　敦煌變文新校　柱馬屋存稿　商務印書館　2003　p. 51

湛如　敦煌佛教律儀制度研究　中華書局　2003　p. 378

張先堂　敦煌寫本《晚唐佚名氏殘詩集》新校　2000 年敦煌學國際學術討論會文集・歷史文化卷（下）　甘肅民族出版社　2003　p. 443

鄭炳林　晚唐五代敦煌村莊聚落輯考　2000 年敦煌學國際學術討論會文集・歷史文化卷（上）　甘肅民族出版社　2003　p. 133

馮培紅　關於歸義軍節度使官制的幾個問題　麥積山石窟藝術文化論文集（下）　蘭州大學出版社　2004　p. 206

馮培紅　論晚唐五代的沙州（歸義軍）與涼州（河西）節度使　浙江與敦煌學：常書鴻先生誕辰一百周年紀念文集　浙江古籍出版社　2004　p. 253 注 11

馬德　論敦煌石窟崖面上的"王公窟"　麥積山石窟藝術文化論文集（下）　蘭州大學出版社　2004　p. 17

屈直敏　敦煌高僧　民族出版社　2004　p. 9

湯涒　敦煌曲子詞地域文化研究　上海古籍出版社　2004　p. 111

汪泛舟　敦煌俗別字新考（上）　《敦煌研究》2006 年第 1 期　p. 103

P. 2763

羅福頤　敦煌石室文物對於學術上的貢獻　《歷史教學》1951 年第 5 期　又見：中國敦煌學百年文庫·考古卷（四）　甘肅文化出版社　1999　p. 12

池田温　敦煌の流通経済　敦煌の社會（講座敦煌 3）　（東京）大東出版社　1980　p. 337　又見：敦煌文書の世界　（東京）名著刊行會　2003　p. 172

陳祚龍　古代敦煌及其他地區流行之公私印章圖記文字録　敦煌學要籥　（臺北）新文豐出版公司　1982　p. 345

姜伯勤　上海藏本敦煌所出河西支度營田使文書研究　敦煌吐魯番文獻研究論集（第二輯）　北京大學出版社　1983　p. 339

王永興　試論勾官：唐代官制研究之一　敦煌吐魯番文獻研究論集（第二輯）　北京大學出版社　1983　p. 321、322、324

唐耕耦　陸宏基　敦煌社會經濟文獻真迹釋録（一）　書目文獻出版社　1986　p. 486

楊際平　現存我國四柱結算法的最早實例——吐蕃時期沙州倉曹狀上勾覆所牒研究　敦煌吐魯番出土經濟文書研究　廈門大學出版社　1986　p. 163、172、178、182

張弓　唐朝倉廩制度初探　中華書局　1986　p. 24 注 46

王永興　敦煌吐魯番文書中有關唐代勾檢制資料試析：兼整理伯二七六三背、伯二六五四背、伯三四四六背文書　敦煌吐魯番文獻研究論集（第四輯）　北京大學出版社　1987　p. 58

唐耕耦　8 至 10 世紀敦煌的物價　紀念陳寅恪教授國際學術討論會文集　中山大學出版社　1989　p. 530

榮新江　通頰考　文史（第三十三輯）　中華書局　1990　p. 142 注 75、注 76

上山大峻　敦煌佛教の研究　（京都）法藏館　1990　p. 409

林聰明　敦煌文書學　（臺北）新文豐出版公司　1991　p. 399

王永興　唐勾檢制研究　上海古籍出版社　1991　p. 92

楊際平　四柱結算法在漢唐的應用　《中國經濟問題》1991 年第 2 期　p. 61

李錦繡　典在唐前期財務行政中的作用　學人（第三輯）　江蘇文藝出版社　1992　p. 359

尹偉先　從敦煌文書看唐代河西地區的貨幣流通　《社科縱橫》1992 年第 6 期　又見：中國敦煌學百年文庫·歷史卷（二）　甘肅文化出版社　1999　p. 343

李正宇　敦煌遺書中的檔案資料及其價值意義　《魏晉南北朝隋唐史》1993 年第 5 期　p. 65

王克孝　ДХ2168 號寫本初探　《敦煌學輯刊》1993 年第 2 期　p. 28　又見：1994 年敦煌學國際研討會文集·宗教文史卷（下）　甘肅民族出版社　2000　p. 235

王永興　論敦煌吐魯番出土唐代官府文書中"者"字的性質和作用　（香港）《九州學刊》（敦煌學專輯）1993 年第 5 卷第 4 期　p. 13

王永興　敦煌經濟文書導論　（臺北）新文豐出版公司　1994　p. 334

王永興　唐代前期西北軍事研究　中國社會科學出版社　1994　p. 434

鄭炳林　高偉　唐五代敦煌釀酒業初探　《西北史地》1994 年第 1 期　p. 29

胡戟　傅玫　敦煌史話　中華書局　1995　p. 162

李錦繡　唐代財政史稿·上卷（第一分冊）　北京大學出版社　1995　p. 177、202、236、247、283

楊銘　何寧生　曹（Tshar）：吐蕃統治敦煌及西域的一級基層兵制　《西域研究》1995 年第 4 期　p. 53

鄭炳林　敦煌漢文吐蕃史料綜述：兼論吐蕃控制河西時期的職官與統治政策　敦煌吐魯番文獻研究　蘭州大學出版社　1995　p. 99

田中良昭　《禪籍解題（一）·敦煌禪籍》補遺　俗語言研究（第三期）　（京都）禪文化研究所　1996

p. 213

唐耕耦　敦煌寺院會計文書研究　（臺北）新文豐出版公司　1997　p. 417

楊銘　吐蕃統治敦煌研究　（臺北）新文豐出版公司　1997　p. 299

李正宇　敦煌遺書檔案資料　敦煌學大辭典　上海辭書出版社　1998　p. 391

沙知　涼州都督府之印　敦煌學大辭典　上海辭書出版社　1998　p. 290

唐耕耦　敦煌會計文書　敦煌學大辭典　上海辭書出版社　1998　p. 646

楊森　晚唐五代兩件《女人社》文書劄記　《敦煌研究》1998 年第 1 期　p. 70

高啓安　王璽玉　唐五代敦煌人的飲食品種研究　《敦煌研究》1999 年第 2 期　p. 62

姜亮夫　敦煌：偉大的文化寶藏　雲南人民出版社　1999　p. 80

金瀅坤　吐蕃統治敦煌的財政職官體系　《敦煌研究》1999 年第 2 期　p. 88

楊富學　李吉和　敦煌漢文吐蕃史料輯校（第一輯）　甘肅人民出版社　1999　p. 231

陳永勝　敦煌吐魯番法制文書研究　甘肅人民出版社　2000　p. 129

馮培紅　敦煌文獻中的職官史料與唐五代藩鎮官制研究　《敦煌研究》2001 年第 3 期　p. 109

高啓安　敦煌文獻中的"草子"爲"沙米"考　《敦煌學輯刊》2002 年第 2 期　p. 43

馮培紅　唐五代敦煌官府宴設機構考略　2000 年敦煌學國際學術討論會文集·歷史文化卷（上）
　　甘肅民族出版社　2003　p. 180

李并成　敦煌文獻與西北生態環境變遷研究　漢語史學報專輯（第三輯）　上海教育出版社　2003
　　p. 392

童丕　據敦煌寫本談紅藍花——植物的使用　寺院財富與世俗供養　上海書畫出版社　2003
　　p. 262

王繼光　鄭炳林　敦煌漢文吐蕃史料綜述　中國西部民族文化研究（2003 年卷）　民族出版社
　　2003　p. 252

高啓安　唐五代敦煌飲食文化研究　民族出版社　2004　p. 13、30、42、140、306

徐曉卉　唐五代宋初敦煌地區麻的種植品種試析　《敦煌研究》2004 年第 2 期　p. 90

陸離　吐蕃統治河隴西域時期職官四題　《西北民族研究》2006 年第 2 期　p. 21

P. 2764

饒宗頤解說　林宏作譯　敦煌書法叢刊（第八卷）·經史（六）　（東京）二玄社　1986　p. 76

姜亮夫　海外敦煌卷子經眼錄　敦煌學論文集　上海古籍出版社　1987　p. 28、31　又見：姜亮夫全
　　集（十三）　雲南人民出版社　2002　p. 26

土田健次郎　儒教典籍　敦煌漢文文獻（講座敦煌 5）　（東京）大東出版社　1992　p. 268

土肥義和　唐·北宋間の「社」の組織形態に関する一考察　中國古代の國家と民衆（堀敏一先生古
　　稀記念）　（東京）汲古書院　1995　p. 716

白化文　春秋經傳集解　敦煌學大辭典　上海辭書出版社　1998　p. 774

姜亮夫　敦煌：偉大的文化寶藏　雲南人民出版社　1999　p. 103

李索　敦煌寫卷《春秋經傳集解》校證　中國社會科學出版社　2005　p. 335

P. 2765

王重民　敦煌本曆日之研究　《東方雜誌》1937 年第 34 卷　又見：敦煌遺書論文集　中華書局
　　1984　p. 117；中國敦煌學百年文庫·科技卷　甘肅文化出版社　1999　p. 24

陳祚龍　敦煌寫本"洪晉、悟真等告身"校注　敦煌資料考屑（上冊）　（臺北）商務印書館　1979
　　p. 38

陳祚龍　敦煌學新記　敦煌文物隨筆　（臺北）商務印書館　1979　p. 264

王堯　藏族翻譯家管·法成對民族文化交流的貢獻　《文物》1980 年第 7 期　又見：中國敦煌學百年文庫·民族卷（三）　甘肅文化出版社　1999　p. 28

陳慶英　《斯坦因劫經録》、《伯希和劫經録》所收漢文寫卷中夾存的藏文寫卷情況調查　《敦煌學輯刊》1981 年第 2 期　p. 116

張廣達　唐代禪宗的傳入吐蕃及有關的敦煌文書　學林漫録（三集）　中華書局　1981　p. 46

周丕顯　敦煌科技書卷叢談　《敦煌學輯刊》1981 年第 2 期　p. 53

陳國燦　敦煌所出諸借契年代考　魏晉南北朝隋唐史資料（第 4 輯）　武漢大學出版社　1982　p. 12　又見：《敦煌學輯刊》1984 年第 1 期　p. 5

鄧小南　爲肅州刺史劉臣璧答南蕃書（伯二五五五）校釋　敦煌吐魯番文獻研究論集　中華書局　1982　p. 600 注 5

吳其昱著　福井文雅　樋口勝譯　大蕃國大德·三藏法師·法成傳考　敦煌と中國仏教（講座敦煌 7）　（東京）大東出版社　1984　p. 388

鄧文寬　《涼州節院使押衙劉少晏狀》新探　《敦煌學輯刊》1987 年第 2 期　p. 64

姜伯勤　唐五代敦煌寺戶制度　中華書局　1987　p. 100

姜亮夫　敦煌經卷壁畫中所見寺觀録　敦煌學論文集　上海古籍出版社　1987　p. 1081

施萍婷　敦煌曆日研究　1983 年全國敦煌學術討論會文集·文史遺書編（上）　甘肅人民出版社　1987　p. 306、311、322、348

陳國燦　魏晉至隋唐河西胡人的聚居與火祆教　《西北民族研究》1988 年第 1 期　p. 206 注 6

黃盛璋　敦煌于闐文書與漢文書中關於甘州回鶻史實異同及回鶻進佔甘州的年代問題　《西北史地》1989 年第 1 期　p. 3

王堯　陳踐　吐蕃職官考信録　《中國藏學》1989 年第 1 期　又見：中國敦煌學百年文庫·民族卷（一）　甘肅文化出版社　1999　p. 397

熊文彬　兩唐書《吐蕃傳》吐蕃制度補證　《中國藏學》1989 年第 3 期　又見：中國敦煌學百年文庫·民族卷（一）　甘肅文化出版社　1999　p. 411

嚴敦傑　跋敦煌唐乾符四年曆書　中國古代天文文物論集　文物出版社　1989　p. 246　又見：中國敦煌學百年文庫·科技卷　甘肅文化出版社　1999　p. 215

譚蟬雪　敦煌歲時掇瑣：正月　《敦煌研究》1990 年第 1 期　p. 49　又見：（香港）《九州學刊》（敦煌學專輯）1993 年第 5 卷第 4 期　p. 86

馬德　KHROM 詞義考　《中國藏學》1992 年第 2 期　p. 99

陶秋英輯録　姜亮夫校訂　敦煌經卷所見寺名録　敦煌碎金　浙江古籍出版社　1992　p. 123

陶秋英輯録　姜亮夫校訂　敦煌經卷題名録　敦煌碎金　浙江古籍出版社　1992　p. 54

陳國燦　《敦煌社會經濟文獻真迹釋録》評介　（香港）《九州學刊》（敦煌學專輯）1993 年第 5 卷第 4 期　p. 121

高國藩　敦煌民俗資料導論　（臺北）新文豐出版公司　1993　p. 237

李明偉　敦煌文學概論　甘肅人民出版社　1993　p. 469

李正宇　敦煌文學概論　甘肅人民出版社　1993　p. 94

李明偉　隋唐絲綢之路　甘肅人民出版社　1994　p. 219

王進玉　敦煌石窟探秘　四川教育出版社　1994　p. 84、110

王堯　西藏文史考信集　中國藏學出版社　1994　p. 19

黃盛璋　敦煌漢文與于闐文書中之龍家及其相關問題　全國敦煌學研討會論文集　（臺北）中正大學中國文學系所　1995　p. 75　又見：《西域研究》1996 年第 1 期　p. 38

土肥義和　唐・北宋間の「社」の組織形態に関する一考察　中國古代の國家と民衆(堀敏一先生古稀記念)　(東京)汲古書院　1995　p. 720

張廣達　西域史地叢稿初編　上海古籍出版社　1995　p. 199

鄧文寬　敦煌天文曆法文獻輯校　江蘇古籍出版社　1996　p. 140

馬德　敦煌莫高窟史研究　甘肅教育出版社　1996　p. 92

巫新華　論"四獸圖"和"四獸因緣"故事的來源及流傳　原學(第五輯)　中國廣播電視出版社　1996　p. 179

李正宇　吐蕃論董勃藏修伽藍功德記兩殘卷的發現、綴合及考證　敦煌吐魯番研究(第二卷)　北京大學出版社　1997　p. 257 注

鄭炳林　敦煌碑銘讚輯釋　甘肅教育出版社　1997　p. 203 注 3

陳國燦　尚起律心兒聖光寺功德頌　敦煌學大辭典　上海辭書出版社　1998　p. 332

陳國燦　尚綺心兒　敦煌學大辭典　上海辭書出版社　1998　p. 348

鄧文寬　太和八年甲寅歲具注曆日　敦煌學大辭典　上海辭書出版社　1998　p. 606

李其瓊　論吐蕃時期的敦煌壁畫藝術　《敦煌研究》1998 年第 2 期　p. 2

榮新江　拉薩宗教會議　敦煌學大辭典　上海辭書出版社　1998　p. 814

蘇金花　從"方外之賓"到"釋吏"　《敦煌學輯刊》1998 年第 2 期　p. 112

譚蟬雪　敦煌歲時文化導論　(臺北)新文豐出版公司　1998　p. 45、96

汪泛舟　竇良驥　敦煌學大辭典　上海辭書出版社　1998　p. 349

饒宗頤　馬王堆《陰陽五行》之天一圖:漢初天一家遺說考　燕京學報(新第 7 期)　北京大學出版社　1999　p. 70

王堯　《國外敦煌吐蕃文書研究選譯》前言　法藏敦煌藏文文獻解題目錄　民族出版社　1999　p. 299

鄧文寬　敦煌三篇具注曆日佚文校考　《敦煌研究》2000 年第 3 期　p. 110

高明士　唐代敦煌官方的祭祀禮儀　1994 年敦煌學國際研討會文集・宗教文史卷(上)　甘肅民族出版社　2000　p. 47

徐俊　敦煌詩集殘卷輯考　中華書局　2000　p. 834

姜伯勤　唐敦煌城市的禮儀空間　文史(第五十五輯)　中華書局　2001　p. 236

陳國燦　敦煌學史事新證　甘肅教育出版社　2002　p. 334

鄧文寬　敦煌吐魯番天文曆法研究　甘肅教育出版社　2002　p. 110、209

馬繼興　當前世界各地收藏的中國出土卷子本古醫藥文獻備考　敦煌吐魯番研究(第六卷)　北京大學出版社　2002　p. 148

榮新江　于闐花氈與粟特銀盤:九、十世紀敦煌寺院的外來供養　寺院財富與世俗供養　上海書畫出版社　2003　p. 252

余欣　禁忌、儀式與法術　唐代宗教信仰與社會　上海辭書出版社　2003　p. 312

馬若安　敦煌曆日"沒日"和"滅日"安排初探　敦煌吐魯番研究(第七卷)　北京大學出版社　2004　p. 429

余欣　敦煌竈神信仰稽考　《敦煌學輯刊》2005 年第 3 期　p. 158

金身佳　敦煌寫本宅經中的陰陽宅修造吉日　文史(第七十五輯)　中華書局　2006　p. 68

P. 2766

土田健次郎　儒教典籍　敦煌漢文文獻(講座敦煌 5)　(東京)大東出版社　1992　p. 269

李方　敦煌《論語集解》校正　江蘇古籍出版社　1998　p. 831

徐俊　敦煌詩集殘卷輯考　中華書局　2000　p. 855

許建平　評《敦煌〈論語集解〉校正》　敦煌吐魯番研究(第五卷)　北京大學出版社　2001　p. 342

姜亮夫　敦煌莫高窟年表　姜亮夫全集(十一)　雲南人民出版社　2002　p. 411

P. 2767

那波利貞　佛教信仰に基きて組織せられたる中晚唐五代時代の社邑に就きて(上)　『史林』(24
　　卷 3 號)　京都大學文學部史學研究支　1939　p. 55　又見:唐代社會文化史研究・第六編
　　(東京)創文社　1974　p. 620、624

堀敏一　敦煌社會の変質——中國社會全般の発展とも関連して　敦煌の社會(講座敦煌 3)　(東
　　京)大東出版社　1980　p. 184

王重民原編　黄永武新編　敦煌古籍敘錄新編(第三冊)　(臺北)新文豐出版公司　1986　p. 263

姜亮夫　海外敦煌卷子經眼録　敦煌學論文集　上海古籍出版社　1987　p. 31　又見:姜亮夫全集
　　(十三)　雲南人民出版社　2002　p. 26

郝春文　敦煌寫本齋文及其樣式的分類與定名　《北京師範學院學報》1990 年第 3 期　p. 95

譚蟬雪　敦煌歲時掇瑣:正月　《敦煌研究》1990 年第 1 期　p. 47　又見:(香港)《九州學刊》(敦煌
　　學專輯)1993 年第 5 卷第 4 期　p. 85

姜伯勤　敦煌社會文書導論　(臺北)新文豐出版公司　1992　p. 233

土田健次郎　儒教典籍　敦煌漢文文獻(講座敦煌 5)　(東京)大東出版社　1992　p. 268

高國藩　敦煌民俗資料導論　(臺北)新文豐出版公司　1993　p. 172

郝春文　敦煌寫本社邑文書年代彙考(三)　《社科縱横》1993 年第 5 期　p. 11

土肥義和　唐・北宋間の「社」の組織形態に関する一考察　中國古代の國家と民衆(堀敏一先生古
　　稀記念)　(東京)汲古書院　1995　p. 703

黄征　敦煌願文考論　敦煌語文叢說　(臺北)新文豐出版公司　1997　p. 591

寧可　郝春文　敦煌社邑文書輯校　江蘇古籍出版社　1997　p. 587

白化文　春秋經傳集解　敦煌學大辭典　上海辭書出版社　1998　p. 774

郝春文　齋琬文　敦煌學大辭典　上海辭書出版社　1998　p. 459

譚蟬雪　敦煌歲時文化導論　(臺北)新文豐出版公司　1998　p. 23

譚蟬雪　逆修　敦煌學大辭典　上海辭書出版社　1998　p. 444

譚蟬雪　正月燃燈　敦煌學大辭典　上海辭書出版社　1998　p. 434

姜亮夫　敦煌:偉大的文化寶藏　雲南人民出版社　1999　p. 103

寧可　寧可史學論集　中國社會科學出版社　1999　p. 446 注 9

譚蟬雪　唐宋敦煌歲時佛俗:正月　《敦煌研究》2000 年第 4 期　p. 68

葉貴良　敦煌社邑文書詞語選釋　《敦煌研究》2004 年第 5 期　p. 80

李索　敦煌寫卷《春秋經傳集解》校證　中國社會科學出版社　2005　p. 246

郝春文　唐後期五代宋初敦煌私社的教育與教化功能　敦煌吐魯番研究(第九卷)　中華書局
　　2006　p. 307

P. 2768

蘇金花　從"方外之賓"到"釋吏"　《敦煌學輯刊》1998 年第 2 期　p. 111

P. 2769

那波利貞　唐寫本雜抄考——唐代庶民教育史研究の一資料　唐代社會文化史研究・第二編　(東

京）創文社　1974　p. 258

姜亮夫　海外敦煌卷子經眼録　敦煌學論文集　上海古籍出版社　1987　p. 33

山本達郎等　敦煌・III 轉貼　『NUN – HUANG AND TURFAN DOCUMENTS CONCERNING SOCIAL AND ECONOMIC HISTORY』（IV）　（東京）東洋文庫　1989　p. 76

郝春文　敦煌的渠人與渠社　《北京師範學院學報》1990 年第 1 期　p. 94

郝春文　唐後期五代宋初沙州僧尼的特點　敦煌吐魯番學研究論文集　漢語大詞典出版社　1990　p. 852 注 2

唐耕耦　陸宏基　敦煌社會經濟文獻真迹釋録（四）　全國圖書館文獻縮微複製中心　1990　p. 150

鄭阿財　敦煌蒙書析論　第二屆敦煌學國際研討會論文集　（臺北）漢學研究中心　1990　p. 216

周紹良　敦煌文學芻議及其它　（臺北）新文豐出版公司　1992　p. 15

石田勇作　敦煌「社文書」研究序說　中國古代の國家と民衆（堀敏一先生古稀記念）　（東京）汲古書院　1995　p. 671

土肥義和　唐・北宋間の「社」の組織形態に関する一考察　中國古代の國家と民衆（堀敏一先生古稀記念）　（東京）汲古書院　1995　p. 732

郝春文　唐後期五代宋初沙州的方等道場與方等道場司　唐研究（第二卷）　北京大學出版社　1996　p. 90

寧可　郝春文　敦煌社邑文書輯校　江蘇古籍出版社　1997　p. 401

鄭炳林　晚唐五代敦煌園囿經濟研究　敦煌歸義軍史專題研究　蘭州大學出版社　1997　p. 328

郝春文　唐後期五代宋初敦煌僧尼的社會生活　中國社會科學出版社　1998　p. 24、119

寧可　渠人轉帖　敦煌學大辭典　上海辭書出版社　1998　p. 429

鄭阿財　朱鳳玉　敦煌蒙書研究　甘肅教育出版社　2002　p. 13

湛如　敦煌佛教律儀制度研究　中華書局　2003　p. 47

鄭炳林　晚唐五代敦煌村莊聚落輯考　2000 年敦煌學國際學術討論會文集・歷史文化卷（上）　甘肅民族出版社　2003　p. 153

鄭炳林　魏迎春　晚唐五代敦煌佛教教團的科罰制度研究　《敦煌研究》2004 年第 2 期　p. 53

P. 2770

昞麟　張謙逸在吐蕃時期的任職　《敦煌學輯刊》1993 年第 1 期　p. 83

李正宇　中國唐宋硬筆書法　上海文化出版社　1993　p. 49

鄭炳林　《索崇恩和尚修功德記》考釋　《敦煌研究》1993 年第 2 期　p. 60

鄭炳林　董念清　唐五代敦煌私營釀酒業初探　《社科縱橫》1994 年第 4 期　p. 65

鄭炳林　馮培紅　讀《中國古代寫本識語集録》劄記　《西北史地》1994 年第 4 期　p. 47

姜伯勤　變文的南方源頭與敦煌的唱導法匠　華學（第一輯）　中山大學出版社　1995　p. 155

姜伯勤　敦煌藝術宗教與禮樂文明　中國社會科學出版社　1996　p. 407

鄭炳林　唐五代敦煌粟特人與歸義軍政權　《敦煌研究》1996 年第 4 期　p. 86　又見：敦煌歸義軍史專題研究　蘭州大學出版社　1997　p. 413

鄭炳林　都教授張金炫和尚生平事迹考　敦煌歸義軍史專題研究　蘭州大學出版社　1997　p. 546

鄭炳林　敦煌碑銘讚輯釋　甘肅教育出版社　1997　p. 106 注 3

鄭炳林　吐蕃統治下的敦煌粟特人　敦煌歸義軍史專題研究　蘭州大學出版社　1997　p. 385

鄭炳林　《康秀華寫經施入疏》與《炫和尚貨賣胡粉曆》研究　敦煌吐魯番研究（第三卷）　北京大學出版社　1998　p. 205

金瀅坤　吐蕃沙州都督考　《敦煌研究》1999 年第 3 期　p. 87

楊富學　李吉和　敦煌漢文吐蕃史料輯校（第一輯）　甘肅人民出版社　1999　p. 189

陳海濤　敦煌歸義軍時期從化鄉消失原因初探　中國社會歷史評論（第二卷）　天津古籍出版社
　　2000　p. 435

陸離　有關吐蕃太子的文書研究　《敦煌學輯刊》2003 年第 1 期　p. 31

王繼光　鄭炳林　敦煌漢文吐蕃史料綜述　中國西部民族文化研究（2003 年卷）　民族出版社
　　2003　p. 249

陸離　吐蕃統治時期敦煌僧官的幾個問題　《敦煌研究》2005 年第 3 期　p. 94

P. 2771

那波利貞　唐寫本雜抄考——唐代庶民教育史研究の一資料　唐代社會文化史研究・第二編　（東
　　京）創文社　1974　p. 258

姜亮夫　敦煌學概論　中華書局　1985　p. 61

高國藩　敦煌民俗學　上海文藝出版社　1989　p. 104

東野治之　敦煌と日本の『千字文』　遣唐使と正倉院　（東京）岩波書店　1992　p. 245

東野治之　訓蒙書　敦煌漢文文獻（講座敦煌 5）　（東京）大東出版社　1992　p. 413

黃盛璋　敦煌漢文與于闐文書中之龍家及其相關問題　《西域研究》1996 年第 1 期　p. 31

王卡　太上一乘海空智藏經　敦煌學大辭典　上海辭書出版社　1998　p. 761

張娜麗　《敦煌本〈六字千文〉初探》析疑（續）　《敦煌研究》2002 年第 1 期　p. 93

王卡　敦煌道教文獻研究　中國社會科學出版社　2004　p. 212

王卡　中國國家圖書館藏敦煌道教遺書研究報告　敦煌吐魯番研究（第七卷）　北京大學出版社
　　2004　p. 372

P. 2773

王卡　太上一乘海空智藏經　敦煌學大辭典　上海辭書出版社　1998　p. 761

王卡　敦煌道教文獻研究　中國社會科學出版社　2004　p. 213

P. 2774

田中良昭　禪宗燈史の發展　敦煌仏典と禪（講座敦煌 8）　（東京）大東出版社　1980　p. 117

田中良昭　敦煌禪宗文獻の研究　（東京）大東出版社　1983　p. 84、641

高國藩　敦煌寫本《太公家教》初探　《敦煌學輯刊》1984 年第 1 期　p. 64

王重民　跋太公家教　敦煌遺書論文集　中華書局　1984　p. 136

雷僑雲　敦煌兒童文學　（臺北）學生書局　1985　p. 82 注 5

周鳳五　敦煌寫本太公家教研究　（臺北）明文書局　1986　p. 155

鄭阿財　敦煌寫卷新集文詞九經抄研究　（臺北）文史哲出版社　1989　p. 128 注 1

鄭阿財　敦煌蒙書析論　第二屆敦煌學國際研討會論文集　（臺北）漢學研究中心　1990　p. 226

鄭阿財　敦煌文獻與文學　（臺北）新文豐出版公司　1993　p. 260

鄭阿財　學日益齋敦煌學劄記　周一良先生八十生日紀念論文集　中國社會科學出版社　1993
　　p. 193

田中良昭　《禪籍解題（一）・敦煌禪籍》補遺　俗語言研究（第三期）　（京都）禪文化研究所　1996
　　p. 213

汪泛舟　敦煌古代兒童課本　甘肅人民出版社　2000　p. 222

P. 2775

田中良昭　禪宗燈史の発展　敦煌仏典と禪（講座敦煌8）（東京）大東出版社　1980　p. 117

田中良昭　敦煌禪宗文献の研究　（東京）大東出版社　1983　p. 85、642

榮新江　沙州張淮深與唐中央朝廷之關係　《敦煌學輯刊》1990年第2期　p. 4

榮新江　歸義軍史研究　上海古籍出版社　1996　p. 175

田中良昭　《禪籍解題（一）·敦煌禪籍》補遺　俗語言研究（第三期）（京都）禪文化研究所　1996　p. 213

袁德領　莫高窟第196窟前室北壁上部内容考辨　《敦煌學輯刊》2002年第2期　p. 88

陳明　耆婆的形象演變及其在敦煌吐魯番地區的影響　文津學志（第一輯）　北京圖書館出版社　2003　p. 155

P. 2776

田中良昭　禪宗燈史の発展　敦煌仏典と禪（講座敦煌8）（東京）大東出版社　1980　p. 117

田中良昭　敦煌禪宗文献の研究　（東京）大東出版社　1983　p. 77、87、642

唐耕耦　陸宏基　敦煌社會經濟文獻真迹釋録（三）　全國圖書館文獻縮微複製中心　1990　p. 543

馬德　九、十世紀敦煌工匠史料述論　慶祝潘石禪先生九秩華誕敦煌學特刊　（臺北）文津出版社　1996　p. 311

田中良昭　《禪籍解題（一）·敦煌禪籍》補遺　俗語言研究（第三期）（京都）禪文化研究所　1996　p. 213

馬德　敦煌工匠史料　甘肅人民出版社　1997　p. 83

唐耕耦　敦煌寺院會計文書研究　（臺北）新文豐出版公司　1997　p. 48

鄭炳林　唐五代敦煌手工業研究　敦煌歸義軍史專題研究　蘭州大學出版社　1997　p. 242

鄭炳林　晚唐五代敦煌貿易市場的物價　敦煌歸義軍史專題研究　蘭州大學出版社　1997　p. 295

鄭炳林　晚唐五代敦煌園圃經濟研究　敦煌歸義軍史專題研究　蘭州大學出版社　1997　p. 313、326

鄭炳林　楊富學　晚唐五代金銀在敦煌的使用與流通　《甘肅金融》1997年第8期　又見：中國敦煌學百年文庫·歷史卷（二）　甘肅文化出版社　1999　p. 583

高啓安　索黛　敦煌古代僧人官齋飲食檢閲　《敦煌研究》1998年第3期　p. 67

高啓安　索黛　唐五代敦煌飲食中的餅淺探　《敦煌研究》1998年第4期　p. 78

郝春文　唐後期五代宋初敦煌僧尼的社會生活　中國社會科學出版社　1998　p. 25、171

馬德　10世紀敦煌寺曆所記三窟活動　《敦煌研究》1998年第2期　p. 84

譚蟬雪　敦煌歲時文化導論　（臺北）新文豐出版公司　1998　p. 87、259、354、387

張亞萍　唐五代敦煌地區的駱駝牧養業　《敦煌學輯刊》1998年第1期　p. 59

高啓安　王璽玉　唐五代敦煌人的飲食品種研究　《敦煌研究》1999年第2期　p. 64

郝春文　唐後期五代宋初敦煌的春秋官齋、十二月轉經、水則道場與佛教節日　慶祝吳其昱先生八秩華誕敦煌學特刊　（臺北）文津出版社　2000　p. 252

榮新江　中古中國與外來文明　三聯書店　2001　p. 353

沙武田　莫高窟窟前殿堂建築遺址述論　敦煌學與中國史研究論集　甘肅人民出版社　2001　p. 62

譚蟬雪　唐宋敦煌歲時佛俗：八月至十二月　《敦煌研究》2001年第2期　p. 79

鄭炳林　晚唐五代敦煌村莊聚落輯考　2000年敦煌學國際學術討論會文集·歷史文化卷（上）　甘肅民族出版社　2003　p. 156

高啓安　唐五代敦煌飲食文化研究　民族出版社　2004　p. 58、192

趙紅　高啓安　唐五代時期敦煌僧人飲食概述　麥積山石窟藝術文化論文集(下)　蘭州大學出版
　　社　2004　p. 296

P. 2777

蕭登福　從敦煌寫卷中看道教星斗崇拜對佛經之影響　第二屆敦煌學國際研討會論文集　（臺北）
　　漢學研究中心　1990　p. 343

周紹良　敦煌文學芻議及其它　（臺北）新文豐出版公司　1992　p. 15

蕭登福　道教星斗符印與佛教密宗　（臺北）新文豐出版公司　1993　p. 67

黃征　敦煌俗語法研究之一：句法篇　敦煌吐魯番研究（第一卷）　北京大學出版社　1996　p. 75

黃征　敦煌語言文字學研究　甘肅教育出版社　2002　p. 240

李小榮　敦煌密教文獻論稿　人民文學出版社　2003　p. 169

P. 2778

金岡照光　敦煌の寫本　敦煌の文學　（東京）大藏出版株式會社　1971　p. 69

耿昇　中法學者友好合作的成果　《敦煌研究》1987年第1期　p. 111

P. 2780

黃盛璋　和闐文《于闐王尉遲徐拉與沙州大王曹元忠書》與西北史地問題　歷史地理（第三輯）　上
　　海人民出版社　1983　p. 203

沃興華　敦煌書法藝術　上海人民出版社　1994　p. 31

鄭汝中　唐代書法藝術與敦煌寫卷　敦煌書法庫（第四輯）　甘肅人民美術出版社　1994　p. 7　又
　　見：《敦煌研究》1996年第2期　p. 124

楊富學　王書慶　唐代長安與敦煌佛教文化之關係　'98法門寺唐文化國際學術討論會論文集　陝
　　西人民出版社　2000　p. 178

李春遠　關於敦煌遺書的書法化趨向　《敦煌學輯刊》2002年第1期　p. 63

胡同慶　安忠義　佛教藝術　敦煌文藝出版社　2004　p. 298

P. 2781

榎一雄　シルクロ・ドの歷史から　（東京）研文出版　1979　p. 107

張廣達　榮新江　和田、敦煌發現的中古于闐史料概述　《新疆社會科學》1983年第4期　p. 81　又
　　見：于闐史叢考　上海書店　1993　p. 16

黃振華　于闐文研究概述　中國民族古文字研究　中國社會科學出版社　1984　p. 70

熊本裕　コ－タン語文獻　敦煌胡語文獻（講座敦煌6）　（東京）大東出版社　1985　p. 127

劉瑞明　王梵志詩校注補正　《敦煌學研究》(西北師院學報)1986年增刊　p. 21

姜亮夫　敦煌經卷在中國文化學術上的價值　敦煌學論文集　上海古籍出版社　1987　p. 5

張廣達　榮新江　巴黎國立圖書館所藏敦煌于闐語寫卷目錄初編　敦煌吐魯番文獻研究論集（第四
　　輯）　北京大學出版社　1987　p. 102

榮新江　于闐語羅摩衍那　敦煌學大辭典　上海辭書出版社　1998　p. 503

楊富學　少數民族對古代敦煌文化的貢獻　《敦煌學輯刊》2005年第2期　p. 95

P. 2782

金岡照光　敦煌の寫本　敦煌の文學　（東京）大藏出版株式會社　1971　p. 69

黃振華　于闐文研究概述　中國民族古文字研究　中國社會科學出版社　1984　p. 70

吉田豐　ソグド語文獻　敦煌胡語文獻(講座敦煌6)　(東京)大東出版社　1985　p. 194

熊本裕　コータン語文獻　敦煌胡語文獻(講座敦煌6)　(東京)大東出版社　1985　p. 114、136

姜亮夫　敦煌經卷在中國文化學術上的價值　敦煌學論文集　上海古籍出版社　1987　p. 5

張廣達　榮新江　巴黎國立圖書館所藏敦煌于闐語寫卷目錄初編　敦煌吐魯番文獻研究論集(第四
　　輯)　北京大學出版社　1987　p. 100、102、103

高田時雄　コータン文書中の漢語語彙　漢語史の諸問題(別冊)　京都大學人文科學研究所
　　1988　p. 73

張廣達　榮新江　關於敦煌出土于闐文獻的年代及其相關問題　紀念陳寅恪先生誕辰百年學術論文
　　集　北京大學出版社　1989　p. 298

趙聲良　莫高窟第 61 窟五臺山圖研究　《敦煌研究》1993 年第 4 期　p. 89

榮新江　于闐王國與瓜沙曹氏　《敦煌研究》1994 年第 2 期　p. 112

胡戟　傅玫　敦煌史話　中華書局　1995　p. 128、202

榮新江　歸義軍史研究　上海古籍出版社　1996　p. 23

榮新江　于闐文音寫藏語僧人信劄　敦煌學大辭典　上海辭書出版社　1998　p. 504

榮新江　于闐語妙法蓮華經抄　敦煌學大辭典　上海辭書出版社　1998　p. 501

楊富學　從出土文獻看《法華經》在西域、敦煌的傳譯　西域敦煌宗教論稿　甘肅文化出版社　1998
　　p. 186

楊富學　《法華經》胡漢諸本的傳譯　敦煌吐魯番研究(第三卷)　北京大學出版社　1998　p. 30

姜亮夫　敦煌:偉大的文化寶藏　雲南人民出版社　1999　p. 75

謝桃坊　敦煌文化尋繹　四川人民出版社　1999　p. 136

張總　說不盡的觀世音　上海辭書出版社　2002　p. 136

榮新江　略談于闐對敦煌石窟的貢獻　2000 年敦煌學國際學術討論會文集·歷史文化卷(上)　甘
　　肅民族出版社　2003　p. 73

高田時雄著　鍾翀等譯　于闐文書中的漢語語彙　敦煌·民族·語言　中華書局　2005　p. 225

P. 2783

榎一雄　シルクロ·ドの歷史から　(東京)研文出版　1979　p. 107

張廣達　榮新江　和田、敦煌發現的中古于闐史料概述　《新疆社會科學》1983 年第 4 期　p. 81　又
　　見:于闐史叢考　上海書店　1993　p. 16

黃振華　于闐文研究概述　中國民族古文字研究　中國社會科學出版社　1984　p. 70

熊本裕　コータン語文獻　敦煌胡語文獻(講座敦煌6)　(東京)大東出版社　1985　p. 127

土肥義和著　李永寧譯　歸義軍時期(晚唐、五代、宋)的敦煌(一)　《敦煌研究》1986 年第 4 期
　　p. 88 注 15

張廣達　榮新江　巴黎國立圖書館所藏敦煌于闐語寫卷目錄初編　敦煌吐魯番文獻研究論集(第四
　　輯)　北京大學出版社　1987　p. 102、104

周丕顯　敦煌佛經略考　《敦煌學輯刊》1987 年第 2 期　p. 7

胡戟　傅玫　敦煌史話　中華書局　1995　p. 128

劉進寶　敦煌學論述　(臺北)洪葉文化事業有限公司　1995　p. 276

榮新江　于闐語羅摩衍那　敦煌學大辭典　上海辭書出版社　1998　p. 503

楊富學　少數民族對古代敦煌文化的貢獻　《敦煌學輯刊》2005 年第 2 期　p. 95

P. 2784

黃振華　于闐文研究概述　中國民族古文字研究　中國社會科學出版社　1984　p. 71

熊本裕　コータン語文獻　敦煌胡語文獻（講座敦煌6）　（東京）大東出版社　1985　p. 118

岩松淺夫　敦煌のコータン語仏教文獻　敦煌胡語文獻（講座敦煌6）　（東京）大東出版社　1985　p. 180

張廣達　榮新江　巴黎國立圖書館所藏敦煌于闐語寫卷目錄初編　敦煌吐魯番文獻研究論集（第四輯）　北京大學出版社　1987　p. 97、105

張廣達　榮新江　關於敦煌出土于闐文獻的年代及其相關問題　紀念陳寅恪先生誕辰百年學術論文集　北京大學出版社　1989　p. 290

胡戟　傅玫　敦煌史話　中華書局　1995　p. 202

井ノ口泰淳　トカラ語及びウテン語の仏典　中央アジアの言語と仏教　（京都）法藏館　1995　p. 115

榮新江　于闐語善財譬喻經　敦煌學大辭典　上海辭書出版社　1998　p. 502

林悟殊　波斯瑣羅亞斯德教與中國古代的祆神崇拜　二十世紀中國文史考據文錄　雲南人民出版社　2001　p. 1904

曾良　敦煌文獻字義通釋　廈門大學出版社　2001　p. 150

楊森　五代宋時期于闐皇太子在敦煌的太子莊　《敦煌研究》2003 年第 4 期　p. 42

林悟殊　中古三夷教辨證　中華書局　2005　p. 33、261

P. 2786

熊本裕　コータン語文獻　敦煌胡語文獻（講座敦煌6）　（東京）大東出版社　1985　p. 132

黃盛璋　于闐文《使河西記》的歷史地理研究　《敦煌學輯刊》1986 年第 2 期　p. 15

姜亮夫　敦煌經卷在中國文化學術上的價值　敦煌學論文集　上海古籍出版社　1987　p. 5

張廣達　榮新江　巴黎國立圖書館所藏敦煌于闐語寫卷目錄初編　敦煌吐魯番文獻研究論集（第四輯）　北京大學出版社　1987　p. 105

高田時雄　コータン文書中の漢語語彙　漢語史の諸問題（別冊）　京都大學人文科學研究所　1988　p. 73

張廣達　榮新江　關於敦煌出土于闐文獻的年代及其相關問題　紀念陳寅恪先生誕辰百年學術論文集　北京大學出版社　1989　p. 285、300

黃盛璋　敦煌于闐文書中河西部族考證　《敦煌學輯刊》1990 年第 1 期　p. 65

江素雲　維摩詰所說經敦煌寫本綜合目錄　（臺北）東初出版社　1991　p. 85

張廣達　唐末五代宋初西北地區的般次和使次　季羨林教授八十華誕紀念論文集（下）　江西人民出版社　1991　p. 973

張廣達　西域史地叢稿初編　上海古籍出版社　1995　p. 344

榮新江　于闐語韻文書簡　敦煌學大辭典　上海辭書出版社　1998　p. 504

高田時雄著　鍾翀等譯　于闐文書中的漢語語彙　敦煌·民族·語言　中華書局　2005　p. 218

P. 2787

張廣達　榮新江　關於唐末宋初于闐國的國號、年號及其王家世系問題　敦煌吐魯番文獻研究論集　中華書局　1982　p. 187　又見：于闐史叢考　上海書店　1993　p. 33

張廣達　榮新江　和田、敦煌發現的中古于闐史料概述　《新疆社會科學》1983 年第 4 期　p. 81　又見：于闐史叢考　上海書店　1993　p. 16

黃振華　于闐文研究概述　中國民族古文字研究　中國社會科學出版社　1984　p. 70
熊本裕　コータン語文獻　敦煌胡語文獻(講座敦煌6)　(東京)大東出版社　1985　p. 119、139
張廣達　榮新江　巴黎國立圖書館所藏敦煌于闐語寫卷目錄初編　敦煌吐魯番文獻研究論集(第四
　　輯)　北京大學出版社　1987　p. 105
高田時雄　コータン文書中の漢語語彙　漢語史の諸問題(別冊)　京都大學人文科學研究所
　　1988　p. 78
張廣達　榮新江　關於敦煌出土于闐文獻的年代及其相關問題　紀念陳寅恪先生誕辰百年學術論文
　　集　北京大學出版社　1989　p. 285
孟凡人　五代宋初于闐王統考　《中國邊疆史地研究》1992 年第 3 期　p. 108
薛宗正　中國新疆古代社會生活史　新疆人民出版社　1997　p. 289
榮新江　于闐尉遲僧伽羅摩王頌　敦煌學大辭典　上海辭書出版社　1998　p. 503
榮新江　于闐語迦膩色迦王造塔記　敦煌學大辭典　上海辭書出版社　1998　p. 502
高田時雄著　鍾翀等譯　于闐文書中的漢語語彙　敦煌・民族・語言　中華書局　2005　p. 223

P. 2788

張廣達　榮新江　巴黎國立圖書館所藏敦煌于闐語寫卷目錄初編　敦煌吐魯番文獻研究論集(第四
　　輯)　北京大學出版社　1987　p. 100、106
胡戟　傅玫　敦煌史話　中華書局　1995　p. 128
榮新江　于闐使臣上于闐朝廷書　敦煌學大辭典　上海辭書出版社　1998　p. 504

P. 2789

高田時雄　コータン文書中の漢語語彙　漢語史の諸問題(別冊)　京都大學人文科學研究所
　　1988　p. 73

P. 2790

張廣達　榮新江　關於唐末宋初于闐國的國號、年號及其王家世系問題　敦煌吐魯番文獻研究論集
　　中華書局　1982　p. 181、183、184　又見：于闐史叢考　上海書店　1993　p. 33
張廣達　榮新江　和田、敦煌發現的中古于闐史料概述　《新疆社會科學》1983 年第 4 期　p. 80　又
　　見：于闐史叢考　上海書店　1993　p. 16
黃振華　于闐文研究概述　中國民族古文字研究　中國社會科學出版社　1984　p. 70　又見：中國
　　敦煌學百年文庫・民族卷(一)　甘肅文化出版社　1999　p. 190
熊本裕　コータン語文獻　敦煌胡語文獻(講座敦煌6)　(東京)大東出版社　1985　p. 124
姜亮夫　敦煌經卷在中國文化學術上的價值　敦煌學論文集　上海古籍出版社　1987　p. 5
張廣達　榮新江　巴黎國立圖書館所藏敦煌于闐語寫卷目錄初編　敦煌吐魯番文獻研究論集(第四
　　輯)　北京大學出版社　1987　p. 107
高田時雄　コータン文書中の漢語語彙　漢語史の諸問題(別冊)　京都大學人文科學研究所
　　1988　p. 73
黃盛璋　敦煌于闐文幾篇使臣奏稿及其相關問題綜論　《敦煌研究》1989 年第 2 期　p. 58
黃盛璋　敦煌于闐文書與漢文書中關於甘州回鶻史實異同及回鶻進佔甘州的年代問題　《西北史
　　地》1989 年第 1 期　p. 1
張廣達　榮新江　關於敦煌出土于闐文獻的年代及其相關問題　紀念陳寅恪先生誕辰百年學術論文
　　集　北京大學出版社　1989　p. 299

黃盛璋　敦煌于闐文書中河西部族考證　《敦煌學輯刊》1990 年第 1 期　p. 51

楊銘　敦煌遺書中的 Lho bal 與南波　《敦煌研究》1993 年第 3 期　p. 13

楊銘　關於敦煌藏文文書《吐蕃官吏呈請狀》的研究　馬長壽紀念文集　西北大學出版社　1993
　　p. 363　又見：中國敦煌學百年文庫·民族卷（三）　甘肅文化出版社　1999　p. 13

陸慶夫　敦煌民族文獻與河西古代民族　《敦煌學輯刊》1994 年第 2 期　p. 87

楊銘　關於敦煌藏文卷子中 Lho bal 研究　《西北民族研究》1994 年第 2 期　p. 118

胡戟　傅玫　敦煌史話　中華書局　1995　p. 203

黃盛璋　敦煌漢文與于闐文書中之龍家及其相關問題　全國敦煌學研討會論文集　（臺北）中正大
　　學中國文學系所　1995　p. 65　又見：《西域研究》1996 年第 1 期　p. 30

榮新江　龍家考　中亞學刊（第四輯）　北京大學出版社　1995　p. 154

薛宗正　中國新疆古代社會生活史　新疆人民出版社　1997　p. 289

楊銘　吐蕃統治敦煌研究　（臺北）新文豐出版公司　1997　p. 132、254

鄭炳林　唐五代敦煌金山國征伐樓蘭史事考　敦煌歸義軍史專題研究　蘭州大學出版社　1997
　　p. 22

羅豐　五代、宋初靈州與絲綢之路　《西北民族研究》1998 年第 1 期　p. 17

榮新江　南山　敦煌學大辭典　上海辭書出版社　1998　p. 462

尚衍斌　西域文化　遼寧教育出版社　1998　p. 365

王欣　吐火羅在河西一帶的活動　《蘭州大學學報》1998 年第 1 期　p. 100

王欣　吐火羅之名考　《民族研究》1998 年第 3 期　又見：中國敦煌學百年文庫·民族卷（一）　甘
　　肅文化出版社　1999　p. 97

姜亮夫　敦煌：偉大的文化寶藏　雲南人民出版社　1999　p. 75

王欣　吐火羅史研究　中國社會科學出版社　2002　p. 63

羅豐　胡漢之間："絲綢之路"與西北歷史考古　文物出版社　2004　p. 342

高田時雄著　鍾翀等譯　于闐文書中的漢語語彙　敦煌·民族·語言　中華書局　2005　p. 220、
　　225

P. 2791

田中良昭　禪宗燈史の發展　敦煌仏典と禪（講座敦煌 8）　（東京）大東出版社　1980　p. 118

田中良昭　敦煌禪宗文獻の研究　（東京）大東出版社　1983　p. 150、595、642

上山大峻　敦煌佛教の研究　（京都）法藏館　1990　p. 430

田中良昭著　朱悅梅譯　從 P. 3913 談唐代佛教諸派之關係　《敦煌學輯刊》1992 年第 1、2 期
　　p. 115

田中良昭　《禪籍解題（一）·敦煌禪籍》補遺　俗語言研究（第三期）　（京都）禪文化研究所　1996
　　p. 213

姜亮夫　敦煌莫高窟年表　姜亮夫全集（十一）　雲南人民出版社　2002　p. 345

袁德領　莫高窟第 196 窟前室北壁上部內容考辨　《敦煌學輯刊》2002 年第 2 期　p. 88

P. 2792

石井昌子　靈寶經類　敦煌と中國道教（講座敦煌 4）　（東京）大東出版社　1983　p. 157

姜亮夫　敦煌所見道教佚經考　敦煌學論文集　上海古籍出版社　1987　p. 314

陶秋英輯錄　姜亮夫校訂　敦煌所見道教佚經錄　敦煌碎金　浙江古籍出版社　1992　p. 320

黃征　敦煌俗音考辨　敦煌語文叢說　（臺北）新文豐出版公司　1997　p. 136

王卡　太上濟衆經　敦煌學大辭典　上海辭書出版社　1998　p. 763
王卡　敦煌殘抄本《太上濟衆經》考釋　唐研究(第六卷)　北京大學出版社　2000　p. 58
黄征　敦煌語言文字學研究　甘肅教育出版社　2002　p. 245
王卡　敦煌道教文獻研究　中國社會科學出版社　2004　p. 214
王卡　中國國家圖書館藏敦煌道教遺書研究報告　敦煌吐魯番研究(第七卷)　北京大學出版社
　　2004　p. 373
鄭炳林　敦煌寫本許負相書殘卷研究　敦煌學國際研討會論文集　北京圖書館出版社　2005
　　p. 171

P. 2793

李豐楙　唐代《洞淵神咒經》寫卷與李弘:兼論神咒類道經的功德觀　第二屆敦煌學國際研討會論文
　　集　(臺北)漢學研究中心　1990　p. 482
馬承玉　從敦煌寫本看《洞淵神咒經》在北方的傳播　道家文化研究(第十三輯)　三聯書店　1998
　　p. 200
王卡　太上洞玄靈寶智慧上品大戒　敦煌學大辭典　上海辭書出版社　1998　p. 768
王卡　太上洞淵神咒經　敦煌學大辭典　上海辭書出版社　1998　p. 762
王卡　敦煌道教文獻研究　中國社會科學出版社　2004　p. 144
王卡　中國國家圖書館藏敦煌道教遺書研究報告　敦煌吐魯番研究(第七卷)　北京大學出版社
　　2004　p. 359

P. 2794

諏訪義讓　敦煌本瑜伽論分門記に就いて　『大谷學報』(第11卷第3號)　(東京)大谷學會　1930
　　p. 130
劉修業　敦煌本《伍子胥變文》之研究　大公報《圖書副刊》1937年6月3日第184期　又見:敦煌變
　　文論文録　上海古籍出版社　1982　p. 527
關德棟　談變文　《覺群周報》1946年1卷1－12期　又見:上海古籍出版社　1982　p. 217、229
向達　唐代俗講考　《國學季刊》1946年第6卷第4號　p. 42　又見:唐代長安與西域文明　三聯書
　　店　1957　p. 334；敦煌變文論輯　(臺北)石門圖書公司　1981　p. 40；敦煌變文論文録　上
　　海古籍出版社　1982　p. 68；關隴文學論叢　甘肅人民出版社　1983　p. 180
周紹良　敦煌所出變文現存目録　敦煌變文彙録　上海出版公司　1955　p. 8
芳村修基　佛教初學入門書殘卷考　西域文化研究(第一)・敦煌佛教資料　(京都)法藏館　1958
　　p. 228
邵榮芬　敦煌俗文學中的別字異文和唐五代西北方音　《中國語文》1963年第3期　又見:中國敦煌
　　學百年文庫・語言文字卷(一)　甘肅文化出版社　1999　p. 150
蘇瑩輝　論敦煌本史傳變文與中國俗文學　(臺中)《東海大學圖書館學報》1964年第6期　又見:
　　敦煌論集　(臺北)學生書局　1983　p. 102；中國敦煌學百年文庫・文學卷(五)　甘肅文化出
　　版社　1999　p. 6
金岡照光　敦煌漢文文學文獻の文學形態上の種類とその分類　敦煌出土文學文獻分類目録・附解
　　說　(東京)東洋文庫　1971　p. 203
金岡照光　敦煌文學のさまざま　敦煌の文學　(東京)大藏出版株式會社　1971　p. 109
金岡照光　敦煌文學のこころ　敦煌の文學　(東京)大藏出版株式會社　1971　p. 278
王重民　敦煌古籍叙録　中華書局　1979　p. 335

矢吹慶輝　鳴沙餘韻・解說篇(第一部)　(京都)臨川書店　1980　p. 60

王堯　藏族翻譯家管・法成對民族文化交流的貢獻　《文物》1980年第7期　又見：中國敦煌學百年
　　文庫・民族卷(三)　甘肅文化出版社　1999　p. 28

楊家駱　敦煌變文　(臺北)世界書局　1980　p. 28

金岡照光　敦煌の繪物語　(東京)東方書店　1981　p. 69

潘重規　敦煌卷子俗寫文字與俗文學之研究　敦煌變文論輯　(臺北)石門圖書公司　1981　p. 281

潘重規　敦煌變文集新書引言　敦煌學(第5輯)　(臺北)新文豐出版公司　1982　p. 66

潘重規　龍龕手鑒與寫本刻本之關係　敦煌學(第6輯)　(臺北)新文豐出版公司　1983　p. 87

遊佐昇　文學文獻より見た敦煌の道教　敦煌と中國道教(講座敦煌4)　(東京)大東出版社
　　1983　p. 290

李明偉　試論《伍子胥變文》在敦煌變文中的地位　《敦煌學研究》(西北師院學報)1984年增刊
　　p. 14

潘重規　敦煌變文集新書(下)　(臺北)"中國文化大學"中文研究所　1984　p. 858

潘重規　龍龕手鑒及其引用古文之研究　敦煌學(第7輯)　(臺北)新文豐出版公司　1984　p. 86

王重民　伍子胥變文　敦煌變文集　人民文學出版社　1984　p. 28

吳其昱著　福井文雅　樋口勝譯　大蕃國大德・三藏法師・法成傳考　敦煌と中國仏教(講座敦煌
　　7)　(東京)大東出版社　1984　p. 387

周紹良　讀變文劄記　紹良叢稿　齊魯書社　1984　p. 99

周紹良　談唐代的三國故事　紹良叢稿　齊魯書社　1984　p. 230

戴密微著　耿昇譯　敦煌學近作　敦煌譯叢(第一輯)　甘肅人民出版社　1985　p. 62

劉復　敦煌掇瑣　敦煌叢刊初集(十五)　(臺北)新文豐出版公司　1985　p. 85

謝和耐著　耿昇譯　敦煌的壋戶與梁戶　敦煌譯叢(第一輯)　甘肅人民出版社　1985　p. 171 注
　　46

陳祚龍　敦煌學劄記　敦煌學(第11輯)　(臺北)新文豐出版公司　1986　p. 1　又見：敦煌學散策
　　新集　(臺北)新文豐出版公司　1989　p. 3

王重民原編　黃永武新編　敦煌古籍叙錄新編(第十七冊)　(臺北)新文豐出版公司　1986　p. 1

姜亮夫　敦煌經卷壁畫中所見釋氏僧名錄　敦煌學論文集　上海古籍出版社　1987　p. 1031

姜亮夫　敦煌經卷壁畫中所見寺觀錄　敦煌學論文集　上海古籍出版社　1987　p. 1076

謝和耐著　耿昇譯　中國5—10世紀的寺院經濟　甘肅人民出版社　1987　p. 184 注3

周紹良　唐代變文及其它　敦煌文學作品選　中華書局　1987　p. 6

李正宇　敦煌地區古代祠廟寺觀簡志　《敦煌學輯刊》1988年第1、2期　p. 80

馬繼興　敦煌古醫籍考釋　江西科學技術出版社　1988　p. 502

李正宇　敦煌佚詩零珠　《敦煌語言文學研究通訊》1989年第1期　p. 6

池田溫　中國古代寫本識語集錄　(東京)大藏出版株式會社　1990　p. 341

高國藩　敦煌古俗與民俗流變　河海大學出版社　1990　p. 226

郭在貽　張涌泉　黃征　敦煌變文集校議　岳麓書社　1990　p. 1

蔣紹愚　近代漢語語法資料彙編(唐五代卷)　商務印書館　1990　p. 211

上山大峻　敦煌佛教の研究　(京都)法藏館　1990　p. 90、104、187、613

項楚　敦煌變文選注　巴蜀書社　1990　p. 3

李明偉　試論《伍子胥變文》在敦煌變文中的作用　絲綢之路貿易史研究　甘肅人民出版社　1991
　　p. 330

林聰明　敦煌文書出處略考　季羨林教授八十華誕紀念論文集(下)　江西人民出版社　1991

p. 857 、863

林聰明　敦煌文書學　（臺北）新文豐出版公司　1991　p. 388、417

潘重規　敦煌卷子俗寫文字之整理與發展　敦煌學(第 17 輯)　（臺北）新文豐出版公司　1991
　　p. 5

黃征　王梵志詩校釋補議　中華文史論叢(總 50 輯)　上海古籍出版社　1992　p. 97　又見：敦煌
　　語文叢說　（臺北）新文豐出版公司　1997　p. 255

金岡照光　講唱體類　敦煌の文學文獻(講座敦煌 9)　（東京）大東出版社　1992　p. 77

金岡照光　講史譚・時事変文等──「王陵」「李陵」「張議潮」変文を中心に　敦煌の文學文獻(講
　　座敦煌 9)　（東京）大東出版社　1992　p. 547

林家平　寧強　羅華慶　中國敦煌學史　北京語言學院出版社　1992　p. 15

陶秋英輯録　姜亮夫校訂　敦煌經卷壁畫中所見釋氏名録　敦煌碎金　浙江古籍出版社　1992
　　p. 12

陶秋英輯録　姜亮夫校訂　敦煌經卷所見寺名録　敦煌碎金　浙江古籍出版社　1992　p. 109

周紹良　敦煌文學芻議及其它　（臺北）新文豐出版公司　1992　p. 70

張鴻勳　敦煌說唱文學概論　（臺北）新文豐出版公司　1993　p. 165

丛春雨　敦煌中醫藥全書　中醫古籍出版社　1994　p. 716

蔣禮鴻　敦煌文獻語言詞典　杭州大學出版社　1994　p. 45

李明偉　隋唐絲綢之路　甘肅人民出版社　1994　p. 326

李明偉　唐代文學的嬗變與絲綢之路的影響　《敦煌研究》1994 年第 3 期　p. 141

王堯　西藏文史考信集　中國藏學出版社　1994　p. 18、31

胡戟　傅玫　敦煌史話　中華書局　1995　p. 176

金榮華　《前漢劉家太子傳》情節試探　全國敦煌學研討會論文集　（臺北）中正大學中國文學系所
　　1995　p. 118 注 15

潘重規　敦煌卷子俗寫文字之研究　敦煌學國際研討會文集・史地語文編　遼寧美術出版社　1995
　　p. 349

汪泛舟　論敦煌文明的多民族貢獻　《敦煌研究》1995 年第 2 期　p. 187

張涌泉　漢語俗字研究　岳麓書社　1995　p. 220

陳祚龍　雲樓敦煌吐魯番學偶記　慶祝潘石禪先生九秩華誕敦煌學特刊　（臺北）文津出版社
　　1996　p. 37

張涌泉　敦煌俗字研究導論　（臺北）新文豐出版公司　1996　p. 106、220

黃征　敦煌寫本異文綜析　敦煌語文叢說　（臺北）新文豐出版公司　1997　p. 25、40

黃征　王梵志詩校釋續商補　敦煌語文叢說　（臺北）新文豐出版公司　1997　p. 230

黃征　張涌泉　敦煌變文校注　中華書局　1997　p. 17、540

劉子瑜　敦煌變文和王梵志詩　大象出版社　1997　p. 38

鄭炳林　敦煌碑銘讚輯釋　甘肅教育出版社　1997　p. 86 注 2

柴劍虹　藥名詞　敦煌學大辭典　上海辭書出版社　1998　p. 540

陳國燦　大番國　敦煌學大辭典　上海辭書出版社　1998　p. 368

方廣錩　大乘四法經釋　敦煌學大辭典　上海辭書出版社　1998　p. 696

海客　伍子胥變文　敦煌學大辭典　上海辭書出版社　1998　p. 577

李正宇　永康寺　敦煌學大辭典　上海辭書出版社　1998　p. 631

周紹良　張涌泉　黃征　敦煌變文講經文因緣輯校(上)　江蘇古籍出版社　1998　p. 52

梅維恒著　楊繼東　陳引馳譯　唐代變文(上)　（香港）中國佛教文化出版公司　1999　p. 77、260

王繼如　《伍子胥變文》校釋補正　敦煌問學叢稿　甘肅文化出版社　1999　p. 133

楊富學　李吉和　敦煌漢文吐蕃史料輯校(第一輯)　甘肅人民出版社　1999　p. 101、280

張涌泉　俗字研究與敦煌文獻的校理　舊學新知　浙江大學出版社　1999　p. 63

周紹良　敦煌文學叢考　英國收藏敦煌漢藏文獻研究　中國社會科學出版社　2000　p. 258

鄭炳林　北京圖書館藏《吳和尚經論目錄》有關問題研究　敦煌學與中國史研究論集　甘肅人民出版社　2001　p. 127

黃征　敦煌語言文字學研究　甘肅教育出版社　2002　p. 45、54、241、316

馬繼興　當前世界各地收藏的中國出土卷子本古醫藥文獻備考　敦煌吐魯番研究(第六卷)　北京大學出版社　2002　p. 133、148

王冀青　斯坦因與日本敦煌學　甘肅教育出版社　2004　p. 132

黃征　敦煌俗字典　上海教育出版社　2005　p. 22

黃征　敦煌俗字種類考辨　敦煌學・日本學:石塚晴通教授退職紀念論文集　上海辭書出版社　2005　p. 114

P. 2795

陳祚龍　關於道家"本際經"及其"要略妙義"與"疏"的敦煌古抄　敦煌文物隨筆　(臺北)商務印書館　1979　p. 213

石井昌子　靈寶經類　敦煌と中國道教(講座敦煌4)　(東京)大東出版社　1983　p. 160

姜亮夫　敦煌所見道教佚經考　敦煌學論文集　上海古籍出版社　1987　p. 310

陶秋英輯録　姜亮夫校訂　敦煌所見道教佚經録　敦煌碎金　浙江古籍出版社　1992　p. 314

姜伯勤　《本際經》與敦煌道教　《敦煌研究》1994年第3期　p. 5

萬毅　日本天理圖書館藏卷敦煌本《本際經》論略　華學(第一輯)　中山大學出版社　1995　p. 168

姜伯勤　敦煌藝術宗教與禮樂文明　中國社會科學出版社　1996　p. 232

胡文和　仁壽縣壇神岩第53號"三寶"窟右壁"南竺觀記"中道藏經目研究　《世界宗教研究》1998年第2期　p. 125

萬毅　敦煌道教文獻《本際經》録文及解說　道家文化研究(第十三輯)　三聯書店　1998　p. 406

王卡　太玄真一本際經　敦煌學大辭典　上海辭書出版社　1998　p. 765

山田俊　唐初道教思想史研究・資料篇　(京都)平樂寺書店　1999　p. 56、162

王卡　敦煌道教文獻研究　中國社會科學出版社　2004　p. 198

王卡　中國國家圖書館藏敦煌道教遺書研究報告　敦煌吐魯番研究(第七卷)　北京大學出版社　2004　p. 369

P. 2796

姜亮夫　敦煌經卷壁畫中所見寺觀録　敦煌學論文集　上海古籍出版社　1987　p. 1076

黃征　張涌泉　敦煌變文校注　中華書局　1997　p. 198

P. 2797

羅福頤　敦煌石室文物對於學術上的貢獻　《歷史教學》1951年第5期　又見:中國敦煌學百年文庫・考古卷(四)　甘肅文化出版社　1999　p. 7

陳祚龍　相學國手袁天綱　敦煌資料考屑(下冊)　(臺北)商務印書館　1979　p. 270

王重民　敦煌古籍叙録　中華書局　1979　p. 178

王重民　巴黎敦煌殘卷叙録(第一輯)　敦煌叢刊初集(九)　(臺北)新文豐出版公司　1985　p. 158

耿昇　八十年代的法國敦煌學論著簡介　《敦煌研究》1986 年第 3 期　p. 79

王重民原編　黃永武新編　敦煌古籍敘錄新編(第九冊)　(臺北)新文豐出版公司　1986　p. 208

陳祚龍　從敦煌古抄"葉淨能詩"談到淩濛初的"唐明皇好道集奇人"與"武惠妃崇禪鬥異法"　敦煌學(第 13 輯)　(臺北)新文豐出版公司　1988　p. 3　又見:敦煌文物散論　(臺北)新文豐出版公司　1993　p. 8

黃正建　敦煌文書中《相書》殘卷與唐代的相面　《敦煌學輯刊》1988 年第 1、2 期　p. 114

馬繼興　敦煌古醫籍考釋　江西科學技術出版社　1988　p. 8

高國藩　敦煌古俗與民俗流變　河海大學出版社　1990　p. 28

菅原信海　占筮書　敦煌漢文文獻(講座敦煌 5)　(東京)大東出版社　1992　p. 455

高國藩　敦煌民俗資料導論　(臺北)新文豐出版公司　1993　p. 323

侯錦郎　敦煌寫本中的唐代相書　法國學者敦煌學論文選萃　中華書局　1993　p. 352

鄧文寬　敦煌天文曆法文獻輯校　江蘇古籍出版社　1996　p. 135

高國藩　敦煌數字與俗文化　慶祝潘石禪先生九秩華誕敦煌學特刊　(臺北)文津出版社　1996　p. 178

鄧文寬　太和三年己酉歲具注曆日　敦煌學大辭典　上海辭書出版社　1998　p. 606

嚴敦傑　相書一卷　敦煌學大辭典　上海辭書出版社　1998　p. 621

高國藩　敦煌俗文化學　上海三聯書店　1999　p. 14

黃正建　敦煌占卜文書與唐五代占卜研究　學苑出版社　2001　p. 59

李斌城　唐代文化　中國社會科學出版社　2002　p. 1612

馬繼興　當前世界各地收藏的中國出土卷子本古醫藥文獻備考　敦煌吐魯番研究(第六卷)　北京大學出版社　2002　p. 149

鄭炳林　敦煌文獻中的解夢書與相面書　敦煌與絲路文化學術講座(第一輯)　北京圖書館出版社　2003　p. 164

鄭炳林　王晶波　敦煌寫本相書概述　《敦煌學國際聯絡委員會通訊》2003 年第 1 期　p. 46

王晶波　論佛教占相內容對敦煌寫本相書的影響　《敦煌研究》2004 年第 2 期　p. 92

鄭炳林　王晶波　敦煌寫本相書校錄研究　民族出版社　2004　p. 2、103、213

鄭炳林　敦煌寫本許負相書殘卷研究　敦煌學國際研討會論文集　北京圖書館出版社　2005　p. 162

P. 2798

哈密頓　851—1001 年于闐王世系　《敦煌學輯刊》1982 年第 3 期　p. 165

張廣達　榮新江　關於唐末宋初于闐國的國號、年號及其王家世系問題　敦煌吐魯番文獻研究論集　中華書局　1982　p. 190　又見:于闐史叢考　上海書店　1993　p. 33

張廣達　榮新江　和田、敦煌發現的中古于闐史料概述　《新疆社會科學》1983 年第 4 期　p. 81　又見:于闐史叢考　上海書店　1993　p. 16

黃振華　于闐文研究概述　中國民族古文字研究　中國社會科學出版社　1984　p. 70　又見:中國敦煌學百年文庫·民族卷(一)　甘肅文化出版社　1999　p. 191

熊本裕　コータン語文獻　敦煌胡語文獻(講座敦煌 6)　(東京)大東出版社　1985　p. 119

姜亮夫　敦煌經卷在中國文化學術上的價值　敦煌學論文集　上海古籍出版社　1987　p. 5

張廣達　榮新江　巴黎國立圖書館所藏敦煌于闐語寫卷目錄初編　敦煌吐魯番文獻研究論集(第四輯)　北京大學出版社　1987　p. 107

周丕顯　敦煌佛經略考　《敦煌學輯刊》1987 年第 2 期　p. 7

高田時雄　コータン文書中の漢語語彙　漢語史の諸問題（別冊）　京都大學人文科學研究所　1988　p. 78

張廣達　榮新江　關於敦煌出土于闐文獻的年代及其相關問題　紀念陳寅恪先生誕辰百年學術論文集　北京大學出版社　1989　p. 298

孟凡人　五代宋初于闐王統考　《中國邊疆史地研究》1992 年第 3 期　p. 106

胡戟　傅玫　敦煌史話　中華書局　1995　p. 202

劉進寶　敦煌學論述　（臺北）洪葉文化事業有限公司　1995　p. 276

榮新江　于闐語阿育王譬喻經　敦煌學大辭典　上海辭書出版社　1998　p. 502

姜亮夫　敦煌：偉大的文化寶藏　雲南人民出版社　1999　p. 75

高田時雄著　鍾翀等譯　于闐文書中的漢語語彙　敦煌・民族・語言　中華書局　2005　p. 224

P. 2799

沖本克己　敦煌出土のチベット文禪宗文獻の内容　敦煌仏典と禪（講座敦煌8）　（東京）大東出版社　1980　p. 417

田中良昭　念仏禪と後期北宗禪　敦煌仏典と禪（講座敦煌8）　（東京）大東出版社　1980　p. 239

田中良昭　敦煌禪宗文獻の研究　（東京）大東出版社　1983　p. 252、502

王重民　記敦煌寫本的佛經　敦煌吐魯番文獻研究論集（第二輯）　北京大學出版社　1983　p. 21
　又見：敦煌遺書論文集　中華書局　1984　p. 305

陳祚龍　關於敦煌古抄《頓悟大乘秘密心契禪門法》偈子　《海潮音》1984 年第 65 卷第 4 期　又見：中國敦煌學百年文庫・宗教卷（二）　甘肅文化出版社　1999　p. 143

陳祚龍　繼行新發現，續作新發明：敦煌學散策之五　敦煌學（第 10 輯）　（臺北）新文豐出版公司　1985　p. 22　又見：敦煌學林劄記　（臺北）商務印書館　1987　p. 383

原田覺　吐蕃譯經史　敦煌胡語文獻（講座敦煌6）　（東京）大東出版社　1985　p. 442

榮新江　《唐刺史考》補遺　《文獻》1990 年第 2 期　p. 91　又見：敦煌學新論　甘肅教育出版社　2002　p. 270

上山大峻　敦煌佛教の研究　（京都）法藏館　1990　p. 410、426

沖本克己著　李德龍譯　敦煌出土的藏文禪宗文獻的内容　國外藏學研究譯文集（第八輯）　西藏人民出版社　1992　p. 205

田中良昭　敦煌の禪籍　禪學研究入門　（東京）大東出版社　1994　p. 65

原田覺著　李德龍譯　吐蕃譯經史　國外藏學研究譯文集（第十一輯）　西藏人民出版社　1994　p. 195

葛兆光　中國禪思想史：從 6 世紀到 9 世紀　北京大學出版社　1995　p. 168 注 14

柳田聖山　禪籍解題（一）・敦煌禪籍　俗語言研究（第二期）　（京都）禪文化研究所　1995　p. 140

方廣錩　頓悟真宗金剛般若修行達彼岸法門要決　敦煌學大辭典　上海辭書出版社　1998　p. 726

李德龍　頓悟真宗要決古藏文譯本　敦煌學大辭典　上海辭書出版社　1998　p. 485

李德龍　古藏文禪宗文獻　敦煌學大辭典　上海辭書出版社　1998　p. 485

榮新江　《英藏敦煌文獻》定名商補　文史（第五十二輯）　中華書局　2000　p. 122　又見：敦煌學新論　甘肅教育出版社　2002　p. 197

P. 2800

熊本裕　コータン語文獻　敦煌胡語文獻（講座敦煌6）　（東京）大東出版社　1985　p. 122

張廣達　榮新江　巴黎國立圖書館所藏敦煌于闐語寫卷目録初編　敦煌吐魯番文獻研究論集（第四

輯）　北京大學出版社　1987　　p. 108

P. 2801

榎一雄　シルクロ・ドの歴史から　（東京）研文出版　1979　p. 107

張廣達　榮新江　和田、敦煌發現的中古于闐史料概述　《新疆社會科學》1983 年第 4 期　p. 81　又
見：于闐史叢考　上海書店　1993　p. 16

黃振華　于闐文研究概述　中國民族古文字研究　中國社會科學出版社　1984　p. 70

熊本裕　コータン語文獻　敦煌胡語文獻（講座敦煌 6）　（東京）大東出版社　1985　p. 127

張廣達　榮新江　巴黎國立圖書館所藏敦煌于闐語寫卷目錄初編　敦煌吐魯番文獻研究論集（第四
輯）　北京大學出版社　1987　p. 102、104、108

榮新江　歸義軍大事紀年初稿　出土文獻研究（第三輯）　文物出版社　1998　p. 251

榮新江　于闐語羅摩衍那　敦煌學大辭典　上海辭書出版社　1998　p. 503

李永寧　程亮　整理王重民敦煌遺書手稿所得（一）　《敦煌研究》2004 年第 6 期　p. 71

楊富學　少數民族對古代敦煌文化的貢獻　《敦煌學輯刊》2005 年第 2 期　p. 95

P. 2802

楊際平　關於唐天寶敦煌差科簿的幾個問題　敦煌吐魯番出土經濟文書研究　廈門大學出版社
1986　p. 136

P. 2803

那波利貞　敦煌發見文書に拠る中晚唐時代の佛教寺院の錢穀布帛類貸付營利事業運營の實況
『支那學』（10 卷 3 號）　（京都）支那學社　1941　p. 162

芳村修基　土橋秀高　井ノ口泰淳　敦煌佛教史年表　西域文化研究（第一）・敦煌佛教資料
（京都）法藏館　1958　p. 282

西村元佑　唐代敦煌差科簿の研究　西域文化研究（第三）・敦煌吐魯番社會經濟資料（下）　（京
都）法藏館　1960　p. 377、461

陳祚龍　瓜沙印録　（臺北）《大陸雜誌》1962 年第 4 期　又見：敦煌學概要　（臺北）編譯館“中華叢
書編委會”　1981　p. 269；中國敦煌學百年文庫・考古卷（一）　甘肅文化出版社　1999
p. 192

長澤和俊　敦煌　（東京）築摩書房　1965　p. 134、142、165

池田溫　八世紀初における敦煌の氏族　『東洋史研究』（24 卷 3 號）　（東京）東洋史研究會　1969
p. 51

菊池英夫　西域出土文書を通じてみたる唐玄宗時代における府兵制の運用（下）　『東洋學報』（52
卷 4 號）　（東京）東洋學術協會　1970　p. 92

池田溫　中國古代籍帳研究：概觀・録文　東京大學東洋文化研究所　1979　p. 99、282、474

池田溫　敦煌の流通経済　敦煌の社會（講座敦煌 3）　（東京）大東出版社　1980　p. 342

菊池英夫　隋唐王朝支配期の河西と敦煌　敦煌の歷史（講座敦煌 2）　（東京）大東出版社　1980
p. 181

菊池英夫　唐代敦煌社會の外貌　敦煌の社會（講座敦煌 3）　（東京）大東出版社　1980　p. 114

梅村坦　住民の種族構成——敦煌をめぐる諸民族の動向　敦煌の社會（講座敦煌 3）　（東京）大
東出版社　1980　p. 202

田中良昭　禪宗燈史の発展　敦煌仏典と禪（講座敦煌 8）　（東京）大東出版社　1980　p. 113

土肥義和　はじめに——歸義軍節度使の敦煌支配　敦煌の歷史(講座敦煌2)　(東京)大東出版
　　社　1980　p. 251、266

佐藤武敏　敦煌の水利　敦煌の社會(講座敦煌3)　(東京)大東出版社　1980　p. 281

陳祚龍　古代敦煌及其他地區流行之公私印章圖記文字録　敦煌學要籥　(臺北)新文豐出版公司
　　1982　p. 345

王永興　唐天寶敦煌差科簿研究:兼論唐代色役制和其他問題　敦煌吐魯番文獻研究論集　中華書
　　局　1982　p. 63、64、66、103　又見:陳門問學叢稿　江西人民出版社　1993　p. 45

董作賓　敦煌紀年　敦煌學文選(上)　蘭州大學歷史系敦煌學研究室等　1983　p. 25、29

田中良昭　敦煌禪宗文獻の研究　(東京)大東出版社　1983　p. 638

池田溫　中國古代籍帳研究　中華書局　1984　p. 281

劉復　敦煌掇瑣　敦煌叢刊初集(十五)　(臺北)新文豐出版公司　1985　p. 283、293、295、297

西村元佑著　姜鎮慶譯　通過唐代敦煌差科簿看唐代均田制時代的徭役制度　敦煌學譯文集　甘肅
　　人民出版社　1985　p. 979、1001、1038、1057、1068、1074、1216、1223、1233 補注

楊際平　從敦煌文書看唐代前期的和糴制度　《中國社會經濟史研究》1985 年第 1 期　p. 26

盧向前　牒式及其處理程式的探討:唐公式文研究　敦煌吐魯番文獻研究論集(第三輯)　北京大學
　　出版社　1986　p. 385

盧向前　關於歸義軍時期一份布紙破用曆的研究:試釋伯四六四〇背面文書　敦煌吐魯番文獻研究
　　論集(第三輯)　北京大學出版社　1986　p. 462　又見:敦煌吐魯番文書論稿　江西人民出版
　　社　1992　p. 166

唐耕耦　陸宏基　敦煌社會經濟文獻真迹釋録(一)　書目文獻出版社　1986　p. 208、445

土肥義和著　李永寧譯　歸義軍時期(晚唐、五代、宋)的敦煌(一)　《敦煌研究》1986 年第 4 期
　　p. 88 注 15

楊際平　關於唐天寶敦煌差科簿的幾個問題　敦煌吐魯番出土經濟文書研究　廈門大學出版社
　　1986　p. 135

楊際平　現存我國四柱結算法的最早實例——吐蕃時期沙州倉曹狀上勾覆所牒研究　敦煌吐魯番出
　　土經濟文書研究　廈門大學出版社　1986　p. 178

楊際平　鄭學檬　關於西魏大統十三年敦煌計帳戶籍文書的幾個問題　魏晉南北朝史研究　湖北人
　　民出版社　1986　p. 416

張弓　唐朝倉廩制度初探　中華書局　1986　p. 23 注 15、139 注 31

池田溫　敦煌の便穀曆　日野開三郎博士頌壽記念論集・中國社會・制度・文化史の諸問題
　　(福岡)中國書店　1987　p. 388

姜亮夫　海外敦煌卷子經眼録　敦煌學論文集　上海古籍出版社　1987　p. 37　又見:姜亮夫全集
　　(十三)　雲南人民出版社　2002　p. 31

土肥義和著　李永寧譯　歸義軍時期(晚唐、五代、宋)的敦煌(續)　《敦煌研究》1987 年第 1 期
　　p. 93

王永興　敦煌吐魯番文書中有關唐代勾檢制資料試析:兼整理伯二七六三背、伯二六五四背、伯三四
　　四六背文書　敦煌吐魯番文獻研究論集(第四輯)　北京大學出版社　1987　p. 58

王永興　隋唐五代經濟史料彙編校注・第一編(下)　中華書局　1987　p. 567

李并成　從敦煌文牒檔案看盛唐時期河西農戶對國家的糧食貢獻　《檔案》1989 年第 4 期　p. 42

李并成　唐代前期河西走廊農田開墾面積估算　《檔案》1989 年第 6 期　p. 39

山本達郎等　敦煌・Ⅳ 納贈曆・納色物曆等　『NUN – HUANG AND TURFAN DOCUMENTS CON-
　　CERNING SOCIAL AND ECONOMIC HISTORY』(Ⅳ)　(東京)東洋文庫　1989　p. 112

陳國燦　武周時期的勘田檢籍活動　敦煌吐魯番文書初探（二編）　武漢大學出版社　1990　p. 392

黃盛璋　敦煌于闐文書中河西部族考證　《敦煌學輯刊》1990 年第 1 期　p. 67

李并成　唐代前期河西走廊的農業開發　《中國農史》1990 年第 1 期　p. 14

劉銘恕　敦煌遺書叢識之四　敦煌吐魯番學研究論文集　漢語大詞典出版社　1990　p. 36

盧向前　從敦煌吐魯番出土的幾件文書看唐前期和糴的一些特點　敦煌吐魯番文獻研究論集（第五
　輯）　北京大學出版社　1990　p. 309

榮新江　沙州歸義軍歷任節度使稱號研究　敦煌吐魯番學研究論文集　漢語大詞典出版社　1990
　p. 785

榮新江　小月氏考　中亞學刊（第三輯）　中華書局　1990　p. 57

上山大峻　敦煌佛教の研究　（京都）法藏館　1990　p. 374

唐耕耦　陸宏基　敦煌社會經濟文獻真迹釋録（四）　全國圖書館文獻縮微複製中心　1990　p. 491

王永興　伯三三四八背文書研究　敦煌吐魯番學研究論文集　漢語大詞典出版社　1990　p. 161

李并成　一批珍貴的歷史人物檔案：敦煌遺書中的邈真讚　《檔案》1991 年第 5 期　p. 34

林聰明　敦煌文書學　（臺北）新文豐出版公司　1991　p. 399

王永興　唐勾檢制研究　上海古籍出版社　1991　p. 115

姜伯勤　敦煌社會文書導論　（臺北）新文豐出版公司　1992　p. 141、187

李錦繡　典在唐前期財務行政中的作用　學人（第三輯）　江蘇文藝出版社　1992　p. 338、348

林家平　寧强　羅華慶　中國敦煌學史　北京語言學院出版社　1992　p. 17、550

王震亞　趙熒　敦煌殘卷爭訟文牒集釋　甘肅人民出版社　1993　p. 218

張鴻勛　敦煌說唱文學概論　（臺北）新文豐出版公司　1993　p. 6

姜伯勤　敦煌邈真讚與敦煌望族　敦煌邈真讚校録並研究　（臺北）新文豐出版公司　1994　p. 8

李正宇　論敦煌古塞城　《敦煌研究》1994 年第 1 期　p. 34

王永興　敦煌經濟文書導論　（臺北）新文豐出版公司　1994　p. 204、320、397、409

陳國燦　唐五代敦煌四出道路考　敦煌學國際研討會文集·史地語文編　遼寧美術出版社　1995
　p. 222

胡戟　傅玫　敦煌史話　中華書局　1995　p. 161

李錦繡　唐代財政史稿·上卷（第一分冊）　北京大學出版社　1995　p. 112、156、349、359

李并成　李春元　瓜沙史地研究　甘肅文化出版社　1996　p. 65、192

李正宇　敦煌史地新論　（臺北）新文豐出版公司　1996　p. 51、169

李正宇　敦煌遺書 P. 2691 寫本的定性與正名　慶祝潘石禪先生九秩華誕敦煌學特刊　（臺北）文津
　出版社　1996　p. 119

清木場東　唐代財政史研究·運輸編　九州大學出版會　1996　p. 215

榮新江　歸義軍史研究　上海古籍出版社　1996　p. 12

馮培紅　唐五代敦煌的河渠水利與水司管理機構初探　《敦煌學輯刊》1997 年第 2 期　p. 81

高啓安　唐宋時期敦煌人名探析　《敦煌研究》1997 年第 4 期　p. 124

黃征　張涌泉　敦煌變文校注　中華書局　1997　p. 409

李正宇　唐瓜州常樂縣"拔河帝山"考　周紹良先生欣開九秩慶壽文集　中華書局　1997　p. 118

寧可　郝春文　敦煌社邑文書輯校　江蘇古籍出版社　1997　p. 242

清木場東　帝賜の構造：唐代財政史研究·支出編　（福岡）中國書店　1997　p. 45

孫繼民　《唐大曆三年曹忠敏牒爲請免差充子弟事》書後　敦煌吐魯番研究（第二卷）　北京大學出
　版社　1997　p. 232

楊秀清　金山國立國年代補證　《敦煌研究》1997 年第 4 期　p. 135

鄭炳林　敦煌碑銘讚輯釋　甘肅教育出版社　1997　p. 49 注 48

陳國燦　天寶九載敦煌郡倉八至九月納谷曆　敦煌學大辭典　上海辭書出版社　1998　p. 416

陳國燦　榮新江　璨微　敦煌學大辭典　上海辭書出版社　1998　p. 305

方廣錩　深密解脫經　敦煌學大辭典　上海辭書出版社　1998　p. 668

龔方震　晏可佳　祆教史　上海社會科學院出版社　1998　p. 242

顧吉辰　敦煌文獻職官結銜考釋　《敦煌學輯刊》1998 年第 2 期　p. 29

李方　唐西州市令、市丞編年考證　出土文獻研究（第四輯）　文物出版社　1998　p. 78

李麗　關於《張淮深墓誌銘》的兩個問題　《敦煌學輯刊》1998 年第 1 期　p. 143

劉銘恕　九眼倉　敦煌學大辭典　上海辭書出版社　1998　p. 417

榮新江　歸義軍大事紀年初稿　出土文獻研究（第三輯）　文物出版社　1998　p. 240

沙知　敦煌縣之印　敦煌學大辭典　上海辭書出版社　1998　p. 292

沙知　壽昌城主　敦煌學大辭典　上海辭書出版社　1998　p. 384

宋家鈺　次男　敦煌學大辭典　上海辭書出版社　1998　p. 406

宋家鈺　計帳　敦煌學大辭典　上海辭書出版社　1998　p. 404

宋家鈺　土鎮兵　敦煌學大辭典　上海辭書出版社　1998　p. 404

譚蟬雪　敦煌歲時文化導論　（臺北）新文豐出版公司　1998　p. 315

張亞萍　唐五代歸義軍政府牧馬業研究　《敦煌學輯刊》1998 年第 2 期　p. 55

陳國燦　唐代的經濟社會　（臺北）文津出版社　1999　p. 19

池田溫　八世紀中葉敦煌的粟特人聚落　唐研究論文選集　中國社會科學出版社　1999　p. 7、56 注 31

高啓安　唐五代至宋敦煌的量器及量制　《敦煌學輯刊》1999 年第 1 期　p. 61、66

姜亮夫　敦煌:偉大的文化寶藏　雲南人民出版社　1999　p. 115

金瀅坤　吐蕃統治敦煌的財政職官體系　《敦煌研究》1999 年第 2 期　p. 88

謝桃坊　敦煌文化尋繹　四川人民出版社　1999　p. 203、210

楊秀清　敦煌西漢金山國史　甘肅人民出版社　1999　p. 128

陳守忠　唐代前期的河隴經濟　1994 年敦煌學國際研討會文集·宗教文史卷（下）　甘肅民族出版社　2000　p. 196

陳永勝　敦煌吐魯番法制文書研究　甘肅人民出版社　2000　p. 114

李方　唐西州行政體制考論　黑龍江教育出版社　2000　p. 21

丘古耶夫斯基　敦煌漢文文書　上海古籍出版社　2000　p. 21、86

孫繼民　敦煌吐魯番所出唐代軍事文書初探　中國社會科學出版社　2000　p. 102

徐俊　敦煌詩集殘卷輯考　中華書局　2000　p. 751、784

陳國燦　敦煌學史事新證　甘肅教育出版社　2002　p. 113

鄧文寬　敦煌吐魯番天文曆法研究　甘肅教育出版社　2002　p. 308

姜亮夫　敦煌莫高窟年表　姜亮夫全集（十一）　雲南人民出版社　2002　p. 332、440、591

王素　敦煌吐魯番文獻　文物出版社　2002　p. 176

李并成　盛唐時期河西走廊的區位特點與開發　唐代地域結構與運作空間　上海辭書出版社　2003　p. 89

譚蟬雪　敦煌的粟特居民及祆神祈賽　2000 年敦煌學國際學術討論會文集·歷史文化卷（下）　甘肅民族出版社　2003　p. 61

竇懷永　許建平　敦煌寫本的避諱特點及其對傳統寫本抄寫時代判定的參考價值　《敦煌研究》2004 年第 4 期　p. 56

高啓安　唐五代敦煌飲食文化研究　民族出版社　2004　p. 18

李錦繡　從"三官通押"談起　中國社會科學院歷史研究所學刊(第二集)　商物印書館　2004
　　p. 432 注 1

劉安志　關於唐代沙州陞爲都督府的時間問題　《敦煌學輯刊》2004 年第 2 期　p. 62

陳國燦　唐代的"執衣"與執衣錢　魏晉南北朝隋唐史資料(第 22 輯)　武漢大學出版社　2005
　　p. 144

馮培紅　晚唐五代宋初沙州上佐考論　敦煌學國際研討會論文集　北京圖書館出版社　2005
　　p. 65、70

黑維強　吐魯番出土文書詞語例釋(二)　《敦煌學輯刊》2005 年第 2 期　p. 192

陸離　吐蕃統治敦煌時期的官府勞役　魏晉南北朝隋唐史資料(第 22 輯)　武漢大學出版社　2005
　　p. 181

馮培紅　歸義軍鎮制考　敦煌吐魯番研究(第九卷)　中華書局　2006　p. 274

劉再聰　從吐魯番文書看唐代西州縣以下行政建制　《西域研究》2006 年第 3 期　p. 47

P. 2804

饒宗頤　敦煌書法叢刊(第十九卷)·碎金(二)　(東京)二玄社　1984　p. 13、93

冷鵬飛　唐末沙州歸義軍時期有關百姓受田和賦稅的幾個問題　《敦煌學輯刊》1984 年第 1 期
　　p. 36

姜亮夫　敦煌經卷壁畫中所見釋氏僧名錄　敦煌學論文集　上海古籍出版社　1987　p. 1044

唐耕耦　陸宏基　敦煌社會經濟文獻真迹釋錄(四)　全國圖書館文獻縮微複製中心　1990　p. 515

方廣錩　佛教大藏經史(八—十世紀)　中國社會科學出版社　1991　p. 242

陶秋英輯錄　姜亮夫校訂　敦煌經卷壁畫中所見釋氏名錄　敦煌碎金　浙江古籍出版社　1992
　　p. 40

王震亞　趙熒　敦煌殘卷爭訟文牒集釋　甘肅人民出版社　1993　p. 228

鄭汝中　唐代書法藝術與敦煌寫卷　敦煌書法庫(第四輯)　甘肅人民美術出版社　1994　p. 11
　　又見:《敦煌研究》1996 年第 2 期　p. 127

劉進寶　P. 3236 號《壬申年官布籍》時代考　《西北師大學報》(社會科學版)1996 年第 5 期　p. 43

劉進寶　P. 3236 號《壬申年官布籍》研究　慶祝潘石禪先生九秩華誕敦煌學特刊　(臺北)文津出版
　　社　1996　p. 358

榮新江　歸義軍史研究　上海古籍出版社　1996　p. 30

馮培紅　晚唐五代宋初歸義軍武職軍將研究　敦煌歸義軍史專題研究　蘭州大學出版社　1997
　　p. 110

劉進寶　敦煌文書與唐史研究　(臺北)新文豐出版公司　2000　p. 229

曾良　敦煌文獻字義通釋　廈門大學出版社　2001　p. 196

姜亮夫　敦煌莫高窟年表　姜亮夫全集(十一)　雲南人民出版社　2002　p. 331、557

劉勝角　古代楷書發展史　中國戲劇出版社　2002　p. 302

森安孝夫著　梁曉鵬摘譯　河西歸義軍節度使官印及其編年　《敦煌學輯刊》2003 年第 1 期　p. 143

P. 2805

芳村修基　土橋秀高　井ノ口泰淳　敦煌佛教史年表　西域文化研究(第一)·敦煌佛教資料
　　(京都)法藏館　1958　p. 278

陳祚龍　敦煌古抄內典尾記彙校初、二、三編合刊　敦煌學要籥　(臺北)新文豐出版公司　1982

p. 182

池田溫　中國古代寫本識語集録　（東京）大藏出版株式會社　1990　p. 482

黃征　吳偉　敦煌願文集　岳麓書社　1995　p. 927

鄭炳林　唐五代敦煌的粟特人與佛教　敦煌歸義軍史專題研究　蘭州大學出版社　1997　p. 451

顏廷亮　敦煌文化　光明日報出版社　2000　p. 270

馬德　敦煌寫經題記的社會意義　法源（第 19 期）　中國佛學院　2001　p. 82

陳麗萍　敦煌女性寫經題記及反映的婦女問題　敦煌佛教藝術文化國際學術研討會論文集　蘭州大
　學出版社　2002　p. 433

姜亮夫　敦煌莫高窟年表　姜亮夫全集（十一）　雲南人民出版社　2002　p. 510

李正宇　唐宋時期敦煌佛經性質功能的變化　戒幢佛學（第二卷）　岳麓書社　2002　p. 22　又見：
　中日敦煌佛教學術會議論文集　中國社會科學院研究所　2002　p. 18

P. 2806

饒宗頤　吳縣玄妙觀石礎畫迹　"中央研究"院歷史語言研究所集刊（第 45 本第 2 分冊）　1974
　p. 261

陳祚龍　敦煌道經後記彙録　敦煌文物隨筆　（臺北）商務印書館　1979　p. 10

陳祚龍　關於道家"本際經"及其"要略妙義"與"疏"的敦煌古抄　敦煌文物隨筆　（臺北）商務印書
　館　1979　p. 213

陳祚龍　新校重訂《敦煌道經後記彙録》　敦煌學要籥　（臺北）新文豐出版公司　1982　p. 204

宮川尚志　唐以前の河西における宗教・思想的狀況　敦煌と中國道教（講座敦煌 4）　（東京）大
　東出版社　1983　p. 307

石井昌子　靈寶經類　敦煌と中國道教（講座敦煌 4）　（東京）大東出版社　1983　p. 160

饒宗頤　敦煌書法叢刊（第二八卷）・道書（二）　（東京）二玄社　1984　p. 92

龍晦　論敦煌道教文學　《世界宗教研究》1985 年第 3 期　又見：中國敦煌學百年文庫・宗教卷
　（三）　甘肅文化出版社　1999　p. 366

姜伯勤　沙州道門親表部落釋證　《敦煌研究》1986 年第 3 期　p. 3

王三慶　敦煌寫卷中武后新字之調查研究　漢學研究（敦煌學國際研討會論文專號）　（臺北）漢學
　研究資料及服務中心　1986　p. 443　又見：唐代研究論集（第三輯）　（臺北）新文豐出版公司
　1992　p. 67

任半塘　敦煌歌辭總編　上海古籍出版社　1987　p. 437

池田溫　中國古代寫本識語集録　（東京）大藏出版株式會社　1990　p. 239

林聰明　敦煌文書出處略考　季羨林教授八十華誕紀念論文集（下）　江西人民出版社　1991
　p. 858

林聰明　敦煌文書學　（臺北）新文豐出版公司　1991　p. 193、199、318、390

姜伯勤　敦煌社會文書導論　（臺北）新文豐出版公司　1992　p. 225

陶秋英輯録　姜亮夫校訂　敦煌所見道教佚經録　敦煌碎金　浙江古籍出版社　1992　p. 314

吳其昱著　伊藤美重子譯　敦煌漢文寫本概觀　敦煌漢文文獻（講座敦煌 5）　（東京）大東出版社
　1992　p. 21

朱越利　道經總論　遼寧教育出版社　1992　p. 258、264

張澤洪　敦煌文書中的唐代道經　《敦煌學輯刊》1993 年第 2 期　p. 61

林聰明　談敦煌文書的抄寫問題　紀念陳寅恪先生百年誕辰學術論文集　江西教育出版社　1994
　p. 292

李豐楙　敦煌道經寫卷與道教寫經的供養功德觀　全國敦煌學研討會論文集　（臺北）中正大學中
　　國文學系所　1995　p. 127
姜伯勤　敦煌藝術宗教與禮樂文明　中國社會科學出版社　1996　p. 203、233、298
李并成　李春元　瓜沙史地研究　甘肅文化出版社　1996　p. 133
邵文實　敦煌道教試述　《世界宗教研究》1996 年第 2 期　又見：中國敦煌學百年文庫·宗教卷
　　（三）　甘肅文化出版社　1999　p. 336
鄭炳林　敦煌碑銘讚輯釋　甘肅教育出版社　1997　p. 250 注 28
胡文和　仁壽縣壇神岩第 53 號"三寶"窟右壁"南竺觀記"中道藏經目研究　《世界宗教研究》1998
　　年第 2 期　p. 125
姜伯勤　道釋相激：道教在敦煌　道家文化研究（第十三輯）　三聯書店　1998　p. 59
馬德　敦煌文書《道家雜齋文範集》及有關問題述略　道家文化研究（第十三輯）　三聯書店　1998
　　p. 247
萬毅　敦煌道教文獻《本際經》錄文及解說　道家文化研究（第十三輯）　三聯書店　1998　p. 417
山田俊　唐初道教思想史研究·論述篇　（京都）平樂寺書店　1999　p. 47
山田俊　唐初道教思想史研究·資料篇　（京都）平樂寺書店　1999　p. 74、163
顔廷亮　敦煌文化中的道教及文化　《敦煌研究》1999 年第 1 期　p. 137
周維平　從敦煌遺書看敦煌道教　《西北民族研究》1999 年第 2 期　p. 128
金岡照光　敦煌文獻と中國文學　（東京）五曜書房　2000　p. 432
汪泛舟　敦煌道教與齋醮諸考　1994 年敦煌學國際研討會文集·宗教文史卷（上）　甘肅民族出版
　　社　2000　p. 3
顔廷亮　敦煌文化　光明日報出版社　2000　p. 237
張澤洪　論唐代道教的寫經　《敦煌研究》2000 年第 3 期　p. 132
曾良　敦煌文獻字義通釋　廈門大學出版社　2001　p. 136
蔡忠霖　敦煌漢文寫卷俗字及其現象　（臺北）文津出版社　2002　p. 23、67、140、164
姜亮夫　敦煌莫高窟年表　姜亮夫全集（十一）　雲南人民出版社　2002　p. 262
蔡忠霖　從書法角度看俗字的生成　敦煌學（第 24 輯）　（臺北）樂學書局有限公司　2003　p. 164
楊森　武則天至玄宗時代敦煌的三洞法師中嶽先生述略　《敦煌研究》2003 年第 3 期　p. 46
王卡　敦煌道教文獻研究　中國社會科學出版社　2004　p. 8、37、200
王卡　中國國家圖書館藏敦煌道教遺書研究報告　敦煌吐魯番研究（第七卷）　北京大學出版社
　　2004　p. 369
王卡　敦煌道教綜述　敦煌與絲路文化學術講座（第二輯）　北京圖書館出版社　2005　p. 377

P. 2807

姜伯勤　唐五代敦煌寺戶制度　中華書局　1987　p. 40、117
譚蟬雪　敦煌歲時掇瑣：正月　《敦煌研究》1990 年第 1 期　p. 51　又見：（香港）《九州學刊》（敦煌
　　學專輯）1993 年第 5 卷第 4 期　p. 87
謝重光　白文固　中國僧官制度史　青海人民出版社　1990　p. 124
謝重光　吐蕃佔領期與歸義軍時期的敦煌僧官制度　《敦煌研究》1991 年第 3 期　p. 52
邵文實　沙州節兒考及其引申出來的幾個問題　《西北師大學報》（社會科學版）1992 年第 5 期
　　p. 63
楊寶玉　《龍興寺毗沙門天王靈驗記》簡注　《閩南佛學院學報》1992 年第 2 期　p. 112
鄭炳林　敦煌碑銘讚三篇證誤與考釋　《敦煌學輯刊》1992 年第 1、2 期　p. 100

晒麟　南朝小考　《敦煌學輯刊》1993 年第 1 期　p. 71

陳祚龍　唐代敦煌佛寺講經之真象　第二屆國際唐代學術會議論文集(上)　(臺北)文津出版社　1993　p. 593、601

杜琦　敦煌文學概論　甘肅人民出版社　1993　p. 525

李正宇　敦煌文學概論　甘肅人民出版社　1993　p. 96

譚蟬雪　敦煌祈賽風俗　《敦煌研究》1993 年第 4 期　p. 62

鄭炳林　《索崇恩和尚修功德記》考釋　《敦煌研究》1993 年第 2 期　p. 59

黃征　敦煌願文散校　《敦煌研究》1994 年第 3 期　p. 129　又見:敦煌語文叢說　(臺北)新文豐出版公司　1997　p. 568、587、595

邵文實　敦煌俗文學作品中的駢儷文風　《敦煌學輯刊》1994 年第 2 期　p. 46

鄭炳林　《索勳紀德碑》研究　《敦煌學輯刊》1994 年第 2 期　p. 66、71

鄭炳林　馮培紅　讀《中國古代寫本識語集錄》劄記　《西北史地》1994 年第 4 期　p. 47

姜伯勤　變文的南方源頭與敦煌的唱導法匠　華學(第一輯)　中山大學出版社　1995　p. 155

李金梅　敦煌傳統文化與武術　《敦煌研究》1995 年第 2 期　p. 195

王書慶　敦煌佛學·佛事篇　甘肅民族出版社　1995　p. 58、78

鄭炳林　敦煌漢文吐蕃史料綜述:兼論吐蕃控制河西時期的職官與統治政策　敦煌吐魯番文獻研究　蘭州大學出版社　1995　p. 98

姜伯勤　敦煌藝術宗教與禮樂文明　中國社會科學出版社　1996　p. 406、414

李并成　李春元　瓜沙史地研究　甘肅文化出版社　1996　p. 147

馬雅倫　邢豔紅　吐蕃統治時期敦煌兩位粟特僧官:史慈燈、石法海考　《敦煌學輯刊》1996 年第 1 期　p. 55

鄭炳林　唐五代敦煌粟特人與歸義軍政權　《敦煌研究》1996 年第 4 期　p. 85　又見:敦煌歸義軍史專題研究　蘭州大學出版社　1997　p. 410

姜伯勤　普寂與北宗禪風西旋敦煌　佛教與中國傳統文化　宗教文化出版社　1997　p. 471

劉雯　吐蕃及歸義軍時期敦煌索氏家族研究　《敦煌學輯刊》1997 年第 2 期　p. 85

張弓　漢唐佛寺文化史　中國社會科學出版社　1997　p. 361

鄭阿財　《龍興寺毗沙門天王靈驗記》與敦煌地區的毗沙門信仰　周紹良先生欣開九秩慶壽文集　中華書局　1997　p. 261

鄭阿財　論敦煌寫本《龍興寺毗沙門天王靈驗記》與唐代的毗沙門信仰　第三屆中國唐代文化學術研討會論文集　(臺北)政治大學中國文學系　1997　p. 438

鄭炳林　都教授張金炫和尚生平事迹考　敦煌歸義軍史專題研究　蘭州大學出版社　1997　p. 542、551

鄭炳林　敦煌碑銘讚及其有關問題　敦煌碑銘讚輯釋　甘肅教育出版社　1997　p. 12

鄭炳林　敦煌碑銘讚輯釋　甘肅教育出版社　1997　p. 106 注 3

鄭炳林　唐五代敦煌的醫事研究　敦煌歸義軍史專題研究　蘭州大學出版社　1997　p. 516

柴劍虹　如來我是和尚歌　敦煌學大辭典　上海辭書出版社　1998　p. 550

柴劍虹　三五年來復聖唐詩　敦煌學大辭典　上海辭書出版社　1998　p. 572

郝春文　唐後期五代宋初敦煌僧尼的社會生活　中國社會科學出版社　1998　p. 198

金瀅坤　吐蕃統治敦煌的社會基層組織　《中國邊疆史地研究》1998 年第 4 期　p. 28

李正宇　索允鐘　敦煌學大辭典　上海辭書出版社　1998　p. 330

李正宇　悟真　敦煌學大辭典　上海辭書出版社　1998　p. 355

李正宇　悟真詩　敦煌學大辭典　上海辭書出版社　1998　p. 558

譚蟬雪　敦煌歲時文化導論　（臺北）新文豐出版公司　1998　p. 253

譚蟬雪　賽天王　敦煌學大辭典　上海辭書出版社　1998　p. 449

楊森　跋《子年三月五日計料海濟受戒衣鉢具色——如後》帳及卷背《釋門教授帖》文書　《敦煌研
　　究》1998 年第 4 期　p. 103

湛如　敦煌結夏安居考察　法源（第 16 期）　中國佛學院　1998　p. 72　又見：佛學研究（第七期）
　　中國佛教文化研究所　1998　p. 328

姜亮夫　敦煌：偉大的文化寶藏　雲南人民出版社　1999　p. 112

李小榮　變文與唱導關係之探討　《敦煌研究》1999 年第 4 期　p. 6

楊富學　李吉和　敦煌漢文吐蕃史料輯校（第一輯）　甘肅人民出版社　1999　p. 189、199、222

劉進寶　敦煌文書與唐史研究　（臺北）新文豐出版公司　2000　p. 110

譚蟬雪　唐宋敦煌歲時佛俗：正月　《敦煌研究》2000 年第 4 期　p. 71

王微　春祭：二月八日節的佛教儀式　法國漢學（敦煌學專號）　中華書局　2000　p. 113

徐俊　敦煌詩集殘卷輯考　中華書局　2000　p. 784

張先堂　唐宋時期敦煌天王堂寺、天王堂考　'98 法門寺唐文化國際學術討論會論文集　陝西人民
　　出版社　2000　p. 192

譚蟬雪　唐宋敦煌歲時佛俗：二月至七月　《敦煌研究》2001 年第 1 期　p. 102

李斌城　唐代文化　中國社會科學出版社　2002　p. 1012

李小榮　變文講唱與華梵宗教藝術　上海三聯書店　2002　p. 49

劉進寶　敦煌學通論　甘肅教育出版社　2002　p. 53

陳菊霞　《大唐伊吾郡司馬上柱國潯陽翟府君修功德碑記》考釋　《敦煌研究》2003 年第 2 期　p. 14

古正美　于闐與敦煌的毗沙門天王信仰　2000 年敦煌學國際學術討論會文集·歷史文化卷（上）
　　甘肅民族出版社　2003　p. 55

李小榮　敦煌密教文獻論稿　人民文學出版社　2003　p. 167

陸離　有關吐蕃太子的文書研究　《敦煌學輯刊》2003 年第 1 期　p. 29

王繼光　鄭炳林　敦煌漢文吐蕃史料綜述　中國西部民族文化研究（2003 年卷）　民族出版社
　　2003　p. 239、248

湛如　敦煌佛教律儀制度研究　中華書局　2003　p. 203、220、237

張先堂　唐宋敦煌世俗佛教信仰的類型、特徵　寺院財富與世俗供養　上海書畫出版社　2003
　　p. 311

陸離　吐蕃僧官制度試探　華林（第三卷）　中華書局　2004　p. 84

屈直敏　敦煌高僧　民族出版社　2004　p. 21

沙武田　莫高窟"天王堂"質疑　《敦煌研究》2004 年第 2 期　p. 26

鄭炳林　徐曉莉　晚唐五代敦煌歸義軍政權的婚姻關係研究　敦煌學（第 25 輯）　（臺北）樂學書局
　　有限公司　2004　p. 565

陸離　吐蕃統治時期敦煌僧官的幾個問題　《敦煌研究》2005 年第 3 期　p. 95

屈直敏　從《勵忠節抄》看歸義軍政權道德秩序的重建　《敦煌學輯刊》2005 年第 3 期　p. 87

李正宇　晚唐至宋敦煌聽許僧人娶妻生子　敦煌吐魯番研究（第九卷）　中華書局　2006　p. 342、
　　346

P. 2808

鄧文寬　敦煌寫本《百行章》述略　《文物》1984 年第 9 期　p. 65

高明士　唐代敦煌的教育　漢學研究（敦煌學國際研討會論文專號）　（臺北）漢學研究資料及服務

中心　1986　p. 257

李正宇　唐宋時代的敦煌學校　《敦煌研究》1986 年第 1 期　p. 45

鄧文寬　跋敦煌寫本《百行章》　1983 年全國敦煌學術討論會文集·文史遺書編（下）　甘肅人民出
　　版社　1987　p. 105

李正宇　敦煌學郎題記輯注　《敦煌學輯刊》1987 年第 1 期　p. 31

高國藩　敦煌民俗學　上海文藝出版社　1989　p. 98

池田溫　中國古代寫本識語集録　（東京）大藏出版株式會社　1990　p. 466

胡平生　《敦煌〈百行章〉校釋》補正　敦煌吐魯番文獻研究論集（第五輯）　北京大學出版社　1990
　　p. 279

鄭阿財　敦煌蒙書析論　第二屆敦煌學國際研討會論文集　（臺北）漢學研究中心　1990　p. 226

林聰明　敦煌文書學　（臺北）新文豐出版公司　1991　p. 333

姜伯勤　敦煌社會文書導論　（臺北）新文豐出版公司　1992　p. 87

東野治之　敦煌と日本の『千字文』　遣唐使と正倉院　（東京）岩波書店　1992　p. 240

東野治之　訓蒙書　敦煌漢文文獻（講座敦煌 5）　（東京）大東出版社　1992　p. 404

鄭阿財　敦煌文獻與文學　（臺北）新文豐出版公司　1993　p. 259

李正宇　敦煌史地新論　（臺北）新文豐出版公司　1996　p. 189

白化文　百行章　敦煌學大辭典　上海辭書出版社　1998　p. 782

李正宇　學士郎　敦煌學大辭典　上海辭書出版社　1998　p. 597

汪泛舟　敦煌詩述異　《敦煌研究》1999 年第 4 期　p. 21

汪泛舟　敦煌古代兒童課本　甘肅人民出版社　2000　p. 156

顏廷亮　敦煌文化　光明日報出版社　2000　p. 215

林聰明　敦煌吐魯番文書解詁指例　（臺北）新文豐出版公司　2001　p. 354

鄭阿財　敦煌童蒙讀物的分類與總說　敦煌文獻論集：紀念藏經洞發現一百周年國際學術研討會論
　　文集　遼寧人民出版社　2001　p. 202

姜亮夫　敦煌莫高窟年表　姜亮夫全集（十一）　雲南人民出版社　2002　p. 471

鄭阿財　朱鳳玉　敦煌蒙書研究　甘肅教育出版社　2002　p. 322

郝春文　唐後期五代宋初中印文化對敦煌寺院的影響　新世紀敦煌學論集　巴蜀書社　2003
　　p. 333

金瀅坤　唐五代童子科與兒童教育　中國中古史論集　天津古籍出版社　2003　p. 296

趙跟喜　敦煌唐宋時期的女子教育初探　文史（第七十五輯）　中華書局　2006　p. 94

P. 2809

王重民　敦煌曲子詞集　商務印書館　1950　p. 12

邵榮芬　敦煌俗文學中的別字異文和唐五代西北方音　《中國語文》1963 年第 3 期　又見：中國敦煌
　　學百年文庫·語言文字卷（一）　甘肅文化出版社　1999　p. 148

金岡照光　敦煌文學のさまざま　敦煌の文學　（東京）大藏出版株式會社　1971　p. 144

蘇瑩輝　論敦煌本《望江南》雜曲四首之寫作時代　（新加坡）《新社學報》1973 年第 5 期　又見：敦
　　煌論集續編　（臺北）學生書局　1983　p. 115、125；中國敦煌學百年文庫·文學卷（三）　甘肅
　　文化出版社　1999　p. 87

林玫儀　論敦煌曲的社會性　《文學評論》1975 年第 2 期　又見：中國敦煌學百年文庫·文學卷
　　（二）　甘肅文化出版社　1999　p. 287

蔣禮鴻　敦煌變文字義通釋　上海古籍出版社　1981　p. 425　又見：敦煌叢刊初集（十四）　（臺

北)新文豐出版公司　1985　p. 425

潘重規　敦煌詞話　（臺北)石門圖書公司　1981　p. 58、80

鄭阿財　敦煌孝道文學研究　（臺北)石門圖書公司　1982　p. 306

姜亮夫　瓜沙曹氏年表補正　敦煌學文選(上)　蘭州大學歷史系敦煌學研究室等　1983　p. 111
　　又見:敦煌學論文集　上海古籍出版社　1987　p. 916；姜亮夫全集(十四)　雲南人民出版社
　　2002　p. 341

龍晦　卜天壽《論語》抄本後的詩詞雜録研究和校釋　新疆考古三十年　新疆人民出版社　1983
　　p. 373

蘇瑩輝　"敦煌曲"評介　敦煌論集續編　（臺北)學生書局　1983　p. 305、312

劉復　敦煌掇瑣　敦煌叢刊初集(十五)　（臺北)新文豐出版公司　1985　p. 157、217

汪泛舟　敦煌曲子詞的地位特點和影響　《蘭州學刊》1985年第1期　p. 72

高國藩　敦煌民間詩詞中的府兵制與詞的起源問題　《魏晉南北朝隋唐史》1986年第4期　p. 72

盧善煥　《敦煌曲校録》略校　《敦煌學輯刊》1986年第2期　p. 91

邱燮友　唐代敦煌曲的時代使命　漢學研究(敦煌學國際研討會論文專號)　（臺北)漢學研究資料
　　及服務中心　1986　p. 152

高國藩　敦煌文學作品選　中華書局　1987　p. 80注1、91注1

高國藩　論敦煌寫本中孟姜女故事的形成和價值　1983年全國敦煌學術討論會文集・文史遺書編
　　（下)　甘肅人民出版社　1987　p. 181、192

龍晦　唐五代西北方音與敦煌文獻研究　敦煌歌辭總編　上海古籍出版社　1987　p. 1822

任半塘　敦煌歌辭總編　上海古籍出版社　1987　p. 320、493、515、549

蘇瑩輝　繼張氏任歸義軍節度使者爲曹仁貴論　敦煌文史藝術論叢　（臺北)新文豐出版公司
　　1987　p. 25

高國藩　敦煌民俗學　上海文藝出版社　1989　p. 397

高國藩　敦煌曲子詞欣賞　南京大學出版社　1989　p. 53、85、177

郭在貽　張涌泉　黃征　《敦煌變文集新書》讀後　《杭州師範學院學報》1989年第5期　p. 116

孫其芳　詞　敦煌文學　甘肅人民出版社　1989　p. 201

郭在貽　張涌泉　黃征　敦煌變文集校議　岳麓書社　1990　p. 31

林玫儀　研究敦煌曲子詞之省思　第二屆敦煌學國際研討會論文集　（臺北)漢學研究中心　1990
　　p. 313注20

饒宗頤　南戲戲神咒"囉哩嗹"之謎　中印文化關係史論集・語文篇　香港中文大學中國文化研究
　　所　三聯書店　1990　p. 157　又見:梵學集　上海古籍出版社　1993　p. 211

任半塘　王昆吾　隋唐五代燕樂雜言歌辭集　巴蜀書社　1990　p. 354、467、827

金岡照光　曲子詞類　敦煌の文學文獻(講座敦煌9)　（東京)大東出版社　1992　p. 402

李正宇　敦煌遺書宋人詩輯校　《敦煌研究》1992年第2期　p. 44

李正宇　敦煌歌舞三剎　《敦煌研究》1992年第4期　p. 49

林家平　寧强　羅華慶　中國敦煌學史　北京語言學院出版社　1992　p. 17

饒宗頤　"唐詞"辨正　（香港)《九州學刊》(敦煌學專輯)1992年第4卷第4期　p. 112　又見:敦煌
　　曲續論　（臺北)新文豐出版公司　1996　p. 208

周紹良　敦煌文學芻議及其它　（臺北)新文豐出版公司　1992　p. 15、34

郭在貽　郭在貽敦煌學論集　江西人民出版社　1993　p. 171

黃征　敦煌寫本整理應遵循的原則　《敦煌研究》1993年第2期　p. 104　又見:敦煌語文叢說　（臺
　　北)新文豐出版公司　1997　p. 7

李正宇　敦煌文學概論　甘肅人民出版社　1993　p. 150

譚蟬雪　敦煌祈賽風俗　《敦煌研究》1993 年第 4 期　p. 62

金賢珠　唐五代敦煌民歌　（臺北）文史哲出版社　1994　p. 40、76、109、131

李明偉　隋唐絲綢之路　甘肅人民出版社　1994　p. 323

李明偉　唐代文學的嬗變與絲綢之路的影響　《敦煌研究》1994 年第 3 期　p. 139

劉尊明　唐五代詞的文化觀照　（臺北）文津出版社　1994　p. 234

張涌泉　試論審辨敦煌寫本俗字的方法　《敦煌研究》1994 年第 2 期　p. 152　又見：舊學新知　浙
　　江大學出版社　1999　p. 85

李金梅　敦煌傳統文化與武術　《敦煌研究》1995 年第 2 期　p. 195

劉進寶　敦煌學論述　（臺北）洪葉文化事業有限公司　1995　p. 339

江藍生　《燕子賦》(乙)校釋拾零　敦煌吐魯番研究(第一卷)　北京大學出版社　1996　p. 49

寧可　敦煌遺書散錄二則　敦煌吐魯番研究(第一卷)　北京大學出版社　1996　p. 316

王昆吾　隋唐五代燕樂雜言歌辭研究　中華書局　1996　p. 373、414

楊寶玉　《龍興寺毗沙門天王靈驗記》簡注　《閩南佛學院學報》1992 年第 2 期　1996　p. 112

張涌泉　敦煌俗字研究導論　（臺北）新文豐出版公司　1996　p. 59

陸淑綺　李重申　敦煌古代戲曲文化史料綜述　《敦煌研究》1997 年第 2 期　p. 64

寧可　郝春文　敦煌社邑文書輯校　江蘇古籍出版社　1997　p. 767

孫其芳　搗練子　敦煌學大辭典　上海辭書出版社　1998　p. 533

孫其芳　酒泉子　敦煌學大辭典　上海辭書出版社　1998　p. 532

孫其芳　望江南　敦煌學大辭典　上海辭書出版社　1998　p. 531

高國藩　敦煌俗文化學　上海三聯書店　1999　p. 570

劉復　敦煌寫本中之孟姜女小唱　中國敦煌學百年文庫·文學卷(二)　甘肅文化出版社　1999
　　p. 247

蔣禮鴻　中國俗文字學研究導言　中古近代漢語研究(第一輯)　上海教育出版社　2000　p. 72

孫其芳　鳴沙遺音：敦煌詞選評　甘肅人民出版社　2000　p. 115、172

徐俊　敦煌詩集殘卷輯考　中華書局　2000　p. 839

姜亮夫　敦煌莫高窟年表　姜亮夫全集(十一)　雲南人民出版社　2002　p. 500

劉進寶　敦煌學通論　甘肅教育出版社　2002　p. 387

張鴻勳　敦煌俗文學研究　甘肅人民出版社　2002　p. 245

古正美　于闐與敦煌的毗沙門天王信仰　2000 年敦煌學國際學術討論會文集·歷史文化卷(上)
　　甘肅民族出版社　2003　p. 55

湯湉　敦煌曲子詞地域文化研究　上海古籍出版社　2004　p. 21、34、158、188

湯湉　敦煌曲子詞與河西本土文化　中國俗文化研究(第二輯)　巴蜀書社　2004　p. 193

黨燕妮　毗沙門天王信仰在敦煌的流傳　《敦煌研究》2005 年第 3 期　p. 103

湯湉　敦煌曲子詞寫本敘略　敦煌學國際研討會論文集　北京圖書館出版社　2005　p. 194、200

P. 2810

王重民　敦煌古籍敘錄　中華書局　1979　p. 86

楠山春樹　道德經類　付『莊子』『列子』『文子』　敦煌と中國道教(講座敦煌 4)　（東京）大東出版
　　社　1983　p. 54

饒宗頤　敦煌書法叢刊(第二七卷)·道書(一)　（東京）二玄社　1985　p. 79

王重民原編　黃永武新編　敦煌古籍敘錄新編(第五冊)　（臺北）新文豐出版公司　1986　p. 197

尾崎康　史籍　敦煌漢文文獻(講座敦煌5)　(東京)大東出版社　1992　p. 327

胡戟　傅玫　敦煌史話　中華書局　1995　p. 143

王卡　文子　敦煌學大辭典　上海辭書出版社　1998　p. 766

顏廷亮　敦煌文化　光明日報出版社　2000　p. 209

盛朝暉　敦煌寫本 P. 2506、2810a、2810b、4073、2380 之研究　《敦煌研究》2001 年第 4 期　p. 124

朱大星　敦煌寫本《文子》殘卷校證　文史(第五十七輯)　中華書局　2001　p. 140

許建平　北敦 14681 號《尚書》殘卷的抄寫時代及其版本來源:與王熙華先生商榷　《敦煌學輯刊》2002 年第 2 期　p. 36

許建平　BD14681《尚書》殘卷考辨　新世紀敦煌學論集　巴蜀書社　2003　p. 75

許建平　英倫法京所藏敦煌寫本殘片八種之定名並校錄　敦煌學(第 24 輯)　(臺北)樂學書局有限公司　2003　p. 124

朱大星　《文子》敦煌本與竹簡本、今本關係考論　《敦煌研究》2003 年第 2 期　p. 60

李永寧　程亮　王重民敦煌遺書手稿整理　《敦煌研究》2004 年第 5 期　p. 69

朱大星　敦煌本《文子》校補　《敦煌研究》2004 年第 6 期　p. 103

王卡　敦煌道教文獻研究　中國社會科學出版社　2004　p. 24、185

李樹輝　"陰陽・五行・十二獸相配紀年法"非吐蕃所創　《敦煌研究》2006 年第 1 期　p. 74

P. 2811

唐耕耦　陸宏基　敦煌社會經濟文獻真迹釋録(四)　全國圖書館文獻縮微複製中心　1990　p. 331

蕭登福　從敦煌寫卷中看道教星斗崇拜對佛經之影響　第二屆敦煌學國際研討會論文集　(臺北)漢學研究中心　1990　p. 349

郭鋒　敦煌本《侯昌業直諫表》與晚唐懿、僖時期之政局　《蘭州大學學報》1991 年第 3 期　p. 101

菅原信海　占筮書　敦煌漢文文獻(講座敦煌5)　(東京)大東出版社　1992　p. 453

中村裕一　官文書　敦煌漢文文獻(講座敦煌5)　(東京)大東出版社　1992　p. 562

蕭登福　道教星斗符印與佛教密宗　(臺北)新文豐出版公司　1993　p. 67

中村裕一　唐代公文書研究　(東京)汲古書院　1996　p. 56、98

張涌泉　陳祚龍校録敦煌卷子失誤例釋　舊學新知　浙江大學出版社　1999　p. 273

黃正建　敦煌占卜文書與唐五代占卜研究　學苑出版社　2001　p. 52

鄧文寬　劉樂賢　敦煌天文氣象占寫本概述　敦煌吐魯番研究(第九卷)　中華書局　2006　p. 411

P. 2812

羅福頤　敦煌石室文物對於學術上的貢獻　《歷史教學》1951 年第 5 期　又見:中國敦煌學百年文庫・考古卷(四)　甘肅文化出版社　1999　p. 12

張錫厚　關於整理《敦煌賦集》的幾個問題　敦煌語言文學論文集　浙江古籍出版社　1988　p. 225

張廣達　榮新江　關於敦煌出土于闐文獻的年代及其相關問題　紀念陳寅恪先生誕辰百年學術論文集　北京大學出版社　1989　p. 294

周紹良　敦煌文學芻議及其它　(臺北)新文豐出版公司　1992　p. 14

汪泛舟　論敦煌文明的多民族貢獻　《敦煌研究》1995 年第 2 期　p. 186

郝春文　唐後期五代宋初沙州僧尼的宗教收入(三):大眾倉試探　《敦煌學輯刊》1996 年第 2 期　p. 2

榮新江　歸義軍史研究　上海古籍出版社　1996　p. 19

鄭炳林　唐五代敦煌金山國征伐樓蘭史事考　敦煌歸義軍史專題研究　蘭州大學出版社　1997

p. 16

郝春文　唐後期五代宋初敦煌僧尼的社會生活　中國社會科學出版社　1998　p. 325

李正宇　敦煌遺書標點符號　敦煌學大辭典　上海辭書出版社　1998　p. 519

李正宇　于闐宰相畫公德記　敦煌學大辭典　上海辭書出版社　1998　p. 336

榮新江　歸義軍大事紀年初稿　出土文獻研究(第三輯)　文物出版社　1998　p. 245

邵文實　敦煌佛教文學與邊塞文學　《敦煌學輯刊》2001 年第 2 期　p. 26

榮新江　略談于闐對敦煌石窟的貢獻　2000 年敦煌學國際學術討論會文集·歷史文化卷(上)　甘
　　肅民族出版社　2003　p. 77

P. 2813

王重民　讀《十二辰歌》《申報·文史周刊》1947 年第 30 期　又見:敦煌遺書論文集　中華書局
　　1984　p. 156；中國敦煌學百年文庫·文學卷(一)　甘肅文化出版社　1999　p. 456

王重民　說《十二時》《申報·文史》1948 年第 22 期　又見:敦煌遺書論文集　中華書局　1984
　　p. 158；中國敦煌學百年文庫·文學卷(一)　甘肅文化出版社　1999　p. 479

陳祚龍　敦煌寫本《法體十二時》訂正　敦煌學海探珠(上冊)　(臺北)商務印書館　1979　p. 61

川崎ミチコ　修道偈Ⅱ——定格聯章　敦煌仏典と禪(講座敦煌 8)　(東京)大東出版社　1980
　　p. 271

鄭阿財　敦煌孝道文學研究　(臺北)石門圖書公司　1982　p. 532

李正宇　敦煌方音止遇二攝混同及其校勘學意義　《敦煌研究》1986 年第 4 期　p. 51

盧善煥　《敦煌曲校錄》略校　《敦煌學輯刊》1986 年第 2 期　p. 97

任半塘　敦煌歌辭總編　上海古籍出版社　1987　p. 1388

劉進寶　俚曲小調　敦煌文學　甘肅人民出版社　1989　p. 222

任半塘　王昆吾　隋唐五代燕樂雜言歌辭集　巴蜀書社　1990　p. 491

高田時雄　チベット文字書寫「長卷」の研究(本文編)　『東方學報』(第 65 號)　京都大學人文科
　　學研究所　1993　p. 371

孫其芳　顏廷亮　敦煌文學概論　甘肅人民出版社　1993　p. 446

鄭阿財　敦煌文獻與文學　(臺北)新文豐出版公司　1993　p. 121、135

鄭炳林　敦煌碑銘讚及其有關問題　敦煌碑銘讚輯釋　甘肅教育出版社　1997　p. 1

柴劍虹　法體十二時　敦煌學大辭典　上海辭書出版社　1998　p. 538

柴劍虹　十根歌　敦煌學大辭典　上海辭書出版社　1998　p. 552

唐耕耦　入破曆算會牒　敦煌學大辭典　上海辭書出版社　1998　p. 647

林仁昱　論敦煌佛教歌曲向通俗傳播的內容　中國俗文化研究(第一輯)　巴蜀書社　2003　p. 196

P. 2814

陳祚龍　瓜沙印錄　(臺北)《大陸雜誌》1962 年第 4 期　又見:敦煌學概要　(臺北)編譯館"中華叢
　　書編委會"　1981　p. 269；中國敦煌學百年文庫·考古卷(一)　甘肅文化出版社　1999
　　p. 192

陳祚龍　古代敦煌及其他地區流行之公私印章圖記文字錄　敦煌學要籥　(臺北)新文豐出版公司
　　1982　p. 345

黃盛璋　《鋼和泰藏卷》與西北史地研究　《新疆社會科學》1984 年第 2 期　又見:中國敦煌學百年
　　文庫·民族卷(二)　甘肅文化出版社　1999　p. 240

饒宗頤　敦煌書法叢刊第十五卷·牒狀(二)　(東京)二玄社　1985　p. 27、85

黃盛璋　于闐文《使河西記》的歷史地理研究　《敦煌學輯刊》1986 年第 2 期　p. 11

盧向前　關於歸義軍時期一份布紙破用曆的研究:試釋伯四六四〇背面文書　敦煌吐魯番文獻研究論集(第三輯)　北京大學出版社　1986　p. 410 注 15、412 注 31、424 注 113　又見:敦煌吐魯番文書論稿　江西人民出版社　1992　p. 116 注 15、131 注 113

黃盛璋　敦煌本曹氏二州六鎮與八鎮考　1983 年全國敦煌學術討論會文集·文史遺書編(上)　甘肅人民出版社　1987　p. 272

譚蟬雪　敦煌歲時掇瑣:正月　《敦煌研究》1990 年第 1 期　p. 44　又見:(香港)《九州學刊》(敦煌學專輯)1993 年第 5 卷第 4 期　p. 84

唐耕耦　陸宏基　敦煌社會經濟文獻真迹釋録(二、四)　全國圖書館文獻縮微複製中心　1990　p. 451;493

李并成　漢敦煌郡廣至縣城及其有關問題考　《敦煌研究》1991 年第 4 期　p. 85

林聰明　敦煌文書學　(臺北)新文豐出版公司　1991　p. 248

姜伯勤　敦煌社會文書導論　(臺北)新文豐出版公司　1992　p. 134

高國藩　敦煌民俗資料導論　(臺北)新文豐出版公司　1993　p. 171

王震亞　趙熒　敦煌殘卷爭訟文牒集釋　甘肅人民出版社　1993　p. 220、240

王三慶　敦煌書儀載録之節日活動與民俗　全國敦煌學研討會論文集　(臺北)中正大學中國文學系所　1995　p. 26 注 43

榮新江　歸義軍史研究　上海古籍出版社　1996　p. 18

鄭炳林　唐五代敦煌粟特人與歸義軍政權　《敦煌研究》1996 年第 4 期　p. 90　又見:敦煌歸義軍史專題研究　蘭州大學出版社　1997　p. 421

中村裕一　唐代公文書研究　(東京)汲古書院　1996　p. 104

馮培紅　晚唐五代宋初歸義軍武職軍將研究　敦煌歸義軍史專題研究　蘭州大學出版社　1997　p. 128、163

雷紹鋒　唐末宋初歸義軍時期之"地子"、"地稅"淺論　魏晉南北朝隋唐史資料(第 15 輯)　武漢大學出版社　1997　p. 137

鄭炳林　敦煌碑銘讚輯釋　甘肅教育出版社　1997　p. 385 注 12

鄭炳林　唐五代敦煌的粟特人與佛教　敦煌歸義軍史專題研究　蘭州大學出版社　1997　p. 456

鄭炳林　唐五代敦煌畜牧區域研究　敦煌歸義軍史專題研究　蘭州大學出版社　1997　p. 214

鄭炳林　馮培紅　晚唐五代宋初歸義軍政權中都頭一職考辨　敦煌歸義軍史專題研究　蘭州大學出版社　1997　p. 79

張鴻勳　敦煌寫本《清明日登張女郎神》詩釋證　敦煌吐魯番研究(第二卷)　北京大學出版社　1997　p. 65

陳國燦　懸泉鎮　敦煌學大辭典　上海辭書出版社　1998　p. 397

李正宇　敦煌遺書標點符號　敦煌學大辭典　上海辭書出版社　1998　p. 519

李正宇　再繪古迹聖廟神堂記　敦煌學大辭典　上海辭書出版社　1998　p. 334

榮新江　歸義軍大事紀年初稿　出土文獻研究(第三輯)　文物出版社　1998　p. 244

譚蟬雪　敦煌歲時文化導論　(臺北)新文豐出版公司　1998　p. 1、186

唐耕耦　天使　敦煌學大辭典　上海辭書出版社　1998　p. 385

唐耕耦　捉道人　敦煌學大辭典　上海辭書出版社　1998　p. 409

陳國燦　唐代的經濟社會　(臺北)文津出版社　1999　p. 163

董志翹　敦煌文書詞語瑣記　《敦煌研究》1999 年第 4 期　p. 35

高國藩　敦煌俗文化學　上海三聯書店　1999　p. 43

董志翹　《入唐求法巡禮行記》辭彙研究　中國社會科學出版社　2000　p. 93、223

堀敏一著　張宇譯　中唐以後敦煌地區的稅制　《敦煌研究》2000 年第 3 期　p. 149

鄭炳林　晚唐五代敦煌貿易市場的外來商品輯考　中華文史論叢（總 63 輯）　上海古籍出版社　2000　p. 85

雷紹鋒　歸義軍賦役制度初探　（臺北）洪葉文化事業有限公司　2000　p. 105

李并成　漢唐冥水（籍端水）冥澤及其變遷考　《敦煌研究》2001 年第 2 期　p. 65

曾良　敦煌文獻字義通釋　廈門大學出版社　2001　p. 129

陳國燦　敦煌學史事新證　甘肅教育出版社　2002　p. 291

姜亮夫　敦煌莫高窟年表　姜亮夫全集（十一）　雲南人民出版社　2002　p. 483

董志翹　敦煌社會經濟文書詞語散釋　中國俗文化研究（第一輯）　巴蜀書社　2003　p. 133

劉敬林　敦煌文牒詞語校釋　《敦煌學輯刊》2003 年第 1 期　p. 119

砂岡和子　日本平安古記録文中的“件”　新世紀敦煌學論集　巴蜀書社　2003　p. 460

董志翹　敦煌社會經濟文獻詞語略考　浙江與敦煌學：常書鴻先生誕辰一百周年紀念文集　浙江古籍出版社　2004　p. 498

高啓安　唐五代敦煌飲食文化研究　民族出版社　2004　p. 38、204

余欣　信仰與政治：唐宋敦煌祠廟營建與戰爭動員關係小考　浙江與敦煌學：常書鴻先生誕辰一百周年紀念文集　浙江古籍出版社　2004　p. 260

高啓安　趙紅　敦煌“玉女”考屑　《敦煌研究》2005 年第 2 期　p. 73　又見：敦煌學國際研討會論文集　北京圖書館出版社　2005　p. 231

吳麗娛　關於敦煌 S. 5566 書儀的研究　敦煌學國際研討會論文集　北京圖書館出版社　2005　p. 83

馮培紅　歸義軍鎮制考　敦煌吐魯番研究（第九卷）　中華書局　2006　p. 261、271

陸離　也談敦煌文書中的唐五代“地子”、“地稅”　《歷史研究》2006 年第 4 期　p. 171

鄭炳林　晚唐五代河西地區的居民結構研究　《蘭州大學學報》2006 年第 2 期　p. 16

P. 2815

那波利貞　開元末期以前と天寶初期以後との唐の時世の差異に就きて　唐代社會文化史研究・第一編　（東京）創文社　1974　p. 39

譚蟬雪　祭文　敦煌文學　甘肅人民出版社　1989　p. 123

周紹良　敦煌文學芻議及其它　（臺北）新文豐出版公司　1992　p. 14

高國藩　敦煌民俗資料導論　（臺北）新文豐出版公司　1993　p. 90

李明偉　敦煌文學概論　甘肅人民出版社　1993　p. 486

汪泛舟　敦煌文學概論　甘肅人民出版社　1993　p. 565

王書慶　從敦煌文獻看敦煌佛教文化與中原佛教文化的交流　敦煌佛教文獻研究　敦煌研究院文獻研究所　1995　p. 25

王書慶　敦煌佛學・佛事篇　甘肅民族出版社　1995　p. 70

方廣錩　閻羅王授記勸修七齋功德經　敦煌學大辭典　上海辭書出版社　1998　p. 739

謝桃坊　敦煌文化尋繹　四川人民出版社　1999　p. 194

張錫厚　敦煌文學源流　作家出版社　2000　p. 149

P. 2816

林其錟　陳鳳金輯校　敦煌遺書劉子殘卷集録　上海書店　1988　p. 5

鄭阿財　敦煌蒙書析論　第二屆敦煌學國際研討會論文集　（臺北）漢學研究中心　1990　p. 221

王三慶著　池田溫譯　類書　敦煌漢文文獻（講座敦煌5）　（東京）大東出版社　1992　p. 387

鄭阿財　敦煌文獻與文學　（臺北）新文豐出版公司　1993　p. 252

朱鳳玉　從傳統語文教育論敦煌本《雜抄》　全國敦煌學研討會論文集　（臺北）中正大學中國文學
　　系所　1995　p. 203

王書慶　敦煌文獻中的《齋琬文》《敦煌研究》1997 年第 1 期　p. 141

鄭阿財　敦煌道教孝道文獻研究之一　《杭州大學學報》1998 年第 1 期　又見：中國敦煌學百年文
　　庫·宗教卷（三）　甘肅文化出版社　1999　p. 354

金岡照光　敦煌文獻と中國文學　（東京）五曜書房　2000　p. 517

鄭阿財　朱鳳玉　敦煌蒙書研究　甘肅教育出版社　2002　p. 167

鄭阿財　北京故宮藏敦煌本《慈善孝子報恩成道經》考　敦煌學（第 25 輯）　（臺北）樂學書局有限公
　　司　2004　p. 546

鄭阿財　敦煌本慈善孝子報恩成道經考論　敦煌學國際研討會論文集　北京圖書館出版社　2005
　　p. 136

P. 2817

土肥義和　莫高窟千佛洞と大寺と蘭若と　敦煌の社會（講座敦煌3）　（東京）大東出版社　1980
　　p. 364

陳國燦　對未刊敦煌借契的考察　魏晉南北朝隋唐史資料（第 5 輯）　武漢大學出版社　1983
　　p. 26

唐耕耦　陸宏基　敦煌社會經濟文獻真迹釋錄（一）　書目文獻出版社　1986　p. 325

山本達郎等　敦煌·III 轉貼　『NUN‐HUANG AND TURFAN DOCUMENTS CONCERNING SOCIAL
　　AND ECONOMIC HISTORY』（IV）　（東京）東洋文庫　1989　p. 35

榮新江　沙州歸義軍歷任節度使稱號研究　敦煌吐魯番學研究論文集　漢語大詞典出版社　1990
　　p. 775

唐耕耦　陸宏基　敦煌社會經濟文獻真迹釋錄（二）　全國圖書館文獻縮微複製中心　1990　p. 113

姜伯勤　敦煌社會文書導論　（臺北）新文豐出版公司　1992　p. 242

郝春文　《上海博物館藏敦煌吐魯番文獻》讀後　《敦煌學輯刊》1994 年第 2 期　p. 122

曲金良　敦煌佛教文學研究　（臺北）文津出版社　1995　p. 96

石田勇作　敦煌「社文書」研究序說　中國古代の國家と民衆（堀敏一先生古稀記念）　（東京）汲古
　　書院　1995　p. 684

張傳璽　中國歷代契約會編考釋（上）　北京大學出版社　1995　p. 379 注 1

李正宇　敦煌史地新論　（臺北）新文豐出版公司　1996　p. 97

寧可　郝春文　敦煌社邑文書輯校　江蘇古籍出版社　1997　p. 130

沙知　敦煌契約文書輯校　江蘇古籍出版社　1998　p. 180

孟憲實　敦煌社邑的分佈　敦煌文獻論集：紀念藏經洞發現一百周年國際學術研討會論文集　遼寧
　　人民出版社　2001　p. 431

曾良　敦煌文獻字義通釋　廈門大學出版社　2001　p. 82

湛如　敦煌佛教律儀制度研究　中華書局　2003　p. 65

曾良　敦煌文獻字義劄記　2000 年敦煌學國際學術討論會文集·歷史文化卷（下）　甘肅民族出版
　　社　2003　p. 472

P. 2818

姜亮夫　敦煌所見道教佚經考　敦煌學論文集　上海古籍出版社　1987　p. 314

陶秋英輯錄　姜亮夫校訂　敦煌所見道教佚經錄　敦煌碎金　浙江古籍出版社　1992　p. 319

劉進寶　敦煌學論述　（臺北）洪葉文化事業有限公司　1995　p. 278

王卡　老子說罪福大報應經　敦煌學大辭典　上海辭書出版社　1998　p. 760

王卡　敦煌道教文獻研究　中國社會科學出版社　2004　p. 190

P. 2819

那波利貞　千佛岩莫高窟と敦煌文書　西域文化研究（第二）・敦煌吐魯番社會經濟資料（上）　（京都）法藏館　1959　p. 67

陳祚龍　李唐開、天之間例行公文的程式與規格　敦煌學海探珠（下冊）　（臺北）商務印書館　1979　p. 235

陳祚龍　“元正賦”的敦煌古抄　敦煌學海探珠（上冊）　（臺北）商務印書館　1979　p. 25

王重民　敦煌古籍叙錄　中華書局　1979　p. 284

萬曼　唐集叙錄　中華書局　1980　p. 4

王重民　巴黎敦煌殘卷叙錄（第一輯）　敦煌叢刊初集（九）　（臺北）新文豐出版公司　1985　p. 182

盧向前　牒式及其處理程式的探討：唐公式文研究　敦煌吐魯番文獻研究論集（第三輯）　北京大學出版社　1986　p. 338

王重民原編　黃永武新編　敦煌古籍叙錄新編（第十五冊）　（臺北）新文豐出版公司　1986　p. 69

張錫厚　略論敦煌賦集及其選錄標準　《敦煌學輯刊》1986 年第 1 期　p. 18

樓勁　伯 2819 號殘卷所載公式令對於研究唐代法政制的價值　《敦煌學輯刊》1987 年第 2 期　p. 79

張錫厚　敦煌寫本《王績集》殘卷考釋　1983 年全國敦煌學術討論會文集・文史遺書編（下）　甘肅人民出版社　1987　p. 58

張錫厚　關於《敦煌賦集》整理的幾個問題　《敦煌學輯刊》1987 年第 1 期　p. 45　又見：敦煌語言文學論文集　浙江古籍出版社　1988　p. 225

李明偉　狀・牒・帖　敦煌文學　甘肅人民出版社　1989　p. 41

劉俊文　敦煌吐魯番唐代法制文書考釋　中華書局　1989　p. 221

張錫厚　賦　敦煌文學　甘肅人民出版社　1989　p. 134

唐耕耦　陸宏基　敦煌社會經濟文獻真迹釋錄（二）　全國圖書館文獻縮微複製中心　1990　p. 556

中村裕一　敦煌発見唐公式令殘卷の製作年次について　東アジア古文書の史的研究　（東京）刀水書房　1990　p. 346

李錦繡　唐“王言之制”初探：讀唐六禮劄記之一　季羨林教授八十華誕紀念論文集（上）　江西人民出版社　1991　p. 273

林聰明　敦煌文書學　（臺北）新文豐出版公司　1991　p. 442 注 1

吳麗娛　唐高宗永隆元年文書中“簽符”、“樣人”問題再探　《敦煌學輯刊》1991 年第 1 期　p. 47

中村裕一　唐代官文書研究　（京都）中文出版社　1991　p. 7、10、103、179、426

中村裕一　唐代制勅研究　（東京）汲古書院　1991　p. 19、494

姜伯勤　敦煌社會文書導論　（臺北）新文豐出版公司　1992　p. 123

李錦繡　典在唐前期財務行政中的作用　學人（第三輯）　江蘇文藝出版社　1992　p. 342

林家平　寧強　羅華慶　中國敦煌學史　北京語言學院出版社　1992　p. 659

吳震　吐魯番出土法制文書概述　《西域研究》1992 年第 3 期　p. 70

中村裕一　官文書　敦煌漢文文獻（講座敦煌 5）　（東京）大東出版社　1992　p. 542

高國藩　敦煌民俗資料導論　（臺北）新文豐出版公司　1993　p. 173

榮新江　關於唐宋時期中原文化對于闐影響的幾個問題　國學研究（第一卷）　北京大學出版社　1993　p. 418 注 31、注 35

王永興　吐魯番出土唐西州某縣事目文書研究　國學研究（第一卷）　北京大學出版社　1993　p. 365

張錫厚　敦煌文學概論　甘肅人民出版社　1993　p. 393

伏俊璉　敦煌賦校注　甘肅人民出版社　1994　p. 1、6

郭鋒　試論唐代的太子監國制度　文史（第四十輯）　中華書局　1994　p. 114 注 35

胡戟　傅玫　敦煌史話　中華書局　1995　p. 180

李錦繡　唐代財政史稿·上卷（第一分冊）　北京大學出版社　1995　p. 49、68 注 1、353

劉進寶　敦煌學論述　（臺北）洪葉文化事業有限公司　1995　p. 260

張錫厚　敦煌本唐集研究　（臺北）新文豐出版公司　1995　p. 1、410

張錫厚　王績研究　（臺北）新文豐出版公司　1995　p. 165、197、253

劉後濱　評《唐代中央政權決策研究》　唐研究（第二卷）　北京大學出版社　1996　p. 535

張國剛　隋唐五代史研究概要　天津教育出版社　1996　p. 126

張錫厚　敦煌賦彙　（臺北）新文豐出版公司　1996　p. 3

張錫厚　評《敦煌賦校注》　敦煌吐魯番研究（第一卷）　北京大學出版社　1996　p. 421

中村裕一　唐代公文書研究　（東京）汲古書院　1996　p. 12、359

黃征　張涌泉　敦煌變文校注　中華書局　1997　p. 108

李錦繡　唐代制度史略論稿　中國政法大學出版社　1998　p. 63

沙知　涼州都督府之印　敦煌學大辭典　上海辭書出版社　1998　p. 290

唐耕耦　開元公式令　敦煌學大辭典　上海辭書出版社　1998　p. 378

唐耕耦　制授告身式　敦煌學大辭典　上海辭書出版社　1998　p. 381

張錫厚　王績集　敦煌學大辭典　上海辭書出版社　1998　p. 561

高國藩　敦煌俗文化學　上海三聯書店　1999　p. 32

黃征　程惠新　劫塵遺珠：敦煌遺書　甘肅教育出版社　1999　p. 210

榮新江　唐代西州的道教　敦煌吐魯番研究（第四卷）　北京大學出版社　1999　p. 139

中村裕一　唐代の勅符　東アジア史における國家と地域　（東京）刀水書房　1999　p. 95

陳永勝　敦煌法制文書研究回顧與展望　《敦煌研究》2000 年第 2 期　p. 101

陳永勝　敦煌吐魯番法制文書研究　甘肅人民出版社　2000　p. 8

伏俊璉　俗情雅韻：敦煌賦選析　甘肅人民出版社　2000　p. 20

劉進寶　敦煌文書與唐史研究　（臺北）新文豐出版公司　2000　p. 2

張弓　英國收藏敦煌文獻叙錄　英國收藏敦煌漢藏文獻研究　中國社會科學出版社　2000　p. 131

張錫厚　敦煌文學源流　作家出版社　2000　p. 198、206、218

陳國燦　莫高窟北區第 47 窟新出唐告身文書研究　《敦煌研究》2001 年第 3 期　p. 84

杜曉勤　隋唐五代文學研究　北京出版社　2001　p. 1249

榮新江　敦煌學十八講　北京大學出版社　2001　p. 199、262、275

周一良　說宛　魏晉南北朝史論集續編　北京大學出版社　2001　p. 297

陳國燦　敦煌學史事新證　甘肅教育出版社　2002　p. 218

池田溫　敦煌遺文　敦煌文書の世界　（東京）名著刊行會　2003　p. 31

雷聞　隋與唐前期的尚書省　盛唐政治制度研究　上海辭書出版社　2003　p. 68、87

劉安志　敦煌吐魯番文書所見唐代"都司"考　《吐魯番學研究》2003 年第 1 期　p. 17　又見：魏晉

南北朝隋唐史資料(第20輯)　武漢大學出版社　2003　p. 200

史睿　唐代外官考課的法律程式　文津學志(第一輯)　北京圖書館出版社　2003　p. 126

葉煒　隋與唐前期的門下省　盛唐政治制度研究　上海辭書出版社　2003　p. 133

劉後濱　唐代中書門下體制研究　齊魯書社　2004　p. 103、344

王冀青　斯坦因與日本敦煌學　甘肅教育出版社　2004　p. 306

朱鳳玉　王重民先生與敦煌文學研究　敦煌學國際研討會論文集　北京圖書館出版社　2005　p. 9

P. 2820

王三慶　談齋論文——敦煌寫卷齋願文研究　第四屆唐代文化學術研討會論文集　(臺南)成功大
　　學　1991　p. 283

沃興華　敦煌書法藝術　上海人民出版社　1994　p. 137、173

王書慶　敦煌佛學·佛事篇　甘肅民族出版社　1995　p. 5

段小強　敦煌文書所反映的古代喪禮　《敦煌學輯刊》1996年第2期　p. 43

黃征　敦煌願文考論　敦煌語文叢說　(臺北)新文豐出版公司　1997　p. 590

寧可　郝春文　敦煌社邑文書輯校　江蘇古籍出版社　1997　p. 576、608

宋家鈺　佛教齋文源流與敦煌本"齋文"書的復原　《中國史研究》1999年第2期　p. 71　又見:英
　　國收藏敦煌漢藏文獻研究　中國社會科學出版社　2000　p. 299、306

山本達郎等　補(IV)社·VI諸種文書　『NUN‒HUANG AND TURFAN DOCUMENTS CONCERNING
　　SOCIAL AND ECONOMIC HISTORY』(Sup. p. lemrnts)　(東京)東洋文庫　2001　p. 96

王三慶　光道大師撰《諸雜齋文》下卷研究　敦煌文獻論集:紀念藏經洞發現一百周年國際學術研討
　　會論文集　遼寧人民出版社　2001　p. 559

湛如　敦煌佛教律儀制度研究　中華書局　2003　p. 367

P. 2821

謝和耐著　耿昇譯　敦煌的塓戶與梁戶　敦煌譯叢(第一輯)　甘肅人民出版社　1985　p. 171 注
　　56

姜伯勤　敦煌寺院文書中"梁戶"的性質　五十年來漢唐佛教寺院經濟研究　北京師範大學出版社
　　1986　p. 127

姜伯勤　唐五代敦煌寺戶制度　中華書局　1987　p. 182

姜亮夫　敦煌經卷壁畫中所見寺觀錄　敦煌學論文集　上海古籍出版社　1987　p. 1080

謝和耐著　耿昇譯　中國5—10世紀的寺院經濟　甘肅人民出版社　1987　p. 188 注5、234 注5
　　又見:上海古籍出版社　2004　p. 153 注11、193 注5

高國藩　敦煌民俗學　上海文藝出版社　1989　p. 61

高國藩　敦煌曲子詞欣賞　南京大學出版社　1989　p. 73

唐耕耦　陸宏基　敦煌社會經濟文獻真迹釋錄(三)　全國圖書館文獻縮微複製中心　1990　p. 345

陶秋英輯錄　姜亮夫校訂　敦煌經卷所見寺名錄　敦煌碎金　浙江古籍出版社　1992　p. 121

高國藩　敦煌民俗資料導論　(臺北)新文豐出版公司　1993　p. 17

唐耕耦　北圖新一四四六號諸色入破曆算會牒殘卷　(香港)《九州學刊》(敦煌學專輯)1993年第5
　　卷第4期　p. 127

王三慶　敦煌書儀載錄之節日活動與民俗　全國敦煌學研討會論文集　(臺北)中正大學中國文學
　　系所　1995　p. 25 注12

黃征　《敦煌碑銘讚輯釋》評介　敦煌語文叢說　(臺北)新文豐出版公司　1997　p. 810

唐耕耦　敦煌寺院會計文書研究　（臺北）新文豐出版公司　1997　p. 42、287

鄭炳林　敦煌碑銘讚輯釋　甘肅教育出版社　1997　p. 143 注 2

唐耕耦　敦煌會計文書　敦煌學大辭典　上海辭書出版社　1998　p. 647

唐耕耦　梁課　敦煌學大辭典　上海辭書出版社　1998　p. 645

曾良　敦煌文獻字義通釋　廈門大學出版社　2001　p. 150

高啓安　唐五代敦煌飲食文化研究　民族出版社　2004　p. 25

P. 2822

松田壽男　小林元　中央アジア史　中央亞細亞史・印度史　（東京）平凡社　1939　p. 26

那波利貞　敦煌發見文書に拠る中晚唐時代の佛教寺院の錢穀布帛類貸付營利事業運營の實況
　　『支那學』（10 卷 3 號）　（京都）支那學社　1941　p. 163

芳村修基　土橋秀高　井ノ口泰淳　敦煌佛教史年表　西域文化研究（第一）・敦煌佛教資料
　　（京都）法藏館　1958　p. 265

那波利貞　千佛岩莫高窟と敦煌文書　西域文化研究（第二）・敦煌吐魯番社會經濟資料（上）　（京
　　都）法藏館　1959　p. 32

陳祚龍　瓜沙印録　（臺北）《大陸雜誌》1962 年第 4 期　又見：敦煌學概要　（臺北）編譯館“中華叢
　　書編委會”　1981　p. 268 ；中國敦煌學百年文庫・考古卷（一）　甘肅文化出版社　1999
　　p. 189

土肥義和　唐令よりみたる現存唐代戶籍の基礎的研究（上）　『東洋學報』（52 卷 1 號）　（東京）東
　　洋學術協會　1969　p. 93

池田溫　中國古代籍帳研究：概観・録文　東京大學東洋文化研究所　1979　p. 170

佐藤武敏　敦煌の水利　敦煌の社會（講座敦煌 3）　（東京）大東出版社　1980　p. 277

陳祚龍　古代敦煌及其他地區流行之公私印章圖記文字録　敦煌學要籥　（臺北）新文豐出版公司
　　1982　p. 339

楊際平　鄭學檬　從唐代敦煌戶籍資料看均田制下私田的存在　《廈門大學學報》1982 年第 4 期
　　p. 38

蘇瑩輝　瓜沙史事系年　敦煌論集　（臺北）學生書局　1983　p. 273

劉復　敦煌掇瑣　敦煌叢刊初集（十五）　（臺北）新文豐出版公司　1985　p. 241

山本達郎　敦煌發見の唐代籍帳にみえる已受田の增減　『東方學』（第 70 輯）　（東京）東方學會
　　1985　p. 2

寧欣　唐代敦煌地區農業水利問題初探　敦煌吐魯番文獻研究論集（第三輯）　北京大學出版社
　　1986　p. 501 注 13、527

唐耕耦　陸宏基　敦煌社會經濟文獻真迹釋録（一）　書目文獻出版社　1986　p. 135

李正宇　唐宋時代敦煌縣河渠泉澤簡志（一）　《敦煌研究》1988 年第 4 期　p. 93

陳國燦　武周時期的勘田檢籍活動　敦煌吐魯番文書初探（二編）　武漢大學出版社　1990　p. 386

土肥義和　唐代敦煌均田制の田土給授文書について　東アジア古文書の史的研究　（東京）刀水
　　書房　1990　p. 289、320

林聰明　敦煌文書學　（臺北）新文豐出版公司　1991　p. 398

楊際平　均田制新探　廈門大學出版社　1991　p. 190

鈴木俊　山本達郎　唐代的均田制度與敦煌戶籍　唐代均田制研究選譯　甘肅教育出版社　1992
　　p. 42

王永興　關於唐代均田制中給田問題的探討——讀大谷欠田、退田、給田文書劄記　陳門問學叢稿

　　江西人民出版社　1993　p. 238

王永興　敦煌經濟文書導論　（臺北）新文豐出版公司　1994　p. 4

王永興　敦煌吐魯番出土唐官府文書縫背縫表記事押署鈐印問題初探　文史（第四十輯）　中華書局　1994　p. 90

Л. N. チュグイェフスキ－著　荒川正晴譯注　ソ連邦科學アカデミー東洋學研究所所藏、敦煌寫本における官印と寺印　『吐魯番出土文物研究會會報』（98、99號）　（東京）吐魯番出土文物研究會　1994　p. 3

李并成　唐代瓜沙二州間驛站考　敦煌學國際研討會文集・史地語文編　遼寧美術出版社　1995　p. 203

劉進寶　敦煌學論述　（臺北）洪葉文化事業有限公司　1995　p. 263

李并成　北魏瓜州敦煌郡鳴沙、平康、東鄉三縣城址考　敦煌吐魯番學研究論集　書目文獻出版社　1996　p. 284

李并成　李春元　瓜沙史地研究　甘肅文化出版社　1996　p. 67、133

李正宇　敦煌史地新論　（臺北）新文豐出版公司　1996　p. 111

李正宇　敦煌歷史地理導論　（臺北）新文豐出版公司　1997　p. 271、325

鄭炳林　晚唐五代敦煌園囿經濟研究　敦煌歸義軍史專題研究　蘭州大學出版社　1997　p. 309

沙知　敦煌縣之印　敦煌學大辭典　上海辭書出版社　1998　p. 292

沙知　沙州之印　敦煌學大辭典　上海辭書出版社　1998　p. 292

陳國燦　唐代的經濟社會　（臺北）文津出版社　1999　p. 13

池田溫　八世紀中葉敦煌的粟特人聚落　唐研究論文選集　中國社會科學出版社　1999　p. 61注71

丘古耶夫斯基著　魏迎春譯　俄藏敦煌漢文寫卷中的官印及寺院印章　《敦煌學輯刊》1999年第1期　p. 143

周維平　從敦煌遺書看敦煌道教　《西北民族研究》1999年第2期　p. 129注1

劉進寶　敦煌文書與唐史研究　（臺北）新文豐出版公司　2000　p. 5

丘古耶夫斯基　敦煌漢文文書　上海古籍出版社　2000　p. 62

陳國燦　敦煌學史事新證　甘肅教育出版社　2002　p. 111

姜亮夫　敦煌莫高窟年表　姜亮夫全集（十一）　雲南人民出版社　2002　p. 291

盛會蓮　唐五代百姓房舍的分配及相關問題之試析　《敦煌研究》2002年第6期 p. 29

楊際平　北朝隋唐均田制新探　岳麓書社　2003　p. 183

劉安志　關於唐代沙州陞爲都督府的時間問題　《敦煌學輯刊》2004年第2期　p. 63

鄭炳林　晚唐五代敦煌地區的胡姓居民與聚落　法國漢學（第10輯）（粟特人在中國：歷史、考古、語言的新探索）　中華書局　2005　p. 180

P. 2823

唐文播　巴黎所藏敦煌老子寫卷校記　《中國文化研究彙刊》1930年第5卷　又見：中國敦煌學百年文庫・文獻卷（一）　甘肅文化出版社　1999　p. 90

寺岡龍含　敦煌本郭象注莊子南華真經研究總論　福井漢文學會　1966　p. 279

王重民　敦煌古籍叙録　中華書局　1979　p. 246

蘇瑩輝　敦煌學概要　（臺北）編譯館"中華叢書編委會"　1981　p. 53

鄭良樹　敦煌老子寫本考異　（臺北）《大陸雜誌》1981年第2期　又見：中國敦煌學百年文庫・宗教卷（三）　甘肅文化出版社　1999　p. 66

今枝二郎　敦煌本玄宗皇帝注『老子』の資料的意義　敦煌と中國道教(講座敦煌4)　(東京)大東
　　出版社　1983　p. 66

蘇瑩輝　中外敦煌古寫本纂要　敦煌論集　(臺北)學生書局　1983　p. 328

龍晦　論敦煌道教文學　《世界宗教研究》1985年第3期　又見:中國敦煌學百年文庫·宗教卷
　　(三)　甘肅文化出版社　1999　p. 368

饒宗頤解説　林宏作譯　敦煌書法叢刊(第二七卷)·道書(一)　(東京)二玄社　1985　p. 73

王重民　巴黎敦煌殘卷叙録(第二輯)　敦煌叢刊初集(九)　(臺北)新文豐出版公司　1985　p. 275

王重民原編　黄永武新編　敦煌古籍叙録新編(第十三冊)　(臺北)新文豐出版公司　1986　p. 58

姜亮夫　巴黎所藏敦煌寫本道德經殘卷綜合研究　敦煌學論文集　上海古籍出版社　1987　p. 247、
　　263注、275、279　又見:姜亮夫全集(十三)　雲南人民出版社　2002　p. 213

姜亮夫　敦煌經卷在中國文化學術上的價值　敦煌學論文集　上海古籍出版社　1987　p. 8

李斌城　敦煌寫本唐玄宗《道德經》注疏殘卷研究　《世界宗教研究》1987年第1期　p. 57

藤原高男　唐玄宗御製道德真經注疏校本(壹)　『德島文理大學研究紀要』(39號)　德島文理大學
　　1990　p. 11

姜伯勤　敦煌社會文書導論　(臺北)新文豐出版公司　1992　p. 96

朱越利　道經總論　遼寧教育出版社　1992　p. 283

顧吉辰　唐代敦煌文獻寫本書手考述　《敦煌學輯刊》1993年第1期　p. 30

胡戟　傅玫　敦煌史話　中華書局　1995　p. 134

張國剛　隋唐五代史研究概要　天津教育出版社　1996　p. 532

張涌泉　敦煌俗字研究導論　(臺北)新文豐出版公司　1996　p. 126、246

白化文　唐玄宗御制道德真經注疏　敦煌學大辭典　上海辭書出版社　1998　p. 777

黄征　程惠新　劫塵遺珠:敦煌遺書　甘肅教育出版社　1999　p. 203

姜亮夫　敦煌:偉大的文化寶藏　雲南人民出版社　1999　p. 88

龍晦　敦煌文獻所見唐玄宗的宗教活動　1994年敦煌學國際研討會文集·宗教文史卷(上)　甘肅
　　民族出版社　2000　p. 24

林聰明　敦煌吐魯番文書解詁指例　(臺北)新文豐出版公司　2001　p. 223

姜亮夫　敦煌莫高窟年表　姜亮夫全集(十一)　雲南人民出版社　2002　p. 313

王卡　敦煌道教文獻研究　中國社會科學出版社　2004　p. 176

P. 2824

胡同慶　敦煌晚期壁畫中的天國圖像　《敦煌研究》1996年第2期　p. 26

胡同慶　P. 2824《三界九地之圖》內容考證　《敦煌研究》1996年第4期　p. 48

劉永連　1996—1997年大陸地區唐代學術研究概況:敦煌學　"中國唐代學會"會刊(第八期)　(臺
　　北)"中國唐代學會"　1997　p. 118

鄭炳林　敦煌碑銘讚輯釋　甘肅教育出版社　1997　p. 26注21

張總　地藏信仰研究　宗教文化出版社　2003　p. 95、236

胡同慶　安忠義　佛教藝術　敦煌文藝出版社　2004　p. 172

P. 2825

池田溫　敦煌の流通経済　敦煌の社會(講座敦煌3)　(東京)大東出版社　1980　p. 339　又見:敦
　　煌文書の世界　(東京)名著刊行會　2003　p. 175

高國藩　敦煌寫本《太公家教》初探　《敦煌學輯刊》1984年第1期　p. 64

冷鵬飛　唐末沙州歸義軍時期有關百姓受田和賦稅的幾個問題　《敦煌學輯刊》1984 年第 1 期　p. 31

王重民　跋太公家教　敦煌遺書論文集　中華書局　1984　p. 136

戴密微著　耿昇譯　列寧格勒所藏敦煌漢文寫本簡介　敦煌譯叢（第一輯）　甘肅人民出版社　1985　p. 116 注 3

戴密微著　廖伯元譯　戴密微著《王梵志詩附太公家教》引言　敦煌學（第 9 輯）　（臺北）新文豐出版公司　1985　p. 115

雷僑雲　敦煌兒童文學　（臺北）學生書局　1985　p. 81 注 2

高明士　唐代敦煌的教育　漢學研究（敦煌學國際研討會論文專號）　（臺北）漢學研究資料及服務中心　1986　p. 251

李正宇　唐宋時代的敦煌學校　《敦煌研究》1986 年第 1 期　p. 44

汪泛舟　《太公家教》考　《敦煌研究》1986 年第 1 期　p. 48

周鳳五　敦煌寫本太公家教研究　（臺北）明文書局　1986　p. 155

朱鳳玉　太公家教研究　漢學研究（敦煌學國際研討會論文專號）　（臺北）漢學研究資料及服務中心　1986　p. 393

李正宇　敦煌學郎題記輯注　《敦煌學輯刊》1987 年第 1 期　p. 27

汪泛舟　《太公家教》別考　敦煌語言文學研究　北京大學出版社　1988　p. 244

高國藩　敦煌民俗學　上海文藝出版社　1989　p. 112

山本達郎等　敦煌・III 轉貼　『NUN – HUANG AND TURFAN DOCUMENTS CONCERNING SOCIAL AND ECONOMIC HISTORY』(IV)　（東京）東洋文庫　1989　p. 23

唐耕耦　8 至 10 世紀敦煌的物價　紀念陳寅恪教授國際學術討論會文集　中山大學出版社　1989　p. 550

鄭阿財　敦煌寫卷新集文詞九經抄研究　（臺北）文史哲出版社　1989　p. 42、128 注 1

池田溫　中國古代寫本識語集錄　（東京）大藏出版株式會社　1990　p. 353

榮新江　沙州歸義軍歷任節度使稱號研究　敦煌吐魯番學研究論文集　漢語大詞典出版社　1990　p. 786

唐耕耦　陸宏基　敦煌社會經濟文獻真迹釋錄（二）　全國圖書館文獻縮微複製中心　1990　p. 36、291

鄭阿財　敦煌蒙書析論　第二屆敦煌學國際研討會論文集　（臺北）漢學研究中心　1990　p. 226

林聰明　敦煌文書學　（臺北）新文豐出版公司　1991　p. 166、222

東野治之　敦煌と日本の『千字文』　遣唐使と正倉院　（東京）岩波書店　1992　p. 240

東野治之　訓蒙書　敦煌漢文文獻（講座敦煌 5）　（東京）大東出版社　1992　p. 404

姜伯勤　敦煌社會文書導論　（臺北）新文豐出版公司　1992　p. 98

郝春文　敦煌寫本社邑文書年代彙考（二）　《首都師範大學學報》1993 年第 5 期　p. 80

王震亞　趙熒　敦煌殘卷爭訟文牒集釋　甘肅人民出版社　1993　p. 20

謝和耐　敦煌寫本中的租駱駝旅行契　法國學者敦煌學論文選萃　中華書局　1993　p. 97

鄭阿財　敦煌文獻與文學　（臺北）新文豐出版公司　1993　p. 260

鄭阿財　學日益齋敦煌學劄記　周一良先生八十生日紀念論文集　中國社會科學出版社　1993　p. 193

周丕顯　敦煌"童蒙"、"家訓"寫本之考察　《敦煌學輯刊》1993 年第 1 期　p. 22

林聰明　談敦煌文書的抄寫問題　紀念陳寅恪先生百年誕辰學術論文集　江西教育出版社　1994　p. 288、295

榮新江　歸義軍改元考　文史(第三十八輯)　中華書局　1994　p. 46

劉惠琴　從敦煌文書中看沙州紡織業　《敦煌學輯刊》1995 年第 2 期　p. 51

石田勇作　敦煌「社文書」研究序說　中國古代の國家と民眾(堀敏一先生古稀記念)　(東京)汲古書院　1995　p. 684

周一良　趙和平　晚唐五代時的三種吉凶書儀寫卷研究　唐五代書儀研究　中國社會科學出版社　1995　p. 220

李正宇　敦煌史地新論　(臺北)新文豐出版公司　1996　p. 188

榮新江　歸義軍史研究　上海古籍出版社　1996　p. 12

黃征　張涌泉　敦煌變文校注　中華書局　1997　p. 237

李正宇　敦煌歷史地理導論　(臺北)新文豐出版公司　1997　p. 269

寧可　郝春文　敦煌社邑文書輯校　江蘇古籍出版社　1997　p. 271

沙知　殷次零拾　周紹良先生欣開九秩慶壽文集　中華書局　1997　p. 146

唐耕耦　敦煌寺院會計文書研究　(臺北)新文豐出版公司　1997　p. 454

顏廷亮　關於《晏子賦》寫本的抄寫年代問題　《敦煌研究》1997 年第 2 期　p. 136

鄭炳林　敦煌碑銘讚輯釋　甘肅教育出版社　1997　p. 49 注 48

鄭炳林　晚唐五代敦煌貿易市場的物價　敦煌歸義軍史專題研究　蘭州大學出版社　1997　p. 303

李鼎霞　太公家教　敦煌學大辭典　上海辭書出版社　1998　p. 781

李麗　關於《張淮深墓誌銘》的兩個問題　《敦煌學輯刊》1998 年第 1 期　p. 143

李正宇　學郎　敦煌學大辭典　上海辭書出版社　1998　p. 597

榮新江　歸義軍大事紀年初稿　出土文獻研究(第三輯)　文物出版社　1998　p. 240

沙知　敦煌契約文書輯校　江蘇古籍出版社　1998　p. 303

沙知　雇畜契　敦煌學大辭典　上海辭書出版社　1998　p. 389

馮培紅　客司與歸義軍的外交活動　《敦煌學輯刊》1999 年第 1 期　p. 83

羅宗濤　讀《敦煌所出現的佛教講唱文》　中國敦煌學百年文庫·文學卷(二)　甘肅文化出版社　1999　p. 370、375

梅維恒著　楊繼東　陳引馳譯　唐代變文(上)　(香港)中國佛教文化出版公司　1999　p. 258

蘇金花　唐、五代敦煌地區的商品貨幣形態　《敦煌研究》1999 年第 2 期　p. 97

楊秀清　淺談唐、宋時期敦煌地區的學生生活　《敦煌研究》1999 年第 4 期　p. 144

雷紹鋒　歸義軍賦役制度初探　(臺北)洪葉文化事業有限公司　2000　p. 22、173

汪泛舟　敦煌古代兒童課本　甘肅人民出版社　2000　p. 211、213、218、222

顏廷亮　敦煌文化　光明日報出版社　2000　p. 187、214

楊秀清　華戎交會的都市:敦煌與絲綢之路　甘肅人民出版社　2000　p. 107

李正宇　索勳、張承奉更叠之際史事考　敦煌文獻論集:紀念藏經洞發現一百周年國際學術研討會論文集　遼寧人民出版社　2001　p. 124

林聰明　敦煌吐魯番文書解詁指例　(臺北)新文豐出版公司　2001　p. 37

孟憲實　敦煌社邑的分佈　敦煌文獻論集:紀念藏經洞發現一百周年國際學術研討會論文集　遼寧人民出版社　2001　p. 428

楊森　關於敦煌文獻中的"平章"一詞　敦煌學與中國史研究論集　甘肅人民出版社　2001　p. 231

姜亮夫　敦煌莫高窟年表　姜亮夫全集(十一)　雲南人民出版社　2002　p. 380

鄭阿財　朱鳳玉　敦煌蒙書研究　甘肅教育出版社　2002　p. 358、378

王啓濤　中古及近代法制文書語言研究　巴蜀書社　2003　p. 181

鄭炳林　晚唐五代敦煌村莊聚落輯考　2000 年敦煌學國際學術討論會文集·歷史文化卷(上)　甘

肅民族出版社　2003　p. 133

黑維强　吐魯番出土文書詞語例釋(一)　《敦煌學輯刊》2004 年第 2 期　p. 119

謝和耐著　耿昇譯　中國 5—10 世紀的寺院經濟　上海古籍出版社　2004　p. 367

陸離　吐蕃統治敦煌時期的官府勞役　魏晉南北朝隋唐史資料(第 22 輯)　武漢大學出版社　2005　p. 187

趙跟喜　敦煌唐宋時期的女子教育初探　文史(第七十五輯)　中華書局　2006　p. 93

P. 2826

陳祚龍　瓜沙印録　(臺北)《大陸雜誌》1962 年第 4 期　又見:敦煌學概要　(臺北)編譯館"中華叢書編委會"　1981　p. 401 ; 中國敦煌學百年文庫·考古卷(一)　甘肅文化出版社　1999　p. 189

長澤和俊　敦煌　(東京)築摩書房　1965　p. 198

池田溫　敦煌の流通経済　敦煌の社會(講座敦煌 3)　(東京)大東出版社　1980　p. 337　又見:敦煌文書の世界　(東京)名著刊行會　2003　p. 172

陳祚龍　古代敦煌及其他地區流行之公私印章圖記文字録　敦煌學要籥　(臺北)新文豐出版公司　1982　p. 337

史葦湘　絲綢之路上的敦煌與莫高窟　敦煌研究文集　甘肅人民出版社　1982　p. 91、120 注 133

林天蔚　論索勳紀德碑及其史事之探討　漢學研究(敦煌學國際研討會論文專號)　(臺北)漢學研究資料及服務中心　1986　p. 492

榮新江　歸義軍及其與周邊民族的關係初探　《敦煌學輯刊》1986 年第 2 期　p. 37　又見:中國人文社會科學博士碩士文庫·歷史學卷　浙江教育出版社　1998　p. 669

姜亮夫　敦煌經卷壁畫中所見寺觀録　敦煌學論文集　上海古籍出版社　1987　p. 1082

謝和耐著　耿昇譯　中國 5—10 世紀的寺院經濟　甘肅人民出版社　1987　p. 237 注 4　又見:上海古籍出版社　2004　p. 196 注 3

唐耕耦　陸宏基　敦煌社會經濟文獻真迹釋録(四)　全國圖書館文獻縮微複製中心　1990　p. 365

林聰明　敦煌文書學　(臺北)新文豐出版公司　1991　p. 122、123、395

黃盛璋　關於沙州曹氏和于闐交往的諸藏文文書及相關問題　《敦煌研究》1992 年第 1 期　p. 37

陶秋英輯録　姜亮夫校訂　敦煌經卷所見寺名録　敦煌碎金　浙江古籍出版社　1992　p. 126

陳國燦　《敦煌社會經濟文獻真迹釋録》評介　(香港)《九州學刊》(敦煌學專輯)1993 年第 5 卷第 4 期　p. 121

李明偉　敦煌文學概論　甘肅人民出版社　1993　p. 466

榮新江　關於唐宋時期中原文化對于闐影響的幾個問題　國學研究(第一卷)　北京大學出版社　1993　p. 410

榮新江　于闐王國與瓜沙曹氏　《敦煌研究》1994 年第 2 期　p. 116

沃興華　敦煌書法藝術　上海人民出版社　1994　p. 151

李正宇　俄藏中國西北文物經眼記　《敦煌研究》1996 年第 3 期　p. 41

馬德　敦煌工匠史料　甘肅人民出版社　1997　p. 54

鄭炳林　唐五代敦煌手工業研究　敦煌歸義軍史專題研究　蘭州大學出版社　1997　p. 266

鄭炳林　馮培紅　唐五代歸義軍政權對外關係中的使頭一職　敦煌歸義軍史專題研究　蘭州大學出版社　1997　p. 67

李冬梅　唐五代歸義軍與周邊民族關係綜論　《敦煌學輯刊》1998 年第 2 期　p. 49

李正宇　賜沙州令公玉附書　敦煌學大辭典　上海辭書出版社　1998　p. 463

沙知　大于闐漢天子敕印　敦煌學大辭典　上海辭書出版社　1998　p. 289

張亞萍　唐五代歸義軍政府牧馬業研究　《敦煌學輯刊》1998 年第 2 期　p. 56

雷紹鋒　歸義軍賦役制度初探　（臺北）洪葉文化事業有限公司　2000　p. 150

鄭炳林　晚唐五代敦煌貿易市場的外來商品輯考　中華文史論叢（總 63 輯）　上海古籍出版社
　　2000　p. 70

林聰明　敦煌吐魯番文書解詁指例　（臺北）新文豐出版公司　2001　p. 98

榮新江　敦煌學十八講　北京大學出版社　2001　p. 238

曾良　敦煌文獻字義通釋　廈門大學出版社　2001　p. 6

高啓安　莫高窟第 61 窟"五臺山靈口之店推磨圖"之我見　《敦煌學輯刊》2002 年第 1 期　p. 112

史葦湘　敦煌歷史與莫高窟藝術研究　甘肅教育出版社　2002　p. 96

森安孝夫著　梁曉鵬摘譯　河西歸義軍節度使官印及其編年　《敦煌學輯刊》2003 年第 1 期　p. 142

楊森　五代宋時期于闐皇太子在敦煌的太子莊　《敦煌研究》2003 年第 4 期　p. 42

鄭炳林　晚唐五代敦煌商業貿易市場研究　《敦煌學輯刊》2004 年第 1 期　p. 111

P. 2827

陳祚龍　關於道家"本際經"及其"要略妙義"與"疏"的敦煌古抄　敦煌文物隨筆　（臺北）商務印書
　　館　1979　p. 211

石井昌子　靈寶經類　敦煌と中國道教（講座敦煌 4）　（東京）大東出版社　1983　p. 159

姜亮夫　敦煌所見道教佚經考　敦煌學論文集　上海古籍出版社　1987　p. 310

陶秋英輯錄　姜亮夫校訂　敦煌所見道教佚經錄　敦煌碎金　浙江古籍出版社　1992　p. 314

鄭炳林　敦煌碑銘讚輯釋　甘肅教育出版社　1997　p. 86 注 2

萬毅　敦煌道教文獻《本際經》錄文及解說　道家文化研究（第十三輯）　三聯書店　1998　p. 370

山田俊　唐初道教思想史研究・論述篇　（京都）平樂寺書店　1999　p. 47

山田俊　唐初道教思想史研究・資料篇　（京都）平樂寺書店　1999　p. 16、161

鄭炳林　北京圖書館藏《吳和尚經論目錄》有關問題研究　敦煌學與中國史研究論集　甘肅人民出
　　版社　2001　p. 127

王卡　敦煌道教文獻研究　中國社會科學出版社　2004　p. 194

王卡　中國國家圖書館藏敦煌道教遺書研究報告　敦煌吐魯番研究（第七卷）　北京大學出版社
　　2004　p. 367

P. 2828

陳祚龍　新校重訂敦煌寫本《十空讚》表隱　敦煌資料考屑（上冊）　（臺北）商務印書館　1979
　　p. 126 注 14

石井昌子　靈寶經類　敦煌と中國道教（講座敦煌 4）　（東京）大東出版社　1983　p. 158

汪泛舟　敦煌曲子詞的地位特點和影響　《蘭州學刊》1985 年第 1 期　p. 74

汪泛舟　敦煌曲子詞方音習語及其他　《敦煌研究》1987 年第 4 期　p. 60

朱越利　道經總論　遼寧教育出版社　1992　p. 274

王卡　神人所說三千威議觀行徑　敦煌學大辭典　上海辭書出版社　1998　p. 763

姜亮夫　敦煌莫高窟年表　姜亮夫全集（十一）　雲南人民出版社　2002　p. 456

王卡　敦煌道教文獻研究　中國社會科學出版社　2004　p. 139

P. 2829

耿昇　八十年代的法國敦煌學論著簡介　《敦煌研究》1986 年第 3 期　p. 79

劉文英　夢的迷信與夢的探索　中國社會科學出版社　1989　p. 121

高國藩　敦煌古俗與民俗流變　河海大學出版社　1990　p. 28、249

菅原信海　占筮書　敦煌漢文文獻（講座敦煌 5）　（東京）大東出版社　1992　p. 450

戴仁　敦煌寫本中的解夢書　法國學者敦煌學論文選萃　中華書局　1993　p. 313

高國藩　敦煌民俗資料導論　（臺北）新文豐出版公司　1993　p. 323

侯錦郎　敦煌寫本中的唐代相書　法國學者敦煌學論文選萃　中華書局　1993　p. 352

鄭炳林　敦煌寫本解夢書概述　《敦煌學輯刊》1995 年第 2 期　p. 12

鄭炳林　羊萍　敦煌本夢書　甘肅文化出版社　1995　p. 28

史睿　評《敦煌本夢書》　敦煌吐魯番研究（第三卷）　北京大學出版社　1998　p. 414

嚴敦傑　解夢書　敦煌學大辭典　上海辭書出版社　1998　p. 620

嚴敦傑　相書　敦煌學大辭典　上海辭書出版社　1998　p. 621

黃正建　敦煌占卜文書與唐五代占卜研究　學苑出版社　2001　p. 59

李斌城　唐代文化　中國社會科學出版社　2002　p. 1612

關長龍　敦煌本夢書雜識　漢語史學報專輯（第三輯）　上海教育出版社　2003　p. 316

鄭炳林　敦煌文獻中的解夢書與相面書　敦煌與絲路文化學術講座（第一輯）　北京圖書館出版社
　　2003　p. 156、165

鄭炳林　王晶波　敦煌寫本相書概述　《敦煌學國際聯絡委員會通訊》2003 年第 1 期　p. 46

鄭炳林　王晶波　敦煌寫本相書校錄研究　民族出版社　2004　p. 5、160、217

劉少霞　敦煌出土醫書中有關女性問題初探　《敦煌學輯刊》2005 年第 2 期　p. 174、177

王晶波　王璐　唐代相痣書殘卷 P. 3492v 研究　《敦煌研究》2005 年第 1 期　p. 15

鄭炳林　敦煌寫本解夢書校錄研究　民族出版社　2005　p. 6、10

P. 2830

鄭炳林　伯 2641 號背莫高窟再修功德記撰寫人探微　《敦煌學輯刊》1991 年第 2 期　p. 46

鄭炳林　敦煌碑銘讚輯釋　甘肅教育出版社　1997　p. 518 注 8

黃正建　敦煌祿命類文書述略　中國社會科學院歷史研究所學刊（第一集）　學刊編委會　2001
　　p. 243、251

黃正建　敦煌占卜文書與唐五代占卜研究　學苑出版社　2001　p. 121

P. 2831

姜亮夫　敦煌經卷壁畫中所見寺觀錄　敦煌學論文集　上海古籍出版社　1987　p. 1080

周丕顯　敦煌佛經略考　《敦煌學輯刊》1987 年第 2 期　p. 3

陳祚龍　從敦煌古抄"葉淨能詩"談到淩濛初的"唐明皇好道集奇人"與"武惠妃崇禪門異法"　敦煌
　　學（第 13 輯）　（臺北）新文豐出版公司　1988　p. 4　又見：敦煌文物散論　（臺北）新文豐出版
　　公司　1993　p. 8

嚴敦傑　堪輿書　敦煌學大辭典　上海辭書出版社　1998　p. 625

黃正建　敦煌占卜文書與唐五代占卜研究　學苑出版社　2001　p. 84

金身佳　敦煌寫本葬書中的六甲八卦塚　《敦煌學輯刊》2005 年第 2 期　p. 33

金身佳　敦煌寫本 P. 2831《卜葬書》中的麒麟、鳳凰、章光、玉堂　《敦煌學輯刊》2005 年第 4 期
　　p. 31

P. 2832

小島祐馬　巴黎國立圖書館藏敦煌遺書所見録(七)　『支那學』(7 卷 2 號)　(京都)支那學社
　　1934　p. 125

高明士　唐代敦煌的教育　漢學研究(敦煌學國際研討會論文專號)　(臺北)漢學研究資料及服務
　　中心　1986　p. 236

林聰明　敦煌漢文文書解讀要點試論　漢學研究(敦煌學國際研討會論文專號)　(臺北)漢學研究
　　資料及服務中心　1986　p. 427

高國藩　敦煌民俗學　上海文藝出版社　1989　p. 97

李正宇　敦煌史地新論　(臺北)新文豐出版公司　1996　p. 176

鄧文寬　敦煌天文曆法文獻輯校　江蘇古籍出版社　1996　p. 246

汪娟　敦煌本《大佛略懺》在佛教懺悔文中的地位　敦煌文學論集　四川人民出版社　1997　p. 389

鄧文寬　大順二年辛亥歲具注曆日　敦煌學大辭典　上海辭書出版社　1998　p. 607

荒川正晴　最近五年來(1993—1998)日本的唐代學術研究概況　"中國唐代學會"會刊(第九期)
　　(臺北)"中國唐代學會"　1998　p. 190

嚴敦傑　易占法　敦煌學大辭典　上海辭書出版社　1998　p. 621

馬克　敦煌數占小考　法國漢學(敦煌學專號)　中華書局　2000　p. 193

黃正建　敦煌占卜文書與唐五代占卜研究　學苑出版社　2001　p. 14

林聰明　敦煌吐魯番文書解詁指例　(臺北)新文豐出版公司　2001　p. 53

馬繼興　當前世界各地收藏的中國出土卷子本古醫藥文獻備考　敦煌吐魯番研究(第六卷)　北京
　　大學出版社　2002　p. 149

石井公成　敦煌發現之地論宗諸文獻與電腦自動異本處理　中日敦煌佛教學術會議論文集　中國社
　　會科學院研究所　2002　p. 145　又見:戒幢佛學(第二卷)　岳麓書社　2002　p. 180

馬若安　敦煌曆日"沒日"和"滅日"安排初探　敦煌吐魯番研究(第七卷)　北京大學出版社　2004
　　p. 429

P. 2833

饒宗頤　敦煌本文選斠證(一)　(香港)《新亞學報》1957 年第 1 期　p. 336

周祖謨　論文選音殘卷之作者及其方音　問學集(下)　中華書局　1966　p. 177　又見:中國敦煌
　　學百年文庫·語言文字卷(一)　甘肅文化出版社　1999　p. 219

金岡照光　敦煌漢文文學文獻の文學形態上の種類とその分類　敦煌出土文學文獻分類目録·附解
　　說　(東京)東洋文庫　1971　p. 237

陳祚龍　敦煌寫本《登樓賦》斠證　敦煌學海探珠(上冊)　(臺北)商務印書館　1979　p. 21 注 10

王重民　敦煌古籍叙録　中華書局　1979　p. 319、322

張錫厚　敦煌文學的歷史貢獻　文學評論叢刊(第九輯)　中國社會科學出版社　1981　p. 201 注 1

王重民　巴黎敦煌殘卷叙録(第一、二輯)　敦煌叢刊初集(九)　(臺北)新文豐出版公司　1985
　　p. 193;310

高明士　唐代敦煌的教育　漢學研究(敦煌學國際研討會論文專號)　(臺北)漢學研究資料及服務
　　中心　1986　p. 235

王重民原編　黃永武新編　敦煌古籍叙録新編(第十六冊)　(臺北)新文豐出版公司　1986　p. 176

郭在貽　張涌泉　黃征　敦煌變文集校議　岳麓書社　1990　p. 364

金岡照光　講唱體類　敦煌の文學文獻(講座敦煌 9)　(東京)大東出版社　1992　p. 150

金岡照光　韻文體類——長篇叙事詩·短篇歌詠　敦煌の文學文獻(講座敦煌 9)　(東京)大東出

版社　1992　p. 264
林家平　寧强　羅華慶　中國敦煌學史　北京語言學院出版社　1992　p. 141
王三慶　敦煌寫卷中武后新字之調查研究　唐代研究論集(第三輯)　(臺北)新文豐出版公司
　　1992　p. 97
胡戟　傅玫　敦煌史話　中華書局　1995　p. 181
遊志誠　敦煌古抄本文選五臣注研究　全國敦煌學研討會論文集　(臺北)中正大學中國文學系所
　　1995　p. 149
白化文　周祖謨先生與敦煌學　敦煌吐魯番研究(第一卷)　北京大學出版社　1996　p. 341
遊志誠　昭明文選學術論考　(臺北)學生書局　1996　p. 37
張金泉　許建平　敦煌音義彙考　杭州大學出版社　1996　p. 410
張涌泉　敦煌俗字彙考　敦煌俗字研究　上海教育出版社　1996　p. 6
白化文　敦煌遺書中《文選》殘卷綜述　中外學者文選學論集(上)　中華書局　1998　p. 384
白化文　文選　敦煌學大辭典　上海辭書出版社　1998　p. 783
饒宗頤　唐代文選學略述　唐研究(第四卷)　北京大學出版社　1998　p. 51
張金泉　文選音　敦煌學大辭典　上海辭書出版社　1998　p. 517
黃征　程惠新　劫塵遺珠：敦煌遺書　甘肅教育出版社　1999　p. 214
饒宗頤　敦煌吐魯番本文選　中華書局　2000　p. 101(圖版)
顏廷亮　敦煌文化　光明日報出版社　2000　p. 181
張涌泉　漢語俗字叢考　中華書局　2000　p. 412、999
徐俊　評《敦煌吐魯番本文選》、《敦煌本〈昭明文選〉研究》、《敦煌本〈文選注〉箋證》、《文選版本研
　　究》　敦煌吐魯番研究(第五卷)　北京大學出版社　2001　p. 367
徐真真　敦煌本《文選音》殘卷校證　《敦煌研究》2002年第3期　p. 51
羅國威　敦煌本斯八五二一《文選音》殘卷校證　《文選》與"文選學"　學苑出版社　2003　p. 678
孫猛　《日本國見在書目録》(經部、史部、集部)失考書考　域外漢籍研究集刊(第二輯)　中華書局
　　2006　p. 210

P. 2834

陳祚龍　新校重訂敦煌寫本《十空讚》表隱　敦煌資料考屑(上冊)　(臺北)商務印書館　1979
　　p. 107
黃振華　于闐文研究概述　中國民族古文字研究　中國社會科學出版社　1984　p. 71
熊本裕　コータン語文獻　敦煌胡語文獻(講座敦煌6)　(東京)大東出版社　1985　p. 119
張廣達　榮新江　巴黎國立圖書館所藏敦煌于闐語寫卷目録初編　敦煌吐魯番文獻研究論集(第四
　　輯)　北京大學出版社　1987　p. 108
胡戟　傅玫　敦煌史話　中華書局　1995　p. 202
榮新江　于闐語難陀譬喻經　敦煌學大辭典　上海辭書出版社　1998　p. 502

P. 2835

戴密微著　耿昇譯　敦煌學近作　敦煌譯叢(第一輯)　甘肅人民出版社　1985　p. 37
上山大峻　敦煌佛教の研究　(京都)法藏館　1990　p. 19、343、485
李錦繡　唐代財政史稿・上卷(第一分冊)　北京大學出版社　1995　p. 265
柳田聖山　禪籍解題(一)・敦煌禪籍　俗語言研究(第二期)　(京都)禪文化研究所　1995　p. 141
方廣錩　大乘二十二問　敦煌學大辭典　上海辭書出版社　1998　p. 723

楊富學　李吉和　敦煌漢文吐蕃史料輯校(第一輯)　甘肅人民出版社　1999　p. 6

顏廷亮　敦煌西漢金山國之文學考論　1994 年敦煌學國際研討會文集・宗教文史卷(上)　甘肅民族出版社　2000　p. 207

P. 2836

芳村修基　土橋秀高　井ノ口泰淳　敦煌佛教史年表　西域文化研究(第一)・敦煌佛教資料　(京都)法藏館　1958　p. 278

柳田聖山　敦煌の禪籍と矢吹慶輝　敦煌仏典と禪(講座敦煌 8)　(東京)大東出版社　1980　p. 9

篠原壽雄　北宗禪と南宗禪　敦煌仏典と禪(講座敦煌 8)　(東京)大東出版社　1980　p. 171

陳祚龍　敦煌古抄内典尾記彙校初、二、三編合刊　敦煌學要籥　(臺北)新文豐出版公司　1982　p. 182

孫修身　敦煌三界寺　甘肅省史學會論文集　甘肅省歷史學會編印　1982　p. 173　又見:中國敦煌學百年文庫・宗教卷(一)　甘肅文化出版社　1999　p. 56

孫修身　敦煌石窟《臘八燃燈分配窟龕名數》寫作年代考　絲路訪古　甘肅人民出版社　1983　p. 211

謝和耐著　耿昇譯　中國 5—10 世紀的寺院經濟　甘肅人民出版社　1987　p. 253　又見:上海古籍出版社　2004　p. 209

池田溫　中國古代寫本識語集録　(東京)大蔵出版株式會社　1990　p. 522

唐耕耦　陸宏基　敦煌社會經濟文獻真迹釋録(三、四)　全國圖書館文獻縮微複製中心　1990　p. 437;172

鄭炳林　伯 2641 號背莫高窟再修功德記撰寫人探微　《敦煌學輯刊》1991 年第 2 期　p. 50

吳其昱著　伊藤美重子譯　敦煌漢文寫本概観　敦煌漢文文獻(講座敦煌 5)　(東京)大東出版社　1992　p. 58

李玉昆　敦煌遺書《泉州千佛新著諸祖師頌》研究　《敦煌學輯刊》1995 年第 1 期　p. 30

柳田聖山　禪籍解題(一)・敦煌禪籍　俗語言研究(第二期)　(京都)禪文化研究所　1995　p. 138

唐耕耦　敦煌寺院會計文書研究　(臺北)新文豐出版公司　1997　p. 52、442

鄭炳林　敦煌碑銘讚輯釋　甘肅教育出版社　1997　p. 390 注 2

方廣錩　敦煌遺書中的《妙法蓮華經》及有關文獻　法源(第 16 期)　中國佛學院　1998　p. 42

郝春文　唐後期五代宋初敦煌僧尼的社會生活　中國社會科學出版社　1998　p. 254

楊秀清　敦煌西漢金山國史　甘肅人民出版社　1999　p. 149

徐俊　敦煌詩集殘卷輯考　中華書局　2000　p. 114

姜亮夫　敦煌莫高窟年表　姜亮夫全集(十一)　雲南人民出版社　2002　p. 504

王蘭平　敦煌寫本 ДХ6062《歸義軍時期大般若經抄寫紙曆》及其相關問題考釋　敦煌佛教藝術文化國際學術研討會論文集　蘭州大學出版社　2002　p. 74

湛如　敦煌佛教律儀制度研究　中華書局　2003　p. 359

P. 2837

那波利貞　佛教信仰に基きて組織せられたる中晚唐五代時代の社邑に就きて(上)　『史林』(24 卷 3 號)　(京都)大學文學部史學研究會　1939　p. 61　又見:唐代社會文化史研究・第六編　(東京)創文社　1974　p. 627

那波利貞　唐代の社邑に就きて(1938 年)　唐代社會文化史研究・第五編　(東京)創文社　1974　p. 552

楊際平　吐蕃時期沙州社會經濟研究　敦煌吐魯番出土經濟文書研究　廈門大學出版社　1986
　　　p. 397、406

姜伯勤　唐五代敦煌寺戶制度　中華書局　1987　p. 93

謝和耐著　耿昇譯　中國5—10世紀的寺院經濟　甘肅人民出版社　1987　p. 250注1　又見：上海
　　　古籍出版社　2004　p. 207注1

榮新江　小月氏考　中亞學刊(第三輯)　中華書局　1990　p. 58

唐耕耦　陸宏基　敦煌社會經濟文獻真迹釋録(三)　全國圖書館文獻縮微複製中心　1990　p. 59

姜伯勤　敦煌吐魯番與香藥之路　季羨林教授八十華誕紀念論文集(下)　江西人民出版社　1991
　　　p. 840

竺沙雅章　寺院文書　敦煌漢文文獻(講座敦煌5)　(東京)大東出版社　1992　p. 644

郝春文　關於唐後期五代宋初沙州僧俗的施捨問題　唐研究(第三卷)　北京大學出版社　1997
　　　p. 20、36

鄭炳林　唐五代敦煌的粟特人與佛教　敦煌歸義軍史專題研究　蘭州大學出版社　1997　p. 438

鄭炳林　唐五代敦煌的醫事研究　敦煌歸義軍史專題研究　蘭州大學出版社　1997　p. 518

鄭炳林　唐五代敦煌種植林業研究　敦煌歸義軍史專題研究　蘭州大學出版社　1997　p. 203

鄭炳林　吐蕃統治下的敦煌粟特人　敦煌歸義軍史專題研究　蘭州大學出版社　1997　p. 382

郝春文　唐後期五代宋初敦煌僧尼的社會生活　中國社會科學出版社　1998　p. 232

劉屹　評《北京大學藏敦煌文獻》　敦煌吐魯番研究(第三卷)　北京大學出版社　1998　p. 374

唐耕耦　施入疏　敦煌學大辭典　上海辭書出版社　1998　p. 645

土肥義和　唐・北宋の間：敦煌の杜家親情社追補社條(S. 8160rv)について　唐代史研究(創刊號)
　　　(東京)唐代史研究會　1998　p. 26

鄭炳林　《康秀華寫經施入疏》與《炫和尚貨賣胡粉曆》研究　敦煌吐魯番研究(第三卷)　北京大學
　　　出版社　1998　p. 199

陳海濤　敦煌歸義軍時期從化鄉消失原因初探　中國社會歷史評論(第二卷)　天津古籍出版社
　　　2000　p. 433

郝春文　唐後期五代宋初敦煌的春秋官齋、十二月轉經、水則道場與佛教節日　慶祝吳其昱先生八秩
　　　華誕敦煌學特刊　(臺北)文津出版社　2000　p. 263

鄭炳林　晚唐五代敦煌貿易市場的外來商品輯考　中華文史論叢(總63輯)　上海古籍出版社
　　　2000　p. 56

陳明　醫理精華：印度古典醫學在敦煌的實例分析　敦煌吐魯番研究(第五卷)　北京大學出版社
　　　2001　p. 245

陳海濤　唐代入華粟特人的佛教信仰及其原因　華林(第二卷)　中華書局　2002　p. 88

陳明　印度梵文醫典醫理精華研究　中華書局　2002　p. 99

洪藝芳　敦煌社會經濟文書中的唐五代新興量詞研究　敦煌學(第24輯)　(臺北)樂學書局有限公
　　　司　2003　p. 106

荒見泰史　敦煌本夢書雜識　漢語史學報專輯(第三輯)　上海教育出版社　2003　p. 337

余欣　禁忌、儀式與法術　唐代宗教信仰與社會　上海辭書出版社　2003　p. 341

荒見泰史　漢文譬喻經典及其綱要本的作用　佛經文學研究論集　復旦大學出版社　2004　p. 285

趙曉星　敦煌落蕃舊事　民族出版社　2004　p. 184

荒見泰史　從敦煌寫本中變文的改寫情況來探討五代講唱文學的演變　敦煌學國際研討會論文集
　　　北京圖書館出版社　2005　p. 176、182

P. 2838

王重民　金山國墜事零拾　《國立北平圖書館館刊》1936 年第 9 卷第 6 號　又見：敦煌學文選（上）
　　蘭州大學歷史系敦煌學研究室等　1983　p. 87；敦煌遺書論文集　中華書局　1984　p. 114；
　　中國敦煌學百年文庫・歷史卷（一）　甘肅文化出版社　1999　p. 42

王重民　敦煌曲子詞集叙錄　商務印書館　1950　p. 6、37

金岡照光　敦煌漢文文學文獻の文學形態上の種類とその分類　敦煌出土文學文獻分類目錄・附解
　　說　（東京）東洋文庫　1971　p. 234

金岡照光　敦煌文學のさまざま　敦煌の文學　（東京）大藏出版株式會社　1971　p. 138

潘重規　敦煌雲謠集新書　（臺北）石門圖書公司　1977　p. 197（圖版）　又見：雲謠集研究彙錄
　　上海古籍出版社　1998　p. 188

池田溫　中國古代籍帳研究：概観・錄文　東京大學東洋文化研究所　1979　p. 586

王重民　敦煌古籍叙錄　中華書局　1979　p. 329

潘重規　敦煌詞話　（臺北）石門圖書公司　1981　p. 66

潘重規　敦煌卷子俗寫文字與俗文學之研究　敦煌變文論輯　（臺北）石門圖書公司　1981　p. 301

蘇瑩輝　敦煌學概要　（臺北）編譯館"中華叢書編委會"　1981　p. 66

鄭阿財　孝道文學敦煌寫卷《十恩德讚》初探　（臺北）《華岡文科學報》1981 年第 13 期　p. 243

傅芸子　敦煌俗文學之發見及其展開　敦煌變文論文錄　上海古籍出版社　1982　p. 141

沈英名　孟玉　敦煌雲謠集新校訂　（臺北）正中書局　1982　p. 14（圖版）

郭鋒　敦煌的"社"及其活動　《敦煌學輯刊》1983 年創刊號　p. 82

姜伯勤　敦煌寺院碾磑經營的兩種形式　歷史論叢（第三輯）　齊魯書社　1983　p. 185　又見：五
　　十年來漢唐佛教寺院經濟研究　北京師範大學出版社　1986　p. 231

蘇瑩輝　"敦煌曲"評介　敦煌論集續編　（臺北）學生書局　1983　p. 304

蘇瑩輝　中外敦煌古寫本纂要　敦煌論集　（臺北）學生書局　1983　p. 339

劉復　敦煌掇瑣　敦煌叢刊初集（十五）　（臺北）新文豐出版公司　1985　p. 151

龍晦　論敦煌道教文學　《世界宗教研究》1985 年第 3 期　又見：中國敦煌學百年文庫・宗教卷
　　（三）　甘肅文化出版社　1999　p. 360

饒宗頤　敦煌書法叢刊（第十四卷）・牒狀（一）　（東京）二玄社　1985　p. 20、88

饒宗頤　敦煌書法叢刊（第十六卷）・詩詞　（東京）二玄社　1985　p. 52、74

汪泛舟　敦煌曲子詞的地位特點和影響　《蘭州學刊》1985 年第 1 期　p. 70

王重民　巴黎敦煌殘卷叙錄（第一輯）　敦煌叢刊初集（九）　（臺北）新文豐出版公司　1985　p. 195

高國藩　敦煌民間詩詞中的府兵制與詞的起源問題　《魏晉南北朝隋唐史》1986 年第 4 期　p. 72

林玫儀　敦煌曲在詞學研究上之價值　漢學研究（敦煌學國際研討會論文專號）　（臺北）漢學研究
　　資料及服務中心　1986　p. 188

盧善煥　《敦煌曲校錄》略校　《敦煌學輯刊》1986 年第 2 期　p. 90

邱燮友　唐代敦煌曲的時代使命　漢學研究（敦煌學國際研討會論文專號）　（臺北）漢學研究資料
　　及服務中心　1986　p. 143

蘇瑩輝　瓜沙史事述要　漢學研究（敦煌學國際研討會論文專號）　（臺北）漢學研究資料及服務中
　　心　1986　p. 470　又見：敦煌文史藝術論叢　（臺北）新文豐出版公司　1987　p. 79

王重民原編　黃永武新編　敦煌古籍叙錄新編（第十六冊）　（臺北）新文豐出版公司　1986　p. 287

高國藩　敦煌文學作品選　中華書局　1987　p. 60

姜伯勤　唐五代敦煌寺戶制度　中華書局　1987　p. 207、240、275

李正宇　關於金山國和敦煌國建國的幾個問題　《西北史地》1987 年第 2 期　p. 69

任半塘　敦煌歌辭總編　上海古籍出版社　1987　p. 21

蘇瑩輝　論敦煌唐代資料在文史藝術及科技諸方面的貢獻　敦煌文史藝術論叢　（臺北）新文豐出版公司　1987　p. 48

王永興　隋唐五代經濟史料彙編校注·第一編（下）　中華書局　1987　p. 924

高國藩　敦煌曲子詞欣賞　南京大學出版社　1989　p. 96、155

唐耕耦　8 至 10 世紀敦煌的物價　紀念陳寅恪教授國際學術討論會文集　中山大學出版社　1989　p. 531、538

高國藩　敦煌古俗與民俗流變　河海大學出版社　1990　p. 398

郭在貽　張涌泉　黃征　敦煌變文集校議　岳麓書社　1990　p. 456

任半塘　王昆吾　隋唐五代燕樂雜言歌辭集　巴蜀書社　1990　p. 239、471、1575

榮新江　沙州歸義軍歷任節度使稱號研究　敦煌吐魯番學研究論文集　漢語大詞典出版社　1990　p. 775

唐耕耦　陸宏基　敦煌社會經濟文獻真迹釋錄（三）　全國圖書館文獻縮微複製中心　1990　p. 322

柴劍虹　敦煌詞輯校四談　西域文史論稿　（臺北）國文天地雜誌社　1991　p. 495

汪泛舟　敦煌文學寫本辨正舉隅　《敦煌研究》1991 年第 1 期　p. 95

王三慶　談齋論文——敦煌寫卷齋願文研究　第四屆唐代文化學術研討會論文集　（臺南）成功大學　1991　p. 299

郭在貽　郭在貽語言文學論稿　浙江古籍出版社　1992　p. 52

金岡照光　曲子詞類　敦煌の文學文獻（講座敦煌9）　（東京）大東出版社　1992　p. 395

林家平　寧强　羅華慶　中國敦煌學史　北京語言學院出版社　1992　p. 16

潘重規著　遊佐昇譯　中國で最初の「詞の總集」——敦煌雲謠集の發見と整理　敦煌の文學文獻（講座敦煌9）　（東京）大東出版社　1992　p. 416

饒宗頤　"唐詞"辨正　（香港）《九州學刊》（敦煌學專輯）1992 年第 4 卷第 4 期　p. 109　又見：敦煌曲續論　（臺北）新文豐出版公司　1996　p. 202

吳其昱著　伊藤美重子譯　敦煌漢文寫本概觀　敦煌漢文文獻（講座敦煌5）　（東京）大東出版社　1992　p. 111

席臻貫　敦煌古樂　敦煌文藝出版社　1992　p. 22

尹偉先　從敦煌文書看唐代河西地區的貨幣流通　《社科縱橫》1992 年第 6 期　又見：中國敦煌學百年文庫·歷史卷（二）　甘肅文化出版社　1999　p. 344

張涌泉　敦煌寫卷俗字類型及其考辨的方法　（香港）《九州學刊》（敦煌學專輯）1992 年第 4 卷第 4 期　p. 77

周紹良　敦煌文學芻議及其它　（臺北）新文豐出版公司　1992　p. 32

高國藩　敦煌民俗資料導論　（臺北）新文豐出版公司　1993　p. 176

郭在貽　郭在貽敦煌學論集　江西人民出版社　1993　p. 207、251

齊陳駿　寒沁　河西都僧統唐悟真作品和見載文獻系年　《敦煌學輯刊》1993 年第 2 期　p. 13

孫其芳　顏廷亮　敦煌文學概論　甘肅人民出版社　1993　p. 430

譚蟬雪　敦煌祈賽風俗　《敦煌研究》1993 年第 4 期　p. 64

汪泛舟　敦煌文學概論　甘肅人民出版社　1993　p. 563

張錫厚　敦煌本《雲謠集》的整理和時代考　（香港）《九州學刊》（敦煌學專輯）1993 年第 5 卷第 4 期　p. 31

蔣禮鴻　敦煌文獻語言詞典　杭州大學出版社　1994　p. 173

金賢珠　唐五代敦煌民歌　（臺北）文史哲出版社　1994　p. 45、73

李明偉　隋唐絲綢之路　甘肅人民出版社　1994　p. 255、322

李明偉　唐代文學的嬗變與絲綢之路的影響　《敦煌研究》1994 年第 3 期　p. 138

汪泛舟　敦煌僧詩補論　《敦煌研究》1994 年第 3 期　p. 146

鄭炳林　敦煌本《張淮深變文》研究　《西北民族研究》1994 年第 1 期　p. 147

鄭炳林　高偉　唐五代敦煌釀酒業初探　《西北史地》1994 年第 1 期　p. 33

鄭汝中　唐代書法藝術與敦煌寫卷　敦煌書法庫(第四輯)　甘肅人民美術出版社　1994　p. 11

胡戟　傅玫　敦煌史話　中華書局　1995　p. 165

黃征　吳偉　敦煌願文集　岳麓書社　1995　p. 45、246、465、651

劉進寶　敦煌學論述　(臺北)洪葉文化事業有限公司　1995　p. 336

邱燮友　李白詩與敦煌曲　全國敦煌學研討會論文集　(臺北)中正大學中國文學系所　1995
　　p. 229

邵文實　敦煌邊塞文學之《征婦怨》作品述論　《敦煌學輯刊》1995 年第 2 期　p. 56

孫修身　試論瓜沙曹氏與甘州回鶻之關係　敦煌學國際研討會文集·史地語文編　遼寧美術出版社
　　1995　p. 112

汪泛舟　從敦煌文學構成特點看中外交流關係　敦煌學國際研討會文集·史地語文編　遼寧美術出
　　版社　1995　p. 248

王繼如　《醜女緣起》校釋補正　俗語言研究(第二期)　(京都)禪文化研究所　1995　p. 54

王書慶　敦煌佛學·佛事篇　甘肅民族出版社　1995　p. 60

顏廷亮　敦煌文學概說　(臺北)新文豐出版公司　1995　p. 169

張弓　敦煌秋冬節俗初探　敦煌學國際研討會文集·史地語文編　遼寧美術出版社　1995　p. 588

張錫厚　敦煌本唐集研究　(臺北)新文豐出版公司　1995　p. 317

張涌泉　敦煌文書類化字研究　《敦煌研究》1995 年第 4 期　p. 71

張涌泉　漢語俗字研究　岳麓書社　1995　p. 38、211

郝春文　唐後期五代宋初沙州僧尼的宗教收入(三):大眾倉試探　《敦煌學輯刊》1996 年第 2 期
　　p. 2

黃征　敦煌俗語法研究之一:句法篇　敦煌吐魯番研究(第一卷)　北京大學出版社　1996　p. 70

李正宇　敦煌史地新論　(臺北)新文豐出版公司　1996　p. 93、205

劉濤　評《法藏敦煌書苑精華》　敦煌吐魯番研究(第一卷)　北京大學出版社　1996　p. 378

陸慶夫　唐宋間敦煌粟特人之漢化　《歷史研究》1996 年第 6 期　p. 31　又見:敦煌歸義軍史專題研
　　究　蘭州大學出版社　1997　p. 367

馬德　敦煌莫高窟史研究　甘肅教育出版社　1996　p. 177

饒宗頤　敦煌曲訂補　敦煌曲續論　(臺北)新文豐出版公司　1996　p. 44

饒宗頤　法藏敦煌曲子詞四種解說　敦煌曲續論　(臺北)新文豐出版公司　1996　p. 219

饒宗頤　《雲謠集》一些問題的檢討　敦煌曲續論　(臺北)新文豐出版公司　1996　p. 110

榮新江　歸義軍史研究　上海古籍出版社　1996　p. 9

王昆吾　隋唐五代燕樂雜言歌辭研究　中華書局　1996　p. 71

顏廷亮　敦煌西漢金山國檔案文獻考略　《甘肅社會科學》1996 年第 5 期　p. 93

張涌泉　敦煌俗字研究導論　(臺北)新文豐出版公司　1996　p. 81、140、180、195、237

張涌泉　敦煌文獻校讀釋例　文史(第四十一輯)　中華書局　1996　p. 191　又見:舊學新知　浙
　　江大學出版社　1999　p. 199

鄭汝中　唐代書法藝術與敦煌寫卷　《敦煌研究》1996 年第 2 期　p. 128

黃征　敦煌願文考論　敦煌語文叢說　(臺北)新文豐出版公司　1997　p. 591

黃征　張涌泉　敦煌變文校注　中華書局　1997　p. 980

李正宇　敦煌歷史地理導論　（臺北）新文豐出版公司　1997　p. 214

劉尊明　《雲謠集》整理與研究綜述　《文史知識》1997年第8期　p. 110

馬德　敦煌工匠史料　甘肅人民出版社　1997　p. 50、87

唐耕耦　敦煌寺院會計文書研究　（臺北）新文豐出版公司　1997　p. 40、418、440、453

汪泛舟　敦煌詩詞補正與考源　《敦煌研究》1997年第3期　p. 112

張弓　漢唐佛寺文化史　中國社會科學出版社　1997　p. 363

鄭炳林　敦煌碑銘讚輯釋　甘肅教育出版社　1997　p. 113 注2

鄭炳林　唐五代敦煌的粟特人與佛教　敦煌歸義軍史專題研究　蘭州大學出版社　1997　p. 443

鄭炳林　唐五代敦煌手工業研究　敦煌歸義軍史專題研究　蘭州大學出版社　1997　p. 241、250、252

鄭炳林　晚唐五代敦煌貿易市場的物價　敦煌歸義軍史專題研究　蘭州大學出版社　1997　p. 282、300

鄭炳林　晚唐五代敦煌園囿經濟研究　敦煌歸義軍史專題研究　蘭州大學出版社　1997　p. 322

柴劍虹　雲謠集　敦煌學大辭典　上海辭書出版社　1998　p. 543

郝春文　唐後期五代宋初敦煌僧尼的社會生活　中國社會科學出版社　1998　p. 232

郝春文　唐後期五代宋初敦煌僧尼遺產的處理與喪事的操辦　《敦煌研究》1998年第3期　p. 41

潘重規　中國第一部“詞的總集”：敦煌《雲謠集》之發現與整理　雲謠集研究彙錄　上海古籍出版社　1998　p. 261

任二北　雲謠集雜曲子　雲謠集研究彙錄　上海古籍出版社　1998　p. 96

榮新江　歸義軍大事紀年初稿　出土文獻研究（第三輯）　文物出版社　1998　p. 239

孫其芳　傾杯樂　敦煌學大辭典　上海辭書出版社　1998　p. 529

孫其芳　雲謠集雜曲子校注　雲謠集研究彙錄　上海古籍出版社　1998　p. 269

邰惠莉　娜閣　甘肅省圖書館收藏敦煌文獻簡介　《敦煌學輯刊》1998年第2期　p. 75

譚蟬雪　敦煌歲時文化導論　（臺北）新文豐出版公司　1998　p. 243、392

譚蟬雪　慶新宅　敦煌學大辭典　上海辭書出版社　1998　p. 447

唐耕耦　敦煌會計文書　敦煌學大辭典　上海辭書出版社　1998　p. 646

唐耕耦　入破曆算會牒　敦煌學大辭典　上海辭書出版社　1998　p. 647

唐耕耦　算會　敦煌學大辭典　上海辭書出版社　1998　p. 647

王重民　雲謠集雜曲子　雲謠集研究彙錄　上海古籍出版社　1998　p. 85

楊秀清　試論金山國的有關政治制度　《敦煌學輯刊》1998年第2期　p. 37

鄭炳林　法鏡　敦煌學大辭典　上海辭書出版社　1998　p. 353

高國藩　敦煌俗文化學　上海三聯書店　1999　p. 582

高啓安　唐五代敦煌僧人飲食的幾個名詞解釋　《敦煌研究》1999年第4期　p. 133

高啓安　王璽玉　唐五代敦煌人的飲食品種研究　《敦煌研究》1999年第2期　p. 65

黃征　程惠新　劫塵遺珠：敦煌遺書　甘肅教育出版社　1999　p. 76

姜亮夫　敦煌：偉大的文化寶藏　雲南人民出版社　1999　p. 115

蘇金花　唐、五代敦煌地區的商品貨幣形態　《敦煌研究》1999年第2期　p. 96

顏廷亮　敦煌文化中的道教及文化　《敦煌研究》1999年第1期　p. 139

顏廷亮　關於敦煌文學發展的歷史進程　《甘肅社會科學》1999年第4期　p. 46

楊秀清　敦煌西漢金山國史　甘肅人民出版社　1999　p. 95、138、148

張涌泉　試論漢語俗字研究的意義　舊學新知　浙江大學出版社　1999　p. 18

劉尊明　唐五代詞史論稿　文化藝術出版社　2000　p. 321

馬德　敦煌寫卷行草書法集　甘肅人民美術出版社　2000　p. 325

孫其芳　鳴沙遺音:敦煌詞選評　甘肅人民出版社　2000　p. 1

王三慶　北京大學圖書館藏本《諸文要集》一卷研究　慶祝吳其昱先生八秩華誕敦煌學特刊　（臺北）文津出版社　2000　p. 173

徐俊　敦煌詩集殘卷輯考　中華書局　2000　p. 557

顏廷亮　敦煌文化　光明日報出版社　2000　p. 241

顏廷亮　敦煌西漢金山國之文學考論　1994年敦煌學國際研討會文集·宗教文史卷(上)　甘肅民族出版社　2000　p. 207

張錫厚　敦煌文學源流　作家出版社　2000　p. 10、268

杜曉勤　隋唐五代文學研究　北京出版社　2001　p. 1331

陶敏　李一飛　隋唐五代文學史料學　中華書局　2001　p. 351

徐曉麗　曹議金與甘州回鶻天公主結親時間考　《敦煌研究》2001年第4期　p. 114

蔡忠霖　敦煌漢文寫卷俗字及其現象　（臺北）文津出版社　2002　p. 28

黃征　敦煌語言文字學研究　甘肅教育出版社　2002　p. 234

姜亮夫　敦煌莫高窟年表　姜亮夫全集(十一)　雲南人民出版社　2002　p. 337、422

李斌城　唐代文化　中國社會科學出版社　2002　p. 1015

楊富學　李吉和　敦煌歷史與莫高窟藝術研究　甘肅教育出版社　2002　p. 649

高國藩　敦煌學百年史述要　（臺北）商務印書館　2003　p. 156

洪藝芳　敦煌社會經濟文書中的唐五代新興量詞研究　敦煌學(第24輯)　（臺北）樂學書局有限公司　2003　p. 92

王繼如　敦煌通讀字研究芻議　文史(第五十六輯)　中華書局　2003　p. 225

湛如　敦煌佛教律儀制度研究　中華書局　2003　p. 58

鄭阿財　《雲謠集·鳳歸雲》中"金釵卜"民俗初探　中國俗文化研究(第一輯)　巴蜀書社　2003　p. 159

鄭炳林　晚唐五代敦煌村莊聚落輯考　2000年敦煌學國際學術討論會文集·歷史文化卷(上)　甘肅民族出版社　2003　p. 155

高啓安　唐五代敦煌飲食文化研究　民族出版社　2004　p. 25、35、147、197

黑維強　吐魯番出土文書詞語例釋(一)　《敦煌學輯刊》2004年第2期　p. 125

湯涒　敦煌曲子詞地域文化研究　上海古籍出版社　2004　p. 16、32

余欣　敦煌的入宅與暖房禮俗　中華文史論叢(總78輯)　上海古籍出版社　2004　p. 103

趙紅　高啓安　唐五代時期敦煌僧人飲食概述　麥積山石窟藝術文化論文集(下)　蘭州大學出版社　2004　p. 285

黑維強　吐魯番出土文書詞語例釋(二)　《敦煌學輯刊》2005年第2期　p. 192

李正宇　晚唐至北宋敦煌僧尼普聽飲酒　《敦煌研究》2005年第3期　p. 70

湯涒　敦煌曲子詞寫本叙略　敦煌學國際研討會論文集　北京圖書館出版社　2005　p. 190、200

P. 2839

金岡照光　敦煌文學のさまざま　敦煌の文學　（東京）大藏出版株式會社　1971　p. 138

陳祚龍　關於道家"本際經"及其"要略妙義"與"疏"的敦煌古抄　敦煌文物隨筆　（臺北）商務印書館　1979　p. 213

耿昇　八十年代的法國敦煌學論著簡介　《敦煌研究》1986年第3期　p. 81

姜亮夫　敦煌所見道教佚經考　敦煌學論文集　上海古籍出版社　1987　p. 310

陶秋英輯録　姜亮夫校訂　敦煌所見道教佚經録　敦煌碎金　浙江古籍出版社　1992　p. 314

山田俊　唐初道教思想史研究・資料篇　（京都）平樂寺書店　1999　p. 56、162

王卡　敦煌道教文獻研究　中國社會科學出版社　2004　p. 199

王卡　中國國家圖書館藏敦煌道教遺書研究報告　敦煌吐魯番研究（第七卷）　北京大學出版社　2004　p. 369

P. 2840

方廣錩　佛教大藏經史（八─十世紀）　中國社會科學出版社　1991　p. 142、416

方廣錩　敦煌佛教經録輯校　江蘇古籍出版社　1997　p. 227

方廣錩　敦煌遺書中所存的全國性佛教經録　敦煌學佛教學論叢（上）　中國佛教文化研究所　1998　p. 297

P. 2841

田中良昭　敦煌禪宗文獻の研究　（東京）大東出版社　1983　p. 361

李正宇　唐宋時代的敦煌學校　《敦煌研究》1986 年第 1 期　p. 45

李正宇　敦煌學郎題記輯注　《敦煌學輯刊》1987 年第 1 期　p. 33

姜伯勤　論禪宗在敦煌僧俗中的流傳　（香港）《九州學刊》（敦煌學專輯）1992 年第 4 卷第 4 期　p. 17

高田時雄　チベット文字書寫「長卷」の研究（本文編）　『東方學報』（第 65 號）　京都大學人文科學研究所　1993　p. 376

梅弘理　敦煌本佛教教理問答書　法國學者敦煌學論文選萃　中華書局　1993　p. 139

榮新江　歸義軍改元考　文史（第三十八輯）　中華書局　1994　p. 51

姜伯勤　敦煌藝術宗教與禮樂文明　中國社會科學出版社　1996　p. 377

李正宇　敦煌史地新論　（臺北）新文豐出版公司　1996　p. 188

榮新江　歸義軍史研究　上海古籍出版社　1996　p. 55

李正宇　敦煌學校教師　敦煌學大辭典　上海辭書出版社　1998　p. 596

楊秀清　淺談唐、宋時期敦煌地區的學生生活　《敦煌研究》1999 年第 4 期　p. 142

徐俊　敦煌詩集殘卷輯考　中華書局　2000　p. 280

顏廷亮　敦煌文化　光明日報出版社　2000　p. 188

楊秀清　華戎交會的都市：敦煌與絲綢之路　甘肅人民出版社　2000　p. 102

王蘭平　敦煌寫本 ДХ6062《歸義軍時期大般若經抄寫紙曆》及其相關問題考釋　敦煌佛教藝術文化國際學術研討會論文集　蘭州大學出版社　2002　p. 72

徐俊　敦煌寫本詩歌續考　《敦煌研究》2002 年第 5 期　p. 66

P. 2842

胡適　唐初的白話詩　白話文學史　新月書店　1928　p. 134　又見：中國敦煌學百年文庫・文學卷（一）　甘肅文化出版社　1999　p. 28

金岡照光　敦煌文學のさまざま　敦煌の文學　（東京）大藏出版株式會社　1971　p. 159

加地哲定　增補中國佛教文學研究　（東京）同朋舍　1979　p. 79

川崎ミチコ　通俗詩類・雜詩文類　敦煌仏典と禪（講座敦煌 8）　（東京）大東出版社　1980　p. 319

菊池英夫　唐代敦煌社會の外貌　敦煌の社會(講座敦煌3)　(東京)大東出版社　1980　p. 140

萬曼　唐集叙録　中華書局　1980　p. 12

張錫厚　敦煌文學　上海古籍出版社　1980　p. 58 注1

張錫厚　關於敦煌寫本《王梵志詩》整理的若干問題　文史(第十五輯)　中華書局　1982　p. 185
　　又見:王梵志詩研究彙録(上)　上海古籍出版社　1990　p. 58；中國敦煌學百年文庫·文學卷
　　(二)　甘肅文化出版社　1999　p. 483

石井昌子　靈寶經類　敦煌と中國道教(講座敦煌4)　(東京)大東出版社　1983　p. 151

張錫厚　王梵志詩校輯　中華書局　1983　p. 4

唐耕耦　陸宏基　敦煌社會經濟文獻真迹釋録(一)　書目文獻出版社　1986　p. 359、362

朱鳳玉　王梵志詩研究(上、下)　(臺北)學生書局　1986　p. 4、30、112、117、268

姜亮夫　敦煌所見道教佚經考　敦煌學論文集　上海古籍出版社　1987　p. 319

李正宇　敦煌學郎題記輯注　《敦煌學輯刊》1987年第1期　p. 36

項楚　王梵志詩校注　敦煌吐魯番文獻研究論集(第四輯)　北京大學出版社　1987　p. 136　又
　　見:上海古籍出版社　1991　p. 305

李正宇　敦煌文學雜考二題　敦煌語言文學研究　北京大學出版社　1988　p. 95

山本達郎等　敦煌·Ⅲ 轉貼　『NUN－HUANG AND TURFAN DOCUMENTS CONCERNING SOCIAL
　　AND ECONOMIC HISTORY』(Ⅳ)　(東京)東洋文庫　1989　p. 40、68、83

山本達郎等　敦煌·Ⅳ 納贈曆·納色物曆等　『NUN－HUANG AND TURFAN DOCUMENTS CON-
　　CERNING SOCIAL AND ECONOMIC HISTORY』(Ⅳ)　(東京)東洋文庫　1989　p. 91

菊池英夫　中國古文書·古寫本學と日本　東アジア古文書の史的研究　(東京)刀水書房　1990
　　p. 191

李正宇　釋"耶沒忽":敦煌遺書王梵志詩俗詞語研究之一　王梵志詩研究彙録(上)　上海古籍出版
　　社　1990　p. 263

唐耕耦　陸宏基　敦煌社會經濟文獻真迹釋録(二)　全國圖書館文獻縮微複製中心　1990　p. 133

張錫厚　敦煌寫本王梵志詩原卷真迹　王梵志詩研究彙録(上)　上海古籍出版社　1990　圖版17

鄭阿財　敦煌蒙書析論　第二屆敦煌學國際研討會論文集　(臺北)漢學研究中心　1990　p. 228

林聰明　敦煌文書學　(臺北)新文豐出版公司　1991　p. 398

菅原信海　占筮書　敦煌漢文文獻(講座敦煌5)　(東京)大東出版社　1992　p. 458

姜伯勤　敦煌社會文書導論　(臺北)新文豐出版公司　1992　p. 161、242、246

林家平　寧強　羅華慶　中國敦煌學史　北京語言學院出版社　1992　p. 595

陶秋英輯録　姜亮夫校訂　敦煌所見道教佚經録　敦煌碎金　浙江古籍出版社　1992　p. 327

吳其昱著　伊藤美重子譯　敦煌漢文寫本概観　敦煌漢文文獻(講座敦煌5)　(東京)大東出版社
　　1992　p. 116

郝春文　敦煌寫本社邑文書年代彙考(一、二)　《首都師範大學學報》1993年第4、5期　p. 36;79

李正宇　敦煌文學概論　甘肅人民出版社　1993　p. 109

李正宇　中國唐宋硬筆書法　上海文化出版社　1993　p. 81

項楚　敦煌詩歌導論　(臺北)新文豐出版公司　1993　p. 296

鄭阿財　敦煌文獻與文學　(臺北)新文豐出版公司　1993　p. 263

曲金良　敦煌佛教文學研究　(臺北)文津出版社　1995　p. 249

石田勇作　敦煌「社文書」研究序說　中國古代の國家と民衆(堀敏一先生古稀記念)　(東京)汲古
　　書院　1995　p. 684

土肥義和　唐·北宋間の「社」の組織形態に関する一考察　中國古代の國家と民衆(堀敏一先生古

稀記念）（東京）汲古書院 1995 p. 705

張傳璽 中國歷代契約會編考釋（上） 北京大學出版社 1995 p. 408 注1

張錫厚 敦煌本唐集研究 （臺北）新文豐出版公司 1995 p. 58

姜伯勤 敦煌悉磨遮爲蘇摩遮樂舞考 《敦煌研究》1996 年第 3 期 p. 10

姜伯勤 敦煌藝術宗教與禮樂文明 中國社會科學出版社 1996 p. 544

陸慶夫 鄭炳林 俄藏敦煌寫本中九件轉帖初探 《敦煌學輯刊》1996 年第 1 期 p. 11

陸慶夫 鄭炳林 唐末五代敦煌的社與粟特人聚落 敦煌歸義軍史專題研究 蘭州大學出版社
1997 p. 396

寧可 郝春文 敦煌社邑文書輯校 江蘇古籍出版社 1997 p. 83、254、417

李正宇 音聲轉帖 敦煌學大辭典 上海辭書出版社 1998 p. 246

沙知 敦煌別稱 敦煌學大辭典 上海辭書出版社 1998 p. 306

譚蟬雪 敦煌歲時文化導論 （臺北）新文豐出版公司 1998 p. 29

土肥義和 唐・北宋の間：敦煌の杜家親情社追補社條（S. 8160rv）について 唐代史研究（創刊號）
（東京）唐代史研究會 1998 p. 10

王卡 太上洞玄靈寶真一勸戒法輪妙經 敦煌學大辭典 上海辭書出版社 1998 p. 767

張錫厚 柴劍虹 王梵志詩集 敦煌學大辭典 上海辭書出版社 1998 p. 562

楊森 敦煌社司文書畫押符號及其相關問題 《敦煌學輯刊》1999 年第 1 期 p. 86

楊森 談敦煌社邑文書中"三官"及"錄事""虞侯"的若干問題 《敦煌研究》1999 年第 3 期 p. 84

高啓安 崇高與卑賤：敦煌的佛教信仰賤名再探 '98 法門寺唐文化國際學術討論會論文集 陝西
人民出版社 2000 p. 251

雷紹鋒 歸義軍賦役制度初探 （臺北）洪葉文化事業有限公司 2000 p. 76

李正宇 歸義軍樂營的結構與配置 《敦煌研究》2000 年第 3 期 p. 74

張錫厚 敦煌文學源流 作家出版社 2000 p. 76

黃正建 敦煌祿命類文書述略 中國社會科學院歷史研究所學刊（第一集） 學刊編委會 2001
p. 243

黃正建 敦煌占卜文書與唐五代占卜研究 學苑出版社 2001 p. 110

姜伯勤 唐敦煌城市的禮儀空間 文史（第五十五輯） 中華書局 2001 p. 239

孟憲實 敦煌社邑的分佈 敦煌文獻論集：紀念藏經洞發現一百周年國際學術研討會論文集 遼寧
人民出版社 2001 p. 426

楊森 關於敦煌文獻中的"平章"一詞 敦煌學與中國史研究論集 甘肅人民出版社 2001 p. 231

郝春文 《唐末五代宋初敦煌社邑的幾個問題》商榷 國際敦煌學學術史研討會論文集 研討會籌
備組 2002 p. 204

王承文 敦煌古靈寶經與晉唐道教 中華書局 2002 p. 66

鄭阿財 朱鳳玉 敦煌蒙書研究 甘肅教育出版社 2002 p. 425

劉進寶 P. 4525（8）《官布籍》所見歸義軍政權的賦稅免征 新世紀敦煌學論集 巴蜀書社 2003
p. 300

童丕 敦煌的借貸：中國中古時代的物質生活與社會 中華書局 2003 p. 143

湯涒 敦煌曲子詞地域文化研究 上海古籍出版社 2004 p. 104

王卡 敦煌道教文獻研究 中國社會科學出版社 2004 p. 99

鄭炳林 魏迎春 晚唐五代敦煌佛教教團的科罰制度研究 《敦煌研究》2004 年第 2 期 p. 51

劉永明 敦煌道教的世俗化之路：道教向具注曆日的滲透 《敦煌學輯刊》2005 年第 2 期 p. 207

趙曉星 寇甲 西魏：歸義軍時期敦煌地區的史姓 《敦煌學輯刊》2005 年第 2 期 p. 137

金身佳　敦煌寫本宅經中的陰陽宅修造吉日　文史(第七十五輯)　中華書局　2006　p. 65

P. 2843

饒宗頤　孝順觀念與敦煌佛曲　敦煌學(第 1 輯)　(香港)新亞研究所敦煌學會　1974　p. 75　又見:敦煌曲續論　(臺北)新文豐出版公司　1996　p. 15

陳祚龍　新校重訂敦煌古抄中世釋衆唱導行孝報恩的藝文四種　中華佛教文化史散策(三集)　(臺北)新文豐出版公司　1981　p. 220

鄭阿財　孝道文學敦煌寫卷《十恩德讚》初探　(臺北)《華岡文科學報》1981 年第 13 期　p. 232

鄭阿財　敦煌孝道文學研究　(臺北)石門圖書公司　1982　p. 16、212、531、639、682

潘重規　敦煌變文集新書(下)　(臺北)"中國文化大學"中文研究所　1984　p. 1195

雷僑雲　敦煌兒童文學　(臺北)學生書局　1985　p. 90 注 5

李正宇　敦煌方音止遇二攝混同及其校勘學意義　《敦煌研究》1986 年第 4 期　p. 51

盧善煥　《敦煌曲校録》略校　《敦煌學輯刊》1986 年第 2 期　p. 98

劉銘恕　敦煌遺書叢識　1983 年全國敦煌學術討論會文集·文史遺書編(上)　甘肅人民出版社　1987　p. 428

龍晦　大足石刻父母恩重經變像與敦煌音樂文學的關係　敦煌歌辭總編　上海古籍出版社　1987　p. 1843

任半塘　敦煌歌辭總編　上海古籍出版社　1987　p. 748

郭在貽　張涌泉　黃征　敦煌變文整理校勘中的幾個問題　《古漢語研究》1988 年第 1 期　p. 78

張鴻勳　《父母恩重經講經文》補校　敦煌語言文學論文集　浙江古籍出版社　1988　p. 263

劉進寶　俚曲小調　敦煌文學　甘肅人民出版社　1989　p. 230

汪泛舟　讚·箴　敦煌文學　甘肅人民出版社　1989　p. 100

任半塘　王昆吾　隋唐五代燕樂雜言歌辭集　巴蜀書社　1990　p. 343、1720

郭在貽　郭在貽語言文學論稿　浙江古籍出版社　1992　p. 48

胡文和　大足寶頂《父母恩重經變》研究　《敦煌研究》1992 年第 2 期　p. 13

周紹良　敦煌文學芻議及其它　(臺北)新文豐出版公司　1992　p. 37

高田時雄　チベット文字書寫「長卷」の研究(本文編)　『東方學報』(第 65 號)　京都大學人文科學研究所　1993　p. 374

郭在貽　郭在貽敦煌學論集　江西人民出版社　1993　p. 247

郝春文　敦煌寫本社邑文書年代彙考(三)　《社科縱橫》1993 年第 5 期　p. 11

汪泛舟　敦煌文學概論　甘肅人民出版社　1993　p. 553

張涌泉　語詞辨析七則　《古漢語研究》1993 年第 1 期　p. 45

鄭阿財　從敦煌文獻看唐代的三教合一　第二屆國際唐代學術會議論文集(上)　(臺北)文津出版社　1993　p. 651

鄭阿財　敦煌文獻與文學　(臺北)新文豐出版公司　1993　p. 21

劉惠琴　從敦煌文書中看沙州紡織業　《敦煌學輯刊》1995 年第 2 期　p. 53

張涌泉　《敦煌文獻語言辭典》補正　原學(第四輯)　中國廣播電視出版社　1995　p. 392

王昆吾　隋唐五代燕樂雜言歌辭研究　中華書局　1996　p. 412

鄧文寬　大梵寺佛音:敦煌莫高窟壇經讀本　(臺北)如聞出版社　1997　p. 15

寧可　郝春文　敦煌社邑文書輯校　江蘇古籍出版社　1997　p. 619

張弓　漢唐佛寺文化史　中國社會科學出版社　1997　p. 833

張錫厚　評《敦煌文獻與文學》　敦煌吐魯番研究(第二卷)　北京大學出版社　1997　p. 390

孫其芳　十恩德　敦煌學大辭典　上海辭書出版社　1998　p. 535

張錫厚　孝順樂讚　敦煌學大辭典　上海辭書出版社　1998　p. 545

張涌泉　敦煌本《佛說父母恩重經》研究　文史(第四十九輯)　中華書局　1999　p. 65

張涌泉　敦煌文書疑難詞語辨釋　舊學新知　浙江大學出版社　1999　p. 270

張涌泉　漢語俗字叢考　中華書局　2000　p. 644

郝春文　英藏敦煌社會歷史文獻釋錄(第一卷)　科學出版社　2001　p. 436

林仁昱　論敦煌佛教歌曲向通俗傳播的內容　中國俗文化研究(第一輯)　巴蜀書社　2003　p. 195

王志鵬　試論敦煌佛教歌辭中儒釋思想的調合　《敦煌學輯刊》2005 年第 3 期　p. 149

P. 2845

金岡照光　敦煌漢文學文獻の文學形態上の種類とその分類　敦煌出土文學文獻分類目録・附解説　(東京)東洋文庫　1971　p. 236

金岡照光　敦煌文學のさまざま　敦煌の文學　(東京)大蔵出版株式會社　1971　p. 160

陳祚龍　關於道家"本際經"及其"要略妙義"與"疏"的敦煌古抄　敦煌文物隨筆　(臺北)商務印書館　1979　p. 215

戴密微著　耿昇譯　敦煌學近作　敦煌譯叢(第一輯)　甘肅人民出版社　1985　p. 3

姜亮夫　海外敦煌卷子經眼録　敦煌學論文集　上海古籍出版社　1987　p. 44　又見:姜亮夫全集(十三)　雲南人民出版社　2002　p. 37

任半塘　敦煌歌辭總編　上海古籍出版社　1987　p. 1790

張涌泉　《敦煌歌辭總編》校議　《語言研究》1992 年第 1 期　p. 53

周紹良　敦煌文學芻議及其它　(臺北)新文豐出版公司　1992　p. 28

張涌泉　敦煌文書類化字研究　《敦煌研究》1995 年第 4 期　p. 74

張涌泉　漢語俗字研究　岳麓書社　1995　p. 78

張涌泉　試論敦煌寫卷俗文字研究之意義　敦煌學國際研討會文集・史地語文編　遼寧美術出版社　1995　p. 359

徐俊　敦煌寫本唐人詩歌存佚互見綜考　敦煌吐魯番研究(第一卷)　北京大學出版社　1996　p. 129

張涌泉　敦煌俗字研究導論　(臺北)新文豐出版公司　1996　p. 171、221

張涌泉　敦煌文獻校讀釋例　文史(第四十一輯)　中華書局　1996　p. 203　又見:舊學新知　浙江大學出版社　1999　p. 219

張涌泉　敦煌地理文書輯録著作三種校議　古典文獻與文化論叢　中華書局　1997　p. 85

鄭炳林　楊富學　敦煌西域出土回鶻文文獻所載 qunbu 與漢文文獻所見官布研究　《敦煌學輯刊》1997 年第 2 期　p. 23

胡大浚　王志鵬　敦煌邊塞詩歌校注　甘肅人民出版社　1999　p. 177

山田俊　唐初道教思想史研究・資料篇　(京都)平樂寺書店　1999　p. 117、164

徐俊　敦煌詩集殘卷輯考　中華書局　2000　p. 720

馬茜　歸義軍時期敦煌地區庶民佛教的發展　甘肅民族研究論叢　甘肅人民出版社　2002　p. 456

王勳成　從敦煌唐卷看劉商《胡笳十八拍》的寫作年代　《敦煌研究》2003 年第 4 期　p. 61

王卡　敦煌道教文獻研究　中國社會科學出版社　2004　p. 206

王卡　中國國家圖書館藏敦煌道教遺書研究報告　敦煌吐魯番研究(第七卷)　北京大學出版社　2004　p. 371

葉貴良　《敦煌社邑文書輯校》拾補　《吐魯番學研究》2004 年第 1 期　p. 103

張涌泉　燦爛的敦煌文化　浙江與敦煌學:常書鴻先生誕辰一百周年紀念文集　浙江古籍出版社
　　2004　p. 642

P. 2846

那波利貞　梁戶考　唐代社會文化史研究‧第三編　（東京）創文社　1974　p. 340

北原薫　晚唐‧五代の敦煌寺院経済——収支決算報告を中心に　敦煌の社會（講座敦煌3）　（東
　　京）大東出版社　1980　p. 452

姜伯勤　敦煌寺院文書中"梁戶"的性質　五十年來漢唐佛教寺院經濟研究　北京師範大學出版社
　　1986　p. 131

姜伯勤　唐五代敦煌寺戶制度　中華書局　1987　p. 196、257

李正宇　唐宋時代敦煌縣河渠泉澤簡志(二)　《敦煌研究》1989 年第 1 期　p. 54

山本達郎等　敦煌‧Ⅰ社條　『NUN－HUANG AND TURFAN DOCUMENTS CONCERNING SOCIAL
　　AND ECONOMIC HISTORY』(Ⅳ)　（東京）東洋文庫　1989　p. 9

唐耕耦　陸宏基　敦煌社會經濟文獻真迹釋録(三)　全國圖書館文獻縮微複製中心　1990　p. 525

鄭炳林　梁志勝　《梁幸德邈真讚》與梁願請《莫高窟功德記》　《敦煌研究》1992 年第 2 期　p. 68

鄭炳林　讀敦煌文書 P. 3859《後唐清泰三年六月沙州儭司教授福集等狀》劄記　《西北史地》1993 年
　　第 4 期　p. 44　又見:敦煌吐魯番文獻研究　蘭州大學出版社　1995　p. 610

鄭炳林　高偉　唐五代敦煌釀酒業初探　《西北史地》1994 年第 1 期　p. 32

劉惠琴　從敦煌文書中看沙州紡織業　《敦煌學輯刊》1995 年第 2 期　p. 53

馬德　敦煌莫高窟史研究　甘肅教育出版社　1996　p. 172

馬德　九、十世紀敦煌工匠史料述論　慶祝潘石禪先生九秩華誕敦煌學特刊　（臺北）文津出版社
　　1996　p. 308

郝春文　歸義軍政權與敦煌佛教之關係新探　周紹良先生欣開九秩慶壽文集　中華書局　1997
　　p. 167

馬德　敦煌工匠史料　甘肅人民出版社　1997　p. 64

唐耕耦　敦煌寺院會計文書研究　（臺北）新文豐出版公司　1997　p. 62

鄭炳林　敦煌碑銘讚輯釋　甘肅教育出版社　1997　p. 472 注 3

鄭炳林　晚唐五代敦煌貿易市場的物價　敦煌歸義軍史專題研究　蘭州大學出版社　1997　p. 294

鄭炳林　楊富學　敦煌西域出土回鶻文文獻所載 qunbu 與漢文文獻所見官布研究　《敦煌學輯刊》
　　1997 年第 2 期　p. 23

郝春文　唐後期五代宋初敦煌僧尼的社會生活　中國社會科學出版社　1998　p. 398

高啓安　唐五代至宋敦煌的量器及量制　《敦煌學輯刊》1999 年第 1 期　p. 68

鄭炳林　晚唐五代敦煌地區種植棉花研究　《中國史研究》1999 年第 3 期　p. 84、92

雷紹鋒　歸義軍賦役制度初探　（臺北）洪葉文化事業有限公司　2000　p. 264

劉進寶　敦煌文書與唐史研究　（臺北）新文豐出版公司　2000　p. 201

顏廷亮　敦煌文化　光明日報出版社　2000　p. 383

鄭炳林　晚唐五代敦煌村莊聚落輯考　2000 年敦煌學國際學術討論會文集‧歷史文化卷(上)　甘
　　肅民族出版社　2003　p. 128

高啓安　唐五代敦煌飲食文化研究　民族出版社　2004　p. 12、30

黑維强　吐魯番出土文書詞語例釋(二)　《敦煌學輯刊》2005 年第 2 期　p. 185

李正宇　晚唐至北宋敦煌僧尼普聽飲酒　《敦煌研究》2005 年第 3 期　p. 70

P. 2847

饒宗頤　敦煌本文選斠證（一）　（香港）《新亞學報》1957 年第 1 期　p. 336

陳祚龍　關於劉漢蘇武的行事之某些藝文　敦煌文物隨筆　（臺北）商務印書館　1979　p. 240

王重民　敦煌古籍叙録　中華書局　1979　p. 308

蘇瑩輝　敦煌學概要　（臺北）編譯館"中華叢書編委會"　1981　p. 62

王重民　巴黎敦煌殘卷叙録（第二輯）　敦煌叢刊初集（九）　（臺北）新文豐出版公司　1985　p. 316

李正宇　敦煌方音止遇二攝混同及其校勘學意義　《敦煌研究》1986 年第 4 期　p. 50

王重民原編　黃永武新編　敦煌古籍叙録新編（第十六冊）　（臺北）新文豐出版公司　1986　p. 1

任半塘　敦煌歌辭總編　上海古籍出版社　1987　p. 1338

顏廷亮　關於敦煌遺書中的甘肅文學作品　1983 年全國敦煌學術討論會文集·文史遺書編（下）
　　　甘肅人民出版社　1987　p. 224

李丹禾　校訂敦煌本《李陵蘇武往還書》　敦煌語言文學論文集　浙江古籍出版社　1988　p. 292

杜琪　書·啓　敦煌文學　甘肅人民出版社　1989　p. 27

池田溫　中國古代寫本識語集録　（東京）大藏出版株式會社　1990　p. 469

任半塘　王昆吾　隋唐五代燕樂雜言歌辭集　巴蜀書社　1990　p. 1666

林聰明　敦煌文書出處略考　季羨林教授八十華誕紀念論文集（下）　江西人民出版社　1991
　　　p. 857

林聰明　敦煌文書學　（臺北）新文豐出版公司　1991　p. 189、387

金岡照光　講史譚·時事変文等——「王陵」「李陵」「張議潮」変文を中心に　敦煌の文學文獻（講
　　　座敦煌 9）　（東京）大東出版社　1992　p. 552

周紹良　敦煌文學芻議及其它　（臺北）新文豐出版公司　1992　p. 6

李正宇　敦煌文學概論　甘肅人民出版社　1993　p. 95

孫其芳　顏廷亮　敦煌文學概論　甘肅人民出版社　1993　p. 445

項楚　敦煌詩歌導論　（臺北）新文豐出版公司　1993　p. 158

遊志誠　敦煌古抄本文選五臣注研究　全國敦煌學研討會論文集　（臺北）中正大學中國文學系所
　　　1995　p. 147

遊志誠　昭明文選學術論考　（臺北）學生書局　1996　p. 35

邵文實　敦煌李陵、蘇武故事流變發微　敦煌吐魯番研究（第二卷）　北京大學出版社　1997　p. 80

張弓　漢唐佛寺文化史　中國社會科學出版社　1997　p. 839

鄭炳林　敦煌碑銘讚輯釋　甘肅教育出版社　1997　p. 455 注 13

李正宇　悟真詩　敦煌學大辭典　上海辭書出版社　1998　p. 558

楊森　跋《子年三月五日計料海濟受戒衣缽具色一一如後》帳及卷背《釋門教授帖》文書　《敦煌研
　　　究》1998 年第 4 期　p. 104

張錫厚　李正宇　李陵蘇武書　敦煌學大辭典　上海辭書出版社　1998　p. 583

徐俊　敦煌詩集殘卷輯考　中華書局　2000　p. 156、768

張錫厚　敦煌文學源流　作家出版社　2000　p. 153

郝春文　英藏敦煌社會歷史文獻釋録（第一卷）　科學出版社　2001　p. 257

林聰明　敦煌吐魯番文書解詁指例　（臺北）新文豐出版公司　2001　p. 175

楊森　《辛巳年六月十六日社人于燈司倉貸粟曆》文書之定年　《敦煌學輯刊》2001 年第 2 期　p. 19

曾良　敦煌文獻字義通釋　廈門大學出版社　2001　p. 119

姜亮夫　敦煌莫高窟年表　姜亮夫全集（十一）　雲南人民出版社　2002　p. 482

郝春文　唐後期五代宋初中印文化對敦煌寺院的影響　新世紀敦煌學論集　巴蜀書社　2003

p. 332

張錫厚　敦煌文概說　2000 年敦煌學國際學術討論會文集·歷史文化卷(下)　甘肅民族出版社
　　2003　p. 211

劉敬林　《英藏敦煌社會歷史文獻釋錄》(第一卷)補校　《敦煌研究》2004 年第 2 期　p. 103

P. 2848

王卡　上清金真玉光八景飛經　敦煌學大辭典　上海辭書出版社　1998　p. 763

郝春文　英藏敦煌社會歷史文獻釋錄(第一卷)　科學出版社　2001　p. 366

王卡　敦煌道教文獻研究　中國社會科學出版社　2004　p. 86

張錫厚　敦煌本辰 017《上清高聖玉晨太上大道君列記》詩頌校錄　敦煌學(第 25 輯)　(臺北)樂學
　　書局有限公司　2004　p. 359

P. 2849

陳祚龍　繼行新發現,續作新發明:敦煌學散策之五　敦煌學(第 10 輯)　(臺北)新文豐出版公司
　　1985　p. 48　又見:敦煌學林劄記　(臺北)商務印書館　1987　p. 408

陳祚龍　新校重訂隋釋信行的"受八戒法"　中華佛教文化史散策(四集)　(臺北)新文豐出版公司
　　1986　p. 557

姜伯勤　敦煌社會文書導論　(臺北)新文豐出版公司　1992　p. 159

王書慶　敦煌佛學·佛事篇　甘肅民族出版社　1995　p. 87

郝春文　唐後期五代宋初沙州的方等道場與方等道場司　唐研究(第二卷)　北京大學出版社
　　1996　p. 77

郝春文　唐後期五代宋初敦煌僧尼的社會生活　中國社會科學出版社　1998　p. 42

西本照真　敦煌抄本中的三階教文獻　中日敦煌佛教學術會議論文集　中國社會科學院研究所
　　2002　p. 178、180

張總　評《三階教的研究》　唐研究(第八卷)　北京大學出版社　2002　p. 468

西本照真　三階教文獻綜述　藏外佛教文獻(第九輯)　宗教文化出版社　2003　p. 368

湛如　敦煌佛教律儀制度研究　中華書局　2003　p. 134

聖凱　中國佛教懺法研究　宗教文化出版社　2004　p. 320

P. 2850

史葦湘　絲綢之路上的敦煌與莫高窟　敦煌研究文集　甘肅人民出版社　1982　p. 91

湯開建　馬明達　對五代宋初河西若干民族問題的探討　《敦煌學輯刊》1983 年創刊號　p. 72

榮新江　沙州歸義軍歷任節度使稱號研究　敦煌吐魯番學研究論文集　漢語大詞典出版社　1990
　　p. 795

蘇哲　伯二九九二號文書三通五代狀文的研究　敦煌吐魯番文獻研究論集(第五輯)　北京大學出
　　版社　1990　p. 445、447

李并成　一批珍貴的歷史人物檔案:敦煌遺書中的邈真讚　《檔案》1991 年第 5 期　p. 33

榮新江　曹議金征甘州回鶻史事表微　《敦煌研究》1991 年第 2 期　p. 8

孫修身　伯 3718《李府君邈真讚》有關問題考　《魏晉南北朝隋唐史》1991 年第 4 期　p. 44

李并成　五代宋初的玉門關及其相關問題考　《敦煌研究》1992 年第 2 期　p. 93

鄭炳林　讀敦煌文書 P. 3859《後唐清泰三年六月沙州儭司教授福集等狀》劄記　《西北史地》1993 年
　　第 4 期　p. 48　又見:敦煌吐魯番文獻研究　蘭州大學出版社　1995　p. 616

鄭炳林　敦煌碑銘讚抄本概述　《蘭州大學學報》1993 年第 4 期　p. 143

榮新江　敦煌邈真讚所見歸義軍與東西回鶻的關係　敦煌邈真讚校錄並研究　（臺北）新文豐出版公司　1994　p. 98

黃征　吳偉　敦煌願文集　岳麓書社　1995　p. 281

孫修身　試論瓜沙曹氏與甘州回鶻之關係　敦煌學國際研討會文集·史地語文編　遼寧美術出版社　1995　p. 105

王書慶　敦煌佛學·佛事篇　甘肅民族出版社　1995　p. 23

李并成　李春元　瓜沙史地研究　甘肅文化出版社　1996　p. 160

榮新江　歸義軍史研究　上海古籍出版社　1996　p. 106

王惠民　《敦煌邈真讚校錄並研究》評介　《敦煌研究》1996 年第 2 期　p. 154

鄭炳林　敦煌碑銘讚及其有關問題　敦煌碑銘讚輯釋　甘肅教育出版社　1997　p. 20

鄭炳林　敦煌碑銘讚輯釋　甘肅教育出版社　1997　p. 22 注 6

李正宇　唐宋時期的敦煌佛教　敦煌佛教藝術文化國際學術研討會論文集　蘭州大學出版社　2002　p. 371

史葦湘　敦煌歷史與莫高窟藝術研究　甘肅教育出版社　2002　p. 93

徐曉麗　敦煌石窟所見天公主考辨　《敦煌學輯刊》2002 年第 2 期　p. 78

袁德領　歸義軍時期敦煌佛教的轉經活動　2000 年敦煌學國際學術討論會文集·歷史文化卷（下）　甘肅民族出版社　2003　p. 192

敏春芳　敦煌願文詞語例釋　《敦煌學輯刊》2005 年第 1 期　p. 97、102

汪泛舟　敦煌俗別字新考（上）　《敦煌研究》2006 年第 1 期　p. 105

P. 2853

王堯　陳踐　敦煌吐蕃文獻選　四川民族出版社　1983　p. 206

戴仁　敦煌和吐魯番寫本的斷代研究　法國學者敦煌學論文選萃　中華書局　1993　p. 539

P. 2854

饒宗頤　吳建衡二年索紞寫本道德經殘卷考證　（香港）《東方文化》1955 年第 2 卷第 1 期　p. 21 注 25

那波利貞　開元末期以前と天寶初期以後との唐の時世の差異に就きて　唐代社會文化史研究·第一編　（東京）創文社　1974　p. 38、47

譚蟬雪　祭文　敦煌文學　甘肅人民出版社　1989　p. 123

張廣達　榮新江　有關西州回鶻的一篇敦煌漢文文獻　《北京大學學報》1989 年第 2 期　p. 29

榮新江　沙州歸義軍歷任節度使稱號研究　敦煌吐魯番學研究論文集　漢語大詞典出版社　1990　p. 772

譚蟬雪　敦煌歲時掇瑣：正月　《敦煌研究》1990 年第 1 期　p. 46、51　又見：（香港）《九州學刊》（敦煌學專輯）1993 年第 5 卷第 4 期　p. 84

姜伯勤　敦煌社會文書導論　（臺北）新文豐出版公司　1992　p. 131

鄭炳林　敦煌碑銘讚三篇證誤與考釋　《敦煌學輯刊》1992 年第 1、2 期　p. 100

高國藩　敦煌民俗資料導論　（臺北）新文豐出版公司　1993　p. 171

郝春文　敦煌寫本社邑文書年代彙考（三）　《社科縱橫》1993 年第 5 期　p. 11

齊陳駿　寒沁　河西都僧統唐悟真作品和見載文獻系年　《敦煌學輯刊》1993 年第 2 期　p. 9

蘇遠鳴　敦煌漢文寫本的斷代　法國學者敦煌學論文選萃　中華書局　1993　p. 551

譚蟬雪　敦煌祈賽風俗　《敦煌研究》1993 年第 4 期　p. 62

汪泛舟　敦煌文學概論　甘肅人民出版社　1993　p. 565

鄭炳林　《索崇恩和尚修功德記》考釋　《敦煌研究》1993 年第 2 期　p. 59

黃征　敦煌願文散校　《敦煌研究》1994 年第 3 期　p. 131　又見：敦煌語文叢說　（臺北）新文豐出
　　版公司　1997　p. 572、291

榮新江　敦煌邈真讚所見歸義軍與東西回鶻的關係　敦煌邈真讚校錄並研究　（臺北）新文豐出版
　　公司　1994　p. 74

鄭炳林　《索勳紀德碑》研究　《敦煌學輯刊》1994 年第 2 期　p. 66

鄭炳林　董念清　唐五代敦煌私營釀酒業初探　《社科縱橫》1994 年第 4 期　p. 65

鄭炳林　馮培紅　讀《中國古代寫本識語集錄》劄記　《西北史地》1994 年第 4 期　p. 45

黃征　吳偉　敦煌願文集　岳麓書社　1995　p. 365、461、514、550、619、669、714

李金梅　敦煌傳統文化與武術　《敦煌研究》1995 年第 2 期　p. 195

榮新江　張氏歸義軍與西州回鶻的關係　敦煌學國際研討會文集·史地語文編　遼寧美術出版社
　　1995　p. 120

王書慶　從敦煌文獻看敦煌佛教文化與中原佛教文化的交流　敦煌佛教文獻研究　敦煌研究院文獻
　　研究所　1995　p. 25

王書慶　敦煌佛學·佛事篇　甘肅民族出版社　1995　p. 2、11、59、77

楊自福　顧大勇　敦煌本《周公解夢書》殘卷初探　《敦煌學輯刊》1995 年第 2 期　p. 71

鄭炳林　敦煌漢文吐蕃史料綜述：兼論吐蕃控制河西時期的職官與統治政策　敦煌吐魯番文獻研究
　　蘭州大學出版社　1995　p. 98

鄭炳林　羊萍　敦煌本夢書　甘肅文化出版社　1995　p. 240

榮新江　歸義軍史研究　上海古籍出版社　1996　p. 2

鄭炳林　唐五代敦煌粟特人與歸義軍政權　《敦煌研究》1996 年第 4 期　p. 86　又見：敦煌歸義軍史
　　專題研究　蘭州大學出版社　1997　p. 412

馮培紅　晚唐五代宋初歸義軍武職軍將研究　敦煌歸義軍史專題研究　蘭州大學出版社　1997
　　p. 133

劉雯　吐蕃及歸義軍時期敦煌索氏家族研究　《敦煌學輯刊》1997 年第 2 期　p. 86

馬德　敦煌遺書莫高窟歲首燃燈文輯識　《敦煌研究》1997 年第 3 期　p. 60

寧可　郝春文　敦煌社邑文書輯校　江蘇古籍出版社　1997　p. 637

顏廷亮　《金山國諸雜齋文範》校錄及其他　敦煌文學論集　四川人民出版社　1997　p. 350

張廣達　"歎佛"與"歎齋"　慶祝鄧廣銘教授九十華誕論文集　河北教育出版社　1997　p. 68

鄭阿財　《龍興寺毗沙門天王靈驗記》與敦煌地區的毗沙門信仰　周紹良先生欣開九秩慶壽文集
　　中華書局　1997　p. 262

鄭阿財　論敦煌寫本《龍興寺毗沙門天王靈驗記》與唐代的毗沙門信仰　第三屆中國唐代文化學術
　　研討會論文集　（臺北）政治大學中國文學系　1997　p. 440

鄭炳林　敦煌碑銘讚輯釋　甘肅教育出版社　1997　p. 45 注 18

鄭炳林　唐五代敦煌的粟特人與佛教　敦煌歸義軍史專題研究　蘭州大學出版社　1997　p. 442、
　　463 注 6

鄭炳林　吐蕃統治下的敦煌粟特人　敦煌歸義軍史專題研究　蘭州大學出版社　1997　p. 386

郝春文　發願文　敦煌學大辭典　上海辭書出版社　1998　p. 459

郝春文　唐後期五代宋初敦煌僧尼的社會生活　中國社會科學出版社　1998　p. 231

郝春文　齋文　敦煌學大辭典　上海辭書出版社　1998　p. 458

黄征　敦煌願文雜考　文史(第四十六輯)　中華書局　1998　p. 253

榮新江　歸義軍大事紀年初稿　出土文獻研究(第三輯)　文物出版社　1998　p. 234

譚蟬雪　安傘旋城　敦煌學大辭典　上海辭書出版社　1998　p. 433

譚蟬雪　敦煌歲時文化導論　(臺北)新文豐出版公司　1998　p. 14、22、54、85

譚蟬雪　二月八盛節　敦煌學大辭典　上海辭書出版社　1998　p. 434

譚蟬雪　賽天王　敦煌學大辭典　上海辭書出版社　1998　p. 449

楊森　法鏡　敦煌學大辭典　上海辭書出版社　1998　p. 353

黄征　敦煌願文"莊嚴""資薰""資莊"考辨　學林漫録(十四集)　中華書局　1999　p. 278

楊富學　李吉和　敦煌漢文吐蕃史料輯校(第一輯)　甘肅人民出版社　1999　p. 248

郝春文　唐後期五代宋初敦煌的春秋官齋、十二月轉經、水則道場與佛教節日　慶祝吳其昱先生八秩
　　華誕敦煌學特刊　(臺北)文津出版社　2000　p. 261

譚蟬雪　唐宋敦煌歲時佛俗:正月　《敦煌研究》2000年第4期　p. 66、71

王微　春祭:二月八日節的佛教儀式　法國漢學(敦煌學專號)　中華書局　2000　p. 114

徐俊　敦煌詩集殘卷輯考　中華書局　2000　p. 496

榮新江　敦煌學十八講　北京大學出版社　2001　p. 221

鄭炳林　北京圖書館藏《吳和尚經論目録》有關問題研究　敦煌學與中國史研究論集　甘肅人民出
　　版社　2001　p. 130

黄征　敦煌語言文字學研究　甘肅教育出版社　2002　p. 4、193、214

黄征　敦煌語言文字學研究要論　漢語史學報(第二輯)　上海教育出版社　2002　p. 2

李正宇　唐宋時期敦煌佛經性質功能的變化　戒幢佛學(第二卷)　岳麓書社　2002　p. 24

吳麗娛　唐禮摭遺:中古書儀研究　商務印書館　2002　p. 233

古正美　于闐與敦煌的毗沙門天王信仰　2000年敦煌學國際學術討論會文集·歷史文化卷(上)
　　甘肅民族出版社　2003　p. 55

李小榮　敦煌密教文獻論稿　人民文學出版社　2003　p. 167

王繼光　鄭炳林　敦煌漢文吐蕃史料綜述　中國西部民族文化研究(2003年卷)　民族出版社
　　2003　p. 250

湛如　敦煌佛教律儀制度研究　中華書局　2003　p. 324

黨燕妮　晚唐五代敦煌的十王信仰　麥積山石窟藝術文化論文集(下)　蘭州大學出版社　2004
　　p. 162

馮培紅　論晚唐五代的沙州(歸義軍)與涼州(河西)節度使　浙江與敦煌學:常書鴻先生誕辰一百周
　　年紀念文集　浙江古籍出版社　2004　p. 255注33

黄建寧　《雙恩記》補校　《敦煌研究》2004年第6期　p. 91

湯涒　敦煌曲子詞地域文化研究　上海古籍出版社　2004　p. 153

余欣　敦煌的入宅與暖房禮俗　中華文史論叢(總78輯)　上海古籍出版社　2004　p. 103

黨燕妮　毗沙門天王信仰在敦煌的流傳　《敦煌研究》2005年第3期　p. 103

何劍平　作爲民間寫經和禮懺儀式的維摩詰信仰　《敦煌學輯刊》2005年第4期　p. 60

黄征　敦煌俗字典　上海教育出版社　2005　p. 48

敏春芳　敦煌願文詞語例釋　《敦煌學輯刊》2005年第1期　p. 98、106

汪泛舟　敦煌俗別字新考(上)　《敦煌研究》2006年第1期　p. 102、107

吳麗娛　正禮與時俗:論民間書儀與唐朝禮制的同期互動　敦煌吐魯番研究(第九卷)　中華書局
　　2006　p. 177

武學軍　敏春芳　敦煌願文婉詞試解(一)　《敦煌學輯刊》2006年第1期　p. 129

P. 2855

王堯　陳踐　敦煌吐蕃文獻選　四川民族出版社　1983　p. 206

福井文雅　般若心經　敦煌と中國仏教（講座敦煌 7）　（東京）大東出版社　1984　p. 40

黃振華　于闐文研究概述　中國民族古文字研究　中國社會科學出版社　1984　p. 70

熊本裕　コータン語文獻　敦煌胡語文獻（講座敦煌 6）　（東京）大東出版社　1985　p. 139

張廣達　榮新江　巴黎國立圖書館所藏敦煌于闐語寫卷目錄初編　敦煌吐魯番文獻研究論集（第四輯）　北京大學出版社　1987　p. 109

汪泛舟　敦煌文學概論　甘肅人民出版社　1993　p. 560

胡戟　傅玫　敦煌史話　中華書局　1995　p. 202

王書慶　敦煌佛學・佛事篇　甘肅民族出版社　1995　p. 33

李正宇　敦煌史地新論　（臺北）新文豐出版公司　1996　p. 209

黃征　敦煌願文考論　敦煌語文叢說　（臺北）新文豐出版公司　1997　p. 580

黃征　曾良　洪玉雙　敦煌願文研究　敦煌文學論集　四川人民出版社　1997　p. 379

P. 2856

竺沙雅章　敦煌の寺戶について　『史林』（44 卷 5 號）　京都大學文學部史學研究會　1961　p. 68

三木榮　西域出土醫藥關係文獻綜合解說目錄　『東洋學報』（47 卷 1 號）　（東京）東洋學術協會　1964　p. 15

竺沙雅章　敦煌出土「社」文書の研究　『東方學報』（第 35 號）　京都大學人文科學研究所　1964　p. 252

姜伯勤　論敦煌寺院的"常住百姓"　《敦煌研究》1981 年試刊第 1 期　p. 46　又見：五十年來漢唐佛教寺院經濟研究　北京師範大學出版社　1986　p. 193

郭鋒　敦煌的"社"及其活動　《敦煌學輯刊》1983 年創刊號　p. 88

戴密微著　耿昇譯　敦煌學近作　敦煌譯叢（第一輯）　甘肅人民出版社　1985　p. 73

饒宗頤　敦煌書法叢刊（第十四卷）・牒狀（一）　（東京）二玄社　1985　p. 47、90

謝重光　關於唐後期至五代間沙州寺院經濟的幾個問題　敦煌吐魯番出土經濟文書研究　廈門大學出版社　1986　p. 450

謝重光　晉—唐僧官制度考略　《世界宗教研究》1986 年第 3 期　p. 42 注 11　又見：五十年來漢唐佛教寺院經濟研究　北京師範大學出版社　1986　p. 344 注 3

何昌林　敦煌琵琶譜之考、解、譯（附《敦煌琵琶譯譜》）　1983 年全國敦煌學術討論會文集・石窟藝術編（下）　甘肅人民出版社　1987　p. 359

姜伯勤　唐五代敦煌寺戶制度　中華書局　1987　p. 152、157、159

李正宇　《吐蕃子年（西元 808 年）沙州百姓氾履倩等戶籍手實殘卷》研究　1983 年全國敦煌學術討論會文集・文史遺書編（上）　甘肅人民出版社　1987　p. 197

謝和耐著　耿昇譯　中國 5—10 世紀的寺院經濟　甘肅人民出版社　1987　p. 139 注 1　又見：上海古籍出版社　2004　p. 112

山本達郎等　敦煌・VI 諸種文書　『NUN‑HUANG AND TURFAN DOCUMENTS CONCERNING SOCIAL AND ECONOMIC HISTORY』（IV）　（東京）東洋文庫　1989　p. 136

池田溫　中國古代寫本識語集錄　（東京）大藏出版株式會社　1990　p. 424

高國藩　敦煌古俗與民俗流變　河海大學出版社　1990　p. 80

堀敏一　中唐以後敦煌稅法的變化　《魏晉南北朝隋唐史》1990 年第 6 期　p. 64

唐耕耦　陸宏基　敦煌社會經濟文獻真迹釋錄（三、四）　全國圖書館文獻縮微複製中心　1990

p. 114；123

蕭登福 從敦煌寫卷中看道教星斗崇拜對佛經之影響 第二屆敦煌學國際研討會論文集 （臺北）漢學研究中心 1990 p. 349

堀敏一著 林世田譯 唐代後期敦煌社會經濟之變化 《敦煌學輯刊》1991年第1期 p. 101

譚蟬雪 三教融合的敦煌喪俗 《敦煌研究》1991年第3期 p. 75

菅原信海 占筮書 敦煌漢文文獻（講座敦煌5） （東京）大東出版社 1992 p. 458

竺沙雅章 寺院文書 敦煌漢文文獻（講座敦煌5） （東京）大東出版社 1992 p. 650

鄧文寬 敦煌文獻《河西都僧統悟真處分常住榜》管窺 周一良先生八十生日紀念論文集 中國社會科學出版社 1993 p. 232 注18

李正宇 敦煌文學概論 甘肅人民出版社 1993 p. 95

齊陳駿 寒沁 河西都僧統唐悟真作品和見載文獻系年 《敦煌學輯刊》1993年第2期 p. 14

榮新江 敦煌寫本《敕河西節度兵部尚書張公德政之碑》校考 周一良先生八十生日紀念論文集 中國社會科學出版社 1993 p. 215

蕭登福 道教星斗符印與佛教密宗 （臺北）新文豐出版公司 1993 p. 67、239

石田勇作 敦煌「社文書」研究序說 中國古代の國家と民眾（堀敏一先生古稀記念） （東京）汲古書院 1995 p. 672

王書慶 敦煌佛學‧佛事篇 甘肅民族出版社 1995 p. 261

鄭炳林 羊萍 敦煌本夢書 甘肅文化出版社 1995 p. 328

鄧文寬 敦煌文獻《唐貞觀八年高士廉等條舉氏族奏抄》辨證 敦煌吐魯番學耕耘錄 （臺北）新文豐出版公司 1996 p. 255

高國藩 敦煌數字與俗文化 慶祝潘石禪先生九秩華誕敦煌學特刊 （臺北）文津出版社 1996 p. 185

郝春文 唐後期五代宋初沙州的方等道場與方等道場司 唐研究（第二卷） 北京大學出版社 1996 p. 67

李正宇 敦煌史地新論 （臺北）新文豐出版公司 1996 p. 72

榮新江 歸義軍史研究 上海古籍出版社 1996 p. 12

中村裕一 唐代公文書研究 （東京）汲古書院 1996 p. 147

寧可 郝春文 敦煌社邑文書輯校 江蘇古籍出版社 1997 p. 758

鄭炳林 敦煌碑銘讚輯釋 甘肅教育出版社 1997 p. 78 注1

鄭炳林 唐五代敦煌的粟特人與佛教 敦煌歸義軍史專題研究 蘭州大學出版社 1997 p. 445、461

鄭炳林 唐五代敦煌畜牧區域研究 敦煌歸義軍史專題研究 蘭州大學出版社 1997 p. 229

郝春文 唐後期五代宋初敦煌僧尼的社會生活 中國社會科學出版社 1998 p. 30、375

郝春文 唐後期五代宋初敦煌僧尼遺產的處理與喪事的操辦 《敦煌研究》1998年第3期 p. 37

金瀅坤 吐蕃統治敦煌的社會基層組織 《中國邊疆史地研究》1998年第4期 p. 35

李正宇 古本敦煌鄉土志八種箋證 （臺北）新文豐出版公司 1998 p. 226

李正宇 團 敦煌學大辭典 上海辭書出版社 1998 p. 305

榮新江 歸義軍大事紀年初稿 出土文獻研究（第三輯） 文物出版社 1998 p. 240

唐耕耦 河西都僧統 敦煌學大辭典 上海辭書出版社 1998 p. 636

謝重光 副僧統 敦煌學大辭典 上海辭書出版社 1998 p. 638

高國藩 敦煌俗文化學 上海三聯書店 1999 p. 14、22

堀敏一 中唐以後敦煌地域における稅制度 東アジア史における國家と地域 （東京）刀水書房

1999　p. 333

寧可　寧可史學論集　中國社會科學出版社　1999　p. 451 注 2

顏廷亮　敦煌文化中的道教及文化　《敦煌研究》1999 年第 1 期　p. 141

黃正建　關於 17 件俄藏敦煌占卜文書的定名問題　《敦煌研究》2000 年第 4 期　p. 131

堀敏一著　張宇譯　中唐以後敦煌地區的稅制　《敦煌研究》2000 年第 3 期　p. 151

徐俊　敦煌詩集殘卷輯考　中華書局　2000　p. 328

顏廷亮　敦煌文化　光明日報出版社　2000　p. 245

黃正建　敦煌祿命類文書述略　中國社會科學院歷史研究所學刊(第一集)　學刊編委會　2001
　　p. 253

黃正建　敦煌占卜文書與唐五代占卜研究　學苑出版社　2001　p. 35、124、136

謝重光　漢唐佛教社會史論　(臺北)國際文化事業有限公司　2001　p. 210

楊森　《辛巳年六月十六日社人于燈司倉貸粟曆》文書之定年　《敦煌學輯刊》2001 年第 2 期　p. 20

曾良　敦煌文獻字義通釋　廈門大學出版社　2001　p. 114

蔡忠霖　敦煌漢文寫卷俗字及其現象　(臺北)文津出版社　2002　p. 139

黃正建　關於《俄藏敦煌文獻》第 11 至第 17 冊中占卜文書的綴合與定名等問題　《敦煌研究》2002
　　年第 2 期　p. 47

姜亮夫　敦煌莫高窟年表　姜亮夫全集(十一)　雲南人民出版社　2002　p. 402、446

劉永明　試論曹延祿的醮祭活動　《敦煌學輯刊》2002 年第 1 期　p. 73

馬繼興　當前世界各地收藏的中國出土卷子本古醫藥文獻備考　敦煌吐魯番研究(第六卷)　北京
　　大學出版社　2002　p. 149

郝春文　唐後期五代宋初中印文化對敦煌寺院的影響　新世紀敦煌學論集　巴蜀書社　2003
　　p. 334

劉進寶　關於歸義軍時期稅草的兩個問題　2000 年敦煌學國際學術討論會文集·歷史文化卷(上)
　　甘肅民族出版社　2003　p. 169

童丕　敦煌的借貸:中國中古時代的物質生活與社會　中華書局　2003　p. 158

楊君　淺論敦煌符籙中的"善鬼護身"觀念　《敦煌學輯刊》2003 年第 1 期　p. 78

湛如　敦煌佛教律儀制度研究　中華書局　2003　p. 75

公維章　涅槃、淨土的殿堂:敦煌莫高窟第 148 窟研究　民族出版社　2004　p. 108

劉永明　敦煌占卜與道教初探　《敦煌學輯刊》2004 年第 2 期　p. 24

鄭炳林　魏迎春　晚唐五代敦煌佛教教團的戒律和清規　《敦煌學輯刊》2004 年第 2 期　p. 30

郭永利　晚唐五代敦煌佛教寺院的納贈　《敦煌學輯刊》2005 年第 4 期　p. 80

劉永明　敦煌道教的世俗化之路:道教向具注曆日的滲透　《敦煌學輯刊》2005 年第 2 期　p. 207

余欣　敦煌竈神信仰稽考　《敦煌學輯刊》2005 年第 3 期　p. 156

趙曉星　寇甲　西魏:歸義軍時期敦煌地區的史姓　《敦煌學輯刊》2005 年第 2 期　p. 135

鄭炳林　敦煌寫本解夢書校錄研究　民族出版社　2005　p. 21

鄭炳林　晚唐五代敦煌地區的胡姓居民與聚落　法國漢學(第 10 輯)(粟特人在中國:歷史、考古、語
　　言的新探索)　中華書局　2005　p. 180

劉永明　敦煌道教的世俗化之路:敦煌《發病書》研究　《敦煌學輯刊》2006 年第 1 期　p. 69

余欣　神祇的"碎化":唐宋敦煌社祭變遷研究　《歷史研究》2006 年 3 期　p. 70

P. 2857

菊池英夫　唐代敦煌社會の外貌　敦煌の社會(講座敦煌 3)　(東京)大東出版社　1980　p. 106

陳祚龍　《簡記敦煌古抄方志》及其"後語"　敦煌學要籥　（臺北）新文豐出版公司　1982　p. 230

姜伯勤　唐五代敦煌寺戶制度　中華書局　1987　p. 144

高國藩　敦煌民俗學　上海文藝出版社　1989　p. 416

周紹良　敦煌文學芻議及其它　（臺北）新文豐出版公司　1992　p. 14

高國藩　敦煌民俗資料導論　（臺北）新文豐出版公司　1993　p. 131

黃征　吳偉　敦煌願文集　岳麓書社　1995　p. 428

王書慶　敦煌佛學·佛事篇　甘肅民族出版社　1995　p. 46

李正宇　佛堂　敦煌學大辭典　上海辭書出版社　1998　p. 627

楊秀清　敦煌西漢金山國史　甘肅人民出版社　1999　p. 141

何培斌　營造寄託:中國六至十世紀造寺功德的探討　寺院財富與世俗供養　上海書畫出版社
　　　2003　p. 101

陳于柱　從敦煌占卜文書看晚唐五代敦煌占卜與佛教的對話交融　《敦煌學輯刊》2005 年第 2 期
　　　p. 25

P. 2858

唐耕耦　關於唐代租佃制的若干問題:以吐魯番敦煌租佃契爲中心　歷史論叢(第五輯)　齊魯書社
　　　1985　p. 98、121

唐耕耦　陸宏基　敦煌社會經濟文獻真迹釋録(二)　全國圖書館文獻縮微複製中心　1990　p. 23

池田溫　中國古代の租佃契　『東洋文化研究所紀要』(第 117 冊)　東京大學東洋文化研究所
　　　1992　p. 74

謝和耐　敦煌賣契與專賣制度　法國學者敦煌學論文選萃　中華書局　1993　p. 70 注 85、73 注 115

劉進寶　關於吐蕃統治經營河西地區的若干問題　《中國邊疆史地研究》1994 年第 1 期　p. 15

劉進寶　吐蕃對河西的統治與經營　敦煌吐魯番學研究論集　書目文獻出版社　1996　p. 327

馬子海　吐蕃統治下的河西走廊　《西北師大學報》(社會科學版)1996 年第 2 期　p. 104

李正宇　敦煌歷史地理導論　（臺北）新文豐出版公司　1997　p. 255

方廣錩　八波羅夷經　敦煌學大辭典　上海辭書出版社　1998　p. 714

沙知　敦煌契約文書輯校　江蘇古籍出版社　1998　p. 319

沙知　租佃契　敦煌學大辭典　上海辭書出版社　1998　p. 388

陳國燦　唐代的經濟社會　（臺北）文津出版社　1999　p. 159

高啓安　唐五代至宋敦煌的量器及量制　《敦煌學輯刊》1999 年第 1 期　p. 64

陳永勝　敦煌吐魯番法制文書研究　甘肅人民出版社　2000　p. 72

劉進寶　敦煌歷史文化　甘肅人民出版社　2000　p. 95

劉進寶　敦煌文書與唐史研究　（臺北）新文豐出版公司　2000　p. 97

宋家鈺　英國收藏敦煌文獻叙録　英國收藏敦煌漢藏文獻研究　中國社會科學出版社　2000
　　　p. 169

楊森　關於敦煌文獻中的"平章"一詞　敦煌學與中國史研究論集　甘肅人民出版社　2001　p. 231

劉進寶　敦煌學通論　甘肅教育出版社　2002　p. 60

楊惠玲　敦煌契約文書中的保人、見人、口承人、同便人、同取人　《敦煌研究》2002 年第 6 期　p. 41

王啓濤　中古及近代法制文書語言研究　巴蜀書社　2003　p. 212、231、253

鄭顯文　唐代律令制研究　北京大學出版社　2004　p. 132

陸離　也談敦煌文書中的唐五代"地子"、"地稅"　《歷史研究》2006 年第 4 期　p. 169

P. 2859

那波利貞　唐寫本雜抄考——唐代庶民教育史研究の一資料　唐代社會文化史研究・第二編　（東京）創文社　1974　p. 207

高明士　唐代敦煌的教育　漢學研究（敦煌學國際研討會論文專號）　（臺北）漢學研究資料及服務中心　1986　p. 250

李正宇　唐宋時代的敦煌學校　《敦煌研究》1986 年第 1 期　p. 43

姜亮夫　敦煌經卷題名録　敦煌學論文集　上海古籍出版社　1987　p. 1055

李正宇　敦煌學郎題記輯注　《敦煌學輯刊》1987 年第 1 期　p. 30

池田溫　中國古代寫本識語集録　（東京）大藏出版株式會社　1990　p. 449

林聰明　敦煌文書學　（臺北）新文豐出版公司　1991　p. 29、341

姜伯勤　敦煌社會文書導論　（臺北）新文豐出版公司　1992　p. 102

陶秋英輯録　姜亮夫校訂　敦煌經卷題名録　敦煌碎金　浙江古籍出版社　1992　p. 64

鄭炳林　羊萍　敦煌本夢書　甘肅文化出版社　1995　p. 328

李正宇　敦煌史地新論　（臺北）新文豐出版公司　1996　p. 183

榮新江　歸義軍史研究　上海古籍出版社　1996　p. 271

鄭炳林　唐五代敦煌的醫事研究　敦煌歸義軍史專題研究　蘭州大學出版社　1997　p. 519

嚴敦傑　逆刺占一卷　敦煌學大辭典　上海辭書出版社　1998　p. 622

嚴敦傑　五兆經法要決　敦煌學大辭典　上海辭書出版社　1998　p. 622

嚴敦傑　周公孔子占法　敦煌學大辭典　上海辭書出版社　1998　p. 621

馬克　敦煌數占小考　法國漢學（敦煌學專號）　中華書局　2000　p. 188、199

顏廷亮　敦煌文化　光明日報出版社　2000　p. 185

黃正建　敦煌占卜文書與唐五代占卜研究　學苑出版社　2001　p. 16、31

林聰明　敦煌吐魯番文書解詁指例　（臺北）新文豐出版公司　2001　p. 200

黃正建　關於《俄藏敦煌文獻》第 11 至第 17 冊中占卜文書的綴合與定名等問題　《敦煌研究》2002年第 2 期　p. 49

姜亮夫　敦煌莫高窟年表　姜亮夫全集（十一）　雲南人民出版社　2002　p. 454

劉永明　散見敦煌曆朔閏輯考　《敦煌研究》2002 年第 6 期　p. 12、16

劉永明　試論曹延禄的醮祭活動　《敦煌學輯刊》2002 年第 1 期　p. 72

陳于柱　敦煌寫本宅經的八宅："八宅經一卷"研究　麥積山石窟藝術文化論文集（下）　蘭州大學出版社　2004　p. 251

劉永明　敦煌占卜與道教初探　《敦煌學輯刊》2004 年第 2 期　p. 15

劉永明　敦煌道教的世俗化之路：道教向具注曆日的滲透　《敦煌學輯刊》2005 年第 2 期　p. 207

鄭炳林　敦煌寫本解夢書校録研究　民族出版社　2005　p. 21

劉永明　敦煌道教的世俗化之路：敦煌《發病書》研究　《敦煌學輯刊》2006 年第 1 期　p. 71

余欣　神祇的"碎化"：唐宋敦煌社祭變遷研究　《歷史研究》2006 年第 3 期　p. 70

P. 2860

陳祚龍　關於道家"本際經"及其"要略妙義"與"疏"的敦煌古抄　敦煌文物隨筆　（臺北）商務印書館　1979　p. 215

石井昌子　靈寶經類　敦煌と中國道教（講座敦煌 4）　（東京）大東出版社　1983　p. 161

黃振華　于闐文研究概述　中國民族古文字研究　中國社會科學出版社　1984　p. 71

萬毅　敦煌道教文獻《本際經》録文及解說　道家文化研究（第十三輯）　三聯書店　1998　p. 444

山田俊　唐初道教思想史研究・資料篇　（京都）平樂寺書店　1999　p. 74、103、164

王卡　敦煌道教文獻研究　中國社會科學出版社　2004　p. 204

王卡　中國國家圖書館藏敦煌道教遺書研究報告　敦煌吐魯番研究（第七卷）　北京大學出版社　2004　p. 371

P. 2861

陳祚龍　敦煌道經後記彙錄　敦煌文物隨筆　（臺北）商務印書館　1979　p. 21

陳祚龍　新校重訂《敦煌道經後記彙錄》　敦煌學要籥　（臺北）新文豐出版公司　1982　p. 211

宮川尚志　唐以前の河西における宗教・思想的狀況　敦煌と中國道教（講座敦煌4）　（東京）大東出版社　1983　p. 308

山田利明　敦煌文書と仙伝類　敦煌と中國道教（講座敦煌4）　（東京）大東出版社　1983　p. 246

山田利明　老子化胡經類　敦煌と中國道教（講座敦煌4）　（東京）大東出版社　1983　p. 113

石井昌子　靈寶經類　敦煌と中國道教（講座敦煌4）　（東京）大東出版社　1983　p. 149

尾崎正治　道教の類書　敦煌と中國道教（講座敦煌4）　（東京）大東出版社　1983　p. 190、202

遊佐昇　文學文獻より見た敦煌の道教　敦煌と中國道教（講座敦煌4）　（東京）大東出版社　1983　p. 263

吳其昱著　福井文雅　樋口勝譯　大蕃國大德・三藏法師・法成傳考　敦煌と中國仏教（講座敦煌7）　（東京）大東出版社　1984　p. 394

姜伯勤　沙州道門親表部落釋證　《敦煌研究》1986 年第 3 期　p. 3

姜亮夫　敦煌經卷壁畫中所見寺觀錄　敦煌學論文集　上海古籍出版社　1987　p. 1079

姜亮夫　敦煌所見道教佚經考　敦煌學論文集　上海古籍出版社　1987　p. 316

池田溫　中國古代寫本識語集錄　（東京）大藏出版株式會社　1990　p. 290

上山大峻　敦煌佛教の研究　（京都）法藏館　1990　p. 196

林聰明　敦煌文書學　（臺北）新文豐出版公司　1991　p. 58、193、196、356

姜伯勤　敦煌社會文書導論　（臺北）新文豐出版公司　1992　p. 225

陶秋英輯錄　姜亮夫校訂　敦煌經卷所見寺名錄　敦煌碎金　浙江古籍出版社　1992　p. 117

陶秋英輯錄　姜亮夫校訂　敦煌所見道教佚經錄　敦煌碎金　浙江古籍出版社　1992　p. 322

朱越利　道經總論　遼寧教育出版社　1992　p. 258、264、275、282

林聰明　談敦煌文書的抄寫問題　紀念陳寅恪先生百年誕辰學術論文集　江西教育出版社　1994　p. 291

萬毅　敦煌本《昇玄內教經》試探　唐研究（第一卷）　北京大學出版社　1995　p. 81

王三慶　敦煌書儀載錄之節日活動與民俗　全國敦煌學研討會論文集　（臺北）中正大學中國文學系所　1995　p. 25 注 27

姜伯勤　敦煌藝術宗教與禮樂文明　中國社會科學出版社　1996　p. 289、298

李并成　李春元　瓜沙史地研究　甘肅文化出版社　1996　p. 133

邵文實　敦煌道教試述　《世界宗教研究》1996 年第 2 期

姜伯勤　敦煌道書中南朝宋文明的再發現　《傳統文化與現代化》1997 年第 3 期　p. 36

鄭炳林　敦煌碑銘讚輯釋　甘肅教育出版社　1997　p. 250 注 28

大淵忍爾　論古靈寶經　道家文化研究（第十三輯）　三聯書店　1998　p. 485

姜伯勤　道釋相激：道教在敦煌　道家文化研究（第十三輯）　三聯書店　1998　p. 49、54、59

馬德　敦煌文書《道家雜齋文範集》及有關問題述略　道家文化研究（第十三輯）　三聯書店　1998　p. 247

孫繼民　開元六年馬處幽等寫無上秘要經記　敦煌學大辭典　上海辭書出版社　1998　p. 456

王承文　敦煌本《太極左仙公請問經》考論　道家文化研究（第十三輯）　三聯書店　1998　p. 159

王卡　敦煌道經校讀三則　道家文化研究（第十三輯）　三聯書店　1998　p. 118

王卡　通門論　敦煌學大辭典　上海辭書出版社　1998　p. 766

王卡　無上秘要　敦煌學大辭典　上海辭書出版社　1998　p. 766

姜亮夫　敦煌：偉大的文化寶藏　雲南人民出版社　1999　p. 80

王承文　早期靈寶經與漢魏天師道　《敦煌研究》1999 年第 3 期　p. 34

周維平　從敦煌遺書看敦煌道教　《西北民族研究》1999 年第 2 期　p. 128

金岡照光　敦煌文獻と中國文學　（東京）五曜書房　2000　p. 517

姜伯勤　敦煌本宋文明道教佚書研究　慶祝吳其昱先生八秩華誕敦煌學特刊　（臺北）文津出版社
　　2000　p. 84

顏廷亮　敦煌文化　光明日報出版社　2000　p. 238

林聰明　敦煌吐魯番文書解詁指例　（臺北）新文豐出版公司　2001　p. 43

劉屹　敦煌本《老子變化經》研究之二　《敦煌研究》2001 年第 4 期　p. 140

王卡　敦煌道經殘卷綴合與考訂三則　敦煌文獻論集：紀念藏經洞發現一百周年國際學術研討會論
　　文集　遼寧人民出版社　2001　p. 593

蔡忠霖　敦煌漢文寫卷俗字及其現象　（臺北）文津出版社　2002　p. 29

姜亮夫　敦煌莫高窟年表　姜亮夫全集（十一）　雲南人民出版社　2002　p. 298

李小榮　變文講唱與華梵宗教藝術　上海三聯書店　2002　p. 18

王承文　敦煌古靈寶經與晉唐道教　中華書局　2002　p. 14

王承文　古靈寶經定期齋戒的淵源及其與佛教的關係　華林（第二卷）　中華書局　2002　p. 238

王卡　敦煌本洞玄靈寶九天生神章經疏考釋　《敦煌學輯刊》2002 年第 2 期　p. 75

李小榮　敦煌密教文獻論稿　人民文學出版社　2003　p. 21

李小榮　釋家變文原初意義之推考　《敦煌研究》2003 年第 3 期　p. 98

劉屹　唐代道教的“化胡”經說與“道本論”　唐代宗教信仰與社會　上海辭書出版社　2003　p. 87

王卡　敦煌道教文獻研究　中國社會科學出版社　2004　p. 8、29、115

王卡　中國國家圖書館藏敦煌道教遺書研究報告　敦煌吐魯番研究（第七卷）　北京大學出版社
　　2004　p. 374

葉貴良　《俄藏敦煌文獻》道經殘卷考述　浙江與敦煌學：常書鴻先生誕辰一百周年紀念文集　浙江
　　古籍出版社　2004　p. 362

劉屹　敬天與崇道：中古經教道教形成的思想史背景　中華書局　2005　p. 387

王卡　敦煌道教綜述　敦煌與絲路文化學術講座（第二輯）　北京圖書館出版社　2005　p. 377

P. 2862

長澤和俊　敦煌　（東京）築摩書房　1965　p. 148

池田溫　敦煌の流通經濟　敦煌の社會（講座敦煌 3）　（東京）大東出版社　1980　p. 337　又見：敦
　　煌文書の世界　（東京）名著刊行會　2003　p. 172

唐耕耦　陸宏基　敦煌社會經濟文獻真迹釋錄（一）　書目文獻出版社　1986　p. 468

吳麗娛　張小舟　唐代車坊的研究　敦煌吐魯番文獻研究論集（第三輯）　北京大學出版社　1986
　　p. 281 注 6

楊際平　吐蕃時期沙州社會經濟研究　敦煌吐魯番出土經濟文書研究　廈門大學出版社　1986
　　p. 405

李正宇　敦煌古城談往　《西北史地》1988 年第 2 期　p. 25

荒川正晴　唐河西以西の傳馬坊と長行坊　『東洋學報』（第 70 卷第 3・4 號）（東京）東洋文庫
　　1989　p. 58

李并成　從敦煌文牒檔案看盛唐時期河西農戶對國家的糧食貢獻　《檔案》1989 年第 4 期　p. 43

李并成　唐代前期河西走廊農田開墾面積估算　《檔案》1989 年第 6 期　p. 39

程喜霖　吐魯番文書所見唐代鎮戌守捉與烽堠　敦煌吐魯番學研究論文集　漢語大詞典出版社
　　1990　p. 456

李并成　唐代前期河西走廊的農業開發　《中國農史》1990 年第 1 期　p. 14

李錦繡　唐開元二十二年秋季沙州會計曆考釋　敦煌吐魯番學研究論文集　漢語大詞典出版社
　　1990　p. 907 注 4

劉銘恕　敦煌遺書叢識之四　敦煌吐魯番學研究論文集　漢語大詞典出版社　1990　p. 35

盧向前　從敦煌吐魯番出土的幾件文書看唐前期和糴的一些特點　敦煌吐魯番文獻研究論集（第五
　　輯）　北京大學出版社　1990　p. 316

上山大峻　敦煌佛教の研究　（京都）法藏館　1990　p. 409

程喜霖　漢唐烽堠制度研究　（臺北）聯經出版公司　1991　p. 289

李正宇　敦煌名勝古迹導論　《陽關》1991 年第 4 期　p. 47、50

仁井田陞　補訂中國法制史研究：土地法・交易法　東京大學出版會　1991　p. 838

李錦繡　試論唐代的稅草制度　文史（第三十三輯）　中華書局　1992　p. 111

尹偉先　從敦煌文書看唐代河西地區的貨幣流通　《社科縱橫》1992 年第 6 期　又見：中國敦煌學百
　　年文庫・歷史卷（二）　甘肅文化出版社　1999　p. 339

李正宇　敦煌遺書中的檔案資料及其價值意義　《魏晉南北朝隋唐史》1993 年第 5 期　p. 66

王克孝　ДХ2168 號寫本初探　《敦煌學輯刊》1993 年第 2 期　p. 28　又見：1994 年敦煌學國際研討
　　會文集・宗教文史卷（下）　甘肅民族出版社　2000　p. 235

王永興　吐魯番出土唐西州某縣事目文書研究　國學研究（第一卷）　北京大學出版社　1993
　　p. 361

李并成　瓜沙二州間一塊消失了的綠洲　《敦煌研究》1994 年第 3 期　p. 77

王進玉　敦煌石窟探秘　四川教育出版社　1994　p. 19

王永興　敦煌經濟文書導論　（臺北）新文豐出版公司　1994　p. 337、424

王永興　唐代前期西北軍事研究　中國社會科學出版社　1994　p. 373

陳國燦　唐五代敦煌四出道路考　敦煌學國際研討會文集・史地語文編　遼寧美術出版社　1995
　　p. 228

胡戟　傅玫　敦煌史話　中華書局　1995　p. 162

李并成　唐代瓜沙二州間驛站考　敦煌學國際研討會文集・史地語文編　遼寧美術出版社　1995
　　p. 207　又見：中國敦煌學百年文庫・地理卷（二）　甘肅文化出版社　1999　p. 165

李錦繡　唐代財政史稿・上卷（第一分冊）　北京大學出版社　1995　p. 199

姜伯勤　敦煌藝術宗教與禮樂文明　中國社會科學出版社　1996　p. 315

李并成　李春元　瓜沙史地研究　甘肅文化出版社　1996　p. 136、192

李正宇　敦煌遺書 P. 2691 寫本的定性與正名　慶祝潘石禪先生九秩華誕敦煌學特刊　（臺北）文津
　　出版社　1996　p. 119

田中良昭　《禪籍解題（一）・敦煌禪籍》補遺　俗語言研究（第三期）（京都）禪文化研究所　1996
　　p. 213

李正宇　敦煌歷史地理導論　（臺北）新文豐出版公司　1997　p. 144

李正宇　唐瓜州常樂縣"拔河帝山"考　周紹良先生欣開九秩慶壽文集　中華書局　1997　p. 118

唐耕耦　敦煌寺院會計文書研究　（臺北）新文豐出版公司　1997　p. 412

鄭炳林　唐五代敦煌的醫事研究　敦煌歸義軍史專題研究　蘭州大學出版社　1997　p. 524

鄭炳林　唐五代敦煌畜牧區域研究　敦煌歸義軍史專題研究　蘭州大學出版社　1997　p. 226

陳國燦　階亭坊　敦煌學大辭典　上海辭書出版社　1998　p. 382

陳國燦　天寶間敦煌郡會計帳　敦煌學大辭典　上海辭書出版社　1998　p. 416

姜伯勤　道釋相激：道教在敦煌　道家文化研究（第十三輯）　三聯書店　1998　p. 76

李斌城　隋唐五代社會生活史　中國社會科學出版社　1998　p. 484

李錦繡　唐代制度史略論稿　中國政法大學出版社　1998　p. 346

李正宇　古本敦煌鄉土志八種箋證　（臺北）新文豐出版公司　1998　p. 279

張亞萍　唐五代敦煌地區的駱駝牧養業　《敦煌學輯刊》1998 年第 1 期　p. 59

高啓安　唐五代至宋敦煌的量器及量制　《敦煌學輯刊》1999 年第 1 期　p. 61

胡大浚　王志鵬　敦煌邊塞詩歌校注　甘肅人民出版社　1999　p. 96

蘇金花　唐、五代敦煌地區的商品貨幣形態　《敦煌研究》1999 年第 2 期　p. 93

程存潔　略論唐王朝對西北邊城的經營　'98 法門寺唐文化國際學術討論會論文集　陝西人民出版
　　社　2000　p. 418

王素　高昌史稿・交通編　文物出版社　2000　p. 537

高啓安　從莫高窟壁畫看唐五代敦煌人的坐具和飲食坐姿（上）　《敦煌研究》2001 年第 3 期　p. 22

曾良　敦煌文獻字義通釋　廈門大學出版社　2001　p. 35

陳國燦　敦煌學史事新證　甘肅教育出版社　2002　p. 436

鄧文寬　敦煌吐魯番天文曆法研究　甘肅教育出版社　2002　p. 313

乜小紅　試論唐五代宋初敦煌畜牧區域的分佈　《敦煌研究》2002 年第 2 期　p. 40

馮培紅　唐五代敦煌官府宴設機構考略　2000 年敦煌學國際學術討論會文集・歷史文化卷（上）
　　甘肅民族出版社　2003　p. 179

李并成　敦煌文獻與西北生態環境變遷研究　漢語史學報專輯（第三輯）　上海教育出版社　2003
　　p. 392

李并成　盛唐時期河西走廊的區位特點與開發　唐代地域結構與運作空間　上海辭書出版社　2003
　　p. 77、91

劉進寶　關於歸義軍時期稅草的兩個問題　2000 年敦煌學國際學術討論會文集・歷史文化卷（上）
　　甘肅民族出版社　2003　p. 169

高啓安　唐五代敦煌飲食文化研究　民族出版社　2004　p. 61

黑維強　吐魯番出土文書詞語例釋（二）　《敦煌學輯刊》2005 年第 2 期　p. 189

乜小紅　吐魯番所出唐代文書中的官營畜牧業　《敦煌研究》2005 年第 6 期　p. 74

P. 2863

小島祐馬　巴黎國立圖書館藏敦煌遺書所見錄（六）　『支那學』（7 卷 1 號）　（京都）支那學社
　　1933　p. 114

北原薰　晚唐・五代の敦煌寺院経済——収支決算報告を中心に　敦煌の社會（講座敦煌 3）　（東
　　京）大東出版社　1980　p. 383

傅芸子　敦煌俗文學之發見及其展開　敦煌變文論文錄　上海古籍出版社　1982　p. 143

劉復　敦煌掇瑣　敦煌叢刊初集（十五）　（臺北）新文豐出版公司　1985　p. 357

謝和耐著　耿昇譯　中國 5—10 世紀的寺院經濟　甘肅人民出版社　1987　p. 252 注 1　又見：上海

古籍出版社 2004 p. 208 注 1

胡同慶 莫高窟早期龍圖像研究 《敦煌研究》1988 年第 1 期 p. 11

姜伯勤 敦煌與波斯 《敦煌研究》1990 年第 3 期 p. 12

唐耕耦 陸宏基 敦煌社會經濟文獻真迹釋錄(三) 全國圖書館文獻縮微複製中心 1990 p. 80

姜伯勤 敦煌吐魯番與香藥之路 季羨林教授八十華誕紀念論文集(下) 江西人民出版社 1991 p. 840

林家平 寧强 羅華慶 中國敦煌學史 北京語言學院出版社 1992 p. 18

高國藩 敦煌民俗資料導論 (臺北)新文豐出版公司 1993 p. 99

前田正名 河西歷史地理學研究 中國藏學出版社 1993 p. 244

姜伯勤 敦煌吐魯番文書與絲綢之路 文物出版社 1994 p. 141

李錦繡 唐代財政史稿·上卷(第一分册) 北京大學出版社 1995 p. 222、278

王三慶 敦煌書儀載錄之節日活動與民俗 全國敦煌學研討會論文集 (臺北)中正大學中國文學系所 1995 p. 25 注 12

郝春文 關於唐後期五代宋初沙州僧俗的施捨問題 唐研究(第三卷) 北京大學出版社 1997 p. 23

李并成 古代河西走廊桑蠶絲織業考 《敦煌學輯刊》1997 年第 2 期 p. 64

鄭炳林 敦煌碑銘讚輯釋 甘肅教育出版社 1997 p. 332 注 5

郝春文 唐後期五代宋初敦煌僧尼的社會生活 中國社會科學出版社 1998 p. 246

譚蟬雪 敦煌歲時文化導論 (臺北)新文豐出版公司 1998 p. 24、343

唐耕耦 施入疏 敦煌學大辭典 上海辭書出版社 1998 p. 645

郝春文 關於唐後期五代宋初沙州僧團的"出唱"活動 首都師範大學史學研究(1) 首都師範大學出版社 1999 p. 111

王進玉 從敦煌文物看中西文化交流 《西域研究》1999 年第 1 期 p. 60

譚蟬雪 唐宋敦煌歲時佛俗:正月 《敦煌研究》2000 年第 4 期 p. 69

顏廷亮 敦煌文化 光明日報出版社 2000 p. 403

高啓安 晚唐五代敦煌僧人飲食戒律初探 敦煌佛教藝術文化國際學術研討會論文集 蘭州大學出版社 2002 p. 392

榮新江 于闐花氈與粟特銀盤:九、十世紀敦煌寺院的外來供養 寺院財富與世俗供養 上海書畫出版社 2003 p. 251

童丕 據敦煌寫本談紅藍花——植物的使用 寺院財富與世俗供養 上海書畫出版社 2003 p. 261

余欣 禁忌、儀式與法術 唐代宗教信仰與社會 上海辭書出版社 2003 p. 341

高啓安 唐五代敦煌飲食文化研究 民族出版社 2004 p. 33、366

李正宇 晚唐至宋敦煌僧人聽食"淨肉" 敦煌學(第 25 輯) (臺北)樂學書局有限公司 2004 p. 187

P. 2864

小島祐馬 巴黎國立圖書館藏敦煌遺書所見錄(八) 『支那學』(7 卷 3 號) (京都)支那學社 1934 p. 117

王重民 金山國墜事零拾 《國立北平圖書館館刊》1936 年第 9 卷第 6 號 又見:敦煌學文選(上) 蘭州大學歷史系敦煌學研究室等 1983 p. 67;敦煌遺書論文集 中華書局 1984 p. 87;中國敦煌學百年文庫·歷史卷(一) 甘肅文化出版社 1999 p. 29

西村元佑　唐代敦煌差科簿の研究　西域文化研究(第三)‧敦煌吐魯番社會經濟資料(下)　(京都)法藏館　1960　p. 428

長澤和俊　敦煌　(東京)築摩書房　1965　p. 188

金岡照光　敦煌文學のさまざま　敦煌の文學　(東京)大藏出版株式會社　1971　p. 164

陳祚龍　莫高窟壁畫表隱　敦煌資料考屑(下冊)　(臺北)商務印書館　1979　p. 292

王重民　敦煌古籍叙録　中華書局　1979　p. 242

蘇瑩輝　敦煌學概要　(臺北)編譯館"中華叢書編委會"　1981　p. 49

唐耕耦　唐前期的戶等與租庸調的關係　魏晉隋唐史論集(第一輯)　中國社會科學出版社　1981　p. 187

鄭良樹　敦煌老子寫本考異　(臺北)《大陸雜誌》1981 年第 2 期　又見:中國敦煌學百年文庫‧宗教卷(三)　甘肅文化出版社　1999　p. 66

傅芸子　敦煌俗文學之發見及其展開　敦煌變文論文録　上海古籍出版社　1982　p. 140

王冀青　有關金山國史的幾個問題　《敦煌學輯刊》1982 年第 3 期　p. 46

楠山春樹　道德經類　付『莊子』『列子』『文子』　敦煌と中國道教(講座敦煌 4)　(東京)大東出版社　1983　p. 39

蘇瑩輝　中外敦煌古寫本纂要　敦煌論集　(臺北)學生書局　1983　p. 325

冷鵬飛　唐末沙州歸義軍時期有關百姓受田和賦稅的幾個問題　《敦煌學輯刊》1984 年第 1 期　p. 36

饒宗頤　敦煌書法叢刊(第十九卷)‧碎金(二)　(東京)二玄社　1984　p. 101

艾麗白著　耿昇譯　敦煌漢文寫本中的鳥形押　敦煌譯叢(第一輯)　甘肅人民出版社　1985　p. 210 注 3

饒宗頤　敦煌書法叢刊(第十五卷)‧牒狀(二)　(東京)二玄社　1985　p. 79

王重民　巴黎敦煌殘卷叙録(第二輯)　敦煌叢刊初集(九)　(臺北)新文豐出版公司　1985　p. 273

西村元佑著　姜鎮慶譯　通過唐代敦煌差科簿看唐代均田制時代的徭役制度　敦煌學譯文集　甘肅人民出版社　1985　p. 1208

蘇瑩輝　從幾種敦煌資料論張承奉、曹議金之稱"帝"稱"王"　敦煌學(第 11 輯)　(臺北)新文豐出版公司　1986　p. 71　又見:敦煌文史藝術論叢　(臺北)新文豐出版公司　1987　p. 150

蘇瑩輝　瓜沙史事述要　漢學研究(敦煌學國際研討會論文專號)　(臺北)漢學研究資料及服務中心　1986　p. 473　又見:敦煌文史藝術論叢　(臺北)新文豐出版公司　1987　p. 83

王重民原編　黃永武新編　敦煌古籍叙録新編(第十三冊)　(臺北)新文豐出版公司　1986　p. 1

姜亮夫　巴黎所藏敦煌寫本道德經殘卷綜合研究　敦煌學論文集　上海古籍出版社　1987　p. 278

李正宇　關於金山國和敦煌國建國的幾個問題　《西北史地》1987 年第 2 期　p. 63

李正宇　談《白雀歌》尾部雜寫與金山國建國年月　《敦煌研究》1987 年第 3 期　p. 75

龍晦　大足石刻父母恩重經變像與敦煌音樂文學的關係　敦煌歌辭總編　上海古籍出版社　1987　p. 1835

王永興　隋唐五代經濟史料彙編校注‧第一編(下)　中華書局　1987　p. 541

中野美代子　敦煌物語　(東京)集英社　1987　p. 188

陳祚龍　看了敦煌古抄《報恩寺開溫室浴僧記》以後　敦煌學散策新集　(臺北)新文豐出版公司　1989　p. 213

高國藩　敦煌民俗學　上海文藝出版社　1989　p. 338

顏廷亮　《白雀歌》新校並序　《敦煌學輯刊》1989 年第 2 期　p. 60

張錫厚　敦煌詩歌考論　《敦煌學輯刊》1989 年第 2 期　p. 9

張錫厚　詩歌　敦煌文學　甘肅人民出版社　1989　p. 154

盧向前　金山國立國之我見　《敦煌學輯刊》1990 年第 2 期　p. 14　又見：敦煌吐魯番文書論稿　江西人民出版社　1992　p. 171

蘇哲　伯二九九二號文書三通五代狀文的研究　敦煌吐魯番文獻研究論集（第五輯）　北京大學出版社　1990　p. 441

張伯元　試論敦煌壁畫《龍王禮佛圖》的創作思想　《敦煌學輯刊》1990 年第 2 期　p. 75

顧吉辰　西漢金山國系年要錄　《敦煌研究》1991 年第 3 期　p. 64

李正宇　敦煌名勝古迹導論　《陽關》1991 年第 4 期　p. 49

林家平　寧强　羅華慶　中國敦煌學史　北京語言學院出版社　1992　p. 518

盧向前　關於歸義軍時期一份布紙破用曆的研究：試釋伯四六四〇背面文書　敦煌吐魯番文書論稿　江西人民出版社　1992　p. 166

榮新江　金山國史辨正　中華文史論叢（總 50 輯）　上海古籍出版社　1992　p. 77

周紹良　敦煌文學芻議及其它　（臺北）新文豐出版公司　1992　p. 22

昐麟　金山國名稱來源　《敦煌學輯刊》1993 年第 1 期　p. 52

李正宇　敦煌文學概論　甘肅人民出版社　1993　p. 98、140

項楚　敦煌詩歌導論　（臺北）新文豐出版公司　1993　p. 263

張錫厚　敦煌文學概論　甘肅人民出版社　1993　p. 358

姜伯勤　敦煌邈真讚與敦煌望族　敦煌邈真讚校錄並研究　（臺北）新文豐出版公司　1994　p. 44

王永興　敦煌經濟文書導論　（臺北）新文豐出版公司　1994　p. 378

段小强　讀《瓜沙史事概述》劄記　《敦煌學輯刊》1995 年第 2 期　p. 127

胡戟　傅玫　敦煌史話　中華書局　1995　p. 134

李正宇　《沙州都督府圖經卷第三》劄記（二）　《敦煌研究》1995 年第 4 期　p. 108

劉進寶　敦煌學論述　（臺北）洪葉文化事業有限公司　1995　p. 110 注 146、270、317

蘇瑩輝　張承奉稱帝稱王與曹仁貴節度沙州歸義軍顛末考　敦煌學國際研討會文集·史地語文編　遼寧美術出版社　1995　p. 51

顏廷亮　敦煌文學概說　（臺北）新文豐出版公司　1995　p. 167、267

楊秀清　八十年代以來金山國史研究綜述　《敦煌研究》1995 年第 4 期　p. 187

鄭炳林　敦煌漢文吐蕃史料綜述：兼論吐蕃控制河西時期的職官與統治政策　敦煌吐魯番文獻研究　蘭州大學出版社　1995　p. 93

鄭炳林　《梁幸德邈真讚》與梁願請《莫高窟功德記》　敦煌吐魯番文獻研究　蘭州大學出版社　1995　p. 267

鄭炳林　唐五代敦煌金鞍山異名考　《敦煌研究》1995 年第 2 期　p. 129

鄭炳林　羊萍　敦煌本夢書　甘肅文化出版社　1995　p. 309 注

姜伯勤　敦煌藝術宗教與禮樂文明　中國社會科學出版社　1996　p. 303

李正宇　敦煌史地新論　（臺北）新文豐出版公司　1996　p. 123

劉進寶　P. 3236 號《壬申年官布籍》時代考　《西北師大學報》（社會科學版）1996 年第 5 期　p. 43

劉進寶　P. 3236 號《壬申年官布籍》研究　慶祝潘石禪先生九秩華誕敦煌學特刊　（臺北）文津出版社　1996　p. 358

榮新江　歸義軍史研究　上海古籍出版社　1996　p. 14

顏廷亮　敦煌西漢金山國檔案文獻考略　《甘肅社會科學》1996 年第 5 期　p. 92

顏廷亮　關於《白雀歌》見在寫卷兼及敦煌佛道關係　敦煌佛教文化研究　社科縱橫編輯部　1996　p. 12

陳國燦　敦煌五十九首佚名氏詩歷史背景新探　敦煌吐魯番研究（第二卷）　北京大學出版社
　　1997　p. 92

馮培紅　晚唐五代宋初歸義軍武職軍將研究　敦煌歸義軍史專題研究　蘭州大學出版社　1997
　　p. 140

劉子瑜　敦煌變文和王梵志詩　大象出版社　1997　p. 72

齊陳俊　馮培紅　晚唐五代宋初歸義軍政權中“十將”及下屬諸職考　敦煌歸義軍史專題研究　蘭
　　州大學出版社　1997　p. 31

楊秀清　金山國立國年代補證　《敦煌研究》1997年第4期　p. 129、133

鄭炳林　敦煌碑銘讚及其有關問題　敦煌碑銘讚輯釋　甘肅教育出版社　1997　p. 17

鄭炳林　敦煌碑銘讚輯釋　甘肅教育出版社　1997　p. 321注2、360注9

鄭炳林　論晚唐敦煌文士張球即張景球　文史（第四十三輯）　中華書局　1997　p. 119注28

鄭炳林　唐五代敦煌金山國征伐樓蘭史事考　敦煌歸義軍史專題研究　蘭州大學出版社　1997
　　p. 2

鄭炳林　唐五代敦煌畜牧區域研究　敦煌歸義軍史專題研究　蘭州大學出版社　1997　p. 220

鄭炳林　馮培紅　唐五代歸義軍政權對外關係中的使頭一職　敦煌歸義軍史專題研究　蘭州大學出
　　版社　1997　p. 52

白化文　老子道德經李榮注　敦煌學大辭典　上海辭書出版社　1998　p. 777

姜伯勤　道釋相激：道教在敦煌　道家文化研究（第十三輯）　三聯書店　1998　p. 64

李正宇　白雀歌　敦煌學大辭典　上海辭書出版社　1998　p. 552

榮新江　歸義軍大事紀年初稿　出土文獻研究（第三輯）　文物出版社　1998　p. 242

楊森　敦煌邊塞詩歌綜論　《敦煌研究》1998年第1期　p. 127

楊森　張承奉　敦煌學大辭典　上海辭書出版社　1998　p. 356

胡大浚　王志鵬　敦煌邊塞詩歌校注　甘肅人民出版社　1999　p. 253

姜亮夫　敦煌：偉大的文化寶藏　雲南人民出版社　1999　p. 80

陸慶夫　金山國與甘州回鶻關係考論　《敦煌學輯刊》1999年第1期　p. 53

任愛君　對敦煌遺書“樓上”一詞的釋義　《敦煌研究》1999年第1期　p. 93

顏廷亮　關於敦煌文學發展的歷史進程　《甘肅社會科學》1999年第4期　p. 46

楊森　敦煌社司文書畫押符號及其相關問題　《敦煌學輯刊》1999年第1期　p. 89

楊秀清　敦煌西漢金山國史　甘肅人民出版社　1999　p. 56、74

杜琪　敦煌詩賦作品要目分類題注　《甘肅社會科學》2000年第1期　p. 62

劉進寶　敦煌文書與唐史研究　（臺北）新文豐出版公司　2000　p. 13、229

徐俊　敦煌詩集殘卷輯考　中華書局　2000　p. 772

顏廷亮　敦煌文化　光明日報出版社　2000　p. 209、443

顏廷亮　敦煌文化的靈魂論綱　《甘肅社會科學》2000年第4期　p. 35

顏廷亮　敦煌西漢金山國之文學考論　1994年敦煌學國際研討會文集·宗教文史卷（上）　甘肅民
　　族出版社　2000　p. 205

楊寶玉　敦煌史話　中國大百科全書出版社　2000　p. 159

張錫厚　敦煌文學源流　作家出版社　2000　p. 36

陳國燦　敦煌學史事新證　甘肅教育出版社　2002　p. 25

劉進寶　敦煌學通論　甘肅教育出版社　2002　p. 295、361

劉瑞明　《漢將王陵變》與《捉季布傳文》校注　《敦煌學輯刊》2002年第2期　p. 27

呂鍾　重修敦煌縣誌　甘肅人民出版社　2002　p. 490

楊寶玉　敦煌滄桑　長江文藝出版社　2002　p. 243

沙武田　趙曉星　歸義軍時期敦煌文獻中的太子　《敦煌研究》2003 年第 4 期　p. 51

王繼光　鄭炳林　敦煌漢文吐蕃史料綜述　中國西部民族文化研究（2003 年卷）　民族出版社　2003　p. 245

王豔明　瓜州曹氏與甘州回鶻的兩次和親始末　《敦煌研究》2003 年第 1 期　p. 70

蕭默　敦煌建築研究　機械工業出版社　2003　p. 18

鄭炳林　晚唐五代敦煌村莊聚落輯考　2000 年敦煌學國際學術討論會文集・歷史文化卷（上）　甘肅民族出版社　2003　p. 153

柳洪亮　遷居吐魯番盆地的吐谷渾人　《吐魯番學研究》2004 年第 2 期　p. 129

湯涒　敦煌曲子詞地域文化研究　上海古籍出版社　2004　p. 120

王卡　敦煌道教文獻研究　中國社會科學出版社　2004　p. 28、174

王志鵬　敦煌寫卷 P. 2555《白雲歌》再探　《敦煌研究》2004 年第 6 期　p. 86

朱大星　敦煌寫卷李榮《老子注》及相關問題　浙江與敦煌學：常書鴻先生誕辰一百周年紀念文集　浙江古籍出版社　2004　p. 372

高啓安　趙紅　敦煌“玉女”考屑　《敦煌研究》2005 年第 2 期　p. 70　又見：敦煌學國際研討會論文集　北京圖書館出版社　2005　p. 227

朱鳳玉　王重民先生與敦煌文學研究　敦煌學國際研討會論文集　北京圖書館出版社　2005　p. 11

馮培紅　歸義軍鎮制考　敦煌吐魯番研究（第九卷）　中華書局　2006　p. 267

P. 2865

石井昌子　靈寶經類　敦煌と中國道教（講座敦煌 4）　（東京）大東出版社　1983　p. 151

姜亮夫　敦煌所見道教佚經考　敦煌學論文集　上海古籍出版社　1987　p. 320

陶秋英輯錄　姜亮夫校訂　敦煌所見道教佚經錄　敦煌碎金　浙江古籍出版社　1992　p. 330

沃興華　敦煌書法藝術　上海人民出版社　1994　p. 155、265

鄭汝中　唐代書法藝術與敦煌寫卷　敦煌書法庫（第四輯）　甘肅人民美術出版社　1994　p. 7　又見：《敦煌研究》1996 年第 2 期　p. 125

大淵忍爾　論古靈寶經　道家文化研究（第十三輯）　三聯書店　1998　p. 501

王卡　太上洞玄靈寶滅度五練生屍妙經　敦煌學大辭典　上海辭書出版社　1998　p. 768

顏廷亮　敦煌文化中的道教及文化　《敦煌研究》1999 年第 1 期　p. 141

茅甘　論唐宋的墓葬刻石　法國漢學（敦煌學專號）　中華書局　2000　p. 151

顏廷亮　敦煌文化　光明日報出版社　2000　p. 246

郝春文　英藏敦煌社會歷史文獻釋錄（第一卷）　科學出版社　2001　p. 458

王卡　敦煌道教文獻研究　中國社會科學出版社　2004　p. 102

P. 2866

陳祚龍　敦煌古抄內典尾記彙校初、二、三編合刊　敦煌學要籥　（臺北）新文豐出版公司　1982　p. 182

遊佐昇　文學文獻より見た敦煌の道教　敦煌と中國道教（講座敦煌 4）　（東京）大東出版社　1983　p. 279

韓建瓴　題跋　敦煌文學　甘肅人民出版社　1989　p. 75

池田溫　中國古代寫本識語集錄　（東京）大藏出版株式會社　1990　p. 148

林聰明　敦煌文書出處略考　季羨林教授八十華誕紀念論文集（下）　江西人民出版社　1991

p. 864

林聰明　敦煌文書學　（臺北）新文豐出版公司　1991　p. 402

黃征　吳偉　敦煌願文集　岳麓書社　1995　p. 855

施萍婷　敦煌遺書題記隋董孝纘寫經考略　周紹良先生欣開九秩慶壽文集　中華書局　1997
　　p. 120

方廣錩　大方等大集經　敦煌學大辭典　上海辭書出版社　1998　p. 662

金岡照光　敦煌文獻と中國文學　（東京）五曜書房　2000　p. 432

林聰明　敦煌吐魯番文書解詁指例　（臺北）新文豐出版公司　2001　p. 180

王惠民　敦煌隋至初唐的彌勒圖像考察　2000 年敦煌學國際學術討論會文集·石窟考古卷　甘肅
　　民族出版社　2003　p. 27

黃征　敦煌俗字典　上海教育出版社　2005　p. 27

黃征　敦煌俗字種類考辨　敦煌學·日本學:石塚晴通教授退職紀念論文集　上海辭書出版社
　　2005　p. 119

P. 2867

周一良　敦煌寫本書儀考（之二）　敦煌吐魯番文獻研究論集（第四輯）　北京大學出版社　1987
　　p. 30　又見:唐五代書儀研究　中國社會科學出版社　1995　p. 84

梅弘理著　耿昇譯　根據 P. 2547 號寫本對《齋琬文》的復原和斷代　《敦煌研究》1990 年第 2 期
　　p. 52

邵文實　敦煌俗文學作品中的駢儷文風　《敦煌學輯刊》1994 年第 2 期　p. 46

黃征　吳偉　敦煌願文集　岳麓書社　1995　p. 71

榮新江　評《俄藏敦煌文獻》第 1 － 5 冊　敦煌吐魯番研究（第一卷）　北京大學出版社　1996
　　p. 372

張廣達　"歡佛"與"歡齋"　慶祝鄧廣銘教授九十華誕論文集　河北教育出版社　1997　p. 61

山田俊　唐初道教思想史研究·資料篇　（京都）平樂寺書店　1999　p. 164

周一良　魏晉南北朝史論集續編　北京大學出版社　2001　p. 237、270

石雲濤　唐代幕府制度研究　中國社會科學出版社　2003　p. 346

湛如　敦煌佛教律儀制度研究　中華書局　2003　p. 336

P. 2868

石井昌子　靈寶經類　敦煌と中國道教（講座敦煌 4）　（東京）大東出版社　1983　p. 156

姜亮夫　敦煌所見道教佚經考　敦煌學論文集　上海古籍出版社　1987　p. 318

陶秋英輯錄　姜亮夫校訂　敦煌所見道教佚經錄　敦煌碎金　浙江古籍出版社　1992　p. 326

朱越利　道經總論　遼寧教育出版社　1992　p. 274

王卡　天尊說隨願往生罪福報對次說預修科文妙經　敦煌學大辭典　上海辭書出版社　1998
　　p. 764

王卡　敦煌道教文獻研究　中國社會科學出版社　2004　p. 132

王卡　中國國家圖書館藏敦煌道教遺書研究報告　敦煌吐魯番研究（第七卷）　北京大學出版社
　　2004　p. 358

P. 2869

池田溫　評『ペリオ將來敦煌漢文文獻目録』第一卷（P. 2001 － 2500）　『東洋學報』（54 卷 4 號）

（東京）東洋學術協會　1972　p. 67

那波利貞　梁戶考　唐代社會文化史研究·第三編　（東京）創文社　1974　p. 277

王永興　隋唐五代經濟史料彙編校注·第一編（下）　中華書局　1987　p. 688

唐耕耦　陸宏基　敦煌社會經濟文獻真迹釋録（二、四）　全國圖書館文獻縮微複製中心　1990
　　p. 74；28

張涌泉　《王梵志詩校注》獻疑　《敦煌研究》1990 年第 2 期　p. 79

仁井田陞　補訂中國法制史研究：土地法·交易法　東京大學出版會　1991　p. 738

趙聲良　轎子小考　《文史知識》1991 年第 11 期　p. 55

邰惠莉　敦煌遺書中的白描畫簡介　《社科縱橫》1994 年第 4 期　p. 50

寧可　郝春文　敦煌社邑文書輯校　江蘇古籍出版社　1997　p. 458

鄭炳林　晚唐五代敦煌貿易市場的物價　敦煌歸義軍史專題研究　蘭州大學出版社　1997　p. 295

沙知　敦煌契約文書輯校　江蘇古籍出版社　1998　p. 263

山本達郎等　補（Ⅳ）社·Ⅳ 納贈曆·納色物曆　『NUN－HUANG AND TURFAN DOCUMENTS
　　CONCERNING SOCIAL AND ECONOMIC HISTORY』(Sup. p. lemrnts)　（東京）東洋文庫　2001
　　p. 84

楊森　關於敦煌文獻中的"平章"一詞　敦煌學與中國史研究論集　甘肅人民出版社　2001　p. 232

楊惠玲　敦煌契約文書中的保人、見人、口承人、同便人、同取人　《敦煌研究》2002 年第 6 期　p. 43

P. 2870

陳祚龍　關於道家"本際經"及其"要略妙義"與"疏"的敦煌古抄　敦煌文物隨筆　（臺北）商務印書
　　館　1979　p. 215

金岡照光　敦煌寫本と民衆仏教　続シルクロードと仏教文化　（東京）東洋哲學研究所　1980
　　p. 155

道端良秀　敦煌文獻に見える死後の世界　敦煌と中國仏教（講座敦煌 7）　（東京）大東出版社
　　1984　p. 506

金岡照光　敦煌における地獄文獻——敦煌庶民信仰の一樣相　敦煌と中國仏教（講座敦煌 7）
　　（東京）大東出版社　1984　p. 574

小川貫弌　閻羅王授記經　敦煌と中國仏教（講座敦煌 7）　（東京）大東出版社　1984　p. 228

杜斗城　關於敦煌本《佛說十王經》的幾個問題　《世界宗教研究》1987 年第 2 期　p. 44

杜斗城　敦煌本《佛說十王經》校録研究　甘肅教育出版社　1989　p. 23

高國藩　敦煌古俗與民俗流變　河海大學出版社　1990　p. 317

郭在貽　張涌泉　黃征　敦煌變文集校議　岳麓書社　1990　p. 10

譚蟬雪　三教融合的敦煌喪俗　《敦煌研究》1991 年第 3 期　p. 74

郭在貽　郭在貽語言文學論稿　浙江古籍出版社　1992　p. 59

郭在貽　郭在貽敦煌學論集　江西人民出版社　1993　p. 221

蘇遠鳴　敦煌寫本中的壁畫題識集　法國學者敦煌學論文選萃　中華書局　1993　p. 204

蔣禮鴻　敦煌文獻語言詞典　杭州大學出版社　1994　p. 286

張涌泉　試論審辨敦煌寫本俗字的方法　《敦煌研究》1994 年第 2 期　p. 151　又見：舊學新知　浙
　　江大學出版社　1999　p. 84

杜斗城　北涼譯經論　甘肅文化出版社　1995　p. 42、51

宿白　敦煌莫高窟密教遺迹劄記　中國石窟寺考古　文物出版社　1996　p. 293

黃征　敦煌變文釋詞　敦煌語文叢說　（臺北）新文豐出版公司　1997　p. 43

黃征　敦煌文學《兒郎偉》輯録校注　敦煌語文叢說　（臺北）新文豐出版公司　1997　p. 677

黃征　《李陵變文》補校　敦煌語文叢說　（臺北）新文豐出版公司　1997　p. 346

黃征　張涌泉　敦煌變文校注　中華書局　1997　p. 84、137、324、432

方廣錩　閻羅王授記勸修七齋功德經　敦煌學大辭典　上海辭書出版社　1998　p. 739

葛兆光　中國宗教與文學論集　清華大學出版社　1998　p. 181 注 2

李正宇　兩面抄　敦煌學大辭典　上海辭書出版社　1998　p. 592

羅世平　地藏十王圖像的遺存及其信仰　唐研究（第四卷）　北京大學出版社　1998　p. 409 注 2

譚蟬雪　逆修　敦煌學大辭典　上海辭書出版社　1998　p. 444

譚蟬雪　十齋忌　敦煌學大辭典　上海辭書出版社　1998　p. 443

高國藩　敦煌俗文化學　上海三聯書店　1999　p. 608

黃征　《變文字義待質録》考辨　中古近代漢語研究（第一輯）　上海教育出版社　2000　p. 205　又見：2000 年敦煌學國際學術討論會文集·歷史文化卷（下）　甘肅民族出版社　2003　p. 420

金岡照光　敦煌文獻と中國文學　（東京）五曜書房　2000　p. 21

高啓安　從莫高窟壁畫看唐五代敦煌人的坐具和飲食坐姿（下）　《敦煌研究》2001 年第 4 期　p. 23

張總　《閻羅王授記經》綴補研考　敦煌吐魯番研究（第五卷）　北京大學出版社　2001　p. 83

杜斗城　流傳於日本的《十王生七經》與《地藏十王經》　敦煌佛教藝術文化國際學術研討會論文集　蘭州大學出版社　2002　p. 56

黃征　敦煌語言文字學研究　甘肅教育出版社　2002　p. 8、28、60

黃征　敦煌語言文字學研究要論　漢語史學報（第二輯）　上海教育出版社　2002　p. 3

勝義　《俄藏敦煌文獻》第十二冊校讀記（上）　戒幢佛學（第二卷）　岳麓書社　2002　p. 630

王繼如　敦煌變文研究尚有可爲　漢語史學報專輯（第三輯）　上海教育出版社　2003　p. 363

王繼如　敦煌通讀字研究芻議　文史（第五十六輯）　中華書局　2003　p. 222

張總　地藏信仰研究　宗教文化出版社　2003　p. 273

張總　疑僞經典與佛教藝術探例　2000 年敦煌學國際學術討論會文集·石窟藝術卷　甘肅民族出版社　2003　p. 246

黨燕妮　晚唐五代敦煌的十王信仰　麥積山石窟藝術文化論文集（下）　蘭州大學出版社　2004　p. 150

高啓安　唐五代敦煌飲食文化研究　民族出版社　2004　p. 251

荒見泰史　關於地藏十王信仰成立和演變的有關資料數則　2004 年石窟研究國際學術會議論文提要集　敦煌研究院　2004　p. 62

P. 2872

陳祚龍　敦煌道經後記彙録　敦煌文物隨筆　（臺北）商務印書館　1979　p. 23

王重民　敦煌古籍叙録　中華書局　1979　p. 92

蘇瑩輝　敦煌學概要　（臺北）編譯館“中華叢書編委會”　1981　p. 39

陳祚龍　新校重訂《敦煌道經後記彙録》　敦煌學要籥　（臺北）新文豐出版公司　1982　p. 213 注 3

蘇瑩輝　中外敦煌古寫本纂要　敦煌論集　（臺北）學生書局　1983　p. 315

王重民　英倫所藏敦煌經卷訪問記　敦煌遺書論文集　中華書局　1984　p. 4

王重民　巴黎敦煌殘卷叙録（第一輯）　敦煌叢刊初集（九）　（臺北）新文豐出版公司　1985　p. 135、201

王重民原編　黃永武新編　敦煌古籍叙録新編（第五冊）　（臺北）新文豐出版公司　1986　p. 272

康世昌　《春秋後語》輯校（上）　敦煌學（第 14 輯）　（臺北）新文豐出版公司　1989　p. 91

康世昌　《春秋後語》研究　敦煌學(第 16 輯)　(臺北)新文豐出版公司　1990　p. 84

胡戟　傅玫　敦煌史話　中華書局　1995　p. 143

榮新江　敦煌文獻與古籍整理　慶祝吳其昱先生八秩華誕敦煌學特刊　(臺北)文津出版社　2000
　　　p. 274

姜亮夫　敦煌莫高窟年表　姜亮夫全集(十一)　雲南人民出版社　2002　p. 34

張弓　敦煌四部籍與中古後期社會的文化情境　敦煌學(第 25 輯)　(臺北)樂學書局有限公司
　　　2004　p. 315

P. 2873

關德棟　談變文　《覺群周報》1946 年 1 卷 1 - 12 期　又見:敦煌變文論文錄　上海古籍出版社
　　　1982　p. 203、224

邱鎮京　敦煌變文述論　(臺北)商務印書館　1974　p. 1865

傅芸子　敦煌俗文學之發見及其展開　敦煌變文論文錄　上海古籍出版社　1982　p. 135

道端良秀　敦煌文獻に見える死後の世界　敦煌と中國仏教(講座敦煌 7)　(東京)大東出版社
　　　1984　p. 514

金岡照光　敦煌における地獄文獻——敦煌庶民信仰の一樣相　敦煌と中國仏教(講座敦煌 7)
　　　(東京)大東出版社　1984　p. 579

鄭振鐸　中國俗文學史(上)　上海書店　1987　p. 185、206

曲金良　敦煌佛教文學研究　(臺北)文津出版社　1995　p. 38

白化文　紫墨寫經　敦煌學大辭典　上海辭書出版社　1998　p. 591

林聰明　敦煌吐魯番文書解詁指例　(臺北)新文豐出版公司　2001　p. 27 注 6

P. 2874

陳祚龍　古代敦煌及其他地區流行之公私印章圖記文字錄　敦煌學要籥　(臺北)新文豐出版公司
　　　1982　p. 345

顏廷亮　敦煌文學概說　(臺北)新文豐出版公司　1995　p. 66

郝春文　唐後期五代宋初敦煌僧尼的社會生活　中國社會科學出版社　1998　p. 21

李正宇　悟真　敦煌學大辭典　上海辭書出版社　1998　p. 355

P. 2875

那波利貞　千佛岩莫高窟と敦煌文書　西域文化研究(第二)・敦煌吐魯番社會經濟資料(上)　(京
　　　都)法藏館　1959　p. 52

金岡照光　敦煌漢文文學文獻の文學形態上の種類とその分類　敦煌出土文學文獻分類目錄・附解
　　　說　(東京)東洋文庫　1971　p. 218

金岡照光　敦煌文學のさまざま　敦煌の文學　(東京)大藏出版株式會社　1971　p. 113

楊家駱　敦煌變文　(臺北)世界書局　1980　p. 270

潘重規　敦煌變文集新書(下)　(臺北)"中國文化大學"中文研究所　1984　p. 1172

王重民　茶酒論　敦煌變文集　人民文學出版社　1984　p. 270

雷僑雲　敦煌兒童文學　(臺北)學生書局　1985　p. 159

朗吉　敦煌漢文卷子《茶酒論》與藏文《茶酒仙女》　《敦煌學輯刊》1986 年第 1 期　p. 68 注 3

張鴻勳　敦煌講唱文學作品選注　甘肅人民出版社　1987　p. 101

周丕顯　題跋　敦煌文學　甘肅人民出版社　1989　p. 81

暨遠志　敦煌寫本《茶酒論》研究之一　敦煌學國際學術討論會論文縮寫文（1990）　敦煌研究院
　　1990　p. 93

江藍生　近代漢語語法資料彙編（唐五代卷）　商務印書館　1990　p. 334

項楚　敦煌變文選注　巴蜀書社　1990　p. 432

趙遼夫　唐代的一個俳優戲腳本：敦煌石窟發現《茶酒論》考述　中國文化（3）　（香港）中華書局
　　1990　p. 163 注 1

金岡照光　散文體類　敦煌の文學文獻（講座敦煌 9）　（東京）大東出版社　1992　p. 177

周紹良　敦煌文學芻議及其它　（臺北）新文豐出版公司　1992　p. 13

張鴻勳　敦煌話本詞文俗賦導論　（臺北）新文豐出版公司　1993　p. 204

丛春雨　敦煌中醫藥全書　中醫古籍出版社　1994　p. 713

王小盾　潘建國　敦煌論議考　中國古籍研究（第一卷）　上海古籍出版社　1996　p. 187

黃征　張涌泉　敦煌變文校注　中華書局　1997　p. 425

齊陳俊　馮培紅　晚唐五代宋初歸義軍對外商業貿易　敦煌歸義軍史專題研究　蘭州大學出版社
　　1997　p. 349

黃征　敦煌願文雜考　文史（第四十六輯）　中華書局　1998　p. 248

張鴻勳　茶酒論　敦煌學大辭典　上海辭書出版社　1998　p. 586

高國藩　敦煌俗文化學　上海三聯書店　1999　p. 291

徐俊　敦煌詩集殘卷輯考　中華書局　2000　p. 435

張鴻勳　說唱藝術奇葩：敦煌變文選評　甘肅人民出版社　2000　p. 114

陳明　醫理精華：印度古典醫學在敦煌的實例分析　敦煌吐魯番研究（第五卷）　北京大學出版社
　　2001　p. 257 注

黃征　敦煌語言文字學研究　甘肅教育出版社　2002　p. 185

馬繼興　當前世界各地收藏的中國出土卷子本古醫藥文獻備考　敦煌吐魯番研究（第六卷）　北京
　　大學出版社　2002　p. 134、149

馬茜　歸義軍時期敦煌地區庶民佛教的發展　甘肅民族研究論叢　甘肅人民出版社　2002　p. 454

張鴻勳　敦煌俗文學研究　甘肅人民出版社　2002　p. 7、193

胡素馨　佛教藝術的經濟制度：雜物曆、儲藏室和畫行　寺院財富與世俗供養　上海書畫出版社
　　2003　p. 289 注 26

王昆吾　從敦煌學到域外漢文學　商務印書館　2003　p. 26

P. 2876

芳村修基　土橋秀高　井ノ口泰淳　敦煌佛教史年表　西域文化研究（第一）・敦煌佛教資料
　　（京都）法藏館　1958　p. 274

池田溫　中國古代の租佃契（上）　『東洋文化研究所紀要』（第 60 冊）　東京大學東洋文化研究所
　　1973　p. 93

陳祚龍　中世敦煌與成都之間的交通路線　敦煌學（第 1 輯）　（香港）新亞研究所敦煌學會　1974
　　p. 81　又見：敦煌資料考屑（下）　（臺北）商務印書館　1979　p. 335 ；唐代研究論集（第三輯）
　　（臺北）新文豐出版公司　1992　p. 436

陳祚龍　敦煌古抄內典尾記彙校初、二、三編合刊　敦煌學要籥　（臺北）新文豐出版公司　1982
　　p. 182

石井昌子　靈寶經類　敦煌と中國道教（講座敦煌 4）　（東京）大東出版社　1983　p. 161

王重民　巴黎敦煌殘卷叙録（第一輯）　敦煌叢刊初集（九）　（臺北）新文豐出版公司　1985　p. 135

李正宇　關於金山國和敦煌國建國的幾個問題　《西北史地》1987 年第 2 期　p. 65

李正宇　談《白雀歌》尾部雜寫與金山國建國年月　《敦煌研究》1987 年第 3 期　p. 79 注 7

平野顯照著　張桐生譯　唐代的文學與佛教　（臺北）業強出版社　1987　p. 256

舒學　敦煌漢文遺書中雕版印刷資料綜叙　敦煌語言文學研究　北京大學出版社　1988　p. 296

山本達郎等　敦煌·Ⅲ 轉貼　『NUN–HUANG AND TURFAN DOCUMENTS CONCERNING SOCIAL AND ECONOMIC HISTORY』(Ⅳ)　（東京）東洋文庫　1989　p. 35

池田溫　中國古代寫本識語集録　（東京）大蔵出版株式會社　1990　p. 451

文初　讀敦煌卷子劄記二則　《敦煌語言文學研究通訊》1990 年第 2–3 期　p. 7

文初　關於敦煌卷子中的"八十二老人"　《社科縱橫》1990 年第 6 期　p. 39

林家平　寧强　羅華慶　中國敦煌學史　北京語言學院出版社　1992　p. 676

盧向前　金山國立國之我見　敦煌吐魯番文書論稿　江西人民出版社　1992　p. 177

翁同文　世界史上最早的中晚唐間長安出版商　唐代研究論集（第四輯）　（臺北）新文豐出版公司　1992　p. 62

李正宇　敦煌文學概論　甘肅人民出版社　1993　p. 97

蘇遠鳴　敦煌佛教肖像劄記　法國學者敦煌學論文選萃　中華書局　1993　p. 190、198 注 11

邰惠莉　敦煌遺書中的白描畫簡介　《社科縱橫》1994 年第 4 期　p. 49

土肥義和　唐·北宋間の「社」の組織形態に関する一考察　中國古代の國家と民衆（堀敏一先生古稀記念）　（東京）汲古書院　1995　p. 716

顏廷亮　敦煌文學概說　（臺北）新文豐出版公司　1995　p. 225

顏廷亮　張球著作系年與生平管窺　敦煌學國際研討會文集·史地語文編　遼寧美術出版社　1995　p. 269

鄭阿財　敦煌寫卷《持誦金剛經靈驗功德記》研究　全國敦煌學研討會論文集　（臺北）中正大學中國文學系所　1995　p. 269

李正宇　敦煌史地新論　（臺北）新文豐出版公司　1996　p. 197

榮新江　歸義軍史研究　上海古籍出版社　1996　p. 216

鄭阿財　敦煌靈應小說的佛教史學價值　唐研究國際學術會議論文彙編　中國社會科學院歷史所等　1997　p. 192　又見：唐研究（第四卷）　北京大學出版社　1998　p. 41

鄭炳林　敦煌碑銘讚輯釋　甘肅教育出版社　1997　p. 296 注 3

白化文　西川過家真印本　敦煌學大辭典　上海辭書出版社　1998　p. 590

白化文　朱墨寫經　敦煌學大辭典　上海辭書出版社　1998　p. 591

方廣錩　敦煌遺書中的《金剛經》及其注疏　敦煌學佛教學論叢（上）　中國佛教文化研究所　1998　p. 372

方廣錩　金剛般若波羅蜜經　敦煌學大辭典　上海辭書出版社　1998　p. 682

李正宇　刺血寫經　敦煌學大辭典　上海辭書出版社　1998　p. 591

孫繼民　天祐三年某翁寫大身真言記　敦煌學大辭典　上海辭書出版社　1998　p. 457

妹尾達彥　唐代長安東市の印刷業　東アジア史における國家と地域　（東京）刀水書房　1999　p. 230

馬德　敦煌寫經題記的社會意義　法源（第 19 期）　中國佛學院　2001　p. 88

張總　《閻羅王授記經》綴補研考　敦煌吐魯番研究（第五卷）　北京大學出版社　2001　p. 97

蔡忠霖　敦煌漢文寫卷俗字及其現象　（臺北）文津出版社　2002　p. 140、156、163

姜亮夫　敦煌莫高窟年表　姜亮夫全集（十一）　雲南人民出版社　2002　p. 457

李正宇　唐宋時期的敦煌佛教　敦煌佛教藝術文化國際學術研討會論文集　蘭州大學出版社　2002

p. 372

李正宇　唐宋時期敦煌佛經性質功能的變化　戒幢佛學(第二卷)　岳麓書社　2002　p. 24　又見：
　　中日敦煌佛教學術會議論文集　中國社會科學院研究所　2002　p. 20

釋永有　敦煌遺書中的金剛經　敦煌佛教藝術文化國際學術研討會論文集　蘭州大學出版社　2002
　　p. 37

李小榮　敦煌密教文獻論稿　人民文學出版社　2003　p. 310

杜正乾　唐代的《金剛經》信仰　《敦煌研究》2004 年第 5 期　p. 54

胡同慶　安忠義　佛教藝術　敦煌文藝出版社　2004　p. 300

馬德　敦煌冊子本《壇經》之性質及抄寫年代試探　敦煌吐魯番研究(第九卷)　中華書局　2006
　　p. 57

P. 2877

那波利貞　千佛岩莫高窟と敦煌文書　西域文化研究(第二)・敦煌吐魯番社會經濟資料(上)　(京
　　都)法藏館　1959　p. 38

長澤和俊　敦煌　(東京)築摩書房　1965　p. 202

唐耕耦　陸宏基　敦煌社會經濟文獻真迹釋録(一)　書目文獻出版社　1986　p. 412

山本達郎等　敦煌・III 轉貼　『NUN－HUANG AND TURFAN DOCUMENTS CONCERNING SOCIAL
　　AND ECONOMIC HISTORY』(IV)　(東京)東洋文庫　1989　p. 75

唐耕耦　陸宏基　敦煌社會經濟文獻真迹釋録(二、三)　全國圖書館文獻縮微複製中心　1990
　　p. 67 ; 124

李正宇　敦煌名勝古迹導論　《陽關》1991 年第 4 期　p. 50

暨遠志　張議潮出行圖研究(續)　《敦煌研究》1992 年第 4 期　p. 79

姜伯勤　敦煌社會文書導論　(臺北)新文豐出版公司　1992　p. 182

石田勇作　敦煌「社文書」研究序說　中國古代の國家と民衆(堀敏一先生古稀記念)　(東京)汲古
　　書院　1995　p. 675

陸慶夫　鄭炳林　俄藏敦煌寫本中九件轉帖初探　《敦煌學輯刊》1996 年第 1 期　p. 12

張涌泉　敦煌俗字研究導論　(臺北)新文豐出版公司　1996　p. 109

陸慶夫　鄭炳林　唐末五代敦煌的社與粟特人聚落　敦煌歸義軍史專題研究　蘭州大學出版社
　　1997　p. 397

鄭炳林　晚唐五代敦煌園囿經濟研究　敦煌歸義軍史專題研究　蘭州大學出版社　1997　p. 312

寧可　行人轉帖　敦煌學大辭典　上海辭書出版社　1998　p. 430

高啓安　唐五代至宋敦煌的量器及量制　《敦煌學輯刊》1999 年第 1 期　p. 67

謝桃坊　敦煌文化尋繹　四川人民出版社　1999　p. 180

張涌泉　俗字研究與敦煌文獻的校理　舊學新知　浙江大學出版社　1999　p. 66

陳海濤　敦煌歸義軍時期從化鄉消失原因初探　中國社會歷史評論(第二卷)　天津古籍出版社
　　2000　p. 436

程存潔　略論唐王朝對西北邊城的經營　'98 法門寺唐文化國際學術討論會論文集　陝西人民出版
　　社　2000　p. 417

高啓安　崇高與卑賤：敦煌的佛教信仰賤名再探　'98 法門寺唐文化國際學術討論會論文集　陝西
　　人民出版社　2000　p. 250

乜小紅　唐五代敦煌牧羊業述論　《敦煌研究》2001 年第 1 期　p. 135

楊森　關於敦煌文獻中的"平章"一詞　敦煌學與中國史研究論集　甘肅人民出版社　2001　p. 231

P. 2878

蘇瑩輝　敦煌學概要　（臺北）編譯館“中華叢書編委會”　1981　p. 178

王堯　陳踐　敦煌吐蕃文獻選　四川民族出版社　1983　p. 206

唐耕耦　關於敦煌寺院水磑研究中的幾個問題　《文獻》1988 年第 1 期　p. 180

姜伯勤　敦煌社會文書導論　（臺北）新文豐出版公司　1992　p. 129

唐耕耦　敦煌寺院會計文書研究　（臺北）新文豐出版公司　1997　p. 465

山田俊　唐初道教思想史研究・資料篇　（京都）平樂寺書店　1999　p. 102、164

王卡　敦煌道教文獻研究　中國社會科學出版社　2004　p. 204

王卡　中國國家圖書館藏敦煌道教遺書研究報告　敦煌吐魯番研究（第七卷）　北京大學出版社
　　2004　p. 371

P. 2879

饒宗頤　吳建衡二年索紞寫本道德經殘卷考證　（香港）《東方文化》1955 年第 2 卷第 1 期　p. 20 注 4

塚本善隆　敦煌佛教史概説　西域文化研究（第一）・敦煌佛教資料　（京都）法藏館　1958　p. 69

陳祚龍　瓜沙印録　（臺北）《大陸雜誌》1962 年第 4 期　又見：敦煌學概要　（臺北）編譯館“中華叢
　　書編委會”　1981　p. 266；中國敦煌學百年文庫・考古卷（一）　甘肅文化出版社　1999
　　p. 185

藤枝晃　敦煌の僧尼籍　『東方學報』（第 35 號）　京都大學人文科學研究所　1964　p. 313

那波利貞　開元末期以前と天寶初期以後との唐の時世の差異に就きて　唐代社會文化史研究・
　　第一編　（東京）創文社　1974　p. 45

那波利貞　唐代の社邑に就きて（1938 年）　唐代社會文化史研究・第五編　（東京）創文社　1974
　　p. 542

土肥義和　莫高窟千佛洞と大寺と蘭若と　敦煌の社會（講座敦煌 3）　（東京）大東出版社　1980
　　p. 359

蘇瑩輝　敦煌學概要　（臺北）編譯館“中華叢書編委會”　1981　p. 180

陳祚龍　古代敦煌及其他地區流行之公私印章圖記文字録　敦煌學要籥　（臺北）新文豐出版公司
　　1982　p. 324

方廣錩　讀敦煌佛典經録劄記　《敦煌學輯刊》1986 年第 1 期　p. 110

謝重光　關於唐後期至五代間沙州寺院經濟的幾個問題　敦煌吐魯番出土經濟文書研究　廈門大學
　　出版社　1986　p. 451

姜亮夫　敦煌經卷在中國文化學術上的價值　敦煌學論文集　上海古籍出版社　1987　p. 5

謝和耐著　耿昇譯　中國 5—10 世紀的寺院經濟　甘肅人民出版社　1987　p. 25 注 4

榮新江　關於沙州歸義軍都僧統年代的幾個問題　《敦煌研究》1989 年第 4 期　p. 76

唐耕耦　陸宏基　敦煌社會經濟文獻真迹釋録（四）　全國圖書館文獻縮微複製中心　1990　p. 248

姜伯勤　敦煌社會文書導論　（臺北）新文豐出版公司　1992　p. 219

竺沙雅章　寺院文書　敦煌漢文文獻（講座敦煌 5）　（東京）大東出版社　1992　p. 610、630

王堯　從兩件敦煌吐蕃文書來談洪瞀的事迹　選堂文史論苑　上海古籍出版社　1994　p. 248

鄧文寬　敦煌文獻《河西都僧統悟真處分常住榜》管窺　敦煌吐魯番學耕耘録　（臺北）新文豐出版
　　公司　1996　p. 159

榮新江　歸義軍史研究　上海古籍出版社　1996　p. 289

榮新江　敦煌藏經洞的性質及其封閉原因　敦煌吐魯番研究（第二卷）　北京大學出版社　1997
　　p. 43

張弓　漢唐佛寺文化史　中國社會科學出版社　1997　p. 383

鄭炳林　敦煌碑銘讚輯釋　甘肅教育出版社　1997　p. 178 注 9

李正宇　十七寺　敦煌學大辭典　上海辭書出版社　1998　p. 627

沙知　河西都僧統印　敦煌學大辭典　上海辭書出版社　1998　p. 294

姜亮夫　敦煌:偉大的文化寶藏　雲南人民出版社　1999　p. 79

謝重光　漢唐佛教社會史論　(臺北)國際文化事業有限公司　2001　p. 211

P. 2880

李正宇　唐宋時代敦煌縣河渠泉澤簡志(一)　《敦煌研究》1988 年第 4 期　p. 92

李正宇　唐宋時代敦煌縣河渠泉澤簡志(二)　《敦煌研究》1989 年第 1 期　p. 54

山本達郎等　敦煌・III 轉貼　『NUN‐HUANG AND TURFAN DOCUMENTS CONCERNING SOCIAL AND ECONOMIC HISTORY』(IV)　(東京)東洋文庫　1989　p. 54

石田勇作　敦煌「社文書」研究序說　中國古代の國家と民衆(堀敏一先生古稀記念)　(東京)汲古書院　1995　p. 684

李正宇　敦煌史地新論　(臺北)新文豐出版公司　1996　p. 110

寧可　郝春文　敦煌社邑文書輯校　江蘇古籍出版社　1997　p. 206

鄭炳林　敦煌碑銘讚輯釋　甘肅教育出版社　1997　p. 358 注 6

馬德　10 世紀敦煌寺曆所記三窟活動　《敦煌研究》1998 年第 2 期　p. 87

孟憲實　敦煌社邑的分佈　敦煌文獻論集:紀念藏經洞發現一百周年國際學術研討會論文集　遼寧人民出版社　2001　p. 432

P. 2881

陳祚龍　敦煌古抄內典尾記彙校初、二、三編合刊　敦煌學要篇　(臺北)新文豐出版公司　1982　p. 183

饒宗頤　敦煌書法叢刊(第十八卷)・碎金(一)　(東京)二玄社　1983　p. 22、91

池田溫　中國古代寫本識語集録　(東京)大藏出版株式會社　1990　p. 211

林聰明　敦煌文書學　(臺北)新文豐出版公司　1991　p. 208、321

顧吉辰　唐代敦煌文獻寫本書手考述　《敦煌學輯刊》1993 年第 1 期　p. 31

林聰明　談敦煌文書的抄寫問題　紀念陳寅恪先生百年誕辰學術論文集　江西教育出版社　1994　p. 293

楊森　"婆姨"與"優婆姨"稱謂芻議　《敦煌研究》1994 年第 3 期　p. 126

黃征　敦煌寫本異文綜析　敦煌語文叢說　(臺北)新文豐出版公司　1997　p. 29

金岡照光　敦煌文獻と中國文學　(東京)五曜書房　2000　p. 432

劉長東　晉唐彌陀淨土信仰研究　巴蜀書社　2000　p. 369

林聰明　敦煌吐魯番文書解詁指例　(臺北)新文豐出版公司　2001　p. 61 注 39

蔡忠霖　敦煌漢文寫卷俗字及其現象　(臺北)文津出版社　2002　p. 27

陳麗萍　敦煌女性寫經題記及反映的婦女問題　敦煌佛教藝術文化國際學術研討會論文集　蘭州大學出版社　2002　p. 432

姜亮夫　敦煌莫高窟年表　姜亮夫全集(十一)　雲南人民出版社　2002　p. 237

李正宇　唐宋時期敦煌佛經性質功能的變化　戒幢佛學(第二卷)　岳麓書社　2002　p. 21　又見:中日敦煌佛教學術會議論文集　中國社會科學院研究所　2002　p. 18

P. 2882

三木榮　西域出土醫藥關係文獻綜合解說目録　『東洋學報』(47 卷 1 號)　(東京)東洋學術協會　1964　p. 5

陳祚龍　關於道家"本際經"及其"要略妙義"與"疏"的敦煌古抄　敦煌文物隨筆　(臺北)商務印書館　1979　p. 216

石井昌子　靈寶經類　敦煌と中國道教(講座敦煌 4)　(東京)大東出版社　1983　p. 161

趙健雄　敦煌石窟醫學史料輯要　《敦煌學輯刊》1985 年第 2 期　p. 121

李正宇　唐宋時代的敦煌學校　《敦煌研究》1986 年第 1 期　p. 40

李正宇　唐宋時代敦煌縣河渠泉澤簡志(一)　《敦煌研究》1988 年第 4 期　p. 92

馬繼興　敦煌古醫籍考釋　江西科學技術出版社　1988　p. 226

張弘强　杜文傑著　敦煌石窟氣功:一分鐘臍密功　甘肅科學技術出版社　1990　p. 8、90

趙健雄　敦煌遺書醫學卷考析　《敦煌研究》1991 年第 4 期　p. 102

丛春雨　敦煌中醫藥全書　中醫古籍出版社　1994　p. 31、500

王進玉　敦煌石窟探秘　四川教育出版社　1994　p. 72

劉進寶　敦煌學論述　(臺北)洪葉文化事業有限公司　1995　p. 302

張儂　敦煌石窟秘方與灸經圖　甘肅文化出版社　1995　p. 10

李正宇　敦煌史地新論　(臺北)新文豐出版公司　1996　p. 110

馬繼興　敦煌醫藥文獻輯校　江蘇古籍出版社　1998　p. 301

王淑民　不知名醫方第六種　敦煌學大辭典　上海辭書出版社　1998　p. 618

山田俊　唐初道教思想史研究·資料篇　(京都)平樂寺書店　1999　p. 133、165

施謝捷　敦煌文獻語詞校釋叢剳　《敦煌研究》1999 年第 4 期　p. 24

王淑民　敦煌石窟秘藏醫方　北京醫科大學中國協和醫科大學聯合出版社　1999　p. 51、93

丛春雨　敦煌中醫藥精萃發微　中醫古籍出版社　2000　p. 219、397

陳明　醫理精華:印度古典醫學在敦煌的實例分析　敦煌吐魯番研究(第五卷)　北京大學出版社　2001　p. 231、242

李重申　李金梅　李小唐　敦煌石窟氣功鈎沈　《敦煌學輯刊》2001 年第 2 期　p. 53

陳明　印度梵文醫典醫理精華研究　中華書局　2002　p. 77、115

姜亮夫　敦煌莫高窟年表　姜亮夫全集(十一)　雲南人民出版社　2002　p. 330

劉進寶　敦煌學通論　甘肅教育出版社　2002　p. 418

馬繼興　當前世界各地收藏的中國出土卷子本古醫藥文獻備考　敦煌吐魯番研究(第六卷)　北京大學出版社　2002　p. 149

沈澍農　敦煌醫藥文獻 P. 3596 校證　《敦煌研究》2004 年第 2 期　p. 82

王卡　敦煌道教文獻研究　中國社會科學出版社　2004　p. 208

王卡　中國國家圖書館藏敦煌道教遺書研究報告　敦煌吐魯番研究(第七卷)　北京大學出版社　2004　p. 371

陳明　殊方異藥:出土文書與西域醫學　北京大學出版社　2005　p. 81、138、227

P. 2883

陳祚龍　敦煌古抄文獻會最　(臺北)新文豐出版公司　1982　p. 313(圖版)

饒宗頤　敦煌書法叢刊(第十八卷)·碎金(一)　(東京)二玄社　1983　p. 22、92

P. 2884

陳祚龍　敦煌古抄內典尾記彙校初、二、三編合刊　敦煌學要籥　（臺北）新文豐出版公司　1982　p. 183

饒宗頤　敦煌書法叢刊（第十八卷）・碎金（一）　（東京）二玄社　1983　p. 22、92

福井文雅　般若心經　敦煌と中國仏教（講座敦煌 7）　（東京）大東出版社　1984　p. 40

吳其昱著　福井文雅　樋口勝譯　大蕃國大德・三藏法師・法成傳考　敦煌と中國仏教（講座敦煌 7）　（東京）大東出版社　1984　p. 398

林聰明　從敦煌文書看佛教徒的造經祈福　第二屆敦煌學國際研討會論文集　（臺北）漢學研究中心　1990　p. 536

池田溫　中國古代寫本識語集録　（東京）大藏出版株式會社　1990　p. 282

林聰明　敦煌文書學　（臺北）新文豐出版公司　1991　p. 208、324

林聰明　談敦煌文書的抄寫問題　紀念陳寅恪先生百年誕辰學術論文集　江西教育出版社　1994　p. 293

王三慶　敦煌書儀載録之節日活動與民俗　全國敦煌學研討會論文集　（臺北）中正大學中國文學系所　1995　p. 26 注 39

方廣錩　般若波羅蜜多心經　敦煌學大辭典　上海辭書出版社　1998　p. 686

方廣錩　《般若心經譯注集成》前言　敦煌學佛教學論叢（下）　中國佛教文化研究所　1998　p. 11

林聰明　敦煌吐魯番文書解詁指例　（臺北）新文豐出版公司　2001　p. 61 注 41

陳麗萍　敦煌女性寫經題記及反映的婦女問題　敦煌佛教藝術文化國際學術研討會論文集　蘭州大學出版社　2002　p. 435

姜亮夫　敦煌莫高窟年表　姜亮夫全集（十一）　雲南人民出版社　2002　p. 288

P. 2885

久野芳隆　流動性に富む唐代の禪宗典籍　『宗教研究』（新 14 卷 1 期）　（東京）宗教研究會　1937　p. 122

鈴木大拙　敦煌出土『達摩和尚絶觀論』について　『佛教研究』（1 卷 1 期）　（京都）佛教研究會　1937　p. 53

關口慈光　絶觀論（燉煌出土）撰者考　『大正學報』（30、31 合併號）　（東京）大正大學院　1940　p. 179

陳祚龍　中古敦煌的書學　敦煌資料考屑（上冊）　（臺北）商務印書館　1979　p. 167

平井俊榮　牛頭宗と保唐宗　敦煌仏典と禪（講座敦煌 8）　（東京）大東出版社　1980　p. 199

陳祚龍　敦煌古抄內典尾記彙校初、二、三編合刊　敦煌學要籥　（臺北）新文豐出版公司　1982　p. 183

吳其昱　臥輪禪師出家安心十功德蕃本試釋　敦煌學（第 5 輯）　（臺北）新文豐出版公司　1982　p. 43

陳祚龍　敦煌古抄中華禪學藝文兩種　敦煌簡策訂存　（臺北）商務印書館　1983　p. 177

田中良昭　敦煌禪宗文獻の研究　（東京）大東出版社　1983　p. 257

吳其昱著　福井文雅　樋口勝譯　大蕃國大德・三藏法師・法成傳考　敦煌と中國仏教（講座敦煌 7）　（東京）大東出版社　1984　p. 398

陳祚龍　釋法融與"牛頭學"　中華佛教文化史散策（四集）　（臺北）新文豐出版公司　1986　p. 437

李正宇　關於金山國和敦煌國建國的幾個問題　《西北史地》1987 年第 2 期　p. 69、71

楊曾文　日本學者對中國禪宗文獻的研究和整理　《世界宗教研究》1987 年第 1 期　p. 118

池田溫　中國古代寫本識語集錄　（東京）大藏出版株式會社　1990　p. 424

上山大峻　敦煌佛教の研究　（京都）法藏館　1990　p. 95、406

李并成　漢唐時期河西走廊的水利建設　《西北師大學報》1991 年第 2 期　又見：中國敦煌學百年文庫·地理卷（二）　甘肅文化出版社　1999　p. 279

林聰明　敦煌文書學　（臺北）新文豐出版公司　1991　p. 187、223

吳其昱著　伊藤美重子譯　敦煌漢文寫本概觀　敦煌漢文文獻（講座敦煌 5）　（東京）大東出版社　1992　p. 57

冉雲華　敦煌遺書與中國禪宗歷史研究　"中國唐代學會"會刊（第四期）　（臺北）"中國唐代學會"　1993　p. 62

項楚　敦煌詩歌導論　（臺北）新文豐出版公司　1993　p. 214

田中良昭　敦煌の禪籍　禪學研究入門　（東京）大東出版社　1994　p. 63

姜伯勤　論敦煌本《本際經》的道性論　道家文化研究（第七輯）　上海古籍出版社　1995　p. 240

汪泛舟　論敦煌文明的多民族貢獻　《敦煌研究》1995 年第 2 期　p. 188

姜伯勤　敦煌藝術宗教與禮樂文明　中國社會科學出版社　1996　p. 220

李正宇　敦煌史地新論　（臺北）新文豐出版公司　1996　p. 205

顏廷亮　敦煌西漢金山國檔案文獻考略　《甘肅社會科學》1996 年第 5 期　p. 94

西肋常記　關於柏林所藏吐魯番收集品中的禪籍資料　俗語言研究（第四期）　（京都）禪文化研究所　1997　p. 137

鄭炳林　敦煌碑銘讚輯釋　甘肅教育出版社　1997　p. 86 注 2

方廣錩　絕觀論　敦煌學大辭典　上海辭書出版社　1998　p. 727

楊秀清　試論金山國的有關政治制度　《敦煌學輯刊》1998 年第 2 期　p. 36

楊秀清　敦煌西漢金山國史　甘肅人民出版社　1999　p. 92

徐俊　敦煌詩集殘卷輯考　中華書局　2000　p. 815、862

顏廷亮　敦煌西漢金山國之文學考論　1994 年敦煌學國際研討會文集·宗教文史卷（上）　甘肅民族出版社　2000　p. 207

張勇　傅大士研究　巴蜀書社　2000　p. 532

趙貞　歸義軍押衙兼知他官略考　《敦煌研究》2001 年第 2 期　p. 89

張錫厚　《詠臥輪禪師看心法四首》補正與敦煌本《菩提達摩論》定名　《敦煌研究》2006 年第 1 期　p. 93

P. 2886

王堯　藏族翻譯家管·法成對民族文化交流的貢獻　《文物》1980 年第 7 期　又見：中國敦煌學百年文庫·民族卷（三）　甘肅文化出版社　1999　p. 37

王重民　記敦煌寫本的佛經　敦煌吐魯番文獻研究論集（第二輯）　北京大學出版社　1983　p. 17　又見：敦煌遺書論文集　中華書局　1984　p. 301

吳其昱著　福井文雅　樋口勝譯　大蕃國大德·三藏法師·法成傳考　敦煌と中國仏教（講座敦煌 7）　（東京）大東出版社　1984　p. 409

姜亮夫　敦煌經卷壁畫中所見釋氏僧名錄　敦煌學論文集　上海古籍出版社　1987　p. 1031

上山大峻　敦煌佛教の研究　（京都）法藏館　1990　p. 91、215

王堯　西藏文史考信集　中國藏學出版社　1994　p. 31

汪泛舟　論敦煌文明的多民族貢獻　《敦煌研究》1995 年第 2 期　p. 188

鄭炳林　敦煌碑銘讚輯釋　甘肅教育出版社　1997　p. 86 注 2

柴劍虹　吉祥童子授草偈　敦煌學大辭典　上海辭書出版社　1998　p. 548
楊富學　李吉和　敦煌漢文吐蕃史料輯校（第一輯）　甘肅人民出版社　1999　p. 144
徐俊　敦煌詩集殘卷輯考　中華書局　2000　p. 909
趙貞　歸義軍押衙兼知他官略考　《敦煌研究》2001 年第 2 期　p. 94
鄭炳林　北京圖書館藏《吳和尚經論目錄》有關問題研究　敦煌學與中國史研究論集　甘肅人民出版社　2001　p. 128
榮新江　唐五代歸義軍武職軍將考　敦煌學新論　甘肅教育出版社　2002　p. 58

P. 2887

那波利貞　梁戶考　唐代社會文化史研究·第三編　（東京）創文社　1974　p. 276
陳祚龍　敦煌古抄內典尾記彙校初、二、三編合刊　敦煌學要籥　（臺北）新文豐出版公司　1982　p. 183
李正宇　敦煌方音止遇二攝混同及其校勘學意義　《敦煌研究》1986 年第 4 期　p. 54
姜伯勤　唐五代敦煌寺戶制度　中華書局　1987　p. 276
王永興　隋唐五代經濟史料彙編校注·第一編（下）　中華書局　1987　p. 700
池田溫　中國古代寫本識語集錄　（東京）大藏出版株式會社　1990　p. 468
林聰明　敦煌文書學　（臺北）新文豐出版公司　1991　p. 187
仁井田陞　補訂中國法制史研究：土地法·交易法　東京大學出版會　1991　p. 738
張傳璽　中國歷代契約會編考釋（上）　北京大學出版社　1995　p. 451 注 1
鄭炳林　唐五代敦煌金鞍山異名考　《敦煌研究》1995 年第 2 期　p. 129
孫修身　大足寶頂與敦煌莫高窟佛說父母恩重經變相的比較研究　《敦煌研究》1997 年第 1 期　p. 58
沙知　敦煌契約文書輯校　江蘇古籍出版社　1998　p. 274
沙知　雇工契　敦煌學大辭典　上海辭書出版社　1998　p. 389
孫修身　儒釋孝道說的比較研究　《敦煌研究》1998 年第 4 期　p. 9
張涌泉　敦煌本《佛說父母恩重經》研究　文史（第四十九輯）　中華書局　1999　p. 80 注 1
李小榮　敦煌密教文獻論稿　人民文學出版社　2003　p. 169
童丕　敦煌的借貸：中國中古時代的物質生活與社會　中華書局　2003　p. 135
王啓濤　中古及近代法制文書語言研究　巴蜀書社　2003　p. 234

P. 2888

那波利貞　唐寫本雜抄考——唐代庶民教育史研究の一資料　唐代社會文化史研究·第二編　（東京）創文社　1974　p. 258
姜亮夫　海外敦煌卷子經眼錄　敦煌學論文集　上海古籍出版社　1987　p. 49　又見：姜亮夫全集（十三）　雲南人民出版社　2002　p. 42
姜亮夫　瀛外將去敦煌所藏韻書字書各卷叙錄　敦煌學論文集　上海古籍出版社　1987　p. 363　又見：姜亮夫全集（十三）　雲南人民出版社　2002　p. 315
高國藩　敦煌民俗學　上海文藝出版社　1989　p. 104
池田溫　中國古代寫本識語集錄　（東京）大藏出版株式會社　1990　p. 523
鄭阿財　敦煌蒙書析論　第二屆敦煌學國際研討會論文集　（臺北）漢學研究中心　1990　p. 216
鄭阿財　朱鳳玉　敦煌蒙書研究　甘肅教育出版社　2002　p. 14

P. 2889

那波利貞　開元末期以前と天寶初期以後との唐の時世の差異に就きて　　唐代社會文化史研究・第一編　（東京）創文社　1974　p. 45

熊本裕　コ－タン語文獻　敦煌胡語文獻（講座敦煌6）　（東京）大東出版社　1985　p. 126

榮新江　歸義軍及其與周邊民族的關係初探　《敦煌學輯刊》1986年第2期　p. 37　又見：中國人文社會科學博士碩士文庫・歷史學卷　浙江教育出版社　1998　p. 670

姜亮夫　敦煌經卷壁畫中所見寺觀錄　敦煌學論文集　上海古籍出版社　1987　p. 1081

張廣達　榮新江　巴黎國立圖書館所藏敦煌于闐語寫卷目錄初編　敦煌吐魯番文獻研究論集（第四輯）　北京大學出版社　1987　p. 109

池田溫　中國古代寫本識語集錄　（東京）大藏出版株式會社　1990　p. 325

黃盛璋　敦煌于闐文書中河西部族考證　《敦煌學輯刊》1990年第1期　p. 62

陶秋英輯錄　姜亮夫校訂　敦煌經卷所見寺名錄　敦煌碎金　浙江古籍出版社　1992　p. 122

黃盛璋　敦煌漢文與于闐文書中之龍家及其相關問題　全國敦煌學研討會論文集　（臺北）中正大學中國文學系所　1995　p. 68

張廣達　西域史地叢稿初編　上海古籍出版社　1995　p. 284

鄭炳林　馮培紅　唐五代歸義軍政權對外關係中的使頭一職　敦煌歸義軍史專題研究　蘭州大學出版社　1997　p. 67

陳明　敦煌西域出土胡語醫學文書研究述略　敦煌吐魯番研究（第七卷）　北京大學出版社　2004　p. 317

陳明　殊方異藥：出土文書與西域醫學　北京大學出版社　2005　p. 32

P. 2890

陳祚龍　瓜沙印錄　（臺北）《大陸雜誌》1962年第4期　又見：（臺北）編譯館“中華叢書編委會”　1981　p. 268；中國敦煌學百年文庫・考古卷（一）　甘肅文化出版社　1999　p. 190

陳祚龍　古代敦煌及其他地區流行之公私印章圖記文字錄　敦煌學要籥　（臺北）新文豐出版公司　1982　p. 341

王堯　陳踐　敦煌吐蕃文獻選　四川民族出版社　1983　p. 206

平井俊榮　敦煌仏典と中國仏教　敦煌と中國仏教（講座敦煌7）　（東京）大東出版社　1984　p. 8

池田溫　敦煌文獻について　『書道研究』（2卷2號）　（東京）萱原書局　1988　p. 49　又見：敦煌文書の世界　（東京）名著刊行會　2003　p. 52

戴仁　敦煌和吐魯番寫本的斷代研究　法國學者敦煌學論文選萃　中華書局　1993　p. 539

李正宇　淨土寺　敦煌學大辭典　上海辭書出版社　1998　p. 631

P. 2891

熊本裕　コ－タン語文獻　敦煌胡語文獻（講座敦煌6）　（東京）大東出版社　1985　p. 139

張廣達　榮新江　巴黎國立圖書館所藏敦煌于闐語寫卷目錄初編　敦煌吐魯番文獻研究論集（第四輯）　北京大學出版社　1987　p. 109

鄭阿財　敦煌寫卷新集文詞九經抄研究　（臺北）文史哲出版社　1989　p. 128 注1

鄭阿財　學日益齋敦煌學劄記　周一良先生八十生日紀念論文集　中國社會科學出版社　1993　p. 193

黃征　敦煌俗音考辨　敦煌語文叢說　（臺北）新文豐出版公司　1997　p. 140

黃征　敦煌語言文字學研究　甘肅教育出版社　2002　p. 249

P. 2892

黃振華　于闐文研究概述　中國民族古文字研究　中國社會科學出版社　1984　p. 70

熊本裕　コータン語文獻　敦煌胡語文獻(講座敦煌6)　(東京)大東出版社　1985　p. 125

張廣達　榮新江　巴黎國立圖書館所藏敦煌于闐語寫卷目錄初編　敦煌吐魯番文獻研究論集(第四
　　輯)　北京大學出版社　1987　p. 110

薛宗正　中國新疆古代社會生活史　新疆人民出版社　1997　p. 289

榮新江　突厥—于闐雙語詞彙表　敦煌學大辭典　上海辭書出版社　1998　p. 504

榮新江　悉曇婆羅于闐語譯本　敦煌學大辭典　上海辭書出版社　1998　p. 503

陳炳應　盧冬　古代民族　敦煌文藝出版社　2004　p. 202

陳明　敦煌西域出土胡語醫學文書研究述略　敦煌吐魯番研究(第七卷)　北京大學出版社　2004
　　p. 317

陳明　生命吠陀:西域出土胡語醫學文獻的知識來源　歐亞學刊(第4輯)　中華書局　2004
　　p. 224

陳明　從出土文獻看漢唐西域中外醫學交流　敦煌與絲路文化學術講座(第二輯)　北京圖書館出
　　版社　2005　p. 167

陳明　殊方異藥:出土文書與西域醫學　北京大學出版社　2005　p. 10、28

P. 2893

陳祚龍　敦煌古抄內典尾記彙校初、二、三編合刊　敦煌學要籥　(臺北)新文豐出版公司　1982
　　p. 183

張廣達　榮新江　關於唐末宋初于闐國的國號、年號及其王家世系問題　敦煌吐魯番文獻研究論集
　　中華書局　1982　p. 191、192、193　又見:于闐史叢考　上海書店　1993　p. 33

熊本裕　コータン語文獻　敦煌胡語文獻(講座敦煌6)　(東京)大東出版社　1985　p. 124

張廣達　榮新江　敦煌"瑞像記"、瑞像圖及其反映的于闐　敦煌吐魯番文獻研究論集(第三輯)　北
　　京大學出版社　1986　p. 116

張廣達　榮新江　巴黎國立圖書館所藏敦煌于闐語寫卷目錄初編　敦煌吐魯番文獻研究論集(第四
　　輯)　北京大學出版社　1987　p. 110

池田溫　中國古代寫本識語集錄　(東京)大藏出版株式會社　1990　p. 517

榮新江　敦煌文獻所見晚唐五代宋初的中印文化交往　季羨林教授八十華誕紀念論文集(下)　江
　　西人民出版社　1991　p. 960

榮新江　關於唐宋時期中原文化對于闐影響的幾個問題　國學研究(第一卷)　北京大學出版社
　　1993　p. 411

張廣達　榮新江　于闐佛寺志　于闐史叢考　上海書店　1993　p. 291

榮新江　于闐王國與瓜沙曹氏　《敦煌研究》1994年第2期　p. 113

榮新江　歸義軍史研究　上海古籍出版社　1996　p. 27

榮新江　歸義軍大事紀年初稿　出土文獻研究(第三輯)　文物出版社　1998　p. 250

石內德　敦煌文獻中被廢棄的殘經抄本　法國漢學(敦煌學專號)　中華書局　2000　p. 26

李正宇　唐宋時期敦煌佛經性質功能的變化　戒幢佛學(第二卷)　岳麓書社　2002　p. 19　又見:
　　中日敦煌佛教學術會議論文集　中國社會科學院研究所　2002　p. 16

馬茜　歸義軍時期敦煌地區庶民佛教的發展　甘肅民族研究論叢　甘肅人民出版社　2002　p. 465

賈應逸　藏經洞遺書與和闐佛教遺址　2000年敦煌學國際學術討論會文集·歷史文化卷(上)　甘
　　肅民族出版社　2003　p. 89

陳明　敦煌西域出土胡語醫學文書研究述略　敦煌吐魯番研究（第七卷）　北京大學出版社　2004
　　p. 317

陳明　生命吠陀：西域出土胡語醫學文獻的知識來源　歐亞學刊（第 4 輯）　中華書局　2004
　　p. 229

張小剛　敦煌瑞像圖中的于闐護國神王　《敦煌研究》2005 年第 1 期　p. 50

P. 2894

李豐楙　唐代《洞淵神咒經》寫卷與李弘：兼論神咒類道經的功德觀　第二屆敦煌學國際研討會論文
　　集　（臺北）漢學研究中心　1990　p. 482

姜伯勤　敦煌社會文書導論　（臺北）新文豐出版公司　1992　p. 243

馮培紅　晚唐五代宋初歸義軍武職軍將研究　敦煌歸義軍史專題研究　蘭州大學出版社　1997
　　p. 141

馬承玉　從敦煌寫本看《洞淵神咒經》在北方的傳播　道家文化研究（第十三輯）　三聯書店　1998
　　p. 200

譚蟬雪　敦煌歲時文化導論　（臺北）新文豐出版公司　1998　p. 389

王卡　太上洞淵神咒經　敦煌學大辭典　上海辭書出版社　1998　p. 762

高啓安　唐五代敦煌飲食文化研究　民族出版社　2004　p. 419

王卡　敦煌道教文獻研究　中國社會科學出版社　2004　p. 143

王卡　中國國家圖書館藏敦煌道教遺書研究報告　敦煌吐魯番研究（第七卷）　北京大學出版社
　　2004　p. 359

P. 2895

熊本裕　コータン語文獻　敦煌胡語文獻（講座敦煌 6）　（東京）大東出版社　1985　p. 127

張廣達　榮新江　巴黎國立圖書館所藏敦煌于闐語寫卷目錄初編　敦煌吐魯番文獻研究論集（第四
　　輯）　北京大學出版社　1987　p. 96、111

榮新江　于闐語抒情詩　敦煌學大辭典　上海辭書出版社　1998　p. 503

P. 2896

張廣達　榮新江　和田、敦煌發現的中古于闐史料概述　《新疆社會科學》1983 年第 4 期　p. 81　又
　　見：于闐史叢考　上海書店　1993　p. 16

黃振華　于闐文研究概述　中國民族古文字研究　中國社會科學出版社　1984　p. 71

熊本裕　コータン語文獻　敦煌胡語文獻（講座敦煌 6）　（東京）大東出版社　1985　p. 118

岩松淺夫　敦煌のコータン語仏教文獻　敦煌胡語文獻（講座敦煌 6）　（東京）大東出版社　1985
　　p. 180

張廣達　榮新江　巴黎國立圖書館所藏敦煌于闐語寫卷目錄初編　敦煌吐魯番文獻研究論集（第四
　　輯）　北京大學出版社　1987　p. 96、97、111

張廣達　榮新江　關於敦煌出土于闐文獻的年代及其相關問題　紀念陳寅恪先生誕辰百年學術論文
　　集　北京大學出版社　1989　p. 290

胡戟　傅玫　敦煌史話　中華書局　1995　p. 202

井ノ口泰淳　トカラ語及びウテン語の仏典　中央アジアの言語と仏教　（京都）法藏館　1995
　　p. 115

陳明　醫理精華：印度古典醫學在敦煌的實例分析　敦煌吐魯番研究（第五卷）　北京大學出版社

2001　p. 237

陳明　印度梵文醫典醫理精華研究　中華書局　2002　p. 85

楊森　五代宋時期于闐皇太子在敦煌的太子莊　《敦煌研究》2003 年第 4 期　p. 42

P. 2897

熊本裕　コータン語文獻　敦煌胡語文獻（講座敦煌 6）（東京）大東出版社　1985　p. 124

張廣達　榮新江　巴黎國立圖書館所藏敦煌于闐語寫卷目録初編　敦煌吐魯番文獻研究論集（第四輯）　北京大學出版社　1987　p. 113

P. 2898

熊本裕　コータン語文獻　敦煌胡語文獻（講座敦煌 6）（東京）大東出版社　1985　p. 134

張廣達　榮新江　巴黎國立圖書館所藏敦煌于闐語寫卷目録初編　敦煌吐魯番文獻研究論集（第四輯）　北京大學出版社　1987　p. 113

高田時雄　コータン文書中の漢語語彙　漢語史の諸問題（別冊）　京都大學人文科學研究所　1988　p. 73

黄盛璋　敦煌于闐文書中河西部族考證　《敦煌學輯刊》1990 年第 1 期　p. 62

黄盛璋　敦煌漢文與于闐文書中之龍家及其相關問題　全國敦煌學研討會論文集　（臺北）中正大學中國文學系所　1995　p. 68　又見:《西域研究》1996 年第 1 期　p. 31

榮新江　龍家考　中亞學刊（第四輯）　北京大學出版社　1995　p. 154

榮新江　于闐使臣上于闐朝廷書　敦煌學大辭典　上海辭書出版社　1998　p. 504

黄盛璋　"吐魯番"的胡漢名稱與語源新探　《吐魯番學研究》2005 年第 1 期　p. 8

P. 2899

榮新江　關於唐宋時期中原文化對于闐影響的幾個問題　國學研究（第一卷）　北京大學出版社　1993　p. 412

李方　唐西州行政體制考論　黑龍江教育出版社　2000　p. 55

楊富學　王書慶　唐代長安與敦煌佛教文化之關係　'98 法門寺唐文化國際學術討論會論文集　陝西人民出版社　2000　p. 178

榮新江　慧超所記唐代西域的漢化佛寺　冉雲華先生八秩華誕壽慶論文集　（臺北）法光出版社　2003　p. 402

P. 2900

芳村修基　土橋秀高　井ノ口泰淳　敦煌佛教史年表　西域文化研究（第一）·敦煌佛教資料（京都）法藏館　1958　p. 267

陳祚龍　敦煌古抄内典尾記彙校初、二、三編合刊　敦煌學要籥　（臺北）新文豐出版公司　1982　p. 183

張廣達　榮新江　巴黎國立圖書館所藏敦煌于闐語寫卷目録初編　敦煌吐魯番文獻研究論集（第四輯）　北京大學出版社　1987　p. 113

池田溫　中國古代寫本識語集録　（東京）大藏出版株式會社　1990　p. 223

林聰明　從敦煌文書看佛教徒的造經祈福　第二屆敦煌學國際研討會論文集　（臺北）漢學研究中心　1990　p. 532

林聰明　敦煌文書學　（臺北）新文豐出版公司　1991　p. 208

顧吉辰　唐代敦煌文獻寫本書手考述　《敦煌學輯刊》1993 年第 1 期　p. 28

林聰明　談敦煌文書的抄寫問題　紀念陳寅恪先生百年誕辰學術論文集　江西教育出版社　1994
　　　p. 293

方廣錩　藥師琉璃光如來本願功德經　敦煌學大辭典　上海辭書出版社　1998　p. 664

馬德　難月　敦煌學大辭典　上海辭書出版社　1998　p. 441

金岡照光　敦煌文獻と中國文學　（東京）五曜書房　2000　p. 432

王惠民　敦煌隋至唐前期藥師圖像考察　藝術史研究(2)　中山大學出版社　2000　p. 302

林聰明　敦煌吐魯番文書解詁指例　（臺北）新文豐出版公司　2001　p. 61 注 40

陳麗萍　敦煌女性寫經題記及反映的婦女問題　敦煌佛教藝術文化國際學術研討會論文集　蘭州大
　　　學出版社　2002　p. 435

姜亮夫　敦煌莫高窟年表　姜亮夫全集（十一）　雲南人民出版社　2002　p. 244

李正宇　唐宋時期敦煌佛經性質功能的變化　戒幢佛學(第二卷)　岳麓書社　2002　p. 22　又見：
　　　中日敦煌佛教學術會議論文集　中國社會科學院研究所　2002　p. 18

公維章　涅槃、淨土的殿堂：敦煌莫高窟第 148 窟研究　民族出版社　2004　p. 144

P. 2901

姜亮夫　瀛涯敦煌韻輯總目叙錄　《國立中央圖書館館刊》1947 年第 1 期　又見：中國敦煌學百年文
　　　庫・文獻卷(一)　甘肅文化出版社　1999　p. 264

潘重規　瀛涯敦煌韻輯新編　（臺北）文史哲出版社　1974　p. 560

陳祚龍　敦煌學剳記　敦煌學散策新集　（臺北）新文豐出版公司　1989　p. 19

姜亮夫　瀛涯敦煌韻書卷子考釋　浙江古籍出版社　1990　p. 139

林家平　寧強　羅華慶　中國敦煌學史　北京語言學院出版社　1992　p. 301

石塚晴通　玄應《一切經音義》的西域寫本　《敦煌研究》1992 年第 2 期　p. 55

張涌泉　漢語俗字研究　岳麓書社　1995　p. 258

張金泉　許建平　敦煌音義彙考　杭州大學出版社　1996　p. 857

張金泉　敦煌佛經音義寫卷述要　《敦煌研究》1997 年第 2 期　p. 113

張金泉　關於《時要字樣》等八件敦煌寫卷的考辨　古典文獻與文化論叢　中華書局　1997　p. 95

柴劍虹　揚州顗禪師與女子問答詩　敦煌學大辭典　上海辭書出版社　1998　p. 568

楊富學　劉永連　丁曉瑜　1997—1998 年大陸地區唐代學術研究概況：敦煌學　"中國唐代學會"會
　　　刊(第九期)　（臺北）"中國唐代學會"　1998　p. 115

張金泉　一切經音義摘抄　敦煌學大辭典　上海辭書出版社　1998　p. 518

張金泉　P. 2901 佛經音義寫卷考　《杭州大學學報》1998 年 1 期

徐俊　敦煌詩集殘卷輯考　中華書局　2000　p. 870

姜亮夫　瀛涯敦煌韻輯　姜亮夫全集(九)　雲南人民出版社　2002　p. 279

張子開　敦煌文獻中的白話禪詩　《敦煌學輯刊》2003 年第 1 期　p. 90

張涌泉　敦煌文獻字詞例釋　敦煌學(第 25 輯)　（臺北）樂學書局有限公司　2004　p. 349

徐時儀　玄應《衆經音義》版本考　中國學術(第二輯)　商務印書館　2004　p. 195

徐時儀　敦煌寫本《玄應音義》考補　《敦煌研究》2005 年第 1 期　p. 99

徐時儀　玄應《衆經音義》研究　中華書局　2005　p. 41、92

P. 2902

郝春文　唐後期五代宋初敦煌僧尼的社會生活　中國社會科學出版社　1998　p. 14

P. 2903

福井文雅撰　郭自得譯　般若心經觀在中國的變遷　敦煌學(第6輯)　(臺北)新文豐出版公司
　　1983　p. 18

福井文雅　般若心經　敦煌と中國仏教(講座敦煌7)　(東京)大東出版社　1984　p. 40

方廣錩　《般若心經譯注集成》前言　敦煌學佛教學論叢(下)　中國佛教文化研究所　1998　p. 52

方廣錩　挾注六家般若波羅蜜多心經　敦煌學大辭典　上海辭書出版社　1998　p. 688

P. 2904

福井文雅撰　郭自得譯　般若心經觀在中國的變遷　敦煌學(第6輯)　(臺北)新文豐出版公司
　　1983　p. 18

高明士　唐代敦煌的教育　漢學研究(敦煌學國際研討會論文專號)　(臺北)漢學研究資料及服務
　　中心　1986　p. 253

李正宇　唐宋時代的敦煌學校　《敦煌研究》1986年第1期　p. 44

李正宇　敦煌學郎題記輯注　《敦煌學輯刊》1987年第1期　p. 38

王素　唐寫本《論語鄭氏注》校錄　唐寫本論語鄭氏注及其研究　文物出版社　1991　p. 25注31、
　　46

土田健次郎　儒教典籍　敦煌漢文文獻(講座敦煌5)　(東京)大東出版社　1992　p. 269

李正宇　敦煌史地新論　(臺北)新文豐出版公司　1996　p. 187

李方　敦煌《論語集解》校正　江蘇古籍出版社　1998　p. 831

顏廷亮　敦煌文化　光明日報出版社　2000　p. 395

林聰明　敦煌吐魯番文書解詁指例　(臺北)新文豐出版公司　2001　p. 203

李正宇　唐宋時期敦煌佛經性質功能的變化　戒幢佛學(第二卷)　岳麓書社　2002　p. 25　又見：
　　中日敦煌佛教學術會議論文集　中國社會科學院研究所　2002　p. 20

許建平　中國國家圖書館藏未刊敦煌寫本殘片四種的定名與綴合　浙江與敦煌學：常書鴻先生誕辰
　　一百周年紀念文集　浙江古籍出版社　2004　p. 325注16

P. 2905

姜伯勤　敦煌社會文書導論　(臺北)新文豐出版公司　1992　p. 101

嚴敦傑　五兆經法要決　敦煌學大辭典　上海辭書出版社　1998　p. 622

馬克　敦煌數占小考　法國漢學(敦煌學專號)　中華書局　2000　p. 188、205

黃正建　敦煌占卜文書與唐五代占卜研究　學苑出版社　2001　p. 16、146

榮新江　敦煌學十八講　北京大學出版社　2001　p. 274

黃正建　敦煌占婚嫁文書與唐五代的占婚嫁　新世紀敦煌學論集　巴蜀書社　2003　p. 277

劉永明　敦煌占卜與道教初探　《敦煌學輯刊》2004年第2期　p. 16

P. 2906

熊本裕　コータン語文獻　敦煌胡語文獻(講座敦煌6)　(東京)大東出版社　1985　p. 121

張廣達　榮新江　巴黎國立圖書館所藏敦煌于闐語寫卷目錄初編　敦煌吐魯番文獻研究論集(第四
　　輯)　北京大學出版社　1987　p. 113

榮新江　于闐語佛名經　敦煌學大辭典　上海辭書出版社　1998　p. 501

P. 2907

陳祚龍　敦煌古抄內典尾記彙校初、二、三編合刊　敦煌學要籥　（臺北）新文豐出版公司　1982
　　p. 184

池田溫　中國古代寫本識語集錄　（東京）大藏出版株式會社　1990　p. 101

林聰明　從敦煌文書看佛教徒的造經祈福　第二屆敦煌學國際研討會論文集　（臺北）漢學研究中
　　心　1990　p. 535

林聰明　敦煌文書學　（臺北）新文豐出版公司　1991　p. 322

趙聲良　敦煌南北朝寫本的書法藝術　《敦煌研究》1991年第4期　p. 44

趙聲良　南北朝寫經書法藝術　敦煌書法庫（第一輯）　甘肅人民美術出版社　1994　p. 18

趙聲良　早期敦煌寫本書法的時代分期和類型　敦煌書法庫（第二輯）　甘肅人民美術出版社
　　1994　p. 4

黃征　吳偉　敦煌願文集　岳麓書社　1995　p. 810

方廣錩　大般涅槃經　敦煌學大辭典　上海辭書出版社　1998　p. 693

顏廷亮　關於敦煌文學發展的歷史進程　《甘肅社會科學》1999年第4期　p. 45

顏廷亮　敦煌文化　光明日報出版社　2000　p. 314

趙聲良　早期敦煌寫本書法的分期研究　1994年敦煌學國際研討會文集·石窟藝術卷　甘肅民族
　　出版社　2000　p. 268

林聰明　敦煌吐魯番文書解詁指例　（臺北）新文豐出版公司　2001　p. 170

陳麗萍　敦煌女性寫經題記及反映的婦女問題　敦煌佛教藝術文化國際學術研討會論文集　蘭州大
　　學出版社　2002　p. 441

姜亮夫　敦煌莫高窟年表　姜亮夫全集（十一）　雲南人民出版社　2002　p. 114

公維章　涅槃、淨土的殿堂：敦煌莫高窟第148窟研究　民族出版社　2004　p. 70

P. 2908

姜亮夫　敦煌莫高窟年表　姜亮夫全集（十一）　雲南人民出版社　2002　p. 182

P. 2909

陳祚龍　敦煌古抄內典尾記彙校初、二、三編合刊　敦煌學要籥　（臺北）新文豐出版公司　1982
　　p. 184

森安孝夫　ウイグル語文獻　敦煌胡語文獻（講座敦煌6）　（東京）大東出版社　1985　p. 22

池田溫　中國古代寫本識語集錄　（東京）大藏出版株式會社　1990　p. 356

李經緯　敦煌回鶻文遺書四種　吐魯番學研究專輯　敦煌吐魯番學新疆研究資料中心　1990
　　p. 344

榮新江　西元十世紀沙州歸義軍與西州回鶻的文化交往　第二屆敦煌學國際研討會論文集　（臺
　　北）漢學研究中心　1990　p. 591

姜伯勤　敦煌吐魯番與香藥之路　季羨林教授八十華誕紀念論文集（下）　江西人民出版社　1991
　　p. 845

林聰明　敦煌文書學　（臺北）新文豐出版公司　1991　p. 304

姜伯勤　敦煌吐魯番文書與絲綢之路　文物出版社　1994　p. 268

鄭炳林　高偉　唐五代敦煌釀酒業初探　《西北史地》1994年第1期　p. 36

楊富學　牛汝極　沙州回鶻及其文獻　甘肅文化出版社　1995　p. 62、208

石內德　敦煌文獻中被廢棄的殘經抄本　法國漢學（敦煌學專號）　中華書局　2000　p. 25

楊富學　回鶻景教研究百年回顧　《敦煌研究》2001 年第 2 期　p. 168

楊富學　敦煌吐魯番出土回鶻文佛教願文研究　文史(第七十五輯)　中華書局　2006　p. 50

P. 2910

熊本裕　コータン語文獻　敦煌胡語文獻(講座敦煌6)　(東京)大東出版社　1985　p. 121

張廣達　榮新江　巴黎國立圖書館所藏敦煌于闐語寫卷目錄初編　敦煌吐魯番文獻研究論集(第四輯)　北京大學出版社　1987　p. 114

趙逵夫　唐代的一個俳優戲腳本:敦煌石窟發現《茶酒論》考述　中國文化(3)　(香港)中華書局　1990　p. 163 注 1

榮新江　于闐語佛名經　敦煌學大辭典　上海辭書出版社　1998　p. 501

P. 2911

廣川堯敏　禮讚　敦煌と中國仏教(講座敦煌7)　(東京)大東出版社　1984　p. 437

陳祚龍　關於唐釋智昇的生平與著述　敦煌學散策新集　(臺北)新文豐出版公司　1989　p. 172

汪娟　敦煌禮懺文研究　(臺北)法鼓文化公司　1994　p. 75、152

汪娟　敦煌寫本《十二光禮》研究　慶祝潘石禪先生九秩華誕敦煌學特刊　(臺北)文津出版社　1996　p. 481

湛如　評《敦煌禮懺文研究》　敦煌吐魯番研究(第四卷)　北京大學出版社　1999　p. 620

達照　《金剛經》相關的懺法初探　法源(第18期)　中國佛學院　2000　p. 215

達照　金剛五禮　藏外佛教文獻(第七輯)　宗教文化出版社　2000　p. 55

聖凱　中國佛教懺法研究　宗教文化出版社　2004　p. 320

P. 2912

吳其昱著　福井文雅　樋口勝譯　大蕃國大德・三藏法師・法成傳考　敦煌と中國仏教(講座敦煌7)　(東京)大東出版社　1984　p. 398

劉復　敦煌掇瑣　敦煌叢刊初集(十五)　(臺北)新文豐出版公司　1985　p. 361

山本達郎等　敦煌・Ⅴ計會文書　『NUN－HUANG AND TURFAN DOCUMENTS CONCERNING SO-CIAL AND ECONOMIC HISTORY』(Ⅳ)　(東京)東洋文庫　1989　p. 113

唐耕耦　8 至 10 世紀敦煌的物價　紀念陳寅恪教授國際學術討論會文集　中山大學出版社　1989　p. 536、539、552

唐耕耦　陸宏基　敦煌社會經濟文獻真迹釋錄(三)　全國圖書館文獻縮微複製中心　1990　p. 55

竺沙雅章　敦煌吐蕃期的僧官制度　第二屆敦煌學國際研討會論文集　(臺北)漢學研究中心　1990　p. 148

譚禪雪　敦煌歲時掇瑣　(香港)《九州學刊》(敦煌學專輯)1993 年第 5 卷第 4 期　p. 95

姜伯勤　敦煌吐魯番文書與絲綢之路　文物出版社　1994　p. 196

李明偉　隋唐絲綢之路　甘肅人民出版社　1994　p. 260

榮新江　敦煌邈真讚年代考　敦煌邈真讚校錄並研究　(臺北)新文豐出版公司　1994　p. 356

王三慶　敦煌書儀載錄之節日活動與民俗　全國敦煌學研討會論文集　(臺北)中正大學中國文學系所　1995　p. 26 注 39

王元軍　從敦煌唐佛經寫本談有關唐代寫經生及其書法藝術的幾個問題　《敦煌研究》1995 年第 1 期　p. 158

王元軍　唐人書法與文化　(臺北)東大圖書公司　1995　p. 134

郝春文　唐後期五代宋初沙州僧尼的宗教收入（一）　慶祝潘石禪先生九秩華誕敦煌學特刊　（臺北）文津出版社　1996　p. 300

陸慶夫　唐宋間敦煌粟特人之漢化　《歷史研究》1996 年第 6 期　p. 26　又見：敦煌歸義軍史專題研究　蘭州大學出版社　1997　p. 360

馬雅倫　邢豔紅　吐蕃統治時期敦煌兩位粟特僧官：史慈燈、石法海考　《敦煌學輯刊》1996 年第 1 期　p. 53

田德新　敦煌寺院中的"都頭"　《敦煌學輯刊》1996 年第 2 期　p. 99

張亞萍　娜閣　唐五代敦煌的計量單位與價格換算　《敦煌學輯刊》1996 年第 2 期　p. 38

鄭炳林　唐五代敦煌粟特人與歸義軍政權　《敦煌研究》1996 年第 4 期　p. 85

郝春文　關於唐後期五代宋初沙州僧俗的施捨問題　唐研究（第三卷）　北京大學出版社　1997　p. 31

李并成　古代河西走廊桑蠶絲織業考　《敦煌學輯刊》1997 年第 2 期　p. 64

劉雯　吐蕃及歸義軍時期敦煌索氏家族研究　《敦煌學輯刊》1997 年第 2 期　p. 90

唐耕耦　敦煌寺院會計文書研究　（臺北）新文豐出版公司　1997　p. 427、458

田德新　敦煌寺院中的都師　《敦煌學輯刊》1997 年第 2 期　p. 124

鄭炳林　都教授張金炫和尚生平事迹考　敦煌歸義軍史專題研究　蘭州大學出版社　1997　p. 543

鄭炳林　唐五代敦煌的粟特人與佛教　敦煌歸義軍史專題研究　蘭州大學出版社　1997　p. 437

鄭炳林　吐蕃統治下的敦煌粟特人　敦煌歸義軍史專題研究　蘭州大學出版社　1997　p. 390 注 29

鄭炳林　晚唐五代敦煌貿易市場的物價　敦煌歸義軍史專題研究　蘭州大學出版社　1997　p. 281、305

郝春文　唐後期五代宋初敦煌僧尼的社會生活　中國社會科學出版社　1998　p. 245、256

金瀅坤　從敦煌文書看晚唐五代敦煌地區布紡織業　《敦煌研究》1998 年第 2 期　p. 138

譚蟬雪　敦煌歲時文化導論　（臺北）新文豐出版公司　1998　p. 152

土肥義和　唐・北宋の間：敦煌の杜家親情社追補社條（S. 8160rv）について　唐代史研究（創刊號）　（東京）唐代史研究會　1998　p. 26

楊森　跋《子年三月五日計料海濟受戒衣缽具色——如後》帳及卷背《釋門教授帖》文書　《敦煌研究》1998 年第 4 期　p. 104

鄭炳林　《康秀華寫經施入疏》與《炫和尚貨賣胡粉曆》研究　敦煌吐魯番研究（第三卷）　北京大學出版社　1998　p. 191

郝春文　關於唐後期五代宋初沙州僧團的"出唱"活動　首都師範大學史學研究（1）　首都師範大學出版社　1999　p. 111

楊森　小議張淮深受旌節　《敦煌研究》1999 年第 1 期　p. 98

陳海濤　敦煌歸義軍時期從化鄉消失原因初探　中國社會歷史評論（第二卷）　天津古籍出版社　2000　p. 433

石內德　敦煌文獻中被廢棄的殘經抄本　法國漢學（敦煌學專號）　中華書局　2000　p. 26

張涌泉　漢語俗字叢考　中華書局　2000　p. 4

鄭炳林　晚唐五代敦煌貿易市場的外來商品輯考　中華文史論叢（總 63 輯）　上海古籍出版社　2000　p. 56

譚蟬雪　唐宋敦煌歲時佛俗　《敦煌研究》2001 年第 1 期　p. 99

楊森　《辛巳年六月十六日社人于燈司倉貸粟曆》文書之定年　《敦煌學輯刊》2001 年第 2 期　p. 18

鄭炳林　北京圖書館藏《吳和尚經論目錄》有關問題研究　敦煌學與中國史研究論集　甘肅人民出版社　2001　p. 133

陳海濤　唐代入華粟特人的佛教信仰及其原因　華林（第二卷）　中華書局　2002　p. 88

李正宇　唐宋時期敦煌佛經性質功能的變化　戒幢佛學（第二卷）　岳麓書社　2002　p. 19、27　又見：中日敦煌佛教學術會議論文集　中國社會科學院研究所　2002　p. 16

張國剛　佛學與隋唐社會　河北人民出版社　2002　p. 231

榮新江　于闐花氈與粟特銀盤：九、十世紀敦煌寺院的外來供養　寺院財富與世俗供養　上海書畫出版社　2003　p. 249、2912

童丕　據敦煌寫本談紅藍花——植物的使用　寺院財富與世俗供養　上海書畫出版社　2003　p. 264

張國剛　佛教的世俗化與民間佛教結社　中國中古史論集　天津古籍出版社　2003　p. 267

鄭學檬　唐代物價散論　2000 年敦煌學國際學術討論會文集·歷史文化卷（上）　甘肅民族出版社　2003　p. 6

高啓安　唐五代敦煌飲食文化研究　民族出版社　2004　p. 83

黑維強　吐魯番出土文書詞語例釋（一）　《敦煌學輯刊》2004 年第 2 期　p. 117

黑維強　吐魯番出土文書詞語疏證三則　西北方言與民俗研究論叢　中國社會科學出版社　2004　p. 225

鄭炳林　晚唐五代敦煌地區《大般若經》的流傳與信仰　麥積山石窟藝術文化論文集（下）　蘭州大學出版社　2004　p. 112、122

鄭炳林　晚唐五代敦煌商業貿易市場研究　《敦煌學輯刊》2004 年第 1 期　p. 114

鄭炳林　晚唐五代敦煌地區的胡姓居民與聚落　法國漢學（第 10 輯）（粟特人在中國：歷史、考古、語言的新探索）　中華書局　2005　p. 179

P. 2913

本田義英　敦煌出土智度論に就いて　『宗教研究』（新 6 卷 2 期）　（東京）宗教研究會　1929　p. 243

王重民　金山國墜事零拾　《國立北平圖書館館刊》1936 年第 9 卷第 6 號　又見：敦煌學文選（上）蘭州大學歷史系敦煌學研究室等　1983　p. 71；中國敦煌學百年文庫·歷史卷（一）　甘肅文化出版社　1999　p. 31

重松俊章　敦煌本還冤記殘卷に就いて　『史淵』（第 17 卷）　（福岡）九州大學文學部　1937　p. 125

向達　羅叔言《補唐書張議潮傳》補正　遼海引年集　和記印書館　1948　p. 85　又見：唐代長安與西域文明　三聯書店　1987　p. 421

芳村修基　土橋秀高　井ノ口泰淳　敦煌佛教史年表　西域文化研究（第一）·敦煌佛教資料　（京都）法藏館　1958　p. 272

蘇瑩輝　補唐書張淮深傳　（臺北）《大陸雜誌》1963 年第 5 期　又見：敦煌論集　（臺北）學生書局　1983　p. 243；中國敦煌學百年文庫·歷史卷（一）　甘肅文化出版社　1999　p. 265

蘇瑩輝　論敦煌本史傳變文與中國俗文學　（臺中）《東海大學圖書館學報》1964 年第 6 期　又見：敦煌論集　（臺北）學生書局　1983　p. 134、136；中國敦煌學百年文庫·文學卷（五）　甘肅文化出版社　1999　p. 24

長澤和俊　敦煌　（東京）築摩書房　1965　p. 186

蘇瑩輝　論敦煌資料中的三位河西都僧統　（臺北）《幼獅學志》1966 年第 1 期　又見：敦煌論集　（臺北）學生書局　1983　p. 420、422、425 注 14；中國敦煌學百年文庫·宗教卷（一）　甘肅文化出版社　1999　p. 4

蘇瑩輝　從敦煌吳僧統碑和三卷敦煌寫本論吳法成並非緒芝之子亦非洪辯和尚　（臺北）《大陸雜誌》1974 年第 3 期　又見：敦煌論集續編　（臺北）學生書局　1983　p. 129；中國敦煌學百年文庫・民族卷（二）　甘肅文化出版社　1999　p. 95、100

陳祚龍　敦煌古抄碑銘五種　敦煌文物隨筆　（臺北）商務印書館　1979　p. 68

陳祚龍　敦煌寫本《洪辯、悟真等告身》校注　敦煌資料考屑（上冊）（臺北）商務印書館　1979　p. 49 注 5

蘇瑩輝　論莫高窟七佛藥師之堂非由洪辯所開鑿　敦煌學（第 4 輯）（香港）新亞研究所敦煌學會　1979　p. 66 注 16

王重民　敦煌古籍叙錄　中華書局　1979　p. 211

賀世哲　敦煌莫高窟供養人題記校勘　《中國史研究》1980 年第 3 期　p. 35

森安孝夫　ウイグルと敦煌　敦煌の歷史（講座敦煌 2）（東京）大東出版社　1980　p. 308

李永寧　敦煌莫高窟碑文錄及有關問題（一）《敦煌研究》1981 年試刊第 1 期　p. 78

蘇瑩輝　敦煌學概要　（臺北）編譯館"中華叢書編委會"　1981　p. 148、150、376

賀世哲　敦煌莫高窟壁畫中的《維摩詰經變》《敦煌研究》1982 年試刊第 2 期　p. 72

李永寧　報恩經和莫高窟壁畫中的報恩經變相　敦煌研究文集　甘肅人民出版社　1982　p. 219 注 17

王冀青　有關金山國史的幾個問題　《敦煌學輯刊》1982 年第 3 期　p. 47

張廣達　榮新江　關於唐末宋初于闐國的國號、年號及其王家世系問題　敦煌吐魯番文獻研究論集　中華書局　1982　p. 182　又見：于闐史叢考　上海書店　1993　p. 33

榮新江　敦煌卷子劄記四則　敦煌吐魯番文獻研究論集（第二輯）　北京大學出版社　1983　p. 633、637、641、642、644、648

蘇瑩輝　敦煌石室真迹錄題記訂補　敦煌論集續編　（臺北）學生書局　1983　p. 205

向達　補唐書張議潮傳補正　敦煌學文選（上）　蘭州大學歷史系敦煌學研究室等　1983　p. 55

饒宗頤　敦煌書法叢刊（第十九卷）・碎金（二）（東京）二玄社　1984　p. 100

吳其昱著　福井文雅　樋口勝譯　大蕃國大德・三藏法師・法成傳考　敦煌と中國仏教（講座敦煌 7）（東京）大東出版社　1984　p. 384

戴密微著　耿昇譯　敦煌學近作　敦煌譯叢（第一輯）　甘肅人民出版社　1985　p. 56

王三慶　敦煌本古類書《語對》研究　（臺北）文史哲出版社　1985　p. 82

王重民　巴黎敦煌殘卷叙錄（第一輯）　敦煌叢刊初集（九）（臺北）新文豐出版公司　1985　p. 163

賀世哲　從供養人題記看莫高窟部分洞窟的營建年代　敦煌莫高窟供養人題記　文物出版社　1986　p. 207

王重民原編　黃永武新編　敦煌古籍叙錄新編（第十一冊）（臺北）新文豐出版公司　1986　p. 75

馬德　吳和尚・吳和尚窟・吳家窟　《敦煌研究》1987 年第 3 期　p. 63

錢伯泉　有關歸義軍前期歷史的幾個問題　《敦煌學輯刊》1987 年第 1 期　p. 84

鄧文寬　也談張淮深之死　《敦煌研究》1988 年第 1 期　p. 79

錢伯泉　爲索勳篡權翻案　《敦煌研究》1988 年第 1 期　p. 71

陳國燦　唐五代敦煌縣鄉里制的演變　《敦煌研究》1989 年第 3 期　p. 48

李正宇　邈真讚　敦煌文學　甘肅人民出版社　1989　p. 184

錢伯泉　張淮深對甘州回鶻國的顛覆行動　《甘肅民族研究》1989 年第 1 期　p. 26 注 3

譚蟬雪　碑・銘　敦煌文學　甘肅人民出版社　1989　p. 112

池田溫　中國古代寫本識語集錄　（東京）大藏出版株式會社　1990　p. 428

鄧文寬　歸義軍張氏家族的封爵與郡望　敦煌吐魯番學研究論文集　漢語大詞典出版社　1990

p. 605

榮新江　沙州歸義軍歷任節度使稱號研究　敦煌吐魯番學研究論文集　漢語大詞典出版社　1990
p. 775

榮新江　《唐刺史考》補遺　《文獻》1990 年第 2 期　p. 88　又見：敦煌學新論　甘肅教育出版社
2002　p. 267

唐耕耦　陸宏基　敦煌社會經濟文獻真迹釋録（五）　全國圖書館文獻縮微複製中心　1990
p. 106、161

顧吉辰　西漢金山國系年要録　《敦煌研究》1991 年第 3 期　p. 62

李正宇　敦煌名勝古迹導論　《陽關》1991 年第 4 期　p. 51

中村裕一　唐代官文書研究　（京都）中文出版社　1991　p. 335

姜伯勤　敦煌社會文書導論　（臺北）新文豐出版公司　1992　p. 60、187

金岡照光　邈真讚　敦煌の文學文獻（講座敦煌 9）　（東京）大東出版社　1992　p. 617

林家平　寧强　羅華慶　中國敦煌學史　北京語言學院出版社　1992　p. 18

唐長孺　魏晉南北朝隋唐史三論　武漢大學出版社　1992　p. 391

吳其昱著　伊藤美重子譯　敦煌漢文寫本概観　敦煌漢文文獻（講座敦煌 5）　（東京）大東出版社
1992　p. 66、139

鄭炳林　敦煌碑銘讚三篇證誤與考釋　《敦煌學輯刊》1992 年第 1、2 期　p. 100

周紹良　敦煌文學芻議及其它　（臺北）新文豐出版公司　1992　p. 17

晒麟　張謙逸在吐蕃時期的任職　《敦煌學輯刊》1993 年第 1 期　p. 83

高國藩　敦煌民俗資料導論　（臺北）新文豐出版公司　1993　p. 90

李明偉　敦煌文學概論　甘肅人民出版社　1993　p. 480

李正宇　敦煌文學概論　甘肅人民出版社　1993　p. 96

榮新江　初期沙州歸義軍與唐中央朝廷之關係　隋唐史論集　（香港）香港大學亞洲研究中心
1993　p. 113

張鴻勛　敦煌說唱文學概論　（臺北）新文豐出版公司　1993　p. 6

鄭炳林　《索崇恩和尚修功德記》考釋　《敦煌研究》1993 年第 2 期　p. 59

姜伯勤　敦煌邈真讚與敦煌望族　敦煌邈真讚校録並研究　（臺北）新文豐出版公司　1994　p. 38

姜伯勤　項楚　榮新江　敦煌邈真讚校録並研究　（臺北）新文豐出版公司　1994　p. 210

榮新江　敦煌邈真讚年代考　敦煌邈真讚校録並研究　（臺北）新文豐出版公司　1994　p. 360

榮新江　歸義軍改元考　文史（第三十八輯）　中華書局　1994　p. 45

鄭炳林　敦煌本《張淮深變文》研究　《西北民族研究》1994 年第 1 期　p. 148

方廣錩　關於敦煌遺書北新八七六號　（香港）《九州學刊》1995 年第 6 卷第 4 期　p. 85

胡戟　傅玫　敦煌史話　中華書局　1995　p. 146

劉進寶　敦煌學論述　（臺北）洪葉文化事業有限公司　1995　p. 249 注 12

劉詩平　評《唐方鎮文職僚佐考》　唐研究（第一卷）　北京大學出版社　1995　p. 551

汪泛舟　論敦煌文明的多民族貢獻　《敦煌研究》1995 年第 2 期　p. 187

顏廷亮　敦煌文學概說　（臺北）新文豐出版公司　1995　p. 120

顏廷亮　張球著作系年與生平管窺　敦煌學國際研討會文集·史地語文編　遼寧美術出版社　1995
p. 252

馬德　莫高窟張都衙窟及有關問題　《敦煌研究》1996 年第 2 期　p. 35

榮新江　歸義軍史研究　上海古籍出版社　1996　p. 3

謝海平　張議潮、張淮深變文本事及年代考索　唐代文學家及文獻研究　（高雄）麗文文化事業有限

公司　1996　p. 449

楊秀清　晚唐歸義軍與中央關係述論　《甘肅社會科學》1996 年第 2 期　p. 70

楊秀清　張議潮出走與張淮深之死　《敦煌研究》1996 年第 4 期　p. 77

伊藤美重子　敦煌本『大智度論』の整理　中國佛教石經の研究　京都大學學術出版會　1996　p. 366

鄭炳林　唐五代敦煌粟特人與歸義軍政權　《敦煌研究》1996 年第 4 期　p. 86　又見：敦煌歸義軍史專題研究　蘭州大學出版社　1997　p. 412

郭鋒　補唐末沙州節度判官掌書記張球事一則　敦煌吐魯番研究（第二卷）　北京大學出版社　1997　p. 352

張先堂　S. 4654 晚唐《莫高窟紀遊詩》新探　《敦煌研究》1997 年第 3 期　p. 131

鄭炳林　敦煌碑銘讚及其有關問題　敦煌碑銘讚輯釋　甘肅教育出版社　1997　p. 12

鄭炳林　敦煌碑銘讚輯釋　甘肅教育出版社　1997　p. 300

鄭炳林　論晚唐敦煌文士張球即張景球　文史（第四十三輯）　中華書局　1997　p. 112

鄭炳林　馮培紅　唐五代歸義軍政權對外關係中的使頭一職　敦煌歸義軍史專題研究　蘭州大學出版社　1997　p. 50

高永久　論 11 世紀初伊斯蘭教在于闐的傳播問題　《蘭州大學學報》1998 年第 2 期　p. 97

李冬梅　唐五代歸義軍與周邊民族關係綜論　《敦煌學輯刊》1998 年第 2 期　p. 44

李麗　關於《張淮深墓誌銘》的兩個問題　《敦煌學輯刊》1998 年第 1 期　p. 143

李正宇　古本敦煌鄉土志八種箋證　（臺北）新文豐出版公司　1998　p. 321

李正宇　張淮深墓誌銘　敦煌學大辭典　上海辭書出版社　1998　p. 333

李正宇　張球　敦煌學大辭典　上海辭書出版社　1998　p. 356

馬德　敦煌文書《道家雜齋文範集》及有關問題述略　道家文化研究（第十三輯）　三聯書店　1998　p. 244

榮新江　歸義軍大事紀年初稿　出土文獻研究（第三輯）　文物出版社　1998　p. 240

楊森　洪𧏗　敦煌學大辭典　上海辭書出版社　1998　p. 350

楊森　張淮深　敦煌學大辭典　上海辭書出版社　1998　p. 353

楊森　張謙逸　敦煌學大辭典　上海辭書出版社　1998　p. 349

楊森　張議潮　敦煌學大辭典　上海辭書出版社　1998　p. 352

鄭炳林　張延綬　敦煌學大辭典　上海辭書出版社　1998　p. 354

黃征　程惠新　劫塵遺珠：敦煌遺書　甘肅教育出版社　1999　p. 157

楊秀清　敦煌西漢金山國史　甘肅人民出版社　1999　p. 21、37

華濤　西域歷史研究（8—10 世紀）　上海古籍出版社　2000　p. 75 注 39

李正宇　《敦煌錄》整理後記　慶祝吳其昱先生八秩華誕敦煌學特刊　（臺北）文津出版社　2000　p. 58

劉進寶　敦煌文書與唐史研究　（臺北）新文豐出版公司　2000　p. 325

徐俊　敦煌詩集殘卷輯考　中華書局　2000　p. 621

楊寶玉　敦煌史話　中國大百科全書出版社　2000　p. 159

楊森　淺談敦煌文獻中唐代墓誌銘抄本　《敦煌研究》2000 年第 3 期　p. 135

馮培紅　敦煌文獻中的職官史料與唐五代藩鎮官制研究　《敦煌研究》2001 年第 3 期　p. 110

施新榮　也談高昌麴氏之郡望　《西域研究》2001 年第 3 期　p. 59 注 1

曾良　敦煌文獻字義通釋　廈門大學出版社　2001　p. 187

鄭炳林　北京圖書館藏《吳和尚經論目錄》有關問題研究　敦煌學與中國史研究論集　甘肅人民出

版社　2001　p. 127

陳國燦　敦煌學史事新證　甘肅教育出版社　2002　p. 24

姜亮夫　敦煌莫高窟年表　姜亮夫全集（十一）　雲南人民出版社　2002　p. 410

劉進寶　敦煌學通論　甘肅教育出版社　2002　p. 112

呂鍾　重修敦煌縣誌　甘肅人民出版社　2002　p. 573

顔廷亮　有關張球生平及其著作的一件新見文獻　《敦煌研究》2002 年第 5 期　p. 103

楊寶玉　敦煌滄桑　長江文藝出版社　2002　p. 244

馮培紅　論晚唐五代的沙州（歸義軍）與涼州（河西）節度使　浙江與敦煌學：常書鴻先生誕辰一百周
　　年紀念文集　浙江古籍出版社　2004　p. 243

屈直敏　敦煌高僧　民族出版社　2004　p. 99

湯涒　敦煌曲子詞地域文化研究　上海古籍出版社　2004　p. 156

趙紅　高啓安　張孝嵩斬龍傳說歷史背景研究　《敦煌研究》2004 年第 2 期　p. 64

P. 2914

胡適　唐初的白話詩　白話文學史　新月書店　1928　p. 134　又見：中國敦煌學百年文庫・文學卷
　　（一）　甘肅文化出版社　1999　p. 29

金岡照光　敦煌文學のさまざま　敦煌の文學　（東京）大藏出版株式會社　1971　p. 159

遊佐昇　『王梵志詩』のもつ兩側面　大正大學大學院研究論集（第 2 號）　（東京）大正大學大學院
　　1978　p. 10

陳祚龍　唐宣宗　敦煌學海探珠（下冊）　（臺北）商務印書館　1979　p. 290

加地哲定　增補中國佛教文學研究　（東京）同朋舍　1979　p. 79

王重民　敦煌古籍叙錄　中華書局　1979　p. 283

川崎ミチコ　通俗詩類・雜詩文類　敦煌仏典と禪（講座敦煌 8）　（東京）大東出版社　1980
　　p. 319

菊池英夫　唐代敦煌社會の外貌　敦煌の社會（講座敦煌 3）　（東京）大東出版社　1980　p. 140

萬曼　唐集叙錄　中華書局　1980　p. 12

陳祚龍　敦煌古抄内典尾記彙校初、二、三編合刊　敦煌學要籥　（臺北）新文豐出版公司　1982
　　p. 184

張錫厚　關於敦煌寫本《王梵志詩》整理的若干問題　文史（第十五輯）　中華書局　1982　p. 185
　　又見：王梵志詩研究彙錄（上）　上海古籍出版社　1990　p. 58；中國敦煌學百年文庫・文學卷
　　（二）　甘肅文化出版社　1999　p. 483

張錫厚　關於王梵志思想評價的幾個問題　關隴文學論叢　甘肅人民出版社　1983　p. 33

張錫厚　王梵志詩校輯　中華書局　1983　p. 3

劉瑞明　王梵志詩校注補正　《敦煌學研究》（西北師院學報）1986 年增刊　p. 19

王重民原編　黃永武新編　敦煌古籍叙錄新編（第十五冊）　（臺北）新文豐出版公司　1986　p. 21

朱鳳玉　王梵志詩研究（上、下）　（臺北）學生書局　1986　p. 4、31、112、132、268、273

劉銘恕　敦煌遺書叢識　1983 年全國敦煌學術討論會文集・文史遺書編（上）　甘肅人民出版社
　　1987　p. 428

項楚　王梵志詩校注　敦煌吐魯番文獻研究論集（第四輯）　北京大學出版社　1987　p. 136

張錫厚　整理《王梵志詩集》的新收穫　《敦煌學輯刊》1987 年第 2 期　p. 34

李正宇　敦煌文學雜考二題　敦煌語言文學研究　北京大學出版社　1988　p. 95

高國藩　敦煌民俗學　上海文藝出版社　1989　p. 74

池田溫　中國古代寫本識語集録　（東京）大藏出版株式會社　1990　p. 490

菊池英夫　中國古文書·古寫本學と日本　東アジア古文書の史的研究　（東京）刀水書房　1990　p. 180

張錫厚　敦煌寫本王梵志詩原卷真迹　王梵志詩研究彙録(上)　上海古籍出版社　1990　圖版 10

張錫厚　論王梵志詩的口語化傾向　王梵志詩研究彙録(上)　上海古籍出版社　1990　p. 136

鄭阿財　敦煌蒙書析論　第二屆敦煌學國際研討會論文集　（臺北）漢學研究中心　1990　p. 228

鄭阿財　敦煌寫本《孔子項托相問書》初探　《法學商報》1990 年第 24 期　又見：中國敦煌學百年文庫·文學卷(五)　甘肅文化出版社　1999　p. 54

林聰明　敦煌文書出處略考　季羨林教授八十華誕紀念論文集(下)　江西人民出版社　1991　p. 857

林聰明　敦煌文書學　（臺北）新文豐出版公司　1991　p. 189、386

林家平　寧强　羅華慶　中國敦煌學史　北京語言學院出版社　1992　p. 595、600

吳其昱著　伊藤美重子譯　敦煌漢文寫本概觀　敦煌漢文文獻(講座敦煌 5)　（東京）大東出版社　1992　p. 116

戴仁　敦煌寫本紙張的顏色　法國學者敦煌學論文選萃　中華書局　1993　p. 591

高國藩　敦煌民俗資料導論　（臺北）新文豐出版公司　1993　p. 58、64

項楚　敦煌詩歌導論　（臺北）新文豐出版公司　1993　p. 295

鄭阿財　敦煌文獻與文學　（臺北）新文豐出版公司　1993　p. 263

蔣禮鴻　敦煌文獻語言詞典　杭州大學出版社　1994　p. 297

林聰明　談敦煌文書的抄寫問題　紀念陳寅恪先生百年誕辰學術論文集　江西教育出版社　1994　p. 290

黃征　輯注本《啓顏錄》匡補　俗語言研究(第二期)　（京都）禪文化研究所　1995　p. 85　又見：敦煌語文叢説　（臺北）新文豐出版公司　1997　p. 495

曲金良　敦煌佛教文學研究　（臺北）文津出版社　1995　p. 249

張錫厚　敦煌本唐集研究　（臺北）新文豐出版公司　1995　p. 58、71

張涌泉　敦煌俗字研究導論　（臺北）新文豐出版公司　1996　p. 75、114

黃征　王梵志詩校釋續商補　敦煌語文叢説　（臺北）新文豐出版公司　1997　p. 227

黃征　張涌泉　敦煌變文校注　中華書局　1997　p. 625、1065

高國藩　敦煌俗文化學　上海三聯書店　1999　p. 609、623

張涌泉　試論審辨敦煌寫本俗字的方法　舊學新知　浙江大學出版社　1999　p. 83

張涌泉　俗字研究與敦煌文獻的校理　舊學新知　浙江大學出版社　1999　p. 54、70

徐俊　敦煌詩集殘卷輯考　中華書局　2000　p. 626

顏廷亮　敦煌文化　光明日報出版社　2000　p. 275

張錫厚　敦煌文學源流　作家出版社　2000　p. 76

杜曉勤　隋唐五代文學研究　北京出版社　2001　p. 1272

蔡忠霖　敦煌漢文寫卷俗字及其現象　（臺北）文津出版社　2002　p. 28

黃征　敦煌語言文字學研究　甘肅教育出版社　2002　p. 310

姜亮夫　敦煌莫高窟年表　姜亮夫全集(十一)　雲南人民出版社　2002　p. 198、499

劉永明　散見敦煌曆朔閏輯考　《敦煌研究》2002 年第 6 期　p. 17

鄭阿財　朱鳳玉　敦煌蒙書研究　甘肅教育出版社　2002　p. 425

P. 2915

陳祚龍　敦煌古抄內典尾記彙校初、二、三編合刊　敦煌學要籥　（臺北）新文豐出版公司　1982
　　p. 184

陳祚龍　古往世上流行之中華佛教男女信士立誓發願文章的抽樣　中華佛教文化史散策（四集）
　　（臺北）新文豐出版公司　1986　p. 399

山本達郎等　敦煌・III 轉貼　『NUN – HUANG AND TURFAN DOCUMENTS CONCERNING SOCIAL
　　AND ECONOMIC HISTORY』(IV)　（東京）東洋文庫　1989　p. 88

林聰明　敦煌文書學　（臺北）新文豐出版公司　1991　p. 225、289

王三慶　談齋論文——敦煌寫卷齋願文研究　第四屆唐代文化學術研討會論文集　（臺南）成功大
　　學　1991　p. 283

邵文實　尚乞心兒事迹考　《敦煌學輯刊》1993 年第 2 期　p. 18

黃征　吳偉　敦煌願文集　岳麓書社　1995　p. 7、605

黃征　敦煌願文散校　敦煌語文叢說　（臺北）新文豐出版公司　1997　p. 568、287

顏廷亮　《金山國諸雜齋文範》校錄及其他　敦煌文學論集　四川人民出版社　1997　p. 355

鄭炳林　敦煌碑銘讚輯釋　甘肅教育出版社　1997　p. 384 注 12

黃征　唐代俗語詞輯釋　唐研究（第四卷）　北京大學出版社　1998　p. 142

黃征　程惠新　劫塵遺珠：敦煌遺書　甘肅教育出版社　1999　p. 172

宋家鈺　佛教齋文源流與敦煌本"齋文"書的復原　《中國史研究》1999 年第 2 期　p. 77　又見：英
　　國收藏敦煌漢藏文獻研究　中國社會科學出版社　2000　p. 306

黃正建　敦煌占卜文書與唐五代占卜研究　學苑出版社　2001　p. 171

邵文實　敦煌佛教文學與邊塞文學　《敦煌學輯刊》2001 年第 2 期　p. 25

王三慶　光道大師撰《諸雜齋文》下卷研究　敦煌文獻論集：紀念藏經洞發現一百周年國際學術研討
　　會論文集　遼寧人民出版社　2001　p. 559

徐曉麗　曹議金與甘州回鶻天公主結親時間考　《敦煌研究》2001 年第 4 期　p. 112

黃征　敦煌語言文字學研究　甘肅教育出版社　2002　p. 153

姜亮夫　敦煌莫高窟年表　姜亮夫全集（十一）　雲南人民出版社　2002　p. 454

賴比星　對樂傳"忽見金光，狀有千佛"的考證　《敦煌研究》2004 年第 4 期　p. 80

武學軍　敏春芳　敦煌願文婉詞試解（一）《敦煌學輯刊》2006 年第 1 期　p. 128

P. 2916

唐耕耦　陸宏基　敦煌社會經濟文獻真迹釋錄（一）　書目文獻出版社　1986　p. 371

山本達郎等　敦煌・IV 納贈曆・納色物曆等　『NUN – HUANG AND TURFAN DOCUMENTS CON-
　　CERNING SOCIAL AND ECONOMIC HISTORY』(IV)　（東京）東洋文庫　1989　p. 99

土肥義和　唐・北宋間の「社」の組織形態に関する一考察　中國古代の國家と民眾（堀敏一先生古
　　稀記念）　（東京）汲古書院　1995　p. 709

鄭炳林　唐五代敦煌的粟特人與歸義軍政權　《敦煌研究》1996 年第 4 期　p. 92　又見：敦煌歸義軍
　　史專題研究　蘭州大學出版社　1997　p. 424

馮培紅　唐五代敦煌的河渠水利與水司管理機構初探　《敦煌學輯刊》1997 年第 2 期　p. 78

齊陳俊　馮培紅　晚唐五代宋初歸義軍對外商業貿易　敦煌歸義軍史專題研究　蘭州大學出版社
　　1997　p. 346

鄭炳林　敦煌碑銘讚輯釋　甘肅教育出版社　1997　p. 488 注 9

鄭炳林　馮培紅　晚唐五代宋初歸義軍政權中都頭一職考辨　敦煌歸義軍史專題研究　蘭州大學出

版社　1997　p. 82

馮培紅　唐五代歸義軍軍資庫司初探　《敦煌學輯刊》1998 年第 1 期　p. 36

高啓安　崇高與卑賤：敦煌的佛教信仰賤名再探　'98 法門寺唐文化國際學術討論會論文集　陝西人民出版社　2000　p. 253

馮培紅　歸義軍鎮制考　敦煌吐魯番研究（第九卷）　中華書局　2006　p. 279

金瀅坤　敦煌社會經濟文書定年拾遺　《首都師範大學學報》2006 年第 1 期　p. 10

P. 2917

唐耕耦　陸宏基　敦煌社會經濟文獻真迹釋録（三）　全國圖書館文獻縮微複製中心　1990　p. 26

唐耕耦　敦煌寺院會計文書研究　（臺北）新文豐出版公司　1997　p. 6

鄭炳林　唐五代敦煌手工業研究　敦煌歸義軍史專題研究　蘭州大學出版社　1997　p. 267

郝春文　唐後期五代宋初敦煌僧尼的社會生活　中國社會科學出版社　1998　p. 127

郝春文　唐後期五代宋初敦煌寺院常住什物的數量及與僧人的關係　《敦煌研究》1998 年第 2 期　p. 118

唐耕耦　常住什物交割點檢曆　敦煌學大辭典　上海辭書出版社　1998　p. 648

土肥義和　唐・北宋の間：敦煌の杜家親情社追補社條（S. 8160rv）について　唐代史研究（創刊號）（東京）唐代史研究會　1998　p. 19

高啓安　唐五代至宋敦煌的量器及量制　《敦煌學輯刊》1999 年第 1 期　p. 59

徐俊　敦煌詩集殘卷輯考　中華書局　2000　p. 785

高啓安　唐五代敦煌飲食文化研究　民族出版社　2004　p. 56、68

金瀅坤　敦煌社會經濟文書定年拾遺　《首都師範大學學報》2006 年第 1 期　p. 13

金瀅坤　敦煌社會經濟文獻綴合拾遺　文史（第七十五輯）　中華書局　2006　p. 88

P. 2918

王重民　說《十二時》　《申報・文史》1948 年第 22 期　又見：敦煌遺書論文集　中華書局　1984　p. 158；中國敦煌學百年文庫・文學卷（一）　甘肅文化出版社　1999　p. 479

川崎ミチコ　修道偈Ⅱ——定格聯章　敦煌仏典と禪（講座敦煌 8）　（東京）大東出版社　1980　p. 272

鄭阿財　敦煌孝道文學研究　（臺北）石門圖書公司　1982　p. 532

周丕顯　敦煌俗曲分時聯章歌體再議　《敦煌學輯刊》1983 年創刊號　p. 18

周丕顯　敦煌俗曲中的分時聯章體歌辭　關隴文學論叢　甘肅人民出版社　1983　p. 7

牛龍菲　敦煌東漢元嘉二年五弦琴譜研究　《敦煌研究》1985 年第 2 期　p. 15

劉銘恕　敦煌遺書叢識　1983 年全國敦煌學術討論會文集・文史遺書編（上）　甘肅人民出版社　1987　p. 428

任半塘　敦煌歌辭總編　上海古籍出版社　1987　p. 1479

任半塘　王昆吾　隋唐五代燕樂雜言歌辭集　巴蜀書社　1990　p. 369

張涌泉　《敦煌歌辭總編》校議　《語言研究》1992 年第 1 期　p. 60

周紹良　敦煌文學芻議及其它　（臺北）新文豐出版公司　1992　p. 37

鄭阿財　敦煌文獻與文學　（臺北）新文豐出版公司　1993　p. 121、135

柴劍虹　聖教十二時　敦煌學大辭典　上海辭書出版社　1998　p. 538

P. 2919

金岡照光　敦煌文學のさまざま　敦煌の文學　（東京）大藏出版株式會社　1971　p. 130

鄭阿財　敦煌孝道文學研究　（臺北）石門圖書公司　1982　p. 532

戴密微著　耿昇譯　列寧格勒所藏敦煌漢文寫本簡介　敦煌譯叢（第一輯）　甘肅人民出版社　1985　p. 124 注 1

李正宇　敦煌文學概論　甘肅人民出版社　1993　p. 145

P. 2920

王卡　敦煌道教文獻研究　中國社會科學出版社　2004　p. 225

P. 2921

陳祚龍　敦煌古抄內典尾記彙校初、二、三編合刊　敦煌學要籥　（臺北）新文豐出版公司　1982　p. 184

土橋秀高　敦煌の律藏　敦煌と中國仏教（講座敦煌7）　（東京）大東出版社　1984　p. 262

唐耕耦　8 至 10 世紀敦煌的物價　紀念陳寅恪教授國際學術討論會文集　中山大學出版社　1989　p. 538

池田溫　中國古代寫本識語集録　（東京）大藏出版株式會社　1990　p. 521

李明偉　隋唐絲綢之路　甘肅人民出版社　1994　p. 262

王書慶　敦煌佛學・佛事篇　甘肅民族出版社　1995　p. 84

湛如　敦煌佛教律儀制度研究　中華書局　2003　p. 157

P. 2922

邵榮芬　敦煌俗文學中的別字異文和唐五代西北方音　《中國語文》1963 年第 3 期　又見：中國敦煌學百年文庫・語言文字卷(一)　甘肅文化出版社　1999　p. 147

金岡照光　敦煌漢文文學文獻の寫本及び影印の收集保存、整理研究の現狀　敦煌出土文學文獻分類目録・附解說　（東京）東洋文庫　1971　p. 178

金岡照光　敦煌文學のさまざま　敦煌の文學　（東京）大藏出版株式會社　1971　p. 112

楊家駱　敦煌變文　（臺北）世界書局　1980　p. 141

道端良秀　敦煌文獻に見える死後の世界　敦煌と中國仏教（講座敦煌7）　（東京）大東出版社　1984　p. 516

潘重規　敦煌變文集新書(下)　（臺北）"中國文化大學"中文研究所　1984　p. 965

王慶菽　韓朋賦　敦煌變文集　人民文學出版社　1984　p. 141

項楚　敦煌文學作品選　中華書局　1987　p. 321 注 22

項楚　敦煌變文選注　巴蜀書社　1990　p. 266

黃征　王梵志詩校釋補議　中華文史論叢（總50 輯）　上海古籍出版社　1992　p. 92　又見：敦煌語文叢說　（臺北）新文豐出版公司　1997　p. 248

金岡照光　總說『敦煌文學の諸形態』　敦煌の文學文獻（講座敦煌9）　（東京）大東出版社　1992　p. 21

曲金良　敦煌佛教文学研究　（臺北）文津出版社　1995　p. 95

黃征　王梵志詩校釋續商補　敦煌語文叢說　（臺北）新文豐出版公司　1997　p. 213

潘重規　敦煌《雲謠集》新書　雲謠集研究彙録　上海古籍出版社　1998　p. 190

伏俊璉　俗情雅韻：敦煌賦選析　甘肅人民出版社　2000　p. 90

金岡照光　敦煌文獻と中國文學　（東京）五曜書房　2000　p. 292
黄征　敦煌語言文字學研究　甘肅教育出版社　2002　p. 299

P. 2923

中川孝　楞伽宗と東山法門　敦煌仏典と禪（講座敦煌8）　（東京）大東出版社　1980　p. 131
田中良昭　敦煌禪宗文獻の研究　（東京）大東出版社　1983　p. 175
上山大峻　敦煌佛教の研究　（京都）法藏館　1990　p. 414
吳其昱著　伊藤美重子譯　敦煌漢文寫本概観　敦煌漢文文獻（講座敦煌5）　（東京）大東出版社　1992　p. 57
田中良昭　敦煌の禪籍　禪學研究入門　（東京）大東出版社　1994　p. 56
柳田聖山　禪籍解題（一）・敦煌禪籍　俗語言研究（第二期）　（京都）禪文化研究所　1995　p. 133
方廣錩　二入四行論　敦煌學大辭典　上海辭書出版社　1998　p. 725
唐耕耦　便物曆　敦煌學大辭典　上海辭書出版社　1998　p. 649
張錫厚　《詠臥輪禪師看心法四首》補正與敦煌本《菩提達摩論》定名　《敦煌研究》2006年第1期　p. 99

P. 2924

周紹良　敦煌所出變文現存目録　敦煌變文彙録　上海出版公司　1955　p. 5
金岡照光　敦煌漢文文學文獻の文學形態上の種類とその分類　敦煌出土文學文獻分類目録・附解説　（東京）東洋文庫　1971　p. 203
金岡照光　敦煌文學のさまざま　敦煌の文學　（東京）大蔵出版株式會社　1971　p. 108
楊家駱　敦煌變文　（臺北）世界書局　1980　p. 301
金岡照光　敦煌の繪物語　（東京）東方書店　1981　p. 69、112
川口久雄　「王子と餓えた母虎」解説　敦煌壁畫繪解き銘文集（敦煌資料と日本文學　3）　（東京）大東文化大學東洋研究所　1983　p. 40
潘重規　敦煌變文集新書（上）　（臺北）“中國文化大學”中文研究所　1984　p. 513
土橋秀高　敦煌の律蔵　敦煌と中國仏教（講座敦煌7）　（東京）大東出版社　1984　p. 250
王慶菽　太子成道經　敦煌變文集　人民文學出版社　1984　p. 301
白化文　對可補入《敦煌變文集》中的幾則録文的討論　《敦煌學輯刊》1986年第1期　p. 46
李正宇　晚唐敦煌本《釋迦因緣劇本》試探　《敦煌研究》1987年第1期　p. 65
平野顯照著　張桐生譯　唐代的文學與佛教　（臺北）業強出版社　1987　p. 288
周紹良　唐代變文及其它　敦煌文學作品選　中華書局　1987　p. 18
柴劍虹　因緣　敦煌文學　甘肅人民出版社　1989　p. 273
曲金良　敦煌寫本 S. 2440（7）原卷考辨　《敦煌研究》1989年第3期　p. 71
汪泛舟　讚・箴　敦煌文學　甘肅人民出版社　1989　p. 98
周紹良　白化文　李鼎霞　敦煌變文集補編　北京大學出版社　1989　p. 118
高國藩　敦煌古俗與民俗流變　河海大學出版社　1990　p. 380
劉瑞明　S2440（7）號文書以“劇本”定性擬名之質疑　《敦煌學輯刊》1990年第1期　p. 94
柴劍虹　敦煌文學中的“因緣”與“詩話”　西域文史論稿　（臺北）國文天地雜誌社　1991　p. 514
金岡照光　講唱體類　敦煌の文學文獻（講座敦煌9）　（東京）大東出版社　1992　p. 76、163
周紹良　敦煌文學芻議及其它　（臺北）新文豐出版公司　1992　p. 84
高國藩　敦煌民俗資料導論　（臺北）新文豐出版公司　1993　p. 175

沃興華　敦煌書法藝術　上海人民出版社　1994　p. 102

曲金良　敦煌佛教文學研究　（臺北）文津出版社　1995　p. 41、271

王慶雲　佛太子與賈寶玉：從敦煌寫本《八相變》看佛教文學對《紅樓夢》的影響　敦煌佛教文學研究　（臺北）文津出版社　1995　p. 300

黃征　敦煌寫本異文綜析　敦煌語文叢說　（臺北）新文豐出版公司　1997　p. 22

黃征　張涌泉　敦煌變文校注　中華書局　1997　p. 442

海客　太子成道經　敦煌學大辭典　上海辭書出版社　1998　p. 576

周紹良　張涌泉　黃征　敦煌變文講經文因緣輯校（下）　江蘇古籍出版社　1998　p. 709

金岡照光　敦煌文獻と中國文學　（東京）五曜書房　2000　p. 474、500

顏廷亮　敦煌文化　光明日報出版社　2000　p. 87

張錫厚　敦煌文學源流　作家出版社　2000　p. 383

黃征　敦煌語言文字學研究　甘肅教育出版社　2002　p. 42、113

姜亮夫　敦煌莫高窟年表　姜亮夫全集（十一）　雲南人民出版社　2002　p. 27

陳國燦　敦煌藏經洞魏晉寫經系年訂補　漢語史學報專輯（第三輯）　上海教育出版社　2003　p. 47

荒見泰史　從敦煌寫本中變文的改寫情況來探討五代講唱文學的演變　敦煌學國際研討會論文集　北京圖書館出版社　2005　p. 178

P. 2925

熊本裕　コータン語文獻　敦煌胡語文獻（講座敦煌6）　（東京）大東出版社　1985　p. 130

張廣達　榮新江　巴黎國立圖書館所藏敦煌于闐語寫卷目錄初編　敦煌吐魯番文獻研究論集（第四輯）　北京大學出版社　1987　p. 114

榮新江　梵文佛說帝釋般若波羅蜜多心經　敦煌學大辭典　上海辭書出版社　1998　p. 511

張總　說不盡的觀世音　上海辭書出版社　2002　p. 136

P. 2926

池田溫　中國古代寫本識語集錄　（東京）大藏出版株式會社　1990　p. 283

周一良　趙和平　敦煌寫本書儀考（之二）　唐五代書儀研究　中國社會科學出版社　1995　p. 75

鄭炳林　馮培紅　唐五代歸義軍政權對外關係中的使頭一職　敦煌歸義軍史專題研究　蘭州大學出版社　1997　p. 49

李冬梅　唐五代歸義軍與周邊民族關係綜論　《敦煌學輯刊》1998年第2期　p. 44

P. 2927

黃振華　于闐文研究概述　中國民族古文字研究　中國社會科學出版社　1984　p. 70

熊本裕　コータン語文獻　敦煌胡語文獻（講座敦煌6）　（東京）大東出版社　1985　p. 135

張廣達　榮新江　巴黎國立圖書館所藏敦煌于闐語寫卷目錄初編　敦煌吐魯番文獻研究論集（第四輯）　北京大學出版社　1987　p. 114